DICTIONNAIRE DES SYNONYMES ET NUANCES

ISBN : 2-84902-107-5

DICTIONNAIRE DES SYNONYMES ET NUANCES

LE ROBERT
collection les usuels

sous la direction de
Dominique Le Fur

rédaction
Yaël Freund
Dominique Vernier-Lopin
Chantal Tanet *(Nuances)*
avec la collaboration de
Aurélia Marcus et Céline Martinucci

lecture-correction
Annick Valade
Brigitte Orcel, Nathalie Kristy
Anne-Marie Lentaigne
Murielle Zarka-Richard, Laure-Anne Voisin

informatique éditoriale
Karol Goskrzynski
Sébastien Pettoello

direction technique et artistique
Gonzague Raynaud
assisté de Maud Laheurte

maquette
Tetsu - Paris

Cet ouvrage est une œuvre collective au sens de l'article L 113-2 du Code de la propriété intellectuelle. Publié par la société DICTIONNAIRES LE ROBERT, représentée par Marianne Durand, directrice déléguée.

préface

UN NOUVEAU CONCEPT DE DICTIONNAIRE DE SYNONYMES

Un dictionnaire de synonymes est un outil indispensable pour rédiger ou traduire un texte, qu'il s'agisse d'éviter des répétitions, de trouver un mot plus précis, plus exact, moins banal ou de rendre son discours plus vivant, plus idiomatique.

Le *Dictionnaire des Synonymes et Nuances* est là pour rappeler un mot ou une expression que l'on connaît mais qui fait défaut au moment où l'on rédige. Il y donne accès le plus efficacement et le plus rapidement possible.

Mais un dictionnaire de synonymes ne peut se contenter d'être un aide-mémoire et ne donner que des listes de mots du français courant. Il doit aussi être le **révélateur** de mots ou d'expressions inconnus.

Le *Dictionnaire des Synonymes et Nuances* permet d'enrichir son vocabulaire, de **découvrir** des usages et des registres plus rares, littéraires, techniques ou anciens et de faire des incursions dans des variétés du français parlé dans les régions et dans la francophonie, notamment au Québec, en Belgique et en Suisse.

La langue est riche mais aussi économe. Il est rare que des mots dits "synonymiques" ou "équivalents" soient parfaitement interchangeables dans une phrase, un texte. S'ils partagent le même sens général et reçoivent éventuellement la même définition dans un dictionnaire général, ils ont le plus souvent une valeur spécifique. Cette valeur peut être évidente ; nul besoin alors de la commenter. Mais elle est souvent ténue : comment choisir alors entre tel ou tel mot, en fonction du contexte et du sens précis que l'on veut exprimer ?

Le *Dictionnaire des Synonymes et Nuances* explore ces finesses, alerte sur les amalgames. Il met en regard les synonymes les plus souvent confondus et explique leurs différences de sens, d'emploi ou de connotation.

Pour atteindre ce triple objectif utilité, richesse, subtilité, le *Dictionnaire des Synonymes et Nuances* présente un certain nombre de caractéristiques.

› La nomenclature

20 000 mots-vedettes

Ce sont les mots les plus connus, les plus banals de la langue française, ceux que l'on souhaite remplacer par des mots plus justes, plus précis, plus rares.

... et 5 000 locutions

Première nouveauté : les locutions les plus courantes bénéficient d'un traitement aussi complet que les mots simples. Ces tournures un peu passe-partout ne sont pas toujours les bienvenues dans un texte. Classées sous l'entrée qui en porte le sens (généralement le nom), elles sont suivies de leurs propres synonymes.

> **envie** *n.f.* **1 - désir** · besoin · faim · goût · inclination · soif · appétence *littér.* · **2 - convoitise** · tentation · **3 - caprice** · fantaisie · goût · lubie · gré · humeur · **4 - jalousie** · **5 - tache de vin**
>
> ✦ **avoir envie de** désirer · convoiter · souhaiter · guigner *fam.* · lorgner *fam.* · loucher sur *fam.*
>
> ✦ **faire envie à** tenter · allécher · botter *fam.* · chanter à *fam.*

› Les synonymes

200 000 mots sont proposés, des plus usités aux plus rares. Toute l'amplitude et la vigueur de la langue française est explorée :

✦ les registres, les styles et les usages : littéraire, poétique, didactique, soutenu, familier, argotique, populaire, vieilli, vieux, rare, langage des jeunes, langage des enfants, péjoratif, injurieux, euphémistique, ironique, plaisant

✦ les régionalismes, le français de Belgique, de Suisse, du Québec

✦ les termes de spécialité : médecine, photographie, cinéma, droit, etc.

✦ les anglicismes et les recommandations officielles

> **plaisanter**
>
> ▪ *v.intr.* **s'amuser** · badiner · rire · zwanzer *Belgique* · blaguer *fam.* · rigo-

ler *fam.* · bouffonner *littér.* · galéjer *fam., Provence* • [à tout propos] avoir toujours le mot pour rire

v.tr. **se moquer de** · railler · taquiner · charrier *fam.* · mettre en boîte *fam.* · gouailler *vieilli* · chiner *vieux*

lifting *n.m.* **1 - déridage** · lissage *recomm. offic.* · remodelage *recomm. offic.* · **2 - toilettage**

Le souci d'exhaustivité n'est tempéré que par la notion de pertinence. Seuls les mots de sens équivalent ou très voisin sont proposés dans les articles. Les analogies sont souvent déroutantes lors d'une recherche de synonyme. Elles sont exclues de cet ouvrage, ce qui permet d'aller droit au but.

C'est dans cette perpespective, et pour éviter des redondances, que les renvois d'article à article ont été essentiellement limités à certains mots-vedettes ou à certains sens de registre non standard.

azimuté, e *adj.* → **fou**

agrafer *v.tr.* **1 - attacher** · accrocher · assembler · épingler · fixer · joindre · maintenir · **2 -** [fam.] → **arrêter**

Mais le lecteur peut s'affranchir à tout moment du cadre de l'article, circuler dans le dictionnaire en rebondissant de mot en expression et élargir ainsi son choix de synonymes.

... et 3 000 expressions idiomatiques et locutions figurées

Deuxième nouveauté : parce que la langue n'est pas une suite de mots déconnectés, certains synonymes proposés sont des expressions, des phrases.

Le *Dictionnaire des Synonymes et Nuances* accorde une place de choix aux expressions idiomatiques, aux tournures les plus imagées et les plus colorées de la langue française.

✦ **c'est très facile, rien de plus facile** c'est un jeu d'enfant · c'est l'enfance de l'art · ce n'est pas une affaire *fam.* · c'est du gâteau *fam.* · c'est du cousu-main *fam.* · c'est du tout cuit *fam.* · c'est du billard *fam.* · c'est simple comme bonjour *fam.* · c'est du nougat *fam.* · c'est du nanan- *fam., vieilli*

Le contexte

Troisième nouveauté : parce que les mots ne prennent véritablement tout leur sens que dans le discours, de nombreux synonymes sont proposés en fonction du contexte dans lequel ils s'insèrent.

Cet environnement lexical est soit donné intégralement, soit précisé par un **indicateur** (sujet ou objet d'un verbe ; nom qualifié par un adjectif, domaine de spécialité, nuance d'intensité, usage, etc.).

✦ **dormir tranquillement** dormir sur ses deux oreilles · dormir comme un bébé, un bienheureux · dormir du sommeil du juste

arrêter *v.tr.*
I 1 – mettre fin à · faire cesser · mettre un terme à · mettre le holà à · stopper • [momentanément] interrompre · suspendre · **2 –** [la vue] **borner** · cacher · limiter · **3 – couper (la parole à)** · interrompre

› Les Nuances

500 encadrés mettent en regard près de 1 400 mots qui font souvent l'objet d'amalgame et de confusion. Leurs points communs mais aussi leurs différences de sens, d'usage ou de connotation sont mis en relief, expliqués et illustrés par des exemples et des citations extraites d'œuvres littéraires.

Ces remarques se trouvent à la fin des articles contenant les synonymes comparés.

Lorsqu'un mot fait l'objet d'un tel développement sous un autre article, le lecteur en est averti par un renvoi.

destin *n.m.* **1 – destinée** · fatalité · nécessité · prédestination · fatum *littér.* · **2 – hasard** · chance · fortune · providence · **3 – lot** · sort · destinée · étoile · **4 – existence** · destinée · vie

destin, destinée

Destin et **destinée** sont presque toujours confondus aujourd'hui, dans tous les contextes. Les deux mots désignent le sort qui, déterminé par un fait inéluctable, est réservé à une chose ou à un être humain *(le* *destin/la destinée de chaque homme, d'un pays).* Cependant, **destin** marquerait plus nettement la cause *(il est inutile de forcer le destin ; suivre son destin)*, dont les effets constitueraient la **destinée** *(il a uni sa destinée à celle de Marie).* Avec cette valeur, **destinée** peut s'employer au pluriel *(les destinées du monde, de l'humanité).* Il en est de même quand **destinée** se dit de l'existence considérée du point de vue de la réussite *(être appelé aux plus hautes destinées).*

destinée *n.f.* **1 - fatalité** · destin · **2 - sort** · destin · lot · **3 - existence** · vie · **4 - finalité** · destination · vocation
❧ destin

Cette approche comparative et contrastive, tout à fait **originale**, aide à choisir le meilleur mot en fonction du contexte et du sens précis que l'on veut communiquer. C'est une promenade au fil des finesses de la langue, éventuellement déconnectée d'une recherche rapide de synonyme ; un index en est donné en fin d'ouvrage.

› La clarté au service de l'efficacité

La maquette claire, élégante et aérée met en valeur la structure et la richesse des articles. Elle les rend extrêmement lisibles et pratiques.

Dans le cas d'un mot-vedette ou d'une locution polysémique, les synonymes sont regroupés par sens.

Chaque sens est précédé par un chiffre arabe, chaque groupe de sens par un chiffre romain.

Une série de synonymes débute :

- soit par un synonyme en gras
- soit par une indication de contexte ou de domaine
- soit par une indication de registre ou d'usage

Ces repères forment un plan d'article qui permet de parcourir très rapidement même les articles les plus longs et d'arriver directement au synonyme adéquat.

À l'intérieur de chaque groupe de sens, les synonymes sont classés par ordre alphabétique. Les synonymes appartenant à une langue non standard sont donnés à la fin de chaque groupe de sens.

> **discours** *n.m.* **1 - allocution** · adresse · conférence · déclaration · proclamation · speech *fam.* · **2 - exposé** · laïus *fam.* · speech *fam.* · topo *fam.* · jus *fam., vieux* · **3 - exhortation** · harangue · parénèse *vieux* · **4 - traité** · exposé · **5 -** [religieux, moral] **sermon** · homélie · instruction · morale · oraison · prêche · prédication · prône · prêchi-prêcha *fam., péj.* · **6 -** [en faveur de qqn] **apologie** · compliment · éloge · louange · panégyrique · plaidoyer · **7 -** [contre qqn] **réquisitoire** · charge · réprimande · catilinaire *littér.* · philippique *littér.* · **8 -** [vieilli] **conversation** · causerie · dialogue · entretien · propos · **9 -** [Ling.] **parole** · langage
>
> ✦ **longs discours** boniment · palabres · baratin *fam.* · blabla *fam.* · tartines *fam.*

Plus qu'un **outil**, le *Dictionnaire des Synonymes et Nuances* a été conçu comme un dénicheur de mots et d'expressions. Il s'adresse à tous ceux qui sont soucieux de s'exprimer avec justesse, style et subtilité.

Dominique Le Fur

ABRÉVIATIONS, MARQUES ET SYMBOLES

› catégories grammaticales

adj. adjectif, adjectival
adv. adverbe, adverbial
compar. comparatif
conj. conjonction, conjonctif
indéf. indéfini
interj. interjection
invar. invariable
loc. locution
n. nom mascuslin et féminin
n.f. nom féminin
n.f.pl. nom féminin pluriel
n.m. nom masculin
n.m.pl. nom masculin pluriel
plur. pluriel
prép. préposition, prépositionnel
pron. pronom
pron. pers. pronom personnel
pron. rel. pronom relatif
sg. singulier
v.impers. verbe impersonnel
v.intr. verbe intransitif
v.pron. verbe pronominal
v.tr. verbe transitif
v.tr.ind. verbe transitif indirect

› domaines

Admin. administration
Agric. agriculture
Anat. anatomie
Arbor. arboriculture
Archéol. archéologie
Archit. architecture
Astrol. astrologie
Astron. astronomie
Biol. biologie
Bot. botanique
Chim. chimie
Chir. chirurgie
Constr. construction, bâtiments
Écol. écologie
Écon. économie
Éduc. éducation, enseignement
Élec. électricité
Électron. électronique
Géog. géographie
Géol. géologie
Géom. géométrie
Hist. histoire
Hortic. horticulture
Indus. industrie
Inform. informatique
Ling. linguistique
Littérat. littérature
Mar. maritime, marine
Math. mathématique
Méd. médecine
Métal. métallurgie
Milit. militaire
Mus. musique
Mythol. mythologie

Naut. nautisme
Opt. optique
Pharm. pharmacie
Phonét. phonétique
Phys. physique
Physiol. physiologie
Pol. politique
Psych. psychologie, psychanalyse, psychiatrie
Relig. religion
Scol. scolaire
Sociol. sociologie
Techn. techniques
Télécom. télécommunications
Tex. textile
Univ. université
Vét. médecine vétérinaire
Zool. zoologie

▸ registres, usages

abusivt emploi abusif
anciennt anciennement
anglic. anglicisme
argot argot
Belgique français de Belgique
didact. langage didactique
euph. euphémisme
fam. langage familier
fig. au figuré
injurieux injurieux
iron. ironique
lang. jeunes langage des jeunes
lang. enfants langage des jeunes enfants ou des adultes qui s'adressent à eux
littér. langage littéraire
nom déposé nom déposé, marque déposée
péj. péjoratif
plaisant par plaisanterie
poétique langage poétique
pop. langage populaire
Québec français du Québec
raciste raciste
rare rare
recomm. offic. recommandation officielle
région. régionalisme
soutenu langage soutenu
Suisse français de Suisse
vieilli vieilli
vieux vieux
vulg. vulgaire

▸ autres

qqn quelqu'un
qqch. quelque chose

▸ symboles

▪ introduit une division grammaticale
✦ introduit une expression, une locution
⋙ introduit un forme pronominale ou un pluriel
❧ signale un développement sur des nuances de sens

a

abaissable *adj.* · rabattable · repliable

abaissement *n.m.* **1 - affaissement** · baisse · chute · descente · **2 - diminution** · amenuisement · amoindrissement · baisse · chute · dépréciation · dévaluation · **3 - décadence** · déclin · dégénérescence · dégradation · détérioration · **4 - soumission** · servitude

abaisser *v.tr.* **1 - descendre** · baisser · rabattre · **2 - diminuer** · amoindrir · rapetisser · réduire · **3 - atténuer** · adoucir · affaiblir · amenuiser · amortir · diminuer · **4 - affaiblir** · abattre · anéantir · dégrader · déprécier · dévaluer · écraser · soumettre · **5 - humilier** · mortifier · rabaisser · ravaler

»» **s'abaisser** *v.pron.* **1 - descendre** · s'affaisser · **2 - se plier** · se compromettre · se soumettre · s'aplatir *fam.* · **3 - s'avilir** · déchoir · s'humilier

✦ **s'abaisser à** daigner · condescendre à

abandon *n.m.*

I 1 - capitulation · concession · défaite · forfait · retrait · reddition · retraite · **2 - démission** · abdication · désistement · défection · désertion · renoncement · renonciation

II 1 - arrêt · cessation · fin · suspension · **2 - élimination rejet** · enterrement *fam.*

III 1 - isolement · délaissement · solitude · **2 - délaissement** · lâchage *fam.* · largage *fam.* · plaquage *fam.*

IV détente · abandonnement · nonchalance

V [Droit] **don** · aliénation · cession · donation

✦ **abandon des hostilités** armistice · trêve

✦ **à l'abandon** en friche · à vau l'eau · en rade *fam.*

✦ **laisser à l'abandon** négliger · délaisser · laisser aller

abandonné, e *adj.* **1 - dépeuplé** · déserté · inhabité · **2 - délaissé** · seul · solitaire

abandonner

▪ *v.intr.* **capituler** · abdiquer · céder · s'avouer vaincu · baisser les bras · battre en retraite · déclarer forfait · s'incliner · lâcher pied, prise · laisser aller · se rendre · se résigner · se retirer · caler *fam.* · laisser tomber *fam.* · décrocher *fam.* · jeter l'éponge *fam.* · se dégonfler *fam.* · passer la main *fam.*

▪ *v.tr.* **1 - donner** · céder · se dépouiller de · se dessaisir · livrer ·

léguer · renoncer à · lâcher *fam.* · **2 - renoncer à** · cesser · se désister de · enterrer · en finir avec · sacrifier · **3 - démissionner de** · abdiquer · se démettre · **4 - partir de** · déménager de · déserter · évacuer · fuir · laisser · quitter · se retirer de · **5 - se séparer de** · se détacher de · se défaire de · fausser compagnie à · quitter · rejeter · rompre avec · tourner le dos à · bazarder *fam.* · lâcher *fam.* · laisser choir *fam.* · laisser tomber *fam.* · larguer *fam.* · plaquer *fam.* · planter là *fam.* · **6 - négliger** · délaisser · se désintéresser de · oublier · laisser en plan *fam.* · laisser en rade *fam.*

»» **s'abandonner** *v.pron.* **s'épancher** · laisser parler son cœur · se laisser aller · se livrer

✦ **s'abandonner à** **1 - se livrer à** · céder à · être en proie à · se laisser aller à · se plonger dans · succomber à · s'abîmer dans · sombrer dans · **2 - se reposer sur** · s'en remettre à · se fier à

~ **négliger**

abasourdi, e *adj.* · stupéfié · ahuri · atterré · coi · consterné · déconcerté · ébahi · ébaubi · éberlué · estomaqué · étonné · étourdi · hébété · interdit · interloqué · médusé · pantois · pétrifié · sidéré · stupéfait · soufflé · suffoqué · baba *fam.* · comme deux ronds de flan *fam.* · stupide *fam.*

abasourdir *v.tr.* · stupéfier · atterrer · consterner · déconcerter · ébahir · éberluer · étonner · étourdir · hébéter · interloquer · méduser · pétrifier · sidérer · stupéfaire · souffler

abat-jour *n.m. invar.* **1 - réflecteur** · **2 - visière**

abats *n.m.pl.* **1 - abattis** · **2 - viscères** · triperie

abattage *n.m.* **1 - coupe** · **2 - démolition** · **3 - mise à mort** · tuerie · **4 - dynamisme** · allant · entrain · vivacité

abattement *n.m.* **1 - accablement** · affliction · anéantissement · découragement · désespoir · effondrement · tristesse · **2 - épuisement** · apathie · affaiblissement · faiblesse · fatigue · harassement · lassitude · léthargie · mollesse · prostration · torpeur · langueur *littér.* · **3 - diminution** · escompte · exonération · déduction · réduction · ristourne *fam.*

abattre *v.tr.*

I 1 - couper · trancher · scier · **2 - démolir** · anéantir · détruire · démanteler · jeter, mettre à bas · raser · descendre *fam.* · **3 - briser** · annihiler · broyer · écraser · renverser · ruiner · saper · vaincre

II 1 - accabler · affliger · attrister · consterner · décourager · dégoûter · démonter · démoraliser · déprimer · désespérer · miner · saper le moral de · **2 - épuiser** · affaiblir · fatiguer

III tuer · assassiner · éliminer · exécuter · mettre à mort · régler son compte à · buter *fam.* · dézinguer *fam.* · descendre *fam.* · flinguer *fam.* · liquider *fam.* · refroidir *fam.* · supprimer *fam.* · zigouiller *fam.*

»» **s'abattre** *v.pron.* · tomber · crouler · s'affaisser · s'écraser · s'écrouler · s'effondrer · s'affaler · se renverser · dégringoler *fam.* · s'étaler *fam.*

✦ **s'abattre sur** fondre sur · se jeter sur · pleuvoir sur · se précipiter sur · tomber sur

abattu, e *adj.* **1 - fatigué** · faible · las · **2 - découragé** · affligé · dégoûté · déprimé

abbaye *n.f.* · monastère · prieuré

abc *n.m. invar.* **1 - abécédaire** · alphabet · **2 - rudiments** · b.a.-ba · bases

abcès *n.m.* · grosseur · boursouflure · bubon · furoncle · panaris

abdication *n.f.* **1 - démission** · renonciation · **2 - capitulation** · abandon · dessaisissement · désistement · renoncement

abdiquer *v.tr.* **1 - renoncer à** · [sans complément] renoncer au pouvoir · se démettre · déposer sa couronne · **2 -** [sans complément] **capituler** · abandonner · s'avouer vaincu · baisser les bras · céder · démissionner · se désister · s'incliner · déclarer forfait · lâcher prise · renoncer · laisser tomber *fam.*

abdiquer, se démettre, renoncer

Renoncer à sa carrière ou à un métier est le fait d'une décision volontaire : on abandonne son activité pour une autre plus conforme à ses goûts ou à ses capacités. La position de celui qui se **démet** de ses fonctions est différente ; il peut les quitter de son plein gré pour se consacrer à autre chose, mais également être obligé de le faire, faute par exemple d'accepter les directives qu'on lui donne. **Abdiquer** s'applique à des monarques ou à des souverains quittant leur charge volontairement, le plus souvent sous la contrainte : *Charles X fut poussé à abdiquer par la révolution de Juillet 1830.*

abdomen *n.m.* **1 - panse** · bas-ventre · **2 - ventre** · bedaine *fam.* · bedon *fam.* · bide *fam.*

abécédaire *n.m.* · ABC · alphabet

abeille *n.f.* · mouche à miel

aberrant, e *adj.* **1 - absurde** · déraisonnable · extravagant · farfelu · insensé · saugrenu · loufoque *fam.* · **2 - anormal** · atypique · irrégulier

aberration *n.f.* **1 - absurdité** · bêtise · non-sens · **2 - égarement** · aveuglement · démence · divagation · folie · **3 - écart** · anomalie · irrégularité

abêtir *v.tr.* **abrutir** · crétiniser · hébéter

»» **s'abêtir** *v.pron.* **s'abrutir** · se crétiniser

abêtissant, e *adj.* · abrutissant · crétinisant

abêtissement *n.m.* **1 - abrutissement** · crétinisation · **2 - imbécillité** · crétinisme · gâtisme · idiotie · stupidité · connerie *fam.*

abhorrer *v.tr.* · détester · avoir en horreur · haïr · abominer *littér.* · exécrer *littér.* · vomir *fam.* · cracher sur *fam.*

détester

abîme *n.m.* **1 - gouffre** · abysse · aven · puits · précipice · **2 - immensité** · profondeurs · **3 - division** · écart · fossé · gouffre · monde · océan

abîmé, e *adj.* **1 - détérioré** · altéré · avarié · corrompu · endommagé · gâté · moisi · pourri · déglingué *fam.* · **2 - défiguré** · amoché *fam.*

abîmer *v.tr.* **1 - endommager** · casser · détériorer · démolir · détraquer · gâter · saccager · saboter · amocher *fam.* · arranger *iron.* · bigorner *fam.* · bousiller *fam.* · déglinguer *fam.* · esquinter *fam.* · ficher, foutre en l'air *fam.* · fusiller *fam.* · massacrer *fam.* · niquer *fam.* · saloper *fam.* · **2 - blesser** · meurtrir · amocher *fam.* · **3 - compromettre** · ruiner · ternir

>>> **s'abîmer** *v.pron.* **1 - se gâter** · se détériorer · **2 - disparaître** · couler · sombrer · s'enfoncer

✦ **s'abîmer dans** s'absorber dans · s'abandonner à · s'adonner à · se plonger dans

abject, e *adj.* · dégoûtant · abominable · bas · écœurant · honteux · infâme · infect · ignominieux · ignoble · indigne · méprisable · odieux · repoussant · répugnant · sordide · vil · dégueulasse *fam.*

abjection *n.f.* · bassesse · avilissement · boue · fange · honte · ignominie · indignité · infamie

abjurer *v.intr. et tr.* **1 - se renier** · se rétracter · **2 - renoncer à** · abandonner · apostasier · renier (sa foi)

abnégation *n.f.* · désintéressement · dévouement · renoncement · sacrifice

abolir *v.tr.* **1 - anéantir** · annuler · détruire · démanteler · ruiner · **2 - abroger** · annuler · casser · infirmer · invalider · supprimer · **3 - effacer** · éteindre · faire table rase de

abolir, abroger

Abroger et **abolir** portent l'idée générale de supprimer, d'annuler, l'un strictement dans le vocabulaire juridique (**abroger**), l'autre de valeur plus large mais sans qu'il puisse se substituer au premier. *La peine de mort est abolie dans un pays lorsque le pouvoir législatif a abrogé la loi qui permet le recours à cette peine.* Les rapports entre **abrogation** et **abolition** sont analogues. On parle d'*abrogation d'un texte de loi, d'un décret*, mais de l'*abolition de l'esclavage, d'un usage, d'un privilège.*

abolition *n.f.* · abrogation · annulation · suppression

abominable *adj.* **1 - répugnant** · atroce · effroyable · horrible · monstrueux · odieux · **2 - mauvais** · affreux · catastrophique · détestable · désastreux · épouvantable · exécrable · horrible

abominablement *adv.* · affreusement · atrocement · épouvantablement · horriblement · ignoblement · monstrueusement

abomination *n.f.* **1 - horreur** · **2 - ignominie** · honte · infamie · scandale

abondamment *adv.* · beaucoup · amplement · considérablement · copieusement · largement · libéralement · à flots · à foison · à pleines mains · à poignées · à profusion · à satiété · à torrents · à volonté · en abondance · en quantité · tant et plus · à gogo *fam.* · en pagaille *fam.* · à revendre *fam.* · en veux-tu en voilà *fam.*

abondance *n.f.* **1 - profusion** · avalanche · débauche · débordement · déluge · exubérance · foisonnement · flot · luxe · luxuriance · masse · multitude · multiplicité · pléthore · pluie · prolifération · pullulement · quantité · **2 - aisance** · fortune · luxe · opulence · prospérité · richesse

✦ **en abondance** → **abondamment**

abondant, e *adj.*

I 1 - volumineux · ample · charnu · copieux · généreux · opulent · plantureux · **2 - épais** · fourni · luxuriant · touffu

II 1 - nombreux · innombrable · multiple · **2 - foisonnant** · fourmillant · grouillant · pullulant · [pluie] torrentiel · diluvien

III 1 – **fécond** · fertile · riche · 2 – **prolifique** · exubérant · inépuisable · intarissable · prolixe · pléthorique

abonder *v.intr.* **foisonner** · fourmiller · grouiller · proliférer · pulluler

✦ **abonder dans le sens de** approuver · aller dans le sens de · se rallier à · se ranger à l'avis de · brosser, caresser dans le sens du poil *fam.*

✦ **abonder en** 1 – **regorger de** · être riche en · 2 – **être prodigue de** · se répandre en

abonnement *n.m.* **souscription**

✦ **carte d'abonnement** forfait

abord *n.m.* 1 – **accès** · 2 – **dehors** · apparence · approche · caractère

✦ **d'un abord facile** accessible · abordable

✦ **d'abord** 1 – dès le, au début · au départ · dès le, au commencement · 2 – **premièrement au préalable** · avant toute chose · en premier (lieu) · pour commencer · en priorité · primo *fam.*

✦ **tout d'abord** avant toute chose · auparavant · avant tout · préalablement

✦ **dès l'abord** dès le commencement · dès le début · dès le premier instant · immédiatement · sur le champ · sur le coup · sur le moment · tout de suite

✦ **au premier abord, de prime abord** a priori · à première vue

››› **abords** *plur.* **alentours** · environs · parages · voisinage

abordable *adj.* 1 – **accostable** · accessible · facile d'accès · 2 – **compréhensible** · accessible · 3 – **bon marché** · modéré · raisonnable

aborder *v.tr.* 1 – **accéder à** · accoster · apponter · (s') approcher de · arriver à · atteindre · toucher · 2 – **heurter** · attaquer · éperonner · prendre d'assaut · 3 – [qqn] **accoster** · arrêter · 4 – **entamer** · en arriver à · s'attaquer à · en venir à · se lancer dans · parler de

aborder, accoster

Aborder quelqu'un, c'est s'avancer près de lui pour lui parler. Cette approche est plus ou moins aisée ; il ne fait pas toujours partie de vos familiers *(un collègue m'a abordé à la sortie d'une réunion)*, ni même, parfois, de vos connaissances. L'accoster, ce serait l'approcher en lui manquant d'égards *(il a accosté une femme passant dans la rue)*.

aborigène *n. et adj.* · autochtone · indigène · natif · naturel *vieux*

autochtone

aboutir *v.intr.* **réussir** · être mené à son terme · voir le jour

✦ **aboutir à, dans** 1 – **aller dans** · arriver à · atteindre · déboucher dans · donner dans · finir à, dans · rejoindre · se jeter dans · se terminer à, dans · tomber dans · 2 – **conduire à** · déboucher sur · donner · mener à · se solder par · se traduire par

aboutissement *n.m.* 1 – **résultat** · conséquence · [d'efforts] couronnement · 2 – **fin** · dénouement · issue · terme

aboyer *v.tr. et intr.* · crier · hurler · glapir · japper · gueuler *fam.*

abracadabrant, e *adj.* · incohérent · abracadabrantesque · absurde · ahurissant · baroque · bizarre · extravagant · farfelu · invraisemblable · rocambolesque

abrasion *n.f.* · polissage · raclage · usure

abrégé *n.m.* **résumé** · compendium · condensé · digest · récapitulatif · sommaire · synopsis

✦ **mot en abrégé** abréviation

⤷ **résumé**

abrégement *n.m.* · raccourcissement · diminution · réduction

abréger *v.tr.* **1 - raccourcir** · alléger · couper · diminuer · écourter · réduire · limiter · restreindre · tronquer · **2 - condenser** · resserrer · résumer

abreuver *v.tr.* **1 - faire boire** · désaltérer · verser à boire à · **2 - imbiber** · arroser · gorger · humecter · imprégner · inonder · saturer · **3 - couvrir** · combler · [d'injures] accabler

»» **s'abreuver** *v.pron.* **1 - boire** · se désaltérer · étancher sa soif · se rafraîchir · écluser *fam.* · s'imbiber *fam.* · **2 - se pénétrer** · s'imprégner · se nourrir

abreuvoir *n.m.* · bassin · auge · baquet

abri *n.m.*

I 1 - habitation · baraque · cabane · case · foyer · gîte · hutte · logement · maison · toit · **2 -** [pour animaux] **gîte** · aire · antre · bergerie · box · cabane · cage · chenil · clapier · demeure · écurie · étable · loge · niche · poulailler · porcherie · repaire · retraite · ruche · tanière · terrier · vacherie · **3 -** [Mar.] **port** · ancrage · anse · baie · bassin · crique · havre · mouillage · rade · **4 -** [Milit.] **fortification** · baraquement · blockhaus · bunker · caserne · fort · fortin · forteresse · guérite · guitoune · mur · muraille · rempart · retranchement · tour · tourelle · tranchée · **5 -** [rudimentaire, provisoire] **baraquement** · cabane · hutte · tente

II 1 - refuge · asile · havre · retraite · oasis · **2 - cache** · antre · cachette · lieu sûr · planque *fam.* · repaire · **3 - couverture** · auvent · dais · galerie · marquise · porche · préau · toit · **4 - entrepôt** · garage · gare · garde-meubles · grange · grenier · hangar · magasin · remise · resserre

✦ **à l'abri** en lieu sûr · en sécurité · à couvert · à l'écart · en sûreté · hors d'atteinte · planqué *fam.*

✦ **mettre à l'abri** **1 - abriter** · préserver · protéger · sauvegarder · **2 - cacher** · planquer *fam.*

✦ **se mettre à l'abri** **1 - s'abriter** · se protéger · se réfugier · **2 - se cacher** · se planquer *fam.*

abriter *v.tr.* **1 - protéger** · garantir · préserver · défendre · couvrir · **2 - cacher** · dissimuler · receler · recouvrir · **3 - héberger** · accueillir · loger · recevoir · donner asile à · donner l'hospitalité à · **4 - garer**

»» **s'abriter** *v.pron.* **1 - se garantir** · se protéger · se préserver · se mettre à couvert · **2 - se retrancher** · se réfugier · se cacher · se tapir

abrogation *n.f.* · annulation · abolition · retrait · révocation · suppression

abroger *v.tr.* · annuler · abolir · casser · révoquer · supprimer

⤷ **abolir**

abrupt, e *adj.* **1 - escarpé** · à pic · raide · **2 - net** · tranchant · **3 - heurté** · haché · inégal · coupé · **4 - brusque** · acerbe · bourru · brutal · revêche · rogue · rude

abruptement *adv.* · brusquement · à brûle-pourpoint · de but en blanc · ex abrupto · inopinément · sans préambule

abruti, e

▪ *adj.* **étourdi** · ahuri · hébété · dans les choux *fam.* · dans les vapes *fam.*

▪ *adj. et n.* **idiot** · bête · imbécile · stupide · andouille *fam.* · crétin *fam.* · demeuré *fam.*

abrutir *v.tr.* **1 - abêtir** · crétiniser · **2 - abasourdir** · étourdir · hébéter · **3 - surmener**

abrutissant, e *adj.* **1 - abêtissant** · crétinisant · **2 - assommant** · fatigant

abrutissement *n.m.* **1 - abêtissement** · stupidité · **2 - ahurissement** · hébétude · stupeur

abscons, e *adj.* · obscur · hermétique · impénétrable · indéchiffrable · sibyllin · abstrus *littér.*

absence *n.f.* **1 - manque** · carence · défaut · omission · pénurie · privation · **2 - inattention** · distraction

✦ **en l'absence de** à défaut de

absent, e *adj.* **1 - parti** · au loin · disparu · éloigné · **2 - manquant** · défaillant · inexistant · **3 - distrait** · absorbé · inattentif · lointain · rêveur · dans la lune *fam.* · dans les nuages *fam.*

✦ **être (porté) absent** manquer (à l'appel)

↝ **manquer**

absenter (s') *v.pron.* **1 - partir** · disparaître · s'éclipser · s'éloigner · se retirer · sortir · **2 - manquer** · faire défaut

absolu, e

▪ *adj.* **1 - autocratique** · arbitraire · autoritaire · despotique · dictatorial · souverain · totalitaire · tyrannique · **2 - catégorique** · entier · exclusif · formel · intransigeant · inflexible · radical · **3 - total** · aveugle · complet · illimité · inconditionnel · infini · intégral · plein · **4 - pur** · fort · **5 - parfait** · achevé · idéal · suprême

▪ *n.m.* **idéal** · perfection

absolument *adv. et interj.* **1 - à tout prix** · à toute force · coûte que coûte · nécessairement · obligatoirement · **2 - tout à fait** · complètement · entièrement · littéralement · parfaitement · pleinement · radicalement · totalement · vraiment · **3 - oui** · bien sûr · certainement · exactement · parfaitement · tout à fait

absolution *n.f.* · pardon · amnistie · grâce · remise · rémission

absolutisme *n.m.* · despotisme · autocratie · autoritarisme · dictature · tyrannie

absorbant, e *adj.* · captivant · passionnant · prenant · [travail] exigeant

absorbé, e *adj.* · occupé · méditatif · préoccupé · songeur

absorber *v.tr.* **1 - s'imbiber de** · boire · pomper · s'imprégner de · se pénétrer de · **2 - se nourrir de** · assimiler · avaler · boire · consommer · engloutir · ingérer · ingurgiter · manger · prendre · **3 - annexer** · intégrer · **4 - dévorer** · engloutir · engouffrer · épuiser · faire disparaître · liquider *fam.* · nettoyer *fam.* · **5 - accaparer** · occuper · prendre · retenir

››› **s'absorber** *v.pron.* **s'enfoncer** · s'abîmer · s'engloutir · s'ensevelir · se plonger · se perdre · sombrer

↝ **engloutir**

absorption *n.f.* **1 - consommation** · ingestion · ingurgitation · manducation *(Physiol.)* · **2 -**

disparition · effacement · liquidation · suppression · **3 - annexion** · intégration · fusionnement

absoudre *v.tr.* **1 - pardonner** · effacer · excuser · remettre · **2 - innocenter** · acquitter · blanchir · disculper

abstenir de (s') *v.pron.* **1 - s'empêcher de** · se défendre de · éviter · se garder de · s'interdire de · se refuser de · se retenir de · **2 - se priver de** · se passer de · se refuser · renoncer à · faire une croix sur *fam.* · **3 -** [sans complément] **rester neutre** · se récuser

abstention *n.f.* · neutralité · non-intervention

abstinence *n.f.* **1 - frugalité** · diète · jeûne · sobriété · tempérance · **2 - privation** · ascétisme · renoncement · **3 - chasteté** · continence

chasteté

abstraction *n.f.* **1 - idée** · concept · entité · notion · **2 - fiction** · chimère

✦ **faire abstraction de** écarter · éliminer · exclure · laisser de côté · mettre à part · négliger · omettre

abstraire *v.tr.* **distinguer** · isoler · séparer

»» **s'abstraire** *v.pron.* **se détacher de** · s'éloigner de · s'exclure de · s'isoler

abstrait, e *adj.* **1 - non figuratif** · **2 - théorique** · conceptuel · intellectuel · spéculatif · **3 - utopique** · chimérique · irréel · **4 -** [péj.] **obscur** · abscons · difficile · hermétique · nébuleux · sibyllin · fumeux *fam.*

absurde *adj. et n.m.* **1 - illogique** · incohérent · inconséquent · irrationnel · **2 - déraisonnable** · aberrant · extravagant · fou · insensé · ridicule · ouf *lang. jeunes* · **3 - bête** · idiot · inepte · grotesque · sot · stupide · **4 - non-sens** · absurdité

absurde, illogique, irrationnel

On parlera d'une manière **absurde** d'agir quand elle s'oppose au sens commun : « L'absurde volonté veut envers et contre tous, veut en dépit des lois physiques, et au mépris de la raison naturelle » (Jankélévitch, *le Je-ne-sais-quoi et le presque rien*). Un comportement **illogique** évoque plutôt une façon d'être tout à fait imprévisible : « Il n'y a rien d'illogique comme les accidents. Ils n'ont aucun lien entre eux » (Jules Verne, *le Docteur Ox*). Une attitude **irrationnelle** renchérit sur le caractère incohérent, opposé à l'ordre de la raison et ne pouvant être rapporté à une norme, quelle qu'elle soit : « Ce monde en lui-même n'est pas raisonnable (...). Mais ce qui est absurde, c'est la confrontation de cet irrationnel et de ce désir éperdu de clarté dont l'appel résonne au plus profond de l'homme » (Camus, *le Mythe de Sisyphe*).

absurdité *n.f.* **1 - bêtise** · aberration · ânerie · énormité · erreur · extravagance · faute · folie · imbécillité · ineptie · niaiserie · sottise · stupidité · bourde *fam.* · connerie *fam.* · **2 - illogisme** · incohérence · irrationalité

abus *n.m.* **1 - excès** · exagération · outrance · **2 - injustice** · iniquité · illégalité

✦ **abus de confiance** tromperie · escroquerie · arnaque *fam.*

abuser *v.tr.*

I [sans complément] **exagérer** · passer, dépasser la mesure, les bornes · ne pas y aller de main morte ·

charrier *fam.* · pousser *fam.* · y aller fort *fam.* · tirer sur la corde *fam.* · être gonflé *fam.*

II tromper · attraper · avoir · berner · duper · leurrer · mystifier · se jouer de · blouser *fam.* · mener en bateau *fam.* · pigeonner *fam.* · rouler *fam.* · monter le job à *vieilli*

✦ **abuser de** **1 - accaparer** · exploiter · profiter de · presser comme un citron · **2 - violer** · déshonorer · violenter

››› **s'abuser** *v.pron.* **se tromper** · faire erreur · se méprendre · s'illusionner · se faire des illusions · se leurrer · se mettre le doigt dans l'œil (jusqu'au coude) *fam.* · se gourer *fam.* · croire au père Noël *fam.*

abusif, -ive *adj.* **1 - excessif** · exagéré · immodéré · **2 - impropre** · incorrect · **3 - illégitime** · indu · infondé · injustifié · **4 - injuste** · inique · **5 - possessif** · envahissant

abusivement *adv.* **1 - excessivement** · exagérément · immodérément · **2 - improprement** · illégitimement

abyssal, e *adj.* · insondable · illimité · immense · incommensurable · infini

acabit *n.m.* → **espèce**

académicien, -ienne *n.* · Immortel

académique *adj.* **1 - conventionnel** · appliqué · classique · conformiste · sans originalité · **2 - guindé** · affecté · ampoulé · apprêté · compassé · ennuyeux · prétentieux

acariâtre *adj.* **bougon** · aigre · désagréable · grincheux · grognon · hargneux · insociable · intraitable · maussade · pas commode · querelleur · rogue · teigneux · acrimonieux *littér.* · bilieux *littér.* · atrabilaire *vieux*

✦ **femme acariâtre** mégère · harpie

accablant, e *adj.* **1 - écrasant** · fatigant · lourd · tuant · **2 - étouffant** · oppressant · pesant · suffocant · [soleil] de plomb · **3 - affligeant** · consternant · intolérable · **4 - accusateur** · impitoyable · irréfutable

accablement *n.m.* · abattement · découragement · dépression · prostration

accabler *v.tr.* **1 - accuser** · charger · confondre · dénoncer · vouer aux gémonies · **2 - surcharger** · écraser · pressurer · terrasser · [de dettes, charges] cribler · **3 - désespérer** · abattre · affliger · anéantir · atterrer · briser · consterner · décourager · démoraliser · effondrer · démolir *fam.* · **4 - combler** · abreuver · bombarder · couvrir · submerger

accalmie *n.f.* **1 - embellie** · éclaircie · **2 - trêve** · pause · répit · **3 - calme** · apaisement · paix · placidité · quiétude · repos · sérénité · tranquillité

accaparant, e *adj.* · envahissant · abusif · exigeant

accaparement *n.m.* · monopolisation · mainmise

accaparer *v.tr.* **1 - monopoliser** · s'attribuer · s'emparer de · mettre le grappin sur *fam.* · rafler *fam.* · truster *fam.* · **2 - absorber** · occuper · prendre · réserver · retenir

accéder à *v.tr.ind.* **1 - entrer dans** · pénétrer dans · **2 - parvenir à** · aborder · aboutir à · arriver à ·

atteindre · **3 - acquiescer à** · accepter de · consentir à · se rendre à · souscrire à

accélérateur *n.m.* · champignon *fam.*

accélération *n.f.* · activation · augmentation

accéléré, e *adj.* · rapide · redoublé

accélérer

▪ *v.tr.* **hâter** · activer · pousser · précipiter · presser · stimuler · booster *fam.*

▪ *v. intr.* **1 - prendre de la vitesse** · appuyer sur, écraser le champignon *fam.* · avoir le pied au plancher *fam.* · mettre les gaz *fam.* · mettre la gomme *fam.* · **2 -** [fam.] **se dépêcher** · s'activer *fam.* · se bouger *fam.* · se grouiller *fam.* · se magner *fam.*

accent *n.m.* **1 - ton** · accentuation · **2 - modulation** · prononciation · **3 - inflexion** · intonation · tonalité

✦ **mettre l'accent sur** → **accentuer**

accentuation *n.f.* · intensification · accroissement · amplification · augmentation · renforcement

accentué, e *adj.* · marqué · accusé · fort · prononcé

accentuer *v.tr.* **1 - faire ressortir** · appuyer sur · donner du relief à · insister sur · mettre l'accent sur · mettre en évidence · mettre en relief · souligner • [trait, caractère] accuser · **2 - intensifier** · accroître · augmenter · renforcer

⋙ **s'accentuer** *v.pron.* **s'intensifier** · augmenter · s'accroître · croître · s'amplifier · grandir · ressortir

acceptable *adj.* **1 - convenable** · correct · honnête · passable · présentable · suffisant · potable *fam.* · **2 - recevable** · satisfaisant · valable

acceptation *n.f.* · accord · agrément · assentiment · consentement

accepter *v.tr.* **1 - acquiescer à** · adhérer à · se rallier à · souscrire à · opiner à *Droit ou plaisant* · avaler *fam.* · dire amen à *fam.* • [sans complément] marcher *fam.* · **2 - autoriser** · permettre · **3 - adopter** · accueillir · admettre · agréer · recevoir · **4 - supporter** · assumer · se conformer à · endurer · se rendre à · se résigner à · se soumettre à · souffrir · subir · tolérer

✦ **accepter de** consentir à · daigner · être d'accord pour · se prêter à · vouloir bien · condescendre à *littér.*

acception *n.f.* · sens · signification

accès *n.m.* **1 - entrée** · abord · approche · bouche · ouverture · **2 - poussée** · attaque · atteinte · bouffée · crise · **3 - élan** · transport

✦ **donner accès à** introduire à · ouvrir sur

accessible *adj.* **1 - atteignable** · abordable · praticable · à portée de la main · **2 - faisable** · réalisable · **3 - accueillant** · abordable · affable · aimable · approchable · engageant · **4 - compréhensible** · assimilable · clair · facile · intelligible · simple · à la portée de tout le monde

✦ **accessible à** **1 -** [qqn] **à la portée de** · dans les cordes de *fam.* · **2 -** [qqch.] **sensible à** · ouvert à · perméable à

accession *n.f.* · avènement · admission · arrivée · promotion

accessoire

▪ *adj.* **1 – annexe** · auxiliaire · complémentaire · supplémentaire · **2 – mineur** · anecdotique · insignifiant · marginal · négligeable · secondaire · superflu

▪ *n.m.* **instrument** · outil · pièce · ustensile

accessoirement *adv.* **1 – secondairement** · subsidiairement · **2 – éventuellement** · incidemment

accident *n.m.* **1 – collision** · accrochage · carambolage · choc · crash · pépin *fam.* · **2 – incident** · anicroche · contretemps · coup dur · coup du sort · ennui · mésaventure · revers · bûche *fam.* · os *fam.* · pépin *fam.* · tuile *fam.* · **3 – aléa** · aventure · imprévu · péripétie · vicissitude *littér.*

✦ **accident de terrain** inégalité · aspérité · mouvement de terrain · pli · plissement · relief

✦ **par accident** **1 – fortuitement** · accidentellement · par hasard · par extraordinaire · par occasion · **2 – par inadvertance**

accidenté, e *adj.* **1 – inégal** · bosselé · irrégulier · montagneux · tourmenté · vallonné · **2 – blessé** · abîmé · amoché · atteint · touché · traumatisé · esquinté *fam.* · **3 – endommagé** · cabossé · détérioré · bousillé *fam.* · esquinté *fam.*

accidentel, -elle *adj.* **1 – fortuit** · imprévu · inattendu · inopiné · incident · occasionnel · **2 – accessoire** · contingent · extrinsèque *soutenu*

accidentellement *adv.* **1 – fortuitement** · par hasard · par accident · incidemment · inopinément · malencontreusement · d'aventure *littér.* · **2 – exceptionnellement** · occasionnellement

acclamation *n.f.* · applaudissement · bravo · hourra · ovation · vivat • [pour faire revenir] rappel · bis

❧ **bravo**

acclamer *v.tr.* · applaudir · faire une ovation · ovationner · faire la claque • [pour faire revenir] rappeler · bisser

acclimater *v.tr.* **1 – habituer** · accoutumer · adapter · **2 – importer** · implanter · introduire · établir · naturaliser · transplanter

⋙ **s'acclimater** *v.pron.* **s'adapter** · s'accoutumer · se faire à · se familiariser avec · s'habituer

accolade *n.f.* · embrassade

accoler *v.tr.* · lier · joindre · juxtaposer · relier · réunir

❧ **joindre**

accommodant, e *adj.* **1 – facile à vivre** · de bonne composition · commode · débonnaire · facile · sociable · souple · **2 – arrangeant** · complaisant · conciliant · coulant *fam.*

accommodation *n.f.* · adaptation · ajustement

accommodement *n.m.* · arrangement · accord · composition · compromis · compromission · conciliation · entente

accommoder *v.tr.* **1 – adapter** · accorder · ajuster · approprier · conformer · **2 – cuisiner** · apprêter · assaisonner · faire cuire · préparer · mitonner *fam.* · **3 – concilier** · allier

⋙ **s'accommoder** *v.pron.* s'entendre · 'arranger · se mettre d'accord

✦ **s'accommoder à** s'adapter à · s'acclimater à · s'accoutumer à · se faire à · se familiariser avec · s'habituer à

✦ **s'accommoder de** accepter · s'arranger de · se contenter de · faire avec · s'habituer à · se satisfaire de · prendre son parti de · se résigner à · supporter

accompagnateur, -trice *n.* · guide · cornac *fam.* · cicérone *vieilli ou plaisant*

accompagnement *n.m.* **1 - garniture** · **2 - cortège** · convoi · équipage · escorte · suite · **3 - conséquence** · résultat · suite

accompagner *v.tr.* **1 - se joindre à** · aller de compagnie avec · aller avec · marcher avec · suivre · **2 - conduire** · chaperonner · escorter · guider · surveiller · flanquer *souvent péj.* · **3 - compléter** · ajouter · assortir · **4 - s'ajouter à** · se joindre à

››› **s'accompagner de** *v.pron.* **1 - s'assortir de** · s'émailler de · **2 - avoir pour conséquence** · être suivi de

accompagner, escorter

On **accompagne** quelqu'un quand on se joint à lui pour aller au même endroit : « Jean dut accompagner sa mère à des eaux » (Proust, *Jean Santeuil*, Pléiade). **Escorter**, d'emploi plus restreint, c'est accompagner pour surveiller *(escorter un prisonnier)* ou pour protéger : « Que quatre ou cinq de mes gens prennent des mousquetaires pour l'escorter » (Molière, *Dom Juan*, IV, III).

accompli, e *adj.* **1 - fini** · révolu · terminé · **2 - parfait** · complet · idéal · incomparable · impeccable · irréprochable · modèle · **3 - remarquable** · achevé · distingué · excellent · expert

accomplir *v.tr.* **1 - effectuer** · commettre · exécuter · mettre à exécution · faire · fournir · mener à bien · perpétrer · réaliser · s'acquitter de · consommer *littér.* · **2 - achever** · finir · mener à son terme · terminer

››› **s'accomplir** *v.pron.* **1 - se passer** · arriver · avoir lieu · se produire · se réaliser · **2 - s'épanouir** · donner toute sa mesure · s'exprimer · se réaliser

accomplissement *n.m.* **1 - exécution** · achèvement · réalisation · **2 - épanouissement**

accord *n.m.* **1 - acceptation** · adhésion · agrément · approbation · appui · autorisation · aval · consentement · feu vert · permission · soutien · **2 - concorde** · alliance · communion · complicité · connivence · consensus · (bonne) entente · fraternité · harmonie · (bonne) intelligence · paix · sympathie · union · **3 - arrangement** · accommodement · compromis · contrat · convention · marché · pacte · protocole · traité

✦ **d'accord** oui · O.K. · (c'est) entendu · c'est vrai

✦ **demeurer d'accord de** reconnaître · avouer

✦ **être d'accord** **1 - en convenir** · admettre · **2 - être du même avis** · avoir le même sentiment · aller dans le même sens · être en phase · partager la même opinion · être de mèche *péj.* · **3 - vouloir bien** · accepter · marcher *fam.*

✦ **se mettre, tomber d'accord** **1 - s'entendre** · s'arranger · se concerter · faire cause commune · se donner la main · marcher la main dans la main · **2 - convenir** · fixer

✦ **être en accord** aller (bien) · cadrer (avec) · être adapté · être approprié · être en phase · être dans la note · être dans le ton

✦ **donner son accord** accepter · autoriser · permettre

✦ **mettre d'accord, en accord** 1 - **réconcilier** · concilier · 2 - **accorder**

✦ **d'un commun accord** unanimement · de concert · de conserve · à l'unanimité · tous ensemble

❧ contrat

accordéon *n.m.* 1 - **piano à bretelles** *fam.* · piano du pauvre *fam.* · 2 - **bandonéon**

accorder *v.tr.* 1 - **adapter** · approprier · arranger · assortir · conformer · harmoniser · 2 - **allier** · agencer · assembler · associer · combiner · concilier · 3 - **admettre** · avouer · confesser · convenir · reconnaître · 4 - **donner** · attribuer · consentir · décerner · gratifier de · laisser · offrir · 5 - **attacher** · attribuer · imputer

»» **s'accorder** *v.pron.* 1 - **s'offrir** · s'adjuger · s'approprier · s'arroger · s'attribuer · se donner · s'octroyer · se payer *fam.* · 2 - **s'allier** · s'associer · s'assortir · se combiner · se correspondre · s'harmoniser

✦ **s'accorder sur, pour** convenir de · décider de · s'entendre sur

accort, e *adj.* · aimable · agréable · avenant

accoster *v.tr.* 1 - **aborder** · approcher · draguer *fam.* · racoler *fam.* · 2 - **se ranger contre** · aborder · arriver à · afflanquer *rare* • [sans complément] atterrir · toucher terre

❧ aborder

accotement *n.m.* · bas-côté · bord · trottoir

accouchement *n.m.* · couches · délivrance · naissance · parturition · travail · enfantement *vieilli*

accoucher de *v.tr.ind.* 1 - **mettre au monde** · donner la vie à · donner naissance à · enfanter · engendrer • [animal] mettre bas · 2 - **produire** · donner naissance à · donner le jour à · engendrer · 3 - **créer** · élaborer · pondre *fam.* · 4 - [fam., sans complément] **parler** · s'expliquer · cracher *fam.*

❧ **accoucher, enfanter, engendrer**

Les verbes sont dans un rapport différent pour l'homme et la femme à l'idée de mettre au monde. **Engendrer** concerne l'ensemble du processus, de la fécondation à la parturition, et accepte pour sujet aussi bien l'homme que la femme, ou les deux réunis. **Accoucher** et **enfanter** ne concernent que la femme. Le premier s'applique seulement au moment de l'expulsion de l'enfant, lorsque la femme est *en couches* ; le second, qui ne renvoie pas à l'action concrète mais au fait plus général de faire naître un enfant, n'est utilisé que dans un style soutenu. Dans leurs emplois figurés, **accoucher** et **enfanter** évoquent l'effort, et même la souffrance, mais **enfanter** est moins concret qu'**accoucher**, qui est souvent péjoratif : on opposera *enfanter une œuvre* et *accoucher d'un mauvais roman.* **Engendrer** s'éloigne de la dimension physique et réfère à des sujets non humains : *une atmosphère, un comportement, un sentiment engendrent le calme, la peur, la surprise.*

accoucheur, -euse *n.* · obstétricien • [femme] sage-femme • [homme] maïeuticien

accoudoir *n.m.* · appui-bras · accotoir · bras · repose-bras

accouplement *n.m.* 1 - **croisement** · monte · reproduction · saillie · 2 - **rapport (sexuel)** · copulation · coït · baise *fam.* · 3 -

couplage · assemblage · association · conjonction · jumelage · réunion · rapprochement

accoupler *v.tr.* **réunir** · accoler · assembler · associer · combiner · coordonner · coupler · jumeler · joindre · lier · rapprocher · unir

»» **s'accoupler** *v.pron.* **faire l'amour** · coïter · s'unir *littér.* · baiser *fam.* · se prendre *fam.* · copuler *plaisant* · forniquer *Relig. ou plaisant* · se connaître *lang. biblique*

accourir *v.intr.* · se précipiter · se hâter

accoutrement *n.m.* · habillement · affublement · déguisement · mise · tenue · attifement *fam.*

accoutrer *v.tr.* · affubler · arranger · déguiser · équiper · habiller · harnacher · vêtir · attifer *fam.* · fagoter *fam.* · ficeler *fam.* · fringuer *fam.*

accoutumance *n.f.* **1 - adaptation** · acclimatement · habitude · **2 - dépendance** · addiction · assuétude · **3 - immunisation** · insensibilisation · mithridatisation *littér.* · mithridatisme *littér.*

accoutumé, e *adj.* **habituel** · courant · coutumier · familier · ordinaire · rituel · usuel

✦ **à l'accoutumée** habituellement · d'habitude · ordinairement

accoutumer *v.tr.* **1 - habituer** · adapter · acclimater · aguerrir · façonner · faire prendre l'habitude de · familiariser avec · rompre à · [à qqch. de difficile] endurcir · plier à · **2 - immuniser** · insensibiliser · mithridatiser *littér.*

»» **s'accoutumer** *v.pron.* **s'habituer** · s'acclimater · s'adapter · se faire · se familiariser · prendre le pli

accréditer *v.tr.* **1 - affirmer** · autoriser · confirmer · propager · répandre · **2 - établir** · installer · introduire · mettre en place · présenter

accroc *n.m.* **1 - déchirure** · trou · **2 - infraction** · entorse · transgression · violation · **3 - difficulté** · anicroche · complication · contretemps · embarras · empêchement · incident · obstacle · problème · **4 - souillure** · tache

accrochage *n.m.* **1 - accident** · choc · collision · **2 - dispute** · altercation · friction · heurt · incident · querelle · **3 - rixe** · échauffourée

accrocher *v.tr.* **1 - fixer** · agrafer · attacher · épingler · pendre · suspendre · appendre *vieux* · **2 - heurter** · bousculer · **3 - aborder** · accoster · arrêter · retenir · **4 - attirer à soi** · attraper · saisir · **5 - obtenir** · décrocher · enlever

✦ **accrocher sur** achopper sur · buter sur

»» **s'accrocher** *v.pron.* **1 - se tenir** · s'agripper · se cramponner · se retenir · saisir · **2 - ne pas lâcher** · se cramponner *fam.* · s'incruster *fam.* · **3 - tenir (bon)** · lutter · résister · **4 - se disputer** · se quereller · s'attraper *fam.* · s'engueuler *fam.*

accrocheur, -euse *adj.* **1 - tenace** · acharné · battant · combatif · opiniâtre · **2 - racoleur**

accroissement *n.m.* **1 - augmentation** · accumulation · agrandissement · allongement · croissance · développement · élévation · grossissement · multiplication · progression · redoublement · renforcement · **2 - accentuation** · amplification · aggravation · intensification · recrudescence

accroître *v.tr.* **1 - augmenter** · agrandir · développer · élargir · étendre · fortifier · grossir · multiplier · renforcer · **2 - accentuer** · aggraver · amplifier · intensifier

»» **s'accroître** *v.pron.* **grandir** · s'aggraver · augmenter · croître · se développer · s'élargir · s'étendre · grossir · s'intensifier · progresser

accroupir (s') *v.pron.* · se baisser · se mettre, se tenir à croupetons · s'asseoir sur les talons

accueil *n.m.* **1 - hospitalité** · réception · traitement · **2 - entrée** · réception

accueillant, e *adj.* **1 - aimable** · affable · bienveillant · chaleureux · cordial · engageant · sociable · sympathique · **2 - hospitalier**

accueillir *v.tr.* **1 - recevoir** · héberger · loger · offrir l'hospitalité à · traiter · **2 - abriter** · contenir · **3 - apprendre** · prendre · recevoir

✦ **accueillir chaleureusement** accueillir à bras ouverts · faire bonne mine à

✦ **accueillir froidement** faire grise mine à

acculer *v.tr.* **1 - pousser dans ses derniers retranchements** · mettre au pied du mur · coincer *fam.* · **2 -** [à qqch.] **contraindre** · condamner · forcer · obliger · pousser · réduire

accumulateur *n.m.* · batterie · pile · accus *fam.*

accumulation *n.f.* **1 - amoncellement** · amas · échafaudage · empilement · encombrement · entassement · monceau · montagne · superposition · tas · déballage *fam.* · fatras *fam.* · fouillis *fam.* · **2 - concentration** · agglomération · agrégation · assemblage · collection · groupement · rassemblement · regroupement · réunion · **3 - collecte** · capitalisation · cumul · **4 - abondance** · débauche · faisceau · quantité · masse

accumuler *v.tr.* **1 - amonceler** · amasser · empiler · engranger · entasser · grouper · rassembler · regrouper · réunir · superposer · **2 - collectionner** · capitaliser · cumuler · emmagasiner · mettre en réserve · thésauriser

❧ **amasser**

accus *n.m.pl.* → **accumulateur**

accusable *adj.* · incriminable · blâmable

accusateur, -trice *n. et adj.* · dénonciateur · calomniateur · délateur · détracteur

❧ **accusateur, calomniateur, délateur, dénonciateur**

En apportant la preuve des faits reprochés, l'**accusateur** fait connaître l'auteur d'une action répréhensible et punissable, alors que le **dénonciateur** s'adresse aux autorités chargées de réprimer les délits, sans souci de prouver quoi que ce soit. Le **délateur** se dissimule pour informer la police ou la justice de faits qui, sans être moralement blâmables, sont condamnés par les autorités ; son intention est d'en tirer bénéfice ou de faire mal. *Durant l'Occupation, les délateurs ont servi le gouvernement de Vichy.* La volonté de nuire fait agir le **calomniateur** : il répand autour de lui des bruits mensongers, le plus souvent sur la vie privée, pour porter atteinte à la réputation d'autrui.

accusation *n.f.* **1 - inculpation** · charge · imputation · incrimination · **2 - attaque** · blâme · charge ·

critique · grief · reproche · réquisitoire · **3 - calomnie** · dénigrement · diffamation · médisance

accusé, e

▪ *adj.* **accentué** · marqué

▪ *n.* **prévenu** · inculpé

✦ **accusé de réception** récépissé · reçu

accusé, inculpé, prévenu

Un **inculpé** est une personne à qui s'applique une procédure pénale particulière, la mise en examen (que l'on appelait jusqu'en 1993 **inculpation**) ; on lui impute une infraction et une procédure d'instruction est engagée *(être inculpé d'assassinat et de vol qualifié)*. L'**inculpé** devient un **prévenu** lorsqu'il est traduit devant un tribunal correctionnel et qu'il doit répondre effectivement d'un délit. Il est nommé **accusé** s'il est envoyé devant une cour d'assises *(l'accusé a été déclaré coupable)*.

accuser *v.tr.* **1 - désigner** · accabler · dénoncer · **2 - attaquer** · charger · dénoncer · faire retomber, rejeter la faute sur · faire le procès de · imputer la faute à · incriminer · jeter la pierre à · mettre en cause · mettre sur le compte de · faire porter le chapeau à *fam.* · mettre sur le dos de *fam.* · **3 - poursuivre** · mettre en examen · inculper · requérir contre · **4 - révéler** · dénoter · indiquer · marquer · montrer · **5 - accentuer** · dessiner · faire ressortir · souligner

✦ **accuser de** taxer de · faire grief de · reprocher

»» **s'accuser** *v.pron.* **1 - confesser** · avouer (sa faute, son crime) · **2 - s'accentuer** · s'accroître · s'aggraver · empirer · se marquer

acerbe *adj.* **1 - blessant** · acéré · âcre · agressif · âpre · caustique · grinçant · incisif · méchant · mordant · piquant · sarcastique · venimeux · virulent · acrimonieux *littér.* · **2 -** [vieux] **acide** · âcre · aigre · âpre · vert

acéré, e *adj.* **1 - affilé** · dur · tranchant · pointu · **2 - aigu** · intense · mordant · strident · vif · **3 - acerbe** · aigre · blessant · caustique · incisif · mordant

pointu

achalandé, e *adj.* · approvisionné · assorti · fourni · pourvu

acharné, e *adj.* **1 - tenace** · courageux · entêté · obstiné · opiniâtre · vaillant · **2 - enragé** · ardent · fanatique · farouche · forcené · furieux

acharnement *n.m.* **1 - rage** · animosité · fureur · furie · haine · **2 - persévérance** · ardeur · effort · énergie · lutte · obstination · opiniâtreté · passion · ténacité

acharner (s') *v.pron.* **persévérer** · continuer · s'entêter · s'obstiner · persister · s'opiniâtrer *vieux ou littér.*

✦ **s'acharner contre** persécuter · brimer · harceler · martyriser · opprimer · poursuivre · tourmenter

achat *n.m.* **acquisition** · emplette

»» **achats** *plur.* **courses** · commissions · emplettes · shopping *fam.*

achat, acquisition, emplette

Achat est le terme le plus général et le plus usité pour désigner ce que l'on se procure à titre onéreux *(faire ses achats ; c'est un achat important, programmé)*. **Emplette** ne concerne que les achats de valeur modérée *(faire l'emplette d'un bouquet de fleurs, quelques emplettes)*. **Acquisition** n'est pas limité aux biens importants dont on devient propriétaire *(acquisition d'un appartement, d'un tableau de maître)*, mais s'emploie aussi pour des biens moraux *(acquisition de la sagesse)* ou intellectuels *(acquisition de diplômes, de connaissances)*, qui ne sont pas monnayés.

acheminement *n.m.* · transport · convoiement · expédition

acheminer *v.tr.* **1 - transporter** · amener · conduire · convoyer · porter · **2 - envoyer** · adresser · faire parvenir · livrer

››› **s'acheminer** *v.pron.* **aller** · avancer · se diriger · marcher

acheter *v.tr.* **1 - acquérir** · faire l'acquisition, l'achat, l'emplette de · se procurer · entrer en possession de · **2 - payer** · avancer les fonds pour · **3 - offrir** · payer · procurer · **4 - corrompre** · soudoyer · suborner · arroser *fam.* · graisser la patte à *fam.* · donner des pots de vin à *fam.*

acheteur, -euse *n. et adj.* **acquéreur** · client · consommateur · payeur · preneur · chaland *vieux ou plaisant* · [au plur.] **clientèle** · pratique *vieilli*

achevé, e *adj.* **1 - parfait** · accompli · complet · incomparable · **2 - extrême** · absolu · consommé · fini · total

achèvement *n.m.* **1 - dénouement** · aboutissement · chute · conclusion · couronnement · fin · **2 - finition** · **3 - terme** · clôture · exécution · fin · réception · **4 - perfection** · accomplissement · épanouissement

achever *v.tr.*
I 1 - finir · accomplir · arriver au bout de · conduire à sa fin · exécuter · mener à bien, à terme · mettre la dernière main à · terminer · **2 - conclure** · mettre un point final à
II 1 - anéantir · épuiser · ruiner · causer la perte de · **2 - abattre** · donner le coup de grâce à · tuer

››› **s'achever** *v.pron.* **finir** · arriver à son terme, à sa conclusion · cesser · prendre fin · se terminer

achoppement *n.m.*
✦ **pierre d'achoppement** obstacle · écueil · difficulté · hic *fam.* · os *fam.* · pépin *fam.*

achopper *v.intr.* **trébucher** · broncher · buter
✦ **achopper sur** accrocher sur · s'arrêter sur · buter sur · se heurter à

acide *adj. et n.m.* **1 - acidulé** · aigre · aigrelet · piquant · vert · sur *littér.* · **2 - acerbe** · âcre · aigre · caustique · incisif · sarcastique · acrimonieux *littér.*

acidité *n.f.* **1 - aigreur** · **2 - âcreté** · amertume · causticité · acrimonie *littér.*

acidulé, e *adj.* · aigrelet · suret

acolyte *n.* **1 - adjoint** · aide · associé · auxiliaire · **2 - complice** · comparse · compère · affidé *péj.* · **3 - ami** · camarade · compagnon · copain *fam.* · partenaire

acompte *n.m.* · avance · arrhes · à-valoir · provision · [Impôts] tiers (provisionnel)

acoquiner (s') *v.pron.* · s'associer · se commettre · frayer · fréquenter · se mêler

à-côté *n.m.* **1 - supplément** · appoint · complément · **2 - détail** · accessoire

à-coup *n.m.* **1 - secousse** · cahot · raté · saccade · soubresaut · **2 - incident** · accroc · anicroche · complication · hoquet *vieux*

✦ **par à-coups** irrégulièrement · par accès · par intermittence · par intervalles · par saccades

acoustique

▪ *adj.* **1 - auditif** · **2 - sonore**

▪ *n.f.* **résonance** · sonorité

acquéreur *n.m.* · acheteur · cessionnaire · client · preneur · adjudicataire *(Droit)*

acquérir *v.tr.* **1 - acheter** · **2 - hériter** · recevoir · recueillir · **3 - gagner** · se concilier · conquérir · obtenir · rallier · remporter • [de la valeur] prendre

acquiescement *n.m.* · acceptation · accord · adhésion · agrément · approbation · assentiment · consentement

acquiescer *v.tr.ind.* [sans complément] **approuver** · dire oui · être d'accord

✦ **acquiescer à** accepter · agréer · consentir à · déférer à · souscrire à · répondre favorablement à

acquis, e

▪ *adj.* **établi** · certain · incontestable · reconnu

✦ **acquis à** dévoué à · gagné à · partisan de

▪ *n.m.* **1 - conquête** · **2 - connaissances** · bagage · expérience

acquisition *n.f.* **1 - achat** · emplette · **2 - obtention**

⤳ **achat**

acquittement *n.m.* **1 - paiement** · libération · règlement · remboursement · **2 - amnistie** · absolution · relaxe

acquitter *v.tr.* **1 - disculper** · absoudre · amnistier · blanchir · déclarer non coupable · gracier · innocenter · libérer · pardonner · relâcher · relaxer · **2 - payer** · régler · rembourser · liquider • [une dette] éteindre · apurer

⋙ **s'acquitter de** *v.pron.* **1 - se libérer de** · se dégager de · payer · régler · rembourser · **2 - accomplir** · exécuter · faire honneur à · mener à bien · remplir · satisfaire à

âcre *adj.* **1 - irritant** · acide · amer · âpre · piquant · râpeux · **2 - acerbe** · acide · aigre · amer · âpre · cuisant · grinçant · mordant · acrimonieux *littér.*

âcreté *n.f.* **1 - aigreur** · **2 - acrimonie** · amertume · âpreté

acrimonie *n.f.* · aigreur · âcreté · amertume · âpreté · hargne

acrimonieux, -ieuse *adj.* · acariâtre · acerbe · âcre · agressif · aigre · âpre · blessant · caustique · grinçant · hargneux · maussade · mordant

acrobate *n.* · trapéziste · cascadeur · équilibriste · fildeferiste · funambule · gymnaste · voltigeur

acrobatie *n.f.* **1 - voltige** · contorsion · dislocation · équilibrisme · saut · **2 - tour de passe-passe** · expédient · truc *fam.*

acrobatique *adj.* · périlleux · difficile

acte *n.m.* **1 - action** · démarche · entreprise · exploit · fait · geste · intervention · mouvement · opération · **2 -** [Admin., Droit] **document** · certificat · convention · exploit · minute · notification · titre · **3 - épisode** · moment

✦ **acte manqué** lapsus

✦ **prendre acte de** constater · enregistrer · prendre bonne note de · noter · tenir compte de

⋙ **actes** *plur.* **conduite** · attitude · comportement · réactions

acte, action

Une **action** est toujours envisagée dans son déroulement dans le temps ; elle implique un processus. L'**action** est une mise en œuvre de l'activité d'un individu, d'un groupe : *le Premier ministre coordonne, recadre l'action du gouvernement.* L'**acte** est considéré sans que l'on s'attache à son déroulement ou à sa durée. Il est perçu dans son aspect objectif, séparé de l'individu qui agit : *un acte de foi, un acte de violence, un acte criminel.* « Je connais les hommes et je les reconnais à leur conduite, à l'ensemble de leurs actes » (Camus, *le Mythe de Sisyphe*).

acteur, -trice *n.* 1 - **comédien** · artiste · enfant de la balle · interprète · tragédien · 2 - **protagoniste** · intervenant

acteur, comédien

L'**acteur** et le **comédien** ont pour activité principale de jouer des rôles. Leur champ d'action commun est traditionnellement le théâtre, où ils jouent la comédie au sens premier du mot (« pièce de théâtre »). Aujourd'hui, le **comédien** interprète aussi des rôles à l'écran, mais le mot est resté attaché à la scène : pour le milieu professionnel, il désigne un acteur de théâtre. Sorti de la plume de Molière avec son sens moderne, **acteur** dépasse largement son domaine d'origine, le théâtre, et il est devenu plus courant que **comédien**. Dans les emplois figurés, seul **comédien** renvoie à l'art de simuler, à un comportement hypocrite *(c'est un vrai comédien !)* ; on n'emploiera pas **acteur** dans ce contexte.

actif, -ive

▪ *adj.* 1 - **agile** · prompt · rapide · vif · 2 - **affairé** · battant · bouillonnant · diligent · dynamique · entreprenant · infatigable · militant · occupé · remuant · travailleur · zélé · increvable *fam.* · 3 - **en activité** · 4 - **agissant** · efficace · énergique · opérant · productif · 5 - **radioactif**

▪ *n.m.* **patrimoine** · avoir · bien · capital

¹action *n.f.* 1 - **activité** · effort · fonctionnement · marche · mouvement · service · travail · 2 - **acte** · comportement · conduite · démarche · entreprise · fait · geste · initiative · intervention · manœuvre · œuvre · opération · réalisation · agissements *péj.* · 3 - **effet** · efficacité · force · 4 - **combat** · bataille · coup de main · engagement · 5 - **intrigue** · péripétie · scénario · 6 - **animation** · mouvement · vie

✦ **avoir une action sur** agir sur · influer sur

✦ **bonne action** B.A. *fam.*

✦ **mauvaise action** méfait

✦ **action d'éclat** exploit · prouesse

acte

²action *n.f.* · part · valeur

actionnaire *n.* · associé · porteur

actionner *v.tr.* · mettre en marche, en route · déclencher · enclencher · entraîner · faire fonctionner · mouvoir *soutenu*

activement *adv.* · énergiquement · ardemment · vivement

activer *v.tr.* 1 - **accélérer** · hâter · presser · pousser · 2 - **attiser** · aviver · exacerber · exciter · stimuler

⋙ **s'activer** *v.pron.* 1 - **s'affairer** · s'occuper · 2 - **se hâter** · se dépêcher · se presser · faire diligence *soutenu* · se grouiller *fam.* · faire fissa *fam.* · mettre les bouchées doubles *fam.* · mettre la gomme *fam.* · se magner *fam.*

activité *n.f.* **1 - dynamisme** · ardeur · énergie · entrain · vigueur · vitalité · vivacité · zèle · **2 - animation** · agitation · circulation · mouvement · **3 - occupation** · emploi · métier · profession · travail · boulot *fam.* · job *fam.*

✦ **en activité** **1 - en fonction** · actif · **2 - en mouvement** · en marche · en fonctionnement · en service

✦ **en pleine activité** en plein essor · en plein boum

actualisation *n.f.* · modernisation · mise à jour · rajeunissement · renouvellement

actualiser *v.tr.* **1 - moderniser** · dépoussiérer · mettre à jour · rajeunir · renouveler · rénover · **2 -** [Écon.] **réaliser**

actualité *n.f.* **modernité** · contemporanéité

⋙ **actualités** *plur.* **informations** · journal (télévisé) · nouvelles · infos *fam.*

actuel, -elle *adj.* **1 - contemporain** · courant · de notre temps · d'aujourd'hui · présent · **2 - moderne** · à la mode · **3 -** [Philo.] **effectif** · existant · réel

actuellement *adv.* · à présent · aujourd'hui · de nos jours · en ce moment · maintenant · par les temps qui courent · pour l'instant · pour le moment · présentement *littér.*

↝ **maintenant**

acuité *n.f.* **1 - lucidité** · clairvoyance · finesse · intelligence · perspicacité · pénétration · sagacité · **2 - intensité** · gravité · violence

adage *n.m.* · pensée · dicton · maxime · précepte · proverbe · sentence

adaptable *adj.* · modulable · flexible · souple

adaptation *n.f.* **1 - acclimatation** · acclimatement · accoutumance · ajustement · intégration · **2 - modification** · accord · transformation · **3 - transposition** · arrangement · réduction · traduction

adapté, e *adj.* · approprié · adéquat · conforme · convenable · idoine *littér.*

adapter *v.tr.* **1 - assembler** · abouter · ajuster · joindre · rattacher · réunir · unir · **2 - approprier** · accommoder · accorder · ajuster · aménager · arranger · assortir · conformer · harmoniser · mettre en accord · moduler · **3 - transposer** · moderniser · [Cinéma] porter à l'écran · [Théâtre] porter à la scène

⋙ **s'adapter (à)** *v.pron.* **1 - s'ajuster (à)** · s'acclimater (à) · s'accommoder (à) · s'accorder à, avec · s'accoutumer (à) · s'habituer (à) · s'intégrer (à) · se reconvertir (à) · se mettre au diapason (de) · **2 - aller avec** · cadrer avec · concorder avec · convenir à · correspondre à

addenda *n.m.* · additif · addition · annexe · appendice · complément · supplément · post-scriptum

additif *n.m.* **1 - supplément** · addenda · annexe · appendice · complément · post-scriptum · **2 - conservateur** · agent de sapidité

addition *n.f.* **1 - somme** · total · **2 - compte** · décompte · dû · facture · note · prix à payer · relevé · douloureuse *fam.* · **3 - adjonction** · ajout · **4 - ajout** · additif · complément · supplément • [à la fin d'un ouvrage] addenda · annexe · appendice

↬ note

additionnel, -elle *adj.* · ajouté · adjoint · annexé · complémentaire · en supplément · joint · subsidiaire · supplémentaire

additionner *v.tr.* **1 - totaliser** · faire la somme de · sommer *(Math.)* · **2 - ajouter** · compléter par · **3 -** [d'eau, etc.] **allonger** · couper · diluer · étendre · mouiller · rallonger

adepte *n.* **1 - partisan** · allié · défenseur · soutien · sympathisant · tenant · **2 - disciple** · fidèle · prosélyte · recrue · **3 - amateur** · ami

adéquat, e *adj.* · approprié · ad hoc · convenable · dans la note · juste · pertinent · idoine *littér.*

adéquation *n.f.* · concordance · accord · convenance

adhérence *n.f.* **1 - collage** · accolement · liaison · soudure · **2 - tenue de route**

adhérent, e *n.* **1 - membre** · affilié · cotisant · militant · participant · recrue · souscripteur · **2 - adepte** · partisan

adhérer à *v.tr.ind.* **1 - (se) coller à** · faire corps avec · se souder à · tenir à · **2 - approuver** · accepter · accorder son soutien à · adopter · se rallier à · souscrire à · suivre · **3 - s'affilier à** · cotiser à · devenir membre de · s'engager dans · s'enrôler dans · entrer dans · s'inscrire à · se joindre à · rejoindre

adhésif, -ive *adj.* · collant

adhésion *n.f.* **1 - accord** · acceptation · agrément · approbation · assentiment · consentement · suffrage · **2 - affiliation** · inscription · souscription

↬ consentement

ad hoc *adj.* → **convenable**

adipeux, -euse *adj.* · gras · bouffi · empâté · enveloppé · grassouillet · gros · obèse · rondouillard

adjacent, e *adj.* · attenant · contigu · juxtaposé · limitrophe · mitoyen · voisin

adjoindre *v.tr.* **1 - associer** · attacher · joindre · **2 - ajouter** · accoler · annexer · apposer · joindre · juxtaposer · lier · rapprocher · rattacher · unir

»» **s'adjoindre** *v.pron.* **s'associer** · s'attacher · engager · prendre · recruter

adjoint, e *n.* · collaborateur · aide · alter ego · assesseur · assistant · associé · attaché · auxiliaire · bras droit · lieutenant · remplaçant · second · suppléant

↬ **adjoint, assistant, auxiliaire**

L'**adjoint**, l'**assistant** et l'**auxiliaire** ont tous trois pour rôle d'apporter leur aide à quelqu'un. Une personne peut avoir plusieurs **adjoints** qui se substitueront à elle quand cela est nécessaire : *le premier adjoint du maire a pouvoir de célébrer un mariage.* Les **assistants** complètent l'action, le travail de quelqu'un et ne pourraient le remplacer : *un assistant caméraman, une assistante médicale.* L'**auxiliaire** est lui aussi moins qualifié que celui qu'il seconde ou remplace ; il fournit une aide qui, pour utile qu'elle soit, peut n'être que provisoire : *un professeur auxiliaire en voie de titularisation.*

adjonction *n.f.* **1 - rattachement** · annexion · association ·

réunion • **2 - addition** • additif • addenda • annexe • appendice • complément • rajout • supplément

adjudication *n.f.* **attribution**
✦ **vente par adjudication** vente aux enchères

adjuger *v.tr.* **attribuer** • accorder • décerner • donner • gratifier de • octroyer

»» **s'adjuger** *v.pron.* **s'approprier** • accaparer • s'annexer • s'emparer de • truster *fam.*

adjurer *v.tr.* • implorer • conjurer • prier • supplier

admettre *v.tr.* **1 - reconnaître** • accepter • accorder • avouer • comprendre • consentir • convenir de • croire • **2 - tolérer** • accepter • approuver • autoriser • permettre • souffrir • souscrire à • supporter • **3 - accueillir** • accepter • affilier • agréer • introduire • recevoir • **4 - supposer** • imaginer

administrateur, -trice *n.* **1 - directeur** • dirigeant • fondé de pouvoir • gérant • gestionnaire • intendant • manager • responsable • régisseur • **2 - agent** • fonctionnaire

administratif, -ive *adj.* • officiel • bureaucratique • public • réglementaire

administration *n.f.* **1 - direction** • conduite • gérance • gestion • gouvernement • management • pilotage *fam.* • **2 - fonction publique** • **3 - bureaucratie** • paperasserie

administrer *v.tr.* **1 - diriger** • commander • conduire • faire marcher • gérer • manager • mener • piloter • **2 - donner** • faire absorber • faire prendre • [une correction] infliger • donner • filer *fam.* • flanquer *fam.*

admirable *adj.* **1 - magnifique** • éblouissant • incomparable • merveilleux • splendide • sublime • superbe • **2 - remarquable** • étonnant • excellent • exceptionnel • extraordinaire • prodigieux

admirablement *adv.* • merveilleusement • à merveille • extraordinairement • magnifiquement • parfaitement • prodigieusement • splendidement • superbement • très bien

admirateur, -trice *n.* • enthousiaste • adorateur • inconditionnel • fan *fam.* • groupie *fam.*

admiratif, -ive *adj.* • émerveillé • ébloui • fasciné

admiration *n.f.* • éblouissement • émerveillement • engouement • enthousiasme • ravissement • emballement *fam.*

admirer *v.tr.* • s'émerveiller de • s'engouer pour • s'enthousiasmer pour • s'extasier devant • être en extase devant • faire grand cas de • porter aux nues

admissible *adj.* **1 - recevable** • acceptable • concevable • plausible • valable • **2 - supportable** • acceptable • tolérable • **3 - suffisant** • acceptable • convenable • correct • passable • potable *fam.*

admission *n.f.* • entrée • accueil • adhésion • introduction • réception

admonestation *n.f.* • blâme • avertissement • exhortation • gronderie • leçon • remontrance • réprimande • reproche • sermon • semonce • engueulade *fam.* • savon *fam.*

admonester *v.tr.* • réprimander • faire la morale à • gourmander • gronder • houspiller • sermonner •

engueuler *fam.* · secouer *fam.* · passer un savon à *fam.* · sonner les cloches à *fam.* · chapitrer *littér.* · morigéner *littér.* · tancer *littér.* · semoncer *rare*

adolescence *n.f.* · jeunesse · formation · puberté

adolescent, e *n. et adj.* **1 - jeune** · teenager *anglic.* · jeuns *lang. jeunes* · **2 -** → **jeune homme** · **3 -** → **jeune fille**

adonner à (s') *v.pron.* **1 - se consacrer à** · cultiver · s'appliquer à · s'attacher à · se donner à · s'occuper à · pratiquer · **2 - se livrer à** · s'abandonner à · s'abîmer dans · se laisser aller à · sombrer dans · tomber dans

adopter *v.tr.* **1 - choisir** · élire · opter pour · **2 - approuver** · acquiescer · consentir à · être d'accord avec · **3 - entériner** · faire passer · ratifier · voter · **4 - suivre** · s'aligner sur · se convertir à · embrasser · épouser · **5 - employer** · emprunter · avoir recours à · user de

adoption *n.f.* **1 - choix** · élection · sélection · **2 - approbation** · consentement · ralliement · **3 - ratification** · sanction · vote

adorable *adj.* **1 - ravissant** · charmant · gracieux · joli · mignon · craquant *fam.* · **2 - aimable** · délicieux · exquis · gentil

adorateur, -trice *n.* **1 - admirateur** · dévot · fidèle · idolâtre · fan *fam.* · groupie *fam.* · **2 - amoureux** · admirateur · amant · soupirant · galant *vieilli*

adoration *n.f.* **1 - culte** · dévotion · ferveur · idolâtrie · vénération · **2 - admiration** · adulation · amour · dévotion · idolâtrie · passion · respect · vénération

adorer *v.tr.* **1 - vénérer** · glorifier · idolâtrer · rendre gloire à · rendre hommage à · rendre un culte à · révérer · servir · **2 - aimer (à la folie)** · aduler · être fou de · idolâtrer · raffoler de · vénérer · chérir *littér.*

adosser *v.tr.* **appuyer** · accoter · plaquer contre

⋙ **s'adosser** *v.pron.* **s'appuyer** · prendre appui contre · se mettre dos à

adoucir *v.tr.* **1 - édulcorer** · sucrer · **2 - atténuer** · alléger · amortir · calmer · diminuer · estomper · étouffer · réduire · soulager · **3 - modérer** · assouplir · mitiger · tempérer · mettre un bémol à *fam.* · **4 - attendrir** · amadouer · amollir · apprivoiser · désarmer · fléchir

⋙ **s'adoucir** *v.pron.* **1 - se réchauffer** · s'attiédir · se radoucir · tiédir · **2 - s'attendrir** · fléchir · se radoucir · **3 - se modérer** · s'assagir · se calmer · en rabattre · mettre de l'eau dans son vin

adoucissant, e

▪ *adj.* **1 - calmant** · lénifiant · **2 - baume** · lénitif

▪ *n.m.* **assouplissant** · adoucisseur

adoucissement *n.m.* **1 - réchauffement** · attiédissement · radoucissement · **2 - allègement** · affaiblissement · apaisement · atténuation · diminution · soulagement

[1]**adresse** *n.f.* **1 - destination** · **2 - domicile** · habitation · résidence · coordonnées *fam.*

✦ **à l'adresse de** à l'intention de · à l'endroit de

[2]**adresse** *n.f.* **1 - agilité** · aisance · art · dextérité · habileté · savoir-faire · souplesse · tour de main ·

virtuosité · **2 - habileté** · art · diplomatie · doigté · entregent · finesse · habileté · industrie · ingéniosité · intelligence · maestria · maîtrise · science · subtilité · talent

✦ **tour d'adresse** acrobatie · escamotage · jonglerie · tour de passe-passe · tour de prestidigitation · truc

adresse, dextérité, habileté

Bien exécuter un geste peut se faire avec **adresse** lorsque les mouvements du corps ou des mains sont ceux qui conviennent le mieux pour obtenir le résultat escompté *(l'adresse d'un jongleur, un jeu d'adresse)*. La **dextérité** requiert plus particulièrement une très grande aisance manuelle *(la dextérité de la dentellière)*. Quant à l'**habileté**, au-delà de la dimension physique, elle fait entrer en jeu finesse et savoir-faire *(l'habileté d'un artisan horloger ; ouvrage d'art exécuté avec habileté)*.

adresser *v.tr.* **1 - expédier** · envoyer · faire parvenir · poster · transmettre · **2 -** [à un médecin, etc.] **diriger vers** · **3 - dédier** · dédicacer · **4 - exprimer** · présenter · proférer · transmettre · **5 - décocher** · allonger · donner · envoyer

»» **s'adresser à** *v.pron.* **1 - parler à** · demander à · interpeller · questionner · **2 - recourir à** · aller voir · avoir recours à · faire appel à · solliciter · se tourner vers · **3 - concerner** · avoir pour cible · être destiné à · regarder · toucher

adroit, e *adj.* **1 - habile** · exercé · expérimenté · expert • [tireur, etc.] d'élite · **2 - astucieux** · délié · diplomate · fin · habile · intelligent · malin · politique · rusé · subtil · insinuant *péj.*

✦ **être très adroit** être adroit comme un singe

adroitement *adv.* · habilement · avec adresse · astucieusement · avec tact · diplomatiquement · finement

adulation *n.f.* **1 - adoration** · culte · dévotion · **2 -** [vieilli] **flatterie** · flagornerie · servilité

aduler *v.tr.* **1 - admirer** · adorer · aimer · chérir *littér.* · idolâtrer · **2 -** [vieilli] **flatter** · caresser · courtiser · encenser · louanger

adulte *adj. et n.* **1 - développé** · fait · formé · mûr · **2 - majeur** · grand · grande personne · **3 - responsable** · mûr · posé · raisonnable · réfléchi · sérieux

[1]**adultère** *adj.* · infidèle

[2]**adultère** *n.m.* **infidélité** · trahison · tromperie · cocuage *fam.*

advenir *v.intr.* · arriver · avoir lieu · se passer · se produire · survenir

adversaire *n.* **1 - concurrent** · antagoniste · challenger *anglic.* · compétiteur · rival · **2 - contradicteur** · contestataire · ennemi · opposant

opposant

adverse *adj.* **1 - opposé** · concurrent · ennemi · rival · **2 - défavorable** · contraire · hostile · opposé

adversité *n.f.* **1 - malchance** · difficulté · épreuve · malheur · misère · poisse *fam.* · **2 - fatalité** · infortune · mauvais sort · mauvaise fortune

aérateur *n.m.* · climatiseur · ventilateur

aération *n.f.* · ventilation

aérer *v.tr.* **1 - ventiler** · mettre à l'air · **2 - espacer** · alléger · clarifier · éclaircir

››› **s'aérer** *v.pron.* **1 - prendre l'air** · s'oxygéner · prendre un bol d'air · respirer · **2 - se changer les idées** · se détendre · se distraire · décompresser *fam.*

aérien, -ienne *adj.* **1 - léger** · immatériel · vaporeux · **2 - divin** · céleste · éthéré · limpide · pur

aéroglisseur *n.m.* **1 - hovercraft** · hydroglisseur · naviplane · **2 - aérotrain**

aéronautique *n.f.* · aviation

aéronaval, e *adj. et n.f.* · aéronautique

aéronef *n.m.* · aérostat · astronef · aérodyne

aéroplane *n.m.* · avion

aéroport *n.m.* · aérodrome · aérogare

aéroport, aérodrome, aérogare

L'**aéroport**, qu'il soit international ou de dimensions plus modestes, comprend les diverses installations qui permettent le trafic aérien. Il est constitué de l'**aérogare**, c'est-à-dire de la totalité des bâtiments réservés tant aux voyageurs qu'au fret *(la nouvelle aérogare F de l'aéroport de Roissy)*, et de l'**aérodrome**, soit du terrain aménagé pour le décollage et l'atterrissage des avions *(l'avion vient de se poser sur l'aérodrome)*. Par extension, on emploie aussi **aérodrome** pour désigner un petit **aéroport** *(l'aérodrome du Bourget)*.

aérosol *n.m.* · atomiseur · nébuliseur · pulvérisateur · vaporisateur

aérostat *n.m.* · ballon · dirigeable · montgolfière · zeppelin
ballon

affabilité *n.f.* · amabilité · bienveillance · douceur · gentillesse · bonne grâce · civilité · complaisance · courtoisie · obligeance · politesse

affable *adj.* · aimable · accueillant · avenant · courtois · engageant · gracieux · liant · obligeant · poli · sociable · sympathique

affabulation *n.f.* · mensonge · invention · fabulation

affabuler *v.intr.* · mentir · inventer · fabuler

affadir *v.tr.* **1 - édulcorer** · dénaturer · ôter la saveur de · rendre fade · **2 - atténuer** · adoucir · affaiblir · amoindrir · émousser · modérer · réduire · tempérer · **3 - décolorer** · délaver · détremper · éclaircir · effacer · estomper · pâlir

affaiblir *v.tr.* **1 - anémier** · amoindrir · diminuer · épuiser · éreinter · exténuer · fatiguer · fragiliser · miner · **2 - atténuer** · émousser · modérer · tempérer · user · **3 - ébranler** · atteindre · entamer · porter atteinte à · ruiner · saper

››› **s'affaiblir** *v.pron.* **1 - dépérir** · baisser · décliner · diminuer · s'étioler · faiblir · **2 - baisser** · s'atténuer · décliner · décroître · diminuer · faiblir · vaciller

affaiblissement *n.m.* **1 - fatigue** · asthénie · avachissement · dépérissement · épuisement · **2 - amoindrissement** · atténuation · baisse · diminution · **3 - déclin** · altération · décadence · déchéance · défaillance · dégénérescence · dégradation · usure

affaire *n.f.*

I entreprise · commerce · firme · magasin · société

II 1 - question · problème · sujet · **2 - histoire** · intrigue · scandale · **3 - procès** · cas · cause · litige
III aubaine · occasion
✦ **en faire (toute) une affaire** en faire (tout) un monde · faire (toute) une comédie · en faire (tout) un drame · en faire (toute) une histoire · en faire (tout) un plat *fam.*
✦ **faire affaire (avec)** traiter avec · conclure avec · toper
✦ **faire l'affaire** convenir · aller · être adéquat
✦ **c'est mon affaire** ça me regarde · c'est mes oignons *fam.*
✦ **se tirer d'affaire 1 - s'en sortir** · se tirer d'embarras · **2 - se débrouiller**

››› **affaires** *plur.* **1 - économie** · business *anglic.* · finance · **2 - effets personnels** · bagage · vêtements · **3 - activités** · devoirs · obligations · occupations · tâches · travail · besogne *vieux*

affairé, e *adj.* · actif · occupé
❧ **occupé**

affairer (s') *v.pron.* · s'occuper · s'activer · s'agiter · se démener · se donner de la peine, du mal · s'empresser · se mettre en quatre *fam.*

affaissement *n.m.* **1 - éboulement** · chute · écroulement · effondrement · glissement · tassement · **2 - avachissement** · ramollissement · relâchement · **3 - accablement** · abattement · dépression · prostration

affaisser *v.tr.* **1 - tasser** · **2 - affaiblir** · abattre · accabler · amoindrir · déprimer

››› **s'affaisser** *v.pron.* **1 - s'effondrer** · s'ébouler · s'écrouler · tomber · **2 - plier** · se courber · fléchir · glisser · ployer · se tasser · **3 - se laisser tomber** · s'affaler · s'écrouler · s'effondrer · se laisser glisser · s'avachir *fam.* · **4 - s'affaiblir** · baisser · crouler · décliner · plonger

affaler *v.tr.* [une voile] **descendre** · amener

››› **s'affaler** *v.pron.* **tomber** · s'abattre · s'affaisser · s'écrouler · s'effondrer · se laisser tomber · se vautrer · s'étaler *fam.* · s'avachir *fam.*

affamé, e

▪ *adj.* **1 - famélique** · **2 - vorace**
✦ **affamé de** avide · altéré · assoiffé

▪ *n.* **crève-la-faim** *fam.* · crevard *fam.* · misérable

[1]**affectation** *n.f.* **1 - attribution** · assignation · destination · imputation · **2 - nomination** · désignation · détachement · mutation · **3 - poste** · emploi

[2]**affectation** *n.f.* **1 - préciosité** · apprêt · grands airs · manières · minauderie · pose · recherche · chichis *fam.* · simagrées *fam.* · afféterie *littér.* · **2 - comédie** · bluff *fam.* · chiqué *fam.*

affecté, e *adj.* **1 - artificiel** · composé · contraint · conventionnel · de commande · emprunté · étudié · factice · faux · feint · forcé · **2 - cérémonieux** · apprêté · maniéré · minaudier · mièvre · recherché · ostentatoire · outré · pédant · poseur · précieux · prétentieux

[1]**affecter** *v.tr.* · feindre · afficher · contrefaire · étaler · jouer · prendre l'air de · simuler
❧ **afficher** ❧ **feindre**

[2]**affecter** *v.tr.* **1 - attribuer** · assigner · consacrer · dédier · destiner · imputer · **2 - désigner** · destiner ·

établir · installer · mettre en place · muter · nommer · **3 - classer** · qualifier · spécifier

[3]**affecter** *v.tr.* **1 - agir sur** · atteindre · marquer · toucher · **2 - émouvoir** · affliger · attrister · chagriner · désoler · frapper · impressionner · peiner · secouer · troubler · remuer *fam.*

affectif, -ive *adj.* · émotionnel · passionnel · sentimental

affection *n.f.* **1 - attachement** · amitié · amour · affinité · inclination · penchant · piété · sentiment · sympathie · tendresse · **2 - maladie** · indisposition · mal · syndrome

affectionné, e *adj.* **1 - affectueux** · aimant · dévoué · fidèle · tendre · **2 - aimé** · préféré

affectionner *v.tr.* · aimer · avoir du goût pour · apprécier · avoir une prédilection pour · raffoler de · goûter *littér.* · priser *littér.* · kiffer *lang. jeunes*

affectivité *n.f.* · sensibilité · émotivité

affectueusement *adv.* · tendrement · amicalement · chaleureusement

affectueux, -euse *adj.* **1 - aimant** · câlin · doux · tendre · **2 - amical** · chaleureux · cordial · fraternel · gentil

affermir *v.tr.* **1 - raffermir** · durcir · raidir · **2 - renforcer** · affirmer · ancrer · cimenter · conforter · consolider · encourager · fortifier · réconforter · revigorer · [le caractère] tremper

affichage *n.m.* **1 - présentation** · annonce · publication · publicité · **2 -** [Inform.] **visualisation**

affiche *n.f.* **1 - annonce** · affichette · avis · panneau publicitaire · placard · publicité · **2 - poster** · **3 - distribution** · casting

afficher *v.tr.* **1 - placarder** · apposer · **2 - indiquer** · annoncer · publier · **3 -** [Inform.] **présenter** · visualiser · **4 - manifester** · affecter · déployer · étaler · exhiber · exposer · extérioriser · faire étalage de · montrer · présenter · professer

⋙ **s'afficher** *v.pron.* **se montrer** · s'exhiber · parader · se pavaner

afficher, affecter

On **affiche** ses sentiments, ses opinions quand on en fait étalage : *afficher son niveau de vie dans le choix d'un véhicule ; afficher sa fierté d'avoir réussi un examen.* **Affecter** suppose aussi la démonstration publique, sans pour autant que le sentiment, l'opinion, etc. soient réellement éprouvés : « Ne pas affecter les qualités et les vertus que l'on souhaiterait d'avoir mais que l'on n'a pas » (Gide, *Journal*, 1927).

affidé, e *n.* · acolyte · agent · homme à tout faire

affilé, e *adj.* **1 - affûté** · aiguisé · coupant · pointu · tranchant · **2 - acéré** · aigu · incisif · pénétrant · vif

affilée (d') *loc. adv.* · à la file · à la suite · de suite · d'une seule traite · durant · en continu · non-stop · sans arrêt · sans s'arrêter · sans interruption

affiler *v.tr.* · aiguiser · affûter

affiliation *n.f.* **1 - adhésion** · enrôlement · inscription · **2 - admission** · entrée · incorporation · intégration · rattachement

affilié, e *adj. et n.* · adhérent · cotisant · inscrit · membre

affilier *v.tr.* **intégrer** • enrôler • incorporer • rattacher

»» **s'affilier à** *v.pron.* **adhérer à** • entrer à, dans • s'inscrire à • rejoindre

affinage *n.m.* **1 - raffinage** • dépuration • épuration • purification • **2 -** [du fromage] **maturation** • **3 - finissage**

affiner *v.tr.* **1 - amincir** • **2 - épurer** • dégrossir • purifier • raffiner • **3 - éduquer** • civiliser • délier • perfectionner • polir • raffiner

»» **s'affiner** *v.pron.* **1 - se préciser** • prendre tournure • **2 - s'éduquer** • se perfectionner • se raffiner

affinité *n.f.* **1 - parenté** • analogie • conformité • correspondance • harmonie • liaison • rapport • relation • ressemblance • **2 - accord** • attirance • attraction • goût • inclination • penchant • sympathie

affirmatif, -ive *adj.* **1 - catégorique** • brutal • net • péremptoire • sans appel • tranchant • **2 - assertif** • positif

affirmation *n.f.* **1 - déclaration** • allégation • assertion • attestation • jugement • propos • prise de position • **2 - démonstration** • confirmation • expression • manifestation • preuve • témoignage

affirmation, allégation, assertion

L'**affirmation** exclut le doute sur le contenu de ce qui est dit : celui qui parle donne pour vrai ce qui est exprimé : *une affirmation péremptoire.* Avec l'**assertion**, ce que l'on dit est soutenu comme étant vrai, mais peut en fait être faux : *un article truffé d'assertions définitives ; il est toujours nécessaire de vérifier une assertion.* L'**allégation** présente pour vrai ce que l'on avance, mais de manière peu fondée et, souvent, mensongère : *ses allégations calomnieuses ; je réfute ces allégations.* Le mensonge et l'**allégation** sont d'ailleurs souvent associés : « Cette allégation est un pur mensonge, bien qu'elle traîne partout » (Montherlant, *Malatesta*, III, V, 1946).

affirmé, e *adj.* • net • tranché • visible

affirmer *v.tr.* **1 - assurer** • alléguer • avancer • certifier • déclarer • maintenir • prétendre • soutenir • **2 - manifester** • confirmer • démontrer • exprimer • extérioriser • montrer • prouver • témoigner

»» **s'affirmer** *v.pron.* **1 - s'affermir** • se confirmer • se consolider • se fortifier • se renforcer • **2 - se manifester** • se déclarer • se dessiner • s'exprimer • s'extérioriser • se montrer • se produire

affleurer *v. intr.* • se manifester • apparaître • émerger • percer • poindre • sortir • transparaître

affliction *n.f.* • chagrin • abattement • accablement • amertume • consternation • déchirement • désespoir • désolation • détresse • deuil • douleur • peine • souffrance • tristesse • tourment

affligé, e

▪ *adj.* **peiné** • abattu • accablé • affecté • attristé • contrarié • chagriné • désespéré • désolé • navré • souffrant • triste

✦ **affligé de** frappé de • atteint de • doté de • pourvu de

▪ *n.* [littér.] **malheureux** • déshérité • infortuné • malchanceux • pauvre • paria • réprouvé • gueux *péj.*

affligeant, e *adj.* **1 - attristant** • décourageant • démoralisant •

déplorable · déprimant · triste · 2 - **lamentable** · calamiteux · consternant · désastreux · désespérant · désolant · misérable · navrant · nul · pitoyable · minable *fam.*

affliger *v.tr.* 1 - **peiner** · affecter · attrister · chagriner · contrarier · désespérer · fendre le cœur de · contrister *littér.* · 2 - **consterner** · abattre · accabler · désoler · navrer · 3 - **frapper** · accabler · atteindre · faire souffrir · mettre à l'épreuve · 4 - [iron.] **doter** · nantir

affluence *n.f.* 1 - **afflux** · arrivée · écoulement · flux · flot · 2 - **abondance** · avalanche · débordement · déferlement · déluge · foisonnement · pluie · profusion · quantité · 3 - **foule** · multitude · presse · rassemblement · réunion · rush

~ **foule**

affluer *v.intr.* 1 - **couler** · arriver · se déverser · monter · 2 - **converger** · accourir · se bousculer · déferler · se masser · se presser

afflux *n.m.* · affluence · arrivée · déferlement · flot · flux · ruée · vague

affolant, e *adj.* 1 - **effrayant** · alarmant · épouvantable · inquiétant · terrible · 2 - **excitant** · affriolant · aguichant

affolé, e *adj.* 1 - **effrayé** · alarmé · effaré · épouvanté · terrifié · 2 - **désorienté** · agité · bouleversé · déboussolé · égaré · troublé · qui a perdu le nord · qui a perdu les pédales *fam.*

affolement *n.m.* 1 - **peur** · alarme · crainte · effroi · épouvante · inquiétude · panique · terreur · 2 - **agitation** · bouleversement · désarroi · émotion · égarement · trouble · 3 - **désordre** · hâte · précipitation

affoler *v.tr.* 1 - **effrayer** · alarmer · apeurer · effarer · épouvanter · inquiéter · paniquer · terrifier · terroriser · 2 - **déboussoler** · agiter · bouleverser · désorienter · égarer · troubler · 3 - **exciter** · aguicher · affrioler · enflammer · troubler · allumer *fam.*

»» **s'affoler** *v.pron.* 1 - **prendre peur** · s'effrayer · paniquer · perdre la tête · perdre le nord *fam.* · perdre la boule *fam.* · 2 - **s'angoisser** · s'alarmer · se faire du souci · s'inquiéter · se tourmenter · se frapper *fam.* · 3 - **se dépêcher** · s'agiter · se hâter · se précipiter · se dégrouiller *fam.*

affranchir *v.tr.* 1 - **libérer** · briser les fers, les liens, le joug de · délier · délivrer · émanciper · 2 - **décharger** · débarrasser · défaire · dégager · détaxer · exempter · exonérer · soustraire à · 3 - **timbrer** · composter · taxer · 4 - [fam.] **informer** · initier · mettre au courant · renseigner · mettre au parfum *fam.* · rancarder *fam.*

»» **s'affranchir (de)** *v.pron.* 1 - **se libérer (de)** · briser, rompre ses liens · secouer le joug · se délivrer (de) · s'émanciper (de) · couper le cordon (ombilical) *fam.* · 2 - **se débarrasser de** · se défaire de · rejeter · se soustraire à

affranchissement *n.m.* 1 - **timbrage** · compostage · 2 - **libération** · délivrance · émancipation · 3 - **indépendance** · franchise · liberté

affres *n.f.pl.* · tourments · angoisse · torture · transes *vieux ou littér.*

affréter *v.tr.* • louer • fréter • noliser

affreusement *adv.* • horriblement • épouvantablement • terriblement

affreux, -euse *adj.* **1 - laid** • difforme • disgracieux • hideux • horrible • monstrueux • repoussant • répugnant • vilain • moche *fam.* • **2 - effrayant** • effroyable • épouvantable • monstrueux • terrible • **3 - odieux** • atroce • détestable • exécrable • horrible • ignoble • infect • **4 - désagréable** • pénible • triste

affriolant, e *adj.* • désirable • aguichant • alléchant • attirant • charmant • charmeur • émoustillant • ensorcelant • excitant • séduisant • sexy *fam.*

affront *n.m.* **1 - offense** • gifle • humiliation • injure • insulte • outrage • vexation • camouflet *littér.* • **2 - échec** • honte • mortification • **3 - ravage** • outrage

affrontement *n.m.* **1 - bataille** • choc • combat • guerre • heurt • **2 - face-à-face** • duel • mise en présence • **3 - match** • rencontre • tournoi

affronter *v.tr.* **1 - combattre** • attaquer • s'attaquer à • lutter contre • s'opposer à • **2 - faire face à** • se colleter à • s'exposer à • faire front devant • se heurter à • rencontrer • **3 - défier** • braver • se mesurer à

»» **s'affronter** *v.pron.* **1 - se heurter** • s'attaquer • se combattre • être en conflit • s'opposer • **2 - être en compétition** • être en, se faire concurrence • se mesurer • se rencontrer

affublement *n.m.* • accoutrement • défroque • déguisement • harnachement

affubler *v.tr.* **1 - accoutrer** • déguiser • travestir • vêtir • attifer *fam.* • fagoter *fam.* • harnacher *fam.* • **2 - donner** • gratifier de • octroyer • coller *fam.*

affût *n.m.* **1 - cache** • **2 - guet**

✦ **être à l'affût** guetter • être aux aguets • épier • observer • surveiller

affûtage *n.m.* • aiguisage • affilage • repassage

affûté, e *adj.* **1 - aiguisé** • tranchant • **2 - fin** • aigu • pénétrant • rusé

affûter *v.tr.* **1 - affiler** • aiguiser • émoudre • repasser • **2 - appointer** • tailler

affûteur, -euse *n.* • aiguiseur • émouleur • rémouleur

afin de *loc. prép.* **pour** • dans le but de • dans le dessein de • dans l'intention de • de manière à • en vue de

✦ **afin que, afin de** pour (que)

a fortiori *loc. adv.* • à plus forte raison • raison de plus

after-shave *n.m. invar.* • après-rasage

agaçant, e *adj.* • énervant • contrariant • crispant • déplaisant • enrageant • excédant • exaspérant • horripilant • insupportable • irritant • rageant • casse-pieds *fam.* • chiant *très fam.* • collant *fam.* • embêtant *fam.* • emmerdant *très fam.* • enquiquinant *fam.* • tannant *fam.*

agacement *n.m.* **1 - irritation** • énervement • exaspération • impatience • **2 - contrariété** • déplaisir • désagrément • embêtement • ennui • emmerdement *fam.*

agacer *v.tr.* **1 - énerver** · contrarier · crisper · ennuyer · exaspérer · excéder · faire enrager · hérisser · horripiler · impatienter · indisposer · irriter · porter, taper sur les nerfs à *fam.* · casser les pieds à *fam.* · embêter *fam.* · faire chier *très fam.* · gonfler *fam.* · mettre en boule *fam.* · **2 - provoquer** · exciter · taquiner · asticoter *fam.* · enquiquiner *fam.* · tanner *fam.* · titiller *fam.* · **3 - exacerber** · exciter · piquer · **4 - aguicher** · affrioler · taquiner

agapes *n.f.pl.* · festin · banquet · gueuleton *fam.*

âge *n.m.* **1 - ancienneté** · génération · temps · **2 - existence** · vie · **3 - période** · ère · époque · heure · saison · temps

✦ **âge d'or** belle époque · prospérité · temps heureux

✦ **âge tendre** jeunesse · enfance · adolescence

✦ **prendre de l'âge** vieillir · prendre de la bouteille *fam.*

âgé, e *adj.* · vieux · rassasié de jours *lang. biblique* · croulant *fam., péj.* · usé *fam., péj.*

agence *n.f.* **1 - établissement** · bureau · comptoir · service · succursale · **2 - administration** · cabinet · office

agencement *n.m.* · arrangement · aménagement · composition · disposition · distribution · installation · ordonnance · ordre · organisation · répartition · structure

agencer *v.tr.* **1 - disposer** · arranger · aménager · combiner · composer · distribuer · installer · ordonner · organiser · structurer · **2 - coordonner** · arranger · combiner · manigancer

»» **s'agencer** *v.pron.* **s'arranger** · s'ajuster · prendre sa place

agenda *n.m.* **1 - organiseur** · aide-mémoire · **2 - éphéméride** · almanach · calendrier

☞ **calendrier**

agenouiller (s') *v.pron.* **se mettre à genoux** · mettre un genou en terre · s'incliner · se prosterner

✦ **s'agenouiller devant** **1 - se soumettre à** · capituler devant · céder devant · s'abaisser devant · **2 - admirer** · adorer · vénérer

agent *n.m.* **1 - cause** · facteur · force · instrument · moyen · origine · principe · **2 - employé** · auxiliaire · bras droit · commis · correspondant · courtier · délégué · émissaire · envoyé · exécutant · fondé de pouvoir · gérant · intermédiaire · intendant · mandataire · préposé · représentant · **3 - imprésario**

✦ **agent de police** gardien de la paix · inspecteur · policier · flic *fam.* · poulet *fam.* · condé *lang. jeunes* · keuf *lang. jeunes* · schmitt *lang. jeunes*

✦ **agent de la force publique** gendarme · garde-champêtre

✦ **agent d'affaires** courtier · intermédiaire · mandataire

✦ **agent de change** courtier · broker

✦ **agent secret** espion · barbouze *fam.* · taupe *fam.*

✦ **agent de liaison** courrier · estafette

aggiornamento *n.m.* · réforme

agglomération *n.f.* **1 - ville** · bourg · bourgade · cité · hameau · localité · mégalopole · métropole · village · zone urbaine · conurbation *(Géog.)* · **2 - groupement** · réunion

agglomérer *v.tr.* • agglutiner • agréger • amalgamer • assembler • conglomérer • rassembler

agglutiner *v.tr.* 1 – **coller** • agglomérer • agréger • amalgamer • conglomérer • entremêler • lier • mélanger • mêler • 2 – **amasser** • accumuler • entasser • réunir • 3 – **joindre** • unir

⋙ **s'agglutiner** *v.pron.* 1 – **se coller** • s'agglomérer • 2 – **se joindre** • s'accumuler • s'agréger • s'assembler • s'attrouper • s'entasser • se masser • se rassembler

aggravation *n.f.* • accroissement • augmentation • complication • escalade • intensification • progression • progrès • propagation • recrudescence • redoublement

aggraver *v.tr.* 1 – **empirer** • compliquer • envenimer • 2 – **accroître** • accentuer • ajouter à • allonger • amplifier • augmenter • étendre • grossir • intensifier • rallonger • renforcer • redoubler

⋙ **s'aggraver** *v.pron.* 1 – **empirer** • aller de mal en pis • se compliquer • dégénérer • se dégrader • se détériorer • s'envenimer • se corser *fam.* • 2 – **grandir** • s'accentuer • augmenter • progresser

agile *adj.* • alerte • adroit • délié • habile • léger • leste • mobile • preste • souple

agilement *adv.* • lestement • prestement • souplement

agilité *n.f.* • aisance • adresse • habileté • légèreté • mobilité • souplesse

agio *n.m.* • commission • charges • frais • intérêts

agiotage *n.m.* • spéculation • jeu de bourse • boursicotage *fam.*

agioteur, -euse *n.* • spéculateur • boursicoteur *fam.*

agir *v.intr.* 1 – **opérer** • exercer une action • intervenir • jouer • 2 – **se comporter** • se conduire • s'y prendre • 3 – **entreprendre** • œuvrer • travailler • aller de l'avant • se bouger *fam.* • se remuer *fam.*

✦ **agir sur** influencer • contribuer à • entraîner • faire effet sur • influer sur • peser sur • provoquer • se répercuter sur

✦ **faire agir** animer • conduire • guider • manœuvrer • mener • mouvoir • pousser

agissements *n.m.pl.* • manœuvres • intrigues • machinations • manège • menées • combines *fam.* • cuisine *fam.* • fricotage *fam.* • magouillage *fam.* • magouilles *fam.* • manigances *fam.* • micmacs *fam.* • tripotage *fam.*

agitateur, -trice *n.* • perturbateur • émeutier • meneur • révolutionnaire • séditieux • trublion

agitation *n.f.* 1 – **turbulence** • bouillonnement • déchaînement • mouvement • remous • tourmente • tourbillonnement • vibration • 2 – **animation** • activité • affairement • effervescence • fièvre • frénésie • fourmillement • grouillement • remue-ménage • tourbillon • 3 – **précipitation** • affolement • fièvre • hâte • nervosité • 4 – **émoi** • affres • angoisse • anxiété • bouleversement • désarroi • émotion • inquiétude • panique • tourment • 5 – **excitation** • délire • fébrilité • surexcitation • trouble • 6 – **désordre** • manifestation • mouvement • remous • tohu-bohu • tumulte • embrasement • émeute • insurrection • révolte • révolution • trouble • sédition • bordel *fam.* • pagaille *fam.*

agité, e

■ *adj.* 1 - **instable** · bouillonnant · nerveux · remuant · surexcité · turbulent · 2 - **anxieux** · bouleversé · ému · inquiet · 3 - **animé** · mouvementé · tourmenté · trépidant · tumultueux · 4 - **houleux** · tempétueux

■ *n.* **énergumène** · enragé · exalté · fanatique · forcené

agiter *v.tr.*

I 1 - **remuer** · secouer · balancer · brandir · 2 - [la tête] **dodeliner de** · hocher · secouer · balancer · [la queue] frétiller de · remuer

II 1 - **émouvoir** · bouleverser · ébranler · remuer · troubler · mettre en émoi · affoler · alarmer · angoisser · effrayer · inquiéter · préoccuper · tourmenter · tracasser · travailler · torturer · 2 - **animer** · embraser · enfiévrer · enflammer · exciter · mettre en effervescence · 3 - **ameuter** · exciter, pousser à la révolte · soulever

III **examiner** · aborder · analyser · débattre · discuter · étudier · soulever · traiter

⋙ **s'agiter** *v.pron.* 1 - **remuer** · s'animer · bouger · se dandiner · frétiller · gesticuler · se secouer · se tortiller · se trémousser · ne pas tenir en place · gigoter *fam.* · 2 - **frémir** · frissonner · osciller · trembler · trépider · 3 - [voile] **flotter** · claquer · 4 - [eau] **clapoter** · bouillonner · tourbillonner · 5 - **se démener** · aller et venir · s'affairer · courir · s'empresser · se précipiter · 6 - **s'énerver** · s'exciter

agonie *n.f.* 1 - **fin** · dernière heure · derniers instants · derniers soupirs · 2 - **décadence** · chute · crépuscule · déclin · fin

✦ **à l'agonie** à l'article de la mort · à la dernière extrémité

agonir *v.tr.* [d'injures] injurier · insulter · invectiver

agonisant, e *adj.* · mourant · à l'article de la mort · moribond

agoniser *v.intr.* 1 - **s'éteindre** · être à l'agonie · expirer · mourir · passer *euph.* · 2 - **décliner** · s'effondrer · péricliter · toucher à sa fin

agora *n.f.* · forum · parvis

agrafe *n.f.* 1 - **attache** · épingle · trombone · 2 - **broche** · attache · barrette · boucle · clip · épingle · fermoir · fibule · fermail *vieux ou Archéo.*

agrafer *v.tr.* 1 - **attacher** · accrocher · assembler · épingler · fixer · joindre · maintenir · 2 - [fam.] → **arrêter**

agrandir *v.tr.* 1 - **augmenter** · accroître · allonger · amplifier · développer · étendre · élargir · évaser · fortifier · grossir · 2 - **dilater** · enfler · gonfler

⋙ **s'agrandir** *v.pron.* **s'accroître** · se développer · s'étendre · grandir · prendre de l'ampleur

agrandissement *n.m.* · accroissement · amplification · augmentation · croissance · développement · dilatation · élargissement · évasement · extension · renforcement

agréable *adj.* 1 - **beau** · attirant · attrayant · charmant · gracieux · joli · plaisant · séduisant · 2 - **mélodieux** · harmonieux · 3 - **savoureux** · appétissant · délectable · délicat · délicieux · exquis · 4 - **aimable** · doux · flatteur · galant · 5 - **sociable** · accommodant · accueillant · affable · amène · avenant · bien élevé · charmant · gentil · plaisant · prévenant · serviable · sympathique · 6 - **doux** ·

facile · heureux · riant · **7 - chouette** *fam.* · chic *fam.* · super *fam.* · sympa *fam.*

agréé, e *adj.* · conventionné

agréer *v.tr.* **1 - approuver** · accepter · accueillir favorablement · acquiescer à · admettre · donner son accord, son feu vert à · permettre · **2 - trouver à sa convenance, à son gré** · goûter

✦ **agréer à** plaire à · aller à · convenir à · être au gré de · faire l'affaire de · satisfaire · seoir à *littér.*

agrégat *n.m.* · agglomérat · agrégation · assemblage · conglomérat

agrégation *n.f.* **1 - agglomérat** · agglomération · agrégat · assemblage · **2 - agrég** *fam.*

agréger *v.tr.* **1 - agglomérer** · agglutiner · assembler · réunir · **2 - adjoindre** · admettre · affilier · associer · attacher · choisir · coopter · incorporer · intégrer · recruter · réunir · unir

agrément *n.m.* **1 - acceptation** · accord · acquiescement · adhésion · approbation · assentiment · autorisation · consentement · permission · **2 - attrait** · charme · élégance · grâce · séduction · **3 - bien-être** · bonheur · joie · plaisir · **4 -** [vieux] **enjolivement** · fioriture · garniture · ornement

❧ **consentement**

agrémenter *v.tr.* **1 - décorer** · égayer · embellir · enjoliver · garnir · ornementer · orner · parer · **2 - enrichir** · émailler · rehausser · relever

agresser *v.tr.* **1 - assaillir** · attaquer · sauter à la gorge de · tomber sur (le paletot de) *fam.* · **2 - provoquer** · chercher *fam.* · bouffer le nez à *fam.* · rentrer dans le lard à *fam.* · **3 - stresser** · atteindre

agresseur *n.m.* **1 - assaillant** · attaquant **2 - offenseur** · provocateur

agressif, -ive *adj.* **1 - menaçant** · brutal · hargneux · méchant · mordant · violent · **2 - bagarreur** · batailleur · belliqueux · coléreux · provocateur · querelleur · teigneux *fam.* · **3 - vif** · criard · provocant · violent · **4 - accrocheur** · battant · combatif · pugnace *littér.* · fonceur *fam.*

agression *n.f.* **1 - attaque** · **2 - nuisance**

agressivement *adv.* · brutalement · méchamment · violemment

agressivité *n.f.* **1 - combativité** · ardeur · hargne · mordant · pugnacité *littér.* · **2 - brutalité** · malveillance · méchanceté · provocation · violence

agreste *adj.* · rural · agraire · agricole · bucolique · campagnard · champêtre · pastoral · paysan · rustique

agricole *adj.* **1 - rural** · paysan · agraire · **2 - agronomique**

agriculteur, -trice *n.* · exploitant agricole · cultivateur · éleveur · fermier · métayer · paysan · planteur

❧ **cultivateur**

agriculture *n.f.* **1 - production agricole** · culture · élevage · secteur primaire · **2 - agronomie**

agripper *v.tr.* **attraper** · accrocher · cramponner · harponner · prendre · saisir · tenir

⋙ **s'agripper** *v.pron.* **s'accrocher** · se cramponner · se rattraper · se retenir · se tenir

aguerri, e *adj.* · fort · endurci · éprouvé

aguerrir *v.tr.* **1 - entraîner** · accoutumer · exercer · habituer · préparer · rompre · **2 - endurcir** · affermir · cuirasser · fortifier · tremper

»» **s'aguerrir** *v.pron.* **1 - s'entraîner** · **2 - s'endurcir**

aguets (aux) *loc. adj. et adv.* **1 - à l'affût** · en embuscade · en observation · **2 - attentif** · en alerte · en éveil · sur ses gardes · sur le qui-vive · vigilant

aguichant, e *adj.* · provocant · affriolant · aguicheur · émoustillant · excitant · séduisant · sexy *fam.*

aguicher *v.tr.* · attirer · affrioler · allécher · émoustiller · exciter · provoquer · allumer *fam.*

aguicheur, -euse *n. et adj.* · enjôleur · aguichant · charmeur · provocant · séducteur

»» **aguicheuse** *n.f.* **séductrice** · coquette · allumeuse *fam.* · vamp *fam.*

ahanement *n.m.* · halètement · ahan

ahaner *v.intr.* · s'essouffler · fatiguer · peiner · souffler · suer

ahuri, e *adj.* **1 - stupéfait** · abasourdi · ébahi · éberlué · époustouflé · étonné · hébété · interdit · pantois · surpris · **2 - déconcerté** · confondu · décontenancé · démonté · dérouté · effaré · troublé · **3 - abruti** · bête · idiot · imbécile · sot · stupide

ahurir *v.tr.* **1 - stupéfier** · abasourdir · ébahir · ébaubir · éberluer · époustoufler · étonner · interloquer · laisser interdit, pantois · surprendre · **2 - déconcerter** · confondre · décontenancer · démonter · dérouter · interdire · prendre au dépourvu · troubler

ahurissant, e *adj.* **1 - étonnant** · confondant · sidérant · stupéfiant · **2 - excessif** · insensé · scandaleux

ahurissement *n.m.* **1 - étonnement** · ébahissement · effarement · saisissement · stupéfaction · surprise · trouble · **2 - abrutissement** · hébétude · stupeur

¹aide *n.f.* **1 - assistance** · appui · collaboration · concours · conseil · contribution · coopération · intervention · protection · réconfort · renfort · secours · service · soutien · coup de main *fam.* · coup de pouce *fam.* · **2 - subside** · aumône · avance · bienfait · cadeau · charité · don · facilité · faveur · grâce · prêt · secours · subvention

✦ **à l'aide de** avec · grâce à · au moyen de

✦ **venir en aide à** aider · secourir · venir à la rescousse de

²aide *n.* · adjoint · apprenti · assistant · auxiliaire · bras droit · complice · second · assesseur *Droit ou plaisant*

aider *v.tr.* **1 - seconder** · assister · épauler · prêter la main à · prêter main forte à · rendre service à · soutenir · donner un coup de pouce, un coup de main à *fam.* · **2 - secourir** · porter secours à · tendre la main à · dépanner *fam.* · tendre la perche à *fam.* · **3 - réconforter** · remonter · **4 - patronner** · appuyer · mettre le pied à l'étrier à · pousser · protéger · pistonner *fam.* · **5 - faciliter** · faire le jeu de · favoriser · servir · **6 - conforter** · renforcer · **7 -** [sans complément] **contribuer** · participer · mettre la main à la pâte *fam.*

»» **s'aider (de)** *v.pron.* **1 - s'appuyer sur** • employer • prendre appui sur • se servir de • tirer parti de • utiliser • **2 - s'entraider**
↝ secourir

aïeul, e *n.* **1 - grand-parent** • aîné • ancêtre • ascendant • bisaïeul • père • trisaïeul • **2 - précurseur** • prédécesseur

aigle *n.m.* [surtout au négatif] génie • as • champion • phénix • phénomène • prodige • surdoué • virtuose • fort en thème *fam.* • grosse tête *fam.*

aigre *adj.* **1 - acide** • aigrelet • piquant • piqué • tourné • vert • sur *littér.* • acerbe *vieux* • **2 - strident** • aigu • criard • désagréable • grinçant • pénible • perçant • **3 - froid** • acéré • coupant • cuisant • glacé • glacial • mordant • piquant • saisissant • vif • **4 - acerbe** • acariâtre • acide • âcre • agressif • amer • âpre • cassant • caustique • déplaisant • fielleux • hargneux • mordant • piquant • revêche • rude • tranchant • venimeux • acrimonieux *littér.*

aigrefin *n.m.* • escroc • voleur • voyou • filou *vieilli* • fripon *vieilli*

aigrelet, -ette *adj.* **1 - aigre** • **2 - acidulé** • **3 - fluet**

aigreur *n.f.* **1 - acidité** • [d'estomac] brûlure • acidité • hyperchlorhydrie *(Méd.)* • **2 - acrimonie** • âcreté • amertume • dépit • fiel • humeur • rancœur • ressentiment

aigri, e *adj.* • amer • aigre • désabusé • désenchanté

aigrir

- *v.tr.* **rendre amer** • exaspérer • fâcher • indisposer • irriter
- *v.intr.* **tourner** • piquer

aigu, uë *adj.*
I 1 - pointu • acéré • anguleux • effilé • fin • piquant • **2 - affilé** • affûté • aiguisé • coupant • perçant • tranchant • **3 - saillant**
II haut • aigre • clair • criard • déchirant • élevé • flûté • haut perché • perçant • pointu • strident • suraigu
III intense • cuisant • déchirant • lancinant • poignant • taraudant • torturant • vif • violent
IV pénétrant • aiguisé • incisif • perçant • sagace • scrutateur • subtil • vif
↝ pointu

aiguillage *n.m.* **1 - branchement** • bifurcation • bretelle • **2 - orientation**

aiguille *n.f.* **1 - tige** • broche • crochet • passe-lacet • [à cuir] alène • [à dessin] piquoir • **2 -** [de cadran solaire] **style** • [de balance] index • **3 - aiguillon** • épine • **4 - pic** • bec • dent • piton • sommet • **5 - flèche** • obélisque

aiguiller *v.tr.* • orienter • diriger • mettre sur la (bonne) voie

aiguillon *n.m.* **1 - éperon** • aiguillade • **2 - encouragement** • coup de fouet • incitation • motivation • stimulant • stimulation • piqûre • **3 - dard** • aiguille • piquant • épine

aiguillonner *v.tr.* **1 - piquer** • **2 - animer** • aiguiser • attiser • aviver • échauffer • électriser • encourager • enflammer • enhardir • éperonner • éveiller • exalter • exciter • fouetter • presser • stimuler

aiguisé, e *adj.* **1 - pointu** • affilé • tranchant • **2 - pénétrant** • aigu • incisif • perçant • sagace • subtil

aiguiser *v.tr.* **1 - affiler** • affûter • repasser • émoudre *rare* • **2 - stimuler** • accroître • aiguillonner •

augmenter · aviver · exacerber · exciter · fouetter · **3 - affiner** · affûter · fignoler · parfaire · polir

aiguiseur, -euse *n.* · affileur · affûteur · émouleur · rémouleur · repasseur

aile *n.f.* **1 - élytre** · **2 - flanc**

✦ **aile (libre, volante, delta)** deltaplane

ailleurs *adv.* **1 - autre part** · dans un autre endroit · dans un autre lieu · sous d'autres latitudes · sous d'autres cieux · sous des cieux plus cléments *plaisant* · **2 - absent** · dans la lune · dans les nuages

✦ **d'ailleurs** du reste · au demeurant *soutenu*

✦ **par ailleurs** d'un autre côté · d'autre part · en outre · pour le reste · à côté de ça

aimable *adj.* **1 - courtois** · affable · avenant · bienveillant · charmant · complaisant · gracieux · liant · obligeant · plaisant · poli · serviable · sociable · accort *littér.* · **2 -** [vieux] **attrayant** · agréable · attirant · charmant · coquet · joli · plaisant · riant · séduisant · sympathique

✦ **mal, pas aimable** aimable comme une porte de prison · aimable comme un chardon *vieilli*

sociable

aimablement *adv.* · courtoisement · affablement · gracieusement · obligeamment

aimant, e *adj.* · affectueux · amoureux · câlin · caressant · doux · tendre

aimantation *n.f.* · magnétisme · attirance · attraction

aimer *v.tr.* **1 - être amoureux de** · adorer · éprouver de l'amour pour · être épris de · être fou de · chérir *littér.* · avoir dans la peau *fam.* · avoir le béguin pour *fam.* · en pincer pour *fam.* · kiffer *lang. jeunes* · **2 -** [euph.] **faire l'amour avec** · **3 - apprécier** · affectionner · avoir de la sympathie pour · avoir du goût pour · être amateur de · estimer · être friand de · goûter · porter dans son cœur · prendre, trouver plaisir à · se plaire à · se passionner pour · raffoler de · kiffer *lang. jeunes* · **4 - vénérer** · adorer · idolâtrer · **5 -** [au conditionnel] **désirer** · souhaiter · vouloir

✦ **je n'aime pas ça** ce n'est pas ma tasse de thé *fam.* · ce n'est pas mon truc *fam.*

✦ **aimer mieux** préférer

aimer, chérir, être épris

Dire que l'on **aime** quelqu'un *(je t'aime)* recouvre des sentiments complexes, qui ne sont pas seulement fondés sur une attirance physique, mais aussi sur une relation affective : « Il (l')aimait avec un besoin de la savoir à lui seul » (Zola, *Nana*, XIII). Lorsque la tendresse pour l'être aimé domine, on emploiera plus volontiers **chérir** *(chérir un visage, le souvenir de l'être aimé)*, alors qu'**être épris** conviendra mieux à la passion amoureuse *(il est follement épris de sa nouvelle compagne)*. **Aimer** est d'emploi plus courant qu'**être épris** et **chérir** et tend à recouvrir les valeurs de ces deux verbes.

aîné, e *n.* **1 - premier-né** · **2 - précurseur** · ancêtre · devancier

ainsi *adv.* **1 - de cette façon** · comme cela · de cette manière · de la sorte · **2 - de la même façon** · de la même manière · pareillement

✦ **ainsi que** **1 - à l'exemple de** · à l'instar de · comme · de la même façon, manière que · **2 - et** · tout comme

[1]**air** *n.m.* 1 – **brise** · courant d'air · souffle · vent · 2 – **atmosphère** · 3 – **éther**

✦ **air conditionné** climatisation

✦ **prendre l'air** se promener · respirer · sortir · se balader *fam.*

[2]**air** *n.m.* 1 – **allure** · apparence · aspect · attitude · comportement · contenance · dehors · extérieur · façons · genre · manières · dégaine *fam.* · 2 – **expression** · figure · mine · physionomie · visage · gueule *fam.* · 3 – **ressemblance** · petit côté *fam.*

✦ **avoir l'air** paraître · sembler

✦ **grands airs** → **affectation**[2]

[3]**air** *n.m.* 1 – **mélodie** · musique · 2 – **chanson** · chant · aria

airain *n.m.* · bronze

aire *n.f.* 1 – **emplacement** · espace · surface · terrain · zone · 2 – **superficie** · 3 – **domaine** · champ · région · sphère · zone · 4 – [d'oiseau de proie] **nid** · repaire

aisance *n.f.* 1 – **facilité** · agilité · grâce · habileté · légèreté · liberté · souplesse · 2 – **naturel** · assurance · décontraction · désinvolture · 3 – **opulence** · abondance · aise · bien-être · confort · richesse

✦ **lieux, cabinet d'aisance(s)** toilettes · cabinets · latrines · lavabos · waters · w.-c. · petit coin *fam.* · goguenots *très fam.* · commodités *vieux, euph.*

aise *n.f.* 1 – **satisfaction** · contentement · convenance · félicité · joie · 2 – **naturel** · assurance · décontraction · désinvolture · 3 – **opulence** · abondance · aisance · bien-être · confort · richesse

✦ **à l'aise** 1 – **content** · décontracté · détendu · bien dans ses baskets *fam.* · 2 – **riche** · aisé · fortuné · nanti · dans l'aisance · 3 – **à son affaire** · 4 – **facilement** · sans effort · 5 – **confortablement**

✦ **mal à l'aise** embarrassé · contraint · gêné · inhibé · timide · coincé *fam.*

aisé, e *adj.* 1 – **facile** · abordable · commode · plein d'aisance · naturel · simple · coulant *fam.* · 2 – **fortuné** · dans l'aisance · nanti · prospère · riche

❧ **facile**

aisément *adv.* · facilement · largement · naturellement · sans peine · simplement

ajouré, e *adj.* · percé · aéré · festonné · orné · ouvert

ajournement *n.m.* 1 – **report** · remise · renvoi · suspension · 2 – **délai** · atermoiement · retard · temporisation · 3 – **élimination** · refus

ajourner *v.tr.* 1 – **reporter** · différer · reculer · remettre · renvoyer · repousser · retarder · surseoir à *Droit ou littér.* · 2 – **éliminer** · refuser · coller *fam.* · recaler *fam.*

ajout *n.m.* · addition · adjonction · complément · rajout · rallonge · supplément · [à la fin d'un ouvrage] addenda · annexe · appendice

ajouter *v.tr.* 1 – **adjoindre** · inclure · incorporer · insérer · intercaler · rajouter · 2 – **dire**

✦ **ajouter à** 1 – **amplifier** · enchérir · exagérer · grossir · 2 – **enrichir** · embellir · orner

»» **s'ajouter à** *v.pron.* · s'adjoindre à · accompagner · s'additionner à · compléter · se greffer sur · grossir · renforcer · grossir la liste de *fam.*

ajusté, e *adj.* · collant · cintré · étroit · juste · moulant · serré

ajustement *n.m.* 1 - **adaptation** · accommodation · arrangement · réglage · 2 - [vieux] **habillement** · arrangement · mise · parure · tenue · toilette · vêtements

ajuster *v.tr.* 1 - **adapter** · accommoder · accorder · approprier · concilier · conformer · régler · 2 - **arranger** · agencer · combiner · composer · disposer · ordonner · organiser · 3 - **viser** · mettre en joue · 4 - **assembler** · connecter · emboîter · joindre · monter · raccorder

»» **s'ajuster** *v.pron.* 1 - **s'adapter** · s'appliquer · coïncider · coller · s'emboîter · mouler · 2 - **s'entendre** · s'accommoder · s'accorder · se mettre d'accord · 3 - [vieilli] **s'habiller** · se parer

alacrité *n.f.* · vivacité · allant · enjouement · entrain · gaieté

alambiqué, e *adj.* · compliqué · biscornu · confus · contourné · embarrassé · tortueux · torturé · tarabiscoté *fam.*

alangui, e *adj.* 1 - **langoureux** · amoureux · énamouré · sentimental · tendre · languide *littér.* · 2 - **languissant** · affaibli · mourant · 3 - **lent** · amolli · assoupi · indolent · nonchalant · paresseux · ramolli · somnolent · ramollo *fam.*

alanguir *v.tr.* · fatiguer · abattre · affaiblir · amollir · assoupir

alarmant, e *adj.* · inquiétant · angoissant · effrayant · préoccupant

alarme *n.f.* 1 - **alerte** · éveil · 2 - **crainte** · affolement · angoisse · anxiété · appréhension · effroi · émoi · émotion · épouvante · frayeur · inquiétude · peur · terreur · frousse *fam.* · 3 - **avertisseur** · antivol · signal · sirène · tocsin

alarmé, e *adj.* · inquiet · effrayé · inquiété · préoccupé

alarmer *v.tr.* **effrayer** · affoler · faire peur à · inquiéter · mettre en émoi · paniquer · préoccuper · terrifier · tourmenter · tracasser

»» **s'alarmer** *v.pron.* **s'inquiéter** · s'affoler · s'effaroucher · s'effrayer · paniquer · prendre peur · se biler *fam.* · se faire du mauvais sang, un sang d'encre *fam.* · flipper *fam.*

alarmiste

- *adj.* **pessimiste** · catastrophiste
- *n.* **Cassandre** · oiseau de mauvais augure

album *n.m.* 1 - **classeur** · collection · recueil · [anciennt] keepsake · 2 - **disque** · coffret · 3 - **registre** · cahier · livre d'or

alchimie *n.f.* 1 - **ésotérisme** · hermétisme · magie · 2 - **chimie**

alcool *n.m.* 1 - **esprit-de-vin** · 2 - **boisson alcoolisée** · [sortes] apéritif · brandy · cognac · digestif · eau-de-vie · fine · genièvre · gin · kirsch · liqueur · marc · rhum · schnaps · spiritueux · vodka · vin · whisky · bibine *fam.* · gnole *fam.* · goutte *fam.* · pousse-café *fam.* · rincette *fam., région.* · tord-boyaux *fam., péj.*

alcoolique *n.* · ivrogne · éthylique · alcoolo *fam.* · pochard *fam.* · poivrot *fam.* · soiffard *fam* · soûlard *fam.* · soûlaud *fam.*

alcooliser (s') *v.pron.* · boire · s'enivrer · s'imbiber *fam.* · s'imprégner *fam.* · picoler *fam.*

alcoolisme *n.m.* · ivresse · éthylisme · ivrognerie · soûlographie *fam.*

alcôve *n.f.* • renfoncement • niche • réduit

aléa *n.m.* • risque • hasard • impondérable • imprévu • incertitude • vicissitude *littér.*

aléatoire *adj.* • hasardeux • conjectural • douteux • hypothétique • incertain • périlleux • problématique • risqué

alentour *adv.* • à proximité • à la ronde • autour • aux environs • dans les parages • dans le voisinage • dans le coin *fam.*

alentours *n.m.pl.* **abords** • entourage • environnement • environs • parages • voisinage

✦ **aux alentours** à proximité • à la ronde • autour • aux environs • dans les parages • dans le voisinage • dans le coin *fam.*

[1]**alerte** *adj.* **1 - agile** • fringant • léger • leste • sémillant • vif • **2 - éveillé** • prompt • rapide • vif

✦ **être alerte** [personne d'un certain âge] avoir bon pied, bon œil

[2]**alerte** *n.f.* **1 - alarme** • avertissement • signal • **2 - menace** • danger

✦ **en alerte** en éveil • sur ses gardes • sur le qui-vive • vigilant

alerter *v.tr.* **1 - mettre en garde** • attirer l'attention de • avertir • prévenir • mettre la puce à l'oreille à *fam.* • **2 - ameuter** • appeler • mobiliser

aléser *v.tr.* • calibrer • ajuster • fraiser • percer • rectifier • tourner • usiner

alevin *n.m.* • nourrain • fretin

algarade *n.f.* • dispute • accrochage • altercation • querelle • scène

algue *n.f.* • goémon • fucus • varech

alibi *n.m.* • justification • excuse • prétexte

aliénation *n.f.* **1 - folie** • aberration • confusion (mentale) • délire • démence • dérangement • déséquilibre mental • divagation • égarement • trouble mental • **2 -** [Droit] **cession** • donation • legs • transfert • transmission • vente • **3 - aversion** • hostilité • **4 - perte** • abandon

aliéné, e *adj.* • fou • dément • déséquilibré • détraqué • fou furieux • malade (mental) • maniaque • braque *fam.* • cinglé *fam.* • détraqué *fam.* • dingue *fam.* • fêlé *fam.* • frappé *fam.* • maboul *fam.* • marteau *fam.* • piqué *fam.* • timbré *fam.* • toqué *fam.* • ouf *lang. jeunes*

aliéner *v.tr.* **1 - perdre** • se priver de • renoncer à • **2 -** [Droit] **céder** • abandonner • disposer de • distribuer • donner • laisser • léguer • transférer • vendre • **3 -** [vieux] **rendre fou** • déranger • égarer • troubler

»» **s'aliéner** *v.pron.* **perdre** • écarter • éloigner

aligné, e *adj.* **1 - rectiligne** • tiré au cordeau • **2 - en ligne** • en file indienne • en rang d'oignons • ordonné

alignement *n.m.* **1 - ligne** • file • rangée • **2 - nivellement** • ajustement • standardisation • uniformisation • **3 - soumission** • conformité • conformisme

aligner *v.tr.* **1 - mettre en ligne** • ranger • **2 - niveler** • ajuster • standardiser • uniformiser • **3 -** [fam.] → **payer**

»» **s'aligner** *v.pron.* **se mettre en ligne** • se ranger

✦ **s'aligner sur** se conformer à • emboîter le pas à • se modeler sur • se mettre au diapason de • se ranger à • se régler sur

aliment *n.m.* · nourriture · comestible · denrée · nutriment · produit · provision · vivre · mets *littér.* · pitance *péj., vieilli*

alimentation *n.f.* 1 - **nourriture** · nutrition · régime · 2 - **approvisionnement** · fourniture · ravitaillement

alimenter *v.tr.* 1 - **nourrir** · donner à manger à · sustenter *vieilli* · 2 - **approvisionner** · fournir · procurer · pourvoir · ravitailler · 3 - **entretenir** · fournir · nourrir

»» **s'alimenter** *v.pron.* 1 - **manger** · se nourrir · se restaurer · se sustenter *plaisant* · 2 - **se procurer** · se fournir

alinéa *n.m.* **paragraphe** · article

✦ **faire un alinéa** passer à la ligne

alité, e *adj.* · au lit · grabataire

aliter (s') *v.pron.* · se coucher · se mettre au lit · garder le lit

allaitement *n.m.* · tétée · lactation

allaiter *v.tr.* · donner le sein à · nourrir

allant, e

▪ *adj.* [littér.] **actif** · allègre · dynamique · vif

▪ *n.m.* **entrain** · dynamisme · énergie · vitalité · vivacité

alléchant, e *adj.* 1 - **appétissant** · 2 - **attirant** · attractif · attrayant · engageant · séduisant · tentant

allécher *v.tr.* 1 - **appâter** · faire saliver · mettre en appétit · mettre l'eau à la bouche de · affriander *vieilli* · 2 - **attirer** · gagner · séduire · tenter

allée *n.f.* 1 - **voie** · avenue · chemin · cours · mail

✦ **allées et venues** 1 - **va-et-vient** · navette · 2 - **déplacements** · course(s) · trajets · voyages

allégation *n.f.* · affirmation · assertion · déclaration · propos

↝ **affirmation**

allégeance *n.f.* · soumission · fidélité · obéissance · subordination · [Hist.] vassalité

allègement *n.m.* 1 - **diminution** · dégrèvement · délestage · 2 - **adoucissement** · atténuation · réduction

alléger *v.tr.* 1 - **débarrasser** · décharger · [bateau] délester · 2 - **baisser** · amoindrir · dégrever · réduire · 3 - **apaiser** · adoucir · atténuer · calmer · diminuer · soulager · 4 - **abréger** · aérer

allégorie *n.f.* 1 - **symbole** · emblème · figure · image · métaphore · personnification · 2 - **parabole** · apologue · conte · fable · mythe

↝ **allégorie, parabole**

L'**allégorie** consiste en une narration dans laquelle on recourt à des réalités physiques pour parler des sujets abstraits (philosophiques, psychologiques, moraux, etc.) : *le loup, allégorie de la méchanceté* ; *la femme aux yeux bandés tenant une balance, allégorie de la Justice*. La **parabole** est un type particulier d'**allégorie** ; elle prend la forme d'un discours tenu par quelqu'un dont l'autorité est reconnue et vise à transmettre des valeurs spirituelles ou à modifier un comportement, ce qui explique son emploi dans les textes religieux *(les paraboles de l'Évangile)*.

allégorique *adj.* · symbolique · emblématique · métaphorique

allègre *adj.* · joyeux · alerte · dispos · enjoué · gai · gaillard · guilleret · léger · leste · vert · vif · allant *littér.*

allégrement *adv.* • joyeusement • avec entrain • gaiement • vivement

allégresse *n.f.* • enthousiasme • euphorie • exultation • gaieté • joie • jubilation • liesse *littér.*

alléguer *v.tr.* • s'appuyer sur • arguer de • invoquer • mettre en avant • objecter • prétexter • se prévaloir de • se référer à

aller *v.intr.* **1 - se déplacer** • circuler • **2 - marcher** • cheminer • errer • se promener • **3 - fonctionner** • marcher • **4 - se sentir** • se porter

✦ **aller à, jusqu'à** **1 - atteindre** • aboutir à • arriver à • s'étendre jusqu'à • finir à • parvenir à • **2 - mener** • aboutir à • conduire

✦ **aller par, à travers** parcourir • passer par • traverser

✦ **aller vers** (s') avancer vers • s'acheminer vers • se diriger vers • faire route vers • se porter vers • se rendre à • se transporter

✦ **aller et venir** **1 - faire la navette** • **2 - marcher de long en large** • faire les cent pas • **3 - fluctuer** • osciller

✦ **aller à (qqn)** convenir à • plaire à • agréer à *littér.* • seoir à *littér.* • botter *fam.* • chanter à *fam.*

✦ **aller (bien) à, avec, aller (bien) ensemble** s'accorder • s'adapter • s'ajuster • s'assortir • cadrer • concorder • correspondre • s'harmoniser • coller *fam.*

✦ **aller bien** **1 - être en bonne, pleine santé** • être en forme • **2 - prospérer** • bien marcher *fam.*

✦ **ça va (bien)** c'est bon • ça baigne *fam.* • ça boume *fam.* • ça colle *fam.* • ça gaze *fam.* • ça marche *fam.* • ça roule *fam.*

✦ **aller mal** **1 - être souffrant** • ne pas être en forme • **2 - péricliter** • aller à vau l'eau

✦ **ça va mal** ça ne tourne pas rond *fam.* • [entre eux] il y a du tirage *fam.* • il y a de l'eau dans le gaz *fam.*

✦ **aller mieux** **1 - s'améliorer** • changer en bien • **2 - se remettre** • recouvrer la santé • reprendre le dessus • reprendre du poil de la bête *fam.* • se requinquer *fam.*

✦ **laisser aller** négliger • laisser à l'abandon • laisser tomber *fam.*

✦ **se laisser aller à** s'abandonner à • s'adonner à • se livrer à • plonger dans • sombrer dans

✦ **s'en aller** **1 - partir** • décamper • se barrer *fam.* • se faire la malle *fam.* • se tailler *fam.* • **2 - s'effacer** • disparaître • se dissiper • passer • fuir • **3 -** [euph.] → **mourir**

allergie *n.f.* **1 - intolérance** • hypersensibilité • **2 - répulsion** • antipathie • dégoût • hostilité • rejet • répugnance

alliage *n.m.* • mélange • amalgame • assemblage • combinaison

alliance *n.f.* **1 - coalition** • confédération • entente • fédération • ligue • union • **2 - pacte** • accord • convention • **3 - mariage** • union • **4 - rapprochement** • amalgame • association • combinaison • **5 - anneau** • bague • jonc

allié, e *adj. et n.* **1 - partenaire** • associé • coalisé • confédéré • fédéré • membre • satellite • **2 - appui** • aide • ami • auxiliaire • **3 - apparenté** • parent

allier *v.tr.* **1 - combiner** • accorder • associer • assortir • concilier • conjuguer • joindre • harmoniser • lier • marier • mêler • **2 - associer** • coaliser • liguer • unir

⋙ **s'allier** *v.pron.* **1 - s'apparenter** • **2 - se combiner** • s'associer • **3 -**

s'entendre · s'associer · se coaliser · faire cause commune · faire équipe · se liguer · s'unir

allocataire *n.* · attributaire · bénéficiaire

allocation *n.f.* 1 - **indemnité** · pension · prestation · rente · secours · subside · subvention · 2 - **attribution** · assignation

allocution *n.f.* · discours · oraison · laïus *fam.* · speech *fam.* · harangue *péj.*

allongé, e *adj.* 1 - **étendu** · couché · 2 - **effilé** · en amande · en lame de couteau · étiré · fin · fuselé · long · oblong

allongement *n.m.* 1 - **accroissement** · augmentation · développement · extension · 2 - **prolongation** · prolongement · prorogation · 3 - **affinement** · élongation · étirage · étirement

allonger *v.tr.* 1 - **accroître** · augmenter · développer · grandir · 2 - **prolonger** · faire durer · proroger · rallonger · 3 - **étendre** · avancer · déployer · étirer · tendre · tirer · 4 - **diluer** · délayer · éclaircir · étendre · fluidifier · mouiller · 5 - [fam.] **asséner** · donner · lancer · porter · coller *fam.* · envoyer *fam.* · ficher *fam.* · flanquer *fam.* · foutre *fam.* · 6 - [fam.] **mettre à terre** · étendre (sur le carreau) · 7 - [fam.] → **payer**

»» **s'allonger** *v.pron.* 1 - **s'étendre** · se coucher · se reposer · se mettre au lit · 2 - **durer** · se prolonger · 3 - **grandir** · s'affiner · s'effiler · 4 - [fam.] → **avouer**

~ **rallonger**

allouer *v.tr.* · attribuer · accorder · concéder · décerner · donner · doter · gratifier · impartir · octroyer

allumage *n.m.* 1 - **mise à feu** · 2 - [d'un moteur] **démarrage** · contact

allumé, e *adj.* [fam.] → **fou**

allumer *v.tr.* 1 - **mettre le feu à** · embraser · enflammer · 2 - **éclairer** · faire briller · illuminer · 3 - **déclencher** · attiser · catalyser · déchaîner · éveiller · exciter · fomenter · provoquer · soulever · susciter · 4 - [fam.] **séduire** · aguicher · exciter · vamper *fam.*

allumeuse *n.f.* · séductrice · aguicheuse · affoleuse *fam* · vamp *fam.*

allure *n.f.*
I 1 - **vitesse** · cadence · rythme · train · 2 - [du cheval] **pas** · amble · galop · trot · 3 - **démarche** · marche · pas
II 1 - **apparence** · air · aspect · contenance · extérieur · maintien · mine · physionomie · port *littér.* · dégaine *fam.* · look *fam.* · touche *fam.* · 2 - **attitude** · air · comportement · conduite · façons · manières · 3 - **tournure** · tour · 4 - **distinction** · chic · classe · prestance

✦ **avoir de l'allure** avoir de la gueule *fam.* · en jeter *fam.*

allusif, -ive *adj.* · indirect · sous-entendu · détourné

allusion *n.f.* **évocation** · clin d'œil · insinuation · non-dit · sous-entendu

✦ **faire allusion à** évoquer · rappeler

alluvions *n.f.pl.* · sédiments · boue · dépôt · limon · lœss

~ **sédiments**

almanach *n.m.* · calendrier · agenda

~ **calendrier**

alors *adv.* **1 - à ce moment-là** · en ce temps-là · adonc *vieilli* · **2 - donc** · dans ces conditions · dans ce cas-là

✦ **alors que** **1 - au moment où** · lorsque · pendant que · **2 - au lieu que** · quand · tandis que

✦ **alors même que** même dans le cas où · lors même que · quand bien même

✦ **jusqu'alors** jusqu'à ce moment · jusqu'à ce temps-là

alourdi, e *adj.* **1 - pesant** · appesanti · **2 - engourdi** · ralenti

alourdir *v.tr.* **1 - peser sur** · frapper · grever · **2 - lester** · appesantir · charger · surcharger · **3 - aggraver** · augmenter · compliquer · envenimer · exaspérer · **4 - engourdir** · appesantir · embarrasser · endormir · ralentir · **5 - épaissir** · empâter · faire grossir

»» **s'alourdir** *v.pron.* **1 - augmenter** · s'aggraver · se renforcer · **2 - s'épaissir** · s'empâter · engraisser · forcir · gonfler · grossir · prendre de l'embonpoint · prendre du poids · **3 - s'engourdir** · se ralentir

alourdissement *n.m.* **1 - appesantissement** · lourdeur · **2 - aggravation**

alpaguer *v.tr.* [fam.] → **arrêter**

alphabet *n.m.* · abécédaire · abc

alpinisme *n.m.* · escalade · montagne · varappe

alpiniste *n.* · grimpeur · escaladeur · varappeur · ascensionniste *vieux*

altérable *adj.* **1 - périssable** · attaquable · corruptible · fragile · **2 - instable** · mobile · variable

altération *n.f.* **1 - changement** · modification · transformation · **2 - dégradation** · décomposition · dégénérescence · dénaturation · détérioration · pourriture · putréfaction · **3 - dégât** · atteinte · avarie · tare · **4 - falsification** · déformation · distorsion · maquillage · travestissement · truquage

altercation *n.f.* · dispute · algarade · empoignade · querelle · engueulade *fam.* · prise de bec *fam.* · [entre femmes] crêpage de chignon *fam.*

❧ **dispute**

altéré, e *adj.* **1 - abîmé** · avarié · **2 - assoiffé** · avide

alter ego *n.m.* · bras droit · autre soi-même · double

altérer *v.tr.* **1 - modifier** · changer · transformer · métamorphoser · **2 - abîmer** · attaquer · avarier · décomposer · dégrader · désintégrer · détériorer · détraquer · endommager · éventer · flétrir · gâter · oxyder · pourrir · putréfier · ronger · rouiller · vicier · **3 - affaiblir** · abâtardir · aliéner · appauvrir · avilir · corrompre · dépraver · diminuer · faire dégénérer · pervertir · **4 - bouleverser** · affecter · atteindre · décomposer · défigurer · déformer · déranger · ébranler · troubler · **5 - falsifier** · contrefaire · défigurer · déformer · déguiser · estropier · fausser · frelater · maquiller · mutiler · truquer · travestir · **6 - assoiffer** · assécher · déshydrater · dessécher · donner soif à

»» **s'altérer** *v.pron.* **1 - se décomposer** · se corrompre · pourrir · **2 - s'éventer** · s'aigrir

altérité *n.f.* **différence** · dissemblance · dissimilitude

alternance *n.f.* **rotation** · enchaînement · succession · suite

✦ **en alternance** alternativement · à tour de rôle · en alternance · l'un après l'autre · tour à tour

alternatif, -ive *adj.* 1 - **périodique** · balancé · cadencé · ondulatoire · oscillant · rythmique · sinusoïdal · 2 - **alterné** · successif · 3 - **différent** · autre · [médecine] parallèle · doux

✦ **mouvement alternatif** balancement · allée et venue · battement · flux et reflux · oscillation · palpitation · pulsation · va-et-vient

alternative *n.f.* **choix** · dilemme · option · solution de remplacement

alternative, dilemme

On parle d'une **alternative** chaque fois que, dans une situation donnée, n'existent que deux possibilités incompatibles pour résoudre un problème *(les deux termes d'une alternative).* Le **dilemme** se présente comme une **alternative** d'un type particulier. Il impose une contrainte qui est absente de l'**alternative** : *on présente une alternative à quelqu'un, mais on l'enferme dans un dilemme.* Camus écrit à propos d'un personnage de Dostoïevski : « Il accepte sciemment son dilemme, être vertueux et illogique, ou logique et criminel » (Camus, *l'Homme révolté*).

alternativement *adv.* **successivement** · à tour de rôle · en alternance · en alternant · l'un après l'autre · périodiquement · rythmiquement · tour à tour

alterné, e *adj.* 1 - **alternatif** · en alternance · 2 - [rimes] **croisé**

alterner *v. intr.* · se remplacer · faire un roulement · se relayer · se succéder · tourner

altier, -ière *adj.* 1 - **noble** · fier · 2 - [péj.] **hautain** · arrogant · dédaigneux · méprisant · orgueilleux

altitude *n.f.* **hauteur** · élévation · niveau

hauteur

altruisme *n.m.* · désintéressement · abnégation · bonté · charité · dévouement · générosité · humanité · philanthropie

altruiste *adj.* · généreux · bon · charitable · philanthrope

alvéole *n.f.* · cavité · case · cellule · compartiment · loge · niche · locule *(Bot.)*

alvéolé, e *adj.* · gaufré

amabilité *n.f.* · gentillesse · affabilité · aménité · bonne grâce · civilité · courtoisie · obligeance · politesse · prévenance · serviabilité · urbanité

amadouer *v.tr.* · apprivoiser · adoucir · attendrir · cajoler · charmer · flatter · fléchir · enjôler · entortiller · persuader

amaigri, e *adj.* **maigre** · creusé · émacié

✦ **être très amaigri** n'être que l'ombre de soi-même

amaigrir *v.tr.* 1 - **creuser** · dessécher · émacier · 2 - [Agric.] **appauvrir** · épuiser · ruiner

>>> **s'amaigrir** *v.pron.* **maigrir** · s'amincir · mincir

amaigrissement *n.m.* 1 - **amincissement** · 2 - **maigreur** · émaciation

amalgame *n.m.* 1 - **alliage** · alliance · assemblage · combinaison · fusion · mélange · réunion ·

union · **2 - confusion** · assimilation · identification · mélange · rapprochement

amalgamer *v.tr.* **1 - allier** · associer · combiner · fondre · fusionner · mélanger · mêler · réunir · unir · **2 - confondre** · assimiler · identifier · mélanger · rapprocher · mettre dans le même sac *fam.*.

amant *n.m.* **1 - soupirant** · adorateur · amoureux · bien-aimé · galant *vieilli* · **2 - ami** · compagnon · concubin · petit ami · chéri *fam.* · homme *fam.* · jules *fam.* · mec *fam.*

amarrage *n.m.* · ancrage · arrimage · fixation · mouillage

amarre *n.f.* · cordage · amarrage · attache · câble · lien

amarrer *v.tr.* · attacher · accrocher · ancrer · assujettir · assurer · enchaîner · fixer · immobiliser · lier · retenir

amas *n.m.* · amoncellement · accumulation · agglomérat · agglomération · agrégat · collection · concentration · échafaudage · empilement · entassement · monceau · montagne · pile · pyramide · tas · fatras *fam.* · ramassis *péj.*

amasser *v.tr.* **1 - accumuler** · amonceler · emmagasiner · empiler · engranger · entasser · grouper · masser · ramasser · rassembler · recueillir · réunir · [systématiquement] collectionner · **2 - capitaliser** · économiser · épargner · mettre de côté · thésauriser

amasser, accumuler, amonceler, entasser

Amasser suppose un étalement dans le temps pour réunir une quantité importante d'objets *(amasser des matériaux sur un terrain)*, l'ensemble étant constitué d'éléments de même nature ne prenant pas une forme précise. **Accumuler** garde l'idée de progressivité, mais la réunion des éléments est faite en vue d'une utilisation précise *(accumuler des notes, des preuves)*. **Entasser** suppose toujours une grande quantité, mais insiste sur l'idée de désordre *(entasser des livres sur un bureau, des provisions dans un réfrigérateur)*. **Amonceler** s'emploie comme superlatif de chacun des verbes précédents selon les contextes.

amateur, -trice *n.* **1 - collectionneur** · aficionado · connaisseur · passionné · **2 - preneur** · **3 - non professionnel** · **4 -** [péj.] **dilettante** · fantaisiste · bricoleur *fam.* · fumiste *fam.*

dilettante

amateurisme *n.m.* [péj.] dilettantisme · fumisterie *fam.*

amazone *n.f.* · cavalière · écuyère

ambages (sans) *loc.adv.* · directement · catégoriquement · franchement · sans ambiguïté · sans circonlocutions · sans détours · sans faux-fuyants · sans hésitation · sans tourner autour du pot *fam.* · bille en tête *fam.* · tout de go *fam.*

ambassade *n.f.* **1 - mission** · **2 - délégation**

ambassadeur, -trice *n.* · diplomate · délégué · émissaire · envoyé · plénipotentiaire · représentant · [du Vatican] légat · nonce

ambiance *n.f.* **1 - atmosphère** · cadre · climat · décor · entourage · environnement · milieu (matériel, intellectuel, moral) · bain *fam.* · **2 - animation** · bonne humeur · entrain · gaieté

ambiant, e *adj.* · environnant

ambigu, uë *adj.* **1 - équivoque** · amphibologique · à double entente · à double sens · double · douteux · incertain · **2 - énigmatique** · obscur · sibyllin · pas clair *fam.* · **3 - louche** · douteux · équivoque · malsain · oblique · pas catholique *fam.* · **4 - ambivalent**

ambiguïté *n.f.* **1 - double sens** · amphibologie · équivoque · incertitude · **2 - ambivalence**

ambiguïté, double sens, équivoque

Les trois mots comportent l'idée de dualité, voire de pluralité quand il s'agit d'interpréter un énoncé, mais la relation qui s'établit vis-à-vis de ce qui est dit n'est pas la même pour celui qui parle et celui qui écoute. Une phrase à **double sens** présente deux lectures possibles, introduites volontairement et comprises chacune par une partie de l'auditoire. L'**ambiguïté** d'un propos laisse l'auditeur incapable de décider d'un contenu, plus ou moins clair dans l'expression ou plus ou moins confus dans la pensée. L'**équivoque** d'un énoncé est intentionnelle et le sens second, l'aspect caché de ce qui est dit, n'est pas forcément perçu par l'auditeur. Qui parle de face cachée pense à la dissimulation, si bien qu'un propos, un geste **équivoques** sont régulièrement interprétés comme louches. *Laisser planer l'équivoque,* ou *l'ambiguïté,* c'est vouloir tirer parti du doute ; à l'inverse, c'est la duplicité que l'on cherche à balayer par les expressions courantes *s'exprimer sans équivoque* ; *rejeter toute ambiguïté.*

ambitieux, -ieuse *adj.* **1 - important** · d'envergure · hardi · téméraire · **2 - présomptueux** · orgueilleux · prétentieux · **3 - arriviste** *péj.* · carriériste *péj.* · jeune loup *(nom)*

✦ **être très ambitieux** avoir les dents qui rayent le parquet *plaisant*

ambition *n.f.* **1 - aspiration** · idéal · quête · recherche · rêve · soif · souhait · **2 - but** · désir · dessein · fin · prétention · projet · visée · vue · **3 - arrivisme** *péj.* · carriérisme *péj.*

ambitionner *v.tr.* · aspirer à · avoir des vues sur · briguer · caresser · chercher à · convoiter · désirer · poursuivre · prétendre à · rêver de · souhaiter · viser à

ambré, e *adj.* **1 - fauve** · blond · doré · jaune · **2 - bronzé** · doré · tanné

ambulant, e *adj.* **1 - mobile** · itinérant · nomade · **2 - forain** · colporteur

âme *n.f.* **1 - esprit** · étincelle (divine) · feu · flamme · force · principe · souffle · vie · spiritualité · **2 - conscience** · caractère · cœur · esprit · personnalité · **3 - agent** · animateur · artisan · auteur · centre · cerveau · chef · cheville ouvrière · instigateur · moteur · promoteur · **4 - dedans** · centre · cœur · fond · intérieur · noyau · **5 - habitant** · homme · individu · personne

✦ **force d'âme** **1 - caractère** · ardeur · constance · courage · énergie · fermeté · force · trempe · valeur · vigueur · volonté · **2 - héroïsme** · audace · intrépidité

✦ **grandeur d'âme** bonté · charité · générosité · magnanimité · noblesse

✦ **rendre l'âme** → **mourir**

améliorable *adj.* · perfectible · amendable

amélioration *n.f.* **1 - perfectionnement** · évolution · mieux · progrès · **2 - correction** ·

finition · retouche · révision · fignolage *fam.* · **3 – détente** · normalisation · réchauffement · **4 – embellissement** · rénovation · réparation · restauration · **5 – éclaircie** · embellie · radoucissement · redoux · **6 –** [de santé] **rétablissement** · rémission · répit · **7 –** [Agric.] **abonnissement** · amendement · bonification · enrichissement · fertilisation

améliorer *v.tr.* **1 – perfectionner** · mettre au point · parfaire · peaufiner · raffiner · fignoler *fam.* · lécher *fam.* · **2 – corriger** · amender · retoucher · réviser · revoir · **3 – fortifier** · affermir · rétablir · **4 – détendre** · normaliser · réconcilier · **5 – embellir** · arranger · décorer · rénover · réparer · restaurer · **6 –** [Agric.] **fertiliser** · amender · bonifier · enrichir · mettre en valeur · travailler · abonnir *rare*

✦ **améliorer l'ordinaire** mettre du beurre dans les épinards *fam.*

⋙ **s'améliorer** *v.pron.* **1 – aller mieux** · s'arranger · progresser · **2 –** [relations] **se détendre** · se normaliser · se réchauffer · **3 – s'éclaircir** · se dégager · se découvrir · embellir · **4 – se bonifier** · se faire

amen *interj.* · ainsi soit-il · d'accord

aménagement *n.m.* **1 – agencement** · arrangement · disposition · distribution · installation · ordonnance · ordre · organisation · transformation · **2 – équipement** · développement · **3 – adaptation** · assouplissement · modification

aménager *v.tr.* **1 – agencer** · arranger · disposer · distribuer · équiper · installer · ordonner · **2 – adapter** · amender · assouplir · corriger · modifier · rectifier

amendable *adj.* · modifiable · corrigeable · rectifiable

amende *n.f.* **contravention** · procès-verbal · p.-v. *fam.* · prune *fam.*

✦ **faire amende honorable** s'excuser · demander pardon · reconnaître ses torts

amendement *n.m.* **1 – modification** · aménagement · changement · correction · rectification · réforme · révision · **2 –** [Agric.] **fertilisation** · abonnissement · bonification · chaulage · engraissement · enrichissement · marnage · mise en valeur · valorisation · **3 – engrais** · fumure · **4 –** [vieux] **amélioration** · mieux · progrès

amender *v.tr.* **1 – améliorer** · changer (en mieux) · corriger · rectifier · réformer · **2 – modifier** · aménager · corriger · rectifier · redresser · réformer · réviser · **3 –** [Agric.] **fertiliser** · bonifier · chauler · enrichir · fumer · mettre en valeur · abonnir *rare*

⋙ **s'amender** *v.pron.* **1 – s'améliorer** · s'arranger · se corriger · **2 – s'assagir** · se ranger · se ranger des voitures *fam.*

☙ **réformer**

amener *v.tr.* **1 – conduire** · emmener · mener · transporter · **2 – apporter** · acheminer · conduire · distribuer · donner · **3 – causer** · apporter · attirer · déclencher · déterminer · engendrer · entraîner · occasionner · produire · provoquer · susciter · **4 – introduire** · préparer · présenter · **5 – tirer** · abaisser · baisser · [une voile] affaler

✦ **amener à** conduire à · déterminer à · entraîner à · engager à · incliner à · mener à · porter à · pousser à

✦ **amener à soi, à ses idées** attirer · conquérir · convaincre · convertir · enrôler · séduire

>>> **s'amener** *v.pron.* **arriver** · venir · se pointer *fam.* · se radiner *fam.* · se ramener *fam.*

aménité *n.f.* **amabilité** · affabilité

✦ **sans aménité** durement · avec brutalité · brutalement · avec rudesse · rudement

amenuiser (s') *v.pron.* · diminuer · s'amoindrir · se dissiper · s'estomper · s'évanouir · s'évaporer

amer, -ère *adj.* **1 - acide** · âcre · âpre · **2 - attristant** · affligeant · cruel · cuisant · décevant · décourageant · déplaisant · désagréable · désolant · douloureux · dur · irritant · pénible · sombre · triste · saumâtre *fam.* · **3 - acerbe** · âcre · aigre · agressif · âpre · blessant · caustique · désagréable · dur · fielleux · hargneux · humiliant · ironique · mordant · offensant · piquant · rude · sarcastique · sévère · acrimonieux *littér.*

amèrement *adv.* **1 - cruellement** · douloureusement · mélancoliquement · péniblement · tristement · **2 - aigrement** · désagréablement · rudement · sarcastiquement · acrimonieusement *littér.*

amertume *n.f.* **1 - rancœur** · acrimonie · aigreur · animosité · déception · dépit · désappointement · ressentiment · **2 - âpreté** · acidité · aigreur

ameublement *n.m.* · mobilier · agencement · décoration · meubles

ameuter *v.tr.* **1 - alerter** · appeler · **2 - attrouper** · battre le rappel de · grouper · rassembler · regrouper

>>> **s'ameuter** *v.pron.* **se rassembler** · s'attrouper · se grouper · se masser

ami, e

▪ *n.* **1 - camarade** · compagnon · familier · intime · copain *fam.* · pote *fam.* · **2 - allié** · amateur · défenseur · partisan

▪ *n.m.* [aussi 'petit ami'] **amant** · amoureux · compagnon · fiancé · jules *fam.* · mec *fam.* · chum *Québec*

▪ *n.f.* [aussi 'petite amie'] **compagne** · fiancée · maîtresse · meuf *lang. jeunes* · amante *vieux* · blonde *Québec*

▪ *adj.* **1 - favorable** · propice (à) · **2 - affectueux** · amical · bienveillant

✦ **très amis** copains comme cochons *fam.* · comme cul et chemise *fam.* · comme les deux doigts de la main *fam.*

ami, camarade, copain

Les **amis** manifestent entre eux des sentiments de sympathie et d'affection qui se situent en dehors des relations familiales ou amoureuses. Ces sentiments, qui se développent souvent dans la durée *(des amis de trente ans)*, ne naissent pas forcément à partir d'activités communes. Au contraire, on est lié à un **camarade** par le partage des mêmes activités ou d'une même situation *(un camarade d'école, de bureau)*. Le **copain** est un camarade de jeu, de classe, ou quelqu'un avec qui l'on partage des loisirs ; il est presque toujours de la même génération que soi, ce qui n'est pas obligatoire pour l'**ami** ou le **camarade**. Cependant, dans un contexte familier, **copain** s'emploie aisément pour **ami** *(un copain de toujours)* ou pour **camarade** *(un vieux copain de régiment)*.

amiable (à l') *loc. adv.* · de gré à gré

amical, e *adj.* · chaleureux · aimable · affectueux · cordial · fraternel · gentil · sympathique

amicalement *adv.* · chaleureusement · aimablement · affectueusement · cordialement · fraternellement · sympathiquement

amidon *n.m.* · apprêt · colle

amidonnage *n.m.* · empesage

amidonné, e *adj.* · empesé · apprêté · dur

amidonner *v.tr.* · empeser · apprêter

amincir

- *v.tr.* **affiner**
- *v.intr.* **mincir** · maigrir · s'affiner

amincissant, e *adj.* · amaigrissant · anticellulite

amincissement *n.m.* · affinement · amaigrissement

amitié *n.f.* **1 - affection** · attachement · camaraderie · sympathie · tendresse · inclination *littér.* · **2 - accord** · entente · bonne intelligence · **3 - bienveillance** · bonté · sympathie · **4 -** [surtout au plur.] **amabilité** · compliment

amnésie *n.f.* · perte de la mémoire · oubli · trou (de mémoire)

amnistie *n.f.* · remise de peine · acquittement · grâce · libération · pardon · relaxe

amnistie, grâce

Une personne reconnue coupable d'un délit peut voir sa peine réduite ou supprimée si elle bénéficie d'une mesure de clémence, la **grâce**, que seul le président de la République peut accorder dans certaines circonstances, par exemple en cas de doute sérieux sur la culpabilité du condamné. L'**amnistie** efface complètement l'infraction et ses conséquences, et s'applique à un ensemble d'individus qui n'ont pas encore été jugés, et non à une seule personne. Elle dépend d'une loi et non d'un droit de **grâce** : *les députés ont proposé une large amnistie pour une catégorie de délits fiscaux.*

amnistier *v.tr.* · gracier · acquitter · libérer · relaxer

amocher *v.tr.* [fam.] → **abîmer**

amoindrir *v.tr.* **1 - diminuer** · amenuiser · rapetisser · réduire · restreindre · **2 - affaiblir** · abaisser · atténuer · user

»» **s'amoindrir** *v.pron.* **décroître** · s'affaiblir · s'amenuiser · décliner · diminuer · rapetisser · se réduire · se restreindre

amoindrissement *n.m.* **1 - diminution** · amenuisement · réduction · restriction · **2 - affaiblissement** · abaissement · décroissance

amollir *v.tr.* **1 - ramollir** · attendrir · liquéfier · **2 - affaiblir** · alanguir · débiliter · liquéfier · avachir *fam.*

»» **s'amollir** *v.pron.* **faiblir** · s'affaiblir · s'atténuer · diminuer · faiblir · fléchir · se liquéfier · mollir · se ramollir · se relâcher

amollissement *n.m.* · affaiblissement · fléchissement · relâchement

amonceler *v.tr.* · entasser · accumuler · agglomérer · amasser · empiler · superposer

amasser

amoncellement *n.m.* · entassement · accumulation · agglomération · amas · échafaudage · monceau · montagne · pile · tas

amoral, e *adj.* · immoral · dépravé · dévoyé · sans foi ni loi
↝ immoral

amorce *n.f.* **1 - commencement** · début · ébauche · embryon · esquisse · **2 - amorçage** · **3 - détonateur** · **4 -** [vieux] **appât** · leurre

amorcer *v.tr.* **1 - commencer** · attaquer · ébaucher · entamer · entreprendre · esquisser · initier · lancer · mettre en route · mettre sur les rails · **2 -** [vieux] **appâter** · leurrer

amorphe *adj.* · apathique · atone · avachi · inconsistant · indolent · mou

amortir *v.tr.*
I 1 - affaiblir · adoucir · atténuer · calmer · diminuer · émousser · estomper · modérer · réduire · tempérer · **2 - assourdir** · étouffer · feutrer • [sans complément] faire tampon
II 1 - rembourser · couvrir · éponger • [une dette] éteindre · **2 - rentabiliser**

amortissement *n.m.* · remboursement · couverture • [d'une dette] extinction

amortisseurs *n.m.pl.* · suspension

amour *n.m.* **1 - affection** · attachement · inclination · passion · penchant · tendresse · flamme *littér. ou plaisant* · idylle *littér. ou plaisant* · **2 -** [passager] amourette · aventure · caprice · flirt · passade · béguin *fam.* · **3 - goût** · attirance · engouement · faible · intérêt · passion · **4 - sexualité** · érotisme · baise *fam.* · chose *euph.* · partie de jambes en l'air *fam.* · **5 - relation** · liaison · mariage · union · **6 - dévotion** · culte · adoration · vénération

✦ **amour du prochain** altruisme · bienveillance · charité · dévouement · fraternité · générosité · philanthropie

✦ **faire l'amour (avec)** avoir un, des rapport(s) (avec) · coïter *rare* · copuler *plaisant* · s'accoupler *plaisant* · forniquer (avec) *Relig. ou plaisant* · baiser *très fam.* · coucher (avec) *fam.* · s'envoyer en l'air (avec) *fam.* · se faire *très fam.* · se taper *vulg.* • [une femme] jouir des faveurs de · prendre · posséder · enfiler *vulg.* · niquer *vulg.* · quéner *lang. jeunes* · tringler *vulg.*

amouracher de (s') *v.pron.* · s'éprendre de · s'enticher de *fam.* · se toquer de *fam.*

amourette *n.f.* · aventure · caprice · flirt · passade · béguin *fam.*

amoureusement *adv.* · tendrement

amoureux, -euse
▪ *adj.* **1 - épris** · entiché · fou · mordu *fam.* · toqué *fam.* · **2 - aimant** · câlin · caressant · doux · sentimental · tendre · **3 - ardent** · brûlant · chaud · lascif · langoureux · passionné · sensuel · voluptueux · **4 - érotique** · sexuel · **5 - amateur** · admirateur · ami · fanatique · féru · fervent · fou · passionné · accro *fam.* · fan *fam.* · mordu *fam.*

▪ *n.m.* **ami** · amant · petit ami · flirt · soupirant · tourtereau *(au plur.)* · galant *vieux*

▪ *n.f.* **amie** · petite amie · flirt

✦ **tomber amoureux** s'éprendre · s'amouracher · tomber en amour *Québec*

amour-propre *n.m.* · fierté · dignité · orgueil · respect de soi

amovible *adj.* · détachable · déplaçable · extractible · interchangeable · mobile · modifiable · transformable · transportable

amphibologie *n.f.* · ambiguïté · double sens · équivoque

amphithéâtre *n.m.* **1 - hémicycle** · auditorium · salle de conférences · amphi *fam.* · **2 - arènes**

amphitryon *n.m.* · maître de maison · hôte

ample *adj.* **1 - vaste** · étendu · grand · large · spacieux · volumineux · **2 - abondant** · copieux · développé · important · **3 -** [vêtement] **large** · blousant · grand · vague · **4 -** [voix] **sonore** · épanoui · fort · généreux · plein · retentissant

amplement *adv.* **1 - abondamment** · copieusement · grandement · largement · longuement · pleinement · **2 - aisément** · facilement · grandement

ampleur *n.f.* **1 - dimension** · amplitude · étendue · grandeur · largeur · taille · volume · **2 - envergure** · dimension · importance · poids · portée · valeur · gravité

amplification *n.f.* **1 - augmentation** · accroissement · agrandissement · développement · extension · exacerbation · intensification · **2 - exagération** · dramatisation · enflure · outrance

amplifier *v.tr.* **1 - augmenter** · accroître · agrandir · développer · étendre · exacerber · grandir · intensifier · **2 - exagérer** · dramatiser · enfler · grossir · outrer

»» **s'amplifier** *v.pron.* **augmenter** · s'accroître · enfler · grandir · grossir · s'intensifier

amplitude *n.f.* **1 - étendue** · ampleur · grandeur · intensité · magnitude · portée · **2 - écart** · différence · distance · variation

ampoule *n.f.* **1 - flacon** · burette · fiole · **2 - cloque** · boursouflure · bulle · vésicule

ampoulé, e *adj.* · emphatique · affecté · boursouflé · déclamatoire · enflé · grandiloquent · guindé · pompeux · ronflant *fam.* · pindarique *vieux*

~ **emphatique**

amputation *n.f.* **1 - mutilation** · ablation · sectionnement · **2 - suppression** · allègement · censure · coupure · diminution · retrait

amputé, e *n.* · handicapé · estropié · invalide · mutilé

amputer *v.tr.* **1 - couper** · enlever · ôter · retrancher · sectionner · tailler · **2 - mutiler** · estropier · **3 - censurer** · élaguer · expurger · mutiler · raccourcir · retirer · retrancher · supprimer · tailler · tronquer · **4 - priver**

amulette *n.f.* · talisman · fétiche · grigri · mascotte · médaille · porte-bonheur · porte-chance

amusant, e *adj.* **1 - divertissant** · agréable · délassant · détendant · distrayant · égayant · plaisant · récréatif · réjouissant · fun *fam.* · **2 - drôle** · bouffon · burlesque · cocasse · comique · désopilant · drolatique · hilarant · humoristique · risible · bidonnant *fam.* · gondolant *fam.* · impayable *fam.* · marrant *fam.* · poilant *fam.* · rigolo *fam.* · tordant *fam.* · à se tordre *fam.* · à se pisser dessus *très fam.* · à se taper le cul par terre *très fam.* · **3 - boute-en-train** ·

comique · drôle · spirituel · marrant *fam.* · **4 – curieux** · bizarre · étrange

amusement *n.m.* **1 – divertissement** · délassement · jeu · passe-temps · plaisir · récréation · réjouissance · amusette *péj.* · **2 – dérivatif** · distraction

réjouissance

amuser *v.tr.* **1 – divertir** · distraire · délasser · dérider · égayer · faire rire, sourire · mettre en gaieté, en train · réjouir · **2 – détourner l'attention de** · distraire · endormir

»» **s'amuser** *v.pron.* **1 – se distraire** · se divertir · jouer · **2 – prendre du bon temps** · faire la fête · faire la foire, la java, la noce, la nouba *fam.* · s'éclater *fam.* · se défoncer *fam.* · prendre son pied *fam.* · bambocher *vieux* · avoir du fun *Québec* · **3 – batifoler** · folâtrer · baguenauder *vieux*

✦ **s'amuser de** se moquer de · plaisanter · railler · rire de · taquiner · tourner en ridicule, en dérision · se ficher de *fam.* · brocarder *littér.* · se gausser de *littér.* · persifler *littér.*

amuseur, -euse *n.* · boute-en-train · bouffon · clown · farceur · pitre

an *n.m.* **1 – année** · **2 –** [avec un âge] **printemps** *littér.* · balai *fam.* · berge *fam.* · pige *fam.*

an, année

An et **année** peuvent s'échanger dans presque tous les contextes, désignant tous deux la même durée. Cependant, **an** s'impose pour marquer une date *(l'an 2000)* et l'âge *(une femme de quarante ans)*, ainsi que dans des expressions figées *(le premier de l'an, bon an mal an)*. On emploie plutôt **année** pour parler d'une période de douze mois qui commence à une date quelconque *(louer à l'année)* et systématiquement lorsqu'on évoque le contenu d'événements se déroulant dans ce laps de temps *(vivre une année difficile, une année de crise)* ou une période d'activité d'une durée de douze mois ou moins *(l'année scolaire)*. **An** et **année** peuvent donc apparaître dans une même phrase : *elle avait vingt-deux ans l'année de son mariage.*

anachronique *adj.* · désuet · démodé · obsolète · périmé · d'un autre âge · d'arrière-garde

analectes *n.m.pl.* · anthologie

analgésique *adj. et n.m.* · anesthésiant · anesthésique · antalgique · calmant

calmant

analogie *n.f.* **1 – ressemblance** · affinité · concordance · correspondance · parenté · proximité · similarité · similitude · voisinage · **2 – comparaison** · association · liaison · lien · parallélisme · rapport · relation

analogue *adj.* · approchant · comparable · connexe · équivalent · pareil · parent · proche · ressemblant · semblable · similaire · voisin

analphabète *adj.* **1 – illettré** · **2 – ignare** · ignorant · inculte

analphabète, illettré

On emploie **analphabète** à propos d'une personne qui ne sait ni lire ni écrire (littéralement, « qui ne sait ni le A ni le B »). **Illettré** s'applique à quelqu'un qui a eu accès à des rudiments d'instruction qui sont insuffisants pour maîtriser la lecture et l'écriture. *On lutte contre l'analphabétisme dans plusieurs pays très pauvres, dépourvus d'écoles ; on déplore la persistance de l'illettrisme en Europe.*

analphabétisme *n.m.* · illettrisme

analyse *n.f.* 1 - **observation** · critique · décomposition · étude · examen · 2 - **compte rendu** · abrégé · article · digest · exposé · notice · précis · rapport · résumé · sommaire · 3 - **psychanalyse**

analyser *v.tr.* 1 - **étudier** · approfondir · examiner · rendre compte de · décortiquer *fam.* · éplucher *fam.* · 2 - **psychanalyser** · coucher sur un divan *plaisant*

analyste *n.* [Psych.] psychanalyste

analytique *adj.* 1 - **détaillé** · 2 - [Philo.] **tautologique** · 3 - [Psych.] **psychanalytique**

anaphylaxie *n.f.* · allergie · hypersensibilité · sensibilisation

anarchie *n.f.* · désordre · chaos · confusion · bazar *fam.* · bordel *très fam.* · boxon *très fam.* · pagaille *fam.*

anarchique *adj.* 1 - **désordonné** · brouillon · chaotique · confus · incohérent · bordélique *fam.* · 2 - **anarchiste**

anarchiste *n. et adj.* 1 - **libertaire** · anar *fam.* · 2 - **anarchisant**

anatomie *n.f.* 1 - **morphologie** · 2 - **corps** · forme(s) · morphologie · musculature · plastique · proportions · silhouette

ancestral, e *adj.* 1 - **ancien** · 2 - **antique** · immémorial · séculaire

ancêtre *n.* 1 - **aïeul** · ascendant · parent · père · 2 - **prédecesseur** · devancier · initiateur · précurseur · 3 - [fam.] **vieillard**

ancien , -ienne

▪ *adj.* 1 - **passé** · ex- · périmé · précédent · révolu · 2 - **éloigné** · ancestral · immémorial · lointain · millénaire · reculé · séculaire · 3 - **antique** · d'époque · 4 - **vieux** · archaïque · d'antan · démodé · dépassé · désuet · moyenâgeux *souvent péj.* · obsolète · suranné · vieillot · vétuste · qui de date pas d'hier *fam.* · antédiluvien *plaisant.* · préhistorique *fam.*

▪ *n.* **vieillard** · aîné · doyen · vétéran · vieux · dinosaure *péj.* · vieux de la vieille *fam.*

anciennement *adv.* · autrefois · avant · dans le passé · dans le temps · il y a longtemps · jadis

jadis

ancienneté *n.f.* 1 - **vétusté** · 2 - **antiquité** · 3 - **années** · annuités · 4 - **vieillesse**

ancrage *n.m.* 1 - **mouillage** · 2 - **fixation** · amarrage · arrimage · blocage · 3 - **implantation** · enracinement

ancre *n.f.* **grappin**

✦ **jeter l'ancre** mouiller

✦ **lever l'ancre** s'en aller · mettre les voiles

ancrer *v.tr.* 1 - **mouiller** · amarrer · 2 - **enraciner** · établir · fixer · implanter

andouille *n.f.* [fam.] → **imbécile**

andouiller *n.m.* · bois · cor · corne

androgyne *adj. et n.* · hermaphrodite

androgyne, hermaphrodite

Androgyne s'applique à un homme ou à une femme à qui l'on reconnaît des traits propres à l'autre sexe dans l'apparence ou dans les attitudes : *une silhouette, un visage androgynes.* **Hermaphrodite** qualifie une personne – socialement identifiée comme homme ou comme femme – qui réunit certains caractères physiologiques des deux sexes : « On demande (...) si un hermaphrodite peut faire un enfant à une fille et être engrossé par un garçon. Je réponds, à mon ordinaire, que je n'en sais rien » (Voltaire, *Dictionnaire philosophique*, « Testicules », II).

androgynie *n.f.* · hermaphrodisme

andropause *n.f.* · retour d'âge

âne *n.m.* **1 - baudet** · grison · bourricot *fam.* · **2 - ignorant** · idiot · imbécile · niais · sot · stupide · bourrique *fam.* · buse *fam.* · cruche *fam.*

anéantir *v.tr.* **1 - détruire** · abattre · abolir · annihiler · briser · consumer · dévorer · dissiper · écraser · engloutir · enterrer · étouffer · faucher · jeter à bas, par terre · liquider · précipiter dans l'abîme, dans l'oubli · pulvériser · ravager · réduire en poudre, en poussière, à néant · ruiner · submerger · tailler en pièces · **2 - tuer** · exterminer · massacrer · **3 - accabler** · abattre · briser · consterner · démolir · **4 - fatiguer** · épuiser · exténuer

»» **s'anéantir** *v.pron.* **s'écrouler** · s'abattre · s'abîmer · se briser · s'effondrer · fondre · mourir · périr · sombrer · tomber

anéantissement *n.m.* **1 - destruction** · abolition · annihilation · dissipation · écrasement · effacement · effondrement · engloutissement · enterrement · étouffement · pulvérisation · suppression · **2 - extermination** · massacre · **3 - mort** · disparition · extinction · fin · **4 - abattement** · accablement · consternation

anecdote *n.f.* **1 - histoire** · conte · fable · historiette · récit · **2 - nouvelle** · bruit · écho · potin *fam.* · **3 - détail**

anecdotique *adj.* · contingent · accessoire · insignifiant · marginal

anémie *n.f.* · faiblesse · abattement · affaiblissement · dépérissement · épuisement · étiolement · langueur

anémié, e *adj.* **1 - anémique** · **2 - faible** · affaibli · déprimé · diminué · étiolé · fatigué · languissant · las

anémier *v.tr.* · affaiblir · débiliter · épuiser · faire dépérir

anémique *adj.* · chétif · anémié · débile · déficient · délicat · faible · fluet · fragile · frêle · malingre · sans énergie · sans force · sans ressort

ânerie *n.f.* **1 - erreur** · absurdité · balourdise · baliverne · bêtise · idiotie · imbécillité · ineptie · niaiserie · sottise · stupidité · connerie *très fam.* · **2 - bévue** · bourde · faute · impair · gaffe *fam.*

anesthésiant, e *adj. et n.m.* → **anesthésique**

anesthésie *n.f.* **1 - analgésie** · **2 - insensibilisation**

anesthésier *v.tr.* **1 - insensibiliser** · chloroformer · endormir · **2 - apaiser** · assoupir · calmer · endormir

anesthésique *adj. et n.m.* · anesthésiant · analgésique · antalgique · antidouleur · narcotique · somnifère

ange *n.m.* **1 - esprit céleste** · angelot · chérubin · séraphin · archange · **2 - amour**

✦ **mon ange** mon chéri · mon cœur · mon chou

✦ **ange gardien** **1 - protecteur** · défenseur · sauveur · soutien · mentor · **2 -** [iron.] garde du corps · barbouze

✦ **mauvais ange** démon · diable · mauvais génie
✦ **aux anges** enchanté · comblé · heureux · ravi · au septième ciel *fam.*

angélique *adj.* **1 - céleste** · parfait · pur · ravissant · séraphique · **2 - vertueux** · saint

angine *n.f.* · mal de gorge · amygdalite · pharyngite

angiome *n.m.* · tache de vin

angle *n.m.* **1 - coin** · arête · corne · coude · encoignure · recoin · renfoncement · retour · tournant · **2 - point de vue** · aspect · côté · éclairage · perspective · rapport

angoissant, e *adj.* **1 - inquiétant** · alarmant · flippant *fam.* · **2 - oppressant** · lourd

angoisse *n.f.* · anxiété · appréhension · crainte · effroi · inquiétude · malaise · peur · tourment · affres *littér.*

angoisse, anxiété

Savoir ou imaginer que l'on va connaître, dans un avenir plus ou moins proche, une situation très désagréable peut provoquer un état d'**anxiété** : *la perspective d'un licenciement, la maladie d'un proche nous plongent dans l'anxiété.* L'**angoisse** a les mêmes fondements que l'**anxiété**, mais exclut la durée tant la violence du trouble psychique provoque des réactions physiques pénibles : *des sueurs froides dans l'angoisse d'un cauchemar, une angoisse paralysante.* On peut *vivre dans l'anxiété* ; on peine à supporter *une crise d'angoisse.*

angoissé, e *adj.* **1 - anxieux** · inquiet · oppressé · stressé · tourmenté · **2 - affolé** · épouvanté · paniqué

angoisser *v.tr.* **1 - inquiéter** · oppresser · stresser · tourmenter · **2 - alarmer** · affoler · effrayer · paniquer

»» **s'angoisser** *v.pron.* **s'inquiéter** · s'affoler · s'alarmer · s'effrayer · paniquer · se stresser · se tourmenter · se biler *fam.* · flipper *fam.*

anguleux, -euse *adj.* **1 - maigre** · taillé à la hache, à coups de hache · taillé à la serpe, à coups de serpe · **2 - acariâtre** · revêche

anicroche *n.f.* · difficulté · accroc · complication · contretemps · embarras · ennui · heurt · incident · obstacle · problème · hic *fam.* · pépin *fam.*

[1]**animal, e** *adj.* **1 - bestial** · brutal · grossier · instinctif · physique · **2 - charnel** · sensuel

[2]**animal** *n.m.* · bête · bestiole *souvent péj.*

animalité *n.f.* **1 - instinct** · **2 - bestialité** · brutalité · sauvagerie

animateur, -trice *n.* **1 - dirigeant** · cheville ouvrière · directeur · instigateur · meneur · moteur · organisateur · pionnier · promoteur · **2 - présentateur** · annonceur · disc-jockey · meneur de jeu · **3 - moniteur**

animation *n.f.* **1 - activité** · affairement · agitation · mouvement · vie · **2 - entrain** · ardeur · chaleur · enthousiasme · exaltation · excitation · flamme · feu · fièvre · fougue · passion · vivacité · **3 - dessin animé**

animé, e *adj.* **1 - passant** · vivant · **2 - ardent** · acharné · bouillant · bouillonnant · brûlant · chaud · débordant · enflammé · vif · **3 - agité** · houleux · mouvementé · orageux · tumultueux · **4 - vivant** · **5 - mobile** · mouvant

animer *v.tr.* **1 - stimuler** · aiguillonner · électriser · enflammer · exalter · inciter, pousser à l'action · remplir d'ardeur · vivifier · **2 - inspirer** · conduire · déterminer · diriger · mener · pousser · **3 - diriger** · conduire · mener · présider · **4 - égayer** · alimenter · **5 - illuminer** · aviver · colorer · échauffer · enfiévrer · faire briller · **6 - insuffler la vie à** · créer · donner le souffle à

»» **s'animer** *v.pron.* **1 - s'agiter** · se mouvoir · s'ébranler · se remuer · **2 - s'éveiller** · **3 - s'emporter** · s'échauffer · s'irriter

animosité *n.f.* **1 - antipathie** · aigreur · amertume · haine · hostilité · inimitié · malveillance · rancune · ressentiment · **2 - agressivité** · acharnement · âpreté · colère · emportement · fiel · véhémence · venin · violence · virulence

ankylose *n.f.* **1 - courbature** · raideur · **2 - engourdissement**

ankylosé, e *adj* · engourdi · courbaturé · gourd · paralysé · perclus

ankylosé, engourdi, gourd

On se dira **ankylosé** si l'on éprouve une difficulté temporaire à mouvoir ses membres, ses articulations, par exemple à la suite d'un long voyage en voiture. On emploiera **engourdi** si la privation de mobilité du corps ou d'une partie du corps s'accompagne d'une disparition provisoire de sensibilité *(être engourdi par la somnolence, le froid)*. Lorsque cette sensation ne touche que les mains atteintes par le froid, **gourd** s'imposera *(avoir les doigts gourds)*.

ankyloser *v.tr.* **engourdir** · courbaturer · paralyser

»» **s'ankyloser** *v.pron.* **s'engourdir** · se raidir · se rouiller

annales *n.f.pl.* **1 - chronique** · archives · mémoires · recueil · registre · revue · tables · **2 - histoire** · récit

chronique

anneau *n.m.* **1 - bague** · alliance · jonc · chevalière · **2 - rond** · annelet · boucle · **3 - chaînon** · maillon · manille

année *n.f.* **1 - an** · **2 - annuité** · **3 - millésime** · cuvée · [d'étudiants] promotion · promo *fam.*

an

[1]**annexe** *adj.* **1 - attaché** · additionnel · auxiliaire · complémentaire · joint · supplémentaire · **2 - secondaire** · accessoire · marginal · mineur · subsidiaire

[2]**annexe** *n.f.* **1 - ajout** · addition · appendice · complément · pièce jointe · supplément · **2 - dépendance** · **3 - succursale** · filiale

annexer *v.tr.* **1 - attacher** · incorporer · joindre · rattacher · réunir · unir · **2 - occuper** · coloniser · monopoliser · squatter

»» **s'annexer** *v.pron.* **accaparer** · s'approprier · s'attribuer · truster *fam.*

annexion *n.f.* · incorporation · rattachement · réunion

annihiler *v.tr.* · anéantir · abolir · annuler · briser · détruire · effacer · frapper d'impuissance · neutraliser · paralyser · réduire à néant, à rien · ruiner · supprimer

anniversaire

- *adj.* **commémoratif**
- *n.m.* **commémoration** · bicentenaire · célébration · centenaire · fête · jubilé · tricentenaire

annonce *n.f.* **1 - communiqué** · avertissement · avis · communication · déclaration · message · notification · nouvelle · proclamation · publication · **2 - faire-part** · avis · **3 - publicité** · message publicitaire · réclame · **4 - prédiction** · prophétie · **5 - boniment** · discours · promesse · **6 - indice** · augure · indication · marque · prélude · présage · promesse · signe · signal · **7 - enchère**

annoncer *v.tr.* **1 - communiquer** · apprendre · avertir de · aviser de · déclarer · dire · divulguer · faire connaître · faire savoir · indiquer · informer de · instruire de · notifier · porter à la connaissance · présenter · publier · révéler · signaler · **2 -** [haut et fort] **clamer** · claironner · crier sur les toits · proclamer · **3 - prédire** · promettre · pronostiquer · prophétiser · **4 - dénoter** · augurer · indiquer · laisser présager · laisser pressentir · laisser deviner · manifester · marquer · montrer · prouver · révéler · signaler · **5 - précéder** · préluder à · préparer

⋙ **s'annoncer** *v.pron.* **1 - se dessiner** · se profiler · **2 - se présenter**

annonceur *n.m.* · publicitaire · publiciste

annonciateur, -trice

▪ *adj.* **avant-coureur** · précurseur · prémonitoire · prophétique

▪ *n.* **héraut**

annotation *n.f.* · commentaire · glose · note critique · note explicative · note de lecture · observation · réflexion · remarque · apostille *(Droit)*

annoter *v.tr.* · commenter · gloser · marginer *didact.*

annuaire *n.m.* **1 - almanach** · recueil · **2 - bottin** *nom déposé* • [des V.I.P.] Bottin mondain · Gotha · Who's who

annuité *n.f.* · terme · échéance

annulable *adj.* · résiliable · résoluble

annulation *n.f.* **1 - abrogation** · cassation · dénonciation · dissolution · infirmation · invalidation · rescision *(Droit)* · résiliation · résolution · révocation · rupture · **2 - suppression** · abolition · anéantissement · destruction · extinction · liquidation · **3 - effacement** · radiation

annuler *v.tr.* **1 - invalider** · abroger · infirmer · résilier · résoudre · révoquer · rompre • [un jugement] casser · **2 - éteindre** · faire disparaître · liquider · **3 - décommander** · **4 - annihiler** · supprimer

⋙ **s'annuler** *v.pron.* **se neutraliser** · se compenser

anodin, e *adj.* · insignifiant · banal · effacé · fade · falot · insipide · neutre · quelconque · sans caractère · sans importance · terne

anomalie *n.f.* **1 - bizarrerie** · étrangeté · exception · irrégularité · particularité · singularité · **2 - anormalité** · altération · difformité · malformation · monstruosité

ânonner *v.tr.* · bredouiller

anonymat *n.m.* **1 - incognito** · **2 - banalité** · insignifiance · médiocrité · **3 - obscurité** · ombre

anonymat, incognito

L'**anonymat** et l'**incognito** comportent tous deux l'idée de secret, mais selon un point de vue différent. Il y a **anonymat** d'une personne chaque fois qu'on ignore son identité : *l'anonymat du riche donateur n'a pas été percé.* Si quelqu'un veut ne pas être reconnu au cours d'un déplacement et qu'il utilise un faux nom ou change son apparence physique, on dira qu'*il a gardé l'incognito*, ou *préservé son incognito*.

anonyme *adj.* **1 - inconnu** · indéterminé · secret · **2 - non signé** · **3 - banal** · aseptisé · impersonnel · insignifiant · insipide · ordinaire · quelconque

anonymement *adv.* · incognito · secrètement

anorak *n.m.* · parka · doudoune

anorexie *n.f.* · inappétence · perte d'appétit

anormal, e *adj. et n.* **1 - irrégulier** · aberrant · atypique · exceptionnel · **2 - bizarre** · étrange · extraordinaire · inaccoutumé · inhabituel · insolite · paradoxal · singulier · surprenant · **3 - arriéré** · caractériel · handicapé · inadapté · malade

anormalement *adv.* · bizarrement · curieusement · étrangement · inhabituellement

anse *n.f.* **1 - poignée** · anneau · portant · **2 - baie** · calanque · crique · golfe

antagonique *adj.* · adverse · antagoniste · concurrent · contraire · opposé

antagonisme *n.m.* **1 - opposition** · combat · conflit · désaccord · lutte · rivalité · **2 - agressivité** · antipathie · inimitié · **3 - concurrence**

antagoniste *adj. et n.* **1 - opposé** · antagonique · rival · **2 - adversaire** · concurrent · contradicteur · ennemi · rival

❧ **opposant**

antalgique *adj. et n.m.* · analgésique · anesthésiant · anesthésique · antidouleur · calmant

antan (d') *loc. adv.* · d'autrefois · ancien · du temps passé · d'avant · passé

antécédent, e *adj.* **précédent** · antérieur · préexistant

››› **antécédents** *n. plur.* **passé**

❧ **précédent**

antédiluvien, -ienne *adj.* · ancien · antique · archaïque · arriéré · démodé · dépassé · fossile · préhistorique *plaisant* · suranné

antenne *n.f.* · mât · tige

antérieur, e *adj.* · précédent · antécédent · préexistant

antérieurement *adv.* · auparavant · avant · précédemment

antériorité *n.f.* · ancienneté · préexistence

anthologie *n.f.* · morceaux choisis · compilation · extraits · florilège · mélanges · recueil · [d'auteurs classiques] chrestomathie *rare* · [de poèmes] spicilège *rare*

anthrax *n.m.* · furoncle · abcès · tumeur

anthropophage *adj. et n.* · cannibale

❧ **cannibale**

anthropophagie *n.f.* · cannibalisme

antiallergique *adj. et n.* · anallergique

antichambre *n.f.* · salle d'attente · entrée · hall · réception · vestibule

❧ **hall**

anticipation *n.f.* 1 - **prévision** · futurologie · prospective · 2 - **science-fiction**

✦ **par anticipation** d'avance

anticipé, e *adj.* 1 - **avancé** · 2 - **précoce** · prématuré

anticiper *v.tr.* 1 - **prévoir** · escompter · pronostiquer · s'attendre à · 2 - **devancer** · prévenir

✦ **anticiper sur** empiéter sur · entamer

anticonceptionnel, -elle *adj. et n.m.* · contraceptif

anticonformiste *adj. et n.* · non-conformiste · libertaire

antidépresseur *n.m.* · anxiolytique · neuroleptique · tranquillisant

antidote *n.m.* 1 - **contrepoison** · 2 - **dérivatif** · diversion · exutoire · remède · vaccin

antidouleur *adj. invar. et n.m.* · analgésique · antalgique

antienne *n.f.* · refrain · chanson · couplet · leitmotiv · litanie · rengaine · disque *fam.*

antifatigue *adj. invar.* · dopant · fortifiant

antifébrile *adj. et n.m.* · antipyrétique · antithermique · fébrifuge

antigravitationnel, -elle *adj.* · anti-g · antigravité

antimicrobien, -ienne *adj.* · antibactérien · bactéricide

antimycosique *adj.* · antifongique

antinomie *n.f.* · contradiction · opposition · incompatibilité

antinomique *adj.* · contradictoire · contraire · incompatible · opposé

antioxydant, e *adj.* · antirouille

antipathie *n.f.* **prévention** · aversion · dégoût · froideur · haine · hostilité · inimitié · répugnance · répulsion · allergie *fam.*

✦ **avoir de l'antipathie pour** battre froid à · ne pouvoir souffrir · détester · abhorrer *littér.*

antipathique *adj.* · désagréable · déplaisant · détestable · imbuvable *fam.*

antipode *n.m.* · opposé

✦ **aux antipodes de** à l'opposé de · très différent de · très loin de

antique *adj.* 1 - **ancien** · passé · 2 - **immémorial** · ancestral · séculaire · très ancien · 3 - **démodé** · archaïque · arriéré · dépassé · suranné · antédiluvien *plaisant* · préhistorique *plaisant* · 4 - **usé** · vétuste

antiquité *n.f.* 1 - **ancienneté** · 2 - [péj.] **vieillerie** *fam.* · antiquaille *péj.*

⋙ **antiquités** *plur.* **brocante** · antiquaillerie *péj.*

antirouille *adj. invar.* · antioxydant

antisepsie *n.f.* · désinfection · purification · stérilisation

antiseptique *adj. et n.m.* · désinfectant · antiputride · purifiant · stérilisant

antisocial, e *adj. et n.* · asocial · délinquant · inadapté · marginal

antispasmodique *adj. et n.m.* · anticonvulsif · calmant

antithèse *n.f.* 1 - **contraste** · antinomie · opposition · paradoxisme · 2 - **opposé** · antithétique · contraire · inverse

antonyme *n.m.* · contraire

antre *n.m.* • repaire • gîte • retraite • tanière

anus *n.m.* • rectum • cul *fam.* • fion *fam.* • fondement *fam.* • pot *fam.* • trou de balle *fam.* • trou du cul *fam.* • troufignon *fam.*

anxiété *n.f.* **appréhension** • angoisse • crainte • inquiétude • souci • tourment • tracas • affres *littér.* • transes *littér. ou vieux*

✦ **anxieux de** impatient de • désireux de • soucieux de

❧ **angoisse**

anxieusement *adv.* • fébrilement • fiévreusement • impatiemment

anxieux, -ieuse *adj.* • angoissé • inquiet • préoccupé • soucieux • tourmenté • tracassé

anxiolytique *adj. et n.m.* • calmant • neuroleptique • tranquillisant

apaisant, e *adj.* • calmant • consolant • lénifiant • reposant • sécurisant

apaisement *n.m.* **1 - soulagement** • adoucissement • consolation • rémission • **2 - pacification** • dégel • retour au calme

apaiser *v.tr.* **1 - rasséréner** • calmer • rassurer • tranquilliser • **2 - amadouer** • adoucir • attendrir • lénifier • pacifier • radoucir • **3 - adoucir** • atténuer • assoupir • calmer • cicatriser • consoler • dissiper • endormir • éteindre • guérir • lénifier • modérer • soulager • tempérer • **4 - assouvir** • contenter • étancher • éteindre • rassasier • satisfaire • **5 - faire cesser** • abattre • calmer

⋙ **s'apaiser** *v.pron.* **se calmer** • cesser • tomber

apanage *n.m.* • privilège • exclusivité • lot • monopole • prérogative • propre

aparté *n.m.* **1 - conversation privée** • entretien particulier • messes basses *fam.* • **2 - monologue**

✦ **en aparté** **1 - (tout) bas** • **2 - en tête à tête**

✦ **faire des apartés** faire des messes basses *fam.*

apartheid *n.m.* • ségrégation • discrimination

apathie *n.f.* **1 - inertie** • indolence • langueur • lenteur • léthargie • mollesse • nonchalance • passivité • torpeur • **2 - aboulie** • atonie

apathique *adj. et n.* **1 - indolent** • amorphe • atone • inerte • léthargique • lymphatique • mou • nonchalant • passif • mollasson *fam.* • **2 - aboulique**

apercevoir *v.tr.* **1 - voir** • aviser • découvrir • discerner • distinguer • entrevoir • remarquer • repérer • **2 - comprendre** • appréhender • déceler • deviner • discerner • pénétrer • percevoir • saisir • sentir • piger *fam.*

⋙ **s'apercevoir de** *v.pron.* **constater** • comprendre • découvrir • prendre conscience de • se rendre compte de • noter • remarquer • saisir • surprendre • voir

✦ **sans s'en apercevoir** inconsciemment • à son insu

❧ **voir**

aperçu *n.m.* **1 - estimation** • coup d'œil • vue • **2 - exemple** • avant-goût • échantillon • esquisse • idée • **3 - abrégé** • exposé • présentation

à-peu-près *n.m.* • approximation • flou • imprécision • vague

apeuré, e *adj.* · effrayé · craintif · effarouché

aphorisme *n.m.* · maxime · adage · formule · pensée · précepte · proverbe · sentence · apophtegme *rare*

aphrodisiaque *adj.* · excitant · érotique · stimulant · bandant *fam.*

à-pic *n.m. invar.* · paroi · abrupt · escarpement · falaise

apitoiement *n.m.* · compassion · attendrissement · commisération · pitié

apitoyer *v.tr.* **1 - attendrir** · émouvoir · remuer · toucher

››› **s'apitoyer sur** *v.pron.* **1 - compatir à** · plaindre · **2 - s'attendrir sur**

aplanir *v.tr.* **1 - égaliser** · araser · niveler · polir · raboter · unir · [Techn.] dresser · planer · **2 - atténuer** · lever · simplifier · supprimer

aplati, e *adj.* [nez] camard · camus · écrasé · épaté

aplatir *v.tr.* **1 - plaquer** · lisser · rabattre · **2 - écraser** · laminer · écrabouiller *fam.*

››› **s'aplatir** *v.pron.* **1 - s'allonger** · s'étendre · **2 -** [fam.] **tomber** · s'écraser · s'étaler *fam.* · **3 - se soumettre** · s'abaisser · s'humilier · se prosterner · ramper · se coucher *fam.*

✦ **s'aplatir contre** se plaquer contre · adhérer à

aplatissement *n.m.* · écrasement · compression · laminage

aplomb *n.m.* **1 - verticalité** · **2 - équilibre** · stabilité · [à cheval] assiette · **3 - assurance** · aisance · courage · sang-froid · culot *fam.* · estomac *fam.* · **4 - effronterie** · audace · hardiesse · impudence · culot *fam.* · toupet *fam.*

✦ **d'aplomb 1 - en équilibre** · droit · stable · vertical · **2 - en (bon) état** · dans son assiette

✦ **mettre d'aplomb** caler · asseoir · redresser

apocalypse *n.f.* **1 - fin du monde** · **2 - catastrophe** · malheur · tragédie

apocalyptique *adj.* **1 - prophétique** · eschatologique · **2 - effrayant** · effroyable · épouvantable · horrible · terrifiant

apocryphe *adj.* · supposé · douteux · faux · frauduleux

apogée *n.m.* · point culminant · apothéose · comble · faîte · sommet · summum · zénith · acmé *littér.*

apollon *n.m.* · adonis · éphèbe

apologie *n.f.* **1 - défense** · justification · plaidoyer · **2 - éloge** · célébration · exaltation · glorification · panégyrique · dithyrambe *littér.*

apologie, éloge, panégyrique

L'éloge, parlé ou écrit, consiste à dire du bien à propos d'une personne vivante *(prononcer un éloge)* ou d'un défunt *(éloge funèbre)*, d'une idée, d'une vertu *(éloge de la patience)*, etc. Quand on exalte sans restriction les mérites d'une personnalité, parfois devant elle, dans un discours officiel, l'**éloge** devient un **panégyrique**. Enfin, l'**éloge** est une **apologie** quand sa fonction consiste à défendre une personne, une cause contre des attaques publiques *(apologie des valeurs républicaines, de la tolérance)*.

apophyse *n.f.* · protubérance · bosse · crête · éminence · épine · saillie · tubérosité

apostasie *n.f.* · abjuration · reniement · renonciation

a posteriori *loc. adv.* · après · à l'expérience · après coup · ensuite

apostolat *n.m.* **1 - mission** · sacerdoce · **2 - prédication** · prosélytisme

apostrophe *n.f.* · appel · interpellation

apostropher *v.tr.* **1 - appeler** · héler · interpeller · **2 - invectiver**

apothéose *n.f.* **1 - consécration** · couronnement · glorification · triomphe · **2 - apogée** · comble · sommet · summum · [d'un spectacle] bouquet · clou

apôtre *n.m.* **1 - disciple** · missionnaire · prédicateur · **2 - défenseur** · apologiste · champion · propagateur · prosélyte

apparaître *v.intr.* **1 - se montrer** · se détacher · émerger · jaillir · se faire jour · se faire voir · montrer le bout de son nez *fam.* · paraître · percer · poindre · se présenter (à la vue) · ressortir · surgir · **2 - se manifester** · se déclarer · se dévoiler · se faire jour · se révéler · survenir · transparaître · **3 - éclore** · se former · naître · **4 - sembler** · paraître · **5 - s'avérer** · ressortir

apparat *n.m.* **1 - éclat** · faste · grandeur · luxe · magnificence · pompe · somptuosité · splendeur · **2 - ostentation**

appareil *n.m.* **1 - instrument** · dispositif · engin · machine · outil · ustensile · **2 - arsenal** · attirail · collection · **3 - système** · **4 - avion** · **5 - téléphone** · combiné · **6 - dentier** · prothèse

✦ **appareil critique** apparat critique

appareillage *n.m.* · prothèse

¹appareiller

▪ *v.intr.* **lever l'ancre** · partir

▪ *v.tr.* **gréer** · équiper

²appareiller *v.tr.* **1 - assortir** · accorder · apparier · joindre · marier · unir · **2 - accoupler** · apparier

apparemment *adv.* **1 - visiblement** · au premier abord · en apparence · en surface · extérieurement · superficiellement · **2 - sans doute** · selon toute apparence · vraisemblablement

apparence *n.f.* **1 - aspect** · air · cachet · caractère · couleur · extérieur · figure · forme · mine · physionomie · tournure · visage · **2 - façade** · décor · dehors · écorce · enveloppe · extérieur · faux-semblant · masque · semblant · surface · vernis · voile · **3 - trace** · lueur · ombre · rayon · soupçon · vestige · **4 -** [Astrologie] **phase**

✦ **vaine, fausse apparence** illusion · attrape · chimère · erreur · faux-semblant · mirage · ombre · trompe-l'œil

✦ **en apparence** apparemment · extérieurement · en surface

✦ **selon toute apparence** vraisemblablement · probablement

✦ **contre toute apparence** contre toute vraisemblance

~ **extérieur**

apparent, e *adj.* **1 - visible** · apercevable · détectable · discernable · perceptible · sensible · **2 - manifeste** · criant · évident · flagrant · incontestable · ostensible · patent · visible · cousu de fil blanc *fam.* · **3 - prétendu** · spécieux · supposé · superficiel · de surface · trompeur

~ **visible**

apparenté, e *adj.* 1 - **de la même famille** · parent · 2 - **allié** · 3 - **semblable** · proche · ressemblant · voisin

apparenter à (s') *v.pron.* 1 - **ressembler à** · approcher de · avoisiner · tenir de · 2 - **s'unir à** · s'allier à

apparier *v.tr.* 1 - **allier** · appareiller · associer · assortir · combiner · coupler · harmoniser · joindre · marier · réunir · unir · 2 - **accoupler** · appareiller

appariteur *n.m.* · huissier

apparition *n.f.* 1 - **arrivée** · entrée · venue · 2 - **manifestation** · 3 - **avènement** · commencement · constitution · éclosion · émergence · éruption · formation · genèse · naissance · poussée · 4 - **vision** · ectoplasme · esprit · fantôme · revenant · spectre

✦ **faire son apparition** 1 - **entrer** · arriver · 2 - **naître** · apparaître · arriver · éclore · paraître · voir le jour

apparition, vision

L'**apparition**, comme la **vision**, appartient à l'imaginaire : on croit voir devant soi un être qui ne peut exister *(apparition d'un revenant, d'un fantôme)*. Dans la **vision**, la représentation créée par l'imagination apparaît dans le rêve, le délire, ou la nuit sous l'effet de la peur *(des visions fantastiques, hallucinatoires)*. L'**apparition** peut être de nature religieuse : un être surnaturel devient brusquement visible *(apparition de la Vierge, d'un saint)*, et se révéler au cours d'une **vision** *(les apparitions d'une vision)*.

appartement *n.m.* [sortes] studio · duplex · garçonnière · loft · meublé · penthouse · pied-à-terre

appartenance *n.f.* 1 - **affiliation** · adhésion · allégeance · rattachement · 2 - **possession**

appartenir à *v.tr.ind.* 1 - **être le bien de** · être la propriété de · 2 - **dépendre de** · faire partie de · attenir à *vieux ou littér.* · 3 - **être le propre de** · être caractéristique de · 4 - **revenir à** · être du devoir de · incomber à · 5 - **se rapporter à** · concerner · relever (de) · ressortir à

⋙ **s'appartenir** *v.pron.* **être libre (de soi)** · être maître de soi · ne dépendre de personne

appât *n.m.* 1 - **piège** · leurre · [Pêche] esche · amorce *vieux* · 2 - **attrait** · perspective

⋙ **appâts** *n.m.pl.* **charmes** · attraits

appâter *v.tr.* · allécher · attirer · séduire · tenter · tendre une carotte à *fam.*

appauvrir *v.tr.* 1 - **ruiner** · paupériser · mettre sur la paille *fam.* · 2 - **épuiser** · affaiblir

⋙ **s'appauvrir** *v.pron.* **dégénérer** · s'affaiblir · s'anémier · dépérir · s'étioler

appauvrissement *n.m.* 1 - **ruine** · paupérisation · 2 - **épuisement** · affaiblissement · dépérissement · étiolement

appeau *n.m.* · leurre · pipeau

appel *n.m.* 1 - **cri** · interjection · 2 - **signal** · sonnerie · 3 - **coup de téléphone** · communication · 4 - **mobilisation** · incorporation · levée (en masse) · recensement · recrutement · révision · 5 - **exhortation** · incitation · invitation · proclamation · 6 - **attirance** · attraction · fascination · invite · sollicitation

✦ **appel d'air** aspiration

✦ **sans appel** 1 – **irrévocable** · définitif · 2 – **définitivement** · irrémédiablement
✦ **faire appel à** s'adresser à · avoir recours à · recourir à · requérir · solliciter · se tourner vers

[1]**appelé, e** *adj.* · choisi · élu

[2]**appelé** *n.m.* · conscrit · militaire · recrue · soldat · bleu *fam.*

appeler *v.tr.*
I 1 – **héler** · apostropher · interpeller · siffler · 2 – **téléphoner** · passer un coup de téléphone à · passer un coup de fil à *fam.* · 3 – **faire venir** · convier · convoquer · demander · inviter · 4 – **invoquer** · implorer · 5 – **mobiliser** · incorporer · recruter
II 1 – **nommer** · baptiser · dénommer · prénommer · surnommer · 2 – **qualifier (de)** · donner le titre de
III 1 – **nécessiter** · exiger · motiver · réclamer · requérir · 2 – **causer** · déterminer · entraîner · faire naître · occasionner · provoquer · susciter
IV [qqn à] 1 – **amener** · destiner · désigner · vouer · 2 – **exhorter** · engager · inciter · inviter · solliciter
✦ **en appeler à** 1 – **se référer à** · avoir recours à · s'en remettre à · soumettre le cas à · 2 – **invoquer** · implorer · solliciter
✦ **appeler les choses par leur nom** appeler un chat un chat · ne pas avoir peur des mots

»» **s'appeler** *v.pron.* **se nommer** · avoir pour nom · se prénommer · répondre au nom de

appellation *n.f.* 1 – **dénomination** · désignation · 2 – **mot** · nom · qualificatif · titre · vocable · 3 – **label** · marque

appendice *n.m.* 1 – **extension** · extrémité · prolongement · 2 – **addition** · addenda · complément · supplément

appentis *n.m.* · remise · hangar

appesantir *v.tr.* 1 – **alourdir** · embarrasser · faire peser · 2 – **engourdir** · ralentir

»» **s'appesantir** *v.pron.* 1 – **s'alourdir** · 2 – **peser**
✦ **s'appesantir sur** insister sur · s'arrêter sur · s'attarder sur · s'étendre sur

appesantissement *n.m.* · alourdissement · engourdissement · lourdeur

appétence *n.f.* · appétit · besoin · convoitise · désir · envie

appétissant, e *adj.* 1 – **alléchant** · savoureux · succulent · ragoûtant *fam.* · 2 – **agréable** · attirant · attrayant · engageant · séduisant · tentant · 3 – **désirable** · affriolant · attirant · excitant

appétit *n.m.* 1 – **faim** · gloutonnerie · goinfrerie · gourmandise · voracité · boulimie · 2 – **désir** · envie · faim · goût · inclination · penchant · soif · appétence *littér.* · appétition *vieux*
✦ **appétit sexuel** désir · concupiscence · convoitise
✦ **avec appétit** à belles dents
✦ **donner de l'appétit** ouvrir l'estomac · creuser *fam.*
✦ **mettre en appétit** allécher · faire venir l'eau à la bouche · faire saliver *fam.* · affriander *vieux ou littér.*

faim

applaudir *v.tr.* 1 – **acclamer** · ovationner · [sans complément] battre des mains · 2 – **approuver** · se féliciter de · se réjouir de

applaudissement *n.m.* 1 – **acclamation** · ban · bravo · ovation ·

vivat • **2 - admiration** • compliment • éloge • encouragement • félicitation • louange

bravo

applicable *adj.* **1 - utilisable** • faisable • **2 - imputable**

application *n.f.*

I effort • assiduité • attention • concentration • curiosité • diligence • exactitude • soin • zèle • contention *littér.*

II 1 - exécution • réalisation • **2 - emploi** • usage • **3 - affectation** • attribution • destination • imputation

III logiciel • software

IV pose • placage • superposition

✦ **en application** en vigueur • en usage • en cours

✦ **mettre en application** appliquer • employer • utiliser • mettre en pratique • mettre à exécution

appliqué, e *adj.* • attentif • assidu • consciencieux • diligent • sérieux • soigné • soigneux • studieux • travailleur

appliquer *v.tr.*

I 1 - placer • aplatir • apposer • étaler • étendre • mettre • passer • plaquer • poser • coller • imprimer • **2 - asséner** • administrer • donner • infliger • mettre • porter • plaquer • gratifier *iron.* • coller *fam.* • ficher *fam.* • filer *fam.* • flanquer *fam.* • foutre *très fam.*

II 1 - employer • faire usage de • mettre à exécution • mettre en application • mettre en pratique • user de • utiliser • **2 - affecter** • attribuer • consacrer • destiner • imputer

»» **s'appliquer** *v.pron.* **se concentrer** • faire des efforts

✦ **s'appliquer à** **1 - concerner** • convenir à • correspondre à • embrasser • s'étendre à • intéresser • se rapporter à • viser • **2 - se consacrer à** • s'adonner à • s'atteler à • se dévouer à • se livrer à • s'occuper à • se vouer à • **3 -** [+ infinitif] **s'efforcer de** • s'attacher à • s'ingénier à • s'employer à • s'acharner à • s'escrimer à • s'évertuer à • veiller à • se casser la tête à *fam.*

✦ **s'appliquer sur** recouvrir • adhérer à • se mettre sur • mouler • se poser sur

appoint *n.m.* **1 - complément** • supplément • **2 - apport** • aide • appui • concours • contribution • part • secours

✦ **ressource d'appoint** à-côté

appointements *n.m.pl.* • paie • émoluments • gages • honoraires • rémunération • rétribution • salaire • traitement

appointements, émoluments, gages, honoraires

Selon la profession exercée, les mots employés pour désigner le paiement du travail fourni changent. **Appointements** et **gages** s'emploient pour une rémunération fixe, calculée sur la base d'un travail mensuel ou annuel, mais le premier concerne les employés de commerce, de magasin, etc. et le second les gens de maison : femme de chambre, jardinier, cuisinier, etc. ; l'un et l'autre sont couramment remplacés par *salaire*. **Honoraires** s'applique à la rémunération versée aux membres des professions libérales, qu'elle soit fixée ou libre *(honoraires d'un médecin, d'un avocat)*. **Émoluments** concerne les rétributions fixées que reçoit un officier ministériel *(émoluments d'un notaire, d'un huissier)*.

appointer *v.tr.* • rémunérer • payer • salarier • rétribuer

appontement *n.m.* · débarcadère · wharf

apport *n.m.* **1 - concours** · appoint · contribution · part · participation · **2 - cotisation** · financement · investissement

apporter *v.tr.* **1 - venir avec** · porter · rapporter · amener *fam.* · **2 - donner** · fournir · fournir sa part de · procurer • [de l'argent] abouler *fam.* · **3 - entraîner** · amener · causer · engendrer · faire naître · occasionner · produire · provoquer · susciter

apposer *v.tr.* **1 - appliquer** · mettre · poser · **2 - inscrire** · écrire · insérer

appréciable *adj.* **1 - évaluable** · chiffrable · estimable · mesurable · quantifiable · **2 - notable** · important · perceptible · sensible · substantiel · visible · **3 - précieux**

appréciateur, -trice *n.* · arbitre · connaisseur · expert · juge

appréciation *n.f.* **1 - estimation** · évaluation · expertise · **2 - arbitrage** · discernement · jugement · **3 - opinion** · aperçu · avis · commentaire · critique · jugement · impression · observations · sentiment · **4 - note** · observation

apprécier *v.tr.* **1 - aimer** · affectionner · estimer · prendre plaisir à · goûter · savourer · kiffer *lang. jeunes* · priser *littér.* • [un repas] faire honneur à · **2 - estimer** · calculer · déterminer · évaluer · expertiser · mesurer · **3 - jauger** · examiner · juger · peser · **4 - comprendre** · concevoir · discerner · entendre · percevoir · saisir · sentir · voir

appréhender *v.tr.* **1 - concevoir** · percevoir · saisir · **2 - craindre** · avoir peur de · redouter · **3 - capturer** · arrêter · prendre · alpaguer *fam.* · cueillir *fam.* · embarquer *fam.* · épingler *fam.* · gauler *fam.* · pincer *fam.* · piquer *fam.*

appréhension *n.f.* · angoisse · anxiété · crainte · doute · inquiétude · peur · pressentiment · timidité · alarme *littér.*

crainte

apprendre *v.tr.* **1 - annoncer** · avertir de · aviser de · communiquer · faire connaître · dire · indiquer · informer de · faire savoir · **2 - découvrir** · être averti de · être avisé de · être informé de · être instruit de · être mis au courant de · **3 - enseigner** · inculquer · mettre, fourrer dans le crâne à *fam.* · **4 - étudier** · assimiler · digérer · ingurgiter · s'exercer à · se faire la main sur · s'initier à · se mettre à · s'imprégner de · avaler *fam.* · bûcher *fam.* · potasser *fam.* · rabâcher *fam.* · **5 -** [sans complément] **s'instruire** · se dégourdir · se dégrossir · se déniaiser · se dessaler *fam.*

✦ **apprendre à** s'accoutumer à · s'habituer à · se faire à

apprendre, étudier, s'instruire

Apprendre, c'est acquérir des connaissances dans un domaine *(apprendre à lire, apprendre la botanique)*, et suppose que l'on passe du temps à **étudier** : « Il faut apprendre le latin pour bien savoir le français ; il faut étudier et comparer l'un et l'autre pour entendre les règles de l'art de parler » (Rousseau, *Émile*, IV). **S'instruire** porte sur l'enrichissement de ce qui a été appris *(on s'instruit à tout âge)* ou sur le développement de son expérience *(s'instruire par l'exemple d'autrui)*.

apprenti, e *n.* **1 - élève** · aide · stagiaire · **2 - débutant** · néophyte · novice

apprentissage *n.m.* **1 - formation** · initiation · instruction · introduction · préparation · stage · **2 - expérience** · épreuve · exercice

✦ **faire l'apprentissage de** **1 - apprendre** · s'initier à · s'instruire en · **2 - s'accoutumer à** · s'entraîner à · se fortifier dans

✦ **faire son apprentissage dans**- faire ses premières armes dans · faire ses classes dans

apprêt *n.m.* **affectation** · artifice · étude · maniérisme · mièvrerie · préciosité · recherche · afféterie *littér.*

✦ **sans apprêt** naturel · sans artifice

apprêté, e *adj.* · maniéré · affecté · ampoulé · arrangé · artificiel · compassé · étudié · guindé · mièvre · précieux · recherché

apprêter *v.tr.* **préparer** · accommoder · assaisonner · cuisiner · faire cuire

⋙ **s'apprêter (à)** *v.pron.* **1 - se préparer à** · se disposer à · **2 - s'habiller** · se parer · se pomponner · se bichonner *fam.*

apprivoisement *n.m.* **1 - dressage** · domestication · **2 - familiarisation** · accoutumance

apprivoiser *v.tr.* **1 - domestiquer** · dompter · dresser · soumettre · **2 - amadouer** · charmer · conquérir · gagner · séduire · **3 - adoucir** · civiliser · humaniser · polir

⋙ **s'apprivoiser** *v.pron.* **s'humaniser** · s'adoucir · s'amadouer · se civiliser

approbateur, -trice *adj.* **1 - favorable** · affirmatif · approbatif · consentant · **2 - appréciateur** · flatteur · louangeur

approbation *n.f.* **1 - acceptation** · accord · acquiescement · adhésion · agrément · autorisation · aval · consentement · permission · bénédiction *fam.* · **2 - adoption** · homologation · ratification · **3 - applaudissement** · éloge · estime · suffrage

~ **consentement**

approchable *adj.* · abordable · accessible

approchant, e *adj.* **1 - proche** · voisin · **2 - semblable** · analogue · comparable · équivalent · ressemblant · **3 - approximatif**

approche *n.f.* **1 - abord** · accès · contact · fréquentation · **2 - apparition** · arrivée · venue · **3 - point de vue** · conception · démarche

⋙ **approches** *plur.* **parages** · abords · accès · alentours · environs · proximité · voisinage

approcher

▪ *v.intr.* **1 - venir** · arriver · [nuit] tomber · **2 - se rapprocher** · s'avancer · venir plus près

▪ *v.tr.* **1 - fréquenter** · côtoyer · coudoyer · **2 - tendre vers** · s'apparenter à · égaler · friser · frôler · se rapprocher de · rivaliser avec · toucher à · valoir · **3 - ressembler à** · participer de · procéder de · rappeler · tenir de · **4 - joindre** · rapprocher

⋙ **s'approcher** *v.pron.* **s'avancer** · venir

✦ **s'approcher de** aller à, vers · se diriger vers · progresser vers · toucher à · venir à

approfondi, e *adj.* · détaillé · fouillé · poussé

approfondir *v.tr.* 1 - **creuser** · 2 - **étudier** · analyser · creuser · examiner · explorer · fouiller · mûrir · pénétrer · pousser ses recherches dans · réfléchir sur · scruter · sonder · traiter à fond

approfondissement *n.m.* 1 - **creusement** · 2 - **analyse** · étude · examen · exploration · méditation · pensée · recherche · réflexion · sondage · 3 - **développement** · enrichissement

approprié, e *adj.* · adapté · adéquat · ad hoc · bienvenu · conforme · heureux · opportun · pertinent · idoine *littér.*

approprier *v.tr.* **adapter** · accommoder · accorder · ajuster · conformer · mettre en accord avec

»» **s'approprier** *v.pron.* 1 - **s'attribuer** · accaparer · s'adjuger · chiper · s'emparer de · empocher · faire main basse sur · faire sien · mettre la main sur · se saisir de · rafler *fam.* · 2 - [de manière illicite] **s'arroger** · ravir · usurper · voler · piquer *fam.* · souffler *fam.*

approuver *v.tr.* 1 - **accepter** · acquiescer à · adhérer à · admettre · adopter · agréer · autoriser · consentir à · dire amen à · plébisciter · ratifier · souscrire à · 2 - **donner raison à** · être d'accord avec · se rallier à · [avec les autres] faire chorus · 3 - **apprécier** · applaudir (des deux mains)

approvisionnement *n.m.* 1 - **ravitaillement** · alimentation · fourniture · 2 - **provisions** · aliment · assortiment · fournitures · munitions · réserves · stock · vivres

approvisionner *v.tr.* 1 - **ravitailler** · alimenter · assortir · fournir · garnir · munir · nourrir · pourvoir · remplir · 2 - **provisionner**

»» **s'approvisionner** *v.pron.* **se fournir**

approximatif, -ive *adj.* 1 - **approchant** · approché · proche · voisin · 2 - **imprécis** · évasif · vague

approximation *n.f.* 1 - **estimation** · évaluation · 2 - **à-peu-près** · imprécision

approximativement *adv.* 1 - **environ** · à peu près · au jugé · à vue d'œil · à vue de nez · en gros · grossièrement · grosso modo · sommairement · à la louche *fam.* · 2 - **imparfaitement** · sans précision

appui *n.m.*
I 1 - **aide** · assistance · collaboration · concours · coopération · encouragement · réconfort · secours · soutien · 2 - **protection** · caution · influence · patronage · recommandation · relations · piston *fam.* · 3 - **allié** · auxiliaire · champion · défenseur · garant · protecteur · second · soutien · supporter
II 1 - **base** · fondement · 2 - **support** · contrefort · épaulement · étai · soutènement · soutien · tuteur · 3 - **accoudoir** · accotoir · balustrade · barre · rampe

appuyé, e *adj.* · énergique · insistant · lourd

appuyer *v.tr.* 1 - **soutenir** · buter · épauler · étayer · maintenir · 2 - **confirmer** · asseoir · consolider · corroborer · fortifier · renforcer · 3 - **aider** · assister · encourager · prêter main-forte à · servir · soutenir · venir à la rescousse de • **4 - recommander** • défendre • parrainer • plaider pour • pousser • pistonner *fam.*

✦ **appuyer sur, contre** **1 - appliquer sur, contre** • accoter à • adosser à • faire reposer sur • faire tenir sur • placer sur, contre • poser sur, contre • **2 - fonder sur** • faire reposer sur • **3 - accentuer** • exagérer • faire ressortir • insister sur • souligner • **4 - reposer sur** • porter sur • retomber sur • **5 - presser** • peser sur

⋙ **s'appuyer** *v.pron.* [fam.] → **subir**

✦ **s'appuyer sur, contre** **1 - prendre appui sur** • s'accoter à • s'accouder à • s'adosser à, contre • s'arc-bouter contre • buter contre • reposer sur • **2 - se coller à** • se serrer contre • **3 - se fonder sur** • alléguer • se baser sur • invoquer • se référer à • se reposer sur • compter sur • faire confiance à

âpre *adj.* **1 - raboteux** • râpeux • rêche • rugueux • **2 - pénible** • cruel • cuisant • dur • rigoureux • vif • **3 - agressif** • acharné • brutal • farouche • féroce • hargneux • opiniâtre • rude • sauvage • violent • virulent • **4 -** [vieux] **abrupt** • accidenté • escarpé • inégal

✦ **âpre au gain** avide • cupide • rapace • vorace

âprement *adv.* **1 - énergiquement** • ardemment • farouchement • résolument • **2 - durement** • brutalement • rudement • sévèrement • violemment

après *prép. et adv.*

I [dans le temps] **1 - puis** • alors • ensuite • consécutivement • **2 - plus tard** • postérieurement • ensuite • **3 - passé** • au-delà de • une fois que • **4 - consécutivement** • à cause de • conséquemment • subséquemment • successivement • suite à • à la suite de

II [dans l'espace] **1 - au delà** • plus loin • **2 - derrière** • à la queue • à la suite • à la traîne • ensuite • plus loin • **3 - contre** • **4 - sous**

✦ **d'après** **1 - selon** • suivant • **2 - conformément à**

✦ **après coup** **1 - ensuite** • a posteriori • par la suite • rétrospectivement • **2 - trop tard**

✦ **après tout** au, dans le fond • au final • en définitive • en fin de compte • finalement • tout bien considéré

✦ **l'un après l'autre** **1 - à la suite** • à la queue leu leu • à la file • consécutivement • en se succédant • successivement • un à un • **2 - alternativement** • tour à tour

après-rasage *adj. invar. et n.m.* • after-shave *anglic.*

âpreté *n.f.* **1 - âcreté** • amertume • austérité • **2 - rigueur** • pénibilité • sévérité • **3 - violence** • animosité • ardeur • rudesse • véhémence • virulence

✦ **âpreté au gain** avarice • avidité • convoitise • cupidité • rapacité • voracité

a priori

▪ *loc. adv.* **au premier abord** • à première vue • au premier coup d'œil

▪ *n.m.* **préjugé** • idée toute faite

à-propos *n.m.* **1 - pertinence** • bien-fondé • opportunité • **2 - présence d'esprit** • répartie

apte *adj.* • capable • à même de • bon • fait pour • propre à • qualifié (pour) • susceptible de

aptitude *n.f.* **capacité** • compétence • disposition • don • faculté • facilité • prédisposition • talent

✦ **avoir une aptitude pour** être doué pour • avoir la bosse de *fam.*

aqueduc *n.m.* · canal · conduite · dalot

aquilin *adj.m.* · busqué · arqué · bourbonien · recourbé · en bec d'aigle

arabesque *n.f.* · courbe · sinuosité · volute

arable *adj.* · cultivable · labourable

arachide *n.f.* · cacahuète

araignée *n.f.* · arachnide · acarien

araser *v.tr.* · aplanir · mettre à niveau · niveler

arbitrage *n.m.* 1 - **médiation** · entremise · 2 - **compromis** · accommodement · conciliation · 3 - **décision** · jugement · sentence · verdict

arbitraire *adj.* 1 - **conventionnel** · 2 - **gratuit** · libre · 3 - **injuste** · illégal · injustifié · irrégulier · 4 - **despotique** · tyrannique

arbitre *n.* 1 - **juge** · expert · 2 - **conciliateur** · médiateur

arbitrer *v.tr.* 1 - **juger** · décider · statuer sur · régler · trancher · 2 - **contrôler**

arborer *v.tr.* 1 - **afficher** · étaler · exhiber · montrer · 2 - **hisser** · déployer · élever

arbre *n.m.* 1 - **essence** · [sortes] épineux · feuillu · résineux · 2 - **schéma** · arborescence · 3 - **mât** · fût · 4 - **axe** · essieu · pivot · tige · vilebrequin

arc *n.m.* 1 - **courbe** · cambrure · cintre · demi-cercle · 2 - **arcade** · arceau · arche · voûte

arcade *n.f.* 1 - **voûte** · 2 - **arc**

arc-boutant *n.m.* · étai · contrefort

arc-bouter *v.tr.* · appuyer · adosser · épauler · étayer

archaïque *adj.* 1 - **ancien** · 2 - **primitif** · 3 - **arriéré** · anachronique · démodé · dépassé · obsolète · périmé · retardataire · rétrograde · suranné

arche *n.f.* · arc · arcade · voûte

archétype *n.m.* · modèle · étalon · exemple · prototype · parangon *littér.*

architecte *n.* 1 - **bâtisseur** · constructeur · édificateur *rare* · 2 - **concepteur** · créateur · ingénieur · inventeur · maître d'œuvre · ordonnateur

architectonique

- *adj.* **architectural**
- *n.f.* **architecture** · ordonnance · structure

architecture *n.f.* · construction · charpente · disposition · ordonnance · ossature · squelette · structure

architecturer *v.tr.* · agencer · bâtir · charpenter · construire · structurer

archiver *v.tr.* · classer · ranger

archives *n.f.pl.* · annales · chroniques · histoire

arctique *adj.* · polaire · boréal · septentrional · hyperboréen *littér.*

ardemment *adv.* · passionnément · activement · chaudement · furieusement · profondément · vivement

ardent, e *adj.* 1 - **enflammé** · brûlant · embrasé · incandescent · 2 - **chaud** · brûlant · torride · 3 - **flamboyant** · éclatant · brillant · lumineux · rutilant · 4 - **impétueux** ·

bouillant • bouillonnant • enflammé • enthousiaste • exalté • fiévreux • fougueux • frénétique • impatient • passionné • tout feu tout flamme • véhément • vif • volcanique • **5 - acharné** • dévoué • empressé • farouche • fervent • zélé • **6 - amoureux** • chaud • sensuel • **7 - profond** • dévorant • pressant

ardeur *n.f.* **1 - impétuosité** • bouillonnement • emballement • empressement • enthousiasme • exaltation • ferveur • feu sacré • flamme • fougue • véhémence • vivacité • **2 - zèle** • allant • entrain • **3 - désir** • feu • flamme • passion • transport

✦ **avec ardeur** ardemment • d'arrache-pied

ardu, e *adj.* **1 - difficile** • pénible • coton *fam.* • musclé *fam.* • **2 - escarpé** • raide • rude

arène *n.f.* **lice** • carrière • cirque • champ de bataille

⋙ **arènes** *plur.* **amphithéâtre**

aréopage *n.m.* • assemblée • congrégation • rassemblement

arête *n.f.* • angle • bord • ligne • saillie

argent *n.m.* **1 - fonds** • capital • finances • moyens • ressources • richesse • **2 - liquide** • espèces • monnaie • numéraire • cash *fam.* • ferraille *fam.* • mitraille *fam.* • **3 -** [Comptabilité] **disponibilités** • liquidités • trésorerie • **4 - monnaie** • billets • espèces • liquide • ferraille *fam.* • mitraille *fam.* • **5 - sous** *fam.* • blé *fam.* • cacahuètes *fam.* • flouze *fam.* • fric *fam.* • galette *fam.* • maille *lang. jeunes* • oseille *fam.* • pépètes *fam.* • pèze *fam.* • pognon *fam.* • ronds *fam.* • thune *lang. jeunes* • picaillons *fam., vieilli* • trèfle *fam., vieilli* • grisbi *argot* • braise *argot, vieilli* • nerf de la guerre

✦ **sans argent** pauvre • désargenté *fam.* • à sec *fam.* • fauché (comme les blés) *fam.* • sans le sou *fam.* • sans un radis *fam.* • raide *fam.* • raide comme un passe-lacet *fam., vieilli* • sans un denier *vieux*

argenté, e *adj.* **1 - argentin** • blanc • gris • **2 -** → **riche**

argentin, e *adj.* **1 - argenté** • **2 - clair** • cristallin

argile *n.f.* **1 - glaise** • kaolin • terre à potier • **2 - limon**

argot *n.m.* **1 - jargon** • **2 - langue verte**

↝ **jargon**

arguer *v.tr.* [littér.] **déduire** • conclure • inférer

✦ **arguer de** mettre en avant • alléguer • avancer • faire état de • invoquer • prétexter • se prévaloir de • protester de • tirer argument de

argument *n.m.* **1 - raison** • preuve • **2 - démonstration** • argumentation • raisonnement • **3 - sujet** • intrigue • thème • **4 - exposé** • sommaire • synopsis

argumentation *n.f.* **1 - démonstration** • argumentaire • raisonnement • thèse • **2 - dialectique** • rhétorique

argumenter *v.intr.* **1 - discuter** • **2 -** [péj.] **ergoter** • couper les cheveux en quatre • ratiociner *littér.* • discutailler *fam.* • pinailler *fam.* • enculer les mouches *très fam.*

aride *adj.* **1 - desséché** • désertique • improductif • inculte • incultivable • infertile • sec • stérile • **2 -**

indifférent · froid · insensible · sec · **3 - rébarbatif** · ardu · austère · difficile · ingrat · rebutant · sévère

aridité *n.f.* **1 - sécheresse** · improductivité · infertilité · stérilité · **2 - froideur** · indifférence · insensibilité · sécheresse · **3 - austérité** · sévérité

aristocrate *n.* · noble · patricien · aristo *fam.*

aristocratie *n.f.* **1 - noblesse** · **2 - élite** · fine fleur · crème de la crème *fam.* · dessus du panier *fam.* · gratin *fam.* · haut du pavé *fam.*

aristocratique *adj.* **1 - noble** · aristocrate · **2 - distingué** · élégant · raffiné

armature *n.f.* · ossature · bâti · carcasse · charpente · échafaudage · squelette · structure · support · treillis

arme *n.f.* **1 -** [Milit.] **corps d'armée** · armée de terre · armée de l'air · aéronavale · forces nucléaires · gendarmerie · génie · marine · renseignement · **2 -** [de choc] **bâton** · canne · casse-tête · coup-de-poing · gourdin · maillet · marteau · masse · massue · matraque · plombée · trique · **3 -** [de jet] **arc** · arbalète · boomerang · dard · fronde · javeline · javelot · sagaie • [anciennt] pilum (romain) · **4 -** [d'artillerie] **canon** · bazooka · obusier · **5 -** [explosive] **bombe** · roquette · **6 -** [d'hast] **hache** · épieu · faux · fléau · fourche · francisque · hallebarde · lance · pique · sagaie

✦ **arme blanche** couteau · coutelas · poignard · sabre • [anciennt] dague · épée · glaive · stylet

✦ **arme à feu** [de poing] pistolet · revolver • [d'épaule] carabine · fusil • [à répétition] mitraillette · mitrailleuse · pistolet-mitrailleur • [anciennt] arquebuse · mousquet · tromblon

⋙ **armes** *plur.* **1 - armoiries** · **2 -** → **armement**

armé, e *adj.* **1 - renforcé** · **2 -** gréé · équipé

armée *n.f.* **1 - défense (nationale)** · forces · troupes · la grande muette *fam.* · la soldatesque *fam., péj.* · **2 - unité de combat** · bataillon · brigade · compagnie · détachement · division · escadre · escadron · formation · légion · milice · patrouille · peloton · régiment · **3 - service militaire** · **4 - foule** · armada · essaim · flot · kyrielle · masse · multitude · nuée · régiment · foultitude *fam.*

✦ **armée de terre** forces terrestres

✦ **armée de mer** marine · flotte · forces maritimes · forces navales · marine de guerre

✦ **armée de l'air** forces aériennes · aviation militaire

armement *n.m.* **1 - armes** · arsenal · matériel de guerre · **2 -** [Mar.] **gréement** · équipage · matériel

armer *v.tr.* **1 - équiper** · doter · fournir à · munir · pourvoir · **2 - prémunir** · aguerrir · cuirasser · endurcir · fortifier · blinder *fam.* · **3 - consolider** · renforcer · **4 -** [Marine] **gréer** · équiper

⋙ **s'armer** *v.pron.* **1 - se fortifier** · s'aguerrir · **2 - se garantir** · se munir · se prémunir · se protéger

✦ **s'armer de** s'équiper de · se munir de · se nantir de

armistice *n.m.* · arrêt des hostilités · suspension des hostilités · trêve

armoire *n.f.* · placard · garde-robe · penderie

armoiries *n.f.pl.* • blason • armes • chiffre • écu • écusson • emblème

armure *n.f.* **1 - cotte de mailles** • cuirasse • **2 - carapace** • défense • protection

arnaque *n.f.* **1 → escroquerie** • **2 → tromperie**

arnaquer *v.tr.* **→ escroquer**

aromate *n.m.* • condiment • assaisonnement • épice

aromatique *adj.* • parfumé • odorant • odoriférant

aromatiser *v.tr.* • parfumer

arôme *n.m.* **1 - parfum** • émanation • exhalaison • odeur • senteur • fragrance *littér.* • [d'un vin] bouquet • [d'une viande] fumet • **2 -** [naturel, artificiel] **aromatisant**

parfum

arpenter *v.tr.* **1 - mesurer** • **2 - parcourir** • marcher

arpenteur *n.m.* • géomètre

arqué, e *adj.* **1 - courbe** • cambré • convexe • **2 -** [nez] **busqué** • aquilin • bourbonien • crochu • recourbé

arquer

- *v.tr.* **1 - courber** • bomber • cambrer • cintrer
- *v. intr.* [fam.] **marcher** • avancer

»» **s'arquer** *v.pron.* **fléchir** • se bomber • se cambrer • se cintrer • se courber • se gauchir • se plier

arrachage *n.m.* **1 - arrachement** • éradication • extirpation • extraction • **2 - déracinement** • débroussaillage • défrichement • essartage • essartement • **3 - récolte**

arrachement *n.m.* **1 - enlèvement** • dépouillement • écorchement • épilation • extraction • **2 - démembrement** • déchirement • écartèlement • écartement • rupture • **3 - déchirement**

arracher *v.tr.* **1 - déraciner** • déplanter • déterrer • **2 - extraire** • détacher • enlever • extirper • ôter • retirer • **3 - déchirer** • couper • écorcher • lacérer • **4 - s'emparer de** • emporter • obtenir • remporter • [malhonnêtement] dérober • extorquer • soutirer

✦ **arracher (qqn) à** soustraire à • détacher de • détourner de • écarter de • guérir de • sauver de • tirer de

arraisonnement *n.m.* • inspection • contrôle • examen • reconnaissance • visite

arraisonner *v.tr.* • inspecter • aborder • contrôler • reconnaître

arrangeant, e *adj.* • conciliant • accommodant • complaisant • facile • coulant *fam.*

arrangement *n.m.* **1 - disposition** • configuration • installation • mise en place • rangement • structure • tri • **2 - aménagement** • agencement • ameublement • décoration • **3 - combinaison** • assemblage • assortiment • coordination • **4 - organisation** • dispositions • mise sur pied • préparation • préparatifs • **5 - accord** • accommodement • compromis • conciliation • convention • entente • modus vivendi • **6 - orchestration** • adaptation • harmonisation

arranger *v.tr.*

I 1 - disposer • configurer • installer • placer • ordonner • ranger • trier • **2 - aménager** • agencer • décorer • meubler • **3 - préparer** • accommoder • apprêter • dresser • parer • **4 - concilier** • assembler •

assortir · combiner · coordonner · **5 - organiser** · combiner · ménager · mettre sur pied · préparer · régler · goupiller *fam.* · **6 - accoutrer** · attifer *fam.* · fagoter *fam.* · ficeler *fam.*
II 1 - réparer · refaire · remettre à neuf · remettre en état · reprendre · restaurer · retaper · rafistoler *fam.* · **2 - rectifier** · rajuster · remanier · retoucher
III convenir à · agréer à · aller à · contenter · plaire à · satisfaire · botter *fam.* · chanter à *fam.*
IV orchestrer · adapter · harmoniser
V [fam.] **1 - critiquer** · dire son fait à · dire du mal de · assaisonner *fam.* · habiller pour l'hiver *fam.* · tailler un costard à *fam.* · **2 - maltraiter** · abîmer · malmener

⋙ **s'arranger** *v.pron.* **1 - s'améliorer** · aller mieux · bien se terminer · rentrer dans l'ordre · se réparer · **2 - embellir** · **3 - se débrouiller** · se dépêtrer · se tirer d'affaire · se dépatouiller *fam.* · se démerder *très fam.* · **4 - s'accorder** · s'accommoder · s'entendre

✦ **s'arranger de, avec** s'accommoder de · se contenter de · faire avec · se satisfaire de

arrestation *n.f.* · capture · interpellation · prise · rafle · coup de filet *fam.*

arrêt *n.m.*
I 1 - fin · abandon · cessation · gel · interruption · suspension · **2 - suppression** · abolition · annulation · inhibition · privation
II 1 - pause · intervalle · latence · relâche · rémission · répit · repos · silence · **2 - halte** · étape · escale · séjour
III station · gare
IV 1 - immobilisation · arrestation · blocage · contrôle · rétention · saisie · **2 - crise** · asphyxie · stagnation · panne · paralysie
V décision · arrêté · décret · jugement · sentence

✦ **arrêt de bus** Abribus *nom déposé* · aubette *région. et recomm. offic.*

✦ **arrêt des hostilités** armistice · cessez-le-feu · trêve

✦ **arrêt de travail** grève

✦ **à l'arrêt** **1 - immobile** · statique · **2 -** [véhicule] **en stationnement**

✦ **sans arrêt** sans cesse · constamment · continuellement · du matin au soir · jour et nuit · sans interruption · sans relâche · sans répit · sans repos · sans trêve · toujours

❧ **jugement** ❧ **arrêté**[2]

[1]**arrêté, e** *adj.* **1 - stoppé** · interrompu · **2 - décidé** · convenu · déterminé · entendu · fixé · prévu · **3 - définitif** · absolu · établi · ferme · fixe · immuable · inébranlable · irrévocable · résolu · sans appel

[2]**arrêté** *n.m.* · décision · arrêt · décret · loi

❧ **arrêté, arrêt**

Arrêté et **arrêt** appartiennent au vocabulaire du droit et désignent une décision écrite. Pris par des autorités administratives de divers niveaux (ministre, préfet, maire), un **arrêté** s'applique à des pratiques sociales très variées : *le ministre a pris un arrêté d'expulsion ; cet été, un arrêté préfectoral a réglementé la consommation de l'eau.* Un **arrêt** émane seulement d'une haute juridiction (par exemple la Cour d'appel) ; il confirme, modifie ou annule une décision administrative ou juridique *(un arrêt du Conseil d'État).*

arrêter *v.tr.*
I 1 - mettre fin à · faire cesser · mettre un terme à · mettre le holà à · stopper · [momentanément] interrompre · suspendre · **2 -** [la vue] **borner** · cacher · limiter · **3 - couper (la parole à)** · interrompre

II 1 - immobiliser · bloquer · enrayer · fixer · maintenir · retenir · **2 - tenir en échec** · contenir · empêcher · endiguer · enrayer · entraver · mettre un frein à · juguler · paralyser
III appréhender · attraper · capturer · s'emparer de · empoigner · interpeller · prendre · mettre la main au collet · agrafer *fam.* · alpaguer *fam.* · choper *fam.* · coffrer *fam.* · coincer *fam.* · cueillir *fam.* · emballer *fam.* · embarquer *fam.* · épingler *fam.* · gauler *fam.* · mettre le grappin sur *fam.* · pincer *fam.* · cravater *fam., vieilli*
IV décider · s'accorder sur · choisir · convenir de · déterminer · s'entendre sur · fixer · régler · résoudre · retenir
>>> **s'arrêter** *v.pron.* **1 - cesser** · s'achever · se conclure · finir · prendre fin · (se) terminer · [momentanément] s'interrompre · **2 - faire halte** · stationner · se planter *fam.* · [brusquement] caler · piler · stopper · **3 -** [Transport] **desservir** · passer par
✦ **s'arrêter à** se limiter à · se borner à · se contenter de · s'en tenir à
✦ **s'arrêter sur** s'attarder sur · s'appesantir sur · s'étendre sur · insister sur
✦ **sans s'arrêter** d'affilée · non-stop

arrhes *n.f.pl.* · dépôt · à-valoir · avance · gage · garantie · provision

arriéré, e
▪ *adj.* **1 - démodé** · anachronique · archaïque · dépassé · désuet · fossile · obsolète · périmé · réactionnaire · rétrograde · suranné · vieux · d'arrière-garde · rétro *fam.* · ringard *fam.* · **2 - barbare** · fruste · grossier · inculte · sauvage · **3 - attardé** · débile · demeuré · idiot · retardé · simple d'esprit · taré
▪ *n.m.* **1 - dette** · arrérages · dû · impayé · **2 - retard**

[1]**arrière** *adv. et adj.*
✦ **en arrière 1 - derrière** · en retrait · **2 - à la traîne** · derrière · **3 - à l'envers** · à reculons · **4 - à la renverse**
✦ **faire marche arrière 1 - reculer** · battre en retraite · rebrousser chemin · refluer · se replier · retourner, revenir sur ses pas · se retirer · rétrograder · **2 - se dédire**

[2]**arrière** *n.m.* **1 - derrière** · cul · dos · postérieur · **2 - envers** · dos · revers · verso · **3 -** [d'un bateau] **poupe**

arrière-goût *n.m.* · souvenir · impression · relent · sentiment

arrière-grand-mère *n.f.* · bisaïeule

arrière-grand-père *n.m.* · bisaïeul

arrière-grands-parents *n.m.pl.* · bisaïeuls

arrière-pensée *n.f.* · calcul · réserve · réticence

arrière-plan *n.m.* · fond · arrière-fond · lointain

arrière-saison *n.f.* · automne

arrière-train *n.m.* · derrière · croupe · fesses · postérieur · cul *fam.* · séant *littér. ou plaisant*

arrimage *n.m.* · amarrage · fixation

arrimer *v.tr.* · amarrer · accrocher · assujettir · attacher · caler · fixer · immobiliser · maintenir

arrivé, e *adj. et n.* · parvenu

arrivée *n.f.* **1 - venue** · approche · entrée · débarquement *fam.* · [de marchandises] arrivage · **2 -**

commencement · apparition · avènement · début · naissance · survenance *littér.*

arriver *v.intr.*
I 1 - venir (de) • [en masse] affluer • **2 - se présenter** · s'amener *fam.* · atterrir *fam.* · débarquer *fam.* · débouler *fam.* · se pointer *fam.* · rappliquer *fam.* · **3 - approcher** · être proche · venir • [nuit] tomber • [jour] se lever
II s'accomplir · advenir · avoir lieu · se dérouler · se passer · se produire · se réaliser · survenir · tomber
III réussir · aller loin · s'élever · faire du chemin · percer
✦ **arriver à propos** arriver comme mars en carême · tomber du ciel
✦ **arriver mal à propos** arriver comme un cheveu sur la soupe · arriver comme un chien dans un jeu de quilles
✦ **arriver trop tard** arriver après la bataille · arriver comme les carabiniers *vieilli*
✦ **arriver à** parvenir à · aboutir à · accéder à · atteindre · gagner · toucher à
✦ **en arriver à** en venir à · aller jusqu'à

arriviste *n.* · ambitieux · carriériste · parvenu

arrogance *n.f.* · insolence · autosuffisance · dédain · fatuité · fierté · hauteur · impertinence · impudence · mépris · orgueil · prétention · suffisance · infatuation *littér.* · morgue *littér.* · outrecuidance *littér.*

arrogant, e *adj.* **méprisant** · altier · dédaigneux · fat · fier · hautain · impertinent · impudent · insolent · insultant · orgueilleux · présomptueux · rogue · suffisant · superbe · supérieur · outrecuidant *littér.*
✦ **être très arrogant** prendre les choses de haut

arroger (s') *v.pron.* · s'approprier · s'adjuger · s'appliquer · s'attribuer · s'octroyer · usurper

arrondi, e
▪ *adj.* **rond** · ballonné · bombé · convexe · courbe · mamelonné · rebondi
▪ *n.m.* **courbe** · bombement · courbure · galbe · renflement

arrondir *v.tr.* **1 - adoucir** · atténuer · **2 - accroître** · agrandir · augmenter · compléter · élargir · étendre · gonfler · grossir · **3 -** [nombre] **ajuster**

⋙ **s'arrondir** *v.pron.* **grossir** · enfler · ballonner · bedonner · gonfler

arrondissement *n.m.* · quartier · division

arrosage *n.m.* **1 - arrosement** · aspersion · bain · bassinage · douche · **2 -** [fam.] **bombardement** · mitraillage

arroser *v.tr.* **1 - irriguer** · baigner · traverser · **2 - baigner** · asperger · bassiner · humecter · mouiller · pulvériser · seringuer · vaporiser · **3 - éclabousser** · asperger · doucher · tremper · saucer *fam.* · **4 - fêter** · célébrer · porter un toast à · **5 -** [fam.] **corrompre** · acheter · soudoyer · stipendier *littér.* · graisser la patte à *fam.* · **6 -** [fam.] **bombarder** · mitrailler

arsenal *n.m.* **1 - atelier** · chantier · **2 - dépôt** · magasin · réserve · **3 -** [fam.] → **quantité**

art *n.m.* **1 - don** · adresse · génie · habileté · talent · virtuosité · **2 - métier** · maîtrise · manière · procédé · savoir-faire · science · technique · tour · 3 - **artifice** · affectation · apprêt · recherche

→ **métier**

artère *n.f.* · voie · avenue · boulevard · rue

article *n.m.* 1 - **marchandise** · objet · produit · denrée · 2 - **écrit** · billet · chronique · courrier · éditorial · entrefilet · interview · papier · reportage · rubrique · tribune · 3 - **sujet** · chapitre · matière · point · objet · question · 4 - **chapitre** · clause · partie · point · rubrique · section · 5 - **déterminant**

✦ **à l'article de la mort** à l'agonie · agonisant · moribond · mourant

✦ **faire l'article** vanter

articulation *n.f.* 1 - **jointure** · attache · charnière · emboîtement · ligament · 2 - **assemblage** · cardan · charnière · cheville · jeu · joint · 3 - **organisation** · 4 - **imbrication** · 5 - **prononciation** · élocution · voix

articuler *v.tr.*

I 1 - **prononcer** · émettre · détacher (les syllabes, les mots) · marteler · 2 - **dire** · énoncer · exprimer · proférer

II 1 - **assembler** · joindre · 2 - **organiser** · agencer · architecturer · combiner · coordonner · ordonner · structurer

artifice *n.m.* 1 - **astuce** · procédé · stratagème · subterfuge · subtilité · technique · tour · truc *fam.* · 2 - **ruse** · feinte · manœuvre · manège · piège · leurre

artificiel, -ielle *adj.* 1 - **fabriqué** · factice · faux · imité · industriel · synthétique · postiche · 2 - **arbitraire** · conventionnel · 3 - **affecté** · arrangé · de commande · contraint · emprunté · étudié · faux · feint · forcé · sophistiqué

artificiel, factice, faux

Les trois adjectifs entretiennent chacun un rapport particulier avec la notion de naturel. Quand on parle d'objets, ils sont **artificiels** quand ils sont fabriqués par l'homme, imitant la nature dans les domaines les plus variés *(fleurs artificielles, lac artificiel)* pour parfois se substituer à elle *(cœur artificiel ; intelligence, procréation artificielle)*. Une chose **factice** est également produite par l'homme *(rochers factices en ciment)*, mais le mot porte une idée de simulation *(un étalage factice)*. **Faux** conserve l'idée de l'imitation, mais la ressemblance cette fois ne fournit qu'une apparence trompeuse *(fausse élégance, faux jumeaux)*, et même une contrefaçon destinée à abuser *(faux papiers, fausse monnaie)*.

artificieux, -ieuse *adj.* [littér.] rusé · retors · trompeur · captieux *littér.*

artilleur *n.m.* · artificier · bombardier · canonnier · pourvoyeur · servant · torpilleur

artisan, e *n.* · auteur · âme · cerveau · cheville ouvrière · initiateur · instigateur · ouvrier · promoteur

artiste

▪ *n.* **acteur** · comédien · chanteur · danseur · exécutant · interprète · musicien · virtuose · [célèbre] vedette · étoile · star

▪ *adj.* **bohême** · fantaisiste · original

as *n.m.* · champion · maître · phénomène · virtuose · aigle *fam.* · crack *fam.* · caïd *fam., vieilli* · phénix *littér.*

ascendance *n.f.* · origine · extraction · naissance · race · souche

[1]**ascendant, e** *adj.* 1 - **montant** · ascensionnel · 2 - **croissant**

²ascendant *n.m.* **1 - pouvoir** · autorité · charme · empire · emprise · fascination · influence · séduction · **2 - parent** · aïeul · ancêtre

ascension *n.f.* **1 - montée** · élévation · progression · progrès · **2 - escalade**

☞ **montée**

ascète *n.* · anachorète · cénobite · ermite • [en Inde] fakir · gymnosophiste · yogi

ascétique *adj.* · austère · janséniste · monacal · rigoriste · spartiate · érémitique *littér.*

ascétisme *n.m.* · ascèse · austérité · privation · rigorisme

asepsie *n.f.* · désinfection · pasteurisation · prophylaxie · stérilisation

aseptisation *n.f.* · désinfection · stérilisation

aseptiser *v.tr.* · désinfecter · stériliser

asile *n.m.* **1 - abri** · refuge · retraite · toit · havre *littér.* · **2 -** [vieilli] **hospice** · maison de retraite · **3 -** [vieilli] **hôpital psychiatrique**

asocial, e

▪ *adj.* **antisocial**

▪ *n.* **marginal**

aspect *n.m.* **1 - apparence** · air · allure · dehors · extérieur · forme · figure · physionomie · visage · **2 - configuration** · tournure · **3 - perspective** · angle · côté · face · jour · point de vue

✦ **sous cet aspect** sous ce rapport · de ce point de vue

asperger *v.tr.* · arroser · doucher · éclabousser · mouiller · humecter · tremper

aspérité *n.f.* **1 - rugosité** · inégalité · irrégularité · relief · saillie · **2 - rudesse** · âpreté

asphalte *n.m.* · bitume · goudron · macadam

asphalter *v.tr.* · bitumer · goudronner · macadamiser

asphyxiant, e *adj.* **1 - suffocant** · toxique · **2 - étouffant** · irrespirable · oppressant

asphyxie *n.f.* **1 - suffocation** · étouffement · anoxémie *(Méd.)* · **2 - dépérissement** · étiolement · étouffement · étranglement · oppression · paralysie

asphyxier *v.tr.* **1 - étouffer** · suffoquer

»» **s'asphyxier** *v.pron.* **1 - (s')étouffer** · suffoquer · **2 - péricliter** · s'éteindre

aspirant, e *n.* · candidat · postulant · aspi *fam., Milit.*

aspiration *n.f.* **1 - inspiration** · inhalation · **2 - désir** · ambition · attente · espérance · espoir · rêve · souhait · **3 - appel d'air** · succion

aspirer *v.tr.* **1 - inspirer** · humer · inhaler · renifler · **2 - absorber** · avaler · pomper · sucer

✦ **aspirer à** désirer · ambitionner · espérer · prétendre à · souhaiter · soupirer après · tendre à · courir après *fam.*

assagir *v.tr.* **1 - calmer** · discipliner · **2 - modérer** · apaiser · atténuer · diminuer · tempérer

»» **s'assagir** *v.pron.* **se ranger** · s'amender · se calmer · se ranger des voitures *fam.*

assaillant, e *n.* · attaquant · agresseur

assaillir *v.tr.* 1 - **attaquer** · agresser · fondre sur · se jeter sur · se précipiter sur · sauter sur · tomber sur (le paletot de) *fam.* · 2 - **harceler** · accabler · importuner · tourmenter

assainir *v.tr.* 1 - **désinfecter** · épurer · nettoyer · purifier · 2 - **assécher** · drainer · 3 - **équilibrer** · rétablir · stabiliser

assainissement *n.m.* 1 - **désinfection** · épuration · purification · 2 - **assèchement** · dessèchement · drainage

assaisonnement *n.m.* · condiment(s) · aromate(s) · épice(s)

assaisonner *v.tr.* 1 - **accommoder** · ailler · apprêter · épicer · pimenter · poivrer · relever · safraner · saler · vinaigrer · 2 - **agrémenter** · émailler · pimenter · rehausser · relever

assassin, e

- *n.m.* **criminel** · homicide · meurtrier · tueur
- *adj.* 1 - [propos] **malveillant** · 2 - [œillade] **aguicheur** · provoquant

assassinat *n.m.* · meurtre · crime · homicide

assassinat, crime, meurtre

Crime s'applique à toute infraction importante punie par la loi : on qualifie de **crime** aussi bien un viol que le fait de trahir son pays. Les actes qualifiés de **crime** n'entraînent pas, du moins directement, la mort d'autrui, ce que suppose au contraire **meurtre**, dont l'équivalent serait *crime de sang*. Quant à **assassinat**, il ne vaut qu'au cas où l'action de tuer a été préparée, préméditée : *l'assassinat du président américain John Kennedy*. Seul **crime** s'emploie très couramment pour parler de l'action de tuer volontairement un être humain ; on parle de *l'arme du crime*, de *crime parfait*, ni **meurtre** ni **assassinat** ne convenant ici.

assassiner *v.tr.* · tuer · abattre · éliminer · supprimer · dégommer *fam.* · descendre *fam.* · faire la peau à *fam.* · refroidir *fam.* · trucider *fam.* · zigouiller *fam.* · dessouder *argot*

assaut *n.m.* 1 - **attaque** · charge · combat · coup de main · engagement · escarmouche · offensive · raid • [sur un bateau] abordage · 2 - [Boxe, escrime] engagement · combat • [Alpinisme] escalade

assèchement *n.m.* · dessèchement · drainage · assainissement

assécher *v.tr.* 1 - **drainer** · assainir · 2 - **tarir** · mettre à sec · pomper · sécher · vider

»» **s'assécher** *v.pron.* **tarir**

assemblage *n.m.* 1 - **groupement** · regroupement · réunion · 2 - **agglomération** · accolement · agrégation · couplage · emboîtement · jonction · montage · 3 - **ensemble** · alliance · association · assortiment · collection · combinaison · mélange

assemblée *n.f.* 1 - **assistance** · audience · auditoire · public · 2 - **rassemblement** · académie · cercle · compagnie · conférence · société · aréopage *littér.* · 3 - **chambre** · congrès · conseil · parlement · [Relig. cathol.] conclave

assembler *v.tr.* 1 - **grouper** · amasser · collecter · collectionner · ramasser · recueillir · regrouper · réunir · 2 - **convoquer** · battre le rappel de · réunir · 3 - **lier** · accoler · agglomérer · agréger · attacher · connecter · emboîter · fixer · joindre · monter · raccorder · relier ·

réunir · unir · **4 – combiner** · allier · associer · assortir · coordonner · composer · marier · unir

››› **s'assembler** *v.pron.* **s'attrouper** · affluer · se masser · se rassembler

joindre

assener *v.tr.* · appliquer · administrer · donner · envoyer · frapper · lancer · porter · allonger *fam.* · coller *fam.* · ficher *fam.* · filer *fam.* · flanquer *fam.*

assentiment *n.m.* · approbation · acceptation · accord · acquiescement · adhésion · agrément · autorisation · consentement · permission · suffrage

asseoir *v.tr.* **1 – installer** · mettre · placer · poser · planter *fam.* · **2 – consolider** · affermir · conforter · établir · **3 – motiver** · appuyer · assurer · établir · fonder · **4 –** [fam.] **étonner** · souffler

››› **s'asseoir** *v.pron.* **prendre un siège**

assertion *n.f.* · affirmation · thèse · [au plur.] dires

affirmation

asservir *v.tr.* · opprimer · assujettir · contraindre · dominer · dompter · enchaîner · juguler · maîtriser · soumettre · subjuguer · vassaliser *littér.*

asservissement *n.m.* · assujettissement · captivité · dépendance · esclavage · servitude · soumission · subordination · sujétion · chaînes *littér.* · joug *littér.*

assesseur *n.m.* · adjoint · aide · assistant · auxiliaire · second · suppléant

assez *adv.* **1 – suffisamment** · **2 – plutôt** · à peu près · moyennement · passablement · relativement · **3 – très** · bien

✦ **avoir assez de** se contenter de · se satisfaire de

✦ **en avoir assez** être fatigué · en avoir marre *fam.* · en avoir sa claque *fam.* · en avoir sa dose *fam.* · en avoir par-dessus la tête *fam.* · en avoir plein le dos *fam.* · en avoir ras le bol *fam.* · en avoir ras la casquette *fam., vieilli* · en avoir plein le cul *très fam.*

✦ **(en voilà) assez !** ça suffit ! · halte ! · stop ! · basta ! *fam.* · n'en jetez plus (la cour est pleine) ! *fam.*

assidu, e *adj.* **1 – constant** · continu · persévérant · régulier · soutenu · suivi · zélé · diligent *littér. ou Admin.* · **2 – ponctuel** · exact · régulier · **3 – appliqué** · consciencieux · scrupuleux · **4 – empressé** · présent

assiduité *n.f.* **1 – constance** · continuité · diligence · persévérance · régularité · zèle · **2 – ponctualité** · exactitude · **3 – application** · scrupule · **4 – présence** · empressement

assidûment *adv.* **1 – constamment** · continuellement · régulièrement · **2 – ponctuellement** · exactement · **3 – avec empressement**

assiéger *v.tr.* **1 – encercler** · assaillir · bloquer · cerner · entourer · faire le siège de · investir · **2 – se presser à** · se bousculer à · prendre d'assaut · **3 – importuner** · harceler · poursuivre · solliciter · **4 – accabler** · assaillir · obséder · tourmenter · troubler

[1]**assiette** *n.f.* **1 – position** · assise · équilibre · stabilité · tenue · **2 – base** · fondation · fondement · soubassement

[2]**assiette** *n.f.* **1 – plat** · écuelle · auge *fam.* · **2 – assiettée**

assignation 1 – **attribution** · affectation · imputation · 2 – [Droit] **convocation** · citation

assigner *v.tr.* 1 – **attribuer** · affecter · donner · décerner · impartir · imputer · 2 – **déterminer** · délimiter · fixer · marquer · 3 – [Droit] **convoquer** · citer (à comparaître) · intimer

assimilable *adj.* 1 – **compréhensible** · accessible · intelligible · 2 – **absorbable**

✦ **assimilable à** comparable à

assimilation *n.f.* 1 – **comparaison** · amalgame · confusion · équivalence · identification · rapprochement · 2 – **apprentissage** · acquisition · absorption · adoption · appropriation · compréhension · imprégnation · 3 – **intégration** · acculturation · absorption · incorporation · insertion · 4 – **digestion** · absorption

assimiler *v.tr.* 1 – **comparer** · amalgamer · confondre · identifier · ramener à · rapprocher · 2 – **comprendre** · absorber · acquérir · adopter · apprendre · s'approprier · faire sien · s'imprégner de · intégrer · saisir · imprimer *fam.* · piger *fam.* · 3 – **intégrer** · absorber · acculturer · adopter · incorporer · insérer · 4 – **digérer** · absorber

»» **s'assimiler** *v.pron.* **s'adapter** · s'acculturer · fusionner · s'incorporer · s'insérer · s'intégrer · se fondre (avec, dans)

assis, e *adj.* · affermi · assuré · équilibré · établi · ferme · stable

assise *n.f.* · base · fondement · soubassement

assistance *n.f.* 1 – **assemblée** · audience · auditoire · public · salle · spectateurs · 2 – **aide** · appoint · appui · bons offices · collaboration · concours · coopération · protection · secours · soutien

assistant, e *n.* 1 – **adjoint** · aide · auxiliaire · bras droit · collaborateur · lieutenant · second · 2 – **chargé de cours**

✦ **assistante maternelle** nourrice · nounou *fam.*

❧ **adjoint**

assister *v. tr.* 1 – **seconder** · aider · appuyer · épauler · soutenir · 2 – **veiller sur** · accompagner · être aux côtés de · protéger · prendre soin de · s'occuper de · soigner · 3 – [vieilli] **secourir** · porter secours à

✦ **assister à** être témoin de · être présent à · participer à · suivre

❧ **secourir**

association *n.f.* 1 – **assemblage** · agencement · agglomération · agrégation · assortiment · alliance · combinaison · liaison · mariage · rapprochement · réunion · symbiose · synergie · 2 – **alliance** · coalition · entente · union · 3 – **société** · amicale · cartel · chambre · club · comité · communauté · compagnie · confédération · confrérie · congrégation · consortium · coopérative · corporation · entente · groupement · guilde · ligue · mutuelle · organisation · parti · patronage · syndicat · trust · union · 4 – **bande** · groupe · 5 – **collaboration** · coopération · participation · 6 – **adhésion** · admission · affiliation · participation · 7 – **liaison (associative)** · attraction · enchaînement · évocation · rapprochement · suggestion · synthèse

associé, e *n.* 1 – **adjoint** · collaborateur · collègue · 2 – **membre** · actionnaire · adhérent · commanditaire · confrère · partenaire ·

sociétaire · **3 - complice** · acolyte · camarade · compagne · compagnon · compère · partenaire
↝ **collègue**

associer *v.tr.* **1 - allier** · assortir · combiner · joindre · lier · marier · mêler · rapprocher · unir · **2 -** [qqn à] **faire collaborer** · enrôler · faire coopérer · faire participer · incorporer · intégrer · intéresser · mobiliser · recruter

»» **s'associer** *v.pron.* **1 - s'accorder** · s'allier · s'assortir · se combiner · s'harmoniser · se marier · s'unir · **2 - se réunir** · s'allier · collaborer · coopérer · s'entendre · faire cause commune · se fédérer · se grouper · se joindre · se lier · se liguer · se mettre d'accord · se solidariser · s'unir

✦ **s'associer à** [une initiative etc.] **participer à** · adhérer à · se joindre à · partager · prendre part à · se faire complice de

assoiffé, e *adj.* **1 - altéré** · asséché · déshydraté · **2 - avide** · affamé · altéré

assoiffer *v.tr.* · altérer · assécher · déshydrater

assombrir *v.tr.* **1 - obscurcir** · plonger dans les ténèbres · enténébrer *littér.* · **2 - foncer** · noircir · **3 - attrister** · affliger · peiner · [événement] jeter une ombre sur

»» **s'assombrir** *v.pron.* **1 - se couvrir** · s'obscurcir · **2 - se rembrunir** · se renfrogner

assommant, e *adj.* · ennuyeux · fastidieux · lassant · tuant · barbant *fam.* · casse-couille *très fam.* · casse-pied *fam.* · chiant *très fam.* · embêtant *fam.* · emmerdant *fam.* · empoisonnant *fam.* · enquiquinant *fam.* · gonflant *fam.* · rasant *fam.* · rasoir *fam.* · soûlant *fam.* · suant *fam.* · tannant *fam.*

assommer *v.tr.* **1 - étourdir** · mettre K.-O. · estourbir *fam.* · sonner *fam.* · **2 - épuiser** · briser · éreinter · exténuer · harasser · vider · claquer *fam.* · crever *fam.* · vanner *fam.* · **3 - abasourdir** · abattre · accabler · anéantir · **4 - ennuyer** · embêter · excéder · fatiguer · importuner · incommoder · lasser · barber *fam.* · casser les pieds de *fam.* · emmerder *fam.* · empoisonner *fam.* · enquiquiner *fam.* · faire chier *très fam.* · gonfler · pomper l'air à *fam.* · faire suer *fam.* · raser *fam.* · soûler *fam.* · tanner *fam.* · casser les couilles de *très fam.*

assorti, e *adj.* **coordonné** · harmonieux

✦ **ils sont bien assortis** ils font un beau couple

✦ **ils sont mal assortis** c'est le mariage de la carpe et du lapin

assortiment *n.m.* **1 - arrangement** · alliance · assemblage · association · combinaison · mélange · mariage · harmonie · **2 - ensemble** · choix · éventail · jeu · lot · sélection · [de mesures] train

assortir *v.tr.* **assembler** · accorder · accoupler · allier · arranger · associer · combiner · coordonner · harmoniser · marier · réunir · unir

»» **s'assortir** *v.pron.* **s'accorder** · s'adapter · s'harmoniser · se marier

assoupi, e *adj.* · somnolent · endormi

assoupir *v.tr.* **1 - endormir** · **2 - apaiser** · adoucir · affaiblir · atténuer · calmer · diminuer · engourdir · éteindre · étouffer

››› **s'assoupir** *v.pron.* **1 - s'endormir** · somnoler · sombrer dans le sommeil · **2 - s'apaiser** · s'adoucir · s'affaiblir · s'atténuer · se calmer · s'effacer · s'estomper

assoupissement *n.m.* · endormissement · somnolence · sommeil

assouplir *v.tr.* **1 - délier** · dénouer · déraidir · **2 - adoucir** · apprivoiser · discipliner · mater · plier · soumettre · **3 - aménager** · corriger · modérer · tempérer

››› **s'assouplir** *v.pron.* **se détendre**

assouplissant *n.m.* · adoucissant · anticalcaire · assouplisseur

assouplissement *n.m.* **1 - gymnastique** · exercice corporel · **2 - aménagement** · modification

assouplisseur *n.m.* → assouplissant

assourdi, e *adj.* **1 - en sourdine** · sourd · **2 - atténué**

assourdir *v.tr.* **1 - amortir** · atténuer · étouffer · feutrer · **2 - assommer** · casser les oreilles à *fam.*

assourdissant, e *adj.* **1 - bruyant** · fracassant · retentissant · **2 - assommant** · abrutissant · fatigant

assouvi, e *adj.* **1 - rassasié** · repu · **2 - satisfait** · apaisé · comblé · contenté

assouvir *v.tr.* · satisfaire · apaiser · calmer · combler · contenter · étancher · éteindre · rassasier

assouvissement *n.m.* · apaisement · contentement · satiété · satisfaction

assujetti, e *adj. et n.* · contribuable · imposable · redevable

assujettir *v.tr.* **1 - asservir** · dominer · dompter · maîtriser · se rendre maître de · opprimer · plier sous sa loi · soumettre · subjuguer · mettre sous son joug *littér.* · vassaliser *littér.* · **2 - contraindre** · commander · forcer · imposer · obliger · soumettre · **3 - attacher** · arrimer · assurer · caler · fixer · immobiliser · maintenir · river

››› **s'assujettir** *v.pron.* **se plier** · s'astreindre · obéir · obtempérer · se soumettre

assujettissement *n.m.* · soumission · asservissement · dépendance · esclavage · servitude · subordination · sujétion · vassalité *Hist. ou littér.*

assumer *v.tr.* · se charger de · accepter · assurer · endosser · prendre en charge · prendre sur soi · prendre la responsabilité de · prendre sous son bonnet · supporter

assurance *n.f.* **1 - aisance** · confiance en soi · sang-froid · cran *fam.* · **2 - aplomb** · audace · hardiesse · culot *fam.* · toupet *fam.* · **3 - certitude** · conviction · sûreté · **4 - garantie** · caution · engagement · gage · preuve · promesse · sûreté · **5 - affirmation** · déclaration · promesse · protestation

✦ **perdre son assurance** se démonter · se décontenancer

assuré, e *adj.* **1 - confiant** · décidé · déterminé · énergique · résolu · sûr (de soi) · **2 - ferme** · solide · stable · **3 - garanti** · certain · évident · immanquable · indubitable · inévitable · infaillible · sûr

✦ **assuré de** convaincu de · certain de · persuadé de · sûr de

assurément *adv.* **1 - certainement** · à coup sûr · immanquablement · infailliblement · sûrement · **2 - certes** · bien entendu · bien sûr ·

de toute évidence · évidemment · incontestablement · indéniablement · indiscutablement · indubitablement · manifestement · nettement · sans conteste · sans contredit · sans aucun doute

assurer *v.tr.* **1 - caler** · accrocher · affermir · arrimer · attacher · assujettir · consolider · étayer · fixer · immobiliser · maintenir · **2 - protéger** · couvrir · défendre · garantir · préserver · sauvegarder · **3 - fournir** · garantir · ménager · procurer · **4 - assumer** · pourvoir à · **5 - affirmer** · attester · certifier · donner pour sûr · garantir · jurer · prétendre · soutenir

✦ **assurer de** garantir · répondre de

⋙ **s'assurer** *v.pron.* **1 - s'affermir** · se caler · **2 - contracter une assurance** · **3 - se ménager** · se concilier · s'emparer de · gagner · se saisir de

✦ **s'assurer contre** se défendre de · se garantir de · se garder de · se prémunir contre · se préserver de · se protéger de

✦ **s'assurer de** contrôler · vérifier · voir

astérisque *n.m.* · étoile

astéroïde *n.m.* · aérolithe · bolide · étoile filante · météore

asthénie *n.f.* · affaiblissement · épuisement · faiblesse

asticot *n.m.* · ver · larve

asticoter *v.tr.* → **taquiner**

astiquer *v.tr.* · frotter · briquer · cirer · fourbir · nettoyer · polir

astral, e *adj.* **céleste** · cosmique · sidéral · stellaire · zodiacal

✦ **thème astral** horoscope

✦ **corps astral** aura · double · ectoplasme

astre *n.m.* · étoile · astéroïde · comète · corps céleste · météore · nébuleuse · nova · planète

astreignant, e *adj.* · contraignant · asservissant · assujettissant · exigeant · pénible · pesant

astreindre *v.tr.* **obliger** · assujettir · condamner · contraindre · enchaîner · forcer · imposer · lier · réduire · soumettre

⋙ **s'astreindre à** *v.pron.* **s'imposer** · se plier à

astreinte *n.f.* **1 - contrainte** · obligation · **2 -** [Droit] **amende** · contrainte

✦ **d'astreinte** de garde · de service

astrologue *n.* · devin · mage

astronaute *n.* · cosmonaute · spationaute · [chinois] taïkonaute

astronaute, cosmonaute, spationaute, taïkonaute

Les membres de l'équipage (*-naute*, « voyageur ») d'un vaisseau spatial sont désignés par des mots de sens équivalent, mais créés à des moments différents de l'histoire de la conquête spatiale. **Astronaute** (grec *astron*, « étoile ») a d'abord été employé à propos des équipages américains et il est devenu le plus courant. **Cosmonaute**, introduit après l'envoi du premier homme dans l'espace par les Soviétiques, reprend la base du mot russe (tiré du grec *kosmos*, « univers »). **Spationaute**, formé en français (*spatio-*, pour « espace céleste ») peu après **cosmonaute**, reste rare. **Taïkonaute**, d'origine chinoise, est encore plus marginal.

astronef *n.m.* · engin, vaisseau spatial · spationef *vieilli*

astronomique *adj.* 1 - **sidéral** · 2 - **démesuré** · colossal · énorme · fantastique · faramineux · fou · gigantesque · phénoménal · vertigineux • [prix] exorbitant · inabordable · prohibitif

astuce *n.f.* 1 - **ingéniosité** · adresse · finesse · habileté · 2 - **stratagème** · artifice · ficelle · gimmick *anglic.* · invention · ruse · tour · combine *fam.* · truc *fam.* · 3 - [vieux] **malice** · roublardise · rouerie

astucieusement *adv.* · ingénieusement · adroitement · intelligemment

astucieux, -ieuse *adj.* · ingénieux · adroit · fin · finaud · futé · habile · inventif · malin · roublard *souvent péj.* · roué · rusé · combinard *fam.* • [objet] bien conçu · bien pensé

✦ **être très astucieux** être malin comme un singe

asymétrie *n.f.* · dissymétrie · déséquilibre · irrégularité · opposition

ataraxie *n.f.* · sérénité · calme · détachement · impassibilité · imperturbabilité · indifférence · apathie · paix · quiétude · tranquillité

atavique *adj.* · héréditaire · congénital · génétique

atelier *n.m.* 1 - **fabrique** · manufacture · ouvroir *vieilli* · 2 - **studio** · 3 - **groupe de travail**

atemporel, -elle *adj.* · intemporel · hors du temps

atermoiement *n.m.* 1 - [souvent plur.] **ajournement** · délai · hésitation · manœuvre dilatoire · faux-fuyant · retard · temporisation · tergiversation · procrastination *littér.* · 2 - [Droit] **concordat** · grâce

atermoyer *v.intr.* · différer · attendre · hésiter · reculer · renvoyer à plus tard · retarder · tarder · temporiser · tergiverser · user de manœuvres dilatoires

athée *n. et adj.* · non croyant · agnostique · areligieux · incrédule · incroyant · libre penseur · matérialiste · irréligieux · sceptique · mécréant *plaisant ou vieilli*

athéisme *n.m.* · incroyance · agnosticisme · incrédulité · irréligiosité · matérialisme · scepticisme

athlète *n.* 1 - **sportif** · 2 - **gaillard** · colosse · hercule · armoire à glace *fam.* · balèze *fam.* · costaud *fam.*

athlétique *adj.* 1 - **sportif** · 2 - **fort** · musclé · robuste · solide · vigoureux · costaud *fam.*

atmosphère *n.f.* 1 - **air** · 2 - **ambiance** · climat · environnement · milieu

atome *n.m.* 1 - **particule** · 2 - **grain** · bribe · brin · goutte · miette · once · parcelle · pointe

atomique *adj.* · nucléaire

atomisation *n.f.* 1 - **désintégration** · 2 - **fractionnement** · dispersion · émiettement · éparpillement · morcellement · parcellisation · 3 - **pulvérisation** · vaporisation

atomiser *v.tr.* 1 - **désintégrer** · 2 - **fractionner** · disperser · diviser · émietter · morceler · parcelliser · 3 - **pulvériser** · vaporiser

atomiseur *n.m.* · aérosol · bombe · nébuliseur · pulvérisateur · vaporisateur

atone *adj.* **1 - mou** · amorphe · apathique · éteint · flasque · inerte · languissant · passif · **2 - inexpressif** · fixe · immobile · morne · **3 -** [Méd.] **paresseux** · hypotonique · **4 - monocorde** · uniforme · **5 -** [Phonét.] **inaccentué**

atonie *n.f.* **1 -** [Méd.] **paresse** · hypotonie · **2 - apathie** · asthénie · engourdissement · inertie · langueur · léthargie · mollesse · torpeur

atonique *adj.* · flasque · inerte

atours *n.m.pl.* → **vêtement**

atout *n.m.* · avantage · arme · carte maîtresse · chance · joker · plus · ressource

atrabilaire *adj.* **1 - coléreux** · colérique · irascible · irritable · morose · sombre · **2 -** [Méd. anc.] **bilieux** · hypocondriaque · mélancolique

âtre *n.m.* · foyer · cheminée

atroce *adj.* **1 - abominable** · à faire frémir · barbare · cruel · effrayant · effroyable · épouvantable · horrible · ignoble · infâme · inhumain · odieux · **2 - douloureux** · déchirant · insupportable · intolérable · poignant · **3 - méchant** · dur · horrible · ignoble · odieux

atrocement *adv.* · excessivement · affreusement · horriblement · monstrueusement · terriblement

atrocité *n.f.* **1 - barbarie** · cruauté · inhumanité · monstruosité · sauvagerie · **2 - crime** · abomination · monstruosité · torture · **3 - calomnie** · horreur

atrophie *n.f.* **1 - dépérissement** · amaigrissement · arrêt de croissance, de développement · **2 - affaiblissement** · amoindrissement · dépérissement · étiolement · régression

atrophié, e *adj.* **1 - réduit** · diminué · **2 - dégradé** · affaibli

atrophier *v.tr.* **1 - affaiblir** · amaigrir · **2 - détruire** · amoindrir · débiliter · dégrader · étioler

»» **s'atrophier** *v.pron.* **1 - dépérir** · se ratatiner *fam.* · **2 - diminuer** · s'affaiblir · s'amoindrir · se dégrader · s'étioler · se réduire

attachant, e *adj.* · attirant · charmant · intéressant · séduisant · touchant

attache *n.f.* **1 - fixation** · [sortes] agrafe · amarre · anneau · boucle · bouton · bride · broche · câble · chaîne · chaînette · clip · collier · corde · cordon · courroie · crampon · crochet · épingle · fermeture · ficelle · fil · ganse · joug · lacet · laisse · lanière · lien · ligature · longe · menottes · nœud · ruban · sangle · tresse · trombone · **2 - articulation** · jointure

attaché, e *adj.* **fixe** · fixé · joint · lié

✦ **attaché à** **1 - dévoué** · fidèle · **2 - au service de** · à la disposition de · **3 - inhérent à** · associé à · dépendant de · **4 - lié à** · uni à · **5 - jaloux de**

attachement *n.m.* **1 - affection** · amitié · amour · estime · sentiment · sympathie · tendresse · **2 - lien** · attache · liaison · nœud · union · **3 - goût** · inclination · intérêt · passion

attacher *v.tr.*

I 1 - immobiliser · accrocher · affermir · amarrer · ancrer · arrimer · arrêter · assurer · bloquer · faire tenir · fixer · maintenir · retenir · river · **2 -** [avec types d'attache]

agrafer · boucler · boutonner · cheviller · épingler · ficeler · lacer · ligaturer · nouer · sangler · visser · **3 –** [un prisonnier] **ligoter** · enchaîner · ficeler · garrotter · lier
II 1 – placer · accrocher · pendre · suspendre · appendre *vieux* · **2 – assembler** · accoler · accoupler · annexer · atteler · coupler · joindre · lier · relier · réunir · unir
III [qqn] **engager** · adjoindre
IV attribuer · accorder · donner · porter · prêter
V 1 – attirer · absorber · charmer · fixer · intéresser · passionner · retenir · séduire · **2 – lier** · assujettir · astreindre · enchaîner · engager · rattacher · retenir · river · soumettre · tenir captif
VI [sans complément] **adhérer** · coller

⋙ **s'attacher à** *v.pron.* **1 – se concentrer sur** · s'absorber dans · s'adonner à · se consacrer à · cultiver · s'intéresser à · se livrer à · s'occuper de · **2 – s'appliquer à** · chercher à · s'efforcer de · essayer de · travailler à · tendre à · viser à · **3 – se prendre d'affection pour**

attaquable *adj.* · critiquable · blâmable · discutable · réfutable

attaquant, e *n.* **1 – assaillant** · agresseur · **2 –** [Sport] **offensif**

attaque *n.f.*
I 1 – [Milit.] **offensive** · abordage · action · assaut · charge · incursion · invasion · opération · raid · sortie · siège · **2 – agression** · attentat · guet-apens
II critique · accusation · coup de griffe · dénigrement · diatribe · incrimination · pique · pointe · reproche · sortie · trait
III 1 – crise · accès · **2 – apoplexie** · congestion cérébrale · coup de sang *fam.*

✦ **attaque à main armée** hold-up · braquage *fam.* · casse *fam.*
✦ **être d'attaque** être en forme · être frais et dispos · avoir la frite *fam.* · avoir la pêche *fam.*

attaquer *v.tr.*
I 1 – déclarer la guerre à · battre en brèche · bombarder · canonner · charger · donner l'assaut à · engager la lutte, la bataille, le combat contre · lancer l'attaque, passer à l'attaque contre · ouvrir le combat, le feu contre · prendre l'offensive, passer à l'offensive contre · porter les premiers coups à · **2 – agresser** · assaillir · braquer · frapper · molester · sauter à la gorge de · tirer à boulets rouges sur · tomber sur le paletot de *fam.* · voler dans les plumes à *fam.*
II 1 – critiquer · accuser · blâmer · calomnier · charger · dire du mal de · décrier · dénigrer · donner un coup de griffe à · faire le procès de · incriminer · jeter la pierre à · matraquer · médire de · porter atteinte à · pourfendre · s'en prendre à · tirer à boulets rouges sur · tomber sur · débiner *fam.* · traîner dans la boue *fam.* · **2 – provoquer** · chercher querelle à · défier · prendre à partie · chercher des crosses à *fam.* · voler dans les plumes de *fam.* · **3 – intenter un procès à** · actionner · poursuivre (en justice)
III 1 – altérer · corroder · corrompre · détériorer · endommager · manger · miner · piquer · ronger · **2 – porter atteinte à** · miner · nuire à · saper
IV commencer · aborder · débuter · démarrer · entamer · entreprendre · s'atteler à · se lancer dans · se mettre à

⋙ **s'attaquer à** *v.pron.* **1 – combattre** · affronter · combattre · mener une attaque contre · mener une action contre · s'en prendre à · **2 - commencer** · aborder · débuter · démarrer · entamer · entreprendre · s'atteler à · se lancer dans · se mettre à

attardé, e *adj. et n.* **1 - rétrograde** · dépassé · ringard *fam.* · **2 - arriéré** · débile · demeuré · simple d'esprit

attarder (s') *v.pron.* [qqpart] **demeurer** · rester

- **s'attarder en chemin** flâner · lambiner · musarder · muser · traîner
- **s'attarder sur** s'arrêter sur · s'appesantir sur · s'étendre sur · insister sur

atteindre *v.tr.* **1 - frapper** · heurter · porter atteinte à · **2 - émouvoir** · affecter · éprouver · remuer · toucher · troubler · secouer *fam.* · **3 - choquer** · blesser · heurter · offenser · vexer · **4 - attraper** · prendre · parvenir à toucher · saisir · **5 - contacter** · joindre · toucher · **6 - arriver à** · aborder · accéder à · gagner · parvenir à · rejoindre

atteint, e *adj.* **1 - malade** · mal en point · souffrant · **2 → fou**

- **non atteint par** vierge de · épargné par

atteinte *n.f.* **1 - dégât** · altération · attaque · dommage · préjudice · **2 - injure** · insulte · outrage · **3 - violation** · attentat · coup de canif · entorse · **4 - accès** · attaque · crise · effet

- **hors d'atteinte** **1 - hors de portée** · **2 - à l'abri** · inattaquable
- **porter atteinte à** **1 - attenter à** · attaquer · blesser · nuire à · **2 - ternir** · battre en brèche · déshonorer · diminuer · discréditer · entamer · léser · jeter le discrédit sur · porter tort à, faire du tort à

attelage *n.m.* · équipage

atteler *v.tr.* **attacher**

»» **s'atteler à** *v.pron.* **commencer** · aborder · attaquer · débuter · démarrer · engager · entamer · entreprendre · se lancer dans · se mettre à

attenant, e *adj.* · accolé · adjacent · contigu · limitrophe · mitoyen · voisin

attendre

▪ *v.tr.* **1 - exiger** · vouloir · **2 - guetter** · **3 - espérer** · escompter

▪ *v.intr.* **1 - patienter** · être dans l'expectative • [d'être reçu] faire antichambre · **2 - hésiter** · atermoyer · différer · temporiser · tergiverser · traîner

- **attendre longtemps** faire le pied de grue *fam.* · faire le poireau *fam.* · faire banquette *fam.* · faire le planton *fam.* · mariner *fam.* · moisir *fam.* · poireauter *fam.* · prendre racine *fam.* · attendre (pendant) cent sept ans *fam.* · croquer le marmot *fam., vieilli*
- **attendre avec impatience** languir • [une personne] attendre comme le messie
- **se faire attendre** tarder · être en retard · se faire désirer
- **faire attendre** **1 - faire languir** · faire lanterner *fam.* · **2 - différer** · remettre · reporter · surseoir à · suspendre
- **en attendant** **1 - provisoirement** · momentanément · temporairement · transitoirement · **2 - dans l'intervalle** · d'ici là · **3 - en tout cas** · pourtant · toujours est-il que
- **en attendant que** jusqu'à ce que

»» **s'attendre à** *v.pron.* · prévoir · compter sur · croire · escompter · imaginer · présager · pressentir · pronostiquer · se douter de

attendrir *v.tr.* **1 - amollir** · **2 - émouvoir** · apitoyer · désarmer · exciter la compassion, la pitié de · fléchir · remuer · toucher · troubler

»» **s'attendrir** *v.pron.* **1 - s'apitoyer** · compatir · s'émouvoir · **2 - mollir** · faiblir

attendrissant, e *adj.* · émouvant · bouleversant · désarmant · touchant

attendrissement *n.m.* **1 - sensibilité** · émotion · trouble · **2 - apitoiement** · commisération · compassion · pitié

attendu *n.m.* **motif** · considérant

✦ **attendu que** étant donné que · comme · puisque · vu que

attentat *n.m.* **1 - agression** · attaque · crime · **2 - offense** · atteinte · coup · crime · outrage · préjudice

✦ **attentat à la pudeur** exhibitionnisme

attente *n.f.* **1 - expectative** · **2 - pause** · **3 - prévision** · calcul · **4 - désir** · espérance · espoir · souhait

✦ **en attente** en suspens · en instance · en souffrance · en panne · en stand-by · en plan *fam.* · en rade *fam.*

attenter à *v.tr.ind.* · porter atteinte à · [bonnes mœurs] offenser · outrager

attentif, -ive *adj.* **1 - vigilant** · appliqué · concentré · consciencieux · scrupuleux · **2 - attentionné** · assidu · empressé · obligeant · prévenant · zélé

✦ **attentif à** à l'écoute de · préoccupé de · soucieux de

✦ **être très attentif** **1 - ouvrir l'œil (et le bon)** · être tout yeux · **2 - être tout ouïe** · être tout oreilles

attention *n.f.* **1 - application** · concentration · conscience · effort · méticulosité · sérieux · soin · tension d'esprit · vigilance · contention *littér.* · diligence *littér. ou Admin.* · **2 - curiosité** · intérêt · méfiance · soupçon · **3 - prévenance** · délicatesse · empressement · obligeance · soin · sollicitude · zèle · **4 - égards** · gentillesse

✦ **attention !** gare ! · fais gaffe ! *fam.*

✦ **entourer d'attentions** être aux petits soins avec · materner · bichonner *fam.* · chouchouter *fam.*

✦ **attirer l'attention** frapper · interpeller · ne pas passer inaperçu · se faire remarquer

✦ **faire attention à** **1 - être attentif à** · **2 - s'apercevoir de** · s'aviser de · noter · remarquer · **3 - prendre garde** · se méfier · regarder à · veiller à (ce que) · faire gaffe à *fam.*

☞ **égards**

attentionné, e *adj.* · prévenant · aimable · attentif · courtois · empressé · gentil · obligeant · serviable

attentivement *adv.* · soigneusement · consciencieusement · [écouter] religieusement

atténuation *n.f.* · diminution · adoucissement · affaiblissement · allégement · amoindrissement · assouplissement · réduction · soulagement

atténuer *v.tr.* **1 - amoindrir** · affaiblir · diminuer · réduire · **2 - modérer** · adoucir · alléger · amortir · apaiser · émousser · estomper · soulager · tempérer · [un son] assourdir · étouffer · feutrer

atterrant, e *adj.* · accablant · affligeant · consternant · désolant

atterrer *v.tr.* · consterner · désoler · stupéfier

atterrir *v.intr.* **1 - se poser** • [sur la lune] alunir • [sur l'eau] amerrir · **2 -** [fam.] **arriver** · aboutir · échouer

attestation *n.f.* **1 - certificat** • [de paiement] quittance · reçu • [d'authenticité] vidimus · **2 - déclaration** · affirmation · assurance · confirmation · **3 - preuve** · gage · marque · signe · témoignage

attester *v.tr.* **1 - déclarer** · affirmer · assurer · certifier · confirmer · garantir · **2 - prouver** · démontrer · faire foi de · indiquer · manifester · marquer · montrer · révéler · témoigner de

✦ **attester de** invoquer · se référer à

attifer *v.tr.* → **accoutrer**

attirail *n.m.* **1 - équipement** · bagage · équipage · harnachement · panoplie · barda *fam.* · bastringue *fam.* · bazar *fam.* · fourbi *fam.* · bataclan *fam., vieilli* · fourniment *fam., vieilli* · **2 - assortiment** · assemblage · ramassis

attirance *n.f.* **1 - goût** · faible · fascination · inclination · intérêt · penchant · prédilection · **2 - attraction** · attrait · charme · fascination · séduction

attirant, e *adj.* **1 - séduisant** · affriolant · aguichant · appétissant · charmant · craquant *fam.* · **2 - attrayant** · alléchant · engageant · intéressant · tentant

attirer *v.tr.*
I 1 - aspirer · absorber · drainer · pomper · **2 - faire venir** · amener • [en masse] faire affluer · faire courir
II 1 - plaire à · captiver · charmer · gagner · séduire · tenter · **2 - appâter** · allécher · leurrer · **3 - aguicher** · enjôler · racoler
III causer · déclencher · entraîner · occasionner · provoquer · soulever · susciter

»» **s'attirer** *v.pron.* **1 - obtenir** · gagner · se concilier · se procurer · **2 - encourir** · prêter le flanc à · risquer

attiser *v.tr.* **1 - activer** · aviver · ranimer · stimuler · **2 - exciter** · déchaîner · embraser · enflammer · envenimer · exacerber · exaspérer

attitré, e *adj.* **1 - en titre** · **2 - habituel**

attitude *n.f.* **1 - tenue** · contenance · maintien · port · pose · position · posture · **2 - aspect** · air · allure · expression · extérieur · physionomie · **3 - comportement** · actes · agissements · conduite · disposition · état d'esprit · manières · position

attouchement *n.m.* · contact · caresse · chatouillement · effleurement · frôlement

attractif, -ive *adj.* · attrayant · alléchant · appétissant · attirant · engageant · intéressant · séduisant · tentant

∾ **attrayant**

attraction *n.f.* **1 - pesanteur** · gravitation · **2 - attirance** · appel · attrait · charisme · charme · fascination · séduction · tentation · **3 - spectacle** · exhibition · numéro · show *anglic.*

attractivité *n.f.* · attrait · attirance

attrait *n.m.* **1 - charme** · agrément · enchantement · invitation · invite · séduction · tentation ·

prestige • **2 - attirance** • affinité • attraction • faible • fascination • goût • inclination • penchant • sympathie

⋙ **attraits** *plur.* [d'une personne] **agréments** • charmes • appas *vieux ou plaisant* • sex-appeal

attraper *v.tr.*
I 1 - saisir • agripper • cramponner • s'emparer de • empoigner • happer • prendre • **2 - recevoir** • décrocher • gagner • obtenir • remporter • **3 - capturer** • arrêter • mettre la main sur • piéger • prendre au piège • agrafer *fam.* • alpaguer *fam.* • choper *fam.* • épingler *fam.* • gauler *fam.* • piquer *fam.* • pincer *fam.* • mettre le grappin sur *fam.* • **4 -** [une maladie] **contracter** • choper *fam.* • ramasser *fam.*
II abuser • duper • leurrer • mystifier • tromper • donner le change à • avoir *fam.*
III réprimander • disputer • gronder • houspiller • sermonner • admonester *littér.* • enguirlander *fam.* • engueuler *fam.* • passer un savon à *fam.* • sonner les cloches à *fam.*

✦ **se laisser attraper** mordre à l'hameçon • gober le morceau

❧ **happer**

attrayant, e *adj.* • attractif • alléchant • attirant • charmant • engageant • plaisant • séduisant

❧ **attrayant, attractif**

Tout ce qui apparaît **attrayant** attire agréablement : *un spectacle attrayant, des idées attrayantes.* Ce qui est **attractif** est capable d'attirer – comme le ferait un aimant – sans pour autant avoir de l'attrait : *un prix attractif, une fiscalité attractive.*

attribuer *v.tr.* **1 - donner** • accorder • adjuger • allouer • assigner • concéder • doter de • impartir • octroyer • départir *littér.* • **2 - conférer** • décerner • gratifier de • **3 - imputer** • affecter • allouer • **4 - supposer** • accorder • prêter • reconnaître • **5 - mettre sur le compte de** • imputer • prêter • reporter (sur) • rejeter (sur)

⋙ **s'attribuer** *v.pron.* • accaparer • s'accorder • s'adjuger • s'approprier • s'arroger • s'emparer de • s'octroyer • revendiquer • usurper • empocher *fam.*

attribut *n.m.* **1 - caractéristique** • apanage • caractère • manière d'être • marque • particularité • prérogative • propriété • qualité • signe (distinctif) • trait • **2 - emblème** • accessoire • décoration • signe (représentatif) • symbole

attributaire *adj. et n.* • bénéficiaire

attribution *n.f.* **affectation** • allocation • assignation • dotation • imputation • octroi • remise

⋙ **attributions** *plur.* **autorité** • champ d'action • compétence • domaine • droit • fonction • pouvoirs • prérogative • privilège • ressort • rôle • sphère d'activité

attristant, e *adj.* • affligeant • chagrinant • consternant • déplorable • désespérant • désolant • navrant • pénible • triste • contristant *littér.*

attrister *v.tr.* • affliger • affecter • chagriner • consterner • désespérer • désoler • navrer • peiner • contrister *littér.*

attroupement *n.m.* **1 - groupe** • foule • rassemblement • **2 - manifestation**

attrouper *v.tr.* **assembler** • ameuter • grouper • rassembler • battre le rappel de

››› **s'attrouper** *v.pron.* **se masser** · se rassembler • [avec une intention hostile] s'ameuter

aubade *n.f.* · concert · sérénade

aubaine *n.f.* **1 - profit** · avantage · **2 - chance** · occasion · opportunité · coup de bol *fam.* · veine *fam.*

aube *n.f.* **1 - aurore** · jour naissant · lever du jour · point du jour · pointe du jour · premières lueurs du jour · première clarté · **2 - commencement** · aurore · début · origine · matin

✦ **à l'aube** de très bonne heure · au chant du coq · au chant de l'alouette · dès potron-minet *vieilli ou plaisant*

auberge *n.f.* · restaurant · guinguette · hôtel · hôtellerie *vieilli* · taverne *vieilli*

auburn *adj. invar.* · acajou · roux

aucun *adj. et pron.* **pas (un)** · nul · pas un seul · personne

✦ **sans aucun** sans le moindre · sans un seul

aucunement *adv.* · nullement · en rien · pas du tout · point du tout *littér.*

audace *n.f.* **1 - aplomb** · arrogance · effronterie · impertinence · impudence · insolence · sans-gêne · culot *fam.* · toupet *fam.* · outrecuidance *littér.* · **2 - hardiesse** · assurance · bravoure · intrépidité · témérité · cran *fam.* · culot *fam.*

audacieux, -ieuse *adj. et n.* **1 - courageux** · brave · hardi · intrépide · culotté *fam.* · gonflé *fam.* · **2 - risqué** · aventureux · hasardeux · osé · téméraire · **3 - novateur** · neuf · nouveau · original · **4 -** [vieilli] **arrogant** · effronté · impertinent · insolent · culotté *fam.* · outrecuidant *littér.*

audible *adj.* **1 - perceptible** · décelable · **2 - écoutable**

audience *n.f.* **1 - séance** · **2 - entretien** · entrevue · rendez-vous · **3 - assistance** · assemblée · assistants · auditoire · public · salle · spectateurs · **4 - attention** · écoute · intérêt

audit *n.m.* **1 - auditeur** · contrôleur · expert · **2 - vérification** · contrôle

auditeur, -trice *n.* **1 -** [Ling.] allocutaire · récepteur · **2 -** [au plur.] → **auditoire**

audition *n.f.* **1 - ouïe** · oreille · **2 - écoute** · **3 - bout d'essai** · examen

auditionner *v.tr.* · écouter · entendre

auditoire *n.m.* · auditeurs · assemblée · assistance · audience · public · spectateurs · salle

auge *n.f.* **1 - mangeoire** · abreuvoir · **2 -** [fam.] **assiette**

augmentation *n.f.* **1 -** [dimensions] **accroissement** · agrandissement · allongement · croissance · développement · étirement · élargissement · extension · gonflement · grossissement · prolongation · prolongement · **2 -** [en hauteur] **élévation** · hausse · montée · rehaussement · relèvement · remontée · **3 -** [d'un nombre, d'une quantité] **multiplication** · accumulation · addition · boom · décuplement · doublement · recrudescence · redoublement · **4 -** [d'un prix, coût] **hausse** · escalade · élévation · flambée · inflation · majoration · montée · **5 -** [de valeur] **plus-value** · valorisation · **6 -** [en qualité] **amélioration** • gain • progrès • progression • **7** – [en intensité] **renforcement** • accentuation • amplification • intensification • poussée • redoublement • stimulation

augmenter

▪ *v.tr.* **1** – [dimensions] **accroître** • agrandir • allonger • développer • élargir • élever • épaissir • étendre • étirer • hausser • (faire) monter • rehausser • remonter • prolonger • rallonger • **2** – [un nombre, une quantité] **multiplier** • décupler • doubler • quadrupler • redoubler • tripler • **3** – [un prix, un coût] **majorer** • élever • hausser • relever • renchérir • **4** – **intensifier** • aggraver • alourdir • amplifier • ajouter à • accentuer • densifier • élever • exacerber • exciter • redoubler • renforcer • stimuler • **5** – **compléter** • enrichir

▪ *v.intr.* **1** – **croître** • aller (en) crescendo • s'accentuer • s'accroître • s'amplifier • se développer • s'étendre • grandir • s'intensifier • monter • se renforcer • redoubler • **2** – [prix] **s'apprécier** • flamber • grimper (en flèche) • être en hausse

✦ **augmenter de volume** enfler • gonfler • grossir • se dilater

augure *n.m.* **1** – [Antiquité] **prêtre** • aruspice • auspice • devin • **2** – **prophète** • devin

augurer *v.tr.* **1** – **présager** • annoncer • promettre • **2** – **conjecturer** • deviner • inférer • prédire • prévoir • présumer

auguste *adj.* • vénérable • digne • imposant • majestueux • noble • respectable • sacré • saint • solennel

aujourd'hui *adv.* **actuellement** • à l'époque actuelle • à l'heure qu'il est • à présent, dans le temps présent • de nos jours • en ce moment • maintenant • présentement

✦ **d'aujourd'hui** actuel • contemporain • moderne

aumône *n.f.* **1** – **charité** • assistance • bienfait • faveur • secours • **2** – **offrande** • don • obole • **3** – **grâce** • faveur

auparavant *adv.* • d'abord • antérieurement • au préalable • avant • déjà • en premier • plus tôt • préalablement • précédemment

auprès de *loc. prép.* **1** – **à côté de** • à proximité • contre • près de • **2** – **chez** • **3** – **dans l'opinion de** • aux yeux de • **4** – **en comparaison de**

aura *n.f.* **1** – **influence** • charisme • impact • prestige • **2** – **halo** • atmosphère • ambiance • brume • émanation • voile

auréole *n.f.* **1** – **nimbe** • gloire • **2** – **halo** • couronne • **3** – **prestige** • éclat • gloire • **4** – **atmosphère** • aura • émanation • **5** – **tache** • cerne

auréoler *v.tr.* **1** – **ceindre** • baigner • entourer • envelopper • nimber • **2** – **glorifier** • exalter • magnifier • **3** – **couronner** • parer

aurore *n.f.* **1** – **lever du jour aube** • point du jour • premières lueurs du jour • première clarté • **2** – **commencement** • début • origine • aube • matin

✦ **aux aurores** à l'aube • au chant du coq • au chant de l'alouette • de très bonne heure • dès potron-minet *vieilli ou plaisant*

ausculter *v.tr.* **1** – **examiner** • **2** – **sonder** • prendre la température de • prendre le pouls de • tâter

auspice *n.m.* • augure • devin • prêtre

auspices *n.m.pl.* **augure** · présage · signe

✦ **sous les auspices de** sous la conduite de · sous la direction de · sous l'égide de · sous la houlette de · sous le patronage de · sous la tutelle de

aussi

▪ *adv.* **1 - autant** · **2 - si** · à ce point · ainsi · tellement · **3 - pour ... que** · quelque ... que · si · tout ... que · **4 - également** · pareillement · de même · idem *fam.* · **5 - encore** · également · en outre · de plus · en plus · par-dessus le marché *fam.*

▪ *conj.* **en conséquence** · ainsi · c'est pourquoi · donc · par conséquent

aussitôt

▪ *adv.* **immédiatement** · à l'instant · au même instant · dès l'abord · instantanément · sans délai · sans retard · sans tarder · séance tenante · sur le champ · sur l'heure · tout de suite · illico *fam.* · incontinent *vieux ou littér.*

▪ *prép.* **dès** · au moment de · juste après

✦ **aussitôt que** dès que · dès l'instant que · sitôt que

austère *adj.* **1 - ascétique** · frugal · rigoureux · rude · spartiate · **2 - rigoriste** · janséniste · puritain · rigide · sévère · stoïque · **3 - sobre** · dépouillé · monastique · nu · triste · **4 - grave** · dur · froid · sérieux · sévère

❧ **sérieux**

austérité *n.f.* **1 - ascétisme** · **2 - rigorisme** · jansénisme · puritanisme · stoïcisme · **3 - sobriété** · dépouillement · nudité · **4 - gravité** · dureté · froideur · sévérité

austral, e *adj.* · sud · antarctique

autant *adv.* **1 - la même quantité, la même chose** · **2 - également** · pareillement

✦ **autant de** tant de · une telle quantité de

✦ **autant que** **1 - la même quantité que** · **2 - comme** · **3 - aussi bien que** · **4 - aussi longtemps que**

✦ **d'autant que** vu que · étant donné que · parce que · surtout que · attendu que *vieilli*

✦ **d'autant plus que** sans compter que

autarcie *n.f.* **1 - autosuffisance** · autosubsistance · autoconsommation · isolationnisme économique · circuit fermé *fam.* · **2 - autonomie**

auteur *n.m.* **1 - rédacteur** · dramaturge · écrivain · essayiste · homme, femme de lettres · parolier · poète · romancier · [pour le compte d'un autre] nègre · **2 - compositeur** · **3 - initiateur** · artisan · créateur · fondateur · inventeur · promoteur · responsable

❧ **écrivain**

authenticité *n.f.* **1 - réalité** · historicité · véracité · **2 - sincérité** · justesse · naturel · vérité

authentifier *v.tr.* **1 - certifier** · constater · garantir · légaliser · valider · **2 - reconnaître** · attribuer

authentique *adj.* **1 - véritable** · assuré · avéré · certain · effectif · établi · exact · inattaquable · incontestable · indéniable · indiscutable · indubitable · réel · sûr · véridique · vrai · vrai de vrai *fam.* · **2 - sincère** · juste · naturel · vrai · pur jus, sucre *fam.* · **3 -** [Droit] **notarié** · certifié conforme · public · solennel

auto *n.f.* → **automobile**

autobiographie *n.f.* · mémoires · confessions · souvenirs

autochtone *adj. et n.* • indigène • aborigène *surtout Australie* • natif • originaire • naturel *vieux*

autochtone, aborigène, indigène

La population d'un pays comprend des **autochtones**, originaires du lieu où ils vivent *(les autochtones et les immigrés)*. L'**indigène** et l'**aborigène** sont également des **autochtones**, mais le premier concerne essentiellement le contexte colonial : l'**indigène** est celui qui est établi dans un pays avant sa colonisation *(les colons et les indigènes)*. Quant à l'**aborigène**, ses ancêtres sont considérés comme étant à l'origine du peuplement d'un pays ; le mot s'emploie plutôt au pluriel et presque exclusivement à propos de l'Australie *(l'art des aborigènes australiens)*.

autoclave *n.m.* • étuve • stérilisateur

autocrate *n.* • despote • césar • dictateur • potentat • tyran

autocratie *n.f.* • absolutisme • arbitraire • autocratisme • autoritarisme • césarisme • despotisme • dictature • tyrannie

autocratique *adj.* • autoritaire • absolu • arbitraire • despotique • dictatorial • tyrannique

autocuiseur *n.m.* • cocotte-minute *nom déposé*

automate *n.m.* **1 - robot** • **2 - androïde** • **3 - somnambule** • fantoche • jouet • machine • marionnette • pantin • robot

automatique *adj.* **1 - inconscient** • instinctif • involontaire • machinal • mécanique • réflexe • spontané • **2 -** [fam.] **forcé** • immanquable • inévitable • mathématique • sûr • **3 - systématique** • informatisé • programmé

automatiquement *adv.* **1 - mécaniquement** • **2 - inconsciemment** • involontairement • machinalement • spontanément • comme un robot, un automate • **3 - forcément** • inéluctablement • inévitablement • obligatoirement

automatisation *n.f.* • automation • robotisation

automatisme *n.m.* • habitude • réflexe

automne *n.m.* • arrière-saison

automobile *n.f.* • voiture • auto • bagnole *fam.* • caisse *fam.* • char *fam., Québec* • chiotte *fam., vieilli* • guimbarde *fam., péj.* • tacot *fam., péj.* • tire *argot*

automobiliste *n.* • conducteur • chauffeur

autonome *adj.* **indépendant** • libre • souverain

✦ **devenir autonome** s'affranchir • voler de ses propres ailes • couper le cordon (ombilical)

libre

autonomie *n.f.* **1 - souveraineté** • indépendance • liberté • **2 - liberté** • indépendance

autonomisme *n.m.* • indépendantisme • dissidence • nationalisme • particularisme • régionalisme • séparatisme

autonomiste *n. et adj.* • indépendantiste • dissident • nationaliste • particulariste • régionaliste • sécessionniste • séparatiste

autopsie *n.f.* • analyse • dissection • docimasie *(Méd. légale)*

autorail *n.m.* • automotrice • turborail • micheline *vieilli*

autorisation *n.f.* **1 - accord** • agrément • approbation • aval •

consentement · feu vert · permission · [à ne pas faire qqch.] dispense · dérogation · exemption · **2 - habilitation** · **3 - permis** · bon · congé · dispense · laissez-passer · licence · permission · pouvoir

autorisé, e *adj.* **1 - permis** · admis · toléré · **2 - qualifié** · compétent · **3 - officiel** · digne de foi

✦ **autorisé à** fondé à · en droit de

autoriser *v.tr.* **1 - permettre** · accepter · accorder · admettre · consentir à · donner le feu vert à · donner son aval à · tolérer · souffrir *littér.* · **2 - dépénaliser** · décriminaliser · **3 - habiliter** · accréditer · **4 - justifier** · légitimer · permettre

✦ **autoriser à ne pas faire** dispenser de · exempter de

⋙ **s'autoriser** *v.pron.* **s'accorder** · se permettre

✦ **s'autoriser de** alléguer · prétexter · s'appuyer sur · arguer de *soutenu* · se fonder sur · invoquer · se prévaloir de

autoritaire *adj.* **1 - dictatorial** · absolu · absolutiste · despotique · fort · musclé · totalitaire · tyrannique · **2 - directif** · cassant · dur · impératif · impérieux · intransigeant · péremptoire · sec · sévère · tranchant

autoritarisme · absolutisme · césarisme · despotisme · dictature · totalitarisme · tyrannie · sceptre de fer *littér.*

autorité *n.f.*

I fermeté · force · poigne · rigueur · vigueur

II 1 - pouvoir · commandement · domination · mainmise · puissance · souveraineté · supériorité · **2 - souveraineté** · empire · omnipotence · suprématie · toute-puissance

III 1 - ascendant · emprise · influence · poids · **2 - charisme** · crédit · prestige · réputation

IV attributions · compétence · prérogative · ressort

V 1 - dignitaire · notabilité · officiel · **2 - personnalité** · (grande) figure · pointure *fam.* · ponte *fam.*

✦ **faire autorité** s'imposer · faire référence

✦ **de sa propre autorité** de son propre chef · de sa propre initiative

✦ **sous l'autorité de** sous la conduite de · sous l'égide de · sous la férule de · sous la houlette de · sous la tutelle de

⋙ **autorités** *plur.* **gouvernement** · administration

autosatisfaction *n.f.* · vanité · fatuité · prétention · suffisance · triomphalisme · vanité · infatuation *littér.*

autosubsistance *n.f.* · autarcie · autosuffisance · autoconsommation

autosuffisance *n.f.* · autarcie · autoconsommation · autosubsistance

autour *adv.* **alentour** · aux alentours · aux environs · à la ronde

✦ **autour de** **1 - auprès de** · aux côtés de · près de · **2 - approximativement** · à peu près · environ · aux environs de

✦ (se) **mettre, être autour** **1 - entourer** · environner · **2 - cerner** · encercler · **3 - ceindre** · envelopper

autre *adj. et pron.* **1 - distinct** · différent · dissemblable · étranger · **2 - changé** · différent · méconnaissable · nouveau · transformé · **3 - dernier** · prochain

✦ **autre part** ailleurs · dans un autre endroit · sous d'autres latitudes

✦ **d'autre part** de plus · en outre · par ailleurs
✦ **les autres** 1 - **le reste** · le restant · 2 - **autrui** · prochain · semblable
✦ **l'un dans l'autre** tout compte fait
✦ **en d'autres termes** autrement dit
✦ **l'autre monde** l'au-delà

autrefois *adv.* **anciennement** · dans le temps · dans les temps anciens · de mon (son etc.) temps · jadis
✦ **d'autrefois** ancien · passé · d'antan *littér.*
❧ **jadis**

autrement *adv.* 1 - **différemment** · d'une autre façon · d'une autre manière · 2 - **sinon** · dans le cas contraire · faute de cela, faute de quoi · sans quoi · sans cela · 3 - **bien plus** · beaucoup

autrui *pron.* · les autres · le prochain · le semblable

auvent *n.m.* · abri · appentis · marquise

auxiliaire
▪ *adj.* **complémentaire** · accessoire · additionnel · adjuvant · annexe · second · subsidiaire · supplémentaire
▪ *n.* 1 - **aide** · adjoint · assistant · bras droit · collaborateur · complice · lieutenant · second · 2 - [Scol.] **vacataire**
❧ **adjoint**

avachi, e *adj.* 1 - **déformé** · flasque · mou · usé · 2 - **indolent** · mou · ramolli · sans ressort · flagada *fam.*

avachir *v.tr.* · amollir · déformer · ramollir · user

⋙ **s'avachir** *v.pron.* 1 - **s'affaisser** · s'aplatir · se déformer · 2 - **s'affaler** · s'effondrer · se vautrer · s'étaler *fam.* · 3 - **se relâcher** · se laisser aller

aval *n.m.* 1 - **caution** · garantie · soutien · 2 - **accord** · autorisation · permission
✦ **donner son aval à** garantir · avaliser · cautionner

avalanche *n.f.* [grande quantité] multitude · averse · cascade · déluge · déferlement · flot · grêle · pluie · torrent · flopée *fam.*

avaler *v.tr.* 1 - **absorber** · boire · déglutir · dévorer · engloutir · ingérer · ingurgiter · manger · prendre · bouffer *fam.* · enfourner *fam.* · gober *fam.* · s'enfiler *fam.* · 2 - [fam.] **croire** · gober *fam.* · 3 - [fam.] **supporter** · accepter · admettre · 4 - [une réplique, une commission] **oublier** · sauter

avaliser *v.tr.* 1 - **garantir** · cautionner · se porter garant de · 2 - **appuyer** · cautionner

à-valoir *n.m. invar.* · avance · acompte · provision

avance *n.f.* 1 - **progression** · avancée · déplacement · marche · mouvement · 2 - **acompte** · arrhes · à-valoir · crédit · escompte · prêt · provision · 3 - **offre** · approche · ouverture
✦ **en avance** 1 - **précoce** · 2 - **avancé** · développé · évolué

⋙ **avances** *plur.* 1 - **fonds** · investissement · mise · 2 - **propositions (galantes)**

avancé, e *adj.*
I 1 - **éveillé** · en avance · précoce · 2 - **évolué** · élaboré · moderne ·

perfectionné • 3 - **progressiste** • anti-conformiste • d'avant-garde • libre • révolutionnaire

II 1 - [heure] tardif • **2 - avarié** • gâté • [viande] faisandé • [fruit] blet

avancée *n.f.* **1 - saillie** • **2 - marche** • avance • progression • **3 -** [surtout plur.] **progrès** • avancement • bond en avant • développement

avancement *n.m.* **1 - progrès** • amélioration • avancée(s) • développement • évolution • perfectionnement • progrès • progression • **2 - promotion**

avancer

▪ *v.tr.*

I 1 - rapprocher • approcher • **2 - tendre** • allonger

II 1 - déclarer • affirmer • alléguer • énoncer • mettre en avant • prétendre • soutenir • **2 - suggérer** • émettre • présenter

III 1 - faire progresser • activer • pousser • **2 - hâter** • accélérer • précipiter

IV prêter

▪ *v.intr.* **1 - gagner du terrain** • approcher • marcher • progresser • **2 - s'améliorer** • se développer • évoluer • se perfectionner • progresser • **3 - dépasser** • faire saillie • déborder • empiéter • gagner • mordre • saillir • surplomber

✦ **avancer très lentement** aller à une allure d'escargot • lambiner • traîner

>>> **s'avancer** *v.pron.* **1 - approcher** • s'approcher • marcher • progresser • **2 - s'aventurer** • se compromettre • s'engager • se hasarder • prendre des risques • se risquer • se mouiller *fam.*

avanie *n.f.* • offense • affront • brimade • humiliation • insulte • outrage • vexation • camouflet *littér.*

[1]avant

▪ *adv.* **1 - autrefois** • anciennement • dans le temps • jadis • **2 - plus tôt** • antérieurement • auparavant • précédemment • **3 - d'abord** • auparavant • préalablement • premièrement • **4 - ci-dessus** • au-dessus • plus haut • supra • **5 - en tête** • devant

▪ *prép.* • antérieurement à • la veille de

✦ **en avant** **1 - devant** • **2 - en tête**

✦ **avant tout** **1 - (tout) d'abord** • en premier • en priorité • **2 - principalement** • essentiellement • surtout

✦ **mettre en avant** **1 - alléguer** • avancer • produire • proposer • arguer de *littér.* • **2 - mettre en vue** • attirer l'attention sur • mettre en évidence • mettre en lumière • mettre en valeur

[2]avant *n.m.* **1 - devant** • tête • nez • [de bateau] étrave • proue • **2 - front** • première ligne

avantage *n.m.* **1 - atout** • arme • avance • plus • ressource • **2 - privilège** • faveur • prééminence • préférence • prérogative • supériorité • **3 - bien** • bénéfice • fruit • gain • intérêt • mérite • profit

✦ **avoir avantage à** faire mieux de

✦ **prendre l'avantage** prendre le dessus • prendre le meilleur • l'emporter

avantager *v.tr.* **1 - favoriser** • aider • faire la part belle à • privilégier • servir • **2 - embellir** • arranger • flatter

avantageusement *adv.* **1 - abondamment** • copieusement • favorablement • généreusement • largement • **2 - avec profit** • au mieux • avec bénéfice • en bien • **3 - honorablement**

avantageux, -euse *adj.* **1 - favorable** · fructueux · intéressant · lucratif · précieux · profitable · rentable · salutaire · utile · **2 - économique** · intéressant · **3 - abondant** · généreux · opulent · plantureux · volumineux · **4 - flatteur** · seyant · **5 - prétentieux** · fat · orgueilleux · poseur · présomptueux · suffisant · vaniteux

avant-coureur, -euse *adj.* **annonciateur** · précurseur · prémonitoire · prophétique

✦ **signe avant-coureur** présage · prélude · prodrome *littér.*

avant-dernier, -ière *adj.* · pénultième

avant-garde *n.f.* **tête** · pointe

✦ **d'avant-garde** avancé · de pointe · futuriste · révolutionnaire

avant-goût *n.m.* **1 - aperçu** · échantillon · exemple · idée · **2 - anticipation** · préfiguration · pressentiment

avant-propos *n.m. invar.* · avertissement · introduction · préambule · préface · présentation · prologue

avare

▪ *adj.* **mesquin** · chiche · économe · regardant · chiche *fam.* · pingre *fam.* · radin *fam.* · rapiat *fam.* · parcimonieux *vieilli* · avaricieux *vieux ou plaisant*

✦ **il est très avare** il est très près de ses sous *fam.* · il les lâche avec un élastique *fam.* · il a des oursins dans les poches *fam.* · il n'attache pas son chien avec des saucisses *fam., vieilli*

▪ *n.* **harpagon** · grigou *fam.* · grippe-sou *fam.* · Picsou *fam.* · pingre *fam.* · radin *fam.* · rapiat *fam.* · rat *fam.* · ladre *littér. ou vieux* · fesse-mathieu *vieux*

avarice *n.f.* · mesquinerie · pingrerie *fam.* · radinerie *fam.* · ladrerie *littér. ou vieux* · lésine *littér. ou vieux*

avarie *n.f.* · dommage · dégât · détérioration

avarier *v.tr.* **1 - endommager** · abîmer · détériorer · **2 - gâter** · aigrir · altérer · blettir · [viande] faisander · pourrir · putréfier · corrompre *littér.*

avatar *n.m.* **1 - métamorphose** · transformation · **2 -** [par contresens] **malheur** · mésaventure

avec *prép. et adv.* **1 - en compagnie de** · auprès de · **2 - comme** · ainsi que · **3 - à l'égard de** · à l'endroit de · envers · vis-à-vis de · **4 - à cause de** · étant donné · **5 - au moyen de** · à force de · à l'aide de · grâce à · en utilisant · moyennant

✦ **avec ça, avec cela** en plus · en outre · encore · par-dessus le marché · par surcroît

✦ **faire avec** se débrouiller · s'accommoder de

aven *n.m.* · gouffre · abîme

[1]**avenant, e** *adj.* **aimable** · accueillant · affable · agréable · engageant · gracieux · plaisant · sympathique · accort *littér. ou plaisant*

✦ **à l'avenant** pareillement · de même · en accord · en conformité · en rapport · idem *fam.*

[2]**avenant** *n.m.* · modification · amendement · clause additionnelle

avènement *n.m.* **1 - arrivée** · venue · **2 - début** · apparition · arrivée · commencement · naissance · **3 - accession** · élévation

avenir *n.m.* **1 - futur** · horizon · lendemain · **2 - destinée** · destin · devenir · sort · **3 - carrière** · situation · **4 - postérité**

✦ **dans un proche avenir, un avenir prochain** 1 - **bientôt** · à bref délai · avant longtemps · demain · prochainement · sous peu · tantôt · 2 - **ultérieurement**

✦ **à l'avenir** désormais · à partir de maintenant · dorénavant

✦ **dans l'avenir** par la suite · plus tard · un jour

✦ **d'avenir** prometteur · porteur

aventure *n.f.* 1 - **événement** · accident · épisode · incident · mésaventure · péripétie · [au plur.] tribulations · 2 - **entreprise** · affaire · épopée · histoire · odyssée · 3 - **liaison** · passade · rencontre · tocade · amourette *vieux* · intrigue *littér.* · 4 - **hasard** · aléa · péril

✦ **à l'aventure** au hasard · sans réflexion · sans dessein (arrêté)

aventuré, e *adj.* · hasardeux · risqué · téméraire

aventurer *v.tr.* 1 - **hasarder** · exposer · jouer · tenter · risquer · 2 - **commettre** · compromettre · 3 - **suggérer** · avancer · émettre

»» **s'aventurer** *v.pron.* **se risquer** · s'aviser de · s'engager · expérimenter · s'exposer · se hasarder · se lancer · tenter · s'embarquer *fam.*

aventureux, -euse *adj.* 1 - **audacieux** · entreprenant · hardi · téméraire · 2 - **hasardeux** · aléatoire · dangereux · imprudent · osé · risqué · casse-cou *fam.* · 3 - **romanesque**

aventurier, -ière *n.* · baroudeur · globe-trotter · vagabond · bourlingueur *fam.*

avenue *n.f.* · voie · allée · artère · boulevard · cours · mail

avéré, e *adj.* · attesté · assuré · authentique · confirmé · certain · établi · incontestable · indéniable · indiscutable · indubitable · prouvé · reconnu · réel · sûr · vrai · véridique · véritable

avérer (s') *v.pron.* 1 - **apparaître** · se montrer · paraître · ressortir · se révéler · se trouver · 2 - **se confirmer** · se vérifier

averse *n.f.* 1 - **pluie** · précipitation · ondée · giboulée · grain · douche *fam.* · sauce *fam.* · saucée *fam.* · 2 - **multitude** · avalanche · cascade · déferlement · déluge · flot · grêle · pluie · torrent · flopée *fam.*

aversion *n.f.* **répulsion** · antipathie · dégoût · haine · horreur · hostilité · inimitié · phobie · répugnance · exécration *littér.*

✦ **avoir de l'aversion pour** détester · haïr · abhorrer *littér.* · abominer *littér.* · exécrer *littér.*

averti, e *adj.* 1 - **prévenu** · au courant · au fait · informé · au parfum *fam.* · 2 - **expérimenté** · avisé · compétent · instruit · sagace · 3 - [vieux] **émancipé**

avertir *v.tr.* 1 - **informer** · aviser · éclairer · instruire · notifier · prévenir · 2 - **alerter** · mettre en garde · 3 - **réprimander** · admonester *littér.* · 4 - [sans complément] **sonner** · klaxonner · corner *vieux*

✦ **sans avertir** sans crier gare · sans préavis

avertissement *n.m.* 1 - **avis** · conseil · instruction · mise en garde · recommandation · 2 - **introduction** · avant-propos · avis · préambule · préface · prologue · 3 - **signe** · présage · 4 - **blâme** · coup de semonce · carton jaune · leçon · observation · remontrance · admonestation *littér.*

avertisseur *n.m.* 1 - **klaxon** *nom déposé* · corne *vieux* · 2 - **sonnerie** · sonnette · trompe

aveu *n.m.* 1 - **confession** · déclaration · reconnaissance · [de culpabilité] mea-culpa · 2 - **confidence** · épanchement · révélation · 3 - [vieux] **accord** · agrément · approbation · autorisation · consentement · permission

✦ **faire l'aveu de** avouer · confesser · épancher · reconnaître

aveuglant, e *adj.* 1 - **éblouissant** · 2 - **évident** · flagrant · frappant · incontestable · indéniable · manifeste · patent

aveugle

▪ *adj.* 1 - **absolu** · complet · entier · illimité · inconditionnel · intégral · total · 2 - **fanatique** · forcené · furieux · 3 - **sans fenêtre** · borgne · orbe *(Techn.)*

✦ **être aveugle** [fig.] **avoir un bandeau sur les yeux** · avoir des écailles sur les yeux

▪ *n.* **non-voyant** · mal-voyant

aveuglement *n.m.* 1 - **erreur** · aberration · délire · égarement · folie · errements *littér.* · 2 - **entêtement** · obstination · cécité

aveuglément *adv.* · à l'aveuglette · étourdiment · follement · sans réflexion

aveugler *v.tr.* 1 - **éblouir** · 2 - **égarer** · troubler · 3 - **boucher** · calfeutrer · colmater · murer · obstruer · étancher *(Naut.)*

»» **s'aveugler** *v.pron.* **se tromper** · se duper

aveuglette (à l') *loc. adv.* 1 - **en, à l'aveugle** · à tâtons · 2 - **aveuglément** · aléatoirement · au hasard · au petit bonheur *fam.* · au pif *fam.*

aviateur, -trice *n.* · pilote (d'avion)

aviation *n.f.* 1 - **aéronautique** · 2 - **transports aériens**

avide *adj.* 1 - **glouton** · affamé · goulu · insatiable · vorace · 2 - **cupide** · âpre au gain · rapace · 3 - **ardent** · concupiscent · passionné

✦ **avide de** désireux de · affamé de · anxieux de · assoiffé de · friand de · impatient de · altéré de *littér.*

avidement *adv.* 1 - **voracement** · gloutonnement · 2 - **ardemment** · fiévreusement · impatiemment

avidité *n.f.* 1 - **appétit** · faim · goinfrerie · gloutonnerie · voracité · 2 - **désir** · appétit · boulimie · envie · faim · 3 - **concupiscence** · ardeur · convoitise · 4 - **cupidité** · âpreté au gain · rapacité

avilir *v.tr.* **abaisser** · corrompre · dégrader · déshonorer · flétrir · prostituer · rabaisser · ravaler · souiller

»» **s'avilir** *v.pron.* 1 - **s'abaisser** · se dégrader · déchoir · se ravaler · 2 - **se déprécier** · se dévaluer

avilissant, e *adj.* · déshonorant · abaissant · dégradant · humiliant · infamant

avilissement *n.m.* · abaissement · abjection · corruption · déshonneur · discrédit · flétrissure · humiliation · opprobre · rabaissement · ravalement · souillure

aviné, e *adj.* · ivre · soûl · beurré *fam.* · bituré *fam.* · bourré *fam.* · cuit *fam.* · éméché *fam.* · imbibé *fam.* ·

noir *fam.* · paf *fam.* · pété *fam.* · pinté *fam.* · plein *fam.* · rond (comme une queue de pelle) *fam.* · schlass *fam.*

avion *n.m.* · aéroplane · aérodyne · aéronef · appareil · coucou *fam.* · zinc *fam.* · taxi *argot*

aviron *n.m.* · rame · pagaie *Québec*

avis *n.m.*
I 1 - opinion · appréciation · façon de voir · façon de penser · idée · jugement · pensée · point de vue · position · sentiment · vue · **2 - conseil** · avertissement · directive · exhortation · instruction · recommandation · **3 - suffrage** · voix · vote
II 1 - annonce · bulletin · communication · communiqué · information · message · note · notification · nouvelle · préavis · proclamation · renseignement · **2 - avant-propos** · avertissement · préambule · préface
✦ **avis au lecteur** avertissement · introduction · préface
✦ **du même avis** d'accord · unanime
✦ **changer d'avis** se raviser · [brutalement] retourner sa veste · tourner casaque
✦ **changer souvent d'avis** changer d'avis comme de chemise · être une vraie girouette

avisé, e *adj.* · clairvoyant · averti · circonspect · compétent · éclairé · fin · habile · inspiré · intelligent · prudent · réfléchi · sagace · sage
☞ **prudent**

aviser *v.tr.* **1 - avertir** · conseiller · informer · prévenir · **2 -** [vieux] **apercevoir** · remarquer
››› **s'aviser de** *v.pron.* **1 - s'apercevoir** · découvrir · remarquer · se rendre compte de · **2 - penser à** · songer à · trouver · **3 - oser** · essayer · tenter · s'aventurer à · se hasarder à · se mêler de · se permettre · se risquer à

aviver *v.tr.* **1 - activer** · animer · attiser · ranimer · réveiller · **2 - accentuer** · augmenter · attiser · envenimer · exaspérer · exciter · exalter

avocat, e *n.* **1 - défenseur** · représentant · bavard *argot* · avocaillon *péj.* · avocassier *péj.* · défenseur de la veuve et de l'orphelin *plaisant ou péj.* · **2 - apologiste** · défenseur · apôtre · champion · intercesseur · serviteur

[1]**avoir** *v.tr.* **1 - posséder** · bénéficier de · détenir · disposer de · être propriétaire de · jouir de · **2 - obtenir** · acheter · acquérir · se procurer · **3 - porter sur, avec soi** · détenir · **4 - présenter** · **5 - ressentir** · éprouver · sentir · **6 - passer** · connaître · faire l'expérience de · vivre · **7 - garder** · entretenir · **8 -** [fam.] **tromper** · berner · duper · leurrer · mystifier · piéger · baiser *fam.* · embobiner *fam.* · pigeonner *fam.* · posséder *fam.* · rouler *fam.*
✦ **avoir à** [suivi de l'infinitif] devoir · être dans l'obligation de · être obligé de · être tenu de

[2]**avoir** *n.m.* **1 - bien** · argent · fortune · possession · richesse · **2 - crédit** · actif · solde créditeur

avoisinant, e *adj.* · voisin · adjacent · attenant · contigu · environnant · proche

avoisiner *v.tr.* · approcher de · frôler · friser *fam.*

avorté, e *adj.* · manqué · raté · loupé *fam.*

avortement *n.m.* 1 - **interruption de grossesse** · I.V.G. • [naturel] fausse-couche · 2 - **échec** · faillite · fiasco · insuccès

avorter *v.intr.* 1 - [d'un enfant] **faire passer** *fam.* • [naturellement] faire une fausse-couche · 2 - **échouer** · rater · tourner court · capoter *fam.*

avorteuse *n.f.* · faiseuse d'anges *vieilli*

avorton *n.m.* · nain · freluquet · gnome · gringalet · demi-portion *fam.* · microbe *fam.* · nabot *fam.*

avouable *adj.* · honnête · honorable

avouer *v.tr.* 1 - **reconnaître** · admettre · confesser · concéder · convenir · 2 - **confier** · 3 - **s'accuser** · décharger sa conscience · parler · passer aux aveux · s'affaler *fam.* · s'allonger *fam.* · se déboutonner *fam.* · lâcher le morceau *fam.* · manger le morceau *fam.* · se mettre à table *fam.* · vider son sac *fam.*

axe *n.m.* 1 - **pivot** · arbre · charnière · essieu · 2 - **ligne** · direction · orientation · 3 - **voie** · artère · route

axer *v.tr.* · diriger · centrer · orienter

axiome *n.m.* 1 - **évidence** · vérité · 2 - **adage** · aphorisme · maxime · sentence · 3 - **postulat** · énoncé · hypothèse · principe · proposition

ayant droit *n.m.* · bénéficiaire · allocataire · attributaire

azimut *n.m.* · direction · sens

azimuté, e *adj.* → **fou**

azur *n.m.* 1 - [Poésie] **ciel** · air · firmament *littér.* · 2 - [en apposition] **bleu** · azuré · azuréen *littér.*

b

baba *adj. invar.* **abasourdi** · ahuri · ébahi · époustouflé · stupéfait · stupéfié · sidéré *fam.* · soufflé *fam.*

✦ **en rester baba** en rester comme deux ronds de flan *fam.*

b.a.-ba *n.m. invar.* · rudiments · abc

babil *n.m.* → **babillage**

babillage *n.m.* **1 - babil** · babillement · gazouillis · lallation · **2 - bavardage** · caquet *péj.* · jacassement *péj.*

❧ **bavardage**

babillard, e *adj. et n.* → **bavard**

babillement *n.m.* → **babillage**

babiller *v.intr.* **1 - gazouiller** · jaser · **2 - bavarder** · papoter *fam.* · cailleter *vieux* · **3 - cancaner** *péj.* · jacasser *péj.*

babine *n.f.* → **lèvre**

babiole *n.f.* **1 - bibelot** · colifichet · bricole *fam.* · bagatelle *vieux* · bibus *vieux* · brimborion *vieux* · **2 - bêtise** · bagatelle · broutille · frivolité · futilité · rien · vétille · bricole *fam.*

❧ **bagatelle**

bâbord *n.m.* · gauche

babouche *n.f.* · chaussure · mule

[1]**bac** *n.m.* **1 - traversier** · ferry-boat · traille · va-et-vient · toue *anciennt* · **2 - baquet** · bassin · cuve

[2]**bac** *n.m.* → **baccalauréat**

baccalauréat *n.m.* · bac · bachot *fam.* · maturité *Suisse*

bacchanale *n.f.* → **orgie**

bacchante *n.f.* · ménade · furie · thyade

bâche *n.f.* · banne · couverture · prélart

bâcher *v.tr.* · couvrir · camoufler · envelopper · recouvrir

bâcler *v.tr.* · gâcher · saboter · sabrer · saloper *fam.*

bactérie *n.f.* · microbe · bacille

badaud, e *n.* · curieux · flâneur · passant · gobe-mouches *vieux*

badge *n.m.* · insigne

badigeon *n.m.* **1 - enduit** · **2 - peinture** · teinture

badigeonner *v.tr.* **1 - peindre** · teinter · barbouiller *péj.* · **2 - enduire** · recouvrir

badin, e *adj.* · enjoué · espiègle · folâtre · gai · léger · mutin

badinage *n.m.* **1 - badinerie** · batifolage · marivaudage · **2 - amusement** · jeu · plaisanterie

badiner *v.intr.* **1 - s'amuser** · jouer · plaisanter · blaguer *fam.* · rigoler *fam.* · **2 - batifoler** · folâtrer · marivauder

badinerie *n.f.* → **badinage**

baffe *n.f.* [fam.] → **gifle**

baffle *n.f.* · haut-parleur · enceinte

bafouer *v.tr.* **1 - ridiculiser** · couvrir de boue · outrager · traîner dans la boue · vouer aux gémonies · conspuer *littér.* · persifler *littér.* · railler *littér.* · vilipender *littér.* · mettre, clouer au pilori *vieilli* · **2 - se moquer de** · faire fi de *littér.*

bafouiller *v.tr. et intr.* · balbutier · bégayer · bredouiller · marmonner

bâfrer *v.tr.* → **manger**

bagage *n.m.* **1 - valise** · malle · paquet · sac · vanity-case *anglic.* · baise-en-ville *fam., vieilli* · **2 - équipement** · attirail · paquetage · barda *fam.* · fourbi *fam.* · bagot *vieux, argot* · **3 - connaissances** · acquis · compétence · formation

✦ **plier bagage** partir · décamper · déguerpir · s'en aller · déloger *vieilli*

bagarre *n.f.* **1 - bataille** · bastonnade · combat · échauffourée · empoignade · mêlée · pugilat · rixe · baston *argot* · bigornage *fam., vieilli* · **2 - dispute** · altercation · querelle · prise de bec *fam.* · **3 - compétition** · rivalité · lutte

✦ **il va y avoir de la bagarre** il va y avoir du vilain · il va y avoir du grabuge *fam.* · il va y avoir de la castagne *fam.* · ça va barder *fam.*

bagarrer (se) *v.pron.* **1 - → se battre** · **2 - → se disputer** · **3 - → se démener**

bagarreur, -euse *adj. et n.* **1 - batailleur** · battant · combatif · **2 - agressif** · belliqueux · querelleur · qui ne demande, ne rêve que plaies et bosses

bagatelle *n.f.* **1 - bêtise** · babiole · broutille · frivolité · futilité · rien · vétille · bricole *fam.* · **2 -** [vieux] **bibelot** · bricole *fam.* · bibus *vieux* · brimborion *vieux*

bagatelle, babiole, broutille, vétille

Les quatre mots renvoient à l'idée d'absence de valeur. Il s'agit avec **bagatelle** de paroles, de textes, d'actes et même de préoccupations que l'on s'accorde à trouver futiles, sans importance *(il s'occupe à des bagatelles)*. **Broutille** s'emploie aussi bien à propos d'objets *(il a acheté des broutilles)*, et dans ce cas peut être remplacé par **babiole**, que pour parler d'éléments abstraits *(il s'occupe à des broutilles)*. **Vétille** désigne aussi bien un événement qu'un fait, une réflexion insignifiants *(s'attarder à une vétille, ergoter sur une vétille, se tracasser pour des vétilles)*, mais son usage est plutôt littéraire.

bagnard, e *n.* · forçat · galérien

bagne *n.m.* **1 - pénitencier** · travaux forcés · pré *vieilli, argot* · **2 - enfer** · galère *fam.*

bagnole *n.f.* → **voiture**

bagou *n.m.* · volubilité · éloquence · faconde · loquacité · verve

bague *n.f.* **1 - anneau** · alliance · chevalière · jonc · marquise · semaine · bagouse *fam.* · **2 - annelure** · collier · manchon

baguenaude *n.f.* → **promenade**

baguenauder *v.intr.* → **se promener**

baguette *n.f.* **1 - badine** · canne · jonc · houssine *vieilli* · verge *vieilli* · **2 -** [Archit.] **moulure** · asperge · chapelet · cordelière · frette · listel · membron · **3 -** [Techn.] **agitateur** · broche · jauge · tige · tringle · tube

✦ **baguette de tambour** mailloche

bahut *n.m.* **1 - armoire** · buffet · cabinet · **2 -** [fam.] **boîte** *fam.* · **3 -** [fam.] **camion** · gros cul *fam.*

[1]**baie** *n.f.* · crique · anse · calanque · golfe · rade · conche *région.*

[2]**baie** *n.f.* · ouverture · fenêtre

[3]**baie** *n.f.* · grain · boule

baignade *n.f.* · bain · trempette *fam.*

baigner *v.tr.* **1 - immerger** · plonger · tremper · aiguayer *vieilli* • [dans la boue] illuter · **2 - arroser** · humecter · inonder · noyer · tremper · **3 - envelopper** · entourer · imprégner · pénétrer · remplir

⋙ **se baigner** *v.pron.* **1 - se laver** · prendre un bain · faire trempette *fam.* · **2 - nager**

baigneur, -euse *n.* **1 - nageur** · **2 -** [vieilli] **curiste** · buveur *vieux*

baignoire *n.f.* · bassin · piscine · sabot · tub *vieux*

bail *n.m.* contrat de location · emphytéose

✦ **donner, céder à bail** louer · affermer

bâiller *v.intr.* [d'étonnement] béer *littér.*

✦ **bâiller très fort** bâiller à s'en décrocher la mâchoire · bâiller comme une carpe, comme une huître

bailleur, bailleresse *n.*

✦ **bailleur de fonds** créancier · commanditaire · prêteur

bâillon *n.m.* **muselière**

✦ **mettre un baillon à** → **bâillonner**

bâillonner *v.tr.* · museler · réduire au silence

bain *n.m.* **1 - baignade** · trempette *fam.* · **2 - toilette** · ablutions *Relig. ou plaisant* · **3 - teinture** · coloration · **4 -** [linguistique, etc.] **immersion**

✦ **donner un bain à** baigner

✦ **prendre un bain** se baigner · faire trempette *fam.*

✦ **bain de sang** massacre · boucherie · tuerie

✦ **bain de soleil** bronzette *fam.*

✦ **être dans le bain** **1 - être compromis** · être impliqué · être mouillé *fam.* · **2 - être dans le coup** *fam.*

✦ **mettre dans le bain** **1 - compromettre** · impliquer · mouiller *fam.* · **2 - mettre dans le coup** *fam.* · rancarder *fam.*

⋙ **bains** *plur.* **1 - thermes** · hammam · **2 - station thermale** · eaux *vieilli*

[1]**baiser** *v.tr.* **1 - embrasser** · baisoter *fam.* · bécoter *fam.* · biser *fam.* · bisouter *fam.* · becqueter *fam., vieux* · **2 -** [fam.] → **tromper** · **3 -** [fam.] → **faire l'amour**

[2]**baiser** *n.m.* **1 - bise** · bécot *fam.* · bisou *fam.* · mimi *fam.* · poutou *fam.* ·

baise *Belgique* • bec *Québec, Belgique, Suisse* • **2 -** [profond] **patin** *fam.* • pelle *fam.* • galoche *fam., vieux*

baisse *n.f.* **1 - diminution** • abaissement • affaissement • chute • dégringolade • désescalade • **2 - affaiblissement** • déclin • fléchissement

✦ **baisse des eaux** décrue • retrait • [marée] reflux • jusant

✦ **être en baisse, à la baisse** → **baisser**

baisser

▪ *v.tr.* **1 - abaisser** • descendre • rabattre • [voile] affaler • ramener • **2 -** [drapeau, couleurs] **amener** • **3 - courber** • fléchir • incliner • pencher • **4 - diminuer** • atténuer • faire tomber • réduire

▪ *v.intr.* **1 - diminuer** • décliner • décroître • descendre • être en baisse • **2 - faiblir** • s'affaiblir • décliner • décroître • diminuer • se déprécier • tomber • **3 -** [marée] **refluer** • déchaler • se retirer

⋙ **se baisser** *v.pron.* **s'abaisser** • se courber • s'incliner • se pencher

bajoue *n.f.* • abajoue

bakchich *n.m.* • enveloppe • arrosage • dessous-de-table • pot-de-vin

bal *n.m.* • discothèque • boîte de nuit • dancing • bastringue *fam., vieilli* • guinche *fam., vieux*

balade *n.f.* • promenade • excursion • randonnée • vadrouille *fam.*

balader *v.tr.* **promener** • sortir

✦ **envoyer balader** éconduire • rabrouer • rembarrer • envoyer bouler *fam.* • envoyer dinguer *fam.* • envoyer paître *fam.* • envoyer promener *fam.* • envoyer sur les roses *fam.* • envoyer valser *fam.* • remballer *fam.*

⋙ **se balader** *v.pron.* **se promener** • flâner • musarder • vadrouiller *fam.* • baguenauder *fam., vieilli* • muser *vieux ou littér.*

baladeur *n.m.* **1 - promeneur** • flâneur • **2 - walkman** *nom déposé*

baladin, e *n.* • saltimbanque • bateleur *vieux*

balafre *n.f.* • cicatrice • coupure • couture • entaille • estafilade • taillade

balafrer *v.tr.* **1 - couper** • couturer • taillader • **2 - barrer**

balai *n.m.* **1 - balayette** • brosse • époussette • tête-de-loup • houssoir *vieilli* • **2 - plumeau** • plumail • plumard • **3 -** [Mar.] **écoupe** • écouvillon • faubert • goret • vadrouille

[1]**balance** *n.f.* **1 -** [sortes] bascule • pèse-bébé • pesette • pèse-lettre • peson • pèse-grains • baroscope • trébuchet • **2 - équilibre** • pondération

✦ **mettre dans la balance** **1 - comparer** • **2 - opposer** • peser

[2]**balance** *n.f.* [fam.] → **indicateur**[2]

balancé, e *adj.*

✦ **bien balancé** bien bâti • bien fait • bien charpenté • bien foutu *fam.* • [femme] bien roulée *fam.*

balancement *n.m.* **1 - bercement** • dandinement • dodelinement • **2 - oscillation** • vacillation • va-et-vient • branle *vieux* • **3 -** [bateau] **roulis** • tangage • **4 - hésitation** • flottement • **5 - équilibre** • cadence • harmonie • rythme

balancer

▪ *v.tr.* **1 - agiter** · bercer · faire aller et venir · faire osciller · mouvoir · remuer · **2 - compenser** · contrebalancer · corriger · équilibrer · neutraliser · **3 - comparer** · opposer · peser · **4 -** [fam.] **jeter** · bazarder *fam.* · ficher en l'air *fam.* · foutre en l'air *fam.* · virer *fam.* · **5 -** [fam.] **quitter** · larguer *fam.* · plaquer *fam.* · **6 -** [fam.] **congédier** · mettre à la porte · renvoyer · lourder *fam.* · sacquer *fam.* · virer *fam.* · balanstiquer *argot* · **7 -** [fam.] **dénoncer** · cafter *fam.* · donner *fam.* · balanstiquer *argot* · moucharder *fam.*

▪ *v.intr.* **1 - hésiter** · flotter · vaciller · être sur le balan *Suisse* · **2 - swinguer**

››› **se balancer** *v.pron.* **1 - osciller** · **2 - se dandiner** · onduler · se tortiller · **3 -** [bateau] **rouler** · tanguer

✦ **se balancer de** se ficher de *fam.* · se moquer de (comme de sa première chemise) *fam.* · se foutre de *fam.* · se contrefoutre de *fam.* · se battre l'œil de *fam.*

❧ **hésiter**

balancier *n.m.* · contrepoids

balançoire *n.f.* · balancelle · bascule · brandilloire *vieux* · escarpolette *vieilli*

balayage *n.m.* **1 - nettoyage** · nettoiement · **2 - scannage** · scanning

balayer *v.tr.* **1 - déblayer** · **2 - emporter** · anéantir · ruiner · supprimer · **3 - chasser** · se débarrasser de · écarter · rejeter · repousser · **4 - souffler en tourbillon sur**

balbutiement *n.m.* **1 - bégaiement** · bredouillement · bredouillis · ânonnement · **2 - babil**

››› **balbutiements** *plur.* **commencement** · début(s) · premiers pas

balbutier *v.intr. et tr.* **1 - bégayer** · bredouiller · ânonner · **2 - babiller** · **3 - commencer** · débuter · faire ses premiers pas

❧ **bredouiller**

balcon *n.m.* · avancée • [romain] méniane • [arabe] moucharabieh

balconnière *n.f.* · jardinière

baldaquin *n.m.* · dais · ciel de lit • [d'autel] ciborium

balèze *adj.* → **fort**[1]

balisage *n.m.* · signalisation · fléchage · marquage · signalétique

balise *n.f.* · marque · bouée · signal

baliser *v.tr.* **1 - marquer** · flécher · jalonner · signaliser · **2 -** [fam.] → **avoir peur**

baliverne *n.f.* · sornette · sottise · histoire (à dormir debout) · chanson · foutaise *fam.* · billevesée *vieilli, surtout plur.* · calembredaine *vieilli, surtout plur.* · conte *vieilli* · balançoire *vieux* · bourde *vieux* · coquecigrue *vieux*

balkanisation *n.f.* · atomisation · démantèlement

ballade *n.f.* → **chanson**

ballant, e *adj.* · pendant · tombant

[1]**balle** *n.f.* **1 - ballon** · pelote · **2 - boule** · **3 - plomb** · chevrotine · bastos *argot* · berlingot *argot* · dragée *argot* · prune *fam.* · pruneau *fam.* · valda *fam.* · **4 -** [fam., vieilli] → **visage**

[2]**balle** *n.f.* **1 - sac** · ballot · colis • [de café] farde · **2 - botte**

[3]balle *n.f.* · cosse · glume · gousse · glumelle

❧ cosse

ballerine *n.f.* · danseuse · petit rat (de l'opéra)

ballet *n.m.* **1 -** · chorégraphie · **2 -** · valse

ballon *n.m.* **1 - balle** · bulle · sphère · **2 - aérostat** · dirigeable · montgolfière · zeppelin · **3 -** [d'eau chaude] **chauffe-eau** · cumulus

❧ **ballon, aérostat, dirigeable, montgolfière, zeppelin**

Tous ces noms désignent des appareils plus légers que l'air. **Ballon** est le plus courant, aussi bien pour un appareil fixe d'observation, relié à la terre *(un ballon captif)*, que pour un appareil libre, qui circule dans les airs sans moteur pour le propulser *(lâcher de ballons)* ; dans ce double emploi, **aérostat** est le terme technique. Les ballons libres munis d'une direction et gonflés avec un gaz plus léger que l'air (hydrogène, hélium) ont été nommés des ballons dirigeables ou, par ellipse, **dirigeables**. Le **zeppelin** est un dirigeable de grande dimension, construit avec une carcasse métallique en Allemagne au début du XXe siècle. La **montgolfière** fut le premier ballon qui s'éleva et circula dans les airs, en 1783, grâce à de l'air chaud introduit dans son enveloppe.

ballonnements *n.m.pl.* · flatulence · flatuosité · météorisme

ballot *n.m.* **1 - balle** · colis · **2 - balluchon** · bagage · paquet · **3 -** [fam.] **idiot** · lourdaud · sot · cruche *fam.* · balluche *fam., vieilli*

ballotté, e *adj.* · indécis · hésitant · tiraillé

ballottement *n.m.* · brimbalement · balancement · secousses

ballotter

▪ *v.tr.* **balancer** · cahoter · remuer · secouer · brimbaler *vieux*

▪ *v.intr.* **osciller** · remuer · trembler

balluchon *n.m.* · ballot · bagage · paquet

balourd, e *adj. et n.* **1 - rustaud** · butor · rustre · **2 - empoté** · fruste · gauche · grossier · lourd · maladroit · stupide

balourdise *n.f.* **1 - bêtise** · maladresse · gaffe *fam.* · **2 - gaucherie** · lourdeur · maladresse

balustrade *n.f.* · rambarde · balustre · garde-corps · garde-fou · parapet · rampe

balustre *n.m.* → **balustrade**

bambin, e *n.* · enfant · gosse *fam.* · marmot *fam.* · mioche *fam.* · chiard *fam., péj.*

ban *n.m.* **proclamation** · publication de mariage

✦ **mettre au ban de** bannir de · chasser de · mettre en marge de · refouler de

banal, e *adj.* **1 - commun** · courant · habituel · normal · ordinaire · **2 - quelconque** · insignifiant · insipide · pauvre · plat · trivial · vulgaire · comme il y en a tant · **3 - cliché** · rebattu · usé · bateau *fam.* · **4 - communal**

❧ **banal, commun, ordinaire, vulgaire**

Banal qualifie ce qui ne présente rien de particulier : événements de la vie quotidienne *(accident, fait divers banal)*, expression humaine *(plaisanterie banale, compliment banal)*, etc. **Ordinaire** s'applique à ce qui est considéré comme normal, d'un niveau moyen, opposé et comparé implicitement ou non à ce qui a une qualité ou des caractéristiques remarquables *(un esprit, un vin, une maison ordinaire)*. **Commun** se dit de ce qui est le plus répandu dans son genre *(persil commun)* ou chez le plus grand nombre de personnes *(langue commune)*. **Vulgaire** est vieilli pour parler de ce qui est admis ou pratiqué dans une communauté par la majorité *(l'opinion, la moralité, une croyance vulgaire)*. Le mot est passé de cette valeur à un emploi péjoratif *(un esprit, une voix vulgaire)*, ainsi que **banal, ordinaire** et **commun** dans les mêmes contextes ; ce qui est fréquent, répandu, sans singularité étant déconsidéré dans notre société.

banalement *adv.* · ordinairement · couramment · communément · platement · prosaïquement

banalité *n.f.* **1 - insignifiance** · insipidité · platitude · **2 - cliché** · évidence · lapalissade · lieu commun · platitude · poncif · stéréotype · truisme

banc *n.m.* **1 - banquette** · gradin · bancelle *vieux, région.* · **2 - établi** · table · **3 - bande** · colonie · formation · **4 - haut-fond**

✦ **banc de neige** [Québec] congère

bancal, e *adj.* **1 - branlant** · de travers · de guingois *fam.* · de traviole *fam.* · **2 - boiteux** · claudicant *littér.* · bancroche *fam., vieilli* · banban *fam., vieilli* · **3 - insatisfaisant** · bâtard · **4 - aberrant** · erroné · incorrect

bandage *n.m.* · bande · écharpe · ligature · pansement · [Techn.] spica

bandant, e *adj.* **1 - → sexy** · **2 - → passionnant**

[1]**bande** *n.f.* **1 - bandage** · bandelette · écharpe · **2 - bandeau** · banderole · rouleau · ruban · **3 -** [de cuir] **courroie** · dragonne · lanière · sangle · trépointe · **4 -** [de toile, de tissu] **laize** · lé · **5 -** [broderie] **entre-deux** · épaulette · étole · frange · galon · guiche · jarretelle · jarretière · patte · ruban · ruche · volant · **6 - raie** · barre · zébrure · **7 - pellicule** · vidéo · **8 - plate-bande**

✦ **bande dessinée** B.D. *fam.* · bédé *fam.* · comics *anglic.* · comic book *anglic.*

[2]**bande** *n.f.* **1 - groupe** · association · compagnie · équipe · gagne *Québec* · **2 - gang** · armée · troupe · **3 - clan** · clique *fam., péj.* · coterie *péj.* · **4 - troupeau** · horde · meute

bandeau *n.m.* **1 - serre-tête** · turban · **2 - coiffe** · fronteau · **3 - couronne** · diadème · **4 - frise** · moulure · plate-bande

bandelette *n.f.* · bande · bandeau

bander *v.tr.* **1 - panser** · **2 - raidir** · tendre · roidir

banderole *n.f.* **1 - bannière** · enseigne · fanion · oriflamme · [Moyen Âge] gonfalon · **2 - calicot**

bandit *n.m.* **1 - malfaiteur** · criminel · gangster · voleur · brigand · filou · coupe-jarret *vieux ou plaisant* · escarpe *argot* · **2 - pirate** · flibustier · forban · **3 - coquin** · gredin · misérable · vaurien · arsouille *fam.* · chenapan *fam.* · fripon *fam.* · sacripant *fam.* · apache *vieux* · mauvais drôle *vieux*

✦ **bandit de grands chemins** bandolier *vieux* · malandrin *vieux ou littér.*

banditisme *n.m.* · criminalité · gangstérisme · brigandage

bandoulière *n.f.* · bandereau · archère

banlieue *n.f.* • périphérie • couronne • environs • faubourgs

banne *n.f.* **1 - tombereau** • **2 - panier** • manne • **3 - bâche** • auvent

banni, e *adj.* **1 - exilé** • proscrit • interdit de séjour • **2 - en rupture de ban**

bannière *n.f.* • drapeau • étendard • oriflamme • bandière *vieux*

bannir *v.tr.* **1 - exiler** • chasser • déporter • expulser • expatrier • interdire de séjour • mettre au ban (de) • proscrire • refouler • ostraciser *vieux* • forbannir *vieux* • **2 - éloigner** • chasser • écarter • exclure • rejeter • supprimer • **3 - interdire** • proscrire

exiler

bannissement *n.m.* **1 - exil** • expatriation • expulsion • interdiction de séjour • relégation • **2 - éloignement** • exclusion • rejet • suppression • **3 - interdiction** • proscription

banque *n.f.* **1 - établissement de crédit** • établissement financier • **2 - collection** • réserve

banquer *v.intr.* → **payer**

banqueroute *n.f.* **1 - faillite** • déconfiture • dépôt de bilan • liquidation • **2 - débâcle** • faillite • naufrage • ruine

faillite

banquet *n.m.* • festin • repas • agapes *plaisant* • balthazar *vieux* • frairie *vieux*

banqueter *v.intr.* • festoyer • faire des agapes *plaisant*

banquier, -ière *n.* **1 - financier** • argentier *vieux ou plaisant* • **2 - mécène** • sponsor

baptiser *v.tr.* **1 -** [Relig.] **ondoyer** • **2 - appeler** • dénommer • nommer • surnommer • **3 -** [vin] **couper** • diluer • mouiller

baquet *n.m.* • bac • cuve • cuvier • baille *(Mar.)* • bachotte *région.* • comporte *région.* • jale *région.* • sapine *région.* • seillon *région.*

bar *n.m.* • café • bar • pub • troquet *fam.* • bistroquet *fam., vieilli* • zinc *fam., vieilli* • estaminet *région. ou vieilli*

baragouin *n.m.* • galimatias • jargon • sabir • charabia *fam.*

baragouiner *v.intr. et tr.* → **bredouiller**

baraka *n.f.* → **chance**

baraque *n.f.* **1 - abri** • bicoque • cabane • cahute • hutte • **2 - échoppe** • **3 - maison** • cabane • cambuse • masure • taudis • bicoque *fam.* • turne *fam.* • **4 -** [fam.] **entreprise** • boîte *fam.* • crémerie *fam.*

baraque, bicoque, cabane, hutte,

Peu de gens sont tentés de s'installer dans une **baraque** : le mot évoque une maison mal bâtie, sans aucun agrément, ou même une construction provisoire *(une baraque couverte de tôle ondulée)*. Avec **bicoque**, on retient surtout le caractère inconfortable et l'apparence peu engageante, et le mot est d'ailleurs souvent associé à des adjectifs dépréciatifs *(une bicoque délabrée, une vieille bicoque)*. La **hutte**, construite de manière grossière avec divers matériaux *(hutte de branchages)* et de petite dimension, ne sert que provisoirement de logis dans notre civilisation, mais le mot s'emploie toujours à propos d'habitations dans d'autres contextes culturels, par exemple en Afrique : « Des milliers de petites huttes rondes (...) coiffées toutes d'un grand bonnet de chaume » (Pierre Loti, *le*

Roman d'un spahi, II, IV). La **cabane**, un peu mieux bâtie que la **hutte**, est plutôt vouée aujourd'hui à être un abri *(cabane à outils, au fond d'un jardin)* ou une construction provisoire *(cabane de forain)*.

baraqué, e *adj.* · costaud · bien bâti · balèze *fam.*

baratin *n.m.* **1 - battage** · blabla *fam.* · bobards *fam.* · boniment *fam.* · salades *fam.* · **2 - volubilité** · bagout · tchatche *fam.*

baratiner *v.tr.* **1 - embobiner** *fam.* · entortiller *fam.* · raconter des salades à *fam.* · **2 - courtiser** · faire du plat à *fam.*

baratineur, -euse *n.* · beau parleur · discoureur · phraseur · tchatcheur *fam.*

barbant, e *adj.* · ennuyeux · assommant · chiant (comme la pluie) *très fam.* · emmerdant *fam.* · rasant *fam.* · rasoir *fam.* · tannant *fam.* · barbifiant *fam., vieux*

barbaque *n.f.* → **viande**

barbare

▪ *adj.* **1 - cruel** · féroce · impitoyable · inhumain · sanguinaire · sauvage · **2 - grossier** · rustre · **3 - incorrect**

▪ *n.* **1 -** [vieux] **sauvage** · primitif · **2 - béotien** · ignorant · ignare · **3 - assassin** · brute

barbarie *n.f.* **1 - cruauté** · brutalité · férocité · inhumanité · sauvagerie · **2 - grossièreté** · ignorance · rudesse · **3 -** [vieux] **sauvagerie** · primitivisme

barbarisme *n.m.* · impropriété · incorrection

barbe *n.f.* **1 - barbiche** · barbichette · bouc · collier · favoris · impériale · moustache · pattes de lapin · barbouze *fam.* · **2 - barbillon** · barbille · barbule

barbecue *n.m.* · brasero

barbelé *n.m.* · ronce · barbelure

barber *v.tr.* · ennuyer · assommer · bassiner *fam.* · casser les pieds à *fam.* · emmerder *fam.* · faire chier *très fam.* · raser *fam.* · tanner *fam.* · barbifier *fam., vieux*

barbiche *n.f.* → **barbe**

barbiturique *n.m.* · sédatif · calmant

barboter

▪ *v.intr.* **1 - patauger** · patouiller *fam.* · **2 - s'empêtrer** · s'embourber

▪ *v.tr.* [fam.] **voler** · chaparder *fam.* · chiper *fam.* · chouraver *fam.* · chourer *fam.* · faucher *fam.* · piquer *fam.*

barbouillage *n.m.* **1 - peinture** · barbouille *fam.* · **2 - gribouillage** · gribouillis · griffonnage

barbouiller *v.tr.* **1 - tacher** · embarbouiller · maculer · salir · souiller · **2 - peindre** · peinturer *fam.* · peinturlurer *fam.* · **3 - gribouiller** · griffonner · noircir

barbouilleur, -euse *n.* **1 - peintre du dimanche** · **2 - écrivassier** · écrivailleur · gribouilleur · plumitif

barda *n.m.* **1 - sac** · bagage · paquetage · **2 - équipement** · attirail · bazar *fam.* · bastringue *fam.* · bataclan *fam.* · fourbi *fam.*

barde *n.m.* · aède · rhapsode

bardé, e *adj.* · couvert · recouvert

barder *v.intr.* **se gâter** · mal tourner · prendre une mauvaise tournure · tourner au vinaigre *fam.* · chauffer *fam.*

✦ **ça va barder !** il va y avoir du vilain ! *fam.* • il va y avoir du grabuge ! *fam.*

barder (se) *v.pron.* • se protéger • se cuirasser • se garantir

barème *n.m.* **1 - tarif** • prix • **2 - graduation** • échelle • table

barge *n.f.* • péniche • chaloupe

baril *n.m.* • tonneau • barrot • caque • fût • futaille • gonne • tonnelet

bariolage *n.m.* • bigarrure • bariolure • chamarrure • bariolis *rare*

bariolé, e *adj.* • bigarré • chamarré • diapré • multicolore • panaché

bariolé, bigarré, chamarré, diapré, panaché

Bariolé s'applique à ce qui est couvert de couleurs mal assorties, qui forment un ensemble disparate *(un dessin d'enfant bariolé, une affiche bariolée)*. **Bigarré** s'emploie dans des contextes analogues, mais la variété des couleurs ou des dessins n'entraîne pas une totale absence d'harmonie. **Diapré** implique la variété mais aussi la vivacité des couleurs et le fait que l'ensemble soit chatoyant : « Il y avait une foule immense, bigarrée, diaprée, fourmillante » (Théophile Gautier, *Voyage en Espagne*). **Chamarré** qualifie surtout des étoffes aux couleurs excessives, surchargées *(des habits chamarrés)*. On emploie **panaché** simplement à propos d'un mélange de couleurs souvent agréable *(une tulipe panachée, un feuillage panaché)*.

barioler *v.tr.* • bigarrer • chamarrer • peinturer • peinturlurer *fam.*

bariolure *n.f.* → **bariolage**

barjo *adj.* [fam.] → **fou**

barman *n.m.* • serveur • garçon

baron *n.m.* • magnat • roi

baroque *adj.* **1 - bizarre** • abracadabrant • étrange • excentrique • extravagant • farfelu • insolite • singulier • **2 - biscornu** • irrégulier • **3 - rococo**

baroud *n.m.* → **combat**

barouf *n.m.* → **tapage**

barque *n.f.* **1 - embarcation** • canot • chaloupe • barcasse *péj.* • coquille de noix *péj.* • rafiot *péj.* • barquot *région.* • barquerolle *vieux* • esquif *littér.* • **2 -** [sortes] barge • bélandre • gondole • patache • pinasse • pirogue • plate • satteau • bette *région.* • biscaïenne *région.* • filadière *région.* • gribane *région.* • pointu *région.* • saugue *région.* • tillole *anciennt* • voirolle *région.*

barrage *n.m.* **1 - barricade** • **2 - digue** • batardeau • estacade • **3 - obstacle** • barrière • blocage • obstruction • résistance

✦ **faire barrage à** bloquer • barrer la route à • entraver

barre *n.f.*

I 1 - [de métal] **barreau** • tige • tringle • [d'or] lingot • [de bois] baguette • bâton • **2 -** [sur porte] **bâcle** • épar

II gouvernail • timon *vieux*

III 1 - trait • bande • ligne • **2 - limite** • niveau • plafond • seuil

IV [dans la mer] **banc** • haut-fond • bas-fond

✦ **coup de barre** fatigue • coup de bambou *fam.* • coup de pompe *fam.*

barreau *n.m.* **1 - échelon** • degré • **2 - barre**

barrer *v.tr.* **1 - rayer** • biffer • raturer • **2 - boucher** • barricader •

couper · obstruer · 3 - **empêcher** · fermer · interdire · 4 - [bateau] **gouverner**

barrer (se) *v.pron.* · partir · décamper · décaniller *fam.* · ficher, foutre le camp *fam.* · se casser *fam.* · se tirer *fam.*

¹**barrette** *n.f.* · calotte

²**barrette** *n.f.* 1 - **broche** · agrafe · 2 - **décoration**

barreur, -euse *n.* · skipper

barricade *n.f.* · barrière · barrage · clôture · haie

barricader *v.tr.* **barrer** · bloquer · boucher · bâcler *vieux*

⋙ **se barricader** *v.pron.* **se retrancher (derrière)** · se cloîtrer · s'isoler · se terrer

barrière *n.f.*

I 1 - **clôture** · échalier · haie · palissade · 2 - **barrage** · barricade · 3 - **récif**

II 1 - **obstacle** · difficulté · empêchement · entrave · 2 - **séparation** · fossé · limite · mur

barrique *n.f.* · tonneau · bordelaise · feuillette · fût · futaille · muid · queue

barrir *v.intr.* · baréter

¹**bas, basse** *adj.*

I 1 - [taille] **court** · petit · 2 - [son] **grave** · 3 - [voix] **faible** · inaudible · 4 - [prix] **modéré** · infime · modique · vil *littér.*

II [dans une hiérarchie] **inférieur** · faible · moindre · subalterne

III 1 - [en qualité] **mauvais** · médiocre · méchant *littér.* · 2 - **abject** · grossier · ignoble · impur · indigne · infâme · mesquin · odieux · vulgaire · vil *littér.* · 3 - **avilissant** · dégradant · honteux · infamant · innommable

✦ **l'oreille basse** confus · honteux · humilié · mortifié · [partir] la queue entre les jambes

✦ **au bas mot** au minimum · au moins

²**bas** *n.m.* **base** · fond · pied

✦ **bas du dos** chute des reins

³**bas** *adv.*

✦ **en bas** au-dessous

✦ **mettre, jeter à bas** abattre · démolir · détruire · renverser

✦ **mettre bas** accoucher

✦ **mise bas** parturition · accouchement · délivrance

⁴**bas** *n.m.* **chaussette** · collant · mi-bas

✦ **bas de laine** économies · cagnotte · magot *fam.*

basané, e *adj.* · bronzé · bistré · boucané · hâlé · tanné

bas-côté *n.m.* 1 - **accotement** · bord · 2 - [église] **collatéral** · nef latérale

bascule *n.f.* 1 - **balançoire** · balancelle · escarpolette *vieilli* · 2 - **balance**

basculement *n.m.* 1 - **culbute** · chute · 2 - **renversement** · volte-face

basculer *v.tr. et intr.* · culbuter · capoter · chavirer · chuter · tomber · verser

base *n.f.* 1 - [d'un objet] **assise** · assiette · embase · fond · fondement · point d'appui · support · 2 - [d'un bâtiment] **fondation** · embasement · empattement · soubassement · 3 - [d'un raisonnement] **appui** · assise · clé de voûte · fondement · pivot · pierre angulaire • 4 - [d'un mot] **racine** • radical • **5 - origine** • fond • point de départ • racine • siège • source

✦ **de base** basique • basal *rare*

⋙ **bases** *plur.* **rudiments** • abc • b.a-ba • notions

baser *v.tr.* **1 - fonder** • appuyer • échafauder • faire reposer • **2 - établir** • installer

⋙ **se baser sur** *v.pron.* **se fonder sur** • s'appuyer sur • reposer sur

bas-fond *n.m.* **1 - creux** • dépression • fond • **2 - haut-fond** • **3 -** [péj.] **rebut** • fange

basique *adj.* **1 - élémentaire** • essentiel • fondamental • **2 - rudimentaire**

bas-relief *n.m.* • sculpture • relief • basse-taille *vieux*

basse-fosse *n.f.* • cachot • oubliettes

bassement *adv.* **1 - servilement** • **2 - abjectement** • indignement • vilement

bassesse *n.f.* **1 - abaissement** • avilissement • abjection • déchéance • dégradation • indignité • médiocrité • misère • petitesse • **2 - honte** • ignominie • indignité • infamie • lâcheté • turpitude • vice • **3 - servilité** • vénalité • **4 - compromission** • courbette • vilenie

bassin *n.m.* **1 - cuvette** • bassine • bassinet • vase • **2 - bain** • tub *vieux* • **3 - pièce d'eau** • étang • plan d'eau • réservoir • **4 - piscine** • **5 - rade** • cale sèche • darse • dock • **6 - gisement** • **7 - dépression** • cuvette • plaine

bassine *n.f.* • cuvette

bassiner *v.tr.* [fam.] → **barber**

basta *interj.* • assez ! • ça suffit ! • ça va comme ça ! • halte ! • stop !

bastide *n.f.* **1 - mas** • bastidette *région.* • bastidon *région.* • **2 -** [vieux] **bastille**

bastingage *n.m.* • parapet • filière • garde-corps • garde-fou • rambarde

bastion *n.m.* • défense • bouclier • citadelle • protection • rempart • retranchement • soutien

bastringue *n.m.* **1 - bal** • guinguette • **2 - équipement** • attirail • bazar *fam.* • barda *fam.* • bataclan *fam.* • fourbi *fam.* • **3 - vacarme** • tapage • boucan *fam.* • barouf *fam.*

bas-ventre *n.m.* **1 - abdomen** • ventre • hypogastre *(Anat.)* • **2 - parties (génitales)**

bât *n.m.* • cacolet • bâtine *vieilli ou région.*

bataclan *n.m.* → **bastringue**

bataille *n.f.* **1 - guerre** • action • affrontement • combat • engagement • escarmouche • opération • baroud *argot militaire* • **2 - bagarre** • affrontement • combat • conflit • échauffourée • escarmouche • lutte • mêlée • rixe • **3 - rivalité** • combat • lutte

☞ **conflit**

batailler *v.intr.* **1 - se bagarrer** • se démener • s'escrimer • ferrailler • lutter • **2 - discuter** • argumenter • se disputer • se quereller

batailleur, -euse *adj.* **1 - belliqueux** • bagarreur • combatif • pugnace *littér.* • bataillard *vieux* • **2 - querelleur**

bataillleur, combatif, belliqueux, pugnace

Batailleur, **combatif**, **belliqueux** et **pugnace** renvoient au goût de la lutte, du combat. Seul **belliqueux** peut caractériser une attitude guerrière, notamment avec un sujet collectif *(un peuple belliqueux)*, et l'on emploie plutôt **batailleur** en parlant d'un enfant bagarreur *(des gamins batailleurs)*. **Combatif** est plus général *(un esprit combatif, une attitude combative)* ; on lui préfère **pugnace** dans un vocabulaire littéraire. Les emplois figurés de **batailleur** mettent l'accent sur le goût de la querelle : « J'ai le tempérament le moins batailleur, l'esprit le plus conciliant qui soient » (Gide, *Journal*, 1924). Ceux de **pugnace** renvoient plutôt au goût de la polémique *(se montrer pugnace dans une discussion)*, alors que **combatif**, souvent pris en bonne part, dénote un esprit de compétition *(un sportif combatif ; malgré son handicap, il reste très combatif)*.

bataillon *n.m.* **1 - armée** · compagnie · troupe · régiment · **2 - groupe** · cohorte · escadron · légion · troupe

bâtard, e

▪ *adj.* **1 - naturel** · adultérin · illégitime · **2 - hybride** · croisé · mélangé · métis · métissé · **3 - imparfait** · bancal

▪ *n.m.* **corniaud**

[1]**bateau** *n.m.* · navire · bâtiment · cargo · embarcation · paquebot · vaisseau · rafiot *péj.* · nef *littér.*

bateau, cargo, navire, paquebot, vaisseau

Tous ces mots désignent une construction flottante pour la navigation. Le terme le plus général, **bateau**, peut s'employer quelle que soit la dimension de l'ouvrage *(un bateau de pêche, un bateau de plaisance)*, qu'il vogue sur un fleuve ou en mer. **Vaisseau**, aujourd'hui, est plutôt réservé au vocabulaire militaire pour un grand bateau de combat *(vaisseau de guerre, d'escorte)*. L'usage du mot **navire** suppose un bâtiment, le plus souvent de gros tonnage, qui navigue seulement en mer et transporte aussi bien des marchandises que des passagers selon sa nature *(navire de commerce, navire citerne)*. On désigne par **paquebot** le grand navire qui n'accueille que des passagers *(faire une croisière en paquebot)* et par **cargo** le bâtiment voué au seul transport de marchandises *(cargo chargé de blé)*.

[2]**bateau** *n.m.* [fam.] canular · mystification · mytho *lang. jeunes*

[3]**bateau** *adj. invar.* · banal · classique · éculé · rebattu

bateleur, -euse *n.* **1 - forain** · baladin · banquiste · saltimbanque · **2 - acrobate** · amuseur · avaleur de sabres · équilibriste · funambule · hercule · histrion · jongleur · prestidigitateur · **3 -** [péj., vieilli] **bouffon** · charlatan · farceur

batelier, -ière *n.* · marinier · gondolier · passeur · nocher *poétique* · nautonier *poétique*

[1]**bâti, e** *adj.*

✦ **bien bâti** bien fait · bien foutu *fam.* · balèze *fam.* · baraqué *fam.*

[2]**bâti** *n.m.* **1 - armature** · assemblage · carcasse · charpente · châssis · **2 - faufil**

batifolage *n.m.* · badinage · flirt · marivaudage

batifoler *v.intr.* **1 - folâtrer** · s'amuser · gambader · jouer · **2 - flirter** · badiner · marivauder

bâtiment *n.m.* **1 - construction** · bâtisse · édifice · immeuble · maison · monument · **2 - bateau** · navire · vaisseau

bâtir *v.tr.* **1 - construire** · édifier · élever · ériger · monter · **2 - établir** · créer · fonder · échafauder · forger · imaginer · inventer · façonner · monter · **3 - faufiler**

bâtisse *n.f.* · bâtiment · construction · édifice
↝ **construction**

bâtisseur, -euse *n.* **1 - architecte** · constructeur · promoteur · **2 - créateur** · fondateur · initiateur · instaurateur

bâton *n.m.* **1 - baguette** · barre · **2 - perche** · hampe · **3 - piquet** · jalon · tuteur · **4 -** [pour la marche] **canne** · badine · bourdon · stick *anglic.* · alpenstock *vieilli* · **5 -** [arme] **assommoir** · épieu · gourdin · massue · masse · matraque · pieu · tricot · trique · **6 -** [symbole d'autorité] **sceptre** · crosse · houlette · verge · lituus *(Antiquité romaine)* · **7 -** [outil] **baratton** · batte · brigadier · chevillon · tortoir · rabouilloir *région.* · rondelet *anciennt* · **8 -** [Sport] **témoin** · **9 -** [fam.] **million** · brique *fam.*

bâtonnet *n.m.* · baguette · stick *anglic.*

battage *n.m.* · publicité · bruit · matraquage · réclame

[1]**battant, e** *adj., n.* · accrocheur · batailleur · fonceur · gagneur · lion *(nom)*

[2]**battant** *n.m.* **1 - vantail** · **2 -** [Techn.] **traquet**

battement *n.m.* **1 - coup** · heurt · martèlement · [de tambour] roulement · **2 -** [de cœur] **pulsation** · palpitation · **3 - intervalle** · décalage · pause · fourche *Belgique*

✦ **battement de cils** cillement · clignement

batterie *n.f.* **1 - pile** · accumulateur · accus *fam.* · **2 - série** · arsenal · ensemble · train · **3 - percussion** · [sortes] caisse claire · grosse caisse · cymbale · timbale · drums · **4 -** [sortes de roulement de tambour] **breloque** · chamade · champ · charge · colin-tampon · diane · générale · rappel · réveil

batteur *n.m.* **1 - percussionniste** · drummer · **2 - mixeur** · fouet

battoir *n.m.* **1 - batte** · **2 -** [fam.] → **main**

battre

▪ *v.intr.* **1 - remuer** · se balancer · claquer · [voile] faseyer · **2 -** [cœur] **palpiter**

▪ *v.tr.* **I 1 - frapper** · donner, mettre des coups à · lever, porter la main sur · rosser · rouer de coups · taper (sur) · arranger *fam.* · bourrer la gueule de *très fam.* · carder le poil à *fam.* · casser la gueule, la tronche à *très fam.* · coller, flanquer, filer, foutre des coups à *fam.* · démolir *fam.* · dérouiller *fam.* · éclater la gueule à *très fam.* · faire sa fête à *fam.* · mettre, foutre sur la gueule à *très fam.* · mettre la tête au carré à *fam.* · passer à tabac *fam.* · piler *fam.* · rentrer dans le mou de *fam.* · sauter sur (le casaquin) de *fam.* · tomber sur le paletot de *fam.* · avoiner *argot* · bigorner *argot* · carder le poil à *fam., vieilli* · frotter les oreilles de *fam., vieilli* · rompre les os de *fam., vieilli* · tanner le cuir à *fam., vieilli* · épousseter *fam., vieux* · enfoncer les côtes à *fam., vieux* · soigner *fam., vieux* · tamponner *fam., vieux* · travailler les côtes à *fam., vieux* · tricoter les côtes *fam., vieux* • tatouiller *fam., vieux* • 2 - [avec un bâton, une cravache] **bastonner** • bâtonner • cingler • cravacher • flageller • fouetter • matraquer • sangler • frotter l'échine de *fam.* • fouailler *littér.* • fustiger *vieux* • houssiner *vieux* • bourrader *rare* • 3 - [à coups de poing] **bourrer de coups** • boxer • cogner • échiner • éreinter *fam.* • gourmer *vieux* • tabasser *fam.* • 4 - [avec la main] claquer • calotter • fesser • gifler • souffleter • talocher *fam.* • 5 - [à coups de pierre] **lyncher** • 6 - [à coups de pied] **botter** *fam.*

II - **vaincre** • avoir l'avantage sur • culbuter • défaire • enfoncer • gagner • prendre le dessus sur • tailler (en pièces) • triompher de • avoir *fam.* • piler *fam.* • pulvériser *fam.* • torcher *très fam.* • [dans un tournoi] se débarrasser de • se défaire de • éliminer • [de justesse] coiffer sur le poteau

III - **explorer** • fouiller • parcourir • reconnaître

IV 1 - [métal] **marteler** • 2 - [substance] **agiter** • fouetter • baratter • mélanger • mêler • travailler • touiller *fam.* • 3 - [cartes] **mélanger** • mêler

✦ **battre très fort** 1 - [une personne] battre comme plâtre • 2 - [cœur] battre la chamade

✦ **battre contre** heurter • buter contre • frapper

✦ **battre en retraite** abandonner • céder • reculer • se retirer

››› **se battre** *v.pron.* 1 - **combattre** • lutter • livrer bataille • faire parler les armes • 2 - **se taper** • en découdre • en venir aux mains • faire le coup de poing • se bagarrer *fam.* • se bouffer le nez *fam.* • se castagner *fam.* • se cogner *fam.* • se crêper le chignon *fam.* • se colleter *fam.* • se crocheter *fam., vieux* • s'étriper *fam.* • se prendre aux cheveux *fam., vieux* • se peigner *fam., région., vieux* • 3 - **se disputer** • se chamailler • se quereller • 4 - **se démener** • s'acharner • batailler • s'escrimer • ferrailler • remuer ciel et terre

☞ frapper

battu, e *adj.* 1 - [yeux] **cerné** • 2 - **maltraité** • martyr

battue *n.f.* • rabattage • chasse

baudet *n.m.* • âne • bourricot • bourrique • grison *vieux*

bauge *n.f.* 1 - **taudis** • bouge • galetas • turne *fam.* • 2 - **boue** • souille

baume *n.m.* 1 - **crème** • liniment • onguent • pommade • 2 - **adoucissement** • apaisement • consolation • dictame *littér.*

bavard, e

▪ *adj.* 1 - **loquace** • communicatif • disert • prolixe • verbeux • volubile • causant *fam.* • babillard *vieux ou littér.* • baveux *fam., vieux* • 2 - **indiscret** • cancanier • commère • concierge • potinier *vieilli* • 3 - **long** • diffus • redondant • verbeux

✦ **il est très bavard** il n'a pas la langue dans sa poche *fam.* • il a la langue bien pendue *fam.* • il est bavard comme une pie • c'est un vrai moulin à paroles *fam.* • c'est un vrai robinet *fam., vieux*

▪ *n.* 1 - **discoureur** • jaseur • phraseur • baratineur *fam.* • pipelette *fam.* • péronnelle *fam., vieilli* • javotte *région.* • margot *vieux* • caillette *vieux* • 2 - **commère** • concierge

bavardage *n.m.* 1 - **papotage** • babillage • bagout • caquet • caquetage • babil *vieilli* • causette *fam.* • parlote *fam.* • bavarderie *vieux* • cailletage *vieux* • 2 - **boniment** • délayage • jacasserie • phraséologie •

verbiage · baratin *fam.* · blabla *fam.* · jaspin *fam., rare* · parlerie *fam., rare* · parlage *vieux, fam.* · **3 - commérage** · indiscrétion · on-dit · potin *fam.* · cancan *fam.* · racontar *fam.* · ragot *fam.* · jaserie *fam., rare*

bavardage, babil, babillage,

Le **bavardage** est rarement perçu de manière positive : il consiste en propos trop longs, tenus sur des sujets sans beaucoup d'intérêt *(le bavardage des élèves pendant la classe)*, il peut même devenir indiscret : « Je maudissais ces vains bavardages de gens qui souvent sans même l'intention de nuire ou de rendre service (...) nous causent à point nommé tant de mal » (Proust, *À l'ombre des jeunes filles en fleurs*, Pléiade, t. I). Le **babillage** est toujours jugé péjorativement, ne s'appliquant qu'à des propos superficiels, peu ordonnés et qui passent du coq à l'âne *(un babillage frivole)*, comme le langage de très jeunes enfants ; l'équivalent **babil** est aujourd'hui vieilli. Un rapport analogue existe entre **bavarder** et **babiller**.

bavarder *v.intr.* **1 - parler** · caqueter · causer · discourir · discuter · jacasser · babiller *vieilli* · bavasser *fam., péj.* · discuter le bout de gras *fam.* · faire la causette *fam.* · papoter *fam.* · tailler une bavette *fam.* · tchatcher *fam.* · jaboter *fam., vieilli* · jaspiner *fam., vieilli* · cailleter *vieux* · lantiponner *vieux, péj.* · **2 - cancaner** · jaser · potiner *vieilli*

bavasser *v.intr.* → **bavarder**

bave *n.f.* **1 - salive** · écume · **2 -** [péj.] **venin** · fiel

baver *v.intr.* **1 - saliver** · **2 - couler** · fuir

✦ **baver sur** **1 - calomnier** · déblatérer contre · médire de · casser du sucre sur le dos de *fam.* · débiner *fam.* · habiller pour l'hiver *fam.* · tailler un costard, une veste à *fam.* · **2 - salir** · souiller

✦ **en baver** souffrir · peiner · en chier *très fam.* · en voir de toutes les couleurs *fam.*

baveux, -euse *adj.* · mousseux · écumeux

bavoir *n.m.* · bavette

bavure *n.f.* **1 - erreur** · faute · ratage · bourde *fam.* · **2 - traînée** · macule · tache · **3 - ébarbure** · barbe · barbille · masselotte

bayer *v.intr.*

✦ **bayer aux corneilles** rêvasser · être dans la lune · être dans les nuages · rêver

bazar *n.m.* **1 - marché** · souk · **2 - attirail** · bric-à-brac · barda *fam.* · bastringue *fam.* · fourbi *fam.* · **3 - désordre** · capharnaüm · fatras · fouillis · pagaille · pêle-mêle · binz *fam.* · bordel *fam.* · boxon *très fam.* · foutoir *très fam.* · merdier *très fam.* · souk *fam.*

✦ **et tout le bazar** et tout le tremblement *fam.* · et tout le bataclan *fam.* · et tout le tintouin *fam.* · et tout le toutim *fam.*

bazarder *v.tr.* **1 - → jeter** · **2 - → abandonner**

béant, e *adj.* · (grand) ouvert

béat, e *adj.* **1 - heureux** · bienheureux · satisfait · serein · tranquille · **2 - niais** · bête

béatitude *n.f.* **1 - bonheur** · bien-être · contentement · euphorie · extase · félicité · quiétude · **2 -** [Théologie] **couronne de gloire** · gloire éternelle

beatnik *n. et adj.* · hippie · bab *fam.* · baba *fam.*

beau, belle *adj.* **1 - agréable** · adorable · aimable · charmant · épatant · formidable · chouette *fam.* · extra *fam.* · **2 - enchanteur** · divin · exquis · féerique · grandiose · magique · **3 - élégant** · délicat · distingué · raffiné · fin · gracieux · majestueux · chic *fam.* · **4 - bienséant** · convenable · correct · honnête · poli · **5 - heureux** · avantageux · bon · favorable · florissant · glorieux · prospère · propice · **6 -** [esthétiquement] **esthétique** · joli · magnifique · merveilleux · mignon · ravissant · somptueux · splendide · sublime · superbe · bellissime *vieux* · **7 -** [physiquement] **bien fait** · sculptural · séduisant · bien roulé *fam.* · canon *fam.* · fait au moule *vieilli* · fait au tour *vieilli* · fait à peindre *vieilli* · **8 -** [moralement] **admirable** · digne · élevé · estimable · généreux · grand · haut · honorable · juste · magnanime · noble · pur · saint · sublime · vertueux · **9 -** [intellectuellement] **accompli** · admirable · bon · brillant · délicieux · éblouissant · éclatant · fort · habile · intéressant · passionnant · **10 -** [humeur] **gai** · enjoué · **11 -** [météo] **radieux** · dégagé · ensoleillé · serein · splendide · **12 -** [en quantité] **gros** · considérable · coquet · joli · rondelet · **13 -** [en intensité] **magistral** · sacré

✦ **bel homme** adonis · apollon · narcisse · archange

✦ **belle femme** beauté · déesse · bombe *fam.* · pin-up *fam.* · gravure de mode *vieilli*

✦ **le beau sexe** le deuxième sexe · le sexe faible · le sexe féminin

✦ **vieux beau** galant · galantin *vieilli*

✦ **un beau jour, un beau matin** inopinément · un de ces jours

✦ **faire le beau** parader · se pavaner · poser · faire la roue

beau, joli, mignon

Le sentiment du **beau** change avec les normes adoptées à une époque donnée. On qualifie généralement de **beau** ce qui suscite l'admiration, et souvent le plaisir, par des caractères équilibrés produisant une appréciation esthétique positive ; **beau** s'applique à des éléments naturels *(un beau paysage)*, à des objets *(une belle sculpture)*, à des animaux et à des personnes *(un beau chat, une belle femme, un beau corps)*. **Joli** a un champ d'application plus restreint ; il s'emploie pour ce qui est agréable à voir *(un joli point de vue sur la vallée)*, à entendre *(une jolie voix)* ou à regarder *(une jeune fille très jolie)*, mais est plus rarement utilisé en parlant d'un homme, sauf dans quelques contextes *(c'est un joli garçon)* : **joli** implique en effet la grâce, surtout accordée à l'enfant et aux jeunes femmes. Avec **mignon**, à la grâce s'ajoute la délicatesse de l'apparence : on le dira surtout d'enfants ou de personnes jeunes *(on la trouvait mignonne)* et de parties du corps *(un nez mignon)*.

beaucoup *adv.* **1 - énormément** · copieusement · grandement · infiniment · joliment · prodigieusement · singulièrement · vivement · tant et plus · bigrement *fam.* · bougrement *fam.* · diablement *fam.* · pas qu'un peu *fam.* · salement *fam.* · vachement *fam.* · grave *lang. jeunes* · **2 - souvent** · fréquemment · tous les quatre matins *fam.* · **3 - longtemps** · longuement

✦ **beaucoup de 1 - nombre de** · bien des · énormément de · plein de · maints *littér.* · des tas de *fam.* · des tonnes de *fam.* · **2 - à foison** · à profusion · à volonté · en abondance · en quantité · à gogo *fam.* · à la pelle *fam.* · à tire-larigot *fam.* · en veux-tu en voilà *fam.* • 3 - **abondance** • foule • grouillement • multitude • profusion • pullulement • foultitude *fam.*

beau-fils *n.m.* • gendre

beau-père *n.m.* • beau-papa *fam.* • parâtre *vieux*

beauté *n.f.* 1 - **esthétique** • agrément • charme • harmonie • joliesse • plastique • splendeur • vénusté *littér.* • 2 - **élégance** • délicatesse • distinction • finesse • grâce • 3 - **féerie** • éclat • faste • magie • magnificence • majesté • splendeur • somptuosité • 4 - **noblesse** • élévation • générosité • grandeur • 5 - **appas** • charme • trésor • 6 - **déesse** • bombe *fam.* • pin-up *fam.* • vénus *souvent au négatif* • gravure de mode *vieilli*

bébé *n.m.* • nourrisson • nouveau-né • petit • poupon • bambin *fam.* • gosse *fam.* • lardon *fam.* • loupiot *fam.* • marmot *fam.* • mioche *fam.* • môme *fam.* • moutard *fam.* • petit salé *fam., vieux* • poupard *fam., vieux* • têtard *fam., vieux*

bébête *adj.* → **bête**

bec *n.m.* 1 - **rostre** • béquillon • 2 - **cap** • promontoire • 3 - [région., fam.] **baiser** • bécot *fam.* • 4 - → **bouche**

bécane *n.f.* 1 - → **bicyclette** • 2 - → **moto** • 3 - → **ordinateur**

bécasse *n.f.* • niaise • nigaude • sotte

bêche *n.f.* • bêcheton • bêchette • bêchot • binette • houe • houlette • louchet • palot

bêcher *v.tr.* • biner • labourer

bêcheur, -euse *n.* • prétentieux • m'as-tu-vu • crâneur *fam.* • frimeur *fam.* • ramenard *fam.* • [femme] mijaurée • pécore • pimbêche • chochotte *fam.* • péronnelle *fam., vieilli*

bécot *n.m.* → **baiser**[2]

bécoter *v.tr.* → **embrasser**

becquée *n.f.* 1 - **nourriture** • pâture • 2 - **bouchée** • cuillerée

becquetance *n.f.* → **nourriture**

becqueter *v.tr.* 1 - **picorer** • picoter • 2 - → **manger**

bedaine *n.f.* • ventre • panse • bedon *fam.* • bide *fam.* • bidon *fam.* • bedondaine *fam., vieilli*

bédé *n.f.* → **bande dessinée**

bedeau *n.m.* • sacristain • marguilier • suisse • porte-verge *vieux*

bedon *n.m.* → **bedaine**

bedonnant, e *adj.* • ventru • pansu • ventripotent

béer *v.intr.* [littér.] rêver • rêvasser

beffroi *n.m.* • campanile • clocher

bégaiement *n.m.* **balbutiement** • bégayage • balbisme *(Méd.)*

»» **bégaiements** *plur.* **commencement** • balbutiements • tâtonnements

bégayer *v.intr.* 1 - **balbutier** • bredouiller • 2 - **commencer** • tâtonner

☙ **bredouiller**

bégueule *adj.* • prude • pudibond

béguin *n.m.* 1 - **amourette** • caprice • engouement • fantaisie • flirt • passade • tocade • pépin *vieux* • 2 - **amoureux** • chéri • flirt

✦ **avoir le béguin pour** aimer • être épris de • en pincer pour *fam.* • kiffer *lang. jeunes* • être en amour avec *Québec*

beige *adj. et n.* · bis · sable · beigeasse *péj.* · beigeâtre *péj.*

beigne *n.f.* 1 - [fam.] → **gifle** · 2 - [Québec] **beignet** · bugne *région.*

beignet *n.m.* · beigne *Québec* · bugne *région.*

béjaune *n.m.* · blanc-bec · niais

bêlement *n.m.* · béguètement *rare* · chevrotement

bêler *v.intr.* 1 - **bégueter** *rare* · chevroter · 2 - [péj.] **brailler** · braire · 3 - [péj.] **geindre** · se plaindre

bel et bien *adv.* · véritablement · à n'en pas douter · effectivement · réellement

bellâtre *n.m. et adj.* · fat · poseur · vaniteux

belle-fille *n.f.* · bru

belle-mère *n.f.* · belle-maman · belle-doche *fam.* · marâtre *péj.*

belliciste *n.* · faucon · épervier · va-t-en-guerre *fam.*

belligérance *n.f.* · conflit · guerre

belligérant *n.m.* · combattant · adversaire · ennemi

belliqueux, -euse *adj.* 1 - **guerrier** · belliciste · faucon · va-t'en-guerre · 2 - **agressif** · batailleur · combatif · hostile · pugnace · violent

↝ **batailleur**

belvédère *n.m.* 1 - **terrasse** · plate-forme · 2 - **pavillon** · mirador

bémol *n.m.* 1 - **nuance**

✦ **mettre un bémol (à)** 1 - **adoucir** · atténuer · 2 - **rabaisser** · mettre la pédale douce

bénédiction *n.f.* 1 - **grâce** · faveur · protection · 2 - **aubaine** · bienfait · bonheur · 3 - **accord** · permission

bénéfice *n.m.* 1 - **faveur** · grâce · privilège · 2 - **profit** · boni · excédent · gain · rapport · revenu · bénéf *fam.*

✦ **sous bénéfice d'inventaire** sous réserve · avec restriction · conditionnellement

↝ **gain**

bénéficiaire

▪ *n.* **allocataire** · affectataire · attributaire

▪ *adj.* **rentable** · avantageux · lucratif · profitable · juteux *fam.*

bénéficier *v.tr.ind.*

✦ **bénéficier de** 1 - **posséder** · jouir de · 2 - **profiter de** · tirer avantage de · tirer parti de

✦ **bénéficier à** profiter à · être utile à · rendre service à · servir

bénéfique *adj.* · bienfaisant · favorable · profitable · salutaire

benêt *n. et adj. m.* · sot · niais · nigaud · andouille *fam.* · godiche *fam.* · gogo *fam.* · jobard *fam., vieilli* · jocrisse *littér. ou vieux*

↝ **niais**

bénévolat *n.m.* · volontariat

bénévole *adj. et n.* 1 - **volontaire** · 2 - **désintéressé** · gracieux · gratuit

bénévolement *adv.* · gratuitement · gracieusement · volontairement

bénin, -igne *adj.* 1 - **anodin** · inoffensif · [faute] **véniel** · 2 - [vieilli] **bienveillant** · bonasse *péj.* · complaisant · compréhensif · indulgent

bénir *v.tr.* **1 - consacrer** · oindre · sacrer · **2 - protéger** · répandre ses bienfaits sur · **3 - remercier** · glorifier · louanger · louer · rendre grâce à

benjamin, e *n.* · cadet · dernier-né · petit dernier *fam.*

benne *n.f.* **1 - chariot** · berline · blondin · wagonnet · **2 - cabine** · œuf · **3 - hotte** · comporte *région.*

benoît, e *adj.* **1 - doucereux** · mielleux · onctueux · patelin *littér.* · **2 -** [vieux] **bienveillant** · doux

béotien, -ienne

▪ *n.* **1 - lourdaud** · rustre · plouc *fam.* · **2 - ignorant** · ignare · profane

▪ *adj.* **lourd** · épais · grossier

béquille *n.f.* **1 - canne** · anille *vieux* · **2 - soutien** · appui · **3 -** [Techn] **cale** · étai · étançon · tin · **4 -** [fam.] → **jambe**

bercail *n.m.* **1 - bergerie** · **2 - foyer** · famille · maison · patrie · pénates *plaisant*

berceau *n.m.* **1 - berce** *surtout Belgique* · bercelonnette · couffin · moïse · **2 - cintre** · arc · voûte · **3 - charmille** · brandebourg · tonnelle · **4 -** [Mar.] **ber**

bercement *n.m.* · balancement · oscillation · va-et-vient

bercer *v.tr.* **1 - balancer** · agiter doucement · dodeliner *vieux* · **2 -** [surtout au passif] **imprégner** · nourrir · **3 -** [littér.] **adoucir** · apaiser · calmer · charmer · consoler · endormir

✦ **bercer de faux espoirs, d'illusions** abuser · leurrer · tromper · illusionner *rare*

✦ **se bercer de faux espoirs, d'illusions** s'illusionner · se monter la tête · prendre ses rêves pour des réalités · croire au père Noël *fam.* · se monter le bourrichon *fam.*

berceuse *n.f.* · rocking-chair · chaise berçante *Québec*

béret *n.m.* · calot · [anciennt] faluche

[1]**berge** *n.f.* **1 - rivage** · bord · rive · **2 - berme** · chemin de halage · **3 - talus**

✦ **voie sur berge** autoberge

[2]**berge** *n.f.* [fam.] → **an**

berger, -ère *n.* **1 - pasteur** · pâtre *littér.* · pastoureau *vieilli ou littér.* · pastour *vieux ou région.* · bergerot *vieux* · **2 - gardien** · bouvier · chevrier · muletier · porcher · vacher · **3 - chef** · guide · pasteur

✦ **bâton de berger** houlette

bergère *n.f.* · pastourelle *vieilli ou littér.* · bergerette *vieux* · bergeronnette *vieux*

bergerie *n.f.* **1 - bercail** · **2 -** [Littérat.] bergerade · bergerette · bucolique · églogue · pastorale

berline *n.f.* **1 - benne** · wagonnet · **2 -** → **voiture**

berner *v.tr.* · abuser · attraper · circonvenir · duper · jouer un mauvais, un sale tour à · mystifier · piéger · avoir *fam.* · blouser *fam.* · couillonner *très fam.* · embobiner *fam.* · faire prendre des vessies pour des lanternes à *fam.* · mener en bateau *fam.* · pigeonner *fam.* · posséder *fam.* · rouler *fam.* · rouler dans la farine *fam.* · baiser *très fam.* · embabouiner *fam., vieux*

berzingue (à tout, à toute) *adv.* → **vite**

besace *n.f.* · sac · bissac *vieux*

besogne *n.f.* • travail • activité • corvée *péj.* • mission • occupation • ouvrage • tâche

besogner *v.intr.* • travailler • peiner • marner *fam.* • trimer *fam.*

besogneux, -euse *n.* [péj.] tâcheron

besoin *n.m.* **1 - nécessité** • exigence • **2 - désir** • appétit • envie • faim • goût • soif • appétence *littér.* • **3 - dénuement** • gêne • indigence • manque • misère • pauvreté • peine • privation • débine *fam.* • mouise *fam.* • mouscaille *fam.*

✦ **avoir besoin de** **1 - nécessiter** • exiger • réclamer • vouloir • **2 - désirer** • avoir envie de

✦ **au besoin** si nécessaire • éventuellement • le cas échéant

››› **besoins (naturels)** *plur.* • grosse commission, petite commission *fam.*

✦ **faire ses besoins** → **déféquer**

bestial, e *adj.* • animal • brutal • féroce • grossier • inhumain • sauvage

bestialement *adv.* • brutalement • férocement • sauvagement

bestialité *n.f.* • brutalité • animalité • férocité • grossièreté • inhumanité • sauvagerie

bestiaux *n.m.pl.* • bétail • bêtes • cheptel

bestiole *n.f.* • bête • bébête *fam.* • bestion *vieux*

best of *n.m. invar.* • florilège • compilation

best-seller *n.m.* • succès

bêta *n.m. et adj. invar.* → **bête**[1]

bétail *n.m.* • bestiaux • bêtes • cheptel • aumaille *vieux*

[1]**bête** *adj.* **1 - idiot** • abruti • crétin • débile • imbécile • inepte • niais • nigaud • obtus • sot • stupide • bébête *fam.* • bêta *fam.* • bêtasse *fam.* • cloche *fam.* • couillon *très fam.* • cruche *fam.* • con *très fam.* • taré *fam.* • tartignole *fam.* • **2 - étourdi** • inattentif • **3 - simple** • élémentaire • enfantin

✦ **très bête** [problème] bête comme chou *fam.* • [personne] bête comme une oie *fam.* • bête à manger du foin, des chardons *fam.* • bête comme ses pieds *fam.* • con comme un balai *très fam.*

✦ **qu'il est bête** quelle andouille *fam.* • quel bourricot *fam.* • quelle buse *fam.* • quel cornichon *fam.* • quelle courge *fam.* • quel âne (bâté) *fam.* • quelle gourde *fam.* • quelle noix *fam.*

~ **stupide**

[2]**bête** *n.f.* **animal** • bestiole • bébête *fam.* • bestion *vieux*

✦ **sale bête** vermine

✦ **bête sauvage** fauve

✦ **bête noire** **1 - hantise** • cauchemar • tourment • **2 - souffre-douleur** • tête de turc

✦ **bête de scène** monstre sacré

✦ **bête de travail** bourreau de travail

bêtement *adv.* **stupidement** • niaisement • sottement

✦ **tout bêtement** tout simplement • tout bonnement

bêtifiant, e *adj.* • abêtissant

bêtifier

▪ *v.tr.* **abêtir** • abrutir

▪ *v.intr.* **gâtifier**

bêtise *n.f.* **1 - sottise** • idiotie • imbécillité • ineptie • naïveté • niaiserie • stupidité • **2 - ignorance** • **3 - erreur** • ânerie • maladresse •

bourde *fam.* · connerie *très fam.* · gaffe *fam.* · **4 - babiole** · bagatelle · enfantillage · plaisanterie

bêtisier *n.m.* · sottisier

béton *n.m.* **ciment**

✦ **en béton** [fam.] solide · à toutes épreuves · résistant

bétonner *v.tr.* **1 - cimenter** · **2 - renforcer**

bétonnière *n.f.* · bétonneuse · malaxeur

bette *n.f.* · carde · blette · cardon · poirée

beuglement *n.m.* **1 - meuglement** · mugissement · **2 - hurlement** · braillement · vocifération · gueulement *fam.*

beugler *v.intr.* **1 - meugler** · mugir · **2 - hurler** · brailler · vociférer · gueuler *fam.*

beurre *n.m.*

✦ **faire son beurre** s'enrichir · faire des bénéfices

beuverie *n.f.* · orgie · bacchanale *littér.* · soûlerie *fam.*

bévue *n.f.* · erreur · bavure · bêtise · impair · maladresse · pas de clerc · boulette *fam.* · bourde *fam.* · gaffe *fam.*

➳ **erreur**

biais *n.m.* **1 - diagonale** · oblique · obliquité · **2 - aspect** · angle · côté · éclairage · point de vue · **3 - détour**

✦ **de biais, en biais** obliquement · de côté · de travers · [regarder] en coulisse *fam.*

biaiser *v.intr.* **1 - obliquer** · **2 - louvoyer** · finasser · se dérober · tergiverser · tourner autour du pot

bibelot *n.m.* · babiole · bagatelle · colifichet · bricole *fam.* · bimbelot *vieux* · brimborion *vieux*

biberonner *v.intr.* [fam.] → **boire**

bibine *n.f.* → **alcool**

bible *n.f.* **1 - Écritures** · canon · **2 - (ouvrage de) référence** · livre de chevet

bibliographie *n.f.* · catalogue · recueil · répertoire · table

bibliophile *n.* · bibliolâtre · bibliomane · bibliomaniaque

bibliophilie *n.f.* · bibliolâtrie · bibliomanie

bibliothécaire *n.* · archiviste · chartiste · conservateur

bibliothèque *n.f.* **1 - armoire** · rayonnage · casier (à livres) · **2 - cabinet de lecture** · bureau · **3 - collection** · banque de données

biceps *n.m.* · biscotteau *fam.*

bicher *v.intr.* **1 - aller bien** · boumer *fam.* · coller *fam.* · marcher *fam.* · **2 - se réjouir** · être aux anges

bichonner *v.tr.* **1 - choyer** · dorloter · gâter · soigner · **2 - pomponner** · parer

bicoque *n.f.* · baraque · cabane · masure

➳ **baraque**

bicyclette *n.f.* **1 - cycle** · vélo · bécane *fam.* · biclou *fam.* · clou *fam.* · bicycle *Québec, fam.* · la petite reine *Sport* · **2 -** [d'autrefois] bicycle · célérifère · draisienne · vélocipède · **3 -** [multiple] **tandem** · triplette *vieux* · quadruplette *vieux*

bidasse *n.m.* · troufion · griveton *argot* · pioupiou *fam., vieux*

bide *n.m.* **1 - ventre** · panse · bedaine *fam.* · bedon *fam.* · bidon *fam.* · brioche *fam.* · bedondaine *fam., vieilli* · **2 -** [fam.] **échec** · désastre · fiasco · four · insuccès · flop *fam.* · gamelle *fam.* · veste *fam.*

bidoche *n.f.* → **viande**

bidon

▪ *n.m.* **1 - jerrycan** · gourde · nourrice · bouille *Suisse* · [anciennt, à lait] berthe · **2 - ventre** · panse · bedaine *fam.* · bedon *fam.* · bide *fam.* · brioche *fam.* · bedondaine *fam., vieilli*

▪ *adj.* [fam.] **faux** · simulé · truqué

bidonnant, e *adj.* → **drôle**[1]

bidonner (se) *v.pron.* → **rire**[1]

bidonville *n.m.* · favela

bidouiller *v.tr.* · trafiquer *fam.* · bricoler *fam.*

bidule *n.m.* · chose · machin *fam.* · truc *fam.* · zinzin *fam., vieilli*

[1]**bien** *adj. invar.* **1 - beau** · agréable · aimable · parfait · **2 - estimable** · digne · honnête · honorable · respectable · **3 - convenable** · correct · satisfaisant · sérieux · **4 - heureux** · content · **5 - chic** · distingué · sélect *fam.* · **6 - pratique** · commode · confortable · utile · au poil *fam.*

✦ **on est bien !** on est dans de beaux draps ! · on est propres !

[2]**bien**

▪ *interj.* **1 - bravo** · à la bonne heure · parfait · **2 - d'accord** · entendu · OK · ça marche *fam.*

▪ *adv.* **1 - convenablement** · correctement · dignement · honnêtement · honorablement · **2 - raisonnablement** · judicieusement · prudemment · sagement · **3 - adroitement** · à merveille · comme un ange · habilement · merveilleusement · **4 - attentivement** · **5 - admirablement** · agréablement · gracieusement · joliment · bellement *vieux* · **6 - commodément** · confortablement · **7 - favorablement** · avantageusement · heureusement · utilement · **8 - absolument** · complètement · entièrement · extrêmement · intégralement · nettement · pleinement · profondément · réellement · totalement · tout à fait · vraiment · à fond *fam.* · bigrement *fam.* · bougrement *fam.* · diablement *fam.* · sacrément *fam.* · vachement *fam.* · **9 - au moins** · largement · **10 - expressément** · formellement · **11 - effectivement** · **12 - beaucoup** · énormément · fort · très · **13 - volontiers**

✦ **bien que** quoique · encore que

[3]**bien** *n.m.* **1 - avantage** · bénéfice · bienfait · intérêt · profit · satisfaction · service · utilité · **2 - fortune** · argent · avoir · capital · moyens · patrimoine · richesse · ressources · **3 - chose** · possession · [Droit] acquêt · conquêt · dot · **4 - bénédiction** · bienfait · don · faveur · félicité · grâce · présent

✦ **dire du bien de** faire l'éloge de · louanger · louer · vanter · exalter *littér.* · porter aux nues *littér.* · tresser des couronnes à

✦ **mener à bien** exécuter · achever · mener à (son) terme · terminer

bien-aimé, e

▪ *adj.* **chéri** · favori · chouchou *fam.*

▪ *n.m.* **amoureux** · amant · fiancé · petit ami

▪ *n.f.* **amoureuse** · fiancée · petite amie · maîtresse · dulcinée *le plus souvent iron.*

bien-être *n.m. invar.* **1 - bonheur** · aise · béatitude · contentement · félicité · jouissance · plaisir · quiétude · satisfaction · sérénité · bien-aise *vieux* · **2 - détente** · décontraction · relaxation · **3 - aisance** · confort · prospérité

bienfaisance *n.f.* **1 - bienveillance** · bonté · générosité · bénignité *littér.* · débonnaireté *littér.* · **2 - philanthropie** · assistance · charité

bienfaisant, e *adj.* **1 - bienfaiteur** · bon · charitable · généreux · humain · **2 - bénéfique** · favorable · profitable · salutaire

bienfait *n.m.* **1 - avantage** · bénéfice · joie · plaisir · profit · utilité · **2 -** [vieux ou littér.] **cadeau** · don · faveur · obole · présent · service

bienfaiteur, -trice *n.* · donateur · mécène · philanthrope · protecteur

bien-fondé *n.m.* **1 - légitimité** · bon droit · recevabilité · validité · **2 - pertinence** · justesse · utilité

bienheureux, -euse *adj.* **1 - enchanté** · comblé · heureux · ravi · **2 - béat** · benoît *vieux* · **3 -** [Relig.] **élu** · saint · vénérable

bien-manger *n.m.* · gastronomie · bonne chère

bienséance *n.f.* · convenances · bonnes manières · correction · décence · décorum · étiquette · protocole · savoir-vivre · usages
→ **convenance**

bienséant, e *adj.* · convenable · correct · décent · délicat · honnête · poli · de bon ton · séant *vieux ou littér.*

bientôt *adv.* **1 - incessamment** · avant peu, dans peu, sous peu · dans un instant · d'un moment à l'autre · dans peu de temps · prochainement · sans tarder · tantôt · vite · incessamment sous peu *plaisant* · **2 -** [littér.] **promptement** · rapidement · tôt · vite

bienveillance *n.f.* · bonté · altruisme · bonne volonté · bon vouloir · complaisance · douceur · humanité · indulgence · débonnaireté *littér.* · mansuétude *littér.* · obligeance *littér.* · bénignité *vieux*

bienveillant, e *adj.* **1 - bon** · généreux · humain · débonnaire *vieilli ou littér.* · paterne *vieilli* · bonhomme *vieilli* · **2 -** [à l'excès] **complaisant** · conciliant · indulgent · obligeant

bienvenu, e *adj.* · opportun · à propos · heureux · qui tombe à point (nommé) · qui tombe à pic *fam.* · qui tombe pile *fam.*

[1]**bière** *n.f.* **bock** · chope · demi · galopin · mousse *fam.* · bibine *péj., fam.* · baron *vieux* · formidable *vieux* · [sortes] ale · faro · gueuze · lambic · porter · stout

[2]**bière** *n.f.* · cercueil

biffer *v.tr.* · barrer · effacer · raturer · rayer · sabrer · supprimer · bâtonner *vieux*

biffure *n.f.* · rature

bifteck *n.m.* · steak · chateaubriand · rumsteck · tournedos · semelle *fam., péj.*

bifurcation *n.f.* · carrefour · croisement · embranchement · fourche · patte d'oie

bifurquer *v.intr.* **se dédoubler** · diverger · se diviser

✦ **bifurquer vers** se diriger vers · s'orienter vers

bigarré, e *adj.* 1 - **bariolé** · chamarré · coloré · jaspé · 2 - **disparate** · hétéroclite · hétérogène · mêlé · varié
❧ bariolé

bigarrure *n.f.* · bariolage · jaspure · mélange

bigle *adj. et n.* → **bigleux**

bigler
▪ *v.intr.* **loucher** · avoir un œil qui dit merde à l'autre *fam.*
▪ *v.tr.* **regarder** · reluquer *fam.* · zieuter *fam.*

bigleux, -euse *adj. et n.* 1 - **bigle** *fam.* · louchard *fam., vieux* · louche *fam., vieux* · louchon *fam., vieux* · 2 - **myope** · miraud *fam.*

bigorneau *n.m.* · littorine · guignette · vignot

bigorner *v.tr.* → **abîmer**

bigot, -e *n.* 1 - **bigot** · bondieusard *fam.* · calotin *fam.* · cul-bénit *fam.* · grenouille de bénitier *fam.* · punaise de sacristie *fam.* · cagot *vieux* · 2 - [hypocrite] **tartuffe** · béat *vieux* · momier *vieux* · cafard *vieux ou littér.* · cagot *vieux ou littér.*

bigoterie *n.f.* · bigotisme · bondieuserie · tartufferie · cagoterie *vieux ou littér.* · momerie *vieux*

bigrement *adv.* · bougrement *fam.* · diablement *fam.* · drôlement *fam.* · fichtrement *fam.* · foutrement *fam.* · sacrément *fam.* · vachement *fam.*

bijou *n.m.* 1 - **joyau** · 2 - **merveille** · chef-d'œuvre · perle · trésor

❧ **bijou, joyau**
Dans le domaine de la parure, le bijou est de petite dimension – bague, bracelet, collier, camée, etc. – habituellement fabriqué dans des matières précieuses *(bijou en or, en argent ; porter des bijoux)*, mais il peut aussi être d'imitation *(bijou fantaisie, bijou en toc)*. Au contraire, le **joyau** est toujours une parure de grande valeur, travaillée dans un métal précieux ou fait de pierreries, souvent en modèle unique *(un joyau de grand prix, les joyaux de la couronne)*.

bijouterie *n.f.* · joaillerie

bijoutier, -ière *n.* · joaillier

bikini *n.m.* · deux-pièces

bilan *n.m.* 1 - **inventaire** · état · point · 2 - **balance** · solde · 3 - **conséquences** · résultat · suites
✦ **bilan de santé** check-up
✦ **dépôt de bilan** faillite · liquidation

bilatéral, e *adj.* · réciproque · synallagmatique *(Droit)*

bile *n.f.* **fiel** *vieux* · atrabile *vieux*
✦ **se faire de la bile** → **s'inquiéter**

biler (se) *v.pron.* → **s'inquiéter**

bileux, -euse *adj.* · anxieux · inquiet · tourmenté

bilieux, -euse *adj.* · irritable · coléreux · hypocondriaque · mélancolique · morose · pessimiste · soucieux · tourmenté · atrabilaire *vieux*

¹bille *n.f.* 1 - **agate** · calot · 2 - [fam.] → **tête**

²bille *n.f.* [Techn.] billon · billette · billot

billet *n.m.* 1 - **titre de transport** · contremarque · ticket · 2 - **carte** · ticket · 3 - **lettre** · missive · mot · biffeton *argot*
✦ **billet (de banque)** 1 - **coupure** · anonyme *argot* · biffeton *argot* · fafiot *argot* · 2 - [Hist.] assignat · papier-monnaie

✦ **billet doux** poulet *fam., vieilli*
✦ **billet à ordre** lettre de change · effet · traite · valeur

billevesée *n.f.* → **baliverne**

billot *n.m.* **1 - cageot** · **2 - bloc** · chapus · tronchet

bimbelot *n.m.* → **bibelot**

bimensuel, -elle *adj. et n.m.* · bimestriel · semi-mensuel

bimoteur *n.m.* · biréacteur · biturbine

binage *n.m.* · sarclage · bêchage

biner *v.tr.* · sarcler · bêcher

binette *n.f.* · sarcloir · houe · bêchelon

bineuse *n.f.* · houe

biniou *n.m.* **1 - cornemuse** · **2 -** [fam.] → **téléphone**

binocle *n.m.* **1 - lorgnon** · face-à-main · pince-nez · **2 -** → **lunettes**

binôme *n.m.* · couple · équipe · paire · tandem

biographie *n.f.* **1 - histoire** · vie · hagiographie · **2 - autobiographie** · mémoires

biologique *adj.* · écologique · naturel · bio *fam.*

bip *n.m.* · bipeur

bique *n.f.* [fam.] **chèvre**
✦ **tête de bique** bourrique · tête de mule
✦ **vieille bique** mégère

biquet, -ette *n.* · chevreau · cabri · bicot *vieilli*

[1]**bis, e** *adj.* · beige · bistre

[2]**bis** *n.m.* · rappel

bisaïeul, e *n.* · arrière-grand-mère · arrière-grand-père · arrière-grand-parent

bisannuel, -elle *adj.* · biennal

bisbille *n.f.* · dispute · brouille · chamaillerie · crêpage de chignon *fam.* · prise de bec *fam.*

biscornu, e *adj.* **1 - tordu** · asymétrique · difforme · **2 - extravagant** · abracadabrant · baroque · bizarre · farfelu · saugrenu · tarabiscoté *fam.* · tordu *fam.*

biscuit *n.m.* **1 -** [sucré] boudoir · craquelin · croquet · croquignole · galette · gaufrette · petit-beurre · sablé · tuile · bonbon *Belgique* · **2 -** [salé] cracker · bretzel

bise *n.f.* · baiser · bécot *fam.* · bisou *fam.* · poutou *fam.* · bec *région.*

biseau *n.m.* **biais** · chanfrein *(Techn.)*
✦ **tailler en biseau** biseauter · ébiseler

biser *v.tr.* → **embrasser**

bisexualité *n.f.* · hermaphrodisme

bisexué, e *adj.* · hermaphrodite

bison *n.m.* **1 -** [d'Amérique] **buffalo** · **2 -** [d'Europe] **aurochs** · ure · urus

bisou *n.m.* → **baiser**[2]

bisquer *v.intr.*
✦ **faire bisquer** (faire) enrager · agacer · faire râler *fam.* · faire devenir chèvre *fam.*

bistouri *n.m.* · scalpel

bistre *adj.* · basané · bistré · bruni · hâlé · tanné

bistré, e *adj.* → **bistre**

bistro(t) *n.m.* · café · bar · pub · pinte *Suisse* · troquet *fam.* ·

bistroquet *fam., vieilli* · caboulot *fam., péj., vieilli* · zinc *fam., vieilli* · estaminet *région. ou vieilli*

bistrotier, -ière *n.* · cafetier · cabaretier · limonadier *vieux* · mastroquet *fam., vieux*

bitte *n.f.* **1 - bollard** · canon d'amarrage · **2 -** [fam.] → **pénis**

bitumage *n.m.* · asphaltage · goudronnage

bitume *n.m.* **1 - asphalte** · goudron · macadam · **2 - chaussée** · macadam · pavé · trottoir

bitumer *v.tr.* · asphalter · goudronner · macadamiser

biture *n.f.* [fam.] → **soûlerie**

bivouac *n.m.* · campement · camp

bivouaquer *v.intr.* · camper

bizarre *adj.* **1 - anormal** · curieux · étrange · inattendu · insolite · singulier · surprenant · bizarroïde *fam.* · **2 - extravagant** · abracadabrant(esque) · insensé · saugrenu · loufoque *fam.* · tordu *fam.* · **3 - excentrique** · baroque · fantasque · original · **4 - fou** · braque *fam., vieilli* · cinglé *fam.* · dérangé *fam.* · détraqué *fam.* · fêlé *fam.* · **5 - mal** · tout chose *fam.*

bizarrement *adv.* · curieusement · étrangement · singulièrement

bizarrerie *n.f.* **1 - étrangeté** · singularité · **2 - extravagance** · loufoquerie · **3 - excentricité** · originalité · **4 - anomalie** · curiosité

bizarroïde *adj.* → **bizarre**

bizut *n.m.* · nouveau · novice · bleu *argot*

bizutage *n.m.* · brimades

bizuter *v.tr.* · brimer

blabla *n.m.* · bobards *fam.* · boniment *fam.* · salades *fam.*

blackbouler *v.tr.* · évincer · repousser · envoyer bouler, péter, promener, sur les roses *fam.* · [candidat] coller *fam.*

black-out *n.m.* · couvre-feu

blafard, e *adj.* · blanc · blême · décoloré · exsangue · hâve · livide · pâle · terne · terreux

pâle

blague *n.f.* **1 - plaisanterie** · histoire drôle · **2 - rigolade** *fam.* · **3 - mensonge** · bobard *fam.* · craque *fam.* · salades *fam.* · mytho *lang. jeunes* · baliverne *vieilli, surtout plur.* · calembredaine *vieilli, surtout plur.* · sornette *vieilli, surtout plur.* · galéjade *région.* · **4 - canular** · farce · (mauvais) tour · niche *vieilli* · **5 - bêtise** · bévue · impair · boulette *fam.* · bourde *fam.* · gaffe *fam.*

blaguer

▪ *v.intr.* **plaisanter** · déconner *très fam.* · rigoler *fam.* · galéjer *région.*

▪ *v.tr.* **taquiner** · se moquer de · railler · chambrer *fam.* · charrier *fam.*

blagueur, -euse *n. et adj.* · farceur · moqueur · plaisantin · galéjeur *région.*

blâmable *adj.* · condamnable · critiquable · répréhensible

blâme *n.m.* **1 - condamnation** · anathème · critique · désapprobation · désaveu · réprobation · reproche · animadversion *littér.* · improbation *littér., vieux* · répréhension *vieux* · **2 - remontrance** · réprimande

blâmer *v.tr.* **1 - accuser** · condamner · critiquer · désapprouver · désavouer · faire grief à · incriminer · jeter la pierre à · faire le procès de • réprouver • stigmatiser • anathématiser *soutenu* • fustiger *littér.* • improuver *littér., vieux* • [sans complément] mettre au banc des accusés • **2 - réprimander**

blâmer, désapprouver, réprouver

Blâmer quelqu'un pour son comportement, ses propos, c'est porter sur lui, sur ce qu'il fait, un jugement défavorable et le critiquer ouvertement *(l'assemblée a blâmé le responsable, son action).* Il ne s'agit plus seulement d'une appréciation négative avec **réprouver**, mais de la condamnation d'une personne, d'un acte, d'un sentiment qui sont considérés comme très répréhensibles *(réprouver l'usage de la violence, des pratiques que la morale réprouve).* **Désapprouver** l'attitude de quelqu'un, un projet, implique seulement que l'on ne le juge pas bon, louable *(il a désapprouvé sa venue).* **Désapprobation, blâme** et **réprobation** sont entre eux dans une relation analogue à celle des trois verbes.

blanc, blanche

▪ *adj.* **1 - laiteux** • argenté • incolore • opalin • lacté • albe *littér.* • albuginé *littér.* • ivoirin *littér.* • lactescent *littér.* • nivéen *littér.* • opalescent *littér.* • [de vieillesse] chenu *littér.* • **2 - blafard** • blanchâtre • blême • crayeux • livide • **3 - pur** • net • propre • vierge

✦ **très blanc** **1 - immaculé** • blanc comme neige • blanc comme la craie, comme l'albâtre • lilial *littér.* • **2 - blanc comme un cachet d'aspirine** • blanc comme un linge, un lavabo

▪ *n.m.* **1 - espace** • interligne • intervalle • vide • **2 - silence** • pause

blanc-bec *n.m.* • béjaune *vieux*

blanchâtre *adj.* → **blanc**

blancheur *n.f.* **1 - blanc** • candeur *littér.* • lactescence *littér.* • opalescence *littér.* • **2 - pâleur** • lividité • **3 -** [cheveux] **canitie** • **4 - netteté** • propreté • pureté

blanchir

▪ *v.tr.* **1 - décolorer** • éclaircir • **2 - laver** • lessiver • **3 -** [à la chaux] **chauler** • échauder • **4 -** [Culin.] **ébouillanter** • **5 -** [Techn.] **raboter** • dégrossir • limer • meuler • **6 - disculper** • innocenter • laver de tout soupçon • mettre hors de cause • réhabiliter

▪ *v.intr.* **blêmir** • pâlir

blanchissage *n.m.* • nettoyage • lessivage

blanchisserie *n.f.* • teinturerie • laverie (automatique) • pressing • buanderie *Québec*

blanchisseur, -euse *n.* • teinturier • buandier *Québec* • nettoyeur *Québec*

blanc-seing *n.m.* • autorisation • accord • aval

blasé, e *adj.* **1 - indifférent** • froid • insensible • **2 - dégoûté** • désabusé • désenchanté • lassé (de tout)

blaser *v.tr.* • dégoûter • désabuser • lasser • rassasier

blason *n.m.* • arme • armoiries • écu • écusson

blasphématoire *adj.* • impie • sacrilège

blasphème *n.m.* **1 - impiété** • sacrilège • jurement *vieilli* • **2 - imprécation** • injure • insulte

blasphémer

▪ *v.tr.* **injurier** • insulter

▪ *v.intr.* **jurer** • sacrer

blazer *n.m.* → **veste**

blé *n.m.* **1 - froment** · épeautre · **2 -** [fam.] → **argent**

bled *n.m.* · village · patelin *fam.* · trou *fam.*

blême *adj.* · blafard · blanc · livide · pâle · blanc comme un linge · blanc comme un cachet d'aspirine

↝ **pâle**

blêmir *v.intr.* · pâlir · blanchir · se décomposer · devenir blanc comme un linge

blennorragie *n.f.* · blennorrhée · chaude-pisse *fam.* · chtouille *argot* · castapiane *fam., vieux* · rhume de culotte *fam., vieux*

bléser *v.intr.* · zézayer · zozoter · avoir un cheveu sur la langue

blessant, e *adj.* **désobligeant** · injurieux · mortifiant · offensant · vexant

✦ **parole blessante** pique · pointe

blessé, e *adj.* **1 - froissé** · mortifié · offensé · vexé · **2 - estropié** · accidenté · estropié · invalide · mutilé

blesser *v.tr.*

I 1 - abîmer · contusionner · déchirer · écorcher · écharper · estropier · meurtrir · mutiler · amocher *fam.* · **2 -** [à coups de couteau] **couper** · balafrer · entailler · percer · poignarder · **3 -** [par écrasement] **broyer** · écraser · fouler · froisser

II 1 - affecter · choquer · contrarier · froisser · heurter · offenser · vexer · piquer · toucher au vif · **2 - attenter à** · léser · nuire · porter atteinte à · porter préjudice à · préjudicier à *littér.*

»» **se blesser** *v.pron.* **1 - se faire mal** · se couper · s'écorcher · s'égratigner · s'entailler · s'estropier · se meurtrir · se mutiler · **2 - se formaliser** · s'offenser · prendre la mouche · se vexer

blessure *n.f.* **1 - lésion** · balafre · contusion · coupure · plaie · trauma *Méd.* · [légère] écorchure · égratignure · entaille · éraflure · estafilade · griffure · meurtrissure · bobo *fam.* · excoriation *littér.* · **2 - douleur** · chagrin · froissement · meurtrissure · offense · vexation

[1]**bleu, e** *adj.* **1 - azur** · azuré · bleuâtre · bleuté · ciel · indigo · lavande · outremer · azurin *littér.* · cérulé *littér.* · céruléen *littér.* · [grisé] ardoise · [yeux] pers *littér.* · **2 -** [de colère, etc.] **livide** · blême · **3 - interdit** · stupéfait

✦ **maladie bleue** tétrade, tétralogie de Fallot

[2]**bleu** *n.m.*

I 1 - azur · indigo · cobalt · outremer · smalt · **2 - ecchymose** · hématome · tuméfaction · bleuissure *rare*

II 1 - nouveau · bizut · novice · **2 - conscrit** · bleu-bite *argot militaire* · bleusaillon *argot militaire* · [au plur.] bleusaille *argot militaire*

✦ **teinter en bleu** azurer · bleuir · bleuter

bleuâtre *adj.* → **bleu**[1]

bleuet *n.m.* **1 - centaurée** · aubifoin *région.* · casse-lunettes *région.* · **2 -** [Québec] **myrtille** · airelle des bois · brimbelle *région.*

bleuté, e *adj.* → **bleu**[1]

blindage *n.m.* · protection · cuirasse · écran

blindé, e

▪ *adj.* **1 -** [fam.] **immunisé** · cuirassé · **2 -** [fam.] → **ivre**

▪ *n.m.* **char** · tank

blinder *v.tr.* 1 - **cuirasser** · renforcer · 2 - [fam.] **endurcir** · cuirasser · immuniser

blizzard *n.m.* → **vent**

bloc *n.m.* 1 - **roche** · rocher · boulder *Géol.* · [Techn.] libage · moellon · pavé · [de bois] billot · 2 - **calepin** · carnet · 3 - **amas** · assemblage · tas · 4 - **îlot** · pâté de maisons · 5 - **ensemble** · totalité · tout · 6 - **coalition** · union

✦ **d'un seul bloc** monolithique · homogène

✦ **faire bloc** s'unir · se coaliser · se liguer · ne faire qu'un

✦ **à bloc** à fond · au maximum · complètement

✦ **en bloc** 1 - **à la fois** · d'un seul coup · ensemble · 2 - **globalement** · complètement · en totalité

blocage *n.m.* 1 - **barrage** · obstacle · obstruction · 2 - **inhibition** · complexe · 3 - [des prix] **gel** · encadrement · 4 - **immobilisation** · paralysie · 5 - [des freins] **serrage** · 6 - [Archit.] **blocaille** · remplage

blockhaus *n.m.* · bunker · casemate · fortin

bloc-notes *n.m.* · bloc · calepin · carnet

blocus *n.m.* **siège** · investissement

✦ **faire le blocus de** assiéger · bloquer · investir

✦ **blocus économique** boycott · boycottage · embargo

blond, e

▪ *adj.* 1 - **doré** · blondasse *péj.* · 2 - **décoloré** · oxygéné · platiné

✦ **très blond** blond comme les blés

▪ *n.* **blondin** · blondinet

bloquer *v.tr.*

I 1 - **caler** · coincer · immobiliser · 2 - **serrer à bloc**

II 1 - **barrer** · boucher · embouteiller · obstruer · 2 - **inhiber** · paralyser · 3 - **arrêter** · enrayer · geler · interrompre · stopper · 4 - **cerner** · assiéger · investir · mettre le siège devant

III **grouper** · masser · rassembler · regrouper · réunir

⋙ **se bloquer** *v.pron.* **se coincer** · se paralyser

blottir (se) *v.pron.* 1 - **se pelotonner** · se mettre en boule · se ramasser · se recroqueviller · se replier · se tapir · se bouler *fam., région.* · 2 - **se cacher** · se réfugier · s'enfouir

✦ **se blottir contre** se presser contre · se serrer contre

⤳ **tapir (se)**

blouse *n.f.* 1 - **tablier** · sarrau · bliaud *région.* · bourgeron *vieux* · casaque *vieux* · roulière *vieux* · souquenille *vieux* · 2 - **chemisette** · chemisier · corsage

[1]**blouser** *v.tr.* [fam.] **berner** · piéger · tromper · arnaquer *fam.* · baiser *très fam.* · couillonner *très fam.* · embobiner *fam.* · pigeonner *fam.* · rouler *fam.*

[2]**blouser** *v.intr.* · bouffer · gonfler

blouson *n.m.* [d'aviateur] **bombardier**

✦ **blouson noir** loubard *fam.* · loulou *fam.*

blues *n.m.* [fam.] **bourdon** *fam.* · cafard *fam.* · vague à l'âme

✦ **coup de blues** coup de calcaire *fam.*

bluff *n.m.* · bidon *fam.* · chiqué *fam.* · esbroufe *fam.* · flan *fam.* · frime *fam.* · intox *fam.*

bluffer
▪ *v.tr.* 1 - **abuser** · donner le change · tromper · 2 - **impressionner** · épater · estomaquer *fam.*
▪ *v.intr.* **donner le change** · frimer *fam.* · faire de l'esbroufe *fam.* · faire de l'épate *fam.*

bluffeur, -euse *n. et adj.* · hâbleur · menteur · vantard · esbroufeur *fam.* · frimeur *fam.*

bobard *n.m.* → **mensonge**

bobine *n.f.* 1 - **bobineau** · cannelle · canette · dévidoir · fuseau · fusette · rouleau · 2 - **film** · pellicule · rouleau · 3 - [Techn.] bloquet · rochet · roquetin · 4 - [fam.] → **tête**

bobiner *v.tr.* · enrouler · embobiner · rembobiner · [Techn.] envider · renvider

bocal *n.m.* · pot

bock *n.m.* · chope · demi

body *n.m.* · justaucorps

bodybuilding *n.m.* · culturisme · musculation · muscu *fam.* · gonflette *fam.*

bœuf *n.m.* 1 - **bovin** · 2 - **bison** · aurochs · yack

bohème *adj.* · artiste · fantaisiste · original

boire *v.tr.*
I 1 - avaler · absorber · ingurgiter · téter · carburer à *fam.* · descendre *fam.* · écluser *fam.* · pomper *fam.* · siffler *fam.* · s'enfiler *fam.* · s'envoyer *fam.* · se taper *fam.* · se jeter derrière la cravate *fam.* · 2 - [d'un trait] **lamper** · vider · 3 - [à petits coups] **buvoter** · siroter · laper · 4 - **s'imprégner de** · absorber · s'imbiber de · se remplir de
II [sans complément] 1 - **se désaltérer** · s'abreuver · étancher sa soif · se rafraîchir · 2 - **s'enivrer** · se soûler · biberonner *fam.* · se cuiter *fam.* · s'humecter le gosier *fam.* · se lester *fam.* · picoler *fam.* · se pinter *fam.* · se piquer le nez *fam.* · pomper *fam.* · prendre une biture, une cuite *fam.* · se bourrer la gueule *très fam.* · se rincer la dalle, le corridor, le gosier *fam.* · s'aviner *littér.* · bidonner *fam., vieux* · boissonner *fam., vieux* · se cocarder *fam., vieux* · [régulièrement] téter (la bouteille) *fam.* · lever le coude *fam.* · ne pas sucer que de la glace *fam., vieilli*

✦ **boire à** porter un toast à · arroser · trinquer à

✦ **boire beaucoup** avoir une bonne descente *fam.* · avoir la dalle en pente *très fam.* · boire comme une éponge, un tonneau, un trou *fam.* · boire comme un Polonais, un Suisse *vieux* · boire comme un pompier, un sonneur, un templier *vieux*

✦ **payer à boire à** régaler *fam.* · rincer *fam.*

bois *n.m.* 1 - **forêt** · sylve *poétique* · 2 - **bosquet** · boqueteau · bouquet d'arbres · futaie · taillis · bocage *littér.* · 3 - [cerf] **ramure** · andouiller · dague · empaumure · merrain

boiser *v.tr.* · planter · reboiser

boiserie *n.f.* · lambris · huisserie · moulure · panneau · parquet

boisson *n.f.* 1 - **breuvage** · consommation · rafraîchissement · nectar *littér.* · 2 - → **alcoolisme**

boîte *n.f.* 1 - **récipient** · contenant · emballage · 2 - **caisse** · carton · coffre · 3 - **boîtier** · cassette · coffret · 4 - [à bonbons] **bonbonnière** · chocolatière · drageoir · 5 - **case** · casier ·

6 - conserve · **7 -** [fam.] **entreprise** · taule *fam.* · **8 -** [fam.] **école** · collège · lycée · bahut *fam.*

✦ **boîte à ordures** poubelle

✦ **boîte à bijoux** écrin · baguier · coffret

✦ **boîte de nuit** discothèque · dancing *vieilli* · night-club *vieilli*

✦ **mettre en boîte** taquiner · se moquer de · charrier *fam.*

boitement *n.m.* · boitillement · claudication *littér.* · boitage *rare* · boiterie *rare*

boiter *v.intr.* · boitiller · aller clopin-clopant · clopiner · traîner la jambe · avoir une patte folle *fam.* · traîner la patte *fam.* · claudiquer *littér. ou plaisant* · clocher *vieux*

boiterie *n.f.* → **boitement**

boiteux, -euse *adj.* **1 - claudicant** *littér. ou plaisant* · bancal · béquillard *fam.* · banban *fam., vieux* · bancroche *fam., vieux* · **2 - bancal** · branlant · instable · **3 - insatisfaisant** · fragile · imparfait · précaire

boîtier *n.m.* · boîte · coffret · écrin · étui

bol *n.m.* **1 - coupe** · jatte · pot · tasse · **2 - bolée** · **3 -** [fam.] → **chance**

✦ **en avoir ras le bol** en avoir assez · en avoir marre *fam.* · en avoir jusque-là *fam.* · en avoir plein, ras le cul *très fam.* · en avoir ras la casquette *fam.*

bolet *n.m.* · cèpe

bolide *n.m.* **1 - astéroïde** · météore · météorite · **2 - voiture de course**

bombance *n.f.*

✦ **faire bombance** festoyer · ripailler · gueuletonner *fam.* · se taper la cloche *fam.* · faire ripaille *fam., vieilli* · faire la bombe *fam., vieilli* · faire grande chère *vieux*

bombardement *n.m.* · pilonnage · canonnade · arrosage *argot militaire* · marmitage *vieux*

bombarder *v.tr.* **1 - canonner** · matraquer · mitrailler · pilonner · arroser *argot militaire* · marmiter *vieux* · **2 - harceler** · accabler · assaillir · cribler · **3 - parachuter** · catapulter · propulser

[1]**bombe** *n.f.* **1 - machine infernale** · **2 - aérosol** · atomiseur · pulvérisateur · spray

[2]**bombe** *n.f.* [fam.] → **fête**

bombé, e *adj.* · arrondi · arqué · cintré · courbe · renflé · ventru

bombement *n.m.* · convexité · bosse · courbure · gonflement · renflement

bomber

▪ *v.tr.* **1 - enfler** · gonfler · renfler · **2 - cambrer** · cintrer · courber · **3 - taguer** · graffiter

▪ *v.intr.* **1 - gondoler** · gonfler · [Couture] goder · **2 -** [fam.] **filer** · bourrer *fam.* · foncer *fam.*

[1]**bon, bonne** *adj.*

I délicieux · délicat · exquis · goûteux · savoureux · succulent

II 1 - altruiste · bienfaisant · bienveillant · charitable · clément · généreux · gracieux · humain · indulgent · magnanime · miséricordieux · philanthrope · secourable · sensible · serviable · **2 - louable** · charitable · généreux · méritoire · noble · vertueux · **3 - aimable** · brave · complaisant · estimable · gentil · honnête · obligeant

III 1 - capable · adroit · doué · expert · habile · ingénieux · **2 - avisé** · éclairé · judicieux · prudent · raisonnable · sage
IV avantageux · fertile · instructif · lucratif · productif · profitable · utile · bonard *fam.*
V 1 - approprié · adéquat · efficace · **2 - favorable** · bénéfique · heureux · opportun · propice · salutaire · sain
VI 1 - exact · correct · juste · rigoureux · sérieux · solide · sûr · **2 - fidèle** · pur · véritable · vrai

✦ **bon à rien** incapable · incompétent · nul · nullité · propre à rien · zéro *fam.*

✦ **assez bon** acceptable · convenable · moyen · passable · satisfaisant · suffisant · valable

✦ **très bon** → **excellent**

[2]bon *adv.*

✦ **comme bon vous semble** à votre guise · à votre fantaisie *vieilli*

✦ **pour de bon** réellement · effectivement · réellement · sérieusement · vraiment · pas pour rire *fam.* · pas pour du beurre *fam.*

[3]bon *interj.* · bien · soit

[4]bon *n.m.* · billet · coupon · ticket

bonasse *adj.* · faible · mou · niais · boniface *fam., vieilli*

bonbon *n.m.* **confiserie** · friandise · sucrerie · boule *Belgique* · chique *Belgique* • [sortes] pastille · berlingot · boule de gomme · caramel · dragée · praline · sucre d'orge

bonbonne *n.f.* · dame-jeanne · jaquelin

bonbonnière *n.f.* · drageoir

bond *n.m.* **1 - saut** · bondissement · cabriole · gambade · saut de carpe · **2 - soubresaut** · sursaut · **3 - ricochet** · rebond · **4 - augmentation** · bond · explosion · flambée · hausse

✦ **faire un bond** → **bondir**

✦ **faire faux bond** se dérober · se défiler • [à un rendez-vous] poser un lapin *fam.*

bond, saut

Bond et **saut** désignent tous deux l'action de s'élever un moment au-dessus du sol par une détente musculaire, mais le **bond** suppose toujours une certaine brusquerie *(s'élancer d'un bond, d'un seul bond)*, alors que le **saut** implique le plus souvent une coordination des mouvements. L'aspect volontaire de l'action *(saut à la corde, saut d'un trapéziste)* apparaît nettement dans le fait qu'elle peut devenir un exercice dans diverses disciplines *(saut en hauteur, saut en longueur en athlétisme, sauts en danse)*.

bonde *n.f.* · bouchon · bondon · tampon

bondé, e *adj.* · plein (à craquer) · comble · archiplein *fam.* · bourré *fam.* · plein comme un œuf *fam.*

bondieusard, e *adj.* → **bigot**

bondieuserie *n.f.* · bigoterie · cagoterie *vieux*

bondir *v.intr.* **1 - sauter** · courir · s'élancer · jaillir · se précipiter · **2 - cabrioler** · gambader · sauter · faire un, des bond(s)

bondissement *n.m.* · bond · cabriole · saut

bon enfant *adj. invar.* **1 - cordial** · convivial · **2 - bonhomme** · débonnaire · gentil

bonheur *n.m.*
I 1 - contentement · enchantement · joie · plaisir · ravissement · féli-

cité *littér.* · **2 - bien-être** · calme · paix · sérénité · **3 - euphorie** · béatitude · extase
II 1 - chance · aubaine · bonne fortune · **2 - avantage** · joie · plaisir

✦ **avec bonheur** à cœur joie

✦ **par bonheur** heureusement · Dieu merci · par chance

bonheur, félicité, plaisir

La plupart des gens recherchent le **bonheur**, cet état si rare de satisfaction de la conscience : « La recherche du bonheur dans la satisfaction du désir moral était quelque chose d'aussi naïf que l'entreprise d'atteindre l'horizon en marchant devant soi » (Proust, *À la recherche du temps perdu*, t. XIII). La **félicité** correspond à ce que l'on pourrait aussi appeler un bonheur durable *(rien ne vient troubler sa félicité)* ; le mot est exclusivement littéraire aujourd'hui. Le **plaisir** n'est pas dans la durée : c'est une émotion agréable provoquée quand on satisfait par exemple la tendance à aider autrui *(plaisir moral)* ou à satisfaire un sens *(plaisir des yeux)*.

bonhomie *n.f.* · affabilité · bonté · douceur · gentillesse · simplicité

bonhomme

▪ *n.m.* **homme** · individu · monsieur · mec *fam.* · type *fam.* · zèbre *fam.* · zigoto *fam.* · zigue *fam.*

▪ *adj.* **affable** · aimable · conciliant · facile · gentil

boni *n.m.* · bénéfice · bonification · excédent · gratification · guelte *vieux*

[1]**bonification** *n.f.* · amélioration · [de terres] amendement · fertilisation · abonnissement *rare*

[2]**bonification** *n.f.* **1 - rabais** · remise · ristourne · **2 - gratification** · avantage

bonifier *v.tr.* · améliorer · régénérer · [des terres] amender · fertiliser · abonnir *rare*

boniment *n.m.* **1 - mensonge** · bavardage · baratin *fam.* · blabla *fam.* · blague *fam.* · bobard *fam.* · plat *fam.* · bourre-mou *fam., vieilli* · **2 - battage** · matraquage · baratin *fam.*

bonimenteur, -euse *n.* · camelot · bonisseur *rare*

bonjour *n.m. et interj.* · salut · salutation

bonne *n.f.* **domestique** · employée de maison · boniche *fam., péj.*

✦ **bonne d'enfants** gouvernante · nurse

bonne-maman *n.f.* · grand-maman · mamie *fam.* · mémé *fam.*

bonnement (tout) *loc. adv.* · tout simplement

bonnet *n.m.* **coiffe** · calot · toque · [d'ecclésiastique] barrette · bonichon *fam., vieilli* · [anciens] bavolet · béguin · cabochon

✦ **gros bonnet** personnalité · pontife · bonze *fam.* · grosse légume *fam.* · (grand) ponte *fam.* · huile *fam.*

✦ **bonnet de nuit** [péj.] rabat-joie · éteignoir · trouble-fête · pisse-froid *fam.* · pisse-vinaigre *fam.*

bonneterie *n.f.* · mercerie

bon-papa *n.m.* · grand-papa · papy *fam.* · pépé *fam.*

bonsoir *n.m. et interj.* · salut · adieu · au revoir · bonne soirée

bonté *n.f.* **1 - bienveillance** · altruisme · bienfaisance · bonhomie · clémence · cœur · compassion · complaisance · humanité · indulgence · magnanimité · mansuétude · miséricorde · pitié ·

tendresse · **2 - amabilité** · bienveillance · gentillesse · obligeance · **3 - naïveté** · simplicité · débonnaireté *littér.* · **4 -** [surtout plur.] **faveur** · bienfait

bonus *n.m.* · gratification · prime · récompense

bon vivant *n.m.* · gai luron · joyeux drille

bonze *n.m.* · personnalité · pontife · huile *fam.* · grosse légume *fam.* · (grand) ponte *fam.*

boom *n.m.* **1 - prospérité** · croissance · essor · expansion · **2 - augmentation** · bond · explosion · flambée · hausse

boots *n.f.pl.* · bottillons · bottines

borborygme *n.m.* · gargouillement · gargouillis

bord *n.m.* **1 - côté** · arête · bordure · extrémité · limite · marge · tranche · rebord · **2 - contour** · cadre · entourage · bordure · périphérie · pourtour · **3 -** [de rivière] **rive** · berge · rivage · **4 -** [de forêt] **lisière** · orée · **5 -** [de vêtement] **frange** · ourlet · **6 -** [Mar.] **bordage** · bâbord · tribord

✦ **bord de mer** côte · grève · littoral · plage · rivage

✦ **être au bord de** être tout près de · être sur le point de · friser · frôler

bordeaux *adj.* · grenat · pourpre

bordée *n.f.* **1 - virée** · **2 -** [de jurons, etc.] **avalanche** · cascade · déluge · flot

bordel *n.m.* **1 - maison close** · hôtel de passe · boxon *argot* · clandé *argot* · claque *argot* · maison de tolérance *vieux* · lupanar *vieux* · **2 - désordre** · fouillis · bazar *fam.* · binz *fam.* · boxon *fam.* · foutoir *fam.* · pagaille *fam.* · **3 - tapage** · boucan *fam.* · raffut *fam.* · ramdam *fam.*

border *v.tr.* **1 - longer** · suivre · **2 - entourer** · encadrer · enceindre · franger

bordereau *n.m.* **1 - état** · liste · note · relevé · **2 - facture** · justificatif

bordure *n.f.* **1 - bord** · tour · **2 - cadre** · contour · encadrement · **3 - périphérie** · périmètre · pourtour · **4 -** [de forêt] **lisière** · orée · **5 -** [de mer] **côte** · littoral · **6 -** [d'arbres, etc.] **cordon** · haie · ligne · **7 -** [Couture] **liseré** · feston · garniture · **8 -** [Héraldique] **orle** · engrêlure

boréal, e *adj.* · arctique · nordique · polaire · hyperboréen *littér.*

borgne *adj.* **1 - aveugle** · **2 - mal famé** · interlope · louche

bornage *n.m.* · limitation · délimitation

borne *n.f.* **1 - limite** · frontière · **2 -** [de signalisation, de protection] **colonne** · chasse-roue · bitte · bollard · bouteroue *vieilli* · **3 -** [fam.] → **kilomètre**

✦ **sans bornes** illimité · démesuré · immense · infini

↝ **limite**

borné, e *adj.* **bête** · buté · étroit · limité · obtus · stupide · bas de plafond *fam.*

✦ **être borné** ne pas voir plus loin que le bout de son nez · avoir des œillères · avoir la vue courte · regarder par le petit bout de la lorgnette · être bas de plafond *fam.*

borner *v.tr.* **1 - délimiter** · border · confiner · limiter · marquer · terminer · **2 - circonscrire** · limiter · modérer · réduire · restreindre

››› **se borner à** *v.pron.* **se limiter à** · se cantonner à · se confiner à · se contenter de · ne faire que · se satisfaire de · s'en tenir à

bosquet *n.m.* · boqueteau · bouquet · massif

bosse *n.f.* **1 – enflure** · tumeur · grosseur · beigne *fam., vieux* · bigne *vieux ou région.* · **2 –** [dans le dos] **gibbosité** · cyphose · **3 – bosselure** · excroissance · protubérance · renflement · élevure *vieux* · **4 – monticule** · élévation · éminence

bosselé, e *adj.* · cabossé · accidenté · bossué

bosseler *v.tr.* · cabosser · bossuer

bosselure *n.f.* · bosselage · bossellement

bosser

▪ *v.intr.* **travailler** · [dur] boulonner *fam.* · se défoncer *fam.* · marner *fam.* · trimer *fam.* · turbiner *fam.* · ouvrer *vieilli ou région.* · tâcher *littér.*

▪ *v.tr.* **étudier** · bûcher *fam.* · plancher sur *fam.* · potasser *fam.* · bloquer *fam., Belgique* · chiader *fam., vieilli* · piocher *fam., vieilli*

bosseur, -euse *n. et adj.* · travailleur · bûcheur *fam.*

bossu, e *adj. et n.*

▪ *adj.* **contrefait** · difforme · gibbeux

▪ *n.m.* **bobosse** *fam., vieilli* · boscot *fam., vieilli*

bossuer *v.tr.* · bosseler · cabosser

[1]**botte** *n.f.* · gerbe · bottée · bottelée · bouquet · fagot · faisceau · [de feuilles de tabac] manoque · [de branches] bourrée *région.*

[2]**botte** *n.f.* · bottillon · bottine · boots *(plur.)* · brodequin · cuissarde · godillot · ranger · santiag · kamik *(Inuits)* · heuse *(Moyen Âge)*

botter *v.tr.* **1 – chausser** · **2 –** [Sport] **shooter** · tirer · **3 –** [fam.] **plaire à** · aller à · convenir à · chanter à *fam.*

bottier *n.* · chausseur

bottillon *n.m.* · bottine · brodequin · godillot · boots *(plur.)*

bottin *n.m.* · annuaire

bottine *n.f.* → **bottillon**

bouc *n.m.* **barbiche** · barbichette

✦ **bouc émissaire** souffre-douleur · tête de turc · punching-ball *fam.*

boucan *n.m.* · vacarme · chahut · tapage · tumulte · chambard *fam.* · pétard *fam.* · raffut *fam.* · ramdam *fam.* · tintouin *fam.*

boucaner *v.tr.* **1 – fumer** · **2 – hâler** · basaner · tanner

bouchage *n.m.* · colmatage · bouchement · fermeture

bouche *n.f.* **1 – museau** *fam.* · bec *fam.* · clapet *fam.* · gosier *fam.* · gueule *fam.* · goule *fam., région.* · margoulette *fam., vieilli* · goulot *fam., vieux* · avaloir *fam., vieux* · **2 –** [d'animal] **bec** · gueule · **3 – orifice** · entrée · gueule · ouverture · **4 –** [d'un fleuve] embouchure

✦ **bouche bée** muet · sans voix · interloqué · interdit · coi *littér.*

✦ **fine bouche** gourmet · fine gueule · gastronome

✦ **bouche à feu** canon · mortier · obusier

bouché, e *adj.* **1 – brumeux** · couvert · gris · sombre · **2 –** [fam.] **borné** · obtus · dur, lent à la détente *fam.*

bouchée *n.f.* · goulée *vieilli, région.* · lippée *vieilli, région.*

[1]**boucher** *v.tr.* **1 - encombrer** · obstruer · oblitérer *(Méd.)* · **2 - fermer** · aveugler · barrer · barricader · condamner · murer · obturer · **3 - colmater** · calfater · calfeutrer · étancher · étouper · tamponner

»» **se boucher** *v.pron.* **1 - s'engorger** · **2 -** [ciel] **se couvrir** · s'assombrir · s'obscurcir

[2]**boucher, -ère** *n.* · chevillard · étalier *vieilli* · loucherbem *argot* · louchébème *argot*

boucherie *n.f.* **1 - abattoir** · **2 - tuerie** · carnage · guerre · massacre

massacre

bouche-trou *n.m.*

✦ **faire le bouche-trou** jouer les utilités *vieilli*

bouchon *n.m.* **1 - tampon** · capuchon · tapon *vieilli* · [Mar.] tape · [de tonneau] bonde · **2 - embouteillage** · encombrement · retenue

bouchonner *v.tr.* **1 -** [vieilli] **chiffonner** · froisser · tordre · **2 -** [cheval] **frictionner** · brosser · étriller · frotter · panser

bouchot *n.m.* · moulière · parc à moules

bouclage *n.m.* **1 - verrouillage** · encerclement · **2 - finalisation** · achèvement

boucle *n.f.* **1 - anneau** · agrafe · fermoir · œil · **2 - nœud** · rosette · [tricot] maille · **3 -** [de cheveux] **frisette** · accroche-cœur · anglaise · bouclette · frisottis · frison *vieilli* · **4 - méandre** · courbe · sinuosité · [avion] looping *anglic.* · **5 - cycle** · ronde

✦ **boucle d'oreille** [sortes] pendant (d'oreille) · clip · créole · dormeuse · girandole · pendeloque

boucler *v.tr.* **1 - attacher** · fermer · **2 - verrouiller** · encercler · bloquer · cerner · investir · **3 - finaliser** · achever · mettre la dernière main à · mettre un point final à

bouclette *n.f.* → **boucle**

bouclier *n.m.* **1 - écu** · broquel · écu · pavois · rondache · rondelle · targe · pelte · égide *(Mythol.)* · **2 - protection** · rempart · sauvegarde · palladium *littér., vieux*

bouder

▪ *v.intr.* **être fâché** · faire la lippe · faire la tête *fam.* · faire du boudin *fam.* · faire la gueule *fam.*

▪ *v.tr.* **dédaigner** · se détourner de · ignorer

bouderie *n.f.* · fâcherie · mauvaise humeur

boudeur, -euse *adj.* · grognon · grincheux · maussade · renfrogné

boudin *n.m.* **1 - cylindre** · [sur colonne] tore · **2 - manche à air** · biroute *argot militaire* · **3 -** [fam.] → **laideron**

boudiné, e *adj.* **1 - comprimé** · saucissonné · serré · **2 - dodu** · bouffi

boudiner *v.tr.* · comprimer · saucissonner · serrer

boudoir *n.m.* · cabinet particulier

boue *n.f.* **1 - gadoue** · fange *littér.* · bouillasse *fam.* · gadouille *fam.* · margouillis *fam.* · crotte *vieux* · **2 - limon** · bourbe · vase · curure *(Techn.)*

✦ **couvrir de boue, traîner dans la boue** calomnier · diffamer

boue, fange, limon, vase

La notion de mélange de divers éléments réunit ces mots. La **boue** est constituée de terre et d'eau, et se forme sur les chemins de campagne après de fortes pluies. On parle de **fange** quand cette boue est presque liquide ; c'est un mot d'usage littéraire, employé au figuré dans des contextes communs avec **boue** : *se traîner dans la fange* ou *dans la boue*. Le **limon**, propre aux rives des fleuves, est une boue mêlée de particules organiques diverses que les eaux ont déposé *(un limon jaunâtre, le limon fertile du Nil)*. La **vase** occupe le fond des étangs ou des eaux à débit très lent, formée par de la terre et des débris organiques variés en décomposition *(la vase d'une mare ; des barques échouées dans la vase)*. Employé au figuré, **vase** renchérit sur **boue** et **fange** : « Ce secret putride, je ne fis rien pour l'arracher à la vase » (Mauriac, *le Nœud de vipères*, IV).

bouée *n.f.* **1 - balise** · **2 - flotteur** · flotte

boueux, -euse *adj.* **1 - bourbeux** · vaseux · fangeux *littér.* · gadouilleux *fam.* · **2 - crotté** *fam.*

bouffant, e *adj.* · blousant · froncé · gonflant

bouffe *n.f.* [fam.] → **nourriture**

bouffée *n.f.* **1 - accès** · crise · explosion · poussée · **2 - exhalaison** · émanation · souffle · halenée *vieux ou littér.* • [de cigarette] taffe *fam.*

✦ **bouffée délirante** **raptus** *(Méd.)*

[1]**bouffer** *v.intr.* · blouser · gonfler

[2]**bouffer** *v.tr.* [fam.] → **manger**

bouffi, e *adj.* **1 - gonflé** · boudiné · boursouflé · gras · gros · joufflu · mafflu · vultueux *littér.* · **2 - ampoulé** · emphatique · grandiloquent · pompeux

gonflé

bouffir *v.tr.* · boursoufler · enfler · gonfler

bouffissure *n.f.* **1 - boursouflure** · empâtement · gonflement · **2 - cloque** · poche · **3 - emphase** · enflure · grandiloquence

bouffon, -onne

▪ *n.m.* **1 - fou (du roi)** · **2 - clown** · farceur · plaisantin · loustic *vieux* · **3 -** [Théâtre] **comique** · arlequin · baladin · bateleur · histrion · pitre · bobèche *vieux* · gracioso *vieux* · pasquin *vieux* · queue-rouge *vieux* · matassin *anciennt* · zanni *anciennt* · **4 -** [lang. jeunes] **nullité** · nul *fam.* · tocard *fam.*

▪ *adj.* **burlesque** · cocasse · comique · drôle · grotesque · ridicule · scurrile *vieux*

bouffonnerie *n.f.* **1 - farce** · blague · comédie · facétie · pitrerie · arlequinade *littér.* · **2 - cocasserie** · drôlerie · grotesque

bouge *n.m.* **1 - taudis** · galetas · **2 - cabaret** · boui-boui *fam.*

bougeoir *n.m.* · chandelier

bougeotte *n.f.*

✦ **avoir la bougeotte** ne pas tenir en place · avoir le feu au derrière *fam.*

bouger

▪ *v.intr.* **1 - remuer** · s'agiter · gigoter · ne pas rester, ne pas tenir en place · avoir la bougeotte *fam.* · **2 - se déplacer** · se mouvoir · aller et venir · **3 - branler** · osciller · **4 - broncher** · ciller · protester · réagir · **5 - changer** · avancer · évoluer · se modifier · progresser · aller de l'avant

▪ *v.tr.* **déplacer** · déranger

››› **se bouger** *v.pron.* [fam.] **s'activer** · agir · se démener · se donner du mal, de la peine · se remuer *fam.* · s'arracher *fam.* · ne pas rester les deux pieds dans le même sabot *fam.*

bougie *n.f.* · chandelle · cierge · calbombe *argot* · camoufle *argot*

bougon, -onne *adj. et n.* · grognon · grincheux · ronchonneur · ronchon *fam.*

bougonner *v.intr.* · grommeler · grogner · maugréer · râler *fam.* · rouspéter *fam.*

bougre

▪ *n.m.* → **type**

✦ **bougre de** espèce de · sacré *fam.* · bigre de *fam., vieilli*

▪ *interj.* **bigre** *fam.* · fichtre *fam.*

bougrement *adv.* · bigrement *fam.* · diablement *fam.* · drôlement *fam.* · foutrement *fam.* · sacrément *fam.* · vachement *fam.*

bouillabaisse *n.f.* · bourride

bouillant, e *adj.* **1 - brûlant** · **2 - fougueux** · ardent · enflammé · exalté · impétueux · pétulant · tout feu tout flamme · volcanique

bouille *n.f.* [fam.] → **tête**

bouilleur de cru *n.m.* · distillateur

bouillie *n.f.* **1 - compote** · purée · **2 - salmigondis**

✦ **mettre en bouillie** écraser · abîmer · mettre en capilotade · mettre, réduire en charpie · mettre en compote · mettre en marmelade · mettre en miettes · écrabouiller *fam.*

bouillir *v.intr.* **1 - bouillonner** · bouillotter · frémir · frissonner · **2 - s'impatienter** · s'énerver · [d'impatience, etc.] bouillonner · brûler · piaffer

✦ **faire bouillir** **1 - mijoter** · mitonner · **2 - exaspérer**

bouillon *n.m.* **1 - potage** · consommé · soupe · brouet *vieux* · chaudeau *vieux* · **2 - bouillonnement** · ébullition

bouillonnant, e *adj.* **1 - tumultueux** · turbulent · **2 - fougueux** · ardent · exalté · impétueux · pétulant · tout feu tout flamme · volcanique

bouillonnement *n.m.* **1 - ébullition** · bouillon · **2 - fougue** · ardeur · effervescence · exaltation · impétuosité · pétulance

bouillonner *v.intr.* **1 - bouillir** · bouillotter · frémir · frissonner · **2 -** [d'impatience, etc.] **brûler** · bouillir · piaffer · trépigner

boulangerie *n.f.* · boulange *fam.*

boule *n.f.* **1 - sphère** · balle · bille · boulet · boulette · globe · **2 - miche** · pain boulot

✦ **se mettre, se rouler en boule** se pelotonner · se blottir · se lover · se recroqueviller

✦ **en boule** [fam.] → **en colère**

boulet *n.m.* **1 - obus** · **2 -** [péj.] **poids** · charge · fardeau

boulette *n.f.* **1 - croquette** · attignole *région.* · **2 -** [fam.] **bévue** · impair · faux pas · pas de clerc · bourde *fam.* · gaffe *fam.*

boulevard *n.m.* · avenue · artère · cours · mail

bouleversant, e *adj.* · déchirant · émouvant · pathétique · poignant · saisissant

bouleversé, e *adj.* • ému • ébranlé • troublé • remué • retourné • secoué

bouleversement *n.m.* **1 - émotion** • choc • commotion • ébranlement • secousse • trouble • **2 - perturbation** • branle-bas • cataclysme • conflagration • convulsion • dérèglement • désorganisation • désordre • renversement • remue-ménage • révolution • chambard *fam.* • chambardement *fam.* • chamboulement *fam.* • **3 - ravage** • destruction • ruine • saccage

bouleverser *v.tr.* **1 - émouvoir** • ébranler • retourner • secouer • troubler • tourneboulег *fam.* • tourner le(s) sang(s) à *fam.* • **2 - perturber** • déranger • désorganiser • jeter le trouble dans • mettre sens dessus dessous • renverser • révolutionner • chambarder *fam.* • chambouler *fam.* • **3 - ravager** • détruire • redessiner • ruiner • saccager

boulier *n.m.* • abaque

boulimie *n.f.* **1 - hyperphagie** • sitiomanie • **2 - avidité** • appétit • faim • fringale • goinfrerie • gloutonnerie • voracité

boulonner *v.intr.* [fam.] → **travailler**

[1]**boulot, -otte** *adj.* • rond • grassouillet • rondelet • rondouillard *fam.*

[2]**boulot** *n.m.* **1 -** [fam.] **emploi** • poste • profession • job *fam.* • **2 -** [fam.] **travail** • turbin *fam.*

boulotter *v.tr.* [fam.] → **manger**

boum *n.f.* [fam.] fête • soirée • surprise-partie *vieux* • teuf *lang. jeunes*

bouquet *n.m.* **1 - gerbe** • botte • faisceau • touffe • **2 - arôme** • fumet • nez • **3 - apogée** • apothéose • finale

✦ **bouquet d'arbres** bosquet • boqueteau

✦ **c'est le bouquet !** c'est le comble ! • il ne manquait plus que ça ! • c'est le pompon ! *fam.*

bouquin *n.m.* → **livre**

bouquiner *v.tr.* → **lire**

bourbeux, -euse *adj.* • boueux • limoneux • marécageux • vaseux • fangeux *littér.*

bourbier *n.m.* **1 - marais** • marécage • **2 - cloaque** • **3 - embarras** • piège • merdier *fam.* • pétrin *fam.*

bourde *n.f.* **1 - erreur** • bêtise • bévue • faute • faux pas • impair • maladresse • pas de clerc *littér.* • blague *fam.* • gaffe *fam.* • bourdante *fam., vieilli* • **2 - baliverne** • invention • plaisanterie • calembredaine *vieux*

bourdon *n.m.*

✦ **avoir le bourdon** avoir du vague à l'âme • broyer du noir • avoir le blues *fam.* • avoir le cafard *fam.* • cafarder *fam.* • avoir un coup de calcaire *fam.*

✦ **donner, filer le bourdon** déprimer • donner, filer le cafard *fam.*

bourdonnement *n.m.* **1 - vrombissement** • ronronnement • bombillement *rare* • **2 - rumeur** • bruissement

✦ **bourdonnement d'oreille** tintement • acouphène

bourdonner *v.intr.* **1 - vrombir** • ronronner • bombiller *rare* • **2 - tinter** • **3 - bruire** *littér.*

bourg *n.m.* • bourgade • village • ville • patelin *fam.*

ↄ **village**

bourgade *n.f.* → **bourg**

bourgeois, e *adj.* **1 - cossu** · riche · **2 - conformiste** · conventionnel · petit-bourgeois · traditionaliste · bourge *fam.* · **3 -** [quartier] **résidentiel** · **4 - simple** · familial

bourgeon *n.m.* · bouton · bulbe · bulbille · caïeu · gousse · pousse · œil · mailleton · scion · rejet · rejeton · turion

bourgeonner *v.intr.* · boutonner · fleurir

bourlinguer *v.intr.* **1 - naviguer** · sillonner les mers · **2 - voyager** · rouler sa bosse *fam.*

bourlingueur, -euse *n.* · voyageur · aventurier · routard · globe-trotter *vieilli*

bourrage *n.m.* **bourre** · rembourrage

✦ **bourrage de crâne** **1 - battage** · bluff · intoxication · propagande · **2 - bachotage**

bourrasque *n.f.* · rafale · tempête · tourbillon · tourmente

bourre *n.f.* · bourrette · bourrillon · capiton · strasse · ouate · lassis *anciennt*

bourré, e *adj.* **1 - bondé** · comble · complet · **2 - plein** · farci · rempli · truffé · **3 -** [fam.] → **ivre**

bourreau *n.m.* **1 - tortionnaire** · questionnaire *vieux* · tourmenteur *vieux* · **2 - exécuteur** · guillotineur · exécuteur de la haute justice *vieux* · exécuteur des hautes œuvres, des basses œuvres *vieux* · tranche-tête *vieux* · béquillard *argot, vieux*

✦ **bourreau des cœurs** don Juan · séducteur · tombeur *fam.* · lovelace *littér.*

✦ **bourreau de travail** bosseur *fam.* · bûcheur *fam.* · stakhanoviste

bourrelet *n.m.* **1 - pli** · capiton · [sur les hanches] poignée d'amour *plaisant* · **2 - tortillon**

bourrelier, -ière *n.* · sellier

bourrellerie *n.f.* · sellerie

bourrer *v.tr.* **1 - rembourrer** · garnir · **2 - remplir** · farcir · truffer · **3 - tasser** · entasser · **4 - gaver** · gorger · rassasier

⋙ **se bourrer** *v.pron.* **1 - se gaver** · se goinfrer · se farcir *fam.* · **2 -** [fam.] → **s'enivrer**

bourrette *n.f.* · bourre (de soie) · schappe

bourriche *n.f.* · cageot · cloyère · panier · bourrichon *vieux*

bourricot *n.m.* · ânon · âne · baudet · bourrique · bourriquet · grison *fam.*

bourrin *n.m.* → **cheval**

bourrique *n.f.* **1 - baudet** · âne · bourricot · bourriquet · grison *fam.* · **2 - sot** · âne · imbécile · mule

✦ **faire tourner en bourrique** abrutir · agacer · faire devenir chèvre *fam.*

bourriquet *n.m.* → **bourricot**

bourru, e *adj.* · rude · abrupt · acariâtre · ours · renfrogné · revêche

[1]**bourse** *n.f.* **1 - porte-monnaie** · portefeuille · réticule *vieilli* · aumônière *anciennt* · escarcelle *anciennt* · **2 - pension** · aide financière · subside · subvention

⋙ **bourses** *plur.* **scrotum**

[2]**bourse** *n.f.* **1 - place financière** · marché · **2 - agence**

boursicoter *v.intr.* · spéculer

boursicoteur, -euse *n.* · spéculateur

boursier, -ière *n.* · agent (de change) · broker · courtier · remisier · coulissier *vieux*

boursouflage *n.m.* → **boursouflure**

boursouflé, e *adj.* **1 - enflé** · bouffi · gonflé · **2 - ampoulé** · déclamatoire · grandiloquent · pompeux · ronflant
gonflé **emphatique**

boursouflement *n.m.* → **boursouflure**

boursoufler *v.tr.* **enfler** · bouffir · gonfler
›› **se boursoufler** *v.pron.* **cloquer** · enfler · gonfler

boursouflure *n.f.* **1 - ampoule** · bouffissure · boursouflement · cloque · gonflement · **2 - emphase** · enflure · grandiloquence

bousculade *n.f.* **1 - désordre** · cohue · **2 - hâte** · cavalcade · course · précipitation

bousculer *v.tr.* **1 - déranger** · bouleverser · mettre sens dessus dessous · renverser · chambarder *fam.* · chambouler *fam.* · **2 - heurter** · percuter · pousser · rentrer dans *fam.* · **3 - malmener** · brusquer · rudoyer · secouer · **4 - activer** · harceler · presser · secouer · **5 - émouvoir** · secouer · troubler · tournebouler *fam.*

bouse *n.f.* → **excrément**

bousillé, e *adj.* · fichu *fam.* · foutu *fam.* · h.s. *fam.* · nase *fam.* · niqué *très fam.*

bousiller *v.tr.* **1 -** [fam.] → **abîmer** · **2 -** [fam.] → **tuer**

bout *n.m.*
I 1 - extrémité · limite · pointe · **2 - embout** · [d'un pain, etc.] croûton · entame · quignon · **3 - fin** · aboutissement · achèvement · issue · terme
II 1 - morceau · fragment · part · portion · segment · [petit] éclat · miette · **2 -** [de terrain] **parcelle** · lopin · lot · **3 -** [de nourriture] **bouchée** · miette · quignon · rondelle · tranche · **4 -** [de discours] **bribe**

✦ **à bout** **1 - excédé** · exaspéré · **2 - démoralisé** · abattu · accablé
✦ **à bout de souffle** **1 - essoufflé** · haletant · **2 - épuisé** · exténué · sur les genoux *fam.* · vidé *fam.*
✦ **bout à bout** à la queue leu leu
✦ **mettre bout à bout** abouter · ajointer · joindre · rabouter
✦ **de bout en bout** de part en part · du début à la fin
✦ **venir à bout de** triompher de · vaincre
✦ **au bout du compte** finalement · en définitive · tout bien considéré · tout compte fait

boutade *n.f.* · plaisanterie · bon mot · mot d'esprit · trait d'esprit · saillie *littér.* · galéjade *région.* · niche *vieilli*

boute-en-train *n.m.* · amuseur · farceur · joyeux drille · gai luron · comique de la troupe

bouteille *n.f.* **1 - flacon** · fiole · **2 - bonbonne** · dame-jeanne · fiasque · tourie · **3 - litre** · boutanche *fam.* · [de plusieurs litres] magnum · balthazar · jéroboam · mathusalem · nabuchodonosor · réhoboam · salmanazar
✦ **bouteille vide** cadavre *plaisant*

bouter *v.tr.* · refouler · expulser · pousser

boutique *n.f.* · magasin · commerce · échoppe · officine *vieux*

boutiquier, -ière *n.* · commerçant · détaillant · marchand

boutoir *n.m.*

✦ **coup de boutoir** attaque · coup de bélier

bouton *n.m.* **1 - commutateur** · interrupteur · poussoir · **2 - bourgeon** · œil · **3 - pustule** · tumeur · vésicule · **4 - attache**

✦ **bouton de porte** poignée

boutonner *v.tr.* · attacher · fermer

boutonnière *n.f.* **1 - bride** · œillet · **2 -** [Chir.] **incision** · entaille

bovin, e *adj.* [péj.] inexpressif · éteint · morne · vide

bow-window *n.m.* · oriel *recomm. offic.*

box *n.m.* · stalle

boxe *n.f.* **pugilat** · le noble art

✦ **boxe française** savate

boxer *v.tr.* · frapper · cogner *fam.* · bourrer de coups *fam.* · tabasser *fam.*

boxeur, -euse *n.* · pugiliste *littér.*

boxon *n.m.* → **bazar**

boyau *n.m.* **1 -** [surtout plur.] **entrailles** · intestins · tripes · viscères · [Chir.] catgut · **2 - tuyau** · conduite · **3 - conduit** · galerie · tranchée

boycott *n.m.* **1 - interdit** · blocus · **2 - ostracisme** · mise à l'index · quarantaine

boycotter *v.tr.* · ostraciser · jeter l'interdit sur · mettre à l'index · mettre en quarantaine · rompre les relations avec

bracelet *n.m.* · anneau · chaînette · gourmette · jonc · psellion *Antiquité*

brader *v.tr.* · liquider · solder · sacrifier · vendre à prix cassés, sacrifiés · bazarder *fam.*

braderie *n.f.* **1 - foire** · **2 - liquidation**

braillement *n.m.* · hurlement · beuglement · criaillerie · protestation · vocifération · gueulement *fam.*

brailler *v.intr.* **1 - hurler** · beugler · criailler · s'époumoner · vociférer · braire *fam.* · bramer *fam.* · s'égosiller *fam.* · gueuler *fam.* · **2 - pleurer** · chialer *fam.*

braire *v.intr.* → **brailler**

braise *n.f.* · tison

braisière *n.f.* · cocotte · daubière

bramer *v.intr.* **1 - raire** *vieux* · réer *vieux* · **2 -** → **brailler**

brancard *n.m.* · civière

brancardier, -ière *n.* · ambulancier

branchage *n.m.* · branches · ramée *littér.*

branche *n.f.* **1 - branchette** · brindille · rameau · ramille · rouette *vieux ou région.* · broutille *vieux* · **2 -** [de vigne] **pampre** · sarment · **3 - embranchement** · fourche · **4 - discipline** · domaine · ramification · secteur · spécialité

⋙ **branches** *plur.* · branchage · ramure · ramée *littér.*

branchement *n.m.* · connexion · raccordement · rattachement

brancher *v.tr.* **1 - connecter** · raccorder · rattacher · relier · **2 - orienter** · diriger · **3 -** [fam.] **intéresser** · passionner · **4 -** [fam.] **séduire** · plaire à · accrocher *fam.*

brandir *v.tr.* · agiter · lever en l'air · montrer

branlant, e *adj.* • chancelant • bringuebalant • instable • vacillant • brimbalant *vieilli*

branle *n.m.* **balancement** • oscillation

✦ **mettre en branle** déclencher • initier • lancer • mettre en route • mettre en train • mettre sur les rails

branle-bas *n.m. invar.* • agitation • affairement • remue-ménage • tohu-bohu

branler

▪ *v.tr.* **1 - balancer** • hocher • secouer • **2 -** [fam.] → **faire**

▪ *v.intr.* **chanceler** • osciller • vaciller

braquage *n.m.* • hold-up

braquer *v.tr.* **1 - diriger** • orienter • pointer • tourner • **2 - attaquer** • agresser • voler

»» **se braquer** *v. pron.* • se buter • se cabrer • monter sur ses grands chevaux

bras *n.m.* **1 - accoudoir** • accotoir • **2 - division** • **3 -** [au plur.] **main d'œuvre** • travailleurs

✦ **bras droit** adjoint • assistant • second

✦ **prendre, serrer dans ses bras** embrasser • enlacer • étreindre

✦ **baisser les bras** abandonner • se décourager • renoncer • laisser tomber *fam.*

braser *v.tr.* • souder

brasier *n.m.* • foyer • incendie

brassage *n.m.* • mélange • amalgame • assemblage • fusion • melting-pot *anglic.*

brasser *v.tr.* **1 - remuer** • tourner • touiller *fam.* • **2 - manier** • gérer • manipuler • traiter

bravache *n.m. et adj.* • fanfaron • rodomont *littér.* • fier-à-bras *vieilli* • matamore *vieilli* • olibrius *vieux*

bravade *n.f.* **1 - défi** • provocation • **2 - fanfaronnade** • rodomontade • vantardise • bravacherie *rare*

brave

▪ *adj.* **1 - courageux** • hardi • héroïque • intrépide • vaillant • valeureux • crâne *vieilli* • **2 - bon** • généreux • gentil • honnête • obligeant • serviable

▪ *n.m.* **héros** • [Moyen Âge] paladin • preux

bravement *adv.* • courageusement • crânement • hardiment • vaillamment • valeureusement

braver *v.tr.* **1 - défier** • affronter • narguer • passer outre • provoquer • faire la nique à *fam.* • **2 - mépriser** • se moquer de • offenser • violer • faire fi de *littér.*

bravo *n.m.* • applaudissement • acclamation • hourra • ovation • vivat

bravos, acclamations, applaudissements

Les trois mots s'emploient surtout au pluriel pour louer une personne, un groupe. Les **applaudissements** consistent en battements des mains *(le jeu du pianiste a provoqué des applaudissements nourris)*, les **bravos** sont des marques verbales *(entendre des bravos au milieu des applaudissements)* et les **acclamations** des cris *(les acclamations de la foule)*. On crie **bravo**, on **applaudit** pour manifester son enthousiasme après avoir écouté un chanteur ou assisté à une pièce de théâtre, par exemple, ou plus simplement pour montrer qu'on approuve ce que dit un orateur. On **acclame** plutôt l'arrivée d'un artiste sur la scène, l'installation d'un orateur à la tribune.

bravoure *n.f.* · courage · hardiesse · héroïsme · vaillance · valeur · crânerie *vieilli*

→ courage

break *n.m.* · pause · arrêt · coupure · interruption

brebis *n.f.* [fig.] fidèle · ouaille

brèche *n.f.* **1 - ouverture** · passage · trou · trouée · **2 - cassure** · hoche *vieux*

✦ **faire une brèche dans** entamer · endommager · lézarder

bredouillement *n.m.* → **bredouillis**

bredouiller *v.tr. et intr.* · balbutier · bafouiller · bégayer · marmonner · baragouiner *fam.* · parler bredi-breda *fam., vieux*

bredouiller, balbutier, bégayer

Bredouiller, **balbutier** et **bégayer** sont relatifs à une difficulté de parler/d'élocution. Celui qui **bredouille** a un débit précipité et articule peu distinctement *(gêné, il ne fit que bredouiller une excuse)*. À la mauvaise articulation s'ajoute l'hésitation lorsque quelqu'un **balbutie** *(l'enfant balbutiait quelques mots)*. On **bégaie** quand on articule mal et que l'on cherche ses mots dont on répète des syllabes de manière saccadée *(sa timidité le fait bégayer en public)*.

bredouillis *n.m.* · balbutiement · bafouillage · bredouillage · bredouillement

[1]**bref, brève** *adj.* **1 - court** · éphémère · fugace · momentané · **2 - rapide** · **3 - succinct** · concis · laconique · lapidaire · sobre · **4 - brusque** · brutal · coupant · tranchant

[2]**bref** *adv.* **enfin** · en résumé · en un mot · en un mot comme en cent · pour faire court

✦ **en bref** brièvement · en résumé · sommairement · succinctement · en deux mots · en gros *fam.*

bretelle *n.f.* **1 - courroie** · bandoulière · lanière · [de vêtement] épaulette · **2 - voie de raccordement** · embranchement

breuvage *n.m.* · boisson · nectar · philtre

brevet *n.m.* **1 - certificat** · diplôme · parchemin *plaisant* · **2 - licence (d'exploitation)** · patente *Québec*

bréviaire *n.m.* **1 - livre d'heures** · **2 -** [fig.] **bible** · livre de chevet

bribe *n.f.* **1 - fragment** · bout · miette · morceau · parcelle · **2 - citation** · extrait · passage

bric-à-brac *n.m. invar.* · bazar · fatras · bastringue *fam.* · fourbi *fam.* · foutoir *fam.*

bricolage *n.m.* **1 - bricole** *fam.* · **2 - travail d'amateur** · bidouillage

bricole *n.f.* **1 - bibelot** · bagatelle · babiole · bibus *vieux* · brimborion *vieux* · **2 - bêtise** · babiole · bagatelle · broutille · frivolité · futilité · rien · vétille · **3 -** [surtout plur., fam.] **ennui** · problème

bricoler *v.tr.* **1 - fabriquer** · mettre au point · bidouiller *fam.* · **2 - réparer** · arranger · bidouiller *fam.* · **3 -** [fam., sans complément] **trafiquer** *fam.* · bidouiller *fam.* · ficher *fam.* · foutre *fam.* · magouiller *fam.* · traficoter *fam.*

bride *n.f.* **1 – rêne** · bridon · **2 – jugulaire** · mentonnière

brider *v.tr.* **1 – freiner** · contenir · entraver · refréner · réprimer · tenir en bride · **2 – serrer** · boudiner · comprimer · **3 – trousser** · ficeler

briefer *v.tr.* · informer · mettre au courant · mettre au parfum *fam.* · rancarder *fam.*

brièvement *adv.* **1 – momentanément** · **2 – rapidement** · **3 – succinctement** · laconiquement · en peu de mots

brièveté *n.f.* **1 – rapidité** · brusquerie · **2 – concision** · laconisme

brigade *n.f.* **1 – troupe** · régiment · **2 – équipe** · escouade

brigand *n.m.* **1 – bandit** · gangster · malfaiteur · pillard · pirate · truand · voleur · malfrat *fam.* · coupe-jarret *vieux ou plaisant* · malandrin *littér.* · barbet *anciennt* · clephte *anciennt* · **2 – chenapan** · coquin · fripon · vaurien

brigandage *n.m.* **1 – banditisme** · gangstérisme · pillage · vol · **2 – concussion** · déprédation · exaction · rapine

brigander *v.tr.* [Suisse] malmener · maltraiter

brigue *n.f.* **1 – intrigue** · tractations · magouilles *fam.* · **2 –** [vieux] **complot** · cabale · conjuration · conspiration

briguer *v.tr.* · ambitionner · convoiter · poursuivre · rechercher · viser · lorgner (sur) *fam.*

brillamment *adv.* · remarquablement · superbement · splendidement · avec brio

brillance *n.f.* · éclat · brillant

[1]**brillant, e** *adj.* **1 – lumineux** · chatoyant · éblouissant · éclatant · étincelant · flamboyant · luisant · lustré · miroitant · phosphorescent · radieux · rayonnant · resplendissant · rutilant · scintillant · brasillant *littér.* · coruscant *littér.* · nitescent *littér.* · **2 – magnifique** · éblouissant · éclatant · fastueux · luxueux · riche · séduisant · somptueux · splendide · superbe · **3 – captivant** · intéressant · pétillant · spirituel · vif · **4 – doué** · fameux · émérite · illustre · remarquable

[2]**brillant** *n.m.* **1 – éclat** · clarté · luminosité · rayonnement · nitescence *littér.* · **2 – diamant** · [unique] solitaire

briller *v.intr.*
I 1 – étinceler · chatoyer · flamboyer · luire · miroiter · rayonner · resplendir · rutiler · scintiller · brasiller *littér.* · **2 – pétiller** · étinceler · s'illuminer · luire
II 1 – se distinguer · impressionner · **2 – exceller** · faire des étincelles *fam.*

✦ **faire briller** **1 – astiquer** · briquer · cirer · **2 – promettre** · faire miroiter

brimade *n.f.* · épreuve · avanie · tracasserie · vexation · [plur., à un nouveau] bizutage

brimer *v.tr.* · tourmenter · maltraiter · opprimer · persécuter · [un nouveau] bizuter

brin *n.m.* **1 – brindille** · fétu · **2 – filament** · fibre · fil

✦ **un brin (de)** un atome · une bribe · un doigt · une goutte · un grain · une larme · une miette · un nuage · une once · une parcelle · un soupçon · une lichette *fam.* · [d'air] un souffle

brindille *n.f.* · branchette · ramille *littér.*

bringue *n.f.* → fête

bringuebaler

▪ *v.intr.* **se balancer** · osciller · tanguer

▪ *v.tr.* [vieux ou littér.] **agiter** · ballotter · secouer · brimbaler *vieux*

brio *n.m.* · virtuosité · éclat · entrain · fougue · maestria · panache · pétulance · vivacité

brioche *n.f.* · ventre · panse · bedon *fam.* · bedaine *fam.* · bide *fam.* · bedondaine *fam., vieilli*

brique *n.f.* **1 - carton** · berlingot · brick *nom déposé* · **2 - adobe** · **3 -** [fam.] **million** · bâton *fam.*

briquer *v.tr.* · astiquer · frotter · fourbir

bris *n.m.* · destruction · casse · rupture

brisant *n.m.* · écueil · récif

brise *n.f.* · zéphyr *littér.*

brisées *n.f.pl.* · traces · voie

brise-fer *n.m. invar.* · brise-tout

brise-lame *n.m.* · digue · estacade · môle

briser *v.tr.*

I casser · broyer · démolir · ébrécher · fracasser · fracturer · mettre en pièces · pulvériser · réduire en miettes · rompre · atomiser *fam.*

II 1 - affliger · accabler · bouleverser · fendre le cœur à · **2 - anéantir** · détruire · mettre fin à · ruiner · [une révolte] écraser · étouffer · mater · **3 - fatiguer** · éreinter · harasser · casser *fam.* · crever *fam.* · vider *fam.*

III enfreindre · violer

»» **se briser** *v.pron.* **1 - se casser** · éclater · se rompre · voler en éclats · **2 - déferler**

briseur, -euse *n.*

✦ **briseur de grève** jaune *péj.* · renard *vieux*

brisure *n.f.* **1 - cassure** · fêlure · fente · fracture · **2 - fragment** · bout · miette · morceau · parcelle

broc *n.m.* · pichet

brocante *n.f.* · chine

brocanter *v.intr.* · chiner

brocanteur, -euse *n.* · antiquaire · chineur

brocarder *v.tr.* · railler · se moquer de · persifler · tourner en dérision

broche *n.f.* **1 - attache** · barrette · [Antiquité] fibule · **2 - brochette** · hâtelet *vieux*

brochette *n.f.* **1 - hâtelet** *vieux* · lardoire *vieux* · **2 -** [fam.] **groupe** · pléiade · rangée · sélection

brochure *n.f.* · bulletin · fascicule · livret · opuscule · plaquette · tract

brodequin *n.m.* · godillot · ranger · pataugas *nom déposé*

broder *v.tr.* **1 - agrémenter** · développer · embellir · enjoliver · **2 - exagérer** · fabuler · inventer · en rajouter *fam.*

broderie *n.f.* · dentelle · entre-deux · guipure · tapisserie

broncher *v.intr.* **1 - protester** · bouger · ciller · manifester · murmurer · réagir · sourciller · moufter *fam.* · **2 -** [cheval] **achopper** · chopper · trébucher

bronzage *n.m.* · hâle

bronzant, e *adj.* · solaire

bronze *n.m.* · airain *littér.*

bronzé, e *adj.* · hâlé · basané · doré · tanné

bronzer *v.tr.* · hâler · basaner · boucaner · brunir · dorer · noircir · tanner

brosse *n.f.* **1 - pinceau** · blaireau · **2 - écouvillon** · goupillon • [pour chevaux] étrille • [à cheminée] hérisson • [à plafond] tête-de-loup

brosser *v.tr.* **1 - épousseter** · étriller · frotter · **2 - dépeindre** · camper · décrire · esquisser · peindre · **3 -** [Belgique] **sécher** *fam.*

✦ **il peut se brosser** [fam.] il peut courir *fam.* · il peut repasser *fam.* · il peut se fouiller *fam.*

brouet *n.m.* · bouillon · jus · potage · chaudeau *anciennt ou région.*

brouhaha *n.m.* · rumeur · bourdonnement • [fort] tapage · tumulte

brouillage *n.m.* **1 - parasitage** · parasites · friture *fam.* · **2 - cryptage** · embrouillage *recomm. offic.*

[1]**brouillard** *n.m.* **1 - brume** · buée · vapeur · brouillasse *péj.* · purée de pois *fam.* • [toxique] smog · **2 -** [Phys.] **aérosol**

[2]**brouillard** *n.m.* **main courante** · brouillon *vieux*

✦ **papier brouillard** buvard

brouillasser *v. impers.* · bruiner · crachiner · pleuvasser · pleuviner

brouille *n.f.* · dispute · différend · fâcherie · froid · mésentente · bisbille *fam.* · brouillerie *vieilli*

brouillé, e *adj.* **1 - fâché** · en froid · **2 - terne** · terreux

✦ **œufs brouillés** brouillade

brouiller *v.tr.* **1 - mélanger** · embrouiller · emmêler · enchevêtrer · mêler · **2 - altérer** · embrouiller · troubler · **3 - fâcher** · désunir · enfoncer un coin entre · semer la zizanie chez · **4 - parasiter** · coder · crypter

⋙ **se brouiller** *v.pron.* **1 - s'emmêler** · se confondre · devenir confus · **2 - se fâcher** · se disputer · **3 - se troubler** · se voiler · **4 - se gâter** · s'assombrir · se couvrir · s'obscurcir · se voiler

[1]**brouillon, -onne** *adj.* · confus · désordonné · embrouillé · bordélique *fam.*

[2]**brouillon** *n.m.* · ébauche · esquisse · premier jet · rough *anglic.*

broussaille *n.f.* · fourré · buisson • [au plur.] écrues *région.* · fardoches *région., Québec*

broussailleux, -euse *adj.* · touffu · buissonneux

brouter *v.tr.* · paître · pacager · pâturer

broutille *n.f.* · bêtise · babiole · bagatelle · frivolité · futilité · rien · vétille · bricole *fam.*

↝ **bagatelle**

broyer *v.tr.* **1 - écraser** · moudre · pulvériser · piler · écrabouiller *fam.* • [Techn.] bocarder · écacher · égruger · triturer · **2 - croquer** · mâcher · mastiquer · **3 - anéantir** · annihiler · détruire · laminer

bru *n.f.* · belle-fille

bruine *n.f.* · crachin · brouillasse · boucaille *argot Marine*

bruiner *v. impers.* · brouillasser · crachiner · pleuvasser · pleuviner

bruineux, -euse *adj.* · pluvieux

bruire *v.intr.* · chuchoter · murmurer · bruisser *rare*

bruissement *n.m.* 1 - **chuchotement** · murmure · 2 - **froissement** · froufrou

bruit *n.m.* 1 - [léger] **bruissement** · chuchotement · chuintement · clapotage · clapotement · clapotis · clappement · cliquetis · craquètement · crépitation · crépitement · crissement · froissement · froufrou · gargouillement · gargouillis · gazouillement · grésillement · grincement · pétillement · ronron · ronronnement · tintement · 2 - [fort, violent] **battement** · claquement · craquement · clameur · déflagration · détonation · éclat · fracas · grondement · pétarade · roulement · stridulation · vrombissement · 3 - [fort, gênant] **tintamarre** · cacophonie · charivari · tapage · tumulte · vacarme · barouf *fam.* · boucan *fam.* · chahut *fam.* · chambard *fam.* · foin *fam.* · pétard *fam.* · potin *fam.* · raffut *fam.* · ramdam *fam.* · tintouin *fam.* · barnum *fam., vieux* · bousin *fam., vieux* · 4 - [mélodieux] **chant** · murmure · musique · souffle · soupir · 5 - [de respiration] **râle** · sifflement · souffle · soupir · cornage *(Méd.)* · sifflage *Vét.* · 6 - [de l'estomac] **borborygme** · gargouillement · gargouillis · 7 - **parasites** · brouillage · souffle · 8 - → **son** · 9 - → **cri**

✦ **bruit qui court** rumeur · bavardage · commérage · on-dit · cancan *fam.* · potin *fam.* · racontar *fam.* · ragot *fam.* · conte *vieilli*

✦ **faire du bruit** faire parler de soi · avoir un grand retentissement · faire couler beaucoup d'encre

✦ **à grand bruit** bruyamment

✦ **sans bruit** discrètement · sans tambour ni trompette

brûlant, e *adj.* 1 - **chaud** · bouillant · cuisant · [soleil] torride · 2 - **délicat** · épineux · glissant · périlleux · sensible · 3 - **vif** · ardent · dévorant · enflammé · fervent · passionné

brûlé, e *adj.* 1 - **calciné** · roussi · cramé *fam.* · 2 - **démasqué** · découvert · grillé *fam.*

brûle-parfum *n.m.* · cassolette · encensoir

brûle-pourpoint (à) *loc. adv.* · brusquement · abruptement · de but en blanc · ex abrupto

brûler

▪ *v.tr.* 1 - **calciner** · carboniser · consumer · embraser · griller · incendier · Incinérer · cramer *fam.* · 2 - **roussir** · brouir *vieilli ou région.* · 3 - **torréfier** · griller · 4 - **irriter** · piquer

▪ *v.intr.* **se consumer** · s'embraser · flamber · cramer *fam.* · ardre *vieux*

⋙ **se brûler** *v.pron.* **s'ébouillanter** · s'échauder

brûlure *n.f.* 1 - **chaleur** · feu · irritation · urtication · 2 - **échauffement** · échaudure *rare* · 3 - [d'estomac] **acidité** · aigreur

brumasser *v. impers.* · brouillasser

brume *n.f.* · brouillard · brouillasse · brumaille · brumasse · vapeur · voile

brumeux, -euse *adj.* 1 - **brouillardeux** · voilé · 2 - **confus** · flou · fumeux · nébuleux · obscur · vague

brun, e *adj.* 1 - **bistre** · brunâtre · chocolat · mordoré · tête de maure · tête de nègre · tabac · terre d'ombre · feuille morte · brunet *vieux* · 2 - **basané** · bistre · bistré · boucané ·

brique • bronzé • hâlé • noir • tanné • **3** – [cheveux] **châtain** • marron • **4** – [cheval] **bai**

brunante *n.f.* → **brune**

brune *n.f.* • soir • brunante *Québec*

brunir *v.tr.* • basaner • boucaner • bronzer • hâler • noircir • tanner

brusque *adj.* **1** – **abrupt** • bourru • brutal • cavalier • rude • violent • **2** – **bref** • cassant • cinglant • sec • vif • **3** – **animal** • bestial • **4** – **soudain** • imprévu • inattendu • inopiné • précipité • subit

✦ **mouvement brusque** à-coup • bond • saccade • saut • soubresaut • sursaut

brusquement *adv.* **1** – **soudainement** • à brûle-pourpoint • de but en blanc • du jour au lendemain • inopinément • subitement • tout à coup • sans préavis • **2** – **brutalement** • vivement

brusquer *v.tr.* **1** – **hâter** • activer • précipiter • presser • **2** – **malmener** • bousculer • rudoyer • secouer

brusquerie *n.f.* **1** – **rudesse** • brutalité • **2** – [littér.] **soudaineté** • hâte • rapidité

brut, e *adj.* **1** – **naturel** • originel • primitif • pur • sauvage • vierge • **2** – **grossier** • fruste • inachevé • rudimentaire • **3** – [toile] **écru** • [soie] grège

brutal, e *adj.* **1** – **agressif** • dur • vif • violent • **2** – **brusque** • cru • direct • franc • rude • sec • vif • **3** – **soudain** • brusque • inattendu • inopiné • précipité • subit • **4** – **animal** • bestial • grossier

brutalement *adv.* **1** – **agressivement** • brusquement • durement • rudement • violemment • vivement • à la cosaque • à la hussarde • à la cravache • manu militari • **2** – **soudainement** • brusquement • inopinément • précipitamment • subitement

brutaliser *v.tr.* • battre • brusquer • frapper • malmener • maltraiter • molester • rudoyer

brutalité *n.f.* **1** – **barbarie** • cruauté • dureté • férocité • inhumanité • sauvagerie • violence • **2** – **brusquerie** • rudesse • **3** – **animalité** • bestialité

⋙ **brutalités** *plur.* **sévices** • coups • mauvais traitements • maltraitance • violences • voies de fait *(Droit)*

brute *n.f.* **1** – **goujat** • malotru • mufle • rustre • gougnafier *fam.* • butor *vieilli ou plaisant* • malappris *vieilli* • **2** – [littér.] bête

bruyamment *adv.* • tapageusement • bien fort • haut et fort • tumultueusement

bruyant, e *adj.* **1** – **assourdissant** • fracassant • retentissant • sonore • tonitruant • **2** – **tapageur** • braillard *fam.* • beuglard *fam.* • gueulard *fam.*

✦ **être très bruyant** faire un ramdam, un tam-tam de tous les diables *fam.*

bruyère *n.f.* • brande • lande

buccal, e *adj.* • oral

[1]**bûche** *n.f.* • rondin • bûchette

[2]**bûche** *n.f.* [fam.] → **chute**

bucolique

▪ *adj.* **agreste** • champêtre • pastoral

▪ *n.f.* **églogue** • idylle • pastorale

budget *n.m.* **1** – **comptes** • comptabilité • **2** – **somme** • enveloppe

✦ **boucler son budget** joindre les deux bouts *fam.*

buée *n.f.* • condensation • brume

buffet *n.m.* **1 - armoire** • bahut • commode • crédence • desserte • dressoir • vaisselier • **2 - cocktail** • lunch • **3 - buvette** • cafétéria

buisson *n.m.* • fourré • broussaille • hallier • taillis • breuil *Chasse, région.*

buissonneux, -euse *adj.* • broussailleux • fourni • touffu

buissonnier, -ière *adj.* • libre • original • vagabond

bulbe *n.m.* • oignon • [excroissance] bulbille • caïeu

bulldozer *n.m.* • bouteur *recomm. offic.* • excavateur • pelle mécanique • pelleteuse • bull *fam.*

bulle *n.f.* **1 - ampoule** • cloque • vésicule • phlyctène *(Méd.)* • **2 - boule** • balle • **3 -** [de bande dessinée] **phylactère** • ballon

bulletin *n.m.* **1 - attestation** • certificat • récépissé • reçu • **2 - bordereau** • ordre • **3 - communiqué** • carnet de notes • rapport • **4 - publication** • journal • périodique • revue

✦ **bulletin d'information** journal • flash • nouvelles

bunker *n.m.* • blockhaus • casemate • fortin

bureau *n.m.*
I 1 - secrétaire • table (de travail) • **2 - cabinet** • étude
II 1 - agence • antenne • filiale • **2 - comité** • commission

bureaucrate *n.* • gratte-papier *péj.* • gratteur de papier *péj.* • paperassier *péj.* • rond-de-cuir *péj.* • scribe *péj.* • scribouillard *péj.*

burette *n.f.* • flacon • fiole

burin *n.m.* • bédane • charnière • drille • échoppe • guilloche • onglette • pointe sèche

burlesque *adj.* **1 - bouffon** • comique • cocasse • **2 - farfelu** • extravagant • grotesque • saugrenu • loufoque *fam.*

bus *n.m.* • autobus • car

buse *n.f.* • conduit • canalisation • tuyau

business *n.m.* • affaires • commerce • négoce • bizness *fam.*

busqué, e *adj.* • aquilin • bourbonien • recourbé

buste *n.m.* **1 - torse** • poitrine • tronc • **2 - seins** • poitrine • gorge *vieux*

but *n.m.* **1 - objectif** • dessein • fin • intention • objet • propos • résolution • visée • vue • **2 - motif** • cause • motivation • raison • **3 - cible** • objectif • point de mire

✦ **aller droit au but** ne pas y aller par quatre chemins *fam.* • ne pas prendre de gants *fam.*

✦ **atteindre, frapper, toucher le but** mettre dans le mille • faire mouche • tirer au blanc

✦ **toucher au but** arriver à bon port

✦ **de but en blanc** à brûle-pourpoint • brusquement • ex abrupto

✦ **dans le but de** afin de • dans l'intention de • aux fins de *soutenu*

buté, e *adj.* **1 - entêté** • obstiné • têtu (comme une mule) • cabochard *fam.* • **2 - borné** • à la vue courte • étroit

butée *n.f.* • butoir • arrêtoir

buter *v.tr.* **1 - braquer** · cabrer · **2 - étayer** · appuyer · épauler · soutenir

✦ **buter sur** **1 - cogner** · heurter · trébucher sur · **2 - rencontrer** · achopper à · broncher sur

⋙ **se buter** *v.pron.* **s'entêter** · se braquer · s'obstiner · s'opiniâtrer *littér.*

butin *n.m.* · capture · dépouille · prise · proie · trophée · fade *argot* · gâteau *fam.* · pied *argot*

butiner *v.tr.* · glaner · grappiller · récolter

butoir

- *n.m.* **heurtoir**
- *adj. invar.* **limite** · de rigueur · incontournable

butor *n.* · balourd · âne · idiot · lourdaud · cruche *fam.*

butte *n.f.* **colline** · éminence · élévation · hauteur · mont · monticule · motte · tertre

✦ **être en butte à** être exposé à · prêter le flanc à · servir de point de mire à

butter *v.tr.* · chausser

buvable *adj.* **1 - potable** · **2 -** [fam.] **supportable** · acceptable · passable · tolérable · potable *fam.*

buvette *n.f.* · bar · buffet · café · cafétéria

buveur, -euse *n.* **1 - consommateur** · **2 - ivrogne** · alcoolo *fam.* · picoleur *fam.* · pochard *fam.* · poivrot *fam.* · soûlard *fam.* · soûlaud *fam.*

byzantin, e *adj.* [péj.] **compliqué** · oiseux · stérile · vain

✦ **avoir une discussion, une querelle byzantine** discuter sur le sexe des anges · couper les cheveux en quatre · enculer les mouches *très fam.*

C

cabale *n.f.* **1 - complot** · conjuration · conspiration · intrigue · **2** - [vieux] **clique** · coterie · faction · ligue · **3** - [vieux] **occultisme** · magie · théosophie

↝ **complot**

cabalistique *adj.* **1 - ésotérique** · hermétique · magique · occulte · **2 - mystérieux** · impénétrable · obscur · sibyllin

caban *n.m.* · vareuse · manteau · capote *anciennt*

cabane *n.f.* · baraque · cabanon · cahute · case · hutte · bicoque *fam.*

↝ **baraque**

cabanon *n.m.* · cabane · appentis · remise

cabaret *n.m.* · café-concert · music-hall · café chantant *vieux*

cabas *n.m.* · sac à provisions · couffe *région.* · couffin *région.*

cabestan *n.m.* · treuil · vindas · winch

cabine *n.f.* **1 - couchette** · chambre · **2 - habitacle** · carlingue · cockpit

cabinet *n.m.* **1 - réduit** · cagibi · débarras · **2 - agence** · bureau · étude

»» **cabinets** *plur.* **toilettes** · latrines · waters · w.-c. · water-closet · petit coin *fam.* · pipi-room *fam.* · chiottes *très fam.* · gogues *très fam.* · goguenots *très fam.* · tartisses *argot* · buen retiro *vieux* · garde-robe *vieux*

câble *n.m.* **1 - corde** · filin · liure · remorque · touée · **2 - télégramme** · câblogramme · bleu *vieux*

câbler *v.tr.* **1 - télégraphier** · **2 - toronner**

cabochard, e *adj. et n.* · entêté · forte tête · têtu

caboche *n.f.* → **tête**

cabosser *v.tr.* · bosseler · bossuer · déformer

cabot *n.m.* → **chien**

cabotin, e *n. et adj.* **1 - prétentieux** · m'as-tu-vu · poseur · **2 - cabot** · histrion *littér. et péj.* · ringard *fam.*

cabrer *v.tr.* **braquer** · buter

»» **se cabrer** *v.pron.* **se braquer** · se buter · se révolter · se rebiffer *fam.*

cabri *n.m.* · chevreau · biquet *fam.*

cabriole *n.f.* · bond · entrechat · culbute · galipette · gambade · pirouette · saut

cabriolet *n.m.* 1 - **décapotable** · 2 - [anciennt] **boghei** · cab · tilbury · wiski

caca *n.m.* → **excrément**

cache *n.f.* · cachette · planque *fam.*

caché, e *adj.* 1 - **clandestin** · occulte · secret · souterrain · 2 - **secret** · codé · cryptique
secret

cacher *v.tr.* 1 - **dissimuler** · camoufler · faire disparaître · receler · celer *littér.* · planquer *fam.* · mucher *fam., région.* · musser *vieux ou région.* · 2 - **abriter** · enfermer · enserrer · renfermer · serrer · 3 - [dans la terre] **enfouir** · ensevelir · enterrer · 4 - **voiler** · couvrir · envelopper · masquer · recouvrir · 5 - [la vue] **boucher** · arrêter · 6 - **éclipser** · occulter · offusquer *vieilli* · 7 - **taire** · dissimuler · étouffer · tenir secret · celer *littér.*

»» **se cacher** *v.pron.* **se dérober** · disparaître (à la vue) · s'embusquer · se tapir · se terrer · se mettre à l'abri · se planquer *fam.* · se musser *vieux ou région.*

cacher, camoufler, dissimuler

L'idée de faire disparaître un élément de la réalité relie les trois verbes. **Cacher** s'emploie quand on ôte un objet du lieu où il se trouve pour qu'on ne puisse plus le voir *(cacher des clés, de l'argent)*. On peut également *cacher ses cheveux sous un foulard*, ou *cacher ses sentiments* : il s'agit alors d'empêcher que quelque chose soit vu en le masquant. Avec cette valeur, on peut aussi utiliser **dissimuler** *(dissimuler son corps sous une large robe, dissimuler ses intentions)*. **Dissimuler** ajoute souvent l'idée de feinte : « la parole a été donnée à l'homme pour dissimuler sa pensée » (Talleyrand *in* Louis Madelin, *Talleyrand*). **Camoufler** implique que l'on change l'apparence d'une chose pour qu'elle ne soit pas reconnue comme telle *(camoufler un meurtre en suicide)*, ce qui explique son usage à propos d'armes ou de matériel de guerre *(camoufler un blindé avec des feuillages)*.

cachet *n.m.* 1 - **comprimé** · capsule · gélule · pastille · 2 - **sceau** · empreinte · estampille · oblitération · tampon · timbre · 3 - **caractère** · charme · originalité · style · 4 - **rétribution**

cacheter *v.tr.* 1 - **estampiller** · sceller · 2 - **fermer**

cachette *n.f.* 1 - **cache** · repaire · planque *fam.*

✦ **en cachette** 1 - **à la dérobée** · en catimini · clandestinement · discrètement · furtivement · en secret · en tapinois · secrètement · sournoisement · en douce *fam.* · à mussepot *vieux, région.* · 2 - [rire] **dans sa barbe** · sous cape
repaire

cachot *n.m.* · prison · cellule · oubliette *(souvent au plur.)* · geôle *littér.* · mitard *argot* · basse-fosse *vieux*

cachotteries *n.f.pl.* · mystères · secrets · messes basses *fam.*

cachottier, -ière *adj.* · secret · mystérieux

cacochyme *adj.* · maladif · débile · malingre · souffreteux · valétudinaire *vieux ou littér.*
maladif

cacophonie *n.f.* 1 - **dissonance** · 2 - **vacarme** · tintamarre · boucan *fam.*

cadavérique *adj.* · livide · blafard · plombé · terreux · cadavéreux *littér.*

cadavre *n.m.* **1 - mort** • corps • dépouille • macchabée *fam.* • **2 - charogne**

cadeau *n.m.* **1 - don** • offrande • présent *littér.* • **2 - bienfait** • bénédiction • manne

cadence *n.f.* **1 - allure** • vitesse • **2 - rythme**

cadencer *v.tr.* • rythmer

cadet, ette *n.* • benjamin • dernier • junior • puîné *vieilli*

cador *n.m.* • caïd • chef (de bande)

cadran *n.m.* **clavier**

✦ **cadran solaire** gnomon

cadre *n.m.* **1 - encadrement** • bordure • chambranle • châssis • **2 - décor** • environnement • milieu • paysage • **3 - domaine** • champ • limites • sphère • zone • **4 - manager** • [au plur.] encadrement

cadrer

▪ *v.tr.* **centrer**

▪ *v.intr.* **s'accorder** • s'assortir • coïncider • concorder • correspondre • coller *fam.*

✦ **faire cadrer** concilier

cadreur, -euse *n.* • caméraman • opérateur de prises de vue

❧ **caméraman**

caduc, -uque *adj.* **1 - démodé** • dépassé • désuet • obsolète • périmé • vieux • **2 - annulé** • nul • **3 -** [feuilles] **décidu**

[1]**cafard, e** *n.* **1 -** [vieux] **hypocrite** • bigot • tartuffe • **2 - dénonciateur** • rapporteur • balance *fam.* • cafteur *fam.* • mouchard *fam.* • sycophante *littér.*

[2]**cafard** *n.m.* **déprime** • blues *fam.* • bourdon *fam.* • noir *fam., vieilli* • spleen *littér.*

✦ **avoir le cafard** avoir du vague à l'âme • broyer du noir • déprimer • ne pas avoir le moral • avoir le bourdon *fam.* • avoir le moral à zéro, dans les chaussettes *fam.* • avoir un coup de calcaire *fam.* • cafarder *fam.*

cafarder

▪ *v.intr.* **déprimer** • avoir du vague à l'âme • broyer du noir • ne pas avoir le moral • avoir le bourdon *fam.* • avoir le moral à zéro, dans les chaussettes *fam.* • avoir un coup de calcaire *fam.*

▪ *v.tr.* **dénoncer** • cafter *fam.* • moucharder *fam.*

cafardeux, -euse *adj.* **1 - déprimé** • mélancolique • triste • **2 - déprimant** • glauque • lugubre • sinistre • sordide • triste

[1]**café** *n.m.* • express • expresso • (petit) noir • caoua *fam.* • jus *fam.* • [mauvais] jus de chaussette *fam.* • lavasse *fam.*

[2]**café** *n.m.* • bar • bistrot • brasserie • buvette • cafétéria • débit de boissons • pinte *Suisse* • rade *argot* • troquet *fam.* • zinc *fam., vieilli* • estaminet *région., vieilli* • assommoir *fam., vieux* • bouchon *vieux* • bougnat *fam., vieux* • caboulot *péj., vieux* • cabaret *vieilli* • cafeton *vieux* • cambuse *vieux* • mastroquet *vieux* • popine *vieux*

cafetier, -ière *n.* • limonadier *vieilli ou Admin.* • bistrot *vieux* • mastroquet *vieux*

cafetière *n.f.* **1 - percolateur** • **2 - verseuse** • **3 -** [fam.] → **tête**

cafouillage *n.m.* • confusion • désordre • cafouillis *fam.* • embrouillamini *fam.* • méli-mélo *fam.* • micmac *fam.* • pagaille *fam.*

cafouiller *v.intr.* • s'embrouiller • s'emmêler • s'empêtrer • se prendre les pieds dans le tapis *fam.* • s'emmêler les pinceaux *fam.*

cafouillis *n.m.* → **cafouillage**

cage *n.f.* 1 – [à oiseaux] volière • [à volaille] épinette • mue • nichoir • [à lapins] clapier • lapinière • 2 – **prison** • geôle *littér.* • 3 – [Horlogerie] **boîte** • boîtier • 4 – [Foot] **but**

cageot *n.m.* • cagette • clayette • caissette

cagibi *n.m.* • réduit • débarras

cagnotte *n.f.* • économies • bas de laine • tirelire

cahier *n.m.* 1 – **album** • bloc-notes • calepin • carnet • registre • 2 – **fascicule**

cahin-caha *adv.* • péniblement • tant bien que mal • clopin-clopant *fam.* • balin-balan *fam., région.*

cahot *n.m.* 1 – **heurt** • cahotement • secousse • soubresaut • 2 – **difficulté** • anicroche • contrariété • obstacle • vicissitude *littér.* • hic *fam.*

cahoter
- *v.tr.* **ballotter** • éprouver • secouer
- *v.intr.* **bringuebaler** • osciller

cahoteux, -euse *adj.* • cahotant

cahute *n.f.* 1 – **cabane** • hutte • cagna *argot militaire* • 2 – **masure** • baraque • bicoque

caïd *n.m.* 1 – **chef (de bande)** • cador *argot* • 2 – **huile** *fam.* • gros bonnet *fam.* • (grosse) légume *fam.* • manitou *fam.* • ponte *fam.*

caillé *n.m.* • caillebotte

cailler
- *v.tr.* **coaguler** • figer
- *v.intr.* 1 – **coaguler** • se figer • 2 – [fam.] → **avoir froid**

caillou *n.m.* • gravier • pierre • galet • rocaille • caillasse *fam.*

caillouter *v.tr.* • empierrer • ballaster

caillouteux, -euse *adj.* • pierreux • rocailleux

cailloutis *n.m.* • empierrement • cailloux

caisse *n.f.* 1 – **boîte** • caissette • coffre • malle • 2 – [fam.] → **voiture**

caissier, -ière *n.* • comptable • trésorier

caisson *n.m.* **cloche (à plongeur)**
✦ **maladie des caissons** barotraumatisme

cajoler *v.tr.* • câliner • caresser • choyer • dorloter • mignoter *vieux* • amignarder *vieux ou région.*

❧ **caresser**

cajolerie *n.f.* • câlinerie • câlin • caresse • chatterie • tendresse • bicherie *vieux*

cajoleur, -euse *adj.* • câlin • caressant • tendre

cal *n.m.* • callosité • calus • durillon

calamité *n.f.* 1 – **catastrophe** • cataclysme • désastre • fléau • 2 – **malheur** • désolation • misère

❧ **calamité, catastrophe, fléau, malheur**

Malheur est le terme général pour désigner tout événement dont les conséquences sont négatives pour une personne ou un groupe *(un terrible malheur ; il lui est arrivé malheur)*. Une catastrophe se différencie d'un grand malheur en ce qu'elle survient brutalement et entraîne, très souvent, de nombreux morts *(une catastrophe aérienne ; le tremblement de terre/ l'ouragan a provoqué une catastrophe humanitaire).* Avec **calamité,** c'est l'étendue du malheur qui est restituée : d'origine naturelle, la calamité atteint une communauté humaine importante et l'anéantit en partie *(une épidémie de grippe peut devenir une calamité).* Un **fléau,** est d'origine naturelle ou non ; il détruit ou affecte des régions entières ou des populations *(les criquets, fléau du nord de l'Afrique ; le fléau des guerres, du sida, du chômage).*

calamiteux, -euse *adj.* 1 - **catastrophique** · désastreux · funeste · 2 - **pitoyable** · affligeant · lamentable · minable · navrant · nul

calancher *v.intr.* → **mourir**

calciner *v.tr.* · brûler · carboniser · griller · cramer *fam.*

calcul *n.m.*
I 1 - **arithmétique** · algèbre · 2 - **mesure** · compte · détermination · estimation · évaluation · 3 - **estimation** · prévision · spéculation · supputation
II 1 - **manigance** · manœuvre · menées · stratégie · 2 - **intérêt**

calculatrice *n.f.* · calculette

calculer *v.tr.* 1 - **chiffrer** · compter · mesurer · 2 - **estimer** · évaluer · peser · prévoir · supputer · 3 - **arranger** · combiner · préméditer · prévoir · régler

cale *n.f.* 1 - **soute** · 2 - **bassin** (de radoub)

calé, e *adj.* 1 - **fort** · doué · qui assure *fam.* · 2 - **compliqué** · ardu · difficile · chiadé *fam.*

caleçon *n.m.* 1 - **calebar** *fam.* · calecif *fam.* · 2 - [vieilli] **maillot** (de bain) · slip (de bain)

calembour *n.m.* · jeu de mots · à-peu-près *vieilli*

calendrier *n.m.* 1 - **éphéméride** · almanach · ménologe *(Relig.)* · 2 - **planning** · échéancier · 3 - **agenda** · emploi du temps

calendrier, agenda, almanach, éphéméride

Un **calendrier** courant comprend les divisions de l'année en mois et en jours, l'indication du début des saisons et les phases de la lune. Il fournit, outre la date des fêtes, un nom de saint pour chaque jour *(le calendrier de la poste, chercher son prénom dans le calendrier).* L'**almanach** contient un calendrier, des renseignements dans des domaines variés (par exemple en astronomie et en météorologie) ; il donne aussi des conseils pratiques : « Il a trouvé dans l'almanach une recette de santé pour ses lapins » (Suzanne Prou, *la Terrasse des Bernardini*). Dans son sens courant, l'**éphéméride** est un calendrier, le plus souvent utilisé dans un bureau, dont on retire chaque jour une feuille. L'**agenda** se présente sous la forme d'un petit carnet, chaque page étant réservée à un ou plusieurs jours dans l'ordre du calendrier : on y inscrit ce que l'on fera ou ce qui est fait *(tenir, consulter un agenda).*

calepin *n.m.* · carnet · bloc-notes · répertoire

[1]**caler** *v.intr.* · céder · abandonner · reculer · renoncer

[2]**caler**

▪ *v.intr.* **s'arrêter** · s'immobiliser · bloquer

▪ *v.tr.* **appuyer** · assujettir · étayer · fixer · stabiliser

››› **se caler** *v.pron.* **se carrer**

calfeutrer *v.tr.* **boucher** · obturer

>>> **se calfeutrer** *v.pron.* **s'enfermer** · se cloîtrer · se claquemurer · se confiner

calibre *n.m.* **1 - diamètre** · dimension · grosseur · taille · **2 - acabit** · carrure · classe · envergure · **3 - jauge** · étalon · **4 - → pistolet**

calibrer *v.tr.* **1 - mesurer** · jauger · **2 - classer** · trier

calice *n.m.* · coupe

califourchon (à) *loc. adv.* · à cheval

câlin, e *adj.* · caressant · aimant · cajoleur · doux

câliner *v.tr.* · cajoler · caresser · choyer · dorloter

caresser

câlinerie *n.f.* · cajolerie · câlin · caresse

callosité *n.f.* · cal · calus · durillon · [sur le pied] cor · oignon

calmant, e *adj. et n.m.* **1 - apaisant** · lénifiant · **2 - analgésique** · anesthésique · antispasmodique · hypnotique · sédatif · tranquillisant

calmant, analgésique, sédatif

Le terme le plus général pour désigner un médicament qui apaise ou supprime un phénomène désagréable est **calmant** ; il s'emploie aussi bien dans le domaine de la douleur *(elle est sous calmant)* qu'à propos des effets de la maladie *(un sirop calmant)* ou de l'anxiété *(prendre un calmant avant de se coucher)*. Un **sédatif** apaise une douleur ou atténue l'excitation d'un organe *(administrer un puissant sédatif)*, alors qu'un **analgésique** supprime la sensibilité à la douleur *(la morphine est employée comme analgésique)*.

calmar *n.m.* · encornet

¹calme *adj.* **1 - tranquille** · en paix · paisible · quiet *littér.* · **2 - détendu** · placide · serein · cool *fam.* · relax *fam.* · **3 - impassible** · flegmatique · imperturbable · maître de soi · posé

²calme *n.m.*

I 1 - tranquillité · paix · placidité · sérénité · quiétude *littér.* · **2 - impassibilité** · contrôle de soi · flegme · sang-froid

II 1 - accalmie · embellie · rémission · bonace *Mar.* · **2 - marasme** · apathie · stagnation

calmement *adv.* **1 - tranquillement** · paisiblement · **2 - posément** · de sang froid · impassiblement · imperturbablement · sereinement

calmer *v.tr.* **1 - apaiser** · pacifier · tranquilliser · **2 - diminuer** · adoucir · apaiser · assoupir · endormir · éteindre · lénifier · modérer · soulager · tempérer · **3 - assouvir** · désaltérer · étancher · satisfaire

>>> **se calmer** *v.pron.* **1 - cesser** · se dissiper · tomber · [mer, vent] calmir *(Mar.)* · **2 - s'apaiser** · se contenir · se rasséréner · se reprendre · **3 - s'arranger** · rentrer dans l'ordre · se tasser *fam.*

calomniateur, -trice *n.* · accusateur · dénonciateur · diffamateur

accusateur

calomnie *n.f.* · accusation · allégation · attaque · dénonciation (calomnieuse) · diffamation

calomnier *v.tr.* · accuser · attaquer · couvrir de boue · diffamer · traîner dans la boue

calomnieux, -ieuse *adj.* · diffamatoire · faux · injurieux · mensonger

calotte *n.f.* **1 -** [sortes] barrette · chéchia · fez · kippa · **2 -** [fam.] → **gifle**

calque *n.m.* **1 - décalque** · **2 - imitation** · copie · démarquage · plagiat

calquer *v.tr.* **1 - décalquer** · **2 - imiter** · copier · démarquer · plagier · pomper *fam.*

calvaire *n.m.* · martyre · chemin de croix · épreuve · martyre · supplice · torture

camarade *n.* **ami** · compagnon · copain *fam.* · pote *fam.* · poteau *fam.* · camarluche *argot* · camaro *argot*

✦ **camarade de classe** condisciple · labadens *vieux*

✦ **camarade de travail** collègue · confrère · consœur

❧ **ami**

camaraderie *n.f.* **1 - amitié** · copinage · familiarité · copinerie *fam.* · **2 - entraide** · solidarité

cambrer *v.tr.* **arquer** · cintrer · courber · creuser · incurver

›› **se cambrer** *v.pron.* **se redresser** · se relever

cambriolage *n.m.* · vol · casse *fam.* · fric-frac *fam., vieilli*

cambrioler *v.tr.* · dévaliser · voler · braquer *fam.*

cambrioleur, -euse *n.* · voleur · rat d'hôtel · casseur *fam.* · monte-en-l'air *argot, vieilli*

cambrure *n.f.* **1 - arc** · cintrage · courbure · incurvation · **2 -** [de cheval] ensellure

came *n.f.* **1 -** → **drogue** · **2 -** → **marchandise**

camelot *n.m.* · marchand · colporteur · cameloteur *vieilli* · camelotier *vieilli* · charlatan *vieux* · étalagiste *vieux*

camelote *n.f.* **1 - pacotille** · saloperie *très fam.* · toc *fam.* · **2 -** → **marchandise**

camembert *n.m.* · calendos *fam.*

caméraman *n.m.* · cadreur *recomm. offic.* · opérateur (de prises de vues)

❧ **caméraman, cadreur, opérateur**

Ces trois mots, assez répandus, font partie du vocabulaire technique du cinéma et de la télévision. Ils désignent la personne qui tient la caméra pour cadrer une prise de vues. **Caméraman** est un anglicisme ; on tend à le remplacer au cinéma par **opérateur** et, notamment en télévision, par **cadreur**, qui est la recommandation officielle. « Chacun juge d'après sa spécialité. L'opérateur, d'après les lumières, le chef machiniste, d'après son rail » (Jean Cocteau, *Journal d'un inconnu*).

camion *n.m.* **1 - poids lourd** · semi-remorque · gros cul *fam.* · **2 - fourgon** · utilitaire

camionneur, -euse *n.* · routier

camisole *n.f.* **1 -** [anciennt] **chemise de nuit** · **2 - brassière** · caraco · casaquin *(anciennt)*

camouflage *n.m.* · dissimulation · maquillage

camoufler *v.tr.* **1 - cacher** · dissimuler · masquer · dérober à la vue · masquer · **2 - déguiser** · maquiller

›› **se camoufler** *v.pron.* **se cacher**

❧ **cacher**

camouflet *n.m.* · affront · claque · gifle · humiliation · insulte · offense · outrage · vexation · nasarde *vieilli ou littér.*

camp *n.m.* 1 – **bivouac** · campement · campée *région. ou littér.* • [Milit.] cantonnement · quartiers · 2 – **parti** · clan · côté · faction · groupe · 3 – [Québec] **chalet** · villa · pavillon
✦ **ficher, foutre le camp** → **partir**
↝ **parti**

campagnard, e
▪ *adj.* **champêtre** · bucolique · pastoral · rustique · agreste *vieux ou littér.*
▪ *n.* **rural** · contadin *rare*

campagne *n.f.* 1 – **nature** · champs · cambrousse *fam., péj.* · 2 – **opération** · croisade • [Milit.] expédition

campement *n.m.* 1 – **bivouac** · camp · campée *région. ou littér.* · 2 – [Milit.] **cantonnement** · quartier

camper
▪ *v.intr.* **bivouaquer** · coucher sous la toile
▪ *v.tr.* 1 – **décrire** · peindre · représenter · 2 – **installer** · planter
⋙ **se camper** *v.pron.* **se dresser** · se planter · se poser

camping *n.m.* · campement · camp · camp, village de toile

camping-car *n.m.* · motor-home · autocaravane *Québec*

camus, e *adj.* · aplati · écrasé · épaté · camard *littér.*

canaille *n.f. et adj.* 1 – **crapule** · bandit · fripouille *fam.* · gredin *fam.* · charrette *Suisse* · 2 – **polisson** · coquin · voyou · arsouille *fam.* · fripon *fam.* · 3 – [vieux] **pègre** · populace · racaille

canal *n.m.* 1 – **conduit** · conduite · tube · tuyau · 2 – [Techn.] **arrugie** · cunette · dalot · drain · émissaire · goulette · goulotte · noulet · saignée · watergang · 3 – **chenal** · robine *région.* · 4 – **bassin** · miroir (d'eau) · 5 – **détroit** · passe · 6 – [Anat.] **vaisseau** · artère · canalicule · infundibulum · trompe · uretère · urètre · veine · 7 – **filière** · circuit · voie · 8 – **intermédiaire** · entremise · truchement · 9 – **chaîne (de télévision)**

canalisation *n.f.* 1 – **conduite** · tuyau • [sortes] gazoduc · oléoduc · pipe-line · 2 – **tuyauterie** · plomberie

canaliser *v.tr.* 1 – **maîtriser** · contrôler · 2 – **centraliser** · concentrer · grouper · réunir · 3 – **aiguiller** · diriger

canapé *n.m.* · divan · clic-clac · méridienne · ottomane · sofa • [deux places] causeuse · tête-à-tête

canard *n.m.* 1 – **coin-coin** *fam.* · 2 – **fausse note** · couac · 3 – [fam., vieilli] **faux bruit** · rumeur · bobard *fam.* · 4 – → **journal**
✦ **petit canard** caneton · canardeau

canarder *v.tr.* [fam.] tirer sur · faire feu sur · mitrailler

canasson *n.m.* → **cheval**

cancan *n.m.* · bavardage · commérage · potin *fam.* · racontar *fam.* · ragot *fam.* · clabaudage *littér.*

cancanier, -ière *adj. et n.* · commère · potinier *vieilli*

cancer *n.m.* · tumeur (maligne) · carcinome · épithélioma · métastase · néoplasme · sarcome

cancre *n.m.* → **paresseux**

candélabre *n.m.* · chandelier · flambeau · torchère

candeur *n.f.* 1 – **ingénuité** · crédulité · innocence · naïveté · 2 – **pureté** · simplicité

candidat, e *n.* 1 - **aspirant** · postulant · prétendant · 2 - **compétiteur** · concurrent

candide *adj.* 1 - **ingénu** · innocent · naïf · 2 - **pur** · simple
naïf

canevas *n.m.* 1 - **plan** · ossature · schéma · structure · trame · 2 - **ébauche** · esquisse

caniculaire *adj.* · étouffant · écrasant · torride

canicule *n.f.* · grande chaleur · étuve · fournaise · cagnard *région.*

canif *n.m.* · couteau de poche

caniveau *n.m.* · rigole · ruisseau

cannabis · haschich · chanvre indien · marijuana · came *fam.* · chichon *fam.* · hasch *fam.* · herbe *fam.* · marie-jeanne *fam.* · matos *fam.* · shit *fam.*

canne *n.f.* 1 - **bambou** · roseau · canisse *région.* · 2 - **bâton** · alpenstock *vieux*

✦ **canne à pêche** gaule

cannelure *n.f.* · rainure · gorge · strie · goujure *(Techn.)*

cannibale *n.m.* · anthropophage

cannibale, anthropophage

Cannibale désigne et qualifie des êtres humains qui mangent de la chair humaine, quelle que soit la raison de leur pratique *(certains prétendent que les premiers hommes étaient des cannibales ; une population cannibale)*. **Anthropophage** s'emploie avec la même valeur et les deux mots semblent interchangeables : « (un peuple de) cannibales friands de chair humaine, d'anthropophages dont il ne faut attendre aucune pitié » (Jules Verne, *les Enfants du capitaine Grant*, t. 3). Cependant, **anthropophage** s'utilise à peu près exclusivement à propos d'êtres humains et pour constater un fait *(délit d'anthropophagie)*, alors que **cannibale** se trouve régulièrement dans un contexte animal *(des fourmis cannibales)* et qu'il comporte une notion de férocité.

cannibalisme *n.m.* · anthropophagie

canoë *n.m.* · canot · kayak · pirogue

[1]**canon** *n.m.* · bouche à feu · mortier · obusier · [anciennt] aspic · basilic · bertha · bombarde · caronade · couleuvrine · émerillon · faucon · fauconneau · pierrier · veuglaire

[2]**canon** *n.m.* 1 - **idéal** · archétype · modèle · type · 2 - [adj., fam.] **magnifique** · superbe · top *fam.*

canonique *adj.* 1 - **normatif** · 2 - [âge] **avancé** · respectable

canonner *v.tr.* · bombarder · pilonner

canot *n.m.* 1 - **barque** · annexe · chaloupe · yole · nacelle *littér.* · youyou *vieilli* · 2 - **canoë** · canadienne · kayak · périssoire · pirogue

✦ **canot pneumatique** raft

cantatrice *n.f.* · chanteuse d'opéra · diva · prima donna · divette *vieilli*

cantine *n.f.* 1 - **réfectoire** · restaurant · cantoche *fam.* · 2 - **coffre** · malle · 3 - **cuisine** · roulante *fam.*

cantonnement *n.m.* · bivouac · camp · campement · quartiers

cantonner *v.tr.* 1 - **reléguer** · confiner · 2 - [vieilli] **camper** · bivouaquer · prendre ses quartiers

»» **se cantonner** *v.pron.* [vieilli] **s'isoler** • se cloîtrer • se confiner • s'enfermer • se retirer

✦ **se cantonner à** se borner à • se contenter de • se limiter à • s'en tenir à

canular *n.m.* • blague • farce • mystification • fumisterie *fam.*

canule *n.f.* • cathéter • drain • sonde

canyon *n.m.* • gorge • défilé • goulet • grau *région.*

caoutchouc *n.m.* **1 - gomme** • buna • élastomère • [de semelles] crêpe • **2 - élastique**

cap *n.m.* **1 - pointe** • bec • promontoire • **2 - direction** • orientation • route • **3 - étape** • palier • stade

✦ **mettre le cap sur** → **se diriger**

capable *adj.* **1 - adroit** • habile • **2 - doué** • fort • intelligent • **3 - compétent** • expert • qualifié

✦ **capable de** **1 - apte à** • à même de • de force à • de taille à • en état de • en situation de • fait pour • habile à • propre à • susceptible de • taillé pour • chiche de *fam.* • entendu à *vieilli* • [au plur.] (être) gens à • **2 - susceptible de**

capacité *n.f.*
I 1 - contenance • volume • [d'un bateau] tonnage • jauge • **2 - étendue** • portée
II 1 - aptitude • compétence • disposition • faculté • qualité • talent • valeur • **2 - pouvoir** • faculté • force

cape *n.f.* **pèlerine** • [anciennt] houppelande

✦ **sous cape** en cachette • à la dérobée • en tapinois • [rire] dans sa barbe

capharnaüm *n.m.* • bric-à-brac • fourbi • bazar *fam.* • bordel *fam.* • boxon *très fam.*

capilotade (en) *loc. adv.* • en bouillie • en charpie • en compote • en marmelade • en miettes • en piteux état

capitaine *n.m.* **1 - chef** • commandant • capiston *argot Milit., vieilli* • piston *argot Milit., vieilli* • pitaine *argot Milit., vieilli* • **2 - skipper** • chef de bord

[1]**capital, e** *adj.* **essentiel** • fondamental • premier • primordial • principal • suprême • cardinal *littér.*

✦ **point capital** clé • clef de voûte • cœur (du problème)

[2]**capital** *n.m.* **1 - argent** • avoir • fonds • fortune • valeur • **2 - patrimoine** • richesse(s) • trésor(s)

capitale *n.f.* **1 - métropole** • [d'un art, etc.] haut lieu • Mecque • **2 - majuscule**

capitaliser *v.tr.* • thésauriser • amasser

capiteux, -euse *adj.* • enivrant • étourdissant • grisant • qui monte à la tête

❧ **grisant**

capitulation *n.f.* **1 - reddition** • **2 - renoncement** • abandon • abdication • démission

capituler *v.intr.* **1 - se rendre** • déposer, rendre les armes • hisser le drapeau blanc • **2 - renoncer** • abandonner • abdiquer • baisser les bras • céder • démissionner • s'incliner

caporalisme *n.m.* • autoritarisme • césarisme • militarisme

capote *n.f.* [fam.] préservatif • condom *vieux*

capoter *v.intr.* **1 - chavirer** • se renverser • se retourner •

2 - échouer · avorter · faire long feu · faire naufrage · tourner court · s'en aller en eau de boudin

caprice *n.m.* **1 - envie** · coup de tête · désir · extravagance · fantaisie · lubie · toquade *fam.* · boutade *vieux* · foucade *vieux ou littér.* · **2 - passade** · amourette · aventure · flirt · béguin *fam.* · tocade *fam.*

✦ **caprices** [de la mode, de la Bourse, etc.] **inconstance** · instabilité · variation · versatilité

capricieux, -ieuse *adj.* **1 - lunatique** · fantasque · inconséquent · inconstant · capricant *littér.* · **2 - instable** · changeant

capsule *n.f.* · gélule · cachet

capter *v.tr.* **1 - recevoir** · intercepter · **2 - accrocher** · captiver · conquérir · gagner · obtenir · **3 - canaliser** · recueillir

captieux, -ieuse *adj.* · fallacieux *littér.* · sophistiqué *littér.* · spécieux *littér.*

captif, -ive

▪ *adj.* **1 - détenu** · emprisonné · enfermé · incarcéré · prisonnier · en cage · **2 -** [littér.] **asservi** · esclave · soumis

▪ *n.* **prisonnier** · détenu

captivant, e *adj.* **1 - passionnant** · enthousiasmant · fascinant · intéressant · palpitant · prenant · **2 - séduisant** · charmeur · magicien · sorcier

captiver *v.tr.* **1 - charmer** · conquérir · enchanter · ensorceler · gagner · passionner · plaire à · séduire · **2 -** [littér.] **assujettir** · asservir · enchaîner · maîtriser · soumettre

captivité *n.f.* **détention** · emprisonnement · enfermement · incarcération · internement

✦ **tenir en captivité** détenir · emprisonner · enfermer · incarcérer · interner

captivité, détention, emprisonnement, incarcération, internement

La privation de liberté par enfermement est désignée par l'un ou l'autre de ces mots. On se trouve en **captivité** si l'on est retenu dans un camp ou dans tout autre lieu fermé, au cours d'un conflit armé avec le statut de prisonnier de guerre ou d'otage *(des récits de captivité ; vivre en captivité)*. Lorsque la décision d'enfermer la personne relève des instances juridiques et qu'elle s'exécute dans le cadre d'une prison, on parlera d'**incarcération** *(donner un ordre d'incarcération)*. La **détention** désigne plus précisément, en droit pénal, une peine consistant à retenir en prison une personne coupable d'un délit *(il a été condamné à cinq ans de détention ; la détention provisoire, à perpétuité)*. L'**emprisonnement**, plus général, peut être l'effet d'une mesure illégale et s'effectuer hors du cadre de la prison *(le couvre-feu constitue un emprisonnement partiel)*. Quant à l'**internement**, il s'applique à des mesures d'enfermement par décision administrative, qui concernent par exemple des réfugiés politiques *(internement dans un camp)* ou des malades *(internement psychiatrique)*.

capture *n.f.* **1 - arrestation** · **2 - prise** · butin · trophée

capturer *v.tr.* **1 - arrêter** · appréhender · choper *fam.* · coincer *fam.* · cueillir *fam.* · épingler *fam.* · gauler *fam.* · harponner *fam.* · pincer *fam.* · alpaguer *argot* · **2 - attraper** · s'emparer de · prendre

capuchon *n.m.* **1 - bouchon** · **2 - capuche** · capulet *région.* · [anciennt] chaperon · **3 -** [de moine] **cagoule** · capuce · cuculle

caquet *n.m.* · bavardage · babil *littér.* · jactance *fam.*

caqueter *v.intr.* · jacasser · bavarder · bavasser *péj.* · jaboter *fam., vieilli* · jaser *vieilli*

car *conj.* · parce que · comme · du fait que · étant donné que · puisque · vu que · attendu que *vieilli ou Droit*

carabine *n.f.* → **fusil**

caracoler *v.intr.* · cabrioler · sautiller

caractère *n.m.*
I signe · chiffre · lettre · symbole
II 1 - tempérament · constitution · nature · personnalité · **2 - courage** · détermination · fermeté · résolution · ténacité · trempe · volonté
III 1 - caractéristique · attribut · idiosyncrasie · indice · marque · particularité · propriété · qualité · signe · spécificité · trait · **2 - air** · allure · apparence · aspect
IV cachet · allure · originalité · personnalité · relief · style · gueule *fam.*

caractériel, -ielle *adj. et n.* · inadapté · asocial

caractérisé, e *adj.* · net · marqué · typique

caractériser *v.tr.* **1 - distinguer** · déterminer · différencier · individualiser · marquer · particulariser · **2 - définir** · déterminer · préciser · spécifier

caractéristique
▪ *adj.* **1 - distinctif** · déterminant · particulier · personnel · propre · spécifique · typique · **2 - représentatif** · emblématique · significatif · symptomatique
▪ *n.f.* **caractère** · indice · marque · particularité · qualité · signe · spécificité · trait

carafe *n.f.* · carafon

carambolage *n.m.* · collision · accrochage · télescopage

caramboler *v.tr.* · heurter · accrocher · bousculer · percuter · télescoper

carapace *n.f.* **1 - armure** · blindage · bouclier · cuirasse · **2 -** [Zool.] **test** · bouclier

caravane *n.f.* **1 - roulotte** · **2 - convoi** · train

carboniser *v.tr.* · brûler · calciner · griller · cramer *fam.*

carburant *n.m.* · combustible

carburant, combustible

Un **combustible**, quelle que soit sa forme, peut entrer en **combustion** et dégage alors une chaleur utilisée comme énergie *(combustible nucléaire, combustible solide, liquide, gazeux)*. Un **carburant** est un combustible que l'on mélange à l'air pour l'utiliser dans un moteur à explosion, un réacteur, etc. : *le pétrole est un combustible qui, transformé, fournit des carburants comme l'essence, le gazole, le kérosène ; une panne de carburant.*

carcan *n.m.* **1 - assujettissement** · contrainte · entrave · chaînes *littér.* · joug *littér.* · **2 -** [anciennt] **pilori**

carcasse *n.f.* **1 - squelette** · ossature · **2 - armature** · charpente · **3 - châssis** · coque

carcéral, e *adj.* · pénitentiaire · cellulaire

cardigan *n.m.* → veste

[1]**cardinal, e** *adj.* • capital • essentiel • fondamental • primordial • principal

[2]**cardinal** *n.m.* [titre] éminence

carême *n.m.* • jeûne

carence *n.f.* • manque • défaut • déficience • insuffisance • lacune • pénurie

caressant, e *adj.* • affectueux • aimant • cajoleur • câlin • tendre

caresse *n.f.* 1 - **effleurement** • frôlement • 2 - **cajolerie** • câlinerie • papouille *fam.* • mamours *fam.* • chatterie *vieilli* • [abusive] attouchement

caresser *v.tr.* 1 - **cajoler** • câliner • papouiller *fam.* • peloter *fam.* • tripoter *fam.* • patiner *vieilli* • 2 - [un animal] **flatter** • rebaudir *(Vénerie)* • 3 - **effleurer** • frôler • 4 - **entretenir** • nourrir • se complaire dans

caresser, cajoler, câliner, flatter

On **caresse** un enfant, un animal domestique par tendresse, mais le verbe a pris une connotation érotique dès que les attouchements concernent des adultes *(ils se caressent amoureusement)*. **Cajoler** ajoute des paroles affectueuses aux caresses. **Câliner** renchérit sur **cajoler** pour les gestes et les paroles. Les trois verbes sont particulièrement fréquents dans le contexte des rapports entre adultes et enfants : « Je refusais d'entrer dans les comédies concertées par les adultes, trop âgée à présent pour me faire caresser, câliner, cajoler » (Simone de Beauvoir, *Mémoires d'une jeune fille rangée*). On réserve en revanche aujourd'hui **flatter** aux caresses prodiguées à un animal *(flatter de la main l'encolure d'un cheval)*.

cargaison *n.f.* 1 - **charge** • chargement • fret • 2 - **quantité** • collection • provision • réserve • tas

caricatural, e *adj.* 1 - **grotesque** • burlesque • comique • ridicule • 2 - **exagéré** • outré • parodique • 3 - **primaire** • simpliste

caricature *n.f.* 1 - **charge** • dessin satirique • 2 - **satire** • critique • 3 - **parodie** • simulacre • travestissement

caricaturer *v.tr.* • charger • contrefaire • parodier • railler • ridiculiser • tourner en ridicule

carillon *n.m.* 1 - **cloches** • 2 - **horloge** • 3 - **sonnerie** • sonnette

carillonner

- *v.intr.* **sonner**
- *v.tr.* **proclamer** • annoncer à son(s) de trompe • claironner • crier sur les toits • publier • faire grand bruit de

carillonneur *n.m.* • sonneur

carlingue *n.f.* • cabine • cockpit • habitacle

carnage *n.m.* 1 - **boucherie** • hécatombe • massacre • tuerie • 2 - **dégât** • destruction • dévastation • ravage • 3 - [vieux] **pâture** • viande

massacre

carnassier, -ière *adj. et n.* • carnivore

carnivore

carnassière *n.f.* • carnier • gibecière

carnation *n.f.* • teint

carne *n.f.* 1 - [personne] **chameau** *fam.* • vache *fam.* • rosse *vieilli* • 2 - **barbaque** *fam.* • semelle *fam.* • 3 - → **cheval**

carnet *n.m.* **calepin** · agenda · bloc-notes · répertoire · mémo *fam.*
✦ **carnet de chèques** chéquier
✦ **carnet de notes** bulletin (scolaire)

carnivore *adj. et n.* · carnassier

carnivore, carnassier

Carnivore et **carnassier** renvoient tous deux au mot *chair*, qui désignait autrefois la viande. Un carnivore se nourrit plus ou moins régulièrement de matières carnées *(le chat et le chien sont des animaux carnivores ; des plantes carnivores)*. Un carnassier consomme à peu près exclusivement de la chair crue *(la loutre et le tigre sont des carnassiers ; des crocs de carnassier)*. Ce régime et la voracité des carnassiers expliquent que soit attachée au mot une idée de férocité qui a entraîné des emplois métaphoriques *(des mœurs carnassières, un sourire carnassier)*.

carotter *v.tr.* · escroquer · extorquer · soutirer · voler · calotter *fam., vieilli*

carpette *n.f.* **1 - descente de lit** · **2 - lèche-botte** *fam.* · paillasson *fam.*

[1]**carré, e** *adj.* **1 - large** · robuste · **2 - net** · catégorique · direct · franc · tranché · **3 - droit** · loyal

[2]**carré** *n.m.* **1 - case** · carreau · **2 -** [de jardin] **planche** · carreau · **3 - dé** · cube · carrelet · **4 - coin** · bout · **5 - foulard** · **6 -** [Québec] **place** · square

carreau *n.m.* **1 - vitre** · fenêtre · glace · **2 - dalle** · pavé

⋙ **carreaux** *plur.* **1 - carrelage** · **2 - quadrillage**
✦ **à carreaux** quadrillé

carrefour *n.m.* **1 - croisement** · bifurcation · croisée des chemins · embranchement · étoile · fourche · patte d'oie · rond-point · **2 - symposium** · forum · rencontre · table ronde

carrefour, croisement

Plusieurs routes, ou rues, venant de directions différentes se rencontrent et forment un nœud de communication relativement large : c'est le **carrefour** *(arriver à un carrefour, au milieu du carrefour)*. Le **croisement** forme une croix avec deux voies en intersection *(tourner à gauche au prochain croisement)*. C'est la dimension du **carrefour** qui justifie son emploi figuré, que n'a pas **croisement**, pour parler d'un point de rencontre d'éléments divers ou opposés : « La grande chance de l'Europe est d'avoir été un carrefour (...), le lieu géométrique de toutes les idées » (Aimé Césaire, *Discours sur le colonialisme*).

carrelage *n.m.* · dallage · pavement

carreler *v.tr.* **1 - daller** · paver · **2 - quadriller**

carrément *adv.* **1 - franchement** · clairement · sans ambages · sans détour · sans prendre de gant · bille en tête *fam.* · sans tourner autour du pot *fam.* · **2 - complètement** · absolument · totalement

carrer (se) *v.pron.* **1 - se caler** · s'installer · **2 - se camper** · se planter

[1]**carrière** *n.f.* **1 - mine (à ciel ouvert)** · exploitation · **2 -** [sortes] ardoisière · ballastière · glaisière · grésière · marbrière · marnière · meulière · plâtrière · sablière

[2]**carrière** *n.f.* **1 - profession** · activité professionnelle · métier · situation · **2 - parcours (professionnel)** · cursus

carriériste *n.* · arriviste · ambitieux

carriole *n.f.* · charrette

carrossable *adj.* · praticable

carrosserie *n.f.* · bâti · caisse · carénage

carrure *n.f.* **1 - largeur d'épaules** · **2 - valeur** · calibre · classe · envergure · stature

cartable *n.m.* · sac · porte-documents · sacoche · serviette · carton *vieux ou région.* · calepin *Belgique* · mallette *Belgique*

carte *n.f.* **1 - plan** · atlas · mappemonde · planisphère · **2 - carton** · **3 - menu** · **4 - billet** · ticket

✦ **carte maîtresse** atout

✦ **carte de visite** bristol

✦ **cartes sur table** franchement · honnêtement · loyalement

✦ **jouer aux cartes** taper le carton *fam.*

cartel *n.m.* · association · consortium · entente · trust

cartésien, -ienne *adj.* · rationnel · clair · logique · méthodique

cartomancien, -ienne *n.* · tireur de cartes · diseur de bonne aventure · voyant

carton *n.m.* **1 - boîte** · **2 - dessin** · étude

✦ **carton d'invitation** bristol

cartouche *n.f.* **1 - munition** · projectile · **2 - recharge**

[1]cas *n.m.* **1 - circonstance** · événement · fait · occasion · occurrence · situation · **2 - hypothèse** · éventualité · possibilité · **3 - affaire** · cause · dossier

✦ **au cas où, dans le cas où** dans l'hypothèse où · dans l'éventualité où · si jamais

✦ **en aucun cas** en aucune façon · en aucune manière · jamais

✦ **le cas échéant** éventuellement · à l'occasion

✦ **en tout cas, en tous (les) cas** de toute façon · quoi qu'il arrive

✦ **faire (grand) cas de** apprécier · considérer · estimer

✦ **faire peu de cas de** mépriser · négliger

[2]cas *n.m.* · désinence · déclinaison

casanier, -ière *adj.* · sédentaire · pantouflard *fam.* · popote *fam., vieilli* · pot-au-feu *fam., vieilli*

cascade *n.f.* **1 - chute (d'eau)** · cataracte · cascatelle *littér.* · **2 - acrobatie** · voltige · **3 - série** · avalanche · déluge · flot · kyrielle · ribambelle · succession · torrent

✦ **en cascade** en série · à la suite · l'un après l'autre · avec un effet domino

cascadeur, -euse *n.* · acrobate · voltigeur

case *n.f.* **1 - hutte** · paillote · **2 - casier** · compartiment · loge · **3 - carré**

casemate *n.f.* · fortification · blockhaus · bunker · fortin

caser *v.tr.* **1 - ranger** · loger · placer · enfourner *fam.* · fourrer *fam.* · **2 - établir** · fixer · placer · **3 -** [fam.] **marier**

caserne *n.f.* · baraquement · casernement · quartiers

cash *adv. et n.m.* · comptant · rubis sur l'ongle

casier *n.m.* **1 - case** · compartiment · **2 - nasse**

casque *n.m.* **1 - séchoir** · **2 - coiffure** · protection · [anciennt] armet · bassinet · bourguignotte · cabasset · capeline · heaume · morion · salade

✦ **casques bleus** forces onusiennes

casquer *v.tr.* [fam.] → **payer**

casquette *n.f.* · képi · bâche *fam., vieilli* · gâpette *fam., vieilli*

cassant, e *adj.* **1 - cassable** · fragile · **2 - brusque** · coupant · dur · impérieux · inflexible · péremptoire · sec · tranchant

cassation *n.f.* **1 - annulation** · **2 - dégradation**

casse *n.f.* **1 - bris** · **2 - dégât** · grabuge *fam.*

cassé, e *adj.* **1 - brisé** · rompu · **2 -** [voix] **faible** · éraillé · voilé · **3 - abîmé** · bousillé *fam.* · déglingué *fam.* · fichu *fam.* · foutu *fam.* · nase *fam.* · **4 -** [fam.] → **fatigué**

casse-cou *n.m. invar.* · audacieux · imprudent · risque-tout · téméraire

casse-croûte *n.m. invar.* · en-cas · collation · snack · casse-dalle *fam.* · casse-graine *fam., vieilli*

casse-gueule *adj. invar.* · dangereux · périlleux · risqué

casse-pieds *n. et adj. invar.* **1 - gêneur** · casse-couilles *très fam.* · chieur *très fam.* · emmerdeur *fam.* · enquiquineur *fam.* · raseur *fam.* · **2 - ennuyeux** · assommant · chiant *très fam.* · emmerdant *très fam.* · gonflant *fam.* · rasoir *fam.*

casser

▪ *v.tr.* **1 - briser** · broyer · disloquer · écraser · fracasser · fracturer · rompre · **2 - abîmer** · détruire · bousiller *fam.* · déglinguer *fam.* · esquinter *fam.* · **3 -** [fam.] → **fatiguer** · **4 - annuler** · **5 - démettre** · dégrader · déposer · destituer · limoger · révoquer

▪ *v.intr.* **se briser** · claquer · se rompre · péter *fam.*

⋙ **se casser** *v.pron.* → *v. intr.*

casserole *n.f.* · braisière · caquelon · cocotte · marmite · poêlon · sauteuse · casse *Suisse*

casse-tête *n.m. invar.* **1 - problème** · **2 - matraque** · trique · **3 -** [Québec] **puzzle**

cassette *n.f.* **1 - boîte** · coffret · **2 - cagnotte** · réserve · tirelire

casseur *n.m.* **1 - épaviste** · **2 -** [fam.] → **cambrioleur**

cassolette *n.f.* · brûle-parfum · encensoir

cassure *n.f.* **1 - brisure** · brèche · casse · crevasse · faille · fente · fissure · fracture · **2 -** [Géol.] diaclase · faille · joint · **3 - rupture** · coupure · fêlure

castagne *n.f.* → **bagarre**

caste *n.f.* · clan · classe

castrat *n.m.* · eunuque

castration *n.f.* · émasculation

castrer *v.tr.* · châtrer · bistourner · chaponner · couper · émasculer · hongrer *rare*

castrer, émasculer, châtrer

Castrer, **émasculer** et **châtrer** se rapportent tous trois à l'action de rendre un humain ou un animal impropre à la reproduction. **Castrer**, le seul employé en chirurgie et en médecine vétérinaire, s'applique à un homme *(on castrait autrefois de jeunes garçons pour qu'ils conservent une voix de soprano)* ou à un animal *(castrer un chat, une chienne)*, mais également à une femme, la *castration* s'opérant par l'ablation des ovaires. **Châtrer** ne concerne pas les femmes et s'emploie le plus souvent à propos d'un animal *(châtrer un bélier, un cheval, une truie)* : « À deux mois, on châtrait les mâles [moutons] qu'on élevait pour la vente » (Zola, *la Terre*, II, I). **Émasculer**, moins courant que les précédents, n'est utilisé que pour les hommes : « Il avait quelque mérite à écouter les vociférations de tous ces forcenés qui se vantaient, chacun, d'avoir décapité ou bien émasculé, deux ou trois de ses compatriotes » (Tharaud, *le Passant d'Éthiopie*).

casuel, -elle *adj.* · accidentel · aléatoire · contingent · éventuel · fortuit · occasionnel

casuiste *n.* · sophiste

cataclysme *n.m.* **1 - calamité** · catastrophe · désastre · fléau · **2 - bouleversement** · crise · ravage

catacombe *n.f.* · cimetière · hypogée · ossuaire

catalogue *n.m.* **1 - index** · inventaire · liste · nomenclature · recueil · répertoire · rôle · table · **2 - liste** · dénombrement · énumération · inventaire

↝ **nomenclature**

cataloguer *v.tr.* **1 - juger** · classer · étiqueter · jauger · **2 - indexer** · inventorier · répertorier

catapulte *n.f.* · baliste · bricole · mangonneau · onagre · scorpion

catapulter *v.tr.* **1 - lancer** · projeter · propulser · porter · **2 - promouvoir** · propulser · bombarder *fam.* · parachuter *fam.*

cataracte *n.f.* **1 - cascade** · chute · **2 - déluge** · torrent · trombe

catastrophe *n.f.* **1 - calamité** · cataclysme · fléau · **2 - drame** · coup · désastre · infortune · malheur · tragédie · cata *fam.* · tuile *fam.*

✦ **en catastrophe** à toute vitesse · à la hâte · en urgence

↝ **calamité**

catastropher *v.tr.* · abattre · accabler · atterrer · consterner

catastrophique *adj.* **1 - affreux** · désastreux · dramatique · effroyable · épouvantable · terrible · **2 - déplorable** · calamiteux · désastreux · lamentable

catéchiser *v.tr.* · évangéliser · convertir · endoctriner · prêcher

catéchisme *n.m.* **1 - catéchèse** · **2 - dogme** · credo

catégorie *n.f.* · espèce · classe · famille · genre · groupe · ordre · race · série · sorte · type

catégorique *adj.* **1 - absolu** · clair · formel · indiscutable · net · **2 - autoritaire** · cassant · coupant · définitif · impératif · péremptoire · tranchant

catimini (en) *loc. adv.* · en cachette · à la dérobée · en secret · en tapinois · en douce *fam.*

cauchemar *n.m.* **1 - mauvais rêve** · terreur nocturne · **2 - hantise** · bête noire · obsession · tourment

cauchemardesque *adj.* → **terrifiant**

causant, e *adj.* · communicatif · bavard · loquace · disert *littér.*

cause *n.f.* **1 - motif** · mobile · raison · sujet · **2 - origine** · fondement · moteur · principe · source · **3 - agent** · auteur · créateur · instigateur · **4 - intérêt** · parti · **5 - procès** · affaire

✦ **mettre en cause** accuser · attaquer · incriminer

✦ **remettre en cause** reconsidérer · réexaminer

✦ **mettre hors de cause** acquitter · blanchir · disculper · innocenter · laver

[1]**causer** *v.tr.* · amener · amorcer · apporter · attirer · catalyser · déclencher · donner lieu à · entraîner · motiver · occasionner · produire · provoquer · susciter

[2]**causer** *v.intr.* **1 - parler** · bavarder · converser · deviser · discuter · papoter *fam.* · faire causette *fam.* · tailler une bavette *fam.* · confabuler *vieux ou plaisant* · **2 - jaser** · cancaner · faire des potins *fam.* · potiner *vieux*

✦ **causer de** parler de · discuter de · s'entretenir de · évoquer

causerie *n.f.* **1 - conférence** · colloque · exposé · **2 - conversation** · entretien

causeur, -euse

▪ *adj.* **loquace** · bavard · causant *fam.* · disert *littér.*

▪ *n.* **orateur** · discoureur

causticité *n.f.* **1 - mordant** · mordacité *littér.* · acerbité *littér.* · **2 - acidité**

caustique *adj.* **1 - acide** · brûlant · corrodant · corrosif · cuisant · **2 - acerbe** · acéré · corrosif · incisif · mordant · piquant · satirique

caustique, mordant, satirique

Un produit **caustique**, comme la soude, détruit les tissus animaux et végétaux ; aussi le mot, dans ses emplois figurés, évoque-t-il ce qui peut être blessant, cinglant dans des paroles, des écrits, etc. *(un esprit caustique, des propos caustiques)*. **Mordant** ajoute la vivacité et l'agressivité dans l'attaque contre autrui et s'emploie plus largement *(une ironie, une caricature mordante, un reproche mordant)*. **Satirique** a un domaine d'application plus restreint et qualifie ce qui dénote la raillerie dans un écrit, des paroles *(un ton, un esprit satirique)* : une **satire**, qui a pour objet de critiquer une époque, des mœurs, etc., peut être **caustique, mordante**.

cauteleux, -euse *adj.* **1 - hypocrite** · faux · sournois · **2 - mielleux** · doucereux · patelin *littér.*

caution *n.f.* **1 - gage** · cautionnement · garantie · sûreté · **2 - garant** · répondant · **3 - appui** · aval · soutien

✦ **sujet à caution** douteux · suspect

cautionnement *n.m.* · gage · garantie

cautionner *v.tr.* · avaliser · répondre de · se porter garant de

cavalcade *n.f.* · chevauchée · course · galopade

cavaleur, -euse *adj. et n.* · coureur (de filles, de jupons) · volage · dragueur *fam.* · chaud lapin *fam.* · juponnier *vieux*

cavalier, -ière

▪ *adj.* **désinvolte** · hardi · hautain · impertinent · inconvenant

▪ *n.* **danseur** · partenaire

▪ *n.m.* **jockey** · écuyer

»» **cavalière** *n.f.* **amazone** · écuyère

cavalièrement *adv.* · insolemment · impertinemment · à la hussarde

[1]**cave** *adj.* · creux

[2]**cave** *n.f.* **1 - cellier** · chai · **2 - sous-sol** · caveau

[3]**cave** *n.f.* · enjeu · mise

caveau *n.m.* **1 - sépulture** · **2 - cabaret** · café-concert

caverne *n.f.* **1 - grotte** · cavité · spélonque *vieux* · **2 - antre** · refuge · repaire · tanière

caverneux, -euse *adj.* • grave • bas • profond • sépulcral

caviarder *v.tr.* • censurer • biffer • interdire • rayer • supprimer

cavité *n.f.* 1 - **creux** • anfractuosité • concavité • excavation • niche • trou • vide • enfonçure *vieux* • 2 - [Géol.] **abîme** • aven • bétoire • caverne • chantoir • doline • fosse • galerie • gouffre • grotte • poljé • précipice • ravin

cécité *n.f.* 1 - **amaurose** • amblyopie • 2 - **aveuglement**

céder

▪ *v.tr.* **donner** • abandonner • concéder • se dessaisir de • laisser • passer • transmettre

▪ *v.intr.* 1 - **casser** • craquer • lâcher • rompre • péter *fam.* • 2 - **s'écrouler** • s'enfoncer • 3 - **cesser** • disparaître • tomber • 4 - **capituler** • battre en retraite • s'incliner • lâcher prise • lâcher pied • se rendre • renoncer • se résigner • baster *Suisse* • mettre les pouces *fam.*

✦ **céder à** 1 - **succomber à** • s'abandonner à • se laisser aller à • se laisser tenter par • 2 - **acquiescer à** • consentir à • se plier à • se résigner à • se soumettre à

ceindre *v.tr.* 1 - **cerner** • encercler • enclore • enfermer • entourer • enserrer • 2 - **revêtir** • mettre

ceinture *n.f.* 1 - **ceinturon** • 2 - **écharpe** • 3 - **taille**

ceinturer *v.tr.* • ceindre • encercler • entourer

célébration *n.f.* 1 - **commémoration** • cérémonie • fête • 2 - **apologie** • exaltation • glorification

célèbre *adj.* 1 - **fameux** • (très) connu • glorieux • illustre • insigne • légendaire • notoire • renommé • réputé • connu comme le loup blanc • [artiste] populaire • 2 - **historique** • inoubliable • mémorable • proverbial

célèbre, fameux, illustre, renommé, réputé

Plusieurs mots sont employés pour exprimer la reconnaissance sociale. **Célèbre** qualifie aussi bien des personnes que des choses dont la réputation est assurée ou le nom très connu *(un célèbre joueur de tennis, un monument célèbre ; son dernier record l'a rendu célèbre)*. Avec **illustre**, on insiste davantage sur les mérites exceptionnels, les actions hors du commun *(un savant illustre, porter un nom illustre)*, mais le mot est surtout réservé à l'usage écrit. **Fameux**, d'usage plus soutenu, s'applique également à quelqu'un de grande réputation *(un héros fameux)* et à des choses *(une région fameuse pour son foie gras)*, et il qualifie aussi couramment tout ce qui est exceptionnel en son genre : à ce titre, il peut être laudatif ou péjoratif selon le sens du nom *(la fameuse sécheresse de 1976, un fameux imbécile)*. **Réputé** est plutôt employé quand on veut vanter la notoriété due à la valeur professionnelle d'une personne, à la qualité d'un produit *(un chirurgien réputé, un restaurant réputé)*. **Renommé**, plus élogieux, renchérit sur **réputé** *(un boulanger renommé, un champagne renommé)*.

célébrer *v.tr.* 1 - **commémorer** • fêter • 2 - **chanter** • exalter • glorifier • louer • sanctifier • vanter • 3 - [la messe] **dire**

fêter

célébrité *n.f.* 1 - **renom** • gloire • notoriété • popularité • renommée • réputation • succès • 2 - **personnalité** • gloire • grand nom • star • vedette • pointure *fam.* • [Cinéma] tête d'affiche

celer *v.tr.* · cacher · dissimuler · taire

célérité *n.f.* · rapidité · empressement · hâte · promptitude · vélocité · vitesse
↝ vitesse

céleste *adj.* **1 - aérien** · cosmique · **2 - merveilleux** · angélique · divin · surnaturel

célibataire
- *n.m.* **garçon** · vieux garçon
- *n.f.* **demoiselle** · fille · vieille fille

cellier *n.m.* **1 - cave** · **2 - chai** · cuvier

cellule *n.f.* **1 - prison** · cachot · geôle *littér.* · mitard *argot* · **2 - loge** · chambrette · **3 - case** · alvéole · compartiment · loge · **4 - groupe** · noyau · section · **5 - posemètre**

cellulite *n.f.* · graisse · capitons · peau d'orange

cénacle *n.m.* · cercle · chapelle · clan · club · coterie *péj.*

cendres *n.f.pl.* **ruines** · débris · restes
✦ **réduire en cendres** anéantir · annihiler · détruire

cénotaphe *n.m.* · tombeau · sépulcre · sarcophage

censé, e *adj.* · supposé · présumé · réputé

censeur *n.m.* · critique · juge

censure *n.f.* **1 - blâme** · condamnation · critique · désapprobation · réprobation · animadversion *littér.* · improbation *vieux* · **2 - interdit** · mise à l'index

censurer *v.tr.* **1 - blâmer** · condamner · critiquer · désapprouver · réprouver · **2 - supprimer** · caviarder · **3 - interdire**

centenaire *adj.* · séculaire

central, e *adj.* · essentiel · capital · fondamental · principal

centrale *n.f.* **1 - pénitencier** · prison · centrouse *argot* · **2 - confédération** · groupement

centralisation *n.f.* · concentration · rassemblement · regroupement · réunion

centraliser *v.tr.* · concentrer · rassembler · regrouper · réunir

centre *n.m.* **1 - milieu** · cœur · nombril · noyau · **2 - siège** · cœur · foyer · **3 - base** · fondement · principe · clé de voûte · **4 - cerveau** · cheville ouvrière · pivot · **5 - pôle** · axe
✦ **centre urbain** ville · agglomération · métropole

centrer *v.tr.* **1 - diriger** · orienter · focaliser · **2 - cadrer**

centupler *v.tr.* · décupler · multiplier

cep *n.m.* · pied (de vigne)

cèpe *n.m.* · bolet

cependant *adv. et conj.* · néanmoins · pourtant · toutefois · malgré cela · en regard de cela · toujours est-il que · avec tout cela · n'empêche que *fam.*

cerceau *n.m.* **1 - arc** · arceau · archet · **2 - feuillard**

cercle *n.m.* **1 - rond** · anneau · disque · couronne · rosace · **2 - auréole** · cerne · halo · nimbe · parasélène *vieux* · **3 - circonvolution** · rotation · rond · tour · **4 - club** · cénacle · chapelle · clan

cercler *v.tr.* · encercler · cerner · entourer · ceindre *littér.*

cercueil *n.m.* · bière · sarcophage · boîte *fam.*

cérébral, e *adj.* · intellectuel · mental

cérémonial *n.m.* 1 - **code** · décorum · étiquette · protocole · règles · usage · 2 - **rituel** · rite

cérémonie *n.f.* 1 - **fête** · célébration · commémoration · réception · 2 - **décorum** · cérémonial · solennité · appareil *littér.* · pompe *littér.*

✦ **sans cérémonie** sans façon · en toute simplicité · [dîner, etc.] à la fortune du pot · à la bonne franquette *fam.* · au hasard de la fourchette *vieilli*

⋙ **cérémonies** *plur.* [péj.] **façons** · chinoiseries · chichis *fam.* · complications

cérémonieux, -ieuse *adj.* 1 - **affecté** · apprêté · compassé · solennel · 2 - **formaliste** · protocolaire

cerne *n.m.* 1 - **halo** · auréole · 2 - [sous les yeux] **poche** · valise *fam.*

cerner *v.tr.* 1 - **assiéger** · bloquer · boucler · encercler · investir · 2 - **circonscrire** · délimiter · 3 - **appréhender** · comprendre · faire le tour de · saisir

certain, e *adj.* 1 - **convaincu** · assuré · persuadé · sûr · 2 - **incontestable** · avéré · confirmé · indéniable · indiscutable · indubitable · sûr · 3 - **inévitable** · garanti · inéluctable · immanquable · 4 - **évident** · flagrant · manifeste · 5 - **réel** · authentique · vrai · 6 - **relatif**

✦ **être certain de, que** avoir la certitude de · avoir la conviction, l'intime conviction que · être prêt à parier que · mettre sa main au feu que · mettre sa tête à couper que

✦ **c'est certain** il n'y a pas l'ombre d'un doute

certainement *adv.* 1 - **incontestablement** · indéniablement · indiscutablement · indubitablement · assurément · sans aucun doute · 2 - **inévitablement** · fatalement · infailliblement · nécessairement · à coup sûr · sûrement · 3 - **(très) probablement** · 4 - [en exclamatif] **bien sûr !** · certes ! · évidemment ! · naturellement ! · un peu ! *fam.*

certes *adv.* · certainement · assurément · bien sûr · oui

certificat *n.m.* 1 - **diplôme** · brevet · 2 - **attestation** · acte · parère *(Droit commercial)* · 3 - **référence**

certifier *v.tr.* 1 - **affirmer** · assurer · attester · confirmer · garantir · maintenir · soutenir · 2 - **authentifier** · légaliser · vidimer *(Admin.)*

certitude *n.f.* 1 - **évidence** · vérité · 2 - **assurance** · conviction · croyance

cerveau *n.m.* 1 - **esprit** · intelligence · tête · 2 - **tête** · cervelle · crâne *fam.* · ciboulot *fam.* · 3 - **organisateur** · chef · instigateur · meneur

cervelle *n.f.* · intelligence · matière grise · méninges *fam.*

cessation *n.f.* **arrêt** · abandon · fin · interruption · suspension

✦ **cessation de paiements** faillite

cesse (sans) *adv.* **continuellement** · constamment · en permanence · perpétuellement · sans relâche · toujours · 24 heures sur 24 · non-stop · à longueur de journée *péj.*

cesser

▪ *v.tr.* 1 - **arrêter** · interrompre · mettre fin à · stopper · suspendre ·

[sans complément] fermer, plier boutique *fam.* · **2 - abandonner** · lâcher · renoncer à

▪ *v.intr.* **1 - s'arrêter** · finir · prendre fin · s'achever · se terminer · **2 - disparaître** · s'effacer · s'enfuir · s'évanouir · mourir · tomber

✦ **faire cesser** **1 - arrêter** · couper court à · interrompre · mettre fin à · mettre le holà à · suspendre · **2 - dissiper** · enlever · faire taire · lever · ôter · supprimer

cessez-le-feu *n.m.* · trêve · arrêt des hostilités

cessible *adj.* · négociable · transférable · vendable

cession *n.f.* **1 - donation** · transfert · transmission · transport · vente · **2 - abandon** · abandonnement · délaissement

c'est-à-dire *loc. conj.* · à savoir · en d'autres termes · id est · i.e. · soit · assavoir *littér.*

césure *n.f.* **1 -** [Poésie] **coupe** · **2 - coupure** · différence · hiatus

[1]**chagrin, e** *adj.* **1 - affligé** · attristé · morose · sombre · triste · **2 - maussade** · bougon · revêche · atrabilaire *littér.* · bilieux *littér.* · grimaud *vieux*

✦ **avoir l'air chagrin** faire triste mine

[2]**chagrin** *n.m.* **1 - tristesse** · affliction · douleur · peine · souffrance · tourment · **2 - contrariété** · déception · dépit *littér.*

✦ **avoir du chagrin** être peiné · être triste · en avoir gros sur le cœur · en avoir gros sur la patate *fam.*

chagriner *v.tr.* **1 - affecter** · affliger · attrister · peiner · contrister *littér.* · **2 - tracasser** · contrarier · inquiéter · tourmenter · turlupiner *fam.* · **3 -** [vieilli] **fâcher** · mécontenter

chahut *n.m.* · tapage · tumulte · vacarme · barouf *fam.* · boucan *fam.* · chambard *fam.* · raffut *fam.* · bousin *fam., vieilli*

chahuter

▪ *v.intr.* **s'agiter** · faire du tapage · faire du raffut *fam.*

▪ *v.tr.* **1 - bousculer** · malmener · **2 - conspuer** · huer

chai *n.m.* · cave · cellier

chaîne *n.f.* **1 - collier** · châtelaine · ferronnière · sautoir · jaseran *vieilli* · **2 -** [anciennt] **alganon** · cadène · fers · **3 -** [TV] **canal** · **4 - réseau** · circuit · **5 - succession** · suite · série · séquence · chapelet

chaînon *n.m.* · maille · maillon

chair *n.f.* **1 - peau** · **2 -** [vieux] **viande** · **3 - pulpe** · **4 -** [par métaphore] concupiscence *plaisant* · luxure · sensualité

✦ **bien en chair** dodu · potelé · rebondi · replet · rondelet

chaire *n.f.* **tribune** · [d'église] ambon

chaise *n.f.* siège

✦ **chaise longue** transat · transatlantique *vieilli*

✦ **chaise à porteurs** brouette · filanzane · palanquin · vinaigrette

[1]**chaland** *n.m.* **1 - péniche** · bélandre · bette · drague · marie-salope · **2 - coche d'eau**

[2]**chaland, e** *n.* · client · acheteur

châle *n.m.* · fichu · écharpe · étoffe · pointe

chaleur *n.f.* **1 - chaud** · canicule · étuve · fournaise · touffeur *littér.* · **2 -**

animation · ardeur · effervescence · enthousiasme · entrain · exaltation · ferveur · feu · fièvre · fougue · impétuosité · passion · véhémence · vigueur · vivacité · **3 - cordialité**

✦ **en chaleur** en chasse · en rut

chaleureusement *adv.* · cordialement · chaudement

chaleureux, -euse *adj.* **1 - cordial** · affectueux · amical · sympathique · **2 - ardent** · empressé · enthousiaste · fervent · zélé

challenge *n.m.* **1 - défi** · gageure · **2 - compétition** · championnat · coupe

challengeur *n.m.* · compétiteur · concurrent · adversaire

chaloupe *n.f.* · barque · canot

chalumeau *n.m.* **1 - flûtiau** · flageolet · pipeau · **2 - tuyau** · paille

chamailler (se) *v.pron.* · se disputer · se chicaner · se quereller · [femmes] se crêper le chignon *fam.*

chamaillerie *n.f.* · dispute · querelle · chicane · chamaillis *vieilli ou région.*

chamailleur, -euse *n. et adj.* · querelleur

chamarré, e *adj.* · bariolé · multicolore · diapré *littér.*

❧ **bariolé**

chambardement *n.m.* → **chamboulement**

chambarder *v.tr.* → **chambouler**

chamboulement *n.m.* · bouleversement · branle-bas · chaos · perturbation · remue-ménage · révolution · chambardement *fam.*

chambouler *v.tr.* · bouleverser · mettre sens dessus dessous · perturber · révolutionner · chambarder *fam.*

chambranle *n.m.* · encadrement

chambre *n.f.* **1 - chambrette** · cambuse *fam.* · piaule *fam.* · turne *fam.* · carrée *argot* · crèche *vieux, fam.* · taule *vieux, fam.* · canfouine *vieux, fam.* · **2 - pièce** · salle · **3 - assemblée** · parlement · **4 - cavité** · compartiment · case

✦ **chambre à air** boyau · pneumatique

✦ **chambre forte** coffre

chambrée *n.f.* · dortoir

chambrer *v.tr.* → **se moquer**

champ *n.m.* **1 - terrain** · prairie · pré · terre · **2 - sphère** · cercle · domaine · étendue · zone

✦ **champ clos** arène · carrière · lice

✦ **champ de courses** hippodrome · turf

champêtre *adj.* · rural · bucolique · campagnard · pastoral · rustique · agreste *littér.*

champion, -ionne *n.* **1 - tenant du titre** · recordman · vainqueur · **2 - concurrent** · challengeur · compétiteur · **3 - as** · virtuose · crack *fam.* · **4 - défenseur** · avocat · apôtre

championnat *n.m.* · compétition · challenge · coupe · tournoi

chance *n.f.* **1 - hasard** · fortune · sort · **2 - bonne fortune** · bonheur · heureux hasard · bonne étoile · baraka *fam.* · bol *fam.* · cul *très fam.* · pot *fam.* · veine *fam.* · heur *vieux* · **3 - aubaine** · occasion · opportunité · **4 - éventualité** · possibilité · probabilité

✦ **porter chance** porter bonheur

✦ **par chance** par bonheur • heureusement

chancelant, e *adj.* 1 - **branlant** • flageolant • peu assuré • titubant • vacillant • 2 - **fragile** • faible • incertain • précaire

chanceler *v.intr.* 1 - **branler** • flageoler • tituber • vaciller • 2 - **faiblir** • fléchir • montrer des signes de faiblesse • vaciller

chanceux, -euse *adj.* 1 - **fortuné** • favorisé par le sort • heureux • veinard *fam.* • verni *fam.* • chançard *fam., vieux* • bidard *argot* • 2 - [vieux] **aléatoire** • aventureux • hasardeux • incertain

chancre *n.m.* 1 - **ulcère** • ulcération • 2 - **fléau** • cancer

chandail *n.m.* • pull-over • tricot

chandelier *n.m.* • bougeoir • candélabre • flambeau • girandole • lustre • martinet *vieilli* • torchère *anciennt*

chandelle *n.f.* 1 - **bougie** • cierge • flambeau • oribus *région., anciennt* • calbombe *argot* • camoufle *argot* • 2 - [Sport] **lob**

change *n.m.* 1 - **couche** • couche-culotte • 2 - **conversion**

✦ **donner le change à** abuser • berner • tromper

changé, e *adj.* • méconnaissable • différent • transformé

changeant, e *adj.* 1 - **incertain** • inégal • instable • variable • 2 - **capricieux** • fantaisiste • fantasque • inconstant *littér.* • instable • papillonnant • versatile • volage • 3 - **divers** • protéiforme • varié • 4 - **chatoyant** • moiré • versicolore *didact.*

changeant, inconstant, léger, volage

Tous ces mots évoquent l'instabilité d'une personne, de son comportement ou de sa conduite. Seul **changeant** ne s'applique pas aux sentiments amoureux *(il est changeant dans ses goûts vestimentaires ; elle est d'humeur changeante).* L'infidélité sentimentale s'exprime diversement selon que l'on emploie **inconstant**, qui n'implique pas forcément une situation adultère mais une attitude générale *(un amant inconstant),* **volage**, qui contient l'idée de frivolité *(le papillonnage d'un mari, d'une épouse volage),* ou **léger**, de connotation très péjorative en parlant d'une femme *(c'est une femme légère).* **Inconstant** est aujourd'hui d'usage littéraire ; **volage** et **léger** sont de moins en moins utilisés, à cause de l'évolution des comportements amoureux.

changement *n.m.* 1 - **modification** • altération • conversion • métamorphose • transformation • 2 - **réorganisation** • réaménagement • refonte • remaniement • restructuration • 3 - **évolution** • nouveauté • renouvellement • variété • 4 - **alternance** • balancement • fluctuation • mouvement alternatif • oscillation • variation • 5 - [en bien, en mieux] → **amélioration** • 6 - [en mal] → **aggravation**

changer

▪ *v.tr.* 1 - **modifier** • métamorphoser • refondre • réformer • remanier • transfigurer • transformer • 2 - **altérer** • contrefaire • défigurer • déformer • déguiser • dénaturer • fausser • truquer • 3 - **varier** • diversifier • 4 - **remplacer** • renouveler • 5 - **échanger** • troquer • 6 - [argent] **convertir** • 7 - [Droit] **commuer**

■ *v.intr.* **1 - évoluer** · fluctuer · se modifier, être modifié • [radicalement] se métamorphoser · se transformer · faire peau neuve · **2 -** [en bien, en mieux] → **s'améliorer** · **3 -** [en mal] → **s'aggraver**

✦ **changer d'avis** se dédire · se déjuger · se rétracter · se raviser · tourner casaque · manger son chapeau · retourner sa veste *péj.* • [souvent] être une (vraie) girouette · être un vrai caméléon *vieux*

✦ **changer de direction** tourner · dévier · virer

✦ **changer de place** **1 - déplacer** · bouger · déranger · intervertir · inverser · transférer · transplanter · transposer · **2 - se déplacer** · bouger · remuer

✦ **changer les idées** divertir · délasser · distraire

chanson *n.f.* **1 - air** · chant · mélodie · **2 -** [sortes] ballade · barcarolle · berceuse · cantilène · cavatine · complainte · comptine · lied · mélopée · romance · ronde · goualante *argot* · pont-neuf *vieux* · vaudeville *vieux* · villanelle *vieux* · **3 -** [Littérat.] **épopée** · geste · laisse · poème · **4 -** [péj.] **rengaine** · antienne · couplet · litanie · refrain · ritournelle · scie *vieux* · **5 -** [péj.] **baliverne** · histoire à dormir debout · conte en l'air *vieilli* · sornette *vieilli*

✦ **chanson à succès** hit · tube *fam.*

chant *n.m.* **1 - gazouillis** · ramage *littér.* · **2 - chanson** · mélodie · **3 - air** · aria · ariette · arioso · aubade · ballade · barcarolle · blues · cantabile · cantilène · cavatine · chanson · complainte · couplet · fado · lied · mélodie · mélopée · psalmodie · récitatif · refrain · rhapsodie · romance · sérénade · tyrolienne • [à deux voix] canon · **4 -** [religieux] **antienne** · cantique · gospel · hymne · litanie · motet · psaume · **5 - poésie** · poème

chantant, e *adj.* · mélodieux · harmonieux · musical

chanter

■ *v.intr.* **1 - gazouiller** · roucouler · siffler · ramager *rare* · **2 - chantonner** · fredonner · s'égosiller *péj.* · beugler *fam., péj.* · brailler *fam., péj.* · braire *fam., péj.* · bramer *fam., péj.* · pousser la chansonnette *fam.* · pousser la barcarolle *fam., vieilli*

■ *v.tr.* **1 - conter** · dire · raconter · **2 -** [littér.] **célébrer** · exalter · louer · vanter

✦ **chanter sur tous les tons** rabâcher · répéter

chanterelle *n.f.* · girolle

chanteur, -euse *n.* **1 -** [d'un chœur] **choriste** • [d'église] chantre · **2 -** [Antiquité et Moyen Âge] **aède** · barde · citharède · coryphée · ménestrel · minnesinger · rhapsode · scalde · troubadour · trouvère

✦ **chanteuse d'opéra** cantatrice · diva

✦ **chanteur de charme** crooner *anglico*

chantier *n.m.* **1 - atelier** · entrepôt · **2 - projet** · travail · **3 -** [fam.] **désordre** · fouillis · bazar *fam.* · bordel *fam.* · boxon *très fam.*

✦ **mettre en chantier** commencer · lancer · mettre en train · mettre sur les rails

chantonner *v.tr. et intr.* · fredonner

chanvre *n.m.* · cannabis · haschisch · marijuana · hasch *fam.* · herbe *fam.* · marie-jeanne *fam.* · shit *fam.*

chaos *n.m.* • confusion • bouleversement • désordre • pagaille • perturbation

chaotique *adj.* • confus • désordonné • incohérent

chapardage *n.m.* • vol • maraude • larcin • rapine *littér.*

chaparder *v.tr.* • voler • dérober • faire main basse sur • barboter *fam.* • chiper *fam.* • chouraver *fam.* • chourer *fam.* • piquer *fam.*

chape *n.f.* • couvercle • enveloppe • revêtement

chapeau *n.m.* **1 - coiffe** • couvre-chef *plaisant* • bibi *fam.* • galure *fam.* • galurin *fam.* • bada *argot* • bitos *argot* • doulos *argot* • bloum *argot, vieux* • caloquet *argot, vieux* • **2 -** [de feutre] feutre • bicoquet • borsalino • **3 -** [de paille] canotier • panama • **4 -** [autres] béret • bicorne • tricorne • melon • sombrero • stetson • toque • **5 -** [anciennt, d'homme] bousingot • manille • tromblon • **6 -** [anciennt, de femme] bavolet • cabriolet • calotte • capeline • capote • charlotte

✦ **chapeau haut de forme** gibus • ascot • bolivar • claque • haut-de-forme • huit-reflets • tube • tuyau de poêle *fam.*

chapeauter *v.tr.* • coiffer • contrôler • diriger • être à la tête de • superviser

chapelet *n.m.* **1 - rosaire** • **2 - série** • cascade • cortège • kyrielle • ribambelle

chapelle *n.f.* **1 - oratoire** • **2 - clan** • cénacle • cercle • coterie *péj.*

chapelure *n.f.* • panure

chaperon *n.m.* • duègne • protectrice

chapitre *n.m.* **1 - partie** • section • **2 - sujet** • matière • objet • question • rubrique • thème

chapitrer *v.tr.* • faire la leçon à • faire la morale à • sermonner • admonester *littér.* • gourmander *littér.* • morigéner *littér.*

char *n.m.* **1 - chariot** • charrette • [Antiquité] bige • quadrige • **2 -** [Québec] **voiture** • auto

✦ **char d'assaut** blindé • tank

charabia *n.m.* • jargon • amphigouri *littér.* • galimatias *littér.* • baragouin *fam.*

charade *n.f.* • devinette • rébus

charbon *n.m.* **1 - anthracite** • houille • **2 - braise** • **3 - crayon** • fusain

charcuter *v.tr.* • taillader • opérer

charcuterie *n.f.* • charcutaille *fam.* • cochonnaille *fam.*

charge *n.f.*

I 1 - fardeau • poids • faix *littér.* • **2 - chargement** • cargaison • fret

II contrainte • boulet • croix • embarras • gêne • servitude • incommodité *littér.*

III [souvent plur.] **1 - impôt** • imposition • redevance • taxe • **2 - dépense** • frais

IV 1 - poste • dignité • emploi • fonction • ministère • office • place • sinécure • **2 - mandat** • mission • ordre

V indice • présomption • preuve

VI 1 - caricature • imitation • **2 - critique** • satire

VII assaut • attaque

✦ **prendre en charge** assumer • se charger de • endosser • faire son affaire de • s'occuper de • prendre sur soi • prendre la responsabilité de

chargé, e *adj.* **1 - plein** · rempli · **2 - nuageux** · couvert · lourd · **3 -** [estomac] **lourd** · embarrassé · **4 -** [péj.] **compliqué** · tarabiscoté · touffu • [décoration] lourd · rococo

✦ **être très chargé** être chargé comme une mule, un mulet, un baudet

chargement *n.m.* · cargaison · charge · fret

charger *v.tr.*
I 1 - fréter · arrimer · **2 - placer** · embarquer · **3 - garnir** · couvrir · emplir · remplir · recouvrir · **4 - encombrer** · remplir · surcharger
II 1 - accuser · déposer contre · incriminer · taxer · **2 - caricaturer**
III exagérer · forcer · outrer
IV attaquer · s'élancer sur · foncer sur · fondre sur · se jeter sur · se ruer sur

✦ **charger (qqn) de** **1 - déléguer à** · préposer à · commettre de *littér.* · **2 - accabler de** · écraser de · surcharger

⋙ **se charger de** *v.pron.* · assumer · endosser · faire son affaire de · s'occuper de · prendre en charge · prendre sur soi · prendre la responsabilité de

chariot *n.m.* **1 - caddie** *nom déposé* · diable · **2 - char** · carriole · charrette · fourgon · guimbarde *vieux* • [Milit.] caisson · triqueballe *vieux* • [anciennt] binard · fardier · ribaudequin

charisme *n.m.* · influence · charme · magnétisme

charitable *adj.* **1 - altruiste** · bienveillant · compatissant · indulgent · miséricordieux · **2 - caritatif**

charité *n.f.* **1 - altruisme** · bienveillance · humanité · indulgence · miséricorde · philanthropie · **2 - aumône** · obole · offrande

charivari *n.m.* · tapage · tintamarre · tumulte · vacarme · barouf *fam.* · boucan *fam.* · chambard *fam.* · potin *fam.* · raffut *fam.* · ramdam *fam.*

charlatan *n.m.* **1 - escroc** · imposteur · menteur · hâbleur *littér.* · **2 - camelot** · pharmacopole *vieux, péj.* · vendeur d'orviétan, de mithridate *vieux*

↝ **imposteur**

charlatanisme *n.m.* · escroquerie · forfanterie · hâblerie *littér.*

charlot *n.m.* · clown · guignol · pitre

charmant, e *adj.* **1 - séduisant** · adorable · charmeur · ensorcelant · envoûtant · ravissant · **2 - agréable** · attrayant · délicieux · enchanteur · exquis · merveilleux · plaisant · **3 - sympathique** · amical · cordial

charme *n.m.*
I 1 - grâce · séduction · chien *fam.* · **2 - agrément** · délice · plaisir
II 1 - enchantement · ensorcellement · envoûtement · magnétisme · sort · sortilège · **2 - amulette** · porte-bonheur · talisman

✦ **faire du charme à** courtiser · conter fleurette à · faire la cour à · baratiner *fam.* · draguer *fam.*

⋙ **charmes** *plur.* **attraits** · appas · beauté · grâce • [d'une femme] vénusté *littér.*

charme, enchantement, sort

Les trois mots sont liés à l'idée de puissance imaginaire qui modifie, dans les contes, l'ordre des choses. Un charme peut être un acte ou une pratique, un breuvage ou un objet *(sa bague était un charme)* supposés transformer la réalité, alors qu'un enchantement est une opération qui soumet à une action surnaturelle une personne ou un objet et désigne aussi les effets qui en découlent *(la citrouille transformée en carrosse par enchantement)*. Le sort, qui résulte de pratiques de sorcellerie *(elle lui a jeté un sort)*, a pour effet de nuire à une personne, un animal, ou même un lieu : « Aimer est un mauvais sort comme ceux qu'il y a dans les contes contre quoi on ne peut rien jusqu'à ce que l'enchantement ait cessé » (Proust, *À la recherche du temps perdu*, t. XIV).

charmé, e *adj.* • enchanté • heureux • ravi • très content

charmer *v.tr.* 1 - **séduire** • attirer • émerveiller • fasciner • subjuguer • 2 - **enchanter** • ravir • 3 - [vieux] **ensorceler** • enchanter

charmeur, -euse

▪ *adj.* **charmant** • aguicheur • enjôleur • séduisant

▪ *n.m.* 1 - **séducteur** • don Juan • lovelace *littér.* • tombeur *fam.* • 2 - [vieux] **ensorceleur** • magicien

▪ *n.f.* **séductrice** • aguicheuse • allumeuse *fam.* • vamp *fam.* • coquette *vieilli* • sirène *vieux*

✦ **charmeur de serpent** psylle

charnel, -elle *adj.*

I 1 - **corporel** • naturel • 2 - **matériel** • sensible • tangible

II 1 - **physique** • intime • sexuel • 2 - **lascif** • libidineux • lubrique • luxurieux • sensuel

~ **sensuel**

charnier *n.m.* • ossuaire

charnière *n.f.* 1 - **gond** • 2 - **articulation** • jonction

charnu, e *adj.* 1 - **bien en chair** • dodu • plantureux • potelé • replet • 2 - **épais** • pulpeux

charognard, -e *n.* [fig.] chacal • vautour

charogne *n.f.* • cadavre

charpente *n.f.* 1 - **armature** • bâti • carcasse • châssis • ossature • 2 - **squelette** • ossature • 3 - **structure** • architecture • canevas • organisation • trame

charpenté, e *adj.* • bien bâti • costaud • baraqué *fam.*

charpenter *v.tr.* 1 - **structurer** • articuler • construire • organiser • 2 - **dégauchir** • équarrir • tailler

charpie (en) *loc. adv.* • en bouillie • en capilotade • en marmelade • en compote *fam.* • en purée *fam.*

charrette *n.f.* • carriole • char • chariot • tombereau • chartil *vieux* • gerbière *vieux* • haquet *vieux* • surtout *vieux*

charrier *v.tr.* 1 - **transporter** • véhiculer • charroyer *vieilli ou région.* • 2 - **entraîner** • emporter • 3 - [fam.] → **se moquer de** • 4 - [fam.] → **exagérer**

charrue *n.f.* • brabant • buttoir • bissoc • déchaumeuse • défonceuse • fouilleuse • grattoir • ritte • tourne-oreille • trisoc

charte *n.f.* • convention • protocole • règlement

chasse *n.f.* 1 - **cynégétique** • 2 - **traque** • poursuite • 3 - **recherche** • quête • 4 - [avec oiseau] **fauconnerie** • volerie

✦ **chasse à courre** vénerie

✦ **être en chasse** être en rut • être en chaleur

chasser

▪ *v.tr.* 1 - **déloger** • bouter • débusquer • dénicher • 2 - **traquer** • donner la chasse à • être aux trousses de • poursuivre • pourchasser • 3 -

exclure · bouter · évincer · expulser · mettre dehors · refouler · rejeter · **4 - congédier** · licencier · mettre à la porte · remercier · renvoyer · se séparer de · envoyer au diable *fam.* · fermer la porte au nez de *fam.* · flanquer dehors *fam.* · lourder *fam.* · sacquer *fam.* · vider *fam.* · virer *fam.* · **5 -** [d'un pays] **bannir** · exiler · [Relig.] excommunier · **6 - dissiper** · balayer · écarter · éliminer · supprimer · **7 - conjurer** · exorciser

▪ *v.intr.* **déraper** · glisser · patiner · riper

chasseur, -euse *n.* **1 - braconnier** · colleteur · trappeur · traqueur · **2 - groom** · domestique

châssis *n.m.* · cadre · bâti · carcasse · charpente

chaste *adj.* **1 - abstinent** · continent *littér. ou vieilli* · **2 - pur** · décent · innocent · modeste · pudique · sage · vertueux · **3 - platonique**

chasteté *n.f.* **1 - abstinence** · continence · **2 - pureté** · sagesse · vertu

chasteté, abstinence, continence

Un homme ou une femme **chaste** s'abstient de tout plaisir charnel et écarte tout ce qui peut s'y rapporter ; dans le mariage, l'un et l'autre obéiront à des règles pour ne connaître que de façon modérée ces plaisirs. Quant au moine et à la nonne, ils s'en abstiennent complètement *(vœu de chasteté)*. Dans la **continence**, l'abstention des plaisirs de la chair peut être volontaire ou non, complète *(vivre dans la continence)* ou non *(sa détention l'a obligé à la continence)*. L'**abstinence** relève toujours d'un choix, mais ne porte pas seulement sur l'activité sexuelle ; plus couramment, la privation concerne la nourriture et les boissons alcoolisées pour des raisons médicales ou religieuses *(l'abstinence du Carême, du Ramadan)*.

chasuble *n.f.* · dalmatique

chat *n.m.* · matou *fam.* · minet *fam.* · minou *fam.* · mistigri *fam.* · miaou *lang. enfants*

château *n.m.* **1 -** [petit] **manoir** · gentilhommière · castel *littér.* · **2 -** [grand] **palais**

✦ **château fort** fort · forteresse

châtié, e *adj.* · académique · classique · dépouillé · épuré · poli · pur

châtier *v.tr.* **1 - punir** · corriger · sanctionner · **2 - corriger** · épurer · perfectionner · polir · soigner

punir

châtiment *n.m.* **1 - punition** · expiation · pénitence · sanction · **2 -** [Relig.] **damnation** · dam

✦ **châtiment corporel** correction · coup · peine · supplice

chatoiement *n.m.* · miroitement · scintillement

chatouille *n.f.* → **chatouillement**

chatouillement *n.m.* **1 - titillation** · chatouille *fam.* · chatouillis *fam.* · guili-(-guili) *fam.* · papouille *fam.* · **2 - démangeaison** · picotement

chatouiller *v.tr.* **1 - titiller** · faire des guili(-guili) à *fam.* · faire des papouilles à *fam.* · **2 - démanger** · picoter · **3 - piquer** · exciter · **4 - flatter** · charmer · plaire à · titiller

chatouilleux, -euse *adj.* **1 - sensible** · délicat · douillet · **2 - irritable** · ombrageux · susceptible · à fleur de peau

chatoyant, e *adj.* • brillant • changeant • miroitant • moiré • scintillant

chatoyer *v.intr.* • briller • miroiter • scintiller

châtrer *v.tr.* • castrer • émasculer • bistourner *(Techn.)*

❧ **castrer**

chatte *n.f.* • minette *fam.*

chatterie *n.f.* **1 - friandise** • gâterie • douceur • **2 - cajolerie** • caresse

chaud, e *adj.*

I fiévreux • fébrile

II 1 - fougueux • amoureux • ardent • bouillant • emporté • vif • **2 - fervent** • ardent • fanatique • passionné • zélé • **3 -** [fam.] **enthousiaste** • décidé • emballé *fam.* • partant *fam.*

III 1 - âpre • dur • sanglant • sévère • **2 - dangereux** • risqué

✦ **à peine chaud** tiède

✦ **très, trop chaud** **1 - bouillant** • brûlant • **2 - torride** • équatorial • tropical

chaudement *adv.* • chaleureusement • vivement

chauffe-plat *n.m.* • chaufferette • réchaud

chauffer

▪ *v.tr.* **1 - réchauffer** • **2 - animer** • enflammer • exalter • exciter • **3 -** [un concurrent] **entraîner** • exercer

▪ *v.intr.* **1 - s'échauffer** • **2 -** [fam.] **aller mal** • se gâter • barder *fam.* • tourner au vinaigre *fam.*

»» **se chauffer** *v.pron.* **s'échauffer** • se mettre en condition • se mettre en train

chaufferette *n.f.* **1 - chauffe-plat** • réchaud • **2 - brasero** • couvet *vieux*

chauffeur *n.m.* **1 - automobiliste** • conducteur • chauffard *péj.* • **2 - camionneur** • routier • **3 - machiniste**

chaume *n.m.* • paille • éteule • glui *vieux*

chaumière *n.f.* • cabane • chaumine *vieux*

chausse *n.f.* **1 - culotte** • grègues • haut-de-chausses • **2 - jambière** • guêtre

chaussée *n.f.* **1 - route** • macadam • rue • voie • **2 - digue** • levée • remblai • talus

chausser *v.tr.* **1 - enfiler** • mettre • **2 -** [un cheval] **ferrer** • **3 -** [un arbre] **butter** • enchausser

chausse-trape *n.f.* • piège • écueil • embûche • traquenard

chausseur *n.m.* • bottier

chausson *n.m.* **1 - pantoufle** • charentaise • espadrille • savate • **2 -** [Danse] **demi-pointe** • pointe • [gymnastique] rythmique

chaussure *n.f.* **1 - soulier** • escarpin • savate • godasse *fam.* • godillot *fam.* • grolle *fam.* • pompe *fam.* • croquenot *vieilli, fam.* • écrase-merde *très fam.* • péniche *fam.* • tatane *fam.* • ribouis *vieux, fam.* • **2 -** [basse] ballerine • derby • mocassin • richelieu • **3 -** [d'été] sandale • nu-pied • spartiate • tong • **4 -** [montante] botte • bottillon • bottine • brodequin • ranger • pataugas • [Théâtre antiquité] cothurne • **5 -** [sans talon] sabot • socque • **6 -** [de sport] basket • tennis

chauve *adj.* **dégarni** • déplumé *fam.*

✦ **être complètement chauve** avoir la boule à zéro *fam.* • n'avoir plus un poil sur le crâne, le caillou, le ciboulot *fam.* · être chauve comme un œuf, comme une bille *fam.*

chauvin, e *adj.* · cocardier · patriotard · nationaliste · xénophobe

chauvinisme *n.m.* · xénophobie · nationalisme (exacerbé)

chavirer

▪ *v.intr.* **1 - basculer** · capoter · dessaler · se renverser · se retourner · **2 - chanceler** · tanguer · trébucher · vaciller

▪ *v.tr.* **bouleverser** · émouvoir · renverser · retourner · secouer · toucher

✦ **faire chavirer** [un bateau] cabaner · renverser

chef *n.m.* **1 - directeur** · dirigeant · patron · P.D.G. · responsable · supérieur · boss *fam.* · singe *argot* · **2 - animateur** · guide · leader · meneur · tête · cacique *littér.* · coryphée *littér.* • [de la mafia] parrain · **3 - officier** · gradé · **4 -** [de tribu arabe] cheik • [amérindien] sachem · **5 - champion** · as · crack · **6 - cuisinier** · coq · maître-queux *vieux ou plaisant*

✦ **chef de famille** maître de maison · patriarche

✦ **petit chef** chefaillon *fam.*

✦ **chef d'État** président · monarque · empereur · prince · roi · souverain

✦ **chef d'orchestre** maestro

✦ **de son propre chef** de sa propre autorité · de sa propre initiative

chef-d'œuvre *n.m.* · bijou · joyau · merveille · prodige · trésor

chef-lieu *n.m.* · préfecture

chemin *n.m.* **1 - voie** · allée · passage · piste · route · rue · sentier · sente *littér. ou région.* · tortille *vieux* · **2 - itinéraire** · circuit · parcours · route · trajet · **3 - trajectoire** · course · **4 - moyen** · méthode · voie

✦ **chemin de croix** calvaire · souffrance · supplice · torture

✦ **chemin forestier** cavée · laie · layon · lé

✦ **chemin de halage** berme · marchepied · tirage

✦ **faire du chemin, faire son chemin** **1 - se propager** · se répandre · **2 - réussir** · aller loin · progresser

✦ **montrer le chemin** donner l'exemple · montrer la voie

chemin, route, rue, voie

Les déplacements terrestres d'un lieu à un autre s'effectuent grâce à des moyens de communication. Pour en parler, **voie** est le terme le plus général qui s'applique à tout espace emprunté pour aller quelque part *(entretenir une voie, voie publique, privée)*. Les aménagements réduits ou absents de la voie caractérisent le **chemin** *(chemin caillouteux, impraticable, étroit)*, toujours d'intérêt local et le plus souvent à la campagne *(chemin rural, chemin de terre)*. Le **chemin** est d'importance secondaire par rapport à la **route**, aménagée pour la circulation des véhicules, qui relie des agglomérations *(route départementale, nationale)* et peut être subdivisée *(route à deux, trois voies)*. La **rue**, bordée de maisons, est une voie dans une agglomération *(rue piétonne, rue commerçante)*.

cheminée *n.f.* **1 - âtre** · feu · foyer · **2 - conduit** · tuyau

cheminement *n.m.* **1 - marche** · avance · progression · **2 - évolution** · avancée · progression

cheminer *v.intr.* **1 - aller** · marcher · trimarder *vieux* · **2 -** [route]

s'étendre · s'allonger · se dérouler · **3 –** [idée] **progresser** · faire son chemin · se développer · se propager · se répandre

chemise *n.f.* **1 – chemisier** · corsage · liquette *fam.* · limace *argot* · **2 – couverture** · dossier

✦ **chemise de nuit** nuisette · baby doll *vieux*

chemisier *n.m.* · corsage · liquette

chenal *n.m.* · canal · passe · grau *région.*

chenapan *n.m.* · coquin · bandit · galopin · garnement · polisson · vaurien · affreux jojo *fam.*

cheptel *n.m.* · bétail · bestiaux · troupeau

¹**cher, chère** *adj.* **1 – coûteux** · dispendieux · exorbitant · hors de prix · inabordable · onéreux · ruineux · chérot *fam.* · salé *fam.* · **2 – adoré** · aimé · bien-aimé · chéri · carissime *rare*

✦ **pas, peu cher** bon marché · donné *fam.* · peanuts *fam.*

²**cher** *adv.* **chèrement** · le prix fort · à prix d'or · bonbon *fam.* · la peau des fesses *fam.* · la peau du cul *fam.* · les yeux de la tête *fam.*

✦ **pas, peu cher** bon marché · à vil prix *littér.*

chercher *v.tr.* **1 – rechercher** · faire la chasse à · se mettre en quête de · quérir *littér.* · **2 – imaginer** · inventer · supposer · **3 – réfléchir à** · penser à · **4 –** [fam.] **provoquer** · chercher (des) noise(s) à · chercher querelle à · chercher des crosses à *fam.* · chercher des poux dans la tête à *fam.*

✦ **chercher dans** fouiller · fourrager *fam.*

✦ **chercher à** [+ infinitif] essayer de · s'efforcer de · s'évertuer à · tâcher de · tendre à · tenter de · viser à

chercheur, -euse *n.* · **scientifique** · savant

✦ **chercheur d'or** orpailleur

chère *n.f.* [littér.] **nourriture**

✦ **faire bonne chère** faire bombance · faire ripaille · festoyer

chèrement *adv.* **1 – cher** · le prix fort · à prix d'or · **2 – affectueusement** · tendrement · **3 – amoureusement** · pieusement

chéri, e *adj. et n.* **favori** · chouchou *fam.*

✦ **mon chéri, ma chérie** mon amour · mon ange · ma biche · ma bichette · mon bichon · mon bien-aimé · mon bijou · mon biquet · ma caille · mon chat · mon chou · mon coco · ma cocotte · mon cœur · ma crotte · mon lapin · mon mignon · mon mimi · mon minet · ma poule · mon poulet · ma poulette · ma princesse · ma puce · mon rat · mon raton · ma tourterelle · ma reine · mon trésor · ma mie

chérir *v.tr.* **1 – adorer** · aduler · aimer · porter dans son cœur · vénérer · affectionner *vieilli.* · **2 – estimer** · priser

❧ **aimer**

cherté *n.f.* · coût · prix

chérubin *n.m.* · ange · angelot · séraphin • [Art] amour · putto

chétif, -ive *adj.* **1 – débile** · faible · fluet · maigrelet · malingre · rachitique · maigrichon *fam.* · maigriot *fam.* · **2 – rabougri** ·

ratatiné · 3 - [littér.] **dérisoire** · mesquin · misérable · pauvre · piètre · piteux

cheval *n.m.* **1 - monture** · bourrin *fam.* · coursier *littér.* · destrier *littér.* · dada *lang. enfants* · bidet *vieilli ou plaisant* · [anciennt] haquenée · palefroi · **2 - pur-sang** · yearling · **3 -** [reproducteur] **étalon** · **4 -** [sauvage] **mustang** · tarpan · **5 -** [châtré] **hongre** · **6 -** [jeune] **poulain** · pouliche · **7 -** [de course] **coureur** · crack · mileur · sauteur · trotteur

✦ **mauvais cheval** bourrique *fam.* · canasson *fam.* · vieille bique *fam.* · carne *vieilli* · criquet *fam., vieilli* · haridelle *fam.* · mazette *vieux* · rosse *vieilli* · rossinante *vieilli*

✦ **cheval de bataille 1 - marotte** · hobby · idée fixe · dada *fam.* · **2 -** [Moyen Âge] **coursier** · destrier

✦ **cheval de retour** récidiviste

✦ **à cheval sur 1 - à califourchon sur** · **2 - intransigeant sur** · exigeant sur · pointilleux sur · strict sur

chevaleresque *adj.* · généreux · noble · magnanime *littér.*

chevalet *n.m.* · tréteau · baudet · chèvre

chevalier *n.m.* **paladin** · preux

✦ **chevalier d'industrie** aigrefin · escroc · filou

✦ **chevalier servant** cavalier · sigisbée *vieux ou plaisant*

chevauchée *n.f.* · cavalcade · course

chevauchement *n.m.* **1 - croisement** · recouvrement · superposition · **2 - empiètement**

chevaucher

■ *v.tr.* **1 - empiéter sur** · mordre sur · **2 - être à cheval sur** · être à califourchon sur

■ *v.intr.* **cavalcader** *vieux*

›› **se chevaucher** *v.pron.* **se croiser** · se recouvrir · se superposer

chevelure *n.f.* · cheveux · toison · crinière *fam.* · tignasse *fam.*

chevet *n.m.* · tête de lit

cheveu *n.m.* **poil** *fam.* · tif *fam.*

›› **cheveux** *plur.* **chevelure** · toison · crinière *fam.* · tignasse *fam.*

cheville *n.f.* **1 -** [Techn.] **épite** · enture · fausset · esse · trenail · **2 -** [Mar.] **gournable** · cabillot

✦ **cheville ouvrière** animateur · meneur · pivot

chèvre *n.f.* · bique *fam.* · biquette *fam.*

chevronné, e *adj.* **expérimenté** · expert · qualifié

✦ **c'est quelqu'un de chevronné** c'est un vieux briscard *fam.* · c'est un vieux de la vieille

chevrotement *n.m.* **1 - bêlement** · béguètement *rare* · **2 - tremblotement**

chevroter *v.intr.* **1 - bêler** · bégueter *rare* · **2 - trembloter**

chewing-gum *n.m.* · bubble-gum · gomme à mâcher

chez *prép.* **1 - parmi** · **2 - au pays de** · **3 - au temps de** · à l'époque de · **4 - dans l'œuvre de**

✦ **chez-soi** foyer · maison · nid · home

chialer *v.intr.* → **pleurer**

chialeur, -euse *n. et adj.* → **pleurard**

chiant, e *adj.* **1 -** → **agaçant** · **2 -** → **ennuyeux**

chic

▪ *adj. invar.* 1 - **élégant** · alluré · 2 - **huppé** · b.c.b.g. · NAP · chicos *fam.* · smart *fam.* · sélect *fam.* · 3 - **gentil** · brave · chouette *fam.* · super *fam.* · sympa *fam.* · bath *fam., vieilli*

▪ *n.m.* 1 - **élégance** · allure · chien · distinction · prestance · 2 - **aisance** · habileté · savoir-faire

chicane *n.f.* 1 - **avocasserie** *péj.* · procédé dilatoire · 2 - **argutie** · chicanerie · chipotage · ergotage · finasserie · ergoterie *vieilli* · 3 - **altercation** · bisbille *fam.* · logomachie *littér.*

chicaner *v.tr.* 1 - **chercher querelle à** · chercher (des) noise(s) à · 2 - [surtout Québec] **tourmenter** · soucier · tracasser · turlupiner *fam.*

✦ **chicaner sur** 1 - **contester** · chipoter sur · disputer · épiloguer sur · ergoter sur · 2 - [sans complément] **couper les cheveux en quatre** · vétiller *vieux*

⋙ **se chicaner** *v.pron.* **se disputer** · se taquiner · se chamailler *fam.*

chicanerie *n.f.* → **chicane**

chicaneur, -euse *n. et adj.* 1 - **avocassier** · procédurier · plaideur *littér.* · processif *vieux* · 2 - → **chicanier**

chicanier, -ière *adj.* · pointilleux · chicaneur · coupeur de cheveux en quatre · ergoteur · pinailleur · tatillon · vétilleux *littér.* · enculeur de mouches *très fam.* · vétillard *vieux*

chiche *adj.* 1 - **maigre** · juste · mesquin · pauvre · 2 - [vieilli] **avare** · parcimonieux · pingre · regardant · ladre *littér.* · radin *fam.* · rapiat *fam., vieilli* · près de ses sous *fam.*

chichement *adv.* 1 - **modestement** · pauvrement · petitement · 2 - **parcimonieusement**

chichis *n.m.pl.* 1 - **affectation** · mignardises · minauderies · simagrées · 2 - **cérémonie** · embarras · façons · manières

chichiteux, -euse *adj.* · maniéré · affecté · minaudier · pimbêche · chochotte *fam.*

chien *n.m.* 1 - **clébard** *fam.* · cabot *fam. et péj.* · chienchien *fam.* · toutou *fam.* · clebs *fam.* · roquet *péj.* · 2 - [jeune] **chiot** · 3 - **allure** · chic · distinction

✦ **chien de garde** molosse · cerbère *(surtout fig.)*

✦ **chien de mer** aiguillat · émissole

chiffe *n.f.*

✦ **chiffe molle** loque · lavette *fam.*

chiffon *n.m.* · bourre · charpie

✦ **chiffon à poussière** loque *Belgique* · patte *Suisse*

chiffonner *v.tr.* 1 - **friper** · bouchonner · froisser · plisser · mettre en tapon · 2 - **contrarier** · chagriner · ennuyer · intriguer · tourmenter · tracasser · turlupiner *fam.*

chiffonnier *n.m.* 1 - **biffin** *argot* · 2 - **semainier**

chiffre *n.m.* 1 - **nombre** · 2 - **montant** · somme · total · 3 - **indice** · taux · 4 - **code (secret)** · cryptage · 5 - **combinaison** · 6 - **marque** · monogramme

chiffrer *v.tr.* 1 - **évaluer** · calculer · compter · quantifier · 2 - **numéroter** · 3 - **coder** · crypter

⋙ **se chiffrer** *v.pron.*

✦ **se chiffrer à** s'élever à · monter jusqu'à · atteindre

✦ **se chiffrer en** se compter par

chignole *n.f.* · perceuse · vilebrequin

chimère *n.f.* · fantasme · illusion · mirage · rêve · songe · utopie · [surtout au plur.] château en Espagne

chimérique *adj.* 1 - **illusoire** · imaginaire · impossible · invraisemblable · irréalisable · irréaliste · irréel · utopique · vain · 2 - **rêveur** · romanesque · utopiste · visionnaire · 3 - **fabuleux** · fantastique · imaginaire · mythique

chinoiseries *n.f.pl.* · complications · chicaneries · tracasseries

chiper *v.tr.* · voler · dérober · barboter *fam.* · piquer *fam.*

chipie *n.f.* · mégère · chameau *fam.*

chipoter *v.intr.* 1 - **grignoter** · pignocher *fam.* · 2 - **chicaner** · ergoter · pinailler

⋙ **se chipoter** *v.pron.* → **se disputer**

chipoteur, -euse *n.* · ergoteur · pinailleur · coupeur de cheveux en quatre · enculeur de mouches *très fam.*

chiqué *n.m.* · bluff · esbroufe *fam.* · épate *fam.* · frime *fam.*

chiquenaude *n.f.* · pichenette · croquignole *vieux* · nasarde *vieux*

chirurgien, -ienne *n.* · boucher *péj.* · charcutier *péj.*

choc *n.m.*
I 1 - collision · coup · heurt · percussion · 2 - **accident** · accrochage · carambolage · télescopage
II 1 - bataille · affrontement · combat · lutte · 2 - **conflit** · antagonisme · confrontation · opposition
III 1 - émotion · bouleversement · coup · ébranlement · traumatisme · 2 - **commotion**

✦ **choc en retour** contrecoup · effet boomerang · effet en retour · retour de bâton · retour de manivelle *fam.* · ricochet

choc, collision, heurt

Un **choc** consiste en une rencontre, plus ou moins violente, d'au moins deux corps, qu'ils soient animés ou non *(le choc des verres, tomber sous le choc)*, et désigne aussi la secousse qui en résulte. Les emplois du mot sont très étendus, concernant des hommes *(choc des armées)* ou des notions abstraites *(le choc des idées, des cultures)*. C'est cette idée de rencontre plus ou moins brutale qui se retrouve avec **heurt** *(au moindre heurt)*, également à propos de personnes *(le heurt de deux caractères, la réunion s'est déroulée sans heurt)*, mais le mot connaît un usage moins large et plus soutenu. **Collision** est d'emploi plus restreint, limité au choc entre deux corps dont l'un au moins est en mouvement *(collision de deux voitures, de particules dans un accélérateur)*.

chœur *n.m.* **chorale** · ensemble vocal · choreutes *(Antiquité)*

✦ **en chœur** ensemble · unanimement · de concert · de conserve

choisi, e *adj.* 1 - **châtié** · élégant · précieux · recherché · 2 - **raffiné** · d'élite · distingué

✦ **bien choisi** opportun · favorable · propice

✦ **mal choisi** inopportun · déplacé · fâcheux · intempestif

✦ **morceaux choisis** anthologie · chrestomathie · florilège · sélection

choisir *v.tr.* 1 - **adopter** · opter pour · retenir · sélectionner · embrasser · jeter son dévolu sur · 2 - **élire** · désigner · nommer · 3 - **se décider pour** · se déterminer pour · s'engager pour · se prononcer pour · prendre parti pour • [sans complément] trancher

✦ **choisir de** décider de · prendre le parti de

choisir, élire

On peut prendre un livre, un moyen de transport, etc., de préférence à un autre en raison de ses qualités, de ses mérites que l'on a comparés. Cette action de **choisir** existe dans toute une série de domaines de la vie *(choisir ses mots, choisir une solution, choisir ses amis)*. Dans la langue d'aujourd'hui, **élire** n'est pas seulement choisir une personne pour qu'elle remplisse une fonction, c'est la nommer par voie de suffrages *(élire un député, l'assemblée a élu son président à la majorité absolue)*. Dans un emploi littéraire, **élire** est très proche de **choisir**, mais suppose dans ce cas un choix fondé sur le goût, les sentiments ou le caprice : « La nécessité de l'option me fut toujours intolérable ; choisir m'apparaissait non tant élire, que repousser ce que je n'élisais pas » (Gide, *les Nourritures terrestres*, IV, I).

choix *n.m.*
I 1 - option · alternative • [difficile] dilemme · **2 - décision** · résolution
II désignation · élection · nomination · sélection
III 1 - assortiment · collection · éventail · gamme · palette · sélection · **2 - anthologie** · florilège · recueil

✦ **au choix** à la carte
✦ **de choix** excellent · de (première) qualité · d'élite

chômeur, -euse *n.* · demandeur d'emploi · sans-emploi · sans-travail

choper *v.tr.* **1 - capturer** · arrêter · agrafer *fam.* · alpaguer *fam.* · cueillir *fam.* · épingler *fam.* · gauler *fam.* · pincer *fam.* · **2 - attraper** · ramasser *fam.*

choquant, e *adj.* **1 - déplacé** · grossier · incongru · inconvenant · indécent · malséant *littér.* · **2 - révoltant** · scandaleux · shocking *plaisant*

choquer *v.tr.* **1 - blesser** · heurter · froisser · indigner · offenser · offusquer · révolter · scandaliser · **2 - bouleverser** · commotionner · ébranler · traumatiser · secouer *fam*

chorale *n.f.* · chœur · ensemble vocal

chose *n.f.* **1 - → objet** · **2 - → fait[1]** · **3 - → acte** · **4 - → possession**

chosifier *v.tr.* · réifier *(Philo.)*

chou *adj. invar.* [fam.] gentil · mignon · à croquer *fam.*

chouchou, -oute *n.* [fam.] favori · préféré

chouchouter *v.tr.* [fam.] **→ choyer**

choyer *v.tr.* **1 - cajoler** · couver · dorloter · gâter · materner · soigner · chouchouter *fam.* · mignoter *vieux* · **2 - cultiver** · entretenir · nourrir

chrestomathie *n.f.* · anthologie · florilège

[1]**chronique** *adj.* **1 - durable** · persistant · **2 - constant** · permanent · **3 - habituel** · systématique

[2]**chronique** *n.f.* **1 -** [surtout au plur.] **annales** · histoire · mémoires · **2 - article** · billet · courrier · éditorial · rubrique

chroniques, annales, mémoires

Chroniques, annales et mémoires concernent des moyens traditionnels de conserver des traces du passé. Les chroniques regroupent selon l'ordre chronologique et en les rassemblant par époques des faits historiques *(les* Chroniques *de Froissart, les chroniques de l'Église)* alors que les **annales** recueillent les événements année par année : *Tacite, dans ses* Annales, *relate l'histoire de Rome de la mort d'Auguste (14) à celle de Néron (68).* Les **mémoires** sont un récit d'événements, plus ou moins chronologique, fait par une personne qui y a participé ou qui en a été le témoin : *Saint-Simon, dans ses* Mémoires, *évoque sous forme de tableaux la fin du règne de Louis XIV et la Régence, et sa propre place dans cette période.*

chroniqueur, -euse *n.* **1 - historien** · mémorialiste · **2 - éditorialiste** · commentateur

chronologie *n.f.* · ordre · succession

chuchotement *n.m.* · murmure · susurrement · chuchotis *rare* · chuchoterie *vieux* · messes basses *péj.*

chuchoter *v.tr.* **1 - murmurer** · susurrer · souffler · **2 -** [sans complément] **parler bas** · faire des messes basses *péj.*

chuinter *v.intr.* **1 - zozoter** · bléser · zézayer · **2 - siffler** · **3 - hululer** · huer

chut *interj.* · silence ! · taisez-vous ! · la ferme ! *fam.* · ta gueule ! *très fam.*

chute *n.f.*
I 1 - culbute · bûche *fam.* · dégringolade *fam.* · gadin *fam.* · gamelle *fam.* · pelle *fam.* · [Alpinisme] dévissage · **2 - écroulement** · éboulement · écrasement · effondrement
II baisse · déclin · effondrement · dégringolade *fam.*
III déchéance · décadence · déconfiture *fam.* · disgrâce · effondrement · ruine · [d'un gouvernement] renversement
IV reste · déchet · résidu · rognure
V [de pluie, de neige] **précipitation**
✦ **chute d'eau** cascade · cataracte · saut
✦ **chute des cheveux** alopécie

chuter *v.intr.* **1 - tomber** · dégringoler · choir *littér.* · se ramasser *fam.* · ramasser, se prendre une bûche *fam.* · prendre un gadin *fam.* · se prendre une gamelle *fam.* · ramasser, se prendre une pelle *fam.* · **2 - baisser** · dégringoler · s'effondrer · **3 - échouer** · prendre un gadin *fam.*

cible *n.f.* **1 - point de mire** · **2 - but** · objectif
✦ **atteindre sa cible** faire mouche · mettre, taper dans le mille
✦ **être la cible de** être en butte à

cibler *v.tr.* · délimiter · circonscrire · déterminer

ciboule *n.f.* · ciboulette · cive

cicatrice *n.f.* **1 - balafre** · couture · **2 - marque** · blessure · empreinte · stigmate · trace

cicatrisation *n.f.* **1 - guérison** · néoformation · reconstitution · régénération · réparation · **2 - adoucissement** · apaisement

cicatriser *v.intr.* · guérir · se (re)fermer

cicérone *n.m.* → **guide**[1]

ciel *n.m.* **1 - voûte céleste** · azur *littér.* · cieux *littér.* · éther *littér.* · firmament *littér.* · nues *littér.* · **2 - paradis** · au-delà · **3 -** [Antiquité] **empyrée** *littér.* · Olympe *littér.*
✦ **ciel de lit** baldaquin · dais

cierge *n.m.* · bougie · chandelle · luminaire

cigarette *n.f.* · cibiche *fam.* · clope *fam.* · pipe *fam.* · sèche *fam.* · tige *fam.*

ciller *v.intr.* **cligner**

✦ **sans ciller** sans broncher · sans tiquer *fam.*

cime *n.f.* · sommet · crête · faîte · pic · pointe

❧ **sommet**

ciment *n.m.* · mortier

cimenter *v.tr.* **1 - affermir** · consolider · raffermir · **2 - lier** · sceller · unir

cimetière *n.m.* · catacombe · hypogée · nécropole · ossuaire · boulevard des allongés *fam.*

cinéaste *n.* · réalisateur · metteur en scène

cinéma *n.m.* **1 - septième art** · grand écran · salles obscures · **2 - ciné** *fam.* · cinoche *fam.* · **3 -** [fam.] **comédie** · cirque *fam.* · **4 -** [fam.] **bluff** · chiqué *fam.*

✦ **aller au cinéma** se faire une toile *fam.*

cinglant, e *adj.* · acerbe · blessant · cruel · féroce · vexant

cinglé, e *adj. et n.* → **fou**

[1]**cingler** *v.intr.* · naviguer · progresser · faire route · voguer

[2]**cingler** *v.tr.* **1 - cravacher** · flageller · fouetter · fouailler *vieux ou littér.* · **2 - blesser** · vexer

❧ **fouetter**

cintre *n.m.* **1 - arc** · arceau · cerceau · voûte · **2 - porte-manteau** · pince-jupe · porte-jupe

cintrer *v.tr.* · bomber · cambrer · courber

circonférence *n.f.* · périmètre · périphérie · pourtour

circonlocution *n.f.* · périphrase · détour · ambages *rare*

❧ **périphrase**

circonscription *n.f.* **1 - division** · subdivision · région · **2 -** [administrative] **département** · préfecture · arrondissement · canton · commune · canton · province · district · **3 -** [ecclésiastique] **diocèse** · paroisse · consistoire · éparchie *(Antiquité)*

circonscrire *v.tr.* **1 - entourer** · borner · délimiter · limiter · **2 - cerner** · délimiter · **3 - enrayer** · arrêter · freiner · juguler

circonspect, e *adj.* · prudent · mesuré · précautionneux · réfléchi · réservé

❧ **prudent**

circonspection *n.f.* · prudence · mesure · précaution · réflexion · réserve · retenue

circonstance *n.f.* **1 - cas** · coïncidence · hasard · occasion · **2 - donnée** · condition · modalité · particularité

✦ **de circonstance** approprié · opportun

⋙ **circonstances** *plur.* · · · conjoncture · état des choses · situation

❧ **circonstances, conjoncture**

Les **circonstances** sont constituées par un ensemble de faits qui forment, à un moment donné, une situation bien définissable : *dans les circonstances actuelles, étant donné les circonstances.* La **conjoncture** résulte d'un ensemble de circonstances et elle est le point de départ d'une nouvelle situation *(une conjoncture difficile, favorable ; la conjoncture internationale)* : « De toutes les conjonctures, heureuses ou malheureuses, il entend tirer le meilleur parti possible (...), sachant fixer dans la forme la plus appropriée, la meilleure, ce que la conjoncture peut offrir de moins épisodique » (Gide, *Attendu que...*).

circonvenir *v.tr.* • abuser • berner • endormir • manœuvrer • emberlificoter *fam.* • embobiner *fam.* • entortiller *fam.* • embobeliner *vieux, fam.*

circonvolution *n.f.* • enroulement • ondulation • sinuosité • spirale • spire

circuit *n.m.*
I 1 - **parcours** • itinéraire • tour • trajet • 2 - **périple** • promenade • randonnée • voyage
II 1 - **autodrome** • piste • 2 - **réseau** • canal

✦ **être hors circuit** ne plus être dans la course *fam.* • ne pas être dans le coup *fam.*

circulaire *adj.* 1 - **rond** • 2 - **giratoire** • rotatoire • 3 - **périphérique**

circulation *n.f.* 1 - **trafic** • passage • flux • mouvement • 2 - **diffusion** • propagation • transmission

✦ **mettre en circulation** diffuser • émettre • lancer

✦ **mise en circulation** diffusion • émission • lancement

circuler *v.intr.* 1 - **passer** • se déplacer • se promener • 2 - **conduire** • rouler • 3 - **courir** • se propager • se répandre • 4 - **passer de main en main** • se transmettre

✦ **faire circuler** 1 - **colporter** • propager • 2 - **disperser** • repousser

cire *n.f.* 1 - **encaustique** • 2 - **cérumen**

cirer *v.tr.* • encaustiquer

cireux, -euse *adj.* • blafard • blême • jaunâtre • livide • plombé

cirque *n.m.* 1 - **amphithéâtre** • arène • carrière • 2 - **chapiteau** • 3 - [fam.] **comédie** • cinéma *fam.* • 4 - [fam.] **pagaille** • bazar *fam.* • bordel *fam.*

cisaille *n.f.* 1 - **élagueur** • sécateur • 2 - [Techn.] **cisoires**

cisailler *v.tr.* • couper • scier • taillader

ciseau *n.m.* 1 - [de sculpteur, de maçon] **bouchard** • riflard • rondelle • 2 - [de graveur] **berceau** • burin • ciselet • gouge • grattoir • matoir • pointe • repoussoir • 3 - [d'orfèvre] **ciselet** • cisoir • 4 - [de menuiser] **bédane** • besaiguë • biseau • ébauchoir • fermoir • gouge • gougette • plane • poinçon

ciseler *v.tr.* 1 - **sculpter** • 2 - **parfaire** • parachever • polir • fignoler *fam.* • peaufiner *fam.*

citadelle *n.f.* 1 - **château fort** • fort • fortification • [dans les pays arabes] casbah • oppidum *(Archéol.)* • 2 - **centre** • bastion • rempart

citadin, e *adj.* • urbain

citation *n.f.* 1 - **extrait** • morceau • passage • 2 - **assignation** • convocation • 3 - [Milit.] **mention**

cité *n.f.* 1 - **ville** • agglomération • métropole • mégalopole • 2 - [littér.] **état** • nation • patrie • république

citer *v.tr.* 1 - **mentionner** • énumérer • indiquer • nommer • rapporter • signaler • 2 - **alléguer** • invoquer

✦ **citer en justice** assigner • convoquer • intimer • traduire en justice

citerne *n.f.* • cuve • réservoir

citoyen, -enne
▪ *adj.* **civique** • patriotique

▪ *n.* **1 - ressortissant** · national · **2 -** [fam.] **individu** · quidam *plaisant* · type *fam.* · oiseau *fam.* · olibrius *fam.* · zèbre *fam.*

citoyenneté *n.f.* **1 - nationalité** · **2 - civisme** · sens civique

civière *n.f.* · brancard

civil, e

▪ *adj.* **1 - civique** · **2 -** [vieilli] **affable** · aimable · courtois · poli

▪ *n.* **bourgeois** · pékin *argot militaire*

civilisation *n.f.* **1 - culture** · **2 - progrès** · évolution

civilisé, e *adj.* · évolué · poli · policé · raffiné

civiliser *v.tr.* · affiner · améliorer · dégrossir · éduquer · policer · polir

civilité *n.f.* **1 - courtoisie** · politesse · amabilité · **2 - sociabilité** · bonnes manières · savoir-vivre

>>> **civilités** *plur.* [vieilli] **salutations** · compliments · devoirs · hommages · respects

politesse

civique *adj.* · patriotique · citoyen

civisme *n.m.* · patriotisme · citoyenneté

patriotisme

claie *n.f.* **1 - cagette** · clayon · clisse · éclisse · volette · **2 - tamis** · crible · sas · grille · treillage · **3 - clôture**

[1]**clair** *adv.* **franchement** · clairement · sans ambages · sans ambiguïté · sans détour · sans équivoque · tout uniment

✦ **en clair** non codé

[2]**clair, e** *adj.*

I 1 - lumineux · éclatant · **2 - pâle** · **3 - limpide** · cristallin · pur · transparent · **4 - dégagé** · beau · serein

II 1 - compréhensible · intelligible · limpide · lumineux · **2 - explicite** · franc · sans détour · sans ambiguïté · **3 - évident** · manifeste · flagrant · apert *littér.*

III 1 - distinct · intelligible · net · **2 - argentin** · aigu · cristallin

IV fluide · liquide

V clairsemé · aéré · peu fourni

✦ **c'est très clair** c'est clair comme le jour · c'est clair comme de l'eau de roche *souvent iron.*

✦ **tirer au clair** clarifier · élucider · faire toute la lumière sur

clair, évident, limpide, manifeste

Ces adjectifs renvoient de manière concrète, plus ou moins directement, à la vue et, dans le domaine intellectuel, à la facilité de compréhension. **Clair** s'applique à des événements, à une situation que l'on peut assez aisément comprendre ou interpréter *(les faits sont clairs, rendre la situation plus claire)*, ou à des éléments abstraits *(des idées claires)*. **Limpide**, alliant la notion de transparence à celle de clarté, renchérit sur **clair** *(un style, une affaire limpide)*. On choisira **évident** pour qualifier ce qui entraîne sur-le-champ, sans discussion, l'assentiment de l'esprit *(une preuve évidente, il est évident que)*. **Manifeste** s'emploiera à propos d'un comportement, d'une expression, d'une chose dont la nature ne peut être contestée, est évidente *(une mauvaise volonté manifeste, des signes manifestes d'impatience)*.

clairement *adv.* **1 - distinctement** · nettement · précisément · **2 - explicitement** · franchement · sans ambages · sans ambiguïté · sans détour · sans équivoque · tout uniment · **3 - intelligiblement** · **4 - manifestement** · incontestablement · indubitablement

claire-voie *n.f.* · claie · claustra · grillage · treillage · treillis

clairière *n.f.* · trouée · échappée

clair-obscur *n.m.* · pénombre · demi-jour

claironner *v.tr.* · proclamer · carillonner · clamer · crier sur les toits · publier *littér.* · corner *fam., vieux*

clairsemé, e *adj.* **1 - éparpillé** · dispersé · disséminé · épars · espacé · **2 - rare** · chétif · maigre

clairvoyance *n.f.* · discernement · acuité · lucidité · pénétration · perspicacité · sagacité

clairvoyant, e *adj.* **1 - lucide** · avisé · pénétrant · perspicace · sagace · **2 - voyant** · extra-lucide

✦ **être clairvoyant** avoir le nez creux · avoir du nez

clamer *v.tr.* **1 - crier** · hurler · **2 - proclamer** · carillonner · claironner · crier sur les toits · corner *fam., vieux* · publier *littér.*

clameur *n.f.* **1 - bruit** · tumulte · vacarme · **2 - cri** · hurlement · vocifération · tollé · **3 - acclamation** · hourra · vivat

➳ cri

clamser *v.intr.* → **mourir**

clan *n.m.* **1 - association** · bande · caste · classe · chapelle · coterie · parti · **2 - camp** · côté · faction · parti · **3 - tribu**

➳ parti

clandestin, e *adj.* **1 - secret** · caché · souterrain · subreptice · **2 - illégal** · frauduleux · illicite · prohibé • [marché] noir · parallèle

clandestinement *adv.* **1 - en cachette** · secrètement · subrepticement • [diffuser] sous le manteau · en sous-main · **2 - illégalement** · au noir

clandestinité *n.f.* **1 - illégalité** · **2 - secret**

clapet *n.m.* · obturateur · soupape · valve

claque *n.f.* **1 - gifle** · soufflet *littér.* · baffe *fam.* · beigne *fam.* · calotte *fam.* · mandale *fam.* · mornifle *fam.* · taloche *fam.* · tape *fam.* · tarte *fam.* · giroflée à cinq feuilles *fam., vieilli* · **2 - affront** · humiliation · camouflet *littér.*

claquement *n.m.* · clic-clac

claquemurer *v.tr.* **cloîtrer** · emprisonner · enfermer · claustrer *littér.* · boucler *fam.*

⋙ **se claquemurer** *v.pron.* **se barricader** · se cloîtrer · s'enfermer · s'isoler · se murer · se terrer

claquer

▪ *v.intr.* **1 - battre** · s'agiter · **2 - casser** · lâcher · se rompre · péter *fam.* · **3 -** [fam.] → **mourir**

▪ *v.tr.* **1 - casser** · péter *fam.* · **2 - gifler** · filer, flanquer une baffe à *fam.* · filer, flanquer une beigne à *fam.* · filer, flanquer une mornifle à *fam.* · filer, flanquer une taloche à *fam.* · **3 -** [fam.] **fatiguer** · épuiser · éreinter · exténuer · crever *fam.* · mettre sur les genoux *fam.* · mettre à plat *fam.* · tuer *fam.* · vanner *fam.* · vider *fam.* · **4 -** [fam.] **dépenser** · flamber · gaspiller · bouffer *fam.* · croquer *fam.*

✦ **claquer des dents** grelotter · trembler

⋙ **se claquer** *v.pron.* [un muscle] se déchirer · se froisser

clarification *n.f.* **1 - éclaircissement** · explication · **2 - décantation** · défécation · épuration · purification

clarifier *v.tr.* **1 - éclaircir** · débrouiller · démêler · élucider · **2 - décanter** · déféquer · épurer · filtrer · purifier
éclaircir

clarté *n.f.* **1 - lumière** · lueur · nitescence *littér.* · **2 - luminosité** · éclat · **3 - limpidité** · pureté · **4 - netteté** · limpidité · précision
›› **clartés** *plur.* **connaissances** · idées · lueurs · notions
lumière

clash *n.m.* · désaccord · conflit · dispute · rupture

[1]**classe** *n.f.*
I 1 - catégorie · division · espèce · série · sorte · **2 - caste** · catégorie · clan · état · groupe
II 1 - valeur · carrure · envergure · qualité · **2 - élégance** · allure · chic · distinction · race · raffinement · **3 - standing**
III 1 - cours · leçon · **2 - école**
✦ **classe sociale** condition · milieu
✦ **hors classe** exceptionnel · hors pair · incomparable

[2]**classe** *adj.* · chic · classieux *fam.* · distingué · smart *fam.*

classement *n.m.* **1 - rangement** · arrangement · groupement · mise en ordre · **2 - classification** · taxinomie · typologie · **3 - rang** · place

classer *v.tr.* **1 - ordonner** · arranger · grouper · placer · ranger · répartir · trier · **2 - archiver** · ranger · **3 - classifier** · catégoriser · différencier · distribuer · sérier · **4 - juger** · cataloguer · étiqueter · jauger

classer, classifier, sérier

Les trois verbes ont en commun la notion d'ordre à établir. **Classer** consiste à ranger des documents, des éléments abstraits ou des personnes, en suivant certains critères précis pour établir une hiérarchie, pour rendre plus facile la consultation, etc. *(classer des livres, des dossiers par ordre alphabétique).* Avec **sérier**, on reste dans le rangement méthodique, mais il s'agit alors d'établir des séries *(sérier les questions, des difficultés).* Avec **classifier**, dont l'emploi est plutôt didactique, il s'agit de répartir des éléments selon un plan, selon des critères décidés au préalable *(classifier des sciences).*

classification *n.f.* **1 - classement** · répartition · **2 - hiérarchie** · ordre · typologie

classifier *v.tr.* · classer · répartir
classer

classique *adj.* **1 - banal** · commun · courant · habituel · ordinaire · bateau *fam., péj.* · **2 - traditionnel** · conventionnel · **3 - sobre** · strict

claudicant, e *adj.* · boiteux · bancal · bancroche *fam., vieilli*

claudication *n.f.* · boiterie · boitement

claudiquer *v.intr.* · boiter · boitiller · aller clopin-clopant · clocher *vieilli*

clause *n.f.* · condition · convention · disposition

claustral, e *adj.* · monacal · monastique

claustration *n.f.* · emprisonnement · isolement

claustrer *v.tr.* **cloîtrer** · emprisonner · séquestrer

»» **se claustrer** *v.pron.* **se cloîtrer** · se barricader · s'enfermer · s'isoler · se murer · se retirer du monde · se terrer

clavecin *n.m.* · épinette · virginal

clé *n.f.* **1 - crochet** · passe-partout · rossignol · **2 - explication** · secret · sens · signification · solution · **3 -** [en apposition] **central** · capital · essentiel

clef *n.f.* → **clé**

clémence *n.f.* **1 - indulgence** · bienveillance · magnanimité *littér.* · mansuétude *littér.* · miséricorde · **2 - douceur**

clément, e *adj.* **1 - indulgent** · bienveillant · magnanime *littér.* · miséricordieux · exorable *littér.* · **2 - doux**

clerc *n.m.* **1 -** [littér.] **lettré** · intellectuel · savant · **2 - ecclésiastique**

✦ **grand clerc** compétent · expert

clergé *n.m.* · église · clercs

cliché *n.m.* **1 - négatif** · phototype *rare* · **2 - photo(graphie)** · **3 - banalité** · lieu commun · poncif · phrase toute faite · stéréotype

client, e *n.* **1 - acheteur** · acquéreur · amateur · preneur · chaland *vieux ou plaisant* · clille *argot* · **2 - habitué** · fidèle · **3 - consommateur** · importateur · **4 - patient** · malade

clientèle *n.f.* · clients · achalandage *vieux* · pratique *vieux*

clignement *n.m.*

✦ **clignement d'yeux** clin d'œil · coup d'œil · œillade

cligner *v.tr.*

✦ **cligner les, des yeux** ciller · clignoter · papilloter

clignotant, e

▪ *adj.* **intermittent** · discontinu

▪ *n.m.* **1 - clignoteur** *Belgique* · **2 -** [Écon.] **indicateur** · signal

clignoter *v.intr.* **scintiller** · vaciller

✦ **clignoter des yeux** battre des paupières, des cils · ciller · papilloter

climat *n.m.* · ambiance · atmosphère · contexte · milieu

climatisation *n.f.* · air conditionné · clim *fam.*

climatisé, e *adj.* [air] conditionné

clin d'œil *n.m.* **1 - clignement** · coup d'œil · œillade · **2 - allusion**

✦ **faire un clin d'œil à** faire de l'œil à *fam.*

[1]**clinquant, e** *adj.* · criard · tapageur · voyant

[2]**clinquant** *n.m.* **1 - faux** · simili · toc *fam.* · **2 - brillant** · vernis

clique *n.f.* · bande · clan · coterie · mafia

clivage *n.m.* · division · disjonction · séparation

cloaque *n.m.* **1 - bourbier** · décharge · égout · sentine *littér.* · **2 - bas-fonds** · boue

clochard, e *n.* · sans-abri · sans domicile fixe · S.D.F · vagabond · cloche *fam.* · clodo *fam.* · clopinard *fam.*

cloche *n.f.* **1 -** [petite] **clochette** · grelot · sonnette · [grosse] **bourdon** · **2 - airain** *poétique* · bronze *poétique* · **3 - dessus-de-plat** · couvercle

clocher *n.m.* · campanile · tour d'église

clochette *n.f.* • grelot • sonnette • [pour bétail] bélière • clarine • sonnaille • campane *vieux*

cloison *n.f.* **1 - mur** • paroi • claustra • **2 - barrière** • division • séparation

cloisonnement *n.m.* • compartimentation • compartimentage • séparation

cloisonner *v.tr.* • compartimenter • séparer

cloître *n.m.* **1 - abbaye** • couvent • monastère • **2 - clôture**

cloîtrer *v.tr.* **enfermer** • claquemurer • emprisonner • claustrer *littér.* • boucler *fam.*

⋙ **se cloîtrer** *v.pron.* **s'enfermer** • se barricader • se claquemurer • se murer • se retirer (du monde)

clone *n.m.* • copie conforme • réplique • sosie

clopin-clopant *loc. adv.* • tant bien que mal • cahin-caha *fam., vieilli* • couci-couça *fam.*

clopiner *v.intr.* • boiter • boitiller • claudiquer

cloque *n.f.* **1 - ampoule** • bulle • phlyctène • **2 - boursouflure** • bulle

cloquer

▪ *v.intr.* **se boursoufler** • enfler

▪ *v.tr.* **gaufrer**

clore *v.tr.* **1 - fermer** • **2 - enclore** • clôturer • enfermer • **3 - achever** • arrêter • clôturer • finir • terminer • [une séance] lever

clos *n.m.* • vignoble

clôture *n.f.* **1 - barrière** • barbelé • échalier • enceinte • grillage • haie • palissade • treillage • treillis • **2 - achèvement** • arrêt • cessation • fin • [de séance] levée

✦ **en clôture** en conclusion • à la fin

clôturer *v.tr.* **1 - clore** • enclore • fermer • **2 - achever** • arrêter • clore • finir • terminer • [une séance] lever

clou *n.m.* **1 -** [à tête] **broquette** • pointe • semence • **2 -** [sans tête] **clavette** • cheville • chevillette • **3 -** [d'ornement] **bossette** • caboche • cabochon • **4 -** [fam.] **furoncle** • **5 -** [fam.] **mont-de-piété** • crédit municipal • ma tante *fam., vieilli*

clouer *v.tr.* **immobiliser** • retenir

✦ **clouer (sur place)** méduser • paralyser • pétrifier • tétaniser

clown *n.m.* **1 - bouffon** • auguste • paillasse *vieux* • **2 - pitre** • charlot *fam.* • guignol *fam.* • mariole *fam.* • zouave *fam.*

clownerie *n.f.* • pitrerie • bouffonnerie • facétie • singerie

club *n.m.* **1 - association** • cercle • cénacle • groupe • société • **2 - boîte (de nuit)**

coaguler *v. intr.* • cailler • se figer • prendre • se solidifier • se caillebotter *vieux*

coalisé, e *adj. et n.* • allié • cobelligérant

coaliser *v.tr.* **grouper** • rassembler • réunir • unir

⋙ **se coaliser** *v.pron.* **s'allier** • se liguer • s'unir

coalition *n.f.* • alliance • association • confédération • entente • ligue • union

cobaye *n.m.* **1 - cochon d'Inde** • **2 - sujet d'expérience**

cocardier, -ière *adj.* • chauvin • nationaliste • patriotard

cocasse *adj.* • amusant • burlesque • comique • drôle • risible • marrant *fam.* • poilant *fam.* • tordant *fam.*

[1]**cocher** *n.m.* • conducteur • postillon • colignon *fam., péj.* • automédon *plaisant* • phaéton *plaisant*

[2]**cocher** *v.tr.* • marquer • mettre une croix devant

[1]**cochon** *n.m.* **1 - porc** • verrat • pourceau *littér.* • **2 -** [petit] **cochonnet** • goret • porcelet

✦ **cochon sauvage** sanglier • pécari
✦ **cochon d'Inde** cobaye
✦ **tour de cochon** sale tour • cochonnerie • rosserie • crasse *fam.* • saloperie *très fam.* • vacherie *fam.*

cochon, porc

Cochon et **porc** désignent le même animal domestique *(élever un cochon, engraisser un porc)*, mais dans la plupart des emplois, le premier est estimé plus familier que le second, ce qui apparaît lorsque l'on parle de la viande *(manger du cochon ; manger du porc)*. Le vocabulaire commercial n'emploie que **porc** *(filet, rôti de porc, rillettes, saucisson pur porc)*, comme la langue didactique *(le porc appartient à l'ordre des ongulés)*. Pour désigner la peau transformée de l'animal, seul **porc** est possible *(valise en porc, en peau de porc)*. Par allusion aux habitudes de l'animal et aux défauts qu'on lui attribue, on dira *sale comme un cochon* ou *comme un porc*, mais pour parler du mauvais caractère de quelqu'un de manière péjorative, seul **cochon** a sa place *(tête, caractère de cochon)*.

[2]**cochon, -onne** *adj. et n.* **1 - malpropre** • dégoûtant • sale • **2 - pornographique** • obscène • **3 - grivois** • égrillard • paillard • polisson • salé *fam.* • **4 - vicieux**

cochonner *v.tr.* **1 - salir** • souiller • tacher • maculer *littér.* • **2 - bâcler** • gâcher • bousiller *fam.*

cochonnerie *n.f.* **1 - pacotille** • merde *très fam.* • saloperie *très fam.* • toc *fam.* • **2 - sale tour** • rosserie • crasse *fam.* • tour de cochon *fam.* • vacherie *fam.* • **3 - obscénité** • grivoiserie • cochonceté *fam.* • **4 - saleté**

cochonnet *n.m.* **1 - porcelet** • goret • **2 - bouchon** • cochon

cockpit *n.m.* • cabine • carlingue • habitacle • poste de pilotage

cocoter *v.intr.* → **puer**

cocotte *n.f.* **marmite**

✦ **cocotte-minute** [nom déposé] **autocuiseur**

cocu, e *n. et adj.* • trompé • qui porte des cornes • cornard *fam., vieilli*

cocufier *v.tr.* • tromper • faire porter des cornes à • coiffer de cornes • actéoniser *vieux*

codage *n.m.* • cryptage • chiffrement • encodage

code *n.m.* **1 - législation** • loi • règlement • **2 - chiffre** • **3 - combinaison** • **4 - feu de croisement**

coder *v.tr.* • crypter • chiffrer • encoder

codification *n.f.* **1 - réglementation** • **2 - normalisation** • rationalisation • systématisation

codifier *v.tr.* **1 - réglementer** • **2 - normaliser** • rationaliser • systématiser

coefficient *n.m.* • facteur • marge • pourcentage • ratio

coéquipier, -ière *n.* • équipier • partenaire

coercitif, -ive *adj.* · contraignant · oppressif

coercition *n.f.* · contrainte · pression · oppression

cœur *n.m.*
I 1 - battant *fam.* · palpitant *fam.* · **2 - ardeur** · allant · conviction · enthousiasme · entrain · ferveur · zèle · **3 - courage**
II 1 - centre · milieu · nœud · **2 - aubier** · duramen
✦ **par cœur** **1 - de mémoire** · **2 - parfaitement** · sur le bout des doigts · comme sa poche *fam.* · dans les coins *fam.*
✦ **tenir à cœur** intéresser · passionner
✦ **de bon cœur** de bon gré · de bonne grâce · avec joie · avec plaisir · volontiers
➳ **gré (de bon)**

coexistence *n.f.* **1 - concomitance** · simultanéité · **2 - cohabitation**

coexister *v.intr.* · cohabiter

coffre *n.m.* **1 - huche** · layette · maie · malle · **2 - coffre-fort** · coffiot *argot* · **3 -** [d'orgue] **buffet** · cabinet

coffret *n.m.* · écrin · baguier · cassette

cogiter *v.intr.* [fam.] → **réfléchir**

cogner *v.tr.* **1 - heurter** · buter contre · choquer · **2 - frapper** · taper (sur)
➳ **frapper**

cohabiter *v.intr.* **1 - vivre ensemble** · **2 - coexister**

cohérence *n.f.* **1 - cohésion** · équilibre · harmonie · homogénéité · unité · **2 - logique** · cohésion · rationalité

cohérent, e *adj.* **1 - homogène** · équilibré · harmonieux · uni · **2 - logique** · suivi · rationnel

cohésion *n.f.* **1 - ensemble** · solidarité · unité · **2 - cohérence** · logique

cohorte *n.f.* · bande · groupe · cortège · meute *péj.*

cohue *n.f.* **1 - foule** · multitude · peuple *fam.* · populo *fam.* · **2 - bousculade** · confusion · mêlée · ruée · rush

coi, coite *adj.* **1 - muet** · silencieux · **2 - abasourdi** · muet · pantois · pétrifié · sidéré · stupéfait · sans voix · baba *fam.* · comme deux ronds de flan *fam.*

coiffe *n.f.* → **chapeau**

coiffer *v.tr.* **1 - peigner** · arranger · brosser · **2 - diriger** · chapeauter · superviser · être à la tête de · **3 - recouvrir** · couronner · surmonter

coiffeur, -euse *n.* · artiste capillaire · capilliculteur · [pour hommes] barbier *Québec ou vieilli* · figaro *fam., vieux* · merlan *fam., vieux*

coiffure *n.f.* **1 - coupe (de cheveux)** · **2 - capilliculture** · **3 - chapeau** · coiffe

coin *n.m.*
I 1 - angle · encoignure · recoin · renfoncement · coinstot *fam., vieux* · **2 -** [des lèvres] **commissure**
II endroit · localité · région · pays · quartier · secteur · contrée *vieilli ou région.*
III 1 - cale · **2 - poinçon**
✦ **dans le coin** alentour · aux, dans les alentours · dans les environs · dans la région · dans les parages

coincé, e *adj.* [fam.] **complexé** · inhibé · [air] **constipé**

coincer *v.tr.* **1 - immobiliser** · bloquer · caler · **2 - retenir** · serrer · bloquer · **3 - acculer** · [sur une question] piéger · coller *fam.* · **4 -** [fam.] **arrêter** · alpaguer *fam.* · choper *fam.* · cueillir *fam.* · épingler *fam.* · pincer *fam.*

»» **se coincer** *v.pron.* **se bloquer** · s'enrayer · gripper

coïncidence *n.f.* **1 - concomitance** · simultanéité · synchronisme · **2 - hasard** · concours de circonstances

hasard

coïncident, e *adj.* · concomitant · simultané · synchrone

coïncider *v.intr.* **1 - s'accorder** · concorder · correspondre · se recouper · **2 - se superposer** · se confondre · se recouvrir

coït *n.m.* · copulation · accouplement

col *n.m.* **1 - goulot** · **2 - brèche** · défilé · détroit · gorge · pas · port · **3 - collet** · collerette · fraise

colère *n.f.* **fureur** · emportement · furie · irritation · rage · courroux *littér.* · foudres *littér.* · ire *littér.*

✦ **être en colère** fulminer · enrager · être hors de ses gonds · être hors de soi · fumer *fam.* · être en boule *fam.* · être en pétard *fam.* · être remonté *fam.* · être en rogne *fam.* · avoir la rage *lang. jeunes*

✦ **mettre en colère** fâcher · irriter · courroucer *littér.* · faire sortir de ses gonds · mettre en boule, en rogne *fam.*

✦ **se mettre en colère** s'emporter · éclater · exploser · se fâcher · s'irriter · se mettre en rage · sortir de ses gonds · monter sur ses grands chevaux · se mettre en boule, en rogne *fam.*

colère, courroux, emportement

La **colère** se définit comme une vive émotion qui se manifeste par une réaction physique violente *(être rouge, blême de colère ; trembler de colère)*, que l'on peut tenter de maîtriser *(colère contenue, rentrée)*. Elle est provoquée par l'attitude d'autrui ou une situation désagréable, alors que le **courroux** s'exerce seulement contre quelqu'un. Aujourd'hui réservé au style littéraire, **courroux** était courant dans la langue de la tragédie classique. **Emportement** a connu un emploi plus large que **colère** et **courroux**, en parlant d'un sentiment violent né d'une situation agréable *(un emportement de joie, d'amour)*, mais l'usage moderne tend à rapprocher l'emportement de la colère *(il est sujet à de brusques emportements)*.

coléreux, -euse *adj.* · emporté · irascible · irritable · soupe au lait *fam.* · qui a la tête près du bonnet *fam.* · atrabilaire *littér.* · bilieux *littér.* · colérique *vieilli*

colérique *adj.* → **coléreux**

colifichet *n.m.* · bibelot · babiole · bagatelle

colimaçon *n.m.* **limaçon**

✦ **en colimaçon** en spirale · à vis · hélicoïdal

colique *n.f.* **1 - colite** · entérite · entéralgie · **2 - diarrhée** · chiasse *très fam.* · courante *fam.*

colis *n.m.* · paquet

collaborateur, -trice *n.* **1 -** collègue · **2 - adjoint** · aide · associé · assistant · second

collaboration *n.f.* · aide · appui · concours · coopération · participation

collaborer (à) *v.tr.ind.* • coopérer (à) • participer (à) • apporter son concours (à) • prendre part à
✦ **collaborer avec** faire équipe avec

collant, e *adj.* **1 - adhésif** • autocollant • **2 - gluant** • poisseux • visqueux • **3 - ajusté** • étroit • moulant • serré • **4 - importun** • crampon *fam.* • glu *fam.* • pot de colle *fam.*

collation *n.f.* • en-cas • goûter • casse-croûte *fam.* • lunch *fam.* • quatre-heures *lang. enfants*

collationner *v.tr.* • confronter • comparer • mettre en regard

colle *n.f.* **1 - empois** • glu • poix • **2 -** [fam., Scol.] **consigne** • retenue • **3 -** [Scol.] **interrogation** • examen

collecte *n.f.* **1 - ramassage** • collectage *rare* • **2 - quête**

collecter *v.tr.* • glaner • ramasser • rassembler • récolter • recueillir • réunir

collecteur *n.m.* • conduit • canalisation • drain

collectif, -ive *adj.* **1 - commun** • général • public • **2 - en équipe** • collégial • en groupe • **3 - social** • public
❧ **général**

collection *n.f.* **1 - assortiment** • ensemble • groupe • **2 - quantité** • foule • kyrielle • multitude • ribambelle • tas • variété • flopée *fam.*

collectionner *v.tr.* • accumuler • amasser • assembler • grouper • recueillir • réunir

collectivement *adv.* • ensemble • conjointement

collectiviser *v.tr.* • étatiser • nationaliser • socialiser

collectivité *n.f.* • communauté • groupe • société

collège *n.m.* **1 - corporation** • **2 - école** • athénée *Belgique* • bahut *fam.* • boîte *fam.*

collégial, e *adj.* • collectif

collégien, -ienne *n.* • élève • écolier • potache *fam.*

collègue *n.* **1 - homologue** • confrère • consœur • **2 - collaborateur** • associé

❧ **collègue, associé, confrère**

Les trois mots portent sur les relations qui s'établissent entre des personnes dans une communauté humaine. Le terme de **collègue** ne s'emploie qu'entre ceux qui remplissent la même fonction à l'intérieur d'une institution publique ou privée *(un collègue de bureau)*. **Confrère** s'applique seulement à une personne qui, appartenant à une société savante, à une compagnie ou à une profession libérale, est considérée par rapport aux membres de ce groupe *(ses confrères de l'Académie des sciences, le médecin m'a recommandé à l'un de ses confrères)*. **Associé** est réservé à une personne qui apporte son travail ou ses biens à une entreprise commune *(la venue d'un nouvel associé dans une société)*.

coller
▪ *v.tr.* **1 - encoller** • fixer • [affiche] placarder • **2 - appuyer** • appliquer • plaquer • presser • **3 - consigner** • punir • **4 - ajourner** • recaler • refuser • étendre *fam.* • retoquer *fam., vieilli* • **5 -** → **donner**
▪ *v.intr.* **1 - adhérer** • attacher • tenir • **2 - poisser**
✦ **coller à** **1 -** [corps] **mouler** • serrer • **2 -** [la réalité] **correspondre à** • refléter • suivre

»» **se coller** *v.pron.* **se serrer** · s'appuyer · se plaquer

collet *n.m.* **lacet** · lacs · piège

✦ **collet monté** affecté · apprêté · guindé · raide · rigide

colleter (se) *v.pron.* **1 - s'affronter** · se bagarrer · se battre · s'empoigner · lutter · **2 - se débattre (avec, dans)**

collier *n.m.* [sortes] sautoir · chaîne · rang (de perles) · rivière (de diamants) · torque

colline *n.f.* · butte · coteau · éminence · hauteur · mamelon · tertre

collision *n.f.* **1 - impact** · choc · **2 - accident** · accrochage · télescopage · **3 - désaccord** · antagonisme · opposition · rivalité

❧ **choc**

colloque *n.m.* · conférence · congrès · forum · rencontre · séminaire · symposium · table ronde

collusion *n.f.* · complicité · accord · arrangement · collaboration · complicité · connivence · entente · intelligence *littér.*

colmater *v.tr.* **1 - boucher** · fermer · obturer · **2 - combler** · réduire

colombier *n.m.* · pigeonnier · fuie *région.*

colonialisme *n.m.* · impérialisme · expansionnisme

colonie *n.f.* **1 - communauté** · groupe · peuplement · **2 -** [d'abeilles] **essaim** · ruche

✦ **colonie de vacances** camp (de vacances) · colo *fam.*

colonne *n.f.* **1 - pilier** · pilastre · poteau · colonnette · dosseret · **2 - file** · cohorte · cortège

✦ **colonne vertébrale** échine · épine dorsale · rachis

coloration *n.f.* **1 - teinte** · ton · **2 - carnation** · pigmentation · **3 - teinture** · couleur

coloré, e *adj.* **1 - enluminé** · vermeil · **2 - animé** · expressif · haut en couleur · imagé · parlant · vivant

colorer *v.tr.* **1 - teindre** · pigmenter · teinter · **2 - colorier** · peindre · **3 - empreindre** · charger · teinter

colorier *v.tr.* · colorer · enluminer

coloris *n.m.* **1 - couleur** · teinte · ton · **2 - teint** · carnation

colossal, e *adj.* · démesuré · énorme · fantastique · formidable · gigantesque · herculéen · immense · monstrueux · monumental · titanesque

colosse *n.m.* · géant · hercule

colportage *n.m.* · divulgation · propagation

colporter *v.tr.* · divulguer · diffuser · ébruiter · propager · rapporter · répandre

colporteur, -euse *n.* **1 - camelot** · marchand ambulant · **2 - propagateur** · diffuseur

coltiner *v.tr.* **transporter** · transbahuter *fam.*

»» **se coltiner** *v.pron.* **exécuter** · s'appuyer *fam.* · s'envoyer *fam.* · se farcir *fam.* · se taper *fam.*

combat *n.m.*

I [Milit.] **1 - action** · engagement · échauffourée · escarmouche · baroud *argot militaire* · **2 - conflit** · guerre · lutte armée

II 1 - duel · corps à corps · **2 - bagarre** · bataille · échauffourée · rixe • [à coups de poing] pugilat

III 1 – lutte · bataille · engagement · **2 – antagonisme** · conflit · opposition · rivalité

✦ **au combat** [mourir] sur le champ de bataille · les armes à la main

✦ **hors de combat** k.-o · out *fam.*

➜ **conflit**

combatif, -ive *adj.* **1 – agressif** · bagarreur · batailleur · belliqueux · **2 – accrocheur** · battant · pugnace *littér.*

➜ **batailleur**

combativité *n.f.* · agressivité · pugnacité *littér.*

combattant, e *n.* **1 – guerrier** · soldat · guérillero · **2 – adversaire** · antagoniste · rival

combattre *v.tr.* **1 – se battre contre** · assaillir · faire la guerre à · livrer bataille à · lutter contre **2 – s'opposer à** · batailler contre · se battre contre · s'élever contre · s'engager contre · lutter contre

combinaison *n.f.*

I 1 – agencement · arrangement · association · composition · disposition · mosaïque · **2 – alliance** · amalgame · mariage · mélange · réunion

II 1 – combinatoire · probabilités · **2 – code** · chiffre · [au jeu] martingale

III manœuvre · calcul · machination · manigance · stratagème · combine *fam.*

IV fond de robe · combine *fam.*

✦ **combinaison de travail** bleu (de travail) · salopette

combine *n.f.* **1 – manœuvre** · calcul · machination · manigance · magouille *fam.* · tripotage *fam.* · **2 – plan** · moyen · stratagème · système · magouille *fam.* · truc *fam.* · tuyau *fam.*

combiner *v.tr.* **1 – agencer** · arranger · assembler · associer · composer · disposer · ordonner · **2 – allier** · assortir · marier · mélanger · réunir · unir · **3 – préparer** · manigancer · tramer · goupiller *fam.* · ourdir *littér.* · machiner *fam.* · magouiller *fam.* · trafiquer *fam.*

[1]**comble** *adj.* **plein** · bondé · bourré · complet

✦ **faire salle comble** jouer à guichets fermés

✦ **c'est un comble !** c'est trop fort ! · ça dépasse la mesure ! · c'est complet ! · c'est le bouquet ! *fam.* · c'est la meilleure ! *fam.*

[2]**comble** *n.m.* **1 – apogée** · apothéose · faîte · maximum · pinacle · sommet · summum · zénith · **2 – grenier** · attique · mansarde

➜ **sommet**

comblé, e *adj.* · heureux · satisfait · gâté

combler *v.tr.* **1 – charger** · couvrir · accabler · gorger · **2 – boucher** · colmater · obturer · remblayer · **3 – contenter** · satisfaire pleinement · gâter

combustible *n.m.* · carburant

➜ **carburant**

combustion *n.f.* · calcination · ignition · incinération

comédie *n.f.* **1 – farce** · [de boulevard] vaudeville · [grossière] pantalonnade · **2 – simagrées** · caprice · cinéma *fam.* · cirque *fam.* · **3 – simulation** · bluff · chiqué *fam.*

comédien, -ienne *n.* **1 – acteur** · interprète · baladin *vieux* · cabot *péj.* · cabotin *péj.* · histrion *péj.* · ringard *péj.* · **2 – hypocrite** · cabotin

➜ **acteur**

comestible

▪ *adj.* **consommable** · mangeable
▪ *n.m.pl.* **aliments** · denrées alimentaires · nourriture · victuailles

comique *adj.*

1 - amusant · burlesque · cocasse · désopilant · drôle · facétieux · hilarant · inénarrable · bidonnant *fam.* · boyautant *fam., vieux* · crevant *fam.* · fendant *fam.* · gondolant *fam.* · impayable *fam.* · marrant *fam.* · pissant *fam., vieilli* · pliant *fam.* · poilant *fam.* · rigolo *fam.* · tordant *fam.* · **2 - risible** · grotesque · ridicule

comité *n.m.*

· commission · bureau · cellule

commande *n.f.*

instruction · ordre

✦ **de commande** 1 - **affecté** · artificiel · factice · feint · simulé · 2 - **imposé** · obligatoire

commandement *n.m.*

1 - injonction · ordre · sommation · **2 - loi** · précepte · prescription · règle · **3 - autorité** · pouvoir · **4 - direction** · conduite

✦ **poste de commandement** état-major · P.C.

❧ **ordre**

commander *v.tr.*

I 1 - ordonner · imposer · prescrire · **2 - conduire** · diriger · mener · mener à la baguette · régenter • [sans complément] faire la loi • [femme] porter la culotte *plaisant*
II actionner · contrôler · déclencher
III 1 - appeler · exiger · nécessiter · réclamer · requérir · **2 - attirer** · imposer · inspirer
IV surplomber · dominer

✦ **commander à** [ses passions, etc.] gouverner, maîtriser, réprimer

»» **se commander** *v.pron.* **se maîtriser** · se décréter

❧ commander, ordonner

Commander et **ordonner** s'emploient l'un et l'autre quand on parle de diriger ou de dicter l'activité d'une personne ou d'un groupe. Le **commandement** s'effectue en vertu d'une autorité réelle *(commander une troupe)* ou que l'on prétend avoir ; plus largement le verbe accepte pour sujet le regard, un geste, la voix de celui qui commande ou un nom de chose *(la raison commande de se taire)*. L'**ordre** vient d'une autorité qui manifeste expressément sa volonté, mais ne présuppose pas de rapport hiérarchique *(elle a ordonné à son frère de se taire)*.

commanditaire *n.*

1 - bailleur (de fonds) · financeur · **2 - parrain** · sponsor

commanditer *v.tr.*

1 - financer · **2 - parrainer** · sponsoriser

comme *adv. et conj.*

1 - en tant que · en qualité de · à titre de · **2 - ainsi que** · à l'instar de · au même titre que · non moins que *littér.* · **3 - puisque** · étant donné que · vu que · **4 - alors que** · au moment où · tandis que

✦ **comme il faut** convenablement · correctement

✦ **très comme il faut** bien · convenable · B.C.B.G

commémoration *n.f.*

· célébration · fête

commémorer *v.tr.*

· célébrer · fêter

❧ **fêter**

commencement *n.m.*

I 1 - début · départ · démarrage · amorce · mise en train • [d'un tournage] premier tour de manivelle · **2 - apparition** · arrivée · naissance ·

aube *littér.* • aurore *littér.* • matin *littér.* • prémices *littér.* • **3 - déclenchement** • ouverture
II 1 - exorde • préambule • prologue • **2 - introduction** • préface • **3 - axiome** • postulat • prémisse • principe
✦ **au commencement** initialement • au début • au départ • au démarrage • à l'origine
✦ **du commencement à la fin** de A à Z

commencer
▪ *v.tr.* **1 - débuter** • amorcer • attaquer • démarrer • donner le coup d'envoi de • engager • entamer • mettre en route • mettre sur les rails • mettre en train • s'embarquer dans • se lancer dans • se mettre à • **2 - déclencher** • initier • ouvrir • provoquer • **3 - créer** • fonder • former • instituer
▪ *v.intr.* **se déclencher** • débuter • démarrer • naître • partir
✦ **commencer à, de 1 - entreprendre** • se mettre à • **2 - être en voie de**

commensal, e *n.* • convive • hôte

commentaire *n.m.* **1 - remarque** • observation • **2 - glose** • exégèse • explication • note • **3 -** [surtout au plur., désobligeants] **commérages** • médisances • cancan *fam.*

commentaire, glose

Commentaire et **glose** portent tous deux sur un texte et ont pour but de mieux le faire comprendre, mais ils n'ont pas la même étendue. Le **commentaire** consiste en une série d'explications sur l'ensemble du contenu et sur la forme *(ce rapport nécessite un commentaire ; commentaire littéraire)*. La **glose** est une note explicative portée en marge ou entre les lignes du texte : elle éclaircit le sens d'un mot peu intelligible ou un court fragment obscur *(des gloses savantes ; glose d'une poésie latine)* ; elle est rédigée dans la même langue que le texte examiné.

commentateur, -trice *n.* **1 - éditorialiste** • chroniqueur • présentateur • **2 - annotateur** • exégète • glossateur • scoliaste

commenter *v.tr.* **1 - expliquer** • gloser • **2 - épiloguer sur** • gloser sur
expliquer

commérages *n.m.pl.* • ragots • cancans *fam.* • potins *fam.* • racontars *fam.*

commerçant, e *n.* • marchand • détaillant • distributeur • négociant • revendeur • boutiquier *souvent péj.* • maquignon *péj.* • mercanti *péj.*

commerce *n.m.* **1 - affaires** • échanges • négoce • business • **2 - marketing** • mercatique • merchandising • **3 - magasin** • boutique • débit • fonds • **4 - fréquentation** • rapport • relation

commercial, e *adj.* **1 - vendeur** • **2 - grand public** • populaire

commercialiser *v.tr.* **1 - mettre en vente** • distribuer • **2 -** [un brevet] **exploiter**

commère *n.f.* • bavarde • cancanière • concierge

commettre *v.tr.* **1 - accomplir** • réaliser • poser *Belgique, Québec* • consommer *littér.* • perpétrer *littér.* • **2 - charger** • employer • commissionner • préposer • [Droit] désigner • nommer
»» **se commettre** *v.pron.* [littér.] **s'exposer** • s'afficher • se compromettre

commis *n.m.* **agent** · employé · calicot *fam., vieilli*

✦ **commis voyageur** représentant · voyageur de commerce · V.R.P

commisération *n.f.* · compassion · apitoiement · attendrissement · miséricorde · pitié

➻ pitié

commission *n.f.* **1 - course** · achat · emplette · **2 - message** · consigne · **3 - comité** · bureau · **4 - prime** · courtage · ducroire · **5 - pot-de-vin** · dessous-de-table · enveloppe · bakchich *fam.* · **6 - charge** · mandat · mission

commissionnaire *n.* **1 - intermédiaire** · mandataire · transitaire · **2 - coursier** · livreur · porteur · **3 - chasseur** · groom

commissionner *v.tr.* · mandater · charger · commettre

[1]**commode** *adj.* **1 - pratique** · fonctionnel · maniable · **2 - facile** · aisé

➻ facile

[2]**commode** *n.f.* · armoire · chiffonnier · semainier

commodément *adv.* · confortablement · à son aise

commodité *n.f.* **1 - agrément** · avantage · utilité · **2 - facilité** · aise

commotion *n.f.* **1 - choc** · explosion · secousse · **2 - traumatisme** · trauma · **3 - bouleversement** · choc · désordre · ébranlement · trouble · traumatisme

commotionner *v.tr.* · choquer · ébranler · secouer · traumatiser

commun, e *adj.* **1 - courant** · banal · fréquent · ordinaire · répandu · standard · usuel · **2 - quelconque** · banal · ordinaire · trivial · vulgaire · **3 - identique** · comparable · semblable · **4 - général** · collectif · public · universel · **5 - mitoyen**

✦ **hors du commun** exceptionnel · extraordinaire · hors pair · incomparable · sans pareil

✦ **sans commune mesure** incommensurable · incomparable

✦ **en commun** **1 - collectivement** · de concert · ensemble · **2 -** [Droit] en indivision

➻ banal

communal, e *adj.* · municipal

communautaire *adj.* **1 - européen** · **2 - collectif** · en société

communauté *n.f.* **1 - collectivité** · corps · groupe · société · **2 - association** · corporation · union · **3 -** [nationale] **état** · nation · patrie · **4 -** [religieuse] **congrégation** · confrérie · ordre · **5 - identité** · accord · conformité · similitude · unité

commune *n.f.* · municipalité

communément *adv.* · couramment · généralement · habituellement · ordinairement

communicatif, -ive *adj.* **1 - expansif** · exubérant · loquace · ouvert · causant *fam.* · **2 - contagieux**

communication *n.f.* **1 - circulation** · diffusion · échange · transmission · **2 - expression** · manifestation · **3 - annonce** · avis · communiqué · dépêche · message · note · nouvelle · renseignement · **4 - rapport** · liaison · relation · **5 - jonction** · passage · **6 - appel (téléphonique)** · coup de téléphone

communion *n.f.* · accord · entente · harmonie · union

communiqué *n.m.* • annonce • avis • bulletin • communication • déclaration • message • note

communiquer

▪ *v.tr.* **1 - dire** • donner • faire part de • faire savoir • livrer • passer • publier • transmettre • mander *vieux* • **2 - révéler** • confier • divulguer • livrer • **3 - imprimer** • transmettre

▪ *v.intr.* **1 - s'exprimer** • parler • prendre la parole • **2 - se confier** • s'ouvrir

»» **se communiquer** *v.pron.* **se propager** • s'étendre • gagner

communiste *adj. et n.* • coco *fam., souvent péj.* • communard *fam., péj.* • rouge *fam., péj.* • moscoutaire *péj., vieux*

commutateur *n.m.* **1 - interrupteur** • bouton • **2 - jack** • relais

compact, e *adj.* **1 - dense** • serré • tassé • **2 - épais** • consistant • **3 - massif**

compagne *n.f.* **1 - concubine** • (petite) amie • (petite) copine *fam.* • **2 - camarade** • copine *fam.* • compagnonne *vieux*

compagnie *n.f.* **1 - présence** • fréquentation • société • commerce *littér.* • **2 - entreprise** • firme • société • **3 - assemblée** • société • communauté • **4 - théâtre** • troupe

compagnon *n.m.* **1 - concubin** • (petit) ami • (petit) copain *fam.* • jules *fam.* • mec *fam.* • **2 - camarade** • copain *fam.*

comparable *adj.* • analogue • approchant • assimilable • semblable • similaire • voisin • du même acabit • du même genre • du même tabac *vieilli* • de la même farine *vieilli* • de la même fabrique *vieilli* • commensurable *littér.*

comparaison *n.f.* **1 - rapprochement** • parallèle • **2 - collation** • collationnement • confrontation • recension • **3 - image** • allégorie • métaphore

✦ **en comparaison de** à côté de • comparativement à • par rapport à • relativement à

comparer *v.tr.* **1 - rapprocher** • mettre en parallèle • **2 -** [des textes] **collationner** • confronter

comparse *n.* • acolyte • compère • complice • deuxième couteau • baron *fam.*

compartiment *n.m.* **1 - case** • casier • **2 - cellule** • loge • alvéole • **3 - catégorie** • domaine • secteur

compartimenter *v.tr.* • cloisonner • séparer

compassé, e *adj.* • affecté • contraint • empesé • guindé • raide • gourmé *fam.* • coincé *fam.* • constipé *fam.*

compassion *n.f.* • pitié • apitoiement • commisération • miséricorde

❧ pitié

compatibilité *n.f.* • accord • concordance • harmonie

compatible *adj.* • accordable • conciliable

compatir à *v.tr.ind.* • s'apitoyer sur • s'attendrir sur • plaindre

compatissant, e *adj.* • charitable • miséricordieux

compatriote *n.* • concitoyen

compendium *n.m.* • résumé • abrégé • condensé • épitomé

compensation *n.f.* **1 - dédommagement** • indemnité • récompense · réparation · **2 - consolation** · dédommagement · **3 - équilibre** · pondération

✦ **en compensation** en échange · par contre · en revanche

compenser *v.tr.* **1 - dédommager** · indemniser · **2 - contrebalancer** · corriger · équilibrer · neutraliser · pondérer · racheter · rattraper · réparer

compère *n.m.* · comparse · acolyte · complice

compère-loriot *n.m.* · orgelet

compétence *n.f.* **1 - aptitude** · art · capacité · connaissances · expertise · qualité · science · lumières *souvent plaisant* · **2 - autorité** · pouvoir · qualité · ressort

compétent, e *adj.* · capable · expert · maître · qualifié · savant · orfèvre en la matière · grand clerc

✦ **il est très compétent** il en connaît un rayon *fam.*

compétiteur, -trice *n.* · adversaire · candidat · challengeur · concurrent · rival

compétitif, -ive *adj.* **1 - attractif** · bon marché · **2 - concurrentiel**

compétition *n.f.* **1 - rivalité** · bataille · concurrence · lutte · **2 - challenge** · championnat · coupe · critérium · match · épreuves · **3 - concurrence**

✦ **en compétition** en lice

compilation *n.f.* **1 - collection** · recueil · **2 - anthologie** · best of *fam.* · compil *fam.* · **3 - plagiat**

compiler *v.tr.* **1 - collecter** · assembler · réunir · **2 - plagier**

complainte *n.f.* **1 - lamentation** · plainte · **2 -** [Littérat.] **cantilène**

complaire à *v.tr.ind.* **contenter** · plaire à · satisfaire

»» **se complaire à** *v.pron.* **aimer** · se plaire à · se délecter de · se vautrer dans *péj.*

complaisance *n.f.*

I 1 - amabilité · bienveillance · civilité · empressement · obligeance · serviabilité · **2 - indulgence** · faiblesse

II faveur · galanterie

III 1 - contentement · délectation · plaisir · satisfaction · **2 - autosatisfaction** · orgueil · vanité · fatuité

complaisant, e *adj.* **1 - aimable** · bienveillant · obligeant · serviable · **2 - arrangeant** · accommodant · indulgent · coulant *fam.* · **3 - flagorneur** · flatteur · **4 - content** · satisfait

☙ **serviable**

complément *n.m.* **1 - ajout** · addition · supplément · **2 - addenda** · annexe · appendice · **3 - appoint** · reliquat · reste · solde

☙ **supplément**

complémentaire *adj.* · additionnel · auxiliaire · supplémentaire · [Droit] supplétif · [sur testament] codicillaire

[1]**complet, -ète** *adj.* **1 - entier** · exhaustif · intégral · total · **2 - absolu** · achevé · parfait · total · **3 - accompli** · achevé · complété · fini · terminé · révolu · **4 - bondé** · bourré · chargé · comble · plein · rempli · surchargé

✦ **c'est complet !** c'est un comble ! · c'est le bouquet ! *fam.* · c'est la totale ! *fam.*

✦ **au complet, au grand complet.** en entier · dans son ensemble · en totalité · in extenso · intégralement

complet, entier

Ce qui est **complet, entier** est constitué d'éléments qui forment un tout. Il peut s'agir d'un cadre vide que l'on remplit (**complet**) ou d'un ensemble plein non entamé, auquel il ne manque rien (**entier**) : *ma collection est à présent complète* ; *il a mangé une plaque entière de chocolat.* On peut observer un partage analogue avec les emplois figurés : « Une gaieté délicieuse entrait en lui, une gaieté chaude, qui lui montait du ventre à la tête, lui courait dans les membres, le pénétrait tout entier. Il se sentait envahi par un bien-être complet, un bien-être de vie et de pensée, de corps et d'âme » (Maupassant, *Bel-ami*, I, II).

[2]**complet** *n.m.* · costume

complètement *adv.* **1 - entièrement** · exhaustivement · à bloc · à fond · in extenso · intégralement · jusqu'au trognon *fam.* · jusqu'à l'os *fam.* · **2 - absolument** · extrêmement · parfaitement · radicalement · totalement · tout à fait · sur toute la ligne · en tout point · à cent pour cent · dans les grandes largeurs *plaisant* · **3 - de haut en bas** · de fond en comble · de la cave au grenier · **4 - des pieds à la tête** · de pied en cap

compléter *v.tr.* **1 - augmenter** · enrichir · **2 - parachever** · parfaire · mettre la dernière main à

complétude *n.f.* **1 - exhaustivité** · **2 - achèvement** · finitude

complexe

▪ *adj.* **1 - compliqué** · délicat · difficile · **2 - composite** · composé

▪ *n.m.* **structure** · ensemble · combinat

compliqué

complexé, e *adj.* · inhibé · bloqué · refoulé · coincé *fam.*

complexer *v.tr.* · inhiber · bloquer · gêner · coincer *fam.*

complexion *n.f.* [littér.] constitution · nature · tempérament

complexité *n.f.* · complication · difficulté

complication *n.f.* **1 - complexité** · difficulté · embrouillement · **2 - ennui** · accroc · anicroche · contretemps · embarras · difficulté · problème · **3 - aggravation**

complice

▪ *adj.* **entendu** · de connivence

▪ *n.* **1 - acolyte** · comparse · affidé *péj.* · compère · **2 - associé** · aide · compagnon

✦ **être complice de** avoir part à · prêter la main à · être de mèche dans *fam.*

complicité *n.f.* **1 - connivence** · entente · intelligence · **2 - aide** · participation · coopération · assistance

compliment *n.m.* **1 - félicitation** · éloge · louange · congratulation *vieux ou plaisant* · **2 - galanterie**

✦ **compliment !, mes compliments !** · bravo ! · félicitations ! · chapeau ! *fam.*

⋙ **compliments** *plur.* **devoirs** · hommages · respects · civilités *vieilli*

complimenter *v.tr.* · féliciter · congratuler · louer · tirer son chapeau à · louanger *littér.*

féliciter

compliqué, e *adj.* **1 - complexe** · délicat · difficile · **2 - alambiqué** · confus · contourné · embrouillé · entortillé · emberlificoté *fam.*

✦ **ce n'est pas compliqué** ce n'est pas la mer à boire *fam.* · ce n'est pas sorcier *fam.*

compliqué, complexe

Compliqué et **complexe** évoquent, notamment dans le domaine de la pensée, du discours, des sentiments, un enchevêtrement que l'on peut démêler plus ou moins aisément. Ce qui est **complexe** est constitué d'une série d'éléments différents *(une situation économique complexe ; une personnalité complexe)*. Ce qui est **compliqué** est difficile à comprendre du fait de l'agencement des éléments *(elle s'est perdue dans des explications compliquées)*. Les deux s'opposent régulièrement : « À la première lecture, le livre [*l'Adolescent*, de Dostoïevski] ne m'avait pas paru si extraordinaire, mais plus compliqué que complexe, plus touffu que rempli, et, somme toute, plus curieux qu'intéressant » (Gide, *Journal*, mai 1903)

compliquer *v.tr.* 1 - **complexifier** · 2 - **emmêler** · embrouiller · entortiller · emberlificoter *fam.* · 3 - **obscurcir** · brouiller · rendre confus

››› **se compliquer** *v.pron.* 1 - **se complexifier** · se corser *fam.* · 2 - **s'aggraver**

complot *n.m.* · conspiration · conjuration · intrigue · machination · menées · cabale

complot, cabale, conjuration, conspiration, intrigue

L'ensemble des mots concerne des projets secrets, concertés entre plusieurs personnes dans le but de nuire à quelqu'un ou à une instance dirigeante. Le **complot** vise plutôt un personnage public ou une institution *(complot contre la sûreté de l'État)*. C'est le pouvoir en place que visent à renverser la **conjuration**, où les conjurés sont liés par un serment *(la conjuration de Catilina)*, et la **conspiration**. Ce dernier mot reste vivant en histoire *(conspiration royaliste)*, mais ne s'applique plus à la vie politique contemporaine. Avec **cabale**, aujourd'hui littéraire, et **intrigue**, c'est une personne qui est visée, non pas physiquement mais moralement. **Intrigue** a des emplois plus larges que **cabale**, le but pouvant être de s'assurer des avantages *(mener une intrigue pour se faire élire)*.

comploter *v.tr.* 1 - **machiner** · manigancer · projeter · tramer · ourdir *littér.* · 2 - [sans complément] **intriguer** · conspirer

componction *n.f.* 1 - **gravité** · solennité · 2 - **contrition** · repentir

comportement *n.m.* 1 - **attitude** · conduite · agissements · façons · manières · procédés · 2 - **réaction** · tenue

comporter *v.tr.* 1 - **se composer de** · contenir · être constitué de · comprendre · inclure · 2 - **admettre** · autoriser · souffrir · tolérer

››› **se comporter** *v.pron.* 1 - **se conduire** · agir · réagir · 2 - **fonctionner** · marcher

composant *n.m.* · composante · élément (constitutif)

composante *n.f.* → **composant**

composé, e

- *adj.* 1 - **composite** · complexe · varié · 2 - **apprêté** · affecté · artificiel · compassé · étudié
- *n.m.* **alliage** · amalgame · complexe · mélange

composer *v.tr.* 1 - **agencer** · arranger · assembler · combiner · constituer · disposer · former · organiser · 2 - **faire partie de** · constituer · former · 3 - **élaborer** · confectionner · créer · façonner · préparer · produire

✦ **composer avec** s'accommoder de · s'accorder avec · s'entendre avec · traiter avec · transiger avec

⋙ **se composer de** *v.pron.* **comporter** · comprendre · consister en · être constitué de

composite *adj.* 1 - **composé** · mélangé · 2 - **divers** · disparate · hétéroclite · hétérogène

composition *n.f.* 1 - **teneur** · composants · ingrédients · 2 - **agencement** · arrangement · assemblage · combinaison · constitution · disposition · formation · 3 - **structure** · organisation · 4 - **élaboration** · confection · création · préparation · production · 5 - **alliage** · combinaison · 6 - **devoir** · dissertation · rédaction

✦ **de sa composition** de son cru

✦ **de bonne composition** conciliant · accommodant · arrangeant

compote *n.f.* **marmelade**

✦ **en compote** en bouillie · en capilotade · en charpie · en marmelade

compréhensible *adj.* 1 - **intelligible** · accessible · clair · qui tombe sous le sens · 2 - **explicable** · concevable · naturel · normal · humain

compréhensif, -ive *adj.* 1 - **bienveillant** · indulgent · large d'esprit · libéral · tolérant · 2 - **étendu** · complet · extensif · large · vaste

compréhension *n.f.* 1 - **entendement** · intelligence · comprenette *fam.* · comprenoire *fam., région.* · 2 - **clarté** · compréhensibilité · intelligence · 3 - **bienveillance** · indulgence · largeur d'esprit · tolérance

comprendre *v.tr.*
I 1 - **assimiler** · intégrer · pénétrer · saisir · entendre *littér.* · capter *fam.* · piger *fam.* · imprimer *fam.* · allumer *fam., Québec* · 2 - **admettre** · concevoir
II 1 - **comporter** · compter · consister en · englober · embrasser · impliquer · inclure · renfermer · 2 - **compter** · faire entrer en ligne de compte · englober · inclure · incorporer · intégrer

✦ **ne rien comprendre** être dans le noir · n'y entraver que couic *fam., vieilli* · ne rien y biter *très fam.* · ne rien y baiser *argot des écoles*

✦ **n'y plus rien comprendre** y perdre son latin

⋙ **se comprendre** *v.pron.* **s'entendre** · s'accorder · être sur la même longueur d'onde · voir les choses du même œil

compresse *n.f.* · pansement

compresser *v.tr.* 1 - **comprimer** · écraser · presser · serrer · 2 - [Inform.] **compacter**

compressible *adj.* · comprimable · condensable · élastique · réductible

compression *n.f.* 1 - **pression** · 2 - **compactage** · 3 - **réduction** · restriction

✦ **compression des effectifs** dégraissage

comprimé *n.m.* · cachet · pastille · pilule

comprimer *v.tr.* 1 - **compresser** · presser · serrer · 2 - [Inform.] **compacter** · 3 - **réduire** · restreindre · 4 - [vieilli] **réfréner** · réprimer · retenir

compris, e *adj.* **inclus**

✦ **compris entre ... et ...** situé entre ... et ... · dans une fourchette de ... à ...

compromettant, e *adj.* · gênant · encombrant

compromettre *v.tr.* **1 - risquer** · mettre en danger · nuire à · hypothéquer · **2 - discréditer** · nuire à · porter atteinte à · porter préjudice à · faire du tort à · **3 - impliquer** · exposer · mouiller *fam.*

✦ **compromettre sa position** scier la branche sur laquelle on est assis

»» **se compromettre** *v.pron.* **s'exposer** · se salir les mains · se commettre *littér.*

compromis *n.m.* **1 - accord** · accommodement · arrangement · conciliation · entente · terrain d'entente · **2 - juste milieu** · demi-mesure · intermédiaire · moyen terme · cote mal taillée *péj.*

compromis, conciliation

Compromis et **conciliation** comprennent tous deux l'idée d'accord. **Compromis** concerne un accord obtenu entre deux parties par des concessions mutuelles dans une affaire difficile, un litige *(chercher, trouver un compromis ; un compromis satisfaisant, imparfait, une solution de compromis)*. Dans la **conciliation**, l'accord rapproche des personnes qui s'opposent sur des intérêts ou des opinions, et demande un arbitre *(tenter une conciliation entre deux voisins brouillés, des paroles de conciliation, un esprit de conciliation)*.

compromission *n.f.* · accommodement · accord · arrangement · conciliation

comptabilité *n.f.* · comptes · écritures

comptant *adv.* · cash *fam.* · rubis sur l'ongle

compte *n.m.* **1 - calcul** · décompte · dénombrement · énumération · recensement · total · **2 - avantage** · bénéfice · intérêt · profit

✦ **au bout du compte, en fin de compte** à la fin · au bout du bout

✦ **se rendre compte de** s'apercevoir de · comprendre · remarquer · saisir

»» **comptes** *plur.* **1 - explications** · rapport · **2 - comptabilité** · écritures

compte-gouttes *n.m.* **pipette**

✦ **au compte-gouttes** petit à petit · parcimonieusement · chichement

compter

▪ *v.tr.* **1 - chiffrer** · dénombrer · énumérer · nombrer · recenser · **2 - facturer** · **3 - inclure** · prendre en compte · prendre en considération · **4 - comporter** · comprendre · être constitué de · englober · inclure · **5 - prévoir**

▪ *v.intr.* **1 - importer** · entrer en ligne de compte · **2 - regarder à la dépense**

✦ **compter** [+ infinitif] envisager · projeter · avoir dans l'idée

✦ **compter parmi** **1 - considérer comme** · mettre au rang de · **2 - faire partie de** · figurer parmi

✦ **compter sur** **1 -** [une personne] **s'appuyer sur** · s'en remettre à · faire confiance à · se reposer sur · **2 -** [un événement] **espérer** · escompter · s'attendre à · tabler sur

✦ **à compter de** à dater de · à partir de

✦ **sans compter** généreusement · largement · libéralement

✦ **sans compter que** d'autant plus que

compte rendu *n.m.* • exposé • rapport • récit • relation *littér.*

comptoir *n.m.* 1 - **bar** • zinc *fam.* • rade *argot* • 2 - **agence** • bureau • succursale • 3 - [à l'étranger] **établissement** • factorerie *vieilli*

compulser *v.tr.* • consulter • examiner • feuilleter • fouiller (dans)

compulsif, -ive *adj.* • compulsionnel • maniaque

concasser *v.tr.* • briser • broyer • écraser • piler

concave *adj.* • incurvé • courbé • creux

concavité *n.f.* • courbure • bombement

concéder *v.tr.* 1 - **accorder** • allouer • céder • donner • octroyer • 2 - **admettre** • accorder • avouer • convenir • reconnaître • 3 - **abandonner** • céder • laisser

concentration *n.f.* 1 - **accumulation** • centralisation • convergence • rassemblement • regroupement • réunion • 2 - **application** • attention • contention • recueillement • réflexion • tension

concentré, e

▪ *adj.* 1 - **attentif** • absorbé • appliqué • 2 - **condensé** • réduit

▪ *n.m.* **condensé** • extrait • résumé • quintessence

concentrer *v.tr.* 1 - **accumuler** • assembler • faire converger • grouper • masser • rassembler • regrouper • réunir • 2 - **associer** • intégrer • 3 - **diriger** • canaliser • fixer • focaliser • 4 - **condenser** • réduire

››› **se concentrer** *v.pron.* 1 - **s'appliquer** • faire attention • réfléchir • 2 - **se rassembler** • affluer • converger • se masser • se regrouper

concept *n.m.* • abstraction • idée • notion

concepteur, -trice *n.* • inventeur • créateur • père

conception *n.f.*

I 1 - **idée** • notion • opinion • vue • 2 - **entendement** • intellection • jugement

II 1 - **élaboration** • création • 2 - **fécondation** • génération

conceptuel, -elle *adj.* • abstrait • idéel • notionnel

concerner *v.tr.* **intéresser** • s'appliquer à • avoir trait à • porter sur • être l'affaire de • se rapporter à • regarder • être relatif à • toucher • viser

✦ **en ce qui concerne** quant à • relativement à • au sujet de • rapport à *fam.*

concert *n.m.* 1 - **chœur** • ensemble • 2 - **accord** • entente • harmonie

✦ **de concert** ensemble • en accord • en chœur • conjointement • de conserve • en harmonie

de concert, de conserve

La proximité phonétique et la relation sentie entre la valeur des deux locutions expliquent leur confusion dans l'usage. Le **concert**, c'est l'accord qui existe entre des personnes ou des groupes *(concert des grandes nations)* ; aussi **de concert** s'emploie-t-il pour exprimer le commun accord, l'entente : « l'un et l'autre, comptant sur le succès de leurs mesures, agissaient de concert » (Rousseau, *les Confessions*, IV). Dans le vocabulaire de la marine, **conserve** désigne un bateau qui en accompagne un autre pour le protéger ; de là vient l'emploi de la locution **de conserve** au sens de « ensemble » *(voyager de conserve)*.

concertation *n.f.* · consultation · échange de vues · négociation · pourparlers

concerter *v.tr.* **arranger** · combiner · organiser · préméditer · préparer

»» **se concerter** *v.pron.* **se consulter** · tenir conseil

concession *n.f.* **1 - compromis** · renoncement · **2 - cession** · don · octroi · **3 - autorisation** · **4 -** [Rhétorique] **épitrope** · paromologie

✦ **faire des concessions** lâcher du lest · céder du terrain · mettre de l'eau dans son vin

concevable *adj.* · compréhensible · imaginable

concevoir *v.tr.* **1 - créer** · construire · échafauder · élaborer · former · imaginer · inventer · penser · **2 - comprendre** · saisir · **3 - envisager** · se représenter · se faire une idée de · **4 - éprouver** · ressentir · nourrir *littér.*

concierge *n.* **1 - gardien** · portier · cerbère *péj. ou plaisant* · pipelet *fam., vieilli* · suisse *vieux* · bignole *pop.* · **2 - bavard** · commère · pipelet *fam.*

conciliable *adj.* · compatible · compossible *(Philo.)*

conciliabule *n.m.* · conversation · entretien · messes basses *péj.*

conciliant, e *adj.* **1 - accommodant** · arrangeant · de bonne composition · tolérant · coulant *fam.* · **2 - apaisant** · lénifiant

conciliateur, -trice *n.* · arbitre · médiateur · négociateur · entremetteur *vieux*

conciliation *n.f.* **1 - accommodement** · accord · agrément · arrangement · compromis · concorde · entente · rapprochement · **2 - arbitrage** · médiation · entremise

↝ **compromis**

concilier *v.tr.* **1 - accorder** · réconcilier · raccommoder *fam.* [sans complément] arrondir les angles · **2 - allier** · faire cadrer · faire concorder · harmoniser

»» **se concilier** *v.pron.* **1 - s'attirer** · gagner · se procurer · rallier · remporter · **2 - être compatible** · s'accorder

concis, e *adj.* · bref · condensé · court · sobre · succinct · compendieux *vieux* · [trop] dépouillé · laconique · lapidaire · sommaire

↝ **succinct**

concision *n.f.* · brièveté · laconisme · sobriété

concitoyen, -enne *n.* · compatriote · pays *fam., vieux*

conclave *n.m.* → **assemblée**

concluant, e *adj.* **1 - convaincant** · décisif · définitif · probant · **2 - positif**

conclure *v.tr.* **1 - achever** · clore · couronner · finir · mettre le point final à · terminer · **2 - arrêter** · fixer · régler · résoudre · **3 - s'accorder sur** · s'entendre sur · passer · signer · **4 - déduire** · induire · inférer

conclusion *n.f.* **1 - règlement** · solution · terminaison · **2 - fin** · dénouement · épilogue · issue · terme · **3 - enseignement** · leçon

✦ **en conclusion** ainsi · donc · en définitive · somme toute · en somme

↝ **dénouement**

concomitance *n.f.* · coexistence · coïncidence · simultanéité · synchronisme

concomitant, e *adj.* · coexistant · coïncidant · simultané · synchrone

concordance *n.f.* **1 - accord** · conformité · correspondance · harmonie · **2 - analogie** · affinité · convergence · ressemblance · similitude · symétrie

concordant, e *adj.* · convergent · analogue · semblable · similaire

concordat *n.m.* · accord · convention · traité · transaction

concorde *n.f.* · accord · entente · fraternité · harmonie · bonne intelligence · paix · union

concorder *v.intr.* **1 - s'accorder** · cadrer · coïncider · correspondre · coller *fam.*

+ **faire concorder** **1 - accorder** · harmoniser · **2 - synchroniser**

concourir *v.intr.* **1 - participer** · être en compétition · être en concurrence · être en lice

+ **concourir à** **1 - aider** · favoriser · **2 - collaborer à** · coopérer à

concours *n.m.* **1 - aide** · apport · appui · collaboration · contribution · coopération · intervention · **2 - compétition** · épreuve · rencontre · joute

+ **concours de circonstances** coïncidence · hasard

concret, -ète *adj.* **1 - matériel** · palpable · positif · réel · tangible · visible · **2 - pratique** · pragmatique · réaliste · terre à terre

concrètement *adv.* · pratiquement · effectivement · réellement · dans les faits · dans la réalité

concrétisation *n.f.* · matérialisation · réalisation

concrétiser *v.tr.* **matérialiser** · donner corps à · réaliser

⋙ **se concrétiser** *v.pron.* **se manifester** · se matérialiser · prendre corps · se réaliser · se traduire (par)

concubin *n.m.* · compagnon · amant · ami · petit ami *fam.*

concubinage *n.m.* **union libre** · collage *fam.*

+ **vivre en concubinage** vivre à la colle *fam.*

concubine *n.f.* · compagne · amie · petite amie *fam.*

concupiscence *n.f.* · convoitise · appétit · avidité · désir · lascivité

concupiscent, e *adj.* · lascif · avide · sensuel

concurremment *adv.* · conjointement · ensemble · de concert · de conserve · simultanément

concurrence *n.f.* **compétition** · lutte · rivalité

+ **entrer en concurrence avec, faire concurrence à** rivaliser avec · menacer · marcher sur les brisées de

concurrencer *v.tr.* · rivaliser avec · menacer · marcher sur les brisées de

concurrent, e *n.* · compétiteur · candidat · challengeur · participant · rival · contendant *vieux*

concurrentiel, -ielle *adj.* · compétitif

concussion *n.f.* · exaction · malversation · péculat
↝ **malversation**

condamnable *adj.* · blâmable · critiquable · répréhensible · damnable *vieux ou littér.*

condamnation *n.f.*
I 1 - punition · peine · sanction · [à payer] astreinte · **2 - arrêt** · jugement · sentence · **3 -** [Relig.] **anathématisation** · damnation · excommunication · interdit · **4 -** [d'un ouvrage] **mise à l'index** · censure · interdiction · interdit
II attaque · accusation · blâme · critique · désaveu · procès · réprobation · animadversion *littér.* · censure *vieux*
III fermeture · obstruction · verrouillage

condamné, e
- *adj.* **inguérissable** · incurable · perdu · cuit *fam.* · fichu *fam.* · foutu *fam.*
- *n.* **détenu** · repris de justice

condamner *v.tr.*
I 1 - critiquer · anathématiser · désapprouver · désavouer · se prononcer contre · trouver à redire contre · réprouver · stigmatiser · crier haro sur · improuver *vieux* · **2 - interdire** · défendre · prohiber · proscrire
II 1 - barrer · boucher · murer · obstruer · **2 - fermer** · verrouiller
✦ **condamner à** contraindre à · astreindre à · forcer à · obliger à

condensé *n.m.* · résumé · digest *anglic.*

condenser *v.tr.* **1 - concentrer** · comprimer · réduire · **2 - abréger** · dépouiller · réduire · resserrer

condescendance *n.f.* · arrogance · dédain · hauteur · morgue · supériorité

condescendant, e *adj.* · arrogant · dédaigneux · hautain · protecteur · supérieur

condescendre à *v.tr.ind.* **1 - daigner** · s'abaisser à · consentir à · vouloir bien · **2 - accéder à** · se prêter à · complaire à *littér.*

condiment *n.m.* · aromate · assaisonnement · épice

condisciple *n.* · camarade d'études

condition *n.f.*
I clause · convention · disposition · stipulation
II 1 - exigence · préalable · prérequis · **2 - prétention** · demande salariale
III 1 - destinée · situation · sort · **2 -** [vieilli] **classe (sociale)** · état · rang · situation
✦ **condition (physique)** forme · état (général)
✦ **à condition de** [+ infinitif] à charge de · sous réserve de
⋙ **conditions** *plur.* **circonstances** · climat · conjoncture · contexte

conditionné, e *adj.*
✦ **air conditionné** climatisation · air climatisé

conditionnel, -elle *adj.* **1 - hypothétique** · **2 - contingent**

conditionnement *n.m.* **1 - influence** · intoxication *péj.* · **2 - emballage** · empaquetage · packaging

conditionner *v.tr.*
I 1 - déterminer · commander · dicter · **2 - influencer** · influer sur · **3 - habituer** · éduquer · entraîner · former · couler dans le moule
II emballer · empaqueter

conducteur, -trice *n.* **1 - automobiliste** · chauffeur · pilote · **2 - camionneur** · routier

conduire *v.tr.* **1 - piloter** · manœuvrer · être au volant de · **2 - accompagner** · emmener · escorter · guider · mener · **3 - commander** · administrer · diriger · gérer · gouverner · manager · mener · piloter · être à la tête de · tenir la barre de · tenir le gouvernail de · tenir les rênes de · **4 - acheminer** · amener · apporter · convoyer · porter · transporter · transmettre

✦ **conduire à** **1 - entraîner** · contribuer à · mener à · **2 - acculer à** · contraindre à · pousser à · réduire à · **3 - déboucher sur** · aboutir à · mener à

⋙ **se conduire** *v.pron.* **agir** · se comporter · réagir · se tenir

✦ **mal se conduire** faire des siennes *fam.* · se méconduire *Belgique*

☞ **guider**

conduit *n.m.* · conduite · canalisation · canal · collecteur · colonne · tube · tuyau

conduite *n.f.* **1 - canalisation** · canal · collecteur · colonne · conduit · tube · tuyau · **2 - commandement** · administration · direction · gestion · gouvernement · pilotage · **3 - pilotage** · **4 - comportement** · agissements · attitude · procédés · réaction

✦ **sous la conduite de** sous la houlette de · sous la férule de *péj.* · [orchestre] sous la baguette de

confection *n.f.* **1 - fabrication** · exécution · facture · préparation · réalisation · **2 - prêt-à-porter**

confectionner *v.tr.* · fabriquer · exécuter · préparer · réaliser · [un repas] mijoter · mitonner

conférence *n.f.* **1 - colloque** · congrès · forum · meeting · rencontre · séminaire · sommet · symposium · table ronde · **2 - exposé** · communication · cours · **3 - entretien** · réunion

conférencier, -ière *n.* · orateur · intervenant

conférer

▪ *v.tr.* **1 - attribuer** · administrer · décerner · donner · déférer *vieux* · **2 - apporter** · donner

▪ *v.intr.* **parler** · causer · converser · discuter · s'entretenir

confesser *v.tr.* **1 - avouer** · admettre · convenir de · reconnaître · faire l'aveu de · **2 - confier** · déclarer

confession *n.f.* **1 - aveu** · déclaration · reconnaissance · **2 - croyance** · credo · · religion · **3 - confesse** · pénitence

confiance *n.f.* **foi** · confidence *vieux* · créance *vieux*

✦ **confiance en soi** assurance · aplomb · hardiesse

✦ **avoir confiance en, faire confiance à** croire en · avoir foi en · accorder du crédit à · compter sur · se reposer sur

✦ **en (toute) confiance** en toute sécurité · sans crainte · les yeux fermés

confiant, e *adj.* **1 - assuré** · sûr (de soi) · **2 - communicatif** · ouvert

✦ **trop confiant** crédule · naïf

confidence *n.f.* **1 - confession** · effusion · épanchement · expansion · **2 - aveu** · révélation · déboutonnage · déballage *péj.* · strip-tease *fam.*

✦ **en confidence** sous le sceau du secret · secrètement · entre nous soit dit · de vous à moi

confidentiel, -ielle *adj.* **1 - secret** · top secret · **2 - limité** · restreint
➳ **secret**

confier *v.tr.* **1 - donner** · laisser · remettre · remettre à la garde, aux mains, entre les mains de · **2 - déléguer** · attribuer · conférer · donner la charge de · **3 - avouer** · dévoiler · livrer · révéler

»» **se confier** *v.pron.* **s'épancher** · se livrer · s'ouvrir · se déboutonner · vider son sac *fam.*

configuration *n.f.* · aspect · conformation · figure

configurer *v.tr.* **1 - façonner** · former· **2 -** [Inform.] **programmer**

confinement *n.m.* · isolement · enfermement · quarantaine · réclusion

confiner *v.tr.* **enfermer** · cantonner · isoler · reléguer

✦ **confiner à** approcher (de) · côtoyer · friser · frôler · tenir de

✦ **confiner à, avec** **avoisiner** · borner · jouxter · être à la frontière de · toucher

»» **se confiner** *v.pron.* **se cloîtrer** · s'isoler · se retirer · vivre en vase clos

✦ **se confiner à, dans** se limiter à · se borner à · se cantonner à

confins *n.m.pl.* **bornes** · frontières · limites · marches *anciennt*

✦ **aux confins de** à la limite de

confirmation *n.f.* **1 - affirmation** · assurance · certitude · consécration · **2 - attestation** · entérinement · garantie · homologation · légalisation · ratification · sanction · validation · **3 - preuve** · vérification

confirmé, e *adj.* · chevronné · éprouvé · exercé · expert · qualifié

confirmer *v.tr.* **1 - assurer** · certifier · corroborer · garantir · **2 - attester** · entériner · homologuer · légaliser · ratifier · sanctionner · valider · **3 - affermir** · conforter · encourager · fortifier · renforcer · **4 - démontrer** · attester · prouver · vérifier

»» **se confirmer** *v.pron.* **s'avérer** · se vérifier

confiscation *n.f.* · mainmise · saisie
➳ **saisie**

confiserie *n.f.* · friandise · sucrerie · douceur · lichouserie *région.* · confiture *vieux*

confisquer *v.tr.* **1 - saisir** · mettre la main sur · **2 - enlever** · ravir · retirer · soustraire · **3 - accaparer** · détourner · retenir · voler

confiture *n.f.* **marmelade** · gelée

✦ **en confiture** en bouillie · en compote · en marmelade

conflagration *n.f.* · bouleversement · conflit · embrasement · explosion

conflictuel, -elle *adj.* **1 - antagonique** · adverse · opposé · **2 - tendu**

conflit *n.m.* **1 - guerre** · conflagration · embrasement · lutte (armée) · **2 - rivalité** · antagonisme · affrontement · bataille · combat · lutte · tiraillement · **3 - dispute** · désaccord · discorde · heurt · **4 - litige**

conflit, bataille, combat, lutte

La série de mots a pour point commun la notion de choc entre des forces contraires. Dans un **conflit**, des forces antagonistes sont en opposition pour obtenir un droit *(conflit international, entre pays)*, opposition qui peut aboutir à une guerre *(déclencher un conflit, un conflit armé)*. Dans la **lutte**, il s'agit de deux adversaires qui se battent, le plus souvent corps à corps, pour vider une querelle privée ou par jeu *(une lutte à mort, vaincre quelqu'un à la lutte)*. **Bataille** s'emploie surtout dans le vocabulaire militaire à propos de deux armées qui se battent, se livrent combat *(perdre la bataille, champ de bataille)*. **Combat** n'est pas limité au domaine militaire *(des combats de rue, un char de combat)*, mais s'utilise aussi en sport *(combat de boxe, de catch)*.

confluent *n.m.* · jonction · carrefour · croisement · rencontre

confluer *v.intr.* · se diriger · converger · se masser · se regrouper

confondre *v.tr.* **1 - amalgamer** · associer · assimiler · fondre · fusionner · mélanger · mêler · réunir · unir · **2 - mélanger** · embrouiller · intervertir · se méprendre sur · mettre dans le même sac · se tromper sur · **3 - consterner** · déconcerter · décontenancer · désarçonner · étonner · interdire · laisser coi · stupéfier · **4 - démasquer** · découvrir · **5 - déjouer** · démonter

»» **se confondre** *v.pron.* **1 - se mêler** · se mélanger · s'embrouiller · **2 - coïncider** · se superposer

✦ **se confondre en** multiplier · se répandre en

conformation *n.f.* · configuration · constitution · forme · organisation · structure

conforme *adj.* **1 - en règle** · correct · réglementaire · régulier · **2 - identique** · analogue · pareil · semblable · **3 - conformiste** · orthodoxe

✦ **conforme à** adapté à · approprié à · en accord avec

conformément à *loc. prép.* · d'après · en conformité avec · selon · suivant · en vertu de

conformer *v.tr.* **accorder** · adapter · ajuster · approprier · assortir · calquer (sur)

»» **se conformer à** *v.pron.* **s'aligner sur** · s'accommoder de · s'assujettir à · se modeler sur · obéir à · observer · se plier à · se régler sur · se soumettre à · suivre · sacrifier à · [sans complément] se mettre dans le ton · suivre le mouvement · hurler avec les loups *péj.*

conformisme *n.m.* · conservatisme · orthodoxie · traditionalisme

conformiste *n. et adj.* **1 - conservateur** · orthodoxe · traditionaliste · **2 - conventionnel** · bien-pensant · vieux jeu *péj.*

conformité *n.f.* **1 - analogie** · affinité · correspondance · rapport · ressemblance · similitude · **2 - accord** · concordance · harmonie

ressemblance

confort *n.m.* **1 - aise(s)** · bien-être · **2 - commodités** · standing

confortable *adj.* **1 - douillet** · cosy *anglic.* **2 - facile** · aisé · commode · **3 - conséquent** · honnête · honorable · substantiel · [somme] coquet · joli · rondelet

conforter *v.tr.* · affermir · confirmer · fortifier · raffermir · soutenir

confrère *n.m.* · collègue

collègue

confrérie *n.f.* · communauté · congrégation · corporation · ordre

confrontation *n.f.* · comparaison • [de textes] collationnement

confronter *v.tr.* **comparer** · mettre en parallèle · mettre en présence · mettre en regard • [des textes] collationner

››› **se confronter à** *v.pron.* **affronter** · faire face à · se colleter avec

confus, e *adj.*
I 1 - embrouillé · amphigourique · brouillon · brumeux · équivoque · nébuleux · obscur · cafouilleux *fam.* · **2 - chaotique** · anarchique · compliqué · trouble · **3 - incertain** · flou · indécis · indéterminé · indistinct · vague
II 1 - déconcerté · embarrassé · honteux · penaud · piteux · **2 - désolé** · ennuyé · navré · **3 - intimidé** · gêné

✦ **être très confus** souhaiter être à cent pieds sous terre · ne pas, plus savoir où se mettre · être dans ses petits souliers

confusément *adv.* · vaguement · indistinctement · obscurément

confusion *n.f.* **1 - gêne** · désarroi · embarras · honte · trouble · **2 - erreur** · méprise · malentendu · quiproquo · cafouillage *fam.* · cafouillis *fam.* · salade *fam.* · **3 - fouillis** · embrouillamini · embrouillement · enchevêtrement · fatras · méli-mélo *fam.* · bordel *très fam.* · foutoir *très fam.* · merdier *très fam.* · **4 - bouleversement** · anarchie · chaos · désordre · capharnaüm · désorganisation · trouble · **5 - cohue** · débâcle · débandade · **6 - obscurité** · incohérence

✦ **confusion mentale** démence

congé *n.m.* **1 - vacances** · repos · relâche · **2 - licenciement** · renvoi · congédiement

✦ **prendre congé** partir · s'en aller · se retirer · tirer sa révérence

congédier *v.tr.* **1 - éconduire** *littér.* · renvoyer · expédier *fam.* · envoyer sur les roses *fam.* · envoyer dinguer, paître, promener, se faire voir *fam.* · **2 - licencier** · chasser · débaucher · se défaire de · destituer · donner son congé à · donner son compte à · mettre à la porte · mettre dehors · limoger · remercier · renvoyer · révoquer · donner ses huit jours à *(domestique)* · balancer *fam.* · débarquer *fam.* · ficher, foutre dehors *fam.* · ficher, flanquer à la porte *fam.* · lourder *fam.* · sacquer *fam.* · vider *fam.* · virer *fam.*

congeler *v.tr.* · frigorifier · geler · glacer · surgeler

congénère *n.* · pareil · semblable

congénital, e *adj.* · héréditaire · atavique · inné · naturel

congénital, atavique, héréditaire, inné, naturel

Congénital, inné, naturel, héréditaire et **atavique** s'appliquent à des particularités dont l'origine précède la naissance. **Héréditaire** insiste sur ce qui est transmis à un individu par voie de reproduction *(une ressemblance, une maladie héréditaire)*, mais aussi par tradition *(un ennemi, une haine héréditaire)* ou par succession *(une part héréditaire)*. **Atavique**, moins courant, concerne ce qui est lié à la transmission de caractères héréditaires *(un alcoolisme atavique)*. **Congénital** s'emploie surtout pour une anomalie *(malformation, cécité congénitale)*.
À cette valeur en biologie s'ajoute un usage péjoratif du mot *(une bêtise congénitale, un optimisme congénital)*

que n'a pas du tout **inné**, employé pour des caractéristiques plus variées, hors du domaine biologique *(aptitude, vertu innée ; sentiment inné de la justice)*. **Naturel**, qui s'emploie dans ces contextes, qualifie plus largement ce qui est donné à la naissance *(langage naturel)*, est constitutif de l'homme selon les idées de telle époque *(morale naturelle)* et ce qui ne dépend pas des conventions sociales *(gaieté naturelle)*.

congestionné, e *adj.* · rouge · rougeaud · cramoisi

congestionner *v.tr.* · embouteiller · encombrer · engorger

conglomérat *n.m.* · agglomérat · association

conglomérer *v.tr.* · agglomérer · agglutiner · agréger · conglutiner · lier

congratulations *n.f.pl.* · compliments · félicitations

congratuler *v.tr.* · complimenter · féliciter · couvrir de louanges · encenser · rendre hommage à

❧ **féliciter**

congrégation *n.f.* · communauté · confrérie · ordre

congrès *n.m.* · colloque · assises · conférence · forum · symposium · table ronde

conjecture *n.f.* **1 - hypothèse** · supposition · présomption · **2 - prévision** · pronostic

❧ **présomption**

conjecturer *v.tr.* · imaginer · présumer · soupçonner · supposer

conjoint *n.m.* · époux · mari

conjointe *n.f.* · épouse · femme · légitime *fam.* · bourgeoise *fam., péj.* · chère et tendre *plaisant* · chère moitié *plaisant*

conjointement *adv.* · ensemble · de concert · concurremment · de conserve · simultanément

conjonction *n.f.* · assemblage · jonction · rencontre · réunion · union

conjoncture *n.f.* · situation · circonstances · conditions · contexte

❧ **circonstance**

conjugal, e *adj.* · matrimonial

conjuguer *v.tr.* **1 - combiner** · allier · associer · joindre · unir · **2 -** [Grammaire] **fléchir**

conjuration *n.f.* **1 - complot** · cabale · conspiration · **2 - imploration** · adjuration · supplication

❧ **complot**

conjuré, e *n.* · comploteur · conspirateur

conjurer *v.tr.* **1 - comploter** · conspirer · tramer · **2 - implorer** · adjurer · supplier · **3 - charmer** · chasser · exorciser

connaissance *n.f.* **1 - conscience** · **2 - compréhension** · entendement · représentation · **3 - relation** · ami · familier · fréquentation · liaison · rencontre

✦ **en connaissance de cause 1 - sciemment** · **2 - avec discernement** · à bon escient · judicieusement · pertinemment

✦ **faire connaissance** se rencontrer · entrer en contact · se lier · se mettre en rapport

✦ **faire faire connaissance** introduire (auprès de) · présenter (à)

››› **connaissances** *plur.* **1 - acquis** · bagage · compétence · culture · éducation · érudition · instruction · formation · maîtrise · savoir · science · **2 - notions** · clartés · lumières

❧ **relation**

connaisseur, -euse *n. et adj.* · amateur · compétent · expert

connaître *v.tr.* **1 - savoir** · être au courant de · être informé de · être renseigné sur · **2 - fréquenter** · rencontrer · **3 - éprouver** · expérimenter · passer par · ressentir · sentir

- ✦ **connaître parfaitement** [leçon] savoir sur le bout des doigts · savoir par cœur • [lieu] connaître comme sa poche
- ✦ **faire connaître** **1 - annoncer** · apprendre · communiquer · dévoiler · divulguer · exposer · lancer · notifier · présenter · propager · publier · faire savoir · signifier • [au plus grand nombre] vulgariser · **2 - exprimer** · extérioriser · manifester · marquer · témoigner · **3 - introduire à** · présenter · **4 - rendre célèbre** · sortir de l'ombre
- ✦ **se faire connaître** se présenter
- ✦ **s'y connaître** être compétent · s'y entendre · être expert · être calé *fam.* · en connaître un rayon *fam.* · toucher sa bille *fam.*

connecter *v.tr.* · relier · brancher · raccorder · réunir

connexe *adj.* · analogue · joint · lié · voisin · afférent *soutenu ou Droit*

connexion *n.f.* **1 - affinité** · analogie · liaison · lien · rapport · relation · **2 - branchement** · liaison

connivence *n.f.* · complicité · entente · intelligence

connu, e *adj.* **1 - célèbre** · fameux · illustre · légendaire · renommé · réputé · **2 - notoire** · proverbial · **3 - commun** · répandu · rebattu · réchauffé

- ✦ **être très connu** être connu comme le loup blanc

conquérant, e

- ▪ *n.* **conquistador** · guerrier
- ▪ *adj.* **arrogant** · fat · prétentieux · suffisant

conquérir *v.tr.* **1 - s'approprier** · assujettir · dominer · s'emparer de · soumettre · vaincre · subjuguer *vieilli* • [un pays] coloniser · **2 - obtenir** · gagner · remporter · **3 - amener à soi** · s'attacher · attirer · capter · gagner · **4 - séduire** · charmer · enchanter · envoûter · subjuguer · tomber *fam.*

conquête *n.f.* **1 - appropriation** · assujettissement · domination · prise · soumission • [un pays] colonisation · **2 - séduction** · soumission · **3 - acquisition** · acquis · avancée(s) · victoire

consacrer *v.tr.*

I 1 - accorder · dédier · destiner · dévouer · donner · sacrifier · vouer · **2 - affermir** · asseoir · confirmer · entériner · ratifier · sanctionner

II 1 - bénir · sacrer · **2 - oindre** · ordonner

⋙ **se consacrer à** *v.pron.* **s'adonner à** · s'employer à · se livrer à · s'occuper de

consciemment *adv.* · sciemment · volontairement · délibérément · en toute connaissance de cause

conscience *n.f.* **1 - connaissance** · **2 - intuition** · sentiment · **3 - sens moral** · moralité · cœur · probité · scrupule · **4 - application** · minutie · scrupule · sérieux · soin

- ✦ **en (toute) conscience** franchement · en toute franchise · honnêtement
- ✦ **mauvaise conscience** culpabilité
- ✦ **avoir conscience de** s'apercevoir de · se rendre compte de · réaliser · sentir

conscienciesement *adv.* · scrupuleusement · minutieusement · sérieusement · soigneusement

consciencieux, -ieuse *adj.* · scrupuleux · appliqué · minutieux · sérieux · soigneux · travailleur
❧ **scrupuleux**

conscient, e *adj.* **1 - délibéré** · volontaire · réfléchi · voulu · **2 - éveillé** · lucide

conscription *n.f.* · enrôlement · recrutement

conscrit *n.m.* · appelé · recrue · bleu *fam.*

consécration *n.f.*
I 1 - apothéose · couronnement · sacre · triomphe · victoire · **2 - confirmation** · ratification · sanction · validation
II 1 - bénédiction · dédicace · **2 - onction** · sacre

consécutif, -ive *adj.* **successif**
✦ **consécutif à** résultant de · issu de

consécutivement *adv.* · successivement · coup sur coup

conseil *n.m.*
I 1 - avis · proposition · recommandation · suggestion · **2 - avertissement** · mise en garde
II 1 - consultant · audit · conseiller · **2 - assemblée** · chambre · aréopage · juridiction · tribunal

[1]**conseiller** *v.tr.* **1 - recommander** · préconiser · proposer · suggérer · **2 - engager à** · exhorter à · inciter à · pousser à · **3 - aviser** · guider

[2]**conseiller, -ère** *n.* **1 - consultant** · audit · conseil · **2 - guide** · inspirateur · mentor *littér.* · conseilleur *vieux ou littér.*

consensus *n.m.* · accord · entente · modus vivendi

consentement *n.m.* · acceptation · accord · acquiescement · adhésion · agrément · approbation · assentiment · autorisation · permission

❧ **consentement, approbation, adhésion, agrément, permission**

Tous ces mots ont en commun la notion d'accord, notamment dans le domaine juridique. Le **consentement** implique que l'on accepte après réflexion quelque chose qui n'est pas encore accompli *(donner son consentement à un projet)*. L'**approbation**, d'emploi plus général, est un jugement favorable concernant des opinions, des actions, etc. *(son comportement dans cette affaire recueille l'approbation de tous)*. Quand l'approbation vient d'une autorité, on parle d'**agrément** *(demander l'agrément du maire pour une construction)*. L'**adhésion** suppose que l'on accepte le contenu d'une doctrine *(adhésion à un parti politique, à des valeurs démocratiques)* et a une valeur superlative par rapport à **approbation**. **Permission**, d'emploi plus large, est réservé à une parole ou un acte qui marque un accord *(demander la permission de sortir)*.

consentir *v.tr.* **1 - accorder** · concéder · octroyer
✦ **consentir à** **1 - autoriser** · accéder à · accepter · accorder · acquiescer à · adhérer à · admettre · opiner à *plaisant* · permettre · souscrire à · **2 - se prêter à** · se soumettre à

conséquence *n.f.* **1 - effet** · contre-coup · fruit · implication · réaction · répercussion · résultat ·

retentissement · retombée · suite · [malheureuse] séquelle · 2 – [Logique] conclusion · déduction · corollaire

✦ **en conséquence** ainsi · donc · de ce fait · dès lors · par conséquent · par suite · partant

conséquent, e *adj.* 1 – **cohérent** · logique · 2 – **considérable** · important

✦ **par conséquent** ainsi · donc · de ce fait · dès lors · par conséquent · par suite · partant

conservateur, -trice *adj. et n.* · conformiste · antiprogressiste · traditionaliste

conservation *n.f.* · préservation · entretien · maintien · protection · sauvegarde

conservatisme *n.m.* · conformisme · antiprogressisme · traditionalisme

conserve (de) *loc. adv.* · ensemble · conjointement · de concert · en chœur

↝ concert (de)

conserver *v.tr.* 1 – **entretenir** · maintenir · préserver · protéger · sauvegarder · sauver · 2 – **garder** · détenir · retenir · tenir à l'abri

⋙ **se conserver** *v.pron.* **rester** · durer · subsister · survivre

considérable *adj.* 1 – **énorme** · grand · gros · immense · important · imposant · majeur · de taille · [argument] de poids · massue · 2 – **éminent** · notable · remarquable

considérablement *adv.* · énormément · abondamment · amplement · copieusement · à foison · à profusion · largement · bigrement *fam.* · bougrement *fam.* · sacrément *fam.* · vachement *fam.* · grave *lang. jeunes*

considération *n.f.* 1 – **estime** · déférence · égard · respect · révérence · vénération · 2 – **attention** · étude · examen · 3 – **remarque** · réflexion · observation

✦ **en considération de, par considération pour** compte tenu de · eu égard à · vu

✦ **prendre en considération** prendre en compte · tenir compte de · faire cas de

considérer *v.tr.* 1 – **contempler** · examiner · observer · 2 – **étudier** · analyser · apprécier · examiner · faire cas de · peser · prendre en compte · tenir compte de · 3 – **admirer** · estimer · faire grand cas de · révérer · vénérer

✦ **considérer que** penser que · estimer que · juger que

✦ **considérer comme** prendre pour · regarder comme · tenir pour · traiter comme · voir comme · réputer *littér.*

consignation *n.f.* · cautionnement · garantie

consigne *n.f.* 1 – **ordre** · directive · instruction · prescription · 2 – **règlement** · 3 – **retenue** · colle *fam.*

consigner *v.tr.* 1 – **déposer** · 2 – **écrire** · noter · 3 – **acter** · constater · enregistrer · rapporter · relater · 4 – **retenir** · coller *fam.*

consistance *n.f.* 1 – **densité** · fermeté · dureté · force · solidité · stabilité · 2 – **crédit** · fondement

consistant, e *adj.* 1 – **dense** · cohérent · dur · ferme · solide · 2 – **épais** · visqueux · 3 – **copieux** · nourrissant · riche · substantiel

consister *v.tr.ind.*

✦ **consister en** se composer de · comporter · comprendre

✦ **consister à** se résumer à · revenir à

consœur *n.f.* · collègue

consolant, e *adj.* · apaisant · calmant · consolateur · lénifiant · réconfortant · consolatoire *littér.* · lénitif *littér.*

consolation *n.f.* 1 - **dédommagement** · compensation · satisfaction · 2 - **apaisement** · adoucissement · baume · réconfort · soulagement · dictame *littér.*

consoler *v.tr.* 1 - **calmer** · rasséréner · réconforter · sécher les larmes de · mettre du baume sur les plaies de · remonter *fam.* · 2 - **dédommager** · compenser · 3 - **adoucir** · alléger · atténuer · diminuer · endormir

consolidation *n.f.* 1 - **affermissement** · raffermissement · renfort · stabilisation · 2 - **ancrage** · confirmation · enracinement · implantation

consolider *v.tr.* 1 - **affermir** · étayer · fortifier · raffermir · renforcer · soutenir · stabiliser · 2 - **ancrer** · asseoir · cimenter · confirmer · enraciner · implanter · fixer

consommable *adj.* · mangeable · comestible

consommateur, -trice *n.* 1 - **acheteur** · client · 2 - **buveur**

consommation *n.f.* 1 - **boisson** · rafraîchissement · 2 - **utilisation** · emploi · usage · 3 - [littér.] **achèvement** · couronnement · fin · 4 - [littér.] **accomplissement** · perpétration *littér.*

consommé, e *adj.* · accompli · achevé · parfait

consommer *v.tr.* 1 - **utiliser** · employer · user de · 2 - **absorber** · boire · manger · prendre · se nourrir de · vivre de · 3 - **brûler** · consumer · employer · [voiture] bouffer *fam.* · pomper *fam.* · sucer *fam.* · 4 - [littér.] **achever** · couronner · parfaire · terminer · 5 - [littér.] **accomplir** · commettre · perpétrer *littér.*

conspirateur, -trice *n.* · comploteur · conjuré

conspiration *n.f.* · complot · cabale · conjuration · intrigue · machination

↝ **complot**

conspirer *v.tr.* [vieilli] **comploter** · méditer · projeter · tramer · ourdir *littér.*

✦ **conspirer à** [littér.] **concourir à** · contribuer à · tendre à

conspuer *v.tr.* · bafouer · huer · siffler

constamment *adv.* · continuellement · continûment · incessamment · invariablement · en permanence · régulièrement · sans arrêt · sans discontinuer · sans relâche · sans répit · sans trêve · sans cesse · toujours

constance *n.f.* 1 - **régularité** · continuité · durabilité · immutabilité · invariabilité · permanence · persistance · stabilité · 2 - **assiduité** · obstination · opiniâtreté · persévérance · résolution · 3 - **fidélité**

↝ **fidélité**

constant, e *adj.* 1 - **continuel** · continu · durable · immuable · invariable · permanent · persistant · stable · [Pol.] bon teint · 2 - **assidu** · obstiné · opiniâtre · persévérant · résolu

↝ **durable**

constat *n.m.* **1 - constatation** · reconnaissance · **2 - procès-verbal**

constatation *n.f.* · observation · constat · remarque

constater *v.tr.* · apercevoir · découvrir · enregistrer · éprouver · établir · noter · observer · reconnaître · remarquer · sentir · voir · [officiellement] prendre acte de

constellation *n.f.* · pléiade

consteller *v.tr.* · parsemer · couvrir · émailler

consternant, e *adj.* **1 - douloureux** · accablant · affligeant · atterrant · **2 - déplorable** · désolant · calamiteux · désespérant · lamentable · navrant · pitoyable

consternation *n.f.* · abattement · accablement · désolation · douleur · surprise · stupéfaction · stupeur

surprise

consterner *v.tr.* **1 - abattre** · accabler · anéantir · atterrer · stupéfier · terrasser · **2 - désoler** · navrer

constituant *n.m.* · composant · donnée · élément · ingrédient

constituer *v.tr.* **1 - créer** · bâtir · édifier · élaborer · établir · fonder · monter · mettre sur pied · organiser · **2 - instituer** · établir · **3 - composer** · représenter · **4 - désigner** · assigner · placer · préposer

constitutif, -ive *adj.* **1 - constituant** · **2 - caractéristique** · essentiel · fondamental

constitution *n.f.* **1 - création** · composition · construction · édification · élaboration · fondation · formation · organisation · **2 - arrangement** · composition · disposition · forme · organisation · structure · texture · **3 - caractère** · complexion · conformation · personnalité · tempérament · **4 - établissement** · institution · **5 - désignation** · assignation

constriction *n.f.* **1 - étranglement** · resserrement · **2 - contraction**

constructeur, -trice *n.* **1 - fabricant** · **2 - architecte** · bâtisseur · promoteur · **3 - créateur** · fondateur · architecte

constructif, -ive *adj.* · positif · efficace

construction *n.f.* **1 - bâtiment** · bâtisse · édifice · immeuble · installation · maison · monument · ouvrage · **2 - édification** · érection · **3 - fabrication** · élaboration · **4 - organisation** · aménagement · architecture · arrangement · composition · structure · **5 - système** · **6 - locution** · tournure (de phrase)

construction, bâtisse, édifice, monument

Les quatre mots s'emploient pour désigner un ouvrage bâti, de dimension et d'usage variables. **Construction**, de sens large, s'utilise aussi bien pour un ouvrage achevé *(une belle construction en pierre)* que pour celui que l'on projette de construire *(plan, devis d'une construction)*. On parle de **bâtisse** pour un bâtiment généralement sans caractère, voire sans aucun attrait *(une vieille bâtisse abandonnée)*. **Édifice** s'applique à toute construction de dimensions importantes (immeuble, cathédrale, aéroport, etc.) et souvent de qualité architecturale reconnue : « J'allai voir le pont du Gard (...). Je parcourus les trois étages de ce superbe édifice » (Rousseau, *les Confessions*, VI). Le **monument** se distingue de l'édifice en ce qu'il présente un intérêt historique ou esthétique particulier *(visiter un monument ; le château de Versailles est un monument historique).*

construire *v.tr.* **1 - bâtir** · édifier · élever · ériger · **2 - fabriquer** · **3 - organiser** · aménager · architecturer · arranger · articuler · composer · structurer · **4 - élaborer** · fonder · forger · imaginer

consultation *n.f.* **1 - enquête** · plébiscite · référendum · sondage · **2 - examen** · lecture · **3 - visite (médicale)** · examen médical

consulter *v.tr.* **1 - interroger** · questionner · sonder · prendre l'avis de · prendre le pouls de · **2 - examiner** · compulser · se référer à

>>> **se consulter** *v.pron.* se concerter · discuter

consumer *v.tr.* **1 - brûler** · calciner · dévorer · embraser · incendier · **2 - anéantir** · détruire · dévorer · ronger · ruiner · user

>>> **se consumer** *v.pron.* **1 - brûler** · se calciner · **2 - dépérir** · s'étioler

contact *n.m.*

I 1 - adhérence · **2 - attouchement** · effleurement · caresse · **3 - toucher**
II 1 - rapport · relation · liaison · **2 - fréquentation** · commerce · coudoiement

✦ **prendre contact avec** contacter · atteindre · joindre · se mettre en rapport avec · toucher · prendre langue avec *littér.* · s'aboucher avec *littér.* · prendre l'attache de *littér. ou Admin.*

✦ **prise de contact** rencontre

contacter *v.tr.* **1 - joindre** · atteindre · se mettre en rapport avec · toucher · prendre langue avec *littér.* · s'aboucher avec *littér.* · prendre l'attache de *littér. ou Admin.* · **2 - rencontrer** · approcher

contagieux, -ieuse *adj.* **1 - transmissible** · épidémique · **2 - communicatif**

contagion *n.f.* · contamination · diffusion · propagation · transmission

contamination *n.f.* **1 - contagion** · infection · transmission · **2 - pollution**

contaminer *v.tr.* **1 - infecter** · contagionner *rare* · **2 - polluer** · corrompre · vicier · **3 - envahir** · empoisonner · gagner · gangréner

conte *n.m.* **1 - légende** · fable · fiction · fabliau · histoire · historiette · **2 -** [vieux ou littér.] **mensonge** · fable *littér.* · sornette *vieilli*

conte, fable

Le **conte** et la **fable** sont de courts récits d'imagination qui, l'un et l'autre, s'écartent de la réalité. Le **conte** met en scène des personnages imaginaires *(les fées et les sorcières d'un conte)*, la **fable** en faisant souvent parler des animaux *(le corbeau et le renard de la fable)*. Le **conte**, destiné le plus souvent à distraire le lecteur, se distingue ainsi de la **fable**, écrite pour l'édifier *(la morale de la fable)*. Tous deux sont d'emploi littéraire pour parler d'une histoire mensongère et sans vraisemblance *(débiter des contes, des fables sur quelqu'un)*.

contemplatif, -ive *adj.* · méditatif · rêveur · songeur

contemplation *n.f.* **1 - méditation** · rêverie · recueillement · **2 - admiration** · émerveillement · extase

contempler *v.tr.* **1 - considérer** · envisager · réfléchir à · **2 - admirer** · examiner · regarder

›› **se contempler** *v.pron.* **se regarder** · s'admirer · se mirer *vieilli ou littér.*

contemporain, e *adj.* · actuel · moderne · présent

contenance *n.f.* **1 - capacité** · cubage · tonnage · **2 - attitude** · air · allure · comportement · maintien · mine

✦ **perdre contenance** se décontenancer · se démonter · se troubler

contenant *n.m.* · récipient · boîte

contenir *v.tr.* **1 - comporter** · comprendre · compter · posséder · recéler · renfermer · **2 - accueillir** · recevoir · tenir · **3 - contrôler** · dominer · endiguer · dompter · maîtriser · refréner · refouler · réprimer

›› **se contenir** *v.pron.* **se contrôler** · se calmer · se dominer · se maîtriser · se modérer · se retenir

content, e *adj.* **1 - satisfait** · heureux · bien aise *littér.* · **2 - gai** · joyeux · réjoui · **3 - charmé** · enchanté · ravi

✦ **content de soi** orgueilleux · fat · présomptueux · suffisant · vaniteux

content, heureux, satisfait,

Ces mots traduisent la tranquillité que l'on éprouve par rapport à un désir. On est **content** lorsqu'on ne désire plus rien *(je suis très contente de mon voyage)* ; on se dira **satisfait** quand ce qui était désiré est obtenu *(un vœu satisfait ; une vengeance satisfaite)*. Être **heureux**, c'est goûter la satisfaction d'être comblé dans ses désirs : « Je suis contente de savoir que tu es heureuse » (Zola, *Madeleine Férat*).

contentement *n.m.* **1 - bonheur** · béatitude · félicité · joie · plaisir · ravissement · satisfaction · aise *littér.* · **2 - assouvissement** · satisfaction

contenter *v.tr.* **1 - combler** · exaucer · plaire à · satisfaire · suffire à · **2 - assouvir** · satisfaire

›› **se contenter de** *v.pron.* **1 - se satisfaire de** · s'accommoder de · s'arranger de · faire avec · avoir assez de · **2 - se borner à** · se cantonner à · se limiter à · s'en tenir à

contentieux, -ieuse

- *adj.* **contesté** · litigieux
- *n.m.* **conflit** · différend · litige

contenu *n.m.* **1 - chargement** · charge · **2 - teneur** · fond · substance

conter *v.tr.* · dire · raconter · rapporter · relater · narrer *littér.*

contestable *adj.* · discutable · douteux · sujet à caution

contestataire *n.* · protestataire · mécontent · rebelle

contestation *n.f.* **1 - controverse** · débat · discussion · objection · **2 - dénégation** · désaveu · **3 - altercation** · démêlé · différend · dispute · querelle

débat

conteste (sans) *loc. adv.* · assurément · certainement · incontestablement · indubitablement · à coup sûr · sans l'ombre d'un doute

contester *v.tr.* **1 - discuter** · controverser · mettre, remettre en cause · mettre, remettre en doute ·

mettre, remettre en question · récuser · nier · **2 - dénier** · disputer · refuser

contexte *n.m.* · situation · environnement · conjoncture · climat · conditions

contexture *n.f.* · agencement · assemblage · composition · constitution · organisation · structure · texture

contigu, uë *adj.* **1 - accolé** · attenant · avoisinant · mitoyen · voisin · **2 - analogue** · connexe · proche · semblable · similaire · voisin

contiguïté *n.f.* **1 - contact** · mitoyenneté · proximité · voisinage · **2 - analogie** · connexion · connexité · liaison · proximité · rapport · similitude · voisinage

continence *n.f.* **1 - ascétisme** · chasteté · pureté · **2 - abstinence** · privation · tempérance
abstinence

continent, e *adj.* · ascétique · abstinent · chaste · pur · vertueux · vierge

contingence *n.f.* · éventualité

contingent, e

▪ *adj.* **1 - accidentel** · aléatoire · casuel · conditionnel · éventuel · fortuit · incertain · occasionnel · **2 - accessoire** · secondaire

▪ *n.m.* **1 - ensemble** · **2 - contribution** · lot · part

contingentement *n.m.* · limitation · rationnement · régulation · restriction

contingenter *v.tr.* · limiter · mesurer · rationner · réguler · restreindre

continu, e *adj.* **1 - continuel** · constant · ininterrompu · incessant · perpétuel · persistant · **2 - assidu** · indéfectible · opiniâtre · prolongé · soutenu · suivi

✦ **en continu** d'affilée · sans arrêt · sans interruption · d'une seule traite · non-stop · 24 heures sur 24

continuateur, -trice *n.* · successeur · disciple · imitateur · épigone *littér., souvent péj.*

continuation *n.f.* **1 - poursuite** · reprise · suite · **2 - prolongation** · continuité · prolongement

continuation, continuité

Continuation et continuité renvoient tous deux à l'idée de prolongation. Continuation s'emploie pour marquer que quelque chose se poursuit dans la durée *(elle financera la continuation de ses études)*. Continuité insiste sur le fait que quelque chose n'est pas interrompu dans le temps *(la continuité de la vie, du pouvoir)* ou dans l'espace : « La neige aussitôt commence à recouvrir la trace cloutée des semelles, (...) si bien que la différence de niveau devient imperceptible avec les régions avoisinantes, la continuité se trouvant alors rétablie » (Robbe-Grillet, *Dans le labyrinthe*).

continuel, -elle *adj.* **1 - continu** · constant · ininterrompu · incessant · permanent · perpétuel · de tous les instants · **2 - fréquent** · éternel · sempiternel *péj.*

continuellement *adv.* · sans arrêt · sans cesse · constamment · continûment · journellement · sans relâche · sans répit · sans trêve · toujours · tout le temps · à chaque instant · à tout bout de champ · à toute heure · à longueur de journée · du matin au soir · à tout moment · nuit et jour

continuer
▪ *v.tr.* **1 - poursuivre** · persévérer dans · perpétuer · reprendre · **2 - prolonger** · étendre · pousser
▪ *v.intr.* **1 - se poursuivre** · se prolonger · **2 - durer** · se perpétuer · **3 - persister** · persévérer

continuité *n.f.* **1 - constance** · enchaînement · ininterruption · liaison · **2 - durée** · continuation · pérennité · permanence · persistance
~ **continuation**

continûment *adv.* → **continuellement**

contorsion *n.f.* **1 - gesticulation** · acrobatie · **2 - grimace** · singerie

contorsionner (se) *v.pron.* · gesticuler · faire des acrobaties · se tordre

contour *n.m.* **1 - bord** · bordure · délinéament · limite · périmètre · périphérie · pourtour · tour · **2 - courbe** · forme · galbe · ondulation · **3 - détour** · lacet · méandre · sinuosité

contourné, e *adj.* · affecté · alambiqué · compliqué · tarabiscoté

contourner *v.tr.* **1 - éluder** · escamoter · esquiver · éviter · **2 - éviter** · déborder · tourner

contraceptif, -ive *adj.* · anticonceptionnel

contracté, e *adj.* · crispé · noué · stressé · tendu

[1]**contracter** *v.tr.* **1 - acquérir** · développer · prendre · **2 - attraper** · choper *fam.* · ramasser *fam.* · **3 - souscrire**

[2]**contracter** *v.tr.* **1 - crisper** · stresser · **2 - diminuer** · raccourcir · réduire · resserrer · tasser · **3 - raidir** · bander · serrer · tendre

»» **se contracter** *v.pron.* **1 - se crisper** · se durcir · **2 - se réduire** · diminuer, rétrécir

contraction *n.f.* **1 - contracture** · crampe · raideur · raidissement · spasme • [légère] crispation · **2 - constriction** · resserrement · **3 - réduction** · diminution

»» **contractions** *plur.* [de femme enceinte] **tranchées (utérines)**

contractuel, -elle *n.* **1 - auxiliaire** · **2 - pervenche** *fam.* · aubergine *fam., vieilli*

contracture *n.f.* · contraction · crampe · raideur · raidissement · spasme • [légère] crispation

contradicteur, -trice *n.* · adversaire · opposant · antagoniste

contradiction *n.f.* **1 - contestation** · démenti · dénégation · négation · objection · opposition · réfutation · **2 - incompatibilité** · antinomie · inconséquence · opposition • [Logique] aporie • [Rhétorique] antilogie

contradictoire *adj.* **1 - contraire** · divergent · opposé · **2 - incompatible** · antinomique · **3 - illogique** · incohérent · inconséquent · paradoxal

contraignant, e *adj.* · astreignant · assujettissant

contraindre *v.tr.* [littér.] **contenir** · entraver · refouler · réfréner · réprimer · retenir

✦ **contraindre à** **1 - obliger à** · acculer à · astreindre à · forcer à · forcer la main pour · mettre le couteau, le pistolet sous la gorge · mettre l'épée dans les reins · **2 - condamner à** · réduire à

⋙ **se contraindre** *v.pron.* **se contrôler** · se contenir · se retenir

✦ **se contraindre à** s'obliger à · s'astreindre à · se forcer à

❧ **obliger**

contraint, e *adj.* · embarrassé · emprunté · forcé · gauche · gêné

contrainte *n.f.* **1 - pression** · coercition · force · intimidation · coaction *littér.* · **2 - exigence** · impératif · obligation · servitude · **3 - gêne** · entrave · **4 -** [littér.] **asservissement** · assujettissement · servitude · sujétion

contraire

▪ *adj.* **1 - antinomique** · antithétique · contradictoire · incompatible · inverse · opposé · **2 - adverse** · antagoniste · défavorable · ennemi · attentatoire · hostile

▪ *n.m.* **1 - antithèse** · inverse · opposé · **2 - antonyme**

✦ **au contraire** **1 - à l'inverse** · a contrario · inversement · en revanche · par contre *emploi critiqué* · **2 -** [exclamatif] **loin de là !** · tant s'en faut !

✦ **au contraire de** à la différence de · contrairement à

❧ **contraire, inverse, opposé**

Contraire, opposé et **inverse** évoquent l'idée de positions contrastées. Avec **contraire**, l'écart entre les choses concernées est maximal *(des mots contraires à la décence ; l'eau et le feu sont des éléments contraires)*. Dans des contextes analogues, **opposé** comporte une idée de conflit *(des idées opposées les séparent)*, mais est moins précis que **contraire**. **Inverse** implique que les choses sont symétriquement contraires, en particulier quand il s'agit d'un ordre, d'une direction *(revenir en sens inverse)*.

contrairement à *loc. prép.* · à l'opposé de · à l'inverse de · à la différence de · au contraire de

contrariant, e *adj.* · agaçant · ennuyeux · fâcheux

contrarier *v.tr.* **1 - chagriner** · embêter · troubler · chiffonner *fam.* · tarabuster *fam.* · chicaner *fam., vieilli* · **2 - agacer** · embêter · ennuyer · fâcher · irriter · mécontenter · emmerder *fam.* · **3 - contrecarrer** · barrer · déjouer · déranger · entraver · faire obstacle à · gêner · freiner · nuire à · résister à

❧ **contrarier, contrecarrer**

Contrarier et **contrecarrer** engagent l'idée d'opposition faite à quelqu'un ou à quelque chose. **Contrarier** a la valeur la plus générale, employé quand une chose va *contre* la réalisation d'une autre *(la neige contrariait la progression des secours)* ou qu'une personne s'oppose à quelque chose *(contrarier une vocation, les désirs de quelqu'un)*. **Contrecarrer** ne connaît que ce dernier emploi, mais avec une valeur plus forte, les obstacles mis à la réalisation d'une action visant à l'empêcher *(contrecarrer l'influence, les projets de quelqu'un)*.

contrariété *n.f.* **1 - souci** · ennui · **2 - agacement** · déception · déplaisir · irritation · mécontentement

contraste *n.m.* · opposition · différence · discordance · disparité · dissemblance · écart

contrasté, e *adj.* · différent · opposé · tranché

contraster *v.intr.* **se détacher** · ressortir · trancher · [péj.] détonner · jurer

✦ **contraster avec** s'opposer à · se différencier de · trancher avec

contrat *n.m.* **1 - accord** · convention · engagement · pacte · **2 -** [assurances] **police**

contrat, accord, convention, pacte

Chacun de ces mots exprime l'idée d'entente à propos de problèmes d'ordre privé ou public. **Accord**, le plus général de la série, se dit pour tout arrangement entre des individus, des entreprises ou des États *(négocier les termes d'un accord, un accord commercial)*, arrangement qui règle parfois un différend. Le **contrat** et la **convention** sont des accords d'un type particulier ; le premier fait naître des obligations entre les parties *(contrat de mariage, de travail)* ; le second peut créer des obligations, mais aussi en modifier ou en supprimer d'autres *(une convention collective règle des conditions de travail)*. Le **pacte** est une convention, souvent donnée comme immuable, qui porte toujours sur des points importants *(pacte de non-agression entre plusieurs pays ; rompre un pacte)*.

contravention *n.f.* **1 - procès-verbal** · contredanse *fam.* · PV *fam.* · prune *fam.* · papillon *fam., vieilli* · **2 - infraction** · entorse · transgression · violation

contre *prép., adv.* **1 - auprès (de)** · à côté (de) · près de · sur · **2 - à l'encontre de** · **3 - en échange de** · moyennant · **4 - malgré** · en dépit de · nonobstant *littér.*

✦ **par contre** à l'inverse · a contrario · au contraire · mais · en revanche

contre-attaque *n.f.* · contre-offensive · riposte · [Sport] contre

contre-attaquer *v.intr.* · riposter · se rebiffer · se venger

contrebalancer *v.tr.* **compenser** · équilibrer · neutraliser · faire contrepoids à · pondérer

⋙ **se contrebalancer** *v.pron.* · se contrefiche *fam.* · se contrefoutre *fam.*

contrebande *n.f.* **fraude** · trafic

✦ **de contrebande** clandestin · frauduleux · illégal

contrebandier, -ière *n.* · trafiquant · [Hist.] bootlegger

contrecarrer *v.tr.* · s'opposer à · bloquer · contrarier · contrer · déjouer · enrayer · faire obstacle à

contrarier

contrecoup *n.m.* **conséquence** · contrechoc · choc en retour · effet · incidence · réaction · répercussion · suite · [néfaste] séquelle

✦ **par contrecoup** indirectement · par ricochet

contredanse *n.f.* → **contravention**

contredire *v.tr.* **1 - démentir** · aller à l'encontre de · nier · réfuter · prendre le contre-pied de · s'inscrire en faux contre · **2 - contrarier** · s'opposer à

⋙ **se contredire** *v.pron.* **se désavouer** · se déjuger · se raviser · [par inadvertance] se couper

contredit *n.m.* **contradiction** · objection

✦ **sans contredit** assurément · certainement · incontestablement · indubitablement · sans conteste · sans aucun doute

contrée *n.f.* · pays · province · région · terre

région

contre-épreuve *n.f.* · contre-essai · vérification

contrefaçon *n.f.* **1 - falsification** · démarquage · imitation · pastiche · plagiat · **2 - faux** · copie · contrefaction *(Droit)*

contrefaire *v.tr.* **1 - falsifier** · altérer · **2 - copier** · calquer · démarquer · imiter · mimer · pasticher · reproduire · **3 - déguiser** · dénaturer · **4 - déformer** · décomposer · défigurer · **5 -** [vieilli] **caricaturer** · parodier · pasticher · singer

↝ **copier**

contrefait, e *adj.* · difforme · mal bâti · mal fichu *fam.*

contre-indiqué, e *adj.* · déconseillé

contremaître *n.* · chef d'équipe · agent de maîtrise • [dans une mine] porion • [dans une imprimerie] prote

contrepartie *n.f.* **1 - compensation** · contrepoids · dédommagement · **2 - contraire** · antithèse · contre-pied · inverse · opposé

✦ **en contrepartie** en échange · par contre · en revanche

contre-pied *n.m.* · contraire · antithèse · contrepartie · inverse · opposé

contrepoids *n.m.* · compensation · contrepartie

contrepoison *n.m.* · antidote · alexipharmaque *anciennt*

contrer *v.tr.* · contrecarrer · faire obstacle à · s'opposer à · se dresser contre

contresens *n.m.* **1 - erreur** · aberration · absurdité · ineptie

✦ **à contresens** **1 - à l'envers** · en sens inverse · **2 - à rebours** · de travers

contretemps *n.m.* **complication** · accident · accroc · difficulté · empêchement · ennui · impondérable · imprévu · obstacle

✦ **à contretemps** inopportunément · mal à propos · hors de saison · comme un cheveu sur la soupe · comme un chien dans un jeu de quilles

↝ **obstacle**

contrevenir à *v.tr.ind.* · désobéir à · déroger à · enfreindre · manquer à · passer outre · transgresser · violer

contrevérité *n.f.* · mensonge · invention · bobard *fam.* · salades *fam.*

contribuer à *v.tr.ind.* **1 - aider à** · collaborer à · coopérer à · participer à · prendre part à · apporter sa pierre à l'édifice de · **2 - tendre à** · concourir à · conspirer à *littér.*

contribution *n.f.* **1 - aide** · apport · appui · collaboration · concours · coopération · tribut *littér.* · **2 - cotisation** · écot · mise de fonds · part · quote-part · tribut · **3 - impôt** · droit · imposition · prélèvement · taxe

↝ **impôt**

contrit, e *adj.* **1 - mortifié** · confus · penaud · marri *littér. ou vieux* · **2 -** [Relig.] **pénitent** · repentant

contrition *n.f.* · remords · componction · repentir · résipiscence *littér. ou Relig.*

↝ **remords**

contrôle *n.m.* **1 - inspection** · examen · pointage · test · vérification · **2 - observation** · monitorage *recomm. offic.* · monitoring *anglic.* · surveillance · **3 - censure** · **4 - maîtrise** · domination

✦ **contrôle des naissances** planning familial · orthogénie

✦ **contrôle de soi** maîtrise (de soi) · calme · sang-froid · self-control *anglic.*

contrôler *v.tr.* 1 - **examiner** · s'assurer de · inspecter · pointer · tester · vérifier · 2 - **observer** · surveiller · 3 - **maîtriser** · canaliser · contenir · dominer · endiguer

»» **se contrôler** *v.pron.* **se maîtriser** · se contenir · se dominer · se posséder *vieux ou littér.*

contrôleur, -euse

▪ *n.m.* **boîte noire** · mouchard *fam.*

▪ *n.* **inspecteur** · surveillant · vérificateur

✦ **contrôleur aérien** aiguilleur du ciel

controuvé, e *adj.* · inventé · fabriqué · faux · mensonger

controverse *n.f.* 1 - **débat** · discussion · polémique · 2 - [Philo.] **éristique**

controversé, e *adj.* · débattu · contesté · discuté · sujet à caution

contusion *n.f.* · bleu · ecchymose · lésion · meurtrissure

contusionné, e *adj.* · meurtri · contus

contusionner *v.tr.* · meurtrir

convaincant, e *adj.* 1 - **concluant** · décisif · démonstratif · percutant · probant · 2 - **persuasif** · éloquent

convaincre *v.tr.* 1 - **persuader** · décider · déterminer · 2 - **faire entendre raison à**

convaincre, persuader

Convaincre et **persuader** ont en commun l'idée de modifier la pensée de quelqu'un. **Convaincre** implique que l'on amène une personne à reconnaître comme vrai ou nécessaire une proposition ou un fait par le raisonnement, par des preuves *(trouver des arguments pour convaincre, je l'ai convaincu de son bon droit)*. **Persuader** quelqu'un, c'est obtenir son adhésion tout autant par les sentiments que par le raisonnement : « Il est aisé de convaincre un enfant que ce qu'on lui veut enseigner est utile : mais ce n'est rien de le convaincre, si l'on ne sait le persuader. En vain la tranquille raison nous fait approuver ou blâmer; il n'y a que la passion qui nous fasse agir (...) » (Rousseau, *Émile*, III).

convaincu, e *adj.* 1 - **certain** · persuadé · sûr · 2 - **assuré** · éloquent · pénétré · 3 - **déterminé** · farouche · résolu

✦ **je suis déjà convaincu** vous prêchez un converti

convalescence *n.f.* · rétablissement · analepsie *(Méd.)*

convenable *adj.* 1 - **adapté** · adéquat · ad hoc · à propos · compatible · conforme · de saison · pertinent · expédient *littér.* · idoine *littér. ou plaisant* · congru *vieilli* · 2 - **favorable** · opportun · propice · 3 - **acceptable** · correct · passable · potable *fam.* · 4 - **bienséant** · correct · décent · digne · honnête · honorable · séant · de bon ton · (très) comme il faut *fam.*

convenablement *adv.* · adéquatement · comme il faut · correctement · décemment

convenance *n.f.* [littér.] **accord** · adéquation · affinité · conformité · harmonie · pertinence · rapport

✦ **à sa convenance** à son gré · à son goût

»» **convenances** *plur.* **bienséance** · correction · décence · décorum · savoir-vivre · usage(s)

convenance, bienséance, décence

La **convenance**, la **bienséance** et la **décence** se rapportent aux règles qui ont cours dans une société à un moment donné. On parle de **convenance** pour ce qui est conforme aux usages imposés par la vie en société *(agir par convenance, pour des raisons de convenance ; observer les convenances)*. **Bienséance**, plus particulier, concerne ce qui répond aux normes morales de la société *(une attitude conforme à la bienséance ; heurter la bienséance)*. Avec **décence**, il s'agit avant tout du respect des règles morales en matière sexuelle : « Mes tantes (...), modèles de décence, d'honnêteté, de réserve, à qui le prêt du moindre trouble de la chair eût fait injure » (Gide, *Souvenirs*).

convenir *v.tr.ind.* **1 - faire l'affaire** · faire la rue Michel *fam., vieilli* · **2 - être à propos** · être opportun

✦ **convenir à** **1 - plaire à** · aller à · arranger · être au gré de · agréer à *littér.* · botter *fam.* · chanter à *fam.* · **2 - s'accorder avec** · aller à · cadrer avec · correspondre à · coller avec *fam.* · seoir à *littér.*

✦ **convenir de** **1 - arranger** · arrêter · décider · s'entendre sur · fixer · régler · **2 - avouer** · concéder · confesser · reconnaître

convention *n.f.* **1 - arrangement** · accord · compromis · contrat · engagement · entente · marché · pacte · traité · **2 - article** · disposition · stipulation · **3 - code** · loi · principe · règle · tradition

✦ **de convention** conventionnel · convenu

contrat

conventionnel, -elle *adj.* **1 - classique** · académique · banal · convenu · stéréotypé · traditionnel · **2 - formaliste** · conformiste · vieux jeu · **3 - arbitraire**

conventionnellement *adv.* **1 - arbitrairement** · **2 - traditionnellement** · classiquement · habituellement

convenu, e *adj.* [péj.] artificiel · banal · conventionnel

convergence *n.f.* **1 - affinité** · concordance · point commun · similitude · **2 -** [d'actions] **concours**

convergent, e *adj.* · analogue · concordant · semblable · similaire · voisin

converger *v.intr.* **1 - se concentrer** · concourir · confluer · **2 - aboutir** · se rencontrer · **3 - s'accorder** · coïncider · concorder · se recouper

conversation *n.f.* **1 - discussion** · causerie · dialogue · entretien · tête-à-tête · **2 -** [secrète] **aparté** · conciliabule · messes basses *péj.* · **3 - bavardage** · causette *fam.* · palabres *péj.* · parlote *fam.*

converser *v.intr.* · discuter · bavarder · causer · conférer · dialoguer · discourir · échanger des propos · faire, tenir salon · s'entretenir · parler · deviser *littér. ou plaisant*

conversion *n.f.* **1 - changement** · métamorphose · mutation · transformation · **2 -** [Psych.] **somatisation**

converti, e *n.* **1 - néophyte** · prosélyte · **2 - partisan** · adepte

convertible

▪ *adj.* **transformable** · changeable

▪ *n.m.* **canapé-lit** · clic-clac

convertir *v.tr.* **1 - catéchiser** · amener à la foi · convaincre · **2 - rallier** · gagner · **3 - changer** · métamorphoser · transformer · transmuer · transmuter

»» **se convertir** *v.pron.* · trouver son chemin de Damas

✦ **se convertir à** adopter

convexe *adj.* · courbe · arqué · arrondi · bombé · renflé

conviction *n.f.* **1 - certitude** · assurance · croyance · foi · **2 - persuasion** · **3 - détermination** · résolution · sérieux

✦ **en avoir la conviction** en donner sa main, sa tête à couper · en mettre sa main au feu

convier *v.tr.* **1 - inviter** · prier · semondre *vieux ou région.* · **2 - engager** · exciter · inciter · induire · inviter · solliciter

convive *n.* · hôte · invité · commensal *soutenu*

convocation *n.f.* **1 - appel** · invitation • [à un examen] collante *fam.* · **2 -** [Droit] **assignation** · citation

convoi *n.m.* **1 - caravane** · **2 - cortège funèbre** · **3 - train**

convoiter *v.tr.* · ambitionner · aspirer à · briguer · désirer · envier · rêver de · soupirer après · guigner *fam.* · lorgner sur *fam.* · loucher sur *fam.*

convoitise *n.f.* · désir · appétit · ardeur · avidité · cupidité · envie · appétence *littér.* • [de la chair] concupiscence

convoquer *v.tr.* **1 - appeler** · convier · inviter · mander *littér.* · **2 -** [Droit] **assigner** · citer

convoyer *v.tr.* · escorter · accompagner · acheminer · conduire · transporter · véhiculer

convulsé, e *adj.* · contracté · convulsionné · crispé · décomposé

convulser *v.tr.* · contracter · convulsionner · crisper · décomposer · tirailler

convulsif, -ive *adj.* · nerveux · spasmodique

convulsion *n.f.* **1 - contraction** · crispation · spasme · **2 - agitation** · bouleversement · crise · remous · révolution · secousse · soubresaut · spasme · trouble

convulsivement *adv.* · nerveusement · spasmodiquement

coopératif, -ive *adj.* · coopérant

coopération *n.f.* · collaboration · aide · appui · concours · contribution · participation

coopérer à *v.tr.ind.* · collaborer à · aider · s'associer à · concourir à · contribuer à · participer à · prendre part à • [sans complément] faire preuve de bonne volonté

coordination *n.f.* **1 - organisation** · agencement · arrangement · harmonisation • [dans le temps] synchronisation · **2 - enchaînement** · liaison

coordonner *v.tr.* **1 - organiser** · agencer · arranger · combiner · harmoniser · ordonner • [dans le temps] synchroniser · **2 - assortir** · **3 - enchaîner** · lier · relier

copain *n.m. et adj. m.* **1 - camarade** · ami · **2 - amoureux** · ami · compagnon · petit ami · mec *fam.* · jules *fam.*

➳ ami

copie *n.f.*
I 1 - double · calque · épreuve · fac-similé · photocopie · reproduction • [Admin.] ampliatif · ampliation · duplicata · **2 - réplique** · répétition · **3 - maquette** · réduction · **4 -** [d'un ordinateur, d'une personne, etc.] **clone**
II 1 - contrefaçon · falsification · imitation · **2 - plagiat** · calque · démarcage · pastiche
III 1 - exemplaire · **2 - manuscrit** · **3 - devoir** · composition

copier *v.tr.* **1 - noter** · prendre en note · relever · transcrire · **2 - calquer** · reproduire · **3 - imiter** · contrefaire · falsifier · **4 - plagier** · démarquer · pasticher · pomper *fam.* • [sans complément] tricher · **5 - mimer** · reproduire · ressembler à · **6 -** [un ordinateur, une personne, etc.] **cloner**

copier, contrefaire, imiter

Copier, imiter et **contrefaire** peuvent être associés autour de la notion de reproduction d'un comportement, d'un objet, etc. Avec cette valeur, **copier** s'emploie de manière neutre *(copier un manuscrit)* ou implique selon le cas la tromperie *(copier une œuvre)*, la moquerie *(copier les gestes d'un professeur)*. **Imiter**, avec le même double aspect, diffère de **copier** dans la mesure où la reproduction n'est pas exacte, même si elle s'approche du modèle *(imiter l'accent, les mimiques de quelqu'un)*. De plus, **imiter** a des emplois beaucoup plus larges que **copier** *(imiter un chien ; le perroquet imite des voix)*. **Contrefaire** est proche d'**imiter**, mais implique presque toujours l'intention de dénigrer *(contrefaire les manies de quelqu'un)* ou un projet frauduleux *(contrefaire une signature, des billets de banque)*.

copieur, -ieuse *n.* **1 - tricheur** · **2 - (pâle) imitateur** · suiveur · épigone *littér.*

copieusement *adv.* · abondamment · amplement · considérablement · largement · sacrément *fam.*

copieux, -ieuse *adj.* **1 - abondant** · ample · généreux · plantureux · **2 -** [littér.] **riche** · prolixe

copinage *n.m.* · favoritisme · népotisme · clientélisme · piston *fam.*

copine *n.f.* **1 - camarade** · amie · **2 - amoureuse** · amie · compagne · petite amie · nana *fam.*

copiste *n.* **1 - scribe** · clerc · fesse-cahier *fam., vieux* · **2 - imitateur** · contrefacteur · démarqueur · pasticheur · plagiaire

copulation *n.f.* · accouplement · coït

coq *n.m.* **1 -** [jeune] **coquelet** · poulet · cochet *vieilli* · cochelet *vieux, région.* · **2 -** [châtré] **chapon**

coque *n.f.* **1 - coquille** · **2 - carcasse** · carène

coquelicot *n.m.* · ponceau · pavot

coqueluche *n.f.* [fam.] favori · idole · chouchou *fam.*

coquet, -ette *adj. et n.f.* **1 - élégant** · charmant · chic · mignon · pimpant · **2 -** [fam.] **conséquent** · gentil · joli · rondelet · substantiel

⋙ **coquette** *n.f.* [vieilli] **aguicheuse** · allumeuse · célimène

coquetterie *n.f.* **1 - élégance** · chic · goût · **2 - séduction** · galanterie · marivaudage · **3 - affectation** · minauderie · afféterie *littér.*

coquetterie, galanterie, marivaudage

Tous ces mots sont relatifs aux rapports de séduction. La **coquetterie** implique le souci de plaire et les manières d'y parvenir ; le mot s'applique surtout à une femme *(coquetterie féminine)* alors que **galanterie**, avec une valeur analogue, s'emploie pour un homme : « Notre liaison avec les femmes est fondée sur le bonheur attaché au plaisir des sens, (...) et encore sur le désir de leur plaire (...). Ce désir général de plaire a produit la galanterie » (Montesquieu, *l'Esprit des lois*, XXVIII, XXII). Le **marivaudage** suppose des propos ou un comportement d'une galanterie recherchée *(marivaudage sentimental).*

coquillage *n.m.* · fruit de mer

coquille *n.f.* **1 - coque** · test *(Zool.)* · **2 -** [Typo] **erreur** · faute

coquin, e

▪ *adj.* **1 - espiègle** · malicieux · polisson · **2 - grivois** · égrillard · gaillard · gaulois · leste · libertin · licencieux · paillard · polisson · salé · cochon *fam.*

▪ *n.m.* **1 - bandit** · canaille · escroc · scélérat · voleur · vaurien · bélître *vieux* · faquin *vieux* · fripon *vieux* · gredin *vieux* · gueux *vieux* · maraud *vieux* · maroufle *vieux* · pendard *vieux* · **2 - garnement** · brigand · canaille · chenapan · bandit *fam.*

[1]**cor** *n.m.* · corne · trompe · olifant *(Hist.)*

[2]**cor** *n.m.* **callosité** · corne · durillon

✦ **cor au pied** oignon · œil-de-perdrix · agassin *vieux ou région.*

corbeille *n.f.* **1 - panier** · ciste · manne · **2 -** [de fleurs] **massif** · parterre · **3 - mezzanine**

corbillard *n.m.* · fourgon mortuaire

cordage *n.m.* **1 - corde** · **2 - câble** · filin · **3 -** [Mar.] **bout** · filin · manœuvre • [petit] bitord · fil (à voile) · ligne · lusin · merlin · quarantenier · ralingue • [gros] aussière · câble · grelin · garcette

corde *n.f.* **1 - cordage** · cordon · lien • [petite] cordeau · cordelette · **2 -** [pour animaux] laisse · longe · trait · **3 - boyau** · catgut *(Méd.)* · **4 - câble** · filin

cordelette *n.f.* · ficelle · cordeau

cordial, e *adj.* **1 - affectueux** · accueillant · amical · bienveillant · chaleureux · sympathique · **2 -** [vieilli] **fortifiant** · réconfortant · reconstituant · stimulant · tonique · remontant *fam.*

cordialement *adv.* · chaleureusement · amicalement · courtoisement · sympathiquement

cordialité *n.f.* · amabilité · amitié · bienveillance · chaleur · courtoisie · sympathie

cordon *n.m.* **1 - aiguillette** · attache · bandereau · brandebourg · câble · cordelière · cordonnet · dragonne · enguichure · frange · galon · ganse · lacet · lacs · lien · passepoil · ruban · soutache · toron · tresse · **2 - file** · ligne · rang · rangée · **3 - bordure** · bande · lisière • [de pièce de monnaie] listel

cordon-bleu *n.m.* → **cuisinier**

cordonnier, -ière *n.* · savetier *vieux* · ressemeleur *vieux* · bouif *argot, vieilli* · gnaf *fam., région.*

coriace *adj.* **1 - ferme** · dur · **2 - tenace** · obstiné · opiniâtre · dur à cuire *fam.*

cornaquer *v.tr.* · accompagner · guider · piloter

corne *n.f.* 1 - **bois** · andouiller · cor · ramure · 2 - **callosité** · cal · cor · 3 - **trompe** · cornet

corner

▪ *v.tr.* **claironner** · clamer · crier sur les toits · proclamer

▪ *v.intr.* [vieilli] **avertir** · klaxonner

cornet *n.m.* · cône · gobelet

corniaud *n.m.* 1 - **bâtard** · 2 - [fam.] → **imbécile**

corollaire *n.m.* · conséquence · effet · implication · répercussion · suite

corporation *n.f.* · communauté · confrérie · corps · guilde · hanse · métier · ordre

corporel, -elle *adj.* 1 - **physique** · charnel · 2 - **naturel** · physiologique · 3 - **matériel**

corporellement *adv.* 1 - **physiquement** · charnellement · 2 - **matériellement**

corps *n.m.*

I 1 - **organisme** · matière · substance · 2 - **chose** · objet

II 1 - **anatomie** · morphologie · physique · 2 - **cadavre** · dépouille (mortelle)

III 1 - **assemblée** · association · cellule · communauté · compagnie · ensemble · groupe · organe · société · 2 - **corporation** · ordre

IV **consistance** · épaisseur

✦ **corps céleste** astre · planète

✦ **donner corps à** incarner · concrétiser · matérialiser

✦ **prendre corps** se concrétiser · se dessiner · se matérialiser · prendre forme · prendre tournure · se préciser

corpulence *n.f.* · embonpoint · obésité

corpulent, e *adj.* · fort · gros · lourd · obèse · massif · mastoc *fam.*

corpus *n.m.* · recueil · collection

corpuscule *n.m.* · élément · particule

correct, e *adj.*

I **exact** · bon · conforme · fidèle · juste

II 1 - **châtié** · pur · 2 - **bienséant** · convenable · décent · 3 - **honnête** · loyal · régulier · scrupuleux · réglo *fam.*

III **acceptable** · convenable · moyen · passable · satisfaisant · O.K. *fam.* · potable *fam.*

❧ **exact**

correctement *adv.* 1 - **exactement** · avec justesse · sans erreur · 2 - **décemment** · comme il faut · convenablement · 3 - **honnêtement** · loyalement · scrupuleusement · 4 - **moyennement** · passablement

correcteur, -trice *n.* · examinateur · vérificateur

correctif *n.m.* · correction · rectificatif · rectification · épanorthose *(Rhétorique)*

correction *n.f.*

I 1 - **modification** · rectification · remaniement · reprise · retouche · révision · 2 - **biffure** · rature · surcharge · 3 - **correctif** · rectificatif

II **punition** · coups · dégelée *fam.* · dérouillée *fam.* · pile *fam.* · raclée *fam.* · volée *fam.* · brossée *fam., vieilli* · brûlée *fam., vieilli* · danse *fam., vieilli* · peignée *fam., vieilli* · rossée *fam., vieilli* · tournée *fam., vieilli* · tripotée *fam., vieilli* · frottée *fam., vieux*

III **conformité** · exactitude · fidélité · justesse

IV 1 - bienséance · décence · politesse · savoir-vivre · **2 - honnêteté** · scrupule
V atténuation · adoucissement · compensation · contrepoids · neutralisation

corrélation *n.f.* · rapport · concordance · correspondance · dépendance · interdépendance · liaison · relation

corréler *v.tr.* · lier · relier · établir un lien entre · mettre en rapport, en relation

correspondance *n.f.* **1 - courrier** · lettres · relations épistolaires · **2 - liaison** · rapport · relation · **3 - accord** · affinité · analogie · complicité · concordance · conformité · corrélation · connexité · harmonie · ressemblance · similitude · **4 - simultanéité** · concordance · synchronisme · **5 -** [Transport] **changement**

correspondant, e
▪ *adj.* **1 - équivalent** · homologue · semblable · similaire · **2 - concordant** · corrélatif · relatif
▪ *n.* **envoyé** · reporter · représentant

correspondre *v.tr.ind.*
✦ **correspondre avec** écrire à · avoir des relations épistolaires avec
✦ **correspondre à** **1 - s'accorder à** · cadrer avec · concorder avec · convenir à · s'harmoniser avec · coller avec *fam.* · **2 - se rapporter à** · se référer à · **3 - se conformer à** · répondre à · satisfaire

corridor *n.m.* · couloir · galerie · passage

corriger *v.tr.*
I 1 - réformer · amender · redresser · rectifier · **2 - modifier** · rectifier · remanier · reprendre · retoucher · **3 -** [Scol.] **réviser** · noter · revoir · **4 - biffer** · raturer
II atténuer · adoucir · balancer · compenser · équilibrer · neutraliser · pallier · racheter · réparer · tempérer
III punir · châtier · donner une leçon à · donner, filer une dégelée à *fam.* · donner, filer une dérouillée à *fam.* · donner, filer une pile à *fam.*

⋙ **se corriger** *v.pron.* **se reprendre**
✦ **se corriger de** se défaire de · se débarrasser de · se guérir de

∾ **réformer** ∾ **punir**

corroborer *v.tr.* · confirmer · affermir · appuyer · étayer · fortifier · raffermir · renforcer · soutenir

corrodant, e *adj. et n.m.* · corrosif · caustique

corroder *v.tr.* · attaquer · désagréger · détériorer · détruire · entamer · ronger · user

corrompre *v.tr.*
I soudoyer · acheter · circonvenir · gagner · suborner · stipendier *littér.* · donner la pièce à *fam.* · graisser la patte de, à *fam.*
II 1 - dépraver · avilir · gangrener · pervertir · perdre · souiller · tarer *vieux* · **2 - dénaturer** · altérer · défigurer · déformer
III [vieilli] **1 - avarier** · altérer · décomposer · gâter · pourrir · putréfier · **2 - empester** · empoisonner · infecter · souiller · vicier

⋙ **se corrompre** *v.pron.* **s'avarier** · s'altérer · se décomposer · se gâter · pourrir · se putréfier

corrompu, e *adj.* **1 - dépravé** · dissolu · perverti · vil · **2 - vendu** · vénal · véreux · qui en croque *fam.* · ripou *fam.* · **3 - avarié** · gâté · pourri · putréfié · **4 - pestilentiel** · vicié

corrosif, -ive *adj.* 1 - **corrodant** · brûlant · caustique · 2 - **acerbe** · caustique · décapant · incisif · mordant · virulent

corrosion *n.f.* 1 - **brûlure** · désagrégation · destruction · usure · 2 - **érosion** · abrasion · ravinement

corrupteur, -trice *adj.* · destructeur · malfaisant · nuisible

corruptible *adj.* · vénal · achetable · ripou *fam.*

corruption *n.f.*
I 1 - **dépravation** · avilissement · gangrène · perversion · souillure · tare · vice · 2 - **altération** · déformation · dérèglement · dissolution
II [vieilli] 1 - **décomposition** · pourriture · putréfaction · 2 - **empoisonnement** · infection · pestilence

corsage *n.m.* · chemisier · chemisette · haut · blouse · caraco *vieilli* · casaquin *anciennt*

corsaire *n.m.* · boucanier · écumeur de mer · flibustier · forban · pirate

corsé, e *adj.* 1 - **épicé** · pimenté · piquant · relevé · 2 - **ardu** · compliqué · difficile · chiadé *fam.* · costaud *fam.* · coton *fam.* · trapu *fam.* · 3 - **grivois** · osé · salé · scabreux

corser *v.tr.* 1 - **épicer** · pimenter · rehausser · relever · 2 - **compliquer**

corset *n.m.* 1 - **ceinture** · gaine · 2 - **corselet**

cortège *n.m.* 1 - **défilé** · convoi · file · procession · 2 - **escorte** · cour · suite · 3 - **ribambelle** · kyrielle · suite · flopée *fam.* · tapée *fam.*

corvée *n.f.* · besogne · tâche · travail

cosmique *adj.* 1 - **astral** · céleste · sidéral · spatial · 2 - **interplanétaire** · intersidéral · interstellaire · 3 - [littér.] **infini** · universel

cosmologie *n.f.* · cosmogonie · cosmographie *vieux*

cosmologie, cosmographie, cosmogonie

Ces mots sont relatifs à l'origine de l'univers. La **cosmologie** a pour objet d'expliquer scientifiquement comment l'univers s'est formé et a évolué ; une **cosmogonie** peut être une théorie qui avance des hypothèses sur l'origine, ou un récit mythique *(la cosmogonie des Dogons)*. **Cosmographie** était réservé aux théories philosophiques sur le même sujet, mais le mot désigne aujourd'hui l'astronomie descriptive.

cosmonaute *n.* · astronaute · spationaute · taïkonaute
→ astronaute

cosmopolite *adj.* · international · bigarré

cosmos *n.m.* · univers · espace

cosse *n.f.* · enveloppe · balle · bogue · gousse

cosse, balle, gousse

Cosse, **balle** et **gousse** désignent tous trois l'enveloppe d'une graine. On parle de **cosse** et, moins couramment, de **gousse** pour les graines de légumineuses *(cosse* ou *gousse de fève)* mais l'un et l'autre mots se disent aussi pour les graines d'autres végétaux, sans être interchangeables *(cosse de genêt* ; *gousse de vanille)*. En particulier, **gousse** s'applique au caïeu de l'ail, de l'échalote *(gousse d'ail)*. **Balle** est réservé aux graines de graminées comme le blé, l'avoine, etc. *(des grains d'avoine dépourvus de leur balle)*.

cossu, e *adj.* · riche · aisé · fortuné · nanti · opulent · friqué *fam.* · rupin *fam.*

costard *n.m.* [fam.] → **costume**

costaud, e *adj.* **1 - bien bâti** · fort · robuste · balèze *fam.* · maous *fam.* · **2 - solide** · robuste · **3 - doué** · fort · balèze *fam.* · calé *fam.* · fortiche *fam.*

costume *n.m.* **1 - habit** · habillement · tenue · vêtement · accoutrement *souvent péj.* · équipage *vieux ou plaisant* · **2 - complet(-veston)** · costard *fam.* · **3 - déguisement** · habit

costumé, e *adj.* · déguisé · travesti

costumer *v.tr.* **1 - déguiser** · travestir · **2 -** [vieilli] **habiller** · vêtir

cotation *n.f.* · cote · cours

cote *n.f.* **1 - cotation** · cours · **2 - niveau** · indice · **3 - popularité** · succès · **4 - contribution** · cotisation

coté, e *adj.* · estimé · apprécié · prisé · réputé

[1]**côte** *n.f.* **1 - côtelette** · entrecôte · **2 - bande** · rayure · **3 - nervure** · carde

✦ **côte à côte** à côté · tout contre · coude-à-coude

[2]**côte** *n.f.* **1 - coteau** · cuesta *(Géog.)* · **2 - pente** · montée · raidillon · rampe · grimpette *fam.*

[3]**côte** *n.f.* · bord · bordure · littoral · rivage · cordon (littoral)

côté *n.m.*
I 1 - flanc · **2 - versant** · côte · coteau · flanc · pan · pente · **3 - bord** · bordure · **4 - face** · ligne · pan
II aspect · angle · perspective · point de vue · sens
III camp · bord · parti

✦ **bon côté** qualité · agrément · avantage

✦ **mauvais côté** défaut · désagrément · inconvénient · travers

✦ **à côté** (tout) près · à proximité · à deux pas

✦ **à côté de** **1 - auprès de** · contre · près de · **2 - en comparaison de** · **3 - avec** · au même niveau · sur le même pied · sur le même plan · **4 - en dehors de**

✦ **à côté de cela** par contre · en revanche

✦ **mettre à côté de** accoler · accoter · flanquer · juxtaposer

✦ **au côté de** auprès de · contre · près de

✦ **de l'autre côté** en face · à l'opposé

✦ **de tous côtés** de toute(s) part(s) · çà et là · dans, de tous les coins · partout · tous azimuts

✦ **du côté de** **1 - dans la direction de** · vers · **2 - aux environs de** · dans la région de · non loin de · près de · **3 - relativement à** · en ce qui concerne · quant à

✦ **de côté** de biais · en coulisse · latéralement · obliquement · de travers · [marcher] en crabe

✦ **laisser de côté** **1 - ne pas tenir compte de** · faire abstraction de · négliger · **2 - oublier** · omettre · jeter, mettre aux oubliettes

✦ **mettre de côté** **1 - garder en réserve** · réserver *(Cuisine)* · **2 - économiser** · épargner · thésauriser · mettre à gauche *fam.*

de tous côtés, de toutes parts

De tous côtés et **de toutes parts** s'emploient dans les mêmes contextes pour traduire l'idée d'un mouvement vers le centre *(arriver, venir de tous côtés* ou *de toutes parts),* mais on emploiera seulement **de tous côtés** lorsque le mouvement, centrifuge, s'effectue dans toutes les directions *(courir, regarder de tous côtés)*. On devrait préférer cette dernière locution en l'absence d'idée de mouvement : « Autour de moi mes amis richement costumés, de tous côtés des jeunes gens et des femmes, tous étincelants de beauté et de joie » (Musset, *Confessions d'un enfant du siècle*).

coteau *n.m.* **1 - colline** · monticule · **2 - côte** · flanc · pente · versant

coter *v.tr.* **1 - évaluer** · estimer · juger · noter · **2 - noter** · numéroter

coterie *n.f.* · association · bande · caste · cercle · chapelle · clan · clique · école · église · famille · parti · secte · tribu

cotisation *n.f.* · contribution · écot · quote-part

cotiser *v.intr.* · contribuer · payer son écot

coton *n.m.* **1 - ouate** · **2 - cotonnade**

cotonneux, -euse *adj.* **1 - duveté** · [végétaux] tomenteux · **2 - flasque** · farineux · mou · spongieux · **3 - assourdi** · feutré · sourd

côtoyer *v.tr.* **1 - fréquenter** · approcher · coudoyer · frayer avec · se frotter à · **2 - border** · s'étendre le long de · longer

cou *n.m.* **1 - encolure** · **2 - goulot** · col

couac *n.m.* · fausse note · canard

couard, e *adj. et n.* · lâche · peureux · poltron · pleutre *littér.* · pusillanime *littér.* · veule *littér.* · dégonflard *fam.* · dégonflé *fam.* · lope *fam.* · lopette *fam.* · trouillard *fam.* · foireux *fam., vieilli* · couille molle *très fam.* · capon *fam., vieilli*

couardise *n.f.* · lâcheté · poltronnerie · pleutrerie *littér.* · pusillanimité *littér.* · veulerie *littér.*

couchant *n.m.* **1 - occident** · ouest · ponant *littér. ou région.* · **2 - crépuscule** · brune

[1]**couche** *n.f.* **1 - change** · lange · pointe *anciennt* · **2 -** [vieux ou littér.] **lit** · couchette

[2]**couche** *n.f.* **1 - croûte** · épaisseur · film · pellicule · **2 - assise** · lit · strate · **3 - catégorie** · classe · strate

[1]**coucher**

▪ *v.tr.* **1 - mettre au lit** · [un malade] aliter · **2 - allonger** · étendre · **3 - renverser** · abattre · **4 - incliner** · pencher · **5 - consigner** · inscrire · noter · porter

▪ *v.intr.* **loger** · demeurer · dormir · gîter *vieux ou littér.*

✦ **coucher avec** baiser *très fam.* · couchailler avec *fam., vieilli* · couchoter avec *fam., vieilli*

⋙ **se coucher** *v.pron.* **1 - se mettre au lit** · se mettre, se glisser dans les draps · aller au, aller faire dodo *lang. enfants* · se pieuter *fam.* · se mettre dans les bâches *fam., vieilli* · se mettre dans les toiles *fam., vieilli* · se pageoter *fam., vieilli* · se pager *fam., vieilli* · se pagnoter *fam., vieilli* · se plumarder *fam., vieilli* · se plumer *fam., vieilli* · mettre la viande dans le torchon *fam., vieilli* · **2 -** [malade] **s'aliter** · **3 - s'allonger** · s'étendre · **4 - s'incliner** · se courber · (se) pencher · ployer · **5 - se renverser** · s'affaisser · basculer · verser

[2]**coucher** *n.m.* **gîte**

✦ **au coucher du soleil** au crépuscule · au couchant

couche-tard *n. et adj. invar.* · noctambule · nuitard *fam.*

couci-couça *loc. adv.* · moyennement · comme ci, comme ça *fam.* · entre les deux *fam.*

coude *n.m.* **1 - angle** · saillie · **2 - courbe** · tournant · virage · **3 - méandre** · détour · sinuosité

✦ **au coude à coude** côte à côte · ensemble · à égalité

✦ **se serrer les coudes** s'entraider

couder *v.tr.* · courber · arquer · cambrer · plier

coudoyer *v.tr.* · côtoyer · approcher · fréquenter · rencontrer

coudre *v.tr.* **1 - raccommoder** · rapiécer · ravauder · repriser · **2 - monter** · bâtir · **3 - suturer**

couffin *n.m.* · moïse

couiner *v.intr.* **1 - piailler** · pleurnicher · chigner *fam.* · **2 - grincer**

coulant, e *adj.* **1 - fluide** · agréable · aisé · facile · **2 -** [fam.] **accommodant** · arrangeant · conciliant · flexible · indulgent

coulée *n.f.* · flot · flux · vague

couler

▪ *v.intr.* **1 - circuler** · s'écouler · filer · fluer *littér.* · **2 - déborder** · dégouliner · se répandre · ruisseler · pisser *fam.* · **3 - dégoutter** · goutter · sourdre · suinter · **4 - chavirer** · s'abîmer · s'enfoncer · s'engloutir · faire naufrage · sombrer · **5 - se noyer** · **6 - péricliter** · décliner · dépérir

▪ *v.tr.* **1 - transvaser** · verser · **2 - glisser** · passer · **3 - vivre** · passer · **4 - saborder** · saboter · **5 - perdre** · ruiner · **6 - mouler** · fondre

⋙ **se couler** *v.pron.* **1 - se glisser** · se faufiler · **2 - s'introduire** · pénétrer

couleur *n.f.* **1 - coloration** · coloris · nuance · teinte · ton · tonalité · **2 - colorant** · peinture · pigment · teinture · **3 - carnation** · teint · **4 - apparence** · aspect · caractère · figure · tournure

✦ **couleur locale** pittoresque · typique

⋙ **couleurs** *plur.* **drapeau** · pavillon

coulisse *n.f.* **glissière**

⋙ **coulisses** *plur.* [Théâtre] **cantonade** · [fig.] **dessous** · secrets

coulisser *v.intr.* · glisser

couloir *n.m.* · corridor · galerie · passage

coup *n.m.*

I 1 - choc · commotion · ébranlement · heurt · secousse · tamponnement · **2 - claque** · gifle · tape · raclée · beigne *fam.* · châtaigne *fam.* · gnon *fam.* · marron *fam.* · pain *fam.* · ramponneau *fam.* · **3 -** [léger] **chiquenaude** · pichenette *fam.* · tape *fam.* · **4 - atteinte** · dommage · préjudice · trait *littér.*

II manœuvre · astuce · tour · combine *fam.* · truc *fam.*

III 1 - essai · tentative · **2 - occasion** · fois

IV [fam.] **gorgée** · verre

✦ **(volée de) coups 1 - bastonnade** · bourrade · horion *souvent au plur.* · peignée *fam.* · pile *fam.* · raclée *fam.* · ratatouille *fam.* · rincée *fam.* · rossée *fam.* · roulée *fam.* · rouste *fam.* · tampon *fam.* · tannée *fam.* · tournée *fam.* · trempe *fam.* · tripotée *fam.* · frottée *fam., vieilli* · giboulée *fam.* · taquet *fam., vieilli* · tatouille *fam., vieilli* · tabac *vieux* · **2 - → correction**

✦ **à coup sûr** infailliblement · certainement · sans faute

✦ **coup sur coup** successivement · à la suite · d'affilée
✦ **mauvais coup** méfait
✦ **tomber sous le coup de** encourir · être passible de
✦ **trace de coups** blessure · bleu · bosse · contusion · ecchymose · meurtrissure · coquard *fam.*
✦ **se donner un coup** → se cogner
✦ **donner un coup, des coups** → battre
✦ **coups et blessures** sévices · mauvais traitement · voies de fait
✦ **coup de feu** décharge · détonation
✦ **coups de fusil** fusillade · salve · tirs
✦ **coup d'éclat** exploit
✦ **coup d'État** putsch
✦ **coup de main** **1 - attaque** · **2 - aide** · appui · secours
↝ **regard**

coupable *adj.* **1 - fautif** · responsable · **2 - blâmable** · condamnable · punissable · répréhensible · damnable *vieux* · **3 - honteux** · inavouable · indigne · infâme · vicieux · **4 - illégitime** · illicite

coupant, e *adj.* **1 - acéré** · affilé · affûté · aiguisé · tranchant · **2 - autoritaire** · bref · cassant · péremptoire · tranchant

[1]**coupe** *n.f.* **1 - coupelle** · compotier · **2 - calice** · ciboire · [Antiquité] cratère · patère

[2]**coupe** *n.f.* **1 - taille** · **2 - abattage** · **3 - coupon** · pièce · **4 -** [Poésie] **césure**

coupe-coupe *n.m. invar.* · machette

coupe-faim *n.m. invar.* · anorexigène

couper *v.tr.*
I blesser · balafrer · écorcher · entailler · entamer · fendre · labourer · taillader
II 1 - abattre · faucher · **2 - tailler** · cisailler · sectionner · trancher · **3 - scier** · débiter · fendre · tronçonner · **4 - émincer** · hacher · mincer *vieux*
III 1 - écourter · ébouter · raccourcir · rafraîchir · **2 - écimer** · étêter · **3 - ébrancher** · élaguer · émonder · **4 - raser** · tondre · **5 - ébarber** · émarger · rogner · **6 - abréger** · amputer · tronquer · **7 - châtrer** · émasculer
IV 1 - fractionner · diviser · morceler · partager · scinder · segmenter · séparer · saucissonner *fam.* · **2 - traverser** · croiser · passer par
V 1 - arrêter · faire cesser · intercepter · interrompre · rompre · suspendre · **2 - barrer** · bloquer
VI mélanger · mouiller · baptiser *fam.*
✦ **couper à** éviter · échapper à · être dispensé de
✦ **couper de** isoler de · séparer de
✦ **couper la tête de** décapiter · guillotiner · raccourcir *fam.* · décoller *vieux*

»» **se couper** *v.pron.* **1 - se croiser** · s'entrecroiser · **2 - s'entailler** · s'écorcher · se taillader · **3 - se contredire** · se trahir

couperet *n.m.* · hachoir · hansart *région.*

couple *n.m.* **1 - ménage** · mariage · **2 - paire** · binôme · duo · tandem
↝ **paire**

coupler *v.tr.* · accoupler · assembler · associer · connecter · apparier *littér.* · géminer *littér.*

couplet *n.m.* **1 - strophe** · stance · **2 - chanson** · **3 -** [péj.] **tirade** · antienne · chanson · refrain · rengaine · ritournelle · scie *vieux*

coupole *n.f.* · dôme · voûte

coupon *n.m.* 1 - **billet** · ticket · 2 - **pièce (de tissu)** · coupe

coupure *n.f.* 1 - **entaille** · balafre · estafilade · incision · taillade · 2 - **interruption** · arrêt · panne · rupture · 3 - **séparation** · cassure · fossé · fracture · hiatus · rupture · solution de continuité · 4 - **pause** · break *fam.* · 5 - **suppression**

cour *n.f.* 1 - **patio** · atrium *(Antiquité)* · 2 - **suite** · cercle · cortège · courtisans · groupies *fam.* · 3 - **assemblée** · parlement · 4 - **tribunal** · juridiction

✦ **faire la cour à** courtiser · faire du charme à · baratiner *fam.* · draguer *fam.* · faire du plat à *fam.* · faire du gringue à *fam.* · conter fleurette à *fam.* · galantiser *vieux* · mugueter *vieux*

courage *n.m.* 1 - **bravoure** · cœur · force (d'âme) · héroïsme · stoïcisme · vaillance · valeur · 2 - **audace** · hardiesse · intrépidité · témérité · cran *fam.* · estomac *fam.* · 3 - **ardeur** · énergie · résolution · volonté

✦ **donner du courage à** affermir · encourager · conforter · réconforter · regonfler *fam.* · remonter *fam.*

courage, bravoure, intrépidité, valeur

L'idée d'attitude positive devant un obstacle est commune aux quatre mots. Le **courage** implique une grande fermeté devant un danger ou dans des situations difficiles d'un point de vue moral ou physique *(combattre la maladie avec courage)*. La **bravoure** est une forme de courage généreux qui se manifeste en particulier en temps de guerre : « Les héros ont leurs accès de crainte, les poltrons des instants de bravoure » (Stendhal, *Journal*). L'**intrépidité** se signale par l'absence de toute crainte devant n'importe quel danger *(l'intrépidité d'un alpiniste)*. **Valeur** s'employait couramment au XVIIe siècle pour désigner la bravoure au combat : « La valeur n'attend pas le nombre des années » (Corneille, *le Cid*, II, 2).

courageusement *adv.* 1 - **bravement** · vaillamment · valeureusement · 2 - **hardiment** · intrépidement · crânement · témérairement · 3 - **énergiquement** · résolument

courageux, -euse *adj.* 1 - **brave** · héroïque · stoïque · vaillant · valeureux · preux *littér.* · sans peur et sans reproche · 2 - **audacieux** · crâne · hardi · intrépide · téméraire · couillu *très fam.* · 3 - **énergique** · décidé · résolu

✦ **être très courageux** avoir du sang dans les veines · avoir du cœur au ventre · n'avoir pas froid aux yeux *fam.* · avoir du poil au cul *très fam.* · avoir des couilles (au cul) *très fam.*

couramment *adv.* 1 - **communément** · banalement · fréquemment · généralement · habituellement · normalement · ordinairement · usuellement · 2 - **aisément** · avec aisance · facilement · sans difficulté · [traduire, lire] à livre ouvert

[1]**courant, e** *adj.* 1 - **actuel** · en cours · 2 - **commun** · banal · classique · général · habituel · normal · ordinaire · quelconque · répandu · usité · usuel

[2]**courant** *n.m.* 1 - **fil de l'eau** · cours · 2 - **électricité** · jus *fam.* · 3 - **déplacement** · circulation · flux · mouvement · 4 - **groupe** · école · mouvement · tendance · 5 - **élan** · force · mouvement

✦ **mettre au courant** avertir · informer · renseigner · briefer *fam.*

✦ **être au courant** savoir · être au fait · être au parfum *fam.* · être dans le coup *fam.*

✦ **courant d'air** vent · bouffée d'air

courbatu, e *adj.* · courbaturé · ankylosé · fourbu · moulu *fam.*

courbaturer *v.tr.* · ankyloser · engourdir

[1]**courbe** *adj.* **1 - arqué** · arrondi · bombé · busqué · cambré · cintré · concave · convexe · coudé · courbé · curviligne · galbé · incurvé · infléchi · recourbé · renflé · voûté · **2 -** [anormalement] **tordu** · tors

[2]**courbe** *n.f.* **1 - arc** · courbure · **2 - tournant** · coude · virage · **3 - méandre** · boucle · cingle *région.* · **4 - arabesque** · ondulation · sinuosité · volute · **5 - graphique** · tracé

courber *v.tr.* **1 - plier** · arquer · arrondir · bomber · busquer · cintrer · couder · fléchir · incurver · infléchir · replier · voûter · [anormalement] fausser · gauchir · gondoler · tordre · **2 - incliner** · affaisser · baisser · coucher · pencher · plier · **3 - assujettir** · dominer · humilier · rabaisser · soumettre

✦ **courber sous** subir · céder à · obéir à · se soumettre à · supporter

⋙ **se courber** *v.pron.* **1 - se baisser** · s'incliner · se pencher · se plier · ployer · **2 - faire la révérence** · faire une courbette · s'incliner

courbette *n.f.* **révérence** · salut

✦ **faire des courbettes** s'aplatir · flatter · ramper

courbure *n.f.* **1 - arrondi** · arcure · cambrure · cintrage · courbe · fléchissement · flexion · galbe · inflexion · pliure · voussure · **2 -** [dos] **cambrure** · lordose · ensellure · [anormale] scoliose · **3 - tournant** · virage · **4 - méandre** · ondulation · sinuosité

coureur, -euse *n.* · joggeur *anglic.* · relayeur

✦ **coureur (de jupons)** cavaleur *fam.* · dragueur *fam.* · juponnier *vieux*

courir

▪ *v.tr.* **1 - parcourir** · couvrir · sillonner · **2 - fréquenter** · hanter · **3 - s'exposer à** · aller au devant de

▪ *v.intr.* **1 - filer** · foncer · galoper · trotter · bomber *fam.* · cavaler *fam.* · droper *fam.* · tracer *fam.* · avoir le feu au derrière *fam.* · avoir le diable à ses trousses *fam.* · prendre ses jambes à son cou *fam.* · piquer un cent mètres, un sprint *fam.* · jouer des flûtes *fam., vieux* · tricoter des pincettes *fam., vieux* · brûler le pavé *fam., vieux* · **2 - se dépêcher** · s'empresser · se hâter · se presser · **3 - couler** · s'écouler · filer · glisser · passer · **4 - circuler** · se communiquer · se propager · se répandre

✦ **courir après** **1 - pourchasser** · poursuivre · être à la poursuite de · être aux trousses de · courser *fam.* · **2 - chercher** · poursuivre · être en quête de · rechercher · **3 - importuner** · harceler · presser · **4 -** [fam.] **draguer** *fam.*

✦ **faire courir** colporter · propager · répandre

✦ **par les temps qui courent** actuellement · à l'heure actuelle · en ce moment

couronne *n.f.* **1 - guirlande** · **2 - anneau** · cercle · **3 - auréole** · halo · nimbe · **4 - diadème** · bandeau (royal) · **5 - monarchie** · royauté

couronnement *n.m.* **1 - sacre** · intronisation · **2 - faîte** · sommet · **3 - aboutissement** · accomplissement · achèvement · comble · consécration • [d'un spectacle] clou • [d'une carrière] bâton de maréchal

couronner *v.tr.* **1 - sacrer** · introniser · **2 - récompenser** · honorer · **3 - auréoler** · ceindre · coiffer · entourer · environner · **4 - achever** · conclure · parachever · parfaire · terminer

courrier *n.m.* **1 - correspondance** · lettres · **2 - poste**

✦ **courrier électronique** courriel *recomm. offic.* · e-mail

courroie *n.f.* **1 - lanière** · attache · sangle · **2 - bandoulière** · bretelle · **3 -** [du harnais] étrivière · licou · longe · mancelle · martingale · poitrinière · porte-éperon · porte-étriers · rêne · sous-ventrière · suspied

courroucer *v.tr.* → **irriter**

courroux *n.m.* · colère · fureur · rage · foudres *littér.* · ire *littér.*

↝ **colère**

cours *n.m.* **1 - déroulement** · développement · enchaînement · marche · progression · succession · suite · **2 - cote** · prix · taux · **3 - classe** · leçon · **4 - manuel** · traité

✦ **cours d'eau** **1 - fleuve** · rivière · ruisseau · torrent • [se jetant dans un autre] affluent · **2 - canal** · voie d'eau

✦ **donner libre cours à** exprimer · manifester · donner carrière à *littér.* · exhaler *littér.*

✦ **au cours de, en cours (de)** dans le courant de · au fil de · durant · pendant

✦ **avoir cours** exister · être en vigueur

✦ **en cours** actuel · courant · présent · en application · en vigueur

course *n.f.* **1 - footing** · jogging · sprint · **2 - bousculade** · cavalcade *fam.* · rush *fam.* · **3 - parcours** · trajet · **4 - mouvement** · déplacement · marche · **5 - excursion** · marche · randonnée · virée *fam.* · **6 - achat** · commission · emplette • [au plur.] shopping · magasinage *Québec*

✦ **course de taureaux** corrida · novillada

✦ **faire des courses** faire des achats · faire du shopping · magasiner *Québec*

✦ **en fin de course, en bout de course** sur le déclin · au bout du rouleau *fam.*

courser *v.tr.* · pourchasser · être à la poursuite de · être aux trousses de · poursuivre

coursier *n.* · commissionnaire · groom · chasseur *vieux* · coureur *vieux*

court, courte *adj. et adv.* **1 - petit** · bas · ras · **2 - éphémère** · bref · fugace · fugitif · momentané · passager · provisoire · temporaire · transitoire · **3 - abrégé** · bref · concis · laconique · résumé · sommaire · succinct · **4 - direct** · immédiat · **5 - insuffisant** · juste · limité · sommaire

✦ **couper court à** arrêter · mettre fin à · mettre un terme à · stopper

✦ **prendre de court** surprendre · dérouter · prendre à l'improviste, au dépourvu

courtaud, e *adj.* · râblé · court · ramassé · trapu · bas, court sur pattes

court-circuiter *v.tr.* · contourner · passer outre · shunter

courtier, -ière *n.* · agent · broker · commissionnaire · placier · représentant

courtisan *n.m.* • flatteur • adulateur • louangeur • thuriféraire *littér.* • groupie *fam.*

courtisane *n.f.* • prostituée • demi-mondaine • belle-de-jour • belle-de-nuit • hétaïre *littér.*

courtiser *v.tr.* **1 - aduler** • flatter • louanger • lécher les bottes de *fam.* • **2 - faire du charme à** • faire la cour à • baratiner *fam.* • conter fleurette à *fam.* • draguer *fam.* • faire du plat à *fam.* • faire du gringue à *fam.* • galantiser *vieux* • mugueter *vieux*

courtois, e *adj.* • affable • aimable • gracieux • poli • civil *littér.*

courtoisie *n.f.* • affabilité • amabilité • politesse • civilité *littér.*

couru, e *adj.* **apprécié** • prisé • recherché • à la mode • en vogue • branché *fam.* • in *fam.* • chébran *lang. jeunes*

✦ **c'est couru d'avance** c'est certain • c'est sûr • ça ne fait pas un pli *fam.* • c'est sûr comme deux et deux font quatre *fam.*

cousinage *n.m.* **1 - parenté** • **2 - analogie** • lien • ressemblance • rapport

coût *n.m.* **1 - prix** • montant • valeur • **2 - dépense** • débours • frais

couteau *n.m.* **1 -** [grand] **coutelas** • couperet • tranchoir • **2 -** [pliant] **canif** • opinel *nom déposé* • **3 - poignard**

coûter *v.tr. et intr.*

I 1 - valoir • revenir à • se monter à • **2 - causer** • entraîner • occasionner • provoquer • **3 - faire perdre**

II peser • être pénible

✦ **coûter cher** être hors de prix • chiffrer *fam.* • cuber *fam.* • douiller *fam.* • coûter la peau des fesses, du cul *fam.* • coûter les yeux de la tête *fam.*

✦ **ça ne coûte rien de** ça n'engage à rien de • ça ne mange pas de pain de *fam.*

✦ **coûte que coûte** absolument • à tout prix • impérativement

coûteux, -euse *adj.* • cher • hors de prix • onéreux • ruineux • dispendieux *littér.*

coutume *n.f.* **habitude** • mœurs • mode • pratique • règle • tradition • usage • us *littér.*

✦ **avoir coutume de** avoir l'habitude de • être coutumier de • souloir *vieux*

✦ **de coutume** d'habitude • à l'accoutumée • d'ordinaire • habituellement • ordinairement

❧ **habitude**

coutumier, -ière *adj.* • habituel • ordinaire • usuel

couture *n.f.* **1 - piqûre** • points • **2 - confection** • mode • **3 - cicatrice** • balafre

couturé, e *adj.* • balafré • tailladé

couturier, -ière *n.* **tailleur** • modéliste

››› **couturière** *n.f.* **retoucheuse** • petite main • cousette *fam., vieux* • midinette *anciennt*

couvée *n.f.* • nichée

couvent *n.m.* • communauté religieuse • abbaye • béguinage • chartreuse • cloître • monastère • prieuré

couver

▪ *v.tr.* **1 - protéger** • choyer • élever dans du coton • surprotéger • chouchouter *fam.* • **2 - incuber** • **3 - préparer** • concocter • fomenter • mûrir • tramer • manigancer • combiner • mijoter *fam.* • ourdir *littér.*

■ *v.intr.* **être en gestation** · fermenter · se préparer

[1]**couvert, e** *adj.* **1 - habillé** · vêtu · **2 - bouché** · assombri · brumeux · nébuleux · nuageux

[2]**couvert** *n.m.*

✦ **sous couvert de** sous prétexte de · sous couleur de *littér.* · sous le voile de *littér.*

✦ **à couvert** à l'abri · en sécurité · en sûreté

✦ **se mettre à couvert** s'abriter · se garantir · se protéger · se réfugier

couverture *n.f.* **1 - plaid** · courtepointe · édredon · berlue *argot* · couvrante *argot* · **2 - couvre-livre** · jaquette · liseuse · **3 - reliure** · cartonnage · **4 - protection** · défense · **5 - garantie** · provision · **6 - prétexte** · paravent

couveuse *n.f.* · incubateur · couvoir

couvre-feu *n.m.* · black-out

couvrir *v.tr.*

I 1 - habiller · vêtir · **2 - envahir** · consteller · cribler · envelopper · garnir · joncher · parsemer · **3 - coiffer** · couronner · **4 - inonder** · submerger · **5 - charger** · accabler · combler · faire crouler sous

II 1 - cacher · dissimuler · masquer · occulter · voiler · **2 - déguiser** · cacher · receler · celer *littér.* · **3 - dominer** · étouffer

III s'étendre sur · embrasser

IV compenser · contrebalancer · effacer

V garantir · protéger

VI s'accoupler avec · monter · saillir · servir

›› **se couvrir** *v.pron.* **1 - s'assombrir** · se brouiller · se charger · s'ennuager · s'obscurcir · se voiler · **2 - s'habiller** · se vêtir • [chaudement] s'emmitoufler · **3 - se garantir** · ouvrir le parapluie

crachat *n.m.* · expectoration · glaviot *fam.* · graillon *fam.* · huître *fam.* · mollard *fam.*

crachement *n.m.* · expectoration

cracher

■ *v.intr.* **1 - expectorer** · crachoter · glavioter *fam.* · graillonner *fam.* · molarder *fam.* · **2 - grésiller** · crachoter · craquer

■ *v.tr.* **1 - projeter** · rejeter · **2 - proférer** · débiter · **3 -** [fam.] → **payer**

✦ **cracher sur** calomnier · insulter · outrager

✦ **ne pas cracher sur** apprécier · être amateur de · ne pas dédaigner · ne pas dire non à

crachin *n.m.* · bruine · pluie fine

crachiner *v. impers.* · bruiner · pleuvasser · pleuv(i)oter · pleuviner

crachotement *n.m.* **1 - crachement** · **2 - crépitement** · friture

crack *n.m.* · champion · surdoué · as *fam.*

craindre *v.tr.* **1 - appréhender** · avoir peur de · s'effrayer de · redouter · **2 - révérer** · respecter

crainte *n.f.* **1 - appréhension** · alarme · angoisse · anxiété · inquiétude · peur · phobie · frousse *fam.* · trouille *fam.* · **2 - respect** · révérence · vénération

crainte, appréhension

Crainte et **appréhension** renvoient tous deux à l'idée de peur. La **crainte** naît quand on imagine les conséquences néfastes possibles d'un événement, ou quand on s'inquiète du caractère d'une personne, de ses gestes, de ses paroles *(la crainte d'un accident ; obéir, se taire par crainte).* Quant à l'**appréhension**, c'est une crainte vague, mal définie et qui ne peut être raisonnée : « Cette journée qu'elle avait espéré si bonne, lui laissait à l'âme (...) une appréhension sans cause, tenace et confuse comme un pressentiment » (Maupassant, *Fort comme la mort*, II).

craintif, -ive *adj.* **1 - peureux** · timoré · poltron · pusillanime *littér.* · trouillard *fam.* · **2 - apeuré** · effarouché · effrayé · timide · **3 - angoissé** · anxieux · inquiet

✦ **il est très craintif** il a peur de son ombre

cramoisi, e *adj.* · écarlate · rouge

crampe *n.f.* · contraction

crampon

▪ *n.m.* **agrafe** · crochet · grappin · griffe

▪ *adj. invar.* [fam.] **collant** *fam.* · glu *fam.* · pot de colle *fam.* · sangsue *fam.*

cramponner *v.tr.* [fam.] **importuner** · s'accrocher à · coller *fam.* · tanner *fam.*

»» **se cramponner** *v.pron.* **s'accrocher** · s'agripper · se retenir · se tenir

[1]**cran** *n.m.* **1 - encoche** · coche · entaille · **2 - degré** · échelon · niveau · **3 - ondulation** · boucle

[2]**cran** *n.m.* **audace** · courage · culot *fam.* · estomac *fam.*

✦ **à cran** exaspéré · à bout · à bout de nerfs

[1]**crâne** *adj.* · audacieux · brave · courageux · décidé

[2]**crâne** *n.m.* **1 - tête de mort** · **2 -** [fam.] **tête** · caillou *fam.* · **3 -** [fam.] **cerveau** · cervelle · caboche *fam.*

crânement *adv.* **1 - bravement** · courageusement · **2 - fièrement**

crâner *v.intr.* · fanfaronner · parader · plastronner · poser · faire le beau *fam.* · faire le malin, le mariole, le dur *fam.* · frimer *fam.* · la ramener *fam.* · rouler des mécaniques *fam.* · se la péter *fam.*

crâneur, -euse *adj. et n.* · prétentieux · fanfaron · plastronneur · poseur · vaniteux · bêcheur *fam.* · frimeur *fam.* · m'as-tu-vu *fam.* · ramenard *fam., vieilli*

crapoteux, -euse *adj.* → **sale**

crapule *n.f.* · bandit · canaille · escroc · truand · voleur · voyou · fripouille *fam.* · gredin *vieilli*

crapulerie *n.f.* · canaillerie · fripouillerie *fam.*

craqueler *v.tr.* · fendiller · crevasser · fêler · fissurer · lézarder

craquelure *n.f.* · fendillement · fêlure · fente · fissure

craquer

▪ *v.tr.* **casser** · céder · se déchirer · lâcher · [bas] filer

▪ *v.intr.* **1 - craqueter** · grésiller · **2 -** [sous la dent] **croquer** · **3 - s'effondrer** · s'écrouler · disjoncter *fam.* · péter les plombs, un câble *fam.* · **4 -** [fam.] **tomber sous le charme** · fondre

✦ **plein à craquer** bondé · bourré · comble · plein comme un œuf

[1]**crasse** *adj.* · grossier · lourd

[2]**crasse** *n.f.* **1 - saleté** · malpropreté · ordure · **2 -** [fam.] **méchanceté** · sale tour · saleté · saloperie *fam.* · tour de cochon *fam.* · vacherie *fam.*

crasseux, -euse *adj.* · sale · dégoûtant · malpropre · cracra *fam.* · cradoc *fam.* · crados *fam.* · crapoteux *fam.*

cravache *n.f.* · jonc · stick · houssine *vieilli*

cravacher

- *v.tr.* **fouetter** · cingler · fustiger · battre · fouailler *littér.*
- *v.intr.* → **travailler**

❧ **fouetter**

crayeux, -euse *adj.* · blanchâtre · blafard · blême · livide

crayonner *v.tr.* **1 - écrire** · gribouiller · griffonner · jeter (sur le papier) · tracer · **2 - dessiner** · croquer · ébaucher · esquisser

créancier, -ière *n.* · prêteur · bailleur de fonds

créateur, -trice

- *adj.* **générateur** · producteur
- *n.* **1 - auteur** · architecte · bâtisseur · concepteur · constructeur · fondateur · innovateur · inventeur · novateur · père · pionnier · précurseur · promoteur · **2 - couturier** · styliste

✦ **le Créateur** Dieu · le grand architecte · le Tout-Puissant · le Très-Haut

créatif, -ive *adj.* · inventif · imaginatif · innovant

création *n.f.* **1 - commencement** · apparition · début · genèse · naissance · origine · **2 - conception** · enfantement · invention · **3 - réalisation** · construction · élaboration · production · **4 - établissement** · fondation · formation · institution · mise en place · organisation · **5 -** œuvre · production · trouvaille · [d'un couturier] modèle · **6 - monde** · nature · univers

créativité *n.f.* · inventivité · imagination · innovation · invention

créature *n.f.* **1 - être** · **2 - être humain** · homme · individu · personnage · **3 - favori** · protégé · poulain

crèche *n.f.* · garderie · pouponnière

crédence *n.f.* · desserte · dressoir · vaisselier

crédibilité *n.f.* **1 - vraisemblance** · plausibilité · **2 - crédit** *littér.* · créance

crédible *adj.* **1 - croyable** · plausible · vraisemblable · **2 - digne de foi** · digne de confiance · fiable

❧ **croyable**

crédit *n.m.*

I 1 - ascendant · autorité · empire · influence · pouvoir · **2 - faveur** · estime · prestige · réputation · **3 - force** · importance

II avance · prêt

✦ **à crédit** à terme · à tempérament · à pouf *Belgique*

✦ **accorder, faire crédit à** compter sur · se fier à

✦ **faire crédit de** avancer · prêter

✦ **crédit municipal** mont-de-piété · clou *fam.* · ma tante *fam. vieilli.*

credo *n.m.* · foi · conviction · dogme · principe · règle

crédule *adj.* **candide** · confiant · ingénu · naïf · gobeur *fam.* · jobard *fam., vieilli*

✦ **il est très crédule** il gobe tout *fam.* · il croit au Père Noël *fam.*

❧ **naïf**

crédulité *n.f.* · candeur · ingénuité · naïveté · jobarderie *vieilli*

créer *v.tr.* **1 - concevoir** · enfanter · engendrer · imaginer · inventer · faire naître · tirer du néant · **2 - réaliser** · bâtir · composer · construire · édifier · élaborer · ériger · former · produire · **3 - aménager** · établir · instituer · mettre en place · organiser · **4 - causer** · amener · faire apparaître · déclencher · engendrer · faire naître · générer · occasionner · produire · provoquer · susciter

crémation *n.f.* · incinération

crème *n.f.* **1 - baume** · liniment · onguent · **2 - entremets** · **3 - velouté** · **4 - pâte** · **5 - cirage** · **6 - élite** · fine fleur · gratin *fam.* · dessus du panier *fam.*

créneau *n.m.* · espace · fenêtre · intervalle · plage · segment · trou

créneler *v.tr.* · denteler

créole *adj.* · métis

crépiter *v.intr.* · craquer · grésiller · pétiller

crépu, e *adj.* · crêpelé · frisotté

crépuscule *n.m.* **1 - tombée du jour** · tombée de la nuit · déclin du jour · brune *littér.* · brunante *Québec* · **2 - décadence** · déclin · fin

✦ **crépuscule de la vie** vieillesse · hiver de la vie

✦ **au crépuscule** à la nuit tombante · entre chien et loup · à la brune *littér.* · à la brunante *Québec*

crescendo *n.m.* · augmentation · amplification · escalade · hausse · montée · renforcement

crête *n.f.* **1 - faîte** · cime · haut · sommet · **2 - huppe**

crétin, e *adj. et n.* · imbécile · abruti · âne · débile · idiot · niais · sot · stupide · andouille *fam.* · anchois *fam., région.* · ballot *fam.* · brèle *fam.* · buse *fam.* · con *très fam.* · connard *très fam.* · corniaud *fam.* · cornichon *fam.* · couillon *fam.* · cruche *fam.* · cul *très fam.* · moule *fam.* · noix *fam.* · patate *fam.* · gourde *fam.* · poire *fam.* · saucisse *fam.* · tourte *fam.*

crétinerie *n.f.* · imbécillité · bêtise · débilité · idiotie · connerie *très fam.*

crétinisant, e *adj.* · abêtissant · abrutissant

crétiniser *v.tr.* · abêtir · abrutir

crétinisme *n.m.* · imbécillité · bêtise · débilité · idiotie · connerie *très fam.*

creuser *v.tr.*

I **1 - percer** · forer · ouvrir · **2 - bêcher** · labourer · piocher · **3 - évider** · **4 - éroder** · affouiller · ronger · **5 - cambrer** · rentrer

II **1 - approndir** · explorer · fouiller · s'appesantir sur · sonder · **2 - accentuer** · augmenter · agrandir

⋙ **se creuser** *v.pron.* **1 - s'accentuer** · augmenter · grandir · **2 -** [fam.] **chercher** · se casser (la tête) *fam.* · se prendre la tête *fam.*

creux, -euse

▪ *adj.* **1 - évidé** · vide · **2 - encaissé** · enfoncé · **3 - amaigri** · maigre · émacié · **4 - enfoncé** · cave · creusé · **5 - futile** · insignifiant · vain · vide de sens

▪ *n.m.* **1 - cavité** · anfractuosité · caverne · excavation · trou · **2 - dépression** · cuvette · fosse · fossé · gorge · ornière

crevant, e *adj.* **1 - → fatigant** · **2 - → drôle**[1]

crevasse *n.f.* **1 - faille** · **2 - anfractuosité** · cassure · craquelure · déchirure · entaille · fente · fissure · lézarde · **3 - engelure** · gerçure · rhagade *rare*

crevasser *v.tr.* · craqueler · fendiller · fendre · fissurer · lézarder · [la peau] gercer

crève-cœur *n.m. invar.* · désappointement · peine · supplice

crever

▪ *v.intr.* **1 - éclater** · claquer · péter *fam.* · **2 -** [fam.] → **fatiguer** · **3 -** [fam.] → **mourir**

▪ *v.tr.* **percer** · déchirer · péter *fam.*

✦ **crever les yeux** **1 - éborgner** · **2 - sauter aux yeux** · être flagrant · se voir comme le nez au milieu de la figure *fam.*

cri *n.m.* **1 - appel** · **2 -** [de nouveau-né] **vagissement** · **3 -** [fort, désagréable] **clameur** · beuglement · braillement · glapissement · hurlement · rugissement · **4 -** [de douleur, de désarroi] **gémissement** · lamentation · plainte · râle · **5 -** [de dispute] **éclat de voix** · braillement · criaillerie · **6 -** [de désapprobation] **huée** · hou · hourvari · protestation · vocifération · **7 -** [d'approbation] **acclamation** · bravo · hourra · ovation · viva · **8 -** [d'animaux] **aboiement** · barrissement, barrit · bêlement · beuglement · bourdonnement · braillement · braiement · bramement · caquet · chuchotement · chuintement · clabaudage · clatissement · coassement · cocorico, · coucou · craillement · craquètement · criaillement · croassement · ébrouement · feulement · gazouillis, gazouillement · glapissement · gloussement · graillement · grésillement · grognement · grommellement · hennissement · hululement · jacassement · jappement · meuglement · miaulement · mugissement · nasillement · pépiement · piaulement · ronronnement · roucoulement · rugissement

✦ **cri de ralliement** devise · slogan

✦ **(du) dernier cri** à la mode · en vogue

cri, clameur

Cri et **clameur** concernent l'expression forte, par la voix, de certaines émotions. Le cri peut être un son non articulé et aigu *(un cri de douleur, de surprise ; des cris perçants)*, ou bien être constitué de mots émis par une foule *(des cris de révolte, de protestation)*. La **clameur** s'élève également de la foule, mais le caractère intelligible du cri disparaît : « Les cris, les rires et le trépignement de ces mille pieds faisaient un grand bruit et une grande clameur » (Hugo, *Notre-Dame de Paris*, I, 1).

criailler *v.intr.* · rouspéter · piailler · brailler *fam.*

criaillerie *n.f.* · plainte · protestation · récrimination

criant, e *adj.* **1 - choquant** · révoltant · scandaleux · **2 - évident** · éclatant · flagrant · manifeste · patent

criard, e *adj.* **1 - brailleur** · criailleur · braillard *fam.* · gueulard *fam.* · **2 - perçant** · strident · **3 - tapageur** · clinquant · tape-à-l'œil

crible *n.m.* **1 - tamis** · passoire · sas · **2 - calibreuse** · trieuse

✦ **passer au crible** **1 - examiner** · regarder à la loupe · **2 - trier** · sélectionner

cribler *v.tr.* **1 - tamiser** · sasser · trier · **2 - calibrer** · trier · **3 - percer** · transpercer · **4 - accabler** · bombarder · couvrir · harceler

crier *v.tr. et intr.* **1 –** [fort] **hurler** • criailler • s'égosiller • s'époumoner • rugir • tempêter • tonner • vociférer • beugler *fam.* • brailler *fam.* • braire *fam.* • bramer *fam.* • gueuler *fam.* • **2 –** [de douleur] **gémir** • se plaindre • piailler • **3 – crisser** • gémir • grincer • hurler • **4 – affirmer** • annoncer • claironner • clamer • proclamer • trompeter

✦ **crier après** [fam.] gronder • disputer • réprimander • engueuler *fam.* • passer un savon à *fam.*

crime *n.m.* **1 – meurtre** • assassinat • homicide • **2 – délit** • faute • infraction • forfait *littér.*

✦ **syndicat du crime** mafia

↝ **assassinat**

criminel, -elle

▪ *adj.* **condamnable** • coupable • répréhensible

▪ *n.* **1 – coupable** • bandit • délinquant • gangster • malfaiteur • **2 – meurtrier** • assassin

crin *n.m.* **poil**

✦ **à tous crins** ardent • endurci • énergique • entier • fervent • résolu

crique *n.f.* • anse • baie • calanque *(en Méditerranée)* • conche *région.* • cale *vieux*

crise *n.f.* **1 – accès** • attaque • atteinte • poussée • **2 – phase critique** • désarroi • ébranlement • malaise • perturbation • trouble

✦ **crise (économique)** dépression • krach • marasme • récession

crispant, e *adj.* • agaçant • énervant

crispation *n.f.* • contraction • convulsion • spasme

crisper *v.tr.* **1 – agacer** • énerver • exaspérer • irriter • gonfler *fam.* • **2 – contracter** • convulser • décomposer • déformer

»» **se crisper** *v.pron.* **se contracter** • se convulser

crissement *n.m.* • grincement • craquement

crisser *v.intr.* • grincer • couiner • craquer • gémir

cristallin *adj.* • clair • limpide • pur • transparent

cristalliser

▪ *v.tr.* **concrétiser** • capturer • encapsuler • fixer • stabiliser

▪ *v.intr.* **se préciser** • prendre corps • se former

critère *n.m.* **1 – indice** • marque • preuve • **2 – facteur** • donnée • paramètre • raison

criterium *n.m.* • compétition • épreuve • sélection

critiquable *adj.* **1 – attaquable** • contestable • discutable • sujet à caution • **2 – blâmable** • condamnable • répréhensible • damnable *vieux*

[1]**critique** *adj.* **1 – décisif** • capital • crucial • déterminant • **2 – dangereux** • alarmant • difficile • explosif • grave • périlleux • tendu

✦ **situation critique** mauvais pas • sales draps *fam.* • beaux draps *iron.*

[2]**critique**

▪ *adj.* **négatif** • défavorable • sévère • contempteur *littér.*

▪ *n.f.* **1 – analyse** • appréciation • examen • jugement • **2 – attaque** • accusation • coup de bec • coup de patte • coup de griffe • animadversion *littér.* • paquet *fam.* • [sévère] blâme • condamnation • diatribe · éreintement · **3 - reproche** · remontrance · réprimande · réprobation · réserve

▪ *n.* **commentateur** · métaphraste *vieux* · aristarque *littér.* · zoïle *littér., péj.*

critiquer *v.tr.* **1 - analyser** · commenter · discuter · étudier · examiner · juger · **2 - attaquer** · blâmer · condamner · décrier · désapprouver · réprouver · trouver à redire à · criticailler *fam.*

✦ **critiquer violemment** éreinter · faire le procès de · arranger *fam.* · assassiner *fam.* · débiner *fam.* · casser du sucre sur le dos de *fam.* · descendre (en flammes) *fam.* · esquinter *fam.* · étriller *fam.* · sabrer *fam.* · taper sur *fam.* · habiller pour l'hiver *fam.* · tailler un costard à *fam.*

croc *n.m.* **1 - crochet** · grappin · **2 - gaffe** · harpon · **3 - canine**

croche-pied *n.m.* · croc-en-jambe *vieilli* · croche-patte *fam.*

crochet *n.m.*
I 1 - croc · pendoir · **2 - agrafe** · croc · esse · patte · **3 - passe-partout** · rossignol
II uppercut
III détour

crochu, e *adj.* · courbé · recourbé · [nez] aquilin

croire *v.tr.* **1 - accepter** · admettre (comme vrai) · ajouter foi à · **2 -** [naïvement] prendre pour argent comptant · avaler *fam.* · gober *fam.* · [sans complément] mordre à l'hameçon · marcher *fam.*

✦ **croire en** avoir confiance en · faire confiance à · se fier à

✦ **croire que** penser que · considérer que · estimer que · être d'avis que · se figurer que · s'imaginer que · préjuger que · présumer que · supposer que · cuider que *littér., vieux*

✦ **ne pas en croire ses yeux** ne pas en revenir *fam.* · en rester baba *fam.*

››› **se croire** *v.pron.* **s'estimer** · s'imaginer · se prendre pour · se trouver

croisade *n.f.* **1 - guerre sainte** · **2 - campagne** · opération

croisée *n.f.* **1 - croisement** · intersection · **2 - fenêtre**

croisement *n.m.* **1 - carrefour** · croisée (des chemins) · embranchement · fourche · intersection · jonction · patte d'oie · **2 - mélange** · métissage · hybridation
☞ **carrefour**

croiser *v.tr.* **1 - entrecroiser** · entrelacer · **2 - couper** · franchir · traverser · **3 - rencontrer** · passer à côté de · tomber sur *fam.* · **4 - mélanger** · hybrider · mâtiner · mêler · métisser

››› **se croiser** *v.pron.* **1 - se chevaucher** · se recouvrir · **2 - se couper** · se rencontrer · se traverser

croissance *n.f.* **1 - accroissement** · agrandissement · augmentation · développement · poussée · **2 - développement** · essor · expansion · progression · progrès

croître *v.intr.* **1 - grandir** · pousser · se développer · **2 - augmenter** · s'agrandir · se développer · enfler · s'étendre · gagner · grossir · s'intensifier · redoubler · [jour] allonger

croix *n.f.* **1 - crucifix** · calvaire · **2 - épreuve** · affliction · boulet · calvaire · fardeau · tourment

✦ **en croix** crucial · cruciforme

croquant, e *adj.* · croustillant · craquant

croquer
- *v.intr.* **croustiller** · craquer
- *v.tr.* **1 - mordre** · **2 - dessiner** · ébaucher · esquisser · **3 - camper** · caricaturer · **4 -** [fam.] → **dépenser**

croquis *n.m.* · dessin · ébauche · épure · esquisse · schéma · crobard *fam.*

crosse *n.f.* • [Golf] **club**

crotte *n.f.* **1 - excrément** · étron · caca *lang. enfants* · merde *très fam.* · colombin *fam., vieilli* · **2 -** [de cheval] **crottin** • [de vache] bouse • [d'oiseau] fiente · **3 -** [vieilli] **boue** · fange · saleté

crotté, e *adj.* · sale · boueux · souillé

crotter
- *v.tr.* **salir** · maculer · souiller · tacher
- *v.intr.* **déféquer** · faire caca *lang. enfants* · chier *très fam.* • [oiseau] fienter

crouler *v.intr.* · s'abattre · s'affaisser · s'écrouler · s'effondrer • [bâtiment] se délabrer · menacer ruine · tomber en ruine • [terre] s'ébouler

croupe *n.f.* · arrière-train · derrière · fesses · postérieur · croupion *fam.*

croupir *v.intr.* **1 - moisir** · pourrir · **2 - stagner** · se corrompre · **3 - séjourner** · s'encroûter · moisir · pourrir · stagner · végéter

croustillant, e *adj.* **1 - croquant** · craquant · **2 - grivois** · épicé · poivré · salé · croustilleux *vieux* · **3 - piquant** · pittoresque · plaisant

croûte *n.f.* **1 - couche** · dépôt · pellicule · plaque · **2 -** [fam.] → **nourriture**

croûton *n.m.* · quignon

croyable *adj.* · crédible · digne de foi · imaginable · plausible · possible · vraisemblable

croyable, crédible

Croyable et **crédible** s'appliquent à ce qui peut être *cru*. **Croyable** qualifie ce qui peut être admis pour vrai ; il s'emploie seulement pour des choses et à la forme négative *(c'est une histoire pas croyable)*, ou dans une formulation qui marque le doute, la restriction *(est-ce croyable ? ; la chose est à peine croyable)*. **Crédible** qualifie aussi bien une personne *(il regrette l'absence d'interlocuteurs crédibles ; elle n'est pas très crédible dans ce rôle)* que des choses *(des informations jugées crédibles)* ; il insiste sur l'idée de confiance, de fiabilité.

croyance *n.f.* **1 - conviction** · doctrine · dogme · doxa · foi · religion · superstition *péj.* · **2 - confiance** · espérance · foi

croyance, foi

Croyance et **foi** ont en commun la référence au fait de *croire*, opposé au fait de connaître par la raison. **Croyance** est d'emploi plus large. Il s'applique au domaine religieux *(la croyance en Dieu, les croyances des chrétiens)*, mais pas exclusivement *(la croyance aux esprits ; des croyances superstitieuses)*. **Foi** implique que la croyance repose sur la confiance que l'on a en une autorité *(avoir foi en son médecin)* ou en quelque chose *(avoir foi en l'avenir)*. En particulier, **foi** renvoie à la religion dominante dans une civilisation donnée *(la foi du catholique, du musulman)* ou bien, lorsque le mot est employé sans complément, à la croyance en Dieu *(avoir la foi, perdre la foi)*.

croyant, e *adj. et n.* **1 - dévot** · mystique · pieux · religieux · **2 - fidèle** · pratiquant · bigot *péj.*

cru, e *adj.* **1 - vif** · brutal · criard · **2 - direct** · brutal · franc · **3 - choquant** · réaliste · rude · **4 - graveleux** · grivois · leste · libre · licencieux · salé

cruauté *n.f.* **1 - barbarie** · bestialité · brutalité · férocité · inhumanité · méchanceté · sadisme · sauvagerie · **2 - méchanceté** · dureté · rudesse · sévérité · **3 - atrocité** · excès

cruche *n.f.* **1 - cruchon** · pichet · **2 - imbécile** · abruti · âne · débile · idiot · niais · sot · andouille *fam.* · anchois *fam., région.* · ballot *fam.* · brèle *fam.* · buse *fam.* · con *très fam.* · corniaud *fam.* · cornichon *fam.* · couillon *fam.* · cul *très fam.* · gourde *fam.* · moule *fam.* · noix *fam.* · patate *fam.* · poire *fam.* · saucisse *fam.* · tourte *fam.*

crucial, e *adj.* **1 - critique** · décisif · déterminant · **2 - capital** · central · essentiel · majeur · primordial · vital

crucifier *v.tr.* **1 - mettre en croix** · **2 - supplicier** · mettre au supplice · torturer

crudité *n.f.* · brutalité · réalisme · rudesse · verdeur

cruel, -elle *adj.* **1 - barbare** · féroce · sadique · sanguinaire · sauvage · maupiteux *vieux* · **2 - méchant** · dur · sévère · **3 - implacable** · inexorable · inflexible · **4 - douloureux** · affligeant · affreux · atroce · dur · épouvantable · insupportable · pénible · **5 - amer** · âpre · cinglant · cuisant

cruellement *adv.* **1 - férocement** · brutalement · sadiquement · **2 - méchamment** · durement · **3 - douloureusement** · affreusement · atrocement · durement · péniblement · terriblement

crûment *adv.* · brutalement · durement · franchement · tout net · rudement · sans détour · sèchement · vertement · sans tourner autour du pot *fam.* · sans faire dans la dentelle *fam.* · nûment *littér.*

cryptage *n.m.* · chiffrage · brouillage · encodage

crypter *v.tr.* · chiffrer · brouiller · cryptographier · encoder

cryptique *adj.* · cabalistique · énigmatique · ésotérique · hermétique · insondable · obscur · occulte · secret

cubage *n.m.* · contenance · capacité · tonnage · volume

cueillette *n.f.* · collecte · ramassage · récolte

cueillir *v.tr.* **1 - récolter** · faire la cueillette de · ramasser · [du raisin] vendanger · **2 -** [fam.] → **arrêter**

cuir *n.m.* **peau** · basane · chagrin · maroquin · vachette · vélin

✦ **cuir suédé** chamois · daim

cuirasse *n.f.* **1 - corselet** · cotte · **2 - blindage** · **3 - défense** · carapace · protection · rempart

cuirasser *v.tr.* **1 - barder** · armer · blinder · caparaçonner · **2 - aguerrir** · endurcir · fortifier · blinder *fam.*

⋙ **se cuirasser** *v.pron.* **s'aguerrir** · s'endurcir · se fortifier · se blinder *fam.*

cuire

▪ *v.tr.* [façons] bouillir · braiser · frire · griller · mijoter · mitonner · rissoler · rôtir

▪ *v.intr.* **1 - piquer** · brûler · être en feu · **2 - brûler** · cramer *fam.* · étouffer *fam.*

✦ **(se) cuire au soleil** bronzer · (se) dorer · (se) griller · (se) rôtir

cuisant, e *adj.* **1 - âpre** · mordant · **2 - douloureux** · amer · cinglant · humiliant

cuisine *n.f.* **1 - art culinaire** · gastronomie · **2 - nourriture** · manger · chère *littér.* · bouffe *fam.* · bouffetance *fam.* · boustifaille *fam.* · croûte *fam.* · mangeaille *fam.* · popote *fam.* · tambouille *fam.* · cuistance *fam., vieilli* · frichti *fam., vieilli* · fricot *fam., vieux* · ragougnasse *fam., péj.* · **3 - manœuvres** · manigances · fricotage *fam.* · grenouillage *fam.* · magouille *fam.*

cuisiner *v.tr.* **1 - accommoder** · apprêter · mitonner · [sans complément] être aux fourneaux · faire la tambouille *fam.* · **2 -** [fam.] **interroger** · mettre sur le gril · questionner

cuisinier, -ière *n.* **1 - chef** · maître coq · maître queux *plaisant* · rôtisseur · saucier · cuistot *fam.* · cuistancier *fam., vieux* · gargotier *péj.* · gâte-sauce *péj.* · frise-poulet *fam., vieux* · hâteur *anciennt* · **2 -** [bon] **cordon-bleu**

cuisinière *n.f.* · gazinière · fourneau

cuistre *n.* · pédant · vaniteux

cuistrerie *n.f.* · pédantisme · vanité

cuivré, e *adj.* · bronzé · doré · hâlé

cul *n.m.* **1 - base** · derrière · fond · **2 - → derrière**[2] · **3 - → sexe**

✦ **cul-de-sac** impasse · voie sans issue

culbute *n.f.* **1 - cabriole** · galipette · roulade · roulé-boulé · soleil · cumulet *région.* · **2 - chute** · dégringolade · **3 - banqueroute** · faillite · ruine

culbuter

▪ *v.intr.* **basculer** · dégringoler · s'écrouler · faire un soleil · tomber · verser · faire panache *vieux*

▪ *v.tr.* **1 - renverser** · bousculer · faire tomber · mettre sens dessus dessous · mettre cul par-dessus tête · **2 - battre** · défaire · enfoncer · renverser · repousser · vaincre

culinaire *adj.* · gastronomique

culminer *v.intr.* **1 - dominer** · surplomber · **2 - plafonner**

✦ **point culminant** apogée · comble · faîte · maximum · paroxysme · sommet · summum · zénith

culot *n.m.* **1 - fond** · **2 -** [fam.] **aplomb** · assurance · audace · effronterie · toupet *fam.*

✦ **avoir beaucoup de culot** ne pas manquer de souffle · ne pas manquer d'air *fam.*

culotté, e *adj.* · audacieux · effronté · gonflé *fam.*

culpabilité *n.f.* **faute** · responsabilité

✦ **sentiment de culpabilité** mauvaise conscience

culte *n.m.* **1 - liturgie** · rite · **2 - messe** · cérémonie · office · service · **3 - religion** · confession · **4 - admiration** · adoration · adulation · amour · attachement · dévouement · respect · vénération · idolâtrie *péj.* · fétichisme *péj.* · **5 -** [en apposition] **mythique**

✦ **rendre, vouer un culte à** honorer · vénérer

cultivable *adj.* · labourable · arable

cultivateur, -trice *n.* · agriculteur · exploitant agricole · fermier · paysan

cultivateur, agriculteur, paysan

Ces mots évoquent la vie à la campagne et les travaux de la terre. Le **cultivateur** est celui qui cultive la terre *(la ferme d'un cultivateur)* ; très rarement au féminin, le mot est beaucoup moins en usage que **paysan** et **agriculteur**, dont l'activité inclut presque toujours l'élevage. Seul **paysan** s'emploie par opposition à d'autres catégories socioprofessionnelles *(les ouvriers et les paysans)* et, depuis longtemps, est connoté de manière négative, contrairement à **agriculteur** et **cultivateur**, le travail de la terre étant déconsidéré dans notre société.

cultivé, e *adj.* · érudit · instruit · lettré · savant · docte *vieilli ou plaisant*

cultiver *v.tr.*
I 1 - labourer · exploiter · travailler · [sans complément] travailler la terre · **2 - faire pousser** · faire venir *vieilli*
II développer · éduquer · former · perfectionner
III s'adonner à · se donner à · s'intéresser à · se plaire à · travailler

»» **se cultiver** *v.pron.* **apprendre** · s'enrichir · s'éduquer · s'instruire · se perfectionner

culture *n.f.*
I 1 - civilisation · **2 - connaissances** · éducation · érudition · formation · instruction · savoir · science
II 1 - agriculture · exploitation (d'une terre) · **2 -** [souvent au plur.] **plantation**

✦ **culture physique** éducation physique · bodybuilding *anglic.* · culturisme · musculation · gonflette *fam.*

culturisme *n.m.* · musculation · bodybuilding · gonflette *fam.*

cumul *n.m.* · accumulation · addition · réunion

cumuler *v.tr.* **1 - réunir** · associer · allier · conjuguer · rassembler · **2 - amasser** · collectionner · masser

cupide *adj.* · âpre (au gain) · avare · avide · rapace · vénal

cupidité *n.f.* · âpreté (au gain) · avarice · avidité · convoitise · rapacité · vénalité

curable *adj.* · guérissable · soignable

cure *n.f.* **1 - soins** · thérapie · traitement · **2 - régime**

curé *n.m.* · prêtre · calotin *fam., péj.* · curaillon *fam., péj.* · cureton *fam., péj.*

curer *v.tr.* · nettoyer · récurer · écurer *vieilli ou région.*

curieusement *adv.* · bizarrement · drôlement · étonnamment · étrangement · singulièrement

curieux, -ieuse
▪ *adj.* **1 - indiscret** · fouineur · fureteur · fouinard *fam., vieilli* · **2 - bizarre** · drôle · étonnant · étrange · incompréhensible · singulier · surprenant · **3 - original** · singulier

✦ **curieux de** intéressé par · avide de · désireux de

▪ *n.* **1 - badaud** · **2 - amateur** · collectionneur

curiosité *n.f.* **1 - intérêt** · appétit · soif de connaître · **2 - indiscrétion** · **3 - bizarrerie** · singularité

cursus *n.m. invar.* · études · parcours

curviligne *adj.* · arrondi · courbe · incurvé

cuve *n.f.* · bac · baquet · citerne · réservoir

cuvette *n.f.* **1 - bassine** · lavabo · **2 - bassin** · creux · dépression · doline *(Géog.)*

[1]**cycle** *n.m.* **1 - séquence** · boucle · suite · **2 -** [Astron.] révolution · **3 -** [Littérat.] saga · geste *(Moyen Âge)*

[2]**cycle** *n.m.* **bicyclette** · vélo · vélocipède *vieux ou plaisant* · [anciennt] célérifère · draisienne

✦ **cycle à moteur** motocycle · cyclomoteur · motocyclette · vélomoteur

cyclique *adj.* · périodique · récurrent

cyclone *n.m.* · ouragan · tornade · typhon · hurricane *anglic.*

cylindre *n.m.* · rouleau · tambour · tube

cynique *adj.* · immoral · impudent · insolent

cynisme *n.m.* · immoralité · impudence

d

dada *n.m.* · hobby · idée fixe · manie · marotte · passe-temps (favori) · toquade · violon d'Ingres

dadais *n.m.* · sot · benêt · niais · nigaud · cruche *fam.* · gourde *fam.* · nouille *fam.* · nunuche *fam.* · nicodème *fam., vieilli* · niquedouille *fam., vieilli*

dague *n.f.* · couteau · épée · poignard

daigner *v.tr.* · accepter · condescendre à · s'abaisser à · consentir à · se plier à · vouloir bien

dais *n.m.* · baldaquin · ciel de lit

dallage *n.m.* · carrelage · pavement

dalle *n.f.* · plaque · pavé

daller *v.tr.* · carreler · paver

dame *n.f.* **1 -** [vieilli] **épouse** · femme · **2 - femme distinguée** · madame *fam.*

dame-jeanne *n.f.* · bonbonne · jaquelin

damer *v.tr.* · tasser · compacter

damier *n.m.* · échiquier · [anciennt] tablier

damnable *adj.* · condamnable · blâmable · coupable · répréhensible

damnation *n.f.* · châtiment · supplices éternels · peine du dam

damné, e *adj.* **1 - réprouvé** · **2 - maudit** · sacré · fichu *fam.* · foutu *fam.* · sale *fam.* · satané *fam.*

dancing *n.m.* · discothèque · boîte de nuit · boîte *fam.* · night-club *vieilli*

dandinement *n.m.* · balancement · déhanchement

dandiner (se) *v.pron.* · se déhancher · se balancer · marcher en canard · caneter *vieux*

dandy *n.m.* · esthète · gandin *vieilli* · mirliflore *vieilli, plaisant* · gommeux *vieux* · muguet *vieux* · muscadin *vieux*

danger *n.m.* **1 - péril** · menace · **2 - hasard** · aléa · risque · **3 - piège** · écueil · embûche

✦ **mettre en danger** compromettre · exposer · risquer

dangereusement *adv.* **1 - gravement** · grièvement · **2 - sérieusement**

dangereux, -euse *adj.* **1 - périlleux** · menaçant · redoutable · **2 - violent** · agressif · méchant ·

3 - **malsain** · mauvais · nocif · nuisible · pernicieux · 4 - **grave** · mauvais · sérieux · 5 - **critique** · brûlant · délicat · difficile · épineux · glissant · scabreux · sensible · 6 - **aventureux** · hasardé · hasardeux · imprudent · périlleux · risqué · téméraire · casse-gueule *fam.*

danse *n.f.* **ballet** · chorégraphie

danser *v.intr.* 1 - **valser** · guincher *fam., vieilli* · baller *vieux* · gambiller *fam., vieux* · gigoter *fam., vieux* · 2 - **trembler** · osciller · tanguer · vaciller

danseur, -euse *n.* 1 - **cavalier** · partenaire · gambilleur *fam., vieux* · guincheur *fam., vieilli*

››› **danseuse** *n.f.* 1 - **ballerine** · étoile · (petit) rat · [orientale] almée · [Inde] bayadère · 2 - [de bar] **entraîneuse** · taxi-girl

dard *n.m.* 1 - **aiguillon** · 2 - → **flèche**

darder *v.tr.* · décocher · lancer · jeter · pointer

dare-dare *loc. adv.* · précipitamment · à toute vitesse · expéditivement · hâtivement · promptement · rapidement · tambour battant · vite · en cinq sec *fam.* · en moins de deux *fam.* · rapido(s) *fam.*

date *n.f.* 1 - **échéance** · terme · 2 - **époque** · jour · moment · période · temps

✦ **faire date** compter · dater · marquer

dater *v.intr.* 1 - **être démodé** · avoir vieilli · être passé de mode · remonter au déluge · 2 - **marquer** · faire date

✦ **dater de** remonter à

✦ **à dater de** à compter de · à partir de

dealer *v.tr.* · revendre · trafiquer

dealeur *n.m.* · revendeur · trafiquant

déambuler *v.intr.* · se promener · cheminer · errer · flâner · marcher · se balader *fam.* · vadrouiller *fam.*

débâcle *n.f.* 1 - [Milit.] **déroute** · débandade · déconfiture · 2 - **faillite** · défaite · effondrement · krach · naufrage · ruine · 3 - **dégel** · bouscueil *région., Québec*

❧ **défaite**

déballage *n.m.* 1 - **désemballage** · 2 - **étalage** · 3 - [fam.] **confession** · aveu · déboutonnage · dévoilement

déballer *v.tr.* 1 - **désemballer** · dépaqueter · 2 - **étaler** · exposer · 3 - **confesser** · avouer · dévoiler · s'ouvrir de · lâcher *fam.*

✦ **tout déballer** vider son sac · ouvrir son cœur · se déboutonner · s'épancher · se débonder *vieilli*

débandade *n.f.* 1 - **dispersion** · fuite · retraite · 2 - **débâcle** · débandement *vieux, Milit.*

débarbouiller *v.tr.* **laver**

››› **se débarbouiller** *v.pron.* 1 - **se laver** · faire sa toilette · faire une toilette de chat · 2 - → **se dépêtrer**

débarcadère *n.m.* · appontement · embarcadère · quai · wharf *anglic.*

débarquement *n.m.* · déchargement · [de bois] débardage

débarquer

▪ *v.tr.* 1 - **décharger** · [du bois] débarder · 2 - [fam.] → **congédier**

▪ *v.intr.* 1 - **aller à terre** · 2 - [fam.] → **arriver**

débarras *n.m.* · remise · cagibi

débarrasser *v.tr.* **1 - déblayer** · dégager · désencombrer · désobstruer *rare* • [une table] desservir · **2 - décharger** · délester · exonérer · libérer · soulager

››› **se débarrasser de** *v.pron.* **1 - abandonner** · se défaire de · en finir avec · jeter · mettre au rebut · rejeter · balancer *fam.* · bazarder *fam.* · mettre au rancart *fam.* · virer *fam.* · **2 - enlever** · ôter · quitter · retirer · **3 - oublier** · évacuer · **4 - se délivrer** · s'affranchir · se libérer · **5 - congédier** · repousser · envoyer promener *fam.* · envoyer paître *fam.* · **6 - licencier** · débaucher · se défaire de · remercier · renvoyer · mettre à la porte · se séparer de · débarquer *fam.* · sacquer *fam.* · virer *fam.* · **7 - tuer** · éliminer · liquider *fam.*

débat *n.m.* **1 - discussion** · explication · **2 - conférence** · forum · table ronde • [d'assemblée politique] séance · **3 - contestation** · controverse · différend · polémique

débat, contestation

Dans le **débat**, des interlocuteurs examinent de façon contradictoire une question en proposant des arguments *(entrer dans le cœur du débat, clore un débat)*. La **contestation** suppose que l'on est en désaccord sur un point précis, la mise en doute portant sur des sujets variés *(contestation de la justesse d'un argument, de la vérité d'un fait)*.

débattre *v.tr.* **1 - discuter (de)** · agiter · délibérer de · examiner · traiter • [sans complément] parlementer · **2 - négocier** · marchander

››› **se débattre** *v.pron.* **s'agiter** · se démener

✦ **se débattre contre** batailler contre · se battre avec · se colleter avec

✦ **se débattre avec énergie** se démener comme un possédé, comme un beau diable, comme un diable dans un bénitier

débauche *n.f.*
I dépravation · dévergondage · écarts (de conduite) · libertinage · licence · luxure · paillardise · vice · déportements *littér.* · inconduite *littér.* · stupre *littér.* · turpitude *littér.* · dissolution *vieilli* · gaudriole *fam.* · ribauderie *vieux*
II 1 - abus · débordement · excès · **2 - abondance** · foule · luxe · multitude · orgie · pléthore · profusion · surabondance

débauché, e

▪ *adj.* **corrompu** · dépravé · dissolu · immoral · libertin · perverti · vicieux

▪ *n.* **libertin** · coureur · bambocheur *fam., vieilli* · perverti *vieux* · roué *vieux*

débaucher *v.tr.* **1 - congédier** · licencier · mettre à la porte · renvoyer · se séparer de · débarquer *fam.* · sacquer *fam.* · vider *fam.* · virer *fam.* · **2 -** [vieilli] **corrompre** · dépraver · dévergonder · dissiper · pervertir

débile *adj. et n.* **1 - faible** · fragile · frêle · malingre · rachitique • [vieillard] cacochyme · égrotant · **2 - déficient (mental)** · arriéré (mental) · attardé (mental) · demeuré · retardé (mental) · simple d'esprit · **3 -** [fam.] → **imbécile**

débilitant, e *adj.* **1 - décourageant** · démoralisant · déprimant · **2 - anémiant** · liquéfiant *fam.*

débilité *n.f.* **1 - faiblesse** · fragilité · **2 - arriération (mentale)** · **3 -** [fam.] → **imbécillité**

débiliter *v.tr.* 1 - **affaiblir** · anémier · 2 - **décourager** · démoraliser · déprimer

débiner *v.tr.* [fam.] → **dénigrer**

débit *n.m.* 1 - **rythme** · cadence · 2 - **diction** · élocution

débiter *v.tr.*
I 1 - **dire** · raconter · servir *péj.* · sortir *fam., péj.* · débagouler *fam., péj.* · dégoiser *fam., péj.* · 2 - **réciter** · déclamer
II 1 - **couper** · découper · diviser · partager · 2 - **produire** · fabriquer · fournir · sortir · vendre

débiteur, -trice *n.* 1 - **emprunteur** • [d'une rente] débirentier · 2 - **obligé**

déblais *n.m.pl.* · gravats · débris · décombres · plâtras

déblatérer *v.intr.*
✦ **déblatérer contre** dénigrer · critiquer · médire de · pester contre · protester contre · vitupérer contre · baver sur *fam.* · débiner *fam.*

déblayer *v.tr.* 1 - **dégager** · débarrasser · désencombrer · 2 - **enlever** · ôter · retirer

déblocage *n.m.* · libération · dégel

débloquer
▪ *v.tr.* 1 - **décoincer** · dégager · dégripper · 2 - **libérer** · dégeler
▪ *v. intr.* [fam.] → **déraisonner**

déboire *n.m.* 1 - **déception** · amertume · déconvenue · désillusion · mécompte *littér.* · 2 - [souvent au plur.] **échec** · ennui · épreuve

déboisement *n.m.* · déforestation

déboîtement *n.m.* · dislocation · désarticulation · entorse · foulure · luxation

déboîter *v.tr.* 1 - **démonter** · disjoindre · 2 - **désarticuler** · démettre · disloquer · fouler · luxer · démancher
☙ **disloquer**

débonder (se) *v.pron.* · se confier · ouvrir son cœur · se déboutonner · s'épancher · s'ouvrir · vider son sac *fam.*

débonnaire *adj.*
I **bonhomme** · bonasse · inoffensif
II [vieilli ou littér.] 1 - **bienveillant** · accommodant · complaisant · clément · indulgent · 2 - **doux** · patient · pacifique

débordant, e *adj.* 1 - **expansif** · exubérant · fougueux · impétueux · exultant *rare* · 2 - [imagination] **débridé** · fécond · fertile
✦ **débordant de vie** pétulant · vif

débordé, e *adj.* · dépassé · noyé · sous pression · submergé · surchargé · charrette *fam.*

débordement *n.m.* 1 - **déchaînement** · explosion · 2 - **profusion** · déferlement · déluge · exubérance · flot · surabondance · torrent · 3 - **excès** · écart de conduite · libertinage · licence · 4 - **crue** · inondation · débord *région.*

déborder
▪ *v.intr.* 1 - **couler** · s'échapper · se répandre · 2 - **se déchaîner** · éclater · exploser · 3 - **faire saillie** · ressortir · saillir · surplomber
▪ *v.tr.* 1 - **dépasser** · empiéter sur · franchir · mordre sur · 2 - **contourner** · dépasser · encercler · tourner

✦ **déborder de** fourmiller de · grouiller de · regorger de · surabonder de, en

débotté (au) *loc. adv.* · à l'improviste · au dépourvu · de but en blanc

débouché *n.m.* **1 - marché** · clientèle · **2 - perspective (d'avenir)** · opportunité · ouverture

[1]**déboucher** *v.tr.* **1 - dégager** · désengorger · désobstruer · **2 - ouvrir** · décapsuler

[2]**déboucher** *v.intr.* **sortir** · débouler *fam.* · [gibier] débucher · [bateau] débouquer

✦ **déboucher dans, sur** donner dans, sur · ouvrir sur · tomber dans, sur

✦ **déboucher sur 1 - aboutir à** · parvenir à · **2 - mener à** · conduire à

débouler

▪ *v.intr.* **1 -** [Chasse] **déguerpir** · détaler · **2 -** [fam.] **arriver** · surgir · débarquer *fam.* · se pointer *fam.*

▪ *v.tr.* [fam.] **dégringoler** · dévaler

débourrer *v.tr.* · dépiler · ébourrer

débours *n.m.* **1 - dépense** · frais · **2 - déboursement**

débourser *v.tr.* **dépenser** · payer · verser · décaisser *(Comptabilité)* · aligner *fam.* · casquer *fam.* · cracher *fam.* · lâcher *fam.* · boursiller *vieux*

✦ **sans rien débourser** gratuitement · sans bourse délier · à l'œil *fam.* · gratis *fam.* · gratos *fam.* · aux frais de la princesse *fam.*

déboussolé, e *adj.* · désorienté · affolé · désemparé · troublé · qui a perdu le nord *fam.* · paumé *fam.* · qui a perdu les pédales *fam.*

debout *adv.* **1 - d'aplomb** · droit · dressé · **2 -** [à vélo] **en danseuse**

✦ **se mettre debout** se lever · se dresser

✦ **rester debout** planté comme une borne, un piquet *péj.*

déboutonner *v.tr.* **défaire** · dégrafer

⋙ **se déboutonner** *v.pron.* **s'épancher** · ouvrir son cœur · s'ouvrir · vider son sac *fam.* · se débonder *vieilli*

débraillé, e

▪ *adj.* **1 - négligé** · en désordre · dépoitraillé *fam.* · **2 - libre** · sans retenue

▪ *n.m.* **désordre** · laisser-aller · liberté · négligé · débraillement *rare*

débraillé, dépoitraillé

Débraillé et **dépoitraillé** s'appliquent à la manière désordonnée dont les vêtements sont portés. **Débraillé** s'emploie quand les vêtements, ouverts, donnent un air parfois indécent, toujours négligé : « Les polissons de la ville étaient devenus mes plus chers amis (...) ; j'étais vêtu comme eux, déboutonné et débraillé » (Chateaubriand, *Mémoires d'outre-tombe*, I). **Dépoitraillé**, moins courant, s'applique seulement aux vêtements qui couvrent la poitrine (le *poitrail)* et surtout à propos d'une femme : « Je leur avais décrit (...) Carmen dépoitraillée, la chemise déchirée » (Mérimée, *Journal*, 1837).

débrancher *v.tr.* · déconnecter · couper

débrayage *n.m.* · grève · arrêt de travail

→ **grève**

débrayer *v.intr.* · cesser le travail · faire la grève · se mettre en grève

débridé, e *adj.* · déchaîné · effréné · sans retenue

débridement *n.m.* · déchaînement · embrasement · explosion · libération

débrider *v.tr.* · inciser · ouvrir · percer

débris *n.m.* **1 - fragment** · morceau • [de verre, de poterie] tesson • [de tissu] lambeau • [de bois] copeau · sciure • [de fer] ferraille • [de plâtre] plâtras · **2 - reste** • [de repas] relief · rogaton *fam.* · **3 - déchet** · détritus · ordure · rebut · résidu · rognure · ruine

❧ ruine

débrouillard, e *adj. et n.* · habile · adroit · astucieux · dégourdi · malin · rusé · démerdard *fam.* · démerde *fam.* · roublard *fam., souvent péj.*

débrouillardise *n.f.* · habileté · adresse · astuce · ruse · débrouille *fam.* · démerde *fam.* · roublardise *fam., souvent péj.*

débrouille *n.f.* · débrouillardise · démerde *fam.* · système D *fam.*

débrouiller *v.tr.* **1 - démêler** · dénouer · séparer · trier · **2 - élucider** · clarifier · déchiffrer · éclaircir · expliquer · tirer au clair

»» **se débrouiller** *v.pron.* s'arranger · se défendre · s'en sortir · y arriver · se tirer d'affaire · tirer son plan *Belgique* · s'en tirer *fam.* · se démerder *fam.* · se dépatouiller *fam.* · se débarbouiller *fam., vieux*

✦ **bien se débrouiller** [dans la vie] bien mener sa barque

débroussaillage *n.m.* · débroussaillement · défrichement

débroussailler *v.tr.* **1 - défricher** · éclaircir · essarter · **2 - débrouiller** · défricher · dégrossir · éclaircir · tirer au clair

débusquer *v.tr.* · chasser · déloger · faire sortir · débucher *(Chasse)*

début *n.m.* **1 - commencement** · départ · origine · prémices *littér.* · **2 - entrée en matière** · ouverture · exorde · **3 - ABC** · b.a.-ba

✦ **au début** initialement · au commencement · au départ · à l'origine · les premiers temps

✦ **du début** initial · originel · premier

»» **débuts** *plur.* **apprentissage** · balbutiements · premières armes · premiers pas

débutant, e *adj. et n.* · novice · apprenti · néophyte · nouveau · bizut *fam.* · bleu *fam.* · commençant *vieux* · en herbe *(seulement adj.)*

débuter *v.intr.* **1 - commencer** · s'ouvrir · démarrer *fam.* · **2 - faire ses débuts** · commencer · faire ses premières armes · faire ses premiers pas · démarrer *fam.*

décadence *n.f.* **déclin** · affaiblissement · affaissement · chute · déchéance · décrépitude · dégénérescence · dégradation · dégringolade · déliquescence · détérioration · écroulement · effondrement

✦ **tomber en décadence** s'affaiblir · dégénérer · se dégrader · se détériorer · s'écrouler · s'effondrer · déchoir *littér.*

❧ **décadence, déclin**

Décadence et **déclin** ont en commun l'idée d'affaiblissement continu. **Décadence** implique une progression inéluctable vers la ruine et s'emploie à propos des humains et de ce qu'ils ont formé *(la décadence d'un empire ; Grandeur et décadence des Romains, titre d'un ouvrage de Montesquieu)* : « Enseigner la littérature est d'abord enseigner son histoire, supposée soumise à la courbe traditionnelle : maladresse, perfection, décadence » (Malraux, *l'Homme précaire et la littérature*). Déclin désigne l'état de ce qui commence à régresser ; le déclin précède la disparition ou la décadence *(le déclin de la vie, de l'âge, de l'amour ; le déclin économique d'un pays ; le soleil à son déclin)* : « L'esprit humain a son enfance et sa virilité ; plût au ciel qu'il n'eût pas aussi son déclin, sa vieillesse et sa caducité » (Diderot, *Opinion des anciens philosophes*).

décadent, e *adj.* · déliquescent · dégénéré · fin de race · fin de siècle

décalage *n.m.* **1 - écart** · distance · intervalle · variation · **2 - désaccord** · différence · discordance · dissonance · rupture

décalé, e *adj.* **1 - marginal** · minoritaire · **2 - déphasé** · désorienté

décaler *v.tr.* **1 - avancer** · **2 - retarder** · reculer · remettre · reporter · repousser · **3 - changer** · déplacer · modifier

décalquer *v.tr.* · copier · imiter · reproduire

décamper *v.intr.* · déguerpir · s'enfuir · filer · fuir · lever le camp · quitter la place · se sauver · plier bagage *fam.* · prendre la poudre d'escampette *fam.* · prendre le large *fam.* · ficher le camp *fam.* · détaler *fam.* · décaniller *fam.* · escamper *vieux*

décanter *v.tr.* **1 - clarifier** · épurer · filtrer · purifier · transvaser · **2 - éclaircir** · mûrir · tirer au clair

⋙ **se décanter** *v.pron.* **s'éclaircir** · se clarifier

décapant, e *adj.* **1 - abrasif** · **2 - corrosif** · caustique · mordant · subversif · virulent

décaper *v.tr.* · frotter · gratter · nettoyer · poncer · dérocher *(Techn.)*

décapiter *v.tr.* **1 - couper la tête de** · faire tomber, rouler la tête de · guillotiner · trancher le cou de · raccourcir *fam.* · décoller *vieux* · **2 - écimer** · étêter · découronner

décapotable *n.f.* · cabriolet

décapsuleur *n.m.* · ouvre-bouteille

décarcasser (se) *v.pron.* → **se démener**

décati, e *adj.* · flétri · fané

décédé, e *adj.* · mort · défunt · disparu · trépassé *littér.* · feu *(devant un nom)*

↝ **mort**

décéder *v.intr.* · mourir · s'en aller · disparaître · s'éteindre · passer de vie à trépas · périr · rendre l'âme · rendre le dernier soupir · être rappelé à Dieu · expirer *littér.* · trépasser *littér.* · aller ad patres *fam.* · avaler son acte, bulletin de naissance *fam.* · caner *fam.* · casser sa pipe *fam.* · clamser *fam.* · claquer *fam.* · crever *fam.* · passer l'arme à gauche *fam.* · y rester *fam.* · avaler sa chique *fam., vieilli* · calancher *fam., vieilli* · dévisser son billard *fam., vieilli*

déceler *v.tr.* **1 - découvrir** · détecter · mettre au jour · pointer sur · repérer · trouver · **2 - indiquer** · annoncer · attester · démontrer · manifester · montrer · prouver · révéler · signaler · trahir

↝ **trouver**

décélérer *v.intr.* · ralentir · perdre de la vitesse · réduire sa vitesse · [automobiliste] lever le pied *fam.*

décemment *adv.* **1 - convenablement** · correctement · **2 - raisonnablement** · honnêtement

décence *n.f.* **1 - bienséance** · convenance · honnêteté · **2 - pudeur** · chasteté · pudicité *littér.* · **3 - politesse** · correction · savoir-vivre · tact · **4 -** [vieilli] **modestie** · réserve

convenance

décent, e *adj.* **1 - de bon ton** · convenable · correct · bienséant *vieilli* · séant *vieux ou littér.* · **2 - pudique** · chaste · convenable · **3 - correct** · acceptable · convenable · honnête · raisonnable · suffisant · **4 -** [vieilli] **modeste** · réservé

décentralisation *n.f.* · délocalisation · régionalisation · déconcentration *(Admin.)*

décentraliser *v.tr.* · délocaliser · régionaliser · déconcentrer *(Admin.)*

déception *n.f.* · déconvenue · désappointement · désenchantement · désillusion · chagrin · ennui · désabusement *littér.* · déboire *littér.* · décompte *littér.* · mécompte *littér.*

décerner *v.tr.* · accorder · adjuger · allouer · attribuer · concéder · conférer · doter · octroyer · procurer · remettre · déférer *vieux*

décès *n.m.* · mort · disparition · trépas *littér.* · dernier sommeil *littér.* · sommeil éternel *littér.*

décevant, e *adj.* **1 - insatisfaisant** · frustrant · **2 -** [vieux] **illusoire** · mensonger · trompeur

décevoir *v.tr.* **1 - désappointer** · frustrer · tromper les attentes de · **2 -** [vieux] **abuser** · duper · leurrer · tromper

déchaîné, e *adj.* **1 - démonté** · furieux · **2 - excité** · exalté · exubérant · fougueux · surexcité · **3 - débordant** · débridé · effréné

déchaînement *n.m.* **1 - emportement** · débordement · débridement · déferlement · explosion · libération · soulèvement · transport · tempête · **2 - fureur** · emportement · violence

déchaîner *v.tr.* **1 - déclencher** · entraîner · exciter · inciter à · occasionner · provoquer · soulever · susciter · **2 - désenchaîner** · détacher · libérer

»» **se déchaîner** *v.pron.* **éclater** · s'emporter · exploser

déchanter *v.intr.* **1 - tomber de haut** · perdre ses illusions · **2 - changer de ton** · rabattre ses prétentions

décharge *n.f.*
I déchetterie · dépôt d'ordures · dépotoir
II tir · bordée · fusillade · salve · volée
III 1 - quittance · acquit · **2 - exemption** · exonération

décharge, déchetterie

La **décharge** et la **déchetterie** sont consacrées à l'élimination des divers déchets produits par l'activité humaine. La **décharge** est un lieu public qui reçoit indistinctement les déblais, le verre, les papiers, les vieux meubles, etc. qui seront ensuite brûlés ou compactés *(jeter un vieux matelas à la décharge)*. Dans la **déchetterie**, qui remplace aujourd'hui la « décharge publique », tous ces éléments sont triés et ont chacun une place assignée : ils sont régulièrement emportés pour être recyclés *(déposer des cartons et des bouteilles en verre à la déchetterie)*.

déchargement *n.m.* · débarquement · débardage

décharger *v.tr.* **1 - débarder** · débarquer · **2 - asséner** · décocher ·

3 - disculper · blanchir · innocenter · laver (de tout soupçon) · **4 - libérer** · soulager

✦ **décharger (qqn) de** débarrasser de · affranchir de · dispenser de · exempter de · exonérer de · libérer de · soulager de

⋙ **se décharger** *v.pron.* **se déverser** · s'écouler · se jeter

✦ **se décharger de** se débarrasser de · se libérer de

déchéance *n.f.* **1 - abaissement** · avilissement · chute · décadence · déclin · dégradation · disgrâce · **2 -** [physique] **décrépitude** · vieillissement · **3 -** [d'un droit] **forclusion** · **4 -** [d'un roi] **destitution** · déposition

déchet *n.m.* **1 -** [surtout au plur.] **détritus** · ordure · **2 -** [surtout au plur.] **débris** · bris · chute · épluchure · rebut · résidu · rognure · scorie • [de fer] battiture · riblon • [de tissu] blousse · bourre · **3 - gaspillage** · déperdition · perte

rebut

déchetterie *n.f.* · décharge

décharge

déchiffonner *v.tr.* · défriper · défroisser · déplisser · lisser

déchiffrement *n.m.* · déchiffrage · décodage · décryptage

déchiffrer *v.tr.* **1 - décrypter** · décoder · **2 - deviner** · comprendre · découvrir · démêler · éclaircir · pénétrer (le sens de) · percer · saisir

déchiffrer, décoder, décrypter

Déchiffrer, décoder et **décrypter** s'emploient indifféremment quand on parle de traduire en clair un texte rédigé dans une écriture codée *(déchiffrer, décrypter, décoder un message secret)*. Seuls **déchiffrer** et **décrypter** peuvent s'appliquer s'il s'agit de lire une écriture mal formée. L'idée d'éclaircissement est limitée dans l'emploi de **décrypter**, qui s'applique essentiellement à des textes. **Déchiffrer** se dit aussi d'une partition ou de dessins *(déchiffrer de la musique, des hiéroglyphes, un rébus)* et concerne plus largement une chose qui apparaît obscure ou secrète *(déchiffrer une énigme, des caractères)* ou une personne *(c'est une femme compliquée qu'on ne déchiffre pas facilement)*.

déchiqueter *v.tr.* · déchirer · broyer · découper · hacher · lacérer · mettre en lambeaux · mettre en pièces · taillader · tailler en pièces · dilacérer *rare*

déchirant, e *adj.* **1 - bouleversant** · émouvant · pathétique · poignant · tragique · **2 - aigu** · perçant · strident

déchirement *n.m.* **1 - chagrin** · affliction · arrachement · douleur · peine · tourment · **2 - discorde** · désunion · division · **3 - déchirure** · claquage · lacération · rupture

déchirer *v.tr.* **1 - déchiqueter** · arracher · lacérer · dilacérer *rare* · **2 -** [la peau] **balafrer** · égratigner · entamer · érafler · érailler · griffer · labourer · ouvrir · **3 - attrister** · affliger · bouleverser · fendre le cœur de · meurtrir · navrer · tourmenter · **4 - diviser** · scinder · tirailler · **5 -** [cri] **fendre** · percer · rompre · trouer · **6 - calomnier** · diffamer · médire · offenser · outrager

déchirure *n.f.* **1 - accroc** · **2 - blessure** · coupure · crevasse · écorchure · égratignure · éraflure · **3 - ouverture** · percée · trouée

déchoir *v.intr.* **1 - s'abaisser** · se dégrader · s'avilir · **2 - se déclasser** · déroger · rétrograder ·

régresser · forfaire *vieux ou littér.* · forligner *vieux ou littér.* · **3** – [vieilli] **s'affaiblir** · baisser · décliner · faiblir

déchu, e *adj.* **détrôné** · déposé · destitué

✦ **déchu de** privé de · dépossédé de

décidé, e *adj.* **1 – déterminé** · ferme · hardi · résolu · volontaire · crâne *vieilli* · **2 – fixé** · convenu · entendu · réglé · résolu · **3 – certain** · arrêté · déclaré · délibéré · évident · franc · manifeste · net

décider *v.tr.* **1 – fixer** · arrêter · décréter · déterminer · se mettre dans la tête · **2 – commander** · ordonner · **3 – arbitrer** · juger · trancher · **4 – convaincre** · entraîner · persuader · pousser

»» **se décider** *v.pron.* · prendre une décision

✦ **se décider à** se résoudre à · se déterminer à · prendre le parti de

✦ **se décider pour** choisir · opter pour · se prononcer pour

décideur, -euse *n.m.* · décisionnaire · responsable

décimer *v.tr.* · anéantir · détruire · exterminer · massacrer · tuer · rayer de la carte

décisif, -ive *adj.* **1 – capital** · crucial · déterminant · important · prépondérant · principal · **2 – concluant** · convaincant · incontestable · irréfutable · péremptoire · **3 – définitif** · dernier · **4 – affirmatif** · décidé · dogmatique · péremptoire · tranchant

décision *n.f.* **1 – choix** · délibération · parti · résolution · **2** – [administrative] **arrêt** · arrêté · décret · édit · jugement · ordonnance · règlement · résolution · sentence · verdict · **3** – [arbitraire] **diktat** · ukase · **4 – détermination** · caractère · énergie · fermeté · volonté

déclamation *n.f.* **1 – éloquence** · art oratoire · rhétorique · **2 – emphase** · enflure

déclamatoire *adj.* · emphatique · ampoulé · boursouflé · grandiloquent · pompeux

déclamer *v.tr.* · dire · réciter · débiter *péj.* · [vers] scander

déclaration *n.f.* **1 – affirmation** · annonce · communication · proclamation · **2** – [de principes] **manifeste** · profession de foi · **3 – dires** · parole · propos · **4 – aveu** · confession · confidence · révélation · **5 – attestation**

déclaré, e *adj.* · juré · intraitable · irréductible

déclarer *v.tr.* **1 – affirmer** · annoncer · dire · exprimer · indiquer · manifester · proclamer · professer · signifier · **2 – avouer** · confier · reconnaître · **3 – révéler** · dévoiler · faire savoir · porter à la connaissance (de) · signaler · **4 – attester** · certifier · notifier

✦ **déclarer que** assurer que · prétendre que

»» **se déclarer** *v.pron.* **1 – apparaître** · se déclencher · éclater · survenir · **2 – prendre (ouvertement) parti** · se prononcer

déclassement *n.m.* **1 – dérangement** · déplacement · **2 – rétrogradation** · régression

déclasser *v.tr.* **1 – déranger** · déplacer · **2 – rétrograder** · faire régresser

»» **se déclasser** *v.pron.* **s'abaisser** · se dégrader · déchoir · forfaire *vieux ou littér.* · forligner *vieux ou littér.*

déclenchement *n.m.* · commencement · démarrage · lancement · mise en marche · mise en route

déclencher *v.tr.* **1 - provoquer** · catalyser · entraîner · déterminer · occasionner · susciter • [une passion] déchaîner · **2 - mettre en marche** · démarrer · lancer · mettre en branle · mettre en route

»» **se déclencher** *v.pron.* **survenir** · apparaître · se déclarer · éclater · se manifester · se produire · surgir

déclin *n.m.* **1 - décadence** · affaiblissement · déchéance · dégénérescence · étiolement · fin • [d'une maladie] décours · **2 - baisse** · décroissance · diminution

décadence

décliner

▪ *v.tr.* **1 - repousser** · écarter · refuser · rejeter · **2 - dire** · énoncer · énumérer

▪ *v.intr.* **1 - baisser** · décroître · diminuer · tomber · **2 - dépérir** · s'affaiblir · empirer · s'étioler · languir · **3 - faiblir** · déchoir · dégénérer · s'effondrer · péricliter

»» **se décliner** *v.pron.* [mot] **fléchir**

déclivité *n.f.* · inclinaison · pente

décocher *v.tr.* · lancer · darder · envoyer · balancer *fam.*

décoction *n.f.* · infusion · macération · tisane · apozème *vieux* · décocté *rare*

décoder *v.tr.* **1 - déchiffrer** · décrypter · **2 - comprendre** · deviner · interpréter · pénétrer · percer · saisir

déchiffrer

décoiffer *v.tr.* **1 - dépeigner** · ébouriffer · hérisser · écheveler *littér.* · **2 -** [fam.] → **étonner**

décoincer *v.tr.* **1 - débloquer** · dégager · dégripper · **2 -** [fam.] **désinhiber** · décomplexer · **3 -** [fam.] **détendre** · dégeler · dérider

décollage *n.m.* **1 - envol** · **2 - essor** · démarrage · envolée

décoller

▪ *v.intr.* **1 - s'envoler** · s'élever dans les airs · quitter le sol · prendre son essor *littér.* · **2 - progresser** · s'envoler · se développer · prendre son essor

▪ *v.tr.* **1 - enlever** · détacher · ôter · **2 - distancer** · décrocher · lâcher *fam.*

décolleté *n.m.* · échancrure

décolorer *v.tr.* **1 - ternir** · affadir · effacer · **2 - blondir** · blanchir · oxygéner

»» **se décolorer** *v.pron.* **déteindre** · s'affadir · s'effacer · se faner · se ternir

décombres *n.m.pl.* · ruines · débris · déblais · éboulis · gravats · restes · vestiges

ruines

décommander *v.tr.* · annuler · contremander *littér.*

décomposer *v.tr.*

I 1 - dissocier · désagréger · résoudre *littér.* · **2 - analyser** · diviser · scinder · résoudre *vieux*

II 1 - pourrir · altérer · corrompre · dégrader · gâter · putréfier · **2 - détruire** · déliter · désorganiser · disloquer · dissoudre · **3 - troubler** · altérer · convulser

»» **se décomposer** *v.pron.* **1 - pourrir** · s'altérer · se corrompre · se dégrader · se putréfier • [viande] faisander · **2 - se troubler** · perdre contenance · se démonter · **3 - se désagréger** · se déliter · se désorganiser · se disloquer · s'effriter

✦ **se décomposer en** être constitué de

décomposition *n.f.*

I 1 - dissociation · désagrégation · résolution *littér.* · **2 - analyse** · division · résolution *vieux*
II 1 - pourriture · altération · corruption · putréfaction • [de la viande] faisandage · **2 - décadence** · désagrégation · déliquescence · délitement · désorganisation · dissolution · effritement · **3 - trouble** · altération · convulsion

décompresser

▪ *v.tr.* **1 - décomprimer** · détendre · dilater · **2 - décompacter**

▪ *v.intr.* [fam.] **se détendre** · se décontracter · se relâcher · se relaxer

décompression *n.f.*

1 - dilatation · détente · expansion · **2 -** [fam.] **détente** · décontraction · relâchement · relaxation

décompte *n.m.*

1 - compte · dénombrement · détail · relevé · **2 - déduction** · défalcation · retranchement · soustraction

décompter *v.tr.*

1 - compter · dénombrer · énumérer · **2 - déduire** · défalquer · retrancher · soustraire

déconcertant, e *adj.*

1 - déroutant · désarçonnant · déstabilisant · troublant · **2 - bizarre** · étonnant · imprévu · inattendu · surprenant

déconcerté, e *adj.*

· décontenancé · dérouté · désarçonné · désemparé · désorienté · déstabilisé · interdit · pantois · surpris · troublé

déconcerté, dérouté, désarçonné, désemparé

Les quatre mots s'appliquent à une personne qui perd une partie de ses moyens dans une situation imprévue. Un homme **déconcerté** n'est plus en harmonie – en concert – avec ce qui l'entoure, au point qu'il ne sait plus quelle attitude adopter *(les moqueries de ses amis l'ont déconcerté).* On renchérit sur la surprise avec **dérouté** *(être dérouté par l'énoncé d'un problème).* **Désemparé** s'emploie quand on ne sait plus du tout où l'on en est *(il est tout désemparé depuis qu'il est veuf),* alors que **désarçonné** qualifie essentiellement l'inconfort éprouvé lorsque, dans une discussion, on se trouve à bout d'arguments *(rester désarçonné par une question, des objections).*

déconcerter *v.tr.*

· décontenancer · confondre · démonter · dérouter · désarçonner · désemparer · désorienter · déstabiliser · interdire · surprendre · troubler · déconfire *vieux*

déconfiture *n.f.*

1 - déroute · défaite · échec · effondrement · fiasco · naufrage · ruine · **2 - banqueroute** · faillite · insolvabilité · ruine

décongestionner *v.tr.*

· dégager · désembouteiller · désencombrer · désengorger

déconnecter *v.tr.*

1 - débrancher · **2 - séparer** · décorréler

»» **se déconnecter** *v.pron.* **se détacher** · s'éloigner · devenir étranger (à)

déconseiller *v.tr.*

· contre-indiquer · mettre en garde contre

déconsidérer *v.tr.*

· discréditer · nuire à (la réputation de) · perdre · couler *fam.* · griller *fam.*

décontenancer *v.tr.*

déconcerter · confondre · démonter · dérouter · désarçonner · désemparer · désorienter · déstabiliser · interdire · troubler · déconfire *vieux*

⋙ **se décontenancer** *v.pron.* **se troubler** · se démonter · perdre contenance

décontracté, e *adj.* **1 - détendu** · cool *fam.* · relax *fam.* · **2 - dégagé** · désinvolte · libre

décontracter *v.tr.* **1 - détendre** · relaxer · **2 - relâcher** · décrisper

⋙ **se décontracter** *v.pron.* **se relaxer** · se détendre

décontraction *n.f.* **1 - détente** · relaxation · **2 - relâchement** · **3 - désinvolture** · aisance · calme · détachement

déconvenue *n.f.* · déception · dépit · désappointement · désillusion · désenchantement · mécompte *littér.*

décor *n.m.* **1 - décoration** · ornementation · parure · **2 -** [Théâtre] **toile de fond** · **3 - environnement** · cadre · milieu · paysage · toile de fond

décorateur, -trice *n.* · ensemblier · architecte d'intérieur

décoratif, -ive *adj.* · ornemental

décoration *n.f.* **1 - embellissement** · ornementation · **2 - ornements** · décor · **3 - médaille** · barrette · chaîne · cordon · croix · étoile · insigne · palme · plaque · rosette · ruban · banane *fam.* · crachat *vieux, fam.*

décorer *v.tr.* **1 - agrémenter** · embellir · enjoliver · orner · parer · **2 - médailler**

décortiquer *v.tr.* · analyser · disséquer · désosser · éplucher *fam.*

décorum *n.m.* **1 - bienséance** · convenances · **2 - apparat** · cérémonial · étiquette · protocole

découdre *v.tr.* **débâtir** · défaufiler · dépiquer

✦ **en découdre** se battre · en venir aux mains · se bagarrer *fam.* · se castagner *fam.*

découler *v.intr.* **1 - dériver** · se déduire · émaner · procéder · provenir · résulter · venir · **2 -** [vieilli ou littér.] **s'écouler** · dégoutter

découpage *n.m.* **1 - coupe** · **2 - débitage** · dépeçage · équarrissage · **3 - division** · fractionnement · morcellement · partage

découper *v.tr.* **1 - couper** · tailler · trancher · **2 - débiter** · dépecer · équarrir · [bois] chantourner · **3 - détacher** · lever · **4 - diviser** · fractionner · morceler · partager · **5 - échancrer** · denteler · entailler · évider

⋙ **se découper** *v.pron.* **se détacher** · se dessiner · se profiler · se silhouetter · ressortir

découpure *n.f.* **1 - découpe** · coupe · **2 - entaille** · échancrure · crénelure · dentelure · feston

décourageant, e *adj.* **1 - affligeant** · démoralisant · désespérant · **2 - démotivant** · démobilisateur · dissuasif · rebutant

découragement *n.m.* · abattement · accablement · démoralisation · désenchantement · écœurement · lassitude · blues *fam.* · cafard *fam.*

décourager *v.tr.* **1 - abattre** · accabler · couper bras et jambes à · dégoûter · démonter · démoraliser · déprimer · désenchanter · désespérer · écœurer · **2 - démotiver** · démobiliser · lasser · rebuter · doucher *fam.* · refroidir *fam.* · **3 - em-**

pêcher · enrayer · prévenir · **4 -** [qqn de faire qqch.] dissuader · détourner

››› **se décourager** *v.pron.* **perdre courage, espoir** · se lasser · baisser les bras · jeter le manche après la cognée

décousu, e *adj.* · désordonné · confus · haché · illogique · incohérent · inconséquent · sans suite

1découvert, e *adj.* **1 - dénudé** · nu · **2 - exposé**

✦ **à visage découvert** franchement · ouvertement · sans masque

2découvert *n.m.* **déficit**

✦ **à découvert** **1 - débiteur** · dans le rouge *fam.* · **2 - en rase campagne** · à ciel ouvert · en plein champ · en plein vent · **3 - ouvertement** · franchement · sans détour · sans masque

découverte *n.f.* **1 - invention** · création · illumination · trait de génie · trouvaille · **2 - exploration** · recherche · reconnaissance · **3 - révélation**

découverte, invention, trouvaille

La **découverte** met au jour ce qui existe mais restait inconnu jusque-là. Elle peut être le fait du hasard *(la découverte de l'Amérique, d'une grotte préhistorique)* ou de l'observation raisonnée *(la découverte d'une planète, d'un virus)*. L'**invention** est le fruit d'une démarche qui vise à créer quelque chose qui n'existe pas. Son champ d'application est souvent scientifique ou technique et elle est parfois consécutive à une **découverte** *(la découverte de l'action de la lumière sur une surface sensible a conduit à l'invention de la photographie)*. La **découverte** est attachée à la notion de prestige et l'**invention** à celle de labeur. La **trouvaille**, en revanche, est généralement plus modeste ; elle implique simplement une idée intéressante ou ingénieuse, souvent en parlant d'une œuvre artistique *(il y a d'heureuses trouvailles dans son spectacle)*.

découvrir *v.tr.* **1 - apercevoir** · discerner · distinguer · remarquer · repérer · surprendre · **2 - déceler** · détecter · dépister · trouver · dégoter *fam.* · dénicher *fam.* · **3 - inventer** · concevoir · imaginer · trouver · **4 - dévoiler** · divulguer · exposer · mettre au jour · lever le voile sur · révéler · **5 - deviner** · percer (à jour) · pénétrer · saisir · **6 - exposer** · dégager · dénuder

››› **se découvrir** *v.pron.* **1 - se déshabiller** · se dénuder · se dévêtir · se désaper *fam.* · **2 - se dégager** · s'éclaircir · s'éclairer · **3 - s'exposer**

trouver

décrassage *n.m.* · nettoyage · lavage

décrasser *v.tr.* **1 - nettoyer** · laver · **2 - dégrossir** · décrotter · déniaiser

décrépit, e *adj.* **1 - délabré** · usé · **2 - sénile** · croulant *fam.*

décrépitude *n.f.* **1 - délabrement** · usure · **2 - sénilité** · déchéance · **3 - décadence** · déchéance · dégénérescence · déliquescence

décret *n.m.* **1 - arrêté** · ordonnance · [Relig.] bulle · sentence · **2 - décision** · arrêt · diktat · loi · ordre · ukase · volonté

décréter *v.tr.* **1 - décider** · se mettre dans la tête · **2 - ordonner** · commander · imposer

décrier *v.tr.* • critiquer • dénigrer • déprécier • discréditer • médire de, sur • vilipender *littér.* • débiner *fam.*

décrire *v.tr.* 1 - **raconter** • dépeindre • expliquer • exposer • peindre • représenter • retracer • faire le tableau de • 2 - **tracer** • dessiner • esquisser

décrocher

▪ *v.tr.* 1 - **dépendre** • descendre • 2 - [fam.] **obtenir** • gagner • dégoter *fam.* • dénicher *fam.*

▪ *v.intr.* 1 - **abandonner** • démissionner • lâcher pied • renoncer • s'avouer vaincu • 2 - [fam.] **déconnecter** • débrancher *fam.*

décroissance *n.f.* • baisse • affaiblissement • amoindrissement • déclin • décrue • diminution • désescalade

décroître *v.intr.* • baisser • s'affaiblir • s'amoindrir • diminuer • décliner • faiblir • perdre ses forces

décrue *n.f.* • décroissance • affaiblissement • amoindrissement • baisse • déclin • diminution • désescalade

décrypter *v.tr.* 1 - **déchiffrer** • décoder • 2 - **deviner** • comprendre • lire • pénétrer (le sens de) • percer • saisir

~ déchiffrer

déçu, e *adj.* 1 - **dépité** • désappointé • désenchanté • camus *fam., vieux* • chocolat *fam., vieux* • 2 - **frustré** • inassouvi • insatisfait

décupler *v.tr.* • augmenter • gonfler • multiplier • redoubler

dédaigner *v.tr.* 1 - **mépriser** • faire fi de • faire bon marché de • se moquer de • 2 - **refuser** • décliner • rejeter • repousser

dédaigneux, -euse *adj.* • condescendant • altier • arrogant • hautain • méprisant • supérieur

dédain *n.m.* • condescendance • arrogance • hauteur • mépris • mésestime *littér.*

dédale *n.m.* 1 - **labyrinthe** • lacis • réseau • 2 - **embrouillamini** • complications • confusion • écheveau • enchevêtrement • forêt

~ labyrinthe

dedans *adv.* • à l'intérieur

dédicace *n.f.* 1 - **consécration** • 2 - **hommage** • envoi

dédicacer *v.tr.* • dédier • signer

~ **dédicacer, dédier**

Dédicacer et **dédier** ont en commun l'idée d'hommage rendu à une personne. On **dédicace** un livre, un disque, une photographie, etc., à quelqu'un en y écrivant quelques mots *(le lauréat du prix Goncourt dédicacera son roman à la librairie X...)*. **Dédier** concerne une œuvre dans divers domaines *(dédier un livre, une chanson, un monument)*. On rend cette fois hommage à une seule personne, ou à un nombre très restreint, parfois en se plaçant sous son patronage par une inscription faite avant que l'œuvre ait été donnée au public *(dédier un roman à ses enfants ; dédier un film à la mémoire d'un cinéaste, une stèle à la mémoire de disparus)*.

dédier *v.tr.* 1 - **consacrer** • dévouer • offrir • vouer • 2 - **dédicacer**

~ dédicacer

dédire (se) *v.pron.* • se contredire • se déjuger • se désavouer • se rétracter • revenir sur ses propos • se raviser • manger son chapeau *fam.*

dédit *n.m.* 1 - **rétractation** • révocation • 2 - **indemnité** • compensation • dédommagement

dédommagement *n.m.* **1 - indemnité** · compensation · consolation · réparation • [Assurances] dommages et intérêts · **2 - consolation** · compensation

dédommagement, indemnité

Dédommagement et **indemnité** ont en commun l'idée de compensation d'un dommage. Le **dédommagement** implique le plus souvent une équivalence entre le dommage et la réparation *(demander, recevoir, accepter un dédommagement ; un faible dédommagement)* ; il peut consister en une somme d'argent *(un dédommagement pécuniaire)* ou non *(un dédommagement en nature)*. L'**indemnité**, sans idée d'équivalence, est allouée à quelqu'un pour compenser des pertes *(une indemnité de licenciement, d'expropriation)*, des frais, etc. *(des indemnités de déplacement, de résidence)*. L'**indemnité** consiste toujours en une somme d'argent et peut même être la rétribution d'une fonction temporaire *(l'indemnité parlementaire)* ou honorifique *(l'indemnité d'un académicien)*.

dédommager *v.tr.* **1 - compenser** · indemniser · réparer · **2 - remercier** · consoler · récompenser

dédouaner *v.tr.* · racheter · réhabiliter

dédoubler *v.tr.* · diviser · partager · scinder en deux

dédramatiser *v.tr.* · dépassionner · minimiser · relativiser

déductif, -ive *adj.* · démonstratif · discursif · axiomatique

déduction *n.f.* **1 - remise** · abattement · décompte · défalcation · réduction · retranchement · soustraction · **2 - inférence** · **3 - conclusion**

déduire *v.tr.* **1 - décompter** · défalquer · enlever · retenir · retrancher · soustraire · **2 - conclure** · inférer · tirer comme conséquence

»» **se déduire** *v.pron.* **découler** · dériver · résulter

déesse *n.f.* **1 - divinité** · muse · nymphe • [indienne] apsara • [nordique] walkyrie · ondine · **2 - beauté** · vénus

défaillance *n.f.* **1 - défaut** · défectuosité · erreur · panne · **2 - évanouissement** · étourdissement · faiblesse · malaise · syncope · pâmoison *vieilli ou plaisant* · **3 - incapacité** · incompétence

✦ **avoir une défaillance** s'évanouir · se trouver mal · tomber dans les pommes, les vapes *fam.* · tourner de l'œil *fam.* · se pâmer *vieilli ou plaisant*

défaillant, e *adj.* **1 - affaibli** · chancelant · faible · vacillant · **2 - absent** · manquant • [accusé] contumax

défaillir *v.intr.* **1 - s'évanouir** · se trouver mal · tomber dans les pommes, les vapes *fam.* · tourner de l'œil *fam.* · se pâmer *vieilli ou plaisant* · **2 - baisser** · s'affaiblir · décliner · diminuer · **3 - faiblir** · flancher *fam.*

défaire *v.tr.* **1 - déconstruire** · démolir · démonter · désassembler · **2 - détacher** · déboutonner · dégrafer · délacer · dénouer · dessangler · **3 - déballer** · ouvrir · **4 - vaincre** · battre · culbuter · enfoncer · écraser · tailler en pièces · **5 -** [qqn de] **débarrasser** · affranchir · dégager · délivrer · dépêtrer

»» **se défaire** *v.pron.* **1 - se décomposer** · se déliter · se désagréger · s'écrouler · s'effondrer · **2 - se déshabiller** · se dévêtir · se mettre à l'aise · se désaper *fam.*

✦ **se défaire de** **1 - abandonner** · se débarrasser de · se dessaisir de · se démettre de · céder · délaisser · jeter · rejeter · renoncer à · se séparer de · balancer *fam.* · bazarder *fam.* · mettre au rancart *fam.* · **2 - se délivrer de** · s'affranchir de · se débarrasser de · se dégager de · se dépêtrer de · écarter · éliminer · **3 - se corriger de** · perdre · renoncer à · **4 - congédier** · se débarrasser de · repousser · se dépêtrer de *fam.* · envoyer promener *fam.* · envoyer paître *fam.* · **5 - licencier** · débaucher · se débarrasser de · mettre à la porte · remercier · renvoyer · se séparer de · débarquer *fam.* · sacquer *fam.* · vider *fam.* · virer *fam.*

défait, e *adj.* **1 - abattu** · affaibli · décomposé · épuisé · exténué · **2 - décontenancé** · **3 - en désordre**

défaite *n.f.* **1 - échec** · déconfiture · fiasco · revers · branlée *fam.* · brossée *fam.* · déculottée *fam.* · dérouillée *fam.* · frottée *fam.* · pile *fam.* · piquette *fam.* · raclée *fam.* · **2 - débâcle** · débandade · déroute

défaite, déroute, débâcle

Défaite, déroute et **débâcle** appartiennent en premier lieu au vocabulaire militaire. La **défaite**, c'est-à-dire l'échec d'une armée à un combat, peut se transformer lors de la retraite des troupes en **déroute**, qui est une fuite sans ordre : « Pendant plusieurs jours de suite des lambeaux d'armée en déroute avaient traversé la ville. Ce n'était point de la troupe, mais des hordes débandées » (Maupassant, *Boule de suif*). Cette déroute devient une **débâcle** si la fuite est massive et soudaine comme la fracture de la couche glacée d'un cours d'eau *(la débâcle des armées de Napoléon après la défaite de Waterloo)*. On retrouve dans les emplois figurés un rapport analogue entre **défaite** et **déroute** ou **débâcle** : *la défaite électorale a mis en déroute (a entraîné la débâcle de) tout le parti.*

défaitiste *adj. et n.* · pessimiste · capitulard *péj.*

défalcation *n.f.* · déduction · décompte · retranchement · soustraction

défalquer *v.tr.* · déduire · décompter · retrancher · soustraire

défatiguer *v.tr.* · délasser · détendre · relaxer · reposer

défaut *n.m.*
I 1 - imperfection · anomalie · défectuosité · irrégularité · malformation · tare · vice · [d'un diamant] crapaud · [d'un acier] paille · [d'une construction] malfaçon · loup · [d'un logiciel] bogue · bug · **2 - travers** · vice · **3 - inconvénient** · désavantage · faiblesse · lacune
II 1 - absence · carence · insuffisance · manque · pénurie · **2 -** [Droit] défaillance · contumace

✦ **faire défaut (à)** **1 - manquer** · **2 - abandonner** · trahir
✦ **à défaut de** faute de · au lieu de
✦ **être en défaut** **1 - faillir** · **2 - se tromper** · être en faute
✦ **mettre en défaut** mettre en échec

défaut, défectuosité, imperfection, vice

Tous ces mots sont relatifs à un manque ou à une anomalie concernant un objet fabriqué. Il y a **défaut** lorsque certaines qualités attendues ou nécessaires sont absentes *(un défaut de conformation ; c'est un défaut inhérent au système ; le défaut d'une broderie)*. **Imperfection** renchérit sur **défaut** et permet d'insister sur ce qui manque pour que l'objet considéré fonctionne correctement, pour s'approcher d'un idéal esthétique ou moral *(l'imperfection de l'homme, de nos connaissances)*. **Défectuosité** est surtout réservé à des produits fabriqués qui présentent des imperfections par rapport à des normes d'utilisation *(la défectuosité d'un branchement électrique)*. **Vice** a une valeur plus forte qu'**imperfection** et implique que le défaut modifie l'objet au point de le rendre impropre à sa fonction *(le défaut de ce placard vient d'un vice de construction)*.

défaveur *n.f.* · discrédit · désaffection · disgrâce · impopularité · inimitié · décote · décri *littér.* · déconsidération *littér.* · désamour *littér.*

défavorable *adj.* **1 - désavantageux** · hostile · mauvais · néfaste · nuisible · **2 - opposé** · adverse · contraire · **3 - péjoratif** · dépréciatif · négatif

défavorablement *adv.* · mal · d'un mauvais œil

défavorisé, e *adj.* · pauvre · démuni · déshérité · indigent · laissé pour compte · sous-développé

défavoriser *v.tr.* · désavantager · contrarier · desservir · gêner · handicaper · nuire à

défection *n.f.* · abandon · désertion · retrait · trahison

défectueux, -euse *adj.* **1 - hors d'état** · hors service · **2 - imparfait** · déficient · insuffisant · mauvais · laissant à désirer · **3 - incorrect** · bancal · boiteux · vicieux

défectuosité *n.f.* · défaut · anomalie · imperfection · irrégularité · malfaçon · malformation · tare · vice

défaut

défendable *adj.* · justifiable · excusable · soutenable

défendre *v.tr.*

I 1 - protéger · garantir · garder · sauvegarder · **2 - secourir** · aller à la rescousse de

II 1 - plaider pour · intercéder en faveur de · soutenir · se faire l'avocat de · prendre la défense de · prendre fait et cause pour · plaider la cause de · **2 - se prononcer pour** · être en faveur de

III interdire · prohiber · proscrire · inhiber *vieux*

»» **se défendre** *v.pron.* **1 - lutter** · se battre · se débattre · résister · **2 - riposter** · réagir · répondre

✦ **se défendre de** s'empêcher de · se garder de · s'interdire · se refuser à · se retenir de

✦ **se défendre de, contre** se garantir contre · se préserver de · se protéger de · parer à · résister à · se cuirasser contre

justifier

défendu, e *adj.* · interdit · illégal · illicite · prohibé

défendu, interdit, prohibé

Défendu, prohibé et **interdit** s'appliquent à ce qui fait l'objet d'une défense, de quelque nature qu'elle soit. Avec **défendu**, elle concerne un élément concret *(ces exercices vous sont défendus pour préserver votre santé)* ou abstrait *(un plaisir défendu)*. **Interdit** renchérit sur **défendu** : « La bonne chère m'est interdite, le vin m'est interdit, je suis un homme mort » (Flaubert, *Correspondance, 9 février 1844*). De plus, **interdit** s'emploie pour tout ce qui n'est pas autorisé par la loi *(stationnement, passage interdit ; film interdit aux moins de seize ans)* et qualifie des personnes *(un exilé politique interdit de séjour)*. **Prohibé** ne qualifie que les choses dont l'usage est proscrit par une autorité *(introduire sur le territoire des marchandises prohibées ; port d'armes prohibé).*

défense *n.f.*
I 1 - protection · bouclier · cuirasse · rempart · **2 - aide** · rescousse · sauvegarde · secours · soutien
II excuse · justification
III 1 - plaidoirie · plaidoyer · **2 - avocat** · défenseur
IV interdiction · prohibition · inhibition *Droit, vieux*
✦ **prendre la défense de** → **défendre**

défenseur *n.m.* **1 - avocat** · adepte · apôtre · champion · intercesseur · partisan · soutien · tenant · **2 - protecteur** · gardien
✦ **défenseur des opprimés, défenseur de la veuve et de l'orphelin** don Quichotte · Robin des bois · Zorro

défensive (sur la) *loc.adj.* · méfiant · sur ses gardes · sur le qui-vive

déféquer
▪ *v.intr.* **aller à la selle** · se soulager · crotter *fam.* · faire *fam.* · faire caca *fam.* · faire la grosse commission *lang. enfants* · faire ses besoins *fam.* · chier *très fam.* · se décharger le ventre *fam., vieux*
▪ *v.tr.* **clarifier** · épurer · filtrer

déférence *n.f.* **1 - considération** · égards · estime · respect · **2 -** [excessive] **bassesse** · obséquiosité · servilité

déférent, e *adj.* · respectueux · [excessivement] **obséquieux** · servile

déférer *v.tr.* **1 - traduire en justice** · citer (en justice) · **2 - attribuer** · conférer · décerner
✦ **déférer à** acquiescer à · céder à · se conformer à · obéir à · obtempérer à · s'en rapporter à · s'en remettre à · se ranger à · se soumettre à

déferlement *n.m.* **1 - invasion** · afflux · flot · vague · **2 - débordement** · effusion · explosion

déferler
▪ *v.intr.* **1 -** [vague] **se briser** · **2 - envahir** · affluer · se répandre
▪ *v.tr.* [une voile] **déployer** · envoyer · larguer

défi *n.m.* **1 - bravade** · provocation · **2 - challenge** · gageure · performance

défiance *n.f.* · méfiance · crainte · doute · circonspection · incrédulité · réserve · scepticisme · suspicion

défiant, e *adj.* · méfiant · circonspect · incrédule · sceptique · soupçonneux

déficience *n.f.* · insuffisance · carence · défaillance · défaut · faiblesse · lacune · limite

déficient, e *adj.* · insuffisant · défaillant · faible · lacunaire · limité · médiocre

déficit *n.m.* **1 - dette** · découvert · perte · trou *fam.* · mali *Belgique* · **2 - insuffisance** · déficience · manque · pénurie
✦ **être en déficit** **être dans le rouge** *fam.*

défier *v.tr.* **1 - provoquer** · challenger *anglic.* · mettre au défi · jeter le gant à · **2 - affronter** · braver · se dresser contre · narguer · résister à · faire la nique à *fam.*

défier (se) *v.pron.*

✦ **se défier de** craindre de • être sur ses gardes avec • se garder de • se méfier de

défigurer *v.tr.* **1 - abîmer** • altérer • contrefaire • décomposer • dégrader • enlaidir • gâter • **2 - dénaturer** • altérer • caricaturer • fausser • transformer • travestir

défilé *n.m.* **1 - gorge** • canyon • couloir • détroit • goulet • passage • [dans désignations] pas • **2 - colonne** • cortège • file • parade • procession • [de chars] corso • **3 - succession** • chapelet • cortège • procession

défilé, détroit, gorge, pas

Cette série de mots désigne des passages naturels étroits. Le **défilé** est toujours encaissé, par exemple entre deux montagnes *(s'engager dans un défilé)*. **Détroit** s'applique seulement à un espace de mer qui, entre deux terres, joint deux étendues marines *(le détroit de Gibraltar, entre la Méditerranée et l'Atlantique)*. La **gorge** est une vallée, encaissée et plus large que le défilé *(les gorges du Tarn, du Verdon)*. **Pas** s'emploie avec la valeur de **défilé** ou de **détroit** dans quelques désignations géographiques *(le pas de Calais)*.

défiler *v.intr.* • se succéder • se dérouler • (se) passer

défiler (se) *v.pron.* • se dérober • s'esquiver • fuir

défini, e *adj.* • déterminé • clair • délimité • précis

définir *v.tr.* **1 - déterminer le sens de** • expliquer • **2 - fixer** • décider • fixer • indiquer • préciser • spécifier • **3 - délimiter** • cerner • circonscrire

⋙ **se définir** *v.pron.* se caractériser • se présenter

définitif, -ive *adj.* **1 - fixe** • arrêté • déterminé • inébranlable • invariable • irrémédiable • irrévocable • sans appel • **2 - dernier** • final • finalisé • ultime

✦ **en définitive** après tout • au bout du compte • décidément • en dernière analyse • en un mot • finalement • pour conclure • tout compte fait

définition *n.f.* **signification** • explication • sens

✦ **par définition** par principe • intrinsèquement • par essence • par nature

définitivement *adv.* • irrémédiablement • à jamais • irrévocablement • pour toujours • une fois pour toutes • tout de bon *vieilli*

déflagration *n.f.* • explosion • détonation

déflorer *v.tr.* **1 - dévirginiser** *littér. ou plaisant* • dépuceler *fam.* • **2 - gâter** • retirer le sel de

défoncé, e *adj.* [fam.] → **drogué**

défoncer *v.tr.* **1 - enfoncer** • briser • détériorer • éventrer • **2 - labourer**

⋙ **se défoncer** *v.pron.* **1 - → se droguer** • **2 - → se démener**

déforestation *n.f.* • déboisement • dépeuplement

déformation *n.f.* **1 - altération** • modification • transformation • **2 - distorsion** • gauchissement • **3 - défiguration** • falsification • **4 - difformité** • dysmorphie • malformation

déformer *v.tr.* **1 - altérer** • changer • modifier • transformer • **2 - distendre** • avachir • bosseler • courber • distordre • gauchir • tordre • **3 - caricaturer** • défigurer • dénaturer • distordre • falsifier • fausser • travestir

»» **se déformer** *v.pron.* **gauchir** · s'avachir · se distendre · se déjeter · gondoler

défoulement *n.m.* · libération · décompression *fam.*

défouler (se) *v.pron.* · se libérer · décompresser *fam.*

défrayer *v.tr.* · rembourser · indemniser

défrichage *n.m.* → **défrichement**

défrichement *n.m.* · débroussaillage · défrichage · essartage

défricher *v.tr.* **1 - débroussailler** · essarter · **2 - préparer** · déblayer · débrouiller · dégrossir · démêler · éclaircir

défriper *v.tr.* · déchiffonner · défroisser · déplisser · lisser

défriser *v.tr.* **1 - raidir** · **2 -** [fam.] **contrarier** · déranger · ennuyer

défroque *n.f.* · guenilles · haillons · hardes · frusques *fam.*

défunt, e *adj. et n.* · mort · disparu · trépassé *littér.* · feu *(devant un nom)*

❧ **mort**

dégagé, e *adj.* **1 - désinvolte** · cavalier · décontracté · léger · cool *fam.* · relax *fam.* · **2 - libre** · désencombré

dégagement *n.m.* **1 - corridor** · couloir · passage · **2 - émanation** · production · sortie · **3 - déblaiement** · déblayage

dégager *v.tr.* **1 - débloquer** · désobstruer · déblayer · désencombrer · libérer · **2 - délivrer** · sortir · **3 - extraire** · enlever · ôter · retirer · tirer · **4 - découvrir** · dénuder · dépouiller · **5 - distinguer** · isoler · séparer · **6 - émettre** · exhaler · produire · répandre · **7 -** [qqn de] **dispenser** · affranchir · décharger · exonérer · libérer · soustraire à

»» **se dégager** *v.pron.* **1 - se délivrer** · s'extirper · s'extraire · se dépêtrer · se libérer · se tirer · **2 - se découvrir** · s'éclaircir · **3 - émaner** · s'exhaler · se répandre · sortir · sourdre *littér.* · **4 - se manifester** · ressortir · résulter

dégaine *n.f.* · allure · air · apparence · genre · style · look *fam.* · touche *fam.*

dégarni, e *adj.* · chauve · déplumé *fam.*

dégarnir *v.tr.* **1 - débarrasser** · dépouiller · vider · dépourvoir *rare* · **2 - élaguer** · émonder · tailler

»» **se dégarnir** *v.pron.* **1 - se vider** · se désemplir · **2 - perdre ses cheveux** · se déplumer *fam.*

dégât *n.m.* · dommage · casse · dégradation · déprédation · destruction · détérioration · méfait · ravage · [sur un bateau] avarie

dégauchir *v.tr.* · aplanir · redresser

dégel *n.m.* **1 - fonte** · débâcle · **2 - déblocage** · libération · **3 - détente** · décrispation

dégeler *v.tr.* **1 - faire fondre** · décongeler · réchauffer · **2 - débloquer** · libérer · **3 - détendre** · décrisper · dérider · décoincer *fam.* · [l'atmosphère] réchauffer

dégénéré, e *adj.* → **imbécile**

dégénérer *v.intr.* **1 - s'abâtardir** · **2 - s'appauvrir** · s'avilir · se dégrader · se pervertir · **3 - s'ag-**

graver · se détériorer · empirer · mal tourner · tourner au vinaigre *fam.* · [discussion] s'égarer · voler bas *fam.*

✦ **dégénérer en** tourner en · se transformer en

dégénérescence *n.f.* **1 - abâtardissement** · **2 - dégradation** · décadence · déclin

déglinguer *v.tr.* [fam.] → **abîmer**

déglutir *v.tr.* · avaler · ingurgiter

dégommer *v.tr.* [fam.] → **destituer**

dégonflé, e *adj.* **1 - à plat** · crevé · **2 - lâche** · peureux · poltron · couard *littér.* · pleutre *littér.* · pusillanime *littér.* · froussard *fam.* · trouillard *fam.* · pétochard *fam.*

dégonfler (se) *v.pron.* **1 - désenfler** · se vider · **2 -** [fam.] **mollir** · lâcher pied · se déballonner *fam.* · flancher *fam.*

dégorger

▪ *v.tr.* **1 - déverser** · évacuer · **2 - débagouler** · lancer · **3 - purger** · vider · **4 - laver** · nettoyer · purifier

▪ *v.intr.* **1 - se déverser** · s'écouler · **2 - déteindre**

dégoter *v.tr.* [fam.] → **découvrir**

dégouliner *v.intr.* · ruisseler · dégoutteler *rare*

dégourdi, e *adj.* · débrouillard · éveillé · futé · malin · démerdard *fam.*

✦ **être dégourdi** ne pas avoir les deux pieds dans le même sabot *fam.*

dégourdir *v.tr.* **délurer** · dégrossir · déniaiser · dessaler *fam.*

⋙ **se dégourdir** *v.pron.* **1 - se dérouiller** · **2 - s'affranchir** · s'émanciper · se dessaler *fam.*

dégoût *n.m.* **1 - écœurement** · inappétence · nausée · **2 - aversion** · horreur · mépris · répugnance · répulsion · exécration *littér.*

✦ **jusqu'au dégoût** à satiété · tout son soûl

✦ **avoir du dégoût pour** avoir en horreur · abhorrer *littér.* · exécrer *littér.*

dégoûtant, e *adj.* **1 - infect** · écœurant · ignoble · immangeable · imbuvable · innommable · repoussant · répugnant · dégueu *fam.* · dégueulasse *fam.* · lasdèg *lang. jeunes* · **2 - nauséabond** · fétide · puant · **3 - sale** · crasseux · immonde · malpropre · dégueu *fam.* · dégueulasse *fam.* · lasdèg *lang. jeunes* · **4 - odieux** · abject · honteux · ignoble · révoltant · dégueulasse *fam.* · salaud *très fam.* · **5 - obscène** · grossier · grivois · licencieux · sale · cochon *fam.* · dégueulasse *fam.*

dégoûté, e *adj.* **écœuré** · blasé · déçu · désenchanté · revenu de tout

✦ **faire le dégoûté** faire le délicat · faire le difficile

dégoûter *v.tr.* **1 - écœurer** · indisposer · rebuter · répugner · débecter *fam.* · **2 - révolter** · débecter *fam.* · **3 -** [qqn de faire qqch.] **dissuader** · détourner

dégoutter *v.intr.* · dégouliner · ruisseler · suinter

dégradant, e *adj.* · humiliant · avilissant · déshonorant · infamant · honteux

dégradation *n.f.* **1 - dégât** · délabrement · destruction · dommage · endommagement · profanation · **2 - abaissement** · avilissement • déchéance • **3 - destitution** • déposition

❧ **destitution**

dégrader *v.tr.* **1 - abîmer** • délabrer • détériorer • détruire • endommager • profaner • ruiner • **2 - abaisser** • avilir • déshonorer • rabaisser

»» **se dégrader** *v.pron.* **1 - s'aggraver** • se détériorer • empirer • **2 - se délabrer** • tomber en ruine

dégraissage *n.m.* **1 - licenciement(s)** • **2 - nettoyage**

dégraisser *v.tr.* **1 - alléger** • diminuer • réduire • **2 - détacher** • nettoyer

degré *n.m.* **1 - marche** • échelon • **2 - gradin** • rang • rangée • **3 - gradation** • nuance • **4 - grade** • classe • échelon • niveau • position • rang • **5 - stade** • étape • palier • phase • point • **6 - titrage** • titre

✦ **le plus haut degré** le point culminant • le faîte • le sommet • le summum

✦ **par degré(s)** au fur et à mesure • graduellement • progressivement • par échelons • par étapes • par paliers • pied à pied • successivement

❧ **grade**

dégrèvement *n.m.* • remise • abattement • réduction

dégrever *v.tr.* • exempter • exonérer

dégringolade *n.f.* **1 - culbute** • chute • **2 - baisse** • chute • effondrement

dégringoler

▪ *v.intr.* **1 - chuter** • culbuter • faire la culbute • tomber • s'étaler *fam.* • se casser la figure, la binette *fam.* • **2 - s'affaisser** • s'ébouler • s'écrouler • **3 - baisser** • chuter • s'effondrer • sombrer

▪ *v.tr.* **dévaler** • descendre • débouler *fam.*

dégriser *v.tr.* **1 - désenivrer** • dessoûler • **2 - désillusionner** • faire revenir sur terre • refroidir • doucher *fam.*

dégrossir *v.tr.* **1 - débrouiller** • défricher • démêler • **2 - dégourdir** • civiliser • débrouiller • décrasser • décrotter • dégauchir • déniaiser • dessaler *fam.* • **3 -** [Techn.] **corroyer** • débrutir • dégraisser • délarder • démaigrir

déguenillé, e *adj.* • débraillé • haillonneux • loqueteux • dépenaillé *fam.*

déguerpir *v.intr.* • décamper • s'enfuir • filer • fuir • partir • quitter la place • se sauver • se casser *fam.* • se débiner *fam.* • décaniller *fam.* • détaler *fam.* • ficher, lever le camp *fam.* • prendre la poudre d'escampette *fam.* • plier bagage *fam.* • prendre le large *fam.* • se tailler *fam.* • se tirer *fam.* • déloger *vieilli* • se tirer des flûtes *fam., vieilli* • escamper *vieux, région.*

déguisement *n.m.* **1 - travestissement** • **2 - costume** • accoutrement • travesti *vieux* • **3 -** [littér.] **artifice** • camouflage • dissimulation • fard • feinte • masque • travestissement

déguiser *v.tr.* **1 - accoutrer** • affubler • costumer • travestir • **2 - cacher** • camoufler • dissimuler • farder • habiller • maquiller • voiler • celer *littér.* • **3 - contrefaire** • dénaturer • falsifier • **4 - arranger** • enrober • farder

déguster *v.tr.* **1 - savourer** • apprécier • se délecter de • se régaler de • **2 -** [fam.] → **souffrir**

déhanchement *n.m.* • dandinement • balancement • tortillement

déhancher (se) *v.pron.* • se dandiner • se balancer • se tortiller

[1]**dehors** *adv.* **à l'extérieur**

✦ **au dehors** extérieurement • à l'extérieur

✦ **au dehors de** à l'exception de • abstraction faite de • à part • excepté • hormis

[2]**dehors** *n.m.* **1 - air** • abord • apparence • aspect • façade • figure • surface • **2 - extérieur**

↝ **extérieur**

déifier *v.tr.* **1 - diviniser** • **2 - adorer** • aduler • honorer • idolâtrer • vénérer

déité *n.f.* • divinité • dieu

déjà *adv.* • auparavant • avant

déjections *n.f.pl.* • excréments • fèces • crottes • [d'oiseau] fientes

déjeter *v.tr.* • courber • déformer • dévier

déjouer *v.tr.* **1 - contrecarrer** • contrarier • faire échec à • **2 - échapper à** • tromper • se soustraire à

delà *prép. et adv.*

✦ **au delà** **1 - plus loin** • par dessus • **2 - davantage** • plus

✦ **être au-delà, aller au-delà de** dépasser • excéder • surpasser

délabré, e *adj.* • croulant • décrépit • en ruine

délabrement *n.m.* **1 - ruine** • dégradation • vétusté • **2 - déclin** • décadence • décomposition • décrépitude • déliquescence

délabrer *v.tr.* **abîmer** • dégrader • détériorer • endommager • gâter • ruiner

⋙ **se délabrer** *v.pron.* **s'abîmer** • se dégrader • se détériorer • [bâtiment] tomber en ruine • menacer ruine

délacer *v.tr.* • dénouer • desserrer

délai *n.m.* **1 - prolongation** • extension • **2 - sursis** • moratoire • répit • suspension • **3 - échéance** • terme • **4 - période** • laps de temps

✦ **sans délai** immédiatement • séance tenante • sur-le-champ • sur l'heure

délaissement *n.m.* • abandon • désertion • isolement • déréliction *littér.*

délaisser *v.tr.* • abandonner • se désintéresser de • déserter • se détourner de • négliger • renoncer à • lâcher *fam.*

↝ **négliger**

délassant, e *adj.* **1 - reposant** • défatigant • relaxant • **2 - distrayant** • divertissant

délassement *n.m.* **1 - détente** • loisir • relâchement • repos **2 - distraction** • divertissement

délasser *v.tr.* **1 - détendre** • défatiguer • relaxer • reposer **2 - distraire** • divertir • changer les idées de

délateur, -trice *n.* • accusateur • dénonciateur • indicateur • rapporteur • sycophante *littér.* • balance *fam.* • cafard *fam.* • cafteur *fam.* • donneur *fam.* • mouchard *fam.* • mouton *argot*

↝ **accusateur**

délation *n.f.* **dénonciation** • cafardage *fam.* • mouchardage *fam.* • rapportage *fam.*

✦ **faire de la délation** dénoncer • cafarder *fam.* • cafeter *fam.* • donner *fam.* • moucharder *fam.*

délavé, e *adj.* • décoloré • défraîchi • éteint • fade • fané • pâle • passé

délaver *v.tr.* 1 - **décolorer** • affadir • éclaircir • 2 - **détremper**

délayage *n.m.* • longueurs • remplissage • verbiage • sauce *fam.*

délayer *v.tr.* 1 - **diluer** • dissoudre • étendre • [du plâtre] gâcher • 2 - **paraphraser** • 3 - [sans complément] **faire du remplissage** • allonger la sauce *fam.*

délectable *adj.* • délicieux • exquis • savoureux • succulent • friand *vieux*

délectation *n.f.* • délice • jouissance • ravissement • volupté

délecter (se) *v.pron.* • déguster • goûter • jouir (de) • se régaler • se réjouir • se repaître (de) • savourer

délégation *n.f.* • mandat • procuration

délégué, e *n.* • mandataire • commissaire • émissaire • envoyé • représentant

déléguer *v.tr.* • mandater • commettre • députer • envoyer

délestage *n.m.* 1 - **allégement** • 2 - **déviation** • contournement

délester *v.tr.* 1 - **alléger** • débarrasser • décharger • soulager • 2 - [fam.] → **voler**[2]

délétère *adj.* 1 - **asphyxiant** • irrespirable • méphitique • nocif • nuisible • toxique • 2 - **nuisible** • corrupteur • malsain • néfaste

délibération *n.f.* 1 - **débat** • discussion • examen • réflexion • délibéré *(Droit)* • 2 - **décision** • résolution

délibéré, e *adj.* 1 - **intentionnel** • conscient • pesé • réfléchi • volontaire • voulu • 2 - **décidé** • assuré • déterminé • ferme • résolu

délibérément *adv.* 1 - **intentionnellement** • à dessein • consciemment • de propos délibéré • exprès • volontairement • 2 - **résolument**

délibérer *v.intr.* 1 - **se concerter** • se consulter • débattre • tenir conseil • tenir un conciliabule • 2 - **réfléchir** • méditer • penser • 3 - **hésiter** • tergiverser

délicat, e *adj.*
I 1 - **savoureux** • délicieux • fin • raffiné • recherché • suave • subtil • succulent • friand *vieux* • 2 - **beau** • élégant • gracieux • harmonieux • joli • raffiné • 3 - **léger** • aérien • arachnéen • éthéré • vaporeux
II 1 - **fragile** • fin • tendre • ténu • 2 - **chétif** • débile • faible • fluet • frêle • malingre • 3 - **susceptible** • chatouilleux • ombrageux
III **pénétrant** • délié • exigeant • fin • raffiné • sensible • sophistiqué • subtil
IV 1 - **embarrassant** • difficile • épineux • malaisé • périlleux • risqué • scabreux • 2 - **complexe** • compliqué • subtil
V 1 - **attentionné** • prévenant • gentil • 2 - **scrupuleux** • honnête • probe *littér.*

✦ **faire le délicat** faire la fine bouche

✦ **dans une situation délicate** sur un terrain brûlant, glissant • dans de beaux draps *iron.* • dans de sales draps *fam.*

délicatement *adv.* 1 - **doucement** • précautionneusement • soigneusement • 2 - **élégamment** • finement • gracieusement • joliment · subtilement · **3 - savoureusement** · délicieusement · exquisément

délicatesse *n.f.*
I 1 - finesse · raffinement · recherche · suavité · subtilité · succulence · **2 - beauté** · élégance · finesse · grâce · harmonie · raffinement · joliesse *littér.*
II 1 - fragilité · finesse · ténuité · **2 - chétivité** · débilité · faiblesse
III complexité · difficulté · subtilité
IV 1 - attention · prévenance · soin · **2 - discrétion** · tact · scrupule

délice *n.* **1 - bonheur** · délectation · enchantement · félicité · joie · jouissance · plaisir · régal · **2 - charme** · plaisir · séduction · blandice *littér., surtout plur.*

✦ **lieu de délices** éden · paradis · Eldorado · Élysée

délicieusement *adv.* · agréablement · divinement · merveilleusement

délicieux, -ieuse *adj.* **1 - savoureux** · délectable · délicat · exquis · friand *vieux* · **2 - merveilleux** · adorable · divin · charmant · enchanteur · exquis

délié, e *adj.* **1 - subtil** · agile · affûté · fin · pénétrant · vif · **2 - agile** · souple · **3 - mince** · élancé · fin · menu · svelte
☙ **mince**

délier *v.tr.* **1 - défaire** · déligoter · dénouer · désenchaîner · détacher · **2 - libérer** · affranchir · dégager · délivrer · relever

délimitation *n.f.* **1 - bornage** · marquage · **2 - détermination** · définition · fixation · **3 - limite** · frontière

délimiter *v.tr.* **1 - borner** · entourer · limiter · marquer · **2 - déterminer** · définir · fixer · **3 - circonscrire** · cantonner · cerner · restreindre

délinquance *n.f.* · criminalité

délinquant, e *n.* · criminel · voyou

déliquescence *n.f.* **décadence** · chute · déchéance · déclin · décrépitude · dégénérescence · dégradation · dégringolade · détérioration · écroulement · effondrement

✦ **tomber en déliquescence** s'affaiblir · dégénérer · se dégrader · se détériorer · s'écrouler · s'effondrer · déchoir *littér.*

déliquescent, e *adj.* **1 - décadent** · fin de race · fin de siècle · **2 - décrépit** · gâteux · ramolli · sénile

délirant, e *adj.* **1 - insensé** · dément · démentiel · fou · dingue *fam.* · **2 - extravagant** · déréglé · effréné · **3 - surexcité** · frénétique

délire *n.m.* **1 - divagation** · confusion · déraison · égarement · folie · delirium *(Méd.)* · **2 - enthousiasme** · exaltation · exultation · frénésie · transport

☙ **délire, divagation, égarement**

Délire, **égarement** et **divagation** s'appliquent tous trois à un état de trouble mental. Le **délire** se manifeste par des propos incohérents qui dénotent la perte plus ou moins accentuée d'une relation de l'individu au réel *(s'enfermer dans un délire de persécution)*. L'**égarement** se traduit par une perte de conscience, généralement brève, plus simplement de contrôle de soi *(traverser une crise d'égarement)*.

On emploie **divagation**, surtout au pluriel, pour les propos sans suite émis dans un état peu conscient *(les divagations d'un malade)* ; le mot a alors une connotation péjorative.

délirer *v.intr.* **divaguer** · déraisonner · perdre l'esprit, la raison, le bon sens · avoir des papillons dans le compteur *fam.* · avoir une araignée dans le, au plafond *fam.* · débloquer *fam.* · déconner *fam.* · déjanter *fam.* · déménager *fam.* · dérailler *fam.* · yoyotter de la touffe *fam.* · battre la breloque, la campagne *vieilli* · extravaguer *vieux ou plaisant* · triper *lang. jeunes*

délit *n.m.* · crime · contravention · infraction

déliter *v.tr.* **cliver**

››› **se déliter** *v.pron.* **se décomposer** · se désagréger · se désorganiser · se disloquer · s'effriter

délivrance *n.f.* **1 - libération** · affranchissement · **2 - soulagement** · débarras · **3 - accouchement** · **4 -** [Admin.] **livraison** · fourniture · remise

délivrer *v.tr.* **1 - libérer** · affranchir · **2 - débarrasser** · décharger · dégager · soulager · **3 - livrer** · fournir · remettre

››› **se délivrer** *v.pron.* **s'affranchir** · se débarrasser · se dégager · se libérer

déloger

▪ *v.tr.* **1 - chasser** · expulser · vider *fam.* · **2 - débusquer** · **3 - extraire** · extirper · retirer

▪ *v.intr.* [vieilli] → **déguerpir**

déloyal, e *adj.* **1 - malhonnête** · incorrect · indélicat · **2 - faux** · félon · fourbe · hypocrite · parjure · perfide · traître · trompeur

déloyauté *n.f.* **1 - malhonnêteté** · indélicatesse · **2 - fausseté** · félonie · fourberie · hypocrisie · perfidie · traîtrise · forfaiture *littér.*

deltaplane *n.m.* **1 - aile libre** · aile delta · **2 - vol libre**

déluge *n.m.* **1 - averse** · cataracte · pluie diluvienne, torrentielle · trombe · **2 - abondance** · avalanche · déferlement · flot · flux · pluie · torrent · [d'injures] bordée · tombereau

déluré, e *adj.* **1 - dégourdi** · éveillé · malin · vif · **2 - effronté** · coquin · dessalé · hardi

demain *n.m.* · le futur · l'avenir · lendemains

démancher *v.tr.* **disloquer** · déboîter · démonter · démantibuler *fam.*

››› **se démancher** *v.pron.* **1 -** [une articulation] **se démettre** · se disloquer · **2 -** [fam.] → **se démener**

demande *n.f.* **1 - sollicitation** · réclamation · requête · revendication · [pressante] instance · [écrite] pétition · **2 - imploration** · prière · supplique · **3 - désir** · souhait · **4 - commandement** · exigence · injonction · ordre · sommation · mandement *vieux* · **5 - question** · interrogation

demandé, e *adj.* · à la mode · en vogue · couru

demander *v.tr.* **1 - solliciter** · réclamer · requérir · revendiquer · [humblement] implorer · quémander *péj.* · mendier *péj.* · quêter *péj.* · **2 - commander** · enjoindre · exiger · imposer · ordonner · prescrire · mander *vieux* · **3 - nécessiter** · appeler · exiger · imposer · réclamer • requérir • **4 - désirer** • souhaiter • vouloir • **5 - convoquer** • appeler • faire venir

✦ **demander à** s'adresser à • avoir recours à • faire appel à • contacter

»» **se demander si** *v.pron.* • délibérer sur • réfléchir à • se poser la question de savoir si • se tâter *fam.*

demanderesse *n.f.* → **demandeur**

demandeur, -euse *n.* **plaignant** • requérant

✦ **demandeur d'emploi** chômeur • sans-emploi

démangeaison *n.f.* **1 - irritation** • chatouillement • picotement • **2 - envie** • désir

démanger *v.tr.* **1 - irriter** • chatouiller • picoter • gratouiller *fam.* • **2 - tenter** • faire envie à • titiller *fam.*

démantèlement *n.m.* **1 - démolition** • destruction • **2 - abolition** • destruction • désorganisation

démanteler *v.tr.* **1 - démolir** • abattre • détruire • raser • **2 - anéantir** • abolir • désorganiser • réduire à néant • ruiner

démantibuler *v.tr.* → **disloquer**

❧ **disloquer**

démarcation *n.f.* **délimitation** • limitation • séparation

✦ **ligne de démarcation** limite • frontière • séparation

démarchage *n.m.* • porte-à-porte • vente à domicile

démarche *n.f.* **1 - allure** • marche • pas • port • **2 - cheminement (intellectuel)** • forme de pensée • raisonnement • **3 - demande** • requête • sollicitation • tentative • **4 - procédure** • formalité

démarcheur *n.m.* • représentant (de commerce) • V.R.P. • placier

démarquer *v.tr.* **1 - copier** • calquer • piller • plagier • **2 - solder** • dégriffer

démarrage *n.m.* **1 - départ** • **2 - commencement** • début • lancement • mise en route • mise en train • mise en jambes *Sport ou fam.*

démarrer

▪ *v.tr.* **1 - commencer** • amorcer • entamer • lancer • ouvrir • mettre en branle • mettre en route • mettre en train • **2 - mettre en route** • actionner • faire partir

▪ *v.intr.* **1 - partir** • se mettre en marche • se mettre en branle • **2 - commencer** • débuter • se mettre en jambes *Sport ou fam.* • **3 - faire ses débuts** • faire ses premiers pas • faire ses premières armes

démasquer *v.tr.* • découvrir • confondre • ôter, lever le masque de • percer à jour

démêlé *n.m.* **dispute** • altercation • contestation • désaccord • différend • litige • querelle

✦ **avoir des démêlés avec** avoir maille à partir avec

démêler *v.tr.*

I 1 - désentortiller • dévider • **2 - coiffer** • peigner

II 1 - clarifier • débrouiller • éclaircir • élucider • percer • tirer au clair • **2 - séparer** • différencier • discerner • distinguer • faire le départ entre • **3 - comprendre** • déchiffrer • décrypter • deviner

»» **se démêler de** *v.pron.* [vieilli] **se débrouiller de** • se dégager de • se sortir de • se dépêtrer de *fam.* • se tirer de *fam.*

démembrement *n.m.* **1 - découpage** · division · fractionnement · morcellement · partage · séparation • [Pol.] balkanisation · **2 - démantèlement** · dislocation

démembrer *v.tr.* **1 - découper** · diviser · fractionner · morceler · partager · séparer • [Pol.] balkaniser · **2 - démanteler** · disloquer

déménager

▪ *v.tr.* **vider** · débarrasser · démeubler

▪ *v.intr.* **1 - partir** · s'en aller · vider les lieux • [sans prévenir] déménager à la cloche de bois · **2 -** [fam.] → **déraisonner**

démence *n.f.* **1 - aliénation** · folie · maboulisme *vieux* · **2 - aberration** · délire · égarement · folie

démener (se) *v.pron.* **1 - s'agiter** · se débattre · se remuer • [violemment] s'agiter comme un beau diable, comme un diable dans un bénitier · **2 - se donner de la peine, du mal** · se dépenser · lutter · se remuer · remuer ciel et terre · se bagarrer *fam.* · se bouger *fam.* · se décarcasser *fam.* · se défoncer *fam.* · se démancher *fam.* · faire des pieds et des mains *fam.* · se mettre en quatre *fam.*

dément, e *adj. et n.* **1 - aliéné** · **2 -** → **fou** · **3 -** [fam.] **incroyable** · délirant · extraordinaire · fou · dingue *fam.* · trop *lang. jeunes*

démenti *n.m.* · contradiction · dénégation · désaveu · infirmation · déni *vieux ou littér.*

démentiel, -ielle *adj.* **1 - déraisonnable** · exagéré · fou · insensé · dingue *fam.* · **2 - colossal** · fou · phénoménal · prodigieux · dingue *fam.* · monstre *fam.* · méga *lang. jeunes*

démentir *v.tr.* **1 - contredire** · désavouer · dédire *vieux ou littér.* · **2 - infirmer** · s'inscrire en faux contre · nier · réfuter

démesure *n.f.* · excès · exagération · gigantisme · outrance

démesuré, e *adj.* **1 - énorme** · colossal · gigantesque · immense · incommensurable · monumental · monstrueux · titanesque · **2 - exagéré** · déraisonnable · excessif · exorbitant · immodéré

démesurément *adv.* **1 - énormément** · immensément · monstrueusement · **2 - exagérément** · excessivement · immodérément

[1]**démettre** *v.tr.* · disloquer · déboîter · luxer · démancher *fam.* · démantibuler *fam.*

[2]**démettre** *v.tr.* **destituer** · chasser · donner congé à · relever · renvoyer

»» **se démettre** *v.pron.* **abandonner** · se défaire de · démissionner de · quitter · renoncer à · se retirer de

~ **abdiquer**

demeurant (au) *loc. adv.* · d'ailleurs · au fond · au reste · en somme · après tout · tout bien considéré

demeure *n.f.* **domicile** · habitation · logement · logis · maison · résidence

✦ **mettre en demeure** enjoindre à · commander à · ordonner à · signifier à · sommer
✦ **mise en demeure** injonction · exigence · sommation · ultimatum
✦ **à demeure** définitivement · en permanence · pour de bon

~ **maison**

demeuré, e *adj. et n.* **1 - attardé** · débile · innocent · simple d'esprit · **2 -** [fam.] → **fou**

demeurer *v.intr.* **1 - habiter** · loger · résider · séjourner · crécher *fam.* · nicher *fam.* · percher *fam.* · se tenir *vieilli* · gîter *vieux* · **2 - durer** · continuer · se maintenir · persister · perdurer · rester · subsister · survivre · tenir · **3 - persister** · continuer · persévérer · rester · **4 - s'attarder** · rester

loger

demi (à) *loc. adv.* **1 - partiellement** · à moitié · presque · **2 - imparfaitement**

demi-cercle *n.m.* · demi-lune · hémicycle

démilitarisation *n.f.* · désarmement

démilitariser *v.tr.* · désarmer

demi-mesure *n.f.* · compromis

démission *n.f.* **1 - abandon** · abdication · renonciation · résignation · **2 - dém** *fam.*

démissionner *v.intr.* **1 - se démettre de ses fonctions** · se retirer · donner son congé · résigner ses fonctions *littér.* · filer sa dém *fam.* · rendre son tablier *fam.* · **2 - renoncer** · abandonner · abdiquer · se résigner · baisser les bras *fam.* · laisser tomber *fam.*

demi-tour *n.m.*

+ **faire demi-tour** **1 - revenir sur ses pas** · rebrousser chemin · **2 - se retourner** · faire volte-face · tourner les talons

démobilisation *n.f.* · démotivation · découragement · lassitude

démobiliser *v.tr.* **1 - démotiver** · décourager · **2 - rendre à la vie civile**

démocratique *adj.* · égalitaire · égalitariste

démocratiser *v.tr.* · populariser · généraliser · vulgariser

démodé, e *adj.* · désuet · archaïque · arriéré · dépassé · obsolète · périmé · en retard · rétrograde · suranné · vieillot · vieux · vieux jeu · qui a fait son temps · ringard *fam.* · tarte *fam.*

démodé, rétrograde, ringard, vieillot

Démodé, ringard, rétrograde et **vieillot** ont pour point commun de renvoyer au passé. **Démodé** qualifie tout ce qui n'est plus à la mode et, de ce fait, est connoté comme vieilli *(une musique, une robe démodée)*. Avec **ringard**, on insiste sur le caractère ridiculement démodé et de mauvais goût d'une chose *(un spectacle ringard, des idées ringardes)*. **Rétrograde** évoque ce qui tente de retrouver les valeurs d'une période révolue ou qui y reste attaché *(une politique sociale, un projet de loi rétrograde)*. **Vieillot** s'applique plutôt à ce qui est vieilli d'aspect et dépassé par les usages modernes *(une salle de bains vieillotte ; des goûts vestimentaires vieillots)*.

demoiselle *n.f.* · célibataire · vieille fille

démolir *v.tr.*

I 1 - détruire · abattre · briser · casser · démanteler · démonter · raser · renverser · **2 - abolir** · faire table rase de · **3 - ruiner** · anéantir · saper

II 1 - abîmer · détériorer · saccager · bigorner *fam.* · bousiller *fam.* · déglinguer *fam.* · démantibuler *fam.* · esquinter *fam.* · **2 -** [fam.] **battre** · terrasser · arranger *fam.* · abîmer le portrait à *fam.* · casser la figure, la gueule à *fam.* · rentrer dans *fam.* · **3 - critiquer** · éreinter · descendre (en flammes) *fam.* · casser les reins à *fam.* · **4 - épuiser** · anéantir · exténuer · crever *fam.* · tuer *fam.* · vider *fam.* · **5** - [fam.] → **accabler**

démolisseur, -euse *n.* · destructeur · fossoyeur

démolition *n.f.* **destruction** · démantèlement

⋙ **démolitions** *plur.* **décombres** · gravats

démon *n.m.* **1 - esprit** · dieu · génie · lutin · [arabe] djinn · **2** - [mauvais] **génie du mal** · [Relig. Chrét.] incube · succube · **3 - garnement** · petit diable

✦ **le Démon** le Diable · l'ange déchu · Lucifer · le Malin · Satan · le prince des ténèbres · le Tentateur

démoniaque *adj.* **1 - diabolique** · infernal · luciférien · machiavélique · satanique · méphistophélique *littér.* · **2 - sarcastique** · diabolique · sardonique

démonstratif, -ive *adj.* **1 - communicatif** · expansif · expressif · extraverti · exubérant · ouvert · **2 - convaincant** · probant

démonstration *n.f.* **1 - argumentation** · justification · raisonnement · **2 - manifestation** · déploiement · expression · marque · signe · témoignage · étalage *péj.* · **3 - exhibition**

démonté, e *adj.* **1 - déconcerté** · décontenancé · troublé · **2 - agité** · déchaîné · houleux · tumultueux

démonter *v.tr.* **1 - désassembler** · désosser · désunir · disjoindre · disloquer · mettre en pièces · **2 - déconcerter** · décontenancer · désarçonner · désemparer · désorienter · déstabiliser · troubler · **3 - désarçonner** · jeter à bas · renverser · vider

⋙ **se démonter** *v.pron.* **se décontenancer** · s'affoler · perdre contenance · perdre son sang-froid · se troubler

démontrer *v.tr.* **1 - prouver** · attester · établir · **2 - indiquer** · faire ressortir · manifester · montrer · prouver · révéler · témoigner de

démoralisant, e *adj.* · décourageant · déprimant · désespérant

démoralisation *n.f.* · découragement · abattement · démotivation · déprime *fam.*

démoraliser *v.tr.* · décourager · abattre · dégoûter · démonter · démotiver · déprimer · désespérer

démotivant, e *adj.* · décourageant · démoralisant

démotiver *v.tr.* · décourager · démobiliser

démuni, e

▪ *adj.* **1 - à court (d'argent)** · désargenté *fam.* · fauché (comme les blés) *fam.* · raide *fam.* · sans le sou *fam.* · sans un kopeck *fam.* · **2 - impuissant** · désarmé · faible

✦ **démuni de** privé de · dénué de · dépourvu de

▪ *n.* **déshérité** · misérable · pauvre

démunir *v.tr.* **priver** · déposséder · dépouiller · dépourvoir *rare* · dénantir *Droit*

⋙ **se démunir** *v.pron.* **se dessaisir** · se priver · se séparer

démystifier *v.tr.* **1 - détromper** · tirer de l'erreur · désabuser *vieux ou littér.* · **2** - [abusivement] **démythifier** · banaliser

démystifier, démythifier

Ces deux mots récents, proches par leur prononciation, comprennent l'idée de dévoilement d'une réalité indûment cachée. L'emploi de l'un pour l'autre constitue toutefois une impropriété. On **démystifie** une personne quand on parvient à la désabuser pour qu'elle voie la réalité telle qu'elle est *(une information solide a permis de démystifier les lecteurs).* On **démythifie** quelqu'un lorsqu'on le débarrasse des *mythes* qui dissimulent ce qu'il est *(démythifier un acteur de cinéma).*

dénaturé, e *adj.* · dépravé · indigne · pervers

dénaturer *v.tr.* **1 - gâter** · altérer · corrompre · vicier · **2 - frelater** · adultérer · trafiquer · **3 - déformer** · défigurer · falsifier · fausser · pervertir · trahir · transformer · travestir

dénégation *n.f.* **1 - contestation** · démenti · déni · désaveu · inscription en faux · **2 - refus** · négation

déni *n.m.* → **dénégation**

déniaiser · dégourdir · dégrossir · délurer · dessaler *fam.*

dénicher

▪ *v.tr.* **trouver** · découvrir · tomber sur · dégoter *fam.* · pêcher *fam.*

▪ *v.intr.* [vieux] **s'envoler** · s'évader · s'enfuir · se sauver

dénier *v.tr.* **1 - contester** · nier · récuser · refuser de reconnaître · **2 - refuser (d'accorder)**

deniers *n.m.pl.* · argent · finances · fonds

dénigrement *n.m.* · attaque · critique · médisance · détraction *littér.* · éreintement *fam.*

dénigrer *v.tr.* · attaquer · critiquer · déblatérer contre · déchirer à belles dents · décrier · déprécier · discréditer · médire de · rabaisser · décauser *Belgique* · clabauder contre *littér.* · détracter *littér.* · dépriser *littér.* · débiner *fam.* · descendre *fam.* · éreinter *fam.*

dénivellation *n.f.* · dénivelé · dénivelée · pente

dénombrable *adj.* · chiffrable · calculable · quantifiable

dénombrement *n.m.* · compte · calcul · chiffrage · détail · énumération · inventaire · quantification · recensement

dénombrer *v.tr.* · calculer · compter · détailler · énumérer · faire le compte de · inventorier · quantifier · recenser

dénomination *n.f.* · appellation · désignation · nom · étiquette *souvent péj.*

dénommer *v.tr.* · appeler · désigner · nommer · qualifier · étiqueter *souvent péj.*

dénoncer *v.tr.* **1 - accuser** · rapporter · trahir · balancer *fam.* · cafarder *fam.* · cafeter *fam.* · donner *fam.* · griller *fam.* · moucharder *fam.* · vendre *fam.* · balanstiquer *argot, vieilli* · fourguer *argot* · **2 - condamner** · faire connaître · révéler · **3 - annuler** · résilier · rompre · **4 -** [littér.] **dénoter** · annoncer · dévoiler · indiquer · montrer · révéler · trahir

»» **se dénoncer** *v.pron.* **1 - se livrer** · se rendre · **2 - se trahir**

dénonciateur, -trice *n.* · accusateur · délateur · indicateur · sycophante *littér.* · balance *fam.* · cafard *fam.* · cafardeur *fam.* · cafteur *fam.* · donneur *fam.* · mouchard *fam.* · rapporteur *fam.* · capon *argot scolaire, vieilli* · mouton *argot criminel*

↝ accusateur

dénonciation *n.f.* **1 - accusation** · délation · trahison · balançage *fam., rare* · cafardage *fam.* · mouchardage *fam.* · rapportage *fam.* · **2 - condamnation** · révélation · **3 - annulation** · résiliation · rupture

dénoter *v.tr.* · annoncer · attester · dénoncer · désigner · indiquer · marquer · montrer · signifier · témoigner de · trahir

dénouement *n.m.* · achèvement · conclusion · épilogue · fin · issue · résultat · solution · terme · [heureux] happy end *anglic.*

dénouement, conclusion

Dénouement et **conclusion** s'emploient tous deux avec l'idée de fin. Le **dénouement** résout les difficultés liées à une situation *(le dénouement d'une affaire judiciaire).* Il convient en particulier pour l'événement qui règle le sort des personnages d'un roman, d'une pièce de théâtre *(le dénouement d'une tragédie, d'un film).* La **conclusion**, de sens plus large, s'applique à ce qui termine quelque chose *(la conclusion d'un débat, d'un traité)* ou à la dernière partie d'un ouvrage, d'un discours *(la conclusion d'une fable, d'une allocution).*

dénouer *v.tr.* **1 - détacher** · défaire · délacer · délier · desserrer · **2 - débrouiller** · démêler · éclaircir · résoudre · percer à jour · tirer au clair · **3 - assouplir** · dégager · désengourdir · développer

»» **se dénouer** *v.pron.* **aboutir** · s'achever · se conclure · finir · se terminer

dénoyauter *v.tr.* · énucléer

denrée *n.f.* **1 - aliment** · comestible · [au plur.] victuailles · vivres · **2 - article** · marchandise · produit

dense *adj.* **1 - concis** · condensé · dru · plein · ramassé · riche · **2 - compact** · abondant · épais · fort · impénétrable · plein · serré · tassé · touffu · [brouillard] à couper au couteau

densité *n.f.* **1 - concision** · concentration · richesse · **2 - compacité** · épaisseur

dent *n.f.* **1 - quenotte** *fam.* · chaille *argot* · chocotte *argot* · croc *argot* · crochet *argot* · domino *argot* · ratiche *argot* · tabouret *argot* · **2 - croc** · crochet · canine · **3 - cran** · denture

dentelle *n.f.* · guipure

dentelure *n.f.* · découpure · crénelure · échancrure · indentation

dentier *n.m.* · appareil dentaire · râtelier *fam., vieilli*

dénudé, e *adj.* **1 - dépouillé** · dégarni · [terre] pelé · **2 - nu** · [épaules, etc.] dégagé · **3 - chauve** · dégarni

dénuder *v.tr.* **1 - découvrir** · dégager · révéler · **2 - dépouiller** · dégarnir · **3 - déshabiller** · dévêtir

dénué, e *adj.* · démuni · dépouillé · dépourvu · exempt · privé

↝ dépourvu

dénuement *n.m.* · besoin · gêne · indigence · misère · pauvreté · dèche *fam.* · mouise *fam.* · débine *fam., vieilli* · purée *fam., vieilli*

dénutrition *n.f.* · malnutrition · sous-alimentation

↝ malnutrition

déodorant *n.m.* · désodorisant · antitranspirant

dépannage *n.m.* **1 - réparation** · **2 - remorquage**

dépanner *v.tr.* **1 - réparer** · **2 - remorquer** · **3 - aider** · tirer d'embarras · donner un coup de main, de pouce à *fam.*

dépareiller *v.tr.* · déparier · désassortir

déparer *v.tr.* · enlaidir · altérer · gâter · faire tache avec, dans · jurer avec

déparier *v.tr.* · dépareiller · désassortir

départ *n.m.*
I 1 - décollage · envol · **2 - appareillage** · partance *vieux*
II 1 - démission · **2 - licenciement** · limogeage · renvoi · congédiement *surtout Admin.*
III commencement · début · démarrage · origine

départager *v.tr.* **1 - arbitrer** · **2 - séparer** · faire le départ entre

département *n.m.* · division · service

départir *v.tr.* [littér.] **accorder** · distribuer · impartir

⋙ **se départir de** *v.pron.* **abandonner** · se défaire de · se détacher de · quitter · renoncer à · sortir de · se déprendre de *littér.*

dépassé, e *adj.* **1 - démodé** · archaïque · caduc · désuet · obsolète · périmé · rétrograde · vieilli · vieillot · papa *fam.* · ringard *fam.* · **2 - débordé** · noyé · pas à la hauteur · submergé

dépassement *n.m.* · surpassement

dépasser *v.tr.*
I 1 - doubler · devancer · distancer · gagner de vitesse · gratter *fam.* · **2 -** [en taille] **être plus grand que** · manger la soupe sur la tête de *fam.* · **3 - surpasser** · devancer · l'emporter sur · griller *fam.* · coiffer sur le poteau *fam.* · faire la pige à *fam., vieilli*
II 1 - franchir · déborder sur · mordre sur · sortir de · **2 - surplomber**
III excéder · outrepasser
✦ **dépasser les limites, les bornes** exagérer · abuser · pousser le bouchon trop loin *fam.* · trop tirer sur la corde *fam.* · pousser mémère dans les orties *fam., vieilli*

dépassionner *v.tr.* · calmer · dédramatiser

dépatouiller (se) *v.pron.* → **se débrouiller**

dépayser *v.tr.* **1 - déconcerter** · décontenancer · dérouter · désorienter · **2 -** [vieilli] **déraciner** · exiler

dépecer *v.tr.* **1 - couper** · débiter · découper · équarrir · tailler en pièces · **2 - diviser** · démembrer · morceler · partager · balkaniser *(Pol.)*

dépêche *n.f.* **1 - avis** · correspondance · lettre · message · missive *littér.* · **2 - câble** · câblogramme · pneumatique · télégramme · télex

dépêcher *v.tr.* **envoyer** · expédier

⋙ **se dépêcher** *v.pron.* **s'empresser** · se hâter · se presser · faire vite · faire diligence *soutenu* · s'activer *fam.* · se bouger (le cul) *(très) fam.* · se décarcasser *fam.* · se dégrouiller *fam.* · faire fissa *fam.* · se grouiller *fam.* · se magner *fam.* · se magner le train, le popotin *fam.*

dépeigner *v.tr.* · décoiffer · ébouriffer

dépeindre *v.tr.* • décrire • brosser (le tableau de) • camper • peindre • représenter • raconter • retracer • [rapidement] esquisser

dépenaillé, e *adj.* • déguenillé • débraillé • haillonneux • loqueteux

dépendance *n.f.* **1 - corrélation** • interdépendance • liaison • lien de causalité • rapport • solidarité • **2 - asservissement** • assujettissement • esclavage • servitude • soumission • subordination • sujétion • vassalité • chaînes *littér.* • joug *littér.* • **3 - accoutumance** • addiction • assuétude *soutenu* • **4 - annexe** • succursale • [au plur., d'un château] communs

✦ **dans, sous la dépendance de** sous la coupe de • à la merci de • au pouvoir de • entre les mains de • sous l'empire de • sous le joug de • sous la puissance de • sous la tutelle de • dans les pattes de *fam.*

dépendant, e *adj.* **1 - non autonome** • **2 - accro** *fam.*

✦ **dépendant de** soumis à • subordonné à • tributaire de

¹**dépendre** *v.tr.ind.*

✦ **dépendre de** **1 - être conditionné par** • découler de • être lié à • procéder de • provenir de • résulter de • reposer sur • tenir à • **2 - être du ressort de** • relever de • ressortir à • **3 - être sous l'autorité de** • être subordonné à • **4 - être soumis à** • être sous l'emprise de • être à la merci de

²**dépendre** *v.tr.* • décrocher • détacher

dépens de (aux) *loc. prép.* **1 - au détriment de** • au préjudice de • **2 - à la charge de** • aux frais de • aux crochets de *fam.*

dépense *n.f.* **1 - frais** • débours • [imprévu] extra • faux frais • **2 -** [Comptabilité] **décaissement** • débours • sortie • **3 - consommation** • usage • utilisation

dépenser *v.tr.* **1 - débourser** • payer • aligner *fam.* • casquer *fam.* • cracher *fam.* • lâcher *fam.* • **2 - dilapider** • dévorer • dissiper • écorner • engloutir • gaspiller • claquer *fam.* • croquer *fam.* • consumer *vieilli ou littér.* • **3 - employer** • consommer • déployer • prodiguer • utiliser • user

✦ **dépenser sans compter** faire des folies • vivre sur un grand pied • faire le grand seigneur • jeter l'argent par les fenêtres • mener grand train • manger son blé en herbe • brûler la chandelle par les deux bouts

»» **se dépenser** *v.pron.* **se démener** • se fatiguer • se donner du mal • se décarcasser *fam.*

dépensier, -ière *adj. et n.* • dissipateur • dilapidateur • gaspilleur • gouffre • prodigue • panier percé • mange-tout *vieux*

dépensier, dilapidateur, prodigue

Dépensier, **dilapidateur** et **prodigue** recouvrent des attitudes différentes vis-à-vis de la dépense de l'argent. Une personne **dépensière** aime à ne pas compter *(il a conservé ses habitudes dépensières)*. **Prodigue** insiste sur le côté libéral, généreux : « Sans être prodigue de son argent, il l'était de sa sensibilité » (R. Rolland, *Jean-Christophe*). Mais **prodigue** contient aussi l'idée de dépense désordonnée que n'a pas **dépensier** : « À père avare, dit-on, fils prodigue ; à parents économes, enfants dépensiers » (Musset, *les Deux Maîtresses*). **Dilapidateur** renchérit sur le caractère excessif et désordonné des dépenses d'une personne qui n'a pas, le plus souvent, acquis elle-même les biens dilapidés *(les dilapidateurs des deniers publics, de l'héritage familial).*

déperdition *n.f.* **1 - diminution** · fuite · perte · **2 - affaiblissement** · dégradation · dépérissement · épuisement

dépérir *v.intr.* **1 - s'affaiblir** · s'anémier · décliner · s'étioler · languir · se consumer *littér.* · **2 - se faner** · s'étioler · sécher sur pied · **3 - se délabrer** · dégénérer · se détériorer · péricliter

dépérissement *n.m.* **1 - affaiblissement** · anémie · épuisement · langueur · **2 - étiolement** · marcescence *(Bot.)* · **3 - délabrement** · décadence · dégénérescence · détérioration · ruine

dépêtrer *v.tr.* **dégager** · délivrer · libérer · sortir · tirer · tirer d'affaire

››› **se dépêtrer** *v.pron.* **se dégager** · se délivrer · se libérer · (se) sortir · se déprendre *littér.* · se tirer *fam.* · se dépatouiller *fam.* · se débarbouiller *fam., vieux*

dépeuplement *n.m.* **1 - dépopulation** · [des campagnes] déruralisation · exode rural · **2 - déboisement** · déforestation

dépeupler *v.tr.* **1 - vider** · **2 - éclaircir**

››› **se dépeupler** *v.pron.* **se désertifier** · se vider

déphasé, e *adj.* · décalé · dépassé · hors du coup *fam.* · à côté de la plaque *fam.*

dépiauter *v.tr.* **1 - dépouiller** · écorcher · **2 - éplucher** · peler · **3 - analyser** · décortiquer · disséquer · éplucher

dépiler *v.tr.* · débourrer · ébourrer

dépistage *n.m.* **1 - recherche** · **2 - découverte** · détection · repérage

¹dépister *v.tr.* **1 - découvrir** · rattraper · repérer · retrouver · **2 - déceler** · découvrir

²dépister *v.tr.* · dérouter · égarer · déjouer · mettre en défaut · semer *fam.*

dépit *n.m.* **1 - aigreur** · amertume · désappointement · ressentiment · vexation · **2 - jalousie** · rancœur

✦ **en dépit de** malgré · nonobstant *littér.*

dépité, e *adj.* · déçu · contrarié · désappointé · marri *littér.* · camus *fam., vieux* · chocolat *fam., vieux*

dépiter *v.tr.* · chagriner · contrarier · décevoir · désappointer · froisser · vexer

déplacé, e *adj.* **1 - inopportun** · hors de saison · malvenu · mal à propos · **2 - choquant** · incongru · inconvenant · incorrect · intempestif · malséant · scabreux

déplacement *n.m.*
I 1 - mouvement · va-et-vient · navette · **2 - voyage** · [au plur.] pérégrinations · **3 - locomotion** · **4 - migration** · flux · **5 - mutation** · changement · détachement · transfert
II 1 - dérangement · déclassement · **2 - déboîtement** · dislocation

déplacer *v.tr.*
I 1 - bouger · déménager · manipuler · **2 - muter** · détacher · transférer · **3 - décaler** · avancer · changer · modifier · repousser
II 1 - déranger · déclasser · intervertir · **2 - déboîter** · démettre

››› **se déplacer** *v.pron.* **1 - bouger** · aller et venir · circuler · se déranger ·

2 - **avancer** · aller · marcher · se mouvoir · venir · 3 - **voyager** · circuler · vadrouiller *fam.*

déplaire à *v.tr.ind.* 1 - **contrarier** · fâcher · froisser · gêner · importuner · indisposer · offenser · offusquer · peiner · vexer · défriser *fam.* · 2 - **dégoûter** · rebuter · répugner à

déplaisant, e *adj.* 1 - **antipathique** · désagréable · désobligeant · 2 - **contrariant** · désagréable · ennuyeux · fâcheux · gênant · irritant · pénible · rébarbatif · 3 - **dégoûtant** · répugnant · 4 - **laid** · disgracieux · ingrat · repoussant · vilain · moche *fam.*

déplaisir *n.m.* 1 - **amertume** · contrariété · désagrément · mécontentement · 2 - [vieux] **chagrin** · douleur · peine

dépliant *n.m.* · prospectus · brochure · imprimé

déplier *v.tr.* 1 - **ouvrir** · déployer · étaler · 2 - **allonger** · étendre · étirer

»» **se déplier** *v.pron.* **s'ouvrir**

déplisser *v.tr.* · déchiffonner · défriper · défroisser · lisser

déploiement *n.m.* 1 - **ouverture** · dépliage · déroulement · extension · 2 - [d'une voile] **déferlage** · 3 - **démonstration** · étalage · exhibition · 4 - [de troupes] **positionnement**

déplorable *adj.* 1 - **misérable** · effroyable · piètre · piteux · pitoyable · triste · 2 - **regrettable** · désastreux · fâcheux · funeste · tragique · 3 - **détestable** · exécrable · lamentable · mauvais · 4 - **affligeant** · attristant · catastrophique · choquant · lamentable · navrant · pitoyable · révoltant · scandaleux

~ **lamentable**

déplorer *v.tr.* 1 - **regretter** · trouver mauvais · pleurer · 2 - [littér.] **compatir à** · plaindre

déployer *v.tr.*

I 1 - **déplier** · dérouler · étendre · ouvrir · 2 - [une voile] **déferler** · tendre · [un drapeau] **arborer** · 3 - [des troupes] **positionner** · disposer

II 1 - **exhiber** · faire étalage de · faire parade de · manifester · montrer · 2 - **employer** · prodiguer · user de

dépoli, e *adj.* · terne · mat

dépolir *v.tr.* **amatir**

»» **se dépolir** *v.pron.* **se ternir**

dépolluer *v.tr.* · assainir · décontaminer · épurer

dépollution *n.f.* · assainissement · décontamination · épuration

dépopulation *n.f.* · dépeuplement

déportation *n.f.* · exil · bannissement · relégation · transportation

déportement *n.m.* · dérapage · écart · embardée

déporter *v.tr.* 1 - **dévier** · 2 - **exiler** · bannir · expulser · reléguer

[1]**déposer**

▪ *v.tr.* 1 - **mettre** · mettre à terre · placer · poser · 2 - **consigner** · emmagasiner · entreposer · [de l'argent] verser · 3 - **destituer** · démettre · [un roi] détrôner · chasser du trône

▪ *v.intr.* 1 - **témoigner** · intervenir · 2 - **se décanter** · précipiter

✦ **déposer contre** charger · témoigner à charge contre

[2]**déposer** *v.tr.* · enlever · défaire · ôter

dépositaire *n.* **1 - concessionnaire** · stockiste · **2 - détenteur** · gardien · possesseur

déposition *n.f.* **1 - témoignage** · déclaration · **2 - destitution** · déchéance · dégradation

❧ **destitution**

déposséder *v.tr.* **1 - dépouiller** · désapproprier *rare* · dessaisir · priver · spolier · **2 - évincer** · supplanter

dépossession *n.f.* **dépouillement** · dessaisissement · privation · spoliation

dépôt *n.m.*
I 1 - remise · versement · **2 - cautionnement** · consignation · couverture · gage · garantie · provision
II 1 - entrepôt · magasin · stock · **2 - garage** · **3 - prison** · bloc *fam.* · violon *argot*
III sédiment · alluvion · boue · vase · [de calcaire] tartre · [de vin] lie

✦ **dépôt d'ordures** décharge · dépotoir

✦ **dépôt de bilan** faillite · liquidation

dépotoir *n.m.* · décharge · dépôt d'ordures

dépouille *n.f.* **1 - cadavre** · corps · **2 - mue** · exuvie

›› **dépouilles** *plur.* **butin** · trophée

dépouillé, e *adj.* **1 - austère** · sévère · sobre · **2 - concis** · sans fioritures · sobre

dépouillement *n.m.* **1 - austérité** · simplicité · sobriété · **2 - privation** · renoncement · **3 - analyse** · examen

dépouiller *v.tr.*
I 1 - écorcher · dépiauter *fam.* · **2 - déshabiller** · dénuder · dévêtir · **3 - dégarnir** · dénuder
II 1 - déposséder · démunir · spolier · dénantir *(Droit)* · **2 - voler** · dévaliser · gruger *fam.* · nettoyer *fam.* · plumer *fam.* · tondre *fam.* · [au jeu] lessiver *fam.* · rincer *fam.*
III analyser · examiner · décortiquer · disséquer · éplucher *fam.*
IV [littér.] **abandonner** · arracher · enlever · ôter · perdre · quitter · retirer

›› **se dépouiller de** *v.pron.* **abandonner** · se défaire de · se départir de · renoncer à · abdiquer *littér.*

dépourvu, e *adj.* [vieilli] **pauvre** · démuni · désargenté *fam.* · sans le sou *fam.*

✦ **dépourvu de** dénué de · exempt de · privé de

✦ **au dépourvu** à l'improviste · de court · au débotté

❧ **dépourvu, dénué**

Dépourvu s'applique à une chose ou à une personne privée de certaines caractéristiques *(une maison dépourvue de chauffage ; un homme dépourvu de ressources)*. L'élément manquant peut être considéré comme agréable *(une région dépourvue de charme)* ou utile *(une personne dépourvue d'instruction, un discours dépourvu de sens)*. **Dénué** insiste sur l'absence d'une caractéristique perçue comme essentielle, en particulier dans le domaine des sentiments, des valeurs morales *(être dénué de scrupules)* et des comportements : « Je tenais de ma grand-mère d'être dénué d'amour-propre à un degré qui ferait aisément manquer de dignité » (Proust, *À la recherche du temps perdu*). Contrairement à **dépourvu**, l'emploi de **dénué** est littéraire quand il s'agit d'une chose *(un paysage dénué de végétation)*.

dépravation *n.f.* **1 - perversion** · corruption · débauche · luxure · vice · **2 - avilissement** · dégradation · profanation · **3 -** [vieux] **altération** · corruption

dépravé, e *adj.* 1 - **altéré** · corrompu · faussé · perverti · 2 - **amoral** · immoral · vicieux · vil

dépraver *v.tr.* 1 - **pervertir** · corrompre · débaucher · 2 - **avilir** · dégrader · profaner · ravaler · 3 - [vieux] **altérer** · corrompre · fausser · gâter · pervertir · vicier

dépréciateur, -trice *n. et adj.* · détracteur · critique · contempteur *littér.* · zoïle *littér.* · dénigreur *rare*

dépréciatif, -ive *adj.* · péjoratif · négatif

dépréciation *n.f.* · baisse · chute · décote · dévalorisation · dévaluation

déprécier *v.tr.* 1 - **critiquer** · décrier · dénigrer · dévaloriser · discréditer · mépriser · mésestimer · rabaisser · ravaler · débiner *fam.* · dépriser *littér.* · décréditer *vieux* · détracter *vieux* · péjorer *rare* · 2 - **minimiser** · diminuer · 3 - **dévaloriser** · faire tort à

⋙ **se déprécier** *v.pron.* 1 - **baisser** · diminuer · [monnaie] se dévaloriser · se dévaluer · 2 - **se rabaisser** · se ravaler

déprédation *n.f.* **malversation** · concussion · détournement · dilapidation · gaspillage · prévarication

⋙ **déprédations** *plur.* **dégâts** · dégradations · destructions · détériorations · dévastations · dommages · saccages · vandalisme

dépressif, -ive *adj.* · déprimé · abattu · neurasthénique · cafardeux *fam.*

dépression *n.f.*
I 1 - **abattement** · accablement · apathie · asthénie · langueur · mélancolie · neurasthénie · blues *fam.* · bourdon *fam.* · cafard *fam.* · coup de calcaire *fam.* · déprime *fam.* · flip *fam.* · spleen *littér.* · 2 - **récession** · crise
II 1 - **affaissement** · creux · 2 - **bassin** · cañon · cuvette · fosse · vallée · 3 - **cyclone** · zone dépressionnaire

❧ **mélancolie**

déprimant, e *adj.* · démoralisant · débilitant · décourageant · flippant *fam.*

déprime *n.f.* → **dépression**

déprimé, e *adj.* · dépressif · abattu · découragé · démoralisé · cafardeux *fam.*

déprimer

▪ *v.intr.* **avoir le cafard** *fam.* · avoir le blues *fam.* · broyer du noir *fam.* · avoir un coup de calcaire *fam.* · flipper *fam.* · être au trente-sixième dessous *fam.* · avoir le moral à zéro *fam.* · avoir le moral dans les chaussettes *fam.*

▪ *v.tr.* 1 - **décourager** · abattre · démoraliser · déforcer *Belgique* · 2 - **enfoncer** · affaisser

dépuceler *v.tr.* · déflorer

depuis *prép.*

✦ **depuis peu** dernièrement · de fraîche date · fraîchement · nouvellement · récemment

dépuratif, -ive *adj. et n.m.* · diaphorétique · cathartique · diurétique · purgatif · sudorifique

dépurer *v.tr.* · épurer · purifier

députation *n.f.* 1 - **ambassade** · délégation · mission · 2 - **mandat**

député, e *n.* 1 - **parlementaire** · 2 - **ambassadeur** · délégué · envoyé · légat · mandataire · représentant

déracinement *n.m.* 1 - **arrachement** · extirpation · 2 - **déportation** · exil · expatriation

déraciner *v.tr.* 1 - **arracher** · enlever · extirper · extraire · 2 - **détruire** · arracher · éradiquer · extirper · 3 - **déporter** · exiler · expatrier

dérailler *v.intr.* [fam.] → **déraisonner**

déraison *n.f.* · démence · folie · inconséquence

déraisonnable *adj.* 1 - **absurde** · insensé · irraisonnable · irrationnel · irréfléchi · 2 - **exagéré** · excessif · extravagant

déraisonner *v.intr.* · divaguer · délirer · perdre l'esprit, la raison, le bon sens · avoir des papillons dans le compteur *fam.* · avoir une araignée dans le, au plafond *fam.* · débloquer *fam.* · déconner *très fam.* · déjanter *fam.* · déménager *fam.* · dérailler *fam.* · yoyotter de la touffe *fam.* · battre la breloque, la campagne *vieilli* · extravaguer *vieux ou plaisant*

dérangement *n.m.* 1 - **gêne** · ennui · perturbation · trouble · 2 - **désordre** · bouleversement · désorganisation · remue-ménage · chambardement *fam.* · pagaille *fam.* · 3 - **dérèglement** · détraquement · perturbation

✦ **en dérangement** hors service · h.s. *fam.*

dérangé, e *adj.* 1 - **en désordre** · 2 - **malade** · déréglé · détraqué · embarrassé · patraque *fam.* · 3 - → **fou**

déranger *v.tr.* 1 - **bouger** · déclasser · déplacer · intervertir · mettre sens dessus dessous · toucher (à) · chambarder *fam.* · chambouler *fam.* · 2 - **perturber** · bouleverser · bousculer · désorganiser · troubler · 3 - **importuner** · contrarier · embarrasser · ennuyer · gêner · troubler · 4 - **dérégler** · détraquer · déglinguer *fam.*

››› **se déranger** *v.pron.* **se déplacer** · bouger

dérapage *n.m.* 1 - **glissade** · tête-à-queue · 2 - **dérive**

déraper *v.intr.* 1 - **glisser** · chasser · patiner · riper · 2 - **dévier** · dérailler

déréglé, e *adj.* 1 - **débauché** · désordonné · dissolu · libertin · 2 - **dérangé** · détraqué · patraque *fam.*

dérèglement *n.m.* 1 - **dérangement** · bouleversement · détraquement · perturbation · 2 - **débauche** · dissolution · libertinage · licence · vice

dérégler *v.tr.* **déranger** · bouleverser · détraquer · perturber · troubler · déglinguer *fam.*

››› **se dérégler** *v.pron.* **se détraquer** · se déglinguer *fam.*

dérider *v.tr.* · amuser · distraire · égayer · réjouir · faire sourire · décoincer *fam.* · dégeler *fam.*

dérision *n.f.* **dédain** · ironie · mépris · moquerie · persiflage · raillerie · sarcasme

✦ **tourner en dérision** se moquer de · railler · tourner en ridicule

dérisoire *adj.* 1 - **insignifiant** · infime · minime · négligeable · 2 - [péj.] **médiocre** · futile · minable · pauvre · piètre · ridicule · risible · vain

dérivatif *n.m.* · distraction · divertissement · diversion · exutoire

[1]**dérivation** *n.f.* **1 - détournement** · déviation · **2 - court-circuit** · shunt

[2]**dérivation** *n.f.* [Naut., Aviat.] dérive

dérive *n.f.* **déviation** · dérapage

✦ **aller à la dérive** **1 - aller à vau-l'eau** · péricliter · **2 - se laisser aller**

[1]**dériver** *v.tr.* **détourner** · dévier

✦ **dériver de** découler de · émaner de · procéder de · provenir de · résulter de · tirer son origine de · venir de

[2]**dériver** *v.intr.* **1 - dévier** · glisser · perdre le cap · **2 - déraper** · perdre le cap

dernier, -ière

▪ *adj.* **1 - final** · terminal · ultime · **2 - extrême** · suprême · **3 - décisif** · définitif · **4 - passé** · précédent · **5 - récent** · nouveau

▪ *n.* **1 - lambin** · traînard · **2 - benjamin**

✦ **dernier de la classe** cancre · culot *vieilli*

✦ **dernier du classement** lanterne rouge

dernièrement *adv.* **1 - récemment** · ces derniers temps · **2 - nouvellement** · fraîchement

dérobade *n.f.* · échappatoire · faux-fuyant · fuite · reculade · pirouette *fam.*

dérobé, e *adj.* **secret** · caché · dissimulé

✦ **à la dérobée** en cachette · en catimini · furtivement · secrètement · sournoisement · subrepticement · en tapinois · en douce *fam.*

dérober *v.tr.* **1 - voler** · détourner · s'emparer de · escamoter · escroquer · extorquer · piller · soustraire · subtiliser · barboter *fam.* · chaparder *fam.* · chiper *fam.* · choper *fam.* · chourer *fam.* · faucher *fam.* · piquer *fam.* · rafler *fam.* · friponner *vieux* · gripper *vieux* · **2 -** [littér.] **enlever** · ôter · retirer · soustraire

✦ **dérober aux regards, à la vue** cacher · dissimuler · masquer · voiler

»» **se dérober** *v.pron.* **1 - s'éclipser** · s'esquiver · fuir · se sauver · **2 - user de faux-fuyants** · faire faux-bond · se défiler *fam.* · **3 - faiblir** · céder · défaillir · mollir · manquer (à) · flancher *fam.*

✦ **se dérober à** échapper à · éluder · esquiver · éviter · fuir · manquer à · reculer devant · se soustraire à

❧ **voler**

dérogation *n.f.* **1 - dispense** · exception · **2 - atteinte** · entorse · infraction · manquement · violation

déroger *v.tr.ind.* [sans complément] **s'abaisser** · se déshonorer · condescendre *littér.* · déchoir *littér.*

✦ **déroger à** contrevenir à · enfreindre · transgresser · violer

dérouiller

▪ *v.tr.* **dégourdir** · réveiller

▪ *v.intr.* [fam.] → **souffrir**

»» **se dérouiller** *v.pron.* **1 -** [les jambes] **se dégourdir** · **2 - s'instruire** · se polir

déroulement *n.m.* **1 - développement** · cours · écoulement · enchaînement · évolution · marche · processus · séquence · succession · suite · **2 - déploiement**

dérouler *v.tr.* **1 - déplier** · déployer · développer · étaler · étendre · **2 - dévider** · débobiner · faire défiler · **3 - passer en revue** · revoir

»» **se dérouler** *v.pron.* **1 - avoir lieu** · advenir · s'écouler · se passer · se produire · survenir · **2 - se succéder** · s'enchaîner · se suivre · **3 - onduler** · serpenter · **4 - défiler**

déroutant, e *adj.* · déconcertant · déstabilisant · perturbant

déroute *n.f.* **1 - débâcle** · débandade · déconfiture · dispersion · retraite · bérézina *fam.* · **2 - échec** · débâcle · défaite · désastre

✦ **mettre en déroute** défaire · enfoncer

↝ **défaite**

dérouter *v.tr.* **1 - déconcerter** · confondre · décontenancer · démonter · désarçonner · désorienter · déstabiliser · ébranler · interloquer · perturber · **2 - détourner** · dévier

derrick *n.m.* · tour de forage *recomm. offic.*

[1]**derrière** *prép. et adv.* **1 - en arrière** · **2 - sur l'envers** · au dos · au revers · au verso · **3 - en retrait** · en arrière · à la queue · à la traîne *péj.* · **4 - après** · à la suite

✦ **par derrière** dans le dos

✦ **l'un derrière l'autre** à la queue-leu-leu · à la suite · en file indienne

[2]**derrière** *n.m.* **1 - arrière** · dos · fond · **2 - envers** · revers · verso · **3 - arrière-train** · croupe · fesses · cul *très fam.* · derche *très fam.* · lune *fam.* · popotin *fam.* · postérieur *fam.* · pot *fam.* · train *fam.* · fondement *vieilli* · séant *fam., vieilli*

dès *prép.* **depuis** · à dater de · à partir de

✦ **dès aujourd'hui, dès maintenant** **1 - désormais** · **2 - immédiatement** · à l'instant · sur-le-champ · tout de suite · incontinent *vieux ou littér.*

✦ **dès lors que** puisque

✦ **dès que** aussitôt que · sitôt que

désabusé, e *adj.* · blasé · découragé · déçu · dégoûté · désenchanté · désillusionné · revenu de tout

désabusement *n.m.* · déception · dégoût · désillusionnement *littér.*

désabuser *v.tr.* [littér.] détromper · dessiller les yeux de · ouvrir les yeux de · tirer de l'erreur, de l'illusion

désaccord *n.m.* **1 - mésentente** · brouille · différend · discorde · dispute · dissension · dissentiment · fâcherie · incompatibilité (d'humeur) · inimitié · malentendu · opposition · querelle · mésintelligence *littér.* · discord *vieux* · **2 - contradiction** · antagonisme · contraste · décalage · différence · discordance · dissonance · divergence · divorce · écart · incohérence · incompatibilité · opposition

désaccoutumer *v.tr.* · déshabituer · [d'une substance] désintoxiquer

désaffecté, e *adj.* · abandonné · à l'abandon · inutilisé

désaffection *n.f.* · détachement · désintérêt · désamour *littér.*

désagréable *adj.* **1 - antipathique** · acariâtre · bourru · discourtois · impoli · réfrigérant · revêche · rude · atrabilaire *vieux* · mésavenant *vieux, littér.* · **2 - blessant** · acerbe · agressif · désobligeant ·

offensant · vexant · **3 - acide** · âcre · aigre · âpre · dégoûtant · écœurant · fade · insipide · saumâtre · **4 - fétide** · incommodant · nauséabond · putride · **5 - contrariant** · déplaisant · ennuyeux · fâcheux · fastidieux · gênant · importun · malencontreux · malheureux · pénible · **6 - disgracieux** · ingrat · laid · moche *fam.*

désagréablement *adv.* **1 - impoliment** · discourtoisement · désobligeamment · **2 - péniblement** · fâcheusement

désagrégation *n.f.* **1 - décomposition** · désintégration · destruction · dislocation · dissociation · dissolution · morcellement · pulvérisation · **2 - écroulement** · effritement · scission

désagréger *v.tr.* **décomposer** · déliter · dissocier · dissoudre · désunir · disloquer · effriter · morceler · pulvériser · scinder

»» **se désagréger** *v.pron.* **s'écrouler** · se décomposer · se disloquer · se déliter · s'effondrer · s'effriter · se scinder

désagrément *n.m.* **1 - ennui** · déboire · souci · tracas · embêtement *fam.* · emmerdement *très fam.* · pastis *fam., région.* · **2 - déplaisir** · contrariété · mécontentement

désaltérer *v.tr.* **abreuver** · étancher la soif de

»» **se désaltérer** *v.pron.* **boire** · étancher sa soif

désamiantage *n.m.* · déflocage

désamorcer *v.tr.* · enrayer · neutraliser · tuer dans l'œuf

désappointé, e *adj.* · déçu · dépité · camus *fam., vieux* · chocolat *fam., vieux*

désappointement *n.m.* · déception · déconvenue · dépit · désenchantement · désillusion · douche (froide)

désappointer *v.tr.* · décevoir · dépiter · tromper les attentes de · défriser *fam.*

désapprendre *v.tr.* · oublier

désapprobateur, -trice *adj.* · critique · réprobateur · improbateur *vieux* · improbatif *vieux*

désapprobation *n.f.* · réprobation · blâme · condamnation · désaveu · improbation *vieux*

désapprouver *v.tr.* **1 - blâmer** · censurer · condamner · critiquer · désavouer · donner tort à · réprouver · trouver mauvais · trouver à redire à · vitupérer *littér.* · épiloguer *vieux* · improuver *vieux* · **2 -** [bruyamment] **huer** · protester · siffler

↝ **blâmer**

désarçonner *v.tr.* **1 - démonter** · jeter à bas · renverser · **2 - déconcerter** · décontenancer · démonter · dérouter · déstabiliser · troubler · déboussoler *fam.*

✦ **être désarçonné** [cavalier] vider les étriers *vieilli*

désargenté, e *adj.* · démuni · à court (d'argent) · gêné · impécunieux *littér.* · à sec *fam.* · dans la dèche *fam.* · fauché (comme les blés) *fam.* · raide *fam.* · sans le sou *fam.* · sans un kopeck *fam.* · sans sou ni maille *vieux*

désarmant, e *adj.* · attendrissant · émouvant · touchant

désarmé, e *adj.* · démuni · impuissant · sans défense

désarmement *n.m.* • démilitarisation

désarmer *v.tr.*
I 1 - **toucher** • adoucir • attendrir • émouvoir • fléchir • faire tomber les armes de • 2 - **décontenancer** • déconcerter
II 1 - **démilitariser** • 2 - **déséquiper** • 3 - **désamorcer**
✦ **ne pas désarmer** ne pas abdiquer • ne pas céder • résister

désarroi *n.m.* 1 - **angoisse** • détresse • égarement • trouble • 2 - **confusion** • désordre

désarticuler *v.tr.* **déboîter** • démettre • démonter • disloquer • démantibuler *fam.* • déglinguer *fam.*
⋙ **se désarticuler** *v.pron.* **se contorsionner** • se désosser
❧ **disloquer**

désassembler *v.tr.* • démonter • désunir • disjoindre • démantibuler *fam.*

désassortir *v.tr.* • dépareiller

désastre *n.m.* 1 - **calamité** • cataclysme • catastrophe • fléau • malheur • 2 - **faillite** • banqueroute • déconfiture • krach • ruine • 3 - **échec** • fiasco • bérézina *fam.* • bide *fam.* • [pièce] four *fam.*

désastreux, -euse *adj.* 1 - **catastrophique** • calamiteux • funeste • tragique • 2 - **désolant** • déplorable • lamentable • navrant

désavantage *n.m.* 1 - **handicap** • entrave • obstacle • 2 - **inconvénient** • défaut • désagrément
✦ **au désavantage de** au détriment de • aux dépens de • au préjudice de

désavantager *v.tr.* • défavoriser • desservir • handicaper • léser • nuire à • pénaliser

désavantageux, -euse *adj.* • défavorable • handicapant

désaveu *n.m.* 1 - **condamnation** • désapprobation • 2 - **dénégation** • apostasie • démenti • palinodie *(surtout au plur.)* • reniement • rétractation

désavouer *v.tr.* 1 - **condamner** • blâmer • désapprouver • réprouver • 2 - **renier** • nier • 3 - **revenir sur** • rétracter *littér.*
⋙ **se désavouer** *v.pron.* **se dédire** • se raviser • se rétracter • se renier

désaxé, e *adj.* • déséquilibré • instable • fou • détraqué *fam.*

descendance *n.f.* 1 - **progéniture** • lignée • postérité • semence *lang. biblique* • 2 - **extraction** • filiation • généalogie • lignage • maison • origine • parenté • race • souche

descendant, e *n.* • enfant • rejeton *vieux ou plaisant* • [au plur.] progéniture

descendre
▪ *v.intr.* 1 - **baisser** • décroître • diminuer • faiblir • 2 - [astre] se coucher • [nuit] tomber • [mer] se retirer • 3 - **rétrograder** • baisser • être relégué • 4 - **loger** • résider • séjourner
✦ **descendre de** venir de • émaner de • être issu de • provenir de
✦ **descendre jusqu'à** 1 - **condescendre à** • consentir à • 2 - **s'abaisser à** • s'avilir au point de • se ravaler au point de
▪ *v.tr.* 1 - **dégringoler** • dévaler • 2 - **suivre** • emprunter • longer • 3 - **décharger** • débarquer • 4 - **décrocher** • déposer • 5 - **abaisser** • baisser • [une voile] affaler • amener • 6 - [fam.] → **critiquer** • 7 - [fam.] → **tuer** • 8 - [fam.] → **boire**

descente *n.f.* **1 - pente** · déclivité · **2 - chute** · affaissement · baisse · dégringolade · **3 - raid** · coup de main · incursion • [de la police] rafle · **4 -** [d'organes] **chute** · prolapsus *(Méd.)* · ptose *(Méd.)*

✦ **descente de lit** carpette · lirette

descriptif *n.m.* **1 - plan** · schéma · **2 - résumé** · rapport

description *n.f.* **1 - exposé** · état · rapport · récit · hypotypose *(Rhétorique)* · **2 - portrait** · signalement · **3 - croquis** · graphique · tableau

désemparé, e *adj.* · déconcerté · décontenancé · dérouté · désarmé

déconcerté

désemparer (sans) *loc. adv.* · sans arrêt · sans interruption · sans relâche · sans débander *fam.*

désemplir (se) *v.pron.* · se vider

désenchantement *n.m.* · déception · déconvenue · désillusion · désabusement *littér.* · désillusionnement *littér.*

désenfler *v.intr.* · dégonfler · réduire

désengagement *n.m.* · retrait · repli

désengager (se) *v.pron.* · se retirer · s'affranchir · se libérer

désenivrer *v.tr.* · dégriser · dessoûler

déséquilibre *n.m.* **1 - instabilité** · **2 - disparité** · écart · disproportion · distorsion · inégalité · **3 - folie** · névrose · psychopathie

déséquilibré, e

- *adj.* **bancal** · disproportionné · dissymétrique · inégal
- *n.* **névrosé** · désaxé · psychopathe

déséquilibrer *v.tr.* · déstabiliser · ébranler · perturber · rendre instable · secouer

[1]**désert, e** *adj.* **1 - inhabité** · abandonné · dépeuplé · **2 - vide** · déserté · sans âme qui vive

désert, inhabité

Il n'y a personne ou très peu de gens dans un lieu **désert**, d'une manière continue *(une île déserte)* ou temporaire *(une rue déserte, une salle de restaurant déserte)*. **Inhabité** ne concerne que les endroits clos provisoirement vides d'occupants *(une maison inhabitée)*. Par figure, on qualifie d'**inhabités** des lieux naturels bien délimités : « le paysage tout entier inhabité, vide sous le ciel immobile » (Claude Simon, *la Route des Flandres*).

[2]**désert** *n.m.* **1 - vide** · néant · **2 - coin perdu, retiré** · bled *fam.* · trou *fam.*

déserter *v.tr.* **1 - abandonner** · délaisser · quitter · **2 - renier** · trahir

déserteur *n.m.* **1 - insoumis** • [passé à l'ennemi] transfuge · **2 -** [littér.] **renégat** · apostat · traître

désertion *n.f.* **1 - insoumission** • [à l'ennemi] trahison · **2 - abandon** · délaissement · **3 - reniement** · défection

désertique *adj.* · aride · inculte · infertile · sec · stérile

désespérance *n.f.* → **désespoir**

désespérant, e *adj.* · désolant · affligeant · décourageant · navrant · à pleurer *fam.*

désespéré, e *adj.* **1 - effondré** · atterré · catastrophé · inconsolable · **2 - extrême** · intense · suprême · **3 - catastrophique** · pitoyable · **4 - perdu** · cuit *fam.* · fichu *fam.* · foutu *fam.*

désespérément *adv.* **1 - absolument** · définitivement · irrémédiablement · archi *fam.* · **2 - farouchement** · avec acharnement · à tout prix

désespérer

▪ *v.tr.* **affliger** · consterner · chagriner · décourager · désoler

▪ *v.intr.* **se décourager** · perdre patience · perdre espoir

»» **se désespérer** *v.pron.* **se désoler** · perdre espoir

désespoir *n.m.* · abattement · accablement · affliction · découragement · désolation · détresse · désespérance *littér.*

déshabillé *n.m.* · négligé · peignoir · saut-de-lit

déshabiller *v.tr.* **1 - dévêtir** · dénuder · désaper *fam.* · mettre à poil *très fam.* · **2 - démasquer** · découvrir · étaler · exhiber · mettre à nu · montrer

»» **se déshabiller** *v.pron.* **1 - se dévêtir** · se mettre nu · se dénuder · se désaper *fam.* · se mettre à poil *très fam.* · **2 - se mettre à l'aise** · se découvrir · se défaire

déshabituer *v.tr.* · désaccoutumer • [d'une substance] désintoxiquer

désherbant *n.m.* · herbicide

désherber *v.tr.* · sarcler · biner

déshérité, e *adj.* · misérable · défavorisé · démuni · indigent

déshériter *v.tr.* **1 - déposséder** · dépouiller · exhéréder *(Droit)* · **2 - désavantager** · défavoriser

déshonneur *n.m.* · honte · ignominie · indignité · infamie · opprobre *littér.* · turpitude *littér.*

déshonorant, e *adj.* · avilissant · dégradant · honteux · ignoble · infamant · ignominieux *littér.*

déshonorer *v.tr.* **1 - avilir** · déconsidérer · déprécier · discréditer · flétrir · salir · souiller · couvrir de boue · traîner dans la boue · **2 -** [littér.] **défigurer** · abîmer · dégrader · déparer · gâter · mutiler

»» **se déshonorer** *v.pron.* **s'abaisser** · s'avilir · se compromettre

déshydraté, e *adj.* **1 - desséché** · lyophilisé · **2 - assoiffé**

déshydrater *v.tr.* **1 - dessécher** · sécher · **2 - lyophiliser**

desiderata *n.m.pl.* · désirs · aspirations · souhaits · vœux · revendications • [de salaire] prétentions

design *n.m.* · stylisme · esthétique industrielle

désignation *n.f.* **1 - appellation** · dénomination · **2 - choix** · élection · nomination

designer *n.m.* · dessinateur · styliste

désigner *v.tr.* **1 - indiquer** · marquer · montrer · signaler · **2 - appeler** · dénommer · nommer · **3 - dénommer** · nommer · représenter · signifier · **4 - s'appliquer à** · qualifier · symboliser · **5 - choisir** · élire · nommer · **6 - destiner** · qualifier

désillusion *n.f.* **déception** · déboire · déconvenue · désappointement · désenchantement · mécompte *littér.*

✦ **connaître une désillusion** tomber de haut · être Gros-Jean comme devant *vieux*

désillusionner *v.tr.* · décevoir · désenchanter · dégriser · désappointer

désinence *n.f.* · flexion · terminaison

désinfectant, e *adj. et n.m.* · antiseptique · antiputride · stérilisant

désinfecter *v.tr.* · aseptiser · assainir · purifier · stériliser · verduniser

désinfection *n.f.* · antisepsie · asepsie · aseptisation · assainissement · purification · stérilisation

désinformation *n.f.* · intoxication · matraquage · propagande · intox *fam.* · bourrage de crâne *fam.*

désinhiber *v.tr.* · décomplexer · débloquer *fam.* · décoincer *fam.*

désintégration *n.f.* **1 - désagrégation** · dématérialisation · déstructuration · **2 - destruction** · anéantissement

désintégrer *v.tr.* **1 - désagréger** · dématérialiser · déstructurer · pulvériser · **2 - détruire** · annihiler · réduire à néant

désintéressé, e *adj.* **1 - altruiste** · généreux · **2 - bénévole** · gratuit · **3 - objectif** · impartial · **4 -** [vieux] **indifférent** · détaché · sceptique

désintéressement *n.m.* **1 - altruisme** · abandon de soi-même · abnégation · bonté · générosité · oubli de soi · **2 - dédommagement** · indemnisation

désintéresser *v.tr.* **dédommager** · indemniser · payer

»» **se désintéresser de** *v.pron.* **négliger** · délaisser · se détacher de · se moquer de · se laver les mains de

désintérêt *n.m.* · indifférence · détachement

désintoxiquer *v.tr.* · déshabituer · désaccoutumer

désinvolte *adj.* **1 - aisé** · dégagé · détaché · léger · libre · cool *fam.* · **2 - impertinent** · cavalier · inconvenant · insolent · sans-gêne

désinvolture *n.f.* **1 - aisance** · facilité · laisser-aller · légèreté · liberté · **2 - impertinence** · familiarité · inconvenance · insolence · sans-gêne

désir *n.m.* **1 - souhait** · envie · rêve · vœu · **2 - ambition** · but · dessein · envie · intention · volonté · **3 - appétit** · appétence · aspiration · faim · goût · inclination · intérêt · passion · penchant · soif · velléité · **4 - convoitise** · ardeur · concupiscence · libido · sensualité

désirable *adj.* **1 - affriolant** · appétissant · attrayant · excitant · séduisant · tentant · sexy *fam.* · [femme] bandant *fam.* · **2 - souhaitable** · enviable · tentant

désirer *v.tr.* **1 - souhaiter** · ambitionner · aspirer à · avoir du goût pour · avoir des vues sur · briguer · convoiter · être tenté par · languir après · prétendre à · rêver de · soupirer après · tendre à, vers · viser à · vouloir · lorgner (sur) *fam.* · loucher sur · appéter *vieux* · **2 - convoiter** · avoir envie de · [une femme] bander pour *très fam.*

✦ **se faire désirer** se faire attendre

désireux, -euse *adj.*

✦ **désireux de** soucieux de · attaché à · impatient de

désistement *n.m.* · abandon · renoncement · retrait

désister (se) *v.pron.* · abandonner · abandonner, quitter la partie · renoncer · se retirer

désobéir à *v.tr.ind.* **1 - se rebeller contre** · s'opposer à · résister à · se révolter contre · **2 - contrevenir à** · enfreindre · passer outre · transgresser · violer

désobéissance *n.f.* **1 - indiscipline** · indocilité · insoumission · insubordination · mutinerie · opposition · rébellion · résistance · révolte · **2 - contravention** · opposition · transgression · violation

désobéissant, e *adj.* · difficile · entêté · indiscipliné · insoumis · insubordonné · intraitable · mutin · rebelle · récalcitrant · réfractaire · résistant · révolté · indocile *littér.* · endêvé *fam., vieux* · endiablé *vieux*

désobligeant, e *adj.* · désagréable · blessant · déplaisant · discourtois · malveillant · sec · vexant

désobliger *v.tr.* · déplaire à · fâcher · froisser · indisposer · peiner · vexer

désobstruer *v.tr.* · déboucher · dégager · désencombrer · désengorger · vider

désocialisation *n.f.* · marginalisation · exclusion

désocialiser *v.tr.* · marginaliser · exclure

désodorisant, e *adj., n.m.* · déodorant · anti-transpirant

désœuvré, e *adj.* **inactif** · inoccupé · oisif

✦ **être désœuvré** buller *fam.* · glander *fam.* · se tourner les pouces *fam.*

↝ **inactif**

désœuvrement *n.m.* · inaction · inoccupation · oisiveté

désolant, e *adj.* **1 - affligeant** · déplorable · lamentable · navrant · à pleurer *fam.* · **2 - contrariant** · ennuyeux

désolation *n.f.* **1 - destruction** · calamité · dévastation · ravage · ruine · **2 - affliction** · chagrin · consternation · détresse · douleur · souffrance · tourment

désolé, e *adj.* **1 - contrarié** · chagriné · confus · embêté · navré · **2 - désert** · désertique

désoler *v.tr.* **1 - affliger** · attrister · chagriner · consterner · navrer · **2 - détruire** · dévaster · ravager · ruiner · saccager

↝ **dévaster**

désolidariser *v.tr.* **1 - disjoindre** · désassembler · découpler · dissocier · **2 - désunir** · diviser

››› **se désolidariser de** *v.pron.* **1 - abandonner** · se détourner de · se séparer de · lâcher *fam.* · **2 - désavouer** · renier

désopilant, e *adj.* · comique · cocasse · drôle · hilarant · bidonnant *fam.* · crevant *fam.* · fendant *fam.* · gondolant *fam.* · marrant *fam.* · poilant *fam.* · rigolo *fam.* · tordant *fam.* · boyautant *fam, vieux*

désordonné, e *adj.* **1 - sans soin** · bordélique *fam.* · pagailleux *fam.* · **2 - confus** · brouillé · brouillon · décousu · embrouillé · indistinct · incohérent · cafouilleux *fam.* · **3 - bouleversé** · dérangé · désorganisé · **4 - ébouriffé** · échevelé · embrouillé · embroussaillé · **5 - débauché** · déréglé · dissolu · licencieux · sans frein

désordre *n.m.* **1 - fouillis** · bric-à-brac · chaos · capharnaüm · fatras · fourbi · bazar *fam.* · binz *fam.* · chantier *fam.* · pagaille *fam.* · souk *fam.* · bordel *très fam.* · boxon *très fam.* · foutoir *très fam.* · merdier *très fam.* · béchamel *fam., vieilli* · chabanais *fam., vieilli* · barnum *argot, vieux* · médrano *argot* · chenil *fam., région.* · margaille *fam., région.* · **2 - désorganisation** · anarchie · gabegie · perturbation · pétaudière · pandémonium *littér.* · binz *fam.* · chienlit *fam.* · merde *très fam.* · pagaille *fam.* · pastis *fam., région.* · cour du roi Pétaud *vieux* · **3 - confusion** · égarement · désarroi · panique · perturbation · trouble · **4 - chahut** · tapage · tumulte · tohu-bohu · boucan *fam.* · chambard *fam.* · **5 - agitation** · anarchie · bagarre · bouleversement · dissension · embrasement · émeute · trouble · **6 - dérèglement** · dissipation · licence

✦ **en désordre** désordonné · pêle-mêle · en pagaille · sens dessus dessous · en vrac · déjeté *Belgique* · [tenue] débraillé · [gréement] en pantenne

✦ **mettre en désordre** bouleverser · déranger · désorganiser · embrouiller · emmêler · enchevêtrer · mélanger · chambarder *fam.* · chambouler *fam.* · foutre la merde, le bordel dans *très fam.*

désorganisation *n.f.* **1 - désordre** · bouleversement · dysfonctionnement · perturbation · trouble · **2 - décomposition** · désagrégation · déstructuration

désorganiser *v.tr.* **1 - déranger** · bouleverser · perturber · troubler · **2 - décomposer** · désagréger · déstructurer

désorienter *v.tr.* **1 - déconcerter** · décontenancer · dérouter · démonter · désarçonner · déstabiliser · embrouiller · troubler · **2 - dérouter** · égarer · perdre · faire perdre ses repères à · déboussoler *fam.*

✦ **être complètement désorienté** avoir perdu le nord *fam.* · avoir perdu la boussole *fam.* · avoir perdu la tramontane *fam., vieilli*

désormais *adv.* **1 - à l'avenir** · à dater d'aujourd'hui · dès maintenant · dorénavant · **2 - dès lors**

désosser *v.tr.* **1 - démonter** · désassembler · démantibuler *fam.* · mettre par terre *fam.* · **2 - analyser** · décortiquer · disséquer · éplucher

despote *n.m.* · autocrate · césar · dictateur · dominateur

despotique *adj.* · absolu · arbitraire · autocratique · dictatorial · dominateur · tyrannique

despotisme *n.m.* · absolutisme · autoritarisme · dictature · tyrannie · césarisme *vieilli*

dessaisir *v.tr.* **démunir** · déposséder · dépouiller · priver · spolier

»» **se dessaisir de** *v.pron.* **abandonner** · céder · délaisser · se démunir de · se déposséder de · renoncer à · se séparer de

dessaisissement *n.m.* [Psych.] déprise

dessaler

▪ *v.tr.* · dégourdir · délurer · déniaiser

▪ *v. intr.* · chavirer · se renverser · se retourner

desséché, e *adj.* **1 - aride** · désertique · **2 - décharné** · étique · maigre · momifié · squelettique · **3 - dur** · endurci · froid · insensible · racorni · sec

dessèchement *n.m.* **1 - assèchement** • déshydratation • dessiccation • **2 - endurcissement** • racornissement • sclérose

dessécher *v.tr.* **1 - sécher** • assécher • déshydrater • lyophiliser • **2 - épuiser** • tarir • vider • **3 - amaigrir** • décharner • exténuer • **4 - appauvrir** • racornir • scléroser • **5 - endurcir** • racornir

››› **se dessécher** *v.pron.* **1 - se déshydrater** • **2 - s'endurcir** • se racornir

dessein *n.m.* **but** • désir • entreprise • intention • objectif • objet • plan • programme • projet • propos • visée • volonté • vue • [de la providence] voie

✦ **à dessein** exprès • délibérément • de propos délibéré • intentionnellement • sciemment • volontairement

projet

desserrer *v.tr.* **1 - relâcher** • défaire • **2 - écarter**

[1]**desserte** *n.f.* • service • dévestiture *Suisse*

[2]**desserte** *n.f.* • crédence • dressoir

[1]**desservir** *v.tr.* **1 - passer par** • s'arrêter à • aller à • relier • **2 -** [une pièce] **donner dans** • faire communiquer

[2]**desservir** *v.tr.* **1 - défavoriser** • contrecarrer • désavantager • entraver • gêner • handicaper • jouer un sale tour à • nuire à • travailler contre (les intérêts de) • plomber *fam.* • pourrir *fam.* • véroler *fam.* • **2 - débarrasser** • enlever les plats, les couverts de

dessiccation *n.f.* • déshydratation • dessèchement • lyophilisation

dessiller *v.tr.*

✦ **dessiller les yeux de** détromper • désabuser • éclairer • ouvrir les yeux de

dessin *n.m.* **1 - croquis** • ébauche • esquisse • graffiti • schéma • **2 -** [Art] carton • étude • [coloré] aquarelle • gouache • lavis • sépia • [à un crayon] crayon • fusain • sanguine • [gravé] gravure • pointe-sèche • **3 - illustration** • image • représentation • vue • **4 - motif** • ornement • arabesque • **5 - contour** • figure • forme • ligne • tracé • trait

dessinateur, -trice *n.* **illustrateur** • caricaturiste • portraitiste

✦ **dessinateur industriel** designer • styliste

✦ **dessinateur de mode** modéliste • styliste

dessiner *v.tr.* **1 - représenter** • reproduire • tracer • [rapidement] crayonner • croquer • délinéer *didact.* • ébaucher • esquisser • [mal] gribouiller • griffonner • **2 - faire ressortir** • accuser • dévoiler • exposer • indiquer • montrer • révéler • faire ressortir • **3 - former** • présenter • tracer

✦ **bien dessiner** avoir un bon coup de crayon

››› **se dessiner** *v.pron.* **1 - paraître** • apparaître • se détacher • se dévoiler • se former • se montrer • se profiler • se révéler • ressortir • **2 - se développer** • se préciser • prendre forme, tournure • **3 - approcher** • s'annoncer • se profiler (à l'horizon)

dessoûler

- *v.tr.* **dégriser** • désenivrer *littér.*
- *v.intr.* **cuver** *fam.*

dessous *n.m.* **1 - envers** • **2 - sous-vêtement** • **3 - désavantage**

✦ **du dessous** d'en bas

✦ **avoir le dessous** céder · perdre · être en position d'infériorité
✦ **au-dessous** **1 - moins** · **2 - inférieur** · **3 - infra**
✦ **au-dessous de** **1 - au sud de** · **2 - en aval de** · **3 - à moins de** · de moins de · pour moins de · **4 - inférieur à**
✦ **au-dessous de tout** minable · nul · zéro *fam.*

››› **dessous** *plur.* **1 - lingerie** · linge · **2 - face cachée** · coulisses

dessous-de-table *n.m. invar.* · bakchich · enveloppe · pot-de-vin · gratification

[1]**dessus** *prép. et adv.* **1 - sur** · par-dessus · **2 - supra**

[2]**dessus** *n.m.* **endroit**
✦ **du dessus** d'en haut
✦ **avoir, prendre le dessus** gagner · triompher · vaincre
✦ **reprendre le dessus** se relever · se remettre
✦ **au-dessus de** **1 - en amont de** · **2 - au nord de** · **3 - à plus de** · de plus de · pour plus de
✦ **être au-dessus de** **1 - surplomber** · dominer · **2 - surpasser** · dominer · être meilleur que · surclasser
✦ **dessus du panier** crème (de la crème) · (fine) fleur · gratin · top *fam.*

dessus-de-lit *n.m. invar.* · couvre-lit · courtepointe

déstabilisation *n.f.* **1 - ébranlement** · déséquilibre · **2 - désorientation** · perturbation · trouble

déstabiliser *v.tr.* **1 - ébranler** · déséquilibrer · secouer · **2 - désorienter** · déranger · décontenancer · désarçonner · mettre mal à l'aise · perturber · troubler

destin *n.m.* **1 - destinée** · fatalité · nécessité · prédestination · fatum *littér.* · **2 - hasard** · chance · fortune · providence · **3 - lot** · sort · destinée · étoile · **4 - existence** · destinée · vie

destin, destinée

Destin et **destinée** sont presque toujours confondus aujourd'hui, dans tous les contextes. Les deux mots désignent le sort qui, déterminé par un fait inéluctable, est réservé à une chose ou à un être humain *(le destin/la destinée de chaque homme, d'un pays)*. Cependant, **destin** marquerait plus nettement la cause *(il est inutile de forcer le destin ; suivre son destin)*, dont les effets constitueraient la **destinée** *(il a uni sa destinée à celle de Marie)*. Avec cette valeur, **destinée** peut s'employer au pluriel *(les destinées du monde, de l'humanité)*. Il en est de même quand **destinée** se dit de l'existence considérée du point de vue de la réussite *(être appelé aux plus hautes destinées)*.

destinataire *n.* [Ling.] allocutaire · auditeur · interlocuteur · récepteur

destinateur *n.m.* [Ling.] émetteur · locuteur · sujet parlant

destination *n.f.* **1 - fin** · finalité · **2 - mission** · destinée · raison d'être · rôle · vocation · **3 - emploi** · affectation · usage · utilisation · **4 - but** · direction

destinée *n.f.* **1 - fatalité** · destin · **2 - sort** · destin · lot · **3 - existence** · vie · **4 - finalité** · destination · vocation
destin

destiner *v.tr.* **1 - prédestiner** · promettre · **2 - assigner** · affecter · appliquer · attribuer · garder · réserver

»» **se destiner à** *v.pron.* **s'orienter vers** • s'engager dans • se préparer pour • viser

destituer *v.tr.* **1 - licencier** • congédier • démettre • renvoyer • déboulonner *fam.* • dégommer *fam.* • démissionner *fam., iron.* • faire sauter *fam.* • [haut personnage, fonctionnaire] disgracier • limoger • mettre à pied • révoquer • [militaire] dégrader • casser • [roi] détrôner • déposer • **2 - dépouiller** • priver • dépourvoir *rare*

destitution *n.f.* • licenciement • renvoi • [d'un haut personnage, fonctionnaire] disgrâce • limogeage • mise à pied • révocation • [d'un militaire] cassation • dégradation • [d'un roi] déposition

destitution, déposition, dégradation

Destitution, déposition et **dégradation** concernent la privation d'une fonction, d'une charge ou d'une dignité. **Destitution** a les emplois les plus larges, la privation pouvant intervenir dans les cas les plus variés *(la destitution d'un officier, la destitution d'une tutelle d'enfant mineur).* **Déposition** est réservé à l'action de dépouiller une personne de l'autorité souveraine *(la déposition d'un roi, d'un pape).* La **dégradation** implique toujours une destitution infamante d'une dignité *(la dégradation civique entraîne la destitution de toutes fonctions, emplois ou offices publics)* ou d'un grade *(la dégradation militaire).*

destructeur, -trice *adj.* **1 - dévastateur** • meurtrier • ravageur • **2 - néfaste** • nuisible • funeste • [passion] dévorant • **3 - subversif** • séditieux

destruction *n.f.* **1 - démolition** • **2 - anéantissement** • annihilation • écroulement • effondrement • désagrégation • disparition • suppression • **3 - dégât** • dégradation • détérioration • dévastation • dommage • ravage • ruine • **4 - désorganisation** • démantèlement • désintégration • **5 - extermination** • génocide • massacre • tuerie

désuet, -ète *adj.* • démodé • ancien • archaïque • obsolète • passé de mode • périmé • suranné • vieillot • vieilli • vieux • antédiluvien *fam. ou plaisant* • de papa *fam.* • rétro *fam.* • ringard *fam.*

désuétude *n.f.* • obsolescence

désunion *n.f.* **1 - désaccord** • divergence • division • mésentente • **2 - divorce** • rupture • séparation

désunir *v.tr.* **1 - brouiller** • diviser • séparer • **2 - désassembler** • détacher • dissocier • disjoindre • disloquer

détachable *adj.* • isolable • séparable

détaché, e *adj.* • désinvolte • flegmatique • impassible • indifférent • insensible • insouciant • cool *fam.*

détachement *n.m.* **1 - calme** • désinvolture • désintérêt • impassibilité • indifférence • insensibilité • insouciance • ataraxie *soutenu* • **2 -** [littér.] **abandon** • renoncement • **3 - patrouille** • arrière-garde • avant-garde • commando • escorte • escouade • flanc-garde

[1]**détacher** *v.tr.*

I 1 - défaire • déboutonner • dégrafer • dénouer • **2 - déchaîner** • désenchaîner • délivrer • libérer • **3 - disjoindre** • découpler • dételer • **4 - découper** • prélever • **5 - décoller** • enlever • séparer

II déléguer · affecter · dépêcher · députer · mandater · nommer
III 1 - écarter · isoler · **2 - articuler** · marteler

⋙ **se détacher** *v.pron.* **1 - tomber** · s'échapper · se décoller · glisser · **2 - apparaître** · se découper · se dessiner · se profiler · surgir · **3 - ressortir** · saillir · trancher

✦ **se détacher de** **1 - s'écarter de** · s'éloigner de · sortir de · **2 - se désintéresser** · abandonner · délaisser · se détourner · renoncer · se déprendre *littér.*

²détacher *v.tr.* · décrasser · dégraisser · nettoyer

détail *n.m.* **1 - élément** · morceau · partie · **2 - bagatelle** · babiole · broutille · rien · vétille · bricole *fam.* • [au plur.] béatilles *littér.* · **3 - renseignement** · information · explication · précision · **4 - relevé** · décompte · exposé · liste

✦ **sans entrer dans le détail** en gros · grosso modo · dans les grandes lignes

✦ **dans le détail** par le menu · minutieusement · point par point

détaillant, e *n.* · commerçant · marchand · vendeur · débitant *vieux*

détaillé, e *adj.* · approfondi · analytique · circonstancié · minutieux · précis

détailler *v.tr.* **1 - décrire** · énumérer · exposer · préciser · raconter · **2 - découper** · débiter · **3 - dévisager** · examiner

détaler *v.intr.* · décamper · déguerpir · s'enfuir · décaniller *fam.* · filer *fam.* · jouer des flûtes *fam.* · prendre les jambes à son cou *fam.* · se tirer *fam.*

détecter *v.tr.* · déceler · débusquer · découvrir · dépister · discerner · localiser · repérer

détection *n.f.* · repérage · localisation

détective *n.* · enquêteur · limier · privé

déteindre *v.intr.* **se décolorer** · passer

✦ **déteindre sur** influencer · influer sur · imprégner · marquer · laisser son empreinte sur · laisser des traces sur

dételer *v.intr.* · s'arrêter · décompresser · décrocher · se relâcher

détendre *v.tr.* **1 - décontracter** · calmer · délasser · désénerver · relâcher · **2 -** [un arc] **débander**

✦ **détendre l'atmosphère** briser la glace

⋙ **se détendre** *v.pron.* **1 - se décontracter** · s'abandonner · se délasser · se distraire · se laisser aller · se relâcher · se relaxer · se reposer · **2 - se distendre** · se relâcher · s'avachir *péj.*

détendu, e *adj.* **1 - calme** · apaisé · décontracté · relâché · serein · **2 - distendu** · lâche

détenir *v.tr.* **1 - posséder** · disposer de · être en possession de · **2 - garder** • [un objet volé] receler · **3 - séquestrer** · garder prisonnier

détente *n.f.* **1 - décontraction** · délassement · relâchement · relaxation · répit · repos · **2 - apaisement** · décrispation

détenteur, -trice *n.* · propriétaire · possesseur · titulaire • [d'un record, titre] tenant • [d'objet volé] receleur

détention *n.f.* 1 - **captivité** · emprisonnement · enfermement · incarcération · 2 - **séquestration** · 3 - **propriété** · possession
↝ captivité

détenu, e *n.* · prisonnier · captif · réclusionnaire *(Droit)*

détergent, e *adj. et n.m.* 1 - **lessive** · nettoyant · poudre à laver · savon · 2 - **détersif** · lessiviel · nettoyant

détérioration *n.f.* 1 - **dégât** · dégradation · dommage · [de navire, de marchandise] avarie · 2 - **abaissement** · baisse · décadence · déclin

détériorer *v.tr.* 1 - **abîmer** · casser · dégrader · démolir · détraquer · endommager · gâter · amocher *fam.* · bousiller *fam.* · déglinguer *fam.* · esquinter *fam.* · 2 - **attaquer** · détruire · nuire à · ruiner

»» **se détériorer** *v.pron.* 1 - **se dégrader** · se délabrer · se gâter · [denrée] s'avarier · pourrir · se corrompre · 2 - **s'aggraver** · aller de mal en pis · dégénérer · empirer · s'envenimer · se gangrener · se gâter · se pourrir

déterminant, e *adj.* · capital · crucial · décisif

détermination *n.f.*
I 1 - **délimitation** · définition · estimation · fixation · limitation · précision · 2 - **caractérisation** · définition · qualification · 3 - **évaluation** · appréciation · calcul · estimation · mesure · 4 - **identification** · diagnostic
II **résolution** · énergie · fermeté · opiniâtreté · volonté
III **prédétermination** · prédestination

déterminé, e *adj.* 1 - **arrêté** · certain · défini · délimité · fixe · fixé · précis · précisé · réglé · spécifique · 2 - **résolu** · décidé · ferme · inébranlable

déterminer *v.tr.*
I 1 - **délimiter** · définir · établir · fixer · indiquer · limiter · préciser · régler · spécifier · 2 - **caractériser** · définir · qualifier · 3 - **évaluer** · apprécier · calculer · estimer · mesurer · 4 - **identifier** · diagnostiquer
II 1 - **causer** · amener · conditionner · déclencher · engendrer · entraîner · être à l'origine de · occasionner · produire · susciter · 2 - **prédestiner** · prédéterminer · 3 - [qqn à faire qqch.] **encourager** · décider · amener · conduire · conseiller · engager · entraîner · inciter · inspirer · persuader · pousser

»» **se déterminer** *v.pron.* **se décider** · fixer son choix (sur) · opter (pour) · se prononcer (pour) · se résoudre (à)

déterrer *v.tr.* 1 - **arracher** · déraciner · 2 - **exhumer** · 3 - **découvrir** · exhumer · ressortir · ressusciter · tirer de l'oubli · trouver · dénicher *fam.* · dégoter *fam.*

détestable *adj.* 1 - **haïssable** · abominable · antipathique · exécrable · insupportable · méprisable · odieux · imbuvable *fam.* · 2 - **catastrophique** · calamiteux · épouvantable · [temps] de chien *fam.* · pourri *fam.*
↝ haïssable

détester *v.tr.* · haïr · avoir en horreur · abhorrer *littér.* · abominer *littér.* · exécrer *littér.* · avoir dans le nez, le pif *fam.* · ne pas pouvoir blairer *fam.* · ne pas pouvoir encadrer *fam.* · ne pas pouvoir piffer *fam.* · ne pas pouvoir sacquer *fam.* · ne pas pouvoir sentir *fam.*

détester, abhorrer, haïr

Les trois mots permettent d'exprimer différents degrés d'un sentiment négatif à l'égard d'autrui. **Détester** implique que l'on éprouve une forte antipathie pour quelqu'un *(détester les gens snobs)* ou pour quelque chose *(détester la viande trop cuite, la pluie)*. Avec **haïr**, il s'agit d'une aversion profonde, qui peut aller jusqu'à souhaiter la mort de la personne *(un cri de haine, une haine farouche ; exciter la haine)*. **Abhorrer**, d'emploi littéraire, est le mot le plus fort de la série ; il se rattache à horreur. Le caractère négatif de la personne ou de l'objet que l'on **abhorre** dépasse les limites de l'acceptable sur le plan affectif, intellectuel, etc. *(abhorrer la tyrannie, les mondanités)* : « Je déteste les hommes, je m'abhorre moi-même » (Voltaire, *Zaïre*, V, VI).

détonateur *n.m.* **1 - amorce** · étoupille · **2 - déclencheur** · étincelle qui met le feu aux poudres

détonation *n.f.* · déflagration · éclatement · explosion

détoner *v.intr.* → **exploser**

détonner *v.intr.* · faire contraste · faire tache · jurer · trancher

détour *n.m.*
I 1 - crochet · déviation · **2 - tournant** · angle · boucle · coude · courbe · contour · lacet · méandre · sinuosité · virage · zigzag
II 1 - biais · faux-fuyant · louvoiement · manœuvre · manigance · ruse · subterfuge · **2 - circonlocution** · circonvolution · périphrase
✦ **user de détours** louvoyer · tergiverser · tourner autour du pot *fam.*
✦ **plein de détours** alambiqué · amphigourique · compliqué · confus · contourné · embrouillé · incompréhensible · tortillonné · tortueux
✦ **sans détours** droit au but · sans ambages · sans tourner autour du pot · tout net · bille en tête *fam.*

détourné, e *adj.* · indirect · allusif · oblique · voilé

détournement *n.m.* **1 - dérivation** · déroutage · déroutement · **2 - concussion** · abus de biens sociaux · dissipation · malversation · pillage · soustraction · vol

détourner *v.tr.*
I 1 - dévier · dériver · dérouter · **2 - esquiver** · éluder · éviter · parer · **3 - voler** · distraire · soustraire
II [qqn de] **1 - distraire** · arracher (à) · divertir · éloigner · dégoûter *péj.* · **2 - dissuader** · empêcher
⋙ **se détourner de** *v.pron.* **1 - abandonner** · négliger · renoncer à · **2 - dévier de** · [du droit chemin] s'égarer · se fourvoyer

détracteur, -trice *n.* · accusateur · adversaire · critique · dépréciateur · diffamateur · ennemi · médisant · mauvaise langue · contempteur *littér.* · zoïle *littér.* · dénigreur *rare*

détraqué, e *adj.* **1 - en panne** · hors service · h.s. *fam.* · **2 - dérangé** · patraque *fam.* · **3 -** → **fou**

détraquer *v.tr.* · dérégler · détériorer · déglinguer *fam.*

détremper *v.tr.* **1 - délayer** · délaver · **2 - tremper** · imbiber

détresse *n.f.* **1 - désespoir** · affliction · angoisse · chagrin · désarroi · douleur · peine · **2 - misère** · dénuement · indigence · infortune · malheur
✦ **en détresse** [navire] **en perdition**

détriment de (au) *n.m.* • aux dépens de • au préjudice de • au désavantage de

détritus *n.m.* • déchet • débris • résidu • reste • rebut

détroit *n.m.* • chenal • bras • bouque • manche *vieux*
~ défilé

détromper *v.tr.* • désabuser • éclairer • dessiller les yeux de • ouvrir les yeux à • tirer de l'erreur

détrôner *v.tr.* **1 - chasser (du trône)** • déposer • destituer • **2 - évincer** • éclipser • effacer • supplanter

détrousser *v.tr.* • voler • dépouiller • dévaliser • lester *plaisant*

détruire *v.tr.*
I 1 - démolir • abattre • jeter bas, à bas • jeter à terre • raser • renverser • **2 - briser** • atomiser • broyer • casser • défoncer • démolir • dépecer • disloquer • écraser • fracasser • pulvériser • rompre • [flammes] consumer • dévorer • réduire en cendres • [des livres] pilonner • mettre au pilon • **3 - dévaster** • ravager • saccager • **4 - anéantir** • annihiler • réduire à néant • bousiller *fam.*
II 1 - tuer • décimer • éliminer • exterminer • faire périr • massacrer • [des vies] moissonner • **2 - annuler** • infirmer • invalider • **3 - supprimer** • déraciner • dissiper • enlever • extirper • **4 - attaquer** • atteindre • corroder • corrompre • entamer • ronger
III 1 - désorganiser • démanteler • désintégrer • **2 - ébranler** • grignoter • miner • ronger • saper • **3 - gâter** • troubler

»» **se détruire** *v.pron.* **1 - se tuer** • se massacrer • **2 - se suicider** • se supprimer • **3 - se nuire** • se faire du mal

dette *n.f.* **1 - dû** • débet • découvert • passif • solde débiteur • pouf *fam., Belgique* • **2 - engagement** • devoir • obligation

deuil *n.m.* **1 - affliction** • chagrin • douleur • malheur • souffrance • tristesse • **2 - perte**

deuxième *adj. et n.* • second

~ **deuxième, second**

Deuxième et **second** qualifient tous deux une personne ou une chose qui occupe un rang marqué par le nombre deux *(le second, le deuxième jour du mois)*. Cependant, seul **deuxième** apparaît plus souvent que **second** dans la langue courante *(il est arrivé deuxième ; c'est au deuxième étage)*. On préfère **second**, du moins dans une langue soutenue, lorsque seulement deux objets sont considérés *(le Second Empire, la seconde moitié du gâteau, les classes du second degré)* ou lorsque l'on a une idée de recommencement *(c'est la seconde fois qu'il vient)*. **Second** convient aussi lorsqu'on n'exprime pas une idée de hiérarchie *(comprendre une histoire au second degré)*.

deuxièmement *adv.* • secondement • deuzio *fam.* • secundo *fam.*

deux-pièces *n.m. invar.* • bikini

deux-roues *n.m.* • cycle • motocycle

dévaler
▪ *v.tr.* **descendre** • dégringoler • débouler *fam.*
▪ *v.intr.* **rouler** • dégringoler • tomber • débouler *fam.*

dévaliser *v.tr.* **1 - cambrioler** • piller • **2 - voler** • dépouiller • détrousser *vieux ou plaisant* • délester *iron.* • soulager *iron.*

dévalorisation *n.f.* **1 - dépréciation** · dévaluation · **2 - déconsidération** · dénigrement · dépréciation · dévaluation · discrédit

dévaloriser *v.tr.* **1 - dévaluer** · déprécier · **2 - déconsidérer** · dénigrer · déprécier · dévaluer · discréditer · rabaisser · ravaler · sous-estimer · dépriser *littér.*

dévaluation *n.f.* · dévalorisation · dépréciation

dévaluer *v.tr.* · dévaloriser · déprécier

devancer *v.tr.* **1 - dépasser** · distancer · gagner de vitesse · prendre l'avantage sur · passer devant · semer *fam.* · **2 - primer sur** · dépasser · l'emporter sur · surpasser · **3 - aller au-devant de** · anticiper sur · prévenir · **4 - précéder** · être avant

devancer, précéder

Devancer quelqu'un, c'est prendre de l'avance sur lui dans un parcours, c'est partir plus tôt ou aller plus vite pour arriver avant lui *(devancer ses concurrents dans une course)*. **Précéder** implique seulement que, par rapport à un axe orienté, l'on se trouve devant la personne *(il le précède pour lui ouvrir la porte)* ou qu'une chose est située avant une autre *(son ventre, son ombre le précédait ; sa réputation l'a précédé)*. Les deux verbes sont équivalents pour exprimer l'idée qu'une personne accomplit quelque chose avant une autre *(j'étais trop en retard, quelqu'un m'a devancé/m'a précédé)*, mais seul **précéder** est possible si l'on parle de choses *(les jours qui ont précédé l'attentat ; la poésie précède le roman)*.

devancier, -ière *n.* · prédécesseur · précurseur

[1]devant

▪ *adv.* **1 - en avant** · en face · en vis-à-vis · **2 - en tête** · au début

▪ *prép.* **1 - à l'égard de** · vis-à-vis de · **2 - en présence de** · à la vue de · au nez et à la barbe de

[2]devant *n.m.* **partie antérieure** · avant • [d'une maison] façade • [d'un bateau] nez · proue

✦ **aller au-devant de** **1 - anticiper** · prévenir · **2 - aller à la rencontre de** · chercher *fam.*

✦ **prendre les devants** **anticiper** · devancer

devanture *n.f.* **étalage** · vitrine

✦ **en devanture** en montre

dévastateur, -trice *adj.* · destructeur · meurtrier · ravageur

dévastation *n.f.* · destruction · dégât · désolation · ravage · ruine · saccage

dévaster *v.tr.* **1 - détruire** · désoler · ravager · ruiner · saccager · **2 - emporter** · inonder

dévaster, désoler, ravager, saccager

Tous ces verbes s'appliquent à la destruction de biens ou de personnes. **Dévaster** s'emploie dans des contextes larges, aussi bien à propos des richesses d'un pays *(la tornade a dévasté la forêt)* que pour une population *(la famine dévasta les campagnes)*. Dans des contextes analogues et un usage plus littéraire, **désoler** insiste sur le vide produit par la destruction et s'emploie plutôt au participe passé *(un pays désolé par la guerre)*. **Ravager** renchérit sur la violence de la destruction : « Ces horreurs épidémiques (guerres, révolutions, etc.) sont comme ces grandes pestes qui ravagent quelquefois la terre » (Voltaire, *Dialogues*, XXIV, III). À la destruction des biens par des personnes, saccager ajoute souvent l'idée de pillage *(les troupes ont saccagé la ville occupée).*

déveine *n.f.* • malchance • infortune *littér.* • guigne *fam.* • poisse *fam.* • guignon *fam., vieilli* • cerise *argot* • scoumoune *argot*

développé, e *adj.* **1 - ample** • épanoui • fort • grand • **2 - évolué** • **3 -** [sens] **aigu** • aiguisé

développement *n.m.*
I 1 - accroissement • agrandissement • amplification • ampleur • augmentation • croissance • élargissement • épanouissement • essor • extension • progression • **2 -** [exagéré] **gigantisme** • hypergénèse • hypertrophie • **3 - multiplication** • prolifération • **4 - propagation** • extension • rayonnement
II 1 - germination • naissance • **2 - pousse** • épanouissement
III enrichissement • épanouissement • formation
IV 1 - déroulement • avancement • cours • évolution • progrès • **2 - évolution** • transformation • **3 - prolongement** • rebondissement • suite
V exposé • détail • [trop long] tirade • longueurs

développer *v.tr.*
I 1 - accroître • agrandir • allonger • amplifier • augmenter • élargir • étendre • grossir • **2 - aiguiser** • cultiver • éduquer • enrichir • exercer • former
II 1 - exposer • détailler • éclaircir • expliquer • traiter • [trop longuement] délayer • broder sur • **2 - élaborer** • mettre au point
III [rare] **1 - déballer** • défaire • désenvelopper • **2 - déplier** • déployer • dérouler • étaler • étendre

»» **se développer** *v.pron.* **1 - s'accroître** • augmenter • faire du chemin • grandir • se multiplier • progresser • prospérer • fleurir *littér.* • **2 - se former** • germer • naître • **3 - pousser** • s'épanouir • fleurir • fructifier • **4 - se propager** • s'amplifier • grossir • prendre de l'ampleur • rayonner • se répandre

¹**devenir** *v.intr.* **1 - se transformer en** • se métamorphoser en • **2 - changer** • évoluer

²**devenir** *n.m.* **1 - avenir** • futur • **2 - évolution** • changement • mouvement • mutation • transformation

dévergondage *n.m.* • débauche • dépravation • libertinage • vice

dévergondé, e
▪ *adj.* • débauché • dépravé • libertin • licencieux
▪ *n.f.* • fille facile • baiseuse *très fam.* • coureuse *fam.* • pute *injurieux* • roulure *injurieux* • salope *injurieux* • traînée *injurieux*

déverser *v.tr.* **1 - répandre** • verser • épancher *littér.* • **2 - décharger** • débarquer • vomir *péj.*

»» **se déverser** *v.pron.* **1 - s'écouler** • s'évacuer • se répandre • se vider • **2 - affluer** • déferler

déversoir *n.m.* **1 - évacuation** • débouché • vanne • **2 - exutoire** • issue

dévêtir *v.tr.* **déshabiller** • dénuder • désaper *fam.* • mettre à poil *très fam.*

»» **se dévêtir** *v.pron.* **se déshabiller** • se dénuder • se mettre nu • se désaper *fam.* • se mettre à poil *très fam.*

dévêtu, e *adj.* • nu • déshabillé • dénudé • à poil *très fam.* • en tenue d'Adam, d'Ève *fam.*

déviant, e *adj.* • anormal • atypique

déviation *n.f.*
I 1 - **dérivation** · délestage · détour · 2 - **dérive** · 3 - [d'un rayon] **diffraction** · déflexion · réfraction · 4 - [d'un organe] **inversion** · antéversion · rétroversion · 5 - [de la colonne] **déformation** · cyphose · lordose · scoliose
II 1 - **écart** · aberration · variation · 2 - **déviationnisme** · dissidence · hétérodoxie

dévider *v.tr.* · débobiner · dérouler

dévier
▪ *v.tr.* 1 - **détourner** · déporter · dérouter · 2 - **déformer** · déjeter · infléchir
▪ *v.intr.* **s'infléchir** · dériver
✦ **dévier de** 1 - **s'écarter de** · se détourner de · s'éloigner de · sortir de · 2 - **se départir de** · changer de

devin, devineresse
▪ *n.* **voyant** · astrologue · sorcier · visionnaire · vaticinateur *littér.* · [surtout Antiquité] aruspice · augure · auspice · oracle · prophète
▪ *n.f.* **diseuse de bonne aventure** · Cassandre *Antiquité ou littér.* · prophétesse · pythie *Antiquité ou littér.* · pythonisse *Bible ou plaisant* · sibylle *Antiquité ou littér.*

deviner *v.tr.* 1 - **découvrir** · déceler · discerner · entrevoir · pénétrer · trouver · 2 - **démasquer** · pénétrer · reconnaître · 3 - **se douter de** · flairer · pressentir · sentir · soupçonner · subodorer · 4 - **comprendre** · interpréter · lire entre les lignes · 5 - **prédire** · prophétiser
✦ **laisser deviner** montrer · révéler
✦ **deviner juste** taper dans le mille *fam.*

devinette *n.f.* · charade · énigme · logogriphe · question à cent francs · rébus
❧ **énigme**

déviriliser *v.tr.* · efféminer · émasculer

devis *n.m.* · estimation · évaluation

dévisager *v.tr.* · examiner · détailler · fixer · observer · scruter

[1]**devise** *n.f.* 1 - **slogan** · mot d'ordre · maxime · cri de ralliement · 2 - **légende**

[2]**devise** *n.f.* · monnaie · eurodevise · xénodevise

deviser *v.intr.* · bavarder · causer · converser · dialoguer · discuter · s'entretenir · parler · palabrer *souvent péj.*

dévisser *v.intr.* [Alpinisme] dérocher

dévoilement *n.m.* · révélation · divulgation

dévoiler *v.tr.* 1 - **découvrir** · laisser voir · 2 - **déclarer** · divulguer · expliquer · livrer · révéler · 3 - **démasquer** · lever le masque de · mettre à nu
✦ **dévoiler son jeu** abattre ses cartes

»» **se dévoiler** *v.pron.* **apparaître** · éclater · s'étaler · paraître · percer · poindre
❧ **révéler**

[1]**devoir** *v.tr.* 1 - [qqch. à qqn] **être redevable à** · être en reste avec · être le débiteur de · être l'obligé de · 2 - [+ infinitif] **être dans l'obligation de** · avoir à · être tenu de · être obligé de

[2]**devoir** *n.m.* 1 - **loi morale** · 2 - **obligation** · impératif · nécessité · 3 - **charge** · fonction · obliga-

tion • office • responsabilité • rôle • service • tâche • travail • **4 - composition** • contrôle • épreuve • interrogation (écrite) • copie

✦ **se mettre en devoir de** se disposer à • se tenir prêt à • se préparer à

⋙ **devoirs** *plur.* **hommages** • respects • civilités

dévolu, e

▪ *adj.* **attribué** • alloué • destiné • imparti • réservé

▪ *n.m.*

✦ **jeter son dévolu sur** prétendre à • fixer son choix sur

dévorant, e *adj.* **1 - ardent** • avide • débordant • démesuré • insatiable • inextinguible *littér.* • **2 - destructeur** • dévastateur • ravageur

dévorer *v.tr.* **1 - manger** • absorber • avaler • engloutir • engouffrer • se repaître de • bouffer *fam.* • bâfrer *fam.* • se bourrer de *fam.* • descendre *fam.* • s'empiffrer de *fam.* • se gaver de *fam.* • se goinfrer de *fam.* • **2 - dépenser** • dilapider • dissiper • engloutir • flamber • gaspiller • claquer *fam.* • croquer *fam.* • **3 - anéantir** • brûler • consumer • détruire • ravager • **4 - tourmenter** • consumer • hanter • miner • obséder • poursuivre • ronger • **5 - accaparer** • absorber • bouffer *fam.*

dévot, e *adj. et n.* **1 - fervent** • pieux • religieux • dévotieux *vieux ou littér.* • **2 -** [péj.] **bigot** • bondieusard *fam.* • calotin *fam.* • cul-bénit *fam.* • grenouille de bénitier *fam.* • punaise de sacristie *fam.* • rat d'église *fam.*

✦ **faux dévot** tartuffe • pharisien • béguine *vieux* • cafard *vieux* • cagot *vieux* • papelard *vieux*

dévotement *adv.* • pieusement • religieusement

dévotion *n.f.* **1 - piété** • ferveur • religion • zèle *littér. ou vieilli* • **2 - adoration** • culte • passion • vénération

✦ **fausse dévotion** bigoterie • bondieuserie • pharisaïsme • tartuferie • cafardise *vieux* • cagoterie *vieux* • papelardise *vieux*

dévoué, e *adj.* **1 - fidèle** • loyal • serviable • sûr • **2 - empressé** • assidu • zélé

dévouement *n.m.* **1 - abnégation** • don de soi • sacrifice • **2 - loyalisme** • attachement • fidélité

dévouer *v.tr.* **consacrer** • dédier • donner • livrer • offrir • sacrifier • vouer

⋙ **se dévouer** *v.pron.* **se sacrifier** • payer de sa personne

✦ **se dévouer à** se consacrer à • se donner corps et âme à • se mettre en quatre pour *fam.*

dévoyé, e *n.m., f.* • dépravé • débauché • délinquant

dévoyer *v.tr.* • pervertir • débaucher • dépraver

dextérité *n.f.* • adresse • agilité • art • astuce • doigté • habileté • savoir-faire

☙ **adresse**

diable *n.m.* **1 - diablotin** • incube • diableteau *vieilli* • **2 - brouette** • chariot

✦ **le Diable** le Démon • l'ange déchu • Lucifer • Satan • le Malin • le prince des démons des ténèbres • le Tentateur

✦ **pauvre diable** malheureux • misérable

✦ **envoyer au diable, à tous les diables** expédier · maudire · rabrouer · rebuter *vieilli ou littér.* · rembarrer *fam.*

diablement *adv.* · terriblement · bigrement *fam.* · bougrement *fam.* · drôlement *fam.* · rudement *fam.* · sacrément *fam.* · vachement *fam.* · diantrement *vieux*

diablerie *n.f.* **1 - maléfice** · sortilège · **2 - machination** · intrigue · manigance · **3 - espièglerie**

diablesse *n.f.* · démone · succube

diablotin *n.m.* · lutin · farfadet · [breton] korrigan · [arabe] djinn

diabolique *adj.* · démoniaque · infernal · machiavélique · maléfique · satanique · méphistophélique *littér.*

diadème *n.m.* · couronne

diagnostic *n.m.* · évaluation · expertise

diagnostiquer *v.tr.* · discerner · déceler

diagonale *n.f.* **biais**

✦ **en diagonale 1 - en biais** · obliquement · **2 -** [lire] **rapidement** · superficiellement

diagramme *n.m.* **1 - croquis** · plan · schéma · **2 - courbe** · graphique · [circulaire] camembert · [rond] patate *fam.*

dialecte *n.m.* · parler · idiome · patois

dialecte, parler, patois

Dialecte, patois et **parler** renvoient à des usages linguistiques particuliers par rapport à la langue dominante dans un pays. Le **dialecte**, parlé et parfois écrit dans un espace géographique plus ou moins vaste, possède des caractères spécifiques qui en font un système linguistique en soi *(le wallon, dialecte français en Belgique ; le dialecte de l'Île-de-France est devenu la langue française).* Le **patois**, parler essentiellement oral, est pratiqué dans un espace restreint, surtout rural : « Les parlers de nos campagnes, les patois, comme on les appelle, ont souvent des règles plus strictes que les langues apprises dans les grammaires » (J. Vendryes, *le Langage*). Le **patois** est sans statut culturel stable, ce qui explique l'emploi péjoratif du mot. Recouvrant les emplois de **dialecte** et de **patois**, le **parler** caractérise les moyens d'expression propres à un groupe social dans un cadre géographique étroit *(parler urbain, local)* ou dans un domaine linguistique donné *(les parlers ruraux).*

dialectique *n.f.* **1 - argumentation** · logique · raisonnement · **2 -** [Philo.] **dialogue** · maïeutique

dialogue *n.m.* **1 - conversation** · discussion · échange · entretien · face-à-face · tête-à-tête · **2 - concertation** · négociation

dialoguer *v.intr.* **1 - converser** · conférer · s'entretenir · échanger (des propos) · parler · **2 - se concerter** · négocier

diamant *n.m.* **1 -** [Techn.] **bort** · carbonado · **2 -** [Bijouterie] **brillant** · solitaire

✦ **faux diamant** strass · zircon

diamétralement *adv.* · absolument · entièrement · radicalement

diamètre *n.m.* · calibre

diaphane *adj.* · translucide · pâle · transparent

transparent

diapré, e *adj.* · bariolé · bigarré · chamarré

bariolé

diarrhée *n.f.* · colique · lientérie · chiasse *fam.* · courante *fam.* · foire *fam., vieux* · dévoiement *vieux*

diatribe *n.f.* · attaque · factum · libelle · pamphlet · satire · philippique *littér.*

dictateur, -trice *n.* · autocrate · césar · despote · potentat · tyran

dictatorial, e *adj.* **1 - absolu** · autocratique · autoritaire · despotique · totalitaire · tyrannique · **2 - impérieux** · tranchant

dictature *n.f.* **1 - autocratie** · absolutisme · autoritarisme · caporalisme · césarisme · fascisme · nazisme · totalitarisme · **2 - diktats** · tyrannie

dicter *v.tr.* **1 - ordonner** · commander · prescrire · stipuler · **2 - conditionner** · décider de · régler · **3 - suggérer** · inspirer · souffler

diction *n.f.* · élocution · articulation · débit · énonciation · prononciation

dictionnaire *n.m.* **1 - lexique** · encyclopédie · glossaire · thésaurus · trésor *(surtout dans titres)* · vocabulaire · dico *fam.* · **2 - index** · concordance

dictionnaire, glossaire, lexique, vocabulaire

Cette série réfère à des recueils de mots à but didactique, présentés en général selon l'ordre alphabétique et fournissant sur chaque terme des informations sur son sens et ses emplois. Le **dictionnaire**, au sens le plus large, rassemble les mots d'une langue *(chercher un mot dans le dictionnaire ; dictionnaire de langue, encyclopédique, bilingue)*. Le **glossaire**, destiné à un public restreint, recueille et explique des mots anciens ou obscurs d'une langue *(glossaire du bas latin)*. Le **lexique** est un dictionnaire abrégé qui retient les mots d'un domaine spécialisé, d'une science ou d'une technique *(lexique des termes de physique)*, ou des mots utilisés par un auteur *(lexique de Molière, de Balzac)*. Le **vocabulaire**, également succinct, ne conserve que les mots les plus usuels d'une langue *(vocabulaire français-espagnol)* ou bien, comme le **lexique**, les mots d'un domaine spécialisé *(vocabulaire du cinéma)*.

dicton *n.m.* · adage · maxime · proverbe · [Droit] brocard *vieux*

didactique

▪ *adj.* **1 - pédagogique** · **2 - savant** · scientifique · technique

▪ *n.f.* **pédagogie**

diète *n.f.* · régime · [complète] jeûne · abstinence

diététicien, -ienne *n.* · nutritionniste · diététiste *Québec*

diététique *adj.* · équilibré · allégé · hypocalorique · sain

dieu *n.m.* **1 - déité** · divinité · esprit · **2 -** [au plur., esprits domestiques] **lares** · mânes · pénates · **3 - idole** · **4 -** [avec une majuscule] **le Créateur** · l'Éternel · l'Être Suprême · le Tout-Puissant · le Très-Haut

diffamant, e *adj.* · calomnieux · diffamatoire · infamant · mensonger

diffamation *n.f.* · accusation · calomnie · médisance

diffamatoire *adj.* · calomnieux · mensonger

diffamer *v.tr.* · attaquer · calomnier · couvrir de boue · discréditer · ternir la réputation, l'honneur de · traîner dans la boue

différemment *adv.* **1 - autrement** · **2 - diversement**

différence *n.f.*
I 1 - disparité · contraste · dissimilitude · dissemblance · distinction • [petite] nuance • [grande] abîme · fossé · **2 - particularité** · spécificité · altérité · **3 - distinction** · départ · partage
II 1 - écart · différentiel · distance · intervalle · **2 - complément** · appoint · reste · solde · supplément · **3 - inégalité** · disproportion
III contradiction · désaccord · discordance · divergence · incohérence · incompatibilité · opposition
IV diversité · hétérogénéité · mélange · variété
V changement · modification · variation
✦ **différence de niveau** dénivellation · dénivelé

différenciation *n.f.* · distinction · démarcation · discrimination · distinguo · séparation

différencier *v.tr.* **distinguer** · séparer · discriminer *littér.*
⋙ **se différencier** *v.pron.* **se distinguer** · différer · se particulariser · se singulariser · se détacher du lot

différend *n.m.* · conflit · contestation · contentieux · démêlé · désaccord · discussion · dispute · litige · querelle

différent, e *adj.* **1 - autre** · dissemblable · distinct · **2 - contraire** · contradictoire · divergent · éloigné · opposé · **3 - changé** · méconnaissable · modifié · transformé · **4 - singulier** · à part · exceptionnel · nouveau · **5 -** [au plur.] **divers** · plusieurs
✦ **c'est complètement différent** c'est le jour et la nuit

différer
▪ *v.tr.* **remettre** · ajourner · reculer · renvoyer · reporter · repousser · retarder · surseoir à
▪ *v.intr.* **1 - tarder** · atermoyer · attendre · temporiser · **2 - se différencier** · se distinguer · s'éloigner · s'écarter · **3 - s'opposer** · diverger

difficile *adj.*
I 1 - ardu · dur · laborieux · malaisé · pénible · calé *fam.* · chiadé *fam.* · coton *fam.* · trapu *fam.* · musclé *argot scol.* · duraille *fam., vieilli* · **2 - délicat** · complexe · embarrassant · épineux · scabreux · sensible · **3 - obscur** · abscons · compliqué · confus · énigmatique · ésotérique · impénétrable · mystérieux · **4 - escarpé** · périlleux · raide
II douloureux · pénible · triste
III 1 - acariâtre · contrariant · coriace · intraitable · irascible · ombrageux · querelleur · rétif · **2 - désobéissant** · capricieux · indiscipliné · indocile
IV 1 - délicat · exigeant · raffiné · **2 - chicaneur** · exigeant · maniaque · pointilleux · tatillon · difficultueux *littér.* · vétilleux *littér.*
✦ **faire le difficile** faire la fine bouche · faire le dégoûté
✦ **ce n'est pas difficile** ce n'est pas la mer à boire *fam.*

difficile, exigeant, pointilleux

On a de la peine à contenter une personne quand on sait qu'elle est **difficile** *(être difficile sur la nourriture, dans le choix de ses amitiés)*, mais **exigeant** va plus loin et implique une forte attente *(être exigeant sur l'hygiène ; se montrer exigeant à l'égard de quelqu'un)*. **Pointilleux** renchérit sur l'exigence ; être **pointilleux**, c'est ne rien laisser passer, se montrer susceptible dans ses relations avec autrui *(être pointilleux sur l'exactitude, les règles du savoir-vivre, le règlement).*

difficilement *adv.* 1 - **laborieusement** · à grand-peine · à l'arraché · malaisément · péniblement · tant bien que mal · 2 - **à peine** · tout juste

difficulté *n.f.* 1 - **complexité** · complication · confusion · obscurité · 2 - **embarras** · gêne · mal · peine · 3 - **problème** · contrariété · empêchement · ennui · résistance · tracas · cheveu *fam.* · épine *fam.* · hic *fam.* · os *fam.* · pépin *fam.* · aria *vieux* · bec *fam., vieux* · cactus *fam., vieux* · cahot *fam., vieux* · chiendent *fam., vieux* · traverse *vieux* · tu autem *vieux* · 4 - **obstacle** · accroc · barrière · écueil · accroche *vieux* · 5 - **objection** · chicane · contestation · opposition · résistance

✦ **sans difficulté** facilement · aisément · les doigts dans le nez *fam.* · [gagner] haut la main · dans un fauteuil *fam.*

❧ **obstacle**

difficultueux, -euse *adj.* · chicaneur · pointilleux

difforme *adj.* · déformé · contrefait · déjeté · monstrueux · mal fait · mal bâti · tordu · tors *littér.*

difformité *n.f.* · déformation · dystrophie · malformation · monstruosité · vice de conformation

diffus, e *adj.* 1 - **tamisé** · voilé · 2 - **abondant** · prolixe · verbeux

diffuser *v.tr.* 1 - [Radio, TV] **émettre** · mettre sur les ondes · programmer · retransmettre · transmettre · 2 - **disperser** · émettre · propager · répandre · 3 - **distribuer** · 4 - **populariser** · vulgariser

diffusion *n.f.* 1 - [Radio, TV] **émission** · programmation · transmission · retransmission · 2 - **distribution** · 3 - **propagation** · dissémination · vulgarisation

digérer *v.tr.* 1 - **assimiler** · 2 - **intégrer** · assimiler · absorber · 3 - [fam.] **accepter** · endurer · supporter · tolérer · avaler *fam.* · encaisser *fam.*

digest *n.m.* · condensé · résumé

[1]**digeste** *adj.* · digestible · digérable *rare* · léger

[2]**digeste** *n.m.* · code · répertoire

digestif *n.m.* · pousse-café

digestion *n.f.* · assimilation

digital, e *adj.* · numérique *recomm. offic.*

digne *adj.* 1 - **estimable** · convenable · honnête · méritant · respectable · 2 - **louable** · méritoire · noble · 3 - **grave** · sobre · solennel

✦ **être digne de** 1 - **mériter** · valoir · 2 - **être à la hauteur de**

✦ **digne de foi** croyable · crédible

❧ **mériter**

dignement *adv.* 1 - **convenablement** · honnêtement · honorablement · 2 - **fièrement** · noblement

dignitaire *n.m.* · autorité · hiérarque · personnalité · (grand) ponte *fam.* · (grosse) huile *fam.* · grosse légume *fam.* · gros bonnet *fam.*

dignité *n.f.* 1 - **amour-propre** · fierté · orgueil · 2 - **grandeur** · noblesse · respectabilité · 3 - **noblesse** · gravité · réserve · retenue · solennité

digression *n.f.* · parenthèse · incise · [Littérat.] parabase

digue *n.f.* **1 - jetée** · barrage · brise-lames · levée · môle · [provisoire] batardeau · [à claire-voie] estacade · **2 - obstacle** · barrière · frein · rempart

dilapidateur, -trice *adj. et n.* · dépensier · dissipateur · gaspilleur · prodigue
↝ **dépensier**

dilapidation *n.f.* **1 - dissipation** · **2 - gaspillage**

dilapider *v.tr.* · dissiper · engloutir · flamber · gaspiller · prodiguer · jeter par les fenêtres · claquer *fam.* · craquer *fam.* · croquer *fam.*
↝ **gaspiller**

dilatation *n.f.* **1 - élargissement** · extension · distension · gonflement · grossissement · **2 -** [du gaz] **expansion**

dilater *v.tr.* **élargir** · agrandir · distendre · gonfler

››› **se dilater** *v.pron.* **enfler** · se distendre · s'élargir · gonfler · grossir · s'ouvrir

dilemme *n.m.* · alternative · choix
↝ **alternative**

dilettante *n.* · amateur · fumiste *péj.* · touche-à-tout *péj.*

↝ **dilettante, amateur**

Le **dilettante** et l'**amateur** se livrent à certaines activités en les exerçant comme un passe-temps, de manière plus ou moins fantaisiste. **Dilettante**, qui n'a pas le caractère péjoratif d'**amateur** dans cet emploi, implique une absence de soumission à des normes et la recherche d'un plaisir *(mener une vie de dilettante, être un dilettante en politique)*. **Amateur** est plutôt du côté de l'absence de qualification : « Un amateur qui barbouille des toiles le dimanche comme on pêche à la ligne » (Sartre, *l'Âge de raison*). Dans un emploi plus neutre qui le distingue de **dilettante**, on parle d'*une troupe théâtrale d'amateurs*, d'*une chorale d'amateurs*, sans y associer un jugement de valeur.

dilettantisme *n.m.* · amateurisme

diligemment *adv.* · rapidement · avec célérité · promptement

[1]**diligence** *n.f.* **1 - empressement** · hâte · promptitude · rapidité · vitesse · célérité *littér.* · **2 - application** · attention · soin · zèle
✦ **faire diligence** s'activer · se dépêcher · s'empresser · se hâter
↝ **vitesse**

[2]**diligence** *n.f.* · coche · omnibus · patache

diligent, e *adj.* **1 - actif** · empressé · expéditif · prompt · rapide · **2 - appliqué** · assidu · attentif · soigneux · zélé
↝ **expéditif**

diluer *v.tr.* **1 - délayer** · allonger · étendre · mouiller · noyer · **2 - affaiblir** · diminuer

dimension *n.f.* **1 - étendue** · calibre · format · gabarit · mesure · surface · taille · épaisseur · grandeur · grosseur · hauteur · largeur · longueur · mensuration · pointure · profondeur · **2 - importance** · envergure · portée · valeur

diminué, e *adj.* · affaibli · amoindri

diminuer

▪ *v.intr.* **1 - baisser** · s'affaisser · s'amenuiser · se calmer · décroître · décliner · descendre · faiblir · mollir · tomber · **2 - rétrécir** · raccourcir · rapetisser · [jour] décroître · accourcir *vieux ou littér.* · **3 - dégonfler** · désenfler · rapetisser

▪ *v.tr.* **1 - amoindrir** · abaisser · ramener (à) · réduire · resserrer · restreindre · **2 - rétrécir** · raccourcir · accourcir *vieux ou littér.* · étrécir *vieux* · **3 - abréger** · comprimer · condenser · contracter · écourter · résumer · tronquer · **4 - modérer** · attiédir · calmer · émousser · faire tomber · freiner · rabattre · ralentir · refroidir · relâcher · **5 - atténuer** · adoucir · alléger · amortir · apaiser · calmer · estomper · mitiger · modérer · tempérer · **6 - assourdir** · baisser · descendre · **7 - dévaloriser** · abaisser · avilir · dégrader · dénigrer · déprécier · discréditer · rabaisser · ravaler

diminutif *n.m.* · petit nom · surnom

diminution *n.f.*
I 1 - amoindrissement · abaissement · affaissement · amenuisement · baisse · décroissance · décroissement · déperdition · réduction · **2 - rétrécissement** · raccourcissement · **3 - abrègement** · compression · concentration · contraction · **4 - dégonflement** · réduction · **5 - allégement** · soulagement · **6 - modération** · ralentissement
II 1 - dépréciation · dévalorisation · dévaluation · moins-value · **2 - rabais** · réduction · remise · **3 - abattement** · décharge · dégrèvement · exemption · exonération · réduction

dingue *adj. et n.* → **fou**

diplomate
▪ *adj.* **habile** · adroit · fin · politique · rusé · subtil
▪ *n.* **ambassadeur** · attaché · chargé d'affaires · consul · légat · ministre · nonce · résident · secrétaire · émissaire · envoyé · négociateur · parlementaire · plénipotentiaire

diplomatie *n.f.* · adresse · doigté · finesse · habileté · savoir-faire · tact

diplomatique *adj.* · adroit · habile · fin

diplôme *n.m.* **1 - parchemin** *plaisant* · peau d'âne *plaisant* · **2 - certificat** · brevet · titre · [sortes] baccalauréat · doctorat · licence · maîtrise · mastère · maturité *Suisse* · **3 - récompense** · médaille · prix · **4 -** [Hist.] **acte** · charte · patente

dire *v.tr.*
I 1 - articuler · formuler · émettre · énoncer · lancer · proférer · prononcer · balancer *péj.* · débiter *péj.* · déblatérer *péj.* · lâcher *fam.* · sortir *fam.* · **2 - exprimer** · annoncer · communiquer · **3 - raconter** · conter · narrer · **4 - préciser** · indiquer · fixer · **5 - affirmer** · assurer · certifier · prétendre · **6 - répondre** · répliquer · rétorquer · objecter
II 1 - dévoiler · divulguer · ébruiter · répandre · révéler · **2 - confier** · avouer
III ordonner · commander · enjoindre · sommer · stipuler
IV manifester · dénoter · exprimer · marquer · montrer · signifier · trahir
✦ **dire tout bas** chuchoter · murmurer · souffler · susurrer
✦ **dire partout, tout haut** clamer · crier sur les toits · publier
✦ **si ça te dit** si ça te plaît · si ça te tente · si ça te chante *fam.*

⋙ **se dire** *v.pron.* **se prétendre** · s'autoproclamer
✦ **se dire que** penser que · se faire la réflexion que

direct, e *adj.* **1 - droit** · rectiligne · **2 - franc** · carré · droit · net et précis · sans détour · **3 - immédiat** · **4 - sans arrêt** · non-stop · rapide · sans escale

directement *adv.* **1 - tout droit** · **2 - immédiatement** · **3 - complètement** · diamétralement · exactement · totalement · **4 - franchement** · carrément · nettement · ouvertement · sans détour · sans ambages · sans tourner autour du pot *fam.* · tout de go *fam.* · bille en tête *fam.*

✦ **parler directement** ne pas avoir peur des mots · appeler un chat un chat · appeler les choses par leur nom

✦ **directement sur** [la peau, etc.] à même

directeur, -trice *n.* **1 - dirigeant** · administrateur · gérant · manager · patron · président · boss *fam.* · **2 - supérieur** · chef · boss *fam.*

✦ **directeur de collège** principal · dirlo *fam.*

✦ **directeur de lycée** proviseur · dirlo *fam.*

✦ **directeur de conscience** confesseur

directif, -ive *adj.* **1 - autoritaire** · autocratique · **2 - directionnel**

direction *n.f.*

I **organisation** · administration · commandement · conduite · gestion · pilotage

II **1 - responsables** · dirigeants · présidence · **2 - service** · département · section

III **1 - axe** · azimut · ligne · sens · **2 - chemin** · orientation · voie · **3 - allure** · tour · tournure

✦ **sous la direction de** sous l'autorité de · sous la férule de · sous la houlette de · sous l'égide de · sous les auspices de · sous le mandat de · sous la tutelle de • [orchestre] sous la baguette de

✦ **en direction de** **1 - vers** · **2 - vis-à-vis (de)** · à l'égard de · **3 - à destination de**

directive *n.f.* · instruction · commandement · consigne · injonction · ordre · recommandation · stipulation

dires *n.m.pl.* · affirmations · déclaration · paroles · propos · témoignage

dirigeable *n.m.* · ballon · zeppelin

~ **ballon**

dirigeant, e *n.* · administrateur · chef · directeur · gérant · patron · président · responsable · boss *fam.*

diriger *v.tr.* **1 - gouverner** · administrer · commander · conduire · encadrer · gérer · mener · organiser · piloter · présider à · régir · être aux commandes de · être aux manettes de · être à la tête de · tenir la barre, le gouvernail de · avoir la haute main sur · tenir les rênes de • [sans complément] mener la barque • [dans un ménage] porter la culotte *fam.* · **2 - ordonner** · régler · régenter · **3 - inspirer** · guider · entraîner · mener · pousser · **4 - manœuvrer** · conduire · guider · piloter · **5 - braquer** · orienter · pointer

››› **se diriger (vers)** *v.pron.* **1 - s'acheminer (vers)** · aller vers · s'avancer vers · gagner · marcher vers · mettre le cap sur · prendre le chemin de · se rendre à · se tourner vers · se mettre en mouvement vers • [foule] confluer vers · **2 - voguer** vers · cingler vers · faire route, voile vers · mettre le cap sur · **3 - s'orienter** · se repérer

discernement *n.m.* **1 - jugement** · bon sens · circonspection · perspicacité · jugeote *fam.* · **2 - discrimination** · distinction · identification

✦ **avec discernement** à bon escient · judicieusement

discerner *v.tr.* **1 - voir** · distinguer · entrevoir · percevoir · **2 - entendre** · percevoir · **3 - sentir** · ressentir · **4 - différencier** · démêler · distinguer · discriminer · identifier · reconnaître · **5 - deviner** · déceler · percevoir · saisir · sentir

disciple *n.* **1 - élève** · **2 - adepte** · apôtre · fidèle · partisan · prosélyte · tenant

❧ élève

disciplinaire *adj.*

✦ **mesure disciplinaire** avertissement · blâme · censure · suspension

discipline *n.f.* **1 - loi** · règlement · règle(s) de conduite · **2 - obéissance** · docilité · soumission · **3 - matière** · art · domaine · science · sujet

discipliné, e *adj.* · obéissant · docile · soumis

discipliner *v.tr.* **1 - assujettir** · soumettre · **2 - éduquer** · élever · former · dresser *péj.* · **3 - maîtriser** · dompter

discontinu, e *adj.* **1 - alternatif** · intermittent · irrégulier · momentané · sporadique · temporaire · **2 - coupé** · divisé · interrompu · **3 - dénombrable** · discret

discontinuer *v.tr.* **cesser** · finir · interrompre · suspendre

✦ **sans discontinuer** sans arrêt · sans interruption · sans relâche · sans répit · non-stop

discontinuité *n.f.* · intermittence · irrégularité

disconvenance *n.f.* · désaccord · disproportion · incompatibilité · opposition

discordance *n.f.* **1 - dissonance** · inharmonie *littér.* · cacophonie *péj.* · **2 - divergence** · décalage · désaccord · différence · disparité · écart · incompatibilité · incohérence

discordant, e *adj.* **1 - dissonant** · faux · inharmonique · **2 - criard** · **3 - divergent** · contraire · incompatible · opposé

discorde *n.f.* **désaccord** · dissension · mésentente · mésintelligence *littér.* · querelle

✦ **semer la discorde** diviser · jeter le trouble · mettre de l'huile sur le feu · semer la zizanie · mettre la pagaïe *fam.*

discothèque *n.f.* · boîte de nuit · boîte *fam.* · disco *fam.* · dancing *vieilli* · night(-club) *vieilli*

discount *n.m.* · rabais · déduction · remise · ristourne

discoureur, -euse *n.* · bavard · jacasseur · parleur · palabreur · péroreur · phraseur

discourir *v.intr.* · disserter · palabrer · pérorer · baratiner *fam.* · laïusser *fam.* · tenir le crachoir *fam.* · lantiponner *fam., péj., vieux*

discours *n.m.* **1 - allocution** · adresse · conférence · déclaration · proclamation · speech *fam.* · **2 - exposé** · laïus *fam.* · speech *fam.* · topo *fam.* · jus *fam., vieux* · **3 - exhortation** · harangue · parénèse *vieux* · **4 - traité** · exposé · **5 -** [religieux, moral] **sermon** · homélie · instruction · morale · oraison · prêche · prédication · prône · prêchi-prêcha *fam., péj.* · **6** – [en faveur de qqn] **apologie** · compliment · éloge · louange · panégyrique · plaidoyer · **7** – [contre qqn] **réquisitoire** · charge · réprimande · catilinaire *littér.* · philippique *littér.* · **8** – [vieilli] **conversation** · causerie · dialogue · entretien · propos · **9** – [Ling.] **parole** · langage

✦ **longs discours** boniment · palabres · baratin *fam.* · blabla *fam.* · tartines *fam.*

discourtois, e *adj.* · impoli · désobligeant · grossier · irrespectueux · irrévérencieux · rustre · incivil *littér.*

discrédit *n.m.* · défaveur · déconsidération *littér.* · décri *vieux*

discréditer *v.tr.* · déconsidérer · décrier · dénigrer · déprécier · disqualifier · nuire à · brûler *fam.* · couler *fam.* · griller *fam.* · décréditer *vieux*

[1]**discret, -ète** *adj.* **1** – **réservé** · secret · pudique · silencieux · **2** – **furtif** · rapide · **3** – **retiré** · isolé · à l'abri des regards · secret · tranquille · **4** – **modeste** · effacé · réservé · retenu · **5** – **sobre** · simple · **6** – **léger** · modéré · ténu · voilé

[2]**discret, -ète** *adj.* **1** – **discontinu** · **2** – **digital** · numérique

discrètement *adv.* **1** – **en catimini** · à pas de loup · sur la pointe des pieds · en douce *fam.* · **2** – **à la dérobée** · furtivement • [filer] à l'anglaise · **3** – **sobrement** · sans ostentation · sans tambour ni trompette

discrétion *n.f.* **1** – **réserve** · délicatesse · retenue · tact · **2** – **simplicité** · sobriété

✦ **à discrétion** à volonté · à gogo *fam.*

discrétionnaire *adj.* · arbitraire · illimité

discrimination *n.f.* **1** – **ségrégation** · apartheid · racisme · sexisme · **2** – **distinction** · départ · séparation

discriminer *v.tr.* · distinguer · différencier · séparer · faire le départ entre *littér.*

disculper *v.tr.* **1** – **innocenter** · blanchir · laver (de tout soupçon) · mettre hors de cause · **2** – **excuser** · justifier

discussion *n.f.* **1** – **conversation** · débat · délibération · échange (de vues) • [sur des détails] argutie · ergotage · **2** – **examen** · **3** – **controverse** · polémique · **4** – **dispute** · altercation · contestation · différend · empoignade · explication · querelle · prise de bec *fam.*

discutable *adj.* · attaquable · contestable · critiquable · douteux · sujet à caution

discuté, e *adj.* · controversé · contesté · critiqué

discuter

▪ *v.intr.* **1** – **bavarder** · causer · conférer · converser · tenir conseil · colloquer *plaisant* · discutailler *fam., péj.* · **2** – **polémiquer** · épiloguer · ergoter · palabrer · parlementer · chercher la petite bête *fam.* · disputailler *vieux* · **3** – **se chicaner** *fam.* · se disputer · se quereller

▪ *v.tr.* **1** – **débattre de** · agiter · argumenter sur · **2** – **contester** ·

critiquer · mettre en question · mettre en cause · controverser *rare* · **3 - négocier** · marchander

disert, e *adj.* · bavard · à la parole facile · causant · éloquent · loquace · prolixe

disette *n.f.* **1 - famine** · **2 - manque** · carence · défaut · déficit · insuffisance · pauvreté · pénurie · rareté

diseur, -euse *n.*

✦ **diseur de bonne aventure** chiromancien · devin · voyant

disgrâce *n.f.* **1 - défaveur** · discrédit · **2 -** [littér.] **laideur** · difformité · **3 -** [vieux] **infortune** · malheur · revers (de fortune)

disgracié, e *adj.* · laid · disgracieux · ingrat

disgracier *v.tr.* · destituer · renvoyer

disgracieux, -ieuse *adj.* **1 - laid** · ingrat · **2 - discourtois** · déplaisant · désagréable · revêche

disjoindre *v.tr.* **1 - désassembler** · désunir · détacher · diviser · scinder · séparer · **2 - fendiller** · fendre · fissurer · lézarder · **3 - déboîter** · démonter · disloquer · **4 - isoler** · déconnecter · décorréler · distinguer · séparer

disjoint, e *adj.* · différent · déconnecté · décorrélé · dissocié · distinct · séparé

disjonction *n.f.* · dissociation · décorrélation · séparation

dislocation *n.f.* **1 - déboîtement** · désarticulation · entorse · foulure · luxation · **2 - démantèlement** · démembrement · désagrégation · dissolution

disloquer *v.tr.* **1 - déboîter** · démettre · démancher · désarticuler · luxer · démantibuler *fam.* · **2 - démanteler** · démembrer · désunir · dissoudre · diviser · disperser · **3 - détraquer** *fam.* · fausser · **4 - briser** · casser · démolir

disloquer, déboîter, démantibuler, désarticuler

Dans l'usage courant, ces mots sont relatifs à la rupture de ce qui était entier, valeur attachée au préfixe *dé-* *(dis-)* qui marque la séparation. **Disloquer** concerne la continuité d'un ensemble, brisée d'une manière plus ou moins violente *(disloquer un empire, un corps disloqué)*. Avec **démantibuler**, on met l'accent, dans des emplois familiers, sur la mise en pièces d'un objet, la séparation de ses éléments ajustés visant à le rendre inutilisable *(démantibuler un meuble, un jouet)*. **Déboîter** n'implique aucune violence : il s'agit seulement de retirer un objet de l'élément dans lequel il est encastré *(déboîter des tuyaux, une porte de ses gonds)*. De même, **désarticuler** indique que l'on détache les éléments dont une chose est constituée *(désarticuler une phrase)* : « Démonter le mécanisme de l'angoisse, il n'y a plus d'angoisse. Élucider ses causes, c'est désarticuler l'angoisse » (Ionesco, *Journal en miettes*).

disparaître *v.intr.*

I 1 - se cacher · se dissimuler · se voiler · [soleil] se coucher · **2 - s'effacer** · se dissiper · s'enlever · s'estomper · s'évanouir · s'en aller en fumée · passer · **3 - s'en aller** · s'éclipser · s'évanouir · s'évaporer · **4 - fuir** · se défiler · s'enfuir · filer · se retirer · décamper *fam.* · **5 - s'égarer** · s'envoler · se volatiliser

II 1 - mourir · décéder · s'éteindre · quitter cette terre · **2 -** [navire] **couler** · périr · se perdre · sombrer

✦ **disparaître dans** s'enfoncer dans · s'engouffrer dans · se fondre dans
✦ **faire disparaître** 1 - **escamoter** · 2 - **anéantir** · chasser · détruire · effacer · enlever · supprimer · 3 - **ôter** · éliminer · enlever · résorber · supprimer • [un texte] oblitérer · passer au bleu · 4 - **dissiper** · apaiser · balayer · calmer · lever · résoudre · vaincre · 5 - **tuer** · éliminer · supprimer · liquider *fam.*

disparate *adj.* · composite · bigarré · divers · hétéroclite · hétérogène · mélangé · panaché · discordant *péj.*

disparité *n.f.* · diversité · contraste · différence · dissemblance · hétérogénéité · discordance *péj.* · dissonance *péj.* · disparate *vieux ou littér.*

disparition *n.f.* 1 - **absence** · 2 - **dissipation** · dissolution · éclipse · effacement · évanouissement · 3 - **décès** · mort · 4 - **suppression** · extinction · fin · mort · perte

disparu, e *n.* · défunt · mort
❧ **mort**

dispatcher *v.tr.* · répartir · distribuer · envoyer

dispendieux, -ieuse *adj.* · coûteux · cher · onéreux · ruineux · chérot *fam.*

dispensateur, -trice *n.* · distributeur · répartiteur

dispense *n.f.* 1 - **autorisation** · dérogation · exemption · permission · 2 - **exonération** · franchise

dispenser *v.tr.*
I 1 - **accorder** · donner · distribuer · répandre · départir *littér.* · 2 - **partager** · répartir
II [qqn de] 1 - **exempter** · décharger · délivrer · exonérer · dégager · libérer · soustraire · tenir quitte · 2 - **épargner** · faire grâce

dispersé, e *adj.* · clairsemé

disperser *v.tr.* 1 - **éparpiller** · disséminer · dissiper · parsemer · répandre · semer · 2 - **dissiper** · 3 - **diviser** · fragmenter · morceler · séparer · 4 - **émietter** · éparpiller · 5 - **chasser** · débander · mettre en fuite

››› **se disperser** *v.pron.* 1 - **partir** · s'égailler · s'éparpiller · essaimer · 2 - **s'enfuir** · se débander · fuir · 3 - **diffuser** · irradier · rayonner · 4 - **se déconcentrer** · s'éparpiller

dispersion *n.f.* 1 - **éparpillement** · dissémination · 2 - **dissipation** · 3 - **division** · fragmentation · morcellement · séparation · 4 - **débandade** · déroute · mise en fuite · 5 - **diaspora** · éparpillement

disponibilité *n.f.* 1 - **loisir** · temps libre · 2 - **vacance**

››› **disponibilités** *plur.* **trésorerie** · fonds de roulement · espèces · réserve

disponible *adj.* 1 - **inoccupé** · libre · vacant · 2 - **accessible** · abordable

❧ **disponible, inoccupé, libre, vacant**

Les notions d'absence d'engagement et d'utilisation rassemblent ces mots. **Disponible** s'emploie dans des domaines très variés pour qualifier ce qui est à la disposition de quelqu'un *(chambre, capitaux, terrain, documentation disponibles).* **Inoccupé** se dit surtout de pièces ou de logements vides mais qui ne seront pas forcément remplis *(l'immeuble est inoccupé le week-end).* L'usage de **vacant** est restreint à ce qui n'est pas ou n'est plus occupé *(appartement vacant),* ou bien à un poste, une fonction qui n'a pas ou n'a plus de titulaire *(emploi vacant)* ; il insiste sur le fait que le lieu ou le poste devront, à terme, être remplis. Une chose **libre** peut être utilisée quand on le souhaite *(une place libre).*

dispos, e *adj.* · agile · alerte · allègre · en forme · gaillard · ingambe

disposé, e *adj.*

✦ **disposé à** prêt à · enclin à · partant pour *fam.*

✦ **bien disposé** 1 – **bienveillant** · favorable · 2 – **en train** · de bonne humeur

disposer *v.tr.* 1 – **agencer** · arranger · combiner · composer · configurer · construire · dresser · établir · installer · monter · ordonner · orienter · placer · ranger · répartir • [table] dresser · 2 – [loi, contrat] **dicter** · décréter · prescrire · régler

✦ **disposer qqn à faire qqch.** décider · déterminer · engager · inciter · pousser

✦ **disposer de** 1 – **détenir** · être en possession de · 2 – **bénéficier de** · jouir de · 3 – **se servir de** · user de · utiliser

⋙ **se disposer à** *v.pron.* **se préparer à** · s'apprêter à · être sur le point de

dispositif *n.m.* 1 – **machine** · mécanisme · système · 2 – **méthode** · dispositions · mesures · organisation · plan (d'action) · procédé

disposition *n.f.*

I 1 – **agencement** · arrangement · assemblage · combinaison · composition · construction · distribution · ordonnance · organisation · orientation · placement · rangement · répartition · 2 – **place** · orientation · position · situation · 3 – **structure** · configuration · ordre

II humeur · état d'esprit · composition

III prescription · règle

✦ **avoir à (sa) disposition** posséder · avoir sous la main · avoir à sa portée

✦ **être, se mettre à la disposition de** être aux ordres de

⋙ **dispositions** *plur.* 1 – **mesures** · plan d'action · résolutions · 2 – **précautions** · 3 – **intentions** · sentiments · 4 – **aptitudes** · don · facilités · facultés · goût · inclination · qualités

✦ **avoir des dispositions pour** être doué pour · avoir la bosse de *fam.*

disproportion *n.f.* · déséquilibre · différence · disparité · inégalité · disconvenance *littér.*

disproportionné, e *adj.* 1 – **inégal** · déséquilibré · 2 – **démesuré** · exagéré · excessif · surdimensionné

dispute *n.f.* 1 – **querelle** · altercation · chicane · conflit · démêlé · différend · discorde · discussion · escarmouche · explication · friction · heurt · accrochage *fam.* · bisbille *fam.* · bouffage de nez *fam.* · bringue *fam., Suisse* · chamaillerie *fam.* · crêpage de chignon *fam.* · engueulade *fam.* · prise de bec *fam.* · castille *vieux* · contention *vieux* · chamaillis *vieux ou région.* • [entre villages, partis] querelle, rivalité de clocher • [entre époux] scène (de ménage) · 2 – **brouille** · fâcherie · rupture · brouillerie *vieux* · 3 – [vieux] **controverse** · combat d'opinions · débat · polémique · disputation *vieux*

dispute, altercation, querelle

Ces mots sont liés par l'idée d'échange verbal entre des personnes qui s'opposent. La **dispute** est un échange de paroles violent, dans lequel l'insulte voisine avec l'argumentation *(la conversation s'est transformée en dispute sur des questions de politique).* **Querelle** insiste sur l'hostilité et le côté durable du différend, souvent empreint de mauvaise foi *(une vieille querelle, des querelles fratricides, la querelle des Anciens et des Modernes).* L'**altercation** implique la brièveté et la brutalité de l'échange de propos, qui peut se conclure par des coups : « Les conférences diplomatiques n'avaient conduit qu'à des altercations violentes » (Mérimée, *Histoire du règne de Pierre le Grand*).

disputer *v.tr.* **1 -** [Sport] **jouer** · participer à · **2 -** [fam.] **réprimander** · gourmander · gronder · sermonner · admonester *littér.* · morigéner *littér.* · tancer *littér.* · attraper *fam.* · crier après *fam.* · enguirlander *fam.* · engueuler (comme du poisson pourri) *très fam.* · incendier *fam.* · passer un savon à *fam.* · remettre à sa place *fam.* · remonter les bretelles à *fam.* · secouer les puces à *fam.* · sonner les cloches à *fam.* · taper sur les doigts à *fam.* · tirer les oreilles à *fam.*

⋙ **se disputer** *v.pron.* **se quereller** · avoir des mots · se chamailler · avoir maille à partir · se bagarrer *fam.* · se bouffer le nez *fam.* · se chicaner *fam.* · se chipoter *fam.* · s'engueuler *fam.* · se crêper le chignon *fam.*

disqualifier *v.tr.* **1 - éliminer** · exclure · scratcher · **2 - discréditer** · déconsidérer · déshonorer

disque *n.m.* **1 - cercle** · galet · halo · rond · **2 - album** · microsillon · vinyle · noir *fam.*

✦ **disque compact** CD · skeud *lang. jeunes*

✦ **disque compact vidéo** vidéodisque

✦ **disque optique compact** CD-ROM · cédérom · DOC *recomm. offic.*

✦ **disque optique numérique** DVD

dissemblable *adj.* · différent · distinct · opposé

dissemblance *n.f.* · différence · contraste · disparité · diversité · hétérogénéité · opposition

dissémination *n.f.* **1 - dispersion** · éparpillement · **2 - diffusion** · propagation · **3 -** [Méd.] **généralisation** · métastase

disséminer *v.tr.* **1 - disperser** · éparpiller · répandre · semer · **2 - diffuser** · propager · répandre

dissension *n.f.* · désaccord · déchirement · discorde · dissentiment · divorce · guerre · mésentente · opposition · querelle · mésintelligence *littér.*

disséquer *v.tr.* **1 - dépecer** · **2 - analyser** · décortiquer · désosser · passer au crible · éplucher *fam.*

dissertation *n.f.* · composition · essai · étude · mémoire · traité

disserter *v.intr.* · discourir · causer · parler · palabrer *péj.* · pérorer *péj.* · pontifier *péj.*

dissidence *n.f.* **1 - division** · rébellion · révolte · schisme · scission · sécession · séparation · **2 -** [littér.] **divergence** · dissentiment

dissident, e *adj. et n.* · rebelle · hérétique · hétérodoxe · non-conformiste · opposé · révolté · schismatique · scissionniste · séparatiste

dissimulateur, -trice *n.* · fourbe · cachottier · hypocrite · sournois

dissimulation *n.f.* **1 - duplicité** · fausseté · fourberie · hypocrisie · sournoiserie · **2 - cachotterie** · **3 - déguisement** · camouflage

dissimulé, e *adj.* · cachottier · double · faux · hypocrite · sournois

dissimuler *v.tr.* **1 - cacher** · escamoter · celer *littér.* · **2 - masquer** · dérober, soustraire aux regards · occulter · voiler · offusquer *littér.* · **3 - camoufler** · atténuer · **4 - garder secret** · taire · **5 -** [sans complément] **feindre** · faire semblant · simuler · tricher

»» **se dissimuler** *v.pron.* **se cacher** · disparaître · s'éclipser · se faire tout petit *fam.* · rentrer sous terre *fam.*

➳ **cacher**

dissipateur, -trice *n. et adj.* · dépensier · gaspilleur · prodigue · mange-tout *vieux* • [au jeu] flambeur

dissipation *n.f.* **1 - disparition** · dispersion · éparpillement · **2 - dépense** · dilapidation · gaspillage · **3 - distraction** · **4 - indiscipline** · turbulence

dissipé, e *adj.* **1 - turbulent** · désobéissant · indiscipliné · indocile *littér.* · **2 - débauché** · dévergondé · dissolu

dissiper *v.tr.* **1 - chasser** · faire disparaître · disperser · éliminer · éparpiller · supprimer · **2 - écarter** · ôter de la tête · **3 - dépenser** · dévorer · dilapider · engloutir · gaspiller · jeter par les fenêtres · manger · claquer *fam.* · **4 - distraire** · déconcentrer

»» **se dissiper** *v.pron.* **1 - disparaître** · se disperser · s'évaporer · se volatiliser · **2 - s'apaiser** · s'atténuer · se calmer

➳ **gaspiller**

dissociation *n.f.* **1 - distinction** · dédoublement · différenciation · disjonction · séparation · **2 - désintégration** · séparation

dissocier *v.tr.* **1 - distinguer** · déconnecter · décorréler · départager · différencier · disjoindre · isoler · séparer · **2 - désunir** · désagréger · désintégrer · séparer

dissolu,e *adj.* **débauché** · agité · corrompu · dépravé · déréglé · léger · libertin · relâché

✦ **vie dissolue** vie de bâton de chaise *fam.* · vie de patachon *fam.*

dissolution *n.f.* **1 - décomposition** · désagrégation · désintégration · **2 - annulation** · cessation · rupture · **3 - anéantissement** · disparition · écroulement · ruine · **4 -** [vieilli] **débauche** · débordement · dérèglement · désordre · immoralité

dissolvant, e *adj. et n.m.* · solvant

dissonance *n.f.* **1 - cacophonie** · discordance · rupture de ton · **2 - désaccord** · contradiction · divergence · opposition · inharmonie *littér.*

dissonant, e *adj.* **1 - cacophonique** · discordant · faux · **2 - divergent** · discordant

dissoudre *v.tr.* **1 - faire fondre** · diluer · **2 - annuler** · mettre fin à · rompre

»» **se dissoudre** *v.pron.* **fondre**

dissuader *v.tr.* · détourner · déconseiller à · décourager · faire renoncer

dissuasif, -ive *adj.* · décourageant

dissymétrie *n.f.* · asymétrie · déséquilibre · irrégularité

dissymétrique *adj.* · asymétrique · déséquilibré · irrégulier · biscornu *péj.*

distance *n.f.* **1 - écart** · écartement · éloignement · espace · espacement · étendue · intervalle · **2 - chemin** · course · parcours · trajet · **3 - différence** · abîme · écart · monde · **4 - recul**

✦ **à distance** **1 - de loin** · **2 - avec du recul** · rétrospectivement

distancer *v.tr.* **1 - dépasser** · devancer · décoller de *fam.* · décrocher *fam.* · gratter *fam.* · lâcher *fam.* · semer *fam.* · **2 -** [Chasse] **forlonger** · **3 - surpasser** · dominer (de la tête et des épaules) · laisser loin derrière · surclasser · enfoncer *fam.* · **4 - disqualifier**

distant, e *adj.* **1 - éloigné** · loin · **2 - froid** · altier · hautain · inaccessible · réservé · sur la réserve

distendre *v.tr.* **1 - étirer** · allonger · tendre · tirer · **2 - gonfler** · ballonner

»» **se distendre** *v.pron.* **se détendre** · se relâcher · s'avachir *péj.*

distension *n.f.* **1 - étirement** · allongement · extension · relâchement · **2 - gonflement** · ballonnement

distillation *n.f.* **1 - rectification** · cohobation · **2 - raffinage**

distiller *v.tr.* **1 - sécréter** · épancher · exsuder · répandre · **2 - rectifier** · cohober · réduire · sublimer · spiritualiser *vieux* · **3 - raffiner**

distinct, e *adj.* **1 - visible** · perceptible · **2 - clair** · net · tranché · **3 - différent** · autre · contrasté · dissemblable · indépendant · séparé

distinctement *adv.* · clairement · nettement

distinctif, -ive *adj.* · caractéristique · particulier · propre · singulier · spécifique · typique

distinction *n.f.* **1 - différenciation** · démarcation · départ · discrimination · distinguo · séparation · **2 - décoration** · dignité · récompense · **3 - classe** · élégance · finesse · raffinement · tenue · **4 -** [vieux] **éclat** · grandeur · noblesse · **5 -** [vieux] **mérite** · talent · valeur

distingué, e *adj.* **1 - élégant** · chic · raffiné · bcbg *fam.* · chicos *fam.* · classe *fam.* · classieux *fam.* · smart *fam.* · **2 - choisi** · d'élite · sélect *fam.* · **3 - brillant** · célèbre · éminent · insigne · supérieur

distinguer *v.tr.* **1 - discriminer** · différencier · discerner · dissocier · isoler · mettre à part · séparer · [sans complément] ne pas faire d'amalgame · ne pas tout mélanger · ne pas mélanger les torchons et les serviettes *fam.* · **2 - caractériser** · différencier · spécifier · **3 - apercevoir** · discerner · percevoir · reconnaître · repérer · voir · **4 - choisir** · préférer · remarquer

»» **se distinguer** *v.pron.* **1 - différer** · se détacher · se différencier · s'opposer · se particulariser · se singulariser · **2 - s'illustrer** · briller · percer · se détacher du lot · se faire remarquer · se signaler · triompher

distorsion *n.f.* **1 - altération** · déformation · transformation · travestissement *péj.* · **2 - décalage** · déséquilibre · disparité · écart

distraction *n.f.*
I 1 - **inattention** · étourderie · inadvertance · inapplication · 2 - **bévue** · erreur · étourderie · oubli · gaffe *fam.*
II 1 - **loisir** · détente · 2 - **amusement** · divertissement · passe-temps · récréation · hobby *anglic.* · amusette *vieilli* · 3 - **dérivatif** · diversion

distraire *v.tr.* 1 - **divertir** · amuser · changer les idées de · désennuyer · égayer · récréer *littér.* · 2 - **dissiper** · déranger · 3 - [littér.] **dérober** · détourner · prélever · retrancher · soustraire

»» **se distraire** *v.pron.* **se divertir** · s'amuser · se délasser · se détendre · se changer les idées · se récréer *littér.*

distrait, e *adj.* 1 - **inattentif** · absent · absorbé · rêveur · 2 - **étourdi** · écervelé · évaporé · tête en l'air

✦ **être distrait** avoir l'esprit ailleurs · avoir la tête dans les nuages · n'écouter que d'une oreille · être dans la lune, dans les nuages

distraitement *adv.* 1 - **rêveusement** • [écouter] d'une oreille · 2 - **étourdiment**

distrayant, e *adj.* · divertissant · amusant · délassant · distractif · récréatif

distribuer *v.tr.*
I 1 - **donner** · dispenser · octroyer · prodiguer · 2 - **répartir** · partager · départir *littér.* · 3 - **allouer** · assigner · attribuer · allotir *(Droit)*
II **amener** · conduire · répandre
III 1 - **catégoriser** · classer · classifier · 2 - **arranger** · agencer · aménager · ordonner · organiser · ranger

distributeur, -trice *n.* **vendeur** · concessionnaire · débitant · détaillant · diffuseur · grossiste · revendeur

✦ **distributeur de billets** billetterie · DAB

distribution *n.f.* 1 - **diffusion** · 2 - **attribution** · partage · répartition • [Cartes] donne · 3 - **don** · dispensation · 4 - **arrangement** · agencement · aménagement · disposition · 5 - **affiche** · casting *anglic.*

district *n.m.* 1 - **agglomération** · 2 - **domaine** · rayon · région

dit, dite *adj.* 1 - **convenu** · décidé · fixé · 2 - **alias**

dithyrambe *n.m.* · éloge · apologie · panégyrique

dithyrambique *adj.* · élogieux · laudatif · louangeur

diva *n.f.* · prima donna

divagation *n.f.* 1 - **délire** · folie · 2 - **digression** · élucubration · rêverie

❧ délire

divaguer *v.intr.* 1 - **délirer** · déraisonner · perdre l'esprit, la raison, le bon sens · avoir des papillons dans le compteur *fam.* · avoir une araignée dans le, au plafond *fam.* · débloquer *fam.* · déconner *fam.* · déjanter *fam.* · déménager *fam.* · dérailler *fam.* · yoyotter de la touffe *fam.* · battre la breloque, la campagne *vieilli* · extravaguer *vieux ou plaisant* · 2 - **errer** · s'égarer · vagabonder · vaguer *littér.*

divan *n.m.* · canapé · convertible · cosy · méridienne · sofa

divergence *n.f.* 1 - **désaccord** · contradiction · différence · écart · opposition · 2 - **dispersion** · écartement

divergent, e *adj.* · différent · discordant · éloigné · opposé

diverger *v.intr.* 1 - **différer** · se différencier · se distinguer · 2 - **se contredire** · s'opposer · 3 - **s'écarter** · s'éloigner

divers, e *adj.* 1 - **composite** · bariolé · changeant · disparate · diversiforme · hétérogène · mélangé · varié · 2 - **diversifié** · différent · éclectique · 3 - [au plur.] **plusieurs** · certains · de multiples · maints *littér.*

diversement *adv.* · différemment · inégalement

diversifier *v.tr.* · changer · élargir · varier

diversion *n.f.* · dérivatif · antidote · distraction · divertissement

diversité *n.f.* 1 - **variété** · éclectisme · hétérogénéité · 2 - **multiplicité** · pluralité

divertir *v.tr.* 1 - **amuser** · changer les idées de · distraire · égayer · récréer *littér.* · 2 - **faire rire** · réjouir · 3 - [vieilli] **détourner** · distraire · soustraire

››› **se divertir** *v.pron.* **s'amuser** · se distraire · se récréer *littér.*

✦ **se divertir de** se moquer de · rire (aux dépens) de

divertissant, e *adj.* · distrayant · amusant · drôle · plaisant · récréatif · réjouissant

divertissement *n.m.* 1 - **amusement** · agrément · délassement · distraction · plaisir · réjouissance · récréation *littér.* · 2 - **jeu** · passe-temps · distraction · hobby *anglic.* · loisir · (partie de) plaisir · 3 - [vieux] **détournement** · distraction · 4 - [Mus.] **divertimento**

~ **réjouissance**

divin, e *adj.* 1 - **céleste** · surnaturel · 2 - **sublime** · délicieux · exquis · merveilleux · parfait · suprême

divination *n.f.* 1 - **prédiction** · clairvoyance · prémonition · prescience · prophétie · révélation · voyance · vaticination *littér.* · 2 - [sortes] astrologie · cartomancie · magie · numérologie · occultisme · oniromancie · spiritisme · mantique *soutenu*

divinement *adv.* · excellemment · délicieusement · parfaitement · souverainement · suprêmement

diviniser *v.tr.* 1 - **déifier** · sacraliser · sanctifier · 2 - **exalter** · glorifier · idéaliser · magnifier

divinité *n.f.* · déité *littér.* · déesse · dieu

diviser *v.tr.* 1 - **fractionner** · décomposer · désagréger · dissocier · fragmenter · morceler · parceller · scinder · 2 - **cloisonner** · compartimenter · 3 - **distribuer** · répartir · partager · 4 - [un terrain] **lotir** · démembrer · morceler · 5 - **brouiller** · déchirer · désunir · opposer · semer la discorde chez

✦ **être divisé** être en désaccord · être partagé

››› **se diviser** *v.pron.* 1 - **bifurquer** · se séparer · 2 - **se ramifier** · se scinder · se segmenter · 3 - **se disperser** · s'éparpiller

division *n.f.*

I 1 - **fractionnement** · fragmentation · morcellement · scission · sectionnement · segmentation · séparation · 2 - **partage** · distribution · 3 - **lotissement** · démembrement · morcellement

II 1 - classement · classification · **2 -** [du temps] **ère** · époque · instant · moment · période · **3 -** [territoriale] **circonscription** · arrondissement · canton · commune · département · district · gouvernement · province · subdivision · zone · **4 -** [d'une race] **embranchement** · classe · ordre · famille · genre · espèce · variété · type · **5 -** [d'une société] **catégorie** · caste · clan · classe · groupe · ordre · tribu · **6 -** [d'un texte] **alinéa** · acte · article · chant · chapitre · livre · paragraphe · scène · section · strophe · titre · tome · verset · **7 -** [Biol.] **amitose** · méiose · mitose **III désaccord** · clivage · dispute · divorce · mésentente · querelle · rupture · scission · schisme · mésintelligence *littér.*

divorce *n.m.* **1 - désaccord** · clivage · désunion · rupture · séparation · **2 - contradiction** · conflit · divergence · opposition

divorcer *v.intr.* · rompre · se quitter · se séparer

divulgateur, -trice *n.* · propagateur · révélateur

divulgation *n.f.* · proclamation · propagation · publication · révélation

divulguer *v.tr.* · dévoiler · ébruiter · mettre au grand jour · proclamer · propager · publier · répandre · révéler · crier sur (tous) les toits *fam.*
❧ révéler

docile *adj.* **1 - discipliné** · obéissant · sage · **2 - flexible** · malléable · maniable · pliant · souple · soumis · qui file doux *fam.*
❧ souple

docilité *n.f.* **1 - obéissance** · sagesse · **2 - flexibilité** · malléabilité · soumission

dock *n.m.* **1 - bassin (de radoub)** · **2 - entrepôt** · silo

docker *n.m.* · débardeur · arrimeur · déchargeur · crocheteur *vieux*

docte *adj.* **1 - érudit** · instruit · savant · **2 - doctoral** · doctrinaire · dogmatique · professoral · sentencieux · pédantesque *péj.* · pontifiant *péj.*

doctement *adv.* · savamment · sentencieusement · comme un livre

docteur *n.m.* **1 - médecin** · toubib *fam.* · doc *fam.* · **2 -** [vieux] **érudit** · savant
❧ médecin

doctoral, e *adj.* · docte · doctrinaire · dogmatique · professoral · sentencieux · pédantesque *péj.* · pontifiant *péj.*

doctorat *n.m.* · thèse

doctrinaire *adj.* · dogmatique · sectaire · systématique

doctrine *n.f.* **1 - dogme** · doxa · idéologie · opinion · système · théorie · thèse · **2 - religion** · croyance · **3 - philosophie**

document *n.m.* **1 - écrit** · formulaire · papier · pièce (justificative) · texte · **2 - documentaire**

documentation *n.f.* · annales · archives · dossier · matériaux · doc *fam.*

documenter *v.tr.* **1 - informer** · renseigner · **2 - étayer** · appuyer

dodeliner *v.intr.* · balancer · osciller

dodu, e *adj.* · gras · grassouillet · potelé · rebondi · replet · rondouillard *fam.*

dogmatique *adj.* **1 - doctrinaire** · sectaire · systématique · **2 - caté-**

gorique · absolu · affirmatif · tranchant · **3 - doctoral** · professoral · sentencieux

dogme *n.m.* · article de foi · croyance · credo · doctrine · doxa · règle

doigt *n.m.*

✦ **petit doigt** auriculaire

✦ **doigt de pied** orteil

doigté *n.m.* · diplomatie · adresse · entregent · habileté · savoir-faire · tact

dol *n.m.* · captation · fraude · tromperie

doléances *n.f.pl.* · griefs · plaintes · réclamations · récriminations · revendications

dolent, e *adj.* **1 - geignard** · gémissant · pleurnicheur · plaintif · **2 -** [littér.] **maladif**

domaine *n.m.*

I 1 - propriété · bien (foncier) · terre · **2 - fief** · terrain

II 1 - matière · discipline · spécialité · sujet · **2 - compétence** · ressort · spécialité · partie *fam.* · rayon *fam.* · **3 - monde** · sphère · univers

dôme *n.m.* · coupole · voûte

domestication *n.f.* · apprivoisement

domesticité *n.f.* **1 - domestiques** · gens de maison · personnel (domestique) · personnel ancillaire *vieux* · valetaille *vieux, péj.* · **2 -** [vieux] **engagement** · service

[1]**domestique** *adj.* **1 - privé** · familial · intime · **2 - familier** · de compagnie · **3 - national** · intérieur

✦ **appareil domestique** appareil ménager

[2]**domestique** *n.* **1 - employé de maison** · **2 -** [sortes] bonne · bonne d'enfants · bonne à tout faire · chasseur · chauffeur · concierge · cuisinier · femme de chambre, de charge, de journée, de ménage · fille de cuisine, de salle · garçon de bureau, de courses, de salle · garde · gouvernante · groom · intendant · jardinier · lad · laquais · laveuse · liftier · lingère · maître d'hôtel · majordome · ménagère · nourrice · nurse · palefrenier · plongeur · servante · serveur · serviteur · sommelier · soubrette · valet (de chambre, de ferme, de pied) · boy *vieilli ou péj.* · camériste *littér. ou plaisant* · chambrière *vieux* · duègne *vieux* · estafier *vieux* · homme de peine *vieux* · officieux *vieux* · souillon *vieux* · suivante *vieux, péj.* · **3 - esclave** · valet · larbin *péj., fam.* · bonniche *péj., fam.*

>>> **domestiques** *plur.* **domesticité** · personnel de maison · gens *vieux*

domestiquer *v.tr.* **1 - apprivoiser** · dompter · dresser · **2 - asservir** · assujettir · soumettre

domicile *n.m.* **1 - résidence** · chez-soi · demeure · habitation · logement · maison · home *anglic.* · **2 - adresse** · siège

✦ **sans domicile fixe** S.D.F · clochard · nomade · vagabond

✦ **élire domicile** se fixer · s'installer · planter ses pénates *plaisant*

→ **maison**

domicile, résidence

Le domicile est, en termes juridiques, la demeure légale et officielle d'une personne, c'est-à-dire son lieu ordinaire d'habitation *(signaler tout changement de domicile, être sans domicile fixe).* Contrairement au **domicile**, la **résidence** se définit, notamment en droit, comme le lieu que l'on occupe une partie du temps *(c'est ma résidence principale)*. Plus couramment, **résidence** se dit d'une habitation plus ou moins luxueuse *(une résidence de standing)*, et en particulier d'une maison de campagne *(une résidence secondaire en Normandie)*.

dominance *n.f.* · domination · prédominance

dominant, e *adj.* **1 - important** · premier · prépondérant · primordial · principal · **2 - déterminant** · caractéristique · **3 - général** · régnant · répandu · **4 - culminant** · élevé · éminent · haut · supérieur

dominateur, -trice

▪ *adj.* **1 - despotique** · oppressif · tyrannique · **2 - autoritaire** · impérieux · volontaire

▪ *n.* **1 - conquérant** · maître · vainqueur · **2 - despote** · dictateur · oppresseur · tyran

domination *n.f.* **1 - dictature** · joug · oppression · tyrannie · **2 - autorité** · empire · maîtrise · omnipotence · pouvoir · prépondérance · suprématie · prépotence *vieux* · **3 - emprise** · ascendant · influence · **4 -** [de soi-même] **maîtrise** · self-control *anglic.*

dominer

▪ *v.intr.* **1 - prédominer** · avoir le dessus · l'emporter · prévaloir · régner · tenir le haut du pavé · triompher · **2 -** [vieux] **culminer**

▪ *v.tr.* **1 - diriger** · gouverner · régir · soumettre · **2 - asservir** · assujettir · enchaîner · mater · subjuguer · **3 - surpasser** · avoir l'avantage sur · avoir barre sur · damer le pion à · écraser · l'emporter sur · prendre le meilleur sur · **4 - primer** · **5 - maîtriser** · contenir · contrôler · dompter · surmonter · avoir bien en main · **6 - surplomber** · couronner · surmonter · se dresser au-dessus de

⋙ **se dominer** *v.pron.* **se maîtriser** · se contenir · prendre sur soi · se posséder *(surtout au négatif)*

dommage *n.m.* **1 - dégât** · avarie · dégradation · détérioration · endommagement · perte · ravage · **2 -** [Assurances] **sinistre** · **3 - atteinte** · préjudice · tort · dam *vieux* · détriment *vieux*

✦ **c'est dommage** c'est regrettable · c'est fâcheux · tant pis

dommageable *adj.* · nuisible · fâcheux · préjudiciable

dompter *v.tr.* **1 - apprivoiser** · domestiquer · dresser · **2 - asservir** · assujettir · dominer · maîtriser · mater · plier (à son autorité) · réduire · soumettre · subjuguer · terrasser · triompher de · vaincre · **3 - maîtriser** · contrôler · juguler · museler · surmonter

dompteur, -euse *n.* · dresseur · belluaire *(Antiquité)*

don *n.m.*

I 1 - donation · legs · **2 - cadeau** · gratification · offrande · présent · libéralité *littér.* · **3 - aumône** · bienfait · **4 - subside** · subvention

II 1 - aptitude · art · capacité · facilité · génie · habileté · qualité · talent · **2 - bienfait** · bénédiction · faveur · grâce

✦ **don de soi** dévouement · sacrifice

✦ **avoir un don pour** être doué pour · avoir la bosse de *fam.*

✦ **avoir le don pour** avoir le chic pour *fam.*

donataire *n.* · bénéficiaire

donateur, -trice *n.* · bienfaiteur

donation *n.f.* **1 - don** · **2 - fondation**

donc *conj.* · en conséquence · ainsi · d'où · par conséquent · par suite · partant

don Juan *n.m.* · séducteur · casanova · lovelace · tombeur *fam.* · coureur de jupons *fam., péj.*

donné, e *adj.* · bon marché · pas cher

donnée *n.f.* · élément · circonstance · condition · facteur · item · renseignement

donner *v.tr.*
I 1 - offrir · faire cadeau de · faire présent de · céder · laisser · présenter · remettre · faire l'aumône de *péj.* · **2 - fournir** · administrer · distribuer · octroyer · procurer · prodiguer · répartir · balancer *fam.* · coller *fam.* · filer *fam.* · fourguer *fam.* · refiler *fam.* · **3 - infliger** · assener · allonger *fam.* · ficher *fam.* · flanquer *fam.* · foutre *fam.* · **4 - accorder** · concéder · consentir · **5 - allouer** · attribuer · doter de · gratifier de · impartir · **6 - décerner à** · déférer à · **7 - consacrer** · employer · sacrifier · vouer
II dénoncer · livrer (à la police) · balancer *fam.* · balanstiquer *fam.* · cafter *fam.* · moucharder *fam.*
III [Théâtre] **jouer** · avoir à l'affiche · représenter
IV causer · apporter · provoquer · susciter
V 1 - communiquer · dire · exposer · exprimer · indiquer · informer de · livrer · porter à la connaissance · signifier · **2 - établir** · fixer · imposer · indiquer · prescrire

✦ **donner dans** **1 - aboutir dans** · déboucher dans · tomber dans · **2 - céder à** · s'engager dans · sombrer dans · tomber dans

✦ **donner sur** **1 - avoir vue sur** · ouvrir sur · **2 - aboutir à** · déboucher sur

»» **se donner** *v.pron.* **1 - s'accorder** · s'attribuer · se permettre · s'approprier *péj.* · s'arroger *péj.* · **2 - échanger** · se passer · se transmettre

✦ **se donner à** se dévouer à · se sacrifier pour · se vouer à

donner, offrir, présenter

Donner, parmi ses très nombreux sens, consiste à mettre quelque chose à la disposition ou à la portée d'une personne, et ce dans des contextes variés *(donner un siège, l'hospitalité, des cours, son bras à quelqu'un)*. **Présenter** implique une présence physique particulière *(présenter un plat à un invité)*. **Offrir** suppose toujours une intention affective, l'idée de cadeau mis à la disposition d'une personne, ce qui n'est pas le cas avec **donner** : on **donne** une information, on **offre** un livre, des fleurs pour un anniversaire.

donneur, -euse *n.* **1 - donateur** · **2 - dénonciateur** · délateur · indicateur · balance *argot* · mouchard *fam.*

don Quichotte *n.m.* · justicier · défenseur des opprimés, de la veuve et de l'orphelin · redresseur de torts

dopant *n.m.* · anabolisant · excitant · remontant · stimulant

doper *v.tr.* **1 - droguer** · **2 - stimuler** · donner un coup de fouet à · remonter · revigorer · booster *anglic.*

doré, e *adj.* **1 - brillant** · ambré · cuivré · mordoré · **2 - bronzé** · basané · bruni · hâlé · tanné

dorénavant *adv.* · à l'avenir · désormais · par la suite

dorer
▪ *v.tr.* **cuivrer** · bronzer

▪ *v.intr.* **bronzer** · griller · rôtir *fam.*

✦ **faire dorer** rissoler · faire revenir

dorloter *v.tr.* · choyer · cajoler · caresser · mitonner · bouchonner *fam.* · chouchouter *fam.* · mignoter *vieux*

dormant, e *adj.* **1 - immobile** · stagnant · **2 - endormi** · **3 -** [Techn.] **fixe**

dormir *v.intr.* **1 - reposer** · être dans les bras de Morphée · faire un somme *fam.* · faire dodo *lang. enfants* · pioncer *fam.* · ronfler *fam.* · roupiller *fam.* • [profondément] en écraser *très fam.* • [légèrement] sommeiller · somnoler · **2 - traîner** · lanterner · lambiner *fam.*

✦ **commencer à dormir** s'assoupir · s'endormir

✦ **aller dormir** aller se coucher · aller au lit

✦ **ne pas dormir** ne pas fermer l'œil · passer une nuit blanche

✦ **dormir profondément** avoir un sommeil de plomb · dormir à poings fermés · dormir comme un loir, une marmotte, une souche · dormir comme une brute, un sonneur

✦ **dormir tranquillement** dormir sur ses deux oreilles · dormir comme un bébé, un bienheureux · dormir du sommeil du juste

dormitif, -ive *adj.* · narcotique · somnifère · soporifique

dortoir *n.m.* · chambre à coucher · chambrée *surtout Mil.*

dos *n.m.* **1 - colonne (vertébrale)** · échine • [d'animal ou fam.] râble · **2 - arrière** · derrière · envers · revers · verso · **3 - dossier**

✦ **bas du dos** derrière · fesses · reins

✦ **tourner le dos à** **1 - dédaigner** · mépriser · **2 - abandonner** · délaisser

✦ **mettre sur le dos de** charger · rejeter (sur) · faire porter le chapeau (à) *fam.*

dosage *n.m.* **1 - posologie** · **2 - mesure** · proportion

dose *n.f.* **1 - quantité** · partie · portion · proportion · couche *fam.* · **2 - mesure** · part · ration

doser *v.tr.* · mesurer · proportionner · régler

[1]**dossier** *n.m.* **1 - dos** · **2 - tête de lit**

[2]**dossier** *n.m.* **1 - répertoire** · **2 - affaire** · cas · question · sujet

dotation *n.f.* **1 - attribution** · équipement · **2 - pension** · traitement

doter *v.tr.* · équiper · attribuer à · douer · gratifier · munir · nantir · octroyer à · pourvoir

douanier, -ière *n.* · gabelou *vieux ou péj.*

doublage *n.m.* · post-synchronisation

double

▪ *n.m.* **1 - copie** · duplicata · reproduction · ampliation *(Admin.)* · expédition *(Admin.)* · **2 - sosie** · alter ego · clone · jumeau · ombre · réplique

▪ *adj.* **1 - géminé** · **2 - ambigu** · amphibologique · équivoque · **3 -** [vieux] **hypocrite** · dissimulé · sournois

✦ **double sens** ambiguïté · amphibologie · équivoque

☙ **ambiguïté**

doubler *v.tr.* **1 - dépasser** · **2 - augmenter** · intensifier ·

redoubler · **3 - fourrer** · molletonner · ouater · **4 - remplacer** · se substituer à · **5 - postsynchroniser**

✦ **se doubler de** s'accompagner de

doublure *n.f.* · remplaçant · cascadeur

douceâtre *adj.* **1 - fade** · doucereux · insipide · **2 - mielleux** · doucereux · sirupeux

doucement *adv.* **1 - délicatement** · en douceur · posément · précautionneusement · doucettement *fam.* · **2 - lentement** · mollement · mollo *fam.* · mou *fam.* · piane-piane *fam.* · pianissimo *fam.* · piano *fam.* · **3 - à voix basse** · mezzo voce · **4 - faiblement** · légèrement · **5 - peu à peu** · graduellement · pas à pas · petit à petit · **6 - moyennement** · comme ci comme ça *fam.* · couci-couça *fam.* · cahin-caha *fam.* · tout doux *fam.*

doucereux, -euse *adj.* **1 - doux** · douceâtre · **2 - mielleux** · benoît · sucré · tout sucre et tout miel · melliflue *littér.* · papelard *littér.* · patelin *littér.* · paterne *vieux* · chattemite *vieux*

douceur *n.f.* **1 - onctuosité** · moelleux · suavité · velouté · **2 - délicatesse** · modération · **3 - affabilité** · amabilité · aménité · bienveillance · bonté · clémence · gentillesse · humanité · indulgence · mansuétude

✦ **douceur de vivre** bien-être · bonheur

✦ **en douceur** → **doucement**

douche *n.f.* [fam.] déception · désappointement · désillusion · claque *fam.*

doucher *v.tr.* **1 - arroser** · tremper · rincer *fam.* · saucer *fam.* · **2 -** [fam.] **refroidir** · remettre les pieds sur terre à · faire revenir sur terre *fam.*

doué, e *adj.* **capable** · brillant · fort

✦ **il est très doué en** c'est un crack en *fam.* · c'est un as en *fam.* · c'est une bête en *fam.* · [maths, etc.] il a la bosse de *fam.*

douer *v.tr.* · doter · donner en partage · gratifier · nantir · pourvoir · affliger *péj. ou plaisant*

douille *n.f.* **1 - embouchoir** · manchon · **2 - cartouche** · étui

douillet, -ette *adj.* **1 - confortable** · cosy *anglic.* · doux · ouaté · mol *vieux* · mollet *vieux* · **2 - délicat** · chatouilleux · sensible

douleur *n.f.* **1 - mal** · souffrance · [intense] supplice · torture · **2 - affliction** · chagrin · contrition · crève-cœur · déchirement · détresse · deuil · peine · tristesse

douleur, mal, souffrance

Douleur, mal, et **souffrance** font appel à la notion de sentiment ou de sensation pénible. **Douleur** est le terme le plus général avec cette valeur ; il s'emploie au physique *(cri de douleur ; supporter, calmer une violente douleur)* et au moral *(confier sa douleur à un ami).* **Mal** concerne aussi bien les malaises physiques que moraux, mais est souvent moins fort que **douleur** *(un mal de mer, des maux de dents ; le mal de vivre, le mal d'amour).* **Souffrance,** au contraire, renchérit sur **douleur** ; elle est souvent plus durable et plus intérieure *(il a poursuivi son objectif au prix d'indicibles souffrances).* « Il [Mozart] connut la douleur, sous toutes ses formes ; il connut les déchirements de la souffrance, la terreur de l'inconnu et les mornes angoisses de l'âme solitaire » (R. Rolland, *Musiciens d'autrefois*).

douloureusement *adv.* · péniblement · cruellement

douloureux, -euse *adj.* 1 - **endolori** · sensible · 2 - **pénible** · cruel · cuisant · 3 - **affligeant** · attristant · déchirant · navrant

doute *n.m.* 1 - **hésitation** · flottement · incertitude · indécision · indétermination · irrésolution · perplexité · vacillation · 2 - **scepticisme** · pyrrhonisme *(Philo.)* · 3 - **soupçon** · défiance · méfiance · suspicion

✦ **mettre en doute** contester · controverser · discuter · mettre en cause

✦ **sans doute** 1 - **sûrement** · assurément · à coup sûr · à l'évidence · à n'en pas douter · certainement · certes · fatalement · forcément · immanquablement · inévitablement · infailliblement · obligatoirement · sans faute · 2 - **oui**

❧ **suspicion**

douter *v.tr.ind.*

✦ **douter de** 1 - **désespérer de** · 2 - **se défier de** · se méfier de

✦ **douter que, si** se demander si · ne savoir si

✦ **à n'en pas douter** incontestablement · sûrement

✦ **faire douter** ébranler · troubler

⋙ **se douter de** *v.pron.* **deviner** · avoir idée de · conjecturer · flairer · imaginer · pressentir · soupçonner · subodorer

douteur, -euse *adj. et n.* · sceptique

douteux, -euse *adj.* 1 - **incertain** · aléatoire · hypothétique · improbable · problématique · 2 - **contestable** · discutable · suspect · sujet à caution · 3 - **ambigu** · amphibologique · équivoque · obscur

doux, douce *adj.*
I **sucré** · liquoreux · mielleux · sirupeux
II 1 - **lisse** · fin · satiné · soyeux · velouté · 2 - **douillet** · confortable · moelleux · mollet · mou · souple
III 1 - **faible** · modéré • [lumière] tamisé • [couleur] pâle · 2 - **tempéré** · clément · 3 - **léger** · délicat · 4 - **anodin** · bénin · inoffensif
IV 1 - **caressant** · harmonieux · mélodieux · suave · 2 - **agréable** · délicieux · exquis · 3 - **facile** · doré · douillet · facile · indolent · plaisant
V 1 - **affable** · aimable · amène · angélique · bénin · bienveillant · complaisant · conciliant · coulant · débonnaire · gentil · indulgent · souple · tolérant · 2 - **docile** · maniable · obéissant · sage · soumis · souple · 3 - **affectueux** · aimant · câlin · caressant · tendre

doyen, -enne *n.* · ancien · vétéran

draconien, -ienne *adj.* · rigoureux · drastique · inexorable · intransigeant · radical · sévère

drageon *n.m.* · rejet · rejeton · surgeon

dragon *n.m.* 1 - **chimère** · hydre · drac *région.* · drée *région.* · tarasque *région.* · guivre *vieux* · 2 - **mégère** · démon · diablesse · gendarme · virago

draguer *v.tr.* 1 - **curer** · débourber · désenvaser · désensabler · 2 - [fam.] **courtiser** · faire la cour à · racoler · brancher *lang. jeunes* · faire du gringue à *fam.* · faire du plat à *fam.* · faire du rentre-dedans à *fam.*

dragueur, -euse *n.* · coureur · séducteur · cavaleur *fam.* • [femme] allumeuse *fam.*

drain *n.m.* · canal · conduit

drainage *n.m.* · assainissement · assèchement · wateringue *Belgique*

drainer *v.tr.* **1 - assainir** · assécher · **2 - attirer** · faire affluer

dramatique *adj.* **1 - grave** · sérieux · terrible · tragique · **2 - émouvant** · passionnant · pathétique · poignant · saisissant · **3 - théâtral**

dramatiquement *adv.* · tragiquement

dramatiser *v.tr.* · exagérer · amplifier · faire une montagne de · prendre au tragique · faire tout un plat de *fam.*

drame *n.m.* **1 - catastrophe** · désastre · tragédie · **2 - théâtre**

drap *n.m.* · étoffe · tissu

drapeau *n.m.* · bannière · couleurs · fanion • [anciennt] étendard · gonfalon · oriflamme · pennon • [de bateau] cornette · pavillon

draper *v.tr.* · cacher · couvrir · envelopper

draperie *n.f.* · rideau · cantonnière · tenture

drastique *adj.* **1 - draconien** · contraignant · radical · rigoureux · sévère · strict · **2 - hydragogue** · purgatif

dressage *n.m.* **1 - domptage** · **2 - installation** · érection · montage

dresser *v.tr.*
I 1 - lever · mettre à la verticale · redresser · **2 - élever** · ériger · installer · monter · préparer · **3 - établir** · fixer
II 1 - apprivoiser · dompter · mater · **2 - éduquer** · élever · instruire · styler · **3 - exercer** · familiariser · former · habituer
III [contre qqn, qqch.] **exciter** · braquer · monter
IV équarrir · aplanir · dégauchir

››› **se dresser** *v.pron.* **1 - se hausser** · se hisser · **2 - se mettre debout** · se lever · **3 - se hérisser**

✦ **se dresser contre** combattre · se braquer contre · s'élever contre · s'insurger contre · s'opposer à · résister à · se révolter contre

dresseur, -euse *n.* · dompteur

dressoir *n.m.* · crédence · vaisselier

drille *n.m.*

✦ **joyeux drille** gai luron

drogue *n.f.* **1 - stupéfiant** · came *fam.* · camelote *fam.* · dope *fam.* · matos *fam.* · merde *très fam.* • [héroïne] blanche *fam.* · poudre *fam.* • [à fumer] fumette *fam.* · herbe *fam.* • [à priser] reniflette *fam.* · schnouf *fam., vieux* · **2 - médicament** · mixture · potion · **3 - remède de bonne femme** · décoction · onguent · orviétan *vieux*

drogué, e *adj. et n.* · toxicomane · accro *fam.* · camé *fam.* · chargé *fam.* · défoncé *fam.* · foncedé *lang. jeunes* · speed *fam.* · speedé *fam.* · shooté *fam.*

droguer (se) *v.pron.* · fumer · se piquer · se camer *fam.* · se charger *fam.* · se défoncer *fam.* · se shooter *fam.* · sniffer *fam.* · schnouffer *fam., vieux* · faire de son corps une boutique d'apothicaire *vieux*

droguiste *n.* · marchand de couleurs *vieilli*

[1]**droit, e** *adj.*
I 1 - raide · **2 - direct** · rectiligne · **3 - aligné** · d'aplomb · **4 - vertical** · debout

II 1 – honnête · équitable · intègre · juste · probe *littér.* · **2 – franc** · loyal · sincère

✦ **très droit** droit comme un i · droit, raide comme un piquet *péj.*

✦ **remettre droit** redresser

✦ **se mettre droit** se lever · se redresser

²droit *adv.* **1 – en ligne droite** · **2 – directement** · dret *régional*

³droit, e *adj.*

✦ **côté droit** dextre *vieux* · [d'un bateau] tribord

⁴droit *n.m.* **1 – autorisation** · permission · **2 – faculté** · habilité · possibilité · pouvoir · prérogative · privilège · **3 – légalité** · justice · légitimité · **4 – contribution** · imposition · impôt · redevance · taxe

✦ **donner le droit à** autoriser · permettre à

✦ **à bon droit** à juste titre · légitimement

droiture *n.f.* **1 – honnêteté** · équité · probité · **2 – franchise** · loyauté · sincérité · **3 – rectitude** · impartialité

drolatique *adj.* **1 – cocasse** · curieux · drôle · plaisant · **2 – bouffon** · burlesque

¹drôle *adj.* **1 – amusant** · cocasse · comique · désopilant · hilarant · inénarrable · ineffable · plaisant · risible · bidonnant *fam.* · gondolant *fam.* · impayable *fam.* · marrant *fam.* · poilant *fam.* · rigolo *fam.* · tordant *fam.* · à se tordre *fam.* · roulant *fam., vieux* · **2 – facétieux** · comique · humoristique · **3 – bizarre** · curieux · étonnant · étrange · singulier · surprenant · **4 – mal à l'aise** · tout chose *fam.*

✦ **histoire drôle** blague *fam.* · boutade · plaisanterie

✦ **drôle de** [+ nom] maudit · fichu *fam.* · foutu *fam.* · sale *fam.* · satané *fam.*

²drôle *n.m.* **1 –** [vieux] **coquin** · maraud *vieux* · **2 –** [vieux] **bouffon**

drôlement *adv.* **1 – bizarrement** · curieusement · étrangement · **2 – extrêmement** · diablement · joliment · bigrement *fam.* · fichtrement *fam.* · rudement *fam.* · sacrément *fam.* · vachement *fam.*

drôlerie *n.f.* · cocasserie · bouffonnerie · comique

dru, e *adj.* · épais · dense · fourni · serré · touffu

druide *n.m.* · eubage · saronide

dû *n.m.* · dette · débet

dualisme *n.m.* · dualité

duel *n.m.* **1 – affaire (d'honneur)** · rencontre · réparation (par les armes) · **2 – combat** · joute · **3 – antagonisme** · lutte · opposition · rivalité

✦ **se battre en duel** croiser le fer · bretailler · ferrailler

✦ **provoquer en duel** jeter le gant à · envoyer un cartel à · remettre sa carte à

duelliste *n.* · bretteur · bretailleur · ferrailleur

dune *n.f.* · butte · colline

duo *n.m.* · paire · couple

dupe

▪ *adj.* **crédule** · facile à tromper · naïf · jobard *vieux*

▪ *n.f.* **pigeon** *fam.* · bonne poire *fam.* · dindon de la farce *fam.* · gogo *fam.* · jobard *fam., vieilli* · pigeonneau *fam., vieilli*

duper *v.tr.* · abuser · attraper · berner · flouer · se jouer de · leurrer · mystifier · piéger · tromper · avoir *fam.* · baiser *très fam.* · couillonner *très fam.* · embobiner *fam.* · empiler *fam.* · enfoncer *fam.* · entôler *très fam.* · entuber *très fam.* · estamper *fam.* · faire *fam.* · faire tomber dans le panneau *fam.* · feinter *fam.* · foutre dedans *fam.* · mettre dedans *fam.* · gruger *fam.* · pigeonner *fam.* · posséder *fam., vieilli* · refaire *fam.* · rouler *fam.* · dindonner *fam., vieux* · enfiler *fam., vieux* · jobarder *rare* · décevoir *vieux*

↝ **tromper**

duperie *n.f.* · tromperie · imposture · leurre · supercherie · arnaque *fam.*

duplicata *n.m. invar.* · copie · double

duplicité *n.f.* · fausseté · dissimulation · double jeu · hypocrisie

dupliquer *v.tr.* · copier · reproduire

[1]**dur, e** *adj.*

I 1 – ferme · fort · résistant · rigide · robuste · solide · **2 – rêche** · rude · rugueux · **3 – coriace** · duraille *fam.* · [pain] rassis

II 1 – abrupt · raide · rude · **2 – ardu** · difficile · calé *fam.* · chiadé *fam.* · coton *fam.* · duraille *fam.* · musclé *fam.* · trapu *fam.* · vache *fam.* · **3 – rigoureux** · pénible · sévère · inclément *littér.*

III 1 – aguerri · courageux · endurant · endurci · stoïque · **2 – acharné** · âpre · farouche · féroce · implacable · sauvage

IV 1 – autoritaire · brutal · inhumain · insensible · musclé · sévère · strict · vache *fam.* · **2 – impitoyable** · implacable · inébranlable · inexorable · inflexible · intraitable · intransigeant · rigoriste · **3 – turbulent** · difficile · dissipé · indiscipliné · **4 – blessant** · acéré · cassant · choquant · cinglant · offensant · rogue · sévère · **5 – draconien** · drastique · rigoureux · strict

[2]**dur** *adv.* **1 – fort** · ferme · rudement · sec · **2 – énergiquement** · sérieusement

durabilité *n.f.* · permanence · pérennité · persistance

durable *adj.* **1 – constant** · permanent · persistant · stable · [maladie] chronique · **2 – profond** · enraciné · solide · tenace · vif · vivace · **3 – viable**

✦ **rendre durable** confirmer · consacrer · entériner · pérenniser

durable, constant, permanent

Durable s'applique à ce qui est susceptible de durer longtemps *(développement, paix durable)* et à ce qui dure longtemps : « Faire œuvre durable, c'est là mon ambition » (Gide, *Journal, 10 avril 1943*). **Constant** qualifie ce qui a un caractère de permanence à propos de sentiments, d'actions, etc. *(faire des efforts constants pour réussir)* : « Un bon maître a ce souci constant : enseigner à se passer de lui » (Gide, *Journal, 22 mars 1922*). **Permanent** insiste sur l'absence d'interruption de l'action ou de l'état *(assistance, incapacité permanente)*.

durant *prép.* · pendant · au cours de · tout au long de

↝ **pendant**

durcir

▪ *v.tr.* **1 – affermir** · endurcir · fortifier · tremper · **2 – radicaliser** · **3 –** [l'acier] **tremper** · **4 –** [une artère] **indurer**

▪ *v.intr.* **1 – rassir** · sécher · **2 – se solidifier** · prendre

›› **se durcir** *v.pron.* **se radicaliser**

durcissement *n.m.* **1 - raffermissement** · renforcement · **2 -** [Méd.] **induration** · sclérose · **3 - callosité** · corne · durillon

durée *n.f.* **1 - temps** · longueur (du temps) · **2 - moment** · instant · période · **3 - continuité** · pérennité · permanence · persistance

durement *adv.* **1 - sèchement** · brutalement · désagréablement · méchamment · vertement · **2 - rudement** · brutalement • [élever] à la dure · **3 - douloureusement** · cruellement · péniblement

durer *v.intr.* **1 - se prolonger** · se maintenir · **2 - se conserver** · demeurer · résister · rester · subsister · tenir · **3 - vivre** · se perpétuer · **4 - aller loin** · faire du profit · faire de l'usage

✦ **trop durer** s'éterniser · n'en plus finir · traîner (en longueur)

✦ **faire durer** entretenir · perpétuer · prolonger

dureté *n.f.* **1 - consistance** · fermeté · rigidité · **2 - rigueur** · rudesse · inclémence *littér.* · **3 - insensibilité** · sécheresse · **4 - brutalité** · cruauté · méchanceté · rudesse · sévérité

✦ **traiter avec dureté** malmener · maltraiter · rudoyer

durillon *n.m.* · cal · callosité • [sur le pied] cor

duvet *n.m.* **1 - édredon** · couette · **2 - sac de couchage**

duveté, e *adj.* · duveteux · velouté

dynamique *adj.* · actif · énergique · entreprenant · plein d'allant · battant *fam.* · fonceur *fam.* · pêchu *fam.*

dynamiser *v.tr.* · stimuler · activer · donner un coup de fouet à · booster *fam.*

dynamisme *n.m.* · énergie · allant · entrain · pep · punch · ressort · tonus · vitalité · vivacité · frite *fam.* · pêche *fam.*

dynamite *n.f.* · explosif · plastic

dynastie *n.f.* · famille · maison

e

eau *n.f.* **1 - flots** *littér.* · onde *littér.* · flotte *fam.* · baille *argot marine* · **2 - pluie** · flotte *fam.* · **3 - flotte** *fam.* · château-la-Pompe *fam., plaisant* · **4 -** [d'un diamant] **brillant** · pureté · transparence

✦ **sous les eaux** inondé · submergé
✦ **ville d'eaux** station thermale · bains · thermes
✦ **être en eau** être en sueur · suer · transpirer · être en nage *fam.*

eau-de-vie *n.f.* · alcool · gnôle *fam.* · goutte *fam.* · rincette *fam.* · schnaps *fam.* · tord-boyaux *fam.* · casse-pattes *fam., vieilli*

eau-forte *n.f.* · gravure

ébahi, e *adj.* · abasourdi · éberlué · époustouflé · étonné · interdit · interloqué · médusé · stupéfait · ébaubi *vieilli ou littér.* · baba *fam.* · épaté *fam.* · estomaqué *fam.* · scié *fam.* · sidéré *fam.* · soufflé *fam.*

ébahi, ébaubi, abasourdi, éberlué

Tous ces mots qualifient une personne très étonnée, l'altération des traits du visage, de l'attitude exprimant l'intensité de la surprise et la confusion d'esprit qui s'ensuit. Être **ébahi**, c'est proprement rester la bouche ouverte, bouche bée *(il tombait des nues, ébahi par la nouvelle)*. Lorsque l'étonnement frôle la stupeur admirative et que l'on peine à trouver ses mots, on est **ébaubi** *(rester ébaubi devant un monument, l'accomplissement d'un exploit)*. Mais **ébaubi** est aujourd'hui vieilli ou littéraire. **Abasourdi** insiste sur la difficulté à retrouver un comportement normal : on est étonné au point d'être à demi étourdi, proprement rendu sourd *(être complètement abasourdi)*. Quant à **éberlué**, il renvoie au sens de la vue ; le sentiment ressenti trouble comme si on avait la berlue *(il est resté éberlué par ce spectacle son et lumière)*.

ébahir *v.tr.* **abasourdir** · ahurir · éberluer · ébaubir · époustoufler · étonner · étourdir · interdire · interloquer · laisser coi · méduser · pétrifier · sidérer · stupéfier · épater *fam.* · estomaquer *fam.* · scier *fam.* · souffler *fam.*

»» **s'ébahir** *v.pron.* **s'émerveiller**

ébahissement *n.m.* · stupeur · étonnement · stupéfaction · surprise

ébats *n.m.pl* · batifolage · jeux érotiques

ébattre (s') *v.pron.* · s'amuser · batifoler · se divertir · folâtrer · gambader · jouer

ébaubi, e *adj.* · ébahi · abasourdi · éberlué · époustouflé · étonné · interdit · interloqué · médusé · stupéfait · baba *fam.* · épaté *fam.* · estomaqué *fam.* · scié *fam.* · sidéré *fam.* · soufflé *fam.*

➝ **ébahi**

ébauche *n.f.* **1 - premier jet** · croquis · esquisse · essai · **2 - canevas** · modèle · plan · projet · schéma · **3 - amorce** · commencement · début · embryon · esquisse · germe · naissance

ébaucher *v.tr.* **1 - amorcer** · commencer · engager · entamer · entreprendre · esquisser · tracer les grandes lignes de · **2 - crayonner** · croquer · dessiner · esquisser · tracer · **3 - préparer** · projeter · **4 -** [pierre] **dégrossir** · épanneler

»» **s'ébaucher** *v.pron.* **s'esquisser** · apparaître · se dessiner · naître · percer · poindre

ébénisterie *n.f.* · marqueterie · tabletterie

éberlué, e *adj.* · ébahi · époustouflé · étonné · interdit · interloqué · médusé · stupéfait · baba *fam.* · ébaubi *fam.* · épaté *fam.* · estomaqué *fam.* · scié *fam.* · sidéré *fam.* · soufflé *fam.*

➝ **ébahi**

éblouir *v.tr.* **1 - aveugler** · blesser les yeux, la vue de · **2 - émerveiller** · époustoufler · fasciner · impressionner · séduire · subjuguer · épater *fam.* · en mettre plein la vue à *fam.* · en mettre plein les mirettes à *fam.* · jeter de la poudre aux yeux à *péj.*

éblouissant, e *adj.* **1 - aveuglant** · brillant · éclatant · étincelant · **2 - beau** · brillant · enchanteur · étonnant · fabuleux · fantastique · merveilleux · somptueux · splendide · **3 - impressionnant** · brillant · époustouflant · étourdissant · bluffant *fam.*

éblouissement *n.m.* **1 - aveuglement** · **2 - vertige** · malaise · syncope · trouble · **3 - émerveillement** · enchantement · étonnement · fascination · ravissement

éboueur *n.* · boueur · boueux *fam.*

ébouillanter *v.tr.* **1 - échauder** · **2 - blanchir**

»» **s'ébouillanter** *v.pron.* **se brûler**

éboulement *n.m.* **1 - chute** · affaissement · écroulement · effondrement · glissement · dégringolade *fam.* · **2 - éboulis**

ébouler (s') *v.pron.* · s'affaisser · crouler · s'écrouler · s'effondrer · tomber · dégringoler *fam.*

éboulis *n.m.* · éboulement

ébouriffant, e *adj.* · étonnant · étrange · extraordinaire · incroyable · inimaginable · inouï · invraisemblable · renversant · stupéfiant · bluffant *fam.* · décoiffant *fam.*

ébouriffé, e *adj.* **1 - hérissé** · **2 - décoiffé** · dépeigné · échevelé · hirsute

ébouriffer *v.tr.* **1 - hérisser** · décoiffer · dépeigner · écheveler · embrouiller · **2 -** [fam.] **abasourdir** · ahurir · ébahir · étonner · surprendre · décoiffer *fam.* · souffler *fam.*

ébrancher *v.tr.* · élaguer · couper · émonder · tailler

ébranlement *n.m.* **1 - secousse** · choc · tremblement · vibration · **2 - crise** · agitation · bouleversement · choc · commotion · émoi · émotion · secousse · traumatisme · trouble

ébranler *v.tr.*
I 1 - **agiter** · faire chanceler · secouer · faire trembler · 2 - **mouvoir** · faire bouger · remuer
II 1 - **compromettre** · affaiblir · attaquer · atteindre · entamer · mettre en danger · miner · saper · 2 - **éprouver** · abattre · décourager · détruire · secouer
III 1 - **émouvoir** · agiter · atteindre · bouleverser · remuer · secouer · toucher · troubler · 2 - **faire hésiter** · troubler

»» **s'ébranler** *v.pron.* 1 - **trembler** · branler · osciller · 2 - **démarrer** · avancer · partir · se mettre en branle · se mettre en marche · se mettre en route · 3 - **s'animer**

ébrécher *v.tr.* 1 - **casser** · abîmer · écorner · endommager · entamer · 2 - **amoindrir** · dégrader · diminuer · écorner · endommager · entamer · mutiler

ébriété *n.f.* · ivresse · enivrement *vieilli*

ébrouer (s') *v.pron.* 1 - **renifler** · souffler · 2 - **s'agiter** · folâtrer · s'ébattre · se secouer

ébruiter *v.tr.* **divulguer** · colporter · crier sur les toits · dire · éventer · propager · publier · répandre

»» **s'ébruiter** *v.pron.* **se savoir** · percer · se répandre · transpirer

ébullition *n.f.* 1 - **bouillonnement** · bouillon · 2 - **agitation** · bouillonnement · effervescence · énervement · exaltation · excitation · fermentation

✦ **en ébullition** en effervescence · exalté · surexcité

ébullition, effervescence, fermentation

Les trois mots s'emploient par figure en parlant d'un état d'agitation touchant une personne ou une collectivité, dans les domaines social, intellectuel ou politique. **Ébullition** implique la spontanéité et la vivacité *(des esprits, un pays en ébullition en période électorale)*. L'**effervescence**, également vive, se caractérise par sa courte durée *(une foule en effervescence fête l'arrivée des vainqueurs)*. Lorsque l'agitation reste diffuse, latente, on parle de **fermentation** : « Cette orageuse révolution s'annonce par le murmure des passions naissantes ; une fermentation sourde avertit de l'approche du danger » (Rousseau, *Émile*, II).

écaille *n.f.* 1 - **coque** · coquille · écale · 2 - **lamelle** · croûte · 3 - **plaque** · squame

écailler *v.tr.* [des huîtres] **ouvrir**

»» **s'écailler** *v.pron.* **s'effriter** · se crevasser · se fendiller

écaler *v.tr.* · décortiquer · éplucher

écarlate *adj.* · rouge · cramoisi · empourpré · pivoine · rubicond · tomate

écart *n.m.*
I 1 - **distance** · éloignement · 2 - **écartement** · fourchette · intervalle
II 1 - **différence** · distance · marge · 2 - **variation** · décalage · différence
III **embardée** · déviation

✦ **à l'écart** 1 - **isolé** · écarté · éloigné · loin · perdu · retiré · solitaire · paumé *fam.* · 2 - **à part** · en dehors

✦ **écart de conduite** incartade · erreur · faute · faux pas · frasque · fredaine · folie · manquement · échappée *vieux* · [au plur.] errements

✦ **écart de langage** incorrection · grossièreté · impertinence · inconvenance

✦ **mettre à l'écart** 1 - **réserver** · 2 - **isoler** · mettre sur la touche *fam.*

écarté, e *adj.* · éloigné · à l'écart · isolé · perdu · retiré · solitaire · paumé *fam.*

écarteler *v.tr.* 1 - **démembrer** · 2 - **partager** · déchirer · mettre devant un dilemme · tirailler

écartement *n.m.* · éloignement · distance · écart · espace • [entre des roues] empattement

écarter *v.tr*

I 1 - **désunir** · disjoindre · diviser · partager · séparer · 2 - **espacer** · desserrer · 3 - **ouvrir** · entrouvrir

II 1 - **exclure** · faire abstraction de · laisser de côté · mettre à l'écart · négliger · passer sur · 2 - **supprimer** · éliminer · retrancher · 3 - **refuser** · décliner · rejeter · repousser

III 1 - **évincer** · mettre à l'écart · marginaliser · mettre en quarantaine · mettre au placard *fam.* · mettre sur la touche *fam.* · 2 - **exiler** · bannir · chasser · reléguer

»» **s'écarter** *v.pron.* 1 - **se disperser** · s'éloigner · 2 - **faire place** · s'effacer · s'ôter · se pousser · se ranger · 3 - **diverger** · bifurquer · 4 - **s'ouvrir** · s'entrouvrir

✦ **s'écarter de** 1 - **se détourner de** · dévier de · se dérouter de · 2 - **renoncer à** · se départir de

ecchymose *n.f.* · contusion · bleu · coup · hématome · pinçon

ecclésiastique *n.m.* · homme d'église · prêtre · religieux

écervelé, e

▪ *adj.* **étourdi** · distrait · évaporé · hurluberlu · imprudent · inattentif · inconséquent · irréfléchi · léger · foufou *fam.*

▪ *n.* **tête de linotte** · petite tête *fam.* · tête en l'air *fam.*

échafaud *n.m.* · guillotine · la veuve *vieux* · bois de justice *vieux* · butte *argot*

échafaudage *n.m.* 1 - **amoncellement** · édifice · monceau · pyramide · tas · 2 - **combinaison** · construction

échafauder *v.tr.* 1 - **amasser** · accumuler · amonceler · empiler · entasser · superposer · 2 - **bâtir** · combiner · construire · élaborer · mettre sur pied · 3 - **baser** · établir · fonder

échalas *n.m. invar.* 1 - **tuteur** · 2 - **escogriffe** · asperge *fam.* · grand cheval *fam.* · girafe *fam.* · perche *fam.*

échancré, e *adj.* · décolleté

échancrer *v.tr.* 1 - **entailler** · creuser · entamer · évider · 2 - **couper** · décolleter · découper · tailler

échancrure *n.f.* 1 - **découpure** · coupure · encoche · entaille · indentation · 2 - **décolleté** · entournure · 3 - **baie** · golfe

échange *n.m.* 1 - **remplacement** · interversion · inversion · permutation · substitution · 2 - **commerce** · transaction · 3 - **troc** · 4 - [surtout plur.] **conversation** · discussion

✦ **échange de lettres** correspondance

✦ **en échange** en compensation · en contrepartie · en dédommagement · en récompense · en remplacement · en retour

✦ **en échange de** 1 - **à la place de** · contre · en guise de · en fait de · 2 - **pour prix de** · moyennant

échanger *v.tr.* 1 - **changer** · intervertir · inverser · permuter · remplacer · 2 - **troquer** · 3 - [des devises] **changer** · 4 - [sans complément] **communiquer** · dialoguer · s'expliquer · (se) parler

⋙ **s'échanger** *v.pron.* **s'adresser** · se communiquer · s'envoyer

échantillon *n.m.* 1 - **panel** · collection · 2 - **spécimen** · exemplaire · exemple · modèle · prototype · représentant · 3 - **aperçu** · abrégé · avant-goût · idée

échappatoire *n.f.* 1 - **dérobade** · esquive · excuse · faux-fuyant · fuite · prétexte · ruse · subterfuge · 2 - **issue** · porte de sortie

échappée *n.f.* 1 - **perspective** · dégagement · ouverture · vue · 2 - **trouée** · clairière · 3 - **escapade** · fugue · fuite · promenade · sortie

échappement *n.m.* · **émanation** · dégagement · expulsion

échapper *v.intr.* [des mains] **glisser** · tomber

✦ **laisser échapper** 1 - **lâcher** · 2 - **donner libre cours à** · 3 - **manquer** · perdre · rater

✦ **échapper à** 1 - **éviter** · couper à · éluder · esquiver · passer au travers de · se dérober à · se soustraire à · 2 - **réchapper de** · guérir de · 3 - **se détacher de** · semer *fam.* · 4 - **dépasser** · sortir de · 5 - **être à l'abri de** · être exempté de · couper à *surtout au négatif* · 6 - **passer sous le nez de** *fam.*

⋙ **s'échapper** *v.pron.* 1 - **se sauver** · déguerpir · s'enfuir · fuir · se barrer *fam.* · filer *fam.* · se faire la malle *fam.* · prendre la clé des champs *fam.* · se tirer *fam.* · 2 - [prisonnier] **s'évader** · se faire la belle *fam.* · [Milit.] faire le mur · 3 - **s'éclipser** · brûler la politesse · disparaître · s'absenter · s'esquiver · 4 - **s'épandre** · couler · déborder · se répandre · suinter · transpirer

✦ **s'échapper de** sortir de · se dégager de · émaner de · provenir de · tomber de · venir de

écharde *n.f.* · épine

écharpe *n.f.* 1 - **cache-col** · cache-nez · 2 - **carré** · foulard · pointe

✦ **en écharpe** 1 - **en bandoulière** · 2 - **en travers** · par le flanc · sur le côté

écharper *v.tr.* 1 - **entailler** · balafrer · mutiler · 2 - **lyncher** · déchiqueter · écharpiller · massacrer · mettre en charpie · mettre, tailler en pièces · 3 - **vilipender** · démolir · traîner dans la boue · descendre *fam.* · éreinter *fam.* · esquinter *fam.*

⋙ **s'écharper** *v.pron.* **s'entre-tuer** · se tailler en pièces

échasse *n.f.* 1 - **fourchon** · 2 - [fam.] → **jambe**

[1]**échauder** *v.tr.* · ébouillanter · [des légumes] blanchir

[2]**échauder** *v.tr.* · chauler

échauffement *n.m.* 1 - **réchauffement** · 2 - **excitation** · animation · ardeur · effervescence · énervement · exaltation · surexcitation

échauffer *v.tr.* 1 - **chauffer** · réchauffer · 2 - **enflammer** · agiter · animer · énerver · enfiévrer · exalter · exciter · 3 - **énerver** · impatienter · chauffer les oreilles à *fam.* · filer, foutre les boules à *très fam.*

»» **s'échauffer** *v.pron.* **1 - s'animer** · s'emballer · s'envenimer · **2 - s'exalter** · bouillonner · s'enthousiasmer

échauffourée *n.f.* · accrochage · bagarre *fam.* · combat · empoignade · engagement · escarmouche · rixe

échauguette *n.f.* · guérite · bretèche · échiffe · poivrière

échéance *n.f.* **1 - expiration** · terme · **2 - date** · **3 - délai**

échéancier *n.m.* · calendrier · planning

échéant *adj. m.*

✦ **le cas échéant** éventuellement · à l'occasion · si l'occasion se présente

échec *n.m.* **1 - insuccès** · malheur · **2 - avortement** · chute · défaite · faillite · naufrage · ratage *fam.* · **3 - fiasco** · bide *fam.* · flop *fam.* · foirade *fam.* · four *fam.* · **4 - déboire** · déception · déconvenue · demi-échec · revers · veste *fam.*

✦ **mettre en échec** déjouer · contrecarrer

✦ **tenir en échec** arrêter · entraver · vaincre

✦ **essuyer, subir un échec** → échouer

échelle *n.f.* **1 - escabeau** · escalier · **2 - suite** · gamme · hiérarchie · série · succession · **3 - indexation** · barème · **4 - graduation** · degrés · **5 - niveau** · échelon

✦ **à l'échelle de** à la mesure de · à la taille de

échelon *n.m.* **1 - barreau** · degré · marche · ranche *région.* · **2 - niveau** · degré · grade · palier · position · rang · **3 - phase** · étape · palier · stade

✦ **par échelon** graduellement · par palier · progressivement

❧ **grade**

échelonner *v.tr.* **1 - répartir** · distribuer · diviser · espacer · étaler · **2 - graduer** · étager · sérier

»» **s'échelonner** *v.pron.* **1 - s'étaler** · **2 - s'étager**

écheveau *n.m.* · dédale · imbroglio · jungle · labyrinthe · embrouillamini *fam.* · méli-mélo *fam.* · micmac *fam.*

échevelé, e *adj.* **1 - ébouriffé** · hérissé · hirsute · **2 - déchaîné** · effréné · enragé · fébrile · frénétique · **3 - insensé** · désordonné

échine *n.f.* **1 - colonne vertébrale** · épine dorsale · rachis · **2 -** [Boucherie] **échinée**

échiner (s') *v.pron.* **s'épuiser** · s'éreinter · s'esquinter · s'exténuer · se fatiguer · se crever *fam.* · se tuer *fam.*

✦ **s'échiner à** s'escrimer à · s'évertuer à · se crever à *fam.* · se mettre en quatre pour *fam.* · se tuer à *fam.*

échiquier *n.m.* **1 - damier** · quadrillage · **2 - scène** · paysage · terrain

écho *n.m.* **1 - bruit** · nouvelle · on-dit · rumeur · potin *fam.* · **2 - impact** · retentissement · **3 - expression** · reflet · résonance · **4 - approbation** · réponse · résonance · sympathie

✦ **se faire l'écho de** diffuser · propager · répandre · répéter · répercuter *fam.*

échoir *v. intr.* **arriver à terme**

✦ **échoir à** appartenir à · être dévolu à · incomber à · revenir à

¹**échoppe** *n.f.* · boutique · magasin

[2]échoppe *n.f.* · burin

échouer *v. intr.* **1 - arriver** · atterrir · débarquer · **2 - perdre la partie** · essuyer, subir un échec · manquer, rater son coup *fam.* · boire un bouillon *fam.* · se casser les dents *fam.* · se casser la gueule *fam.* · se casser le nez *fam.* · faire chou blanc *fam.* · prendre, ramasser une pelle *très fam.* · prendre, ramasser une veste *fam.* · se faire étendre *fam.* · se ramasser *fam.* · **3 - mal tourner** · avorter · faire long feu · faire naufrage · manquer · rater · s'en aller en eau de boudin · capoter *fam.* · faire un bide *fam.* · foirer *fam.* · merder *très fam.* · merdoyer *très fam.* · partir en couille(s) *très fam.* · tomber à l'eau *fam.* · tomber dans le lac *fam.*

✦ **faire échouer** déjouer · faire capoter · couler *fam.* · torpiller *fam.*

✦ **échouer à** rater · être recalé à *fam.* · se faire étendre à *fam.* · se planter à *fam.* · prendre une veste à *fam.* · se ramasser à *fam.* · bloquer *Québec*

⋙ **s'échouer** *v.pron.* **toucher le fond** · s'ensabler · s'envaser · s'enfoncer · s'engraver

éclabousser *v.tr.* **1 - arroser** · asperger · mouiller · gicler *Suisse* · **2 - rejaillir sur** · compromettre · salir · souiller · tacher · ternir (la réputation de)

éclaboussure *n.f.* · salissure · souillure · tache

éclair *n.m.* **1 - éclat** · flamboiement · flamme · fulgurance · lueur · **2 - illumination** · révélation

✦ **éclair de chaleur** fulguration

✦ **comme l'éclair** (très) vite · comme une flèche · comme le vent

✦ **en un éclair** en un instant · en une minute · en une seconde

éclairage *n.m.* **1 - lumière** · clarté · **2 - angle** · aspect · côté · jour · perspective · point de vue

éclairant, e *adj.* · parlant · significatif

éclaircie *n.f.* **1 - embellie** · trouée · **2 - amélioration** · accalmie · détente · répit · **3 - clairière** · trouée

éclaircir *v.tr.* **1 - dégager** · **2 - délaver** · **3 - fluidifier** · allonger · diluer · étendre · **4 - tailler** · élaguer · **5 - expliquer** · clarifier · débrouiller · débroussailler · déchiffrer · défricher · dégrossir · démêler · développer · éclairer · élucider · expliciter · tirer au clair

⋙ **s'éclaircir** *v.pron.* **1 - se découvrir** · se dégager · **2 - se raréfier** · se dégarnir

éclaircir, expliquer, clarifier

Éclaircir, **expliquer** et **clarifier** ont pour point commun l'action de faciliter la compréhension d'un problème, d'une question. **Clarifier** consiste à rendre moins confus, moins ambigu *(clarifier un débat, sa position)*. **Éclaircir** s'emploie dans des contextes analogues, mais insiste sur l'apport d'éléments qui aident à mieux comprendre une situation, un phénomène *(éclaircir un mystère, les aspects cachés d'une affaire)*. **Expliquer** quelque chose ne suppose pas forcément que la chose soit obscure, mais implique une dimension pédagogique : on **explique** ce qui n'est pas connu ou ce qui est difficile à comprendre *(expliquer le sens d'un mot ; éclaircir un problème en l'expliquant)*.

éclaircissement *n.m.* **1 - élucidation** · explication · **2 -** [surtout plur.] **précision** · commentaire · explication · justification · renseignement

éclairé, e *adj.* 1 - **lumineux** · clair · 2 - **averti** · avisé · évolué · expérimenté · instruit · savant · 3 - **clairvoyant** · judicieux · lucide · sage · sensé

éclairer *v.tr.* 1 - **illuminer** · embraser · 2 - [sans complément] **allumer (la lumière)** · 3 - **clarifier** · éclaircir · élucider · expliquer · 4 - **renseigner** · apprendre à · donner des lumières à · édifier · guider · informer · initier · instruire · ouvrir des horizons à · 5 - **détromper** · désabuser · dessiller les yeux de · ouvrir les yeux de

»» **s'éclairer** *v.pron.* 1 - **s'allumer** · 2 - **s'illuminer** · devenir radieux · rayonner

éclat *n.m.*
I **fragment** · brisure · débris · morceau · brique *Suisse* • [de bois] écharde · éclisse • [d'os] esquille • [de pierre] recoupe
II 1 - **retentissement** · bruit · claquement · fracas · tumulte · vacarme · boucan *fam.* · 2 - **scandale** · esclandre · tapage
III 1 - **clarté** · lumière · splendeur · 2 - **brillance** · chatoiement · éclair · feu · flamboiement · lustre · miroitement · scintillation · scintillement · coruscation *littér.*
IV 1 - **beauté** · épanouissement · fraîcheur · rayonnement · 2 - **brio** · couleur · relief · 3 - **animation** · éclair · feu · flamme · pétillement · vivacité · 4 - **apparat** · brillant · faste · luxe · majesté · magnificence · pompe · richesse · somptuosité · splendeur · 5 - **prestige** · auréole · célébrité · gloire · grandeur
✦ **rire aux éclats** rire à gorge déployée · rire comme une baleine *fam., péj.*
☞ **fragment**

éclatant, e *adj.*
I **brillant** · ardent · éblouissant · étincelant · flamboyant · rutilant · vif · voyant
II **bruyant** · aigu · fracassant · perçant · retentissant · sonore · strident · tonitruant · tonnant
III **évident** · aveuglant · criant · flagrant · frappant · incontestable · indéniable · indiscutable · irrécusable · manifeste · notoire
IV 1 - **triomphal** · fracassant · retentissant · 2 - **remarquable** · brillant · éblouissant · étincelant · lumineux · supérieur · transcendant · 3 - **épanoui** · radieux · ravi · rayonnant · resplendissant · 4 - **fastueux** · luxueux · magnifique · riche

éclatement *n.m.* 1 - **rupture** • [d'un pneu] **crevaison** · 2 - **explosion** · déflagration · détonation · 3 - **dispersion** · scission

éclater *v.intr.*
I 1 - **exploser** · péter *fam.* · sauter *fam.* · 2 - **se briser** · se casser · se fendre · s'ouvrir · se rompre · crever *fam.* · péter *fam.* · 3 - **se diviser** · se scinder · voler en éclats
II **retentir** · crépiter
III **se mettre en colère** · exploser · s'emporter · fulminer
IV 1 - **commencer** · se déclarer · se déclencher · 2 - **se manifester** · se montrer · se révéler · sauter aux yeux *fam.*
✦ **éclater de rire** pouffer · s'esclaffer

éclectique *adj.* **diversifié** · divers · hétérogène · varié

éclectisme *n.m.* 1 - **diversité** · hétérogénéité · variété · 2 - [Philo.] **syncrétisme**

éclipse *n.f.* 1 - **obscuration** · 2 - **interruption** • [Pol.] traversée du désert

éclipser *v.tr.* **1 - cacher** · camoufler · dissimuler · escamoter · intercepter · masquer · obscurcir · occulter · voiler · offusquer *littér.* · **2 - dominer** · effacer · détrôner · l'emporter sur · supplanter · surclasser · surpasser · vaincre · faire de l'ombre à · faire pâlir

»» **s'éclipser** *v.pron.* **1 - s'en aller** · déguerpir · disparaître · s'esquiver · partir · se retirer · se sauver · sortir · filer *fam.* · mettre les bouts *fam.* · mettre les voiles *fam.* · se tirer *fam.* · tirer sa révérence *fam.* · **2 - disparaître** · s'évanouir

éclopé, e *adj. et n.* · boiteux · blessé · claudicant · estropié · infirme

éclore *v. intr.* **1 - s'épanouir** · fleurir · s'ouvrir · **2 - apparaître** · commencer · s'éveiller · se manifester · naître · paraître · se produire · surgir

éclosion *n.f.* **1 - épanouissement** · floraison · **2 - apparition** · avènement · commencement · début · éveil · naissance · production · surgissement

écœurant, e *adj.* **1 - dégoûtant** · fade · fétide · immonde · infâme · infect · nauséabond · nauséeux · puant · rebutant · repoussant · répugnant · **2 - révoltant** · choquant · répugnant · **3 - décourageant** · démoralisant · désespérant

écœurement *n.m.* **1 - nausée** · dégoût · haut-le-cœur · **2 - répugnance** · dégoût · indignation · mépris · répulsion · **3 - découragement** · abattement · démoralisation · lassitude · ras-le-bol *fam.*

écœurer *v.tr.* **1 - dégoûter** · faire horreur à · lever, soulever le cœur à · rebuter · répugner à · **2 - révolter** · choquer · dégoûter · indigner · scandaliser · débecqueter *fam.* · **3 - décourager** · abattre · démoraliser · lasser

école *n.f.*
I 1 - établissement (scolaire) · bahut *fam.* · boîte *fam.* · **2 - cours** · classe · leçon · **3 -** [enseignements spéciaux] **cours** · académie · conservatoire · institut
II 1 - mouvement · chapelle · coterie · groupe · tendance · **2 - doctrine** · système · tendance

écolier, -ière *n.* **1 - élève** · **2 - apprenti** · bleu · débutant · néophyte · novice

élève

écolo *n.* → **écologiste**

écologie *n.f.* · défense de l'environnement · environnementalisme

écologique *adj.* **1 - biologique** · **2 - environnemental**

écologiste *n.* **1 - écolo** *fam.* · vert · **2 - environnementaliste** · écologue

éconduire *v.tr.* **1 - repousser** · refuser · envoyer balader *fam.* · envoyer bouler *fam.* · envoyer chier *très fam.* · envoyer paître *fam.* · envoyer promener *fam.* · envoyer aux, sur les pelotes *fam.* · envoyer sur les roses *fam.* · **2 - congédier** · chasser · se débarrasser de · mettre à la porte · reconduire · renvoyer · refuser sa porte à

économe
▪ *adj.* **avare** · parcimonieux · fourmi *fam.* · regardant *fam.* · chiche *vieilli*
▪ *n.* **administrateur** · comptable · gestionnaire · intendant · régisseur

économie *n.f.* **1 - parcimonie** · **2 - gain** · **3 - administration** · gestion · ménage · **4 - agencement** · aménagement · arrangement · disposition · distribution · harmonie · ordonnance · ordre · organisation · plan · structure

››› **économies** *plur.* **épargne** · disponibilités · pécule · réserve · bas de laine *fam.* · magot *fam.* · matelas *fam.* · éconocroques *fam.* · tirelire *fam.*

économique *adj.* · avantageux · intéressant · bon marché *fam.*

économiquement *adv.* **1 - à peu de frais** · à moindres frais · à bon marché · **2 - financièrement**

économiser *v.tr.* **1 - épargner** · amasser · emmagasiner · thésauriser · mettre à gauche *fam., vieilli* · mettre de côté *fam.* · **2 -** [avec excès] **lésiner sur** · gratter sur *fam.* · mégoter sur *fam.* · rogner sur *fam.* · **3 -** [sans complément] **regarder à la dépense** · dépenser au compte-gouttes · **4 - ménager** · réserver · **5 - être avare de** · être chiche de

écoper *v.tr.* **1 -** [fam., sans complément] **être puni** · trinquer *fam.* · **2 -** [fam.] **subir** · déguster *fam.* · dérouiller *fam.*

✦ **écoper de** recevoir · se prendre *fam.* · ramasser *fam.*

écorce *n.f.* **1 - croûte** · **2 - peau** · pelure · zeste · **3 - apparence** · aspect · dehors · enveloppe · extérieur · façade · vernis

écorcher *v.tr.* **1 - dépouiller** · dépiauter · **2 - érafler** · blesser · déchirer · égratigner · excorier · griffer · labourer · **3 - racler** · râper · **4 - déformer** · altérer · estropier

écorchure *n.f.* · égratignure · déchirure · entaille · éraflure · excoriation · griffure · plaie

écorner *v.tr.* **1 - ébrécher** · casser · entamer · **2 - diminuer** · amoindrir · dissiper · entamer · faire une brèche dans · réduire

écot *n.m.* · quote-part · contribution · part

écoulement *n.m.* **1 - flux** · coulure · dégorgement · dégoulinement · déversement · égouttement · filet · flot · fuite · ruissellement · suintement · **2 -** [Méd.] **épanchement** · excrétion · sécrétion · [de pus] pyorrhée · suppuration · **3 - vente** · débit

écouler *v.tr.* **vendre** · débiter · placer

››› **s'écouler** *v.pron.* **1 - couler** · dégouliner · dégorger · dégoutter · se déverser · s'échapper · fuir · se répandre · suinter · s'épancher *vieux ou littér.* · **2 - disparaître** · s'en aller · se consumer · se dissiper · s'enfuir · s'évanouir · s'envoler · **3 - se débiter** · se placer · se vendre · s'enlever *fam.*

écourter *v.tr.* **1 - abréger** · alléger · résumer · tronquer *péj.* · **2 - couper** · diminuer · raccourcir · rapetisser · rogner

écoute *n.f.* **1 - audition** · **2 - attention** · concentration · **3 - audience** · audimat *nom déposé*

✦ **à l'écoute, aux écoutes** aux aguets · à l'affût

✦ **avoir l'écoute de** avoir l'oreille de · avoir l'appui de

écouter *v.tr.* **1 - être à l'écoute de** · prêter l'oreille à · [sans complément] dresser l'oreille · tendre l'oreille · **2 - croire** · suivre · tenir compte de · **3 - exaucer** · céder à · obéir à · satisfaire

✦ **écouter attentivement** être tout ouïe · être tout oreilles · prêter une oreille attentive • [qqn] être suspendu aux lèvres de · boire les paroles de

❧ **entendre**

écrabouiller *v.tr.* → **écraser**

écran *n.m.* 1 - **rideau** · filtre · voile · 2 - **paravent** · abri · bouclier · protection

✦ **écran de contrôle** moniteur

✦ **faire écran** cacher · dissimuler · masquer · protéger

écrasant, e *adj.* 1 - **lourd** · pesant · 2 - **accablant** · pénible · pesant · 3 - **étouffant** · lourd · oppressant · pesant · suffocant · 4 - **cuisant** · humiliant

écrasement *n.m.* 1 - **anéantissement** · destruction · élimination · 2 - **broiement** · attrition *(Chir.)*

écraser *v.tr.*

I 1 - **broyer** · briser · concasser · égruger · fouler · moudre · piler · presser · mettre, réduire en bouillie · pulvériser · écrabouiller *fam.* · 2 - **aplatir** · comprimer · tasser • [Techn.] cylindrer · laminer · écacher *vieux* · 3 - **marteler** · pilonner

II 1 - **accabler** · pressurer · surcharger · 2 - **vaincre** · anéantir · battre à plate couture · briser · détruire · tailler en pièces · défaire *littér.* · 3 - **dominer** · éclipser · humilier · surclasser · surpasser · triompher de · enfoncer *fam.* · laminer *fam.* · mettre la pâtée à *fam.*

III **rapetisser**

IV 1 - **désespérer** · abasourdir · abattre · accabler · anéantir · atterrer · briser · consterner · démolir · effondrer · terrasser · 2 - **opprimer** · étouffer · soumettre

⋙ **s'écraser** *v.pron.* 1 - **s'aplatir** · 2 - **s'entasser** · se serrer · 3 - **tomber** · s'abattre · se crasher *fam.* · 4 - → **se taire**

écrémer *v.tr.* · choisir · sélectionner · trier (sur le volet)

écrier (s') *v.pron.* · s'exclamer · clamer · crier · hurler · vociférer

écrin *n.m.* · étui · boîte · cassette · coffre · coffret

écrire *v.tr.*

I 1 - **inscrire** · noircir du papier • [avec soin] calligraphier • [mal, rapidement] barbouiller · brouillonner · crayonner · gribouiller · griffonner · gratter *fam.* · 2 - **consigner** · marquer · noter · 3 - **orthographier**

II 1 - **rédiger** · composer · coucher (par écrit) · jeter (par écrit) · libeller · produire · accoucher de *fam.* · pondre *fam., péj.* · tartiner *fam., péj.* • [commencer à] prendre la plume · 2 - **publier** · signer · 3 - [péj., sans complément] **noircir, salir du papier** · écrivailler *fam.* · écrivasser *fam.* · pisser de la copie *fam.*

⋙ **s'écrire** *v.pron.* **correspondre**

écrit *n.m.* 1 - **texte** · composition · rédaction · 2 - **œuvre** · livre · ouvrage · publication

écriteau *n.m.* **pancarte** · affiche · enseigne · étiquette · panneau · placard · poteau indicateur

écriture *n.f.* 1 - [soignée] **calligraphie** • [hâtive] gribouillage · barbouillage · gribouillis · griffonnage · patarafe *vieux* • [illisible] pattes de mouche · 2 - **style** · plume · griffe *fam.* · patte *fam.* · 3 - **graphie**

écrivain, e *n.* 1 - **auteur** · homme, femme de lettres · littérateur · plume · 2 - [mauvais] **écrivailleur** ·

cacographe · écrivaillon · écrivassier · plumitif · barbouilleur *fam.* · pisseur de copie *fam.*

écrivain, auteur

Écrivain et **auteur** s'appliquent tous deux à une personne qui écrit des livres. L'emploi de **écrivain** est cependant restreint à l'écriture des ouvrages littéraires *(Stendhal et Flaubert, deux écrivains du XIXe siècle)*. **Auteur**, plus général, inclut **écrivain** et désigne également quelqu'un qui écrit des dictionnaires, des manuels scolaires, des chansons, des scénarios de film, etc. De plus, **auteur** définit le statut juridique, donc social de la personne *(les droits d'auteur, un auteur à succès)*. Quand les deux mots sont employés ensemble, **écrivain** est mélioratif par rapport à **auteur** : « Un auteur, même du plus grand talent, connût-il le plus grand succès, n'est pas nécessairement un "écrivain". Tout l'esprit, toute la culture possible ne lui font pas un "style" » (Valéry, *Regards sur le monde actuel*).

écrou *n.m.*

✦ **levée d'écrou** élargissement · libération

écrouer *v.tr.* · incarcérer · emprisonner · coffrer *fam.* · mettre à l'ombre *fam.*

écroulement *n.m.* **1 - effondrement** · affaissement · chute · dégringolade · éboulement · **2 - anéantissement** · chute · culbute · désagrégation · destruction · disparition · dissolution · naufrage · renversement · ruine

écrouler (s') *v.pron.* **1 - s'effondrer** · s'abattre · s'affaisser · céder · craquer · crouler · s'ébouler · tomber · dégringoler *fam.* · **2 - s'anéantir** · se désagréger · disparaître · se dissoudre · sombrer · tomber · **3 - s'affaler** · s'effondrer · tomber · **4 - tomber** · perdre l'équilibre · trébucher · choir *littér.* · s'étaler *fam.* · dégringoler *fam.* · se ramasser *fam.* · se vautrer *fam.*

écru, e *adj.* · brut · cru · naturel

ectoplasme *n.m.* · fantoche · pantin · zombie

écu *n.m.* **1 - bouclier** · **2 - armoiries** · écusson · blason

écueil *n.m.* **1 - brisant** · banc de sable · chaussée · récif · rocher · **2 - danger** · chausse-trappe · obstacle · péril · piège · pierre d'achoppement

écumant, e *adj.* · écumeux · mousseux · spumescent *littér.* · spumeux *littér.*

écume *n.f.* **1 - mousse** · [sur la mer] moutons · **2 - salive** · bave · spume *(Méd.)*

écumer

▪ *v.intr.* **1 - mousser** · moutonner · **2 - enrager** · bouillir · rager

▪ *v.tr.* **piller** · razzier

écumeur, -euse *n.*

✦ **écumeur (de mers)** corsaire · flibustier · pirate

écumeux, -euse *adj.* · mousseux · écumant · spumescent *littér.* · spumeux *littér.*

écurie *n.f.* **1 - box** · stalle · **2 - équipe** · **3 -** [péj.] **porcherie** · bauge · bouge · étable · taudis

✦ **garçon d'écurie** palefrenier · lad

écusson *n.m.* **1 - écu** · **2 - blason** · emblème · **3 - enseigne** · panonceau

écuyer, -ère *n.* · cavalier · [anciennt] ordonnance · page

éden *n.m.* · paradis · eldorado · lieu de délices · pays de cocagne

édicter *v.tr.* • décréter • fixer • promulguer • publier

édifiant, e *adj.* **1 - instructif** • **2 - moralisateur** • exemplaire • modèle • moral • pieux • vertueux

édification *n.f.* **1 - construction** • érection • **2 - constitution** • création • élaboration • établissement • fondation • **3 - instruction** • éducation • information • moralisation • perfectionnement

édifice *n.m.* **1 - bâtiment** • bâtisse • construction • monument • immeuble • **2 - organisation** • architecture • arrangement • assemblage • combinaison • ensemble • **3 - entreprise** • œuvre • ouvrage

construction

édifier *v.tr.* **1 - bâtir** • construire • dresser • élever • ériger • **2 - établir** • arranger • baser • combiner • composer • constituer • créer • échafauder • élaborer • élever • fonder • organiser • **3 - instruire** • éclairer • renseigner

éditer *v.tr.* • publier • faire paraître • sortir

édition *n.f.* **1 - publication** • parution • **2 - exemplaire** • livre

éducateur, -trice

▪ *n.* **pédagogue** • guide • initiateur • instructeur • maître • mentor • précepteur

▪ *adj.* **pédagogique** • éducatif • formateur

éducatif, -ive *adj.* • didactique • formateur • pédagogique

éducation *n.f.* **1 - enseignement** • apprentissage • formation • initiation • instruction • **2 - culture** • connaissances • instruction • **3 - pédagogie** • **4 - perfectionnement** • affinement • amélioration • développement • **5 - savoir-vivre** • bienséance • distinction • (bonnes) manières • politesse

✦ **éducation physique** gymnastique • sport

éducation, enseignement, instruction

Éducation, **enseignement** et **instruction** concernent les moyens du développement intellectuel, physique et moral des individus. **Éducation** est le terme le plus large pour parler de la formation générale des personnes *(l'éducation physique, professionnelle, artistique)* ; il a recouvert des emplois anciens d'**instruction** : le *ministère de l'Instruction publique* est devenu le *ministère de l'Éducation nationale.* On parle d'**instruction** lorsqu'il s'agit de communiquer un ensemble de connaissances acquis par l'étude *(avoir de l'instruction, une personne sans instruction).* On réserve **enseignement** au fait de transmettre des connaissances de type scolaire *(assurer, recevoir un enseignement dans un lycée)*, qu'il soit considéré du point de vue du contenu *(l'enseignement de la médecine, du dessin)*, de la méthode ou des conditions de transmission *(l'enseignement audiovisuel, collectif, par correspondance).* **Enseignement** désigne par ailleurs l'organisme qui dispense les savoirs *(l'enseignement primaire, supérieur)*, contrairement à **éducation** et à **instruction**.

édulcorer *v.tr.* **1 - sucrer** • adoucir • dulcifier *littér.* • **2 - atténuer** • adoucir • affaiblir • envelopper • mitiger *vieilli*

éduquer *v.tr.* **1 - élever** • instruire • **2 - former** • cultiver • développer • entraîner • exercer • **3 - discipliner** • façonner

effacé, e *adj.* 1 - **modeste** · humble · timide · 2 - **terne** · éteint · falot · insignifiant · quelconque

effacement *n.m.* 1 - **effaçage** · biffage · gommage · 2 - **affaiblissement** · disparition · évanouissement · 3 - **discrétion** · modestie · réserve

effacer *v.tr.*
I 1 - **gratter** · barrer · biffer · gommer · raturer · rayer • [tableau] essuyer · 2 - **enlever** · caviarder · censurer · couper · oblitérer · sabrer · rayer de ses tablettes · supprimer · 3 - **estomper** · éteindre · faner · faire passer · ternir
II 1 - **abolir** · annuler · éliminer · faire table rase de · rayer de ses tablettes · supprimer · 2 - **oublier** · enterrer *fam.* · 3 - **faire oublier** · estomper · faire disparaître
III 1 - **réparer** · laver · racheter · 2 - **absoudre** · pardonner · passer l'éponge sur *fam.*

››› **s'effacer** *v.pron.* 1 - **disparaître** · s'enlever · partir · 2 - **se décolorer** · s'obscurcir · pâlir · passer · 3 - **s'estomper** · s'assoupir · s'éteindre · s'évanouir · 4 - **s'écarter** · se dérober · se retirer • [pour qqn] laisser sa place · 5 - **s'incliner**

effarant, e *adj.* 1 - **effrayant** · alarmant · affolant · inquiétant terrifiant · 2 - **stupéfiant** · consternant · incroyable · inouï · sidérant *fam.*

effaré, e *adj.* · stupéfait · ahuri · ébahi · effrayé · hagard

effarement *n.m.* · stupéfaction · ahurissement · ébahissement · effroi · saisissement · stupeur · trouble

effarer *v.tr.* 1 - **effrayer** · affoler · alarmer · angoisser · apeurer · effaroucher · épouvanter · horrifier · faire peur à · glacer d'effroi · terrifier · 2 - **stupéfier** · consterner · sidérer *fam.*

effaroucher *v.tr.* 1 - **apeurer** · affoler · alarmer · effrayer · faire peur à · inquiéter · paniquer *fam.* · 2 - **choquer** · blesser · intimider · offusquer · troubler

[1]**effectif, -ive** *adj.* · concret · positif · réel · solide · tangible · véritable

[2]**effectif** *n.m.* · personnel

effectivement *adv.* 1 - **réellement** · bien · en fait · en réalité · véritablement · vraiment · 2 - **en effet** · de fait

effectivement, en effet

Effectivement et en effet s'emploient tous deux pour confirmer ce qui est dit ou pour renforcer une affirmation *(oui, effectivement ; oui, en effet).* **En effet** a cependant des emplois plus larges qu'**effectivement** ; il peut être utilisé comme élément de liaison ou introduire un argument : « Il est indifférent de vivre ou de mourir. J'ai renoncé en effet aux choses vaines qui font communément le souci des hommes » (Anatole France, *Thaïs*).

effectuer *v.tr.* · accomplir · faire · mener · pratiquer · procéder à · réaliser

efféminé, e *adj.* 1 - **émasculé** · amolli · mou · 2 - **féminin** · délicat

efféminer *v.tr.* 1 - **féminiser** · déviriliser · émasculer · 2 - **amollir** · affaiblir · ramollir

effervescence *n.f.* 1 - **ébullition** · bouillonnement · 2 - **agitation** · bouillonnement · échauffe-

ment · embrasement · émoi · exaltation · excitation · incandescence · mouvement · trouble · tumulte
~ ébullition

effervescent, e *adj.* · agité · bouillonnant · fébrile · frénétique · embrasé · surexcité · trépidant

effet *n.m.* **1 - action** · impact · influence · portée · **2 - conséquence** · fruit · incidence · produit · résultante · résultat · suite • [fâcheux] séquelle · **3 - réaction** · choc en retour · contrecoup · répercussion · retentissement · retour · ricochet · **4 - impression** · sensation
- ✦ **effet (de commerce)** lettre de change · traite
- ✦ **sans effet** nul · inefficace · inopérant
- ✦ **rester sans effet** rester lettre morte
- ✦ **en effet** effectivement · de fait
- ✦ **à l'effet de** afin de · dans le but de · dans l'intention de · en vue de · pour · aux fins de *littér.*
- ✦ **sous l'effet de** sous l'action de · sous l'influence de · sous l'empire de · sous l'emprise de
- ✦ **faire de l'effet** **1 - agir** · opérer · porter ses fruits · **2 - faire sensation** · étonner · impressionner · décoiffer *fam.* · dégager *fam.* · en mettre plein la vue *fam.*
- ✦ **prendre effet** entrer en vigueur · entrer en application

⋙ **effets** *plur* **affaires** · habits · vêtements · fringues *fam.* · frusques *fam.* · sapes *fam.*
~ effectivement

effeuiller *v.tr.* · défeuiller · dépouiller · effaner *(Agric.)*

efficace *adj.* **1 - actif** · agissant · efficient · opérant • [très] infaillible · puissant · radical · souverain · **2 - capable** · compétent · valable *fam.*

efficacement *adv.* **activement** · diligemment · sérieusement

efficacité *n.f.* **1 - pouvoir** · action · effet · énergie · force · propriété · puissance · vertu · **2 - productivité** · efficience · rendement

effigie *n.f.* **1 - figure** · image · portrait · représentation · symbole · **2 - empreinte** · marque · sceau

effilé, e *adj.* **1 - allongé** · délié *littér.* · **2 - élancé** · fuselé · mince · svelte

effiler *v.tr.* **défiler** · détisser · éfaufiler · effilocher · effranger · érailler · parfiler

⋙ **s'effiler** *v.pron.* **s'amincir** · s'allonger · s'étirer

effilocher *v.tr.* **effiler** · défiler · détisser · éfaufiler · effranger · érailler · parfiler

⋙ **s'effilocher** *v.pron.* **s'effranger** · s'effiler

efflanqué, e *adj.* · décharné · amaigri · maigre · osseux · sec · squelettique · étique *littér.*

effleurement *n.m.* · contact · atteinte · attouchement · caresse · frôlement

effleurer *v.tr.* **1 - frôler** · friser · lécher · raser · toucher (à) · **2 - caresser** · attoucher · **3 - évoquer (rapidement)** · aborder · dire deux mots de · glisser sur · survoler

efflorescence *n.f.* **1 - épanouissement** · éclosion · floraison · luxuriance · **2 -** [Méd.] **exanthème**

effluve *n.m.* **1 - souffle** · émanation · exhalaison · vapeur · effluence *rare* · **2 - arôme** · fumet · odeur · parfum

effondré, e *adj.* · abattu · accablé · anéanti · atterré · brisé · catastrophé · consterné · découragé · miné · prostré · terrassé

effondrement *n.m.* **1 - affaissement** · chute · éboulement · écroulement · **2 - anéantissement** · débâcle · décadence · destruction · disparition · fin · ruine · **3 - abattement** · accablement · anéantissement · consternation · découragement · dépression · prostration · **4 - baisse** · chute · dégringolade · [boursier] krach

effondrer *v.tr.* **détruire** · briser · défoncer · rompre

»» **s'effondrer** *v.pron.* **1 - crouler** · s'abattre · s'abîmer · s'affaisser · se briser · céder · s'ébouler · s'écraser · tomber · **2 - s'affaler** · tomber · s'étaler *fam.* · se ramasser *fam.* · se vautrer *fam.* · **3 - s'anéantir** · agoniser · se désagréger · disparaître · sombrer · **4 - baisser** · chuter · dégringoler · s'écrouler · **5 - craquer** *fam.*

efforcer (s') *v.pron.*

✦ **s'efforcer de** s'appliquer à · s'attacher à · chercher à · se démener pour · se donner du mal pour · s'escrimer à · essayer de · s'évertuer à · faire tout (au monde) pour · s'ingénier à · lutter pour · tâcher de · tendre à · tenter de · travailler à · viser (à) · se mettre en quatre pour *fam.* · se décarcasser pour *fam.*

effort *n.m.* **1 - application** · attention · concentration · peine · tension · travail · volonté · contention *littér.* · huile de coude, de bras *fam.* · **2 -** [financier, etc.] **sacrifice** · **3 - coup de collier** *fam.* · **4 - force** · poussée · pression · travail

✦ **sans effort** facilement · sans peine

✦ **faire un gros effort** suer sang et eau · mettre le paquet *fam.* · s'arracher *fam.* · se casser *fam.* · se décarcasser *fam.* · se démancher *fam.* · se démener *fam.* · ramer *fam.* · remuer ciel et terre *fam.* · se mettre en quatre *fam.*

effrayant, e *adj.* **1 - inquiétant** · alarmant · affolant · effarant · terrifiant · terrorisant · flippant *fam.* · paniquant *fam.* · **2 - repoussant** · abominable · affreux · atroce · cauchemardesque · effroyable · épouvantable · horrible · ignoble · laid · monstrueux · sinistre · **3 -** [fam.] **excessif** · apocalyptique · dantesque · épouvantable · extraordinaire · formidable · horrible · immense · redoutable · terrible

effrayant, effroyable, épouvantable, terrifiant

Les quatre mots s'appliquent à ce qui fait naître une peur plus ou moins intense. **Effrayant** et **effroyable**, tous deux construits à partir de **effrayer**, sont perçus comme proches, mais le premier renvoie à la frayeur, peur très vive généralement passagère *(un cauchemar effrayant, une laideur effrayante)*, le second à l'effroi, grande frayeur qui saisit et glace *(le spectacle effroyable des victimes d'un attentat ; des hurlements effroyables)*. **Épouvantable** et **terrifiant** évoquent l'épouvante et la terreur, réactions plus fortes que la frayeur et qui ont des effets plus profonds ou plus durables sur la personne. Il y a quelque chose d'inquiétant et de menaçant dans **épouvantable** *(le cyclone s'est éloigné à l'issue d'une nuit épouvantable)*. **Terrifiant** contient l'idée de paralysie et d'angoisse *(un cri terrifiant, des histoires terrifiantes de monstres marins)*.

effrayé, e *adj.* · affolé · angoissé · anxieux · apeuré · craintif · effaré · épouvanté

effrayer *v.tr.* **1 - faire peur à** · alarmer · angoisser · apeurer · affoler · effarer · effaroucher · épouvanter · horrifier · terrifier · terroriser · glacer d'effroi · glacer le sang de · faire dresser les cheveux sur la tête de · faire flipper *fam.* · paniquer *fam.* · **2 - tourmenter** · inquiéter · causer du souci à

»» **s'effrayer de** *v.pron.* **avoir peur de** · craindre · redouter

effréné, e *adj.* **1 - déchaîné** · débridé · délirant · échevelé · fou · frénétique · passionné · vertigineux · **2 - excessif** · démesuré · exagéré · immodéré · insensé · outré

effritement *n.m.* **1 - déclin** · dégradation · désagrégation · épuisement · usure · **2 - baisse** · déclin · diminution · fléchissement

effriter (s') *v.pron.* **1 - se désagréger** · s'écailler · s'émietter · se pulvériser · **2 - s'amenuiser** · décroître · décliner · diminuer · fléchir · fondre

effroi *n.m.* **1 - frayeur** · alarme · affolement · effarement · épouvante · horreur · panique · peur · terreur · trouille *fam.* · **2 -** · angoisse · anxiété · crainte

effronté, e *adj.* **1 - insolent** · audacieux · hardi · impertinent · impudent · malappris · mal élevé · sans gêne · sans vergogne · outrecuidant *littér.* · culotté *fam.* · gonflé *fam.* · **2 - éhonté** · cynique

effrontément *adv.* · impudemment · insolemment · grossièrement

effronterie *n.f.* · insolence · aplomb · audace · front · hardiesse · impertinence · impudence · sans-gêne · outrecuidance *littér.* · culot *fam.* · toupet *fam.*

effroyable *adj.* **1 - angoissant** · effrayant · affolant · effarant · terrifiant · terrorisant · flippant *fam.* · paniquant *fam.* · **2 - affreux** · abominable · apocalyptique · atroce · catastrophique · épouvantable · horrible · terrible · tragique · dantesque *littér.* · **3 - laid** · monstrueux · repoussant · **4 - incroyable** · excessif · invraisemblable

~ **effrayant**

effroyablement *adv.* **1 - abominablement** · affreusement · atrocement · épouvantablement · horriblement · terriblement · **2 - incroyablement** · extrêmement · invraisemblablement

effusion *n.f.* **1 - épanchement** · flot · débordement · **2 - enthousiasme** · ferveur · élan · exaltation · transport

égailler (s') *v.pron.* · se disperser · se déployer · se disséminer · s'éparpiller

[1]**égal, e** *adj.* **1 - équivalent** · identique · même · pareil · semblable · similaire · superposable · **2 - constant** · invariable · régulier · uniforme · **3 - lisse** · plain · plan · plat · ras · uni · **4 - monotone** · monocorde · **5 - équitable** · égalitaire · impartial · neutre · **6 - détaché** · indifférent · **7 - calme** · paisible · pondéré · tranquille

✦ **sans égal** inégalable · incomparable · sans pareil · unique

✦ **à l'égal de** **1 - autant que** · comme · **2 - de même que** · au même titre que

✦ **cela m'est égal** cela m'indiffère · cela m'est indifférent · cela m'importe peu · cela n'a pas d'importance · je m'en moque · je m'en (contre) fiche *fam.* · je m'en (contre) fous *très fam.* · je m'en tape *très fam.*

[2]**égal, e** *n.* · pair

également *adv.* **1 - aussi** · de plus · de surcroît · en outre · en plus · **2 - autant** · pareillement

égaler *v.tr.* **1 - équivaloir** · faire · valoir · équipoller *vieux* · **2 - rivaliser avec** · atteindre · le disputer à · parvenir à · valoir

égaliser *v.tr.* **1 - équilibrer** · ajuster · **2 - aplanir** · araser · niveler · unir · régaler *(Techn.)*

égalitaire *adj. et n.* · égalitariste · niveleur *péj.*

égalité *n.f.* **1 - équivalence** · concordance · conformité · congruence · équipollence · identité · parité · péréquation · **2 - équilibre** · **3 - régularité** · continuité · uniformité · **4 - constance** · calme · équanimité · pondération · sérénité · tranquillité

✦ **à égalité** ex æquo

égard *n.m.* [surtout plur.] **attention** · considération · déférence · gentillesse · ménagement · politesse · prévenance · respect

✦ **eu égard à** attendu · à cause de · en considération de · en raison de · vu

✦ **à l'égard de** **1 - envers** · avec · **2 - quant à** · au regard de · en ce qui concerne · par rapport à · relativement à · vis-à-vis de

✦ **à cet égard** de ce point de vue · sous ce rapport

✦ **sans égard pour** nonobstant *soutenu*

égards, ménagements, attention

Égards, **ménagements** et **attention** concernent différents aspects d'une relation positive à autrui. Le souci de l'autre, la prévenance sont faits d'**attention** lorsque l'on est guidé par la gentillesse, une empathie spontanée *(une attention délicate ; entourer, combler quelqu'un d'attentions)*. On parlera d'**égards** dès qu'entre en jeu le respect ou l'estime, les marques d'égards pouvant être dictées par des règles morales ou sociales *(montrer beaucoup d'égards à une personne âgée ; recevoir quelqu'un avec les égards dus à ses fonctions)*. Quant aux **ménagements**, ils impliquent l'idée d'une conduite plus ou moins calculée, dictée par le souci de ne pas choquer, de plaire ou de satisfaire une attente *(on lui annonça la nouvelle avec beaucoup de ménagements, sans ménagement)*.

égaré, e *adj.* · hagard · éperdu · fou · halluciné

égarement *n.m.* **1 - folie** · aberration · absence · aliénation · aveuglement · délire · démence · dérangement · dérèglement · divagation · fourvoiement · frénésie · **2 - désarroi** · affolement · trouble · **3 - désordre** · dérèglement · écart · erreur · faute · **4 - éblouissement** · vertige

délire

égarer *v.tr.* **1 - perdre** · paumer *fam.* · écarter *Québec* · adirer *(Droit)* · **2 - désorienter** · dérouter · dévoyer · fourvoyer · perdre · **3 - abuser** · aveugler · dérouter · détourner · dévoyer · pervertir · tromper · troubler · jeter la confusion chez · tourner la tête de

»» **s'égarer** *v.pron.* **1 - se perdre** · se fourvoyer · faire fausse route · se paumer *fam.* · **2 - se disperser** · errer · se noyer · aller dans tous les sens · **3 - divaguer** · dérailler *fam.*

égayer *v.tr.* **1 - amuser** · animer · dérider · désennuyer · distraire · divertir · réjouir · **2 - orner** · agrémenter · animer · colorer · décorer · embellir · enjoliver

>>> **s'égayer** *v.pron.* **s'amuser** · se distraire · se divertir · se réjouir · rire

égérie *n.f.* · inspiratrice · conseillère · figure emblématique · muse

égide *n.f.* · appui · auspices · bouclier · bras · patronage · protection · sauvegarde · tutelle

église *n.f.* **1 - maison de Dieu** · basilique · cathédrale · chapelle · oratoire · sanctuaire · temple · **2 - religion** · confession · culte · foi · **3 - clergé**

églogue *n.f.* · pastorale · bergerie · bucolique · idylle

ego *n.m.* · personnalité · individualité · je · moi · tempérament

égocentrique *adj.* **égocentriste** · égotiste · individualiste · narcissique

✦ **être très égocentrique** se regarder le nombril · se prendre pour le nombril du monde

égocentrisme *n.m.* · égoïsme · égotisme · individualisme · narcissisme · nombrilisme

➳ **égoïsme**

égoïsme *n.m.* · égocentrisme · amour de soi · individualisme · égotisme *littér.*

➳ **égoïsme, égotisme, égocentrisme**

Les trois mots, formés sur le même élément latin (*ego*, « je », « moi »), concernent le rapport à soi. **Égoïsme** se dit de la disposition à ne se soucier que de son propre intérêt au détriment de celui d'autrui *(être enfermé dans son égoïsme ; un égoïsme brutal, odieux)*. **Égotisme**, d'emploi littéraire, n'évoque pas l'intérêt, mais l'attitude d'une personne qui fait constamment référence à elle dans le discours et s'analyse sans cesse : « Mais n'est-ce pas aussi que je la fatiguais par la monotonie de mes propos ? Mon égotisme, outre qu'il est peu séduisant, ne se renouvelle guère » (Maurice Barrès, *Un homme libre*). **Égocentrisme** désigne seulement la tendance à ne percevoir le monde extérieur et le point de vue des autres qu'à partir de soi : « Notre conception de la mort (...) est exactement adaptée à notre égocentrisme. Elle ne peut s'accorder à rien en dehors de ce que nous considérons comme notre entité imperméable » (Jean Giono, *le Poids du ciel*).

égoïste *adj.* · égocentrique · égocentriste · individualiste · personnel · plein de soi

égorger *v.tr.* **1 - saigner** · trancher la gorge de · tuer · **2 - immoler** · sacrifier · **3 -** [vieux] **exploiter** · rançonner · assassiner *fam.* · écorcher *fam.* · estamper *vieilli, fam.* · plumer *fam.* · saigner *fam.* · tondre *fam.*

égosiller (s') *v.pron.* · crier · s'époumoner · hurler · tonitruer · beugler *fam.* · brailler *fam.* · gueuler *fam.*

égotisme *n.m.* · égoïsme · égocentrisme · amour de soi · individualisme · narcissisme · nombriliste

➳ **égoïsme**

égout *n.m.* · canalisation · conduit · puisard

égoutter *v.tr.* **drainer** · faire écouler

>>> **s'égoutter** *v.pron.* **dégoutter** · goutter · suinter

égouttoir *n.m.* 1 - [à bouteilles] **hérisson** · porte-bouteilles · 2 - [pour fromages] **claie** · cagerotte · caget · caserel · clayon · clisse · couloire · éclisse · faisselle

égratigner *v.tr.* 1 - **érafler** · écorcher · déchirer · effleurer · gratter · griffer · rifler · grafigner *région.* · 2 - **critiquer** · dénigrer · médire de, sur · piquer · donner un coup de griffe à · épingler *fam.*

égratignure *n.f.* · éraflure · déchirure · écorchure · griffure · bobo *fam.*

égrener *v.tr.* · écosser · égrapper · éplucher

égrillard, e *adj.* · coquin · cru · épicé · gaillard · gaulois · grivois · hardi · leste · libertin · libre · osé · polisson · salé · vert

égruger *v.tr.* · concasser · écraser · émietter · piler · pulvériser · triturer

éhonté, e *adj.* 1 - **cynique** · effronté · impudent · sans vergogne · 2 - **scandaleux** · honteux

éjecter *v.tr.* 1 - **projeter** · 2 - [fam.] **chasser** · se débarrasser de · évincer · jeter (dehors) · renvoyer · balancer *fam.* · flanquer, ficher à la porte *fam.* · sacquer *fam.* · vider *fam.* · virer *fam.*

éjection *n.f.* 1 - **projection** · expulsion · rejet · 2 - **expulsion** · éviction

élaboration *n.f.* 1 - **conception** · composition · constitution · construction · création · élucubration · formation · genèse · gestation · mise au point · préparation · 2 - **production** · confection · fabrication · réalisation

élaborer *v.tr.* 1 - **concevoir** · composer · construire · échafauder · former · mettre au point · préparer · concocter *fam.* · 2 - **façonner** · ouvrer · transformer · travailler · 3 - **produire** · confectionner · créer · fabriquer · réaliser

élagage *n.m.* · taille · ébranchage · émondage · étêtage

élaguer *v.tr.* 1 - **tailler** · couper · ébrancher · écimer · éclaircir · égayer · émonder · étêter · 2 - **retrancher** · couper · enlever · ôter · soustraire · supprimer

élan *n.m.* 1 - **impulsion** · essor · lancée · poussée · 2 - **ardeur** · chaleur · fougue · vivacité · 3 - **accès** · effusion · emportement · envolée · mouvement · transport

élancé, e *adj.* · mince · délié · fin · fuselé · long · longiligne · svelte

élancement *n.m.* · douleur

élancer (s') *v.pron.* 1 - **prendre son élan** · 2 - **s'envoler** · 3 - **se précipiter** · bondir · courir · se jeter · se lancer · se ruer · voler · foncer *fam.* · 4 - **se dresser** · s'élever · jaillir · pointer

élargir *v.tr.* 1 - **augmenter** · accroître · agrandir · amplifier · développer · enrichir · étendre · 2 - **dilater** · évaser · 3 - **libérer** · relâcher · relaxer · faire sortir

»» **s'élargir** *v.pron.* 1 - **enfler** · forcir · s'étoffer · gonfler · 2 - **se relâcher** · s'avachir

élargissement *n.m.* 1 - **agrandissement** · dilatation · distension · évasement · extension · 2 - **augmentation** · accroissement · développement · extension · 3 - **libération** · levée d'écrou · relâchement · relaxe

élasticité *n.f.* **1 - extensibilité** · compressibilité · ductilité · **2 - souplesse** · agilité · ressort · **3 - adaptabilité** · flexibilité · souplesse

élastique

▪ *adj.* **1 - extensible** · compressible · ductile · étirable · **2 - souple** · agile · **3 - variable** · flexible · à la carte · **4 - accommodant** · complaisant · flexible · lâche · laxiste · souple · **5 - changeant** · malléable · mobile

▪ *n.m.* **caoutchouc**

élastique, extensible

Élastique s'applique à un corps susceptible de changer de forme, totalement ou en partie, quand une force agit sur lui, et de la reprendre ensuite *(un sommier, une peau élastique ; un gaz est élastique et compressible).* **Extensible** a une valeur plus restreinte ; il qualifie un corps que l'on peut seulement étirer et qui retrouve sa longueur initiale *(un tissu extensible)* ou non *(le fer est extensible).*

eldorado *n.m.* · eden · paradis · pays de cocagne · Pérou

élection *n.f.* **1 - vote** · scrutin · **2 - choix**

✦ **d'élection** de choix · d'élite

électoralisme *n.m.* · clientélisme · démagogie · démago *fam.*

électoraliste *adj.* · politicien · clientéliste · démagogique · démago *fam.*

électricité *n.f.* **1 - courant** · jus *fam.* · **2 - lumière**

électriser *v.tr.* · enthousiasmer · enflammer · entraîner · exalter · exciter · galvaniser · passionner · soulever · surexciter · survolter · transporter

électronique *adj.*

✦ **courrier électronique** e-mail · courriel *recomm. offic.*

électrophone *n.m.* · tourne-disque · platine · phono *fam., vieux* · phonographe *vieux* · pick-up *vieux*

élégamment *adv.* **1 - gracieusement** · joliment · **2 - adroitement** · délicatement · habilement · heureusement

élégance *n.f.*

I 1 - allure · chic · classe · distinction · goût · raffinement · **2 - beauté** · agrément · harmonie · **3 - délicatesse** · charme · finesse · grâce · sveltesse

II 1 - adresse · doigté · habileté · **2 - aisance** · savoir-vivre · **3 - style** · bien-dire

élégant, e *adj.* **1 - bien habillé** · bien mis · chic · pimpant · chicos *fam.* · fringué *fam.* · sapé *fam.* · tiré à quatre épingles *fam.* · sur son trente-et-un *fam.* · bichonné *fam., péj.* · coquet *péj.* · endimanché *péj.* · pomponné *fam., péj.* · **2 - habillé** · chic · seyant · chicos *fam.* · **3 - distingué** · chic · choisi · raffiné · chicos *fam.* · classieux *fam.* · sélect *fam.* · smart *fam.* · **4 - gracieux** · charmant · fin · élancé · svelte · **5 - adroit** · habile

élégiaque *adj.* · mélancolique · tendre · triste

élément *n.m.* **1 - composant** · composante · constituant · item · morceau · partie · pièce · unité · **2 - donnée** · critère · détail · facteur · paramètre · **3 - cause** · condition · principe · **4 - environnement** · biotope · cadre · milieu

»» **éléments** *plur.* **notions** · abc · bases · fondements · principes · rudiments

élémentaire *adj.* **1 - fondamental** · basique · essentiel · principal · **2 - rudimentaire** · grossier · primitif · simple · basique *péj.*

éléphantesque *adj.* · énorme · colossal · démesuré · gigantesque · immense · monstrueux

élévation *n.f.*
I 1 - montée · ascension · **2 - altitude** · hauteur · **3 - butte** · bosse · éminence · hauteur · monticule · tertre
II construction · édification · érection
III accroissement · augmentation · hausse
IV 1 - accession · ascension · avancement · nomination · promotion · **2 - noblesse** · dignité · distinction · grandeur · hauteur (de vues)
hauteur

élevé, e *adj.* **1 - haut** · grand · altier *vieux* · **2 - important** · considérable · gros · lourd · [facture] salé *fam., péj.* · sévère *fam., péj.* · **3 - supérieur** · dominant · éminent · **4 - noble** · beau · généreux · grand · sublime · supérieur · **5 - soigné** · relevé · soutenu · **6 -** [rythme] **rapide** · effréné · endiablé · soutenu
- ✦ **bien élevé** poli · affable · civil · courtois · de bonne compagnie
- ✦ **mal élevé** impoli · grossier · inconvenant · incorrect · de mauvaise compagnie

élève *n.* **1 - écolier** · collégien · lycéen · étudiant · potache *fam.* · **2 - apprenti** · **3 - aspirant** · cadet · **4 - disciple**
- ✦ **bon élève** fort en thème · bon sujet
- ✦ **mauvais élève** cancre

élève, disciple, écolier

L'élève, le **disciple** et l'**écolier** sont tous trois des personnes qui reçoivent un enseignement. **Élève** désigne couramment celui ou celle qui fréquente un établissement scolaire, quel que soit son niveau *(un élève de seconde, d'une grande école ; une élève brillante)*. **Élève** s'est substitué à **écolier** pour parler de l'école primaire et du collège *(un élève du cours moyen, de cinquième)*. **Écolier** évoque aujourd'hui une image traditionnelle, et disparue, de l'école *(un cahier d'écolier, les devoirs des écoliers)*. On réserve l'emploi de **disciple** pour une personne qui suit l'enseignement d'un maître, sans relation avec des programmes d'enseignement et sans qu'il y ait obligatoirement de lien avec une institution *(les disciples d'un peintre, d'un cinéaste)*.

élever *v.tr.*
I 1 - dresser · faire monter · hisser · lever · monter · soulever · **2 - exhausser** · hausser · rehausser · relever · surélever · surhausser
II 1 - bâtir · construire · dresser · édifier · ériger · **2 - créer** · établir · fonder
III accroître · augmenter · hausser · majorer · relever
IV 1 - grandir · anoblir · édifier · ennoblir · **2 - promouvoir**
V 1 - éduquer · cultiver · dresser · former · gouverner · instruire · **2 - entretenir** · nourrir · soigner · prendre soin de

»» **s'élever** *v.pron.* **1 - grimper** · se hisser · monter · **2 - se dresser** · être érigé · pointer · **3 - apparaître** · naître · surgir · survenir · **4 - augmenter** · s'accroître · **5 - progresser** · monter
- ✦ **s'élever à** atteindre · arriver jusqu'à · parvenir à · se chiffrer à · se monter à

✦ **s'élever dans les airs** prendre son envol · décoller

✦ **s'élever contre** **1 - protester contre** · s'inscrire en faux contre · **2 - combattre** · se dresser contre · s'insurger contre · se rebeller contre · se révolter contre

elfe *n.m.* · sylphe · génie · lutin

élimé, e *adj.* · râpé · usagé · usé (jusqu'à la corde)

élimination *n.f.* **1 - disqualification** · recalage *fam.* · **2 - suppression** · effacement · **3 - exclusion** · refus · rejet · **4 - éviction** · expulsion · **5 - liquidation** *fam.* · suppression · **6 - évacuation** · excrétion · expulsion · rejet

éliminatoires *n.f.pl* · présélection · qualification

éliminer *v.tr.* **1 - disqualifier** · recaler • [à un examen] coller *fam.* · **2 - supprimer** · balayer · chasser · détruire · dissiper · effacer · enlever · rayer · **3 - exclure** · bannir · écarter · proscrire · refuser · rejeter · **4 - évincer** · chasser · expulser · jeter dehors · renvoyer · balancer *fam.* · flanquer à la porte *fam.* · vider *fam.* · virer *fam.* · **5 - tuer** · abattre · assassiner · se débarrasser de · supprimer · descendre *fam.* · liquider *fam.* · **6 - évacuer** · excréter

éliminer, exclure, évincer

Éliminer, **exclure** et **évincer** sont liés par l'idée d'écarter une personne d'un lieu, d'un groupe ou d'une situation qu'elle occupait. **Éliminer** est le seul des trois verbes à s'employer à propos de quelqu'un qui n'est pas dans le nombre des personnes reçues à un concours ou dans une compétition *(le jury a éliminé une grande partie des candidats ; l'équipe a été éliminée en quart de finale).* On exclut quelqu'un d'un endroit ou d'un groupe où il était admis, non parce que ses compétences sont en cause mais parce que son comportement, ses idées sont jugés défavorablement *(il a été exclu de l'association, du parti).* **Évincer**, moins courant, implique qu'il y a intrigue pour déposséder une personne d'une affaire, la renvoyer d'une place *(ses ennemis l'ont évincé du poste de direction ; évincer un rival).*

élire *v.tr.* **choisir** · adopter · coopter · désigner · plébisciter

✦ **élire domicile** s'établir · se fixer · s'installer · planter ses pénates *plaisant*

choisir

élite *n.f.* **aristocratie** · (fine) fleur · crème *fam.* · dessus du panier *fam.* · gratin *fam.*

✦ **d'élite** éminent · distingué · hors du commun · supérieur

élitiste *adj.* · sélectif · mandarinal

[1]**ellipse** *n.f.* **1 - allusion** · insinuation · omission · sous-entendu · **2 -** [Rhétorique] **anacoluthe** · asyndète

[2]**ellipse** *n.f.* · ovale

elliptique *adj.* · concis · allusif · bref · laconique · lapidaire · télégraphique

élocution *n.f.* · diction · articulation · débit · prononciation

éloge *n.m.* **1 - compliment** · félicitation · louange • [au plur.] congratulation *vieux ou plaisant* · **2 - apologie** · célébration · dithyrambe · glorification · panégyrique

✦ **faire l'éloge de** louer · porter au pinacle · porter aux nues · tresser des couronnes, des lauriers à

apologie

élogieux, -ieuse *adj.* · flatteur · avantageux · dithyrambique · laudatif · louangeur

éloigné, e *adj.* **1 - distant** · lointain · séparé · **2 - écarté** · perdu · reculé · **3 - ancien** · antique · lointain · reculé · vieux · **4 - différent** · divergent

lointain

éloignement *n.m.* **1 - distance** · écart · espacement · intervalle · recul · séparation · **2 - différence** · écart · **3 - absence** · départ · disparition · fuite · retraite · **4 - bannissement** · exil

éloigner *v.tr.* **1 - emporter (loin de)** · **2 - écarter** · espacer · pousser · reculer · repousser · retirer · séparer · **3 - chasser** · bannir · congédier · se débarrasser de · éconduire · évincer · rejeter · reléguer · **4 - différer** · reculer · repousser · retarder · **5 - détourner** · dérouter · détacher · dévier · distraire

»» **s'éloigner** *v.pron.* **1 - s'en aller** · s'écarter · partir · se retirer · **2 - dévier** · déborder · s'écarter · perdre le fil · sortir · **3 - différer** · diverger · s'opposer · **4 - s'affaiblir** · s'atténuer · décroître · s'effacer · s'estomper · s'évanouir · disparaître · **5 - déserter** · tourner le dos à

élongation *n.f.* **1 - claquage** · entorse · foulure · **2 - allongement** · étirage

éloquence *n.f.* **1 - facilité (d'expression)** · faconde · loquacité · verve · volubilité · bagout *fam.* · tchatche *fam.* • [appuyée] emphase · grandiloquence · **2 - conviction** · feu · flamme · force · vigueur · passion · véhémence · **3 - rhétorique** · art oratoire

éloquent, e *adj.* **1 - disert** · bavard · loquace · **2 - convaincant** · persuasif · **3 - expressif** · parlant · probant · significatif

élu, e *n.* · délégué · représentant · député · parlementaire

élucidation *n.f.* · explication · clarification · éclaircissement

élucider *v.tr.* · clarifier · faire la lumière sur · débrouiller · démêler · dénouer · désembrouiller · éclaircir · éclairer · expliquer

élucubration *n.f.* · élaboration · construction (de l'esprit) • [péj.] divagation · extravagance

éluder *v.tr.* · éviter · se dérober à · se détourner de · escamoter · esquiver · fuir · laisser de côté · passer par-dessus, sur • [sans complément] prendre la tangente · tourner la difficulté · botter en touche *fam.*

émacié, e *adj.* · maigre · amaigri · décharné · en lame de couteau · étique · hâve · sec · squelettique

émailler *v.tr.* **1 - parsemer** · consteller · cribler · semer · truffer · **2 -** [agréablement] **agrémenter** · embellir · enjoliver · enrichir · orner · parer · diaprer *littér.*

émanation *n.f.* **1 - émission** · bouffée · dégagement · effluence · effluve · exhalaison · odeur · souffle · vapeur · vent · **2 - parfum** · fumet · **3 - relent** · miasme · **4 - expression** · manifestation · produit

émancipateur, -trice *n. et adj.* · libérateur

émancipation *n.f.* · libération · affranchissement · délivrance

émancipé, e *adj.* · libéré · affranchi · majeur et vacciné *fam.*

émanciper *v.tr.* **libérer** · affranchir · délivrer

»» **s'émanciper** *v.pron.* **se libérer** · s'affranchir · prendre sa volée · voler de ses propres ailes · couper le cordon (ombilical)

émaner *v. intr.* **1 - se dégager** · s'exhaler · monter · rayonner · sortir · sourdre · **2 - provenir** · découler · dériver · descendre · partir · procéder · sortir · tenir · venir

émarger *v.tr.* **1 - signer** · parapher · viser · **2 - massicoter** · rogner

émasculation *n.f.* · castration · stérilisation

émasculer *v.tr.* **1 - castrer** · châtrer · couper · stériliser · **2 - mutiler** · abâtardir · affaiblir · diminuer · efféminer · énerver *vieux ou littér.*

❧ **castrer**

emballage *n.m.* **1 - conditionnement** · empaquetage · packaging · **2 - boîte** · caisse · carton · étui

emballant, e *adj.* · enthousiasmant · exaltant

emballement *n.m.* · engouement · ardeur · coup de cœur · coup de foudre · enthousiasme · exaltation · passion · transport · tocade *fam.*

emballer *v.tr.* **1 - conditionner** · empaqueter · envelopper · **2 -** [fam.] **arrêter** · appréhender · interpeller · cueillir *fam.* · embarquer *fam.* · épingler *fam.* · pincer *fam.* · ramasser *fam.* · **3 - plaire à** · enchanter · enthousiasmer · exalter · griser · passionner · ravir · séduire · transporter · botter *fam.* · chanter à *fam.*

»» **s'emballer** *v.pron.* **s'enthousiasmer** · avoir un coup de cœur, de foudre · s'engouer · s'exalter · s'exciter · se passionner · prendre le mors aux dents · se toquer *fam.*

embarcadère *n.m.* · quai · débarcadère

embarcation *n.f.* · bateau · barque · canot · rafiot *fam.*

embardée *n.f.* · écart · déportement

embargo *n.m.* · blocus · boycott

embarquer *v.tr* **1 - charger** · emporter · enlever · mettre · monter · prendre · **2 -** [fam.] **arrêter** · appréhender · interpeller · cueillir *fam.* · emballer *fam.* · épingler *fam.* · pincer *fam.* · ramasser *fam.* · **3 - impliquer** · engager · entraîner · pousser · embringuer *fam.* · mouiller *fam.*

»» **s'embarquer** *v.pron.* **monter à bord** · embarquer

✦ **s'embarquer dans** se lancer dans · s'aventurer dans · s'engager dans · se jeter dans

embarras *n.m.* **1 - difficulté** · accroc · anicroche · cactus *fam.* · complication · contrainte · contrariété · embêtement · empêchement · ennui · entrave · inconvénient · obstacle · obstruction · problème · emmerde *très fam.* · emmerdement *très fam.* · **2 - charge** · dérangement · désagrément · ennui · gêne · incommodité · poids · souci · tracas · **3 - malaise** · confusion · émotion · gaucherie · gêne · honte · timidité · trouble · **4 - hésitation** · doute · incertitude · indécision · indétermination · irrésolution · perplexité · **5 - indisposition** · crise · dérangement · indigestion · **6 - embouteillage** · encombrement · engorgement · bouchon *fam.* · 7 - [plur.] **façons** · histoires · manières · simagrées · chichis *fam.*

+ **être dans l'embarras** 1 - **être dans le besoin** · être aux abois · être dans la dèche *fam.* · être dans la mouise *fam.* · être dans la panade *fam.* · 2 - **être dans de beaux draps** *iron.* · être dans de sales draps *fam.* · être dans le caca, la merde *fam.* · être dans le pétrin *fam.* · tenir le loup par les oreilles *vieux*

embarrassant, e *adj.* 1 - **volumineux** · encombrant · 2 - **délicat** · compromettant · difficile · épineux · ennuyeux · gênant · scabreux

embarrassé, e *adj.* 1 - **confus** · contrit · déconfit · gêné · honteux · humble · l'oreille basse · penaud · la tête basse · 2 - **emprunté** · constipé · contraint · empoté · gauche · timide · 3 - **indécis** · hésitant · incertain · irrésolu · perplexe · troublé · 4 - **compliqué** · complexe · confus · embrouillé · obscur · emberlificoté *fam.* · entortillé *fam.* · 5 - **lourd** · gauche · laborieux · maladroit · pénible · pesant · 6 - **inquiet** · ennuyé · préoccupé · soucieux

+ **être très embarrassé** 1 - **ne pas savoir sur quel pied danser** · ne pas savoir à quel saint se vouer · 2 - **être dans ses petits souliers**

embarrasser *v.tr.* 1 - **encombrer** · congestionner · embouteiller · gêner · obstruer · 2 - **ennuyer** · gêner · incommoder · importuner · embêter *fam.* · emmerder *très fam.* · 3 - **déconcerter** · décontenancer · dérouter · désorienter · interdire · interloquer · réduire à quia · troubler · 4 - **alourdir** · entraver · ralentir

»» **s'embarrasser** *v.pron.* 1 - **s'empêtrer** · s'embourber · s'embrouiller · s'enferrer · s'enliser · s'entortiller · patauger · se perdre · cafouiller *fam.* · s'embarbouiller *fam.* · s'emberlificoter *fam.* • [sans complément] s'emmêler les pinceaux *fam.* · 2 - **bafouiller** · balbutier

+ **s'embarrasser de** s'inquiéter de · s'émouvoir de · s'ennuyer de · se préoccuper de · se soucier de · se prendre la tête avec *fam.*

embauche *n.f.* · recrutement · engagement · enrôlement

embaucher *v.tr.* · engager · recruter · enrôler

embaumer *v.tr.* 1 - **sentir bon** · fleurer (bon) · 2 - **parfumer**

embellie *n.f.* 1 - **accalmie** · éclaircie · 2 - **amélioration** · apaisement · détente · mieux

embellir *v.tr* 1 - **décorer** · égayer · enjoliver · ornementer · orner · parer · 2 - **avantager** · améliorer · arranger · flatter · 3 - **enrichir** · agrémenter · émailler · enjoliver · fleurir · rehausser · 4 - **idéaliser** · magnifier · poétiser

embellissement *n.m.* 1 - **décoration** · ornementation · fioriture *péj.* · 2 - **amélioration** · arrangement · enjolivement · enrichissement · 3 - **idéalisation**

emberlificoter *v.tr.* → **embrouiller**

embêtant, e *adj.* 1 - **contrariant** · empoisonnant · ennuyeux · fâcheux · importun · casse-pieds *fam.* · emmerdant *très fam.* · enquiquinant *fam.* · 2 - **ennuyeux** · assommant *fam.* · barbant *fam.* · casse-pieds *fam.* · chiant *très fam.* · rasoir *fam.* · tannant *fam.*

embêtement *n.m.* · contrariété · désagrément · ennui · souci · tracas · tourment *littér.* · emmerde *fam.* · emmerdement *fam.* · prise de tête *fam.*

embêter *v.tr.* **1 - contrarier** · agacer · déranger · empoisonner · importuner · chiffonner *fam.* · emmouscailler *fam.* · enquiquiner *fam.* · **2 - ennuyer** · assommer *fam.* · barber *fam.* · bassiner *fam.* · casser les pieds à *fam.* · emmerder *fam.* · faire suer *fam.* · les briser menu à *très fam.* · raser *fam.* · tanner *fam.* · tarabuster *fam.*

⋙ **s'embêter** *v.pron.* **s'ennuyer** · se morfondre · se barber *fam.* · s'emmerder *très fam.* · se faire chier *très fam.* · se faire suer *fam.*

✦ **s'embêter à** se prendre la tête pour *fam.* · se faire chier à *très fam.*

✦ **s'embêter beaucoup** s'embêter à cent sous de l'heure *fam.* · s'ennuyer comme un rat mort *fam.*

emblée (d') *loc. adv.* · d'abord · aussitôt · du premier coup · d'entrée de jeu · immédiatement · incontinent *littér.* · sur-le-champ · illico *fam.* · bille en tête *fam.*

emblématique *adj.* **1 - symbolique** · allégorique · **2 - typique** · caractéristique · représentatif · révélateur · symptomatique

emblème *n.m.* **1 - attribut** · image · insigne · signe · symbole · **2 - blason** · cocarde · drapeau · écusson · insigne

❧ **symbole**

embobiner *v.tr.* **1 - enrouler** · bobiner · **2 -** [fam.] **endoctriner** · **3 -** [fam.] **tromper** · circonvenir · enjôler · baratiner *fam.* · emberlificoter *fam.* · entortiller *fam.*

emboîtement *n.m.* **1 - assemblage** · encastrement · enchâssement · imbrication · **2 - articulation** · jointure

emboîter *v.tr.* **assembler** · encastrer · enchâsser · emmancher · imbriquer

⋙ **s'emboîter** *v.pron.* **s'encastrer**

embonpoint *n.m.* **grosseur** · adiposité · corpulence · rondeur · surcharge pondérale · rotondité *fam., plaisant*

✦ **avoir, prendre de l'embonpoint** grossir · s'arrondir · engraisser · se remplumer *fam.*

embouché, e *adj.*

✦ **mal embouché** mal élevé · grossier

embouchure *n.f.* **1 - estuaire** · bouche · grau · **2 -** [d'instrument] **bec**

❧ **estuaire**

embourber *v.tr.* **enliser** · envaser

⋙ **s'embourber** *v.pron.* **1 - s'enliser** · s'envaser · **2 - s'empêtrer** · s'emmêler · s'enferrer · s'enfoncer · s'enliser · patauger · se perdre · s'emberlificoter *fam.*

embouteillage *n.m.* · encombrement · bouchon *fam.* · embarras de circulation · ralentissement · retenue

embouteillé, e *adj.* · encombré · bloqué

emboutir *v.tr.* · percuter · défoncer · enfoncer · heurter · télescoper · emplafonner *fam.* · tamponner *fam.*

embranchement *n.m.* **1 - bifurcation** · carrefour · croisement · fourche · intersection · patte d'oie · [d'autoroute] bretelle (de raccordement) · **2 - division** · branche · classification · ramification · subdivision

embrancher *v.tr.* · brancher · raccorder

embrasement *n.m.* 1 - **incendie** · feu · 2 - **illumination** · clarté · lumière · 3 - **trouble** · agitation · conflagration · conflit · désordre · guerre · 4 - **exaltation** · effervescence · excitation · passion

embraser *v.tr.* 1 - **allumer** · enflammer · incendier · 2 - **brûler** · chauffer · 3 - **éclairer** · illuminer · 4 - **exalter** · agiter · allumer · attiser · échauffer · électriser · enfiévrer · enflammer · exciter · passionner

»» **s'embraser** *v.pron.* **s'enflammer** · prendre feu · devenir la proie des flammes

embrassade *n.f.* · accolade · enlacement · étreinte

embrasser *v.tr.*
I 1 - **baiser** · faire la bise à *fam.* · biser *fam.* · sauter au cou de *fam.* · [amoureusement] bécoter *fam.* · rouler une pelle à *très fam.* · rouler un patin à *très fam.* · 2 - **prendre dans ses bras** · donner l'accolade à · enlacer · étreindre · serrer dans ses bras
II 1 - **choisir** · adopter · épouser · prendre · suivre · 2 - **accepter** · adopter · partager · prendre · suivre · faire sien
III **contenir** · comprendre · couvrir · englober · recouvrir · renfermer · toucher (à)

»» **s'embrasser** *v.pron.* · se bécoter *fam.* · se sucer la pomme *fam.*

embrasure *n.f.* 1 - **ouverture** · 2 - [de fortifications] **créneau** · meurtrière

embrayer *v.tr.* 1 - **enclencher** · amorcer · commencer · s'engager dans · entamer · entreprendre · 2 - **engrener**

embrigadement *n.m.* · recrutement · enrégimentement · enrôlement · incorporation · mobilisation

embrigader *v.tr.* · recruter · enrégimenter · enrôler · incorporer · mobiliser

embringuer *v.tr.* → **embarquer**

embrocation *n.f.* · pommade · onguent · liniment *littér.*

embrocher *v.tr.* 1 - **percer** · enfiler · transpercer · 2 - **brocheter**

embrouillamini *n.m.* · confusion · embrouillage · embrouillement · emmêlement · enchevêtrement · fouillis · imbroglio · mélange · maquis *littér.* · brouillamini *fam.* · cafouillis *fam.* · micmac *fam.* · sac de nœuds *fam.*

embrouillé, e *adj.* · obscur · brouillon · compliqué · confus · emmêlé · entortillé · fumeux · trouble · emberlificoté *fam.*

embrouillement *n.m.* → **embrouillamini**

embrouiller *v.tr.* 1 - **emmêler** · brouiller · confondre · enchevêtrer · entortiller · mélanger · mêler · emberlificoter *fam.* · [sans complément] noyer le poisson *fam.* · 2 - **obscurcir** · brouiller · compliquer · embrumer · troubler · 3 - **désorienter** · circonvenir · emberlificoter *fam.* · embobiner *fam.*

»» **s'embrouiller** *v.pron.* 1 - **s'empêtrer** · s'embourber · s'emmêler · s'enferrer · s'enliser · patauger · se perdre · perdre le fil · cafouiller *fam.* · s'emberlificoter *fam.* · se mélanger les pinceaux, les crayons, les pédales *fam.* · se prendre les pieds dans le tapis *fam.* · vasouiller *fam.* · 2 - **bafouiller** · bredouiller

embrumé, e *adj.* 1 - **brumeux** · couvert · ennuagé · nébuleux · nuageux · voilé · 2 - **embué** · humide · 3 - **confus** · nébuleux

embrumer *v.tr.* **1 - embuer** · **2 - troubler** · **3 - assombrir** · attrister · obscurcir

embryon *n.m.* **1 - œuf** · fœtus · **2 - amorce** · commencement · début · ébauche · germe · prémices

embryon, fœtus

Embryon et **fœtus** concernent des étapes différentes de l'œuf des animaux vivipares, donc des mammifères comme les humains. **Embryon** désigne cet œuf à partir du moment où il est conçu dans l'organisme maternel *(embryon humain, embryon de poulet)*. Parvenu à un certain stade, quand il commence à avoir les caractères distinctifs de son espèce, l'**embryon** prend le nom de **fœtus** *(examen du fœtus grâce à l'échographie)*. Le sens propre d'**embryon** explique ses emplois figurés courants pour parler d'une origine, d'un point de départ *(un embryon de projet, de réponse, de pouvoir)*.

embryonnaire *adj.* · larvaire · en germe · en gestation

embûche *n.f.* · piège · difficulté · écueil · obstacle · problème · traquenard · cactus *fam.* · hic *fam.* · os *fam.*

embuer *v.tr.* · mouiller · humecter

embuscade *n.f.* · guet-apens · piège · traquenard · embûche *vieux*

embusquer *v.tr.* **cacher** · camoufler · dissimuler · planquer *fam.*

»» **s'embusquer** *v.pron.* **se cacher** · se dissimuler · se tapir · se planquer *fam.*

éméché, e *adj.* · ivre · gai · gris *fam.* · parti *fam.* · pompette *fam.*

émergence *n.f.* · apparition · arrivée · irruption · naissance · survenue

émerger *v. intr.* **1 - sortir** · **2 - affleurer** · apparaître · poindre · **3 - se dégager** · se faire jour · se montrer · naître · paraître · poindre · **4 - s'imposer** · percer

émérite *adj.* · distingué · accompli · brillant · chevronné · éminent · éprouvé · exceptionnel · expérimenté · habile · insigne · remarquable · supérieur

émerveillement *n.m.* **1 - éblouissement** · enchantement · plaisir · ravissement · **2 - admiration** · engouement · enthousiasme · emballement *fam.*

émerveiller *v.tr.* **éblouir** · charmer · enchanter · enthousiasmer · fasciner · ravir · subjuguer · transporter · laisser pantois · emballer *fam.*

»» **s'émerveiller** *v.pron.* **admirer** · s'extasier · se pâmer

émétique *adj. et n.m.* · vomitif

émetteur, -trice *n. et adj.* **1 - signataire** · [d'un chèque] tireur · **2 -** [Ling.] **énonciateur** · destinateur · locuteur · sujet parlant

émettre *v.tr.* **1 - répandre** · propager · **2 - transmettre** · diffuser · porter sur les ondes · **3 - formuler** · articuler · avancer · dire · élever · énoncer · exprimer · former · hasarder · lâcher · manifester · pousser · proférer · prononcer · **4 - lancer** · darder · jeter · **5 - dégager** · exhaler · répandre

émeute *n.f.* · insurrection · agitation · désordre · rébellion · révolte · sédition · soulèvement · trouble

émeute, révolte

Émeute et **révolte** s'emploient tous deux pour un soulèvement contre une autorité politique. L'**émeute** se caractérise par sa spontanéité, son absence d'organisation ; provoquée par des circonstances exceptionnelles, elle se limite parfois à des rassemblements tumultueux *(les émeutes de la faim, les émeutes de 1848, réprimer une émeute)* : « L'émeute était à un bout, la troupe au bout opposé. On se fusillait d'une grille à l'autre » (Hugo, *les Misérables*, IV, x, 4). La **révolte** suppose qu'un groupe, qui refuse l'autorité politique ou une règle sociale, tente de les détruire par une action collective, généralement violente *(une révolte spontanée, organisée ; entrer en révolte)* : « En société, l'esprit de révolte n'est possible que dans les groupes où une égalité théorique recouvre de grandes inégalités de fait » (Camus, *l'Homme révolté*).

émeutier, -ière *n.* · agitateur · factieux · insurgé · rebelle · révolté

émiettement *n.m.* · morcellement · atomisation · désagrégation · dispersion · effritement · éparpillement · fractionnement · fragmentation · parcellisation • [Pol.] balkanisation

émietter *v.tr.* · morceler · atomiser · désagréger · disperser · disséminer · effriter · éparpiller · fractionner · fragmenter · parcelliser • [Pol.] balkaniser

émigrant, e *n.* · migrant

émigration *n.f.* · expatriation · migration · exode · fuite · transplantation

émigré, e *n. et adj.* · migrant · exilé · expatrié · réfugié (politique)

émigrer *v. intr.* · s'expatrier · s'exiler · se réfugier

éminemment *adv.* · supérieurement · particulièrement · suprêmement

éminence *n.f.* **1 - hauteur** · bosse · butte · colline · élévation · mamelon · montagne · mont · monticule · motte · pic · piton · pli de terrain · sommet · tertre · **2 - protubérance** · apophyse · excroissance · proéminence · saillie · tubercule · tubérosité · **3 -** [vieux] **excellence** · élévation · supériorité

éminent, e *adj.* **1 - distingué** · brillant · émérite · insigne · remarquable · supérieur · **2 - renommé** · célèbre · fameux · grand · réputé · **3 - important** · considérable · élevé · haut

émissaire *n.* · envoyé · agent · délégué · représentant

émission *n.f.* **1 - diffusion** · transmission · **2 - programme** · **3 - lancement** · mise en circulation · **4 - émanation** · production

emmagasiner *v.tr.* **1 - entreposer** · stocker · **2 - accumuler** · amasser · engranger · entasser

emmailloter *v.tr.* **1 - langer** · **2 - envelopper**

emmancher *v.tr.* **emboîter** · encastrer

⋙ **s'emmancher** *v.pron.* **1 - s'emboîter** · **2 -** [fam.] **débuter** · s'amorcer · commencer · démarrer · s'ébaucher · s'engager · se présenter · se goupiller *fam.*

emmanchure *n.f.* · entournure

emmêlement *n.m.* · confusion · embrouillamini · enchevêtrement · fouillis

emmêler *v.tr.* **1 - embrouiller** · enchevêtrer · entrelacer · entremêler · mêler · **2 - brouiller** · compliquer · embrouiller · obscurcir

»» **s'emmêler** *v.pron.* **s'embrouiller** · s'empêtrer · s'enferrer · s'enliser · patauger · se perdre · cafouiller *fam.* · s'emberlificoter *fam.*

emménagement *n.m.* · installation

emmener *v.tr.* · conduire · accompagner · escorter · mener

emmerdant, e *adj.* → **embêtant**

emmerdement *n.m.* → **embêtement**

emmerder *v.tr.* → **embêter**

emmerdeur, -euse *n.* · gêneur · empoisonneur · fâcheux · importun · casse-couilles *très fam.* · casse-pieds *fam.* · raseur *fam.*

emmieller *v.tr.* · édulcorer

emmitoufler *v.tr.* · envelopper · couvrir

emmurer *v.tr.* · enfermer · cloîtrer · murer

émoi *n.m.* **1 - émotion** · trouble · **2 - agitation** · effervescence · excitation

émollient, e *adj.* · apaisant · calmant

émoluments *n.m.pl* · rétribution · rémunération · appointements · cachet · gains · honoraires · indemnité · paie · salaire · traitement · vacations
↝ **appointements**

émonder *v.tr.* **1 - tailler** · couper · ébrancher · élaguer · raccourcir · **2 - décortiquer** · monder

émotif, -ive *adj.* **1 - émotionnel** · affectif · **2 - impressionnable** · émotionnable *rare* · nerveux · sensible

émotion *n.f.* **1 - trouble** · agitation · bouleversement · choc · commotion · désarroi · ébranlement · émoi · saisissement · secousse · **2 - sensibilité** · sentiment

émotionnel, -elle *adj.* · affectif

émotivité *n.f.* · impressionnabilité · sensibilité

émousser *v.tr.* **1 - épointer** · casser · user · **2 - atténuer** · affaiblir · amortir · endormir · éteindre

»» **s'émousser** *v.pron.* **s'affaiblir** · s'atténuer · perdre de sa force · perdre de sa vigueur

émoustillant, e *adj.* · excitant · affriolant · aguichant · bandant *très fam.* · sexy *fam.*

émoustiller *v.tr.* **1 - griser** · étourdir · (faire) tourner la tête à · **2 - aguicher** · affrioler · exciter · provoquer

émouvant, e *adj.* **1 - touchant** · attendrissant · **2 - bouleversant** · déchirant · pathétique · poignant · saisissant

émouvoir *v.tr.* **1 - affecter** · aller (droit) au cœur de · atteindre · attendrir · parler au cœur de · trouver le chemin du cœur de · impressionner · toucher · troubler · faire vibrer · émotionner *rare* · **2 - ébranler** · bouleverser · frapper · remuer · saisir · secouer · retourner *fam.* · prendre aux entrailles, aux tripes *fam.* · remuer les tripes de *fam.* · tirer des larmes à *fam.*

»» **s'émouvoir** *v.pron.* **1 - se troubler** · **2 - s'alarmer** · s'inquiéter · se préoccuper · se soucier · [sans complément] se frapper *fam.*

empaillage *n.f.* **1 - naturalisation** · taxidermie · **2 - cannage** · rempaillage

empailler *v.tr.* **1 - naturaliser** · **2 - canner** · rempailler

empailleur *n.* **1 - canneur** · rempailleur · **2 - naturaliste** · taxidermiste

empaler *v.tr.* · embrocher · piquer · transpercer

empaquetage *n.m.* · conditionnement · emballage

empaqueter *v.tr.* · conditionner · emballer · envelopper

emparer de (s') *v.pron.* **1 - prendre** · agripper · saisir · **2 - accaparer** · s'approprier · mettre la main sur · faire main basse sur · mettre le grappin sur *fam.* · rafler *fam.* · usurper *péj.* · **3 - envahir** · gagner · saisir · submerger · **4 - subjuguer** · conquérir · fasciner

empâté, e *adj.* · bouffi · épais

empâtement *n.m.* · embonpoint · bouffissure

empêchement *n.m.* **1 - obstacle** · barrière · entrave · frein · opposition · **2 - complication** · accroc · contrariété · contretemps · difficulté · embarras · gêne · traverse *littér.*

obstacle

empêcher *v.tr.* **1 - faire obstacle à** · arrêter · barrer (la route à) · bloquer · comprimer · conjurer · contenir · déjouer · écarter · endiguer · enrayer · entraver · étouffer · éviter · faire barrage à · juguler · s'opposer à · prévenir · stopper · **2 - interdire** · défendre · prohiber · s'opposer à

»» **s'empêcher de** *v.pron.* **se retenir de** · se défendre de · se priver de

empereur *n.m.* [en Allemagne] kaiser • [au Japon] mikado • [en Russie] tsar

empesé, e *adj.* **1 - amidonné** · dur · **2 - apprêté** · compassé · guindé · pincé · raide · gourmé *littér.* · coincé *fam.* · constipé *fam.*

empester *v.tr.* **1 - empuantir** · empoisonner · vicier · **2 -** [sans complément] **puer** · chlinguer *fam.* · cocoter *fam.* · fouetter *fam.*

empêtrer *v.tr.* **embarrasser** · encombrer · entraver · gêner

»» **s'empêtrer** *v.pron.* **s'embarrasser** · s'embourber · s'embrouiller · s'enferrer · s'enfoncer · s'enliser · patauger · se perdre · barboter *fam.* · cafouiller *fam.* · s'emberlificoter *fam.* · se mélanger les crayons, les pédales, les pinceaux *fam* · se prendre les pieds dans le tapis *fam.*

emphase *n.f.* **1 - grandiloquence** · boursouflure · enflure · exagération · outrance · pathos · pédantisme · prétention · **2 - solennité** · affectation · cérémonie · pompe

✦ **parler avec emphase** pontifier · pérorer

emphatique *adj.* **ampoulé** · académique · affecté · apprêté · boursouflé · déclamatoire · guindé · pédantesque · pompeux · prétentieux · ronflant · sentencieux · solennel · sonore · théâtral

✦ **être très emphatique** employer les grands mots · employer des mots ronflants · faire des phrases · emboucher, entonner la trompette *vieux*

emphatique, ampoulé, boursouflé

Les trois mots s'appliquent à l'expression exagérée de sentiments. **Emphatique** concerne les gestes, le discours, le style, la voix, etc. *(un avocat au verbe emphatique ; il accompagnait son récit de gestes emphatiques).* **Ampoulé** ajoute l'idée d'enflure, de pompe, mais vaut seulement pour l'expression écrite et orale : « [des] pensées communes rendues en termes ampoulés » (Rousseau, *la Nouvelle Héloïse*, Préface). **Boursouflé**, en plus de l'idée de gonflement, introduit celle de vide *(une mise en scène boursouflée, un style boursouflé)*.

empierrer *v.tr.* · caillouter · macadamiser

empiètement *n.m.* · abus · excès (de pouvoir) · usurpation

empiéter sur *v. intr.* **1 - chevaucher** · déborder sur · envahir · gagner · grignoter · mordre sur · recouvrir · **2 - usurper** · dépasser · outrepasser · marcher sur les plates-bandes de

empiffrer (s') *v. pr.* → **manger**

empilement *n.m.* · superposition · amas · amoncellement · entassement · pile · tas

empiler *v.tr.* **1 - superposer** · accumuler · amasser · entasser · **2 - presser** · compresser · serrer

empire *n.m.* **1 - contrôle** · commandement · gouvernement · souveraineté · **2 - ascendant** · autorité · emprise · influence · pouvoir · mainmise · puissance · **3 - crédit** · autorité · prestige · **4 - maîtrise** · sang-froid · **5 - colonies**

✦ **sous l'empire de** sous l'effet de · sous l'impulsion de · sous l'influence de · sous la pression de

empirer *v.intr.* · s'aggraver · aller de mal en pis · dégénérer · se dégrader · se détériorer · s'envenimer · se gâter · se corser *fam.* · tourner au vinaigre *fam.*

empirique *adj.* **1 - expérimental** · **2 - pragmatique** · concret

empirisme *n.m.* · pragmatisme · réalisme

emplacement *n.m.* · lieu · aire · coin · endroit · espace · place · position · secteur · site · situation · terrain · zone

emplâtre *n.m.* **1 - cataplasme** · compresse · diachylon · sparadrap · magdaléon *vieux* · **2 - colle** · **3 -** [vieilli] **maladroit** · empoté *fam.* · mollasson *fam.*

emplette *n.f.* · achat · acquisition · commission · course

↝ **achat**

emplir *v.tr.* **1 - remplir** · bonder · bourrer · charger · combler · farcir · saturer · truffer · **2 - encombrer** · occuper · **3 - envahir** · se répandre dans · **4 - combler** · gonfler

emploi *n.m.* **1 - travail** · activité · métier · place · position · poste · profession · service · situation · boulot *fam.* · gagne-pain *fam.* · job *fam.* · **2 - usage** · utilisation · maniement · mise en jeu · mise en œuvre · **3 - application** · **4 - destination** · fonction · rôle

✦ **emploi du temps** horaire · calendrier · planning · programme

✦ **mode d'emploi** notice (explicative) · [de jeu] règles

✦ **sans emploi** en chômage · chômeur · sans activité

↝ **emploi, usage**

Emploi et **usage** désignent tous deux le fait de se servir de quelque chose pour obtenir un effet et satisfaire un besoin *(faire le meilleur emploi/usage de quelque chose ; l'emploi/l'usage des fourchettes, d'un mot)*. **Emploi** fait cependant ressortir l'idée de destination, d'application *(j'ai acheté trop de peinture, elle risque de rester sans emploi)*, **usage** mettant l'accent sur la fonction *(ces instruments ont un usage* *précis).* Par ailleurs, seul **usage** est possible pour parler de la mise en activité effective d'une faculté physique ou mentale *(perdre l'usage de la parole, d'un bras ; l'usage de l'intelligence).* Enfin, dans quelques expressions figées, **usage** ne peut se substituer à **emploi** *(mode d'emploi, emploi du temps)* et réciproquement *(hors d'usage, faire usage de son habileté, à usage interne).*

[1]employé, e *adj.* · utilisé · usité

[2]employé, e *n.* **1 - agent** · adjoint · auxiliaire · commis · préposé · subordonné · salarié · travailleur · suppôt *vieux* · **2 - surnuméraire**

- **employé de bureau** col blanc · bureaucrate · gratte-papier *péj.* · rond-de-cuir *péj.*
- **employé de maison** domestique · femme, homme de ménage

employer *v.tr.* **1 - se servir de** · consommer · dépenser · disposer de · mettre en œuvre · user de · utiliser · **2 - exercer** · agir avec · appliquer · recourir à · user de · **3 - consacrer** · apporter · consumer · dépenser · déployer · donner · mettre · vouer · **4 - occuper** · consacrer · mettre à profit · passer · remplir · **5 - faire travailler** · occuper · charger · préposer · commettre *littér.*

»» **s'employer** *v.pron.* **1 - s'utiliser** · être usité · **2 - s'appliquer à** · s'attacher à · se consacrer à · se donner à · se dépenser pour, à · essayer de · se multiplier pour · se préoccuper de

employeur, -euse *n.* · patron

empocher *v.tr.* · ramasser · encaisser · gagner · percevoir · recevoir · toucher · se mettre dans la poche *fam.*

empoignade *n.f.* · altercation · dispute · querelle · prise de bec *fam.*

empoigner *v.tr.* **1 - saisir** · accrocher · agripper · attraper · prendre · serrer · **2 - émouvoir** · bouleverser · remuer · retourner · secouer

»» **s'empoigner** *v.pron.* **se disputer** · se quereller · se colleter *littér.*

empoisonnant, e *adj.* [fam.] → **ennuyeux**

empoisonnement *n.m.* **1 - intoxication** · **2 -** [fam.] **problème** · ennui · souci · tracas · embêtement *fam.* · emmerde *très fam.* · emmerdement *très fam.*

empoisonner *v.tr.* **1 - intoxiquer** · **2 - tuer** · **3 - gâter** · corrompre · dénaturer · pervertir · troubler · **4 - tourmenter** · incommoder · **5 - ennuyer** · barber *fam.* · embêter *fam.* · enquiquiner *fam.* · emmerder *très fam.* · raser *fam.* · tanner *fam.*

empoisonneur, -euse *n.* · gêneur · fâcheux · importun · casse-couilles *très fam.* · casse-pieds *fam.* · emmerdeur *fam.* · enquiquineur *fam.* · peste *fam.* · poison *fam.* · raseur *fam.*

emporté, e *adj.* · coléreux · bouillant · brutal · chaud · fougueux · impétueux · impulsif · irascible · irritable · vif · violent · soupe au lait *fam.*

emportement *n.m.* **1 - colère** · fureur · furie · irritation · **2 - débordement** · délire · dérèglement · égarement

☙ **colère**

emporte-pièce *n.m. invar.* **pince** · poinçonneuse · pastilleur

- **à l'emporte-pièce** incisif · mordant

emporter *v.tr.* **1 - transporter** · charrier · emmener · **2 - entraîner** · arracher · balayer · emmener · **3 - détruire** · anéantir · dévaster · submerger · **4 - faire mourir** · tuer · **5 - voler** · enlever · piller · prendre · ravir · soustraire · embarquer *fam.* · rafler *fam.* · **6 - conquérir** · enlever · gagner · obtenir · remporter · **7 - conserver** · garder

✦ **l'emporter** **1 - gagner** · triompher · vaincre · **2 - obtenir gain de cause** · avoir le dernier mot · **3 - prévaloir** · prédominer · primer

✦ **l'emporter sur** **dominer** · dépasser · coiffer sur le poteau · damer le pion à · surpasser · gagner *(Sport)*

⋙ **s'emporter** *v.pron.* **se mettre en colère** · se cabrer · se déchaîner · éclater · se fâcher · fulminer · pester · tempêter · tonner · monter sur ses grands chevaux · piquer une colère · prendre le mors aux dents · prendre la mouche · sortir de ses gonds · avoir la moutarde qui monte au nez · s'emballer *fam.*

✦ **s'emporter facilement** avoir la tête près du bonnet · monter comme une soupe au lait · être soupe au lait

empoté, e *adj.* · maladroit · gauche · peu dégourdi · godiche *fam.*

empreindre *v.tr.* · marquer · charger · frapper · graver · imprimer · pénétrer

empreinte *n.f.* **1 - trace** · marque · **2 - sceau** · griffe · seing · **3 - moulage** · **4 - cicatrice** · marque · stigmate · trace

✦ **porter l'empreinte de** être marqué au coin de · porter le sceau de

empressé, e *adj.* **1 - diligent** · zélé · **2 - attentif** · attentionné · complaisant · dévoué · prévenant · **3 - galant** · ardent

empressement *n.m.* **1 - diligence** · complaisance · dévouement · zèle · **2 - galanterie** · ardeur · assiduité · **3 - promptitude** · hâte · **4 - avidité**

empresser (s') *v.pron.* **1 - se dépêcher** · courir · se hâter · se presser · se précipiter · **2 - s'affairer** · se démener · se mettre en quatre *fam.*

emprise *n.f.* · ascendant · autorité · dépendance · domination · empire · influence · mainmise · pouvoir · puissance

emprisonnement *n.m.* · captivité · détention · enfermement · incarcération · internement · prison · réclusion · collocation *Belgique*

↝ **captivité**

emprisonner *v.tr.* **1 - mettre en prison** · écrouer · incarcérer · interner · mettre sous les verrous · boucler *fam.* · coffrer *fam.* · embastiller *fam.* · mettre à l'ombre *fam.* · mettre en taule *fam.* · mettre au trou *fam.* · jeter, mettre aux fers *vieux* · **2 - enfermer** · cadenasser · claquemurer · claustrer · cloîtrer · consigner · détenir · retenir · séquestrer · reclure *littér.* · **3 - cerner** · entourer · environner · **4 - serrer** · enserrer · envelopper · comprimer · renfermer

emprunt *n.m.* **1 - crédit** · prêt · **2 - imitation** · calque · copie · plagiat

✦ **d'emprunt** artificiel · affecté · composé · emprunté · factice · faux

emprunté, e *adj.* **1 - contraint** · embarrassé · gauche · godiche *fam.* · **2 - d'emprunt**

emprunter *v.tr.* **1 - passer par** · prendre · suivre · **2 - prendre** · taper *fam.* · **3 - aller chercher** ·

devoir · prendre · **4 - copier** · imiter · se modeler sur · plagier · répéter · reproduire · singer

emprunteur, -euse *n.* · débiteur

empuantir *v.tr.* · empester · empoisonner · vicier

émulation *n.f.* · concurrence · compétition · lutte · rivalité
↝ **rivalité**

émule *n.* **1 - concurrent** · adversaire · compétiteur · rival · **2 - égal** · équivalent

encadrement *n.m.* **1 - bordure** · cadre · chambranle · châssis · entourage · **2 - direction** · cadres · hiérarchie · staff *fam.*

encadrer *v.tr.* **1 - entourer** · border · **2 - diriger** · mener · **3 -** [fam.] → **supporter**[1]

encaissé, e *adj.* · resserré · étroit · profond

encaissement *n.m.* · perception · recouvrement

encaisser *v.tr.* **1 - percevoir** · gagner · recevoir · recouvrer · toucher · empocher *fam.* · ramasser *fam.* · **2 -** [fam.] → **recevoir** · **3 -** [fam.] → **supporter**[1]

⋙ **s'encaisser** *v.pron.* **se resserrer**

en-cas *n.m.* · collation · casse-croûte *fam.* · casse-dalle *fam.*

encastrer *v.tr.* · emboîter · enchâsser · enclaver · insérer · loger

encaustique *n.f.* · cire

encaustiquer *v.tr.* · cirer · lustrer

enceindre *v.tr.* · entourer · ceindre · ceinturer · enclore · enfermer
↝ **entourer**

[1]**enceinte** *adj. f.* **grosse** · en cloque *fam.*

✦ **être enceinte** avoir un polichinelle dans le tiroir *fam.* · être dans une position intéressante *vieux, plaisant ou Belgique*

✦ **mettre enceinte** engrosser *très fam.* · mettre en cloque *très fam.*

[2]**enceinte** *n.f.* **1 - clôture** · barrière · ceinture · mur · muraille · palissade · rempart · **2 - périmètre** · **3 - haut-parleur** · baffle

encenser *v.tr.* · flatter · louer · porter aux nues · avoir la bouche pleine de

encerclement *n.m.* · siège · bouclage

encercler *v.tr.* **1 - cercler** · encadrer · entourer · **2 - être autour de** · enclore · enfermer · enserrer · **3 - cerner** · assiéger · attaquer

enchaînement *n.m.* **1 - déroulement** · agencement · cours · ordre · suite · **2 - série** · chaîne · succession · suite · [de mesures, etc.] train · **3 - liaison** · transition · **4 - association** · connexion · filiation · **5 - conséquence** · résultat · suite

enchaîner *v.tr.* **1 - attacher** · charger de chaînes · lier · [un prisonnier] mettre aux fers · **2 - soumettre** · asservir · assujettir · astreindre · contenir · contraindre · dompter · maîtriser · museler · opprimer · plier (à) · subjuguer · **3 - lier** · unir (à) · **4 - coordonner** · associer · lier · relier

⋙ **s'enchaîner** *v.pron.* **1 - se suivre** · se succéder · **2 - découler** · se déduire

enchanté, e *adj.* **1 - magique** · féerique · **2 - ravi** · charmé · content · heureux

enchantement *n.m.* **1 - sortilège** · charme · ensorcellement · envoûtement · incantation · magie · maléfice · sort · **2 - ravissement** · bonheur · émerveillement · griserie · ivresse · joie
↝ **charme**

enchanter *v.tr.* **1 - ensorceler** · envoûter · jeter un sort sur · **2 - ravir** · captiver · charmer · conquérir · émerveiller · fasciner · séduire · subjuguer · botter *fam.*

enchanteur, -teresse
▪ *adj.* **merveilleux** · charmant · charmeur · de rêve · féerique · paradisiaque · ravissant · séduisant
▪ *n.* **magicien** · ensorceleur · mage · sorcier

enchâssement *n.m.* · emboîtement · encastrement

enchâsser *v.tr.* **1 - encastrer** · emboîter · [une pierre] enchatonner · monter · sertir · **2 - insérer** · intercaler · **3 - encadrer** · entourer

enchère *n.f.* **1 - criée** · encan · **2 - offre** · proposition

enchérir *v. intr.* [vieilli] **augmenter** · renchérir · surenchérir
✦ **enchérir sur** aller au-delà de · aller plus loin que · dépasser · miser sur *Suisse*

enchevêtrement *n.m.* **1 - réseau** · entrelacement · imbrication · interpénétration · intrication · tissu · **2 - mélange** · confusion · dédale · désordre · embrouillement · emmêlement · imbroglio · labyrinthe · embrouillamini *fam.* · fouillis *fam.*

enchevêtrer *v.tr.* **1 - emmêler** · embrouiller · entremêler · mélanger · **2 - compliquer** · embrouiller

enclaver *v.tr.* **1 - isoler** · enclore · enfermer · **2 - encastrer**

enclencher *v.tr.* **1 - déclencher** · amorcer · commencer · débuter · engager · entamer · entreprendre · initier · lancer · mettre en route · mettre sur les rails · mettre en train · **2 - engager** · engrener · passer

enclin, e *adj.* · disposé · porté · prédisposé · sujet

enclore *v.tr.* **1 - clôturer** · ceindre · clore · enceindre · entourer · fermer · **2 - enclaver** · encercler · enfermer · enserrer · entourer · **3 -** [littér.] **contenir** · comprendre · inclure · subsumer
↝ **entourer**

enclos *n.m.* **1 - clos** · corral · parc · **2 - clôture** · enceinte · mur

encoche *n.f.* · entaille · cran

encoder *v.tr.* · crypter · chiffrer

encoignure *n.f.* · coin · angle · recoin · renfoncement

encolure *n.f.* **1 - cou** · **2 - col** · [échancré] décolleté

encombrant, e *adj.* **1 - volumineux** · embarrassant · **2 - importun** · indiscret · nuisible · parasite · pesant · **3 - compromettant** · gênant

encombré, e *adj.* · surchargé · saturé

encombrement *n.m.* **1 - entassement** · accumulation · amas · **2 - embouteillage** · bouchon *fam.* · embarras de circulation · ralentissement · retenue

encombrer *v.tr.* **1 - embarrasser** · gêner · boucher · obstruer · **2 - surcharger** · embouteiller

encontre (à l') *loc. adv.* [littér.] **en revanche**

✦ **à l'encontre de** **1 – à contre-courant de** · au rebours de · **2 – au contraire de** · contrairement à · à l'opposé de

encore *adv.* **1 – toujours** · **2 – de nouveau** · une fois de plus · derechef *littér.* · **3 – davantage** · autre · plus · **4 – aussi** · par surcroît

✦ **si encore** si seulement · si au moins

✦ **encore que** bien que · quoique

encornet *n.m.* · chipiron · calamar · seiche

encourageant, e *adj.* **1 – prometteur** · engageant · **2 – stimulant** · dynamisant · motivant · réconfortant

encouragement *n.m.* **1 – stimulation** · aiguillon · exhortation · incitation · **2 – aide** · appui · réconfort · soutien

encourager *v.tr.* **1 – stimuler** · aiguillonner · enhardir · exciter · **2 – conforter** · aider · appuyer · favoriser · soutenir · supporter *(Sport)*

✦ **encourager à** inciter à · déterminer à · disposer à · engager · exhorter à · incliner à · inviter à · porter à · pousser à · presser de

encourir *v.tr.* · s'exposer à · mériter · être passible de · risquer · tomber sous le coup de

encrasser *v.tr.* **salir** · entartrer

»» **s'encrasser** *v.pron.* **se salir** · se calaminer · s'entartrer

encroûter (s') *v.pron.* · s'abêtir · s'abrutir · croupir · dégénérer · s'encrasser · moisir · se scléroser · végéter

encyclopédie *n.f.* · dictionnaire · somme · traité

encyclopédique *adj.* · universel · étendu

endémique *adj.* · chronique · constant · permanent

endeuiller *v.tr.* · attrister · assombrir

endiablé, e *adj.* · infernal · débridé · déchaîné · effréné · frénétique

endiguer *v.tr.* **1 – canaliser** · **2 – contenir** · arrêter · barrer (le passage à) · brider · enrayer · entraver · freiner · juguler · s'opposer à · retenir · faire obstacle à

endive *n.f.* · chicon *Belgique*

endoctriner *v.tr.* · enrégimenter · catéchiser · fanatiser · subjuguer · bourrer le crâne de *fam.* · embobiner *fam.* · matraquer *fam.*

endolori, e *adj.* · douloureux · meurtri · perclus

endommager *v.tr.* · abîmer · altérer · avarier · dégrader · détériorer · gâter · saccager · amocher *fam.* · bousiller *fam.* · déglinguer *fam.* · détraquer *fam.* · esquinter *fam.* · flinguer *fam.* · fusiller *fam.*

endormi, e *adj.* **1 – assoupi** · inerte · **2 – ensommeillé** · somnolent · dans les vapes *fam.* · **3 – lent** · appesanti · inactif · indolent · lourd · mou · paresseux

endormir *v.tr.*

I 1 – assoupir · **2 – anesthésier** · chloroformer · engourdir · insensibiliser · **3 – hypnotiser** · **4 – atténuer** · adoucir · apaiser · attiédir · calmer · émousser · soulager

II 1 – ennuyer · assommer · lasser · barber *fam.* · enquiquiner *fam.* · raser *fam.* · **2 – tromper** · bercer · enjôler · leurrer · amuser *fam.* ·

embobiner *fam.* · entortiller *fam.* · mener en bateau *fam.* · **3 – vaincre** · surmonter

⋙ **s'endormir** *v.pron.* **1 – s'assoupir** · s'appesantir · somnoler · fermer l'œil · piquer du nez *fam.* · **2 – s'atténuer** · s'adoucir · s'apaiser · se calmer · s'effacer · s'engourdir · s'estomper · mourir · tomber

endosser *v.tr.* **1 – mettre** · enfiler · revêtir · **2 – assumer** · accepter · se charger de · prendre sur soi · prendre sous son bonnet *fam.*

endroit *n.m.* **1 – lieu** · coin · emplacement · place · position · situation · **2 – localité** · bourg · village · **3 – passage** · moment · **4 – recto** · dessus · devant

✦ **par endroits** ici et là · de place en place

✦ **à l'endroit** du bon côté

✦ **à l'endroit de** envers · vis-à-vis de

☞ lieu

enduire *v.tr.* · badigeonner · barbouiller · couvrir · frotter · imprégner · recouvrir · oindre *littér.* · tartiner *fam.*

enduit *n.m.* · revêtement · apprêt · badigeon

endurance *n.f.* · résistance · énergie · fermeté · force · trempe *vieux*

endurant, e *adj.* · résistant · dur · dur au mal · costaud *fam.* · dur à cuire *fam.*

endurci, e *adj.* **1 – dur** · durci · **2 – résistant** · aguerri · endurant · éprouvé · **3 – insensible** · indifférent · dur · impitoyable · implacable · inflexible · sec · blindé *fam.* · **4 – invétéré** · avéré · confirmé · impénitent · irrécupérable · vieux *(avant nom)*

endurcir *v.tr.* **1 – durcir** · **2 – aguerrir** · armer · cuirasser · fortifier · tremper · blinder *fam.*

endurcissement *n.m.* **1 – endurance** · résistance · **2 – dessèchement** · dureté · insensibilité

endurer *v.tr.* **1 – subir** · souffrir · soutenir · supporter · encaisser *fam.* · essuyer *fam.* · **2 – tolérer** · permettre · supporter · avaler *fam.* · digérer *fam.*

énergie *n.f.* **1 – vitalité** · force · ressort · ressource · tonus · vie · vigueur · punch *fam.* · **2 – volonté** · âme · ardeur · caractère · constance · courage · détermination · dynamisme · fermeté · force · persévérance · poigne · résolution

✦ **être plein d'énergie** avoir bouffé du lion *fam.*

énergique *adj.* **1 – dynamique** · actif · décidé · résolu · **2 – vigoureux** · fort · mâle · musclé · puissant · robuste · vif · violent · **3 – efficace** · actif · agissant · puissant · **4 – rigoureux** · draconien · drastique · dur

énergiquement *adv.* **1 – fermement** · dur · fort · avec force · fortement · vigoureusement · violemment · tambour battant · **2 – courageusement** · fermement · hardiment · résolument

énergisant *adj. et n.m.* **1 – stimulant** · tonique · **2 – antidépresseur** · anxiolytique · psychotonique · psychotrope

énergumène *n.* **1 – individu** · **2 – fanatique** · exalté · excité · forcené · fou furieux · possédé

énervant, e *adj.* · agaçant · crispant · exaspérant · excédant · horripilant · irritant · rageant · gonflant *fam.* · râlant *fam.* · tuant *fam.*

énervé, e *adj.* • nerveux • à cran • à bout de nerfs *fam.* • sous pression *fam.* • speedé *fam.* • vénèr *lang. jeunes*

✦ **être très énervé** avoir les nerfs (en boule, en pelote) *fam.* • avoir les boules *très fam.* • avoir les glandes *très fam.*

énervement *n.m.* **1 - agacement** • exaspération • impatience • irritation • **2 - irritabilité** • nervosité • **3 - agitation** • effervescence • excitation • surexcitation

énerver *v.tr.* **1 - agacer** • crisper • exaspérer • excéder • horripiler • impatienter • irriter • gonfler *très fam.* • porter, taper sur les nerfs à *fam.* • taper sur le système à *fam.* • filer, foutre les boules à *très fam.* • courir sur le haricot à *très fam.* • **2 - échauffer** • exciter • surexciter

⋙ **s'énerver** *v.pron.* **1 - s'impatienter** • bouillir • **2 - s'échauffer** • s'emporter • s'enflammer • s'exciter • avoir la moutarde qui monte au nez *fam.* • monter sur ses grands chevaux *fam.* • **3 - s'affoler** • paniquer • péter les plombs *fam.* • péter un câble *fam.*

enfance *n.f.* **1 - âge tendre** • jeunesse • **2 -** [littér.] **origine** • commencement • début • aube *littér.* • aurore *littér.* • matin *littér.*

✦ **dans mon enfance** quand j'étais encore en culotte courte • quand j'usais mes fonds de culottes sur les bancs de l'école

✦ **dans ma petite enfance** quand j'étais dans les langes

enfant *n.m.* **1 - petit** • bébé • petite fille • fillette • petit garçon • garçonnet • bambin • chérubin • petit diable • diablotin • chiard *fam., péj.* • galopin *fam., péj.* • gamin *fam.* • garnement *péj.* • gone *région.* • gosse *fam.* • lardon *fam., péj.* • loupiot *fam.* • marmot *fam.* • merdeux *fam., péj.* • mioche *fam.* • môme *fam.* • morpion *fam., péj.* • morveux *fam., péj.* • mouflet *fam.* • moutard *fam.* • pitchoun *fam.* • têtard *fam., péj.* • tête blonde *souvent plur.* • minot *fam., vieux* • minouchet *fam., vieux* • mômichon *fam., vieux* • mômignard *fam., vieux* • mômillon *fam., vieux* • miston *argot* • **2 - descendant** • fils • fille • héritier *vieilli ou plaisant* • rejeton *fam.* • [au plur.] progéniture • postérité • marmaille *fam.* • **3 - fruit** • produit • **4 - innocent** • enfant de chœur • petit saint • idiot • imbécile

✦ **bon enfant** débonnaire

✦ **enfant de Marie** oie blanche • prude • sainte-nitouche

enfantement *n.m.* **1 - accouchement** • couches • parturition • **2 -** [littér.] **création** • élaboration • gestation • production

enfanter *v.tr.* **1 - accoucher de** • donner le jour à • donner la vie à • mettre au monde • **2 - procréer** • engendrer • **3 - produire** • créer • donner naissance à • élaborer • engendrer • mettre au jour • préparer • accoucher de *fam.*

➳ **accoucher**

enfantillage *n.m.* • puérilité • gaminerie • bagatelle • bêtise • caprice • futilité • niaiserie • sottise

enfantin, e *adj.* **1 - puéril** • immature • infantile • **2 - naïf** • ingénu • **3 - élémentaire** • facile • simple • bête comme chou *fam.*

enfantin, puéril, infantile

Enfantin, **puéril** et **infantile** qualifient des adultes dont les actions, les sentiments, les propos rappellent ceux de l'enfance. **Enfantin** évoque l'innocence, la naïveté ou la fragilité attribuées à l'enfant *(la jeune femme manifestait* *une joie enfantine ; des terreurs enfantines),* avec parfois l'idée péjorative attachée à ce qui paraît élémentaire : « J'ai dénoncé déjà cet enfantin besoin de mon esprit de combler avec du mystère tout l'espace et le temps qui ne m'étaient pas familiers » (Gide, *Si le grain ne meurt*, I, v). **Puéril**, d'usage soutenu, a une valeur plus forte et qualifie ce qui manque de sérieux, est indigne d'un adulte *(une conversation, une colère puérile ; un esprit puéril).* **Infantile**, d'usage plus courant, renchérit sur **puéril**, insistant sur l'absence de maturité intellectuelle ou affective de la personne à laquelle il s'applique *(c'est une façon de raisonner infantile ; une réaction, un comportement infantile).* Par ailleurs, **infantile** renvoie aussi à ce qui est propre à la première enfance *(une maladie, la mortalité infantile)* ; **enfantin** et **puéril** se rapportent plus largement à ce qui a le caractère de l'enfance *(des cris, des gestes enfantins/puérils ; une bouderie enfantine/puérile).*

enfer *n.m.* **1 - damnation éternelle** · géhenne *littér.* · **2 - bagne** · galère *fam.*

✦ **l'Enfer** le sombre empire · les sombres bords, rivages · le séjour des ombres, des morts · le ténébreux séjour · le royaume de Pluton *(Mythol.)*

✦ **d'enfer** **1 - infernal** · dantesque · **2** - [rythme, vitesse] **accéléré** · effréné · endiablé · échevelé · **3** - [fam.] → **sensationnel**

enfermement *n.m.* · emprisonnement · captivité · claustration · détention · internement · réclusion · renfermement · séquestration

enfermer *v.tr.*

I 1 - confiner · boucler · claquemurer · claustrer · cloîtrer · séquestrer · verrouiller · reclure *littér.* · parquer *fam.* · **2 - interner** · écrouer · emprisonner · incarcérer · mettre sous les verrous · boucler *fam.* · coffrer *fam.* · mettre à l'ombre *fam.* · **3 - mettre sous clé** · serrer · boucler *fam.*

II 1 - entourer · cerner · clore · enceindre · encercler · enclaver · enclore · enserrer · environner · ceindre *littér.* · **2 - contenir** · comporter · comprendre · impliquer · renfermer · **3 - faire entrer** · circonscrire · emprisonner · limiter

»» **s'enfermer** *v.pron.* **1 - se barricader** · se cadenasser · se calfeutrer · se claquemurer · se claustrer · se cloîtrer · s'isoler · **2 - se confiner** · se cantonner · s'emmurer · se murer

enferrer (s') *v.pron.* · s'enfoncer · s'embarrasser · s'embourber · s'embrouiller · s'empêtrer · s'enliser · s'emberlificoter *fam.*

enfiévré, e *adj.* **1 - fiévreux** · fébrile · **2 - enflammé** · exalté · passionné

enfiévrer *v.tr.* **1 - enflammer** · animer · exalter · exciter · surexciter · **2 - agiter** · troubler

»» **s'enfiévrer** *v.pron.* **s'enthousiasmer** · s'exalter · se passionner

enfilade *n.f.* **alignement** · file · rangée · série · succession · suite

✦ **en enfilade** à la file · à la queue leu leu · en file indienne · en rang d'oignons

enfiler *v.tr.* **1 - mettre** · endosser · chausser · passer · revêtir · **2 - embrocher** · **3 - s'engager dans** · prendre · **4** - [fam.] → **posséder**

»» **s'enfiler** *v.pron.* **1** - [fam.] **faire** · se coltiner *fam.* · s'envoyer *fam.* · se taper *fam.* · **2** - [fam.] → **avaler**

enfin *adv.* **1 - à la fin** · finalement · ultimo · **2 - tout compte fait** · somme toute · après tout · **3 - bref** · en résumé · en un mot · **4 -** [en exclamatif] **ce n'est pas trop tôt**

enflammé, e *adj.* **1 - brûlant** · en feu · **2 - empourpré** · en feu · **3 - irrité** · rouge · **4 - animé** · ardent · embrasé · enfiévré · enthousiaste · passionné · surexcité

enflammer *v.tr.* **1 - mettre le feu à** · allumer · embraser · **2 - enluminer** · empourprer · rougir · **3 - envenimer** · infecter · irriter · **4 - animer** · échauffer · électriser · embraser · enfiévrer · enthousiasmer · exalter · galvaniser · passionner · soulever · survolter · chauffer *fam.* · doper *fam.*

››› **s'enflammer** *v.pron.* **1 - prendre feu** · brûler · s'embraser · flamber · devenir la proie des flammes · **2 - se mettre en colère** · s'emporter · s'énerver · s'irriter · prendre la mouche · monter sur ses grands chevaux *fam.* · **3 - s'exalter** · s'enthousiasmer

enflé, e *adj.* **1 - gonflé** · ballonné · bouffi · boursouflé · hypertrophié · intumescent · tuméfié · tumescent · turgescent · volumineux · **2 - ampoulé** · boursouflé · emphatique · grandiloquent · ronflant

gonflé

enfler

- *v.tr.* **1 - gonfler** · grossir · **2 - ballonner** · bouffir · boursoufler · **3 - augmenter** · majorer · **4 - amplifier** · exagérer
- *v.intr.* **gonfler** · grossir

enflure *n.f.* **1 - gonflement** · bosse · bouffissure · boursouflure · congestion · dilatation · empâtement · intumescence · œdème · tuméfaction · **2 - emphase** · grandiloquence · outrance

enfoncé, e *adj.* **1 - bas** · profond · en dedans · en retrait · **2 - rentré** · cave · creusé · creux

enfoncement *n.m.* **1 - défoncement** · **2 - cavité** · creux · **3 - renfoncement** · angle (rentrant) · niche · réduit · alcôve · **4 - immersion**

enfoncer *v.tr.* **1 - introduire** · engager · fourrer *fam.* · **2 - planter** · ficher · plonger · **3 - défoncer** · emboutir · **4 - battre (à plate couture)** · écraser · surpasser · vaincre · laminer *fam.* · piler *fam.* · filer la raclée à *fam.* · rosser *fam.*

››› **s'enfoncer** *v.pron.* **1 - s'engloutir** · s'abîmer · couler · plonger · sombrer · **2 - s'embourber** · s'enliser · **3 - s'empêtrer** · s'enliser · patauger · s'emberlificoter *fam.* · **4 - péricliter** · s'enferrer · plonger · se ruiner · sombrer · **5 - s'engager** · avancer · s'avancer · se couler · disparaître · s'enfouir · s'engouffrer · entrer · pénétrer · rentrer *fam.*

enfouir *v.tr.* **1 - enterrer** · ensevelir · **2 - cacher** · dissimuler · **3 - plonger** · enfoncer · **4 - taire** · garder secret

››› **s'enfouir** *v.pron.* **1 - s'enfoncer** · se plonger · **2 - se blottir** · **3 - se réfugier** · se retirer

enfouissement *n.m.* **enterrement** · ensevelissement

enfreindre *v.tr.* · contrevenir à · désobéir à · manquer à · outrepasser · passer outre · transgresser · violer · faire une entorse à

enfuir (s') *v.pron.* **1 - fuir** · battre en retraite · déguerpir · disparaître · filer · partir · prendre la fuite · s'en aller · s'éclipser · s'envoler · s'esquiver · se sauver · se barrer *fam.* · calter *pop.* · décamper *fam.* · détaler *fam.* · se faire la malle *fam.* · se faire la paire *fam.* · mettre les bouts *fam.* · mettre les voiles *fam.* · prendre le large *fam.* · prendre la poudre d'escampette *fam.* · prendre la tangente *fam.* · se tailler *fam.* · se tirer *fam.* · mettre les adjas *argot* · enfiler la venelle *vieux* · tirer ses grègues *vieux* · **2 –** [à toute vitesse] **prendre les jambes à son cou** · [pour échapper à ses créanciers] faire un trou à la lune *vieux* · **3 – s'échapper** · s'évader · faire le mur *fam.* · **4 – se retirer** · se réfugier · **5 – disparaître** · se dissiper · s'envoler · s'évanouir · passer

✦ **s'enfuir de** abandonner · déserter · quitter

engageant, e *adj.* **1 – attrayant** · affriolant · agréable · aguichant · alléchant · appétissant · attirant · plaisant · séducteur · séduisant · **2 – affable** · aimable · amène *littér.* · avenant · bienveillant · charmant · doux · sympathique · **3 – encourageant** · prometteur

engagement *n.m.* **1 – obligation** · contrat · convention · pacte · **2 – promesse** · parole · serment · vœu · **3 – embauche** · recrutement · **4 – combat** · assaut · bataille · échauffourée · escarmouche · **5 – mise en jeu** · service

✦ **prendre un engagement** s'engager · engager sa parole

engager *v.tr.*

I 1 – recruter · s'attacher · embaucher · enrégimenter · enrôler · prendre · racoler *fam., péj.* · **2 – entraîner** · aventurer · compromettre · embarquer *fam.* · embringuer *fam.* · fourrer *fam.*

II 1 – lier · astreindre · contraindre · obliger · tenir · **2 – mettre en gage** · hypothéquer

III 1 – introduire · enfoncer · glisser · mettre · **2 – investir** · mettre · placer · **3 – commencer** · amorcer · attaquer · entamer · entreprendre · initier · lancer · livrer · mettre en route · mettre sur les rails · mettre en train · ouvrir

✦ **engager** (qqn) **à appeler à** · conseiller de · convier à · exhorter à · inciter à · inviter à · porter à · presser de · pousser à

>>> **s'engager** *v.pron.* **commencer** · s'amorcer · débuter

✦ **s'engager à promettre** · se faire fort de · jurer · faire vœu de · donner sa parole

✦ **s'engager dans 1 – entrer dans** · s'avancer dans · enfiler · pénétrer dans · prendre · suivre · **2 – s'aventurer dans** · entreprendre · se jeter dans · se lancer dans · s'embarquer dans *fam.* · s'embringuer dans *fam.* · se fourrer dans *fam.* · [sans complément] se jeter à l'eau

✦ **s'engager pour** prendre parti pour · adhérer à · cautionner · choisir · prêter son crédit à · souscrire à

engelure *n.f.* · crevasse · gelure

engendrer *v.tr.* **1 – procréer** · accoucher de · concevoir · enfanter · faire · **2 – causer** · amener · créer · déterminer · entraîner · faire naître · générer · occasionner · produire · provoquer · susciter

~ **accoucher**

engin *n.m.* **1 – appareil** · dispositif · instrument · machine · outil · ustensile · **2 – missile** · **3 –** [fam.] **chose** · bidule *fam.* · machin *fam.* · truc *fam.*

✦ **engin spatial** vaisseau spatial · véhicule spatial · astronef · spationef *vieilli*

englober *v.tr.* **1 – comporter** · comprendre · compter · contenir ·

embrasser · inclure · intégrer · rassembler · réunir · amalgamer *péj.* · **2 - annexer** · enclaver · joindre

engloutir *v.tr.* **1 - dévorer** · absorber · avaler · ingurgiter · enfourner *fam.* · engouffrer *fam.* · s'enfiler *fam.* · **2 - dilapider** · dépenser · dévorer · dissiper · gaspiller · claquer *fam.* · croquer *fam.* · manger *fam.* · **3 - ensevelir** · abîmer · enterrer · noyer · submerger

⋙ **s'engloutir** *v.pron.* **sombrer** · couler · disparaître · s'abîmer *littér.*

engloutir, absorber

Engloutir implique que l'on fait disparaître totalement et rapidement quelque chose. Il peut s'agir de nourriture que l'on avale *(engloutir un repas)* ou de biens que l'on dépense *(engloutir une fortune, un héritage)*. Engloutir n'a pas seulement pour sujet une personne *(la mer a englouti le navire)*. Avec absorber, la disparition est également totale mais progressive *(le sol absorbe l'eau de pluie ; le mur absorbe la lumière)* ; elle s'effectue par incorporation *(l'entreprise a absorbé son concurrent ; absorber de la nourriture)* ou par utilisation *(l'achat de sa maison a absorbé toutes ses économies)*.

engoncé, e *adj.* · guindé · raide · rigide · coincé *fam.*

engorgement *n.m.* **1 - encombrement** · obstruction · saturation · **2 - embouteillage** · bouchon *fam.* · ralentissement · retenue

engorger *v.tr.* **1 - encombrer** · boucher · obstruer · **2 - saturer** · congestionner

engouement *n.m.* · enthousiasme · admiration · coup de cœur · emballement *fam.* · [passager] tocade *fam.*

engouer de (s') *v.pron.* · s'enticher de · s'éprendre de · s'enthousiasmer pour · se passionner pour · s'emballer pour *fam.* · se toquer de *fam.* · s'infatuer de *vieilli*

engouffrer *v.tr.* **dévorer** · avaler · engloutir · ingurgiter · s'enfiler *fam.* · enfourner *fam.*

⋙ **s'engouffrer** *v.pron.* **s'élancer** · se jeter · se précipiter

engourdi, e *adj.* **1 - gourd** · ankylosé · paralysé · raide · rigide · **2 - empoté** · lent · **3 - léthargique** · endormi · hébété · inerte

ankylosé

engourdir *v.tr.* **1 - ankyloser** · paralyser · raidir · transir · **2 - appesantir** · alourdir · **3 - assoupir** · endormir

⋙ **s'engourdir** *v.pron.* **1 - s'ankyloser** · se raidir · **2 - s'assoupir** · s'endormir

engourdissement *n.m.* **1 - ankylose** · courbature · raideur · rigidité · **2 - alourdissement** · appesantissement · atonie · hébétude · stupeur · **3 - assoupissement** · léthargie · somnolence · torpeur

engrais *n.m.* · fertilisant · fumier

engraisser

▪ *v.tr.* **1 - gaver** · gorger · **2 - fertiliser** · améliorer · amender · bonifier · enrichir · fumer

▪ *v.intr.* **prendre du poids** · s'alourdir · s'arrondir · élargir · s'empâter · (s')épaissir · forcir · grossir · prendre de l'embonpoint · faire du lard *fam.*

⋙ **s'engraisser** *v.pron.* **s'enrichir** · prospérer

engranger *v.tr.* · emmagasiner · accumuler · amasser · stocker

engrenage *n.m.* **1 - mécanisme** · processus · **2 - escalade** · spirale

engueulade *n.f.* **1 - → réprimande** · **2 - → dispute**

engueuler *v.tr.* **→ disputer**

enguirlander *v.tr.* [fam.] **→ disputer**

enhardir *v.tr.* **encourager** · aiguillonner · stimuler

»» **s'enhardir** *v.pron.* · oser · prendre de l'assurance · se lancer · sortir de sa réserve

énigmatique *adj.* **1 - hermétique** · ésotérique · incompréhensible · inintelligible · obscur · abscons *littér.* · abstrus *littér.* · sibyllin *littér.* · **2 - étrange** · impénétrable · indéchiffrable · inexplicable · insondable · mystérieux · secret · ténébreux · **3 - ambigu** · équivoque

énigme *n.f.* **1 - devinette** · charade · logogriphe · colle *fam.* · **2 - mystère** · secret

énigme, devinette

L'**énigme** et la **devinette**, dans leurs emplois figurés, sont des faits ou des énoncés dont le sens ne peut être saisi immédiatement. **Énigme** recouvre ce qui est difficile à comprendre, à expliquer ou à connaître dans des domaines divers : naturels *(l'énigme de la formation de la Terre)*, sociaux *(résoudre une énigme policière)* ou propres à l'homme *(son comportement reste une énigme pour moi)*. La difficulté tient à la nature même de l'énigme, alors que **devinette** concerne un propos qui, au premier abord seulement, paraît être une énigme, mais dont la compréhension ne demande qu'un peu de réflexion *(si tu me donnais le nom, je comprendrais plus vite ! Mais tu préfères me poser une devinette, jouer aux devinettes)*.

enivrant, e *adj.* **1 - grisant** · capiteux · entêtant · étourdissant · **2 - troublant** · séduisant · **3 - enthousiasmant** · exaltant · excitant · grisant · passionnant

grisant

enivrement *n.m.* **1 - ivresse** · ébriété · **2 - griserie** · enthousiasme · exaltation · excitation · extase · transport · vertige

enivrer *v.tr.* **1 - soûler** · griser · **2 - étourdir** · griser · **3 - exciter** · exalter · soulever · transporter

»» **s'enivrer** *v.pron.* **se soûler** · boire · s'émécher · se griser · se prendre de boisson · se beurrer *fam.* · se biturer *fam.* · se cuiter *fam.* · se noircir *fam.* · picoler *fam.* · prendre une biture, une caisse, une cuite *fam.* · se bourrer, se péter la gueule *très fam.* · se pinter *fam.* · se piquer le nez *fam.*

enjambée *n.f.* **foulée** · pas

✦ **à grandes enjambées** à grands pas

enjamber *v.tr.* · passer par-dessus · franchir · sauter · traverser

enjeu *n.m.* · mise · cave · poule

enjoindre *v.tr.* **commander** · imposer · ordonner · prescrire

✦ **enjoindre à** mettre en demeure · sommer

enjôler *v.tr.* · séduire · attraper · cajoler · conquérir · duper · endormir · leurrer · tromper · embobiner *fam.* · empaumer *fam.* · entortiller *fam.* · envelopper *fam.*

enjôleur, -euse *n. et adj.* · séducteur · aguicheur · beau parleur · ensorceleur · trompeur

enjolivement *n.m.* **embellissement** · décoration · enjolivure · fioriture · ornement

enjoliver *v.tr.* **1 - décorer** · agrémenter · embellir · orner · parer · **2 - exagérer** · amplifier · embellir · broder sur *fam.* • [sans complément] en rajouter *fam.*

enjoué, e *adj.* · gai · allègre · aimable · badin · folâtre · guilleret · jovial · joyeux · léger

enjouement *n.m.* · gaieté · allégresse · bonne humeur · entrain · joie · jovialité · alacrité *littér.*

enlacement *n.m.* **1 - croisement** · entrecroisement · entrelacement · entremêlement · nœud · **2 - embrassade** · étreinte · embrassement *littér.*

enlacer *v.tr.* **1 - croiser** · entrecroiser · entrelacer · entremêler · **2 - entourer** · **3 - attacher** · lier · **4 - embrasser** · étreindre

enlaidir *v.tr.* · déparer · abîmer · défigurer

enlèvement *n.m.* **1 - ramassage** · déblai · déblayage · dégagement · levée · **2 - rapt** · kidnapping · prise en otage · vol
↝ **kidnapping**

enlever *v.tr.*
I 1 - retrancher · déduire · défalquer · ôter · prélever · prendre · retirer · soustraire · **2 - extirper** · arracher · dégager · extraire · ôter · tirer · **3 - détacher** · couper · prélever · **4 - dérober** · prendre · rafler · ravir · voler · **5 - confisquer** · priver de · **6 - kidnapper** · prendre en otage · voler · ravir *littér.*
II 1 - faire disparaître · effacer · laver · **2 - éliminer** · excepter · exclure · ôter · supprimer · **3 - faire cesser** · balayer · détruire · lever · faire passer
III 1 - débarrasser · dégager · ramasser · **2 - se défaire de** · se débarrasser de · ôter · quitter · retirer · tomber *fam.* · **3 - emporter** · embarquer *fam.* · **4 -** [littér.] **hisser** · élever · lever · monter · soulever
IV 1 - conquérir · **2 - enthousiasmer** · charmer · électriser · enflammer · exalter · galvaniser · passionner · ravir · soulever · transporter · emballer *fam.* · **3 - obtenir** · arracher · conquérir · s'emparer de · emporter · gagner · prendre · remporter · rafler *fam.*

»» **s'enlever** *v.pron.* **1 - s'élever** · s'envoler · se dresser · **2 - disparaître** · s'effacer · partir · **3 - se vendre** · s'écouler · partir *fam.*

enliser *v.tr.* **embourber** · ensabler · envaser

»» **s'enliser** *v.pron.* **1 - s'embourber** · s'ensabler · s'envaser · échouer · **2 - s'embrouiller** · s'empêtrer · s'enferrer · s'enfoncer · s'emberlificoter *fam.* · **3 - patauger** · piétiner

enluminer *v.tr.* **1 - éclairer** · illuminer · **2 - orner** · colorier · **3 - enflammer** · colorer · empourprer · rougir

enlumineur, -euse *n.* · miniaturiste · rubricateur

enluminure *n.f.* · miniature · illumination · rubrique

enneigé, e *adj.* · neigeux

ennemi, e
▪ *n.* **adversaire** · antagoniste · détracteur · opposant · rival
▪ *adj.* **contraire** · adverse · hostile · opposé
↝ **opposant**

ennoblir *v.tr.* · élever · grandir · rehausser · relever

ennui *n.m.*
I 1 - désœuvrement · **2 - abattement** · accablement · cafard *fam.* ·

découragement · dégoût (de la vie, de tout) · fatigue · langueur · lassitude · mélancolie · morosité · neurasthénie · idées noires · tristesse · vide · spleen *littér.*
II 1 - souci · désagrément · contrariété · embarras · incident · mésaventure · problème · tracas · tracasserie · vicissitude *littér.* · **2 - complication** · accident · anicroche · avanie · contretemps · coup dur · difficulté · déboire · embarras · misère · problème · embêtement *fam.* · emmerde *très fam.* · emmerdement *très fam.* · histoire *fam.* · hic *fam.* · os *fam.* · pépin *fam.* · tuile *fam.* · **3 - inconvénient** · incommodité · embêtement *fam.* · hic *fam.*
✦ **avoir de gros ennuis** être dans le caca *fam.* · être dans la mélasse *fam.* · être dans la merde *très fam.* · être dans la mouise *très fam.* · être dans la panade *fam.* · être dans la purée *fam.*

ennuyé, e *adj.* **1 - confus** · embarrassé · embêté *fam.* · emmerdé *fam.* · **2 - mécontent**

ennuyer *v.tr.* **1 - gêner** · agacer · déplaire à · déranger · embarrasser · empoisonner · énerver · excéder · importuner · incommoder · bassiner *fam.* · casser les pieds à *fam.* · cavaler *fam.* · courir sur le haricot de *fam.* · emmerder *très fam.* · enquiquiner *fam.* · faire braire *très fam.* · faire chier *très fam.* · faire suer *fam.* · soûler *fam.* · tanner *fam.* · **2 - inquiéter** · obséder · préoccuper · soucier · tracasser · tourmenter · chicaner *Québec* · embêter *fam.* · **3 - lasser** · abrutir · assommer · endormir · fatiguer · barber *fam.* · raser *fam.* · **4 - chagriner** · contrarier · mécontenter
››› **s'ennuyer** *v.pron.* **se morfondre** · trouver le temps long · se languir · se barber *fam.* · s'embêter *fam.* · s'emmerder *très fam.* · se faire chier *très fam.* · se faire suer *fam.*
✦ **s'ennuyer à** s'empoisonner à · s'embêter à *fam.* · s'emmerder à *très fam.* · s'enquiquiner à *fam.* · se faire chier à *très fam.*
✦ **s'ennuyer beaucoup** s'ennuyer à cent sous de l'heure *fam.* · s'ennuyer comme un rat mort *fam.*

ennuyeux, -euse *adj.* **1 - contrariant** · déplaisant · désolant · fâcheux · inquiétant · embêtant *fam.* · emmerdant *très fam.* · empoisonnant *fam.* · **2 - embarrassant** · désagréable · difficile · gênant · malencontreux · pénible · **3 - soporifique** · embêtant · ennuyant · endormant · fade · fastidieux · insipide · interminable · lassant · maussade · monotone · rébarbatif · assommant *fam.* · barbant *fam.* · chiant *très fam.* · emmerdant *très fam.* · enquiquinant *fam.* · mortel *fam.* · rasant *fam.* · raseur *fam.* · rasoir *fam.* · **4 - fatigant** · encombrant · fâcheux · importun · sciant *fam.* · casse-pieds *fam.* · soûlant *fam.* · suant *fam.* · tannant *fam.*

énoncé *n.m.* **1 - déclaration** · discours · **2 - texte** · termes · **3 - énumération**

énoncer *v.tr.* **1 - formuler** · avancer · décliner · émettre · énumérer · établir · expliciter · exposer · exprimer · mentionner · poser · préciser · stipuler · **2 - prononcer** · articuler · dire
❧ **exprimer**

énonciation *n.f.* **1 - formulation** · **2 - élocution** · prononciation

enorgueillir *v.tr.* **gonfler d'orgueil**
››› **s'enorgueillir** *v.pron.* **s'enfler** *fam.* · se gonfler *fam.*

✦ **s'enorgueillir de** se glorifier de · se flatter de · s'honorer de · se prévaloir de · se targuer de · se vanter de

énorme *adj.* **1 - colossal** · considérable · formidable · gigantesque · grand · gros · immense · incalculable · incommensurable · monumental · méga *fam.* · monstre *fam.* · **2 - hypertrophié** · anormal · astronomique · cyclopéen · démesuré · étonnant · exceptionnel · extraordinaire · fou · incroyable · monstrueux · phénoménal · **3 - obèse** · éléphantesque · **4 -** [fam.] **formidable** · fabuleux · fantastique · génial · prodigieux · super *fam.*

énormément *adv.* · beaucoup · abondamment · à profusion · ardemment · colossalement · considérablement · copieusement · en quantité · excessivement · extrêmement · follement · formidablement · fortement · gigantesquement · immensément · infiniment · intensément · largement · pleinement · prodigieusement · profondément · sérieusement · suprêmement · terriblement · rudement *fam.* · bigrement *fam.* · bougrement *fam.* · sacrément *fam.* · vachement *fam.*

énormité *n.f.* **1 - grandeur** · immensité · **2 - bêtise** · bévue · gaffe · sottise · **3 - invraisemblance**

enquérir de (s') *v.pron.* · demander · chercher · s'informer de · rechercher · se renseigner sur · aller aux nouvelles de · s'inquiéter de

enquête *n.f.* **1 - instruction** · information · **2 - examen** · investigation · recherche · **3 - sondage** · consultation · étude (de marché) · [dans la rue] micro-trottoir

enquêter *v.intr.* · s'informer · s'enquérir · se renseigner

enquêteur, -trice *n.* **1 - détective** · limier · **2 - sondeur**

enquiquinant, e *adj.* → **ennuyeux**

enquiquineur, -euse *n.* → **importun**

enraciné, e *adj.* · ancré · tenace · vivace

enraciner *v.tr.* **ancrer** · implanter

»» **s'enraciner** *v.pron.* **1 - s'établir** · se fixer · s'implanter · s'installer · **2 - s'ancrer** · se consolider · s'incruster · prendre (racine)

enragé, e *adj.* **1 - acharné** · effréné · forcené · **2 - extrémiste** · excessif · fanatique · **3 - furieux** · furibond · **4 - fanatique** · fou · passionné · fan *fam.* · mordu *fam.*

enrager *v.intr.* **fulminer** · écumer · fumer · rager · bisquer *fam.* · râler *fam.*

✦ **faire enrager** taquiner · faire devenir chèvre *fam.* · faire endêver *vieux ou région.* · faire marcher *fam.* · faire tourner en bourrique *fam.*

enrayer *v.tr.* **1 - bloquer** · arrêter · empêcher · étouffer · stopper · **2 - freiner** · brider · briser · contenir · endiguer · juguler

enrégimenter *v.tr.* **1 - endoctriner** · embrigader · **2 - enrôler** · mobiliser · recruter

enregistré, e *adj.* [émission] en différé

enregistrement *n.m.* **1 - inscription** · immatriculation · **2 - transcription** · **3 - prise de son**

enregistrer *v.tr.* **1 - immatriculer** · homologuer · **2 - noter** · archiver · consigner · conserver · inscrire · mentionner · recueillir ·

relever · répertorier · saisir · transcrire · **3 - prendre acte de** · constater · prendre bonne note de · tenir compte de · **4 - mémoriser** · assimiler · retenir · imprimer *fam.* · faire entrer dans sa tête *fam.* · **5 - graver** · filmer · repiquer

enrhumé, e *adj.* · grippé · pris *fam.* · enchifrené *vieilli* · catarrheux *vieilli*

enrichir *v.tr.* **1 - accroître** · augmenter · agrandir · compléter · développer · élargir · embellir · étendre · étoffer · meubler · orner · **2 - fertiliser** · améliorer · amender · bonifier

»» **s'enrichir** *v.pron.* **prospérer** · faire fortune · gagner de l'argent · s'engraisser · faire son beurre *fam.* · se remplir les poches *fam.*

enrichissant, e *adj.* · instructif · profitable

enrichissement *n.m.* **1 - fortune** · richesse · **2 - progrès** · approfondissement · développement · **3 - acquisition**

enrobé, e *adj.* · enveloppé · grassouillet · replet · rondelet · bien en chair · rondouillard *fam.*

enrober *v.tr.* **1 - envelopper** · entourer · **2 - voiler** · déguiser · masquer

enrôlement *n.m.* **1 - conscription** · incorporation · **2 - recrutement** · engagement

enrôler *v.tr.* **1 - incorporer** · lever · mobiliser · **2 - engager** · associer · enrégimenter · recruter

»» **s'enrôler** *v.pron.* **s'engager** · adhérer

enroué, e *adj.* · cassé · éraillé · rauque · rocailleux · voilé

✦ **être enroué** avoir un chat dans la gorge

enrouement *n.m.* · graillement

enroulement *n.m.* **1 - enroulage** · **2 - spire** · volute • [Archit.] cartouche · coquille

enrouler *v.tr.* **1 - envelopper** · **2 - bobiner** · caneter · embobiner · envider · peloter · renvider

»» **s'enrouler** *v.pron.* **se lover** · se pelotonner · se ramasser

✦ **s'enrouler dans** s'envelopper dans · se rouler dans

ensabler (s') *v.pron.* · s'assabler · (s')échouer · s'engraver · s'enliser

ensanglanté, e *adj.* · sanglant · sanguinolent

enseignant, e *n.* · professeur · instituteur · lecteur · maître-assistant

enseigne *n.f.* **1 - panonceau** · panneau · pancarte · **2 - drapeau** · bannière · étendard

✦ **à telle enseigne que** à tel point que · tellement que · c'est si vrai que · la preuve en est que

enseignement *n.m.* **1 - éducation** · formation · instruction · **2 - discipline** · matière · **3 - cours** · conférence · exposé · leçon · **4 - préceptes** · doctrine · principes · système · **5 - exemple** · leçon · **6 - conclusion** · leçon · morale

☞ **éducation**

enseigner *v.tr.* **1 - inculquer** · apprendre · expliquer · transmettre · **2 - donner des cours de** • [Relig.] prêcher • [sans complément] professer · **3 - éclairer** · éduquer · former · initier · **4 - indiquer** · dévoiler · montrer · révéler

enseigner, inculquer

Enseigner et inculquer renvoient à l'action de transmettre des connaissances ou des savoirs. Enseigner concerne essentiellement des connaissances *(enseigner l'anglais, la règle de trois ; ce que m'a enseigné la vie)*. Inculquer évoque ce qui relève plutôt de valeurs, de savoirs sociaux que l'on fait entrer dans l'esprit de quelqu'un et qui dictent en partie sa conduite *(inculquer des habitudes dès l'enfance ; inculquer des principes, des croyances)*. « (Des) millions d'hommes à qui on a inculqué savamment la peur, (...) le tremblement, l'agenouillement, le désespoir, le larbinisme » (Aimé Césaire, *Discours sur le colonialisme*).

[1]**ensemble** *adv.* 1 - **conjointement** · collectivement · en commun · de concert · en concordance · de conserve · du même pas · en synergie · à l'unisson · en chœur · coude à coude *fam.* · main dans la main *fam.* · comme un seul homme *fam.* · 2 - **simultanément** · à la fois · en même temps · 3 - **en bloc** · à la fois · de front

+ **mettre ensemble** assembler · grouper · joindre · réunir · unir
+ **aller (bien) ensemble** s'accorder · s'assortir · s'harmoniser · aller de pair · être compatible · être coordonné
+ **aller mal ensemble** être incompatible · [couleurs] jurer · hurler

[2]**ensemble** *n.m.* 1 - **globalité** · intégralité · somme · totalité · tout · 2 - **assemblage** · assortiment · collection · jeu · lot · 3 - **assemblée** · collectivité · collège · corps · formation · groupe · groupement · réunion

+ **ensemble vocal** chorale · chœur
+ **d'ensemble** général · global · collectif · commun
+ **dans l'ensemble** 1 - **globalement** · grosso modo · grossièrement · en gros *fam.* · 2 - **finalement** · en fin de compte · au total
+ **dans son ensemble** dans sa totalité · dans son entier · complètement · entièrement · intégralement · totalement

ensemencer *v.tr.* 1 - **semer** · planter · emblaver · [sans complément] faire les semailles · 2 - **aleviner** · empoissonner · 3 - **féconder** · mettre la petite graine dans *fam.*

semer

enserrer *v.tr.* 1 - **serrer** · corseter · emprisonner · immobiliser · ceindre *littér.* · 2 - **embrasser** · 3 - **entourer** · ceinturer · cerner · encercler · enclore · enfermer · englober · renfermer · ceindre *littér.*

ensevelir *v.tr.* 1 - **inhumer** · enterrer · donner une sépulture à · 2 - **submerger** · engloutir · 3 - **cacher** · enfouir · plonger

ensevelissement *n.m.* 1 - **enterrement** · inhumation · funérailles · 2 - **disparition**

ensoleillé, e *adj.* · lumineux · clair · radieux

ensommeillé, e *adj.* · assoupi · endormi · somnolent · dans les vapes *fam.*

ensorcelant, e *adj.* · envoûtant · charmeur · enchanteur · fascinant · séduisant · troublant

ensorceler *v.tr.* 1 - **envoûter** · enchanter · marabouter · 2 - **enjôler** · charmer · fasciner · subjuguer · séduire

ensorcellement *n.m.* **1 - enchantement** · envoûtement · maléfice · sortilège · charme *vieux* · **2 - fascination**

ensuite *adv.* **1 - puis** · après · par la suite · **2 - en second lieu** · a posteriori · ultérieurement · subséquemment *vieux ou Droit*

ensuivre (s') *v.pron.* **résulter** · découler · procéder

✦ **et tout ce qui s'ensuit** etc. · et tout le reste *fam.* · et tout le toutim *fam.*

entablement *n.m.* · appui · couronnement · moulure

entacher *v.tr.* **1 - salir** · gâter · souiller · ternir · **2 - compromettre** · flétrir · ternir

entaille *n.f.* **1 - encoche** · brèche · coche · coupure · cran · échancrure · entaillure · entamure · fente · hoche · raie · rainure · rayure · sillon · **2 - estafilade** · balafre · blessure · coupure · taillade *littér.* · **3 -** [Chir.] **incision** · boutonnière · scarification · **4 - crevasse** · faille

entailler *v.tr.* **1 - inciser** · **2 - balafrer** · blesser · couper · écharper · entamer · taillader

⋙ **s'entailler** *v.pron.* **s'entamer** · s'ouvrir · se charcuter *fam.*

entame *n.f.* · bout · extrémité

entamer *v.tr.* **1 - commencer** · aborder · amorcer · attaquer · débuter · ébaucher · engager · entreprendre · initier · lancer · se lancer dans · mettre en train · ouvrir · [nourriture] taper dans *fam.* · **2 - attaquer** · corroder · manger · mordre · percer · piquer · rayer · ronger · toucher · user · **3 - entailler** · blesser · égratigner · inciser · ouvrir · **4 - affaiblir** · battre en brèche · ébranler · **5 - amoindrir** · ébrécher · écorner · toucher à

entassement *n.m.* **1 - accumulation** · amas · amoncellement · échafaudage · empilage · empilement · pile · superposition · tas · **2 - rassemblement** · **3 - cohue** · foule · presse

entasser *v.tr.* **1 - amonceler** · empiler · superposer · **2 - accumuler** · amasser · amonceler · collectionner · emmagasiner · stocker · **3 - économiser** · capitaliser · épargner · thésauriser · **4 - masser** · empiler · presser · serrer · tasser · encaquer *fam., vieux*

⋙ **s'entasser** *v.pron.* **se serrer** · s'agglomérer · s'agglutiner · s'écraser · se presser · se tasser

❧ **amasser**

ente *n.f.* · greffe · greffon

entendement *n.m.* **1 - compréhension** · conception · intellection · **2 - intelligence** · esprit · intellect · jugement · raison · bon sens · comprenette *fam.* · jugeote *fam.*

entendre *v.tr.*

I 1 - percevoir · discerner · distinguer · écouter · ouïr *vieux* · **2 - vouloir dire** · insinuer · **3 -** [+ infinitif] **vouloir** · compter · exiger · prétendre · désirer · préférer

II [littér.] **1 - comprendre** · concevoir · interpréter · saisir · **2 - admettre** · reconnaître

✦ **faire entendre 1 - expliquer** · montrer · **2 - émettre** · dire · énoncer · exprimer

✦ **laisser entendre** insinuer · sous-entendre · suggérer

✦ **entendre parler de** apprendre · être informé de · avoir vent de

✦ **se faire entendre** bruire · résonner · sonner · tinter
✦ **faire entendre raison à** convaincre · persuader

⋙ **s'entendre** *v.pron.* **1 - s'associer** · s'arranger · se coaliser · pactiser · **2 -** [voix] **porter** · **3 -** [mot] **se dire** · s'employer · être usité
✦ **bien s'entendre** fraterniser · avoir des affinités · avoir des atomes crochus · faire bon ménage · sympathiser
✦ **très bien s'entendre** être unis comme les deux doigts de la main · s'entendre comme larrons en foire · être copains comme cochons *fam., vieilli*
✦ **s'entendre sur** s'accorder sur · se concerter sur · convenir de · se mettre d'accord sur

entendre, écouter, ouïr

Les trois verbes se rapportent à la perception par le sens de l'ouïe. **Entendre** a une valeur générale *(entendre des bruits ; on l'entend à peine)* et renvoie à une faculté physique. **Écouter** implique toujours que l'on prête attention à des paroles, à des bruits *(écouter les informations à la radio, écouter une conférence ; ne dis plus rien et écoute !)*, ce qui est nettement exprimé quand il s'emploie avec **entendre** *(il entend, mais il n'écoute pas)*. **Ouïr**, qui a les sens généraux de **entendre**, est archaïque, sauf dans la construction figée *j'ai ouï dire*, pour parler de propos répandus par des rumeurs *(j'ai ouï dire que tu démissionnais)*.

entendu, e *adj.* **1 - d'accord** · **2 - convenu** · arrangé · décidé · réglé · résolu · **3 - malin** · astucieux · intelligent · finaud *fam.*
✦ **bien entendu** assurément · cela s'entend · cela va de soi · évidemment · naturellement · bien sûr · pour sûr *vieux ou pop.*

enténébrer *v.tr.* · assombrir · obscurcir

entente *n.f.*
I 1 - arrangement · accommodement · accord · compromis · conciliation · transaction · **2 - alliance** · accord · association · coalition · convention · pacte · traité · union · **3 - collusion** · complicité · connivence · intelligence *littér.*
II harmonie · accord · amitié · amour · camaraderie · concorde · paix · union
✦ **à double entente** à double sens · ambigu · équivoque

enter *v.tr.* **1 - greffer** · **2 - assembler** · abouter · joindre

entériner *v.tr.* · approuver · confirmer · consacrer · enregistrer · homologuer · ratifier · sanctionner · valider

enterrement *n.m.* **1 - inhumation** · mise en terre · mise au tombeau · sépulture *vieux ou littér.* · ensevelissement *littér.* · **2 - funérailles** · obsèques · **3 - effondrement** · abandon · échec · fin · mort · rejet

enterrer *v.tr.* **1 - porter, mettre en terre** · ensevelir · inhumer · **2 - enfouir** · cacher · **3 - étouffer** · passer sous silence · **4 - abandonner** · renoncer à · mettre au rancart *fam.* · **5 - anéantir** · détruire

⋙ **s'enterrer** *v.pron.* **se retirer** · se cacher · se confiner · s'isoler

entêtant, e *adj.* **1 - enivrant** · capiteux · grisant · **2 - obsédant**

entêté, e *adj. et n.* **1 - têtu** · buté · cabochard *fam.* · tête de cochon *fam.* · tête de mule *fam.* · tête de pioche *fam.* · **2 - obstiné** · acharné · opiniâtre · persévérant · tenace · volontaire

entêtement *n.m.* 1 - **acharnement** · obstination · opiniâtreté · persévérance · persistance · ténacité · 2 - [péj.] **aveuglement**

entêter *v.tr.* **étourdir** · griser · monter à la tête de

»» **s'entêter** *v.pron.* **s'acharner** · s'obstiner · persévérer · s'opiniâtrer *littér.* · se buter *péj.*

enthousiasmant, e *adj.* · exaltant · grisant · passionnant · emballant *fam.*

enthousiasme *n.m.* 1 - **admiration** · coup de cœur, de foudre · émerveillement · engouement · ravissement · emballement *fam.* · 2 - **ardeur** · chaleur · empressement · entrain · entraînement · exaltation · excitation · ferveur · feu · flamme · fougue · passion · zèle · emballement *fam.* · 3 - **plaisir** · allégresse · joie · 4 - **lyrisme** · inspiration

enthousiasmer *v.tr.* 1 - **remplir d'admiration** · captiver · enivrer · ravir · botter *fam.* · emballer *fam.* · 2 - **passionner** · électriser · embraser · enflammer · exalter · fanatiser · galvaniser · griser · soulever · transporter

»» **s'enthousiasmer** *v.pron.* 1 - **se passionner** · admirer · s'engouer *littér.* · 2 - **s'enflammer** · s'exalter · s'exciter · s'emballer *fam.* · se toquer *fam.*

enthousiaste *adj.* 1 - **passionné** · ardent · chaud *(avant nom)* · fanatique · fervent · 2 - **chaleureux** · cordial · [applaudissements] frénétique · à tout rompre · [éloge] enflammé · lyrique · 3 - **exalté** · excité · en délire · transporté

entiché, e *adj.* · épris · féru · fou · passionné · toqué *fam.* · imbu *péj.*

enticher de (s') *v.pron.* 1 - **s'enthousiasmer pour** · s'enflammer pour · s'engouer de · se passionner pour · s'emballer pour *fam.* · se toquer de *fam.* · 2 - **s'éprendre de** · tomber amoureux de · s'amouracher de *fam.* · tomber en amour avec *Québec*

[1]**entier, -ière** *adj.* 1 - **complet** · inentamé · intact · intégral · total · [liste] exhaustif · 2 - **parfait** · absolu · franc · plein · plénier · pur · sans réserve · 3 - **catégorique** · absolu · entêté · intransigeant · intraitable · obstiné · opiniâtre · têtu · tout d'une pièce · à tout crin · 4 - **indemne** · intact · sain et sauf

~ **complet**

[2]**entier** *n.m.* **globalité** · ensemble · intégralité · totalité

✦ **en entier** dans son intégralité · complètement · en bloc · dans son intégrité · entièrement · intégralement · totalement

entièrement *adv.* 1 - **parfaitement** · absolument · à cent pour cent · complètement · pleinement · sans partage · sans réserve · sans restriction · totalement · tout à fait · 2 - **intégralement** · complètement · de A à Z · de fond en comble · de point en point · dans sa totalité · dans son entier · du tout au tout · en entier · sur toute la ligne

entité *n.f.* 1 - **élément** · objet · unité · 2 - [Philo.] **essence** · nature (simple)

entorse *n.f.* 1 - **foulure** · luxation · 2 - **infraction** · accroc · atteinte · contravention · manquement · violation

entortiller *v.tr.* 1 - **envelopper** · enrober · 2 - **attacher** · nouer · 3 - **circonvenir** · enjôler · séduire · avoir *fam.* · emberlificoter *fam.* ·

embobiner *fam.* · rouler (dans la farine) *fam.* · **4 - embrouiller** · compliquer · emberlificoter *fam.*

⋙ **s'entortiller** *v.pron.* **1 - s'enrouler** · s'envelopper · **2 - s'embarrasser** · s'embrouiller · s'emmêler · s'emberlificoter *fam.* · se prendre les pieds dans le tapis *fam.*

entourage *n.m.* **1 - cercle** · compagnie · milieu · proches · société · voisinage · **2 - bordure** · bord · cadre · encadrement

entouré, e *adj.* **1 - recherché** · admiré · **2 - aidé** · soutenu

entourer *v.tr.*
I 1 - encercler · border · ceinturer · cerner · circonscrire · encadrer · encaisser · enceindre · enclaver · enserrer · environner · ceindre *littér.* · **2 - clôturer** · clore · enclore · enfermer · fermer · **3 - envelopper** · enrober · s'enrouler autour de · **4 - baigner** · auréoler · nimber · **5 - approcher** · s'empresser auprès de, autour de · se presser autour · se ranger autour
II 1 - choyer · combler · être aux petits soins pour · s'occuper de · soutenir · **2 - fréquenter** · accompagner

entourer, environner, enceindre, enclore

L'idée de garnir un lieu, un objet de quelque chose qui en fait le tour réunit ces verbes. **Entourer** a la valeur la plus large. Il s'emploie à propos d'une personne *(entourer quelqu'un de ses bras)*, d'une partie du corps *(une auréole entoure la tête du saint)* ou d'un lieu *(un mur entoure la cour)*. Les autres verbes concernent surtout des lieux. **Environner** est employé aujourd'hui essentiellement au passif à propos d'un lieu *(un village environné de champs)* ou d'une personne *(toujours environné de flatteurs)*. **Enceindre** est archaïque même au passif *(une ville enceinte de hautes murailles)*, à cause de l'homonymie avec enceinte *(une femme enceinte)*. Seul **enclore** reste en usage *(enclore un jardin d'un grillage)*, moins courant cependant que son dérivé **enclos**.

entourloupette *n.f.* · mauvais tour · crasse *fam.* · entourloupe *fam.* · saloperie *très fam.* · vacherie *fam.*

entracte *n.m.* **1 - interruption** · pause · **2 - interlude** · divertissement · intermède · intermezzo

entraide *n.f.* · solidarité · secours (mutuel)

entraider (s') *v.pron.* · s'épauler · se soutenir · se serrer les coudes *fam.*

entrailles *n.f.pl.* **1 - boyaux** · abats · intestins · tripes · viscères · brouailles *rare* · **2 - sein** · flancs
intestins

entrain *n.m.* **1 - allant** · activité · ardeur · chaleur · cœur · enthousiasme · feu · fougue · gaieté · joie (de vivre) · pétulance · vie · vitalité · vivacité · zèle · **2 - animation** · vie · vivacité

✦ **avec entrain** avec brio · gaiement · rondement

entraînant, e *adj.* **1 - rythmé** · dansant · **2 - convaincant** · éloquent

entraînement *n.m.*
I exercice · habitude · pratique · préparation · training
II 1 - force · courant · élan · enchaînement · engrenage · impulsion · **2 - feu** · chaleur · enthousiasme · exaltation · passion · emballement *fam.*
III transmission

entraîner *v.tr.* **1 - emporter** · arracher · balayer · charrier · enlever · **2 - conduire** · attirer · emmener · guider · mener · pousser · tirer · traîner · **3 - captiver** · charmer · conquérir · galvaniser · séduire · soulever · transporter · emballer *fam.* · embarquer *fam.* · **4 - causer** · amener · appeler · apporter · commander · comporter · déclencher · engendrer · impliquer · occasionner · produire · provoquer · être à l'origine de · **5 - exercer** · aguerrir · diriger · dresser · endurcir · familiariser · former · habituer · préparer

✦ **entraîner à** **amener à** · conduire à · convaincre de · décider à · déterminer à · engager à · inciter à · persuader de · porter à · pousser à

⋙ **s'entraîner** *v.pron.* s'exercer · apprendre · faire des gammes · se faire la main *fam.*

entraîneur, -euse *n.* **1 - instructeur** · coach · manager · moniteur · **2 - chef** · animateur · conducteur · meneur

entrave *n.f.* **1 - obstacle** · empêchement · frein · gêne · **2 - attache** · chaîne · fer · lien · **3 - assujettissement** · contrainte · joug · chaînes *littér.*

entraver *v.tr.* **1 - attacher** · empêtrer · **2 - contrarier** · arrêter · embarrasser · empêcher · enrayer · freiner · gêner · faire de l'obstruction à · s'opposer à · mettre des bâtons dans les roues de *fam.*

entrebâillement *n.m.* · ouverture · entrebâillure

entrebâiller *v.tr.* · entrouvrir · ouvrir

entrechat *n.m.* · cabriole · gambade · saut

entrechoquement *n.m.* · collision · heurt · entrechoc *littér.*

entrechoquer (s') *v.pron.* · se heurter · se percuter · se tamponner

entrecoupé, e *adj.* **1 - saccadé** · heurté · **2 - intermittent**

entrecouper *v.tr.* **1 - entremêler** · entrelarder · larder · **2 - couper** · hacher

⋙ **s'entrecouper** *v.pron.* **se couper** · se croiser

entrecroiser *v.tr.* · entrelacer · entremêler

entre-déchirer (s') *v.pron.* · s'entre-détruire · s'entre-dévorer

entrée *n.f.*
I 1 - hall · antichambre · vestibule · **2 - seuil** · porte · orée · **3 - ouverture** · accès · bouche · embouchure · orifice
II place · billet
III début · hors-d'œuvre
IV 1 - apparition · arrivée · irruption · **2 - admission** · intégration · introduction · réception · adhésion · affiliation · **3 -** [Inform.] **input**
V [de dictionnaire] **adresse** · mot-vedette

✦ **entrée en matière** introduction · amorce · commencement · début · exorde · préambule · préliminaires

✦ **d'entrée (de jeu)** d'emblée · aussitôt · immédiatement · [attaquer] bille en tête *fam.*

⤳ **hall**

entrefaites (sur ces) *loc. adv.* · à ce moment · (c'est) alors (que) · là-dessus · mais voilà que · sur ce · voilà-t-il pas que *fam.*

entregent *n.m.* · doigté · adresse · diplomatie · habileté · savoir-faire · tact

entrelacement *n.m.* **1 - entrecroisement** · enchevêtrement · entrelacs · lacis · réseau · **2 - labyrinthe** · dédale · écheveau · jungle

entrelacer *v.tr.* **entrecroiser** · entremêler · mélanger · natter · tisser · tresser

⋙ **s'entrelacer** *v.pron.* **s'entrecroiser** · se confondre · s'enchevêtrer · s'entremêler · se mêler

entrelarder *v.tr.* **1 - larder** · **2 - insérer** · entrecouper · entremêler · farcir · parsemer

entremêler *v.tr.* **1 - mélanger** · mêler · **2 - entrecroiser** · entrelacer · enchevêtrer · **3 - entrecouper** · entrelarder · larder · parsemer

entremets *n.m.* · dessert

entremetteur, -euse

▪ *n.* [vieux] **intermédiaire** · médiateur · truchement *littér.*

▪ *n.f.* [péj.] **marieuse** · maquerelle *péj.*

entremettre (s') *v.pron.* **1 - intervenir** · intercéder · **2 - s'immiscer** · s'ingérer · se mêler

entremise *n.f.* · médiation · arbitrage · bons offices · intercession · interposition · intervention

✦ **par l'entremise de** par l'intermédiaire de · par le canal de · par la voie de · via · par le truchement de

entreposer *v tr* · stocker · emmagasiner

entrepôt *n.m.* · dépôt · halle · hangar · magasin · réserve · resserre

entreprenant, e *adj.* **1 - actif** · dynamique · audacieux · hardi · téméraire · **2 - galant** · hardi

entreprendre *v.tr.* **1 - commencer** · amorcer · attaquer · déclencher · démarrer · enclencher · engager · entamer · initier · intenter · mettre sur le métier · se mettre à · s'atteler à · avoir, prendre l'initiative de · montrer, ouvrir la voie de · **2 -** [de faire qqch.] **se disposer à** · essayer de · se proposer de · tenter de · **3 -** [sans complément] **agir** · oser · prendre des risques · **4 -** [vieux] **baratiner** *fam.* · draguer *fam.*

entrepreneur, -euse *n.* **1 - constructeur** · **2 - patron** · chef d'entreprise

entreprise *n.f.* **1 - société** · affaire · commerce · établissement · exploitation · firme · industrie · négoce · usine · **2 - œuvre** · action · affaire · opération · ouvrage · projet · travail · **3 - essai** · tentative · **4 - aventure** · équipée

entrer *v.intr.* **aller** · s'introduire · se couler · s'engager · s'engouffrer · s'enfoncer · faire irruption · se faufiler · se glisser · s'infiltrer · s'insinuer · pénétrer · rentrer · se plonger · venir

✦ **entrer dans** **1 - percuter** · heurter · rentrer dans · tamponner · **2 - adhérer à** · s'engager dans · s'allier à · s'inscrire à · participer à · **3 - faire partie de** · être compris dans · s'inscrire dans

✦ **faire entrer** **1 - introduire** · importer · passer · rentrer · **2 - insérer** · enfoncer · engager · ficher · introduire · mettre · planter · **3 - initier** · introduire

✦ **entrer en scène** apparaître · entrer en jeu · intervenir · se manifester

entretenir *v.tr.* **1 - maintenir** · alimenter · conserver · garder · prolonger · **2 - exercer** · **3 - tenir** ·

soigner ·. **4 - cultiver** · soigner · **5 - couver** · caresser · nourrir · **6 - faire vivre** · avoir à (sa) charge · se charger de · nourrir · pourvoir, subvenir aux besoins de

»» **s'entretenir** *v.pron.* **1 - se maintenir** · se conserver · **2 - converser** · bavarder · causer · conférer · deviser · dialoguer · discuter · parlementer · parler

entretenu, e *adj.*

✦ **bien, parfaitement entretenu** propre · bien tenu · net · soigné · nickel (chrome) *fam.*

entretien *n.m.* **1 - entrevue** · audience · interview · rendez-vous · [particulier] tête-à-tête · **2 - conversation** · causerie · conciliabule · dialogue · discussion · **3 - conservation** · maintenance

»» **entretiens** *plur.* · conférence · colloque · sommet

entrevoir *v.tr.* **1 - apercevoir** · entrapercevoir · distinguer · **2 - pressentir** · deviner · percevoir · présager · prévoir · soupçonner · subodorer

entrevue *n.f.* **1 - entretien** · audience · conversation · discussion · interview · [en particulier] tête-à-tête · **2 - rencontre** · rendez-vous · visite

rencontre

entrouvert, e *adj.* · entrebâillé

entrouvrir *v.tr.* **entrebâiller** · séparer

»» **s'entrouvrir** *v.pron.* **1 - s'écarter** · **2 - se fendre** · se déchirer

énumération *n.f.* **1 - décompte** · compte · dénombrement · recensement · **2 - liste** · catalogue · détail · inventaire · répertoire · table · tableau

énumérer *v.tr.* · décompter · analyser · citer · compter · dénombrer · détailler · inventorier · recenser

envahir *v.tr.*
I conquérir · s'emparer de · entrer dans · se rendre maître de · occuper · prendre (d'assaut) · subjuguer
II 1 - déborder sur · empiéter sur · s'étendre à, sur · **2 - inonder** · recouvrir · se répandre dans · **3 - couvrir** · remplir · **4 - infester** · proliférer dans · pulluler dans
III 1 - [émotion] **gagner** · emplir · submerger · **2 -** [idée] **se propager dans** · se communiquer à · gagner

envahissant, e *adj.* **1 - accaparant** · dévorant · exigeant · **2 - importun** · indiscret · collant *fam.* · **3 - débordant** · impérieux · pressant

envahissement *n.m.* **1 - invasion** · conquête · occupation · **2 - assaut** · débordement · incursion · irruption · poussée · **3 - emprise** · empiétement

envahisseur, -euse *n.* · occupant · oppresseur

envaser *v.tr.* · embourber · enliser · échouer

enveloppe *n.f.*
I 1 - étui · chape · contenant · écrin · fourreau · gaine · housse · **2 - pli** · **3 - membrane** · capsule · gangue · peau · sac · tunique
II apparence · aspect · dehors · écorce · extérieur · façade · semblant
III 1 - budget · compte · crédit · **2 - dessous-de-table** · commission · gratification · pot-de-vin · bakchich *fam.*

envelopper *v.tr.*
I 1 - **emballer** · empaqueter · enrober · 2 - **draper** · bander · emmailloter · emmitoufler · entourer · nouer · rouler · 3 - **couvrir** · entourer · recouvrir · 4 - **baigner** · auréoler · encadrer · 5 - **cacher** · déguiser · dissimuler · emballer · enrober · farder · voiler
II **englober** · comprendre · impliquer · inclure
III [Milit.] **cerner** · assiéger · encercler · investir

»» **s'envelopper** *v.pron.* **se draper** · se murer · se retrancher

envenimer *v.tr.* 1 - **infecter** · enflammer · irriter · 2 - **aggraver** · attiser · aviver · enflammer · exaspérer · enfieller *rare*

✦ **envenimer les choses** verser de l'huile sur le feu

»» **s'envenimer** *v.pron.* **se gâter** · s'aggraver · aller de mal en pis · dégénérer · se dégrader · se détériorer · empirer

envergure *n.f.* 1 - **largeur** · ampleur · dimension · étendue · importance · rayon · 2 - **classe** · calibre · carrure · étoffe · poids · qualité · stature · surface · trempe · 3 - **développement** · extension · portée

1**envers** *prép.* **pour** · à l'égard de · avec · à l'endroit de *littér.*

✦ **envers et contre tout** contre vents et marées

2**envers** *n.m.* 1 - **derrière** · dos · revers · verso · 2 - **contraire** · inverse · opposé · 3 - **revers** · contrepartie · rançon

✦ **à l'envers** 1 - **à rebours** · à contrefil · à contresens · à contre-poil · à rebrousse-poil · dans le mauvais sens · 2 - **à reculons** · en arrière · 3 - **de travers** · 4 - **en désordre** · en pagaille · 5 - **chaviré** · tourneboulé *fam.*

enviable *adj.* · désirable · souhaitable · tentant

envie *n.f.* 1 - **désir** · besoin · faim · goût · inclination · soif · appétence *littér.* · 2 - **convoitise** · tentation · 3 - **caprice** · fantaisie · goût · lubie · gré · humeur · 4 - **jalousie** · 5 - **tache de vin**

✦ **avoir envie de** désirer · convoiter · souhaiter · guigner *fam.* · lorgner *fam.* · loucher sur *fam.*

✦ **faire envie à** tenter · allécher · botter *fam.* · chanter à *fam.*

envier *v.tr.* 1 - **jalouser** · 2 - **convoiter** · désirer · soupirer après · guigner *fam.* · lorgner *fam.* · loucher sur *fam.* · reluquer *fam.* · soupirer après *littér.*

envieux, -ieuse *adj.* 1 - **jaloux** · 2 - **avide** · désireux

environ *prép., adv.* · à peu près · approximativement · grosso modo · presque · dans les *fam.* · en gros *fam.* · à la louche *fam.* · à vue de nez *fam.*

environnant, e *adj.* 1 - **proche** · avoisinant · voisin · circonvoisin *littér.* · 2 - **ambiant**

environnement *n.m.* 1 - **cadre** (de vie) · milieu · situation · 2 - **ambiance** · atmosphère · cadre · entourage · milieu · 3 - **nature** · écologie

environner *v.tr.* · entourer · cerner · enceindre · encercler · encadrer · enclore · enfermer · envelopper
⁓ **entourer**

environs *n.m.pl.* **abords** · parage · voisinage

✦ **aux environs** à proximité · dans le voisinage

✦ **aux environs de** 1 – vers · du côté de · 2 – **approximativement**

envisageable *adj.* · possible · concevable · imaginable · pensable · réalisable

envisager *v.tr.* 1 – **considérer** · examiner · imaginer · passer en revue · penser à · peser · réfléchir à · 2 – **regarder** · contempler · voir · 3 – [vieux] **dévisager** · fixer

✦ **envisager de** projeter de · se disposer à · penser à · songer à · avoir dans l'idée de *fam.*

envoi *n.m.* 1 – **expédition** · colis · courrier · paquet · 2 – **dédicace** · hommage

envol *n.m.* 1 – **départ** · essor · 2 – **décollage**

envolée *n.f.* 1 – **envol** · vol · 2 – **élan** · mouvement · 3 – **développement** · essor • [des prix] escalade · flambée

envoler (s') *v.pron.*
I 1 – **décoller** · partir · 2 – **se disperser** · voler · 3 – **s'élancer** · s'élever · monter · 4 – [prix] **flamber** · décoller
II 1 – **se dissiper** · s'anéantir · s'écouler · s'effacer · s'enfuir · s'estomper · passer · se perdre · 2 – [fam.] **partir** · s'en aller · disparaître · s'éclipser · s'enfuir · s'évader · s'évanouir · s'évaporer

envoûtant, e *adj.* · fascinant · captivant · ensorcelant · magnétique · prenant

envoûtement *n.m.* 1 – **ensorcellement** · charme · enchantement · maléfice · sortilège · 2 – **magnétisme** · hypnotisme · 3 – **fascination** · charme · séduction

envoûter *v.tr.* 1 – **ensorceler** · jeter un sort sur · 2 – **dominer** · assujettir · posséder · 3 – **captiver** · charmer · enchanter · ensorceler · fasciner · séduire · subjuguer

envoûteur, -euse *n.* 1 – **sorcier** · mage · magicien · 2 – **charmeur** · séducteur

envoyé, e *n.* **représentant** · agent · ambassadeur · délégué · diplomate · émissaire · mandataire · messager · missionnaire · plénipotentiaire

✦ **envoyé spécial** correspondant

envoyer *v.tr.*
I 1 – **transmettre** · adresser · expédier · poster · 2 – **déléguer** · dépêcher · détacher
II 1 – **jeter** · décocher · lancer · projeter · balancer *fam.* · 2 – **appliquer** · décocher · donner · allonger *fam.* · coller *fam.* · ficher *fam.* · filer *fam.* · flanquer *fam.*
III [couleurs] **hisser**

✦ **envoyer promener, paître, péter, sur les roses** *fam.* **chasser** · congédier · éconduire · rabrouer · refuser · renvoyer · repousser · rembarrer *fam.*

»» **s'envoyer** *v.pron.* 1 – [fam.] **faire** · s'appuyer *fam.* · se coltiner *fam.* · s'enfiler *fam.* · se farcir *fam.* · 2 – [fam.] **coucher avec** · se faire *fam.* · baiser *très fam.* · enfiler *très fam.* · sauter *fam.* · se taper *fam.*

✦ **s'envoyer en l'air** jouir · prendre son pied *fam.*

épais, -aisse *adj.* 1 – **consistant** · dur · fort · grossier · 2 – **pâteux** · gluant · sirupeux · visqueux · 3 – **fourni** · abondant · dense · dru · impénétrable · profond · serré · touffu · 4 – **opaque** · compact · dense · profond • [brouillard] à couper au couteau *fam.* · 5 – **corpulent** ·

carré · courtaud · empâté · enveloppé · fort · gras · gros · lourd · massif · râblé · ramassé · trapu · mastoc *fam.* · **6 - obtus** · crasse · grossier · lent · lourd · pesant

épaisseur *n.f.* **1 - couche** · **2 - consistance** · compacité · densité · opacité · profondeur · **3 - étendue** · profondeur · **4 - empâtement** · corpulence · grosseur · **5 - lenteur** · lourdeur

épaissir

▪ *v.tr.* **1 - renforcer** · **2 - faire grossir** · alourdir · arrondir · **3 - solidifier** · faire prendre · conglutiner · figer · lier · réduire

▪ *v.intr.* **engraisser** · s'alourdir · s'empâter · forcir · grossir · prendre de l'embonpoint · se remplumer *fam.*

épanchement *n.m.* **1 - écoulement** · déversement · effusion · **2 - effusion** · abandon · aveu · confidence · déboutonnage · expansion

épancher *v.tr.* **confier** · débonder · décharger · découvrir · déverser · exprimer · exhaler · libérer · livrer · ouvrir · répandre · révéler · soulager

⋙ **s'épancher** *v.pron.* **parler** · s'abandonner · se confier · se déboutonner · se débonder · se livrer · s'ouvrir · ouvrir son cœur · vider son sac *fam.*

épandre *v.tr.* **1 - étaler** · disperser · éparpiller · répandre · **2 -** [vieux ou littér.] **émettre** · jeter · prodiguer · semer · verser

épanoui, e *adj.* **1 - gai** · joyeux · radieux · réjoui · **2 - équilibré** · sain · bien dans sa peau · bien dans ses baskets *fam.*

épanouir *v.tr.* **1 - dérider** · détendre · réjouir · **2 - déployer** · étaler · étendre

⋙ **s'épanouir** *v.pron.* **1 - éclore** · fleurir · se déployer · s'ouvrir · **2 - s'évaser** · **3 - s'éclairer** · se dérider · s'illuminer · **4 - s'accomplir** · s'affirmer · se réaliser · prendre toute sa dimension

épanouissement *n.m.* **1 - éclosion** · efflorescence · floraison · **2 - ampleur** · plénitude · **3 - éclat** · plénitude · rayonnement · splendeur · **4 - accomplissement**

épargne *n.f.* **1 - économies** · réserve · bas de laine *fam.* · magot *fam.* · tirelire *fam.* · **2 - thésaurisation** · capitalisation · **3 - parcimonie** · économie

épargner *v.tr.* **1 - économiser** · mettre de côté · accumuler · entasser · thésauriser · mettre à gauche *vieux* · **2 - compter** · ménager · lésiner sur *péj.* · **3 - ménager** · respecter · **4 - gracier** · sauver · faire grâce à · **5 -** [qqch. à qqn] dispenser de · décharger de · dégager de · éviter à · exempter de · exonérer de · faire grâce à ... de · garantir de · libérer de · préserver de

éparpillement *n.m.* **1 - dispersion** · dissémination · **2 - désordre** · fatras · fouillis · **3 - dissipation** · dispersion · émiettement

éparpiller *v.tr.* **1 - disperser** · disséminer · émietter · épandre · étaler · étendre · répandre · semer · **2 - dissiper** · distribuer · gaspiller

⋙ **s'éparpiller** *v.pron.* **1 - s'égailler** · se disperser · **2 - s'égarer** · se disperser · papillonner

épars, e *adj.* · éparpillé · clairsemé · dispersé

épatant, e *adj.* · sensationnel · formidable · merveilleux · chouette *fam.* · extra *fam.* · génial *fam.* · super *fam.* · terrible *fam.*

épate *n.f.* **ostentation** · bluff · chiqué *fam.* · esbroufe *fam.* · frime *fam.*
✦ **à l'épate** au bluff · à l'esbroufe *fam.*

épaté, e *adj.* 1 - **impressionné** · ahuri · ébahi · époustouflé · étonné · stupéfait · surpris · scié *fam.* · soufflé *fam.* · 2 - **camus** · aplati · écrasé

épater *v.tr.* · impressionner · ahurir · ébahir · étonner · en imposer à · stupéfier · surprendre · en mettre plein la vue à *fam.* · décoiffer *fam.* · en boucher un coin à *fam.* · scier *fam.* · souffler *fam.*

épauler *v.tr.* 1 - **aider** · assister · seconder · soutenir · 2 - **appuyer** · recommander

épaulette *n.f.* 1 - **bretelle** · 2 - **padding** · 3 - **galon**

épave *n.f.* · débris · déchet · loque · ruine

épée *n.f.* · fer · glaive · rapière *plaisant*

éperdu, e *adj.* 1 - **bouleversé** · affolé · agité · désespéré · égaré · ému · retourné · 2 - **transporté** · enivré · fou · ivre · 3 - **extrême** · enragé · exalté · fou · frénétique · furieux · intense · passionné · vif · violent

éperdument *adv.* 1 - **complètement** · entièrement · totalement · 2 - **passionnément** · follement

éperon *n.m.* 1 - **pointe** · aiguille · dent · 2 - **aiguillon** · stimulant · 3 - [Archit., Naut.] **rostre**

éperonner *v.tr.* · aiguillonner · exciter · fouetter · piquer · stimuler

éphèbe *n.m.* · adonis · apollon · damoiseau · jouvenceau

éphémère *adj.* 1 - **fugitif** · bref · court · rapide · 2 - **temporaire** · momentané · de passage · passager · provisoire · 3 - **fragile** · fugace · périssable · précaire

éphéméride *n.f.* · almanach · calendrier · [du Bureau des longitudes] Connaissance des Temps
→ **calendrier**

épi *n.m.* **touffe**
✦ **en épi** obliquement

épice *n.f.* · aromate · condiment

épicé, e *adj.* 1 - **relevé** · assaisonné · échauffant · fort · pimenté · poivré · [trop] qui arrache la gueule *très fam.* · 2 - **gaillard** · coquin · corsé · gaulois · grivois · leste · licencieux · osé · piquant · salé · cochon *fam.*

épicer *v.tr.* · relever · pimenter

épicerie *n.f.* · alimentation générale · [qui reste ouverte tard] dépanneur *Québec*

épicurien, -ienne *adj. et n.* · bon vivant · hédoniste · jouisseur · sensuel · voluptueux · sybarite *littér.* · pourceau *littér., vieilli*

épicurisme *n.m.* · hédonisme · sybaritisme *littér.*

épiderme *n.m.* 1 - **peau** · 2 - [Bot.] **épicarpe**

épidermique *adj.* 1 - **cutané** · 2 - **superficiel** · à fleur de peau · 3 - **instinctif** · irréfléchi · réflexe · spontané · viscéral · tripal *fam.*

épier *v.tr.* 1 - **observer** · être à l'affût de · espionner · guetter · guigner · lorgner · scruter ·

surveiller · 2 – [sans complément] **faire le guet** · faire sentinelle · être aux aguets · être à l'affut · monter la garde · être en planque *argot policier* · planquer *argot policier*

épieu *n.m.* · lance · pique

épigramme *n.f.* · moquerie · flèche · bon mot · pointe · quolibet · raillerie · sarcasme · satire · trait · brocard *littér.* · lazzi *littér.*

épigraphe *n.f.* · inscription · exergue

épilogue *n.m.* **1 – dénouement** · fin · **2 – conclusion** · péroraison

épiloguer sur *v.tr.ind.* **1 – discourir sur** · disserter sur · gloser sur · palabrer sur · **2 – chicaner sur** · ergoter sur · trouver à redire à

épine *n.f.* **aiguille** · aiguillon · piquant *fam.*

✦ **épine dorsale** colonne vertébrale · rachis · échine *fam.*

épineux, -euse *adj.* · délicat · ardu · difficile · embarrassant

épingler *v.tr.* **1 – attacher** · accrocher · agrafer · **2 – stigmatiser** · montrer du doigt · **3 –** [fam.] **appréhender** · arrêter · attraper · alpaguer *fam.* · cueillir *fam.* · pincer *fam.* · piquer *fam.*

épique *adj.* **1 – héroïque** · **2 – homérique** · **3 – animé** · mouvementé

épisode *n.m.* **1 – moment** · acte · page · partie · phase · époque · **2 – fait** · aventure · circonstance · événement · incident · péripétie

épisodique *adj.* **1 – intermittent** · sporadique · **2 –** [littér.] **anecdotique** · accessoire · contingent · marginal · de passage · secondaire

épisodiquement *adv.* · de temps en temps · de façon intermittente · de temps à autre · sporadiquement

épithète *n.f.* · qualificatif

épître *n.f.* · lettre · missive
➳ **lettre**

épizootique *adj.* · épidémique

éploré, e *adj.* **1 – en larmes** · en pleurs · larmoyant · **2 – affligé** · désolé · triste

épluchage *n.m.* **1 – épluchement** *vieux* · pluches *fam.* · **2 – examen** · analyse · contrôle · décorticage

éplucher *v.tr.* **1 – peler** · décortiquer · écaler · écosser · dépiauter *fam.* · **2 – étudier** · contrôler · critiquer · décortiquer · dépecer · détailler · disséquer · examiner · inspecter · passer au crible · scruter

éplucher, peler

Éplucher et **peler** concernent tous deux l'action d'ôter les parties le plus souvent non comestibles de fruits et de légumes. Cependant, on réserve **peler** quand on parle de la partie superficielle – la peau – du fruit, du légume *(peler une pomme, des oignons, des asperges)* ou d'un autre aliment *(peler un fromage)*. Dans les autres cas, seul **éplucher**, de valeur plus générale, est possible *(éplucher de la salade, des noix)*.

épluchure *n.f.* · peau · pelure · déchet

éponger *v.tr.* **1 – essuyer** · **2 – absorber** · étancher · **3 – payer** · s'acquitter de · résorber

épopée *n.f.* **1 – poème épique** · poème héroïque · chanson de geste · **2 – aventure** · odyssée

époque *n.f.* 1 – **période** · âge · division · ère · étape · règne · siècle · 2 – **temps** · date · moment · saison

✦ **à notre époque** aujourd'hui · de nos jours · par les temps qui courent *fam.*

époumoner (s') *v.pron.* · crier · s'égosiller · hurler · tonitruer · brailler *fam.* · gueuler *très fam.*

épousailles *n.f.pl.* · noces · mariage

épouse *n.f.* · femme · compagne · dame *pop.* · bourgeoise *pop.* · dulcinée *fam., souvent plaisant* · légitime *fam.* · moitié *fam.* · bobonne *fam., péj.*

épouser *v.tr.* 1 – **se marier avec** · s'unir à · marier *Belgique* · passer la bague au doigt de *fam.* · 2 – **partager** · s'attacher à · embrasser · prendre parti pour · soutenir · 3 – **mouler** · gainer · serrer · suivre

»» **s'épouser** *v.pron.* se marier · convoler en justes noces *vieux ou plaisant*

❧ se marier

épousseter *v.tr.* · dépoussiérer · essuyer · nettoyer

époustouflant, e *adj.* · étonnant · étourdissant · extraordinaire · fantastique · à couper le souffle · formidable · inouï · prodigieux · stupéfiant · bluffant *fam.* · décoiffant *fam.* · sidérant *fam.* · soufflant *fam.* · suffocant *fam.*

époustoufler *v.tr.* · abasourdir · couper le souffle à · étonner · méduser · stupéfier · décoiffer *fam.* · épater *fam.* · estomaquer *fam.* · souffler *fam.*

épouvantable *adj.* 1 – **effrayant** · apocalyptique · effroyable · horrible · horrifiant · terrible · terrifiant · 2 – **abominable** · affreux · atroce · cruel · odieux · monstrueux · révoltant · scandaleux · 3 – **mauvais** · catastrophique · 4 – **détestable** · ignoble · infernal · insupportable · intolérable · 5 – **énorme** · extraordinaire · extrême · formidable · phénoménal

❧ effrayant

épouvantablement *adv.* · abominablement · affreusement · atrocement · effroyablement · extrêmement · horriblement · terriblement

épouvantail *n.m.* · menace · fantôme · spectre

épouvante *n.f.* · terreur · affolement · effroi · frayeur · horreur · panique · épouvantement *vieux*

épouvanter *v.tr.* 1 – **faire peur à** · affoler · angoisser · effrayer · faire fuir · horrifier · terrifier · terroriser · 2 – **abasourdir** · ahurir · atterrer · catastropher · effarer · stupéfier

époux *n.m.* 1 – **conjoint** · 2 – **mari** · compagnon · homme *fam.* · (chère) moitié *fam., plaisant*

éprendre de (s') *v.pron.* 1 – **tomber amoureux de** · s'attacher à · s'enticher de · s'amouracher de *fam.* · s'énamourer de *littér.* · se toquer de *fam.* · s'embéguiner de *vieux, fam.* · tomber en amour avec *Québec* · 2 – **se passionner pour** · s'engouer de · s'enthousiasmer pour · s'enticher de

épreuve *n.f.*

I 1 – **souffrance** · adversité · affliction · chagrin · détresse · douleur · malheur · peine · tourment · 2 – **mauvais moment** · calvaire · coup du sort · croix · purgatoire · revers de fortune · traversée du désert · traverse *littér.* · mauvais quart d'heure *fam.* · 3 – **attaque** · assaut · atteinte · coup · persécution

II 1 - examen · audition · composition · devoir · écrit · interrogation · oral · colle *fam.* · **2 - compétition** · challenge · critérium · match · rencontre

III 1 - reproduction · cliché · photographie · **2 - copie** · morasse · placard

IV critère · pierre de touche

V essai · expérience · expérimentation · test

✦ **à toute épreuve** solide · inébranlable · résistant

✦ **mettre à l'épreuve** éprouver · essayer · tester · vérifier

épris, e *adj.* **1 - amoureux** · entiché · mordu *fam.* · toqué *fam.* · **2 - passionné** · avide · féru · fou · séduit · mordu *fam.*

↝ **aimer**

éprouvant, e *adj.* · pénible · accablant · épuisant · éreintant · exténuant · fatigant · harassant · usant · crevant *fam.* · tuant *fam.*

éprouvé, e *adj.*

I 1 - certain · confirmé · sûr · vérifié · **2 - fidèle** · sûr · **3 - expert** · expérimenté

II atteint · ébranlé · marqué · touché

éprouver *v.tr.* **1 - ressentir** · concevoir · rencontrer · percevoir · sentir · vivre · goûter · **2 - endurer** · souffrir · subir · supporter · **3 - expérimenter** · essayer · mettre à l'épreuve · mettre en pratique · prendre la mesure de · tâter de · tester · vérifier · **4 - tenter** · hasarder · risquer · **5 - peiner** · atteindre · ébranler · frapper · marquer · secouer · toucher · **6 -** [littér.] **constater** · découvrir · observer · réaliser · reconnaître · se rendre compte de

éprouvette *n.f.* · tube (à essai)

épuisant, e *adj.* · éreintant · exténuant · fatigant · harassant · pénible · claquant *fam.* · crevant *fam.* · tuant *fam.*

épuisé, e *adj.* **1 - exténué** · à bout de souffle · à bout de course · anéanti · brisé (de fatigue) · à bout · éreinté · fourbu · harassé · moulu · claqué *fam.* · crevé *fam.* · flagada *fam.* · flapi *fam.* · mort *fam.* · raplapla *fam.* · rétamé *fam.* · vanné *fam.* · vidé *fam.* · sur la jante *fam.* · sur les genoux *fam.* · sur les rotules *fam.* · rendu *fam., vieilli* · recru *littér.* · rompu *littér.* · **2 - fini** · à sec · saigné à blanc · vidé

épuisement *n.m.* **1 - fatigue** · abattement · accablement · éreintement · exténuation · harassement · **2 - affaiblissement** · anémie · anéantissement · consomption · débilitation · débilité · délabrement · déperdition · dépérissement · étiolement · **3 - tarissement** · appauvrissement · assèchement · exhaustion · raréfaction

épuiser *v.tr.*

I 1 - fatiguer · anéantir · briser · démolir · éreinter · exténuer · harasser · user · claquer *fam.* · crever *fam.* · lessiver *fam.* · mettre à plat *fam.* · pomper *fam.* · tuer *fam.* · vanner *fam.* · vider *fam.* · rompre *littér.* · **2 -** [fam.] **excéder** · fatiguer · lasser · mettre à bout

II 1 - appauvrir · assécher · dessécher · mettre à sec · ruiner · saigner à blanc · sécher · stériliser · tarir · vider · **2 - absorber** · anéantir · consommer · dépenser · détruire · dévorer · terminer · user · venir à bout de · vider · **3 - écouler** · liquider

»» **s'épuiser** *v.pron.* **1 - s'user** · disparaître · **2 - s'écouler** · s'enlever · se vendre · **3 - s'échiner** · s'éreinter · se fatiguer · s'user · se tuer *fam.*

épuration *n.f.* **1 - purification** · affinage · assainissement · clarification · décantation · dépuration · filtrage · filtration · raffinage · **2 - affinement** · correction · nettoyage · toilettage · **3 - exclusion** · expulsion · nettoyage · purge · coup de balai *fam.*

épure *n.f.* · croquis · ébauche · esquisse · plan

épurer *v.tr.* **1 - assainir** · apurer · purger · purifier · [un liquide] clarifier · décanter · distiller · filtrer · raffiner · rectifier · **2 - améliorer** · affiner · châtier · dépouiller · nettoyer · parfaire · perfectionner · polir · purger · toiletter · **3 - censurer** · châtrer · couper · expurger · **4 - éliminer** · écarter · exclure · expulser · purger

équanimité *n.f.* · calme · flegme · impassibilité · indifférence · sang-froid · sérénité · tranquillité

équarrir *v.tr.* **1 - découper** · débiter · dépecer · **2 - tailler** · charpenter

équestre *adj.* · hippique

équilibre *n.m.* **1 - stabilité** · aplomb · assiette · **2 - balance** · égalité · **3 - harmonie** · accord · balancement · eurythmie · pondération · proportion · symétrie · **4 - santé mentale** · raison

équilibré, e *adj.* **1 - stable** · assuré · ferme · solide · **2 - proportionné** · bien bâti · harmonieux · balancé *fam.* · **3 - mesuré** · raisonnable · pondéré · sage · sain (d'esprit) · solide · épanoui · qui a la tête sur les épaules

équilibrer *v.tr.* **1 - compenser** · balancer · contrebalancer · contrepeser · corriger · égaler · équivaloir · neutraliser · pondérer · **2 - stabiliser** · **3 - harmoniser** · coordonner · répartir

équilibriste *n.* · acrobate · danseur de corde · fildeferiste · funambule

équipage *n.m.* **1 - escorte** · cortège · suite · **2 - attelage** · **3 -** [Naut., Aviat.] **personnel (navigant)** · **4 -** [vieux] **équipement** · attirail · bagage · matériel

équipe *n.f.* **1 - groupe** · bande · brigade · escouade · pool · **2 -** [Sport] **écurie**

équipée *n.f.* **1 - sortie** · promenade · randonnée · **2 - aventure** · écart (de conduite) · escapade · frasque · fredaine · fugue

équipement *n.m.* **1 - appareillage** · matériel · outillage · dotation · **2 - installation** · aménagement · **3 -** [Mar.] **armement** · **4 -** [Milit.] **matériel** · arme · armement · attirail · bagage · fourniment · barda *fam.* · bataclan *fam.* · fourbi *fam.* · équipage *vieux*

équiper *v.tr.* **1 - munir** · doter · garnir · nantir · pourvoir · **2 - aménager** · agencer · installer · monter · outiller · **3 -** [Mar.] **armer** · appareiller · fréter · gréer · **4 - développer** · industrialiser · moderniser

»» **s'équiper** *v.pron.* **1 - se munir** · s'armer · se doter · se pourvoir · **2 - se vêtir** · se mettre en tenue

équipier, -ière *n.* · partenaire · coéquipier · joueur

équitable *adj.* **1 - juste** · correct · **2 - impartial** · loyal · neutre · objectif · **3 - égal**

❧ juste

équitablement *adv.* · impartialement · justement

équité *n.f.* 1 - **droiture** · justice · 2 - **égalité** · impartialité

équivalence *n.f.* · égalité · homologie · identité

[1]**équivalent, e** *adj.* 1 - **égal** · 2 - **similaire** · comparable · identique · pareil · semblable · 3 - [mot, terme] **synonyme**

[2]**équivalent** *n.m.* 1 - **pareil** · semblable · 2 - **substitut** · synonyme · traduction

✦ **sans équivalent** sans pareil · sans égal · sans exemple · inégalé

équivaloir à *v.tr.ind.* 1 - **égaler** · équipoller · valoir autant que · 2 - **signifier** · correspondre à · représenter · revenir à

équivoque

▪ *adj.* 1 - **ambigu** · à double entente · à double sens · amphibologique · amphigourique · douteux · indécis · incertain · obscur · 2 - **douteux** · louche · suspect · 3 - **licencieux** · libidineux

▪ *n.f.* **ambiguïté** · amphibologie · malentendu · quiproquo

➳ **ambiguïté**

éradication *n.f.* 1 - **résorption** · disparition · suppression · 2 - **arrachement** · ablation · extirpation

éradiquer *v.tr.* · supprimer · arracher · extirper

érafler *v.tr.* 1 - **égratigner** · écorcher · érailler · griffer · 2 - **rayer**

éraflure *n.f.* · égratignure · écorchure · éraillure · excoriation · griffure

éraillé, e *adj.* · cassé · enroué · rauque · rocailleux · voilé

érailler *v.tr.* · égratigner · écorcher · érafler · griffer · rayer

ère *n.f.* · époque · âge · période · temps

érection *n.f.* [littér.] **édification** · construction · élévation

✦ **avoir une érection** bander *très fam.* · avoir la trique *très fam.*

éreintant, e *adj.* · épuisant · exténuant · fatigant · harassant · pénible · claquant *fam.* · crevant *fam.* · tuant *fam.*

éreinté, e *adj.* · exténué · anéanti · brisé (de fatigue) · à bout · éreinté · fourbu · harassé · las · moulu · claqué *fam.* · crevé *fam.* · flagada *fam.* · flapi *fam.* · mort *fam.* · raplapla *fam.* · rétamé *fam.* · vanné *fam.* · vidé *fam.* · sur les genoux *fam.* · sur les rotules *fam.* · rendu *fam., vieilli* · recru *littér.* · rompu *littér.*

éreintement *n.m.* 1 - **épuisement** · exténuation · fatigue · harassement · lassitude · 2 - **critique** · éreintage · démolissage *fam.* · descente (en flammes) *fam.*

éreinter *v.tr.* 1 - **épuiser** · briser · claquer *fam.* · crever *fam.* · esquinter · exténuer · fatiguer · harasser · pomper *fam.* · rompre *littér.* · tuer *fam.* · vanner *fam.* · vider *fam.* · 2 - **critiquer** · étriller · malmener · maltraiter · aplatir *fam.* · démolir *fam.* · descendre (en flammes) *fam.* · esquinter *fam.* · 3 - [vieilli] **rouer de coups** · rosser

éréthisme *n.m.* · énervement · exaltation · fièvre · passion · tension

ergotage *n.m.* · chicane · ergoterie *vieux*

ergoter *v. intr.* · argumenter · chicaner · discuter · discuter du sexe des anges · disputailler · épiloguer · chinoiser *fam.* · chipoter *fam.* · couper les cheveux en quatre *fam.* • discutailler *fam.* • pinailler *fam.* • enculer les mouches *très fam.* • ratiociner *littér.* • vétiller *littér.*

ergoteur, -euse *n. et adj.* • argumentateur • chicanier • pointilleux • discutailleur *fam.* • pinailleur *fam.* • ratiocineur *littér.* • vétilleux *littér.*

ériger *v.tr.* **1 - bâtir** • construire • dresser • édifier • élever • lever **2 - créer** • établir • fonder • instituer

⋙ **s'ériger en** *v.pron.* **agir comme** • se conduire comme, en • se poser en • se présenter comme • s'autoproclamer

ermite *n.m.* • anachorète • ascète • solitaire

éroder *v.tr.* **1 - ronger** • corroder • **2 - user** • affaiblir • dégrader • émousser • miner • saper

érosion *n.f.* **1 -** [Géog.] **ablation** • corrosion • désagrégation • usure • [de berges] affouillement • **2 - corrosion** • usure • **3 - baisse** • dégradation • dépréciation • détérioration • usure

érotique *adj.* **1 - amoureux** • **2 - sensuel** • sexuel • voluptueux **3 - excitant** • bandant *très fam.* • sexy *fam.* • torride *fam.* • **4 - pornographique** • cochon *fam.*

érotisme *n.m.* **1 - sexualité** • **2 - sensualité** • lascivité • volupté

errance *n.f.* **1 - déplacement** • course • voyage • **2 - flânerie** • promenade • vagabondage **3 - hésitation** • rêverie • vagabondage • erreur

errant, e *adj.* **1 - vagabond** • itinérant • nomade • **2 - abandonné** • égaré • perdu • vagabond • **3 - flottant** • fugitif • furtif • vague

erratique *adj.* • intermittent • ambulant • irrégulier

erre *n.f.* **1 -** [Mar.] **lancée** • **2 -** [vieux] **allure** • train • vitesse

errements *n.m.pl.* **1 - fautes** • aberrations • abus • dérèglement • écarts • égarements • erreurs • folies • péchés • **2 - hésitation** • divagation • errance • flottement • indécision • irrésolution

errer *v. intr.* **1 - aller à l'aventure** • aller et venir • battre le pavé • courir les champs, les rues • déambuler • flâner • marcher • se promener • vagabonder • rôder *péj.* • traînasser *péj., fam.* • traîner *péj.* • vadrouiller *fam.* • vaguer *littér.* • badauder *vieilli* • trimarder *fam., vieilli.* • **2 - s'égarer** • se perdre • dévier de son chemin • **3 - flotter** • passer • se promener • **4 -** [littér.] **se tromper** • divaguer

erreur *n.f.* **1 - faute** • ânerie • connerie *fam.* • **2 - confusion** • bévue • malentendu • méprise • quiproquo • **3 - impair** • bavure • faux pas • maladresse • boulette *fam.* • bourde *fam.* • gaffe *fam.* • **4 - inexactitude** • contresens • contre-vérité • fausseté • faux-sens • non-sens • perle • **5 - égarement** • débordement • dérèglement • écart • errements • extravagance • faute • folie • fourvoiement • péché • **6 - aberration** • absurdité • aveuglement • bêtise • préjugé • **7 - illusion** • fausse apparence • fausseté • mensonge

✦ **par erreur** par inadvertance • par mégarde

✦ **faire, commettre une erreur** se tromper • s'abuser • s'égarer • faire fausse route • se méprendre

✦ **induire en erreur** tromper • fourvoyer • blouser *fam.* • mener en bateau *fam.*

erreur, méprise, bévue

Erreur, méprise et bévue concernent les rapports du vrai et du faux. On parle d'erreur lorsqu'on tient pour vrai ce qui est faux, ou pour faux ce qui est vrai *(vous faites erreur, il y en avait quatre, pas cinq)*. Il y a **méprise** si l'on fait une erreur en prenant une personne pour une autre, une chose pour ce qu'elle n'est pas : « J'aime être aimé pour le bon motif et souffre de la louange si je sens qu'elle m'est octroyée par méprise » (Gide, *Si le grain ne meurt*, I, IX).
Bévue se dit d'une méprise grossière, due au manque d'attention ou à l'ignorance *(commettre une grosse, une énorme bévue)*.

erroné, e *adj.* **1 - fautif** · faux · incorrect · inexact · **2 - aberrant** · bancal · mal fondé

ersatz *n.m. invar.* · substitut · imitation · succédané

éructation *n.f.* · renvoi · rot *fam.*

éructer
▪ *v.intr.* **roter**
▪ *v.tr.* [péj.] **émettre** · lancer · vomir

érudit, e
▪ *adj.* **cultivé** · docte · instruit · lettré · savant
▪ *n.* **lettré** · mandarin · savant · puits de science

érudition *n.f.* · savoir · connaissance(s) · culture · science

éruption *n.f.* **1 - jaillissement** · débordement · explosion · **2 -** [Méd.] **poussée** · accès

esbroufe *n.f.* · parade · bluff · chiqué *fam.* · épate *fam.* · flafla *fam.* · frime *fam.* · poudre aux yeux

escabeau *n.m.* **1 - tabouret** · **2 - marchepied**

escadre *n.f.* · flotte · armada

escadron *n.m.* · bataillon · troupe · armée · régiment

escalade *n.f.* **1 - varappe** · grimpe · **2 - montée** · ascension

escalader *v.tr.* **1 - gravir** · grimper · monter · **2 - franchir** · enjamber · passer

escalator *n.m.* · escalier mécanique · escalier roulant

escale *n.f.* **1 - arrêt** · étape · halte · relâche · stop-over · **2 - port** · relâche
✦ **sans escale** direct · non-stop
✦ **faire escale** faire halte · faire relâche · relâcher · toucher à un port

escalier *n.m.* · degrés · marches
✦ **escalier roulant** escalator

escamotable *adj.* · repliable · rabattable · rentrant

escamoter *v.tr.* **1 - faire disparaître** · cacher · camoufler · dissimuler · effacer · masquer · occulter · recouvrir · voiler · **2 - rentrer** · replier · **3 - voler** · attraper · dérober · subtiliser · **4 - éluder** · contourner · esquiver · éviter · sauter · se soustraire à · taire · couper à *fam.* · passer au bleu, à l'as *fam.* · [une commission] avaler *fam.* · bouffer *fam.* · croquer *fam.*

escamoteur, -euse *n.* **1 - illusionniste** · prestidigitateur · **2 - voleur** · pickpocket

escapade *n.f.* · sortie · bordée · équipée · fugue · virée *fam.* · échappée *vieux*

escarcelle *n.f.* · porte-monnaie · aumônière · bourse

escargot *n.m.* · colimaçon · limaçon · cagouille *région.*

escarmouche *n.f.* **1 - accrochage** · échauffourée · engagement · **2 - altercation** · chamaillerie · dispute · duel · joute · polémique · prise de bec *fam.*

escarpé, e *adj.* **1 - abrupt** · à pic · **2 - raide** · ardu · malaisé · montant

escarpement *n.m.* · à-pic · abrupt · falaise · paroi · pente

escarpolette *n.f.* · balançoire · balancelle

esche *n.f.* · appât · amorce

escient *n.m.*

✦ **à bon escient** avec discernement · à raison

✦ **à mauvais escient** sans discernement · à tort

esclaffer (s') *v.pron.* · rire · éclater de rire · pouffer *fam.* · se gondoler *fam.* · se tordre *fam.*

esclandre *n.m.* · éclat · scandale · scène · tapage

esclavage *n.m.* **1 - asservissement** · assujettissement · dépendance · servage · servitude · soumission · subordination · sujétion · ilotisme *littér.* · **2 - tyrannie** · contrainte · domination · oppression · chaînes *littér.* · joug *littér.* · carcan *fam.*

esclave *n.* **1 - serf** · **2 - serviteur** · valet · **3 - jouet** · chose · marionnette · pantin

✦ **esclave de** **1 - captif de** · prisonnier de · **2 - asservi à** · aliéné à · assujetti à · dépendant de · prisonnier de · tributaire de

escogriffe *n.m.* · échalas · grande perche *fam.*

escompte *n.m.* **1 - avance** · **2 - prime** · remise · **3 - réduction** · remise · discount

escompter *v.tr.* · espérer · attendre · s'attendre à · compter sur · prévoir · tabler sur

escorte *n.f.* **1 - garde** · détachement · **2 - suite** · cortège · accompagnateur · accompagnement

escorter *v.tr.* **1 - accompagner** · chaperonner · flanquer · suivre · **2 - convoyer** · conduire

⤷ **accompagner**

escouade *n.f.* · troupe · brigade · groupe · peloton

escrimer (s') *v.pron.* · s'acharner · s'appliquer · se battre · se démener · s'échiner · s'efforcer · s'évertuer · s'ingénier

escroc *n.m.* · voleur · bandit · gangster · malfaiteur · pirate · aigrefin *littér.* · chevalier d'industrie *littér.* · arnaqueur *fam.* · entubeur *très fam.* · faisan *argot* · filou *fam.* · fripouille *fam.*

escroquer *v.tr.* **1 - voler** · extorquer · soustraire · soutirer · faire main basse sur · barboter *fam.* · carotter *fam.* · chouraver *fam.* · piquer *fam.* · rafler *fam.* · **2 - tromper** · arnaquer *fam.* · avoir *fam.* · blouser *fam.* · entuber *très fam.* · estamper *fam.* · filouter *fam.* · flouer *fam.* · gruger *fam.* · matraquer *fam.* · rouler *fam.* · truander *fam.*

escroquerie *n.f.* **1 - vol** · arnaque *fam.* · carambouillage *fam.* · filouterie *vieux* · **2 - fraude** · malhonnêteté · **3 - abus de confiance** · tromperie · entourloupe *fam.*

ésotérique *adj.* **1 - occulte** · cabalistique · caché · secret · voilé · **2 - hermétique** · énigmatique · impénétrable · incompréhensible · indéchiffrable · inintelligible · mystérieux · nébuleux · obscur · abscons *littér.* · abstrus *littér.* · sibyllin *littér.*

ésotérisme *n.m.* **1 - occultisme** · sciences occultes · **2 - hermétisme**

espace *n.m.*
I 1 - immensité · infini · **2 - univers** · cosmos · **3 - atmosphère** · ciel · éther *littér.*
II étendue · aire · place · superficie · surface · volume · sphère · zone
III 1 - espacement · distance · écart · écartement · échappée · éloignement · interstice · intervalle · lacune · vide • [dans un texte] blanc · interligne · marge · **2 - distance** · course · route · trajet · trajectoire

espacé, e *adj.* **1 - éloigné** · distant · séparé · **2 - clairsemé** · disséminé · échelonné · éparpillé · épars

espacement *n.m.* · distance · écart · écartement · espace · intervalle

espacer *v.tr.* **1 - éloigner** · détacher · disséminer · distancer · échelonner · éparpiller · étaler · séparer · **2 -** [dans le temps] **échelonner** · étaler · répartir

espèce *n.f.* **1 - genre** · catégorie · classe · groupe · qualité · sorte · engeance *péj.* · **2 - variété** · essence · race · sous-classe · sous-ordre · type · **3 -** [Droit] **affaire** · cause · cas
- ✦ **de cette espèce** de cet acabit · de ce calibre · de cette étoffe · de cette trempe · de cette farine *vieilli*
- ✦ **de toute espèce** de tout poil
- ✦ **espèce de maudit** · bigre de *fam.* · bougre de *fam.* · sacré *fam.* · sale *fam.*

>>> **espèces** *plur.* **numéraire** · liquide

espérance *n.f.* **1 - espoir** · aspiration · attente · désir · souhait · **2 - croyance** · assurance · certitude · confiance · conviction · expectative · promesse · **3 - prévision** · estimation · perspective · pressentiment · **4 - possibilité** · chance

↝ espoir

espéré, e *adj.* · attendu · désiré · escompté · souhaité

espérer *v.tr.* **1 - désirer** · aspirer à · souhaiter • [sans complément] avoir espoir · garder espoir · **2 - attendre** · s'attendre à · compter sur · escompter · penser · tabler sur · **3 -** [+ infinitif] **aimer à croire, vouloir croire** · se promettre de · se flatter de *littér.*
- ✦ **espérer en** croire en · avoir foi en · se fier à
- ✦ **faire, laisser espérer** faire, laisser entrevoir · promettre

espiègle *adj.* · malicieux · coquin · facétieux · gamin · malin · mutin · polisson · taquin · turbulent · fripon *fam.*

espièglerie *n.f.* · diablerie · facétie · gaminerie · malice · plaisanterie · taquinerie · niche *vieux*

espion, -ionne *n.* **1 - agent (secret)** · barbouze *fam.* · taupe *fam.* · **2 - indicateur** · indic *fam.* · barbouze *fam.* · mouchard *fam.* · mouche *fam.* · mouton *argot*

espionnage *n.m.* **1 - renseignement** · **2 - surveillance**

espionner *v.tr.* · épier · guetter · surveiller • [avec micro] mettre sur écoute

esplanade *n.f.* **1 - place** · parvis · **2 - terrasse**

espoir *n.m.* **1 - espérance** · aspiration · attente · désir · souhait · **2 -** [ferme] **assurance** · certitude · conviction

espoir, espérance

Espoir et **espérance** renvoient au fait d'attendre avec confiance la réalisation souhaitée d'un événement favorable. Les deux mots se trouvent couramment dans les mêmes contextes. Cependant, **espoir** pourrait être réservé au fait d'espérer dans un avenir relativement proche *(j'ai vu plusieurs spécialistes, vous êtes mon dernier espoir ; inutile de susciter de vains espoirs ; avoir l'espoir de réussir ; faire naître, garder un espoir).* **Espérance**, moins usité qu'**espoir**, renverrait plutôt à une attente plus éloignée et donc moins précise *(concevoir, nourrir des espérances pour l'avenir de ses enfants)* : « Il eut le courage de l'espérance, qui vaut celui du désespoir » (Balzac, *Mme de la Chanterie*).

esprit *n.m.*
I 1 - âme · conscience · moi · sujet · **2 - entendement** · intellect · intelligence · raison · bon sens · sens (commun) · cerveau *fam.* · cervelle *fam.* · méninges *fam.* · tête *fam.* · **3 - pensée** · culture · idées · imagination · opinion · réflexion
II intention · but · désir · dessein · idée · optique
III finesse · adresse · à-propos · brio · ingéniosité · malice · humour · sel · verve
IV 1 - génie · démon · djinn · elfe · farfadet · fée · gnome · kobold · korrigan · lutin · poulpiquet · salamandre · sylphe · **2 - fantôme** · revenant · spectre · mânes *littér.*
+ **esprit de corps** solidarité · cohésion · entraide
+ **état d'esprit** **1 - disposition** · humeur · **2 - caractère** · mentalité · **3 - ambiance** · atmosphère · climat
+ **l'esprit saint, le Saint-Esprit** le Paraclet · le Sanctificateur
+ **trait, mot d'esprit** pointe · boutade · jeu de mots · saillie
+ **présence d'esprit** à-propos · pertinence
+ **faire de l'esprit** plaisanter · badiner · faire de l'humour · jouer sur les mots
+ **perdre ses esprits** s'évanouir · perdre connaissance · se pâmer *littér. ou plaisant.* · tomber dans les pommes, les vapes *fam.*
+ **reprendre ses esprits** se remettre · revenir à soi

esquinter *v.tr.* **1 - abîmer** · casser · démolir · détériorer · endommager · amocher *fam.* · bousiller *fam.* · cramer *fam.* · déglinguer *fam.* · **2 - épuiser** · éreinter · exténuer · fatiguer · harasser · briser *fam.* · claquer *fam.* · crever *fam.* · tuer *fam.* · **3 - critiquer** · éreinter · étriller · malmener · aplatir *fam.* · démolir *fam.* · descendre (en flammes) *fam.*

esquisse *n.f.* **1 - croquis** · crayon · ébauche · essai · étude · premier jet · modèle · plan · pochade · **2 - ébauche** · abrégé · aperçu · canevas · carcasse · grandes lignes · idée générale · maquette · ossature · plan · projet · schéma

esquisser *v.tr.* **1 - crayonner** · croquer · dessiner · ébaucher · indiquer · pocher · tracer · **2 - amorcer** · commencer · ébaucher · dessiner les contours de

esquiver *v.tr.* **1 - éviter** · échapper à · se soustraire à · couper à *fam.* · **2 - se dérober à** · éluder · escamoter

⋙ **s'esquiver** *v.pron.* **s'éclipser** · décamper · déloger · se dérober · disparaître · s'échapper · s'enfuir · filer (à l'anglaise) · se retirer · se sauver · sortir · se défiler · se barrer *fam.* · prendre la tangente *fam.* · se tirer *fam.*

essai *n.m.*
I 1 - **expérience** · épreuve · expérimentation · test · vérification · 2 - **essayage** · 3 - **audition** · 4 - **tentative** · démarche · effort
II **début** · apprentissage · bégaiement · commencement · ébauche · esquisse · premiers pas · tâtonnement
III **traité** · étude · monographie
↝ **tentative**

essaim *n.m.* 1 - **colonie** · 2 - **multitude** · armée · nuée · quantité · troupe · troupeau · volée

essaimer
▪ *v.intr.* **se disperser** · se disséminer · s'égailler · s'éparpiller · se répandre · se répartir
▪ *v.tr.* **répandre** · émettre · produire

essarter *v.tr.* · débroussailler · arracher · défricher

essayage *n.m.* · essai

essayer *v.tr.* 1 - **expérimenter** · contrôler · éprouver · mettre à l'épreuve · mettre à l'essai · tester · vérifier · 2 - **enfiler** · passer · 3 - **tâter de** · aborder · goûter de · se lancer dans · tenter · 4 - [sans complément] **tenter** · faire une tentative · risquer, tenter le coup *fam.*
✦ **essayer de** 1 - **s'efforcer de** · s'attacher à · chercher à · s'employer à · s'évertuer à · s'escrimer à · faire l'impossible pour · s'ingénier à · tâcher de · tenter de · se mettre en quatre pour *fam.* · 2 - **vouloir** · s'aviser de · entreprendre de
⋙ **s'essayer à** *v.pron.* 1 - **s'exercer à** · 2 - **se hasarder à** · s'aventurer à · se risquer à

essence *n.f.* 1 - **carburant** · 2 - [d'arbre] **espèce** · 3 - **extrait** · arôme · concentré · élixir · huile (essentielle) · oléolat · 4 - **substance** · caractère · esprit · fond · principe · quintessence · 5 - [Philo.] **entité** · nature · substrat
✦ **par essence** par définition · essentiellement

[1]**essentiel, -ielle** *adj.* 1 - **caractéristique** · constitutif · foncier · fondamental · intrinsèque · 2 - **principal** · dominant · majeur · 3 - **important** · capital · primordial · vital · 4 - **véritable** · vrai · 5 - [Philo.] **absolu** · 6 - [Méd.] **idiopathique**
✦ **essentiel à, pour** indispensable · nécessaire · obligatoire · vital

[2]**essentiel** *n.m.* · essence · substance · amande · cœur · fait · fond · nœud · noyau

essentiellement *adv.* 1 - **par définition** · fondamentalement · typiquement · 2 - **principalement** · absolument · avant tout · majoritairement · surtout

esseulé, e *adj.* · délaissé · abandonné · isolé · seul · solitaire

essieu *n.m.* · axe · pivot · arbre

essor *n.m.* 1 - **envol** · envolée · vol · volée · 2 - **impulsion** · élan · 3 - **croissance** · activité · boom · développement · épanouissement · expansion · extension · progrès · progression

essoufflé, e *adj.* · haletant · hors d'haleine · pantelant

essoufflement *n.m.* 1 - **halètement** · suffocation · 2 - **baisse** · éclipse · marasme · passage à vide · ralentissement · stagnation

essouffler (s') *v.pron.* 1 - **s'époumoner** · haleter · souffler · suffoquer · 2 - **ralentir** · baisser · connaître une éclipse · connaître un passage à vide · s'épuiser · stagner

essuie-mains *n.m.* · serviette

essuyer *v.tr.* **1 - éponger** · nettoyer · torcher *fam., vieilli* · **2 -** [cheval] **bouchonner** · **3 - dépoussiérer** · épousseter · **4 - éprouver** · endurer · recevoir · subir · souffrir *littér.* · encaisser *fam.*

est *n.m. invar.* · orient · levant

est, orient, levant

Est, orient et levant désignent le point cardinal qui correspond au lever du soleil et à la partie du monde équivalente, écrits dans ce cas avec une majuscule. Est, le plus courant, est le seul à entrer dans la formation de noms d'autres points cardinaux *(nord-est, sud-est)* et à s'employer pour une partie de la France *(l'Est de la France, l'Est)* et de l'Europe *(les pays de l'Est)*. **Orient**, opposé à **Occident**, s'applique aux pays situés à l'est de l'Europe, divisés en *Proche-Orient* et *Moyen-Orient*. **Orient** désigne aussi l'Asie *(les peuples de l'Orient)*, que l'on nomme par ailleurs *Extrême-Orient*. **Levant** est un équivalent ancien de Proche-Orient et Moyen-Orient. On l'emploie encore, dans un usage très soutenu, pour indiquer un côté de l'horizon *(une maison exposée au levant)*.

establishment *n.m.* · ordre établi

estacade *n.f.* **1 - brise-lames** · barrage · digue · jetée · **2 - appontement** · débarcadère

estafette *n.f.* · messager · courrier · envoyé · exprès

estafilade *n.f.* · coupure · balafre · blessure · entaille · fente · taillade *littér.*

estampe *n.f.* · gravure · dessin · figure · image · planche · vignette

estamper *v.tr.* **1 - graver** · emboutir · estampiller · étamper · matricer · relever · **2 -** [fam.] **voler** · escroquer · tromper · arnaquer *fam.* · avoir *fam.* · filouter *fam.*

estampille *n.f.* **1 - marque (de fabrique)** · garantie · griffe · label (de qualité) · signature · **2 - cachet** · sceau

estampiller *v.tr.* · poinçonner · timbrer

esthète *n. et adj.* **1 - artiste** · **2 -** [péj.] **dilettante**

esthétique

▪ *n.f.* **1 - beauté** · art · beau · harmonie · plastique · **2 - design** · style

▪ *adj.* **1 - beau** · décoratif · harmonieux · joli · sculptural · **2 - artistique** · **3 -** [Chir.] **plastique** · reconstructeur

esthétiquement *adv.* · artistiquement · harmonieusement · plastiquement

estimable *adj.* **1 - appréciable** · louable · méritoire · **2 - respectable** · beau · bien · bon · digne · honorable · précieux · recommandable

estimatif, -ive *adj.* **1 - appréciatif** · **2 - approximatif** · pifométrique *fam.*

estimation *n.f.* **1 - calcul** · appréciation · détermination · devis · évaluation · expertise · prisée · **2 - à-peu-près** · aperçu · approximation · **3 - prévision** · espoir

estime *n.f.* **1 - considération** · déférence · égard · respect · **2 - faveur** · honneur

✦ **à l'estime** approximativement · par approximation · au jugé · à la louche *fam.* · au pif *fam.* · au pifomètre *fam.* · au radar *fam.*

estimer *v.tr.*
I 1 - apprécier · admirer · aimer · considérer · honorer · faire grand cas de · priser *littér.* · vénérer · avoir une bonne, haute opinion de · **2 - goûter** · priser *littér.*
II 1 - expertiser · apprécier · coter · évaluer · examiner · jauger · **2 - calculer** · apprécier · chiffrer · évaluer · mesurer
III 1 - être d'avis · considérer · croire · juger · penser · présumer · tenir · trouver · **2 - considérer comme** · croire · juger · regarder comme · tenir pour · trouver

⋙ **s'estimer** *v.pron.* **se sentir** · se considérer · se croire · se juger · se trouver

estivant, e *n.* · vacancier · touriste · aoûtien · juillettiste

estomac *n.m.* **ventre** · panse · bedaine *fam.* · tirelire *fam., vieilli*

✦ **avoir de l'estomac** avoir de l'aplomb · avoir du cran *fam.* · avoir du culot *fam.*

estomaquer *v.tr.* · abasourdir · ahurir · ébahir · étonner · suffoquer · épater *fam.* · époustoufler *fam.* · sidérer *fam.* · souffler *fam.*

estomper *v.tr.* **1 - effacer** · éteindre · **2 - adoucir** · affaiblir · atténuer · diminuer · édulcorer · modérer · tamiser · voiler

⋙ **s'estomper** *v.pron.* **s'effacer** · décroître · faiblir · mourir · pâlir · passer

estourbir *v.tr.* → **assommer**

estrade *n.f.* · tribune · chaire · podium

estropié, e *adj.* · infirme · éclopé · impotent · invalide

estropier *v.tr.* **1 - mutiler** · blesser · **2 - abîmer** · défigurer · déformer · dénaturer • [un nom] écorcher

estuaire *n.m.* · embouchure · aber · ria

estuaire, embouchure, delta

Estuaire, **embouchure** et **delta** sont trois termes géographiques concernant le lieu où un fleuve, une rivière déverse ses eaux. L'**embouchure** désigne la partie du cours d'eau qui s'ouvre sur la mer ou sur un lac *(l'embouchure du Rhône sur le lac Léman)*. L'**estuaire** est une vaste embouchure, une ouverture sur la mer où la marée se fait sentir *(l'estuaire de la Gironde, de la Loire)*. Le delta est une zone de dimensions importantes, formée à l'embouchure d'un fleuve par les alluvions qu'y apportent ses branches *(le delta du Pô, du Nil ; un delta boueux)*.

étable *n.f.* · bouverie · vacherie · porcherie · soue

établi, e *adj.* **1 - situé** · **2 - démontré** · acquis · admis · avéré · certain · connu · incontestable · indiscutable · prouvé · reconnu · reçu · réel · sûr · **3 - en place** · en usage · en vigueur

✦ **solidement établi** (bien) ancré · enraciné · qui a la vie dure

établir *v.tr.*
I 1 - installer · disposer · fixer · implanter · loger · placer · poser · poster · caser *fam.* • [des troupes] cantonner · **2 - bâtir** · construire · dresser · échafauder · édifier · élever · ériger · **3 - créer** · asseoir · constituer · élaborer · fonder · instaurer · instituer · mettre en place, sur pied · monter · organiser · **4 -** [liens] **nouer** · créer

II 1 - confirmer · démontrer · montrer · poser · prouver · **2 - déterminer** · fixer · préciser · mettre en vigueur · **3 - découvrir** · reconnaître · **4 - arrêter** · calculer · dresser · **5 - faire régner**
III 1 - accréditer · affecter · introniser · nommer · placer · **2 -** [vieilli ou région.] **marier** · caser *fam.*

✦ **établir (qqch.) sur** appuyer sur · asseoir sur · baser sur · fonder sur

⋙ **s'établir** *v.pron.* **1 - élire domicile** · se fixer · habiter · s'installer · planter ses pénates *plaisant* · **2 - s'ancrer** · s'enraciner · prendre place · **3 - se poster** · **4 -** [vieilli ou région.] **se marier** · se caser *fam.*

établissement *n.m.*
I 1 - installation · disposition · implantation · placement · **2 - construction** · érection
II 1 - création · constitution · fondation · instauration · institution · mise en place · organisation · **2 - rédaction** · édition
III démonstration · confirmation · preuve
IV entreprise · affaire · exploitation · firme · maison · société · usine · boîte *fam.*

✦ **établissement scolaire** école · collège · lycée · institution · bahut *fam.* · boîte *fam.*
✦ **établissement pénitentiaire** prison

étage *n.m.* **1 - niveau** · degré · palier · **2 - plateforme** · **3 - catégorie** · classe · couche · degré · échelon · gradin · rang · stade

étager *v.tr.* **1 - superposer** · **2 - échelonner** · classer · graduer · hiérarchiser · structurer

étagère *n.f.* · rayonnage · rayon · tablette · tablar *Suisse*

étai *n.m.* · appui · accotoir · arc-boutant · béquille · cale · étançon · renfort · soutènement · soutien

étal *n.m.* · éventaire

étalage *n.m.* **1 - devanture** · éventaire · vitrine · **2 - démonstration** · déballage · déploiement · exhibition · parade

✦ **faire étalage de** afficher · arborer · étaler · exhiber · faire montre de · faire parade de

étale *adj.* · calme · fixe · immobile · stationnaire

étalement *n.m.* **1 - échelonnement** · répartition · **2 - décalage**

étaler *v.tr.*
I 1 - mettre à plat · étendre · **2 - déplier** · déployer · dérouler · développer · étendre · ouvrir · **3 - éparpiller** · répandre · **4 -** [fam.] **faire tomber** · jeter à terre · étendre *fam.*
II enduire · badigeonner · barbouiller *fam.* · épandre · répartir · tartiner *fam.*
III échelonner · espacer · répartir · décaler
IV 1 - exposer · dérouler · montrer · déballer *fam.* · **2 - exhiber** · afficher · arborer · déployer · exposer · faire étalage de · faire montre de · faire parade de · montrer · **3 - révéler** · dévoiler · exposer · raconter · déballer *fam.*

⋙ **s'étaler** *v.pron.* **1 - se déployer** · se dérouler · se développer · s'étendre · **2 - s'échelonner** · se répartir · **3 - s'afficher** · s'exhiber · parader · se pavaner · **4 - s'étendre** · s'abattre · se laisser tomber · se laisser choir *littér.* · s'affaler *fam.* · s'avachir *fam.* · se vautrer *fam.* · **5 -** [fam.] **tomber (de tout son long)** · choir *littér.* · se ramasser *fam.* · se prendre une gamelle *fam.*

[1]étalon *n.m.* · reproducteur

[2]étalon *n.m.* · archétype · modèle · référence · standard · type

étalonner *v.tr.* · graduer

étanche *adj.* · imperméable · hermétique

étancher *v.tr.* 1 - **sécher** · assécher · éponger · 2 - **assouvir** · apaiser · satisfaire · 3 - **boucher** · aveugler · calfater · calfeutrer

✦ **étancher sa soif** se désaltérer · boire

étançon *n.m.* · étai · béquille · cale · contrefort · soutien

étançonner *v.tr.* · consolider · appuyer · étayer · soutenir

étang *n.m.* · pièce d'eau · lac · mare • [artificiel] bassin · réservoir

étape *n.f.* 1 - **halte** · escale · relais · 2 - **parcours** · route · trajet · 3 - **époque** · période · phase · stade · 4 - **degré** · échelon · palier · pas

état *n.m.*
I 1 - **situation** · condition · 2 - **identité** · âge · nationalité · sexe · 3 - **position (sociale)** · condition · destin · existence · sort · vie · 4 - **métier** · profession · travail
II 1 - **niveau** · degré · étape · point · rang · 2 - **version** · mouture
III **bilan** · bordereau · bulletin · compte · compte rendu · description · exposé · inventaire · liste · mémoire · note · recensement · statistique · tableau

✦ **état d'âme** sentiment · humeur
✦ **état de choses** circonstances · conjoncture · situation
✦ **état de conscience** sensation · sentiment · volition
✦ **état d'esprit** 1 - **disposition** · humeur · intention · 2 - **mentalité**
✦ **état des lieux** inventaire
✦ **en tout état de cause** quoi qu'il en soit
✦ **en l'état** tel (quel)
✦ **mettre en état** mettre au point · préparer
✦ **remettre en état** réparer · rafraîchir · réhabiliter · rénover · restaurer · retaper
✦ **remettre en l'état** rétablir
✦ **remise en état** · réparation · rafraîchissement · réhabilitation · restauration
✦ **garder en état** conserver
✦ **être en état de** 1 - **être capable de** · être à même de · être apte à · être de force à · être de taille à · être en mesure de · pouvoir · 2 - **être décidé à** · être disposé à · être prêt à · 3 - **être en passe de**
✦ **faire état de** 1 - **citer** · faire mention de · mentionner · 2 - **prétexter** · alléguer · arguer de · avancer · invoquer

État *n.m.* 1 - **nation** · empire · puissance · pays · royaume · 2 - **chose publique** · cité · communauté nationale · corps politique · société · 3 - **gouvernement** · pouvoir (central) · administration · service (public) · 4 - **service public** · société nationale

✦ **homme d'État** homme politique · politicien
✦ **coup d'État** putsch · pronunciamento

étatisation *n.f.* 1 - **dirigisme** · 2 - **nationalisation**

étatiser *v.tr.* · nationaliser · collectiviser · socialiser

étatisme *n.m.* 1 - **dirigisme** · interventionnisme · 2 - **collectivisme** · communisme · socialisme d'État

état-major *n.m.* · commandement · direction · tête

étau *n.m.* **1 - tenaille** · **2 - cercle** · étreinte · piège

étayer *v.tr.* **1 - consolider** · appuyer · arc-bouter · assurer · béquiller · caler · étançonner · renforcer · soutenir · **2 - appuyer** · conforter · renforcer · soutenir · apporter de l'eau au moulin de

⋙ **s'étayer** *v.pron.* **se fonder**

éteindre *v.tr.* **1 - étouffer** · **2 - fermer** · **3 - souffler** · **4 - assouvir** · adoucir · affaiblir · amortir · assoupir · apaiser · atrophier · calmer · diminuer · endormir · étancher · étouffer · **5 - effacer** · assourdir · éclipser · faner · faire passer · obscurcir · ternir · **6 - anéantir** · abolir · consumer · détruire · exterminer · supprimer · **7 -** [une dette] **annuler** · acquitter · amortir

⋙ **s'éteindre** *v.pron.* **1 - mourir** · disparaître · expirer · périr · succomber · trépasser *littér.* · crever *fam.* · **2 - s'affaiblir** · s'assoupir · se calmer · décliner · décroître · disparaître · s'effacer · s'endormir · s'estomper · mourir · partir · passer · retomber · tomber · **3 - finir** · s'achever · périr

éteint, e *adj.* **1 - décoloré** · défraîchi · délavé · effacé · estompé · fané · pâle · pâli · passé · terne · **2 - étouffé** · sourd · **3 - inexpressif** · fade · morne · mort · **4 - apathique** · amorphe · atone · inerte · fatigué · usé

étendard *n.m.* · drapeau · bannière · gonfalon

étendre *v.tr.*
I 1 - allonger · coucher · **2 - déployer** · déplier · dérouler · détendre · développer · épanouir · éployer · étaler · étirer · pendre · tendre · **3 - mettre** · placer · poser · **4 - éparpiller**
II appliquer · enduire · étaler · répandre
III accroître · accentuer · agrandir · amplifier · arrondir · augmenter · développer · élargir · généraliser · grossir · porter plus loin · pousser plus loin · propager · renforcer · répandre · reculer les frontières de
IV délayer · allonger · couper · diluer · éclaircir · fluidifier · mélanger
V 1 - [fam.] **envoyer à terre** · abattre · renverser · terrasser · étaler *fam.* · mettre k.-o *fam.* · mettre sur le carreau *fam.* · **2 -** [argot scolaire] **refuser** · recaler *fam.* · coller *fam.*

⋙ **s'étendre** *v.pron.* **1 - se coucher** · s'allonger · **2 - s'agrandir** · s'allonger · se détendre · s'élargir · s'étirer · grandir · **3 - croître** · déborder · se déployer · se développer · envahir · gagner (du terrain) · se généraliser · grandir · grossir · prendre de l'ampleur · progresser · se propager · rayonner · se renforcer · se répandre · **4 - continuer** · courir · se dérouler · durer · se prolonger

✦ **s'étendre à** s'appliquer à · comprendre · couvrir · embrasser · englober · s'exercer sur · porter sur · recouvrir

étendu, e *adj.* **1 - vaste** · ample · large · spacieux · **2 - varié** · riche · **3 - important** · considérable · **4 - couché** · gisant

étendue *n.f.*
I 1 - espace · aire · grandeur · superficie · surface · **2 - dimension** · amplitude · largeur · longueur · volume · **3 - distance** · portée · **4 -** [d'une voix] **registre** · tessiture · ambitus
II 1 - extension · ampleur · développement · **2 - importance** · envergure · immensité · portée · proportion

III domaine · cercle · champ · horizon · sphère
IV durée · temps

éternel, -elle

▪ *adj.* **1 - divin** · **2 - immortel** · inaltérable · immuable · **3 - durable** · impérissable · indéfectible · indestructible · indissoluble · infini · **4 - continuel** · constant · incessant · interminable · permanent · perpétuel · sempiternel · **5 - inséparable** · habituel

▪ *n.m.*

✦ **l'Éternel** **Dieu** · le Créateur · l'Être suprême · le grand architecte · Notre Père · le Seigneur · le Tout-Puissant · le Très-Haut

éternel, perpétuel, immortel

La notion de durée, perçue comme très longue, rassemble ces trois mots. **Éternel** s'applique à ce qui semble avoir toujours existé et se poursuivra *(le mythe de l'éternel retour)*, à ce dont on n'entrevoit pas la fin, comme si le temps n'avait pas de prise : « Ce qui importe (...), ce n'est pas la vie éternelle, c'est l'éternelle vivacité » (Camus, *le Mythe de Sisyphe*). **Perpétuel** et **immortel** supposent un début au processus de la durée. **Perpétuel** implique le recommencement indéfini de ce qui advient *(un printemps perpétuel ; le rêve du mouvement perpétuel)*, des limites dans le temps pouvant être marquées par la durée de la vie *(être condamné à la réclusion perpétuelle)*. **Immortel** qualifie ce qui échappe à la *mort* : « Toute forme créée, même par l'homme, est immortelle » (Baudelaire, *Journaux intimes*, LXXX), par conséquent ce qui semble pouvoir durer très longtemps *(un chef-d'œuvre immortel)*.

éternellement

adv. **1 - indéfiniment** · interminablement · pour l'éternité · (pour) toujours · ad vitam aeternam · **2 -** [*péj.*] **inévitablement** · continuellement · perpétuellement · sempiternellement

éterniser

v.tr. **1 - immortaliser** · pérenniser · perpétuer · **2 - faire durer** · prolonger

»» **s'éterniser** *v.pron.* **1 - durer** · se prolonger · traîner (en longueur) · n'en plus finir · **2 - s'attarder** · rester · traîner

éternité

n.f. **immortalité**

✦ **de toute éternité** depuis toujours · de temps immémorial · de toute antiquité

éternuement

n.m. · sternutation · atchoum *fam.*

étêter

v.tr. · décapiter · découronner · écimer · tailler

éther

n.m. · air · ciel · espace · infini

éthéré, e

adj. **1 - aérien** · délicat · irréel · léger · surnaturel · vaporeux · **2 - élevé** · haut · noble · pur · serein · sublime · platonique

éthique

▪ *n.f.* **morale** · déontologie

▪ *adj.* **moral** · déontologique

ethnie

n.f. · communauté · race

ethnique

adj. · communautaire · racial

racial

étincelant, e

adj. **1 - brillant** · chatoyant · flamboyant · luisant · miroitant · rayonnant · resplendissant · rutilant · scintillant · **2 - éblouissant** · éclatant · incandescent · radieux

étinceler

v. intr. **1 - éclairer** · briller · chatoyer · flamboyer ·

luire · rayonner · resplendir · rutiler · scintiller · brasiller *littér.* · **2 - briller** · pétiller · lancer des éclairs

étincelle *n.f.* **1 - flammèche** · **2 - éclair** · éclat · lueur

étiolement *n.m.* **1 - affaiblissement** · anémie · appauvrissement · atrophie · asphyxie · débilitation · dégénérescence · déclin · délabrement · dépérissement · épuisement · langueur · **2 -** [Bot.] **chlorose** · décoloration · dépérissement

étioler *v.tr.* **affaiblir** · anémier · appauvrir · asphyxier · atrophier · débiliter · détruire · rabougrir · ruiner

»» **s'étioler** *v.pron.* **1 - se faner** · s'anémier · s'atrophier · dépérir · se rabougrir · **2 - languir** · s'affaiblir · décliner · dépérir

étique *adj.* · amaigri · cachectique · décharné · desséché · efflanqué · émacié · famélique · hâve · maigre · squelettique

étiqueter *v.tr.* **1 - dénommer** · indiquer · noter · **2 - cataloguer** · classer · juger

étiquette *n.f.* **1 - protocole** · bienséance · cérémonial · décorum · formes · règles · savoir-vivre · **2 - label** · **3 - inscription** · timbre · vignette

étirement *n.m.* **1 - allongement** · extension · **2 -** [Techn.] **laminage**

étirer *v.tr.* **1 - allonger** · détirer · distendre · élonger · étendre · tirer · **2 -** [Techn.] **amincir** · dégrosser · laminer · tréfiler

»» **s'étirer** *v.pron.* **1 - se dérouler** · s'étendre · se tendre · **2 - se détendre** · **3 - s'effilocher** · s'effiler

étoffe *n.f.* **1 - tissu** · textile · **2 - valeur** · aptitudes · calibre · capacités · envergure · trempe

☞ tissu

étoffé, e *adj.* **1 - ample** · dense · plein · puissant · riche · **2 - corpulent**

étoffer *v.tr.* **enrichir** · développer · donner du corps à · nourrir

»» **s'étoffer** *v.pron.* **grossir** · s'élargir · se remplumer *fam.*

étoile *n.f.* **1 - astre** · planète · comète · **2 - pentacle** · **3 - astérisque** · **4 - célébrité** · star · vedette · **5 - carrefour** · croisée · patte d'oie · rond-point · **6 - chance** · destin · destinée · fortune *littér.* · sort

✦ **étoile filante** aérolithe · bolide · météorite

étonnamment *adv.* **1 - remarquablement** · supérieurement · **2 - bizarrement** · curieusement · drôlement · étrangement · singulièrement

étonnant, e *adj.* **1 - surprenant** · ahurissant · confondant · déconcertant · difficile à imaginer · effarant · étourdissant · frappant · inconcevable · incroyable · renversant · saisissant · stupéfiant · suffoquant · ébouriffant *fam.* · raide *fam.* · **2 - étrange** · anormal · bizarre · curieux · drôle · inattendu · insolite · original · singulier · troublant · **3 - exceptionnel** · extraordinaire · fantastique · impressionnant · merveilleux · prodigieux · rare · remarquable · énorme *fam.* · épatant *fam.* · époustouflant *fam.* · extra *fam.* · fabuleux *fam.* · formidable *fam.* · sensass *fam.* · sensationnel *fam.* · soufflant *fam.* · super *fam.* · terrible *fam.* · **4 - gigantesque** · écrasant · faramineux · monstrueux ·

phénoménal · **5 - magique** · miraculeux · mirifique *fam.* · mirobolant *fam.*

étonné, e *adj.* · surpris · abasourdi · ahuri · déconcerté · ébahi · éberlué · frappé · interdit · interloqué · médusé · renversé · saisi · stupéfait · suffoqué · baba *fam.* · soufflé *fam.* · ébaubi *vieilli*

étonnement *n.m.* · surprise · ahurissement · ébahissement · saisissement · stupéfaction · stupeur

~ **surprise**

étonner *v.tr.* **1 - surprendre** · abasourdir · ahurir · confondre · déconcerter · décontenancer · dépasser (l'entendement de) · ébahir · étourdir · frapper · interdire · interloquer · méduser · renverser · saisir · sidérer · stupéfier · suffoquer · couper les bras et les jambes à · asseoir *fam.* · éberluer *fam.* · estomaquer *fam.* · scier *fam.* · ébaubir *vieilli* · **2 - impressionner** · couper le souffle à · faire son effet sur · en boucher un coin à *fam.* · décoiffer *fam.* · épater *fam.* · époustoufler *fam.* · souffler *fam.*

»» **s'étonner** *v.pron.* **être surpris** · trouver étrange (que)

étouffant, e *adj.* · irrespirable · accablant · caniculaire · lourd · oppressant · pesant · suffocant

étouffé, e *adj.* · assourdi · faible · sourd

étouffée (à l') *loc. adv.* **en daube** · à l'étuvée

✦ **faire cuire à l'étouffée** braiser

étouffement *n.m.*

I 1 - asphyxie · dyspnée · étranglement · oppression · suffocation · **2 - moiteur** · touffeur *littér.*

II 1 - dissimulation · escamotage · **2 - répression** · anéantissement · destruction · écrasement · neutralisation · suppression

étouffer

▪ *v.tr.*

I 1 - asphyxier · étrangler · suffoquer · **2 - incommoder** · gêner · oppresser · **3 -** [un incendie] **éteindre** · noyer

II amortir · assourdir · atténuer · couvrir · noyer

III 1 - cacher · dissimuler · enterrer · escamoter · noyer · passer sous silence · **2 - anéantir** · écraser · étrangler · détruire · empêcher · mater · museler · neutraliser · opprimer · stopper · supprimer · tuer (dans l'œuf) · **3 - arrêter** · contenir · enrayer · juguler · refouler · réprimer · retenir

▪ *v.intr.* **mal respirer** · suffoquer · manquer d'air

»» **s'étouffer** *v.pron.* **1 - s'asphyxier** · s'étrangler · suffoquer · **2 - s'écraser** · se presser · **3 - s'atténuer** · mourir · se perdre

étouffer, suffoquer

Étouffer et **suffoquer** s'emploient en parlant de ce qui rend la respiration difficile *(son manteau, la chaleur l'étouffe ; les larmes le suffoquent).* Seul **étouffer** accepte pour sujet une personne *(sa mère l'étouffe de caresses, de baisers).* Par ailleurs, on fait mourir quelqu'un en l'**étouffant** *(étouffer par pendaison)*, non en le **suffoquant**. En emploi intransitif, **étouffer** a parfois une valeur atténuée, notamment en parlant de la chaleur *(on étouffe dans cette pièce, avec cette chaleur)*, alors que **suffoquer** exprime une oppression physique plus intense *(suffoquer sous l'effet de la fumée).*

étourderie *n.f.* **1 - distraction** · imprévoyance · inadvertance · inapplication · inattention · inconséquence · insouciance · irréflexion · légèreté · **2 - bêtise** · bévue · imprudence · oubli

étourdi, e

▪ *adj.* **distrait** · écervelé · évaporé · imprudent · inattentif · insouciant · irréfléchi · léger · éventé *vieux*

▪ *n.* **hurluberlu** · étourneau *fam.* · tête de linotte *fam.* · tête en l'air *fam.* · tête folle *fam.* · tête à l'évent *fam., vieux*

✦ **être très étourdi** ne pas avoir de tête

étourdiment *adv.* · distraitement · à la légère · imprudemment · inconsidérément · sans réfléchir · comme une corneille qui abat des noix *vieux*

étourdir *v.tr.* **1 - assommer** · estourbir *fam.* · mettre k.-o. *fam.* · sonner *fam.* · **2 - enivrer** · chavirer · griser · monter à la tête de · soûler · tourner la tête de · **3 - abrutir** · assommer · assourdir · fatiguer · incommoder · casser la tête à *fam.* · casser les oreilles à *fam.*

>>> **s'étourdir** *v.pron.* **1 - s'enivrer** · se griser · se soûler · **2 - se distraire** · oublier

étourdissant, e *adj.* **1 - assourdissant** · abrutissant · fatigant · **2 - éblouissant** · brillant · extraordinaire · merveilleux · prodigieux · sensationnel · époustouflant *fam.* · décoiffant *fam.* · ébourriffant *fam.*

étourdissement *n.m.* **1 - vertige** · défaillance · éblouissement · évanouissement · faiblesse · syncope · **2 - griserie** · égarement · enivrement · fièvre · ivresse · vertige

étourneau *n.m.* **1 - sansonnet** · **2 - étourdi** · écervelé · tête de linotte *fam.* · tête en l'air *fam.* · tête folle *fam.* · tête à l'évent *fam., vieilli*

étrange *adj.* · bizarre · anormal · curieux · drôle · énigmatique · étonnant · extraordinaire · inaccoutumé · inattendu · incompréhensible · inexplicable · inhabituel · insolite · original · paradoxal · singulier · surprenant

étrangement *adv.* · bizarrement · anormalement · curieusement · drôlement · étonnamment · paradoxalement · singulièrement

étranger, -ère

▪ *n.* **1 - apatride** · immigrant · immigré · réfugié · métèque *injurieux* · **2 - intrus** · **3 - inconnu** · tiers

▪ *adj.* **1 - extérieur** · allogène · **2 - exotique** · lointain · **3 - différent** · distinct · isolé · **4 - inconnu** · ignoré

✦ **étranger à** **1 - éloigné de** · contraire à · **2 - en dehors de** · distinct de · extérieur à · sans rapport avec · qui n'a rien à voir avec · **3 - détaché de** · déconnecté de · en dehors de · fermé à · ignorant de · imperméable à · indifférent à · insensible à

étrangeté *n.f.* **1 - singularité** · bizarrerie · excentricité · originalité · **2 - anomalie** · aberration · bizarrerie

étranglement *n.m.* **1 - strangulation** · **2 - étouffement** · suffocation · **3 -** [d'une activité, etc.] **paralysie** · asphyxie · étouffement · **4 - répression** · musellement · oppression · **5 - resserrement** · rétrécissement

étrangler *v.tr.* **1 - tuer** · assassiner · prendre à la gorge · serrer le kiki de *fam.* · **2 - oppresser** · étouffer · **3 - ruiner** · asphyxier · étouffer · mettre à mal · nuire à · **4 - opprimer** · juguler · mater · museler · réprimer · **5 - resserrer** · rétrécir

⋙ **s'étrangler** *v.pron.* **1 - s'étouffer** · suffoquer · **2 - se resserrer** · rétrécir

[1]**être** *v. intr.*
I 1 - exister · vivre · **2 -** [suivi d'un adj.] **se sentir** · aller · se porter
II 1 - se trouver · loger · résider · **2 - demeurer** · rester
III consister en · représenter
✦ **être à** appartenir à
✦ **être tout à** se dévouer à · être disponible à, pour · s'occuper de
✦ **être de** **1 - être natif de** · être né à, en · **2 - faire partie de** · appartenir à · participer à

[2]**être** *n.m.* **1 - créature** · **2 - individu** · personne · type · **3 - âme** · conscience · esprit · individualité · moi · nature · personnalité · personne · **4 - essence** · nature intime · **5 - existence**
✦ **l'Être suprême** → **Dieu**

étreindre *v.tr.* **1 - embrasser** · caresser · enlacer · prendre, serrer dans ses bras · presser dans ses bras, sur son cœur · serrer · tenir · **2 - oppresser** · empoigner · étouffer · presser · serrer · tenailler

étreinte *n.f.* **1 - embrassade** · enlacement · **2 - accouplement** · coït

étrille *n.f.* **1 - brosse** · **2 - portune**

étriller *v.tr.* **1 - brosser** · bouchonner · frotter · panser · **2 - critiquer** · éreinter · malmener · maltraiter · rudoyer

étriper *v.tr.* **1 - éviscérer** · vider · **2 - éventrer** · **3 -** [fam.] **agresser** · attaquer · critiquer

⋙ **s'étriper** *v.pron.* [fam.] **se battre** · s'entretuer

étriqué, e *adj.* **1 - étroit** · court · exigu · juste · limité · maigre · petit · restreint · rétréci · riquiqui *fam.* · **2 - borné** · étroit · intolérant · limité · médiocre · mesquin · petit · sectaire · minable *fam.*

étroit, e *adj.*
I 1 - étréci · effilé · étiré · rétréci · **2 - étranglé** · encaissé · resserré · **3 - serré** · collant · court · étriqué · juste · moulant · petit · **4 - mince** · court · faible · fin · maigre · **5 - restreint** · confiné · exigu · juste · limité · petit · réduit · riquiqui *fam.*
II exact · restreint · restrictif
III intime · fort · privé · profond
IV 1 - rigoureux · strict · scrupuleux · **2 - borné** · étriqué · intolérant · limité · médiocre · mesquin · petit · sectaire
✦ **à l'étroit** engoncé · étriqué · gêné · serré

étroitement *adv.* **1 - intimement** · fortement · **2 - exactement** · expressément · rigoureusement · scrupuleusement · strictement · **3 - de (très) près** · **4 - à l'étroit**

étroitesse *n.f.* **1 - exiguïté** · petitesse · **2 - mesquinerie** · médiocrité · petitesse

étron *n.m.* · crotte · excrément · colombin *fam.* · merde *très fam.*

étude *n.f.* **1 - analyse** · approfondissement · consultation · enquête · examen · expérimentation · expertise · exploration · observation · **2 - article** · essai · mémoire · traité · travail · **3 - dessin** · ébauche · **4 - affectation** · apprêt · recherche · afféterie *littér.*

⋙ **études** *plur.* **apprentissage** · cursus · parcours scolaire · scolarité · travail scolaire

étudié, e *adj.* **1 - médité** · mûri · pensé · réfléchi · **2 - recherché** · pensé · soigné · sophistiqué · travaillé · chiadé *fam.* · **3 - affecté** · apprêté · artificiel · calculé · contraint · emprunté · faux · feint

étudier *v.tr.* **1 - apprendre** · s'instruire sur · travailler · bûcher *fam.* · potasser *fam.* · piocher *fam., vieilli* · **2 - analyser** · approfondir · ausculter · considérer · éplucher · examiner · fouiller · observer · explorer · s'intéresser à · se pencher sur · tâter · **3 - chercher** · rechercher · **4 - composer** · mettre au point · préméditer · préparer
↝ apprendre

étui *n.m.* · boîte · boîtier · écrin · emballage · enveloppe · fourreau · gaine

étuve *n.f.* **1 - bain de vapeur** · caldarium *vieux* · **2 - fournaise** · four · **3 - autoclave** · stérilisateur

étuvée *n.f.* **estouffade**
✦ **à l'étuvée** à l'étouffée · en daube

étuver *v.tr.* **1 - désinfecter** · stériliser · **2 - déshydrater** · dessécher · sécher

étymologie *n.f.* · origine · étymon · racine

eunuque *n.m.* · castrat

euphémisme *n.m.* · adoucissement · antiphrase · atténuation · litote

euphonique *adj.* · harmonieux

euphorie *n.f.* · bien-être · aise · allégresse · béatitude · bonheur · contentement · enjouement · enthousiasme · entrain · excitation · extase · joie · jubilation · liesse · optimisme · plaisir · satisfaction · surexcitation

euphorique *adj.* **1 - euphorisant** · **2 - heureux** · enjoué · enthousiaste · excité · aux anges *fam.* · au septième ciel *fam.*

euphorisant, e *adj. et n.m.* **1 - euphorique** · **2 - antidépresseur** · anxiolytique · sédatif · tranquillisant

eurythmie *n.f.* · équilibre · accord · harmonie

évacuation *n.f.* **1 - dégorgement** · débordement · déversement · écoulement · flux · **2 - éjection** · élimination · excrétion · expulsion · **3 - départ** · abandon · exode · retrait · retraite

évacuer *v.tr.* **1 - éliminer** · excréter · expulser · rejeter · **2 - dégorger** · déverser · faire écouler · vidanger · vider · **3 - abandonner** · déguerpir de · quitter · se retirer de · sortir • [les lieux] vider · **4 - faire partir** · faire sortir · **5 -** [Psych.] **se débarrasser de** · liquider

évadé, e *n.* · fugitif

évader (s') *v.pron.* **1 - fuir** · s'échapper · s'enfuir · s'envoler · se sauver · cavaler *fam.* · jouer la fille de l'air *fam.* · se faire la belle *argot* · **2 - s'en aller** · s'éclipser · s'esquiver · filer (à l'anglaise) · fuir · se libérer · se retirer · sortir · se soustraire

évaluation *n.f.* **1 - appréciation** · calcul · chiffrage · dénombrement · détermination · estimation · expertise · mesure · comparaison · **2 - mesure** · prix · valeur · **3 - approximation** · à-peu-près · estimation

évaluer *v.tr.* **1 - apprécier** · estimer · jauger · juger · soupeser · supputer • [l'opinion, etc.] prendre le pouls de · prendre la température de · 2 - **déterminer** · calculer · chiffrer · coter · expertiser · mesurer · peser

évanescent, e *adj.* · fugace · fugitif · insaisissable

évangélisation *n.f.* · christianisation · catéchisation

évangéliser *v.tr.* · christianiser · catéchiser · prêcher

évangile *n.m.* 1 - **Nouveau Testament** · 2 - **dogme** · bible · catéchisme · code · loi · règle

évanouir (s') *v.pron.* 1 - **perdre connaissance** · défaillir · se trouver mal · perdre ses esprits · se pâmer *vieux ou plaisant* · tourner de l'œil *fam.* · tomber dans les pommes, dans les vapes *fam.* · tomber en syncope *vieux* · 2 - **disparaître** · s'anéantir · cesser · se dissiper · s'éclipser · s'effacer · s'enfuir · s'envoler · s'évaporer · finir · fondre · fuir · mourir · se perdre · se terminer

évanouissement *n.m.* 1 - **malaise** · défaillance · faiblesse · syncope · pâmoison *vieux ou littér.* · 2 - **anéantissement** · disparition · effacement · perte · 3 - [Radio] **fading**

évaporation *n.f.* 1 - **vaporisation** · 2 - **disparition** · évanouissement

évaporé, e *adj. et n.* · étourdi · écervelé · folâtre · frivole · inattentif · insouciant · léger · sans cervelle *fam.* · tête en l'air *fam.*

évaporer (s') *v.pron.* 1 - **se vaporiser** · se volatiliser · 2 - **se dissiper** · s'éventer · 3 - **s'exhaler** · s'exprimer · 4 - **disparaître** · s'éclipser · s'envoler · se volatiliser

évasé, e *adj.* · large · élargi · ouvert

évasement *n.m.* · élargissement · agrandissement

évaser *v.tr.* · agrandir · élargir

évasif, -ive *adj.* 1 - **ambigu** · allusif · détourné · équivoque · imprécis · laconique · vague · 2 - **fuyant** · dilatoire

évasion *n.f.* 1 - **fuite** · belle *argot* · cavale *argot* · 2 - **distraction** · changement · délassement · divertissement

évasivement *adv.* · vaguement

éveil *n.m.* 1 - **alerte** · alarme · 2 - **apparition** · commencement · début · naissance · prémisses · 3 - [Physiol.] **veille**

✦ **en éveil** à l'affût · attentif · aux aguets · sur ses gardes

éveillé, e *adj.* · vif · alerte · astucieux · dégourdi · déluré · espiègle · intelligent · malicieux · malin · ouvert · futé *fam.*

éveiller *v.tr.* 1 - **réveiller** · 2 - **déclencher** · animer · exciter · faire naître · piquer · provoquer · susciter · 3 - **évoquer** · rappeler · 4 - **développer** · révéler · stimuler · 5 - **s'attirer**

»» **s'éveiller** *v.pron.* **se réveiller** · ouvrir les yeux · ouvrir un œil *fam.*

événement *n.m.* 1 - **fait** · action · aventure · épisode · péripétie · [inattendu] coup de théâtre · 2 - **histoire** · affaire · 3 - **situation** · cas · circonstance · conjoncture · occasion · 4 - **nouvelle** · 5 - [heureux] **bonheur** · chance · 6 - [malheureux] **accident** · accroc · contretemps · incident · mésaventure · [grave] calamité · cataclysme · catastrophe · désastre · drame · malheur · scandale · tragédie

éventail *n.m.* 1 - **gamme** · assortiment · choix · sélection · 2 - **échelle** · fourchette

éventaire *n.m.* · devanture · étal · étalage

éventé, e *adj.* 1 - **altéré** · dénaturé · tourné · 2 - **connu** · découvert

éventer *v.tr.* 1 - **divulguer** · dévoiler · raconter · répandre · 2 - **découvrir** · déjouer · deviner · flairer · 3 - **rafraîchir**

⋙ **s'éventer** *v.pron.* 1 - **s'aérer** · 2 - **s'altérer** · tourner

éventrer *v.tr.* 1 - **étriper** · 2 - **ouvrir** · crever · défoncer

⋙ **s'éventrer** *v.pron.* **se faire hara-kiri**

éventualité *n.f.* 1 - **cas** · hypothèse · possibilité · 2 - **circonstance** · événement · occurrence · 3 - **contingence** · hasard · incertitude

éventuel, -uelle *adj.* 1 - **possible** · 2 - **aléatoire** · contingent · hypothétique · imprévisible · incertain

éventuellement *adv.* 1 - **le cas échéant** · à l'occasion · 2 - **peut-être** · probablement · possiblement *surtout Québec*

évêque *n.m.* · prélat · prince de l'Église · pontife · dignitaire

évertuer à (s') *v.pron.* · s'appliquer à · s'acharner à · s'attacher à · batailler pour · se battre pour · s'échiner à · s'efforcer de · s'épuiser à · s'escrimer à · se fatiguer à · s'ingénier à · lutter pour · peiner pour · tâcher de · se tuer à *fam.*

éviction *n.f.* 1 - **expulsion** · congédiement · élimination · évincement *rare* · exclusion · rejet · renvoi · [momentané] mise en quarantaine · 2 - **dépossession** · supplantation

évidemment *adv.* 1 - **absolument** · assurément · bien sûr · cela s'entend · cela va de soi · certainement · et comment (donc) · bien entendu · immanquablement · naturellement · 2 - **à l'évidence** · à coup sûr · assurément · incontestablement · indubitablement · sans aucun doute · sans conteste · sans contredit

évidence *n.f.* 1 - **certitude** · 2 - **transparence** · vérité · 3 - **truisme** · généralité · lapalissade

✦ **dire une évidence** enfoncer une porte ouverte

✦ **à l'évidence, de toute évidence** 1 - **assurément** · certainement · évidemment · sûrement · 2 - **il est évident que**

✦ **en évidence** en vue · en lumière · au premier plan · en relief

✦ **mettre en évidence** 1 - **exposer** · mettre en vedette · montrer · 2 - **accentuer** · dégager · marquer · faire ressortir · souligner · 3 - **démontrer** · mettre en lumière · mettre en exergue · mettre au jour · montrer · prouver

✦ **se mettre en évidence** se montrer · se mettre en avant · se faire remarquer

évident, e *adj.* 1 - **visible** · apparent · assuré · certain · clair · incontestable · indéniable · indiscutable · indubitable · irréfutable · manifeste · net · notoire · palpable · patent · saillant · sensible · sûr · transparent · 2 - **flagrant** · aveuglant · criant · clair comme le jour · éclatant · gros comme une maison *fam.* · 3 - **trivial** · facile

+ **être évident** sauter aux yeux · crever les yeux · se voir comme le nez au milieu de la figure *fam.*

↝ **clair**

évider *v.tr.* **1 - creuser** · vider · **2 -** [Méd.] **cureter**

évincer *v.tr.* **1 - écarter** · chasser · éliminer · éloigner · excepter · exclure · expulser · blackbouler *fam.* · débarquer *fam.* · virer *fam.* · **2 - l'emporter sur** · détrôner · supplanter

↝ **éliminer**

éviscération *n.f.* · étripage · évidement

éviscérer *v.tr.* · étriper · vider

éviter *v.tr.* **1 - esquiver** · détourner · échapper à · écarter · se garer de · parer · passer au travers de · se préserver de · se soustraire à · **2 - contourner** · se détourner de · s'écarter de · s'éloigner de · fuir · **3 - se dérober à** · se dispenser de · éluder · s'épargner · passer outre, au travers de · se soustraire à · obvier à *littér.* · couper à *fam.* · **4 - s'interdire** · bannir · supprimer

+ **éviter (qqch.) à (qqn)** **1 - décharger de** · délivrer de · dispenser de · libérer de · **2 - épargner à** · faire grâce de

+ **éviter de** [+ infinitif] s'abstenir de · se défendre de · se garder de · prendre garde de · résister à

évocateur, -trice *adj.* · suggestif · parlant · significatif

évocation *n.f.* **1 - rappel** · allusion · mention · remémoration · représentation · **2 - incantation** · sortilège

évolué, e *adj.* **1 - civilisé** · développé · **2 - cultivé** · éclairé · large d'esprit

évoluer *v. intr.* **1 - se mouvoir** · manœuvrer · **2 - changer** · bouger · se modifier · se transformer · varier · **3 - progresser** · innover · s'adapter · vivre avec son temps

évolutif, -ive *adj.* **1 - progressif** · **2 - historique** · diachronique

évolution *n.f.* **1 - mouvement** · [Milit.] manœuvre · **2 - changement** · bouleversement · développement · métamorphose · modification · transformation · **3 - déroulement** · histoire · marche · tournure · **4 - progrès** · avancement · cours · processus · progression · **5 - variation** · courbe

évolutionnisme *n.m.* **1 - transformisme** · **2 - réformisme**

évoquer *v.tr.* **1 - invoquer** · **2 - décrire** · montrer · **3 - rappeler** · réveiller · faire revivre · remémorer *littér.* · **4 - suggérer** · appeler · éveiller · rappeler · susciter · **5 - faire allusion à** · aborder · citer · effleurer · mentionner · nommer · poser · **6 - représenter** · incarner · symboliser

exacerbation *n.f.* · intensification · aggravation · exaspération · recrudescence · redoublement

exacerbé, e *adj.* · démesuré · violent

exacerber *v.tr.* **1 - porter à son paroxysme** · aiguiser · aviver · exalter · enflammer · exciter · intensifier · **2 - aggraver** · attiser · envenimer · exaspérer · irriter

exact, e *adj.* **1 - correct** · bon · juste · **2 - précis** · net · **3 - authentique** · réel · véridique · véritable · vrai · **4 -** [sens] **propre** · littéral · strict · **5 - fidèle** · conforme · textuel · **6 - mathématique** · **7 - sûr** · certain · fiable ·

solide · **8 - ponctuel** · à l'heure · assidu · consciencieux · régulier · **9 - minutieux** · attentif · précis · rigoureux · scrupuleux · strict

exact, correct

Exact s'applique à ce qui est conforme à la réalité, à la vérité *(une réponse exacte, un compte rendu, un renseignement exact ; le lieu exact de l'accident).* **Exact** concerne aussi ce qui reproduit fidèlement la réalité, un original *(une imitation, une traduction exacte).* **Correct** n'est pas en rapport direct avec la réalité ou ce qui est reçu pour vrai, mais qualifie ce qui ne présente pas d'écart par rapport à une norme *(une alimentation correcte, un devoir correct),* cette norme pouvant relever d'un jugement social *(un discours politiquement correct ; une tenue, une conduite correcte).*

exactement *adv.* **1 - en tout point** · régulièrement · religieusement · rigoureusement · scrupuleusement • [respecter] à la lettre • [se ressembler] trait pour trait · **2 - objectivement** · fidèlement · littéralement · mot à mot · de point en point · textuellement · **3 - bien** · adéquatement · correctement · **4 - précisément** · justement · **5 - parfaitement** · en plein · rigoureusement · tout à fait · au quart de poil *fam.* · **6 -** [exclamatif] **tout juste** · absolument · certes · oui · parfaitement · tout à fait

exaction *n.f.* **abus de pouvoir** · extorsion · pillage · rançonnement · vol · malversation *littér.* · prévarication *littér. ou Droit* • [d'un fonctionnaire] concussion

⋙ **exactions** *plur.* **mauvais traitements** · excès · sévices · violences

exactitude *n.f.* **1 - ponctualité** · assiduité · régularité · **2 - justesse** · correction · précision · rectitude · rigueur · **3 - fidélité** · justesse · ressemblance · véracité · vérité · véridicité *littér.* · **4 - application** · attention · conscience · minutie · soin · scrupule

ex aequo *adv.* · à égalité · sur le même rang

exagération *n.f.* **1 - amplification** · dramatisation · gonflement · grossissement · majoration · surestimation · **2 - emphase** · enflure · hyperbole · broderie *rare* · **3 - excès** · abus · démesure · disproportion · outrance · **4 - fanfaronnade** · galéjade · hâblerie · vantardise

exagéré, e *adj.* **1 - outrancier** · caricatural · chargé · excessif · extrême · fort · hyperbolique · outré · **2 - inabordable** · astronomique · excessif · exorbitant · **3 - abusif** · surfait · **4 - démesuré** · débridé · effréné · fou · immodéré · insensé · **5 - forcé** · affecté

exagérément *adv.* · trop · abusivement · démesurément · à l'excès · excessivement · à outrance

exagérer *v.tr.*

I 1 - amplifier · agrandir · augmenter · enfler · gonfler · grandir · grossir · majorer · surestimer • [en mal] dramatiser · pousser au noir · **2 - forcer** · accentuer · accuser · amplifier · charger · grossir · outrer

II [sans complément] **1 - en ajouter** · fabuler · broder · se vanter · bluffer *fam.* · se gonfler *fam.* · hâbler *littér.* · **2 - abuser** · y aller fort · aller trop loin · dépasser les bornes · forcer le trait · ne pas y aller de main morte · passer la mesure · attiger *fam.*, · charrier *fam.* · faire fort *fam.* · forcer la dose *fam.* · pousser *fam.* · tirer sur la ficelle *fam.* · chier dans la colle *très fam.* · pousser le bouchon trop loin *fam.* · pousser mémère dans les orties *fam., vieilli* · charrier, cherrer dans les bégonias *fam., vieux*

✦ **tout exagérer** faire d'une mouche un éléphant

»» **s'exagérer** *v.pron.* **se faire un monde de** · se faire une montagne de

exaltant, e *adj.* · excitant · électrisant · enivrant · enthousiasmant · galvanisant · grisant · passionnant · stimulant · vivifiant · emballant *fam.*

exaltation *n.f.* **1 - agitation** · bouillonnement · déchaînement · embrasement · délire · effervescence · excitation · surexcitation · **2 - ardeur** · animation · chaleur · enthousiasme · feu · fièvre · fougue · passion · véhémence · **3 - griserie** · emportement · enivrement · extase · exultation · ivresse · ravissement · transport · emballement *fam.* · **4 - glorification** · célébration · louange · apologie

exalté, e

▪ *adj.* **1 - intense** · délirant · exacerbé · vif · **2 - excité** · frénétique · surexcité · survolté · **3 - ardent** · enthousiaste · fougueux · passionné

▪ *n.* **tête brûlée** · énergumène · enragé · excité · fanatique · fou

exalter *v.tr.* **1 - animer** · chauffer (à blanc) · échauffer · électriser · enflammer · enivrer · enfiévrer · enthousiasmer · exciter · fanatiser · galvaniser · griser · passionner · soulever · survolter · transporter · emballer *fam.* · **2 - intensifier** · aviver · augmenter · enfler · fortifier · gonfler · ranimer · raviver · réchauffer · relever · remonter · renforcer · réveiller · stimuler · vivifier · **3 - rehausser** · relever · faire ressortir · **4 - améliorer** · développer · grandir · hausser · perfectionner · **5 - glorifier** · bénir · déifier · diviniser · magnifier · hisser sur le pavois · élever jusqu'aux nues · porter aux nues · mettre sur un piédestal · **6 - célébrer** · chanter · louer · vanter

»» **s'exalter** *v.pron.* **s'enthousiasmer** · s'enflammer · s'engouer · se passionner · se monter la tête *fam.* · s'emballer *fam.*

examen *n.m.* **1 - étude** · analyse · auscultation · contrôle · décorticage · dépouillement · dissection · enquête · épluchage · exploration · information · inspection · investigation · observation · recherche · reconnaissance · revue · ronde · test · vérification · visite · **2 -** [rapide] **tour d'horizon** · survol · **3 - consultation** · visite • [complet] bilan de santé · check-up *anglic.* · **4 - épreuve** · test · audition · composition · écrit · interrogation · oral · partiel · **5 - brevet** · certificat

✦ **examen de conscience** introspection

examinateur, -trice *n.* **1 - interrogateur** · correcteur · colleur *fam.* · **2 -** [vieux] **observateur** · critique

examiner *v.tr.*

I 1 - observer · considérer · contempler · étudier · explorer · inspecter · passer en revue · prospecter · regarder · scruter · visiter • [avec dédain] toiser · **2 - compulser** · consulter · dépouiller

II 1 - analyser · étudier · sonder · **2 - contrôler** · éprouver · essayer · expérimenter · vérifier · **3 - ausculter** · palper · tâter · toucher

III 1 - réfléchir à · repasser · repeser · ressasser · retourner dans son esprit · revoir · **2 - débattre** · délibérer de, sur · discuter · mettre sur le tapis

✦ **examiner à fond** approfondir · fouiller · faire le tour de · désosser · disséquer · éplucher · passer au crible · passer au peigne fin · passer à l'étamine *vieux*

✦ **examiner rapidement** **1 - jeter un coup d'œil sur** · feuilleter · **2 - effleurer** · survoler

exaspérant, e *adj.* · excédant · agaçant · crispant · énervant · horripilant · insupportable · irritant · rageant *fam.*

exaspération *n.f.* **1 - agacement** · colère · énervement · horripilation · irritation · nervosité · rage · **2 - exacerbation** · aggravation · exaltation · excitation · intensification · recrudescence · redoublement

exaspéré, e *adj.* **1 - furieux** · enragé · furibond · irrité · en colère · en fureur · en rage · à cran · à bout de nerfs *fam.* · **2 -** [vieux] **aigu** · exacerbé · vif

exaspérer *v.tr.* **1 - excéder** · agacer · assommer · aigrir · crisper · énerver · fâcher · faire bouillir · fatiguer · impatienter · irriter · pousser à bout · courir sur le système à *fam.* · courir sur le haricot à *très fam.* · gonfler *très fam.* · porter sur les nerfs de *fam.* · taper sur les nerfs à *fam.* · **2 - intensifier** · accroître · aggraver · aiguiser · aviver · envenimer · exacerber · exciter

exaucer *v.tr.* **1 - combler** · contenter · satisfaire · **2 - accomplir** · accorder · réaliser

excavateur *n.m.* · bulldozer · excavatrice · pelle mécanique · pelleteuse

excavation *n.f.* **1 - cavité** · anfractuosité · antre · caverne · creux · faille · grotte · vide · **2 - fosse** · entonnoir · puits · souterrain · tranchée · trou

excédent *n.m.* **1 - surplus** · différence (en plus) · excès · résidu · reste · supplément · surcroît · surcharge · trop-plein · **2 - bénéfice** · boni · gain · plus-value · reste · solde

✦ **en excédent** en trop · en surnombre · en surcharge

excédentaire *adj.* · en trop · en surnombre · en surcharge

excéder *v.tr.* **1 - dépasser** · surpasser · l'emporter sur · **2 - outrepasser** · passer · **3 - exaspérer** · agacer · assourdir · crisper · énerver · ennuyer · horripiler · importuner · insupporter · irriter · lasser · casser la tête, les pieds à *fam.*

excellemment *adv.* · admirablement · divinement · merveilleusement · parfaitement · remarquablement · supérieurement

excellence *n.f.* **perfection** · qualité · supériorité · suprématie · précellence *vieux*

✦ **par excellence** typiquement

excellent, e *adj.* **1 - délicieux** · divin · exquis · fameux · goûteux · succulent · extra *fam.* · friand *vieux* · **2 - admirable** · de premier ordre · en or · incomparable · magistral · merveilleux · parfait · remarquable · supérieur · de première bourre *fam.* · extra *fam.* · super *fam.* · **3 - talentueux** · accompli · doué · très fort · remarquable · balèze *fam.* · calé *fam.* · fortiche *fam.*

exceller *v. intr.* **briller** · se distinguer · s'illustrer · triompher

✦ **exceller en** être un as de, en *fam.* · faire un carton en *fam.* · cartonner en *fam.* · avoir le chic pour *fam.*

excentricité *n.f.* · bizarrerie · extravagance · fantaisie · folie · originalité · singularité

excentrique *adj.* **1 - bizarre** · baroque · étrange · extravagant · farfelu · insolite · original · saugrenu · singulier · **2 - périphérique** · excentré

excepté *prép.* **à l'exception de** · abstraction faite de · non compris · en dehors de · à l'exclusion de · hormis · hors · à part · à la réserve de · sauf · sinon

✦ **excepté que** à cela près que · sauf que · si ce n'est que · sinon que

excepter *v.tr.* · écarter · enlever · exclure · mettre de côté · mettre à part · négliger · ôter · oublier · réserver · retirer · retrancher

exception *n.f.* **1 - dérogation** · restriction · **2 - anomalie** · entorse · irrégularité · particularité · singularité · **3 - phénomène**

✦ **à l'exception de** excepté · abstraction faite de · non compris · en dehors de · àl'exclusion de · hormis · hors · à part · à la réserve de · sauf

✦ **d'exception** **1 - spécial** · exceptionnel · **2 - extraordinaire** · émérite · exceptionnel · hors du commun · hors ligne · hors pair · remarquable · supérieur · unique

exceptionnel, -elle *adj.* **1 - rare** · occasionnel · **2 - anormal** · étonnant · extraordinaire · **3 - spécial** · d'exception · **4 - remarquable** · émérite · d'exception · extraordinaire · hors du commun · hors ligne · hors pair · rare · supérieur · unique

exceptionnellement *adv.* **1 - rarement** · ne ... guère · peu · **2 - extraordinairement** · extrêmement · particulièrement · supérieurement

excès *n.m.* **1 - excédent** · reste · surplus · trop-plein · **2 - profusion** · débauche · foison · luxe · orgie · pléthore · satiété · saturation · surabondance · **3 - démesure** · abus · disproportion · exagération · énormité · outrance · immodération *littér.* · trop *fam.* · **4 - débordement** · abus · dérèglement · dévergondage · écart · folie · inconduite · incontinence · intempérance · libertinage · licence

✦ **en excès** à revendre *fam.*

✦ **à l'excès, jusqu'à l'excès** excessivement · démesurément · immodérément · outre mesure · à outrance

✦ **sans excès** modérément · avec modération

excessif, -ive *adj.* **1 - démesuré** · abusif · énorme · extrême · immodéré · surabondant · **2 - inabordable** · abusif · ahurissant · exagéré · exorbitant · prohibitif · **3 - outrancier** · exagéré · outré · **4 - extraordinaire** · exceptionnel · extrême · infini · prodigieux

excessivement *adv.* **1 - outrageusement** · à l'excès · démesurément · exagérément · surabondamment · **2 - extraordinairement** · extrêmement · fabuleusement · incroyablement · infiniment · suprêmement

excision *n.f.* **1 - ablation** · abscission · enlèvement · exérèse · extirpation · incision · **2 - clitoridectomie**

excitabilité *n.f.* · irritabilité · sensibilité

excitable *adj.* **1 - irritable** · coléreux · nerveux · susceptible · **2 - réceptif** · sensible

excitant, e

▪ *adj.* 1 - **enivrant** · électrisant · enthousiasmant · entraînant · exaltant · galvanisant · grisant · passionnant · stimulant · emballant *fam.* · 2 - **attrayant** · agréable · appétissant · alléchant · engageant · enthousiasmant · plaisant · séduisant · tentant · emballant *fam.* · 3 - **aphrodisiaque** · stimulant · 4 - **provoquant** · affriolant · aguichant · émoustillant · érotique · piquant · troublant · voluptueux · bandant *très fam.* · sexy *fam.*

▪ *n.m.* 1 - **aiguillon** · stimulus · 2 - **euphorisant** · excitatif · réconfortant · reconstituant · remontant · stimulant · tonique

excitation *n.f.* 1 - **stimulation** · coup de fouet · 2 - **encouragement** · appel · exhortation · incitation · invitation · provocation · sollicitation · 3 - **exaltation** · ardeur · embrasement (des sens) · émoi · enthousiasme · ivresse · passion · ravissement · transport · éréthisme *littér.* · 4 - **agitation** · animation · bouillonnement · ébullition · effervescence · énervement · exacerbation · fébrilité · fièvre · surexcitation · délire · trouble · 5 - **énervement** · exaspération · irritation

excité, e

▪ *adj.* **agité** · ardent · énervé · nerveux · dans tous ses états *fam.* · speed *fam.*

▪ *n.* **énergumène** · enragé

✦ **très excité** excité comme une puce *fam.*

exciter *v.tr.*

I 1 - causer · allumer · appeler · déclencher · éveiller · faire croître · faire naître · insuffler · provoquer · ranimer · raviver · remuer · réveiller · solliciter · susciter · 2 - **activer** · aiguillonner · aiguiser · attiser · aviver · éperonner · exalter · fouetter · piquer · stimuler · doper *fam.* · 3 - **exacerber** · aggraver · envenimer · exaspérer · 4 - **caresser** · chatouiller · flatter

II 1 - agiter · animer · enfiévrer · passionner · surexciter · 2 - **déchaîner** · électriser · embraser · enflammer · galvaniser · pousser · soulever · fomenter *littér.* · 3 - **exalter** · enivrer · enlever · enthousiasmer · ravir · transporter · emballer *fam.* · 4 - **émoustiller** · affrioler · aguicher · attirer · attiser le désir de · charmer · plaire à · tenter · troubler · allumer *fam.* · faire bander *très fam.* · 5 - **échauffer** · enivrer · mettre en verve

III agacer · énerver · irriter · provoquer · taquiner

✦ **exciter (qqn) à** inciter à · convier à · encourager à · engager à · entraîner à · exhorter à · inviter à · instiguer à · obliger à · persuader de · porter à · pousser à · presser de · provoquer à

✦ **exciter contre** **dresser contre** · ameuter contre · monter contre · opposer à · braquer contre *fam.*

⋙ **s'exciter** *v.pron.* 1 - **s'énerver** · s'agiter · s'emporter · 2 - **s'enthousiasmer** · s'enflammer · se monter la tête *fam.*

exclamation *n.f.* 1 - **clameur** · cri · 2 - **interjection** · juron

exclamer (s') *v.pron.* · s'écrier · se récrier · dire

exclu, e *n.* · paria · marginal · laissé-pour-compte · réprouvé *littér.*

exclure *v.tr.* 1 - **bannir** · chasser · écarter · éliminer · épurer · évincer · excommunier · exiler · expulser · mettre à la porte · frapper d'ostra-

cisme · proscrire · radier · refouler · rejeter · renvoyer · repousser · forclore *littér.* · éjecter *fam.* · vider *fam.* · virer *fam.* • [momentanément] isoler · mettre à l'écart · mettre en quarantaine · mettre sur la touche *fam.* · **2 - ôter** · rayer · retrancher · supprimer · **3 - excepter** · écarter · faire abstraction de · ne pas tenir compte de · **4 - empêcher** · interdire · s'opposer à · être incompatible avec · **5 - interdire** · prohiber · proscrire · refuser · mettre à l'index

››› **s'exclure** *v.pron.* [mutuellement] **s'annuler** · s'annihiler · se neutraliser

❧ éliminer

exclusif, -ive *adj.* **1 - absolu** · particulier · personnel · propre · spécial · spécifique · unique · **2 - possessif** · égoïste · jaloux · **3 - étroit** · buté · entier · entêté · de parti pris

exclusion *n.f.* **1 - expulsion** · radiation · rejet · renvoi • [momentanée] mise à l'écart · mise en quarantaine · mise sur la touche *fam.* • [Relig.] excommunication · **2 - élimination** · suppression · **3 - destitution** · dégradation · révocation · **4 - isolement** · désocialisation · marginalisation · ostracisme

✦ **à l'exclusion de** à l'exception de · abstraction faite de · non compris · en dehors de · excepté · hormis · hors · à part · à la réserve de · sauf · sinon

exclusive *n.f.* · exception · exclusion · interdit

exclusivement *adv.* · seulement · uniquement

exclusivité *n.f.* **1 - monopole** · apanage · **2 - scoop** *anglic.*

excommunication *n.f.* **1 - anathème** · exclusion · **2 - censure** · foudre de l'Église · glaive spirituel

excommunier *v.tr.* **1 - anathématiser** · **2 - chasser** · bannir · exclure · expulser · radier · rejeter · repousser · ostraciser *littér.*

excréments *n.m.pl.* **1 - déjections** · matières fécales · fèces · selles · excrétions *littér.* · **2 - étrons** · crottes · caca *fam.* · colombins *fam.* · merde *très fam.* · **3 - crotte** · bouse · crottin · purin • [d'insecte] chiasse · chiure • [de cerf, sanglier] fumées · laissées • [d'oiseau] fiente · guano

excrétion *n.f.* **élimination** · écoulement · évacuation · expulsion

››› **excrétions** *plur.* → **excréments**

excroissance *n.f.* **1 - protubérance** · bosse · kyste · polype · proéminence · saillie · tumeur · **2 - crête** · **3 -** [Bot.] **bourrelet** · broussin · galle · tubercule

excursion *n.f.* · promenade · course · expédition · partie de campagne · randonnée · sortie · tournée · voyage · balade *fam.* · virée *fam.*

excusable *adj.* · compréhensible · défendable · justifiable · pardonnable · supportable · tolérable · rémissible *littér.*

excuse *n.f.* **1 - justification** · défense · décharge · explication · motif · raison · **2 - prétexte** · dérobade · échappatoire · faux-fuyant · **3 -** [souvent plur.] **regret** · (demande de) pardon

❧ **excuse, pardon**

Excuse et **pardon** sont relatifs à la position que l'on a à l'égard d'une faute. L'**excuse** est la raison que l'on donne pour se défendre d'une accusation, d'un reproche *(une lettre, un geste, des mots d'excuse)*. Elle exprime aussi les regrets que l'on témoigne d'avoir contrarié ou offensé quelqu'un *(acceptez mes excuses ; présenter, faire ses excuses, recevoir des excuses)*. Le coupable qui demande le **pardon** d'une faute souhaite qu'on ne lui en tienne pas rigueur *(accorder son pardon, un geste de pardon)*. **Pardon** peut être employé par politesse dans une formule par laquelle on s'excuse de déranger quelqu'un, de l'interrompre, etc., comme si l'on anticipait le pardon *(Je vous demande pardon, mais pouvez-vous répéter ?)*.

excuser *v.tr.* **1 - expliquer** · justifier · légitimer · motiver · **2 - défendre** · prendre la défense de · blanchir · couvrir · disculper · innocenter · **3 - pardonner** · absoudre · décharger · **4 - admettre** · accepter · pardonner · passer sur · supporter · tolérer · fermer les yeux sur · passer l'éponge sur *fam.*

>>> **s'excuser** *v.pron.* **1 - se justifier** · se défendre · **2 - demander pardon** · faire amende honorable · regretter

exécrable *adj.* **1 - abominable** · affreux · détestable · épouvantable · horrible · insupportable · odieux · repoussant • [humeur] de chien · de dogue · **2 - dégoûtant** · imbuvable · immangeable · immonde · infect · répugnant · **3 - déplorable** · affligeant · calamiteux · consternant · dérisoire · désastreux · lamentable · misérable · navrant · nul · pitoyable · minable *fam.*

exécration *n.f.* **1 - dégoût** · aversion · haine · horreur · répugnance · répulsion · abomination *littér.* · détestation *littér.* · **2 -** [vieux] **imprécation** · malédiction

exécrer *v.tr.* · détester · haïr · avoir en horreur · maudire · rejeter · repousser · ne pas pouvoir souffrir · vomir · abhorrer *littér.* · abominer *littér.* · ne pas pouvoir sentir *fam.*

exécutable *adj.* · possible · faisable · réalisable

exécutant, e *n.* **1 - musicien** · **2 - technicien** · praticien · réalisateur · exécuteur *vieux* · faiseur *rare*

exécuter *v.tr.*
I 1 - accomplir · effectuer · opérer · réaliser · mener à bien, à bonne fin · mettre à exécution · procéder à · travailler à · **2 - fabriquer** · confectionner · réaliser · **3 - interpréter** · jouer · massacrer *fam., péj.*
II obéir à · s'acquitter de · exercer · observer · remplir · satisfaire à · tenir
III 1 - tuer · abattre · assassiner · décapiter · éliminer · fusiller · guillotiner · mettre à mort · pendre (haut et court) · descendre *fam.* · expédier *fam.* · liquider *fam.* · supprimer *fam.* • [un soldat] passer par les armes · **2 - critiquer** · discréditer · démolir · éreinter · esquinter · descendre (en flammes) *fam.*

>>> **s'exécuter** *v.pron.* **obéir** · obtempérer

exécuteur *n.m.* · bourreau

exécution *n.f.* **1 - accomplissement** · conduite · réalisation · **2 - construction** · composition · rédaction · **3 - facture** · forme · **4 - interprétation** · **5 - mise à mort** · assassinat · décapitation · pendaison · supplice

✦ **mettre à exécution** → **exécuter**

exégèse *n.f.* · commentaire · critique · explication · herméneutique · interprétation

exégète *n.* · annotateur · commentateur · critique · interprète · scoliaste

[1]**exemplaire** *adj.* **1 - remarquable** · édifiant · honnête · modèle · moral · parfait · vertueux · **2 - sévère** · dissuasif

[2]**exemplaire** *n.m.* **1 - copie** · épreuve · imitation · réplique · **2 - numéro** · édition · épreuve · **3 - échantillon** · exemple · spécimen

exemple *n.m.* **1 - modèle** · idéal · image · parangon · type · **2 - précédent** · antécédent · **3 - spécimen** · cas · exemplaire · **4 - aperçu** · échantillon · esquisse · idée · illustration · notion · preuve · **5 -** [Grammaire] **paradigme**

✦ **à l'exemple de** comme · à l'image de · à l'instar de · de même que

✦ **par exemple** **1 - ainsi** · comme · notamment · **2 - cependant** · mais

✦ **montrer l'exemple** montrer, tracer le chemin · frayer la voie

✦ **suivre l'exemple de** suivre le chemin, les brisées, les traces de · se mettre dans les pas de · se modeler sur

exempt, e *adj.* **1 - dégagé** · affranchi · déchargé · dispensé · exempté · exonéré · libéré · libre · **2 - dépourvu** · démuni · dénué · privé

exempter *v.tr.* **1 - réformer** · **2 - affranchir** · alléger · décharger · dégager · dégrever · dispenser · exonérer · libérer · tenir quitte · **3 - garantir** · immuniser (contre) · mettre à l'abri · préserver

exemption *n.f.* **1 - dispense** · privilège · **2 - décharge** · dégrèvement · exonération · franchise

exercé, e *adj.* · entraîné · adroit · averti · expérimenté · expert · formé · habile

exercer *v.tr.* **1 - entraîner** · aguerrir · cultiver · dresser · éduquer · endurcir · façonner · former · habituer · plier · rompre · **2 - pratiquer** · s'acquitter de · se consacrer à · se livrer à · remplir · **3 - employer** · mettre en action · déployer · **4 -** [un droit] **faire valoir** · **5 - travailler**

»» **s'exercer** *v.pron.* **1 - s'entraîner** · s'appliquer · s'essayer · s'entretenir · faire des, ses gammes · se faire la main *fam.* · **2 - se manifester** · s'appliquer · se faire sentir

exercice *n.m.* **1 - pratique** · usage · **2 - entraînement** · expérience · habitude · **3 - activité physique** · culture physique · gymnastique · sport · **4 -** [Scol.] **devoir** · **5 -** [Milit.] **manœuvre** · instruction

✦ **en exercice** en activité

exergue *n.m. ou f.* **1 - épigraphe** · **2 - inscription**

✦ **mettre en exergue** mettre en évidence · mettre en lumière · mettre en relief

exhalaison *n.f.* **1 - effluve** · arôme · fumet · odeur · parfum · senteur · **2 - émanation** · fumée · gaz · haleine · souffle · vapeur · miasme *péj.*

exhaler *v.tr.* **1 - dégager** · émettre · produire · répandre · **2 - sentir bon** · embaumer · fleurer · odorer *vieux ou littér.* · **3 - sentir mauvais** · empester · puer · **4 - respirer** · transpirer · suer *fam.* · **5 - pousser** · laisser échapper · rendre · **6 - exprimer** · déverser · donner libre cours à · manifester · proférer

»» **s'exhaler** *v.pron.* **s'évaporer** · émaner · transpirer

exhaussement *n.m.* · élévation · surélévation

exhausser *v.tr.* 1 - **hausser** · élever · monter · relever · remonter · surélever · surhausser · 2 - **ennoblir** · élever

exhaustif, -ive *adj.* · complet · entier · intégral · total

exhaustivement *adv.* · in extenso · entièrement · intégralement · totalement

exhiber *v.tr.* 1 - **montrer** · exposer · présenter · produire · faire voir · 2 - **dénuder** · découvrir · dévoiler · 3 - **arborer** · afficher · déployer · étaler · faire étalage de · faire montre de · faire parade de

»» **s'exhiber** *v.pron.* **se montrer** · parader · se pavaner · se produire · se donner, s'offrir en spectacle

exhibition *n.f.* 1 - **présentation** · exposition · numéro · représentation · show · spectacle · 2 - **déploiement** · dépense · étalage · parade · montre *vieux ou littér.*

exhortation *n.f.* 1 - **encouragement** · appel · avis · conseil · excitation · incitation · instruction · invitation · invite · recommandation · 2 - **sermon** · admonestation · harangue · leçon

exhorter *v.tr.* 1 - **haranguer** · 2 - **encourager** · appeler · conseiller · convier · engager · exciter · inciter · inviter · persuader · pousser · presser · recommander

exhumer *v.tr.* 1 - **déterrer** · 2 - **ressortir** · rappeler · ressusciter · réveiller · déterrer *fam.* · ressortir du placard *fam.*

exigeant, e *adj.* 1 - **difficile** (à contenter) · intraitable · 2 - **pointilleux** · maniaque · minutieux · perfectionniste · sourcilleux · tatillon · 3 - **sévère** · dur · strict · 4 - **astreignant** · accaparant · absorbant · assujettissant · envahissant · prenant

~ **difficile**

exigence *n.f.* 1 - **contrainte** · besoin · impératif · loi · nécessité · obligation · ordre · règle · 2 - **désir** · appétit · besoin · 3 - **demande** · condition · revendication · [au plur., salariales] prétentions

exiger *v.tr.* 1 - **revendiquer** · réclamer · requérir · 2 - **ordonner** · enjoindre · commander · imposer · requérir · 3 - **nécessiter** · appeler · astreindre à · commander · contraindre à · demander · imposer · obliger à · réclamer · requérir · supposer · vouloir

✦ **exiger trop** placer la barre trop haut

exigu, e *adj.* · étroit · étriqué · minuscule · petit · réduit · restreint · riquiqui *fam.*

exiguïté *n.f.* · petitesse · étroitesse

exil *n.m.* 1 - **expatriation** · départ · 2 - **bannissement** · ban · déportation · expulsion · proscription · relégation · renvoi · transportation · 3 - **éloignement** · isolement · séparation · 4 - **réclusion** · retraite

exiler *v.tr.* 1 - **bannir** · chasser · déporter · exclure · expatrier · expulser · ostraciser · proscrire · 2 - **éloigner** · écarter · reléguer

»» **s'exiler** *v.pron.* 1 - **s'expatrier** · émigrer · se réfugier · 2 - **se retirer** · disparaître · fuir · s'enterrer *fam.*

exiler, bannir, proscrire, ostraciser

Exiler, bannir, proscrire et ostraciser concernent l'action de faire quitter un territoire à quelqu'un sous la contrainte. Aucun des quatre verbes n'appartient au vocabulaire juridique moderne en France. **Exiler** une personne se dit quand une autorité souveraine l'oblige à aller vivre à l'étranger, parfois avec le statut de réfugié politique *(le pouvoir a exilé des opposants)*. **Bannir** implique une décision judiciaire, la condamnation à quitter le territoire étant infamante. **Proscrire** s'emploie si l'obligation de l'exil procède de l'arbitraire et qu'elle est violente. **Ostraciser** est propre à l'Antiquité grecque : le peuple d'Athènes obligeait à un exil de dix ans un citoyen jugé trop puissant ou qui prenait trop de pouvoir.

existant, e *adj.* 1 - **actuel** · présent · en vigueur · 2 - **concret** · effectif · palpable · positif · réel

existence *n.f.* 1 - **présence** · matérialité · réalité · 2 - **vie** · jours · 3 - **sort** · destin · destinée · état

✦ **moyens d'existence** ressources

exister *v. intr.* 1 - **être** · vivre · être sur terre · 2 - **se rencontrer** · se trouver · régner · 3 - **durer** · continuer · demeurer · persister · subsister · 4 - **compter** · importer · valoir

✦ **il existe** il y a · on rencontre · on observe · on trouve

exode *n.m.* 1 - **émigration** · expatriation · 2 - **fuite** · sauve-qui-peut · 3 - [des cerveaux, des capitaux] **évasion** · fuite

✦ **exode rural** dépeuplement des campagnes · désertion des campagnes

exonération *n.f.* · dispense · abattement · affranchissement · allègement · décharge · déduction · dégrèvement · diminution · exemption · franchise · immunité · remise

exonérer *v.tr.* 1 - **affranchir** · décharger · dégager · dispenser · exempter · libérer · 2 - **dégrever**

✦ **exonéré d'impôt** détaxé · défiscalisé

exorbitant, e *adj.* · excessif · démesuré · exagéré · extravagant · immodéré · inabordable · invraisemblable · dingue *fam.* · faramineux *fam.* · fou *fam.* · monstrueux *fam.*

exorciser *v.tr.* 1 - **chasser** · conjurer · 2 - **désenvoûter** · désensorceler

exorcisme *n.m.* · désenvoûtement · désensorcellement · conjuration

exorde *n.m.* 1 - **introduction** · préambule · préliminaire · prologue · 2 - **début** · commencement · entrée en matière · prélude

exotique *adj.* 1 - **lointain** · 2 - **tropical** · 3 - **étrange** · différent · inhabituel · dépaysant

expansif, -ive *adj.* · communicatif · confiant · débordant · démonstratif · extraverti · exubérant · franc · ouvert

expansion *n.f.* 1 - **croissance** · boom · développement · épanouissement · essor · 2 - **diffusion** · extension · propagation · 3 - **débordement** · effusion · épanchement · 4 - [d'un gaz] **dilatation** · décompression · détente · explosion

expatriation *n.f.* 1 - **émigration** · exil · fuite · 2 - **déportation** · expulsion

expatrier *v.tr.* **exiler** · expulser

»» **s'expatrier** *v.pron.* **émigrer** · s'exiler · se réfugier

expectative *n.f.* · attente · espérance · espoir · perspective

expectoration *n.f.* 1 - **crachement** · toux · 2 - **crachat** · glaire · glaviot *très fam.* · graillon *très fam.* · mollard *très fam.*

expectorer *v.tr.* · cracher · expulser • [sans complément] tousser

[1]**expédient, e** *adj.* · adéquat · à propos · commode · convenable · indiqué · opportun · utile · idoine *littér. ou plaisant*

[2]**expédient** *n.m.* 1 - **palliatif** · 2 - **moyen** · astuce · échappatoire · ressource · solution · tour d'acrobatie · combine *fam.* · truc *fam.*

expédier *v.tr.* 1 - **envoyer** · adresser · dépêcher · poster · transmettre · 2 - **régler** · 3 - **bâcler** · liquider · torcher *fam.* · trousser *littér.* · 4 - **congédier** · se débarrasser de · renvoyer · éconduire *littér.* · envoyer paître, péter, promener, sur les roses *fam.* · 5 - [fam.] → **tuer**

expéditeur, -trice *n.* · envoyeur

expéditif, -ive *adj.* 1 - **rapide** · prompt · vif · diligent *vieilli ou littér.* · 2 - **sommaire** · court · hâtif · précipité

expéditif, diligent, prompt

Ces adjectifs qualifient une personne qui fait preuve de rapidité dans l'accomplissement d'une chose. **Expéditif** insiste sur la vitesse d'exécution d'une tâche, souvent liée à la volonté de s'en débarrasser *(être expéditif en affaire)*. **Expéditif** se dit aussi de ce qui permet d'aller vite *(un moyen expéditif, des manières, des méthodes expéditives)*. Avec **diligent**, aujourd'hui vieilli ou d'usage littéraire, on a l'idée d'attention, d'empressement *(une secrétaire diligente, des soins diligents)*. **Prompt**, plus neutre, retient seulement l'idée de vitesse et de vivacité *(un geste prompt)*. Il est vieilli pour qualifier des personnes *(un homme prompt à comprendre une situation)*.

expédition *n.f.*
I 1 - **envoi** · transport · 2 - [Droit] **copie** · double · extrait
II 1 - **voyage** · périple · randonnée · virée *fam.* · 2 - **entreprise** · aventure · campagne · croisade · équipée · mission · 3 - **coup (de main)** · descente · raid

expérience *n.f.* 1 - **savoir-faire** · acquis · connaissance(s) · expertise · métier · qualification · science · 2 - **expérimentation** · épreuve · essai · observation · tentative · test · 3 - **pratique** · familiarité · habitude · routine · usage

✦ **acquérir sa première expérience** faire ses classes

✦ **avoir de l'expérience** ne pas être né de la dernière pluie, d'hier · ne pas en être à son premier coup

expérimental, e *adj.* 1 - **empirique** · pragmatique · 2 - **d'avant-garde** · modèle · pilote

expérimentation *n.f.* · expérience · épreuve · essai · étude · test

expérimenté, e *adj.* **exercé** · accompli · adroit · averti · capable · chevronné · compétent · confirmé · connaisseur · émérite · entraîné · éprouvé · expert · fort · habile · instruit · qualifié

✦ **expérimenté en** rompu à · versé en

expérimenter *v.tr.* 1 - **éprouver** · essayer · goûter de · tâter de · tester · vérifier · 2 - **constater** · se rendre compte de · éprouver

expert, e

▪ *adj.* **exercé** · accompli · adroit · assuré · averti · bon · capable · chevronné · compétent · connaisseur · éprouvé · expérimenté · habile · instruit · savant · orfèvre en la matière

■ *n.* **1 - professionnel** · connaisseur · maître · spécialiste · **2 - virtuose** · as *fam.* · crack *fam.*

✦ **expert en** rompu à · versé en

✦ **devenir expert en** passer maître en

expertise *n.f.* · estimation · évaluation · investigation · vérification

expertiser *v.tr.* · estimer · apprécier · évaluer

expiation *n.f.* · rachat · compensation · réparation · repentir

expier *v.tr.* **1 - se laver de** · payer · **2 - racheter** · compenser · réparer

expiration *n.f.* **1 - souffle** · haleine · **2 - échéance** · fin · terme

expirer *v.intr.* **1 - souffler** · exhaler · **2 - mourir** · agoniser · décéder · disparaître · s'éteindre · succomber · passer *littér.* · périr *littér.* · rendre l'âme *littér. ou plaisant* · trépasser *littér.* · **3 - finir** · cesser · prendre fin · se terminer · arriver à terme · **4 - s'affaiblir** · baisser · décliner · décroître · diminuer · se dissiper · s'éteindre · s'évanouir

explicable *adj.* · justifiable · compréhensible

explicatif, -ive *adj.* · illustratif · éclairant · parlant

explication *n.f.* **1 - commentaire** · annotation · appareil critique · définition · éclaircissement · exégèse · exposé · exposition · glose · indication · interprétation · légende · note · précision · remarque · renseignement · scolie *didact.* · **2 - clé** · élucidation · solution · **3 - cause** · justification · motif · raison (d'être) · **4 - dispute** · altercation · discussion · mise au point · règlement de compte

explicite *adj.* **1 - exprès** · formel · **2 - clair** · détaillé · limpide · net · positif · précis · **3 - catégorique** · clair · formel · net

explicitement *adv.* · expressément · clairement · distinctement · en toutes lettres · formellement · nettement

expliciter *v.tr.* **1 - formuler** · énoncer · exposer · **2 - préciser** · éclaircir · expliquer

expliquer *v.tr.* **1 - communiquer** · décrire · dire · exposer · exprimer · manifester · montrer · raconter · **2 - préciser** · développer · expliciter · [sans complément] mettre les points sur les i · **3 - interpréter** · commenter · traduire · **4 - enseigner** · apprendre · montrer · **5 - justifier** · excuser · légitimer · motiver · rendre compte de · **6 - élucider** · débrouiller · démêler · démystifier · éclaircir · faire la lumière sur · tirer au clair

»» **s'expliquer** *v.pron.* **1 - se disculper** · se défendre · se justifier · **2 - vider une querelle**

☞ éclaircir

expliquer, interpréter, commenter

Expliquer, interpréter et commenter ont pour point commun l'action d'éclaircir ce qui présente des difficultés de compréhension. **Expliquer** a la valeur la plus neutre, concernant tout ce qui peut paraître obscur, ambigu ou dense *(expliquer un jugement, un théorème, une parabole, un tableau, une allusion, la conduite de quelqu'un).* Avec interpréter, on propose un sens parmi d'autres possibles et l'explication peut être tendancieuse *(interpréter de manière avantageuse les réponses d'un sondage ; interpréter faussement les paroles de quelqu'un)*. **Commenter** implique que l'on ajoute aux explications des remarques, des observations *(commenter un texte, des nouvelles, une élection)*. **Explication**, **interprétation** et **commentaire** sont dans une relation analogue à celle des verbes correspondants.

exploit *n.m.* **1 - prouesse** · performance · record · succès · tour de force · **2 -** [vieux] **fait d'armes** · haut fait · geste

exploitable *adj.* **1 - cultivable** · **2 - utilisable** · employable

exploitant, e *n.* **1 -** [Agric.] **agriculteur** · cultivateur · fermier · métayer · **2 - propriétaire**

exploitation *n.f.*
I 1 - domaine · ferme · plantation · propriété · **2 - fabrique** · industrie · manufacture · usine · **3 - commerce** · entreprise · établissement · **4 - concession**
II 1 - mise en valeur · culture · production · **2 - mise à profit** · utilisation

exploiter *v.tr.* **1 - faire valoir** · tirer profit de · [à l'excès] saigner à blanc · **2 - utiliser** · profiter de · tirer parti de · **3 - abuser de** · profiter de · pressurer · rançonner · sous-payer · voler · rouler *fam.* · spolier *littér.*

exploiteur, -euse *n.* · profiteur · affameur · spoliateur *littér.* · sangsue *vieilli* · vampire · vautour

explorateur, -trice *n.* · voyageur · chercheur · navigateur

exploration *n.f.* **1 - voyage** · expédition · incursion · mission · reconnaissance · **2 - sondage** · prospection · **3 - étude** · analyse · approfondissement · auscultation · examen · sondage

exploratoire *adj.* · préliminaire · préalable · préparatoire

explorer *v.tr.* **1 - parcourir** · découvrir · fouiller · inspecter · prospecter · reconnaître · visiter · **2 - étudier** · approfondir · ausculter · examiner · fouiller · sonder · tâter

exploser *v. intr.* **1 - détoner** · éclater · sauter · péter *fam.* · **2 - éclater** · déborder · se déchaîner · **3 - s'emporter** · fulminer · tonner

[1]**explosif, -ive** *adj.* **1 - explosible** · **2 - critique** · dangereux · sensible · tendu · **3 - impétueux** · bouillant · fougueux · violent · volcanique

[2]**explosif** *n.m.* · poudre · bombe · plastic

explosion *n.f.* **1 - déflagration** · désintégration · détonation · éclatement · **2 - accès** · bouffée · débordement · déchaînement · éruption · jaillissement · ouragan · tempête · **3 - flambée** · boom

export *n.m.* · exportation

exposé *n.m.* **1 - communication** · conférence · discours · briefing · laïus *fam.* · speech *fam.* · topo *fam.* · **2 - analyse** · compte rendu · description · énoncé · exposition · narration · présentation · rapport · récit · relation *littér.*

exposer *v.tr.* **1 - communiquer** · déclarer · décrire · détailler · développer · dire · écrire · énoncer · expliquer · indiquer · manifester · présenter · publier · raconter · retracer · traiter · **2 - montrer** · afficher · étaler · exhiber · présenter · offrir à la vue · **3 - orienter** · diriger · disposer · placer · tourner (vers) · **4 - soumettre** · présenter · **5 - compromettre** · engager · hasarder · jouer · mettre en danger · mettre en péril · risquer · commettre *littér.* · **6 - abandonner à** · livrer à · mettre en butte à

✦ **être exposé** [tableau] **avoir les honneurs de la cimaise**

⋙ **s'exposer** *v.pron.* **1 - se montrer** · s'afficher · s'exhiber · **2 - courir un risque** · s'aventurer · se découvrir · **3 - se compromettre** · se commettre *littér.* · se mouiller *fam.*

✦ **s'exposer à** aller au devant de · affronter · chercher · encourir · se mettre en butte à · prêter à · prêter le flanc à · donner prise à

☙ risquer

exposition *n.f.*

I 1 - présentation · étalage · exhibition · montre *littér.* · **2 - salon** · concours · foire · forum · rétrospective

II orientation · situation

III 1 - exposé · compte rendu · description · explication · narration · présentation · rapport · récit · **2 - introduction** · exorde · prélude · proposition · **3 - argument** · protase *vieilli*

[1]exprès, -esse *adj.*

1 - explicite · net · positif · précis · **2 - absolu** · catégorique · formel · impératif

[2]exprès *adv.*

1 - délibérément · à dessein · intentionnellement · sciemment · volontairement · **2 - spécialement** · expressément · juste · précisément

expressément *adv.*

1 - explicitement · formellement · nettement · précisément · **2 - exprès** · juste · spécialement

expressif, -ive *adj.*

1 - significatif · démonstratif · éloquent · évocateur · parlant · suggestif · **2 - coloré** · animé · haut en couleur · mobile · pittoresque · vivant

expression *n.f.*

I 1 - formule · énoncé · locution · mot · terme · tour · tournure · **2 - style** · forme · manière

II mimique · air · figure · masque · mine · visage

III manifestation · concrétisation · écho · émanation · incarnation · matérialisation

IV chaleur · ferveur · vie

exprimer *v.tr.*

1 - communiquer · dire · énoncer · expliquer · exposer · formuler · présenter · signifier · témoigner · transmettre · **2 - manifester** · extérioriser · faire entendre · exhaler · représenter · révéler · traduire · **3 - vouloir dire** · rendre · signifier · symboliser · traduire · **4 - respirer** · peindre · rendre · représenter · **5 - extraire**

⋙ **s'exprimer** *v.pron.* **1 - parler** · **2 - s'extérioriser** · **3 - s'accomplir** · se réaliser

☙ exprimer, énoncer

La manière de rendre sensible ce que l'on pense ou ressent lie ces deux verbes. Exprimer a une valeur large qui recouvre celle d'énoncer. Exprimer concerne en effet la pensée mais aussi les sentiments, que l'on manifeste par l'écrit et l'oral *(exprimer sa pensée, ses désirs, ses dernières volontés, son étonnement, son affection)*, ainsi que par les gestes, l'attitude *(son comportement, son visage exprime la joie, la peur, la surprise, la réprobation)*. Énoncer consiste à exprimer en termes nets ce que l'on a à dire par l'écrit ou par l'oral *(énoncer une opinion, un jugement, un avis ; énoncer clairement ses intentions, ses prétentions)*.

exproprier *v.tr.* · chasser

expulser *v.tr.* 1 - **chasser** · reconduire à la frontière · refouler · renvoyer · repousser · 2 - **exclure** · évincer · sortir · éjecter *fam.* · vider *fam.* · virer *fam.* · 3 - **déloger** · mettre à la porte · vider *fam.* · 4 - **bannir** · exiler · expatrier · proscrire · 5 - **éliminer** · évacuer · rejeter

expulsion *n.f.* 1 - **exclusion** · éviction · évincement · mise à la porte · rejet · renvoi · [Sport] carton rouge · 2 - **refoulement** · rejet · renvoi · 3 - **bannissement** · exil · proscription · 4 - **élimination** · évacuation · excrétion

expurger *v.tr.* 1 - **épurer** · 2 - **censurer** · châtrer · corriger · couper · mutiler · charcuter *fam.*

exquis, e *adj.* 1 - **savoureux** · agréable · délectable · délicieux · excellent · fin · succulent · friand *vieux* · 2 - **délicat** · distingué · raffiné · rare · 3 - **adorable** · aimable · charmant · délicieux · 4 - **suave** · charmant · doux

exsangue *adj.* 1 - **blafard** · blême · cadavérique · hâve · livide · pâle · 2 - **faible** · anémique · asthénique

exsuder

- *v.intr.* 1 - **suinter** · couler · 2 - **suer**
- *v.tr.* [littér.] **émettre** · exprimer · distiller

extase *n.f.* 1 - **béatitude** · enivrement · exaltation · félicité · ivresse · ravissement · 2 - **contemplation** · émerveillement · ravissement · transport

extasier (s') *v.pron.* · s'émerveiller · crier au miracle · s'écrier · s'exclamer · se pâmer

extensible *adj.* · élastique · ductile · malléable · souple

↝ **élastique**

extension *n.f.* 1 - **allongement** · déploiement · détente · distension · étirement · 2 - **développement** · amplification · 3 - **accroissement** · agrandissement · allongement · augmentation · dilatation · élargissement · grossissement · prolongement · 4 - **expansion** · accroissement · augmentation · croissance · développement · élargissement · essor · intensification · multiplication · 5 - **propagation** · diffusion

exténuant, e *adj.* · épuisant · éreintant · harassant · claquant *fam.* · crevant *fam.* · tuant *fam.*

exténué, e *adj.* · épuisé · à bout (de course) · à bout de souffle · anéanti · brisé (de fatigue) · éreinté · fourbu · harassé · moulu · claqué *fam.* · crevé *fam.* · flagada *fam.* · flapi *fam.* · mort *fam.* · raplapla *fam.* · rétamé *fam.* · vanné *fam.* · vidé *fam.* · sur les genoux *fam.* · sur les rotules *fam.* · rendu *fam., vieilli* · recru *littér.* · rompu *littér.*

exténuer *v.tr.* · épuiser · affaiblir · anéantir · briser · éreinter · fatiguer · harasser · mettre sur le flanc · claquer *fam.* · crever *fam.* · lessiver *fam.* · tuer *fam.* · vanner *fam.* · vider *fam.*

[1]**extérieur, e** *adj.* 1 - **étranger** · externe · extrinsèque · 2 - **périphérique** · externe · 3 - **superficiel** · apparent · de façade · 4 - **visible** · apparent · manifeste

✦ **extérieur à** 1 - **en dehors de** · hors · 2 - **étranger à** · déconnecté de · détaché de

[2]**extérieur** *n.m.* **1 - dehors** · plein air · **2 - air** · abord · allure · apparence · aspect · attitude · caractère · dehors · écorce · enveloppe · façade · figure · façons · manière · masque · mine · tenue · tournure · semblance *vieux*

✦ **à l'extérieur** **1 - dehors** · en plein air · à la porte *Belgique, fam.* · **2 - en périphérie**

extérieur, dehors, apparence

Extérieur, **dehors** et **apparence** peuvent s'employer en concurrence pour dénoter ce qui est visible d'une personne, de son comportement. **Extérieur** regarde principalement le physique de quelqu'un, ses manières, sa façon de se comporter *(un extérieur aimable, froid, prétentieux, négligé)*. **Dehors** marque que le visible peut être seulement du paraître ; les **dehors** d'une personne s'opposent à sa vie intérieure *(des dehors trompeurs, aimables, bourrus ; il est sensible sous des dehors sévères)*. **Apparence**, le plus courant des trois mots, insiste sur le caractère superficiel de ce qui est donné à voir *(une phrase d'apparence anodine ; il ne faut pas se fier aux apparences)*.

extérieurement *adv.* · apparemment · en apparence

extérioriser *v.tr.* · exprimer · faire connaître · manifester · montrer

extermination *n.f.* · anéantissement · destruction · massacre · génocide · liquidation *fam.*

exterminer *v.tr.* · anéantir · détruire · éteindre · massacrer · supprimer · tuer · liquider *fam.*

externe *adj.* **1 - extérieur** · périphérique · **2 - extrinsèque**

extinction *n.f.* **1 - disparition** · destruction · épuisement · fin · mort · **2 - abolition** · abrogation · annulation · suppression

✦ **extinction de voix** aphonie

extirpation *n.f.* **1 - extraction** · arrachage · déracinement · **2 - destruction** · anéantissement · éradication

extirper *v.tr.* **1 - extraire** · arracher · déraciner · enlever · ôter · **2 - détruire** · anéantir · éradiquer · **3 - arracher** · tirer · **4 - soutirer** · arracher · extorquer · tirer

⋙ **s'extirper** *v.pron.* **s'extraire** · se dégager · sortir

extorquer *v.tr.* **1 - soutirer** · arracher · extirper · tirer · **2 - voler** · dérober · carotter *fam.*

extorsion *n.f.* · racket · exaction

[1]**extra** *adj. invar.* · sensationnel · dément *fam.* · épatant *fam.* · géant *fam.* · super *fam.* · trop *lang. jeunes*

[2]**extra** *n.m. invar.* · supplément · à-côté · appoint · complément

extraction *n.f.* **1 - ablation** · arrachage · arrachement · déracinement · énucléation · éradication · excision · exérèse · extirpation · évulsion *vieux* · **2 - ascendance** · condition · lieu · lignage · lignée · naissance · origine · race · souche · parage *vieux*

extraire *v.tr.* **1 - sortir** · dégager · détacher · isoler · prélever · prendre · relever · tirer · **2 - enlever** · ôter · retirer · **3 - arracher** · déraciner · énucléer · extirper · **4 - exprimer** · tirer

⋙ **s'extraire** *v.pron.* · se dégager · s'extirper · sortir

extrait *n.m.* **1 - essence** · concentré · quintessence · **2 - passage** ·

bribe · citation · fragment · morceau (choisi) · page · partie · **3 - abrégé** · analyse · résumé · sommaire

extraordinaire *adj.*
I 1 - inhabituel · peu commun · exceptionnel · hors du commun · hors ligne · insolite · inusité · rare · sans exemple · sans pareil · sans précédent · singulier · unique · **2 - spécial** · particulier · **3 - accidentel** · imprévu
II 1 - inconcevable · ahurissant · fort · incroyable · inexplicable · inimaginable · invraisemblable · inouï · **2 - bizarre** · abracadabrant · abracadabrantesque · anormal · curieux · drôle · étrange · excentrique · extravagant · fantasque · original · surprenant · décoiffant *fam.* · ébouriffant *fam.*
III extrême · colossal · considérable · démesuré · énorme · étourdissant · immense · intense · phénoménal · faramineux *fam.*
IV 1 - fabuleux · fantasmagorique · fantastique · féerique · merveilleux · mirifique · mirobolant · **2 - miraculeux** · prodigieux · surnaturel
V 1 - supérieur · admirable · d'exception · remarquable · sublime · **2 - excellent** · fameux · sensationnel · au poil *fam.* · épatant *fam.* · extra *fam.* · trop *lang. jeunes* · à tout casser *fam.*

✦ **ce n'est pas extraordinaire** ça ne casse pas des briques *fam.* · ça ne casse pas trois pattes à un canard *fam.* · je ne me relèverais pas la nuit *fam.*

❧ **singulier**

extraordinairement *adv.* **1 - extrêmement** · beaucoup · énormément · prodigieusement · **2 - exceptionnellement**

extrapolation *n.f.* · déduction · généralisation

extrapoler *v.intr.* · généraliser · transposer

extravagance *n.f.* **1 - excentricité** · bizarrerie · loufoquerie · **2 - frasque** · caprice · erreur de conduite · folie · incartade · lubie · **3 - élucubration** · absurdité · divagation · énormité

extravagant, e *adj.* **1 - déraisonnable** · absurde · délirant · dément · fou · grotesque · incohérent · insensé · irrationnel · loufoque *fam.* · tordu *fam.* · à la mords-moi-le-nœud *très fam.* · à la graisse d'oie *fam., vieux* · à la mie de pain *fam., vieux* · à la mords-moi-le-doigt *fam., vieux* · [histoire] à dormir debout · **2 - excentrique** · bizarre · étrange · farfelu · fou · loufoque

extraverti, e *adj.* · ouvert · communicatif · démonstratif · sociable

extrême *adj.* **1 - dernier** · final · terminal · ultime · **2 - grand** · infini · intense · exceptionnel · extraordinaire · passionné · profond · **3 - excessif** · démesuré · disproportionné · exacerbé · exagéré · exaspéré · immodéré · outré · limite *fam.* · **4 - radical** · drastique

⋙ **extrêmes** *n.m.pl.* **antipodes** · contraires · opposés

extrêmement *adv.* · extraordinairement · exceptionnellement · excessivement · fabuleusement · formidablement · fort · immensément · infiniment · prodigieusement · suprêmement · terriblement · au possible · en diable · on ne peut plus · au plus haut point · diablement · comme tout *fam.*

extrémisme *n.f.* · jusqu'au-boutisme · fondamentalisme · intégrisme

extrémiste *n.* · jusqu'au-boutiste · enragé · fondamentaliste · intégriste · ultra

extrémité *n.f.* **bout** · bord · coin · fin · limite · lisière · pointe · terminaison

»» **extrémités** *plur.* **1 - confins** · marches *ancienn* · **2 - excès**

extrinsèque *adj.* **1 - étranger** · extérieur · **2 - conventionnel** · fictif · nominal · théorique

exubérance *n.f.* **1 - abondance** · débordement · luxuriance · profusion · **2 - expansivité** · exagération · faconde · pétulance · prolixité · vitalité · volubilité

exubérant, e *adj.* **1 - abondant** · débordant · luxuriant · surabondant · **2 - communicatif** · débordant · démonstratif · expansif · pétulant

exultation *n.f.* · joie · allégresse · jubilation · liesse · transport

exulter *v. intr.* · se réjouir · déborder de joie · éclater de joie · être fou de joie · jubiler · être aux anges · être au septième ciel

exutoire *n.m.* · dérivatif · antidote · distraction · diversion · défouloir · soupape de sécurité

f

fable *n.f.* 1 - **conte** · affabulation · allégorie · apologue · fiction · folklore · histoire · légende · mythe · parabole · 2 - **mensonge** · affabulation · blague · fantaisie · imagination · invention · roman · tromperie · baratin *fam.* · craque *fam.* · racontar *fam.* · salade *fam.*
↝ conte

fabricant, e *n.* 1 - **industriel** · manufacturier · 2 - **artisan** · [d'instruments de musique] facteur

fabrication *n.f.* 1 - **production** · confection · création · 2 - **façon** · façonnage · fabrique *vieux*

fabricoter *v.tr.* → **fabriquer**

fabrique *n.f.* 1 - **usine** · manufacture · atelier · 2 - [vieux] **facture** · fabrication · façon

fabriqué, e *adj.* 1 - **élaboré** · sophistiqué · travaillé · 2 - **factice** · faux · inventé · monté de toutes pièces

fabriquer *v.tr.* 1 - **réaliser** · créer · élaborer · monter · 2 - **manufacturer** · façonner · produire · usiner · bricoler *fam.* · 3 - **manigancer** · tramer · branler *très fam.* · fabricoter *fam.* · farfouiller *fam.* · ficher *fam.* · foutre *très fam.* · fricoter *fam.* · mijoter *fam.* · trafiquer *fam.* · 4 - **inventer** · bâtir · concocter · échafauder · forger · 5 - **former** · entraîner

fabulateur, -trice *n.* · affabulateur · mythomane · menteur

fabulation *n.f.* · affabulation · mythomanie · mensonge

fabuler *v. intr.* 1 - **inventer** · imaginer · 2 - **affabuler** · broder · exagérer · mentir

fabuleusement *adv.* · extrêmement · colossalement · extraordinairement · gigantesquement · incroyablement · phénoménalement · prodigieusement

fabuleux, -euse *adj.* 1 - **légendaire** · merveilleux · mythique · mythologique · 2 - **imaginaire** · chimérique · fictif · irréel · 3 - **étonnant** · extraordinaire · fantastique · incroyable · invraisemblable · prodigieux · 4 - **énorme** · astronomique · colossal · exorbitant · 5 - **exceptionnel** · admirable · formidable · hors du commun · merveilleux
✦ **récit fabuleux** conte

fac *n.f.* [abrév.] → **faculté**

façade *n.f.* 1 - **devant** · face · front · devanture · frontispice *vieux* · 2 - **apparence** · dehors · enveloppe · extérieur · air · trompe-l'œil · vernis

✦ **de façade** simulé · apparent · factice · feint

face *n.f.* 1 - **figure** · visage · tête · minois · mine · physionomie · frimousse *fam.* · faciès *péj.* · gueule *fam.* · 2 - **devant** · façade · front · 3 - **endroit** · [de médaille, monnaie] avers · croix · obvers · 4 - **côté** · plan · facette · paroi · versant · 5 - **aspect** · allure · apparence · physionomie · tournure

✦ **faire face à** 1 - **affronter** · endurer · se heurter à · s'opposer à · résister à · supporter · [sans complément] tenir · faire front · 2 - **répondre à** · parer à · pourvoir à · satisfaire à · obvier à *littér.*

✦ **en face** en regard · en vis-à-vis

✦ **regarder en face** 1 - [qqn] **regarder droit dans les yeux** · regarder dans le blanc des yeux *fam.* · 2 - [qqch.] **affronter**

✦ **en face de, face à** vis-à-vis de · en présence de · devant · à l'opposé de

✦ **à la face de** à la vue de · en présence de

✦ **face à face** vis-à-vis · tête(-)à(-)tête · nez à nez · de front · les yeux dans les yeux

✦ **de face** de front

✦ **sous toutes ses faces** sous tous ses angles · sous tous ses aspects · sous tous ses côtés · à tous points de vue · sous toutes les coutures *fam.*

face-à-face *n.m.* · débat · joute

facétie *n.f.* 1 - **plaisanterie** · blague · bouffonnerie · pitrerie · 2 - **farce** · espièglerie · mystification · tour · canular *fam.* · niche *fam.*

facétieux, -ieuse *adj.* 1 - **comique** · drôle · réjouissant · spirituel · plaisant *vieilli ou littér.* · 2 - **farceur** · blagueur · gouailleur · moqueur · plaisantin · taquin · rigolo *fam.*

facétieux, plaisant

Une personne **facétieuse** fait rire par ses propos, ses actes comiques, son comportement *(un caractère, un esprit facétieux)* : « Il n'était point facétieux. (...) Il répondit médiocrement aux pointes, calembours, mots à double entente, compliments et gaillardises que l'on se fit un devoir de lui décocher » (Flaubert, *Madame Bovary*, I, IV). **Plaisant**, d'usage vieilli ou littéraire dans tous ses emplois, ne concerne pas les personnes mais s'applique à ce qui *plaît* en faisant rire *(une histoire, une aventure plaisante ; des propos plaisants).*

facette *n.f.* 1 - **face** · côté · 2 - **aspect** · angle · côté

fâché, e *adj.* **contrarié** · mécontent · de mauvaise humeur · en colère · irrité · courroucé *littér.*

✦ **fâché de** désolé de · navré de · peiné de · marri de *vieux*

✦ **être fâché contre, avec** être brouillé avec · bouder · être en froid avec · être en mauvais termes avec · tourner le dos à · battre froid à *littér.* · avoir, nourrir de l'humeur contre *littér.*

fâcher *v.tr.* 1 - **agacer** · cabrer · mettre en colère · dépiter · faire enrager · exaspérer · indisposer · irriter · mécontenter · mortifier · piquer · refroidir · vexer · courroucer *littér.* · faire endêver *fam., vieilli* · 2 - **affliger** · attrister · chagriner · contrarier · contrister · déplaire (à) · désespérer · désoler · ennuyer · navrer · peiner · chiffonner *fam.* · embêter *fam.*

»» **se fâcher** *v.pron.* **1 - s'emporter** · s'irriter · se mettre en colère · crier · gronder · montrer les dents · montrer de l'humeur · prendre la mouche · protester · rouspéter · sortir de ses gonds · se mettre en rogne *fam.* · gueuler *très fam.* · râler *fam.* · voir rouge *fam.* · **2 - se formaliser** · se froisser · s'offenser · se piquer · se vexer · prendre mal · prendre de travers · la trouver mauvaise *fam.* · **3 - se brouiller** · se disputer · rompre

fâcherie *n.f.* **1 - brouille** · bouderie · désaccord · dispute · refroidissement (des rapports) · froid *fam.* · bisbille *fam.* · **2 -** [vieux] **contrariété** · colère · dépit · déplaisir · humeur

fâcheux, -euse

▪ *adj.* **1 - contrariant** · déplaisant · déplorable · désagréable · dommageable · embarrassant · ennuyeux · gênant · incommode · inopportun · intempestif · malencontreux · préoccupant · regrettable · embêtant *fam.* · emmerdant *fam.* · empoisonnant *fam.* · **2 - accablant** · affligeant · cruel · désespérant · difficile · dur · mauvais · malheureux · triste · **3 - disgracieux** · moche *fam.*

▪ *n.* **gêneur** · importun · indiscret · casse-pieds *fam.* · casse-couilles *très fam.*

facho *n. et adj.* → **fasciste**

facile

▪ *adj.* **1 - simple** · abordable · accessible · commode · élémentaire · enfantin · aisé *littér.* · fastoche *fam.* · **2 - agréable** · doux · tranquille · **3 - coulant** · courant · **4 - clair** · compréhensible · intelligible · limpide · simple · **5 - sans profondeur** · sans recherche · **6 - accommodant** · arrangeant · commode · complaisant · conciliant · débonnaire · docile · doux · indulgent · tolérant · coulant *fam.*

✦ **c'est très facile, rien de plus facile** c'est un jeu d'enfant · c'est l'enfance de l'art · ce n'est pas une affaire *fam.* · c'est du gâteau *fam.* · c'est du cousu-main *fam.* · c'est du tout cuit *fam.* · c'est du billard *fam.* · c'est simple comme bonjour *fam.* · c'est du nougat *fam.* · c'est du nanan *fam., vieilli*

✦ **ce n'est pas facile** c'est pas de la tarte! *fam.* · il faut le faire! *fam.*

✦ **facile à utiliser** **commode** · convivial

▪ *adv.* [fam.] → **facilement**

facile, aisé, commode

Facile, aisé et commode comportent tous trois l'idée de *simplicité*. Est **facile** ce que l'on fait sans effort *(une opération, une réussite facile, c'est très facile)* et ce qui se prête sans peine à une action *(c'est facile à dire, à comprendre)*. **Facile** qualifie aussi une personne *(elle est facile à vivre ; un homme d'abord facile)* et ses sentiments *(une humeur, un caractère facile)*. **Aisé** a un domaine d'application restreint et il est d'emploi littéraire à propos de ce que l'on accomplit sans effort *(une tâche aisée)* : « La critique est aisée, et l'art est difficile » (P. Destouches, *le Glorieux*, II, 5). **Commode** est surtout courant dans des contextes abstraits *(un moyen commode, c'est bien commode)* ; il qualifie par ailleurs un caractère arrangeant, mais seulement dans une phrase négative *(elle n'est pas très commode)*.

facilement *adv.* **1 - sans difficulté** · aisément · à l'aise · commodément · sans effort · sans peine · à peu de frais · haut la main · en se jouant · comme une fleur *fam.* · comme un rien *fam.* · les doigts dans le nez *fam.* · dans un fauteuil *fam.* · [s'enfoncer] comme dans du beurre *fam.* · **2 - couramment** · naturellement · **3 - volontiers** · de bon gré ·

4 - pour peu de chose · **5 - au moins** · au bas mot · au minimum · pour le moins · facile *fam.*

facilité *n.f.*
I 1 - simplicité · accessibilité · commodité · **2 - clarté** · intelligibilité
II 1 - possibilité · avantage · commodité · latitude · liberté · marge · moyen · occasion · **2 - arrangement** · concession
III 1 - aptitude · capacité · disposition · don · inclination · moyens · penchant · prédisposition · propension · tendance · **2 - adresse** · agilité · aisance · habileté · **3 -** [d'élocution] **brio** · aisance · faconde · éloquence · **4 - naturel** · agrément · grâce · désinvolture
IV [péj.] **banalité** · platitude
V [vieilli] **complaisance** · docilité · [péj.] faiblesse · [d'une femme] légèreté

faciliter *v.tr.* **simplifier** · aider · aplanir les difficultés de · arranger · favoriser · ménager
✦ **ça facilite la tâche** ça mâche le travail

façon *n.f.* **1 - manière** · mode · procédé · **2 - allure** · air · attitude · genre · maintien · mine · port · tournure · dégaine *fam.* · **3 - exécution** · confection · fabrication · facture · travail
✦ **façon de penser** point de vue · conception · opinion · optique · perspective · vision · vue
✦ **à sa façon** à sa manière · à sa fantaisie · selon son goût · à son gré · à sa guise
✦ **de cette façon** ainsi · comme ça
✦ **de la même façon** pareillement
✦ **de toute façon** quoi qu'il en soit · quoi qu'il arrive · en tout état de cause · immanquablement
✦ **de (telle) façon que** de (telle) sorte que · de (telle) manière que · tellement que
✦ **en aucune façon** nullement · en aucun cas · jamais
✦ **par façon de** pour · histoire de *fam.*
✦ **sans façon** **1 - nature** · simple · **2 - simplement** · familièrement · naturellement · sans cérémonie · à la bonne franquette *fam.* · à la fortune du pot *fam.* · **3 - tout de go** · sans détour · directement · franchement · sans préambule
✦ **sans-façon** sans-gêne · désinvolte

»» **façons** *plur.* **1 - manières** · comportement · conduite · habitudes · pratiques · **2 - affectation** · cérémonies · embarras · grimaces · histoires · manières · minauderie · mines · politesses · chichis *fam.* · simagrées *fam.*
✦ **faire des façons** **1 - se faire prier** · faire des histoires *fam.* · **2 - hésiter** · tourner autour du pot *fam.*

faconde *n.f.* · éloquence · facilité · exubérance · verve · loquacité · prolixité · volubilité · bagou *fam.* · tchatche *fam.*
☞ **volubilité**

façonner *v.tr.* **1 - transformer** · arranger · configurer · disposer · modeler · ouvrager · ouvrer · préparer · sculpter · travailler · **2 - fabriquer** · bâtir · composer · confectionner · créer · élaborer · faire · former · usiner · **3 -** [Agric.] **labourer** · herser · **4 - dresser** · affiner · assouplir · dégourdir · dégrossir · éduquer · former · modifier · pétrir · polir · transformer · tremper · dérouiller *fam.*
✦ **façonner à** **accoutumer à** · former à · habituer à · dresser à · plier à · rompre à
»» **se façonner** *v.pron.* **se modeler**

façonnier, -ière

▪ *adj.* [littér.] **affecté** · cérémonieux · formaliste

▪ *n.* **artisan** · ouvrier

fac-similé *n.m.* · copie · double · duplicata · imitation · photocopie · reproduction

facteur, -trice

▪ *n.* **1 - préposé** · agent · porteur · messager · **2 -** [d'instruments de musique] **fabricant**

▪ *n.m.* **1 - élément** · agent · cause · principe · **2 -** [Math.] **coefficient** · multiplicande · multiplicateur · diviseur · quotient

factice *adj.* **1 - imité** · artificiel · faux · postiche · bidon *fam.* · en carton-pâte *fam.* · **2 -** [péj.] **affecté** · apprêté · artificiel · contraint · conventionnel · de commande · d'emprunt · fabriqué · faux · feint · forcé · insincère

➳ **artificiel**

factieux, -ieuse

▪ *adj.* **révolutionnaire** · subversif · séditieux *littér.*

▪ *n.* **agitateur** · comploteur · conjuré · conspirateur · émeutier · insurgé · mutin · rebelle · révolté · trublion *fam.*

faction *n.f.* **1 - parti** · brigue · cabale · clan · ligue · **2 - agitation** · complot · conspiration · intrigue · mutinerie · sédition · **3 - coterie** · chapelle · secte · **4 - surveillance** · garde · guet · quart · service · veille

✦ **être, rester en faction** faire le guet

➳ **parti**

factionnaire *n.m.* · sentinelle · guetteur · planton · veilleur

factotum *n.m.* **1 - homme à tout faire** · intendant · **2 -** [iron.] **touche-à-tout**

factum *n.m.* · mémoire · diatribe · libelle · pamphlet

[1]**facture** *n.f.* **1 - manière** · style · ton · patte *fam.* · **2 - exécution** · faire · façon · technique · travail

[2]**facture** *n.f.* **1 - bordereau** · compte · décompte · état · mémoire · note · relevé · **2 - addition** · note · douloureuse *fam.*

➳ **note**

facturer *v.tr.* · compter · chiffrer · faire payer

facultatif, -ive *adj.* · optionnel

faculté *n.f.* **1 - droit** · capacité · liberté · moyen · possibilité · pouvoir · privilège · **2 - aptitude** · capacité · disposition · don · facilité · force · moyen · talent · **3 - propriété** · vertu · **4 - université** · enseignement supérieur · école · fac *fam.*

⋙ **facultés** *plur.* **1 - moyens** · ressources · **2 - lucidité** · intelligence · raison · tête

fada *adj. et n.* → **fou**

fadaise *n.f.* **1 - baliverne** · bêtise · faribole · ineptie · niaiserie · sornette · sottise · billevesée *littér.* · calembredaine *vieilli* 2 - **bagatelle** · amusette · bricole · broutille · futilité · niaiserie

fadasse *adj.* → **fade**

fade *adj.* **1 - insipide** · douceâtre · plat · fadasse *fam.* · **2 - écœurant** · **3 - terne** · décoloré · délavé · éteint · neutre · pâle · passé · **4 - anodin** · banal · conventionnel · ennuyeux ·

inexpressif · inintéressant · insignifiant · insipide · plat · quelconque · terne

fade, insipide

Fade et insipide s'appliquent à ce qui n'a pas de saveur. À ce qui est **fade** *(une cuisine, une sauce, une boisson fade)*, il faut ajouter quelque chose, mais ce qui est **insipide** manque de tout ce qui pourrait donner du goût : « Une ville sans concierge, ça n'a pas d'histoire, pas de goût, c'est insipide telle une soupe sans poivre ni sel » (Céline, *Voyage au bout de la nuit*). Dans les emplois figurés, **fade** qualifie ce qui est terne *(une couleur fade)*, sans caractère, ou ce qui manque de vie *(un compliment, une plaisanterie fade, un roman fade)*. Avec **insipide**, on insiste sur le manque d'intérêt, le caractère ennuyeux *(une conversation, une vie insipide)*, ou sur l'absence de personnalité *(un acteur insipide)*.

fadeur *n.f.* **1 - insipidité** · douceur · **2 - banalité** · insignifiance · pâleur · platitude

fagot *n.m.* · bourrée · brande · cotret · fagotin · falourde · fascine · fouée · javelle · margotin

fagoter *v.tr.* **1 - accoutrer** · affubler · arranger *fam.* · ficeler *fam.* · **2 -** [vieux ou région.] **cochonner** *fam.* · torcher *fam.*

faiblard, e *adj.* → **faible**[1]

[1]**faible** *adj. et n.*

▪ *adj.* **1 - frêle** · anémié · anémique · chétif · débile · déficient · délicat · fluet · fragile · malingre · rachitique · souffreteux · crevard *fam.* · faiblard *fam.* · petite nature *fam.* · **2 - affaibli** · anéanti · bas · cacochyme · chancelant · épuisé · fatigué · impotent · invalide · languissant · las · **3 - déficient** · défaillant · fragile · **4 - sans défense** · désarmé · fragile · impuissant · vulnérable · **5 -** [jour, lumière, couleur] **blême** · insuffisant · pâle · vague · **6 -** [son] **étouffé** · bas · imperceptible · insaisissable · léger · mourant · **7 - modéré** · bas · doux · léger · modeste · modique · petit · **8 - médiocre** · insuffisant · mauvais · nul · faiblard *fam.* · **9 - réfutable** · chancelant · incertain · indécis · vacillant · **10 - indécis** · inconsistant · influençable · lâche · manipulable · mou · pusillanime · velléitaire · veule · sans caractère · sans volonté · **11 - accommodant** · bonasse · complaisant · débonnaire · doux · facile · indulgent · bonne poire *fam.* · coulant *fam.*

✦ **point faible** défaut · défaut de la cuirasse · faiblesse · faille · insuffisance · lacune · travers · talon d'Achille · [d'une résistance] ventre mou

✦ **faible d'esprit** débile · arriéré · demeuré · idiot · imbécile · simple

✦ **se sentir faible** **défaillir** · se sentir mal · avoir les jambes comme du coton *fam.*

▪ *n.* **1 - opprimé** · pauvre · petit · **2 - gringalet** · freluquet · mauviette · avorton *fam.* · **3 - mannequin** · pantin

[2]**faible** *n.m.* **goût** · attirance · complaisance · inclination · péché mignon · penchant · prédilection · préférence · propension · tendance

✦ **avoir un faible pour** avoir des tendresses pour *souvent plaisant*

faiblement *adv.* **1 - peu** · guère *littér.* · **2 - avec peine** · mal · **3 - insuffisamment** · médiocrement · **4 - à peine** · doucement · légèrement · mollement · vaguement · sans force · timidement

faiblesse *n.f.*

I 1 - affaiblissement · abattement · adynamie · anémie · apathie · asthé-

nie · collapsus · débilité · défaillance · déficience · dépression · épuisement · fatigue · inanition · psychasthénie · **2 - étourdissement** · défaillance · éblouissement · évanouissement · malaise · syncope · pâmoison *vieux* · **3 - vulnérabilité** · délicatesse · fragilité · impuissance · infériorité · petitesse
II petitesse · minceur · modicité
III 1 - défaut · carence · déficience · désavantage · faille · inconvénient · lacune · manque · point faible · travers · trou · talon d'Achille · **2 - médiocrité** · indigence · inintérêt · insignifiance · insuffisance · nullité · pauvreté · platitude · **3 - faute** · défaillance · erreur · faux pas · glissade
IV 1 - irrésolution · aboulie · apathie · aveulissement · indécision · lâcheté · laisser-aller · mollesse · pusillanimité · veulerie · **2 - complaisance** · débonnaireté · facilité · indulgence · partialité · **3 - inclination** · attirance · complaisance · goût · penchant · point faible · prédilection · préférence

faiblir *v. intr.* **1 - diminuer** · s'affaiblir · s'atténuer · baisser · décliner · décroître · mollir · **2 - s'effacer** · s'estomper · pâlir · **3 - fléchir** · s'amollir · chanceler · défaillir · se démentir · mollir · se relâcher · se troubler · s'user · vaciller · flancher *fam.* · **4 - céder** · défaillir · fléchir · lâcher · plier · ployer

faille *n.f.* **1 - cassure** · brèche · crevasse · fêlure · fente · fissure · fracture · trouée · **2 - défaut** · carence · faiblesse · hiatus · insuffisance · lacune · point faible · défaut de la cuirasse · talon d'Achille

faillir *v. intr.* **1 - manquer** · **2 -** [littér.] **fauter** · pécher · tomber
✦ **faillir à** se dérober à · manquer à · négliger

faillite *n.f.* **1 - dépôt de bilan** · banqueroute · liquidation (judiciaire) · **2 - débâcle** · culbute · déconfiture · krach · ruine · baccara *argot* · carambouillage *fam.* · **3 - échec** · fiasco · insuccès · ratage
✦ **faire faillite** déposer son bilan · boire le bouillon *fam.* · mettre la clé sous la porte *fam.* · faire la culbute *fam.*

faillite, banqueroute, krach

Faillite, **banqueroute** et **krach** concernent l'état d'un débiteur – par exemple un industriel, un commerçant – qui ne peut pas payer ses dettes. La **faillite** est constatée par un tribunal *(jugement de faillite ; être, mettre en faillite, faire faillite)*. La **banqueroute** est une faillite souvent accompagnée d'actes condamnables par la loi *(banqueroute frauduleuse, s'enfuir après avoir fait banqueroute)*. **Krach** n'est employé que pour la faillite d'un établissement bancaire et, plus couramment, pour l'effondrement des cours de la Bourse *(le krach boursier de 1929 a entraîné de nombreuses faillites personnelles)*.

faim *n.f.* **1 - appétit** · creux *fam.* · fringale *fam.* · **2 - famine** · disette · **3 - désir** · appétit · besoin · boulimie · envie · soif · **4 - avidité** · ambition · cupidité
✦ **avoir faim** avoir le ventre creux · avoir un creux dans l'estomac *fam.* · avoir l'estomac creux, vide *fam.* · avoir l'estomac dans les talons *fam.* · avoir des crampes d'estomac *fam.*
✦ **avoir très faim** être affamé · avoir une faim de loup · claquer du bec *fam.* · la crever *très fam.* · avoir les crocs *fam.* · avoir la dalle *fam.* · avoir la dent *fam.* · la sauter *très fam.* · la péter *très fam., vieilli*
✦ **souffrir de la faim** crier famine · manger de la vache enragée *fam.*

✦ **donner faim** ouvrir l'appétit · donner de l'appétit · affamer · creuser *fam.*

faim, appétit

Faim et **appétit** ont en commun le rapport à la nourriture. La **faim** se caractérise par la sensation particulière de manque liée au besoin de manger *(avoir, donner faim ; tromper la faim ; mourir de faim)*, cette sensation disparaissant par l'absorption de nourriture. L'**appétit** est du côté du désir et du plaisir de manger, plus ou moins indépendants de la **faim** *(l'appétit vient en mangeant)* : « On me servit un dîner (...) qui calma bien vite mon appétit plutôt par le dégoût que par la satisfaction de ma faim » (Th. Gautier, *Constantinople*). Dans leurs emplois figurés, les deux mots se trouvent dans les mêmes contextes, mais **appétit** marque plus fortement que **faim** le désir d'acquérir quelque chose *(un appétit, une faim de savoir, de tendresse)*.

fainéant, e *n. et adj.* **paresseux** · propre à rien · vaurien · cossard *fam.* · feignant *fam.* · flemmard *fam.* · tire-au-flanc *fam.* · tire-au-cul *fam.* · clampin *fam., vieux*

✦ **être très fainéant** avoir un poil dans la main *fam.* · ne pas en fiche une rame *fam.*

fainéanter *v. intr.* **1 - paresser** · buller *fam.* · coincer la bulle *fam.* · flemmarder *fam.* · traîner *fam.* · **2 - flâner** · musarder *fam.*

fainéantise *n.f.* · paresse · indolence · flemmardise *fam.* · flemme *fam.* · cosse *fam., vieilli*

paresse

faire *v.tr.*

I 1 - réaliser · être l'artisan de · confectionner · constituer · créer · effectuer · exécuter · fabriquer · façonner · forger · manufacturer · monter · produire · usiner · [un bâtiment] bâtir · construire · édifier · élever · [une œuvre] composer · écrire · élaborer · établir · accoucher de *fam.* · **2 - accomplir** · s'acquitter de · effectuer · exécuter · s'appuyer *fam.* · s'enfiler *fam.* · s'envoyer *fam.* · se farcir *fam.* · se taper *fam.* · [une action, un crime] commettre · perpétrer · **3 - agir** · intervenir · décider · entreprendre · **4 - s'occuper à** · fabriquer *fam.* · bricoler *fam.* · ficher *fam.* · foutre *très fam.* · traficoter *fam.* · trafiquer *fam.* · branler *vulg.* · **5 - pratiquer** · apprendre · étudier · exercer · préparer · **6 - produire** · émettre · fabriquer · sortir · **7 - engendrer** · concevoir · enfanter · mettre bas · procréer · **8 - ranger** · arranger · disposer · nettoyer · **9 - instruire** · former · dresser · façonner · forger · modeler · **10 -** [fam.] → **déféquer**

II 1 - constituer · composer · former · dessiner · être · devenir · égaler · équivaloir à · **2 - valoir** · contenir · coûter · mesurer · peser · **3 - causer** · créer · déterminer · entraîner · occasionner · provoquer · susciter

III 1 - attribuer le rôle de · élever au rang de · donner comme · **2 - représenter** · jouer · agir comme · faire fonction de · servir comme · **3 - contrefaire** · imiter · feindre · simuler · **4 - paraître** · avoir l'air · donner l'impression

IV 1 - parcourir · franchir · s'enfiler *fam.* · se farcir *fam.* · se taper *fam.* · **2 - visiter** · prospecter · passer par · **3 - obtenir** · amasser · gagner · ramasser

V 1 - fournir · débiter · écouler · vendre · **2 - donner** · allouer · offrir · procurer · servir

✦ **savoir y faire** réussir · se débrouiller · avoir le truc *fam.*

✦ **ne rien faire 1 - se reposer** · paresser · se croiser les bras ·

se tourner les pouces *fam.* · buller *fam.* · coincer la bulle *fam.* · glander *très fam.* · ne pas en fiche une rame *fam.* · **2 - ne pas intervenir** · ne pas bouger le petit doigt

✦ **j'en ai rien à faire** ça ne m'intéresse pas · ça ne me regarde pas · ce n'est pas mes oignons *fam.* · j'en ai rien à foutre *très fam.*

✦ **n'avoir que faire de** se passer de · dédaigner

✦ **ça commence à bien faire !** ça suffit ! · en voilà assez ! · ça va comme ça ! · basta ! *fam.*

››› **se faire** *v.pron.* **1 - se former** · s'améliorer · se bonifier · se construire · mûrir · **2 - se procurer** · s'attirer · se causer · gagner · percevoir · toucher · palper *fam.* · **3 - se produire** · arriver · survenir · **4 - se pratiquer** · être courant

✦ **se faire à** s'accoutumer à · s'acclimater à · s'accommoder à · s'adapter à · se familiariser avec · s'habituer à

✦ **s'en faire** se tourmenter · se faire du souci · se tracasser · être contrarié · se biler *fam.* · se casser la tête *fam.* · se frapper *fam.*

faire-part *n.m. invar.* · annonce · avis · carte · invitation

faisable *adj.* · possible · exécutable · réalisable

faisceau *n.m.* **1 - ensemble** · groupe · réunion · accumulation · amas · assemblage · paquet · **2 - gerbe** · botte · bouquet · grappe · **3 - rayon** · pinceau · rai

faiseur, -euse *n.* **1 - couturier** · tailleur · **2 - hâbleur** · vantard

¹**fait** *n.m.* **1 - acte** · action · **2 - événement** · affaire · anecdote · aventure · cas · chose · épisode · incident · phénomène · trait · **3 - réalité** · concret · pratique · réel · vérité · circonstance · expérience · observation · **4 - sujet** · cas

✦ **haut fait** exploit · performance · prouesse

✦ **au fait** [en début de phrase] **à propos** · à ce sujet

✦ **de ce fait** par suite · en conséquence · du coup *fam.*

✦ **par le fait, de fait, en fait** effectivement · concrètement · de facto · en effet · pratiquement · en réalité · réellement · véritablement · à dire vrai

✦ **le fait est que** il est vrai que · il faut reconnaître que · il faut admettre que

✦ **du fait de** **1 - par suite de** · vu · **2 - à cause de**

✦ **par le fait de, du fait de** faute · responsabilité

✦ **en fait de** en ce qui concerne · en matière de · au sujet de

✦ **sur le fait** en flagrant délit · la main dans le sac *fam.*

✦ **tout à fait** absolument · complètement · entièrement · exactement

✦ **dire son fait à** dire ses quatre vérités à

✦ **mettre au fait** instruire · informer · mettre au courant · renseigner · mettre au parfum *fam.* · rancarder *fam.*

²**fait, e** *adj.* **1 - constitué** · bâti · balancé *fam.* · foutu *fam.* · [femme] roulé *fam.* · **2 - mûr** · dans la force de l'âge · **3 - à point** · **4 - fardé** · verni

✦ **tout fait** **1 - tout prêt** · **2 - préconçu**

✦ **être fait pour** être destiné à · être adapté à · être prévu pour

✦ **ni fait ni à faire** bâclé · expédié · cochonné *fam.* · torché *fam.*

faîte *n.m.* 1 – **faîtage** · arête · couronnement · 2 – **cime** · crête · haut · point culminant · sommet · 3 – **apogée** · acmé · apothéose · comble · limite · pinacle · summum · zénith

↝ sommet

faitout *n.m.* · marmite · cocotte

falaise *n.f.* · escarpement · à-pic · abrupt

fallacieux, -ieuse *adj.* 1 – **trompeur** · faux · fourbe · hypocrite · insidieux · mensonger · perfide · [argument] captieux · spécieux · 2 – **illusoire** · vain

falloir *v. impers.*

✦ **il faut** il est indispensable · il est nécessaire · il est obligatoire · il est impératif

✦ **comme il faut** 1 – **convenablement** · bien · comme il se doit · 2 – **convenable** · correct · bon chic, bon genre · b.c.b.g. *fam.*

✦ **tant s'en faut** au contraire, bien au contraire · loin de là

falot, e *adj.* · terne · anodin · effacé · humble · inconsistant · insignifiant · médiocre

falsificateur, -trice *n.* · faussaire · contrefacteur

falsification *n.f.* 1 – **contrefaçon** · maquillage · trucage · 2 – **altération** · adultération · 3 – **fraude** · tromperie

falsifier *v.tr.* 1 – **contrefaire** · maquiller · truquer · 2 – **altérer** · adultérer · frelater · trafiquer · tripatouiller *fam.* · 3 – **défigurer** · changer · déformer · dénaturer · fausser · gauchir · travestir

famé, e *adj.*

✦ **mal famé** louche · interlope · mal fréquenté

famélique *adj.* 1 – **affamé** · crève-la-faim · meurt-de-faim · misérable · miséreux · pauvre · claquedent *fam., vieux* · 2 – **décharné** · efflanqué · maigre · squelettique · étique *littér.* · [visage] émacié · hâve

fameusement *adv.* · très · extrêmement · bigrement *fam.* · bougrement *fam.* · drôlement *fam.* · joliment *fam.* · rudement *fam.* · sacrément *fam.* · vachement *fam.*

fameux, -euse *adj.* 1 – **célèbre** · connu · renommé · réputé · 2 – **glorieux** · brillant · grand · illustre · 3 – **mémorable** · 4 – **extraordinaire** · achevé · consommé · grand · insigne · fier *fam.* · fieffé *fam.* · foutu *fam.* · méchant *fam.* · rude *fam.* · sacré *fam.* · 5 – **excellent** · délectable · délicieux · exquis · succulent · supérieur · très fort · épatant *fam.* · formidable *fam.*

↝ célèbre

familial, e *adj.* · domestique

familiariser *v.tr.* 1 – **accoutumer à** · dresser à · entraîner à · faire à · former à · habituer à · rompre à *littér.* · 2 – **apprivoiser**

familiarité *n.f.* 1 – **intimité** · camaraderie · cordialité · 2 – **contact** · commerce · fréquentation · promiscuité · 3 – **désinvolture** · effronterie · sans-gêne · 4 – **naturel** · abandon · liberté · simplicité · 5 – **grossièreté** · liberté · privauté

familier, -ière

▪ *adj.* 1 – **domestique** · apprivoisé · 2 – **intime** · lié · proche · 3 – **connu** · 4 – **coutumier** · accoutumé · habituel · ordinaire · 5 – **accessible** · liant · simple · sociable · pas fier *fam.* · 6 – **libre** · cavalier · désinvolte · grossier · insolent · sans-gêne • [langage] relâché · **7 – aisé** · facile · simple · usuel

▪ *n.* **habitué** · ami · intime · proche · relation

↝ **relation**

familièrement *adv.* · simplement · librement · naturellement · sans façon

famille *n.f.*

I 1 – parenté · ligne directe, collatérale, ascendante, descendante, paternelle, maternelle · ascendance · descendance · postérité · **2 – dynastie** · branche · lignée · lignage · maison · race · sang · souche

II 1 – foyer · logis · maison · ménage · feu *archaïque* · **2 – maisonnée** · couvée · progéniture · marmaille *fam.* · nichée *fam.* · smala *fam.* · tribu *fam.*

III 1 – classe · catégorie · collection · espèce · genre · race · type · **2 – groupe** · clan · coterie · école

✦ **nom de famille** nom patronymique · patronyme

famille, ménage, maison, foyer

Les quatre mots définissent les liens matrimoniaux et/ou de filiation qui unissent deux ou plusieurs personnes. **Famille** est le plus courant et le plus large avec cette valeur *(les membres d'une famille, le nom de famille ; c'est une famille ancienne, l'histoire d'une famille)*. De façon plus restrictive, **famille** se dit aussi du couple avec ses enfants *(père, mère de famille)* dans toutes les formes de son existence *(famille éclatée, recomposée, monoparentale)*. **Ménage**, quasiment sorti d'usage en ce sens *(un ménage de quatre personnes)*, est limité au couple *(un ménage sans enfant, vivre en ménage)*. **Maison** désigne les membres de la famille qui vivent sous le même toit, dans quelques emplois restreints *(une maison accueillante ; le fils de la maison)*. Avec l'idée de lignée, de descendance, **maison** s'applique aussi aux familles de l'ancienne noblesse *(la maison d'Orléans ; venir d'une illustre maison)*. **Foyer** reste vivant dans quelques expressions pour désigner l'ensemble des personnes qui composent une famille *(fonder un foyer, quitter le foyer conjugal)*.

famine *n.f.* · disette · faim

fan *n.* · admirateur · inconditionnel · fana *fam.* · fondu *fam.* · groupie *fam.*

fana *n.* → **fan**

fanal *n.m.* · lanterne · feu · falot · phare · flambeau

fanatique *adj. et n.* **1 – enthousiaste** · amoureux · ardent · chaleureux · chaud · convaincu · fervent · fou · passionné · accro *fam.* · enragé *fam.* · fan *fam.* · groupie *fam.* · mordu *fam.* • [en sport] tifosi *fam.* · **2 – intolérant** · doctrinaire · exalté · extrémiste · forcené · fou furieux · illuminé · sectaire · séide

fanatique, intolérant, sectaire

Une personne **intolérante** ne supporte pas ce qui lui déplaît dans les opinions, les croyances, la conduite ou les mœurs d'autrui et elle manifeste, quand elle le peut, sa désapprobation : « Si vous voulez qu'on tolère ici votre doctrine, commencez par n'être ni intolérants, ni intolérables » (Voltaire, *Traité sur la tolérance*, XIX). **Sectaire** ajoute à l'idée d'intolérance la plus grande étroitesse d'esprit, le comportement **sectaire** ne s'exerçant que dans le domaine des croyances et des engagements doctrinaux *(un anticlérical sectaire ; une intolérance sectaire)*. **Fanatique** renchérit sur le **sectarisme**. On l'applique à une personne qui adhère à une doctrine politique, à une religion avec une foi aveugle et un zèle qui conduit à la violence *(un nationalisme fanatique ; des religieux fanatiques).*

fanatiser *v.tr.* **1 - enflammer** · exalter · exciter · **2 - radicaliser**

fanatisme *n.m.* **1 - intolérance** · esprit de parti · étroitesse de vue · extrémisme · sectarisme · **2 - passion** · engouement · enthousiasme · ferveur · folie

fané, e *adj.* **1 - desséché** · flétri · **2 - défraîchi** · éteint · flétri · fripé · passé

fané, flétri, passé

Fané, flétri et passé s'appliquent à ce qui a perdu sa fraîcheur. Fané, de sens large et souvent avec une connotation négative, s'emploie à propos de fleurs *(un bouquet fané)*, de ce qui a perdu son éclat, altéré par l'usage *(une tapisserie, une couleur fanée)* ou par le temps *(un visage fané).* Flétri renchérit sur fané et qualifie aussi ce qui n'a plus sa forme, qui est ridé, flasque *(une peau flétrie, des pommes flétries).* Passé marque seulement la conséquence de l'écoulement du temps : les qualités des choses se sont partiellement ou totalement effacées *(une étoffe passée, une robe d'un vert passé).*

faner *v.tr.* **1 - flétrir** · friper · gâter · sécher · **2 - défraîchir** · affadir · altérer · décolorer · éclaircir · éteindre · ternir

›› **se faner** *v.pron.* **1 - se flétrir** · défleurir · dépérir · s'effeuiller · s'étioler · sécher · **2 - se décolorer** · jaunir · pâlir · passer

fanfare *n.f.* · harmonie · orphéon · clique · musique

fanfaron, -onne *adj. et n.* · vantard · hâbleur · bravache *littér.* · matamore *littér.* · bluffeur *fam.* · crâneur *fam.* · faraud *fam.* · fier-à-bras *fam.* · frimeur *fam.* · m'as-tu-vu *fam.* · gascon *péj., vieilli*

fanfaronnade *n.f.* · forfanterie · bravade · crânerie · défi · vantardise · gasconnade *littér.* · hâblerie *littér.* · rodomontade *littér.* · tarasconnade *fam.* · bluff *fam.* · frime *fam.*

fanfaronner *v.intr.* · parader · faire le brave · faire le fier · faire le malin · jeter de la poudre aux yeux · plastronner · poser · se vanter · crâner *fam.* · frimer *fam.* · faire de l'esbroufe *fam.* · faire de l'épate *fam.* · faire le mariolle *fam.* · la ramener *fam.* · se la jouer *fam.* · flamber *lang. jeunes* · faire le kéké *lang. jeunes* · se la péter *lang. jeunes* · se la raconter *lang. jeunes*

fanfreluche *n.f.* · colifichet · falbala · frivolité · ornement

fanfreluches *n.f.pl.* · colifichet · froufrous · volants

fange *n.f.* **1 - boue** · limon · vase · bourbe *littér.* · **2 - immondices** · ordures · **3 - abjection** · ignominie

boue

fangeux, -euse *adj.* **1 - boueux** · bourbeux · limoneux · vaseux · **2 - abject** · bas · ignominieux · vil

fanion *n.m.* · drapeau · insigne · emblème · guidon

fantaisie *n.f.* **1 - créativité** · imagination · invention · inventivité · **2 - caprice** · extravagance · folie · lubie · passade · tocade · foucade *littér.* · **3 - originalité** · drôlerie · excentricité · imprévu · **4 - chimère** · illusion

✦ **selon sa fantaisie** à son gré · selon son désir · selon son envie · selon son goût · à sa guise · selon son humeur

fantaisiste
▪ *adj.* 1 - **original** · baroque · bohème · extravagant · fantasque · farfelu *fam.* · loufoque *fam.* · 2 - **amateur** · dilettante · fumiste *fam.* · 3 - **imaginaire** · arbitraire · inventé · faux
▪ *n.* **humoriste** · amuseur · comique · bouffon · rigolo *fam.*

fantasmagorie *n.f.* 1 - **féerie** · magie · merveilleux · 2 - **fantasme** · illusion · imagination

fantasmagorique *adj.* · irréel · fantastique · féerique · magique · merveilleux

fantasme *n.m.* 1 - **illusion** · fantôme · vision · chimère *littér.* · 2 - **rêve** · utopie · château en Espagne

fantasque *adj.* 1 - **lunatique** · capricieux · changeant · fantaisiste · original · versatile · volage · foufou *fam.* · 2 - **extravagant** · abracadabrant · baroque · bizarre · étrange · extraordinaire · saugrenu · farfelu *fam.*

fantastique
▪ *adj.* 1 - **imaginaire** · chimérique · fabuleux · fantasmagorique · fantomatique · féerique · irréel · surnaturel · 2 - **étonnant** · bizarre · délirant · démentiel · déraisonnable · étrange · extraordinaire · extravagant · fou · inconcevable · incroyable · inimaginable · inouï · insensé · invraisemblable · stupéfiant · dingue *fam.* · 3 - **colossal** · énorme · formidable · épatant · phénoménal · prodigieux · remarquable · sensationnel
▪ *n.m.* **merveilleux** · imaginaire · surnaturel

fantastiquement *adv.* · extraordinairement · fabuleusement · formidablement · remarquablement · terriblement

fantoche *n.m.* · marionnette · pantin · polichinelle · homme de paille · prête-nom

fantomatique *adj.* · spectral

fantôme *n.m.* 1 - **revenant** · apparition · ectoplasme · esprit · larve · lémure · ombre · spectre · vampire · vision · zombie · 2 - **simulacre** · double · semblant · 3 - **apparence** · fantasme · illusion · ombre · vision

faquin *n.m.* [vieilli] → **coquin**

faramineux, -euse *adj.* 1 - **extraordinaire** · étonnant · fabuleux · fantastique · fou · phénoménal · prodigieux · stupéfiant · 2 - **colossal** · astronomique · démesuré · effarant · gigantesque

farandole *n.f.* · danse · sarabande

[1]**farce** *n.f.* · hachis

[2]**farce** *n.f.* 1 - **comédie** · bouffonnerie · pantalonnade · 2 - **tour** · blague · facétie · galéjade · plaisanterie · mystification · tromperie · attrape *fam.* · canular *fam.* · niche *fam.*

farceur, -euse *n. et adj.* 1 - **espiègle** · facétieux · malicieux · moqueur · polisson · 2 - **blagueur** · boute-en-train · mauvais plaisant · plaisantin · loustic *vieilli* · turlupin *vieilli* · 3 - **amuseur** · baladin · bateleur · bouffon · clown · comédien

farci, e *adj.* → **plein**

farcir *v.tr.* 1 - **garnir** · bourrer · emplir · remplir · 2 - **truffer** · entrelarder · larder · 3 - **surcharger** · bourrer · encombrer

»» **se farcir** *v.pron.* [fam.] → **supporter**[1]

fard *n.m.* 1 - **maquillage** · cosmétique · fond de teint · poudre · eye-liner · khôl · mascara · rimmel ·

rouge · make-up *anglic.* · **2 - artifice** · brillant · déguisement · dissimulation · faux-semblant · feinte · trompe-l'œil

✦ **sans fard** **1 - naturellement** · sans artifice · sans détour · sans ambages · **2 - franc** · naturel

fardeau *n.m.* **1 - charge** · faix *littér.* · **2 - poids** · charge · boulet · croix *littér.*

farder *v.tr.* **1 - maquiller** · grimer · **2 - déguiser** · dissimuler · embellir · envelopper · masquer · voiler · **3 - altérer** · fausser · travestir

››› **se farder** *v.pron.* **se maquiller** · se grimer · se poudrer le nez · se faire une beauté *fam.* · se refaire la façade *fam., péj.*

farfelu, e *adj. et n.* **1 - bizarre** · excentrique · extravagant · fantaisiste · hurluberlu · foldingue *fam.* · loufoque *fam.* · **2 - absurde** · baroque · biscornu · drôle · saugrenu

farfouiller *v.intr.* **1 - → fouiller** · **2 - → fabriquer**

faribole *n.f.* **1 - baliverne** · bêtise · calembredaine · conte · fable · fadaise · histoire · sornette · sottise · billevesée *littér.* · foutaise *fam.* · **2 - babiole** · futilité · rien · vétille · bagatelle *fam.* · bricole *fam.*

farineux, -euse

▪ *adj.* **enfariné**

▪ *n.m.* **féculent**

farniente *n.m.* · douce oisiveté

farouche *adj.*

I 1 - indompté · sauvage · **2 - timide** · craintif · méfiant · **3 - ombrageux** · asocial · insociable · misanthrope · sauvage

II acharné · âpre · chaud · convaincu · ferme · implacable · opiniâtre · solide · tenace · véhément

❧ **sauvage**

farouchement *adv.* · violemment · âprement · avec acharnement · brutalement

fascicule *n.m.* · brochure · carnet · livret · opuscule · plaquette

fascinant, e *adj.* · ensorcelant · attirant · charmant · enchanteur · envoûtant · magnétique · séduisant · troublant

fascination *n.f.* **1 - attrait** · charme · enchantement · ensorcellement · envoûtement · magie · séduction · **2 - attraction** · aimant · appel · ascendant · attirance · magnétisme

fasciner *v.tr.* **1 - captiver** · s'emparer de · attirer · éblouir · émerveiller · enchanter · ensorceler · envoûter · magnétiser · subjuguer · troubler · **2 - charmer** · plaire à · séduire · **3 - hypnotiser**

fasciste *n. et adj.* **1 - facho** *fam.* · faf *fam.* · **2 -** [Hist. italienne] **chemise noire**

[1]**faste** *n.m.* · magnificence · apparat · appareil · beauté · brillant · éclat · luxe · opulence · pompe · richesse · somptuosité · splendeur

❧ **luxe**

[2]**faste** *adj.* · bénéfique · avantageux · favorable · heureux · opportun · propice

fastidieux, -ieuse *adj.* · ennuyeux · assommant · lassant · monotone · barbant *fam.* · bassinant *fam.* · casse-pieds *fam.* · chiant *très* *fam.* · embêtant *fam.* · emmerdant *très fam.* · enquiquinant *fam.* · mortel *fam.* · rasant *fam.* · rasoir *fam.* · suant *fam.*

fastueusement *adv.* · luxueusement · magnifiquement · somptueusement · richement

fastueux, -euse *adj.* **1 - luxueux** · éclatant · somptueux · opulent · riche · **2 - dépensier** · large · prodigue · **3 - luxuriant** · riche

fat, e *adj.* · vaniteux · arrogant · content de soi · orgueilleux · plein de soi-même · poseur · prétentieux · satisfait de soi · suffisant · fiérot *fam.* · infatué (de sa personne) *littér.* · outrecuidant *littér.*

fatal, e *adj.* **1 - immanquable** · forcé · imparable · inéluctable · inévitable · obligatoire · sûr · **2 - funeste** · dommageable · désastreux · malheureux · néfaste · nuisible · **3 - mortel** · létal · **4 - fatidique**

fatal, funeste

Fatal et **funeste** ont en commun l'idée de la mort et du malheur. **Fatal** s'applique comme **funeste** à ce qui apporte la ruine, le malheur, la désolation *(une erreur, une passion, une décision fatale ou funeste)*. Avec **fatal**, on insiste sur l'importance du destin et, dans quelques emplois, seul cet adjectif est possible *(une femme, une beauté fatale)*. C'est aussi le cas lorsqu'on parle de ce qui doit arriver inévitablement *(c'était fatal !)*. **Fatal**, comme **funeste**, qualifie ce qui est marqué par la mort, ou ce qui l'entraîne *(un accident fatal, funeste ; une maladie fatale, funeste)*, mais **fatal**, contrairement à **funeste**, peut alors s'employer avec des mots désignant un coup ou ce qui sert à les porter *(un coup fatal, l'arme fatale)*.

fatalement *adv.* · forcément · inéluctablement · inévitablement · nécessairement · obligatoirement

fatalisme *n.m.* · résignation · passivité

fataliste *adj.* · résigné · passif

fatalité *n.f.* **1 - destin** · destinée · nécessité · sort · fatum *littér.* · **2 - malédiction** · mauvais sort · **3 - adversité** · hasard · malchance · malheur · déveine *fam.*

fatidique *adj.* **1 - fatal** · **2 - inéluctable** · inévitable · inexorable · obligatoire

fatigant, e *adj.* **1 - épuisant** · éreintant · exténuant · harassant · pénible · rude · crevant *fam.* · tuant *fam.* · **2 - lassant** · ennuyeux · fastidieux · assommant *fam.* · barbant *fam.* · casse-pieds *fam.* · chiant *fam.* · emmerdant *fam.* · rasant *fam.* · rasoir *fam.*

fatigue *n.f.* **1 - faiblesse** · lassitude · coup de bambou *fam.* · coup de barre *fam.* · coup de pompe *fam.* · **2 - épuisement** · éreintement · exténuation · harassement · surmenage · usure

fatigué, e *adj.* **1 - épuisé** · las · éreinté · exténué · fourbu · harassé · surmené · recru *littér.* · rompu *littér.* · à plat *fam.* · cassé *fam.* · claqué *fam.* · crevé *fam.* · flagada *fam.* · flapi *fam.* · h.s. *fam.* · lessivé *fam.* · mort *fam.* · moulu *fam.* · nase *fam.* · pompé *fam.* · sur le flanc *fam.* · sur les genoux *fam.* · sur les rotules *fam.* · vanné *fam.* · vidé *fam.* · rendu *vieilli* · **2 -** [traits, visage] **tiré** · **3 - usagé** · abîmé · avachi · défraîchi · déformé · fané · vermoulu · usé

✦ **fatigué de** lassé de · blasé par · dégoûté de · revenu de · saturé de

✦ **être très fatigué** en avoir plein le dos *fam.* · en avoir plein les pattes *fam.*

fatigué, las, harassé

Fatigué, las et harassé concernent tous trois une personne dont l'activité est réduite à cause d'efforts excessifs. Fatigué, de sens très général, s'applique aussi à une partie du corps *(il a les jambes fatiguées)* et à un état de légère indisposition *(elle est un peu fatiguée en ce moment).* Il qualifie aussi ce qui est usagé *(des vêtements fatigués, un équipement fatigué).* Las, moins courant, s'emploie seulement pour une personne qui éprouve une fatigue vague, une inaptitude à agir *(se sentir très las ; un visage las).* Le terme le plus fort de la série, harassé, se dit de quelqu'un épuisé par la fatigue *(être harassé de fatigue ; un air harassé).*

fatiguer *v.tr.* 1 - **épuiser** · éreinter · exténuer · harasser · user · consumer *littér.* · casser *fam.* · claquer *fam.* · crever *fam.* · lessiver *fam.* · tuer *fam.* · vanner *fam.* · vider *fam.* · lasser *vieux* · 2 - **importuner** · exaspérer · harceler · lasser · saturer · assommer *fam.* · bassiner *fam.* · embêter *fam.* · enquiquiner *fam.* · tanner *fam.* · 3 - **ennuyer** · barber *fam.* · pomper *fam.* · raser *fam.* · faire chier *très fam.* · 4 - [fam.] **peiner** · donner des signes de fatigue · 5 - [la salade] **remuer** · mélanger · retourner · touiller

»» **se fatiguer** *v.pron.* 1 - **s'épuiser** · s'échiner · s'éreinter · s'exténuer · se surmener · se casser (la nénette, le cul) *fam.* · se claquer *fam.* · se crever *fam.* · se fouler *fam.* · se tuer *fam.* · 2 - **se lasser** · se blaser · en avoir assez

fatras *n.m.* 1 - **amas** · amoncellement · désordre · fouillis · masse · monceau · pêle-mêle · ramassis · tas · 2 - **confusion** · désordre · fouillis · mélange

fatuité *n.f.* · autosatisfaction · présomption · prétention · suffisance · vanité · infatuation *littér.* · outrecuidance *littér.*

faubourgs *n.m.pl.* · périphérie · ceinture · banlieue

faubourien, -ienne *adj.* · populaire

fauche *n.f.* 1 - [vieux] **fauchage** · fauchaison · 2 - [fam.] → **vol**[2]

fauché, e *adj.* → **pauvre**

faucher *v.tr.* 1 - **moissonner** · tondre · 2 - **abattre** · coucher · anéantir · décimer · détruire · renverser · terrasser · 3 - [fam.] → **voler**[2]

faucille *n.f.* · serpe

faufiler *v.tr.* **bâtir** · coudre

»» **se faufiler** *v.pron.* **se glisser** · se couler · s'immiscer · s'insinuer · s'introduire

faune *n.m.* · satyre · chèvre-pied *littér.* · sylvain *littér.*

faussaire *n.* 1 - **contrefacteur** · falsificateur · imitateur · [de monnaie] faux-monnayeur · 2 - **imposteur** · mystificateur · trompeur

faussement *adv.* 1 - **à tort** · erronément *littér.* · 2 - **trompeusement** · fallacieusement

fausser *v.tr.* 1 - **altérer** · changer · défigurer · déformer · dénaturer · falsifier · farder · maquiller · transformer · travestir · truquer · 2 - **pervertir** · corrompre · déformer · dépraver · détraquer · gâter · vicier · 3 - **forcer** · abîmer · déformer · gauchir · tordre · voiler

✦ **fausser compagnie à** abandonner · quitter · brûler la politesse à · laisser en plan *fam.*

fausseté *n.f.* **1 - erreur** · inexactitude · **2 - déloyauté** · dissimulation · duplicité · mauvaise foi · fourberie · hypocrisie · jésuitisme · pharisaïsme · tartuferie · **3 - tromperie** · imposture · mensonge

faute *n.f.* **1 - erreur** · inexactitude · irrégularité · maladresse · ânerie · bêtise · imbécillité · connerie *fam.* · couillonnade *fam.* · **2 - bévue** · impair · tort · faux pas · boulette *fam.* · bourde *fam.* · gaffe *fam.* · **3 -** [de langage] **incorrection** · impropriété · barbarisme · solécisme · lapsus • [d'interprétation] contresens · **4 -** [Typo] **coquille** · **5 - imprudence** · négligence · **6 - imperfection** · défaut · faiblesse · inconvénient · travers · **7 - méfait** · crime · délit · forfait · inconduite · infraction · offense · péché · démérite *littér.* · **8 - culpabilité** · responsabilité · tort

✦ **faute de liaison** cuir · pataquès
✦ **faute de** à défaut de · par manque de · sans
✦ **faute de quoi** autrement · sinon
✦ **par la faute de** à cause de
✦ **sans faute** à coup sûr · immanquablement · sans faillir

fauteuil *n.m.* **1 - siège** · **2 - place**

fauteur, -euse *n.* **instigateur** · responsable · excitateur *littér.* · susciteur *vieux ou littér.*

✦ **fauteur de troubles** agitateur · factieux · meneur · provocateur

fautif, -ive *adj.* **1 - erroné** · défectueux · faux · imparfait · incorrect · inexact · vicieux · **2 - coupable** · responsable

fauve

▪ *adj.* **roux** · ambré · roussâtre
▪ *n.m.* **félin**

[1]**faux, fausse** *adj.* **1 - erroné** · absurde · boiteux · équivoque · fautif · incorrect · inexact · injustifié · mal fondé · mauvais · tortu *littér.* · **2 - trompeur** · apparent · clinquant · factice · fallacieux · falsifié · frauduleux · mensonger · subreptice · truqué · captieux *littér.* · **3 - affecté** · artificiel · emprunté · étudié · feint · forcé · imité · insincère · postiche · simulé · supposé · prétendu · pseudo · soi-disant · usurpé · bidon *fam.* · **4 - falsifié** · apocryphe · inauthentique · inventé · pastiche · controuvé *littér.* · **5 - artificiel** · factice · **6 - imaginaire** · chimérique · fabuleux · fictif · factice · illusoire · inventé · vain · **7 - déloyal** · cabotin · dissimulé · fourbe · hypocrite · papelard · perfide · pharisien · sournois · patelin *littér.* · faux-derche *fam.* · faux-jeton *fam.*

➳ artificiel

faux, fictif, imaginaire

Faux, fictif et imaginaire expriment tous trois un rapport au réel. **Faux**, terme le plus large, s'applique à ce qui s'oppose au réel ou le contrefait *(une théorie fausse, une fausse nouvelle, un faux témoignage, un faux nom)*. **Fictif** qualifie ce qui est inexistant mais que l'on tente de faire accepter comme réel *(une vente fictive, des emplois fictifs)* ou qui imite une chose réelle *(un univers fictif, des personnages fictifs)*. Avec **imaginaire**, on s'éloigne encore du réel : ce qui est **imaginaire** n'existe que dans l'*imagination (un danger, un lieu, une faute imaginaire ; des craintes, des animaux imaginaires)*, mais peut avoir des effets bien réels *(un souci, un malade imaginaire)*.

[2]**faux** *n.m.* **1 - contrefaçon** · copie · imitation · toc *fam.* · **2 - erreur** · fausseté · **3 - illusion** · mensonge

faux-fuyant *n.m.* · dérobade · détour · échappatoire · excuse · pirouette · prétexte · subterfuge

faux-monnayeur *n.m.* → **faussaire**

faux-semblant *n.m.* · simulacre · air · apparence

faveur *n.f.* **1 - considération** · crédit · estime · popularité · sympathie · **2 - aide** · appui · bénédiction · protection · recommandation · **3 - privilège** · bénéfice · bienfait · service · fleur *fam.* · piston *fam.* · **4 - cadeau** · don · largesse · **5 - ruban**

✦ **en faveur** en, à l'honneur · en vogue

✦ **être en faveur auprès de** être bien en cour auprès de · être dans les bonnes grâces de · être dans les petits papiers de *fam.*

favorable *adj.* **1 - bienveillant** · approbateur · clément · indulgent · positif · sympathique · **2 - avantageux** · bénéfique · bon · convenable · faste · heureux · opportun · propice

favorablement *adv.* **1 - bien** · positivement · **2 - avantageusement** · heureusement

favori, -ite

▪ *adj.* **1 - chéri** · préféré · bien-aimé · **2 - préféré** · de prédilection · fétiche

▪ *n.* **1 - protégé** **2** **chouchou** *fam.* · coqueluche *fam.*

▪ *n.f.* **concubine** · créature · maîtresse

⋙ **favoris** *n.m.pl* **rouflaquettes** *fam.* · pattes de lapin *fam.*

favorisé, e *adj.* · privilégié · fortuné · heureux · bien loti · prospère

favoriser *v.tr.* **1 - aider** · appuyer · avantager · encourager · épauler · pousser · privilégier · protéger · seconder · soutenir · pistonner *fam.* · **2 - faciliter** · promouvoir · servir

favoritisme *n.m.* **1 - partialité** · **2 - népotisme** · copinage *fam.* · piston *fam.*

fax *n.m.* · télécopie · dépêche

fébrifuge *adj.* · antifébrile · antipyrétique · antithermique

fébrile *adj.* **1 - fiévreux** · chaud · **2 - agité** · énervé · excité · impatient · nerveux · **3 - ardent** · bouillonnant · frénétique · passionné · vif · violent

fiévreux

fébrilité *n.f.* · agitation · exaltation · excitation · fièvre · frénésie · nervosité · surexcitation

fécal, e *adj.* · excrémentiel

fèces *n.f.pl.* · excréments · déjections · selles

fécond, e *adj.* **1 - fertile** · prolifique · **2 - productif** · fertile · fructifiant · généreux · gras · plantureux · riche · **3 - fructueux** · productif · **4 - créateur** · créatif · fertile · imaginatif · inventif

fécond, fertile

Fécond, dans un style soutenu, s'applique à une femme qui peut avoir beaucoup d'enfants *(une femme peu féconde)*, plus couramment à des animaux prolifiques. Pour qualifier une terre qui produit abondamment, on emploie plutôt **fertile**, **fécond** étant réservé à un usage littéraire. Dans les emplois figurés, **fécond** et **fertile** conservent l'idée d'abondance *(une théorie féconde, une imagination fertile, un siècle fertile en inventions)*. Cependant **fertile** peut évoquer une productivité parfois au détriment de la qualité *(c'est un écrivain fertile, chaque année en quête d'un prix littéraire)*.

féconder *v.tr.* **1 - fertiliser** · **2 - enrichir** · améliorer · ensemencer · imprégner

fécondité *n.f.* **1 - productivité** · fertilité · générosité · **2 - créativité** · inventivité · prolificité · **3 - richesse** · abondance · fertilité

féculent *n.m.* · farineux

fédération *n.f.* **1 - association** · coalition · groupement · ligue · société · syndicat · union · **2 - État fédéral** · confédération

fédérer *v.tr.* · grouper · coaliser · liguer · rassembler · regrouper · réunir · unir

feed-back *n.m. invar.* · rétroaction · retour

féerique *adj.* **1 - fabuleux** · fantastique · irréel · magique · prodigieux · surnaturel · **2 - enchanteur** · magnifique · merveilleux

feignant, e *n. et adj.* → **fainéant**

feindre *v.tr.* **1 - affecter** · imiter · jouer · simuler · jouer la comédie de · faire semblant de · contrefaire *littér.* · **2 - mentir** · déguiser · dissimuler • [sans complément] donner le change · faire du chiqué *fam.*

feindre, affecter, simuler

Feindre, **affecter** et **simuler** ont en commun l'action de faire croire à autrui quelque chose qui n'est pas. **Feindre**, d'emploi soutenu, implique la tromperie, le déguisement de ses sentiments *(il ne sait pas feindre, on voit bien qu'il ne l'aime pas ; feindre de ne pas comprendre)*. **Affecter** met l'accent sur l'exagération du sentiment feint *(bien que prévenue de son arrivée, elle affecta la plus grande surprise)*. Avec **simuler**, on présente comme réel ce qui ne l'est pas, en imitant l'apparence de ce que l'on veut faire croire *(il a simulé la folie pour obtenir des circonstances atténuantes)*.

feint, e *adj.* · artificiel · affecté · de commande · étudié · factice · faux · simulé

feinte *n.f.* **1 - leurre** · attrape · piège · ruse · stratagème · subterfuge · tromperie · **2 - artifice** · comédie · déguisement · dissimulation · faux-semblant · hypocrisie · mensonge

feinter *v.tr.* · tromper · duper · mener en bateau *fam.* · posséder *fam.* · rouler *fam.*

fêlé, e *adj.* → **fou**

fêler *v.tr.* · fissurer · fendiller · fendre

félicitations *n.f.pl.* **1 - compliments** · congratulations *plaisant ou vieilli* · hommages · **2 - applaudissements** · éloges · louanges

félicité *n.f.* **1 - bonheur** · béatitude · contentement · enchantement · extase · joie · **2 -** [Relig.] **salut**

»» **félicités** *plur.* **joies** · plaisirs · satisfactions

bonheur

féliciter *v.tr.* **1 - complimenter** · congratuler *vieilli ou plaisant* · **2 - applaudir** · approuver · complimenter · louanger · louer · tresser des couronnes, des lauriers à

»» **se féliciter de** *v.pron.* **se réjouir de** · être content de · se louer de

féliciter, complimenter, congratuler

Féliciter, **complimenter** et **congratuler** quelqu'un, c'est l'assurer de l'intérêt que l'on prend à un événement agréable de sa vie privée ou professionnelle. **Féliciter** est le verbe le plus général *(je* *vous félicite de votre nomination, d'avoir réussi cet examen, d'avoir agi de cette manière).* **Complimenter**, c'est féliciter avec des paroles louangeuses *(il les a complimentés pour leur performance, la qualité remarquable de leurs travaux).* **Congratuler**, avec la même valeur, est à peu près sorti d'usage, sauf par plaisanterie *(je viens congratuler l'heureux élu)* et au pronominal réfléchi *(les ministres se sont congratulés longuement devant les caméras).*

félin, e *adj.* · souple · agile · gracieux

fellation *n.f.* · pipe *très fam.* · pompier *très fam.*

félon, -onne *adj.* · déloyal · hypocrite · traître

félonie *n.f.* · déloyauté · forfaiture · perfidie · trahison · traîtrise

fêlure *n.f.* **1 - cassure** · faille · fente · fissure · lézarde · **2 - blessure**

féminiser *v.tr.* · efféminer · déviriliser

femme *n.f.* **1 - dame** · gazelle *lang. jeunes* · gonzesse *fam.* · meuf *lang. jeunes* · mousmé *pop., vieilli* · moukère *pop., vieilli* · **2 - poupée** *fam.* · (petite) caille *fam.* · frangine *fam.* · gosse *fam.* · môme *fam.* · pépée *fam.* · poule *fam.* · poulette *fam.* · sœur *argot* · souris *fam.* · **3 -** · épouse · compagne · dame *pop.* · bourgeoise *pop.* · dulcinée *fam., souvent plaisant* · légitime *fam., souvent plaisant* · moitié *fam., souvent plaisant* · bobonne *fam., péj.* · **4 -** [méchante] **chipie** · furie · harpie · mégère · virago · chameau *fam.* · dragon *fam.* · garce *fam.* · gendarme *fam.* · panthère *fam.* · peste *fam.* · poison *fam.* · sorcière *fam.* · tigresse *fam.* · vieille toupie *fam.* · vipère *fam.*

✦ **jeune femme** → **fille**

✦ **femme du monde** (grande) dame · lady · princesse · reine · souveraine

✦ **femme fatale** vamp *fam.*

✦ **femme de ménage** femme de service · bonne · domestique · employée de maison · [en collectivité] technicienne de surface

✦ **femme de chambre** bonne · camérière · caméristе · chambrière · gouvernante · servante · soubrette

fenaison *n.f.* · fanage · récolte des foins

fendiller *v.tr.* **craqueler** · crevasser · fêler · fissurer · lézarder · [les doigts, lèvres] **gercer**

⋙ **se fendiller** *v.pron.* **se craqueler** · se crevasser · se disjoindre · se fêler · [lèvres] se gercer

fendre *v.tr.* **1 - couper** · cliver · diviser · tailler · trancher · **2 - fendiller** · lézarder · **3 - casser**

⋙ **se fendre** *v.pron.* **1 - se disjoindre** · s'entrouvrir · s'ouvrir · **2 - se craqueler** · se crevasser · se fêler · se lézarder · **3 - éclater**

fenêtre *n.f.* **1 - croisée** · baie · hublot · lucarne · lunette · œil-de-bœuf · soupirail · trappe · vasistas · **2 - vitre** · carreau · vitrage · **3 - blanc** · vide · **4 - ouverture** · orifice

fente *n.f.* **1 - fissure** · brisure · cassure · coupure · craquelure · crevasse · déchirure · faille · fêlure · lézarde · sillon · **2 - entaille** · enture · estafilade · incision · **3 - espace** · interstice · intervalle · jour · trou · vide

féodal, e *adj.* · moyenâgeux · archaïque

fer *n.m.* **1 - épée** · **2 - bistouri** · scalpel
✦ **de fer** **1 - fort** · résistant · robuste · vigoureux · **2 - inébranlable** · impitoyable · implacable · inflexible · sévère · strict · **3 - draconien** · rigide · rigoriste

férié, e *adj.* · chômé

¹ferme
▪ *adj.* **1 - consistant** · compact · dur · résistant · solide · **2 - assuré** · autoritaire · carré · décidé · déterminé · énergique · coriace · inébranlable · inflexible · opiniâtre · résolu · rigoureux · tenace · **3 - droit** · fort · raide · robuste · solide · vigoureux · **4 - courageux** · impassible · imperturbable · intrépide · maître de soi · stoïque · **5 - fixe** · ancré · arrêté · constant · décidé · déterminé · définitif · formel · immuable · stable · strict · sûr
▪ *adv.* **intensément** · avec ardeur · beaucoup · sec · serré · dur · avec force · fort · avec vigueur

²ferme *n.f.* · domaine · exploitation · **métairie** • [en Amérique du sud] estancia · fazenda · hacienda • [aux États-Unis] ranch • [en Provence] bastide · mas · mazet

fermé, e *adj.* **1 - sélectif** · clos · exclusif · snob *fam.* · **2 - borné** · buté · obtus
✦ **fermé à** inaccessible à · aveugle à · étranger à · hostile à · imperméable à · insensible à · rebelle à · réfractaire à · sourd à

fermement *adv.* · énergiquement · avec conviction · opiniâtrement · résolument • [y croire] dur comme fer *fam.*

ferment *n.m.* **1 - levure** · moisissure · bacille · bactérie · suc · **2 - agent** · cause · germe · levain · principe · source

fermentation *n.f.* **1 - décomposition** · **2 - échauffement** · agitation · bouillonnement · ébullition · effervescence · exaltation · excitation
☞ **ébullition**

fermenter *v. intr.* **1 - lever** · travailler · **2 - s'agiter** · bouillonner · s'échauffer · s'exalter

fermer *v.tr.*
I 1 - entourer · borner · enclore · enfermer · **2 - serrer** · refermer · resserrer
II 1 - clore · claquer · barricader · cadenasser · condamner · verrouiller · **2 - boucher** · barrer · bloquer · obstruer · obturer · **3 - boucler** · boutonner · cacheter · clore · clouer · plier · rabattre · refermer · sceller · tirer
III 1 - couper · éteindre · interrompre · **2 - arrêter** · faire cesser · clore · clôturer · solder · terminer
IV [sans complément] **mettre la clé sous la porte** · baisser le rideau
»» **se fermer** *v.pron.* **1 - cicatriser** · guérir · se refermer · **2 - se renfrogner** · s'assombrir · se renfermer · se (re)fermer comme une huître

fermeté *n.f.* **1 - consistance** · dureté · résistance · solidité · **2 - stabilité** · bonne tenue · **3 - autorité** · assurance · détermination · inflexibilité · résolution · rigueur · vigueur · muscle *fam.* · poigne *fam.* · **4 - constance** · endurance · énergie · opiniâtreté · persévérance · persistance · ténacité
✦ **avec fermeté** **sans transiger**

fermeture *n.f.* **1 - clôture** · barrage · bouclage · interdiction · verrouillage · **2 - obturation** · obstruction · occlusion · **3 - attache** · fermoir · barre · cadenas · clenche ·

→ **loquet** · pêne · serrure · verrou · **4 – arrêt** · cessation · coupure · interruption

✦ **fermeture éclair** *nom déposé*, **à glissière** zip *nom déposé* · tirette *Belgique*

fermier, -ière *n.* · agriculteur · cultivateur · exploitant agricole · métayer · paysan · habitant *Québec*

féroce *adj.* **1 – sauvage** · fauve · **2 – cruel** · barbare · dur · farouche · impitoyable · implacable · inhumain · sanguinaire

férocement *adv.* · cruellement · brutalement · sadiquement · sauvagement · violemment

férocité *n.f.* **1 – barbarie** · brutalité · cruauté · inhumanité · sadisme · sauvagerie · **2 – acharnement** · fureur · rage · violence

ferraille *n.f.* [fam.] **monnaie** · mitraille *fam.*

✦ **mettre à la ferraille** mettre au rebut · déclasser · réformer

ferrailler *v. intr.* · batailler · se disputer · se quereller · se bagarrer *fam.*

ferrailleur *n.m.* · bretteur · duelliste · querelleur · spadassin · batteur de fer *vieux*

ferré, e *adj.* **clouté**

✦ **ferré en** compétent en · fort en · instruit en · savant en · calé en *fam.* · fortiche en *fam.* · trapu en *fam.*

ferrure *n.f.* **1 – penture** · armature · charnière · **2 – ferrement**

ferry-boat *n.m.* · bac · car-ferry · transbordeur · traversier *Canada*

fertile *adj.* **1 – prolifique** · fécond · **2 – productif** · fécond · généreux · gras · plantureux · prodigue · riche · **3 – inventif** · créatif · ingénieux · subtil

✦ **pays, région très fertile** grenier · jardin · oasis

~ **fécond**

fertilisant *n.m.* · engrais · compost · fumier

fertilisation *n.f.* · amendement · amélioration · bonification · fumure

fertiliser *v.tr.* · améliorer · amender · bonifier · engraisser · enrichir · fumer

fertilité *n.f.* **1 – richesse** · fécondité · générosité · rendement · **2 – prolificité** · fécondité · **3 – inventivité** · créativité · ingéniosité

féru, e *adj.* · passionné · amoureux · enragé · entiché · épris · fanatique · fervent · accro *fam.* · fou *fam.* · mordu *fam.* · toqué *fam.*

férule *n.f.* **1 – bâton** · **2 – autorité** · commandement · direction · houlette · pouvoir

fervent, e *adj.* **1 – ardent** · brûlant · chaleureux · enthousiaste · passionné · **2 – fanatique** · dévot · exalté · zélé

ferveur *n.f.* **1 – dévotion** · piété · zèle · **2 – ardeur** · chaleur · effusion · enthousiasme · exaltation · feu · flamme · passion

fessée *n.f.* · correction · déculottée *fam.*

fesser *v.tr.* · corriger · battre · botter le derrière, le train à *fam.* · filer une déculottée à *fam.*

fesses *n.f.pl.* · postérieur · derrière · fessier · arrière-train *fam.* · croupe *fam.* · cul *fam.* · fion *pop.* · joufflu *fam.* · miches *fam.* · panier *fam.* ·

pétard *fam.* • popotin *fam.* • train *fam.* • pot *fam.* • baba *argot* • foufoures *fam., Québec* • séant *vieux* • siège *vieux*

fessier *n.m.* → **fesses**

fessu, e *adj.* • rembourré *fam.* • callipyge *littér.*

festin *n.m.* **1 - banquet** • agapes *littér.* • bombance *fam.* • gueuleton *fam.* • ripaille *fam.* • **2 - régal**

festival *n.m.* **1 - manifestation** • démonstration • **2 - → série**

festivités *n.f.pl.* • fêtes • réjouissances

feston *n.m.* **1 - guirlande** • **2 -** [Archit.] **dent**

festoyer *v.intr.* • se régaler • banqueter • gueuletonner *fam.* • ripailler *fam.*

fêtard, e *n.* • viveur • bambocheur *fam.* • jouisseur *fam.* • noceur *fam.*

fête *n.f.* **1 - célébration** • cérémonie • commémoration • festivités • réjouissances • solennités • **2 - festival** • **3 - foire** • kermesse • ducasse *Belgique, Nord* • fest-noz *Bretagne* • frairie *région.* • redoute *vieux* • vogue *vieux* • **4 - réception** • gala • garden-party • soirée • boum *fam.* • raout *fam.* • sauterie *fam.* • teuf *lang. jeunes* • surprise-partie *vieilli* • **5 - fiesta** • bamboula *fam.* • bombe *fam.* • bringue *fam.* • foire *fam.* • java *fam.* • noce *fam.* • nouba *fam.* • teuf *lang. jeunes* • **6 - régal** • bonheur • enchantement • joie • plaisir

fêter *v.tr.* **1 - célébrer** • commémorer • honorer • solenniser • **2 - arroser** *fam.*

fêter, célébrer, commémorer

Fêter, célébrer et **commémorer** ont en commun l'action de consacrer un événement de la vie personnelle ou de l'histoire d'un pays. Avec **fêter**, la consécration donne lieu à des réjouissances privées *(fêter l'anniversaire de son grand-père, un succès)* ou publiques *(fêter le 14 Juillet devant l'hôtel de ville)*. On **célèbre** un événement par une cérémonie souvent publique *(célébrer le prix Nobel de la paix, le centenaire de la naissance d'un écrivain)*, ou du moins avec quelque solennité, même s'il s'agit d'une réjouissance privée *(célébrer l'installation dans une nouvelle maison en pendant la crémaillère)*. **Commémorer** implique que la cérémonie rappelle le souvenir d'un événement, d'une action *(commémorer l'armistice du 11 novembre 1918)*.

fétiche *n.m.* **1 - amulette** • grigri • idole • mascotte • porte-bonheur • porte-chance • talisman • **2 -** [Psych.] **objet transitionnel**

fétichisme *n.m.* **1 - animisme** • totémisme • **2 - idolâtrie** • vénération

fétide *adj.* **1 - malodorant** • dégoûtant • écœurant • empesté • méphitique • nauséabond • puant • putride • **2 - abominable** • ignoble • immonde • infect • innommable • repoussant • répugnant

fétu *n.m.* • brin • brindille

feu *n.m.* **1 - flambée** • brasier • flammes • fournaise • incendie • **2 - âtre** • cheminée • foyer • **3 -** [vieux] **foyer** • maison • ménage • **4 - allumette** • briquet • **5 - attaque** • bombardement • fusillade • **6 -** [fam. : arme] **calibre** • pétard *fam.* • **7 - éclairage** • lumière • signal • balise lumineuse • brandon • fanal • flambeau • lamparo • lampe • torche • [de voiture] code • lanterne • phare •

veilleuse · **8 - lueur** · brillant · **9 - inflammation** · démangeaison · embrasement · éruption · irritation · **10 - animation** · allant · ardeur · chaleur · conviction · élan · enthousiasme · entrain · exaltation · excitation · ferveur · flamme · fougue · impétuosité · passion · véhémence · vivacité · zèle

✦ **feu sacré** ardeur · enthousiasme · ferveur

✦ **feu vert** accord · acceptation · approbation · aval

✦ **feu d'artillerie** barrage · tir · pilonnage

✦ **en feu** **1 - embrasé** · brûlant · ardent · en flammes · enflammé · incandescent · igné *littér.* · ignescent *littér.* · **2 - agité** · animé · enfiévré · excité

✦ **mise à feu** [d'une fusée] **allumage**

✦ **mettre le feu à** **1 - allumer** · brûler · embraser · enflammer · incendier · **2 - enthousiasmer** · chauffer · exciter · galvaniser

✦ **être en, prendre feu** flamber · brûler · s'enflammer · être la proie des flammes

✦ **résistant au feu** ininflammable · ignifugé · apyre *Techn.*

✦ **arme à feu** fusil · mitraillette · mitrailleuse · pistolet · revolver

✦ **coup de feu** détonation · tir

✦ **faire feu** → **tirer**

feuillage *n.m.* · feuilles · feuillée *littér.* · feuillure *littér.* · frondaison *littér.* · ramée *littér.* · ramure *littér.*

feuille *n.f.* **1 - lame** · lamelle · plaque · **2 - feuillet** · copie · **3 - journal** · bulletin · gazette · canard *fam.* · feuille de chou *fam.* · **4 - fiche** · bulletin · formulaire

⋙ **feuilles** *plur.* · feuillage · feuillée *littér.* · feuillure *littér.* · frondaison *littér.* · ramée *littér.* · ramure *littér.*

feuillet *n.m.* · feuille · folio

feuilleter *v.tr.* · consulter · compulser · lire en diagonale · parcourir · survoler

feuilleton *n.m.* **1 - chronique** · rubrique · **2 - série** · roman

feulement *n.m.* · grognement · miaulement · [du tigre] rauquement

feutre *n.m.* · marqueur · surligneur

feutré, e *adj.* · ouaté · discret · silencieux

feutrer *v.tr.* · atténuer · amortir · assourdir · étouffer

fi *interj.* **pouah**

✦ **faire fi de** dédaigner · mépriser · négliger · se moquer de · refuser · rejeter · repousser

fiabilité *n.f.* **1 - crédibilité** · **2 - sécurité** · sûreté

fiable *adj.* **1 - sérieux** · consciencieux · sûr · **2 - crédible** · digne de foi · exact · sûr · **3 - sécurisé** · sûr

fiançailles *n.f.pl.* · accordailles *vieux*

fiancé, e

▪ *n.m.* **promis** *littér.* · futur *fam.* · ami

▪ *n.f.* **bien-aimée** · dulcinée

fiancer *v.tr.* **allier** · unir

⋙ **se fiancer** *v.pron.* **s'engager**

fiasco *n.m.* **échec** · faillite · insuccès · ratage · bide *fam.* · flop *fam.* · [pièce] four

✦ **faire un fiasco** → **échouer**

fibre *n.f.* **1 - brin** · filament · **2 - sensibilité** · cœur · corde · nerf · sentiment

fibreux, -euse *adj.* · filamenteux · filandreux

fibrociment *n.m.* · aggloméré

ficeler *v.tr.* 1 - **attacher** · brider · saucissonner *fam.* · 2 - [fam.] → **habiller**

ficelle *n.f.* 1 - **corde** · 2 - **astuce** · artifice · ruse · procédé · stratagème · truc *fam.* · 3 - [fam.] → **galon**

[1]**ficher** *v.tr.* 1 - **planter** · clouer · enfoncer · fixer · introduire · mettre · 2 - [fam.] → **faire** · 3 - [fam.] → **donner**

››› **se ficher de** *v.pron.* 1 - **dédaigner** · négliger · se balancer de *fam.* · se battre l'œil de *fam.* · se contreficher de *fam.* · se foutre de *très fam.* · 2 - **se moquer de** · rire de · faire des gorges chaudes de · se foutre de *très fam.* · se gausser de *vieux*

[2]**ficher** *v.tr.* · répertorier

fichier *n.m.* · classeur

[1]**fichu** *n.m.* · foulard · cache-col · cache-cou · carré · châle · écharpe · mantille · mouchoir · pointe

[2]**fichu, e** *adj.* 1 - **condamné** · fini · incurable · inguérissable · perdu · cuit *fam.* · foutu *fam.* · 2 - **hors service** · irrécupérable · H.S. *fam.* · bousillé *fam.* · foutu *fam.* · 3 - **fâcheux** · maudit · sale · fieffé *fam.* · foutu *fam.* · sacré *fam.* · satané *fam.*

✦ **mal fichu** → **malade**

fictif, -ive *adj.* 1 - **imaginaire** · de fiction · fabriqué · fabuleux · inexistant · inventé · irréel · 2 - **conventionnel** · arbitraire · extrinsèque · nominal · supposé · théorique · 3 - **trompeur** · factice · faux · feint · illusoire

faux

fiction *n.f.* 1 - **roman** · conte · fable · allégorie · apologue · 2 - **illusion** · chimère · mirage · songe · 3 - **convention**

fidèle

▪ *adj.* 1 - **dévoué** · honnête · loyal · probe · scrupuleux · sûr · 2 - **assidu** · régulier · 3 - **durable** · bon · éprouvé · sincère · solide · sûr · véritable · vrai · 4 - **conforme** · correct · exact · fiable · juste · véridique

▪ *n.* 1 - **croyant** · paroissien · ouaille *fam., surtout plur.* · brebis *littér.* · 2 - **partisan** · adepte · sectateur · 3 - **habitué** · client

fidèlement *adv.* 1 - **régulièrement** · 2 - **loyalement** · honnêtement · 3 - **exactement** · correctement · docilement · minutieusement · précisément · scrupuleusement

fidélité *n.f.* 1 - **dévouement** · attachement · honnêteté · loyauté · 2 - **assiduité** · continuité · persévérance · régularité · constance *littér.* · 3 - **exactitude** · correction · véracité · vérité · véridicité *littér.* · 4 - **obéissance** · allégeance

fidélité, constance

Fidélité et **constance** ont en commun l'idée de respect d'engagements pris. **Fidélité** concerne des personnes *(la fidélité conjugale, d'un amant)* et des abstractions *(la fidélité à des principes, à un idéal).* Sans idée d'engagement mais avec celui d'attachement, **fidélité** s'emploie pour le rapport d'un animal domestique à son maître *(la fidélité d'un chien).* **Constance**, d'usage littéraire, insiste sur la persévérance dans le domaine des sentiments, mais aussi des actes *(constance dans l'effort).*

fief *n.m.* 1 - → **seigneurie** · 2 - **territoire** · circonscription · secteur · 3 - **domaine** · spécialité · territoire

fieffé, e *adj.* • accompli • achevé • complet • consommé • parfait • fichu *fam.* • fini *fam.* • foutu *très fam.* • sacré *fam.* • satané *fam.*

fiel *n.m.* **1 - bile** • **2 - acrimonie** • amertume • animosité • bave • haine • hostilité • malveillance • venin

fielleux, -euse *adj.* • acerbe • amer • désagréable • envenimé • haineux • malveillant • mauvais • méchant • venimeux

fiente *n.f.* • excrément • merde *fam.*

fier à (se) *v.pron.* **1 - croire** • ajouter foi à • écouter • faire crédit à • prendre en compte • **2 - faire confiance à** • avoir foi en • compter sur • se reposer sur • s'en remettre à • tabler sur

fier, fière *adj.* **1 - orgueilleux** • altier • arrogant • avantageux • bouffi (d'orgueil) • conquérant • dédaigneux • distant • fanfaron • fat • froid • hautain • glorieux • méprisant • prétentieux • rogue • satisfait • suffisant • superbe • supérieur • vain • vaniteux • crâneur *fam.* • faraud *littér.* • **2 - digne** • noble • **3 - entier** • inapprivoisable • indomptable • farouche • sauvage

✦ **être fier de** être content de • être satisfait de • s'enorgueillir de • tirer vanité de

✦ **très fier** fier comme Artaban, comme un paon, comme un pou • fier comme un pet *vieilli*

✦ **faire le fier** → **fanfaronner**

fier-à-bras *n.m.* • bravache • matamore

fièrement *adv.* **1 - dignement** • bravement • courageusement • crânement • noblement • le front haut • la tête haute • **2 - dédaigneusement** • orgueilleusement

fierté *n.f.*
I 1 - amour-propre • estime (de soi-même) • orgueil • vanité • **2 - dignité** • cœur • noblesse
II 1 - mépris • condescendance • dédain • distance • hauteur • morgue • **2 - arrogance** • audace • orgueil • présomption • suffisance • superbe • vanité
III 1 - contentement • joie • satisfaction • **2 - honneur** • gloire

✦ **avec fierté** → **fièrement**

fiesta *n.f.* → **fête**

fièvre *n.f.* **1 - température** • fébrilité • **2 - bouillonnement** • agitation • animation • énervement • exaltation • excitation • fébrilité • impatience • surexcitation • trouble • **3 - ardeur** • chaleur • feu • fougue • passion • **4 - amour** • folie • manie • passion • rage • soif

✦ **fièvre jaune** typhus amaril

fiévreusement *adv.* • fébrilement • fougueusement • furieusement

fiévreux, -euse *adj.* **1 - fébrile** • brûlant • chaud • **2 - exalté** • agité • excité • nerveux • surexcité • **3 - bouillonnant** • fébrile • frénétique • intense

fiévreux, fébrile

Fiévreux et **fébrile** se disent tous deux de ce qui dénote la fièvre *(pouls fiévreux, fébrile)*. **Fiévreux** s'applique à une personne, au corps *(se sentir fiévreux ; un teint, des yeux fiévreux)*. **Fébrile** est un terme plus médical *(un malade fébrile, une chaleur, une réaction fébrile)*, mais on parle couramment d'*un état fébrile*. Dans les emplois figurés, un partage s'opère également. **Fiévreux** évoque quelque chose de passionné, un caractère d'exaltation *(un désir fiévreux, une attente, une imagination fiévreuse)*. **Fébrile** insiste plutôt sur ce qui manifeste une agitation désordonnée *(une inquiétude, une impatience fébrile, des mains fébriles).*

fifre *n.m.* → **flûte**

figé, e *adj.* 1 - **immobile** · paralysé · pétrifié · raidi · statufié · 2 - **raide** · contraint · hiératique · 3 - **sclérosé** · fossilisé · 4 - **conventionnel** · fixé · stéréotypé

figer *v.tr.* 1 - **solidifier** · cailler · coaguler · condenser · congeler · épaissir · glacer · geler · 2 - **immobiliser** · clouer · paralyser · pétrifier · raidir · 3 - **scléroser** · fossiliser

fignoler *v.tr.* · parachever · parfaire · travailler · ciseler · enjoliver · mettre la dernière main à · peaufiner · polir · raffiner · soigner · chiader *fam.* · lécher *fam.* · peigner *vieux*

figurant, e *n.* · utilité · comparse · utilité · bouche-trou *fam.* · potiche *fam.*

figuration *n.f.* · représentation

figure *n.f.*
I 1 - visage · face · faciès · tête · binette *fam.* · bobine *fam.* · bouille *fam.* · frimousse *fam.* · gueule *fam.* · minois *fam.* · portrait *fam.* · trogne *fam.* · trombine *fam.* · tronche *fam.* · 2 - **apparence** · aspect · configuration · conformation · dehors · extérieur · forme · physionomie · 3 - **physionomie** · air · attitude · mine · tête
II 1 - illustration · dessin · graphique · image · planche · schéma · tableau · tracé · 2 - **emblème** · allégorie · représentation · symbole · 3 - [Art] **effigie** · portrait · statue · 4 - **forme** · signe
III 1 - personnage · personnalité · nom · 2 - **caractère** · type
✦ **figure de style** trope
✦ **faire figure de** avoir l'air de · paraître · passer pour · sembler

figuré, e *adj.* · imagé · métaphorique

figurer *v.tr.* 1 - **représenter** · dessiner · peindre · sculpter · 2 - **symboliser** · incarner · représenter · 3 - **préfigurer**
✦ **figurer dans** se trouver dans · apparaître dans · participer à · faire partie de

»» **se figurer** *v.pron.* 1 - **se représenter** · se faire une idée de · s'imaginer · 2 - **croire** · imaginer · penser · supposer

figurine *n.f.* · statuette · poupée · santon · sculpture

fil *n.m.* 1 - **fibre** · brin · filament · 2 - **attache** · lien · 3 - **tranchant** · 4 - **cours** · déroulement · enchaînement · liaison · succession · suite · trame
✦ **tirer les fils de** éfaufiler · effiler · effilocher · érailler · parfiler

filament *n.m.* · fil · brin · fibre

filandreux, -euse *adj.* 1 - **fibreux** · 2 - **compliqué** · embarrassé · embrouillé · enchevêtré · entortillé · fumeux · indigeste · tarabiscoté · emberlificoté *fam.*

filasse *adj.* · blondasse

filature *n.f.* · pistage · poursuite

file *n.f.* 1 - **ligne** · alignement · enfilade · rangée · série · succession · suite · 2 - **colonne** · cortège · défilé · procession · 3 - **cordon** · haie · rang · rangée · 4 - **couloir** · voie
✦ **chef de file** leader · figure de proue
✦ **à la file** 1 - **d'affilée** · à la suite · consécutif · 2 - **les uns derrière les**

autres • en chapelet • en enfilade • en file indienne • à la queue leu leu *fam.* • en rang d'oignons *fam.*

filer

▪ *v.intr.* 1 – **foncer** • courir • s'enfuir • fuir • 2 – **disparaître** • fondre • glisser • 3 – **se démailler** • 4 – → **déguerpir**

▪ *v.tr.* 1 – **dévider** • laisser aller • lâcher • larguer • 2 – **suivre** • pister • prendre en filature • filocher *fam.* • 3 – [fam.] → **donner**

filet *n.m.*
I 1 – [Pêche] **épuisette** • épervier • senne • traîne • 2 – [Chasse] **nasse** • hallier • épuisette • lacet • panneau • rets *vieux* • 3 – **piège** • embûche • nasse • lacs *littér.* • rets *littér.* • 4 – **résille** • réticule
II 1 – [de bœuf rôti] **chateaubriand** • tournedos • 2 – [de volaille] **aiguillette** • blanc • suprême • magret

✦ **coup de filet** rafle • prise

filiation *n.f.* 1 – **lignée** • consanguinité • descendance • famille • génération • généalogie • origine • parenté • [Droit romain] agnation • cognation • 2 – **enchaînement** • liaison • lien • ligne • ordre • succession • suite

filière *n.f.* 1 – **canal** • voie • 2 – **domaine** • 3 – **réseau**

filiforme *adj.* 1 – **longiligne** • 2 – **mince** • fluet • frêle • grêle • gracile • menu

fille *n.f.* 1 – **enfant** • 2 – **femme** • gonzesse *fam.* • meuf *lang. jeunes* • nana *fam.* • souris *fam.*

✦ **petite fille** fillette • blondinette • brunette • petite • gamine *fam.* • gosse *fam.* • môme *fam.*

✦ **jeune fille** 1 – **demoiselle** • adolescente • nymphette • donzelle *fam.* • mignonne *fam.* • minette *fam.* • meuf *lang. jeunes* • nana *fam.* • nénette *fam.* • poulette *fam.* • tendron *fam.* • jouvencelle *vieux* • 2 – **vierge** • pucelle • colombe *vieux*

✦ **(vieille) fille** célibataire • demoiselle

fillette *n.f.* → **petite fille**

film *n.m.* 1 – **pellicule** • bobine • rouleau • 2 – **long, moyen, court métrage** • toile *fam.* • 3 – **déroulement** • enchaînement • fil • succession

✦ **mauvais film** navet *fam.*

filmer *v.tr.* • tourner

filon *n.m.* 1 – **veine** • mine • 2 – **moyen** • plan • système • combine *fam.* • truc *fam.*

✦ **bon filon** aubaine • mine

filou *n.m.* 1 – **voleur** • aigrefin • bandit • crapule • escroc • fripon • pirate • tricheur • arnaqueur *fam.* • fripouille *fam.* • 2 – **garnement** • coquin • voyou

filouter *v.tr.* 1 – **escroquer** • arnaquer *fam.* • estamper *fam.* • rouler *fam.* • 2 – [vieilli] **voler** • chaparder • faucher *fam.* • tirer *fam.*

filouterie *n.f.* • escroquerie • friponnerie • indélicatesse • larcin • tricherie

fils *n.m.* **descendant** • enfant • gars *fam.* • héritier *fam.* • rejeton *fam.* • fiston *fam.*

✦ **fils à papa** gosse de riche *fam., péj.*

filtrage *n.m.* 1 – **clarification** • épuration • filtration • 2 – **contrôle** • vérification

filtre *n.m.* 1 – **passoire** • chaussette • étamine • 2 – **contrôle** • vérification

filtrer

▪ *v.tr.* 1 - **clarifier** · épurer · passer à l'étamine · purifier · déféquer *(Chim.)* · 2 - **voiler** · tamiser · 3 - **contrôler** · vérifier

▪ *v.intr.* 1 - **couler** · passer · pénétrer · suinter · transsuder · traverser · sourdre *littér.* · 2 - **s'éventer** · percer · se répandre · se savoir · transpirer

[1]**fin** *n.f.*

I 1 - **bout** · borne · limite · queue · sortie · terminaison · 2 - **terme** · aboutissement · achèvement · conclusion · dénouement · expiration · 3 - **arrêt** · abandon · cessation · clôture · 4 - **conclusion** · coda · épilogue · finale · péroraison

II 1 - **déclin** · agonie · chute · crépuscule · 2 - **disparition** · anéantissement · décès · destruction · écroulement · enterrement · mort · ruine · trépas *littér.*

III **but** · destination · finalité · intention · objectif · objet · visée

✦ **en fin de compte, à la fin** en définitive · au bout du compte · au final · enfin · finalement · tout bien considéré · au bout du bout · en final de compte *Antilles*

✦ **sans fin** 1 - **sans cesse** · continuellement · éternellement · indéfiniment · interminablement · toujours · 2 - **immense** · indéfini · infini · 3 - **éternel** · interminable · fleuve

✦ **mettre fin à** finir · clore · clôturer · couper court à · faire cesser · dissiper · mettre le holà à · mettre un terme à · supprimer · terminer

✦ **prendre fin** cesser · s'achever · expirer · se terminer

✦ **approcher de la fin** 1 - **se terminer** · s'achever · 2 - **agoniser** · décliner · dépérir · mourir

✦ **mener à sa fin** achever · accomplir · mener à terme · réaliser

[2]**fin, e** *adj.*

I 1 - **menu** · allongé · délié · effilé · élancé · étroit · fuselé · mince · svelte · 2 - **pointu** · acéré · aigu · effilé · 3 - **vaporeux** · arachnéen · léger · 4 - **subtil** · léger · ténu

II 1 - **affiné** · pur · raffiné · 2 - **précieux** · beau · de luxe · délicat · élégant · raffiné · sophistiqué · supérieur · extra *fam.* · 3 - **délicat** · doux · léger · 4 - **délectable** · délicieux · exquis · savoureux

III 1 - **sensible** · exercé · précis · 2 - **clairvoyant** · averti · avisé · diplomate · perspicace · sagace · sensible · subtil · 3 - **intelligent** · adroit · astucieux · délié · habile · ingénieux · malin · retors · rusé · subtil · finaud *fam.* · futé *fam.* · 4 - **piquant** · spirituel

✦ **fine gueule** gourmet · gastronome · gourmand · bec fin · friand *vieux*

✦ **le fin du fin** le nec plus ultra · le summum

✦ **jouer au plus fin** finasser · ruser · biaiser *fam.*

final, e *adj.* 1 - **dernier** · terminal · ultime · 2 - **définitif** · décisif

✦ **au final** en définitive · au bout du compte · en fin de compte · finalement · tout bien considéré · au bout du bout · en final de compte *Antilles*

[1]**finale** *n.f.* [Grammaire] terminaison · désinence

[2]**finale** *n.m.* · coda

finalement *adv.* 1 - **à la fin** · enfin · en dernier lieu · en dernier ressort · 2 - **en définitive** · en conclusion · en dernière analyse · en fin de compte · au bout du bout · au bout du compte · au final · en somme · en un mot · pour conclure · pour finir · pour terminer · somme toute · après tout · au total · tout bien considéré · tout compte fait · en final de compte *Antilles*

finalité *n.f.* · but · objectif · visée

finance *n.f.* **affaires** · banque · business *fam.*

⋙ **finances** *n.f.pl.* **fonds** · argent · avoir · bourse · budget · porte-monnaie · ressources · trésorerie

✦ **finances publiques** deniers publics · fonds publics

financement *n.m.* **1 - paiement** · versement · **2 - parrainage** · sponsorisation

financer *v.tr.* **1 - commanditer** · parrainer · sponsoriser · soutenir · subventionner · **2 - payer** · casquer pour *fam.*

financeur, -euse *n.* · mécène · commanditaire · sponsor

financier, -ière

▪ *adj.* **1 - d'argent** · pécuniaire · matériel · **2 - bancaire** · budgétaire · monétaire

▪ *n.m.* **banquier** · capitaliste

financier, pécuniaire

Financier et **pécuniaire** concernent tous deux ce qui est relatif aux ressources en argent *(une aide financière, pécuniaire)*. **Financier** s'emploie dans le domaine domestique mais est aussi relatif aux grandes affaires d'argent *(le marché financier, la capitale financière d'un pays, un bilan, un krach financier)* et aux finances publiques *(une politique financière et fiscale, la législation financière)*. **Pécuniaire** s'applique aux contextes où il est question de ressources relativement modestes *(solliciter un secours pécuniaire)*, en particulier dans le cadre familial *(une famille nombreuse en situation pécuniaire précaire)*. **Pécuniaire** est par ailleurs courant dans le vocabulaire administratif et juridique *(sanction, amende, responsabilité, réparation pécuniaire)*.

financièrement *adv.* · économiquement · budgétairement · matériellement · pécuniairement

finasser *v. intr.* · ruser · jouer au plus fin · louvoyer · tergiverser · biaiser *fam.* · tortiller *fam.*

finasserie *n.f.* · artifice · astuce · avocasserie · détour · finesse · ruse · subterfuge

finaud, e *adj.* · rusé · fin · futé · habile · malin · madré *littér.* · fute-fute *fam.* · matois *fam.* · roublard *fam.* · roué *littér.*

finement *adv.* **1 - délicatement** · **2 - adroitement** · astucieusement · diplomatiquement · habilement · subtilement · avec tact

finesse *n.f.* **1 - raffinement** · beauté · délicatesse · distinction · élégance · grâce · pureté · **2 - sveltesse** · délicatesse · gracilité · minceur · **3 - subtilité** · acuité · clairvoyance · esprit · intelligence · justesse · pénétration · perspicacité · sagacité · sensibilité · **4 - diplomatie** · adresse · délicatesse · souplesse · tact · **5 - artifice** · astuce · ruse · stratagème · ficelle *fam.* · finasserie *fam.*

fini, e *adj.* **1 - limité** · borné · **2 - disparu** · évanoui · perdu · révolu · terminé · **3 - usé** · épuisé · perdu · fait *fam.* · fichu *fam.* · flambé *fam.* · foutu *très fam.* · mort *fam.* · [personne] has been *fam.* · **4 - accompli** · achevé · consommé · fichu *fam.* · fieffé *littér.* · sacré *fam.*

✦ **bien fini** parachevé · ciselé · poli · chiadé *fam.* · fignolé *fam.* · léché *fam.*

✦ **mal fini** expédié · ni fait ni à faire · bâclé *fam.* · torché *fam.*

finir

▪ *v.tr.* **1 - arrêter** · cesser · clore · clôturer · couper court à · mettre fin à · mettre un point final à · mettre un terme à · terminer · vider · **2 - achever** · accomplir · boucler · terminer · **3 - parachever** · finaliser · polir · mettre la dernière main à · parfaire · fignoler *fam.* · lécher *fam.*

▪ *v.intr.* **1 - s'achever** · s'arrêter · cesser · prendre fin · s'interrompre · se terminer · **2 - expirer** · arriver à échéance · **3 - disparaître** · s'évanouir · **4 - aboutir à** · s'arrêter à · donner dans · s'interrompre à · prendre fin sur · se terminer à · tomber sur · **5 - mourir** · périr *littér.*

✦ **mal finir** mal tourner · dégénérer · partir en couille(s) *très fam.*

✦ **finir abruptement** finir en queue de poisson

✦ **en finir avec** se débarrasser de · arrêter · régler · résoudre

✦ **n'en plus finir** durer · s'éterniser · traîner

✦ **à n'en plus finir** interminable · [nom] à rallonges

finissage *n.m.* · finition · ajustage

fiole *n.f.* **flacon** · flasque

fioriture *n.f.* · ornement · agrément · décoration · enjolivement · parement · parure

fioul *n.m.* · mazout

firmament *n.m.* · ciel · cieux · nues *littér.* · empyrée *littér.*

firme *n.f.* · entreprise · établissement · maison · société · boîte *fam.*

fisc *n.m.* · trésor public · service des impôts

fissure *n.f.* **1 - brèche** · cassure · crevasse · faille · fêlure · fente · lézarde · scissure · sillon · **2 - faiblesse** · faille · lacune

fissurer *v.tr.* · craqueler · crevasser · fêler · fendiller · fendre · lézarder

fiston *n.m.* → **fils**

fixation *n.f.* **1 - accrochage** · amarrage · arrimage · collage · cloutage · rivetage · vissage · scellement · sertissage · suspension · **2 - ancrage** · établissement · implantation · sédentarisation · **3 - attache** · **4 - détermination** · arrêt · définition · délimitation · établissement · mise au point · **5 - obsession** · fixette *fam.*

[1]**fixe** *adj.* **1 - immobile** · figé · **2 - sédentaire** · **3 - inchangé** · inaltérable · immuable · invariable · irrévocable · stable · stationnaire · **4 - régulier** · certain · constant · continu · permanent · persistant · stable · **5 - défini** · arrêté · définitif · déterminé · ferme · réglementé

✦ **idée fixe** obsession · fixation · fixette *fam.*

[2]**fixe** *n.m.* **1 - salaire** · **2 -** [fam.] **injection** · piqûre · shoot *fam.*

fixé, e *adj.* **1 - décidé** · arrêté · **2 - convenu** · dit

fixement *adv.* · intensément

fixer *v.tr.*

I 1 - immobiliser · amarrer · ancrer · arrêter · arrimer · assujettir · assurer · attacher · caler · maintenir · pendre · retenir · suspendre · **2 - assembler** · boulonner · caser · clouer · coincer · coller · cheviller · cramponner · enchâsser · épingler · lier · nouer · river · riveter · sceller · sertir · visser · **3 - retenir** · ancrer ·

enraciner · ficher · graver · imprimer · planter · **4 - sédentariser** · ancrer · établir · implanter · **5 - stabiliser** · arrêter · asseoir
II observer · dévisager · examiner · regarder avec insistance · scruter
III 1 - décider · arrêter · conclure · se mettre d'accord sur · **2 - délimiter** · définir · déterminer · établir · formuler · poser · préciser · régler · réglementer · **3 - assigner** · indiquer · marquer · prescrire · spécifier
IV [qqn sur] **renseigner** · éclairer · édifier · informer · instruire · mettre au fait · mettre au courant · mettre au parfum *fam.* · rancarder *fam.*

»» **se fixer** *v.pron.* **1 - s'implanter** · s'établir · s'installer · prendre pied · **2 - s'ancrer** · se cristalliser · s'imprimer

✦ **se fixer de** se proposer de · s'imposer de · se donner comme but, objectif de
✦ **se fixer sur** choisir · se décider pour · opter pour

fixer (se) *v.pron.* · se shooter

fixité *n.f.* **1 - immobilité** · **2 - constance** · continuité · immuabilité · immutabilité · invariabilité · permanence · stabilité

flacon *n.m.* · bouteille · fiole · burette · flasque · gourde · [de parfum] atomiseur · vaporisateur

flagada *adj.* → **fatigué**

flagellation *n.f.* · fustigation · fouet

flageller *v.tr.* **1 - fouetter** · cingler · cravacher · fustiger · battre · fouailler *littér.* · **2 - blâmer** · critiquer · fustiger · stigmatiser
❧ **fouetter**

flageoler *v. intr.* · chanceler · tituber · trembler · vaciller

flageolet *n.m.* → **haricot**

flagorner *v.tr.* → **flatter**

flagorneur, -euse *n. et adj.* → **flatteur**

flagrant, e *adj.* **certain** · aveuglant · criant · éclatant · évident · hurlant · incontestable · indéniable · indiscutable · indubitable · manifeste · notoire · ostensible · patent · visible

✦ **c'est flagrant** ça se voit comme le nez au milieu de la figure · il faudrait être aveugle pour ne pas le voir
✦ **flagrant délit** flag *argot*

flair *n.m.* **1 - odorat** · **2 - clairvoyance** · discernement · instinct · intuition · perspicacité · sagacité · nez *fam.*

✦ **avoir du flair** avoir de l'intuition · avoir du nez *fam.* · avoir le nez creux, fin *fam.*

flairer *v.tr.* **1 - humer** · sentir · renifler · prendre le vent · **2 - deviner** · repérer · pressentir · prévoir · sentir · soupçonner · subodorer · se douter de

flambant, e *adj.* · ardent · brûlant

flambeau *n.m.* **1 - torche** · bougie · brandon · **2 - chandelier** · candélabre · torchère · **3 - guide** · lumière · phare

flambée *n.f.* **1 - feu** · **2 - bouffée** · crise · explosion · poussée · **3 - augmentation** · envol · escalade

flamber

▪ *v.intr.* **1 - brûler** · se consumer · s'enflammer · **2 - étinceler** · briller · flamboyer · scintiller · **3 - augmenter** · s'envoler · grimper · atteindre des sommets

■ *v.tr.* **dépenser** · claquer *fam.* · croquer *fam.* · dévorer · dilapider · dissiper · engloutir · gaspiller · manger

flamboiement *n.m.* · éclat · ardeur · brillant · chatoiement · embrasement · feu · lumière · luminosité · scintillement

flamboyant, e *adj.* 1 - **brillant** · brasillant · éclatant · étincelant · resplendissant · rutilant · scintillant · 2 - **ardent** · brûlant

flamboyer *v. intr.* 1 - **brûler** · flamber · 2 - **briller** · étinceler · rayonner · resplendir · rutiler · scintiller

flamme *n.f.*
I **feu** · flammèche · flammerole
II 1 - **éclat** · clarté · éclair · feu · lueur · lumière · 2 - **ardeur** · animation · chaleur · élan · éloquence · exaltation · excitation · ferveur · feu · fièvre · fougue · zèle · 3 - **amour** · désir · passion
III **banderole** · bannière · drapeau · fanion · oriflamme

››› **flammes** *plur.* **incendie** · feu · sinistre

flammèche *n.f.* · étincelle · brandon

flanc *n.m.* 1 - **côté** · aile · bord · pan · versant · travers · 2 - [vieux] **entrailles** · sein

✦ **prêter le flanc à** donner prise à · s'exposer à · être vulnérable à · s'offrir en pâture à

flancher *v. intr.* · faiblir · abandonner · caler · céder · lâcher pied · mollir · plier · reculer · craquer *fam.* · se dégonfler *fam.*

flâner *v. intr.* 1 - **se promener** · aller le nez au vent · déambuler · errer · se balader *fam.* · baguenauder *fam.* · battre le pavé *fam.* · vadrouiller *fam.* · muser *littér.* · musarder *littér.* · 2 - **paresser** · s'amuser · traîner · flemmarder *fam.* · lambiner *fam.* · lanterner *littér.*

flânerie *n.f.* · promenade · vagabondage · balade *fam.* · errance *littér.*

flâneur, -euse *n. et adj.* 1 - **promeneur** · badaud · curieux · passant · 2 - **oisif** · musard *fam., vieilli*

[1]**flanquer** *v.tr.* 1 - **escorter** · accompagner · 2 - **couvrir** · garantir · protéger · 3 - **encadrer** · border

[2]**flanquer** *v.tr.* [fam.] → **donner**

✦ **flanquer à la porte** → **congédier**

flapi, e *adj.* → **fatigué**

flaque *n.f.* · mare · flache *région.*

flash *n.m.* 1 - **éclair** · 2 - **illumination** · tilt · 3 - **message** · bulletin d'information · spot

flash-back *n.m.* · retour en arrière · rétrospective *Québec*

[1]**flasque** *adj.* 1 - **mou** · avachi · mollasse · ramolli · 2 - **inconsistant** · amorphe · atone · inerte · lâche

[2]**flasque** *n.f.* → **flacon**

flatter *v.tr.*
I 1 - **complimenter** · honorer · 2 - **louer** · aduler · cajoler · caresser · courtiser · encenser · chatouiller l'amour-propre de · faire des courbettes à · lancer des fleurs à *fam.* · flagorner *littér.* · louanger *littér.* · faire de la lèche à *fam.* · lécher les bottes de *fam.* · lécher le cul de *très fam.* · passer la main dans le dos à *fam.* · passer de la pommade à *fam.* · passer la brosse à reluire à *fam.* · 3 - [vieux] **abuser** · mentir à · berner · leurrer
II **avantager** · embellir · idéaliser

III 1 - charmer · délecter · plaire à · faire plaisir à · **2 - caresser** · amadouer · cajoler · câliner · **3 - chatouiller** · exciter · **4 - encourager** · entretenir · favoriser

⋙ **se flatter de** *v.pron.* **1 - prétendre** · compter · espérer · penser · aimer à croire · se faire fort de · se piquer de · se targuer de · se vanter de · **2 - se glorifier de** · s'enorgueillir de · se prévaloir de · se gargariser de

❧ **caresser**

flatterie *n.f.* · compliment · hommage · louange · [péj.] courtisanerie · courbettes · coups d'encensoir · flagornerie · pommade *fam.* · lèche *fam.*

flatteur, -euse

▪ *n.* · complimenteur · courtisan · encenseur · flagorneur *littér.* · génuflecteur *littér.* · thuriféraire *littér.* · lèche-botte *fam.* · lèche-cul *fam.* · lécheur *fam.* · frotte-manche *fam., Belgique* · louangeur *vieilli*

▪ *adj.* **1 - élogieux** · avantageux · laudatif · obligeant · **2 - hypocrite** · complaisant · obséquieux · patelin · complimenteur *littér.* · **3 - seyant** · séduisant

flatuosité *n.f.* **1 - gaz** · pet · vent · **2 - flatulence**

fléau *n.m.* **1 - calamité** · catastrophe · désastre · malheur · plaie · **2 - battoir**

❧ **calamité**

flèche *n.f.* **1 - pointe** · carreau · dard · matras · trait · **2 - sarcasme** · pointe · quolibet · raillerie · trait · brocard *littér.* · lazzi *littér.*

flécher *v.tr.* · baliser · jalonner · marquer · signaliser

fléchir

▪ *v.intr.* **1 - se courber** · s'arquer · gauchir · s'incurver · s'infléchir · **2 - décliner** · baisser · diminuer · faiblir · reculer · **3 - faiblir** · chanceler · mollir · vaciller · lâcher pied · céder · désarmer · flancher *fam.* · **4 - se soumettre** · capituler · céder · s'incliner · plier · se laisser gagner, vaincre

▪ *v.tr.* **1 - émouvoir** · apitoyer · adoucir · attendrir · désarmer · ébranler · faire céder · gagner · toucher · se concilier · gagner à sa cause · **2 - plier** · courber · incliner · ployer · recourber

fléchissement *n.m.* **1 - abaissement** · baisse · diminution · infléchissement · recul · **2 - flexion** · courbure · inclination · **3 - relâchement** · abandon · renoncement

flegmatique *adj.* **1 - détaché** · calme · décontracté · froid · impassible · imperturbable · maître de soi · placide · posé · serein · tranquille · **2 - paresseux** · lymphatique

flegmatiquement *adv.* · calmement · impassiblement · imperturbablement · placidement

flegme *n.m.* · calme · décontraction · détachement · froideur · impassibilité · imperturbabilité · indifférence · maîtrise de soi · patience · placidité · sang-froid · sérénité · tranquillité

flemmard, e *adj. et n.* → **paresseux**

flemmarder *v. intr.* → **paresser**

flemmardise *n.f.* → **paresse**

flemme *n.f.* → **paresse**

flétri, e *adj.* · fané · avachi · défraîchi · flasque · fripé · ridé · décati *fam.*

❧ **fané**

flétrir *v.tr.* **1 - faner** · dessécher · sécher · **2 - rider** · friper · marquer · ravager · **3 - défraîchir** · altérer · décolorer · faner · gâter · ternir · **4 - entacher** · déshonorer · salir · souiller · ternir

»» **se flétrir** *v.pron.* **1 - se rider** · se chiffonner · se friper · se parcheminer · se ratatiner · **2 - se ternir** · s'altérer · se décolorer · se faner · passer

[1]**flétrissure** *n.f.* **1 - défloraison** · **2 - dessèchement**

[2]**flétrissure** *n.f.* · souillure · avilissement · déshonneur · honte · infamie · marque (infamante) · tache · tare · opprobre *littér.* · stigmate *littér.*

fleur *n.f.* **1 - élite** · fleuron · crème *fam.* · gratin *fam.* · **2 - beauté** · charme · éclat · fraîcheur

✦ **fleur bleue** sentimental · romantique

fleurer *v.tr.* · exhaler · embaumer · sentir

fleuri, e *adj.* **1 - en fleur** · **2 - coloré** · florissant · frais · vermeil · vif · **3 - orné** · brillant · élégant · flamboyant · recherché · **4 - boutonneux** · bourgeonnant

fleurir *v.intr.* **1 - éclore** · s'épanouir · **2 - bourgeonner** · **3 - être florissant** · briller · croître · se développer · s'épanouir · grandir · prospérer · **4 - orner** · émailler

fleuriste *n.* **1 - horticulteur** · **2 - marchand de fleurs** · bouquetière

fleuve *n.m.* **1 - cours d'eau** · rivière · **2 - flot** · déluge · torrent · **3 -** [en apposition] **interminable** · sans fin

fleuve, rivière

Fleuve et **rivière** désignent tous deux des cours d'eau naturels. Le **fleuve** se caractérise par le nombre important de ses affluents, sa largeur, son débit et par son embouchure dans la mer *(la Loire et la Garonne, fleuves français).* La **rivière**, moins importante, se jette dans un fleuve, dans la mer ou dans un lac ; elle est distincte du *ruisseau* et du *torrent.* **Fleuve** et **rivière** acceptent les mêmes contextes *(la vallée, le lit, les méandres, la crue, etc., d'un fleuve* ou *d'une rivière ; un fleuve, une rivière navigable).* Cependant on parle seulement de *poisson de rivière, de sable de rivière* et seul **fleuve** s'emploie par figure à propos de ce qui présente un cours régulier *(le fleuve de la vie, du temps).*

flexibilité *n.f.* **1 - élasticité** · souplesse · **2 - docilité** · malléabilité · souplesse

flexible *adj.* **1 - élastique** · plastique · pliable · pliant · souple · **2 - accommodant** · docile · malléable · maniable · souple · **3 - modulable** · aménagé · aménageable · souple · à la carte

souple

flexion *n.f.* **1 - fléchissement** · courbure · **2 - désinence** · conjugaison · déclinaison

flibustier *n.m.* **1 - pirate** · boucanier · corsaire · écumeur de mer · **2 - escroc** · bandit · filou

flic *n.m.* → **policier**

flingue *n.m.* → **revolver**

flinguer *v.tr.* → **tuer**

flipper *v. intr.* → **déprimer**

flirt *n.m.* **1 - amourette** · caprice · histoire · idylle · passade · tocade ·

béguin *fam.* · **2** – [vieilli] **amoureux** · amoureuse · chéri(e) · petit(e) ami(e) · copain *fam.* · copine *fam.*

flirter *v. intr.*

✦ **flirter avec** **1 – courtiser** · sortir avec · avoir une histoire avec · **2 – approcher** · friser · frôler · se rapprocher de

flopée *n.f.* → **multitude**

floraison *n.f.* · fleurissement · anthèse · éclosion · épanouissement

flore *n.f.* · végétation

florilège *n.m.* · anthologie · extraits · morceaux choisis · recueil · best of *fam.* · chrestomathie *littér.* · spicilège *littér.*

florissant, e *adj.* **1 – épanoui** · coloré · fleuri · rayonnant · rebondi · **2 – très bon** · éclatant · resplendissant · splendide · **3 – prospère** · riche · en pleine expansion · plein de vitalité

flot *n.m.* **1 – courant** · flux · marée · **2 – écoulement** · cours · **3 – débordement** · débauche · déluge · torrent · **4 – affluence** · afflux · foule · marée · multitude · nuée · flopée *fam.*

✦ **remettre à flot** renflouer · rétablir

⋙ **flots** *plur.* **mer** · océan · lames · vagues · onde *littér.*

❧ **vague**

flottant, e *adj.*

I 1 – mobile · **2 – dénoué** · libre · épars · **3 – ample** · flou · lâche · ondoyant · ondulant · vague

II 1 – fluctuant · instable · variable · **2 – hésitant** · fluctuant · incertain · inconstant · indécis · indéterminé · instable · irrésolu · mobile · mouvant · velléitaire

flotte *n.f.* **1 – force navale** · marine · **2 – escadre** · armada · flottille · **3 – parc (automobile)**

flottement *n.m.* **1 – balancement** · agitation · ondulation · **2 – hésitation** · doute · incertitude · indécision · tâtonnement · **3 – fluctuation**

flotter *v.intr.* **1 – surnager** · nager · **2 – onduler** · battre · claquer · ondoyer · voler · voleter · voltiger · **3 – hésiter** · balancer · osciller

flotteur *n.m.* · bouchon · bouée

flou, e

▪ *adj.* **1 – brouillé** · brumeux · effacé · flouté · indistinct · nébuleux · noyé · trouble · vaporeux · **2 – flottant** · ample · lâche · large · vague · **3 – imprécis** · incertain · fumeux · nébuleux · vague

▪ *n.m.* **imprécision**

flouer *v.tr.* · tromper · berner · duper · escroquer · leurrer · posséder *fam.* · refaire *fam.* · rouler *fam.*

fluctuant, e *adj.* **1 – incertain** · flottant · hésitant · indécis · indéterminé · irrésolu · **2 – changeant** · flottant · inconstant · instable · mobile · mouvant · variable

fluctuations *n.f.pl.* · variations · changement · mobilité · mouvement · oscillation · turbulence

fluctuer *v. intr.* **1 – changer** · évoluer · se modifier · se transformer · varier · **2 – se balancer** · flotter

fluet, -ette *adj.* · menu · délicat · faible · gracile · grêle · maigre · mince

fluide

■ *adj.* 1 - **liquide** · 2 - **aisé** · coulant · clair · délié · limpide · souple · 3 - [péj.] **inconsistant** · flottant · fluctuant · indécis · insaisissable · mouvant

■ *n.m.* 1 - **liquide** · 2 - **force** · courant · émanation · flux · influence · influx · magnétisme · onde · radiation · rayonnement

fluidifier *v.tr.* · éclaircir · allonger · désépaissir · étendre

fluidité *n.f.* · aisance · clarté · limpidité

fluo *adj.* → **fluorescent**

fluor *n.m.* · fluorine · apatite · cryolithe · topaze

fluorescence *n.f.* · luminescence · phosphorescence · photoluminescence

fluorescent, e *adj.* · luminescent · phosphorescent · fluo *fam.*

flûte *n.f.* 1 - **chalumeau** · fifre · flageolet · flûtiau · mirliton · piccolo · 2 - [fam.] → **jambe**

✦ **flûte de Pan** syrinx

flux *n.m.* 1 - **écoulement** · émission · évacuation · 2 - **abondance** · affluence · afflux · débauche · débordement · déferlement · déluge · flot · profusion · surabondance · torrent · 3 - **mouvement** · balancement · agitation

foc *n.m.* · génois · inter · tourmentin

focaliser *v.tr.* · concentrer

fœtus *n.m.* · embryon

❧ **embryon**

foi *n.f.* 1 - **croyance** · conviction · 2 - **religion** · confession · culte · dogme · église · 3 - **confiance** · crédit · 4 - **conscience** · honneur · loyauté · probité · sincérité

✦ **mauvaise foi** déloyauté · duplicité · fausseté · malhonnêteté · perfidie · tromperie

✦ **bonne foi** droiture · franchise · honnêteté · loyauté · sincérité

✦ **de bonne foi** en conscience · sincèrement

✦ **sur la foi de** 1 - **sur le témoignage de** · 2 - **sur l'autorité de** · sur la créance de

✦ **faire foi** prouver · démontrer · témoigner

✦ **avoir foi en** se fier à · avoir confiance en · compter sur · croire en

✦ **sans foi ni loi** amoral · immoral · irréligieux · mécréant

❧ **croyance**

foin *n.m.* 1 - **fourrage** · 2 - [fam.] → **tumulte**

foire *n.f.* 1 - **braderie** · 2 - **fête foraine** · kermesse · ducasse *Belgique, Nord* · frairie *Ouest* · 3 - **exposition** · salon

✦ **faire la foire** faire la fête · faire la bombe *fam.* · faire la bringue *fam.* · faire la fiesta *fam.* · faire la java *fam.* · faire la noce *fam.* · faire la nouba *fam.* · faire la teuf *lang. jeunes*

fois *n.f.* **coup** *fam.*

✦ **des fois** parfois · quelquefois · de temps en temps · de temps à autre

✦ **si des fois** si jamais · si par hasard

✦ **à la fois** ensemble · collectivement · conjointement · de conserve · de front · en chœur · en même temps · simultanément

foison *n.f.* **abondance** · foule · kyrielle · masse · multitude · nuée · quantité · flopée *fam.*

✦ **à foison** abondamment · à profusion · en abondance · à gogo *fam.* · en masse *fam.*

foisonnant, e *adj.* · abondant · généreux · riche · surabondant

foisonnement *n.m.* · abondance · fourmillement · pullulement · surabondance

foisonner *v. intr.* **abonder** · fourmiller · grouiller · proliférer · pulluler

✦ **foisonner de, en** regorger de · abonder en

folâtre *adj.* · allègre · badin · enjoué · espiègle · gai · guilleret · léger · plaisant

folâtrer *v. intr.* · s'amuser · batifoler *fam.* · s'ébattre · gambader · jouer · papillonner

folichon, -onne *adj.* · amusant · badin · drôle · gai · léger · réjouissant

folie *n.f.*
I 1 - démence · aliénation · délire · déraison · dérangement · déséquilibre (mental) · égarement · insanité · mégalomanie · monomanie · paranoïa · déglingue *fam.* · dinguerie *fam.* · **2 - égarement** · affolement · aveuglement · emportement · vertige
II 1 - marotte · dada · manie · passion · **2 - caprice** · coup de tête · lubie · toquade · **3 - fantaisie** · bizarrerie · extravagance · **4 - écart de conduite** · escapade · frasque · fredaine · incartade
III aberration · absurdité · bêtise · chimère · connerie *fam.* · divagation · énormité · erreur · idiotie · imbécillité · sottise · stupidité

✦ **à la folie** follement · éperdument · extrêmement · fanatiquement · fiévreusement · frénétiquement · passionnément

folioter *v.tr.* · paginer · numéroter

folklorique *adj.* **1 - traditionnel** · populaire · **2 - pittoresque** · original · folklo *fam.*

follement *adv.* **1 - excessivement** · extrêmement · incroyablement · prodigieusement · très · vachement *fam.* · super *lang. jeunes* · **2 - éperdument** · passionnément · à la folie · **3 - inconsidérément**

follet *adj.m.*

✦ **feu follet** flammerole · furole *région.*

fomentateur, -trice *n.* · fauteur (de troubles) · agitateur · fomenteur · provocateur

fomenter *v.tr.* · allumer · causer · faire naître · provoquer · susciter

foncé, e *adj.* **1 - sombre** · obscur · profond · **2 - brun** · basané · bistre · mat

foncer

▪ *v.tr.* **assombrir** · bronzer · brunir

▪ *v.intr.* **1 - → courir** · **2 - → se dépêcher**

✦ **foncer sur** charger · assaillir · attaquer · bondir sur · s'élancer sur · fondre sur · poursuivre · se précipiter sur · se ruer sur · sauter sur

foncier, -ière *adj.* **1 - terrien** · **2 - constitutif** · essentiel · fondamental · inné · naturel

foncièrement *adv.* • fondamentalement • intrinsèquement • profondément

fonction *n.f.* **1 - activité** • charge • devoir • mandat • mission • occupation • office • rôle • service • tâche • travail • **2 - situation** • emploi • état • métier • place • poste • profession • **3 - pouvoir** • attribution • compétence • qualité • **4 - utilité** • rôle

✦ **en fonction de** selon • compte tenu de • par rapport à • relativement à

✦ **être fonction de** dépendre de

✦ **faire fonction de** servir de • faire office de • remplacer • tenir lieu de

fonctionnaire *n.* • agent public • agent de l'État • bureaucrate *péj.* • rond-de-cuir *péj.*

fonctionnel, -elle *adj.* • pratique • commode • utilitaire

fonctionnement *n.m.* **1 - action** • activité • marche • service • travail • **2 - processus** • mécanisme • organisation • rouage

fonctionner *v. intr.* **aller** • marcher • travailler • tourner rond *fam.* • carburer *fam.*

✦ **faire fonctionner** actionner • faire agir • allumer • manœuvrer • mouvoir • remuer

✦ **mal fonctionner** se coincer • se déranger • se détraquer

fond *n.m.*

I 1 - profondeurs • tréfonds *littér.* • **2 - bas** • base • cul • culot • fondement

II 1 - bout • extrémité • fin • **2 - arrière-plan** • lointain

III 1 - contenu • idée • matière • substance • substrat • sujet • thème • **2 - cœur** • nœud • **3 - canevas** • intrigue • trame

✦ **à fond** **1 - jusqu'au bout** • à bloc *fam.* • à mort *fam.* • à donf *lang. jeunes* • **2 -** • absolument • foncièrement • profondément • tout à fait • **3 - parfaitement** • sur le bout des doigts *fam.* • comme sa poche *fam.*

✦ **à fond de train** à toute vitesse • en toute hâte • précipitamment • à bride abattue • en quatrième vitesse • à fond la caisse *fam.* • à fond les manettes *fam.* • à donf *lang. jeunes* • à toute pompe *fam.* • à tout berzingue *fam.* • sur les chapeaux de roue *fam.*

✦ **au fond, dans le fond** en réalité • en fait • en définitive • après tout • au demeurant • au reste • d'ailleurs • du reste

✦ **de fond en comble** **1 - du haut en bas** • de la cave au grenier • **2 - complètement** • entièrement • intégralement • totalement

fondamental, e *adj.* **1 - essentiel** • constitutif • basal • **2 - élémentaire** • primaire • premier • rudimentaire • basique *fam.* • **3 - capital** • central • crucial • déterminant • dominant • primordial • principal • vital • **4 - radical** • foncier

fondamentalement *adv.* • essentiellement • foncièrement • radicalement • totalement

fondamentaliste *adj.* • conservateur • intégriste • extrémiste

fondant, e *adj.* • moelleux • tendre

fondateur, -trice *n.* • créateur • auteur • bâtisseur • mère • père

fondation *n.f.* **1 - institution** • **2 - constitution** • création • édification • érection • établissement • formation • instauration • **3 -** [*généralement au plur.*] **assise** • armature • assiette • base • charpente • fondement • infrastructure • soubassement • sous-œuvre • substruction

fondé, e *adj.* **justifié** · légitime · motivé · recevable · valable

✦ **être fondé à** être en droit de · avoir de bonnes raisons pour

fondement *n.m.* **1 - cause** · condition · consistance · justification · motif · objet · raison · sujet · **2 - principe** · origine · source · **3 -** [généralement au plur.] **base** · assiette · assise · fondations · infrastructure · soubassement

✦ **sans fondement** injustifié · infondé

fonder *v.tr.* **1 - bâtir** · construire · créer · édifier · élever · ériger · établir · instaurer · **2 - constituer** · établir · former · instituer · ouvrir · **3 - appuyer** · asseoir · baser · échafauder · établir · faire reposer · **4 - justifier** · appuyer · motiver

⋙ **se fonder sur** *v.pron.* **s'appuyer sur** · compter sur · se baser sur *fam.*

fonderie *n.f.* · aciérie · forge · haut fourneau · fonte

fondre

▪ *v.tr.* **1 - liquéfier** · délayer · dissoudre · **2 - couler** · mouler · **3 - amalgamer** · fusionner · grouper · incorporer · mélanger · mêler · refondre · réunir · unir · **4 - atténuer** · adoucir · estomper

▪ *v.intr.* **1 - se désagréger** · se dissoudre · se liquéfier · **2 - disparaître** · s'anéantir · se dissiper · s'évanouir · se volatiliser · **3 - maigrir** · **4 - s'émouvoir** · s'attendrir · craquer *fam.*

✦ **fondre sur s'abattre sur** · assaillir · attaquer · s'élancer sur · se jeter sur · se lancer sur · piquer sur · se précipiter sur · se ruer sur · sauter sur · tomber sur

⋙ **se fondre** *v.pron.* **1 - s'estomper** · s'évanouir · disparaître · se réduire · **2 - se confondre** · se mêler · se rejoindre

fondrière *n.f.* · trou · crevasse · nid-de-poule · ornière

fonds *n.m.* **1 - propriété** · foncier · **2 - magasin** · boutique · débit · établissement · exploitation · **3 -** [au plur.] **argent** · bien · capital · espèces · finances · moyens · ressources · somme

✦ **fonds publics** deniers publics · caisses de l'État

✦ **mise de fonds** investissement · avance · participation · placement

fondu, e *adj.* **1 - flou** · imprécis · incertain · vaporeux · **2 -** [fam.] → **fan**

fonte *n.f.* **liquéfaction** · fusion · liquation

✦ **fonte des neiges, des glaces** débâcle

football *n.m.* · foot · ballon rond

footing *n.m.* · jogging · course

forain, e

▪ *adj.* **ambulant** · itinérant

▪ *n.m.* **1 - camelot** · colporteur · **2 - saltimbanque**

forban *n.m.* **1 - pirate** · boucanier · écumeur de mer · flibustier · **2 -** [littér.] **voleur** · bandit · brigand · pirate

forçat *n.m.* · bagnard · galérien

force *n.f.*

I 1 - vigueur · résistance · robustesse · solidité · **2 - intensité** · constance · profondeur · violence · vivacité · [du vent] vitesse · **3 - véhémence** · ardeur · éloquence · feu · vigueur

II 1 - qualité · habileté · mérite · talent · valeur · **2 - capacité** · faculté · possibilité

III 1 - **niveau** · difficulté · 2 - **portée** · importance · influence · valeur
IV 1 - **impulsion** · dynamisme · nerf · ressort · souffle · vitalité · 2 - **efficacité** · action · activité · effet · puissance · rendement · travail
V 1 - **contrainte** · pression · violence · 2 - **nécessité** · obligation
+ **forces (armées)** armée · soldats · troupes
+ **force d'âme, de caractère** énergie · courage · détermination · fermeté · volonté · cran *fam.*
+ **force publique, forces de l'ordre** gendarmerie · police
+ **à toute force** à tout prix · absolument · coûte que coûte
+ **à force de** avec beaucoup de · à coup de
+ **sans force** 1 - **sans consistance** · sans profondeur · 2 - **épuisé** · flagada *fam.* · flapi *fam.* · ramollo *fam.*
+ **de force à** de taille à · capable de · susceptible de
+ **par la force des choses** nécessairement · inévitablement · obligatoirement
+ **prendre de force** 1 - **arracher** · extorquer · 2 - **violenter** · violer

forcé, e *adj.*
I 1 - **obligatoire** · nécessaire · 2 - **inévitable** · automatique · évident · fatal · immanquable · logique · obligé · 3 - **involontaire** · non prévu
II 1 - **affecté** · artificiel · contraint · embarrassé · d'emprunt · étudié · factice · faux · 2 - **outré** · exagéré · excessif

forcément *adv.* · inévitablement · immanquablement · évidemment · fatalement · inéluctablement · logiquement · nécessairement · obligatoirement · automatiquement *fam.*

forcené, e
■ *adj.* 1 - **fou** · déraisonnable · insensé · 2 - **acharné** · enragé · frénétique · furibond · furieux · infernal · passionné
■ *n.* **désespéré** · énergumène

forcer *v.tr.*
I 1 - **briser** · crocheter · enfoncer · fracturer · ouvrir · rompre · 2 - **violenter** · violer · 3 - **épuiser** · fatiguer · claquer *fam.* · crever *fam.*
II **s'attirer** · acquérir · gagner
III 1 - **augmenter** · hausser · monter · pousser · 2 - **exagérer** · accentuer · charger · grossir · outrer · 3 - **altérer** · contourner · déformer · dénaturer · détourner · solliciter · torturer
IV [qqn à] **obliger** · astreindre · acculer · condamner · contraindre · entraîner · pousser · réduire
››› **se forcer** *v.pron.* 1 - **se contraindre** · se dominer · se faire violence · 2 - **s'obliger** · s'imposer
~ **obliger**

forcir *v.intr.* 1 - **se fortifier** · se développer · grandir · 2 - **s'élargir** · s'alourdir · engraisser · épaissir · grossir

forer *v.tr.* · percer · creuser

forestier, -ière *adj.* · sylvestre · sylvicole

foret *n.m.* · vrille · fraise · vilebrequin

forêt *n.f.* 1 - **bois** · futaie · plantation · 2 - **labyrinthe** · dédale · écheveau · enchevêtrement · jungle · lacis · maquis · méandres · 3 - **multitude** · foule · kyrielle · nuée · quantité · flopée *fam.*

[1]**forfait** *n.m.* · crime · faute

²**forfait** *n.m.* **abandon** · dédit
✦ **déclarer forfait** abandonner · renoncer · jeter l'éponge *fam.*

³**forfait** *n.m.* · abonnement

forfanterie *n.f.* · vantardise · bravade · fanfaronnade · rodomontade · gasconnade *littér.* · hâblerie *littér.* · crânerie *vieilli*

forgé, e *adj.* · inventé · faux · monté de toutes pièces · controuvé *littér.*

forger *v.tr.* **1 - battre** · bigorner · corroyer · **2 - construire** · fabriquer · faire · façonner · produire · **3 - constituer** · établir · fonder · former · monter · **4 - inventer** · imaginer · monter de toutes pièces · trouver

for intérieur *n.m.*
✦ **dans son for intérieur** au fond de lui-même · dans le secret de sa pensée

formalisation *n.f.* · modélisation · axiomatisation · mathématisation

formaliser (se) *v.pron.* · s'offenser · se choquer · se fâcher · se hérisser · s'offusquer · se piquer · se scandaliser · se vexer

formaliser *v.tr.* · modéliser · axiomatiser · mathématiser

formalisme *n.m.* **1 - légalisme** · juridisme · **2 - structuralisme**

formaliste *adj.* **1 - cérémonieux** · conventionnel · formel · protocolaire · traditionaliste · **2 - scrupuleux** · maniaque · pointilleux · tatillon · vétilleux *littér.*

formalité *n.f.* **démarche** · procédure · règle
✦ **sans autre formalité** sans autre forme de procès · sans plus de façons · sans se gêner · sans mettre de gants *fam.*

⋙ **formalités** *plur.* **cérémonial** · cérémonie · étiquette · usages

format *n.m.* **1 - gabarit** · calibre · dimension · taille · **2 - importance** · acabit · carrure · envergure

formateur, -trice *adj.* · instructif · éducatif · enrichissant

formation *n.f.*
I 1 - création · composition · constitution · élaboration · fondation · genèse · institution · organisation · préparation · **2 - apparition** · naissance · développement · production · **3 - développement** · croissance · évolution · puberté
II groupe · groupement · organisation · parti · unité • [Sport] équipe • [Milit.] détachement · troupe
III 1 - apprentissage · éducation · instruction · **2 - connaissances** · bagage · culture · éducation
IV orchestre · ensemble · groupe

forme *n.f.*
I 1 - apparence · allure · aspect · configuration · conformation · contour · dehors · disposition · extérieur · figure · morphologie · **2 - tracé** · contour · délinéament · dessin · galbe · ligne · modelé · relief · **3 - apparition** · ombre · vision · silhouette
II santé · équilibre · état (physique, psychologique)
III 1 - sorte · catégorie · espèce · genre · mode · type · variété · **2 - façon** · arrangement · coupe · structure · style
IV tournure · évolution
V gabarit · matrice · modèle · moule · patron

VI expression · formulation · style · ton · tour · tournure

✦ **en forme** (frais et) dispos · en train · plein d'allant · d'attaque *fam.* · pêchu *fam.*

✦ **avoir la forme** avoir la frite *fam.* · avoir la patate *fam.* · avoir la pêche *fam.* · être au top *fam.* · péter le feu *fam.*

»» **formes** *plur.* **1** – [d'une femme] **rondeurs** · plastique · **2 – usages** · (bonnes) manières · cérémonial · étiquette · protocole · règles

✦ **en bonne et due forme, dans les formes** en règle

formé, e *adj.* · nubile · pubère

formel, -elle *adj.* **1 – catégorique** · absolu · clair · explicite · exprès · net · précis · **2 – assuré** · certain · évident · flagrant · incontestable · indéniable · indiscutable · indubitable · irréfutable · manifeste · prononcé · sûr · **3 – conventionnel** · cérémonieux · formaliste · protocolaire · traditionaliste · **4** – [péj.] **de pure forme** · de principe · platonique · théorique *péj.* · **5 – structurel**

formellement *adv.* **1 – sans équivoque** · clairement · explicitement · nettement · bien · certainement · **2 – catégoriquement** · absolument · expressément · rigoureusement

former *v.tr.*
I 1 – créer · fabriquer · façonner · faire · modeler • [une association] constituer · établir · fonder · instituer • [une argumentation] articuler · bâtir · construire · **2 – déterminer** · causer · engendrer · produire · **3 – composer** · constituer · **4** – [des lettres] **calligraphier** · dessiner · écrire · tracer · **5 – concevoir** · élaborer · forger · imaginer · nourrir · **6 – émettre** · énoncer · exposer · exprimer · formuler · présenter
II 1 – cultiver · éduquer · élever · instruire · préparer · **2 – assouplir** · discipliner · dresser · entraîner · habituer

»» **se former** *v.pron.* **1 – apparaître** · se constituer · se créer · se développer · naître · se nouer · **2 – s'instruire** · apprendre son métier · **3 – s'améliorer** · se parfaire · se perfectionner · **4** – [chaussures] **s'assouplir** · se faire

formidable *adj.* **1 – sensationnel** · extraordinaire · fantastique · cool *lang. jeunes* · dément *fam.* · du tonnerre *fam.* · épatant *fam.* · fabuleux *fam.* · fumant *fam.* · géant *fam.* · génial *fam.* · sensass *fam.* · super *fam.* · **2 – étonnant** · prodigieux · renversant · stupéfiant · beau *fam.* · fumant *fam.* · marrant *fam.* · **3 – considérable** · énorme · gigantesque · imposant · **4 – effrayant** · épouvantable · redoutable · terrible *fam.*

formidablement *adv.* · énormément · colossalement · excessivement · extraordinairement · extrêmement · fabuleusement · gigantesquement · phénoménalement · prodigieusement · redoutablement · terriblement

formulaire *n.m.* · imprimé · bordereau · questionnaire

formulation *n.f.* · expression · énonciation · style · tour · tournure

formule *n.f.* **1 – énoncé** · expression · locution · paroles · phrase · tournure · intitulé · libellé • [sage] aphorisme · précepte · proverbe · sentence • [Pol.] slogan · **2 – moyen** · astuce · méthode · mode · procédé · système · technique · solution · remède · truc *fam.*

formuler *v.tr.* · énoncer · émettre · expliciter · exposer · exprimer · présenter · prononcer · mettre des mots sur · oraliser · tourner

fornication *n.f.* · accouplement · coït · copulation · rapport sexuel

forniquer *v.intr.* · s'accoupler · copuler · faire l'amour · baiser *très fam.* · s'envoyer en l'air *fam.*

[1]fort, e *adj.*
I 1 - robuste · athlétique · bien bâti · musclé · puissant · résistant · solide · bien taillé · vigoureux · balèze *fam.* · baraqué *fam.* · costaud *fam.* · **2 - corpulent** · épais · gras · gros · large · massif · obèse · opulent · volumineux · **3 - cartonné** · dur · épais · résistant · rigide · solide
II 1 - intense · puissant · vif · vigoureux · violent · du diable *fam.* • [mal de tête] carabiné *fam.* · soigné *fam.* • [fièvre] de cheval *fam.* · **2 - pénétrant** · tenace · enivrant · fétide · lourd · violent · **3 - corsé** · épicé · piquant · relevé • [café] noir · serré · tassé · **4 - sonore** · claironnant · puissant · retentissant · d'enfer *fam.* · **5 - accusé** · grave · lourd · marqué · prononcé
III 1 - capable · adroit · bon · doué · expérimenté · excellent · ferré · habile · imbattable · intelligent · malin · savant · calé *fam.* · fortiche *fam.* · **2 - résolu** · aguerri · armé · courageux · énergique · ferme · tenace · trempé
IV 1 - extraordinaire · étonnant · formidable · incroyable · inouï · invraisemblable · stupéfiant · **2 - exagéré** · outré · poussé · fort de café *fam.* · raide *fam.*
V 1 - efficace · énergique · influent · puissant · **2 - autoritaire** · énergique · violent · **3 - convaincant** · décisif · efficace · **4 - invincible** · irrésistible

✦ **très fort** fort comme un Turc, comme un bœuf, comme un chêne
✦ **homme fort** hercule · armoire à glace *fam.* · balèze *fam.* · costaud *fam.* · malabar *argot*
✦ **fort en gueule** braillard · gueulard *fam.*
✦ **forte tête** insoumis · contestataire · frondeur · rebelle
✦ **se faire fort de** se flatter de · se piquer de · se targuer de · se vanter de

fort, vigoureux, robuste

Fort apparaît dans des contextes très variés, qualifiant ce qui agit efficacement ou beaucoup *(une croissance, une voix, une odeur forte ; un café fort)* et ce qui est capable de supporter la souffrance, l'effort, etc. *(une forte constitution, être fort dans les épreuves)*. **Vigoureux** ne recouvre qu'une partie des emplois de **fort** et se dit seulement lorsque la force est considérée sous des aspects actifs, qu'elle agit avec facilité, puissance *(une plante vigoureuse)*, qu'elle est manifeste *(une poignée de main vigoureuse)*, y compris pour des productions intellectuelles *(un discours vigoureux)*. **Robuste** s'applique à ce qui prouve de la vitalité, de l'énergie *(une santé robuste)*, de la force physique *(des épaules robustes)* ou à ce qui se développe dans des conditions difficiles *(un arbre robuste)*.

[2]fort *adv.*
I [manière] **énergiquement** · dur · ferme · fortement · vigoureusement · violemment • [crier, frapper] comme un sourd *fam.* • [applaudir] à tout rompre
II 1 - beaucoup · considérablement · excessivement · extrêmement · fortement · grandement · nettement ·

puissamment · souverainement · vivement · **2 - extrêmement** · bien · tout à fait · très

✦ **y aller fort** [fam.] **exagérer** · abuser · dépasser les limites, les bornes · aller trop loin · ne pas faire dans la dentelle *fam.*

[3]**fort** *n.m.* **1 - spécialité** · domaine · partie · **2 - forteresse** · citadelle · fortification · fortin · place forte · **3 - cœur** · milieu · **4 - puissant**

✦ **fort des halles** porteur · débardeur · déchargeur

fortement *adv.* **1 - vigoureusement** · énergiquement · fort · violemment · **2 - fermement** · solidement · **3 - intensément** · ardemment · farouchement · passionnément · profondément · puissamment · vivement · **4 - beaucoup** · considérablement · grandement · nettement · fort *littér.*

forteresse *n.f.* **1 - citadelle** · château fort · fort · fortin · place forte · **2 - rempart** · mur · bastion · citadelle

fortifiant, e

▪ *adj.* **1 - réconfortant** · revigorant · stimulant · tonifiant · vivifiant · **2 - nutritif** · roboratif

▪ *n.m.* **reconstituant** · analeptique · cordial · tonique · remontant *fam.*

fortification *n.f.* **abri (militaire)** · bastide · bastion · blockhaus · camp retranché · casemate · citadelle · enceinte · fort · forteresse · fortin · place de guerre · redoute · tour

⋙ **fortifications** *plur.* **remparts** · murs · muraille

fortifier *v.tr.* **1 - ragaillardir** · réconforter · remonter · revigorer · tonifier · vivifier · retaper *fam.* · requinquer *fam.* · remettre d'aplomb *fam.* · remettre sur pied *fam.* · **2 - affermir** · durcir · endurcir · retremper · tremper · **3 - conforter** · encourager · **4 - développer** · agrandir · augmenter · confirmer · corroborer · renforcer · **5 - consolider** · appuyer · arc-bouter · étayer · renforcer · soutenir · **6 - armer** · défendre · protéger

fortin *n.m.* · fortification · abri · blockhaus · casemate

fortuit, e *adj.* · accidentel · casuel · contingent · imprévu · inattendu · inopiné

fortuitement *adv.* · accidentellement · inopinément · par hasard

fortune *n.f.*

I 1 - argent · avoir · bien · capital · patrimoine · ressources · richesse · **2 - opulence** · luxe · richesse · **3 - prospérité** · réussite · succès

II 1 - hasard · chance · **2 - destin** · avenir · destinée · sort · vie

✦ **de fortune** improvisé · impromptu · provisoire · [moyens] du bord *fam.*

✦ **faire fortune** s'enrichir · se faire des couilles en or *très fam.*

fortuné, e *adj.* **1 - riche** · aisé · nanti · riche à millions · friqué *fam.* · plein aux as *fam.* · argenté *littér.* · galetteux *fam., vieilli* · **2 - chanceux** · heureux · veinard *fam.* · verni *fam.*

fosse *n.f.* **1 - trou** · boyau · douve · excavation · fossé · tranchée · **2 - tombe** · **3 - gouffre** · abysse · dépression

✦ **fosse d'aisances** lieux d'aisance · latrines · feuillées *(Milit.)*

✦ **fosse commune** charnier

fossé *n.m.* **1 - fosse** · douve · rigole · ruisseau · saut-de-loup ·

tranchée · watergang · **2 – séparation** · abîme · cassure · coupure · distance · écart · gouffre

fossile *adj.* · arriéré · antédiluvien · antique · archaïque · démodé · dépassé · préhistorique · rétrograde · suranné · vieux

fossoyeur *n.m.* [littér.] démolisseur · naufrageur

fou, folle *adj. et n.*
I 1 – déséquilibré · aliéné · caractériel · dément · dérangé · désaxé · hystérique · malade (mental) · névrosé · obsédé · obsessionnel · pervers · phobique · psychotique · maniaque · mélancolique · paranoïaque · psychopathe · schizophrène · **2 –** [péj.] **allumé** *fam.* · atteint *fam.* · azimuté *fam.* · barjo *fam.* · branque *fam.* · branquignol *fam.* · braque *fam.* · brindezingue *fam.* · chtarbé *lang. jeunes* · cinglé *fam.* · cinoque *fam.* · cintré *fam.* · débile *fam.* · déjanté *fam.* · demeuré *fam.* · dérangé *fam.* · détraqué *fam.* · dingo *fam.* · dingue *fam.* · fada *fam.* · fêlé *fam.* · foldingue *fam.* · fondu *fam.* · frappé *fam.* · givré *fam.* · jeté *fam.* · louf *fam.* · loufoque *fam.* · louftingue *fam.* · maboul *fam.* · marteau *fam.* · à la masse *fam.* · ouf *lang. jeunes* · piqué *fam.* · ravagé *fam.* · sinoque *fam.* · siphonné *fam.* · sonné *fam.* · tapé *fam.* · timbré *fam.* · chtarbé *lang. jeunes* · toc-toc *fam.* · toqué *fam.* · tordu *fam.* · zinzin *fam.* · **3 – évaporé** · écervelé · enjoué · étourdi · étourneau · extravagant · excentrique · fantasque · folâtre · foufou · inconscient · lunatique · pétulant · vif · **4 – égaré** · fixe · hagard · halluciné
II passionné · amoureux · engoué · enragé · entiché · fanatique · idolâtre · obsédé · accro *fam.* · dingue *fam.* · fana *fam.* · mordu *fam.*
III 1 – déraisonnable · aberrant · absurde · anormal · bizarre · bouffon · chimérique · dément · excentrique · extravagant · idiot · insensé · irrationnel · saugrenu · farfelu *fam.* · loufoque *fam.* · tordu *fam.* · **2 – dangereux** · hasardé · hasardeux · **3 – déréglé** · capricieux · débridé · déchaîné · désordonné · effréné · vertigineux
IV 1 – énorme · astronomique · excessif · exorbitant · extraordinaire · fabuleux · fantastique · gigantesque · immense · prodigieux · terrible · vertigineux · faramineux *fam.* · **2 – incoercible** · irrépressible · irrésistible · violent

✦ **fou de rage, de colère** furieux · ivre de rage, de colère

✦ **être fou** déraisonner · débloquer *fam.* · déconner *très fam.* · délirer *fam.* · déménager *fam.* · dérailler *fam.* · avoir une case en moins *fam.* · avoir un grain *fam.* · avoir un petit vélo (dans la tête) *fam.* · avoir des papillons dans le compteur *fam.* · avoir une araignée dans le, au plafond *fam.* · ne pas tourner rond *fam.* · yoyoter de la touffe *fam.*

✦ **devenir fou** perdre l'esprit, la raison · perdre la boule *fam.* · perdre le nord *fam.* · péter un câble, une durite, un plomb *fam.* · devenir chèvre *fam.*

✦ **être fou de joie** exulter · jubiler · triompher

foucade *n.f.* · caprice · coup de tête · fantaisie · lubie · toquade

foudre *n.f.* **éclair** · tonnerre · feu du ciel *littér.*

✦ **avoir le coup de foudre pour** craquer pour *fam.* · flasher sur *fam.*

foudroyant, e *adj.* **1 - soudain** · brusque · brutal · fulgurant · subit · **2 - renversant** · terrassant · terrible · violent · **3 - mortel**

foudroyer *v.tr.* **1 - tuer** · faucher · terrasser · **2 - abattre** · accabler · anéantir · annihiler · briser · écraser · détruire · renverser · ruiner · **3 - étonner** · confondre · interdire · méduser · paralyser · pétrifier · saisir · sidérer · stupéfier · tétaniser

fouet *n.m.* **1 - chambrière** · cravache · étrivière · knout · martinet · chat à neuf queues *fam.* · **2 -** [Cuisine] **batteur**

✦ **coup de fouet** aiguillon · excitation · impulsion · stimulation

✦ **donner un coup de fouet à** fortifier · remonter · stimuler

fouetter *v.tr.* **1 - cingler** · cravacher · gifler · sangler · flageller *vieux ou littér.* · fouailler *littér.* · fustiger *vieux* · **2 - aiguillonner** · aiguiser · animer · attiser · éperonner · exciter · stimuler

fouetter, cingler, cravacher, fustiger, flageller

Cet ensemble de verbes a en commun l'idée de frapper avec un objet flexible. Il s'agit de coups de *fouet* ou de verges avec **fouetter** *(fouetter un chien, un enfant ; fouetter jusqu'au sang)* et, dans des contextes plus restreints, avec **flageller** *(le Christ a été flagellé)*. **Fustiger** est sorti d'usage avec cette valeur. **Cravacher** est lié à la pratique du cheval, que l'on frappe avec une *cravache* pour accélérer son allure. On **cingle** quelqu'un, une partie du corps ou un animal avec un fouet, une ceinture, une baguette, une corde, etc. **Cingler**, **flageller** et **fouetter** peuvent avoir pour sujets des éléments naturels comme la pluie, le vent *(la pluie cingle son visage)*, mais **fouetter** connaît des contextes plus variés *(la pluie fouette les vitres)* et **flageller** reste d'usage littéraire *(un fort vent le flagellait)*.

fougasse *n.f.* · fouace · fouée

fougue *n.f.* · impétuosité · allant · ardeur · élan · emballement · emportement · enthousiasme · entrain · exaltation · exubérance · feu · fièvre · flamme · mordant · pétulance · véhémence · violence · vivacité

fougueusement *adv.* · impétueusement · ardemment

fougueux, -euse *adj.* · ardent · bouillant · chaud · emballé · emporté · enflammé · enthousiaste · explosif · exubérant · impétueux · indocile · indompté · pétulant · vaillant · véhément · vif · violent

fouille *n.f.* **1 - perquisition** · inspection · visite · **2 - recherche** · examen

››› **fouilles** *plur.* · excavations · chantier · site

fouiller

▪ *v.tr.* **1 - remuer** · creuser · gratter · retourner · [animal] fouir · **2 - explorer** · examiner · inspecter · scruter · sonder · visiter · passer au peigne fin *fam.* · passer au crible *fam.* · [police] perquisitionner · **3 - approfondir** · analyser · creuser · étudier · examiner · explorer · disséquer *fam.* · éplucher *fam.* · **4 - consulter** · compulser · dépouiller · étudier · examiner · éplucher *fam.* · **5 - travailler** · ciseler · détailler · chiader *très fam.* · fignoler *fam.* · peaufiner *fam.*

▪ *v.intr.* **fouiner** · fureter · farfouiller *fam.* · fourgonner *fam.* · fourrager *fam.* · fourrer son nez partout *fam.* · trifouiller *fam.*

fouiller, fouiner, fureter

Fouiller, fouiner ou fureter, c'est explorer un lieu pour y trouver quelque chose. **Fouiller** a une valeur générale et s'emploie dans des contextes matériels *(fouiller un bois, les poches de quelqu'un)* ou abstraits *(fouiller la vie de quelqu'un)*. **Fouiller** convient aussi quand on déplace ce qui pourrait dissimuler ce que l'on cherche *(fouiller dans les placards)*. **Fouiner** suppose de fouiller méticuleusement dans un but qui peut être positif *(fouiner dans les bibliothèques)*, mais le verbe est plus couramment pris en mauvaise part *(dans quoi es-tu en train de fouiner ?)*. **Fureter** implique que l'on fouille partout indiscrètement avec l'espoir de découvrir quelque chose *(fureter dans tous les coins)*.

fouillis *n.m.* · confusion · désordre · fatras · méli-mélo · pêle-mêle · bazar *fam.* · bordel *fam.* · capharnaüm *fam.* · embrouillamini *fam.* · pagaille *fam.* · souk *fam.*

fouine *n.f.* → **fouineur**

fouiner *v. intr.* · fureter · fouiller · farfouiller *fam.* · fourgonner *fam.* · fourrager *fam.* · fourrer son nez partout *fam.*

fouiller

fouineur, -euse *n.* · fureteur · curieux · fouine · indiscret

foulard *n.m.* **1 - fichu** · carré · madras · pointe · cache-col · cache-cou · cache-nez · écharpe · **2 -** [islamique] **voile** · hidjab

foule *n.f.* **1 - affluence** · attroupement · bousculade · cohue · encombrement · grouillement · monde · presse · **2 - agitation** · animation · **3 - assistance** · assemblée · auditoire · public · [en mouvement] cortège · défilé · troupe · **4 - peuple** · masse · multitude · plèbe · populace *péj.* · populo *fam.* · tourbe *péj.* · troupeau *péj.*

✦ **une foule de** un grand nombre de · une grande quantité de · un amas de · une armada de · une armée de · une collection de · un essaim de · une kyrielle de · une multitude de · une nuée de · une masse de · une flopée de *fam.* · une foultitude de *fam.* · une ribambelle de *fam.* · un tas de *fam.* · une tripotée de *fam.*

✦ **il y a foule** ça se bouscule au portillon *fam.*

foule, affluence, multitude

Foule, **affluence** et **multitude** ont pour point commun de désigner un grand nombre de personnes. On emploie **foule**, terme général, quand ces personnes sont rassemblées en un lieu *(la foule des spectateurs, un mouvement de foule, prendre un bain de foule)*. On choisit **affluence** lorsque cette foule converge vers un même endroit *(les heures d'affluence ; les soldes attirent une grande affluence ; en cas d'affluence)*. **Multitude** est d'usage littéraire et vieilli dans les mêmes contextes que **foule** *(les acclamations de la multitude, fuir la multitude, être perdu au sein de la multitude)*. Par ailleurs, **multitude** a une connotation un peu péjorative pour désigner la masse des individus opposée à une élite intellectuelle ou sociale *(suivre, se démarquer de la multitude)*, valeur qu'a aussi **foule** de manière plus neutre *(se faire remarquer dans la foule, sortir de la foule)*.

foulée *n.f.* · enjambée · pas

fouler *v.tr.* **1 - marcher sur** · **2 - écraser** · presser · [des peaux] apprêter · corroyer

✦ **fouler aux pieds** **1 - piétiner** · **2 - bafouer** · mépriser · piétiner · faire litière de *littér.*

››› **se fouler** *v.pron* **1 - se tordre** · se luxer · **2 -** [fam.] **se donner du mal** · se fatiguer · s'éreinter · se casser *fam.*

foulure *n.f.* · entorse · luxation

four *n.m.* **1 - autoclave** · étuve · **2 - fournaise** · étuve · **3 - échec** · désastre · fiasco · insuccès · bide *fam.* · flop *fam.*

fourbe

■ *adj.* **déloyal** · dissimulé · faux · hypocrite · perfide · rusé · sournois · tortueux · traître · trompeur

■ *n.* **tartufe** · faux-jeton *fam.*

hypocrite

fourberie *n.f.* **1 - duplicité** · déloyauté · dissimulation · fausseté · hypocrisie · perfidie · roublardise · sournoiserie · matoiserie *littér.* · **2 - duperie** · mensonge · tour de passe-passe · ruse · trahison · traîtrise · tromperie · entourloupe *fam.*

fourbi *n.m.* **1 - attirail** · bagage · équipement · barda *fam.* · bastringue *fam.* · bazar *fam.* · saint-frusquin *fam.* · **2 - désordre** · fouillis · bazar *fam.* · bordel *fam.* · capharnaüm *fam.*

fourbir *v.tr.* · astiquer · briquer · frotter · nettoyer · polir

fourbu, e *adj.* · éreinté · brisé · épuisé · exténué · moulu · rompu · claqué *fam.* · crevé *fam.* · flagada *fam.* · flapi *fam.* · lessivé *fam.* · vanné *fam.* · vidé *fam.* · sur les genoux *fam.* · sur les rotules *fam.*

fourche *n.f.* **1 - trident** · croc · crochet · **2 - bifurcation** · carrefour · embranchement · patte-d'oie

fourchette *n.f.* · écart · intervalle

fourgon *n.m.* **wagon** · voiture

✦ **fourgon à bestiaux** bétaillère

✦ **fourgon mortuaire** corbillard

✦ **fourgon cellulaire** panier à salade *fam.* · boîte de six *lang. jeunes*

fourgonner *v. intr.* **1 - tisonner** · **2 - fouiller** · fouiner · fureter · fourrager *fam.* · trifouiller *fam.*

fourgonnette *n.f.* · camionnette · break · pick-up

fourguer *v.tr.* [fam.] → **donner**

fourmillant, e *adj.* · grouillant · foisonnant

fourmillement *n.m.* **1 - grouillement** · foisonnement · pullulement · multitude · quantité · **2 - démangeaison** · fourmis · picotement

fourmiller *v. intr.* **1 - abonder** · grouiller · foisonner · pulluler · **2 - démanger** · picoter

✦ **fourmiller de** regorger de · abonder en · déborder de

fournaise *n.f.* **1 - brasier** · four · fourneau · **2 - chaleur** · canicule · feu

fourneau *n.m.* **1 - cuisinière** · gazinière · réchaud · **2 - poêle**

fournée *n.f.* **1 - lot** · batch *anglic.* · **2 - promotion**

fourni, e *adj.* · abondant · dense · dru · épais · étoffé · touffu

fourniment *n.m.* · équipement · attirail · bagage · barda *fam.* · bastringue *fam.* · bazar *fam.* · fourbi *fam.* · saint-frusquin *fam.*

fournir *v.tr.* **1 - alimenter** · approvisionner · ravitailler · **2 - procurer** · livrer · servir · **3 - équiper** · armer · munir · outiller · pourvoir · **4 - exposer** · apporter · donner · présenter · produire · **5 - accomplir** · produire

✦ **fournir à** satisfaire à · subvenir à

››› **se fournir** *v.pron.* · s'approvisionner · se ravitailler · se servir · faire ses courses

fournisseur, -euse *n.* 1 - **commerçant** · marchand · grossiste · 2 - **approvisionneur** · pourvoyeur · ravitailleur · 3 - **entrepreneur**

fourniture *n.f.* 1 - **livraison** · délivrance · remise · 2 - **prestation** · 3 - **approvisionnement** · alimentation · ravitaillement

»» **fournitures** *plur.* **matériel** · équipement

fourrage *n.m.* · foin · ensilage

fourrager *v.intr.* · fouiller · fouiner · fureter · farfouiller *fam.* · fourgonner *fam.* · trifouiller *fam.*

[1]**fourré** *n.m.* · buisson · hallier · taillis

[2]**fourré, e** *adj.* 1 - **farci** · garni · 2 - **molletonné** · doublé

✦ **coup fourré** traîtrise · coup en traître · coup de poignard dans le dos · saleté · crasse *fam.* · saloperie *fam.* · coup en vache *fam.* · vacherie *fam.*

fourreau *n.m.* · étui · enveloppe · gaine

fourrer *v.tr.* 1 - **doubler** · garnir · molletonner · ouater · 2 - **farcir** · garnir · 3 - **enfoncer** · faire entrer · enfourner · introduire · mettre · plonger · ficher *fam.* · flanquer *fam.* · 4 - [fam.] **donner** · coller *fam.* · ficher *fam.* · flanquer *fam.* · fourguer *fam.* · foutre *très fam.* · refiler *fam.*

»» **se fourrer** *v.pron.* 1 - **s'introduire** · se glisser · s'immiscer · s'insinuer · 2 - [fam.] **se jeter** · s'aventurer · s'engager · se lancer · se mettre · se placer · s'embarquer *fam.*

fourre-tout *n.m. invar.* 1 - **débarras** · 2 - **sac**

fourreur *n.m.* · pelletier

fourrure *n.f.* · pelage · poil · toison

fourvoiement *n.m.* · égarement · confusion · errements · erreur · faute · maladresse · méprise

fourvoyer *v.tr.* 1 - **égarer** · perdre · 2 - **abuser** · induire en erreur · tromper

»» **se fourvoyer** *v.pron.* 1 - **s'égarer** · se perdre · 2 - **se tromper** · faire erreur · faire fausse route

foyer *n.m.* 1 - **âtre** · cheminée · feu · 2 - **brasier** · feu · flamme · 3 - **demeure** · domicile · intérieur · logis · maison · toit · bercail *souvent plaisant* · nid *littér.* · pénates *littér.* · home *anglic.* · 4 - **ménage** · famille · 5 - **centre** · cœur · noyau

~ **famille**

frac *n.m.* · habit · jaquette · queue-de-pie

fracas *n.m.* · agitation · bruit · chahut · tapage · tintamarre · tumulte · vacarme · boucan *fam.* · raffut *fam.* · tintouin *fam., vieilli*

fracassant, e *adj.* 1 - **retentissant** · éclatant · assourdissant · tonitruant · 2 - **provocant** · tapageur

fracasser *v.tr.* · briser · casser · rompre · mettre, réduire en miettes · faire voler en éclats

fraction *n.f.* · morceau · parcelle · part · partie · portion · segment

fractionnement *n.m.* 1 - **morcellement** · atomisation · fragmentation · 2 - **découpage** · division · partage · segmentation

fractionner *v.tr.* · fragmenter · démembrer · diviser · morceler · parcelliser · scinder · sectionner · segmenter

fracture *n.f.* **1 - cassure** · brisure · rupture · bris *(Assurances)* · **2 - faille** · brèche · crevasse · **3 - blessure** · fêlure · fracas

fracturer *v.tr.* **1 - casser** · briser · rompre · **2 - défoncer** · enfoncer · forcer

fragile *adj.* **1 - cassable** · cassant · **2 - chétif** · débile · délicat · faible · frêle · malingre · souffreteux · **3 - vulnérable** · sensible · faible · faillible · sans défense · **4 - éphémère** · fugace · fugitif · inconstant · instable · précaire · passager

fragiliser *v.tr.* · affaiblir · amoindrir · diminuer · précariser · saper les fondations de

fragilité *n.f.* **1 - faiblesse** · délicatesse · **2 - vulnérabilité** · faillibilité · **3 - précarité** · instabilité · incertitude · inconstance · vanité *littér.*

fragment *n.m.* **1 - bout** · bribe · brisure · corpuscule · débris · éclat · lambeau · miette · morceau · parcelle · part · partie · pièce · tronçon · brique *Suisse* • [d'os] esquille · **2 - extrait** · échantillon · citation · passage

fragment, éclat

Le **fragment** et l'**éclat** sont des morceaux d'une chose matérielle. Le **fragment** provient d'un objet brisé, cassé *(un fragment de vase, de statue, de planche, de maçonnerie)* ou déchiré *(les fragments d'une lettre)*. L'**éclat** est un fragment violemment détaché d'un corps que l'on brise *(un éclat de vitre, de bois)* ou qui explose *(un éclat de bombe)*. Par analogie, on conserve l'idée de morceau avec **fragment** dans un contexte abstrait *(un fragment de la vérité, du passé)* et pour parler d'une œuvre dont on ne considère qu'une partie, ou dont seule une partie subsiste *(les fragments d'un manuscrit, d'un livre perdu)*. Les emplois figurés d'**éclat** conservent une certaine idée de violence *(des éclats de rire, un éclat de voix)*.

fragmentaire *adj.* · incomplet · lacunaire · morcelé · partiel

fragmentation *n.f.* · morcellement · découpage · division · fractionnement · segmentation

fragmenter *v.tr.* · morceler · découper · diviser · fractionner · partager · scinder · segmenter

fragrance *n.f.* · parfum

fraîchement *adv.* **1 - récemment** · depuis peu · nouvellement · **2 - froidement**

fraîcheur *n.f.*
I 1 - froid · froidure · fraîche *fam.* · **2 - froideur** · réserve
II 1 - éclat · beauté · jeunesse · **2 - nouveauté** · originalité · **3 - allant** · jeunesse · vivacité · **4 - candeur** · authenticité · ingénuité · innocence · naïveté · naturel · pureté · spontanéité

fraîchir *v. intr.* · se rafraîchir · se refroidir

[1]frais, fraîche

▪ *adj.* **1 - neuf** · nouveau · récent · **2 - vivant** · présent · **3 - propre** · net · sain · **4 - reposé** · florissant · **5 -** [couleur] **éclatant** · vif · **6 - candide** · ingénu · innocent · naïf · naturel · pur · spontané · **7 - réservé** · froid

▪ *adv.* **1 - froid** · frisquet *fam.* · **2 - nouvellement** · fraîchement · récemment

▪ *n.m.* **fraîcheur**

[2]frais *n.m.pl.* coût · débours · dépense(s)

✦ **se mettre en frais** sortir le grand jeu *fam.* · mettre les petits plats dans les grands

fraise *n.f.* · foret · roulette

franc, franche *adj.* **1 – droit** · honnête · loyal · carré *fam.* · **2 – ouvert** · naturel · sincère · spontané · **3 – catégorique** · clair · certain · direct · limpide · net · précis · sans détour · **4 –** [couleur] **tranché** · cru · naturel · pur · **5 – achevé** · complet · fieffé · parfait · véritable · vrai · foutu *très fam.* · sacré *fam.* · **6 –** [délai] **complet** · entier · plein · **7 –** [Écon.] **libre**

✦ **être très franc** être franc comme l'or

✦ **coup franc** pénalité · penalty

✦ **jouer franc jeu** être fair-play · jouer cartes sur table · annoncer la couleur

franchement *adv.* **1 – loyalement** · en conscience · **2 – ouvertement** · clair · clairement · à cœur ouvert · à découvert · en toute franchise · honnêtement · librement · simplement · sincèrement · **3 – sans ambages** · sans mâcher ses mots · sans tourner autour du pot · tout bonnement · brutalement · sans détour · directement · tout cru · tout net · tout uniment · carrément *fam.* · **4 – à dire vrai** · vraiment · **5 – certainement** · clairement · évidemment · indiscutablement · nettement · vraiment · **6 – très** · extrêmement · sacrément *fam.* · **7 – résolument** · sans hésiter · rondement · carrément *fam.* · franco *fam.* · sans faire dans la dentelle *fam.*

franchir *v.tr.* **1 – enjamber** · escalader · passer · sauter · **2 – traverser** · dépasser · doubler · passer · **3 – parcourir** · couvrir · **4 – surmonter** · triompher de · vaincre · avoir raison de · **5 – dépasser** · outrepasser · transgresser · violer

franchise *n.f.* **1 – sincérité** · droiture · loyauté · **2 – franc-parler** · parler-vrai · **3 – dispense** · dérogation · exemption · exonération

✦ **avec franchise 1 – ouvertement** · clairement · à cœur ouvert · en toute franchise · à découvert · honnêtement · librement · sincèrement · **2 – sans ambages** · sans mâcher ses mots · sans tourner autour du pot · tout bonnement · brutalement · sans détour · directement · tout cru · tout net · tout uniment · carrément *fam.*

✦ **en toute franchise** franchement · sincèrement · à dire vrai

franchissable *adj.* · traversable · guéable

franchouillard, e *adj.* et *n.* · beauf *fam.*

[1]franco *adj.*

✦ **y aller franco** y aller franchement · y aller carrément

[2]franco *adv.* · franc de port · gratuitement

franc-parler *n.m.* · franchise · liberté (de ton) · naturel · parler-vrai · spontanéité

franc-tireur *n.m.* **1 – maquisard** · guérillero · partisan · résistant · **2 – indépendant**

frange *n.f.* **1 – bord** · limite · **2 – marge** · minorité · **3 – chiens** · **4 – crépine** · passementerie · torsade · ornement

franger *v.tr.* · border · ourler

frangin, e *n.* 1 - → **frère** · 2 - → **sœur**

franquette (à la bonne) *loc. adv.* · simplement · sans embarras · sans façons · sans cérémonie · à la fortune du pot

frappant, e *adj.* 1 - **impressionnant** · étonnant · saisissant · spectaculaire · 2 - **évident** · éclatant · criant · indubitable · lumineux · manifeste · percutant · saillant

frappe *n.f.* · choc · coup · allonge *fam.* • [Foot] shoot · tête

frappé, e *adj.* 1 - **glacé** · froid · 2 - [fam.] → **fou**

frapper *v.tr.*
I 1 - **battre** · brutaliser · corriger · taper · porter la main sur · cogner *fam.* · casser la gueule à *très fam.* · éclater *fam.* · passer à tabac *fam.* · tabasser *fam.* · fumer *lang. jeunes* · rosser *vieilli* · 2 - [une balle] **shooter** · botter · 3 - **heurter** · cogner (contre) · entrer en collision avec · percuter · 4 - **marteler** · tambouriner · tapoter
II 1 - **impressionner** · étonner · interloquer · méduser · saisir · 2 - **affecter** · affliger · atteindre · bouleverser · choquer · commotionner · émouvoir · éprouver · donner un choc à · remuer · secouer · toucher · 3 - **sauter aux yeux à** · éblouir
✦ **frapper fort** frapper comme un sourd *fam.* • [qqn] se jeter à bras raccourcis sur *fam.*

⋙ **se frapper** *v.pron.* 1 - [fam.] → **s'émouvoir** · 2 - [fam.] → **s'inquiéter**

frapper, battre, rosser, cogner

Frapper, battre, rosser et cogner ont en commun l'action de donner des coups. **Frapper** a la valeur la plus générale et peut s'employer lorsqu'un seul coup est porté *(frapper quelqu'un au visage, frapper un animal, frapper à mort, comme un sourd)*. **Battre** implique que l'on frappe à coups répétés *(battre quelqu'un à coups de poing)*. **Rosser** et **cogner** renchérissent sur la violence, mais **rosser** est d'un usage vieilli *(rosser son cheval à coups de bâton)* et **cogner** est réservé à la langue familière, avec ou sans complément *(il a commencé à cogner)* : « Ma fureur décuplait mes forces ; je le cognai, le bousculai » (Gide, *Si le grain ne meurt*).

frasques *n.f.* 1 - **équipée** · escapade · extravagance · folie · fredaine · 2 - **incartade** · écart (de conduite) · inconduite · libertinage

fraternel, -elle *adj.* 1 - **affectueux** · amical · cordial · sympathique · 2 - **charitable** · généreux · secourable

fraterniser *v. intr.* · s'entendre · se lier · sympathiser

fraternité *n.f.* 1 - **amour** (du prochain) · charité · solidarité · 2 - **camaraderie** · amitié · confraternité · solidarité · 3 - **entente** · communion · harmonie · union

fraude *n.f.* 1 - **contrefaçon** · captation · dol · escroquerie · falsification · manœuvre · stellionat · resquille *fam.* · 2 - **artifice** · ruse · supercherie · tromperie · trucage · 3 - **tricherie** · dissimulation · hypocrisie
✦ **en fraude** 1 - **frauduleusement** · illégalement · irrégulièrement · en contrebande · 2 - **en cachette** · secrètement
✦ **passé en fraude** clandestin · de contrebande

frauder *v.tr. et intr.* 1 - **tricher** · 2 - **voler** · tromper · resquiller *fam.* · truander *fam.*

fraudeur, -euse *n.* · tricheur · resquilleur *fam.*

frauduleux, -euse *adj.* 1 - **illégal** · illicite · irrégulier · 2 - **faux** · falsifié

frayer
- *v.tr.* **préparer** · ouvrir · tracer
- *v.intr.* **aleviner**

✦ **frayer avec** fréquenter · côtoyer · coudoyer · pratiquer

frayeur *n.f.* · peur · affolement · appréhension · alarme · crainte · effroi · épouvante · panique · terreur

fredaine *n.f.* · frasque · équipée · escapade · folie · fugue

fredonner *v.tr. et intr.* · chantonner

frein *n.m.* 1 - **obstacle** · empêchement · entrave · limitation · 2 - **mors**

✦ **mettre un frein à** 1 - **modérer** · contenir · endiguer · freiner · limiter · ralentir · tenir la bride à · 2 - **arrêter** · enrayer · juguler

✦ **ronger son frein** bouillir (d'impatience) · contenir son impatience

freinage *n.m.* · ralentissement

freiner
- *v.intr.* **décélérer** · ralentir · [brutalement] piler *fam.*
- *v.tr.* 1 - **contrarier** · enrayer · gêner · limiter · ralentir · 2 - **brider** · endiguer · modérer · refréner · refroidir

>>> **se freiner** *v.pron.* **se modérer** · se refréner · se retenir

frelater *v.tr.* · adultérer · dénaturer · falsifier · trafiquer

frêle *adj.* 1 - **chétif** · délicat · faible · fluet · malingre · 2 - **fragile** · délicat · menu · mince · ténu · 3 - **fugitif** · passager · périssable

freluquet *n.m.* 1 - **gringalet** · 2 - **blanc-bec** · damoiseau *littér.* · godelureau *littér.*

frémir *v. intr.* 1 - **frissonner** · trembler · tressaillir · 2 - **vibrer** · palpiter · 3 - **mijoter** · bouillir · 4 - **bruire** · frissonner

frémissement *n.m.* 1 - **frisson** · frissonnement · 2 - **bruissement** · murmure

frénésie *n.f.* 1 - **enthousiasme** · ardeur · acharnement · exaltation · fièvre · folie · passion · 2 - **débordement** · déchaînement · délire · emportement · fureur · furie · rage · violence · 3 - **désir** · faim · boulimie *fam.* · fringale *fam.*

frénétique *adj.* 1 - **agité** · déchaîné · délirant · dément · exalté · fou · furieux · hystérique · surexcité · 2 - **ardent** · débordant · effréné · forcené · passionné · violent · 3 - **acharné** · enragé · éperdu · fiévreux · 4 - **endiablé** · effréné · vif

fréquemment *adv.* 1 - **souvent** · communément · régulièrement · maintes fois *littér.* · 2 - **constamment** · continuellement · perpétuellement

fréquence *n.f.* · rythme · périodicité · rapidité · répétition

fréquent, e *adj.* 1 - **commun** · banal · courant · général · habituel · ordinaire · répandu · standard · usuel · 2 - **réitéré** · répété · 3 - **périodique** · régulier

fréquentable *adj.* · recommandable

fréquentation *n.f.* 1 - **contact** · compagnie · société · commerce *littér.* · 2 - **connaissance** ·

relation · accointance *littér.* · 3 - **assiduité** · 4 - **pratique** · familiarité · usage

fréquenté, e *adj.* 1 - **passant** · animé · couru · encombré · populeux · 2 - **battu** · frayé *vieux* · 3 - **suivi**
+ **mal fréquenté** mal famé · louche

fréquenter *v.tr.* 1 - **courir** · hanter · peupler · 2 - **frayer avec** · sortir avec · copiner avec *fam.* · être maqué avec *fam.* · s'acoquiner avec *péj.* · 3 - **côtoyer** · approcher · coudoyer · se frotter à · s'attacher aux pas de · avoir commerce avec *littér.* · 4 - **connaître** · visiter · voir · voisiner *vieux* · 5 - **lire** · pratiquer

frère *n.m.* 1 - **frangin** *fam.* · frérot *fam.* · 2 - **ami** · camarade · compagnon · confrère · copain *fam.* · pote *fam.* · 3 - **semblable** · congénère · égal · pair · pareil · prochain · 4 - **religieux** · capucin · franciscain · dominicain · ignorantin · mariste
+ **faux frère** traître · déloyal · hypocrite · fourbe *littér.* · faux-cul *très fam.* · faux-derche *très fam.*

fret *n.m.* 1 - **transport** · expédition · 2 - **cargaison** · chargement

fréter *v.tr.* 1 - **affréter** · louer · noliser · 2 - **armer** · équiper

frétillant, e *adj.* 1 - **remuant** · pétulant · sémillant · vif · 2 - **guilleret** · fringant

frétiller *v. intr.* · se trémousser · s'agiter · remuer

fretin *n.m.*
+ **menu fretin** poissonnaille · blanchaille

friand, e *adj.* · amateur · amoureux · avide · gourmand · porté (sur)

friandise *n.f.* · bonbon · chatterie · confiserie · délicatesse · douceur · gâterie · gourmandise · sucrerie · nanan *fam.*

fric *n.m.* → **argent**

fricassée *n.f.* · gibelotte · ragoût · fricot *fam.*

friche *n.f.* **lande** · maquis · garrigue · garenne · gâtine · jachère
+ **en friche** à l'abandon · non cultivé · inexploité

friche, lande

Friche se dit d'une terre cultivable laissée à l'abandon *(des terrains en friche)*, momentanément ou non *(faire cultiver des friches)*. La **lande** n'est pas remise en culture : il s'agit d'une terre stérile, où ne se développent que des plantes sauvages comme la bruyère, la fougère, etc. *(la lande bretonne, les landes de Gascogne, une lande broussailleuse, déserte)*. Contrairement à lande, friche s'emploie au figuré avec l'idée de domaine à exploiter *(une économie, une intelligence en friche)*.

fricoter *v.tr.* 1 - **cuisiner** · accommoder · fricasser · mitonner · préparer · 2 - [fam.] → **fabriquer**

friction *n.f.* 1 - **grippage** · frottement · 2 - **massage** · frottement · [d'un cheval] bouchonnement · 3 - **conflit** · désaccord · dispute · froissement · heurt · accrochage *fam.*

frictionner *v.tr.* · frotter · masser · [un cheval] bouchonner

Frigidaire *n.m.* [nom déposé] réfrigérateur · glacière · frigo *fam.*

frigo *n.m.* → **Frigidaire**

frigorifié, e *adj.* · glacé · gelé · transi · congelé

frigorifier *v.tr.* 1 - **congeler** · réfrigérer · 2 - **intimider** · refroidir

frigorifique *adj.* • réfrigérant

frileux, -euse *adj.* • timoré • craintif • hésitant • pusillanime *littér.*

frimas *n.m.* • brouillard givrant • gelée blanche • givre • grésil • verglas

frime *n.f.* **1 - épate** • fanfaronnade • bluff *fam.* • esbroufe *fam.* • **2 - comédie** • blague • bluff *fam.* • simulacre • simulation

frimer *v.intr.* • parader • fanfaronner • faire le brave • faire le malin • jeter de la poudre aux yeux • plastronner • poser • se vanter • crâner *fam.* • faire de l'esbroufe *fam.* • faire de l'épate *fam.* • faire le mariolle *fam.* • la ramener *fam.* • se la jouer *fam.* • flamber *lang. jeunes* • faire le kéké *lang. jeunes* • se la péter *lang. jeunes* • se la raconter *lang. jeunes*

frimousse *n.f.* • figure • minois • visage • bobine *fam.* • bouille *fam.*

fringale *n.f.* **1 - faim** • creux *fam.* • **2 - frénésie** • appétit • boulimie • envie • soif

fringant, e *adj.* • alerte • agile • allègre • brillant • élégant • éveillé • frétillant • gaillard • guilleret • leste • pétillant • pétulant • pimpant • sémillant • vif • vigoureux • ingambe *littér.*

fripe *n.f.* • chiffon • fringue *fam.*

friper *v.tr.* **1 - chiffonner** • froisser • plisser • bouchonner *vieux* • **2 - rider** • faner • flétrir • marquer

fripon, -onne

▪ *adj.* **coquin** • déluré • espiègle • malicieux • polisson

▪ *n.* **1 - vaurien** • brigand • canaille • coquin • escroc • filou • gredin *vieilli* • gueux *vieux* • pendard *vieux, fam.* • → **sacripant** *fam.* • voleur • **2 - chenapan** • garnement • polisson • galapiat *fam.* • galopin *fam.*

fripouille *n.f.* • bandit • brigand • canaille • coquin • crapule • escroc • fripon • gangster • gibier de potence • gredin • racaille • scélérat • vaurien • vermine • voyou

frisé, e *adj.* • ondulé • bouclé • crépu • crêpelé • permanenté

friser

▪ *v.tr.* **1 - boucler** • onduler • crêper • permanenter • **2 - raser** • approcher de • effleurer • frôler • **3 - approcher de** • avoisiner • confiner à • flirter avec • frôler

▪ *v.intr.* **frisotter** • boucler • onduler

frisette *n.f.* • boucle • accroche-cœur • bouclette • frison • frisottis • frisure

frisotter *v.tr. et intr.* → **friser**

frisottis *n.m.* → **frisette**

frisquet, -ette *adj.* [fam.] → **froid**

frisson *n.m.* **1 - tremblement** • frissonnement • soubresaut • spasme • sursaut • tressaillement • [de froid] grelottement • [d'horreur] crispation • haut-le-corps • horripilation • saisissement • **2 - vertige** • émoi • **3 -** [littér.] **bruissement** • froissement • frou-frou • **4 -** [littér.] **frémissement** • frissonnement • [de l'eau] friselis

frissonnement *n.m.* → **frisson**

frissonner *v. intr.* **1 - grelotter** • trembler • **2 - frémir** • tressaillir

friture *n.f.* • grésillement • parasites

frivole *adj.* **1 - inconsistant** • creux • futile • insignifiant • léger •

oiseux · puéril · spécieux · superficiel · vain · vide · **2 - étourdi** · futile · inconsistant · insouciant · léger · vain · je-m'en-foutiste *fam.* · **3 - volage** · léger · infidèle

frivolité *n.f.* **1 - futilité** · inanité · insignifiance · légèreté · puérilité · vanité · **2 - légèreté** · insouciance · je-m'en-foutisme *fam.* · **3 - inconstance**

⋙ **frivolités** *plur.* **1 - amusement** · babioles · bagatelles · bêtises · broutilles · enfantillages · fadaises · futilités · niaiseries · riens · sornettes · vétilles · **2 - breloques** · colifichets · fanfreluches · brimborions *vieilli*

froc *n.m.* → **pantalon**

[1]**froid** *n.m.*

I 1 - fraîcheur · **2 - hiver** · froidure

II 1 - embarras · gêne · malaise · trouble · **2 - brouille** · antipathie · bouderie · fâcherie · mécontentement · mésentente · mésintelligence

✦ **avoir froid, être transi de froid** grelotter · frissonner · claquer des dents · cailler *très fam.* · geler *fam.* · être frigorifié *fam.* · être gelé *fam.* · être glacé *fam.* · se les peler *très fam.*

✦ **il fait un peu froid** il fait frisquet *fam.*

✦ **il fait très froid** il fait un froid de canard, de loup, de tous les diables · ça caille *très fam.* · on se les gèle *très fam.*

✦ **en froid (avec)** brouillé · fâché · en mauvais termes · en délicatesse

[2]**froid, e** *adj.*

I 1 - frais · gelé · glacé · glacial · frisquet *fam.* · algide *Méd. ou littér.* · **2 -** [climat, hiver] **rude**

II 1 - calme · détaché · flegmatique · posé · impassible · imperturbable · de marbre · marmoréen *littér.* · **2 - distant** · austère · dédaigneux · fier · glacial · grave · hautain · indifférent · réfrigérant · renfermé · réservé · sérieux · sévère · **3 - dur** · aride · insensible · sec· **4 - terne** · ennuyeux · glacé · inexpressif · languissant · monotone · nu · plat · sans chaleur · sec

froidement *adv.* **1 - fraîchement** · avec indifférence · sèchement · **2 - calmement** · flegmatiquement · posément · de sang-froid

froideur *n.f.*

I 1 - froid · **2 - fraîcheur**

II 1 - calme · détachement · flegme · impassibilité · imperturbabilité · sang-froid · **2 - austérité** · indifférence · insensibilité · réserve · sévérité · **3 - sécheresse** · aridité · dureté · **4 - antipathie** · fâcherie · hostilité · mécontentement · sécheresse

froissement *n.m.* **1 - chiffonnement** · plissement · **2 - frou-frou** · bruissement · froissis *littér.* · **3 - friction** · heurt · accrochage *fam.* · **4 - blessure** · meurtrissure · vexation

froisser *v.tr.* **1 - chiffonner** · friper · plisser · bouchonner · **2 - aplatir** · écraser · fouler · piétiner · **3 - contusionner** · meurtrir · **4 - blesser** · choquer · dépiter · déplaire à · désobliger · fâcher · heurter · indisposer · meurtrir · mortifier · offenser · offusquer · piquer · toucher · ulcérer · vexer · piquer, toucher au vif · braquer *fam.*

⋙ **se froisser** *v.pron.* **se formaliser** · se fâcher · se hérisser · s'offusquer · se piquer · se vexer · prendre de l'humeur *vieux*

frôlement *n.m.* **1 - attouchement** · caresse · effleurement · **2 - frémissement** · frissonnement · froissement · frou-frou

frôler *v.tr.* **1 - effleurer** · caresser · toucher· **2 - raser** · serrer · **3 - approcher de** · confiner à · côtoyer · coudoyer · passer (bien) près de · être à la frontière de · être à la limite de · friser

fromage *n.m.* **1 - frometon** *fam.* · **2 - galantine** · pâté

fromagerie *n.f.* · crémerie · fruitière

froment *n.m.* · blé

fronce *n.f.* · pli · [décoratives] smocks

froncé, e *adj.* **1 - plissé** · **2 - renfrogné** · sévère

froncement *n.m.* · plissement

froncer *v.tr.* · plisser

frondaison *n.f.* · feuillage · feuilles · feuillaison · feuillée *fam.*

fronde *n.f.* **1 - lance-pierre** · **2 - révolte** · contestation · insoumission · rébellion · sédition

fronder *v.tr.* · critiquer · attaquer · brocarder · chahuter · railler

frondeur, -euse

▪ *adj.* **contestataire** · critique · impertinent · insoumis · irrespectueux · moqueur · railleur · rebelle · récalcitrant

▪ *n.* **esprit fort** · forte tête · rebelle

front *n.m.* **1 - tête** · visage · **2 - audace** · effronterie · hardiesse · impudence · culot *fam.* · toupet *fam.* · **3 - façade** · devant · fronton · **4 - frontière** · **5 -** [Milit.] **avant** · première ligne · **6 - champ de bataille** · champ d'honneur · guerre · **7 - coalition** · bloc · cartel · groupement · ligue · union

✦ **de front** **1 - ensemble** · à la fois · concurremment · concomitamment · conjointement · simultanément · en même temps · **2 - directement** · ouvertement · bille en tête *fam*

✦ **en front de** face à · en bordure de

✦ **faire front** faire face · résister · tenir

✦ **le front haut** fièrement · la tête haute · sans honte

frontalier, -ière

▪ *adj.* **limitrophe** · voisin

▪ *n.* **zonier**

frontière *n.f.* **1 - démarcation** · délimitation · ligne · limite · **2 - bordure** · confins · lisière · **3 - borne** · limite

✦ **être à la frontière de** confiner à · frôler · friser *fam.*

frontispice *n.m.* **1 - façade** · **2 - en-tête** · titre · vignette

frottement *n.m.* **1 - abrasion** · friction · mouvement · pression · attrition *vieux* · **2 - grippage**

frotter *v.tr.* **1 - astiquer** · brosser · cirer · encaustiquer · essuyer · fourbir · lustrer · nettoyer · polir · tamponner · briquer *fam.* · **2 - décaper** · gratter · limer · poncer · racler · râper · **3 - frictionner** · masser · [un cheval] bouchonner · étriller · **4 - débarbouiller** · laver

✦ **frotter de** **enduire de** · oindre de · passer à

⋙ **se frotter** *v.pron.* **1 - fréquenter** · frayer · **2 - s'affronter** · se heurter · **3 - attaquer** · défier · provoquer · **4 - entreprendre** · affronter · risquer

✦ **se frotter de** **1 - s'enduire de** · **2 -** [littér.] **apprendre** · se teinter de *littér.*

froufrous *n.m.pl.* · fanfreluches

froussard, e *adj.* · peureux · craintif · lâche · couard *littér.* ·

pleutre *littér.* · pusillanime *littér.* · dégonflé *fam.* · péteux *fam.* · pétochard *fam.* · poltron *littér.* · trouillard *fam.*

frousse *n.f.* **peur** · crainte · frayeur · trouille *fam.*

✦ **avoir la frousse** avoir les foies *fam.* · avoir les jetons *fam.* · avoir la pétoche *fam.* · avoir le trouillomètre à zéro *fam.*

fructifier *v.intr.* **1 - se développer** · s'accroître · **2 - produire** · rapporter · rendre *fam.*

fructueux, -euse *adj.* **1 - avantageux** · bénéficiaire · bon · intéressant · lucratif · payant · profitable · rémunérateur · rentable · juteux *fam.* · **2 - fécond** · bon · productif · utile

frugal, e *adj.* **1 - maigre** · chiche · léger · pauvre · **2 - ascétique** · austère · simple · **3 - sobre** · tempérant

frugalité *n.f.* · tempérance · abstinence · modération · simplicité · sobriété

fruit *n.m.* **1 -** [charnu] baie · drupe · [sec] akène · capsule · caryopse · follicule · gousse · samare · silique · **2 - profit** · bénéfice · rapport · revenu · avantage · récompense · **3 - conséquence** · effet · produit · résultat

✦ **fruits de mer** coquillages · crustacés

✦ **sans fruit** infructueux · stérile

frusques *n.f.pl.* **hardes** · nippes

fruste *adj.* **1 - rudimentaire** · brut · primitif · rustique · simple · **2 - inculte** · balourd · grossier · lourd · lourdaud · rude · rustre · sauvage

frustration *n.f.* · insatisfaction · déception

frustré, e *adj.* · insatisfait · déçu

frustrer *v.tr.* **1 - décevoir** · désappointer · trahir · tromper · **2 - défavoriser** · désavantager · déposséder · dépouiller · déshériter · léser · priver · spolier

☞ **priver**

fugace *adj.* · éphémère · bref · fragile · fugitif · furtif · insaisissable · momentané · passager · périssable · précaire · provisoire · évanescent *littér.*

fugitif, -ive

▪ *adj.* **1 - bref** · court · éphémère · fragile · fugace · furtif · passager · transitoire · évanescent *littér.* · **2 - inconstant** · changeant · instable · mobile · mouvant · variable

▪ *n.* **1 - évadé** · fuyard · **2 - banni** · proscrit

☞ **passager**

fugitif, fuyard

Fuyard s'emploie à propos d'une personne ou d'un animal qui s'*enfuit* pour éviter un danger, et spécialement d'un soldat qui fuit l'ennemi : « Les soldats commencèrent la fouille des maisons d'alentour et la poursuite des fuyards » (Hugo, *les Misérables*, V, I, XXIII). Le **fugitif** est celui qui s'enfuit pour recouvrer sa liberté et, en particulier, celui qui fuit son pays *(les fugitifs ont franchi la frontière)*. Alors que **fuyard** est sorti d'usage comme adjectif, **fugitif** est resté très vivant *(un prisonnier fugitif)*.

fugue *n.f.* · escapade · échappée · équipée · fuite

fuir

▪ *v.tr.* **1 - se dérober à** · éluder · esquiver · éviter · se soustraire à · **2 - se garder de** · éviter · ne pas approcher · **3 - abandonner** · quitter

▪ *v.intr.* 1 - **s'en aller** · partir · disparaître · s'échapper · s'éclipser · s'enfuir · s'esquiver · prendre la fuite · décamper *fam.* · déguerpir *fam.* · détaler *fam.* · filer *fam.* · se barrer *fam.* · se débiner *fam.* · caleter *fam.* · se carapater *fam.* · se cavaler *fam.* · filer à l'anglaise *fam.* · prendre le large *fam.* · prendre la poudre d'escampette *fam.* · prendre la clé des champs *fam.* · jouer la fille de l'air *fam.* · prendre la tangente *fam.* · prendre ses jambes à son cou *fam.* · se tailler *fam.* · ficher, foutre le camp *fam.* · 2 - **se réfugier** · se cacher · s'exiler · 3 - **passer** · couler · se dissiper · s'écouler · s'évanouir · 4 - **couler** · s'échapper · pisser *fam.* · 5 - **céder** · se dérober · s'enfoncer

✦ **faire fuir** 1 - **chasser** · mettre en fuite · 2 - **effrayer**

fuite *n.f.*
I 1 - **évasion** · disparition · échappée · échappement · cavale *argot* · 2 - **débâcle** · débandade · déroute · panique · sauve-qui-peut · 3 - **émigration** · exode · 4 - **fugue** · escapade
II **indiscrétion** · révélation
III **déperdition** · écoulement · exode · exportation · hémorragie · perte
IV **dérobade** · abandon · échappatoire · esquive · excuse · faux-fuyant · manœuvre dilatoire

fulgurant, e *adj.* 1 - **foudroyant** · brusque · rapide · soudain · 2 - **violent** · vif · 3 - **aveuglant** · éblouissant · éclatant · étincelant

fulguration *n.f.* 1 - **éclair de chaleur** · 2 - **illumination**

fuligineux, -euse *adj.* 1 - **noirâtre** · 2 - **fumeux** · brumeux · confus · nébuleux · obscur

fulminant, e *adj.* 1 - **détonant** · explosif · 2 - **furibond** · furieux · menaçant

fulminer *v.intr.* 1 - **s'emporter** · crier · éclater · enrager · exploser · invectiver · pester · tempêter · tonner · gueuler *fam.* · 2 - **détoner** · exploser

fumant, e *adj.* 1 - **bouillant** · brûlant · 2 - [fam.] → **formidable**

fumasse *adj.* → **furieux**

fumé, e *adj.* 1 - [Cuisine] **boucané** · saur · 2 - [verre, lunettes] **teinté** · noir

fumée *n.f.* 1 - **vapeur** · exhalaison · [de volcan] fumerolle · [Cuisine] fumet · 2 - [littér.] **illusion** · chimère · frivolité · futilité · vanité

[1]**fumer**
▪ *v.tr.* 1 - [viande, poisson] **boucaner** · saurer · 2 - [cigarette] **griller**
▪ *v.intr.* **pester** · rager · être en colère

[2]**fumer** *v.tr.* · engraisser · fertiliser

fumet *n.m.* 1 - **odeur** · arôme · bouquet · senteur · 2 - **goût** · odeur · parfum · saveur · 3 - **fumée**

fumeux, -euse *adj.* · compliqué · abstrait · amphigourique · brumeux · confus · embrouillé · filandreux · nébuleux · obscur · ténébreux · vague · cafouilleux *fam.*

fumier *n.m.* 1 - **engrais** · compost · fertilisant · 2 - **ruisseau** · ordure · 3 - → **salaud**

fumiste *n.* 1 - **charlatan** · farceur · imposteur · mystificateur · mauvais plaisant · plaisantin · 2 - **amateur** · dilettante · fantaisiste · 3 - **désinvolte** · je-m'en-fichiste *fam.* · je-m'en-foutiste *fam.*

fumisterie *n.f.* 1 - **supercherie** · blague · farce · mystification · plaisanterie · canular *fam.* · 2 - **amateurisme**

funambule *n.* · acrobate · danseur de corde · équilibriste · fildefériste

funambulesque *adj.* · abracadabrant · burlesque · clownesque · excentrique · extravagant · fantaisiste · rocambolesque · farfelu *fam.*

funèbre *adj.* **1 - funéraire** · mortuaire · **2 - lugubre** · macabre · noir · sinistre · sépulcral · sombre · triste · ténébreux

funèbre, funéraire, macabre

Funèbre, **funéraire** et **macabre** se rapportent tous trois à la *mort*. **Funèbre** et **funéraire** s'appliquent dans quelques contextes à ce qui concerne les funérailles *(convoi, cérémonie funèbre* ou *funéraire)*, mais dans cet emploi **funèbre** est largement dominant *(veillée, toilette, repas, marche funèbre ; pompes funèbres)*. **Funéraire** se dit plus particulièrement de ce qui se rapporte aux tombes et commémore le souvenir de la mort *(pierre, monument, caveau, urne funéraire ; ornements funéraires)*. **Macabre** s'applique couramment à ce qui a pour objet les cadavres *(une découverte macabre)*, à ce qui évoque des images de mort ou, du moins, lugubres *(plaisanterie, humour macabre)*.

funérailles *n.f.pl.* · enterrement · obsèques · ensevelissement · inhumation · mise au tombeau · sépulture

obsèques

funéraire *adj.* · funèbre · mortuaire

funèbre

funeste *adj.* **1 - fatal** · meurtrier · mortel · **2 - tragique** · violent · **3 - affligeant** · calamiteux · catastrophique · déplorable · désastreux · désolant · douloureux · lamentable · malheureux · navrant · pitoyable · regrettable · sinistre · tragique · **4 - dangereux** · malsain · néfaste · nocif · nuisible · pernicieux · préjudiciable · **5 - funèbre** · lugubre · sinistre · sombre · triste

fatal

funiculaire *adj.* · téléphérique

furax *adj. invar.* → **furieux**

fur et à mesure (au) *loc. adv.* · à mesure que

fureter *v. intr.* · fouiller · chercher · explorer · farfouiller *fam.* · fouiner *fam.*

fouiller

fureteur, -euse *n. et adj.* · curieux · fouine · fouineur · indiscret · inquisiteur · investigateur

fureur *n.f.* **1 - colère** · emportement · furie · rage · courroux *littér.* · ire *littér.* · transport de colère *littér.* · **2 - acharnement** · ardeur · enthousiasme · exaltation · fièvre · fougue · frénésie · impétuosité · passion · rage · véhémence · **3 -** [d'éléments naturels] **agitation** · impétuosité · violence

+ **avec fureur** follement · passionnément · comme un fou *fam.*
+ **faire fureur** avoir du succès · être en vogue · casser la baraque *fam.* · faire un carton *fam.* · faire un malheur *fam.*

furibond, e *adj.* · furieux · courroucé *littér.* · fumasse *fam.* · furax *fam.* · furibard *fam.*

furieux

furie *n.f.* **1 - bacchante** · dragon · gendarme · harpie · mégère · **2 - fureur** · emportement · rage · **3 - acharnement** · ardeur · exaltation ·

fièvre · fougue · frénésie · impétuosité · passion · rage · véhémence · violence

✦ **en furie** 1 – → **furieux** · 2 – **déchaîné** · démonté

furieusement *adv.* 1 – **ardemment** · éperdument · énormément · fiévreusement · follement · frénétiquement · passionnément · 2 – **violemment** · fougueusement · violemment

furieux, -ieuse

▪ *adj.* 1 – **en colère** · furibond · en furie · hors de soi · hors de ses gonds · en rage · courroucé *littér.* · fumasse *fam.* · furax *fam.* · furibard *fam.* · en pétard *fam.* · remonté *fam.* · 2 – **déchaîné** · impétueux · violent · 3 – **excessif** · exacerbé · extraordinaire · extrême · fameux · fou · sacré *fam.* · 4 – **acharné** · enragé · fanatique · forcené · frénétique

▪ *n.m.* **énergumène** · possédé

furieux, furibond

Furieux s'applique à une personne en proie à une colère très violente *(elle est furieuse d'avoir attendu trois heures pour rien)* et à ce qui la dénote *(des gestes, un air furieux)*. **Furibond** insiste sur le fait que cette colère folle est excessive par rapport à ce qui la suscite *(des paroles furibondes, une indignation furibonde)* et que cette disproportion la rend risible *(ne me regarde pas avec cet air furibond)*.

furoncle *n.m.* · anthrax · clou *fam.*

furtif, -ive *adj.* 1 – **caché** · clandestin · secret · subreptice · 2 – **discret** · rapide · fugace · fugitif

furtivement *adv.* · en cachette · à la dérobée · discrètement · en catimini · en secret · en tapinois · secrètement · subrepticement · en douce *fam.*

fusée *n.f.* 1 – [Feux d'artifices] **chandelle romaine** · serpenteau · 2 – **vaisseau spatial** · 3 – **missile** · roquette

fuselé, e *adj.* · mince · délié · effilé · élancé · svelte

fusible *n.m.* · plomb · coupe-circuit

fusil *n.m.* · carabine · flingue *fam.* · pétoire *fam., vieilli*

fusiller *v.tr.* 1 – **tuer** · passer par les armes · 2 – [fam.] → **abîmer**

fusion *n.f.* 1 – **fonte** · liquéfaction · 2 – **réunion** · amalgame · combinaison · interpénétration · mélange · regroupement · unification · union · 3 – [d'entreprises] **concentration** · fusionnement · intégration · mariage · regroupement · réunion · union

fusionnement *n.m.* · concentration · fusion · intégration · mariage · regroupement · réunion · union

fusionner

▪ *v.tr.* **réunir** · allier · amalgamer · assembler · associer · combiner · conjuguer · fondre · mêler · rassembler · réunir · unifier · unir

▪ *v.intr.* **s'allier** · s'assembler · se fondre · se grouper · se regrouper · se rejoindre · se réunir · s'unifier · s'unir

fustiger *v.tr.* 1 – **fouetter** · cingler · cravacher · flageller · 2 – **blâmer** · condamner · critiquer · réprouver · stigmatiser · vitupérer *littér.* · abîmer *fam.*

fouetter

futé, e *adj.* • malin • astucieux • débrouillard • déluré • dégourdi • éveillé • fute-fute *fam., souvent au négatif*

futile *adj.* **1 – insignifiant** • creux • dérisoire • frivole • inconsistant • inutile • léger • oiseux • superficiel • stérile • vain • vide • **2 – frivole** • léger • puéril • superficiel

futilité *n.f.* **1 – superficialité** • frivolité • inanité • inconsistance • insignifiance • légèreté • puérilité • stérilité • vanité • vide • **2 –** [souvent au plur.] **bagatelle** • badinerie • baliverne • bêtise • broutille • enfantillage • fadaise • rien • sottise • vétille • bricole *fam.* • connerie *très fam.*

futur, e

- *adj.* **postérieur** • à venir • prochain • suivant • ultérieur
- *n.m.* **avenir** • lendemain

futuriste *adj.* • novateur • d'avant-garde • révolutionnaire

fuyard, e *n.* • fugitif • évadé
➳ **fugitif**

g

gabardine *n.f.* · imperméable

gabarit *n.m.* **1 - dimension** · calibre · format · taille · tonnage · **2 - modèle** · forme · patron · **3 - carrure** · envergure · stature · **4 - sorte** · acabit · calibre · catégorie · classe · espèce · genre · nature · type · farine *fam.*

gabegie *n.f.* · gaspillage · confusion · désordre · gâchis · pagaille

gable *n.m.* · fronton · pignon

gâchage *n.m.* · gaspillage · gâchis · perte · sabotage · bousillage *fam.* · galvaudage *rare*

gâcher *v.tr.* **1 - bâcler** · saboter · bousiller *fam.* · cochonner *fam.* · saloper *fam.* · torcher *fam.* · torchonner *fam.* · **2 - gaspiller** · dissiper · galvauder · **3 - manquer** · rater · **4 - abîmer** · gaspiller · gâter · massacrer · perdre · **5 - assombrir** · attrister · empoisonner · gâter · ruiner · **6 - délayer** · diluer · dissoudre

gâchette *n.f.* · détente

gâcheur, -euse *n.* · gaspilleur · saboteur · bâcleur *fam.* · bousilleur *fam.*

gâchis *n.m.* **1 - gaspillage** · gabegie · perte · **2 - sabotage** · gâchage · massacre · bousillage *fam.* · **3 - désordre** · pagaille · pastis *fam.* · **4 - mortier**

✦ **c'est du gâchis** c'est donner de la confiture aux cochons · c'est jeter des perles aux pourceaux

gadoue *n.f.* **1 - boue** · fange *littér.* · crotte *fam.* · gadouille *fam.* · **2 - vidange** · ordures ménagères

[1]**gaffe** *n.f.* · impair · balourdise · bêtise · bévue · bourde · maladresse · sottise · pas de clerc *littér.* · ânerie *fam.* · boulette *fam.* · connerie *fam.*

[2]**gaffe** *n.f.*

✦ **faire gaffe** faire attention · se méfier · prendre garde

gaffer *v.intr.* [fam.] commettre un impair · mettre les pieds dans le plat *fam.*

gaffeur, -euse *n.* et *adj.* · maladroit · balourd · lourd · lourdaud

gage *n.m.* **1 - caution** · arrhes · cautionnement · dépôt · garantie · hypothèque · nantissement · sûreté · **2 - assurance** · promesse · **3 - preuve** · témoignage

✦ **mettre en gage** engager

»» **gages** *plur.* salaire · appointements · émoluments · rémunération · rétribution

↝ **appointements**

gager *v.tr.* **1 - garantir** · **2 -** [littér.] **parier** · **3 -** [vieux] **salarier**

↝ **parier**

gageure *n.f.* **1 - pari** · **2 - défi** · challenge

gagnant, e *n.* · vainqueur · champion · lauréat

gagne-pain *n.m. invar.* **emploi** · travail · job *fam.*

✦ **c'est leur gagne-pain** c'est ce qui fait bouillir la marmite *fam.*

gagne-petit *n.m. invar.* · besogneux · miteux *fam.*

gagner *v.tr.*

I 1 - percevoir · remporter · toucher · empocher *fam.* · encaisser *fam.* · palper *fam.* · rafler *fam.* · ramasser *fam.* · se mettre dans les fouilles *très fam.* · **2 - acquérir** · conquérir · moissonner · rapporter · récolter · recueillir · retirer · ramasser *fam.* · **3 -** [iron.] **attraper** · contracter · prendre

II 1 - s'attirer · capter · conquérir · s'assujettir · s'attacher · séduire · subjuguer · se concilier · **2 - convaincre** · appâter · convertir · persuader · rallier · séduire · tenter · circonvenir *péj.* · corrompre *péj.*

III 1 - accéder à · aborder · approcher de · arriver à · atteindre · parvenir à · rejoindre · toucher · **2 - s'emparer de** · envahir · se communiquer à · toucher • [sans complément] s'étendre · progresser · se propager · se répandre

IV [Sport] **battre** · dominer · l'emporter sur · prendre l'avantage sur · triompher de · vaincre

✦ **gagner à** mériter de · valoir la peine de

✦ **gagner du terrain** **s'étendre** · avancer · progresser · se propager

✦ **gagner de vitesse** **1 - dépasser** · devancer · doubler · **2 - prévenir**

✦ **gagner la porte** s'en aller · partir · sortir

✦ **gagner le large** s'échapper · s'enfuir · partir

✦ **se laisser gagner par** céder à · se laisser envahir par · se laisser fléchir par

gai, e *adj.* **1 - joyeux** · allègre · badin · content · enjoué · folâtre · gaillard · guilleret · hilare · jovial · réjoui · rieur · souriant · **2 - ivre** · éméché · émoustillé · gris · parti *fam.* · pompette *fam.* · **3 - animé** · **4 - amusant** · comique · divertissant · drôle · rigolo *fam.* · **5 -** [surtout au négatif] **réjouissant** · agréable · drôle · encourageant · plaisant · rose · folichon *fam.* · marrant *fam.* · **6 - éclatant** · riant · vif · **7 - homosexuel** · gay

✦ **très gai** gai comme un pinson

gaiement *adv.* **1 - joyeusement** · allègrement · jovialement · plaisamment · **2 - volontiers** · de bon cœur · avec entrain

gaieté *n.f.* **1 - joie** · allégresse · enjouement · entrain · exultation · hilarité · belle, bonne humeur · jovialité · jubilation · rires · liesse *littér.* · alacrité *rare* · **2 - humour** · ironie · sel

✦ **mettre en gaieté** amuser · égayer · réjouir

✦ **de gaieté de cœur** volontiers · de bon gré · de bonne grâce · volontairement

[1]**gaillard, e** *adj.* **1 - vigoureux** · alerte · allègre · dispos · frais · fringant · sain · solide · vaillant ·

valide • vert • vif • ingambe *littér.* • **2** – [humeur] **enjoué** • gai • guilleret • jovial • joyeux • **3** – [allure] **décidé** • ferme • **4** – [propos] **cru** • coquin • égrillard • épicé • gaulois • gras • graveleux • grivois • léger • leste • libre • licencieux • osé • poivré • polisson • rabelaisien • salé

²gaillard *n.m.* • gars *fam.* • bonhomme *fam.* • lascar *fam.* • loustic *fam.* • type *fam.* • zèbre *fam.* • bougre *fam., vieilli* • coquin *vieilli* • drôle *vieilli* • luron *vieilli*

gaillardement *adv.* • allègrement • avec entrain • avec bonne humeur • courageusement • gaiement • hardiment • joyeusement • vaillamment

gaillardise *n.f.* **1** – **gauloiserie** • grivoiserie • polissonnerie • gaudriole *fam.* • **2** – **paillardise**

gain *n.m.* **1** – **avantage** • bénéfice • fruit • intérêt • produit • profit • rapport • rendement • **2** – **revenu** • argent • appointements • émoluments • honoraires • rémunération • rétribution • salaire • solde • traitement • **3** – **économie** • **4** – **accroissement** • acquisition • agrandissement • augmentation

✦ **appât du gain** lucre

gain, profit, bénéfice

Les trois mots concernent un avantage pécuniaire ou matériel obtenu de diverses manières. Le terme général de **gain** renvoie à ce que l'on acquiert par un travail, par une activité quelconque ou par le jeu *(des gains modestes, considérables ; les gains d'un ouvrier, d'un chef d'entreprise ; l'appât du gain).* **Profit** se dit d'un gain en argent tiré d'une vente, d'un placement, de biens immobiliers, etc. *(profit financier, foncier, usuraire, des profits énormes ; une source de profit).* **Bénéfice**, plus spécialisé, désigne un gain financier obtenu à partir d'opérations boursières, de la vente de marchandises, etc. *(dégager des bénéfices, bénéfice net, brut, participation aux bénéfices).*

gaine *n.f.* **1** – **enveloppe** • étui • fourreau • housse • **2** – **ceinture** • corset • **3** – **piédestal** • sellette • socle • **4** – [d'horloge] **caisse** • coffre

gainer *v.tr.* • mouler • épouser

gala *n.m.* • cérémonie • fête • réception • réjouissance • spectacle

galant, e

▪ *adj.* **1** – **attentionné** • chevaleresque • courtois • délicat • empressé • prévenant • **2** – **libertin** • érotique • **3** – [vieilli] **élégant** • coquet • fin

▪ *n.m.* **amant** • amoureux • cavalier • chevalier servant • soupirant

✦ **galant homme** gentleman • homme d'honneur • gentilhomme *littér.*

galanterie *n.f.* **1** – **politesse** • amabilité • bonnes manières • civilité • courtoisie • délicatesse • gentillesse • politesse • prévenance • respect • **2** – **séduction** • coquetterie • cour • marivaudage • **3** – **compliment** • douceur • baratin *fam.* • **4** – [vieilli] **aventure (galante)** • fredaine • histoire d'alcôve • intrigue • liaison • passade

coquetterie

galaxie *n.f.* • univers • nébuleuse

galbe *n.m.* **1** – **courbe** • arrondi • cintrage • courbure • panse • **2** – **forme** • contour • ligne • profil

galbé, e *adj.* • arrondi • cambré • courbe • pansu • renflé

gale *n.f.* **1** – **grattelle** *pop.* • rogne *pop.* • **2** – **peste** • poison • teigne • vipère • chameau *fam.*

galère *n.f.* 1 - **trière** · trirème · galéasse · galiote · prame · 2 - **mésaventure** · guêpier · piège · traquenard · 3 - [plur.] **bagne** · travaux forcés · 4 - **enfer**

galerie *n.f.* 1 - **passage** · corridor · couloir · [à colonnes] péristyle · portique · [vitrée] véranda · 2 - **souterrain** · boyau · tunnel · [de mine] albraque · descenderie · taille · travers-banc · bovette *région.* · 3 - **balcon** · accourse · loge · loggia · jubé · tribune · triforium · 4 - [au théâtre] **paradis** · poulailler *fam.* · 5 - **assistance** · auditoire · monde · public · spectateurs · témoins · 6 - **musée** · collection · 7 - **porte-bagages**

galérien *n.m.* · forçat

galet *n.m.* 1 - **caillou** · 2 - **roulette**

galetas *n.m.* 1 - **bouge** · réduit · taudis · gourbi *fam.* · 2 - [vieux] **combles** · grenier · mansarde

galette *n.f.* 1 - [de pommes de terre] crique · rösti · [de maïs] **tortilla** · [de froment] crêpe *région.* · fouace *région.* · 2 - [fam.] → **argent**

galeux, -euse

▪ *adj.* **décrépit** · lépreux · sale

▪ *n.* **paria** · lépreux · pestiféré

galimatias *n.m.* · charabia · embrouillamini · fatras · imbroglio · jargon · sabir · amphigouri *littér.* · baragouin *fam.*

galipette *n.f.* · culbute · cabriole · roulade · roulé-boulé

galoche *n.f.* 1 - **sabot** · 2 - **brodequin**

galon *n.m.* 1 - **ruban** · brandebourg · ganse · passement · extrafort · lézarde · soutache · 2 - **centimètre** · 3 - **grade** · chevron · ficelle *fam.* · sardine *fam.*

galop *n.m.* **galopade**

✦ **galop d'essai** canter

galopade *n.f.* 1 - **chevauchée** · 2 - **course**

galoper *v. intr.* 1 - **se dépêcher** · courir · se hâter · cavaler *fam.* · 2 - **s'emballer**

galopin *n.m.* · chenapan · garnement · polisson · vaurien *péj.*

galvanisation *n.f.* · métallisation · argenture · chromage · dorure · nickelage · zingage

galvaniser *v.tr.* 1 - **animer** · électriser · enflammer · enthousiasmer · entraîner · exalter · exciter · réveiller · stimuler · 2 - **métalliser** · argenter · chromer · dorer · nickeler · zinguer

galvauder *v.tr.* 1 - **gâcher** · gaspiller · perdre · 2 - **avilir** · abaisser · compromettre · dégrader · déshonorer · flétrir · salir · souiller · ternir

⋙ **se galvauder** *v.pron.* **se dégrader** · s'abaisser

gambade *n.f.* · bond · cabriole · entrechat · saut

gambader *v.intr.* · batifoler · bondir · cavalcader · danser · s'ébattre · folâtrer · sauter · sautiller

gamberger *v.intr.* [fam.] → **réfléchir**

gamelle *n.f.* 1 - **boîte à lunch** *Québec* · 2 - [Mar.] **carré** · mess · 3 - [fam.] → **chute**

gamin, e

▪ *n.* **enfant** · petit · gosse *fam.* · mioche *fam.* · môme *fam.* · mouflet *fam.* · moutard *fam.* · titi *fam.* · morveux *fam., péj.* · gone *fam., région.* · minot *fam., région.* · pitchoun *fam., région.*

▪ *adj.* **1 - enfantin** · immature · puéril · bébête *fam.* · **2 - espiègle** · farceur · malicieux · mutin

gaminerie *n.f.* **1 - enfantillage** · puérilité · **2 - espièglerie** · facétie

gamme *n.f.* **1 - ligne** · collection · éventail · palette · panoplie · spectre · **2 - série** · succession

✦ **haut de gamme** supérieur · luxueux · de luxe

✦ **bas de gamme** bon marché · cheap *fam.*

gang *n.m.* · bande · cohorte · groupe

ganglion *n.m.* · renflement · grosseur

gangrène *n.f.* **1 - nécrose** · mortification · putréfaction · **2 - mal** · chancre · cancer · corruption · décomposition · destruction · pourriture

gangrener *v.tr.* · empoisonner · corrompre · dénaturer · infecter · pervertir · pourrir · ronger · souiller · vicier

gangster *n.m.* **1 - malfaiteur** · bandit · voleur · truand · **2 - crapule** · brigand · canaille · filou · pirate · fripouille *fam.* · forban *littér.* · gredin *vieilli*

gangstérisme *n.m.* · banditisme · criminalité

gangue *n.f.* · enveloppe

ganse *n.f.* **1 - cordon** · cordonnet · extra-fort · nervure · passement · ruban · **2 - tirant** · attache

gant *n.m.* · mitaine · moufle

✦ **gant de toilette** carré-éponge · débarbouillette *Québec* · lavette *Suisse*

garage *n.m.* **1 - stationnement** · **2 - box** · parking · **3 - remise** · dépôt

garant, e *n.* **1 - caution** · assurance · gage · garantie · sûreté · **2 - preuve** · témoignage · **3 - protecteur** · défenseur · gardien

✦ **être, se porter garant de** assurer · avaliser · cautionner · couvrir · garantir · répondre de · se porter fort pour *Admin.*

garantie *n.f.* **1 - engagement** · signature · **2 - aval** · caution · **3 - gage** · arrhes · cautionnement · consignation · couverture · dépôt · hypothèque · nantissement · warrant · **4 - assurance** · précaution · sûreté *littér.*

garantir *v.tr.* **1 - promettre** · répondre de · **2 - affirmer** · assurer · attester · certifier · confirmer · jurer · soutenir · **3 - cautionner** · avaliser · couvrir · se porter garant de · répondre de · se porter fort pour *Admin.* · **4 - authentifier** · certifier · légaliser · valider · **5 - préserver** · assurer · abriter · couvrir · défendre · immuniser · prémunir · protéger · sauvegarder · sauver

»» **se garantir de** *v.pron.* **1 - se mettre à l'abri de** · se garder de · se garer de *fam.* · **2 - se prémunir contre** · parer à

garantir, préserver

Garantir et **préserver** ont pour point commun l'idée de mettre quelqu'un ou quelque chose à l'abri d'un danger, d'un risque. Avec **garantir**, on évoque plutôt la protection et un principe de précaution, le risque pouvant être mineur *(se couvrir pour se garantir du froid, contre le froid ; se garantir des risques d'un échec).* **Préserver** suppose l'existence d'un risque plus sérieux et insiste sur la prévoyance : « Je ne crois pas du tout à la guigne et crois que c'est s'en préserver que de se refuser à y croire » (Gide, *Journal, 9 février 1943*). Le risque encouru peut être abstrait *(préserver de l'oubli)*.

garce *n.f.* · peste · chipie · poison · sorcière · teigne · vipère · chameau *fam.* · salope *très fam.*

garçon *n.m.* **1 - fils** · enfant · rejeton *fam.* · **2 - homme** · gars *fam.* · mec *fam.* · type *fam.* · **3 - célibataire** · vieux garçon

+ **beau, joli garçon** apollon · adonis · éphèbe · beau gosse *fam.*
+ **garçon de café** serveur · barman
+ **garçon de courses** coursier · chasseur · groom · livreur
+ **garçon d'écurie** lad · palefrenier

[1]**garde** *n.f.* **1 - conservation** · défense · préservation · protection · soin · **2 - surveillance** · **3 - escorte** · milice · troupe

+ **poste de garde** guérite
+ **tour de garde** faction · guet · surveillance · veille · [Mar.] quart
+ **sous bonne garde** **1 - en sûreté** · **2 - sous bonne escorte**
+ **de garde** **1 - de service** · d'astreinte · de permanence · **2 - en faction**
+ **sur ses gardes** sur le qui-vive · aux aguets
+ **être en garde, sur ses gardes** faire attention · se méfier · se défier · ne dormir que d'un œil · se protéger · faire gaffe *fam.* · se précautionner *vieilli*
+ **mettre en garde** alerter · avertir · prévenir
+ **mise en garde** avertissement · conseil
+ **prendre garde à, que** **1 - faire attention à, que** · faire gaffe à, que *fam.* · **2 - s'apercevoir de** · s'aviser de · noter · observer · remarquer · **3 - s'assurer que** · avoir l'œil à · s'efforcer de · s'occuper de · tâcher de · veiller à ce que
+ **prendre garde de, que** craindre · éviter de, que · se défier de · s'abstenir de · se garder de · se méfier de

[2]**garde** *n.* **1 - conservateur** · dépositaire · **2 - gardien** · sentinelle · surveillant · veilleur · vigile · **3 - gardien (de prison)** · geôlier *vieilli ou littér.* · garde-chiourme *fam.* · maton *fam.*

+ **garde des Sceaux** ministre de la Justice
+ **garde du corps** **1 - gorille** *fam.* · [collectif] protection rapprochée · escorte · **2 -** [Hist. rom.] licteur · prétorien

garde, gardien

Le **garde** et le **gardien** sont tous deux chargés de la protection, de la surveillance d'un lieu, d'une personne ou de choses. Employé seul et presque toujours au masculin, **garde** a les valeurs de *sentinelle (plusieurs gardes surveillaient le dépôt de munitions)* ou de *geôlier (le prisonnier a trompé la vigilance des gardes)*. Il désigne en particulier celui qui assure la protection et la sécurité d'une personnalité ; on parle alors de *garde du corps*. **Gardien** recouvre les emplois de **garde** dans certains contextes *(le gardien des détenus, poster des gardiens aux portes d'un entrepôt)* mais les a étendus à d'autres domaines *(un gardien d'immeuble, de musée, de jardin public, de phare, de parking)*. En outre, il peut s'appliquer à un animal *(ce chien est un excellent gardien de troupeau)* et se dit au figuré *(être le gardien des libertés, de la Constitution)*.

[3]**garde** *n.* **infirmier** · garde-malade · [femme] nurse *vieilli*

+ **garde d'enfants** baby-sitter *anglic.*

garde-chiourme *n.m.* • gardien • geôlier • surveillant • maton *argot* • argousin *vieux*

garde-corps *n.m. invar.* • garde-fou

garde-feu *n.m. invar.* • pare-feu • pare-étincelles

garde-fou *n.m.* **1 - barrière** • balustrade • bastingage • filière • garde-corps • parapet • rambarde • **2 - protection** • rempart

garde-malade *n.* • infirmier

garder *v.tr.*
I 1 - conserver • entreposer • [un objet volé] receler • **2 - détenir** • tenir sous sa garde, sous bonne garde • [contre son gré] séquestrer • **3 - maintenir** • tenir • **4 - économiser** • épargner • mettre de côté • réserver
II 1 - veiller sur • surveiller • **2 - défendre** • préserver • protéger • sauvegarder
III observer • pratiquer • respecter
⋙ **se garder de** *v.pron.* **1 - s'abstenir de** • éviter de • prendre garde de • **2 - se méfier de** • se défier de • **3 - éviter** • se défendre de • se garantir de • se prémunir contre • se préserver de • se précautionner contre *vieilli*

garderie *n.f.* • crèche • jardin d'enfants • pouponnière

garde-robe *n.f.* **1 - penderie** • **2 - vêtements**

gardien, -ienne *n.* **1 - garde** • sentinelle • veilleur • vigile • **2 - garant** • conservateur • défenseur • protecteur • tuteur • **3 - dépositaire** • détenteur • consignataire • magasinier
✦ **gardien de but** goal • portier
✦ **gardien de prison** surveillant • maton *fam.* • garde-chiourme *vieux* • geôlier *vieilli*
✦ **gardien de la paix** agent de police • policier • flic *fam.* • poulet *argot*
✦ **gardien d'immeuble** concierge • guichetier • huissier • portier • cerbère *plaisant*
✦ **gardien de troupeau** berger • bouvier • chevrier • dindonnier • porcher • vacher • cow-boy • gardeur • gardian *(en Camargue)* • pasteur *littér.*
☞ garde

gardiennage *n.m.* • surveillance • télésurveillance • garde

gare *n.f.* • station • arrêt

garer *v.tr.* **parquer** • ranger
⋙ **se garer** *v.pron.* **stationner**
✦ **se garer de** **1 - se protéger de** • s'abriter de • se défendre de • se garantir de • se prémunir contre • se préserver de • **2 - éviter** • esquiver

gargantuesque *adj.* • pantagruélique • abondant • copieux • énorme • monumental • plantureux

gargariser de (se) *v.pron.* • se délecter de • se régaler de • savourer

gargarisme *n.m.* • collutoire

gargote *n.f.* • auberge • taverne • bouiboui *fam.* • cabaret *vieilli*

gargouillement *n.m.* **1 - gargouillis** • glouglou *fam.* • **2 - borborygme**

gargouillis *n.m.* → **gargouillement**

garnement *n.m.* • galopin *fam.* • coquin • diable • fripon • polisson •

vaurien · voyou · affreux jojo *fam.* · sacripant *fam.* · chenapan *vieilli* · gredin *fam., vieilli*

garnir *v.tr.* 1 - **approvisionner** · fournir · munir · pourvoir · 2 - **remplir** · bourrer · emplir · farcir · 3 - **rembourrer** · doubler · capitonner · fourrer · matelasser · ouatiner · 4 - **occuper** · combler · remplir · 5 - **agrémenter** · border · décorer · embellir · encadrer · enjoliver · étoffer · ornementer · orner · parer · [Couture] passementer · soutacher

garniture *n.f.* 1 - **ornement** · accessoire · assortiment · parure · [Couture] bordure · broderie · passementerie · volant · 2 - **renfort** · protection · 3 - **couche** · change · protection · serviette · 4 - [Cuisine] **accompagnement** · 5 - [Mar.] **armement** · gréement

garrigue *n.f.* · lande · maquis

garrotter *v.tr.* 1 - **ligoter** · attacher · 2 - **museler** · bâillonner · enchaîner

gars *n.m.* 1 - **homme** · garçon · individu · bonhomme *fam.* · gaillard *fam.* · mec *fam.* · type *fam.* · 2 - **fils** · fiston *fam.*

gasconnade *n.f.* · fanfaronnade · forfanterie · vantardise · hâblerie *littér.*

gaspillage *n.m.* · gâchis · coulage · dépense · dilapidation · dissipation · gabegie · perte

gaspiller *v.tr.* 1 - **gâcher** · galvauder · perdre · 2 - **dépenser** · dévorer · dilapider · dissiper · engloutir · jeter par la fenêtre · manger · prodiguer · claquer *fam.* · craquer *fam.* · croquer *fam.*

gaspiller, dissiper, dilapider

Gaspiller, **dissiper** et **dilapider** renvoient à l'action de faire un mauvais emploi de biens, matériels ou non. **Gaspiller**, c'est dépenser sans discernement *(gaspiller de l'argent en achats superflus)*, consommer inutilement ou de manière incomplète *(gaspiller de l'électricité, de l'eau, de la nourriture)*. **Dissiper** a une valeur plus forte et s'emploie pour des biens importants qui sont en partie ou totalement dépensés *(dissiper un patrimoine, ses revenus)*. **Dilapider** renchérit encore, insistant sur le caractère inconsidéré et excessif des dépenses *(dilapider une fortune, un héritage)*. On relève une progression analogue dans les emplois figurés des trois verbes *(gaspiller ses forces, dissiper son talent, dilapider son temps)*.

gaspilleur, -euse *n. et adj.* · dépensier · dilapidateur · dissipateur · prodigue · flambeur *fam.*

gastrique *adj.* · stomacal

gastronome *n.m.* · gourmet · gourmand · fine gueule *fam.*
gourmand

gastronomie *n.f.* · cuisine · art culinaire · table

gastronomique *adj.* · culinaire

gâté, e *adj.* 1 - **détérioré** · pourri · [dent] carié · malade · 2 - **choyé** · dorloté · 3 - **capricieux**

gâteau *n.m.* 1 - **pâtisserie** · 2 - **entremets**

✦ **gâteau sec** biscuit

gâter *v.tr.*

I 1 - **endommager** · abîmer · détériorer · 2 - [la nourriture] **altérer** · aigrir · avarier · corrompre · pourrir · putréfier

II 1 - **gâcher** · compromettre · massacrer · saboter · 2 - **empoi-**

sonner · gâcher · gangrener · infecter · vicier · **3 - défigurer** · déparer · enlaidir · entacher · flétrir · **4 - pervertir** · corrompre · déformer · dégrader · dépraver · fausser · frelater
III 1 - cajoler · câliner · choyer · couver · dorloter · chouchouter *fam.* · **2 - combler** · pourrir *fam.*

»» **se gâter** *v.pron.* **1 - s'abîmer** · s'aigrir · s'avarier · blettir · se décomposer · s'éventer · moisir · se piquer · pourrir · tourner · **2 - se détériorer** · s'aggraver · s'assombrir · se brouiller · se dégrader · **3 - mal tourner** · s'envenimer · barder *fam.* · chauffer *fam.* · tourner au vinaigre *fam.*

gâterie *n.f.* **1 - cajolerie** · caresse · chatterie · **2 - sucrerie** · chatterie · douceur · gourmandise

gâteux, -euse *adj.* **sénile** · décrépit · retombé en enfance · gaga *fam.* · ramolli *fam.*

✦ **être gâteux** ne plus avoir toute sa tête · sucrer les fraises *fam.*

gâtisme *n.m.* · sénilité · abêtissement · abrutissement · ramollissement

gauche *adj.* **1 - maladroit** · balourd · inhabile · malhabile · lourdaud · nigaud · pataud · emmanché *fam.* · empaillé *fam.* · empoté *fam.* · godiche *fam.* · **2 - embarrassé** · contraint · empêché · emprunté · gêné · laborieux · lourd · pesant · piteux · timide · **3 - dévié** · gauchi · oblique · tordu · **4 -** [Mar.] **bâbord**

gauchement *adv.* · maladroitement · malhabilement

gaucherie *n.f.* **1 - maladresse** · lourdeur · inhabileté *littér.* · **2 - embarras** · timidité · **3 - impair** · balourdise · bourde · maladresse · pas de clerc *littér.* · gaffe *fam.*

gauchir

▪ *v.intr.* **se courber** · se déformer · dévier · jouer · gondoler · se tordre · travailler · se voiler

▪ *v.tr.* **déformer** · biaiser · dévier · fausser · tordre · voiler

gauchissement *n.m.* · déformation · altération · travail

gaudriole *n.f.* **1 - → gaillardise** · **2 - → débauche**

gaufrer *v.tr.* · cloquer

gaule *n.f.* **1 - perche** · **2 - canne à pêche**

gaulois, e *adj.* **1 - celte** · **2 - égrillard** · coquin · cru · épicé · gaillard · gras · graveleux · grivois · leste · licencieux · osé · pimenté · poivré · polisson · rabelaisien · salé

gauloiserie *n.f.* · gaillardise · grivoiserie · paillardise · polissonnerie · gaudriole *fam.*

gausser (se) *v.pron.* · se moquer · s'amuser · plaisanter · railler · ridiculiser · se rire · charrier *fam.*

gaver *v.tr.* **1 - gorger** · rassasier · saturer · repaître *littér.* · bourrer *fam.* · **2 - engraisser** · embecquer

»» **se gaver** *v.pron.* · se bourrer · bâfrer *fam.* · bouffer *fam.* · s'empiffrer *fam.* · se goinfrer *fam.*

gavroche *n.m.* · gamin · titi *fam.* · poulbot *fam.*

gay *n.m.* → **homosexuel**

gaz *n.m invar.* **1 - fluide** · **2 - émanation** · exhalaison · fumée · fumerolle · vapeur · **3 -** [souvent au plur.] **flatuosité** · vent · flatulence *littér.* · pet *fam.* · prout *fam.*

gaze *n.f.* **1 - mousseline** · voile · **2 - compresse**

gazéifier *v.tr.* • sublimer • vaporiser

gazer *v.tr.* 1 - **asphyxier** • intoxiquer • 2 - [Techn.] **flamber**

gazette *n.f.* 1 - **journal** • revue • canard *fam.* • feuille de chou *fam.* • 2 - **chronique** • 3 - **bavard** • commère • concierge • potinière *vieux*

gazeux, -euse *adj.* • pétillant

gazoduc *n.m.* • pipeline

gazon *n.m.* • herbe • pelouse • pré • verdure

gazouillement *n.m.* 1 - **pépiement** • chant • gazouillis • ramage *littér.* • 2 - **babil** • babillage • gazouillis • lallation • areu-areu *fam.* • 3 - **susurrement** • bruissement • chuchotement • chuchotis • gazouillis • murmure

gazouiller *v.intr.* 1 - **pépier** • chanter • jaser • ramager • 2 - **babiller** • 3 - **bruire** • chuchoter • murmurer • susurrer

gazouillis *n.m.* → **gazouillement**

géant, e

▪ *n.* 1 - [Mythol.] **monstre** • cyclope • ogre • titan • 2 - **colosse** • hercule • titan • malabar *fam.* • 3 - **génie** • héros • surhomme • 4 - **superpuissance** • supergrand *fam.*

▪ *adj.* **colossal** • cyclopéen • énorme • gigantesque • grand • immense • titanesque • méga *fam.*

géhenne *n.f.* 1 - **enfer** • 2 - **douleur** • calvaire • martyre • souffrance • supplice • torture

geignard, e *adj. et n.* • plaintif • dolent • gémissant • larmoyant • pleurnichard • pleurnicheur

geignement *n.m.* 1 - **plainte** • cri • gémissement • pleur • soupir • 2 - **lamentation** • complainte • jérémiade • récrimination

geindre *v.intr.* 1 - **gémir** • chouiner *fam.* • 2 - **se lamenter** • se plaindre • pleurer • pleurnicher • récriminer

gel *n.m.* 1 - **givre** • glace • verglas • 2 - **gelée** • 3 - **blocage** • arrêt • immobilisation • interruption • suspension

gelé, e *adj.* 1 - **transi** • engourdi • glacé • gourd • 2 - **glacial** • froid • glacé

gelée *n.f.* 1 - **glace** • gel • verglas • [au plur.] frimas • 2 - **gélatine** • blanc-manger • 3 - **confiture** • 4 - **gel** • pâte

geler

▪ *v.intr.* 1 - **se congeler** • se figer • se prendre en glace • se solidifier • [sang] se coaguler • 2 - **avoir froid** • cailler *très fam.* • peler *très fam.*

▪ *v.tr.* 1 - **transir** • congeler • frigorifier • glacer • 2 - **gêner** • glacer • paralyser • pétrifier • réfrigérer • refroidir • tétaniser • 3 - **arrêter** • bloquer • immobiliser • interrompre • suspendre

gélule *n.f.* • capsule • cachet

gelure *n.f.* • engelure • froidure

gémination *n.f.* 1 - **doublement** • redoublement • répétition • 2 - **mixité**

géminé, e *adj.* 1 - **double** • doublé • gémellé • jumeau • jumelé • redoublé • répété • 2 - **mixte**

gémir *v.intr.* 1 - **crier** • geindre • se plaindre • chouiner *fam.* • 2 - se

lamenter · larmoyer · se plaindre · pleurer · pleurnicher · récriminer · **3 - grincer** · crisser

gémissant, e *adj.* · plaintif · geignard · larmoyant · pleurnichard · pleurard

gémissement *n.m.* **1 - plainte** · cri · geignement · pleur · soupir · **2 - jérémiade** · lamentation · récrimination · doléance *littér.*

gemme *n.f.* **1 - pierre** · joyau · **2 - résine**

gênant, e *adj.* **1 - encombrant** · embarrassant · **2 - inconfortable** · incommode · malcommode *vieilli* · **3 - déplaisant** · désagréable · embarrassant · ennuyeux · pénible · emmerdant *très fam.* · **4 - contraignant** · assujettissant · **5 - envahissant** · fâcheux · gêneur · importun · incommodant · indiscret · pesant

gendarme *n.m.* **1 - brigadier** · garde (mobile) · cogne *pop.* · pandore *fam., vieux* · **2 - virago** · furie · **3 - gardien**

gendarmer (se) *v.pron.* · s'emporter · se fâcher · s'irriter · monter sur ses grands chevaux

gendarmerie *n.f.* · maréchaussée *plaisant*

gendre *n.m.* · beau-fils

gêne *n.f.* **1 - difficulté** · embarras · **2 - désavantage** · ennui · frein · handicap · incommodité · inconvénient · obstacle · **3 - dérangement** · contrainte · charge · entrave · nuisance · **4 - confusion** · embarras · froid · malaise · trouble · **5 - pauvreté** · besoin · embarras · privations · dèche *fam.* · mouise *fam.* · panade *fam.*

✦ **sans gêne** cavalier · désinvolte · effronté · familier · impoli

gêné, e *adj.* **1 - mal à l'aise** · mal dans sa peau · confus · embarrassé · intimidé · **2 - affecté** · contraint · emprunté · gauche · **3 - désargenté** *fam.* · à court *fam.* · fauché *fam.* · raide *fam.* · dans la dèche *fam.* · dans la mouise *fam.* · impécunieux *littér.*

généalogie *n.f.* **1 - ascendance** · descendance · filiation · lignée · **2 - pedigree** · **3 -** [Biol.] **phylogenèse**

gêner *v.tr.* **1 - serrer** · brider · empêtrer · engoncer · **2 - encombrer** · embarrasser · obstruer · **3 - oppresser** · angoisser · tourmenter · **4 - déranger** · déplaire à · ennuyer · importuner · incommoder · indisposer · embêter *fam.* · emmerder *très fam.* · empoisonner *fam.* · **5 - handicaper** · bloquer · brider · contraindre · contrarier · désavantager · entraver · empêcher · nuire à · faire obstacle à · paralyser · restreindre · mettre des bâtons dans les roues à · **6 - mettre mal à l'aise** · décontenancer · embarrasser · intimider · troubler · **7 -** [sans complément] **être de trop**

»» **se gêner** *v.pron.* **se contraindre** · s'en faire *fam.*

[1]**général, e** *adj.*

I 1 - global · d'ensemble · synoptique · **2 - collectif** · générique

II 1 - courant · constant · commun · habituel · ordinaire · **2 - unanime** · total · universel · **3 - dominant** · partagé · répandu

III large · générique

✦ **en général** communément · à l'accoutumée · classiquement · couramment · d'habitude · d'une manière générale · d'ordinaire · en règle générale · généralement ·

habituellement • le plus souvent • normalement • ordinairement • traditionnellement • usuellement

général, générique, collectif

Ce qui est commun à un ensemble peut être qualifié de **général**, **générique** ou **collectif**. **Général**, opposé à *particulier*, s'applique à ce qui réunit la totalité des éléments d'un ensemble *(une grève générale, une assemblée générale, la répétition générale ; un mouvement général)*. **Générique**, dans le vocabulaire didactique, est le contraire de *spécifique* et s'applique à ce qui est commun à un *genre* entier *(le nom générique d'une plante)*. On réserve **collectif** à ce qui concerne un certain nombre de choses, de personnes, par opposition à *individuel (participer à une réflexion collective, l'inconscient collectif, être victime d'une hallucination collective)*.

²général, e *n.* • chef • capitaine

généralement *adv.* • communément • à l'accoutumée • classiquement • couramment • d'habitude • d'ordinaire • en général, d'une manière générale • habituellement • le plus souvent • normalement • ordinairement • en règle générale • traditionnellement • usuellement

généralisation *n.f.* **1 - extension** • développement • propagation • **2 - banalisation** • démocratisation • diffusion • popularisation • vulgarisation • **3 - extrapolation** • induction

généraliser *v.tr.* **1 - étendre** • extrapoler • systématiser • universaliser • **2 - répandre** • étendre • propager • **3 - banaliser** • démocratiser • diffuser • populariser • vulgariser

»» **se généraliser** *v.pron.* **1 - se répandre** • s'étendre • se propager • **2 - se banaliser** • se démocratiser • se diffuser • se populariser • se vulgariser

généraliste *n.* • interniste • médecin • omnipraticien

généralité *n.f.* **1 - totalité** • ensemble • **2 - majorité** • plupart • **3 - banalité** • cliché • lieu commun • platitude • poncif

générateur, -trice *adj.* • créateur • producteur • source

génération *n.f.* **1 - âge** • tranche d'âge • **2 - création** • engendrement • formation • genèse • production • **3 - procréation** • reproduction

générer *v.tr.* • causer • créer • déclencher • engendrer • produire • provoquer • être à l'origine de • être (à la) source de

généreusement *adv.* **1 - beaucoup** • en abondance • abondamment • amplement • copieusement • grassement • largement • libéralement • sans compter • à pleines mains • **2 - noblement** • chevaleresquement • magnanimement *littér.*

généreux, -euse *adj.*
I 1 - noble • altruiste • beau • désintéressé • élevé • fier • fort • grand • **2 - bienveillant** • bienfaisant • bon • charitable • chrétien • fraternel • gentil • humain • magnanime
II 1 - large • libéral • prodigue • magnifique *vieilli* • **2 - fécond** • fertile • productif • riche • **3 -** [vin] corsé • tonique
III 1 - abondant • copieux • inépuisable • intarissable • **2 - plantureux** • opulent

✦ **être très généreux** avoir le cœur sur la main • avoir un cœur d'or

générique *adj.* · commun · général

↝ **général**

générosité *n.f.* **1 - noblesse (de sentiments, de cœur)** · altruisme · abnégation · cœur · grandeur d'âme · désintéressement · dévouement · oubli de soi · magnanimité *littér.* · **2 - bienveillance** · bienfaisance · bonté · charité · clémence · humanité · indulgence · **3 - largesse** · libéralité · munificence *littér.* · magnificence *littér.* · prodigalité *péj.* · **4 - opulence** · grosseur · **5 - fécondité** · fertilité · richesse · **6 -** [souvent au plur.] **bienfait** · cadeau · don · largesse · libéralité

genèse *n.f.* · création · apparition · élaboration · formation · génération · gestation · origine · naissance

↝ **origine**

génétique *adj.* · héréditaire · atavique

gêneur, -euse *n.* · importun · indésirable · intrus · fâcheux *littér.* · casse-pieds *fam.* · emmerdeur *très fam.* · empêcheur de tourner en rond *fam.* · empoisonneur *fam.* · enquiquineur *fam.* · plaie *fam.* · raseur *fam.*

génial, e *adj.* **1 - de génie** · astucieux · ingénieux · lumineux · **2 - sensationnel** · fabuleux · fantastique · formidable · fort · chouette *fam.* · dément *fam.* · du tonnerre *fam.* · extra *fam.* · géant *fam.* · super *fam.*

génie *n.m.* **1 - divinité** · dieu · démon · djinn · dragon · éfrit · elfe · esprit · fée · gnome · lutin · ondin · sylphe · troll · **2 - caractère** · esprit · nature · spécificité · **3 - disposition** · art · capacité · don · instinct · talent · bosse *fam.* · **4 - prodige** · as *fam.* · crack *fam.* · lumière *fam.* · phénix *fam.*

↝ **talent**

génital, e *adj.* · sexuel · reproducteur

géniteur *n.m.* **1 - parent** · père · **2 - reproducteur**

génocide *n.m.* · ethnocide · extermination · massacre

genre *n.m.* **1 - classe** · espèce · famille · ordre · race · variété · **2 - sorte** · catégorie · espèce · nature · style · type · acabit *péj.* · **3 - allure** · air · apparence · aspect · attitude · extérieur · façons · manière · style · tenue · tournure · dégaine *fam.* · look *fam.* · touche *fam.*

✦ **genre humain** espèce humaine · humanité

gens *n.pl.* **1 - monde** · foule · public · **2 - personnes** · êtres humains

✦ **jeunes gens** adolescents · garçons

✦ **gens du pays** habitants · population

✦ **gens de lettres** auteurs · écrivains

✦ **gens de cour** **1 - courtisans** · **2 - suite**

✦ **gens du voyage** **1 - forains** · **2 - tziganes**

↝ **gens, personnes**

On emploie **gens** ou **personnes** pour désigner un ensemble d'individus pris collectivement. **Gens** renvoie à un nombre indéterminé d'hommes et de femmes *(les gens, la plupart des gens, des gens simples, honnêtes ; il y a beaucoup de gens dans les rues)*. Dans certains contextes, **gens** s'emploie pour parler d'une ou de plusieurs **personnes** *(tu vas déranger les gens avec ta radio)*, c'est-à-dire « les personnes qui sont là » ou « cet homme, ou cette femme, qui est là ». Personnes est en effet vieilli ou sorti d'usage quand il s'agit d'un nombre indéterminé, sauf quand il est qualifié *(les personnes âgées)* ou employé dans des domaines spécialisés *(personnes à charge, personnes morales)*. Personnes reste vivant pour désigner un nombre déterminé d'individus *(trente personnes faisaient la queue devant le magasin)*.

gent *n.f.* · espèce · famille · race

[1]**gentil** *n.m.* · infidèle · mécréant · païen

[2]**gentil, -ille** *adj.* **1 - aimable** · affable · attentionné · complaisant · délicat · empressé · fin *Québec* · généreux · obligeant · prévenant · sympathique · chic *fam.* · sympa *fam.* · **2 - doux** · tendre · **3 - obéissant** · mignon · sage · tranquille · **4 - joli** · agréable · aimable · beau · charmant · coquet · gracieux · mignon · plaisant · gentillet *souvent péj.* · **5 -** [fam., somme] **important** · coquet *fam.* · joli *fam.* · rondelet *fam.*

gentilhomme *n.m.* **1 - noble** · **2 - gentleman** · (grand) seigneur · galant homme · homme d'honneur

gentilhommière *n.f.* · château · manoir

gentillesse *n.f.* **1 - amabilité** · affabilité · attention · bonne grâce · complaisance · délicatesse · douceur · empressement · obligeance · prévenance · serviabilité · aménité *littér.* · **2 - bienveillance** · bonté · générosité · indulgence

gentiment *adv.* **1 - aimablement** · **2 - sagement** · tranquillement

gentleman *n.m.* · homme d'honneur · galant (homme) · gentilhomme *littér.*

génuflexion *n.f.* **1 - agenouillement** · prosternation · **2 - adulation** · adoration · flatterie · obséquiosité · servilité

geôle *n.f.* · cellule · cachot · prison

geôlier, -ière *n.* · gardien · surveillant · garde-chiourme *fam.* · maton *argot* · porte-clefs *vieilli*

géomètre *n.* · arpenteur

géométrique *adj.* · exact · mathématique · précis · régulier · rigoureux

gérance *n.f.* · administration · gestion · régie

gérant, e *n.* **1 - administrateur** · agent · directeur · dirigeant · gestionnaire · mandataire · régisseur · responsable · **2 -** [d'immeuble] **syndic** · **3 -** [de bar, d'hôtel] **directeur** · patron *fam.* · taulier *fam.* · tenancier *Admin. ou péj.*

gerbe *n.f.* **1 - botte** · bouquet · faisceau · **2 -** [d'étincelles] **fusée** · **3 -** [d'eau] **colonne**

gercer *v.tr.* · crevasser · craqueler · fendiller · fendre

gerçure *n.f.* · crevasse · craquelure · entaille · excoriation · fendillement · fissure · rhagade · [sur arbre, pierre] gélivure

gérer *v.tr.* **1 - administrer** · conduire · diriger · gouverner · piloter · régir · driver *fam.* · manager *fam.* · **2 - organiser** · user de · utiliser · **3 - manier** · manipuler

germe *n.m.* **1 - bactérie** · microbe · virus · **2 - embryon** · **3 - origine** · cause · commencement · fondement · point de départ · principe · racine · semence · source

germer *v.intr.* · se développer · se former · éclore · se faire jour · naître

germination *n.f.* · développement · formation · naissance

gésir *v.intr.* **1 - être étendu** · **2 - se trouver** · se loger · se nicher · résider

gestation *n.f.* **1 - grossesse** · **2 - genèse** · conception · élaboration · formation · mise au point · préparation

[1]**geste** *n.m.* **1 - mouvement** · signe · mimique · pantomime · **2 - action** · acte

[2]**geste** *n.f.* · épopée · cycle · exploits

gesticuler *v.intr.* · s'agiter · bouger · remuer · se trémousser · gigoter *fam.*

gestion *n.f.* **1 - administration** · conduite · direction · gérance · gouvernance · gouvernement · management · **2 - intendance** · organisation · **3 - maniement** · manutention

gestionnaire *n.* · gérant · administrateur · intendant

gestuelle *n.f.* · gestualité · gestuaire · gestique

gibbeux, -euse *adj.* **1 - arrondi** · bosselé · **2 - bossu** · voûté

gibbosité *n.f.* · bosse · cyphose

gibecière *n.f.* · sac · carnassière · carnier · sacoche

gibet *n.m.* **1 - potence** · **2 - pendaison**

gibier *n.m.* **1 - proie** · **2 -** [gros] **venaison**

✦ **gibier de potence** criminel · filou · voyou · homme de sac et de corde

giboulée *n.f.* · averse · grain · ondée · pluie

giclée *n.f.* · jet

gicler *v.intr.* **jaillir** · fuser

✦ **gicler sur** éclabousser · doucher *fam.*

gifle *n.f.* **1 - soufflet** · baffe *fam.* · beigne *fam.* · calotte *fam.* · claque *fam.* · mandale *fam.* · taloche *fam.* · tape *fam.* · tarte *fam.* · torgnole *fam.* · **2 - affront** · humiliation · vexation · avanie *littér.* · camouflet *littér.* · nasarde *vieux ou littér.*

gifler *v.tr.* **1 - claquer** *fam.* · calotter *fam.* · talocher *fam.* · souffleter *littér.* · **2 - cingler** · fouetter

gigantesque *adj.* **1 - immense** · colossal · cyclopéen · démesuré · éléphantesque · énorme · géant · monumental · monstrueux · pharaonique · titanesque · **2 - énorme** · étonnant · fabuleux · fantastique · formidable · phénoménal · prodigieux · faramineux *fam.* · **3 - incommensurable** · insondable

gigot *n.m.* · cuissot · cuisse · gigue

gigoter *v.intr.* · remuer · s'agiter · frétiller · se trémousser

gigue *n.f.* [Cuisine] **cuisse** · cuissot · gigot

gilet *n.m.* **cardigan** · tricot

✦ **gilet de sauvetage** brassière

giration *n.f.* · révolution · rotation · tour

giratoire *adj.* · tournant · circulaire · rotatif · rotatoire

giron *n.m.* **1 - sein** · **2 - milieu**

girond, e *adj.* [surtout au fém.] bien en chair · dodu · grassouillet · replet

gisement *n.m.* **1 - couche** · amas · **2 - mine** · filon · veine · **3 - banc**

gitan, e *n.* • tsigane • bohémien • manouche *fam.* • romanichel *souvent péj.* • romano *souvent péj.*

[1]**gîte** *n.m.* **1 - habitation** • abri • demeure • logement • maison • refuge • toit • **2 -** [d'animal] **repaire** • antre • bauge • refuge • retraite • tanière • terrier • forme *vieux*

[2]**gîte** *n.f.* **1 - bande** • **2 - souille**

gîter *v.intr.* • résider • coucher • demeurer • habiter • loger

givre *n.m.* • frimas • gelée (blanche) • glace

givré, e *adj.* [fam.] → **fou**

glabre *adj.* **1 - imberbe** • lisse • nu • **2 - rasé**

glabre, imberbe

Glabre et **imberbe** évoquent l'absence de pilosité. **Glabre** qualifie une partie du corps humain dépourvue de poils parce qu'ils ont été ôtés par rasage ou épilation *(visage glabre, jambes glabres)* : « La face entièrement glabre (...) est de la couleur d'un énorme fromage blanc » (Léon Bloy, *le Désespéré*). À la différence de **glabre**, **imberbe** s'applique au visage, le plus souvent d'un jeune homme, dont l'absence de pilosité est naturelle *(un visage rasé est glabre, mais il n'est pas imberbe).*

glaçage *n.m.* **1 - lissage** • lustrage • satinage • **2 - nappage**

glaçant, e *adj.* • glacé • froid • glacial • réfrigéré

glace *n.f.*
I 1 - givre • gelée blanche • verglas • **2 - banquise** • iceberg • glacier • sérac
II crème glacée • sorbet
III 1 - vitre • carreau • verre • vitrage • **2 - miroir** • psyché
✦ **de glace** de marbre • froid • glacial • impassible • imperturbable • indifférent

glacé, e *adj.* **1 - gelé** • **2 - dur** • glacial • glaçant • réfrigérant

glacer *v.tr.*
I 1 - transir • engourdir • geler • refroidir • **2 - congeler** • geler • **3 - refroidir** • frapper • réfrigérer
II 1 - effrayer • figer • pétrifier • **2 - intimider** • réfrigérer
III 1 - calandrer • cirer • **2 - lustrer**

glacial, e *adj.* **1 - glaçant** • très froid • hivernal • polaire • sibérien • **2 - hostile** • dur • froid • glaçant • glacé • hautain • réfrigérant • sec • **3 - imperturbable** • de glace • de marbre • insensible • marmoréen *littér.*

glacier *n.m.* • mer de glace

[1]**glacis** *n.m.* • protection • rempart • talus

[2]**glacis** *n.m.* • vernis

glaire *n.f.* **1 - mucosité** • **2 - expectoration** • crachat

glaise *n.f.* • argile • marne

glaive *n.m.* • épée • lame

glaner *v.tr.* • récolter • butiner • grappiller • puiser • ramasser • recueillir

glapir *v. intr.* **1 - japper** • aboyer • **2 - crier** • brailler • hurler • gueuler *très fam.*

glapissement *n.m.* **1 - jappement** • aboiement • **2 - cri** • braillement • hurlement

glauque *adj.* **1 - verdâtre** • bleuâtre • **2 - blafard** • livide • **3 - malsain** • lugubre • sinistre • sordide • triste • craignos *fam.*

glissade *n.f.* • dérapage • chute

glissant, e *adj.* 1 - **fuyant** · insaisissable · 2 - **dangereux** · hasardeux · instable · précaire · risqué • [pente] savonneux

glissement *n.m.* 1 - **affaissement** · chute · éboulement · 2 - **évolution** · changement · modification · transformation · variation · dérapage *péj.*

glisser

▪ *v.tr.* 1 - **engager** · fourrer · insinuer · introduire · 2 - **donner** · couler · passer · remettre · filer *fam.* · 3 - **dire** · confier · insinuer · souffler

▪ *v.intr.* 1 - **patiner** · skier · 2 - **déraper** · chasser · patiner · riper · 3 - **coulisser** · 4 - **échapper** · se dérober · filer · tomber

+ **glisser dans** sombrer dans · s'abandonner à · s'enfoncer dans
+ **glisser sur** 1 - **effleurer** · courir sur · filer sur · passer sur · 2 - **éluder** · passer sur
+ **se laisser glisser** s'affaler · se laisser aller · se laisser couler · tomber

»» **se glisser** *v.pron.* **se couler** · entrer · se faufiler · s'infiltrer · s'insinuer · s'introduire · pénétrer

glissière *n.f.* · coulisse · zip *nom déposé*

global, e *adj.* 1 - **général** · d'ensemble · 2 - **entier** · complet · intégral · total · 3 - **mondial** · planétaire

globalement *adv.* · en bloc · dans l'ensemble · en gros *fam.*

globe *n.m.* 1 - **monde** · planète · terre · 2 - **boule** · rond · sphère · orbe *littér.*

+ **globe terrestre** mappemonde · planisphère
+ **globe céleste** sphère armillaire

globule *n.m.* **boulette** · bulle · grain

+ **globule blanc** leucocyte
+ **globule rouge** hématie

globuleux, -euse *adj.* 1 - **globulaire** · 2 - **saillant** · gros

gloire *n.f.*
I 1 - **célébrité** · notoriété · popularité · renom · renommée · réputation · 2 - **honneur** · lauriers · mérite
II 1 - **vedette** · célébrité · personnalité · star · 2 - **fleuron** · fierté · orgueil · ornement · succès
III 1 - **éclat** · grandeur · illustration · prestige · rayonnement · splendeur · lustre *littér.* • [Relig.] majesté · 2 - **auréole** · halo · nimbe · splendeur

+ **à la gloire de** à la louange de · à l'éloge de
+ **rendre gloire à** → glorifier

gloriette *n.f.* 1 - **tonnelle** · 2 - **volière**

glorieux, -ieuse *adj.* 1 - [personne] **célèbre** · brillant · fameux · grand · illustre · prestigieux · renommé · réputé · 2 - [événement, chose] **mémorable** · célèbre · éclatant · fameux · grand · illustre · magnifique · prestigieux · splendide · 3 - [vieilli] **fier** · important · orgueilleux · présomptueux · suffisant · superbe · vain · vaniteux · 4 - [Relig.] **élu** · saint

glorification *n.f.* · louange · apologie · célébration · éloge · exaltation · panégyrique *littér.*

glorifier *v.tr.* 1 - **louer** · célébrer · chanter · exalter · honorer · louanger · vanter · élever des autels à · rendre gloire à · rendre hommage à · 2 - **bénir** · adorer · 3 - **déifier** · diviniser · magnifier · apothéoser *vieux*

››› **se glorifier** *v.pron.* **s'applaudir** · s'enorgueillir · se flatter · se louer · se piquer · se prévaloir · se targuer · se vanter · se donner les gants (de)

gloriole *n.f.* · ostentation · orgueil · prétention · suffisance · vanité

glose *n.f.* · explication · annotation · commentaire · interprétation · note
commentaire

gloser *v.tr.* **1 - annoter** · commenter · éclaircir · expliquer · interpréter · traduire · **2 -** [sans complément, vieilli] **critiquer** · jaser · cancaner *fam.* · clabauder *fam.* · potiner *fam.*

glossaire *n.m.* · dictionnaire · lexique · vocabulaire
dictionnaire

gloussement *n.m.* **1 - caquet** · **2 - ricanement** · rire

glousser *v. intr.* **1 - caqueter** · **2 - ricaner** · pouffer

glouton, -onne *adj. et n.* · gourmand · goinfre · goulu · insatiable · vorace · bâfreur *fam.* · morfal *fam.* · goulafre *fam., région.* · gueulard *fam., région.* · avale-tout *vieux* · bouffe-tout *fam., vieux*

gloutonnerie *n.f.* · appétit · avidité · goinfrerie · gourmandise · voracité

glu *n.f.* **1 - colle forte** · **2 -** [fam.] **importun** · crampon *fam.* · pot de colle *fam.*

gluant, e *adj.* · collant · glutineux · poisseux · visqueux

gluant, visqueux

Gluant et **visqueux** qualifient tous deux ce qui est collant comme de la *glu* et, généralement, qui provoque des sensations désagréables. **Gluant** s'emploie pour ce qui adhère et colle fortement *(boue gluante)*. **Visqueux** renchérit sur le caractère poisseux et évoque un liquide épais qui s'écoule difficilement *(goudron, pétrole visqueux)* ; il a presque toujours une connotation péjorative *(la peau visqueuse du crapaud, écoulement visqueux d'une canalisation)*. Une gradation analogue existe dans l'usage figuré des deux mots *(un personnage gluant, une poignée de main visqueuse)*.

glume *n.f.* · balle

gnome *n.m.* **1 - esprit** · farfadet · lutin · **2 - nain** · avorton *fam., péj.* · demi-portion *fam., péj.* · nabot *fam., péj.*

gnomique *adj.* · sentencieux · proverbial

gnomon *n.m.* · cadran solaire

gnon *n.m.* → **coup**

gobelet *n.m.* · godet · chope · quart · tasse · timbale

gober *v.tr.* **1 - manger** · avaler · **2 - croire** · avaler *fam.*

goberger (se) *v.pron.* · prendre ses aises · se prélasser · faire bombance

gobeur, -euse *n.* → **crédule**

godelureau *n.m.* · freluquet · blanc-bec · gandin *vieilli*

goder *v.intr.* · pocher · grimacer · grigner · godailler *fam.*

godet *n.m.* **1 - gobelet** · timbale · **2 -** [fam.] **verre** · canon *fam.* · pot *fam.* · **3 - auge** · auget

godiche *adj.* → **gauche**

godillot *n.m.* **1 - brodequin** · **2 -** → **chaussure**

goémon *n.m.* · algue · fucus · varech

gogo *n.m.* → **naïf**

gogo (à) *loc. adv.* • à discrétion • à foison • à profusion • en quantité • à satiété • à souhait • à volonté • en veux-tu en voilà *fam.*

goguenard, e *adj.* • moqueur • gouailleur • ironique • narquois • railleur • sarcastique

goinfre *n.m.* • glouton • goulu • gourmand • vorace • bâfreur *fam.* • morfal *fam.* • goulafre *fam., Belgique, Nord* • gueulard *fam., région.* • avale-tout *vieux* • bouffe-tout *fam., vieux*

goinfrer (se) *v.pron.* • se gaver • dévorer • engloutir • se repaître *littér.* • se bâfrer *fam.* • se bourrer *fam.* • s'empiffrer *fam.* • manger à s'en faire crever la panse, la sous-ventrière *fam.* • s'en mettre plein la gueule *très fam.*

goinfrerie *n.f.* • gloutonnerie • avidité • voracité

golfe *n.m.* • baie • anse

gommage *n.m.* **1 - effacement** • atténuation • estompage • **2 - exfoliation** • peeling *anglic.*

gomme *n.f.* • baume • résine

gommer *v.tr.* • effacer • atténuer • estomper • lisser • ôter • supprimer

gondoler *v. intr.* **se bomber** • se courber • se déformer • se déjeter • gauchir • se gonfler • jouer • travailler • se voiler

››› **se gondoler** *v.pron.* [fam.] → **rire**[1]

gonflable *adj.* • pneumatique

gonflé, e *adj.* **1 - bouffi** • boursouflé • enflé • soufflé • tuméfié • turgescent • **2 -** [fam.] → **effronté**

gonflé, enflé, bouffi, boursouflé

Les quatre mots ont en commun de qualifier une partie du corps, ou le corps entier, quand il augmente de volume, notamment sous l'effet d'un phénomène pathologique. **Gonflé** est le terme le plus général *(des orteils gonflés par le froid, des paupières gonflées après une nuit blanche, une cheville gonflée par une entorse)*. **Enflé** implique une augmentation anormale de volume *(œil tuméfié et enflé à la suite d'un coup ; cou enflé par un œdème)*. **Bouffi** renchérit sur l'excès de volume *(des yeux, des traits bouffis, un visage bouffi)*, souvent employé avec une nuance péjorative *(être bouffi de graisse)*. **Boursouflé** suppose l'*enflure* et la mollesse *(un visage boursouflé)* et s'emploie comme superlatif de **gonflé** et **enflé** : « Mains gourdes et enflées, des travailleurs de force (...) ; blafardes et boursouflées par l'eau, des plongeurs de restaurant » (Montherlant, *les Olympiques*).

gonflement *n.m.* **1 - gonflage** • **2 - bombement** • boursouflure • dilatation • distension • grossissement • **3 -** [Méd.] bouffissure • cloque • débordement • dilatation • empâtement • emphysème • enflure • fluxion • grosseur • hypertrophie • intumescence • œdème • renflement • tuméfaction • turgescence • tympanisme • tympanite • **4 - inflation** • augmentation • montée • **5 - exagération** • emphase

gonfler

▪ *v.tr.* **1 - bomber** • dilater • enfler • **2 - remplir** • [d'eau] gorger • **3 - ballonner** • bouffir • boursoufler • congestionner • dilater • distendre • enfler • tuméfier • **4 - exagérer** • amplifier • grossir • monter • surestimer • surfaire • **5 -** [fam.] → **agacer**

▪ *v.intr.* **1 - s'arrondir** • s'élargir • s'empâter • enfler • grossir • **2 -** [cours [d'eau] grossir · enfler · monter · **3 - fermenter** · lever · **4 - s'accroître** · s'arrondir · augmenter · croître · enfler · grossir

gongorisme *n.m.* · préciosité · affectation · cultisme · euphuisme · maniérisme · marinisme

gonorrhée *n.f.* · blennorragie · chaude-pisse *fam.*

goret *n.m.* **1 - cochonnet** · porcelet · pourceau *vieux ou littér.* · **2 -** [fam.] porc *fam.* · cochon *fam.*

gorge *n.f.* **1 - buste** · poitrine · sein(s) · **2 - gosier** · kiki *fam.* · **3 - canyon** · couloir · défilé · porte · vallée

↝ **défilé**

gorgée *n.f.* **1 - trait** · coup *fam.* · goulée *fam.* · lampée *fam.* · **2 - bouffée**

gorger *v.tr.* **1 - gaver** · bourrer · engraisser · rassasier · **2 - combler** · abreuver · couvrir · gaver · rassasier · remplir · repaître · saturer

⋙ **se gorger de** *v.pron.* **1 - se gaver de** · se bourrer de *fam.* · s'empiffrer de *fam.* · se goinfrer de *fam.* · **2 - se rassasier de** · se repaître de · se soûler de

gorille *n.m.* **1 - grand singe** · **2 -** [fam.] **garde du corps**

gosier *n.m.* · gorge

gosse *n.* → **enfant**

gouaille *n.f.* · goguenardise · persiflage · raillerie · verve

gouailleur, -euse *adj.* · moqueur · facétieux · goguenard · narquois · persifleur · railleur

gouape *n.f.* → **voyou**

goudron *n.m.* · bitume · asphalte · macadam · [de houille] coaltar

goudronner *v.tr.* · bitumer · asphalter · macadamiser

gouffre *n.m.* **1 - abîme** · précipice · fosse · puits · [calcaire] aven · bétoire · igue *région.* · tindoul *région.* · **2 - ruine** · catastrophe · désastre

goujat, e *n.* · malotru · grossier personnage · malappris · mufle · rustre · butor *vieilli ou plaisant* · gougnafier *fam.* · pignouf *fam.*

goujaterie *n.f.* · grossièreté · impolitesse · incorrection · indélicatesse · muflerie

goulet *n.m.* · couloir · chenal · passage

goulot *n.m.* · col · goulet *vieux*

goulu, e *adj. et n.* · glouton · avide · goinfre · gourmand · vorace · bâfreur *fam.* · morfal *fam.* · goulafre *fam., région.* · gueulard *fam., région.* · avale-tout *vieux* · bouffe-tout *fam., vieux*

goulûment *adv.* · avidement · gloutonnement · voracement

goupiller *v.tr.* [fam.] → **arranger**

goupillon *n.m.* **1 - aspersoir** · **2 - écouvillon**

gourbi *n.m.* **1 - cabane** · hutte · **2 - baraque** · bouge · réduit · taudis · cambuse *fam.* · galetas *fam.* · piaule *fam.*

gourd, e *adj.* · engourdi · ankylosé

↝ **ankylosé**

gourde *n.f.* **1 - courge** · **2 - bidon** · **3 -** [fam.] **bête** · idiot · imbécile · maladroit · niais · sot · buse *fam.* · corniaud *fam.* · cornichon *fam.* · crétin *fam.* · cruche *fam.* · godiche *fam.* · **4 -** [comme adj.] **gauche** · empoté

gourdin *n.m.* · matraque · bâton · massue · trique

gourmand, e *adj. et n.* **1 – goulu** · vorace · glouton · goinfre · **2 – gourmet** · gastronome · bec fin · fine bouche · fine gueule *fam.* · friand *vieux ou région.* · **3 –** [menu, étape, etc.] **gastronomique**

✦ **gourmand de** amateur de · amoureux de · assoiffé de · avide de · friand de · passionné de

✦ **trop gourmand** avide · cupide · exigeant · rapace

gourmand, gourmet, gastronome

Gourmand, gourmet et gastronome désignent un amateur de bonne chère. Le gourmand aime la bonne nourriture, mais ne sait parfois apprécier que quelques aliments *(être gourmand de pâtisseries)*. Le gourmet, connaisseur de cuisine et de vins, apprécie le raffinement des préparations *(goûter un plat en gourmet)*. Le gastronome a les qualités du gourmet et, de plus, sait préparer la bonne chère *(Brillat-Savarin, célèbre gastronome du XIXe siècle)*.

gourmander *v.tr.* · gronder · réprimander · sermonner · admonester *littér.* · chapitrer *littér.* · morigéner *littér.* · tancer *littér.* · engueuler *fam.* · houspiller *fam.*

gourmandise *n.f.* **1 – voracité** · gloutonnerie · goinfrerie · **2 – friandise** · douceur · chatterie *fam.* · gâterie *fam.*

gourmé, e *adj.* · affecté · apprêté · cérémonieux · compassé · empesé · grave · guindé · important · pincé · prétentieux

gourmet *n.m.* · gastronome · connaisseur · fine bouche · gourmand · fine gueule *fam.*

gourmand

gourou *n.m.* · maître à penser · mentor

gousse *n.f.* · cosse

cosse

goût *n.m.* **1 – saveur** · sapidité · **2 – envie** · appétit · désir · faim · **3 – attirance** · amour · attachement · attrait · cœur · engouement · faible · faiblesse · inclination · intérêt · penchant · prédilection · vocation

✦ **bon goût** élégance · chic · délicatesse · distinction · grâce · raffinement · recherche · bon ton

✦ **de mauvais goût** (de) mauvais genre · indélicat · vulgaire

✦ **au goût de, selon le goût de** au gré de · au bon plaisir de · au choix de · à la convenance de · à la façon de · à la fantaisie de · à la guise de · à la volonté de

✦ **au goût du jour** à la mode · en vogue · branché *fam.* · in *anglic.*

✦ **dans le goût de** dans le genre de · à la manière de · à la mode de · dans le style de

[1]**goûter** *v.tr.* **1 – déguster** · se délecter de · jouir de · savourer · **2 – éprouver** · ressentir · sentir · **3 – aimer** · apprécier · approuver · estimer · raffoler de · être amateur de · être fou de · priser *littér.*

✦ **goûter à, de** essayer · expérimenter · tâter de · toucher à *fam.*

[2]**goûter** *n.m.* · collation · quatre-heures *lang. enfants*

goûteux, -euse *adj.* · savoureux · délicieux · fameux · succulent

goutte *n.f.* **gouttelette** · globule · perle

✦ **couler, tomber goutte à goutte** dégouliner · s'égoutter · goutter

goutte-à-goutte *n.m. invar* · perfusion

goutter *v.intr.* · dégoutter · s'égoutter

gouttière *n.f.* **1 - chéneau** · **2 -** [Chir.] **attelle** · **3 -** [Anat.] **coulisse**

gouvernail *n.m.* **1 - barre** · timon *vieux* · **2 -** [Aviat.] **gouverne** · manche à balai *fam.*

gouvernant, e *adj. et n.* · dirigeant · responsable

gouvernante *n.f.* **1 - nurse** · bonne d'enfant · nourrice · **2 - bonne** · **3 - chaperon** · duègne

gouverne *n.f.* [Aviat.] gouvernail · empennage

gouvernement *n.m.* **1 - autorité(s)** · État · force publique · pouvoir (politique) · **2 - ministère** · conseil des ministres · cabinet *anciennt* · **3 - régime** · institution · système · **4 -** [vieux] **administration** · conduite · direction · gestion · management · maniement

gouvernemental, e *adj.* · ministériel

gouverner *v.tr.* **1 - piloter** · manœuvrer · être aux commandes de · tenir la barre de · tenir le gouvernail de · **2 - diriger** · administrer · commander · conduire · gérer · manier · mener · régir · régner sur · être aux leviers de • [sans complément] tenir les rênes du pouvoir · **3 - guider** · éduquer · élever · influencer · instruire · **4 - dominer** · mener · régenter · tenir en lisière *littér.* · **5 - maîtriser** · être maître de · freiner · refréner

gouverneur *n.m.* **1 - administrateur** · **2 -** [vieux] **précepteur** · mentor · régent · **3 -** [Antiquité] **satrape** · légat · proconsul · procurateur · tétrarque · vicaire · **4 -** [Islam] **bey** · dey · pacha · vali

grabataire *adj. et n.* · infirme

grabuge *n.m.* **1 - dispute** · querelle · **2 - dégât** · désordre · bagarre *fam.* · casse *fam.* · charivari *fam.* · vilain *fam.*

grâce *n.f.*

I 1 - faveur · avantage · bienfait · don · gracieuseté *littér.* · **2 - plaisir** · faveur · honneur

II 1 - amabilité · affabilité · aménité · bienveillance · bonté · douceur · gentillesse · **2 - indulgence** · miséricorde · pardon · pitié · **3 - aide** · assistance · secours · **4 -** [de Dieu] **bénédiction** · secours · **5 - amnistie** · pardon

III charme · agrément · attrait · beauté · délicatesse · élégance · finesse · goût · harmonie · joliesse · légèreté · vénusté *littér.*

✦ **bonnes grâces 1 - amitié** · bienveillance · **2 -** [d'une femme] **amour** · faveurs

✦ **état de grâce** illumination · inspiration

✦ **délai de grâce** sursis

✦ **de grâce** je vous en prie · je vous en supplie · pour l'amour du ciel

✦ **grâce à 1 - avec** · à l'aide de · au moyen de · moyennant · **2 - à cause de** · du fait de · par · par la faute de · par suite de

✦ **grâce à Dieu** par bonheur · heureusement · Dieu merci

✦ **de bonne grâce** de bon, plein gré · de gaieté de cœur · librement · volontiers · avec gentillesse

✦ **de mauvaise grâce à contrecœur** · à son corps défendant · contre sa volonté · contre son gré · de mauvais cœur · la mort dans l'âme

✦ **faire grâce à** **1 – pardonner** · absoudre · amnistier · excuser · gracier · **2 – dispenser** · épargner à · éviter à · exempter

❧ amnistie ❧ gré

gracier *v.tr.* · pardonner · absoudre · amnistier

gracieusement *adv.* **1 – poliment** · affablement · aimablement · courtoisement · civilement *littér.* · **2 – élégamment** · agréablement · délicatement · délicieusement · joliment · **3 – gratuitement** · bénévolement

gracieuseté *n.f.* **1 – amabilité** · attention · civilité · gentillesse · politesse · **2 – gratification** · cadeau · don

gracieux, -ieuse *adj.* **1 – attrayant** · beau · charmant · distingué · élégant · harmonieux · joli · mignon · plaisant · raffiné · **2 – aimable** · affable · agréable · avenant · bienveillant · charmant · civil · cordial · courtois · doux · empressé · engageant · gentil · poli · sympathique · accort *littér.* · amène *littér.* · **3 – bénévole** · gratuit · **4 –** [vieilli] **bienveillant** · bon · favorable

✦ **à titre gracieux** gratuitement · gratis *fam.* · gratos *fam.* · à l'œil *fam.*

gracile *adj.* · délicat · élancé · filiforme · fin · fluet · frêle · grêle · menu · mince

gradation *n.f.* **1 – accroissement** · augmentation · échelonnement · montée en puissance · progression · **2 – degré** · cran · échelon · étape · grade · palier · phase · stade

grade *n.m.* **1 – échelon** · catégorie · degré · niveau · rang · **2 –** [Univ.] **titre**

✦ **monter en grade** avoir de l'avancement · gravir un, les échelon(s) · prendre du galon *fam.*

❧ **grade, degré, échelon**

On emploie **grade, degré** ou **échelon** pour évoquer la position qu'occupe quelqu'un dans une hiérarchie. Le **grade** atteste un moment de la carrière d'un militaire, d'un enseignant, etc., membres des personnels de la fonction publique *(avoir le grade de lieutenant, d'agrégé)*. L'**échelon**, repère administratif, correspond à la position du fonctionnaire à l'intérieur d'un grade *(passer au 5e échelon)*. **Degré** est plus général et évoque la position qu'occupe un individu dans la société *(il a gravi tous les degrés de l'échelle sociale)*.

gradin *n.m.* **1 – degré** · banc · marche · **2 – étage** · palier · terrasse

✦ **en gradins** étagé

graduation *n.f.* **1 – division** · degré · repère · **2 – échelle**

graduel, -elle *adj.* · progressif · échelonné

graduellement *adv.* · progressivement · doucement · petit à petit · peu à peu · pas à pas · pied à pied · de proche en proche · de jour en jour · d'heure en heure

graduer *v.tr.* · échelonner · étager

graffiter *v.tr.* · inscrire · bomber · taguer

graffiti *n.m.pl.* · inscription · tag

graillon *n.m.* **1 – friture** · graisse · **2 – rogaton**

graillonner *v.intr.* · tousser · cracher

grain *n.m.*

I 1 – graine · semence · **2 – céréale**

II granulation · granule

III 1 – parcelle · corpuscule · fragment · morceau · particule · **2 –** [Pharm.] **granule** · pilule
IV averse · bourrasque · giboulée · ondée · pluie · tempête · tornade
✦ **grain de beauté** lentigo · lentille · nævus

graine *n.f.* **1 – semence** · grain · **2 – pépin** · amande · noyau

graissage *n.m.* · lubrification

graisse *n.f.* **1 – gras** · matière grasse · lipide · **2 – friture** · graillon · **3 –** [alimentaire] **beurre** · huile · lanoline · margarine · **4 –** [animale] **saindoux** · panne · spermaceti · suif · **5 –** [minérale] **paraffine** · vaseline · **6 – lubrifiant** · **7 – cambouis**
✦ **excès de graisse** adiposité · cellulite · embonpoint · obésité
✦ **graisse de porc** lard · panne · saindoux

graisser *v.tr.* **1 – huiler** · lubrifier · **2 – oindre** *littér.* · **3 – encrasser** · salir · tacher

graisseux, -euse *adj.* **1 – gras** · huileux · sale · **2 – adipeux**

[1]**grand, e** *adj.*
I 1 – élevé · élancé · haut · **2 – long** · **3 – large** · ample · étendu · spacieux · vaste · **4 – profond** · **5 –** [choix] **varié** · vaste
II 1 – essentiel · considérable · important · majeur · principal · **2 – intense** · fort · vif · violent · **3 – invétéré** · fieffé · gros · sacré *fam.* · **4 –** [péj.] **exagéré** · emphatique · grandiloquent
III 1 – influent · puissant · **2 – fameux** · excellent · glorieux · illustre · prestigieux · remarquable · réputé · supérieur · **3 – éminent** · magistral · talentueux · **4 – noble** · beau · élevé · généreux · magnifique
✦ **très grand** gigantesque · astronomique · colossal · démesuré · énorme · géant · immense · monumental · [personne] monté sur des échasses *fam.*
✦ **être assez grand pour** être de taille à · être capable de · être en état de

grand, spacieux, vaste

Grand, spacieux et vaste sont relatifs à une dimension, à une étendue importantes, supérieures à la moyenne. Avec **grand**, on insiste sur la seule dimension, sur la mesure *(une grande ville, un grand magasin, les grands boulevards)*. Spacieux évoque des lieux aménagés par l'homme où l'on a de l'espace, où l'on est à l'aise *(c'est un grand appartement aux pièces spacieuses, une voiture spacieuse)*. Vaste renchérit sur l'étendue *(une région de vastes forêts)*, et se dit aussi d'un bâtiment *(un vaste hangar)* ou, plus rarement, d'un vêtement *(enfiler un vaste pardessus)*.

[2]**grand** *n.m.* **1 – puissant** · magnat · **2 – noble** · aristocrate

grandement *adv.* **1 – beaucoup** · amplement · bien · énormément · extrêmement · fort · fortement · largement · puissamment · tout à fait · **2 – spacieusement** · **3 – fastueusement** · généreusement · princièrement · richement · royalement

grandeur *n.f.*
I 1 – dimension · amplitude · étendue · format · gabarit · mesure · taille · **2 – quantité** · valeur · variable · **3 – importance** · ampleur · intensité · magnitude · poids · portée
II 1 – gloire · force · influence · pouvoir · prestige · puissance · rayonnement · **2 –** [d'âme] **noblesse** · dignité · distinction · élévation · générosité · majesté · mérite · valeur · magnanimité *littér.*

»» **grandeurs** *plur.* **dignités** · distinctions · gloire · honneurs · pompe

✦ **folie des grandeurs** mégalomanie

grandiloquence *n.f.* · emphase · boursouflure · enflure · pompe · solennité

grandiloquent, e *adj.* · emphatique · ampoulé · boursouflé · déclamatoire · phraseur · pompeux · ronflant · solennel

grandiose *adj.* · majestueux · imposant · impressionnant · magnifique · monumental · royal

grandir

▪ *v.intr.* **1 – pousser** · s'allonger · croître · se développer · monter · [enfant] profiter *vieilli* · [trop vite] monter en graine · **2 – augmenter** · s'accroître · s'amplifier · croître · enfler · s'étendre · gonfler · grossir · s'intensifier · **3 –** [psychologiquement] **mûrir** · s'élever

▪ *v.tr.* **1 – hausser** · **2 – agrandir** · grossir · **3 – ennoblir** · élever · **4 – élever** · exalter · **5 – exagérer** · amplifier · dramatiser · grossir · outrer

»» **se grandir** *v.pron.* **s'élever** · se hausser

grandissant, e *adj.* · croissant

grand-mère *n.f.* **1 – aïeule** · mamie *fam.* · mémé *fam.* · mémère *fam., vieux* · grand-maman *fam., vieilli* · bonne maman *fam., vieilli* · **2 –** [péj.] **vieille** · aïeule · ancêtre · fossile *fam.* · mamie *fam.* · mémé *fam.*

grand-père *n.m.* **1 – aïeul** · papi *fam.* · papy *fam.* · pépé *fam.* · pépère *fam., vieux* · grand-papa *fam., vieilli* · bon papa *fam., vieilli* · **2 –** [péj.] **vieillard** · vieux · aïeul · ancêtre · croulant *fam.* · fossile *fam.* · géronte *littér.* · papi *fam.* · pépé *fam.* · barbon *vieux*

grands-parents *n.m.pl.* · aïeuls · aïeux · ascendants

grange *n.f.* · grenier · hangar · fenil · gerbier

granité, e *adj.* · granuleux · grenu

granulé, e

▪ *adj.* **granulaire** · granuleux

▪ *n.m.* **granule** · pilule

granuleux, -euse *adj.* **1 – granulaire** · **2 – granité** · granulé · grenu · papilleux

graphie *n.f.* **1 – écriture** · transcription · **2 – orthographe**

graphique *n.m.* · courbe · diagramme · tableau · tracé · [rond] camembert *fam.*

grappe *n.f.* · faisceau · groupe

grappiller *v.tr.* **1 – glaner** · cueillir · ramasser · recueillir · **2 – rogner** · gratter *fam.* · grignoter *fam.* · rabioter *fam.* · écornifler *fam., vieilli*

grappin *n.m.* · crampon · croc · crochet · harpon

gras, grasse *adj.* **1 – graisseux** · glissant · gluant · huileux · poisseux · visqueux · **2 – fort** · adipeux · bien en chair · charnu · corpulent · dodu · empâté · épais · étoffé · grassouillet · gros · obèse · pansu · plantureux · potelé · rebondi · replet · rond · rondelet · rondouillard *fam.* · **3 –** [sol] **fertile** · abondant · plantureux · **4 – égrillard** · cru · épicé · gaillard · gaulois · graveleux · grivois · grossier · licencieux · obscène · poivré · polisson · rabelaisien · salé

✦ **très gras** gras comme un moine, un chanoine · gros, rond comme une caille *fam.*
✦ **corps gras** lipide · graisse

grassement *adv.* · abondamment · amplement · confortablement · copieusement · généreusement · grandement · largement

grassouillet, -ette *adj.* · gras · dodu · potelé · replet · rond · rondelet · rondouillard *fam.*

gratifiant, e *adj.* · valorisant · satisfaisant

gratification *n.f.* **1 - cadeau** · avantage · don · libéralité · pourboire · gracieuseté *vieilli* · récompense • [en fin d'année] étrennes · **2 - commission** · arrosage · dessous de table · enveloppe · faveur · pot-de-vin · bakchich *fam.* · **3 - bonus** · allocation · indemnité · prime · guelte *vieux* · surpaye *vieux* · **4 -** [Psych.] **valorisation**

gratifier *v.tr.* **1 - donner à** · accorder à · allouer à · attribuer à · dispenser à · doter · octroyer à · cadeauter *fam., rare* · **2 - douer** · favoriser · nantir · affliger *plaisant* · **3 - imputer à** · attribuer à · **4 -** [iron.] **administrer** · donner · flanquer *fam.* · foutre *très fam.* · **5 -** [Psych.] **valoriser**

gratin *n.m.* · élite · crème · fine fleur · dessus du panier · gotha

gratis *adv.* → **gratuitement**

gratitude *n.f.* · reconnaissance · obligation

gratouiller *v.tr.* → **gratter**

gratte-ciel *n.m.* · tour · building
↝ **tour**

gratte-papier *n.m.* · bureaucrate *péj.* · plumitif *péj.* · rond-de-cuir *péj.* · scribouillard *fam., péj.*

gratter *v.tr.* **1 - racler** · gratouiller *fam.* · **2 - enlever** · effacer · **3 - fouiller** · remuer • [animal] fouir · **4 - démanger** · picoter · gratouiller *fam.* · **5 -** [fam.] → **économiser** · **6 -** [fam.] → **dépasser**

grattoir *n.m.* **1 - racloir** · **2 - décrottoir** · gratte-pieds · **3 - gratte-dos**

gratuit, e *adj.* **1 - non payant** · libre · gratis *fam.* · gratos *fam.* · **2 - bénévole** · désintéressé · gracieux · **3 - arbitraire** · absurde · hasardeux · immotivé · infondé · injustifié

gratuité *n.f.* · désintéressement

gratuitement *adv.* **1 - sans rien débourser** · gracieusement · pour rien · sans bourse délier *littér.* · gratis *fam.* · gratos *fam.* · pour pas un rond *fam.* · à l'œil *fam.* · aux frais de la princesse *fam.* · **2 - bénévolement** · gracieusement · pour l'honneur · pour rien · **3 - par jeu** · arbitrairement

gravats *n.m.pl.* · débris · décombres · déblais · plâtras

grave *adj.*
I bas · caverneux · profond
II 1 - solennel · digne · posé · réfléchi · réservé · sage · sérieux · **2 - compassé** · affecté · empesé · raide · rigide · gourmé *littér.* · **3 - imposant** · majestueux
III 1 - sévère · gros · important · lourd · sérieux · mortel • [rhume] carabiné *fam.* · **2 - critique** · alarmant · angoissant · dangereux · dramatique · inquiétant · préoccupant · redoutable · sérieux · tragique · **3 - cruel** · pénible · triste
↝ **sérieux**

graveleux, -euse *adj.* **1 - caillouteux** · pierreux · rocailleux ·

2 – **cru** · égrillard · épicé · gaillard · gaulois · gras · grivois · libre · licencieux · obscène · poivré · polisson · rabelaisien · salé

gravement *adv.* 1 – **solennellement** · dignement · posément · sérieusement · 2 – **dangereusement** · grièvement · sérieusement · sévèrement · 3 – **considérablement** · énormément · terriblement

gravement, grièvement

Gravement et **grièvement** sont l'un et l'autre dérivés de deux formes du même mot *(grave)*. **Grièvement** s'est spécialisé pour parler du caractère très sérieux d'une atteinte physique qui peut entraîner la mort ou de graves séquelles *(il est grièvement blessé, brûlé ; il a été grièvement atteint par balle)*. Au contraire, **gravement** s'emploie aussi bien dans le domaine physique *(être gravement malade, blessé)* que dans l'ordre du comportement *(compromettre gravement quelqu'un, manquer gravement à ses devoirs)*.

graver *v.tr.* 1 – **buriner** · sculpter · engraver *vieux* · [sur pierre] lithographier · 2 – **fixer** · enregistrer · imprimer · incruster · marquer · empreindre *littér.*

gravier *n.m.* · caillou · gravillon · ballast

gravillon *n.m.* · gravier

gravir *v.tr.* 1 – **escalader** · ascensionner · monter · grimper · 2 – **franchir**

gravitation *n.f.* · attraction · pesanteur · gravité *vieux*

gravité *n.f.* 1 – **sérieux** · austérité · componction · raideur · réserve · rigidité · sévérité · solennité · 2 – **importance** · acuité · étendue · poids · portée · sévérité · 3 – [vieux] **pesanteur** · attraction · gravitation

graviter *v.intr.*

✦ **graviter autour de** 1 – **tourner autour de** · être en orbite autour de · 2 – **fréquenter** · se mouvoir dans la sphère de

gravure *n.f.* 1 – **ciselure** · entaille · glyphe · nielle · 2 – **illustration** · estampe · photographie · planche · reproduction

gré *n.m.*

✦ **au gré de** au goût de · à la convenance de · au choix de · à la fantaisie de · au goût de · au bon plaisir de

✦ **de bon gré, de plein gré** de bonne grâce · de bon cœur · de gaieté de cœur · librement · volontairement · volontiers

✦ **de gré à gré** à l'amiable

✦ **contre son gré** à contrecœur · à son corps défendant · contre sa volonté · de mauvais cœur · la mort dans l'âme · malgré soi

✦ **savoir gré à** remercier · avoir de la gratitude pour · être reconnaissant à

de bon gré, de bonne grâce, de bon cœur

On accomplit quelque chose **de bon gré** lorsqu'on le fait avec bonne volonté *(se rallier de bon gré)*. **De bonne grâce** amplifie l'idée de disposition bienveillante, l'accent étant mis sur l'assentiment complet *(accepter une corvée, répondre de bonne grâce)*. **De bon cœur** renchérit sur les précédents, insistant sur la disposition favorable, le côté naturel et sincère *(rire, donner de bon cœur)*.

grec, grecque *adj. et n.* · hellène · hellénique

gredin, e *n.* **1 – → bandit** · **2 – → garnement**

gréement *n.m.* **1 – agrès** · **2 – garniture** · gréage

greffe *n.f.* **1 – greffon** · ente · **2 – transplantation**

greffer *v.tr.* **1 – enter** · **2 – transplanter** · **3 – ajouter** · insérer · introduire · enter *littér.*

⋙ **se greffer sur** *v.pron.* **s'ajouter à** · s'adjoindre à

grégaire *adj.* · moutonnier *péj.*

¹grêle *adj.* **1 – filiforme** · délié · élancé · fin · fluet · gracile · long · maigre · mince · **2 – faible** · délicat · fragile · menu · ténu

²grêle *n.f.* **1 – grêlon** · grésil · **2 – volée** · avalanche · bordée · cascade · chapelet · déluge · kyrielle · pluie

grelot *n.m.* · clochette · sonnette

grelotter *v. intr.* · frissonner · claquer des dents · trembler · trembloter

grenat *adj. invar.* · bordeaux · rouge · pourpre

grenier *n.m.* **1 – combles** · mansarde · **2 – grange** · fenil · pailler

grenouillage *n.m.* · intrigues · combines *fam.* · magouille *fam.* · tripotage *fam.*

grenouiller *v.intr.* · intriguer · magouiller *fam.*

grenu, e *adj.* · granité · granulé · granuleux · grené

grésillement *n.m.* **1 – crépitement** · **2 – friture** · parasites

grésiller *v.intr.* · crépiter · craquer · craqueler · pétiller

¹grève *n.f.* · rive · bord · plage · rivage

²grève *n.f.* · arrêt de travail · débrayage

grève, débrayage

Le point commun entre **grève** et **débrayage** est la cessation volontaire de travail, moyen de pression pour obtenir la satisfaction de revendications professionnelles. La **grève** correspond à une démarche collective organisée, préparée à l'échelle d'un groupe plus ou moins important de salariés *(faire grève, se mettre, être en grève, poursuivre la grève)*. Elle est inscrite dans un cadre législatif *(droit de grève)* et prend des formes diverses *(grève sur le tas, tournante, partielle, perlée, totale, grève générale)*. Le **débrayage** est une forme particulière de cessation du travail. Il est spontané, n'atteint pas l'ensemble d'un secteur d'activité et, la plupart du temps, est limité dans le temps *(le débrayage de plusieurs ateliers dans une entreprise métallurgique ; le débrayage a duré toute la matinée)*.

grever *v.tr.* **1 – charger** · accabler · frapper · imposer · surcharger · obérer *littér.* · **2 – alourdir** · affecter · hypothéquer · plomber *fam.*

gribouillage *n.m.* · gribouillis · barbouillage · griffonnage

gribouiller *v.tr. et intr.* · griffonner · barbouiller

gribouillis *n.m.* **→ gribouillage**

grief *n.m.* **doléance** · charge · plainte · récrimination · reproche

✦ **faire grief de** reprocher · blâmer de · tenir rigueur de

grièvement *adv.* · gravement · sérieusement · sévèrement

gravement

griffe *n.f.* **1 - ongle** · serre · **2 - crampon** · crochet · **3 - signature** · cachet · empreinte · estampille · étiquette · marque · sceau

griffer *v.tr.* · écorcher · égratigner · érafler · rayer • [fort] balafrer

griffonnage *n.m.* · barbouillage · gribouillage · gribouillis

griffonner *v.tr.* **1 - gribouiller** · barbouiller · **2 - écrire** · crayonner · dessiner · **3 - rédiger à la hâte** · jeter sur le papier

griffure *n.f.* · écorchure · éraflure · égratignure · griffe *Belgique* · rayure •[profonde] balafre

grignoter *v.tr.* **1 - ronger** · manger · gruger *Québec* · **2 - picorer** · manger du bout des lèvres · mangeotter *fam., rare* • [sans complément] chipoter · pignocher · **3 - gagner** · prendre · rattraper

grigou *n.m.* → **avare**

grigri *n.m.* · amulette · fétiche · mascotte · porte-bonheur · talisman

[1]**grillage** *n.m.* · treillage · claire-voie · clôture · treillis

[2]**grillage** *n.m.* · torréfaction

grille *n.f.* **1 - clôture** · barreaux · herse · **2 -** [TV, Radio] **programmation**

grille-pain *n.m. invar.* · toasteur

griller

▪ *v.tr.* **1 - rôtir** • [café] torréfier · **2 - dessécher** · racornir · brouir *vieilli ou région.* · **3 -** [cigarette] **fumer** · **4 -** [fam.] → **dépasser** · **5 -** [fam.] → **discréditer**

▪ *v.intr.* **1 - brûler** · flamber · cramer *fam.* · **2 -** [fam.] **bronzer** · cuire · dorer · rôtir *fam.*

✦ **griller de** être impatient de · être très désireux de · brûler de

grillon *n.m.* · cri-cri *fam.* · grillot *région.*

grimace *n.f.* **1 - moue** · mimique · rictus • [involontaire] tic · **2 -** [vieux] **affectation** · dissimulation · hypocrisie

✦ **faire la grimace** bouder · faire grise mine · faire la moue · se renfrogner

⋙ **grimaces** *plur.* **simagrées** · cérémonie(s) · façons · minauderies · mines · singeries · afféterie *littér.*

grimacer *v.intr.* **1 - faire la moue** · bouder · faire grise mine · se renfrogner · **2 -** [Couture] **goder** · grigner · pocher · godailler *fam.*

grimacier, -ière *adj.* **1 - grimaçant** · **2 -** [vieilli] **minaudier** · affecté · hypocrite · maniéré

grimage *n.m.* **1 - maquillage** · **2 - fard**

grimer *v.tr.* · maquiller · farder

grimpant, e *adj.* · montant

grimpée *n.f.* **1 - ascension** · escalade · montée · grimpette *fam.* · **2 - côte** · montée · grimpette *fam.*

grimper

▪ *v.tr.* **escalader** · gravir

▪ *v.intr.* **1 - s'élever** · monter · **2 - augmenter** · monter • [prix] flamber

✦ **grimper sur** monter sur · se jucher sur

grimpette *n.f.* → **grimpée**

grimpeur, -euse *n.* · alpiniste · ascensionniste · varappeur

grinçant, e *adj.* **1 - discordant** · dissonant · **2 - acerbe** · aigre · amer · caustique · mordant

grincement *n.m.* · crissement · couinement

grincer *v. intr.* · crisser · couiner *fam.*

grincheux, -euse *adj.* · acariâtre · bougon · hargneux · revêche · grognon *fam.* · râleur *fam.* · rogue *fam.* · ronchon *fam.* · ronchonneur *fam.* · rouspéteur *fam.*

gringalet, -ette *n.* · freluquet · avorton *fam.* · demi-portion *fam.* · minus *fam.* · moustique *fam.*

grippe *n.f.* · influenza

gripper *v.intr.* · se bloquer · s'arrêter · se coincer

gripper (se) *v.pron.* · se bloquer · se coincer

grippe-sou *n. et adj.* → **avare**

gris, grise *adj.*
I 1 - [nuances] **ardoise** · anthracite · cendré · cendreux · mastic · plombé · souris · tourterelle • [cheval] pinchard · **2 -** [cheveux] **argenté** · grisonnant · poivre et sel · **3 -** [temps] **couvert** · nuageux
II morne · grisâtre · maussade · monotone · morose · terne
III un peu ivre · entre deux vins · gai · éméché *fam.* · parti *fam.* · pompette *fam.*

grisaille *n.f.* · monotonie · morosité · tristesse

grisant, e *adj.* **1 - exaltant** · enivrant · enthousiasmant · excitant · **2 - capiteux** · enivrant · entêtant

grisant, capiteux, enivrant

Les trois adjectifs sont relatifs à ce qui provoque, physiquement ou psychiquement, un état d'excitation plus ou moins euphorique, comparable à l'effet de l'alcool. **Capiteux**, d'usage soutenu, qualifie ce qui, concrètement, stimule les sens *(un parfum, un vin capiteux)* ou les trouble *(une belle femme capiteuse)*. **Grisant** s'applique à ce qui excite physiquement *(l'odeur grisante d'une chevelure)*, et s'emploie surtout au figuré *(un succès grisant, un sentiment grisant de liberté)*. **Enivrant** évoque une sensation plus forte, proche de l'*ivresse* ; vieilli au sens propre, le mot est courant au figuré *(une pensée, un sentiment, une présence enivrante, un événement enivrant)*.

grisâtre *adj.* · terne · maussade · monotone · morose · triste

griser *v.tr.* **1 - soûler** · enivrer · étourdir · monter, porter à la tête, tourner la tête de · **2 - enthousiasmer** · enivrer · étourdir · exalter · exciter

griserie *n.f.* **1 - ivresse** · enivrement · étourdissement · **2 - exaltation** · enivrement · excitation · ivresse · vertige

grisonnant, e *adj.* · gris · argenté · poivre et sel

grivèlerie *n.f.* · fraude · resquille

grivois, e *adj.* · égrillard · coquin · croustillant · cru · épicé · gaillard · gaulois · gras · graveleux · léger · leste · libertin · libre · licencieux · osé · poivré · rabelaisien · salé · cochon *fam.*

grivoiserie *n.f.* · gaillardise · gauloiserie · licence · obscénité · gaudriole *fam.* · joyeuseté *fam.*

groggy *adj. invar.* **1 - étourdi** · k.-o. *fam.* · sonné *fam.* · **2 - épuisé** · éreinté · exténué · claqué *fam.* · crevé *fam.* · k.-o. *fam.* · lessivé *fam.* · pompé *fam.* · vanné *fam.* · vidé *fam.*

grogne *n.f.* · mécontentement · protestations · récriminations · rouspétances *fam.*

grognement *n.m.* 1 – [du chien] **grondement** • [du sanglier] grommellement • 2 – **grommellement** • bougonnement *fam.* • ronchonnement *fam.*

grogner *v.intr.* 1 – [chien] **gronder** • [sanglier] grommeler • 2 – **grommeler** • marmonner • pester • protester • maugréer *littér.* • bougonner *fam.* • grognonner *fam.* • râler *fam.* • ronchonner *fam.* • rouspéter *fam.*

grognon *adj. et n.* 1 – **acariâtre** • grincheux • pleurnicheur • bougon *fam.* • râleur *fam.* • rouspéteur *fam.* • 2 – **mécontent** • boudeur • maussade • morose • renfrogné • ronchon *fam.*

grommeler *v.tr. et intr.* • marmonner • grogner • murmurer • maugréer *littér.* • bougonner *fam.* • ronchonner *fam.*

grommellement *n.m.* • grognement • bougonnement *fam.* • ronchonnement *fam.*

grondement *n.m.* 1 – [de chien] **grognement** • [de sanglier] grommellement • 2 – [de tonnerre] **roulement**

gronder

▪ *v.intr.* 1 – [chien] **grogner** • [sanglier] grommeler • 2 – **tonner** • 3 – **menacer** • couver • 4 – [vieux ou littér.] **murmurer** • grogner • grommeler • protester • bougonner *fam.* • maronner *fam.* • râler *fam.* • rognonner *fam.* • ronchonner *fam.* • rouspéter *fam.*

▪ *v.tr.* **disputer** • se fâcher contre • gourmander • houspiller • rabrouer • réprimander • tempêter contre • tonner contre • admonester *littér.* • morigéner *littér.* • tancer *littér.* • attraper *fam.* • crier après *fam.* • engueuler *très fam.* • enguirlander *fam.* • passer un savon à *fam.* • savonner la tête à *fam.* • sonner les cloches à *fam.*

grondeur, -euse *adj.* 1 – **coléreux** • bougon • grincheux • grognon *fam.* • râleur *fam.* • ronchon *fam.* • rouspéteur *fam.* • 2 – **bruyant** • tonnant

groom *n.m.* • chasseur • commissionnaire *vieilli*

[1]gros, grosse

▪ *adj.*

I [physiquement, concrètement] 1 – **volumineux** • colossal • épais • important • large • massif • 2 – **corpulent** • bedonnant • boulot • courtaud • empâté • énorme • enveloppé • épais • fort • gras • imposant • massif • obèse • pansu • pesant • potelé • puissant • replet • rond • rondelet • trapu • ventripotent • ventru • en surcharge pondérale *(Méd.)* • membru *littér.* • maous *fam.* • 3 – **arrondi** • ample • bombé • charnu • épanoui • généreux • opulent • rebondi • renflé • 4 – [visage] **bouffi** • boursouflé • joufflu • 5 – [yeux] **globuleux** • saillant • 6 – [lèvres] **charnu** • épais • 7 – [femme] **enceinte** • [femelle] pleine • 8 – [mer, temps] **mauvais** • houleux

II [en intensité, importance] 1 – **fort** • intense • profond • violent • bon *fam.* • [baiser] appuyé • sonore • 2 – **considérable** • colossal • immense • important • maous *fam.* • 3 – **élevé** • éminent • haut • important • remarquable • 4 – **riche** • grand • important • influent • opulent • 5 – **grave** • énorme • lourd • sérieux

III **commun** • épais • grossier • ordinaire • rudimentaire • simple • solide • vulgaire

✦ **très gros** gros comme une barrique *fam.* · gros comme une vache *fam.*

▪ *n.* **mastodonte** · baleine · éléphant · hippopotame · poussah · patapouf *fam.*

[2]**gros** *adv.* · beaucoup · cher

✦ **le gros de** la masse de · la plupart de · l'essentiel de

✦ **le plus gros** l'essentiel · le plus important · le principal

✦ **en gros** 1 – **dans l'ensemble** · en bloc · globalement · 2 – **en abrégé** · en bref · en résumé · schématiquement · sommairement · en substance · 3 – **approximativement** · grossièrement · grosso-modo *fam.* · à la louche *fam.* · à vue de nez *fam.*

grossesse *n.f.* 1 – **gestation** · gravidité · 2 – **maternité**

grosseur *n.f.* 1 – **corpulence** · bouffissure · embonpoint · épaisseur · générosité · obésité · opulence · rondeur · rotondité *littér.* · 2 – **dimension** · calibre · circonférence · diamètre · épaisseur · format · gabarit · largeur · taille · volume · 3 – **abcès** · bosse · boule · bourrelet · enflure · excroissance · gonflement · tumeur

grossier, -ière *adj.*
I 1 – **brut** · commun · ordinaire · brut de fonderie *fam.* · brut de décoffrage *fam.* · 2 – **rudimentaire** · élémentaire · primitif · 3 – **approximatif** · imprécis · rapide · sommaire
II 1 – **imparfait** · informe · mal fini · ni fait ni à faire · 2 – **sans grâce** · épais · gros · lourd · massif · mastoc *fam.* · 3 – **maladroit** · gros · peu subtil · cousu de fil blanc
III 1 – **discourtois** · butor · effronté · familier · impoli · incivil · incorrect · indélicat · inélégant · insolent · 2 – **vulgaire** · choquant · cru · dégoûtant · inconvenant · malhonnête · ordurier · trivial · malséant *littér.* · malsonnant *littér.* · 3 – **gaulois** · obscène · poivré · salé · cochon *fam.*
IV 1 – **balourd** · mal dégrossi · lourdaud · rustaud · rustre · 2 – **béotien** · philistin · 3 – [littér.] **inculte** · barbare · fruste · primitif · rude · rustique · sauvage · 4 – [littér.] **bestial** · animal · bas · charnel · sensuel

✦ **femme grossière** harengère · poissarde

✦ **grossier personnage** goujat · malotru · mufle · rustre · pignouf *fam.* · butor *vieilli ou plaisant* · malappris *vieilli* · ostrogoth *vieilli*

grossièrement *adv.* 1 – **approximativement** · en gros · grosso-modo *fam.* · à la louche *fam.* · à vue de nez *fam.* · 2 – **imparfaitement** · schématiquement · sommairement · à la va-vite · 3 – **lourdement** · beaucoup · sacrément *fam.* · 4 – **impoliment** · effrontément · discourtoisement *vieilli* · 5 – **vulgairement** · trivialement

grossièreté *n.f.*
I 1 – **vulgarité** · inconvenance · obscénité · trivialité · 2 – **gros mot** · incongruité · obscénité · ordure · saleté · cochonceté *fam.* · cochonnerie *fam.* · 3 – **injure** · insulte · 4 – **impolitesse** · goujaterie · inconvenance · incorrection · insolence · muflerie
II [vieux ou littér.] **barbarie** · brutalité · rudesse · rusticité

grossir

▪ *v.intr.* 1 – **forcir** · se développer · prendre du poids · prendre des kilos · profiter · [trop] s'alourdir · engraisser · (s')épaissir · s'empâter · enfler · faire du lard *fam.* · 2 – **croître** · gonfler · monter · **3 - se dilater** · s'arrondir · s'élargir · enfler · gonfler · se tuméfier · **4 - augmenter** · s'amplifier · se développer · enfler · s'étendre · grandir

▪ *v.tr.* **1 - agrandir** · élargir · **2 - accroître** · augmenter · enfler · enrichir · étendre · renforcer · **3 - exagérer** · amplifier · dramatiser · forcer · outrer

grossissement *n.m.* **1 - augmentation** · accroissement · agrandissement · développement · extension · **2 - dilatation** · gonflement · **3 - exagération** · amplification

grosso modo *loc. adv.* → **en gros**

grotesque *adj.* · ridicule · absurde · bouffon · burlesque · caricatural · extravagant · risible · saugrenu · loufoque *fam.*

grotesquement *adv.* · absurdement · ridiculement

grotte *n.f.* · caverne · cavité · excavation · baume *vieux, Sud-Est* · [d'animal] antre

grouillant, e *adj.* · populeux

grouillement *n.m.* · fourmillement · foisonnement · pullulement

grouiller *v.intr.* **fourmiller** · abonder · foisonner · pulluler

⋙ **se grouiller** *v.pron.* [fam.] → **se dépêcher**

groupe *n.m.*

I 1 - association · collectif · groupement · réunion • [fermé] cénacle · cercle · école · chapelle *péj.* · clique *péj.* · coterie *péj.* · gang *péj.* · **2 - communauté** · collectivité · nation · société • [ethnique] phratrie · clan · tribu · ethnie · race · **3 -** [Sport] **équipe** · formation · **4 - bande** · bataillon · brochette · chapelet · constellation · escadron · escouade · essaim · grappe · peloton · pléiade · régiment · tribu · troupe

II catégorie · classe · division · ensemble · espèce · famille · ordre · section · sorte

III 1 - complexe · ensemble · **2 - consortium** · holding · trust · **3 - collection** · ensemble

✦ **groupe de travail** atelier · commission · comité

✦ **groupe armé** commando · brigade

✦ **groupe de mots** expression · locution

✦ **groupe de pression** lobby

groupement *n.m.*

I association · bloc · coalition · confédération · fédération · formation · front · ligue · organisation · rassemblement · syndicat · union

II 1 - assemblage · arrangement · disposition · **2 - accumulation** · concentration · rassemblement · regroupement · réunion

grouper *v.tr.* **1 - amasser** · accumuler · agglomérer · assembler · collectionner · masser · rassembler · réunir · unir · **2 - classer** · organiser · ranger · répartir · **3 - apparier** · accoupler · **4 - bloquer** · concentrer · condenser

⋙ **se grouper** *v.pron.* **1 - s'associer** · s'assembler · se coaliser · se fédérer · se liguer · se regrouper · se réunir · s'unir · **2 - s'agglomérer** · s'attrouper · se réunir

gruger *v.tr.* [fam.] → **duper**

gué *n.m.* · passage

guenille *n.f.* · chiffon · chiffe · loque

⋙ **guenilles** *plur.* · haillons · défroque · hardes · loques · oripeaux · nippes *fam.*

~ **haillons**

guêpier *n.m.* • piège • souricière • traquenard

guère *adv.* 1 - **presque** • pratiquement • 2 - **à peine** • médiocrement • pas beaucoup • peu • presque pas • 3 - **rarement** • presque jamais • presque pas

guéri, e *adj.* • rétabli • debout • remis • d'aplomb *fam.* • sur pied *fam.* • retapé *fam.*

✦ **guéri de** délivré de • revenu de • vacciné contre *fam.*

guérillero *n.m.* • franc-tireur • maquisard • partisan • pistolero

guérir

▪ *v.intr.* 1 - **se rétablir** • aller mieux • être en convalescence • en réchapper • recouvrer la santé • récupérer • se remettre • sortir de maladie • se remettre d'aplomb *fam.* • se retaper *fam.* • s'en sortir *fam.* • s'en tirer *fam.* • 2 - **(se) cicatriser** • se fermer • se refermer

▪ *v.tr.* 1 - **sauver** • arracher à la maladie, à la mort • remettre sur pied • remettre d'aplomb *fam.* • 2 - **désintoxiquer** • 3 - **cicatriser** • refermer • 4 - **adoucir** • apaiser • calmer • consoler • pallier • remédier à • soulager • 5 - [qqn de] **corriger** • délivrer • débarrasser • faire passer le goût (de ...) à

⋙ **se guérir** *v.pron.* **se rétablir** • s'en tirer *fam.*

✦ **se guérir de** se corriger de • se débarrasser de • se délivrer de • en finir avec

guérison *n.f.* 1 - **rétablissement** • [inespérée] résurrection • 2 - **cicatrisation** • apaisement • cessation

guérissable *adj.* • curable

guérisseur, -euse *n.* 1 - **magnétiseur** • rebouteux • 2 - **sorcier** • charlatan *péj*

guérite *n.f.* 1 - **poste de garde** • guitoune *fam.* • 2 - **échauguette** • échiffe • poivrière • 3 - **abri**

guerre *n.f.* 1 - **conflit** • combat(s) • conflagration • embrasement • hostilités • lutte armée • 2 - [péj.] **carnage** • boucherie *fam.* • casse-pipe *fam.* • 3 - **campagne** • croisade • expédition • 4 - **combat** • bataille • lutte • bagarre *fam.* • 5 - **hostilité** • dispute • inimitié • querelle • guéguerre *fam.*

✦ **état de guerre** belligérance

✦ **guerre sainte** croisade

✦ **guerre éclair** blitz

✦ **guerre civile** émeute • insurrection • révolte • révolution • soulèvement • jacquerie *(Hist.)*

✦ **guerre de partisans** guérilla

✦ **en guerre** (**avec qqn**) à couteaux tirés

✦ **faire la guerre à** 1 - **combattre** • guerroyer contre • 2 - **lutter contre** • donner la chasse à • chasser

guerrier, -ière

▪ *adj.* 1 - **militaire** • 2 - **martial** • 3 - **combatif** • belliqueux • va-t-en-guerre *fam.*

▪ *n.* 1 - **combattant** • militaire • soldat • 2 - **conquérant** • capitaine • 3 - **belliciste** • épervier • faucon • va-t-en-guerre *fam.*

guerroyer *v.intr.* 1 - **faire la guerre** • combattre • 2 - **lutter** • batailler • se battre

guet *n.m.* **surveillance** • faction • garde

✦ **faire le guet** être de faction • surveiller • ouvrir l'œil • être aux aguets

guet-apens *n.m.* **1 - attaque** · attentat · embuscade · embûche *vieux.* · **2 - piège** · traquenard

guêtre *n.f.* · jambière · chausse · houseau

guetter *v.tr.* **1 - épier** · surveiller · [sans complément] faire le guet · **2 - attendre** · être à l'affût de · convoiter · guigner

guetteur, -euse *n.* · veilleur · factionnaire · sentinelle

gueulard, e *adj.* → **criard**

gueule *n.f.* **1 - bouche** · gosier · **2 - boîte** · **3 -** [fam.] → **visage** · **4 -** [fam.] → **allure**

gueuler *v.tr. et intr.* → **crier**

gueuleton *n.m.* → **festin**

gueuletonner *v.intr.* → **festoyer**

gueux, gueuse *n.* **1 - mendiant** · clochard · indigent · misérable · miséreux · nécessiteux · pauvre · pouilleux · traîne-misère · vagabond · va-nu-pieds · **2 - vaurien** · brigand · coquin · malandrin *littér.* · fripon *vieux*

guichet *n.m.* **1 - billetterie** · distributeur (de billets) · **2 - caisse** · **3 - judas**

guidage *n.m.* · pilotage · aiguillage · orientation

[1]**guide** *n.* **1 - accompagnateur** · cicérone *vieilli ou plaisant* · cornac *fam.* · **2 - conseiller** · conducteur · directeur · gouverneur · mentor · [surtout Relig.] berger · pasteur · gourou

[2]**guide** *n.m.* **1 - manuel** · abrégé · aide-mémoire · indicateur · mémento · mode d'emploi · notice · résumé · synopsis · vade-mecum · **2 - fil conducteur** · boussole · flambeau *littér.* · **3 - glissière**

guider *v.tr.* **1 - conduire** · mener · piloter · cornaquer *fam.* · **2 - commander** · diriger · déterminer · gouverner · mener · **3 - télécommander** · radioguider · téléguider · **4 - conseiller** · éclairer · éduquer · inspirer · orienter · **5 - aiguiller** · mettre sur la voie · orienter

»» **se guider sur** *v.pron.* **1 - prendre pour repère** · se diriger d'après · se repérer sur · **2 - prendre pour exemple**

guider, conduire, mener

Guider, conduire et mener ont en commun l'idée de diriger les pas de quelqu'un (ou d'un animal). Guider implique que l'on fait aller la personne dans une direction précise, qu'on lui montre le chemin *(guider un groupe de touristes en visite)*, éventuellement en la soutenant physiquement *(guider une personne âgée pour traverser la chaussée)*. Conduire, c'est diriger quelqu'un vers un lieu précis, sans qu'il y ait nécessairement de demande *(conduire ses enfants chez le dentiste, conduire un troupeau au pâturage, sa voiture au garage)*. Mener, c'est conduire quelqu'un en l'accompagnant *(mener une classe en promenade)*, parfois avec autorité *(mener des soldats au combat)* ou sous la contrainte *(mener un coupable en prison)*.

guides *n.f.pl.* · rênes

guigne *n.f.* → **malchance**

guigner *v.tr.* **1 - lorgner** · loucher sur · reluquer *fam.* · **2 - convoiter** · avoir des vues sur · viser · **3 - guetter** · attendre · épier · être à l'affût de

guignol *n.m.* · pantin · bouffon · clown · fantoche · marionnette · charlot *fam.* · rigolo *fam.*

guilde *n.f.* · association · confrérie · corporation · hanse *(Moyen Âge)*

guilleret, -ette *adj.* **1 - gai** · allègre · badin · folâtre · frétillant · fringant · éveillé · jovial · joyeux · léger · réjoui · sémillant · vif · primesautier *littér.* · **2 - leste** · gaillard

guillotine *n.f.* · échafaud · bois de justice · veuve *argot*

guillotiner *v.tr.* · décapiter · couper la tête de · trancher le cou, la tête de · raccourcir *fam.*

guimbarde *n.f.* → **voiture**

guindé, e *adj.* **1 - contraint** · affecté · apprêté · collet monté · compassé · corseté · engoncé · étudié · maniéré · pincé · raide (comme la justice) · solennel · gourmé *littér.* · coincé *fam.* · constipé *fam.* · **2 - académique** · ampoulé · apprêté · boursouflé · empesé · emphatique · pompeux · solennel

guingois (de) *loc. adv.* · de travers · obliquement · de traviole *fam.*

guinguette *n.f.* · auberge · bal · estaminet · bastringue *fam.*

guirlande *n.f.* **1 - feston** · [électrique] girandole · **2 - chapelet**

guise *n.f.* **façon** · fantaisie · gré · goût · manière · volonté

✦ **à sa guise** à sa façon · à sa fantaisie · à son goût · à son gré · à sa manière · comme il lui plaît · comme ça lui chante *fam.*

✦ **en guise de** en manière de · comme · à titre de

guitare *n.f.* · gratte *fam.*

guitoune *n.f.* · tente · abri · cagna · gourbi

guttural, e *adj.* **1 - rauque** · **2 - vélaire**

gym *n.f.* → **gymnastique**

gymnase *n.m.* **1 - halle de gymnastique** *Suisse* · **2 -** [Antiquité grecque] **académie** · palestre · **3 -** [Suisse, Allemagne] **lycée**

gymnaste *n.* · acrobate · athlète

gymnastique *n.f.* · culture physique · éducation physique · gym *fam.* · exercice · aérobic

gynécologue *n.* · obstétricien · accoucheur · gynéco *fam.*

h

habile *adj.* **1 - adroit** · capable · industrieux *littér.* · adextre *vieux* · **2 - expert** · émérite · virtuose · **3 - diplomate** · fin · politique · **4 - astucieux** · débrouillard · ingénieux · malin · rusé · subtil · roublard *péj.* · roué *péj.* · artificieux *vieux*

✦ **être habile à** être apte à · exceller à · savoir

habilement *adv.* **1 - adroitement** · dextrement *vieux ou plaisant* · **2 - expertement** · finement · ingénieusement · subtilement · talentueusement · **3 - astucieusement** · ingénieusement · subtilement

habileté *n.f.* **1 - adresse** · aptitude · capacité · dextérité · tour de main · industrie *littér.* · patte *fam.* · **2 - expertise** · art · don · savoir-faire · talent · **3 - brio** · facilité · maîtrise · maestria · talent · virtuosité · **4 - diplomatie** · doigté · savoir-faire · tact · **5 - astuce** · débrouillardise · ingéniosité · ruse · subtilité · roublardise *péj.* · rouerie *péj.*

❧ **adresse**

habilitation *n.f.* · autorisation · permission · qualification

habiliter *v.tr.* **autoriser** · permettre · qualifier

✦ **être habilité à** avoir qualité pour

habillé, e *adj.* **chic** · élégant · chicos *fam.*

✦ **bien habillé** endimanché · bien mis · tiré à quatre épingles · sur son trente et un

✦ **mal habillé** débraillé · mal fagoté · fagoté comme l'as de pique *fam.* · ficelé comme un saucisson *fam.* · habillé comme un clochard, comme un sac

✦ **habillé chaudement** emmitouflé · habillé comme un Saint Georges *vieilli*

habillement *n.m.* **1 - vêtement(s)** · habit(s) · tenue · effets *littér.* · équipage *vieux* · mise *vieux* · accoutrement *péj.* · attifement *péj.* · **2 - déguisement** · costume · **3 - confection** · couture · **4 - habillage**

habiller *v.tr.* **1 - vêtir** · mettre des vêtements à · accoutrer *péj.* · affubler *péj.* · attifer *péj.* · fagoter *péj.* · ficeler *péj.* · harnacher *péj.* · **2 - entourer** · draper · envelopper · recouvrir · **3 - décorer** · arranger · orner · parer · **4 - camoufler** · couvrir · déguiser · dissimuler

✦ **habiller en** costumer en · déguiser en · travestir en

⋙ **s'habiller** *v.pron.* **1 –** · se vêtir · se couvrir · se fringuer *fam.* · se nipper *fam.* · se saper *fam.*

habit *n.m.* **1 – vêtement** · affaire · effet *littér.* · atours *littér.* · fringue *fam.* · nippe *fam.* · fripe *fam.* · frusques *fam., péj.* · guenille *péj.* · hardes *péj.* · sape *fam.* · oripeaux *littér., péj.* · **2 – costume** · déguisement · **3 – habillement** · tenue · toilette · accoutrement *fam.* · défroque *fam.* · **4 – uniforme** · livrée · **5 – frac** · queue-de-pie · jaquette *vieux*

habitable *adj.* · vivable

habitacle *n.m.* · cabine · cockpit · poste (de pilotage)

habitant, e *n.* **1 – occupant** · hôte · résident · âme *littér. ou plaisant* · **2 – citoyen** · administré · sujet · **3 – autochtone** · aborigène · indigène · natif · naturel *vieilli* · **4 –** [dans différents milieux] banlieusard · citadin · villageois · campagnard · paysan · rural · montagnard · faubourien · insulaire · oasien · urbain · contadin *rare*

habitat *n.m.* **1 – milieu** · environnement · [Écol.] **biotope** · **2 – logement**

habitation *n.f.* **1 – logement** · appartement · demeure · logis · maison · résidence · **2 – domicile** · logement · chez-soi · home *fam.* · pénates *fam.* · séjour *littér.* · **3 – abri** · gîte · nid · toit

❧ **maison**

habité, e *adj.* · occupé · peuplé

habiter

▪ *v.intr.* **demeurer** · loger · résider · vivre · crécher *fam.* · percher *fam.*

▪ *v.tr.* **1 – occuper** · vivre dans, à · **2 – hanter** · obséder · poursuivre · tourmenter · tarabuster · **3 – animer** · posséder

habituation *n.f.* · accoutumance

habitude *n.f.* **1 – coutume** · mœurs · règle · rite · tradition · usage · us *littér.* · **2 – manie** · automatisme · déformation · marotte · péché mignon · penchant · pli · tic · habitus (*Sociol.*) · **3 – routine** · train-train · **4 – accoutumance** · adaptation · entraînement · **5 – expérience** · pratique

✦ **par habitude** machinalement

✦ **d'habitude** habituellement · généralement · d'ordinaire · ordinairement · à l'accoutumée · en temps ordinaire

❧ **habitude, coutume, usage**

On parle d'**habitude** à propos de la manière d'être acquise par un individu, les membres de la société en général (*une drôle, une bonne, une vieille habitude ; changer ses habitudes, déranger les habitudes de quelqu'un*). **Coutume** n'a cette valeur que dans des contextes littéraires (*il a agi selon sa coutume*). Couramment, **coutume** définit le comportement fréquent et ordinaire d'un groupe social (*la coutume des étrennes ; respecter une coutume ancienne, les us et coutumes*). Quant à l'**usage**, il concerne une manière d'agir ancienne et fréquente que l'on observe dans une société ou dans un groupe social (*c'est l'usage consacré ; un usage bien établi*). **Usage** convient en particulier à tout ce qui règle les rapports sociaux (*observer les formalités, les compliments d'usage*).

habitué, e *n.* · familier · client · fidèle · [de bar, etc.] pilier (*nom*)

habituel, -elle *adj.* **1 – courant** · classique · commun · ordinaire ·

normal · **2 – coutumier** · accoutumé · familier · ordinaire · traditionnel · rituel · **3 – consacré** · usuel · d'usage

habituellement *adv.* **1 – d'ordinaire** · ordinairement · généralement · normalement · à l'accoutumée · en temps ordinaire · **2 – couramment** · communément · rituellement · traditionnellement

habituer *v.tr.* **1 – accoutumer** · acclimater · adapter · entraîner · familiariser · **2 – éduquer** · dresser · entraîner · façonner · former

⋙ **s'habituer** *v.pron.* **s'acclimater** · s'accommoder · s'accoutumer · s'adapter · se familiariser (avec) · se plier (à)

hâblerie *n.f.* · fanfaronnade · bluff · forfanterie · vantardise · esbroufe *fam.* · gasconnade *littér.* · rodomontade *littér.* · craque *vieux, fam.* · vanterie *vieilli*

hâbleur, -euse *n. et adj.* · fanfaron · vantard · fier-à-bras · gascon · matamore · rodomont *littér.* · craqueur *vieux, fam.* · faiseur *vieilli*

hache *n.f.* · cognée · merlin · hachette · herminette · doloire · doleau

haché, e *adj.* · heurté · saccadé

hacher *v.tr.* **1 – tailler** · couper · découper · trancher · **2 – interrompre** · couper · entrecouper · **3 – hachurer**

hachis *n.m.* · farce · chair à saucisse

hachoir *n.m.* · couperet · hache-viande · hansart *région.*

hachure *n.f.* · raie · rayure

hachurer *v.tr.* · rayer · hacher

hagard, e *adj.* **1 – effaré** · égaré · hébété · **2 –** [vieux ou littér.] **farouche** · sauvage

haie *n.f.* **1 – bordure** · baragne *provençal* · **2 – barrière** · obstacle · **3 – rangée** · cordon · file · rang

haillons *n.m.pl.* **guenilles** · hardes · loques · défroque *fam.* · oripeaux *littér.*

✦ **en haillons** déguenillé · dépenaillé · loqueteux · haillonneux *littér.*

haillons, loques, guenilles

On parle de **haillons** pour des lambeaux d'étoffe utilisés comme vêtement *(être couvert de haillons, être en haillons)*. **Loques** renchérit sur le caractère misérable, évoquant de vieux vêtements sales et plus ou moins déchirés *(être vêtu de loques ; ce pantalon tombe en loques)*. Lorsque l'usure a transformé des habits en lambeaux, on parle de **guenilles** *(porter des guenilles trouées, être en guenilles)* : « Une vieille femme borgne, accroupie, vêtue de guenilles terreuses » (Gide, *Voyage au Congo*).

haine *n.f.* **aversion** · antipathie · animosité · dégoût · détestation · exécration · horreur · hostilité · inimitié · répulsion · répugnance · ressentiment · abomination *littér.* · animadversion *littér.* · fiel *littér.* · venin *littér.*

haineux, -euse *adj.* **1 – hostile** · malveillant · **2 – enfiellé** · fielleux · venimeux

haïr *v.tr.* · détester · avoir horreur de · ne pas pouvoir souffrir · abhorrer *littér.* · abominer *littér.* · exécrer *littér.* · honnir *littér.* · ne pas pouvoir pifer *fam.* · ne pas pouvoir sentir *fam.* · ne pas pouvoir voir *fam.*

❧ **détester**

haïssable *adj.* • détestable • exécrable • infâme • ignoble • insupportable • odieux

haïssable, odieux, détestable

On dit d'une personne qu'elle est **haïssable** lorsqu'on éprouve pour elle un profond sentiment d'antipathie, au point de parfois souhaiter sa disparition : « Les êtres qui le regardaient étaient les plus haïssables crétins de la terre » (Malraux, *la Condition humaine*). On peut aussi qualifier de **haïssable** une chose abstraite *(des vices haïssables)*. À la *haine* que suscite un comportement, **odieux** ajoute le dégoût et l'indignation *(cet homme est odieux ; un acte, un spectacle, un crime odieux, une brutalité odieuse)*. Avec une valeur atténuée, on qualifiera de **haïssable** ce que l'on juge très mauvais *(un climat haïssable)* et d'**odieux**, une personne ou un comportement insupportable *(elle fait ce qu'elle peut pour se rendre odieuse ; ce gamin a été odieux)*. **Détestable**, qui n'a plus le sens fort conservé par le verbe *détester*, se dit de ce qui est très désagréable *(quelle soirée, quel temps détestable !)* ou très mauvais dans son genre *(un film détestable)*.

hâle *n.m.* • bronzage

hâlé, e *adj.* • brun • basané • boucané • bronzé • cuivré • doré • tanné

haleine *n.f.* **1 – souffle** • respiration • **2 –** [littér.] **effluve** • émanation • odeur • parfum

✦ **hors d'haleine** essoufflé • à bout de souffle • haletant • pantelant • anhélant *littér.* • pantois *vieux*

✦ **avoir mauvaise haleine** refouler du goulot *pop.* • puer de la gueule *très fam.*

haler *v.tr.* **1 – remorquer** • tirer • touer • **2 –** [Mar.] **paumoyer**

hâler *v.tr.* • bronzer • basaner • brunir • cuivrer • dorer • tanner

haletant, e *adj.* **1 – essoufflé** • à bout de souffle • pantelant • anhélant *littér.* • pantois *vieux* • **2 – précipité** • saccadé

halètement *n.m.* • essoufflement • [Méd.] anhélation • dyspnée

haleter *v.intr.* • souffler • s'essouffler • panteler *vieux* • [Méd.] anhéler

hall *n.m.* **1 – entrée** • antichambre • salle • vestibule • **2 – salle**

hall, entrée, vestibule, antichambre

Les quatre mots désignent la pièce où l'on a accès quand on pénètre dans un bâtiment. L'**entrée**, de dimensions modestes dans une maison ou dans un appartement, sépare la porte extérieure des pièces d'habitation. Le **vestibule** donne accès aux autres pièces de l'appartement ou de la maison. Le **hall** est une grande salle qui sert d'entrée dans une maison particulière de bonnes dimensions ou dans un édifice public *(hall de mairie, d'hôtel, de gare)*. Dans une maison privée et cossue, l'**antichambre** est distincte de l'entrée : il s'agit d'une pièce où l'on peut faire attendre les visiteurs, d'où l'expression *faire antichambre*.

halle *n.f.* **1 – hangar** • entrepôt • magasin • **2 – marché**

hallucinant, e *adj.* • extraordinaire • fabuleux • impressionnant • saisissant • stupéfiant

hallucination *n.f.* • illusion • fantasme • vision • berlue *fam.*

halluciné, e *adj.* • égaré • dément • hagard • visionnaire

halo *n.m.* • aura • auréole • cerne • nimbe

halte *n.f.* **1 - pause** · arrêt · interruption · relâche · répit · trêve · **2 - escale** · étape

✦ **halte !** stop ! · assez !
✦ **faire halte** → s'arrêter

hameau *n.m.* · lieu-dit · écart *région.*

❧ village

hameçon *n.m.* · piège · amorce · appât · leurre

hampe *n.f.* **1 - bâton** · digon *(Mar.)* · aste *vieux, région.* · **2 -** [de lettre] queue

handicap *n.m.* **1 - incapacité** · impotence · invalidité · **2 - désavantage** · entrave · frein · gêne · inconvénient · obstacle · pénalité · **3 - infériorité**

handicapant, e *adj.* · invalidant

handicapé, e *adj. et n.* · infirme · impotent · invalide

handicaper *v.tr.* · défavoriser · désavantager · desservir · entraver · freiner · pénaliser · plomber *fam.*

hangar *n.m.* · abri · bâtiment · entrepôt · grange · remise

hanter *v.tr.* **1 - obséder** · miner · poursuivre · ronger · tarabuster · tourmenter · **2 - habiter** · courir · fréquenter · peupler

hantise *n.f.* **1 - obsession** · idée fixe · **2 - peur** · psychose

happer *v.tr.* · attraper · agripper · saisir · gripper *vieux*

❧ **happer, attraper**

Happer et **attraper** ont en commun l'idée de saisir un être vivant ou une chose d'un mouvement rapide. **Attraper** implique le plus souvent que ce qui est saisi était en mouvement *(attraper un ballon au vol, une personne par la manche)* : « ma remarquable façon d'attraper les puces le séduisait » (Céline, *Voyage au bout de la nuit*). **Happer** suppose que l'on attrape brusquement ou très vite quelqu'un *(il s'est fait happer par la machine)* ou quelque chose *(le chien a happé l'os qu'on lui jetait)* : « Des plongeurs happent et emboursent dans leurs joues des piécettes qu'on leur jette du pont » (Gide, *Voyage au Congo*).

harangue *n.f.* **1 - allocution** · discours · oraison *vieux* · **2 - exhortation** · prêche · sermon · **3 - diatribe** · catilinaire *littér.* · philippique *littér.* · prosopopée *littér.*

haranguer *v.tr.* · exhorter · sermonner

harassant, e *adj.* · fatigant · épuisant · éreintant · exténuant · pénible · rude · crevant *fam.* · tuant *fam.*

harassé, e *adj.* · fatigué · à bout · épuisé · éreinté · exténué · fourbu · recru *littér.* · rompu *littér.* · rendu *vieilli* · à plat *fam.* · cassé *fam.* · claqué *fam.* · crevé *fam.* · h. s. *fam.* · lessivé *fam.* · mort *fam.* · moulu *fam.* · nase *fam.* · pompé *fam.* · sur le flanc *fam.* · sur les genoux *fam.* · sur les rotules *fam.* · vanné *fam.* · vidé *fam.*

❧ fatigué

harasser *v.tr.* **1 - fatiguer** · anéantir · épuiser · éreinter · exténuer · surmener · user · casser *fam.* · claquer *fam.* · crever *fam.* · lessiver *fam.* · tuer *fam.* · vanner *fam.* · vider *fam.* · **2 -** [un cheval] **estrapasser** · éreinter

harcèlement *n.m.* · persécution

harceler *v.tr.* **1 - assaillir** · presser · talonner · traquer · levrauder *vieux, fam.* · **2 - importuner** · assaillir · empoisonner · fatiguer · persécuter · tarabuster · tourmenter • asticoter *fam.* • **3 – hanter** • miner • obséder • poursuivre • tourmenter • travailler *fam.*

hardes *n.f.pl.* • haillons • guenilles • loques • défroque *fam.* • oripeaux *littér.*

hardi, e *adj.* **1 – courageux** • brave • intrépide • téméraire • risque-tout • **2 – audacieux** • aventureux • présomptueux • **3 – effronté** • cavalier • impudent • insolent • culotté *fam.* • **4 – impudique** • gaillard • leste • libre • licencieux • osé • risqué • salé *fam.* • **5 – original** • novateur • nouveau • osé

hardiesse *n.f.* **1 – courage** • bravoure • cœur • intrépidité • témérité • **2 – audace** • présomption • **3 – effronterie** • aplomb • front • impudence • insolence • culot *fam.* • toupet *fam.* • **4 – licence** • liberté • **5 – originalité** • nouveauté • innovation

hardiment *adv.* **1 – courageusement** • bravement • intrépidement • **2 – effrontément** • impudemment • insolemment

harem *n.m.* • gynécée • sérail *vieux*

harengère *n.f.* • poissarde

hargne *n.f.* **1 – agressivité** • animosité • colère • rogne *fam.* • **2 – ténacité** • combativité

hargneux, –euse *adj.* • agressif • acariâtre • colérique • méchant • querelleur • rageur • revêche • aimable comme une porte de prison *iron.*

haricot *n.m.* • flageolet • chevrier • coco • dolic • fayot *fam.*

haridelle *n.f.* → **cheval**

harmonie *n.f.*
I 1 – entente • accord • concorde • paix • union • unité • **2 – concordance** • conformité • **3 – équilibre** • alliance • balancement • eurythmie • grâce • homogénéité • régularité • symétrie • **4 – consonance** • euphonie
II 1 – musique • mélodie • **2 – fanfare** • orphéon • philharmonie

✦ **être en harmonie** se convenir • se correspondre • s'entendre • être à l'unisson

✦ **mettre en harmonie** accorder • ajuster • assortir • concilier • harmoniser

harmonieux, –ieuse *adj.* **1 – mélodieux** • musical • doux • suave • **2 – équilibré** • cohérent • homogène • proportionné • régulier • **3 – agréable** • beau • esthétique • gracieux

harmonisation *n.f.* **1 – coordination** • conciliation • équilibrage • **2 – accompagnement** • arrangement • orchestration

harmoniser *v.tr.* **1 – accorder** • allier • concilier • faire concorder • coordonner • équilibrer • **2 – orchestrer** • arranger

»» **s'harmoniser** *v.pron.* s'accorder • aller (ensemble) • s'appareiller • se combiner • concorder • correspondre • se marier • s'approprier *littér.*

harmonium *n.m.* **1 – harmonicorde** • **2 – guide-chant**

harnachement *n.m.* • accoutrement • attirail • équipement

harnacher *v.tr.* **1 – équiper** • **2 – accoutrer** • affubler • attifer *fam.*

harnais *n.m.* **1 – harnachement** • caparaçon • **2 – baudrier** • ceinture de sécurité

harpagon *n.m.* → **avare**

harpie *n.f.* • démon • furie • mégère • (vieille) sorcière

harpon *n.m.* · dard · digon *(Mar.)*

harponner *v.tr.* · attraper · agrafer *fam.* · alpaguer *fam.* · épingler *fam.* · mettre le grappin sur *fam.* · pincer *fam.*

hasard *n.m.* **1 - coïncidence** · imprévu · **2 - circonstances** · conjoncture · **3 - destin** · fatalité · sort · **4 -** [vieux] **danger** · aléa · péril · risque

✦ **heureux hasard** chance · aubaine · coup de chance · fortune · occasion · coup de bol *fam.* · veine *fam.*

✦ **hasard malheureux** accident · malchance · déveine *fam.*

✦ **c'est le hasard !** c'est la loterie !

✦ **arrivé par hasard** accidentel · aléatoire · contingent · fortuit · imprévu · occasionnel

✦ **au hasard** aveuglément · à l'aveuglette · au petit bonheur *fam.* · à pouf *fam., Belgique*

✦ **par hasard** **1 - accidentellement** · fortuitement · **2 - éventuellement**

✦ **si par hasard** si d'aventure

hasard, coïncidence

Hasard s'emploie à propos d'événements ou de concours de circonstances vécus comme inattendus et inexplicables *(c'est un pur, un vrai hasard ; on s'est retrouvé là par hasard)*. De là vient l'attribution à une cause fictive, le **hasard**, de ce qui arrive sans raison apparente *(laisser faire le hasard, ne rien laisser au hasard ; ce résultat ne doit rien au hasard)*. Il y a **coïncidence** quand deux ou plusieurs événements ont lieu ensemble de manière fortuite, comme si le **hasard** les avait produits en même temps *(une coïncidence curieuse, étonnante ; une simple coïncidence)* : « je résiste à croire à ces attractions mystérieuses par lesquelles on se flatte d'expliquer tant de coïncidences remarquables qui s'observent dans toutes les vies » (Paul Valéry, *Variété V*).

hasarder *v.tr.* **1 - essayer** · tenter · **2 - émettre** · avancer · proposer · suggérer · **3 - aventurer** · commettre · exposer · jouer · risquer · **4 - s'exposer à** · risquer

⋙ **se hasarder** *v.pron.* **s'aventurer** · s'aviser de · oser · se risquer à

risquer

hasardeux, -euse *adj.* · aléatoire · audacieux · aventureux · dangereux · fou · imprudent · risqué · téméraire

haschisch *n.m.* · cannabis · kif · marijuana · hasch *fam.* · herbe *fam.* · marie-jeanne *fam.* · shit *fam.*

hâte *n.f.* **1 - diligence** · empressement · promptitude · rapidité · vitesse · célérité *littér.* · **2 - précipitation** · empressement · presse *vieilli* · **3 - impatience**

✦ **avoir hâte de** être pressé de · être impatient de · brûler de

✦ **en** (**toute**) **hâte** promptement · en courant · rapidement · sans perdre de temps · vite · d'urgence · dare-dare *fam.* · au galop *fam.* · au trot *fam.*

✦ **à la hâte** précipitamment · vite · à toute allure · à toute vitesse · en cinq sec *fam.* · en quatrième vitesse *fam.* · [manger] sur le pouce *fam.*

hâter *v.tr.* **1 - accélérer** · activer · brusquer · précipiter · presser · trousser *littér ou vieilli* · **2 - avancer** · brusquer · précipiter

⋙ **se hâter** *v.pron.* **1 - se dépêcher** · s'empresser · se presser · faire vite · faire diligence *littér.* · activer *fam.* · se bouger *fam.* · se décarcasser *fam.* · se dégrouiller *fam.* · faire fissa *fam.* · se grouiller *fam.* · se magner *fam.* · se magner le train, le popotin *fam.* · **2 - courir** · se précipiter

hâtif, -ive *adj.* **1 - précipité** · prématuré · **2 - expéditif** · bâclé *fam.* · **3 - précoce**

hâtivement *adv.* **1 - précipitamment** · rapidement · en coup de vent *fam.* · **2 - expéditivement** · à la diable · à la va-vite · dare-dare *fam.* · à-la-six-quatre-deux *fam.* · à la galopade *fam., vieilli*

hauban *n.m.* · cordage · galhauban · guinderesse · sous-barbe · suspente

hausse *n.f.* **1 - accroissement** · augmentation · bond · boom · crescendo · montée · poussée · progression · [de violence] escalade · recrudescence · [des prix] flambée · **2 - majoration** · augmentation · élévation · relèvement · valorisation · **3 - crue** · élévation

✦ **hausse des prix** inflation · valse des étiquettes

✦ **être en hausse** → **augmenter**

hausser *v.tr.* **1 - élever** · hisser · lever · monter · **2 - surélever** · exhausser · surhausser · remonter · **3 -** [la voix] **élever** · enfler · forcer · **4 - augmenter** · accroître · majorer · relever

»» **se hausser** *v.pron.* **se dresser** · se hisser · se soulever

✦ **se hausser jusqu'à** parvenir à · se hisser jusqu'à

[1]**haut, e** *adj.*

I 1 - élevé · grand · élancé · **2 - dressé** · levé

II 1 - intense · extrême · grand · vif · **2 - aigu** · élevé · **3 - éclatant** · puissant · retentissant · sonore

III 1 - éminent · dominant · grand · important · puissant · supérieur · transcendant · **2 - noble** · édifiant · élevé · héroïque

IV ancien · éloigné · reculé

✦ **haut fait** exploit · prouesse · fait d'armes *vieilli ou littér.*

✦ **haut en couleur** pittoresque · truculent

✦ **le plus haut 1 - culminant** · **2 - dernier** · suprême

✦ **être plus haut que** dépasser · surpasser

[2]**haut** *n.m. et adv.* **1 - sommet** · cime · faîte · **2 - corsage** · top *fam.*

✦ **bien haut** franchement · nettement · ouvertement · publiquement · hautement *vieilli*

✦ **du, de haut en bas** partout · de la cave au grenier · de fond en comble

✦ **plus haut** ci-dessus · supra

hautain, e *adj.* **1 - altier** · fier · conquérant · aux grands airs · impérieux · orgueilleux · **2 - arrogant** · condescendant · dédaigneux · méprisant

haut-de-forme *n.m.* · ascot · bolivar *anciennt* · claque *anciennt* · gibus *anciennt* · tube *vieux* · bosselard *argot, vieilli*

haute-fidélité *n.f.* · hi-fi

hautement *adv.* **1 - extrêmement** · fort · fortement · **2 - éminemment**

hauteur *n.f.*

I 1 - altitude · **2 - taille** · stature · **3 - niveau**

II butte · colline · côte · coteau · élévation · éminence · mamelon · mont · montagne · monticule · tertre

III noblesse · élévation · grandeur · sublimité · supériorité

IV arrogance • condescendance • dédain • fierté • morgue • orgueil

✦ **à la hauteur** capable • compétent • de taille

✦ **à la hauteur de** à côté de • devant • en face de • vis-à-vis de

hauteur, élévation, altitude

Hauteur, **élévation** et **altitude** sont en relation avec la dimension verticale des choses. La **hauteur** se mesure par rapport au sol, qui sert de référence *(hauteur d'un arbre, d'un immeuble ; prendre de la hauteur, atteindre une grande hauteur)* ou, s'agissant d'une montagne, par rapport au niveau de la mer. Dans ce dernier cas, on emploie également **altitude** *(la hauteur, l'altitude du mont Blanc)*, qui s'utilise par ailleurs à propos d'un avion *(voler à basse, à haute altitude)*. On parle d'une **hauteur** ou d'une **élévation** pour une éminence de terrain *(une petite hauteur, élévation ; un château bâti sur une hauteur, sur une élévation)*, **élévation** étant sorti d'usage avec la valeur courante d'**altitude**.

haut-fond *n.m.* • banc • barre • bas-fond

haut-le-cœur *n.m. invar.* **1 - nausée** • mal de cœur • **2 - dégoût** • écœurement • répugnance • répulsion

haut-le-corps *n.m. invar.* • soubresaut • sursaut • tressaillement

haut-parleur *n.m.* • baffle • enceinte

hâve *adj.* **1 - décharné** • émacié • étique • maigre • **2 - blafard** • blême • cireux • livide

havre *n.m.* • abri • oasis • port • refuge

havresac *n.m.* • sac à dos

hayon *n.m.* • layon

hébergement *n.m.* **1 - logement** • **2 - séjour**

héberger *v.tr.* • abriter • accueillir • loger • recevoir

hébété, e *adj.* • ahuri • abruti • sidéré • stupide • troublé

hébétement *n.m.* • abrutissement • ahurissement • hébétude • stupeur

hébétude *n.f.* • ahurissement • abrutissement • hébétement • stupeur

hécatombe *n.f.* **1 - boucherie** • carnage • massacre • tuerie • **2 - immolation** • sacrifice

hégémonie *n.f.* • autorité • domination • empire • pouvoir • prépondérance • supériorité • suprématie

hégémonique *adj.* • dominant • dominateur • prépondérant

hélas *interj.* • malheureusement • las *vieux*

héler *v.tr.* • appeler • interpeller

hélice *n.f.* **spirale** • vis • vrille

✦ **en hélice** **1 - hélicoïdal** • hélicoïde • **2 - en colimaçon** • à vis

hélicoptère *n.m.* • autogire • giravion • girodyne

héliporté, e *adj.* • hélitransporté • aéroporté

hématome *n.m.* • ecchymose • bleu • contusion

hémicycle *n.m.* • demi-cercle

hémistiche *n.m.* • césure • coupe

hémorragie *n.f.* **1 - saignement** • **2 - fuite** • déperdition • exode • perte

héraut *n.m.* • annonciateur • messager • proclamateur

herbage *n.m.* · prairie · pâturage · pâture · pré

herbe *n.f.* 1 - **graminée** · ray-grass · 2 - **foin** · fourrage · 3 - **gazon** · pelouse · verdure · 4 - [fam.] → **haschisch**

herbeux, -euse *adj.* · herbu

herbicide *adj. et n.m.* · désherbant · débroussaillant · défoliant

herboriser *v.intr.* · botaniser *littér.* · arboriser *vieux*

hercule *n.m.* 1 - **colosse** · force de la nature · armoire à glace *fam.* · 2 - **bateleur** · lutteur · alcide *vieux*

herculéen, -enne *adj.* · titanesque · colossal · gigantesque

héréditaire *adj.* 1 - **atavique** · congénital · génétique · inné · ataval *vieux* · 2 - **séculaire** · traditionnel

hérédité *n.f.* · atavisme · génétique

hérésie *n.f.* 1 - **dissidence** · hétérodoxie · 2 - **sacrilège** · crime

hérétique *adj.* 1 - **hérésiarque** · apostat · hétérodoxe · relaps · renégat · 2 - **impie** · incroyant · infidèle · 3 - **déviationniste** · dissident · non-conformiste

hérisser *v.tr.* 1 - **horripiler** · crisper · exaspérer · indisposer · irriter · 2 - **ébouriffer** · redresser

>>> **se hérisser** *v.pron.* 1 - **se raidir** · se dresser · 2 - **se fâcher** · se cabrer · se crisper · s'irriter

hérisson *n.m.* 1 - **égouttoir** · porte-bouteilles · 2 - **herse**

héritage *n.m.* 1 - **legs** · succession · hérédité *vieux* · hoirie *vieux* · 2 - [fig.] **patrimoine** · legs · 3 - **tradition**

héritage, patrimoine

Le **patrimoine** d'une personne comprend ce qui a pu lui être légué par sa famille et les biens qu'elle a elle-même réunis *(détenir un patrimoine important ; maintenir, accroître, entamer, dilapider son patrimoine).* Un **héritage** est constitué par le **patrimoine** laissé par une personne décédée et transmis par succession *(faire, attendre un héritage ; une part d'héritage ; renoncer à un héritage).* Les deux mots s'emploient aussi au figuré. L'**héritage** représente alors ce qui est transmis comme une succession à quelqu'un ou à une collectivité : « Le goût de la brouille est un héritage de famille » (F. Mauriac, *le Nœud de vipères*). Le **patrimoine** est formé de valeurs morales, culturelles, etc., considérées comme un héritage *(le patrimoine de l'humanité, un patrimoine artistique, la journée du patrimoine).*

hériter *v.tr.* · recevoir (en partage) · recueillir

héritier, -ière *n.* 1 - **légataire** · successeur · hoir *vieux* · 2 - **continuateur** · disciple · fils spirituel · successeur

hermaphrodite *n.m. et adj.* · androgyne

androgyne

herméneutique *n.f.* · critique · interprétation

hermétique *adj.* 1 - **étanche** · clos · fermé · 2 - **obscur** · énigmatique · ésotérique · impénétrable · opaque · secret · sibyllin · abscons *littér.* · abstrus *littér.* · imbitable *très fam.*

hermétisme *n.m.* 1 - **ésotérisme** · occultisme · 2 - **impénétrabilité** · opacité

[1]**héroïne** *n.f.* **1 - protagoniste** · **2 - grande dame** · femme d'exception · modèle

[2]**héroïne** *n.f.* · blanche *fam.* · héro *fam.*

héroïque *adj.* **1 - épique** · glorieux · homérique · **2 - brave** · courageux · valeureux · **3 - stoïque**

héroïquement *adv.* **1 - courageusement** · bravement · vaillamment · valeureusement · **2 - stoïquement**

héroïsme *n.m.* **1 - bravoure** · courage · vaillance · **2 - stoïcisme**

héros *n.m.* **1 - protagoniste** · personnage principal · **2 - brave** · grand homme · modèle · **3 -** [Mythol.] **demi-dieu**

herse *n.f.* **1 - écroûteuse** · émotteuse · hérisson · **2 -** [de château] **sarrasine**

herser *v.tr.* · écroûter · émotter · labourer

hésitant, e *adj.* **1 - incertain** · flottant · fluctuant · indécis · indéterminé · irrésolu · perplexe · **2 - chancelant** · vacillant

hésitation *n.f.* **1 - incertitude** · balancement · flottement · indécision · indétermination · perplexité · barguignage *vieux* · **2 - atermoiement** · errements · tâtonnement · tergiversation · valse-hésitation · **3 - réticence** · réserve · résistance · scrupule

hésiter *v.intr.* **1 - balancer** · flotter · fluctuer · s'interroger · osciller · être sur le balan *Suisse* · se tâter *fam.* · ne pas savoir sur quel pied danser *fam.* · barguigner *vieux* · **2 - atermoyer** · tâtonner · tergiverser · tourner autour du pot *fam.* · **3 - avoir des scrupules** · **4 - chanceler** · vaciller · **5 - balbutier** · bégayer · chercher ses mots · ânonner

hésiter, balancer, osciller

Hésiter, balancer et osciller ont en commun l'idée d'incertitude qui empêche d'agir, ou de décider quelque chose. On hésite lorsque l'indétermination porte sur une solution *(hésiter sur la décision à prendre)* ou plusieurs *(hésiter entre deux, de nombreuses options).* Balancer, d'usage plus restreint, suppose seulement que l'on penche d'un côté, puis de l'autre *(entre les deux, mon cœur balance)*, comme les plateaux des anciennes *balances.* Quant à osciller, il implique un mouvement d'aller et retour entre deux ou plusieurs issues ou états possibles *(osciller entre amertume et colère).*

hétéroclite *adj.* · composite · bigarré · disparate · divers · hétérogène · hybride · mélangé · varié · de bric et de broc

hétérodoxe *adj.* **1 - hérétique** · **2 - dissident** · déviationniste · indépendant · non-conformiste

hétérogène *adj.* **1 - bigarré** · composite · disparate · divers · diversifié · hétéroclite · de bric et de broc · **2 - dissemblable** · différent

hétérogénéité *n.f.* · disparité · dissemblance · diversité

heure *n.f.* **1 - plombe** *fam.* · **2 - période** · époque · instant · temps · **3 - circonstance** · occasion

- **à l'heure** ponctuel · dans les temps
- **à la première heure** au saut du lit · dès potron-minet *vieux ou plaisant*
- **à toute heure** constamment · continuellement · 24 heures sur 24
- **avant l'heure** prématurément

✦ **de bonne heure** 1 - **tôt** · de bon matin · 2 - **précocement**

✦ **sur l'heure** sur-le-champ · immédiatement · hic et nunc · sans délai · séance tenante · tout de suite · incontinent *littér.* · illico *fam.*

✦ **tout à l'heure** plus tard · dans un moment

heureusement *adv.* 1 - **avantageusement** · bien · favorablement · 2 - **élégamment** · avec bonheur · harmonieusement · idéalement

heureux, -euse *adj.*
I 1 - **content** · béat · épanoui · radieux · ravi · satisfait · aux anges *fam.* · aise *littér.* · 2 - **serein** · comblé · tranquille · 3 - **charmé** · enchanté · ravi
II 1 - **chanceux** · favorisé · fortuné · veinard *fam.* · 2 - **avantageux** · bon · favorable · 3 - **harmonieux** · beau · réussi · bien trouvé
☞ **content**

heurt *n.m.* 1 - **coup** · choc · collision · impact · tamponnement · télescopage · 2 - **à-coup** · cahot · saccade · secousse · 3 - **conflit** · affrontement · antagonisme · friction · froissement · querelle
☞ **choc**

heurté, e *adj.* · abrupt · rocailleux · rude · saccadé

heurter *v.tr.* 1 - **percuter** · choquer · cogner · emboutir · tamponner · taper · télescoper · cosser *littér. ou région.* · 2 - **contrarier** · atteindre · blesser · froisser · offenser · offusquer · scandaliser · vexer · 3 - **affronter** · attaquer · combattre

»» **se heurter** *v.pron.* 1 - **s'affronter** · s'accrocher · 2 - **se cogner** · s'entrechoquer

heurtoir *n.m.* 1 - **anneau** · boucle · marteau · marmot *vieux* · 2 - **butoir**

hexagonal, e *adj.* · français · franco-français · métropolitain

hiatus *n.m.* 1 - **désaccord** · décalage · 2 - **interruption** · rupture · solution de continuité · 3 - **fente** · interstice

hibernation *n.f.* · hivernation · dormance · engourdissement

hiberner *v.intr.* · hiverner

☞ **hiberner, hiverner**

Hiberner et **hiverner**, c'est passer l'*hiver* à l'abri du froid. **Hiberner** ne concerne que certains animaux qui traversent toute la saison *hivernale* dans un état de vie ralentie *(le loir, la chauve-souris, le hérisson, la marmotte hibernent de longs mois)*. **Hiverner** a une valeur plus large et s'emploie à propos des animaux qui migrent *(les hirondelles hivernent au-delà de la Méditerranée)* ou des hommes qui prennent leurs quartiers d'hiver dans une région au climat plus clément *(hiverner dans le sud de l'Espagne)*.

hic *n.m.* → **problème**

hideur *n.f.* 1 - **horreur** · monstruosité · 2 - **abjection** · bassesse · ignominie · infamie · monstruosité

hideux, -euse *adj.* 1 - **laid** · affreux · atroce · difforme · horrible · ignoble · monstrueux · repoussant · ord *vieux* · 2 - **ignoble** · abject · infâme · répugnant · monstrueux

hiérarchie *n.f.* 1 - **classement** · classification · gradation · ordre · 2 - **subordination** · voie hiérarchique

✦ **niveau de hiérarchie** échelon · grade

hiérarchique *adj.* **1 - ordonné** · structuré · organisé · **2 - subordonné**

hiérarchiser *v.tr.* **1 - classer** · graduer · ordonner · **2 - structurer** · organiser

hiérarque *n.* · cacique

hiératique *adj.* **1 - sacré** · solennel · **2 - immobile** · figé · impassible

hi-han *n.m. invar* · braiment

hilarant, e *adj.* · comique · burlesque · cocasse · désopilant · drôle · facétieux · inénarrable · bidonnant *fam.* · boyautant *fam., vieux* · crevant *fam.* · fendant *fam.* · gondolant *fam.* · impayable *fam.* · marrant *fam.* · pissant *fam., vieilli* · pliant *fam.* · poilant *fam.* · rigolo *fam.* · tordant *fam.*

hilare *adj.* · gai · radieux · réjoui · rieur

hilarité *n.f.* · allégresse · gaieté · jubilation

hippie *n. et adj.* · baba *fam.* · beatnik

hippique *adj.* · équestre

hippisme *n.m.* · courses · équitation · turf

hippodrome *n.m.* · champ de courses · turf

hirsute *adj.* · ébouriffé · échevelé · hérissé · coiffé avec un pétard *fam.* • [cheveux] en bataille · en pétard *fam.*

hisser *v.tr.* **1 - lever** · élever · soulever · guinder *Techn.* · **2 -** [pavillon] **arborer**

⋙ **se hisser** *v.pron.* s'élever · se hausser

✦ **se hisser sur** grimper sur · se jucher sur · monter sur

✦ **se hisser jusqu'à** parvenir à · se hausser jusqu'à

histoire *n.f.*

I 1 - anecdote · épisode · récit · relation *littér.* · **2 - conte** · légende · fable · **3 - biographie** · autobiographie · mémoires · vie · **4 - annales** · archives · chronique

II affaire · aventure · événement

III embarras · anicroche · complication · ennui · incident · problème · hic *fam.* · os *fam.* · pépin *fam.*

IV mensonge · balivernes · blague *fam.* · chanson *fam.* · salade *fam.* · mytho *lang. jeunes*

⋙ **histoires** *plur.* [péj.] comédie · façons · manières · chichis *fam.* · simagrées *fam.*

historien, -ienne *n.* · annaliste · chroniqueur · chronologiste · historiographe · mémorialiste

historier *v.tr.* · orner · décorer · enjoliver

historiette *n.f.* · anecdote · conte · nouvelle

historique *adj.* **1 - réel** · authentique · vrai · **2 - célèbre** · connu · illustre · **3 - mémorable** · marquant · qui fait date · **4 - diachronique**

histrion *n.m.* · cabotin · baladin · bateleur

HIV *n.m.* · V.I.H. · L.A.V.

hivernal, e *adj.* **1 - hiémal** *littér.* · **2 - glacial**

hiverner *v.tr.* · hiberner

➺ **hiberner**

hobby *n.m.* · passe-temps (favori) · manie · marotte · violon d'Ingres · dada *fam.*

hocher *v.tr.* [la tête] dodeliner de · remuer · secouer

holà *interj.* **1 - ho** · hé · oh · **2 - assez** · doucement

hold-up *n.m.* · attaque à main armée · braquage *fam.*

holocauste *n.m.* **1 - sacrifice** · immolation · **2 -** [juif] **Shoah** · extermination · génocide

homélie *n.f.* **1 - prêche** · instruction · prône · sermon · **2 - discours** · remontrance · réprimande · sermon

homérique *adj.* · épique · héroïque

[1]**homicide** *n. et adj.* **criminel** · assassin · meurtrier

[2]**homicide** *n.m.* **1 - crime** · assassinat · meurtre · **2 -** [sortes] infanticide · fratricide · matricide · parricide

hommage *n.m.* **1 - considération** · respect · **2 - expression** · témoignage · tribut

✦ **rendre hommage à** saluer · célébrer · honorer

⋙ **hommages** *plur.* · compliments · civilités · devoirs · respects · salutations

hommasse *adj.* **masculin** · viril · garçonnier

✦ **femme hommasse** virago · dragon · gendarme

homme *n.m.* **1 - mâle** · garçon · bonhomme *fam.* · gars *fam.* · mec *fam.* · mecton *fam.* · gonze *pop.* · gus *fam.* · keum *lang. jeunes* · type *fam.* · **2 - individu** · personne · quidam · **3 - humain** · mortel · créature · humanité · espèce humaine · animal raisonnable *plaisant* · **4 -** [fam.] **époux** · mari · amant · jules · mec *fam.* · régulier *fam.* · grand amour

✦ **bel homme** adonis · apollon · éphèbe

✦ **jeune homme** adolescent · garçon · damoiseau *plaisant* · jouvenceau *plaisant*

✦ **homme de bien** gentilhomme · gentleman

✦ **homme à femmes** casanova · don Juan · lovelace · séducteur · tombeur *fam.* · coureur de jupons *fam., péj.*

✦ **homme de lettres** écrivain · auteur · plume · littérateur *souvent péj.*

✦ **homme de loi** magistrat · juriste · légiste

✦ **homme de main** nervi · sbire · affidé *littér.* · séide *littér.* · spadassin *littér.*

✦ **homme de paille** paravent · prête-nom · marionnette · pantin

homme-grenouille *n.m.* · plongeur

homogène *adj.* **1 - cohérent** · harmonieux · régulier · uni · uniforme · **2 - semblable** · équivalent · similaire

homogénéité *n.f.* · cohérence · cohésion · harmonie · régularité · unité

homologation *n.f.* · autorisation · entérinement · officialisation · ratification · validation

homologue

▪ *adj.* **analogue** · correspondant · équivalent · semblable · similaire

▪ *n.* **collègue** · confrère

homologuer *v.tr.* · autoriser · confirmer · entériner · officialiser · ratifier · sanctionner · valider

homosexualité *n.f.* **1 - homophilie** · pédérastie · uranisme · **2 - lesbianisme** · saphisme · tribadisme *vieux*

homosexuel *n.m.* · gay · homophile · inverti · pédéraste · homo *fam.* · pédé *fam., souvent injurieux* · pédale *fam., injurieux* · tapette *fam., injurieux*

homosexuelle *n.f.* · lesbienne · invertie · gouine *fam., injurieux* · tribade *vieux ou littér.*

hongre *adj.* · castré · châtré · coupé

honnête *adj.*
I 1 - **intègre** · droit · incorruptible · irréprochable · loyal · moral · scrupuleux · vertueux · probe *littér.* · réglo *fam.* · 2 - **équitable** · juste · raisonnable · de bonne guerre · 3 - **brave** · décent · digne · 4 - **franc** · sincère
II 1 - **acceptable** · convenable · décent · honorable · moyen · passable · satisfaisant · suffisant · 2 - **consciencieux** · scrupuleux
III **chaste** · fidèle · modeste · pudique · pur · sage · vertueux

honnêtement *adv.* 1 - **loyalement** · en toute franchise · sans détour · sincèrement · 2 - **irréprochablement** · loyalement · vertueusement · 3 - **convenablement** · correctement · honorablement · moyennement · passablement · raisonnablement · suffisamment

honnêteté *n.f.* 1 - **intégrité** · dignité · droiture · loyauté · moralité · probité · 2 - **franchise** · bonne foi · loyauté · sincérité · 3 - **bienséance** · correction · délicatesse · décence · 4 - **chasteté** · modestie · pudeur · pureté · sagesse · vertu

honnêteté, intégrité, probité

L'**honnêteté** implique que l'on respecte ses engagements, dans quelque domaine que ce soit, que l'on ne cherche pas à tromper autrui *(une honnêteté scrupuleuse, agir avec honnêteté, en toute honnêteté)*. C'est le respect exact des obligations qu'impose l'honnêteté et, en outre, l'idée que l'on a de la justice qui définit la **probité** de quelqu'un *(c'est un homme d'une grande droiture, on ne peut pas douter de sa probité)*. Parler de l'**intégrité** d'une personne suppose qu'elle est d'une probité totale, que tous ses actes sont irréprochables *(l'intégrité d'un magistrat ; faire confiance à l'intégrité d'un jury)*.

honneur *n.m.* 1 - **dignité** · fierté · estime · réputation · respect (de soi-même) · 2 - **faveur** · grâce · 3 - **prérogative** · privilège · 4 - **gloire** · fleuron · fierté · orgueil · 5 - [vieilli] **chasteté** · honnêteté · pudeur
✦ **en honneur** 1 - **apprécié** · estimé · 2 - **à la mode** · couru · en vogue
✦ **en l'honneur de** 1 - **en hommage à** · à la louange de · 2 - **à l'occasion de**
✦ **d'honneur** 1 - **honorifique** · 2 - **honoris causa** · honoraire
✦ **se faire honneur de** **se targuer de** · s'enorgueillir de · se faire gloire de · se vanter de · se donner les gants de

››› **honneurs** *plur.* 1 - **considération** · égards · estime · 2 - **distinctions** · titres

honnir *v.tr.* [littér.] **blâmer** · mépriser · vomir · ahonter *vieux* · vilipender *littér.* · vouer à l'opprobre, aux gémonies *littér.*

honorabilité *n.f.* · honneur · respectabilité

honorable *adj.* 1 - **digne** · estimable · noble · respectable · 2 - **acceptable** · convenable · correct · honnête · moyen · suffisant

honorablement *adv.* **1 - dignement** · noblement · respectueusement · **2 - convenablement** · correctement · honnêtement · raisonnablement · suffisamment

honoraire *adj.* · émérite · d'honneur

honoraires *n.m.pl.* → **salaire**

honoré, e *adj.* **1 - estimé** · respecté · **2 - flatté** · ravi

honorer *v.tr.*
I 1 - célébrer · glorifier · rendre gloire à · rendre hommage à · saluer · **2 - estimer** · respecter · révérer · vénérer
II 1 - remplir · respecter · s'acquitter de · **2 - payer** · acquitter · régler
III gratifier

⋙ **s'honorer de** *v.pron.* **s'enorgueillir de** · se flatter de · se faire gloire de · se targuer de

honorifique *adj.* · d'honneur · honoraire · honoris causa

honte *n.f.* **1 - déshonneur** · abjection · humiliation · ignominie · infamie · indignité · opprobre *littér.* · turpitude *littér.* · ahchouma *lang. jeunes* · **2 - scandale** · abomination · flétrissure · ignominie · infamie · **3 - embarras** · gêne · réserve · retenue · timidité · **4 - pudeur** · scrupule · vergogne *vieux*

✦ **avoir honte** vouloir être à cent pieds sous terre *fam.* · ne plus savoir où se mettre

✦ **avoir honte de** se repentir de · rougir de

✦ **faire honte à** humilier · embarrasser

✦ **couvrir de honte** bafouer · honnir *littér.*

honteux, -euse *adj.* **1 - avilissant** · dégradant · déshonorant · ignominieux · scandaleux · **2 - abject** · bas · dégoûtant · ignoble · immoral · inavouable · infâme · méprisable · vil · **3 - confus** · déconfit · penaud · quinaud *vieux*

✦ **partir honteux** s'en aller l'oreille basse · s'en aller la queue basse, entre les jambes

hooligan *n.* · casseur · vandale

hôpital *n.m.* · centre hospitalier · clinique · établissement de soins · établissement hospitalier, sanitaire · maison de santé · maternité · hosto *fam.*

horaire *n.m.* **1 - indicateur** · guide · **2 - emploi du temps** · planning · programme

horde *n.f.* **1 - bande** · colonie · gang · meute · **2 - tribu** · peuplade

horizon *n.m.* **1 - paysage** · étendue · environnement · vue · **2 - avenir** · futur · perspective

✦ **à l'horizon** **1 - au loin** · dans le lointain · **2 -** [suivi d'une date] **à l'échéance**

horloge *n.f.* **1 - pendule** · carillon · comtoise · **2 -** [anciennt] cadran (solaire) · clepsydre · gnomon · sablier

hormis *prép* · **excepté** · **abstraction faite de** · à l'exception de · hors · à part · sauf · fors *littér.*

horodateur *n.m.* [Auto] parcmètre

horreur *n.f.*
I 1 - effroi · épouvante · peur · terreur · **2 - aversion** · abomination · dégoût · haine · répugnance · répulsion · détestation *littér.* · exécration *littér.*
II 1 - abjection · atrocité · hideur · infamie · noirceur · **2 - crime** · monstruosité

III 1 - **grossièreté** · obscénité · cochonnerie *fam.* · 2 - **insulte** · injure
IV **monstre** · mocheté *fam.* · [femme] laideron · cageot *fam.* · guenon *fam.* · grognasse *fam.* · (gros) tas *fam.* · thon *fam.*

✦ **avoir en horreur** détester · haïr · abhorrer *littér.* · abominer *littér.* · exécrer *littér.*

✦ **faire horreur** répugner · dégoûter · écœurer · révulser

✦ **prendre en horreur** prendre en grippe *fam.*

horrible *adj.* 1 - **hideux** · affreux · immonde · laid · monstrueux · 2 - **infect** · dégoûtant · exécrable · dégueulasse *fam.* · 3 - **abominable** · affreux · atroce · effrayant · effroyable · épouvantable · infâme · monstrueux · révoltant · 4 - **excessif** · extrême · terrible

horriblement *adv.* 1 - **affreusement** · atrocement · effroyablement · hideusement · monstrueusement · 2 - **excessivement** · extrêmement · terriblement

horrifiant, e *adj.* · effrayant · effroyable · épouvantable · terrible · terrifiant · horrifique *vieux ou plaisant*

horrifier *v.tr.* 1 - **épouvanter** · terrifier · 2 - **choquer** · scandaliser

horripilant, e *adj.* · agaçant · crispant · énervant · exaspérant · irritant

horripiler *v.tr.* · agacer · crisper · énerver · exaspérer · hérisser · irriter · impatienter · insupporter *fam.* · taper sur les nerfs à *fam.*

hors *prép.* · en dehors de · excepté · hormis · sans · sauf · fors *littér.*

hors-d'œuvre *n.m.* 1 - **entrée** · 2 - **avant-goût** · préliminaires · préambule · prélude

hors-la-loi *n. invar.* · bandit · desperado · outlaw

hospice *n.m.* [vieux] asile · hôpital · refuge

hospitalier, -ière *adj.* · accueillant · ouvert

hospitalité *n.f.* **accueil** · réception

✦ **offrir l'hospitalité à** abriter · accueillir · héberger · loger · recevoir · offrir un toit à

hostile *adj.* 1 - **adverse** · ennemi · 2 - **inamical** · froid · glacé · inhospitalier · malveillant

✦ **hostile à** défavorable à · anti · contre · opposé à

hostilité *n.f.* 1 - **haine** · animosité · antipathie · inimitié · malveillance · 2 - **opposition** · défaveur

»» **hostilités** *plur.* **guerre** · combat · conflit · lutte (armée)

hôte *n.* 1 - **maître (de maison)** · amphitryon *plaisant* · 2 - **invité** · 3 - **habitant** · locataire · occupant

hôtel *n.m.* **auberge** · pension · motel

✦ **grand hôtel, hôtel de luxe** palace

✦ **hôtel de ville** mairie

hôtelier, -ière *n.* · aubergiste · hôte · taulier *fam.*

hôtellerie *n.f.* [anciennt] auberge

hôtesse *n.f.* 1 - **maîtresse de maison** · 2 - [d'accueil] **réceptionniste**

hotte *n.f.* [de vendange] bouille *région.* · hottereau *vieux, région.* · vendangeoir *région.* · caque *région.*

houille *n.f.* · charbon

houiller, -ère *adj.* · carbonifère

houlette *n.f.* **bâton** · canne

✦ **sous la houlette de** sous l'autorité de · sous le commandement de · sous la férule de

houleux, -euse *adj.* · mouvementé · agité · orageux · tumultueux · tempétueux *vieux ou littér.*

houppe *n.f.* **1 - pompon** · houppette · freluche · floche *région.* · **2 - toupet** · touffe · **3 - huppe** · aigrette · panache

houppette *n.f.* · toupet

hourra

▪ *interj.* **bravo** · youpi

▪ *n.m.* **acclamation** · ovation · vivat

houspiller *v.tr.* · réprimander · gourmander · gronder · chapitrer · sermonner · admonester *littér.* · morigéner *littér.* · tancer *littér.* · attraper *fam.* · crier après *fam.* · disputer *fam.* · enguirlander *fam.* · tirer les oreilles à *fam.*

housse *n.f.* · enveloppe · gaine

hovercraft *n.m.* · aéroglisseur

hublot *n.m.* · fenêtre

huche *n.f.* · coffre · maie

huées *n.f.pl.* · chahut · charivari · clameur · sifflets · tollé

huer *v.tr.* · siffler · chahuter · conspuer

huile *n.f.* **1 - graisse** · lubrifiant · **2 -** [fam.] **notable** · gros bonnet *fam.* · grosse légume *fam.* · (grand) ponte *fam.*

✦ **huile essentielle** essence · oléolat *vieux*

huiler *v.tr.* · graisser · lubrifier

huileux, -euse *adj.* · graisseux · gras · visqueux

huissier *n.m.* · appariteur · portier · introducteur *rare*

huitaine *n.f.* · semaine

humain, e

▪ *adj.* **bienveillant** · altruiste · bon · charitable · compatissant · généreux · philanthrope · secourable · sensible

▪ *n.m.* **1 - individu** · personne · mortel *littér. ou plaisant* · **2 -** [Sciences] **hominidé** · homo sapiens

⋙ **humains** *plur.* **humanité** · gens · hommes

humainement *adv.* · charitablement · généreusement

humaniser *v.tr.* · adoucir · apprivoiser · civiliser

humanitaire *adj.* **1 - altruiste** · bon · humain · **2 - caritatif** · philanthropique

humanité *n.f.* **1 - bienveillance** · altruiste · bonté · charité · clémence · compassion · indulgence · philanthropie · sensibilité · **2 - humains** · hommes · espèce humaine · genre humain

humble *adj.* **1 - effacé** · modeste · réservé · **2 - petit** · médiocre · obscur · pauvre · simple · **3 - soumis** · servile *péj.*

✦ **se faire humble** s'aplatir · s'humilier · ramper *péj.*

humblement *adv.* **1 - modestement** · en toute humilité · **2 - médiocrement** · modestement · pauvrement · petitement

humecter *v.tr.* **humidifier** · asperger · imbiber · imprégner · mouiller

⋙ **s'humecter** *v.pron.* · s'embuer · se mouiller

humer *v.tr.* **1 - inhaler** · aspirer · respirer · **2 - flairer** · renifler · sentir

humeur *n.f.* **1 - caractère** · disposition · nature · naturel · tempérament · complexion *vieux* · **2 - disposition** · état d'esprit, d'âme · **3 - caprice** · fantaisie · impulsion
- ✦ **être d'humeur à** avoir envie de · être disposé à · être enclin à · être prêt à · être en veine de *vieilli*
- ✦ **d'humeur égale** équanime *vieux*
- ✦ **bonne humeur** gaieté · enjouement · entrain · jovialité · alacrité *littér.*
- ✦ **de bonne humeur** content · joyeux · jovial · réjoui · bien luné *fam.* · de bon poil *fam.*
- ✦ **mauvaise humeur 1 - mécontentement** · irritation · maussaderie · **2 - acrimonie** · aigreur · brusquerie
- ✦ **de mauvaise humeur** mécontent · grognon · irrité · maussade · mal luné *fam.* · de mauvais poil *fam.* · qui s'est levé du pied gauche *fam.*
- ✦ **de très mauvaise humeur** à ne pas prendre avec des pincettes *fam.* · d'une humeur de chien, de dogue *fam.*

humide *adj.* **1 - mouillé** · **2 - embrumé** · embué · **3 - moite** · **4 - pluvieux**
- ✦ **très humide** détrempé · suintant · trempé

humidifier *v.tr.* · humecter · mouiller

humidité *n.f.* · hygrométrie

humiliant, e *adj.* · avilissant · abaissant · dégradant · déshonorant · mortifiant

humiliation *n.f.* **1 - avilissement** · abaissement · dégradation · déshonneur · honte · mortification · **2 - affront** · gifle · vexation · avanie *littér.* · camouflet *littér.* · nasarde *vieux ou littér.*

humilié, e *adj.* **honteux** · mortifié · penaud
- ✦ **partir humilié** s'en aller l'oreille, la queue basse · s'en aller la queue entre les jambes

humilier *v.tr.* **1 - abaisser** · avilir · déshonorer · rabaisser · **2 - blesser** · mortifier · offenser · vexer · faire honte à

»» **s'humilier** *v.pron.* **s'abaisser** · s'aplatir *péj.* · ramper *péj.*

humilité *n.f.* **1 - modestie** · réserve · retenue · **2 - soumission** · déférence

humoriste *n.* · amuseur · comique · fantaisiste · caricaturiste

humoristique *adj.* · amusant · cocasse · comique · drôle · désopilant · hilarant · plaisant · spirituel · marrant *fam.* · rigolo *fam.* · bidonnant *fam.* · poilant *fam.*

humour *n.m.* · esprit · drôlerie · ironie · raillerie · sel

humus *n.m.* · terreau

huppe *n.f.* · aigrette · houppe · panache

huppé, e *adj.* [fam.] chic · distingué · fortuné · b.c.b.g. *fam.*

hurlement *n.m.* **1 - cri** · clameur · vocifération · glapissement · beuglement *fam.* · **2 - mugissement** · rugissement

hurler *v.intr.* **1 - crier** · vociférer · beugler *fam.* · brailler *fam.* · gueuler *très fam.* · **2 - s'époumoner** · s'égosiller · **3 -** [vent] **mugir** · rugir · **4 -** [couleurs] **jurer** · détonner · dissoner

hurluberlu *n.m.* · farfelu · extravagant · loufoque *fam.*

hutte *n.f.* • cabane • baraque • bicoque • cahute • paillote • buron *région.*

➳ baraque

hybride *adj.* 1 – **croisé** • bâtard • mâtiné • métis • 2 – **disparate** • composite • hétérogène • mixte

hybrider *v.tr.* • croiser • mélanger • métisser

hydrocution *n.f.* • hydrochoc

hydrofoil *n.m.* • hydroptère

hydroglisseur *n.m.* • hydroplane

hygiène *n.f.* 1 – **propreté** • soin du corps • 2 – **salubrité** • santé publique

hygiénique *adj.* • salubre • propre • sain

hygrométrie *n.f.* • hygroscopie • psychométrie

hyperbole *n.f.* • emphase • exagération • outrance

hyperbolique *adj.* 1 – **emphatique** • grandiloquent • 2 – **exagéré** • excessif • outré

hypersensible *adj.* • hyperémotif • écorché vif

hypertrophie *n.f.* 1 – **surdéveloppement** • gonflement • 2 – **exagération** • excès • outrance • hyperbole

hypertrophié, e *adj.* 1 – **gonflé** • enflé • dilaté • 2 – **démesuré** • surdimensionné

hypnose *n.f.* • envoûtement • charme • enchantement • ensorcellement

hypnotique *adj.* • narcotique • somnifère • soporifique

hypnotiser *v.tr.* 1 – **magnétiser** • endormir • 2 – **éblouir** • captiver • ensorceler • fasciner

hypocalorique *adj.* • allégé • diététique • light *anglic.*

hypocondriaque *adj.* et *n.* → **bilieux**

hypocrisie *n.f.* 1 – **duplicité** • dissimulation • fausseté • fourberie • jésuitisme • patelinage • 2 – **bigoterie** • tartuferie • bigotisme *vieilli* • cafardise *rare* • cagoterie *littér.* • papelardise *littér.* • pharisaïsme *littér.* • 3 – **comédie** • feinte • mensonge • tromperie • pantalonnade *vieilli*

hypocrite

▪ *adj.* 1 – **fourbe** *soutenu* • faux • cauteleux *littér.* • 2 – **affecté** • artificieux • dissimulé • double • faux • 3 – **bigot** • cafard *rare* • cagot *littér.* • papelard *littér.* • pharisien *littér.* • tartufe

▪ *n.* 1 – **comédien** • fourbe • imposteur • judas • janus • sainte-nitouche • sournois • faux-cul *fam.* • faux jeton *fam.* • patte-pelu *vieux* • 2 – **jésuite** • escobar *vieux*

✦ **être hypocrite** jouer double jeu • manger à deux râteliers *vieilli*

hypocrite, fourbe

Hypocrite et **fourbe** s'appliquent tous deux à des personnes qui dissimulent leur personnalité. L'**hypocrite** se présente avec des idées, des sentiments qu'il n'a pas, affectant un comportement qui trompe autrui *(ses discours hypocrites sur la tolérance)* : « M... n'est pas précisément un hypocrite, mais tout de même il cache son jeu » (Gide, *Journal, 1er janvier 1907*). **Fourbe**, réservé au style soutenu, renchérit sur **hypocrite** en qualifiant une personne qui feint l'honnêteté et trompe de cette manière la confiance d'autrui *(je n'aime pas cet air fourbe)* : « Les flatteurs, les fourbes, les calomniateurs, ceux qui ne délient leur langue que pour le mensonge et l'intérêt » (La Bruyère, *les Caractères*, XII, 41).

hypocritement *adv.* · faussement · sournoisement · en jouant un double jeu

hypothèque *n.f.* · gage · garantie

hypothéquer *v.tr.* · engager · grever · lier

hypothèse *n.f.* **1 - supposition** · assomption · conjecture · présomption · **2 - éventualité** · possibilité · **3 - axiome** · postulat · prémisse

supposition

hypothétique *adj.* **1 - supposé** · conjectural · présumé · **2 - douteux** · aléatoire · improbable · incertain

hystérie *n.f.* · délire · excitation · folie

hystérique *adj.* · surexcité · déchaîné · frénétique

i

ici *adv.* ci *vieux* · céans *vieux*

✦ **ici-bas** sur terre · en ce monde

✦ **jusqu'ici** jusqu'à maintenant · jusqu'à présent · jusqu'à aujourd'hui

iconoclaste *n. et adj.* **1 - anticonformiste** · non-conformiste · **2 - vandale** · barbare · destructeur · dévastateur

ictère *n.m.* · jaunisse · cholémie

[1]**idéal, e** *adj.* **1 - optimal** · parfait · rêvé · **2 - accompli** · achevé · complet · consommé · merveilleux · parfait · pur · surnaturel · **3 - abstrait** · conceptuel · idéel · théorique · **4 - imaginaire** · chimérique · idéalisé · mythique · rêvé · utopique · **5 - platonique**

[2]**idéal** *n.m.* **1 - utopie** · chimère · fantasme · rêve · **2 - modèle** · canon · exemple · type (même) · parangon *littér.* · **3 - absolu** · perfection

✦ **l'idéal** [fam.] **la meilleure solution** · le mieux · le rêve · le bonheur

➳ **utopie**

idéalement *adv.* · parfaitement · à la perfection

idéalisation *n.f.* · embellissement · glorification · poétisation · sublimation

idéaliser *v.tr.* · embellir · ennoblir · flatter · glorifier · magnifier · poétiser · sublimer

idéaliste *adj.* **1 - utopiste** · rêveur · boy-scout *fam., péj.* · **2 - irréaliste** · chimérique

idée *n.f.* **1 - concept** · abstraction · archétype · conception · notion · **2 - hypothèse** · pensée · réflexion · théorie · **3 - sujet** · argument · fond · inspiration · source · thème · **4 - opinion** · avis · position · sentiment · vue · **5 - doctrine** · croyance · idéologie · philosophie · système · théorie · **6 - aperçu** · abrégé · avant-goût · ébauche · échantillon · esquisse · **7 - imagination** · **8 - intention** · dessein · désir · plan · projet · volonté · **9 - chimère** · fantaisie · fantasme · imagination · invention · mythe · rêve · rêverie · vision · **10 - apparence** · fantôme · ombre

✦ **idée fixe** obsession · fixation · manie · monomanie · cheval de bataille · dada *fam.* · marotte *fam.* · [mauvaise] hantise · phobie

✦ **idées noires** cafard *fam.* · blues *fam.* · bourdon *fam.* · spleen *littér.*

✦ **idée toute faite, idée reçue, idée préconçue** préjugé · a priori · cliché · lieu commun · parti pris · poncif

✦ **bonne idée** trouvaille · trait de génie

✦ **avoir dans l'idée de** avoir l'intention de · avoir dans la tête de

✦ **changer les idées** divertir · distraire

✦ **se faire des idées** se tromper · s'abuser · se mettre le doigt dans l'œil jusqu'au coude *fam.*

idéel, -elle *adj.* · conceptuel · idéal

identifiable *adj.* · reconnaissable · distinguable

identification *n.f.* **1 - assimilation** · confusion *péj.* · **2 -** [Psych.] **transfert** · projection

identifier *v.tr.* **1 - assimiler** · confondre *péj.* · **2 - reconnaître** · dépister · déterminer · diagnostiquer

⋙ **s'identifier à** *v.pron.* **entrer dans la peau de** · faire un avec

identique *adj.* **1 - analogue** · égal · équivalent · même · pareil · semblable · **2 - inchangé** · constant · égal · immuable · inaltérable · **3 - commun** · partagé

identité *n.f.* **1 - égalité** · équivalence · homologie · ressemblance · similarité · similitude · **2 - communauté** · accord · coïncidence · **3 -** [Philo.] **consubstantialité** · unité · **4 - état-civil**

idéologie *n.f.* · doctrine · pensée · philosophie · système · théorie · thèse

idéologue *n.* **1 - doctrinaire** · théoricien · **2 -** [péj.] **rêveur** · idéaliste · songe-creux · assembleur de nuées *littér.*

idiome *n.m.* **1 - langue** · **2 - dialecte** · parler · patois

idiot, e

■ *adj.* **1 - bête** · borné · inintelligent · sot · stupide · bête comme ses pieds *fam.* · cloche *fam.* · con *fam.* · crétin *fam.* · débile *fam.* · **2 - absurde** · aberrant · déraisonnable · extravagant · fou · illogique · inepte · insensé · irrationnel · ridicule

■ *n.* **1 - imbécile** · niais · abruti *fam.* · ahuri *fam.* · andouille *fam.* · ballot *fam.* · brèle *fam.* · brute *fam.* · con *très fam.* · corniaud *fam.* · cornichon *fam.* · couillon *très fam.* · crétin *fam.* · cruche *fam.* · débile *fam.* · manche *fam.* • [femme] bécasse *fam.* · dinde *fam.* · gourde *fam.* · oie *fam., vieilli* · péronnelle *fam., vieilli* · **2 - arriéré** · crétin · débile · dégénéré · demeuré · innocent · simple d'esprit · taré *fam.*

✦ **il est vraiment idiot** il n'a pas inventé la poudre *fam.* · il n'a pas inventé le fil à couper le beurre, l'eau chaude, l'eau tiède *fam.*

☞ **stupide**

idiotement *adv.* · absurdement · bêtement · imbécilement · sottement · stupidement

idiotie *n.f.* **1 - crétinisme** · arriération · débilité · imbécillité · **2 - bêtise** · crétinerie · débilité · imbécillité · inintelligence · nullité · sottise · stupidité · connerie *fam.* · **3 - absurdité** · bêtise · ineptie · niaiserie · sottise

idoine *adj.* · approprié · adapté · adéquat · ad hoc · convenable · pertinent

idolâtre *adj. et n.* **1 - adorateur** · dévot · exalté · fanatique · fou · inconditionnel · passionné · sectateur · fan *fam.* · groupie *fam.* · **2 - païen** · gentil

idolâtrer *v.tr.* · adorer · déifier · diviniser · révérer · vénérer

idolâtrie *n.f.* **1 - adoration** · culte · dévotion · passion · vénération · **2 - animisme** · fétichisme · totémisme

idole *n.f.* **1 - statue** · effigie · fétiche · **2 - dieu** · déité

idylle *n.f.* **1 - amourette** · aventure · passade · béguin *fam.* · flirt *fam.* · **2 - entente** · lune de miel · **3 - églogue** · bucolique · pastorale

idyllique *adj.* **1 - merveilleux** · idéal · paradisiaque · parfait · sublime · aux petits oignons *fam.* · [relation] sans nuages · **2 - idéalisé** · embelli · rêvé · **3 - bucolique** · arcadien · pastoral · agreste *littér.*

ignare *adj.* · ignorant · analphabète · illettré · inculte
❧ ignorant

ignifugé, e *adj.* · incombustible · ininflammable

ignoble *adj.* **1 - abject** · bas · déshonorant · dégradant · infâme · innommable · méprisable · odieux · vil · ignominieux *littér.* · **2 - dégoûtant** · affreux · effrayant · hideux · horrible · immonde · infect · ordurier · repoussant · répugnant · sordide · à faire vomir · dégueulasse *très fam.*

ignoblement *adv.* · abjectement · affreusement · bassement · hideusement · horriblement · ignominieusement · indignement · odieusement

ignominie *n.f.* **1 - abjection** · bassesse · dégradation · déshonneur · honte · infamie · opprobre *littér.* · turpitude *littér.* · vilenie *littér.* · **2 - horreur** · monstruosité

ignominieusement *adv.* · honteusement · ignoblement · indignement

ignominieux, -ieuse *adj.* · abject · avilissant · dégradant · déshonorant · flétrissant · honteux · ignoble · infamant · infâme · méprisable · répugnant · vil

ignorance *n.f.* **1 - méconnaissance** · inconscience · **2 - inculture** · lacunes · illettrisme · analphabétisme · barbarie · obscurantisme · **3 - incapacité** · incompétence · insuffisance · nullité · impéritie *littér.* · **4 - inexpérience** · candeur · ingénuité · innocence · naïveté

ignorant, e

- *adj.* **1 - inculte** · illettré · analphabète · ignare · **2 - inexpérimenté** · ingénu · novice · **3 - incapable** · incompétent · inhabile · **4 - profane** · béotien · novice
- *n.* âne · ilote *littér.* · nullard *fam.* · nullité *fam.* · âne bâté *vieilli* · baudet *fam., vieilli* · bourrique *vieilli* · croûte *fam., vieilli* · croûton *fam., vieilli* · aliboron *fam., vieux*

❧ **ignorant, ignare, inculte**

L'absence de connaissances et de culture est le point commun entre ces trois mots. **Ignorant** concerne une personne qui n'a reçu aucune instruction *(il est intelligent mais complètement ignorant)* ou qui n'a pas de culture générale : « Bien qu'elle fût ignorante comme une carpe, elle s'amusait à opposer la culture française à la culture allemande » (R. Rolland, *Jean-Christophe, la Révolte*). **Ignare** renchérit sur **ignorant** en insistant sur le manque patent d'instruction *(des élèves ignares)*. Il s'emploie couramment avec une connotation péjorative pour qualifier une personne que l'on estime dépourvue de connaissances dans un secteur précis *(il est complètement ignare en musique)*. **Inculte** marque l'absence de culture intellectuelle, selon les références de celui qui parle : « Il était certainement très instruit, mais il lui paraissait inculte » (Gide, *les Faux-monnayeurs*).

ignoré, e *adj.* **1 - inconnu** · inexploré · vierge · **2 - obscur** · anonyme · méconnu · **3 - négligé** · passé sous silence

ignorer *v.tr.* **1 - ne pas savoir** · être dans l'ignorance de · être ignorant de · **2 - méconnaître** · se moquer de · faire fi de *littér.* · **3 - dédaigner** · mépriser · faire mine de ne pas voir · faire la sourde oreille à · fermer les yeux sur

îlien, -ienne *adj. et n.* · insulaire

illégal, e *adj.* **1 - illicite** · défendu · frauduleux · interdit · irrégulier · prohibé · **2 - arbitraire** · usurpatoire · **3 - clandestin** · parallèle

illégal, illicite

Illégal et **illicite** s'appliquent tous deux dans les mêmes contextes à ce qui est contraire aux dispositions de la loi *(un acte illégal, illicite ; une procédure illégale, illicite)*. Cependant, **illégal** est plus courant pour ce qui relève de la justice *(être condamné pour exercice illégal de la médecine, port illégal d'armes)* et **illicite** connaît des emplois plus larges, qualifiant aussi ce qui est condamné par les principes de la morale dans une société déterminée *(des amours illicites)*.

illégalement *adv.* · illicitement · clandestinement · frauduleusement · illégitimement · irrégulièrement

illégalité *n.f.* · irrégularité · illicéité *Droit*

illégitime *adj.*
I 1 - illégal · illicite · irrégulier · **2 - abusif** · déraisonnable · infondé · injuste · injustifié · indu *littér ou Droit*
II 1 - coupable · adultérin · incestueux · **2 - bâtard** · adultérin · naturel

illégitimement *adv.* · indûment · abusivement

illettré, e *adj. et n.* **1 - analphabète** · **2 - ignorant** · inculte · ignare
analphabète

illettrisme *n.m.* · analphabétisme

illicite *adj.* **1 - défendu** · frauduleux · illégal · interdit · irrégulier · prohibé · **2 - adultère** · clandestin · coupable · illégitime
illégal

illicitement *adv.* · illégalement · clandestinement · frauduleusement · illégitimement · irrégulièrement

illico *adv.* · aussitôt · immédiatement · promptement · séance tenante · sur-le-champ · tout de suite · rapido(-presto) *fam.*

illimité, e *adj.* **1 - grand** · immense · infini · sans bornes · **2 - démesuré** · gigantesque · immense · incalculable · incommensurable · **3 - arbitraire** · absolu · discrétionnaire · **4 - indéfini** · indéterminé

illisible *adj.* · indéchiffrable · mal écrit

illogique *adj.* **1 - absurde** · alogique · antilogique · faux · **2 -**

aberrant · contradictoire · déraisonnable · incohérent · inconséquent · irrationnel · paradoxal
❧ **absurde**

illumination *n.f.* 1 – **découverte** · éclair · idée · inspiration (subite) · trait de génie · flash *fam.* · 2 – **éclairement** · éclairage · lumière

illuminé, e *adj. et n.* 1 – **inspiré** · mystique · visionnaire · 2 – **exalté** · enragé · fanatique · forcené

illuminer *v.tr.* 1 – **éclairer** · 2 – **enflammer** · allumer · embraser · 3 – **ensoleiller** · embellir

››› **s'illuminer** *v.pron.* **s'éclairer** · briller · rayonner

illusion *n.f.* 1 – **chimère** · fantasme · fiction · irréalité · leurre · rêve · songe · utopie · 2 – **hallucination** · leurre · mirage · vision · 3 – **erreur** · aberration

✦ **sans illusion** blasé · désillusionné
✦ **se faire des illusions** s'abuser · se faire des idées · s'illusionner · se leurrer · se méprendre · se tromper · croire au père Noël *fam.* · se monter la tête *fam.* · se monter le bourrichon *fam.*
✦ **faire illusion** en imposer · bluffer *fam.*

illusionner *v.tr.* **éblouir** · épater

››› **s'illusionner** *v.pron.* **s'abuser** · se bercer d'illusions · se faire des illusions · se flatter · se leurrer · se méprendre · se tromper · croire au père Noël *fam.* · se monter la tête *fam.* · se monter le bourrichon *fam.*

illusionniste *n.* · prestidigitateur · escamoteur · magicien
❧ **prestidigitateur**

illusoire *adj.* · faux · apparent · chimérique · fallacieux · fictif · imaginaire · irréel · mythique · spécieux · trompeur · utopique · vain

illustrateur, -trice *n.* · dessinateur · graveur · peintre

illustration *n.f.*
I 1 – **dessin** · figure · gravure · image · photographie · planche · reproduction · 2 – **iconographie** · 3 – **enluminure** · miniature
II **exemple** · échantillon

illustre *adj.* 1 – **légendaire** · brillant · célèbre · d'éclat · éclatant · fameux · glorieux · mémorable · noble · prestigieux · 2 – **célèbre** · de grand renom · renommé · réputé
❧ **célèbre**

illustrer *v.tr.* 1 – **orner** · décorer · 2 – **éclairer** · exemplifier · expliquer · 3 – **démontrer** · montrer · prouver

››› **s'illustrer** *v.pron.* **se distinguer** · briller · se faire remarquer · se signaler

îlot *n.m.* 1 – **île** · 2 – **bloc** · pâté de maisons · 3 – [de résistance, etc.] **poche**

ilote *n.* 1 – **béotien** · ignorant · 2 – **esclave** · paria

image *n.f.*
I 1 – **illustration** · caricature · chromo · cliché · dessin · effigie · épreuve · figure · gravure · peinture · photo · planche · 2 – **reflet** · réplique · représentation · reproduction · 3 – **icône**
II 1 – **comparaison** · allégorie · figure · métaphore · portrait · 2 – **description** · reflet · reproduction · tableau · vue
III 1 – **incarnation** · expression · personnification · représentation · 2 – **apparence** · face · figure ·

manifestation · visage · **3 - emblème** · figure · icône · signe · symbole

✦ **image (de marque)** réputation

✦ **à l'image de** sur le modèle de · à l'exemple de

imagé, e *adj.* **1 - métaphorique** · figuré · **2 - animé** · coloré · expressif · haut en couleur · vivant

imaginable *adj.* **1 - concevable** · admissible · envisageable · pensable · possible · tolérable · **2 -** [négatif ou interrogatif] **croyable** · vrai *fam.*

imaginaire *adj.* **1 - fabuleux** · fantastique · fictif · irréel · légendaire · magique · mythique · onirique · **2 - inventé** · fabriqué · fantaisiste · faux · fictif · sans fondement · **3 - chimérique** · fallacieux · fantasmagorique · idéal · illusoire · spécieux · trompeur · utopique

☞ **faux**

imaginatif, -ive *adj. et n.* · créatif · inventif

imagination *n.f.* **1 - imaginaire** · **2 - créativité** · esprit d'invention · fantaisie · inspiration · inventivité · la folle du logis *littér.* · **3 - mensonge** · affabulation · conte · fable · fantaisie · fiction · invention · fabulation *vieux* · **4 - illusion** · chimère · divagation · extravagance · fantasme · folie · rêve · songe · **5 - évasion** · rêverie

imaginer *v.tr.*

I 1 - inventer · créer · construire · concevoir · découvrir · trouver · pêcher *fam.* · **2 - rêver** · évoquer · se représenter · **3 -** [péj.] **combiner** · manigancer · goupiller *fam.*

II 1 - se faire une idée de · concevoir · envisager · se figurer · se représenter · **2 - croire** · conjecturer · deviner · penser · supposer

»» **s'imaginer** *v.pron.* **1 - se voir** · se projeter · **2 - croire** · se figurer · penser · se représenter · se mettre dans la tête

imbattable *adj.* **1 - fort** · invincible · **2 - inégalable** · hors pair · indépassable · insurpassable · sans concurrence · sans égal · sans pareil · supérieur · unique

imbécile

▪ *adj.* **1 - bête** · abruti · borné · idiot · inepte · inintelligent · niais · sot · stupide · bouché *fam.* · con *fam.* · couillon *fam.* · crétin *fam.* · débile *fam.* · dégénéré *fam.* · tarte *fam., vieilli* · **2 -** [Méd.] **arriéré** · crétin · débile · faible d'esprit · simple d'esprit

▪ *n.* **âne** · abruti · crétin · idiot · incapable · niais · propre à rien · sot · âne bâté *vieilli* · andouille *fam.* · ballot *fam.* · bourricot *fam.* · brèle *fam.* · buse *fam.* · cloche *fam.* · con *très fam.* · conard *très fam.* · corniaud *fam.* · cornichon *fam.* · couillon *très fam.* · courge *fam.* · cruche *fam.* · débile *fam.* · dégénéré *fam.* · empaffé *fam.* · gourde *fam.* · manche *fam.* · moule *fam.* · noix *fam.* · ramolli (du cerveau) *fam.* · tourte *fam., vieilli*

✦ **quel imbécile !** il en tient une couche ! *fam.* · il n'a pas inventé l'eau chaude *fam.* · il n'a pas inventé le fil à couper le beurre *fam.*

imbécilement *adv.* · bêtement · sottement · connement *très fam.*

imbécillité *n.f.* **1 -** [Méd.] **arriération mentale** · crétinisme · **2 - stupidité** · absurdité · balourdise · bêtise · crétinerie · idiotie · inintelligence · niaiserie · sottise · débilité *fam.* · **3 - bévue** · ânerie · bêtise · ineptie · idiotie · ineptie · niaiserie · sottise · boulette *fam.* · bourde *fam.* · connerie *très fam.*

imberbe *adj.* · glabre · lisse · nu
❧ glabre

imbiber *v.tr.* **humecter** · détremper · imprégner · mouiller · tremper
»» **s'imbiber** *v.pron.* **absorber** · boire · s'imprégner

imbrication *n.f.* · articulation · combinaison · emboîtement · enchâssement · enchevêtrement · entrecroisement · entrelacement · interpénétration · intrication

imbriquer *v.tr.* · emboîter · combiner · enchâsser · enchevêtrer · entrecroiser · entrelacer

imbroglio *n.m.* · confusion · complication · désordre · emmêlement · enchevêtrement · mélange · embrouillamini *fam.* · méli-mélo *fam.* · pastis *fam.* · sac de nœuds *fam.*

imbu, e *adj.* **plein** · envahi · imprégné · pénétré · rempli
✦ **imbu de sa personne, de soi-même** fat · infatué *littér.*

imbuvable *adj.* **1 - mauvais** · dégoûtant · écœurant · exécrable · infect · insipide · **2 -** [fam.] **antipathique** · déplaisant · détestable · infernal · insupportable · intolérable · invivable · odieux

imitateur, -trice *n.* **1 - copieur** · plagiaire · pasticheur · suiveur · épigone *littér.* · **2 - contrefacteur** · faussaire

imitation *n.f.* **1 - copie** · calque · reproduction · [frauduleuse] contrefaçon · faux · **2 -** [péj.] **décalquage** · démarquage · pastiche · plagiat · [outrée] caricature · parodie · singerie · **3 - simili** · toc *fam.* · **4 - simulation** · affectation · simulacre · **5 - mimétisme** · attraction · contagion (mentale)
✦ **pâle imitation** apparence · semblant · simulacre · [produit] ersatz
✦ **à l'imitation de** **1 - à la façon de** · sur le modèle de · **2 - à l'exemple de** · à l'instar de · à la manière de

imiter *v.tr.* **1 - copier** · calquer · s'inspirer de · [frauduleusement] contrefaire · falsifier · **2 -** [péj.] **décalquer** · démarquer · pasticher · parodier · piller · pirater · plagier · **3 - mimer** · faire le, la · jouer · reproduire · simuler · singer *fam.* · **4 - suivre** · s'aligner sur · prendre pour modèle · se conformer à · se former sur · s'inspirer de · marcher sur les traces de · prendre de la graine de *fam.* · emboîter le pas à *fam.* · **5 - ressembler à** · rappeler
❧ copier

immaculé, e *adj.* **1 - pur** · chaste · intact · vierge · **2 - net** · blanc · impeccable · propre · sans tache

immanent, e *adj.* · inhérent · intrinsèque

immangeable *adj.* · infect · dégoûtant · écœurant · inconsommable · mauvais

immanquable *adj.* · certain · fatal · inéluctable · inévitable · nécessaire · sûr · forcé *fam.* · obligatoire *fam.* · obligé *fam.*

immanquablement *adv.* **1 - assurément** · inévitablement · infailliblement · sûrement · à coup sûr · sans faute · à tous les coups *fam.* · neuf fois sur dix *fam.* · **2 - invariablement**

immatériel, -ielle *adj.* **1 - incorporel** · impalpable · spirituel · **2 - pur** · platonique · éthéré *littér.* · **3 - aérien** · léger · vaporeux · arachnéen *littér.*

immatriculation *n.f.* **inscription** · enregistrement · identification

✦ **plaque d'immatriculation** plaque minéralogique

immédiat, e *adj. et n.m.*

I **1 - instantané** · **2 - présent** · **3 - imminent** · proche · prochain · **4 - subit** · prompt

II **1 - direct** · **2 - brut** · primitif · simple

✦ **dans l'immédiat** pour l'instant · pour le moment

immédiatement *adv.* **1 - directement** · **2 - aussitôt** · à l'instant · sur-le-champ · sans délai · sur l'heure · incessamment · instantanément · tout de suite · séance tenante · sans tarder · sur le coup · hic et nunc *littér.* · incontinent *littér.* · illico *fam.* · aussi sec *fam.* • [démarrer] au quart de tour *fam.* · **3 - d'emblée** · dès l'abord · d'entrée · tout de suite

immémorial, e *adj.* **ancestral** · antique · lointain · millénaire · séculaire

✦ **de temps immémorial** de toute éternité · depuis que le monde est monde

immense *adj.* **1 - illimité** · infini · incommensurable · sans bornes · **2 - ample** · grand · vaste · **3 - colossal** · démesuré · énorme · géant · gigantesque · monumental · **4 - intense** · profond

immensément *adv.* **1 - énormément** · colossalement · extrêmement · incommensurable · infiniment · prodigieusement · terriblement · **2 - intensément** · profondément

immensité *n.f.* **1 - infini** · espace · infinitude *littér.* · vastitude *littér.* · **2 - énormité** · gigantisme · **3 - infinité** · multitude · quantité

immergé, e *adj.* **1 - inondé** · sous les eaux · **2 - sous-marin**

immerger *v.tr.* **1 - baigner** · plonger

⋙ **s'immerger** *v.pron.* **1 - se plonger** · **2 - couler**

immérité, e *adj.* · injuste · immotivé · inéquitable · injustifié · indu *(Droit)*

immersion *n.f.* **1 - bain** · enfoncement · plongée · plongeon • [d'un sous-marin] dérobement · **2 - ablution** · baptême

immeuble

▪ *adj.* **immobilier**

▪ *n.m.* **1 - bien** · bien-fonds · fonds · propriété · **2 - bâtiment** · bâtisse · construction · édifice · ensemble · habitation • [à plusieurs étages] barre · building *anglic.* · gratte-ciel · tour

immigration *n.f.* · migration

immigré, e *adj. et n.* · immigrant · migrant

imminence *n.f.* · approche · arrivée · proximité

imminent, e *adj.* · immédiat · prochain · proche

immiscer dans (s') *v.pron.* · s'ingérer dans · s'insinuer dans · intervenir dans · se mêler de · se fourrer dans *fam.* · mettre, fourrer son nez dans *fam.*

immixtion *n.f.* · ingérence · intervention

immobile *adj.* **1 - fixe** · **2 - à l'arrêt** · immobilisé · rivé · statique · **3 - stagnant** · croupi · croupissant · dormant · **4 - inerte** · engourdi · gisant · inanimé · **5 - hiératique** · figé · de pierre · **6 - inactif** · en repos · passif · **7 - pétrifié** · cloué · figé · médusé · paralysé · sidéré ·

stupéfait · stupéfié · stupide · **8 - invariable** · ferme · immuable · inébranlable

✦ **rester immobile** rester planté (comme une souche) · rester sur place · rester sans bouger · faire le mort

immobilier, -ière *adj.* [Droit] immeuble

immobilisation *n.f.* **1 - arrêt** · blocage · **2 - gel** · paralysie

immobiliser *v.tr.*

I 1 - arrêter · figer · fixer · stopper · **2 - maintenir** · assujettir · assurer · attacher · bloquer · clouer · coincer · retenir · river · tenir · visser · **3 - tenir au lit**

II 1 - paralyser · clouer · figer · pétrifier · statufier · tétaniser · **2 - geler** · paralyser · **3 - scléroser** · figer · fossiliser

››› **s'immobiliser** *v.pron.* **1 - s'arrêter** · stopper · **2 - se figer** · se raidir

immobilisme *n.m.* · attentisme · conservatisme · fossilisation · inertie · sclérose · stagnation

immobilité *n.f.* **1 - inactivité** · inertie · repos · **2 - ankylose** · engourdissement · paralysie · **3 - fixité** · impassibilité · **4 - immobilisme** · immuabilité · invariabilité · sclérose · stagnation

immodération *n.f.* **1 - excès** · démesure · outrance · **2 - intempérance**

immodéré, e *adj.* **1 - abusif** · démesuré · excessif · outrancier · outré · **2 - déréglé** · effréné · exagéré · fou · intempérant *vieux*

immodérément *adv.* · abusivement · à l'excès · démesurément · excessivement · exagérément

immodeste *adj.* **1 - prétentieux** · suffisant · **2 -** [vieilli] **impudique** · indécent · inconvenant · licencieux

immodestie *n.f.* **1 - prétention** · suffisance · **2 -** [vieilli] **impudicité** · indécence

immolation *n.f.* · sacrifice · holocauste · massacre · mise à mort

immoler *v.tr.* **1 - sacrifier** · offrir en sacrifice · égorger · **2 - exterminer** · assassiner · massacrer · mettre à mort · tuer

››› **s'immoler** *v.pron.* **1 - se suicider** · se faire hara-kiri · **2 - se sacrifier**

immonde *adj.* **1 - dégoûtant** · écœurant · infect · repoussant · répugnant · sale · **2 - avilissant** · abject · dégradant · honteux · ignoble · infâme · odieux · révoltant · sordide · vil

immondices *n.f.pl.* · déchets · balayures · détritus · ordures · saletés · fange *littér.*

immoral, e *adj.* **1 - malhonnête** · amoral · corrompu · cynique · **2 - honteux** · déréglé · impur · malpropre · **3 - débauché** · corrompu · dépravé · dévergondé · dissolu · vicieux · **4 - indécent** · licencieux · obscène

immoral, amoral

Immoral et **amoral** expriment un rapport négatif à la *morale*. **Immoral** s'applique à une personne dont le comportement est contraire, plus ou moins volontairement, à l'ensemble des principes moraux admis dans une société déterminée : « Un auteur n'est pas en soi immoral, ce sont nos propres dispositions qui décident de son influence sur nous » (François Mauriac, *la Pharisienne*). On parle en ce sens d'*une vie immorale*, de *livres immoraux*. Une personne **amorale** est étrangère au domaine de la moralité : elle peut agir de manière **immorale**, mais sans avoir conscience que ses actes font l'objet de jugements sociaux *(un être asocial et amoral).*

immoralité *n.f.* 1 - **amoralité** · corruption · cynisme · 2 - **vice** · débauche · dépravation · dévergondage · licence · obscénité

immortaliser *v.tr.* 1 - **éterniser** · perpétuer · pérenniser · 2 - **faire passer à la postérité**

immortalité *n.f.* 1 - **vie future** · survivance de l'âme · 2 - **continuité** · pérennité · 3 - **postérité** · éternité

immortel, -elle *adj.* 1 - **éternel** · immuable · impérissable · inaltérable · indestructible · perpétuel · indéfectible *littér.* · 2 - **célèbre** · glorieux · illustre

~ **éternel**

immotivé, e *adj.* · arbitraire · gratuit · infondé · injustifié

immuabilité *n.f.* 1 - **immutabilité** · 2 - **constance** · fixité · immobilité · permanence

immuable *adj.* 1 - **invariable** · constant · continu · durable · fixe · stable · 2 - **éternel** · impérissable · inaltérable · indestructible · 3 - **figé** · immobile · stéréotypé · 4 - **ferme** · inébranlable

immuablement *adv.* · constamment · continuellement · invariablement · perpétuellement · sempiternellement *péj.* · toujours

immunisation *n.f.* · vaccination · mithridatisation · sérothérapie

immuniser *v.tr.* 1 - **vacciner** · mithridatiser · 2 - **protéger** · mettre à l'abri · préserver · garantir · blinder *fam.* · cuirasser *fam.*

✦ **immunisé contre** à l'abri de · exempt de · armé contre · blindé contre *fam.*

immunité *n.f.* 1 - **dispense** · exemption · exonération · franchise · liberté · privilège · 2 - **immunisation** · mithridatisme · préservation · protection · 3 - **inviolabilité** · irresponsabilité

immutabilité *n.f.* 1 - **immuabilité** · 2 - **constance** · fixité · immobilité · permanence

impact *n.m.* 1 - **choc** · collision · coup · heurt · 2 - **effet** · action · conséquence · incidence · influence · répercussion · retentissement · [négatif] séquelle

impair *n.m.* · maladresse · pas de clerc · boulette *fam.* · bourde *fam.* · gaffe *fam.*

impalpable *adj.* 1 - **intangible** · immatériel · 2 - **indiscernable** · insaisissable · insensible · 3 - **vaporeux** · aérien · délié · fin · immatériel · ténu · arachnéen *littér.*

imparable *adj.* 1 - **inévitable** · 2 - **implacable** · incontournable · inéluctable · inexorable

impardonnable *adj.* · inexcusable · injustifiable · irrémissible *littér.*

imparfait, e *adj.* 1 - **approximatif** · élémentaire · embryonnaire · fragmentaire · grossier · inachevé · incomplet · imprécis · partiel · rudimentaire · sommaire · vague · 2 - **insuffisant** · faible · lacunaire · plein de lacunes · 3 - **défectueux** · inégal · manqué · médiocre

imparfaitement *adv.* 1 - **approximativement** · grossièrement · insuffisamment · mal · sommairement · 2 - **incomplètement** · à demi

impartial, e *adj.* · neutre · désintéressé · droit · équitable · intègre · juste · objectif · sans parti pris

impartialité *n.f.* · neutralité · droiture · équité · intégrité · justice · objectivité

impartir *v.tr.* · accorder · attribuer · départir · donner · octroyer · réserver

impasse *n.f.* · voie sans issue · cul-de-sac

impassibilité *n.f.* 1 - **calme** · flegme · imperturbabilité · placidité · sang-froid · 2 - **indifférence** · froideur · insensibilité · 3 - **stoïcisme** · ataraxie *littér.* · 4 - **immobilité** · apathie · fixité

impassible *adj.* 1 - **calme** · détaché · flegmatique · impavide · imperturbable · inébranlable · placide · 2 - **stoïque** · apathique · 3 - **immobile** · fermé · froid · impénétrable · indifférent · insensible · de glace · de marbre

impatiemment *adv.* 1 - **avidement** · coléreusement · fiévreusement · 2 - **anxieusement** · fébrilement · nerveusement

impatience *n.f.* 1 - **impétuosité** · avidité · désir · empressement · fièvre · fougue · hâte · précipitation · 2 - **irascibilité** · irritabilité · 3 - **agacement** · colère · énervement · exaspération · irritation · 4 - **anxiété** · inquiétude · nervosité

impatient, e *adj.* 1 - **ardent** · bouillant · fougueux · impétueux · nerveux · vif · brusque · 2 - **agacé** · énervé · fébrile · 3 - **avide** · curieux · désireux · empressé

✦ **être très impatient** être sur des charbons ardents · être sur le gril

✦ **être impatient de** avoir hâte de · brûler de · être anxieux de · être pressé de

impatienter *v.tr.* 1 - **agacer** · contrarier · crisper · énerver · ennuyer · exaspérer · excéder · horripiler · irriter · faire devenir, rendre fou · échauffer (les oreilles, la tête de) *fam.* · 2 - **lasser** · faire perdre patience à

››› **s'impatienter** *v.pron.* **perdre patience** · bouillir · piaffer · ronger son frein · faire les cent pas · tourner comme un lion en cage

impavide *adj.* · calme · flegmatique · impassible · imperturbable · inébranlable · placide · tranquille

impayable *adj.* → **comique**

impayé *n.m.* · dette · dû · impayé

impeccable *adj.* 1 - **sans défaut** · pur · 2 - **propre** · net · nickel chrome *fam.* · 3 - **irréprochable** · excellent · parfait · impec *fam.* · 4 - [fam.] **remarquable** · formidable · sensationnel · extra *fam.*

impeccablement *adv.* · irréprochablement · admirablement · merveilleusement · parfaitement · impec *fam.*

impécunieux, -ieuse *adj.* · pauvre · nécessiteux · indigent *vieilli* · besogneux *vieux*

impécuniosité *n.f.* · pauvreté · misère · manque d'argent · indigence *vieilli*

impénétrable *adj.* 1 - **inaccessible** · inabordable · dense · serré · touffu · 2 - **impassible** · imperméable · inaccessible · **3 - énigmatique** · hermétique · insaisissable · mystérieux · secret · **4 - incompréhensible** · hermétique · indéchiffrable · inexplicable · inintelligible · insondable · obscur · sibyllin · ténébreux · abscons *littér.* · abstrus *littér.*

impénitent, e *adj.* · endurci · incorrigible · incurable · invétéré · irrécupérable · indécrottable *fam.*

impensable *adj.* · inconcevable · incroyable · inimaginable · insensé · invraisemblable

[1]**impératif, -ive** *adj.* **1 - autoritaire** · dominateur · impérieux · péremptoire · tranchant · bref · **2 - injonctif** · **3 - impérieux** · absolu · pressant · urgent

[2]**impératif** *n.m.* · contrainte · exigence · nécessité · prescription · condition sine qua non

impérativement *adv.* · absolument · à tout prix · coûte que coûte · nécessairement · obligatoirement

imperceptible *adj.* **1 - indiscernable** · insaisissable · insensible · inaudible · invisible · **2 - minuscule** · infime · insignifiant · microscopique · minime · négligeable · **3 - léger** · faible

imperceptiblement *adv.* · à peine · insensiblement · légèrement

imperfection *n.f.* **1 - travers** · carence · défaut · faiblesse · faille · faute · lacune · manque · tare · vice · **2 - défectuosité** · défaut · malfaçon · vice (de forme, de fabrication) · **3 - médiocrité** · déficience

⇝ **défaut**

impérialisme *n.m.* **1 - colonialisme** · expansionnisme · **2 - absolutisme** · autoritarisme · despotisme

impérialiste *adj.* **1 - colonialiste** · expansionniste · **2 - absolutiste** · autoritariste · despotique

impérieusement *adv.* · absolument · impérativement · instamment · irrépressiblement · irrésistiblement · nécessairement · obligatoirement · urgemment *Afrique*

impérieux, -ieuse *adj.* **1 - irrésistible** · absolu · irrépressible · pressant · urgent · violent · incoercible *littér.* · **2 - impératif** · autoritaire · cassant · catégorique · dictatorial · dominateur · magistral · péremptoire · tranchant · tyrannique

impérissable *adj.* · éternel · immortel · immuable · inaltérable · indéfectible · indestructible · perpétuel

impéritie *n.f.* · ignorance · inaptitude · incapacité · incompétence · inhabileté

imperméabilité *n.f.* · incompréhension · indifférence · détachement · désintérêt · insensibilité

[1]**imperméable** *adj.* **1 - étanche** · hermétique · imperméabilisé · waterproof *anglic.* · **2 - indifférent** · fermé · impénétrable · inaccessible · insensible · rebelle · réfractaire · sourd

[2]**imperméable** *n.m.* · ciré · gabardine · pèlerine · imper *fam.* · trench-coat *vieilli* · mackintosh *vieux* · [anciennt] macfarlane

impersonnel, -elle *adj.* **1 - neutre** · objectif · **2 - banal** · aseptisé · dépersonnalisé · insignifiant · quelconque

impertinemment *adv.* · effrontément · grossièrement · impudemment · insolemment · irrespectueusement · irrévérencieusement *littér.*

impertinence *n.f.* 1 - **effronterie** · arrogance · audace · culot *fam.* · désinvolture · hardiesse · impolitesse · impudence · inconvenance · incorrection · insolence · irrespect · irrévérence *littér.* · outrecuidance *littér.* · culot *fam.* · toupet *fam.* · 2 - **écart (de langage)** · moquerie · offense

impertinent, e *adj.* · insolent · arrogant · audacieux · cavalier · désinvolte · effronté · hardi · impudent · inconvenant · incorrect · irrespectueux · irrévérencieux *vieilli ou littér.* · outrecui dant *littér.* · culotté *fam.*

imperturbabilité *n.f.* · impassibilité · apathie · ataraxie · calme · détachement · fermeté · flegme · froideur · placidité · sang-froid

imperturbable *adj.* · impassible · apathique · calme · constant · détaché · flegmatique · froid · impavide · inébranlable · olympien · placide · stoïque

impétrant, e *n.* · bénéficiaire · lauréat

impétueusement *adv.* · fougueusement · ardemment · passionnément · à corps perdu

impétueux, -euse *adj.* 1 - **déchaîné** · effréné · endiablé · enragé · frénétique · furieux · 2 - **torrentueux** · 3 - **ardent** · bouillant · exalté · fougueux · véhément · vif · violent · 4 - **explosif** · emporté · de feu · pétulant · volcanique

impétuosité *n.f.* 1 - **ardeur** · flamme · fougue · vivacité · 2 - **emballement** · emportement · exaltation · fièvre · frénésie · impatience · pétulance · précipitation · véhémence · 3 - **fureur** · furie · rage · violence

impie

▪ *adj.* 1 - **impénitent** · irréligieux · 2 - **sacrilège** · blasphématoire

▪ *n.* 1 - **athée** · incrédule · incroyant · infidèle · irréligieux · libertin · mécréant · païen · 2 - **apostat** · blasphémateur · profanateur · renégat · sacrilège

impiété *n.f.* 1 - **athéisme** · agnosticisme · incrédulité · incroyance · irréligion · 2 - **blasphème** · profanation · sacrilège

impitoyable *adj.* 1 - **cruel** · féroce · implacable · inexorable · inflexible · inhumain · intraitable · intransigeant · irréductible · sans merci · sans pitié · 2 - **sévère** · accablant · rigoureux · sans indulgence · 3 - **acharné** · farouche · forcené · inexpiable · mortel · 4 - **insensible** · endurci · de fer · de granit · de pierre · 5 - [lumière] **cru** · violent

impitoyablement *adv.* · cruellement · férocement · sauvagement · durement · implacablement

implacable *adj.* 1 - **inéluctable** · fatal · immanquable · imparable · inévitable · inexorable · infaillible · irrésistible · 2 - **impitoyable** · inflexible · irréductible · 3 - **acharné** · farouche · forcené

implantation *n.f.* 1 - **établissement** · installation · mise en place · 2 - **ancrage** · enracinement · fixation · insertion

implanter *v.tr.* 1 - **introduire** · établir · installer · mettre en place · 2 - **fixer** · ancrer · enraciner · insérer

»» **s'implanter** *v.pron.* **1 - s'établir** · se fixer · s'installer · **2 - s'enraciner** · s'ancrer · prendre

implication *n.f.* · incidence · conséquence · impact · prolongement · retombée · suite

implicite *adj.* · tacite · informulé · non dit · sous-entendu

sous-entendu

implicitement *adv.* · tacitement · en filigrane · entre les lignes

impliquer *v.tr.* **1 - compromettre** · engager · mêler · mettre en cause · mouiller *fam.* · **2 - comporter** · comprendre · contenir · enfermer · inclure · renfermer · supposer · **3 - nécessiter** · exiger · imposer · réclamer · **4 - causer** · amener · emporter · engendrer · entraîner · occasionner · provoquer · **5 - signifier** · montrer · supposer · vouloir dire

»» **s'impliquer** *v.pron.* **s'engager** · s'investir · monter au créneau

implorant, e *adj.* · suppliant · pressant

imploration *n.f.* · prière · adjuration · supplication

implorer *v.tr.* **1 - supplier** · adjurer · en appeler à · conjurer · prier · **2 - réclamer** · mendier · quémander · quêter · solliciter

impoli, e

▪ *adj.* **mal élevé** · désagréable · effronté · grossier · impertinent · inconvenant · incorrect · insolent · irrespectueux · irrévérencieux · mal poli · sans gêne · discourtois *littér.* · incivil *vieux ou littér.*

▪ *n.* **goujat** · grossier personnage · malappris · malotru · mufle · rustre · butor *vieilli ou plaisant* · gougnafier *fam., vieilli* · pignouf *fam., vieilli*

✦ **être impoli** manquer à la politesse

impoliment *adv.* · effrontément · grossièrement · impudemment · insolemment · irrespectueusement · irrévérencieusement

impolitesse *n.f.* · inconvenance · goujaterie · grossièreté · impertinence · incorrection · insolence · irrespect · irrévérence · muflerie · sans-gêne · incivilité *vieux ou littér.*

impondérable

▪ *adj.* **1 - imprévisible** · imprédictible · **2 - impalpable** · léger · subtil

▪ *n.m.* **incertitude** · aléa · hasard · imprévu · risque

impopulaire *adj.* · mal-aimé · mal vu

importance *n.f.*

I 1 - ampleur · dimension · étendue · grandeur · taille · **2 - portée** · étendue · intérêt · poids · rôle · valeur

II influence · autorité · crédit · poids · prestige · puissance

III arrogance · fatuité · orgueil · prétention · suffisance · vanité · outrecuidance *littér.*

✦ **sans importance** insignifiant · de peu de poids · sans conséquence · sans intérêt

✦ **avoir de l'importance** importer · être important · compter · peser lourd

✦ **prendre de l'importance** se développer · s'étendre · prendre de l'ampleur

✦ **accorder, attacher de l'importance à** tenir à · accorder, attacher, donner du prix à

important, e *adj.*

I 1 - considérable · conséquent · d'envergure · grand · gros · de taille *fam.* · **2 - grave** · sérieux · **3 -**

substantiel · appréciable · conséquent · considérable · fort · grand · gros · insigne · net · notable · sensible · de taille *fam.* • [somme] coquet *fam.* · joli *fam.*
II 1 – fondamental · capital · crucial · décisif · de conséquence · de poids · essentiel · majeur · primordial · vital · d'importance · qui tient à cœur · **2 – marquant** · mémorable
III 1 – éminent · célèbre · connu · considérable · illustre · de marque · renommé · respectable · **2 – influent** · puissant
IV prétentieux · arrogant · affecté · avantageux · fat · glorieux · infatué · suffisant · vain · outrecuidant *littér.* · ramenard *fam.* · gourmé *vieilli*

✦ **personne importante** personnalité · notable · gros bonnet *fam.* · huile *fam.* · grosse légume *fam.* · pointure *fam.* · (grand) ponte *fam.*
✦ **être important** compter · importer
✦ **se croire important** se croire quelque chose · se prendre pour le nombril du monde
✦ **l'important, le plus important** l'essentiel · le principal · l'élément dominant · la pierre angulaire · le nœud
✦ **faire l'important** prendre de grands airs · pontifier · se rengorger · trôner · faire le fier · jouer au grand seigneur · faire le monsieur *vieilli*

importation *n.f.* · introduction · apport

[1]**importer** *v.tr.* **1 – introduire** · rapporter · **2 – rapatrier**

[2]**importer** *v.intr.* **compter** · entrer en ligne de compte · jouer · peser · être important · avoir de l'importance

✦ **il importe de** il convient de · il faut
✦ **peu importe** c'est égal · c'est pareil
✦ **peu m'importe** ça m'est égal · je m'en contrefiche *fam.* · je m'en fiche *fam.* · je m'en fous *très fam.* · peu me chaut *littér.*
✦ **n'importe qui** le premier venu
✦ **n'importe comment** en dépit du bon sens · à la va comme je te pousse *fam.*

importun, e
▪ *adj.* **1 – indésirable** · envahissant · indiscret · casse-pieds *fam.* · collant *fam.* · crampon *fam.* · embêtant *fam.* · enquiquinant *fam.* · tannant *fam.* · **2 – agaçant** · déplaisant · désagréable · embarrassant · ennuyeux · fatigant · incommode · inopportun · intempestif · pesant
▪ *n.* **gêneur** · indésirable · fâcheux *vieux ou littér.* · casse-pieds *fam.* · chieur *très fam.* · colique *fam.* · crampon *fam.* · enquiquineur *fam.* · emmerdeur *très fam.* · fléau *fam.* · glu *fam.* · plaie *fam.* · pot de colle *fam.* · raseur *fam.*

importuner *v.tr.* **1 – déranger** · embarrasser · ennuyer · gêner · incommoder · indisposer · embêter *fam.* · enquiquiner *fam.* · faire chier *très fam.* • [sans complément] être de trop · **2 – agacer** · excéder · fatiguer · persécuter · tourmenter · assommer *fam.* · asticoter *fam.* · casser les pieds à *fam.* · casser les couilles à *très fam.* · cavaler *très fam.* · courir *fam.* · empoisonner *fam.* · pomper *fam.* · tarabuster *fam.* · **3 – assiéger** · assaillir · être après · harceler · poursuivre · talonner · être toujours sur les talons de • [enfant] être toujours dans les jupes de

imposable *adj.* · taxable

imposant, e *adj.* **1 – corpulent** · massif · **2 – majestueux** · auguste ·

impérial · noble · superbe · **3 - grave** · solennel · **4 - considérable** · formidable · impressionnant · important

imposé, e *adj. et n.* · assujetti · contribuable

imposer *v.tr.*

I 1 - commander · demander (impérativement) · exiger · ordonner · prescrire · **2 - dicter** · édicter · fixer · soumettre à · **3 - nécessiter** · exiger · réclamer · requérir

II infliger · faire subir

III inspirer · susciter

IV taxer · grever · [indûment] mettre en coupe réglée

✦ **imposer de** obliger à · astreindre à · condamner à · contraindre à · enjoindre de · forcer à

✦ **en imposer** impressionner · éblouir · en mettre plein la vue *fam.* · décoiffer *fam.* · ébouriffer *fam.* · épater *fam.* · en jeter *fam.*

»» **s'imposer** *v.pron.* **1 - se faire un devoir, une obligation de** · s'astreindre à · se contraindre à · se forcer à · s'obliger à · **2 - avoir le dessus** · dominer · triompher · **3 - prédominer** · occuper le terrain · prévaloir · **4 - être nécessaire** · être incontournable

imposition *n.f.* **1 - taxation** · **2 - impôt** · charge · contribution · droit · taxe

impossibilité *n.f.* **1 - empêchement** · obstacle (majeur) · **2 - incapacité** · impuissance

impossible *adj. et n.m.*

I 1 - infaisable · irréalisable · inapplicable · inexécutable · impraticable · **2 - impensable** · inconcevable · incroyable · inenvisageable · **3 - insoluble** · inextricable

II 1 - invraisemblable · extravagant · inimaginable · inouï · ridicule · **2 - inadmissible** · indu · inexcusable

III chimérique · illusoire · insensé · utopique · vain

IV [fam.] **1 - invivable** · infernal · insupportable · impraticable *vieux* · **2 - intenable** · insupportable · intolérable

✦ **promettre l'impossible** promettre la lune · promettre monts et merveilles

imposteur *n.m.* **1 - simulateur** · charlatan · faux prophète · menteur · mystificateur · bluffeur *fam.* · **2 - hypocrite** · faux dévot · tartufe · **3 - usurpateur**

imposteur, charlatan

L'**imposteur** et le **charlatan** ont une relation identique avec autrui : ils cherchent à le tromper. L'**imposteur** ment et promet ce qu'il ne peut donner pour obtenir la confiance de ses dupes et en tirer profit *(le C.V. de ce candidat est douteux : c'est un imposteur ; démasquer un imposteur)*. Avec **charlatan**, on insiste sur l'exploitation de la crédulité publique à des fins de notoriété personnelle ou de profit *(ne vous laissez pas leurrer par ces discours de charlatan ; un médecin, un homme politique charlatan)*.

imposture *n.f.* **1 - mensonge** · mystification · supercherie · tromperie · charlatanisme · blague *fam.* · canular *fam.* · **2 - hypocrisie** · fausseté

impôt *n.m.* **1 - taxe** · charge · contribution · droit · imposition · patente · prélèvement · redevance · **2 - fiscalité** · système fiscal · **3 - fisc**

impôt, contribution, taxe

Impôt, **contribution** et **taxe** se rapportent à une somme d'argent versée à l'État ou à une collectivité locale. **Impôt**

est le terme le plus général ; il désigne le prélèvement obligatoire que l'État opère auprès des personnes physiques et morales pour financer les charges publiques *(une déclaration d'impôt, les impôts directs, indirects, l'impôt sur le revenu, sur les bénéfices industriels, sur la fortune).* **Contribution**, de sens plus restreint, s'emploie pour les impôts payés par les particuliers *(contribution sociale généralisée, contribution sociale pour le remboursement de la dette sociale).* Au pluriel, **contributions** recouvre certains emplois d'**impôt** *(contributions directes, indirectes).* **Taxe** équivaut à **impôt** dans quelques cas : *la taxe à la valeur ajoutée [T.V.A.] est un impôt indirect.* En revanche, **taxe** se distingue d'**impôt** quand il s'agit de la somme payée pour une prestation fournie par l'autorité publique *(la taxe d'enlèvement des ordures ménagères ; l'affranchissement d'une lettre est une taxe).*

impotence *n.f.* · infirmité · invalidité

impotent, e *adj. et n.* · infirme · estropié · invalide · paralytique · perclus · podagre *vieux*

impraticable *adj.* **1 - inaccessible** · malaisé · **2 - impossible** · inapplicable · inexécutable · infaisable · irréalisable

imprécation *n.f.* · malédiction · anathème · exécration *vieux*

imprécis, e *adj.* **1 - approximatif** · grossier · vague · **2 - indistinct** · flou · incertain · indéfini · indéfinissable · indéterminé · indiscernable · vague · **3 - confus** · flou · vague

imprécision *n.f.* **1 - flou** · indétermination · vague · **2 - à-peu-près** · approximation

imprégnation *n.f.* **1 - imbibition** · **2 - assimilation** · appropriation · intégration

imprégner *v.tr.* **1 - humecter** · gorger · imbiber · tremper · **2 - envahir** · pénétrer · **3 - influencer** · déteindre sur · imprimer · marquer

»» **s'imprégner** *v.pron.* **1 - absorber** · boire · **2 - assimiler** · apprendre · se pénétrer de

imprenable *adj.* · invincible · inexpugnable *littér.*

imprésario *n.m.* · agent (artistique) · manager

imprescriptibilité *n.f.* · immuabilité · immutabilité

imprescriptible *adj.* · éternel · immuable

impression *n.f.*
I 1 - sensation · émotion · sentiment · **2 - intuition** · feeling *fam.* · **3 - appréciation** · avis · jugement · opinion · pensée · sentiment · vues
II 1 - empreinte · marque · **2 - souvenir** · trace · **3 - effet** · action · impact · influence
III tirage · édition · gravure · reproduction
✦ **faire impression** faire de l'effet · faire sensation · fasciner · impressionner
✦ **donner l'impression de** sembler · paraître · faire l'effet de
✦ **avoir l'impression de** croire · (s')imaginer

impressionnabilité *n.f.* · émotivité · sensibilité

impressionnable *adj.* · émotif · sensible · impressible *littér.*

impressionnant, e *adj.* **1 - étonnant** · bouleversant · frappant · émouvant · saisissant · **2 - grandiose** · imposant · majestueux · monumental · spectaculaire · **3 - remarquable** · brillant · virtuose

impressionner *v.tr.* **1 - frapper** · affecter · bouleverser · ébranler · émouvoir · étonner · remuer · saisir · toucher • [en mal] secouer · traumatiser · troubler · retourner *fam.* · **2 - éblouir** · en imposer à · faire impression à · intimider · bluffer *fam.* · épater *fam.* · en mettre plein la vue à *fam.* · souffler *fam.* · taper dans l'œil de *fam.* • [sans complément] en jeter *fam.*

imprévisible *adj.* **1 - imprédictible** · imprévoyable *vieux* · **2 - déroutant** · déconcertant · imprévu · inattendu

imprévoyance *n.f.* · insouciance · étourderie · imprudence · irréflexion · légèreté · négligence

imprévoyant, e *adj. et n.* **insouciant** · étourdi · imprudent · irréfléchi · léger · négligent · écervelé *fam.* · tête de linotte *fam.* · tête en l'air *fam.*

✦ **être imprévoyant** ne pas voir plus loin que le bout de son nez

[1]**imprévu, e** *adj.* **1 - fortuit** · accidentel · inattendu · inopiné · **2 - brusque** · soudain · subit · **3 - inespéré** · extraordinaire · **4 - déconcertant**

✦ **de façon imprévue** inopinément · à l'improviste · sans crier gare

↝ **inattendu**

[2]**imprévu** *n.m.* **1 - hasard** · aléa • [malheureux] accident · accroc · tuile *fam.* · **2 - fantaisie** · originalité · pittoresque

imprimé *n.m.* · bordereau · formulaire

imprimer *v.tr.*

I 1 - tirer · éditer · **2 - publier** · faire paraître

II 1 - marquer · graver · **2 - appliquer** · apposer · estamper · gaufrer

III 1 - communiquer · donner · inculquer · inspirer · insuffler · **2 - animer** · imprégner · pénétrer

⋙ **s'imprimer** *v.pron.* **se graver** · se fixer · se marquer

improbabilité *n.f.* · invraisemblance

improbable *adj.* · douteux · hypothétique · incertain

improductif, -ive *adj.* **1 - inefficace** · **2 - inutile** · infructueux · stérile · vain · **3 - ingrat** · aride · stérile · infécond *littér.* · infertile *littér.*

impromptu, e

▪ *adj.* **improvisé**

▪ *adv.* **à l'improviste** · ex abrupto · inopinément · au pied levé · de manière inopinée · sur-le-champ · sans crier gare

impropre *adj.* **1 - abusif** · incorrect · inexact · vicieux · **2 - inapproprié** · inadéquat · inadapté · **3 - incapable** · inapte · incompétent

improprement *adv.* · abusivement · incorrectement

impropriété *n.f.* · incorrection · erreur · barbarisme

improvisation *n.f.* **1 - imagination** · invention · **2 -** [Jazz] **jam-session** · bœuf *argot*

improvisé, e *adj.* **1 - impromptu** · **2 - de fortune**

improviser *v.tr.* **1 - inventer** · imaginer · **2 -** [Jazz, sans complément] **faire un bœuf** *argot*

improviste (à l') *loc. adv.* **1 - inopinément** · ex abrupto · soudainement · subitement · tout à coup · sans crier gare · **2 - par surprise** · au dépourvu · abruptement · ex abrupto · au débotté · tout à trac *fam.*

imprudemment *adv.* · étourdiment · aveuglément · inconsidérément · à la légère

imprudence *n.f.* **1 - irréflexion** · imprévoyance · inconscience · inconséquence · légèreté · **2 - hardiesse** · témérité · **3 - étourderie** · maladresse

imprudent, e

▪ *adj.* **1 - téméraire** · audacieux · aventureux · hardi · **2 - écervelé** · étourdi · inconséquent · inconsidéré · léger · malavisé · **3 - dangereux** · hasardé · hasardeux · osé · périlleux · risqué

▪ *n.* · casse-cou *fam.* · risque-tout *fam.*

✦ **se montrer très imprudent** jouer avec le feu

impudemment *adv.* · effrontément · impoliment · insolemment

impudence *n.f.* · effronterie · aplomb · arrogance · audace · cynisme · front · hardiesse · impertinence · indécence · insolence · témérité · outrecuidance *littér.* · culot *fam.* · toupet *fam.*

impudent, e *adj.* **1 - effronté** · arrogant · audacieux · cynique · éhonté · hardi · impertinent · indécent · insolent · outrecuidant *littér.* · culotté *fam.* · **2 - choquant**

impudeur *n.f.* · inconvenance · immodestie · indécence · impudicité *littér.*

impudicité *n.f.* **1 - impudeur** · hardiesse · immodestie · indécence · lascivité · **2 - licence** · obscénité · **3 - débauche** · dévergondage · lubricité · luxure

impudique *adj.* **1 - indécent** · inconvenant · lascif · libidineux · licencieux · paillard · obscène · sale · salé · **2 - dévergondé** · débauché · immodeste

impuissance *n.f.* **1 - faiblesse** · inaptitude · insuffisance · **2 - impossibilité** · incapacité

✦ **être réduit à l'impuissance** avoir les mains liées · être pieds et poings liés

impuissant, e *adj.* **1 - faible** · démuni · désarmé · fragile · inapte · incapable · **2 - inopérant** · improductif · inefficace · infructueux · inutile · sans résultat · stérile · vain

impulser *v.tr.* · promouvoir · encourager · favoriser · lancer · donner un coup de pouce à *fam.*

impulsif, -ive *adj.* · fougueux · bouillant · emporté · irréfléchi · spontané

impulsion *n.f.* **1 - poussée** · force · motion *vieux* · **2 -** [Sport] **appel** · élan · **3 - élan** · entraînement · essor · lancée · poussée · **4 - effet** · action · empire · emprise · influence · mouvement · pression · **5 - instinct** · penchant · tendance

✦ **donner une impulsion à** mouvoir · pousser · mettre en branle · mettre en mouvement

impulsivement *adv.* · d'instinct · instinctivement · inconsciemment · spontanément

impunément *adv.* · en toute impunité · sans dommage

impur, e *adj.* **1 - pollué** · empesté · sale · souillé · vicié · **2 -** [vieux ou littér.] **bas** · corrompu · dépravé · dévoyé · immoral · indigne · infâme · vil · **3 -** [vieilli]

impudique · déshonnête · indécent · lascif · libidineux · lubrique · obscène

impureté *n.f.* **1 - saleté** · cochonnerie *fam.* · saloperie *très fam.* · **2 - pollution** · corruption · souillure · **3 -** [vieux ou Relig.] **immoralité** · dépravation · impudicité · débauche · luxure · obscénité · péché

imputabilité *n.f.* · responsabilité

imputable *adj.* · attribuable · dû

imputation *n.f.* **1 - accusation** · allégation · charge · incrimination · inculpation · **2 - attaque** · calomnie · diffamation · **3 - affectation** · assignation · attribution

imputer *v.tr.* **1 - attribuer** · prêter · **2 - affecter** · appliquer · assigner · porter en compte

✦ **imputer la faute à** **incriminer** · accuser · charger · mettre sur le compte de · rejeter la faute sur

imputrescible *adj.* · inaltérable · incorruptible · inattaquable

inabordable *adj.* **1 - inaccessible** · inapprochable · **2 - très cher** · hors de prix · exorbitant · prohibitif

inacceptable *adj.* **1 - inadmissible** · inconcevable · insupportable · intolérable · scandaleux · **2 -** [Droit] **irrecevable**

inaccessible *adj.* **1 - inapprochable** · inabordable · [lieu] impénétrable · impraticable · hors d'atteinte · hors de portée · **2 - incompréhensible** · hermétique · inconnaissable · **3 - distant** · fier · froid · hautain · inabordable · **4 - hors de prix** · exorbitant · inabordable

✦ **inaccessible à** insensible à · étranger à · fermé à · imperméable à · indifférent à · réfractaire à · sourd à

inaccoutumé, e *adj.* · inhabituel · anormal · exceptionnel · insolite · inusité · nouveau · rare

inachevé, e *adj.* · inabouti · imparfait · incomplet · lacunaire · en suspens · inaccompli *littér.*

inactif, -ive *adj.* **1 - immobile** · en repos · **2 - inoccupé** · désœuvré · oisif · **3 -** [péj.] **apathique** · endormi · fainéant · mou · indolent · inerte · paresseux · passif · **4 - inopérant** · inefficace

✦ **rester inactif** se croiser les bras *fam.* · se tourner les pouces *fam.*

inactif, oisif, désœuvré

Inactif, oisif et désœuvré s'appliquent à l'absence d'activité d'une personne. On est inactif si l'on a une disposition à ne rien faire, si l'on ne s'emploie pas à un travail *(une vie inactive, un corps, un esprit inactif)* ou si l'on ne travaille pas de façon régulière, sans être pour autant chômeur *(comptabiliser une population inactive)*. Est oisif celui qui passe son temps à ne rien faire, qui n'a pas de profession *(un retraité oisif, mener une existence oisive)*. Une personne désœuvrée est provisoirement inoccupée, faute de travail à effectuer ou par choix *(elle ne supporte pas d'être désœuvrée)* : « (...) c'était l'heure du coucher du soleil ; et, plus nombreuse que la foule active, la foule désœuvrée couvrait la jetée » (P. Louÿs, *Aphrodite*, II).

inaction *n.f.* **1 - inactivité** · désœuvrement · oisiveté · **2 - léthargie** · immobilité · inertie · torpeur

inactivité *n.f.* **1 - immobilité** · inaction · **2 - inertie** · stagnation · sommeil · **3 -** [Admin.] **congé**

inactuel, -elle *adj.* · ancien · anachronique · caduc · dépassé · périmé · suranné · d'un autre âge

inadaptation *n.f.* 1 - **inadéquation** · 2 - **asocialité**

inadapté *adj. et n.* 1 - **inadéquat** · impropre · inapproprié · 2 - **antisocial** · asocial · caractériel · délinquant · marginal

inadéquat, e *adj.* · inadapté · impropre · inapproprié

inadmissible *adj.* · inacceptable · inconcevable · irrecevable · inexcusable · insupportable · intolérable

inadvertance *n.f.* **inattention** · distraction · étourderie

✦ **par inadvertance** par mégarde · par méprise · étourdiment

inaliénable *adj.* [Droit] incessible · intransmissible

inaltérable *adj.* 1 - **incorruptible** · imputrescible · inattaquable · inoxydable · inusable · 2 - [couleur] **fixe** · grand, bon teint · 3 - **immuable** · constant · éternel · impérissable · indestructible · invariable · permanent · perpétuel · stable · indéfectible *littér.*

inaltéré, e *adj.* · intact · pur · immaculé

inamical, e *adj.* · hostile · agressif · déplaisant · ennemi · malveillant

inamovible *adj.* · intouchable · indéboulonnable *fam.* · indéracinable *fam.*

inanimé, e *adj.* 1 - **inerte** · immobile · 2 - **évanoui** · sans connaissance · 3 - **inexpressif** · froid

inanité *n.f.* · futilité · frivolité · inconsistance · vanité

inanition *n.f.* · épuisement · faiblesse

inappétence *n.f.* 1 - **absence d'appétit** · anorexie • [sexuelle] frigidité · perte de libido · 2 - **indifférence** · absence de motivation · désintérêt · dégoût · détachement

inapplicable *adj.* · impraticable · inexécutable · infaisable · irréalisable · impossible

inapplication *n.f.* · inattention · distraction · étourderie · insouciance · laisser-aller · négligence

inappliqué, e *adj.* · étourdi · inattentif

inappréciable *adj.* 1 - **considérable** · d'importance · inestimable · précieux · sans prix · 2 - **incalculable** · indéterminable

inapprochable *adj.* · inaccessible · inabordable · inatteignable · intouchable

inapproprié, e *adj.* · impropre · inadapté · inadéquat

inapte *adj.* 1 - **incapable** · incompétent · inhabile · 2 - **impropre** · inadapté

inaptitude *n.f.* · incapacité · insuffisance · impéritie *littér.*

☞ **incapacité**

inassimilable *adj.* · indigeste · lourd

inassouvi, e *adj.* · insatisfait · frustré · inapaisé *littér.*

inassouvissable *adj.* · insatiable · inapaisable *littér.* · inextinguible *littér.*

inassouvissement *n.m.* · frustration · insatisfaction

inattaquable *adj.* **1 - imprenable** · hors d'atteinte · imbattable · invincible · invulnérable · **2 - inaltérable** · incorruptible · **3 - incontestable** · indiscutable · irréfutable · irréfragable *(Droit)* · **4 - irréprochable** · impeccable · irrépréhensible

inattendu, e *adj.* **1 - fortuit** · accidentel · imprévu · inopiné · **2 - imprévisible** · inespéré · **3 - déconcertant** · déroutant · surprenant

inattendu, imprévu, inespéré, inopiné

Ce qui est **inattendu** surprend toujours parce qu'il n'y a jamais lieu de l'*attendre*, qu'il s'agisse d'un événement heureux ou malheureux *(spectacle, bruit, succès inattendu)*, ou bien d'une personne *(un convive inattendu)*. Ce qui est **imprévu** peut être envisagé *(tenez compte des dépenses imprévues)* mais survient lorsqu'on y pense le moins *(une circonstance, une panne imprévue ; les aspects imprévus d'une expérience)*. **Imprévu** ne s'applique que très rarement à des personnes : « Vous fûtes imprévus, je suis inattendu » (Hugo, *Torquemada*, IV, 4), **inespéré** et **inopiné** pas du tout. Ce qui est **inespéré**, toujours de nature heureuse, arrive quand on ne l'espérait pas, ou plus *(un bonheur, un résultat inespéré, une occasion inespérée)*. **Inopiné** est en concurrence avec **inattendu** et **imprévu** dans un usage plus soutenu *(une arrivée, une attaque, une rencontre inopinée)*.

inattentif, -ive *adj.* **1 - absent** · dissipé · distrait · écervelé · étourdi · évaporé · inappliqué · négligent · **2 - indifférent**

inattention *n.f.* **1 - distraction** · étourderie · inadvertance · inconséquence · insouciance · irréflexion · légèreté · **2 - imprudence** · négligence · **3 - indifférence**

inaudible *adj.* **1 - imperceptible** · bas **2 - inécoutable**

inauguration *n.f.* · lancement · ouverture · [d'une exposition] vernissage

inaugurer *v.tr.* **1 - ouvrir** · [Relig.] consacrer · **2 - étrenner** · **3 - entreprendre** · instaurer · mettre en pratique

inauthentique *adj.* · faux · apocryphe · controuvé *littér.*

inavouable *adj.* · honteux · coupable · déshonorant · infâme

inavoué, e *adj.* · caché · secret

incalculable *adj.* **1 - indénombrable** · incommensurable · indéterminable · innombrable · **2 - considérable** · démesuré · énorme · illimité · immense · infini · inimaginable

incandescence *n.f.* · ardeur · feu

incandescent, e *adj.* **1 - brûlant** · ardent · chauffé à blanc · igné *littér.* · **2 - exalté** · ardent · brûlant · **3 - embrasé** · enflammé · lumineux

incantation *n.f.* **1 - enchantement** · évocation · formule magique · **2 - prière** · mélopée

incapable

▪ *adj.* **1 - incompétent** · inapte · en dessous de tout · maladroit · malhabile · **2 - imbécile** · ignare · ignorant

▪ *n.* **bon à rien** · médiocre · nul · nullité · propre à rien · minable *fam.* · nullard *fam.* · ringard *fam.* · zéro *fam.*

✦ **être incapable de** ne pas pouvoir · être hors d'état de · être dans l'impossibilité de · être impuissant à · ne pas être en mesure de · ne pas être fichu de *fam.* · ne pas être foutu de *très fam.* · être infichu de *fam.* · être infoutu de *très fam.*

incapacité *n.f.* **1 - impossibilité** · impuissance · inaptitude · insuffisance · **2 - ignorance** · incompétence · inhabileté · impéritie *littér.* · **3 - handicap** · infirmité · invalidité · **4 -** [Droit] **déchéance**

incapacité, inaptitude

Incapacité et **inaptitude** s'emploient dans les mêmes contextes pour parler d'une personne qui ne parvient pas à faire quelque chose *(faire preuve d'incapacité / d'inaptitude pour les affaires).* Cependant, on parlera d'**incapacité** lorsque l'impossibilité de remplir une fonction, d'avoir telle ou telle activité résulte d'un manque de préparation, de temps ou de qualités nécessaires *(il est dans l'incapacité de venir aujourd'hui, se trouver dans l'incapacité d'aider quelqu'un).* **Inaptitude** met l'accent sur l'absence de dispositions naturelles *(inaptitude physique, intellectuelle ; une inaptitude à résoudre les problèmes quotidiens)* : « Cette inaptitude atavique à désespérer, qui est en moi comme une infirmité contre laquelle je ne puis rien, finissait par prendre l'apparence de quelque heureuse et congénitale imbécillité (...) » (R. Gary, *la Promesse de l'aube*).

incarcération *n.f.* · emprisonnement · captivité · détention · enfermement · internement

captivité

incarcérer *v.tr.* · enfermer · écrouer · emprisonner · interner · mettre en prison · mettre sous les verrous · boucler *fam.* · coffrer *fam.* · mettre à l'ombre *fam.* · mettre en taule *fam.* · mettre au trou *fam.* · embastiller *fam. ou vieilli* · jeter, mettre aux fers *vieux*

incarnation *n.f.* **1 - avatar** · métamorphose · **2 - image** · expression · personnification · symbole

incarner *v.tr.* **1 - personnifier** · figurer · représenter · symboliser · **2 - interpréter** · jouer

incartade *n.f.* · écart de conduite · caprice · extravagance · faux-pas · folie · frasque · fredaine · peccadille

incassable *adj.* · solide · infrangible *littér.*

incendiaire

- *n.* **pyromane** · [Hist.] pétroleuse
- *adj.* **1 - ardent** · provocant · **2 - séditieux**

incendie *n.m.* · feu · brasier · flammes · sinistre

incendier *v.tr.* **1 - brûler** · consumer · détruire par le feu · mettre le feu à · **2 - échauffer** · enflammer · exalter · surexciter · **3 - injurier** · réprimander

incertain, e *adj.*

I 1 - indécis · fluctuant · hésitant · irrésolu · **2 - variable** · changeant · flottant · inconstant · instable · précaire · **3 -** [démarche] **chancelant** · hésitant

II 1 - aléatoire · conditionnel · contingent · douteux · éventuel · hypothétique · problématique · **2 - hasardeux** · aventuré · aventureux · osé · risqué

III 1 - ambigu · contestable · douteux · équivoque · nébuleux · **2 - obscur** · ténébreux

IV 1 - indéterminé · **2 - imprécis** · brouillé · confus · flou · fondu · indécis · indéfini · indéfinissable · indistinct · obscur · trouble · vague · vaporeux

incertitude *n.f.* **1 - doute** · embarras · flottement · hésitation · indécision · indétermination · irrésolution · perplexité · tergiversation · **2 - variabilité** · fluctuation · inconstance · instabilité · oscillation · précarité · versatilité · **3 - aléa** · danger · hasard · impondérable · imprévu · péril · risque

✦ **être dans l'incertitude** balancer · hésiter

incessamment *adv.* **1 - bientôt** · sous peu · au plus tôt · tout de suite · **2 -** [vieux] **constamment** · assidûment · continuellement · sans cesse · toujours

incessant, e *adj.* **1 - continu** · constant · continuel · ininterrompu · permanent · suivi · **2 - perpétuel** · continuel · éternel · sempiternel *péj.*

incessibilité *n.f.* · inaliénabilité

incessible *adj.* · inaliénable · intransmissible

inchangé, e *adj.* **1 - identique** · intact · le même · tel quel · **2 -** [Bourse] **ferme** · stable

incidemment *adv.* **1 - accessoirement** · en passant · entre parenthèse · **2 - occasionnellement** · accidentellement

incidence *n.f.* · effet · conséquence · contrecoup · implication · influence · prolongement · répercussion · retombée · suite · [négative] séquelle

¹**incident, e** *adj.* · accessoire · accidentel · secondaire

²**incident** *n.m.* **accroc** · anicroche · complication · difficulté · ennui · péripétie · coup dur *fam.* · os *fam.* · pépin *fam.*

✦ **sans incident** sans encombre · comme sur des roulettes *fam.*

incinération *n.f.* · crémation

incinérer *v.tr.* · brûler · réduire en cendres

inciser *v.tr.* · couper · blesser · entailler · entamer · ouvrir · scarifier

incisif, -ive *adj.* · acerbe · acéré · acide · affilé · aigu · caustique · mordant · tranchant · [jugement] à l'emporte-pièce

incision *n.f.* **1 - coupure** · entaille · fente · excision · boutonnière *(Chir.)* · **2 - scarification**

incitateur, -trice *n.* · instigateur · excitateur

incitatif, -ive *adj.* · motivant · encourageant · engageant · stimulant

incitation *n.f.* **1 - encouragement** · appel · excitation · exhortation · instigation · invitation · provocation · **2 - récompense** · carotte *fam.*

inciter *v.tr.* **1 - conseiller à** · encourager · engager · exciter · exhorter · inviter · instiguer *vieux ou Belgique* · **2 - pousser** · déterminer · disposer · entraîner · incliner · porter · stimuler

incivil, e *adj.* · impoli · discourtois · grossier · incorrect

incivilité *n.f.* · impolitesse · discourtoisie *vieilli*

inclémence *n.f.* · dureté · rigueur · rudesse

inclément, e *adj.* · dur · rigoureux · rude

inclinaison *n.f.* · pente · déclivité · dévoiement · obliquité

inclination *n.f.* 1 - **tendance** · appétit · appétence · désir · disposition · envie · goût · penchant · pente · préférence · propension · 2 - **affection** · amitié · amour · attachement · attirance · complaisance · faible · faiblesse · pente (naturelle) · prédilection · sympathie · 3 - **inclinaison** · mouvement · [pour saluer] courbette · révérence · salut
✦ **avoir de l'inclination à, pour** être enclin à · être sujet à · être porté à, sur

incliné, e *adj.* · pentu

incliner *v.tr.* 1 - **abaisser** · baisser · coucher · courber · fléchir · pencher · plier
✦ **incliner à** [+ infinitif] 1 - **être enclin à** · être tenté de · 2 - [qqn] **amener à** · conduire à · déterminer à · engager à · inciter à · prédisposer à · porter à · pousser à
»» **s'incliner** *v.pron.* 1 - **se pencher** · se baisser · se courber · 2 - **s'infléchir** · descendre · pencher · 3 - **saluer** · se prosterner · faire une courbette · faire une révérence · 4 - **se soumettre** · obéir · obtempérer · courber le front, la nuque · 5 - **abandonner** · s'avouer vaincu · capituler · céder · lâcher prise · se résigner · baster *Suisse* · baisser les bras *fam.* · caler *fam.* · jeter l'éponge *fam.* · laisser tomber *fam.*

inclure *v.tr.* 1 - **insérer** · enfermer · glisser · intégrer · introduire · mettre · 2 - **adjoindre** · ajouter · joindre · 3 - **comporter** · comprendre · contenir · impliquer · intégrer · renfermer

inclus, e *adj.* 1 - **joint** · annexé · 2 - **compris**

incoercible *adj.* · impérieux · irrépressible · irrésistible · incontrôlable · invincible

incognito
▪ *adv.* **secrètement** · dans l'anonymat · anonymement · discrètement
▪ *n.m.* **anonymat**
❧ anonymat

incohérence *n.f.* 1 - **désordre** · absurdité · décousu · illogisme · inconséquence · irrationalité · 2 - **contradiction** · désaccord · différence

incohérent, e *adj.* 1 - **désordonné** · brouillon · chaotique · confus · décousu · sans queue ni tête · sans suite · 2 - **délirant** · absurde · contradictoire · extravagant · illogique · incompréhensible · inconséquent · insensé · irrationnel

incolore *adj.* 1 - **pâle** · blanc · transparent · 2 - **terne** · fade · inexpressif · insipide · plat

incomber à *v.tr.ind.* · échoir à · appartenir à · retomber sur · revenir (en partage) à

incombustible *adj.* · ignifugé · ininflammable · apyre

incommensurable *adj.* · immense · abyssal · démesuré · énorme · gigantesque · illimité · infini

incommodant, e *adj.* · gênant · déplaisant · désagréable · importun · pénible

incommode *adj.* 1 - **gênant** · embarrassant · encombrant · 2 - **inconfortable** · malcommode *vieilli*

incommoder *v.tr.* · gêner · déranger · ennuyer · empoisonner · importuner · [odeur] indisposer · [bruit] étourdir · fatiguer

incommodité *n.f.* 1 - **désagrément** · désavantage · ennui · gêne · inconvénient · importunité *littér.* · 2 - **inconfort**

incommunicable *adj.* 1 - **inexprimable** · indicible · 2 - [Droit] **inaliénable** · incessible · intransmissible

incomparable *adj.* 1 - **inégalable** · hors pair · indépassable · insurpassable · sans concurrence · sans égal · sans pareil · supérieur · unique · 2 - **accompli** · admirable · parfait

incomparablement *adv.* 1 - **autrement** · infiniment · 2 - [littér.] **remarquablement** · prodigieusement

incompatibilité *n.f.* 1 - **antagonisme** · antinomie · désaccord · opposition · disconvenance *littér.* · inconciliabilité *littér.* · 2 - **contradiction** · discordance

incompatible *adj.* 1 - **antagonique** · contraire · exclusif (de) · inconciliable · irréconciliable · opposé · 2 - **contradictoire** · discordant

incompétence *n.f.* 1 - **incapacité** · inaptitude · nullité · impéritie *littér.* · 2 - **ignorance** · inexpérience · méconnaissance

incompétent, e *adj.* 1 - **incapable** · inapte · nul · 2 - **ignorant** · ignare

incomplet, -ète *adj.* 1 - **inachevé** · inabouti · en suspens · 2 - **fragmentaire** · lacunaire · partiel · [collection, série] dépareillé · 3 - **imparfait** · insuffisant

incomplètement *adv.* 1 - **partiellement** · en partie · 2 - **imparfaitement** · insuffisamment

incompréhensible *adj.* 1 - **inexplicable** · inconcevable · 2 - **impénétrable** · inscrutable · insondable · 3 - **illisible** · indéchiffrable · 4 - **inintelligible** · amphigourique · cabalistique · hermétique · mystérieux · obscur · opaque · sibyllin · ténébreux · abscons *littér.* · abstrus *littér.* · imbitable *très fam.* · 5 - **déconcertant** · bizarre · curieux · étrange

incompréhensible, inintelligible

Les deux mots concernent ce qui ne peut être saisi par l'intelligence. Ce qui est **incompréhensible** a des causes qu'on ne peut pénétrer *(un suicide, un crime, un acte incompréhensible)*, un sens qui échappe *(un discours, un propos, un texte incompréhensible)* ou déconcerte *(un geste, un rire incompréhensible)*. **Inintelligible** s'applique plutôt à ce que l'on identifie mal ou pas du tout dans l'expression, au plan intellectuel *(un écrivain, un style inintelligible ; des explications, des notes inintelligibles)* ou auditif *(des cris, des sons inintelligibles)* et dans le comportement *(un refus, une attitude inintelligible)*.

incompréhensif, -ive *adj.* · étroit d'esprit · fermé · intolérant · sectaire

incompréhension *n.f.* 1 - **intolérance** · étroitesse, fermeture d'esprit · manque d'indulgence · 2 - **méconnaissance** · inintelligence

incompressible *adj.* · irréductible

inconcevable *adj.* 1 - **inimaginable** · impensable · invraisemblable · paradoxal · 2 - **étonnant** · étrange · extraordinaire · extravagant · incroyable · inexplicable · inouï · stupéfiant · surprenant · 3 - **inadmissible** · inacceptable

inimaginable

inconciliable *adj.* · incompatible · irréconciliable

inconditionnel, -elle

▪ *adj.* **1 - absolu** · complet · entier · illimité · intégral · sans réserve · total · aveugle *péj.* · **2 - impératif** · systématique

▪ *n.* **1 - admirateur** · fanatique · fan *fam.* · fana *fam.* · fondu *fam.* · groupie *fam.* · **2 -** [Pol., péj.] **béni-oui-oui** *vieilli* · godillot *vieilli*

inconduite *n.f.* · débauche · dévergondage · immoralité · licence · péché · vice

inconfort *n.m.* · incommodité

inconfortable *adj.* **1 - incommode** · malcommode · spartiate · **2 - embarrassant** · délicat · déplaisant · désagréable · épineux · gênant · malaisé

inconfortablement *adv.* · incommodément

incongru, e *adj.* · inconvenant · déplacé · inopportun · intempestif · malvenu · malséant *littér.*

incongruité *n.f.* · inconvenance · incorrection · indécence · grossièreté

inconnu, e

▪ *adj.* **1 - ignoré** · indéterminé · [auteur] anonyme · **2 - étranger** · inexploré · **3 - mystérieux** · énigmatique · impénétrable · inexplicable · obscur · occulte · secret

▪ *n.* **étranger** · tiers

▪ *n.m.* **1 - mystère** · **2 - neuf** · nouveau

✦ **pratiquement inconnu** méconnu · obscur · resté dans l'ombre

✦ **totalement inconnu** inconnu au bataillon *fam., plaisant*

inconsciemment *adv.* · involontairement · à son insu · instinctivement · machinalement · mécaniquement · sans en avoir conscience · sans s'en apercevoir

inconscience *n.f.* **1 - insouciance** · irréflexion · irresponsabilité · légèreté · **2 - aveuglement** · égarement · folie · **3 - ignorance** · méconnaissance

inconscient, e *adj.* **1 - machinal** · automatique · instinctif · involontaire · irraisonné · irréfléchi · spontané · **2 - insouciant** · fou · irréfléchi · irresponsable · léger

inconséquence *n.f.* **1 - étourderie** · inattention · irréflexion · légèreté · **2 - incohérence** · absurdité · contradiction · désaccord · illogisme

inconséquent, e *adj.* **1 - incohérent** · absurde · déraisonnable · fou · illogique · insensé · irrationnel · **2 - inconsidéré** · imprudent · irréfléchi · malavisé · **3 - écervelé** · étourdi · imprudent · irréfléchi · irresponsable · léger · inconsidéré *vieilli*

inconsidéré, e *adj.* **1 - absurde** · stupide · non pertinent · **2 - indiscret** · maladroit · **3 -** [vieilli] **étourdi** · imprudent · inconséquent · irréfléchi · léger · malavisé

inconsidérément *adv.* · imprudemment · étourdiment · follement · à la légère · légèrement · trop vite · à tort et à travers

inconsistance *n.f.* · insignifiance · faiblesse · fragilité · légèreté · précarité · inanité *littér.*

inconsistant, e *adj.* **1 - mou** · fluide · **2 - fragile** · **3 - amorphe** · faible · mollasse · mou · **4 - léger** ·

frivole · changeant · inconstant · versatile · **5 - insignifiant** · creux · insipide · sans intérêt · vide

inconsolable *adj.* **1 - désespéré** · désolé · **2 - inguérissable** · inapaisable

inconsommable *adj.* **1 - impropre à la consommation** · incomestible *rare* · **2 - immangeable** · dégoûtant · écœurant · exécrable · infect

inconstance *n.f.* **1 - infidélité** · trahison · lâchage *fam.* · **2 - instabilité** · caprice · fragilité · frivolité · incertitude · légèreté · variabilité · versatilité

inconstant, e *adj.* **1 - infidèle** · frivole · léger · volage · **2 - changeant** · versatile · capricieux · flottant · fluctuant · instable · mobile · variable · **3 - fragile** · fugitif · fuyant · précaire
☙ **changeant**

incontestable *adj.* **1 - certain** · avéré · indéniable · indiscutable · indubitable · sûr · hors de doute · **2 - évident** · flagrant · manifeste · **3 - inattaquable** · formel · irrécusable · irréfutable · irréfragable *(Droit)*

incontestablement *adv.* · assurément · certainement · sans conteste · sans aucun doute · évidemment · indéniablement · indiscutablement · indubitablement · irréfutablement · manifestement

incontinence *n.f.* **1 -** [Méd.] **énurésie** · **2 -** [verbale] **logorrhée** · **3 -** [vieux ou littér.] **intempérance** · débauche · luxure

[1]**incontinent, e** *adj. et n.* **1 -** [Méd.] **énurétique** · **2 -** [vieux ou littér.] **intempérant** · débauché · luxurieux

[2]**incontinent** *adv.* · aussitôt · immédiatement · à l'instant · sur-le-champ · tout de suite

incontournable *adj.* **1 - inéluctable** · fatal · fatidique · immanquable · imparable · implacable · inévitable · inexorable · inflexible · obligé · **2 - indispensable** · inévitable · obligatoire · primordial · must *fam.* *(nom)*

incontrôlable *adj.* **1 - invérifiable** · improuvable · indémontrable · injustifiable · **2 - indomptable** · ingouvernable · non maîtrisable · **3 - impérieux** · invincible · irrépressible · irrésistible · incoercible *littér.*

inconvenance *n.f.* **1 - audace** · cynisme · désinvolture · effronterie · hardiesse · impertinence · incorrection · indécence · insolence · **2 - impolitesse** · familiarité · goujaterie · incorrection · muflerie · sans-gêne · discourtoisie *vieilli* · **3 - grossièreté** · écart de langage · incongruité · obscénité · propos ordurier · malpropreté *vieux* · **4 -** [vieux] **impropriété**

inconvenant, e *adj.* **1 - impoli** · cavalier · désinvolte · effronté · impertinent · impudent · incorrect · insolent · irrespectueux · irrévérencieux · déplacé · indiscret · inopportun · malvenu · malséant *littér.* · outrecuidant *littér.* · **2 - choquant** · audacieux · cynique · grossier · immodeste · incongru · indécent · licencieux · libre · malsonnant · obscène

inconvénient *n.m.* **1 - défaut** · désavantage · mauvais côté · ombre au tableau · **2 - empêchement** · difficulté · écueil · entrave · frein · gêne · handicap · objection · obstacle · obstruction · **3 -**

désagrément · embarras · ennui · incommodité *littér.* · importunité *vieux* · 4 – **danger** · risque · péril *littér.*

✦ **en subir les inconvénients** en faire les frais · payer les pots cassés *fam.* · trinquer *fam.*

incorporation *n.f.* 1 – **amalgame** · mélange · mixtion · 2 – **assimilation** · annexion · intégration · rattachement · réunion · 3 – **enrôlement** · appel · engagement · recrutement

incorporel, -elle *adj.* · immatériel · abstrait · spirituel

incorporer *v.tr.* 1 – **amalgamer** · agréger · combiner · mélanger · 2 – **insérer** · intégrer · introduire · 3 – **annexer** · joindre · rattacher · réunir · unir · 4 – **assimiler** · intégrer · 5 – **affilier** · agréer · associer · 6 – **enrôler** · appeler · engager · enrégimenter · mobiliser · recruter

>>> **s'incorporer** *v.pron.* **s'intégrer** · s'assimiler · entrer · se fondre

intégrer

incorrect, e *adj.* 1 – **faux** · bancal · défectueux · erroné · inexact · mauvais · 2 – **fautif** · abusif · barbare · impropre · 3 – **impoli** · discourtois · impertinent · irrespectueux · mal poli · incivil *vieux ou littér.* · irrévérencieux *vieux ou littér.* · 4 – **indécent** · déplacé · incongru · inconvenant · malséant *littér.* · 5 – **déloyal** · indélicat · irrégulier · malhonnête

incorrectement *adv.* 1 – **improprement** · 2 – **mal** · défectueusement

incorrection *n.f.* 1 – **impropriété** · barbarisme · faute · 2 – **impolitesse** · grossièreté · impertinence · incivilité *vieux ou littér.* · irrévérence *vieux ou littér.* · 3 – **indécence** · inconvenance · incongruité · 4 – **déloyauté** · indélicatesse · irrégularité · malhonnêteté

incorrigible *adj.* 1 – **entêté** · endurci · impénitent · incurable · invétéré · indécrottable *fam.* · irrécupérable *fam.* · 2 – **incurable**

incorrigiblement *adv.* · incurablement

incorruptibilité *n.f.* · intégrité · probité

incorruptible *adj.* 1 – **imputrescible** · inaltérable · inattaquable · 2 – **honnête** · intègre · probe *littér.*

incrédule

▪ *adj.* 1 – **sceptique** · dubitatif · 2 – **incroyant** · agnostique · irréligieux · non-croyant · sceptique

▪ *n.* **athée** · libre penseur · esprit fort · mécréant *vieilli ou plaisant*

incrédule, sceptique

Incrédule et **sceptique** concernent tous les deux le refus de croire. On peut qualifier d'**incrédule** une personne qui ne croit pas facilement à la réalité de quelque chose *(la nouvelle de son échec a laissé tout le monde incrédule)*, ou bien le comportement de cette personne *(une moue incrédule)*. En matière de religion, est **incrédule** celui dont la conviction n'est pas faite *(il est resté incrédule)*. **Sceptique** s'applique à quiconque met en doute la réussite d'un projet, la résolution d'un problème *(elle est sceptique sur ses chances de réussite, de guérison rapide)*. Le **sceptique** affirme que l'on ne peut établir la vérité dans un domaine déterminé, notamment religieux : « Enfant d'un siècle sceptique plutôt qu'incrédule, (...) me verrais-je entraîné à tout croire ? » (Nerval, *les Filles du feu*, III).

incrédulité *n.f.* 1 - **doute** · scepticisme · défiance · 2 - **athéisme** · incroyance · irréligion · libre pensée

increvable *adj.* [fam.] → **infatigable**

incrimination *n.f.* · accusation · attaque

incriminer *v.tr.* · accuser · attaquer · blâmer · mettre en cause · suspecter · s'en prendre à

✦ **incriminer à tort** faire un mauvais procès à

incroyable *adj.*
I 1 - **invraisemblable** · impensable · inconcevable · inimaginable · 2 - **étonnant** · étrange · extraordinaire · fabuleux · fantastique · fort · prodigieux · surprenant · 3 - **extravagant** · bizarre · grotesque · impayable · ridicule · rocambolesque · à dormir debout *fam.* · sacré *fam.* · 4 - [personne] **extraordinaire** · chié *très fam.* · trop *lang. jeunes*
II [péj.] 1 - **effarant** · excessif · exorbitant · fou · inouï · phénoménal · renversant · stupéfiant · 2 - **inadmissible** · insoutenable · insupportable · intolérable · révoltant · scandaleux

incroyablement *adv.* 1 - **extraordinairement** · fabuleusement · formidablement · 2 - **extrêmement** · énormément · excessivement · effroyablement · terriblement · drôlement *fam.* · sacrément *fam.* · vachement *fam.*

incroyance *n.f.* 1 - **athéisme** · impiété · irréligion · 2 - **doute** · incrédulité

incroyant, e *adj. et n.* · athée · impie · irréligieux · libre penseur · esprit fort · mécréant *vieilli ou plaisant*

incruster *v.tr.* 1 - **insérer** · introduire • [d'or, d'argent] damasquiner

»» **s'incruster** *v.pron.* 1 - **se déposer** · adhérer · 2 - **se graver** · s'imprimer · 3 - **s'imposer** · s'enraciner · prendre racine *fam.* · taper l'incruste *fam.*

incubateur *n.m.* · couveuse

incuber *v.tr.* · couver

inculpation *n.f.* · mise en examen *(depuis 1993)*

inculpé, e
▪ *adj.* **mis en examen**
▪ *n.* **prévenu** · accusé
☞ **accusé**

inculper *v.tr.* 1 - **mettre en examen** *(depuis 1993)* · 2 - [vieux] **accuser** · incriminer

inculquer *v.tr.* · enseigner · apprendre · graver dans l'esprit · imprimer dans l'esprit · faire entrer dans la tête
☞ **enseigner**

inculte *adj.* 1 - **en friche** · vague · vierge · sauvage · 2 - **ignorant** · analphabète · ignare · illettré · 3 - **barbare** · fruste · grossier · primitif
☞ **ignorant**

incultivable *adj.* · aride · stérile · infertile *littér.*

inculture *n.f.* · ignorance · incompétence

incurable *adj.* 1 - **inguérissable** · 2 - **condamné** · inguérissable · perdu · fichu *fam.* · fini *fam.* · foutu *fam.* · 3 - **incorrigible** · indécrottable *fam.*

☞ **incurable, inguérissable**

Incurable et inguérissable qualifient une maladie qui ne peut être *guérie (un mal incurable / inguérissable).* Incu-

rable est beaucoup plus fréquent quand il s'agit d'une affection dont l'issue semble fatale *(une tumeur, un cancer incurable)* et préféré alors à inguérissable pour qualifier une personne *(les médecins pensent qu'elle est incurable)*. C'est également le cas dans les emplois figurés ; les deux mots s'appliquent à des choses abstraites *(chagrin, jalousie, optimisme inguérissable / incurable ; une sottise inguérissable, incurable)*, mais seul **incurable** se dit d'une personne dont le comportement, le plus souvent jugé négativement, ne change pas *(c'est inutile d'insister, il est incurable !)*.

incurablement *adv.* · incorrigiblement

incurie *n.f.* · négligence · insouciance · laisser-aller

incuriosité *n.f.* · désintérêt · indifférence

incursion *n.f.* **1 – attaque** · coup de main · descente · invasion · raid · razzia · **2 – irruption** · **3 – intervention** · immixtion · ingérence · intrusion · **4 – détour** · crochet *fam.*

incurvé, e *adj.* · courbe · arqué · cintré

incurver *v.tr.* **courber** · arquer · cintrer

⋙ **s'incurver** *v.pron.* **se courber** · s'arquer · fléchir · s'infléchir · [bois, etc.] gauchir

indébrouillable *adj.* · inextricable

indécence *n.f.* **1 – impertinence** · impudence · inconvenance · insolence · culot *fam.* · **2 – impudeur** · obscénité · impudicité *littér.* · immodestie *vieilli*

indécent, e *adj.* **1 – inconvenant** · choquant · déplacé · impudent · insolent · malséant *littér.* · **2 – impudique** · débraillé · immodeste *littér.* · **3 – licencieux** · grossier · hardi · impur · malpropre · obscène · sale · scabreux · **4 – incroyable** · honteux · insolent

indéchiffrable *adj.* **1 – illisible** · **2 – embrouillé** · énigmatique · impénétrable · incompréhensible · indécodable · inintelligible · mystérieux · obscur · sibyllin

indécis, e *adj.* **1 – hésitant** · désorienté · perplexe · **2 – inconsistant** · flottant · fluctuant · incertain · irrésolu · ondoyant · vacillant · **3 – douteux** · incertain · **4 – imprécis** · confus · flou · fluide · incertain · indéfini · indéterminable · indéterminé · indistinct · nébuleux · trouble · vague · vaporeux · ni chair ni poisson · **5 – ambigu** · équivoque · général

✦ **rester indécis** balancer · être ballotté · tiraillé · être entre le zist et le zest *fam.*

indécis, irrésolu

On est **indécis** ou **irrésolu** lorsqu'on ne parvient pas à se *décider*. **Indécis** marque l'hésitation de quelqu'un qui ne sait pas prendre une *décision (la majorité des électeurs demeurent indécis)* et qualifie son comportement *(un air, un caractère indécis)*. **Irrésolu** permet d'insister sur l'absence de détermination de quelqu'un, sur le fait qu'il oscille d'un parti à l'autre et ne parvient pas à se tenir à une décision : « Ne crois pas que je sois irrésolu sur le choix d'un état. Je suis décidé à n'en prendre aucun » (Flaubert, *Correspondance, 1839*).

indécision *n.f.* · hésitation · doute · errements · flottement · incertitude · indétermination · irrésolution · perplexité

indécrottable *adj.* [fam.] → **incorrigible**

indéfectible *adj.* · éternel · immuable · impérissable · indestructible · indissoluble · solide · sûr

indéfendable *adj.* 1 - **insoutenable** · 2 - **inexcusable** · impardonnable · injustifiable

indéfini, e *adj.* 1 - **illimité** · infini · sans bornes · sans fin · 2 - **imprécis** · confus · flou · incertain · indécis · indéterminé · trouble · vague

indéfiniment *adv.* · éternellement · continuellement · perpétuellement · sans fin · toujours

indéfinissable *adj.* 1 - **indéterminable** · confus · incertain · ni chair ni poisson · vague · 2 - **étrange** · inclassable · inexplicable · 3 - **indescriptible** · indicible · ineffable · inexprimable · 4 - **énigmatique**

indélébile *adj.* 1 - **ineffaçable** · 2 - **indestructible** · immuable · inaltérable · perpétuel · 3 - **inoubliable** · éternel · immortel · impérissable · ineffaçable · mémorable

~ **ineffaçable**

indélicat, e *adj.* 1 - **impoli** · cavalier · déplacé · grossier · inconvenant · inélégant · malséant *littér.* · 2 - **malhonnête** · déloyal · inélégant · irrégulier · véreux

indélicatesse *n.f.* 1 - **impolitesse** · goujaterie · grossièreté · inélégance · muflerie · 2 - **malhonnêteté** · déloyauté

indemne *adj.* · sauf · sain et sauf · entier · sans une égratignure

indemnisation *n.f.* 1 - **compensation** · dédommagement · défraiement · 2 - **indemnité**

indemniser *v.tr.* · dédommager · compenser · défrayer · rembourser

indemnité *n.f.* 1 - **compensation** · dédommagement · dommages-intérêts · réparation · 2 - **allocation** · prestation · prime

indémontrable *adj.* 1 - **invérifiable** · improuvable · 2 - **axiomatique** · évident

indéniable *adj.* 1 - **certain** · aveuglant · hors de doute · évident · flagrant · incontestable · indiscutable · manifeste · 2 - **formel** · inattaquable · irrécusable · irréfutable

indéniablement *adv.* · incontestablement · assurément · sans conteste · sans aucun doute · évidemment · indiscutablement · indubitablement · irréfutablement · manifestement

indénombrable *adj.* · incalculable · indéterminable

indentation *n.f.* · échancrure · crénelure · découpure · dentelure

indépassable *adj.* 1 - **infranchissable** · 2 - **inégalable** · hors pair · imbattable · indépassable · sans concurrence · sans égal · sans pareil · supérieur · unique

indépendamment de *loc. prép.* 1 - **outre** · en plus de · 2 - **abstraction faite de** · en dehors de · sans parler de · mis à part

indépendance *n.f.* 1 - **liberté** · émancipation · autonomie · 2 - **souveraineté** · autonomie · non alignement · 3 - **individualisme** · indocilité · insoumission · non conformisme · 4 - [des pouvoirs, etc.] **séparation**

indépendant, e

▪ *adj.* 1 - **libre** · autonome · 2 - **souverain** · autonome · non aligné · 3 - **individualiste** · non-conformiste · dissident · hétérodoxe · indocile *littér.* · insoumis · **4 - free-lance** · **5 - distinct** · dissocié · séparé

■ *n.* **franc-tireur** · électron libre

✦ **devenir indépendant** s'affranchir · s'émanciper · couper le cordon (ombilical) · voler de ses propres ailes

❧ **libre**

indépendantiste *adj. et n.* · autonomiste · sécessionniste · séparatiste

indéracinable *adj.* · indestructible · inextirpable · tenace

indescriptible *adj.* **1 - indéfinissable** · **2 - indicible** · ineffable · inénarrable · inexprimable · **3 - inimaginable** · extraordinaire · incroyable · inouï

indésirable

■ *adj.* **importun** · de trop

■ *n.* **intrus** · gêneur · importun · persona non grata

indestructible *adj.* **1 - inusable** · inaltérable · incassable · indélébile · infrangible *littér.* · **2 - impérissable** · éternel · immortel · immuable · perpétuel · **3 - solide** · indéfectible · indissoluble · inébranlable

indéterminable *adj.* **1 - incalculable** · indénombrable · **2 - indéfinissable** · imprécis · incertain · indécis · indéfini · vague

indétermination *n.f.* **1 - imprécision** · confusion · flou · vague · **2 - doute** · hésitation · incertitude · indécision · irrésolution · perplexité

indéterminé, e *adj.* **1 - imprécis** · confus · flou · vague · vaporeux · **2 - inconnu** · indéfini · **3 - illimité** · **4 -** [Philo.] **contingent** · **5 - indécis** · flottant · fluctuant · hésitant · incertain · irrésolu · perplexe

index *n.m. invar.* **1 - catalogue** · inventaire · liste · répertoire · table · **2 - lexique** · glossaire · **3 - indice**

✦ **mettre à l'index** rejeter · boycotter · condamner · exclure · interdire · ostraciser · proscrire

[1]**indicateur** *n.m.* **1 - guide** · **2 - indice** · signe

[2]**indicateur, -trice** *n.* · dénonciateur · espion · informateur · donneur *fam.* · indic *fam.* · mouchard *fam.* · balance *argot* · doulos *argot* · mouton *argot*

indicatif *n.m.* **1 - signal** · **2 - générique** · jingle · sonal *recomm. offic.*

indication *n.f.* **1 - indice** · annonce · marque · preuve · signe · symptôme · trace · **2 - renseignement** · information · info *fam.* · tuyau *fam.* · rancard *argot* · **3 - avis** · conseil · recommandation · suggestion · **4 - directive** · instruction · ordre · prescription

✦ **indications scéniques** didascalies

indice *n.m.* **1 - indication** · marque · preuve · signe · symptôme · trace · **2 - annonce** · augure · présage · **3 - renseignement** · indication · **4 - présomption** · argument · charge · adminicule *(Droit)* · **5 - coefficient** · index

✦ **indice d'écoute** audience · audimat *nom déposé*

✦ **indice de traitement** échelon · grade

indicible *adj.* **1 - indescriptible** · indéfinissable · ineffable · inexprimable · inénarrable · inracontable · intraduisible · **2 - extraordinaire** · incroyable · inouï

indicible, inénarrable, ineffable, inexprimable

Indicible, **inénarrable**, **ineffable** et **inexprimable** qualifient ce qui ne peut pas se transmettre par les mots. Dans un registre soutenu, **indicible** est ce que l'on ne peut pas *dire* en raison de son caractère extraordinaire ou secret *(une douleur, une peur, une violence, un plaisir, une joie indicible ; des plaisirs, des secrets indicibles)*. On réserve **inénarrable** à ce qui est trop bizarre pour être raconté *(des aventures inénarrables)*, mais **inénarrable** est couramment remplacé aujourd'hui par *inracontable*. **Ineffable** s'applique seulement à des choses agréables ; la difficulté pour les décrire tient à leur nature même *(un bonheur, une douceur, une joie, un amour ineffable)*. Avec **inexprimable**, on veut marquer que le sentiment éprouvé est irréductible à toute forme d'expression à cause de son intensité *(un soulagement, une tristesse, une confusion, une tendresse inexprimable)*.

indiction *n.f.* • convocation

indifféremment *adv.* • indistinctement • sans distinction

indifférence *n.f.* **1 - désintérêt** • inattention • insensibilité • tiédeur • inappétence *littér.* • **2 - détachement** • flegme • impassibilité • **3 - froideur** • dédain • mépris • **4 - passivité** • apathie • ataraxie • indolence • **5 - athéisme** • agnosticisme • incrédulité • irréligion • scepticisme • **6 -** [Sciences] **équilibre** • neutralité

✦ **avec indifférence** froidement

indifférent, e *adj.* **1 - impassible** • détaché • flegmatique • imperturbable • **2 - passif** • apathique • inattentif • indolent • insouciant • je-m'en-foutiste *fam.* • **3 - résigné** • blasé • désabusé • fataliste • **4 - froid** • dédaigneux • égoïste • sans cœur • sec • **5 - quelconque** • anodin • banal • inintéressant • insignifiant

✦ **indifférent à** insensible à • étranger à • imperméable à • sourd à

✦ **c'est indifférent** c'est la même chose • c'est bonnet blanc et blanc bonnet • c'est kif-kif *fam.*

✦ **cela m'est indifférent** peu m'importe • ça m'est égal • ça ne me fait ni chaud ni froid • je m'en fiche *fam.* • je m'en fous *très fam.* • peu me chaut *littér. ou plaisant*

indigence *n.f.* **1 - absence** • carence • défaut • déficience • disette • manque • pauvreté • pénurie • rareté • **2 -** [vieilli] **besoin** • dénuement • gêne • misère • pauvreté • privation • mouise *fam.* • poisse *fam.*

indigène *adj. et n.* • natif • autochtone • [Australie] aborigène

☞ **autochtone**

indigent, e *adj.* **1 - insuffisant** • fruste • pauvre • rare • rudimentaire • simpliste • sommaire • **2 -** [vieilli] **démuni** • misérable • pauvre • besogneux *vieux* • nécessiteux *vieux*

☞ **pauvre**

indigeste *adj.* **1 - lourd** • inassimilable • pesant • **2 - incompréhensible** • confus • embrouillé • imbitable *très fam.*

indigestion *n.f.* • embarras gastrique

indignation *n.f.* **1 - colère** • fureur • révolte • **2 - scandale**

indigne *adj.* **1 - méprisable** • abject • coupable • vil • **2 - honteux** • avilissant • bas • condamnable • déshonorant • immoral • impur •

infamant · inqualifiable · odieux · révoltant · scandaleux · **3** - [parent] **dénaturé** · maltraitant

indigné, e *adj.* · choqué · fâché · hérissé · offensé · offusqué · outré · révolté · scandalisé

outré

indigner *v.tr.* **scandaliser** · choquer · écœurer · mettre en colère · outrer · révolter · scandaliser

»» **s'indigner** *v.pron.* **s'emporter** · se fâcher · s'irriter · fulminer · s'offenser · protester · se révolter · vitupérer

indignité *n.f.* **1 - bassesse** · abjection · déshonneur · noirceur · **2 - honte** · ignominie · infamie · turpitude *littér.* · vilenie *littér.*

indiquer *v.tr.* **1 - mentionner** · citer · dire · donner · énumérer · nommer · préciser · spécifier · **2 - désigner** · montrer · pointer · signaler · **3 - marquer** · écrire · graver · inscrire · noter · **4 - apprendre** · enseigner · faire connaître · faire savoir · **5 - dénoter** · accuser · annoncer · attester · déceler · démontrer · dénoncer · être le signe de · laisser augurer, présager · laisser supposer · manifester · marquer · prouver · refléter · révéler · faire sentir · signaler · signifier · témoigner · trahir · **6** - [Arts] **dessiner** · ébaucher · esquisser · tracer

indirect, e *adj.* **1 - écarté** · éloigné · **2 - allusif** · détourné · évasif · insinuant · oblique · sournois · voilé · **3 - de biais** · latéral · biaisé · **4 - collatéral** · **5 - de seconde main**

indirectement *adv.* **1 - par ricochet** · par contrecoup · par la bande *fam.* · **2 - sournoisement** · **3 - par ouï-dire** · de seconde main · par le téléphone arabe *fam.*

indiscernable *adj.* **1 - identique** · équivalent · pareil · semblable · **2 - imperceptible** · inaudible · insaisissable · insensible · invisible

indiscipline *n.f.* **1 - désobéissance** · dissipation · indocilité *littér.* · **2 - insoumission** · mauvais esprit · insubordination · sédition

indiscipliné, e *adj.* · désobéissant · insoumis · insubordonné · rebelle · rétif · forte, mauvaise tête · indocile *littér.*

indiscret, -ète *adj. et n.* **1 - bavard** · cancanier · **2 - inconvenant** · **3 - curieux** · fouineur · fureteur · inquisiteur · écouteur (aux portes) · **4 - importun** · fâcheux · intrus · **5** - [littér.] **inconsidéré** · immodéré · intempestif · malavisé

indiscrétion *n.f.* **1 - curiosité** · **2 - révélation** · fuite · **3 - bavardage** · commérage · racontar · cancan *fam.*

indiscutable *adj.* **1 - certain** · aveuglant · évident · flagrant · hors de doute · indéniable · indubitable · manifeste · **2 - formel** · authentique · inattaquable · incontestable · irrécusable · irréfutable

indiscutablement *adv.* · certainement · évidemment · incontestablement · indubitablement · irréfutablement · manifestement · sans aucun doute · sans conteste

indiscuté, e *adj.* · incontesté · reconnu

indispensable *adj.* **1 - nécessaire** · incontournable · inéluctable ·

obligatoire • obligé • must *fam. (nom)* • **2 - essentiel** • important • primordial • utile • vital

indispensable, nécessaire

Indispensable et **nécessaire** s'appliquent tous deux à ce qui permet d'obtenir un effet, de réussir une opération, etc. **Nécessaire** concerne ce qui s'impose, ne peut manquer de se produire *(vos explications sont nécessaires, c'est un mal nécessaire)*. **Indispensable** renchérit sur la valeur de **nécessaire** en ceci qu'on ne peut se passer de la chose *(l'eau est plus que nécessaire à la vie, elle est indispensable)* : « Le mal est indispensable au bien et le diable nécessaire à la beauté morale du monde » (Anatole France, *le Jardin d'Épicure*).

indisponibilité *n.f.* **1** - • empêchement • **2** - [Admin.] **congé**

indisponible *adj.* • occupé • pris

indisposé, e *adj.* • malade • incommodé • souffrant • mal fichu *fam.* • patraque *fam.*

indisposer *v.tr.* **1 - gêner** • déranger • importuner • incommoder • **2 - déplaire à** • agacer • choquer • contrarier • énerver • fâcher • froisser • hérisser • mécontenter • se mettre à dos • faire tiquer

indisposition *n.f.* • malaise • dérangement • incommodité *vieux*

indissociable *adj.* **inséparable** • indivisible

✦ **indissociable de** inhérent à • propre à

indissoluble *adj.* • éternel • immuable • impérissable • indestructible • perpétuel • indéfectible *littér.*

indistinct, e *adj.* • flou • confus • imprécis • indécis • indéfini • nébuleux • obscur • trouble • vague • [bruit] sourd

indistinctement *adv.* **1 - confusément** • vaguement • **2 - indifféremment** • sans distinction

individu *n.m.* **1 - spécimen** • échantillon • exemplaire • unité • individualité • **2 - être (humain)** • personne • femme • homme • humain • **3 - individualité** • moi • **4 - personne** • bonhomme *fam.* • citoyen *fam.* • gaillard *fam.* • gars *fam.* • mec *fam.* • quidam *fam.* • type *fam.* • zèbre *fam.* • zigoto *fam.* • paroissien *fam., vieilli* • particulier *fam., vieilli*

✦ **triste individu** triste sire • vaurien • voyou

✦ **drôle d'individu** énergumène • personnage • phénomène • drôle de coco *fam.* • drôle d'oiseau *fam.* • zig *fam.* • zouave *fam.*

individualisation *n.f.* **1 - particularisation** • distinction • singularisation • **2 - personnalisation**

individualiser *v.tr.* **1 - particulariser** • caractériser • distinguer • individuer *littér.* • **2 - personnaliser**

individualisme *n.m.* **1 - indépendance** • non-conformisme • **2** - [péj.] **égoïsme** • égocentrisme • **3 - libéralisme**

individualiste *adj. et n.* **1 - non-conformiste** • **2 - égoïste** • égocentrique • personnel

individualité *n.f.* **1 - ego** • moi • caractère • personnalité • personne • **2 - originalité** • particularité

individuation *n.f.* • différenciation

individuel, -elle *adj.* **1 - distinct** • particulier • propre • spécifique • singulier • **2 - personnel** •

particulier · 3 - **isolé** · seul · 4 - **spécial** · singulier · particulier · 5 - **privé**

indivuellement *adv.* · séparément · isolément

indivis, e *adj.* · commun

indivisibilité *n.f.* · unité

indivisible *adj.* 1 - **insécable** · 2 - **inséparable** · indissociable

indivision *n.f.* · communauté · copropriété

indocile *adj.* 1 - **désobéissant** · dissipé · insubordonné · 2 - **indomptable** · indisciplinable · insoumis · rebelle · récalcitrant · réfractaire · rétif

indocilité *n.f.* · désobéissance · indiscipline · insoumission · insubordination

indolence *n.f.* 1 - **mollesse** · alanguissement · assoupissement · apathie · atonie · engourdissement · inertie · langueur · torpeur · 2 - **nonchalance** · inertie · mollesse · paresse · sybaritisme *littér.*

indolent, e *adj.* 1 - **mou** · amorphe · apathique · atone · avachi · endormi · mollasse *fam.* · mollasson *fam.* · 2 - **nonchalant** · fainéant · inactif · inerte · oisif · paresseux · 3 - **alangui** · langoureux · languissant · languide *littér.*

✦ **il est très indolent** il a les pieds nickelés *fam., vieilli*

indolore *adj.* · insensible

indomptable *adj.* 1 - **inapprivoisable** · 2 - **courageux** · fier · indocile *littér.* · 3 - **inflexible** · inébranlable · invincible · irréductible

indompté, e *adj.* · sauvage · farouche

indu, e *adj.* 1 - **injuste** · abusif · illégitime · infondé · injustifié · 2 - [heure] **tardif** · impossible *fam.*

indubitable *adj.* 1 - **évident** · aveuglant · certain · flagrant · incontestable · indéniable · indiscutable · manifeste · sûr · 2 - **formel** · irrécusable · irréfutable

indubitablement *adv.* · assurément · certainement · évidemment · incontestablement · indéniablement · indiscutablement · manifestement · nécessairement · sûrement · sans aucun doute · sans conteste

induction *n.f.* · inférence · généralisation · analogie

induire *v.tr.* 1 - **inférer** · conclure · 2 - **conduire** · amener · convier · encourager · engager · inciter · inviter · porter · pousser · 3 - **entraîner** · catalyser · causer · déclencher · occasionner · provoquer

✦ **induire en erreur** tromper · abuser

indulgence *n.f.* 1 - **bienveillance** · bonté · charité · clémence · compréhension · douceur · générosité · humanité · patience · tolérance · longanimité *littér.* · magnanimité *littér.* · mansuétude *littér.* · bénignité *vieilli ou littér.* · miséricorde *surtout Relig.* · 2 - **complaisance** · faiblesse · facilité · mollesse

indulgent, e *adj.* 1 - **compréhensif** · bienveillant · bon · clément · conciliant · généreux · patient · tolérant · magnanime *littér.* · coulant *fam.* · miséricordieux *surtout Relig.* · 2 - [péj.] **complaisant**

indûment *adv.* · à tort · abusivement · illégitimement · injustement · irrégulièrement

industrie *n.f.*
I entreprise · établissement · exploitation · fabrique · manufacture · usine
II [vieux ou littér.] **1 - adresse** · art · dextérité · habileté · talent · **2 - ingéniosité** · intelligence · invention · savoir-faire · **3 - activité** · art · métier · profession · travail

industriel, -ielle
▪ *n.* · fabricant · entrepreneur · manufacturier
▪ *adj.* · de série

industriellement *adv.* · en série

industrieux, -ieuse *adj.* **1 - adroit** · habile · **2 - astucieux** · ingénieux

inébranlable *adj.* **1 - indestructible** · à toute épreuve · robuste · solide · bâti à chaux et à sable · **2 - imperturbable** · constant · flegmatique · impassible · impavide · stoïque · **3 - intransigeant** · déterminé · ferme · inflexible · **4 - arrêté** · tenace

inécoutable *adj.* · inaudible

inédit, e *adj.* · nouveau · neuf · original · sans précédent · premier du genre

ineffable *adj.* **1 - indicible** · indéfinissable · indescriptible · inexprimable · inracontable · intraduisible · inénarrable *vieux* · **2 - sublime** · extraordinaire · **3 -** [personne] **inénarrable** · impayable *fam.*
indicible

ineffaçable *adj.* **1 - indélébile** · **2 - impérissable** · inaltérable · indestructible · vivace · **3 - inoubliable** · mémorable

ineffaçable, indélébile

Ineffaçable et **indélébile** qualifient tous deux ce qui ne peut être *effacé (un trait, une couleur, une tache, une encre, un tatouage ineffaçable / indélébile).* Ils s'emploient également au figuré à propos de ce qui ne peut disparaître avec le temps *(une impression, un souvenir, un sentiment ineffaçable / indélébile).* Dans les deux cas, **ineffaçable** est cependant plutôt réservé à des contextes littéraires : « L'impression reçue fut ineffaçable, et l'enfant devenu homme ne l'oublia jamais » (Th. Gautier, *Portraits contemporains, Degas*).

inefficace *adj.* **1 - inactif** · impuissant · inopérant · **2 - infructueux** · improductif · inutile · stérile · vain · **3 - incapable** · incompétent
✦ **c'est totalement inefficace** c'est un cautère sur une jambe de bois

inefficacité *n.f.* **1 - impuissance** · **2 - incapacité** · incompétence · **3 - inutilité** · stérilité · vanité *vieux*

inégal, e *adj.* **1 - différent** · disparate · divers · **2 - imparfait** · **3 - déséquilibré** · disproportionné · injuste · **4 - bosselé** · accidenté · cahoteux · irrégulier · raboteux · rugueux · **5 - changeant** · instable · irrégulier · en dents de scie · en demi-teinte · avec des hauts et des bas · variable · versatile · capricant *littér. ou Méd.*

inégalable *adj.* **1 - imbattable** · hors pair · indépassable · sans concurrence · sans égal · sans pareil · supérieur · unique · **2 - hors pair** · sans égal · sans pareil

inégalé, e *adj.* · hors pair · sans égal · sans pareil · sans rival

inégalement *adv.* **1 - inéquitablement** *rare* · **2 - irrégulièrement** · **3 - diversement**

inégalité *n.f.* **1 - différence** · déséquilibre · disparité · disproportion · **2 - variation** · changement · fluctuation · oscillation · saute · **3 - aspérité** · bosse · bossellement · cahot · dénivellation · irrégularité · **4 -** [Math.] **inéquation**

inélégant, e *adj.* **1 - disgracieux** · **2 - commun** · balourd · lourdaud · trivial · vulgaire · **3 - indélicat** · discourtois · grossier · inconvenant · incorrect

inéluctable *adj.* **1 - immanquable** · fatal · fatidique · imparable · implacable · indubitable · inexorable · irrésistible · **2 - inévitable** · incontournable · obligatoire

inéluctablement *adv.* · infailliblement · fatalement · forcément · immanquablement · implacablement · inévitablement · inexorablement · irrésistiblement · nécessairement

inemployable *adj.* · inutilisable

inemployé, e *adj.* **1 - inutilisé** · **2 - oisif**

inénarrable *adj.* **1 - inracontable** · indicible · ineffable · inexprimable · **2 - comique** · ineffable · impayable *fam.*

❧ **indicible**

inepte *adj.* **1 - bête** · idiot · inintelligent · niais · sot · stupide · crétin *fam.* · **2 - absurde** · incohérent · insensé · insane *littér.*

ineptie *n.f.* **1 - bêtise** · absurdité · idiotie · imbécillité · inintelligence · insanité · niaiserie · sottise · stupidité · **2 - ânerie** · idiotie · insanité

inépuisable *adj.* **1 - intarissable** · **2 - infini** · inexhaustible *littér.* · **3 - infatigable** · inlassable · **4 - fécond** · généreux

inéquitable *adj.* · injuste · inique · partial

inerte *adj.* **1 - inanimé** · **2 - immobile** · figé · **3 - amorphe** · apathique · atone · indolent · léthargique · mou · passif

inertie *n.f.* **1 - apathie** · atonie · immobilisme · inaction · indolence · léthargie · mollesse · passivité · paresse · **2 - résistance passive**

inespéré, e *adj.* · inattendu · imprévu

❧ **inattendu**

inesthétique *adj.* · laid · disgracieux · ingrat · vilain · moche *fam.* · mochard *fam.* · tarte *fam.* · tartignole *fam.*

inestimable *adj.* **1 - incalculable** · inappréciable · **2 - précieux** · sans prix · **3 - considérable** · immense

inévitable *adj.* **1 - immanquable** · certain · fatal · fatidique · imparable · incontournable · inéluctable · inexorable · obligé · **2 - nécessaire** · assuré · forcé · incontournable · indispensable · logique · obligatoire · **3 -** [plaisant] **habituel** · rituel · sempiternel

✦ **c'était inévitable** il ne pouvait en être autrement · c'était écrit · ça n'a pas fait un pli *fam.*

inévitablement *adv.* **fatalement** · certainement · forcément ·

immanquablement • inéluctablement • infailliblement • nécessairement • obligatoirement • tôt ou tard

✦ **arriver inévitablement** arriver comme mars en carême

inexact, e *adj.* 1 - **faux** • erroné • incorrect • mauvais • 2 - **infidèle** • déformé

inexactitude *n.f.* 1 - **fausseté** • 2 - **erreur** • faute • 3 - **à-peu-près** • approximation • imprécision • 4 - **mensonge** • contrevérité

inexcusable *adj.* 1 - **impardonnable** • irrémissible *littér.* • 2 - **injustifiable** • indéfendable

inexercé, e *adj.* 1 - **inexpérimenté** • inexpert *littér.* • 2 - **inhabile** • maladroit

inexistant, e *adj.* 1 - **absent** • 2 - **négligeable** • insignifiant • nul (et non avenu) • moins que rien • néant • zéro *fam.* • 3 - **irréel** • chimérique • fabriqué • faux • fictif • imaginaire • inventé

inexistence *n.f.* 1 - **absence** • carence • défaut • manque • pénurie • [de loi] vide juridique • 2 - **insignifiance** • nullité

inexorabilité *n.f.* • implacabilité • rigueur

inexorable *adj.* 1 - **impitoyable** • cruel • draconien • dur • implacable • inflexible • insensible • intraitable • sans pitié • sévère • 2 - **immanquable** • fatal • imparable • inéluctable • inévitable

inexpérience *n.f.* 1 - **ignorance** • méconnaissance • 2 - **ingénuité** • naïveté

inexpérimenté, e *adj.* 1 - **débutant** • ignorant • inexercé • maladroit • neuf • nouveau • novice • profane • inexpert *littér.* • 2 - **ingénu** • jeune • naïf

inexplicable *adj.* 1 - **incompréhensible** • énigmatique • impénétrable • inconcevable • indéchiffrable • mystérieux • obscur • 2 - **inexprimable** • indéfinissable • 3 - **étrange** • déconcertant • extraordinaire • singulier

inexplicablement *adv.* • mystérieusement • curieusement • étrangement

inexpliqué, e *adj.* • mystérieux • indéterminé • irrésolu *rare*

inexploitable *adj.* • inutilisable

inexploré, e *adj.* • inconnu • ignoré • nouveau • vierge

inexpressif, -ive *adj.* 1 - **éteint** • atone • figé • froid • inanimé • inerte • vague • 2 - **fade** • insipide • plat • sans relief • terne

inexprimable *adj.* 1 - **indéfinissable** • 2 - **incommunicable** • indescriptible • indicible • ineffable • inénarrable • inexplicable • intraduisible

❧ **indicible**

inexprimé, e *adj.* • sous-entendu • implicite • informulé • latent • tacite • tu

in extenso

▪ *loc. adv.* **complètement** • entièrement • exhaustivement • intégralement • totalement • d'un bout à l'autre • en entier

▪ *loc. adj.* **complet** • entier • exhaustif • intégral

inextinguible *adj.* 1 - **insatiable** • ardent • inapaisable *littér.* •

inassouvissable *littér.* · **2 - impérissable** · éternel · indestructible · invincible

inextirpable *adj.* · indéracinable · tenace

in extremis *loc. adv.* · à la dernière extrémité · à la dernière minute · au dernier moment · de justesse · au vol *fam.*

inextricable *adj.* **1 - embrouillé** · emmêlé · enchevêtré · indébrouillable · **2 - tortueux** · dédaléen *littér.* · **3 - compliqué** · embrouillé · incompréhensible · inintelligible

infaillibilité *n.f.* · fiabilité · efficacité

infaillible *adj.* **1 - efficace** · fiable · parfait · radical · souverain · **2 - assuré** · certain · immanquable · inévitable · sûr

infailliblement *adv.* **1 - immanquablement** · assurément · certainement · à coup sûr · fatalement · inéluctablement · sûrement · à tous les coups *fam.* · **2 - inévitablement** · forcément · nécessairement · obligatoirement

infaisable *adj.* · impossible · impraticable · inexécutable · irréalisable

infamant, e *adj.* · honteux · avilissant · dégradant · déshonorant · infâme *littér.* · ignominieux *littér.*

infâme *adj.* **1 - honteux** · avilissant · dégradant · déshonorant · infamant · odieux · répugnant · sordide · ignominieux *littér.* · **2 -** [vieux] **bas** · abject · ignoble · indigne · vil · **3 - détestable** · odieux · **4 - dégoûtant** · immonde · infect · innommable · malpropre · sale · **5 - atroce** · horrible · laid · monstrueux

infamie *n.f.* **1 - abjection** · abomination · bassesse · horreur · ignominie *littér.* · turpitude *littér.* · vilenie *littér.* · **2 - calomnie** · abomination · saloperie *fam.* · **3 -** [vieux] **déshonneur** · honte · scandale · opprobre *littér.*

infanterie *n.f.* · troupe · piétaille *fam.*

infantile *adj.* · puéril · enfantin · immature · gamin *fam.* · bébête *fam.*
⤳ **enfantin**

infantiliser *v.tr.* · déresponsabiliser

infantilisme *n.m.* · immaturité · gaminerie · puérilité · puérilisme *(Méd.)*

infatigable *adj.* **1 - endurant** · résistant · robuste · solide · increvable *fam.* · **2 - inlassable** · incessant · inépuisable

infatigablement *adv.* · inlassablement · inépuisablement

infatuation *n.f.* **1 - autosatisfaction** · fatuité · narcissisme · orgueil · prétention · suffisance · vanité · outrecuidance *littér.* · **2 -** [vieux] **engouement**

infatué, e *adj.* **1 - vaniteux** · fat · fier · hautain · orgueilleux · prétentieux · suffisant · vain · vaniteux · outrecuidant *littér.* · puant *fam.* · **2 -** [vieux] **imbu** · engoué · entiché

infécond, e *adj.* **1 - stérile** · **2 - aride** · désertique · improductif · infertile *littér.* · **3 - inutile** · improductif · stérile · vain

infécondité *n.f.* · stérilité · agénésie *(Méd.)*

infect, e *adj.* **1 - dégoûtant** · écœurant · ignoble · immonde · infâme · innommable · repoussant ·

répugnant · dégueulasse *très fam.* · **2 - nauséabond** · fétide · pestilentiel · puant · **3 -** [temps, etc.] **pourri** · dégueulasse *très fam.* · **4 - odieux** · abject · détestable · exécrable · ignoble · infâme · moche · répugnant · révoltant · dégueulasse *très fam.*

infecté, e *adj.* **1 - contaminé** · envenimé · **2 - empoisonné** · empuanti · **3 -** [vieux] **corrompu** · gâté · souillé

infecter *v.tr.* **1 - contaminer** · **2 - corrompre** · polluer · souiller · **3 -** [vieux] **empester** · empoisonner · empuantir

infectieux, -ieuse *adj.* **1 - bactérien** · viral · **2 - pathogène**

infection *n.f.* **1 - contagion** · contamination · épidémie · infestation · **2 - puanteur** · pestilence *littér.*

✦ **infection généralisée** septicémie

infection, puanteur

Infection et puanteur définissent tous deux des odeurs très désagréables. Puanteur s'emploie pour une odeur ignoble *(la puanteur des poubelles, des latrines, du linge sale)*. Infection renchérit sur le caractère insupportable *(l'infection d'un égout)*, mais a beaucoup vieilli avec cette valeur, sauf dans l'expression *c'est une infection !*

inféodation *n.f.* · asservissement · assujettissement · soumission · sujétion

inféoder *v.tr.* **asservir** · aliéner · assujettir · enchaîner · soumettre · vassaliser

⋙ **s'inféoder** *v.pron.* **se soumettre** · s'attacher · se lier · obéir · se soumettre · se subordonner

inférence *n.f.* · induction · déduction · raisonnement

inférer *v.tr.* · induire · conclure · déduire

inférieur, e *adj.* **1 - bas** · profond · **2 - mineur** · dépendant · moindre · secondaire · subalterne · subordonné · **3 - médiocre** · commun

inférioriser *v.tr.* · abaisser · déprécier · minimiser · rabaisser · réduire

infériorité *n.f.* **1 - faiblesse** · **2 - handicap** · défaut · désavantage · faiblesse · inconvénient · **3 - servitude** · subordination

✦ **être en position d'infériorité** · avoir le dessous

infernal, e *adj.* **1 - démoniaque** · diabolique · satanique · méphistophélique *littér.* · [Mythol.] chtonien · **2 - accéléré** · démentiel · endiablé · d'enfer · forcené · **3 - insupportable** · exécrable · impossible · intenable · invivable · terrible

infertile *adj.* **1 - aride** · désertique · incultivable · pauvre · stérile · **2 - improductif** · stérile · infécond *littér.*

infertilité *n.f.* · stérilité · infécondité *littér.* · agénésie *(Méd.)*

infestation *n.f.* · infection · contamination

infester *v.tr.* **1 - ravager** · attaquer · dévaster · envahir · écumer · piller · saccager · désoler *vieux ou littér.* · **2 - hanter** · harceler · tourmenter · **3 - empoisonner**

infidèle

▪ *n.* **païen** · gentil · hérétique · impie · mécréant *vieilli ou plaisant*

▪ *adj.* **1 - inconstant** · adultère · volage · **2 - inexact** · déformé · erroné · incorrect · mensonger · **3 -**

défaillant · fantaisiste · incertain · **4** - [vieux] **traître** · déloyal · parjure · félon *vieux* · perfide *vieux*

✦ **être infidèle (à)** tromper · trahir · donner des coups de canif dans le contrat (de mariage) · cocufier *fam.* · faire porter des cornes à *fam.*

infidélité *n.f.* **1 - inconstance** · adultère · trahison · tromperie · **2 - manquement** · dérogation · entorse · transgression · violation · **3 - inexactitude** · écart · erreur · **4** - [vieux] **déloyauté** · trahison · traîtrise · perfidie *littér.*

infiltration *n.f.* **1 - pénétration** · filtration · introduction · passage · percolation · suintement · **2 - injection** · piqûre · **3 - noyautage** · entrisme

infiltrer *v.tr.* **1 - traverser** · pénétrer · s'insinuer dans · **2 - introduire** · injecter

»» **s'infiltrer** *v.pron.* **1 - s'introduire** · s'insinuer · pénétrer · **2 - se faufiler** · se glisser

infime *adj.* **1 - infinitésimal** · imperceptible · microscopique · minime · minuscule · **2 - insignifiant** · dérisoire · minime · négligeable · ridicule

[1]**infini, e** *adj.* **1 - interminable** · éternel · sans fin · perpétuel · **2 - illimité** · colossal · démesuré · énorme · immense · vaste · **3 - incalculable** · incommensurable · innombrable · **4 - extrême** · absolu · parfait

[2]**infini** *n.m.* **infinité** · immensité · infinitude *littér.* · vastitude *littér.*

✦ **à l'infini** indéfiniment · infiniment

infiniment *adv.* **1 - à l'infini** · **2 - extrêmement** · diablement · énormément · excessivement · follement · furieusement · immensément · incomparablement · terriblement · beaucoup

infinité *n.f.* **1 - immensité** · infini · infinitude *littér.* · vastitude *fam.* · **2 - multitude** · multiplicité · myriade · profusion · quantité · surabondance · foultitude *fam.*

infinitésimal, e *adj.* · infime · imperceptible · microscopique · minime · minuscule

infirmation *n.f.* **1 - annulation** · cassation · **2 - démenti**

infirme *adj.* · handicapé · éclopé · estropié · impotent · invalide · mutilé · béquillard *fam.*

infirmer *v.tr.* **1 - annuler** · casser · **2 - démentir** · détruire · réfuter · ruiner · **3 - diminuer** · affaiblir

infirmité *n.f.* · handicap · impotence · incapacité · invalidité

inflammation *n.f.* **1 - irritation** · rougeur · **2 - ignition**

inflation *n.f.* **1 - hausse** · augmentation · escalade · montée · **2 - multiplication** · extension · intensification · progression

infléchir *v.tr.* **1 - courber** · incliner · plier · **2 - modifier** · dévier

»» **s'infléchir** *v.pron.* **ployer** · s'arquer · se courber · fléchir · gauchir · s'incurver · plier

infléchissement *n.m.* · changement · inflexion · modification

inflexibilité *n.f.* · implacabilité · inexorabilité · intransigeance · rigidité · rigueur · sévérité

inflexible *adj.* **1 - ferme** · inébranlable · intraitable · irréductible ·

de fer · **2 - implacable** · draconien · impitoyable · inexorable · intraitable · intransigeant · raide · rigide · rigoureux · sévère · **3 - incontournable** · absolu

inflexion *n.f.* **1 - flexion** · inclination · infléchissement · **2 - courbure** · courbe · déviation · sinuosité · **3 - accent** · intonation · modulation · tonalité

infliger *v.tr.* **1 - administrer** · donner · coller *fam.* · ficher *fam.* · filer *fam.* · flanquer *fam.* · **2 - imposer**

influençable *adj.* · manipulable · docile · malléable · maniable

influence *n.f.* **1 - effet** · action · impact · incidence · **2 - impulsion** · pression · **3 - crédit** · audience · poids · prestige · **4 - ascendant** · autorité · charisme · emprise · magnétisme · pouvoir · puissance · [d'un pays, d'une théorie] rayonnement · **5 - empreinte** · griffe · marque

✦ **avoir de l'influence** avoir le bras long *fam.*

✦ **avoir de l'influence sur** avoir prise sur

✦ **sous l'influence de** **1 - au contact de** · sous l'action de · **2 - sous l'emprise de** · sous l'empire de

influencer *v.tr.* **1 - agir sur** · influer sur · orienter · peser sur · [personne] déteindre sur · **2 -** [péj.] **manipuler** · embobiner *fam.*

influent, e *adj.* · important · puissant

influer *v.tr.ind.* [sans complément] **faire pencher la balance**

✦ **influer sur** **agir sur** · influencer · orienter · peser sur

influx *n.m.* · flux · influence

informateur, -trice *n.* · indicateur · espion · dénonciateur · indic *fam.* · mouchard *fam.* · balance *argot* · doulos *argot* · mouton *argot*

information *n.f.* **1 - communication** · annonce · avis · briefing · communiqué · message · nouvelle · **2 - renseignement** · donnée · indication · précision · scoop *fam.* · tuyau *fam.* · **3 - enquête** · étude · examen · investigation · instruction (préparatoire)

⋙ **informations** *plur.* **actualités** · flash · journal (télévisé) · nouvelles · infos *fam.*

informe *adj.* **1 - grossier** · ébauché · imparfait · inachevé · incomplet · **2 - confus** · indistinct · **3 - laid** · disgracieux

informé, e *adj.* **1 - averti** · avisé · au courant · au fait · au parfum *fam.* · branché *fam.* · câblé *fam.* · **2 - documenté**

informer *v.tr.* **1 - renseigner** · avertir · aviser · briefer · éclairer · instruire · mettre au courant · mettre au fait · prévenir · briefer *critiqué* · affranchir *fam.* · mettre au parfum *fam.* · rancarder *fam.* · tuyauter *fam.*

✦ **informer de** annoncer · apprendre · aviser de · communiquer · faire part de · faire savoir · instruire de · notifier · signaler

⋙ **s'informer** *v.pron.* **1 - se renseigner** · s'enquérir · interroger · aller aux nouvelles · **2 - se documenter**

informulé, e *adj.* **1 - inexprimé** · tu · **2 - implicite** · latent · sous-entendu · tacite

infortune *n.f.* **1 - revers (de fortune)** · catastrophe · calamité ·

disgrâce · malheur · misère · 2 - [littér.] **adversité** · malchance · malheur

infortuné, e *adj.* · malheureux · malchanceux · maudit · pauvre

infraction *n.f.* 1 - **délit** · crime · 2 - **manquement** · atteinte · attentat · contravention · dérogation · désobéissance · entorse · transgression · violation

infranchissable *adj.* · insurmontable · irréductible

infrastructure *n.f.* 1 - **fondation** · fondement · sous-œuvre · 2 - **équipement(s)** · installations

infructueux, -euse *adj.* · improductif · impuissant · inefficace · inopérant · inutile · sans résultat · stérile · vain

infus, e *adj.* · inné · naturel

infuser *v.tr.* · communiquer · inoculer · insuffler · transmettre

infusion *n.f.* · tisane · décoction · macération

ingambe *adj.* · agile · alerte · dispos · gaillard · léger · valide · vert · vif

ingénier à (s') *v.pron.* · s'efforcer de · s'escrimer à · s'évertuer à · chercher à

ingénieusement *adv.* · astucieusement · adroitement · habilement

ingénieux, -ieuse *adj.* · astucieux · adroit · habile · intelligent · inventif · subtil · industrieux *littér.*

ingéniosité *n.f.* **astuce** · adresse · habileté · intelligence · industrie *vieilli*

ingénu, e *adj.* **candide** · ignorant · inexpérimenté · innocent · naïf · simple · simplet *péj.*

✦ **fausse ingénue** sainte nitouche

❧ **naïf**

ingénuité *n.f.* 1 - **candeur** · ignorance · inexpérience · innocence · naïveté · pureté · 2 - **franchise** · naturel · simplicité · sincérité

ingérence *n.f.* · intrusion · immixtion · intervention

ingérer *v.tr.* · avaler · absorber · ingurgiter · manger · prendre

ingérer dans (s') *v.pron.* · s'immiscer dans · s'entremettre dans · intervenir dans · se mêler de · s'occuper de · mettre, fourrer son nez dans *fam.*

ingestion *n.f.* · absorption · prise

ingouvernable *adj.* · incontrôlable · indirigeable *rare*

ingrat, e *adj.* 1 - **oublieux** · égoïste · 2 - **aride** · improductif · pauvre · sec · stérile · 3 - **difficile** · pénible · 4 - **disgracieux** · déplaisant · désagréable · disgracié · inesthétique · laid · moche *fam.*

ingrédient *n.m.* · composant · constituant · élément

inguérissable *adj.* · incurable · condamné · perdu · fichu *fam.* · foutu *fam.*

❧ **incurable**

ingurgiter *v.tr.* 1 - **avaler** · absorber · boire · engloutir · ingérer · enfourner *fam.* · engouffrer *fam.* · 2 - **apprendre** · assimiler · se mettre dans la tête

inhabile *adj.* 1 - **maladroit** · gauche · malhabile · novice · 2 - **inapte** · incapable · incompétent

inhabileté *n.f.* · gaucherie · maladresse

inhabité, e *adj.* **1 - désert** · sauvage · solitaire · **2 - inoccupé** · abandonné · délaissé · dépeuplé · vide

⇝ désert

inhabituel, -elle *adj.* **1 - inaccoutumé** · exceptionnel · rare · inusuel *littér.* · **2 - étrange** · anormal · insolite · singulier

inhalation *n.f.* **1 - aspiration** · inspiration · respiration · **2 - fumigation**

inhaler *v.tr.* · inspirer · absorber · aspirer · humer · respirer

inhérent, e *adj.*

✦ **inhérent à** propre à · essentiel à · immanent à · inséparable de · intrinsèque à

inhibé, e *adj.* · timide · bloqué · complexé · introverti · mal à l'aise · coincé *fam.*

inhiber *v.tr.* **1 - prohiber** · défendre · empêcher · interdire · **2 - enrayer** · bloquer · juguler · paralyser · [Psych.] refouler · **3 - complexer** · coincer *fam.*

inhibition *n.f.* · blocage · refoulement

inhospitalier, -ière *adj.* **1 - froid** · glacial · revêche · **2 - farouche** · sauvage

inhumain, e *adj.* **1 - monstrueux** · abominable · barbare · bestial · brutal · cruel · féroce · odieux · sadique · terrible · **2 - insensible** · dur · impitoyable · implacable · **3 - insupportable** · affreux · atroce · épouvantable · infernal

inhumanité *n.f.* · barbarie · bestialité · brutalité · cruauté · férocité · sadisme · sauvagerie

inhumation *n.f.* · enterrement · ensevelissement

inhumer *v.tr.* · enterrer · ensevelir · mettre, porter en terre

inimaginable *adj.* **1 - inconcevable** · impensable · incroyable · inenvisageable · inouï · invraisemblable · **2 - extraordinaire** · étonnant · fabuleux · phénoménal · stupéfiant · sidérant *fam.* · trop fort *lang. jeunes*

⇝ **inimaginable, inconcevable**

Inimaginable et **inconcevable** s'appliquent tous deux à ce qui dépasse l'imagination. **Inimaginable** s'emploie à propos d'événements si importants, de sentiments si intenses, etc., qu'on ne les imaginait pas *(un désordre, une bêtise inimaginable)* : « La quantité d'enfants est inimaginable. Je tâche de les dénombrer ; à cent quatre-vingts je m'arrête, pris de vertige : ils sont trop ! » (Gide, *Voyage au Congo*, in *Souvenirs*). On réserve **inconcevable** à ce qui est difficile ou impossible à penser *(un aveuglement, une passion inconcevable)* et, en particulier, à admettre : « Un jour où il paraîtra inconcevable qu'un pouvoir social ait pu s'arroger le droit de fusiller un homme parce qu'il refusait de prendre les armes (...) » (Martin du Gard, *les Thibault*, VII).

inimitable *adj.* **1 - incomparable** · imbattable · inégalable · unique · **2 - hors pair** · sans égal · sans pareil

inimitié *n.f.* · antipathie · animosité · aversion · haine · hostilité · rancune · ressentiment · défaveur *littér.*

⇝ rancune

inintelligence *n.f.* **1 - incompréhension** · **2 - bêtise** · idiotie · imbécillité · ineptie · sottise · stupidité · crétinerie *fam.*

inintelligent, e *adj.* · sot · abruti · bête · borné · idiot · imbécile · inepte · obtus · stupide · bouché *fam.* · crétin *fam.*

inintelligibilité *n.f.* · hermétisme · illisibilité · obscurité · opacité

inintelligible *adj.* **1 - hermétique** · difficile · ésotérique · illisible · incompréhensible · obscur · opaque · sibyllin · abscons *littér.* · abstrus *littér.* · **2 - confus** · nébuleux · **3 - insaisissable** · impénétrable · indéchiffrable · inexplicable · insondable

incompréhensible

inintéressant, e *adj.* · banal · commun · insignifiant · quelconque · sans intérêt · [personne] falot

ininterrompu, e *adj.* **1 - continu** · non- stop · 24 heures sur 24 · **2 - permanent** · incessant · continuel

inique *adj.* · injuste · inéquitable · partial

iniquité *n.f.* **1 - injustice** · partialité · **2 - crime** · injustice · usurpation

initial, e *adj.* · originel · original · premier · primitif

premier

initialement *adv.* · à l'origine · au début · originairement · originellement

initiales *n.f.pl.* **1 - sigle** · **2 - chiffre** · monogramme

initiateur, -trice *n.* **1 - introducteur** · instigateur · pionnier · **2 - auteur** · créateur · promoteur · **3 - innovateur** · novateur · précurseur · **4 - éducateur** · maître

initiation *n.f.* **1 - apprentissage** · éducation · formation · instruction · **2 - baptême** · introduction · affiliation · [avec brimades] bizutage · [Relig.] mystagogie

initiative *n.f.* **1 - action** · intervention · **2 - mesure(s)** · disposition(s) · **3 - volonté** · décision

✦ **de sa propre initiative** de son propre chef

initier *v.tr.* **1 - apprendre** · conduire · enseigner · former · instruire · **2 - déclencher** · amorcer · commencer · engager · entamer · impulser · lancer · mettre en branle · mettre en route · mettre en train

»» **s'initier** *v.pron.* **s'instruire** · apprendre · étudier · se former

injecter *v.tr.* **1 - inoculer** · infiltrer · introduire · **2 - insuffler** · introduire · transmettre · infuser *littér.*

injection *n.f.* · piqûre · infiltration · inoculation · perfusion · transfusion · vaccination · [Drogue] fixe *fam.* · shoot *fam.*

injonction *n.f.* · ordre · commandement · diktat · mise en demeure · sommation · ukase · ultimatum

ordre

injure *n.f.* **1 - insulte** · apostrophe · insolence · invective · gros mot *fam.* · nom d'oiseau *fam.* · sottise *fam.* · irrévérence *vieux* · **2 - offense** · affront · atteinte · blessure · coup · indignité · insulte · outrage · avanie *vieux*

injurier *v.tr.* **1 - insulter** · apostropher · offenser · agonir (d'injures) *littér.* · invectiver *littér.* · donner des noms d'oiseau à *fam.* · traiter de tous les noms *fam.* · traiter *lang. jeunes* · **2 - outrager** · offenser

injurier, invectiver

Injurier ou invectiver une personne, c'est l'accabler d'*injures* pour exprimer sa colère envers elle ou l'offenser. Injurier est d'emploi courant avec cette valeur *(injurier quelqu'un grossièrement, copieusement, injurier tout le monde)*. Invectiver, qui implique plus de violence, reste d'usage littéraire : « Arsène dont la fureur semblait encore s'échauffer, continuait à la secouer et à invectiver d'une voix sourde » (Marcel Aymé, *la Vouivre*).

injurieux, -ieuse *adj.* · insultant · blessant · grossier · mortifiant · offensant · outrageant

injuste *adj.* 1 - **illégitime** · abusif · arbitraire · illégal · 2 - **inégal** · inégalitaire · à deux vitesses · 3 - **inéquitable** · inique · partial · léonin *littér.* · 4 - **immérité** · infondé · injustifié · indu *littér. ou Droit*

injustement *adv.* · abusivement · à tort · indûment *littér. ou Droit*

injustice *n.f.* 1 - **iniquité** · partialité · 2 - **abus** · passe-droit

injustifiable *adj.* · indéfendable · impardonnable · inexcusable

injustifié, e *adj.* 1 - **injuste** · arbitraire · gratuit · immérité · 2 - **abusif** · illégitime · immotivé · infondé · indu *littér. ou Droit*

inlassable *adj.* 1 - **infatigable** · patient · 2 - **inépuisable**

inlassablement *adv.* · infatigablement · inépuisablement

inné, e *adj.* 1 - **naturel** · foncier · infus *littér.* · 2 - **atavique** · congénital · héréditaire

✦ **c'est inné chez lui** c'est dans sa nature · il a ça dans le sang *fam.*

congénital

innocemment *adv.* 1 - **sans malice** · sans songer à mal · 2 - **candidement** · ingénument · naïvement · 3 - **niaisement** · sottement

innocence *n.f.* 1 - **candeur** · fraîcheur · ingénuité · naïveté · simplicité · 2 - **pureté** · virginité · 3 - **innocuité**

innocent, e *adj. et n.* 1 - **non coupable** · non responsable · blanc comme neige *fam., souvent iron.* · 2 - **naïf** · benêt · bête · crédule · demeuré · idiot · niais · nigaud · simple · simple d'esprit · simplet · 3 - **candide** · chaste · immaculé · ingénu · pur · 4 - **inoffensif** · anodin · bénin · irrépréhensible · 5 - **angélique** · comme l'enfant qui vient de naître

innocenter *v.tr.* 1 - **blanchir** · disculper · justifier · laver · réhabiliter · 2 - **absoudre** · acquitter · excuser · pardonner

innombrable *adj.* 1 - **incalculable** · illimité · infini · 2 - **considérable** · nombreux

innommable *adj.* 1 - **dégoûtant** · immonde · infect · dégueulasse *très fam.* · dégueu *très fam.* · 2 - **bas** · abominable · honteux · ignoble · indigne · infâme · inqualifiable · odieux · scandaleux · sordide · vil

innovateur, -trice *n. et adj.* · créateur · initiateur · inspirateur · inventeur · novateur · pionnier · promoteur

innovation *n.f.* 1 - **nouveauté** · création · changement · nouveau · transformation · 2 - **audace** · hardiesse · inventivité · originalité · 3 - **découverte** · invention

innover *v.tr.* 1 - **changer** · 2 - **inventer** · créer · trouver

inoccupé, e *adj.* **1 - vacant** · disponible · libre · vide · **2 - inhabité** · vide · **3 - désœuvré** · inactif · oisif

✦ **rester inoccupé** rester à ne rien faire · se tourner les pouces *fam.* · peigner la girafe *fam.* · (ne rien) glander *très fam.*

➳ **disponible**

inoculer *v.tr.* **1 - injecter** · **2 - transmettre** · inspirer · insuffler · propager · infuser *littér.* · instiller *littér.*

inoffensif, -ive *adj.* **1 - innocent** · anodin · bénin · **2 - pacifique** · calme · doux · paisible · tranquille

✦ **il est totalement inoffensif** il ne ferait pas de mal à une mouche *fam.* · il est doux comme un agneau

inondation *n.f.* **1 - débordement** · sinistre · **2 - déferlement** · invasion

inondé, e *adj.* · immergé · submergé · sous les eaux · sinistré

inonder *v.tr.* **1 - submerger** · noyer · **2 - arroser** · asperger · baigner · mouiller · tremper · **3 - affluer sur, dans** · envahir · déferler sur · prendre d'assaut

››› **s'inonder** *v.pron.* **s'asperger** · s'arroser

inopérant, e *adj.* · impuissant · inefficace · inutile · sans résultat · vain

inopiné, e *adj.* **1 - fortuit** · imprévu · inattendu · **2 - soudain** · subit · **3 - surprenant**

➳ **inattendu**

inopinément *adv.* **abruptement** · à l'improviste · brusquement · un beau matin *fam.* · tout à trac *fam.*

✦ **arriver inopinément** tomber du ciel, des nues · arriver comme un cheveu sur la soupe *fam.*

inopportun, e *adj.* **1 - fâcheux** · importun · inconvenant · regrettable · **2 - intempestif** · déplacé · hors de propos · hors de saison · incongru · mal choisi · malvenu · malséant *littér.*

inopportunément *adv.* · à contretemps · mal à propos · au mauvais moment · comme un cheveu sur la soupe · comme un chien dans un jeu de quilles

inoubliable *adj.* **1 - mémorable** · fameux · historique · marquant · **2 - indélébile** · ineffaçable

inouï, e *adj.* **1 - étonnant** · étrange · extraordinaire · formidable · fort · incroyable · prodigieux · sans exemple · sensationnel · unique · **2 -** [vieux] **inconnu** · nouveau

inoxydable *adj.* · inaltérable

in petto *loc. adv.* · intérieurement · secrètement · à part soi · dans son for intérieur

inqualifiable *adj.* · indigne · abominable · honteux · ignoble · infâme · innommable · odieux · scandaleux · sordide · vil · dégueulasse *très fam.*

inquiet, -iète *adj.* **1 - alarmé** · agité · anxieux · angoissé · préoccupé · soucieux · tourmenté · troublé · tracassé · **2 - apeuré** · effaré · effarouché · effrayé · **3 - pessimiste** · **4 - crispé** · anxieux · fiévreux · impatient · tendu

✦ **être très inquiet** être aux cents coups · se faire un sang d'encre · se ronger les sangs *fam.*

inquiétant, e *adj.* 1 - **alarmant** · angoissant · effrayant · menaçant · préoccupant · 2 - **grave** · sérieux · 3 - **sinistre** · louche · menaçant · craignos *fam.* • [mine] patibulaire · sombre

inquiéter *v.tr.* 1 - **alarmer** · agiter · affoler · alerter · angoisser · apeurer · chagriner · effrayer · ennuyer · épouvanter · tourmenter · tracasser · troubler · travailler *fam.* · mettre en peine *vieilli* · 2 - **harceler** · tourmenter

»» **s'inquiéter** *v.pron.* **s'alarmer** · s'affoler · s'émouvoir · se faire du souci · se soucier · se tracasser · se biler *fam.* · s'en faire *fam.* · se faire du mouron *fam.* · se faire de la bile *fam.* · se faire des cheveux *fam.* · se faire du mauvais sang *fam.* · se faire de la mousse *fam.* · se frapper *fam.* · se mettre la rate au court-bouillon *fam.* · se ronger les sangs *fam.*

✦ **s'inquiéter de** se préoccuper de · s'enquérir de · se soucier de

inquiétude *n.f.* 1 - **alarme** · appréhension · crainte · peine · peur · préoccupation · souci · tourment · 2 - **angoisse** · affolement · agitation · anxiété · effarouchement · émoi · épouvante · malaise · trouble · sueurs froides

inquisiteur, -trice *adj.* 1 - **curieux** · fouineur · fureteur · indiscret · inquisitorial *littér.* · 2 - **soupçonneux** · scrutateur

inracontable *adj.* · inénarrable · ineffable · irracontable

insaisissable *adj.* 1 - **fuyant** · fluide · fugace · impalpable · évanescent *littér.* · 2 - **imperceptible** · indiscernable · insensible · 3 - **incompréhensible** · ésotérique · impénétrable · fumeux *fam.*

insalubre *adj.* 1 - **malsain** · impur · pollué · 2 - **polluant**

insalubre, malsain

Insalubre et malsain s'appliquent tous deux à ce qui est nuisible à la santé. Malsain s'emploie pour tout ce qui peut engendrer une maladie *(eau, humidité, viande malsaine ; travail, logement malsain)*. Insalubre, de valeur plus forte, concerne surtout les bâtiments *(habitat, maison, quartier, îlot insalubre)* et renvoie plutôt au domaine administratif. Dans les emplois figurés, malsain qualifie ce qui manifeste de la perversité *(curiosité, imagination malsaine)* et ce qui contrevient à la morale dominante *(littérature, influence malsaine)*.

insane *adj.* 1 - **absurde** · dément · fou · insensé · 2 - **inepte**

insanité *n.f.* 1 - **bêtise** · ânerie · idiotie · imbécillité · ineptie · sottise · 2 - **folie** · démence

insatiabilité *n.f.* · avidité · voracité

insatiable *adj.* 1 - **avide** · affamé · boulimique · 2 - **vorace** · glouton · goinfre · goulu · 3 - **inassouvissable** · dévorant · inapaisable *littér.* · inextinguible *littér.*

insatisfaction *n.f.* 1 - **mécontentement** · déception · 2 - **frustration** · inassouvissement

insatisfaisant, e *adj.* · décevant · faible · insuffisant · médiocre

insatisfait, e *adj.* 1 - **mécontent** · déçu · 2 - **inassouvi** · frustré · inapaisé *littér.*

inscription *n.f.* 1 - **écrit** · devise · graffiti · tag • [sur une œuvre, un édifice] exergue · ex-libris · épigraphe • [sur une tombe] épitaphe · 2 -

immatriculation • adhésion • affiliation • conscription • enregistrement • **3 – citation** • mention

inscrire *v.tr.* **1 – graver** • **2 – écrire** • coucher sur le papier • consigner • indiquer • marquer • mentionner • noter • porter • **3 – enregistrer** • copier • **4 – enrôler** • immatriculer • matriculer

››› **s'inscrire** *v.pron.* **s'affilier** • adhérer

✦ **s'inscrire dans** entrer dans • s'insérer dans • cadrer avec • être dans la droite ligne de

✦ **s'inscrire en faux contre** contredire • contester • démentir • dénier • s'élever contre • nier

insécable *adj.* • indivisible • indécomposable

insectivore *adj. et n.m.* • entomophage

insécurité *n.f.* **1 – danger** • dangerosité • risques • péril(s) *littér.* • **2 – instabilité** • précarité

insensé, e *adj.* **1 – irrationnel** • aberrant • absurde • démentiel • extravagant • fou • grotesque • inepte • irréfléchi • saugrenu • stupide • **2 –** [vieux] **dément** • déraisonnable • écervelé • fou • irresponsable • insane *littér.* • **3 –** [rythme] **effréné** • démentiel • échevelé • enragé • excessif • forcené • frénétique • tumultueux • **4 –** [fam.] **incroyable** • fou • délirant *fam.* • dingue *fam.*

insensibilisation *n.f.* • anesthésie • analgésie

insensibiliser *v.tr.* **1 – endormir** • **2 – anesthésier** • chloroformer • éthériser *ancienn*

insensibilité *n.f.* **1 – paralysie** • apathie • inconscience • léthargie • **2 – analgésie** • **3 – détachement** • ataraxie • impassibilité • indifférence • **4 – désintérêt** • imperméabilité • indifférence • **5 – dureté** • cruauté • froideur

insensible *adj.* **1 – engourdi** • paralysé • **2 – apathique** • assoupi • indolent • léthargique • **3 – détaché** • impassible • imperturbable • **4 – dur** • aride • cruel • de pierre • égoïste • endurci • étroit • froid • glacial • impitoyable • implacable • indifférent • inexorable • inhumain • de pierre • sec • sans cœur • **5 – imperceptible** • faible • indécelable • indiscernable • insaisissable • léger • minime • minuscule • **6 –** [vieux] **inanimé** • mort

✦ **insensible à** étranger à • fermé à • imperméable à • inaccessible à • indifférent à • rebelle à • réfractaire à • sourd à

insensiblement *adv.* **1 – progressivement** • doucement • graduellement • lentement • par degré • petit à petit • peu à peu • de fil en aiguille • **2 – imperceptiblement** • légèrement • à peine

inséparable *adj.* **1 – indivisible** • insécable • joint • uni • **2 – inévitable** • éternel

✦ **inséparable de** propre à • indissociable de • inhérent à • consubstantiel à *littér.*

✦ **être inséparables** ne pas se quitter • être comme les deux doigts de la main *fam.*

insérer *v.tr.* **1 – introduire** • glisser • intercaler • **2 – incorporer** • emboîter • encastrer • enchâsser • enclaver • implanter • incruster • [feuille] encarter • interfolier • [pierre] enchatonner • sertir • **3 – ajouter** • inclure • introduire • mettre • fourrer *fam.*

⋙ **s'insérer** *v.pron.* 1 – **se placer** · s'attacher · s'implanter · s'encastrer · 2 – **s'assimiler** · s'intégrer · 3 – **s'inscrire** · s'intégrer

insertion *n.f.* 1 – **introduction** · incorporation · incrustation · intercalation · 2 – **insert** · 3 – **assimilation** · intégration · incorporation

insidieux, -ieuse *adj.* 1 – **sournois** · traître · 2 – **trompeur** · fallacieux · illusoire · 3 – **piégé** · rusé · spécieux · captieux *littér.*

1**insigne** *adj.* 1 – **remarquable** · éclatant · éminent · fameux · 2 – **important** · signalé *littér.*

2**insigne** *n.m.* 1 – **emblème** · symbole · 2 – **marque** · badge · plaque · signe · 3 – **décoration** · médaille · récompense · ruban

insignifiance *n.f.* · médiocrité · banalité · fadeur · faiblesse · inconsistance · inintérêt · petitesse

insignifiant, e *adj.* 1 – **banal** · anodin · effacé · fade · faible · falot · inconsistant · inodore et sans saveur · insipide · médiocre · nul · ordinaire · quelconque · terne · 2 – **frivole** · accessoire · dérisoire · futile · vain · vide · sans intérêt · 3 – **infime** · dérisoire · mince · minime · mineur · minuscule · négligeable · petit · 4 – [péj.] **misérable** · malheureux · mesquin · de rien du tout *fam.*

✦ **c'est insignifiant** ça ne pèse pas lourd · il n'y a pas de quoi fouetter un chat *fam.*

insinuant, e *adj.* 1 – **sournois** · hypocrite · insidieux · mielleux · patelin · captieux *littér.* · 2 – **pénétrant** · 3 – **indirect** · furtif · secret

insinuation *n.f.* · allusion · sous-entendu

insinuer *v.tr.* 1 – **suggérer** · donner à entendre · glisser · laisser entendre · souffler (à l'oreille) · sous-entendre · 2 – **vouloir dire** · entendre *littér.*

⋙ **s'insinuer** *v.pron.* **s'introduire** · se couler · entrer · envahir · se faufiler · se glisser · s'infiltrer · pénétrer

insipide *adj.* 1 – **fade** · douceâtre · 2 – **ennuyeux** · fastidieux · (incolore) inodore et sans saveur · plat · sans sel · 3 – **effacé** · anodin · banal · falot · inconsistant · insignifiant · ordinaire · quelconque · terne

☞ **fade**

insistance *n.f.* 1 – **obstination** · acharnement · constance · entêtement · opiniâtreté · persévérance · ténacité · 2 – **indiscrétion**

insistant, e *adj.* 1 – **appuyé** · pressant · instant *littér.* · 2 – **indiscret**

insister *v. intr.* 1 – **s'obstiner** · s'acharner · s'entêter · continuer · persévérer · persister · 2 – **mettre les points sur les i** · enfoncer le clou · en remettre une couche, une louche *fam.* · [sur un point délicat] appuyer sur la chanterelle

✦ **insister sur** mettre l'accent sur · accentuer · appuyer sur · s'appesantir sur · souligner

✦ **ne pas insister** abandonner · écraser *fam.* · laisser tomber *fam.*

insociable *adj.* · acariâtre · farouche · hargneux · misanthrope · sauvage · solitaire · impraticable *vieux*

insolation *n.f.* 1 – **coup de chaleur** · coup de soleil · 2 – **ensoleillement** · 3 – [Photo] **solarisation**

insolence *n.f.* 1 – **effronterie** · impertinence · irrespect · irrévérence *vieilli ou littér.* · culot *fam.* · toupet *fam.* · 2 – **offense** · impertinence · insulte · 3 - **arrogance** · cynisme · dédain · désinvolture · hauteur · impudence · mépris · morgue · orgueil · suffisance · outrecuidance *littér.* · superbe *littér.*

insolent, e *adj.* 1 - **impertinent** · effronté · grossier · impoli · irrespectueux · irrévérencieux *vieilli ou littér.* · 2 - **arrogant** · cynique · désinvolte · fier · hautain · impudent · orgueilleux · prétentieux · outrecuidant *littér.* · 3 - **déplacé** · audacieux · cavalier · familier · hardi · inconvenant · indécent · injurieux · insultant · leste · 4 - **extraordinaire** · honteux · incroyable · indécent · inouï · provocant

insolite *adj.* 1 - **singulier** · anormal · bizarre · déroutant · étonnant · étrange · exceptionnel · extraordinaire · inaccoutumé · inhabituel · nouveau · rare · 2 - **excentrique** · extravagant · ovni *(nom)*

insoluble *adj.* 1 - **sans solution** · impossible · inextricable · 2 - **indissoluble**

insomnie *n.f.* · veille · nuit blanche

insondable *adj.* 1 - **impénétrable** · énigmatique · incompréhensible · inexplicable · inextricable · inintelligible · insaisissable · obscur · 2 - **immense** · abyssal · incommensurable · infini · intense · profond

insonore *adj.* · silencieux

insonorisation *n.f.* · isolation phonique

insouciance *n.f.* 1 - **frivolité** · étourderie · imprévoyance · irréflexion · légèreté · 2 - **détachement** · décontraction · désinvolture · indifférence · indolence · nonchalance

insouciant, e *adj.* **étourdi** · désinvolte · frivole · évaporé · imprévoyant · indifférent · indolent · irréfléchi · léger · négligent · nonchalant · sans-souci

✦ **insouciant de** indifférent à · oublieux de · insoucieux de *littér.*

insoumis, e

▪ *adj.* **rebelle** · désobéissant · frondeur · indépendant · indiscipliné · récalcitrant · réfractaire · rétif · révolté · séditieux · indocile *littér.*

▪ *n.* **réfractaire** · déserteur · mutin · objecteur de conscience · séditieux

insoumission *n.f.* 1 - **désobéissance** · indépendance · indiscipline · insubordination · révolte · 2 - **rébellion** · désertion · mutinerie · révolte · sédition

insoupçonnable *adj.* 1 - **au-dessus de tout soupçon** · à l'abri de tout soupçon · 2 - **invisible** · indétectable

insoupçonné, e *adj.* 1 - **ignoré** · inconnu · nouveau · 2 - **inattendu** · secret · stupéfiant

insoutenable *adj.* 1 - **insupportable** · épouvantable · infernal · intolérable · 2 - **inadmissible** · inacceptable · indéfendable · injustifiable

inspecter *v.tr.* 1 - **contrôler** · superviser · surveiller · vérifier · visiter · 2 - **examiner** · étudier · explorer · fouiller · ratisser · sonder · passer au peigne fin · 3 - **scruter** · regarder des pieds à la tête

inspecteur, -trice *n.* 1 - **contrôleur** · vérificateur · 2 - **officier de police**

inspection *n.f.* · contrôle · examen · fouille · ronde · vérification · surveillance · visite • [de bateau] arraisonnement • [de troupes] revue

inspirateur, -trice

▪ *n.* **1 – conseiller** · **2 – initiateur** · agent · cause · innovateur · instigateur · promoteur

▪ *n.f.* **égérie** · muse

inspiration *n.f.*

I aspiration · inhalation

II 1 – intuition · éclair (de génie) · idée · **2 – veine** · verve · **3 – grâce** · esprit · illumination · souffle

III conseil · avis · impulsion · influence · instigation · suggestion

inspiré, e *adj.* **1 – en veine** · **2 – illuminé** · mystique

✦ **bien inspiré** avisé · sage · qui a le nez creux, fin *fam.*

inspirer

▪ *v.intr.* **aspirer** · respirer

▪ *v.tr*

I 1 – susciter · communiquer · donner · inoculer · imprimer · insuffler · faire naître · provoquer · suggérer · instiller *littér.* · **2 – imposer** · commander · dicter

II 1 – conseiller · diriger · encourager · persuader · **2 – animer** · déterminer

⋙ **s'inspirer de** *v.pron.* **imiter** · copier · prendre modèle sur · plagier *péj.*

instabilité *n.f.* **1 – déséquilibre** · **2 – variabilité** · changement · fluctuation · inconstance · mobilité · versatilité · **3 – fragilité** · précarité

instable *adj.*

I bancal · boiteux · branlant · chancelant · vacillant

II 1 – changeant · fluctuant · mobile · mouvant · variable · **2 – capricieux** · changeant · fluctuant · inconstant · versatile · **3 – fragile** · fugitif · labile · précaire

III nomade · errant · vagabond

IV déséquilibré · caractériel

installation *n.f.* **1 – emménagement** · **2 – arrangement** · agencement · aménagement · équipement · organisation · **3 – pose** · établissement · mise en place · **4 – intronisation** · investiture

⋙ **installations** *plur.* · infrastructure · équipement

installé, e *adj.* · établi · arrivé · assis · nanti · prospère

installer *v.tr.* **1 – placer** · mettre en place · poser · caser *fam.* · **2 – aménager** · agencer · arranger · disposer · équiper · **3 – introniser** · asseoir · établir

⋙ **s'installer** *v.pron.* **1 – emménager** · se loger · planter ses pénates, sa tente *plaisant* · **2 – s'établir** · s'enraciner · se fixer · s'implanter · prendre pied · prendre racine · **3 – se mettre** · s'asseoir · prendre place · se placer · [dans un fauteuil] se carrer

instamment *adv.* · avec instance · avec insistance

instance *n.f.* **1 – insistance** · **2 – demande** · pression · prière · requête · sollicitation · **3 – procédure** · procès · **4 – institution** · autorité

✦ **en instance** [Droit] pendant

✦ **en instance de** en passe de · près de · sur le point de

[1]**instant, e** *adj.* **1 – pressant** · appuyé · insistant · **2 – imminent**

[2]**instant** *n.m.* **moment** · heure · minute · période · seconde · temps

✦ **à l'instant** aussitôt · immédiatement · sur-le-champ · tout de suite · incontinent *littér.*

✦ **à chaque, à tout instant** sans cesse · continuellement · à tout bout de champ *fam.*

✦ **dans un instant** bientôt · avant peu · dans peu de temps · d'un moment à l'autre · incessamment · sans tarder · sous peu · tout de suite · vite
✦ **en un instant** en un clin d'œil · en un éclair · en une minute · en une seconde · rapidement · en un tournemain *littér.*
✦ **pour l'instant** actuellement · dans l'immédiat · pour l'heure · pour le moment · présentement *vieux ou région.*
✦ **d'un instant à l'autre** bientôt · incessamment · tout de suite

moment

instantané, e *adj.* **1 - immédiat** · brutal · prompt · rapide · soudain · subit · **2 - bref** · fugace · fugitif

instantanément *adv.* · aussitôt · à l'instant · immédiatement · sur-le-champ · tout de suite · incontinent *littér.*

instaurateur, -trice *n.* · promoteur · auteur · créateur · fondateur · initiateur · mère · père

instauration *n.f.* · établissement · constitution · création · fondation · implantation · inauguration · institution · mise en place

instaurer *v.tr.* · établir · constituer · créer · ériger · fonder · implanter · inaugurer · instituer · mettre en place · organiser · promouvoir

instigateur, -trice *n.* · inspirateur · âme · cause · incitateur · meneur · moteur · promoteur

instigation *n.f.* · incitation · conseil · impulsion · inspiration · suggestion · suscitation *vieux ou littér.*

instiguer *v.tr.* · inciter · exciter · pousser

instiller *v.tr.* · insuffler · inoculer · insinuer · inspirer

instinct *n.m.* **1 - intuition** · flair · inspiration · perspicacité · feeling *fam.* · pif *fam.* · **2 - aptitude** · disposition · don · sens · talent · bosse *fam.* · **3 - nature** · inclination · penchant · tendance · **4 - pulsion**
✦ **d'instinct** naturellement · impulsivement · instinctivement · spontanément

instinctif, -ive *adj.* **1 - irréfléchi** · automatique · inconscient · involontaire · irraisonné · machinal · mécanique · réflexe · spontané · **2 - viscéral** · animal · instinctuel · irraisonné · tripal *fam.* · **3 - inné** · naturel

instinctivement *adv.* **1 - spontanément** · impulsivement · inconsciemment · d'instinct · **2 - machinalement** · mécaniquement · par automatisme · par habitude

instituer *v.tr.* · établir · constituer · créer · ériger · fonder · implanter · instaurer · mettre en place · promouvoir

institut *n.m.* **institution** · académie · école
✦ **institut médico-légal** morgue

instituteur, -trice *n.* · professeur des écoles · maître

institution *n.f.* **1 - création** · fondation · érection · établissement · instauration · organisation · **2 - établissement** · **3 - école** · collège · pension · pensionnat
»» **institutions** *plur.* **État** · pouvoir · régime · système

instructeur, -trice *n.* · éducateur · entraîneur · moniteur · professeur

instructif, -ive *adj.* · formateur · édifiant · éducatif · enrichissant · plein d'enseignement

instruction *n.f.*
I 1 - **savoir** · connaissances · culture · éducation · lettres · science · bagage *fam.* · 2 - **apprentissage** · édification · initiation · 3 - **enseignement** · formation · pédagogie
II **consigne** · directive · indication · ordre · prescription
III **enquête** · information
☞ **éducation**

instruire *v.tr.* 1 - **éduquer** · enseigner · former · initier · 2 - [Droit] **examiner** · 3 - [qqn de, sur] **apprendre à** · annoncer à · avertir de · aviser de · faire connaître à · éclairer · expliquer à · informer · notifier · faire part à · prévenir · renseigner · révéler à

»» **s'instruire** *v.pron.* **apprendre** · se cultiver · étudier · se former
☞ **apprendre**

instruit, e *adj.* **cultivé** · éclairé · érudit · expérimenté · lettré · sage · savant · calé *fam.*

instrument *n.m.* 1 - **outil** · appareil · engin · machine · ustensile · 2 - **moyen** · organe · 3 - **agent** · âme · bras · exécutant · jouet *péj.* · pantin *péj.*

instrumentation *n.f.* · orchestration

insubordination *n.f.* 1 - **rébellion** · contestation · révolte · 2 - **désobéissance** · indiscipline · manquement (à la discipline, à l'obéissance) · insoumission

insubordonné, e *adj.* · désobéissant · indiscipliné · insoumis · rebelle · récalcitrant · rétif · indocile *littér.*

insuccès *n.m.* · échec · faillite · fiasco · revers · bide *fam.* · flop *fam.* · veste *fam.* · [Théâtre] four *fam.*

insuffisamment *adv.* · imparfaitement · faiblement · incomplètement · mal · pas assez

insuffisance *n.f.* 1 - **carence** · défaut · déficience · déficit · faiblesse · lacune · manque · pauvreté · pénurie · 2 - **médiocrité** · faiblesse · imperfection · infériorité · inintérêt · insignifiance · 3 - **inaptitude** · ignorance · impuissance · incapacité · incompétence · nullité · impéritie *littér.*

insuffisant, e *adj.* 1 - **maigre** · mesquin · pauvre · court *fam.* · juste *fam.* · 2 - **imparfait** · déficient · faible · incomplet · insignifiant · jeune · mauvais · médiocre · 3 - **incapable** · ignare · inapte · incompétent · nul

insuffler *v.tr.* · injecter · communiquer · imprimer · inoculer · inspirer · instiller *littér.*

insulaire *adj. et n.* · îlien

insultant, e *adj.* · injurieux · blessant · grossier · offensant · outrageant

insulte *n.f.* 1 - **affront** · attaque · atteinte · injure · offense · outrage · 2 - **invective** · grossièreté · insolence

insulter *v.tr.* 1 - **injurier** · invectiver *littér.* · agonir *littér.* · donner des noms d'oiseau à *fam.* · traiter de tous les noms *fam.* · traiter *lang. jeunes* · 2 - **offenser** · outrager

insupportable *adj.* 1 - **odieux** · abominable · agaçant · antipathique · désagréable · détestable · ennuyeux · exécrable · haïssable · impossible · infernal · invivable · imbuvable *fam.* · 2 - **turbulent** ·

impossible · infernal · intenable · pénible · **3 - atroce** · épouvantable · insoutenable · intenable · intolérable · terrible

insupporter *v.tr.* · indisposer · agacer · exaspérer · excéder · horripiler · irriter · taper sur les nerfs, le système à *fam.*

insurgé, e *adj. et n.* · émeutier · factieux · insoumis · mutin *(nom)* · révolté · rebelle · séditieux

insurger (s') *v.pron.* **1 - se révolter** · se mutiner · se rebeller · se soulever · se rebiffer *fam.* · **2 - s'indigner** · se cabrer · se dresser · s'inscrire en faux · protester · regimber

insurmontable *adj.* **1 - infranchissable** · insurpassable · invincible · **2 - incontrôlable** · indomptable

insurpassable *adj.* **inégalable** · hors pair · imbattable · indépassable · sans concurrence · sans égal · sans pareil · supérieur · unique

insurrection *n.f.* · émeute · levée (de boucliers) · mouvement (insurrectionnel) · mutinerie · rébellion · résistance (à l'oppression) · révolte · révolution · sédition · soulèvement · trouble · [Hist.] jacquerie

insurrectionnel, -elle *adj.* · révolutionnaire

intact, e *adj.* **1 - indemne** · entier · (sain et) sauf · **2 - inchangé** · inaltéré · tel quel · **3 - propre** · immaculé · net · pur · sans tache · **4 - sauf**

intangible *adj.* **1 - inviolable** · sacré · tabou · **2 -** [vieux] **impalpable** · immatériel

intarissable *adj.* **1 - inépuisable** · inlassable · **2 - abondant** · débordant · fécond · généreux · inépuisable

intégral, e *adj.* **1 - complet** · entier · exhaustif · total · **2 - absolu**

intégralement *adv.* **1 - complètement** · entièrement · parfaitement · totalement · **2 - in extenso** · en entier · en totalité · exhaustivement · dans son intégralité · dans sa totalité · du début à la fin · de A à Z

intégralité *n.f.* **1 - ensemble** · totalité · **2 - intégrité** · entièreté · complétude *littér.*

intégration *n.f.* **1 - concentration** · absorption · fusion · imbrication · unification · union · **2 - assimilation** · incorporation · adaptation · appropriation · imprégnation · acculturation

intègre *adj.* **1 - honnête** · incorruptible · vertueux · probe *littér.* · **2 - équitable** · impartial · juste

intégrer *v.tr.* **1 - incorporer** · assimiler · fondre · **2 - comprendre** · associer · inclure · réunir · unir

»» **s'intégrer** *v.pron.* **s'insérer** · s'assimiler

intégrer, incorporer

Intégrer et **incorporer** concernent l'action de faire entrer quelque chose ou quelqu'un dans un ensemble sans lui faire perdre sa cohérence *(intégrer, incorporer un paragraphe dans un chapitre, une terre à un domaine, une personne dans une association)*. Seul **incorporer** permet d'insister sur le fait que la partie s'unit intimement au tout, d'où en particulier son emploi en cuisine *(incorporer du beurre à une sauce)*.

intégrisme *n.m.* · fondamentalisme · traditionalisme

intégriste *adj. et n.* • fondamentaliste • traditionaliste

intégrité *n.f.* **1 - totalité** • intégralité • **2 - honnêteté** • incorruptibilité • probité • vertu *vieux*
~ **honnêteté**

intellect *n.m.* • entendement • esprit • intelligence

intellectualisation *n.f.* • rationalisation

intellectuel, -elle
▪ *adj.* **1 - mental** • idéologique • moral • psychique • spirituel • **2 - cérébral** • abstrait • intello *fam.*
▪ *n.* **cérébral** • cerveau • tête • intello *fam.* • tête d'œuf *péj.*
✦ **les intellectuels** l'intelligentsia

intelligemment *adv.* • ingénieusement • astucieusement • finement • habilement • subtilement

intelligence *n.f.* **1 - esprit** • entendement • intellect • matière grise • pensée • raison • **2 - clairvoyance** • discernement • finesse • jugement • lucidité • pénétration • perspicacité • réflexion • sagacité • sens • subtilité • jugeote *fam.* • **3 - compréhension** • intellection • perception • **4 - complicité** • collusion • connivence • entente • **5 - grand esprit** • cerveau • esprit éclairé • lumière • tête
✦ **en bonne intelligence** en accord • en harmonie

intelligent, e *adj.* **1 - pensant** • raisonnable • **2 - brillant** • capable • doué • éveillé • fin • fort • vif • futé *fam.* • fin comme l'ambre *vieilli* • **3 - perspicace** • clairvoyant • pénétrant • sagace • subtil • **4 - habile** • adroit • astucieux • ingénieux • malin
✦ **il est très intelligent** il a oublié d'être bête *fam.*

intelligible *adj.* • accessible • clair • compréhensible • facile • limpide • lumineux • net • simple

intempérance *n.f.* **1 - débauche** • incontinence • luxure • **2 - gloutonnerie** • ivrognerie • **3 - abus** • débordement • excès • outrance

intempérant, e *adj.* **1 - incontinent** • gourmand • ivrogne • luxurieux • **2 -** [vieux] **immodéré** • effréné • exagéré • excessif • outré

intempéries *n.f.pl.* • mauvais temps • rigueurs du climat

intempestif, -ive *adj.* • déplacé • importun • incongru • inconvenant • indiscret • inopportun • malvenu • malséant *littér.*

intemporel, -elle *adj.* **1 - éternel** • atemporel • immuable • **2 - immatériel** • désincarné • incorporel

intenable *adj.* **1 - intolérable** • épouvantable • infernal • insupportable • invivable • **2 - turbulent** • impossible • infernal • insupportable • indocile *littér.* • terrible *fam.* • **3 - indéfendable** • injustifiable

intendance *n.f.* **1 - administration** • gestion • **2 - économat**

intendant, e *n.* **1 - administrateur** • régisseur • **2 - économe** • gestionnaire

intense *adj.* **1 - vif** • extrême • fort • profond • violent • [mal de tête] carabiné *fam.* • **2 - dense** • **3 - soutenu** • cru • vif • **3 - passionné** • ardent • tumultueux

intensif, -ive *adj.* • soutenu • accentué • prononcé

intensification *n.f.* · accroissement · amplification · augmentation · exacerbation · extension · renforcement • [en mal] aggravation

intensifier *v.tr.* **augmenter** · accroître · amplifier · développer · exacerber · renforcer • [en mal] aggraver

⋙ **s'intensifier** *v.pron.* **s'accentuer** · s'accroître · s'amplifier · augmenter · croître · se développer · grandir · monter · redoubler · se renforcer • [en mal] s'aggraver

intensité *n.f.* **1 - force** · acuité · amplitude · puissance · véhémence · violence · **2 -** [d'un son] **volume** · **3 -** [de la lumière] **brillance** · vivacité · **4 - ampérage**

intenter *v.tr.*

✦ **intenter une action contre** attaquer · actionner · attraire en justice · ester en justice

intention *n.f.* **1 - but** · dessein · fin · objectif · objet · plan · projet · visée · **2 - détermination** · décision · désir · résolution · volonté · vouloir • [vague] velléité · **3 - préméditation** · **4 - mobile** · cause · motif · **5 - disposition**

✦ **dans l'intention de** en vue de · pour · dans l'idée de · aux fins de *littér.*

✦ **à l'intention de** **1 - à l'adresse de** · à l'endroit de · **2 - en l'honneur de** · **3 - au profit de**

✦ **avoir l'intention de** compter · entendre · projeter · se proposer de · vouloir

➺ **projet**

intentionnel, -elle *adj.* · délibéré · conscient · prémédité · préparé · volontaire · voulu

intentionnellement *adv.* · exprès · délibérément · de propos délibéré · à dessein · sciemment · volontairement

interaction *n.f.* · interdépendance · interférence · solidarité

intercaler *v.tr.* **1 - insérer** · enchâsser · glisser · incorporer · interpoler · introduire · joindre · mettre entre · placer entre

⋙ **s'intercaler** *v.pron.* **1 - s'insérer** · se glisser · **2 - s'interposer**

intercéder *v. intr.*

✦ **intercéder pour** intervenir pour · s'entremettre pour · parler pour · défendre

intercepter *v.tr.* **1 - s'emparer de** · attraper au vol · saisir · **2 - surprendre** · capter · saisir · **3 - arrêter** · interrompre · boucher · cacher · éclipser · masquer · occulter · voiler

interception *n.f.* · arrêt · blocage · interruption

intercesseur *n.m.* · avocat · défenseur

intercession *n.f.* · entremise · bons offices · intervention · médiation

interchangeable *adj.* **1 - commutable** · permutable · substituable · **2 - jetable** · remplaçable

interclasse *n.m.* · pause · récréation

interdépendance *n.f.* · corrélation · dépendance · interaction · solidarité

interdiction *n.f.* **1 - défense** · prohibition · **2 - tabou** · interdit

✦ **interdiction de séjour** bannissement

interdire *v.tr.*
I 1 - défendre · prohiber · proscrire · mettre hors la loi · **2 - empêcher** · exclure · ne pas autoriser · s'opposer à · faire obstacle à · **3 - censurer** · condamner · frapper d'interdit · **4 -** [sa porte] **fermer** · **5 - suspendre** · frapper d'interdiction
II interloquer · confondre · étonner · laisser pantois · laisser sans voix
⋙ **s'interdire de** *v.pron.* **1 - s'abstenir de** · s'empêcher de · se garder de · se retenir de · **2 - se refuser à** · se défendre de

interdisciplinaire *adj.* · transdisciplinaire

[1]**interdit, e** *adj.*
I 1 - défendu · illégal · illicite · prohibé · **2 - tabou** · proscrit
II ahuri · confondu · déconcerté · décontenancé · désemparé · ébahi · médusé · muet · pantois · penaud · pétrifié · saisi · sans voix · stupéfait · stupide · ébaubi *littér.* · sidéré *fam.*
défendu

[2]**interdit** *n.m.* **1 - condamnation** · censure · **2 - tabou** · **3 - mise à l'index** · boycott · exclusive

intéressant, e *adj.* **1 - captivant** · palpitant · passionnant · prenant · **2 - pertinent** · important · valable · **3 - curieux** · piquant · remarquable · **4 - profitable** · avantageux · fructueux · lucratif · payant · rémunérateur · rentable · juteux *fam.* · **5 - attrayant** · alléchant · attirant · attractif · [prix] modique · raisonnable
✦ **faire l'intéressant** faire le malin *fam.* · faire le mariolle *fam.*

intéressé, e *adj.* **1 - calculateur** · **2 - cupide** · vénal · **3 - attiré** · captivé · passionné · séduit

intéressement *n.m.* · participation

intéresser *v.tr.* **1 - plaire à** · captiver · passionner · accrocher *fam.* · brancher *fam.* · **2 - concerner** · s'appliquer à · se rapporter à · regarder · relever de · avoir rapport à, avec · toucher · avoir trait à · **3 - importer à** · préoccuper · toucher
⋙ **s'intéresser à** *v.pron.* **1 - aimer** · cultiver · étudier · pratiquer · s'adonner à · **2 - s'occuper de** · se pencher sur · suivre · **3 - se soucier de** · se préoccuper de

intérêt *n.m.*
I 1 - avantage · bien · importance · profit · utilité · **2 - qualité** · piment · sel
II curiosité · attirance · désir (d'apprendre) · goût · inclination · penchant
III bienveillance · attention · compréhension · gentillesse · sollicitude · sympathie
IV 1 - prix de l'argent · agio · escompte · loyer · [excessif] usure · **2 - revenu** · dividende · gain · rapport · rente
✦ **centre d'intérêt** passe-temps · hobby · violon d'Ingres · dada *fam.*
✦ **c'est sans intérêt, ça ne présente aucun intérêt** ça ne casse pas des briques *fam.* · ça ne casse pas trois pattes à un canard *fam.*
✦ **servir les intérêts de** servir la cause de · faire le jeu de

interférence *n.f.* **interaction** · intervention
⋙ **interférences** *plur.* **parasites**

interférer *v.intr.* · interagir · intervenir · jouer un rôle

[1]**intérieur, e** *adj.* **1 - interne** · **2 - civil** · intestin *littér.* · **3 - domestique** · **4 - intime** · privé · secret · **5 - psychique** · spirituel

²intérieur *n.m.* 1 - **dedans** · 2 - **contenu** · centre · entrailles · 3 - **foyer** · chez-soi · home *anglic.* · logis · maison · nid · 4 - **arrière-pays** · hinterland

✦ **à l'intérieur** dedans

✦ **à l'intérieur de** dans · au cœur de · au sein de · dans l'enceinte de · parmi

✦ **à l'intérieur de la ville** intra-muros

intérieurement *adv.* 1 - **au-dedans** · 2 - **mentalement** · intimement · dans son for intérieur · secrètement · tout bas · in petto · à part soi

intérim *n.m.* 1 - **remplacement** · suppléance · interrègne *plaisant* · 2 - **travail temporaire**

✦ **par intérim** en remplacement · provisoirement

intérimaire

▪ *adj.* **temporaire** · momentané · passager · provisoire · transitoire · précaire

▪ *n.* **remplaçant** · suppléant · vacataire

interjection *n.f.* · exclamation

interligne *n.m.* · blanc

interlocuteur, -trice *n.* · allocutaire · locuteur

interlope *adj.* 1 - **douteux** · équivoque · louche · mal famé · suspect · [hôtel] borgne · 2 - **frauduleux** · de contrebande · illégal · illicite

interloqué, e *adj.* **ahuri** · confondu · déconcerté · décontenancé · démonté · désarçonné · désemparé · déstabilisé · ébahi · épaté · étonné · étourdi · interdit · médusé · muet · pantois · paralysé · penaud · pétrifié · saisi · sans voix · stupéfait · stupide · ébaubi *littér.* · sidéré *fam.*

✦ **rester interloqué** demeurer court, interdit

interloquer *v.tr.* · ébahir · déconcerter · décontenancer · démonter · désarçonner · déstabiliser · interdire · confondre *littér.*

interlude *n.m.* · intermède · entracte · interruption

intermède *n.m.* 1 - **arrêt** · entracte · interruption · intervalle · 2 - **interlude** · divertissement · intermezzo

¹intermédiaire *adj.* 1 - **moyen** · médian · entre les deux *fam.* · 2 - **transitoire**

²intermédiaire

▪ *n.* 1 - **négociateur** · arbitre · médiateur · 2 - **agent** · entremetteur · interprète · boîte aux lettres *fam.* · homme de paille *péj.* · prête-nom *péj.* · 3 - **commerçant** · 4 - **agent** · commissionnaire · courtier · exportateur · grossiste · mandataire · représentant · transitaire · voyageur de commerce

▪ *n.m.* 1 - **entre-deux** · milieu · moyen terme · moyenne · 2 - **entremise** · médiation · truchement · 3 - **transition** · lien · pont

✦ **par l'intermédiaire de** par le canal de · par l'entremise de · par le truchement de · par la voie de · via

intermédiaire, médiateur

Les trois mots comportent l'idée de mise en relation de personnes ou de choses. **Intermédiaire**, de valeur générale, s'emploie pour ce qui met en rapport deux choses *(la monnaie, intermédiaire dans les échanges commer-*

ciaux) ou des personnes pour qu'elles communiquent entre elles *(servir d'intermédiaire dans une négociation).* En particulier, un **intermédiaire** est celui qui intervient entre le producteur et le consommateur et qui prélève une marge dans le processus de distribution *(réaliser une vente sans intermédiaire).* Le **médiateur** a un rôle plus restreint ; il s'entremet entre des personnes qui ont des différends pour qu'elles parviennent à un accord *(faire intervenir un médiateur dans un litige).*

interminable *adj.* **1 – incessant** · continuel · éternel · fastidieux · infini · long · sans fin · sempiternel · long comme un jour sans pain · **2 – démesuré** · énorme · gigantesque · immense

interminablement *adv.* · éternellement · indéfiniment · sans fin

intermittence *n.f.* **1 – discontinuité** · irrégularité · **2 –** [d'une douleur] **intermission** · rémission · **3 –** [du rythme cardiaque] **arythmie**

✦ **par intermittence** par intervalles · irrégulièrement · par accès · par à-coups · par moments

intermittent, e *adj.* **1 – discontinu** · irrégulier · **2 – épisodique** · sporadique · **3 –** [lumière] **clignotant** · à éclipse · **4 –** [Méd.] **erratique** · rémittent

internat *n.m.* · pension · pensionnat

international, e *adj.* **1 – mondial** · global · planétaire · **2 – cosmopolite**

[1]**interne** *adj.* **1 – intérieur** · [querelle] intestine *littér.* · **2 – intrinsèque** · endogène · profond

[2]**interne** *n.* · pensionnaire

interné, e *adj.* · enfermé · détenu · prisonnier

internement *n.m.* · enfermement · captivité · emprisonnement · détention · incarcération · collocation *Belgique*

❧ **captivité**

interner *v.tr.* · enfermer · emprisonner · boucler *fam.*

Internet *n.m.* · le réseau des réseaux · la Toile · le Net · le Web

interpellation *n.f.* **1 – apostrophe** · **2 – arrestation** · capture · **3 – injonction** · mise en demeure · sommation

interpeller *v.tr.* **1 – apostropher** · appeler · héler · **2 – arrêter** · appréhender · capturer · agrafer *fam.* · alpaguer *fam.* · cueillir *fam.* · épingler *fam.* · pincer *fam.* · ramasser *fam.* · **3 – intéresser** · susciter un écho, un intérêt chez

interpénétration *n.f.* · enchevêtrement · imbrication

interpénétrer (s') *v.pron.* · s'enchevêtrer · s'imbriquer

interplanétaire *adj.* · intersidéral · interstellaire

interpoler *v.tr.* · intercaler · insérer · introduire

interposer *v.tr.* · intercaler · mettre · placer · poser

⋙ **s'interposer** *v.pron.* **s'entremettre** · intervenir

✦ **s'interposer entre** se dresser entre · séparer

interposition *n.f.* · entremise · intervention · médiation · truchement

interprétable *adj.* **1 - compréhensible** · clair · accessible · **2 - jouable**

interprétation *n.f.* **1 - explication** · commentaire · exégèse · glose · métaphrase · paraphrase · herméneutique · **2 - lecture** · version · **3 - exécution** · jeu

✦ **mauvaise interprétation 1 - contresens** · faux sens · **2 - malentendu** · mésinterprétation *littér.*

interprète *n.* **1 - traducteur** · **2 - intermédiaire** · porte-parole · **3 - commentateur** · exégète · **4 - artiste** · acteur · comédien · chanteur · musicien

interprète, traducteur

Le rôle de l'**interprète** et du **traducteur** consiste à permettre à deux personnes qui s'expriment dans des langues différentes de se comprendre par son intermédiaire. L'**interprète** traduit oralement et immédiatement les paroles de quelqu'un *(être interprète dans un colloque international)*. **Interprète** s'est employé pour désigner la personne qui transpose des textes d'une langue dans une autre, mais seul **traducteur** est en usage aujourd'hui avec cette acception *(un traducteur de l'allemand, la traductrice d'un écrivain)*.

interpréter *v.tr.* **1 - commenter** · éclaircir · expliquer · gloser · **2 - comprendre** · déchiffrer · décoder · décrypter · deviner · expliquer · lire · pénétrer · saisir · **3 - jouer** · exécuter · incarner · représenter

✦ **mal interpréter** déformer · travestir (la pensée de)

expliquer

interrègne *n.m.* · intérim

interrogateur, -trice *adj.* · interrogatif · inquisiteur *péj.*

interrogatif, -ive *adj.* · interrogateur · inquisiteur *péj.*

interrogation *n.f.* **1 - demande** · question · **2 - épreuve** · contrôle · devoir · examen · colle *fam.* · interro *fam.* · **3 - interrogatoire**

interroger *v.tr.* **1 - questionner** · poser une, des question(s) à · presser de questions · cuisiner *fam.* · mettre sur le gril *fam.* · mettre sur la sellette *fam.* · **2 - demander à** · s'enquérir auprès de · se renseigner auprès de · **3 - sonder** · consulter · interviewer · tâter (le pouls de) · **4 - interpeller** · **5 - scruter** · examiner · fouiller

»» **s'interroger** *v.pron.* **1 - hésiter** · se tâter · **2 - descendre en soi-même**

interrompre *v.tr.* **1 - arrêter** · briser · cesser · couper (court à) · discontinuer · finir · rompre · **2 - abandonner** · suspendre · **3 - couper la parole à** · **4 - rompre** · trancher · **5 - déranger** · entrecouper · hacher · perturber · traverser · troubler

»» **s'interrompre** *v.pron.* **cesser** · (s')arrêter · finir

interrupteur *n.m.* · commutateur · bouton (électrique) · disjoncteur

interruption *n.f.* **1 - arrêt** · cessation · coupure · discontinuation · discontinuité · halte · suspension · **2 - relâche** · vacances · **3 - pause** · battement · entracte · intermède · répit · break *fam.* · **4 - intervalle** · hiatus · rupture · saut · solution de continuité · vacance · vide · **5 - coupure** · dérangement · panne · rupture · **6 -** [Méd.] **rémission** · répit

✦ **interruption de grossesse** avortement

✦ **sans interruption 1 - consécutivement** · consécutif · (en) continu · d'affilée · de suite · d'une seule traite · non-stop · **2 - en permanence** · toujours · non-stop · 24 heure sur 24 · jour et nuit · **3 - sans arrêt** · d'arrache-pied · sans débrider · sans relâche

intersaison *n.f.* **morte-saison** · basse saison

intersection *n.f.* **1 - croisement** · carrefour · croisée · **2 - arête** · concours

intersidéral, e *adj.* · interplanétaire · interstellaire

interstellaire *adj.* · intersidéral · interplanétaire

interstice *n.m.* **1 - fente** · **2 - intervalle** · écart · espace · hiatus

intervalle *n.m.* **1 - distance** · écart · éloignement · espace · **2 - fente** · interstice · **3 - battement** · entracte · intermède · interruption · pause · répit · rémission · silence · suspension · temps (d'arrêt) · break *fam.* · **4 - intérim** · interrègne · **5 - différence** · écart · [grand] abîme · fossé

✦ **dans l'intervalle** entre-temps · pendant ce temps

✦ **par intervalles** **1 - de loin en loin** · de place en place · **2 - par intermittence** · par accès · par moment · de temps en temps · de temps à autre

intervenir *v. intr.* **1 - agir** · entrer en action · entrer en jeu · entrer en scène · opérer · **2 - s'entremettre** · s'interposer · faire un geste · [au négatif] lever · remuer le petit doigt *fam.* · **3 - la ramener** *fam.* · mettre, mêler son grain de sel *fam.* · ramener sa fraise *fam.*

✦ **intervenir en faveur de** intercéder pour · parler pour · prendre position pour

✦ **intervenir dans** **1 - prendre part à** · mettre son grain de sel dans *fam.* · s'immiscer dans *péj.* · **2 - s'ingérer dans** · s'immiscer dans · se mêler de · mettre, fourrer son nez dans *fam.*

intervention *n.f.* **1 - action** · **2 - aide** · appui · bons offices · concours · entremise · intercession · interposition · médiation · ministère · recommandation · service · piston *fam.* · **3 - ingérence** · immixtion · incursion · intrusion · **4 - opération (chirurgicale)**

interventionnisme *n.m.* · dirigisme · étatisme · économie dirigée

interversion *n.f.* **1 - inversion** · permutation · transposition · intervertissement *rare* · **2 -** [Ling.] **métathèse** · anastrophe

intervertir *v.tr.* · inverser · permuter · renverser · retourner · transposer

interview *n.f.* · entretien · conversation

interviewer *v.tr.* · interroger · questionner

intestin, e *adj.* **1 - intérieur** · interne · **2 - civil**

intestins *n.m.pl.* **1 - viscères** · entrailles *didact. ou littér.* · boyaux *fam. pour l'homme* · tripes *fam. pour l'homme* · tripaille *fam.* · **2 - ventre**

intestins, viscères, entrailles

Intestins, viscères et entrailles sont relatifs aux organes contenus dans une cavité du corps. Viscères est le terme le plus général. Il désigne les organes contenus dans le crâne, la cage thoracique et l'abdomen *(viscères cérébraux, du bas-ventre)*, en particulier ceux des animaux de boucherie *(le foie, les reins du veau sont des viscères comestibles)*.

D'usage didactique ou littéraire, **entrailles** s'emploie pour l'ensemble des organes contenus dans l'abdomen de l'homme et des animaux *(vider les entrailles d'une volaille)*. **Intestins** ne concerne que la partie du tube digestif qui fait suite à l'estomac *(les parois de l'intestin, avoir les intestins fragiles)*. Le mot s'emploie aussi au singulier *(le gros intestin, l'intestin grêle)*, comme **viscère** ; **entrailles**, en revanche, est toujours au pluriel.

intimation *n.f.* · injonction · assignation · mise en demeure · signification · sommation

intime

▪ *adj.* 1 - **profond** · intérieur · 2 - **essentiel** · 3 - **personnel** · domestique · particulier · privé · secret · 4 - **étroit** · familier · 5 - [rapport] **sexuel** · charnel · physique

▪ *n.* **ami** · confident · familier · proche

✦ **ils sont très intimes** ils sont comme les doigts de la main *fam.* · ils sont comme cul et chemise *fam.*

➳ **secret**

intimement *adv.* 1 - **profondément** · foncièrement · dans son for intérieur · 2 - **étroitement**

intimer *v.tr.* · commander · enjoindre · notifier · signifier

intimidation *n.f.* · menace · pression · chantage

intimider *v.tr.* 1 - **impressionner** · en imposer à · 2 - **effaroucher** · embarrasser · gêner · mettre mal à l'aise · troubler · 3 - **glacer** · effrayer · frigorifier · inhiber · paralyser · terroriser · 4 - **menacer** · faire pression sur

intimité *n.f.* 1 - **vie personnelle** · vie privée · 2 - **familiarité**

✦ **dans l'intimité** entre amis

intitulé *n.m.* · titre · nom

intituler *v.tr.* · appeler · dénommer · nommer · baptiser *plaisant*

intolérable *adj.* 1 - **aigu** · atroce · épouvantable · horrible · insoutenable · insupportable · intenable · 2 - **accablant** · abominable · désagréable · importun · 3 - **inadmissible** · inacceptable · insupportable · odieux · révoltant · scandaleux

intolérance *n.f.* 1 - **étroitesse d'esprit** · intransigeance · rigidité · 2 - **fanatisme** · sectarisme · 3 - **allergie**

intolérant, e *adj.* 1 - **étroit** · intransigeant · intraitable · 2 - **fanatique** · sectaire

➳ **fanatique**

intonation *n.f.* · accent · inflexion · mélodie · modulation · prosodie

intouchable *adj.* 1 - **sacré** · intangible · inviolable · tabou · sacro-saint *fam.* · 2 - **inapprochable** · 3 - **invulnérable** · inamovible · indéboulonnable *fam.*

intoxication *n.f.* 1 - **empoisonnement** · 2 - **endoctrinement** · désinformation · bourrage de crâne *fam.* · intox *fam.* · matraquage *fam.*

intoxiquer *v.tr.* **empoisonner**

››› **s'intoxiquer** *v.pron.* 1 - **s'empoisonner** · 2 - **se droguer**

intraitable *adj.* 1 - **exigeant** · intransigeant · 2 - **impitoyable** · implacable · inébranlable · inexorable · inflexible · irréconciliable · irréductible · [ennemi] juré · 3 - **acariâtre** · désagréable · entêté · impossible · insupportable ·

revêche · **4 - désobéissant** · difficile · dur · entier · farouche · fier · indomptable

intransigeance *n.f.* · inflexibilité · rigidité · intolérance · raideur · sévérité

intransigeant, e *adj.* **1 - intraitable** · absolu · farouche · inflexible · irréductible · **2 - raide** · rigide · rigoriste · rigoureux · sévère · strict · **3 - intolérant** · sectaire · **4 - autoritaire** · draconien · dur

intransmissible *adj.* **1 - incommunicable** · **2 -** [Droit] **incessible** · inaliénable

intrépide *adj.* **1 - audacieux** · brave · courageux · fier · hardi · héroïque · impavide · vaillant · valeureux · **2 - inébranlable** · ferme · **3 - déterminé** · imperturbable · enragé *fam.* · sacré *fam.*

intrépidité *n.f.* · audace · bravoure · courage · hardiesse · héroïsme · vaillance

❧ **courage**

intrication *n.f.* **1 - enchevêtrement** · imbrication · interpénétration · fouillis *péj.* · **2 - complexité**

intrigant, e *n.* **1 - arriviste** · comploteur · combinard *fam.* · magouilleur *fam.* · **2 - courtisan**

intrigue *n.f.* **1 - complot** · agissements · cabale · conspiration · imbroglio · machination · manège · manœuvres · menées · combine *fam.* · cuisine *fam.* · embrouille *fam.* · fricotage *fam.* · grenouillage *fam.* · magouille *fam.* · manigance *fam.* · micmac *fam.* · trafic *fam.* · tripotage *fam.* · **2 - scénario** · action · argument · histoire · nœud · **3 -** [vieilli] **affaire (d'amour, de cœur)** · aventure · flirt · idylle

❧ **complot**

intriguer

▪ *v.tr.* **étonner** · appeler, attirer l'attention de · paraître, sembler bizarre à · interpeller · mettre la puce à l'oreille à · surprendre

▪ *v.intr.* **manœuvrer** · comploter · magouiller *fam.*

intrinsèque *adj.* **1 - inhérent** · constitutif · essentiel · immanent · propre · **2 - interne** · intérieur

intrinsèquement *adv.* · essentiellement · en soi · par essence · par nature

introducteur, -trice *n.* · initiateur · promoteur

introductif, -ive *adj.* · préalable · liminaire

introduction *n.f.*

I 1 - commencement · **2 - entrée en matière** · avant-propos · avertissement · avis (au lecteur) · (discours) préliminaire · exorde · exposition · préambule · préface · prodrome · prolégomènes · prologue · prélude

II 1 - admission · entrée · infiltration *péj.* · **2 - importation** · acclimatation · adoption · **3 - présentation** · recommandation · **4 - pénétration** · intromission

III initiation · apprentissage · préparation

introduire *v.tr.* **1 - insérer** · caser · couler · enfoncer · enfourner · engager · entrer · glisser · inclure · incorporer · injecter · insinuer · intégrer · intercaler · (faire) passer · planter · plonger · rentrer · ficher *fam.* · fourrer *fam.* · **2 - conduire** · faire entrer · faire passer · **3 - importer** · acclimater · adopter ·

implanter · impatroniser *rare* · 4 - **infuser** · injecter · inoculer · inspirer · insuffler · instiller *littér.* · 5 - **présenter** · faire connaître · lancer · ouvrir les portes à · parrainer · patronner · pousser

✦ **être introduit** avoir ses entrées

›› **s'introduire** *v.pron.* 1 - **entrer** · se couler · se faufiler · se glisser · (s')infiltrer · s'insinuer · pénétrer · se fourrer *fam.* · 2 - **s'ingérer** · s'immiscer · se mêler

intronisation *n.f.* 1 - **établissement** · installation · 2 - **couronnement** · sacre

introniser *v.tr.* 1 - **établir** · installer · 2 - **couronner** · investir · sacrer · asseoir sur le trône

introspection *n.f.* · retour sur soi · attention intérieure · examen de conscience · réflexion

introuvable *adj.* 1 - **insaisissable** · 2 - **exceptionnel** · précieux · rare · rarissime

introverti, e *adj.* · inhibé · renfermé · replié sur soi

intrus, e *adj. et n.* · importun · gêneur · indésirable · indiscret

intrusion *n.f.* · ingérence · immixtion · intervention

intuitif, -ive *adj.* · direct · viscéral · tripal *fam.*

intuition *n.f.* 1 - **pressentiment** · prémonition · prescience · 2 - **sagacité** · flair · instinct · sixième sens · feeling *fam.* · nez *fam.*

✦ **avoir de l'intuition** avoir des antennes *fam.* · avoir le nez fin, creux *fam.*

intumescence *n.f.* · gonflement · bouffissure · enflure · tuméfaction

inusable *adj.* · solide · inaltérable · indestructible · à toute épreuve

inusité, e *adj.* 1 - **inutilisé** · inemployé · rare · inusuel *littér.* · 2 - **inhabituel** · anormal · bizarre · étrange · exceptionnel · extraordinaire · inaccoutumé · insolite · nouveau · rare · singulier · surprenant

inutile *adj.* 1 - **superflu** · accessoire · superfétatoire *littér.* · 2 - **inefficace** · infructueux · stérile · vain · 3 - **creux** · oiseux · vide

✦ **c'est inutile de** ce n'est pas la peine de · ça ne sert à rien de

inutilement *adv.* · en vain · en pure perte · sans nécessité · stérilement · vainement · pour rien · pour des prunes *fam.*

inutilisable *adj.* · inemployable · inexploitable

inutilisé, e *adj.* 1 - **inusité** · inemployé · 2 - **inexploité** · inemployé

inutilité *n.f.* · inefficacité · futilité · inanité · stérilité · vanité

invalidant, e *adj.* · handicapant

invalidation *n.f.* · annulation · abolition

invalide *n.* · handicapé · impotent · infirme

invalider *v.tr.* · annuler · abolir · détruire · réduire à néant

invalidité *n.f.* · infirmité · handicap · impotence · incapacité

invariable *adj.* 1 - **constant** · égal · éternel · fixe · immuable · permanent · 2 - **certain** · immobile · inaltérable · stable · stationnaire · 3 - [Grammaire] **indéclinable**

invariablement *adv.* · toujours · constamment · immanquablement · immuablement · rituellement · perpétuellement · à tous les coups *fam.*

invasion *n.f.* 1 - **envahissement** · occupation · 2 - **irruption** · incursion · ruée · 3 - **déferlement** · débordement · inondation · pénétration · ingression *(Géog.)* · 4 - **diffusion** · propagation

invective *n.f.* · injure · affront · insulte · sortie

invectiver

▪ *v.tr.* **injurier** · insulter · agonir *littér.* · incendier *fam.*

▪ *v.intr.* **crier** · déclamer · fulminer · pester

➺ **injurier**

inventaire *n.m.* 1 - **dénombrement** · énumération · recensement · 2 - **catalogue** · état · liste · nomenclature · récapitulation · relevé · répertoire · revue · table · tableau

✦ **faire l'inventaire de** inventorier · recenser

inventé, e *adj.* · faux · fictif · imaginaire · créé, forgé de toutes pièces

inventer *v.tr.*

I 1 - **découvrir** · concevoir · créer · imaginer · trouver · 2 - **forger** · arranger · broder · fabriquer · imaginer · improviser · rêver · monter de toutes pièces · controuver *littér.* · 3 - **chercher** · supposer

II [sans complément] 1 - **innover** · 2 - **mentir** · affabuler · fabuler

inventeur, -trice *n.* · auteur · créateur · découvreur · fondateur · mère · père · trouveur *rare*

inventif, -ive *adj.* 1 - **créatif** · fécond · fertile · 2 - **astucieux** · habile · imaginatif · ingénieux

invention *n.f.* 1 - **création** · découverte · innovation · 2 - **découverte** · idée · trouvaille · 3 - **imagination** · créativité · inspiration · inventivité · 4 - **astuce** · combinaison · expédient · ressource · 5 - **mensonge** · affabulation · conte · fable · fantaisie · fiction · histoire · blague *fam.* · craque *fam.* · mytho *lang. jeunes*

➺ **découverte**

inventivité *n.f.* · imagination · créativité · invention

inventorier *v.tr.* 1 - **dénombrer** · chiffrer · compter · évaluer · mesurer · 2 - **répertorier** · cataloguer · ficher · lister · recenser

invérifiable *adj.* 1 - **incontrôlable** · 2 - **indémontrable** · improuvable

[1]**inverse** *adj.* 1 - **contraire** · antithétique · opposé · 2 - **renversé** · 3 - **réciproque**

➺ **contraire**

[2]**inverse** *n.m.* 1 - **contraire** · opposé · 2 - **contrepartie** · 3 - **antipode** · antithèse · contre-pied

✦ **à l'inverse** inversement · a contrario · à l'opposé · au contraire · en revanche · par contre *fam.*

✦ **à l'inverse de** à l'opposé de · au contraire de · à l'encontre de

inversement *adv.* 1 - **réciproquement** · vice versa · 2 - **à l'inverse** · au contraire · en revanche · par contre *fam.*

inverser *v.tr.* 1 - **intervertir** · permuter · 2 - **renverser** · retourner

inversion *n.f.* **1 - permutation** · interversion · **2 - renversement** · retournement

investigateur, -trice

▪ *adj.* **scrutateur** · enquêteur · inquisiteur

▪ *n.* **chercheur** · enquêteur

investigation *n.f.* · enquête · analyse · étude · examen · information · observation · recherche

☙ **recherche**

investir *v.tr.* **1 - engager** · placer · mettre au pot *vieilli* · **2 - conférer à** · doter · pourvoir · revêtir · **3 - assiéger** · bloquer · cerner · encercler · environner

»» **s'investir** *v.pron.* **s'impliquer** · donner de soi-même

investissement *n.m.* **1 - placement** · **2 - blocus** · encerclement · siège

invétéré, e *adj.* **1 - ancien** · ancré · chronique · enraciné · fortifié · vieux · **2 - endurci** · impénitent · incorrigible · incurable

invincible *adj.* **1 - imbattable** · irréductible · invulnérable · **2 - imprenable** · inexpugnable *littér.* · **3 - insurmontable** · indomptable · irrépressible · irrésistible · incoercible *littér.* · **4 - irréfutable** · inattaquable · incontestable · indiscutable · irrécusable · **5 - inaltérable** · impérissable · indestructible

inviolabilité *n.f.* · immunité

inviolable *adj.* **1 - sacré** · intangible · tabou · sacro-saint *fam.* · **2 - imprenable** · invulnérable · inexpugnable *littér.*

inviolé, e *adj.* · vierge

invisible *adj.* **1 - imperceptible** · indécelable · indiscernable · microscopique · minuscule · [encre] sympathique · [avion, navire] furtif · **2 - introuvable** · insaisissable · **3 - mystérieux** · occulte · secret

invitant, e *adj.* · encourageant · engageant · tentant

invitation *n.f.* **1 - faire-part** · convocation · carton *fam.* · flyer *anglic.* · **2 - prière** · appel · appel du pied · demande · exhortation · invite · **3 - attrait** · appel · incitation · excitation

invité, e *n.* · hôte · convive · commensal *littér.*

inviter *v.tr.* **1 - convier** · convoquer · recevoir · **2 - conseiller** · encourager · engager · exciter · exhorter · presser · recommander à · stimuler · **3 - prier** · demander à · enjoindre à · ordonner à · sommer · **4 - inciter** · induire · porter · pousser

invivable *adj.* · insupportable · impossible · infernal · intenable · intolérable

invocation *n.f.* · prière · adjuration · appel

involontaire *adj.* **1 - automatique** · inconscient · machinal · mécanique · réflexe · **2 - spontané** · instinctif · incontrôlé · irraisonné · irréfléchi · **3 - forcé**

involontairement *adv.* · inconsciemment · sans intention · sans le vouloir

invoquer *v.tr.* **1 - appeler** · adjurer · conjurer · implorer · prier · **2 - en appeler à** · faire appel à · citer · avoir recours à · **3 - alléguer** · s'appuyer sur · arguer de · avancer · prétexter · se prévaloir de

invraisemblable *adj.* **1 - incroyable** · extraordinaire · extravagant · fort · impensable · impossible · inconcevable · inimaginable · inouï · renversant · rocambolesque · ébouriffant *fam.* • [histoire] à dormir debout *fam.* · sans queue ni tête *fam.* · **2 - douteux** · improbable · **3 - chimérique** · fabuleux · fantastique

invraisemblance *n.f.* **1 - improbabilité** · **2 - énormité** · extravagance

invulnérabilité *n.f.* · invincibilité

invulnérable *adj.* **1 - imprenable** · invincible · inviolable · inexpugnable *littér.* · **2 - imbattable** · indomptable · **3 - intouchable** · inamovible · indéboulonnable *fam.*

irascibilité *n.f.* · irritabilité · emportement

irascible *adj.* · coléreux · emporté · irritable · ombrageux · atrabilaire *littér.* · soupe au lait *fam.*

irisation *n.f.* · reflet(s)

irisé, e *adj.* · moiré · nacré · arc-en-ciel · opalin · iridescent *littér.*

ironie *n.f.* **1 - humour** · moquerie · **2 - dérision** · goguenardise · persiflage · raillerie · sarcasme

ironique *adj.* · moqueur · blagueur · goguenard · narquois · persifleur · railleur · sarcastique

ironiser *v.intr.* · (se) railler · se moquer · rire · faire de l'humour · se gausser *littér.*

irradiation *n.f.* · rayonnement

irradier *v.intr.* **1 - briller** · se diffuser · rayonner · **2 - se propager** · se développer · se diffuser · se disperser · gagner · se répandre

irraisonné, e *adj.* · incontrôlé · instinctif · irréfléchi · irrépressible · viscéral · tripal *fam.*

irrationalité *n.f.* · absurdité · extravagance · folie · illogisme · incohérence

irrationnel, -elle *adj.* **1 - absurde** · anormal · antilogique · extravagant · déraisonnable · fou · illogique · incohérent · **2 - gratuit** · irréfléchi

absurde

irréalisable *adj.* **1 - inexécutable** · impossible · impraticable · infaisable · **2 - chimérique** · inaccessible · utopique

irréaliste *adj.* · utopique · chimérique

irrecevable *adj.* · inacceptable · inadmissible

irrécupérable *adj.* **1 - irréparable** · irrattrapable · fichu *fam.* · foutu *fam.* · mort *fam.* · **2 - incorrigible** · impénitent · invétéré · perdu · indécrottable *fam.*

irrécusable *adj.* **1 - certain** · éclatant · indiscutable · **2 - inattaquable** · incontestable · irréfutable · irréfragable *(Droit)*

irréductible *adj.* **1 - incompressible** · **2 - indomptable** · invincible · réfractaire · **3 - intraitable** · inébranlable · inflexible · intransigeant · **4 - irréconciliable** · déclaré · juré

irréel, -elle *adj.* · chimérique · fabuleux · fantasmagorique · fantasmatique · fantastique · imaginaire

irréfléchi, e *adj.* **1 - écervelé** · étourdi · impulsif · irrationnel · léger · **2 - spontané** · inconscient · instinctif · involontaire · irraisonné ·

machinal · mécanique · **3 - déraisonnable** · inconsidéré · irresponsable

irréflexion *n.f.* · légèreté · étourderie · imprévoyance · inadvertance · inattention · inconscience · inconséquence · précipitation · inconsidération *vieux*

irréfutable *adj.* · inattaquable · évident · formel · incontestable · indiscutable · irrécusable · manifeste

irréfutablement *adv.* · incontestablement · indéniablement · indiscutablement

irrégularité *n.f.* **1 - inégalité** · asymétrie · dissymétrie · **2 - exception** · particularité · **3 - anomalie** · défaut · perturbation · **4 - illégalité** · incorrection · illicéité *(Droit)* · **5 - erreur** · caprice · désordre · écart · faute · manquement

irrégulier, -ière *adj.* **1 - accidenté** · bosselé · inégal · **2 - asymétrique** · dissymétrique · baroque · biscornu *fam.* · **3 - anormal** · accidentel · **4 - discontinu** · capricieux · convulsif · déréglé · erratique · intermittent · saccadé · sporadique · **5 - inégal** · **6 - incorrect** · arbitraire · déloyal · frauduleux · illicite · illégal · illégitime · malhonnête

irrégulièrement *adv.* **1 - par à-coups** · sporadiquement · **2 - illégalement** · frauduleusement · par la bande *fam.* · en sous-main *fam.*

irréligieux, -ieuse *adj.* · athée · agnostique · areligieux · incrédule · incroyant · libre penseur · sceptique · esprit, fort · impie *péj.* · mécréant *vieilli ou plaisant*

irréligion *n.f.* · athéisme · impiété · incrédulité · incroyance · indifférence · libre pensée

irrémédiable *adj.* **1 - irréparable** · définitif · sans recours · irrémissible *littér.* · **2 - incurable** · insoignable

irrémédiablement *adv.* · définitivement · irréparablement · sans retour

irrémissible *adj.* **1 - impardonnable** · inexcusable · **2 - irrémédiable** · irréversible

irremplaçable *adj.* · unique · exceptionnel · d'exception · extraordinaire · hors du commun · incomparable · inégalable

irréparable *adj.* **1 - irrécupérable** · fichu *fam.* · foutu *fam.* · mort *fam.* · **2 - irrémédiable** · définitif · irrémissible *littér.*

irréparablement *adv.* · irrémédiablement · définitivement

irrépréhensible *adj.* **1 - irréprochable** · **2 - innocent** · anodin · bénin · inoffensif

irrépressible *adj.* · impérieux · incontrôlable · invincible · irrésistible · incoercible *littér*

irréprochable *adj.* **1 - irrépréhensible** · impeccable · parfait · sans défaut · sans reproche · sans tare · **2 - inattaquable** · indiscutable

irrésistible *adj.* **1 - impérieux** · incontrôlable · invincible · irrépressible · plus fort que soi · tyrannique · incoercible *littér.* · **2 - inéluctable** · **3 - implacable** · **4 - séduisant** · adorable · délicieux · craquant *fam.*

irrésistiblement *adv.* · impérieusement · implacablement · invinciblement · irrépressiblement

irrésolu, e *adj.* **1 - indécis** · flottant · hésitant · incertain · indéterminé · perplexe · vacillant · **2 - indécidé** · en suspens

↝ indécis

irrésolution *n.f.* · indécision · embarras · hésitation · incertitude · indétermination · perplexité

irrespect *n.m.* · impertinence · insolence · irrévérence *littér.*

irrespectueusement *adv.* · insolemment · irrévérencieusement *littér.*

irrespectueux, -euse *adj.* · impertinent · audacieux · impoli · insolent · irrévérencieux *littér.*

irrespirable *adj.* **1 - pollué** · asphyxiant · délétère · méphitique · nocif · toxique · **2 - oppressant** · étouffant · suffocant · **3 - insupportable** · accablant · insoutenable · invivable · délétère *littér.*

irresponsabilité *n.f.* **1 - immunité** · **2 - inconscience**

irresponsable *adj.* **1 - inconscient** · insensé · **2 - inconsidéré** · irréfléchi

irrévérence *n.f.* **1 - insolence** · désinvolture · impertinence · impolitesse · irrespect · **2 -** [vieilli] **injure**

irrévérencieux, -ieuse *adj.* · insolent · impertinent · impoli · irrespectueux

irréversible *adj.* · irrévocable · définitif · sans appel · sans retour

irrévocable *adj.* · définitif · arrêté · fixe · inébranlable · sans appel

irrévocablement *adv.* · définitivement · à jamais · sans appel · sans retour

irrigation *n.f.* · arrosage

irriguer *v.tr.* · arroser · baigner

irritabilité *n.f.* **1 - irascibilité** · emportement · **2 - excitabilité** · contractilité

irritable *adj.* **1 - coléreux** · chatouilleux · emporté · irascible · nerveux · ombrageux · susceptible · atrabilaire *littér.* · soupe au lait *fam.* · **2 - excitable** · sensible

irritant, e *adj.* **1 - agaçant** · crispant · désagréable · énervant · enrageant · exaspérant · excitant · horripilant · **2 - âcre** · agressif · suffocant

irritation *n.f.* **1 - agacement** · colère · énervement · exaspération · impatience · nervosité · **2 - rougeur** · brûlure · démangeaison · feu · inflammation · prurit

irrité, e *adj.* **énervé** · à cran · enragé · exaspéré · hors de soi · nerveux · courroucé *littér.*

✦ **être irrité contre** en vouloir à · en avoir après *fam.* · avoir une dent contre *fam.*

irriter *v.tr.* **1 - mettre en colère** · agacer · aigrir · blesser · contrarier · crisper · énerver · exacerber · exaspérer · excéder · fâcher · faire sortir de ses gonds · hérisser · horripiler · impatienter · indigner · indisposer · insupporter *fam.* · mettre en boule *fam.* · porter sur les nerfs de *fam.* · taper sur les nerfs de *fam.* · courroucer *littér.* · **2 -** [vieilli] **animer** · attiser · augmenter · aviver · déchaîner · exacerber · exalter · exciter · fouetter · surexciter · **3 - enflammer** · brûler · démanger · donner des rougeurs à · piquer

⋙ **s'irriter** *v.pron.* **se mettre en colère** · bouillir · s'emporter · s'enflammer · se fâcher · se hérisser ·

se mettre en boule *fam.* · monter sur ses grands chevaux *fam.* · voir rouge *fam.* · avoir, prendre de l'humeur *vieilli*

irruption *n.f.* **1 - intrusion** · incursion · **2 - attaque** · invasion · raid · razzia · **3 - apparition**

✦ **faire irruption** surgir · débouler *fam.*

isolable *adj.* · dissociable · séparable

isolant, e *adj.* · non-conducteur · diélectrique

isolation *n.f.* · isolement · [phonique] insonorisation

isolé, e *adj.*

I 1 - séparé · détaché · **2 - écarté** · perdu · reculé · retiré · paumé *fam.*

II 1 - délaissé · abandonné · esseulé · **2 - seul** · solitaire · ermite

III unique · exceptionnel · individuel · particulier · rare

isolement *n.m.* **1 - solitude** · **2 - abandon** · délaissement · déréliction *littér.* · **3 - claustration** · exil · séquestration · [Méd.] quarantaine · **4 - isolation**

isolément *adv.* · séparément · indépendamment · individuellement

isoler *v.tr.* **1 - détacher** · disjoindre · dissocier · écarter · extraire · séparer · **2 - éloigner** · cloîtrer · confiner · écarter · reclure *littér.* · [Méd.] mettre en quarantaine · **3 - abstraire** · considérer à part · dégager · discerner · distinguer · individualiser · séparer · **4 - calfeutrer** · insonoriser

››› **s'isoler** *v.pron.* **se retirer** · se barricader · se claustrer · se confiner · s'enfermer · s'ensevelir · s'enterrer · se réfugier · se terrer · faire le vide autour de soi

issu, e *adj.* **1 - natif** · originaire · **2 - né** · **3 - produit** · dérivé · résultant

issue *n.f.* **1 - sortie** · débouché · dégagement · ouverture · passage · porte · **2 - solution** · échappatoire · **3 - aboutissement** · conclusion · débouché · dénouement · fin · résultat

✦ **à l'issue de** **1 - à la sortie de** · au sortir de *littér.* · **2 - à la fin de**

✦ **sans issue** insoluble · inextricable · sans solution

↝ sortie

itératif, -ive *adj.* **1 - répété** · réitéré · renouvelé · répétitif · **2 -** [Grammaire] **fréquentatif**

itération *n.f.* · répétition

itinéraire *n.m.* **1 - parcours** · chemin · circuit · route · trajet · voyage · **2 - cheminement** · parcours · progression · trajectoire · voie

itinérant, e *adj.* **1 - ambulant** · **2 - nomade**

ivre *adj.* **1 - aviné** · en état d'ivresse · pris de boisson · soûl *fam.* · beurré *fam.* · bituré *fam.* · blindé *fam.* · bourré *fam.* · brindezingue *fam., vieilli* · cuité *fam.* · défoncé *fam.* · noir *fam.* · paf *fam.* · parti *fam.* · pété *fam.* · pinté *fam.* · plein (comme une barrique, comme une outre) *fam.* · rétamé *fam.* · rond (comme une queue de pelle) *fam.* · schlass *fam.* · paqueté *Québec* · **2 - transporté** · enivré · fou · grisé · troublé

✦ **un peu ivre** gai · émoustillé · entre deux vins · éméché *fam.* · en goguette *fam.* · gris *fam.* · pompette *fam.*

✦ **être ivre** avoir bu · avoir un coup, un verre dans le nez *fam.* · avoir pris une caisse *fam.* · avoir son compte *fam.*

ivresse *n.f.* 1 - **ébriété** · hébétude · soûlerie *fam.* · 2 - **enivrement** · enthousiasme · exaltation · excitation · étourdissement · griserie · joie · 3 - **transport** · émotion · enchantement · extase · volupté

✦ **en état d'ivresse** → ivre

ivrogne

▪ *adj.* **alcoolique** · éthylique · intempérant · buveur · dipsomane *(Méd.)*

▪ *n.* · alcoolo *fam.* · picoleur *fam.* · pilier de bar, de bistrot *fam.* · pochard *fam.* · poivrot *fam.* · sac à vin *fam.* · soiffard *fam.* · soûlard *fam.* · soûlot *fam.* · soûlographe *fam.* · biberonneur *fam., vieilli*

ivrognerie *n.f.* · alcoolisme · éthylisme · intempérance · dipsomanie *(Méd.)* · pochardise *fam.* · soûlographie *fam.*

ixième *adj. numér.* · énième · nième

j

jacasser *v.intr.* · bavarder · caqueter · jaser · palabrer · papoter · bavasser *fam.* · jaboter *fam., vieilli*

jacasseur, -euse *n. et adj.* · bavard · jaseur · jacassier *vieux*

jachère *n.f.* **1 - friche** · abandon · **2 - guéret**

jadis *adv.* **anciennement** · autrefois · naguère *littér.*

✦ **de jadis** d'antan

jadis, autrefois, anciennement, naguère

Jadis, **autrefois**, **anciennement** et **naguère** permettent de situer des événements du passé sur une échelle du temps. **Jadis** s'emploie quand on parle d'un passé plus ou moins lointain *(le rôle jadis dévolu aux nobles ; les prédateurs qui peuplaient jadis nos campagnes)* et entièrement révolu. **Autrefois** peut apparaître dans les mêmes contextes mais il est souvent opposé à l'époque actuelle ou à l'avenir : « Il marche sur ses quatre-vingt-six. Il n'est plus le même qu'autrefois » (Proust, *Jean Santeuil*). **Anciennement** évoque des temps plus reculés que **jadis** et **autrefois** et peut se construire avec des adverbes d'intensité *(très, plus anciennement)*. **Naguère**, qui tend aujourd'hui à être utilisé pour **autrefois**, est d'un usage littéraire et renvoie à un passé assez récent (*« Jadis et naguère »*, titre d'un recueil de Verlaine) : « Mes siestes, qui naguère étaient d'une demi-heure au plus, durent parfois près de deux heures » (Gide, *Journal, 10 janvier 1945*).

jaillir *v.intr.* **1 - couler** · gicler · se répandre · saillir *vieux* · sourdre *vieux ou littér.* · **2 - se dresser** · pointer · saillir · s'élever · **3 - s'élancer** · bondir · surgir · **4 - fuser** · s'élever · partir · monter

jaillissement *n.m.* **1 - jet** · **2 - surgissement** · éruption · explosion

jalon *n.m.* **marque** · balise · repère

✦ **poser des jalons** préparer le terrain

jalonner *v.tr.* **1 - s'échelonner le long de** · marquer · ponctuer · **2 - marquer** · baliser · piqueter · signaliser

jalouser *v.tr.* · envier · convoiter

jalousie *n.f.* **1 - dépit** · convoitise · envie · **2 - persienne** · contrevent · store · volet

jaloux, -ouse *adj.* **1 - envieux** · **2 - exclusif** · possessif · craintif · défiant · soupçonneux · ombrageux *littér.*

✦ **jaloux de** attaché à · désireux de · soucieux de

jamais *adv.* **1 - en aucun cas** · en aucune façon · à aucun prix · pour un empire · pour rien au monde · pour tout l'or du monde · **2 - à la saint glinglin** *fam.* · quand les poules auront des dents *fam.* · tous les trente-six du mois *fam.* · à Pâques ou à la Trinité *fam., vieilli* · la semaine des quatre jeudis *fam., vieilli* · **3 - onques** *vieux*

✦ **à jamais** éternellement · définitivement · irrémédiablement · irrévocablement · pour toujours · sans retour
✦ **presque jamais** guère · rarement
✦ **si jamais** au cas où · si d'aventure · si un jour · si par hasard

jambage *n.m.* **1 - montant** · pied-droit · **2 - jambe**

jambe *n.f.* **1 - membre inférieur** · béquille *fam.* · canne *fam.* · gambette *fam.* · gigot *fam.* · guibole *fam.* · jambonneau *fam.* · patte *fam.* · poteau *fam., péj.* • [au plur.] échasses *fam.* · flûtes *fam.* · quilles *fam.* · **2 - jambage**

✦ **jambe de bois** pilon *anciennt.*

jambière *n.f.* · guêtre · houseau • [au plur.] leggings

jambonneau *n.m.* · jambon

janséniste *adj.* · austère · ascétique · intransigeant · puritain · rigide · rigoriste

jappement *n.m.* · aboiement · glapissement

japper *v.intr.* **1 - aboyer** · glapir · **2 - crier** · criailler

jaquette *n.f.* **1 - habit** · frac · queue-de-pie · **2 - couverture**

jardin *n.m.* **parc** · clos · closerie · jardinet

✦ **jardin d'hiver** serre
✦ **jardin public** parc · square · carré *Québec*
✦ **jardin d'enfants** garderie · école maternelle
✦ **jardin des délices** éden · eldorado

jardinage *n.m.* · horticulture · plantations

jardinier, -ière *n.* **1 - horticulteur** · pépiniériste · **2 - jardiniste** · paysagiste

jardinière *n.f.* · balconnière

jargon *n.m.* **1 - argot** · **2 - galimatias** · sabir · baragouin *fam.* · charabia *fam.* · **3 - lexique** · terminologie · vocabulaire

jargon, argot

Jargon et **argot** évoquent tous deux un langage de convention qui a une fonction intégrative et est destiné à ne pas être compris par les personnes étrangères au groupe qui le parle. **Argot**, pris fréquemment au sens de « vocabulaire familier », désigne aussi couramment le langage propre à un milieu de malfaiteurs et plus largement, dans l'usage didactique, le vocabulaire particulier qui se crée à l'intérieur de groupes professionnels *(l'argot du journalisme, des imprimeurs)*. C'est cette valeur qu'a prise **jargon**, avec une connotation nettement péjorative *(le jargon de métier ; c'est une caricature du jargon technocratique)*.

jargonner *v.intr.* · baragouiner *fam.*

jarre *n.f.* · amphore · urne

jarretelle *n.f.* · attache · bande · ruban

jaser *v.intr.* **1 - bavarder** · babiller · cancaner · caqueter ·

causer · jacasser · parler · potiner · jaboter *fam., vieilli* · **2 - médire** · critiquer · déblatérer · **3 - gazouiller** · jacasser · piailler

jaseur, -euse *adj. et n.* · babillard · bavard · causeur

jaspure *n.f.* **1 - marbrure** · **2 - bigarrure**

jatte *n.f.* · bol · coupe · jale

jauge *n.f.* **1 - contenance** · capacité · tonnage · **2 - jaugeage** · **3 - règle**

jauger *v.tr.* **1 - contenir** · cuber · tenir · **2 - apprécier** · estimer · évaluer · juger · mesurer

jaune *adj.* [sortes] doré · ambré · blond · bronze · citron · cuivré · coing · fauve · jaunet · miel · mirabelle · mordoré · ocre · or · safran · saure · soufre · cireux *péj.* · jaunâtre *péj.*

jaunir *v.intr.* · pâlir · se décolorer · se faner · passer

jaunisse *n.f.* · ictère · cholémie

java *n.f.* → **fête**

javelot *n.m.* · pique · dard · hast · javeline · lance · sagaie

jean *n.m.* **1 - pantalon** · **2 - denim**

je-m'en-fichisme *n.m.* → **je-m'en-foutisme**

je-m'en-fichiste *adj. et n.* → **je-m'en-foutiste**

je-m'en-foutisme *n.m.* · indifférence · légèreté · je-m'en-fichisme *fam.*

je-m'en-foutiste *adj. et n.* · indifférent · léger · je-m'en-fichiste *fam.*

jérémiade *n.f.* · lamentation · doléance · gémissement · plainte · pleurnicherie · récrimination · bêlement *fam.* · glapissement *fam.*

jerrycan *n.m.* · nourrice · bidon

jésuitique *adj.* [péj.] hypocrite · faux · fourbe · duplice *littér.*

jésuitisme *n.m.* [péj.] hypocrisie · dissimulation · duplicité · fausseté · fourberie

jet *n.m.* **1 - jaillissement** · émission · giclée · **2 - lancer** · projection · **3 - faisceau** · **4 - trait** · **5 -** [Bot.] **drageon** · bourgeon · pousse · rejet · rejeton

✦ **d'un seul jet** d'un coup · d'une haleine · rapidement · d'une seule venue · sans retouches

✦ **premier jet** ébauche · croquis · esquisse · rough *anglic.*

✦ **jet d'eau** girandole · artichaut *vieilli*

jetée *n.f.* · digue · brise-lames · débarcadère · embarcadère · môle

jeter *v.tr.*

I 1 - lancer · envoyer · projeter · balancer *fam.* · flanquer *fam.* · **2 - pousser** · envoyer · précipiter · rejeter · **3 - répandre** · déverser · disperser · éparpiller · parsemer · semer · verser · épandre *littér.*

II 1 - proférer · aboyer · crier · émettre · pousser · **2 - écrire** · noter

III construire · établir · poser

IV se débarrasser de · abandonner · se défaire de · mettre à la poubelle · mettre au rebut · balancer *fam.* · bazarder *fam.* · liquider *fam.* · mettre au rancart *fam.*

V causer · provoquer · plonger dans · semer

✦ **jeter par la fenêtre** **1 - défenestrer** · **2 - gaspiller** · dilapider · dissiper · prodiguer *littér.*

✦ **jeter la pierre à** accuser · blâmer · incriminer

✦ **en jeter** [fam.] → **impressionner**

››› **se jeter** *v.pron.* **1 - sauter** · plonger · **2 - se déverser** · aboutir · affluer · déboucher · se décharger

✦ **se jeter dans** s'aventurer dans · se lancer dans · s'embarquer dans *fam.* · s'engager dans

✦ **se jeter sur** **1 - se ruer sur** · s'abattre sur · s'élancer sur · fondre sur · se précipiter sur · sauter sur · tomber sur · **2 - assaillir** · courir sur · sauter sur, au collet de · rentrer dans *fam.* · tomber sur (le paletot de) *fam.* · voler dans les plumes de *fam.*

jeton *n.m.* **1 - marque** · numéro

✦ **faux jeton** **1 - faux** · dissimulé · hypocrite · **2 - hypocrite** · janus *littér.* · faux cul *fam.* · faux derche *fam.*

jeu *n.m.*

I 1 - amusement · distraction · divertissement · récréation · activité ludique · passe-temps • [au plur.] ébats · **2 - partie** · **3 - sport**

II interprétation · exécution

III espièglerie · badinage · bagatelle · batifolage · plaisanterie

IV 1 - fonctionnement · action · **2 - marge** · liberté · **3 - stratégie** · manigances *fam.*

V assortiment · ensemble · lot

✦ **jeu de mots** calembour · plaisanterie

✦ **Jeux olympiques** olympiade

✦ **par jeu** gratuitement

✦ **entrer en jeu** intervenir · jouer

✦ **mettre en jeu** risquer · engager

✦ **vieux jeu** démodé · désuet · vieillot · ringard *fam.*

jeun (à) *loc. adv.* · le ventre creux *fam.* · le ventre vide *fam.*

jeune

▪ *adj.* **1 - juvénile** · jeunet *fam.* · jeunot *fam.* · **2 - nouveau** · neuf · récent · **3 - inexpérimenté** · candide · ingénu · naïf · novice · tendre · **4 - fils** · cadet · junior · **5 -** [vin] **vert** · **6 -** [fam.] **insuffisant** · court · juste · léger · maigre · misérable · parcimonieux · pauvre · ric-rac *fam.*

✦ **le plus jeune** le cadet · le benjamin

››› **les jeunes** *plur.* · la jeunesse · les jeunes gens · les adolescents · les ados *fam.*

jeûne *n.m.* **1 - abstinence** · ascèse · carême · pénitence · **2 - privations** · **3 - diète**

jeunesse *n.f.* **1 - adolescence** · âge tendre · fleur de l'âge · printemps (de la vie) · **2 - jeunes** · **3 - fraîcheur** · verdeur · vigueur · vivacité · **4 - tendron** *littér.* · gamine *fam.* · minette *fam.* · petite *fam.*

jingle *n.m.* · sonal *recomm. offic.*

joaillerie *n.f.* · bijouterie

joaillier, -ière *n.* · bijoutier · orfèvre

job *n.m.* · emploi · métier · poste · travail · boulot *fam.*

jockey *n.m.* · cavalier

jogging *n.m.* **1 - course** · footing · **2 - survêtement**

joie *n.f.* **1 - allégresse** · bonheur · délice · enchantement · euphorie · exaltation · exultation · griserie · ivresse · jubilation · ravissement · réjouissance · liesse *littér.* · **2 - contentement** · aise · avantage · fierté · honneur · plaisir · satisfaction · **3 -** [souvent plur.] **agrément** · bienfait · douceur · félicité · jouissance · plaisir · satisfaction

✦ **joie de vivre** entrain · enjouement · gaieté
✦ **mettre en joie** réjouir
✦ **rayonnant de joie** radieux · éclatant · épanoui · rayonnant · réjoui
✦ **être fou, transporté de joie** exulter · jubiler · être aux anges, au septième ciel *fam.*

joignable *adj.* · accessible

joindre *v.tr.*
I 1 - lier · accoler · attacher · assembler · relier · réunir · unir · **2 -** [Techn.] **aboucher** · abouter · accoupler · ajointer · ajuster · boulonner · brancher · cheviller · connecter · raccorder · souder · visser · **3 - annexer** · adjoindre · ajouter · attacher · englober · inclure · incorporer · insérer · intercaler · **4 - allier** · assembler · associer · conjuguer · combiner · grouper · marier · rassembler · réunir · unir
II 1 - contacter · atteindre · toucher · **2 -** [vieilli] **arriver à** · aborder · accoster · atteindre · parvenir à · rejoindre

»» **se joindre à** *v.pron.* **1 - participer à** · s'associer à · se mêler à · prendre part à · suivre · s'unir à · **2 - adhérer à**

joindre, lier, assembler, unir, accoler

Les cinq verbes s'emploient pour marquer l'action de mettre deux ou plusieurs choses l'une à côté de l'autre. Avec **accoler**, il s'agit seulement de juxtaposer des éléments *(accoler deux bâtiments)*. **Assembler** implique que l'on donne aux choses une place dans un ensemble *(assembler les pièces d'un puzzle, assembler un habit)*. **Joindre** suppose que l'on assemble des objets pour les maintenir ensemble *(joindre solidement deux pièces de bois)*. **Lier** se dit quand on joint des choses grâce à un élément de liaison *(lier des pierres avec du ciment ; lier un potage avec des œufs)*. **Unir**, rare en emploi concret, suppose que l'on assemble des choses de manière à former un tout *(unir des idées, des efforts, unir ses voix ; unir par le mariage)*.

[1]**joint, e** *adj.* **1 - attenant** · accolé · **2 - adhérent** · attaché · jointif · **3 - conjugué** · **4 - annexé** · additionnel · **5 - inhérent** · attaché · connexe

[2]**joint** *n.m.* · pétard *lang. jeunes* · bédo *lang. jeunes* · pet *lang. jeunes* · tarpé *lang. jeunes*

[3]**joint** *n.m.* **1 - raccord** · **2 - articulation** · jointure

jointure *n.f.* **1 - articulation** · article · attache · **2 - jonction** · charnière · joint · suture · **3 - assemblage**

joli, e *adj.* **1 - agréable** · beau · aimable · attrayant · charmant · gentil · gracieux · mignon · pimpant · ravissant · chouette *fam.* · avenant *littér.* · [femme] gironde *fam, vieilli* · **2 -** [fam.] **avantageux** · important · intéressant · **3 -** [fam.] **substantiel** · important · beau *fam.* · coquet *fam.* · gentil *fam.* · rondelet *fam.*
beau

joliesse *n.f.* · grâce · beauté · charme · délicatesse · finesse

joliment *adv.* **1 - agréablement** · bien · délicieusement · gentiment · **2 - délicatement** · **3 -** [fam.] **beaucoup** · bien · terriblement · très · bigrement *fam.* · bougrement *fam.* · drôlement *fam.* · fameusement *fam.* · rudement *fam.* · sacrément *fam.* · vachement *fam.*

jonc *n.m.* **1 - badine** · cravache · **2 -** [surtout Québec] **anneau** · bague · bracelet

joncher *v.tr.* · couvrir · éparpiller · parsemer · recouvrir · semer · tapisser

jonction *n.f.*
I 1 - **embranchement** · confluent · 2 - **jointure** · articulation · suture • [des lèvres] commissure
II 1 - **raccordement** · abouchement · aboutage · branchement · connexion · couplage · liaison · réunion · union · 2 - **conjonction** · assemblage · conjugaison · union
✦ **point de jonction** point de rencontre · point de contact

jongler *v.intr.*
✦ **jongler avec** jouer avec · se débrouiller avec · manier

joue *n.f.* [d'animal] **bajoue**
✦ **mettre en joue** [un fusil, une carabine] épauler • [une cible] viser

jouer
▪ *v.intr.* 1 - **s'amuser** · se divertir · folâtrer · s'ébattre *littér.* · faire joujou *lang. enfants* · faire mumuse *lang. enfants* · 2 - **plaisanter** · s'amuser · badiner · rire · blaguer *fam.* · 3 - **intervenir** · compter · entrer en jeu · entrer en ligne de compte · importer · influer · peser · 4 - [dans un film] **tourner** · avoir un rôle · 5 - **se déformer** · se fausser · gauchir · se gondoler · travailler · se voiler
▪ *v.tr.* 1 - **exécuter** · interpréter · 2 - [pièce de théâtre] **donner** · passer · monter · représenter · 3 - [film] **projeter** · passer · programmer · avoir à l'affiche · 4 - **tenir le rôle de** · incarner · interpréter · personnifier · 5 - **imiter** · affecter · contrefaire · feindre · mimer · simuler · singer · 6 - **risquer** · aventurer · compromettre · exposer · hasarder · mettre en jeu
✦ **faire jouer** 1 - **actionner** · faire fonctionner · 2 - **employer** · déployer · exercer · exploiter · faire usage de · mettre en œuvre · recourir à · avoir recours à · se servir de · tirer profit de · user de · utiliser
✦ **jouer à** [sport] pratiquer
✦ **jouer de** 1 - **employer** · user de · utiliser · 2 - [instrument à vent] **sonner de** · donner de
✦ **jouer sur** 1 - **agir sur** · déteindre sur · influencer · influer sur · peser sur · se répercuter sur · 2 - **miser sur** · parier sur · spéculer sur

⋙ **se jouer de** *v.pron.* 1 - **mépriser** · se rire de · 2 - [qqn] **abuser** · berner · tromper · rouler *fam.*

jouet *n.m.* 1 - **jeu** · joujou *lang. enfants* · 2 - **marionnette** · pantin · 3 - **victime** · esclave · proie

joufflu, e *adj.* · bouffi · poupin · rebondi · mafflu *littér.*

joug *n.m.* 1 - **attelage** · harnachement · harnais · 2 - **domination** · assujettissement · attache · contrainte · dépendance · emprise · esclavage · oppression · servitude · sujétion · 3 - **chaîne** · carcan · collier
✦ **mettre sous le joug** asservir · subjuguer

jouir *v.intr.* [sexuellement] avoir, prendre du plaisir · être au septième ciel · prendre son pied *fam.* · grimper aux rideaux *fam.* · s'envoyer en l'air *fam.*
✦ **jouir de** 1 - **profiter de** · apprécier · goûter · savourer · 2 - **se délecter de** · se régaler de · se repaître de *littér.* · 3 - **avoir** · bénéficier de · connaître · disposer de · posséder

jouissance *n.f.* 1 - **délectation** · délice · plaisir · régal · satisfaction ·

2 - bien-être · douceur · volupté · **3 - orgasme** · plaisir · **4 -** [Droit] **usage** · possession · usufruit

❧ **plaisir**

jouisseur, -euse *n.* **1 - épicurien** · hédoniste · sybarite *littér.* · pourceau *littér., vieilli* · **2 - bon vivant** · bambocheur · viveur · fêtard *fam.* · noceur *fam.* · **3 - libertin** · débauché

jouissif, -ive *adj.* · jubilatoire · réjouissant

joujou *n.m.* → **jouet**

✦ **faire joujou** → **jouer**

jour *n.m.* **1 - journée** · **2 - date** · **3 - lumière** · clarté · lueur · **4 - angle** · apparence · aspect · éclairage · **5 - ouverture** · fente · fissure · vide

✦ **chaque jour, par jour** quotidiennement · journellement

✦ **de chaque jour** journalier · quotidien

✦ **de jour en jour** graduellement · peu à peu · progressivement

✦ **d'un jour à l'autre** très bientôt · incessamment

✦ **un jour ou l'autre** tôt ou tard

✦ **du jour au lendemain** brusquement · subitement · soudain · sans crier gare

✦ **au grand jour** aux yeux de tous · à découvert · ouvertement · publiquement

✦ **donner le jour à** mettre au monde · accoucher de · donner naissance à · donner la vie à · enfanter · procréer

✦ **mettre à jour** actualiser · moderniser

✦ **mise à jour** actualisation · modernisation

✦ **percer à jour** déceler · découvrir · deviner

✦ **se faire jour, voir le jour** apparaître · commencer · se dégager · émerger · transparaître

»» **jours** *plur.* **1 - vie** · existence · **2 - époque** · période · temps

✦ **de nos jours 1 - actuellement** · aujourd'hui · par les temps qui courent · **2 - de notre temps** · à notre époque

journal *n.m.* **1 - mémoires** · cahier · **2 - quotidien** · gazette · canard *fam.* · feuille de chou *fam., péj.* · torchon *fam., péj.* · [Pol] organe · **3 - magazine** · hebdomadaire · **4 - bulletin** · périodique · revue · **5 - nouvelles** · actualités · informations

»» **les journaux** *plur.* **la presse**

journalier, -ière *adj.* · quotidien

❧ **quotidien**

journaliste *n.* **1 - rédacteur** · chroniqueur · commentateur · correspondant · critique · échotier · éditorialiste · envoyé spécial · localier · reporter · articlier *péj.* · folliculaire *péj.* · journaleux *péj.* · nouvelliste *vieux* · publiciste *vieux* · **2 - pamphlétaire** · polémiste

journée *n.f.* jour

✦ **à longueur de journée, toute la sainte journée** → **continuellement**

joute *n.f.* **1 - lutte** · combat · compétition · dispute · duel · rivalité · **2 -** [Moyen Âge] **tournoi**

jouvence *n.f.* · jeunesse

jouvenceau *n.m.* · damoiseau · éphèbe

jouvencelle *n.f.* · jeune fille · demoiselle

jovial, e *adj.* • gai • allègre • enjoué • gaillard • joyeux • réjoui

jovialité *n.f.* • gaieté • bonne humeur • enjouement

joyau *n.m.* 1 - **bijou** • gemme • [au plur.] pierreries • 2 - **merveille** • bijou • chef- d'œuvre • 3 - [d'une collection] **perle** • clou

➺ **bijou**

joyeusement *adv.* • allègrement • gaiement • gaillardement • jovialement

joyeuseté *n.f.* • plaisanterie • bouffonnerie • farce • pitrerie

joyeux, -euse *adj.* 1 - **gai** • allègre • enjoué • épanoui • gaillard • heureux • jovial • radieux • réjoui • jouasse *fam.* • 2 - **agréable** • amusant • bon

jubilation *n.f.* • allégresse • euphorie • gaieté • joie • liesse • réjouissance

jubilatoire *adj.* • réjouissant • jouissif

jubiler *v.intr.* • exulter • se réjouir • triompher • bicher *fam.*

jucher *v.tr.* **hisser** • percher • placer (en hauteur)

»» **se jucher** *v.pron.* **se percher** • se hisser • monter

judas *n.m.* 1 - **traître** • fourbe • hypocrite • 2 - **guichet** • œil • ouverture

judicieusement *adv.* 1 - **intelligemment** • adroitement • finement • habilement • 2 - **à bon escient** • (avec) à propos • opportunément

judicieux, -ieuse *adj.* 1 - **raisonnable** • bien • bon • opportun • sage • sensé • 2 - **intelligent** • astucieux • pertinent • rationnel

juge *n.* 1 - **magistrat** • 2 - **arbitre** • 3 - **expert**

jugé (au) *loc. adv.* 1 - **à l'estime** • 2 - **à première vue** • à la louche *fam.* • à vue de nez *fam.* • à vue de pays *fam.*

jugement *n.m.* 1 - **décision** • arbitrage • arrêt • décret • sentence • verdict • 2 - **avis** • appréciation • idée • opinion • pensée • point de vue • position • sentiment • 3 - **affirmation** • proposition • 4 - **discernement** • clairvoyance • entendement • esprit • finesse • intelligence • perspicacité • raison • bon sens, sens commun • jugeote *fam.*

➺ **jugement, arrêt, sentence, verdict**

Ces quatre termes du vocabulaire juridique concernent une décision prise par une autorité. Elle est rendue par un juge ou une juridiction quand il s'agit d'un **jugement** *(prononcer un jugement, le texte d'un jugement)*. La décision émane d'une autorité portant le nom de « cour » *(Cour de cassation, cour d'appel, cour d'assises)* ou du Conseil d'État quand on parle d'un **arrêt** *(prendre, motiver un arrêt)*. La **sentence** est un jugement que rend un tribunal d'instance *(une sentence équitable, confirmer une sentence)*. Le **verdict** entraîne une décision : il désigne en effet le résultat de la délibération d'une juridiction criminelle *(le verdict du jury, un verdict d'acquittement)*.

jugeote *n.f.* → **jugement**

juger *v.tr.* 1 - **arbitrer** • rendre un jugement sur • rendre une sentence sur • rendre un verdict sur • statuer sur • 2 - **trancher** • conclure • décider • se prononcer • 3 - **estimer la valeur de** • apprécier • coter • évaluer • expertiser • peser • 4 - **considérer** • envisager • examiner • jauger • cataloguer *fam.* • classer *fam.* • étiqueter *fam.* • 5 - **penser** • croire • considérer • estimer • trouver

✦ **juger favorablement** approuver · estimer · voir d'un bon œil
✦ **juger défavorablement** blâmer · condamner · critiquer · désapprouver
✦ **au juger** **1 – à l'estime** · **2 – à première vue** · à la louche *fam.* · à vue de nez *fam.* · à vue de pays *fam.*

⋙ **se juger** *v.pron.* **se considérer** · se voir

jugulaire *n.f.* · bride · mentonnière · courroie

juguler *v.tr.* **1 – arrêter** · dompter · enrayer · étouffer · interrompre · maîtriser · mater · neutraliser · stopper · **2 – asservir** · tenir en bride

jumeau, -elle
▪ *adj.* **identique** · semblable
▪ *n.* **double** · clone · copie conforme · sosie

jumelé, e *adj.* · en couple · géminé · gémellé *didact.*

jumeler *v.tr.* · accoupler · coupler

jument *n.f.* · pouliche · cavale *littér.*

junior *adj. et n.* · cadet · jeune · puîné

jupon *n.m.* **1 –** [anciennt] **cotillon** · cotte · **2 – jupe**

juré, e *adj.* · déclaré · irréductible · irréconciliable

jurer
▪ *v.tr.* **1 – affirmer** · assurer · déclarer · prétendre · soutenir · **2 – promettre** · donner sa parole que · s'engager à · faire le serment de
▪ *v.intr.* **1 – prêter serment** · **2 – blasphémer** · sacrer *Québec ou vieilli* · **3 –** [contre qqn, qqch.] **crier** · grogner · maugréer · pester · râler *fam.* · **4 – détonner** · dissoner · hurler

⋙ **se jurer** *v.pron.* **se promettre** · décider

juridiction *n.f.* **1 – tribunal** · chambre · conseil · cour · **2 – compétence** · circonscription · ressort

juridique *adj.* **1 – judiciaire** · **2 – légal**

juridisme *n.m.* · formalisme · légalisme

juriste *n.* · homme de loi · jurisconsulte · légiste
❧ **légiste**

juron *n.m.* · blasphème · sacre *Québec ou vieilli* · jurement *vieux*

jus *n.m.* · suc · sauce

jusant *n.m.* · reflux · baissant · perdant

jusqu'au-boutisme *n.m.* · extrémisme · maximalisme

jusqu'au-boutiste *n.* · extrémiste · maximaliste · ultra *fam.*

justaucorps *n.m.* · body · (maillot) collant

[1]**juste** *adj.*
I 1 – équitable · impartial · **2 – honnête** · correct · droit · intègre · loyal · **3 – fondé** · justifié · légitime · mérité · motivé
II 1 – exact · authentique · correct · réel · véritable · vrai · **2 –** [heure] **précis** · exact
III 1 – adéquat · approprié · bon · convenable · précis · propre · **2 – rationnel** · harmonieux · heureux · logique · pertinent · raisonnable · rigoureux · sensé · strict
IV 1 – insuffisant · maigre · court *fam.* · jeune *fam.* · **2 – étroit** · collant · étriqué · serré · **3 – tangent** · limite *fam.*
✦ **à juste titre** à bon droit

juste, équitable

Juste s'applique à ce qui est en conformité avec la *justice*, à ce qui respecte donc les droits et le mérite de chacun *(une cause, une mesure juste ; la juste récompense de ses efforts)*. Ce qui est **équitable** relève d'un sentiment naturel du juste et de l'injuste et peut alors contredire les règles du droit *(une proposition, un partage équitable)* : « Par bonne distribution, il faut entendre non distribution égale, mais distribution équitable. La première égalité, c'est l'équité » (Hugo, *les Misérables*, IV, I, IV).

²**juste** *adv.* **1 – exactement** · précisément · pile *fam.* · **2 – correctement** · rigoureusement · **3 –** [parler] **sagement** · avec à-propos · d'or · **4 – avec précision** · **5 – seulement** · rien que

✦ **au juste** exactement · précisément

✦ **comme de juste** comme il se doit · comme de raison

✦ **tout juste** **1 – à peine** · **2 –** [exclamatif] **en effet !** · exactement ! · c'est bien ça !

justement *adv.* **1 – équitablement** · impartialement · **2 – adéquatement** · convenablement · correctement · logiquement · pertinemment · avec pertinence · avec à propos · avec raison · **3 – à bon droit** · à juste titre · dûment · légitimement · **4 – exactement** · précisément

justesse *n.f.* **1 – exactitude** · convenance · correction · précision · propriété · **2 – bien-fondé** · correction · raison · vérité · **3 – authenticité** · exactitude · objectivité · précision · rectitude · véracité · vérité · **4 – perspicacité** · finesse · lucidité

✦ **de justesse** **1 – de peu** · d'un cheveu *fam.* · d'un rien *fam.* · **2 – juste** · ric-rac *fam.* · à l'arraché *fam.*

justice *n.f.* **1 – équité** · droiture · impartialité · intégrité · probité · **2 – bien-fondé** · légitimité · **3 – droit** · légalité · loi

✦ **faire justice de** récuser · réfuter

✦ **se faire justice** **1 – se venger** · **2 – se suicider**

justicier *n.m.* · vengeur · redresseur de torts · Robin des bois · Zorro

justifiable *adj.* · défendable · compréhensible · excusable · explicable · soutenable

justification *n.f.*
I 1 – fondement · motif · motivation · raison (d'être) · **2 – explication** · argument · compte · raison · **3 – preuve** · justificatif
II 1 – défense · décharge · excuse · [pour sa propre cause] plaidoyer pro domo · **2 – apologie** · défense · plaidoyer

justifié, e *adj.* · légitime · fondé · juste · mérité · motivé

justifier *v.tr.* **1 – défendre** · blanchir · couvrir · décharger · disculper · excuser · innocenter · laver · mettre hors de cause · **2 – autoriser** · légitimer · permettre · **3 – expliquer** · fonder · légitimer · motiver · **4 – démontrer** · prouver · témoigner de · **5 – confirmer** · vérifier

✦ **justifier de** prouver · apporter la preuve de · rendre compte de

⋙ **se justifier** *v.pron.* **s'expliquer** · se défendre · se disculper · se trouver des excuses

justifier, défendre

On **justifie** une personne ou son comportement lorsqu'on fournit des arguments en sa faveur, que l'on avance des raisons plausibles à son action *(justifier une décision, une dépense, une maladresse, un refus, une hypothèse).* **Défendre** quelqu'un implique qu'il a été mis en cause ou peut l'être ; en le **défendant**, on le soutient contre des accusations *(défendre un prévenu devant le tribunal).*

juteux, -euse *adj.* **1 - fondant** · **2 -** [fam.] **rentable** · avantageux · fructueux · intéressant · lucratif · payant · rémunérateur

juvénile *adj.* **1 - jeune** · adolescent · **2 - vif** · vert

juxtaposer *v.tr.* · accoler · rapprocher

juxtaposition *n.f.* **1 - accolement** · assemblage · **2 -** [Ling., Rhétorique] **parataxe** · asyndète

k

kayak *n.m.* canoé · canot

kermesse *n.f.* · fête · foire · ducasse *région.*

kidnapper *v.tr.* · enlever · prendre en otage · ravir *littér.*

kidnappeur, -euse *n.* · ravisseur · preneur d'otages

kidnapping *n.m.* · enlèvement · rapt

kidnapping, rapt, enlèvement

Kidnapping, rapt et **enlèvement** s'emploient tous trois pour l'action de s'emparer de quelqu'un. Le **kidnapping**, toujours violent, est effectué pour obtenir une rançon *(le kidnapping d'un riche héritier)*. Le **rapt** s'opère pour le même motif *(être victime d'un rapt)*, mais peut être aussi fait par séduction *(l'auteur du rapt a abusé de sa victime)*. L'**enlèvement**, surtout en usage quand il s'agit d'un enfant ou d'une femme, s'applique aussi au cas de preneurs d'otages *(enlèvement d'un diplomate, de journalistes)* et peut avoir un autre but que l'obtention de biens matériels *(un enlèvement d'un mineur par son père pour le soustraire à la garde de sa mère)*.

kif *n.m.* · chanvre (indien) · cannabis · haschich · marijuana · hasch *fam.* · herbe *fam.* · shit *fam.*

kif-kif *adj. invar.* → **pareil**

kilomètre *n.m.* · borne *fam.*

kiosque *n.m.* · pavillon · belvédère · édicule · gloriette

kitsch *adj. invar. et n.m.* · rétro *fam.*

klaxon *n.m.* · avertisseur · signal sonore · [anciennt] corne · trompe

klaxonner *v.tr. et intr.* · avertir · [anciennt] corner

knock-out, k.-o. *adj. invar.* **1** - **assommé** · hors de combat · groggy *fam.* · sonné *fam.* · **2** - **épuisé** · h.s. *fam.* · lessivé *fam.* · à plat *fam.* · vanné *fam.* · vidé *fam.*

✦ **mettre k.-o.** **1** - **étendre** · **2** - **épuiser** · lessiver *fam.* · mettre à plat *fam.* · vanner *fam.* · vider *fam.*

kopeck *n.m.* → **sou**

krach *n.m.* · banqueroute · débâcle (financière) · effondrement boursier · faillite

faillite

kyrielle *n.f.* • quantité • avalanche • cascade • chapelet • déluge • flot • foule • infinité • multiplicité • multitude • myriade • nuée • pluie • ribambelle • série • succession • suite • flopée *fam.* • foultitude *fam.* • tapée *fam.*

kyste *n.m.* • tumeur • ganglion • [du cuir chevelu] loupe • tanne

l

label *n.m.* **1 - marque** · étiquette · **2 - maison de disques**

labeur *n.m.* · besogne · activité · occupation · ouvrage · tâche · travail

laborantin, e *n.* · préparateur

laboratoire *n.m.* · labo *fam.* · officine *vieux*

laborieusement *adv.* · péniblement · difficilement · lourdement · malaisément

laborieux, -ieuse *adj.* **1 - travailleur** · actif · appliqué · studieux · bosseur *fam.* · bûcheur *fam.* · **2 - ardu** · difficile · dur · fatigant · malaisé · pénible · **3 -** [péj.] **lourd** · embarrassé · gauche · maladroit · pesant · qui sent l'huile de coude *fam.*

✦ **classe laborieuse** classe ouvrière · classe populaire · classe prolétaire · travailleurs

labour *n.m.* · façon · labourage

labourable *adj.* · cultivable · arable

labourer *v.tr.* **1 - ameublir** · défoncer · retourner · **2 - déchirer** · écorcher · égratigner · griffer · lacérer · taillader

labyrinthe *n.m.* **1 - dédale** · entrelacement · lacis · réseau · **2 - confusion** · complication · désordre · détours · embrouillamini · enchevêtrement · forêt · maquis · méandres

labyrinthe, dédale

Labyrinthe et **dédale** désignent tous deux un ensemble dont l'agencement des éléments est si compliqué que l'on peut s'y perdre *(un labyrinthe/un dédale de rues, de salles, d'escaliers)*. Dans leurs emplois figurés, **dédale** peut avoir une connotation péjorative *(un dédale d'intrigues)* et met l'accent sur la confusion *(le dédale d'un mauvais roman, se perdre dans le dédale de ses mensonges)*. **Labyrinthe**, plus neutre, reste centré sur l'idée de complication *(le labyrinthe des sentiments, de la loi)*.

labyrinthique *adj.* · enchevêtré · indébrouillable · inextricable · dédaléen *littér.*

lac *n.m.* · étang · [d'eau de mer] lagon · [en Afrique du Nord, salé] chott · [en Écosse] loch

lacer *v.tr.* · attacher · lier

lacération *n.f.* · déchiquetage · déchirement · mise en lambeaux, en pièces

lacérer *v.tr.* 1 – **déchiqueter** · déchirer · mettre en charpie · mettre en lambeaux · mettre en pièces · 2 – **labourer** · déchirer · taillader

lacet *n.m.* 1 – **attache** · aiguillette · corde · ganse · 2 – **virage** · détour · méandre · tournant · zigzag · 3 – **piège** · collet · filet · lacs · rets *vieux*

lâchage *n.m.* · abandon · délaissement

lâche

■ *adj.* 1 – **peureux** · poltron · couard *littér.* · pleutre *littér.* · pusillanime *littér.* · dégonflard *fam.* · dégonflé *fam.* · froussard *fam.* · trouillard *fam.* · 2 – **bas** · abject · déloyal · honteux · indigne · méprisable · vil · 3 – [vieilli ou littér.] **faible** · veule *littér.* · 4 – **desserré** · détendu · flasque · mou · 5 – **flottant** · flou · large · vague · 6 – **relâché** · languissant · mou · traînant

■ *n.* 1 – **déserteur** · fuyard · traître · capitulard *vieux* · 2 – **lope** *fam.* · lopette *fam.* · couille molle *très fam.* · capon *fam., vieilli*

lâchement *adv.* · bassement · honteusement · indignement · vilement *littér.*

lâcher

■ *v.tr.* 1 – **laisser échapper** · laisser tomber · 2 – **desserrer** · détendre · relâcher · donner du mou à · 3 – [fam.] **abandonner** · délaisser · laisser (tomber) · quitter · balancer *fam.* · jeter *fam.* · larguer *fam.* · plaquer *fam.* · 4 – **distancer** · dépasser · se détacher de · semer *fam.* · 5 – **laisser partir** · 6 – **envoyer** · lancer · larguer · 7 – **dire** · laisser échapper · lancer · pousser

■ *v.intr.* (se) **casser** · céder · (se) rompre · claquer *fam.* · péter *fam.*

✦ **lâcher prise, lâcher pied** abandonner · céder · faiblir · fléchir · mollir · reculer · laisser tomber *fam.*

lâcheté *n.f.* 1 – **peur** · poltronnerie · couardise *littér.* · pleutrerie *littér.* · pusillanimité *littér.* · 2 – **bassesse** · indignité · trahison · vilenie *littér.* · 3 – [vieilli ou littér.] **faiblesse** · compromission · mollesse · veulerie

lacis *n.m.* 1 – **entrelacement** · dédale · réseau · 2 – **confusion** · complication · désordre · détours · embrouillamini · enchevêtrement · forêt · labyrinthe · maquis · méandres

laconique *adj.* · bref · concis · court · cursif · elliptique · **lapidaire** · sommaire · succinct

☞ **succinct**

laconiquement *adv.* · brièvement · sommairement · succinctement

laconisme *n.m.* · concision · brièveté

lacs *n.m.* · collet · filet · lacet · piège · rets *littér.*

lacté, e *adj.* · laiteux · lactescent *littér.*

lacunaire *adj.* · fragmentaire · incomplet · imparfait · inachevé · insuffisant · lacuneux *vieux*

lacune *n.f.* 1 – **défaut** · carence · défectuosité · déficience · faiblesse · insuffisance · 2 – **omission** · manque · oubli · trou · 3 – **interruption** · hiatus · vide

ladre *adj.* · avare · chiche · regardant · grigou *fam.* · pingre *fam.* · près de ses sous *fam.* · radin *fam.*

ladrerie *n.f.* 1 – [littér.] **avarice** · pingrerie *fam.* · radinerie *fam.* · lésinerie *vieilli* · 2 – **léproserie**

lagune *n.f.* · étang (littoral) · lido

laid, laide *adj.* 1 – **disgracieux** · disgracié · ingrat · inesthétique ·

vilain · mochard *fam.* · moche *fam.* · tarte *fam.* · tartignole *fam.* · mal tourné *vieilli* · **2 - bas** · honteux · lâche · malhonnête

✦ **très laid** **1 - affreux** · atroce · effrayant · effroyable · hideux · horrible · informe · monstrueux · repoussant · répugnant · laid comme un pou, un singe *fam.* · laid comme les sept péchés capitaux *fam.* · laid à faire peur, à faire fuir *fam.* · **2 - abominable** · dégoûtant · honteux · ignoble · méprisable · vil

laideron *n.m.* · mocheté *fam.* · boudin *fam.* · cageot *fam.* · épouvantail *fam.* · guenon *fam.* · thon *fam.* · remède à l'amour *plaisant* · maritorne *vieilli*

laideur *n.f.* **1 - disgrâce** · hideur · mocheté *fam.* · **2 - bassesse** · abjection · ignominie · indignité · infamie · turpitude · **3 - horreur** · verrue

laie *n.f.* · layon

lainage *n.m.* · pull · pull-over · chandail · gilet · tricot · petite laine *fam.*

laine *n.f.* · toison

laïque *adj. et n.* **1 - séculier** · **2 - profane**

laisse *n.f.* · attache · lien

laisser *v.tr.*
I 1 - abandonner · déserter · quitter · camper là *fam.* · lâcher *fam.* · planter (là) *fam.* · **2 - oublier**
II 1 - donner · abandonner · céder · confier · léguer · remettre · transmettre · vendre · **2 - renoncer à** · lâcher
III maintenir · conserver · garder · tenir
IV permettre · consentir à · souffrir
V déposer

✦ **se laisser aller** **1 - se reposer** · s'abandonner · se détendre · se prélasser · se relâcher · **2 - se négliger** · s'abandonner · se relâcher

✦ **se laisser aller à** succomber à · s'abandonner à · s'adonner à · se livrer à

laisser-aller *n.m. invar.* **1 - légèreté** · abandon · désinvolture · insouciance · liberté · relâchement · **2 - négligence** · désordre · incurie · **3 - débraillé** · négligé

laissez-faire *n.m. invar.* · libéralisme

laissez-passer *n.m. invar.* **1 - coupe-file** · **2 - sauf-conduit** · passeport · permis · **3 -** [Droit commercial] **passavant**

laiteux, -euse *adj.* · blanc · blanchâtre · opalin · lactescent *littér.*

laitier, -ière *n. et adj.* · crémier

laïus *n.m.* · discours · exposé · intervention · blabla *fam.* · boniment *fam.* · speech *fam.* · topo *fam.*

laïusser *v.intr.* → **discourir**

lallation *n.f.* **1 - babillage** · gazouillis · **2 - lambdacisme**

lama *n.m.* · alpaga · guanaco · vigogne

lambda *adj. invar.* **moyen** · ordinaire · quelconque · de base *fam.*

✦ **le citoyen lambda** le vulgum pecus *fam.* · Monsieur Tout-le-monde *fam.*

lambeau *n.m.* **1 - loque** · haillon · **2 - morceau** · débris · bout · bribe · fragment · partie

✦ **en lambeaux** déchiré · en charpie

✦ **mettre en lambeaux** déchirer · mettre en pièces · mettre en charpie

lambin, e

▪ *adj.* · lent · indolent · mou · mollasson *fam.* · traînard *fam.*

▪ *n.* · escargot · tortue

lambiner *v.intr.* · s'attarder · lanterner · musarder · traîner · traînasser *fam.*

lambris *n.m.* · boiserie · frisette

lame *n.f.* **1 - vague** · paquet de mer · **2 - plaque** · feuille · lamelle · languette

lamelle *n.f.* **1 - lame** · plaquette · **2 - pellicule** · plaque

lamentable *adj.* **1 - déplorable** · affligeant · désolant · douloureux · malheureux · misérable · navrant · pitoyable · sinistre · triste · **2 - mauvais** · catastrophique · déplorable · désastreux · nul · minable · pathétique · piètre · piteux · à pleurer *fam.*

lamentable, déplorable

Lamentable et **déplorable** s'appliquent tous deux à ce qui est très mauvais d'un point de vue intellectuel, physique, moral, etc., par rapport à une norme *(des résultats lamentables/déplorables, une histoire d'argent lamentable/déplorable).* **Lamentable** a une connotation nettement péjorative et permet d'insister sur le mépris, le rejet qu'inspirent la laideur, la bassesse, etc. de ce dont on parle *(ce film est lamentable).* **Lamentable** peut qualifier une personne *(elle a vraiment été lamentable dans cette affaire),* alors que **déplorable** ne s'emploie que pour des comportements *(une attitude, une tenue déplorable).* **Déplorable** caractérise aussi une chose d'autant plus regrettable qu'on ne peut plus la modifier *(une erreur, une initiative déplorable).*

lamentation *n.f.* **1 - complainte** · cri · geignement · gémissement · plainte · pleur · pleurnicherie · **2 -** [souvent plur.] **jérémiade** · doléance · plainte · récrimination

lamenter (se) *v.pron.* **1 - gémir** · geindre · se plaindre · pleurer · **2 - se désoler** · se plaindre · pleurer · pleurnicher

laminage *n.m.* · étirement · aplatissage · aplatissement · écrasement · étirage

laminer *v.tr.* **1 - étirer** · écrouir · **2 - réduire** · diminuer · rogner · **3 - vaincre** · battre à plate(s) couture(s) · écraser · mettre la pâtée à *fam.*

lampadaire *n.m.* · réverbère · bec de gaz *vieilli*

lampe *n.f.* **1 - lampadaire** · applique · globe (lumineux) · lustre · suspension · torche • [petite] lumignon · veilleuse · loupiote *fam.* · **2 - éclairage** · lumière

✦ **lampe à souder** chalumeau

lampée *n.f.* · gorgée · goulée *fam.*

lamper *v.tr.* → **boire**

lampion *n.m.* · lanterne (vénitienne)

lance *n.f.* **1 - pique** · dard · javeline · javelot · pertuisane · **2 -** [Chir.] **lancette**

lancée *n.f.* · élan · impulsion • [de bateau] erre

✦ **continuer sur sa lancée** courir sur son erre

lancement *n.m.* **1 - publication** · émission · mise en circulation · **2 - promotion** · **3 - jet** · lancer

lance-pierre *n.m. invar.* · fronde

[1]**lancer** *v.tr.* **1 - jeter** · catapulter · darder · décocher · déverser · détacher · envoyer · projeter · lâcher · larguer · balancer *fam.* · **2 - donner** · appliquer · envoyer · allonger *fam.* · balancer *fam.* · coller *fam.* · ficher *fam.* · filer *fam.* · flanquer *fam.* · foutre *fam.* · **3 - dire** · émettre · lâcher · pousser · éructer *péj.* · vomir *péj.* · **4 - déclencher** · engager · initier · mettre en branle · mettre en route · mettre en train · mettre sur les rails · mettre sur orbite · **5 - promouvoir** · introduire · pousser · patronner

⋙ **se lancer** *v.pron.* · s'élancer · fondre · se jeter · plonger · se précipiter

✦ **se lancer dans** **1 - commencer** · entamer · entrer dans · plonger dans · **2 - s'aventurer dans** · se jeter dans · partir dans · s'embarquer dans *fam.* · s'embringuer dans *fam.*

[2]**lancer** *n.m.* · jet · lâcher · lancement · projection

lancinant, e *adj.* **1 - obsédant** · torturant · **2 - ennuyeux** · fatigant · lassant

lanciner *v.tr.* **1 - élancer** · **2 - obséder** · hanter · poursuivre · tenailler · tourmenter · tracasser · travailler *fam.*

lande *n.f.* · brande · bruyère · garrigue · maquis · pâtis *vieux ou région.*

❧ **friche**

langage *n.m.* **1 - langue** · parler · verbe *lang. biblique* · **2 - discours** · paroles · propos · **3 - vocabulaire** · code · lexique · terminologie · jargon *péj.* · **4 - sémiotique** · gestuelle

lange *n.m.* · couche · maillot

langer *v.tr.* · emmailloter

langoureux, -euse *adj.* · tendre · alangui · amoureux · énamouré · languissant · mourant · transi · languide *littér.*

❧ **languissant**

langue *n.f.* **1 - langage** · jargon · idiome · parler · **2 - style** · **3 - discours** · langage · paroles · propos

✦ **langue de terre** isthme · péninsule · presqu'île

✦ **mauvaise langue, langue de vipère** médisant · cancanier · commère

✦ **prendre langue** prendre contact · s'aboucher *vieux ou littér.*

langueur *n.f.* **1 - apathie** · indolence · léthargie · mollesse · nonchalance · paresse · somnolence · relâchement · torpeur · **2 -** [vieilli] **abattement** · adynamie · affaiblissement · affaissement · alanguissement · anéantissement · atonie · consomption · dépérissement · dépression · épuisement · marasme *vieilli*

languide *adj.* **1 - langoureux** · alangui · enamouré · transi · **2 - languissant** · mourant

languir *v.intr.* **1 - attendre (longuement, vainement)** · moisir · sécher · **2 - traîner (en longueur)** · stagner · végéter · **3 -** [vieux ou littér.] **s'ennuyer** · se morfondre · **4 -** [vieilli] **décliner** · dépérir · s'étioler

✦ **languir après** désirer · soupirer après

languissant, e *adj.* **1 - langoureux** · alangui · enamouré · transi · languide *littér.* · **2 - nonchalant** · indolent · mou · **3 - abattu** · atone ·

défaillant · déprimé · faible · somnolent · stagnant · traînant · **4 - morne** · ennuyeux · terne

languissant, langoureux

Languissant et **langoureux** comprennent tous deux l'idée d'affaiblissement physique ou psychique. **Languissant** a beaucoup vieilli appliqué à une personne abattue, sans énergie *(un vieillard languissant, un air languissant)* et **langoureux** est sorti d'usage dans ce sens. Dans un emploi littéraire ou par plaisanterie, **languissant** qualifie quelqu'un qui souffre d'être amoureux *(un ton languissant, des soupirs languissants)*. **Langoureux**, dans les mêmes contextes, se dit par ironie d'une personne dont l'attitude est souvent affectée *(des yeux langoureux, une pose langoureuse)*. **Langoureux** est plus usuel au figuré *(un rythme langoureux, une chanson langoureuse)*.

lanière *n.f.* · courroie · attache · bretelle · [Équitation] guide · longe · rêne

lanterne *n.f.* **1 - falot** · fanal · [anciennt] réverbère · **2 - projecteur** · rétroprojecteur · **3 -** [vieux] **veilleuse** · feu de position · **4 - campanile**

✦ **lanterne vénitienne** lampion

lanterner *v.intr.* **traîner** · s'amuser · flâner · lambiner · musarder · tarder · traîner · baguenauder *vieux*

✦ **faire lanterner** faire attendre · faire poireauter *fam.*

lapalissade *n.f.* · évidence · tautologie · truisme

lapidaire *adj.* · concis · bref · court · cursif · laconique · ramassé · succinct

lapider *v.tr.* · jeter des pierres sur

laps *n.m.*

✦ **laps de temps** intervalle (de temps) · moment · période

laquais *n.m.* · valet · domestique · groom · serviteur · larbin *fam., péj.*

laque *n.f.* · vernis

larcin *n.m.* · vol · maraudage · barbotage *fam.* · chapardage *fam.*

larder *v.tr.* **1 - entrelarder** · **2 - émailler** · entrecouper · entremêler · farcir · parsemer · semer · truffer · bourrer *fam.*

✦ **larder de coups** cribler · percer · transpercer

largage *n.m.* **1 - parachutage** · **2 -** [fam.] **renvoi** · vidage *fam.*

[1]**large** *adj.*

I 1 - ouvert · évasé · **2 - ample** · étendu · grand · lâche · spacieux · vaste · **3 -** [sourire] **épanoui**

II 1 - abondant · considérable · copieux · important · vaste · **2 - généreux** · fastueux · prodigue · munificent *littér.*

III 1 - lâche · ample · flou · vague · **2 - souple** · compréhensif · indulgent · libéral · libre · ouvert · tolérant · latitudinaire *péj.* · laxiste *péj.* · coulant *fam.*

[1]**large** *n.m.* **1 - largeur** · **2 - haute mer**

✦ **gagner, prendre le large** → **s'enfuir**

largement *adv.* **1 - abondamment** · amplement · beaucoup · copieusement · généreusement · grassement · libéralement · [dépenser] sans compter · **2 - au moins** · au minimum · bien · au bas mot *fam.* · **3 -** [gagner] **sans difficulté** · haut la main · dans un fauteuil *fam.* · les doigts dans le nez *fam.*

largesse *n.f.* **1 - générosité** · libéralité · prodigalité · munificence *littér.* · **2 -** [souvent plur.] **cadeau** · bienfait · don · présent

largeur *n.f.* **1 - large** · **2 - envergure** · ampleur · carrure · diamètre · grosseur · **3 -** [de tissu, papier] **lé** · laize

✦ **largeur d'esprit, de vues** compréhension · libéralisme · ouverture d'esprit · tolérance

larguer *v.tr.* **1 - lancer** · déverser · envoyer · jeter · lâcher · laisser tomber · parachuter · balancer *fam.* · **2 -** [les amarres] **détacher** · filer · lâcher · [une voile] déferler · déployer · **3 -** [fam.] **abandonner** · délaisser · déserter · quitter · droper *fam.* · lâcher *fam.* · laisser tomber *fam.* · plaquer *fam.* · **4 -** [fam.] **renvoyer** · sacquer *fam.* · vider *fam.* · virer *fam.* · **5 -** [fam.] **distancer** · semer · laisser loin derrière

larme *n.f.* · pleur *vieilli ou littér.*

✦ **une larme de** une goutte de · un doigt de · un soupçon de · une lichette de *fam.*

»» **larmes** *plur.* · sanglots · pleurs · [feintes] larmes de crocodile

✦ **en larmes** en pleurs · en sanglot · éploré · larmoyant

larmes, pleurs

On parle indifféremment de **larmes** ou de **pleurs** pour ce qui s'écoule des yeux sous l'effet de la douleur ou d'une émotion *(un visage baigné de larmes/de pleurs)*. **Larmes** est cependant le seul mot courant *(verser des larmes ; éclater, fondre en larmes)*, présent dans des expressions dénotant la joie ou la tristesse, où **pleurs** est exclu *(rire aux larmes, crise de larmes, toucher quelqu'un jusqu'aux larmes)*. **Pleurs** reste vivant pour parler du chagrin des enfants *(faire cesser des pleurs d'enfant)* ou comme équivalent familier de *lamentation (c'est le bureau des pleurs)*.

larmoiement *n.m.* · pleurnichement · pleurnicherie

larmoyant, e *adj.* **1 - éploré** · en larmes · en pleurs · en sanglot · sanglotant · **2 - geignard** · gémissant · pleurnichard · pleurnicheur

larmoyer *v.intr.* **1 - pleurer** · **2 - se plaindre** · geindre · gémir · pleurnicher

larvé, e *adj.* **1 - latent** · insidieux · rampant · sous-jacent · **2 - embryonnaire** · larvaire

las, lasse *adj.* **1 - fatigué** · faible · abattu · épuisé · fourbu · recru *littér.* · **2 - dégoûté** · blasé · écœuré · ennuyé · excédé · irrité · lassé

fatigué

lascif, -ive *adj.* **1 - sensuel** · amoureux · charnel · érotique · suggestif · voluptueux · **2 -** [péj.] **impudique** · concupiscent · impur · libidineux · lubrique · luxurieux · salace · vicieux

lascivement *adv.* **1 - sensuellement** · voluptueusement · **2 - impudiquement** · lubriquement

lascivité *n.f.* **1 - sensualité** · érotisme · volupté · **2 - impudicité** · licence · lubricité · obscénité

lassant, e *adj.* · ennuyeux · fatigant · assommant *fam.* · barbant *fam.* · embêtant *fam.* · rasoir *fam.* · tannant *fam.*

lasser *v.tr.* **1 - ennuyer** · impatienter · importuner · assommer *fam.* · barber *fam.* · embêter *fam.* · raser *fam.* · tanner *fam.* · **2 - fatiguer** · épuiser · excéder · harasser · **3 - décourager** · rebuter · **4 - dégoûter** · écœurer

lassitude *n.f.* 1 - **abattement** · fatigue · 2 - **découragement** · désespérance

✦ **par lassitude** de guerre lasse

latence *n.f.* · virtualité

latent, e *adj.* 1 - **caché** · implicite · inexprimé · masqué · profond · secret · sous-entendu · dormant *rare* · 2 - **en germe** · en gestation · larvé · rampant · sous-jacent

latéral, e *adj.* 1 - **de côté** · 2 - **indirect** · détourné

latex *n.m. invar.* · caoutchouc · gomme

latitude *n.f.* · liberté · champ · facilité · faculté · marge

✦ **avoir toute latitude** avoir le champ libre · avoir les coudées franches · avoir les mains libres · avoir carte blanche · avoir un blanc-seing

latitudinaire *adj.* · laxiste · complaisant

latrines *n.f.pl.* · cabinets · fosse (d'aisances) · vespasienne · feuillées *(Milit.)*

latte *n.f.* · planche

laudateur, -trice *n.* · louangeur · adulateur · apologiste · thuriféraire *littér.*

laudatif, -ive *adj.* · élogieux · complimenteur · flatteur · louangeur · [terme] mélioratif

lauréat, e *adj. et n.* · vainqueur · gagnant · [d'un diplôme] impétrant

lavable *adj.* · lessivable

lavabo *n.m.* · lave-mains

⋙ **lavabos** *plur.* · toilettes

lavage *n.m.* 1 - **nettoyage** · lessivage · 2 - **lessive**

✦ **lavage de cerveau** conditionnement · endoctrinement · mise en condition

lave-linge *n.m. invar.* · machine à laver · laveuse *Québec*

lavement *n.m.* · purge · clystère *vieux*

laver *v.tr.* 1 - **nettoyer** · décrasser · décrotter · dégraisser · lessiver · lotionner · savonner · [sans complément] faire la plonge *fam.* · 2 - **baigner** · débarbouiller *fam.* · ablutionner *littér.* · 3 - **enlever** · effacer · ôter · 4 - **venger** · 5 - **innocenter** · blanchir · décharger · disculper · justifier

⋙ **se laver** *v.pron.* **se nettoyer** · se débarbouiller · faire sa toilette · se décrasser *fam.* · [les dents] (se) brosser

laverie *n.f.* · blanchisserie · pressing

lavette *n.f.* [fig.] mou · chiffe molle · larve *fam.*

laveur, -euse *n.*

✦ **laveur de vaisselle** plongeur

⋙ **laveuse** *fém.* **blanchisseuse** · lavandière

laxatif, -ive *adj.* · purgatif · dépuratif · cathartique *littér.*

laxisme *n.m.* · permissivité

laxiste *adj.* **permissif** · latitudinaire *littér.*

lazzi *n.m.* · moquerie · plaisanterie · pointe · quolibet · raillerie · sarcasme · brocard *littér.*

lé *n.m.* 1 - **laize** · 2 - **bande**

leader *n.m.* **1 - chef de file** · figure de proue · **2 - meneur** · chef · **3 - premier** · numéro un

leadership *n.m.* · autorité · commandement · direction · domination · hégémonie · prédominance · prééminence · prépondérance · suprématie

lèche-botte *n.* → **flatteur**

lécher *v.tr.* **1 - léchouiller** *fam.* · licher *vieux, région.* · lichotter *fam., vieux* · **2 - laper** · boire · **3 - effleurer** · atteindre · **4 - peaufiner** · polir · soigner · chiader *fam.* · fignoler *fam.*

✦ **se lécher les babines** se pourlécher · se délecter · savourer

✦ **lécher les bottes de** → **flatter**

leçon *n.f.* **1 - cours** · classe · conférence · répétition · **2 - conclusion** · enseignement · instruction · morale · moralité · précepte · **3 - avertissement** · exhortation · réprimande · admonestation *littér.* · **4 - châtiment** · correction · punition · **5 - version** · lecture · variante

✦ **faire la leçon à** **1 - endoctriner** · **2 - chapitrer** · gourmander · réprimander · sermonner · admonester *littér.* · morigéner *littér.*

lecteur, -trice *n.* **1 - liseur** · bibliophage · papivore *fam.* · **2 - assistant**

lecteur, liseur

Le **lecteur** et le **liseur** n'ont pas tout à fait le même rapport à la *lecture*. **Lecteur** est le terme le plus général ; il désigne toute personne qui *lit* pour apprendre, pour s'informer ou pour se distraire *(un lecteur de revues, un lecteur averti, le courrier des lecteurs dans un journal)* : « L'écrivain contemporain se préoccupe avant tout de présenter à ses lecteurs une image complète de la condition humaine » (Sartre, *Situations*, I). **Liseur**, d'emploi plus restreint, concerne seulement quelqu'un qui lit beaucoup, qui aime lire *(c'est un grand liseur, une liseuse de romans)*.

lecture *n.f.* **1 - décodage** · déchiffrage · déchiffrement · décryptage · herméneutique · **2 - consultation** · **3 - explication** · interprétation

légal, -ale *adj.* **1 - juridique** · réglementaire · **2 - légitime** · licite · permis · régulier

légalement *adv.* · licitement · réglementairement

légalisation *n.f.* · officialisation

légaliser *v.tr.* **1 - officialiser** · **2 - authentifier** · authentiquer · certifier · confirmer · garantir · valider

légalisme *n.m.* · formalisme · juridisme · rigorisme

légaliste *adj. et n.* · formaliste · rigoriste

légalité *n.f.* **1 - régularité** · licéité · **2 - droit** · justice

légataire *n.* · héritier · ayant cause

légendaire *adj.* **1 - fabuleux** · imaginaire · mythique · **2 - célèbre** · connu · fameux · mémorable · notoire *péj.* · proverbial

légende *n.f.* **1 - conte** · fable · histoire · **2 - mythe** · épopée · **3 - folklore** · mythologie

légende, mythe

La **légende** raconte une histoire à caractère plus ou moins fabuleux *(la légende de Faust, du roi Arthur ; les contes et les légendes)* ; il peut s'agir d'un récit qui représente des personnages ou des faits considérés comme véridiques mais que l'imagination a complètement déformés *(la légende* *napoléonienne).* Le récit du **mythe** est hors de l'histoire ; il concerne seulement des faits imaginaires que la tradition a transmis et la mise en scène d'êtres qui symbolisent des forces physiques, des généralités d'ordre philosophique, etc. *(le mythe d'Adam et Ève, le mythe grec de Sisyphe ; les mythes solaires).*

léger, -ère *adj.*
I 1 - petit · discret · faible · imperceptible · indécelable · indiscernable · infime · insensible · mince · minime · négligeable · ténu · **2 - sans gravité** · anodin · bénin • [faute] véniel · **3 - vaporeux** · aérien · délicat · fin · immatériel · arachnéen *littér.*
II 1 - élancé · délié · fin · frêle · gracile · grêle · menu · mince · svelte · **2 - agile** · alerte · fringant · guilleret · ingambe · leste · sémillant · souple · vif
III 1 - digeste · digestible · frugal · sobre · sommaire · **2 - diététique** · allégé · light *anglic.*
IV 1 - dégagé · allègre · désinvolte · enjoué · **2 - insouciant** · dissipé · distrait · écervelé · étourdi · évaporé · folâtre · frivole · futile · inattentif · superficiel · folichon *vieilli*
V 1 - irresponsable · déraisonnable · imprévoyant · imprudent · inconscient · inconséquent · inconsidéré · irréfléchi · négligent · **2 - insuffisant** · faible · inconsistant · jeune · juste · superficiel
VI 1 - volage · coureur · frivole · inconstant · infidèle · cavaleur *fam.* · **2 - dissipé** · dissolu · libertin · **3 - grivois** · badin · égrillard · leste · libre · licencieux · osé
✦ **très léger** léger comme une plume · poids plume *fam.*
✦ **à la légère** inconsidérément · frivolement · futilement · imprudemment · légèrement · avec désinvolture • [traiter] par-dessus la jambe *fam.*

❧ **changeant**

légèrement *adv.* **1 - délicatement** · doucement · en douceur · faiblement · imperceptiblement · **2 - frugalement** · sobrement · **3 - un peu** · superficiellement · vaguement · **4 - inconsidérément** · frivolement · futilement · imprudemment · à la légère • [traiter] par-dessus la jambe *fam.*

légèreté *n.f.* **1 - agilité** · grâce · souplesse · **2 - aisance** · facilité · grâce · naturel · **3 - finesse** · délicatesse · gracilité · **4 - insouciance** · désinvolture · frivolité · futilité · imprudence · inconscience · irréflexion · **5 - peu de poids** · finesse · immatérialité · minceur

légiférer *v.intr.* **1 - édicter des lois** · **2 - réglementer** · codifier · régler

légion *n.f.* · cohorte · armada · armée · bataillon · flot · kyrielle · meute · multitude · nuée · quantité · régiment · ribambelle · flopée *fam.* · foultitude *fam.* · tapée *fam.*

législation *n.f.* · loi · droit · textes de loi

légiste *n.* · juriste · jurisconsulte · homme de loi

❧ **légiste, juriste**

Termes du vocabulaire didactique, **légiste** et **juriste** désignent deux spécialités différentes. Le **légiste** est un spécialiste des *lois* : « Cet homme qui légifère en notre nom admet que par exception un innocent soit violenté (...) ; cela ne lui fait ni chaud ni froid à ce légiste » (François Mauriac, *Bloc-notes, 1952-1957*). De sens moins restreint, juriste se dit de quelqu'un qui se consacre à la science du droit et en fait profession *(un juriste reconnu, cet avocat est un bon juriste).*

légitime *adj.* 1 - **compréhensible** · à bon droit · admissible · à juste titre · fondé · juste · justifié · motivé · normal · permis · raisonnable · 2 - **équitable** · juste · mérité · 3 - **légal**

légitimer *v.tr.* 1 - **reconnaître** · 2 - **excuser** · défendre · justifier

légitimité *n.f.* 1 - **bien-fondé** · bon droit · 2 - **souveraineté**

legs *n.m.* 1 - **héritage** · succession · 2 - **donation** · aliénation · don · libéralité · 3 - **tradition** · héritage

léguer *v.tr.* · laisser · donner · faire parvenir · transmettre

légume *n.f.*

✦ **grosse légume** notable · gros bonnet *fam.* · huile *fam.* · (grand) ponte *fam.*

leitmotiv *n.m.* · refrain · couplet · histoire · litanie · rabâchage · rengaine · ritournelle · antienne *littér.* · chanson *fam.* · disque *fam.* · musique *fam.* · scie *vieilli*

lémure *n.m.* · fantôme

lendemain *n.m.* 1 - **avenir** · futur · 2 - **suite** · conséquence · impact · prolongement · répercussion

✦ **sans lendemain** éphémère · fugace · passager

lénifiant, e *adj.* 1 - **apaisant** · adoucissant · calmant · lénitif *littér.* · 2 - **rassurant** · consolant · optimiste · rasséréant · 3 - **amollissant** · débilitant

lénifier *v.tr.* 1 - **adoucir** · apaiser · assoupir · atténuer · calmer · endormir · modérer · soulager · tempérer · 2 - **amollir** · débiliter

lent, e *adj.* 1 - **long** · d'une lenteur d'escargot · lambin *fam.* · 2 - [voix] **traînant** · 3 - **calme** · posé · tranquille · 4 - **lourd** · engourdi · épais · lourdaud · 5 - **apathique** · alangui · endormi · indolent · mou · nonchalant · pataud

✦ **lent à** long à · qui tarde à

✦ **il a l'esprit lent** il est dur, long à la détente *fam.* · il a la comprenette difficile *fam.* · ce n'est pas un foudre de guerre *vieilli*

lentement *adv.* 1 - **avec lenteur** · doucement · au pas · à pas comptés · piano · pianissimo · au ralenti · lento · 2 - **graduellement** · insensiblement · pas à pas · peu à peu · 3 - **posément**

✦ **très lentement** comme un escargot · comme une tortue

lenteur *n.f.* 1 - **apathie** · mollesse · nonchalance · 2 - [d'esprit] **épaisseur** · lourdeur · pesanteur

»» **lenteurs** *plur.* 1 - **atermoiements** · barguignage · délais · retards · tergiversations · 2 - **longueurs** · temps morts

lentille *n.f.* 1 - **loupe** · 2 - **verre de contact** · 3 - [vieux] **grain (de beauté)** · lentigo · nævus · tache (de rousseur)

léonin, e *adj.* · abusif · inique · injuste

lèpre *n.f.* [fig.] cancer · gangrène · peste

lépreux, -euse

▪ *adj.* **galeux** · misérable · miteux · pouilleux

▪ *n.* **ladre** *vieux*

léproserie *n.f.* · lazaret · ladrerie *vieux* · maladrerie *vieux*

lesbianisme *n.m.* · saphisme · tribadisme *vieux ou littér.*

lesbien, -ienne

▪ *adj.* **saphique**

▪ *n.f.* **homosexuelle** · invertie · gomorrhéenne *littér.* · tribade *vieux ou littér.* · gouine *fam., injurieux*

léser *v.tr.* **1 - désavantager** · défavoriser · desservir · frustrer · nuire à · porter préjudice à · faire du tort à · **2 - blesser** · attaquer · atteindre · endommager · toucher

lésiner *v.intr.* · économiser · épargner · regarder à la dépense · rogner · chicaner *fam.* · mégoter *fam.*

lésion *n.f.* **1 - blessure** · contusion · dégénérescence · ecchymose · engelure · hématome · inflammation · nécrose · plaie · trauma · ulcération · **2 - dommage** · préjudice · tort

lessive *n.f.* **1 - blanchissage** · lavage · nettoyage · **2 - linge** · **3 - détergent** · détersif · poudre à laver · **4 -** [fam.] **épuration** · purge · coup de balai

lessiver *v.tr.* **1 - laver** · blanchir · nettoyer · **2 -** [fam.] → **fatiguer** · **3 -** [fam.] → **dépouiller**

lest *n.m.* · charge · estive *anciennt*

leste *adj.* **1 - preste** · agile · alerte · allègre · dégagé · dispos · fringant · gaillard · guilleret · léger · prompt · rapide · vert · vif · allant *littér.* · **2 - cavalier** · désinvolte · hardi · irrespectueux · irrévérencieux *littér.* · **3 - cru** · coquin · égrillard · épicé · gaillard · gaulois · grivois · hardi · libertin · libre · licencieux · osé · poivré · polisson · salé

lestement *adv.* · alertement · agilement · légèrement

lester *v.tr.* **1 - charger** · alourdir · plomber · **2 -** [l'estomac] **remplir**

léthargie *n.f.* **1 - apathie** · assoupissement · atonie · engourdissement · inaction · inertie · langueur · nonchalance · prostration · somnolence · torpeur · **2 - catalepsie** · mort apparente · **3 - marasme** · paralysie · stagnation

lettre *n.f.* **1 - caractère** · signe · graphème *(Ling.)* · **2 - message** · billet · dépêche · écrit · mot · pli · missive *littér.* · épître *littér. ou Bible* · bafouille *fam.* · [en prison] biffeton *argot* · [par avion] aérogramme

✦ **lettre de change** effet (de commerce) · billet à ordre · traite

✦ **lettre papale** bref · bulle · encyclique · rescrit

✦ **à la lettre, au pied de la lettre** **1 - au sens étroit, strict** · dans son sens littéral · au premier degré · stricto sensu · **2 - exactement** · proprement · véritablement · **3 - littéralement** · mot à mot · mot pour mot · textuellement · **4 - rigoureusement** · scrupuleusement · strictement

✦ **en toutes lettres** explicitement · noir sur blanc

⋙ **lettres** *plur.* **littérature** · humanités *littér.*

✦ **avoir des lettres** être cultivé · être érudit · avoir du bagage *fam.*

lettre, épître

Lettre et **épître** désignent indifférement un écrit que l'on adresse à quelqu'un pour lui communiquer un fait, des sentiments, etc. **Lettre** est le terme général et courant *(affranchir, expédier, lire une lettre ; répondre à une lettre ; papier à lettres ; une lettre d'affaires, d'amour, d'invitation)*. **Épître**

est d'emploi littéraire pour une lettre assez longue, et didactique pour une lettre en prose écrite par un auteur de l'Antiquité *(les épîtres de Cicéron)* ou pour un genre littéraire constitué de lettres en vers *(les épîtres de Voltaire)*. *Épistolaire*, de la même famille qu'**épître**, est plus courant et correspond à la fois aux emplois de **lettre** et d'**épître**, alors que *littéraire* renvoie à d'autres sens de **lettre**.

lettré, e *adj. et n.* · cultivé · érudit · savant · docte *littér.*

leurre *n.m.* **1 - appât** · amorce · appeau · piège · **2 - tromperie** · artifice · feinte · illusion · imposture · mystification · supercherie · miroir aux alouettes · poudre aux yeux · duperie *littér.* · poudre de perlimpinpin *fam.* · attrape-nigaud *fam.* · pipeau *fam.*

leurrer *v.tr.* **abuser** · attraper · berner · décevoir · duper · endormir · enjôler · mystifier · tromper · avoir *fam.* · bluffer *fam.* · embobiner *fam.* · pigeonner *fam.* · rouler *fam.* · mener en bateau *fam.* · rouler dans la farine *fam.* · embabouiner *fam., vieux*

»» **se leurrer** *v.pron.* **s'illusionner** · s'abuser · se faire des illusions · se méprendre · se mettre le doigt dans l'œil (jusqu'au coude) *fam.* · se monter la tête *fam.* · se raconter des histoires *fam.*

➳ **tromper**

levain *n.m.* **1 - levure** · **2 - ferment** · germe

levant *n.m.* · est · orient

➳ **est**

levé, e

▪ *adj.* **debout**

▪ *n.m.* **lever** · plan

levée *n.f.*

I digue · banc · banquette · chaussée · remblai · talus

II 1 - disparition · dissipation · **2 - arrêt** · cessation · fin · interruption · suppression · suspension

III 1 - récolte · collecte · perception · **2 - enlèvement** · ramassage

IV enrôlement · appel aux armes · mobilisation · recrutement

V [Cartes] **main** · pli

✦ **levée de boucliers** protestation · révolte

✦ **levée d'écrou** libération

[1]**lever**

▪ *v.tr.* **1 - soulever** · élever · dresser · hausser · enlever · hisser · monter · redresser · relever · soulever · **2 - dessiner** · dresser · **3 - supprimer** · abolir · annuler · effacer · enlever · écarter · ôter · retirer · [des difficultés] aplanir · **4 - arrêter** · faire cesser · interrompre · mettre fin à · suspendre · **5 - découper** · couper · prélever · **6 - percevoir** · collecter · prélever · ramasser · recueillir · **7 - enrôler** · mobiliser · recruter · **8 -** [fam.] → **séduire**

▪ *v.intr.* **1 - fermenter** · gonfler · **2 -** [plante] **pousser**

»» **se lever** *v.pron.* **1 - se mettre debout** · **2 - se dresser** · monter · **3 - apparaître** · arriver · commencer · germer · naître · pointer · surgir · montrer le bout de son nez · **4 - disparaître** · se dissiper · **5 - se dégager** · s'éclaircir

[2]**lever** *n.m.* **levé** · plan

✦ **lever du jour** aube · aurore · point du jour · matin

✦ **au lever** au saut du lit

lève-tôt *adj. et n. invar.* · matinal

levier *n.m.* **commande** · manette · pédale

✦ **faire levier** peser

lèvre *n.f.* **1 -** [inférieure] **lippe** · **2 -** [d'une plaie] **bord**

⋙ **lèvres** *plur.* · bouche · babines *fam.* · badigoinces *fam., vieux*

levure *n.f.* **1 - ferment** · **2 - levain**

lexique *n.m.* **1 - vocabulaire** · nomenclature · terminologie · jargon *péj.* · **2 - dictionnaire** · glossaire · index

↝ **dictionnaire**

lézarde *n.f.* · fente · brèche · crevasse · fêlure · fissure

[1]**lézarder** *v.tr.* · crevasser · disjoindre · fendiller · fendre · fissurer

[2]**lézarder** *v.intr.* [fam.] paresser · se dorer au soleil

liaison *n.f.* **1 - relation** · communication · contact · fréquentation · lien · **2 - aventure (amoureuse)** · flirt · histoire · passade · relation · **3 - corrélation** · connexion · correspondance · dépendance · fil conducteur · filiation · interdépendance · jonction · lien · rapport · relation · **4 - enchaînement** · association · cohérence · contiguïté · continuité · succession · suite · transition

✦ **liaison fautive, vicieuse** cuir · pataquès · velours

✦ **en liaison avec** **1 - en accord avec** · en ligne avec · **2 - en communication avec** · en contact avec · en relation avec

liant, e

▪ *adj.* **engageant** · affable · aimable · doux · sociable · amène *littér.*

▪ *n.m.* **1 - agglomérant** · agglutinant · **2 - affabilité** · aménité *littér.*

↝ **sociable**

libation *n.f.* · offrande · sacrifice

⋙ **libations** *plur.* · beuverie

libelle *n.m.* · pamphlet · satire · diatribe · factum *littér.*

libellé *n.m.* · formule · formulation · rédaction

libeller *v.tr.* · écrire · rédiger · remplir

libéral, e *adj.* **1 - tolérant** · compréhensif · large d'esprit · ouvert · **2 - généreux** · large · prodigue · munificent *littér.* · **3 - antiprotectionniste**

libéralement *adv.* · abondamment · généreusement · largement

libéralisme *n.m.* **1 - tolérance** · largeur d'esprit · ouverture d'esprit · **2 - capitalisme (privé)**

libéralité *n.f.* **1 - générosité** · charité · largesse · prodigalité · magnificence *littér.* · munificence *littér.* · **2 -** [surtout plur.] **cadeau** · aumône · bienfait · don · donation · générosité · gratification · largesse · legs

libérateur, -trice *n. et adj.* **1 - sauveur** · **2 - émancipateur**

libération *n.f.* **1 - remise en liberté** · élargissement · **2 - affranchissement** · dégagement · délivrance · émancipation · **3 - déréglementation** · dérégulation · **4 - soulagement** · délivrance

libéré, e *adj.* **1 - affranchi** · émancipé · **2 - libre**

libérer *v.tr.* **1 - délivrer** · élargir · relâcher · relaxer · sortir, tirer de prison · [par mesure spéciale] amnistier · gracier · **2 -** [des troupes]

démobiliser · **3 - affranchir** · déchaîner · dégager · délier · émanciper · briser le joug de *littér.* · rompre les chaînes de *littér.* · **4 - dégager** · débarrasser · déblayer · désencombrer · évacuer · **5 - débloquer** · décoincer · dégager · extirper · **6 -** [d'une charge] **décharger** · débarrasser · dégager · délivrer · dispenser · éviter à · exempter · exonérer · relever · tenir quitte · soulager · soustraire

»» **se libérer** *v.pron.* **1 - se rendre disponible** · se dégager · **2 - devenir vacant** · **3 - s'affranchir** · s'émanciper · rompre ses liens, ses chaînes

✦ **se libérer de** **1 - s'affranchir de** · s'émanciper de · secouer · se soustraire à · **2 - (s')acquitter (de)** · payer · liquider

libertaire *adj. et n.* · anarchiste · anticonformiste

liberté *n.f.* **1 - autonomie** · indépendance · franchise *vieux* · **2 - disponibilité** · loisir · temps (libre) · **3 - latitude** · autorisation · facilité · faculté · loisir · permission · possibilité · pouvoir · licence *littér.* · **4 - franchise** · franc-parler · hardiesse · **5 - désinvolture** · familiarité · laisser-aller · laxisme · permissivité · sans-gêne · **6 - aisance** · jeu · souplesse

✦ **liberté de jugement** libre arbitre

✦ **(re)mise en liberté** libération · élargissement · relaxe

✦ **avoir toute liberté** avoir toute latitude · avoir le champ libre · avoir les coudées franches · avoir les mains libres · avoir carte blanche · avoir un blanc-seing

✦ **prendre la liberté de** se permettre de · prendre le droit de · s'autoriser à

»» **libertés** *plur.* **licences** · audace · familiarités · hardiesse · privautés

libertin, e

▪ *adj.* **1 - débauché** · déréglé · dévergondé · dissolu · licencieux · **2 - leste** · coquin · gaillard · galant · grivois · osé · polisson · **3 -** [vieux] **impie** · incrédule · irréligieux

▪ *n.* **1 - jouisseur** · coureur · débauché · **2 - libre penseur** · esprit fort

libertinage *n.m.* **1 - galanterie** · **2 - immoralité** · débauche · vice · licence *littér.* · dissolution *littér. ou vieilli* · **3 - débordements** · dérèglements · dévergondage · frasques · **4 -** [vieux] **athéisme** · impiété · incrédulité · irréligion · libre pensée

libidineux, -euse *adj.* **1 - lascif** · sensuel · **2 - licencieux** · impudique · lubrique · salace · vicieux

libido *n.f.* · appétit sexuel · désir

libre *adj.*

I disponible · dégagé · inoccupé · vacant · vide

II 1 - autonome · affranchi · indépendant · souverain · **2 - volontaire** · délibéré

III permis · autorisé · possible

IV 1 - accessible · dégagé · **2 -** [entrée] **gratuit** · **3 -** [cheveux] **flottant** · détaché

V 1 - dégagé · aisé · désinvolte · facile · léger · libéré · **2 - familier** · cavalier · désinvolte · **3 - spontané** · franc · **4 - coquin** · cru · égrillard · épicé · gaillard · gaulois · graveleux · grivois · guilleret · hardi · inconvenant · leste · libertin · licencieux · osé · pimenté · polisson · salé

✦ **libre de** déchargé de · affranchi de · dégagé de · dispensé de · exempt de · exempté de · exonéré de · libéré de

✦ **laisser libre** laisser la bride sur le cou de

✦ **libre arbitre** indépendance · liberté de jugement

✦ **libre penseur** athée · agnostique · esprit fort · incrédule · irréligieux · mécréant *vieilli ou plaisant* · non-croyant · libertin *vieux*

disponible

libre, autonome, indépendant

Libre, autonome et **indépendant** se rapportent à une relation de subordination entretenue avec autrui. **Autonome** s'applique à celui qui construit ses propres règles *(il travaille pour être autonome)* et concerne également des populations qui se gouvernent totalement ou partiellement selon leurs propres lois *(la Catalogne est une région autonome en Espagne, sans être indépendante)*. Être **indépendant**, en effet, suppose l'absence de subordination politique *(un État indépendant)*. **Indépendant** qualifie aussi une personne *(être indépendant des autres)* qui, en particulier, ne supporte aucune contrainte extérieure *(être indépendant de caractère, d'esprit)*. **Libre** se dit de quelqu'un qui a entièrement le pouvoir de décider et d'agir par lui-même *(ses parents le laissent libre de choisir ses études)*. Il s'emploie de manière analogue pour des choses *(des mouvements libres)* et, en particulier, à propos d'un pays *(un peuple, une nation libre)*.

librement *adv.* **1 - de plein gré** · volontairement · **2 - franchement** · à cœur ouvert · ouvertement · sans détour · **3 - familièrement** · **4 - sans entrave**

librettiste *n.* · parolier

lice *n.f.* **1 - carrière** · arène · **2 -** [anciennt] **palissade**

licence *n.f.*

I 1 - permis · autorisation · droit · permission · **2 - liberté (d'action)** · latitude

II 1 - libertinage · débauche · débordement · dérèglement · désordre · dévergondage · excès · immoralité · impudicité · inconduite · luxure · **2 - grivoiserie**

licenciement *n.m.* **1 - renvoi** · congédiement · destitution · mise à pied · révocation · départ *euph.* · **2 -** [au plur.] **dégraissage** *fam.* · charrette *fam.*

licencier *v.tr.* **1 - congédier** · chasser · débaucher · destituer · limoger · mettre à pied · mettre à la porte · mettre au chômage · remercier · renvoyer · révoquer · balancer *fam.* · débarquer *fam.* · dégommer *fam.* · lourder *fam.* · sabrer *fam.* · sacquer *fam.* · vider *fam.* · virer *fam.* · [un domestique] donner son compte, ses huit jours à · **2 -** [effectifs] **dégraisser** *fam.*

licencieux, -ieuse *adj.* **1 - leste** · audacieux · croustillant · cru · égrillard · épicé · érotique · gaillard · gaulois · gras · graveleux · grivois · immodeste · inconvenant · indécent · léger · libre · pimenté · poivré · polisson · salé · scabreux · vert · raide *fam.* · **2 - dévergondé** · dépravé · déréglé · désordonné · effronté · immoral · impudique · libertin · libidineux · luxurieux *littér.*

licite *adj.* · permis · admis · autorisé · légal · possible · toléré

lie *n.f.* **1 - dépôt** · résidu · **2 - rebut** · bas-fond · racaille

lié, e *adj.* **1 - relié** · connexe · coordonné · imbriqué · interdépendant · joint · solidaire · uni · **2 - familier** · intime · proche

lien *n.m.*

I 1 - attache · corde · cordon · courroie · ficelle · ligature · sangle · **2 -** [au plur.] **chaînes** · entraves · fers

II 1 - corrélation · connexion · correspondance · filiation · rapport · rapprochement · relation · **2 - cohérence** · continuité · enchaînement · fil conducteur · liaison · suite · **3 - intermédiaire** · passerelle · trait d'union
III 1 - relation · liaison · accointance *vieilli* · **2 - affinité** · attachement · attache · point commun

lier *v.tr.*
I 1 - nouer · attacher · enchaîner · fixer · joindre · relier · unir · **2 - ficeler** · botteler · **3 - ligoter** · attacher · ficeler · garrotter
II engager · assujettir · astreindre · attacher · obliger
III associer · faire dépendre de · faire le lien avec · rattacher · relier · faire le rapprochement entre
»» **se lier** *v.pron.* **sympathiser** · fraterniser · s'aboucher *littér.* · s'accointer *littér., péj.* · s'acoquiner *péj.*
↝ **joindre**

liesse *n.f.* · réjouissance · allégresse · exultation · gaieté · joie

[1]**lieu** *n.m.* **1 - endroit** · espace · site · coin *fam.* • [d'un drame, etc.] scène · **2 - emplacement** · place · point · position
✦ **lieu sûr** abri · cachette · planque *fam.*
✦ **lieu d'habitation** domicile · résidence
✦ **lieu commun** **1 - banalité** · généralité · tarte à la crème *fam.* · trivialité *littér. ou vieux* · **2 - cliché** · idée rebattue, reçue · poncif · stéréotype
✦ **en un autre lieu** ailleurs
✦ **dans un autre lieu** autre part
✦ **sur les lieux** sur place
✦ **haut lieu** Mecque
✦ **en dernier lieu** enfin · pour terminer
✦ **au lieu de** **1 - pour** · à la place de · **2 - à défaut de** · faute de · **3 - bien loin de** · plutôt que de
✦ **au lieu que** **1 - alors que** · là où · tandis que · **2 - loin que**
✦ **avoir lieu** **1 - arriver** · s'accomplir · se produire · se réaliser · **2 - se tenir** · se dérouler · s'opérer · se passer • [cérémonie] se célébrer
✦ **avoir lieu de** **1 - avoir l'occasion de** · avoir sujet de · **2 - avoir le droit de**
✦ **il y a lieu de** il convient de · il faut · il est opportun de · c'est le cas de
✦ **s'il y a lieu** le cas échéant · si nécessaire
✦ **donner lieu à** occasionner · causer · créer · entraîner · être l'occasion de · produire · provoquer · susciter
✦ **donner lieu de** autoriser · permettre · donner matière à
✦ **tenir lieu de** remplacer · faire fonction de · faire office de · servir de · suppléer à · valoir

↝ **lieu, endroit, place**

Lieu, endroit et **place** partagent l'idée de partie déterminée que l'on considère dans un espace. **Lieu** est le terme le plus général *(un lieu très éloigné, mythique)*. Il se trouve dans les mêmes contextes qu'**endroit** *(un lieu/un endroit précis, quelconque ; un lieu/un endroit agréable, désert, dangereux)*, mais il a une valeur plus abstraite d'où son emploi dans les contextes administratifs *(lieu de naissance, de mort ; sur son lieu de travail)*. **Endroit** se dit pour une partie localisée de quelque chose *(asseyez-vous à cet endroit)*, en particulier d'un ouvrage *(à quel endroit du livre avez-vous lu cela?)*, et peut s'utiliser à propos d'une personne *(appuyer sur l'endroit sensible)*. Avec une valeur générale, **place** est archaïque en emploi libre et seulement usité en locution *(de place en place)*. **Place** est en revanche courant pour désigner l'endroit qu'une personne occupe ou peut occuper *(quitter, regagner sa place)* et celui où elle se trouve *(rester à la même place).*

[2]**lieu** *n.m.* · colin · merlu

lieutenant *n.m.* · adjoint · aide · assistant · alter ego · bras droit · second

lifting *n.m.* **1 - déridage** · lissage *recomm. offic.* · remodelage *recomm. offic.* · **2 - toilettage**

ligature *n.f.* **1 - lien** · attache · **2 - nœud**

ligaturer *v.tr.* · attacher · lier

lignage *n.m.* · lignée · descendance · extraction · famille · filiation · naissance · nom · race · sang · souche

ligne *n.f.*
I 1 - trait · droite · courbe · raie · **2 - contour** · dessin · forme · galbe · modelé · profil · délinéament *littér.* · linéament *littér.* · **3 - silhouette** · allure · **4 - ride**
II 1 - limite · démarcation · front · frontière · séparation · **2 - rangée** · alignement · bordure · cordon · file · rang · rideau
III [politique, etc.] **orientation** · axe · direction · voie
IV [de transport] **liaison** · connexion · voie
V [de produits] **gamme**
VI filiation · descendance · lignée · parenté
VII fil à pêche
✦ **ligne de conduite** axe · principe(s) · règle de conduite
✦ **en ligne droite** à vol d'oiseau
✦ **sur la même ligne** au même niveau · au même plan · sur le même rang
✦ **dans les grandes lignes** en gros · grosso modo · sommairement
✦ **entre les lignes** en filigrane
✦ **hors ligne** exceptionnel · de grande valeur · émérite · extraordinaire · hors pair · remarquable · sans pareil · supérieur
✦ **monter en ligne** aller, monter au front · monter à l'assaut

lignée *n.f.* **1 - descendance** · filiation · ligne · postérité · **2 - famille** · dynastie · extraction · lignage · maison · naissance · race · sang · souche

ligoter *v.tr.* · attacher · enchaîner · entraver · ficeler · garrotter · lier

ligue *n.f.* **1 - alliance** · association · coalition · confédération · front · fédération · groupement · organisation · union · **2 - faction** · bande · parti

liguer *v.tr.* **allier** · associer · coaliser · fédérer · grouper · organiser · unir
»» **se liguer** *v.pron.* **s'allier** · s'associer · se coaliser · comploter · se conjurer · se fédérer · se grouper · s'organiser · s'unir

ligueur, -euse *n.* · conjuré · factieux

lilliputien, -ienne *adj. et n.* **1 - minuscule** · microscopique · **2 - nain**

limace *n.f.* · loche · limaçon

limaçon *n.m.* **1 - colimaçon** · escargot · **2 -** [fam.] **mollasson** · limace *fam.*

lime *n.f.* · râpe · [sortes] carreau · carrelet · carrelette · demi-ronde · fraise · queue-de-rat · riflard · rifloir · tiers-point

limer *v.tr.* **1 - polir** · ébarber · **2 - élimer** · râper · user · **3 -** [vieilli]

parfaire · ciseler · peaufiner · polir · fignoler *fam.* · lécher *fam.* · peigner *fam.*

limer, polir

Limer s'emploie pour parler de ce que l'on travaille, use avec la *lime (limer du fer, ses ongles)*. **Polir** se dit de l'étape suivante d'une tâche analogue : il s'agit de rendre lisse, uni par un frottement plus ou moins prolongé *(polir des verres de lunettes ; une machine à polir)*. Dans l'usage figuré, seul **polir** est resté vivant quand on parle de mettre la dernière main à un travail intellectuel pour le parfaire *(polir un discours, un texte)*.

limier *n.m.* · détective · enquêteur · espion · inspecteur (de police)

liminaire *adj.* · initial · premier

limitatif, -ive *adj.* · restrictif

limitation *n.f.* **1 - bornage** · délimitation · démarcation · **2 - restriction** · contingentement · contrôle · limite

limite *n.f.*
I 1 - extrémité · bord · bout · confins · [d'un bois] lisière · orée · **2 - démarcation** · frontière · séparation
II 1 - borne · barrière · bordure · enceinte · **2 - cadre** · contour · domaine · mesure · périmètre · sphère
III fin · terme
IV maximum · extrême
✦ **limite supérieure** maximum · plafond · seuil
✦ **limite inférieure** minimum · plancher · seuil
✦ **être à la limite de** frôler · friser
✦ **sans limites 1 - absolu** · sans bornes · **2 - démesuré** · sans entrave · sans frein · sans mesure · sans restriction

»» **limites** *plur.* · possibilités · capacités · moyens

limite, terme, borne

Limite, **terme** et **borne** sont relatifs à ce qui circonscrit quelque chose. **Limite** s'emploie pour ce qui sépare deux territoires contigus, de quelque dimension qu'ils soient *(les limites d'un terrain, d'un État ; un fleuve qui sert de limite ; marquer, tracer les limites)*. **Limite** se dit également pour le commencement ou la fin d'un espace de temps *(dans les limites de mon intervention ; être atteint par la limite d'âge)*. La **borne** sert à marquer une limite sur un terrain *(poser, déplacer une borne)*. Le mot est littéraire au pluriel quand on parle d'un pays *(les bornes d'un territoire)* ou avec une valeur abstraite *(les bornes de la raison)*, mais il est courant dans des expressions comme *franchir, dépasser les bornes*. **Terme** s'emploie avec une valeur temporelle *(mettre un terme à une discussion, à sa vie)*, en particulier en parlant du dernier élément d'une durée *(le terme d'un voyage, arriver à son terme)*.

limité, e *adj.* **1 - borné** · étroit · simpliste · qui a des œillères · qui ne voit pas plus loin que le bout de son nez *fam.* · **2 - sommaire** · superficiel · **3 - réduit** · restreint · **4 - fini**

limiter *v.tr.* **1 - borner** · circonscrire · délimiter · renfermer · **2 - restreindre** · contingenter · diminuer · freiner · mesurer · modérer · rationner · réduire · **3 - entraver** · **4 - terminer** · arrêter

»» **se limiter** *v.pron.* **se restreindre**
✦ **se limiter à** se borner à · se cantonner à · se contenter de · s'en tenir à · se restreindre à

limitrophe *adj.* **1 - frontalier** · limite · périphérique · **2 - contigu** · adjacent · attenant · proche · voisin

limoger *v.tr.* · démettre · casser · chasser · se débarrasser de · disgracier · destituer · mettre à pied · relever de ses fonctions · renvoyer · révoquer · se séparer de · balancer *fam.* · débarquer *fam.* · dégommer *fam.* · sacquer *fam.* · vider *fam.* · virer *fam.*

limon *n.m.* · dépôt · alluvions · boue · vase · bourbe *littér.*

➹ **boue**

limonade *n.f.* · soda

limpide *adj.* **1 - clair** · cristallin · diaphane · pur · translucide · transparent · **2 - compréhensible** · clair · intelligible · lumineux · simple · clair comme de l'eau de roche *souvent iron.* · **3 - franc**

➹ **clair**

limpidité *n.f.* **1 - clarté** · brillance · netteté · pureté · transparence · **2 - intelligibilité** · accessibilité · clarté · lisibilité

lin *n.m.* · fil *vieux*

linceul *n.m.* · suaire · drap

linéaire *n.m.* · rayonnage · présentoir

linge *n.m.* **toile** · tissu

✦ **linge (de corps)** sous-vêtements · dessous · lingerie

lingerie *n.f.* **1 - dessous** · sous-vêtements · **2 - buanderie** · **3 - bonneterie**

lingot *n.m.* · barre

liniment *n.m.* · baume · onguent · pommade

linotte *n.f.*

✦ **tête de linotte** étourdi · écervelé · étourneau · tête en l'air

linteau *n.m.* · architrave · poitrail · sommier

liquéfaction *n.f.* **1 - condensation** · **2 - fusion** · **3 - désagrégation** · dissolution

liquéfier *v.tr.* **1 - condenser** · **2 - fondre**

⋙ **se liquéfier** *v.pron.* **1 - fondre** · **2 - s'amollir**

liqueur *n.f.* · alcool · digestif · eau-de-vie · spiritueux

liquidation *n.f.* **1 - règlement** · **2 - braderie** · solde · **3 - réalisation** · vente · **4 -** [*fam.*] **élimination** · meurtre

✦ **liquidation judiciaire** faillite · dépôt de bilan · règlement judiciaire

liquide

▪ *adj.* **fluide**

▪ *n.m.* **1 - fluide** · solution · **2 - boisson** · **3 - espèces** · numéraire · liquidités

liquider *v.tr.*

I 1 - réaliser · vendre · **2 - régler** · partager · **3 - solder** · brader · bazarder *fam.*

II [*fam.*] **1 - se débarrasser de** · en finir avec · expédier · régler · terminer · **2 - terminer** · faire un sort à · **3 - tuer** · abattre · se débarrasser de · se défaire de · éliminer · supprimer · envoyer dans l'autre monde *fam.* · zigouiller *fam.*

liquoreux, -euse *adj.* · doux · doucereux · sirupeux

lire *v.tr.* **1 - déchiffrer** · décoder · décrypter · **2 - réciter** · dire · prononcer · **3 - compulser** · consulter · **4 - bouquiner** *fam.* · **5 - interpréter** · expliquer · **6 - pénétrer** · découvrir · discerner

✦ **lire rapidement, en diagonale** feuilleter · parcourir · survoler

liseré *n.m.* · bordure · passepoil

liseron *n.m.* · belle-de-jour · convolvulus

liseur, -euse *n.* · lecteur
❧ **lecteur**

lisibilité *n.f.* · clarté · intelligibilité

lisible *adj.* **1 - déchiffrable** · décodable · décryptable · **2 - compréhensible** · clair · intelligible

lisière *n.f.* · bord · bordure · extrémité · frontière · limite · orée

lisse *adj.* **1 - égal** · plat · uni · **2 - poli** · **3 - glabre** · imberbe

lisser *v.tr.* **1 - aplanir** · aplatir · **2 - défriper** · déchiffonner · défroisser · [Techn.] calandrer · **3 - lustrer** · polir

liste *n.f.* **1 - énumération** · dénombrement · inventaire · recensement · **2 - relevé** · bordereau · catalogue · état · inventaire · nomenclature · répertoire · **3 - index** · répertoire · table · [de lauréats] palmarès
❧ **nomenclature**

lit *n.m.* **1 - couche** *littér.* · dodo *lang. enfants* · paddock *fam.* · page *fam.* · pageot *fam.* · pieu *fam.* · plumard *fam.* · plume *fam.* · pucier *fam.* · sac à puce *fam.* · [de bébé] berceau · [sommaire] couchette · natte · paillasse · **2 - tapis** · matelas · **3 - dépôt** · couche · strate · **4 - cours** · ravin · ravine

✦ **se mettre au lit** **1 - se coucher** · se mettre, se glisser dans les draps · se bâcher *pop.* · se mettre dans les bâches *pop.* · se mettre dans les toiles *pop.* · se pagnoter *pop.* · se plumarder *pop.* · mettre la viande dans le torchon *pop.* · **2 -** [malade] **s'aliter**

✦ **garder le lit** garder la chambre · rester couché · rester alité

litanie *n.f.* **1 - chant** · prière · antienne *littér.* · **2 - rabâchage** · couplet · histoire · leitmotiv · refrain · rengaine · scie · antienne *littér.* · chanson *fam.* · disque *fam.*

liteau *n.m.* · tasseau

lithographie *n.f.* · gravure · estampe · litho *fam.*

litière *n.f.* **1 - civière** · **2 -** [anciennt] **palanquin**

litige *n.m.* **1 - affaire** · cause · procès · **2 - conflit** · contestation · controverse · démêlé · différend · dispute · discussion

litigieux, -ieuse *adj.* **1 - contentieux** · contestable · contesté · **2 - douteux**

litote *n.f.* · euphémisme · atténuation

littéral, e *adj.* **1 - exact** · propre · (au sens) strict · **2 - textuel** · à la lettre · mot à mot

littéralement *adv.* **1 - à la lettre** · mot à mot · textuellement · **2 - véritablement**

littérateur *n.m.* · auteur · écrivain · homme de lettres · écrivassier *péj.* · plumitif *péj.*

littérature *n.f.* · lettres · belles-lettres *vieux*

littoral *n.m.* · bord de mer · côte · rivage

liturgie *n.f.* · rite · cérémonial · culte · rituel

livide *adj.* **1 - blafard** · blanc (comme un linge, comme un cachet d'aspirine) · blême · pâle · hâve *littér.* · **2 - cadavérique** · cireux · exsangue · plombé · terreux · verdâtre · vitreux · cadavéreux *littér.*
❧ **pâle**

living(-room) *n.m.* • salle (de séjour) • séjour • studio • vivoir *Québec ou vieux*

livraison *n.f.* **1 - remise** • délivrance • fourniture • **2 - fascicule** • numéro

livre *n.m.* **1 - volume** • édition • écrit • ouvrage • texte • bouquin *fam.* • [de magie ou plaisant] grimoire • **2 - tome** • partie

✦ **livre de classe** manuel (scolaire)
✦ **livre de chevet** bréviaire • bible
✦ **livre de messe** missel • paroissien

››› **livres** *plur.* **registre** • comptabilité

livrer *v.tr.* **1 - remettre** • délivrer • donner • fournir • porter • procurer • **2 -** [à la justice] **déférer** • confier • remettre • **3 - exposer** • communiquer • confier • dévoiler • révéler • **4 - dénoncer** • trahir • vendre • donner *fam.*

››› **se livrer** *v.pron.* **1 - se rendre** • se constituer prisonnier • **2 - se confier** • s'abandonner • s'épancher • s'ouvrir • ouvrir son cœur • se déboutonner *fam.*

✦ **se livrer à 1 - procéder à** • exécuter • pratiquer • **2 - s'adonner à** • s'appliquer à • s'attacher à • s'atteler à • se consacrer à • se dévouer à • se donner à • exercer • se porter à • vaquer à • **3 - s'abandonner à** • s'adonner à • se laisser aller à • **4 - s'abîmer dans** • s'enfoncer dans • se plonger dans

livret *n.m.* **1 - carnet** • **2 - fascicule** • **3 - libretto**

livreur *n.m.* • coursier • porteur • commissionnaire *vieux*

lobby *n.m.* • groupe de pression

[1]**local, e** *adj. et n.* • indigène • autochtone

[2]**local** *n.m.* • pièce • atelier • bureau

localisation *n.f.* **1 - détection** • repérage • **2 - implantation** • emplacement • position • situation • locus *(Biol.)*

localiser *v.tr.* **1 - repérer** • détecter • positionner • situer • **2 - circonscrire** • délimiter • limiter

localité *n.f.* • agglomération • bourg • bourgade • commune • village • place *Québec*

locataire *n.* • hôte

location *n.f.* **1 - louage** • **2 - bail** • affermage • amodiation

locomotion *n.f.* **1 - déplacement** • marche • transport • voyage • **2 - traction**

locomotive *n.f.* • motrice • locomotrice • machine • loco *fam.*

locuteur, -trice *n.* • sujet parlant • émetteur • énonciateur • interlocuteur

locution *n.f.* • expression • formule • tour • tournure • [propre à une langue] idiotisme

loge *n.f.* **1 - alvéole** • cellule • compartiment • niche • **2 - box** • stalle • **3 - avant-scène** • baignoire • **4 - conciergerie** *vieux*

✦ **loge maçonnique** atelier • temple

logeable *adj.* • habitable • commode

logement *n.m.* **1 - hébergement** • **2 - gîte** • abri • toit • **3 - demeure** • domicile • habitation • résidence • nid • chez-soi *fam.* • home *anglic.* • pénates *littér.* • [types] appartement •

maison • [d'appoint] pied-à-terre • chambre • garçonnière • studio • **4 - habitat**

⤷ maison

loger

▪ *v.intr.* **1 - demeurer** • habiter • résider • vivre • crécher *fam.* • percher *fam.* • **2 - gîter** • nicher • **3 - séjourner** • descendre • **4 -** [littér.] **se trouver** • se rencontrer

▪ *v.tr.* **1 - héberger** • accueillir • recevoir • offrir un toit à • **2 - abriter** • contenir • tenir • **3 - mettre** • installer • placer • ranger • caser *fam.* • fourrer *fam.*

»» **se loger** *v.pron.* **1 - s'installer** • trouver un toit • **2 - s'introduire** • s'enfoncer • se ficher • pénétrer • se fourrer *fam.*

loger, demeurer, résider

Loger, demeurer et **résider** sont relatifs à l'action d'habiter en un lieu. **Loger** s'emploie plutôt quand le logement occupé est temporaire *(loger chez ses parents, à l'hôtel)* ou à propos d'un habitat simple, de dimensions modestes *(loger sous les combles)* : « J'allai loger à l'hôtel Saint-Quentin, rue des Cordiers (...), vilaine rue, vilain hôtel, vilaine chambre » (Rousseau, *les Confessions*, VII). **Demeurer** se dit surtout quand on parle du lieu et non du bâtiment *(il demeure en face de l'église, à la campagne)* : « Vous n'êtes pas née pour demeurer dans un village » (Molière, *Dom Juan*, II, 2). De plus, **demeurer** est marqué par rapport à **loger** et souvent perçu comme familier ou régional. **Résider** élargit le cercle du lieu habité *(je réside actuellement en Italie)* et implique une idée de stabilité dans des emplois étendus de la langue administrative ou juridique *(les étrangers qui résident en France)*.

logiciel

n.m. • application • programme • progiciel • [de jeu] ludiciel

[1]logique

adj. **1 - cohérent** • conséquent • judicieux • juste • rigoureux • suivi • vrai • **2 - cartésien** • déductif • discursif • méthodique • rationnel • systématique • **3 - inévitable** • forcé • naturel • nécessaire • normal

[2]logique

n.f. **1 - cohérence** • méthode • raison • rigueur • **2 - enchaînement** • fatalité • **3 - dialectique** • argumentation • raisonnement • sophistique

logiquement

adv. **1 - normalement** • en principe • **2 - méthodiquement** • rationnellement • rigoureusement

logis

n.m. • habitation • foyer • logement • maison • chez-soi *fam.* • home *anglic.* • pénates *littér.*

logo

n.m. • symbole • emblème

logogriphe

n.m. • devinette • énigme

logorrhée

n.f. • verbiage • verbalisme • logomachie *littér.*

loi

n.f.

I 1 - droit • code • législation • textes • **2 -** [sortes] arrêté • décret • [anciennt] édit • charte • ordonnance • règlement • statut • **3 - autorité** • commandement • domination • empire • pouvoir • puissance

II 1 - norme • canon • dogme • principe • règle • **2 - contrainte** • devoir • impératif • nécessité • obligation • précepte • prescription • principe • règle • **3 - devise** • règle

✦ **faire la loi** commander • être seul maître à bord

✦ **faire des lois** légiférer

loin

adv. • éloigné • lointain • à distance • à l'écart

✦ **au loin** dans le lointain • à l'horizon

✦ **de loin** 1 – **à distance** · 2 – **de beaucoup** · 3 – **de longtemps**

✦ **de loin en loin** 1 – **de place en place** · par intervalles · 2 – **de temps en temps** · de temps à autre · quelquefois

✦ **plus loin** 1 – **ci-après** · ci-dessous · plus bas · infra · 2 – **au-delà** · plus avant

✦ **très loin** aux antipodes · à des années-lumière · au bout du monde · à perpette *fam.* · au diable (vauvert) *fam.*

✦ **loin de** 1 – **à l'écart de** · hors de · 2 – **éloigné de** · 3 – **à cent, mille lieues de**

✦ **loin de là** 1 – **au contraire** · tant s'en faut · 2 – **à beaucoup près**

✦ **aller trop loin** exagérer · dépasser la mesure · dépasser les bornes · pousser *fam.*

lointain, e

▪ *adj.* 1 – **distant** · écarté · éloigné · loin · reculé · 2 – **reculé** · éloigné · immémorial · 3 – **absorbé** · distant · distrait · dans le vague · 4 – **indirect** · 5 – **vague** · petit

▪ *n.m.* **arrière-plan** · fond · horizon

✦ **dans le lointain** à l'horizon · au loin · en arrière-plan

lointain, éloigné, reculé

Lointain s'applique à ce qui est à une grande distance du lieu où l'on se trouve *(des pays lointains, les lointaines banlieues, les vacanciers habitués aux destinations lointaines)*. La distance évoquée est moins importante avec **éloigné** mais, surtout, le mot est plus courant que **lointain** et s'emploie aussi en parlant d'une personne *(il vit éloigné de son village)*. Avec **reculé**, ce n'est pas la distance qui importe mais la difficulté d'accès au lieu *(atteindre des vallées reculées)*. Par ailleurs, **lointain** et **éloigné** qualifient ce qui est distant dans le temps, passé *(des souvenirs lointains/éloignés)* ou futur *(une perspective lointaine/éloignée)*, la distance par rapport au présent étant sentie moindre avec **éloigné**. **Reculé**, comme l'indique son sens général, ne concerne qu'une date, une période passée *(dans les siècles les plus reculés)*.

loisir

n.m. 1 – **temps libre** · temps à soi · liberté · oisiveté · vacances · 2 – **passe-temps** · activité · distraction · hobby *anglic.* · occupation

✦ **avoir le loisir de** avoir la possibilité de · avoir la liberté de · avoir la latitude de · avoir l'occasion de · avoir le temps de

✦ **à loisir** à volonté · à discrétion · ad libitum · à satiété

[1]long, longue

adj. 1 – **allongé** · élancé · étendu · oblong · 2 – **grand** · interminable · 3 – **lent** · ennuyeux · fastidieux · interminable · longuet *fam.* · mortel *fam.* · 4 – **bavard** · diffus · prolixe · verbeux · 5 – **ancien** · vieux · 6 – **lointain** · 7 – **entier** · tout

✦ **de longue date** depuis longtemps · depuis belle lurette *littér.* · de longue main · depuis des lustres

✦ **au long** complètement · in extenso · sans abréviation

✦ **en long** longitudinal

✦ **tout du, au long** du début à la fin · de A à Z

✦ **très long** interminable · long comme un jour sans pain

✦ **à la longue** avec le temps · à force · finalement · le temps aidant · tôt ou tard

[2]long

adv. **beaucoup**

✦ **en savoir long** être instruit · être au fait · être au parfum *fam.*

longanimité

n.f. · indulgence · constance · patience

longer *v.tr.* 1 - **border** · côtoyer · raser • [côte] ranger *(Naut.)* · 2 - **emprunter** · suivre

longtemps *adv.* 1 - **longuement** · (pendant) des heures · des heures durant · des heures et des heures · un long moment · 2 - **beaucoup**

- ✦ **depuis longtemps** de longue date · de longue main · depuis des lustres
- ✦ **ça fait longtemps** ça fait des lustres · ça ne date pas d'hier · ça fait un bail *fam.* · ça fait une paye *fam.* · il y a belle lurette *fam.* · il y a un sacré bout de temps *fam.* · ça remonte *pop.*
- ✦ **il y a (bien) longtemps** anciennement · autrefois · il y a beau temps · jadis · il y a un bail *fam.* · il y a belle lurette *fam.* · il y a une paye *fam.* · il y a un sacré bout de temps *fam.*

longtemps, longuement

Longtemps et **longuement** s'emploient pour marquer qu'un temps important s'écoule. **Longtemps** est relatif à la durée objective d'une action ou d'un état *(elle est restée longtemps absente)* et peut être suivi avec cette valeur d'un complément de temps *(cela s'est passé longtemps avant ta naissance)*. **Longuement** se rapporte à une action considérée en elle-même, dans son contenu et sa continuité *(c'est un projet longuement mûri)*. La différence de sens est particulièrement sensible quand les deux mots sont dans le même contexte *(elle a longtemps raconté son histoire, elle a longuement raconté son histoire)*.

longuement *adv.* · abondamment · amplement · beaucoup · longtemps • [réfléchir] mûrement

longtemps

longueur *n.f.* 1 - **taille** · envergure · étendue · grandeur · 2 - **distance** · espace · trajet · 3 - **durée** · lenteur

- ✦ **longueur d'avance** avantage · supériorité
- ✦ **à longueur de** tout au long de · pendant toute la durée de
- ✦ **à longueur de journée** tout le temps · du matin au soir

look *n.m.* · allure · apparence · dégaine · genre · style · touche *fam., péj.*

looping *n.m.* · boucle · acrobatie

lopin *n.m.* · parcelle · morceau

loquace *adj.* · bavard · prolixe · volubile · causant *fam.* · causeur *rare*

loquacité *n.f.* · volubilité · prolixité · verve · faconde *littér.* · bagou *fam.*

loque *n.f.* 1 - **lambeau** · 2 - **guenille** · 3 - **épave** · déchet (humain)

⋙ **loques** *plur.* · guenilles · haillons · oripeaux *littér.*

haillons

loqueteux, -euse *adj.* 1 - **déchiré** · en loques · 2 - **déguenillé** · en haillons · en loques

lorgner *v.tr.* 1 - **regarder** · loucher sur *fam.* · reluquer *fam.* · 2 - **convoiter** · guigner · viser · loucher sur *fam.*

lorgnette *n.f.* · jumelles

lorgnon *n.m.* · monocle · binocle · face-à-main · pince-nez

lors *adv.*

- ✦ **lors de** au moment de · à l'époque de · pendant
- ✦ **dès lors que** du moment que

lorsque *conj.* · quand · au moment où · à l'instant où · à l'époque où
~ **quand**

lot *n.m.* **1 - part** · portion · **2 - lotissement** · **3 - assortiment** · ensemble · jeu · stock · **4 - kit** · **5 - apanage** · destin · destinée · héritage · sort
✦ **gagner, tirer, toucher le gros lot** gagner, toucher le jackpot · décrocher la timbale *fam.*

loterie *n.f.* · tombola

loti, e *adj.*
✦ **bien loti** favorisé · avantagé
✦ **mal loti** défavorisé · désavantagé

lotionner *v.tr.* · laver · nettoyer

lotir *v.tr.* **1 - partager** · morceler · répartir · **2 - doter** · attribuer à · munir · pourvoir

louable *adj.* · bien · bon · digne · estimable · honnête · honorable · méritoire

louablement *adv.* · dignement

louage *n.m.* · location

louange *n.f.* **1 - éloge** · apologie · exaltation · glorification · dithyrambe *littér.* · panégyrique *littér.* · **2 - applaudissement** · compliment · encouragement · félicitation · **3 - gloire** · mérite
✦ **à la louange de** en l'honneur de

louanger *v.tr.* **1 - louer** · célébrer · chanter les louanges de · encenser · exalter · faire l'éloge de · glorifier · porter aux nues · tresser des couronnes, des lauriers à · magnifier *littér.* · **2 - flatter** · flagorner

louangeur, -euse
▪ *adj.* **élogieux** · flatteur · laudatif
▪ *n.* [vieilli] **laudateur** · encenseur · thuriféraire *littér.* · courtisan *péj.* · flagorneur *péj.* · flatteur *péj.*

loubard, e *n.* → **voyou**

louche *adj.* **1 - trouble** · douteux · équivoque · incertain · suspect · troublant · pas clair *fam.* · pas net *fam.* · **2 - interlope** · borgne · inquiétant · mal famé · **3 -** [vieux] **oblique** · torve · de travers

loucher *v.intr.* · bigler *fam.* · avoir une coquetterie dans l'œil *fam.* · avoir un œil qui dit merde à l'autre *fam.* · avoir un œil qui joue du billard et l'autre qui compte les points *fam.* · avoir les yeux qui se croisent (les bras) *fam.*
✦ **loucher sur** convoiter · désirer · guigner · lorgner *fam.* · reluquer *fam.* · viser

loucheur, -euse *n.* · bigleux *fam.* · bigle *vieux*

[1]**louer** *v.tr.* **1 - complimenter** · féliciter · **2 - célébrer** · bien parler de · chanter les louanges de · couvrir de fleurs · élever aux nues · encenser · exalter · faire l'éloge de · glorifier · porter aux nues, au pinacle · tresser des couronnes, des lauriers à · louanger *littér.* · magnifier *littér.* · **3 - prôner** · vanter · **4 -** [Relig.] **bénir** · glorifier
»» **se louer de** *v.pron.* **se féliciter de** · s'applaudir de · se glorifier de · se vanter de
~ **vanter**

[2]**louer** *v.tr.* **1 - donner en location** · donner à bail · donner à loyer · [une terre] affermer · amodier · **2 - prendre en location** · prendre à bail · prendre à loyer · **3 - affréter** · fréter · noliser · **4 - réserver** · retenir

loufoque *adj.* **1 -** → **fou** · **2 -** → **extravagant**

loufoquerie *n.f.* → **extravagance**

loup *n.m.* **1 -** [poisson] **bar** · **2 - masque** · **3 - défaut** · défectuosité · malfaçon · ratage · raté · loupage *fam.* · loupé *fam.*

loupage *n.m.* → **ratage**

loupe *n.f.* · nodosité · broussin

louper *v.tr.* → **rater**

lourd, lourde *adj.*
I 1 - pesant · **2 - dense** · compact · **3 - massif** · corpulent · épais · fort · gros · imposant · opulent · mastoc *fam.* · **4 -** [terre] **collant** · gras · détrempé
II 1 - indigeste · pesant · bourratif *fam.* · **2 -** [estomac] **chargé** · appesanti · embarrassé
III 1 - important · écrasant · **2 - grave** · grossier · **3 - accablant** · douloureux · dur · pénible · sévère
IV 1 - couvert · bas · chargé · **2 - menaçant** · oppressant · orageux
V 1 - [regard] **appuyé** · insistant · **2 -** [sommeil] **profond**
VI 1 - stupide · balourd · béotien · bête · bovin · crasse · empoté · endormi · épais · fruste · gros · grossier · lent · lourdaud · maladroit · malhabile · niais · obtus · pataud · pesant · rustaud · rustre · sot · lourdingue *fam.* · relou *lang. jeunes* · **2 - embarrassé** · confus · gauche · indigeste · laborieux · tarabiscoté

✦ **lourd de** chargé de · gros de · plein de · rempli de

lourdaud, e

▪ *adj.* **1 - maladroit** · balourd · gauche · pataud *fam.* · **2 - grossier** · balourd · béotien · bête · lourd · fruste · obtus · lourdingue *fam.*

▪ *n.* **rustaud** · rustre · cruche *fam.* · butor *vieilli ou plaisant* · ganache *fam., vieilli*

lourdement *adv.* **1 - fortement** · **2 - durement** · rudement · sévèrement · **3 - grossièrement** · **4 - pesamment**

lourder *v.tr.* → **licencier**

lourdeur *n.f.* **1 - poids** · masse · pesanteur · **2 - alourdissement** · appesantissement · engourdissement

✦ **lourdeur (d'esprit)** lenteur · épaisseur · paresse · pesanteur · rusticité

lourdingue *adj.* [fam.] → **lourd**

loustic *n.m.* **1 - mauvais plaisant** · coco *fam.* · gaillard *fam.* · lascar *fam.* · numéro *fam.* · type *fam.* · zèbre *fam.* · zigoto *fam.* · **2 -** [vieux] **farceur** · blagueur · bouffon · boute-en-train · pitre · plaisantin

louvoiement *n.m.* · atermoiement · détour · faux-fuyant · manœuvre · tergiversation

louvoyer *v.intr.* **1 - biaiser** · atermoyer · tergiverser · user de faux-fuyants · finasser *fam.* · **2 - remonter (au vent)**

lover (se) *v.pron.* · s'enrouler · se blottir · se pelotonner · se recroqueviller

loyal, e *adj.* **1 - franc** · droit · carré · correct · de bonne foi · fair-play · honnête · régulier · réglo *fam.* · probe *littér.* · **2 - de bonne guerre** · **3 - fidèle** · dévoué · sûr

loyalement *adv.* **1 - honnêtement** · cartes sur table · sportivement · **2 - fidèlement**

loyalisme *n.m.* · fidélité · dévouement

loyauté *n.f.* **1 - droiture** · bonne foi · fair-play · franchise · honnêteté · probité · **2 - fidélité** · dévouement

loyer *n.m.* **1 - terme** • **2 - fermage** • **3 - fret** • nolis

lubie *n.f.* • envie • caprice • coup de tête • fantaisie • folie • manie • passade • dada *fam.* • tocade *fam.* • foucade *vieux ou littér.*

lubricité *n.f.* **1 - sensualité** • impudicité • lascivité • licence • obscénité • paillardise • salacité • **2 - débauche** • dépravation • immoralité • luxure • vice • stupre *littér.*

lubrification *n.f.* • graissage • huilage

lubrifier *v.tr.* • graisser • huiler • oindre

lubrique *adj.* • concupiscent • lascif • libidineux • luxurieux • salace • sensuel • vicieux

lucarne *n.f.* • fenêtre • chien-assis • œil-de-bœuf • faîtière • tabatière • Velux *nom déposé*

lucide *adj.* **1 - sensé** • conscient • **2 - clairvoyant** • intelligent • pénétrant • perspicace • sagace

lucidité *n.f.* **1 - raison** • bon sens • conscience • **2 - clairvoyance** • intelligence • netteté • pénétration • perspicacité • sagacité

✦ **avoir toute sa lucidité** avoir toute sa raison • avoir toutes ses facultés • avoir toute sa tête

luciférien, -ienne *adj.* • démoniaque • diabolique • infernal • méphistophélique • satanique

lucratif, -ive *adj.* • rémunérateur • attractif • avantageux • fructueux • intéressant • payant • rentable • juteux *fam.*

lucre *n.m.* • gain • bénéfice • profit

luette *n.f.* • uvule

lueur *n.f.* **1 - lumière** • clarté • flamme • nitescence *littér.* • **2 - éclat** • éclair • étincelle • flamme

✦ **premières lueurs du jour** aube • aurore

lumière

luge *n.f.* • glisse *Suisse*

lugubre *adj.* **1 - triste** • funeste • sinistre • sombre • glauque *fam.* • **2 -** [littér.] **funèbre** • macabre

lugubrement *adv.* • sinistrement • tristement

luire *v.intr.* **1 - briller** • éclairer • étinceler • flamboyer • rayonner • resplendir • rutiler • **2 - miroiter** • chatoyer • reluire • scintiller

luisant, e *adj.* **1 - brillant** • étincelant • rutilant • **2 - chatoyant** • moiré • **3 - lustré** • **4 -** [vieux] **phosphorescent**

lumbago *n.m.* • tour de reins *fam.*

lumière *n.f.* **1 - clarté** • jour • lueur • [vive] éclat • **2 - électricité** • éclairage • feu • illumination • lampe • lanterne • luminaire • **3 - rayonnement** • éclairement • reflet • **4 - éclat** • brillant • feu • splendeur • **5 - génie** • savant • sommité • as *fam.* • crack *fam.* • flambeau *littér.* • [au négatif] aigle • phénix

✦ **mettre en lumière** mettre en évidence • mettre au grand jour

✦ **faire la lumière sur** élucider

»» **lumières** *plur.* **connaissances** • éclaircissements • explications • indications • informations • intelligence • lueurs • précisions • renseignements • savoir • science • clartés *vieilli*

lumière, lueur, clarté

Lumière, lueur et clarté se rapportent à ce qui permet, concrètement, de voir. Lumière, terme général, désigne tout ce par quoi les choses sont éclairées *(la lumière du jour, répandre de la lumière, un rayon, un halo de lumière ; une lumière faible, vive)*. **Clarté** se dit de la lumière qui rend les objets visibles de manière distincte *(la clarté de la lampe)* « : La clarté qui vient du couloir (...) fait briller dans la pièce sans lumière les cheveux blonds (...) de la jeune femme » (A. Robbe-Grillet, *Projet pour une révolution à New-York*). **Lueur** concerne seulement une lumière faible, diffuse *(les lueurs du soleil couchant ; lire à la lueur des bougies)*. Par figure, **lumière** s'emploie au pluriel pour la capacité intellectuelle, les connaissances de quelqu'un *(j'ai besoin de vos lumières)*. Également au pluriel, **clarté** est vieilli dans cet emploi *(avoir des clartés sur tout)* et **lueur** évoque des connaissances superficielles sur un sujet *(apporter ses lueurs sur quelque chose)*.

lumignon *n.m.* · lampe

luminaire *n.m.* · lampe · éclairage · lustre · projecteur

luminescence *n.f.* · brillance · fluorescence · phosphorescence · nitescence *littér.*

luminescent, e *adj.* · lumineux · fluorescent · phosphorescent · nitescent *littér.*

lumineux, -euse *adj.*
I 1 - éclairé · **2 - brillant** · éclatant · éblouissant · incandescent · **3 - luminescent** · fluorescent · phosphorescent · nitescent *littér.* · **4 - radieux** · clair · ensoleillé · étincelant
II 1 - éclairant · clair · évident · limpide · net · **2 - génial** · brillant · clair · lucide · pénétrant

luminosité *n.f.* **1 - clarté** · lumière · **2 - brillance** · brillant · éclat

lunatique *adj.* · capricieux · fantasque · d'humeur changeante · instable · versatile

lunch *n.m.* · buffet · cocktail

lunette *n.f.* [de voiture] glace
✦ **lunette d'approche** longue-vue · lorgnette
✦ **lunette astronomique** télescope

lunettes *n.f.pl.* · verres · besicles *littér.* · binocles *fam.* · carreaux *fam.* · hublots *fam.*

luron, -onne *n.*
✦ **gai, joyeux luron** boute-entrain · bon vivant · joyeux drille

lustre *n.m.* **1 - poli** · brillant · éclat · luisant · miroitement · vernis · **2 - faste** · éclat · magnificence · relief · somptuosité · splendeur · **3 - gloire** · réputation · valeur · **4 - luminaire** · plafonnier · suspension · couronne de lumière · lampe astrale

lustré, e *adj.* **1 - brillant** · luisant · satiné · **2 - usé** · élimé · râpé

lustrer *v.tr.* **1 - frotter** · polir · **2 -** [étoffe] **calandrer** · cylindrer · glacer · **3 -** [cuir] **lisser** · satiner

luter *v.tr.* · colmater · boucher

lutin, e
▪ *n.m.* **1 - esprit** · elfe · farfadet · génie · gobelin *vieux* • [allemand] kobold • [arabe] djinn • [breton] korrigan · poulpiquet • [scandinave] troll · **2 - démon** · (petit) diable
▪ *adj.* [vieux] **mutin** · espiègle

lutiner *v.tr.* · harceler · peloter *fam.*

lutte *n.f.* **1 - affrontement** · bataille · combat · duel · échauffourée · guerre · mêlée · pugilat · rixe · bagarre *fam.* · **2 - opposition** · antagonisme · collision · combat · conflit · duel · guerre · hostilité · rivalité · **3 - résistance** · action · agitation · révolte · **4 - débat** · assaut · controverse · discussion · dispute · escrime *fig.* · joute (oratoire) · querelle · **5 - compétition** · concours · course · match

✦ **en lutte contre** en conflit avec · aux prises avec

conflit

lutter *v.intr.* **1 - combattre** · batailler · se battre · en découdre · se bagarrer *fam.* · guerroyer *littér.* · **2 - se défendre** · se débattre · résister

✦ **lutter de** rivaliser de

✦ **lutter pour** **1 - agir pour** · faire campagne pour · militer pour · **2 - s'efforcer de** · s'évertuer à

✦ **lutter contre** **1 - affronter** · combattre · faire la guerre à · militer contre · **2 - contenir** · étouffer · réfréner · réprimer

lutteur, -euse *n.* **1 - athlète** · **2 - jouteur** · **3 - battant**

✦ **lutteur de foire** hercule · alcide · bateleur

luxation *n.f.* **1 - déboîtement** · désarticulation · dislocation · **2 - élongation** · entorse · foulure

luxe *n.m.* **1 - somptuosité** · apparat · éclat · faste · magnificence · opulence · pompe · raffinement · richesse · splendeur · **2 - superflu** · dépense superflue · superfluité *littér.* · **3 - abondance** · débauche · foisonnement · excès · profusion · pullulement

✦ **de luxe** **1 - de prix** · haut de gamme · fin · chic *fam.* · **2 - somptuaire** *emploi critiqué* · voluptuaire *(Droit)*

luxe, faste, somptuosité, magnificence

Luxe, faste, somptuosité et **magnificence** ont en commun l'idée de dépense de richesses. **Luxe,** le mot le plus courant, s'emploie pour caractériser un mode de vie où les dépenses satisfont des besoins socialement superflus *(avoir des goûts de luxe, un luxe opulent, le luxe d'une décoration).* **Faste** se dit quand le luxe est largement déployé pour être vu *(le faste d'un mariage, d'une fête).* **Somptuosité** ajoute à l'idée de grand luxe celle de raffinement *(la somptuosité d'un ameublement, des costumes d'une grande somptuosité).* **Magnificence** renchérit sur **somptuosité** avec une idée de grandeur dans l'apparence *(la magnificence d'une cérémonie, d'un spectacle).*

luxer *v.tr.* · déboîter · démettre · désarticuler · disloquer

luxueusement *adv.* · fastueusement · magnifiquement · princièrement · richement · royalement · somptueusement · splendidement

luxueux, -euse *adj.* **1 - fastueux** · éclatant · magnifique · opulent · princier · riche · royal · somptueux · splendide · **2 - de luxe**

luxure *n.f.* **1 - débauche** · dépravation · licence · paillardise · vice · stupre *littér.* · **2 - sensualité** · concupiscence · incontinence · lascivité · lubricité

luxuriance *n.f.* · exubérance · abondance · floraison · foisonnement · surabondance

luxuriant, e *adj.* · exubérant · abondant · riche · surabondant · touffu

luxurieux, -ieuse *adj.* · charnel · débauché · incontinent · lascif · libidineux · lubrique · sensuel

lycée *n.m.* · établissement · école · bahut *fam.* · boîte *fam.* · athénée *Belgique* · cégep *Québec* · gymnase *Suisse*

lycéen, -enne *n.* · potache *fam.*

lymphatique *adj.* **1 - apathique** · indolent · mou · nonchalant · **2 -** [Méd. ancienne] **flegmatique**

lymphe *n.f.* · flegme

lyncher *v.tr.* · mettre en pièces · écharper · massacrer

lyrique *adj.* **1 - poétique** · **2 - exalté** · ardent · enflammé · enthousiaste · passionné

lyrisme *n.m.* · ardeur · chaleur · enthousiasme · exaltation · feu · passion

m

mac *n.m.* [abrév.] → **proxénète**

macabre *adj.* **1 - funèbre** · **2 - lugubre** · noir · sépulcral · sinistre · triste

❧ **funèbre**

macadam *n.m.* **1 - revêtement** · asphalte · bitume · goudron · **2 - chaussée**

macadamiser *v.tr.* · bitumer · empierrer

macaron *n.m.* · insigne · rosette

macédoine *n.f.* **1 - jardinière** · **2 - salade (russe)**

macération *n.f.* **1 - mortification** · **2 - décoction** · digestion · infusion

macérer

▪ *v.intr.* **tremper** · baigner · infuser · mariner

▪ *v.tr.* **mortifier** · mater

mâche *n.f.* · doucette *région.* · boursette *région.*

mâcher *v.tr.* · mastiquer · mâchonner · mâchouiller *fam.* · [du tabac] chiquer

machette *n.f.* · coupe-coupe · coutelas · sabre

machiavélique *adj.* **1 - diabolique** · démoniaque · **2 - perfide** · pervers · retors · **3 - astucieux** · rusé

machiavélisme *n.m.* **1 - perfidie** · calcul · dissimulation · **2 - astuce** · ruse

machin *n.m.* → **chose**

machinal, e *adj.* · automatique · inconscient · instinctif · involontaire · irréfléchi · mécanique · réflexe

machinalement *adv.* · mécaniquement · automatiquement · par habitude · inconsciemment · instinctivement · sans réfléchir

machination *n.f.* **1 - manœuvre** · agissements · intrigue · manège · manigance · menées · ruse · **2 - complot** · conspiration

machine *n.f.* **1 - appareil** · dispositif · engin · instrument · mécanique · mécanisme · outil · bécane *fam.* · **2 - automate** · **3 - ordinateur** · bécane *fam.* · **4 - lave-vaisselle**

✦ **machine (à laver)** lave-linge

✦ **machine à calculer** calculette · calculatrice

✦ **machine infernale** bombe

machiner *v.tr.* · organiser · combiner · manigancer · monter · tramer · ourdir *littér.*

machinisme *n.m.* · mécanisation · industrie

machiniste *n.m.* **1 - conducteur** · mécanicien · **2 - mécanicien** · **3 - machino** *fam.*

machisme *n.m.* · sexisme · phallocratie

machiste *adj. et n.m.* · phallocrate · sexiste · macho *fam.*

macho *adj. et n.m.* → **machiste**

mâchoire *n.f.* · maxillaire · mandibule

mâchonner *v.tr.* **1 - mâcher** · mordiller · machouiller *fam.* · **2 - marmonner** · marmotter · ruminer

mâchurer *v.tr.* · entamer · déchiqueter · écraser · meurtrir · mordre

maçonnerie *n.f.* · gros-œuvre

macule *n.f.* · salissure · bavure · tache

maculé, e *adj.* · sali · barbouillé · crotté · souillé · taché

maculer *v.tr.* · salir · barbouiller · crotter · encrasser · noircir · souiller · tacher

madras *n.m.* · foulard

madré, e *adj.* · rusé · finaud · futé · malin · retors · matois *littér.* · roué *littér.*

madrier *n.m.* · poutre · chevron

maelström *n.m.* **1 - tourbillon** · gouffre · vortex · **2 - tourmente** · cyclone · ouragan · tempête · tornade · tourbillon

maestria *n.f.* **brio** · adresse · facilité · habileté · maîtrise · virtuosité

✦ **avec maestria** de main de maître · brillamment · magistralement

mafia *n.f.* **1 - syndicat du crime** · [en Chine] triade · **2 - bande** · clan · clique

mafieux *n.m.* · mafioso

magasin *n.m.* **1 - commerce** · affaire · boutique · échoppe · fonds de commerce · **2 - entrepôt** · abri · dépôt · docks · halle · réserve · resserre · [Marine] cambuse · **3 - réserve** · **4 - chargeur** · boîtier

✦ **grand magasin** grande surface · hypermarché · supérette · supermarché · hyper *fam.*

✦ **magasin à blé** grenier · silo

✦ **en magasin** en stock · disponible

✦ **faire les magasins** faire du lèche-vitrines *fam.* · faire du shopping *fam.* · magasiner *Québec*

magazine *n.m.* · revue · périodique

mage *n.m.* · devin · astrologue · chiromancien · magicien · marabout · prêtre

magicien, -ienne *n.* **1 - prestidigitateur** · escamoteur · illusionniste · **2 - mage** · alchimiste · astrologue · devin · enchanteur · ensorceleur · fée · nécromancien · sorcier · thaumaturge · nécromant *vieux*

magie *n.f.* **1 - prestidigitation** · illusionnisme · tour de passe-passe · **2 - sorcellerie** · alchimie · astrologie · divination · enchantement · envoûtement · **3 - charme** · beauté · prestige · puissance · séduction

magique *adj.* **1 - enchanté** · féerique · surnaturel · **2 - cabalistique** · ésotérique · occulte · **3 - mer-**

veilleux • enchanteur • ensorcelant • envoûtant • fantastique • fascinant • féerique

magistral, e *adj.* **1 –** [littér.] **doctoral** • impérieux • imposant • pédant *péj.* • péremptoire • pontifiant *péj.* • professoral • solennel • **2 – excellent** • extraordinaire • formidable • grand • incomparable • magnifique • merveilleux • souverain • splendide • superbe • supérieur

magistralement *adv.* **1 – avec brio** • génialement • de main de maître • **2 – doctement** • pompeusement • prétentieusement • solennellement

magma *n.m.* • mélange • agglomérat • bouillie • masse (informe)

magnanime *adj.* • bon • beau • chevaleresque • clément • généreux • grand • noble

magnanimité *n.f.* • grandeur d'âme • bienveillance • bonté • clémence • cœur • générosité • mansuétude • noblesse

magnat *n.m.* • potentat • gros bonnet *fam.* • baron *fam.* • roi *fam.*

magner (se) *v.pron.* → **se dépêcher**

magnétique *adj.* • ensorcelant • envoûtant • fascinant • hypnotisant • subjuguant

magnétiser *v.tr.* **1 – aimanter** • **2 – hypnotiser** • envoûter • fasciner • hypnotiser • subjuguer

magnétiseur, -euse *n.* • hypnotiseur

magnétisme *n.m.* **1 – charme** • attraction • fascination • **2 – ascendant** • autorité • charisme • influence • **3 – hypnotisme** • envoûtement • hypnose • suggestion

magnificence *n.f.* **1 – générosité** • largesse • libéralité • prodigalité • munificence *littér.* • **2 – somptuosité** • apparat • grand appareil • beauté • brillant • éclat • faste • luxe • pompe • richesse • splendeur

❧ **luxe**

magnifier *v.tr.* **1 – exalter** • célébrer • glorifier • louer • chanter les louanges de • **2 – idéaliser** • embellir

magnifique *adj.* **1 – admirable** • beau • brillant • éclatant • extraordinaire • féerique • formidable • glorieux • grand • grandiose • magistral • merveilleux • noble • remarquable • splendide • superbe • **2 – fastueux** • luxueux • princier • riche • royal • seigneurial • somptueux

magnifiquement *adv.* **1 – admirablement** • divinement • formidablement • merveilleusement • superbement • somptueusement • splendidement • **2 – royalement** • princièrement

magnitude *n.f.* • grandeur • amplitude

magot *n.m.* • épargne • économies • pécule • trésor • bas de laine *fam.*

magouille *n.f.* • arrangement • combinaison • escroquerie • fraude • intrigue • machination • manœuvre • manigance • maquignonnage • trafic • combine *fam.* • cuisine *fam.* • fricotage *fam.* • grenouillage *fam.* • magouillage *fam.* • tripatouillage *fam.* • tripotage *fam.*

magouiller *v.tr.* **1 – combiner** • intriguer • cuisiner *fam.* • fricoter *fam.* • grenouiller *fam.* • traficoter *fam.* • trafiquer *fam.* • tripatouiller *fam.* · tripoter *fam.* · **2 - manigancer** · fabriquer *fam.* · trafiquer *fam.*

magouilleur, -euse *adj.* · intrigant · escroc · filou · combinard *fam.* · fricoteur *fam.* · traficoteur *fam.*

maigre *adj.*
I 1 - mince · amaigri · chétif · décharné · desséché · efflanqué · étique · famélique · fluet · grêle · gringalet · hâve · maigrelet · menu · rachitique · sec · squelettique · maigrichon *fam.* · maigriot *fam.* · **2 -** [visage] **anguleux** · creusé · émacié · hâve
II 1 - aride · pauvre · stérile · **2 - rare** · clairsemé · pauvre · peu fourni · peu abondant · rabougri
III médiocre · chiche · faible · insuffisant · juste · léger · limité · mince · misérable · modeste · modique · pauvre · petit · piètre
IV écrémé · allégé
✦ **il est très maigre** on peut lui compter, on lui voit les côtes *fam.* · il est maigre comme un clou *fam.* · il est maigre comme un coucou *fam.* · il est maigre, sec comme un hareng saur *fam.* · il est maigre comme un cent de clous *fam., vieilli* · c'est un sac d'os *fam.*
✦ **un grand maigre** un échalas · une girafe · une (grande) perche

maigrelet, -ette *adj.* · fluet · frêle · maigrichon *fam.* · maigriot *fam.*

maigrement *adv.* · faiblement · chichement · médiocrement · modestement · modiquement · petitement · peu

maigreur *n.f.* **1 - minceur** · émaciation · amaigrissement · consomption *vieilli* · **2 - insuffisance** · médiocrité · modicité · pauvreté

maigrichon, -onne *adj. et n.* · maigrelet · maigriot *fam.*

maigrir
▪ *v.intr.* **perdre du poids** · se dessécher · fondre · mincir · décoller *fam.* · [visage] s'émacier
▪ *v.tr.* **amaigrir** · [le visage] émacier

mail *n.m.* · courrier électronique · e-mail · courriel *recomm. offic.*

maille *n.f.* **1 - chaînon** · maillon · **2 - point** · **3 - tricot** · jersey

maillet *n.m.* · marteau · mailloche · masse

maillon *n.m.* · chaînon · anneau · maille

maillot *n.m.* **1 - débardeur** · polo · tee-shirt · **2 -** [de danse, gymnastique] **collant**
✦ **maillot de corps** tricot de corps *vieilli* · marcel *fam.*
✦ **maillot de bain** costume de bain

main *n.f.* **1 - menotte** *fam.* · cuiller *fam.* · louche *fam.* · paluche *fam.* · patte *fam.* · pince *fam.* · pogne *fam.* · [puissante] poigne · battoir *fam.* · **2 - style** · facture · griffe · patte · touche
✦ **main courante** rampe
✦ **petite main** exécutant · [anciennt] couturière
✦ **à la main** manuellement
✦ **écrit à la main** manuscrit
✦ **mettre la main sur** **1 - trouver** · dégoter *fam.* · dénicher *fam.* · **2 - s'emparer de** · confisquer
✦ **prendre en main** se charger de · assumer
✦ **avoir la haute main sur** contrôler · commander · diriger · tenir les rênes de
✦ **se faire la main** apprendre · s'entraîner · s'exercer

main-d'œuvre *n.f.* **1 - façon** · **2 - personnel**

main-forte *n.f.*

✦ **prêter main-forte à** aider · assister · épauler · secourir · soutenir · venir en aide à · donner un coup de main à *fam.* · donner un coup de pouce à *fam.*

mainmise *n.f.* **1 - ascendant** · emprise · influence · pouvoir · **2 - prise** · rafle

maint *adj. indéf.* **beaucoup de** · nombre de · de nombreux · plusieurs · moult *littér.*

✦ **maintes fois** souvent

[1]**maintenance** *n.f.* [vieux] confirmation · maintien · persévérance

[2]**maintenance** *n.f.* · entretien · suivi

maintenant *adv.* **1 - actuellement** · à l'heure qu'il est · à présent · aujourd'hui · de nos jours · en ce moment · à cette heure *vieilli ou Belgique* · présentement *vieilli ou Québec* · ores *vieux* · **2 - désormais** · à l'avenir

maintenant, à présent, présentement, actuellement

Ces adverbes sont relatifs au moment où l'on parle (en ce moment) ou dont on parle (à ce moment-là). **Maintenant** rend compte du présent de celui qui parle *(il a plu ce matin et maintenant le soleil revient)*. **À présent** peut s'employer dans une phrase au passé pour exprimer le moment dont on parle : « À présent que ses yeux étaient clos, plus rien ne restait, dans l'expression de ses traits, que d'austère (...) » (Gide, *Et nunc manet in te*, in *Souvenirs*). Dans le même contexte, on ne dirait pas *maintenant* mais *alors*. **Présentement** est vieilli ou régional : « Voilà quel est Paris présentement, mais il changera de face dans quelques mois » (Mme de Sévigné, 283, 6 juin 1672). En dehors de son usage au Québec, **présentement** est remplacé aujourd'hui par *à l'instant* ou *actuellement*. **Actuellement** exprime un présent moins immédiat que **maintenant** *(les difficultés que nous rencontrons actuellement ; le docteur est actuellement en congé, mais je peux vous donner un rendez-vous dès maintenant)*.

maintenir *v.tr.* **1 - soutenir** · appuyer · caler · retenir · supporter · tenir · **2 - attacher** · assembler · fixer · **3 - conserver** · continuer · entretenir · garder · laisser · perpétuer · poursuivre · préserver · sauvegarder · tenir · **4 - immobiliser** · arrêter · assujettir · bloquer · contenir · tenir (en bride) · **5 - confirmer** · affirmer · certifier · réitérer · répéter · soutenir

⋙ **se maintenir** *v.pron.* **1 - durer** · demeurer · perdurer · persister · rester · subsister · **2 - se tenir**

maintien *n.m.* **1 - contenance** · air · allure · attitude · port · posture · présentation · prestance · tenue · **2 - conservation** · continuité · préservation · sauvegarde

maire, mairesse *n.*

✦ **devenir maire** ceindre l'écharpe

mairie *n.f.* **1 - hôtel de ville** · maison communale · **2 - municipalité**

mais *conj.* **1 - pourtant** · cependant · néanmoins · toutefois · **2 - seulement** · **3 - en revanche** · par contre

maison *n.f.* **1 - bâtiment** · bâtisse · construction · habitation · logement · résidence · pavillon · villa · demeure *vieilli ou littér.* · baraque *péj.* · bicoque *péj.* · masure *péj.* · [en bois] chalet · [en Provence] mas · **2 - domicile** · bercail *souvent plaisant* ·

chez-soi · demeure · foyer · gîte · habitation · logis · nid · pénates · toit · home *fam.* · **3 - intérieur** · ménage · **4 - famille** · dynastie · lignée · maisonnée · **5 - établissement** · entreprise · firme · société · boîte *fam.* · boutique *fam.*

✦ **maison commune, maison de ville** hôtel de ville · mairie

✦ **maison d'arrêt** prison

✦ **maison de retraite** hospice *péj.*

✦ **maison de jeux** casino · tripot *péj.*

✦ **maison close, de passe, de tolérance** bordel *fam.* · boxon *fam.* · claque *fam.* · lupanar *fam.*

→ **famille**

maison, habitation, demeure, logement

Chacun de ces mots désigne un lieu où l'on séjourne. Le plus général, avec cette valeur, est **habitation** *(péniche, caravane qui tient lieu d'habitation ; une habitation rurale, lacustre, troglodytique)*. La **maison** est un bâtiment d'habitation *(visiter, louer une maison)*, qui peut être composé de plusieurs **logements** *(louer un logement dans une maison de banlieue)*, un **logement** étant aussi une partie d'un immeuble collectif *(chercher un logement dans une H.L.M.)*. **Demeure** est un équivalent vieilli ou littéraire de **maison** *(c'est une belle demeure)*.

maisonnette *n.f.* · pavillon · cabane *fam.* · cabanon *fam.*

maître, maîtresse

▪ *adj.* **1 - expert** · adroit · compétent · savant · virtuose · **2 - principal** · capital · essentiel · fondamental · important · majeur · primordial

▪ *n.* **1 - chef** · dirigeant · gouvernant · patron • [Hist.] seigneur · souverain · **2 - enseignant** · éducateur · instituteur · pédagogue · précepteur · professeur des écoles · **3 - possesseur** · propriétaire · **4 - modèle** · exemple · gourou · initiateur · mentor · **5 - virtuose** · expert

✦ **maître de maison** **1 - chef de famille** · **2 - hôte** · amphitryon *littér.*

✦ **être maître de soi** se dominer · se maîtriser · avoir du sang-froid

✦ **se rendre maître de** maîtriser · s'approprier · s'assurer

maîtresse *n.f.* **1 - compagne** · petite amie · concubine · copine *fam.* · nana *fam.* · môme *pop., vieilli* · poule *pop., vieilli* · **2 -** [vieux] **amie** · amante · aimée · belle · bien-aimée · dame · dulcinée *souvent plaisant* · fiancée · mignonne · **3 -** [du roi] **favorite**

maîtrise *n.f.* **1 - autorité** · contrôle · domination · empire · emprise · pouvoir · prépondérance · souveraineté · suprématie · **2 - habileté** · maestria · métier · savoir-faire · technique · tour de main · virtuosité · **3 - manécanterie**

✦ **maîtrise de soi** calme · contrôle (de soi) · empire sur soi-même · flegme · impassibilité · imperturbabilité · sang-froid · self-control *anglic.*

maîtriser *v.tr.* **1 - vaincre** · terrasser · **2 - discipliner** · asservir · assujettir · enchaîner · gouverner · soumettre · **3 - stopper** · arrêter · enrayer · juguler · **4 - dominer** · commander à · contenir · contrôler · dompter · être maître de · réprimer · surmonter · tenir la bride haute à · **5 - posséder** · dominer

⋙ **se maîtriser** *v.pron.* **se contenir** · se contrôler · se dominer · se posséder · prendre sur soi · garder son self-control *anglic.*

majesté *n.f.* **1 - gloire** · beauté · grandeur · **2 - solennité** · gravité

majestueux, -euse *adj.* 1 - **noble** · digne · fier · grave · hiératique · imposant · olympien · solennel · auguste *littér.* · 2 - **grandiose** · beau · colossal · impressionnant · monumental

[1]**majeur, e** *adj.* 1 - **capital** · considérable · essentiel · fondamental · important · primordial · principal · 2 - **adulte** · grand

✦ **la majeure partie** 1 - **la plus grande partie** · la partie la plus importante · 2 - **la majorité** · le plus grand nombre · la plupart

✦ **en majeure partie** pour la plus grande partie · essentiellement · principalement

[2]**majeur** *n.m.* · médius

major *n.* [à un concours] premier · cacique

majoration *n.f.* · augmentation · élévation · hausse · redressement · relèvement · revalorisation

majorer *v.tr.* · augmenter · élever · hausser · rehausser · relever · revaloriser

majorité *n.f.*

✦ **la majorité de**(s) la plupart de(s) · l'essentiel de(s) · le gros de(s)

majuscule *n.f.* · capitale

maki *n.m.* · lémur

[1]**mal** *adv.* 1 - **difficilement** · malaisément · péniblement · 2 - **maladroitement** · gauchement · incorrectement · de travers · comme un pied *fam.* · comme une patate *fam.* · comme une savate *fam.* · 3 - **médiocrement** · 4 - **défavorablement** · désagréablement · 5 - **malencontreusement** · inopportunément · 6 - **incomplètement** · imparfaitement · insuffisamment

✦ **aller mal** 1 - **être souffrant** · ne pas être en forme · 2 - **se gâter** · décliner · dépérir · péricliter

✦ **être, se sentir mal** être incommodé · être indisposé · être mal en point · être, se sentir souffrant

[2]**mal** *n.m.*

I 1 - **douleur** · affection · maladie · bobo *fam.* · 2 - **martyre** · douleur · supplice · torture · 3 - **peine** · affliction · chagrin

II 1 - **tort** · préjudice · 2 - **calamité** · désolation · dommage · épreuve · malheur · plaie · souffrance

III **vice** · crime · faute · péché

✦ **mal au cœur** nausée · haut-le-cœur

✦ **mal du pays** nostalgie

✦ **mal de tête** migraine · céphalée

✦ **avoir mal** souffrir · en baver *fam.*

✦ **avoir mal à la tête** avoir le casque *fam.* • [après beuverie] avoir mal aux cheveux *fam.*

✦ **avoir du mal** peiner · en baver *fam.* · tirer la langue *fam.* • [financièrement] tirer le diable par la queue *fam.*

✦ **faire du mal à** 1 - **nuire à** · 2 - **faire de la peine à** · blesser

✦ **faire mal** être douloureux

✦ **se donner du mal** se dépenser · se démener · se donner de la peine · ne pas ménager ses efforts · se casser (le derrière, le cul) *fam.* · se décarcasser *fam.* · se démancher *fam.* · se mettre en quatre *fam.*

❧ **douleur**

malade

▪ *adj.* 1 - **souffrant** · en mauvaise santé · maladif · dolent *littér.* · égrotant *littér.* · valétudinaire *vieilli ou littér.* · cacochyme *vieux ou plaisant* · 2 - **incommodé** · indisposé · mal (en point) · mal fichu *fam.* · mal foutu *fam.* • patraque *fam.* • **3** – [dent] **gâté** • carié • **4** – [fam.] → **fou** • **5** – **bouleversé** • retourné • secoué

▪ *n.* **1** – **patient** • client • **2** – **grabataire**

✦ **malade imaginaire** hypocondriaque

✦ **malade mental** fou • aliéné • psychopathe • psychotique

✦ **il est très malade** il file un mauvais coton *fam.*

maladie *n.f.* **1** – **affection** • mal • pathologie • syndrome • **2** – **manie** • obsession • passion • rage • vice • virus *fam.*

maladif, -ive *adj.* **1** – **souffreteux** • chétif • malingre • dolent *littér.* • égrotant *littér.* • valétudinaire *vieilli ou littér.* • cacochyme *vieux ou plaisant* • **2** – **morbide** • anormal • irrépressible • malsain • pathologique

maladif, valétudinaire, cacochyme, chétif, souffreteux

Maladif, **valétudinaire**, **cacochyme**, **chétif** et **souffreteux** qualifient une personne de constitution ou de santé fragile. **Maladif** est le mot courant et général ; il s'applique aussi bien à une personne *(un enfant maladif)* qu'à son aspect *(une pâleur maladive)*. **Chétif** concerne plutôt l'allure générale *(une silhouette amaigrie et chétive)* et s'applique à une apparence maladive plus qu'à un état maladif avéré *(il a l'air bien chétif)*. **Souffreteux**, en revanche, met l'accent sur les signes de souffrance qui révèlent un mauvais état de santé *(une petite voix, une mine souffreteuse)*. **Valétudinaire** est vieilli ou littéraire : « À vingt-trois ans, il se croyait valétudinaire et passait sa vie à regarder sa langue dans son miroir » (Hugo, *les Misérables*, III, IV, I). **Cacochyme** ne s'emploie aujourd'hui que par plaisanterie pour qualifier une personne valétudinaire par l'effet de l'âge *(un vieillard cacochyme)*.

maladresse *n.f.* **1** – **gaucherie** • inhabileté • lourdeur • malhabileté *vieux* • **2** – **erreur** • balourdise • bêtise • bévue • étourderie • faute • faux pas • impair • imprudence • pas de clerc *littér.* • le pavé de l'ours *littér.* • boulette *fam.* • bourde *fam.* • gaffe *fam.*

maladroit, e

▪ *adj.* **1** – **gauche** • lourdaud • malhabile • pataud • inhabile *littér.* • empaillé *fam.* • empoté *fam.* • godiche *fam.* • gourde *fam.* • manchot *fam.* • **2** – **grossier** • lourd • [mensonge, etc.] cousu de fil blanc • **3** – **laborieux** • embarrassé • lourd • pesant • **4** – **malavisé** • inconsidéré • sot

▪ *n.* **propre à rien** • ballot • balourd • gaffeur *fam.* • gourde *fam.* • manche *fam.* • savate *fam.*

maladroitement *adv.* • gauchement • lourdement • malhabilement • comme un manche *fam.* • comme un pied *fam.*

malaise *n.m.* **1** – **évanouissement** • défaillance • éblouissement • étourdissement • faiblesse • vertige • **2** – **indisposition** • dérangement • incommodité • trouble • **3** – **crise** • marasme • mécontentement • **4** – **embarras** • froid • gêne • tension • trouble • **5** – **angoisse** • inquiétude • souffrance • tourment • tristesse • trouble

malaisé, e *adj.* **1** – **difficile** • ardu • compliqué • délicat • dur • laborieux • **2** – [vieilli] **incommode** • pénible • **3** – [vieilli] **abrupt** • escarpé • impraticable

malaisément *adv.* · difficilement · à grand-peine · laborieusement · péniblement

malappris, e *adj.* · grossier · impoli · malhonnête *vieux*

malaria *n.f.* · paludisme · palu *fam.*

malavisé, e *adj.* · inconsidéré · écervelé · étourdi · imprudent · inconséquent · maladroit · sot

malaxer *v.tr.* **1 - pétrir** · manier · travailler · tripoter · triturer · **2 - mélanger**

malchance *n.f.* **1 - adversité** · malheur · infortune *littér.* · **2 - malédiction** · fatalité · mauvais œil · mauvais sort · déveine *fam.* · guigne *fam.* · manque de pot *fam.* · poisse *fam.* · guignon *fam., vieilli* · **3 - hasard malheureux** · coup du sort · mésaventure · tuile *fam.*

malchanceux, -euse *adj.* **malheureux**

✦ **être malchanceux** avoir la guigne *fam.* · avoir la poisse *fam.* · manquer de pot *fam.*

malcommode *adj.* · incommode · gênant

mâle *adj.* **1 - masculin** · **2 - viril** · courageux · énergique · fort · hardi · noble · vigoureux

malédiction *n.f.* **1 - anathème** · imprécation · exécration *vieux* · **2 - malchance** · fatalité · malheur · mauvais sort

maléfice *n.m.* · sortilège · ensorcellement · envoûtement · sort

maléfique *adj.* · malfaisant · démoniaque · diabolique · infernal · malin · satanique

malencontreusement *adv.* **1 - malheureusement** · par malheur · **2 - inopportunément** · mal à propos

malencontreux, -euse *adj.* **1 - ennuyeux** · contrariant · désagréable · fâcheux · gênant · **2 - inopportun** · déplacé · dommageable · mal à propos · malheureux · regrettable

malentendu *n.m.* · méprise · ambiguïté · confusion · équivoque · erreur · quiproquo · maldonne *fam.*

malentendu, quiproquo, méprise

Le **malentendu**, le **quiproquo** et la **méprise** ont en commun l'idée d'erreur. Il y a **malentendu** lorsque deux personnes qui pensaient avoir la même interprétation d'un fait, d'un propos s'aperçoivent d'une divergence entre elles *(un simple, un regrettable, un dangereux malentendu ; pour dissiper tout malentendu)*. On parle de **méprise** pour l'erreur d'interprétation ou de jugement que l'on commet à propos de quelqu'un ou de quelque chose *(victime d'une méprise dans une affaire criminelle)*. La **méprise** n'implique pas la présence de deux personnes : « Cette erreur [à propos de la planète Vénus] ne peut être qu'une méprise des yeux, une erreur d'observation » (Voltaire, *Philosophie de Newton*, III, VIII). Dans le **quiproquo**, on prend une personne ou une chose pour une autre ; cette erreur est largement utilisée dans le théâtre et le cinéma comiques *(pour qu'il n'y ait pas de quiproquo, assurez-vous que vous parlez tous deux de la même personne)*.

malfaçon *n.f.* · défaut · anomalie · défectuosité · imperfection · tare · vice

malfaisant, e *adj.* **1 - maléfique** · mauvais · **2 - malsain** · corrupteur · dommageable · néfaste · nocif · pernicieux · pervers · préjudiciable · **3 - nuisible** · ennemi

malfaiteur *n.m.* · bandit · criminel · escroc · gangster · voleur ·

truand · gibier de potence · malfrat *fam.* · brigand *vieilli* · [au plur.] gens de sac et de corde *vieilli*

malfamé, e *adj.* · louche · interlope · mal fréquenté

malformation *n.f.* · défaut · difformité · dystrophie

malgré *prép.* **1 - contre** · en dépit de, que · au mépris de · nonobstant *littér.* · **2 - cependant**

✦ **malgré soi** **1 - à contrecœur** · à son corps défendant · la mort dans l'âme · contre son gré · **2 - à son insu**

✦ **malgré tout** pourtant · quand même · tout de même

malhabile *adj.* · maladroit · gauche · lourdaud · pataud · inhabile *littér.* · empaillé *fam.* · empoté *fam.* · godiche *fam.* · gourde *fam.* · manchot *fam.*

malhabilement *adv.* · maladroitement · gauchement · lourdement · comme un manche *fam.* · comme un pied *fam.*

malheur *n.m.* **1 - adversité** · affliction · chagrin · douleur · détresse · épreuve · misère · peine · infortune *littér.* · **2 - malédiction** · fatalité · cruauté du sort · malchance · mauvaise fortune · mauvais sort · infortune *littér.* · **3 - épreuve** · accident · coup du destin, du sort · deuil · drame · échec · misère · revers · tragédie · traverse *vieux ou littér.* · **4 - calamité** · catastrophe · désastre · fléau · **5 - inconvénient** · désagrément · ennui

↝ **calamité**

malheureusement *adv.* · malencontreusement · par malheur

malheureux, -euse

▪ *adj.*

I 1 - triste · affligé · désolé · navré · peiné · **2 - éprouvé** · contrarié · frappé par le malheur · infortuné · misérable · pauvre · pitoyable · **3 - pénible** · calamiteux · difficile · dur · misérable · rude

II 1 - fâcheux · maladroit · funeste · malencontreux · regrettable · triste · **2 - malchanceux** · **3 - affligeant** · attristant · déplorable · désastreux · désolant · lamentable

III insignifiant · lamentable · minable · misérable · pauvre · petit · pitoyable

✦ **être très malheureux** être malheureux comme les pierres

▪ *n.* · pauvre · miséreux · indigent *vieilli* · pauvre diable *vieilli*

malhonnête *adj.* **1 - immoral** · malpropre · véreux · marron · improbe *littér.* · **2 - déloyal** · incorrect · indélicat · **3 -** [vieilli] **grossier** · inconvenant · impoli · incorrect · indécent

malhonnêteté *n.f.* **1 - canaillerie** · crapulerie · friponnerie · improbité *littér.* · **2 - déloyauté** · incorrection · indélicatesse · **3 - escroquerie** · vol

malice *n.f.* **1 - méchanceté** · malveillance · malignité *littér.* · **2 - espièglerie** · esprit · ironie · moquerie · raillerie

malicieusement *adv.* · taquinement · ironiquement · mutinement

malicieux, -ieuse *adj.* **1 - coquin** · espiègle · farceur · fripon · mutin · taquin · **2 - astucieux** · futé · malin · rusé · **3 - ironique** · moqueur · narquois · piquant · railleur · spirituel

malignité *n.f.* **1 - méchanceté** · causticité · malice · malveillance · perfidie · perversité · **2 - gravité** · nocivité

malin, -igne

▪ *adj.* **1 - intelligent** · adroit · astucieux · débrouillard · dégourdi · déluré · éveillé · fin · finaud · fort · futé · habile · **2 -** [péj.] **rusé** · madré *littér.* · matois *littér.* · roué *littér.* · combinard *fam.* · démerdard *fam.* · roublard *fam.* · **3 - malicieux** · moqueur · railleur · **4 - maléfique** · mauvais · néfaste · négatif · nocif · pernicieux · **5 - grave** · cancéreux

✦ **il est très malin** il a plus d'un tour dans son sac · il est malin comme un singe · il est rusé comme un renard

✦ **il n'est pas très malin** il n'a pas inventé le fil à couper le beurre *fam.* · il n'a pas inventé l'eau chaude, l'eau tiède *fam.* · il n'a pas inventé la poudre (à canon) *fam.*

▪ *n.* **fine mouche** · fine guêpe

✦ **le Malin** Satan · le Démon · le Diable · Lucifer

✦ **faire le malin** fanfaronner · crâner *fam.* · faire le mariolle *fam.* · frimer *fam.* · la ramener *fam.*

malingre *adj.* · chétif · débile · délicat · faible · fragile · frêle · maladif · rachitique · souffreteux

malintentionné, e *adj.* · méchant · hostile · malveillant

malle *n.f.* · cantine · bagage · coffre

malléable *adj.* **1 - influençable** · docile · flexible · maniable · obéissant · **2 - élastique** · ductile · extensible · flexible · maniable · mou · plastique · pliable · souple

mallette *n.f.* · porte-documents · attaché-case · serviette

malmener *v.tr.* **1 - maltraiter** · battre · brusquer · brutaliser · faire un mauvais parti à · mettre à mal · molester · rudoyer · secouer *fam.* · **2 - houspiller** · chahuter · conspuer · huer · tomber sur le paletot de *fam.* · **3 - critiquer** · éreinter · arranger *fam.* · assaisonner *fam.* · assassiner *fam.* · esquinter *fam.* · étriller *littér.*

malnutrition *n.f.* · dénutrition

malnutrition, dénutrition

Malnutrition et **dénutrition**, termes didactiques, concernent tous deux des déséquilibres dans l'alimentation des humains. La **malnutrition** est provoquée par l'inadaptation de la nourriture consommée, trop insuffisante ou trop riche, entraînant des maladies de carence ou l'obésité *(la malnutrition est répandue sur tous les continents)*. La **dénutrition** consiste en troubles qui résultent d'un manque important de certains éléments nutritifs *(les enfants souffrent particulièrement de la dénutrition)*.

malodorant, e *adj.* · puant · fétide · infect · méphitique · nauséabond · pestilentiel

malotru *n.m.* · grossier personnage · goujat · mufle · rustre · butor *vieilli ou plaisant* · gougnafier *fam.* · malappris *vieilli*

malpropre *adj.* **1 - sale** · crasseux · dégoûtant · cradingue *fam.* · crado *fam.* · dégueulasse *très fam.* · dégueu *très fam.* · **2 - grossier** · inconvenant · indécent · obscène · cochon *fam.* · **3 - immoral** · malhonnête · sale · sordide

malproprement *adv.* · salement · comme un cochon *fam.*

malpropreté *n.f.* **1 - saleté** · crasse · **2 - grossièreté** · inconvenance · indécence · indélicatesse · malhonnêteté

malsain, e *adj.* **1 - nocif** · dangereux · délétère · impur · insalubre · mauvais · nuisible · pollué · pourri · **2 - morbide** · maladif · pathologique · **3 - pernicieux** · étouffant · glauque · mauvais · **4 - immoral** · corrupteur · malfaisant · pervers

insalubre

malséant, e *adj.* · déplacé · choquant · grossier · hors de propos · impoli · incongru · inconvenant · incorrect · inopportun · intempestif · malsonnant · malvenu · messéant *vieux*

maltraitance *n.f.* · sévices · mauvais traitements

maltraiter *v.tr.* **1 - battre** · brutaliser · frapper · malmener · molester · rudoyer · faire passer le goût du pain à *fam.* · **2 - brimer** · brusquer · faire un méchant parti à · mettre à mal · malmener · régler son compte à *fam.* · secouer *fam.* · **3 - critiquer** · éreinter · arranger *fam.* · assaisonner *fam.* · assassiner *fam.* · esquinter *fam.* · étriller *littér.*

malveillance *n.f.* **1 - hostilité** · agressivité · animosité · malignité · méchanceté · **2 - sabotage**

malveillant, e *adj.* **1 - hostile** · haineux · malintentionné · mauvais · méchant · médisant · malévole *vieux et littér.* · **2 - aigre** · blessant · désobligeant · venimeux

malvenu, e *adj.* · déplacé · fâcheux · hors de propos · incongru · inconvenant · inopportun · intempestif · mal à propos · malséant *littér.*

malversation *n.f.* · exaction · concussion · détournement (de fonds) · trafic d'influence · tripotage · prévarication *littér. ou Droit* · magouilles *fam.*

malversation, prévarication, concussion

Malversation, prévarication et **concussion** sont relatifs à de graves infractions commises dans le cadre d'une fonction, d'un emploi, d'un mandat. **Malversation** s'emploie quand une personne détourne des fonds ou accepte des commissions occultes *(être accusé, convaincu de malversation ; il a été licencié après ses malversations).* **Concussion** a un domaine plus étroit et concerne la perception illicite d'argent par un agent de l'État qui abuse de son pouvoir *(la concussion est un délit puni par la loi).* **Prévarication** est littéraire ou réservé au droit ; il se dit d'un fonctionnaire qui manque aux devoirs et aux obligations de sa charge : « Les deux ministres accusés si brusquement de prévarication devaient (...) établir leur parfaite innocence » (Zola, *le Ventre de Paris*, III, IV).

malvoyant, e *n.* · amblyope

maman *n.f.* · mère · mater *fam.*

mamelle *n.f.* **1 - sein** · **2 -** [d'animal] **pis** · tétine

mamelon *n.m.* **1 - téton** · bouton *littér.* · tétin *littér.* · **2 - butte** · colline · éminence · hauteur · monticule

mamie *n.f.* · grand-mère · mémé *lang. enfants* · bonne-maman *vieilli* · grand-maman *vieilli*

management *n.m.* · administration · conduite · direction · exploitation · gestion

manager *v.tr.* · administrer · conduire · diriger · gérer · être à la tête de · être aux manettes de

manageur, -euse *n.* **1 - administrateur** · cadre · directeur · dirigeant · gestionnaire · **2 - impresario** · agent (artistique) · **3 - entraîneur** · coach *anglic.*

[1]**manche** *n.f.* [jeu, sport] partie · [Tennis, Volley, etc.] set

[2]**manche** *n.m.* **1 - hampe** · bâton · bois · **2 - queue**

manchette *n.f.* **1 - gros titre** · **2 - poignet**

manchon *n.m.* · anneau · bague · collier · douille

mandant, e *n.* · commettant · délégant

mandarin *n.m.* · sommité · patron · pontife · (grand) ponte *fam.*

mandat *n.m.* **1 - mission** · charge · **2 - pouvoir** · commission · délégation · procuration · **3 - effet (de commerce)** · ordre

mandataire *n.* **1 - fondé de pouvoir** · agent · délégué · envoyé · gérant · intermédiaire · représentant · **2 - commissionnaire**

mandater *v.tr.* **1 - déléguer** · dépêcher · envoyer · **2 -** [une somme] **libeller**

manège *n.m.* **1 - carrousel** · **2 - agissements** · intrigue · jeu · machination · manigances · manœuvres · menées

mânes *n.m.pl.* · esprits · lares · ombres

manette *n.f.* · levier (de commande) · poignée

mangeable *adj.* · comestible · consommable · digeste · bouffable *très fam.*

mangeoire *n.f.* · auge · râtelier · crèche *vieux*

manger *v.tr.*
I 1 - consommer · absorber · avaler · croquer · déguster · gober · ingérer · ingurgiter · mâcher · mastiquer · prendre · ronger · savourer · becqueter *fam.* · bouffer *fam.* · boulotter *fam.* · s'enfiler *fam.* · grailler *pop.* · tortorer *pop.* · **2 -** [animaux] **brouter** · paître · pâturer · ronger
II [sans complément] **1 - s'alimenter** · se nourrir · prendre quelque chose · se restaurer · se sustenter · casser la croûte, la graine *fam.* · croûter *pop.* · jouer des mandibules *fam.* · se refaire *fam.* · se remplir, se caler l'estomac *fam.* · **2 - passer à table** · se mettre à table · collationner · déjeuner · dîner · souper
III 1 - dépenser · consumer · dévorer · dilapider · dissiper · engloutir · gaspiller · claquer *fam.* · croquer *fam.* · flamber *fam.* · **2 - oublier** · transgresser
IV 1 - corroder · attaquer · dévorer · ronger · **2 - consumer** · consommer

✦ **bien manger** **faire bonne chère** · se régaler

✦ **manger beaucoup (de)** **1 -** dévorer · engloutir · s'emplir de · se gaver de · se gorger de · bâfrer *fam.* · se bourrer de *fam.* · se goinfrer de *fam.* · **2 -** [sans complément] **se rassasier** · se repaître · faire bombance · manger comme quatre · bouffer comme un chancre *fam.* · boustifailler *pop.* · s'empiffrer *fam.* · gueuletonner *fam.* · se lester *fam.* · s'en mettre jusque-là *fam.* · s'en mettre plein la lampe *pop.* · se remplir la panse *fam.* · s'en mettre plein le buffet *pop., vieilli* · s'en mettre plein le cornet *pop., vieilli* · s'en mettre plein la tirelire *pop., vieilli*

✦ **manger peu** **grignoter** · chipoter · mangeotter · avoir un appétit d'oiseau · pignocher *vieilli*

✦ **n'avoir rien à manger** danser devant le buffet *fam.*

mangeur, -euse *n.*

✦ **gros mangeur** glouton · gargantua · goinfre · bâfreur *fam.* · bouffeur *fam.* · boustifailleur *pop.* · grand gosier *vieux*

maniable *adj.* **1 - manœuvrable** · **2 - commode** · pratique · **3 - élastique** · ductile · malléable · mou · **4 - docile** · flexible · malléable · obéissant · souple · commode

maniaque *adj.* **1 - exigeant** · méticuleux · pointilleux · tatillon · vétilleux *littér.* · pinailleur *fam.* · **2 - obsédé** · monomaniaque · **3 - routinier** · encroûté · **4 -** [Psych.] **maniaco-dépressif**

manicle *n.f.* · gant de protection · gantelet · manique

manie *n.f.* **1 - idée fixe** · monomanie · obsession · **2 - habitude** · tic · **3 - goût** · fantaisie · marotte · toquade · dada *fam.*

☞ **tic**

maniement *n.m.* · utilisation · emploi · manipulation · usage

manier *v.tr.* **1 - manipuler** · tâter · toucher · **2 - pétrir** · malaxer · modeler · travailler · tripoter · triturer · **3 - employer** · se servir de · faire usage de · user de · utiliser · **4 - manœuvrer** · conduire · diriger · gouverner · **5 - gérer** · brasser · manipuler · remuer · traiter

manière *n.f.* **1 - façon** · méthode · modalité · mode · moyen · procédé · système · technique · tour (de main) · truc *fam.* · **2 - style** · façon · facture · forme · genre · technique · griffe · patte · **3 -** [vieilli] **air** · allure · tournure

✦ **manière d'agir, de faire** comportement · agissements · conduite · façons · pratiques · procédés

✦ **manière d'être** attitude · air · genre · tenue

✦ **manière de parler** expression · tour · tournure

✦ **manière de penser** point de vue · disposition d'esprit · tour d'esprit

✦ **à sa manière** à sa façon · selon son goût · à sa guise · comme il l'entend

✦ **de telle manière, de cette manière(-là)** ainsi · de la sorte

✦ **à la manière de** comme · selon

✦ **de la même manière** **1 - pareillement** · **2 - comme** · **3 - à l'imitation de**

✦ **d'une certaine manière** en un certain sens · d'une certaine façon · en quelque sorte

✦ **de manière à** afin de · pour · aux fins de *littér. ou Admin.*

✦ **de (telle) manière que** **1 - de (telle) façon que** · de (telle) sorte que · **2 - au point que** · si bien que · tellement que

✦ **en manière de** en forme de · en guise de · pour · sur le mode de

⋙ **manières** *plur.* **1 - minauderies** · mignardise · préciosité · **2 - cérémonies** · contorsions · embarras · façons · histoires · simagrées · chichis *fam.* · **3 - →** **manière d'agir** · **4 - →** **manière d'être**

✦ **bonnes manières** **1 - politesse** · civilité · forme · savoir-vivre · usages · urbanité · **2 - éducation** · distinction

✦ **sans manières** simple · sans cérémonie · sans façon · sans chichis *fam.* · [dîner] à la fortune du pot · à la bonne franquette

maniéré, e *adj.* **1 - guindé** · affecté · compassé · pincé · poseur · prétentieux · chichiteux *fam.* ·

chochotte *fam.* • [femme] mijaurée · pimbêche · **2 - apprêté** · contourné · entortillé · maniériste · précieux · recherché · sophistiqué

maniérisme *n.m.* · affectation · préciosité · sophistication · théâtralisme • [Hist. Arts] cultisme · euphuisme · gongorisme · marinisme

manif *n.f.* → **manifestation**

manifestation *n.f.*
I 1 - expression · démonstration · marque · signe · témoignage · **2 - phénomène** · symptôme · **3 - apparition** · éclosion
II défilé · marche (de protestation) · meeting · rassemblement · manif *fam.*

[1]**manifeste** *adj.* **1 - évident** · apparent · aveuglant · certain · clair · criant · éclatant · flagrant · hors de doute · incontestable · indéniable · indiscutable · indubitable · notoire · palpable · patent · public · tangible · visible · **2 - net** · affirmé · assuré · décidé
clair

manifeste, notoire

Ce qui est **manifeste** ou **notoire** est incontestable. On qualifie de **manifeste** ce qui est visible par tous *(des signes manifestes de fatigue, de tristesse, commettre une erreur manifeste, faire preuve d'une mauvaise volonté manifeste).* On parle d'un fait, d'une action **notoire** quand ils sont connus d'un nombre important de personnes ; lorsqu'il caractérise une personne ou un comportement, **notoire** contient la plupart du temps l'idée d'un jugement négatif *(son entourage supporte mal son avarice notoire, un escroc notoire).*

[2]**manifeste** *n.m.* · proclamation · profession de foi

manifestement *adv.* · apparemment · assurément · incontestablement · indiscutablement · indubitablement · nettement · sans conteste · sans contredit · de toute évidence · visiblement

manifester
▪ *v.tr.* **1 - extérioriser** · déployer · développer · donner libre cours à · exprimer · faire éclater · marquer · montrer · révéler · témoigner de · **2 - dire** · affirmer · annoncer · faire connaître · déclarer · faire part de · proclamer · publier · **3 - révéler** · déceler · dénoncer · faire ressortir · indiquer · laisser paraître · mettre en lumière · traduire · trahir
▪ *v.intr.* · défiler · descendre dans la rue

»» **se manifester** *v.pron.* **1 - se faire connaître** · se présenter · **2 - surgir** · apparaître · se déclarer · se découvrir · se dégager · se dévoiler · éclater · éclore · émerger · entrer en jeu, en scène · se faire jour · se faire sentir · se montrer · se répandre · se révéler · sortir de l'ombre · survenir · **3 - se traduire** · **4 - agir** · s'exercer

manigance *n.f.* · agissements · combinaison · machination · manège · manœuvre · tripotage · combine *fam.* · magouille *fam.* · micmac *fam.*

manigancer *v.tr.* **1 - imaginer** · combiner · tramer · ourdir *littér.* · machiner *vieilli* · **2 - comploter** · fricoter *fam.* · magouiller *fam.* · traficoter *fam.* · trafiquer *fam.*

manipulable *adj.* · influençable · docile

manipulateur, -trice *n.* · opérateur

manipulation *n.f.* **1 - emploi** · maniement · usage · utilisation · **2 -**

opération · traitement · **3 - désinformation** · intoxication · propagande · bourrage de crâne *fam.* · intox *fam.* · **4 - manœuvre** · tripotage · combine *fam.* · cuisine *fam.* · grenouillage *fam.* · magouille *fam.*

manipuler *v.tr.* **1 - manier** · malaxer · mélanger · mêler · palper · pétrir · tâter · toucher · tripoter · **2 - gérer** · brasser · manier · remuer · traiter · **3 - influencer** · manœuvrer · suggestionner · télécommander · téléguider

manique *n.f.* · gant de protection · gantelet · manicle

[1]**manne** *n.f.* · bienfait · aubaine

[2]**manne** *n.f.* · banne · corbeille · panière

mannequin *n.m.* **1 - modèle** · cover girl · top-model · **2 -** [vieilli] **pantin** · fantoche · marionnette

manœuvrable *adj.* · maniable

[1]**manœuvre** *n.f.* **1 -** [Milit.] **exercice** · évolution · mouvement · **2 - manigance** · intrigue · jeu · machination · ruse · combine *fam.* · magouille *fam.* • [au plur.] agissements · manège · menées · tripotage · cuisine *fam.* · grenouillage *fam.* · magouillage *fam.* · traficotage *fam.* · **3 -** [Mar.] **câble** · cordage · filin · **4 -** [Méd.] **manipulation**

[2]**manœuvre** *n.m.* · ouvrier · travailleur manuel · O.S.

manœuvrer

▪ *v.tr.* **1 - gouverner** · conduire · diriger · manier · mener · **2 - influencer** · manipuler · suggestionner

▪ *v.intr.* **ruser** · intriguer · magouiller *fam.*

manoir *n.m.* · château · gentilhommière · castel *littér.*

manquant, e *adj.* · absent

manque *n.m.* **1 - absence** · carence · défaut · déficience · déficit · disette · insuffisance · pénurie · rareté · **2 - privation** · besoin · dénuement · embarras · indigence · paupérisme · pauvreté · **3 - lacune** · omission · trou · vide · **4 - manquement** · défaillance

✦ **par manque de** faute de

manqué, e *adj.* · raté · perdu · fichu *fam.* · foutu *fam.* · râpé *fam.*

manquement *n.m.* · infraction · dérogation · écart · entorse · inobservation · irrégularité · transgression · violation

manquer

▪ *v.intr.* **1 - faire défaut** · se faire, devenir rare · disparaître · **2 - s'absenter** · être absent · faillir · faire défaut · se dérober

▪ *v.tr.* **1 - échouer à** · rater · louper *fam.* · **2 - perdre** · gâcher · louper *fam.* · **3 - ne pas se présenter à** · sécher *fam.*

✦ **manquer à** **1 - déroger à** · s'écarter de · s'éloigner de · enfreindre · offenser · oublier · pécher contre · transgresser · violer · **2 - se dérober à** · se soustraire à

✦ **manquer à sa parole** se dédire

✦ **manquer de** **1 - ne pas avoir** · être à court de · être dénué de · être dépourvu de · **2 - négliger de** · omettre de · oublier de · **3 - faillir** · être sur le point de · être tout près de · **4 -** [forme négative] **ne pas se faire faute de** · ne pas laisser de *littér.*

✦ **il ne manquait plus que ça !** c'est un, le comble ! · c'est complet ! · c'est le bouquet ! *fam.* · c'est le pompon ! *fam.*

manquer, être absent

Manquer et **être absent** ont en commun l'idée de ce qui n'est pas là ou fait défaut, en parlant de quelqu'un ou de quelque chose. **Être absent** se dit pour une personne qui n'est pas là où l'on s'attendait à la trouver *(le directeur est absent en ce moment, personne ne répond, elle doit être absente)*, ainsi que pour une chose faisant défaut : « Il a feint de consulter à son poignet sa montre absente et il s'est éloigné » (Robbe-Grillet, *Dans le labyrinthe*). **Manquer** insiste sur le fait que la personne ou la chose absentes seraient nécessaires ou souhaitables *(cet élève manque souvent, il manque une tasse, le temps me manque pour tout vous raconter)*.

mansarde *n.f.* · chambre de bonne · galetas *vieux*

mansuétude *n.f.* · indulgence · bienveillance · bonté · charité · clémence · compréhension · tolérance · bénignité *vieux ou littér.*

manteau *n.m.* **1 - pardessus** · cape · gabardine · imperméable · loden · poncho · mante *vieux* · paletot *vieilli* · pèlerine *vieilli* · pelisse *vieilli* · pelure *fam.* · **2 -** [Milit.] **capote**

✦ **sous le manteau** clandestinement · secrètement · en sous-main · discrètement

manuel *n.m.* · cours · abrégé · aide-mémoire · guide · livre · mémento · précis

manuellement *adv.* · à la main · de ses mains · artisanalement

manufacture *n.f.* · fabrique · usine

manufacturé, e *adj.* · ouvré

manufacturier, -ière *n.* · fabricant · industriel

mappemonde *n.f.* **1 - planisphère** · carte · **2 - globe**

maquereau *n.m.* [fam.] → **proxénète**

maquette *n.f.* **1 - modèle réduit** · **2 - canevas** · ébauche · esquisse · étude · ossature · plan · projet · schéma · synopsis · trame · **3 - mise en pages**

maquignonnage *n.m.* · manœuvre · manipulation · trafic · tripotage · combine *fam.* · cuisine *fam.* · grenouillage *fam.*

maquillage *n.m.* **1 - grimage** · **2 - cosmétique(s)** · fard · **3 - camouflage** · déguisement · falsification · trucage

maquiller *v.tr.* **1 - farder** · grimer · **2 - camoufler** · déguiser · falsifier · farder · fausser · travestir · truquer

»» **se maquiller** *v.pron.* **se farder** · se grimer · se faire une beauté *plaisant* · se refaire, se ravaler la façade *fam., péj.*

maquis *n.m.* **1 - garrigue** · friche · **2 - labyrinthe** · dédale · écheveau · jungle · méandres

maquisard *n.m.* · franc-tireur · partisan

marabout *n.m.* **1 - sorcier** · envoûteur · **2 - tombeau** · mausolée

marais *n.m.* **1 - marécage** · palus · **2 - bas-fond** · boue · marécage

✦ **marais salant** salin · saline *abusivt*

marais, marécage

Marais et **marécage** évoquent tous deux l'eau stagnante. **Marais** désigne une eau peu profonde qui recouvre des terres détrempées et est envahie par des plantes aquatiques et certains arbres *(le marais vendéen ; des marais impénétrables ; les roseaux des marais)*. Le **marécage** est un lieu saturé d'eau et impropre à la culture couvert de marais *(un vaste marécage, un marécage boisé ; patauger dans un marécage)*. Dans les emplois figurés, **marais** insiste sur l'idée d'enlisement dans un état, une situation : « (...) je tombe sur mon divan et j'y reste hébété dans un marais intérieur d'ennui » (Flaubert, *Correspondance, 318, 24 avril 1852*, t. II). **Marécage** y ajoute une connotation péjorative : « (...) il tendait la main à cette jeunesse et à cette pureté pour les entraîner dans le marécage où il avait conscience d'enfoncer lui-même » (J. Romains, *les Hommes de bonne volonté*, t. V, XXIV).

marasme *n.m.* **1 – crise** · malaise · récession · stagnation · **2 – abattement** · découragement · dépression · **3 –** [Méd.] **cachexie** · athrepsie

maraudage *n.m.* · vol · larcin · maraude · pillage · rapine · chapardage *fam.*

marauder *v.intr.* · voler · dérober · piller · chaparder *fam.*

maraudeur, -euse *n. et adj.* · voleur · pillard · chapardeur *fam.*

marbre *n.m.*

+ **de marbre** impassible · de glace · de pierre · glacial · insensible · marmoréen *littér.*

marbré, e *adj.* · veiné · jaspé

marbrure *n.f.* **1 – moirure** · bigarrure · jaspure · **2 –** [Méd.] **livedo**

marchand, e *n.* **commerçant** · fournisseur · négociant · vendeur · maquignon *péj.*

+ **marchand ambulant** camelot · colporteur · forain · vendeur ambulant
+ **marchand d'esclaves** négrier
+ **marchand en gros** grossiste
+ **marchand au détail** détaillant · boutiquier *souvent péj.*

marchandage *n.m.* · négociation · tractation

marchander *v.tr.* · débattre, discuter le prix de

marchandise *n.f.* · article · denrée · fourniture · **produit** · [collectif] came *fam.* · camelote *fam., souvent péj.* · pacotille *fam., péj.*

marche *n.f.*

I échelon · degré · gradin

II 1 – pas · allure · démarche · train · **2 – cheminement** · déambulation · ambulation *littér.* · **3 – promenade** · course · excursion · randonnée · tour · **4 – défilé** · manifestation

III 1 – cours · courant · déroulement · développement · évolution · procès · processus · **2 – progression** · avance · avancée · avancement · [d'un feu, d'une épidémie, etc.] **propagation**

IV fonctionnement · activité

+ **marche à suivre** voie · méthode · mode d'emploi · moyen · procédure · tactique
+ **être en marche** **1 – fonctionner** · être en service · **2 – avancer** · progresser
+ **mettre en marche** faire partir · actionner · allumer · démarrer · mettre en service
+ **se mettre en marche** se mettre en route · s'ébranler · partir

marché *n.m.*

I accord · affaire · contrat · convention · négociation · pacte · transaction

II 1 – foire · braderie · **2 – halle** · bazar · [arabe] souk

III 1 – commerce · bourse · échange · **2 – débouché** · clientèle

✦ **bon marché** **1 - à bas prix** · à bon compte · au juste prix · au rabais · en solde · **2 - avantageux** · très abordable

marchepied *n.m.* **1 - escabeau** · escabelle *vieux* · **2 - tremplin**

marcher *v.intr.* **1 - se mouvoir** · se déplacer · arquer *fam., au négatif* · **2 - avancer** · aller · cheminer · déambuler · se promener • [sans but] errer · flâner · **3 - fonctionner** · rouler (sur du velours) *fam.* · **4 -** [fam.] → **accepter**

✦ **marcher à petits pas** trotter · trottiner

✦ **marcher sur** fouler · piétiner

✦ **marcher sur, vers** se diriger sur, vers · aller vers · avancer sur, vers · porter ses pas vers · se rendre à · faire route vers

✦ **marcher plus vite** allonger, presser le pas · accélérer

✦ **bien marcher** progresser · prospérer · réussir · gazer *fam.* · tourner (rond) *fam.* · aller comme sur des roulettes *fam.*

✦ **mal marcher** avoir des problèmes · débloquer *fam.* · déconner *très fam.*

✦ **faire marcher** **1 - actionner** · **2 -** [fam.] → **faire enrager**

marcheur, -euse *n.* · randonneur

mare *n.f.* **1 - étang** · pièce d'eau · **2 - flaque**

marécage *n.m.* **1 - marais** · étang · gâtine *région.* · maremme *(Géog.)* · **2 - bas-fond** · bourbier

marais

marécageux, -euse *adj.* **1 - bourbeux** · fangeux · **2 - aquatique** · uligineux

marée *n.f.* **flot** · déluge · flux · ruée · vague

✦ **marée basse** basse mer

✦ **marée haute** haute mer

✦ **marée montante** flux

✦ **marée descendante** jusant · perdant · reflux

mareyeur, -euse *n.* · poissonnier

marge *n.f.* **1 - bord** · bordure · **2 - écart** · différence · **3 - délai** · sursis · temps

✦ **marge de manœuvre** latitude · possibilité · mou *fam.*

✦ **en marge de** en dehors de · à l'écart de

marginal, e

▪ *adj.* **1 - en marge** · **2 - secondaire** · accessoire · anecdotique · annexe · contingent · incident · subsidiaire · **3 - asocial** · désocialisé · exclu · paumé *fam.*

▪ *n.* **exclu** · paria · vagabond · clochard *fam.* · paumé *fam.* · zonard *fam.*

marginalisation *n.f.* · exclusion

marginaliser *v.tr.* · exclure · écarter · mettre à l'écart · laisser de côté · laisser sur la touche *fam.* • [de la société] désocialiser

marginalité *n.f.* · asociabilité

mari *n.m.* · conjoint · époux · jules *fam.* · homme *fam.* · mec *fam.*

mariage *n.m.* **1 - union** · alliance · hymen *vieux ou littér.* · **2 - noce(s)** · épousailles *vieux* · **3 - ménage** · union · **4 - association** · alliance · assemblage · assortiment · combinaison · mélange · réunion · union

✦ **demander en mariage** demander la main de

marier *v.tr.* **1 - unir** · **2 -** [vieilli] **établir** • [sa fille] conduire à l'autel *vieilli* · **3 - allier** · assembler · associer · combiner · joindre · mélanger · **4 - assortir** · apparier · harmoniser

»» **se marier** *v.pron.* **1 - s'unir** · convoler (en justes noces) *plaisant* · prendre femme, mari · s'établir *vieilli* · aller à l'autel *vieilli* · **2 - se combiner** · s'accorder · s'assortir · s'harmoniser

✦ **se marier avec** épouser · s'unir à · conduire à l'autel *vieilli* · passer la bague au doigt à *vieilli*

se marier, épouser, convoler

Se marier, **épouser** et **convoler** s'emploient pour parler de l'union par le mariage de deux personnes. **Se marier**, verbe le plus usuel, se dit en parlant des deux futurs conjoints *(ils se marient la semaine prochaine)* ou d'un seul *(elle se marie avec son meilleur ami, il cherche à se marier)*. **Épouser**, moins courant, s'emploie seulement en parlant d'un des deux conjoints *(il l'épouse par amour, elle l'a épousé civilement)*. **Convoler** n'est en usage aujourd'hui que par plaisanterie *(elle est en âge de convoler)*.

marigot *n.m.* · marais · bayou

marijuana *n.f.* · cannabis · chanvre (indien) · haschisch · hasch *fam.* · herbe *fam.* · kif *fam.* · marie-jeanne *fam.* · shit *fam.*

[1]**marin, -ine** *adj.* **1 - de mer** · **2 - maritime** · nautique · naval

marin, maritime

Marin et **maritime** se rapportent tous deux à la *mer*. On qualifie de **marin** tout ce qui provient de la mer *(les fossiles marins, la faune marine)*, ce qu'elle produit *(le sel marin)* ou ce qui émane d'elle *(faire une cure d'air marin, la brise marine)*. On réserve **maritime** à ce qui est proche de la mer *(un port, une ville, une gare maritime ; la flore, le pin maritime)*, ou bénéficie de sa proximité *(un climat maritime)*. Appliqué à la navigation, **marin** concerne plus directement la mer *(utiliser une carte, une lunette marine ; filer trois milles marins à l'heure)*, **maritime** qualifiant des activités liées à la présence de la mer *(trafic, commerce, chantier maritime)*.

[2]**marin** *n.m.* **1 - navigateur** · [aguerri] loup de mer *fam.* · [mauvais] marin d'eau douce, de bateau-lavoir · **2 - matelot** · mataf *argot*

marine *n.f.* **1 - navigation** · **2 - armée de mer** · flotte · forces navales

mariner *v.intr.* **1 - macérer** · baigner · tremper · **2 -** [fam.] → **attendre**

marinier, -ière *n.* **1 - batelier** · nautonier *vieux* · **2 - marin**

mariolle *n.m.* → **malin**

marionnette *n.f.* · fantoche · guignol · mannequin · pantin

maritime *adj.* **1 - marin** · **2 - côtier** · **3 - naval**

marin

marivaudage *n.m.* · badinage · galanterie *littér.*

coquetterie

marivauder *v.intr.* · badiner

marmelade *n.f.* **1 - compote** · **2 - confiture**

✦ **en marmelade** en bouillie · en capilotade · en charpie · en miettes · en compote *fam.*

marmite *n.f.* · faitout · caquelon

marmiton *n.m.* · aide-cuisinier · gâte-sauce *fam.*

marmonner *v.tr.* · grommeler · bougonner · mâchonner · marmotter · maugréer · murmurer · ronchonner *fam.*

marmot *n.m.* → **enfant**

marmotter *v.intr.* → **marmonner**

maronner *v.intr.* → **rouspéter**

marotte *n.f.* **1 - manie** · habitude · tic · travers · **2 - violon d'Ingres** · caprice · folie · dada *fam.*

marquant, e *adj.* **1 - remarquable** · notable · saillant · **2 - mémorable**

marque *n.f.*
I appellation · enseigne · griffe · label · logo · nom
II 1 - estampille · cachet · chiffre · empreinte · étiquette · poinçon · sceau · tampon · timbre · vignette · **2 - monogramme** · paraphe · seing · signature · **3 - insigne** · chevron · galon · signe · symbole
III 1 - balise · borne · bouée · jalon · repère · **2 - encoche** · coche · repère · trait (de scie) · **3 - numéro** · cote · matricule · **4 - astérisque** · croix · point · repère · trait · **5 - signet** · marque-page
IV 1 - manifestation · attestation · démonstration · empreinte · indice · indication · preuve · signalement · signe · symptôme · témoignage · témoin · trace · trait · vestige · **2 - présage** · annonce
V 1 - pli · impression · **2 - tache** · flétrissure · **3 - stigmate** · bleu · cicatrice · couture · empreinte · ecchymose · marbrure · nævus · vergeture · zébrure
VI 1 - score · résultat · **2 - cale** · butoir · starting-block

marqué, e *adj.* **1 - net** · accentué · accusé · évident · prononcé · **2 - grêlé** · picoté · **3 - flétri** · buriné · fatigué · vieilli

marque-page *n.m.* · signet

marquer *v.tr.*
I 1 - écrire · consigner · inscrire · noter · relever · **2 - pointer** · cocher · désigner · indiquer · signaler · **3 - repérer** · coter · étiqueter · matriculer · numéroter · **4 - matérialiser** · baliser · borner · délimiter · jalonner · limiter · piqueter · signaler · tracer
II 1 - imprimer · estamper · estampiller · poinçonner · timbrer · **2 - stigmatiser** · buriner · flétrir · marbrer · marqueter · tacher · tacheter · taveler · zébrer · **3 - imprégner** · déteindre sur · empreindre · influencer · **4 - affecter** · impressionner · toucher · **5 -** [sans complément] **laisser des traces** · [événement] faire date
III 1 - manifester · dire · exprimer · montrer · témoigner · **2 - mettre en évidence** · accentuer · accuser · ponctuer · prononcer · faire ressortir · scander · **3 - dénoter** · annoncer · attester · caractériser · dénoncer · indiquer · manifester · montrer · prouver · respirer · révéler · signaler · témoigner de
IV [Sport] **1 - obtenir** · réussir · **2 - serrer**

marqueté, e *adj.* · tacheté · bariolé · bigarré · diapré · jaspé · moucheté · tavelé · truité

marqueterie *n.f.* · mosaïque · patchwork

marquise *n.f.* · auvent

marrant, e *adj.* → **amusant**

marre *adv.*
✦ **en avoir marre** → **en avoir assez**

marrer (se) *v.pron.* **1 -** → **rire** · **2 -** → **s'amuser**

marri, e *adj.* [vieux ou littér.] contrit · fâché

[1]**marron** *adj. invar.* **1 - brun** · beige · bronze · havane · tabac · **2 - irrégulier** · clandestin · malhonnête · **3 - corrompu** · véreux

[2]**marron** *n.m.* **1 - châtaigne** · **2 -** [fam.] → **coup**

marteau *n.m.* **1 - masse** · maillet · mailloche · massette · picot · **2 -** [adj., fam.] → **fou**

martèlement *n.m.* · battement

marteler *v.tr.* **1 - pilonner** · écraser · **2 - battre** · frapper (sur) · tambouriner sur · **3 - accentuer** · détacher · prononcer avec force

martial, e *adj.* · guerrier · belliqueux · combatif · militaire

martyr *n.m.* · victime · bouc émissaire · souffre-douleur · tête de turc

martyre *n.m.* **1 -** [Relig.] **supplice** · baptême du sang · **2 - calvaire** · croix · douleur · mal · souffrance · supplice · torture · tourment

martyriser *v.tr.* **1 - brutaliser** · maltraiter · faire souffrir · **2 - torturer** · crucifier · supplicier · tourmenter

mascarade *n.f.* **1 - carnaval** · **2 - hypocrisie** · comédie · imposture · mystification · pantalonnade · supercherie · cirque *fam.*

mascotte *n.f.* · porte-bonheur · amulette · fétiche · porte-chance

masculin, e *adj.* **1 - mâle** · viril · **2 - garçonnier** · garçon manqué · hommasse *péj.*

masculiniser *v.tr.* · viriliser

masque *n.m.* **1 - loup** · **2 - apparence** · couvert · dehors · extérieur · façade · semblant · vernis · voile · **3 - air** · expression · faciès · physionomie · visage

masqué, e *adj.* **1 - dissimulé** · camouflé · caché · recouvert · voilé · **2 - travesti** · déguisé

masquer *v.tr.* **1 - camoufler** · arranger · cacher · dénaturer · déguiser · dissimuler · enrober · farder · travestir · voiler · **2 - dérober à la vue** · cacher · couvrir · éclipser · escamoter · faire écran à · occulter · recouvrir · offusquer *littér.*

massacrant, e *adj.* · détestable · insupportable

massacre *n.m.* **1 - tuerie** · assassinat · boucherie · carnage · hécatombe · holocauste · **2 - anéantissement** · destruction · dévastation · extermination · génocide · **3 - désastre** · gâchis · sabotage · saccage

massacre, carnage, boucherie, tuerie

Massacre, carnage, boucherie et **tuerie** ont en commun l'idée de mise à mort massive de personnes, l'action de *tuer* avec violence ou même sauvagerie. Tous peuvent s'appliquer au contexte de la guerre, en particulier **boucherie** et **tuerie** *(envoyer des soldats à la boucherie ; mettre fin à la tuerie des grandes guerres)* : « Au fond, vous parlez comme si vous ne deviez jamais vous battre (...). Vous oubliez que la guerre sera toujours une boucherie » (J. Renard, *Journal, 20 avril 1909*). **Massacre** est un terme plus large, que l'on applique aussi à des conflits civils et à l'extermination de populations sans défense *(le massacre de la Saint-Barthélemy en 1572)*. On parle de **carnage** lorsque l'image de la chair (carn-) sanglante domine *(le massacre de la famille X a tourné au carnage)*. **Carnage** et **massacre** concernent aussi certains animaux sauvagement abattus ou chassés abusivement *(le massacre des baleines, des éléphants)*.

massacrer *v.tr.* **1 - détruire** · décimer · exterminer · **2 - tuer** · assassiner · bousiller *fam.* · **3 - abîmer** · défigurer · détériorer · gâter · saccager · amocher *fam.* · bousiller *fam.* · démolir *fam.* · esquinter *fam.* · **4 - critiquer** · éreinter · descendre (en flammes) *fam.* · tirer à boulets rouges sur *fam.*

✦ **massacrer tout le monde** ne pas faire de quartier

massacreur, -euse *n.* **1 - tueur** · assassin · boucher · bourreau · tortionnaire · **2 - saboteur**

[1]**masse** *n.f.*
I 1 - bloc. · morceau · paquet · **2 - poids** · volume · **3 - tas** · amas · amoncellement · agglomérat · agrégat · conglomérat · magma · monceau · **4 -** [Météo] **front** · **5 - ensemble** · somme · totalité
II 1 - groupe · foule · multitude · rassemblement · **2 - multitude** · armada · armée · bataillon · cohorte · foule · kyrielle · légion · meute · myriade · nuée · régiment · ribambelle · cargaison *fam.* · flopée *fam.* · foultitude *fam.* · tapée *fam.*

✦ **la masse** le peuple · le commun des hommes, des mortels · les couches populaires · la foule · la majorité · le grand public · le gros des troupes

✦ **la masse de** le gros de · la majorité de

✦ **en masse** **1 - en nombre** · en foule · massivement · **2 - en abondance** · à foison · à gogo *fam.*

[2]**masse** *n.f.* **maillet** · marteau · massette

✦ **masse d'armes** casse-tête · massue · plommée

[1]**masser** *v.tr.* **rassembler** · agglomérer · amasser · assembler · bloquer · concentrer · rassembler · réunir · serrer

»» **se masser** *v.pron.* **se presser** · se concentrer · s'ameuter · s'agglutiner *péj.*

[2]**masser** *v.tr.* · frictionner · frotter · malaxer · palper · pétrir · presser

[1]**massif, -ive** *adj.* **1 - épais** · compact · corpulent · gros · imposant · lourd · opulent · pesant · maous *fam.* · mastoc *fam.* · **2 - important** · considérable · intense

[2]**massif** *n.m.* **1 - corbeille** · parterre · plate-bande · **2 - bosquet** · buisson · **3 - montagne** · chaîne

massivement *adv.* **1 - en masse** · en foule · en nombre · **2 - en grande quantité** · à forte dose

massue *n.f.* **1 - gourdin** · batte · bâton · casse-tête · masse · **2 -** [adjt] **décisif** · indiscutable · irréfutable · de poids

mastiquer *v.tr.* · mâcher · mâchonner · mâchouiller *fam.*

masturbation *n.f.* · onanisme · plaisir solitaire · branlée *vulg.* · branlette *vulg.* · la veuve poignet *fam.*

masturber *v.tr.* **branler** *vulg.*

»» **se masturber** *v.pron.* **se toucher** · se branler *vulg.*

masure *n.f.* · baraque · bicoque · cabane · gourbi · taudis

mat, mate *adj.* **1 - terne** · dépoli · **2 - foncé** · **3 - sourd** · étouffé

matamore *n.m.* · bravache · fanfaron · fier-à-bras · hâbleur · vantard · rodomont *vieux*

match *n.m.* · compétition · combat · concours · épreuve · partie · rencontre · tournoi

matelas *n.m.* **1 - couche** · paillasse · **2 - lit** · coussin · **3 - sécurité** · protection

matelasser *v.tr.* **1 - rembourrer** · bourrer · capitonner · **2 - cuirasser**

matelot *n.m.* · marin · homme d'équipage · mathurin *argot* · mataf *argot* · [aguerri] loup de mer

[1]**mater** *v.tr.* **1 - dompter** · dresser · soumettre · serrer la vis à *fam.* · visser *fam.* · **2 - réprimer** · abattre · étouffer · juguler · terrasser · vaincre · **3 -** [littér.] **mortifier** · humilier · macérer

[2]**mater** *v.tr.* **1 - dépolir** · **2 - matir**

[3]**mater** *v.tr.* [fam.] → **regarder**

matérialiser *v.tr.* **1 - symboliser** · incarner · représenter · **2 - marquer** · concrétiser · **3 - réaliser** · faire aboutir · concrétiser

»» **se matérialiser** *v.pr.* **se réaliser** · se concrétiser · prendre corps · voir le jour

matérialiste *adj.* **1 - pratique** · matériel · prosaïque · réaliste · terre à terre · **2 -** [Philo.] **positif**

matérialité *n.f.* · réalité · existence

matériau *n.m.* **1 - matière** · **2 - éléments** · documents · données · informations · matière · support

[1]**matériel, -ielle** *adj.* **1 - concret** · effectif · palpable · physique · sensible · tangible · **2 - financier** · pécuniaire · **3 - matérialiste** · positif · pratique · prosaïque · réaliste · terre à terre · **4 -** [vieilli] **charnel** · physique · sensuel · temporel · terrestre

[2]**matériel** *n.m.* **1 - matériau** · matière · **2 - équipement** · instruments · outillage · matos *fam.* · **3 - données** · documents · matériau

matériellement *adv.* **1 - objectivement** · en fait · effectivement · positivement · **2 - financièrement** · pécuniairement

materner *v.tr.* · dorloter · choyer · surprotéger

maternité *n.f.* **1 - enfantement** · génération · procréation · **2 - accouchement** · **3 - grossesse**

mathématique *adj.* **1 - cartésien** · logique · **2 - exact** · précis · rigoureux · scientifique

✦ **c'est mathématique** c'est inévitable · c'est automatique · c'est aussi sûr que deux et deux font quatre

mathématiquement *adv.* **1 - exactement** · rigoureusement · **2 - nécessairement** · automatiquement · immanquablement · inévitablement · infailliblement · logiquement

matière *n.f.*

I 1 - substance · **2 - corps** · **3 - matériau** · **4 - étoffe** · tissu

II 1 - sujet · contenu · fond · objet · propos · substance · teneur · thème · **2 - discipline** · champ · chapitre · domaine · partie · secteur · sujet · terrain · **3 - point** · article · question · sujet

✦ **matière grise** cerveau · cervelle · intelligence · méninges *fam.*

✦ **matières grasses** graisses · lipides

✦ **en matière de** en fait de · en ce qui concerne

✦ **avoir matière à** avoir lieu de · avoir motif de · avoir des raisons de

✦ **donner matière à** prêter à

matin *n.m.* 1 - **matinée** · avant-midi *Belgique, Québec* · 2 - **jour** · aube · aurore · lever du jour, du soleil · 3 - [de la vie] **commencement** · début · aube *littér.* · aurore *littér.* · printemps *littér.*

✦ **du matin** matinal · matinier *vieux* · matutinal *vieux ou littér.*

✦ **au petit matin, de bon matin** très tôt · au chant du coq · au point du jour · aux premières heures (du jour) · de bonne heure · dès potron-minet *littér.* · [se lever] avec les poules

matinal, e *adj.* 1 - **matutinal** *vieux ou littér.* · 2 - **lève-tôt** · matineux *vieux*

mâtiné, e *adj.* 1 - **métissé** · bâtard · croisé · 2 - **mêlé** · mélangé · panaché

mâtiner *v.tr.* · croiser · métisser

matois, e *adj.* · rusé · fin · finaud · malin · retors · roué · madré *littér.* · ficelle *vieux*

matraquage *n.m.* · intoxication · bourrage de crâne *fam.* · intox *fam.*

matraque *n.f.* · trique · bâton · casse-tête

matraquer *v.tr.* 1 - **frapper** · assommer · battre · 2 - **critiquer** · démolir · descendre (en flammes) *fam.* · tirer à boulets rouges sur · 3 - [fam.] → **escroquer**

matrice *n.f.* 1 - **forme** · moule · 2 - [vieux] **utérus**

matrimonial, e *adj.* · conjugal

matrone *n.f.* · rombière *péj.* · grognasse *péj.* · pétasse *péj.* · pouffiasse *péj.* · vieille bique *péj.* · sorcière *péj.*

maturation *n.f.* · mûrissement · mûrissage

maturité *n.f.* 1 - **âge adulte** · force de l'âge · automne de la vie *littér.* · 2 - **plénitude** · épanouissement · vigueur · 3 - **sagesse** · circonspection · mesure · modération · pondération

maudire *v.tr.* 1 - **anathématiser** · 2 - **condamner** · réprouver · 3 - **détester** · exécrer · haïr · vomir · abominer *littér.* · 4 - **pester contre** · injurier · envoyer au diable

maudit, e *adj.* 1 - **réprouvé** · damné · 2 - **infortuné** · malheureux · 3 - **détestable** · exécrable · haïssable · mauvais · damné *fam.* · fichu *fam.* · foutu *très fam.* · sacré *fam.* · sale *fam.* · satané *fam.*

maugréer *v.intr.* · bougonner · grogner · grommeler · jurer · marmonner · pester · se plaindre · râler *fam.* · ronchonner *fam.* · rouspéter *fam.*

mausolée *n.m.* 1 - **tombeau** · 2 - **marabout**

maussade *adj.* 1 - **désagréable** · acariâtre · acrimonieux · boudeur · bourru · chagrin · de méchante humeur · grincheux · grognon · hargneux · mécontent · rébarbatif · renfrogné · revêche · 2 - **désabusé** · mélancolique · pessimiste · 3 - **morose** · ennuyeux · insipide · morne · terne · triste

mauvais, e *adj.*

I 1 - **infect** · dégoûtant · imbuvable · immangeable · immonde · dégueulasse *très fam.* · dégueu *très fam.* · 2 - **nauséabond** · dégoûtant · délétère · fétide · pestilentiel · puant

II 1 - **faux** · erroné · incorrect · inexact · infidèle · 2 - **inadéquat** · impropre · inadapté · inapproprié · inefficace · inutile

III 1 - dangereux · dommageable · malsain · néfaste · nuisible · pernicieux · préjudiciable · **2 - défavorable** · funeste · sinistre
IV 1 - grave · sérieux · sévère · **2 - pénible** · atroce · difficile · épouvantable · horrible · sale *fam.*
V 1 - immoral · bas · corrompu · coupable · crapuleux · déshonnête · douteux · impur · indigne · malhonnête · pendable · vicieux · **2 - malveillant** · calomnieux · cruel · dur · fielleux · haineux · injuste · malfaisant · malin · malveillant · méchant · médisant · pervers · sadique · venimeux · vache *fam.* · **3 - détestable** · désagréable · difficile · odieux · rébarbatif · revêche · fichu *fam.* · foutu *très fam.* · sale *fam.*
VI 1 - faible · imparfait · insuffisant · médiocre · piètre · **2 - piteux** · lamentable · misérable · triste · **3 - déplorable** · minable · nul · à la godille *fam.* · à la gomme *fam.* · à la manque *fam.* · nase *fam.* · ringard *fam.* · zéro *fam.* · de chiotte *très fam.* · merdeux *très fam.* · merdique *très fam.* · de merde *très fam.*

mauviette *n.f.* **1 - lâche** · poltron · lavette *fam.* · lopette *fam.* · couille molle *vulg.* · **2 - gringalet** · avorton *fam.* · demi-portion *fam.*

maxillaire *n.m.* · mâchoire · mandibule

maximal, e *adj.* · maximum

maxime *n.f.* **1 - précepte** · devise · loi · moralité · principe · règle · **2 - axiome** · proposition · vérité · **3 - aphorisme** · pensée · sentence · apophtegme *littér.* · **4 - adage** · dicton · proverbe

maximum

▪ *adj.* **maximal** · plafond · [vitesse] de pointe

▪ *n.m.* **plafond** · comble · limite

✦ **le maximum de** le plus grand nombre de

✦ **au maximum** **1 - (tout) au plus** · à tout casser *fam.* · **2 - le plus possible** · au plus haut degré · au plus point · [serrer, etc.] à fond · à bloc.

mazout *n.m.* · fioul

méandre *n.m.* **courbe** · boucle · coude · courbure · contour · détour · lacet · sinuosité · zigzag · cingle *région.*

»» **méandres** *plur.* [d'une pensée, d'une institution] **dédale** · détours · labyrinthe · maquis

mec *n.m.* → **homme**

mécanique

▪ *adj.* **automatique** · inconscient · instinctif · involontaire · irréfléchi · machinal · réflexe

▪ *n.f.* **1 - mécanisme** · **2 - machine** · appareil

mécaniquement *adv.* · automatiquement · instinctivement · involontairement · machinalement

mécaniser *v.tr.* · industrialiser · motoriser

mécanisme *n.m.* **1 - mécanique** · machine · système · **2 - processus** · fonctionnement · mouvement

mécénat *n.m.* · parrainage · patronage · sponsorisation

mécène *n.m.* · bienfaiteur · protecteur · sponsor

méchamment *adv.* **1 - hargneusement** · agressivement · cruellement · désagréablement · durement · mauvaisement *littér.* · **2 -** [fam.] **drôlement** *fam.* · joliment *fam.* · sacrément *fam.* · vachement *fam.*

méchanceté *n.f.* **1 - malveillance** · cruauté · dureté · indignité ·

malice · malignité · mauvaiseté · noirceur · perversité · venin · vacherie *fam.* · **2 – coup d'épingle** · médisance · pique · pointe · **3 – misère** · crasse · mauvais, vilain, sale tour · rosserie · saloperie *fam.* · scélératesse *vieilli ou littér.* · vacherie *fam.* · vilenie *littér.*

[1]**méchant, e** *adj.* **1 – malveillant** · brutal · cruel · immonde · infect · malfaisant · malintentionné · mauvais · nuisible · odieux · rosse · sans-cœur · moche *fam.* · vache *fam.* · **2 – démoniaque** · diabolique · satanique · **3 – féroce** · **4 –** [enfant] **insupportable** · indiscipliné · intraitable · turbulent · vilain · **5 – blessant** · acariâtre · acerbe · acrimonieux · agressif · corrosif · désagréable · dur · enfiellé · fielleux · haineux · hargneux · médisant · mordant · venimeux · **6 – grave** · important · malin · mauvais · sérieux · moche *fam.* · sale *fam.* · vilain *fam.* · **7 – infime** · insignifiant · maigre · malheureux · médiocre · minable · misérable · miteux · négligeable · pauvre · petit · piètre · de rien du tout *fam.*

[2]**méchant, –e** *n.* **1 – scélérat** · criminel · vilain · **2 – peste** · charogne · rosse · teigne · sale bête *fam.* · carne *fam.* · chameau *fam.* · salaud *fam.* · vache *fam.* • [femme] chipie · dragon · furie · harpie · mégère · sorcière · virago · garce *fam.* · gendarme *fam.* · panthère *fam.* · poison *fam.* · tigresse *fam.* · vieille toupie *fam.* · vipère *fam.*

mèche *n.f.* **1 –** [de cheveux] **touffe** · accroche-cœur · boucle · épi · houppe · toupet · **2 – foret** · vrille · **3 – cordon** · champignon · lumignon · moucheron · rat-de-cave

mécompte *n.m.* **1 – déception** · déconvenue · désappointement · désenchantement · désillusion · **2 –** [vieux] **faux calcul**

méconnaissable *adj.* · métamorphosé · transformé

méconnaissance *n.f.* · ignorance · incompréhension

méconnaître *v.tr.* **1 – déprécier** · méjuger · mésestimer · se méprendre sur · sous-estimer · se tromper sur · **2 – ignorer** · dédaigner · faire fi de · se moquer de · négliger · oublier

méconnu, e *adj.* **1 – ignoré** · obscur · **2 – incompris**

mécontent, e *adj.* **1 – fâché** · contrarié · ennuyé · irrité · **2 – de mauvaise humeur** · grincheux · grognon · maussade · ronchon *fam.* · **3 – insatisfait** · déçu · dépité · désappointé

mécontentement *n.m.* **1 – déplaisir** · chagrin · colère · contrariété · désagrément · ennui · insatisfaction · irritation · **2 –** [collectif] **grincements de dents** · grogne *fam.* · rogne *fam.* · rouspétance *fam.*

mécontenter *v.tr.* · fâcher · agacer · chagriner · choquer · contrarier · ennuyer · déplaire à · irriter · prendre à rebrousse-poil

médaille *n.f.* **1 – insigne** · décoration · crachat *fam., vieilli* · **2 – médaillon**

médailler *v.tr.* · décorer · honorer

médaillon *n.m.* · médaille

médecin *n.m.* · docteur · praticien · thérapeute · toubib *fam.*

médecin, docteur, thérapeute

Le **médecin**, le **docteur** et le **thérapeute** ont pour fonction de soigner des personnes souffrantes. Le **médecin** est habilité à exercer la **médecine** après avoir obtenu son **doctorat** ; il a alors le titre de **docteur** qui le désigne couramment *(c'est le docteur Dubois ; bonjour, au revoir docteur)*. En dehors de cet emploi en appellatif, **docteur** et **médecin** sont interchangeables *(appeler, aller chez le médecin/le docteur ; prendre un rendez-vous chez le médecin/le docteur)*, **médecin** étant cependant d'un usage plus soutenu. On réserve par ailleurs **médecin** chaque fois que l'on a à préciser le domaine d'action du soignant *(un médecin généraliste ; médecin de ville, de quartier, de campagne)*. **Thérapeute**, terme moins courant, ne désigne pas nécessairement un médecin diplômé, et s'emploie le plus souvent pour une personne qui soigne des troubles psychologiques.

médecine *n.f.* **1 – thérapeutique** · **2 –** [vieux] **cure** · traitement · drogue · médicament · pilule · remède

médiat, e *adj.* · indirect

médiateur, -trice *n.* · arbitre · conciliateur · intermédiaire · négociateur

médiation *n.f.* · arbitrage · conciliation · entremise · intermédiaire · interposition · intervention · office · bons offices

médical, e *adj.* **1 – thérapeutique** · curatif · **2 – soignant**

médicament *n.m.* · remède · médication · produit pharmaceutique · drogue *souvent péj.*

médicament, remède

On a recours à un **médicament** ou à un **remède** pour traiter une affection, un problème de santé. Les deux mots sont concurrents dans un certain nombre d'emplois courants *(prendre, avaler, administrer un médicament/un remède ; un remède/un médicament contre la toux, pour soulager des rhumatismes)*. On réserve cependant **médicament** à la substance active spécifique, commercialisée, et son mode d'administration *(médicament à usage externe, interne ; médicaments génériques, de synthèse)*. **Remède** se dit plus largement de toute substance susceptible de soulager un mal *(c'est un remède miracle, de bonne femme)*, physique ou moral *(trouver, chercher un remède contre la souffrance)*.

médication *n.f.* · traitement · cure · soin · thérapeutique

médicinal, e *adj.* **médicamenteux**
✦ **plante médicinale** simple

médiéval, e *adj.* · moyenâgeux

médiocre *adj.* **1 – inférieur** · humble · obscur · **2 – incapable** · incompétent · nul · **3 – insuffisant** · insatisfaisant · mauvais · **4 – négligeable** · faible · insignifiant · mince · minime · pauvre · piètre · [somme] modique · modeste · **5 – commun** · insignifiant · ordinaire · quelconque · **6 – borné** · étriqué · étroit · limité

médiocrement *adv.* · faiblement · modérément · modestement · moyennement

médiocrité *n.f.* **1 – modestie** · obscurité · pauvreté · **2 – insuffisance** · maigreur · pauvreté · **3 – bassesse** · mesquinerie · petitesse · **4 – faiblesse** · imperfection · indigence · inintérêt · insignifiance · minceur · pauvreté · platitude

médire *v.tr.ind.* [sans complément] **critiquer** · cancaner *fam.* · déblatérer *fam.* · jaser *fam.* · potiner *fam.* · clabauder *vieux*

✦ **médire de** attaquer · décrier · dénigrer · calomnier · dire pis que pendre de · baver sur *fam.* · cracher sur *fam.* · débiner *fam.* · déblatérer contre, sur *fam.* · décauser *fam., Belgique* · taper sur *fam.* · casser sur sucre sur le dos de *fam.* · vilipender *littér.*

médisance *n.f.* **1 - dénigrement** · calomnie · diffamation · **2 - commérage** · bavardage · on-dit · cancan *fam.* · potin *fam.* · racontar *fam.* · ragot *fam.*

médisant, e

▪ *adj.* **diffamatoire** · calomnieux · cancanier · fielleux · malveillant · venimeux · maldisant *vieux*

▪ *n.* **calomniateur** · détracteur · diffamateur · mauvaise, méchante langue · langue d'aspic, de serpent, de vipère

méditatif, -ive *adj.* **1 - absorbé** · pensif · recueilli · songeur · **2 - contemplatif** · rêveur

↝ **pensif**

méditation *n.f.* **1 - pensée** · réflexion · cogitation *vieux ou plaisant* · **2 - contemplation** · recueillement

méditer

▪ *v.intr.* **1 - réfléchir** · **2 - rêver** · songer · **3 - contempler** · se recueillir

▪ *v.tr.* **1 - réfléchir à** · approfondir · **2 - mûrir** · combiner · échafauder · imaginer · inventer · préparer · rouler dans sa tête · projeter · [péj.] manigancer · tramer · mijoter *fam.* · ourdir *littér.*

médium *n.m.* · spirite · voyant

médius *n.m. invar.* · majeur

méduser *v.tr.* · stupéfier · ébahir · éberluer · interloquer · pétrifier · sidérer *fam.* · couper la chique à *fam.*

meeting *n.m.* **1 - assemblée** · manifestation · rassemblement · réunion · **2 - rencontre**

méfait *n.m.* **1 - mauvais coup** · crime · faute · forfait *littér.* · **2 - dégât** · dommage · nuisance · ravage

méfiance *n.f.* · défiance · doute · réserve · scepticisme · soupçons · suspicion

méfiant, e *adj.* · soupçonneux · circonspect · défiant · réservé · sceptique · suspicieux

méfier (se) *v.pron.* **1 - être sur ses gardes** · être aux aguets · être sur le qui-vive · faire attention · faire gaffe *fam.*

✦ **se méfier de** **1 - se défier de** · se garder de · **2 - douter de** · mettre en doute

mégalomanie *n.f.* · folie des grandeurs

mégaphone *n.m.* · porte-voix

mégarde (par) *loc. adv.* · par erreur · par distraction · par étourderie · par inadvertance · par inattention · par négligence · involontairement · sans le faire exprès · sans le vouloir

mégère *n.f.* · dragon · furie · harpie · (vieille) sorcière · virago · poison *fam.*

mégoter *v.intr.* → **lésiner**

meilleur, e

▪ *adj.* **mieux** · supérieur

▪ *n.* **premier**

✦ **le meilleur** le fin du fin • le must • le nec plus ultra • le summum • le top *fam.*

méjuger *v.tr.* • déprécier • méconnaître • se tromper sur • sous-estimer • mésestimer *littér.*

mélancolie *n.f.* **1 - dépression** • asthénie • neurasthénie • **2 - tristesse** • abattement • idées noires • morosité • papillons noirs • vague à l'âme • blues *fam.* • cafard *fam.* • spleen *littér.* • **3 - nostalgie** • regret

mélancolie, neurasthénie, dépression

Mélancolie, **neurasthénie** et **dépression** définissent, dans le vocabulaire médical, un état psychique pathologique de la personne, caractérisé notamment par une perte du tonus physique et par un abattement allant de la profonde tristesse (**mélancolie**) à l'anxiété ou à l'angoisse (**dépression**), accompagné de troubles fonctionnels et sensitifs propres à la névrose (**neurasthénie**). Dans le langage courant, où ces trois mots ont un sens affaibli, seul **mélancolie** n'est pas associé à une pathologie mentale, mais à un tempérament morose, enclin à la rêverie : « L'eau courante a, comme la musique, le doux pouvoir de transformer la tristesse en mélancolie » (A. Maurois, *Ariel*, I, I). **Neurasthénie** est moins employé aujourd'hui que **dépression**, qui tend à définir des états passagers de souffrance morale : « (...) il a ce ton inquiet et tendre, protecteur, qu'il prend quand elle a ses moments de dépression, ses crises de larmes » (N. Sarraute, *le Planétarium*).

mélancolique *adj.* **1 - triste** • cafardeux • dépressif • pessimiste • sombre • ténébreux • **2 - morne** • sombre • triste • **3 - nostalgique** • **4 - neurasthénique** • atrabilaire *vieux*

mélancoliquement *adv.* • pensivement • rêveusement • songeusement • tristement

mélange *n.m.* **1 - réunion** • alliage • alliance • amalgame • assemblage • association • brassage • combinaison • fusion • panachage • **2 -** [de races] **croisement** • accouplement • alliance • métissage • union • **3 - assortiment** • cocktail • mariage • mosaïque • patchwork • **4 - composé** • combinaison • mixture *souvent péj.* • préparation • **5 - confusion** • désordre • embrouillamini • emmêlement • enchevêtrement • entrelacement • fatras • fouillis • imbroglio • pêle-mêle • méli-mélo *fam.* • salade *fam.* • salmigondis *fam.*

»» **mélanges** *plur.* [Littérat.] **miscellanées** • variétés

mélangé, e *adj.* **1 - métis** • bâtard • croisé • hybride • mêlé • métissé • **2 - composite** • bigarré • disparate • divers • hétéroclite • mixte • varié

mélanger *v.tr.* **1 - mêler** • allier • amalgamer • assembler • associer • combiner • incorporer • joindre • marier • mixer • panacher • réunir • unir • **2 -** [avec de l'eau, etc.] **couper** • étendre • frelater • recouper • tremper • **3 - croiser** • mâtiner • **4 - agiter** • fouetter • malaxer • touiller • **5 - emmêler** • brouiller • enchevêtrer • entremêler • mêler • mettre en désordre • **6 -** [des cartes] **brasser** • battre • mêler • **7 - confondre** • embrouiller

»» **se mélanger** *v.pron.* **1 - se mêler** • fusionner • **2 - s'embrouiller** • se confondre

mélanger, mêler, mixer

Mélanger, **mêler** ou **mixer**, c'est former un tout à partir d'éléments différents mis ensemble. Avec cette valeur,

mélanger concerne plutôt des choses concrètes, associées dans un certain ordre *(mélanger des gouaches sur une palette)* : « D'autres fois, elle se faisait un fond de teint avec des crèmes qu'elle mélangeait dans une soucoupe » (J. Giono, *Jean le Bleu*, IX). **Mêler**, plus rarement appliqué au concret, insiste sur le caractère hétérogène des éléments combinés *(il aime mêler le sucré et le salé ; une architecture qui mêle le verre au bois)*. **Mixer**, d'emploi plus restreint, c'est mélanger intimement des aliments en les battant avec un mixeur *(casser deux œufs, mélanger les jaunes avec le sucre et le lait ; mixer trois minutes jusqu'à obtenir un mélange bien homogène)*.

mélangeur *n.m.* **1 - robinet** · **2 - mixeur**

mélasse *n.f.* [fam.] → **misère**

mêlée *n.f.* **1 - bataille** · bagarre · combat · échauffourée · lutte · rixe · margaille *fam., Belgique* · **2 - confusion** · chaos · cohue

mêler *v.tr.* **1 - allier** · amalgamer · assembler · associer · combiner · incorporer · joindre · mixer · panacher · réunir · unir · **2 - emmêler** · brouiller · mettre en désordre · enchevêtrer · entremêler · **3 -** [qqn à qqch.] **impliquer** · associer · compromettre · entraîner

»» **se mêler** *v.pron.* **1 - s'unir** · s'entrelacer · fusionner · **2 - s'emmêler** · se mélanger · **3 - se confondre** · s'embrouiller

✦ **se mêler à** s'associer à · entrer dans · se joindre à · participer à · prendre part à

✦ **se mêler de** **1 - s'occuper de** · toucher à · **2 - s'immiscer dans** · s'ingérer dans · intervenir dans · s'introduire dans · entrer dans · mettre, fourrer son nez dans *fam.* · se fourrer dans *fam.*

~ **mélanger**

méli-mélo *n.m.* **1 - mélange** · capharnaüm · confusion · fouillis · bazar *fam.* · **2 - imbroglio** · embrouillamini *fam.* · micmac *fam.* · salade *fam.* · sac d'embrouilles, de nœuds *fam.*

mélodie *n.f.* **1 - air** · **2 - chant** · aria · ariette · cantilène · chanson · lied · **3 - harmonie** · rythme · **4 - intonation** · inflexions

mélodieux, -ieuse *adj.* · harmonieux · chantant · doux · musical · suave

mélodramatique *adj.* **1 - grandiloquent** · emphatique · larmoyant · pompeux · ronflant · **2 - sentimental** · romantique

melon *n.m.* [fam.] → **tête**

✦ **melon d'eau** pastèque

membrane *n.f.* **1 - pellicule** · **2 - cloison**

membre *n.m.* **1 - bras** · jambe · **2 - partie** · **3 - associé** · adhérent · affilié · allié · inscrit · sociétaire

✦ **membre (viril)** sexe (masculin) · pénis · verge

✦ **être membre de** appartenir à · faire partie de

✦ **devenir membre de** adhérer à · rejoindre · s'affilier à

[1]**même** *adj.* **1 - identique** · égal · équivalent · pareil · semblable · similaire · **2 - commun** · **3 - strict** · exact · **4 - propre** · **5 - inchangé** · identique

✦ **c'est la même chose** c'est pareil · c'est tout un · c'est kif-kif *fam.* · c'est bonnet blanc et blanc bonnet *fam.*

✦ **cela n'est pas la même chose** cela fait deux *fam.*

✦ **de soi-même** spontanément · de son plein gré · volontairement

²même *adv.* **1 - aussi** · pareillement · **2 - voire** · jusqu'à · qui plus est

✦ **de même** **1 - aussi** · également · pareillement · semblablement · de la même manière · à l'avenant · idem *fam.* · itou *fam.* · mêmement *vieux* · **2 - dito**
✦ **quand même** malgré tout
✦ **tout de même** pourtant · cependant · néanmoins
✦ **de même que** **1 - ainsi que** · aussi bien que · comme · **2 - de la même manière que**
✦ **à même de** capable de · apte à · en état de · en mesure de · susceptible de · de taille à

mémento *n.m.* · abrégé · aide-mémoire · guide · manuel · résumé · synopsis

¹mémoire *n.f.* **1 - souvenir** · rémanence · souvenance · trace · **2 - renommée** · réputation

✦ **de mémoire** de tête · par cœur
✦ **pour mémoire** pour rappel

souvenir

²mémoire *n.m.* **1 - dissertation** · étude · exposé · monographie · traité

⋙ **mémoires** *plur.* **1 - autobiographie** · cahiers · journal · souvenirs · **2 - annales** · chroniques · commentaires

chronique

mémorable *adj.* **1 - inoubliable** · indélébile · ineffaçable · **2 - marquant** · fameux · glorieux · historique · remarquable

mémorandum *n.m.* **1 - note** · **2 - agenda** · aide-mémoire · mémento · pense-bête

mémorialiste *n.* · chroniqueur · historien

menaçant, e *adj.* **1 - inquiétant** · dangereux · incertain · sinistre · sombre · **2 - agressif** · fulminant · grondant · comminatoire *littér.*

menace *n.f.* **1 - intimidation** · contrainte · **2 - avertissement** · **3 - danger** · risque · spectre · péril *littér.* · [permanente] épée de Damoclès

✦ **menace de guerre** bruit de bottes

menacé, e *adj.* · fragile · incertain · en danger · en péril · [espèce] en voie de disparition

menacer *v.tr.* **1 - intimider** · mettre le couteau, le pistolet sous la gorge de · [sans complément] montrer les dents, les griffes · **2 - mettre en danger** · mettre en péril · [l'avenir] hypothéquer · **3 - attendre** · pendre au nez à *fam.* · **4 -** [sans complément] **se préparer** · assombrir l'horizon · gronder

ménage *n.m.* **1 - couple** · **2 - famille** · foyer · maison · maisonnée · feu *vieux* · **3 - entretien**

famille

ménagement *n.m.* **1 - mesure** · circonspection · prudence · réserve · **2 - attention** · délicatesse · égards · précaution · prévenance · scrupule · soin · tact

✦ **sans ménagement** abruptement · brutalement · crûment · sans faire dans la dentelle *fam.*
✦ **avec ménagement** avec douceur · en y mettant les formes · en prenant des gants *fam.*

égard

¹ménager *v.tr.* **1 - être indulgent avec** · épargner · ne pas chagriner · prendre des précautions avec · traiter avec ménagement · mettre, prendre des gants avec *fam.* · **2 - économiser** · épargner · **3 - mesurer** · modérer ·

4 - assurer · donner · fournir · garantir · procurer · réserver · **5 - organiser** · arranger · préparer · **6 - aménager** · installer · pratiquer

⋙ **se ménager** *v.pron.* **1 - se garder** · se réserver · **2 - se soigner** · se dorloter · s'écouter · se chouchouter *fam.*

²ménager, -ère *adj.* · domestique · familial

ménagerie *n.f.* · zoo

mendiant, e *n.* · mendigot *fam., vieilli* · chemineau *vieux* · gueux *vieux*

mendier

▪ *v.intr.* **tendre la main** · demander la charité · faire la manche *fam.* · mendigoter *fam., vieilli*

▪ *v.tr.* **implorer** · quémander · quêter · solliciter

menées *n.f.pl.* · agissements · intrigues · machinations · manœuvres

mener *v.tr.* **1 - accompagner** · amener · conduire · emmener · **2 - transporter** · convoyer · **3 - diriger** · administrer · commander · conduire · gérer · gouverner · piloter · régir · régenter *péj.* · être aux commandes, aux manettes de · être à la tête de · **4 - animer** · guider · faire marcher · **5 -** [compétition] **être en tête de** · dominer

✦ **mener à** [chemin] aboutir à · aller à · conduire à · déboucher sur

✦ **mener à bonne fin, à bien, à terme** terminer · achever · accomplir · exécuter · finir · réaliser · réussir

☞ **guider**

meneur, -euse *n.* **1 - chef** · dirigeant · leader · **2 - agitateur** · instigateur · provocateur

menhir *n.m.* · pierre levée · peulven

méninges *n.f.pl.* [fam.] cerveau · cervelle · intelligence · matière grise *fam.*

ménopause *n.f.* · retour d'âge · âge critique · climatère *(Méd.)*

menottes *n.f.pl.* · bracelets *argot*

mensonge *n.m.* **1 - contrevérité** · canular · fiction · histoire · hypocrisie · imposture · invention · mystification · tromperie · conte *littér.* · fable *littér.* · blague *fam.* · baratin *fam.* · bobard *fam.* · boniment *fam.* · craque *fam.* · salade *fam.* · mytho *lang. jeunes* · galéjade *région.* · menterie *vieux* · **2 - fabulation** · mythomanie · **3 - duplicité** · fausseté · imposture · tromperie · **4 - désinformation** · manipulation · bourrage de crâne *fam.* · **5 - illusion** · mirage

mensonger, -ère *adj.* **1 - faux** · erroné · inexact · controuvé *littér.* · **2 - trompeur** · fallacieux *littér.*

menstruation *n.f.* · règles · menstrues *vieux*

mensualité *n.f.* **1 - mois** · **2 - salaire (mensuel)** · appointements · traitement

mental, e

▪ *adj.* **1 - cérébral** · intellectuel · **2 - psychique** · psychologique

▪ *n.m.* **moral** · psychisme

mentalement *adv.* **1 - de tête** · intérieurement · **2 - moralement** · psychiquement

mentalité *n.f.* **1 - état d'esprit** · psychologie · **2 - moralité** · mœurs · morale

menteur, -euse

▪ *adj.* **1 - mensonger** · faux · trompeur · fallacieux *littér.* · **2 - fourbe** · hypocrite · perfide

▪ *n.* **1 - fabulateur** · mystificateur · mythomane · mytho *lang. jeunes* · **2 - hâbleur** · bluffeur · esbroufeur · vantard · **3 - imposteur** · simulateur

mention *n.f.* **1 - indication** · note · **2 - citation** · évocation · rappel

mentionner *v.tr.* **1 - citer** · nommer · parler de · **2 - signaler** · évoquer · indiquer · stipuler · **3 - consigner** · citer · enregistrer · inscrire · noter · rapporter

mentir *v.intr.* **inventer** · fabuler · trahir la vérité · raconter des blagues, des histoires, des craques *fam.* · avoir le nez qui bouge, qui remue *plaisant* · [effrontément] mentir comme un arracheur de dents

✦ **mentir à** tromper · abuser · berner · donner le change à · duper · en faire accroire à · leurrer · mystifier · bourrer le crâne à *fam.* · bourrer le mou à *fam.* · mener en bateau *fam.*

mentonnière *n.f.* · jugulaire

mentor *n.m.* · conseiller · directeur de conscience · gouverneur · guide

menu, e *adj.* **1 - fin** · délicat · filiforme · fluet · gracile · grêle · mince · **2 - petit** · insignifiant · léger · négligeable

➳ **mince**

méphitique *adj.* · malsain · asphyxiant · délétère · fétide · irrespirable · nocif · puant · toxique

méprendre (se) *v.pron.* **se tromper** · s'abuser · faire erreur · faire fausse route · se fourvoyer

✦ **se méprendre sur** méconnaître · s'illusionner sur · se leurrer sur

mépris *n.m.* **1 - indifférence** · dédain · détachement · **2 - insolence** · arrogance · dédain · fierté · hauteur · morgue · superbe *littér.* · **3 - dégoût** · dédain · mésestime

✦ **au mépris de** en dépit de · contrairement à · malgré

méprisable *adj.* · vil · abject · avilissant · bas · détestable · honteux · ignoble · ignominieux · indigne · infâme · lâche · misérable

méprisant, e *adj.* · dédaigneux · arrogant · fier · hautain

méprise *n.f.* · confusion · erreur · maldonne · malentendu · quiproquo · fourvoiement *littér.*

➳ **erreur** ➳ **malentendu**

mépriser *v.tr.* **1 - dédaigner** · déprécier · honnir *littér.* · cracher sur *fam.* · **2 - braver** · bafouer · faire fi de · se jouer de · se moquer de · narguer · se rire de · transgresser · faire litière de *littér.* · fouler aux pieds *littér.* · **3 - négliger** · se désintéresser de · dédaigner · ne faire aucun cas de · ignorer · prendre de haut · snober

mer *n.f.* **1 - océan** · large · **2 - flots** · onde *littér.* · **3 - marée** · **4 - abondance** · flot · flux · masse · océan · multitude · surabondance

mercanti *n.m.* · profiteur · maquignon · margoulin *fam.*

mercantile *adj.* · intéressé · avide · cupide · rapace

mercenaire *adj.* · vénal

[1]**merci** *n.f.* **pitié** · grâce · miséricorde

✦ **à la merci de** soumis à · assujetti à · sous la dépendance de · sous l'emprise de
✦ **sans merci** impitoyable · acharné · sans pitié

[2]**merci** *n.m.* · remerciement

mercure *n.m.* · vif-argent *vieux*

merde *n.f. et interj.* **1 - les cinq lettres** · **2 - → excrément** · **3 - → saleté** · **4 - → embarras**

mère *n.f.* **1 - maman** *fam.* · mater *fam., vieilli* · darone *lang. jeunes* · reum *lang. jeunes* · **2 - cause** · origine · source · **3 - inventrice** · initiatrice

méridional, e *adj.* · (du) sud · du midi

méritant, e *adj.* · estimable · digne · honorable · respectable · vertueux

mérite *n.m.* **1 - qualité** · capacité · talent · valeur · **2 - avantage** · force · vertu · **3 - honneur** · éloge · gloire

mériter *v.tr.* **1 - valoir** · être digne de · valoir la peine de · **2 - donner droit à** · justifier · **3 - encourir** · être passible de · risquer · **4 - réclamer** · exiger

mériter, être digne de

On **mérite** quelque chose ou on **est digne de** quelque chose lorsque, par sa conduite, ses qualités, on peut se prévaloir d'un avantage – récompense, estime, reconnaissance, etc. – *(ce projet mérite attention, est digne d'attention ; il ne mérite pas qu'on s'y attarde, il n'est pas digne d'intérêt).* On peut cependant employer **mériter** pour quelque chose de défavorable *(tu mériterais une punition, tu as bien mérité cette mauvaise note).* **Mériter** s'impose encore lorsque le complément désigne une personne *(tu ne mérites pas des amis aussi gentils).* **Être digne de** quelqu'un indique simplement un accord, une conformité avec la personne *(cette réaction est bien digne de lui, il n'est pas digne de son père).*

méritoire *adj.* · louable · bon · digne · vertueux

merveille *n.f.* **miracle** · bijou · chef-d'œuvre · émerveillement · enchantement · joyau · prodige
✦ **à merveille** admirablement · divinement · parfaitement · superbement · à ravir · [se dérouler] comme sur des roulettes *fam.*

miracle

merveilleusement *adv.* · parfaitement · admirablement · divinement · extraordinairement · fabuleusement · fantastiquement · magnifiquement · splendidement · superbement · à ravir

merveilleux, -euse *adj.* **1 - magique** · fantastique · fantasmagorique · féerique · surnaturel · **2 - remarquable** · admirable · étonnant · étourdissant · extraordinaire · fabuleux · formidable · prodigieux · surprenant · épatant *fam.* · extra *fam.* · mirobolant *fam.* · sensationnel *fam.* · super *fam.* · **3 - magnifique** · admirable · charmant · délicieux · éblouissant · enchanteur · étincelant · fascinant · splendide · superbe

mésaventure *n.f.* **1 - accident** · aventure · incident · malchance · [au plur.] tribulations · vicissitudes · méchef *littér., vieux* · **2 - déconvenue** · déboire

mésentente *n.f.* · désaccord · brouille · désunion · discorde · dispute · dissension · divergence · division · froid · zizanie · dissidence *littér.* · mésintelligence *littér.* · tirage *fam.*

mésestime *n.f.* · déconsidération · dédain · mépris

mésestimer *v.tr.* **1 - déprécier** · avoir mauvaise opinion de · méconnaître · méjuger · **2 - sous-estimer** · se tromper sur · méjuger de *littér.*

mésintelligence *n.f.* · mésentente · désaccord · brouille · désunion · discorde · dispute · dissension · divergence · division · dissidence *littér.*

mesquin, e *adj.* **1 - étriqué** · borné · étroit · limité · médiocre · petit · **2 - bas** · médiocre · sordide · minable *fam.* · moche *fam.* · **3 - avare** · chiche · parcimonieux · avaricieux *littér.* · radin *fam.* · **4 -** [vieux] **misérable** · chétif · chiche · insignifiant · maigre · minuscule · pauvre · piètre

mesquinement *adv.* **1 - chichement** · parcimonieusement · **2 - bassement** · **3 - petitement** · médiocrement

mesquinerie *n.f.* **1 - petitesse** · bassesse · étroitesse d'esprit · médiocrité · **2 - avarice** · économie · parcimonie · lésine *littér.* · radinerie *fam.*

mess *n.m.* · réfectoire · cantine · popote *fam.*

message *n.m.* **1 - correspondance** · dépêche · lettre · missive · pli · **2 - discours** · annonce · avis · communiqué · déclaration · **3 - commission** · communication

messager, -ère *n.* **1 - émissaire** · agent de liaison · courrier · délégué · envoyé · estafette · exprès · porteur · **2 -** [Relig.] **ange** · envoyé des Dieux

messagerie *n.f.* **1 - courrier électronique** · boîte aux lettres (électronique) · alphapage *nom déposé* · **2 - transport** · **3 - routage**

messe *n.f.* · office (divin) · célébration

messie *n.m.* · sauveur

mesure *n.f.*
I 1 - évaluation · détermination · mensuration · mesurage · **2 - dimension** · grandeur · largeur · longueur · mensuration · taille · **3 - étalon** · unité · **4 - dose** · ration
II 1 - cadence · mouvement · rythme · **2 -** [Versification] **mètre** · métrique
III disposition · acte · décision · initiative · moyen · plan d'action · précaution
IV modération · circonspection · économie · équilibre · pondération · précaution · prudence · retenue · sobriété · tempérance

✦ **à la mesure de** à l'échelle de · à la portée de · à la taille de
✦ **dans la mesure de, où** selon · à proportion de · en raison de
✦ **en mesure de** en état de · à même de · capable de · de taille à
✦ **sans mesure** **1 - démesuré** · illimité · immense · **2 - immodérément**
✦ **dépasser la mesure** exagérer · aller trop loin · dépasser, franchir les limites · dépasser les bornes · franchir la ligne blanche · pousser *fam.*

mesuré, e *adj.* **1 - calculé** · **2 - lent** · **3 - réglé** · régulier · rythmique · **4 - modéré** · circonspect

mesurer *v.tr.* **1 - métrer** · arpenter · chaîner · prendre les mesures, les dimensions de · sonder · toiser · **2 - calibrer** · cuber · jauger · **3 - doser** · compter · limiter · proportionner · régler · **4 - évaluer** · apprécier · calculer · déterminer · estimer · étudier · jauger · juger · prendre la mesure de · prévoir · quantifier · supputer · **5 - modérer** · ménager · **6 - distribuer** · compter · départir

⋙ **se mesurer** *v.pron.* **se battre** · s'affronter · en découdre · lutter · s'opposer · rivaliser · se tirer la bourre *fam.*

✦ **se mesurer à, avec** affronter · braver · être aux prises avec

métamorphosable *adj.* · transformable

métamorphose *n.f.* **1 - transformation** · changement · évolution · mutation · révolution · transmutation *littér.* · **2 - avatar** · incarnation · **3 -** [Alchimie] **conversion** · transfiguration

métamorphosé, e *adj.* · méconnaissable · transformé

métamorphoser *v.tr.* **1 - transformer** · changer (du tout au tout) · transfigurer · donner un nouveau visage à · **2 - bouleverser** · révolutionner · transmuer *littér.*

⋙ **se métamorphoser** *v.pron.* **1 - changer (du tout au tout)** · évoluer · se modifier · se muer · se transformer

✦ **se métamorphoser en 1 - se changer en** · se transformer en · **2 - s'incarner en, dans**

❧ **transformer**

métaphore *n.f.* · image · allégorie · comparaison · figure

métaphorique *adj.* · imagé · allégorique · figuré

métaphysique *adj.* **1 - transcendant** · **2 - abstrait**

météore *n.m.* · astéroïde · bolide · étoile filante

météorisme *n.m.* · flatulence · ballonnements · gaz

météorite *n.m. ou f.* · aérolithe

méthode *n.f.* **1 - démarche** · formule · marche à suivre · mode · procédure · système · technique · **2 - façon (de faire)** · manière · moyen · procédé · recette · tactique · voie · truc *fam.* · **3 - logique** · méthodologie · ordre · **4 - discipline** · organisation

méthodique *adj.* **1 - systématique** · organisé · régulier · **2 - cartésien** · logique · ordonné · rationnel · rigoureux · réfléchi · systématique

méthodiquement *adv.* · logiquement · rationnellement · systématiquement

méticuleux, -euse *adj.* **1 - consciencieux** · attentif · minutieux · précis · scrupuleux · soigné · soigneux · **2 -** [péj.] **maniaque** · pointilleux · tatillon · vétilleux *littér.*

métier *n.m.* **1 - profession** · carrière · gagne-pain · travail · boulot *fam.* · job *fam.* · **2 - fonction** · condition *vieilli* · état *vieilli* · **3 - savoir-faire** · art · expérience · habileté · maîtrise · pratique · technique · tour de main

❧ **métier, profession, art**

Métier et **profession** sont interchangeables lorsqu'on parle d'un travail, d'une occupation déterminés, grâce auxquels on peut subvenir à ses besoins *(les métiers/les professions du journalisme ; changer de métier/de profession)*. **Profession** est de rigueur dans le langage administratif *(mentionnez votre âge et votre profession)* et s'emploie couramment pour toute activité entourée d'un certain prestige social *(les professions libérales, artis-*

tiques ; il a embrassé la profession d'avocat). Les emplois de **métier** sont beaucoup plus larges *(c'est un métier d'avenir, fatigant, mal payé ; les métiers du cinéma, de la santé)* et concernent en particulier les activités manuelles ou mécaniques *(le métier d'horloger ; être en apprentissage pour apprendre un métier ; les corps de métiers du bâtiment).* L'influence du sens moderne d'art, lié à une production à visée esthétique, rend aujourd'hui ambigu et obsolète l'emploi du mot pour désigner un métier requérant un apprentissage et des compétences spécifiques *(l'art du bijoutier, du tailleur de pierre).*

métis *adj.* **1 - métissé** · mulâtre · quarteron · sang-mêlé *vieux* · **2 - hybride** · **3 - bâtard** · mâtiné

métissage *n.m.* · croisement · hybridation

métisser *v.tr.* · croiser · hybrider

mètre *n.m.* · mesure · rythme

métrer *v.tr.* · mesurer · arpenter

métrique *n.f.* · prosodie · versification

métropole *n.f.* **1 - capitale** · centre urbain · conurbation · ville · **2 - mère-patrie**

mets *n.m.* · plat · spécialité (culinaire)

mettable *adj.* · portable

metteur, -euse *n.*

✦ **metteur en scène** **1 - réalisateur** · cinéaste · **2 - scénographe**

mettre *v.tr.* **1 - revêtir** · endosser · enfiler · passer · **2 - placer** · déposer · installer · poser · ranger · coller *fam.* · ficher *fam.* · flanquer *fam.* · fourrer *fam.* · foutre *très fam.* · **3 - appliquer** · apposer · appuyer · coller · déposer · étaler · étendre · imposer · poser · **4 - disposer** · arranger · **5 - étendre** · coucher · **6 - dresser** · appuyer · asseoir · **7 - introduire** · emboîter · enfoncer · engager · glisser · inclure · insérer · nicher · **8 - planter** · enfouir · enfoncer · enterrer · plonger · **9 - loger** · ranger · serrer · caser *fam.* · **10 - verser** · **11 - établir** · camper · fixer · poster · **12 - investir** · engager · placer · miser · jouer · **13 - affecter** · attacher · employer · placer · préposer · **14 - causer** · créer · déclencher · faire naître · provoquer · semer · flanquer *fam.* · foutre *très fam.*

⋙ **se mettre** *v.pron.* **se placer** · s'installer · prendre place · se carrer · se glisser · s'installer

✦ **se mettre à** commencer · attaquer · s'atteler à · entamer · entreprendre

[1]**meuble** *n.m.* [au plur.] **mobilier** · ameublement

[2]**meuble** *adj.* **1 -** [bien] **mobilier** · corporel · **2 -** [terre] **souple** · friable

meublé *n.m.* · garni *vieux*

meubler *v.tr.* **1 - aménager** · équiper · garnir · installer · **2 - occuper** · remplir · **3 - enrichir** · étoffer · nourrir

meuglement *n.m.* · beuglement · mugissement

meugler *v.intr.* · mugir · beugler

[1]**meule** *n.f.* **1 - broyeur** · concasseur · **2 - affiloir** · aléseuse

[2]**meule** *n.f.* [Agric.] tas · barge · gerbier

meunerie *n.f.* · minoterie

meunier, -ière *n. et adj.* · minotier

meurtre *n.m.* · homicide · assassinat · crime · liquidation *fam.*

✦ **commettre un meurtre** rougir ses mains *littér.*

⤷ **assassinat**

meurtri, e *adj.* · marqué · endommagé · en compote · en marmelade • [fruit] talé

meurtrier, -ière

▪ *adj.* 1 - **mortel** · destructeur · funeste · sanglant · 2 - **homicide** · criminel

▪ *n.* **assassin** · criminel · homicide · tueur

▪ *n.f.* **archère** · barbacane · canonnière

meurtrir *v.tr.* 1 - **contusionner** · écraser · endolorir · mettre en compote *fam.* · 2 - **taler** · endommager · cotir *vieux* · 3 - **blesser** · peiner · navrer *littér.* · faire des bleus à l'âme de

meurtrissure *n.f.* 1 - **contusion** · blessure · bleu · coup · ecchymose · pinçon · 2 - **talure** · cotissure *vieux* · 3 - **blessure** · peine · plaie

meute *n.f.* 1 - **bande** · troupe · 2 - **foule** · populace *péj.* · 3 - **armada** · armée · bataillon · cohorte · colonie · essaim · flot · horde · kyrielle · légion · masse · multitude · myriade · nuée · quantité · régiment · ribambelle · tas · troupe · flopée *fam.* · foultitude *fam.*

mévente *n.f.* · marasme

mezzanine *n.f.* 1 - **corbeille** · 2 - **loggia**

miaulement *n.m.* · miaou *fam.*

miauler *v.intr.* 1 - **faire miaou** *fam.* · 2 - **crier** · geindre · pleurnicher · se lamenter

micmac *n.m.* → **manigance**

microfilm *n.m.* · microcopie · microfiche · microforme · microphotographie

microscopique *adj.* · imperceptible · infime · infinitésimal · invisible · minime · minuscule

midi *n.m.* 1 - **douze heures** · 2 - **sud**

mielleux, -euse *adj.* · doucereux · édulcoré · emmiellé · mièvre · onctueux · sucré · melliflu *littér.* · patelin *littér.*

miette *n.f.* 1 - **fragment** · morceau · 2 - **débris** · bribe · brisure · éclat · 3 - **atome** · brin · once

[1]**mieux** *adj. et adv.* **préférable** · meilleur

✦ **ce qu'il y a de mieux** le fin du fin · la crème · le dessus du panier · le gratin · le nec plus ultra · le top *fam.*

[2]**mieux** *n.m.* 1 - **amélioration** · progrès • [temps] accalmie · embellie

✦ **le mieux** 1 - **l'idéal** · 2 - **le plus beau** · le comble · le bouquet *fam.*

mièvre *adj.* 1 - **affecté** · maniéré · sucré · mignard *littér.* · 2 - **doucereux** · fade · gentillet · plat • [histoire] à l'eau de rose

mièvrerie *n.f.* 1 - **affectation** · mignardise *littér.* · 2 - **platitude** · fadeur

mignard, e *adj.* · affecté · maniéré · mièvre · précieux

mignardise *n.f.* **mièvrerie** · préciosité · afféterie *littér.*

»» **mignardises** *plur.* **manières** · minauderies · mines · simagrées · chichis *fam.*

mignon, -onne *adj.* 1 - **joli** · beau · charmant · délicat · gentil · gracieux · craquant *fam.* · à croquer *fam.* · croquignolet *fam.* ·

mimi *fam.* · joliet *vieux ou région.* · **2 - adorable** · gentil · chic *fam.* · chou *fam.* · trognon *fam.*

➻ **beau**

migraine *n.f.* · mal de tête · céphalée · mal de crâne *fam.*

migrant, e *adj.* · émigrant · immigrant

migration *n.f.* · déplacement · émigration · immigration · invasion · estivage · transhumance

mijaurée *n.f.* · pimbêche · pécore · prétentieuse · bêcheuse *fam.* · chichiteuse *fam.* · péronnelle *fam, vieilli*

mijoter

▪ *v.intr.* **mitonner** · cuire

▪ *v.tr.* **1 - cuisiner** · mitonner · préparer · **2 - combiner** · manigancer · mûrir · préparer · tramer · ourdir *littér.* · fricoter *fam.*

milieu *n.m.*

I 1 - centre · cœur · foyer · noyau · **2 - moitié**

II 1 - ambiance · atmosphère · cadre · climat · décor · bain *fam.* · **2 - entourage** · environnement · monde · société · sphère · univers · caste *souvent péj.* · **3 -** [Écol.] **environnement** · biotope · élément · espace · habitat · **4 - classe (sociale)** · catégorie (sociale) · condition (sociale) · rang

✦ **le milieu** la pègre · la mafia

✦ **juste milieu** compromis · entre-deux · intermédiaire · juste mesure · moyen terme · moyenne

✦ **au milieu de** **1 - dans** · entre · parmi · au cœur de · au sein de · dans le giron de *littér.* · aux entrailles de *poétique* · dans le mitant de *vieux ou région.* · **2 - à la moitié de** · **3 - au cours de** · durant · pendant · au cœur de · au (plus) fort de

militaire

▪ *adj.* **1 - guerrier** · martial · **2 - stratégique**

▪ *n.* **soldat** · appelé · homme de troupe

militant, e

▪ *adj.* **actif** · activiste

▪ *n.* **1 - activiste** · **2 - adepte** · partisan · prosélyte

militarisme *n.m.* **1 - bellicisme** · **2 - caporalisme**

militariste *adj. et n* · belliciste · faucon

militer *v.intr.* **lutter** · se battre · combattre · s'engager

✦ **militer pour, en faveur de** plaider pour · être un argument pour · parler pour

millénaire *adj.* · ancestral · ancien · immémorial

millésime *n.m.* · cuvée · année

milliardaire *n.m.* · nabab

million *n.m.* · bâton *fam.* · brique *fam.* · patate *fam.*

mime *n.* **1 - pantomime** · mimique · **2 - imitateur**

mimer *v.tr.* **1 - imiter** · copier · reproduire · singer *fam.* · **2 - simuler** · affecter · contrefaire · feindre · jouer

mimétisme *n.m.* · imitation · caméléonisme · mime · mimétique

mimique *n.f.* · expression · gestuelle · grimace · moue · rictus

minable

▪ *adj.* **1 - misérable** · lamentable · pitoyable · **2 -** [fam.] **dérisoire** · de rien du tout · infime · insignifiant ·

maigre · méchant · misérable · pauvre · piètre · piteux · miteux *fam.* · **3 –** [fam.] **étriqué** · misérable · **4 –** [fam.] **consternant** · affligeant · au-dessous de tout · calamiteux · déplorable · désastreux · exécrable · lamentable · navrant · nul · foireux *fam.* · merdeux *très fam.* · ringard *fam.* · à la gomme *fam.* · à la noix *fam.* · **5 – méprisable** · bas · médiocre · mesquin · sordide

▪ *n.* **nullité** · loser *fam.* · minus *fam.* · nullard *fam.* · pauvre type *fam.* · tocard *fam.* · zéro *fam.*

minauderies *n.f.pl.* · affectation · agaceries · coquetteries · façons · grâces · grimaces · manières · mines · simagrées · singeries · mignardises *littér.* · chichis *fam.*

minaudier, -ière *adj.* · affecté · chichiteux · grimacier · maniéré · mignard · poseur

mince *adj.* **1 – fin** · délicat · menu · délié *littér.* · **2 – allongé** · effilé · élancé · fuselé · longiligne · svelte · **3 – ténu** · étroit · **4 – insignifiant** · léger · maigre · médiocre · négligeable · **5 – limité** · faible · modeste · petit

✦ **très mince** filiforme · fluet · frêle · gracile · efflanqué *péj.* · grêle *péj.*

mince, menu, délié

L'idée de finesse est commune à ces trois mots. On qualifie de **mince** une chose peu épaisse *(couper un gâteau en tranches minces)* ou peu large *(un mince rayon de lumière)*, une personne de taille ou de formes élancées *(un homme grand et mince ; un buste mince)*. Est **menu** ce qui n'est pas gros *(découper de la viande en menus morceaux)* et, en parlant d'une personne, ce qui est mince et petit, fluet *(elle est toute menue)*. On applique **délié**, dans un usage plus littéraire, à ce qui est très mince et d'une grande finesse *(une écriture déliée, une taille déliée, des formes déliées)*.

minceur *n.f.* **1 – finesse** · gracilité · sveltesse · **2 – faiblesse** · **3 – ténuité**

mincir

▪ *v.intr.* **s'amincir** · s'affiner · s'allonger · maigrir · fondre *fam.*

▪ *v.tr.* **amincir** · affiner · allonger

[1]**mine** *n.f.*

I 1 – air · allure · apparence · aspect · dehors · extérieur · **2 – maintien** · allure · contenance · prestance · tenue

II 1 – expression · physionomie · **2 – figure** · face · minois · tête · visage · bouille *fam.* · frimousse *fam.*

››› **mines** *plur.* **1 – affectation** · maniérisme · **2 – minauderies** · coquetteries · façons · grâces · grimaces · manières · simagrées · singeries · chichis *fam.* · mignardises *littér.*

[2]**mine** *n.f.* **1 – gisement** · carrière · **2 – fonds** · filon · gisement · source · trésor

✦ **mine d'or** trésor

miner *v.tr.* **1 – éroder** · affouiller · attaquer · caver · creuser · ronger · saper · **2 – affaiblir** · abattre · attaquer · défaire · désintégrer · détruire · dévorer · diminuer · ravager · ronger · ruiner · saper · user · **3 – consumer** · brûler · corroder · ronger

mineur, e *adj.* · accessoire · annexe · marginal · minime · second · secondaire · de second ordre · de second plan

miniature *n.f.* **1 – réduction** · modèle réduit · **2 – enluminure**

minimal, e *adj.* · minimum · le plus bas

minime *adj.* **1 - infime** · imperceptible · infinitésimal · microscopique · minuscule · négligeable · **2 - insignifiant** · dérisoire · [somme] modique · **3 -** [péj.] **médiocre** · misérable · piètre

minimiser *v.tr.* **1 - minorer** · abaisser · réduire · **2 - sous-estimer** · sous-évaluer · **3 - dédramatiser** · dépassionner

[1]**minimum** *adj.* · minimal · le plus bas · [valeur, prix] plancher

[2]**minimum** *n.m.*

✦ **le minimum** le moins possible

✦ **au minimum** au moins · au bas mot · pour le moins

ministère *n.m.* **1 - charge** · emploi · fonction · mission · **2 -** [Relig.] **sacerdoce** · apostolat · **3 - gouvernement** · cabinet *vieilli* · **4 - portefeuille** · département · maroquin *vieilli ou plaisant* · **5 -** [vieilli] **intervention** · bons offices · concours · entremise

✦ **le ministère public** le parquet

✦ **le ministère des Affaires étrangères** [français] le Quai d'Orsay

✦ **le ministère de la Culture** [français] la rue de Valois

✦ **le ministère de l'Économie et des Finances** [français] Bercy

✦ **le ministère de l'Intérieur** [français] la place Beauvau

ministériel, -ielle *adj.* · gouvernemental

ministre *n.*

✦ **ministre du culte** prêtre · pasteur

✦ **le Premier ministre** le chef du gouvernement · [en France] le locataire de Matignon

minois *n.m.* · figure · mine · visage · frimousse *fam.*

minorer *v.tr.* **1 - minimiser** · **2 - sous-estimer** · sous-évaluer

minorité *n.f.* **petite partie** · frange

✦ **en minorité** en infériorité numérique · sous-représenté

minoterie *n.f.* **1 - moulin** · **2 - meunerie**

minuscule *adj.* **1 - microscopique** · infime · minime · [personne] lilliputien · nain · **2 - petit** · étriqué · exigu · riquiqui *fam.* · grand comme un mouchoir de poche *fam.* · **3 - dérisoire** · mesquin · négligeable

minute *n.f.* **1 - instant** · moment · seconde · **2 -** [Droit] **original**

minuterie *n.f.* · minuteur

minutie *n.f.* · soin · application · attention · conscience · exactitude · précision · rigueur · scrupule · méticulosité *littér.*

minutieusement *adv.* · rigoureusement · consciencieusement · méticuleusement · scrupuleusement · soigneusement · à la loupe

minutieux, -ieuse *adj.* **1 - consciencieux** · appliqué · attentif · exact · formaliste · maniaque · méticuleux · scrupuleux · soigné · soigneux · **2 -** [péj.] **pointilleux** · pointu · tatillon · vétilleux *littér.* · **3 - détaillé**

mioche *n.* → **enfant**

miracle *n.m.* **prodige** · merveille · mystère

✦ **par miracle** par bonheur · par chance

miracle, prodige, merveille

Miracle, **prodige** et **merveille** rendent compte d'un événement, d'un phénomène, d'une action extraordinaires, inattendus et admirables. Seul **miracle** peut s'employer dans un contexte religieux *(le miracle de la Résurrection, croire aux miracles)*. On parle de **prodige** pour des faits à caractère magique, fabuleux *(les prodiges des sorciers, des magiciens)* et, beaucoup plus couramment, pour des actes ou des actions comparables à des miracles *(avec peu de moyens, elle fait des prodiges ; des prodiges d'imagination)*. Avec **merveille**, on met l'accent sur ce qui séduit et stupéfie par ses qualités presque surnaturelles *(les merveilles de l'art, de la nature ; les Sept Merveilles du monde)*. **Merveille** s'emploie aussi avec l'idée d'excellence *(c'est une merveille de finesse, de goût)* alors que **miracle**, dans des contextes comparables, insiste sur le caractère extraordinaire *(c'est un petit miracle de poésie ; crier au miracle)*.

miraculeux, -euse *adj.* 1 - **surnaturel** · 2 - **extraordinaire** · étonnant · fabuleux · fantastique · inespéré · merveilleux · prodigieux · sensationnel · stupéfiant

mirage *n.m.* 1 - **hallucination** · illusion · image · vision · 2 - **attrait** · séduction · 3 - **leurre** · chimère · fantasme · fantôme · illusion · mensonge · rêve · rêverie · tromperie · trompe-l'œil

mire *n.f.*

✦ **point de mire** but · cible · objet · sujet

mirer *v.tr.* **refléter**

»» **se mirer** *v.pron.* **se contempler** · s'admirer · s'examiner · s'observer · se regarder

mirifique *adj.* · merveilleux · beau · colossal · ébouriffant · épatant · époustouflant · extraordinaire · fabuleux · phénoménal · prodigieux · faramineux *fam.* · mirobolant *fam.*

mirliton *n.m.* 1 - **flûteau** · 2 - **serpentin** · langue de belle-mère

miro *adj.* → **myope**

mirobolant, e *adj.* → **mirifique**

miroir *n.m.* 1 - **glace** • [sur pied] psyché · 2 - **image** · reflet · représentation · reproduction · tableau

miroitant, e *adj.* · brillant · chatoyant · éclatant · scintillant

miroitement *n.m.* · chatoiement · reflet · scintillement

miroiter *v.intr.* **briller** · chatoyer · étinceler · luire · scintiller

✦ **faire miroiter** promettre · faire briller · faire espérer

miroiterie *n.f.* · verrerie · cristallerie

mis, mise *adj.* · habillé · vêtu

misanthrope

▪ *n.* **solitaire** · atrabilaire · ermite · ours · sauvage

▪ *adj.* **farouche** · atrabilaire · insociable · sauvage · solitaire

miscellanées *n.f.pl.* · recueil · mélanges · variétés

mise *n.f.* 1 - [Jeux] **enjeu** · cave · masse · poule · 2 - **tenue** · accoutrement *souvent péj.* · habillement · toilette · attifement *fam., péj.* · ajustement *vieux*

✦ **être de mise** convenir

miser *v.tr.* jouer · parier · ponter · risquer • [sans complément] caver
✦ **miser sur** compter sur · parier sur

misérable
▪ *adj.* 1 - **pauvre** · dénué de tout · déshérité · indigent · miséreux · nécessiteux · impécunieux *littér.* · fauché *fam.* · sans le sous *fam.* · besogneux *vieux* · 2 - **sordide** · miteux · pouilleux *fam.* · 3 - **déplorable** · lamentable · malheureux · pitoyable · pénible · regrettable · triste · infortuné *littér.* · 4 - **dérisoire** · insignifiant · malheureux · mauvais · méchant · médiocre · pauvre · piètre · minable *fam.* · 5 - **malhonnête** · honteux · méprisable · mesquin
▪ *n.* 1 - **miséreux** · pauvre diable · pauvre hère · loqueteux · traîne-misère · traîne-savate · va-nu-pieds · crève-la-faim *fam.* · meurt-de-faim *fam.* · pouilleux *fam.* · gueux *vieilli* · 2 - **bandit** · crapule · scélérat · fripouille *fam.*

misérablement *adv.* 1 - **pauvrement** · chichement · miteusement · 2 - **pitoyablement** · lamentablement · tristement

misère *n.f.* 1 - **pauvreté** · besoin · dénuement · gêne · indigence · pénurie · dèche *fam.* · mélasse *fam.* · mouise *fam.* · mouscaille *fam.* · panade *fam.* · 2 - **chagrin** · détresse · malheur · peine · 3 - **ennui** · malheur · problème · infortune *littér.* · pépin *fam.* · mélasse *fam.* · mistoufle *fam.* · mouscaille *fam.* · panade *fam.* · pastis *fam.* · purée *fam.* · panne *fam., vieilli* · 4 - **tracasserie** · méchanceté · méchant tour · taquinerie · mistoufle *fam.* · 5 - **babiole** · bagatelle · broutille · rien · vétille · bricole *fam.*

miséreux, -euse *adj. et n.* · misérable · pauvre · pauvre diable · pauvre hère · loqueteux · traîne-misère · traîne-savate · va-nu-pieds · crève-la-faim *fam.* · meurt-de-faim *fam.* · pouilleux *fam.* · gueux *vieilli*

miséricorde *n.f.* 1 - **clémence** · grâce · indulgence · pardon · merci *vieux* · 2 - [vieilli] **bonté** · charité · commisération · compassion · pitié

miséricordieux, -ieuse *adj.* · charitable · clément · humain

missel *n.m.* · livre de messe · paroissien

missile *n.m.* · engin · fusée

mission *n.f.* 1 - **mandat** · ministère · office · 2 - **commission** · délégation · députation · 3 - **tâche** · besogne · charge · travail · 4 - **but** · destination · fonction · objectif · raison d'être · rôle · vocation · 5 - **expédition**
✦ **mission diplomatique** ambassade · légation

missionnaire *n.* · évangélisateur · prédicateur

missive *n.f.* · lettre · billet · dépêche · message · mot · bafouille *fam.* · épître *littér. ou Bible*

mitaine *n.f.* · gant · moufle

mité, e *adj.* · usé · mangé · rongé · troué

mi-temps *n.f.* 1 - **pause** · 2 - **période** · manche

miteux, -euse *adj.* · misérable · lamentable · pauvre · piètre · piteux · pitoyable · pouilleux · sordide · minable *fam.*

mitigation *n.f.* · adoucissement · atténuation · diminution · modération

mitigé, e *adj.* 1 - **mêlé** · mélangé · nuancé · partagé · mi-figue mi-raisin *fam.* • [résultats] en demi-teinte · avec des hauts et des bas · en dents de scie · 2 - **relâché** · incertain

mitonner

▪ *v.intr.* **mijoter** · bouillir · cuire

▪ *v.tr.* 1 - **cuisiner** · mijoter · 2 - **préparer** · concocter · 3 - **dorloter** · choyer · soigner

mitoyen, -enne *adj.* · adjacent · attenant · contigu · voisin

mitoyenneté *n.f.* · contiguïté · voisinage

mitraille *n.f.* · ferraille

mitrailler *v.tr.* 1 - **arroser** *fam.* · 2 - **assaillir** · bombarder · harceler · 3 - [fam.] **photographier**

mitraillette *n.f.* 1 - **pistolet-mitrailleur** · kalachnikov · sulfateuse *argot* · 2 - [Pêche] **libouret**

mi-voix (à) *loc. adv.* · à voix basse · doucement · mezza-voce

mixer *v.tr.* → **mélanger**

↝ mélanger

mixeur *n.m.* · mélangeur · batteur · malaxeur

mixte

▪ *adj.* 1 - **combiné** · composé · hybride · mélangé · mêlé · panaché · 2 - **interracial**

▪ *n.m.* **composé** · hybride · mélange

mixture *n.f.* · mélange · composition · mixtion

[1]**mobile** *adj.* 1 - **amovible** · volant · 2 - **itinérant** · ambulant · errant · nomade · 3 - **agile** · vif · 4 - **adaptable** · flexible · modulable · souple · 5 - **variable** · changeant · flottant · fluctuant · 6 - **mouvant** · chatoyant · fugitif · 7 - **animé** · expressif · 8 - **versatile** · capricieux · changeant · fantasque · fragile · fuyant · inconstant · influençable · instable · léger · ondoyant · vacillant

[2]**mobile** *n.m.* 1 - **motif** · cause · moteur · raison · 2 - [téléphone] **portable** · cellulaire

mobilier *n.m* · ameublement · meubles

mobilisation *n.f.* · appel · ralliement · rappel · rassemblement

mobiliser *v.tr.* 1 - **appeler** · rappeler (sous les drapeaux) · embrigader · enrégimenter · enrôler · lever · recruter · réquisitionner · 2 - **faire appel à** · battre le rappel de · rallier · rassembler · 3 - **concentrer** · canaliser · focaliser

mobilité *n.f.* 1 - [Physiol.] **motilité** · 2 - **agilité** · 3 - **souplesse** · flexibilité · 4 - **variabilité** · fluctuation · caprice *péj.* · inconstance *péj.* · instabilité *péj.* · versatilité *péj.*

mobylette *n.f.* · cyclomoteur · vélomoteur · bécane *fam.* · mob *fam.*

moche *adj.* 1 - → **laid** · 2 - → **méchant**

mocheté *n.f.* · boudin *fam.* · cageot *fam.* · guenon *fam.* · thon *fam.* • [grosse] (grosse) dondon *fam.* · tonneau *fam.*

modalité *n.f.* 1 - **circonstance** · condition · particularité · 2 - **mode** · formule · manière · type

[1]**mode** *n.f.* 1 - **vogue** · engouement · 2 - **style** · goût · 3 - **confection** · couture · prêt-à-porter · 4 - [vieux] **convenance** · façon · fantaisie · guise · manière · volonté · 5 - [vieux] **coutume** · habitude · mœurs · pratique · tradition · usage

✦ **à la mode** en vogue · d'actualité · dernier cri · en honneur · à la page *fam.* · branché *fam.* · câblé *fam.* · dans le coup *fam.* · dans le vent *fam.* · fashionable *fam.* · in *fam.* · tendance *fam.*

✦ **passé de mode** démodé · désuet · vieillot · ringard *fam.*

[2]**mode** *n.m.* 1 - **genre** · façon · forme · manière · style · ton · 2 - **formule** · méthode · modalité · type

✦ **mode d'emploi** manuel, notice d'utilisation · instructions

modèle *n.m.*

I 1 - **type** · archétype · canon · échantillon · étalon · exemplaire · exemple · idéal · maître · paradigme · parangon · référence · spécimen · standard · 2 - **prototype** · 3 - **patron** · carton · esquisse · gabarit · maquette · moule · 4 - **corrigé** · canevas · formule · plan · 5 - **sujet** · original · motif · 6 - **mannequin** · cover-girl · top-modèle

II [en adjectif] 1 - **parfait** · accompli · achevé · bon · consommé · édifiant · exemplaire · idéal · irréprochable · 2 - **pilote**

✦ **modèle réduit** maquette · miniature · réduction

✦ **sur le modèle de** à l'image de · à l'imitation de

modèle, type

Modèle et **type** ont en commun l'idée de représentant d'une catégorie *(ce chapeau est un modèle/le type même du mauvais goût)*, et se disent aussi l'un et l'autre de la catégorie elle-même *(les différents modèles/types d'économie libérale)*. On parle de **modèle** pour une personne *(Don Juan est le modèle du séducteur)* ou pour un objet standardisé pouvant être reproduit à plusieurs exemplaires *(créer, lancer un nouveau modèle de voiture, un modèle de série)*. Le **type**, en revanche, est un modèle pris comme une abstraction *(la « Comédie humaine » de Balzac fournit de nombreux types humains ; incarner le type de la beauté fatale)*.

modeler *v.tr.* 1 - **façonner** · manier · pétrir · sculpter · 2 - **conformer à** · former sur · régler sur

⋙ **se modeler sur** *v.pron.* **se conformer à** · se mouler sur · se régler sur

modérateur, -trice *n. et adj.* 1 - **régulateur** · 2 - **conciliateur** · médiateur

modération *n.f.* 1 - **mesure** · circonspection · convenance · discrétion · douceur · ménagement · pondération · réserve · retenue · sagesse · 2 - **frugalité** · sobriété · tempérance · 3 - **diminution** · adoucissement · mitigation · réduction · remise

modéré, e *adj. et n.* 1 - **doux** · tempéré · 2 - **moyen** · abordable · bas · doux · faible · modique · raisonnable · 3 - **mesuré** · modeste · pondéré · sage · sobre · 4 - [Pol.] **centriste** · conservateur · modérantiste

modérément *adv.* · sans excès · avec modération

modérer *v.tr.* 1 - **tempérer** · adoucir · affaiblir · atténuer · attiédir · diminuer · estomper · mitiger · nuancer · pondérer · 2 - **réprimer** · apaiser · assagir · brider · calmer · contenir · dominer · freiner · ralentir · réfréner · retenir · mettre en sourdine · mettre un frein à · mettre en mode mineur · mettre un bémol à · tenir en bride · 3 - **limiter** · borner · réduire · régler · restreindre

moderne *adj.* 1 - **actuel** · contemporain · présent · 2 - **neuf** · nouveau · récent · high-tech *anglic.* · dernier cri *fam.* · 3 - **de son temps** · à la mode • branché *fam.* • câblé *fam.* • dans le coup *fam.* • in *fam.* • à la page *fam.*

modernisation *n.f.* 1 - **rénovation** • réforme • renouvellement • 2 - **actualisation** • mise à jour • réactualisation

moderniser *v.tr.* 1 - **rénover** • rajeunir • réformer • renouveler • faire évoluer • donner un coup de jeune à *fam.* • relooker *fam.* • 2 - **actualiser** • mettre à jour • réactualiser

modernité *n.f.* • actualité • contemporanéité • modernisme

modeste *adj.* 1 - **effacé** • discret • réservé • 2 - **simple** • humble • pauvre • 3 - **limité** • bas • faible • maigre • médiocre • pauvre • petit • [somme] modique • 4 - **modéré** • limité • raisonnable • sage • 5 - **chaste** • convenable • correct • décent • discret • pudique • réservé

modestie *n.f.* 1 - **effacement** • discrétion • humilité • réserve • retenue • simplicité • 2 - **décence** • honnêteté • pudeur • vertu • 3 - **médiocrité** • modicité • petitesse

modicité *n.f.* • petitesse • insignifiance • médiocrité

modifiable *adj.* • transformable • convertible

modification *n.f.* 1 - **changement** • évolution • transformation • variation • [radicale] métamorphose • [en mieux] amélioration • progression • [en pire] aggravation • altération • 2 - **correction** • amendement • rectification • refonte • remaniement • révision • retouche • 3 - **amendement** • avenant • rectificatif

modifier *v.tr.* 1 - **changer** • transformer • [profondément] bouleverser • métamorphoser • 2 - **corriger** • rectifier • retoucher • réviser • revoir • [un ouvrage] refondre • remanier • 3 - **amender** • adapter • améliorer • corriger • réformer • 4 - **déformer** • altérer • dénaturer • fausser • travestir • truquer • 5 - **infléchir** • dévier

⋙ **se modifier** *v.pron.* **changer** • évoluer • fluctuer • se transformer • varier

modique *adj.* 1 - **petit** • bas • faible • infime • insignifiant • maigre • médiocre • minime • modeste • 2 - **abordable** • à la portée de toutes les bourses

modiste *n.* • chapelier

modulable *adj.* • adaptable • flexible • souple

modulation *n.f.* • inflexion • accent • intonation • tonalité

moduler *v.tr.* 1 - **chanter** • siffler • siffloter • 2 - **adapter** • ajuster • pondérer

moelleux, -euse *adj.* 1 - **doux** • mou • souple • 2 - **onctueux** • fondant • savoureux • tendre • velouté • 3 - **confortable** • douillet • élastique • mollet • 4 - [littér.] **gracieux** • souple

mœurs *n.f.pl.* 1 - **coutumes** • (genre de) vie • habitudes • pratiques • usages • us *littér.* • 2 - **conduite** • mentalité • morale • moralité • principes

moi *n.m.* 1 - **ego** • personnalité • 2 - **bibi** *fam.* • mézigue *pop.*

moindre *adj. compar.* **inférieur**

✦ **le moindre** le plus petit • le plus élémentaire • le minimum de

✦ **pas le moindre** aucun • nul

moine *n.m.* **1 - religieux** · anachorète · cénobite · convers · ermite · frère · **2 -** [bouddhiste] **bonze**

moineau *n.m.* · piaf *fam.* · pierrot *fam.*

moins *adv.* **sauf**

✦ **au moins** **1 - au minimum** · au bas mot · bien · facilement *fam.* · [heure] bien sonné *fam.* · bien tapé *fam.* · **2 - en tout cas**

✦ **si au moins** si seulement

✦ **du moins** (ou) plutôt

✦ **à moins de** **1 - au dessous de** · **2 - sauf**

✦ **à moins que** hors le cas où · sauf le cas où

moiré, e *adj.* · chatoyant · irisé · iridescent *littér.* · ondé *littér.*

moirure *n.f.* · chatoiement · irisation · reflets

moïse *n.m.* · berceau · couffin

moisi *n.m.* → **moisissure**

moisir *v.intr.* **1 - se gâter** · chancir · se piquer · pourrir · **2 -** [fam.] → **attendre** · **3 -** [fam.] → **s'encroûter**

moisissure *n.f.* · moisi · chancissure *rare* · chanci *vieux*

moisson *n.f.* **1 - récolte** · collecte · cueillette · ramassage · **2 - masse** · tas

moissonner *v.tr.* **1 - faucher** · couper · **2 - récolter** · cueillir · ramasser · **3 - accumuler** · amasser · engranger · multiplier

moite *adj.* · humide · mouillé

moitié *n.f.* **1 - partie** · **2 -** [fam.] → **épouse**

✦ **à moitié** à demi · en partie · partiellement

✦ **à la moitié de** à mi- · au milieu de · à mi-hauteur de

môle *n.m.* · digue · brise-lames · jetée

molester *v.tr.* · malmener · battre · brutaliser · frapper · maltraiter · mettre à mal · rudoyer · secouer *fam.* · faire passer un mauvais quart d'heure à *fam.*

mollasson, -onne *adj.* [fam.] → **mou**

mollement *adv.* **1 - indolemment** · doucement · lentement · nonchalamment · paresseusement · tranquillement · languissamment *littér.* · **2 - faiblement** · timidement

mollesse *n.f.* **1 - souplesse** · moelleux · **2 - apathie** · indolence · langueur · nonchalance · paresse · somnolence · **3 - laisser-aller** · abandon

mollet, -ette *adj.* · douillet · doux · moelleux

molletière *n.f.* · jambière · leggins *(plur.)*

mollir *v.intr.* **1 - blettir** · se ramollir · **2 - diminuer** · baisser · décliner · faiblir · **3 - s'attendrir** · fléchir · **4 - chanceler** · faiblir · flancher · lâcher (prise) · plier · baisser les bras · se dégonfler *fam.*

molosse *n.m.* · chien de garde · dogue

môme *n.* → **enfant**

moment *n.m.* **1 - instant** · intervalle · (laps de) temps · heure · minute · seconde · **2 - période** · époque · ère · passage · passe · saison · **3 - date** · heure · jour · **4 - circonstance** · conjoncture · occasion · situation

✦ **grand moment** heure de gloire · jour à marquer d'une pierre blanche

✦ **au moment de** lors de
✦ **au moment où** comme · lorsque
✦ **à partir du moment où** dès l'instant que · dès lors que · puisque
✦ **à tout moment, à tous moments** 1 - **sans cesse** · continuellement · à chaque instant · 2 - **n'importe quand**
✦ **dans un moment** avant peu · bientôt · dans peu de temps · dans un instant · d'un moment à l'autre · incessamment · prochainement · sans tarder · sous peu · vite
✦ **en ce moment** actuellement · à l'heure actuelle · à présent · aujourd'hui · de nos jours · maintenant
✦ **en un moment** rapidement · tout d'un coup · en un clin d'œil *fam.*
✦ **par moments** quelquefois · de temps en temps · de temps à autre · par intervalles
✦ **pour le moment** 1 - **dans l'immédiat** · pour l'instant · pour l'heure *littér.* · 2 - **actuellement** · présentement *Québec* · 3 - **momentanément**
✦ **sur le moment** 1 - **d'abord** · sur le coup *fam.* · 2 - **tout de suite** · immédiatement

moment, instant

Moment et **instant** sont concurrents pour exprimer l'idée d'un court espace de temps *(attendre le moment/l'instant propice ; un moment/un instant d'inattention a suffi)*. **Instant** caractérise cependant toujours une durée très courte, centrée sur le présent immédiat *(il arrive à l'instant, attendez un instant, je reviens dans un instant)*, et souvent perçue dans sa globalité *(vivre dans l'instant, profiter de l'instant, de l'instant présent)*. Le **moment**, en revanche, est une portion de temps variable, rapportée à un contexte temporel précis *(évoquer les grands moments de l'année écoulée ; l'aube est le plus beau moment de la journée)*. La durée du **moment** peut paraître longue *(ça fait un moment que je t'attends)* ou indéterminée *(attends-moi, je reviens dans un moment)*.

momentané, e *adj.* 1 - **bref** · court · éphémère · fugace · passager · de peu de durée · 2 - **provisoire** · temporaire · 3 - **discontinu** · intermittent

momentanément *adv.* · passagèrement · provisoirement · temporairement

momerie *n.f.* 1 - **enfantillage** · 2 - [littér.] **comédie** · simagrée · simulation · singerie

momification *n.f.* 1 - **embaumement** · dessiccation · 2 - **dessèchement** · racornissement

momifier *v.tr.* 1 - **embaumer** · 2 - **dessécher** · racornir

››› **se momifier** *v.pron.* **se fossiliser** · se scléroser

monacal, e *adj.* 1 - **monastique** · claustral · 2 - **ascétique** · austère · dépouillé · nu · rigoureux · spartiate

monarchie *n.f.* 1 - **couronne** · royauté · 2 - **royaume** · empire

monarchique *adj.* · régalien

monarchiste *n. et adj.* · royaliste

monarque *n.m.* 1 - **souverain** · empereur · prince · roi · 2 - **autocrate** · potentat · tyran

monastère *n.m.* 1 - **cloître** · communauté · couvent · moutier *vieux* · 2 - [en Orient] **ashram** · bonzerie · lamaserie

monastique *adj.* 1 - **monacal** · religieux · 2 - **claustral**

monceau *n.m.* · amas · accumulation · amoncellement · empilement · pile · masse · monticule · tas · fatras *péj.*

mondain, e *adj.* **1 - frivole** · futile · vain · **2 -** [Relig.] **profane**

mondanité *n.f.* · frivolité · futilité · vanité

monde *n.m.*
I 1 - univers · cosmos · macrocosme · **2 - terre** · globe · planète · **3 - création** · nature
II humanité · communion humaine · genre humain · hommes · société
III 1 - milieu · microcosme · société · classe (sociale) · **2 - haute société** · aristocratie · gotha · grand monde · beau monde *fam.* · gratin *fam.* · haut du pavé *fam.*
IV écart · abîme · gouffre · océan
✦ **le monde 1 - le public** · la galerie · **2 - les gens** · la foule · la cohue *péj.* · le siècle *vieilli*
✦ **mettre au monde** accoucher de · donner la vie à · enfanter · engendrer *littér.* · procréer *littér.*
✦ **venir au monde** naître · voir le jour

monder *v.tr.* · décortiquer · émonder

mondial, e *adj.* · planétaire · global · international · universel

mondialement *adv.* · universellement · internationalement

mondialisation *n.f.* · globalisation · internationalisation · planétarisation · universalisation

moniale *n.f.* · bonne sœur · religieuse

moniteur, -trice *n.* · entraîneur · mono *fam.*

monnaie *n.f.* **1 - devise** · **2 - pièces** · espèces sonnantes et trébuchantes *souvent plaisant* · **3 - espèce** · numéraire · **4 - appoint**
✦ **petite monnaie** ferraille *fam.* · mitraille *fam.*

monnayable *adj.* · négociable · vendable

monnayer *v.tr.* **1 - monétiser** · **2 - faire payer** · **3 - convertir** · réaliser · vendre

monocle *n.m.* · lorgnon · carreau *fam.*

monocorde *adj.* · monotone · égal · uniforme

monogramme *n.m.* · chiffre · marque

monolingue *adj.* · unilingue

monolithe *n.m.* · bloc

monologue *n.m.* · soliloque

monologue, soliloque

Monologue et **soliloque** sont les contraires du *dialogue* : il s'agit dans les deux cas d'un discours tenu par une seule personne. Dans le **soliloque**, la personne qui parle est en compagnie mais, faisant abstraction de son entourage, semble généralement se parler : « (...) il avait une verve, une éloquence, et un brio irrésistible ; et, comme chacun se taisait pour l'écouter, avec lui, à la satisfaction générale, la conversation dégénérait vite en soliloque » (Th. Gautier, *Portraits contemporains,* « Balzac », IV). Dans le **monologue**, c'est une personne seule qui parle : « Quiconque a vécu solitaire sait à quel point le monologue est dans la nature. La parole intérieure démange » (Hugo, *l'Homme qui rit,* I, I, I). Alors que le **soliloque** est narcissique, le **monolo-**

gue est du côté de l'intime, ce qu'exprime en littérature le *monologue intérieur.*

monologuer *v.tr.* · soliloquer · faire les questions et les réponses *péj.*

monomanie *n.f.* · idée fixe · manie · obsession · fixette *fam.*

monopole *n.m.* **1 -** [d'État] **régie** · **2 - exclusivité** · apanage · privilège

monopolisation *n.f.* · accaparement

monopoliser *v.tr.* · accaparer · s'emparer de · truster *fam.*

monotone *adj.* **1 - monocorde** · **2 - uniforme** · ennuyeux · grisâtre · plat · terne · uni

monotonie *n.f.* · uniformité · ennui · grisaille · prosaïsme

monsieur *n.m.* **homme** · individu · quidam · bonhomme *fam.* · gars *fam.* · mec *fam.* · type *fam.*

✦ **(grand) monsieur** personnalité · figure · grand bonhomme *fam.*

✦ **monsieur bons offices** médiateur

monstre

▪ *adj.* [fam.] **colossal** · énorme · fantastique · prodigieux · bœuf *fam.*

▪ *n.m.* **1 - phénomène** · prodige · être difforme · **2 - animal fabuleux, fantastique** · chimère · dragon · **3 - barbare** · sauvage

✦ **monstre sacré** étoile · star

monstrueusement *adv.* **1 - abominablement** · affreusement · atrocement · effroyablement · épouvantablement · horriblement · odieusement · **2 - extrêmement** · inimaginablement · **3 - excessivement** · invraisemblablement · prodigieusement

monstrueux, -euse *adj.* **1 - difforme** · laid · hideux · horrible · repoussant · **2 - colossal** · démesuré · éléphantesque · énorme · excessif · exorbitant · extraordinaire · gigantesque · insensé · **3 - phénoménal** · bizarre · étonnant · prodigieux · **4 - inhumain** · abominable · affreux · atroce · effrayant · effroyable · épouvantable · horrible · ignoble · terrible

monstruosité *n.f.* **1 - difformité** · anomalie · malformation · **2 - atrocité** · abomination · horreur · ignominie

mont *n.m.* · butte · colline · élévation · hauteur · mamelon · massif · montagne · monticule

montage *n.m.* **1 - assemblage** · ajustage · pose · **2 - arrangement** · disposition · **3 - dressage** · installation

montagne *n.f.* **1 - mont** · colline · élévation (de terrain) · éminence · massif · pic · **2 - amas** · amoncellement · empilement · monceau · tas · **3 - quantité** · foule

montagneux, -euse *adj.* · accidenté · montueux *vieux*

[1]**montant, e** *adj.* **1 - ascendant** · **2 - escarpé**

[2]**montant** *n.m.* **1 - chiffre** · coût · somme · total · **2 - jambage** · portant · barre (verticale)

mont-de-piété *n.m.* · crédit municipal · clou *fam.* · ma tante *pop.*

monte *n.f.* · accouplement · saillie

monte-charge *n.m. invar.* · ascenseur · élévateur · monte-plat · monte-sac

montée *n.f.*

I 1 - ascension · escalade · grimpée · grimpette *fam.* · **2 - côte** · grimpée · pente · raidillon · rampe · grimpette *fam.*

II 1 – augmentation · accroissement · hausse · poussée · progression • [forte] escalade · explosion · **2 – amplification** · crescendo · développement · intensification

✦ **montée des eaux** crue · débordement · élévation · gonflement

montée, ascension

Montée et **ascension** ont en commun l'idée d'élévation dans les airs *(la montée/l'ascension d'un ballon, d'une fusée)*. S'agissant de personnes, **montée** convient à un parcours, un effort modéré *(la montée d'une côte, d'un escalier ; la montée jusqu'au col par le G.R. était longue)* alors qu'**ascension** est réservé à de plus grandes difficultés, et notamment à la montagne *(faire l'ascension d'une paroi, de l'Himalaya)*. Dans leurs emplois figurés, **ascension** reste associé à la notion d'élévation *(ascension sociale)*, **montée** à celle d'augmentation *(la montée des prix, du chômage)*.

monter

▪ *v.intr.* **1 – grimper** · s'élever · **2 – être en crue** · s'élever · gonfler · grossir · **3 – augmenter** · s'accentuer · s'amplifier · croître · grandir · s'intensifier • [énormément] crever les plafonds · battre des records · **4 – être promu** · gravir des échelons · s'élever dans la hiérarchie · avoir, recevoir de l'avancement · prendre du galon · **5 – percer** · avoir le vent en poupe

▪ *v.tr.* **1 – gravir** · escalader · grimper · **2 – élever** · exhausser · hausser · lever · rehausser · relever · remonter · surélever · surhausser *rare* · **3 – dresser** · installer · planter · **4 – ajuster** · assembler · enchâsser · sertir · **5 – équiper** · installer · **6 – constituer** · bâtir · créer · établir · organiser · **7 – combiner** · arranger · échafauder · manigancer · organiser · préparer · tisser · tramer · ourdir *littér.* · **8 –** [Théâtre] **réaliser** · mettre en scène · **9 –** [Vétér.] **s'accoupler avec** · couvrir · saillir · servir

✦ **monter dans, à bord de** s'embarquer dans · prendre

✦ **monter sur** grimper sur · se jucher sur · se hisser sur • [un vélo] enfourcher

✦ **monter à la tête** enivrer · étourdir · griser · soûler *fam.*

⋙ **se monter** *v.pron.* **s'irriter** · s'énerver · s'enflammer · s'exciter · se mettre en colère

✦ **se monter à** coûter · atteindre · se chiffrer à · s'élever à · revenir à

✦ **se monter en** s'équiper en · se fournir en · se pourvoir en

monteur, -euse *n.* · assembleur · mécanicien

montgolfière *n.f.* · ballon · dirigeable

ballon

monticule *n.m.* · butte · éminence · hauteur · mamelon · tertre

montrable *adj.* · présentable · sortable *fam.*

[1]**montre** *n.f.* **1 – éventaire** · vitrine · **2 –** [vieux ou littér.] **démonstration** · dépense · effet · étalage · exhibition · exposition · parade

✦ **faire montre de 1 – afficher** · étaler · exhiber · faire étalage de · faire parade de · **2 – faire preuve de** · manifester · montrer · révéler

[2]**montre** *n.f.* **1 – tocante** *fam.* · **2 – chronomètre** · compteur

montrer *v.tr.* **1 – désigner** · indiquer · pointer · signaler · **2 – exposer** · brandir · déballer · déployer · étaler · exhiber · présenter · **3 – découvrir** · dégager ·

dénuder · dessiner · dévoiler · laisser deviner · mettre en évidence · accuser *péj.* · **4 – attester** · annoncer · déceler · dénoter · dénoncer · déployer · développer · dire · exprimer · extérioriser · faire preuve de · manifester · marquer · présenter · révéler · témoigner de · **5 – arborer** · afficher · affirmer · déclarer · étaler · extérioriser · faire briller · faire montre de · faire voir · **6 – dépeindre** · caractériser · décrire · évoquer · peindre · raconter · rendre compte de · représenter · reproduire · retracer · **7 – démontrer** · confirmer · dégager · démasquer · dévoiler · établir · illustrer · prouver · souligner · vérifier · **8 – enseigner** · apprendre · expliquer · faire entendre · instruire de

⋙ **se montrer** *v.pron.* **1 – apparaître** · percer · poindre · pointer (le bout de son nez) · sortir · surgir · **2 – se dessiner** · se dégager · se distinguer · émerger · **3 – s'afficher** · s'étaler · s'exhiber · s'exposer aux regards · parader · se pavaner · se produire · **4 – être** · s'avérer · se révéler · **5 – paraître** · se présenter

✦ **ne jamais se montrer** jouer les arlésiennes

montueux, –euse *adj.* · accidenté · inégal

monture *n.f.* **1 – cheval** · coursier *littér.* · destrier *plaisant ou Hist.* · **2 – assemblage** · montage

monument *n.m.* **1 – bâtiment** · construction · édifice · palais · **2 – chef d'œuvre**

✦ **monument funéraire** tombeau · mausolée · stèle

❧ **construction**

monumental, e *adj.* **1 – colossal** · démesuré · énorme · gigantesque · immense · **2 – grandiose** · imposant · majestueux · prodigieux

moquer *v.tr.* **railler** · ridiculiser

⋙ **se moquer** *v.pron.* **plaisanter** · blaguer · se gausser *littér. ou plaisant* · gouailler · ironiser · persifler · railler

✦ **se moquer de** **1 – s'amuser de** · faire des gorges chaudes de · narguer · parodier · ridiculiser · rire de · tourner en ridicule · brocarder *littér.* · dauber *vieux ou littér.* · chambrer *fam.* · charrier *fam.* · se ficher de *fam.* · se foutre de *très fam.* · mettre en boîte *fam.* · se payer la tête de *fam.* · rire au nez de *fam.* · **2 – abuser** · berner · se jouer de · se ficher de *fam.* · se foutre de *très fam.* · mener en bateau *fam.* · rouler *fam.* · **3 – braver** · dédaigner · faire fi de · faire la nique à · se jouer de · **4 – bafouer** · mépriser · **5 – ne pas se soucier de** · n'avoir rien à cirer de *fam.* · se ficher de *fam.* · se foutre de *très fam.* · se soucier comme d'une guigne de *fam., vieilli* · se soucier comme de sa première chemise de *fam., vieilli*

✦ **s'en moquer** s'en balancer *fam.* · s'en battre l'œil *fam.* · s'en ficher *fam.* · s'en foutre *très fam.* · s'en moquer comme de l'an quarante *fam.* · s'en tamponner le coquillard *très fam.* · s'en taper *très fam.*

moquerie *n.f.* **1 – ironie** · dérision · impertinence · malice · persiflage · raillerie · satire · **2 – affront** · attaque · lazzi · pied de nez · plaisanterie · pointe · quolibet · ricanement · sarcasme · trait · mise en boîte *fam.* · brocard *vieux* · gausserie *vieux*

✦ **être en proie aux moqueries de** être la risée de · être la fable de

↝ **plaisanterie**

moqueur, -euse

▪ *adj.* **ironique** · caustique · facétieux · frondeur · goguenard · gouailleur · mordant · narquois · piquant · persifleur · pince-sans-rire · railleur · ricaneur · sardonique

▪ *n.* **blagueur** *fam.* · pince-sans-rire

[1]**moral, e** *adj.* **1 - éthique** · **2 - honnête** · convenable · juste · probe · vertueux · **3 - édifiant** · exemplaire · instructif · **4 - intellectuel** · spirituel · **5 - mental** · psychique · psychologique

✦ **sens moral** conscience

[2]**moral** *n.m.* **1 - mental** · psychique · **2 - état psychologique**

✦ **avoir le moral, bon moral** être optimiste · avoir la pêche, la frite *fam.* · avoir le moral au beau fixe *fam.*

✦ **ne pas avoir le moral** déprimer · avoir le moral à zéro, dans les chaussettes *fam.*

morale *n.f.*

I 1 - éthique · déontologie · sens du devoir · valeurs · **2 - honnêteté** · probité · vertu · **3 - moralité** · mentalité · mœurs

II 1 - enseignement · apologue · conclusion · leçon · maxime · moralité · **2 - réprimande** · leçon · admonestation *littér.*

✦ **faire la morale à** réprimander · chapitrer · faire la leçon à · sermonner · admonester *littér.* · morigéner *littér.*

moralement *adv.* · psychologiquement · mentalement · dans la tête

moralisateur, -trice *adj.* **1 - édifiant** · **2 - sermonneur** · prêcheur

moraliser *v.tr.* [vieilli] réprimander · chapitrer · faire la leçon à · sermonner · admonester *littér.* · morigéner *littér.*

moralité *n.f.* **1 - conscience** · mentalité · mœurs · morale · principes · **2 - honnêteté** · probité · **3 - enseignement** · apologue · conclusion · maxime · morale · sentence

moratoire *n.m.* **1 - suspension** · interruption · **2 - délai** · répit · sursis

morbide *adj.* **1 - pathologique** · maladif · malsain · **2 - anormal** · dépravé

morceau *n.m.* **1 - division** · fraction · parcelle · part · partie · pièce · portion · quartier · segment · tronçon · **2 - fragment** · bout · bribe · brin · grain · particule • [d'aliment] bouchée · miette · rondelle · tranche · lichette *fam.* · **3 - débris** · brisure · éclat · lambeau · **4 - extrait** · page · passage

✦ **morceaux choisis** anthologie · florilège · compilation · chrestomathie *didact.* · analectes *vieux*

morceler *v.tr.* **1 - découper** · démembrer · dépecer · fractionner · fragmenter · émietter • [un terrain] lotir · **2 - partager** · diviser · répartir · **3 - désagréger** · atomiser • [Pol.] balkaniser

morcellement *n.m.* **1 - découpage** · fractionnement · démembrement · désagrégation · fragmentation • [d'un terrain] lotissement · **2 - partage** · division · répartition · **3 - désagrégation** · atomisation • [Pol.] balkanisation

mordant, e

▪ *adj.* **1 - vif** · âpre · cuisant · piquant · **2 - acerbe** · acéré · acide · âcre · aigre · âpre · caustique ·

corrosif · effilé · à l'emporte-pièce · grinçant · incisif · mauvais · méchant · moqueur · piquant · satirique · vif · acrimonieux *littér.* · mordicant *littér.*

▪ *n.m.* **1 - allant** · force · fougue · vivacité · **2 - piquant** · agressivité

caustique

mordiller *v.tr.* · mâchonner · ronger · mâchouiller *fam.*

mordre *v.tr.* **1 - croquer** · déchiqueter · déchirer · mâchonner · mordiller · ronger · mâchouiller *fam.* · **2 -** [serpent] **piquer** · **3 - entamer** · attaquer · corroder · détruire · pénétrer dans · ronger · user

✦ **mordre sur** empiéter sur · avancer sur · chevaucher · déborder sur · dépasser sur

mordu, e *adj.* **1 -** [fam.] → **amoureux** · **2 -** [fam.] → **passionné**

morfondre (se) *v.pron.* · attendre · s'ennuyer · se désespérer · languir · ronger son frein

[1]**morgue** *n.f.* · arrogance · dédain · fierté · hauteur · insolence · mépris · orgueil · suffisance · superbe

[2]**morgue** *n.f.* · institut médico-légal

moribond, e *adj.* · agonisant · mourant · à l'agonie · à l'article de la mort · expirant · qui a un pied dans la tombe *fam.* · subclaquant *argot méd.*

morigéner *v.tr.* · réprimander · chapitrer · corriger · gronder · gronder · sermonner · frotter les oreilles à *fam.* · secouer *fam.* · admonester *littér.* · gourmander *littér.* · semoncer *littér.* · tancer *littér.* · moraliser *vieilli*

morne *adj.* **1 - abattu** · cafardeux · éteint · languissant · maussade · mélancolique · morose · sombre · taciturne · triste · **2 - monotone** · atone · ennuyeux · gris · inexpressif · insipide · morose · plat · terne · uniforme · vide

morose *adj.* · abattu · acariâtre · atrabilaire · bilieux · cafardeux · maussade · mélancolique · morne · renfrogné · sombre · taciturne · triste · chagrin *littér.*

morosité *n.f.* · chagrin · abattement · accablement · ennui · mélancolie · neurasthénie · tristesse

morphologie *n.f.* · anatomie · corps · plastique

morsure *n.f.* **1 - blessure** · meurtrissure · plaie · **2 - piqûre** · brûlure

[1]**mort, morte** *adj.* **1 - décédé** · disparu · défunt *soutenu* · feu *(avant le nom)* · trépassé *littér.* · crevé *fam.* · clamsé *pop.* · entre quatre planches *fam.* · **2 - éteint** · **3 - désert** · immobile · vide · **4 - stagnant** · dormant · **5 -** [fam.] **épuisé** · éreinté · fourbu · rompu · claqué *fam.* · crevé *fam.* · lessivé *fam.* · moulu *fam.* · vanné *fam.* · vidé *fam.* · sur les genoux *fam.* · sur les rotules *fam.* · **6 -** [fam.] **usé** · abîmé · hors d'usage · fichu *fam.* · foutu *fam.* · h.s. *fam.*

mort, décédé, défunt, disparu

On dit d'une personne qu'elle est **morte**, **décédée**, **défunte** ou **disparue** lorsqu'elle a cessé de vivre. On emploie exclusivement **disparu**, souvent par euphémisme, dans le cas où le *décès* n'a pas pu être établi *(le bilan de la catastrophe s'élève à 30 morts et 100 disparus)*. **Mort** est courant et sans ambiguïté *(l'accident de l'autoroute a fait 5 morts et 10 blessés graves)* ;

décédé est généralement réservé au vocabulaire administratif *(décédé le ...)* ou se dit par euphémisme *(que devient votre mère ? Elle est hélas décédée)*. **Défunt** est très soutenu *(mon défunt mari ; les enfants du défunt, se recueillir sur la tombe de la défunte)*. **Décédé** ne s'emploie pas comme nom, contrairement à **mort**, **défunt** et **disparu**.

[2]**mort** *n.f.* 1 - **décès** · disparition · fin · perte · trépas *littér.* · 2 - **agonie** · dernière heure · dernier moment · dernier souffle *littér.* · moment suprême *littér.* · 3 - **anéantissement** · destruction · disparition · écroulement · effondrement · enterrement · fin · perte · ruine

✦ **la mort** 1 - **le dernier sommeil** *littér.* · la tombe *littér.* · le tombeau *littér.* · la nuit du tombeau *littér.* · le repos éternel *littér.* · le grand voyage *littér.* · 2 - **la Camarde** · la Faucheuse · la Fossoyeuse

✦ **à mort** mortellement

[3]**mort, morte** *n.* 1 - **défunt** *soutenu* · disparu · 2 - **victime** · 3 - **cadavre** · corps · dépouille · restes · macab *pop.* · macchabée *pop.* · 4 - **esprit** · double · fantôme · mânes · ombre · spectre · lémure *Antiquité romaine* · revenant

mortalité *n.f.* · létalité

mortel, -elle

▪ *adj.* 1 - **létal** · mortifère · 2 - **meurtrier** · fatal · foudroyant · funeste · 3 - **périssable** · éphémère · 4 - **implacable** · irréductible · 5 - **intense** · absolu · complet · extrême · total · 6 - [fam.] **lugubre** · ennuyeux · long · pénible · sinistre

▪ *n.* **homme** · femme · (être) humain · personne

mortellement *adv.* 1 - **à mort** · 2 - **extrêmement** · prodigieusement

mortier *n.m.* 1 - **obusier** · 2 - **gâchis** · liaison · rusticage

mortifère *adj.* 1 - **mortel** · létal · 2 - **toxique** · vénéneux · venimeux

mortification *n.f.* 1 - **vexation** · affront · déboire · déplaisir · froissement · humiliation · camouflet *littér.* · soufflet *littér.* · 2 - **gangrène** · momification · nécrose · 3 - **ascèse** · ascétisme · austérité · continence · macération · pénitence

mortifier *v.tr.* 1 - **blesser** · froisser · humilier · offenser · outrager · ulcérer · vexer · 2 - [Relig.] **affliger** · châtier · macérer · mater (sa chair) · 3 - **dévitaliser** · nécroser

mortuaire *adj.* · funéraire · funèbre

morve *n.f.* · goutte · chandelle *fam.*

morveux, -euse *n.* → **gamin**

mosaïque *n.f.* 1 - **carrelage** · dallage · 2 - **marqueterie** · patchwork · 3 - **mélange** · patchwork · pot-pourri

mot *n.m.* 1 - **terme** · expression · vocable *vieilli* · 2 - **lettre** · écrit · message · missive *littér.* · billet *vieux*

✦ **gros mot** grossièreté · inconvenance · saleté *fam.*

✦ **bon mot, mot d'esprit** boutade · épigramme · plaisanterie · pointe · trait · saillie *littér.*

✦ **mot à mot** 1 - **textuellement** · littéralement · à la lettre · 2 - **littéral** · textuel

✦ **en quelques mots, en un mot** en bref · en abrégé · enfin · en résumé · pour faire court *fam.*

⋙ **mots** *plur.* 1 - **paroles** · phrases · propos · 2 - **discours**

mot, terme

Un **mot**, un **terme** sont des éléments du langage *(employer le mot, le terme, l'expression juste ; un mot, un terme, une expression qui désigne ...)*. Le **mot** est une unité qui, associée à d'autres, permet de composer une phrase *(un mot de 2 syllabes, de 4 lettres ; la prononciation, l'orthographe d'un mot, un mot composé)*. Le **terme** est, littéralement, ce qui définit, limite le sens ; c'est pourquoi on réserve plus particulièrement **terme** à tout mot ou groupe de mots qui s'inscrit dans un ensemble spécialisé – constituant une *terminologie* : *un terme scientifique, juridique, de physique, d'informatique.*

motard *n.m.* [fam.] motocycliste

moteur *n.m.* **1 - instigateur** · agent · âme · animateur · artisan · auteur · cerveau · chef · cheville ouvrière · directeur · incitateur · inspirateur · meneur · promoteur · **2 - mécanique** · machine · machinerie · moulin *fam.* · **3 - cause** · mobile · motif · motivation · ressort

motif *n.m.*
I 1 - cause · mobile · motivation · origine · pourquoi · prétexte · raison · **2 - objet** · matière · occasion · propos · raison d'être · sujet · **3 - justification** · excuse · explication · **4 -** [Droit] **attendu** · considérant
II dessin · modèle · ornement
III thème · leitmotiv

motivant, e *adj.* · encourageant · mobilisateur · stimulant

motivation *n.f.* · justification · explication · cause · motif

motivé, e *adj.* **1 - fondé** · justifié · **2 - mobilisé** · stimulé

motiver *v.tr.* **1 - causer** · appeler · déclencher · déterminer · donner lieu à · engendrer · entraîner · faire naître · nécessiter · occasionner · provoquer · susciter · **2 - expliquer** · justifier · légitimer · **3 - mobiliser** · stimuler

moto *n.f.* · motocyclette · bécane *fam.* · engin *fam.* · machine *fam.* · meule *fam.*

motocyclette *n.f.* → **moto**

motocycliste *n.* · motard *fam.*

motoriser *v.tr.* · mécaniser

motus *interj.* · silence ! · pas un mot !

mou, molle
▪ *adj.* **1 - moelleux** · cotonneux · mollet · pâteux · tendre · **2 - souple** · élastique · flexible · plastique · **3 - flasque** · avachi · ramolli · relâché · **4 - faible** · inconsistant · lâche · veule · gnangnan *fam.* · **5 - amorphe** · apathique · atone · avachi · endormi · inactif · indolent · inerte · lymphatique · nonchalant · mollasse *fam.* · mollasson *fam.*

✦ **très mou** mou comme une chiffe, une chique *fam.*

▪ *n.* **velléitaire** · bonasse *fam.* · chiffe *fam.* · femmelette *fam.* · limace *fam.* · moule *fam.* · nouille *fam.*

mouchard, e *n.* **1 - délateur** · dénonciateur · rapporteur · balance *fam.* · cafard *fam.* · sycophante *littér.* · **2 - indicateur (de police)** · mouton *argot* · mouche *fam., vieilli*

mouchardage *n.m.* · délation · dénonciation · cafardage *fam.* · rapportage *fam.*

moucharder *v.tr.* · dénoncer · balancer *fam.* · cafarder *fam.* · donner *fam.* · [sans complément] rapporter *fam.*

mouche *n.f.* **grain de beauté**
✦ **mouche à miel** abeille
✦ **prendre la mouche** → **s'emporter**

moucher *v.tr.* [fam.] remettre à sa place • dire son fait à • rabattre le caquet à *fam.* • rembarrer *fam.*

moucheté, e *adj.* **1 - tacheté** • ocellé • tigré • **2 - chiné** • bigarré

moudre *v.tr.* • broyer • écraser • mettre en poudre • piler • pulvériser

moue *n.f.* **grimace**
✦ **faire la moue** faire la grimace • faire la lippe

moufle *n.* • gant • mitaine *vieux ou Québec*

mouillage *n.m.* **1 - ancrage** • embossage • **2 - abri** • **3 -** [d'un liquide] **coupage**

mouillé, e *adj.* **1 - humide** • [mains] moite • **2 - trempé** • dégouttant • détrempé • ruisselant • **3 - compromis**

mouiller

▪ *v.tr.* **1 - humecter** • arroser • asperger • baigner • éclabousser • embuer • humidifier • imbiber • inonder • tremper • **2 - tremper** • doucher *fam.* • rincer *fam.* • saucer *fam.* • **3 - diluer** • couper • étendre (d'eau) • baptiser *fam.* • **4 -** [fam.] **compromettre** • impliquer
▪ *v.intr.* **jeter l'ancre** • faire escale

⋙ **se mouiller** *v.pron.* **1 - s'embuer** • s'humecter • se tremper • **2 -** [fam.] **se compromettre**

moulage *n.m.* **1 - empreinte** • **2 - reproduction**

moulant, e *adj.* • ajusté • collant • près du corps • serré

moule *n.m.* • forme • matrice • modèle • type

mouler *v.tr.* **1 - gainer** • s'ajuster à • dessiner • épouser • serrer • **2 - façonner** • couler • fondre • sculpter

⋙ **se mouler** *v.pron.* **se former** • se modeler • se régler

moulin *n.m.* **1 - meunerie** • minoterie • **2 - pressoir** • **3 -** [fam.] **moteur**

moulinet *n.m.* [Pêche] **dévidoir**

moulu, e *adj.* → **épuisé**

moulure *n.f.* • baguette • [Archit.] modénature • caisson • panneau

moumoute *n.f.* • perruque • postiche

mourant, e *adj.* **1 - moribond** • agonisant • expirant • à l'article de la mort • subclaquant *argot méd.* • **2 - faible** • affaibli • déclinant • expirant • **3 -** [littér.] **langoureux** • languide

mourir *v.intr.* **1 - décéder** • agoniser • disparaître • s'en aller • s'éteindre • être emporté • partir • succomber • expirer *littér.* • passer (de vie à trépas) *littér.* • passer dans l'autre monde *littér.* • quitter la vie *littér.* • quitter cette terre, ce bas monde, cette vallée de larmes *souvent plaisant* • être rappelé par Dieu *littér.* • rendre l'âme *littér.* • rendre le dernier soupir *littér.* • s'endormir dans les bras du Seigneur *littér.* • s'endormir du sommeil de la tombe *littér.* • trépasser *littér.* • avoir vécu *littér.* • aller ad patres *fam.* • casser sa pipe *fam.* • s'en aller, partir les pieds devant *fam.* • passer l'arme à gauche *fam.* • clamser *fam.* • claquer *fam.* • crever *fam.* • calancher *pop.* • caner *pop.* • claboter *pop.* • avaler son bulletin de naissance • bouffer les pissenlits par la racine *pop.* · dévisser son billard *pop.* · partir entre quatre planches *pop.* · boire le bouillon d'onze heures *pop., vieilli* · payer tribut à la nature *vieux* · faire couic *pop., vieilli* · lâcher la rampe *pop., vieilli* · **2 - périr** · perdre la vie · tomber · se tuer · être tué · y rester *fam.* · **3 - dépérir** · souffrir · crever *fam.* · **4 - disparaître** · cesser · s'anéantir · finir · péricliter · **5 - s'affaiblir** · diminuer · s'effacer · s'estomper · s'éteindre · s'évanouir · passer

✦ **mourir en grand nombre** tomber comme des mouches *fam.*

✦ **mourir pour** se sacrifier pour · verser son sang pour

mouroir *n.m.* · hospice

¹mousse *n.f.* **1 - écume** · **2 -** [de bière] **faux col** *fam.*

²mousse *n.m.* · marin · moussaillon *fam.*

mousseline *n.f.* · gaze · linon · voile

mousser *v.intr.*

✦ (se) **faire mousser** (se) faire valoir · (se) vanter

mousseux, -euse *adj.* **1 - écumeux** · spumeux *littér.* · **2 - champagnisé**

moustache *n.f.* **1 - bacchantes** *fam.* · **2 -** [de carnivores, rongeurs] **vibrisse**

moustique *n.m.* [fam.] gringalet · moucheron

moutard *n.m.* → **enfant**

mouton *n.m.* **1 - ovin** · **2 -** [de poussière] **chaton** · **3 -** [argot] → **mouchard**

moutonner *v.intr.* **1 - écumer** · blanchir · **2 - se pommeler** · **3 - friser** · boucler · frisotter

moutonnier, -ière *adj.* · grégaire · imitateur · suiveur · suiviste

mouture *n.f.* · version · état · variante

mouvance *n.f.* **1 - orbite** · sphère · **2 - instabilité**

mouvant, e *adj.* **1 - ondoyant** · moutonnant · ondulant · **2 - changeant** · flottant · fluctuant · instable · ondoyant · versatile

mouvement *n.m.*
I 1 - déplacement · cours · course · évolution · marche · trajectoire · trajet · translation • [circulaire] rotation · giration · révolution · **2 -** [en avant] **progression** · avance · avancée · pénétration · **3 -** [vers le haut] **montée** · ascension · élévation · hausse · soulèvement · **4 -** [en arrière] **recul** · récession · reflux · retour · rétrogradation · **5 -** [vers le bas] **affaissement** · baisse · chute · décroissement · descente · inflexion · **6 -** [brutal] **à-coup** · cahot · choc · commotion · coup · ébranlement · saccade · saillie · saut · secousse · soubresaut · **7 -** [impétueux] **torrent** · tourbillon · **8 -** [inégal, alternatif] **va-et-vient** · balancement · ballottement · battement · branle · branlement · brimbalement · navette · ondoiement · ondulation · oscillation · pulsation · roulis · tangage · tremblement · trépidation · vacillation · vague · vibration · **9 -** [de terrain] **glissement** · plissement · soulèvement · **10 -** [de l'eau] **courant** · écoulement · flot · houle · marée · flux · reflux · clapotis · remous · jaillissement · rejaillissement
II 1 - mobilité · motilité · **2 - geste** · gesticulation · signe · **3 -** [involontaire] **réflexe** · automatisme · contraction · convulsion · crispa-

tion · frémissement · frisson · soubresaut · spasme · sursaut · tremblement · tressaillement
III 1 - action · acte · geste · initiative · réaction · **2 - élan** · impulsion · inclination · passion · sentiment · **3 - insurrection** · agitation · émeute · sédition · soulèvement · troubles · **4 - école (de pensée)** · mouvance · tendance
IV 1 - animation · activité · agitation · passage · trafic · va-et-vient · vie · **2 - allant** · bouillonnement · dynamisme · effervescence · entrain · fougue · pétulance · turbulence · vie · vivacité
V [Mus.] **morceau** · partie
✦ **en mouvement** **1 - mobile** · **2 - en fonctionnement** · en marche
✦ **mettre en mouvement** actionner · enclencher · mettre en branle · mettre en route

mouvementé, e *adj.* **1 - animé** · agité · tumultueux · vivant · [en mal] houleux · orageux · **2 - accidenté** · tourmenté · vallonné

mouvoir *v.tr.* **1 - actionner** · manœuvrer · remuer · **2 - faire agir** · animer · ébranler · émouvoir · exciter · pousser · remuer *fam.*

»» **se mouvoir** *v.pron.* **1 - bouger** · se déplacer · marcher · (se) remuer · **2 - fréquenter** · évoluer dans

[1]**moyen, -enne** *adj.* **1 - médian** · intermédiaire · **2 - acceptable** · convenable · correct · honnête · honorable · médiocre · passable · **3 - standard** · banal · commun · courant · normal · ordinaire · quelconque · **4 - modéré** · abordable
✦ **moyen terme** (juste) milieu · compromis
✦ **le Français moyen** Monsieur Tout-le- monde · le citoyen (lecteur, spectateur etc.) lambda *fam.*

[2]**moyen** *n.m.*
I 1 - procédé · combinaison · chemin · clé · façon · formule · manière · marche à suivre · méthode · recette · solution · voie · **2 -** [astucieux] **artifice** · astuce · ruse · stratégie · subterfuge · tactique · combine *fam.* · filon *fam.* · joint *fam.* · plan *fam.* · système *fam.* · truc *fam.* · **3 - instrument** · arme · technique · levier · ressort · **4 -** [ultime] **dernière carte** · dernière chance · planche de salut · dernier recours · dernière ressource · va-tout
II 1 - possibilité · faculté · pouvoir · **2 -** [personnel] **aptitude** · capacité · disposition · force · don · facilité
✦ **moyen détourné** biais · chemin de traverse
✦ **moyen de transport** véhicule
✦ **au moyen de, par le moyen de** **1 - à l'aide de** · avec · grâce à · moyennant · par · **2 - par le canal de** · par l'entremise de · par l'intermédiaire de · par l'instrument de · par le secours de · par le truchement de · par · via

»» **moyens** *plur.* **argent** · revenu · fonds · ressources · richesse
✦ **les gros moyens** la grosse artillerie *fam.*
✦ **par tous les moyens** à toute force · à tout prix · coûte que coûte

moyenâgeux, -euse *adj.* **1 - médiéval** · **2 - archaïque** · arriéré · dépassé · d'un autre âge

moyennant *prép.* **1 - contre** · avec · au prix de · en échange de · grâce à · pour · **2 - à condition que**

moyenne *n.f.* · norme · normale · standard

moyennement *adv.* **1 - médiocrement** · **2 - correctement** · honnêtement · convenablement ·

honorablement · 3 - **médiocrement** · passablement · 4 - [en réponse] **couci-couça** *fam.* · moitié-moitié *fam.*

mucosité *n.f.* · glaire

mue *n.f.* 1 - **métamorphose** · changement · transformation · 2 - **dépouille** · peau

muer *v.intr.* **se dépouiller**

✦ **se muer en** se transformer en · se métamorphoser en

muet, muette *adj.* 1 - **aphone** · 2 - **interloqué** · bouche bée · interdit · sans voix · coi *littér.* · 3 - **taciturne** · silencieux · 4 - [Phonétique] **caduc** · sourd

✦ **complètement muet** muet comme une carpe · muet comme un francolin, un poisson · muet comme la tombe

mufle

▪ *n.m.* 1 - **museau** · 2 - **goujat** · malotru · rustre · butor *vieilli ou plaisant* · malappris *vieilli* · gougnafier *fam.*

▪ *adj.* **grossier** · indélicat · mal élevé

muflerie *n.f.* · goujaterie · grossièreté · impolitesse · inconvenance · indélicatesse

mugir *v.intr.* 1 - **beugler** · meugler · 2 - **hurler** · rugir · tonitruer · brailler *fam.* · gueuler *fam.*

mugissement *n.m.* 1 - **beuglement** · meuglement · 2 - **hurlement** · rugissement

mulâtre *n.* · métis

mulet *n.m.* · muge *région*

multicolore *adj.* 1 - **polychrome** · 2 - **bariolé** · bigarré · chamarré

multiforme *adj.* 1 - **divers** · multiple · varié · 2 - **protéiforme**

multiple *adj.* 1 - **divers** · multiforme · pluriel · varié · 2 - [au plur.] **nombreux** · abondants · plusieurs · maints *littér.*

multiplication *n.f.* 1 - **accroissement** · augmentation · développement · extension · hausse · propagation · répétition · 2 - [forte] **escalade** · explosion · inflation · intensification · prolifération · pullulement · 3 - **reproduction**

multiplicité *n.f.* 1 - **abondance** · foisonnement · multitude · nombre · profusion · quantité · 2 - **variété** · diversité · gamme · pluralité

multiplier *v.tr.* 1 - **répéter** · 2 - **accroître** · augmenter · 3 - **doubler** · tripler · quadrupler · quintupler · sextupler · septupler · octupler · décupler · centupler · 4 - **accumuler** · collectionner · entasser *fam.*

⋙ **se multiplier** *v.pron.* 1 - **s'accroître** · augmenter · croître · se développer · 2 - **se reproduire** · engendrer · procréer · proliférer · se propager · 3 - **se démener** · se décarcasser *fam.* · se mettre en quatre *fam.* · faire des pieds et des mains *fam.*

multitude *n.f.*

I 1 - **quantité** · abondance · grand nombre · infinité · multiplicité · 2 - **tas** · kyrielle · tombereau · cargaison *fam.* · flopée *fam.* · foultitude *fam.* · tapée *fam.* · chiée *très fam.* · 3 - [en mouvement] **avalanche** · averse · flot · foisonnement · fourmillement · inondation · kyrielle · torrent

II [d'animés] 1 - **foule** · armée · essaim · horde · légion · mer · meute · myriade · nuée · régiment · ribambelle · troupe · tapée *fam.* · tripotée *fam.* · 2 - [en mouvement] **affluence** · afflux · cohue · presse

III masse · foule · peuple *péj.* · populace *péj.* · tourbe *péj.* · populo *fam.* · vulgum pecus *fam.*
↝ **foule**

municipal, e *adj.* · communal

municipalité *n.f.* 1 – **commune** · mairie · ville · 2 – **mairie** · hôtel de ville

munificence *n.f.* · largesse · générosité · libéralité · prodigalité · magnificence *littér.*

munificent, e *adj.* · généreux · large · libéral · prodigue · magnifique *littér.*

munir *v.tr.* **doter** · armer · équiper · fournir à · garnir · nantir · outiller · pourvoir · procurer à · ravitailler

⋙ **se munir de** *v.pron.* **prendre** · s'armer de · se doter de · s'équiper de · se pourvoir de

mur *n.m.* 1 – **paroi** · cloison · séparation · 2 – **clôture** · muret · murette · 3 – **enceinte** · fortification · muraille · rempart · 4 – [de pelote basque] **fronton** · 5 – **obstacle** · barrage · barrière · fossé

mûr, mûre *adj.* 1 – **adulte** · développé · fait · grand · 2 – **pondéré** · posé · raisonnable · réfléchi · sérieux · 3 – **prêt**

muraille *n.f.* 1 – **rempart** · enceinte · fortification · mur · 2 – **paroi** · mur

mural, e *adj.* [peinture] rupestre

mûrement *adv.* · longuement · longtemps

murer *v.tr.* 1 – **emmurer** · 2 – **aveugler** · boucher · condamner

⋙ **se murer** *v.pron.* **s'enfermer** · se cacher · se calfeutrer · se claustrer · se cloîtrer · se confiner · s'isoler · se renfermer

mûrir

▪ *v.tr.* **préparer** · approfondir · méditer · préméditer · projeter · réfléchir à · tramer · concocter *fam.* · mijoter *fam.* · ourdir *littér.*

▪ *v.intr.* 1 – **grandir** · changer · se développer · s'étoffer · se faire · se former · 2 – **se préciser** · prendre forme · prendre tournure

murmure *n.m.* 1 – **marmonnement** · bourdonnement · chuchotement · marmottement · susurrement · 2 – **bruissement** · babil · chanson · chuchotis · gazouillement · gazouillis · 3 – **plainte** · grognement · grondement · protestation · 4 – **rumeur** · on-dit

murmurer

▪ *v.tr.* **chuchoter** · marmonner · marmotter · souffler · susurrer

▪ *v.intr.* 1 – **parler bas** · parler à voix basse · 2 – **bruire** · bourdonner · chuinter · gazouiller · 3 – **se plaindre** · bougonner · geindre · grogner · grommeler · gronder · maugréer *littér.* · râler *fam.* · rognonner *fam.* · ronchonner *fam.* · rouspéter *fam.* · maronner *région.*

✦ **sans murmurer** sans broncher · sans protester · sans réagir · sans ciller · sans moufter *fam.*

musarder *v.intr.* · s'amuser · baguenauder · déambuler · flâner · lambiner · lanterner · se promener · traîner *péj.* · se balader *fam.* · muser *littér.* · vadrouiller *fam.*

muscle *n.m.* · force · puissance · vigueur

musclé, e *adj.* 1 – **athlétique** · musculeux · puissant · robuste ·

solide · vigoureux · costaud *fam.* · **2 - solide** · énergique · **3 - autoritaire** · brutal

muscler *v.tr.* · renforcer · consolider · dynamiser · fortifier · booster *fam.* · donner du punch à *fam.*

muse *n.f.* **inspiratrice** · égérie

✦ **les muses** les neuf sœurs

museau *n.m.* **1 - mufle** · groin · truffe · **2 -** [fam.] **tête** · minois · visage · frimousse *fam.*

musée *n.m.* **1 - muséum** · **2 - conservatoire** · cabinet · galerie · **3 - collection** · glyptothèque · pinacothèque

museler *v.tr.* **1 - bâillonner** · corriger · enchaîner · faire taire · garrotter · réduire au silence · soumettre · **2 - brider** · contenir · dompter · juguler · réfréner · réprimer

muselière *n.f.* · bâillon

muser *v.intr.* · s'attarder · baguenauder · flâner · musarder · traîner

musette *n.f.* **1 - sac** · sacoche · **2 - bombarde** · hautbois · loure

musical, e *adj.* · chantant · doux · harmonieux · mélodieux

musicien, -ienne *n.* **1 - compositeur** · **2 - instrumentiste**

musique *n.f.* **1 - harmonie** · euphonie · eurythmie · **2 -** [fig.] **mélodie** · chant · chanson · harmonie · murmure · **3 - fanfare** · clique · harmonie · orchestre · orphéon · **4 -** [fam.] **histoire** · rengaine · ritournelle · chanson *fam.* · disque *fam.* · refrain *fam.* · antienne *vieilli*

mutation *n.f.* **1 - transformation** · changement · conversion · évolution · modification · révolution · transmutation · **2 - déplacement** · (changement d')affectation

muter *v.tr.* · déplacer · affecter

mutilation *n.f.* **1 - amputation** · ablation · **2 - coupe** · coupure · altération · déformation · dégradation

mutilé, e *n.* · amputé · estropié · handicapé · infirme · invalide

mutiler *v.tr.* **1 - couper** · amputer · estropier · **2 - tronquer** · abréger · amputer · castrer · couper · diminuer · raccourcir · **3 - altérer** · amoindrir · déformer · dénaturer · **4 - détériorer** · abîmer · dégrader · endommager

mutin, e

▪ *adj.* **espiègle** · gai · gamin · malicieux · malin · piquant · vif · badin *littér.*

▪ *n.* **mutiné** · factieux · insoumis · insurgé · rebelle · révolté · séditieux

mutiner (se) *v.pron.* · s'insurger · se rebeller · se révolter · se soulever

mutinerie *n.f.* **1 - insurrection** · émeute · rébellion · révolte · révolution · sédition · soulèvement · **2 - faction**

mutisme *n.m.* **1 - silence** · **2 - aphasie** · mutacisme *didact.*

mutuel, -elle *adj.* · réciproque · partagé

mutuellement *adv.* · réciproquement

myope *n. et adj.* **amétrope** · bigleux *fam.* · miro *fam.*

✦ **complètement myope** myope comme une taupe *fam.*

myopie *n.f.* **1 - amétropie** · **2 -** [fig.] **aveuglement**

myriade *n.f.* · multitude · kyrielle · profusion · flopée *fam.* · foultitude *fam.* · tapée *fam.*

myrtille *n.f.* · brimbelle *région.* · bleuet *Québec*

mystère *n.m.* **1 - secret** · cachotterie *fam.* · **2 - discrétion** · obscurité · ombre · secret · silence · **3 - énigme** · profondeurs · secret · arcanes *littér.* · **4 -** [Littérat.] **miracle** · diablerie

mystérieusement *adv.* · inexplicablement · énigmatiquement

mystérieux, -ieuse *adj.* **1 - inexplicable** · énigmatique · impénétrable · incompréhensible · inexpliqué · obscur · secret · sibyllin · ténébreux · **2 - discret** · énigmatique · impénétrable · insaisissable · secret · **3 - hermétique** · cabalistique · ésotérique · indéchiffrable · occulte · sibyllin · abscons *littér.* · abstrus *littér.* · **4 - caché** · invisible · voilé

mystificateur, -trice *n.* **1 - imposteur** · trompeur · **2 - farceur** · fumiste *fam.*

mystification *n.f.* **1 - tromperie** · imposture · supercherie · **2 - plaisanterie** · attrape · attrape-nigaud · canular · duperie · farce · mensonge · mauvais tour · blague *fam.* · galéjade *région.* · **3 - mythe**

mystifier *v.tr.* · tromper · abuser · berner · duper · leurrer · faire grimper à l'arbre, à l'échelle *fam.* · faire marcher *fam.* · posséder *fam.*

mystique *adj. et n.* · inspiré · exalté · fanatique · illuminé

mythe *n.m.* **1 - légende** · fable · mythologie · tradition · **2 - allégorie** · **3 - utopie** · chimère · fantasme · illusion · mirage · rêve

~ **légende**

mythique *adj.* **1 - fabuleux** · imaginaire · légendaire · **2 - irréel** · chimérique · illusoire · irréaliste · utopique · **3 - admiré** · culte

mythomane *adj. et n.* · fabulateur · menteur

mythomanie *n.f.* · fabulation

n

nabot, e *n.* → **nain**

nacré, e *adj.* · irisé · opalin · iridescent *littér.*

nævus *n.m.* · grain de beauté · tache de naissance · tache de vin · envie *fam.* · fraise *fam.*

nage *n.f.* **1 - natation** · **2 -** [sortes] brasse (ordinaire, papillon, coulée) · crawl · dos · nage indienne

✦ **être en nage** être en sueur · être en eau · être couvert de sueur · être trempé · suer · transpirer · dégouliner (de sueur) *fam.*

nager *v.intr.* **1 - se baigner** · se tremper · patauger *fam.* · **2 - flotter** · baigner · surnager

nageur, -euse *n.* **1 - baigneur** · crawleur · brasseur · plongeur · **2 -** [Sport] **rameur**

naguère *adv.* **1 - récemment** · il y a peu (de temps) · **2 -** [emploi abusif] **autrefois** · il y a longtemps · jadis

jadis

naïade *n.f.* → **nymphe**

naïf, naïve

▪ *adj.* **1 - candide** · benêt · confiant · crédule · dupe · inexpérimenté · innocent · niais · nigaud · simple · simplet · ingénu *littér.* · gobeur *fam.* · gogo *fam.* · jobard *fam., vieilli* · gobe-mouches *fam., vieilli* · bonhomme *vieux* · gille *vieux* · **2 - intuitif** · naturel · spontané

✦ **ne pas être naïf** ne plus croire au père Noël · ne pas être né d'hier · ne pas être tombé, né de la dernière pluie

▪ *n.* · poire *fam.* · pomme *fam.* · cave *argot* · jocrisse *vieux* · serin *fam., vieilli*

naïf, candide, ingénu, crédule

Les quatre mots renvoient tous à une idée de confiance dans les relations avec autrui. La confiance d'une personne **naïve** repose sur l'absence de réflexion, le manque d'expérience de la vie *(il est naïf comme un enfant ; une remarque naïve)*. Est **crédule** celui qui croit trop naïvement les choses les plus invraisemblables : « Quand on dit qu'un homme est crédule, on exprime par là qu'il se laisse penser n'importe quoi » (Alain, *Propos*). On est **candide** par innocence, pureté foncière *(un cœur, une âme candide)* ou par excès de **crédulité**. **Ingénu**, d'usage soutenu, se dit d'une personne qui fait preuve d'une sincérité naïve *(une réponse ingénue ; un regard, un air ingénu)*.

nain, naine

▪ *adj.* **petit** · minuscule · lilliputien

■ *n.* **lutin** · farfadet · gnome · tom-pouce *fam.* · avorton *péj.* · nabot *péj.* · homoncule *vieux* · myrmidon *vieux*

naissance *n.f.* **1 - accouchement** · enfantement · mise au monde · parturition · venue au monde • [Relig. chrétienne] nativité · **2 - commencement** · apparition · début · départ · création · éclosion · genèse · origine · racine · aube *littér.* · aurore *littér.* · prémices *littér.* · **3 - ascendance** · extraction · famille · filiation · origine

✦ **donner naissance à 1 - enfanter** · engendrer · donner la vie à · mettre au monde · **2 - créer** · catalyser · déclencher · produire · provoquer
✦ **de naissance** inné · naturel
✦ **prendre naissance** commencer · apparaître · démarrer · faire son apparition · prendre sa source · voir le jour

naître *v.intr.* **1 - venir au monde** · voir le jour · entrer dans le monde, dans la vie · **2 - commencer** · apparaître · débuter · éclore · germer · paraître · percer · poindre · pointer · s'élever · se développer · se former · sortir de · sourdre · surgir • [jour] se lever

✦ **naître de** provenir de · découler de · être issu de · résulter de · sortir · venir de
✦ **faire naître** amener · catalyser · causer · créer · déclencher · donner lieu à · engendrer · éveiller · exciter · inspirer · occasionner · produire · provoquer · soulever · stimuler · susciter

naïvement *adv.* **1 - candidement** · ingénument · innocemment · **2 -** [vieux] **naturellement** · simplement · spontanément

naïveté *n.f.* · candeur · bêtise · crédulité · fraîcheur · ingénuité · innocence · naturel · niaiserie · nigauderie · simplicité · jobarderie *vieilli* · jobardise *vieilli*

nana *n.f.* → **fille**

nanti, e *adj.* · riche · fortuné · opulent · (bien) pourvu

nantir *v.tr.* · doter · donner à · douer · gratifier · munir · pourvoir · procurer à · affliger *péj.*

naphtaline *n.f.* · antimite

narcissique *adj.* · égotiste · égocentriste · nombriliste

narcissisme *n.m.* · égocentrisme · égotisme · infatuation *littér.*

narcotique

■ *adj.* **anesthésique** · assoupissant · calmant · hypnotique · sédatif · soporifique · dormitif *vieux*

■ *n.m.* **somnifère** · calmant · sédatif · drogue

narguer *v.tr.* · braver · défier · mépriser · provoquer · se moquer de · faire la nique à *fam.* · faire nargue à *vieux*

narine *n.f.* **1 -** · trou de nez *fam.* · **2 -** [d'un animal] naseau

narquois, e *adj.* · rusé · goguenard · caustique · ironique · malicieux · moqueur · persifleur · railleur · ricaneur · sarcastique

narrateur, -trice *n.* **1 - conteur** · anecdotier *littér.* · raconteur *littér.* · **2 - chroniqueur** · historien · historiographe

narration *n.f.* · récit · compte rendu · exposé · exposition · rapport · relation

narrer *v.tr.* · conter · dire · exposer · faire le récit de · raconter · rapporter · relater · retracer

nase *adj.* **1 - → mauvais** · **2 - → cassé** · **3 - → fatigué**

nasse *n.f.* · piège · casier · claie · filet · panier

natal, e *adj.* · originel • [langue] maternel

natation *n.f.* · nage

natif, -ive *adj. et n.* **1 - inné** · naturel · **2 - indigène** · autochtone · habitant · naturel *vieux* • [Australie] aborigène

✦ **natif de** originaire de

nation *n.f.* **1 - peuple** · communauté · population · **2 - état** · pays · patrie · puissance · **3 -** [vieux] **race** · groupe · ethnie · gent *littér.*

❧ **peuple**

national, e *n.* · ressortissant · citoyen

nationalisation *n.f.* · étatisation · collectivisation · socialisation

nationaliser *v.tr.* · étatiser · collectiviser · socialiser

nationalisme *n.m.* **1 - patriotisme** · chauvinisme *péj.* · **2 - autonomisme** · indépendantisme · séparatisme

❧ **patriotisme**

nationaliste *adj. et n.* **1 - patriote** · chauvin *péj.* · cocardier *vieilli* · patriotard *vieilli* · **2 - autonomiste** · indépendantiste · séparatiste

nationalité *n.f.* · citoyenneté

natte *n.f.* **1 - matelas** · tapis (de sol) · paillasson · **2 - tresse** · macaron · **3 -** [Mar.] **paillet**

natter *v.tr.* · tresser

naturalisation *n.f.* **1 - acquisition de la nationalité** · **2 - acclimatation** · acclimatement · **3 - empaillage** · taxidermie

naturaliser *v.tr.* **1 - acclimater** · **2 - empailler**

naturaliste

- *n.* **empailleur** · taxidermiste
- *adj.* **réaliste**

nature *n.f.* **1 - essence** · entité · substance · quiddité *(Philo.)* · **2 - caractère** · constitution · génie · inclination · naturel · penchant · personnalité · santé · tempérament · complexion *littér.* · **3 - catégorie** · classe · espèce · genre · manière · ordre · sorte · type · **4 - condition** · état · réalité · **5 - monde** · univers · cosmos · **6 - campagne** · vert

✦ **de nature à** susceptible de · capable de · propre à

✦ **changer la nature de** dénaturer · contrefaire · déformer · métamorphoser · transformer · travestir · transmuer *Alchimie ou littér.*

✦ **de sa nature, par sa nature** essentiellement · intrinsèquement · originellement · en soi

[1]**naturel, -elle** *adj.* **1 - brut** · cru · pur · vierge • [soie] grège · **2 - physiologique** · corporel · **3 - constitutif** · inhérent · inné · intrinsèque · natif · originel · propre · infus *littér.* · **4 - normal** · commun · compréhensible · légitime · logique · raisonnable · **5 - authentique** · franc · honnête · simple · sincère · spontané · vrai · **6 - aisé** · facile · **7 -** [enfant] **illégitime** · bâtard *péj.*

❧ **congénital**

[2]**naturel** *n.m.*

I 1 - caractère · complexion · constitution · humeur · nature ·

tempérament · 2 – **authenticité** · ingénuité · simplicité · sincérité · spontanéité · fraîcheur · 3 – **aisance** · facilité · familiarité
II [vieux] **indigène** · aborigène · autochtone · habitant · natif

naturellement *adv.* 1 – **inévitablement** · forcément · inéluctablement · infailliblement · nécessairement · 2 – **aisément** · facilement · spontanément · 3 – **simplement** · 4 – [exclamatif] **évidemment** · certainement · bien entendu · bien sûr · et comment · parbleu *vieux*

naturisme *n.m.* · nudisme

naturiste *n.* · nudiste

naufrage *n.m.* 1 – **submersion** · sinistre · fortune de mer · 2 – **échec** · banqueroute · débâcle · déconfiture · désastre · déroute · écroulement · effondrement · faillite · perte · ruine

✦ **faire naufrage** échouer · couler · sombrer · disparaître sous les flots · s'engloutir · périr (corps et biens) · s'abîmer *littér.*

naufrageur *n.m.* [littér.] démolisseur · fossoyeur

nauséabond, e *adj.* 1 – **fétide** · dégoûtant · écœurant · empesté · empuanti · méphitique · malodorant · pestilentiel · puant · rebutant · répugnant · 2 – **abject** · ignoble · immonde · infâme · infect · repoussant · répugnant · sordide

nausée *n.f.* 1 – **mal au cœur** · haut-le-cœur · malaise · 2 – **aversion** · dégoût · écœurement · horreur · répugnance · répulsion

✦ **avoir la nausée** avoir le cœur sur le bord des lèvres · avoir le cœur qui se soulève · avoir mal au cœur · avoir envie de vomir

nauséeux, -euse *adj.* 1 – **abject** · dégoûtant · écœurant · ignoble · immonde · infâme · infect · nauséabond · répugnant · sordide · 2 – [médicament] **émétique** · vomitif

✦ **se sentir nauséeux** avoir le cœur sur le bord des lèvres · avoir le cœur qui se soulève · avoir mal au cœur · avoir envie de vomir

nautique *adj.* 1 – **naval** · marin · maritime · 2 – **aquatique**
❧ **naval**

naval, e *adj.* · nautique

❧ **naval, nautique**

Naval et **nautique** se rapportent tous deux à la *navigation*, mais l'usage les a spécialisés. **Naval** s'emploie pour ce qui concerne la construction des navires de mer *(des chantiers navals)* et, par ailleurs, qualifie ce qui est relatif à la marine militaire et à la guerre sur mer *(une base navale, des combats navals)*. **Nautique** s'applique à la navigation de plaisance et aux différents sports qui s'y rattachent *(salon nautique, courses nautiques, ski nautique)*.

navette *n.f.* · allées et venues · allers et retours · va-et-vient

navigateur, -trice *n.* 1 – **marin** · naute *vieux* · 2 – **copilote**

✦ **navigateur par satellite** G.P.S.

navigation *n.f.* 1 – **pilotage** · manœuvre · 2 – **circulation** · marche

naviguer *v.intr.* 1 – **voguer** · cingler · fendre les flots · faire route · faire voile · sillonner les mers · nager *vieux* · 2 – **voyager** · bourlinguer · 3 – [Internet] **surfer**

navire *n.m.* → **bateau**
❧ **bateau**

navrant, e *adj.* 1 – **affligeant** · attristant · consternant · décourageant · déplorable · désespérant · désolant · douloureux · funeste · lamentable · pénible · pitoyable · triste · **2 - ennuyeux** · contrariant · fâcheux · regrettable · **3 - déchirant** · cruel · émouvant · poignant

navré, e *adj.* · attristé · chagriné · désolé · confus · déçu · dépité · désappointé

navrer *v.tr.* **1 - affliger** · affecter · attrister · chagriner · déchirer · dépiter · désoler · désappointer · fendre le cœur de · meurtrir · peiner · contrister *littér.* · **2 - ennuyer** · contrarier · désoler · fâcher

néanmoins *adv. et conj.* · cependant · cela étant · en tout cas · mais · malgré cela · pourtant · quand même · tout de même · toujours est-il que · toutefois · nonobstant *littér.*

néant *n.m.* **1 - rien** · zéro · **2 - nullité** · inanité · vacuité · vide · **3 - vide** · non-être · rien

✦ **réduire à néant** anéantir · annihiler · détruire · écraser · ruiner

nébuleuse *n.f.* **1 - galaxie** · **2 - amas diffus**

nébuleux, -euse *adj.* **1 - brumeux** · couvert · embrumé · nuageux · obscur · obscurci · vaporeux · voilé · **2 - confus** · alambiqué · brumeux · énigmatique · flou · fumeux · hermétique · incompréhensible · incertain · indécis · indistinct · inintelligible · insaisissable · obscur · trouble · vague · vaseux *fam.* · abscons *littér.* · abstrus *littér.* · amphigourique *littér.*

nébulosité *n.f.* **1 - brouillard** · brume · vapeur · **2 - flou** · confusion · imprécision · obscurité

nécessaire

▪ *adj.* **1 - obligatoire** · essentiel · fondamental · impératif · important · indispensable · primordial · utile · **2 - inévitable** · fatal · forcé · immanquable · inéluctable · infaillible · logique · mathématique · obligatoire · obligé · **3 -** [Philo.] **absolu** · inconditionné · premier

▪ *n.m.* **minimum** · indispensable

❧ **indispensable**

nécessairement *adv.* **1 - obligatoirement** · absolument · impérativement · **2 - inévitablement** · certainement · fatalement · obligatoirement · par force · forcément · immanquablement · indispensablement · infailliblement · mathématiquement · sûrement

nécessité *n.f.* **1 - obligation** · devoir · exigence · impératif · **2 - utilité** · besoin · **3 - dénuement** · besoin · détresse · gêne · indigence · pauvreté · **4 -** [Philo.] **destin** · fatalité

✦ **de première nécessité** indispensable · essentiel · incontournable · vital

nécessiter *v.tr.* **1 - réclamer** · appeler · commander · demander · exiger · requérir · **2 - impliquer** · déterminer · motiver

nécessiteux, -euse *adj. et n.* · pauvre · indigent · malheureux · misérable · miséreux · sans-le-sou *fam.* · besogneux *vieux* · impécunieux *littér.*

❧ **pauvre**

nec plus ultra *n.m. invar.* · fin du fin · summum · top *fam.*

nécromancien, -ienne *n.* → **magicien**

nef *n.f.* 1 - [Archit.] **vaisseau** · 2 - [littér.] → **bateau**

néfaste *adj.* 1 - **défavorable** · désastreux · fatal · funeste · 2 - **nuisible** · corrupteur · dangereux · délétère · dommageable · hostile · malsain · mauvais · nocif · pernicieux · préjudiciable

négatif, -ive

▪ *adj.* **critique** · défavorable · hostile · opposé

✦ **être très négatif** ne voir que le mauvais côté des choses · voir tout en noir

▪ *n.m.* **cliché** · contretype

négation *n.f.* 1 - **refus** · condamnation · contestation · contradiction · dénégation · déni · réfutation · rejet · 2 - **antithèse** · contraire · contre-pied

négationniste *n. et adj.* · révisionniste

négligé *n.m.* 1 - **débraillé** · laisser-aller · liberté · relâchement · 2 - **déshabillé**

négligeable *adj.* **dérisoire** · infime · insignifiant · médiocre · menu · mince · minime · peanuts *anglic.*

✦ **une quantité négligeable** peu de chose · une goutte d'eau dans la mer

négligemment *adv.* 1 - **sans soin** · à la diable · à la légère · de manière désordonnée · inconsidérément · sans méthode · sans réfléchir · 2 - **mollement** · nonchalamment · paresseusement

négligence *n.f.* 1 - **nonchalance** · mollesse · paresse · abandon · nonchaloir *vieux ou littér.* · 2 - **inattention** · distraction · insouciance · irréflexion · laisser-aller · relâchement · inapplication *littér.* · incurie *littér.* · 3 - **étourderie** · omission · oubli

négligent, e *adj.* · distrait · étourdi · inattentif · indolent · insouciant · irréfléchi · nonchalant · oublieux (de) · je-m'en-foutiste *fam.* · morosif *vieux* · traînard *vieux*

négliger *v.tr.* 1 - **omettre** · oublier · laisser échapper · laisser passer · manquer à · 2 - **abandonner** · dédaigner · délaisser · laisser dormir · laisser à la traîne · méconnaître · mépriser · passer outre, par-dessus · se désintéresser de · se détourner de · faire fi de *littér.* · faire litière de *littér.* · laisser tomber *fam.* · se ficher de *fam.* · se foutre de *fam.* • [une maladie] mal soigner

»» **se négliger** *v.pron.* **se relâcher** · se laisser aller

négliger, abandonner, délaisser

Négliger, **abandonner** et **délaisser** concernent tous trois un manque plus ou moins grave d'égards, d'attention envers autrui. **Négliger** a la valeur la plus faible ; on **néglige** quelqu'un quand on le traite sans la sollicitude ou la considération qu'on devrait avoir pour lui *(il néglige ses amis, ses invités)*. **Délaisser** renchérit sur **négliger** en ajoutant une dimension affective *(il délaisse trop sa femme)*. **Abandonner** implique une rupture avec la personne à qui l'on est lié, dont on devrait s'occuper *(abandonner ses enfants)*. Les trois verbes s'emploient d'une manière analogue à propos de choses *(négliger/délaisser/abandonner son travail)*.

négoce *n.m.* · commerce · business *fam.* · trafic *péj.*

négociable *adj.* 1 - **cessible** · transférable · commerçable *vieux* · 2 - [prix] **à débattre**

négociant, e *n.* · commerçant · concessionnaire · distributeur · exportateur · grossiste · importateur · marchand · trafiquant *péj.*

négociateur, -trice *n.* **1 - arbitre** · conciliateur · courtier · intermédiaire · médiateur · **2 - diplomate** · agent diplomatique · délégué · émissaire · envoyé · plénipotentiaire • [Droit can.] légat

négociation *n.f.* **1 - pourparlers** · discussion · marchandage · tractation · transaction · **2 - dialogue** · concertation

négocier

▪ *v.tr.* **1 - acheter** · commercer · marchander · monnayer · faire trafic de · trafiquer · vendre · **2 - débattre de** · traiter

▪ *v.intr.* **dialoguer** · discuter · parlementer · être en pourparlers

neigeux, -euse *adj.* · enneigé

néophyte

▪ *n.* **1 - novice** · débutant · bleu *fam.* · **2 - (nouveau) converti** · prosélyte

▪ *adj.* **inexpérimenté** · neuf · nouveau

népotisme *n.m.* · favoritisme · clientélisme

nerf *n.m.* **1 - dynamisme** · énergie · force · muscle · ressort · **2 - concision** · vigueur

✦ **porter, taper sur les nerfs de** agacer · crisper · énerver · excéder · hérisser · horripiler · irriter · mettre en boule *fam.* · porter, taper sur le système *fam.* · courir sur le haricot à *très fam.*

nerveusement *adv.* **1 - fébrilement** · impatiemment · **2 - énergiquement** · **3 - convulsivement** · spasmodiquement

nerveux, -euse *adj.* **1 - coriace** · filandreux · tendineux · **2 - dynamique** · concis · énergique · musclé · vigoureux · **3 - agité** · brusque · énervé · excité · excitable · fébrile · fiévreux · impatient · irritable · **4 - convulsif** · spasmodique · **5 - psychosomatique**

✦ **il est très nerveux** c'est un paquet, une boule de nerfs · c'est un agité du bocal *fam.*

nervi *n.m.* · homme de main · sbire

nervosité *n.f.* · énervement · agacement · agitation · exaspération · excitation · fébrilité · impatience · irritation · surexcitation · éréthisme *littér.*

nervure *n.f.* **1 - veine** · veinure · **2 -** [Archit.] **branche** · lierne · tierceron

[1]net, nette

▪ *adj.* **1 - propre** · astiqué · bien tenu · entretenu · frais · immaculé · impeccable · lumineux · propre · propret · pur · soigné · briqué *fam.* · nickel *fam.* · **2 - clair** · catégorique · distinct · exact · explicite · exprès · formel · précis · régulier · tranché · **3 - droit** · franc · honnête · loyal · transparent · **4 - marqué** · sensible · significatif · tangible · visible · **5 -** T.T.C. · toutes taxes comprises

▪ *adv.* **1 - catégoriquement** · crûment · franchement · nettement · ouvertement · **2 - d'un coup** · brusquement · brutalement

➳ **propre**

[2]Net *n.m.* · le réseau des réseaux · Internet · la Toile · le Web

nettement *adv.* · clairement · carrément · catégoriquement · distinctement · expressément · fermement · formellement · fortement ·

franchement · nettement · ouvertement · sans ambages · sans ambiguïté · sans détour

netteté *n.f.* **1 - propreté** · éclat · limpidité · pureté · transparence · **2 - clarté** · justesse · précision · rigueur · perspicuité *vieux*

nettoiement *n.m.* → nettoyage

nettoyage *n.m.* **1 - lavage** · assainissement · balayage · brossage · cirage · décrassage · décrottage · dégraissage · détachage · entretien · époussetage · essuyage · frottage · lessivage · nettoiement · purification · récurage · appropriation *Belgique* · coup de balai *fam.* · **2 -** [d'une façade] **ravalement** • [d'un métal] astiquage · décapage · décapement · dérochage · fourbissage • [du linge] blanchissage · **3 -** [de l'estomac] **purge**

nettoyer *v.tr.* **1 - laver** · assainir · balayer · brosser · cirer · décrasser · décrotter · dégraisser · détacher · entretenir · épousseter · essuyer · frotter · lessiver · purifier · récurer · approprier *Belgique* · briquer *fam.* · poutser *Suisse, fam.* · **2 -** [le corps] **débarbouiller** · décrasser · éponger · frictionner · laver · savonner · **3 -** [une plaie] **laver** · déterger · purifier · absterger *vieux* · mondifier *vieux* · **4 -** [l'estomac] **purger** · **5 -** [du métal] **astiquer** · blanchir · décaper · dérocher · fourbir · **6 -** [une arme] **dérouiller** · écouvillonner · **7 -** [une bouteille] **rincer** · goupillonner · **8 -** [une allée] **racler** · ratisser · **9 -** [une façade] **ravaler** · **10 -** [un puits, un bassin] **curer** · désengorger · draguer · écurer · **11 -** [un bateau] **briquer** · caréner · **12 -** [un cheval] **toiletter** · bouchonner · brosser · étriller

»» **se nettoyer** *v.pron.* **se laver** · faire sa toilette · se débarbouiller · se décrasser · se savonner

nettoyeur, -euse *n.* [de vitres] laveur • [de parquets] cireur

neuf, neuve *adj.* **1 - moderne** · audacieux · frais · nouveau · récent · **2 - inconnu** · inédit · nouveau · original · **3 - inexpérimenté** · novice · **4 - novice** · débutant · inexpérimenté · néophyte · nouveau · bleu *fam.*

✦ **remettre à neuf** rénover · moderniser · rafraîchir · rajeunir · refaire · réhabiliter · remettre en état · réparer · restaurer · retaper • [du tissu] raccommoder • [une façade, le sol] ragréer

✦ **remise à neuf** rénovation · modernisation · rafraîchissement · rajeunissement · réfection · réhabilitation · remise en état · réparation · restauration · retapage

neurasthénie *n.f.* · mélancolie · abattement · dépression · spleen *littér.* · blues *fam.* · cafard *fam.* · déprime *fam.* · flip *fam.* · hypocondrie *vieux*

↝ **mélancolie**

neurasthénique *adj. et n.* · mélancolique · dépressif · déprimé · cafardeux *fam.* · hypocondriaque *vieux*

neuroleptique *adj. et n.m.* · anxiolytique · psycholeptique · psychotrope · tranquillisant

neutraliser *v.tr.* **1 - anéantir** · annihiler · annuler · désamorcer · enrayer · étouffer · maîtriser · paralyser · rendre inoffensif · **2 - corriger** · amortir · compenser · contrebalancer · contrecarrer · équilibrer

neutralité *n.f.* 1 – **impartialité** · objectivité · 2 – **abstention** · non-engagement

neutre *adj.* 1 – **impartial** · objectif · indifférent · 2 – **anodin** · banal · insignifiant · quelconque · 3 – **discret** · aseptisé · fade · incolore · insipide · morne · terne

névralgie *n.f.* · mal de tête · céphalée · migraine · céphalalgie *rare*

névrosé, e *adj.* 1 – **névropathe** *vieux* · 2 – → **fou**

nez *n.m.* 1 – **pif** *fam.* · blair *fam.* · blase *fam.* · nase *fam.* · tarin *fam.* · truffe *fam.* · [long, plaisant] appendice · piton *fam.* · trompe *fam.* · 2 – **odorat** · flair · 3 – **intuition** · flair · perspicacité · sagacité · 4 – [de bateau] **avant** · proue

niais, niaise

▪ *adj.* **naïf** · béat · bête · crétin · idiot · inepte · imbécile · nigaud · sot · simple · simplet · sot · stupide · niaiseux *Québec* · ballot *fam.* · balourd *fam.* · bêta *fam.* · cruche *fam.* · godiche *fam.* · gourde *fam.* · nunuche *fam.*

▪ *n.* **idiot** · benêt · crétin · dadais · imbécile · naïf · nigaud · simplet · sot · niaiseux *Québec* · andouille *fam.* · bêta *fam.* · bille *fam.* · branquignol *fam.* · cruche *fam.* · godiche *fam.* · gourde *fam.* · nouille *fam.* · patate *fam.* · béjaune *vieux* · blanc-bec *vieux* · coquebin *vieux* · boniface *vieux* · badaud *vieux* · gourdiflot *vieux* · jobard *vieux* · jocrisse *vieux*

niais, nigaud, benêt

Niais s'applique à une personne dont le comportement marque l'inexpérience et la simplicité jusqu'à la sottise *(un jeune niais ; un sourire niais, une histoire niaise)* : « Mieux vaut un adversaire intelligent qu'un ami niais » (Gide, *Journal, 29 octobre 1916*). **Nigaud** insiste sur la manière niaise de se conduire et la maladresse : « Cet enfant (...) passait pour un nigaud, parce qu'il n'avait pas de conversation » (George Sand, *François le Champi*, IV). **Benêt** ne s'emploie qu'au masculin pour un homme niais par excès de bonté ou de simplicité *(un garçon benêt, c'est vraiment un benêt)*.

niaiserie *n.f.* 1 – **bêtise** · crédulité · idiotie · imbécillité · naïveté · nigauderie · sottise · stupidité · jobarderie *vieilli* · jobardise *vieilli* · 2 – **bagatelle** · ânerie · babiole · bêtise · baliverne · broutille · fadaise · futilité · ineptie · rien · sottise · vétille · baguenaude *vieux*

[1]**niche** *n.f.* · cavité · alcôve · creux · enfoncement · renfoncement

[2]**niche** *n.f.* [fam.] → **blague**

nichée *n.f.* · couvée

nicher

▪ *v.intr.* 1 – **nidifier** · faire son nid · 2 – [fam.] **loger** · demeurer · habiter · résider · séjourner · crécher *fam.* · percher *fam.* · squatter *fam.*

▪ *v.tr.* **placer** · caser · coincer · mettre

⋙ **se nicher** *v.pron.* 1 – **nidifier** · faire son nid · 2 – **s'abriter** · se blottir · se cacher · se placer · se presser · se réfugier · se serrer · se tapir · se caser *fam.*

nickel *adj. invar* [fam.] → **impeccable**

nid *n.m.* · foyer · abri · demeure · gîte · habitation · home · logement · maison · retraite · toit

nier *v.tr.* 1 – **contester** · contredire · démentir · dire le contraire de · disconvenir · mettre en doute · se défendre de · s'inscrire en faux contre · révoquer en doute *littér.* · 2 - **refuser** · dénier · désavouer · récuser · rejeter · renier

nigaud, e

▪ *adj.* **niais** · benêt · simplet · sot · nouille *fam.* · nunuche *fam.*

▪ *n.* **dadais** · cornichon *fam.* · couillon *fam.* · cruche *fam.* · godiche *fam.* · gourde *fam.* · nicodème *fam.* · patate *fam.* · niquedouille *fam., vieilli* · béjaune *vieux* · blanc-bec *vieux* · coquebin *vieux* · boniface *vieux* · badaud *vieux* · gourdiflot *vieux* · jobard *vieux* · jocrisse *vieux*

➳ niais

nimbe *n.m.* · auréole · couronne · halo

nimber *v.tr.* · auréoler · baigner · entourer · envelopper

nique *n.f.*

✦ **faire la nique à** braver · défier · se moquer de · faire la figue à *vieilli*

niveau *n.m.* 1 - **degré** · classe · échelon · force · hauteur · ligne · qualité · rang · sorte · type · valeur · 2 - **étage**

✦ **être au niveau de** 1 - **être à la hauteur de** · arriver jusqu'à · 2 - **être à la portée de** · être accessible à · être dans les cordes de *fam.*

✦ **de même niveau** 1 - **égal** · comparable · équivalent · semblable · similaire · 2 - [maison] **de plain-pied**

✦ **au même niveau** sur le même plan · sur la même ligne

niveler *v.tr.* · aplanir · araser · égaliser · mettre de niveau

nivellement *n.m.* · aplanissement · arasement · égalisation

nobiliaire *adj.* · aristocratique

noble

▪ *adj.* 1 - **aristocratique** · 2 - **distingué** · auguste · chevaleresque · courageux · digne · éminent · fier · généreux · héroïque · imposant · magnanime · magnifique · majestueux · olympien · respectable · vénérable · 3 - **élevé** · beau · de qualité · grand · haut · pur · sublime · éthéré *littér.*

▪ *n.* 1 - **aristocrate** · gentilhomme · patricien · seigneur · grand *vieux* · nobliau *péj.* · 2 - [d'Angleterre] **lord** • [d'Espagne] **hidalgo** · menin • [de la Rome antique] **patricien** • [de Russie] **boyard** • [de la campagne] **hobereau** · junker

noblement *adv.* · dignement · aristocratiquement · chevaleresquement · élégamment · fièrement · généreusement · grandement · magnifiquement · magnanimement *littér.*

noblesse *n.f.* 1 - **distinction** · dignité · élégance · élévation · fierté · générosité · grandeur · hauteur · magnanimité · majesté · 2 - **aristocratie** · gentilhommerie *vieux, souvent péj.* • [d'Angleterre] **gentry**

noce *n.f.* 1 - **mariage** · épousailles *vieux* · 2 - [fam.] **fête** · bombe *fam.* · bringue *fam.* · java *fam.* · nouba *fam.* · bamboula *vieilli*

noceur, -euse *n. et adj.* · fêtard *fam.* · noctambule · patachon *fam.* · viveur *vieilli* · bambocheur *vieilli* · cascadeur *vieux*

nocif, -ive *adj.* 1 - **dangereux** · dommageable · funeste · malfaisant · malin · mauvais · néfaste · négatif · nuisible · pernicieux · préjudiciable · 2 - **toxique** · délétère · pathogène

nocivité *n.f.* · toxicité · malignité · nocuité *(Méd.)*

noctambule *n. et adj.* 1 - **couche-tard** *fam.* · nuitard *fam.* · 2 - → **noceur** · 3 - [vieux] **somnambule**

nocuité *n.f.* → **nocivité**

nodosité *n.f.* 1 - [Bot.] **loupe** · nœud · 2 - [Méd.] **nodule** · nouure

nœud *n.m.* 1 - **lien** · boucle · ruban · bouffette · catogan · rosette · 2 - **centre** · cœur · fond · point chaud · point sensible · 3 - **difficulté** · problème · hic *fam.* · [Littérat.] **intrigue** · péripétie · 4 - [Techn.] **épissure** · [Bot.] nodosité · 5 - [littér.] **attachement** · lien

noir, noire

■ *adj.* 1 - **obscur** · sombre · ténébreux · 2 - **bronzé** · basané · foncé · hâlé · 3 - **triste** · funeste · funèbre · glauque · lugubre · macabre · malheureux · sinistre · sombre · alarmiste · 4 - **diabolique** · atroce · effroyable · épouvantable · mauvais · méchant · odieux · pervers · sombre · terrible · 5 - **sale** · [ongles] en deuil *vieilli* · 6 - [ciel] **couvert** · menaçant · orageux · sombre · 7 - [fam.] → **ivre**

■ *n.* **Black** *lang. jeunes* · renoi *lang. jeunes* · Nègre *vieux ou injurieux*

✦ **très noir** noir comme de l'encre · noir comme la suie · noir comme du cirage · noir comme du charbon · noir comme (du) jais · noir comme l'ébène · noir comme l'aile du corbeau

✦ **il fait très noir** il fait noir comme dans un four · il fait noir comme dans un tunnel

noir, nègre

Noir et **nègre** désignent tous deux une personne de couleur noire, mais **noir** a pratiquement éliminé **nègre**, considéré aujourd'hui comme péjoratif, ou même raciste, quand il n'est pas employé par les Noirs eux-mêmes *(les Noirs d'Afrique, les Noirs américains)*. Le vocabulaire didactique conserve l'adjectif **nègre**, notamment dans le domaine des arts : « L'Europe a découvert l'art nègre lorsqu'elle a regardé des sculptures africaines entre Cézanne et Picasso » (Malraux, *la Métamorphose des dieux*). La langue familière utilise l'anglicisme *black (les Blacks, la mode black)*.

noir *n.m.* 1 - **obscurité** · ténèbres *littér.* · 2 - [nuances] anthracite · aile de corbeau · charbon · ébène · 3 - **mascara** · khôl

✦ **être dans le noir** être dans la confusion · être dans l'incertitude · être dans le brouillard

✦ **au noir** clandestinement · frauduleusement · au black *fam.*

✦ **voir tout en noir** être pessimiste · avoir le cafard *fam.*

noirceur *n.f.* 1 - **saleté** · crasse · 2 - **perfidie** · atrocité · bassesse · horreur · indignité · infamie · méchanceté · monstruosité · scélératesse *vieux ou littér.* · vilenie *littér.*

noircir *v.tr.* 1 - **salir** · barbouiller · charbonner · maculer · enfumer *vieilli* · mâchurer *vieilli* · 2 - **assombrir** · brunir · obscurcir · 3 - **calomnier** · décrier · dénigrer · déprécier · déshonorer · diffamer · discréditer · traîner dans la boue · décréditer *vieux* · 4 - **exagérer** · charger · dramatiser · forcer · outrer

✦ **noircir la situation** voir tout en noir · peindre le diable sur la muraille *Suisse*

noisetier *n.m.* · coudrier · avelinier

nolisé, e *adj.* · affrété · [avion] chartérisé · charter

nolisement *n.m.* · affrètement

noliser *v.tr.* · affréter • [un avion] chartériser • [un navire] fréter

nom *n.m.* 1 - **mot** · signe · substantif · terme · vocable · signifiant *(Ling.)* · 2 - **dénomination** · appellation · désignation · label · marque · qualificatif · qualification · titre · 3 - **lignée** · famille · race · sang · lignage *vieux* · 4 - **réputation** · renom · renommée · célébrité · gloire · 5 - **prénom** · nom de baptême · petit nom *fam.* · blase *fam., vieilli*

✦ **faux nom** pseudonyme · nom d'emprunt · nom de guerre · nom de plume · pseudo *fam.*

✦ **nom de famille** patronyme · nom patronymique

✦ **au nom de** 1 - **en vertu de** · 2 - **par le pouvoir de**

nomade

▪ *adj.* **itinérant** · ambulant · errant · migrateur · mobile · vagabond · voyageur · instable *péj.*

▪ *n.* **bohémien** · forain · gitan · manouche · romanichel · tsigane · chemineau *vieux* • [du désert] bédouin

⋙ **nomades** *plur.* · gens du voyage

nombre *n.m.* 1 - **chiffre** · numéro · 2 - **quantité** · contingent · effectif · 3 - **cadence** · harmonie · rythme

✦ **en nombre** en force · en masse · en grande quantité · massivement

✦ **sans nombre** innombrable · considérable · incalculable · nombreux

✦ **en trop grand nombre** en excédent · en surnombre

✦ **au nombre de** parmi · entre · au rang de

nombreux, -euse *adj.* 1 - [au plur.] **abondants** · innombrables · moult *vieux ou plaisant* · multiples · maints *littér.* · 2 - **dense** · considérable · grand · important · 3 - **cadencé** · harmonieux · rythmé

nombril *n.m.* 1 - **ombilic** · 2 - → centre

nomenclature *n.f.* 1 - **catalogue** · classification · collection · inventaire · liste · recueil · répertoire · 2 - **terminologie** · lexique · thésaurus · vocabulaire

nomenclature, liste, catalogue

Nomenclature, **liste** et **catalogue** s'emploient pour parler d'une suite d'éléments. **Liste** est le terme le plus général, impliquant seulement que les mots, les nombres, etc. considérés sont inscrits les uns en dessous des autres *(faire une liste, cocher les noms d'une liste, la liste des gagnants)*. Une **nomenclature** est une liste méthodique des termes d'une science, d'une technique *(la nomenclature botanique, chimique)*. Le **catalogue** fournit une liste établie dans un ordre donné des éléments d'une collection, souvent avec des explications *(le catalogue d'une bibliothèque, des tableaux d'une exposition ; un catalogue par ordre alphabétique, par ordre des matières)*.

nomination *n.f.* 1 - **désignation** · affectation · élection · élévation · promotion · catapultage *péj.* · parachutage *péj.* · 2 - [dans une distribution de prix] **mention** · sélection

nominé, e *adj.* · sélectionné *recomm. offic.*

nommé, e *adj.*

✦ **à point nommé** à temps · à propos · à point · opportunément · à pic *fam.* · pile *fam.*

nommément *adv.* 1 - **nominalement** · nominativement · 2 - **spécialement** · en particulier

nommer *v.tr.* 1 - **appeler** · baptiser · dénommer · donner un nom à · prénommer · qualifier · 2 - **citer** · énumérer · indiquer · faire mention de · mentionner · 3 - **désigner** · choisir · commettre *(Droit)* · élire · établir · instituer · bombarder *fam.* · catapulter *péj.* · parachuter *péj.* · 4 - **dénoncer** · donner *fam.*

non

▪ *adv.* **négatif** *Milit.* · niet *fam.* · nenni *vieux ou plaisant* · bernique *fam., vieux*

▪ *n.m.* **refus**

✦ **je ne dis pas non** je veux bien · ce n'est pas de refus

✦ **ne dire ni oui ni non** ne pas prendre parti · faire une réponse de Normand

nonchalamment *adv.* · mollement · avec indifférence · avec insouciance · avec désinvolture · avec décontraction · distraitement · doucement · indolemment · tranquillement · langoureusement · lentement · négligemment · paresseusement

nonchalance *n.f.* 1 - **apathie** · indolence · inertie · langueur · léthargie · mollesse · paresse · torpeur · atonie *littér.* · morbidesse *littér.* · nonchaloir *vieilli, littér.* · alanguissement *vieilli* · assoupissement *vieilli* · 2 - **décontraction** · désinvolture · détachement · indifférence · insouciance · légèreté · négligence · je-m'en-foutisme *fam.*

nonchalant, e *adj.* 1 - **apathique** · alangui · endormi · indolent · langoureux *vieux ou iron.* · languide *littér.* · languissant · léthargique · mou · paresseux · 2 - **décontracté** · désinvolte · indifférent · insouciant · léger · négligent · je-m'en-foutiste *fam.*

non-conformisme *n.m.* 1 - **anticonformisme** · indépendance · individualisme · 2 - **originalité** · excentricité · fantaisie

non-conformiste *n. et adj.* · anticonformiste · dissident · hétérodoxe · indépendant · individualiste · marginal · original

nonne *n.f.* · religieuse · moniale · sœur

nonobstant

▪ *prép.* **malgré** · en dépit de · sans égard à

▪ *adv.* **cependant** · néanmoins · toutefois

non-sens *n.m. invar.* 1 - **absurdité** · bêtise · ineptie · stupidité · 2 - **contresens**

non-stop *adj. invar.* 1 - **direct** · sans arrêt · 2 - **d'affilée** · continuellement · continûment · sans arrêt · sans cesse · sans dételer · sans discontinuer · sans relâche · sans s'arrêter · 24 heures sur 24 · sans débrider *vieilli*

nord *n.m. invar. et adj. invar.*

▪ *adj. invar.* **septentrional** · boréal · [pôle] arctique

▪ *n.m. invar.* **septentrion** *littér.*

noria *n.f.* · défilé · cortège · kyrielle · va-et-vient

normal, e *adj. invar.* 1 - **courant** · classique · habituel · ordinaire · régulier · sans surprise · 2 - **compréhensible** · attendu · légitime · logique · naturel · raisonnable

normale *n.f.* · moyenne · norme

normalement *adv.* · ordinairement · communément · couramment · d'habitude · d'ordinaire ·

généralement · habituellement · régulièrement · traditionnellement · usuellement · de coutume *soutenu*

normalisation *n.f.* 1 – **codification** · rationalisation · réglementation · 2 – **standardisation** · homogénéisation · systématisation · unification · uniformisation · 3 – [de relations] **rétablissement** · apaisement · assainissement

normaliser *v.tr.* 1 – **codifier** · rationaliser · réglementer · 2 – **standardiser** · homogénéiser · systématiser · unifier · uniformiser · 3 – [des relations] **rétablir** · apaiser · assainir

norme *n.f.* 1 – **modèle** · canon · code · convention · loi · principe · règle · règlement · standard · 2 – **moyenne** · normale · 3 – [Sociol.] **idéologie** · loi · règle · valeur

nostalgie *n.f.* 1 – **regret** · ennui · mal du pays · passéisme · 2 – **mélancolie** · tristesse · vague à l'âme · blues *fam.* · cafard *fam.* · spleen *littér.*

nostalgique *adj.* 1 – **passéiste** · 2 – **mélancolique** · morose · sombre · triste

notable

▪ *adj.* **important** · appréciable · considérable · frappant · marquant · notoire · remarquable · saillant · saisissant · sensible · visible · fameux *fam.* · insigne *littér.* · signalé *littér.*

▪ *n.m.* **personnalité** · figure · notabilité · sommité · bourgeois · huile *fam.* · (grosse) légume *fam.* · (grand) ponte *fam.*

notable, notoire

Notable et **notoire** qualifient ce que l'on remarque ou que l'on a remarqué, d'une manière ou d'une autre. **Notable** s'applique à tout ce qui peut être remarqué, noté *(un fait, une qualité notable ; il a fait des progrès notables)* sans pourtant concerner des personnes. **Notoire**, qui a la même origine, qualifie ce qui est connu, constaté par beaucoup de gens *(un fait notoire ; une faiblesse, une incompétence notoire)*. **Notoire** s'emploie aussi pour des personnes *(des personnalités notoires)*, en particulier quand elles sont connues pour avoir une spécialité notable *(un physicien notoire)*, une qualité ou un défaut que l'on remarque *(un imbécile notoire)*.

notaire *n.m.* · garde-notes *vieux* · tabellion *vieux, péj.*

notamment *adv.* · particulièrement · entre autres · par exemple · principalement · singulièrement · spécialement · spécifiquement · surtout

notation *n.f.* 1 – **symbole** · 2 – **appréciation** · annotation · indication · note · observation · remarque

note *n.f.* 1 – **ton** · nuance · tonalité · touche · 2 – **commentaire** · annotation · apostille · appréciation · avis · considération · indication · nota bene · notice · notule · observation · pensée · point · réflexion · remarque · scolie · [au plur.] addenda · 3 – **communiqué** · avis · circulaire · communication · information · mémorandum · 4 – **addition** · compte · facture · relevé · total · douloureuse *fam.*

✦ **fausse note** couac *fam.* · canard *fam.*

✦ **prendre note** noter · constater · enregistrer · tenir compte de

note, addition, facture

Note, **addition** et **facture** s'emploient tous trois pour désigner une somme à payer. La **note** fournit le détail d'un compte *(envoyer une note à un client, vérifier sa note à la sortie du supermarché)*. L'**addition** est une note qui détaille le total des dépenses effectuées dans un restaurant, parfois dans un café *(demander, régler l'addition)*, alors que **note** s'emploie dans l'hôtellerie *(une note d'hôtel)*. La **facture** présente un état détaillé de la nature et du prix des marchandises vendues ou des services rendus *(acquitter une facture, une facture de téléphone)*. Contrairement à **note**, **facture** s'utilise pour des sommes relativement élevées *(la facture d'un artisan, facture assortie d'une garantie décennale)*.

noter *v.tr.* **1 – écrire** · cocher · consigner · copier · enregistrer · indiquer · inscrire · marquer · mentionner · prendre note de, en note · souligner · relever · transcrire · **2 – remarquer** · apercevoir · constater · observer · relever · **3 – juger** · apprécier · coter · évaluer

notice *n.f.* **1 – préface** · avant-propos · avertissement · avis · explication · exposé · note · préambule · résumé · **2 – guide** · conseils d'utilisation · mode d'emploi

notification *n.f.* · annonce · avis · communication · signification · exploit *(Droit)*

notifier *v.tr.* · signifier · annoncer · communiquer · faire connaître · faire part de · faire savoir · informer de · instruire de · intimer · signaler

notifier, signifier

Notifier et **signifier** ont en commun l'idée de faire connaître quelque chose à quelqu'un d'une manière particulière. **Notifier** s'emploie quand on porte, en termes formels, une décision à la connaissance d'une personne *(notifier son refus à quelqu'un)*. **Signifier** a une valeur plus large et se dit quand on fait connaître une décision, une intention ou un sentiment de façon ferme et définitive *(signifier sa volonté)* : « Il faut que je signifie à Mme Paulin de ne plus me mêler à ses commérages » (Léon Frapié, *la Maternelle*). En termes de droit, **notifier** s'emploie quand on fait connaître un acte juridique dans les formes légales, alors que **signifier** implique que l'on notifie un acte par voie de justice.

notion *n.f.* **1 – élément** · base · concept · idée · rudiment · **2 – hypothèse** · axiome · postulat · prémisse · principe · **3 – conscience** · idée · représentation · sens · sentiment · **4 –** [souvent au plur.] **connaissance** · acquis · culture · lueurs · lumières · savoir · bagage *fam.*

notoire *adj.* · connu · avéré · clair · certain · éclatant · évident · flagrant · incontestable · indéniable · manifeste · notable · patenté · public · reconnu · de notoriété publique

manifeste **notable**

notoirement *adv.* · incontestablement · indéniablement · manifestement · visiblement

notoriété *n.f.* · célébrité · gloire · nom · renom · renommée · réputation

noué, e *adj.* **1 – contracté** · contrarié · crispé · tendu · **2 – noueux** · tordu · tors

nouer *v.tr.* **1 – attacher** · entortiller · entrelacer · envelopper · fermer · fixer · joindre · lacer · lier · serrer · réunir · **2 – établir** · combiner · contracter · échafauder · former · machiner · manigancer · monter · organiser · tisser · tramer · ourdir *littér.*

noueux, -euse *adj.* **1 - osseux** · décharné · maigre · rugueux · sec · **2 - tordu** · tors

nounou *n.f.* → **nourrice**

nourri, e *adj.* · abondant · continu · gros · dense · étoffé · intense · riche

nourrice *n.f.* **1 -** · assistante maternelle · baby-sitter *anglic.* · garde, gardienne d'enfants · gouvernante · nounou *fam.* · nurse *vieilli* · bonne d'enfants *vieilli* · **2 - bidon** · jerrycan · réservoir

nourricier, -ière *adj.* · nutritif · nourrissant · nutricier *vieux*
nourrissant

nourrir *v.tr.* **1 - alimenter** · abreuver · allaiter · approvisionner · donner à manger · donner le sein à · fournir · procurer · ravitailler · sustenter *littér.* · paître *vieux* · **2 - augmenter** · alimenter · amplifier · enfler · enrichir · entretenir · étoffer · façonner · grossir · soutenir · **3 - échafauder** · caresser · entretenir · former · préparer · **4 - élever** · éduquer · former

>>> **se nourrir** *v.pron.* · manger · consommer · s'alimenter · se repaître de · se restaurer · bouffer *fam.* · becqueter *fam.* · boulotter *fam.* · croûter *fam.*

+ **se nourrir de** absorber · manger · ingérer · ingurgiter

nourrissant, e *adj.* · nutritif · calorique · consistant · énergétique · énergisant · fortifiant · nourricier · riche · substantiel · qui tient au corps *fam.* · roboratif *littér.* · nutricier *vieux*

nourrissant, nutritif, nourricier

Nourrissant, nutritif et nourricier se rapportent tous trois à la *nourriture* des hommes. Nourrissant s'applique à ce qui nourrit bien *(des aliments très, peu nourrissants)*. Nutritif caractérise tout ce qui contient en abondance des éléments nourrissants *(une nourriture très nutritive)*. Nourricier qualifie ce qui est susceptible de procurer la nourriture des hommes *(les ressources nourricières de la mer, la terre nourricière)*.

nourrisson *n.m.* · bébé · nouveau-né · petit · poupon

nourriture *n.f.* **1 - alimentation** · nutrition · **2 - aliment** · cuisine · denrées · manger · mets · ordinaire · pain · pitance *péj.* · subsistance · vivres · victuailles · soupe *fam.* · bectance *fam.* · bouffe *fam.* · bouffetance *fam.* · boustifaille *fam.* · croûte *fam.* · mangeaille *fam.* · tambouille *fam.* · pâtée *vieilli* · pâture *vieilli* · viande *vieux* · chère *vieux*

nouveau, nouvelle

■ *adj.* **1 - récent** · jeune · moderne · naissant · neuf · **2 - original** · différent · hardi · inconnu · inaccoutumé · inattendu · inédit · inhabituel · innovant · insolite · inusité · neuf · novateur · **3 - inexpérimenté** · débutant · jeune · neuf · novice · néophyte

■ *n.* **débutant** · néophyte · novice · bizuth *fam.* · bleu *fam.*

■ *n.m.* **nouveauté** · inédit · neuf · nouvelle(s)

✦ **de nouveau** encore · de plus belle · derechef *littér.*

nouveau-né, e *n.* · bébé · nourrisson · poupon

nouveauté *n.f.* **1 - originalité** · changement · fraîcheur · hardiesse · jeunesse · modernisme · **2 - innovation** · création · **3 - actualité** · primeur *littér.*

nouvelle *n.f.* **information** · annonce · dépêche · écho · fait divers · vent • [non vérifiée] bruit · rumeur • [exclusive] scoop *anglic.*

✦ **fausse nouvelle** canular · bobard *fam.* · canard *fam., vieilli*

⋙ **nouvelles** *plur.* **actualités** · bulletin · flash d'informations · informations · journal (télévisé) · infos *fam.*

✦ **donner de ses nouvelles** donner signe de vie · se manifester

nouvellement *adv.* · récemment · depuis peu · fraîchement

novateur, -trice *adj.* · innovant · audacieux · créateur · d'avant-garde · futuriste · innovateur · pionnier · précurseur · révolutionnaire

novice

▪ *n.* **débutant** · apprenti · jeune · néophyte · nouveau · jeune recrue · bleu *fam.* · commençant *vieilli*

▪ *adj.* **ignorant** · candide · incompétent · inexpérimenté · inexpert *littér.*

noyau *n.m.* **1 - graine** · pépin · **2 - centre** · âme · cœur · foyer · origine · siège · **3 - groupe** · association · cellule · cercle · clan · chapelle · comité · groupuscule · organisation · section

noyautage *n.m.* · infiltration · entrisme

noyauter *v tr* · infiltrer

noyer *v.tr.* **1 - engloutir** · dévaster · immerger · inonder · plonger · submerger · tremper · baigner · **2 - occulter** · étouffer · **3 - délayer** · diluer · **4 - égarer** · embrouiller · perdre

⋙ **se noyer** *v.pron.* **1 - sombrer** · couler · boire la tasse *fam.* · sombrer · **2 - se perdre** · s'égarer · s'embarrasser · s'embrouiller · se fondre · se fourvoyer · **3 - disparaître** · se fondre

nu, nue *adj.* **1 - dénudé** · déshabillé · dévêtu · dans le plus simple appareil · en costume d'Adam, d'Ève · à poil *fam.* · dans l'état de nature *vieilli* · in naturalibus *vieilli* · **2 - (à) découvert** · dénudé · **3 - chauve** · dégarni · pelé · déplumé *fam.* • [visage] glabre · **4 - dépouillé** · aride · austère · désert · monacal · pauvre · pelé · sobre · strict · vide • [vérité] cru · pur

✦ **mettre à nu 1 - dénuder** · découvrir · **2 - démasquer** · dévoiler · divulguer · lever le voile sur · montrer · révéler

nuage *n.m.* **1 - nébulosité** · mouton · nue *littér.* · nuée *littér., souvent plur.* · **2 -** [sortes] cirrus · cumulus · nimbus · stratus · altocumulus · altostratus · cirrostratus · cumulonimbus · stratocumulus

✦ **être dans les nuages** être inattentif · être rêveur · rêver · songer · être dans la lune *fam.* · rêvasser *fam.*

nuage, nuée, nue

Nuage, **nuée** et **nue** désignent tous trois la vapeur d'eau condensée en fines gouttelettes qui se forme dans l'atmosphère et y reste en suspension. **Nuage** est le terme courant *(les formes des nuages ; des nuages noirs ; un ciel couvert de nuages)*. **Nuée**, d'usage littéraire, s'emploie le plus souvent au pluriel pour des nuages de grandes dimensions : « Des nuées basses, lourdes, obscures, se tiennent au-dessus de nos têtes comme un couvercle oppressant » (Pierre Loti, *Mme Chrysanthème*, III). **Nue** est exclusivement littéraire ou vieilli avec le sens de **nuage**, mais il reste bien vivant dans des locutions figurées *(porter quelqu'un aux nues,* *tomber des nues).* **Nuage** s'emploie également par analogie *(un nuage de fumée, de poussière, de moucherons)*, ainsi que **nuée** qui renchérit sur la quantité *(une nuée d'oiseaux obscurcit le ciel).*

nuageux, -euse *adj.* · couvert · brumeux · ennuagé · gris · nébuleux · obscur · orageux · sombre

nuance *n.f.* **1 - teinte** · couleur · ton · tonalité · demi-teinte · **2 - brin** · grain · once · pointe · soupçon · **3 - degré** · gradation · **4 - finesse** · différence · précision · subtilité

✦ **sans nuance** à l'emporte-pièce

nuancé, e *adj.* **1 - varié** · diversifié · **2 - modéré** · adouci · atténué · tempéré · **3 - mitigé** · en demi-teinte

nuancer *v.tr.* **1 - préciser** · différencier · distinguer · **2 - modérer** · adoucir · atténuer · mesurer · mettre un bémol à · pondérer · tempérer

nubile *adj.* · pubère · formé · mariable · réglé

❧ **pubère**

nucléaire *adj.* · atomique · nucléarisé

nudisme *n.m.* · naturisme

nudiste *n. et adj.* · naturiste

nudité *n.f.* · dépouillement · austérité · vide

nue *n.f.* → **nuée**

❧ **nuage**

nuée *n.f.* **1 - nuage** · brume · buée · vapeur · nue *littér.* · **2 - multitude** · abondance · affluence · armada · armée · avalanche · bande · bataillon · chapelet · cohorte · collection · cortège · déluge · essaim · flot · foule · fourmillement · horde · kyrielle · légion · masse · meute · myriade · pluie · régiment · ribambelle · troupe · troupeau · flopée *fam.* · foultitude *fam.*

❧ **nuage**

nuire à *v.tr. ind.* **1 - desservir** · causer du tort à · défavoriser · désavantager · léser · faire (du) tort à · porter atteinte à · porter préjudice à · porter tort à · mettre des bâtons dans les roues à *fam.* · tirer dans les pattes à *fam.* · préjudicier *vieux* · **2 - discréditer** · compromettre · déconsidérer · **3 - endommager** · compromettre · contrarier · contrecarrer · endommager · entraver · freiner · faire obstacle à · gêner · handicaper · miner · ruiner

nuisance *n.f.* **1 - gêne** · dérangement · dommage · ennui · inconvénient · préjudice · tort · trouble · **2 - pollution** · saleté · souillure

nuisible *adj.* · dangereux · corrosif · corrupteur · défavorable · désavantageux · dommageable · ennemi · fatal · hostile · insalubre · maléfique · malfaisant · malin · malsain · mauvais · menaçant · mortel · néfaste · nocif · parasite · périlleux · pernicieux · pervers · préjudiciable · redoutable · toxique · délétère *littér.* · funeste *littér.*

nuit *n.f.* **obscurité** · noir · ombre · pénombre · ténèbres *littér.*

✦ **à la nuit tombante** au crépuscule · entre chien et loup

nul, nulle

▪ *adj.* **1 - insignifiant** · inexistant · infime · insuffisant · **2 - incompétent** · inapte · incapable · inefficace · ignare · ignorant · **3 - minable** · bête · idiot · inepte · lamentable · mauvais · raté · sot ·

stupide · à la gomme *fam.* · à la noix (de coco) *fam.* · **4 - caduc** · invalide · périmé

✦ **nul en** [maths, etc.] brouillé avec · imperméable à

▪ *n.* · nullité · bon à rien · cancre · moins que rien · bouffon *lang. jeunes* · nullard *fam.* · ringard *fam.* · tocard *fam.* · zéro *fam.*

▪ *pron.* **aucun** · personne · rien

nullement *adv.* · aucunement · en rien · pas (du tout) · point *littér.*

nullité *n.f.* **1 - caducité** · invalidité · **2 - ignorance** · imbécillité · incapacité · incompétence · sottise · stupidité · **3 - bon à rien** · idiot · ignare · ignorant · incapable · incompétent · minable · nul · crétin *fam.* · nase *fam.*

numéraire *n.m.* · espèces · argent · cash · change · liquide · liquidités · monnaie · blé *fam.* · cacahuètes *fam.* · flouze *fam.* · fric *fam.* · galette *fam.* · oseille *fam.* · pépètes *fam.* · pèze *fam.* · pognon *fam.* · ronds *fam.* · thune *lang. jeunes* · picaillons *fam.* · radis *fam.* · sous *fam.* · trèfle *fam., vieilli*

numérique *adj.* · digital *anglic.*

numériser *v.tr.* · scanner · digitaliser *anglic.*

numéro *n.m.* **1 - chiffre** · nombre · matricule · **2 - exemplaire** · livraison · parution · **3 - spectacle** · show *anglic.* · sketch · tour · **4 - phénomène** · original · gaillard *fam.* · lascar *fam.* · loustic *fam.* · rigolo *fam.* · spécimen *fam.* · zèbre *fam.* · zigoto *fam.*

✦ **numéro un** leader

numérotation *n.f.* · numérotage · foliotage · immatriculation · pagination

numéroter *v.tr.* · chiffrer · coter · immatriculer · folioter · paginer

nurse *n.f.* → **nourrice**

nursery *n.f.* · crèche · garderie · pouponnière

nutritif, -ive *adj.* · nourrissant · consistant · fortifiant · nourricier · riche · substantiel · roboratif *littér.* · alibile *vieux*

❧ **nourrissant**

nutrition *n.f.* · alimentation

nymphe *n.f.* **1 - déesse** · [sortes] dryade · hamadryade · hyade · naïade · napée · néréide · nixe · océanide · ondine · oréade · sylphide · **2 -** [Zool.] **chrysalide** · lymphe

O

oasis *n.f.* · abri · asile · refuge · retraite · havre *littér.*

obédience *n.f.* 1 – [littér.] **obéissance** · dépendance · soumission · subordination · sujétion · 2 – **religion** · 3 – **mouvance**

obéir *v.tr.ind.* [sans complément] s'incliner · s'exécuter · se soumettre · courber la tête, le front *littér.*

✦ **obéir à** 1 – **écouter** · se mettre aux ordres de · 2 – **observer** · obtempérer à · respecter · sacrifier à · suivre · s'assujettir à · se conformer à · se plier à · se ranger à · se soumettre à · 3 – **satisfaire à** · correspondre à · remplir · répondre à

obéissance *n.f.* 1 – **soumission** · subordination · sujétion · obédience *littér.* · allégeance *(Droit)* · 2 – **docilité** · 3 – **respect** · observance · observation · obédience *littér.*

obéissant, e *adj.* 1 – **docile** · discipliné · doux · gouvernable · sage · soumis · 2 – **malléable** · flexible · maniable · souple

obérer *v.tr.* · endetter · grever

obèse

▪ *adj.* **gros** · corpulent · énorme · gras · bedonnant · massif · ventripotent · ventru · en surcharge pondérale *(Méd.)*

▪ *n.* **mastodonte** · baleine · éléphant · hippopotame · poussah · gros lard *fam., péj.* · gros patapouf *fam., péj.* · tonneau *fam., péj.*

obésité *n.f.* · grosseur · adiposité

objecter *v.tr.* 1 – **répondre** · arguer · rétorquer · riposter · répliquer · 2 – **prétexter** · alléguer · invoquer

[1]**objectif, -ive** *adj.* 1 – **concret** · effectif · positif · tangible · vrai · 2 – **impartial** · détaché · désintéressé · équitable · extérieur · juste · neutre

[2]**objectif** *n.m.* 1 – **but** · ambition · dessein · fin · intention · objet · visée · vues · 2 – **cible** · but · point de mire · 3 – **téléobjectif** · fish-eye · grand-angle · zoom

objection *n.f.* 1 – **critique** · réfutation · remarque · réplique · 2 – **contestation** · contradiction · difficulté · opposition · protestation · reproche · 3 – **inconvénient** · empêchement · obstacle

objectivement *adv.* **1 – impartialement** · fidèlement · sans parti pris · **2 – en fait** · concrètement · en réalité · pratiquement

objectiver *v.tr.* · exprimer · concrétiser · extérioriser · manifester

objectivité *n.f.* **1 – impartialité** · neutralité · **2 – impersonnalité**

objet *n.m.*
I 1 – chose · bidule *fam.* · machin *fam.* · truc *fam.* · zinzin *fam.* · **2 – outil** · instrument · ustensile · **3 –** [de toilette, etc.] **article** · affaire · **4 –** [petit, sans importance] **bibelot** · bagatelle · broutille · colifichet
II 1 – but · dessein · fin · intention · objectif · visées · **2 – cause** · motif · raison (d'être) · **3 – thème** · matière · propos · substance · sujet
✦ **objet volant non identifié** ovni
✦ **avoir pour objet** porter sur · concerner · avoir rapport à
✦ **être l'objet de** [brimades, etc.] subir · être en butte à
✦ **sans objet** sans fondement · immotivé · infondé · injustifié

objurgation *n.f.* **1 –** [littér.] **admonestation** · blâme · remontrance · réprimande · reproche · **2 –** [abusivt] **imploration** · adjuration · prière instante · supplication

obligation *n.f.* **1 – responsabilité** · devoir · **2 – nécessité** · astreinte · contrainte · exigence · impératif · **3 – charge** · corvée · servitude · tâche · **4 – engagement** · promesse · serment
✦ **être dans l'obligation de** devoir · avoir à · être astreint à · être contraint de · être obligé de · être tenu de

obligatoire *adj.* **1 – imposé** · exigé · essentiel · de rigueur · **2 –** [fam.] **inévitable** · fatal · forcé · immanquable · imparable · incontournable · inéluctable · infaillible · obligé

obligatoirement *adv.* **1 – nécessairement** · forcément · **2 – inévitablement** · fatalement · forcément · immanquablement · infailliblement

obligé, e *adj.* **1 – indispensable** · nécessaire · obligatoire · **2 –** [fam.] **inévitable** · fatal · forcé · immanquable · imparable · incontournable · inéluctable · infaillible · **3 –** [soutenu] **reconnaissant** · redevable
✦ **c'était obligé** c'était fatal · ça devait arriver · c'était écrit
✦ **être obligé de** devoir · avoir à · être contraint de · être tenu de · ne pouvoir se dispenser de · ne pouvoir se soustraire à

obligeamment *adv.* · aimablement · complaisamment

obligeance *n.f.* · affabilité · amabilité · bienveillance · bonté · complaisance · gentillesse · prévenance

obligeant, e *adj.* · affable · aimable · bienveillant · bon · complaisant · généreux · gentil · officieux · prévenant · secourable · serviable · chic *fam.* · brave *vieilli*
serviable

obliger *v.tr.* **1 – forcer** · acculer · astreindre · commander · condamner · contraindre · pousser · réduire · **2 –** [soutenu] **rendre service à** · aider · secourir · **3 –** [vieilli] **engager** · lier
⋙ **s'obliger à** *v.pron.* **1 – se forcer à** · s'astreindre à · se contraindre à · **2 – s'engager à** · promettre

obliger, contraindre, forcer

Obliger, contraindre et forcer ont en commun l'idée de pression exercée sur quelqu'un pour qu'il fasse quelque chose. Le plus général, **obliger**, s'emploie quand on met une personne dans la nécessité d'accomplir une action *(obliger un enfant à relire sa leçon ; personne ne vous oblige à rester)*. **Contraindre** quelqu'un, c'est l'obliger à faire quelque chose contre sa volonté en lui opposant un obstacle *(la grippe le contraint à rester couché)*. **Forcer** renchérit sur la violence exercée contre la volonté : « Fallait-il donc la peur de la taloche paternelle pour vous forcer à faire votre devoir ? » (Gide, *Journal, 1925*).

oblique *adj.* **1 - de biais** · de côté · **2 - indirect** · détourné · louche · tortueux

obliquement *adv.* **1 - de biais** · de côté · en diagonale · en oblique · [regarder] d'un œil torve · **2 - de travers** · de guingois

obliquer *v.intr.* **1 - braquer** · tourner · virer · **2 - dévier** · bifurquer

obliquité *n.f.* · inclinaison · pente

oblitération *n.f.* · obstruction · · imperforation · obturation · occlusion

oblitérer *v.tr.* **1 - tamponner** · **2 - boucher** · obstruer · **3 -** [littér.] **effacer** · estomper · gommer

oblong, -ongue *adj.* · allongé · [format] à l'italienne

obnubiler *v.tr.* **1 - obséder** · hanter · harceler · poursuivre · tarauder · **2 - obscurcir**

obole *n.f.* **1 - don** · offrande · **2 - contribution** · écot · quote-part

✦ **vivre d'oboles** vivre de la charité · vivre d'aumônes

obscène *adj.* · graveleux · immoral · impudique · inconvenant · indécent · licencieux · ordurier · pornographique · salace · cochon *fam.*

obscénité *n.f.* **1 - grossièreté** · ordure · cochonnerie *fam.* · cochonceté *fam.* · saleté *fam.* · **2 - indécence** · grossièreté · immoralité · inconvenance · trivialité

obscur, e *adj.*

I 1 - noir · sombre · ténébreux · enténébré *littér.* · **2 -** [ciel] **assombri** · chargé · couvert · nébuleux · nuageux · **3 -** [forêt] **ombreux** *littér.* · **4 -** [Phys.] **opaque** · **5 -** [couleur] **foncé** · sombre

II 1 - incompréhensible · difficile · énigmatique · impénétrable · indéchiffrable · inexplicable · inintelligible · insaisissable · abscons *littér.* · abstrus *littér.* · **2 - ambigu** · brumeux · confus · diffus · douteux · équivoque · flou · fumeux · indistinct · louche · nébuleux · trouble · vague · **3 - embrouillé** · alambiqué · amphigourique · complexe · compliqué · entortillé · **4 - hermétique** · cabalistique · caché · ésotérique · mystérieux · secret · sibyllin · voilé · **5 - ignoré** · humble · inconnu

obscurcir *v.tr.*

I 1 - assombrir · voiler · couvrir de ténèbres *littér.* · enténébrer *littér.* · **2 -** [nuages] **cacher** · éclipser · offusquer *littér.* · **3 -** [fumée] **noircir** · troubler

II 1 - cacher · voiler · **2 - obnubiler** · **3 - brouiller** · embrouiller · opacifier · troubler

obscurcissement *n.m.* · assombrissement

obscurément *adv.* · vaguement · confusément

obscurité *n.f.* **1 - noir** · noirceur · nuit · ténèbres *littér.* · **2 - hermétisme** · **3 - anonymat**

obsécration *n.f.* [Relig.] déprécation · supplication

obsédant, e *adj.* **1 - lancinant** · **2 - obnubilant**

obsédé, e *n.* **obsessionnel** · maniaque

✦ **obsédé sexuel** érotomane

✦ **obsédée sexuelle** nymphomane · nympho *fam.*

obséder *v.tr.* · hanter · poursuivre · obnubiler · tarauder · tracasser · travailler · tourmenter · prendre la tête de *fam.* · turlupiner *fam.*

obsèques *n.f.plur.* · funérailles · enterrement

obsèques, funérailles

Obsèques et **funérailles**, qui ne s'emploient qu'au pluriel, désignent tous deux l'ensemble des cérémonies et le convoi funèbre qui accompagnent l'enterrement d'un défunt. **Obsèques** est propre au langage juridique ou officiel *(des obsèques civiles, religieuses, se rendre aux obsèques de quelqu'un)*. Le terme usuel est **funérailles** *(les frais de funérailles, des funérailles nationales)*, qui est aussi utilisé pour *enterrement (un repas de funérailles)* : « Il eut les plus belles funérailles dans un cimetière villageois » (Colette, *la Maison de Claudine*).

obséquieusement *adv.* · servilement · platement

obséquieux, -ieuse *adj.* **1 - servile** · plat · rampant · soumis · **2 - flatteur** · flagorneur

obséquiosité *n.f.* **1 - servilité** · platitude · **2 - flatterie** · flagornerie

observance *n.f.* **1 - obéissance** · observation · pratique · respect · soumission · **2 -** [vieux] **loi** · règle

observateur, -trice

▪ *n.* **témoin** · spectateur

▪ *adj.* **attentif** · vigilant

✦ **être très observateur** avoir l'œil *fam.*

observation *n.f.*

I 1 - examen · étude · **2 - surveillance**

II 1 - constat · constatation · **2 - commentaire** · annotation · note · réflexion · remarque · **3 - critique** · avertissement · remontrance · réprimande · reproche

III obéissance · observance · respect · obédience *littér.*

✦ **poste d'observation** vigie

observatoire *n.m.* · mirador · nid de pie · poste d'observation

observer *v.tr.*

I 1 - examiner · considérer · contempler · étudier · regarder · **2 - épier** · contrôler · espionner · guetter · surveiller · **3 - dévisager** · fixer · scruter · toiser · **4 - constater** · apercevoir · faire le constat que · marquer · noter · relever · remarquer

II se conformer à · s'assujettir à · exécuter · obéir à · se plier à · pratiquer · remplir · respecter · se soumettre à · suivre • [le règlement avec rigueur] être service-service *fam.*

obsession *n.f.* **1 - manie** · idée fixe · marotte · **2 - hantise** · cauchemar · phobie · tourment · bête noire · prise de tête *fam.*

obsolète *adj.* · périmé · ancien · démodé · dépassé · désuet · passé de mode · suranné · vieux · vieilli · obsolescent *littér.* · qui a fait son temps *fam.*

obstacle *n.m.* **1 - barrage** · écran · mur • [sur cours d'eau] embâcle · **2 - empêchement** · accroc · adversité · barrage · barrière · blocage · contretemps · difficulté · écueil · embarras · entrave · frein · gêne · obstruction · opposition · pierre d'achoppement · résistance · restriction · anicroche *fam.* · bec *fam.* · cactus *fam.* · os *fam.*

✦ **course d'obstacles** course de haies · steeple(-chase)

✦ **faire obstacle à** 1 - **gêner** · aller à l'encontre de · arrêter · barrer la route à · contrarier · contrecarrer · se dresser contre · empêcher · embarrasser · entraver · faire barrage à · interdire · s'opposer à · résister à · se mettre en travers de · mettre des bâtons dans les roues de · tailler des croupières à *vieilli* · 2 - [une émotion] **endiguer** · réfréner · retenir · résister à

✦ **sans rencontrer d'obstacle** sans accroc · sans anicroche · sans heurt · sans peine · comme sur des roulettes *fam.*

obstacle, empêchement, difficulté, contretemps

Les quatre mots se rapportent à ce qui s'oppose à la réalisation de quelque chose. **Difficulté** se dit de tout ce qui gêne dans une action et exige un effort *(des difficultés d'argent, les difficultés de la vie, vaincre les difficultés)*. **Obstacle** renchérit sur la difficulté d'ordre matériel, moral ou intellectuel *(accumuler les obstacles, réussir malgré les obstacles)*. Un **empêchement** est un obstacle de peu d'importance *(je ne peux pas venir, j'ai un empêchement)*. Un **contretemps** est un obstacle soudain, inattendu *(un contretemps inopiné, un fâcheux contretemps)*.

obstination *n.f.* 1 - **persévérance** · constance · opiniâtreté · ténacité · 2 - **entêtement** · acharnement

obstiné, e *adj.* 1 - **constant** · opiniâtre · persévérant · résolu · tenace · volontaire · 2 - **entêté** · buté · têtu

obstinément *adv.* · résolument · farouchement · opiniâtrement · mordicus *fam.*

obstiner (s') *v.pron.* 1 - **s'acharner** · continuer · insister · persévérer · persister · ne pas lâcher · 2 - **s'entêter** · se buter · ne pas en démordre · s'opiniâtrer *littér ou vieux*

obstruction *n.f.* · encombrement · engorgement · obturation · [Méd.] oblitération · occlusion

✦ **faire obstruction à** gêner · faire barrage à · entraver · faire obstacle à · freiner

obstruer *v.tr.* 1 - **boucher** · engorger · encombrer · [Méd.] oblitérer · 2 - **bloquer** · barrer · embarrasser · encombrer · fermer

obtempérer *v.tr.ind.* [sans complément] s'exécuter · s'incliner

✦ **obtempérer à** obéir à · se soumettre à

obtenir *v.tr.* 1 - **gagner** · acquérir · conquérir · enlever · prendre · se procurer · rallier · remporter · [difficilement] arracher · soutirer · décrocher *fam.* · 2 - **recevoir** · recueillir · 3 - **trouver** · dénicher *fam.* · dégoter *fam.*

✦ **obtenir de** [+ infinitif] réussir à · arriver à · parvenir à

obturateur *n.m.* · clapet · robinet · soupape · valve

obturation *n.f.* 1 - **bouchage** · calfatage · calfeutrage · colmatage · comblement · fermeture · 2 - [d'une dent] **plombage** · inlay

obturer *v.tr.* **1 - boucher** · calfater · calfeutrer · colmater · combler · **2 - condamner** · aveugler · murer · **3 -** [une dent] **plomber**

obtus, e *adj.* · bête · abruti · balourd · borné · épais · inintelligent · lourd · lourdaud · pesant · stupide · bouché *fam.* · lourdingue *fam.* · relou *lang. jeunes*

obvier à *v.intr.* · éviter · empêcher · pallier · parer à · prévenir · remédier à · faire obstacle à

occasion *n.f.* **1 - aubaine** · chance · hasard favorable, heureux · opportunité · occase *fam.* · **2 - circonstance** · cas · conjoncture · événement · situation · **3 - motif** · cause · matière · prétexte · raison

✦ **à l'occasion** le cas échéant · éventuellement · d'aventure *littér.*

✦ **d'occasion** de deuxième main · d'occase *fam.*

occasionnel, -elle *adj.* **1 - accidentel** · contingent · fortuit · imprévu · **2 - exceptionnel** · épisodique · inhabituel · intermittent · irrégulier · casuel *soutenu*

occasionnellement *adv.* **1 - exceptionnellement** · épisodiquement · sporadiquement · de temps en temps · **2 - accidentellement** · fortuitement · incidemment · inopinément

occasionner *v.tr.* · amener · apporter · attirer · être cause de · catalyser · causer · créer · déclencher · déterminer · donner lieu à · engendrer · entraîner · faire naître · générer · procurer · produire · provoquer · soulever · susciter

occident *n.m.* **1 - couchant** · ouest · ponant *littér.* · **2 -** [Pol.] **ouest**

occlusion *n.f.* **1 - obstruction** · fermeture · oblitération · **2 -** [Méd.] **atrésie** · iléus · thrombose · **3 -** [de dent] **malocclusion** · engrènement

occulte *adj.* **1 - clandestin** · secret · souterrain · **2 - caché** · inconnu · mystérieux · secret · cryptique *litt.* · **3 - cabalistique** · ésotérique · hermétique · magique

occulter *v.tr.* **1 - dissimuler** · cacher · faire écran à · masquer · offusquer *vieilli ou littér.* · **2 - taire** · étouffer · passer sous silence

occultisme *n.m.* · sciences occultes · ésotérisme · hermétisme

occupant, e *n.* **1 - habitant** · hôte · locataire · résident · [illégal] squatteur · **2 - envahisseur** · oppresseur

occupation *n.f.* **1 - affaire** · besogne · emploi · engagement · ouvrage · tâche · **2 - loisir** · distraction · hobby *anglic.* · passe-temps · **3 - carrière** · fonction · métier · profession · travail · **4 - invasion** · envahissement

occupé, e *adj.* **1 - affairé** · absorbé · pris · **2 - envahi** · conquis · **3 - habité**

✦ **être très occupé** avoir beaucoup à faire · être bousculé · être débordé · ne pas avoir un moment, une minute à soi · ne plus savoir où donner de la tête · être écrasé, surchargé de travail · être charrette *fam.*

✦ **occupé à** en train de

occupé, affairé

On peut se dire **occupé** ou **affairé** lorsque, se consacrant à une ou plusieurs activités, on est de ce fait très peu disponible *(il est très occupé/ affairé).* **Occupé** s'applique aussi à une personne qu'une idée, un sentiment absorbe complètement, mais est vieilli dans cet emploi : « Tous les moments que je passais sans vous voir, je demeurais occupé de vous, les yeux fermés à toute chose » (Balzac, *Mémoires de deux jeunes mariées*). **Affairé** renchérit sur la surcharge d'activités *(une vie très affairée)*, mais se dit également de celui qui paraît seulement très pris par ses occupations *(il a toujours un air affairé)*.

occuper *v.tr.* **1 - habiter** · loger dans · [illégalement] squatter · **2 - envahir** · assujettir · contrôler · se rendre maître de · **3 - employer** · **4 - exercer** · détenir · remplir · **5 - absorber** · accaparer · **6 - emplir** · couvrir · garnir · meubler · remplir · **7 - amuser** · distraire · faire passer le temps à *fam.* · **8 -** [le temps] **passer** · tromper · tuer

>>> **s'occuper** *v.pron.* **passer le temps** · se distraire

✦ **s'occuper de** **1 - se consacrer à** · s'adonner à · s'appliquer à · se charger de · s'employer à · travailler à · vaquer à · **2 - prendre soin de** · veiller sur · **3 - se soucier de** · se préoccuper de · songer à · **4 - se mêler de** · s'intéresser à · s'immiscer dans *péj.* · mettre son nez dans *péj.*

occurrence *n.f.* **1 -** [littér.] **cas** · circonstance · conjoncture · événement · occasion · rencontre · **2 - fréquence**

✦ **en l'occurrence** dans le cas présent · en la circonstance · pour le coup *fam.*

océan *n.m.* **1 - mer** · flots *littér.* · **2 - déluge** · flot · **3 - écart** · abîme · fossé · gouffre

océanique *adj.* · maritime

octroi *n.m.* · attribution · allocation · concession · don · dotation · remise

octroyer *v.tr.* **accorder** · allouer · attribuer · concéder · consentir · distribuer · donner · impartir · offrir

>>> **s'octroyer** *v.pron.* · s'adjuger · s'approprier · s'arroger · usurper *péj.*

oculaire *adj.* **1 - visuel** · **2 - ophtalmique**

odeur *n.f.* **1 - effluve** · émanation · exhalaison · **2 -** [agréable] **arôme** · bouquet · fumet · parfum · senteur · fragrance *vieux ou littér.* · **3 -** [désagréable] **puanteur** · relent · remugle *vieux ou littér.* · **4 -** [Vénerie] **vent** · fumée

✦ **avoir une bonne odeur** sentir bon · embaumer · fleurer *vieux*

✦ **avoir une mauvaise odeur** sentir mauvais · puer · empester · empuantir · chlinguer *très fam.* · cocotter *fam.* · fouetter *très fam.*

odieux, -ieuse *adj.* **1 - ignoble** · détestable · exécrable · haïssable · ignoble · indigne · infâme · répugnant · **2 - antipathique** · détestable · insupportable · intolérable · pénible · imbuvable *fam.*

❧ **haïssable**

odomètre *n.m.* **1 - podomètre** · compte-pas · **2 - tachymètre** · compte-tours

odorant, e *adj.* · aromatique · parfumé · odoriférant *littér.* · fleurant *vieux*

❧ **odorant, odoriférant**

Odorant et **odoriférant** qualifient tous deux ce qui dégage une bonne odeur et la répand au-dehors. Ils s'emploient à propos d'une plante ou d'une chose concrète *(des fleurs odorantes, un bois odorant, une cire odorante ; une rose odoriférante, un linge odoriférant, des arbres odoriférants)* : « Une atmosphère composée des essences parfumées des fleurs les plus odorantes » (Lautréamont, *les Chants de Maldoror*, I). **Odorant** est beaucoup plus courant et s'applique parfois à une odeur désagréable : « Des permissionnaires aux pieds odorants » (Sartre, *la Mort dans l'âme*), mais on dira plus couramment *malodorant*.

odorat *n.m.* · olfaction · flair · nez

odoriférant, e *adj.* → **odorant**
❧ **odorant**

œdème *n.m.* · gonflement · enflure · stase · tuméfaction

œil *n.m.* **1 - globe oculaire** · **2 - regard** · vision · vue · **3 - attention** · vigilance · **4 - bourgeon** · bouton · pousse · **5 - espion** · judas · **6 -** [d'aiguille] **chas** · **7 - œillet** · œilleton
- ✦ **coup d'œil** **1 - regard rapide** · **2 - discernement** · perspicacité
- ✦ **œil poché, au beurre noir** pochon · coquard *fam.*
- ✦ **le mauvais œil** le mauvais sort · jettatura *(en Italie)*
- ✦ **à l'œil** [fam.] → **gratuitement**

⋙ **yeux** *plur.* · mirettes *fam.* · billes *fam.* · calots *fam.* · carreaux *fam.* · châsses *argot* · quinquets *fam., vieilli* · neuneuils *lang. enfants* · coquillards *vieux*
- ✦ **aux yeux de** pour · selon · d'après

❧ **regard**

œil-de-bœuf *n.m.* · oculus

œillade *n.f.* · clin d'œil · regard
❧ **regard**

œillet *n.m.* **1 - boutonnière** · **2 -** [Mar.] **anneau** · **3 -** [Techn.] **aire**

œuf *n.m.* **1 - coco** *lang. enfants* · **2 - zygote** · **3 -** [de pou] **lente**
- ✦ **œufs de sèche, de poulpe** raisin (de mer)
- ✦ **œufs de poisson** frai · [Cuisine] tarama
- ✦ **œufs d'esturgeon** caviar
- ✦ **en forme d'œuf** ovale · ové · oviforme · ovoïde · ovoïdal

œuvre *n.f.* **1 - création** · composition · réalisation · production · **2 - ouvrage** · écrit · livre · **3 - activité** · travail · tâche · besogne *littér.* · labeur *littér.*
- ✦ **mettre en œuvre** employer · recourir à · user de · utiliser
- ✦ **mise en œuvre** emploi · recours · usage · utilisation

❧ **œuvre, ouvrage**

Œuvre et **ouvrage** concernent tous deux l'objet produit par le travail créateur dans le domaine de la pensée. **Ouvrage** s'emploie pour ce qui relève de la création littéraire *(un ouvrage romanesque)* et pour les textes de nature scientifique ou technique *(la rédaction d'un ouvrage de botanique, un ouvrage technique utile)*. **Œuvre** se rapporte aussi bien aux compositions littéraires *(l'œuvre majeure de Baudelaire)* qu'artistiques *(composer, écrire une œuvre musicale, l'œuvre d'un peintre)*. **Œuvre**, plus abstrait qu'**ouvrage**, permet également d'insister sur la qualité artistique de ce qui est produit *(l'influence de l'œuvre de Matisse)*.

œuvrer *v.intr.* · agir · s'affairer · travailler

offensant, e *adj.* · blessant · désobligeant · grossier · injurieux · insultant · mortifiant · outrageant

offense *n.f.* · affront · humiliation · injure · insulte · outrage · avanie *littér.* · camouflet *littér.* · claque *fam.* · gifle *fam.*

offenser *v.tr.* **1 - blesser** · choquer · fâcher · froisser · offusquer · humilier · piquer au vif · vexer · insulter · outrager · **2 -** [littér.] **braver** · manquer à

››› **s'offenser** *v.pron.* · se formaliser · se froisser · s'offusquer · se vexer · prendre ombrage (de) · prendre la mouche *fam.*

offenseur *n.m.* · agresseur · insulteur

offensif, -ive *adj.* · agressif · batailleur · combatif · belliqueux · pugnace *littér.*

offensive *n.f.* **1 - attaque** · assaut · charge · **2 - campagne** · bataille · croisade · lutte · opération

office *n.m.* **1 - organisme** · agence · bureau · **2 - culte** · messe · service · **3 -** [vieilli] **charge** · emploi · fonction · métier · mission · poste

✦ **faire office de** servir de · remplir le rôle de

✦ **bons offices** **1 - aide** · appui · concours · services · **2 -** [Diplomatie] **conciliation** · médiation

officiant, e *n.* · célébrant · prêtre · ministre du culte

officiel, -ielle *adj.* **1 - réglementaire** · administratif · **2 - solennel** · formel · **3 - autorisé** · accrédité

❧ **solennel**

officiellement *adv.* · publiquement · en public

[1]**officier** *v.intr.* · dire la messe · célébrer (la messe)

[2]**officier** *n.m.* **gradé** *fam.*

✦ **élève officier** **1 - aspirant** · cadet · **2 - major**

officieusement *adv.* · à titre privé

officieux, -ieuse *adj.* · privé · non officiel

officine *n.f.* **1 - pharmacie** · laboratoire · apothicairerie *vieux* · **2 -** [vieux] **boutique** · atelier · magasin

offrande *n.f.* **1 - obole** · aumône · don · secours · **2 -** [Relig.] **libation** · immolation · oblation · sacrifice

offre *n.f.* **1 - proposition** · ouverture • [à appel d'offres] soumission • [aux enchères] surenchère • [galante] avances · **2 -** [Écon.] **marché**

offrir *v.tr.* **1 - donner** · céder · faire cadeau de · faire don de · faire présent de *soutenu* · payer · **2 - proposer** · mettre à disposition · prêter · **3 - accorder** · allouer · concéder · octroyer · **4 -** [un poème, etc.] **dédier** · **5 - sacrifier** · immoler · vouer · **6 - comporter** · donner lieu à · fournir · présenter · procurer

››› **s'offrir** *v.pron.* **1 - se payer** · s'accorder · se donner · s'octroyer · **2 - se présenter** · apparaître · se rencontrer · **3 - se montrer** · s'exhiber · se produire

✦ **s'offrir de, pour** se proposer de, pour

❧ **donner**

offusquer *v.tr.* **choquer** · blesser · déplaire à · froisser · indigner · heurter · offenser · piquer (au vif) · scandaliser · vexer

››› **s'offusquer** *v.pron.* · se formaliser · se froisser · s'indigner · se scandaliser · se vexer · prendre la mouche · prendre ombrage (de)

ogive *n.f.* · tête

ogre *n.m.* · gargantua · glouton · goulu

oh *interj.* · ho · holà · ohé

oignon *n.m.* **1 - rhizome** · bulbe · **2 - cor** · durillon · **3 -** → **derrière**

oindre *v.tr.* [vieux ou littér.] enduire · badigeonner

oiseau *n.m.* 1 - **volatile** *vieilli ou plaisant* • [de basse cour] volaille · 2 - [petit] **oiselet** · oisillon • [collectif] couvée · nichée · 3 - [fam.] **individu** · coco *fam.* · type *fam.* · zèbre *fam.* · zigoto *fam.*

✦ **oiseau de proie** rapace

oiseau-mouche *n.m.* · colibri

oisellerie *n.f.* [vieux] cage · volière

oiseux, -euse *adj.* · inutile · creux · dérisoire · futile · infructueux · insignifiant · stérile · superflu · vain

oisif, -ive *adj.* **désœuvré** · inactif · inoccupé

✦ **rester oisif** rester les bras ballants · buller *fam.* · glander *très fam* · peigner la girafe *fam.* · se tourner les pouces *fam.*.

~ **inactif**

oisiveté *n.f.* · désœuvrement · inaction · inactivité · inoccupation

o.k.

▪ *adv.* **oui** · d'accord · entendu · ça marche *fam.*

▪ *adj. invar.* **bien** · bon · correct · passable

oléagineux, -euse *adj.* 1 - **huileux** · 2 - **oléifère**

oléoduc *n.m.* · pipeline

olfaction *n.f.* · odorat

olibrius *n.m.* [fam.] **original** · excentrique · phénomène · zèbre *fam.* · zigoto *fam.*

oligarchie *n.f.* · aristocratie · caste · clan · élite

oliveraie *n.f.* · olivaie · olivette

olympique *adj.*

✦ **jeux Olympiques** olympiades

ombilic *n.m.* · nombril

ombrage *n.m.* 1 - **feuillage** · ramure · frondaison *littér.* · feuillée *vieux, région. ou littér.* • ramée *vieux ou littér.* • 2 - [vieilli] **défiance** · inquiétude · jalousie · soupçon

ombragé, e *adj.* · ombreux · couvert · sombre · ténébreux *littér.*

ombrager *v.tr.* 1 - **faire, donner de l'ombre à** · protéger du soleil · 2 - **cacher** · couvrir · ombrer *littér.*

ombrageux, -euse *adj.* 1 - **défiant** · méfiant · soupçonneux · 2 - **peureux** · craintif · farouche · 3 - **difficile** · susceptible

ombre *n.f.*

I 1 - **ombrage** · couvert · 2 - **obscurité** · nuit · noir · ténèbres *littér.* · 3 - **demi-jour** · clair-obscur · pénombre · 4 - **contour** · silhouette

II 1 - **secret** · mystère · obscurité · silence · 2 - **apparence** · chimère · fantôme · illusion · mirage · simulacre *littér.* · 3 - **inquiétude** · contrariété · malaise · préoccupation

✦ **à l'ombre de** à l'abri de · sous le couvert de *littér.*

✦ **faire de l'ombre à** éclipser · reléguer au second plan · offusquer *littér.* · ombrager *littér.*

ombreux, -euse *adj.* 1 - **ombragé** · 2 - **sombre** · noir · obscur · ténébreux *littér.*

omettre *v.tr.* · négliger · faire l'impasse sur · laisser de côté · oublier · passer sur · passer sous silence · taire · laisser tomber *fam.* · sauter *fam.*

omission *n.f.* **1 - oubli** · négligence · **2 - lacune** · absence · manque · trou · vide

omnipotence *n.f.* · toute-puissance · autorité · domination · hégémonie · pouvoir absolu · suprématie

omnipotent, e *adj.* · tout-puissant · hégémonique

omnipraticien, -ienne *n. et adj.* · généraliste

omniprésence *n.f.* · ubiquité

omniscient, e *adj.* · universel · encyclopédique · savant

onanisme *n.m.* · masturbation

once *n.f.*

✦ **pas une once de** pas un atome de · pas un grain de · pas un gramme de · pas une miette de · pas un sou de *vieilli*

oncle *n.m.* · tonton *fam.*

onction *n.f.* **1 -** [littér.] **douceur** · aménité · **2 -** [vieilli] **friction**

onctueux, -euse *adj.* **1 - doux** · moelleux · velouté · **2 - gras** · huileux · savonneux · **3 -** [péj.] **mielleux** · doucereux · douceâtre · sucré · patelin *littér.*

onde *n.f.* **1 -** [littér.] **eau** · flot · vague · **2 - cercle** · ride · rond · **3 - ondulation** · **4 - vibration** · oscillation · **5 - son** · résonance

❧ **vague**

ondé, e *adj.* **1 - moiré** · chatoyant · jaspé · miroitant · **2 - onduleux** · ondoyant · ondulant

ondée *n.f.* · averse · giboulée · grain · pluie · douche *fam.* · saucée *fam.*

on-dit *n.m. invar.* · racontar · bruit · commérage · ouï-dire · ragot · rumeur · cancan *fam.* · potin *fam.*

ondoiement *n.m.* · balancement · frémissement · frisson · ondulation

ondoyant, e *adj.* **1 - ondulant** · dansant · mobile · mouvant · onduleux · souple · **2 - sinueux** · flexueux *littér.* · **3 - capricieux** · changeant · inconstant · mobile · variable · versatile

❧ **ondoyant, ondulant, onduleux**

Ondoyant, **ondulant** et **onduleux** se rapportent à ce qui a le mouvement de l'*onde*, à ce qui *ondule*. Avec **ondoyant**, on insiste sur l'aspect d'un corps qui ondule *(mer, crinière ondoyante, formes ondoyantes)*. **Ondulant** permet de préciser la nature du mouvement *(une démarche ondulante, des herbes ondulantes)*. **Onduleux** met plutôt l'accent sur l'abondance des ondulations *(une foule onduleuse, des collines onduleuses)*.

ondoyer *v.intr.* · onduler · flotter

ondulant, e *adj.* → **ondoyant**

❧ **ondoyant**

ondulation *n.f.*

I 1 - [de la mer] **agitation** · onde · ondoiement · remous · vague · **2 -** [des blés] **balancement** · frémissement · frisson · ondoiement

II 1 - méandre · coude · courbure · détour · serpentement · sinuosité · cingle *région.* · **2 - vallonnement** · pli · repli · **3 -** [dans les cheveux] **cran**

ondulé, e *adj.* **1 - bouclé** · frisé · **2 - onduleux** · courbe · sinueux · flexueux *littér.* · serpentin *littér.*

onduler *v.intr.* 1 - **ondoyer** · flotter · 2 - **serpenter** · 3 - **boucler** · friser

onduleux, -euse *adj.* 1 - **courbe** · ondulé · sinueux · flexueux *littér.* · serpentin *littér.* · 2 - **ondoyant** · ondulant

❧ **ondoyant**

onéreux, -euse *adj.* **cher** · coûteux · dispendieux · exorbitant · hors de prix · inabordable · ruineux · salé *fam.*

✦ **c'est très onéreux** ça coûte bonbon *fam.* · ça coûte les yeux de la tête *fam.* · ça coûte la peau des fesses, du cul *fam.*

ongle *n.m.* [de carnassier] **griffe** • [de rapace] **serre** • [d'ongulé] **sabot**

onguent *n.m.* · **pommade** · baume · crème · embrocation · emplâtre · liniment

opacifier *v.tr.* · **obscurcir**

opacité *n.f.* 1 - **obscurité** · ombre · nuit · ténèbres · 2 - **inintelligibilité** · obscurité · incompréhensibilité *littér.*

opalin, e *adj.* · **blanchâtre** · laiteux · opalescent *littér.*

opaque *adj.* 1 - **dense** · épais · 2 - **noir** · obscur · sombre · ténébreux *littér.* · 3 - **incompréhensible** · énigmatique · hermétique · impénétrable · indéchiffrable · inintelligible · insondable · mystérieux · obscur · sibyllin · abscons *littér.* · abstrus *littér.*

opéra *n.m.* 1 - **chant** · bel canto · drame lyrique · 2 - [sortes] opéra-comique · opéra-bouffe · opérette · oratorio

opérateur, -trice *n.* 1 - **manipulateur** · 2 - **standardiste** · téléphoniste · 3 - **cadreur** · cameraman · 4 - [Bourse] **agent (de change)** · broker · courtier · donneur d'ordres · trader

✦ **opérateur de saisie** claviste

❧ **cadreur**

opération *n.f.* 1 - **calcul** · 2 - **acte** · action · entreprise · réalisation · tâche · travail · 3 - **processus** · manipulation · traitement · 4 - **intervention (chirurgicale)** · 5 - [Milit.] **bataille** · campagne · combat · expédition · intervention · offensive · 6 - **transaction** · affaire

opérer *v.tr.*

I 1 - **exécuter** · accomplir · effectuer · pratiquer · procéder à · réaliser · 2 - **déclencher** · amener · entraîner · occasionner · produire · provoquer · susciter

II 1 - [sans complément] **procéder** · 2 - **agir** · être efficace · influer · 3 - [Chir.] **intervenir**

✦ **se faire opérer** passer sur le billard *fam.*

⋙ **s'opérer** *v.pron.* · **se produire** · s'accomplir · avoir lieu · se passer · se réaliser

opiner à *v.tr.ind.* [vieux ou littér.] **adhérer à** · accepter · acquiescer à · approuver · consentir à · se rallier à

opiniâtre *adj.* 1 - **entêté** · obstiné · têtu · cabochard *fam.* · 2 - **acharné** · constant · déterminé · entier · ferme · inébranlable · persévérant · résolu · tenace · volontaire · 3 - [sentiment] **irréductible** · acharné · furieux · indomptable · obstiné · 4 - [mal] **persistant** · chronique · rebelle · tenace

opiniâtrement *adv.* · **obstinément** · âprement · farouchement · fermement · résolument • [affirmer, soutenir] **sans en démordre** · mordicus *fam.*

opiniâtrer (s') *v.pron.* • s'obstiner • se buter • s'entêter • persévérer

opiniâtreté *n.f.* 1 - **entêtement** • obstination • 2 - **acharnement** • constance • détermination • fermeté • persévérance • résolution • ténacité • volonté

opinion *n.f.* 1 - **avis** • appréciation • idée • jugement • manière de voir • pensée • point de vue • position • sentiment • son de cloche • 2 - **théorie** • thèse • 3 - [assurée] **certitude** • conviction • credo • croyance • foi • 4 - [incertaine] **conjecture** • soupçon • 5 - [subjective] **impression** • sentiment • 6 - [toute faite] **parti pris** • préjugé • prévention

✦ **selon l'opinion de** d'après • selon • suivant

✦ **changer d'opinion** tourner casaque • retourner sa veste *péj.* • changer son fusil d'épaule

✦ **il change sans cesse d'opinion** c'est une (vraie) girouette • c'est un Protée *littér.*

✦ **donner son opinion** s'exprimer • opiner *vieux ou littér.*

opportun, e *adj.* 1 - **à propos** • bienvenu • indiqué • judicieux • recommandé • souhaitable • expédient *littér.* • 2 - [moment, temps] **approprié** • favorable • propice • utile

opportunément *adv.* • à propos • [arriver] à point • à point nommé • à pic *fam.* • pile *fam.* • pile-poil *fam.*

opportunité *n.f.* 1 - **à-propos** • bien-fondé • pertinence • 2 - [abusivt] **occasion** • aubaine • chance • possibilité

opposant, e *n.* • adversaire • antagoniste • contradicteur • détracteur • ennemi

opposant, ennemi, adversaire, antagoniste

Opposant, ennemi, adversaire et antagoniste s'emploient pour désigner une personne qui s'*oppose* à quelqu'un ou à quelque chose. Un **opposant** agit contre une autorité, une mesure *(un opposant au gouvernement)* ; c'est un mot de sens restreint. On parle d'**antagoniste** à propos d'une personne en lutte point par point avec une autre dans une compétition, une discussion, un conflit d'idées ou d'ordre moral. Le mot s'emploie d'ailleurs dans le langage scientifique *(les fléchisseurs sont les antagonistes des extenseurs)*. On réserve **ennemi** à celui qui cherche à nuire dans le domaine des relations affectives ou sur le plan moral, social *(un ennemi des lois ; un ennemi déclaré, implacable)*. **Adversaire** recouvre dans l'usage courant les emplois des trois autres mots *(un adversaire politique ; les adversaires se saluèrent à la fin du match ; des adversaires irréductibles)*.

[1]**opposé, e** *adj.* 1 - **contraire** • inverse • symétrique • 2 - **incompatible** • antagoniste • discordant • dissemblable • divergent • inconciliable • 3 - **antinomique** • antithétique • contradictoire • 4 - [Sport, Pol.] **adverse** • 5 - **dissident** • opposant • rebelle

✦ **opposé à** 1 - **hostile à** • anti- • contre • défavorable à • ennemi de • 2 - **versus**

✦ **en sens opposé** 1 - **à contre-sens** • à l'envers • 2 - **à rebrousse-poil** • à contre-poil

contraire

[2]**opposé** *n.m.* 1 - **antithèse** • contre-pied • 2 - **inverse** • contraire

✦ **les opposés** les extrêmes

✦ **à l'opposé** au contraire • a contrario • en revanche • par contre • à l'opposite *littér.*

✦ **à l'opposé de** 1 - **aux antipodes de** · 2 - **au contraire de** · contrairement à · 3 - **en contradiction avec** · à contre-courant de · à l'encontre de · à rebours de

opposer *v.tr.*
I 1 - **diviser** · séparer · semer la discorde entre · 2 - **dresser contre** · exciter contre · soulever contre
II **objecter** · alléguer · invoquer · rétorquer
III **confronter** · comparer · mettre en balance · mettre en face · mettre en regard

»» **s'opposer** *v.pron.* 1 - **s'affronter** · se faire face · lutter · se mesurer · 2 - **contraster** · différer · diverger

✦ **s'opposer à** 1 - **aller contre** · combattre · contrarier · contrecarrer · se dresser contre · empêcher · entraver · interdire · 2 - **braver** · désobéir à · se dresser contre · lutter contre · se rebeller contre · résister à · se révolter contre · tenir tête à · 3 - **différer de** · contraster avec · se différencier de · se distinguer de

opposite (à l') *loc. adv.* 1 - **en face** · vis-à-vis · 2 - **à l'opposé** · a contrario · au contraire · en revanche

opposition *n.f.* 1 - **antagonisme** · combat · conflit · duel · heurt · hostilité · lutte · rivalité · 2 - **désaccord** · contestation · désapprobation · 3 - **discorde** · dissension · dissentiment · 4 - **symétrie** · 5 - **contraste** · discordance · disparité · 6 - **obstacle** · barrage · empêchement · obstruction · veto

oppressant, e *adj.* 1 - **étouffant** · lourd · pesant · suffocant · 2 - **angoissant** · accablant · pénible

oppressé, e *adj.* 1 - **étouffé** · essoufflé · haletant · hors d'haleine · 2 - **accablé** · angoissé · tourmenté

oppresser *v.tr.* 1 - **étouffer** · gêner · suffoquer · 2 - **angoisser** · accabler · écraser · étrangler · étreindre · tenailler · torturer · tourmenter

oppresseur
▪ *n.m.* **despote** · autocrate · dictateur · potentat · tyran
▪ *adj. m.* **despotique** · autocratique · dominateur · injuste · oppressif · tyrannique

oppressif, -ive *adj.* · coercitif · opprimant · totalitaire · tyrannique · compressif *littér.*

oppression *n.f.* 1 - **étouffement** · asphyxie · gêne · suffocation · 2 - **angoisse** · 3 - **asservissement** · assujettissement · contrainte · domination · esclavage · servitude · soumission · sujétion · tyrannie · chaînes *littér.* · joug *littér.*

opprimé, e *n.* · esclave · exploité

opprimer *v.tr.* 1 - **écraser** · asservir · assujettir · écraser · enchaîner · étouffer · oppresser · persécuter · plier sous sa loi · réduire en esclavage · soumettre · tyranniser · 2 - **bâillonner** · enchaîner · garrotter · mater · museler

opprobre *n.m.* 1 - **déshonneur** · discrédit · honte · ignominie · flétrissure *littér.* · 2 - **avilissement** · abjection · déchéance · ignominie · infamie · turpitude

opter *v.intr.*

✦ **opter pour** adopter · choisir · arrêter son choix sur · se décider pour · jeter son dévolu sur · pencher pour · préférer · prendre le parti de

optimal, e *adj.* 1 - **maximal** · maximum · 2 - **idéal** · parfait

optimisme *n.m.* **1 - espoir** · **2 - enthousiasme** · euphorie

optimiste *adj.* **1 - enthousiaste** · euphorique · **2 - rassurant** · encourageant

✦ **c'est un optimiste** il voit tout, la vie en rose

option *n.f.* · choix · alternative

✦ **à option** facultatif · optionnel

optionnel, -elle *adj.* **1 - facultatif** · **2 - en option**

optique *n.f.* **1 - perspective** · angle · aspect · **2 - conception** · avis · façon de penser · façon de voir (les choses) · idée · opinion · point de vue · sentiment · vision

opulence *n.f.* **1 - abondance** · aisance · fortune · luxe · prospérité · richesse · **2 - ampleur** · générosité · plénitude

opulent, e *adj.* **1 - riche** · aisé · fortuné · nanti · **2 - fastueux** · cossu · **3 - plantureux** · fort · généreux · gros · plein

opuscule *n.m.* · brochure · écrit · fascicule · livre · ouvrage

or *conj.* · mais · cependant · pourtant

oracle *n.m.* **1 - prophétie** · divination · prédiction · vaticination *littér.* · **2 - devin** · prophète

orage *n.m.* · ouragan · tempête · tourmente

orageux, -euse *adj.* **1 - lourd** · **2 - agité** · fiévreux · houleux · mouvementé · troublé · tumultueux

oraison *n.f.* · prière · pater · orémus *vieux* · patenôtre *vieux*

✦ **oraison funèbre** éloge funèbre · panégyrique

oral, e *adj.* **1 - verbal** · **2 - parlé** · **3 - buccal**

oral, verbal

Oral et **verbal** sont tous deux relatifs à ce qui est énoncé de vive voix et s'opposent à *écrit (une promesse orale/verbale, un ordre oral/verbal)*. Est **oral** ce qui se fait ou se transmet par la parole *(les traditions orales, l'épreuve orale d'un concours)*. Seul **verbal** peut s'appliquer à ce qui s'exprime par des mots, par opposition à d'autres moyens d'expression *(la violence verbale)* : « Je sais bien que le langage des gestes et attitudes, que la danse, que la musique (...) sont moins capables (...) d'exposer des états de conscience clairs et précis que le langage verbal » (Antonin Artaud, *le Théâtre et son double*).

oralement *adv.* · verbalement · de vive voix

orange

▪ *n.f.* **maltaise** · navel

✦ **orange amère** bigarade

▪ *adj. invar.* · orangé · capucine · carotte · feu

orangé, e *adj.* · orange · capucine · carotte · feu

orateur, -trice *n.* **1 - conférencier** · intervenant · déclamateur *péj.* · harangueur *vieux* · **2 -** [de talent] **tribun** · débatteur · rhéteur · **3 - prédicateur**

oratoire *adj.* · déclamatoire

orbite *n.f.* · mouvance · domaine · sphère · zone d'action

✦ **mettre en orbite** lancer · satelliser

orchestrateur, -trice *n.* · arrangeur

orchestration *n.f.* **1 - instrumentation** · arrangement · harmonisation · **2 - organisation** · direction · planification

orchestre *n.m.* **1 - ensemble** · formation · groupe · **2 - harmonie** · fanfare · orphéon

orchestrer *v.tr.* **1 -** [Mus.] **instrumenter** · arranger · harmoniser · **2 - organiser** · diriger · planifier

[1]**ordinaire** *adj.* **1 - courant** · classique · coutumier · familier · habituel · normal · standard · traditionnel · usuel · **2 - banal** · médiocre · moyen · quelconque · simple · trivial · vulgaire • [sujet] bateau *fam.*

✦ **personne ordinaire** quidam · citoyen lambda · commun des mortels · vulgum pecus *fam.*

❧ **banal**

[2]**ordinaire** *n.m.* **1 - habitude** · normalité · normale · **2 - alimentation** · cuisine

✦ **d'ordinaire, à l'ordinaire** en général · généralement · d'habitude · habituellement · le plus souvent · normalement

✦ **comme à l'ordinaire** comme d'habitude · comme à l'accoutumée

ordinairement *adv.* · habituellement · à l'accoutumée · communément · couramment · en général · généralement · d'habitude · le plus souvent · normalement · usuellement

ordinateur *n.m.* · calculateur · machine *fam.* · bécane *fam.*

ordonnance *n.f.* **1 - agencement** · aménagement · architectonique · architecture · arrangement · distribution · disposition · organisation · structure · économie *littér.* · ordonnancement *littér.* · **2 - acte** · arrêté · décret · décret-loi · règlement · **3 -** [Méd.] **prescription**

ordonnancement *n.m.* · agencement · aménagement · architectonique · architecture · arrangement · disposition · distribution · organisation · structure · économie *littér.*

ordonné, e *adj.* **1 - méthodique** · méticuleux · organisé · rangé · soigneux · **2 -** [discours] **cohérent** · logique · rationnel · structuré · suivi

ordonner *v.tr.*

I 1 - agencer · arranger · coordonner · disposer · distribuer · inventorier · ordonnancer · organiser · **2 - classer** · classifier · hiérarchiser · trier · **3 - ranger** · débrouiller · démêler · **4 -** [un discours] **organiser** · rationaliser · rendre cohérent

II commander · demander impérativement · dicter · donner ordre de · réclamer · mander *vieux* • [à qqn] **sommer de** · enjoindre de · mettre en demeure de

III [Méd.] **prescrire**

IV [Relig.] **consacrer**

❧ **commander**

ordre *n.m.*

I commandement · consigne · demande · directive · injonction · instruction · oukase *péj.* · précepte · prescription · sommation · mandement *vieux*

II 1 - organisation · rangement · **2 - classement** · agencement · aménagement · arrangement · coordination · disposition · distribution · ordonnance · organisation · rangement · **3 -** [de termes] **enchaînement** · filiation · gradation · succession · suite

III niveau · importance · plan

IV minutie · méticulosité · soin

V 1 - calme · équilibre · harmonie · paix · sécurité · sérénité · tranquillité · **2 - discipline**

VI 1 – catégorie · genre · nature · sorte · type · **2 – communauté** · association · congrégation · corporation · corps

✦ **ordre du jour** programme · menu *plaisant*

✦ **jusqu'à nouvel ordre** jusqu'à nouvel avis · jusqu'à plus ample informé

✦ **mettre en ordre** classer · ranger · trier

ordre, commandement, précepte, injonction

Les quatre mots se rapportent à l'idée d'une volonté exprimée par une autorité. **Ordre** est le terme le plus général avec cette valeur *(donner, recevoir, exécuter un ordre ; c'est un ordre)*. Un **commandement** est un ordre par lequel une personne décide de ce qu'une autre doit faire *(le goût du commandement, un ton de commandement)* ; le mot se dit en particulier dans le domaine militaire pour un ordre bref, donné à voix haute. L'**injonction** est un ordre précis, qu'on ne peut discuter, qui doit être exécuté sous peine de sanctions *(une injonction menaçante, résister à une injonction)*. Le **précepte**, plus éloigné de l'ordre, est une formule exprimant un commandement, un enseignement ou une règle que rien n'oblige à suivre ; il est émis par une autorité généralement acceptée dans le domaine moral, artistique, etc. *(observer un précepte, un précepte de conduite)*, et notamment religieux *(l'amour du prochain est un précepte pour les chrétiens)*.

ordure *n.f.* **1 – détritus** · balayure · débris · déchet · résidu · salissure · **2 – saleté** · crasse · caca *fam.* · merde *très fam.* · **3 – grossièreté** · infamie · obscénité · saleté · cochonnerie *fam.* · saloperie *très fam.* · **4 –** [littér.] **boue** · souillure · fange *littér.* · ignominie *littér.* · **5 –** [injurieux] **pourriture** · charogne *fam.* · fumier *très fam.* · enfoiré *très fam.* · pourri *fam.* · salaud *très fam.* · salopard *très fam.* · salope *très fam.*

✦ **ordures (ménagères)** déchets · détritus · immondices

ordurier, -ière *adj.* · grossier · gras · graveleux · ignoble · immonde · infâme · obscène · sale · trivial · cochon *fam.*

orée *n.f.* · bord · bordure · lisière

oreille *n.f.* **1 – esgourde** *argot* · feuille *argot* · portugaise *argot* · **2 –** ouïe · audition · **3 –** [de lièvre] **oreillard** · [de sanglier] **écoute** · **4 – ailette** · anse · orillon

oreiller *n.m.* · coussin · coussinet · traversin · polochon *fam.*

ores et déjà (d') *adv.* · dès maintenant · dès aujourd'hui · désormais

orfèvre *n.* · ciseleur · graveur

orfèvrerie *n.f.* · bijouterie

organe *n.m.* **1 – voix** · **2 – émanation** · expression · **3 – âme** · centre · instrument · moteur · **4 – accessoire** · élément · équipement · instrument · **5 – pénis** · membre (viril) · sexe

organique *adj.* **1 – physiologique** · physique · **2 – lésionnel**

organisateur, -trice *n.* · animateur · cheville ouvrière · pivot · promoteur · [de voyages] voyagiste

organisation *n.f.*
I 1 – structuration · agencement · aménagement · arrangement · architecture · composition · disposition · distribution · planification · ordonnancement *littér.* · **2 – classement** ·

classification · rangement · 3 - **coordination** · articulation · combinaison
II 1 - **mise sur pied** · mise en place · planification · préparation · 2 - **constitution** · établissement · formation · instauration
III **planning** · programme
IV **méthode** · ordre · systématisme
V **association** · entreprise · groupement · organisme · parti · société

organisé, e *adj.* 1 - **structuré** · cohérent · construit · hiérarchisé · ordonné · planifié · 2 - **méthodique** · discipliné · ordonné · systématique

organiser *v.tr.*
I 1 - **structurer** · agencer · aménager · architecturer · arranger · composer · disposer · distribuer · ordonner · planifier · ordonnancer *littér.* · 2 - **classer** · classifier · ranger · trier · 3 - **coordonner** · articuler · combiner
II 1 - **concerter** · diriger · monter · mettre sur pied · mettre en place · planifier · préparer · programmer · 2 - **constituer** · créer · édifier · établir · fonder · former · instaurer · instituer

>>> **s'organiser** *v.pron.* · s'arranger · prendre ses dispositions

organisme *n.m.* 1 - **corps** · constitution · 2 - **agence** · bureau · comité · commission · institut · organisation · service · structure

orgelet *n.m.* · compère-loriot · chalazion · grain d'orge

orgiaque *adj.* · dissolu · dépravé · licencieux

orgie *n.f.* 1 - [Antiq.] **bacchanale** · 2 - **beuverie** · débauche · ripaille *fam.* · soûlographie *fam.* · ribote *vieux ou plaisant* · 3 - **excès** · débauche · débordement · profusion · surabondance

orgueil *n.m.* 1 - **arrogance** · autosatisfaction · dédain · fatuité · hauteur · morgue · prétention · présomption · suffisance · vanité · infatuation *littér.* · outrecuidance *littér.* · superbe *littér.* · puant *fam.* · 2 - **amour-propre** · dignité · estime de soi-même · fierté · 3 - **gloire** · fierté · honneur

orgueil, vanité, présomption

Orgueil, **vanité** et **présomption** sont relatifs au sentiment vif que l'on a de sa valeur. L'**orgueil** implique que, pénétré de cette opinion avantageuse, l'on oublie la considération due à autrui *(les préjugés de l'orgueil, avoir un orgueil démesuré, parler avec orgueil)*. **Orgueil** peut cependant se prendre de manière positive *(se taire par orgueil, mettre son orgueil à réussir)*, ce qui n'est pas le cas de **vanité**, qui évoque l'autosatisfaction d'une personne sûre de ses qualités *(un orgueil sans vanité, flatter la vanité de quelqu'un, la vanité de plaire)*. On parle de **présomption** à propos de quelqu'un qui a une opinion beaucoup trop favorable de ses possibilités : « Il faut une grande présomption ou beaucoup de légèreté de conscience pour prendre, de gaieté de coeur, la responsabilité des choses humaines quand on n'y est pas obligé » (Renan, *Questions contemporaines*, Préface, Œuvres complètes, t. I). **Orgueilleux**, **vaniteux** et **présomptueux** sont dans une relation analogue.

orgueilleusement *adv.* 1 - **vaniteusement** · prétentieusement · 2 - **fièrement**

orgueilleux, -euse *adj.* 1 - **arrogant** · bouffi · dédaigneux · hautain · présomptueux · prétentieux · suffisant · vain · vaniteux ·

fat *littér.* · infatué *littér.* · outrecuidant *littér.* · glorieux *vieux* · **2 -** [de qqn, qqch.] **fier** · content · enchanté · heureux · ravi · satisfait · **3 -** [littér.] **grandiose** · glorieux · majestueux · superbe

oriel *n.m.* · bow-window *anglic.*

orient *n.m.* **1 - est** · levant *litttér.* · **2 -** [d'une perle] irisation

❧ **est**

orientation *n.f.* **1 - exposition** · disposition · position · situation · **2 - voie** · direction · piste · sens · **3 - ligne** · tendance

orienté, e *adj.* · partial · biaisé · engagé · partisan · de parti pris

orienter *v.tr.* **1 - exposer** · diriger · disposer · placer · tourner · **2 - conduire** · canaliser · diriger · guider · mener · **3 - infléchir** · entraîner · influencer · influer sur · peser sur · **4 - aiguiller** · diriger · mettre sur la voie · brancher *fam.*

»» **s'orienter** *v.pron.* **se repérer** · se diriger · se reconnaître · se repérer · se retrouver · trouver ses marques · ses repères

✦ **s'orienter vers** s'axer sur · se diriger vers · se porter vers · se tourner vers

orifice *n.m.* **1 - ouverture** · bouche · entrée · **2 - trou** · **3 -** [Anat.] **foramen** · méat

oriflamme *n.f.* · bannière · banderole · drapeau · enseigne · étendard · [anciennt] flamme · gonfalon · vexille

originaire *adj.* **1 - natif** · aborigène · autochtone · indigène · naturel · **2 - congénital** · inné · **3 - premier** · d'origine · initial · primitif · originel

[1]original *n.m.* **1 - modèle** · archétype · prototype · source · **2 - manuscrit** · minute *(Droit)*

[2]original, e

▪ *adj.* **1 - inédit** · neuf · nouveau · sans précédent · [édition] princeps · **2 - personnel** · différent · innovant · inventif · non-conformiste · révolutionnaire · singulier · **3 - bizarre** · atypique · curieux · étonnant · étrange · excentrique · fantasque · farfelu · particulier · pittoresque · singulier · spécial · **4 -** [littér.] **originaire** · primitif · originel

▪ *n.* **1 - fantaisiste** · phénomène · numéro *fam.* · olibrius *fam.* · ovni *fam.* · **2 - anticonformiste** · bohème · marginal

originalité *n.f.* **1 - nouveauté** · innovation · audace · invention · inventivité · non-conformisme · **2 - spécificité** · particularité · traits distinctifs · **3 - bizarrerie** · étrangeté · excentricité · fantaisie · pittoresque · singularité

origine *n.f.* **1 - ascendance** · extraction · famille · filiation · parenté · souche · [d'un animal] pedigree · **2 - provenance** · [d'un mot] étymologie · **3 - commencement** · début · genèse · (point de) départ · **4 - naissance** · aube *littér.* · aurore *littér.* · **5 - embryon** · germe · **6 - source** · base · cause · fondement · motif · pourquoi · principe · raison

✦ **à l'origine** **1 - au début** · au départ · au commencement · initialement · primitivement · **2 - à la source**

✦ **être à l'origine de** **1 - déterminer** · catalyser · causer · déclencher · **2 - découler de** ·

dériver de · naître de · partir de · procéder de · provenir de · sortir de · venir de
✦ **d'origine** originel · primitif

origine, source, genèse

Origine, source et genèse sont relatifs à ce qui se situe aux commencements de quelque chose. Avec **origine**, on s'intéresse à l'aspect historique et temporel *(l'origine d'une légende, d'un mot)*. Mais l'**origine** peut aussi s'appliquer à l'espace *(chercher l'origine d'un produit, d'un message)*. **Source**, dans des contextes analogues, permet d'insister sur le point de départ *(rechercher l'origine d'un mot en remontant jusqu'à sa source ; un retour aux sources ; je vous donne cette information en citant ma source)*. **Genèse** se rapporte à l'ensemble des éléments qui ont contribué à produire quelque chose *(la genèse d'une théorie, d'une œuvre d'art, d'un sentiment)*.

originel, -elle *adj.* 1 - **initial** · originaire · premier · primitif · original *vieux ou littér.* · 2 - **congénital** · inné · naturel

originellement *adv.* · initialement · originairement · à l'origine · au (tout) début · primitivement

oripeaux *n.m.pl.* · guenilles · haillons · hardes · loques · nippes · frusques *fam.*

ornement *n.m.* 1 - **décoration** · embellissement · enjolivement · enrichissement · garniture · ornementation · 2 - [de vêtement] **accessoire** · colifichet · falbala · fanfreluche · parure · 3 - [de coiffure] **aigrette** · diadème · panache · plumet · pompon · 4 - [Typo] **fleuron** · miniature · vignette · 5 - [Mus.] **agrément** · fioriture

ornemental, e *adj.* · décoratif

ornementer *v.tr.* → **orner**

orner *v.tr.* 1 - **décorer** · agrémenter · animer · égayer · embellir · enjoliver · garnir · ornementer · parer · rehausser · 2 - [un livre] **enluminer** · illustrer · 3 - [un tissu] **broder** · galonner · passementer · pomponner · soutacher · tapisser · 4 - [un bijou] **façonner** · guillocher · ouvrager · 5 - [la réalité] **enjoliver** · broder sur · embellir · farder · rehausser

ornière *n.f.* · sillon · creux · trace

orphéon *n.m.* · fanfare · harmonie · musique

orque *n.f.* · épaulard

orteil *n.m.* · doigt de pied

orthodoxe *adj. et n.* · conventionnel · conformiste · traditionnel · traditionaliste

orthodoxie *n.f.* 1 - **conformisme** · 2 - **dogme** · ligne

orthogénie *n.f.* · contrôle des naissances · planning familial

orthographe *n.f.* · graphie · écriture

orthographier (s') *v.pron.* · s'écrire

os *n.m.* 1 - [au plur.] **ossature** · carcasse · ossements · squelette · 2 - [fam.] **difficulté** · ennui · obstacle · hic *fam.* · blème *fam.* · cactus *fam.* · pépin *fam.*

oscillation *n.f.* 1 - **balancement** · ballottement · bercement · branle · bringuebalement · vacillement · va-et-vient • [de la tête] dodelinement • [du bateau] roulis · tangage · 2 - **fluctuation** · flottement · hésitation · incertitude · instabilité · tergiversation · vacillement · variation

osciller *v.intr.* **1 – se balancer** · ballotter · branler · bringuebaler · tanguer · vaciller • [de la tête] dodeliner · **2 – fluctuer** · balancer · flotter · hésiter · tergiverser · vaciller · varier

➳ **hésiter**

osé, e *adj.* **1 – risqué** · audacieux · aventureux · hardi · hasardeux · intrépide · périlleux · téméraire · culotté *fam.* · **2 – grivois** · croustillant · cru · égrillard · épicé · gaulois · hardi · leste · licencieux · pimenté · polisson · salé · scabreux

oser *v.tr.* **1 – entreprendre** · essayer · tenter · se lancer dans · risquer • [une remarque] avancer · hasarder · **2 –** [+ infinitif] **ne pas craindre de** · s'aviser de · aimer à · se hasarder à · se permettre de · se risquer à · en venir à · avoir le front, l'impudence de *péj.*

ossature *n.f.* **1 – squelette** · carcasse · charpente · os · ossements · **2 – armature** · architecture · contexture · structure · texture · **3 – canevas** · armature · plan · structure · trame

osseux, -euse *adj.* · décharné · étique · maigre · squelettique

ossification *n.f.* **1 – ostéogenèse** · calcification · ostéogénie · **2 –** [Pathol.] **ostéophyte**

ossuaire *n.m.* **1 – ossements** · **2 – catacombes**

ostensible *adj.* · apparent · éclatant · évident · flagrant · manifeste · marqué · net · ostentatoire · ouvert · patent · visible · voyant

➳ **ostensible, ostentatoire**

Ostensible et ostentatoire qualifient ce qui est fait pour être vu. Ostensible, d'usage soutenu, implique souvent une intention de se distinguer *(un mécontentement ostensible ; l'intérêt un peu trop ostensible qu'il leur porte)*. Ostentatoire s'applique chaque fois que l'on met quelque chose en valeur d'une manière excessive et indiscrète *(un luxe ostentatoire ; étaler ses bijoux de façon ostentatoire)*.

ostensiblement *adv.* · ouvertement · à la face du monde · au grand jour · en public · manifestement · nettement · publiquement · visiblement · au vu et au su de tout le monde

ostentation *n.f.* · étalage · gloriole · parade · montre *littér.* · esbroufe *fam.* · épate *fam.*

ostentatoire *adj.* · voyant · indécent · ostensible · tapageur

➳ **ostensible**

ostraciser *v.tr.* [Hist.] proscrire · bannir · excommunier · exiler **exclusion**

➳ **exiler**

ostracisme *n.m.* **1 – exclusion** · boycott · élimination · éviction · quarantaine · rejet · **2 –** [Hist.] **proscription** · bannissement · excommunication · exil

otage *n.m.* · gage · caution · garant · répondant

ôter *v.tr.* **1 – dégager** · bouger · débarrasser · décharger · décrocher · déplacer · enlever · **2 –** [un vêtement] **enlever** · se débarrasser de · quitter · retirer · **3 – barrer** · biffer · radier · rayer · supprimer · **4 – déduire** · défalquer · retrancher · soustraire · **5 – confisquer** · retirer · ravir *littér.* · **6 –** [qqch. à qqn] **déposséder** · faire perdre à · dépouiller · priver · spolier

››› **s'ôter** *v.pron.* **s'écarter** · se pousser

ou *conj.* · sinon · autrement · faute de quoi · sans ça · sans quoi

ouate *n.f.* **1 - bourre** · **2 - coton**

ouaté, e *adj.* · feutré · amorti · assourdi · cotonneux · étouffé

ouater *v.tr.* · molletonner · fourrer

oubli *n.m.* **1 - amnésie** · absence · perte de mémoire · trou de mémoire · **2 - étourderie** · distraction · inadvertance · inattention · négligence · **3 - manque** · lacune · omission · trou *fam.* · **4 - abandon** · inobservation · manquement · négligence · **5 - anonymat** · effacement · néant · obscurité · **6 - pardon** · absolution · amnistie

✦ **oubli de soi-même** abnégation · désintéressement · dévouement · sacrifice

oublié, e *adj.* · abandonné · délaissé · ignoré · inconnu · méconnu · négligé · obscur · passé aux oubliettes (de l'histoire)

oublier *v.tr.* **1 - désapprendre** · **2 - ne pas penser à** · omettre · **3 -** [qqch. qqpart] **laisser** · **4 - négliger** · escamoter · faire l'impasse sur · laisser de côté · passer sous silence · sauter *fam.* · **5 - délaisser** · abandonner · se détacher de · négliger · faire son deuil de · faire une croix sur *fam.* · lâcher *fam.* · laisser tomber *fam.* · laisser au vestiaire *fam.* · **6 - pardonner** · effacer · enterrer · passer l'éponge sur *fam.* · **7 - se déconnecter de** · débrancher de *fam.*

✦ **faire oublier** effacer · éclipser

✦ **se faire oublier** ne plus se montrer · se faire tout petit *fam.* · raser les murs *fam.*

✦ **oublier vite** avoir la mémoire courte

✦ **j'ai oublié** cela m'a échappé · cela m'est sorti de l'esprit, la tête

✦ **j'oublie tout** j'ai la tête comme une passoire *fam.*

»» **s'oublier** *v.pron.* **s'effacer** · s'estomper · tomber aux oubliettes

oublieux, -ieuse *adj.* · inattentif · insouciant · léger · négligent · insoucieux *littér.*

ouest

▪ *n.m.* **couchant** *littér.* · occident · ponant *vieux*

▪ *adj.* **occidental**

oui

▪ *adv.* **assurément** · absolument · bien entendu · bien sûr · certainement · certes · d'accord · tout à fait · affirmatif *Mil. ou fam.* · O.K. *fam.* · ouais *fam.* · ça marche *fam.* · comment donc ! *fam.*

▪ *n.m.* **acceptation** · accord · acquiescement · agrément · aval · feu vert

✦ **dire oui** accepter · admettre · approuver

ouï-dire *n.m. invar.* · bruit · on-dit · racontar · rumeur · potin *fam.* · radio-trottoir *fam.* · téléphone arabe, de brousse *fam.*

ouïe *n.f.* **1 - audition** · oreille · **2 - branchie** · **3 -** [d'un violon] **esse**

ouïr *v.tr.* [littér.] entendre · écouter · percevoir · prêter, tendre l'oreille à

❧ **entendre**

ouragan *n.m.* **1 - cyclone** · hurricane · tornade · tourbillon · typhon · tempête · **2 - bourrasque** · rafale · tourmente · **3 - déferlement** · déchaînement · frénésie · maelström · tempête · tornade · tourbillon · tumulte

ourdir *v.tr.* 1 - **manigancer** · combiner · comploter · machiner · monter · organiser · préparer · projeter · tramer · mijoter *fam.* · nouer *vieilli* · 2 - [une étoffe] **tisser** · tramer · tresser

ourler *v.tr.* · border · coudre · roulotter · souligner

ourlet *n.m.* · bord · bordure · pli · rempli · repli

✦ **faux ourlet** passepoil

ours *n.f.* 1 - **nounours** *lang. enfants* · teddy-bear *vieilli* · 2 - **misanthrope** · insociable · sauvage · solitaire

outil *n.m.* 1 - **instrument** · accessoire · appareil · engin · machine · machine-outil · ustensile · 2 - **moyen** · aide · instrument

outillage *n.m.* · équipement · instruments · matériel · matos *fam.*

outiller *v.tr.* · équiper · fournir · pourvoir

outrage *n.m.* 1 - **insulte** · affront · injure · offense · avanie *littér.* · camouflet *littér.* · 2 - **atteinte** · attentat · coup · dommage · tort · [du temps] flétrissure · 3 - **violation** · entorse · manquement

outrageant, e *adj.* · insultant · blessant · humiliant · mortifiant · offensant · vexant

outrager *v.tr.* 1 - **insulter** · bafouer · cracher sur · déchirer · faire outrage à · humilier · injurier · insulter · mortifier · offenser · vexer · 2 - [vieilli] **attenter à** · contrevenir à · manquer à · violer

outrageusement *adv.* · excessivement · démesurément

outrance *n.f.* 1 - **démesure** · abus · exagération · excès · extravagance · exubérance · hypertrophie · 2 - **emphase** · enflure

✦ **à outrance** à l'excès

outrancier, -ière *adj.* 1 - **démesuré** · exagéré · excessif · forcé · hyperbolique · immodéré · outré · 2 - **criard** · tapageur · voyant

outre *prép. et adv.* · en plus de · en sus de · indépendamment · en dehors de

✦ **en outre** de plus · avec cela · également · d'autre part · de, par surcroît · en plus de cela · au surplus · en sus *soutenu* · par-dessus le marché *fam.*

✦ **outre mesure** exagérément · démesurément · excessivement

outré, e *adj.* 1 - **démesuré** · caricatural · exagéré · excessif · extrême · fort · hyperbolique · immodéré · outrancier · surfait · 2 - **révolté** · choqué · indigné · offensé · scandalisé · suffoqué

outré, indigné

Indigné exprime le sentiment de colère et de révolte que suscitent une situation, une attitude, des propos très déplaisants *(je suis indigné d'entendre de telles sottises, qu'on ait pu le recevoir si mal)*. **Indigné** s'applique aussi au comportement *(des regards indignés, des protestations indignées)*. Ce qui est **outré** est au-delà de toute mesure : dans les mêmes contextes qu'**indigné**, **outré** insiste sur la force de l'indignation et sur l'atteinte personnelle que l'on ressent *(je suis outré de votre conduite, que vous ayez pensé du mal de lui ; un ton outré)*.

outrecuidance *n.f.* 1 - **prétention** · fatuité · morgue · orgueil · présomption · suffisance · vanité · infatuation *littér.* · 2 - **effronterie** · aplomb · arrogance · audace · impertinence · impudence · insolence · culot *fam.* · toupet *fam.*

outrecuidant, e *adj.* 1 - **prétentieux** · fat · infatué ·

orgueilleux · présomptueux · rogue · suffisant · vaniteux · crâneur *fam.* · **2 - effronté** · arrogant · impertinent · impudent · insolent · culotté *fam.*

outrepasser *v.tr.* · dépasser · empiéter sur · enfreindre · franchir · passer · transgresser

outrer *v.tr.* **1 - amplifier** · caricaturer · charger · dramatiser · forcer · exagérer · grandir · grossir · **2 - révolter** · choquer · indigner · irriter · offenser · offusquer · scandaliser · couper le souffle à

ouvert, e *adj.*
I 1 - béant · **2 - accessible** · libre · **3 - découvert** · à l'air libre
II déclaré · flagrant · franc · manifeste · notoire · patent · public
III 1 - communicatif · cordial · démonstratif · expansif · extraverti · **2 - éveillé** · aigu · dispos · intelligent · pénétrant · perçant · vif · **3 - tolérant** · libéral
✦ **ouvert à** réceptif à · perméable à · sensible à

ouvertement *adv.* **1 - franchement** · carrément · clairement · librement · manifestement · nettement · sans ambages · sans détour · sans tourner autour du pot *fam.* · **2 - au grand jour** · à découvert · à la face du monde · en public · ostensiblement · publiquement · sans se cacher · au vu et au su de tout le monde

ouverture *n.f.*
I 1 - accès · entrée · issue · passage · **2 - trou** · brèche · faille · fente · fissure · jour · interstice · orifice · percée · trouée · **3 - fenêtre** · baie · hublot · **4 - bec** · bouche · goulot · gueule
II entrebâillement · écartement
III 1 - commencement · début · départ · **2 - lancement** · inauguration • [d'une exposition] **vernissage**
IV franchise · abandon · sincérité
V débouché
✦ **ouverture d'esprit** tolérance · libéralisme

»» **ouvertures** *plur.* **avances** · offres · propositions

ouvrage *n.m.* **1 - travail** · occupation · œuvre · tâche · besogne *littér.* · labeur *littér.* · **2 - livre** · écrit · essai · étude · manuel · opuscule · volume · **3 - construction** · bâtiment · édifice · monument · **4 -** [Milit.] **fortification** · bastille · bastion · blockhaus · citadelle · forteresse · fortin · rempart
↝ œuvre

ouvragé, e *adj.* · travaillé · ajouré · brodé · élaboré · façonné · orné · sculpté · ouvré *Techn. ou littér.*

ouvre-bouteille *n.m.* · décapsuleur

ouvrer *v.tr.* · fabriquer · élaborer · façonner · travailler

ouvrier, -ière *n.* **1 - travailleur manuel** · façonnier · manœuvre · O.P. · O.S. · prolétaire · **2 -** [vieux ou littér.] **artisan** · auteur

ouvrir *v.tr.*
I 1 - déballer · décacheter · défaire · déficeler · dépaqueter · **2 - déboucher** · décapsuler · **3 - déboutonner** · défaire · dégrafer · délacer
II 1 - déverrouiller · entrebâiller · entrouvrir • [avec difficulté] **crocheter** · forcer · **2 - écarter** · tirer · **3 - déplier** · déployer · étendre · **4 -** [les yeux] **écarquiller**

III 1 - couper · entamer · fendre · **2 - creuser** · percer · pratiquer · **3 - inciser** · entailler · percer • [un abcès] débrider
IV 1 - allumer · brancher · mettre en marche · **2 - commencer** · amorcer · débuter · engager · entamer · inaugurer · lancer · **3 - créer** · fonder

✦ **ouvrir sur** donner sur · déboucher sur · être relié à

»» **s'ouvrir** *v.pron.* **1 - éclore** · se déplier · s'épanouir · **2 - se déchirer** · crever · éclater · s'éventrer · **3 - se dérouler** · s'étaler · s'étendre · **4 - se confier** · se déboutonner · se débonder · s'épancher · se livrer

✦ **s'ouvrir à** s'éveiller à

ovale

▪ *adj.* **elliptique** · ové · ovoïdal · ovoïde

▪ *n.m.* **ellipse** · ove

ovation *n.f.* · acclamation · applaudissement · ban · bis · hourra · cri · vivat

ovationner *v.tr.* · acclamer · applaudir

oxydation *n.f.* · galvanisation · rouille

oxyder *v.tr.* · rouiller

oxygène *n.m.* · air (pur)

p

pacage *n.m.* · pâturage · herbage · pâture · pré · alpage · pâquis *vieux* · pâtis *vieux ou région.*

pacemaker *n.m.* · stimulateur cardiaque

pacifier *v.tr.* · apaiser · adoucir · calmer (les esprits de) · tranquilliser

pacifique *adj.* **1 - doux** · calme · débonnaire · paisible · placide · serein · tranquille · **2 - inoffensif**

pacifiste *n.* · antimilitariste · colombe · non-violent

packaging *n.m.* · conditionnement *recomm. offic.*

pacotille *n.f.* · camelote *fam.* · verroterie · cochonnerie *fam.* · nanar *fam.* · toc *fam.*

pacte *n.m.* · traité · accord · alliance · arrangement · convention · contrat · engagement · entente · marché
↝ **contrat**

pactiser *v.intr.* **1 - composer** · négocier · transiger · **2 - s'accorder** · s'entendre · fraterniser

pactole *n.m.* · trésor · fortune · magot *fam.*

pagaie *n.f.* · rame · aviron

pagaille *n.f.* **1 - fouillis** · désordre · bazar *fam.* · foutoir *fam.* · souk *fam.* · bordel *très fam.* · **2 - anarchie** · gabegie · chienlit *très fam.* · merdier *très fam.*
✦ **en pagaille** en grande quantité · à profusion · à gogo *fam.* · à la pelle *fam.*

paganisme *n.m.* · polythéisme

pagayer *v.intr.* · ramer

[1]**page** *n.f.* **1 - folio** · **2 - événement** · épisode · fait
✦ **première page** [de journal] une
✦ **page d'accueil** portail
✦ **les plus belles pages** œuvres choisies · anthologie · extraits · florilège · morceaux choisis · passages
✦ **à la page** moderne · à la mode · de son temps · branché *fam.* · câblé *fam.* · in *fam.* · mode *fam.* · tendance *fam.*

[2]**page** *n.m.* **1 - domestique** · menin · valet · **2 - écuyer**

paginer *v.tr.* · folioter · numéroter

pagne *n.m.* · paréo

paiement *n.m.* **1 - règlement** · acquittement · versement · **2 - rétribution** · récompense · rémunération · salaire

païen, païenne *adj. et n.* 1 - **idolâtre** · polythéiste · 2 - **impie** · infidèle · mécréant *vieux ou plaisant*

paillard, e

▪ *adj.* **licencieux** · coquin · égrillard · gaulois · grivois · impudique · luxurieux · polisson · salace · cochon *fam.*

▪ *n.* **débauché** · libertin · libidineux · cochon *fam.*

paillardise *n.f.* 1 - **débauche** · dépravation · lascivité · licence · lubricité · luxure · salacité · 2 - **grivoiserie** · gaillardise · gaudriole · gauloiserie

paillasse *n.f.* · matelas · couchette · grabat · litière · natte

paillasson *n.m.* 1 - **tapis-brosse** · 2 - **abri** · abrivent · brise-vent

paille *n.f.* 1 - **chaume** · éteule · feurre *vieux* · fouarre *vieux* · 2 - **fétu** · tige · 3 - [de pierre précieuse] **défaut** · crapaud · imperfection

✦ **homme de paille** prête-nom

paillote *n.f.* · case · cabane · hutte

pain *n.m.* 1 - **miche** · bricheton *fam., vieilli* · brignolet *argot* • [long] baguette · bâtard · flûte · parisien • [rond] boule · tourte *région.* · 2 - **nourriture** · pitance · subsistance

✦ **pain grillé** toast

✦ **pain de sucre** 1 - casson · 2 - [Géogr.] **cône**

pair *n.m.* 1 - **semblable** · collègue · condisciple · égal · 2 - **pareil** · 3 - [Écon.] **taux**

✦ **hors pair** supérieur · exceptionnel · extraordinaire · hors du commun · hors ligne · incomparable · inégalable · sans pareil

paire *n.f.* 1 - **tandem** · binôme · duo · 2 - **couple** · pariade

✦ **se faire la paire** → **s'enfuir**

paire, couple

Paire et **couple** se disent de deux éléments de même nature, qu'il s'agisse de choses ou d'êtres vivants. On parle de **paire** à propos de deux choses identiques ou symétriques utilisées ensemble *(une paire de chaussures, de gants, de draps)*, d'un objet formé de deux parties semblables et symétriques *(une paire de ciseaux, de lunettes)*, de deux parties du corps semblables *(une paire de fesses)*. **Paire** convient aussi pour deux animaux vendus ensemble *(une paire de canaris)*, mais on utilise plutôt **couple** quand il s'agit d'un mâle et d'une femelle de la même espèce *(un couple de pigeons)*. Seul **couple** est possible pour deux personnes unies par les liens de l'amour ou du mariage *(un couple de jeunes mariés, vivre en couple)*. Lorsque le lien est d'une autre nature, **paire** est plus familier que **couple** *(une paire/un couple d'amis)*.

paisible *adj.* · calme · débonnaire · doux · pacifique · placide · quiet · serein · tranquille · cool *fam.* · peinard *fam.* · pépère *fam.*

paisiblement *adv.* · calmement · doucement · pacifiquement · placidement · posément · sereinement · tranquillement

paître *v.intr.* **brouter** · manger · pacager · pâturer

✦ **envoyer paître** → **éconduire**

paix *n.f.* 1 - **calme** · repos · silence · tranquillité · quiétude *littér.* · 2 - **tranquillité (d'âme)** · sérénité · 3 - **pacification** · accalmie · apaisement · conciliation · réconciliation · 4 - **armistice** · pacte · traité · trêve · 5 - **concorde** · accord · entente · harmonie · ordre

✦ **faire la paix** **1 - poser les armes** · enterrer la hache de guerre · **2 - se réconcilier** · se mettre d'accord

pal *n.m.* · pieu

palabrer *v.intr.* **1 - discourir** · discuter · pérorer *péj.* · laïusser *fam.* · **2 - marchander** · discutailler *fam.*

palabres *n.f.pl.* **1 - discours** · conciliabule · conférence · conversation · discussion · paroles · **2 - pourparlers** · marchandage

palais *n.m.* **château**

✦ **palais de justice** tribunal

pale *n.f.* **1 - aile** · **2 - aube** · palette

pâle *adj.* **1 - clair** · **2 - décoloré** · affadi · délavé · déteint · éteint · **3 - blafard** · blanc · blême · cireux · défait · exsangue · hâve · livide · plombé · terreux · pâlichon *fam.* · pâlot *fam.* · de papier mâché *fam.* · **4 - faible** · doux · **5 - fade** · faible · incolore · inodore et sans saveur · insipide · médiocre · pauvre · piètre · terne

pâle, blafard, blême, livide

Pâle, blême, livide et **blafard** qualifient ce qui est d'une blancheur terne. **Pâle**, terme général, concerne une personne, son visage, son teint, sa peau : « Elle était toute fluette, pâle et comme sur le point de se trouver mal » (Gide, *Si le grain ne meurt*, I, I). **Pâle** s'emploie aussi pour caractériser une lumière faible *(la pâle lumière d'un réverbère)*. **Blême** s'applique seulement à une personne ; il renchérit sur la pâleur et marque le caractère maladif de la blancheur *(un teint, un visage blême)* ou l'extrême pâleur qui accompagne un sentiment violent *(il était blême de colère, de rage, de peur)*. **Livide**, dans des contextes équivalents, insiste sur le caractère terreux de la pâleur : « Son beau visage était livide. Toute humanité s'était effacée de ce front pâle, de cette bouche exsangue » (Julien Green, *Adrienne Mesurat*). **Blafard** dénote une pâleur sans éclat *(une lumière blafarde ; un ciel, un jour, un teint blafard ; des néons blafards)*.

palefrenier, -ière *n.* · garçon d'écurie · lad

palet *n.m.* · disque

paletot *n.m.* **1 - manteau** · pardessus · **2 - gilet** · sweater · veste

palette *n.f.* **1 - gamme** · choix · collection · ensemble · éventail · panoplie · **2 - aube** · pale · **3 -** [Boucherie] **paleron**

pâleur *n.f.* **1 - lividité** · blancheur · **2 - fadeur** · insipidité · pauvreté · platitude · tiédeur

pâlichon, -onne *adj.* → **pâle**

palier *n.m.* **1 - plateforme** · étage · **2 - échelon** · degré · étape · gradation · niveau · phase · stade

✦ **par paliers** graduellement · par degrés · progressivement

palinodie *n.f.* · changement d'opinion · désaveu · pirouette · retournement · rétractation · revirement · volte-face

pâlir

▪ *v.intr.* **1 - blêmir** · changer de couleur · verdir · **2 - se décolorer** · se faner · jaunir · passer · se ternir · **3 - s'affaiblir** · s'atténuer · s'effacer · s'estomper

✦ **faire pâlir** éclipser · diminuer · faire de l'ombre à

▪ *v.tr.* **décolorer** · faner · jaunir · ternir

palissade *n.f.* · clôture · banquette · barrière · lice · palis *vieux*

palliatif *n.m.* · expédient · exutoire · pis-aller · remède

pallier *v.tr.* **1 - remédier à** • atténuer • diminuer • parer à • pourvoir à • obvier à *soutenu* • **2 - cacher** • couvrir • déguiser • dissimuler • masquer • voiler

palmarès *n.m.* • hit-parade • résultats

palombe *n.f.* • (pigeon) ramier

pâlot, -otte *adj.* → **pâle**

palourde *n.f.* • clovisse *région.*

palpable *adj.* **1 - concret** • matériel • réel • sensible • tangible • **2 - manifeste** • certain • clair • évident • patent

palpation *n.m.* • toucher • investigation

palper *v.tr.* **1 - toucher** • examiner • manier • masser • tâter • peloter *fam.* • tripoter *fam.* • **2 -** [de l'argent, fam.] **gagner** • percevoir • recevoir • empocher *fam.* • encaisser *fam.* • ramasser *fam.* • se faire *fam.* • toucher *fam.*

❧ **toucher**

palpitant, e *adj.* **1 - pantelant** • frémissant • tremblant • **2 - excitant** • angoissant • captivant • émouvant • intéressant • passionnant • saisissant

palpitation *n.f.* • battement • frémissement • tremblement • trépidation • vibration

palpiter *v.intr.* **1 - battre** • **2 - frémir** • panteler • trembler • tressaillir • vibrer • **3 - scintiller**

paluche *n.f.* → **main**

paludisme *n.m.* • malaria • palu *fam.*

pâmer (se) *v.pron.* **1 - s'évanouir** • défaillir • perdre connaissance • tomber dans les pommes, les vapes *fam.* • tomber en pâmoison *vieux* • **2 - s'extasier** • s'émerveiller • tomber en extase • tomber en pâmoison *plaisant*

pâmoison *n.f.* • évanouissement • défaillance • faiblesse • malaise • syncope

pamphlet *n.m.* • diatribe • libelle • placard • satire • tract • factum *littér.*

pamphlétaire *n.* • polémiste • libelliste *littér.*

pan *n.m.* **1 - côté** • face • flanc • paroi • versant • **2 - morceau** • partie • portion • **3 - aspect** • facette • **4 - basque**

✦ **en pan de chemise** en bannière *fam., vieux*

panacée *n.f.* • remède (universel) • solution

panache *n.m.* **1 - aigrette** • bouquet • houppe • huppe • plume • plumet • **2 - brio** • aisance • éclat • (fière) allure • maestria • prestige • talent • virtuosité

panaché, e *adj.* **1 - mélangé** • divers • mêlé • varié • **2 - bariolé** • bigarré • multicolore • **3 - disparate**

❧ **bariolé**

panacher *v.tr.* **1 - mélanger** • mêler • **2 - barioler** • chamarrer

panade *n.f.* → **misère**

panaris *n.m.* • abcès • inflammation • phlegmon

pancarte *n.f.* • écriteau • affiche • enseigne • panneau • placard

panégyrique *n.m.* • apologie • dithyrambe • éloge • glorification • louange

❧ **apologie**

panégyriste *n.* **1 - apologiste** • encenseur • laudateur *littér.* •

thuriféraire *littér.* · zélateur *littér.* · louangeur *vieilli* · **2 -** [péj.] **adulateur** · flagorneur · flatteur · caudataire *littér.* · prôneur *littér.*

panel *n.m.* · échantillon · assortiment

panetière *n.f.* · armoire · dressoir

panier *n.m.* **1 - corbeille** · banne · barquette · bourriche · cabas · couffin · hotte · paneton · panière · **2 -** [Basket] **but** · **3 -** [fam.] → **derrière**[2]

✦ **panier percé** → **dépensier**

✦ (**robe à**) **paniers** (robe à) crinoline · vertugadin

✦ **panier à salade** [fam.] voiture cellulaire · boîte de six *lang. jeunes*

panique *n.f.* **1 - terreur** · affolement · effroi · épouvante · peur · **2 - déroute** · désordre · fuite · sauve-qui-peut

paniquer

▪ *v.tr.* **terrifier** · affoler · épouvanter

▪ *v.intr.* **s'affoler** · s'angoisser · avoir, prendre peur · perdre la tête · perdre son sang-froid · perdre le nord *fam.* · perdre les pédales *fam.*

panne *n.f.* **1 - arrêt (de fonctionnement)** · coupure · interruption · **2 -** [fam.] → **misère**

✦ **en panne 1 - hors service** · détraqué *fam.* · en carafe *fam.* · h. s. *fam.* · **2 - en suspens** · en attente · en souffrance · en carafe *fam.* · en plan *fam.* · en rade *fam.* · **3 -** [bateau] **immobile** · immobilisé

panneau *n.m.* **1 - écriteau** · indication · pancarte · plaque · signal · tableau · **2 - planche** · battant · vantail · volet · **3 - piège** · filet · **4 -** [Couture] **pan** · lé

panonceau *n.m.* · enseigne · armoiries

panoplie *n.f.* **1 - arsenal** · assortiment · cargaison · choix · collection · éventail · gamme · sélection · série · **2 - déguisement**

panorama *n.m.* **1 - vue** · décor · paysage · perspective · site · spectacle · **2 - tour d'horizon** · vue d'ensemble

panse *n.f.* **1 - ventre** · estomac · bedaine *fam.* · bedon *fam.* · bide *fam.* · **2 -** [de ruminants] **rumen** · **3 - galbe**

pansement *n.m.* **1 - bande** · adhésif · agglutinatif · bandage · bandelette · charpie · compresse · coton · gaze · linge · ouate · **2 - remède** · baume

panser *v.tr.* **1 - bander** · soigner · **2 - bouchonner** · brosser · étriller · **3 - adoucir** · apaiser · calmer

pansu, e *adj.* **1 - ventru** · replet · ventripotent · bedonnant *fam.* · **2 - galbé** · rebondi · renflé

pantagruélique *adj.* · gargantuesque · abondant · copieux · énorme · monumental · d'ogre · plantureux

pantalon *n.m.* · culotte · ben *fam.* · bénard *fam.* · falzar *fam.* · froc *fam.* · futal *fam.* · fute *fam.*

pantalonnade *n.f.* **1 - farce** · bouffonnerie · comédie · facétie · pirouette · pitrerie · pochade · **2 - feinte** · comédie · dérobade · duperie · faux-fuyant · fuite · grimace · hypocrisie · simagrées · simulation · singerie · tartuferie

pantelant, e *adj.* **1 - haletant** · essoufflé · hors d'haleine · suffocant · pantois *vieux* · **2 - tremblant** · frémissant · **3 - palpitant**

pantin *n.m.* **1 - marionnette** · fantoche · polichinelle · **2 -** [péj.] **bouffon** · clown · girouette · guignol · charlot *fam.* · **3 - esclave**

pantois, e *adj.* · abasourdi · ahuri · ébahi · interdit · interloqué · médusé · sans voix · sidéré · stupéfait · estomaqué *fam.* · soufflé *fam.* · suffoqué *fam.*

pantomime *n.f.* **1 - mimodrame** · saynète · **2 -** [péj.] **comédie** · cirque · contorsions · gesticulations · **3 -** [Antiq. romaine] **orchestique** · saltation

pantouflard, e *adj.* · casanier · sédentaire · popote *fam.* · pot-au-feu *vieilli*

pantoufle *n.f.* · chausson · babouche · charentaise · mule · savate

panure *n.f.* · chapelure

papa *n.m.* **père** · dab *argot* · paternel *fam.* · vieux *fam.*

✦ **de papa** → **dépassé**
✦ **à la papa** → **tranquillement**

papal, e *adj.* · pontifical

papauté *n.f.* **1 - pontificat** · **2 -** Saint-Siège · Vatican

pape *n.m.* **1 - souverain pontife** · chef de l'Église · Saint-Père · Sa Sainteté · **2 - chef (de file)** · gourou · leader

papelard, -e *adj.* · faux · doucereux · hypocrite · mielleux

papelardise *n.f.* · fausseté · hypocrisie

paperasserie *n.f.* · bureaucratie · tracasseries administratives

papier *n.m.* **1 - écrit** · article · copie · imprimé · papelard *fam.* · **2 -** document · note · **3 - pièce d'identité** · **4 -** [péj.] **paperasse** *fam.* · **5 -** [Fin.] **titre** · valeur

✦ **papier absorbant** essuie-tout
✦ **papier-monnaie** billet (de banque)
✦ **papier peint** tapisserie · revêtement mural

papillon *n.m.* **1 - lépidoptère** · **2 -** avis · prospectus · tract · **3 -** [fam.] → **contravention**

papillonner *v.intr.* **1 - s'agiter** · battre · clignoter · papilloter · **2 - s'éparpiller** · s'amuser · batifoler · changer · s'ébattre · folâtrer · marivauder · virevolter · voltiger

✦ **papillonner autour** tourner autour

papilloter *v.intr.* **1 - miroiter** · scintiller · trembler · trembloter · vaciller · **2 - cligner** · ciller · clignoter · papillonner

papotage *n.m.* **1 - bavardage** · babillage · caquetage *péj., fam.* · parlote *péj., fam.* · **2 - commérage** · cancan *fam.* · potin *fam.* · ragot *fam.*

papoter *v.intr.* **1 - bavarder** · babiller · causer · discuter le bout de gras *fam.* · jacasser *fam.* · faire la parlote *fam.* · tailler une bavette *fam.* · caqueter *péj., fam.* · **2 - cancaner** potiner · commérer *vieux*

papouille *n.f.* · chatouille · câlinerie · caresse · chatterie

papy *n.m.* → **grand-père**

paquebot *n.m.* · bateau · bâtiment · navire
❧ **bateau**

pâquerette *n.f.*

✦ **au ras des pâquerettes** qui ne vole pas haut · terre à terre

paquet *n.m.* **1 - colis** · **2 - emballage** · boîte · pack · sac · sachet · **3 - bagage** · balluchon · barda *fam.*

✦ **paquet de mer** lame

paquetage *n.m.* · bagage · affaires · équipement · barda *fam.* · fourniment *littér.*

parabole *n.f.* · allégorie · apologue · comparaison · fable

❧ **allégorie**

parachèvement *n.m.* **1 - achèvement** · accomplissement · conclusion · couronnement · la cerise sur le gâteau · **2 - perfection** · fignolage · peaufinage · polissage

parachever *v.tr.* **1 - achever** · accomplir · conclure · couronner · finir · mettre la dernière main à · terminer · mettre la touche finale à · **2 - parfaire** · ciseler · fignoler · peaufiner · perfectionner · polir · chiader *fam.* · lécher *fam.* · **3 - compléter** · enrichir

parachutage *n.m.* **1 - largage** · droppage · **2 - désignation** · nomination · catapultage *fam.*

parachuter *v.tr.* **1 - larguer** · droper · lâcher · **2 - affecter** · nommer · bombarder *fam.* · catapulter *fam.*

parade *n.f.* **1 - revue** · cérémonie · défilé · **2 - ostentation** · exhibition · esbroufe *fam.* · montre *littér.* · **3 - défense** · diversion · **4 -** [Escrime] **contre**

✦ **faire parade de** afficher · arborer · déployer · étaler · exhiber · faire étalage de · faire montre de · se parer de · tirer vanité de

parader *v.intr.* · s'afficher · s'étaler · faire le beau · faire le fier · faire l'important · faire la roue · se montrer · se pavaner · poser · frimer *fam.* · plastronner *littér.*

paradigme *n.m.* **1 - exemple** · modèle · référence · type · **2 - classe** · ensemble · série

paradis *n.m.* **1 - ciel** · cieux · cité céleste · cour céleste · céleste demeure · royaume de Dieu · le royaume éternel · **2 - (lieu de) délice(s)** · éden · Élysée *poétique* · **3 - eldorado** · pays de cocagne · **4 - nirvana** · **5 -** [au théâtre] **galerie** · poulailler *fam.*

✦ **oiseau de paradis** paradisier

paradisiaque *adj.* · enchanteur · divin · édénique · féerique · idyllique · merveilleux · sublime

paradoxal, e *adj.* · contradictoire · aberrant · absurde · antinomique · bizarre · illogique · inconcevable

paradoxalement *adv.* · curieusement · bizarrement · étrangement

paradoxe *n.m.* · contradiction · absurdité · antinomie · bizarrerie · illogisme · incohérence · inconséquence · sophisme

parage *n.m.* · extraction · naissance · race

parages *n.m.pl.* **1 - environs** · alentours · pays · secteur · voisinage · coin *fam.* · contrée *vieilli ou région.* · **2 -** [Mar.] **approche** · atterrage

paragraphe *n.m.* · alinéa · section · verset

paraître *v.intr.* **1 - apparaître** · se dessiner · se dévoiler · éclater · éclore · émerger · se manifester · se montrer · naître · percer · pointer · se présenter · ressortir · surgir · transparaître · venir · poindre *littér.* · **2 -** [en public, sur scène, à l'écran] **se**

produire · **3 – briller** · poser · se faire valoir · plastronner *fam.* · **4 – sembler** · avoir l'air · avoir la mine · faire figure · passer pour · faire *fam.* · **5 – être édité** · être dans les librairies · être publié · sortir

✦ **il paraît que** il semble que · on dit que · on prétend que

✦ **faire paraître** publier · éditer · rendre public · sortir

✦ **faire, laisser paraître** manifester · montrer · témoigner

☞ **sembler**

parallèle

▪ *adj.* **1 – analogue** · comparable · équivalent · proche · ressemblant · semblable · similaire · **2 – clandestin** · illégal · marginal · noir · occulte · souterrain · [médecine] alternative · douce

▪ *n.m.* **rapprochement** · analogie · comparaison · parallélisme

✦ **mettre en parallèle** comparer · mettre en balance · opposer · rapprocher

parallèlement *adv.* · corrélativement · à la fois · dans le même temps · en même temps · simultanément

parallélisme *n.m.* **1 – comparaison** · **2 – ressemblance** · analogie · similitude

paralysé, e

▪ *adj.* **1 – engourdi** · ankylosé · glacé · insensible · pétrifié · tétanisé · transi · perclus *littér.* · **2 – bloqué** · figé · gelé · immobile · inerte

▪ *adj. et n.* **paralytique** · impotent

paralyser *v.tr.* **1 – arrêter** · annihiler · bloquer · empêcher · entraver · figer · gêner · immobiliser · mettre au point mort · neutraliser · stopper · **2 – figer** · clouer (sur place) · engourdir · glacer · pétrifier · statufier · stupéfier · tétaniser · transir · **3 – intimider** · complexer · couper ses moyens à · inhiber

paralysie *n.f.* **1 – arrêt** · asphyxie · blocage · étouffement · étranglement · **2 – engourdissement** · ankylose · assoupissement · immobilité · inaction · impuissance · inertie · inhibition

paralytique *adj. et n.* · paralysé · impotent

paramètre *n.m.* · facteur · donnée · élément · indice · variable

parangon *n.m.* · modèle · canon · étalon · exemple · idéal · paradigme · prototype

paranoïaque *adj. et n.* · mégalomane · persécuté · mégalo *fam.* · parano *fam.*

parapet *n.m.* · balustrade · garde-corps · garde-fou · rambarde

paraphe *n.m.* · signature · émargement · griffe

paraphrase *n.f.* **1 – commentaire** · explication · glose · **2 – périphrase**

parapluie *n.m.* **1 – pébroc** *fam.* · pépin *fam.* · riflard *fam., vieilli* · **2 – protection** · couverture

parasite

▪ *adj.* **inutile** · encombrant · importun · superflu

▪ *n.* **profiteur** · pique-assiette *fam.* · écornifleur *vieux*

▪ *n.m.* **grésillement** · brouillage · bruit · friture *fam.*

parasiter *v.tr.* **1 – perturber** · brouiller · **2 – abuser de** · profiter de · vivre aux crochets de

paratonnerre *n.m.* · parafoudre

paravent *n.m.* 1 - **écran** · couverture · façade · prétexte · 2 - **protection** · abri

parc *n.m.* 1 - **jardin (public)** · 2 - **enclos** · 3 - **ensemble** · totalité · [de véhicules] flotte

✦ **parc zoologique** zoo · réserve (animalière)
✦ **parc de stationnement** parking · garage
✦ **parc à huîtres** clayère · huîtrière
✦ **parc à moules** bouchot · moulière

parcelle *n.f.* 1 - **morceau** · éclat · fraction · fragment · part · partie · portion · 2 - **atome** · bribe · brin · grain · miette · ombre · once · soupçon · 3 - **terrain** · lopin · lot · lotissement · terre

parce que *loc. conj.* · car · c'est que · comme · dans la mesure où · en effet · étant donné que · du fait que · pour ce que · puisque · par la raison que · sous prétexte que · vu que *fam.* · à cause que *pop.* · attendu que *Droit*

parchemin *n.m.* 1 - **écrit** · 2 - **vélin** · 3 - [fam.] → **diplôme**

parcimonie *n.f.* **économie** · épargne · mesure · mesquinerie *péj.*

✦ **avec parcimonie** parcimonieusement · modestement · petitement · au compte-gouttes *fam.* · chichement *fam.*
✦ **dépenser, distribuer, donner, fournir avec parcimonie** compter · marchander · ménager · mesurer · plaindre *vieilli*

parcimonieusement *adv.* · modestement · avec parcimonie · petitement · au compte-gouttes *fam.* · chichement *fam.*

parcimonieux, -ieuse *adj.* 1 - **mesuré** · économe · modeste · chiche *fam.* · 2 - [péj.] **avare** · mesquin · regardant · pingre *fam.* · 3 - **maigre** · court · insuffisant · juste · pauvre · serré · jeune *fam.* · riquiqui *fam.* · mesquin *péj.*

parcmètre *n.m.* · horodateur

parcourir *v.tr.* 1 - **traverser** · couvrir · franchir · 2 - **arpenter** · battre · faire le tour de · patrouiller dans · sillonner · visiter · 3 - **feuilleter** · lire (en diagonale) · regarder · survoler · 4 - **passer en revue** · explorer · inspecter · prospecter

parcours *n.m.* 1 - **distance** · traite · 2 - **itinéraire** · chemin · circuit · cours · course · route · trajet · 3 - **carrière** · cheminement · curriculum vitæ · trajectoire · [scolaire] cursus

✦ **un long parcours** une longue traite · une (bonne) trotte *fam.*

par-delà *prép* · de l'autre côté de · au-delà de

pardessus *n.m.* · manteau · gabardine · imperméable · pelure *fam.*

pardon *n.m.* **absolution** *soutenu ou Relig.* · amnistie · grâce · indulgence · miséricorde · rédemption · rémission

✦ **demander pardon** présenter des excuses · faire amende honorable
✦ **obtenir son pardon** rentrer en grâce
✦ **pardon ?** comment ? · quoi ? *fam.* · vous dites ? *soutenu* · plaît-il ? *vieilli ou plaisant*

excuse

pardon, absolution

Il y a **pardon** lorsqu'une personne décide de ne plus tenir compte d'une offense qui lui a été faite *(un geste de* *pardon, accorder son pardon, obtenir le pardon de quelqu'un).* On parle d'**absolution** lorsque la faute dont on a obtenu le pardon est considérée comme totalement effacée ; le mot appartient à la langue soutenue ou au vocabulaire de la religion catholique, l'**absolution** des péchés intervenant dans le sacrement de pénitence *(le prêtre administre l'absolution).*

pardonnable *adj.* 1 - **excusable** · graciable · rémissible · 2 - **acceptable** · tolérable

pardonner *v.tr.* 1 - **faire grâce** · absoudre · amnistier · gracier · oublier · remettre · 2 - **excuser** · faire crédit à · 3 - **tolérer** · passer (l'éponge) sur · supporter

paré, e *adj.* 1 - **orné** · décoré · endimanché · habillé · vêtu · bichonné *fam.* · pomponné *fam.* · 2 - **pourvu** · doté · équipé · nanti · 3 - **(fin) prêt**

pare-feu *n.m. invar.* · coupe-feu · écran

pareil, -eille

▪ *adj.* 1 - **identique** · même · similaire · 2 - **comparable** · analogue · équivalent · semblable · 3 - **tel**

✦ **pareil à, que** comme

✦ **c'est pareil** c'est bonnet blanc et blanc bonnet *fam.* · c'est kif-kif *fam.*

▪ *n.* 1 - **égal** · équivalent · 2 - **semblable** · congénère · pair

✦ **sans pareil** inégalable · excellent · exceptionnel · extraordinaire · hors du commun · hors ligne · hors pair · incomparable · sans égal · supérieur

✦ **rendre la pareille** 1 - **payer (de retour)** · remercier · rendre la réciproque · renvoyer l'ascenseur *fam.* · 2 - **répondre du tac au tac** · faire subir la loi du talion

▪ *adv.* [fam.] → **pareillement**

pareillement *adv.* 1 - **de la même façon** · à l'avenant · identiquement · semblablement · 2 - **aussi** · également · de même · idem *fam.* · pareil *fam.*

✦ **pareillement à** comme · de la même façon que · semblablement à

parement *n.m.* · revers · rabat · retroussis

[1]**parent, e** *adj.*

✦ **parent (de)** apparenté (à) · analogue (à) · proche (de) · semblable (à) · similaire (à) · voisin (de)

[2]**parent, e** *n.* 1 - **mère** · père · 2 - **ascendant** · ancêtre · aïeul · bisaïeul · trisaïeul · 3 - **proche** · allié · ascendant · collatéral · descendant · [éloigné] cousin à la mode de Bretagne *plaisant*

⋙ **parents** *plur.* 1 - **géniteurs** *plaisant.* · procréateurs *vieilli ou plaisant.* · vieux *fam.* · 2 - **proches** · famille · familiers · siens · 3 - **famille** · dynastie · lignée · maison · parenté

parenté *n.f.* 1 - **famille** · dynastie · lignage · ligne · lignée · 2 - **lien** · alliance · apparentage *rare* · ascendance · descendance · cousinage · filiation · fraternité · parentèle *vieux* · 3 - **sang** · consanguinité · origine · souche · 4 - **analogie** · affinité · corrélation · dépendance · lien · proximité · rapport · ressemblance · similitude

parenthèse *n.f.* · digression · incise

✦ **entre parenthèses** incidemment · soit dit en passant

[1]**parer** *v.tr.* 1 - **décorer** · agrémenter · arranger · embellir · enjoliver · fleurir · garnir · ornementer · orner ·

2 - endimancher · apprêter · habiller · bichonner *fam.* · pomponner *fam.* · attifer *fam., péj.* · **3 - colorer** · embellir · farder *péj.* · **4 -** [Cuisine] **préparer**

✦ **parer de** attribuer · auréoler de · orner de

››› **se parer** *v.pron.* **s'apprêter** · s'ajuster · s'arranger · s'endimancher · se bichonner *fam.* · se pomponner *fam.* · s'attifer *fam., péj.* · faire toilette *vieilli*

[2]**parer** *v.tr.* **1 - éviter** · détourner · échapper à · esquiver · **2 - défendre de** · garantir de · protéger de

✦ **parer à** **1 - se protéger de** · se mettre à l'abri de · se garantir contre, de · se prémunir contre · prévenir · **2 - envisager** · aviser à · se préparer à · **3 - faire face à** · pourvoir à · **4 - remédier à** · pallier · obvier à *soutenu*

paresse *n.f.* **1 - fainéantise** · flemmardise *fam.* · flemme *fam.* · cosse *fam., vieilli* · **2 - apathie** · assoupissement · engourdissement · indolence · inertie · langueur · lourdeur · mollesse · nonchalance · nonchaloir *vieux ou littér.* · **3 - désœuvrement** · oisiveté · **4 -** [Méd.] **atonie** · lenteur

paresse, fainéantise

Paresse, fainéantise définissent une relation à l'activité que l'on a dans une société. On parle de **paresse** à propos de quelqu'un qui répugne à tout travail et manifeste son goût à ne rien faire *(s'abandonner à la paresse)*, y compris dans le domaine intellectuel *(la paresse intellectuelle, de l'esprit)*. **Fainéantise** renchérit sur **paresse**, par la volonté affichée de ne rien faire. Dans quelques contextes, on peut employer **paresse** de manière positive *(l'éloge de la paresse, le droit à la paresse)*, alors que **fainéantise** est toujours négatif.

paresser *v.intr.* · lézarder · se prélasser · traîner · buller *fam.* · coincer la bulle *fam.* · fainéanter *fam.* · faire le lézard *fam.* · flemmarder *fam.* · glander *fam.* · ne pas en ficher une rame *fam.* · se la couler douce *fam.* · se les rouler *fam.* · se tourner les pouces *fam.* · tirer au flanc *fam.* · tirer au cul *très fam.* · traînasser *fam.*

paresseusement *adv.* · nonchalamment · indolemment · lentement · mollement · languissamment *littér.*

paresseux, -euse

▪ *adj.* **1 - indolent** · fainéant · languissant · mou · nonchalant · cossard *fam.* · feignant *fam.* · flemmard *fam.* · **2 - désœuvré** · inactif · oisif · **3 - endormi** · apathique · inerte · lent

▪ *n.* **fainéant** · cancre · partisan du moindre effort · branleur *fam.* · clampin *fam.* · cossard *fam.* · feignant *fam.* · flemmard *fam.* · glandeur *fam.* · jean-foutre *fam.* · tire-au-flanc *fam.* · tire-au-cul *très fam.*

▪ *n.m.* **aï (ou bradype)** · unau

✦ **être très paresseux** être paresseux comme une couleuvre · avoir les côtes en long *fam.* · avoir un poil dans la main *fam.* · avoir les pieds palmés *fam.* · ne pas se faire d'ampoules *fam.* · ne pas en ficher une rame *fam.* · ne pas se fouler (la rate) *fam.* · avoir les bras à la retourne *fam., vieilli*

parfaire *v.tr.* **1 - achever** · parachever · **2 - compléter** · enrichir · **3 - perfectionner** · ajouter à · améliorer · ciseler · épurer · fignoler · finir · mettre la dernière main à · mettre la touche finale à · polir · chiader *fam.* · lécher *fam.* · peaufiner *fam.*

parfait, e *adj.* 1 – **admirable** · accompli · achevé · beau · (très) bien · (très) bon · complet · en or · excellent · exemplaire · exquis · extraordinaire · idyllique · impeccable · idéal · incomparable · irréprochable · modèle · réussi · aux petits oignons *fam.* · au poil *fam.* · 2 – **sublime** · céleste · divin · 3 – **pur** · sans faute · sans tache · 4 – **entier** · absolu · complet · total · 5 – **adéquat** · infaillible · 6 – **exact** · strict · 7 – [péj.] **consommé** · complet · fameux · fieffé · fini · franc · pur · sacré

parfaitement *adv.* 1 – **admirablement** · à la perfection · à merveille · bien · divinement · excellemment · impeccablement · magnifiquement · merveilleusement · souverainement · superbement · supérieurement · on ne peut mieux · [travailler] comme un ange · 2 – **tout à fait** · absolument · complètement · entièrement · intégralement · pleinement · totalement · 3 – **bien sûr** · exactement · oui

parfois *adv.* **quelquefois** · de temps à autre · de temps en temps · à certains moments · par moments · des fois *fam.*

✦ **parfois ... parfois** tantôt ... tantôt

parfum *n.m.* 1 – **arôme** · effluve · exhalaison · fumet · odeur · senteur · fragrance *littér.* · 2 – [d'un vin] **bouquet** · 3 – **extrait** · eau de toilette · essence · sent-bon *fam., vieilli*

parfum, arôme

Parfum et **arôme** se disent l'un et l'autre d'une odeur plutôt agréable. **Parfum**, terme général, concerne aussi bien des odeurs naturelles qu'artificielles *(le parfum des roses, des herbes séchées, du miel ; un parfum de luxe, un parfum capiteux, léger)*. Il se dit également d'une odeur appétissante *(le parfum d'un pot-au-feu)*, concurrencé par **arôme** qui caractérise le parfum des choses de la table *(l'arôme du café, du vin)*. Par rapport à **parfum**, **arôme** est restreint aux principes odorants qui s'exhalent de végétaux, d'essences chimiques ou naturelles.

parfumé, e *adj.* 1 – **odorant** · aromatique · odoriférant · 2 – **aromatisé** · épicé

✦ **parfumé de** fleurant *littér.* · embaumant *littér.*

parfumer *v.tr.* 1 – **embaumer** · 2 – **aromatiser** · relever · 3 – **imprégner** · vaporiser

pari *n.m.* 1 – **enjeu** · 2 – **défi** · gageure *vieux*

paria *n.m.* 1 – **exclu** · marginal · 2 – **misérable** · défavorisé · 3 – **maudit** · réprouvé · 4 – [en Inde] **hors-caste** · intouchable

parier *v.tr.* 1 – **jouer** · engager · mettre en jeu · miser · risquer · 2 – **affirmer** · être sûr de · ficher son billet que *fam.* · mettre sa main au feu que *fam.* · gager *littér. ou vieux*

parier, gager

Parier et **gager** ont en commun l'idée d'engagement d'un enjeu dans un *pari*. **Parier** s'emploie couramment, que l'enjeu soit précisé *(je te parie cent euros qu'il arrivera le premier)* ou non *(il n'aime pas parier)*. Il sert également à exprimer une certitude *(je parie qu'il sera en retard)* ou une supposition *(je parie qu'il a encore oublié ses clefs)*, seule valeur encore vivante, dans un usage littéraire, de **gager** *(gageons qu'il se trompe : que ferez-vous ?)*. **Gager** est en effet à peu près sorti d'usage au sens de « parier quelque chose en supposant que » *(je gagerais une fortune qu'il est amoureux)*.

pariétal, e *adj.* · rupestre

parieur, -ieuse *n.* [Courses] turfiste

parisien, -ienne *n. et adj.* · parigot *fam.*

parité *n.f.* · égalité · concordance · communauté · identité · ressemblance · similitude

parjure
- *n.m.* **faux serment**
- *n.* **traître** · félon *littér.*
- *adj.* **déloyal** · infidèle

parking *n.m.* **1 - stationnement** · **2 - parc de stationnement** · box · garage

parlant, e *adj.* **1 - expressif** · éloquent · probant · significatif · **2 -** [fam., surtout au nég.] **bavard** · démonstratif · extraverti

parlé, e *adj.* **1 - oral** · **2 - verbal** · de vive voix

parlement *n.m.* · corps législatif · assemblée · chambre

[1]**parlementaire**
- *adj.* **constitutionnel** · représentatif
- *n.* **député** · élu · représentant · sénateur

[2]**parlementaire** *n.* · délégué · diplomate · émissaire · envoyé · représentant

parlementer *v.intr.* · débattre · argumenter · discuter · négocier · palabrer · traiter

[1]**parler** *v.intr.* **1 - s'exprimer** · ouvrir la bouche · l'ouvrir *fam.* · en placer une *fam.* · **2 - deviser** · discourir · bavarder · causer · conférer · converser · dialoguer · discuter · s'entretenir · baratiner *fam.* · jacter *fam.* · tailler une bavette *fam.* · tchatcher *fam.* · **3 -** [en public] **discourir** · déclamer · avoir, prendre la parole · amuser le tapis *fam.* · laïusser *fam.* · tenir le crachoir *fam.* · **4 -** [péj.] **pérorer** · jargonner · jaser · hâbler *vieux* · **5 -** [jeu] **annoncer** · **6 - avouer** · accoucher *fam.* · vider son sac *fam.* · se mettre à table *fam.* · manger le morceau *fam.* · **7 - s'abandonner** · se communiquer · se confier · se déboutonner

✦ **parler bas** chuchoter · marmotter · murmurer · souffler · baisser le ton, la voix

✦ **parler mal** bafouiller · balbutier · bégayer · bléser · bredouiller · chevroter · grailler · grasseyer · nasiller · zézayer · baragouiner *fam.*

✦ **parler peu** être avare de paroles

✦ **parler sans cesse** **1 - ne pas tarir** · **2 - n'avoir pas la langue dans sa poche** *fam.* · dépenser sa salive *fam.* · être un vrai moulin (à paroles) *fam.*

✦ **parler à** **1 - adresser la parole à** · s'adresser à · **2 - émouvoir** · interpeller · toucher

✦ **parler de** **1 - discuter de** · aborder · en venir à · débattre de · toucher un mot de · traiter de · **2 - porter sur** · traiter de · **3 - citer** · mentionner · nommer · tenir des discours, des propos sur · [avec enthousiasme] avoir plein la bouche de · **4 - envisager de** · penser à · projeter de · se proposer de · songer à

✦ **parler en faveur de, pour** plaider pour · défendre · se faire l'avocat de · intercéder pour · intervenir pour · militer pour

✦ **parler contre** attaquer · critiquer · décrier · s'élever contre · invectiver

✦ **parler pour, au nom de** prêter sa voix à · être le porte-parole de

✦ **faire parler** **1 - délier la langue de** · dénouer la langue de · faire jaser · **2 - tirer les vers du nez à** *fam.*

✦ **faire parler de soi** défrayer la chronique · faire couler beaucoup d'encre
✦ **parler plus fort** hausser le ton
✦ **sans parler de** indépendamment de · outre · pour ne rien dire de

²parler *n.m.* 1 - **idiome** · dialecte · idiolecte · langue · patois · sociolecte · 2 - **diction** · articulation · élocution · prononciation
✦ **parler-vrai** franchise · franc-parler · liberté (de ton) · naturel · spontanéité
❧ **dialecte**

parleur, -euse *n.*
✦ **beau parleur** 1 - **séducteur** · baratineur *fam.* · 2 - [vieilli] **phraseur**
✦ **grand parleur** bavard · discoureur

parlophone *n.m.* · interphone

parmi *prép.* 1 - **au milieu de** · dans · entre · 2 - **au sein de** · avec · à, au côté de · près de · au nombre de · au rang de · chez · sur

parodie *n.f.* 1 - **imitation** · pastiche · 2 - **simulacre** · caricature · travestissement
❧ **pastiche**

parodier *v.tr.* · caricaturer · contrefaire · imiter · mimer · pasticher · railler · ridiculiser · singer *fam.*

paroi *n.f.* 1 - **cloison** · mur · muraille · 2 - **à-pic**

paroisse *n.f.* 1 - **communauté** · village · 2 - **chapelle** · église

paroissien, -ienne *n.* 1 - **brebis** · ouaille · 2 - **missel** · livre de messe · 3 - [fam.] → **individu**

parole *n.f.*
I 1 - **langage** · verbe *littér.* · 2 - **phonation** · voix · 3 - **éloquence** · discours · langue · verbe · 4 - **diction** · élocution · parler · ton
II 1 - **mot** · discours · expression · formule · propos · 2 - **assurance** · engagement · foi · promesse · serment · 3 - **déclaration** · dire · 4 - **texte**
✦ **donner sa parole (d'honneur)** promettre · garantir · jurer
✦ **rendre, retirer sa parole** se dédire · se rétracter

parolier, -ière *n.* · auteur · chansonnier · dialoguiste · librettiste · scénariste

paroxysme *n.m.* 1 - **comble** · extrême · maximum · point culminant · sommet · summum · 2 - **exacerbation** · crise
✦ **à son paroxysme** à son comble

parquer *v.tr.* 1 - **garer** · stationner *Québec* · 2 - **enfermer** · confiner · entasser · rassembler

parquet *n.m.* 1 - **plancher** · 2 - **ministère public**

parrain *n.m.* 1 - **tuteur** · 2 - **caution** · garant · répondant · 3 - **sponsor**

parrainage *n.m.* 1 - **patronage** · appui · caution · égide · protection · recommandation · soutien · tutelle · 2 - **sponsorisation** · financement · sponsoring

parrainer *v.tr.* 1 - **sponsoriser** · commanditer · financer · 2 - **patronner** · aider · appuyer · protéger · soutenir · 3 - **introduire** · cautionner · présenter · recommander · pistonner *fam.*

parsemé, e *adj.*

✦ **parsemé de** couvert de · constellé de · criblé de · émaillé de · jonché de · pailleté de · recouvert de · saupoudré de · semé de

parsemer *v.tr.* **disperser** · disséminer · répandre · semer

✦ **parsemer de** couvrir de · consteller de · émailler de · entremêler de · pailleter de · recouvrir de · saupoudrer de · semer de

part *n.f.* **1 – partie** · division · fraction · fragment · morceau · parcelle · portion · ration · tranche · [de terre] lopin · **2 – participation** · appoint · apport · contingent · contribution · écot · lot · quote-part · **3 – prorata** · quotité

✦ **la plus grande part** la plupart · la majorité · le gros *fam.*

✦ **à part** **1 – spécial** · atypique · particulier · **2 – séparément** · en particulier · indépendamment · **3 – en aparté** · seul à seul · **4 – excepté** · en dehors de · exception faite de · hormis · sauf · **5 – à l'écart** · de côté

✦ **mettre à part** écarter · excepter · séparer

✦ **autre part** ailleurs · sous d'autres cieux · sous d'autres latitudes

✦ **d'autre part** d'ailleurs · par ailleurs · en outre

✦ **d'une part ..., de l'autre ; d'une part ..., d'autre part** d'un côté ..., de l'autre

✦ **de toutes parts** de partout · de tous côtés

✦ **pour ma part** quant à moi · de mon côté · en ce qui me concerne

✦ **de la part de** au nom de · de la main de · venant de

✦ **avoir part à** participer à

✦ **prendre part à** **1 – participer à** · assister à · être de · se joindre à · se mêler à · **2 – collaborer à** · aider à · concourir à · contribuer à · coopérer à · intervenir dans · jouer son rôle dans · se mêler de *péj.* · **3 – partager** · s'associer à · éprouver · compatir avec · **4 –** [péj.] **être complice de** · être mouillé dans *fam.* · tremper dans *fam.*

✦ **faire part de** faire connaître · annoncer · communiquer · confier · informer de · instruire de · manifester · signaler

✦ **faire la part de** tenir compte de · distinguer

côtés (de tous)

part, partie, portion

Part, **partie** et **portion** désignent l'élément d'un ensemble. **Partie**, terme général, s'emploie quand un élément est perçu dans ses relations avec ce qui le comprend *(les parties égales d'un gâteau, la plus grande partie de la région)*. Une **part** est la partie que l'on attribue à quelqu'un dans la répartition d'une chose entre plusieurs personnes *(une grosse part de tarte, recevoir une part des bénéfices)*. **Portion** se dit de la partie d'un tout quand elle n'est pas nombrable *(une portion de route, une portion de l'humanité)* ou de la partie d'un mets destinée à une personne, notamment dans les repas de communautés *(une portion de viande, dans une cantine)*.

partage *n.m.* **1 – partition** · découpage · démembrement · division · fractionnement · fragmentation · morcellement · séparation · **2 – distribution** · répartition · **3 – communion** · participation · **4 –** [Droit] **liquidation** · succession · **5 – part** · destinée · lot · sort

✦ **sans partage** **1 – entièrement** · **2 – total** · absolu · entier · exclusif

✦ **faire le partage entre** faire la différence entre · distinguer entre · différencier · faire le départ entre *littér.*

✦ **donner, réserver en partage** impartir · douer · départir *littér., vieilli*

partagé, e *adj.* 1 - **commun** · général · 2 - **mutuel** · réciproque · 3 - **hésitant** · déchiré · écartelé · embarrassé · perplexe · tiraillé

partager *v.tr.*
I 1 - **diviser** · cloisonner · démembrer · fractionner · fragmenter · morceler · scinder · séparer · subdiviser · 2 - **sectionner** · couper · débiter · découper · dépecer · 3 - **écarteler** · tirailler
II 1 - **distribuer** · attribuer · départager · départir · lotir · répartir · dispatcher *fam.* · 2 - **avoir, mettre en commun**
III 1 - **embrasser** · épouser · se solidariser avec · 2 - **prendre part à** · s'associer à · compatir à · éprouver · participer à

✦ **faire partager** communiquer

⋙ **se partager** *v.pron.* **se ramifier** · se diviser · se dissocier · se scinder · se séparer · se subdiviser

partance (en) *adv.* **sur le départ** · qui va partir

✦ **en partance pour** à destination de

[1]**partant, e** *adj.* · d'accord · disposé · favorable · volontaire · chaud *fam.* · emballé *fam.* · pour *fam.*

[2]**partant** *conj.* · ainsi · par conséquent · donc

partenaire *n.* 1 - **compagnon (de jeu)** · équipier · 2 - **cavalier** · danseur · 3 - **interlocuteur** · 4 - **allié** · associé · coéquipier · collaborateur · complice

parterre *n.m.* 1 - **massif** · corbeille · plate-bande · 2 - **auditoire** · assistance · orchestre · public · salle · spectateurs

[1]**parti, e** *adj.* 1 - **absent** · disparu · 2 - [bien, mal] **commencé** · engagé · barré *fam.* · embarqué *fam.* · 3 - [fam.] → **ivre**

✦ **parti de** issu de · sorti de

[2]**parti** *n.m.* 1 - **association** · formation · groupe · mouvement · organisation · rassemblement · union · 2 - **camp** · clan · chapelle *péj.* · coterie *péj.* · faction *péj.* · ligue *péj.* · secte *péj.* · cabale *péj., vieux* · 3 - **tendance** · bord · cause · côté · 4 - **décision** · résolution · 5 - **solution**

✦ **parti pris** partialité · idée préconçue · préjugé · prévention
✦ **de parti pris** partial · orienté · partisan · subjectif · tendancieux · qui a ses têtes *fam.*
✦ **prendre parti** choisir · (se) décider · prendre position · s'engager · se mouiller *fam.*
✦ **prendre parti pour, prendre le parti de** défendre · se ranger au côté de · se ranger sous le drapeau, l'étendard de · soutenir · suivre
✦ **prendre parti contre** attaquer · s'élever contre
✦ **faire un mauvais parti à** malmener · maltraiter
✦ **tirer parti de** exploiter · profiter de · tirer avantage de · tirer bénéfice de · tirer profit de · se servir de · utiliser
✦ **prendre son parti de, en prendre son parti** s'accommoder de · se résigner à · se résoudre à · se faire une raison

parti, faction, camp, clan

Parti, faction, camp et **clan** désignent chacun un groupe de personnes qui partagent des idées ou des intérêts. Un **parti** réunit des personnes qui défendent des buts communs *(entrer dans un parti)* ; c'est en particulier une organisation politique qui a pour fin de donner le pouvoir à un groupe *(un parti républicain, démocrate ; un parti de droite, de gauche ; les partis de la majorité, de l'opposition)*. Une **faction** implique un groupe organisé qui use de violence et cherche à provoquer des troubles contre le pouvoir établi *(un pays divisé par des factions, des factions ennemies)*. **Camp** suppose toujours qu'un groupe ou un parti est opposé à un autre *(le camp des opposants, des mécontents ; changer de camp)*. **Clan** s'emploie aussi en ce sens, mais définit des groupes de dimensions plus restreintes *(la réunion a tourné en affrontement entre deux clans)*.

partial, e *adj.* 1 - **partisan** · de parti pris · orienté · sectaire · 2 - **injuste** · prévenu · subjectif · tendancieux

partialité *n.f.* 1 - **parti pris** · préjugé · 2 - **aveuglement** · faiblesse · favoritisme · préférence · 3 - **injustice** · prévention

participant, e *adj. et n.* 1 - **présent** · 2 - **acteur** · protagoniste · 3 - **concurrent** · compétiteur · 4 - **adhérent** · membre

participation *n.f.* 1 - **collaboration** · aide · concours · coopération · 2 - **apport** · contribution · mise (de fonds) · part · quote-part · souscription · 3 - **adhésion** · complicité · connivence · 4 - **intéressement** · actionnariat (ouvrier)

participe *n.m.* · adjectif verbal

participer *v.tr. ind.* **se mettre, être de la partie** · s'impliquer · entrer dans la danse, le jeu · mettre la main à la pâte

✦ **participer à** 1 - **se joindre à** · se mêler à, de · s'immiscer dans *péj.* · 2 - **assister à** · prendre part à · 3 - **collaborer à** · aider · concourir à · contribuer à · coopérer à · fournir à · servir · soutenir · être complice de *péj.* · être mouillé dans *péj., fam.* · tremper dans *péj., fam.* · 4 - **être de** · faire partie de · figurer dans · 5 - **s'associer à** · éprouver · partager

✦ **participer de** appartenir à · s'apparenter à · dépendre de · procéder de · relever de · tenir de · ressortir de *soutenu*

particulariser *v.tr.* **individualiser** · singulariser

››› **se particulariser** *v.pron.* **se différencier** · différer · se distinguer · se faire remarquer · se signaler · se singulariser · sortir du lot

particularisme *n.m.* 1 - **particularité** · caractère · 2 - **régionalisme**

particularité *n.f.* 1 - **caractéristique** · attribut · idiosyncrasie · modalité · propriété · qualité · spécificité · 2 - **originalité** · différence · individualité · particularisme · singularité · 3 - **anomalie** · exception · irrégularité

particule *n.f.* 1 - **élément** · fragment · parcelle · 2 - **corpuscule** · atome · molécule *vieux* · 3 - [Ling.] **affixe** · préfixe · suffixe

✦ **nom à particule** nom à rallonge *fam.* · nom à charnière *fam.* · nom à tiroirs *fam.*

particulier, -ière

▪ *adj.* 1 - **individuel** · distinct · isolé · séparé · 2 - **personnel** · intime · privé · 3 - **caractéristique** · distinctif · propre · spécial · spécifique · sui generis · typique · 4 - **original** · bizarre · extraordinaire · remarquable · singulier · 5 - **précis**

✦ **cas particulier** circonstance · [Droit] cas d'espèce

✦ **particulier à** propre à · spécifique de · typique de

■ *n.m.* **1** – [fam.] → **individu**

✦ **en particulier** **1** – **particulièrement** · notamment · spécialement · surtout · **2** – **en privé** · seul à seul · entre quat'z'yeux *fam.*

☞ typique

particulièrement *adv.* **1** – **notamment** · en particulier · principalement · spécialement · spécifiquement · surtout · **2** – **extrêmement** · éminemment · exceptionnellement · notablement · prodigieusement · remarquablement · singulièrement

partie *n.f.* **1** – **division** · fraction · fragment · morceau · parcelle · part · portion · quartier · section · segment · tranche · tronçon · **2** – **sous-ensemble** · branche · embranchement · rameau · ramification · **3** – **chapitre** · fragment · morceau · passage · subdivision • [de pièce de théâtre] acte · scène · **4** – **élément** · composant · membre · organe · pièce · **5** – **côté** · bout · extrémité · **6** – **détail** · bribe · miette · **7** – **phase** · étape · stade · **8** – **spécialité** · domaine · métier · profession · secteur · branche *fam.* · créneau *fam.* · rayon *fam.* · sphère *fam.* · **9** – **jeu** · manche · match · rencontre · **10** – [Mus.] **morceau** · mouvement · passage · voix

✦ **en partie** partiellement · à moitié · incomplètement

✦ **faire partie de** **1** – **être au, du nombre de** · être, compter, figurer, se ranger parmi · **2** – **appartenir à** · entrer dans · dépendre de · relever de · **3** – **participer à** · être membre de

✦ **prendre à partie** s'en prendre à · agresser · attaquer · rentrer dans le lard à *fam.* · sauter sur *fam.*

✦ **abandonner, quitter la partie** **1** – **se désister** · **2** – **renoncer** · raccrocher (les gants) · jeter l'éponge *fam.*

☞ part

partiel, -ielle *adj.* · fragmentaire · incomplet · lacunaire · limité · parcellaire · relatif

partiellement *adv.* · en partie · à demi · incomplètement

partir *v.intr.*

I 1 – **s'en aller** · se mettre en marche · se mettre en chemin, en route · démarrer · **2** – **se sauver** · battre en retraite · décamper · déguerpir · quitter la place · se barrer *fam.* · calter *fam.* · se carapater *fam.* · se casser *fam.* · débarrasser le plancher *fam.* · se débiner *fam.* · décaniller *fam.* · décoller *fam.* · dégager *fam.* · évacuer *fam.* · se faire la malle *fam.* · se faire la valise *fam.* · ficher, foutre le camp *fam.* · jouer la fille de l'air *fam.* · lever l'ancre *fam.* · lever le pied *fam.* · lever le siège *fam.* · mettre la clé sous la porte *fam.* · les mettre *fam.* · mettre les bouts *fam.* · mettre les voiles *fam.* · plier bagage *fam.* · prendre la clé des champs *fam.* · prendre la poudre d'escampette *fam.* · prendre le large *fam.* · se tailler *fam.* · tailler la route *fam.* · se tirer *fam.* · tourner, montrer les talons *fam.* · vider les lieux *fam.* · **3** – **déménager** · déloger *vieilli* · **4** – [en vitesse] **détaler** · s'enfuir · fuir · jouer des jambes *fam.* · prendre ses jambes à son cou *fam.* · **5** – **sortir** · gagner la porte, la sortie · prendre congé · se retirer · **6** – [discrètement] **s'esquiver** · s'échapper · s'éclipser · fausser compagnie · filer (à l'anglaise) · **7** – **s'absenter** · disparaître · voyager · émigrer · faire son balluchon, ses valises, ses paquets *fam.* · **8** – **se disperser** ·

circuler · **9** – [navire] **appareiller** · lever l'ancre · **10** – **s'envoler** · décoller · **11** – **fuser** · jaillir · sauter
II 1 – [euph.] **mourir** · disparaître · **2** – **s'effacer** · disparaître · s'enlever
III commencer · débuter · démarrer · s'engager

✦ **être sur le point de partir** avoir le pied à l'étrier · être dans les starting-blocks · graisser ses bottes *vieilli*

✦ **partir de** **1** – **sortir de** · venir de · s'élancer de · fuser de · jaillir de · **2** – **commencer par** · débuter par · **3** – **procéder de** · émaner de · provenir de

✦ **partir loin de** abandonner · délaisser · s'éloigner de · fuir · quitter · se séparer de

✦ **faire partir** commencer · démarrer · engager · lancer

✦ **à partir de** à compter de · à dater de · dès

✦ **à partir de ce moment** de ce moment · depuis · dès lors

✦ **à partir d'aujourd'hui, de maintenant** à l'avenir · désormais · dorénavant

partisan, e

▪ *n.* **1** – **adepte** · allié · ami · disciple · fidèle · supporter · féal *plaisant* · homme lige *plaisant* · **2** – **adhérent** · affilié · associé · recrue · **3** – **militant** · défenseur · propagandiste *péj.* · prosélyte *péj.* · sectateur *péj.* · zélateur *vieux* · **4** – [péj.] **affidé** · conspirateur · factieux · fauteur · suppôt · **5** – **résistant** · franc-tireur · guérillero

▪ *adj.* **de parti pris** · orienté · partial · sectaire · subjectif · tendancieux

✦ **partisan de** favorable à

partout *adv.* · de tous côtés · de toutes parts · à tous les coins de rue · tous azimuts *fam.*

✦ **être partout à la fois** être au four et au moulin

parturition *n.f.* · accouchement · enfantement · gésine *rare* · [d'animaux] mise bas

parure *n.f.* **1** – **ornement** · décoration · **2** – **mise** · toilette · atours *littér.* · **3** – **bijoux** · joyaux

parution *n.f.* · publication · édition · lancement · sortie

parvenir *v.tr. ind.*

✦ **parvenir à** **1** – **joindre** · aboutir à · aller jusqu'à · arriver à · atteindre · venir à · **2** – **s'élever à** · accéder à · **3** – **trouver moyen de** · obtenir · réussir à · venir à bout de

✦ **faire parvenir** **1** – **acheminer** · **2** – **transmettre** · adresser · envoyer

parvenu *n.m.* **1** – **nouveau riche** · arrivé · arriviste · **2** – **vulgaire**

parvis *n.m.* · esplanade · agora · place

[1]pas *n.m.*

I 1 – **enjambée** · foulée · **2** – **allure** · marche · train · vitesse · **3** – **démarche** · marche · **4** – **empreinte** · trace · **5** – **avance** · bond · progrès
II 1 – **étape** · degré · palier · seuil · **2** – **passage** · col · défilé · détroit · **3** – **devant** · seuil

✦ **premier pas** jalon · essai · tentative

✦ **faux pas** **1** – **chute** · glissade · **2** – **erreur** · écart · faiblesse · faute

✦ **pas de clerc** bévue · bêtise · bourde · erreur · impair · imprudence · maladresse · boulette *fam.* · gaffe *fam.*

✦ **pas à pas** **1** – **graduellement** · progressivement · **2** – **doucement** · lentement · **3** – [suivre] **comme un caniche**

✦ **à pas comptés** prudemment · avec précaution · en marchant sur des œufs

✦ **avoir, prendre le pas sur** 1 - **l'emporter sur** · avoir l'avantage sur · avoir le dessus sur · 2 - **précéder** · avoir la préséance sur

❧ **défilé**

²pas *adv.* **aucunement** · en rien · nullement · pas du tout · goutte *littér.* · point *littér.*

✦ **pas un** aucun · pas l'ombre d'un · pas la queue d'un *fam.*

passable *adj.* · acceptable · admissible · assez bon · correct · honnête · moyen · suffisant · supportable · potable *fam.*

passablement *adv.* 1 - **assez** · plutôt · relativement · 2 - **moyennement** · raisonnablement · pas mal *fam.*

passade *n.f.* 1 - **aventure** · affaire · amourette · flirt · liaison · béguin *fam.* · fredaine *vieilli* · galanterie *vieux* · passionnette *vieux* · 2 - **caprice** · coup de tête · fantaisie · toquade

passage *n.m.*

I 1 - **voie** · allée · chemin · gué · 2 - **ouverture** · accès · entrée · porte, galerie de communication · issue · seuil · sortie · col · débouché · pas · passe · trouée · 3 - [étroit] **boyau** · chenal · corridor · couloir · dégagement · défilé · détroit · galerie · gorge · goulet

II 1 - **franchissement** · traversée · 2 - **écoulement** · fuite · 3 - **voyage** · 4 - **circulation** · allée et venue · trafic · va-et-vient · 5 - **transition** · changement · gradation

III 1 - **moment** · circonstance · passe · période · 2 - **extrait** · fragment · morceau · page

✦ **au passage** [rattraper] au vol

✦ **de passage** 1 - **provisoire** · éphémère · 2 - **en transit**

passager, -ère

▪ *n.* **voyageur**

▪ *adj.* 1 - **court** · bref · de courte durée · 2 - **fugitif** · éphémère · fragile · frêle · fugace · précaire · 3 - **épisodique** · momentané · provisoire · temporaire · transitoire

❧ **passager, fugitif**

Passager et **fugitif** comprennent tous deux l'idée de durée brève et s'appliquent à des sentiments, à des choses de l'existence *(un bonheur, un plaisir passager/fugitif ; une émotion, une impression passagère/fugitive)*. En parlant d'un phénomène, **passager** ne qualifie que sa brièveté *(une pluie, une mode, une crise, une folie passagère)*, alors que **fugitif** exprime aussi, avec l'idée d'évanescence, ce qui passe et s'éloigne rapidement *(une vision fugitive, les formes fugitives des nuages)*.

passagèrement *adv.* 1 - **momentanément** · provisoirement · temporairement · 2 - **brièvement** · fugitivement

passant, e

▪ *adj.* **fréquenté** · animé · populeux · passager *fam.*

▪ *n.* **piéton** · badaud · flâneur · promeneur · chaland *vieilli*

passation *n.f.* · transmission · dévolution · transfert

passe *n.f.* 1 - **passage** · canal · chenal · détroit · goulet · 2 - **moment** · circonstance · passage · période

✦ **maison de passe** maison close · bordel *fam.* · lupanar *fam., vieilli* · boxon *argot* · clandé *argot* · claque *argot* · maison de tolérance *vieux*

✦ **en passe de** en position de · en état de · en situation de · en voie de · sur le point de · très près de
✦ **être en passe de réussir** être en bonne voie · tenir le bon bout *fam.*

[1]passé, e *adj.*
I 1 - accompli · écoulé · révolu · **2 -** [heure] **bien sonné** · **3 - dernier** · précédent
II 1 - ancien · démodé · désuet · vieilli · **2 - flétri** · avancé · fané · [fruit] blet · **3 - décoloré** · défraîchi · délavé · éteint · jauni · pâli · terni · pisseux *péj., fam.*
⟶ **fané**

[2]passé *n.m.* **1 - histoire (ancienne)** · tradition · **2 - vie** · antécédents · histoire · mémoire · souvenirs · vieilles lunes
✦ **dans le passé** autrefois · hier · jadis · naguère · dans la nuit des temps
✦ **du passé** **1 - d'antan** · **2 - ancien** · antique

passe-droit *n.m.* **1 - privilège** · avantage · dispense · faveur · préférence · prérogative · piston *fam.* · **2 - inégalité** · injustice

passement *n.m.* · ganse · ruban

passe-montagne *n.m.* · cagoule · bonnet

passe-partout
▪ *n.m. invar.* **clé** · crochet de serrurier · passe
▪ *adj.* **banal** · commun · courant · insignifiant · ordinaire · quelconque · bateau *fam.*

passe-passe *n.m. invar.* · prestidigitation · escamotage · illusion · magie

passepoil *n.m.* · liseré · galon · ganse · passement

passeport *n.m.* · laissez-passer · pièce d'identité · papiers (d'identité) · sauf-conduit

[1]passer *v.intr.* **1 - circuler** · aller (et venir) · défiler · marcher · **2 - transiter** · entrer et sortir · traverser · **3 - venir** · se présenter · se rendre · rendre visite · faire un saut *fam.* · **4 - couler** · courir · s'écouler · se succéder · filer *fam.* · s'enfuir *littér.* · s'envoler *littér.* · fuir *littér.* · **5 - (se) faner** · se décolorer · s'éclaircir · s'effacer · s'estomper · pâlir · (se) ternir · **6 - finir** · cesser · disparaître · s'en aller · se dissiper · se résorber · s'éteindre · se terminer · **7 - être accepté** · être admis · être voté · **8 - être digéré** · descendre *fam.*
✦ **passer à côté de, près de** côtoyer · coudoyer · friser · frôler · raser
✦ **passer le long de** longer
✦ **passer devant** précéder
✦ **passer derrière** suivre
✦ **passer à travers, au travers de** **1 - traverser** · **2 - croiser** · traverser · **3 - pénétrer** · s'infiltrer · percer · transpercer
✦ **passer au travers de** échapper à · couper à · éviter
✦ **passer dans** **1 -** [une classe, un cours supérieur] **monter** · **2 -** [un camp] **se joindre à** · rejoindre
✦ **passer à** commencer · s'occuper de
✦ **passer de ... à** **1 - se couler** · se glisser · **2 - devenir** · changer de ... en
✦ **passer sur** **1 - marcher sur** · fouler · **2 - errer sur** · glisser sur · **3 - négliger** · écarter · éluder · éviter · glisser sur · ne pas s'appesantir sur · **4 - oublier** · pardonner · glisser sur · supporter · tolérer

✦ **passer par-dessus, outre** transgresser · braver · contrevenir à · déroger à · désobéir à · enfreindre · violer
✦ **passer par** **1 - desservir** · **2 - recourir à**
✦ **passer pour** avoir l'air de · être pris pour · faire figure de · paraître
✦ **faire passer** **1 - enlever** · ôter · **2 - provoquer** · **3 - traduire** · transmettre
✦ **faire passer de ... à** transférer · transporter · muter
✦ **laisser passer** **1 - céder le pas** · faire place · livrer passage · **2 - laisser sortir** · laisser échapper · **3 - laisser entrer** · laisser pénétrer · **4 - admettre** · accepter · excuser · laisser aller · permettre · supporter · tolérer · **5 - négliger**
✦ **en passant** incidemment · entre parenthèses

[2]**passer** *v.tr.*
I 1 - dépasser · devancer · passer devant · surpasser · **2 - franchir** · enjamber · escalader · sauter · traverser · **3 - dépasser** · excéder · outrepasser
II 1 - donner · glisser · prêter · remettre · refiler *fam.* · **2 - transmettre** · communiquer · [un film] jouer · projeter · avoir à l'affiche
III appliquer · enduire de · étaler · étendre · frotter de
IV 1 - vivre · couler · subir · traîner · **2 -** [son temps] **employer** · consacrer · occuper · consumer *péj.* · gaspiller *péj.* · perdre *péj.*
V filtrer · clarifier · cribler · tamiser
VI 1 [un vêtement] **revêtir** · endosser · enfiler · essayer · mettre · **2 - introduire** · glisser · enfoncer
VII 1 - omettre · laisser · oublier · sauter · faire l'impasse sur · **2 - accepter** · céder sur · concéder · être indulgent pour · excuser · pardonner · permettre · supporter · tolérer

»» **se passer** *v.pron.* **1 - se dérouler** · advenir · arriver · avoir lieu · se produire · **2 - s'écouler** · cesser · finir
✦ **se passer de** **1 - se dispenser de** · éviter de · n'avoir que faire de · **2 - s'abstenir de** · se priver de · renoncer à

passerelle *n.f.* · passage · pont

passe-rose *n.f.* · rose trémière · primerose

passe-temps *n.m. invar.* **distraction** · amusement · délassement · divertissement · jeu · loisir · occupation · récréation
✦ **passe-temps favori** violon d'Ingres · marotte · passion · dada *fam.* · hobby *fam.*

passeur, -euse *n.* **1 - trafiquant** · contrebandier · **2 - batelier**

passible *adj.*
✦ **passible de** **1 - sous le coup de** · **2 - assujetti à** · redevable de · soumis à
✦ **être passible de** encourir · s'exposer à · mériter · risquer

[1]**passif, -ive** *adj.* **1 - inactif** · amorphe · apathique · atone · éteint · indifférent · inerte · **2 - docile** · obéissant

[2]**passif** *n.m.* · débit · arriéré · découvert · dette · dû · débet *vieux*

passion *n.f.* **1 - ardeur** · animation · chaleur · élan · émotion · enthousiasme · exaltation · feu · flamme · fougue · lyrisme · pathétique · sensibilité · véhémence · vie · **2 - folie** · éréthisme · excitation · fièvre · frénésie · fureur · furie · maladie · manie · rage · **3 - adoration** · adulation · culte · fanatisme · idolâtrie · vénération · **4 - amour** · affection · attachement · désir · engouement · sentiment · **5 -**

[passagère] **caprice** · passade · béguin *fam.* · tocade *fam.* · **6 - emballement** · entraînement · ivresse · **7 - appétit** · désir · virus *fam.* · **8 -** [péj.] **avidité** · convoitise

passionnant, e *adj.* · captivant · attachant · électrisant · enivrant · exaltant · excitant · fascinant · intéressant · palpitant · [surtout au nég.] bandant *fam.*

passionné, e

▪ *adj.* **1 - ardent** · bouillonnant · brûlant · chaud · enflammé · enthousiaste · exalté · de feu · tout feu tout flammes · véhément · vif · violent · **2 - frémissant** · doux · fervent · lyrique · romanesque · **3 - effréné** · fébrile · forcené · frénétique

✦ **passionné de, par** avide de · affamé de · enragé de · fanatique de · féru de · fervent de · fou de · gourmand de · entiché de *fam.* · fondu de *fam.* · mordu de *fam.* · toqué de *fam.*

▪ *n.* **exalté** · énergumène · enthousiaste · enragé · fanatique

passionnel, -elle *adj.* **1 - affectif** · amoureux · **2 - extrême** · ardent · fanatique · fervent

passionnément *adv.* **1 - beaucoup** · éperdument · extrêmement · fanatiquement · follement · à la folie · à la fureur · furieusement · intensément · violemment · **2 - ardemment** · fougueusement · impétueusement · vivement

passionner *v.tr.* **1 - captiver** · attacher · fasciner · intéresser · **2 - enthousiasmer** · animer · électriser · enfiévrer · enflammer · exalter · galvaniser

»» **se passionner** *v.pron.* **1 - s'enthousiasmer** · se piquer au jeu · s'emballer *fam.*

✦ **se passionner pour** **1 - aimer** · **2 - s'éprendre de** · s'embraser pour · s'enflammer pour · s'enivrer de · raffoler de · s'enticher de *fam.* · se toquer de *fam.* · s'engouer de *littér.*

passivité *n.f.* **1 - inertie** · apathie · indifférence · indolence · mollesse · **2 - docilité** · obéissance · **3 -** [Relig.] **quiétisme**

passoire *n.f.* **1 - tamis** · crible · filtre · **2 - égouttoir** · chinois · couloire · passe-bouillon · passe-thé · passette

pastel *n.m.* **1 -** [Bot.] **guède** · isatis · **2 -** [en apposition] **tendre** · doux · pâle

pastèque *n.f.* · melon d'eau

pasteur *n.m.* **1 - berger** · gardien (de troupeau) · pâtre *littér.* · **2 - ministre du culte** · ecclésiastique · prêtre · révérend · **3 -** [littér.] **chef** · conducteur

pastiche *n.m.* **1 - imitation** · parodie · **2 - plagiat** · copie · faux · **3 -** [d'un opéra] **centon** · pot-pourri

pastiche, parodie, plagiat

Le **pastiche**, la **parodie** et le **plagiat** sont des œuvres dans lesquelles leur auteur imite une œuvre précédente. Le **plagiat** reprend des intrigues, des caractères et dissimule ses emprunts *(ce roman, ce film n'est qu'un plagiat ; un procès pour plagiat).* Dans la **parodie**, certains traits sont imités à des fins satiriques ou comiques, mais de façon avouée *(jouer une pièce classique en parodie ; une parodie de western).* Le **pastiche** peut être conçu comme un exercice de style ou avoir une intention parodique, mais il peut aussi tourner au plagiat : « La franche imitation n'a rien à voir avec le pastiche qui toujours reste besogne sournoise et cachée » (Gide, *Prétextes*).

pasticher *v.tr.* **1 – imiter** · caricaturer · contrefaire · mimer · parodier · singer *fam.* · **2 – copier** · démarquer · s'inspirer de · plagier

pastille *n.f.* **1 – cachet** · comprimé · gélule · pilule · tablette · **2 – bonbon** · dragée · **3 – pois**

✦ **pastille auto-collante** gommette

pastis *n.m.* **1 – pastaga** *argot* · **2 –** [fam.] → **désagrément**

pastoral, e *adj.* · bucolique · campagnard · champêtre · idyllique · paysan · rural · rustique · agreste *littér.*

pastorale *n.f.* · églogue · bergerie · idylle

patachon *n.m.* · noctambule · bambocheur *fam.* · bringueur *fam.* · fêtard *fam.* · noceur *fam.*

patapouf *n.* → **gros**[1]

pataquès *n.m.* **1 – impair** · gaffe *fam.* · **2 – cuir** · faute

patate *n.f.* **1 –** [fam.] → **pomme de terre** · **2 –** [fam.] → **niais** · **3 –** [fam.] → **(bonne) forme** · **4 –** [fam.] → **million**

patati et patata (et) *interj.* · etc. · et blablabla *fam.*

patatras *interj.* · badaboum · patapouf · pouf

pataud, e

▪ *adj.* **gauche** · balourd · empoté · lent · lourd · maladroit

▪ *n.* **lourdaud** · empoté · maladroit · patapouf

patauger *v.intr.* **1 – barboter** · **2 – s'enliser** · patouiller *fam.* · **3 – s'embarrasser** · s'embourber · s'embrouiller · s'empêtrer · s'enferrer · s'enliser · nager · se noyer · se perdre · piétiner · s'emberlificoter *fam.* · vasouiller *fam.*

pâte *n.f.*

I composition · crème · pommade · préparation

II [Cuisine] **1 – croûte** · **2 – bouillie** · préparation

⋙ **pâtes** *plur.* **nouilles** · coquillettes · lasagnes · macaroni · vermicelle · spaghetti · tagliatelle

pâté *n.m.* **1 – terrine** · mousse · **2 – friand** · croustade · **3 – bloc** · groupe · **4 – tache d'encre** · bavure · macule

✦ **pâté impérial** nem

[1]**patelin, e** *adj.* · doucereux · bonhomme · faux · flatteur · hypocrite · insinuant · mielleux · onctueux · sucré · trompeur · benoît *littér.* · melliflu(e) *vieux*

[2]**patelin** *n.m.* → **village**

patenôtre *n.f.* · prière · pater

patent, e *adj.* · évident · clair · criant · éclatant · flagrant · manifeste · visible

✦ **c'est patent** ça saute aux yeux · ça se voit comme le nez au milieu de la figure

patente *n.f.* · contribution · droit · redevance · taxe

patère *n.f.* · porte-manteau

paterne *adj.* · bienveillant · bon · doux · doucereux

paternel, -elle

▪ *adj.* **débonnaire**

▪ *n.m.* [fam.] → **père**

pâteux, -euse *adj.* **1 – épais** · farineux · lourd · **2 –** [voix] **assourdi** · gras · mou

pathétique

▪ *adj.* **touchant** · bouleversant · déchirant · dramatique · émouvant · poignant · qui prend aux entrailles, aux tripes *fam.*

▪ *n.m.* **pathos** · éloquence

pathétique, touchant

Pathétique et **touchant** s'appliquent à ce qui provoque l'émotion. Ce qui est **touchant** fait naître une émotion douce, non dépourvue de plaisir *(un souvenir, un visage touchant ; une beauté, une histoire, une scène, une voix touchante ; des soins touchants)*. Ce qui est **pathétique** suscite une émotion très vive et profonde, notamment lorsqu'il s'agit d'une évocation de la souffrance *(un récit, un moment, un regard pathétique ; une scène pathétique dans un film ; une actrice pathétique)*.

pathogène *adj.* · morbifique *vieux*

pathologique *adj.* · maladif · morbide

pathos *n.m. invar.* **1 - mélodrame** · **2 - emphase** · pathétique

patibulaire *adj.* · inquiétant · menaçant · sinistre · sombre

patiemment *adv.* · calmement · infatigablement · sereinement · tranquillement

patience *n.f.* **1 - endurance** · résignation · stoïcisme · **2 - persévérance** · constance · courage · effort · ténacité · **3 - indulgence** · tolérance · longanimité *soutenu* · **4 - calme** · douceur · **5 - flegme** · sang-froid

✦ **jeu de patience** réussite · casse-tête (chinois) · puzzle

✦ **prendre patience, s'armer de patience** patienter · ronger son frein *fam.*

✦ **perdre patience** s'impatienter · se désespérer

patient, e

▪ *adj.* **1 - indulgent** · débonnaire · doux · endurant · longanime *soutenu* · **2 - imperturbable** · calme · résigné · stoïque · **3 - tenace** · constant · inlassable · persévérant

▪ *n.* **malade** · client

patienter *v.intr.* · attendre · prendre son mal en patience · poireauter *fam.*

patin *n.m.* [de chaussure] semelle

patine *n.f.* **1 - vert-de-gris** · **2 - concrétion**

patiner *v.intr.* **1 - déraper** · chasser · glisser · **2 - piétiner** · faire du sur place *fam.*

patinette *n.f.* · trottinette

pâtir *v.intr.* **1 - souffrir** · endurer · subir · supporter · **2 -** [vieux ou littér.] **stagner** · languir · péricliter

pâtis *n.m.* **1 - pacage** · **2 - friche** · lande

pâtisserie *n.f.* · gâteau

patois *n.m.* · dialecte · idiome · parler

dialecte

patouiller

▪ *v.tr.* **1 - tripoter** · tripatouiller *fam.* · **2 -** [vieilli] **caresser** · papouiller *fam.*

▪ *v.intr.* **patauger**

patraque *adj.* · malade · faible · fatigué · incommodé · indisposé · souffrant · mal fichu *fam.* · mal foutu *fam.* · pas dans son assiette *fam.*

pâtre *n.m.* · berger · pasteur *littér.*

patricien, -ienne

▪ *n.* 1 - **noble** · aristocrate · 2 - **puissant** · privilégié

▪ *adj.* **aristocratique** · distingué

patrie *n.f.* **nation** · cité · communauté · métropole · pays · sol, terre natal(e)

✦ **sans patrie** apatride

patrimoine *n.m.* 1 - **bien** · capital · domaine (familial) · fortune · propriété · 2 - **héritage** · apanage · 3 - **trésor** · capital · richesse

✦ **patrimoine génétique, héréditaire** génotype

héritage

patriote

▪ *n.* 1 - **résistant** · 2 - **nationaliste** · patriotard *péj.* · chauvin *péj.* · cocardier *péj.*

▪ *adj.* 1 - **patriotique** · citoyen · 2 - **nationaliste** · chauvin *péj.* · cocardier *péj.*

patriotique *adj.* 1 - **civique** · citoyen · 2 - **nationaliste** · patriote

patriotisme *n.m.* · amour de la patrie · esprit de clocher · nationalisme · civisme *vieux*

patriotisme, nationalisme, civisme

Patriotisme, nationalisme et **civisme** définissent des rapports différents à la *nation*. On parle de **civisme** quand on évoque l'attention d'un citoyen au bien commun de la nation : « Ce civisme (...), ce dévouement à la chose publique, en vertu desquels chacun (...) estime devoir s'encadrer dans la communauté et collaborer à la vie sociale » (André Siegfried, *l'Âme des peuples,* IV, II). **Civisme** s'est autrefois employé pour **patriotisme**. Aujourd'hui, **patriotisme** est le mot réservé à l'amour de la patrie et au dévouement qui concerne la défense de la patrie contre un ennemi extérieur *(exalter le patriotisme, un patriotisme belliqueux)*, à la différence du **nationalisme** qui suppose un culte exclusif de la nation. Celui qui adhère au **nationalisme** considère que sa patrie est supérieure aux autres et, de ce fait, a des comportements xénophobes, racistes et prône l'isolement culturel *(les abus, les dérives du nationalisme, être nationaliste en art)*.

[1]**patron, -onne** *n.* 1 - **employeur** · boss *fam.* · 2 - **dirigeant** · chef (d'entreprise) · directeur · manager · p.-d. g. · 3 - **gérant** · tenancier · taulier *fam.* · 4 - [Méd.] **professeur** · mandarin · (grand) manitou *fam.* · (grand) ponte *fam.* · 5 - **(saint) protecteur**

[2]**patron** *n.m.* · forme · modèle · carton · dessin · pochoir

patronage *n.m.* 1 - **protection** · appui · concours · parrainage · recommandation · soutien · 2 - **égide** · auspice

patronner *v.tr.* 1 - **cautionner** · aider · épauler · protéger · recommander · pistonner *fam.* · 2 - **appuyer** · promouvoir · soutenir

patronyme *n.m.* · nom (de famille)

patrouille *n.f.* 1 - **détachement** · 2 - **ronde (de surveillance)**

patrouiller *v.intr.* · parcourir · quadriller · surveiller

patte *n.f.* 1 - **membre** · pince · serre · 2 - **jambe** · pied · 3 - [fam.] → **main** · 4 - **adresse** · habileté · technique · tour de main · virtuosité · 5 - **style** · cachet · empreinte · griffe · ton · 6 - **croc** · crochet · 7 - [Couture] **martingale**

✦ **coup de patte** → **critique**

✦ **patte d'oie** bifurcation · carrefour · embranchement · fourche

⋙ **pattes** *plur.* **favoris** · rouflaquettes *fam.*

pâturage *n.m.* · herbage · alpage · champ · pacage · pâquis · pâtis · pâture · prairie

pâture *n.f.* 1 - **pâturage** · herbage · pacage · 2 - **nourriture** · aliment · pitance *fam.*

pâturer *v. tr. et intr.* · paître · brouter · se nourrir · [Vénerie] viander

paumé, e

▪ *adj.* → **perdu**

▪ *n.* → **marginal**

paumer *v.tr.* → **perdre**

pause *n.f.* 1 - **(temps d')arrêt** · interruption · intervalle · silence · suspension · break *fam.* · 2 - **halte** · arrêt · séjour · station · 3 - **entracte** · mi-temps · 4 - **délassement** · (temps de) battement · récréation · relâche · répit · repos · trêve

pauvre

▪ *adj.* 1 - **indigent** · dans le besoin · défavorisé · dépourvu · misérable · miséreux · impécunieux *littér.* · désargenté *fam.* · fauché (comme les blés) *fam.* · raide (comme un passe-lacet) *fam.* · sans un *fam.* · sans le sou *fam.* · sans un sou vaillant *fam.* · nécessiteux *vieilli* · besogneux *vieux* · 2 - **ruiné** · appauvri · 3 - **modeste** · humble · simple · 4 - **malheureux** · à plaindre · infortuné *littér.* · 5 - **déplorable** · lamentable · misérable · piteux · pitoyable · triste · 6 - **insuffisant** · chétif · dérisoire · faible · famélique · malheureux · mauvais · méchant · médiocre · mince · de misère · modeste · parcimonieux · petit · piètre · piteux · ridicule · chiche *fam.* · minable *fam.* · 7 - **usé** · déformé · éculé · élimé · râpé · miteux *fam.* · 8 - **infertile** · aride · improductif · infécond · ingrat · maigre · médiocre · sec · stérile · 9 - **plat** · banal · indigent · quelconque

✦ **pauvre type** nullité · minable *fam.* · nul *fam.* · nullard *fam.* · zéro *fam.*

✦ **pauvre de, en** dénué de · dépourvu de · privé de

✦ **pauvre d'esprit** simple (d'esprit)

▪ *n.* **exclu** · défavorisé · démuni · (économiquement) faible · indigent · malheureux · clochard · mendiant · meurt-de-faim · misérable · nécessiteux *soutenu* · crève-la-faim *fam.* · mendigot *fam., vieilli* · traîne-misère *fam., vieilli* · va-nu-pieds *vieilli* · gueux *vieux* · pouilleux *vieilli*

pauvre, indigent, nécessiteux

Pauvre, **indigent** et **nécessiteux** s'appliquent à des personnes dont les ressources sont insuffisantes. **Pauvre** est un terme général pour désigner quelqu'un qui dispose à peine du strict nécessaire pour subvenir à ses besoins *(une famille pauvre, les gens pauvres et les gens riches)* ; placé devant un nom avec cette valeur, **pauvre** marque en plus la commisération *(dépouiller les pauvres gens)*. **Indigent** renchérit sur l'absence de ressources *(un vieillard indigent)* : « Le froid (...) pétrifiait, l'hiver, dans une chambre sans feu, des enfants indigents » (Colette, *la Naissance du jour*). **Nécessiteux**, qui permet d'insister sur l'idée de dénuement, est vieilli et réservé au vocabulaire didactique *(les classes nécessiteuses, des malades nécessiteux)*.

pauvrement *adv.* 1 - **misérablement** · à l'étroit · chichement · dans la gêne · humblement · **2 - mal** · exécrablement · lamentablement

pauvreté *n.f.* **1 - dénuement** · besoin · embarras · gêne · indigence · misère · pénurie · privation · débine *fam.* · dèche *fam.* · mistoufle *fam.* · mouise *fam.* · mouscaille *fam.* · panade *fam.* · panne *fam.* · pétrin *fam.* · purée *fam.* · impécuniosité *littér.* · nécessité *littér* · gueuserie *péj.* · pouillerie *péj.* · **2 - appauvrissement** · paupérisation · paupérisme · ruine · **3 - infertilité** · aridité · stérilité · **4 - faiblesse** · déficience · indigence · maigreur · médiocrité · **5 - insuffisance** · défaut · disette · manque · pénurie · **6 - banalité** · médiocrité · platitude

pavaner (se) *v.pron.* · parader · s'exhiber · faire le beau · faire la roue · se faire voir · paraître · plastronner · poser · se rengorger · crâner *fam.* · frimer *fam.* · paonner *vieux*

pavé *n.m.* **1 - pavage** · carrelage · dallage · pavement · **2 - rue** · chaussée · voie publique · **3 - carreau** · dalle · **4 - steak**

✦ **sur le pavé** à la rue

paver *v.tr.* · carreler · couvrir · daller · recouvrir · revêtir

pavillon *n.m.* **1 - maison** · bungalow · chalet · cottage · villa · camp *Québec* · **2 - kiosque** · belvédère · rotonde · **3 - drapeau** · bannière · cornette · couleurs · enseigne · étendard · guidon · grand, petit pavois

pavoiser *v.intr.* · se réjouir · boire du petit lait · crier victoire · être fier · triompher · ne plus se sentir (de joie) *fam.*

pavot *n.m.* · coquelicot · ponceau

payable *adj.* · réglable

payant, e *adj.* · lucratif · avantageux · efficace · fructueux · intéressant · profitable · rémunérateur · rentable · satisfaisant · juteux *fam.* · valable *fam.*

paye *n.f.* · salaire · appointements · émoluments · gages · gains · rémunération · rétribution · solde · mois *fam.*

✦ **ça fait une paye** ça fait longtemps · ça fait un bail *fam.* · ça fait belle lurette *fam.*

payé, e *adj.* · rémunéré · rétribué · salarié

payer *v.tr.*

I 1 - débourser · décaisser · dépenser · donner · verser · aligner *fam.* · allonger *fam.* · cracher *fam.* · se fendre de *fam.* · lâcher *fam.* · **2 - financer** · offrir · subventionner · banquer *fam.* · casquer *fam.* • [sans complément] mettre la main à la poche *fam.* · raquer *fam.* · régaler *fam.* · **3 - acheter** · donner · offrir · **4 - soudoyer** · acheter · corrompre · arroser *fam.* · stipendier *littér.* · **5 - acquitter** · régler · se libérer de · liquider · rembourser · solder · contenter · désintéresser · satisfaire · servir

II 1 - récompenser · rétribuer · **2 - dédommager** · défrayer · indemniser · rembourser · **3 - appointer** · rémunérer · salarier • [mal] payer avec un lance-pierre *fam.*

III 1 - expier · racheter · **2 - faire les frais de**

IV rapporter · rendre

✦ **en payant** moyennant finances

✦ **payer cher** [une personne] couvrir d'or · faire un pont d'or à

✦ **payer de retour** rendre la pareille · renvoyer l'ascenseur *fam.*

✦ **faire payer** 1 - **monnayer** · 2 - **punir** · se venger de
✦ **payer de sa personne** faire un effort · se démener
✦ **se payer la tête de** → **se moquer de**

››› **se payer** *v.pron.* **acheter** · acquérir · s'accorder · se donner · s'octroyer · s'offrir · se procurer
✦ **se payer de** se contenter de · se satisfaire de

pays *n.m.* 1 - **État** · nation · puissance · 2 - **peuple** · nation · 3 - **patrie** · foyer · sol, terre natal(e) · 4 - **province** · endroit · lieu · région · bourg · bourgade · coin *fam.* · bled *fam.* · patelin *fam.* · trou *fam.* · contrée *vieux ou littér.* · 5 - **terroir** · cru · 6 - **domaine** · empire · royaume · sphère · univers · 7 - **territoire** · région · terre · zone · 8 - [région.] **compatriote**
❧ **région**

paysage *n.m.* 1 - **panorama** · perspective · (point de) vue · site · 2 - **décor** · 3 - **situation** · conjoncture

paysan, -anne
▪ *n.* 1 - **agriculteur** · exploitant agricole · cultivateur · éleveur · fermier · métayer · habitant *Québec* · 2 - **campagnard** · rural · 3 - [péj.] **rustre** · bouseux *fam., péj.* · cul-terreux *fam., péj.* · glaiseux *fam., péj.* · cambroussard *fam., péj.* · pedzouille *fam., péj.* · péquenot *fam., péj.* · plouc *fam., péj.*
▪ *adj.* 1 - **rural** · rustique · terrien · 2 - **agricole**
❧ **cultivateur**

peau *n.f.* 1 - **épiderme** · derme · couenne *fam.* · cuir *fam.* • [d'agneau] agnelin • [de mouton] basane · bisquain · cosse • [de chevreau] chevreau · chevrotin • [de chèvre] maroquin • [de mouton, chèvre, âne, mulet, cheval] chagrin • [de buffle] buffleterie • [de veau] vélin · velot • [de poisson] galuchat · 2 - **teint** · 3 - **écorce** · enveloppe · pelure · zeste · 4 - **fourrure** · 5 - **parchemin**
✦ **à même la peau** à cru

peaufiner *v.tr.* · parfaire · ciseler · mettre la dernière main à · perfectionner · polir · soigner · fignoler *fam.* · lécher *fam.* · perler *littér.*

peccadille *n.f.* · bêtise · bricole · enfantillage · misère · rien · vétille

[1]**pêche** *n.f.*
✦ **avoir la pêche** être en forme · avoir le moral · avoir la frite *fam.*
✦ **se fendre la pêche** → **rire**

[2]**pêche** *n.f.* **récolte** · chasse
✦ **canne à pêche** gaule

péché *n.m.* 1 - **mal** · 2 - **chute** · 3 - **faute** · manquement · offense (à Dieu) · sacrilège · transgression · violation · 4 - **erreur** · écart · errements · impénitence · débauche · luxure · vice · stupre *littér.*
✦ **péché mignon** faible · faiblesse · travers

pécher *v.intr.* 1 - **fauter** · faillir · offenser Dieu · 2 - [fam., à la 3e personne] **clocher** *fam.* · ne pas tourner rond *fam.*
✦ **pécher contre** manquer à · contrevenir à

pêcher *v.tr.* 1 - **prendre** · attraper • [sans complément] taquiner le goujon *fam.* · 2 - [fam.] → **trouver** · 3 - [fam.] → **imaginer**

pécore *n.f.* · péronnelle · pimbêche

pécule *n.m.* · magot · bas de laine · économies · épargne · réserves

pécuniaire *adj.* **financier** · budgétaire · matériel
✦ **peine pécuniaire** amende
☞ **financier**

pédagogie *n.f.* · didactique · éducation · enseignement

pédagogique *adj.* **1 - éducatif** · formateur · **2 - didactique** · scolaire

pédagogue *n.* **1 - éducateur** · enseignant · maître · précepteur · professeur · régent *vieux* · **2 - didacticien**

pédale *n.f.* **1 - levier (à pied)** · **2 -** [Aviation] **palonnier** · **3 -** [fam.] → **homosexuel**

pédant, e
▪ *adj.* **doctoral** · dogmatique · magistral · professoral · solennel · suffisant · pédantesque *soutenu*
▪ *n.* **vaniteux** · cuistre *littér.* · bel esprit *vieux* · pédagogue *vieux* · [femme] bas-bleu

pédantisme *n.m.* · emphase · cuistrerie *littér.* · pédanterie *littér.*

pédé *n.m. et adj.* → **homosexuel**

pédéraste *n.m.* **1 - pédophile** · **2 - homosexuel** · pédale *fam., injurieux* · pédé *fam., souvent injurieux*

pédérastie *n.f.* **1 - pédophilie** · **2 - homosexualité**

pédicule *n.m.* **1 -** [Bot.] **pied** · queue · stipe · tige · **2 -** [Zool.] **pédoncule**

pedigree *n.m.* · généalogie · extraction · origine

pédophile *adj. et n.* · pédéraste · pédale *fam.* · pédé *fam.*

pègre *n.f.* **1 - milieu** · **2 - racaille** · canaille · vermine

peigne *n.m.* **1 - démêloir** · **2 -** [Zool.] **coquille Saint-Jacques** · amande de mer

peigner *v.tr.* **1 - coiffer** · démêler · **2 -** [laine] **carder** · démêler · dénouer

peignoir *n.m.* **1 - sortie de bain** · **2 - déshabillé** · négligé · robe de chambre · saut de lit

peindre *v.tr.*
I 1 - mettre en couleurs · badigeonner · laquer · ripoliner · **2 -** [maladroitement] **peinturlurer** · barbouiller · barioler · peinturer · **3 - farder** · grimer · maquiller · **4 -** [sans complément] **brosser un tableau** · faire de la, une peinture · [en amateur] taquiner les pinceaux, la palette · [bien] avoir un bon coup de pinceau
II 1 - brosser · camper · croquer · portraiturer · **2 - dépeindre** · conter · décrire · exprimer · figurer · montrer · raconter · représenter · retracer · traduire

peine *n.f.* **1 - difficulté** · embarras · mal · **2 - effort** · fatigue · travail · **3 - chagrin** · affliction · blessure · déchirement · désolation · détresse · douleur · mal · meurtrissure · souffrance · tristesse · **4 - malheur** · épreuve · misère · souci · tourment · tracas · tribulation *vieux* · **5 - punition** · sanction · tarif *fam.* · châtiment *soutenu*
✦ **à peine** **1 - (tout) juste** · difficilement · médiocrement · péniblement · tout juste · **2 - peu** · faiblement · imperceptiblement · ne... guère · vaguement · **3 - aussitôt** · tout juste
✦ **avec peine** **1 - difficilement** · malaisément · **2 - faiblement**
✦ **à grand-peine** laborieusement · péniblement · tant bien que mal
✦ **sans peine** aisément · facilement

✦ **pour la peine** 1 - en compensation · 2 - en punition · pour pénitence
✦ **peine perdue** inutile · en vain
✦ **en peine** tourmenté · inquiet
✦ **faire de la peine** peiner · attrister · déplaire · désobliger · rembrunir · vexer
✦ **se donner de la peine** se démener · se décarcasser *fam.* · se mettre en quatre *fam.* · se casser le cul *très fam.*

peiner
▪ *v.tr.* **affliger** · affecter · attrister · chagriner · éprouver · navrer · désobliger · fâcher · meurtrir
▪ *v.intr.* **avoir du mal** · (se) fatiguer · se démener · s'évertuer · en baver *fam.* · galérer *fam.* · ramer *fam.* · suer *fam.* · trimer *fam.*

peintre *n.m.* · artiste · badigeonneur *fam., péj.* · barbouilleur *fam., péj.* · peintraillon *fam., péj.* · rapin *vieilli*

peinture *n.f.* **1 - recouvrement** · ravalement · **2 - badigeon** · laque · revêtement · **3 - couleur** · gouache · **4 - tableau** · toile · croûte *péj.* · [murale] fresque · **5 - barbouillage** *péj.* · barbouille *péj.* · gribouillage *péj.* · **6 - description** · image · panorama · représentation · tableau

peinturer *v.tr.* · barbouiller · barioler · peinturlurer

peinturlurer *v.tr.* · barbouiller · barioler · peinturer

péjoratif, -ive *adj.* · dépréciatif · critique · défavorable

pelade *n.f.* · alopécie · ophiase · teigne

pelage *n.m.* · fourrure · livrée · poil · robe · toison

pelé, e *adj.* **1 - nu** · aride · dénudé · **2 -** [crâne] **chauve** · dégarni · dénudé · tondu · déplumé *fam.*

pêle-mêle
▪ *adv.* **1 - en désordre** · en vrac · sens dessus dessous · **2 - çà et là**
▪ *n.m. invar.* **désordre** · capharnaüm · fatras · fouillis · bazar *fam.* · bordel *très fam.* · culbutis *vieux*

peler
▪ *v.tr.* **éplucher** · écorcher · gratter
▪ *v.intr.* **desquamer**
⤳ **éplucher**

pèlerine *n.f.* · cape

pelisse *n.f.* · manteau · fourrure

pelle *n.f.* **bêche**
✦ **à la pelle** en (grande) quantité
✦ **pelle mécanique** excavateur · excavatrice · pelleteuse

pellet *n.m.* · implant

pelletée *n.f.* · avalanche · bordée · flot

pellicule *n.f.* **1 - couche** · dépôt · enduit · épaisseur · film · **2 - enveloppe** · membrane · peau · **3 - écaille** · squame · **4 - film** · bobine · rouleau · bande

pelote *n.f.* · boule

peloter *v.tr.* → **caresser**

peloton *n.m.* · groupe · troupe

pelotonner (se) *v.pron.* · se blottir · s'enrouler · se lover · se ramasser · se recroqueviller

pelouse *n.f.* · gazon · herbe

pelucheux, -euse *adj.* · duveteux · velouté

pelure *n.f.* **1 - épluchure** · écorce · peau · **2 -** [fam.] → **manteau**

pénalisation *n.f.* **1 - pénalité** · punition · sanction · **2 - répression** · **3 - désavantage** · handicap

pénaliser *v.tr.* **1 - sanctionner** · frapper · condamner · punir · réprimer · châtier *soutenu* · **2 - désavantager** · handicaper

pénalité *n.f.* · sanction · pénalisation • [Football] coup franc · coup de pied de réparation · penalty

pénates *n.m.pl.* · foyer · bercail · domicile · habitation · maison · nid · toit · logis *vieilli*

penaud, e *adj.* · confus · contrit · déconcerté · déconfit · embarrassé · gêné · honteux · humilié · mortifié · piteux · repentant

penchant *n.m.* **1 - attirance** · affection · amour · désir · faible · intérêt · passion · sympathie · tendresse · **2 - propension** · faiblesse · goût · habitude · impulsion · inclination · tendance · **3 - aptitude** · disposition · facilité · génie · nature · prédisposition · vocation · **4 -** [mauvais] **défaut** · démon · vice

✦ **avoir un penchant à, pour** être enclin à · avoir un tendre pour *vieux*

pencher

▪ *v.intr.* **1 - s'incliner** · ployer · **2 - déverser** · s'incurver

✦ **pencher pour** incliner pour, vers · aimer mieux · être porté vers · préférer · tendre vers

▪ *v.tr.* **abaisser** · baisser · coucher · courber · fléchir · incliner · renverser

⋙ **se pencher** *v.pron.* **se baisser** · se courber · s'incliner · se prosterner

✦ **se pencher sur** étudier · analyser · s'arrêter sur · considérer · examiner · s'intéresser à · observer · réfléchir sur

pendaison *n.f.* · corde · gibet · potence

[1]**pendant, e** *adj.* **1 - tombant** · avalé *vieux* · **2 - ballant** · **3 - en instance** · en attente · en suspens

[2]**pendant** *n.m.*

I 1 - réplique · semblable · **2 - correspondant** · symétrique · **3 - contrepartie**

II pendeloque · girandole · pendentif

[3]**pendant** *prép.* **1 - durant** · au cours de · dans · en · au milieu de

✦ **pendant que 1 - cependant que** · dans le même temps que · lorsque · tout le temps que · **2 - alors que** · tandis que

pendant, durant

Accompagnés d'un terme qui désigne la durée pendant laquelle un fait a lieu, **pendant** et **durant** expriment tous deux la simultanéité *(pendant/durant les vacances)*, mais seul **pendant** est d'usage courant dans la langue parlée *(pendant deux jours de suite, pendant sa vie, pendant trois siècles)*. Par ailleurs, **pendant** s'emploie lorsqu'une durée peut être interrompue *(c'est pendant sa sieste qu'il est mort)*, alors que **durant** exprime plutôt une continuité *(parler durant des heures ; jouer des heures durant)*.

pendeloque *n.f.* · pendant · boucle · girandole · pendentif

pendentif *n.m.* · sautoir · girandole · pendant · pendeloque

penderie *n.f.* · garde-robe · dressing-room

pendouiller *v.intr.* → **pendre**

pendre

▪ *v.intr.* **1 - retomber** · tomber · traîner · pendouiller *fam.* · **2 - s'affaisser** · s'avachir *fam.*

▪ *v.tr.* **1 - suspendre** · accrocher · attacher · fixer · **2 -** [le linge] **étendre** · **3 - mettre la corde au cou de** · mettre à la lanterne *vieilli*

››› **se pendre** *v.pron.* **1 - se suspendre** · s'accrocher · **2 - se suicider** · se passer la corde autour du cou

¹pendule *n.m.* · balancier

²pendule *n.f.* · horloge · pendulette

pénétrable *adj.* **1 - perméable** · réceptif · sensible · **2 - compréhensible** · abordable · accessible · intelligible · saisissable

pénétrant, e *adj.* **1 - aigu** · clairvoyant · délié · fin · lucide · ouvert · perçant · perspicace · profond · sagace · subtil · vif · **2 - fort** · puissant · **3 - mordant** · incisif · piquant

pénétrant, perçant

Pénétrant et **perçant** s'appliquent tous deux, dans les mêmes contextes, à ce qui donne l'impression de transpercer, **perçant** étant attaché à l'idée de vivacité, **pénétrant** à celle de profondeur. Avec une valeur concrète, **perçant** renchérit sur l'impression désagréable attachée à **pénétrant** *(un froid pénétrant/perçant, un vent pénétrant/perçant).* Dans les emplois figurés, la même progression apparaît quand on parle des organes des sens *(une vue pénétrante/perçante, des sonorités pénétrantes/perçantes).*

pénétration *n.f.* **1 - acuité** · clairvoyance · finesse · intelligence · lucidité · perspicacité · profondeur · psychologie · sagacité · subtilité · vivacité · flair *fam.* · nez *fam.* · **2 - intrusion** · incursion · invasion · **3 - infiltration** · envahissement · montée · **4 - introduction** · intromission

perspicacité

pénétré, e *adj.* [air, ton] **convaincu**

✦ **pénétré de** **1 - imprégné de** · chargé de · coloré de · imbibé de · marqué de · **2 - plein de** · rempli de

✦ **pénétré de son importance** orgueilleux · imbu de sa personne · vaniteux · infatué *littér.* · qui se prend pour le nombril du monde *fam.*

pénétrer

▪ *v.intr.* **1 - s'introduire** · s'avancer · s'aventurer · se couler · s'enfoncer · s'engager · entrer · fendre · se glisser · s'infiltrer · s'insinuer · plonger · se fourrer *fam.* · **2 - parvenir** · accéder · avoir accès · aller · arriver · atteindre · gagner · toucher

✦ **faire pénétrer** **1 - introduire** · enfoncer · glisser · insinuer · **2 - injecter** · insuffler · remplir de · **3 - inculquer**

✦ **pénétrer par effraction chez** forcer la porte de · violer le domicile de

▪ *v.tr.* **1 - transpercer** · filtrer · mordre · passer · percer · traverser · transir · **2 - briser** · enfoncer · percer · rompre · trouer · crever *fam.* · **3 - imprégner** · baigner · imbiber · infiltrer · inonder · tremper · **4 - comprendre** · apercevoir · déchiffrer · découvrir · démêler · deviner · lire · mettre au jour · percer · percevoir · pressentir · saisir · **5 - approfondir** · scruter · sonder · **6 - atteindre** · gagner · toucher

››› **se pénétrer** *v.pron.* **se combiner** · se mêler

pénible *adj.*

I 1 - fatigant · éprouvant · épuisant · éreintant · exténuant · harassant ·

lourd • rude • tuant *fam.* • [travail] de forçat • **2 - ardu** • âpre • difficile • dur • épineux • ingrat • laborieux • malaisé • **3 - astreignant** • assujettissant • contraignant • exigeant • pesant
II 1 - douloureux • âpre • atroce • brutal • cruel • éprouvant • grave • lourd • mortel • **2 - affligeant** • amer • angoissant • attristant • consternant • déchirant • déplorable • désolant • funeste • malheureux • mauvais • navrant • poignant • triste • cruel *littér.*
III 1 - déplaisant • désagréable • embarrassant • ennuyeux • gênant • chiant *fam.* • **2 - intenable** • épouvantable • impossible • infernal • insupportable • invivable • terrible • chiant *très fam.*

péniblement *adv.* **1 - difficilement** • avec peine • à l'arraché • à grand-peine • laborieusement • mal • malaisément • péniblement • tant bien que mal • cahin-caha *fam.* • **2 - cruellement** • amèrement • douloureusement • durement • **3 - tout juste** • à peine

péniche *n.f.* • chaland • barge

péninsule *n.f.* • presqu'île

pénis *n.m.* • sexe (masculin) • membre (viril) • phallus • verge • bistouquette *fam.* • braquemart *fam.* • dard *fam.* • machin *fam.* • manche *fam.* • quéquette *fam.* • queue *fam.* • zizi *fam.* • zob *fam.* • bitte *vulg.* • pine *vulg.* • biroute *argot*

pénitence *n.f.* **1 - contrition** • regret • repentance • repentir • résipiscence *littér.* • **2 - confession** • **3 - mortification** • ascétisme • austérité • **4 - punition** • châtiment *littér.*

pénitencier *n.m.* • centrale • maison d'arrêt • prison • établissement, maison pénitentiaire • bagne *anciennt*

pénitent, e

- *n.* **ascète**
- *adj.* [vieilli] **contrit** • repentant

pénitentiaire *adj.* • carcéral • cellulaire

penne *n.f.* • rémige • [Fauconnerie, au plur.] **vanneaux**

pénombre *n.f.* **1 - clair-obscur** • demi-jour • jour douteux • lumière incertaine, tamisée • **2 - ombre** • obscurité

pensable *adj.* • concevable • acceptable • croyable • envisageable • faisable • imaginable • possible

pensant, e *adj.* **intelligent**
✦ **bien pensant** conformiste
✦ **mal pensant** mécréant

pense-bête *n.m.* • aide-mémoire • mémento • guide-âne *fam.*

pensée *n.f.* **1 - entendement** • compréhension • esprit • intelligence • jugement • raison • raisonnement • **2 - méditation** • réflexion • rêverie • spéculation • **3 - avis** • conception • idée • opinion • point de vue • position • sentiment • **4 - préoccupation** • **5 - projet** • dessein • idée • intention • **6 - observation** • considération • impression • réflexion • remarque • **7 - philosophie** • doctrine • idéologie • système • théorie • **8 - adage** • axiome • dicton • maxime • proverbe • sentence • aphorisme *didact.* • apophtegme *didact.*

penser

▪ *v.intr.* **raisonner** · méditer · réfléchir · spéculer · cogiter *fam.* · ruminer *fam.*

✦ **penser à** 1 – **réfléchir à** · s'aviser de · rêver à · songer à · 2 – **examiner** · délibérer de · étudier · réfléchir à · 3 – **prévoir** · envisager · s'occuper de · se préoccuper de · 4 – **faire attention à** · prendre garde à · 5 – **évoquer** · se rappeler · se remémorer · se souvenir de

✦ **faire penser** rappeler · évoquer · suggérer

▪ *v.tr.* 1 – **imaginer** · admettre · concevoir · conjecturer · considérer · croire · se douter de · espérer · estimer · juger · présumer · supposer · soupçonner · trouver · 2 – **étudier** · calculer · élaborer · mûrir · 3 – **compter** · avoir en vue de · avoir l'intention de · envisager de · projeter de · se proposer de · songer à · caresser l'idée de

penseur, -euse *n.* · intellectuel · philosophe · théoricien

pensif, -ive *adj.* 1 – **songeur** · contemplatif · méditatif · rêveur · 2 – **absent** · absorbé · occupé · préoccupé · soucieux

pensif, méditatif, songeur

Pensif s'applique à une personne absorbée dans ses pensées, à ce qui exprime cette activité *(un homme pensif, un regard pensif, un visage pensif)*. **Méditatif**, moins courant, s'emploie chaque fois que l'on parle de quelqu'un qui se plonge dans de longues et profondes réflexions *(un caractère, un esprit méditatif)* : « Elle demeura un instant la bouche ouverte, décontenancée, et puis elle reprit son air méditatif et son visage se referma » (Sartre, *l'Âge de raison*, IV). Avec **songeur**, à côté de l'idée de rêverie est introduite celle de préoccupation *(rester songeur)* : « Elle demeura songeuse et comme plongée dans une pensée infinie, puis elle rougit de laisser voir sa préoccupation » (Balzac, *la Vendetta*).

pension *n.f.* 1 – **pensionnat** · internat · institution · école · 2 – **allocation** · rente · retraite

pensionnaire *n.* 1 – **interne** · 2 – **hôte** · 3 – [Théâtre] **acteur** · comédien

pensionnat *n.m.* · pension · internat · institution

pensum *n.m.* · corvée · punition · purge *fam.* · servitude *littér.*

pente *n.f.* 1 – **déclivité** · inclinaison · obliquité · 2 – **côte** · descente · dévers · escarpement · grimpée · grimpette *fam.* · montée · rampe · raidillon · 3 – **versant** · côté · pan · 4 – **inclination** · penchant · propension · tendance

✦ **en pente** incliné · oblique · pentu · en déclive *rare*

penture *n.f.* · ferrure · paumelle

pénurie *n.f.* 1 – **manque** · besoin · carence · défaut · disette · épuisement · insuffisance · rareté · indigence *littér.* · 2 – **gêne** · misère · pauvreté · famine · vaches maigres *fam.*

pépé *n.m.* → **grand-père**

pépère

▪ *n.m.* → **grand-père**

▪ *adj.* → **tranquille**

pépiement *n.m.* · gazouillement · caquetage · chant · gazouillis · ramage *littér.* · cui-cui *fam.*

pépier *v.intr.* · gazouiller · chanter · crier

pépin *n.m.* 1 – **graine** · 2 – [fam.] → **ennui** · 3 – [fam.] → **parapluie**

pépinière *n.f.* 1 - **gisement** · mine · réserve · réservoir · source · 2 - **école** · laboratoire

pépiniériste *n.* · arboriculteur · arboriste

péquenot *n.m.* 1 - → **paysan** · 2 - **lourdaud** · plouc *fam.*

perçant, e *adj.* 1 - **aigu** · inquisiteur · pénétrant · 2 - **perspicace** · clairvoyant · lucide · pointu · sagace · subtil · 3 - **strident** · assourdissant · criard · déchirant · éclatant · suraigu · 4 - **aigre** · incisif · mordant · pénétrant · piquant · vif
≈ pénétrant

percée *n.f.* 1 - **ouverture** · brèche · déchirure · trouée · 2 - **montée** · développement · progrès · réussite · succès

percepteur, -trice *n.* 1 - **collecteur (d'impôts)** *vieux* · 2 - [collectif] **fisc**

perceptible *adj.* 1 - **sensible** · appréciable · discernable · percevable *rare* · 2 - **apercevable** · apparent · visible · 3 - **audible** · 4 - **intelligible** · clair · compréhensible · évident · 5 - **manifeste** · net · palpable · 6 - [d'impôt] **percevable** · recouvrable

perception *n.f.* 1 - **impression** · sens · sensation · 2 - **représentation** · idée · image · 3 - [d'impôt] **recouvrement** · collecte · encaissement · levée · rentrée

percer

▪ *v.tr.* 1 - **s'enfoncer dans** · pénétrer · 2 - **transpercer** · crever · faire un trou dans · forer · perforer · piquer · poinçonner · trouer · 3 - [plusieurs fois] **cribler** · larder *fam.* · 4 - [son] **déchirer** · transpercer · vriller · 5 - [une voie] **ouvrir** · 6 - [Archit.] **fenêtrer** · ajourer · 7 - **déchiffrer** · comprendre · déceler · découvrir · deviner · lire · mettre au jour · pénétrer · saisir

▪ *v.intr.* 1 - **apparaître** · affleurer · émerger · se montrer · paraître · poindre · pointer · sortir · surgir · 2 - **s'ébruiter** · s'éventer · filtrer · se répandre · transpirer · 3 - **réussir** · arriver · se distinguer · s'élever · s'imposer · monter · se faire un nom · sortir de l'ombre, de l'anonymat, de l'obscurité

perceuse *n.f.* · chignole · foreuse · vrille

percevable *adj.* 1 - **perceptible** · appréciable · discernable · sensible · 2 - [impôt] **recouvrable**

percevoir *v.tr.* 1 - **discerner** · distinguer · saisir · 2 - **apercevoir** · découvrir · entrevoir · remarquer · repérer · voir · 3 - **sentir** · flairer · 4 - **entendre** · ouïr *littér.* · 5 - **se rendre compte de** · comprendre · concevoir · se figurer · imaginer · se représenter · 6 - **recevoir** · collecter · empocher · encaisser · ramasser · récolter · recueillir · retirer · toucher · 7 - [impôt] **lever** · collecter · recouvrer

perche *n.f.* 1 - **gaule** · bâton · croc · tige · 2 - [de prise de son] **girafe**
✦ **grande perche** échalas · escogriffe · girafe

percher

▪ *v.tr.* **jucher** · placer

▪ *v.intr.* [fam.] **résider** · demeurer · habiter · loger · crécher *fam.* · nicher *fam.*

⋙ **se percher** *v.pron.* 1 - **se poser** · 2 - **se jucher** · grimper · se hisser · monter

perchoir *n.m.* · juchoir · perche

perclus, e *adj.* **1 - impotent** · paralytique · **2 - inerte** · inactif · paralysé

✦ **perclus de** ankylosé par · paralysé par

percussion *n.f.* **1 - choc** · coup · **2 -** [Mus.] **batterie** · drums *anglic.*

percussionniste *n.* · batteur · drummer *anglic.*

percutant, e *adj.* **1 - frappant** · saisissant · **2 - convaincant** · persuasif · massue *fam.*

percuter

▪ *v.tr.* **heurter** · emboutir · rentrer dans · tamponner · télescoper · emplafonner

▪ *v.intr.* [fam.] **comprendre** · saisir · imprimer *fam.* · piger *fam.*

perdant, e

▪ *adj.* **battu** · défait · vaincu

▪ *n.* **vaincu** · raté *fam.* · loser *fam.*

▪ *n.m.* **marée descendante** · jusant · reflux

perdition (en) *loc.adj.* · en danger · en détresse

perdre *v.tr.* **1 - égarer** · oublier · paumer *fam.* · **2 - dérouter** · désorienter · égarer · **3 - être dépouillé de** · se dépouiller de · **4 - gaspiller** · dissiper · gâcher · galvauder · [une occasion] manquer · louper *fam.* · rater *fam.* · **5 - quitter** · se défaire de · déposer · renoncer à · **6 - corrompre** · causer la ruine de · ruiner · démolir *fam.* · **7 -** [sans complément] **se faire battre** · avoir le dessous · échouer · se faire laminer *fam.*

✦ **perdre de l'argent** en être de sa poche *fam.* · y laisser des plumes *fam.*

✦ **perdre la vie** mourir · décéder · être emporté · tomber · se tuer · être tué · y rester *fam.* · périr *littér.* · trépasser *vieux ou littér.*

✦ **perdre son temps** paresser · s'amuser · baguenauder · batifoler · lézarder · musarder · traîner · glander *fam.* · glandouiller *fam.*

✦ **ne pas perdre son temps** se dépêcher · s'empresser · faire vite · se hâter · se presser · activer *fam.* · se bouger *fam.* · se dégrouiller *fam.* · faire fissa *fam.* · se grouiller *fam.* · se magner (le train, le popotin) *fam.* · faire diligence *soutenu*

✦ **perdre du terrain** reculer · être en recul

✦ **perdre l'esprit, la raison, le bon sens** déraisonner · débloquer *fam.* · déconner *très fam.* · déjanter *fam.* · déménager *fam.* · dérailler *fam.*

✦ **perdre la tête** **1 - déraisonner** · débloquer *fam.* · déconner *très fam.* · déjanter *fam.* · déménager *fam.* · dérailler *fam.* · **2 - s'affoler** · paniquer · perdre le nord · perdre la boussole *fam.* · perdre les pédales *fam.*

✦ **perdre une bonne occasion** rater, louper le coche *fam.*

✦ **faire perdre** enlever · débarrasser de · ôter

✦ **avoir tout perdu** n'avoir plus que ses yeux pour pleurer

⋙ **se perdre** *v.pron.* **1 - prendre le mauvais chemin** · s'égarer · faire fausse route · se fourvoyer *littér.* · se paumer *fam.* · **2 - décroître** · diminuer · disparaître · faiblir · se relâcher · tomber · **3 -** [voix, bruit] **s'étouffer** · mourir · **4 - s'abîmer** · s'avarier · dégénérer · se gâter · **5 - causer sa propre ruine** · se corrompre · se débaucher · se dévoyer · se sacrifier

+ **se perdre dans** 1 - [eau] **se jeter dans** · s'engouffrer dans · 2 - **s'absorber dans** · s'abîmer dans · s'enfoncer dans · s'engloutir dans · se plonger dans · sombrer dans · 3 - [des détails, des explications] **s'embarrasser dans** · s'égarer dans · s'embourber dans · s'embrouiller dans · se noyer dans · patauger dans · se fourvoyer dans *littér.* · barboter dans *fam.* · 4 - **se couler dans** · se cacher dans

perdu, e *adj.*
I 1 - **introuvable** · égaré · 2 - **éloigné** · abandonné · écarté · désert · isolé · reculé · retiré · paumé *fam.*
II **révolu** · disparu · envolé · évanoui · oublié
III **errant** · égaré
IV 1 - **désaxé** · fou · 2 - **désorienté** · déboussolé · dépaysé · déphasé · dérouté · largué *fam.* · paumé *fam.*
V 1 - **condamné** · désespéré · incurable · frappé à mort · 2 - **abîmé** · endommagé · gâté · inutilisable · irrécupérable · 3 - **sans espoir** · cuit *fam.* · fini *fam.* · fichu *fam.* · foutu *fam.* · flambé *fam.* · frit *fam.* · mort *fam.* · 4 - **corrompu** · débauché · dépravé · dévoyé · fourvoyé
+ **perdu dans** absorbé dans · plongé dans · abîmé dans *littér.*
+ **tout est perdu** c'est la fin des haricots *fam.* · les carottes sont cuites *fam.*

père *n.m.* 1 - **papa** · dab *argot.* · pater *fam.* · paternel *fam.* · vieux *fam.* · daron *lang. jeunes* · auteur des jours *littér.* · géniteur *littér.* · 2 - **ancêtre** · ascendant · aïeul · 3 - **créateur** · auteur · fondateur · initiateur · instaurateur · instigateur · inventeur · 4 - **abbé** · moine · religieux · 5 - **protecteur**
+ **père de famille** chef de famille · pater familias *plaisant*
+ **père spirituel** 1 - [Relig.] **directeur de conscience** · 2 - **mentor** · maître
+ **père tranquille** pantouflard · pépère *fam.*

pérégrination *n.f.* · errance · aventure · odyssée · voyage

péremptoire *adj.* 1 - **décisif** · absolu · concluant · indiscutable · irréfutable · sans réplique · 2 - **catégorique** · autoritaire · cassant · coupant · magistral · tranchant

pérenniser *v.tr.* · perpétuer · conserver · continuer · faire durer · immortaliser · maintenir · préserver · reproduire · transmettre

pérennité *n.f.* · continuité · durée · éternité · immortalité · perpétuité

péréquation *n.f.* · répartition · partage

perfection *n.f.* 1 - **absolu** · bien · beau · beauté · excellence · idéal · 2 - **perle** · ange · bijou · joyau · merveille · trésor · 3 - **achèvement** · consommation · couronnement · fin · parachèvement
+ **point de perfection** maturité · sommet
+ **à la perfection** parfaitement · admirablement · remarquablement

perfectionné, e *adj.* 1 - **amélioré** · 2 - **châtié** · affiné · épuré · 3 - **optimisé**

perfectionnement *n.m.* 1 - **amélioration** · correction · 2 - **avancement** · couronnement · édification · 3 - **progrès** · mieux · plus

perfectionner *v.tr.* 1 - **améliorer** · achever · affiner · compléter · parfaire · 2 - **cultiver** ·

civiliser · faire évoluer · faire progresser · sophistiquer · **3 - corriger** · châtier · épurer · polir · retoucher

perfide

▪ *adj.* **1 - méchant** · empoisonné · envenimé · fielleux · sournois · venimeux · **2 - machiavélique** · cauteleux · fallacieux · fourbe · hypocrite · sournois · trompeur · **3 - dangereux** · traître · **4 -** [littér.] **déloyal** · inconstant · infidèle · volage

▪ *n.* [littér.] **fourbe** · scélérat · traître

perfidie *n.f.* **1 - déloyauté** · fausseté · fourberie · machiavélisme · malignité · mauvaise foi · noirceur · ruse · traîtrise · scélératesse *littér.* · **2 -** [littér.] **infidélité** · trahison

perforation *n.f.* **1 - trou** · ouverture · **2 -** [Méd.] **térébration**

perforatrice *n.f.* **1 - perforeuse** · poinçonneuse · **2 - marteau-piqueur**

perforé, e *adj.* · percé · poinçonné · transpercé · traversé · troué

perforer *v.tr.* **1 - percer** · crever · forer · transpercer · traverser · trouer · **2 - poinçonner**

performance *n.f.* **1 - exploit** · prouesse · record · succès · tour de force · **2 - résultat**

performant, e *adj.* · compétitif · bon · efficace

perfusion *n.f.* · goutte-à-goutte · injection

péricliter *v.intr.* · décliner · aller mal · baisser · couler · dépérir · aller à vau-l'eau · pâtir *littér.*

périf *n.m.* → **périphérique**

péril *n.m.* **danger** · difficulté · écueil · épreuve · hasard · risque

✦ **en péril** menacé

✦ **mettre en péril** compromettre · exposer · hasarder · hypothéquer · menacer · mettre en danger · risquer

périlleux, -euse *adj.* **1 - dangereux** · acrobatique · difficile · hasardeux · risqué · casse-gueule *fam.* · **2 - brûlant** · délicat · scabreux · sensible

périmé, e *adj.* **1 - caduc** · nul · **2 - ancien** · anachronique · arriéré · attardé · démodé · dépassé · désuet · obsolète · rétrograde · suranné · de papa *fam.* · inactuel *soutenu*

périmètre *n.m.* **1 - tour** · bord · ceinture · circonférence · contour · limite · périphérie · pourtour · **2 - portée** · étendue · rayon · **3 - zone** · région · sphère

période *n.f.* **1 - durée** · intervalle · laps de temps · moment · **2 - époque** · âge · ère · saison · temps · **3 - phase** · cycle · étape · stade · **4 -** [Arts] **manière**

périodique

▪ *adj.* **1 - régulier** · fréquent · **2 - alternatif** · cyclique · intermittent · **3 -** [serviette] **hygiénique**

▪ *n.m.* **magazine** · journal · publication · revue

périodiquement *adv.* · régulièrement · cycliquement

péripétie *n.f.* **1 - épisode** · aléa · circonstance · événement · imprévu · incident · rebondissement · **2 -** [Littérat.] **nœud** · catastrophe · coup de théâtre

périph *n.m.* → **périphérique**

périphérie *n.f.* **1 - bord** · circonférence · contour · limite · périmètre · pourtour · **2 - banlieue** · abords · faubourgs

périphérique

▪ *adj.* 1 - **excentrique** · limitrophe · péri-urbain · suburbain · 2 - **extérieur** · extrinsèque

▪ *n.m.* 1 - [Inform.] **terminal** · 2 - **rocade** · boulevard, voie circulaire express · périph *fam.*

périphrase *n.f.* 1 - **circonlocution** *soutenu* · circuit · détour · [pour atténuer] euphémisme · 2 - **paraphrase**

périphrase, circonlocution

Périphrase et **circonlocution** ont en commun l'idée de détour dans l'expression de la pensée. **Périphrase** est un terme de rhétorique, employé quand on substitue au terme unique une expression imagée qui le définit ou le paraphrase : « Voici (...) une superbe périphrase de Bossuet pour désigner le confessionnal : "Ces tribunaux qui justifient ceux qui s'accusent" » (Antoine Albalat, *l'Art d'écrire*, V). **Circonlocution**, d'un registre soutenu, désigne une manière d'exprimer sa pensée de façon détournée pour masquer ou adoucir ce que l'on veut dire : « Ces charitables circonlocutions dont on use pour annoncer à la famille une nouvelle pénible, effrayante » (Claude Simon, *le Palace*).

périple *n.m.* 1 - **voyage** · circuit · expédition · tour · tournée · 2 - [Mar.] **circumnavigation** · cercle

périr *v.intr.* 1 - **mourir** · disparaître · s'éteindre · expirer · finir · tomber · trépasser *littér.* · 2 - **s'anéantir** · crouler · entrer en décadence · s'écrouler · finir · tomber en ruine

✦ **faire périr** exterminer · tuer

périssable *adj.* 1 - **corruptible** · 2 - [littér.] **caduc** · court · éphémère · fragile · fugace · instable · mortel · précaire

perle *n.f.* 1 - **goutte** · gouttelette · 2 - **perfection** · ange · bijou · joyau · merveille · oiseau rare · trésor · 3 - **bévue** · erreur · sottise · bourde *fam.*

✦ **rang de perles** collier

perler *v.intr.* 1 - **poindre** · 2 - **suinter** · emperler

perm *n.f.* 1 - → **permission** · 2 - → **permanence**

permanence *n.f.* 1 - **constance** · continuité · durée · fixité · immuabilité · invariabilité · pérennité · perpétuation · persistance · stabilité · 2 - **bureau** · local · salle · 3 - **salle d'études** · perm *fam.*

✦ **en permanence** 1 - **constamment** · continûment · continuellement · perpétuellement · régulièrement · sans cesse · sans discontinuer · sans relâche · sans répit · toujours · tout le temps · 2 - **à demeure**

✦ **de permanence** de service · d'astreinte · de garde

permanent, e

▪ *adj.* 1 - **constant** · fixe · inaltérable · invariable · stable · 2 - **continu** · ininterrompu · endémique · 3 - **durable** · persistant

▪ *n.* **militant**

durable

permanente *n.f.* · indéfrisable

perméabilité *n.m.* · porosité · pénétrabilité

perméable *adj.* 1 - **poreux** · pénétrable · 2 - **accessible** · ouvert · sensible · 3 - [péj.] **influençable** · docile

permettre *v.tr.* 1 - **accepter** · accorder · acquiescer à · admettre · agréer · approuver · consentir · trouver bon · vouloir bien · 2 - **donner l'occasion de** · autoriser ·

donner lieu à · aider à · favoriser · laisser place à · **3 - tolérer** · autoriser · endurer · laisser aller · passer sur · supporter · souffrir *littér.*

✦ **permettre de** laisser · autoriser à

››› **se permettre** *v.pron.* **s'accorder** · s'autoriser · s'octroyer · s'offrir · se passer *fam.*

✦ **se permettre de** oser · s'aventurer à · s'enhardir jusqu'à · se hasarder à · se risquer à · se payer le luxe de *fam.*

permettre, souffrir, tolérer

Permettre, souffrir et tolérer s'emploient à propos d'une personne qui laisse faire une action, ne l'empêche pas. Permettre est le mot le plus usuel *(elle lui a permis de partir ; il peut tout se permettre)*. Avec une valeur analogue, souffrir est seulement d'emploi littéraire : « Je ne saurais souffrir le mélange des êtres allégoriques et réels » (Diderot, *Essai sur la peinture*, 5). Tolérer quelque chose suppose qu'on la laisse se produire alors qu'on a le droit de l'empêcher *(je ne tolérerai aucune absence)* : « [elle avait] l'œil ouvert partout, ne laissant rien se perdre, tout en sachant tolérer quand il le fallait les petits vols des riches » (Zola, *la Terre*, I, III).

[1]**permis, e** *adj.* **1 - autorisé** · admis · légal · licite · toléré · **2 - légitime** · **3 - possible** · loisible *vieilli*

[2]**permis** *n.m.* **1 - permission** · autorisation · **2 - droit** · licence · **3 - laissez-passer** · sauf-conduit

permissif, -ive *adj.* · laxiste · latitudinaire *littér.*

permission *n.f.* **1 - autorisation** · droit · liberté · licence · pouvoir · **2 - acquiescement** · acceptation · accord · agrément · approbation · aval · consentement · feu vert · **3 - habilitation** · dispense · [Droit] permis · **4 -** [Milit.] **congé** · perm(e) *fam.*

consentement

permutation *n.f.* · commutation · échange · interversion · inversion · substitution

permuter *v.tr.* · intervertir · changer · commuter · échanger · inverser · substituer

pernicieux, -ieuse *adj.* **1 - dangereux** · grave · malfaisant · malin · malsain · mauvais · nocif · nuisible · **2 - diabolique** · funeste · sinistre

péroraison *n.f.* · conclusion · fin

perpendiculaire *adj.* **orthogonal**

✦ **perpendiculaire à** à angle droit avec

perpétrer *v.tr.* · accomplir · commettre · consommer · exécuter

perpétuel, -elle *adj.* **1 - infini** · éternel · immuable · impérissable · inaltérable · indéfini · indélébile · indestructible · indissoluble · **2 - continuel** · constant · continu · éternel · fréquent · habituel · incessant · ininterrompu · permanent · réitéré · renouvelé · répété · sans fin · sempiternel *péj.*

éternel

perpétuellement *adv.* **1 - constamment** · assidûment · continuellement · sans arrêt · sans cesse · sans interruption · sans trêve · **2 - immuablement** · définitivement · éternellement · indéfectiblement · indéfiniment · invariablement · à jamais · (pour) toujours · ad vitam æternam

perpétuer *v.tr.* **1 - maintenir** · conserver · continuer · entretenir · éterniser · garder · pérenniser · transmettre · **2 - immortaliser**

››› **se perpétuer** *v.pron.* **durer** · se conserver · demeurer · se maintenir · perdurer · se reproduire · rester · se transmettre · survivre

perpétuité *n.f.* [littér.] **perpétuation** · pérennité

✦ **à perpétuité** (pour) toujours · à perpète *fam.*

perplexe *adj.* · indécis · dubitatif · embarrassé · hésitant · incertain · indéterminé · irrésolu · embêté *fam.* · entre le zist et le zest *fam.*

✦ **ça me laisse perplexe** ça me laisse rêveur

perplexité *n.f.* · indécision · confusion · doute · embarras · hésitation · incertitude · indétermination · irrésolution

perquisition *n.f.* · visite (domiciliaire) · fouille · descente de police

perquisitionner *v.intr.* · fouiller · faire une descente

perruque *n.f.* · postiche · faux cheveux · moumoute *fam.*

persécuté, e

▪ *adj.* **1 - opprimé** · martyrisé · **2 - brimé** · harcelé · importuné · molesté · tyrannisé

▪ *n.* **1 - victime** · martyr · **2 -** [Psych.] **paranoïaque**

persécuter *v.tr.* **1 - martyriser** · molester · opprimer · torturer · **2 - s'acharner contre** · brimer · harceler · importuner · poursuivre · presser · tourmenter · tyranniser

persécuteur, -trice

▪ *n.* **bourreau** · despote · oppresseur · tourmenteur · tyran

▪ *adj.* **oppressif** · cruel · despotique · persécutant · tyrannique

persévérance *n.f.* · constance · acharnement · courage · endurance · énergie · esprit de suite · fermeté · fidélité · insistance · obstination · opiniâtreté · patience · ténacité · volonté · entêtement *péj.*

persévérant, e *adj.* · acharné · constant · endurant · fidèle · insistant · obstiné · opiniâtre · patient · tenace · volontaire · entêté *péj.* · têtu *péj.*

persévérer *v.intr.* **1 - persister** · continuer · **2 - s'acharner** · aller contre vents et marées · insister · s'obstiner · persister · poursuivre · soutenir son effort · s'opiniâtrer *littér.*

persienne *n.f.* · jalousie · contrevent · volet

persiflage *n.m.* · raillerie · dérision · ironie · médisance · moquerie · sarcasme

persifler *v.tr.* · railler · se moquer de · mettre en boîte *fam.* · brocarder *littér.*

persifleur, -euse *adj.* · moqueur · ironique · narquois · railleur

persistance *n.f.* **1 - continuité** · durée · **2 - constance** · fermeté · obstination · opiniâtreté · persévérance · entêtement *péj.* · esprit de suite · suite dans les idées · **3 - permanence** · stabilité

persistant, e *adj.* **1 - constant** · continu · durable · fixe · inébranlable · permanent · stable · **2 -**

obstiné · incessant · ininterrompu · opiniâtre · soutenu · 3 – [image] **rémanent** · 4 – [végétation] **vivace**

persister *v.intr.* 1 – **persévérer** · s'obstiner · s'opiniâtrer · poursuivre · 2 – **durer** · se conserver · continuer · demeurer · se maintenir · perdurer · se prolonger · rester · subsister · tenir

personnage *n.m.* 1 – **notable** · autorité · célébrité · (grande) figure · gloire · grand · dignitaire · mandarin · notabilité · personnalité · potentat · pontife · sommité · vedette · V.I.P. · gros bonnet *fam.* · grosse légume *fam.* · huile *fam.* · (grand) manitou *fam.* · pointure *fam.* · (grand) ponte *fam.* · ténor *fam.* · 2 – **individu** · homme · citoyen *fam.* · coco *fam.* · type *fam.* · zèbre *fam.* · zigoto *fam.* · paroissien *fam., vieilli* · 3 – **héros** · protagoniste · 4 – **rôle**
❧ **rôle**

personnaliser *v.tr.* · particulariser · individualiser

personnalité *n.f.* 1 – **individualité** · ego · être · moi · originalité · soi · 2 – **nature** · caractère · constitution · tempérament · 3 – **personne célèbre** · autorité · célébrité · dignitaire · (grande) figure · mandarin · notable · notabilité · personnage · potentat · pontife · sommité · vedette · V.I.P. · gros bonnet *fam.* · grosse légume *fam.* · huile *fam.* · (grand) manitou *fam.* · pointure *fam.* · (grand) ponte *fam.* · ténor *fam.*

[1]**personne** *n.f.* 1 – **être (humain)** · homme · individu · citoyen · sujet · créature *fam.* · mortel *fam.* · quidam *fam.* · type *fam.* · 2 – **individualité** · âme · moi · personnalité · sujet · 3 – **personnage** · 4 – [Droit] **personnalité**

✦ **grande personne** adulte · majeur
✦ **en personne** personnellement · soi-même · en chair et en os *fam.* · [remettre] de la main à la main
✦ **par personne** par tête · chacun · par tête de pipe *fam.*
❧ **gens**

[2]**personne** *pron. indéf.* 1 – **nul** · 2 – **quiconque** · n'importe qui
✦ **personne d'autre** aucun autre · nul

[1]**personnel, -elle** *adj.* 1 – **individuel** · particulier · propre · spécifique · perso *fam.* · 2 – **original** · particulier · spécial · typique · de son cru *fam.* · 3 – **subjectif** · relatif · 4 – **privé** · confidentiel · intime · 5 – **égoïste** · égocentrique · 6 – **exclusif**

[2]**personnel** *n.m.* **main-d'œuvre** · effectif · employés · ressources humaines
✦ **personnel de maison** domestiques · domesticité *vieilli* · gens *vieilli*

personnellement *adv.* 1 – **en personne** · soi-même · 2 – **individuellement** · particulièrement · singulièrement · 3 – **pour ma part** · à mon avis · en ce qui me concerne · quant à moi · selon moi

personnification *n.f.* · symbole · allégorie · incarnation · type

personnifier *v.tr.* · incarner · représenter · symboliser

perspective *n.f.* 1 – **vue** · coup d'œil · échappée · panorama · 2 – **champ** · horizon · 3 – **éventualité** · attente · expectative · idée · projection · 4 – **aspect** · angle · côté · éclairage · optique · point de vue

perspicace *adj.* **clairvoyant** · avisé · fin · intelligent · lucide · pénétrant · perçant · psychologue · sagace · subtil · futé *fam.* · malin *fam.*

✦ **être perspicace** avoir du flair · avoir du nez *fam.* · avoir le nez creux *fam.*

perspicacité *n.f.* · clairvoyance · acuité · discernement · finesse · habileté · intelligence · intuition · jugement · lucidité · pénétration · psychologie · sagacité · subtilité · flair *fam.* · jugeote *fam.* · nez *fam.*

perspicacité, pénétration, sagacité

Perspicacité, **sagacité** et **pénétration** ont en commun l'idée d'intelligence mise en œuvre pour comprendre quelque chose. On parle de **perspicacité** pour une personne capable de percevoir rapidement ce que la plupart des gens ne comprennent pas *(faire preuve, manquer de perspicacité)*. La **pénétration** implique que l'intelligence permet de comprendre en profondeur des choses difficiles *(un esprit d'une grande pénétration)* : « La pénétration est une facilité à concevoir, à remonter aux principes des choses » (Vauvenargues, *De l'esprit humain*, I, v). La **sagacité** ajoute à la **pénétration** l'idée d'intuition et celle de vivacité d'esprit *(agir avec beaucoup de sagacité, montrer de la sagacité, un homme d'une grande sagacité)*.

persuadé, e *adj.* **certain** · convaincu

✦ **être persuadé que** s'imaginer que

persuader *v.tr.* · convaincre · agir sur · amadouer · décider · déterminer · entraîner · faire entendre raison à · gagner · séduire · toucher · vaincre · conduire à ses raisons *littér.*

convaincre

persuasif, -ive *adj.* · convaincant · éloquent

persuasion *n.f.* **1 - habileté** · adresse · diplomatie · éloquence · **2 - assurance** · certitude · conviction · croyance

perte *n.f.* **1 - mort** · deuil · **2 - anéantissement** · décadence · dégénérescence · dégradation · dépérissement · extinction · **3 - insuccès** · défaite · naufrage · ruine · perdition *vieux* · **4 - déperdition** · déficit · fuite · hémorragie · **5 - dommage** · appauvrissement · dégât · mal · malheur · préjudice · sinistre · **6 - déchéance** · privation · **7 - mutilation** · privation · **8 - gaspillage** · déchet · gâchage · coulage *fam.* · **9 -** [au jeu] **lessive** *fam.* · lessivage *vieux*

✦ **perte de connaissance** évanouissement · défaillance · pâmoison *vieilli ou plaisant* · syncope *vieux*

✦ **en pure perte** inutilement · en vain · pour rien · sans (aucun) résultat · pour des prunes *fam.* · [parler] perdre sa salive

✦ **avec perte et fracas** à grand bruit · avec éclat

pertinemment *adv.* · en connaissance de cause · convenablement · correctement · judicieusement · justement

pertinence *n.f.* · bien-fondé · actualité · à-propos · convenance · correction

pertinent, e *adj.* **1 - approprié** · convenable · judicieux · juste · congru *soutenu* · **2 - distinctif** · discriminant

pertuis *n.m.* · ouverture · trou

perturbant, e *adj.* · dérangeant · désorientant · déstabilisant · déstructurant · troublant

perturbateur, -trice *n.* · agitateur · contestataire · gêneur · provocateur · séditieux · trublion

perturbation *n.f.* 1 - **dérangement** · dérèglement · dysfonctionnement · détraquement *fam.* · 2 - [Radio] **parasite** · friture · 3 - **bouleversement** · crise · 4 - [Méd.] **déséquilibre** · désordre · lésion · trouble · 5 - [Météo] **dépression**

perturber *v.tr.* 1 - **désorganiser** · bouleverser · dérégler · chambarder *fam.* · chambouler *fam.* · détraquer *fam.* · 2 - **déranger** · affecter · déconcerter · dérouter · désarçonner · désorienter · ébranler · troubler · retourner *fam.*

pervers, e

▪ *adj.* 1 - **malsain** · corrompu · débauché · dénaturé · dépravé · déréglé · dévoyé · vicieux · tordu *fam.* · 2 - **méchant** · diabolique · malfaisant · noir · satanique · sournois

▪ *n.* **dépravé** · débauché · satyre · vicieux · cochon *fam.*

perversion *n.f.* 1 - **corruption** · altération · dépravation · dérangement · dérèglement · égarement · 2 - **anomalie** · dégénérescence · détraquement · 3 - [sexuelle] **déviance** · déviation · 4 - **folie** · perversité

perversité *n.f.* 1 - **malignité** · méchanceté · perfidie · vice · scélératesse *littér.* · 2 - **corruption** · dépravation

pervertir *v.tr.* 1 - **débaucher** · dépraver · dévoyer · égarer · perdre · encanailler *fam.* · 2 - **corrompre** · altérer · faire dégénérer · dénaturer · détériorer · empoisonner · gâter · infecter · pourrir · vicier · 3 - **fausser** · déformer · déranger · dérégler · détraquer · troubler

pesamment *adv.* 1 - **lourdement** · comme une masse · 2 - **gauchement** · maladroitement

pesant, e *adj.*

I 1 - **lourd** · alourdi · appesanti · 2 - **accablant** · écrasant · étouffant · oppressant · 3 - **indigeste** · inassimilable · 4 - **massif** · gros · 5 - **embarrassé** · gauche · laborieux · maladroit

II 1 - **astreignant** · assujettissant · asservissant · contraignant · pénible · tyrannique · 2 - **importun** · encombrant · ennuyeux · gênant · assommant *fam.* · embêtant *fam.* · rasoir *fam.*

III **épais** · gras · matériel

pesanteur *n.f.* 1 - **lourdeur** · masse · poids · 2 - **attraction** · gravitation · gravité · 3 - **malaise** · 4 - **lenteur** · inertie · lourdeur

pesée *n.f.* · pesage · tarage

pèse-personne *n.m.* · balance · bascule

peser

▪ *v.intr.* **avoir un poids de** · faire

✦ **peser à** 1 - **coûter à** · ennuyer · peiner · faire peine à *littér.* · 2 - **importuner** · ennuyer · fatiguer · gêner · embêter *fam.*

✦ **peser sur** 1 - **faire levier sur** · 2 - **incomber à** · retomber sur (les épaules de) · 3 - **influencer** · agir sur · compter dans · déteindre sur · entrer en ligne de compte dans · influer sur · jouer dans · se répercuter sur · 4 - **accabler** ·

écraser · étouffer · oppresser · opprimer · **5 – assombrir** · appesantir · grever
✦ **peser sur, contre** appuyer sur, contre · porter sur · pousser · presser

▪ *v.tr.* **1 – soupeser** · **2 – apprécier** · balancer · mettre en balance · calculer · comparer · considérer · déterminer · estimer · évaluer · examiner · jauger · juger · mesurer
✦ **tout bien pesé** tout bien réfléchi · tout compte fait · tout bien considéré

pessaire *n.m.* · diaphragme

pessimisme *n.m.* · défaitisme · catastrophisme · sinistrose

pessimiste *adj.* **1 – sombre** · bilieux · inquiet · maussade · mélancolique · noir · **2 – alarmiste** · défaitiste · négatif
✦ **être pessimiste** voir tout en noir

peste *n.f.* **1 – empoisonneur** · démon · poison · chameau *fam.* · gale *fam.* · plaie *fam.* · teigne *fam.* · **2 –** [femme] **mégère** · virago

pester *v.intr.* · fulminer · s'emporter · grogner · invectiver · jurer · maudire · protester · rager · fumer *fam.* · râler *fam.* · rouspéter *fam.* · maugréer *soutenu*

pestiféré, e *n.* · paria · brebis galeuse · exclu · maudit · réprouvé

pestilence *n.f.* · infection · corruption

pestilentiel, -ielle *adj.* **1 – puant** · écœurant · fétide · infect · irrespirable · nauséabond · **2 – corrupteur** · impur · malfaisant · néfaste · nuisible · pernicieux · **3 – délétère** · contagieux · malsain · méphitique *littér.*

pet *n.m.* · gaz · flatuosité · pétard *fam.* · prout *fam.* · vent *vieux, région. ou euphém.* · vesse *vieilli*

pétanque *n.f.* · boules

pétard *n.m.* **1 –** [fam.] → **revolver** · **2 –** [fam.] → **joint**[2] · **3 –** [fam.] → **scandale**

péter

▪ *v.intr.* **1 – lâcher un pet** · lâcher un vent · lâcher *fam.* · lâcher une caisse *fam.* · lâcher une perle *fam.* · vesser *vieilli* · **2 –** [fam.] → **éclater**
✦ **ça va péter** ça va chauffer · ça va faire des étincelles

▪ *v.tr.* [fam.] → **casser**

pète-sec *adj. invar* [fam.] cassant · aigre · autoritaire

pétillant, e *adj.*
I gazeux · mousseux · spittant *Belgique*
II 1 – fringant · sémillant · **2 – éveillé** · brillant · intelligent · **3 – brillant** · flamboyant · scintillant

pétillement *n.m.* **1 – crépitement** · grésillement · décrépitation *didact.* · **2 – scintillement** · éclat · étincellement · flamboiement

pétiller *v.intr.* **1 – crépiter** · craquer · grésiller · péter *fam.* · craqueter *littér.* · décrépiter *didact.* · **2 – chatoyer** · scintiller · **3 – éclater** · briller · étinceler · rayonner · resplendir

[1]**petit, e** *adj.*
I 1 – bas · court · ras · **2 – bas sur pattes** *fam.* · haut comme trois pommes (à genoux) *fam.* · haut comme une botte *fam., vieux* · **3 – menu** · fin · fluet · mince · **4 – en miniature** · au petit pied

II 1 - exigu · étroit · réduit · restreint · riquiqui *fam.* · grand comme un mouchoir de poche *fam.* · **2 - étriqué** · juste
III 1 - bref · concis · laconique · sommaire · succinct · **2 - rapide** · élémentaire · rudimentaire · superficiel
IV 1 - faible · dérisoire · insignifiant · léger · mince · mineur · minime · négligeable · ténu · **2 - limité** · chiche · humble · maigre · misérable · modeste · modique · pauvre · restreint · riquiqui *fam.* · **3 - médiocre** · borné · bas · étriqué · étroit · mesquin · piètre · vil · **4 - mineur** · négligeable · obscur · quelconque · secondaire

✦ **tout petit, très petit** infime · imperceptible · infinitésimal · invisible · lilliputien · microscopique · minuscule · négligeable

²petit *adv.*

✦ **en petit** réduit · en miniature

✦ **petit à petit** **1 - par degré** · doucement · graduellement · insensiblement · de jour en jour · lentement · pas à pas · peu à peu · progressivement · (tout) doucettement *fam.* · **2 - de proche en proche** · de fil en aiguille

³petit, e *n.* **1 - bout d'homme** · miniature · nain · demi-portion *fam.* · microbe *fam.* · puce *fam.* · crapoussin *fam., vieilli* · myrmidon *fam., vieilli* · pot à tabac *fam., vieilli* · criquet *vieux* · pygmée *vieux* · avorton *péj.* · gringalet *péj.* · nabot *péj.* · **2 - enfant** · bébé · jeune · bambin *fam.* · bout de chou *fam.* · gamin *fam.* · gosse *fam.* · marmouset *fam.* · môme *fam.* · moucheron *fam.* · mouflet *fam.*

⋙ **petite** *n.f.* **petite fille** · jeune fille · bout (de femme) *fam.* · gamine *fam.* · puce *fam.*

⋙ **les petits** *plur.* **les défavorisés** · les couches populaires · les faibles · les lampistes *fam.*

petitesse *n.f.*
I 1 - petite taille · **2 - exiguïté** · étroitesse · **3 - finesse**
II 1 - modicité · faiblesse · insignifiance · modestie · pauvreté · **2 - médiocrité** · bassesse · étroitesse · faiblesse · mesquinerie · travers · vilenie *littér.* · **3 - obscurité** · humilité

pétition *n.f.* · requête · placet *vieux*

petit-lait *n.m.* **lactosérum**

✦ **boire du petit-lait** triompher · jubiler · ne plus se sentir de joie

pétoche *n.f.* → **peur**

pétri, e *adj.*

✦ **pétri de** **1 -** plein de · gorgé de · rempli de · riche de · bouffi de *péj.* · imbu de *péj.* · **2 - mélangé de** · empreint de · pénétré de

pétrifié, e *adj.* **1 - figé** · changé en statue (de sel) · cloué · foudroyé · glacé · immobile · paralysé · saisi · statufié · tétanisé · **2 - ébahi** · interdit · médusé · sidéré · stupéfait · suffoqué *fam.*

pétrifier *v.tr.* **1 - lapidifier** · fossiliser · **2 - figer** · ankyloser · clouer · foudroyer · glacer · horrifier · méduser · paralyser · raidir · saisir · sidérer · statufier · tétaniser · suffoquer *fam.* · **3 - fixer** · bloquer · immobiliser

pétrin *n.m.* **1 - huche** · maie · **2 -** [fam.] → **embarras**

pétrir *v.tr.* **1 - malaxer** · brasser · écraser · manier · manipuler · travailler · tripoter · triturer · **2 - façonner** · modeler

✦ **pétri de** rempli de · gonflé de · plein de · bouffi de *péj.* · imbu de *péj.* · infatué de *péj., littér.*

pétrole *n.m.* • or noir

pétrolier *n.m.* • tanker • navire-citerne

pétulance *n.f.* • vivacité • ardeur • brio • chaleur • entrain • exubérance • feu • flamme • fougue • impétuosité • turbulence • vitalité

pétulant, e *adj.* • vif • bouillant • débordant (de vie) • exubérant • fougueux • fringant • impétueux • turbulent

peu *adv.* **1 - ne ... pas beaucoup** • ne ... pas très • ne ... guère • faiblement • mal • médiocrement • modérément • à peine • sobrement • **2 - rarement** • ne ... guère • **3 - ne ... pas ... longtemps** • **4 - légèrement** • vaguement

✦ **peu de** un petit nombre de • quelques • une poignée de

✦ **un peu** un tant soit peu • un brin *fam.* • un chouïa *fam.* • un poil *fam.* • un tantinet *fam.*

✦ **un peu de** un brin de • un doigt de • une goutte de • un grain de • une larme de • une miette de • un nuage de • une poignée de • une pointe de • un soupçon de • un chouïa de *fam.* • une lichette de *fam.* • un poil de *fam.*

✦ **à peu près** approximativement • autour de • environ • pas loin de • presque • quasi(ment) • à la louche *fam.* • dans les *fam.* • grosso modo *fam.* • à vue de nez *fam.*

✦ **de peu** de justesse • juste • de près

✦ **peu à peu** **1 - doucement** • par degré • graduellement • insensiblement • de jour en jour • lentement • pas à pas • petit à petit • progressivement • (tout) doucettement *fam.* • **2 - de proche en proche** • de fil en aiguille

✦ **peu de chose** **1 - une bagatelle** • une misère • rien • trois fois rien • **2 - pas grand-chose**

✦ **en peu de mots** brièvement • laconiquement • succinctement

✦ **sous peu, avant peu, d'ici peu, dans peu** bientôt • dans un proche avenir • incessamment

✦ **il y a peu de temps, depuis peu** récemment

✦ **pour peu que** à condition que • si

✦ **c'est peu** c'est maigre • c'est court • c'est juste

peuplade *n.f.* • groupe • horde • tribu

peuple *n.m.* **1 - nation** • pays • société • **2 - ethnie** • peuplade • **3 - masse** • couches populaires • gens du commun • plèbe • prolétariat • troupeau *vieux* • populace *péj.* • populo *péj.* • **4 - foule** • grand public • masse • monde • multitude • **5 -** [péj.] **canaille** *péj., vieux* • tourbe *péj., vieux* • vulgaire *péj., vieux* • **6 -** [vieilli] **population** • habitants

peuple, nation

Peuple et **nation** définissent deux aspects différents de l'organisation des groupements humains. Le **peuple** se caractérise par la vie en société dans un espace défini et par la communauté de coutumes et d'institutions, parfois d'origine *(le peuple américain, français, le droit des peuples à disposer d'eux-mêmes, la liberté d'un peuple)*. Il faut ajouter pour la **nation** que le groupe humain forme une communauté politique, personnifiée par une autorité souveraine *(les nations de l'Europe occidentale, les nations industrielles, l'Organisation des Nations unies)*.

peuplé, e *adj.* • habité • animé • fréquenté • populeux • vivant

peuplement *n.m.* **1 - colonisation** • établissement • implantation • **2 -** [Écol.] **biocénose** • biote • faune • flore

peupler *v.tr.* **1 - habiter** · occuper · **2 - s'implanter dans** · coloniser · **3 - planter** · semer · **4 - remplir** · envahir · occuper · hanter *littér.*

peur *n.f.* **1 - crainte** · alarme · alerte · angoisse · anxiété · appréhension · inquiétude · frousse *fam.* · pétoche *fam.* · trouille *fam.* · **2 -** [grande] **panique** · affolement · effroi · épouvante · frayeur · hantise · terreur · trac · suée *fam.* · affres *littér.* · **3 - lâcheté** · poltronnerie · couardise *littér.* · pleutrerie *littér.* · **4 - aversion** · phobie · répulsion

✦ **prendre peur** s'épouvanter · paniquer

✦ **avoir peur** appréhender · craindre · redouter · ne pas être fier · être inquiet • [sans complément] trembler · avoir les chocottes *fam.* · avoir la chiasse *fam.* · avoir la colique *fam.* · avoir les foies *fam.* · avoir la frousse *fam.* · avoir les grelots *fam.* · avoir les jetons *fam.* · avoir la pétoche *fam.* · avoir le trac *fam.* · avoir le trouillomètre à zéro *fam.* · les avoir à zéro *fam.* · baliser *fam.* · se dégonfler *fam.* · faire dans sa culotte *très fam.* · faire dans son froc *très fam.* · avoir les copeaux *pop.*

✦ **faire peur** inquiéter · apeurer · affoler · alarmer · effaroucher · effrayer · épouvanter · faire frémir · faire froid dans le dos · figer le sang · terrifier · terroriser · ficher les jetons *fam.* · ficher la pétoche *fam.* · ficher la trouille *fam.*

peureux, -euse *adj. et n.* · craintif · lâche · poltron · dégonflé *fam.* · foireux *fam.* · froussard *fam.* · lope *fam.* · lopette *fam.* · péteux *fam.* · pétochard *fam.* · poule mouillée *fam.* · trouillard *fam.* · couille molle *vulg.* · couard *littér.* · pleutre *littér.* · pusillanime *littér.* · capon *vieux*

peut-être *adv.* · possiblement · éventuellement · probablement · sans doute

phalange *n.f.* **1 - coalition** · **2 - phalanstère**

phalanstérien, -ienne *n. et adj.* · fouriériste

phallocrate *n.m.* · phallocentrique · machiste · misogyne · sexiste · macho *fam.*

phallocratie *n.f.* · phallocentrisme · machisme · sexisme

phallus *n.m.* · membre (viril) · pénis · sexe (masculin) · verge · ithyphalle *didact.* · priape *didact.*

phare *n.m.* **1 - feu** · lanterne · **2 -** [littér.] **flambeau** · guide · lumière

pharisaïsme *n.m.* · hypocrisie · fausseté · tartuferie

pharisien, -ienne *n. et adj.* · hypocrite · tartufe

pharmacie *n.f.* **1 - pharmacologie** · pharmaceutique *vieilli* · **2 - officine** · tabagie *Québec*

pharmacien, -ienne *n.* · apothicaire *vieux* · potard *fam., vieux*

phase *n.f.* **1 - étape** · degré · échelon · palier · stade · **2 - période** · épisode · moment · partie · **3 -** [Astron.] **apparence**

phénix *n.m.* · génie · aigle · gloire · lumière · oiseau rare · prodige · surdoué · as *fam.* · crack *fam.*

phénoménal, e *adj.* · étonnant · colossal · énorme · exceptionnel · extraordinaire · fabuleux · fantastique · gigantesque · formidable · incroyable · inimaginable · inouï ·

monstrueux · monumental · prodigieux · rare · renversant · sensationnel · singulier · stupéfiant · unique · décoiffant *fam.* · ébouriffant *fam.* · époustouflant *fam.* · faramineux *fam.* · monstre *fam.*

phénomène *n.m.* **1 - fait** · événement · manifestation · réalité · **2 -** [Philo.] **apparence** · **3 - merveille** · miracle · prodige · **4 - monstre** · **5 - excentrique** · énergumène · fantaisiste · farfelu · original · numéro *fam.* · ovni *fam.*

philanthrope *n.* · bienfaiteur · altruiste · donateur · humanitariste · mécène

philanthropie *n.f.* · altruisme · bienfaisance · charité · générosité

philantropique *adj.* **1 - altruiste** · bon · charitable · généreux · humaniste · **2 - caritatif** · de bienfaisance · de charité · humanitaire · humanitariste

philistin, e *n. et adj.* · béotien · grossier · inculte

philosophe

▪ *n.* **1 - sage** · **2 - penseur** · métaphysicien · **3 - encyclopédiste**

▪ *adj.* **1 - optimiste** · **2 - calme** · fataliste · résigné · sage

philosophie *n.f.* **1 - doctrine** · conception · école · idée · idéologie · pensée · principes · système · théorie · thèse · vision du monde · **2 - esthétique** · éthique · logique · métaphysique · morale · ontologie · téléologie · **3 - calme** · fatalisme · indifférence · optimisme · raison · résignation · sagesse · sérénité · équanimité *littér.*

✦ **philosophie des sciences** épistémologie · méthodologie

philtre *n.m.* · charme · breuvage (magique) · potion magique

phlegmon *n.m.* **1 - abcès** · anthrax · furoncle · tumeur · **2 -** [au doigt] **panaris** · tourniole · **3 -** [aux gencives] **parulie**

phobie *n.f.* · aversion · crainte · dégoût · haine · hantise · horreur · peur · terreur · bête noire *fam.*

phonique *adj.* · acoustique · sonore

phosphorescence *n.f.* · luminescence · brasillement

phosphorescent, e *adj.* **1 - luminescent** · fluorescent · luisant · lumineux · photogène · **2 - brillant** · étincelant

photo *n.f.* **cliché** · diapositive · épreuve · image · instantané · photographie · prise de vue · tirage

✦ **prendre en photo** photographier · fixer sur la pellicule · [qqn] tirer le portrait de *fam.*

photocopie *n.f.* **1 - copie** · photostat · **2 - reprographie**

photocopieur *n.m.* · copieur

photographie *n.f.* **1 - prise de vue** · cliché · épreuve · instantané · tirage · **2 - reproduction** · illustration · image · photo · **3 - description** · peinture · représentation

phrase *n.f.* **1 - énoncé** · expression · formule · mot · sentence · **2 - style**

✦ **phrase toute faite** cliché · lieu commun

⋙ **phrases** *plur.* **1 - propos** · mots · paroles · **2 -** [péj.] **discours** · circonvolutions · détours · périphrases · tirade · circonlocutions *soutenu*

phraséologie *n.f.* · style · langue · terminologie · jargon *péj.*

phraseur, -euse

▪ *n.* 1 - **bavard** · beau parleur · bonimenteur · discoureur · palabreur · baratineur *fam.* · 2 - **déclamateur** · rhéteur *littér.*

▪ *adj.* **grandiloquent** · déclamatoire

phtisie *n.f.* · tuberculose

phtisique *adj. et n.* · tuberculeux

physiologique *adj.* 1 - **corporel** · naturel · 2 - **somatique** · organique · physique

physionomie *n.f.* 1 - **figure** · face · faciès · physique · tête · traits · visage · binette *fam.* · bouille *fam.* · gueule *très fam.* · tronche *fam.* · 2 - **air** · attitude · expression · masque · mine · mimique · 3 - **apparence** · allure · aspect · caractère · dehors · extérieur · face

physique

▪ *adj.* 1 - **matériel** · corporel · réel · 2 - **organique** · physiologique · somatique · 3 - **charnel** · intime · sensuel · sexuel

▪ *n.m.* **apparence** · constitution · corps · forme · organisme · plastique · physionomie · complexion *littér.*

✦ **éducation physique, culture physique** gymnastique · E.P.S. *Scol.*

physiquement *adv.* 1 - **matériellement** · 2 - **au physique** · corporellement · 3 - **sexuellement** · charnellement *soutenu*

piaf *n.m.* → **moineau**

piaffer *v.intr.* · s'impatienter · s'agiter · bouillir · piétiner · trépigner · ronger son frein

piaillard, e *adj. et n.* · bruyant · criailleur · piailleur

piaillement *n.m.* 1 - **piaulement** · 2 - **criaillerie** · cri · criaillement · piaillerie

piailler *v.intr.* 1 - **crier** · criailler · jaser · piauler · couiner · 2 - **protester** · brailler · criailler · chouiner *fam.* · couiner *fam.* · râler *fam.*

piailleur, -euse → **piaillard**

[1]**piano** *n.m.* · clavier · casserole *péj., fam.* · chaudron *péj., fam.*

[2]**piano** *adv.* → **doucement**

pianoter *v.intr.* · tambouriner

piauler *v.intr.* 1 - **crier** · glapir · miauler · couiner · 2 - **grincer**

[1]**pic** *n.m.* · pioche • [d'alpiniste] piolet • [de maçon] picot

[2]**pic** *n.m.* · sommet · aiguille · cime · crête · dent · mont · montagne · piton

pic (à)

▪ *loc. adj.* **escarpé** · abrupt · raide

▪ *loc. adv.* [fam.] **à propos** · à point nommé · bien · opportunément · pile (poil) *fam.*

pichenette *n.f.* · chiquenaude

pichet *n.m.* · cruche · pot

pick-up *n.m. invar.* 1 - **électrophone** · tourne-disque · 2 - **camionnette**

picoler *v.intr.* [fam.] → **boire**

picorer *v.tr. et intr.* 1 - **becqueter** · picoter · 2 - **grignoter** · manger comme un moineau, du bout des dents · pignocher · mangeotter *fam.* · 3 - **grappiller** · glaner

picotement *n.m.* · chatouillement · démangeaison · fourmillement · fourmis · irritation · picotis · piqûre

picoter *v.tr.* 1 – **becqueter** · picorer · 2 – **piquer** · chatouiller · démanger

pie *n.f.* · bavard · discoureur · jacasseur · jaseur · moulin à paroles · phraseur · commère *fam.* · concierge *fam.* · pipelette *fam.*

pièce *n.f.* 1 – **division** · fragment · morceau · 2 – **élément** · constituant · fragment · morceau · organe · partie · 3 – **unité** · l'un · morceau · tête · [de tissu] coupon · 4 – [monnaie] **espèce** · jeton · monnaie · piécette · 5 – → **pourboire** · 6 – [de compas] **branche** · 7 – **acte** · certificat · diplôme · document · note · papier · titre · 8 – **salle** · chambre · place *Nord, Belgique* · 9 – [de théâtre] **œuvre dramatique** · comédie · drame · tragédie · revue · vaudeville · 10 – [en vers] **poème** · poésie

✦ **en pièces** en lambeaux · en miettes · en morceaux

✦ **mettre en pièces** briser · casser · déchiqueter · déchirer · démolir · écharper · lacérer · laminer · mettre en charpie · mettre en lambeaux · rompre · bousiller *fam.*

✦ **pièce d'eau** plan d'eau · bassin · canal · miroir d'eau

✦ **pièce de vin** barrique · fût · futaille · tonneau

✦ **pièce d'artillerie** canon

pied *n.m.* 1 – **peton** *fam.* · nougat *pop.* · panard *pop.* · patte *fam.* · pince *pop.* · pinceau *pop.* · ripaton *pop.* · arpion *argot* · 2 – [d'animal] **patte** · 3 – **bas** · assise · base · 4 – [de vigne] **cep** · 5 – [Versification] **mètre**

✦ **coup de pied** shoot · tir

✦ **sur pied, sur les pieds** debout · dressé · levé

✦ **sur un pied** à cloche-pied

✦ **au pied levé** sans préparation · de façon impromptue · de façon improvisée · sans préavis

✦ **mettre sur pied** mettre en place · constituer · créer · établir · fonder · former · instaurer · instituer · monter · organiser · préparer

✦ **mettre à pied** renvoyer · congédier · démettre · licencier · limoger · suspendre · virer *fam.*

✦ **mise à pied** renvoi · congé · congédiement · licenciement · limogeage · suspension

✦ **perdre pied** perdre contenance · se troubler · [facilement] se noyer dans un verre d'eau

✦ **prendre pied** se fixer · s'installer

✦ **casser les pieds** → **ennuyer**

✦ **mettre les pieds dans le plat** faire une gaffe

pied-à-terre *n.m.* · studio · garçonnière

piédestal *n.m.* · base · piédouche · socle · support

piège *n.m.* 1 – **filet** · nasse · rets *littér.* · [à souris] souricière · tapette · 2 – **astuce** · artifice · chausse-trappe · embûche · feinte · leurre · machine · miroir aux alouettes · panneau · ruse · stratagème · subterfuge · traquenard · attrape-nigaud *fam.* · attrape-couillon *très fam.* · piège à cons *très fam.* · 3 – **embuscade** · guêpier · guet-apens · souricière · 4 – **écueil** · complication

✦ **tomber dans le piège** mordre à l'hameçon · tomber dans le panneau · se laisser attraper · se laisser, se faire avoir *fam.* · être fait comme un rat *fam.*

piéger *v.tr.* **1 - traquer** · **2 - berner** · abuser · attraper · tromper · avoir *fam.* · coincer *fam.* · faire tomber dans le panneau *fam.* · baiser *très fam.* · se jouer de *littér*

pierraille *n.f.* · rocaille · graviers · pierres · caillasse *fam.*

pierre *n.f.* **1 - roche** · **2 - caillou** · galet · roc · rocher

✦ **pierre précieuse** gemme · joyau · caillou *fam.* • [au plur.] pierrerie

✦ **pierre tombale** dalle · stèle

✦ **pierre à aiguiser** affiloir

✦ **pierre à briquet, à fusil** silex

✦ **de pierre** **1 - immobile** · impassible · de glace · de marbre · **2 - dur** · impitoyable · insensible · de bronze · de fer · de granit

✦ **jeter la pierre à** accuser · attaquer · blâmer

pierreries *n.f.pl.* · gemmes · bijoux · joyaux · pierres précieuses

pierreux, -euse *adj.* **1 - caillouteux** · rocailleux · rocheux · **2 - graveleux** · grumeleux

pierrot *n.m.* · moineau · piaf *fam.*

pietà *n.f. invar.* · mater dolorosa

piétaille *n.f.* **1 - piétons** · **2 - subalternes** · humbles · petits · sous-verges *vieux*

piété *n.f.* **1 - ferveur** · culte · dévotion · religion · **2 - affection** · amour · respect

piétinement *n.m.* · stagnation · immobilité · immobilisme · marasme

piétiner

▪ *v.tr.* **1 - marcher sur** · écraser · fouler aux pieds · froisser · **2 - malmener** · s'acharner sur · insulter · s'essuyer les pieds sur · **3 - transgresser** · enfreindre · violer

▪ *v.intr.* **1 - trépigner** · piaffer · **2 - marquer le pas** · **3 - aller et venir (sur place)** · **4 - traîner (en longueur)** · ne pas avancer · durer · être en panne · faire du sur-place · ne pas en finir · patauger · patiner · stagner · tourner en rond · végéter

piéton, -onne *adj.* · piétonnier

piétonnier, -ière *adj.* · piéton

piètre *adj.* · sans valeur · affligeant · bas · déplorable · dérisoire · faible · insignifiant · insuffisant · lamentable · maigre · médiocre · mesquin · minime · misérable · miteux · modeste · modique · négligeable · passable · pauvre · petit · piteux · pitoyable · ridicule · triste · minable *fam.*

pieu *n.m.* **1 - piquet** · bâton · échalas · épieu · poteau · **2 -** [fam.] → **lit**

pieusement *adv.* **1 - dévotement** · dévotieusement · religieusement · **2 - précieusement** · jalousement · religieusement · respectueusement · soigneusement · scrupuleusement · tendrement

pieuter (se) *v.intr.* → **se coucher**

pieuvre *n.f.* · poulpe

pieux, pieuse *adj.* **1 - croyant** · pratiquant · religieux · bigot *péj.* · dévot *péj.* · cagot *péj., vieilli* · **2 - respectueux** · déférent · **3 - charitable**

pif *n.m.* → **nez**

pifomètre *n.m.*

✦ **au pifomètre** **1 - à l'estime** · **2 - au hasard**

pigeon *n.m.* **1 - colombe** · ramier · palombe *région.* · **2 -** [fam.] **dupe** · poire *fam.* · gogo *fam., vieilli* · jobard *fam., vieilli* · jocrisse *vieux*

pigeon, colombe, ramier, palombe

Pigeon, colombe, ramier et palombe désignent tous les quatre un oiseau courant. Pigeon est le terme le plus usuel et le plus général *(pigeon domestique, sauvage, pigeon de volière ; une volée de pigeons).* Colombe se dit dans une langue soutenue pour le pigeon blanc *(la blanche colombe),* symbole de la tendresse, de la pureté et de la paix *(la colombe de la paix).* Colombe s'emploie également pour le pigeon en tant que type, représenté notamment par le ramier, gros pigeon sauvage migrateur, au plumage gris bleuté *(un pigeon ramier),* que l'on désigne par palombe dans le sud-ouest de la France.

pigeonner *v.tr.* → **duper**

pigeonnier *n.m.* · colombier

piger *v.tr.* → **comprendre**

pigment *n.m.* · pigmentation · couleur

pigmentation *n.f.* · coloration

pignocher *v.intr.* **1 - manger du bout des dents** · picorer · **2 - pinailler** · discutailler

[1]**pignon** *n.m.* · fronton · gable

[2]**pignon** *n.m.* · tympan · roue dentée

[3]**pignon** *n.m.* · pigne

pignouf, e *n.* → **rustre**

pilastre *n.m.* · pilier · ante · colonne · montant · pied-droit

[1]**pile** *n.f.* **1 - amoncellement** · amas · empilage · empilement · entassement · monceau · montagne · tas · **2 - batterie** · générateur · **3 - pilier** · colonne · montant · pied-droit · pilastre · pylône

✦ **pile atomique** réacteur (nucléaire)

[2]**pile** *adv.* **1 - à propos** · à pic · à point (nommé) · bien · opportunément · **2 - précis** · juste · juste à temps · sonnant · pétant *fam.* · tapant *fam.* · **3 - net** · brusquement

[1]**piler** *v.intr.* [fam.] freiner brutalement · s'arrêter net

[2]**piler** *v.tr.* **1 - broyer** · concasser · écraser · pulvériser · réduire en miettes, en poudre · triturer · **2 -** [fam.] **battre (à plate couture)** · écraser · vaincre · enfoncer *fam.* · défaire *soutenu* · laminer *fam.* · mettre une raclée à *fam.*

pileux, -euse *adj.* · pilaire

pilier *n.m.* **1 - colonne** · pied-droit · pilastre · pile · pylône · **2 - appui** · défenseur · étai · partisan · soutien · support · **3 - habitué** · familier · fidèle

pillage *n.m.* **1 - mise à sac** · déprédation · sac · saccage · **2 - vol** · brigandage · larcins · razzia · maraudage *littér.* · rapine *littér.* · **3 - concussion** · détournement · exaction · volerie *vieux* · **4 - plagiat** · calque · copie · démarquage · emprunt · imitation

pillard, e *n.* · voleur · brigand · maraudeur · pilleur · pirate · écumeur *vieilli*

piller *v.tr.* **1 - voler** · dérober · dévaliser · dévaster · écumer · mettre à sac · ravager · saccager · **2 - plagier** · calquer · copier · démarquer · emprunter à · imiter

pilon *n.m.* 1 - **broyeur** · 2 - **dame** · hie · 3 - **jambe de bois** · 4 - [de poulet] **cuisse**

pilonner *v.tr.* 1 - **broyer** · écraser · 2 - **marteler** · matraquer · 3 - **bombarder** · canonner

pilotage *n.m.* · conduite · direction · guidage · navigation

pilote *n.* 1 - **barreur** · skipper · timonier *littér.* · nautonier *vieux* · nocher *vieux* · 2 - **aviateur** · copilote · 3 - **conducteur** · chauffeur · 4 - **guide** · cornac *fam.* · cicérone *littér.* · 5 - [en apposition] **expérimental** · modèle · test

✦ **pilote-suicide** kamikaze

piloter *v.tr.* 1 - **manœuvrer** · conduire · être au volant de · 2 - **gouverner** · administrer · commander · diriger · être à la tête de · être aux commandes de · être aux manettes de · gérer · mener · tenir la barre de · tenir le gouvernail de · tenir les rênes de · manager *fam.* · 3 - **guider** · accompagner · escorter · mener · cornaquer *fam.*

pilule *n.f.* 1 - **pastille** · cachet · comprimé · grain · granule · granulé · 2 - **contraceptif (oral)**

pimbêche *n.f.* · prétentieuse · mijaurée · péronnelle · bêcheuse *fam.* · chichiteuse *fam.* · pécore *littér.*

piment *n.m.* 1 - **chili** · poivre de Cayenne · 2 - **esprit** · piquant · saveur · sel

pimenté, e *adj.* 1 - **épicé** · corsé · fort · piquant · relevé · 2 - **osé** · grivois · licencieux · salé

pimenter *v.tr.* · épicer · agrémenter · assaisonner · corser · relever

pimpant, e *adj.* 1 - **élégant** · gracieux · joli · 2 - **fringant** · allègre · joyeux · pétillant · sémillant · vif

pinacle *n.m.* 1 - **couronnement** · 2 - **faîte** · sommet

✦ **porter, élever au pinacle** louer · célébrer · chanter les louanges de · élever aux nues · tresser des couronnes, des lauriers à

pinacothèque *n.f.* · collection · galerie · musée

pinailler *v.intr.* · ergoter · argumenter · chicaner · discuter · discutailler · pignocher · chercher la petite bête *fam.* · chinoiser *fam.* · chipoter *fam.* · couper les cheveux en quatre *fam.* · enculer les mouches *très fam.* · ratiociner *littér.*

pinailleur, -euse *n.* · ergoteur · argumentateur · chicaneur · discutailleur · pignocheur · chipoteur *fam.* · coupeur de cheveux en quatre *fam.* · ratiocineur *littér.* · vétilleux *littér*

pinard *n.m.* → **vin**

pince *n.f.* 1 - **tenaille** · 2 - [Horlogerie, Typo] **brucelles** · [de forgeron] **forge** · [de dentiste] **davier** · [à poinçonner] **emporte-pièce** · poinçonneuse · 3 - [Couture] **fronce** · pli · 4 - [fam.] → **main**

✦ **pince à épiler** épiloir *rare*

✦ **pince à cheveux** barrette · épingle

✦ **pince à linge** épingle à linge

pincé, e *adj.* 1 - **guindé** · dédaigneux · empesé · précieux · raide · sec · coincé *fam.* · constipé *fam.* · gourmé *littér.* · 2 - [bouche, lèvre, nez] **fermé** · mince · serré · 3 - [fam.] **amoureux** · mordu *fam.*

pinceau *n.m.* 1 – **brosse** · blaireau · houppe · queue-de-morue · 2 – [lumineux] **faisceau**

pincement *n.m.* 1 – **serrement** · pinçage · 2 – [Arbor.] **taille**

pince-nez *n.m. invar.* · lorgnon · bésicles · binocle

pincer *v.tr.* 1 – **serrer** · coincer · saisir · 2 – [froid] **piquer** · mordre · 3 – [fam.] → **surprendre** · 4 – [fam.] → **appréhender**

✦ **en pincer pour** → **aimer**

pinçon *n.m.* · meurtrissure

pindarique *adj.* → **ampoulé**

pinède *n.f.* · bois de pins · forêt de pins **pineraie** *rare* · pinière *rare* · pignade *région*

ping-pong *n.m.* · tennis de table

pingre *n. et adj.* · avare · mesquin · parcimonieux · regardant · grippe-sou *fam.* · radin *fam.* · rapiat *fam.* · ladre *littér.* · chiche *vieilli*

pingrerie *n.f.* · avarice · mesquinerie · radinerie *fam.* · ladrerie *littér.* · lésine *littér.*

pin's *n.m. invar* · épinglette *recomm. offic.*

pinter *v.intr.* [fam.] → **boire**

»» **se pinter** *v.pron.* → **se soûler**

[1]**pioche** *n.f.* · pic · bigot · houe · piochon

[2]**pioche** *n.f.* [cartes] talon

piocher *v.tr.* 1 – **creuser** · fouir · 2 – **prendre** · puiser · dégoter *fam.* · 3 – [fam., vieilli] → **étudier**

[1]**pion** *n.m.* **élément** · pièce

[2]**pion, pionne** *n.* [fam.] **surveillant** · maître d'étude

pionnier, -ière *n.* 1 – **défricheur** · colon · conquérant · explorateur · 2 – **bâtisseur** · créateur · fondateur · initiateur · innovateur · inspirateur · instigateur · père · précurseur · promoteur

pipe *n.f.* · bouffarde *fam.* · brûle-gueule *fam.* · [des Indiens] calumet · [orientale] chibouque · houka · narguilé

pipeau *n.m.* 1 – **flûte** · chalumeau · flageolet · flûtiau · musette · 2 – **appeau** · 3 – [fam.] → **leurre**

pipeline *n.m.* 1 – **oléoduc** · 2 – **canalisation** · canal · collecteur · conduite · tube · tuyau

piper *v.tr.* **truquer** · trafiquer *fam.*

✦ **ne pas piper, ne piper mot** garder le silence · ne pas souffler mot · se taire · la fermer *fam.*

pipette *n.f.* · compte-gouttes · tube

pipi *n.m.* **urine** · pisse *fam.*

✦ **pipi-room** → **toilettes**

✦ **faire pipi** uriner · pisser *fam.*

[1]**piquant, e** *adj.* 1 – **pointu** · acéré · aigu · perforant · 2 – **vif** · mordant · 3 – **épicé** · fort · 4 – **aigre** · acide · piqué · 5 – **gazeux** · pétillant · 6 – **acerbe** · acide · âcre · aigre · amer · blessant · caustique · cuisant · vexant · 7 – **malicieux** · fin · incisif · mordant · mutin · satirique · savoureux · spirituel · vif · 8 – **amusant** · charmant · curieux · drôle · excitant · inattendu · intéressant · pittoresque · plaisant

[2]**piquant** *n.m.* 1 – **aiguillon** · épine · 2 – **relief** · agrément · mordant · piment · saveur · sel · 3 – **charme** · chien *fam.*

[1]**pique** *n.f.* · lance · dard · hallebarde · javelot · pointe · sagaie

[2]**pique** *n.f.* • raillerie • méchanceté • moquerie • pointe • quolibet • rosserie • sarcasme • vanne *fam.* • brocard *littér.* • nasarde *vieux ou littér.*

piqué, e *adj.* 1 - [bois] **vermoulu** • mangé aux vers • pourri • rongé • 2 - [vin] **acide** • aigre • aigrelet • sur • tourné • 3 - [Mus.] **détaché** • staccato • 4 - [fam.] → **fou**

✦ **piqué de** parsemé de • moucheté de • piqueté de • tacheté de

pique-assiette *n. invar.* • parasite • profiteur • écornifleur *vieux* • écumeur de tables, de marmites *vieux*

pique-feu *n.m. invar.* • fourgon • pincette • râble • ringard • tisonnier

pique-nique *n.m.* • déjeuner sur l'herbe

pique-niquer *v.intr.* • manger, déjeuner sur l'herbe • grignoter • casse-croûter *fam.* • saucissonner *fam.*

piquer *v.tr.*

I 1 - **trouer** • percer • 2 - **attaquer** • manger • ronger • 3 - [serpent] **mordre** • 4 - **planter** • enfoncer • ficher • plonger • 5 - **coudre** • 6 - **vacciner** • 7 - **euthanasier** • tuer

II 1 - **aiguillonner** • éperonner • 2 - **attiser** • chatouiller • éveiller • exciter • stimuler

III 1 - **picoter** • brûler • cuire • démanger • gratter • pincer • 2 - **irriter** • agacer • aigrir • atteindre • blesser • égratigner • fâcher • froisser • offenser • vexer

IV 1 - [des notes de musique] **détacher** • 2 - [fam.] → **voler** [2] • 3 - [fam.] → **surprendre** • 4 - [fam.] → **appréhender**

✦ **piquer sur** foncer sur • s'abattre sur • s'élancer sur • fondre sur • plonger sur

⋙ **se piquer** *v.pron.* 1 - **se droguer** • se fixer *fam.* • se piquouser *fam.* • se shooter *fam.* • 2 - **s'aigrir** • se gâter • surir • tourner • 3 - **se fâcher** • s'emporter • se formaliser • se froisser • s'offenser • s'offusquer • prendre la mouche • se vexer

✦ **se piquer de** s'enorgueillir de • se flatter de • se faire fort de • se glorifier de • s'honorer de • prétendre • se prévaloir de • se targuer de • se vanter de • se donner les gants de

piquet *n.m.* **pieu** • palot

✦ **au piquet** au coin

piqueté, e *adj.* **piqué** • tacheté • tavelé

✦ **piqueté de** 1 - **troué de** • criblé de • 2 - **constellé de** • moucheté de • parsemé de

piqueter *v.tr.* 1 - **baliser** • jalonner • marquer • 2 - **moucheter**

✦ **piqueter de** piquer de • parsemer de

piqûre *n.f.* 1 - **blessure** • morsure • picotement • urtication • 2 - **injection** • inoculation • vaccin • piquouse *fam.* • 3 - **couture** • 4 - **vermoulure** • 5 - **tache** • oxydation • rousseur • 6 - **pique** • méchanceté • moquerie • pointe • quolibet • raillerie • rosserie • sarcasme • vanne *fam.* • brocard *littér.*

pirate

▪ *n.m.* 1 - **écumeur de mer** • corsaire • forban • flibustier *vieilli* • boucanier *Antilles* • frère de la côte *vieux* • 2 - **escroc** • aigrefin • bandit • filou • fripouille • gangster • requin • scélérat • truand • voleur • forban *littér.* • 3 - [informatique] **hacker** *anglic.*

▪ *adj.* 1 - **corsaire** • 2 - **illégal** • clandestin • illicite • irrégulier

pirater *v.tr.* 1 – **plagier** · copier · démarquer · piller · 2 – [un avion] **détourner**

piraterie *n.f.* 1 – **flibuste** · flibusterie · 2 – **escroquerie** · exaction · filouterie · fraude · vol

pire *adj. et nm* · (le) plus mauvais · (le) pis *littér.*

✦ **au pire** au pis *littér.*

pire, pis

Pire et pis sont tous deux des comparatifs de supériorité qui peuvent remplacer « plus mauvais » et ont aussi le sens de « plus pénible », « plus nuisible » *(le remède est pire/pis que le mal)*. **Pire** est courant dans tous les contextes ; certains rejettent son emploi avec un indéfini *(rien de pire, quelque chose de pire)* et préconisent l'emploi de **pis** *(quoi de pis, ce qu'il y a de pis)* qui est littéraire. **Pis** est également recommandé à la place de **pire** dans le superlatif *(le pire de/le pis de l'histoire, c'est qu'il est persuadé d'avoir été trompé)*. Cependant, **pis** est surtout en usage dans la langue soutenue *(ce qu'il y de pis, c'est pis, bien pis que)* et ne se maintient que dans quelques expressions et locutions *(de mal en pis, tant pis, au pis aller)*.

pirogue *n.f.* · canoë

pirouette *n.f.* 1 – **cabriole** · gambade · tour · virevolte · volte · 2 – **dérobade** · échappatoire · esquive · excuse · faux-fuyant · fuite · plaisanterie · 3 – **revirement** · changement · retournement · volte-face · palinodie *littér.*

pirouetter *v.intr.* · pivoter · tourbillonner · tournoyer · virevolter

[1]**pis** *adj.* · pire

✦ **au pis aller** à la rigueur

[2]**pis** *n.m.* · tétine · mamelle

pisciculture *n.f.* · aquiculture

piscine *n.f.* · bassin · baignoire · bain · pièce d'eau · réservoir

pisé *n.m.* · torchis · bauge · boue · bousillage · mortier

pisse *n.f.* · urine · pipi *fam.* · pissat *vieilli*

pissenlit *n.m.* · dent-de-lion

pisser

▪ *v.intr.* 1 – **uriner** · faire pipi *fam.* · se soulager *fam.* · 2 – → **couler**

▪ *v.tr.* **évacuer** · perdre

✦ **pisser de la copie** écrire · rédiger · pondre *fam.*

pissotière *n.f.* → **urinoir**

pistage *n.m.* · poursuite · chasse · filature · traque · filoche *fam.*

piste *n.f.* 1 – **voie** · chemin · sentier · 2 – **trace** · indication · [d'animal] foulée · 3 – **circuit** · autodrome *vieux*

pister *v.tr.* · suivre · épier · filer · prendre en filature · suivre (la trace de) · filocher *fam.*

pistolet *n.m.* 1 – **revolver** · arme · feu *fam.* · flingue *fam.* · pétard *fam.* · calibre *argot* · 2 – [Peinture] **aérographe** · pistolet-pulvérisateur

pistolet-mitrailleur *n.m.* · mitraillette

piston *n.m.* [fam.] appui · coup de pouce · parrainage · protection · recommandation · soutien

pistonner *v.tr.* [fam.] recommander · appuyer · favoriser · parrainer · pousser · protéger · donner un coup de pouce à *fam.*

pitance *n.f.* · nourriture · aliments · subsistance · ordinaire *littér.* · rata *argot militaire*

piteux, -euse *adj.* 1 - **affligeant** · chétif · déplorable · lamentable · mal en point · malheureux · mauvais · médiocre · misérable · miteux · navrant · pauvre · pitoyable · triste · minable *fam.* · piètre *littér.* · marmiteux *vieux* · 2 - **confus** · contrit · honteux · penaud · la queue basse, entre les jambes *fam.*

pitié *n.f.* 1 - **commisération** · apitoiement · attendrissement · compassion · 2 - **bonté** · bienveillance · charité · clémence · cœur · humanité · indulgence · sensibilité · mansuétude *littér.* · 3 - [Relig.] **grâce** · merci · miséricorde · 4 - **condescendance** · dédain · mépris

✦ **faire pitié** fendre le cœur · faire monter, faire venir les larmes aux yeux

✦ **sans pitié** 1 - **cruel** · impitoyable · implacable · inexorable · 2 - **impitoyablement** · irrémissiblement

pitié, compassion, commisération

Pitié, compassion et commisération désignent un sentiment altruiste caractérisé par une forte émotion devant les souffrances d'autrui. **Pitié**, terme le plus courant, implique que l'on souhaite voir soulager ces souffrances *(un sort digne de pitié, une pitié excessive, sans aucune pitié)*. Dans des contextes littéraires, **commisération** se dit d'un sentiment de pitié qui fait prendre part à la misère de gens malheureux : « Je la regardais avec commisération, car elle avait l'air fatigué et inquiet » (Colette, *la Maison de Claudine*). **Compassion**, d'emploi soutenu, a une valeur plus forte ; dans la compassion, la pitié porte à souffrir avec autrui, comme si l'on était à sa place *(sa détresse après la mort de ses parents inspirait de la compassion)*.

piton *n.m.* 1 - **clou** · broche · vis · 2 - [rocheux] **éminence** · aiguille · montagne · pic

pitoyable *adj.* 1 - **piteux** · affligeant · calamiteux · consternant · déplorable · dérisoire · désastreux · exécrable · lamentable · mauvais · misérable · médiocre · méprisable · navrant · pauvre · triste · dans un triste état · minable *fam.* · 2 - **douloureux** · malheureux · moche · triste

pitre *n.m.* **clown** · bouffon · comique (de la troupe) · guignol

✦ **faire le pitre** faire le singe *fam.* · faire l'andouille *fam.* · faire le guignol *fam.* · faire le mariolle *fam.* · faire le zouave *fam.*

pitrerie *n.f.* · clownerie · facétie · farce · plaisanterie · singerie *fam.*

pittoresque

▪ *adj.* 1 - **original** · bizarre · curieux · exotique · folklorique · insolite · 2 - **expressif** · cocasse · coloré · haut en couleur · piquant · savoureux · truculent

▪ *n.m.* **couleur (locale)** · caractère · exotisme · insolite · originalité

pivot *n.m.* 1 - **axe** · arbre · 2 - **base** · centre · clé de voûte · fondement · soutien · support · 3 - **organisateur** · cheville ouvrière · pilier · responsable

pivotant, e *adj.* · tournant · rotatif

pivoter *v.intr.* · tourner · pirouetter

placage *n.m.* 1 - **revêtement** · 2 - **application** · pose

placard *n.m.* 1 - **affiche** · écriteau · pancarte · 2 - **armoire** · buffet

✦ **mettre au placard** écarter · se débarrasser de · placardiser

placarder *v.tr.* · afficher · apposer · coller

place *n.f.*
I 1 - espace · volume · **2 - emplacement** · endroit · lieu · position · siège · site · situation · **3 - esplanade** · agora · forum · parvis · square · carrefour · rond-point · carré *Québec* · **4 - disposition** · agencement · arrangement · ordre · position
II 1 - fauteuil · siège · loge · strapontin · **2 - billet** · entrée
III 1 - classement · position · rang · **2 - emploi** · charge · dignité · fonction · métier · position · poste · rang · rôle · situation · travail · job *fam.*
✦ **place forte** forteresse · château fort · citadelle · fort · redoute
✦ **bonne place** sinécure · planque *fam.*
✦ **de place en place** ici et là · de loin en loin
✦ **à sa place** si j'étais lui · dans sa peau
✦ **à la place de** pour · au lieu de · en échange de · en guise de · en remplacement de · comme substitut de
✦ **sur place** sur les lieux · sur le terrain
✦ **à la meilleure place** aux premières loges
✦ **mettre en place 1 - installer** · agencer · arranger · placer · poser · **2 - établir** · constituer · instaurer · instituer · mettre sur pied · organiser
✦ **mise en place 1 - installation** · agencement · arrangement · placement · pose · **2 - instauration** · constitution · établissement · institution · mise sur pied · organisation
✦ **prendre place** s'asseoir · s'installer · se mettre
✦ **faire place** se ranger · s'écarter · se garer · se pousser
✦ **remettre à sa place** reprendre · chapitrer · corriger · réprimander · rembarrer *fam.* · remonter les bretelles à *fam.*
✦ **s'installer, se mettre à la place, prendre la place de** chasser · remplacer · succéder à · supplanter
↝ lieu

placement *n.m.* **1 - installation** · agencement · rangement · **2 - investissement** · mise (de fonds) · **3 - hospitalisation** · internement

placer *v.tr.*
I 1 - agencer · ajuster · arranger · disposer · ordonner · ranger · **2 - déposer** · mettre · poser · ficher *fam.* · flanquer *fam.* · foutre *très fam.* · **3 - faire tenir** · loger · mettre · ranger · caser *fam.* · fourrer *fam.* · nicher *fam.* · serrer *littér.* · **4 - installer** · asseoir · mettre · poster · **5 - situer** · centrer · établir · localiser
II 1 - investir · engager · **2 -** [des espoirs] **fonder** · mettre · **3 - vendre** · louer

»» **se placer** *v.pron.* **1 - s'installer** · s'asseoir · se mettre · se ranger · **2 - se classer**

placeur, -euse *n.* → placier

placide *adj.* **1 - paisible** · calme · mesuré · pacifique · patient · pondéré · serein · tranquille · cool *fam.* · **2 - flegmatique** · froid · impassible · imperturbable

placidité *n.f.* **1 - calme** · nonchalance · patience · sang-froid · sérénité · tranquillité · **2 - flegme** · impassibilité · imperturbabilité

placier, -ière *n.* · courtier · démarcheur · placeur · représentant · voyageur de commerce · V. R. P.

plafond *n.m.* 1 - **voûte** · 2 - **maximum** · limite (haute) · seuil · sommet

plafonner

▪ *v.intr.* 1 - **culminer** · atteindre la limite · 2 - **stagner** · faire du sur-place · marquer le pas

▪ *v.tr.* **limiter** · brider

plage *n.f.* · grève · bord de mer · marina · rivage · marine *vieux ou littér.*

plagiaire *n.* · contrefacteur · copieur · copiste · imitateur · pasticheur · pillard · pilleur · pirate

plagiat *n.m.* · copie · calque · copiage · démarquage · emprunt · imitation · pastiche · pillage

~ **pastiche**

plagier *v.tr.* · copier · calquer · contrefaire · démarquer · imiter · pasticher · piller · pirater · reproduire

plaid *n.m.* · couverture · tartan

plaider *v.tr.* **défendre** · affirmer · attester · faire valoir · soutenir

✦ **plaider pour, en faveur de** 1 - **jouer en faveur de** · militer pour · 2 - **défendre** · intercéder pour

plaideur, -euse *n.* 1 - **contestant** · défenseur · demandeur · plaidant · partie · 2 - [vieux] **chicaneur**

plaidoirie *n.f.* · défense · plaidoyer

plaidoyer *n.m.* 1 - **plaidoirie** · défense · 2 - **justification** · apologie · défense · éloge

plaie *n.f.* 1 - **blessure** · écorchure · égratignure · lésion · meurtrissure · bobo *lang. enfants* · 2 - **affliction** · blessure · douleur · peine · souci · tracas · 3 - [littér.] → **fléau** · 4 - [fam.] → **importun** · 5 - [fam.] → **peste**

plaignant, e *n.* · demandeur · accusateur · partie · plaideur

plaindre *v.tr.* **avoir pitié de** · s'apitoyer sur · s'attendrir sur · compatir avec · prendre en pitié

⋙ **se plaindre** *v.pron.* 1 - **se lamenter** · conter ses peines · 2 - **geindre** · crier · gémir · pleurer · bêler *fam.* · couiner *fam.* · pleurnicher *fam.* · 3 - **protester** · criailler · grommeler · jeter, pousser les hauts cris · maugréer · murmurer · récriminer · râler *fam.* · rouspéter *fam.* · 4 - **réclamer** · revendiquer · crier famine · crier misère

✦ **se plaindre de** faire grief à · en vouloir à

plain-pied (de) *loc. adj.* · au même niveau · de niveau

plainte *n.f.* 1 - **cri (de douleur)** · gémissement · hurlement · lamentation · pleur · soupir *littér* · geignement *rare* · 2 - **doléance** · grief · protestation · réclamation · récrimination · reproche · revendication · criaillerie *péj.* · jérémiade *péj.* · 3 - [amoureuse, vieilli] **complainte** *vieux*

plaintif, -ive *adj.* · gémissant · larmoyant *péj.* · geignard *péj., fam.* · pleurard *péj., fam.* · pleurnichard *péj., fam.* · dolent *péj., littér.*

plaire *v.intr.* **avoir du succès** · être populaire · être en vogue · réussir

✦ **plaire à** 1 - **convenir à** · agréer à · aller à · arranger · combler · contenter · enchanter · être à la convenance de · avoir la faveur de · faire plaisir à · inspirer · intéresser · parler (au cœur, à l'âme de) · ravir · réjouir · revenir à · sembler bon à · satisfaire · sourire à · tenter · trouver le chemin du cœur de · trouver grâce aux yeux de · botter *fam.* · chanter à *fam.* · dire à *fam.* · **2 - séduire** · attirer · captiver · charmer · conquérir · exciter · fasciner · avoir un ticket avec *fam.* · avoir une touche avec *fam.* · taper dans l'œil à *fam.* · tourner la tête à *fam.* · **3 - flatter** · chatouiller

✦ **chercher à plaire** (**à**) faire sa cour à · cajoler · flatter

✦ **s'il vous plaît** je vous prie

✦ **ça ne me plaît pas** ce n'est pas mon truc *fam.* · ce n'est pas ma tasse de thé

⋙ **se plaire** *v.pron.* s'**aimer** · s'apprécier

✦ **se plaire à** aimer · s'amuser à · donner dans · s'intéresser à · prendre plaisir à · se trouver bien de · se complaire à *soutenu* · se délecter à *soutenu*

plaisamment

adv. **1 - drôlement** · amusamment *rare* · **2 - agréablement** · délicieusement · gracieusement · joliment

plaisance

n.f.

✦ (**navigation de**) **plaisance** voile · yachting

plaisancier

n.m. · yachtman

plaisant, e

▪ *adj.* **1 - agréable** · attrayant · charmant · gentil · gracieux · joli · riant · **2 - aimable** · amène · attirant · attachant · avenant · gai · séduisant · sympathique · **3 - engageant** · excitant · **4 - amusant** · comique · divertissant · drôle · piquant · réjouissant · risible · spirituel · facétieux *vieux ou littér.* · rigolo *fam.*

▪ *n.m.* [vieux] **bouffon** · farceur · loustic

✦ **mauvais plaisant** plaisantin · fumiste · impertinent

❧ **facétieux**

plaisanter

▪ *v.intr.* s'**amuser** · badiner · rire · zwanzer *Belgique* · blaguer *fam.* · rigoler *fam.* · bouffonner *littér.* · galéjer *fam., Provence* • [à tout propos] avoir toujours le mot pour rire

▪ *v.tr.* **se moquer de** · railler · taquiner · charrier *fam.* · mettre en boîte *fam.* · gouailler *vieilli* · chiner *vieux*

✦ **pour plaisanter** pour rire

plaisanterie

n.f. **1 - boutade** · bon mot · saillie · trait d'esprit · blague *fam.* · **2 - moquerie** · pointe · raillerie · taquinerie · mise en boîte *fam.* · vanne *fam.* · fion *fam., Québec, Suisse* · **3 - facétie** · badinerie · bouffonnerie · pitrerie · couillonnade *très fam.* · gag *fam.* · galéjade *fam., Provence* · zwanze *Belgique* · **4 - farce** · mystification · attrape *fam.* · bateau *fam.* · blague *fam.* · bobard *fam.* · canular *fam.* · **5 - jeu** · bagatelle · rigolade *fam.*

❧ **plaisanterie, moquerie, raillerie**

Plaisanterie, moquerie et raillerie désignent des paroles ou des actes plus ou moins drôles. La **plaisanterie** vise à amuser *(une plaisanterie fine, osée, vulgaire)* ou à tourner quelqu'un ou quelque chose en ridicule *(être l'objet de plaisanteries, prendre bien la plaisanterie, il comprend mal la plaisanterie).* C'est ce second but que poursuit ordinairement la **moquerie** : « Il savait que, dès qu'il était sorti, les moqueries reprenaient leur train et que Melchior était la risée de la ville » (R. Rolland, *Jean-Christophe, le Matin,* I). La **moquerie** peut cependant ne receler aucune intention de faire mal *(une moquerie innocente, affectueuse),* contrairement à la **raillerie** qui a pour fondement la dérision des gens ou des choses *(des railleries mordantes, être en butte aux railleries).*

plaisantin *n.m.* 1 – **farceur** · blagueur · bouffon · pitre · 2 – [péj.] **amateur** · dilettante · fumiste *fam.* · rigolo *fam.*

plaisir *n.m.* 1 – **satisfaction** · bien-être · bonheur · contentement · délectation · délice · félicité · joie · 2 – **hédonisme** · épicurisme · 3 – **jouissance** · volupté · 4 – **distraction** · agrément · amusement · divertissement · jeu · passe-temps · récréation · régal · réjouissance · fun *Québec* · 5 – [au plur., ironique] **gaietés**

✦ **à plaisir** sans raison · pour rien
✦ **avec plaisir** volontiers
✦ **avoir le plaisir de** avoir l'avantage de · avoir l'honneur de
✦ **avoir du plaisir** jouir · prendre son pied *fam.*
✦ **faire plaisir à** 1 – **plaire à** · flatter · ravir · réjouir · 2 – **faire une faveur à** · rendre service à · obliger *soutenu* · faire une fleur à *fam.* · faire, rendre office à *vieux*
✦ **pour faire plaisir à** pour les beaux yeux de
✦ **faire le plaisir de** avoir, faire la gentillesse de · faire la grâce de · faire l'honneur de · faire la politesse de

bonheur

plaisir, volupté, jouissance

Plaisir, **volupté** et **jouissance** ont en commun l'idée de sensation très agréable. **Plaisir** s'emploie de manière large chaque fois qu'un besoin est satisfait *(le plaisir physique, esthétique, le plaisir des yeux, les plaisirs de la table).* **Jouissance** exprime un plaisir très vif, éprouvé dans son être intime *(une jouissance pleine, rare, les jouissances de l'esprit, des sens)* et notamment dans la possession de quelque chose *(sa fortune ne lui donne aucune jouissance).* On réserve **volupté** à une jouissance goûtée dans sa plénitude *(un frisson de volupté, s'abandonner à la volupté).*

[1]**plan, plane** *adj.* · égal · plain · plat · uni · de niveau

[2]**plan** *n.m.* 1 – **surface** · 2 – **hauteur** · niveau · 3 – **importance** · catégorie · ordre · 4 – **domaine** · perspective · registre · 5 – [Cinéma] **prise de vue** · 6 – [Aviation] **aile** · voilure

✦ **plan d'eau** pièce d'eau · bassin · canal · miroir d'eau · réservoir · retenue
✦ **sur le même plan** au même niveau · à côté · sur le même pied
✦ **gros plan, plan serré** zoom

[3]**plan** *n.m.*

I 1 – **intention** · dessein · idée · programme · projet · visée · vue · 2 – **planification** · calcul · combinaison · entreprise · stratégie · système · tactique

II 1 – **cadre** · bâti · canevas · carcasse · charpente · descriptif · dessin · ébauche · économie · esquisse · ordre (des matières) · ossature · scénario · squelette · structure · synopsis · trame · 2 – **schéma** · carte · coupe · croquis · dessin · diagramme · épure · levé

✦ **plan de travail** programme · planning
✦ **en plan** en suspens · à l'abandon · en attente · en panne · en carafe *fam.* · en rade *fam.* · en souffrance *soutenu*

✦ **laisser en plan** abandonner · planter là *fam.*

planche *n.f.* **1 - latte** · planchette · ais *vieilli* · **2 - rayon** · tablette · **3 - image** · estampe · gravure · illustration · reproduction · **4 -** [Hortic.] **carré**

✦ **planche à roulettes** skate (-board)

⋙ **les planches** *plur.* **la scène** · le théâtre · les tréteaux

plancher *n.m.* **1 - sol** · **2 - parquet** · **3 - minimum** · limite (basse) • [en apposition] limite

planchette *n.f.* · tablette

planchiste *n.* · véliplanchiste

planer *v.intr.* **1 - voler** · **2 - flotter dans l'air** · **3 - rêver** · être dans les nuages *fam.* · être dans les vapes *fam.* · être à côté de ses pompes *fam.* · être à l'ouest *fam.* · rêvasser *fam.*

✦ **planer au-dessus de** **1 - survoler** · **2 - dominer** · **3 - être indifférent à**

planétaire *adj.* · mondial · global · intercontinental · international · terrestre · universel

planète *n.f.* **1 - corps céleste** · astre · **2 - terre** · globe · monde

planification *n.f.* **1 - organisation** · économie · programme · **2 -** [Écon.] **plan** · dirigisme · étatisme

planifier *v.tr.* **1 - programmer** · calculer · ordonner · organiser · préparer · prévoir · **2 - projeter** · envisager · penser · préméditer · se proposer de · songer à

planisphère *n.m.* · mappemonde · carte · projection (plane)

planning *n.m.* **1 - calendrier** · agenda · emploi du temps · programme · **2 - organisation** · arrangement · ordonnancement · plan de travail

✦ **planning familial** contrôle des naissances · orthogénie · régulation des naissances

planque *n.f.* **1 - cachette** · cache · **2 -** [fam.] sinécure · combine *fam.* · filon *fam.* · fromage *fam.*

planqué, e *adj.* → **caché**

planquer

▪ *v.tr.* → **cacher**

▪ *v.intr.* → **épier**

plant *n.m.* · plantation

plantation *n.f.*

I implantation · installation · pose

II 1 - champ · culture · exploitation (agricole) • [de jeunes végétaux] **pépinière** • [de légumes] **potager** • [d'arbres fruitiers] **verger** · **2 -** [d'arbres] **boisement** · peuplement

plante *n.f.* **végétal**

⋙ **plantes** *plur.* **végétation** · flore

planté, e *adj.* · campé · debout · immobile

planter *v.tr.* **1 - semer** · repiquer · transplanter · **2 - ensemencer** • [d'arbres] arborer · boiser · peupler · reboiser · **3 - enfoncer** · ficher · implanter · piquer · **4 - installer** · camper · élever · placer · poser • [une tente] dresser · monter

✦ **planter là** abandonner · laisser en plan · laisser tomber · quitter · plaquer *fam.*

⋙ **se planter** *v.pron.* **1 - se poster** · s'arrêter · se camper · se mettre · **2 -** [fam.] → **se tromper**

planton *n.m.* **factionnaire** · garde · sentinelle

✦ **faire le planton** → **attendre**

plantureusement *adv.* · copieusement · abondamment · à foison · à profusion · en abondance · profusément

plantureux, -euse *adj.* 1 - **abondant** · copieux · gargantuesque · d'ogre · pantagruélique · 2 - **rond** · corpulent · dodu · gras · gros · potelé · replet · 3 - **épanoui** · avantageux · opulent · plein · rebondi · 4 - **fécond** · fertile · généreux · riche

plaque *n.f.* 1 - **feuille** · carreau · lame · lamelle · plaquette · table · tablette · 2 - **écriteau** · panonceau · 3 - **médaille** · badge · 4 - **écaille** · croûte

✦ **plaque dentaire** film dentaire · tartre

plaquer *v.tr.* 1 - **appliquer** · coller · couvrir de · recouvrir de · placarder *fam.* · 2 - **aplatir** · appuyer · mettre à plat · 3 - **pousser** · coincer *fam.* · 4 - [fam.] → **abandonner**

plaquette *n.f.* 1 - **publication** · brochure · livret · monographie · opuscule · recueil · 2 - **lamelle** · planchette · plaque

[1]**plastique** *adj.* **flexible** · malléable · mou · souple

✦ **chirurgie plastique** chirurgie esthétique · chirurgie réparatrice

[2]**plastique**

▪ *n.f.* **forme** · physique · corps

▪ *n.m.* **plastoc** *fam.*

plastronner *v.intr.* · parader · faire l'intéressant · fanfaronner · se mettre en valeur · se pavaner · poser · crâner *fam.* · frimer *fam.*

[1]**plat, plate** *adj.*

I 1 - **plan** · égal · horizontal · lisse · plain · uni · 2 - **aplati** · mince · 3 - [cheveux] **raide** · aplati · 4 - [nez] **camard** · aplati · camus

II 1 - **servile** · humble · obséquieux · rampant · vil · 2 - **terne** · banal · creux · décoloré · fade · falot · froid · incolore · inconsistant · insipide · médiocre · monotone · morne · pâle · pauvre · prosaïque · quelconque · uniforme · vide · fadasse *fam.*

✦ **très plat** plat comme une galette · [femme] plat comme une limande, comme une planche à pain

✦ **à plat** 1 - **horizontalement** · 2 - **étendu** · 3 - [pneu] **dégonflé** · crevé · 4 - [fam.] → **fatigué**

[2]**plat** *n.m.* 1 - **plateau** · ustensile · 2 - **mets** · spécialité · 3 - **platée** · morceau

✦ **en faire tout un plat** en faire toute une histoire *fam.* · en faire un fromage *fam.* · en chier une pendule (à treize coups) *très fam.*

✦ **faire du plat à** → **courtiser**

plateau *n.m.* 1 - **plate-forme** · table · [de tourne-disque] platine · 2 - [Théâtre] **scène** · planches · tréteaux · 3 - [TV] **studio** · décor · 4 - **plat** · assortiment

✦ **plateau sous-marin** haut-fond

plate-bande *n.f.* · parterre · corbeille · massif

plateforme *n.f.* 1 - **terrasse** · balcon · belvédère · terre-plein · 2 - **étage** · palier · 3 - **plateau** · 4 - [en montagne] **épaule** · replat · 5 - [politique] **programme** · base · projet

platine *n.f.* · tourne-disque *vieilli*

platitude *n.f.* 1 - **fadeur** · banalité · facilité · faiblesse · inconsistance · insignifiance · insipidité ·

médiocrité · monotonie · pâleur · pauvreté · prosaïsme · uniformité · **2 - cliché** · banalité · bêtise · évidence · fadaise · généralité · lapalissade · lieu commun · niaiserie · poncif · sottise · stéréotype · truisme

platonique *adj.* **1 - chaste** · désincarné · idéal · immatériel · pur · spirituel · sublime · éthéré *littér.* · **2 - théorique** · formel

plâtras *n.m.* · gravats · déblais · débris · décombres

plausible *adj.* **1 - admissible** · acceptable · concevable · crédible · croyable · pensable · possible · recevable · vraisemblable · **2 - probable** · possible

↝ **probable**

play-back *n.m.* · présonorisation *recomm. offic.* · surjeu *recomm. offic.*

play-boy *n.m.* · don juan · tombeur *fam.* · viveur *vieilli*

plèbe *n.f.* [péj., vieux] peuple · foule · populace *fam.* · racaille *fam., péj.* · tourbe *littér., péj.*

plébéien, -ienne *adj.* → **populaire**

plébiscite *n.m.* **1 - référendum** · appel au peuple · consultation populaire · **2 - triomphe** · adhésion · approbation · engouement

plectre *n.m.* · médiator

pléiade *n.f.* **1 - aréopage** · cénacle · école · groupe · **2 - grande quantité** · affluence · armée · contingent · essaim · flot · foule · légion · multitude · myriade · nuée · régiment · ribambelle · flopée *fam.*

plein, pleine *adj.*

I 1 - rempli · farci · garni · **2 - complet** · [à l'excès] bondé · comble · plein comme un œuf · plein à craquer · saturé · bourré *fam.* · paqueté *Québec* · **3 -** [avant le nom] **total** · absolu · complet · entier · plénier · tout · **4 - rassasié** · repu · **5 -** [femelle] **gravide** · grosse

II 1 - épanoui · arrondi · avantageux · charnu · dodu · généreux · gras · gros · opulent · plantureux · potelé · rebondi · replet · rond · poupard *vieilli* · **2 - ample** · dense · étoffé · nourri · soutenu

III [fam.] → **ivre**

✦ **pleine mer** haute mer

✦ **plein de** **1 - rempli de** · couvert de · farci de · gorgé de · lourd de · noir de · peuplé de · saturé de · bourré de *fam.* · pourri de *fam., péj.* · **2 - fécond en** · fertile en · **3 - pénétré de** · débordant de · empreint de · imprégné de · pétri de · bouffi de *péj.* · dévoré de *péj.* · enflé de *péj.* · **4 -** [fam.] → **beaucoup de**

✦ **plein de soi** égoïste · imbu de soi · orgueilleux · infatué *littér.*

✦ **à plein** pleinement · au maximum · totalement

✦ **en plein air** dehors · à l'extérieur · au grand air

✦ **en plein milieu** au beau milieu

✦ **en plein dans, sur** **1 - directement dans, sur** · **2 - exactement dans, sur** · juste dans, sur · pile dans, sur *fam.*

✦ **tout plein** **1 -** [fam.] → **beaucoup** · **2 -** [fam.] → **très**

pleinement *adv.* **1 - entièrement** · absolument · complètement · tout (à fait) · à plein, en plein · totalement · **2 - parfaitement** · très

plénipotentiaire *n.m.* · fondé de pouvoir · ambassadeur · diplomate · émissaire · envoyé

plénitude *n.f.* **1 - épanouissement** · force (de l'âge) · maturité · **2 - bonheur** · contentement · **3 - intégrité** · totalité · **4 - abondance** · ampleur · profusion · **5 - comblement** · saturation

pléonasme *n.m.* · redondance · tautologie

pléthore *n.f.* · profusion · abondance · débordement · excès · surabondance · surplus

pléthorique *adj.* · excessif · foisonnant · surabondant · surchargé

pleurer

▪ *v.intr.* **1 - être en larmes** · répandre des larmes · verser des larmes · larmoyer · sangloter · chialer *fam.* · **2 - crier** · brailler · braire · couiner · hurler · **3 - se plaindre** · geindre · gémir · se lamenter · larmoyer · pleurnicher · réclamer · chouiner *fam.* · **4 - implorer**

✦ **pleurer très fort** pleurer comme un veau, une madeleine, une vache *fam.*

✦ **pleurer sur** s'apitoyer sur · se plaindre de

✦ **se mettre à pleurer** éclater en sanglots · fondre en larmes · ouvrir les vannes *fam.*

✦ **faire pleurer** tirer des larmes

▪ *v.tr.* **1 - regretter** · déplorer · se lamenter sur · **2 - se repentir de**

pleureur, -euse *adj.* · plaintif · geignard · larmoyant · pleurnichard · pleurnicheur · pleurard *fam.* · dolent *littér.*

pleurnichard, e *adj. et n.* · pleurnicheur · geignard · larmoyant · plaintif · pleurard *fam.* · dolent *littér.*

pleurnicher *v.intr.* · geindre · gémir · se lamenter · avoir la larme à l'œil · larmoyer · se plaindre · pleurer

pleurs *n.m.pl.* **1 - larmes** · sanglots · **2 - cris** · geignements · gémissements · jérémiades · lamentations · plaintes · pleurnichements · pleurnicheries · soupirs *littér.*

✦ **en pleurs** éploré · en larmes · larmoyant

➳ **larmes**

pleutre *n.m. et adj.* · peureux · craintif · lâche · poltron · dégonflé *fam.* · foireux *fam.* · froussard *fam.* · péteux *fam.* · pétochard *fam.* · poule mouillée *fam.* · trouillard *fam.* · couille molle *vulg.* · couard *littér.* · pusillanime *littér.* · capon *vieux*

pleuvoir

▪ *v. impers.* **bruiner** · crachiner · pleuvasser · pleuviner · pleuvoter · flotter *fam.* · pisser *fam.*

▪ *v.intr.* **affluer** · arriver en abondance · s'amonceler

✦ **pleuvoir sur** tomber sur · s'abattre sur · fondre sur

✦ **il pleut très fort** il tombe des cordes, des hallebardes · il pleut comme vache qui pisse *fam.*

[1]**pli** *n.m.* **1 - pliure** · arête · corne · nervure · **2 - poche** · bourrelet · fanon · repli · ride · ridule · [du coude] saignée · **3 -** [Couture] **fronce** · godron · pince · tuyau · **4 -** [de terrain] **plissement** · accident · cuvette · dépression · dôme · éminence · ondulation · sinuosité · **5 - habitude** · manie · réflexe · rite · rituel

[2]**pli** *n.m.* **1 - lettre** · feuillet · mot *fam.* · billet *littér.* · missive *littér.* · **2 - levée**

pliable *adj.* 1 - **flexible** · souple · 2 - **docile** · malléable

plie *n.f.* · carrelet

plier

▪ *v.tr.* 1 - **replier** · fermer · rabattre · ranger · 2 - **plisser** · corner · enrouler · froncer · rouler · 3 - **courber** · arquer · couder · fausser · fléchir · incliner · incurver · infléchir · recourber · tordre · ployer *littér.*

✦ **plier (qqn) à** 1 - **accoutumer à** · exercer à · façonner à · habituer à · 2 - **assujettir à** · astreindre à · soumettre à

▪ *v.intr.* 1 - **s'incliner** · se courber · se déformer · fléchir · s'incurver · pencher · ployer · se tordre · 2 - **céder** · faiblir · flancher · fléchir · s'incliner · mollir · obtempérer · reculer · se rendre

✦ **(faire) plier** 1 - **discipliner** · dompter · faire céder · 2 - **opprimer** · enchaîner

✦ **plier bagage** → **partir**

>>> **se plier** *v.pron.* 1 - **se fermer** · 2 - **ployer**

✦ **se plier à** 1 - **s'accommoder de** · 2 - **accepter** · s'adapter à · s'habituer à · 3 - **se conformer à** · s'assujettir à · céder à · écouter · exécuter · obéir à · observer · se prêter à · respecter · se soumettre à · suivre · 4 - **condescendre à** · consentir à · daigner

plinthe *n.f.* · antébois · plate-bande

plissé, e *adj.* 1 - **froncé** · ruché · 2 - **fripé** · chiffonné · marqué · parcheminé · raviné · ridé

plissement *n.m.* **froncement** · froissement · contraction

✦ **plissement de terrain** relief · montagne

plisser *v.tr.* 1 - **froncer** · rucher · 2 - **froisser** · chiffonner

pliure *n.f.* 1 - **pli** · arête · corne · nervure · 2 - **creux**

plomb *n.m.* 1 - **sceau** · scellé · 2 - **charge** · grenaille · chevrotine · 3 - **fusible**

plombage *n.m.* 1 - **obturation** · 2 - **amalgame**

plombé, e *adj.* 1 - **scellé** · 2 - **grevé** · alourdi · lesté · 3 - [ciel] **nuageux** · chargé · lourd · sombre · 4 - [teint] **pâle** · blafard · blême · cadavéreux · cadavérique · cireux · exsangue · hâve · livide · olivâtre · terreux · verdâtre · 5 - [dent] **obturé**

plomber *v.tr.* 1 - **lester** · alourdir · 2 - **sceller** · 3 - [une dent] **boucher** · obturer · 4 - [fam.] → **desservir** [2]

plonge *n.f.* · vaisselle

plongeant, e *adj.* 1 - **en plongée** · 2 - **profond** · échancré

plongée *n.f.* 1 - [de sous-marin] **immersion** · descente · 2 - [d'avion] **piqué** · descente · 3 - **voyage** · descente · immersion · 4 - **vue plongeante**

plongeoir *n.m.* · tremplin

plongeon *n.m.* 1 - **chute** · saut · 2 - **faillite** · culbute · bouillon *fam.* · 3 - **immersion** · descente · 4 - **révérence** · courbette · salut

plonger

▪ *v.tr.* 1 - **immerger** · baigner · noyer · submerger · tremper · 2 - **enfoncer** · enfouir · introduire · mettre · faire pénétrer · fourrer *fam.* · 3 - **jeter** · précipiter

▪ *v.intr.* 1 - **piquer** · 2 - **sauter** · piquer une tête · 3 - **s'immerger** · disparaître · s'enfoncer · s'engloutir · sombrer

✦ **plonger sur** s'abattre sur · fondre sur · se jeter sur · se précipiter sur

✦ (se) **plonger dans** 1 - **entrer dans** · descendre dans · s'enfoncer dans · 2 - **s'absorber dans** · se perdre dans · s'abîmer dans *littér.* · 3 - **apprendre** · approfondir

plongeur, -euse *n.* 1 - **homme-grenouille** · 2 - [fam.] **laveur** · rinceur

plot *n.m.* · prise (de courant)

plouc *adj. et n.* → **paysan**

ployer

▪ *v.tr.* **courber** · arquer · couder · fausser · fléchir · incliner · incurver · infléchir · plier · recourber · tordre

▪ *v.intr.* 1 - **s'incliner** · se courber · se déformer · fléchir · s'incurver · pencher · (se) plier · se tordre · 2 - **céder** · faiblir · flancher · fléchir · s'incliner · mollir · obtempérer · reculer · se rendre

pluie *n.f.* 1 - **précipitation** · averse · eau (du ciel) · giboulée · gouttes · grain · ondée · orage · douche *fam.* · flotte *fam.* · rincée *fam.* · sauce *fam.* · saucée *fam.* · 2 - [forte] **déluge** · cataracte · hallebardes

✦ **petite pluie, pluie fine** bruine · crachin

✦ **pluie de** abondance de · avalanche de · débordement de · déluge de · flot de · grêle de · marée de · nuée de · torrent de · flopée de *fam.*

plumage *n.m.* · livrée · manteau · [Fauconnerie] pennage

plume *n.f.* 1 - **aigrette** · panache · plumet · 2 - **stylo** · crayon · 3 - **style** · écriture

✦ **plume à vaccin** vaccinostyle

⋙ **plumes** *plur.* 1 - **plumage** · duvet · 2 - [fam.] → **lit**

plumeau *n.m.* 1 - **plumet** · 2 - **houssoir** *vieilli*

plumer *v.tr.* 1 - **déplumer** · 2 - [fam.] → **voler** [2]

plumet *n.m.* · aigrette · casoar · panache

plumitif *n.m.* 1 - **commis aux écritures** · greffier · bureaucrate *péj.* · gratte-papier *fam., péj.* · rond-de-cuir *fam., péj.* · 2 - **écrivaillon** *fam., péj.* · écrivassier *fam., péj.* · pisseur de copie *fam., péj.* · scribouillard *fam., péj.*

plupart *n.f. et pron. indéf.*

✦ **la plupart (de)** la majorité (de) · l'essentiel (de) · le gros de · le plus grand nombre (de) · presque tous

✦ **la plupart du temps** ordinairement · d'ordinaire · le plus souvent · généralement · habituellement · neuf fois sur dix

pluralité *n.f.* · multiplicité · diversité · variété

pluriannuel, -elle *adj.* [Bot.] vivace

pluridisciplinaire *adj.* · multidisciplinaire · interdisciplinaire

[1]**plus** *adv.* **davantage** · encore

✦ **au plus, tout au plus** au maximum · à tout casser *fam.*

✦ **d'autant plus** à plus forte raison

✦ **de plus** d'ailleurs · par ailleurs · au demeurant · au reste · du reste · aussi · en outre · d'autre part · et puis

✦ **de plus de** au-dessus de · au-delà de

✦ **de plus en plus** 1 - **toujours plus** · toujours davantage · 2 - **graduellement** · progressivement

✦ **en plus** 1 - **à côté de ça** · au surplus · de surcroît · par surcroît · et pour couronner le tout *fam.* · par-dessus le marché *fam.* · brochant sur le tout *vieilli* · 2 - **en prime** · en complément · en sus

✦ **en plus de** 1 - **outre** · en sus de · 2 - **indépendamment de**
✦ **le plus grand nombre** la majorité · la plupart · la quasi-totalité
✦ **ni plus ni moins que** comme · de même que
✦ **plus ou moins** à peu près · peu ou prou · si on veut · quasiment *fam.*
✦ **plus que** 1 - **plutôt que** · de préférence à · 2 - **mieux que**
✦ **plus que tout** principalement · surtout · par-dessus tout

[2]**plus** *n.m.* 1 - **avantage** · atout · 2 - **amélioration** · bonification · gain · mieux

plusieurs
▪ *adj.* 1 - **quelques** · plus d'un · un certain nombre de · maint *littér.* · 2 - **différent** · divers · 3 - **beaucoup de** · bon nombre de · pas mal de · quantité de · moult *littér.*
▪ *n.* **d'aucuns** · certains · quelques-uns

plus-value *n.f.* 1 - **bénéfice** · boni · excédent · gain · profit · 2 - **amélioration** · valorisation

plutôt *adv.* 1 - **assez** · passablement · moyennement · relativement · 2 - **en fait** · en réalité · du moins · 3 - **de préférence**
✦ **plutôt que** plus que · de préférence à

pluvieux, -ieuse *adj.* · humide · bruineux

pneumatique *n.* [anciennt] dépêche · bleu *fam.*

pneumonie *n.f.* · fluxion (de poitrine)

pochade *n.f.* 1 - **croquis** · ébauche · esquisse · 2 - **comédie** · bouffonnerie · pantalonnade

pochard, e *n. et adj.* → **ivrogne**

poche *n.f.* 1 - **emballage** · pochette · sac · sachet · pochon *région.* · cornet *Suisse* · 2 - **gousset** · pochette · fouille *fam.* · profonde *argot* · 3 - **cerne** · valise *fam.* · valoche *fam.*

pocher
▪ *v.tr.* 1 - **ébouillanter** · blanchir · échauder · 2 - **meurtrir** · 3 - [vieux] **esquisser** · croquer · ébaucher
▪ *v.intr.* **goder** · faire des plis · godailler · grigner *vieilli*

pochette *n.f.* · poche · emballage · sac · sachet · pochon *région.* · [de disque] fourre *Suisse*

podomètre *n.m.* · compte-pas · odomètre

poêle *n.m.* 1 - **radiateur** · calorifère *vieux* · 2 - **fourneau** · salamandre

poème *n.m.* **pièce en vers** · poésie · [sortes] acrostiche · anapeste · blason · bout-rimé · calligramme · haïku · lai · madrigal · pantoum · rondeau · sonnet

poésie *n.f.* 1 - **poème** · chant · pièce en vers · 2 - **lyrisme** · romantisme · 3 - **beauté** · charme · émotion · 4 - **littérature** · rimaillerie *péj.*

poète
▪ *n.* 1 - **auteur** · écrivain · aède *littér.* · barde *littér.* · rhapsode *didact.* · faiseur de vers *péj.* · littérateur *péj.* · rimailleur *péj.* · rimeur *péj.* · versificateur *péj.* · 2 - **chantre** · troubadour
▪ *adj.* **rêveur** · idéaliste · utopiste

poétique *adj.* 1 - **lyrique** · 2 - **beau** · idéal · 3 - **romantique** · touchant

poétiser

- *v.tr.* **idéaliser** · élever · embellir
- *v.intr.* [vieux] **rimer** · versifier · taquiner la muse *plaisant*

pognon *n.m.* → argent

poids *n.m.*

I 1 - **masse** · charge · lourdeur · pesanteur · poussée · 2 - **ligne** · 3 - **bloc** · masse · morceau · 4 - [d'un diamant] **carat** · 5 - **densité** · titre
II 1 - **charge** · faix · fardeau · responsabilité · 2 - **souci** · accablement · fatigue · 3 - **embarras** · gêne · oppression · pesanteur · pression · boulet *fam.*
III 1 - **importance** · force · portée · valeur · 2 - **autorité** · influence

✦ **poids lourd** 1 - **camion** · semi-remorque · gros cul *fam.* · 2 - **boxeur**
✦ **au poids** en vrac
✦ **de poids** 1 - **conséquent** · important · substantiel · 2 - **influent** · puissant
✦ **prendre du poids** grossir · perdre la ligne · prendre des kilos · prendre de la brioche *fam.*

poids lourd *n.m.*

· camion · semi-remorque · gros cul *fam.*

poignant, e *adj.*

· pathétique · bouleversant · déchirant · douloureux · dramatique · émouvant · impressionnant · navrant · tragique

poignard *n.m.*

· couteau · baïonnette · criss · kandjar · fer *poétique* · surin *argot, vieilli* · dague *vieux*

poignarder *v.tr.*

· assassiner · égorger · suriner *argot*

poigne *n.f.*

1 - **énergie** · autorité · fermeté · force · vigueur · 2 - [fam.] → main

✦ **à poigne** énergique · musclé

poignée *n.f.*

manette · levier · bouton · béquille • [de pot, de casserole] **anse** · **oreille** • [de fenêtre] crémone · espagnolette • [de porte] bec de cane · clenche *Belgique*

✦ **une poignée de** (un) peu de · quelques · un quarteron de

poignet *n.m.*

· manchette

poil *n.m.*

1 - **pelage** · fourrure · toison • [de cheval] robe · 2 - **barbe** · moustache · duvet · 3 - [vieux ou littér.] **chevelure** · 4 - **soie** · crin · 5 - **fibre**

✦ **poil à gratter** gratte-cul
✦ **à poil** → nu
✦ **au poil** → bien[1]
✦ **il s'en est fallu d'un poil** il s'en est fallu de peu · il s'en est fallu d'un cheveu

poilu, e *adj.*

1 - **velu** · barbu · chevelu · moustachu · 2 - **cotonneux** · duveteux · pubescent · velu • [Bot.] tomenteux • [Bot. ou Zool.] villeux

poinçon *n.m.*

1 - **garantie** · estampille · label · marque · sceau · 2 - **pointeau** · alène · coin · matrice

poinçonner *v.tr.*

1 - **estampiller** · frapper · graver · marquer · 2 - **percer** · perforer · transpercer · trouer

poindre *v.intr.*

1 - **percer** · éclore · pointer · saillir · sortir · 2 - **apparaître** · émerger · se faire jour · se lever · se montrer · naître · paraître · se présenter · se profiler · surgir · survenir · venir · montrer le bout de son nez *fam.*

poing *n.m.*

✦ **coup de poing** châtaigne *fam.* · marron *fam.* · allonge *argot*

[1]point *n.m.*

I 1 - position · emplacement · endroit · lieu · place · **2 - repère** · coordonnée

II [d'un score, d'un résultat] **marque** · note

III ponctuation · signe

IV 1 - sujet · chapitre · matière · problème · question · rubrique · thème · **2 -** [d'un discours, d'un écrit] **partie** · lieu · article · disposition · chef *littér.*

V 1 - moment · étape · phase · stade · **2 - état** · situation · **3 - degré** · échelon · niveau · seuil

VI [Tricot] **maille**

✦ **point culminant 1 - cime** · sommet · **2 - apogée** · comble · faîte · paroxysme · pointe · summum · zénith

✦ **point d'appui** aide · soutien · support

✦ **point de côté** pleurodynie

✦ **point de départ 1 - origine** · commencement · début · **2 - base** · source

✦ **point de mire** cible · but · objectif

✦ **point de rencontre** jonction · convergence

✦ **point du jour** aube · naissance du jour · pointe du jour

✦ **point important, capital, essentiel, primordial 1 - clé** · **2 - nœud**

✦ **point noir 1 - comédon** · **2 - inconvénient** aléa difficulté ennui · problème

✦ **mise au point 1 - réglage** · retouche · remaniement · **2 - conception** · élaboration · gestation · préparation · **3 - explication** · débat · discussion · éclaircissement

✦ **mettre au point 1 - régler** · retoucher · remanier · **2 - concevoir** · élaborer · préparer · **3 - expliquer** · débattre · discuter · éclaircir

✦ **remettre les choses au point** remettre les pendules à l'heure

✦ **à point 1 - parfait** · juste comme il faut · aux petits oignons *fam.* · **2 - cuit à cœur**

✦ **à point (nommé)** opportunément · à propos · au bon moment · juste · à temps · à pic *fam.*

✦ **de point en point, en tout point 1 - entièrement** · exactement · de A à Z · **2 - textuellement**

✦ **point par point** méthodiquement · minutieusement

✦ **mal en point 1 - malade** · mal fichu *fam.* · **2 - en mauvaise posture**

✦ **sur ce point** à ce propos · à ce sujet

✦ **sur le point de** prêt à · au bord de · au seuil de · en passe de · près de · à la veille de

✦ **être sur le point de** faillir · manquer de

✦ **faire le point sur** faire le bilan de · faire le tour de

✦ **mettre un point final à** terminer · finir

[2]point *adv.* · non · aucunement · en rien · nullement · pas (du tout)

pointage *n.m.* **1 - contrôle** · vérification · **2 - enregistrement** · **3 - visée**

point de vue *n.m.* **1 - panorama** · coup d'œil · paysage · site · vue · **2 - approche** · aspect · optique · perspective · **3 - opinion** · appréciation · avis · conception · idée · jugement · pensée · position · sentiment

✦ **d'un certain point de vue** d'un certain côté

✦ **sous, de ce point de vue** dans cette perspective · à cet égard · dans cette optique · dans ce sens ·

sous cet angle · sous cet aspect · sous cet éclairage · sous ce jour · sous cette face · sous ce rapport

pointe *n.f.*
I 1 - **bout** · extrémité · apex · 2 - **bec** · cap · 3 - **sommet** · cime · haut · pic
II 1 - **aiguille** · flèche · 2 - **piquant** · épine · 3 - **clou**
III 1 - **émergence** · point · 2 - **avant-garde**
IV **châle** · fichu · foulard
V **moquerie** · épigramme · pique · plaisanterie · quolibet · raillerie · sarcasme · lazzi *littér.* · vanne *fam.* · brocard *vieux*

✦ **pointe sèche** burin · ciseau
✦ **pointe d'esprit** trait d'esprit
✦ **de pointe** maximum
✦ **à la, de pointe** d'avant-garde · avancé · avant-gardiste · futuriste · révolutionnaire
✦ **en pointe** aigu · pointu
✦ **une pointe de** une petite dose de · un filet de · une goutte de · un grain de · une larme de · une once de · un point de · un soupçon de · un trait de · un chouïa de *fam.*

[1]**pointeau** *n.m.* [outil] poinçon

[2]**pointeau** *n.m.* [dans une usine] pointeur

[1]**pointer** *v.tr.* 1 - **signaler** · montrer du doigt · 2 - **cocher** · contrôler · marquer · noter · relever · vérifier · 3 - **diriger** · braquer · orienter · viser

[2]**pointer** *v.intr.* 1 - **pousser** · percer · 2 - **jaillir** · se dresser · s'élancer · 3 - **apparaître** · émerger · naître · paraître · poindre · se profiler · surgir · montrer le bout de son nez *fam.*

»» **se pointer** *v.pron.* → **arriver**

pointiller *v.tr.* · piqueter · tacheter

pointilleux, -euse *adj.* 1 - **minutieux** · appliqué · attentif · consciencieux · exact · méticuleux · rigoureux · scrupuleux · soigneux · vigilant · maniaque *péj.* · 2 - **exigeant** · formaliste · sourcilleux · tatillon · chicaneur *fam.* · ergoteur *fam.* · pinailleur *fam.* · vétilleux *littér.* · 3 - **chatouilleux** · délicat · difficile · irascible · susceptible

✦ **il est très pointilleux** c'est un coupeur de cheveux en quatre *péj., fam.* · c'est un enculeur de mouches *très fam.*

difficile

pointu, e *adj.* 1 - **acéré** · aigu · effilé · piquant · 2 - **élevé** · aigu · haut perché · 3 - **spécialisé** · affûté

pointu, aigu, acéré

Pointu, aigu et acéré concernent des choses qui se terminent par une extrémité amincie. Pointu répond exactement à cette définition *(une flèche pointue, un clou, un pieu pointu, un chapeau pointu)*. Ce qui est aigu peut être pointu *(un pignon aigu, le bec aigu d'un oiseau)* ou tranchant *(une lame de couteau aiguë)*. Acéré cumule les aspects de pointu et aigu, ajoute l'idée de dureté et renchérit sur le caractère tranchant *(des griffes, des épines acérées)*.

pointure *n.f.* 1 - **taille** · dimension · 2 - [fam.] → **sommité**

poire *n.f.* 1 - [fam.] → **visage** · 2 - [fam.] → **dupe**

poireauter *v.intr.* → **attendre**

pois *n.m.* **pastille** · point
✦ **pois de senteur** gesse

poison *n.m.* 1 - **toxique** · venin · bouillon d'onze heures *fam.* · 2 -

importun · empoisonneur · enquiquineur *fam.* · **3 - démon** · peste · vipère · carne *fam.* · chameau *fam.* · teigne *fam.* · vache *fam.* · [femme] chipie *fam.* · garce *fam.*

poissard, e *adj.* · grossier · faubourien · populaire · vulgaire · populacier *littér.*

poisse *n.f.* **1 -** [littér.] **viscosité** · **2 -** [fam.] → **malchance** · **3 -** [fam., vieilli] → **indigence**

poisser *v.tr.* · engluer · coller

poisseux, -euse *adj.* · collant · gluant · gras · visqueux

poisson *n.m.* **1 -** [collectif] **marée** · poissonnaille *fam.* · poiscaille *pop.* · [petit] fretin · menuaille *vieux* · menuise *vieux* · **2 -** [jeune] **alevin** · nourrain

poitrail *n.m.* · poitrine

poitrinaire *adj. et n.* · tuberculeux · phtisique *vieux*

poitrine *n.f.* **1 - buste** · poitrail · poumons · sein · thorax · torse · buffet *fam.* · caisse *fam.* · coffre *fam.* · **2 -** [féminine] **seins** · corsage · décolleté · gorge · mamelles *fam.* · lolos *fam.* · nénés *fam.* · nichons *fam.* · **3 - cœur**

poivre *n.m.*

✦ **poivre de Cayenne** piment

✦ **poivre et sel** [cheveux, poils] gris · argenté · grisonnant

poivré, e *adj.* **1 - relevé** · assaisonné · épicé · fort · **2 -** [propos] **grivois** · coquin · croustillant · cru · égrillard · épicé · gaillard · gaulois · gras · graveleux · léger · leste · libertin · libre · licencieux · osé · rabelaisien · salé · cochon *fam.*

poivrer *v.tr.* · relever · assaisonner · épicer

poivron *n.m.* · piment (doux)

poivrot, e *n.* → **ivrogne**

polaire *adj.* **1 - glacial** · sibérien · **2 - arctique** · antarctique · hyperboréen *littér.*

polar *n.m.* **1 - roman policier** · **2 - film policier**

polariser *v.tr.* · attirer · concentrer · focaliser

››› **se polariser sur** *v.pron.* · se concentrer sur · se fixer sur · se focaliser sur

pôle *n.m.* **1 - extrémité** · calotte · **2 - centre** · cœur · noyau

polémique

▪ *n.f.* **controverse** · contestation · désaccord · différend · dispute · querelle · chamaillerie *fam.*

▪ *adj.* **critique** · agressif · défavorable · négatif · sévère · contempteur *littér.*

polémiste *n.* · pamphlétaire · argumentateur *souvent péj.* · libelliste *vieux*

[1]**poli, e** *adj.* **1 - lisse** · bruni · **2 - brillant** · briqué · éclatant · étincelant · frotté · luisant · lustré · **3 - fini** · soigné · fignolé *fam.* · [style] châtié · léché *fam.*

[2]**poli, e** *adj.* **1 - bien élevé** · bienséant · convenable · correct · courtois · de bon ton · décent · discret · policé · respectueux · **2 - aimable** · affable · amène · déférent · galant · gracieux · prévenant · urbain *littér.* · civil *vieilli* · **3 - distingué** · civilisé · délicat · éduqué · élégant · raffiné

poli[3] *n.m.* **1 - éclat** · brillant · clarté · luisant · lustre · vernis · **2 - brunissure**

police[1] *n.f.* **1 - ordre** · administration · justice · **2 - force publique** · forces de l'ordre · flics *fam.* · flicaille *fam., péj.* · poulets *fam.* · poulaille *argot* · rousse *argot* · **3 - commissariat**

✦ **police judiciaire** P.J.

✦ **poste de police** bloc *fam.* · clou *fam.* · violon *fam.*

police[2] *n.f.* [d'assurance] contrat

policé, e *adj.* · éduqué · cultivé · poli · raffiné

policer *v.tr.* · civiliser · adoucir · affiner · cultiver · éduquer · épurer · former · humaniser · polir · raffiner

polichinelle *n.m.* **1 - fantoche** · girouette · marionnette · pantin · **2 - bouffon** · clown · guignol · pitre · rigolo *fam.*

policier, -ière

▪ *n.* **1 - agent (de police)** · gardien de la paix · flic *fam.* · poulet *fam.* · bourre *argot* · cogne *argot* · condé *argot* · vache *argot* · **2 - détective** · limier · espion · indicateur

▪ *adj. et n.m.*

✦ **(roman) policier** roman noir · thriller · polar *fam.*

poliment *adv.* · courtoisement · affablement · respectueusement · civilement *littér.*

polir *v.tr.*

I 1 - aplanir · adoucir · aléser · brunir · débrutir · égaliser · égriser · limer · planer · donner le poli à · poncer · raboter · **2 - astiquer** · briquer · décaper · faire briller · fourbir · frotter · lustrer

II 1 - civiliser · affiner · cultiver · dégrossir · éduquer · former · humaniser · policer · **2 - parfaire** · apporter la dernière main, la dernière touche à · châtier · ciseler · corriger · épurer · fignoler · finir · parachever · peaufiner · perfectionner · retoucher · soigner · lécher *fam.*

☞ limer

polissage *n.m.* · ponçage · brunissage · grésage · éclaircissage *vieilli*

polisson, -onne

▪ *n.* **1 - galopin** · garnement · vaurien · coquin *vieilli* · fripon *vieilli* · drôle *vieux* · **2 - débauché**

▪ *adj.* **canaille** · coquin · égrillard · gaulois · gras · graveleux · grivois · hardi · libertin · licencieux · osé · paillard

polissonnerie *n.f.* · espièglerie · farce · niche · tour

politesse *n.f.* **1 - bienséance** · bon ton · convenances · correction · décence · éducation · (bonnes) manières · savoir-vivre · usages · civilité *vieilli* · **2 - affabilité** · amabilité · aménité · complaisance · galanterie · tact · urbanité *littér.* · **3 - égard** · courtoisie · déférence · respect

politesse, civilité, savoir-vivre

Politesse, **civilité** et **savoir-vivre** s'emploient pour parler des règles en usage dans une société. **Politesse** renvoie à l'ensemble des règles qui permettent de vivre sans heurts dans un groupe déterminé *(la poignée de main, geste de politesse ; observer la politesse)*. **Civilité**, d'usage vieilli, concerne l'observation des convenances usuelles dans un milieu social donné *(les règles de la civilité)*. **Savoir-vivre** évoque la connaissance et la mise en pratique des règles de la politesse, des usages de la vie en société *(un manuel de savoir-vivre, manquer de savoir-vivre).*

[1]politique

▪ *adj.* **1 - civil** · civique · public · social · **2 - habile** · adroit · diplomate · diplomatique · fin · rusé

▪ *n.m.* **1 - État** · gouvernement · pouvoir · **2 - politicien** · politicard *péj.*

[2]politique *n.f.* **1 - stratégie** · calcul · gouvernance · gouvernement · tactique · **2 -** [extérieure] **diplomatie**

polluer *v.tr.* · contaminer · corrompre · infecter · infester · souiller · vicier

pollution *n.f.* **1 - souillure** · **2 - nuisance** · agression

polochon *n.m.* · traversin

poltron, -onne *adj. et n.* · peureux · craintif · lâche · couille molle *vulg.* · dégonflé *fam.* · froussard *fam.* · pétochard *fam.* · poule mouillée *fam.* · trouillard *fam.* · couard *littér.* · pleutre *littér.* · pusillanime *littér.*

poltronnerie *n.f.* · lâcheté · peur · couardise *littér.* · pleutrerie *littér.* · pusillanimité *littér.* · veulerie *littér.* · caponnerie *vieux*

polychrome *adj.* · coloré · multicolore · polychromé · polycolore *rare*

polyglotte *adj.* · plurilingue · bilingue · multilingue

polysémique *adj.* · plurivoque · ambigu

polythéisme *n.m.* [Relig. chrétienne] paganisme

polyvalent, -ente *adj.* · plurivalent · universel

pommade *n.f.* **1 - onguent** · baume · crème · liniment · pâte · **2 -** → **flatterie**

pomme *n.f.* **1 -** [pour distinguer de pomme de terre] **pomme en l'air** · pomme fruit · **2 - fruit défendu** *littér.* · **3 - boule** • [de canne] pommeau • [de douche] douchette

✦ **pomme de pin** cône · pigne

pomme de terre *n.f.* · pomme · patate *fam.*

pommelé, e *adj.* **1 - tacheté** · moucheté · **2 -** [ciel] **moutonné**

pommeler (se) *v.pron.* · moutonner

pommette *n.f.* · joue

[1]pompe *n.f.* **1 - apparat** · appareil · cérémonial · cérémonie · décorum · éclat · faste · grandeur · lustre · luxe · magnificence · majesté · panache · richesse · solennité · somptuosité · splendeur · clinquant *péj.* · **2 - rhétorique** · affectation · bouffissure · emphase · enflure · grandiloquence · solennité · vanité

[2]pompe *n.f.* **1 -** [fam.] **traction** · **2 -** [fam.] → **chaussure**

✦ **pompe à essence** poste d'essence · distributeur d'essence · station-service

✦ **pompe à incendie** autopompe · motopompe

pomper *v.tr.* **1 - aspirer** · absorber · boire · sucer · **2 - puiser** · tirer · **3 -** [fam.] → **consommer** · **4 -** [fam.] → **copier** · **5 -** [fam.] → **fatiguer** · **6 -** [fam.] → **importuner**

pompeux, -euse *adj.* **1 - solennel** · cérémonieux · fastueux ·

grandiose · imposant · magnifique · majestueux · solennel · splendide · **2 - affecté** · ampoulé · apprêté · boursouflé · cérémonieux · déclamatoire · empesé · emphatique · enflé · grandiloquent · pédant · pontifiant · prétentieux · ronflant · sentencieux · solennel · empanaché *littér.*

[1]**pompier** *n.m.* · sapeur(-pompier) · soldat du feu

[2]**pompier, -ière** *adj.* · académique · conventionnel · ringard *fam.*

pompon *n.m.* · houppe · houppette

pomponné, e *adj.* · endimanché · élégant · paré · soigné

pomponner *v.tr.* **parer** · toiletter · bichonner *fam.*

››› **se pomponner** *v.pron.* **s'apprêter** · se faire beau · se parer · se bichonner *fam.* · s'endimancher · se mettre sur son trente et un

ponant *n.m.* · couchant · occident · ouest

ponceau *n.m.* · arche · pont

poncer *v.tr.* · décaper · frotter · polir

poncif *n.m.* · stéréotype · banalité · cliché · idée reçue · lieu commun

ponction *n.f.* **1 - prélèvement** · **2 -** [Méd.] **aspiration** · paracentèse

ponctionner *v.tr.* **1 -** [Méd.] **dégorger** · vider · **2 -** [les contribuables] **taxer** · traire *fam.*

ponctualité *n.f.* · exactitude · assiduité · régularité

ponctuation *n.f.* · pause · temps d'arrêt · silence

ponctuel, -elle *adj.* **1 - exact** · à l'heure · **2 - assidu** · régulier · scrupuleux · **3 - localisé** · local · **4 - isolé** · distinct · individuel · limité · particulier · personnel · privé · propre · seul · singulier · spécial · spécifique

ponctuer *v.tr.* **1 - entrecouper** · **2 - souligner** · accentuer · scander · **3 - jalonner** · baliser

pondération *n.f.* **1 - mesure** · égalité de caractère, d'humeur · calme · modération · prudence · retenue · **2 - balance** · équilibre

pondéré, e *adj.* **1 - posé** · calme · prudent · raisonnable · réfléchi · sage · **2 - mesuré** · égal · modéré · nuancé · raisonné · réservé · retenu · tempéré · **3 - équilibré** · proportionné

pondérer *v.tr.* **1 - tempérer** · modérer · nuancer · **2 - équilibrer** · balancer · compenser

pondre *v.tr.* [fam.] → **écrire**

pont *n.m.* **1 - arche** · passerelle · ponceau · viaduc · **2 - appontement** · passerelle · wharf · **3 - intermédiaire** · liaison · passage · passerelle · transition · **4 - essieu**

[1]**ponte** *n.f.* [Physiol.] ovulation

[2]**ponte** *n.m.* → **personnage**

pontife *n.m.* **prélat**

✦ **le souverain pontife** le pape

pontifiant, e *adj.* · doctoral · empesé · emphatique · pédant · prétentieux · professoral · sentencieux · solennel · suffisant · vaniteux

pontifical, e *adj.* **papal**

✦ **garde pontificale** garde suisse

pontificat *n.m.* · papauté · règne

pontifier *v.intr.* · pérorer · faire donner les grandes orgues

pool *n.m.* 1 - **groupement** · communauté · consortium · groupe · syndicat · 2 - **équipe**

pope *n.m.* · prêtre (orthodoxe)

popote *n.f.* 1 - [Milit.] **mess** · cantine · carré · réfectoire · 2 - [fam.] → **cuisine** · 3 - [fam., adj. invar.] → **casanier**

popotin *n.m.* → **derrière**[2]

populace *n.f.* 1 - **prolétariat** · masse · peuple · populaire · populo *fam.* · vulgaire *littér.* · plèbe *vieux* · tourbe *vieux* · 2 - **foule** · multitude · 3 - **racaille** · canaille · pègre · tourbe *vieux*

populacier, -ière *adj.* · commun · canaille · faubourien · grossier · peuple · plébéien · poissard · populaire · vulgaire

populaire

▪ *adj.* 1 - **démocratique** · 2 - **laborieux** · ouvrier · pauvre · petit · 3 - **humble** · ordinaire · plébéien · roturier · simple · 4 - **commun** · plébéien · vulgaire · 5 - **folklorique** · traditionnel · 6 - **célèbre** · apprécié · connu · fameux · renommé · réputé

▪ *n.m.* **masse** · peuple · populo *fam.* · vulgaire *littér.*

populariser *v.tr.* · répandre · démocratiser · diffuser · généraliser · massifier · propager · rendre accessible · vulgariser

popularité *n.f.* 1 - **célébrité** · audience · gloire · notoriété · renom · renommée · réputation · 2 - **vogue** · cote · estime · faveur · 3 - **sympathie** · cote d'amour

population *n.f.* 1 - **habitants** · gens · individus · peuple · 2 - **collectivité** · corps social · nation · pays · peuple · public

populeux, -euse *adj.* · animé · fréquenté · habité · passant · peuplé · populaire

porc *n.m.* 1 - **cochon** · pourceau *vieux* • [mâle] **verrat** · 2 - [jeune] **porcelet** · cochon de lait · cochonnet · goret · 3 - **charcuterie** · 4 - [péj.] **débauché** · cochon · dégoûtant · dépravé · vicieux

✦ **porc sauvage** sanglier

❧ **cochon**

porcelet *n.m.* · cochon de lait · cochonnet · goret

porche *n.m.* 1 - **abri** · 2 - **portique** · arc · entrée · porte · porte cochère

porcherie *n.f.* 1 - **soue** · 2 - [péj.] **bauge** · écurie · taudis

pore *n.m.* · trou • [Bot.] stomate

poreux, -euse *adj.* · perméable · ouvert · percé

porno *adj.* → **pornographique**

pornographie *n.f.* · obscénité · sexe · porno *abrév. fam.* · cul *très fam.* • [Antiq.] rhyparographie

pornographique *adj.* · obscène · X · porno *abrév. fam.* · cochon *fam.* · hard *fam.*

porosité *n.f.* · perméabilité

[1]**port** *n.m.* 1 - **rade** · bassin · havre *vieux* · 2 - **col** · passage · passe · 3 - **refuge** · abri · asile · havre

[2]**port** *n.m.* 1 - **transport** · affranchissement · expédition · 2 - **air** · allure · contenance · démarche · maintien · prestance · tenue

portable *adj.* 1 - **portatif** · mobile · transportable · 2 - **mettable** · convenable

portable, portatif

Portable et **portatif** s'appliquent l'un et l'autre à un objet qu'on peut *porter* sur soi ou aisément *transporter* avec soi. L'emploi de **portable** avec cette valeur est un anglicisme ; fréquent dans l'usage, *un portable* renvoie à un ordinateur portable *(il a remplacé son ordinateur de bureau par un portable)* et, plus couramment, à un téléphone portable *(je vais vous donner mon numéro de portable)*. **Portatif** est seul en usage avec certains noms d'objets *(un réfrigérateur, un orgue portatif, une machine à écrire portative)*.

portant, e

- *n.m.* **montant** · pied-droit
- *adj.*

✦ **bien portant** sain · en bonne santé · en pleine forme

✦ **mal portant** malade · en mauvaise santé · souffrant · mal en point *fam.*

portatif, -ive *adj.* · portable · transportable

portable

porte *n.f.* **1 - accès** · entrée · issue · ouverture · sortie · **2 - vantail** · battant · lourde *argot* · huis *vieux* · **3 - portière** · **4 - portail** · grille · porche · portique · propylée · [triomphale] arc · **5 -** [Géogr.] **défilé** · gorge · pas

✦ **porte de sortie** échappatoire · issue · solution

✦ **aux portes de** près de · à l'entrée de · au seuil de

✦ **mettre à la porte** **1 - chasser** · congédier · jeter dehors · virer *fam.* · éconduire *littér.* · **2 - renvoyer** · expulser · licencier · lourder *fam.* · sacquer *fam.* · virer *fam.*

✦ **prendre la porte** partir · sortir

porté, e *adj.*

✦ **porté par** poussé par · encouragé par

✦ **porté à** enclin à · disposé à · prédisposé à · sujet à · tenté par

✦ **être porté sur** aimer · affectionner · avoir du goût pour · avoir un faible pour · avoir un penchant pour · être amateur de · être attiré par · s'intéresser à · se passionner pour · raffoler de

porte-à-faux (en) *loc. adj.* · en déséquilibre · instable

porte-à-porte *n.m.* · démarchage · vente à domicile

porte-bagages *n.m. invar.* · galerie · filet

porte-bonheur *n.m. invar.* · amulette · fétiche · grigri · mascotte · porte-chance · talisman

porte-bouteilles *n.m.* · hérisson · égouttoir · if

porte-documents *n.m. invar.* · attaché-case · cartable · mallette · serviette

porte-drapeau *n.m.* **1 - porteétendard** · enseigne *anciennt* · **2 - chef** · cerveau · leader · meneur · représentant · tête

portée *n.f.*

I 1 - impact · conséquence · effet · importance · influence · intérêt · place · poids · résultat · signification · **2 - envergure** · étendue · force · valeur · **3 - niveau** · aptitude · force · **4 - trajectoire** · amplitude · ampleur · distance

II progéniture · petits · nichée

✦ **à (la) portée (de)** accessible (à)

✦ **à portée de main** sous la main

✦ **hors de portée** hors d'atteinte · inabordable · inaccessible

✦ **à la portée de tous** abordable · accessible · facile

portefeuille *n.m.* **1** – **porte-billets** · porte-carte · **2** – **titres** · valeurs · **3** – **ministère** · maroquin *vieilli ou plaisant*

portemanteau *n.m.* · patère · cintre *vieux*

porte-monnaie *n.m. invar.* · portefeuille · bourse *vieux* · aumônière *anciennt* · escarcelle *anciennt*

porte-parole *n.m. invar.* · représentant · fondé de pouvoir · interprète · héraut *littér.* · truchement *littér.* · [soumis] la voix de son maître

porter *v.tr.*
I 1 – **tenir** · prendre · **2** – **transporter** · apporter · emporter · livrer · rapporter · transférer · transbahuter *fam.* · trimbaler *fam.* · **3** – **pousser** · conduire · diriger · entraîner · mouvoir · transporter · **4** – [sur soi] **arborer** · avoir · exhiber · mettre · présenter · **5** – **supporter** · soutenir · tenir · **6** – [des fruits] **produire** · donner · engendrer
II 1 – [par écrit] **inscrire** · coucher · **2** – **contenir** · déclarer · dire · indiquer · préciser · stipuler · **3** – [une nouvelle] **annoncer**
III 1 – **exprimer** · manifester · montrer · présenter · traduire · **2** – **accorder** · attacher · prêter · vouer *littér.*
IV 1 – **assener** · administrer · appliquer · donner · envoyer · frapper · lancer · allonger *fam.* · coller *fam.* · ficher *fam.* · filer *fam.* · flanquer *fam.* · **2** – [sans complément] faire mouche · toucher juste · toucher une corde sensible

✦ **porter la main sur** frapper · battre · lever la main sur

✦ **porter à** amener à · conduire à · déterminer à · disposer à · encourager à · engager à · entraîner à · exciter à · inciter à · incliner à · induire à · inviter à · motiver à · pousser à · prédisposer à

✦ **porter sur** **1** – **appuyer sur** · être posé sur · prendre appui sur · reposer sur · **2** – **concerner** · avoir pour objet · toucher · traiter de

✦ **porter à la tête** enivrer · étourdir · griser

✦ **porter aux nues** porter au pinacle · encenser · exalter · louer · vanter

»» **se porter** *v.pron.* **1** – **aller** · s'acheminer · marcher · se rendre · se transporter · **2** – **s'orienter** · se diriger · se tourner · **3** – **se présenter comme**

✦ **se porter à** se livrer à · s'abandonner à · se laisser aller à

✦ **se porter bien** aller bien · être bien portant · se porter comme un charme

✦ **mal se porter** aller mal · être mal en point · être mal portant · être souffrant

porteur, -euse *n.* **1** – **débardeur** · déchargeur · déménageur · docker · fort des Halles · portefaix *vieux* · **2** – **coolie** · **3** – **détenteur** · titulaire · **4** – **coursier** · commissionnaire · courrier · estafette · facteur · livreur · messager

porte-voix *n.m. invar.* · mégaphone

portier, -ière *n.* **1** – **concierge** · gardien · huissier · **2** – [Sport] **gardien de but** · goal

portière *n.f.* **1** – **porte** · **2** – **rideau** · tapisserie · tenture

portillon *n.m.* **1** – **porte** · fermeture · ouverture

portion *n.f.* **1 - subdivision** · division · fraction · morceau · part · partie · section · segment · tronçon · **2 -** [d'aliment] **tranche** · bout · part · quartier · rondelle · **3 - ration** · dose · part · **4 -** [de terrain] **parcelle** · lopin · **5 - lot** · part · quotité

✦ **portion de cercle** arc de cercle

➳ **part**

portique *n.m.* **1 - galerie** · colonnade · péristyle · **2 - narthex**

portrait *n.m.* **1 - effigie** · image · photo · représentation · **2 - peinture** · tableau · **3 - signalement** · description

portrait-robot *n.m.* · description · signalement

pose *n.f.*

I 1 - installation · mise en place · montage · plantation · **2 - application**

II 1 - position · attitude · posture · **2 - affectation** · façons · prétention · recherche · snobisme

posé, e *adj.* **pondéré** · calme · grave · mûr · réfléchi · sage · sérieux

✦ **bien, solidement posé** bien campé

posément *adv.* **1 - calmement** · doucement · paisiblement · tranquillement · **2 - lentement** · gravement

poser

▪ *v.tr.*

I 1 - placer · déposer · mettre · flanquer *fam.* · foutre *très fam.* · **2 - étaler** · étendre · **3 - installer** · adapter · monter · **4 - poster** · camper · disposer · dresser · placer · **5 - déposer** · abandonner · mettre bas · quitter

II 1 - postuler · admettre · affirmer · alléguer · avancer · conjecturer · énoncer · établir · fixer · formuler · présupposer · supposer · **2 - évoquer** · soulever

✦ **poser contre, sur** appuyer contre, sur · appliquer contre, sur · apposer contre, sur

✦ **poser une question à** interroger · questionner · adresser une question à

✦ **poser les armes** capituler · faire la paix · se rendre

▪ *v.intr.* **faire le beau** · crâner · faire le paon · se mettre en valeur · parader · se pavaner · plastronner · pontifier · se rengorger · frimer *fam.* · la ramener *fam.*

✦ **poser sur** porter sur · reposer sur

⋙ **se poser** *v.pron.* **1 -** [avion] **atterrir** · toucher le sol · [sur l'eau] **amerrir** · [sur la Lune] **alunir** · **2 -** [oiseau] **se percher** · se jucher · **3 - s'affirmer** · exister

✦ **se poser en** s'ériger en · agir comme · s'autoproclamer · se conduire comme, en · se présenter comme

poseur, -euse *n.* · prétentieux · affecté · apprêté · bêcheur · compassé · maniéré · m'as-tu-vu · minaudier · pédant · snob · suffisant · vaniteux · crâneur *fam.* · puant *fam.* · fat *littér.*

positif, -ive *adj.* **1 - affirmatif** · favorable · **2 - assuré** · attesté · authentique · certain · évident · incontestable · sérieux · solide · sûr · **3 - objectif** · concret · effectif · matériel · réel · tangible · **4 - réaliste** · matérialiste · pragmatique · pratique · **5 - constructif** · intéressant

position *n.f.*

I 1 - emplacement · coordonnées · disposition · lieu · localisation · place · site · situation · **2 -**

exposition · inclinaison · orientation · **3 - attitude** · pose · posture · station
II point de vue · conception · idée · opinion · parti · vues
III 1 - classement · degré · échelon · niveau · place · rang · **2 - condition** · état · place · rang · situation · standing · **3 - sort** · condition · état · situation · **4 - charge** · emploi · établissement · fonction · poste · situation
✦ **en position de** en situation de · en passe de

positionner *v.tr.* **localiser** · déterminer · placer · situer
»» **se positionner** *v.pron.* **se situer** · se définir · se placer · prendre position

positivement *adv.* **1 - réellement** · véritablement · vraiment · **2 - affirmativement** · par un oui

possédant, e *n. et adj.* **1 - nanti** · riche · **2 - capitaliste** · propriétaire

possédé, e
▪ *adj.* **1 - ensorcelé** · envoûté · **2 - hanté** · habité · obsédé · tourmenté
▪ *n.* **1 - énergumène** · **2 - furieux** · insensé

posséder *v.tr.* **1 - avoir (à sa disposition)** · bénéficier de · détenir · disposer de · être en possession de · être détenteur de · être maître de · être pourvu de · être titulaire de · jouir de · tenir · **2 - comporter** · compter · contenir · être constitué de · renfermer · **3 - savoir** · connaître · dominer · maîtriser · **4 - hanter** · envoûter · habiter · obséder · **5 -** [fam.] → **duper** · **6 -** [une femme] → **faire l'amour avec**
✦ **posséder beaucoup de** abonder en · fourmiller de · regorger de
»» **se posséder** *v.pron.* **se contenir** · se contrôler · se dominer · se maîtriser · se surmonter · faire preuve de sang-froid, de self-control

possesseur *n.m.* **1 - détenteur** · dépositaire · propriétaire · titulaire · usufruitier · **2 - maître**

possessif, -ive *adj.* **1 - abusif** · exclusif · jaloux · **2 -** [Psych.] **captatif**

possession *n.f.* **1 - détention** · disposition · droit d'usage · jouissance · propriété · **2 - domaine** · fief · propriété · **3 - avoir** · bien · chose · richesse · **4 - colonie** · conquête · dépendance · établissement · territoire · **5 - domination** · contrôle · empire · maîtrise · **6 -** [Grammaire] **appartenance** · **7 -** [Psych.] **démonopathie** · fureur · démonomanie *vieux*
✦ **en la possession de** par-devers · entre les mains de
✦ **être en la possession de** appartenir à · être à
✦ **avoir en sa possession, être en possession de 1 - détenir** · posséder · **2 - être maître de**
✦ **entrer en possession de** acquérir · prendre
✦ **mettre en possession de** nantir de · doter de
✦ **prendre possession de** occuper · s'emparer de · conquérir
✦ **rentrer en possession de** recouvrer · récupérer

possibilité *n.f.* **1 - capacité** · force · moyen · potentiel · pouvoir · **2 - droit** · faculté · loisir · occasion · opportunité *fam.* · **3 - éventualité** · cas · hypothèse · **4 - chance** · espoir
»» **possibilités** *plur.* [financières] **ressources** · moyens

possible
▪ *adj.* 1 - **faisable** · praticable · réalisable · jouable *fam.* · 2 - **permis** · autorisé · licite · loisible · toléré · 3 - **imaginable** · concevable · croyable · envisageable · pensable · plausible · vraisemblable · 4 - **éventuel** · contingent · potentiel · probable · virtuel · 5 - **admissible** · acceptable · convenable · correct · passable · potable *fam.* · 6 - [le plus souvent au nég.] **supportable** · tolérable · vivable · buvable *fam.* · sortable *fam.*
▪ *adv.* [fam.] **peut-être**
▪ *n.m.* **virtualité** · éventualité · potentialité
✦ **au possible** extrêmement · au plus haut point · incroyablement · on ne peut plus · comme tout *fam.*

possiblement *adv.* · peut-être · éventuellement · vraisemblablement

poste *n.m.* 1 - **position** · emplacement · place · 2 - **antenne** · 3 - **emploi** · affectation · charge · fonction · place · situation · job *fam.* · 4 - **récepteur** · appareil · radio · télévision · transistor
✦ **poste avancé** avant-poste
✦ **poste d'essence** distributeur d'essence · pompe à essence · station-service

¹**poster** *v.tr.* · expédier · adresser · envoyer · mettre à la boite, à la poste

²**poster** *v.tr.* **placer** · établir · installer · mettre
⋙ **se poster** *v.pron.* **se placer** · se camper · s'embusquer · s'installer · se mettre · se planter

¹**postérieur, -ieure** *adj.* 1 - **ultérieur** · 2 - **futur** · avenir · prochain · 3 - **arrière**

²**postérieur** *n.m.* · fesses · derrière · fessier · (arrière-)train *fam.* · baba *fam.* · croupe *fam.* · cul *très fam.* · fion *très fam.* · joufflu *fam.* · miches *fam.* · panier *fam.* · pétard *fam.* · popotin *fam.* · pot *vulg.* · séant *vieux* · siège *vieux*

postérieurement *adv.* · ultérieurement · après · ensuite · par la suite · plus tard

postérité *n.f.* 1 - **descendance** · descendants · enfants · fils · héritiers · lignée · progéniture *fam.* · rejetons *fam.* · 2 - **avenir** · futur · générations futures · siècles futurs · 3 - **immortalité** · mémoire · 4 - **successeurs** · continuateurs · disciples · héritiers · épigones *soutenu*

posthume *adj.* · post mortem

postiche
▪ *adj.* **factice** · artificiel · faux · surajouté
▪ *n.m.* **perruque** · mèche · moumoute *fam.*

postillon *n.m.* [anciennt] cocher

post-scriptum *n.m. invar.* · apostille *soutenu*

postulant, e *n.* · candidat · aspirant · prétendant

postulat *n.m.* 1 - **convention** · hypothèse · 2 - **axiome** · principe

postuler *v.tr.* 1 - **solliciter** · briguer · demander · rechercher · 2 - **supposer** · admettre · poser · présupposer

posture *n.f.* 1 - **attitude** · contenance · maintien · port · pose · position · tenue · 2 - **situation** · condition · position

pot *n.m.* 1 - **vase** · bocal · broc · cruche · pichet · potiche · 2 - **arrosage** · 3 - **verre** · chope · godet *fam.* · 4 - **coup** *fam.* · tournée *fam.* · 5 - [fam.] → **chance**

✦ **pot à graines** germoir
✦ **pot de chambre** vase de nuit · bourdalou *vieux*
✦ **plein pot** [fam.] **1 - plein tarif** · **2 - → à toute vitesse**

potable *adj.* **1 - buvable** · consommable · sain · **2 - acceptable** · convenable · correct · honorable · moyen · passable · présentable

potage *n.m.* · soupe · velouté · julienne

potasser *v.tr.* **→ étudier**

pot-au-feu

▪ *n.m. invar.* **bœuf gros sel** · bouilli *vieilli*

▪ *adj.* [fam., vieux] **→ casanier**

pot-de-vin *n.m.* · commission · arrosage · cadeau · don · enveloppe · gratification · pourboire · bakchich *fam.* · dessous-de-table *fam.*

pote *n.* **→ ami**

poteau *n.m.* **1 - pieu** · colonne · pilier · pylône · **2 - pilori**

potelé, e *adj.* · dodu · charnu · gras · grassouillet · gros · joufflu · plein · poupin · rebondi · rembourré · replet · rond · rondelet · rondouillard *fam.* · poupard *vieux*

potence *n.f.* · gibet · corde

potentat *n.m.* **1 - magnat** · **2 -** [péj.] **autocrate** · despote · dictateur · tyran · **3 - monarque** · souverain

potentialité *n.f.* · possibilité · éventualité · virtualité

potentiel, -ielle

▪ *adj.* **1 - virtuel** · conditionnel · hypothétique · **2 - en puissance**

▪ *n.m.* **1 - puissance** · capacité · force · possibilité · **2 - tension** · charge · voltage

potentiellement *adv.* · virtuellement · en théorie

poterie *n.f.* **1 - céramique** · faïencerie · terre cuite · **2 -** [Archéo.] **vaisselle**

potin *n.m.* **1 - commérage** · dénigrement · médisance · on-dit · racontar · ragot · cancan *fam.* · débinage *fam.* · papotage *fam.* · clabaudage *littér.* · **2 - bruit** · chahut · charivari · tapage · tintamarre · tohu-bohu · vacarme · barouf *fam.* · boucan *fam.* · foin *fam.* · raffut *fam.* · ramdam *fam.*

potiner *v.intr.* · médire · cancaner · jaser · bavasser *fam.* · commérer *vieilli*

potion *n.f.* **1 - médicament** · purge · remède · drogue *vieilli* · **2 - boisson**

pot-pourri *n.m.* · mélange · cocktail · compilation · macédoine · mosaïque · patchwork

pou *n.m.* · vermine · morpion *fam.* · toto *fam.*

pouah *interj.* · beurk

poubelle *n.f.* **1 - boîte à ordures** · corbeille · vide-ordures · **2 - dépotoir** · déversoir

poudre *n.f.* **1 - fard** · **2 - poussière** · **3 - explosif**

✦ **poudre à laver** lessive · détergent · détersif
✦ **poudre aux yeux** esbroufe · parade · bluff *fam.* · chiqué *fam.* · épate *fam.* · frime *fam.* · flafla *fam., vieilli*
✦ **poudre fine** fleur
✦ **réduire en poudre** pulvériser · atomiser · broyer · concasser · égruger · moudre · piler
✦ **poudre de diamant** égrisé

poudrer *v.tr.* **1 - saupoudrer** · **2 - enfariner**

poudreuse *n.f.* **1 - coiffeuse** · **2 -** [Agric.] **pulvérisateur**

poudreux, -euse *adj.* **1 - pulvérulent** · **2 -** [littér.] → **poussiéreux**

pouf *n.m.* · coussin

pouffer *v.intr.* · s'esclaffer · éclater de rire · glousser · ricaner · rire

pouilleux, -euse

▪ *adj.* **1 - déguenillé** · dépenaillé · loqueteux · miséreux · pauvre · pitoyable · **2 - misérable** · sordide · minable *fam.* · miteux *fam.* · **3 -** [Géog.] **stérile**

▪ *n.* **pauvre** · clochard · loqueteux · paria · va-nu-pieds · cloche *fam.* · clodo *fam.* · traîne-misère *vieilli* · gueux *vieux*

poulailler *n.m.* **1 - cage** · mue · poulier *vieux* · **2 -** [au théâtre] **galerie** · paradis

poulain *n.m.* **1 - jeune cheval** · yearling · **2 - protégé** · favori · chouchou *fam.*

poule *n.f.* **1 - volaille** · poularde · cocotte *lang. enfants* · géline *vieux* · [petite] poulette · **2 -** [au jeu] **enjeu** · cave · mise · **3 -** [fam.] → **prostituée** · **4 -** [fam.] → **maîtresse**

✦ **poule mouillée** → **peureux**

poulet *n.m.* **1 -** [mâle] **poussin** · coquelet · **2 -** [Cuisine] **chapon** · poularde · **3 -** [affectueux] **poussin** · poule *fam.* · poulette *fam.* · poussinet *fam.* · poulot *fam., vieux* · **4 -** [fam.] → **policier**

poulette *n.f.* **1 -** → **poule** · **2 -** [affectueux] **cocotte** *fam.* · poulet *fam.* · poupoule *fam.*

poulpe *n.m.* · pieuvre · âne marin · polype

poupard, e

▪ *n.m.* **bébé** · poupon

▪ *adj.* **poupin** · frais · joufflu · potelé · rond

poupe *n.f.* **arrière** · étambot

poupée *n.f.* **1 - baigneur** · poupon · **2 - marionnette** · **3 -** [appellatif, fam.] **chérie** · **4 - pansement** · sparadrap · **5 -** [fam.] → **femme**

poupon *n.m.* **1 - bébé** · bambin · nourrisson · poupard *vieilli* · **2 - baigneur**

pouponner *v.intr.* · materner · cajoler · câliner · caresser · choyer · dorloter · chouchouter *fam.*

pouponnière *n.f.* · crèche · nursery

pour *prép.* **1 - à (destination de)** · en direction de · vers · **2 - destiné à** · à l'usage de · **3 - envers** · à l'égard de · à destination de · **4 - en faveur de** · en l'honneur de · dans l'intérêt de · au profit de · **5 - en échange de** · contre · moyennant · **6 - au nom de** · de la part de · **7 - à la place de** · en tant que · **8 - du point de vue de** · aux yeux de · d'après · du côté de · quant à · selon · **9 - comme** · en fait de · en guise de · **10 - en ce qui concerne** · quant à · du côté de · **11 - par rapport à** · eu égard à · relativement à · **12 - à cause de** · en raison de · **13 - durant** · pendant · **14 - afin de, que** · à l'effet de · dans le but de · dans l'intention de · de manière à · en vue de · **15 -** [littér.] **aussi** · si

✦ **pour tout, pour seul** en guise de · en manière de

✦ **être pour** [+ infinitif] être sur le point de · aller · s'apprêter à

✦ **pour que** afin que

pourboire *n.m.* · service · gratification · pièce *fam.* · pourliche *fam.*

pourceau *n.m.* **1 - porc** · cochon · **2 -** [littér.] → **épicurien**

pourcentage *n.m.* · rapport · coefficient · proportion · tantième · taux

pourchasser *v.tr.* **1 - poursuivre** · être aux trousses de · talonner · courir après *fam.* · courser *fam.* · **2 - chasser** · poursuivre · traquer

pourfendre *v.tr.* **1 - mettre à mal** · tuer · **2 - attaquer** · blâmer · condamner · critiquer · s'en prendre à · faire le procès de · stigmatiser · tirer à boulets rouges sur · fustiger *littér*

pourlécher (se) *v.pron.* · se régaler · se lécher les babines *fam.*

pourparlers *n.m.pl.* **conférence** · conversation · discussion · négociations · palabres *péj.* · tractactions · sommet

✦ **entrer en pourparlers** s'aboucher · traiter

pourpre

▪ *n.f.* **souveraineté**

▪ *adj.* **pourpré** · purpurin *littér.* · pourprin *vieux*

pourquoi

▪ *adv. et conj.* **1 -** [interrogatif] **d'où vient que** · pour quel motif · pour quelle raison · dans quel but · dans quelle intention · **2 - la raison pour laquelle** · pour cela · **3 - à quoi bon ?**

▪ *n.m. invar.* **1 - cause** · explication · mobile · motif · motivation · origine · raison · sujet · **2 - interrogation** · question

✦ **c'est pourquoi** aussi · ainsi

pourri, e *adj.*

I 1 - avarié · abîmé · corrompu · décomposé · faisandé · gâté · moisi · piqué · tourné · **2 - puant** · infect · dégueulasse *très fam.* · [Méd.] nidoreux

II 1 - perverti · gangrené · putride · **2 - corrompu** · vendu · véreux · ripou *fam.* · pourav *lang. jeunes*

III 1 - [temps, climat] **humide** · pluvieux · malsain · **2 -** [fam.] **mauvais** · insupportable

✦ **pourri de** [fam.] plein de · bourré de *fam.*

pourrir

▪ *v.intr.* **1 - s'altérer** · s'avarier · chancir · se corrompre · se décomposer · se gâter · moisir · se putréfier · tomber en putréfaction · tourner · **2 -** [fam.] **croupir** · moisir · **3 -** [fam.] **se détériorer** · s'aggraver · dégénérer · empirer · s'envenimer · se gangrener · se gâter

▪ *v.tr.* **1 - abîmer** · avarier · corrompre · détériorer · gâter · infecter · ronger · **2 -** [fam., un enfant] → **gâter** · **3 -** [fam.] **pervertir** · corrompre · altérer · faire dégénérer · dénaturer · détériorer · empoisonner · gâter · vicier

pourriture *n.f.* **1 - putréfaction** · décomposition · **2 - corruption** · carie · dépravation · gangrène · perversion · **3 -** [injurieux] **ordure** · charogne *fam.* · fumier *fam.* · pourri · enfoiré *très fam.* · salaud *très fam.* · salopard *très fam.* · salope *très fam.*

poursuite *n.f.* **1 - continuation** · prolongation · prolongement · reprise · suite · **2 - chasse** · pistage ·

traque · **3 - recherche** · quête *soutenu* · **4 - procès** · action (en justice) · procédure

poursuivant, e *n.* [Droit] demandeur

poursuivre *v.tr.*
I 1 - donner la chasse à · être aux trousses de · pourchasser · talonner · traquer · courir après *fam.* · courser *fam.* · **2 - presser** · acculer · s'acharner sur · assiéger · harceler · importuner · relancer · serrer de près · être après *fam.* · **3 - obséder** · hanter · importuner · persécuter · tourmenter · torturer · **4 -** [Chasse] **chasser** · courir · forcer
II 1 - rechercher · ambitionner · aspirer à · briguer · chercher · désirer · prétendre à · solliciter · **2 - conduire** · mener · pousser · **3 - continuer** · maintenir · persévérer dans · pousser · prolonger · **4 -** [sans complément] **aller de l'avant** · passer (son chemin) · soutenir (l'effort)
III 1 - s'attaquer à · chasser · faire la guerre à · **2 -** [devant la justice] **attaquer** · accuser · actionner · citer en justice · traduire en justice · traîner en justice

››› **se poursuivre** *v.pron.* **1 - continuer** · se maintenir · tenir · **2 - durer** · se prolonger · suivre son cours

pourtant *adv.* · cependant · en attendant · mais · malgré cela · néanmoins · pour autant · toutefois · nonobstant *soutenu*

pourtour *n.m.* · tour · bord · bordure · cercle · circonférence · contour · extérieur · périphérie

pourvoi *n.m.* · appel · recours

pourvoir *v.tr.* **1 - fournir** · alimenter · approvisionner · armer · assortir · équiper · garnir · munir · nantir · orner · **2 -** [qqn] **procurer à** · donner à · doter · douer · gratifier · [d'un poste] nommer à

✦ **pourvoir à** subvenir à · assurer · faire face à · parer à

✦ **pourvoir à ses (propres) besoins** se suffire · être indépendant

››› **se pourvoir** *v.pron.* **se munir** · s'approvisionner · s'armer · s'équiper · se monter · prendre

pourvoyeur, -euse *n.* **1 - fournisseur** · approvisionneur · ravitailleur · **2 -** [Milit.] **servant**

✦ **pourvoyeur de fonds** financeur · mécène

pourvu, e *adj.* **1 - fourni** · achalandé · **2 - doté** · doué · nanti

✦ **être pourvu de** avoir · disposer de · posséder · être armé de · être équipé de · être muni de · être nanti de

pourvu que *loc. conj.* **1 - si** · à condition que · à supposer que · **2 - espérons que** · fasse le ciel que *littér.*

pousse *n.f.* **1 - bourgeon** · jet · recru · rejet · rejeton · scion · surgeon · talle · **2 - poussée**

poussé, e *adj.* **1 - exagéré** · fort · osé · culotté *fam.* · fort de café *fam.* · **2 - soigné** · approfondi · détaillé · fouillé · pointu · soigneux · chiadé *fam.*

✦ **poussé vers** attiré par · incliné à, vers · porté vers

pousse-café *n.m. invar.* · digestif · rincette *fam.*

poussée *n.f.* **1 - impulsion** · élan · mouvement · pression · propulsion · souffle · **2 - force** · charge · pesée · poids · **3 - accès** · aggravation · bouffée · crise · éruption ·

paroxysme · **4 - augmentation** · flambée · hausse · montée · **5 - croissance** · pousse

[1]**pousser** *v.intr.* **1 - croître** · se développer · forcir · grandir · lever · pointer · sortir · venir · **2 -** [fam.] → **exagérer**

✦ **faire pousser** cultiver

✦ **pousser rapidement, facilement** se multiplier · pulluler · pousser comme du chiendent, de la mauvaise herbe · pousser comme des champignons

[2]**pousser** *v.tr.*

I 1 - bousculer · écarter · repousser · **2 - déplacer** · (faire) avancer · charrier · chasser · entraîner · porter en avant · projeter · propulser · souffler · faire voler · **3 -** [une porte] **ouvrir** · fermer · tirer

II forcer · accentuer · accroître · exacerber · exagérer

III 1 - activer · animer · attiser · aviver · **2 - aiguillonner** · faire agir · animer · diriger · emporter · entraîner · éperonner · exciter · mouvoir · solliciter · stimuler · travailler · **3 - soutenir** · aider · encourager · épauler · favoriser · pistonner *fam.* · donner un coup de pouce à *fam.* · **4 - harceler** · presser

IV produire · émettre · exhaler · faire · jeter · lâcher · lancer · proférer

V 1 - continuer · faire durer · poursuivre · prolonger · **2 - approfondir** · développer · fouiller

✦ **pousser à** amener à · acculer à · astreindre à · conduire à · conseiller de · contraindre à · décider à · déterminer à · disposer à · encourager à · engager à · exciter à · exhorter à · forcer à · inciter à · incliner à · induire à · inviter à · obliger à · porter à · prédisposer à · réduire à

✦ **pousser dehors** chasser · refouler · rejeter · repousser · bouter *littér.*

✦ **pousser à bout** exaspérer · agacer · énerver

⋙ **se pousser** *v.pron.* **1 - se déplacer** · s'écarter · s'éloigner · s'ôter · se reculer · se retirer · **2 - se bousculer** · jouer des coudes

poussière *n.f.* **1 - saleté** · ordure · mouton *fam.* · **2 -** [au plur.] **particules** · cendres · débris · restes · scories • [charbon] poussier · **3 - poudre**

✦ **réduire en poussière** → **pulvériser**

poussiéreux, -euse *adj.* **1 - sale** · poudreux *littér.* · **2 - archaïque** · ancien · démodé · dépassé · fossilisé · périmé · rétrograde · suranné · vétuste · vieilli · vieillot · vieux · vieux jeu · ringard *fam.*

poussif, -ive *adj.* **1 - essoufflé** · époumoné · haletant · **2 - asthmatique** · dyspnéique · **3 -** [économie, etc.] **ralenti** · mal en point

poussoir *n.m.* · bouton

poutre *n.f.* **1 - madrier** · **2 - poutrelle** · profilé · lattis · longeron

[1]**pouvoir** *v.tr.* **1 - être en état de** · avoir la capacité de · avoir la force de · être capable de · être à même de · être en mesure de · être en situation de · être susceptible de · être de taille à · n'être pas en peine de *littér.* · savoir *Belgique* · **2 - avoir la possibilité de** · avoir l'autorisation de · avoir la permission de · **3 - savoir** · avoir l'art de · **4 - risquer de** · courir le risque de

[2]**pouvoir** *n.m.*
I 1 - capacité · art · don · faculté · **2 - efficacité** · propriété · vertu · **3 - liberté** · autorisation · droit · latitude · permission · possibilité
II 1 - souveraineté · autorité · hégémonie · mainmise · maîtrise · tutelle · prépotence *vieilli* · **2 - gouvernement** · État · régime · **3 - commandement** · **4 - délégation** · commission · mandat · mission · procuration · **5 - attribution** · ressort
III 1 - influence · ascendant · autorité · charisme · charme · crédit · domination · empire · emprise · puissance · **2 - grandeur** · omnipotence · toute-puissance

✦ **au pouvoir de** 1 - **en la possession de** · à la disposition de · entre les mains de · **2 - sous la dépendance de** · sous la coupe de · sous la férule de · sous le joug de
✦ **près du pouvoir, au pouvoir** en haut lieu · dans les hautes sphères · près du soleil *plaisant*
✦ **donner pleins pouvoirs** donner carte blanche · donner un blanc-seing

pragmatique *adj.* **1 - pratique** · concret · matériel · prosaïque · terre à terre · utilitaire · **2 - efficace** · commode · ingénieux · **3 - réaliste** · constructif · matérialiste · positif · pragmatiste · **4 - empirique** · expérimental

prairie *n.f.* · pré · herbage · pacage · pâturage

praticable *adj.* **1 - réalisable** · exécutable · faisable · possible · **2 - utilisable** · accessible · carrossable · empruntable

praticien, -ienne *n.* **1 - homme de l'art** · professionnel · spécialiste · technicien · **2 - médecin** · clinicien · docteur · thérapeute · toubib *fam.*

pratiquant, -e *adj.* · croyant · dévot · fervent · pieux · religieux

[1]**pratique** *adj.* **1 - expérimental** · empirique · pragmatique · **2 - utilitaire** · efficace · ingénieux · pragmatique · utile · **3 - commode** · aisé · fonctionnel · maniable · **4 - concret** · matériel · positif · pragmatique · réaliste · prosaïque · terre à terre · **5 -** [Philo.] **normatif**

[2]**pratique** *n.f.* **1 - action** · expérience · praxis · **2 - habitude** · exercice · apprentissage · entraînement · perfectionnement · savoir-faire · **3 - utilisation** · emploi · usage · commerce *vieux* · fréquentation *vieux* · habitude *vieux* · **4 - coutume** · habitude · mode · tradition · usage · **5 - action** · actes · application · exécution · réalisation · **6 -** [Relig.] **observance** · culte

✦ **avoir de la pratique** s'y connaître · avoir de l'expérience
✦ **mettre en pratique** mettre en, à exécution · mettre en œuvre

pratiqué, e *adj.* · en usage · usité

pratiquement *adv.* **1 - à peu (de choses) près** · pour ainsi dire · presque · quasi · virtuellement · quasiment *fam.* · **2 - en fait** · concrètement · dans les faits · en pratique · en réalité · matériellement · objectivement

pratiquer *v.tr.* **1 - exécuter** · accomplir · appliquer · garder · mener · observer · opérer · réaliser · **2 - exercer** · s'adonner à · cultiver · se livrer à · **3 - utiliser** · adopter · appliquer · employer · éprouver · expérimenter · manier · recourir à · suivre · user de · **4 - fréquenter** · hanter • [des personnes] côtoyer · **5 - ménager** · frayer · ouvrir · percer · tracer

pré *n.m.* **prairie** · herbage · pacage · pâturage

✦ **au pré** au vert

préalable

▪ *adj.* **préliminaire** · antécédent · antérieur · précédent · préparatoire

▪ *n.m.* **prérequis** · condition (sine qua non)

✦ **au préalable** préalablement · d'abord · auparavant · avant (toute chose) · en premier (lieu) · premièrement

préalablement *adv.* · d'abord · auparavant · au préalable · avant (toute chose) · en premier (lieu) · premièrement

préambule *n.m.* **1 - entrée en matière** · **2 - avant-propos** · avertissement · exorde · exposition · introduction · préface · discours préliminaire · présentation · prologue · prolégomènes *soutenu* · prodrome *vieux* · **3 - prélude** · avant-goût · prémices · prodrome *littér.*

préavis *n.m.* · avertissement · annonce · avis · notification · signification

précaire *adj.* **1 - incertain** · fragile · instable · **2 - passager** · court · éphémère · fugace · fugitif · temporaire · **3 -** [santé] **délicat** · chancelant · fragile · qui ne tient qu'à un fil

précariser *v.tr.* · fragiliser

précarité *n.f.* **1 - fragilité** · incertitude · insécurité · instabilité · vulnérabilité · **2 - inconstance** · variabilité

précaution *n.f.* **1 - disposition** · garantie · mesure · **2 - prudence** · attention · circonspection · délicatesse · méfiance · prévoyance · soin · vigilance · **3 - diplomatie** · discrétion · ménagement · réserve

✦ **avec précaution** à pas comptés · pas à pas · précautionneusement · en marchant sur des œufs

✦ **par précaution** **1 - en prévision** · **2 - par prudence**

✦ **prendre des, ses précautions** se prémunir · se précautionner · veiller au grain

précautionner (se) *v.pron.* **se prémunir** · veiller au grain

✦ **se précautionner contre** s'armer contre · s'assurer contre · se mettre en garde contre · se prémunir contre

précautionneusement *adv.* **1 - soigneusement** · attentivement · délicatement · doucement · lentement · en marchant sur des œufs · **2 - prudemment** · frileusement

précautionneux, -euse *adj.* **1 - circonspect** · défiant · méfiant · prévoyant · prudent · réfléchi · pusillanime *péj.* · **2 - soigneux** · appliqué · méticuleux · minutieux · ordonné · précis · rigoureux · scrupuleux · zélé

précédemment *adv.* · antérieurement · auparavant · avant · antécédemment *littér.* · ci-devant *littér.*

[1]**précédent, -e** *adj.* **1 - antérieur** · antécédent *littér.* · **2 - passé** · dernier

précédent, antécédent, antérieur

Précédent et **antécédent** se disent d'une chose située avant une autre dans le temps. **Antécédent**, réservé à un usage didactique ou littéraire, qualifie uniquement ce qui *précède* dans le temps *(une délibération antécédente,* *une procédure antécédente).* On emploie **précédent** pour ce qui précède immédiatement quelque chose ou ce dont on parle *(le jour précédent, le candidat, le gouvernement précédent)* ; il concerne aussi ce qui précède dans l'espace : « J'écrivais la page précédente dans le train qui me ramenait à Paris » (Gide, *Journal*). **Antérieur** concerne ce qui est situé avant le moment présent, sans précision quant à la durée *(la situation antérieure)* : « Tout classicisme suppose un romantisme antérieur » (Valéry, *Variété, Œuvres*). **Antérieur** s'emploie aussi avec une valeur spatiale, qualifiant ce qui est placé en avant et opposé à *postérieur (les membres antérieurs)* : « Qu'est-ce que le visage de l'homme ou des animaux ? C'est la partie antérieure de la tête » (Ponge, *le Parti pris des choses*).

²précédent *n.m.* **antécédent** · exemple · fait antérieur analogue, semblable · référence

✦ **sans précédent** inédit · extraordinaire · inouï · jamais vu · qui n'a pas eu d'exemple · unique

précéder *v.tr.* **1 - aller devant** · dépasser · devancer · ouvrir la voie à · passer devant · prendre le pas sur · **2 - annoncer** · anticiper · être le signe avant-coureur de · préluder à · préparer · venir avant

✦ **faire précéder** placer devant · [un mot] antéposer

❧ **devancer**

précepte *n.m.* **1 - loi** · commandement · dogme · instruction · règle · prescription · principe · **2 - aphorisme** · enseignement · formule · leçon · maxime · sentence · apophtegme *soutenu*

❧ **ordre**

précepteur, -trice *n.* · éducateur · maître · pédagogue

prêche *n.m.* · sermon · discours · exhortation · harangue · homélie · prédication · prône *littér.*

prêcher *v.tr.* **1 - conseiller** · encourager à · exhorter à · préconiser · prôner · recommander · **2 - moraliser** · sermonner · **3 - enseigner** · annoncer · **4 - évangéliser** · catéchiser

prêcheur, -euse

▪ *n.* **prédicateur**

▪ *adj.* **moralisateur** · sermonneur · raseur *fam.* · harangueur *péj.*

prêchi-prêcha *n.m.* **1 - sermon** · **2 - rabâchage** · radotage

précieusement *adv.* **1 - soigneusement** · avec soin · jalousement · pieusement · **2 -** [littér.] **avec raffinement** · délicatement · finement

précieux, -ieuse *adj.* **1 - cher** · apprécié · prisé · **2 - de prix** · de valeur · inestimable · introuvable · rare · rarissime · recherché · **3 - fin** · choisi · délicat · raffiné · **4 - appréciable** · avantageux · d'un grand secours · inappréciable · irremplaçable · profitable · utile · **5 -** [péj.] **affecté** · apprêté · contourné · emprunté · maniéré · recherché · tarabiscoté · chichiteux *fam.* · affété *littér.*

préciosité *n.f.* **1 - raffinement** · recherche · subtilité · **2 -** [péj.] **affectation** · concetti · entortillage · manière · mièvrerie · mignardise · afféterie *littér.* · **3 - cultisme** · euphuisme · gongorisme · maniérisme · marinisme · marivaudage

précipice *n.m.* **1 - gouffre** · abîme · [dans la mer] abysse · **2 - désastre** · catastrophe · faillite · ruine

précipitamment *adv.* **1 - prestement** · en courant · en hâte · en vitesse · à toute allure · rapidement · vite · vivement · à la galopade *fam.* · à toute vapeur *fam.* · à toute blinde *fam.* · à toute berzingue *fam.* · dare-dare *fam.* · [monter un escalier] quatre à quatre · **2 -** [péj.] **avec précipitation** · brusquement · en catastrophe · à la hâte · à la sauvette · hâtivement · sans réfléchir · tête baissée · la tête la première · bille en tête *fam.* · à la diable *fam.* · à la va-comme-je-te-pousse *fam.* · à la va-vite *fam.* · à la six-quatre-deux *vieux*

précipitation *n.f.* **1 - hâte** · brusquerie · empressement · fougue · frénésie · impatience · impétuosité · promptitude · rapidité · vitesse · **2 - irréflexion** · **3 - précipité**
✦ **avec précipitation** précipitamment · brusquement · en catastrophe · à la hâte · à la sauvette · hâtivement · sans réfléchir · tête baissée · la tête la première · à la diable *fam.* · à la va-comme-je-te-pousse *fam.* · à la va-vite *fam.* · à la six-quatre-deux *vieux*

⋙ **précipitations** *plur.* **averses** · pluie · neige · grêle

[1]**précipité, e** *adj.* **1 - rapide** · haletant · pressé · **2 - hâtif** · bâclé

[2]**précipité** *n.m.* · dépôt · précipitation

précipiter *v.tr.* **1 - jeter** · envoyer · lancer · pousser · **2 - accélérer** · activer · forcer · hâter · presser · **3 - mener rondement** · trousser *vieilli* · **4 - avancer** · brusquer · **5 - anéantir** · ruiner
✦ **précipiter les choses** aller plus vite que la musique, que les violons

⋙ **se précipiter** *v.pron.* **1 - sauter** · se jeter · plonger · tomber · **2 - accourir** · courir · s'élancer · se jeter · se lancer · se ruer · foncer *fam.* · **3 - s'empresser** · se dépêcher · se hâter · se presser · **4 - s'accélérer** · se bousculer · se brusquer · s'emballer
✦ **se précipiter sur** assaillir · s'abattre sur · bondir sur · fondre sur · sauter sur · se ruer sur

[1]**précis, -e** *adj.* **1 - clair** · certain · défini · déterminé · distinct · limpide · manifeste · marqué · net · **2 - méticuleux** · minutieux · soigneux · **3 - exact** · correct · fidèle · juste · littéral · mathématique · parfait · rigoureux · strict · textuel · carré *fam.* · **4 -** [heure] **juste** · sonnant · pétant *fam.* · pile *fam.* · tapant *fam.* · **5 - détaillé** · catégorique · circonstancié · développé · explicite · exprès · formel · **6 - assuré** · ferme · sûr · **7 - concis** · condensé · dense · dépouillé · laconique · lapidaire · serré · simple · sobre · succinct · **8 -** [cas] **particulier** · isolé · ponctuel · spécifique · singulier · unique

[2]**précis** *n.m.* **1 - abrégé** · aide-mémoire · condensé · mémento · résumé · digest *anglic.* · **2 - manuel** · livre

précisément *adv* **1 - au juste** · exactement · vraiment · **2 - rigoureusement** · consciencieusement · fidèlement · méticuleusement · minutieusement · religieusement · scrupuleusement · soigneusement · **3 - clairement** · distinctement · expressément · formellement · nettement · **4 - à proprement parler** · stricto sensu · textuellement · **5 - particulièrement** · vraiment · terriblement *fam.* · **6 - oui** · exactement · justement

préciser *v.tr.* **1 - définir** · désigner · déterminer · énoncer · établir · fixer · **2 - indiquer** · dire · mentionner · relever · signaler · souligner · spécifier · stipuler · **3 - développer** · clarifier · donner corps à · détailler · dévoiler · expliciter · expliquer · exposer · exprimer · particulariser

⋙ **se préciser** *v.pron.* **1 - se dessiner** · apparaître (plus) clairement · se faire jour · prendre corps · prendre forme · prendre tournure · se matérialiser · **2 - se caractériser** · **3 - se confirmer** · se rapprocher

précision *n.f.* **1 - exactitude** · fidélité · justesse · rigueur · sûreté · **2 - clarté** · netteté · **3 - adresse** · dextérité · doigté · sûreté · **4 - détail** · développement · explication · information

précoce *adj.* **1 - prématuré** · anticipé · **2 -** [végétaux] **hâtif** · primeur · **3 -** [enfant] **avancé (pour son âge)** · prodige · surdoué

préconçu, e *adj.* · préétabli · a priori · tout fait

préconiser *v.tr.* **recommander** · conseiller · indiquer · prêcher *souvent péj.* · prôner · vanter

✦ **préconiser de** inciter à · engager à · exhorter à · suggérer de

précurseur

▪ *n.m.* **1 - ancêtre** · devancier · **2 - initiateur** · novateur

▪ *adj. m.* **1 - annonciateur** · avant-coureur · **2 -** [Méd.] **prodromique**

prédécesseur *n.m.* · devancier · aîné · ancêtre

prédestination *n.f.* **1 - détermination** · prédétermination · **2 - vocation**

prédestiner *v.tr.* · appeler · destiner · déterminer · vouer

prédéterminé, e *adj.* **1 - inévitable** · nécessaire · **2 - préréglé**

prédicant *n.m.* **1 - prêtre** · **2 - moralisateur** · sermonneur

prédicat *n.m.* [Ling.] rhème

prédicateur *n.m.* **1 - prêcheur** · orateur (sacré, de la chaire) · **2 - apôtre**

prédicatif, -ive *adj.* **1 -** [Ling.] **attributif** · **2 -** [Épistém.] **apodictique** · catégorique

[1]**prédication** *n.f.* · sermon · homélie · prêche · prône *littér.*

[2]**prédication** *n.f.* [Logique] attribution

prédiction *n.f.* **1 - prévision** · conjecture · pronostic · **2 - prophétie** · annonce · augure · oracle · **3 - divination** · vaticination *littér.*

prédiction, prophétie

Prédiction et **prophétie** désignent des paroles ou des écrits par lesquels est annoncé un événement futur. Quand elles concernent la vie d'un individu, l'évolution de la société, c'est-à-dire l'annonce de faits dont la probabilité est faible, la **prédiction** et la **prophétie** prétendent s'opérer par voyance ou inspiration surnaturelle *(une prédiction/une prophétie par le marc de café, les prédictions/les prophéties d'une cartomancienne)*. Cependant, **prédiction** s'emploie aussi lorsque l'annonce est fondée sur le calcul et le raisonnement *(la prédiction des éclipses)* alors que la **prophétie**, pratiquée également dans le domaine religieux par un *prophète*, est toujours indépendante de la raison *(le sens caché des prophéties, une prophétie obscure)*.

prédilection *n.f.* **goût** • affection • appétence • attirance • attrait • faible • faiblesse • inclination • penchant • préférence • tendresse

✦ **de prédilection** favori • fétiche • préféré

↝ **préférence**

prédire *v.tr.* **1 – prévoir** • annoncer • augurer • conjecturer • deviner • présager • pronostiquer • prophétiser • **2 –** [sans complément] **dire l'avenir** • dévoiler l'avenir • dire la bonne aventure • lire l'avenir dans les lignes de la main • tirer les cartes • vaticiner *littér.*

prédisposé, e *adj.*

✦ **prédisposé à** enclin à • doué pour • porté à

prédisposer *v.tr.* • incliner • amener • appeler • inciter • influencer • porter • pousser • préparer

prédisposition *n.f.* **1 – disposition** • aptitude • don • facilité • talent • **2 – penchant** • goût • inclination • propension • tendance

prédominance *n.f.* • primauté • domination • hégémonie • prééminence • prépondérance • règne • supériorité • suprématie • leadership *anglic.*

prédominant, –e *adj.* • principal • dominant • majeur • premier • prépondérant • primordial

prédominer *v.intr.* • dominer • l'emporter • prévaloir • primer • régner • triompher • [en nombre] être majoritaire

prééminence *n.f.* • primauté • autorité • domination • excellence • pouvoir • prédominance • prépondérance • supériorité • suprématie • leadership *anglic.*

prééminent, e *adj.* • prédominant • dominant • majeur • premier • prépondérant • primordial • supérieur

préétabli, e *adj.* • prédéterminé • préconçu

préexistant, e *adj.* • antérieur • antécédent • préalable

préexistence *n.f.* • antériorité

préexister *v.intr.*

✦ **préexister à** être antérieur à • venir, être venu avant • précéder

préface *n.f.* • avant-propos • avertissement • avis (au lecteur) • introduction • notice • préambule • présentation • prolégomènes • prologue

préfecture *n.f.* • chef-lieu

préférable *adj.* • meilleur • mieux • plus souhaitable

préférablement à *loc.prép.* • de préférence à • au lieu de • avant • plutôt que • préférentiellement à

préféré, e

▪ *adj.* **1 – de prédilection** • bien-aimé • favori • fétiche • **2 – attitré**

▪ *n.* **protégé** • favori • chouchou *fam.*

préférence *n.f.* **1 – prédilection** • attirance • faible • faiblesse • faveur • goût • penchant • **2 – choix** • option • **3 – favoritisme** • partialité

✦ **de préférence (à)** plutôt (que) • au lieu de • avant • préférablement (à) • préférentiellement (à)

✦ **donner la préférence à 1 – se décider pour** • choisir • élire • opter pour • **2 – favoriser**

préférence, prédilection

Préférence et **prédilection** désignent le sentiment par lequel on place une personne, ou une chose, au-dessus d'une autre. **Préférence** est le terme le plus usuel *(chacun a ses préférences, donner la préférence à quelqu'un, je n'ai pas de préférence ; je marche tous les jours, de préférence le matin)*. **Prédilection** permet d'insister sur le caractère exclusif de sa préférence *(avoir une prédilection pour la mousse au chocolat ; c'est un de mes auteurs de prédilection)*.

préférentiellement à *loc. prép.* · de préférence à · au lieu de · avant · plutôt que · préférablement à

préférer *v.tr.* **1 - aimer le plus** · estimer le plus · chérir · distinguer... parmi · **2 - aimer mieux** · avoir une préférence pour · incliner vers · pencher pour · **3 - adopter** · choisir · élire · opter pour · **4 - aimer** · se plaire à

préfigurer *v.tr.* · annoncer · être le signe avant-coureur de · préluder · présager

préhistorique *adj.* · antédiluvien · anachronique · ancien · démodé · suranné

préjudice *n.m.* **1 - dommage** · lésion · mal · **2 - atteinte** · détriment · tort · dam *vieux* · **3 - persécution**

✦ **au préjudice de** au désavantage de · au détriment de · contre · en défaveur de

✦ **porter préjudice à** **1 - léser** · désavantager · défavoriser · desservir · frustrer · nuire à · faire du tort à · porter atteinte à · **2 - compromettre** · déconsidérer · discréditer · nuire à (la réputation de) · perdre · couler *fam.* · griller *fam.*

✦ **sans préjudice de** réserve faite de · sauf

préjudiciable *adj.* · dangereux · délétère · dommageable · malheureux · néfaste · nocif · nuisible · attentatoire *littér.*

préjugé *n.m.* · jugement préconçu · (idée) a priori · croyance · idée reçue · idée toute faite · idée préconçue · parti pris · préconception · présomption · prévention

prélasser (se) *v.pron.* · se reposer · se détendre · fainéanter · se laisser aller · paresser · se relaxer · buller *fam.* · coincer la bulle *fam.* · flemmarder *fam.* · lézarder *fam.* · avoir, rester les doigts de pied en éventail *fam.*

prélat *n.m.* **1 - dignitaire ecclésiastique** · pontife · **2 - monseigneur** · monsignor

prélèvement *n.m.* **1 - retenue** · [Droit] distraction · **2 - prise** · ponction · [Méd.] ponction · prise de sang

prélever *v.tr.* **1 - enlever** · extraire · lever · prendre · **2 - retenir** · ôter · retirer · retrancher

préliminaire

▪ *adj.* **préalable** · introductif · liminaire · préparatoire

✦ **discours préliminaire** introduction · avant-propos · entrée en matière · exorde · préambule · préface · prélude · prologue

»» **préliminaires** *plur.* **1 - préambule** · commencement · entrée en matière · prélude · **2 -** [amoureux] **caresses**

préliminaires, prélude

Préliminaires et prélude ont en commun l'idée de début. Les **préliminaires** précèdent et préparent un événement, un acte plus important *(perdre son temps en préliminaires)* : « Les préliminaires terminés, Gilliatt se trouva face à face avec la difficulté » (Hugo, *les Travailleurs de la mer*, II, II, I). Le **prélude** constitue l'annonce ou le début d'une œuvre, d'un déroulement d'événements *(en prélude à des négociations)* : « Une clameur géante sortait des choses comme un prélude d'apocalypse jetant l'effroi des fins du monde » (Pierre Loti, *Pêcheurs d'Islande*, II, I).

prélude *n.m.* **1 - annonce** · avant-goût · présage · promesse · signe (avant-coureur) · **2 - introduction** · commencement · début · ouverture · préambule · préliminaire · prologue

préliminaire

préluder à *v.tr.ind.* · préparer · annoncer · débuter · entamer · inaugurer · introduire

prématuré, e *adj.* **1 - en avance** · avancé · (né) avant terme · hâtif · précoce · **2 - anticipé**

✦ **ii est prématuré de** il est trop tôt pour · il n'est pas encore temps de

prématurément *adv.* · avant l'heure · avant le temps · précocement · trop tôt

prémédité, e *adj.* · intentionnel · calculé · concerté · décidé · délibéré · mûri · pensé · préparé · prévu · réfléchi · résolu · volontaire · voulu

préméditer *v.tr.* **1 - projeter** · **2 - préparer** · calculer · combiner · mûrir · tramer · machiner *fam.* · manigancer *fam.* · mijoter *fam.* · ourdir *littér.*

prémices *n.f.pl.* **1 - amorce** · annonce · commencement · début · embryon · **2 - avant-goût** · primeur

[1]**premier, -ière** *adj.*

I 1 - initial · originaire · original · originel · **2 - primitif** · brut · élémentaire · primaire · **3 - antérieur** · ancien · **4 - liminaire** · de tête · préalable

II 1 - dominant · en tête · prédominant · prééminent · prépondérant · **2 - supérieur** · remarquable · **3 - capital** · essentiel · fondamental · primordial · principal · **4 - vital** · indispensable · nécessaire

✦ **premier âge** bas âge · petite enfance · prime enfance

✦ **première édition** édition originale · (édition) princeps

premier, primitif, initial

Premier, primitif et initial concernent ce qui est au commencement de quelque chose. En parlant de plusieurs éléments, **premier** s'applique à celui qui est le plus ancien ou l'un des plus anciens *(le premier jour de la semaine, la première enfance, les premières impressions, les arts premiers)*. **Primitif** qualifie ce qui est la source, l'origine d'une chose de même nature que celle dont on parle maintenant *(la couleur primitive d'un vêtement, le projet primitif a été abandonné)*. **Initial** se dit de ce qui est placé au début de quelque chose *(la lettre initiale d'un mot)* et caractérise le commencement d'un processus *(la vitesse initiale, le choc initial, le choix initial)*.

[2]**premier, -ière** *n.* **1 - auteur** · initiateur · introducteur · inventeur · pionnier · promoteur · **2 - premier-né** · aîné · **3 - leader** · cacique · gagnant · maître · meilleur · vainqueur · [d'une promotion] major

✦ **en premier** 1 - **dès le, au commencement** · au départ · auparavant · d'abord · dès le, au début · dès le premier instant · 2 - **au préalable** · avant tout · avant toute chose · en priorité · préalablement · pour commencer · premièrement · primo *fam.*

premièrement *adv.* · (tout) d'abord · au préalable · avant tout · avant toute chose · en premier (lieu) · primo *fam.*

prémisse *n.f.* · hypothèse · postulat · principe · supposition

prémonition *n.f.* · intuition · prescience · pressentiment · soupçon

prémonitoire *adj.* 1 - **annonciateur** · avant-coureur · 2 - **prophétique**

prémunir *v.tr.* **armer** · abriter · assurer · défendre · garder · immuniser · préserver · protéger · vacciner

»» **se prémunir** *v.pron.*

✦ **se prémunir de, contre** se garantir de, contre · se munir contre · prévenir · se protéger de, contre · se précautionner contre *littér. ou vieilli*

prenant, e *adj.* 1 - **captivant** · envoûtant · fascinant · haletant · intéressant · palpitant · passionnant · 2 - **absorbant** · accaparant · exigeant · occupant · 3 - **séduisant** · attirant · attrayant

[1]**prendre** *v.intr.* 1 - **épaissir** · durcir · se figer · geler · se solidifier · 2 - **marcher** · s'implanter · réussir · 3 - **raciner** · reprendre

»» **se prendre** *v.pron.* **se figer** · caillebotter · cailler · coaguler · geler

[2]**prendre** *v.tr.*
I 1 - **(se) saisir (de)** · agripper · arracher · attraper · s'emparer de · empoigner · happer · ramasser · tirer · 2 - **obtenir** · accaparer · s'approprier · s'attribuer • [au jeu] souffler • [par la force] confisquer · conquérir · enlever · envahir · forcer · occuper · 3 - **trouver** · dénicher · dégoter *fam.* · pêcher *fam.* · 4 - **emmener** · chercher · enlever · 5 - **voler** · déposséder de · dépouiller de · dérober · faire main basse sur · piller · subtiliser · barboter *fam.* · carotter *fam.* · chiper *fam.* · chouraver *fam.* · faucher *fam.* · piquer *fam.* · rafler *fam.* · soustraire *littér.* · ravir *littér.* · 6 - **appréhender** · arrêter · attraper · capturer · mettre la main au collet de · agrafer *fam.* · alpaguer *fam.* · choper *fam.* · coincer *fam.* · cravater *fam.* · cueillir *fam.* · embarquer *fam.* · épingler *fam.* · harponner *fam.* · pincer *fam.* · piquer *fam.* · poisser *fam.* · ramasser *fam.* • [un poisson] pêcher · 7 - **surprendre** · attraper · pincer *fam.* · piquer *fam.* · prendre la main dans le sac *fam.* · 8 - **acquérir** · gagner · grappiller · 9 - **demander** · absorber · coûter · dévorer · exiger · nécessiter · occuper · réclamer · 10 - **consommer** · absorber · avaler · boire · manger · toucher à · ingérer *soutenu* · 11 - **acheter** · se procurer
II 1 - **utiliser** · se munir de · se pourvoir de · employer · user • [un vêtement, un accessoire] emporter · enfiler · mettre · 2 - **choisir** · adopter · embrasser · épouser · 3 - **s'adjoindre** · s'attacher · embaucher · engager · 4 - **affecter** · adopter · se donner · 5 - **contracter** · 6 - **s'engager dans** · entrer dans · emprunter · suivre • [un virage] aborder · 7 - [un véhi-

cule] **monter dans** · embarquer dans · emprunter · **8** – [fam.] → **subir**
III 1 – accueillir · recueillir · **2 – considérer** · aborder · envisager · **3 – interpréter** · entendre
IV 1 – amadouer · entortiller · persuader · séduire · **2 –** [une femme] **faire l'amour à** · avoir un rapport (sexuel) avec · connaître *Bible ou plaisant* · posséder · baiser *très fam.* · coucher avec *fam.* · s'envoyer *très fam.* · niquer *très fam.*

✦ **prendre dans** extraire de · extirper de · se servir dans · tirer de · taper dans *fam.*

✦ **prendre pour 1 – regarder comme** · considérer comme · tenir pour · **2 – confondre avec**

✦ **prendre sur** déduire de · décompter de · défalquer de · enlever de · ôter de · prélever sur · retenir sur · retirer de · retrancher de · soustraire de

✦ **prendre sur soi 1 – se dominer** · se maîtriser · **2 – assumer** · se charger de · couvrir · endosser · supporter

✦ **prendre sur soi de** s'efforcer de · faire en sorte de

✦ **faire prendre** administrer

✦ **se faire prendre 1 – être dupé** · se faire abuser · se faire attraper · se faire berner · se faire mystifier · se faire piéger · se faire tromper · se faire avoir *fam.* · se faire embobiner *fam.* · tomber dans le panneau *fam.* · **2 – se faire escroquer** · se faire estamper *fam.* · se faire gruger *fam.* · se faire pigeonner *fam.* · se faire rouler *fam.* · se faire baiser *très fam.* · se faire couillonner *très fam.* · se faire entuber *très fam.* · **3 – se faire appréhender** · se faire attraper · se faire arrêter · se faire capturer · se faire mettre la main au collet · se faire choper *fam.* · se faire coincer *fam.* · se faire cravater *fam.* · se faire épingler *fam.* · se faire pincer *fam.* · se faire piquer *fam.* · se faire ramasser *fam.* · tomber *fam.*

⋙ **se prendre** *v.pron.*

✦ **se prendre à** [+ infinitif] commencer à · se mettre à

✦ **s'en prendre à 1 – incriminer** · accuser · attaquer · blâmer · mettre en cause · suspecter · **2 – agresser** · (s')attaquer (à) · prendre à partie

✦ **se prendre de** éprouver · concevoir

✦ **s'y prendre** agir · faire · procéder

✦ **se prendre pour** se croire · se considérer · s'imaginer être

preneur, –euse *n.* **1 – acheteur** · acquéreur · **2 – locataire** · fermier

prénom *n.m.* · nom de baptême · petit nom *fam.*

prénommer *v.tr.* · appeler · baptiser · nommer

préoccupant, e *adj.* · inquiétant · alarmant · critique · ennuyeux · grave · sérieux · flippant *fam.*

préoccupation *n.f.* **1 – souci** · angoisse · ennui · inquiétude · tracas · tourment *littér.* · **2 – pensée** · sollicitude · **3 – obsession** · idée fixe

préoccupé, e *adj.* **1 – soucieux** · anxieux · inquiet · tendu · tracassé · chiffonné *fam.* · turlupiné *fam.* · **2 – pensif** · absorbé · songeur

✦ **préoccupé de** attentif à · soucieux de

préoccuper *v.tr.* **absorber** · agiter · ennuyer · obséder · tourmenter · tracasser · chiffonner *fam.* · travailler *fam.* · trotter dans la tête de *fam.* · turlupiner *fam.*

⋙ **se préoccuper** *v.pron.*

✦ **se préoccuper de** 1 - **s'intéresser à** · s'occuper de · penser à · songer à · 2 - **s'inquiéter de** · se soucier de

✦ **ne pas se préoccuper de** laisser de côté · oublier · ne pas prendre en considération, en compte · ne pas s'embarrasser de

préparateur, -trice *n.* 1 - **laborantin** · 2 - **appariteur** *vieux*

préparatifs *n.m.pl.* · organisation · mise au point · mise en route, en train · préparation · apprêts *vieilli*

préparation *n.f.* 1 - **élaboration** · conception · étude · gestation · mise au point · organisation · préparatifs · 2 - [Cuisine] **apprêt** · confection · cuisson · 3 - **introduction** · apprentissage · éducation · entraînement · étude · exercice · formation · instruction · stage · 4 - **échauffement** · 5 - **composition** · concoction · mélange · [pharmaceutique] remède

✦ **en préparation** dans l'air · dans les tuyaux *fam.*

✦ **sans préparation** 1 - **impromptu** · improvisé · 2 - **abruptement** · au pied levé

préparatoire *adj.* · préalable · exploratoire · préliminaire

préparé, e *adj.* · prêt · accommodé · fait

préparer *v.tr.*

I 1 - **apprêter** · aménager · arranger · disposer · dresser · mettre · 2 - **composer** · fabriquer · façonner · 3 - **cuisiner** · accommoder · apprêter · cuire · mijoter · mitonner · parer · 4 - **aplanir** · déblayer · défricher · faciliter · frayer · ouvrir

II 1 - **travailler à** · concevoir · ébaucher · élaborer · étudier · organiser · prévoir · projeter · 2 - **étudier pour** · bosser *fam.* · potasser *fam.*

III 1 - **méditer** · couver · mûrir · nourrir · préméditer · 2 - **tramer** · arranger · concerter · dresser · échafauder · former · monter · combiner *fam.* · goupiller *fam.* · machiner *fam.* · manigancer *fam.* · mijoter *fam.* · ourdir *littér.*

IV 1 - **destiner** · réserver · 2 - **annoncer** · (laisser) présager · laisser pressentir · 3 - **produire** · amener · entraîner · faciliter · faire le lit de · provoquer

V **former** · instruire · prédisposer

⋙ **se préparer** *v.pron.* 1 - **s'apprêter** · faire sa toilette · s'habiller · se parer · se vêtir · 2 - **être imminent** · couver · menacer · s'annoncer

✦ **se préparer à** se disposer à · s'apprêter à · se mettre en demeure de *soutenu*

✦ **se préparer pour** s'entraîner pour · s'exercer pour

prépondérance *n.f.* · domination · avantage · emprise · hégémonie · prédominance · prééminence · primauté · supériorité · suprématie · leadership *anglic.*

prépondérant, e *adj.* · dominant · essentiel · hégémonique · prédominant · prééminent · premier · primordial · principal

préposé, e *n.* 1 - **employé** · agent · commis · 2 - [au courrier] **facteur** · porteur

préposer *v.tr.* · charger de · affecter à · employer à · mettre à (la tête de) · nommer à · commettre à *littér.*

prérogative *n.f.* 1 - **privilège** · apanage · attribut · avantage · droit · faveur · honneur · préséance · 2 - [sortes] **exclusivité** ·

monopole • passe-droit • **3 –** [au plur.] **compétences** • attributions • possibilités • pouvoirs
↝ **privilège**

près *adv. et prép.* **à une petite distance** • à côté • à deux, à quatre pas • à proximité • au coin de la rue • dans le voisinage • dans un lieu proche, voisin • la porte à côté *fam.*
✦ **près de** **1 – auprès de** • **2 – proche de** • à proximité de • voisin de • à côté de • au bord de • contre • lez *(Toponymie)* • **3 – approximativement** • à peu (de chose) près • autour de • environ • grossièrement • pas loin de • plus ou moins • pratiquement • presque • quasiment • dans les *fam.* • en gros *fam.* • grosso modo *fam.* • quasi *vieux* • **4 – à quelques jours de** • à la veille de • **5 –** [suivi de l'infinitif] **sur le point de** • prêt à
✦ **tout près (de)** à côté (de) • pas loin (de) • proche (de) • presque • à deux doigts de • à deux pas (de) • la porte à côté • sous le nez de • sur les talons de
✦ **de près** **1 – attentivement** • avec attention • avec soin • avec vigilance • soigneusement • **2 – à ras** • **3 – à bout portant**
✦ **passer près de** friser • côtoyer • coudoyer • frôler • raser
✦ **à peu (de chose) près** **1 – approximativement** • autour de • environ • grossièrement • pas loin de • plus ou moins • pratiquement • presque • quasiment *fam.* • à la louche *fam.* • à un cheveu, poil près *fam.* • à vue de nez *fam.* • dans les *fam.* • en gros *fam.* • grosso modo *fam.* • quasi *vieux* • **2 – assez** • comme qui dirait *fam.*
✦ **à cela près que** excepté que • sauf que

présage *n.m.* • annonce • avant-goût • avertissement • marque • menace • préfiguration • prélude • signe (avant-coureur) • symptôme • augure *littér.* • auspice *littér.*

présager *v.tr.* **1 – annoncer** • augurer • indiquer • laisser pressentir • préparer • promettre • **2 – prévoir** • conjecturer • prédire • présumer • promettre • pronostiquer

presbyte *n. et adj.* • hypermétrope

presbytère *n.m.* • cure • maison curiale

prescience *n.f.* **1 – pressentiment** • intuition • prémonition • **2 – clairvoyance** • anticipation • flair *fam.*

prescription *n.f.*
I 1 – commandement • devoir • disposition • exigence • impératif • injonction • loi • obligation • précepte • principe • règle • **2 – indication** • clause • consigne • directive • instruction • (mot d') ordre • **3 –** [médicale] **ordonnance**
II [Droit] **invalidation** • annulation • caducité • extinction • invalidité • nullité • péremption • suppression

prescrire *v.tr.*
I 1 – commander • demander • exiger • réclamer • requérir • vouloir • **2 – recommander** • conseiller • inciter à • **3 – dicter** • arrêter • disposer • édicter • fixer • imposer • indiquer • stipuler
II [Droit] **abolir** • annuler • éteindre • rendre caduc • résilier • supprimer

prescrit, e *adj.* **1 – imposé** • requis • **2 – fixé** • recommandé • voulu • **3 –** [Droit] **nul** • éteint

préséance *n.f.* **prérogative**
✦ **avoir la préséance sur** avoir le pas sur • l'emporter sur

présence *n.f.*
I 1 - existence · **2 - compagnie** · vue · **3 - assistance** · assiduité · fréquentation
II 1 - personnalité · caractère · tempérament · **2 - influence** · autorité · rayonnement · rôle
✦ **présence d'esprit** à-propos · pertinence · réactivité
✦ **en présence de** devant · au vu et au su de · à la vue de · devant, sous les yeux de
✦ **mettre en présence** confronter · mettre face à face

[1]**présent, e** *adj.* **1 - actuel** · contemporain · de notre temps · moderne · **2 - frais** · immédiat · **3 - en vigueur**

[2]**présent** *n.m.* **1 - actualité** · modernité · **2 - instant** · immédiat
✦ **à présent** maintenant · actuellement · aujourd'hui · de nos jours · en ce moment · pour l'instant · pour le moment · présentement *littér. ou Québec*
✦ **jusqu'à présent** jusqu'ici · jusqu'à maintenant
➳ **maintenant**

[3]**présent, e** *n.* · témoin · assistant · spectateur

[4]**présent** *n.m.* **1 - cadeau** · don · étrenne · offrande · **2 - bienfait** · bien · cadeau · don · faveur

présentable *adj.* **1 - convenable** · acceptable · correct · montrable · passable · potable *fam.* · **2 -** [personne] **sortable** *fam.*

présentateur, -trice *n.* **1 - animateur** · annonceur · commentateur · **2 - démonstrateur**

présentation *n.f.* **1 - exposition** · exhibition · production · représentation · **2 - introduction** · avant-propos · discours préliminaire · préambule · préface · **3 - exposé** · descriptif · développement · **4 - apparence** · allure · forme · maintien · tenue

présentement *adv.* · actuellement · à présent · aujourd'hui · de nos jours · en ce moment · maintenant · pour le moment · pour l'instant · pour l'heure
➳ **maintenant**

présenter *v.tr.*
I 1 - faire voir · exhiber · exposer · montrer · produire · **2 - fournir** · aligner · **3 - proposer** · donner · offrir · servir · **4 - faire faire la connaissance de** · introduire · **5 - tourner** · diriger · exposer · offrir · tendre
II 1 - exprimer · amener · développer · exposer · formuler · soumettre · **2 - animer** · mettre en valeur
III 1 - comporter · avoir · offrir · **2 - dessiner** · former

⋙ **se présenter** *v.pron.* **1 - se montrer** · se faire connaître · paraître · **2 - décliner son identité** · **3 -** [devant un tribunal] **comparaître** · **4 - se porter candidat** · postuler · se proposer · **5 - se produire** · arriver · s'offrir · passer · surgir · survenir · tomber (sous la dent, sous les yeux) · se voir · venir · advenir *littér.*
✦ **se présenter comme** s'ériger en · s'autoproclamer
✦ **se présenter à l'esprit** traverser l'esprit
➳ **donner**

présentoir *n.m.* · support · gondole

préservatif *n.m.* [masculin] condom *vieux ou didact.* · capote (anglaise) *fam.* · [féminin] diaphragme · pessaire *anciennt*

préservation *n.f.* · protection · conservation · continuité · défense · garantie · garde · maintien · sauvegarde

préserver *v.tr.* **1 – assurer** · abriter · défendre · garantir · mettre à l'abri · prémunir · protéger · sauver · garer *fam.* · **2 – conserver** · garder · sauvegarder

✦ **préserver (qqn) de** épargner à ... de · exempter de · soustraire à

✦ **préserver l'essentiel** sauver les meubles *fam.*

»» **se préserver** *v.pron.* **se protéger**

✦ **se préserver de** **1 – éviter** · se garder de · **2 – parer à**

garantir

présidence *n.f.* · direction · leadership *anglic.*

président, e *n.* **1 – chef de l'État** · [en France] locataire de l'Élysée · **2 – P.-D. G.** · chef · directeur · [d'université] doyen

présider *v.tr.* **1 – siéger** · animer · diriger · **2 – régner sur** · régler · avoir la haute main sur

présomption *n.f.* **1 – conjecture** · hypothèse · pressentiment · supposition · **2 – indice** · charge · soupçon · suspicion · **3 – vanité** · arrogance · audace · fatuité · fierté · hauteur · orgueil (démesuré) · prétention · suffisance · superbe · infatuation *littér.* · outrecuidance *littér.*

orgueil

présomption, conjecture

On parle de **présomption** ou de **conjecture** à propos de ce qui est mal établi. Il y a **présomption** lorsqu'une opinion se construit à partir de signes de vraisemblance, d'apparences *(de fortes présomptions pèsent sur lui, n'avoir que des présomptions).* **Présomption** s'emploie en droit avec cette valeur *(bénéficier d'une présomption d'innocence, un acte public jouit d'une présomption d'authenticité, la présomption de paternité).* Pour la **conjecture**, il s'agit d'une idée non vérifiée, fondée seulement sur une probabilité *(en être réduit aux conjectures, se perdre en conjectures, une conjecture fantaisiste, incertaine, peu fondée).*

présomptueux, -euse *adj.* **1 – prétentieux** · ambitieux · arrogant · avantageux · content de soi · fanfaron · fat · fier · orgueilleux · suffisant · vaniteux · vantard · infatué *littér.* · outrecuidant *littér.* · vain *littér.* · faraud *vieilli* · **2 – audacieux** · hardi · imprudent · irréfléchi · osé · téméraire

presque *adv.* **à peu (de chose) près** · approximativement · environ · pas loin de · pour ainsi dire · près de · grosso modo *fam.* · quasiment *fam.* · quasi *vieux*

✦ **presque pas** très peu · à peine · pratiquement pas

✦ **ou presque** peu s'en faut · à peu de chose près

pressant, e *adj.* **1 – urgent** · ardent · impérieux · pressé · **2 – appuyé** · autoritaire · impératif · insistant · instant *littér.* · **3 – suppliant** · insistant · **4 – chaleureux** · chaud

urgent

presse *n.f.*

I 1 – journalistes · **2 – journaux**

II [littér.] **1 – foule** · affluence · cohue · **2 – hâte** · affairement · précipitation · bourre *fam.*

III 1 – rotative · **2 – laminoir** · pressoir

✦ **sous presse** à l'impression

✦ **avoir bonne, mauvaise presse** avoir bonne, mauvaise réputation · avoir bonne, mauvaise renommée

pressé, e *adj.*
I 1 - **urgent** · pressant · 2 - **hâtif** · précipité · rapide · 3 - **empressé** · impatient · 4 - **en retard** · à la bourre *fam.*
II **comprimé** · compact · serré
✦ **être très pressé** avoir le feu au derrière, aux fesses, aux trousses *fam.*

presse-citron *n.m. invar.* · presse-agrumes

pressentiment *n.m.* · prémonition · avertissement · impression · intuition · présage · prescience · sentiment · signe

pressentir *v.tr.* 1 - **prévoir** · anticiper · s'attendre à · augurer · deviner · entrevoir · présager · 2 - **déceler** · détecter · se douter de · flairer · pénétrer · percer · percevoir · sentir · soupçonner · subodorer · renifler *fam.* · 3 - **sonder** · tâter

presser
▪ *v.tr.* 1 - **appuyer** · comprimer · peser · serrer · tasser · 2 - **écraser** · broyer · exprimer · fouler · pressurer · 3 - **tordre** · essorer · 4 - **entasser** · resserrer · serrer · tasser · 5 - **embrasser** · étreindre · serrer · 6 - **accélérer** · activer · bousculer · brusquer · chauffer · hâter · précipiter · dépêcher *soutenu* • [le pas] allonger · 7 - **aiguillonner** · hâter · 8 - **assaillir** · assiéger · courir après · harceler · persécuter · poursuivre · talonner · 9 - **accabler** · étrangler · oppresser · serrer · tourmenter
✦ **presser de** 1 - **inciter à** · conseiller de · encourager à · engager à · exciter à · exhorter à · inviter à · pousser à · faire instance de *vieux* · 2 - **contraindre à** · forcer à
▪ *v.intr.* **être urgent** · ne pas pouvoir attendre · urger *fam.*
✦ **rien ne presse** y a pas le feu (au lac) *fam.*
⋙ **se presser** *v.pron.* 1 - **se dépêcher** · accélérer · aller vite · courir · s'empresser · se hâter · hâter le mouvement · se précipiter · foncer *fam.* · se grouiller *fam.* · se manier (le train, le popotin, le cul) *fam.* · 2 - **se bousculer** · affluer · s'entasser · se masser · se tasser
✦ **ne pas se presser** prendre son temps
✦ **se presser l'un contre l'autre, dans les bras l'un de l'autre** se blottir · se pelotonner · se serrer · s'embrasser

pressing *n.m.* → **teinturerie**

pression *n.f.*
I 1 - **compression** · constriction · étreinte · pressage · pressurage · serrage · 2 - **poussée** · effort · force · tension
II **influence** · empire
III [souvent au plur.] 1 - **sollicitations** · demandes · 2 - **contrainte** · chantage
✦ **haute pression** [Météo] anticyclone
✦ **basse pression** [Météo] dépression · cyclone
✦ **groupe de pression** lobby

pressurer *v.tr.* 1 - **presser** · comprimer · écraser · 2 - **épuiser** · abuser de · exploiter · profiter de • [sans complément] faire suer le burnou *fam.* · 3 - **accabler** · saigner (à blanc)
⋙ **se pressurer** *v.pron.* **réfléchir** · se torturer les méninges *fam.*

prestance *n.f.* · allure · contenance · distinction · maintien · noblesse · tournure · port *littér.*

prestation *n.f.* 1 - **aide** · allocation · indemnité · 2 - **fourniture** · 3 - **représentation** · exhibition · performance

preste *adj.* · agile · alerte · diligent · empressé · expéditif · léger · leste · rapide · vif · prompt *littér.*

prestement *adv.* · agilement · alertement · lestement · rapidement · rondement · vivement · promptement *littér.*

prestesse *n.f.* · rapidité · adresse · agilité · aisance · diligence · promptitude · vélocité · vitesse · vivacité · célérité *littér.*

prestidigitateur, -trice *n.* · illusionniste · escamoteur · magicien · manipulateur

prestidigitateur, illusionniste

Prestidigitateur et **illusionniste** se rapportent à l'art de créer des *illusions*. Le **prestidigitateur** le fait grâce à l'adresse de ses mains, donnant au spectateur l'impression que des objets se déplacent, disparaissent et réapparaissent à son gré *(les tours, la dextérité du prestidigitateur)*. L'**illusionniste** utilise des tours de prestidigitation, mais trompe aussi les sens du public par des trucages et des procédés psychologiques .

prestidigitation *n.f.* · illusionnisme · escamotage · illusion · magie · manipulation · tour de passe-passe

prestige *n.m.* **1 - ascendant** · aura · auréole · autorité · éclat · importance · influence · **2 - renommée** · gloire · rayonnement · renom · réputation · **3 - séduction** · attrait · charme · illusion · magie

✦ **perdre son prestige** tomber, descendre, dégringoler de son piédestal

prestigieux, -ieuse *adj.* **1 - éminent** · brillant · éblouissant · émérite · extraordinaire · marquant · prodigieux · remarquable · **2 - glorieux** · de grande envergure · grand · grandiose · héroïque · **3 - réputé** · célèbre · fameux · illustre · de marque · renommé

présumé, e *adj.* **1 - censé** · réputé · soi-disant · supposé · **2 - hypothétique** · présomptif · regardé comme · supposé · putatif *littér.*

présumer *v.tr.* · croire · augurer · compter · conclure · conjecturer · estimer · penser · prétendre · supposer

[1]**prêt, prête** *adj.* **1 - préparé** · paré · **2 - décidé** · disposé · mûr

✦ **prêt à l'usage** clés en main

[2]**prêt** *n.m.* · avance · crédit

prêt-à-porter *n.m.* · habillement · mode

prétendant, e *n.* **1 - amoureux** · fiancé · soupirant · futur *fam. ou région.* · promis *vieilli* · **2 - postulant** · aspirant · candidat

prétendre *v.tr.* **1 - affirmer** · alléguer · avancer · déclarer · dire · garantir · soutenir · **2 - se flatter de** · se vanter de · **3 - vouloir** · demander · entendre · exiger · réclamer · revendiquer

✦ **prétendre à** ambitionner · aspirer à · briguer · désirer · être sur les rangs pour · postuler à · poursuivre · souhaiter · tendre à, vers · viser · vouloir · lorgner *fam.*

prétendu, e *adj.* · soi-disant · faux · pseudo · supposé

prétendu, soi-disant

Ces deux mots ont en commun l'idée d'une affirmation fausse ou trompeuse sur une identité ou une qualité. **Prétendu** qualifie ce que l'on prétend à tort être tel, ce qui passe à tort pour ce qu'il n'est pas *(la prétendue objectivité de la science, leur prétendue impuissance à agir)* : « Cette prétendue franchise à l'aide de laquelle on débite des opinions tranchantes ou blessantes est ce qui m'est le plus antipathique » (E. Delacroix, *Journal, 8 mars 1949*). **Soi-disant** implique que seule la personne dont il s'agit se dit, se prétend telle ou telle *(ces soi-disant amis, une presse soi-disant indépendante)* : « Il n'engageait jamais ces soi-disant gastronomes qui ne sont que des gloutons dont le ventre est un abîme, et qui mangent partout, de tout et tout » (A. Brillat-Savarin, *Physiologie du goût*, 146, t. II). L'emploi de **soi-disant** pour parler d'une chose, bien que courant, est critiqué.

prétendument *adv.* · soi-disant

prête-nom *n.m.* · homme de paille · intermédiaire · représentant · pantin *fam.*

prétentieux, -ieuse *adj. et n.*
1 - présomptueux · ambitieux · arrogant · conquérant · fat · fier · important · m'as-tu-vu · orgueilleux · poseur · suffisant · supérieur · vaniteux · bêcheur *fam.* · crâneur *fam.* · ramenard *fam.* · faraud *vieilli* · **2 - maniéré** · académique · à effet · affecté · ampoulé · doctoral · emphatique · pédant · pompeux · pontifiant · précieux · ronflant · **3 - tapageur** · clinquant · m'as-tu-vu · **4 -** [femme] **mijaurée** · pimbêche · bêcheuse *fam.*

✦ **il est (très) prétentieux** il se prend pour le centre, le nombril du monde · il a les chevilles qui enflent *fam.* · il a la grosse tête *fam.* · il ne se mouche pas du coude, du pied *fam.* · il pète plus haut que son cul, son derrière *très fam.* · il ne se sent plus pisser *très fam.*

prétention *n.f.*
I [souvent au plur.] **1 - exigence** · condition · revendication · **2 - ambition** · désir · dessein · espérance · intention · visée
II 1 - arrogance · crânerie · fatuité · orgueil · pédantisme · pose · présomption · suffisance · vanité · **2 - affectation** · bouffissure · emphase

✦ **sans prétention(s)** simple · sans apprêt

prêter *v.tr.* **1 - mettre à disposition** · avancer · donner · fournir · passer · **2 - imputer** · attribuer · donner · reconnaître · supposer · **3 - porter** · accorder · attacher

✦ **prêter assistance, main-forte, secours** aider · assister · secourir · soutenir · donner un coup de main *fam.* · donner un coup de pouce *fam.*

✦ **prêter l'oreille** dresser l'oreille · tendre l'oreille · écouter · être tout ouïe · ouïr *littér.*

✦ **prêter serment** jurer

✦ **prêter à** inciter à · donner à · donner lieu à · être sujet à · souffrir de

»» **se prêter à** *v.pron.* **1 - céder à** · se plier à · souscrire à · supporter · **2 - condescendre à** · s'abaisser à · accepter de · consentir à · daigner

✦ **se prêter bien à** convenir à · être propice à

prêteur, -euse *n.* · bailleur (de fonds) · commanditaire · créancier · usurier *péj.*

prétexte *n.m.* **alibi** · allégation · couverture · échappatoire · excuse · faux-fuyant · faux motif · (mauvaise) raison · faux- semblant · subterfuge

✦ **donner prétexte à** donner lieu, matière à · servir de point de départ à

✦ **prendre, tirer prétexte de** exciper de *littér.*
✦ **sous prétexte de, que** sous couleur de · sous le couvert de · parce que · sous le voile de *littér.* · sous le manteau de *vieux* · sous ombre de *vieux*
✦ **sous aucun prétexte** en aucun cas · à aucun prix

prétexter *v.tr.* · alléguer · arguer de · s'autoriser de · avancer · invoquer · objecter · opposer · simuler · exciper de *littér.*

prêtre *n.m.* · ecclésiastique · abbé · aumônier · confesseur · curé · directeur de conscience · homme d'Église · ministre du culte · serviteur de Dieu · officiant · pasteur · père · pope · prédicateur · vicaire

prêtrise *n.f.* · sacerdoce · état ecclésiastique, religieux

preuve *n.f.* **1 - confirmation** · affirmation · assurance · attestation · caution · gage · garantie · indice · manifestation · marque · signe · symptôme · témoignage · trace · vérification · **2 - pièce à conviction** · **3 - critère** · argument · **4 - démonstration**
✦ **donner la preuve de** attester · démontrer · prouver
✦ **faire preuve de** **1 - manifester** · déployer · montrer · révéler · témoigner de · faire montre de *soutenu* · **2 - dénoter** · exprimer
✦ **commencement de preuve** adminicule

preux
▪ *adj. m.* **vaillant** · brave · héroïque
▪ *n.m.* **héros**

prévaloir *v.intr.* **1 - l'emporter** · avoir l'avantage · dominer · prédominer · primer · triompher

»» **se prévaloir de** *v.pron.* **1 - alléguer** · arguer de · citer · faire valoir · **2 - se flatter de** · se draper dans · s'enorgueillir de · faire grand bruit de · se glorifier de · prétendre · se recommander de · se targuer de · se vanter de

prévarication *n.f.* · concussion · corruption · déprédation · exaction · ingérence · malversation · trafic d'influence · trahison
❧ **malversation**

prévenance *n.f.* · amabilité · attention · complaisance · délicatesse · égard · empressement · galanterie · gâterie · gentillesse · obligeance · serviabilité · soin · sollicitude

prévenant, e *adj.* · aimable · affable · agréable · attentionné · avenant · complaisant · courtois · déférent · délicat · dévoué · empressé · galant · gentil · obligeant · serviable

prévenir *v.tr.* **1 - avertir** · annoncer à · aviser · faire savoir à · informer · instruire · mettre au courant · signaler à · **2 - mettre en garde** · alerter • [sans complément] crier casse-cou · **3 - détourner** · éviter · parer à · prémunir contre · obvier à *soutenu* · **4 - aller au-devant de** · anticiper · devancer • [sans complément] prendre les devants
✦ **prévenir contre** indisposer · influencer contre

préventif, -ive *adj.* · prophylactique

prévention *n.f.* **1 - parti pris** · animosité · antipathie · a priori négatif · défiance · méfiance · partialité · préjugé (défavorable) · **2 - mesure(s) préventive(s)** · prophylaxie · protection · prudence

prévenu, e *n.* · accusé · inculpé
↝ **accusé**

prévisible *adj.* · attendu · probable · conjecturable *rare* · présumable *rare*

prévision *n.f.* **1 - prédiction** · prophétie · vaticination *littér.* · **2 - prescience** · pressentiment · divination · **3 - clairvoyance** · prévoyance · **4 - prospective** · futurologie · **5 - anticipation** · attente · calcul · conjecture · croyance · espérance · estimation · extrapolation · hypothèse · pronostic · supposition

prévoir *v.tr.* **1 - pressentir** · augurer · deviner · flairer · prédire · prophétiser · [sans complément] voir loin · percer l'avenir · **2 - anticiper** · attendre · s'attendre à · conjecturer · entrevoir · envisager · imaginer · présager · présumer · pronostiquer · **3 - préparer** · calculer · organiser · planifier · programmer
✦ **prévoir de** songer à · envisager de · penser à
✦ **tout prévoir** penser à tout · tout calculer · voir loin

prévoyance *n.f.* **1 - prudence** · circonspection · précaution · sagesse · vigilance · **2 - épargne** · économie · **3 - assurance**

prévoyant, e *adj.* **1 - avisé** · circonspect · diligent · précautionneux · prudent · raisonnable · sage · vigilant · **2 - économe**

prier
▪ *v.intr.* **se recueillir**
▪ *v.tr.* **1 - adorer** · invoquer · **2 - solliciter** · requérir l'aide de · **3 - supplier** · adjurer · implorer · **4 - appeler** · réclamer
✦ **prier de, à** **1 - demander de** · conjurer de · supplier de · **2 - ordonner** · enjoindre de · **3 - inviter à** · convier à · presser de
✦ **je vous prie de** veuillez
✦ **se faire prier** résister · se faire tirer l'oreille *fam.* · traîner des pieds *fam.*
✦ **je te, je vous prie** s'il te, s'il vous plaît

↝ **prier, supplier**

Prier et **supplier** s'emploient indifféremment lorsqu'on demande avec humilité à quelqu'un de faire quelque chose. Dans certains cas, **prier** suppose aussi la déférence *(je vous prie de bien vouloir m'excuser)* ou prend les caractéristiques de l'ordre *(je vous prie de vous taire)*. **Supplier** renchérit sur l'humilité, la satisfaction de la demande apparaissant comme une grâce *(je vous supplie de me croire, il la suppliait à genoux)*.

prière *n.f.*
I 1 - cri · adjuration · appel · imploration · invocation · supplication · supplique · **2 - demande** · instance · invitation · requête · sollicitation
II 1 - [Relig.] **oraison** · chant · dévotion · litanie · patenôtre · **2 - intercession**

prieuré *n.m.* · abbaye

primaire *adj.* **1 - premier** · essentiel · fondamental · indispensable · primitif · basique *fam.* · **2 - simpliste** · caricatural · rudimentaire · sommaire · **3 -** [péj.] **arriéré** · attardé

primauté *n.f.* · prédominance · avantage · domination · prééminence · prépondérance · préséance · primat · priorité · supériorité · suprématie
↝ **priorité**

prime *n.f.* **1 - gratification** · avantage · pourcentage · récompense · **2 - bonus**

✦ **en prime** en plus · en outre · de plus · au surplus · en sus · par-dessus le marché *fam.* · pour couronner le tout *iron.* · de, par surcroît *soutenu*

[1]**primer** *v.tr.* · récompenser · couronner · gratifier · honorer

[2]**primer** *v.intr.* · dominer · avoir la préséance · l'emporter · gagner · prédominer · prévaloir

primerose *n.f.* · rose trémière · passerose

primesautier, -ière *adj.* **1 - impulsif** · spontané · vif · **2 - guilleret** · allègre · badin · folâtre · frétillant · fringant · gai · jovial · joyeux · léger · réjoui · sémillant · **3 - familier** · leste · gaillard

primeur *n.f.*

I nouveauté · commencement

II [en apposition] **1 - nouveau** · **2 - précoce** · hâtif · hâtiveau *vieux ou région.*

↝ **priorité**

primitif, -ive

▪ *adj.* **1 - sauvage** · brut · naturel · **2 - archaïque** · rudimentaire · **3 - grossier** · fruste · inculte · naïf · primaire · rustre · simple · simplet · **4 - originel** · initial · originaire · original · premier · **5 - fondamental** · élémentaire · essentiel · primordial · simple · basique *fam.*

▪ *n.m.* **aborigène** · sauvage *péj.*

↝ **premier**

primitivement *adv.* · originairement · initialement · originellement · premièrement · à l'origine · au départ · tout d'abord

primo *adv.* · premièrement · (tout) d'abord · pour commencer

primordial, e *adj.* **1 - capital** · décisif · essentiel · fondamental · majeur · prédominant · principal · **2 - indispensable** · incontournable · nécessaire · vital · **3 - premier** · primitif

prince *n.m.* **1 - altesse** · **2 -** [régnant] **monarque** · souverain

✦ **bon prince** grand seigneur · accommodant

princeps *adj.* · original · premier

princesse *n.f.* · altesse

princier, -ière *adj.* · splendide · fastueux · luxueux · magnifique · royal · somptueux · superbe

[1]**principal, e**

▪ *n.* **proviseur** · directeur · protal *argot Scol., vieilli*

▪ *n.m.* **essentiel** · quintessence · substance

✦ **le principal de** le plus gros de

✦ **le principal est de, que** le tout est de, que · il importe avant tout, au premier chef de, que

[2]**principal, e** *adj.* **1 - central** · essentiel · clé · fondamental · important · majeur · **2 - déterminant** · capital · décisif · dominant · prédominant · primordial · **3 - cardinal** · élémentaire · primordial

principalement *adv.* **1 - essentiellement** · avant tout · en majorité · majoritairement · en grande partie · surtout · **2 - particulièrement** · notamment · singulièrement · spécialement

principe *n.m.* **1 - cause (première)** · agent · auteur · créateur · essence (première) · facteur · ferment · germe · moteur · origine · point de départ · racine · raison · source · **2 - commencement** · début · **3 - base** · axe · centre · essence ·

fondement · pierre angulaire · **4 - postulat** · axiome · définition · hypothèse · prémisse · proposition · **5 - convention** · doctrine · dogme · loi · maxime · norme · précepte · règle · théorie · **6 - opinion** · conviction

✦ **principe essentiel** règle d'or

✦ **en principe** théoriquement · logiquement · normalement

✦ **par principe** systématiquement · a priori · automatiquement · normalement

⋙ **principes** *plur.* **1 - bonnes mœurs** · catéchisme · credo · foi · morale · religion · **2 - bases** · abc · notions élémentaires · rudiments

printemps *n.m.* **1 - renouveau** · **2 -** [littér.] → **jeunesse** · **3 -** [fam.] → **an**

priorité *n.f.* **1 - antériorité** · **2 - primauté** · préséance · primeur · **3 - tour de faveur**

✦ **en priorité** en premier lieu · d'abord · premièrement · prioritairement · avant tout · avant toute chose

✦ **avoir (la) priorité sur** prendre, avoir le pas sur · l'emporter sur · passer devant

priorité, primeur, primauté

Priorité, **primeur** et **primauté** entretiennent tous trois une relation avec l'idée de ce qui est en *premier*. On parle de **priorité** pour ce qui passe en premier par rapport à d'autres éléments *(donner la priorité à la lutte contre le chômage ; au carrefour, vous n'avez pas la priorité)*. **Primeur** se dit de ce qui apparaît en premier, avant d'autres éléments de même nature *(avoir la primeur d'une nouvelle)* et, notamment, d'un produit agricole d'avant saison ou de début de saison *(des petits pois de primeur)*. **Primauté** caractérise ce qui vient au premier rang *(la primauté du droit sur la force, la primauté commerciale d'un pays)*.

pris, prise *adj.* **1 - occupé** · absorbé · accaparé · affairé · **2 - attribué** · affecté · réservé · **3 - enrhumé** · [nez] enchifrené *fam.* · **4 -** → **marié**

✦ **pris entre deux camps** tiraillé · entre le marteau et l'enclume · le cul entre deux chaises *fam.*

prise *n.f.*

I 1 - absorption · ingestion · inhalation · **2 - dose** · sniff *fam.*

II 1 - appropriation · captation · capture · détournement · conquête · enlèvement · prélèvement · **2 - butin** · coup de filet · proie

III 1 - préhension · saisie · **2 -** [Sport de combat] **clé** · **3 -** [Alpinisme] **aspérité** · saillie · gratton *fam.*

IV emprise · ascendant · empire · influence · pouvoir

V solidification · coagulation · durcissement

✦ **prise de corps** [Droit] arrestation

✦ **prise de courant, prise électrique** plot

✦ **prise d'habit, prise de voile** vêture

✦ **prise de sang** prélèvement sanguin

✦ **prise de vue(s)** **1 - cliché** · photographie · **2 - tournage** · filmage

✦ **prise à partie** attaque

✦ **être aux prises avec** **1 - être aux mains avec** · en découdre avec · **2 - être en butte à** · combattre · être en lutte contre · lutter contre

✦ **donner prise à** s'exposer à · s'offrir à · fournir des armes à · prêter le flanc à

[1]**priser** *v.tr.* [littér.] aimer · affectionner · apprécier · estimer · faire cas de · goûter

[2]**priser** *v.tr.* · renifler · sniffer *fam.*

prison *n.f.* **1 - centre pénitentiaire** · centrale · centre de détention · maison d'arrêt · pénitencier *vieilli* · taule *fam.* · ballon *argot* · geôle *littér.* · bastille *vieux* · maison de justice *vieux* · cachot *anciennt* · la paille humide des cachots *littér.* · **2 - emprisonnement** · détention · privation de liberté · réclusion

✦ **en prison** sous les verrous · au bloc *fam.* · derrière les barreaux *fam.* · en cabane *fam.* · à l'ombre *fam.* · au placard *fam.* · au trou *fam.* · au gnouf *pop.* · au violon *pop.* · dans les fers *littér.*

prisonnier, -ière

▪ *n.* **1 - détenu** · taulard *fam.* · **2 - captif**

▪ *adj.* **emprisonné** · captif · détenu · enfermé · incarcéré · interné

✦ **prisonnier de** attaché à · esclave de · ligoté à · soumis à · tenu par

privation *n.f.*
I 1 - défaut · absence · manque · faute *vieux* · **2 - perte** · suppression
II 1 - ascétisme · abstinence · continence · dépouillement · jeûne · renoncement · sacrifice · **2 - besoin** · gene · indigence · misère · pauvreté · **3 - restriction** · frustration · renonciation · sacrifice

privauté *n.f.* [surtout plur.] familiarité · audace · hardiesse · liberté · licences *vieilli*

[1]**privé, e** *adj.* **1 - intime** · intérieur · personnel · propre · **2 - particulier** · domestique · personnel · privatif · réservé · **3 - officieux** · **4 -** [enseignement] **libre**

✦ **en privé** en particulier · dans l'intimité · en tête à tête · seul à seul · entre quat'z'yeux *fam.*

[2]**privé, e** *adj.*

✦ **privé de** **1 - sans** · démuni de · en manque de · **2 - dénué de** · dépourvu de · exempt de · vide de · **3 - amputé de** · appauvri de · déchu de · dépossédé de · dépouillé de · frustré de · sevré de

priver *v.tr.* **1 - déposséder** · démunir · dépouiller · destituer · spolier *littér.* · **2 - frustrer** · sevrer

»» **se priver** *v.pron.* · se restreindre · faire des sacrifices · se saigner aux quatre veines · se l'accrocher *pop.* · se serrer la ceinture *fam.* · se gêner *vieilli* · faire tintin *fam., vieilli*

✦ **se priver de** **1 - se refuser** · s'abstenir de · se passer de · renoncer à · faire une croix sur *fam.* · **2 - se démunir de** · se dépouiller de · **3 - s'empêcher de** · éviter de · se retenir de

priver, frustrer

Priver ou frustrer quelqu'un, c'est l'empêcher de jouir d'un avantage ou d'un bien. Priver implique qu'est refusé à la personne ce qu'elle attendait *(on l'a privé de dessert, de sortie)* ou l'usage de ce dont elle dispose habituellement *(la fatigue le prive de ses moyens, priver quelqu'un de ses droits)*. **Frustrer** insiste sur la privation d'un avantage qui était dû, d'une satisfaction à laquelle on était en droit de prétendre *(frustrer un associé de ses bénéfices, être frustré de ses espérances)*.

privilège *n.m.* **1 - prérogative** · apanage · droit · faveur · passe-droit · **2 - avantage** · acquis · bénéfice

✦ **avoir le privilège de** avoir l'honneur de

privilège, prérogative

Privilège et **prérogative** s'emploient l'un et l'autre pour un avantage ou un droit possédé par un individu ou un groupe. Le **privilège** est accordé par une autorité hors de la loi commune *(concéder, retirer un privilège, la Révolution française a aboli les privilèges de la noblesse et du clergé)*. Une **prérogative** est attachée exclusivement à certaines fonctions ou à certaines dignités *(la parole est la prérogative de l'homme, les prérogatives parlementaires, user de ses prérogatives, renoncer à ses prérogatives)*.

privilégié, e

▪ *adj.* **1 - favori** · préféré · **2 - exceptionnel** · idéal · parfait · unique · **3 - favorisé** · avantagé · chanceux · gâté · heureux

▪ *n.* **fortuné** · élu · favorisé · nanti · possédant · pourvu · riche

privilégier *v.tr.* **1 - avantager** · être partial envers · favoriser · **2 - préférer** · faire pencher la balance du côté de · **3 - encourager** · aider · faciliter

prix *n.m.*

I 1 - coût · montant · valeur (vénale) · **2 - tarif** · condition · **3 - rémunération** · loyer · rétribution · salaire · **4 - cotation** · cote · cours · taux

II contrepartie · conséquence · effet · rançon · tribut

III importance · valeur

IV récompense · cadeau · coupe · diplôme (d'honneur) · médaille · trophée

✦ **prix de revient** coût

✦ **à bas prix** bon marché · pour trois fois rien · pour une bouchée de pain

✦ **de prix** précieux · coûteux

✦ **hors de prix** inabordable · exorbitant · hors de portée · inaccessible

✦ **c'est hors de prix** ça coûte les yeux de la tête · ça coûte la peau des fesses, du cul *très fam.* · [restaurant] c'est le coup de fusil *fam.*

✦ **sans prix, de très grand prix** inappréciable

✦ **à aucun prix** en aucun cas · pour rien au monde · pas pour tout l'or du monde

✦ **à tout prix** coûte que coûte · absolument · à toute force · vaille que vaille

✦ **au prix de 1 - contre** · aux dépens de · moyennant · **2 - à raison de**

✦ **pour prix de** en échange de

pro *n.* → professionnel

probabilité *n.f.* **1 - vraisemblance** · chance · plausibilité · **2 - possibilité** · chance · éventualité · **3 - conjecture** · hypothèse · prévision

probable *adj.* **1 - plausible** · admissible · croyable · envisageable · possible · vraisemblable · **2 - virtuel**

✦ **il est (très) probable que** il y a gros à parier que · il ne serait pas étonnant que

probable, plausible, vraisemblable

Probable, plausible et **vraisemblable** concernent l'appréciation portée sur quelque chose dans sa relation au vrai. **Probable** s'applique à des faits, des phénomènes, etc. passés, présents ou futurs, dont la réalisation – même si elle n'est pas certaine – est affirmée à partir des éléments disponibles *(son succès est probable, une catastrophe probable)*. **Vraisemblable** qualifie ce qui a toutes les apparences du *vrai (c'est une nouvelle vraisemblable, une conclusion, une hypothèse, un prétexte vraisemblable)*. **Plausible** s'emploie à propos de ce que l'on peut admettre parce que vraisemblable : « Ils ont désormais de ma conduite une explication plausible, familière, rassurante » (Bernanos, *Journal d'un curé de campagne*).

probablement *adv.* · vraisemblablement · peut-être · sans doute · selon toute vraisemblance

probant, e *adj.* · concluant · convaincant · décisif · démonstratif · éloquent · parlant

probe *adj.* · droit · consciencieux · équitable · franc · honnête · impartial · incorruptible · intègre · irréprochable · juste · loyal · moral · régulier · scrupuleux

probité *n.f.* · droiture · conscience · équité · franchise · honnêteté · impartialité · incorruptibilité · intégrité · justice · loyauté · moralité · rectitude · sens moral · sincérité

↝ **honnêteté**

problématique

▪ *adj.* 1 – **aléatoire** · hasardeux · hypothétique · 2 – **équivoque** · ambigu · douteux · incertain · louche · obscur · suspect · 3 – **discutable** · contestable · incontrôlable · invérifiable · sujet à caution · 4 – **compliqué** · confus · difficile

▪ *n.f.* **questionnement**

problème *n.m.* 1 – **cas** · affaire · question · sujet · thème · 2 – **difficulté** · écueil · ennui · blème *fam.* · cactus *fam.* · enquiquinement *fam.* · hic *fam.* · os *fam.* · pépin *fam.* · merde *très fam.* · 3 – **controverse** · conflit · 4 – **énigme** · casse-tête

✦ **poser un problème** faire question

procédé *n.m.* 1 – **méthode** · astuce · combinaison · dispositif · formule · moyen · procédure · processus · recette · secret · solution · système · technique · combine *fam.* · ficelle *fam.* · truc *fam.* · 2 – [littér.] → **manière** · 3 – [péj.] → **artifice**

procéder *v.intr.* **opérer** · agir · se comporter · se conduire

✦ **procéder à** effectuer · accomplir · exécuter · se livrer à · opérer · pratiquer · réaliser

✦ **procéder de** 1 – **découler de** · dépendre de · dériver de · s'ensuivre de · provenir de · remonter à · résulter de · venir de · 2 – **émaner de** · partir de · être issu de

procédure *n.f.* 1 – **marche à suivre** · mécanisme · méthode · moyen · procédé · processus · stratégie · tactique · technique · 2 – **formalité** · pratique · règle · règlement · usage · paperasserie *péj.* · 3 – [Droit] **action** · instance · instruction · poursuites · procès

procédurier, -ière *adj.* · chicaneur · belliqueux · chicanier · querelleur · revendicateur · tatillon · tracassier · mauvais coucheur *fam.* · processif *soutenu*

procès *n.m.* 1 – **action** · poursuites · 2 – **affaire** · action · cas · cause · instance · procédure · 3 – **litige** · conflit · désaccord · différend · chicane *péj.*

✦ **sans autre forme de procès** sans autre formalité

✦ **faire le procès de** incriminer · accuser · attaquer · blâmer · condamner · critiquer · mettre en cause · mettre au banc des accusés · réprouver · vitupérer *littér.*

processif, -ive *adj.* · chicaneur · belliqueux · chicanier · procédurier · querelleur · revendicateur · tatillon · tracassier · mauvais coucheur *fam.*

procession *n.f.* **1 - défilé** · cortège · file · queue · **2 - série** · succession · suite · théorie · **3 - cérémonie (religieuse)**

processus *n.m.* **1 - procédé** · méthode · procédure · technique · **2 - évolution** · cours · déroulement · développement · procès · progrès

procès-verbal *n.m.* **1 - constat** · acte · communication · compte rendu · exploit · rapport · relation · **2 - contravention** · amende · contredanse *fam.* · papillon *fam.* · prune *fam.* · p.-v. *fam.*

prochain, e

▪ *adj.* **1 - proche** · adjacent · attenant · contigu · voisin · **2 - à venir** · imminent · premier · près d'arriver · qui vient · suivant · ultérieur

✦ **un jour prochain** un de ces jours · bientôt · sous peu

▪ *n.m.* **autrui** · l'autre · les autres · frère · semblable

prochainement *adv.* · bientôt · incessamment · sous peu

[1]**proche** *adj.* **1 - prochain** · imminent · **2 - récent** · **3 - voisin** · adjacent · attenant · avoisinant · contigu · environnant · limitrophe · d'à côté *fam.* · circonvoisin *littér.* · **4 - accessible** · rapproché · **5 - comparable** · approchant · parallèle · ressemblant · semblable · similaire · voisin

✦ **tout proche** tout près · à proximité

✦ **proche de** **1 - auprès de** · à côté de · à proximité de · voisin de · **2 - sur le point de** · à deux doigts de

✦ **de proche en proche** progressivement · par degrés · par étapes (successives) · graduellement · de fil en aiguille

[2]**proche** *n.* **1 - parent** · ami · familier · intime · **2 -** [au plur.] **entourage** · famille · parenté · siens

proclamation *n.f.* **1 - annonce** · avis · ban · communiqué · déclaration · divulgation · publication · **2 - manifeste** · appel · cri public · dénonciation

proclamer *v.tr.* · clamer · affirmer · annoncer · claironner · crier · déclarer · dire · divulguer · manifester · professer · publier · révéler · crier sur les toits *fam.*

procrastination *n.f.* · ajournement · atermoiement · délai · report · remise · temporisation

procréateur, -trice *adj. et n.m.* · géniteur

procréation *n.f.* · conception · génération · engendrement

procréer *v.tr.* · concevoir · donner le jour à · engendrer · fabriquer · mettre au monde · produire · enfanter *littér.*

procuration *n.f.* · pouvoir · charge · délégation · mandat

procurer *v.tr.* **1 - fournir** · allouer · approvisionner en · assurer · donner · gratifier de · munir de · nantir de · octroyer · pourvoir de, en · **2 - produire** · amener · apporter · attirer · causer · donner · engendrer · entraîner · faire naître · occasionner · provoquer · rapporter · susciter · valoir

⋙ **se procurer** *v.pron.* **1 - acquérir** · acheter · s'offrir · se payer *fam.* · **2 - obtenir** · dénicher · recueillir · trouver · décrocher *fam.* ·

dégoter *fam.* • pêcher *fam.* • 3 - **s'attirer** • racoler • recruter • 4 - [des appuis] **se concilier** • conquérir • se ménager • rallier

procureur *n.m.* • avocat général

prodigalité *n.f.* 1 - **générosité** • largesse • libéralité • munificence *littér.* • 2 - **abondance** • accumulation • avalanche • débauche • débordement • déluge • exagération • excès • foisonnement • gaspillage • infinité • luxe • orgie • profusion • surabondance

prodige *n.m.* 1 - **miracle** • merveille • 2 - **chef-d'œuvre** • trésor • 3 - **surdoué** • aigle • génie • phénomène • virtuose • as *fam.* • crack *fam.* • lumière *fam.* • phénix *fam.* • tête *fam.*

❧ miracle

prodigieusement *adv.* 1 - **admirablement** • merveilleusement • 2 - **étonnamment** • follement • incroyablement • 3 - **considérablement** • colossalement • énormément • excessivement • extrêmement • immensément • incommensurablement • infiniment • puissamment

prodigieux, -ieuse *adj.* 1 - **surnaturel** • fabuleux • fantastique • féerique • merveilleux • miraculeux • 2 - **étonnant** • ahurissant • exceptionnel • extraordinaire • impensable • inconcevable • incroyable • inexplicable • inimaginable • inouï • invraisemblable • renversant • sensationnel • stupéfiant • surprenant • époustouflant *fam.* • fou *fam.* • 3 - **considérable** • colossal • énorme • gigantesque • monstrueux • monumental • phénoménal • faramineux *fam.* • monstre *fam.* • 4 - **admirable** • éblouissant • formidable • génial • magnifique • mirifique • parfait • prestigieux • remarquable • sublime • mirobolant *fam.* • terrible *fam.*

prodigue *adj.* 1 - **généreux** • débordant • large • libéral • munificent *littér.* • 2 - **dépensier** • gaspilleur • panier percé *fam.* • dilapidateur *littér.* • dissipateur *littér.* • 3 - **abondant** • fécond • fertile • prolixe

❧ dépensier

prodiguer *v.tr.* 1 - **répandre** • dépenser • distribuer • donner (à profusion) • épancher • 2 - **manifester** • déployer • exposer • 3 - [de l'argent] **dilapider** • dépenser • dissiper • gaspiller • jeter par les fenêtres • consumer *vieux ou littér.*

prodrome *n.m.* • préliminaire • préambule • signe avant-coureur • signe précurseur • symptôme

producteur, -trice *n.* 1 - **fabricant** • créateur • 2 - **agriculteur**

productif, -ive *adj.* 1 - **fécond** • fertile • généreux • 2 - **prolifique** • créatif • fécond • fertile • imaginatif • 3 - **fructueux** • lucratif • profitable • rentable • juteux *fam.*

production *n.f.* 1 - **formation** • dégagement • émission • 2 - **apparition** • éclosion • enfantement • génération • genèse • 3 - **fabrication** • création • 4 - **récolte** • fruit • produit • rendement • 5 - **œuvre** • écrit • ouvrage • 6 - **présentation** • exhibition

productivité *n.f.* 1 - **fécondité** • fertilité • 2 - **créativité** • 3 - **rendement** • efficacité • efficience

produire *v.tr.*

I 1 - **créer** • confectionner • construire • élaborer • fabriquer • façonner · faire · **2 – composer** · écrire · forger · accoucher de *fam.* · pondre *fam.*

II 1 – voir naître · enfanter *littér.* · **2 – donner** · fructifier · porter · procurer · rapporter · rendre • [sans complément, argent] travailler · faire des petits *fam.* · **3 – causer** · amener · apporter · catalyser · constituer · créer · déclencher · déterminer · engendrer · entraîner · exercer · faire naître · former · occasionner · opérer · préparer · provoquer · susciter · **4 – dégager** · émettre · exhaler

III 1 – présenter · exhiber · exhumer · fournir · montrer · tendre · **2 – alléguer** · citer

»» **se produire** *v.pron.* **1 – advenir** · arriver · se dérouler · avoir lieu · s'offrir · se passer · se présenter · survenir · **2 – s'accomplir** · se réaliser · **3 – se montrer** · s'exhiber

produit *n.m.* **1 – substance** · **2 – article** · bien · denrée · marchandise · **3 – production** · ouvrage · **4 – fruit** · bénéfice · gain · profit · rapport · recette · rendement · rente · revenu · **5 – résultat** · artefact · conséquence · effet · rançon · résultante · suite · **6 –** [d'une union] **enfant** · fruit · progéniture · rejeton *fam.*

proéminence *n.f.* · protubérance · aspérité · avancée · bosse · éminence · mamelon · relief · saillie

proéminent, e *adj.* · protubérant · bombé · en avant · en relief · renflé · saillant

prof *n.* → **professeur**

profanateur, -trice

▪ *n.* **violateur**

▪ *adj.* **impie** · blasphémateur · sacrilège

profanation *n.f.* **1 – sacrilège** · atteinte · attentat · outrage · **2 – violation** · **3 – dégradation** · avilissement · pollution

profanation, sacrilège

Profanation et **sacrilège** concernent une atteinte à ce qui est considéré communément comme sacré. La **profanation** se manifeste par un manque de révérence ou par un acte impie *(la profanation d'une église, d'une synagogue ; commettre une profanation dans un cimetière en maculant des tombes)*. Le **sacrilège**, dans le domaine religieux, est un outrage plus grave que la profanation, porté notamment sur les symboles du sacré, par exemple les sacrements : « J'avais commis pour elle un sacrilège ; j'avais (...) violé et volé les reliques sacrées » (Maupassant, *Contes et nouvelles, la Relique*).

profane *adj. et n.* **1 – laïc** · civil · mondain · séculier · **2 – ignorant** · béotien · candide · débutant · incompétent · inexpérimenté · novice

profaner *v.tr.* · avilir · dégrader · insulter · polluer · salir · souiller · vandaliser · violer

proférer *v.tr.* · prononcer · articuler · débiter · dire · émettre · énoncer · jeter · pousser · sortir *fam.* · cracher *péj.* · vomir *péj.*

professer *v.tr.* **1 – proclamer** · afficher · déclarer · manifester · **2 –** [vieilli, sans complément] **enseigner** · donner des cours

professeur *n.* **1 – enseignant** · instructeur · maître · moniteur · prof *fam.* · **2 –** [titre] **docteur**

profession *n.f.* **1 – métier** · activité · occupation · partie · pratique ·

spécialité · **2 - carrière** · condition · voie · état *littér.* · **3 - emploi** · travail · boulot *fam.* · gagne-pain *fam.* · job *fam.*

✦ **profession de foi** **1 - credo** · confession (de foi) · **2 - engagement** · déclaration de principes · manifeste · proclamation · programme · projet · promesse

✦ **homme de la profession** homme de l'art · homme de la partie · spécialiste

❧ **métier**

professionnel, -elle

▪ *adj.* **1 - expérimenté** · averti · exercé · expert (en la matière) · qualifié · **2 - technique**

▪ *n.* **spécialiste** · connaisseur · expert · orfèvre en la matière · pro *fam.*

professoral, e *adj.*

1 - enseignant · **2 - doctoral** · magistral · pédant *péj.* · pontifiant *péj.*

professorat *n.m.*

· enseignement

profil *n.m.*

1 - contour · dessin · galbe · ligne · linéament · silhouette · **2 - section** · côté · coupe · **3 - compétences** · aptitudes · caractéristiques

✦ **de profil** de côté

profiler *v.tr.*

1 - découper · **2 - caréner**

»» **se profiler** *v.pron.* **1 - se découper** · se dessiner · se détacher · se distinguer · ressortir · se silhouetter · **2 - s'esquisser** · apparaître · poindre · se préciser · se projeter · montrer le bout de son nez *fam.*

profit *n.m.*

1 - produit · acquêt · avantage · bénéfice · bien · fruit · gain · plus-value · revenu · gâteau *fam.* · [secret, illicite] tour de bâton · **2 - intérêt** · avantage · fruit · parti · utilité

✦ **source de profit** filon · mine · veine · vache à lait *fam.*

✦ **au profit de** **1 - à l'intention de** · **2 - au bénéfice de** · en faveur de

✦ **tirer profit de** **1 - exploiter** · faire son beurre de, avec *fam.* · **2 - profiter de** · utiliser · tirer parti de · faire valoir

✦ **tirer profit de tout** manger à tous les râteliers *péj.* · jouer sur tous les tableaux

✦ **faire de petit profits de** faire sa pelote de *fam., vieilli*

❧ **gain**

profitable *adj.*

1 - utile · enrichissant · formateur · fructueux · instructif · intéressant · **2 - productif** · efficace · **3 - avantageux** · lucratif · payant · rémunérateur · rentable · juteux *fam.* · **4 - bénéfique** · bienfaisant · bon · sain · salutaire

profitablement *adv.*

· avantageusement · fructueusement · lucrativement · utilement · à profit

profiter *v.intr.*

· se développer · grandir · grossir · pousser

✦ **profiter à** servir à · être utile à

✦ **profiter de** **1 - exploiter** · mettre à profit · se servir de · tirer avantage de · tirer parti de · tirer profit de · utiliser · **2 - bénéficier de** · disposer de · jouir de · **3 - savourer** · apprécier · déguster · goûter · **4 -** [une occasion] **attraper** · saisir

✦ **en profiter sans tarder** battre le fer pendant qu'il est chaud

[1]profond, e *adj.*

I 1 - bas · inférieur · **2 - enfoncé** · creux · encaissé · **3 - éloigné** · caché · lointain · reculé · **4 - abys-**

sal · 5 - [décolleté] **plongeant** · échancré · **6 - épais** · impénétrable · sombre · **7 - gros** · grave · lourd · sérieux · **8 -** [voix] **grave** · caverneux · sépulcral
II 1 - absolu · complet · extrême · grand · immense · infini · total · vaste · **2 - aigu** · ardent · fort · intense · puissant · vif · violent · **3 - intime** · secret · **4 - durable** · fidèle · solide · **5 -** [sommeil] **lourd** · de plomb
III 1 - difficile · abstrait · abstrus · élevé · fort · mystérieux · obscur · savant · **2 - pénétrant** · intelligent · perspicace · sagace
✦ **au plus profond de** au cœur de · dans l'intimité de · dans le secret de · au tréfonds de

[2]**profond** *adv.* · profondément · bas · loin

profondément *adv.*
I loin · profond · très avant
II 1 - fortement · ardemment · extrêmement · intensément · vivement · **2 - parfaitement** · complètement · pleinement · totalement
III 1 - foncièrement · intimement · **2 - intérieurement** · dans son for intérieur · inconsciemment

profondeur *n.f.*
I 1 - abîme · abysse · fosse · **2 - épaisseur** · creux · enfoncement · fond · hauteur · **3 - dimension** · distance · perspective
II 1 - intérieur · intériorité · intimité · secret · tréfonds *littér.* · **2 - pénétration** · acuité · intelligence · perspicacité · sagacité
III 1 - consistance · densité · fermeté · substance · **2 - force** · ardeur · authenticité · intensité · puissance · vigueur · violence · vivacité · **3 - durabilité** · constance · fidélité · permanence · solidité · stabilité · **4 - plénitude** · richesse

profus, e *adj.* · abondant · répandu

profusion *n.f.* **1 - abondance** · avalanche · débauche · débordement · déluge · exubérance · foisonnement · flot · luxe · luxuriance · masse · multiplicité · multitude · pluie · prolifération · **2 - excès** · pléthore · surabondance
✦ **à profusion** **1 - abondamment** · beaucoup · énormément · à foison · en abondance · en quantité · en masse · **2 - à discrétion** · à satiété · à volonté · à gogo *fam.* · en veux-tu en voilà *fam.* · [donner] à pleines mains
✦ **donner, fournir à profusion** prodiguer · combler de

progéniture *n.f.* · descendance · enfant(s) · petit(s) · (petite) famille · héritiers *plaisant* · rejeton(s) *fam.*

programmation *n.f.* **1 - plan** · grille · programmes · **2 - diffusion**

programme *n.m.*
I 1 - projet · dessein · intention · objectif · plan · plate-forme · proclamation · profession de foi · résolution · **2 - planning** · calendrier · emploi du temps · horaire · plan de travail · planification · stratégie · **3 - ordre du jour** · menu *fam.*
II affiche · annonce
III 1 - émission · **2 - logiciel** · application

programmer *v.tr.* · planifier · orchestrer · organiser · préparer · prévoir · régler

progrès *n.m.* **1 - amélioration** · amendement · avancée · gain · mieux · pas en avant · perfectionnement · **2 - développement** · ascension · croissance · essor · expansion · extension ·

montée · **3 - progression** · avancement · cheminement · cours · évolution · marche · mouvement · **4 - propagation** · avance · avancée

✦ **faire des progrès** progresser · gagner (du terrain) · avancer (à grands pas)

progresser *v.intr.*
I 1 - se développer · s'accroître · s'amplifier · augmenter · croître · s'étendre · monter en puissance · **2 - se propager** · gagner du terrain • [en mal] s'aggraver · empirer
II 1 - s'améliorer · s'amender · mûrir · se perfectionner · **2 - réussir** · faire du chemin · monter · prospérer
III 1 - avancer · évoluer · **2 - cheminer** · aller · (s')avancer · marcher · se mouvoir

progressif, -ive *adj.* **1 - graduel** · gradué · **2 - croissant** · grandissant

progression *n.f.* **1 - essor** · accroissement · augmentation · croissance · développement · expansion · extension · hausse · montée en puissance · progrès · propagation · **2 - avance** · ascension · avancée · cheminement · marche · **3 - évolution** · avancement · cours · courant · développement · marche · mouvement · progrès • [en bien] amélioration • [en mal] aggravation · **4 - échelonnement** · gradation · paliers

progressiste *adj.* · avancé · anticonformiste · d'avant-garde · révolutionnaire

progressivement *adv.* · graduellement · doucement · lentement · par degrés · par paliers · pas à pas · petit à petit · peu à peu · (tout) doucettement *fam.* · pièce à pièce *vieilli*

prohibé, e *adj.* · interdit · défendu · illégal · illicite
↝ **défendu**

prohiber *v.tr.* · interdire · censurer · condamner · défendre · empêcher · exclure · mettre à l'index · proscrire

prohibitif, -ive *adj.* · inabordable · exagéré · excessif · exorbitant · ruineux

prohibition *n.f.* · interdiction · censure · condamnation · défense · interdit · proscription

proie *n.f.* **1 - capture** · prise · **2 - victime** · jouet

✦ **en proie à** **1 - en pâture à** · **2 - tourmenté par** · hanté par · harcelé par · tarabusté par · tracassé par

projecteur *n.m.* **1 - spot** · sunlight *anglic.* · gamelle *fam.* · projo *fam.* · **2 - épidiascope** · rétroprojecteur

projection *n.f.* **1 - jet** · éjection · émission · jaillissement · lancement · pulvérisation · vaporisation · **2 - giclée** · éclaboussure · gerbe · **3 - prévision** · extrapolation · **4 - dessin** · perspective · plan · **5 - représentation** · film · séance · **6 -** [Psychol.] **transfert** · déplacement · identification

✦ **salle de projection** (salle de) cinéma

projectionniste *n.* · opérateur

projet *n.m.* **1 - but** · idée · intention · pensée · propos · résolution · visée · volonté · vue · dessein *littér.* · **2 - entreprise** · plan · programme · **3 - maquette** · canevas · dessin · ébauche · esquisse · plan

projet, dessein, intention, volonté

Projet, **dessein**, **intention** et **volonté** ont en commun l'idée de but à atteindre. Le **projet** est l'image de ce que l'on pense atteindre *(faire des projets, ébaucher un projet, un projet à long terme, impraticable, un projet de voyage)*. Le **dessein** est une conception par l'esprit d'une fin à réaliser ; le mot est littéraire *(de funestes, de sombres desseins ; soupçonné de desseins criminels)*. **Intention**, plus courant, implique que l'on se propose plus ou moins fermement d'atteindre un but *(il a l'intention de partir à l'étranger, interrogez-le sur ses intentions)*. On réserve **volonté** à une décision ferme d'accomplir, ou de faire accomplir, quelque chose conformément à une intention *(la volonté de réussir, influencer la volonté de quelqu'un)*.

projeter *v.tr.* **1 - propulser** · bombarder · cracher · éjecter · envoyer · expulser · jeter · lancer · pulvériser · vomir · **2 - préparer** · développer · échafauder · méditer · combiner *fam.* · mijoter *fam.* · ourdir *littér.* · comploter *péj.* · manigancer *péj.* · tramer *péj.* · **3 -** [une image, un film] **passer**

✦ **projeter de** se proposer de · ambitionner de · avoir en vue de · avoir l'intention de · compter · envisager de · se mettre en tête de · préméditer de · penser (à) · songer à

prolapsus *n.m.* · abaissement · descente · hernie · procidence · ptose

prolégomènes *n.m.pl.* **1 - notions préliminaires** · **2 - introduction** · avant-propos · avertissement · avis · préambule · préface · présentation · prologue

prolepse *n.f.* · anticipation · prénotion

prolétaire

▪ *n.* **ouvrier** · travailleur · prolo *fam.*

▪ *adj.* **prolétarien**

prolétariat *n.m.* · peuple · masses laborieuses · ouvriers · travailleurs

prolifération *n.f.* · multiplication · reproduction

proliférer *v.intr.* · se multiplier · s'accroître · s'agrandir · augmenter · se développer · envahir · grandir · se propager · pulluler · se reproduire · pousser (comme des champignons, du chiendent) *fam.* · champignonner *rare*

prolifique *adj.* · productif · abondant · fécond · fertile · généreux · prolixe · riche

prolixe *adj.* **1 - bavard** · intarissable · loquace · volubile · disert *littér.* · **2 - abondant** · copieux · long · diffus *péj.* · verbeux *péj.* · **3 - expansif** · exubérant

prolixité *n.f.* · volubilité · abondance · bagou · exubérance · faconde *littér.* · loquacité *littér.*

prologue *n.m.* **1 - introduction** · avant-propos · avertissement · avis · entrée en matière · préambule · préface · présentation · **2 - prélude** · avant-goût · préliminaires · prodrome

prolongateur *n.m.* · rallonge

prolongation *n.f.* **1 - allongement** · augmentation · continuation · extension · poursuite · prolongement · prorogation · suite · **2 - délai** · sursis

prolongé, e *adj.* **1 - continu** · suivi · tenu · **2 - interminable** · grand · **3 -** [fam.] **attardé**

prolongement *n.m.* 1 - **allongement** • augmentation • extension • prolongation • 2 - **continuation** • continuité • 3 - **conséquence** • aboutissement • développement • effet • incidence • répercussion • suite • [mauvais] séquelle • 4 - [Sciences naturelles] **appendice** • procès

prolonger *v.tr.*
I **allonger** • continuer • rallonger • tirer en longueur
II 1 - **faire durer** • entretenir • perpétuer • proroger • traîner en longueur • [sans complément] faire durer le plaisir *fam.* • jouer les prolongations *fam.* • 2 - **continuer** • poursuivre • pousser

»» **se prolonger** *v.pron.* 1 - **continuer** • s'allonger • s'étendre • s'étirer • se poursuivre • se perpétuer • 2 - **durer** • se maintenir • persister • tenir • tirer en longueur • s'éterniser *péj.* • traîner (en longueur) *péj.*

promenade *n.f.* 1 - **sortie** • circuit • course • excursion • flânerie • marche • randonnée • périple • voyage • balade *fam.* • tour *fam.* • vadrouille *fam.* • virée *fam.* • baguenaude *fam., vieilli* • échappée *littér.* • 2 - **allée** • avenue • boulevard • cours • mail

promener *v.tr.* **transporter** • traîner • balader *fam.*

»» **se promener** *v.pron.* 1 - **marcher** • circuler • déambuler • voyager • 2 - **flâner** • errer • baguenauder *fam.* • se balader *fam.* • vadrouiller *fam.* • ambuler *vieux* • buissonner *vieux*

✦ **envoyer promener** 1 - **repousser** • éconduire • envoyer au diable • rabrouer • envoyer balader *fam.* • envoyer bouler *fam.* • envoyer chier *très fam.* • envoyer se faire fiche *très fam.* • envoyer se faire foutre *très fam.* • envoyer paître *fam.* • envoyer se faire voir (chez les Grecs) *fam.* • envoyer sur les roses *fam.* • 2 - **renoncer à** • abandonner • délaisser • dire adieu à • enterrer • faire son deuil de • en finir avec • quitter • renier • répudier • sacrifier • se défaire de • tirer un trait sur • laisser tomber *fam.*

✦ **aller se promener** sortir • aller prendre l'air • aller faire un tour *fam.*

promeneur, -euse *n.* 1 - **flâneur** • badaud • passant • visiteur • [nocturne] noctambule • 2 - **marcheur** • excursionniste • randonneur

promenoir *n.m.* • déambulatoire

promesse *n.f.* 1 - **assurance** • déclaration • engagement • foi • parole (d'honneur) • protestation • serment • 2 - **annonce** • présage • signe • 3 - **convention** • contrat • engagement

✦ **belles promesses** [péj.] monnaie de singe

✦ **fausse promesse** serment d'ivrogne

✦ **des promesses en l'air** du vent • promesses de Gascon *vieilli*

prometteur, -euse *adj.* • engageant • de bon augure • encourageant • rassurant

promettre *v.tr.* 1 - **assurer** • affirmer • certifier • garantir • jurer • 2 - **annoncer** • augurer • laisser présager • laisser prévoir • prédire • préparer • 3 - **proposer** • faire briller • faire miroiter • laisser espérer • 4 - [sans complément] **s'engager** • donner sa parole

»» **se promettre** *v.pron.* **escompter** • attendre • compter sur • espérer

✦ **se promettre de** compter · décider de · se flatter de · se jurer de · faire le projet de

promis, e

▪ *adj.* **juré**

✦ **promis à** voué à · condamné à · consacré à · destiné à · prédestiné à

▪ *n.* [vieux] → **fiancé**

promiscuité *n.f.* · défaut, manque d'intimité · cohabitation · familiarité · mélange · proximité · voisinage

promo *n.f.* → **promotion**

promontoire *n.m.* · cap · avancée · bec · belvédère · éminence · éperon · hauteur · pointe · saillie

promoteur, -trice *n.* 1 - **animateur** · âme · centre · dirigeant · incitateur · instigateur · leader · meneur · moteur · tête · héraut *littér.* · 2 - **auteur** · concepteur · créateur · initiateur · inspirateur · père · pionnier · précurseur

promotion *n.f.* 1 - **accession** · ascension · avancement · dignité · distinction · élévation · nomination · 2 - **progrès** · amélioration · émancipation · 3 - **publicité** · communication · lancement · promo *fam.* · 4 - **année** · classe · volée *Suisse* · cuvée *fam.* · promo *fam.*

promouvoir *v.tr.* 1 - **élever** · nommer · propulser · bombarder *fam.* · catapulter *fam.* · parachuter *fam.* · 2 - **favoriser** · aider · améliorer · animer · encourager · porter · protéger · soutenir · 3 - **lancer** · mettre en avant · pousser

prompt, e *adj.* 1 - **empressé** · actif · bouillant · délié · diligent · éveillé · expéditif · fougueux · impétueux · leste · preste · rapide · vif · zélé · 2 - **coléreux** · irascible · susceptible · soupe au lait *fam.* · 3 - **rapide** · brusque · hâtif · immédiat · instantané · soudain · subit · 4 - **de courte durée** · bref · court · succinct · 5 - **prochain** · proche · rapide

❧ **expéditif**

promptement *adv.* 1 - **rapidement** · rondement · vite · vivement · en hâte · en un rien de temps · en peu de temps · en vitesse · à la volée · à fond de train *fam.* · à toute vapeur *fam.* · en un clin d'œil *fam.* · prestement *littér.* · 2 - **immédiatement** · au plus vite · 3 - **tôt** · bientôt

promptitude *n.f.* 1 - **rapidité** · célérité · diligence · empressement · hâte · 2 - **vivacité** · agilité · dextérité · prestesse · rapidité · vélocité · vitesse

❧ **vitesse**

promulguer *v.tr.* · édicter · décréter · proclamer · publier

prône *n.m.* · prêche · exhortation · harangue · sermon · homélie *littér.* · prédication *littér.*

prôner *v.tr.* 1 - **préconiser** · conseiller · prêcher pour · recommander · vanter · 2 - **célébrer** · approuver · encenser · exalter · glorifier · louer · vanter

prononcé, e *adj.* · accentué · accusé · appuyé · fort · marqué · souligné · très visible

prononcer

▪ *v.tr.* 1 - **émettre** · articuler · 2 - **énoncer** · dire · exprimer · formuler · proférer · 3 - **décréter** · déclarer · proclamer · rendre · 4 - [bas] **chuchoter** · murmurer · 5 - [distinctement] **accentuer** · appuyer ·

détacher · marquer · marteler · scander • [une lettre] faire sentir, sonner · **6 – [mal] écorcher** · **7 – [indistinctement] bafouiller** · balbutier · bégayer · bléser · bredouiller · chuinter · grasseyer · mâchonner · nasiller · nasonner · zézayer

■ *v.intr.* **juger**

»» **se prononcer** *v.pron.* **1 – opter** · choisir · se décider · se déclarer · se déterminer · pencher · prendre parti · **2 – conclure à** · juger · statuer · trancher

prononciation *n.f.* **1 – énonciation** · **2 – articulation** · élocution · **3 – accentuation** · inflexion · intonation · phrasé · prosodie · ton · **4 – diction** · accent

pronostic *n.m.* · prévision · anticipation · conjecture · extrapolation · prédiction

pronostiquer *v.tr.* · annoncer · anticiper · conjecturer · envisager · imaginer · prédire · pressentir · prévoir · prophétiser

pronunciamiento *n.m.* **1 – manifeste** · proclamation · **2 – putsch** · coup d'État · sédition

propagande *n.f.* · endoctrinement · intoxication · bourrage de crâne *fam.* · intox *fam.*

propagateur, -trice *n.* **1 diffuseur** · colporteur · disséminateur · divulgateur · vulgarisateur · **2 – apôtre** · évangélisateur · missionnaire · propagandiste · prosélyte · zélateur

propagation *n.f.* **1 – multiplication** · reproduction · **2 – dissémination** · contagion · contamination · diffusion · irradiation · rayonnement · **3 – diffusion** · (mise en) circulation · colportage · divulgation · transmission · vulgarisation · **4 – extension** · expansion · invasion · marche · progrès · progression

propager *v.tr.* **1 – répandre** · disséminer · semer · **2 – diffuser** · enseigner · populariser · vulgariser · **3 – accréditer** · **4 – colporter** · crier sur les toits · divulguer · publier à son de trompe

»» **se propager** *v.pron.* **1 – se répandre** · circuler · s'étendre · gagner (du terrain) · faire tache d'huile · **2 – se développer** · augmenter · s'intensifier · **3 – se transmettre** · se diffuser · irradier · rayonner

propension *n.f.* · disposition · appétence · attirance · goût · inclination · penchant · tendance · vocation · pente *vieux ou littér.*

prophète *n.m.* · visionnaire · augure · devin · oracle · voyant · vaticinateur *littér.*

prophétie *n.f.* **1 – annonce** · oracle · prédiction · prévision · **2 – divination** · vaticination *littér.*

☙ **prédiction**

prophétique *adj.* · visionnaire · inspiré · prémonitoire

prophétiser *v.tr.* · prévoir · annoncer · conjecturer · deviner · entrevoir · prédire · pressentir · pronostiquer · vaticiner *littér.*

prophylactique *adj.* · préventif

prophylaxie *n.f.* · prévention · précaution · protection · médecine préventive

propice *adj.* **1 – favorable** · opportun · **2 – convenable** · bon · faste · heureux

proportion *n.f.* **1 – dimension** · étendue · mesure · **2 – pourcentage** ·

dose · prorata · taux · **3 - dosage** · mesure · **4 - équilibre** · eurythmie · harmonie · rapport · symétrie

✦ **à proportion de** à raison de

✦ **être à proportion de** correspondre à · répondre à

✦ **en proportion de** **1 - eu égard à** · en fonction de · en raison de · selon · suivant · **2 - au prorata de** · proportionnellement à · **3 - en comparaison de** · relativement à

proportionné, e *adj.*

✦ **(bien) proportionné** **1 - équilibré** · harmonieux · homogène · régulier · symétrique · **2 - beau** · harmonieux · bien bâti · bien fait · bien moulé · bien taillé · bien tourné · bien fichu *fam.* · bien foutu *fam.* · fait au moule • [femme] bien roulée *fam.* · bien prise *vieilli*

proportionnel, -elle *adj.* **relatif**

✦ **proportionnel à** au prorata de · en rapport avec

proportionnellement *adv.* · comparativement · relativement · au marc le franc *(Droit)*

✦ **proportionnellement à** en, à proportion de · en fonction de · au prorata de · par rapport à · selon · suivant

proportionner *v.tr.* **1 - doser** · calculer · calibrer · mesurer · **2 - approprier** · assortir · rapporter · répartir

propos *n.m.* **1 - discours** · déclaration · dire · mots · parole · phrase · **2 - objectif** · but · désir · intention · pensée · résolution · volonté · dessein *littér.* · **3 - sujet** · matière · objet · thème

✦ **à propos** **1 - au fait** · **2 - opportunément** · à bon escient · à point nommé · à temps · à pic *fam.* · pile *fam.* · **3 - bon** · convenable · opportun · pertinent · expédient *littér.*

✦ **à propos de** au sujet de · concernant · relatif à · relativement à

✦ **à tout propos** constamment · continuellement · à chaque instant · pour un oui ou pour un non · à tout bout de champ *fam.*

✦ **mal à propos, hors de propos** **1 - à contretemps** · hors de saison · **2 - inopportun** · déplacé · malséant *littér.*

proposer *v.tr.* **1 - présenter** · mettre en avant · soumettre · **2 - montrer** · présenter · **3 - offrir** · donner · **4 - suggérer** · conseiller · souffler

››› **se proposer** *v.pron.* **présenter sa candidature** · s'offrir · se porter volontaire

✦ **se proposer de** projeter de · avoir en vue de · envisager de · penser · planifier de · préméditer de · programmer · songer à

proposition *n.f.* **1 - offre** · marché · ouverture · suggestion • [galante] avance · **2 - motion** · résolution · **3 - affirmation** · allégation · aphorisme · assertion · jugement · maxime · précepte · thèse · **4 -** [Logique] **axiome** · postulat · principe

✦ **sur la proposition de** sur le conseil de · à l'initiative de

[1]**propre** *adj.*

I 1 - immaculé · blanc · frais · lavé · net · propret · **2 - bien tenu** · bien entretenu · impeccable · nettoyé · pimpant · comme un sou neuf *vieilli* · **3 - soigné** · soigneux

II 1 - individuel · distinctif · exclusif · intrinsèque · particulier · personnel · spécifique · typique · **2 - privé** · à soi · personnel

III adéquat · adapté · ad hoc · approprié · convenable · exact · juste · précis · congru *littér.* · idoine *littér.*
IV honnête · bien · correct · intègre · moral · réglo *fam.* · probe *littér.*
V [sens] **littéral** · textuel

✦ **propre à** [+ infinitif] de nature à · à même de · apte à · capable de · fait pour · susceptible de

✦ **propre à rien** bon à rien · incapable · maladroit · médiocre · nul · nullité · minable *fam.* · nullard *fam.* · zéro *fam.*

propre, net

Propre et **net** s'appliquent tous deux à ce qui a été nettoyé et ne porte pas de tache, de trace de saleté, de poussière *(une chemise propre/nette)*. **Propre** a une valeur générale et des domaines d'application très larges *(une eau propre, un vêtement propre, des verres propres, avoir les mains propres)*. **Net** ajoute à l'idée de *propreté* celle de soin, de fraîcheur *(une maison propre et nette)*. Dans les emplois figurés, **propre** qualifie une personne à la conduite irréprochable *(j'ai confiance en lui, c'est un homme propre)* et **net**, familièrement, une personne claire dans son comportement *(il n'est pas très net, ton copain)*.

²propre *n.m.* **caractéristique** · attribut · nature · particularité · spécificité · apanage *littér.*

✦ **en propre** en propriété

proprement *adv.* **1 – typiquement** · exclusivement · spécifiquement · **2 – exactement** · en fait · pratiquement · précisément · véritablement · vraiment · **3 – littéralement** · **4 – bien** · comme il faut · convenablement · correctement · décemment · honnêtement · **5 – soigneusement** · avec propreté

✦ **proprement dit** stricto sensu

✦ **à proprement parler** à vrai dire

propreté *n.f.* **1 – pureté** · salubrité · **2 – hygiène** · tenue · toilette · **3 – fraîcheur** · blancheur · netteté · pureté

propriétaire *n.* **1 – possesseur** · détenteur · maître · patron · **2 – hôte** · proprio *fam.*

propriété *n.f.*
I 1 – possession · **2 – bien** · avoir · capital (en nature) · domaine · fonds · immeuble · patrimoine · terre
II 1 – attribut · caractère · caractéristique · essence · nature · particularité · propre · **2 – pouvoir** · faculté · qualité · vertu
III adéquation · convenance · correction · efficacité · exactitude · justesse · précision

propulser *v.tr.* **1 – projeter** · lancer · envoyer · **2 –** [fam.] **nommer** · promouvoir · bombarder *fam.* · catapulter *fam.* · parachuter *fam.*

propulsion *n.f.* · élan · force · impulsion · poussée

prorata *n.m. invar.* **pourcentage** · proportion · quote-part · quotité · rapport

✦ **au prorata de** proportionnellement à · à, en proportion de · en fonction de · proportionné à · proportionnel à · selon · suivant

prorogation *n.f.* **1 – prolongation** · maintien · reconduction · renouvellement · **2 – délai** · moratoire · répit · sursis · **3 –** [Pol.] **ajournement** · renvoi · report

proroger *v.tr.* **1 – prolonger** · allonger · rallonger · reconduire · renouveler · **2 – remettre** · repousser · retarder

prosaïque *adj.* 1 - **commun** · banal · ordinaire · plat · quelconque · vulgaire · 2 - **matériel** · matérialiste · physique · primaire · terre à terre · trivial · au ras des pâquerettes *fam.*

prosaïquement *adv.* · banalement · platement

prosaïsme *n.m.* 1 - **trivialité** · grossièreté · vulgarité · 2 - **banalité** · ennui · grisaille · monotonie · platitude · tristesse · uniformité

proscription *n.f.* 1 - **expulsion** · ban · banissement · exclusion · exil · ostracisme · 2 - **élimination** · bannissement · refus · rejet · 3 - **interdiction** · censure · condamnation · éviction · mise à l'index · prohibition

proscrire *v.tr.* 1 - **expulser** · bannir · chasser · exiler · refouler · reléguer · renvoyer · 2 - **éliminer** · bannir · écarter · enlever · exclure · refuser · rejeter · 3 - **interdire** · censurer · condamner · défendre · mettre à l'index · prohiber
∾ **exiler**

proscrit, e *adj.* · banni · exilé

prose *n.f.* · style · littérature · plume

prosélyte *n.* · adepte · apôtre · militant · missionnaire · partisan · zélateur · sectateur *péj.*

prosélytisme *n.m.* · propagande · apostolat

prosodie *n.f.* · métrique · versification

prosopopée *n.f.* · évocation

prospecter *v.tr.* 1 - **chercher** · rechercher · se mettre en quête de · partir à la chasse de · 2 - **sonder** · creuser · fouiller · 3 - **explorer** · couvrir · inspecter · parcourir · patrouiller · reconnaître · sillonner · traverser · visiter · 4 - **consulter** · interroger

prospecteur, -trice *n.* 1 - **explorateur** · chercheur · 2 - **enquêteur**

prospection *n.f.* 1 - **exploration** · fouille · investigation · enquête · recherche · reconnaissance · sondage · 2 - [de clientèle] **démarchage** · mailing · publipostage

prospective *n.f.* · anticipation · avenir · futur · futurologie · prévisionnisme · prévisions

prospectus *n.m.* · brochure · réclame

prospère *adj.* 1 - **riche** · aisé · fortuné · 2 - **florissant** · resplendissant · 3 - **faste** · favorable · heureux

prospérer *v.intr.* 1 - **se développer** · s'étendre · être florissant · fructifier · progresser · réussir · avoir le vent en poupe · marcher *fam.* · 2 - **croître** · s'épanouir · fleurir · foisonner · se multiplier · pulluler · 3 - **s'enrichir** · faire ses affaires · réussir · engraisser *fam.* · faire son beurre *fam.*

prospérité *n.f.* 1 - **fortune** · richesse · réussite · succès · 2 - **bonheur** · abondance · aisance · bien-être · opulence · splendeur · félicité *littér.* · 3 - **activité** · développement · essor · expansion

prosternation *n.f.* · génuflexion · prosternement · prostration

prosterner (se) *v.pron.* 1 - **s'agenouiller** · fléchir le genou · mettre un genou à terre · se courber ·

s'incliner · **2 – s'abaisser** · s'humilier · ramper · s'aplatir *fam.* · se coucher par terre *fam.*

prostituée *n.f.* · professionnelle · péripatéticienne · belle-de-jour · belle-de-nuit · amazone · entraîneuse · fille de joie · fille publique · fille des rues · fille · racoleuse *fam.* · poule (de luxe) *fam.* · tapineuse *fam.* · michetonneuse *argot* · créature *péj.* · femme de mauvaise vie *péj.* · grue *fam., péj.* · putain *fam., péj.* · pute *fam., péj.* · morue *fam., injurieux* · pouffiasse *fam., injurieux* · roulure *fam., injurieux* · traînée *fam., injurieux* · paillasse *pop., injurieux* · courtisane *littér.* · demi-mondaine *littér.* · hétaïre *littér.* · fleur de macadam *littér.* · horizontale *vieilli* · marchande d'amour, de plaisir *vieilli* · biche *vieux* · catin *vieux* · cocotte *vieux* · gourgandine *vieux* · (vieille) peau *vieux, péj.* · asphalteuse *argot, vieux* · dégrafée *argot, vieux*

prostituer *v.tr.* **1 – dégrader** · avilir · déshonorer · galvauder · profaner · salir · souiller · vendre · **2 – débaucher** · dépraver · dévoyer · maquereauter *fam.*

»» **se prostituer** *v.pron.* **1 – se vendre** · s'abaisser · **2 – vivre de ses charmes** · faire commerce de ses charmes · faire boutique mon cul *pop.* · faire le trottoir *fam.* · faire le tapin *fam.* · racoler *fam.* · tapiner *fam.* · trafiquer de ses charmes *vieux*

prostitution *n.f.* · racolage · tapin *fam.* · trottoir *fam.* · turbin *fam.* · business *argot* · turf *argot*

prostration *n.f.* · abattement · accablement · adynamie · anéantissement · apathie · dépression · hébétude · langueur · léthargie · torpeur

prostré, e *adj.* · accablé · abattu · anéanti · apathique · écrasé · effondré · immobile

protagoniste *n.m.* **1 – participant** · acteur · **2 – personnage** · caractère · héros · rôle · **3 – animateur** · instigateur · leader · meneur · pionnier · promoteur

[1]protecteur, -trice *adj.*
I 1 – tutélaire · **2 – paternel** · bienveillant · **3 –** [péj.] **condescendant** · dédaigneux · hautain
II conservateur · mainteneur · prophylactique

[2]protecteur, -trice *n.* **1 – bienfaiteur** · ange gardien · appui · dieu tutélaire · mécène · soutien · support · tuteur · **2 – défenseur** · champion · gardien · pilier · sauveur · **3 –** [saint] **patron** · **4 – chaperon** · chevalier servant · **5 – proxénète** · souteneur · mac *argot* · maquereau *fam.* · alphonse *fam., vieux* · jules *fam., vieux* · julot *fam., vieux*

protection *n.f.*
I 1 – conservation · préservation · sauvegarde · **2 – défense** · sécurité · sûreté · surveillance
II 1 – appui · assistance · aide · recommandation · secours · **2 – garantie** · assurance · **3 – tutelle** · parrainage · patronage
III 1 – armure · blindage · carapace · couverture · cuirasse · habillage · **2 – rempart** · bouclier · cache · écran · filtre · parapluie · paravent

✦ **prendre sous sa protection** prendre sous son aile
✦ **sous la protection de** sous la tutelle de · sous les auspices de · sous l'égide de

protégé, e

▪ *adj.* **1 – (à) couvert** · abrité · à l'abri · préservé · **2 – en lieu sûr** · **3 – sûr** · **4 – immunisé** · cuirassé · défendu · vacciné · blindé *fam.*

▪ *n.* **favori** · chouchou *fam.* · poulain *fam.* · client *péj.* · créature *littér.*

protéger *v.tr.*
I 1 - sauvegarder · conserver · garantir · préserver · **2 - mettre en sûreté** · accompagner · escorter · garder · surveiller · **3 - défendre** · abriter · assurer · garantir · prémunir · préserver · **4 - fortifier** · blinder · cuirasser · immuniser · vacciner
II 1 - aider · assister · secourir · soutenir · **2 - bénir** · garder · **3 - veiller sur** · mettre, prendre sous son aile · prendre sous sa protection · couver
III 1 - appuyer · épauler · parrainer · patronner · recommander · pistonner *fam.* · pousser *fam.* · **2 - encourager** · favoriser · promouvoir · soutenir
✦ **protéger de** soustraire à · préserver de

›› **se protéger** *v.pron.* **se défendre** · s'armer · s'assurer · ouvrir le parapluie *fam.*
✦ **se protéger de** **1 - se mettre à couvert de** · se mettre à l'abri de · **2 - parer à** · être en garde contre · se garer de · prendre garde à

protestantisme *n.m.* · religion réformée

protestataire *adj. et n.* · opposant · contestataire

protestation *n.f.* **1 - objection** · dénégation · opposition · **2 - réclamation** · plainte · récrimination · revendication · [au plur.] doléances · **3 - murmure** · clameur · cri · levée de bouclier · tempête · beuglante *fam.* · coup de gueule *fam.* · gueulante *fam.* · **4 -** [littér.] **témoignage** · assurance · démonstration · promesse · serment

protester *v.intr.* **1 - s'opposer** · broncher · se cabrer · s'exclamer · grogner · s'indigner · murmurer · se plaindre · pousser les hauts cris · se rebeller · se récrier · récriminer · regimber · résister · se révolter · ruer · tempêter · tonner · taper du poing sur la table · gueuler *fam.* · râler *fam.* · se rebiffer *fam.* · ronchonner *fam.* · rouscailler *fam.* · rouspéter *fam.* · ruer dans les brancards *fam.* · [en tournure négative] moufter *fam.* · **2 - dire** · criailler · clabauder *littér.*
✦ **protester contre** crier contre, après · attaquer · désapprouver · se dresser contre · s'élever contre · s'insurger contre · pester contre
✦ **protester de** affirmer · arguer de · assurer de · clamer

prothèse *n.f.* · appareil · appareillage

protocolaire *adj.* **1 - formaliste** · conventionnel · **2 - cérémonieux** · formel · solennel · guindé *fam.*

protocole *n.m.*
I 1 - étiquette · bienséance · cérémonial · code · convenances · forme · règle · rite · rituel · **2 - norme** · règlement · **3 - décorum** · apparat · cérémonie
II convention · accord · acte · traité

prototype *n.m.* **1 - archétype** · étalon · modèle · type · **2 - original**

protubérance *n.f.* **1 - saillie** · bosse · apophyse · éminence · excroissance · tubérosité · tubercule · **2 - monticule** · mamelon

protubérant, e *adj.* · proéminent · bombé · enflé · saillant

proue *n.f.* · avant · bout · devant · étrave · nez

prouesse *n.f.* **1 - exploit** · action d'éclat · haut fait · morceau de bravoure · performance · **2 -** [en amour] **succès**

prouvé, e *adj.* • certain • attesté • avéré • confirmé • constaté • démontré • établi • évident • sûr • testé • vérifié

prouver *v.tr.* **1 - démontrer (par A + B)** • établir • faire comprendre • mettre en évidence • vérifier • **2 - attester de** • affirmer • confirmer • être le signe de • exprimer • faire foi de • faire voir • illustrer • indiquer • laisser voir • manifester • marquer • montrer • révéler • témoigner • trahir

provenance *n.f.* • source • fondement • origine • point de départ • racine

provenir de *v.tr. ind.* **1 - émaner de** • partir de • sortir de • **2 - résulter de** • découler de • dépendre de • dériver de • procéder de • tenir à • tirer son origine, sa source de • être tiré de • venir de • **3 - descendre de** • être issu de • être né de

proverbe *n.m.* • adage • aphorisme • dicton • maxime • sentence

proverbial, e *adj.* • légendaire • admis • célèbre • connu • fameux • notoire • reconnu

providence *n.f.* **1 - ciel** • dieu • dieux • divinités • **2 - chance** • destin • hasard • sort • **3 - bienfaiteur** • ange (gardien) • protecteur • sauveur • secours

providentiel, -ielle *adj.* • opportun • bon • heureux • inespéré • miraculeux • opportun • salutaire

province *n.f.* • région • pays • contrée *vieilli ou région.*

proviseur *n.* • directeur (de lycée) • protal *fam.*

provision *n.f.* **1 - réserve** • amas • approvisionnement • fourniture • munition • stock • cargaison *fam.* • **2 - acompte** • avance • dépôt

»» **provisions** *plur.* **1 - commissions** • courses • **2 - ravitaillement** • aliments • denrées (alimentaires) • viatique • victuailles • vivres • provende *vieux*

provisionner *v.tr.* • alimenter • approvisionner

provisoire *adj.* **1 - temporaire** • momentané • passager • transitoire • **2 - fugace** • court • bref • éphémère • fugitif • précaire • **3 - de fortune**

provisoirement *adv.* **1 - en attendant** • momentanément • **2 - temporairement** • par intérim • passagèrement • transitoirement

provoc *n.f.* → **provocation**

provocant, e *adj.* **1 - agressif** • batailleur • belliqueux • querelleur • **2 - agaçant** • irritant • **3 - suggestif** • aguichant • affriolant • coquet • émoustillant • excitant • racoleur • troublant • **4 - arrogant** • effronté • hardi • insolent • provocateur

provocateur, -trice

▪ *n.* **1 - agitateur** • excitateur • fauteur de troubles • meneur • **2 - agresseur** • assaillant • attaquant • offenseur

▪ *adj.* **provocant** • arrogant • effronté • hardi • insolent

provocation *n.f.* **1 - défi** • bravade • provoc *fam.* • **2 - attaque** • agression • menace • **3 - agacerie** • coquetterie

✦ **provocation à** appel à • excitation à • incitation à

provoquer *v.tr.*

I 1 - amener • amorcer • appeler • apporter • attirer • catalyser • causer · créer · déchaîner · déclencher · déterminer · donner (lieu à) · engendrer · entraîner · favoriser · instiguer · faire naître · occasionner · produire · susciter · **2 - exciter** · aiguillonner · allumer · enflammer · éveiller · inspirer · solliciter · soulever · mettre le feu aux poudres · **3 - prendre l'initiative de** · animer · promouvoir

II 1 - attaquer · agresser · menacer · mettre au défi · **2 - agacer** · harceler · **3 - narguer** · attaquer · braver · défier · se frotter à · **4 - aguicher** · émoustiller · allumer *fam.*

✦ **provoquer** (**qqn**) **à** amener à · convier à · disposer à · encourager à · engager à · entraîner à · exciter à · exhorter à · inciter à · inviter à · porter à · pousser à · préparer à

proxénète *n.* · protecteur · marchand de chair humaine · souteneur · maquereau *fam.* · mac *argot* · marlou *argot* · alphonse *fam., vieux* · jules *fam., vieux* · julot *fam., vieux*

proximité *n.f.* **1 - voisinage** · contiguïté · mitoyenneté · **2 - imminence** · approche · **3 - parenté** · affinité · analogie · points communs · ressemblance · similitude

✦ **à proximité** (tout) près · à côté · à deux pas · aux alentours · aux environs · dans les parages · (tout) proche

prude

▪ *adj.* **puritain** · pudique · bégueule *fam.* · collet monté *fam.* · pudibond *littér.*

▪ *n.f.* **sainte-nitouche**

prudemment *adv.* **1 - sagement** · raisonnablement · **2 - pas à pas** · avec circonspection · précautionneusement

prudence *n.f.* **1 - pondération** · discernement · mesure · prévoyance · réflexion · sagesse · **2 - ménagement** · doigté · tact · **3 - précaution** · attention · circonspection · vigilance · **4 - hésitation** · réticence

prudent, e *adj.* **1 - prévoyant** · attentif · averti · avisé · circonspect · mesuré · pondéré · raisonnable · réfléchi · sage · vigilant · **2 - hésitant** · réticent · **3 -** [à l'excès] **précautionneux** · timoré · pusillanime *littér.*

✦ **être prudent** veiller au grain

prudent, avisé, circonspect

Prudent, **avisé** et **circonspect** s'appliquent à une personne qui réfléchit avant d'agir. Est **prudent** celui qui pèse les conséquences de ses actes ou de ses propos et prend toutes les précautions pour éviter des erreurs *(il est trop prudent pour conclure rapidement cette affaire ; soyez prudent, les routes sont enneigées)*. **Circonspect** renchérit sur les précautions prises et la réflexion engagée : « Marin circonspect, il ne mettait jamais en mer pendant la tempête » (Chateaubriand, *Mémoires d'outre-tombe*, III, VII). **Avisé** permet surtout d'insister sur l'à-propos et l'intelligence mis en œuvre *(c'est un esprit avisé ; il était assez avisé pour éviter les ennuis)*.

pruderie *n.f.* · pudeur · puritanisme · pudibonderie *littér.*

prunelle *n.f.* · pupille · œil · regard

prurit *n.m.* · démangeaison · chatouillement · irritation · picotement

psalmodie *n.f.* · chant · cantique · plain-chant · psaume

psalmodier *v.tr.* **1 - chanter** · vocaliser · **2 - réciter** · débiter · déclamer

psaume *n.m.* · cantique · chant · hymne

pseudonyme *n.m.* · nom d'emprunt · cryptonyme · faux nom · nom d'artiste · nom de scène · nom de plume · nom de guerre · pseudo *fam.*

psychanalyse *n.f.* · psychothérapie analytique · analyse

psychanalyser *v.tr.* · analyser · étendre sur un divan *plaisant*

psychanalyste *n.* · analyste · psy *fam.*

1**psyché** *n.f.* · glace · miroir

2**psyché** *n.f.* · âme · ego · psychisme · psychologie

psychiatre *n.* · psy *fam.* · aliéniste *vieux*

psychique *adj.* · mental · intérieur · psychologique

psychisme *n.m.* · psychologie · état d'esprit · mental · psyché *littér.*

psychologie *n.f.* **1 – psychisme** · caractère · comportement · mentalité · mœurs · **2 – perspicacité** · clairvoyance · diplomatie · doigté · finesse (psychologique) · intuition · pénétration · sagacité · tact

psychologique *adj.* · psychique · mental

psychologiquement *adv.* · moralement · mentalement

psychologue *adj.* · perspicace · clairvoyant · diplomate · fin · sagace · subtil

psychopathe *n.* · déséquilibré · fou · malade (mental) · pervers

psychose *n.f.* **1 – folie** · aliénation · délire · démence · vésanie *vieux* · **2 – obsession** · angoisse · hantise

psychosomatique *adj.* · psychogène

puant, e *adj.* **1 – malodorant** · écœurant · empesté · empuanti · fétide · infect · méphitique · nauséabond · pestilentiel · rance · répugnant · [Méd.] nidoreux · **2 – vaniteux** · poseur · prétentieux · satisfait · snob · suffisant · fat

puanteur *n.f.* · fétidité · infection · miasmes · pestilence · relent · remugle *littér.*

~ **infection**

1**pub** *n.f.* → **publicité**

2**pub** *n.m.* · bar · bistrot · brasserie · café

pubère *adj.* · formé · adolescent · nubile *didact.* · [fille] réglée

pubère, nubile

Pubère concerne un garçon ou une fille qui a atteint, ou dépassé depuis peu, l'âge de la maturation sexuelle *(une jeune fille, un garçon pubère).* **Nubile** s'applique plutôt aux filles avec la même valeur *(elle est nubile depuis peu)* et, par ailleurs, se dit d'un adolescent en âge d'être marié. **Pubère** est beaucoup moins en usage que **puberté**, alors que **nubilité** est d'emploi didactique.

puberté *n.f.* **1 – adolescence** · âge ingrat · âge tendre · **2 – formation** · nubilité *didact.* · pubescence *didact.* · efflorescence sexuelle *littér.*

pubis *n.m.* **1 – bas-ventre** · **2 –** [de la femme] **mont-de-Vénus** · touffe *fam.* · pénil *vieilli*

1**public, -ique** *adj.* **1 – commun** · collectif · communautaire · général · national · **2 – accessible** · libre · ouvert à tous · **3 – notoire** · connu ·

répandu · **4 - manifeste** · visible · **5 - officiel** · authentique · solennel · **6 - laïque**

⤳ **manifeste**

²**public** *n.m.* **1 - assistance** · assemblée · audience · auditeurs · auditoire · parterre · salle · spectateurs · galerie *fam.* · **2 - masse** · foule · multitude · peuple · population

✦ **en public** publiquement · à la vue de tous · au vu et au su de tous, de tout le monde

publication *n.f.*
I 1 - annonce · affichage · divulgation · proclamation · promulgation · [de mariage] ban · **2 - sortie** · édition · lancement · mise en vente · parution · tirage
II 1 - ouvrage · écrit · fascicule · livraison · livre · recueil · volume · **2 - périodique** · bulletin · journal · numéro · revue

publiciste *n.* · publicitaire

publicitaire
- *adj.* **promotionnel**
- *n.* **publiciste**

publicité *n.f.* **1 - message publicitaire** · spot publicitaire · pub *fam.* · réclame *vieilli* · [de film] bande-annonce · **2 - placard publicitaire** · affiche · affichage · [dans magazine] infopub · publireportage · **3 - propagande** · bruit · battage *fam.* · bourrage de crâne *fam.* · matraquage *fam.* · ramdam *fam.* · tam-tam *fam.* · **4 - retentissement** · renommée

publier *v.tr.* **1 - rendre public** · annoncer · claironner · clamer · communiquer · corner · crier · déclarer · dévoiler · divulguer · ébruiter · édicter · émettre · étaler (au grand jour) · exprimer · faire connaître · manifester · mettre en pleine lumière · proclamer · promulguer · répandre · trompeter · **2 - écrire** · donner · accoucher *fam.* · **3 - éditer** · faire paraître · imprimer · lancer · sortir

publiquement *adv.* **1 - en public** · officiellement · **2 - ouvertement** · à la face du monde · à visage découvert · au grand jour · devant tout le monde · haut et fort · tout haut · ostensiblement

puceau *n.m.* → **vierge**

pucelle *n.f.* → **vierge**

pudeur *n.f.* **1 - confusion** · embarras · gêne · honte · scrupule · timidité · vergogne · **2 - discrétion** · délicatesse · modestie · réserve · respect · retenue · tact · **3 - décence** · bienséance · tenue · pudicité *littér.* · vertu *vieilli* · honnêteté *vieux* · pruderie *péj.* · pudibonderie *péj.*

pudibond, e *adj.* · prude · pudique · puritain · bégueule *fam.* · collet monté *fam.*

pudique *adj.* **1 - décent** · chaste · correct · sage · honnête *vieilli* · modeste *vieilli* · prude *péj.* · pudibond *péj.* · **2 - discret** · délicat · modeste · réservé · retenu

pudiquement *adj.* **1 - avec retenue** · **2 - par euphémisme**

puer *v.intr. et tr.* · empester · empuantir · sentir mauvais · cocoter *fam.* · cogner *fam.* · fouetter *fam.* · ne pas sentir la rose *fam.* · schlinguer *fam.* · sentir *fam.* · dauber *argot*

puéril, e *adj.* **1 - enfantin** · candide · immature · infantile · naïf ·

niais · bébé *fam.* · bébête *fam.* · gamin *fam.* · **2 – frivole** · dérisoire · futile · superficiel · vain *littér.*

↝ **enfantin**

puérilité *n.f.* **1 – infantilisme** · naïveté · niaiserie · **2 – enfantillage** · frivolité · futilité

pugilat *n.m.* · combat · bataille · échauffourée · lutte · mêlée · rixe · bagarre *fam.*

pugnace *adj.* · combatif · accrocheur · agressif · bagarreur · batailleur · belliqueux · offensif

↝ **batailleur**

pugnacité *n.f.* · combativité · agressivité · allant · mordant · ténacité

puîné, e *adj. et n.* · cadet · junior

puis *adv.* **ensuite** · alors · après · par la suite

✦ **et puis** d'ailleurs · en outre · de plus · au, du reste

puisard *n.m.* · égout · fosse

puiser *v.tr.* **1 – tirer** · pomper · **2 – prendre** · emprunter · glaner · récolter · piocher *fam.*

puisque *conj.* · étant donné que · attendu que · comme · dans la mesure où · dès l'instant que · du fait que · du moment où, que · parce que · pour la raison que · vu que

puissamment *adv.* **1 – énergiquement** · âprement · fortement · furieusement · passionnément · redoutablement · solidement · vigoureusement · violemment · **2 – considérablement** · beaucoup · énormément · extrêmement · fort · fortement · infiniment · intensément · prodigieusement · très

puissance *n.f.*
I 1 – force · vigueur · virilité · **2 – efficacité** · force · pouvoir · **3 – capacité** · faculté · possibilité
II intensité · dimension · énergie · profondeur · [d'un son] volume
III 1 – autorité · crédit · influence · pouvoir · souveraineté · **2 –** [légale] **droit** · autorité
IV nation · empire · État · pays · royaume · grand · super-grand
V [Mathématiques] **exposant**

✦ **en puissance** virtuel · potentiel

puissant, e *adj.* **1 – vigoureux** · fort · musclé · robuste · solide · balèze *fam.* · costaud *fam.* · **2 – influent** · considérable · haut placé · important · omnipotent · qui a le bras long · **3 – efficace** · agissant · énergique · tout-puissant · **4 – profond** · fort · intense · soutenu · vif · violent

✦ **être très puissant** **faire la pluie et le beau temps** · faire la loi

⋙ **les puissants** *n.m.pl.* **les grands (de ce monde)**

pull *n.m.* → **pull-over**

pull-over *n.m.* · chandail · pull · tricot

pulluler *v.intr.* **1 – abonder** · foisonner · fourmiller · grouiller · **2 – proliférer** · envahir · se répandre · pousser (comme des champignons, du chiendent) *fam.* · faire des petits *fam.*

pulpe *n.f.* · chair

pulsation *n.f.* · battement · frémissement · mouvement alternatif · oscillation · vibration

pulsion *n.f.* **1 – instinct** · besoin · envie · impulsion · **2 – tendance** · pente

pulsionnel, -elle *adj.* · instinctuel

pulvérisateur *n.m.* **1 - atomiseur** · aérosol · brumisateur *nom déposé* · nébuliseur · spray · vaporisateur · **2 - aérographe** · pistolet · **3 - poudreuse** · sulfateuse

pulvérisation *n.f.* **1 - désagrégation** · division · **2 - vaporisation**

pulvériser *v.tr.* **1 - écraser** · broyer · atomiser · concasser · effriter · égruger · émietter · moudre · piler · réduire en miettes, en poudre · **2 - vaporiser** · volatiliser · **3 - anéantir** · balayer · briser · déchiqueter · désagréger · désintégrer · détruire · fracasser · réduire en cendres, en poussière · tailler en pièces · bousiller *fam.* · écrabouiller *fam.* · mettre en charpie *fam.*

punch *n.m.* · dynamisme · allant · énergie · force · mordant · tonus · vigueur · vitalité · peps *fam.*

punir *v.tr.* **1 - sanctionner** · infliger une peine à · sévir contre · taper sur les doigts de *fam.* · châtier *littér.* · faire justice de *vieux* • [un élève] consigner · coller *fam.* · **2 - battre** · corriger · frapper · châtier *littér.* · **3 - réprimer** · interdire · redresser · sanctionner · sévir contre · **4 - venger** · laver · faire payer

punir, châtier, corriger

Punir, châtier ou **corriger**, c'est infliger une peine. On **punit** aussi bien le responsable d'un délit *(punir un délinquant, punir quelqu'un d'une amende, d'un emprisonnement)* qu'un enfant dont on veut sanctionner un acte ou un comportement répréhensible *(si tu n'obéis pas, tu seras puni)*. **Châtier**, d'usage littéraire, concerne le second cas mais implique toujours une peine sévère *(les mutins étaient impitoyablement châtiés)*. **Corriger** suppose que l'on veut ramener à une norme morale une personne qui s'en était écartée *(corriger des défauts, un vice, des mauvais penchants)*.

punition *n.f.* **1 - sanction** · condamnation · leçon · peine · pénalité · pénitence · prix *plaisant* · récompense *plaisant* · tarif *plaisant* · châtiment *littér.* · **2 - correction** · coups · fessée · raclée *fam.* · **3 - vengeance** · représailles · vindicte · **4 -** [fam.] → **pensum** · **5 -** [au jeu] **gage**

pupille *n.f.* · prunelle · œil

pupitre *n.m.* **1 - lutrin** · **2 - bureau** · table · **3 - console** · clavier

pur, pure *adj.*

I 1 - brut · entier · franc · sans mélange · nature · naturel · nu · **2 - affiné** · assaini · décanté · épuré · filtré · fin · purifié · rectifié • [eau] potable · **3 - clair** · cristallin · limpide · lumineux · serein · transparent • [ciel] bleu · sans nuage • [son] argentin

II 1 - soigné · châtié · correct · délicat · élégant · raffiné · **2 - net** · clair · immaculé · impeccable · propre · sain · sans tache · blanc comme neige

III 1 - angélique · candide · frais · ingénu · innocent · virginal · **2 - chaste** · continent · platonique · pudique · sage · vertueux · **3 - vierge** · inaltéré · intact · **4 - immatériel** · aérien · ailé · éthéré · séraphique · sublime

IV 1 - désintéressé · authentique · sincère · véritable · vrai · **2 - honnête** · droit · franc · intègre · probe *littér.*

V [avant le nom] **absolu** · complet · idéal · parfait
VI [science, recherche] **théorique** · fondamental

purée *n.f.* **1 - crème** · bouillie · coulis · suprême · [de pommes de terre] (pommes) mousseline · **2 - miettes** · bouillie · capilotade · charpie · compote · marmelade · poussière · **3 -** [fam.] → **pauvreté**

purement *adv.* **1 - exclusivement** · seulement · simplement · strictement · uniquement · **2 - absolument** · intégralement · totalement · **3 -** [vieilli] **honnêtement** · bien · candidement · ingénument · innocemment · vertueusement

pureté *n.f.*
I 1 - limpidité · clarté · luminosité · netteté · propreté · transparence · **2 - grâce** · délicatesse · finesse · perfection
II 1 - ingénuité · candeur · fraîcheur · innocence · **2 - droiture** · franchise · honnêteté · intégrité · probité · **3 - désintéressement** · authenticité · sincérité · **4 - chasteté** · continence · honneur · innocence · pudeur · vertu · virginité
III correction · élégance

purgatif, -ive
- *adj. et n.m.* **dépuratif** · laxatif
- *n.m.* **purgation** *vieux* · purge *vieux*

purge *n.f.* **1 - purgatif** · purgation *vieux* · **2 - vidange** · **3 - épuration** · lessive *fam.* · **4 -** [fam.] → **pensum**

purger *v.tr.*
I 1 - nettoyer · épurer · purifier · **2 - vidanger** · curer · désobstruer · vider · **3 - effacer** · laver
II 1 - expurger · débarrasser de · retrancher · **2 - chasser de** · balayer · débarrasser · éliminer de · libérer · vider
III s'acquitter de · accomplir · exécuter · subir

purification *n.f.* **1 - assainissement** · purge · **2 - lavage** · désinfection · nettoyage · **3 - épuration** · clarification · décantation · élimination · filtrage · **4 - affinage** · raffinage

purifier *v.tr.* **1 - assainir** · désinfecter · purger · **2 - clarifier** · filtrer · rectifier · **3 - épurer** · affiner · raffiner
✦ **purifier de** débarrasser de · laver de · libérer de · nettoyer de

purisme *n.m.* **1 - affectation** · préciosité · **2 - perfectionnisme** · rigorisme

puritain, e *adj.* **1 - prude** · pudique · pudibond *littér.* · **2 - austère** · intransigeant · janséniste · rigide · rigoriste · rigoureux · sectaire · sévère · strict

puritanisme *n.m.* **1 - rigorisme** · ascétisme · austérité · intransigeance · jansénisme · rigidité · rigueur · sectarisme · sévérité · **2 - pruderie** · pudibonderie *littér.*

purpurin, e *adj.* · pourpre · garance · pourpré · pourprin

purulence *n.f.* · suppuration

pusillanime *adj.* · craintif · anxieux · faible · frileux · irrésolu · lâche · peureux · poltron · prudent · timoré · froussard *fam.* · lope *fam.* · lopette *fam.* · pétochard *fam.* · poule mouillée *fam.* · trouillard *fam.* · couard *littér.* · pleutre *littér.* · timide *littér.* · veule *littér.* · capon *vieilli*

pusillanimité *n.f.* · poltronnerie · faiblesse · frilosité · lâcheté · frousse *fam.* · couardise *littér.* · pleutrerie *littér.* · timidité *littér.* · veulerie

pustule *n.f.* · grosseur · bouton · bubon · bulbe · furoncle · vésicule

putain *n.f.* **1 - → prostituée** · **2 - → dévergondée**

pute

▪ *n.f.* → **prostituée**

▪ *adj.* **vénal**

putréfaction *n.f.* · corruption · décomposition · gangrène · pourriture · putrescence *didact.*

putréfier *v.tr.* **corrompre** · décomposer · gâter

»» **se putréfier** *v.pron.* **s'altérer** · se corrompre · se décomposer · se dissoudre · pourrir

putrescible *adj.* · corruptible · pourrissable · putréfiable

putride *adj.* **1 - putrescent** · décomposé · faisandé · gâté · pourri · [odeur] fétide · pestilentiel · **2 - malsain** · corrupteur · immoral · impur · morbide · pernicieux · pervers

putsch *n.m.* · coup d'État · coup de main · pronunciamiento

puzzle *n.m.* · (jeu de) patience · casse-tête *Québec*

P.-V. *n.m.* · contravention · procès-verbal · contredanse *fam.* · prune *fam.* · papillon *fam., vieilli*

pygmée *n.m.* [péj.] **nain** · gnome · tom-pouce *fam.* · myrmidon *fam., vieilli* · avorton *péj.* · nabot *péj.*

pylône *n.m.* · colonne · mât · pilier · poteau · sapine

pyromane *n.* · incendiaire

pythie *n.f.* · prophétesse · cassandre · devineresse · médium · visionnaire · voyante · pythonisse *littér.* · sibylle *littér.* · vaticinatrice *littér.*

q

quadrilatère *n.m.* · polygone · carré · losange · parallélogramme · quadrangle · rectangle · trapèze

quadrillage *n.m.* 1 - **grille** · carreaux • [des rues] carroyage · 2 - **contrôle** · ratissage

quadrillé, e *adj.* · à carreaux · écossais

quadriller *v.tr.* 1 - **carreler** • [des rues] carroyer · 2 - **contrôler** · ratisser · passer au peigne fin

quai *n.m.* 1 - **appontement** · débarcadère · embarcadère · wharf *anglic.* · 2 - **plateforme**

qualification *n.f.* 1 - **appellation** · épithète · nom · qualité · titre · 2 - **éliminatoire** · série · tour

qualifié, e *adj.* 1 - **compétent** · apte · capable · exercé · expérimenté · expert · ferré · rompu (à) · calé *fam.* · trapu *fam.* · 2 - **autorisé** · habilité

qualifier *v.tr.* 1 - **appeler** · dénommer · désigner · intituler · nommer · mettre un nom sur • [une personne] traiter · 2 - **caractériser** · déterminer · symboliser · 3 - [Sport] **sélectionner**

qualité *n.f.* 1 - **attribut** · caractère · caractéristique · essence · particularité · propriété · signe distinctif · spécificité · 2 - **classe** · carrure · distinction · envergure · étoffe · mérite · stature · valeur · calibre *fam.* · trempe *fam.* · 3 - **aptitude** · capacité · compétence · disposition · don · mérite · talent · valeur · vertu · 4 - **fonction** · condition · qualification · titre

✦ **de qualité supérieure** excellent · extra-fin · super-fin · surchoix · surfin · super *fam.*

✦ **en qualité de** comme · en tant que

quand *conj.* · lorsque · alors que · au moment où · comme · tandis que

quand, lorsque

Quand et **lorsque** s'emploient tous deux pour marquer une relation de simultanéité *(quand/lorsque vous viendrez, il sera surpris)*. Cependant, **quand** indique un rapport temporel assez vague *(quand elle a eu appris sa réussite, elle a fait mille projets)* ; **lorsque**, d'usage plus littéraire, le restitue plus explicitement, soulignant plus nettement la circonstance : « Lorsqu'enfin son cœur cessa de battre, je sentis s'abîmer tout mon être » (Gide, *Si le grain ne meurt*).

quant à *loc. prép.* **en ce qui concerne** · concernant · pour ce qui est de · à la rubrique (de) · sur le plan de · côté *fam.* · question *fam.* · rapport à *fam.*

✦ **quant à moi** pour ma part · de mon côté

quant-à-soi *n.m.* **réserve** · retenue · discrétion

✦ **rester sur son quant-à-soi** garder ses distances

quantième *n.m.* · date · jour · jour du mois · combien · combientième *fam.*

quantifiable *adj.* · calculable · chiffrable

quantification *n.f.* [Écon.] échantillonnage

quantifier *v.tr.* · calculer · chiffrer · évaluer · mettre un chiffre sur

quantité *n.f.* **1 - volume** · charge · dose · masse · stock · **2 - nombre**

✦ **en quantité** abondamment · beaucoup · copieusement · énormément · largement · plein · en abondance · à foison · à profusion · à gogo *fam.* · en pagaille *fam.* · à la pelle *fam.* · en veux-tu en voilà *fam.*

✦ **grande quantité** **1 - abondance** · arsenal · avalanche · collection · contingent · débauche · déluge · flot · foule · fourmillement · grêle · immensité · infinité · jonchée · kyrielle · luxe · moisson · monde · multiplicité · multitude · myriade · pluie · profusion · pullulement · ribambelle · série · tonne · chiée *très fam.* · flopée *fam.* · tripotée *fam.* · **2 - tas** · accumulation · masse · monceau · montagne · **3 -** [de personnes] **affluence** · armée · essaim · flot · foule · kyrielle · légion · multitude · nuée · pléiade · régiment · ribambelle · flopée *fam.* · tripotée *fam.*

✦ **petite quantité** bout · bribe · brin · doigt · filet · goutte · grain · larme · nuage · once · parcelle · pincée · poignée · pointe · soupçon

quarantaine *n.f.* **1 -** [Méd.] **isolement** · **2 - boycott** · boycottage · mise à l'index · interdit · ostracisme · proscription

✦ **mettre en quarantaine** **1 - isoler** · écarter · éloigner · mettre à part · **2 - boycotter** · mettre à l'index · ostraciser

quart *n.m.*

✦ **être de quart** être de garde · être de permanence · être de service · être de veille

quartier *n.m.* **1 - quart** · **2 - morceau** · fraction · part · partie · pièce · portion · ration · tranche · **3 -** [de lune] **croissant** · **4 - secteur** · arrondissement · district · zone · **5 -** [Milit.] **cantonnement** · campement · caserne · casernement

✦ **quartier général** Q.G. · direction · siège

quartz *n.m.* · cristal de roche · silice

quasi *adv.* → **quasiment**

quasiment *adv.* [fam.] presque · pratiquement · à peu près · à peu de chose près · quasi *littér. ou région.*

quatre-vingt *adj. numéral et n.* · huitante *en Suisse* · octante *autrefois en Suisse et en Belgique*

quatrièmement *adv.* · quarto *rare*

quelconque *adj.* **1 - banal** · commun · courant · insignifiant · ordinaire · passe-partout · sans odeur ni saveur • [décor] impersonnel • **2 - inintéressant** • falot • médiocre • terne

quelque

▪ *adv.* **environ** • à peu près • approximativement

▪ *adj. indéf.* **un** • certain

⋙ **quelques** *plur.* • un petit nombre de • un certain nombre de • plusieurs • une poignée de

✦ **et quelques** et des bananes *fam.* • et des broutilles *fam.* • et des cacahuètes *fam.* • et des poussières *fam.*

quelquefois *adv.*

1 - parfois • certaines fois • quelques fois • **2 - de temps à autre** • de loin en loin • de temps en temps

quelquefois, quelques fois

Quelquefois et **quelques fois** ont en commun l'idée de nombre peu élevé. **Quelquefois** évoque des moments espacés *(il restait quelquefois silencieux ; quelquefois, je l'ai rencontré dans le parc)*. **Quelques fois** permet d'insister sur l'indétermination du nombre *(il est allé quelques fois au cinéma l'année dernière, je l'ai rencontré quelques fois dans le parc)*.

quelqu'un *pron. indéf.*

I 1 - on • **2 - notabilité** • autorité • figure • personnalité • (grand) ponte • sommité • grosse légume *fam.* • (grosse) pointure *fam.* • V.I.P. *fam.*

quémander *v.tr.*

• mendier • implorer • quêter • réclamer • solliciter

quémandeur, -euse *n.*

• solliciteur • demandeur • quêteur • tapeur *fam.*

qu'en dira-t-on *n.m*

• commérages • on-dit • racontar • cancans *fam.* • potins *fam.* • ragots *fam.*

quenelle *n.f.*

• godiveau

quenotte *n.f.* → dent

querelle *n.f.*

1 - dispute • altercation • débat • démêlé • désaccord • différend • discorde • discussion • dissension • passe d'armes • bisbille *fam.* • bringue *fam., Suisse* • brouille *fam.* • chamaillerie *fam.* • prise de bec *fam.* • **2 - conflit** • bataille • controverse • guerre • polémique

✦ **chercher querelle à** avoir maille à partir avec • chercher *fam.* • chercher des crosses à *fam.* • chercher (des) noise(s) à *fam.* • chercher des poux dans la tête à *fam.*

☞ **dispute**

quereller *v.tr.*

[vieilli] **disputer** • gronder • houspiller • réprimander • tancer *littér.* • chanter pouilles à *littér.*

⋙ **se quereller** *v.pron.* **se disputer** • s'accrocher • se bagarrer • se battre • se bringuer *fam., Suisse* • se chamailler *fam.* • s'engueuler *très fam.*

querelleur, -euse

▪ *adj.* **agressif** • batailleur • belliqueux • boute-feu • chamailleur • chicaneur • ferrailleur • hargneux

✦ **être querelleur** ne rêver que plaies et bosses

▪ *n.* • mauvais coucheur • mauvaise tête • [femme] harpie • pie-grièche *vieilli*

quérir *v.tr.* → chercher

question *n.f.*

1 - interrogation • demande • **2 - devinette** • énigme • colle *fam.* • **3 - affaire** • controverse • discussion • histoire • matière • point • problème • sujet • **4 -** [anciennt] **torture** • supplice • géhenne *vieilli*

✦ **mettre en question** mettre en cause · s'interroger sur

✦ **remettre en question** remettre en cause · reconsidérer · réexaminer · mettre, remettre à plat · revoir

✦ **mise en question** mise en cause

✦ **remise en question** réexamen · réévaluation · remise à plat

questionnaire *n.m.* · formulaire · imprimé · [à choix multiple] Q.C.M.

questionner *v.tr.* · interroger · consulter · interviewer · poser des questions, la question à · sonder · tâter · [en insistant] cuisiner *fam.* · mettre, tenir sur le gril *fam.* · tenir sur la sellette *fam.*

quête *n.f.* · collecte

quêter

▪ *v.intr.* · faire la quête · recueillir des aumônes

▪ *v.tr.* · mendier · quémander · rechercher · réclamer · solliciter

queue *n.f.* **1 –** [Bot.] **tige** · pédicule · pédoncule · pétiole · **2 – arrière** · bout · extrémité · fin · **3 – file d'attente** · **4 – manche** · cognée · **5 –** [d'une lettre] **hampe** · **6 –** [fam.] → **pénis**

✦ **à la queue leu leu** l'un derrière l'autre · à la file · à la file indienne · à la suite

quiconque *pronom* · n'importe qui · personne

quidam *n.m.* **1 – individu** · inconnu · personne · bonhomme *fam.* · mec *fam.* · type *fam.* · **2 – monsieur Tout-le-monde** · tout un chacun · l'homme de la rue · le citoyen lambda

quiet, quiète *adj.* · tranquille · calme · paisible

quiétude *n.f.* **1 – calme** · apaisement · paix · repos · sérénité · tranquillité · **2 –** [Philo.] **ataraxie** · détachement · sérénité · tranquillité d'âme

quincaillerie *n.f.* **1 – ferblanterie** · **2 –** [fam.] **pacotille** · camelote *fam.* · toc *fam.* · [bijoux] affûtiaux *fam.*

quintessence *n.f.* **1 – le meilleur** · le nec plus ultra · l'essentiel · le principal · la substantifique moelle *littér.* · **2 –** [vieilli] **extrait** · esprit · essence · substance · suc

quiproquo *n.m.* · malentendu · confusion · maldonne · méprise · embrouillamini *fam.*

↝ **malentendu**

quittance *n.f.* · acquit · décharge · récépissé · reçu

quitte *adj.* · délivré · débarrassé · dégagé · exempté · libéré · libre

✦ **quitte à** au risque de · même s'il faut

quitter *v.tr.* **1 – s'en aller de** · s'absenter de · déménager de · déserter · déguerpir de · s'échapper de · évacuer · laisser · **2 – abandonner** · fausser compagnie à · rompre avec · se séparer de · lâcher *fam.* · laisser choir, tomber *fam.* · lourder *fam.* · plaquer *fam.* · **3 – démissionner de** · se démettre de · planter là *fam.* · **4 – ôter** · enlever · retirer · se débarrasser de · se défaire de · se dépouiller de

✦ **quitter les ordres** jeter le froc aux orties

»» **se quitter** *v.pron.* · rompre · se séparer

quitus *n.m.* · décharge · acquit · quittance

qui-vive *n.m. invar.*
✦ **être sur le qui-vive** être sur ses gardes · être en alerte · être sur les dents

quoique *conj.* · bien que · encore que · malgré que *fam.*

quolibet *n.m.* · plaisanterie · moquerie · persiflage · pointe · raillerie · sarcasme · taquinerie · lazzi *littér.* · pique *fam.* · vanne *fam.*

quota *n.m.* · contingent · pourcentage

quote-part *n.f.* · contribution · apport · cotisation · écot · part · quotité *(Droit)*

[1]**quotidien, -ienne** *adj.* **1 - journalier** · **2 - habituel** · banal · commun · normal · ordinaire · régulier · rituel · usuel

quotidien, journalier

La notion de *jour* est commune à **quotidien** et **journalier**. **Quotidien** s'applique à ce qui revient régulièrement, chaque jour *(un trajet, un effort quotidien, la nourriture, la toilette quotidienne)*. **Journalier**, beaucoup moins courant, qualifie ce qui se produit chaque jour *(une expérience journalière, le travail journalier)* ; il partage donc certains contextes avec **quotidien**, qui a des emplois plus larges *(la presse quotidienne, la fatigue quotidienne)*. **Journalier** se distingue plus nettement de **quotidien** lorsqu'on parle de ce qui relève de la journée, sans idée de répétition *(tarif journalier ; indemnités, pénalités journalières)*.

[2]**quotidien** *n.m.* · journal · gazette · feuille de chou *péj.*

quotidiennement *adv.* · journellement · tous les jours · au quotidien

quotient *n.m.* · rapport · ratio

quotité *n.f.* · part · fraction · portion · quote-part

r

rab *n.m.* · surplus · excédent · supplément · rabiot *fam.*

rabâchage *n.m.* **1 - radotage** · redite · répétition · ressassement · **2 - rengaine** · litanie · refrain · ritournelle · antienne *littér.*

rabâcher *v.tr.* · radoter · redire · répéter · ressasser · chanter sur tous les tons · rebattre les oreilles (de) *fam.* • [sans complément] chanter toujours la même chanson, antienne *littér.*

rabâcheur, -euse *n. et adj.* · radoteur · ressasseur

rabais *n.m.* **réduction** · baisse · diminution · discount *anglic.* · escompte · remise · ristourne · solde

✦ **au rabais** en solde · à bon compte · à bon marché

réduction

rabaissant, e *adj.* · avilissant · dégradant · déshonorant · humiliant · infamant

rabaisser *v.tr.* **1 - diminuer** · abaisser · baisser · limiter · modérer · rabattre · réduire · restreindre · **2 - avilir** · abaisser · amoindrir · avilir · dégrader · dénigrer · déprécier · déshonorer · écraser · humilier · rapetisser · ravaler · ridiculiser · détracter *littér.*

»» **se rabaisser** *v.pron.* **1 - s'humilier** · s'abaisser · se déshonorer · **2 - se déprécier** · se dénigrer

rabat *n.m.* **1 - pli** · fronce · ourlet · revers · **2 - jabot** · cravate

rabat-joie *n. inv.* · trouble-fête · bonnet de nuit · empêcheur de tourner en rond · éteignoir *fam.* · pisse-froid *fam.* · pisse-vinaigre *fam.*

rabattre *v.tr.* **1 - refermer** · abaisser · abattre · aplatir · baisser · coucher · rabaisser · replier · **2 - déduire** · diminuer · décompter · défalquer · modérer · réduire · retenir · retrancher · **3 - rabaisser** · abaisser · amoindrir · atténuer · baisser · calmer · diminuer · limiter · modérer · restreindre · tempérer · **4 - racoler** · attirer

»» **se rabattre sur** *v.pron.* **se contenter de** · accepter · faire avec · se satisfaire de

rabelaisien, -ienne *adj.* · gaulois · gaillard · grivois · leste · licencieux · truculent

rabibochage *n.m.* → **réconciliation**

rabibocher *v.tr.* **1 - → réparer** · **2 - → réconcilier**

rabiot *n.m.* → **rab**

rabioter *v.tr.* **grappiller** · rogner · gratter *fam.* · grignoter *fam.* · écornifler *fam., vieilli*

râble *n.m.* · dos · reins

râblé, e *adj.* **trapu** · épais · courtaud · ramassé

rabot *n.m.* [sortes] bouvet · colombe · doucine · feuilleret · gorget · guillaume · guimbarde · mouchette · riflard · tarabiscot · varlope · wastringue · rugine

raboter *v.tr.* · aplanir · dégauchir · polir · varloper

raboteux, -euse *adj.* **1 - inégal** · râpeux · rêche · rude · rugueux · **2 -** [style] **rude** · heurté · rocailleux · saccadé

rabougri, e *adj.* · chétif · desséché · difforme · frêle · malingre · racorni · rachitique · ratatiné · recroquevillé

rabouter *v.tr.* · abouter · aboucher · raccorder

rabrouer *v.tr.* · gronder · remettre à sa place · repousser · clouer le bec à *fam.* · envoyer au diable *fam.* · envoyer balader *fam.* · envoyer bouler *fam.* · envoyer promener *fam.* · envoyer sur les roses *fam.* · moucher *fam.* · remballer *fam.* · remonter les bretelles à *fam.* · rembarrer *fam.* · rebuter *vieux*

racaille *n.f.* **1 - canaille** · escroc · vermine · crapule *fam.* · fripouille *fam.* · **2 - populace** · lie · rebut · plèbe *littér.* · tourbe *vieilli et littér.*

raccommodage *n.m.* · rapiéçage · remmaillage · réparation · reprisage · reprise · rhabillage · stoppage · rafistolage *fam.* · ravaudage *vieilli* · rapetassage *fam., vieilli* · passefilure *vieux*

raccommodement *n.m.* → réconciliation

raccommoder *v.tr.* **1 - rapiécer** · ravauder · recoudre · renforcer · remmailler · réparer · repriser · restaurer · stopper · rafistoler *fam.* · rapetasser *fam., vieilli* · passefiler *vieux* · raccoutrer *vieux* · rhabiller *vieux* · **2 - réconcilier** · rabibocher *fam.*

»» **se raccommoder** *v.pron.* **se réconcilier** · enterrer la hache de guerre · se remettre (ensemble) · se rabibocher *fam.*

❧ **rapiécer**

raccompagner *v.tr.* · reconduire · ramener · remmener

raccord *n.m.* **1 - jonction** · raccordement · **2 - enchaînement** · liaison · **3 - coude** · manchon · **4 - retouche**

raccordement *n.m.* **1 - branchement** · connexion · **2 - enchaînement** · liaison · transition · **3 - embranchement** · bretelle (d'accès)

raccorder *v.tr.* · assembler · connecter · embrancher · joindre · rabouter · rattacher · relier · réunir · unir

raccourci *n.m.* · abrégé · ellipse · résumé

✦ **en raccourci 1 - en abrégé** · en résumé · **2 - en bref** · en deux, quelques mots · pour faire court

raccourcir

▪ *v.tr.* **1 - abréger** · couper · diminuer · écourter · rapetisser · réduire · rétrécir · accourcir *vieux* · apetisser *vieux* · **2 -** [des branches] **élaguer** · ébouter · [un arbre] écimer · émonder · tailler · **3 -** [fam.] **décapiter** · guillotiner

▪ *v.intr.* **1 - rétrécir** · rapetisser · **2 - diminuer**

raccourcissement *n.m.* **1 - abrègement** · contraction · diminution · réduction · **2 -** [d'un muscle] **contraction** · rétraction

raccrochage *n.m.* → **racolage**

raccrocher *v.tr.*

▪ *v.intr.* [fam.] **renoncer** · abandonner · se ranger des voitures *fam.*

▪ *v.tr.* **1 - racoler** · accoster · **2 - remettre** · reposer

»» **se raccrocher** *v.pron.* **1 - s'agripper** · se cramponner · se rattraper · se retenir · **2 - se rapporter** · se rattacher · se relier

race *n.f.* **1 - origine** · ascendance · branche · ethnie · extraction · famille · filiation · lignage · lignée · maison · naissance · peuple · sang · souche · parage *vieux* · **2 - descendance** · enfants · fils · lignée · postérité · **3 - espèce** · genre · sorte · type · engeance *péj.* · gent *littér.*

racé, e *adj.* · distingué · élégant · qui a du chien

rachat *n.m.* **1 - remboursement** · reprise · [Droit] réméré · **2 - rédemption** · délivrance · expiation · réhabilitation · salut

racheter *v.tr.* **1 - expier** · compenser · délivrer de · effacer · faire oublier · libérer de · payer · rattraper · réparer · **2 - sauver** · réhabiliter · [Relig.] rédimer · **3 -** [une entreprise] **reprendre** · absorber · filialiser · récupérer

rachis *n.m.* · colonne vertébrale · échine · épine dorsale · vertèbres

rachitique *adj.* · chétif · atrophié · débile · difforme · étiolé · maigre · malingre · rabougri · maigrichon *fam.* · maigriot *fam.* · racho *fam.* · noué *Méd., vieux*

racial, e *adj.* · ethnique

racial, ethnique

Racial et **ethnique** sont relatifs à ce qui rassemble et distingue des individus au sein de l'espèce humaine. Les partis pris idéologiques attachés à l'idée de *race* tendent à faire reculer l'emploi de **racial** au profit d'**ethnique**, qui renvoie à la notion non ambiguë d'*ethnie (les principaux caractères ethniques sont la langue et la culture)*. On parlera ainsi plutôt de *différences ethniques* que de *différences raciales*. **Racial** est réservé à un contexte historique *(la ségrégation raciale durant le régime de l'apartheid)*, politique *(la politique raciale d'un État)* ou à celui du *racisme (condamner l'incitation à la haine raciale, la discrimination raciale)*. Des *émeutes raciales* peuvent résulter de l'affrontement entre *groupes ethniques* ; des *luttes ethniques* violentes peuvent dégénérer en *purification ethnique*, c'est-à-dire en extermination d'un groupe par un autre.

racine *n.f.* **1 - bulbe** · bulbille · caïeu · griffe · oignon · pivot · radicelle · radicule · rhizome · **2 - origine** · base · commencement · naissance · souche · source · **3 -** [Ling.] **radical** · base · mot souche · morphème

racisme *n.m.* **1 - xénophobie** · antisémitisme · nationalisme · **2 - discrimination** · ségrégation

raciste *n. et adj.* · xénophobe · antisémite · nationaliste

racket *n.m.* · rançonnement · chantage · extorsion

racketter *v.tr.* · rançonner · faire chanter · mettre à l'amende *lang. jeunes*

raclée *n.f.* · correction · coups · dégelée *fam.* · dérouillée *fam.* · pile *fam.* · volée *fam.* · brossée *fam., vieilli* · brûlée *fam., vieilli* · danse *fam.,* *vieilli* · peignée *fam., vieilli* · rossée *fam., vieilli* · tripotée *fam., vieilli* · frottée *fam., vieux*

racler *v.tr.* **1 - gratter** · curer · frotter · nettoyer · **2 - râper**

raclette *n.f.* · racloir

raclure *n.f.* · déchet · copeau · débris · épluchure · résidu · rognure

racolage *n.m.* **1 - enrôlement** · embrigadement · recrutement · **2 - rabattage** · raccrochage *vieilli* · retape *fam.* · tapin *fam.*

racoler *v.tr.* **1 - embrigader** · engager · enrôler · recruter · **2 - accoster** · aborder · attirer · [sans complément] faire de la retape *fam.*

racoleur, -euse

■ *n.* **1 - recruteur** · enrôleur *vieux* · **2 - propagandiste**

■ *adj.* · accrocheur · aguicheur · démagogique · raccrocheur · titillant · démago *fam.* · pute *vulg.*

racontar *n.m.* · commérage · bavardage · bruit · calomnie · conte · histoire · invention · médisance · on-dit · ragot · persiflage · cancan *fam.* · potin *fam.* · clabaudage *littér.*

raconter *v.tr.* **1 - dire** · décrire · débiter *péj.* · dépeindre · énoncer · expliquer · exposer · livrer · rapporter · réciter · relater · retracer · rendre compte de · retracer · conter *littér.* · narrer *littér.* · **2 - avouer** · confesser

✦ **tout raconter** tout déballer *fam.* · manger le morceau *fam.* · se mettre à table *fam.* · vider son sac *fam.* · dévider son chapelet, son écheveau *vieilli*

radar *n.m.* · détecteur

rade *n.m.* · bassin · port · havre

✦ **en rade 1 - en attente** · en souffrance · en suspens · en carafe *fam.* · en plan *fam.* · **2 - en panne** · en carafe *fam.*

[1]**radiation** *n.f.* **1 - exclusion** · destitution · expulsion · licenciement · mise à l'écart · renvoi · révocation · **2 - annulation** · effacement · élimination · suppression

[2]**radiation** *n.f.* **1 - rayon** · faisceau · onde · rai · rayonnement · **2 - propagation** · émanation · émission · irradiation · rayonnement

[1]**radical, e** *adj.* **1 - absolu** · catégorique · complet · essentiel · extrême · foncier · fondamental · irrévocable · profond · total · **2 - draconien** · drastique · dur · féroce · strict · **3 - infaillible** · souverain · sûr · **4 - jusqu'au-boutiste** · catégorique · extrémiste · ferme · intransigeant · pur et dur · pur jus

[2]**radical** *n.m.* · racine · souche

radicalement *adv.* · absolument · catégoriquement · complètement · diamétralement · du tout au tout · entièrement · essentiellement · foncièrement · fondamentalement · intégralement · parfaitement · pleinement · totalement · tout à fait

radicaliser *v.tr.* · durcir · raidir · renforcer

radier *v.tr.* **1 - congédier** · démettre · déposer · destituer · écarter · évincer · exclure · licencier · limoger · relever · renvoyer · révoquer · **2 - effacer** · annuler · barrer · biffer · éliminer · enlever · ôter · supprimer · rayer · retirer

radiesthésiste *n.* · sourcier · rhabdomancien *didact.*

radieux, -ieuse *adj.* **1 - éclatant** • beau • brillant • éblouissant • ensoleillé • étincelant • lumineux • rayonnant • resplendissant • splendide • **2 - content** • épanoui • heureux • joyeux • ravi • rayonnant • réjoui

radin, e

▪ *adj.* • avare • économe • mesquin • pingre • regardant • chiche *fam.* • près de ses sous *fam.* • rapiat *fam.* • rat *fam.* • parcimonieux *littér.* • ladre *vieux ou littér.*

▪ *n.* • avare • harpagon • pingre • picsou • grigou *fam.* • rapiat *fam.* • rat *fam.* • ladre *vieux ou littér.*

radinerie *n.f.* • avarice • pingrerie • ladrerie *littér.* • lésine *vieux*

radio *n.f.* • transistor • poste • [anciennt] (poste de) T.S.F. • poste à galène

✦ **à la radio** sur les ondes

radiodiffusion *n.f.* • diffusion • émission • transmission • retransmission

radiographie *n.f.* • scanographie • stratigraphie • tomographie

radotage *n.m.* **rabâchage** • redite • répétition • ressassement

radoter *v.intr.* **1 - divaguer** • débloquer *fam.* • délirer *fam.* • déménager *fam.* • dérailler *fam.* • déraisonner *littér.* • extravaguer *littér.* • **2 - rabâcher** • se répéter • chanter toujours la même chanson, antienne • [avec complément] redire • ressasser • chanter sur tous les tons

✦ **arrête de radoter !** change de disque ! *fam.*

radoucir *v.tr.* **1 - réchauffer** • adoucir • attiédir • **2 - atténuer** • alléger • amortir • calmer • diminuer • estomper • étouffer • réduire • soulager • **3 - modérer** • adoucir • apaiser • assouplir • mettre un bémol à • mitiger • tempérer

⋙ **se radoucir** *v.pron.* **1 - se réchauffer** • s'attiédir • s'adoucir • tiédir • **2 - s'attendrir** • fléchir • s'adoucir • **3 - se modérer** • s'apaiser • s'assagir • se calmer • en rabattre • lâcher du lest • mettre de l'eau dans son vin

radoucissement *n.m.* • réchauffement • redoux

rafale *n.f.* **1 - bourrasque** • coup de vent • tornade • tourbillon • [Mar.] grain • risée • **2 - tir** • décharge • salve • giclée *fam.*

raffermir *v.tr.* **1 - renforcer** • affermir • cimenter • confirmer • consolider • durcir • endurcir • étayer • fortifier • raidir • resserrer • solidifier • soutenir • stabiliser • tonifier • **2 - ranimer** • attiser • aviver • exalter • ragaillardir • raviver • réactiver • réanimer • réchauffer • réconforter • relever • remonter • revigorer • revivifier • stimuler • tremper

raffermissement *n.m.* • consolidation • durcissement • raidissement • renforcement

raffinage *n.m.* **1 - affinage** • épuration • purification • **2 -** [du pétrole] craquage *recomm. offic.* • cracking *anglic.* • hydrocraquage • reformage • [du sucre] blanchissage

raffiné, e *adj.* **1 - délicat** • chic • de bon goût • distingué • élégant • épuré • fin • sophistiqué • subtil • stylé • [personne] bien élevé • bien éduqué • cultivé • **2 - recherché** • complexe • compliqué • étudié • ingénieux • minutieux • perfectionné • sophistiqué • subtil • travaillé • chiadé *fam.*

raffinement *n.m.* · délicatesse · art · classe · distinction · élégance · finesse · minutie · préciosité · recherche · sophistication · subtilité

raffiner *v.tr.* **1 - distiller** · affiner · purifier · **2 - perfectionner** · affiner · châtier · épurer · policer · polir · fignoler *fam.*

raffoler de *v.tr.ind.* · être fou de · adorer · aimer · être épris de · s'enflammer pour · avoir un engouement pour · s'enthousiasmer pour · être entiché de · être épris de · être passionné de · avoir le virus de *fam.* · être accro à *fam.*

raffut *n.m.* [fam.] tapage · vacarme · barouf *fam.* · boucan *fam.* · potin *fam.* · raffut *fam.* · ramdam *fam.* · sabbat *fam.*

rafistoler *v.tr.* → **réparer**

rafle *n.f.* · razzia · arrestation · coup de filet · descente (de police) · raid

rafler *v.tr.* **1 - dérober** · accaparer · conquérir · emporter · enlever · faire une razzia sur · mettre la main sur · prendre · s'approprier · s'emparer de · soustraire · subtiliser · voler · chaparder *fam.* · faucher *fam.* · piquer *fam.* · ratiboiser *fam.* · **2 - gagner** · empocher · encaisser · obtenir · percevoir · rallier · ramasser · récolter · remporter · toucher · ravir *littér.* · souffler *fam.* · truster *fam.*

rafraîchi, e *adj.* [boisson] **frappé**

rafraîchir *v.tr.* **1 - refroidir** · réfrigérer · **2 - rajeunir** · raviver · ranimer · revigorer · revivifier · rénover · refaire · réparer · repeindre · retaper

⋙ **se rafraîchir** *v.pron.* **1 - boire** · se désaltérer · étancher sa soif · **2 -** [température] **fraîchir** · baisser · diminuer · se refroidir

rafraîchissant, e *adj.* **1 -** [boisson] **désaltérant** · **2 -** [fig.] **original** · nouveau

rafraîchissement *n.m.* **1 - boisson** · consommation · pot *fam.* · **2 - refroidissement** · baisse des températures

ragaillardir *v.tr.* **revigorer** · fortifier · ranimer · raviver · réconforter · reconstituer · remonter *fam.* · ravigoter *fam.* · requinquer *fam.* · retaper *fam.* · revivifier *fam.*

⋙ **se ragaillardir** *v.pron.* · reprendre du poil de la bête *fam.*

rage *n.f.* **1 - colère** · acharnement · énervement · emportement · exaspération · fureur · furie · hargne · indignation · rogne *fam.* · courroux *littér.* · ire *littér.* · **2 - frénésie** · ardeur · déchaînement · exaltation · explosion · fièvre · transport *littér.* · **3 - manie** · passion

✦ **en rage** furieux · déchaîné · en colère · enragé · exaspéré · furibond · hors de soi · remonté · fumasse *fam.* · furax *fam.* · furibard *fam.*

rageant, e *adj.* · enrageant · agaçant · crispant · énervant · exaspérant · excédant · irritant · râlant *fam.*

rager *v.intr.* · enrager · fulminer · pester · râler · écumer (de rage, de colère) · bisquer *fam.* · fumer *fam.* · rouspéter *fam.*

rageur, -euse *adj.* **1 - coléreux** · colérique · irascible · irritable · soupe au lait · qui a la tête près du bonnet · **2 - hargneux** · agressif · emporté · furibond · vindicatif · violent

rageusement *adv.* · avec hargne · coléreusement

ragot *n.m.* • commérage • bavardage • bruit • calomnie • conte • histoire • invention • médisance • on-dit • racontar • persiflage • cancan *fam.* • potin *fam.* • clabaudage *littér.*

ragoût *n.m.* [sortes] fricassée • blanquette • bouillabaisse • cassoulet • civet • gibelotte • goulasch • haricot • irish stew • matelote • miroton • navarin • ratatouille • salmis • tajine • fricot *péj.* • ragougnasse *péj.* • rata *péj.* • salmigondis *vieux*

ragoûtant, e *adj.* **1 - appétissant** • alléchant • **2 - agréable** • affriolant • attrayant • engageant • séduisant • tentant

ragréer *v.tr.* • ravaler • lisser • nettoyer • rénover

raid *n.m.* **1 - commando** • attaque • campagne • coup de main • descente • expédition • incursion • mission • opération (éclair) • razzia • **2 - rallye** • expédition

raide *adj.* **1 - rigide** • dur • tendu • ferme • **2 - ankylosé** • engourdi • **3 - abrupt** • à pic • droit • escarpé • **4 - affecté** • collet monté • compassé • contraint • empesé • empoté • engoncé • guindé • gourmé *littér.* • **5 - austère** • autoritaire • grave • inflexible • intraitable • intransigeant • rigide • solennel • sévère • strict • **6 -** [fam.] **pauvre** • ruiné • désargenté *fam.* • sans le sou *fam.* • fauché *fam.* • à fond de cale *fam.* • à sec *fam.* • **7 -** [fam.] **licencieux** • cru • grivois • osé • salé

✦ **très raide** raide comme un piquet

raideur *n.f.* **1 - ankylose** • contraction • engourdissement • raidissement • rigidité • tension • **2 - affectation** • componction • gravité • solennité • **3 - austérité** • intransigeance • rigueur • rigidité • sévérité

raidillon *n.m.* • côte • montée • grimpette *fam.*

raidir *v.tr.* **1 - bander** • contracter • tendre • **2 - tirer** • roidir *littér.* • **3 - engourdir** • ankyloser • **4 - radicaliser** • durcir • renforcer

raidissement *n.m.* **1 - ankylose** • contraction • engourdissement • raidissement • rigidité • tension • **2 - radicalisation** • durcissement • renforcement

raie *n.f.* • trait • bande • entaille • griffure • hachure • ligne • liseré • marbrure • rainure • rayure • sillon • strie • striure • zébrure

rail *n.m.* **1 -** [de sécurité] **barrière** • couloir • glissière • **2 -** [au plur.] **chemin de fer** • voie (ferrée)

railler *v.tr.* • se moquer de • bafouer • chiner • égratigner • montrer du doigt • persifler • plaisanter de • ridiculiser • se payer la tête de • charrier *fam.* • se ficher de *fam.* • se foutre de *fam.* • faire marcher *fam.* • mettre en boîte *fam.* • blasonner *littér.* • brocarder *littér.* • dauber *littér.* • draper *littér.* • satiriser *littér.* • se gausser de *littér.* • faire la figue à *vieux*

raillerie *n.f.* **1 -** [souvent au plur.] **plaisanterie** • moquerie • affront • critique • égratignure • épigramme • flèche • pointe • quolibet • sarcasme • satire • trait • lazzi *littér.* • gausserie *vieilli* • goguenardise *vieilli* • brocard *vieux* • **2 - persiflage** • dérision • ironie • malice • moquerie • risée • sarcasme • satire

➳ **plaisanterie**

railleur, -euse *n. et adj.* • ironique • blagueur • caustique • coquin • espiègle • facétieux • farceur · goguenard · gouailleur · impertinent · incisif · malicieux · moqueur · mordant · narquois · persifleur · piquant · sardonique · satirique · taquin · frondeur *littér.* · chineur *vieilli* · ironiste *vieilli*

rainure *n.f.* · entaille · cannelure · canal · coulisse · creux · fente · fissure · glissière · incision · ligne · raie · rayure · rigole · sillon · strie · trait · zébrure

raisin *n.m.* · vigne · cépage

raison *n.f.* **1 - intelligence** · entendement · esprit · intellect · jugement · lucidité · pensée • [Philo.] connaissance · **2 - bon sens** · compréhension · discernement · intelligence · sagesse · sens commun · jugeote *fam.* · **3 - cause** · argument · excuse · explication · fondement · jusification · mobile · motif · origine · pourquoi · prétexte · sujet

✦ **avoir raison** être dans le vrai · dire vrai · ne pas se tromper

✦ **avoir raison de** vaincre · surmonter · triompher de · venir à bout de

✦ **se faire une raison** en prendre son parti · se résigner

✦ **avec raison** à juste titre · à bon droit · à bon escient · légitimement

✦ **sans raison** gratuitement · à plaisir · de manière arbitraire · de manière injustifiée · pour rien

✦ **à plus forte raison** a fortiori

✦ **à raison de** **1 - suivant** · selon · à proportion de · **2 - sur la base de** · au prix de

✦ **en raison de** à cause de · en conséquence de · en considération de · étant donné · eu égard à · en vertu de · du fait que · parce que · attendu que *(Droit)*

✦ **raison d'être** destination · but · fin · fondement · justification · mobile · motif · objectif

✦ **raison sociale** nom · désignation

raisonnable *adj.* **1 - intelligent** · pensant · rationnel · **2 - judicieux** · mûr · pondéré · posé · prudent · réfléchi · sage · sensé · **3 - convenable** · acceptable · correct · honnête · fondé · juste · légitime · logique · modéré · naturel · normal

raisonnablement *adv.* · modérément · bien · correctement · convenablement · logiquement · prudemment · rationnellement · sagement · sans excès

raisonné, e *adj.* **1 - logique** · rationnel · **2 - calculé** · réfléchi

raisonnement *n.m.* **1 - démonstration** · argumentation · déduction · dialectique · explication · logique · argutie *péj.* · chicane *péj.* · **2 -** [Logique, types de raisonnement] **induction** · déduction · inférence · sophisme · sorite · syllogisme

raisonner *v.intr.* **1 - penser** · calculer · déduire · induire · juger · méditer · philosopher · réfléchir · cogiter *fam.* · **2 - discuter** · chicaner *fam.* · discutailler *fam.* · ergoter *fam.* · couper les cheveux en quatre *fam.* · enculer les mouches *très fam.* · ratiociner *littér.*

raisonneur, -euse *n.* · argumentateur · ergoteur · discuteur · chicaneur *fam.* · coupeur de cheveux en quatre *fam.* · discutailleur *fam.* · enculeur de mouches *très fam.* · pinailleur *fam.* · ratiocineur *littér.*

rajeunir *v.tr.* **moderniser** · actualiser · dépoussiérer · rafraîchir · ranimer · raviver · rénover · renouveler · retaper · reverdir · revigorer · infuser un sang nouveau, neuf à · donner un coup de jeune à *fam.*

✦ **rajeunir les effectifs** secouer le cocotier *fam.*

rajeunissement *n.m* · renouvellement · actualisation · coup de jeune *fam.* · dépoussiérage *fam.*

rajout *n.m.* · ajout · addition · adjonction

rajouter *v.tr.* **remettre** · ajouter

✦ **en rajouter** dramatiser · en faire trop · exagérer · forcer la vérité · en remettre une couche, une louche *fam.*

rajuster *v.tr.* · réajuster · adapter · arranger · réparer · rectifier · refaire · régler · remettre · reprendre · rétablir

râlant, e *adj.* · enrageant · agaçant · crispant · énervant · exaspérant · excédant · irritant · rageant · chiant *très fam.* · emmerdant *très fam.*

ralenti *n.m.* · bas régime

✦ **au ralenti** 1 – **à vitesse réduite** · doucement · lentement · 2 – **en veilleuse** · à petite vitesse · à vitesse réduite

ralentir

▪ *v.tr.* 1 – **entraver** · embarrasser · freiner · gêner · modérer · retarder · réduire · 2 – **affaiblir** · atténuer · diminuer · faire baisser · freiner · modérer · réduire

▪ *v.intr.* 1 – **décélérer** · freiner · lever le pied *fam.* · 2 – **baisser** · diminuer · 3 – [économie, activité] **s'essouffler** · fléchir · marquer le pas

ralentissement *n.m.* 1 – **décélération** · freinage · 2 – **réduction** · affaiblissement · baisse · diminution · essoufflement · fléchissement · 3 – **relâchement** · répit · repos · trêve · 4 – **embouteillage** · bouchon · encombrement · retenue

✦ **ralentissement économique** récession · dépression · marasme

râler *v.intr.* · grogner · fulminer · enrager · maugréer · pester · protester · ronchonner · bisquer *fam.* · fumer *fam.* · maronner *fam., région.* · rager *fam.* · rouspéter *fam.*

râleur, -euse *n. et adj.* · grincheux · bougon *fam.* · grognon *fam.* · ronchon *fam.* · rouspéteur *fam.*

ralliement *n.m.* 1 – **rassemblement** · regroupement · 2 – **adhésion** · approbation

rallier *v.tr.* 1 – **rassembler** · assembler · regrouper · réunir · battre le rappel de · 2 – **gagner** · acquérir · remporter · 3 – **rejoindre** · regagner · réintégrer · rentrer à · retourner à · revenir à

⋙ **se rallier à** *v.pron.* 1 – [une idée] **approuver** · adhérer à · adopter · croire à · se ranger à · souscrire à · 2 – [un groupe] **rejoindre (les rangs de)** · adhérer à · grossir les rangs de

rallonge *n.f.* 1 – **allonge** · [électrique] prolongateur · 2 – [fam.] **supplément** · augmentation · complément

rallonger

▪ *v.intr.* **allonger** · augmenter · s'allonger

▪ *v.tr.* **délayer** · liquéfier

rallonger, allonger

Rallonger ou **allonger** quelque chose, c'est en augmenter la longueur (*allonger, rallonger un vêtement, une tenture*). Dans un contexte spatial ou temporel, **rallonger** est plus courant qu'**allonger** pour exprimer ce qui devient plus long *(on dirait que les jours rallongent)* ou paraît plus long *(cet itinéraire nous rallonge beaucoup)*. Par ailleurs, les emplois d'**allonger** sont étendus à l'idée de développer *(allonger un article)* et de prolonger : « La vie est courte, mais l'ennui l'allonge » (J. Renard, *Journal, 5 mars 1906*).

rallumer *v.tr.* **ranimer** · raviver · réchauffer · ressusciter · réveiller

›› **se rallumer** *v.pron.* [la haine, l'espoir] **renaître** · revivre

rallye *n.m.* **1 - circuit (automobile)** · course · **2 - réunion** · bal · fête

ramage *n.m.* **1 - chant** · gazouillement · gazouillis · pépiement · **2 -** [vieux] **branchage** · rameau

ramassage *n.m.* **1 - collecte** · collectage · [des ordures] enlèvement · **2 - récolte** · cueillette · glanage · grappillage · moisson · [du foin] fenaison · râtelage

ramassé, e *adj.* **1 - blotti** · pelotonné · recroquevillé · **2 - court** · courtaud · épais · massif · puissant · râblé · trapu · mastoc *fam.* · **3 - concentré** · bref · concis · condensé · dense

ramasser *v.tr.* **1 - collecter** · amasser · assembler · prendre · rassembler · recueillir · regrouper · réunir · [des ordures] enlever · [des copies] relever · **2 - récolter** · cueillir · glaner · grappiller · [du foin] râteler · **3 - se procurer** · amasser · empocher · encaisser · gagner · recevoir · recueillir · attraper *fam.* · rafler *fam.* · **4 - concentrer** · condenser · réduire · resserrer · résumer · **5 -** [fam.] **arrêter** · attraper · prendre · cueillir *fam.* · épingler *fam.* · pincer *fam.* · piquer *fam.*

›› **se ramasser** *v.pron.* **1 - se blottir** · se pelotonner · se recroqueviller · se replier · **2 -** [fam.] → **tomber** · **3 -** [fam] → **échouer**

ramassis *n.m.* **1 - amas** · fatras · tas · ramas *vieux* · **2 -** [péj., de gens] **bande** · meute · clique *péj.*

rambarde *n.f.* · balustrade · barrière · bastingage · garde-corps · garde-fou · main courante

ramdam *n.m.* · chahut · charivari · tapage · tumulte · vacarme · barouf *fam.* · boucan *fam.* · chambard *fam.* · raffut *fam.* · tintamarre *fam.* · bordel *très fam.*

rame *n.f.* · aviron · pagaie · godille

rameau *n.m.* **1 - brindille** · branche · branchette · ramille · ramage *vieux* · **2 - subdivision** · branche · division · embranchement · partie · ramification

ramée *n.f.* **branchage** · branches · feuillage · rameaux · ramure · frondaison *littér.*

ramener *v.tr.* **1 - raccompagner** · reconduire · **2 - rapporter** · rendre · restituer · **3 - réduire** · limiter · restreindre · **4 - rabattre** · remonter · tirer · **5 - restaurer** · réintroduire · remettre · rétablir · faire revenir

✦ **ramener à la vie** ranimer · ressusciter

›› **se ramener** *v.pron.* [fam.] **arriver** · venir · se pointer *fam.* · rappliquer *fam.*

ramer *v.intr.* **1 - nager** · godiller · pagayer · souquer · [vigoureusement] faire force de rames *soutenu* · **2 -** [fam.] **se démener** · peiner · en chier *très fam.*

rameur, -euse *n.* · nageur

rameuter *v.tr.* **1 - ameuter** · appeler · rassembler · regrouper · **2 - mobiliser** · battre le rappel de · embrigader · enrégimenter · enrôler · recruter

ramier *n.m.* · pigeon · colombe · palombe

↝ **pigeon**

ramification *n.f.* **1 - rameau** · arborescence · arborisation · inflorescence · **2 - division** · branche · embranchement · partie · rameau · subdivision

ramifier (se) *v.pron.* **1 - se diviser** · se dissocier · se partager · se scinder · se séparer · se subdiviser · **2 - s'étendre** · se propager · se répandre

ramolli, e *adj.* **1 - mou** · ramollo *fam.* · **2 -** [fam.] **décrépit** · avachi · déliquescent · gâteux · mou · sénile · gaga *fam.*

ramollir *v.tr.* **1 - amollir** · attendrir · **2 - affaiblir** · alanguir · avachir · débiliter · aveulir *littér.* · amollir *vieilli* · **3 -** [la terre] **ameublir** · mollir *vieux*

»» **se ramollir** *v. pron.* **1 - se distendre** · s'avachir · se détendre · se relâcher · **2 -** [fam.] **décliner** · baisser · devenir gâteux

rampant, e *adj.* **1 - bas** · plat · servile · soumis · vil · **2 - flatteur** · obséquieux

rampe *n.f.* **1 - montée** · côte · grimpée · inclinaison · pente · grimpette *fam.* · **2 - balustrade** · main courante · [Mar.] tire-veille

ramper *v.intr.* **1 - se traîner** · se glisser · **2 - s'humilier** · s'abaisser · s'aplatir · flatter · faire des courbettes · se mettre à plat ventre

ramure *n.f.* **1 - branchage** · branches · feuillage · rameaux · frondaison *littér.* · ramée *littér.* · **2 -** [d'un cerf] **andouiller** · bois · cornes · cors · époi · merrain · perche

rancarder *v.tr.* [fam.] → **renseigner**

rance *adj. et n.m.* · gâté · moisi · pourri

rancœur *n.f.* · aigreur · amertume · animosité · dépit · hostilité · rancune · ressentiment

rançon *n.f.* [du plaisir, du succès, etc.] contrepartie · conséquence · envers · inconvénient · prix · tribut

rançonnement *n.m.* · racket · chantage · extorsion

rançonner *v.tr.* **1 - racketter** · dépouiller · mettre à l'amende *lang. jeunes* · **2 - exploiter** · pressurer · saigner · voler

rancune *n.f.* **aigreur** · amertume · animosité · dépit · hostilité · rancœur · ressentiment · inimitié *soutenu*

✦ **avoir, garder de la rancune contre** en vouloir à · tenir rigueur (de qqch.) à · garder un chien de sa chienne à · avoir, garder une dent contre *fam.*

↝ **rancune, inimitié, ressentiment**

Rancune, inimitié et ressentiment ont en commun l'idée d'animosité. Inimitié, d'usage soutenu, désigne un sentiment d'hostilité durable à l'égard de quelqu'un ou d'une collectivité *(une profonde, solide inimitié les sépare ; concevoir de l'inimitié envers quelqu'un)*. Avec le ressentiment, mot d'emploi péjoratif, l'animosité tenace à l'égard d'autrui naît du mal que l'on a subi et s'accompagne souvent de l'intention de se venger *(cela a nourri, alimenté leur ressentiment envers les*

Occidentaux). Dans la rancune, un fort ressentiment se cristallise sur la personne que l'on considère comme responsable de ses maux et la volonté de se venger est affirmée *(garder de la rancune à quelqu'un ; une rancune tenace ; de vieilles rancunes).*

rancunier, -ière *adj.* • vindicatif • rancuneux *vieux*

randonnée *n.f.* • promenade • circuit • excursion • marche • tour • trek • trekking • balade *fam.*

rang *n.m.* **1 - file** • alignement • colonne • cordon • enfilade • haie • ligne • queue • rangée • série • succession • suite • **2 - grade** • caste • catégorie • classe • condition • degré • milieu • niveau • qualité • situation • état *vieilli* • **3 - numéro** • échelon • ordre • place • position • **4 -** [élevé] **fonction** • dignité • place • titre

✦ **au rang de** **1 - au grade de** • dans la catégorie de • **2 - parmi** • au nombre de

✦ **être sur les rangs pour** être candidat pour • ambitionner • briguer • postuler à • se présenter à • prétendre à • revendiquer

✦ **être au premier rang** tenir le haut du pavé

»» **rangs** *plur.* [dans certaines expressions] camp • bataillon • ensemble • groupe • masse • nombre • organisation • parti • société

rangé, e *adj.* **1 - ordonné** • aligné • classé • convenable • en ordre • propre • net • soigneux • **2 - sérieux** • classique • conformiste • sage

rangée *n.f.* • file • alignement • chaîne • colonne • cordon • enfilade • haie • ligne • queue • rang • série • succession • suite

rangement *n.m.* **1 - classement** • agencement • arrangement • disposition • mise en ordre • ordre • organisation • **2 - placard** • armoire

ranger *v.tr.* **1 - classer** • agencer • aménager • arranger • classifier • débrouiller • démêler • mettre de l'ordre dans • mettre en place • ordonner • organiser • réorganiser • remettre en place • trier • **2 - mettre à l'abri** • mettre en lieu sûr • remiser • **3 - placer** • disposer • mettre • caser *fam.* • [une voiture] garer • parquer • serrer *région.* • **4 - contraindre** • soumettre

»» **se ranger** *v.pron.* **1 - se mettre** • s'aligner • s'ordonner • se placer • s'installer • se garer • se parquer • **2 - s'effacer** • faire place • **3 - s'assagir** • se calmer • se soumettre • **4 - rentrer dans le rang** • s'assagir • se ranger des voitures *fam.*

✦ **se ranger à** [un avis] adopter • adhérer à • rejoindre • se rallier à

ranimer *v.tr.* **1 - ressusciter** • faire renaître • faire revivre • **2 - réveiller** • aiguillonner • aiguiser • animer • attiser • augmenter • aviver • encourager • éperonner • exalter • exciter • raffermir • rallumer • raviver • réactiver • réanimer • réchauffer • rehausser • relever • stimuler • **3 - encourager** • réchauffer • réconforter • remonter • rétablir • revigorer • revivifier • ravigoter *fam.*

ranimer, ressusciter, raviver, réanimer

Ranimer, réanimer et **ressusciter** se rejoignent autour de l'idée de redonner vie à une personne. **Ressusciter**, c'est faire revivre miraculeusement *(ressusciter un mort).* **Ranimer**, c'est ramener à la conscience, au mouvement *(ranimer une personne noyée, évanouie)* ; dans le contexte médical ou chirurgical, on dit **réanimer**. **Raviver**, en revanche, ne peut pas concerner un corps mais s'emploie au figuré *(son espoir s'est ravivé ; une image, un souvenir qui ravive une vieille blessure ; raviver les craintes de quelqu'un)*. Dans un sens moral, **ranimer** ajoute la notion d'intensité, de force réactivée *(ranimer l'ardeur, le courage de quelqu'un)*. **Ressusciter** renchérit sur l'idée de force et de renouveau *(son succès inattendu l'a ressuscité ; ils essaient de ressusciter d'anciennes traditions, le passé)*. « Alors Laurent essaya de parler d'amour, d'évoquer les souvenirs d'autrefois, faisant appel à son imagination pour ressusciter ses tendresses » (Zola, *Thérèse Raquin*, XXI).

rapace

▪ *adj.* 1 - **féroce** · impitoyable · 2 - **avide** · âpre au gain · avare · cupide · insatiable · vorace

▪ *n.m.* 1 - **oiseau de proie** · 2 - **requin** *fam.* · vautour *fam.*

rapacité *n.f.* 1 - **férocité** · 2 - **avidité** · âpreté au gain · avarice · cupidité · voracité

râpe *n.f.* · lime

râpé, e *adj.* 1 - **élimé** · usagé · usé (jusqu'à la corde) · 2 - [fam.] **raté** · cuit *fam.* · fichu *fam.* · foutu *fam.* · grillé *fam.*

râper *v.tr.* · gratter · racler

rapetasser *v.tr.* 1 - → **raccommoder** · 2 - → **réparer**

❧ rapiécer

rapetisser

▪ *v.tr.* 1 - **réduire** · amenuiser · diminuer · écourter · restreindre · rétrécir · apetisser *vieux* · 2 - **amoindrir** · déprécier · écraser · rabaisser

▪ *v.intr.* **raccourcir** · diminuer · accourcir *vieux*

»» **se rapetisser** *v.pron.* **se ratatiner** · se recroqueviller

râpeux, -euse *adj.* 1 - [au toucher] **rugueux** · rêche · raboteux · 2 - [au goût] **âpre** · aigre · 3 - [son] **rocailleux** · rude

rapiat, e *adj. et n.* → **radin**

rapide *adj.* 1 - **alerte** · actif · diligent · emmené · empressé · expéditif *péj.* · impétueux · prompt · vif · preste *littér.* · véloce *littér.* · 2 - **brusque** · brutal · fulgurant · hâtif · instantané · précipité · soudain · 3 - **bref** · accéléré · concis · court · cursif · éphémère · expéditif *péj.* · furtif · sommaire *péj.* · compendieux *vieux* · 4 - [rythme] **soutenu** · enlevé · 5 - [pente] **abrupt** · incliné · pentu · raide · 6 - [train] **express**

rapidement *adv.* 1 - **vite** · à la hâte · rondement · vivement · prestement *littér.* · à fond de train · à bride abattue · à grands pas · à tire d'aile · à toute allure · à toute vitesse · bon train · comme une flèche · comme un éclair · à fond la caisse *fam.* · à fond les manettes *fam.* · à toute blinde *fam.* · à toute vapeur *fam.* · à un train d'enfer *fam.* · à toute berzingue *fam.* · au galop *fam.* · au trot *fam.* · en moins de deux · [manger] sur le pouce *fam.* · avec un lance-pierre *fam.* · [écrire] d'un seul jet · [courir] ventre à terre · [rouler] à tombeau ouvert · 2 - **promptement** · bientôt · d'urgence · en toute hâte · sans tarder · 3 - **en un instant** · en moins de rien · en un tour de main · en deux temps trois mouvements · vite fait · tambour battant · en quatrième vitesse *fam.* · en deux coups de cuillère à pot *fam.* · dare-dare *fam.* · en cinq sec *fam.* · illico presto *fam.* ·

presto *fam.* · rapido(s) *fam.* · rapido-presto *fam., vieilli* · **4 - brusquement** · brutalement · soudainement · **5 -** [trop] **expéditivement** · à la sauvette · à la va-vite · au pas de course · hâtivement · précipitamment · **6 - brièvement** · comme un éclair · en coup de vent *fam.* · rapido(s) *fam.* · compendieusement *vieux* · **7 - en résumé** · brièvement · en abrégé

rapidité *n.f.* **1 - vitesse** · agilité · célérité · diligence · promptitude · prestesse *littér.* · vélocité *littér.* · [d'élocution] volubilité · **2 - hâte** · précipitation · soudaineté

rapiécer *v.tr.* · raccommoder · rapetasser *fam.*

rapiécer, raccommoder, rapetasser

Rapiécer, raccommoder et **rapetasser** concernent la remise en état de quelque chose. **Raccommoder**, vieilli à propos d'un objet *(raccommoder une montre, un jouet)*, s'emploie couramment quand la réparation s'effectue avec du fil et une aiguille *(raccommoder des chaussettes, du linge)*. **Rapiécer** un vêtement, du linge, un sac, etc. troué ou déchiré, c'est le raccommoder en y fixant une *pièce* de tissu. **Rapetasser**, d'usage familier, c'est rapiécer de manière sommaire, avec les moyens du bord. **Rapiécer** s'emploie assez couramment au participe passé *(porter un jean tout rapiécé)* et peut concerner des matières autres que textiles *(rapiécer un pneu, des chaussures)*. **Rapetasser** se dit au figuré, avec une connotation péjorative, d'une œuvre ou d'un travail écrit que l'on remanie ou que l'on complète à l'aide d'emprunts : « Journée consacrée au roman que je rapetasse » (F. Mauriac, *Bloc-Notes 1952-1957*).

rapine *n.f.* **1 - → pillage** · **2 - → vol**[2]

rappel *n.m.* **1 - évocation** · allusion · citation · mention · commémoration · mémoire · souvenance *littér.* · **2 -** [au spectacle] **bis** · **3 - avertissement** · **4 -** [de troupes] **mobilisation** · appel

rappeler *v.tr.* **1 - évoquer** · citer · commémorer · faire allusion à · redire · remémorer · retracer · **2 - ressembler à** · évoquer · se rapprocher de · **3 - ramener** · faire revenir · [un artiste] bisser · **4 -** [une armée] **mobiliser** · appeler

✦ **rappeler certaines choses à** rafraîchir la mémoire, les idées à *fam.*

»» **se rappeler** *v.pron.* **se souvenir** · mémoriser · se remémorer · se remettre en mémoire

rappliquer *v.intr.* → **arriver**

rapport *n.m.* **1 - compte rendu** · récit · analyse · bulletin · description · expertise · exposé · procès-verbal · relation · témoignage · **2 - bénéfice** · apport · fruit · gain · intérêt · produit · profit · rendement · revenu · **3 - lien** · filiation · accord · affinité · analogie · concordance · cohérence · connexion · connexité · continuité · corrélation · correspondance · dépendance · rapprochement · liaison · parenté · relation · ressemblance · similitude · **4 - relation** · fréquentation · liaison · union · commerce *vieux ou littér.* · [avec l'ennemi] intelligence · **5 - mesure** · fraction · proportion · ratio · **6 - point de vue** · angle · aspect · perspective

✦ **par rapport à** relativement à · au regard de · concernant · en ce qui concerne · en comparaison de, avec · en fonction de · envers · eu égard à · pour · quant à · relativement à · vis-à-vis de

✦ **rapport sexuel** **1 - relation (sexuelle)** · coït *didact.* · copulation *plaisant* · liaison · union · **2 -** [entre animaux] **accouplement** · copulation

✦ **avoir des rapports sexuels** **1 - faire l'amour** · baiser *fam.* · coïter *didact.* · coucher *fam.* · s'accoupler *plaisant* · s'envoyer en l'air *fam.* · copuler *plaisant* · forniquer *Relig. ou plaisant* · niquer *vulg.* · quéner *lang. jeunes* · **2 -** [animaux] s'accoupler · copuler

✦ **être en rapport** communiquer · correspondre · se fréquenter

✦ **avoir rapport à** concerner · avoir trait à · intéresser · être relatif à

rapporter *v.tr.* **1 - restituer** · ramener · remettre (à sa place) · redonner · rendre · replacer · **2 - produire** · apporter · donner · faire gagner • [sans complément] payer · être juteux *fam.* · **3 - raconter** · citer · colporter · consigner · conter · dire · exposer · redire · relater · répéter · **4 -** [fam.] **répéter** • [sans complément] cafarder *fam.* · cafter *fam.* · moucharder *fam.* · **5 - attribuer** · imputer · raccrocher · ramener · rapprocher · rattacher · relier · **6 -** [un décret] **abroger** · annuler

✦ **rapporter (qqch.) à** mettre en relation avec · ramener aux proportions de

»» **se rapporter** *v.pron.*

✦ **se rapporter à** concerner · avoir trait à · être afférent à · correspondre à · être relatif à · intéresser · regarder · se rattacher à · toucher à

✦ **s'en rapporter à** s'en remettre à · faire confiance à · se reposer sur

rapporteur, -euse *n. et adj.* · délateur · dénonciateur · mouchard · traître · balance *fam.* · cafard *fam.* · sycophante *littér.*

rapproché, e *adj.* **1 - proche** · voisin · **2 - fréquent**

rapprochement *n.m.* **1 - réconciliation** · alliance · accommodement · accord · conciliation · réunion · union · **2 - contact** · **3 - lien** · amalgame · assimilation · association · comparaison · parallèle · rapport

rapprocher *v.tr.* **1 - approcher** · avancer · **2 - accoler** · assembler · grouper · joindre · presser · unir · **3 - réconcilier** · concilier · réunir · tisser des liens entre · **4 - comparer** · amalgamer · assimiler · mettre en parallèle · mettre en regard

»» **se rapprocher** *v.pron.* · approcher · s'avancer

✦ **se rapprocher de** ressembler à · être proche de · avoisiner à · s'apparenter à · tirer sur

rapt *n.m.* · kidnapping · enlèvement · ravissement *vieux*

kidnapping

raquer *v.tr.* → **payer**

rare *adj.* **1 - introuvable** · raréfié · recherché · **2 - inhabituel** · exceptionnel · extraordinaire · hors du commun · inaccoutumé · rarissime · remarquable · singulier · **3 -** [cheveux, herbes] **clairsemé** · épars · peu fourni

✦ **personne, chose extrêmement rare** mouton à cinq pattes · merle blanc

raréfaction *n.f.* · diminution · amoindrissement · appauvrissement · disparition · épuisement · réduction · tarissement

raréfier (se) *v.pron.* · diminuer · s'amoindrir · s'appauvrir · disparaître · s'éclaircir · se faire rare · se réduire · se tarir

rarement *adv.* · guère · à peine · exceptionnellement · peu · peu souvent

rareté *n.f.* **1 - pénurie** · défaut · déficience · disette · insuffisance · manque · **2 - curiosité** · phénomène · mouton à cinq pattes · merle blanc · **3 - denrée rare**

ras, e

▪ *adj.* · court · pelé · rasé · tondu

▪ *adv.* · au plus court · au plus près · rasibus *fam., vieilli*

rasant, e *adj.* → **ennuyeux**

raser *v.tr.* **1 - tondre** · tonsurer · couper · tailler · **2 - démolir** · anéantir · casser · démanteler · détruire · dévaster · pulvériser · renverser · saccager • [un pays, une ville] rayer de la carte · **3 - effleurer** · friser · frôler · longer · serrer · **4 -** [fam.] → **ennuyer**

✦ **avoir le crâne rasé** avoir la boule à zéro *fam.*

raseur, -euse *n.* → **importun**

ras-le-bol *n.m. invar.* · dégoût · exaspération

✦ **en avoir ras-le-bol** en avoir marre *fam.* · en avoir (plus qu')assez *fam.* · en avoir ras la casquette *fam.* · en avoir jusque-là *fam.* · en avoir plein le dos *fam.*

rasoir *n.m.* **1 - sabre** *fam.* · **2 -** → **ennuyeux**

rassasié, e *adj.* **1 - repu** · assouvi · blindé *fam.* · bourré *fam.* · calé *fam.* · gavé *fam.* · soûl *vieux ou littér.* · **2 - comblé** · content · satisfait · saturé

✦ **être rassasié** **1 - être blasé** · être lassé · en avoir assez · en avoir plein le dos *fam.* · **2 - avoir le ventre plein** · être plein *fam.*

rassasié, repu

Rassasié et **repu** s'emploient en concurrence pour qualifier une personne qui a totalement assouvi sa faim, mais **repu** insiste sur l'idée de satiété : « Il s'empiffrait de nourriture, car il était vorace ; et repu, s'endormait sur place » (Jérôme et Jean Tharaud, *Marrakech*). On peut aussi appliquer **repu** à un animal *(des fauves bien repus)*. Au figuré, **repu** penche du côté de la satisfaction comblée : « La haine inassouvie et repue à la fois » (Verlaine, *Sagesse*, I, III) et **rassasié** du côté de la saturation : « (...) tout les ennuie, tout les excède, tout les assomme ; ils sont rassasiés, blasés, usés, inaccessibles. Ils connaissent d'avance ce que vous allez leur dire » (Th. Gautier, *Préface de Mlle de Maupin*).

rassasier *v.tr.* **combler** · apaiser · assouvir · contenter · satisfaire

✦ **se rassasier** manger à sa faim · se gaver · se gorger · se repaître · se soûler *fam.*

rassemblement *n.m.* **1 - réunion** · assemblée · attroupement · concentration · forum · groupement · manifestation · meeting · ralliement · regroupement · rencontre · rendez-vous · union · concours *vieux* · **2 - collecte** · collection · concentration · regroupement · réunion

rassembler *v.tr.* **1 - unir** · fusionner · mêler · réunir · unifier · **2 -** [des personnes] **réunir** · ameuter · assembler · attrouper · coaliser · concentrer · grouper · masser · rallier · regrouper · unir · **3 -** [des objets] **collecter** · accumuler · amasser · collectionner · concentrer · joindre · recueillir · regrouper · réunir

»» **se rassembler** *v.pron.* **se réunir** · s'amasser · s'assembler · confluer · s'assembler · se grouper · se masser ·

se regrouper · se rejoindre · se retrouver • [pour discussions mondaines] tenir salon

rasséréner *v.tr.* · apaiser · calmer · consoler · contenter · rassurer · réconforter · remonter · sécuriser · soulager · tranquilliser

››› **se rasséréner** *v.pron.* · retrouver son calme · reprendre des esprits

rassis, e *adj.* 1 – **dur** · sec · 2 – **posé** · calme · pondéré · raisonnable · réfléchi · sage · sensé · sérieux

rassurant, e *adj.* · tranquillisant · apaisant · calmant · encourageant · lénifiant *souvent péj.* · réconfortant · sécurisant

rassurer *v.tr.* · calmer · apaiser · consoler · rasséréner · réconforter · remettre en confiance · remonter · sécuriser · soulager · tranquilliser

rat *n.m.* [fam.] avare · harpagon · pingre · picsou · grigou *fam.* · rapiat *fam.* · ladre *vieux*

✦ **rat des champs** mulot · campagnol

ratage *n.m.* · échec · désastre · insuccès · bérézina · bide *fam.* · fiasco *fam.* · flop *fam.* · foirage *fam.* · gamelle *fam.* · loupage *fam.* · plantage *fam.* • [spectacle] four

ratatiné, e *adj.* 1 – **rabougri** · desséché · 2 – [fam.] **démoli** · cassé · fichu *fam.* · foutu *fam.*

ratatiner *v.tr.* 1 – **rapetisser** · dessécher · rabougrir · racornir · 2 – [fam.] **démolir** · anéantir · casser · écraser

››› **se ratatiner** *v.pron.* **se rabougrir** · se friper · s'étioler · se recroqueviller · se tasser

raté, e

▪ *n.* · bon à rien · loser *fam.* · minus (habens) *fam.* · nul *fam.* · nullard *fam.* · tocard *fam.* · zéro *fam.*

▪ *n.m.* 1 – **à-coup** · saccade · soubresaut · 2 – **échec** · ratage · revers

rater

▪ *v.intr.* **échouer** · avorter · capoter *fam.* · faire un flop *fam.* · foirer *fam.* · louper *fam.* · merder *très fam.* · partir en couille *très fam.* · partir en vrille *fam.* · péter dans la main *fam.* · queuter *fam.*

▪ *v.tr.* 1 – **manquer** · passer à côté de · louper *fam.* · 2 – **gâcher** · perdre

ratification *n.f.* 1 – **autorisation** · accord · adoption · agrément · approbation · confirmation · entérinement · 2 – **authentification** · consécration · homologation · officialisation · reconnaissance · sanction · signature · validation

ratifier *v.tr.* 1 – **autoriser** · adopter · agréer · approuver · confirmer · entériner · 2 – **authentifier** · consacrer · homologuer · officialiser · reconnaître · sanctionner · signer · valider

ratiociner *v.intr.* · argumenter · chinoiser · débattre · discuter · épiloguer · ergoter · philosopher · subtiliser · tergiverser · vétiller *littér.* · pinailler *fam.* · chicaner *fam.* · chipoter *fam.* · discutailler *fam.* · chercher la petite bête *fam.* · couper les cheveux en quatre *fam.* · enculer les mouches *très fam.*

ratiocineur, -euse *n. et adj.* · argumentateur · chicaneur · chicanier · ergoteur · chipoteur *fam.* · discutailleur *fam.* · pinailleur *fam.* · coupeur de cheveux en quatre *fam.* · enculeur de mouches *très fam.* · vétilleux *littér.*

ration *n.f.* · dose · lot · mesure · part · portion · quantité

rationalisation *n.f.* · normalisation · standardisation · systématisation

rationaliser *v.tr.* · normaliser · standardiser · systématiser

rationnel, -elle *adj.* · raisonnable · cartésien · cohérent · équilibré · judicieux · juste · logique · mathématique · méthodique · ordonné · organisé · réfléchi · scientifique · sensé

rationnellement *adv.* · raisonnablement · logiquement

rationnement *n.m.* **1 - répartition** · contingentement · **2 - restriction** · limitation

rationner *v.tr.* **1 - répartir** · contingenter · **2 - restreindre** · limiter

>>> **se rationner** *v. pron.* · se limiter · se priver · se restreindre · se surveiller · se serrer la ceinture *fam.*

ratisser *v.tr.* **1 - râteler** · **2 - fouiller** · inspecter · passer au peigne fin · **3 -** [fam.] **ruiner** · ratiboiser *fam.*

rattachement *n.m.* · annexion · adjonction · incorporation · raccrochement · réunion

rattacher *v.tr.* **1 - relier** · raccrocher · rapporter · **2 - annexer** · adjoindre · incorporer · réunir

rattraper *v.tr.* **1 - récupérer** · regagner · reprendre · retrouver · **2 - compenser** · atténuer · racheter · réparer · ravoir *fam.* · **3 - atteindre** · rejoindre · serrer de près · **4 - ressaisir** · retenir (au vol)

>>> **se rattraper** *v.pron.* **1 - se raccrocher** · s'accrocher · s'agripper · se cramponner · se retenir · **2 - se racheter** · compenser · s'améliorer · se corriger · se réhabiliter · se refaire · **3 - se reprendre** · se ressaisir

rature *n.f.* · biffure · correction · retouche · surcharge · trait (de plume)

raturer *v.tr.* · barrer · biffer · corriger · rayer · retoucher · surcharger

rauque *adj.* · éraillé · âpre · cassé · enroué · guttural · rocailleux · rude · voilé

ravage *n.m.* **1 - désastre** · bouleversement · dégât · dégradation · destruction · détérioration · dévastation · dommage · saccage · casse *fam.* · [du temps] **méfait** · **2 -** [vieux] **pillage** · sac · saccage

ravagé, e *adj.* [fam.] → **fou**

ravager *v.tr.* **1 - dévaster** · anéantir · bouleverser · briser · délabrer · démolir · désoler · détruire · endommager · mettre à feu et à sang · piller · ruiner · saccager · **2 -** [un visage, etc.] **marquer** · flétrir · rider

~ **dévaster**

ravageur, -euse *adj.* **1 - dévastateur** · destructeur · **2 - saccageur** · déprédateur · pillard

ravalement *n.m.* **1 - nettoyage** · remise en état · grattage · **2 -** [vieilli] **avilissement** · rabaissement

ravaler *v.tr.* **1 - nettoyer** · gratter · refaire · remettre en état · [une façade] ragréer · **2 - avilir** · abaisser · dénigrer · déprécier · humilier · rabaisser · **3 - contenir** · dominer · étouffer · maîtriser · mettre dans sa poche · refouler · réfréner · rentrer · réprimer · retenir · surmonter · taire

»» **se ravaler** *v.pron.* · descendre · déchoir · s'abaisser · s'humilier · se rabaisser · tomber

ravaudage *n.m.* → **raccommodage**

ravauder *v.tr.* → **raccommoder**

ravi, e *adj.* · enchanté · aux anges · charmé · comblé · content · heureux · joyeux · radieux · rayonnant · réjoui · satisfait · bien aise *littér.* · bienheureux *littér.*

ravigoter *v.tr.* · revigorer · fortifier · ranimer · raviver · réconforter · reconstituer · remonter *fam.* · ragaillardir *fam.* · remettre en selle *fam.* · requinquer *fam.* · retaper *fam.* · revivifier *fam.*

ravin *n.m.* · ravine

raviné, e *adj.* [visage] marqué · buriné · creusé · ravagé · ridé

ravinement *n.m.* · érosion · affouillement

raviner *v.tr.* · éroder · affouiller · creuser

ravir *v.tr.* **1 - dérober** · arracher · confisquer · emporter · faire main basse sur · prendre · s'approprier · s'emparer de · subtiliser · voler · souffler *fam.* · **2 -** [littér.] **enlever** · kidnapper · **3 - enchanter** · charmer · combler · émerveiller · enthousiasmer · plaire à · transporter · emballer *fam.*

✦ **à ravir** à merveille · admirablement · magnifiquement · merveilleusement · superbement

raviser (se) *v.pron.* · changer d'avis · faire volte-face · se dédire · se désister · faire machine, marche arrière · revenir sur sa décision · se reprendre · se rétracter

ravissant, e *adj.* · enchanteur · admirable · adorable · beau · charmant · engageant · gracieux · joli · magnifique · merveilleux · plaisant · séduisant · superbe · à croquer *fam.*

ravissement *n.m.* **1 - enchantement** · bonheur · délectation · émerveillement · enthousiasme · exaltation · extase · **2 -** [littér.] **enlèvement** · kidnapping · rapt

ravisseur, -euse *n.* **1 - kidnappeur** · preneur d'otages · **2 -** [vieux] **voleur**

ravitaillement *n.m.* **1 - approvisionnement** · alimentation · réapprovisionnement · [d'un navire, d'un avion] avitaillement · **2 - provisions** · denrées · marchandises · provisions · réserves · stock · subsistances · victuailles · vivres

ravitailler *v.tr.* **1 - munir** · fournir · pourvoir · **2 - approvisionner** · alimenter · assurer la subsistance de · nourrir · réapprovisionner · [un navire, un avion] avitailler

raviver *v.tr.* **1 - ranimer** · aviver · attiser · faire renaître · faire repartir · faire revivre · ragaillardir · réactiver · ressusciter · réveiller · revivifier · **2 - rafraîchir** · rajeunir · ranimer · renouveler

∾ **ranimer**

ravoir *v.tr.* **1 - récupérer** · retrouver · recouvrer *littér.* · **2 -** [fam.] → **rattraper**

rayé, e *adj.* · tigré · à rayures · vergeté · zébré

rayer *v.tr.* **1 - érafler** · couper · entailler · entamer · taillader · **2 - hachurer** · strier · zébrer · **3 -**

barrer · annuler · biffer · effacer · éliminer · exclure · raturer · rejeter · supprimer

[1]**rayon** *n.m.* **jet** · faisceau · radiation · trait · rai *littér.*

✦ **rayon d'action** distance · envergure · étendue · portée · zone d'activité · zone d'influence

[2]**rayon** *n.m.* **1 - étagère** · planche · rayonnage · tablette · **2 -** [dans un grand magasin] **stand** · comptoir · **3 -** [fam.] **domaine** · branche · compétence · secteur

rayonnage *n.m.* · étagère · planche · rayon · tablette

rayonnant, e *adj.* **1 - en étoile** · radiant · **2 -** [lumière, chaleur] **irradiant** · radiant *vieilli* · **3 - éclatant** · brillant · éblouissant · étincelant · flamboyant · lumineux · radieux · resplendissant · splendide · **4 - épanoui** · gai · heureux · joyeux · radieux · ravi · réjoui · resplendissant · **5 - magnifique** · splendide

rayonnement *n.m.* **1 - radiation** · diffusion · dispersion · dissémination · émanation · émission · irradiation · propagation · progression · transmission · **2 - éclat** · clarté · lumière · **3 - influence** · ascendant · éclat · impact · influence · prestige · **4 - essor** · expansion

rayonner *v.intr.* **1 - briller** · éclairer · irradier · luire · se diffuser · **2 - se développer** · se diffuser · s'étendre · se manifester · se propager · se répandre · **3 -** [chaleur] **se diffuser** · irradier · se propager · se répandre · **4 -** [de joie] **éclater** · irradier

rayure *n.f.* **1 - bande** · hachure · ligne · strie · trait · zébrure · **2 - éraflure** · coupure · entaille · griffure · raie · strie · taillade

raz(-)de(-)marée *n.m.* · lame de fond · tsunami

razzia *n.f.* **1 - incursion** · attaque · descente · raid · **2 - pillage** · sac · saccage · **3 - rafle**

razzier *v.tr.* **1 - piller** · saccager · **2 - s'emparer de** · accaparer · s'approprier · emporter · enlever · faire main basse sur · mettre la main sur · prendre · rafler *fam.*

réac *n.* → **réactionnaire**

réacteur *n.m.* · moteur · pile · propulseur

réaction *n.f.* **1 - opposition** · protestation · remous · résistance · **2 - réponse** · répartie · réplique · riposte · sursaut · réflexe · **3 - conséquence** · contrecoup · effet

réactionnaire *adj. et n.* · conservateur · obscurantiste · rétrograde · réac *fam.*

réadapter *v.tr.* · réaccoutumer · réadapter · refamiliariser · réhabituer

réagir *v.intr.* **1 - reprendre (le dessus)** · remonter le courant · se reprendre · se ressaisir · se secouer *fam.* · **2 - se comporter** · se conduire

✦ **ne pas réagir** ne pas bouger · rester de marbre · ne pas ciller · ne pas broncher *fam.* • [pour aider] ne pas lever le petit doigt *fam.*

✦ **réagir à** **1 - répliquer à** · combattre · se défendre contre · s'élever contre · s'insurger contre · lutter contre · s'opposer à · répondre à · résister à · se révolter contre · riposter contre · **2 - être sensible à**

réajuster *v.tr.* → **rajuster**

réalisable *adj.* · faisable · accessible · exécutable · possible · praticable

réalisateur, -trice *n.* **1 - exécuteur** · **2 -** [Cinéma] **metteur en scène** · cinéaste · vidéaste • [Radio] metteur en ondes

réalisation *n.f.* **1 - accomplissement** · aboutissement · achèvement · concrétisation · exécution · fabrication · mise en œuvre · production · **2 - œuvre** · création · production · **3 -** [Cinéma] **mise en scène** · direction • [Radio] mise en ondes · **4 -** [Fin.] **liquidation** · vente

réaliser *v.tr.* **1 - accomplir** · achever · actualiser · atteindre · concrétiser · créer · donner corps à · effectuer · exécuter · faire · matérialiser · mener à bien · mettre à exécution · mettre en œuvre · opérer · **2 -** [Cinéma] **mettre en scène** · diriger • [Radio] mettre en ondes · **3 - comprendre** · s'apercevoir · saisir · voir · **4 -** [Fin.] **liquider** · vendre

»» **se réaliser** *v.pron.* **1 - arriver** · avoir lieu · prendre corps · s'accomplir · se concrétiser · se faire · se passer · se produire • [rêve] devenir réalité · **2 - s'épanouir** · s'accomplir

réalisme *n.m.* **1 - pragmatisme** · bon sens · **2 -** [Art] **naturalisme** · vérisme · **3 -** [d'une description] **crudité** · brutalité

réaliste *n. et adj.* **1 - pragmatique** · concret · **2 -** [Art] **naturaliste** · vériste · **3 -** [description] **cru** · brutal

✦ **être réaliste** avoir les pieds sur terre · avoir le sens des réalités · regarder les choses en face

réalité *n.f.* **1 - vérité** · évidence · exactitude · véracité · **2 - existence** · historicité · matérialité · substance · **3 - réel** · faits

✦ **en réalité** en fait · au fond · à dire vrai

réanimer *v.tr.* → **ranimer**

ranimer

réapparaître *v.intr.* · reparaître · recommencer · renaître · reprendre · se reproduire · resurgir · se réveiller · revenir • [mal] récidiver

réapparition *n.f.* · retour · recommencement · renaissance · renouveau · reprise · résurgence · réveil • [d'un mal] récidive

rébarbatif, -ive *adj.* **1 - ennuyeux** · aride · fastidieux · ingrat · barbant *fam.* · chiant *très fam.* · **2 - rebutant** · désagréable · dur · farouche · hargneux · hostile · repoussant · revêche · rude

rebattu, e *adj.* · éculé · banal · commun · connu · ressassé · usé · réchauffé *fam.*

rebelle *adj. et n.* **1 - insoumis** · agitateur · dissident · factieux · insurgé · mutin · récalcitrant · rétif · révolté · révolutionnaire · séditieux · subversif · trublion · **2 - désobéissant** · indiscipliné · indocile · insubordonné · **3 -** [toux, mal] **tenace** · opiniâtre

✦ **rebelle à** opposé à · hostile à · fermé à · imperméable à · récalcitrant à · rétif à · réfractaire à

rebeller (se) *v.pron.* **1 - s'insurger** · se mutiner · se révolter · se soulever · se rebiffer *fam.* · ruer dans les brancards *fam.* · **2 - protester** · regimber · renâcler · s'indigner · se récrier · se scandaliser

✦ **se rebeller contre** désobéir à · braver · défier · se dresser contre · s'opposer à · refuser · rejeter · résister à · tenir tête à

rébellion *n.f.* · révolte · désobéissance · dissidence · fronde · insoumission · insubordination · insurrection · mutinerie · opposition · refus · résistance · sédition · soulèvement

rebiffer (se) *v.pron.* → se rebeller

reboisement *n.m.* · reforestation · repeuplement

rebond *n.m.* · rebondissement

rebondi, e *adj.* 1 – **dodu** · bien en chair · bombé · charnu · généreux · gras · gros · opulent · rebondi · rondelet · plein · potelé · renflé · rond · boulot *fam.* · grassouillet *fam.* · rondouillard *fam.* · 2 – [joues] joufflu · mafflu · [ventre] bedonnant · ventripotent · ventru · pansu

rebondir *v.intr.* 1 – **bondir** · rejaillir · ricocher · sauter · 2 – **repartir** · renaître · reprendre · revenir

rebondissement *n.m.* · rebond · (nouveau) développement · coup de théâtre · péripétie

rebord *n.m.* · bordure · bord · limite · [d'un puits] margelle

rebours (à) *loc. adv. et prép.* 1 – **à l'envers** · à rebrousse-poil · à contrefil · à contre-poil · 2 – **à contre-courant** · à contresens

✦ **au rebours de** au contraire de · à l'inverse de · à l'opposé de · contrairement à

rebouteux, -euse *n.* · guérisseur · rebouteur *vieilli* · empirique *vieux*

reboutonner (se) *v.pron.* · se rajuster · se rebraguetter *fam.*

rebrousse-poil (à) *loc. adv.* · à rebours · à l'envers · à contre-poil

rebrousser *v.tr.*

✦ **rebrousser chemin** retourner en arrière · faire demi-tour · revenir en arrière, sur ses pas · tourner bride

rebuffade *n.f.* · refus · affront · vexation · camouflet *littér.*

rebut *n.m.* 1 – **déchet** · débris · détritus · ordure · 2 – [littér.] lie *littér.* · écume *vieilli* · fond du panier *fam.*

✦ **mettre, jeter au rebut** mettre, jeter aux ordures · se débarrasser de · balancer *fam.* · mettre au rancart *fam.* · virer *fam.*

rebut, déchet

On désigne par **rebut** ou **déchet** ce qui est bon à jeter. Le **déchet** est un résidu devenu inutilisable, généralement considéréré comme sale ou encombrant *(les déchets de viande du boucher ; des déchets industriels, recyclables, biodégradables)*. Le **rebut** est ce qui reste de moins bon, sans être nécessairement à l'état de débris *(mettre, jeter au rebut de vieilles chaussures, une table bancale)*. Au sens propre, le champ d'application de **rebut** est plus étroit que celui de **déchet**. L'idée de mise à l'écart est dominante dans les emplois figurés de **rebut** *(le rebut de la société)* : « Un vieillard n'existe que par ce qu'il possède. Dès qu'il n'a plus rien, on le jette au rebut » (Mauriac, *le Nœud de vipères*). **Déchet** est plutôt un terme de mépris *(c'est un vieux déchet)* : « Regardez-moi cette loque, clama-t-il, ce déchet. S'il ne se met pas à quatre pattes, c'est qu'il a peur de la fourrière. Vieux, pouilleux, pourri, à la poubelle » (S. Beckett, *Nouvelles*).

rebutant, e *adj.* 1 – **repoussant** · dégoûtant · déplaisant · désagréable · écœurant · répugnant · répulsif *littér.* · 2 – **décourageant** · démoralisant · fastidieux · fatigant · lassant · rébarbatif

rebuter *v.tr.* 1 – **repousser** · dégoûter · répugner · 2 – **décourager** · démoraliser · déplaire à · écœurer · fatiguer · lasser

récalcitrant, e *adj. et n.* · rétif · désobéissant · factieux · indiscipliné · indocile · insoumis · insurgé · mutin · rebelle · séditieux

recaler *v.tr.* · ajourner · refuser · coller *fam.*

récapitulation *n.f.* · récapitulatif · abrégé · condensé · inventaire · résumé · sommaire · synthèse

récapituler *v.tr.* · reprendre · condenser · faire la synthèse de · passer en revue · résumer

receler *v.tr.* 1 – **cacher** · dissimuler · 2 – **être dépositaire de** · garder · posséder · 3 – **contenir** · renfermer

receleur, -euse *n.* · fourgue *argot*

récemment *adv.* 1 – **il y a peu** · dernièrement · naguère *littér.* · 2 – **depuis peu** · fraîchement · nouvellement

recensement *n.m.* · dénombrement · compte · énumération · évaluation · inventaire · recension *littér.*

recenser *v.tr.* · dénombrer · compter · énumérer · évaluer · faire le compte, l'inventaire de

recension *n.f.* → **recensement**

récent, e *adj.* 1 – **frais** · dernier · jeune · proche · [connaissance, etc.] de fraîche date · 2 – **moderne** · neuf · nouveau

récépissé *n.m.* · reçu · accusé de réception · acquit · décharge · quittance · reconnaissance (de dettes)

réceptacle *n.m.* · récipient · bassin · contenant · cuve · cuvette · réservoir

récepteur *n.m.* · poste · appareil · syntoniseur · tuner *anglic.*

réception *n.f.* 1 – **accueil** · hospitalité · 2 – **réunion** · cérémonie · cocktail · gala · soirée · cinq à sept *vieilli* · garden-party *vieilli* · raout *vieilli* · surprise-party *vieilli* · 3 – **admission** · entrée · intronisation · investiture

récession *n.f.* 1 – **recul** · éloignement · fuite · 2 – **baisse** · diminution · fléchissement · ralentissement · 3 – **crise** · dépression · marasme

↝ **régression**

recette *n.f.* 1 – **formule** · manière · méthode · moyen · procédé · secret · système · combine *fam.* · ficelle *fam.* · truc *fam.* · 2 – **bénéfice** · boni · gain · produit · rentrée (d'argent) · revenu · 3 – [Comptabilité] **crédit** · 4 – [d'impôts] **perception** · recouvrement · 5 – [de marchandises] **admission** · réception

✦ **faire recette** avoir du succès · rapporter de l'argent · cartonner *fam.* · faire un carton *fam.* · marcher (bien, fort) *fam.*

recevable *adj.* · acceptable · admissible · valable

recevoir *v.tr.* 1 – **percevoir** · acquérir · capter · encaisser · hériter de · obtenir · recueillir · toucher · 2 – **donner l'hospitalité à** · accueillir · convier · héberger · inviter · laisser entrer · recueillir · 3 – **donner audience à** · accueillir · 4 – **traiter** · 5 – **subir** · éprouver · essuyer · prendre · souffrir · écoper de *fam.* · trinquer *fam.* · 6 – **accepter** · admettre

✦ **être reçu** [à un examen] passer · réussir

réchappé, e *adj.* · rescapé · survivant

réchapper de *v.tr.ind.* · guérir de · sortir vivant de

✦ **en réchapper** s'en sortir · être (sain et) sauf · être indemne · être intact · passer à travers · se tirer d'affaire · s'en tirer *fam.*

recharge *n.f.* **1 - rechargement** · **2 - cartouche**

réchaud *n.m.* · fourneau · brasero · camping-gaz · cassolette · chaufferette · chauffe-plats

réchauffé, e *adj.* → **rebattu**

réchauffement *n.m.* · échauffement

réchauffer *v.tr.* **1 - chauffer** · attiédir · dégeler · déglacer · échauffer · tiédir · **2 - réveiller** · attiser · aviver · exalter · ranimer • [le cœur] réconforter

rêche *adj.* **1 - dur** · abrasif · râpeux · rude · rugueux · **2 - bourru** · difficile · rétif · revêche · rude · sec

recherche *n.f.* **1 - exploration** · chasse · fouille · prospection · quête · **2 - quête** · poursuite · tentative · **3 - étude** · enquête · examen · expérience · expérimentation · investigation · travail · **4 - raffinement** · apprêt · art · délicatesse · soin · sophistication • [péj.] afféterie · affectation · maniérisme · préciosité · gongorisme *littér.*

✦ **à la recherche de** en quête de

recherche, investigation

Recherche et **investigation** ont pour point commun l'action de *chercher* pour trouver quelque chose. Dans ce sens général, les deux mots s'emploient régulièrement en concurrence et au pluriel *(poursuivre ses recherches/investigations ; procéder à des recherches/des investigations minutieuses)*. Au singulier, on parle en particulier de **recherche** lorsqu'il s'agit de découvrir des connaissances ou des moyens d'expression *(faire de la recherche en agronomie, de la recherche chorégraphique ; consacrer sa vie à la recherche, à la recherche scientifique)*. **Investigation**, d'emploi plus restreint, se dit d'une recherche suivie, systématique, notamment dans les domaines judiciaire *(les méthodes d'investigation de la police)*, de l'information *(un journalisme d'investigation)* et scientifique *(une investigation clinique par palpation)*.

recherché, e *adj.* **1 - demandé** · couru · prisé · rare · à la mode · **2 - étudié** · délicat · raffiné · soigné · sophistiqué · travaillé · **3 -** [péj.] **affecté** · apprêté · compassé · maniéré · mignard · précieux

rechercher *v.tr.* **1 - explorer** · chasser · chercher · fouiller · poursuivre · prospecter · quêter • [qqn] être aux trousses de · pourchasser · poursuivre · **2 - étudier** · analyser · approfondir · enquêter sur · examiner · expérimenter · investiguer · observer · **3 - chercher** · ambitionner · briguer · convoiter · courir après · désirer · poursuivre · viser

rechigné, e *adj.* [air] maussade · boudeur · grognon · hargneux · renfrogné

rechigner *v.intr.* **bouder** · faire des difficultés · grogner · maugréer · râler · ronchonner *fam.* · rouspéter *fam.* • [en emploi négatif] sourciller · tiquer

✦ **rechigner à** renâcler à · ne pas être chaud pour · répugner à · se faire prier pour

rechute *n.f.* · récidive · aggravation · reprise · retour

rechute, récidive

Rechute et récidive s'emploient l'un et l'autre dans le contexte médical pour exprimer le fait de tomber de nouveau malade. La **rechute** survient lorsque l'on était, ou pensait être, en voie de guérison *(soyez prudent, évitez une rechute ; s'exposer à une rechute)*. La **récidive**, au contraire, est une réapparition de la maladie après la guérison. En terme médical, la **récidive** s'applique au processus récurrent d'une affection microbienne, mais on emploie assez couramment le mot pour d'autres pathologies, avec le sens de « nouvelle manifestation » *(récidive d'une tumeur cancéreuse après 5 ans de rémission)*. Avec la valeur morale de « retombée dans l'erreur », **rechute** est réservé au domaine religieux *(rechute dans le péché)* et **récidive** à l'usage juridique et courant *(être condamné pour coups et blessures, avec récidive)*.

récidive *n.f.* **1 - rechute** · **2 - réapparition** · recommencement · reprise
rechute

récidiver *v.intr.* **1 - rechuter** · recommencer · réitérer ses erreurs · retomber dans ses anciens travers · **2 - réapparaître** · recommencer · reprendre

récidiviste *n.* · cheval de retour · relaps · repris de justice

récif *n.m.* · brisant · écueil · rocher · roche · roc

récipiendaire *n.* · bénéficiaire · impétrant

récipient *n.m.* **contenant** · boîte · bol · container · réceptacle · saladier

réciprocité *n.f.* · corrélation · correspondance · simultanéité · solidarité · symétrie

réciproque

- *n.f.* · symétrique · pendant · inverse
- *adj.* **1 - bilatéral** · mutuel · simultané · symétrique · synallagmatique *(Droit)* · **2 - mutuel** · partagé

réciproquement *adv.* **mutuellement** · l'un ... l'autre · simultanément

✦ **et réciproquement** et vice versa · et inversement

récit *n.m.* **1 - compte rendu** · exposé · exposition · histoire · historique · narration · rapport · relation · **2 - annales** · chronique · mémoires · **3 - conte** · fable · histoire · historiette · légende · mythe · nouvelle · odyssée · roman

récital *n.m.* · concert · spectacle · tour de chant

récitatif *n.m.* · chant · mélopée

réciter *v.tr.* · déclamer · débiter *souvent péj.* · dire · énoncer · prononcer · raconter

réclamation *n.f.* **1 - demande** · doléance · requête · revendication · [Droit] pétition · **2 -** [vieilli] **plainte** · complainte · critique · doléance · grief · objection · protestation · reproche · revendication · récrimination · jérémiade *littér.*

réclame *n.f.* [vieilli] publicité

✦ **en réclame** en promotion · en solde

réclamer *v.tr.* **1 - exiger** · demander · implorer · prétendre à · quémander · requérir · revendiquer · solliciter · **2 - avoir besoin de** · appeler · commander · demander · exiger · imposer · mériter · nécessiter · ordonner · requérir · supposer · vouloir · **3 - se plaindre** ·

protester · récriminer · se récrier · râler *fam.* · ronchonner *fam.* · rouspéter *fam.*

››› **se réclamer de** *v.pron.* · invoquer · en appeler à · se prévaloir de · se recommander de

réclamer, revendiquer

Réclamer et **revendiquer** se rejoignent autour de l'idée de demander instamment quelque chose. On **réclame** ce que l'on considère comme justifié ou dû *(réclamer de l'argent, un dédommagement, une compensation)*. On **revendique** ce à quoi on peut effectivement prétendre, notamment dans le domaine du droit de propriété *(revendiquer sa part dans une succession, la restitution d'un bien)* et, plus couramment, dans celui du droit social *(revendiquer l'amélioration des conditions de travail, le droit au travail)*. Dans tous les cas, **revendiquer** exprime plus fortement une demande que **réclamer** ; c'est un partage que l'on retrouve dans *revendication* et *réclamation*.

reclus, e

- *adj.* · enfermé · claquemuré · claustré · cloîtré · isolé · muré · renfermé · retiré · solitaire
- *n.* · ermite · anachorète · solitaire

réclusion *n.f.* · détention · captivité · claustration · emprisonnement · enfermement · incarcération · internement · prison · séquestration

recoin *n.m.* · repli · angle · coin · compartiment · renfoncement · tréfonds

✦ **dans les recoins de son âme** dans le tréfonds de son âme

recoller *v.tr.* → **coller**

récolte *n.f.* **1 - cueillette** · arrachage · collecte · fenaison · moisson · ramassage · vendange · **2 - collecte** · butin · gain · levée · moisson · profit

récolter *v.tr.* **1 - cueillir** · arracher · collecter · moissonner · ramasser · vendanger · **2 - obtenir** · butiner · collecter · glaner · grappiller · recueillir · retirer · tirer · [une punition] se prendre *fam.*

recueillir

recommandable *adj.* · estimable · fiable · fréquentable · honnête · honorable · respectable

recommandation *n.f.* **1 - appui** · intervention · protection · parrainage · patronage · piston *fam.* · **2 - avertissement** · commandement · consigne · directive · exhortation · instruction · ordre · **3 - avis** · conseil

recommandé, e *adj.* **1 - conseillé** · indiqué · judicieux · opportun · **2 - pistonné** *péj.*

recommander *v.tr.* **1 - appuyer** · épauler · parler pour · parrainer · patronner · pistonner *péj.* · présenter · protéger · **2 - conseiller** · exhorter à · indiquer · préconiser · prescrire · prôner

››› **se recommander de** *v.pron.* · se réclamer de · en appeler à · invoquer · se prévaloir de

recommencement *n.m.* · répétition · réapparition · récidive · réitération · reprise · retour

recommencer

- *v.tr.* **reprendre (à zéro)** · refaire · réitérer · renouveler · répéter · reproduire · se remettre à
- *v.intr.* **1 - récidiver** · revenir à la charge · remettre ça *fam.* · repiquer au truc *fam.* · **2 - se renouveler** · renaître · reprendre · revenir · se reproduire · se répéter

récompense *n.f.* **1 - compensation** · dédommagement · gratification · paiement · prime · rémunération · rétribution · **2 - prix** · accessit · décoration · médaille · mention · satisfecit · **3 - fruit** · bénéfice · prix · salaire · sanction

✦ **en récompense** pour la peine

récompenser *v.tr.* **1 - compenser** · dédommager · payer · rémunérer · rétribuer · **2 - primer** · couronner · décorer · honorer · rendre hommage à · faire, rendre justice à

recomposer *v.tr.* **1 - reconstruire** · refaire · refonder · reformer · **2 -** [une œuvre] **remanier** · récrire · refondre

réconciliateur, -trice *n. et adj.* · médiateur

réconciliation *n.f.* **1 - rapprochement** · fraternisation · paix · rabibochage *fam.* · raccommodement *fam.* • [peu solide] replâtrage *fam.* · **2 -** [Liturgie] **bénédiction**

réconcilier *v.tr.* **1 - rapprocher** · renouer les liens entre · réunir · rabibocher *fam.* · raccommoder *fam.* · **2 - accorder** · concilier · mettre d'accord

⋙ **se réconcilier** *v.pron.* **1 - renouer** · enterrer la hache de guerre · faire la paix · fumer le calumet de la paix · reprendre des relations · se rabibocher *fam.* · se raccommoder *fam.* · recoller les morceaux *fam.* · **2 - se remettre ensemble**

reconductible *adj.* · renouvelable · prorogeable

reconduction *n.f.* **1 - renouvellement** · prolongation · prorogation · **2 - confirmation** · maintien · **3 - continuation** · poursuite

reconduire *v.tr.*
I 1 - raccompagner · escorter · ramener · **2 - éconduire** · expulser · mettre à la porte
II 1 - renouveler · prolonger · proroger · **2 - continuer** · confirmer · maintenir · poursuivre

réconfort *n.m.* · consolation · aide · appui · secours · soulagement · soutien · confort *vieux*

réconfortant, e *adj.* **1 - consolant** · d'un grand soutien · **2 - revigorant** · remontant · stimulant · tonique · ravigotant *fam.*

réconforter *v.tr.* **1 - consoler** · encourager · faire chaud au cœur à · redonner le moral à · soutenir · **2 - revigorer** · ragaillardir · ranimer · raviver · remonter · soutenir · stimuler · ravigoter *fam.* · regonfler *fam.* · requinquer *fam.* · retaper *fam.*

reconnaissable *adj.* · identifiable · distinguable

reconnaissance *n.f.* **1 - aveu** · confession · **2 - légitimation** · acception · **3 - exploration** · découverte · examen · inspection · observation · prospection · sondage · visite · **4 - gratitude**

✦ **reconnaissance de dettes** reçu · billet

reconnaissant, e *adj.* · obligé *soutenu*

✦ **être reconnaissant envers** savoir gré (de qqch.) à · avoir de la gratitude pour, envers

reconnaître *v.tr.* **1 - identifier** · se rappeler · retrouver · se souvenir de · remettre *fam.* · **2 - discerner** · deviner · différencier · discriminer · distinguer · **3 - admettre** · accepter · avouer · concéder · confesser · constater · convenir de · **4 - accorder** · attribuer · concéder ·

prêter • **5 -** [un enfant] **légitimer** • **6 - explorer** • examiner • inspecter • observer • prospecter • sonder • visiter

✦ **reconnaître ses torts** faire amende honorable • faire son mea-culpa

⋙ **se reconnaître** *v.pron.* **se repérer** • se diriger • s'orienter • se retrouver

✦ **se reconnaître dans** s'identifier à • se retrouver dans

reconnu, e *adj.* **1 - célèbre** • connu • fameux • notoire • renommé • réputé • **2 - admis** • avéré • connu • de notoriété publique • flagrant • incontestable • indéniable • indiscutable • indiscuté • notoire • prouvé

reconquérir *v.tr.* • retrouver • racheter • récupérer • regagner • reprendre • recouvrer *littér.*

reconsidérer *v.tr.* **1 - réexaminer** • réétudier • réviser • revoir • **2 - remettre en cause, en question**

reconstituant, e *adj. et n.m.* • fortifiant • réconfortant • remontant • revigorant • stimulant • tonifiant • tonique • vivifiant • roboratif *littér.* • analeptique *nom*

reconstituer *v.tr.* **1 - rétablir** • recréer • recomposer • reformer • renouveler • **2 - réparer** • régénérer • tonifier • vivifier

reconstitution *n.f.* **1 - reconstruction** • recréation • recomposition • réfection • régénération • renouvellement • **2 - restitution** • reproduction

reconstruction *n.f.* **1 - rénovation** • réfection • réparation • restauration • rétablissement • **2 - reconstitution** • reproduction

reconstruire *v.tr.* **1 - rebâtir** • redresser • refaire • relever • réparer • restaurer • rétablir • rénover • **2 - reconstituer** • reproduire

reconversion *n.f.* **1 - recyclage** • **2 - transformation** • conversion • recyclage

reconvertir (se) *v.pron.* • se recycler

record *n.m.* **1 - exploit** • prouesse • performance • **2 -** [en apposition] **maximum** • jamais atteint • jamais vu

recoudre *v.tr.* • raccommoder • rapiécer • repriser • ravauder *vieilli*

recouper *v.tr.* • retailler

⋙ **se recouper** *v.pron.* **coïncider** • concorder • correspondre • s'accorder

recourir à *v.tr.ind.* • faire appel à • appeler • faire usage de • s'appuyer sur • avoir recours à • employer • mettre en jeu • mettre en œuvre • passer par • s'adresser à • se servir de • solliciter • user de • utiliser

recours *n.m.* **1 - usage** • emploi • utilisation • **2 - soutien** • secours • refuge • ressource • **3 -** [Droit] **appel** • pourvoi • requête

✦ **dernier recours** planche de salut • ultime ressource • dernier moyen • [argument] dernières cartouches

✦ **avoir recours à** faire appel à • appeler • faire usage de • s'appuyer sur • employer • mettre en jeu • mettre en œuvre • passer par • recourir à • s'adresser à • se servir de • solliciter • user de • utiliser

recouvrable *adj.* • percevable

recouvrement *n.m.* **1 - rétablissement** • récupération • **2 - perception** • encaissement • collecte • levée

recouvrer *v.tr.* 1 - **retrouver** · ravoir · rattraper · reconquérir · récupérer · regagner · reprendre · ressaisir · 2 - **encaisser** · percevoir · toucher

retrouver

recouvrir *v.tr.* 1 - **inclure** · s'appliquer à · coïncider avec · comprendre · correspondre à · embrasser · 2 - **enduire** · coiffer · couvrir · enrober · envelopper · joncher · napper · parsemer · revêtir · saupoudrer · tapisser · tartiner · 3 - **envahir** · ensevelir · s'étendre sur · inonder · 4 - **dissimuler** · cacher · camoufler · déguiser · masquer · voiler

››› **se recouvrir** *v.pron.* **se chevaucher** · s'imbriquer · se superposer

récréatif, -ive *adj.* · amusant · délassant · distrayant · divertissant · marrant *fam.*

récréation *n.f.* 1 - **amusement** · délassement · détente · distraction · divertissement · jeu · loisir · passe-temps · temps libre · 2 - **pause** · relâche · repos · break *fam.* · [Scol.] interclasse · récré *lang. enfants*

réjouissance

récréer *v.tr.* · divertir · amuser · délasser · détendre · distraire

récrier (se) *v.pron.* 1 - **protester** · s'indigner · s'insurger · objecter · se plaindre · se rebeller · récriminer · regimber · se révolter · ronchonner *fam.* · rouspéter *fam.* · se rebiffer *fam.* · 2 - **s'exclamer** · s'écrier

✦ **se récrier contre** s'élever contre · s'opposer à

récrimination *n.f.* · protestation · critique · complainte · doléance · grief · objection · plainte · reproche · revendication · réclamation *vieilli* · jérémiade *littér.*

récriminer *v.intr.* · protester · critiquer · grogner · objecter · se plaindre · faire des reproches · trouver à redire · pester *fam.* · râler *fam.* · ronchonner *fam.* · rouspéter *fam.* · maugréer *littér.* · réclamer *vieilli*

récrire *v.tr.* · recomposer · rewriter *anglic.*

recroqueviller (se) *v.pron.* 1 - **se replier** · se plisser · se presser · se rabougrir · se racornir · se ramasser · se ratatiner · se recourber · se refermer · se rétracter · se tasser · 2 - **se blottir** · se lover · se pelotonner · se ramasser · se serrer

recru, e *adj.* · épuisé · à bout de course · à bout de forces · assommé · brisé · éreinté · fatigué · fourbu · harassé · las · moulu · rompu · à plat *fam.* · claqué *fam.* · crevé *fam.* · H.S. *fam.* · sur les genoux *fam.* · sur les rotules *fam.* · vanné *fam.* · vidé *fam.*

recrudescence *n.f.* · accroissement · aggravation · augmentation · exacerbation · hausse · intensification · progrès · progression · regain · redoublement · renforcement · reprise · revif *littér.*

recrue *n.f.* 1 - [Milit.] **conscrit** · appelé · bleu *fam.* · 2 - **adepte** · adhérent · membre · partisan

recrutement *n.m.* 1 - [Milit.] **enrôlement** · appel · conscription · incorporation · mobilisation · rappel · racolage *péj.* · 2 - **embauche** · embrigadement *péj.* · engagement

recruter *v.tr.* 1 - [Milit.] **enrôler** · appeler · enrégimenter · incorporer · lever · mobiliser · rappeler · racoler *péj.* · 2 - **embaucher** · embrigader *péj.* · employer · engager

recruteur, -euse *n.* 1 - [Milit.] **enrôleur** *vieux* · racoleur *vieux* · 2 - **embaucheur** · chasseur de têtes

recta *adv.* → **ponctuellement**

rectal, e *adj.* · anal

rectifiable *adj.* · corrigeable · réparable · remédiable

rectificatif *n.m.* · correctif · correction · mise au point

rectification *n.f.* · correction · mise au point · modification · remaniement · retouche · révision

rectifier *v.tr.* **1 -** [Chim.] **distiller** · épurer · **2 - corriger** · arranger · modifier · rajuster · redresser · remanier · rétablir · retoucher · réviser

rectiligne *adj.* · droit · direct

rectitude *n.f.* **1 - droiture** · honnêteté · **2 - exactitude** · fermeté · justesse · rigueur

recto *n.m.* · endroit · dessus

reçu *n.m.* · récépissé · accusé de réception · acquit · décharge · quittance · reconnaissance de dettes

recueil *n.m.* **1 - anthologie** · choix · collection · compilation · corpus · florilège · **2 - assemblage** · réunion · **3 - catalogue** • [de renseignements] annuaire · almanach · répertoire • [de chansons] chansonnier • [de faits historiques] annales · chronique • [de lettres] correspondance • [de lois] code • [de fables] fablier · bestiaire · ysopet • [d'auteurs classiques] chrestomathie

recueillement *n.m.* · contemplation · méditation · concentration · récollection *(Relig.)*

recueilli, e *adj.* · absorbé · concentré · contemplatif · méditatif · pensif · songeur

recueillir *v.tr.* **1 - collecter** · amasser · assembler · capter · cueillir · glaner · grappiller · lever · moissonner · rassembler · récolter · réunir · **2 - obtenir** · acquérir · enregistrer · gagner · hériter · percevoir · recevoir · remporter · retirer · tirer · **3 - accueillir** · donner, offrir l'hospitalité à · donner refuge, donner asile à · prendre chez soi

recueillir, récolter

En emploi concret, seul **récolter** se dit dans l'usage moderne de la *cueillette* de produits de l'agriculture ou de la nature *(récolter le tournesol, le maïs ; récolter le miel des abeilles, la résine des pins)*. **Recueillir** s'emploie en revanche couramment avec le sens général de *collecter (recueillir des fonds, des dons, recueillir des signatures pour une pétition)*. Avec une valeur proche, **récolter** convient en parlant de choses plus modestes ou difficiles à glaner *(j'ai récolté quelques informations, mais je n'en sais pas davantage)*. Au figuré, **récolter** peut être pris en mauvaise part *(récolter des ennuis, une mauvaise note)*, contrairement à **recueillir** *(recueillir le fruit de ses efforts)*.

recul *n.m.* **1 - régression** · affaiblissement · déclin · ralentissement · rétrogradation *didact.* · rétrogression *didact.* · **2 - retrait** · décrochage · reflux · repli · retraite · reculade *vieux* · **3 - distance** · distanciation · éloignement

✦ **prendre du recul** prendre du champ · prendre ses distances · s'éloigner · se distancier

reculade *n.f.* · abandon · dérobade

reculé, e *adj.* **1 - éloigné** · écarté · isolé · lointain · perdu · retiré · paumé *fam.* · **2 - ancien** · antique · éloigné · lointain

lointain

reculer

▪ *v.intr.* **1 - s'éloigner** · aller à reculons · faire un, des pas en arrière · **2 - abandonner** · battre en retraite · céder du terrain · décrocher · se dérober · faire machine, marche arrière · fléchir · fuir · mollir · se replier · se retirer · renoncer · caler *fam.* · caner *fam.* · flancher *fam.* · lâcher pied *fam.* · **3 - régresser** · baisser · diminuer · perdre du terrain · refluer · rétrograder

▪ *v.tr.* **reporter** · ajourner · décaler · déplacer · différer · éloigner · remettre · retarder · renvoyer · repousser

✦ **faire reculer** refouler · repousser

reculons (à) *adv.* **1 - en allant en arrière** · **2 - contre son gré** · avec réticence · en freinant des quatre fers *fam.* · en se faisant tirer l'oreille

récupération *n.f.* · recyclage · récup *fam.*

récupérer *v.tr.* **1 - retrouver** · reprendre · ravoir · recouvrer *soutenu* · **2 - remettre en état** · arranger · réparer · recycler · sauver · ravoir *fam.* · **3 -** [des heures de travail] **compenser** · remplacer · **4 -** [sans complément] **se rétablir** · aller mieux · guérir · se remettre · reprendre du poil de la bête *fam.*

❧ **retrouver**

récurer *v.tr.* · frotter · curer · nettoyer · écurer *vieux*

récurrent, e *adj.* · récursif · itératif · répétitif

récusable *adj.* · contestable · discutable • [Droit] reprochable

récuser *v.tr.* **contester** · dénier · écarter · nier · refuser · rejeter · repousser

»» **se récuser** *v.pron.* **s'abstenir** · fuir · se défiler *fam.*

recyclage *n.m.* **1 - récupération** · réutilisation · **2 - reconversion**

recycler *v.tr.* **récupérer** · réutiliser

»» **se recycler** *v.pron.* **se reconvertir** · se requalifier

rédacteur, -trice *n.* · journaliste · chroniqueur · correspondant · reporter

rédaction *n.f.* **1 - écriture** • [d'un contrat] établissement · **2 - libellé** · texte · **3 - dissertation** · composition · narration · dissert *fam.* · rédac *fam.*

reddition *n.f.* · capitulation · abdication · abandon

rédempteur, -trice *adj.* · sauveur · libérateur

✦ **le Rédempteur** le Messie

rédemption *n.f.* · rachat · absolution · délivrance · expiation · pardon · réhabilitation · salut

redevable *adj.* **débiteur** · obligé

✦ **être redevable à** être en reste avec · être l'obligé de *littér.*

✦ **redevable de l'impôt** assujetti à l'impôt

redevance *n.f.* **1 - contribution** · charge · droit · impôt · prestation · rente · taxe · tribut · royalties *anglic.* · **2 -** [Hist.] **cens** · dîme · gabelle · patente · taille

rédhibition *n.f.* · annulation · abrogation · résiliation · résolution

rédiger *v.tr.* **1 - écrire** · composer · formuler · noter • [rapidement] gribouiller · griffonner · jeter sur le papier · **2 -** [un contrat] **dresser** · établir · libeller

rédimer *v.tr.* → **racheter**

redire *v.tr.* **1 - rapporter** · raconter · répéter · révéler · **2 - rabâcher** ·

répéter · ressasser · seriner · 3 - **récapituler** · rappeler · répéter · reprendre

✦ **avoir, trouver à redire** critiquer · blâmer · condamner · se plaindre de

✦ **redire toujours la même chose** radoter · chanter la même antienne, la même chanson

rediscuter *v.tr.* · recauser de · reparler de · remettre sur le tapis *fam.*

redistribution *n.f.* · répartition · transfert

redite *n.f.* · répétition · redondance

redondant, e *adj.* 1 - [style] **ampoulé** · bavard · délayé · diffus · enflé · surabondant · verbeux · 2 - **superflu** · pléonastique

redonner *v.tr.* **rendre** · ramener · rapporter · remettre · restituer · rétrocéder • [de l'argent] rembourser

redoublement *n.m.* 1 - **répétition** · réitération · réduplication *soutenu* · 2 - **accroissement** · accentuation · aggravation · amplification · augmentation · déchaînement · exacerbation · intensification · multiplication · recrudescence · renforcement

redoubler *v.tr.* 1 - [une classe] **refaire** · recommencer · doubler *Belgique* · repiquer *fam.* · 2 - **répéter** · doubler · réitérer · renouveler · 3 - **accroître** · accentuer · aggraver · amplifier · augmenter · aviver · exacerber · intensifier · multiplier · renforcer

redoutable *adj.* 1 - **dangereux** · effrayant · menaçant · rude · terrible · 2 - **grave** · inquiétant · mauvais · sérieux · 3 - **puissant** · considérable · formidable

redouter *v.tr.* · craindre · appréhender · avoir peur de · avoir une peur bleue de · s'effrayer de · s'inquiéter de

redoux *n.m.* → **radoucissement**

redressement *n.m.* 1 - **relèvement** · redémarrage · reprise · 2 - [fiscal] **correction** · dégrèvement · majoration · rehaussement

redresser *v.tr.* 1 - **lever** · hausser · relever • [les oreilles, pour le cheval] chauvir · 2 - **détordre** · dégauchir · défausser · 3 - **remettre droit** · remettre d'aplomb · remettre à la verticale · 4 - **rectifier** · corriger · rattraper · réformer · réparer · rétablir · 5 - [littér.] **réprimander** · corriger

»» **se redresser** *v.pron.* 1 - **se relever** · redémarrer · se remettre · repartir • [Bourse] repartir à la hausse · 2 - **se tenir droit** · bomber le torse, la poitrine

redresseur *n.m.*

✦ **redresseur de torts** don Quichotte · justicier · défenseur de la veuve et de l'orphelin · défenseur des opprimés · Robin des bois

réducteur, -trice *adj.* · simplificateur · schématique

réductible *adj.* · simplifiable

réduction *n.f.* 1 - **diminution** · abaissement · amoindrissement · appauvrissement · atténuation · baisse · compression · limitation · modération · raréfaction · resserrement · restriction · rétrécissement · 2 - **abrégement** · contraction · raccourcissement · 3 - **remise** · abattement · décompte · déduction · dégrèvement · escompte · rabais · réfaction *(Commerce)* · ristourne · 4 - **modèle (réduit)** · maquette · miniature

réduction, remise, ristourne, rabais

Réduction, remise, ristourne et **rabais** ont en commun l'idée de diminution consentie sur un prix. **Réduction** est le mot le plus général *(avoir, obtenir une réduction ; pouvez-vous me faire une petite réduction ? ; une carte de réduction)*. Une **remise** est une réduction accordée sur certains critères à certaines personnes, généralement automatiquement *(remise de 10 % aux adhérents)*. Le **rabais**, au contraire, est une réduction à caractère exceptionnel *(rabais de 30 % sur toutes les étiquettes à pastille ; les soldes sont des marchandises mises en vente au rabais)*. Une **ristourne** est une remise accordée par un fournisseur, un commerçant, etc., à un gros client *(éditeur consentant une ristourne annuelle à un libraire)*. Une **ristourne** peut prendre les apparences d'une commission plus ou moins licite faite hors facture.

réduire *v.tr.* **1 – diminuer** · abaisser · amincir · amoindrir · atténuer · baisser · écorner · entamer · écourter · minimiser · minorer · modérer · rabaisser • [effectifs] dégraisser · **2 – abréger** · comprimer · condenser · contracter · écourter · raccourcir · rapetisser · resserrer · tasser · **3 – rationner** · atténuer · borner · diminuer · limiter · restreindre · **4 –** [Cuisine] **épaissir** · concentrer · **5 –** [une fracture, une foulure] **remettre en place** · rebouter *fam.*

✦ **réduire à** acculer à · astreindre à · contraindre à · forcer à · obliger à · pousser à

✦ **en être réduit à** être acculé à · en venir à · n'avoir comme seul recours que

✦ **réduire à néant, à rien** anéantir · annihiler · détruire · faire crouler

✦ **réduire au silence** faire taire · bâillonner · museler · clouer le bec à *fam.* · couper la chique à *fam.* · couper le sifflet à *fam.*

✦ **réduire à l'esclavage** soumettre · asservir · dompter · mater · subjuguer

✦ **réduire en** transformer en · convertir en

✦ **réduire en cendres** brûler · carboniser · incinérer

✦ **réduire en poudre** broyer · concasser · piler · pulvériser

✦ **réduire en miettes** mettre en pièces · détruire

››› **se réduire** *v.pron.* **se consumer** · se brésiller *littér.*

✦ **se réduire à** se limiter à · consister en · se ramener à · se résumer à

[1]**réduit, e** *adj.* · limité · diminué · faible · maigre · mince · minime · modéré · pauvre · petit · restreint

[2]**réduit** *n.m.* **1 – cagibi** · débarras · chambrette · bouge *péj.* · galetas *péj.* · soupente *péj.* · taudis *péj.* · souillarde *région.* · **2 – niche** · alcôve

réécrire *v.tr.* → **récrire**

réécriture *n.f.* · rewriting *anglic.*

réédition *n.f.* **1 – réimpression** · republication · reprint *anglic.* · **2 –** [fam.] **répétition** · réplique

réel

▪ *n.m.* **réalité** · vécu · vrai

▪ *adj.* **1 – authentique** · actuel · certain · concret · effectif · établi · évident · exact · factuel · certain · évident · indubitable · manifeste · notable · palpable · patent · positif · sensible · sérieux · solide · substantiel · tangible · véritable · véridique · vrai · visible · **2 –** [valeur] **juste** · **3 – historique** · existant

réellement *adv.* · vraiment · bel et bien · certainement · concrètement · effectivement · en fait · en réalité · en vérité · pour de bon · sérieusement · tout bonnement · véritablement · vraiment · tout de bon *littér.* · pour de vrai *fam.*

réexpédier *v.tr.* **1 - faire suivre** · **2 - renvoyer** · retourner

refaire *v.tr.* **1 - reprendre (à zéro)** · [un ouvrage] **refondre** · récrire · **2 - recommencer** · réitérer · renouveler · répéter · rééditer *fam.* · **3 - réparer** · arranger · modifier · rafraîchir · rajuster · reconstruire · rénover · restaurer · **4 -** [fam.] **→ duper**

»» **se refaire** *v.pron.* **se renflouer** · se remettre à flot

✦ **se refaire une santé** **se rétablir** · se ragaillardir · récupérer · recouvrer la santé · reprendre des forces · se ravigoter *fam.* · reprendre du poil de la bête *fam.* · se requinquer *fam.* · se retaper *fam.*

réfection *n.f.* **1 - restauration** · rénovation · réparation · **2 -** [Chir.] **plastie**

réfectoire *n.m.* · cantine · cafétéria · salle à manger

référence *n.f.* **1 - source** · base · référent · repère · **2 - modèle** · échantillon · étalon · standard · **3 - note** · indication · coordonnées · renvoi · **4 -** [Ling.] **dénotation**

✦ **être une référence** faire autorité · servir de modèle

»» **références** *plur.* **recommandation** · attestation · certificat

référer *v.tr.ind.*

✦ **référer à** **1 -** faire référence à · avoir trait à · concerner · se rapporter à · renvoyer à · viser · **2 - reporter à** · être soumis à

✦ **en référer à** informer · en attester à · s'en remettre à · en appeler à · faire un rapport à · rapporter à

»» **se référer à** *v.pron.* **1 - faire référence à** · avoir trait à · concerner · se rapporter à · renvoyer à · viser · **2 - s'appuyer sur** · faire confiance à · se fonder sur · se reporter à · s'en remettre à · se reposer sur

refiler *v.tr.* **1 - → donner** · **2 - → remettre**

réfléchi, e *adj.* **raisonnable** · avisé · calculé · calme · circonspect · concentré · délibéré · étudié · mesuré · mûr · mûri · pensé · pesé · pondéré · posé · prudent · raisonné · rassis · sage · sérieux

✦ **tout bien réfléchi** à la réflexion · réflexion faite · tout bien considéré, pesé

réfléchir

▪ *v.tr.* **refléter** · renvoyer · répercuter · réverbérer

▪ *v.intr.* **1 - penser** · méditer · se concentrer · se recueillir · rentrer en soi · ruminer · songer · cogiter *fam.* · faire marcher ses méninges *fam.* · faire travailler sa matière grise, sa cervelle *fam.* · gamberger *fam.* · phosphorer *fam.* · se casser, se prendre la tête *fam.* · se creuser la tête *fam.* · se presser le citron *fam.* · se triturer les méninges *fam.* · **2 - hésiter** · tergiverser · délibérer *littér.*

✦ **réfléchir à** considérer · contempler · envisager · étudier · examiner · mûrir · penser à · peser · ruminer · songer à

»» **se réfléchir** *v.pron.* **se refléter** · briller · chatoyer · étinceler · luire · miroiter · scintiller · se mirer *littér.*

réflecteur *n.m.* · cataphote · catadioptre

reflet *n.m.* **1 - réflexion** · image · **2 - expression** · écho · image · miroir · représentation · traduction · [péj.] imitation · **3 - éclat** · brillant · chatoiement · irisation · miroitement · moirure · scintillement

refléter *v.tr.* **1 - réfléchir** · renvoyer · répercuter · réverbérer · **2 - indiquer** · être le signe de · être le symptôme de · exprimer · manifester · montrer · représenter · reproduire · traduire

»» **se refléter** *v.pron.* **1 - se réfléchir** · se mirer *littér.* · **2 - transparaître** · être perceptible · se faire jour

réflexe

▪ *adj.* **automatique** · instinctif · involontaire · machinal

▪ *n.m.* **automatisme** · conditionnement

réflexion *n.f.* **1 - renvoi** · écho · rayonnement · reflet · répercussion · réverbération · **2 - concentration** · approfondissement · attention · considération · étude · examen · méditation · recueillement · cogitation *plaisant* · délibération *littér.* · **3 - discernement** · application · attention · circonspection · intelligence · prudence · sagesse · **4 - remarque** · commentaire · conclusion · considération · critique · idée · objection · observation · pensée

✦ **à la réflexion** tout bien considéré, pesé · réflexion faite · tout bien réfléchi

✦ **sans réflexion** **1 - à l'aventure** · à l'aveuglette · au hasard · en aveugle · au pif *fam.* · **2 - aveuglément** · inconsciemment

refluer *v.intr.* **1 - reculer** · baisser · battre en retraite · diminuer · remonter · se retirer · **2 - revenir** · resurgir · retourner

reflux *n.m.* **1 - baisse (des eaux)** · baissant · **2 - marée descendante** · jusant · perdant · **3 - recul** · repli · retrait · refluement *soutenu*

✦ **flux et reflux** oscillation · agitation · balancement · mouvement

refondre *v.tr.* · refaire · changer · corriger · modifier · reformer · remanier · reprendre · retoucher · transformer

refonte *n.f.* · remaniement · changement · correction · modification · réfection · transformation

reforestation *n.f.* · reboisement · repeuplement

réformateur, -trice *adj. et n* · rénovateur · progressiste

réforme *n.f.* **1 -** [Relig.] **réformation** *vieux* · **2 - changement** · amélioration · modification · révision · transformation · amendement *vieux*

réformer *v.tr.* **1 - changer** · améliorer · amender · annuler · corriger · modifier · rectifier · remanier · réviser · transformer · **2 -** [Milit.] **radier** · mettre hors service · retirer du service

réformer, amender, corriger

Réformer, **amender** ou **corriger** quelque chose, c'est le modifier en vue de l'améliorer. Dans le domaine moral, **corriger** est le plus courant *(corriger un défaut, des mauvais penchants)*. **Amender** est littéraire : « Il y a des mauvais sujets que rien n'amende » (Gide, *les Faux-Monnayeurs*, III, 1) et **réformer** vieilli : « Le texte de la loi c'est bien, mais ce n'est rien si le cœur de l'homme ne se réforme » (Daniel-Rops, *le Peuple de la Bible*, III, III). Dans le domaine intellectuel, **corriger** est d'usage général pour parler d'un texte que l'on remanie *(corriger un manus-*

crit, le style d'un roman, des fautes d'orthographe). **Amender** un texte peut s'employer avec cette valeur mais son usage est surtout réservé au contexte législatif : *amender un projet de loi, la Constitution,* c'est les soumettre à modification par une assemblée délibérante. Quant à **réformer**, c'est changer la *forme* de quelque chose qui a été institué *(réformer les institutions, le système éducatif, des statuts ; réformer l'école).*

refoulé, e *adj.* • inhibé • complexé • bloqué *fam.* • coincé *fam.*

refoulement *n.m.* **1 – rejet** • expulsion • renvoi • **2 – censure** • blocage • inhibition • refus • répression

refouler *v.tr.* **1 – chasser** • balayer • bannir • éconduire • évacuer • expulser • rejeter • renvoyer • repousser • éjecter *fam.* • envoyer au diable *fam.* • envoyer balader *fam.* • envoyer bouler *fam.* • envoyer promener *fam.* • envoyer sur les roses *fam.* • rabrouer *fam.* • rembarrer *fam.* • **2 – censurer** • bloquer • contenir • contraindre • dissimuler • dominer • enchaîner • endiguer • éteindre • étouffer • inhiber • maintenir • maîtriser • neutraliser • ravaler • refréner • rentrer • repousser • réprimer • retenir • comprimer *vieilli* • **3 – faire reculer** • faire refluer • maîtriser

réfractaire *adj. et n.* **1 – rebelle** • désobéissant • frondeur • indocile • insoumis • récalcitrant • rétif • révolté • résistant • séditieux • irréductible *nom* • **2 –** [à qqch.] **insensible** • étranger • fermé • hermétique • imperméable • inaccessible • rebelle • **3 –** [prêtre] **insermenté**

refrain *n.m.* • rengaine • chanson • leitmotiv • ritournelle • antienne *littér.* • disque *fam.* • scie *fam.* • bringue *Suisse*

✦ **changez de refrain !** changez de disque ! *fam.* • parlez d'autre chose !

refréner *v.tr.* • brider • atténuer • censurer • contenir • contraindre • contrôler • diminuer • dominer • endiguer • enrayer • freiner • inhiber • juguler • limiter • maîtriser • mettre un frein à • modérer • refouler • rentrer • réprimer • retenir • stopper • tempérer • tenir en bride

>>> **se refréner** *v.pron.* • se contenir • se contrôler • se dominer • se limiter • se maîtriser • se modérer • se retenir

réfrigérant, e

▪ *adj.* **1 – frigorifique** • rafraîchissant • **2 – désagréable** • froid • glaçant • glacial

▪ *n.m.* **refroidisseur**

réfrigérateur *n.m.* • frigidaire *nom déposé* • frigo *fam.* • glacière • [dans un hôtel] minibar

réfrigéré, e *adj.* **1 – transi** • frigorifié *fam.* • gelé *fam.* • glacé *fam.* • **2 – congelé** • glacé • surgelé

réfrigérer *v.tr.* **1 – frigorifier** • congeler • surgeler • **2 – rafraîchir** • refroidir • **3 – mettre mal à l'aise** • glacer • refroidir

refroidir *v.tr.* **1 – réfrigérer** • congeler • frigorifier • geler • glacer • rafraîchir • **2 – décourager** • affaiblir • attiédir • émousser • freiner • glacer • modérer • refréner • réfrigérer • tempérer • doucher *fam.* • **3 –** [fam.] → **tuer**

refroidissement *n.m.* **1 – réfrigération** • congélation • **2 – attiédissement** • affaiblissement • froid • **3 – grippe** • froid • rhume

refuge *n.m.* 1 – **abri** • asile • havre • retraite • [de montagne] cabane *région.* • 2 – [d'un animal] **tanière** • antre • gîte • repère • 3 – **recours** • ressource • secours • soutien • sauvegarde *littér.*

réfugié, e *n.* • exilé • expatrié • personne déplacée • asilé *rare*

réfugier (se) *v.pron.* 1 – **s'abriter** • s'évader • s'isoler • se retirer • se sauver • trouver refuge • 2 – [dans un pays étranger] **émigrer** • s'enfuir • s'exiler • s'expatrier • fuir

✦ **se réfugier dans** [une activité] se jeter dans • se plonger dans

refus *n.m.* **rejet** • fin de non-recevoir • non • opposition • protestation • résistance • veto • inacceptation *Admin.* • [humiliant] rebuffade

✦ **refus de comparaître** [Droit] contumace • défaut de comparution

✦ **ce n'est pas de refus** volontiers • avec plaisir • je ne dis pas non

refuser *v.tr.* 1 – **décliner** • dédaigner • bouder • dire non à • écarter • exclure • opposer son refus à • ne pas vouloir • s'opposer à • rejeter • repousser • retoquer *fam.* • 2 – **nier** • contester • défendre • dénier • interdire • récuser • 3 – [un candidat] **ajourner** • coller *fam.* • recaler *fam.* • blackbouler *fam., vieilli* • 4 – [une marchandise] **laisser pour compte**

✦ **refuser d'obéir** se rebeller • regimber • se révolter • se rebiffer *fam.*

⋙ **se refuser** *v.pron.* **s'interdire** • s'abstenir de • se priver de

✦ **se refuser à** 1 – [qqn] **repousser** • se dérober à • fuir • rejeter • résister à • 2 – [suivi d'un infinitif] **se défendre de** • se garder de • s'interdire de • se retenir de

réfutable *adj.* [argument] attaquable • contestable • niable

réfutation *n.f.* 1 – **démenti** • contradiction • critique • infirmation • négation • objection • 2 – [Rhétorique] **prolepse**

réfuter *v.tr.* • démentir • contredire • infirmer • s'opposer à • répondre à • repousser

regagner *v.tr.* 1 – **rejoindre** • rallier • réintégrer • rentrer à • retourner à • revenir à • 2 – **récupérer** • racheter • rattraper • ravoir • reconquérir • recouvrer • rentrer en possession de • reprendre • retrouver • se réapproprier

regain *n.m.* • recrudescence • accroissement • aggravation • augmentation • exacerbation • intensification • progression • redoublement • remontée • renforcement • renouveau • renouvellement • reprise • résurgence • retour • second souffle

régal *n.m.* 1 – **délice** • festin • délectation • 2 – **plaisir** • bonheur • joie • jouissance • ravissement • volupté

[1]**régaler** *v.tr.* • aplanir • égaliser • mettre de niveau • niveler

[2]**régaler** *v.tr.* • délecter • traiter *littér.*

⋙ **se régaler** *v.pron.* • déguster • se délecter • savourer • faire bonne chère *soutenu* • se lécher les babines *fam.* • se taper la cloche *fam.*

régalien, -ienne *adj.* • royal • monarchique

regard *n.m.* 1 – **coup d'œil** • clignement d'œil • œillade • 2 – **point**

de vue • œil • vision • vue • **3 - ouverture** • fente • lucarne • soupirail

✦ **au regard de** en ce qui concerne • en comparaison avec • à l'égard de • par rapport à • relativement à • vis-à-vis de

✦ **en regard** en face • en vis-à-vis • ci-contre

regard, coup d'œil, œillade

Regard, coup d'œil et œillade concernent la manière dont une personne *regarde* quelqu'un ou quelque chose ; on ne destine cependant une **œillade** qu'à une personne. **Regard** est très général *(jeter un regard)* et le plus souvent qualifié *(un regard perçant, méchant,vide, direct, en coin)*. Un **coup d'œil** est un regard rapide, sans intention nécessaire *(jeter un coup d'œil sur un magazine, par la fenêtre, sur une passante)*, mais dont la rapidité peut exercer le discernement *(avoir le coup d'œil juste, pénétrant, le coup d'œil du professionnel)*. Une **œillade** est un regard assez bref et porteur de message, en particulier amoureux *(lancer, décocher une œillade langoureuse ; des œillades appuyées)*.

regardant, e *adj.* **1 - avare** • économe • mesquin • parcimonieux • pingre • près de ses sous *fam.* • radin *fam.* • avaricieux *vieux ou plaisant* • chiche *vieilli* • ladre *vieux* • **2 - vigilant** • minutieux • pointilleux • tatillon

regarder *v.tr.* **1 - observer** • attacher, poser son regard sur • braquer ses yeux sur • considérer • consulter • contempler • examiner • diriger son regard sur • fixer • observer • parcourir • tourner les yeux vers • aviser *littér.* • mirer *littér.* • mater *fam.* • viser *fam.* • zieuter *fam.* • calculer *lang. jeunes* • téma *lang. jeunes* • **2 -** [rapidement] **jeter un coup d'œil à** • [avec beaucoup d'attention] inspecter • scruter • gaffer *fam.* • [avec avidité, envie] boire des yeux • caresser du regard, des yeux • couver des yeux • dévorer des yeux • lorgner • guigner *fam.* • loucher sur *fam.* • reluquer *fam.* • [avec insistance] dévisager • repaître ses yeux de • ne pas quitter des yeux • toiser • **3 -** [un livre] **consulter** • feuilleter • lire en diagonale • jeter un coup d'œil à • parcourir • survoler • **4 - concerner** • avoir affaire à • avoir trait à • intéresser • toucher • viser • **5 - faire attention à** • avoir en vue • considérer • envisager • rechercher • se préoccuper de • s'intéresser à

✦ **regarder à** veiller à • faire attention à • tenir compte de

✦ **regarder comme** envisager (comme) • considérer comme • croire • estimer • juger • prendre comme • prendre pour • tenir pour • trouver

voir

régénération *n.f.* **1 - reconstitution** • rénovation • restauration • **2 - renaissance** • purification • renouveau • renouvellement • résurrection • palingénésie *littér.*

régénérer *v.tr.* **1 - reconstituer** • améliorer • assainir • corriger • purifier • réactiver • redynamiser • réformer • relancer • renouveler • rénover • **2 - revigorer** • donner un second souffle à • ragaillardir • redonner vie à • remettre d'aplomb • revivifier • ravigoter *fam.* • regonfler *fam.* • requinquer *fam.* • retaper *fam.*

régenter *v.tr.* • diriger • commander • conduire • contrôler • dominer • exercer son empire sur • gérer • gouverner • mener • orchestrer • régir • tenir en son pouvoir

regimber *v.intr.* • se rebeller • se cabrer • s'insurger • se mutiner •

protester · résister · se révolter · se rebiffer *fam.* · ruer dans les brancards *fam.*

régime *n.m.* **1 - pouvoir** · État · gouvernement · institutions · **2 - réglementation** · mode de fonctionnement · structure · système · **3 - alimentation** · diète · nourriture · **4 - diète** · cure · **5 -** [d'un cours d'eau] **débit** · écoulement · **6 -** [Ling.] **complément** · objet

✦ **à plein régime** le plus vite possible · à fond de train · à fond la caisse *fam.* · à fond les manettes *fam.* · à un train d'enfer *fam.* · à pleins tubes *fam.* · à toute blinde *fam.* · à toute vapeur *fam.* · à toute berzingue *fam.*

régiment *n.m.* **1 - corps** · unité · **2 -** [fam.] **service militaire** · armée · **3 - multitude** · armée · chapelet · cohorte · collection · cortège · flot · kyrielle · légion · masse · nuée · quantité · série · suite · troupe · foule *fam.* · flopée *fam.* · ribambelle *fam.*

région *n.f.* **1 - circonscription** · canton · district · province · pays · territoire · zone · contrée *vieux ou littér.* · rivage *littér.* · terre *littér.* · **2 - zone** · coin · espace · étendue · partie · secteur · **3 -** [littér.] **domaine** · sphère

✦ **dans la région de** aux alentours de · du côté de · dans les environs de · dans les parages de

région, contrée, pays

Région, **contrée** et **pays** ont en commun de désigner une étendue géographique plus ou moins délimitée. La notion de **pays**, très élastique en termes de superficie, est surtout considérée du point de vue physique *(les pays chauds, froids, un pays plat, maritime ; un pays d'élevage, de vignes)*. La **région** est dotée de caractères spécifiques (géographique, historique, économique, linguistique, etc.) qui en font une unité bien identifiable par rapport à ce qui l'avoisine ou l'inclut *(visiter une région, les sites d'une région ; une région industrielle, rurale)*. **Contrée** est un équivalent vieilli ou littéraire de **région** ou de **pays** *(autrefois, dans nos contrées)* : « La contrée que nous traversions était sauvage sans être pittoresque » (Th. Gautier, *Voyage en Espagne*).

régional, e *adj.* **1 - provincial** · local · **2 - dialectal**

régionaliser *v.tr.* · décentraliser · déconcentrer · délocaliser · départementaliser

régir *v.tr.* **1 - déterminer** · commander · conduire · entraîner · gouverner · guider · imposer · orchestrer · policer · présider à · régenter · régler · **2 -** [vieilli] **administrer** · diriger · gérer · gouverner · manager *anglic.*

régisseur, -euse *n.* · intendant · administrateur · gérant · gestionnaire

registre *n.m.* **1 - cahier** · album · calepin · carnet · journal · livre · recueil · répertoire • [dans l'Administration] cadastre · matrice · rôle • [de police] main courante • [d'un notaire] minutier · **2 - tonalité** · caractère · genre · style · ton • [Ling.] niveau de langue · **3 - domaine** · plan · ressort · **4 - gamme** · éventail · palette · spectre · **5 -** [d'une voix] **ambitus** · tessiture

réglable *adj.* · ajustable · variable

réglage *n.m.* · mise au point

règle *n.f.* **1 - double décimètre** · carrelet · réglet · réglette • [Imprimerie] composteur · lignomètre · typomètre · **2 – loi** · code · commandement · contrainte · discipline · dogme · instruction · ordre · précepte · prescription • [de conduite] ligne • [au plur.] règlement · réglementation · **3 – convention** · coutume · habitude · institution · norme · principe · usage · **4 –** [de la politesse] **étiquette** · cérémonial · convenances · protocole · **5 –** [d'un ordre religieux] **observance**

✦ **de règle** habituel · normal · de rigueur

✦ **en règle générale** généralement · communément · couramment · en général · habituellement · normalement

✦ **en règle** réglementaire · conforme · légal · régulier · valable · valide · réglo *fam.*

»» **règles** *plur.* · menstruations · flux menstruel · ragnagnas *fam.* · coquelicots *fam., vieilli* · menstrues *vieux*

✦ **avoir ses règles** être indisposée *vieilli* · avoir ses ragnagnas *fam.* · avoir ses coquelicots *fam., vieilli* · avoir ses ours *fam., vieilli* · les anglais ont débarqué *fam., vieilli* · avoir ses affaires *vieux*

réglé, e *adj.* **1 – organisé** · mesuré · ordonné · rangé · sage · **2 – régulier** · fixe · méthodique · systématique · uniforme · **3 – décidé** · calculé · déterminé · prévu · fixé · **4 –** [jeune fille] **formée** · nubile · pubère

✦ **parfaitement réglé** réglé comme du papier à musique

règlement *n.m.* **1 – loi** · charte · code · consigne · constitution · convention · régime · règle · réglementation · statut · **2 – arrangement** · accord · arbitrage · conclusion · mise au point · solution · **3 – paiement** · acquittement · arrêté · liquidation · solde · **4 –** [Droit] **décision** · arrêté · décret · prescription • [de police] ordonnance

✦ **règlement de comptes** **1 – vengeance** · **2 – bagarre**

réglementaire *adj.* **1 – administratif** · **2 – en règle** · conforme · en bonne et due forme · légal · licite · normal · régulier · valable · valide

réglementation *n.f.* **1 – aménagement** · codification · normalisation · organisation · rationalisation · standardisation · systématisation • [des prix, loyers] fixation · taxation · **2 – loi** · charte · code · consigne · convention · norme · régime · règle · réglementation · statut

réglementer *v.tr.* · fixer · aménager · codifier · légiférer sur · organiser · programmer · normaliser · rationaliser · régler · systématiser

régler *v.tr.* **1 – établir** · aménager · arrêter · arranger · commander · codifier · conduire · convenir de · décider de · déterminer · dicter · diriger · fixer · gouverner · légiférer · mettre au point · organiser · programmer · réglementer · **2 – résoudre** · arbitrer · arranger · clore · conclure · en finir avec · expédier · liquider · statuer sur · terminer · trancher · vider · solutionner *fam.* · **3 – payer** · acquitter · arrêter · liquider · solder • [une dette] honorer · **4 – tirer, tracer des lignes sur**

✦ **régler (qqch.) sur** accorder à · adapter à · ajuster sur · aligner sur · assujettir à · baser sur ·

conformer à · harmoniser avec · modeler sur

»» **se régler** *v.pron.* [événements] rentrer dans l'ordre · revenir à la normale

✦ **se régler sur** suivre · emboîter le pas de · s'adapter à · s'aligner sur · se conformer à · se mettre au diapason de · se mettre dans le ton de

réglo *adj. invar. et adv.* **1 - → en règle · 2 - → régulier**

règne *n.m.* **1 - gouvernement** · pouvoir · **2 - époque** · âge · cycle · ère · saison · siècle · temps · **3 - domination** · empire · emprise · pouvoir · prédominance · primauté · suprématie · triomphe

régner *v.intr.* **1 - gouverner** · diriger · être sur le trône · **2 - dominer** · prédominer · prévaloir · primer · triompher · sévir *péj.* · **3 - exister** · s'établir

✦ **régner sur** asservir · assujettir · dominer · maîtriser · mettre sous le joug *littér.*

regonfler *v.tr.* [fam.] réconforter · redonner le moral à · ragaillardir · régénérer · remonter · revigorer · ravigoter *fam.* · requinquer *fam.* · booster le moral de *fam.*

regorger de *v.tr.ind.* · être plein de · abonder en · déborder de · être plein (à craquer) de · foisonner de, en · fourmiller de · grouiller de · être bourré de *fam.*

régresser *v.intr.* · décliner · décroître · diminuer · reculer · rétrograder

régression *n.f.* · recul · baisse · déclin · diminution · récession · reflux · repli · rétrogradation *soutenu* · rétrogression *soutenu*

régression, récession

Régression et **récession** partagent l'idée générale de recul, dans le contexte de quelques disciplines (économie, histoire, etc.). On parle de **régression**, par opposition à *progrès*, dans le cas d'un retour en arrière après une phase d'évolution *(le cours de l'histoire est ponctué d'avancées et de régressions)*. En termes d'économie, on appelle **récession** une régression de la production *(entrer, être en période de récession ; l'augmentation du chômage est un des effets de la récession)*. Pour **récession**, la notion de recul s'apparente à celle d'éloignement en astronomie *(récession des galaxies)* et en géographie *(récession glacière)*. Avec **régression**, on rejoint celle de diminution *(régression de la mortalité infantile ; le nombre des agriculteurs est en constante régression)*.

regret *n.m.* **1 - nostalgie** · mélancolie · spleen *littér.* · **2 - remords** · repentir · componction *littér.* · contrition *littér.* · résipiscence *littér. ou Relig.* · attrition *(Relig.)* · pénitence *(Relig.)* · **3 - affliction** · peine · **4 - déception** · contrariété · déplaisir

✦ **à regret** à contrecœur · à son corps défendant · contre son gré · contre sa volonté · de mauvais cœur · de mauvaise grâce · la mort dans l'âme · malgré soi

✦ **tous mes regrets** toutes mes excuses · désolé

regrettable *adj.* · déplorable · affligeant · attristant · contrariant · cruel · déplaisant · désespérant · désolant · dommage · embêtant · fâcheux · gênant · malheureux · navrant · pénible · triste

regretter *v.tr.* **1 - se repentir de** · se reprocher · **2 -** [suivi de l'infinitif] **s'en vouloir de** · se mordre les doigts de *fam.* · **3 -** [sans complément] faire son mea-culpa · battre sa coulpe *littér.* · **4 - déplorer** · désapprouver · pleurer · se lamenter de · **5 - s'excuser de** · demander pardon pour · être désolé de · être navré de · être au désespoir de • [suivi de l'infinitif] être au regret de

regrouper *v.tr.* **1 -** [des gens] **rallier** · masser · rassembler · réunir · unir · assembler *vieilli* · **2 -** [des choses] **collecter** · assembler · amasser · centraliser · rassembler · réunir

>>> **se regrouper** *v.pron.* **1 - se réunir** · s'assembler · s'amasser · se grouper · se masser · se rassembler · se rejoindre · se rencontrer · se retrouver • [mondains] tenir salon · **2 - s'associer** · fusionner · se coaliser · se liguer

régulariser *v.tr.* **1 - régler** · légaliser · normaliser · officialiser · **2 - aménager** · organiser · programmer

régularité *n.f.* **1 - légalité** · conformité · validité · **2 - homogénéité** · cohérence · égalité · harmonie · symétrie · unité · **3 - exactitude** · assiduité · constance · discipline · ponctualité · rigueur · **4 - périodicité** · saisonnalité

régulation *n.f.* **contrôle** · contingentement · limitation

✦ **régulation des naissances** contrôle des naissances · orthogénie · planning familial

régulier, -ière *adj.*

I 1 - homogène · cohérent · égal · équilibré · géométrique · harmonieux · mesuré · proportionné · symétrique · uniforme · **2 - constant** · continu · fixe · incessant · **3 - soutenu** · assidu · méthodique · suivi · systématique · **4 - assidu** · ponctuel

II fréquent · habituel · périodique · monotone *péj.* · réglé comme une horloge, comme du papier à musique *fam.*

III 1 - honnête · correct · normal · fair-play *fam.* · net *fam.* · réglo *fam.* · **2 - en règle** · légal · normal · rangé · réglementaire · statutaire · catholique *fam.* · fair-play *fam.* · net *fam.* · réglo *fam.*

régulièrement *adv.* **1 - légalement** · réglementairement · **2 - uniformément** · également · uniment · **3 - en cadence** · en rythme · **4 - assidûment** · périodiquement · à date, jour fixe · à intervalles réguliers · **5 - fréquemment** · habituellement · **6 - constamment** · méthodiquement · systématiquement

régurgitation *n.f.* · rumination · mérycisme *(Méd.)* · vomissement

régurgiter *v.tr.* · vomir · dégueuler *très fam.* · dégobiller *fam.* · gerber *très fam.* · rendre *fam.*

réhabilitation *n.f.* **1 - réinsertion** · réintégration · rachat · **2 - rénovation** · modernisation · réfection · remise en état · réparation · restauration

réhabiliter *v.tr.* **1 - innocenter** · absoudre · blanchir · disculper · excuser · laver · pardonner · racheter · **2 - réinsérer** · réintégrer · **3 - revaloriser** · rehausser · relever · rétablir · **4 - rénover** · moderniser · refaire · remettre en état · réparer · restaurer

>>> **se réhabiliter** *v.pron.* · se racheter · se rattraper • [auprès de qqn] recouvrer l'estime de

restaurer

rehaussement *n.m.* · élévation · augmentation · hausse · majoration · redressement · relèvement · surélévation

rehausser *v.tr.* **1 - élever** · exhausser · hausser · hisser · lever · monter · relever · redresser · remonter · soulever · surélever · surhausser · **2 - augmenter** · accroître · élever · majorer · relever · **3 - mettre en valeur** · accentuer · faire ressortir · faire valoir · revaloriser · souligner · soutenir · **4 - agrémenter** · assaisonner · aviver · corser · orner · pimenter · ranimer · raviver · relever

réifier *v.tr.* · chosifier

réincarnation *n.f.* · métempsycose · renaissance · palingénésie *didact.* · transmigration *didact.*

reine *n.f.* **1 - souveraine** · **2 -** [de la soirée, etc.] **héroïne** · vedette · **3 -** [aux échecs] **dame**

✦ **reine de beauté** miss

reins *n.m.pl.* **1 - lombes** · bas du dos · **2 - rognons** *vieux ou Québec*

réinsérer *v.tr.* **1 - réintroduire** · réintégrer · **2 - réadapter** · réhabiliter · réintégrer · resocialiser

réinsertion *n.f.* **1 - réintroduction** · réintégration · **2 - réadaptation** · réhabilitation · réintégration · resocialisation

réintégrer *v.tr.* **1 - rejoindre** · regagner · rentrer dans · retourner à · revenir à · **2 - rétablir** · réhabiliter · renommer · replacer

réitération *n.f.* · répétition · récidive · récurrence · redite · redoublement · renouvellement · reprise

réitéré, e *adj.* · fréquent · redoublé · renouvelé · répété · [Droit] itératif

réitérer *v.tr.* · recommencer · refaire · renouveler · répéter · reprendre · rééditer *fam.* · itérer *littér.*

reître *n.m.* · soldat · soudard *littér.*

rejaillir *v.intr.*

✦ **rejaillir sur** éclabousser · gicler sur · rebondir sur · retomber sur · ricocher sur

rejaillissement *n.m.* · conséquence · contrecoup · effet · prolongement · répercussion · retombée · [négatif] séquelle

rejet *n.m.* **1 - éjection** · évacuation · excrétion · **2 - refus** · abandon · **3 - exclusion** · élimination · éviction · expulsion · radiation · **4 - récusation** · inacceptation *soutenu* · enterrement *fam.* · **5 -** [Bot.] **rejeton** · bourgeon · cépée · drageon · jet · pousse · surgeon · tigelle · **6 -** [Poésie] **enjambement**

rejeter *v.tr.* **1 - relancer** · renvoyer · repousser · **2 - évacuer** · cracher · expulser · rendre · restituer · vomir · **3 - bannir** · balayer · chasser · écarter · éliminer · éloigner · exclure · mettre à l'écart · refouler · reléguer · repousser · répudier · envoyer promener, balader, bouler *fam.* · envoyer au diable *fam.* · jeter *fam.* · [Relig.] excommunier · **4 - condamner** · proscrire · récuser · repousser · réprouver · **5 -** [une offre] **décliner** · dédaigner · [une solution] écarter · éliminer · **6 - réfuter** · repousser · nier · envoyer balader, promener *fam.* · jeter *fam.* · mettre au panier *fam.* · remballer *fam.* · rembarrer *fam.* · **7 - refuser** · dire non à · opposer un refus à · opposer une fin de non-recevoir à · [une demande, en Droit] débouter

✦ **rejeter la faute sur** accuser · attribuer la faute à · imputer la faute à · mettre la faute sur le dos de *fam.*

rejeton *n.m.* **1 -** [Bot.] **rejet** · bourgeon · cépée · drageon · jet ·

pousse · surgeon · tigelle · **2 -** [fam.] **enfant** · descendant • [au plur.] progéniture · petite famille *fam.* · postérité *littér. ou plaisant*

rejoindre *v.tr.* **1 - rallier** · regagner · réintégrer · rentrer à · retourner à · revenir à · **2 - aboutir à** · atteindre · rattraper · retrouver · **3 -** [une personne] **rattraper** · recoller à *fam.* · **4 -** [une idée, un témoignage] **recouper** · **5 - adhérer à** · adopter · partager · rallier · se rallier à · se ranger à

⋙ **se rejoindre** *v.pron.* **1 - confluer** · converger · se réunir · **2 - se recouper** · coïncider · concorder · correspondre

réjoui, e *adj.* · joyeux · allègre · content · enjoué · épanoui · gai · guilleret · heureux · hilare · jovial · radieux · ravi · rayonnant · riant · rieur

réjouir *v.tr.* **1 - ravir** · enchanter · faire plaisir à · mettre en joie · rendre joyeux · ébaudir *vieux* · **2 -** [vieilli] **amuser** · dérider · distraire · divertir · égayer

⋙ **se réjouir** *v.pron.* **jubiler** · déborder de joie · exulter

✦ **se réjouir de** être heureux de · applaudir · se délecter de · se faire une fête de · se féliciter de · être bien, fort aise de *soutenu* · se frotter les mains de *fam.* · se gaudir de *vieux*

réjouissance *n.f.* **1 - allégresse** · gaieté · joie · jubilation · liesse *littér.* · **2 -** [généralement au plur.] **amusement** · divertissement · distraction · festivité · fête · récréation

réjouissance, divertissement, amusement, récréation

Réjouissance, divertissement, amusement et récréation se disent de ce qui distrait, délasse, en procurant le plus souvent du plaisir. La **récréation** est un moment de détente après un travail ou une occupation plus ou moins sérieuse *(s'accorder, se donner une petite récréation)*. La dimension ludique est aussi présente dans l'**amusement** lorsqu'on parle des enfants *(cet amusement n'est plus de ton âge)*. Plus largement, l'**amusement** est ce qui trompe l'ennui *(compter les mouches, les avions qui passent est un amusement innocent)*. Le **divertissement** est une distraction dont on peut faire un passe-temps régulier *(le sport, le cinéma sont des divertissements très partagés)*. Lorsqu'un divertissement prend une forme collective et engendre de la *joie*, on parle de **réjouissances** *(une naissance, un mariage donnent lieu à des réjouissances familiales)*.

réjouissant, e *adj.* **1 - amusant** · cocasse · divertissant · gai · jouissant · jouissif · plaisant · marrant *fam.* · tordant *fam.* • [en tournure négative] folichon *fam.* · **2 - agréable** · drôle · jubilatoire

relâche

▪ *n.m. ou f.* **1 - détente** · relaxation · repos · **2 - interruption** · pause · répit · suspension · trêve

✦ **sans relâche** sans arrêt · continuellement · sans cesse · sans interruption · sans répit · sans trêve

▪ *n.f.* [Mar.] **escale** · port · échelle *vieux*

relâché, e *adj.* **1 - laxiste** · permissif · **2 - flasque** · avachi · distendu · mou · **3 - dissolu** · corrompu · débauché · libertin

relâchement *n.m.* **1 - laisser-aller** · laxisme · négligence · permissivité · **2 - desserrement** · **3 -** [des muscles] **relaxation** · décontraction · décrispation · **4 -** [des mœurs] **dis-**

solution · 5 - [d'un détenu, vieilli] **libération** · élargissement *(Droit)* · relaxe *(Droit)*

relâcher *v.tr.* 1 - **détendre** · décontracter · décrisper · relaxer · 2 - **desserrer** · lâcher · 3 - **adoucir** · assouplir · baisser · diminuer · ramollir · 4 - **libérer** · délivrer · lâcher · remettre en liberté · élargir *Droit* · relaxer *Droit* · 5 - [Mar.] **faire escale** · s'arrêter · faire relâche · toucher au port

»» **se relâcher** *v.pron.* 1 - **diminuer** · s'assouplir · baisser · chanceler · décroître · faiblir · fléchir · mollir *fam.* · 2 - **se négliger** · se laisser aller · 3 - **se détendre** · se décrisper · se délasser · se calmer · s'apaiser · se décontracter · se reposer · 4 - **se distendre** · s'amollir · s'avachir

relais *n.m.* 1 - **étape** · halte · poste · 2 - **auberge** · gîte · hôtel · 3 - **intermédiaire** · médiateur · 4 - [Techn.] **retransmetteur** · réémetteur · répéteur

✦ **prendre le relais de** relayer · prendre la relève de · succéder à · remplacer · reprendre le flambeau des mains de

relance *n.f.* 1 - **reprise** · redémarrage · réveil · 2 - **rappel** · nouvelle sollicitation

relancer *v.tr.* 1 - **renvoyer** · rejeter · 2 - **rappeler** · solliciter · 3 - **poursuivre** · harceler · 4 - **ranimer** · réactiver · donner un second souffle à · 5 - [Jeu] **surenchérir**

relaps, e *n.* 1 - [Relig.] **hérétique** · 2 - **récidiviste**

relater *v.tr.* 1 - **raconter** · dire · exposer · rapporter · rendre compte de · retracer · conter *littér.* · narrer *littér.* · 2 - [Droit] **consigner** · mentionner

relatif, -ive *adj.* 1 - **subjectif** · 2 - **partiel** · imparfait · incomplet · insuffisant · limité · moyen · sommaire

✦ **relatif à** 1 - **concernant** · se rapportant à · au sujet de · ayant trait à · 2 - **proportionnel à** · dépendant de

relation *n.f.*
I 1 - **connexion** · corrélation · correspondance · dépendance · interdépendance · liaison · lien (logique) · rapport · rapprochement · 2 - **contact** · liaison · lien · rapport · commerce *vieux ou littér.*
II 1 - **connaissance** · attache · contact · familier · fréquentation · lien · accointance *vieilli* · piston *fam.* · 2 - [amoureuse] **liaison** · aventure · flirt · intrigue *vieilli* · 3 - [sexuelle] **rapport** · union
III **compte rendu** · exposé · histoire · narration · procès-verbal · rapport · récit · témoignage · version

✦ **être en relation** communiquer · correspondre · être en contact · être en rapport · se voir

relation, connaissance, familier

On désigne par **relation, connaissance** ou **familier** une personne avec qui l'on est *lié* plus ou moins étroitement. Le *lien* est de nature essentiellement sociale pour la **relation** et la **connaissance**, contrairement au **familier**. Une **connaissance** est quelqu'un que l'on *connaît* simplement pour l'avoir rencontré *(faire une nouvelle connaissance, élargir son cercle de connaissances)*. **Relation** est moins neutre et implique souvent un lien d'intérêt professionnel, mondain *(avoir des relations, utiliser, entretenir ses relations ; obtenir un emploi par relation)* ou fondé sur l'habitude *(c'est plutôt une relation qu'un ami)*. Avec le **familier**, en revanche, les liens sont de nature beaucoup plus intime, comparables à ceux que l'on aurait avec un membre de sa *famille (c'est une familière de la maison)*. **Connaissance** peut avoir cette valeur dans un emploi un peu vieilli *(j'ai retrouvé une vieille connaissance)*.

relativement *adv.* **1 - assez** · passablement · plutôt

✦ **relativement à** **1 - proportionnellement à** · comparativement à · en comparaison avec · en fonction de · par rapport à · **2 - au sujet de** · à l'égard de · à propos de · concernant · par rapport à · quant à

relax, e

▪ *adj.* **décontracté** · à l'aise · calme · détendu · tranquille · cool *fam.* · coolos *fam.* · peinard *fam.* · zen *fam.*

▪ *adv.* **pépère** *fam.* · piano *fam.*

✦ **relax !** du calme ! · cool ! *fam.* · zen ! *fam.*

relaxant, e *adj.* · délassant · calmant · décontractant · décontracturant · défatigant · reposant

relaxation *n.f.* **1 -** [des muscles] **relâchement** · décontraction · **2 - détente** · décontraction · délassement · détente · **3 - sophrologie** · **4 - désinvolture** · aisance · naturel

1 **relaxer** *v.tr.* [un détenu] libérer · élargir *(Droit)* · relâcher

2 **relaxer** *v.tr.* **décontracter** · calmer · défatiguer · désénerver · délasser · détendre · reposer

⋙ **se relaxer** *v.pron.* · se décontracter · reprendre son souffle · s'abandonner · se calmer · se délasser · se détendre · se laisser aller · se reposer · décompresser *fam.*

relayer *v.tr.* **1 - prendre le relais de** · succéder à · relever · reprendre le flambeau des mains de · **2 - remplacer** · se substituer à · **3 -** [Radio, TV] **retransmettre**

⋙ **se relayer** *v.pron.* **alterner** · se remplacer

relégation *n.f.* **1 - bannissement** · déportation · exil · **2 -** [Sports] **déclassement**

reléguer *v.tr.* **1 - bannir** · déporter · exiler · **2 - mettre à l'écart** · écarter · rejeter · remiser · **3 -** [Sports] **déclasser**

✦ **reléguer à** cantonner à · confiner à · limiter à

relent *n.m.* **1 - effluve** · émanation · miasme · mauvaise odeur · puanteur · remugle *littér.* · **2 - trace** · soupçon · ombre · pointe · reste · teinte

relevé, e *adj.* **1 - redressé** · remonté · retroussé · troussé *vieilli* · **2 -** [souvent en tournure négative] **noble** · élevé · haut · soutenu · **3 - épicé** · assaisonné · corsé · fort · pimenté · piquant

relevé *n.m.* **1 - liste** · décompte · détail · état · relèvement · tableau · **2 - dessin** · plan

relève *n.f.* · remplaçant(s)

✦ **prendre la relève de** relayer · remplacer · reprendre le flambeau des mains de · succéder à

relèvement *n.m.* **1 - augmentation** · hausse · majoration · **2 - redressement** · reconstruction · réédification · rétablissement · revalorisation

relever *v.tr.*
I 1 - remettre debout · redresser · lever · remonter · retrousser · soulever · trousser *vieilli* · **2 - reconstruire** · rebâtir · redresser · remettre debout · renflouer · réparer · restaurer · rétablir · revaloriser
II augmenter · élever · hausser · majorer · monter · rehausser · remonter
III 1 - assaisonner · agrémenter · épicer · exalter · pimenter · **2 - faire ressortir** · donner du relief à · ennoblir · exhausser · rehausser · souligner
IV 1 - constater · découvrir · faire remarquer · mettre en évidence · noter · observer · remarquer · souligner · trouver · **2 - noter** · consigner · copier · inscrire · retenir · **3 -** [un plan] **dresser** · lever
V [des copies] **ramasser** · collecter
VI [un défi, une remarque] **répondre à**
VII 1 - [qqn] **relayer** · prendre le relais de · prendre la relève de · remplacer · **2 -** [qqn d'une fonction] **démettre** · destituer · limoger · révoquer · **3 -** [qqn d'un engagement] **libérer** · dégager · détacher · délier *soutenu*

✦ **relever de** **1 -** [qqch.] **concerner** · appartenir à · dépendre de · faire partie de · regarder · se rapporter à · tenir de · toucher à · **2 -** [qqn, une autorité] **être du ressort de** · dépendre de · être de la compétence de *soutenu* · être de la dépendance de *soutenu* · ressortir à *soutenu*

⋙ **se relever** *v.pron.* **1 - se remettre debout** · se redresser · remonter · se ramasser *fam.* · **2 - renaître** · repartir · ressusciter · se rétablir · **3 - guérir** · recouvrer la santé · se remettre · se rétablir · [d'un chagrin] se consoler

relief *n.m.*
I 1 - saillie · bosse · monticule · proéminence · **2 -** [Géog.] **topographie** · configuration · modelé · **3 -** [Techn.] **modelé** · enlevure
II force · caractère · éclat · épaisseur · mordant · personnalité · piment · piquant · profondeur · vigueur · sel *fam.* · lustre *littér.*

✦ **donner du relief à, mettre en relief** souligner · accentuer · faire ressortir · mettre en évidence · rehausser

✦ **en relief** **1 - saillant** · proéminent · **2 -** [Techn.] **bosselé** · estampé · gaufré · repoussé

relier *v.tr.* **1 - assembler** · associer · attacher · joindre · lier · raccorder · rapprocher · rassembler · rattacher · réunir · unir · établir des ponts, des passerelles entre · **2 - faire communiquer** · connecter · faire correspondre · joindre · raccorder · réunir · **3 -** [des idées] **enchaîner** · associer · lier · rapprocher · **4 - mettre en rapport** · faire le rapprochement entre · raccrocher · **5 -** [Imprimerie] **interfolier** · brocher · cartonner

relieur, -ieuse *n.* · brocheur · assembleur

religieusement *adv.* **1 - pieusement** · dévotement · avec recueillement · **2 - scrupuleusement** · consciencieusement · exactement · minutieusement · rigoureusement · soigneusement

religieux, -ieuse *adj.* **1 - sacré** · divin · **2 - croyant** · fervent · orthodoxe · pieux · pratiquant · dévot *souvent péj.* · **3 - recueilli** · respectueux

religieux, -ieuse
- *n.m.* · moine · régulier
- *n.f.* · bonne sœur *fam.* · nonne *vieilli ou plaisant*

religion *n.f.* 1 - confession · croyance · culte · foi · **2 - doctrine** · croyance · dogme · philosophie · morale · **3 - avis** · conviction · credo · opinion

✦ **sans religion** agnostique · areligieux · athée · impie · incrédule · incroyant · irréligieux · sceptique · mécréant *vieilli ou plaisant*

✦ **entrer en religion** prononcer ses vœux • [homme] prendre l'habit • [femme] prendre le voile

religiosité *n.f.* · spiritualité · mysticisme

reliquaire *n.m.* · châsse

reliquat *n.m.* 1 - [compte] **reste** · solde · **2 - restant** · excédent · reste · complément · vestige

relique *n.f.* **1 - restes** · débris · ossements · **2 - amulette** · fétiche · talisman

reliure *n.f.* · couverture

reluire *v.intr.* · briller · chatoyer · étinceler · flamboyer · luire · miroiter · resplendir · rutiler · scintiller · brasiller *littér.*

reluisant, e *adj.* **1 - brillant** · chatoyant · étincelant · flamboyant · luisant · miroitant · resplendissant · rutilant · scintillant · **2 -** [en tournure négative] **fameux** · beau · brillant · florissant

reluquer *v.tr.* **1 - regarder** · lorgner · boire des yeux · couver des yeux · dévorer des yeux · loucher sur *fam.* · mater *fam.* · zieuter *fam.* · **2 - convoiter** · avoir des vues sur · briguer · courir après · lorgner sur · guigner *fam.*

remâcher *v.tr.* · ressasser · repenser à · retourner (dans sa tête) · rouler · ruminer

remake *n.m.* **nouvelle version** · nouvelle mouture

rémanence *n.f.* **1 - persistance** · **2 -** [Phys.] **hystérésis**

rémanent, e *adj.* · durable · persistant · subsistant

remaniement *n.m.* **1 - réorganisation** · remodelage · restructuration · révision • [d'un texte] refonte · **2 - bouleversement** · métamorphose · révolution · **3 - transformation** · changement · correction · modification · rectification · retouche · relookage *fam.*

remanier *v.tr.* **1 - réorganiser** · remodeler · restructurer · réviser • [un texte] refondre · **2 - changer** · arranger · corriger · modifier · rectifier · reprendre · retoucher · revoir · transformer · relooker *fam.* · **3 - bouleverser** · métamorphoser · révolutionner

remarquable *adj.* **1 - extraordinaire** · considérable · éblouissant · éclatant · épatant · étonnant · formidable · hors du commun · hors série · hors pair · marquant · mémorable · notable · particulier · saillant · saisissant · rare · **2 - prestigieux** · brillant · de haut vol · de haute volée · de la plus belle eau · de premier ordre · de premier plan · distingué · émérite · éminent · fameux · hors pair · important · insigne · sans égal · sans pareil · supérieur

remarquablement *adv.* **1 - admirablement** · à merveille · brillamment · extraordinairement · formidablement · merveilleusement · supérieurement · **2 - considérablement** · étonnamment · extraordinairement · formidablement · particulièrement · notablement · totalement

remarque *n.f.* 1 - **observation** · commentaire · considération · réflexion • [en passant] incise · 2 - **annotation** · note · 3 - **critique** · objection · remontrance · réprimande · reproche

remarquer *v.tr.* **apercevoir** · aviser · constater · découvrir · discerner · distinguer · noter · observer · percevoir · relever · se rendre compte de · repérer · s'apercevoir de · s'aviser de · trouver · voir

✦ **faire remarquer** 1 - [qqch.] relever · signaler · 2 - [à qqn] avertir · alerter

✦ **se faire remarquer** 1 - **se signaler** · ne pas passer inaperçu · se faire connaître · se distinguer · se singulariser · 2 - **détonner** · ne pas passer inaperçu

››› **se remarquer** *v.pron.* · se voir · apparaître · être visible

remballer *v.tr.* 1 - **rempaqueter** · ranger · réemballer · 2 - [fam.] → **rabrouer**

rembarrer *v.tr.* → **rabrouer**

remblai *n.m.* 1 - **talus** · 2 - **chaussée** · digue · levée

remblayer *v.tr.* · hausser · combler

rembourrage *n.m.* 1 - **capitonnage** · matelassage · 2 - **matelassure** · bourre · garniture

rembourré, e *adj.* 1 - **capitonné** · matelassé · 2 - **grassouillet** · bien en chair · replet · rondouillard *fam.*

rembourrer *v.tr.* · bourrer · capitonner · matelasser

remboursement *n.m.* 1 - **paiement** · acquittement · amortissement • [d'une rente] rachat • [d'une dette] extinction · 2 - **défraiement** · indemnisation

rembourser *v.tr.* 1 - **s'acquitter de** · payer · rendre • [une dette] éteindre · 2 - **défrayer** · couvrir · indemniser

rembruni, e *adj.* · triste · chagrin · contrarié · sombre · tristounet *fam.*

rembrunir *v.tr.* [littér.] **attrister** · peiner

››› **se rembrunir** *v.pron.* · s'assombrir · se refermer · se renfrogner

remède *n.m.* 1 - **médicament** · drogue · médication · préparation · soin · traitement · vaccin · médecine *vieux* · 2 - **solution** · antidote · dérivatif · expédient · exutoire · moyen · palliatif · panacée · potion magique · recours · ressource • [inefficace] emplâtre, cautère sur une jambe de bois

❧ **médicament**

remédiable *adj.* · réparable · corrigeable · rattrapable · rectifiable

remédier à *v.tr.ind.* 1 - **calmer** · guérir · soulager · 2 - **pallier** · compenser · parer à · pourvoir à · suppléer à · obvier à *littér.* · 3 - **arranger** · corriger · rattraper · rectifier · réparer

remémorer *v.tr.* [littér.] **évoquer** · rappeler · remettre en mémoire

››› **se remémorer** *v.pron.* **se souvenir de** · se rappeler · évoquer

remerciement *n.m.* 1 - **merci** · 2 - [au plur.] **gratitude** · reconnaissance

✦ **en remerciement de** **en dédommagement de** · en compensation de · en récompense de

remercier *v.tr.*

I 1 - **dire merci à** · rendre grâce à · savoir gré à · 2 - **bénir** · louer · 3 - **dédommager** · récompenser

II **chasser** · congédier · destituer · donner son compte à · éconduire · licencier · limoger · mettre à la porte · renvoyer · révoquer · se séparer de · balancer *fam.* · lourder *fam.* · sacquer *fam.* · vider *fam.* · virer *fam.* · [un domestique] donner ses huit jours à

remettre *v.tr.* **1 – replacer** · ramener · rapporter · réintégrer · **2 – ajouter** · rajouter · **3 – confier** · déposer · donner · laisser · livrer · passer · rendre · restituer · commettre *vieilli* · filer *fam.* · refiler *fam.* · **4 – se rappeler** · reconnaître · se souvenir de · **5 – différer** · ajourner · atermoyer · reculer · renvoyer (à plus tard) · reporter · retarder · suspendre · postposer *Belgique* · [un jugement] renvoyer · surseoir à · [indéfiniment] renvoyer aux calendes grecques

✦ **remettre à sa place** **1 – replacer** · [une articulation] remboîter · **2 – → rabrouer**

✦ **remettre en état, à neuf** réparer · arranger · refaire · rafraîchir · réhabiliter · rénover · restaurer · retaper

✦ **remettre en question** reconsidérer · réexaminer · revoir

»» **se remettre** *v.pron.* **1 – récupérer** · guérir · recouvrer la santé · se relever · se rétablir · s'en sortir · s'en tirer *fam.* · se retaper *fam.* · **2 – se calmer** · se tranquilliser · retrouver son calme

✦ **se remettre à** **1 –** [suivi de l'infinitif] **recommencer à** · **2 –** [une activité] **recommencer** · replonger dans · retourner à · revenir à

✦ **se remettre ensemble** se réconcilier · se rabibocher *fam.*

✦ **s'en remettre à** faire confiance à · en appeler à · croire en · donner mandat à · s'en rapporter à · se reposer sur · se fier à

~ **rendre**

réminiscence *n.f.* · souvenir · rappel · résurgence · trace

~ **souvenir**

remise *n.f.* **1 – abri** · appentis · débarras · hangar · local · réserve · resserre · **2 – attribution** · délivrance · dépôt · distribution · don · livraison · **3 – réduction** · abattement · bonification · déduction · diminution · discount · escompte · prime · rabais · ristourne · **4 – ajournement** · atermoiement · délai · renvoi · retardement · sursis · **5 –** [d'une peine] **grâce** · rémission · **6 –** [d'un péché] **pardon** · absolution · rémission

~ **réduction**

remiser *v.tr.* · ranger · enfermer · garer · mettre à l'abri · mettre en lieu sûr · placer · reléguer · serrer *région.*

rémissible *adj.* · pardonnable · excusable

rémission *n.f.* **1 – absolution** · effacement · pardon · **2 – grâce** · amnistie · **3 – accalmie** · apaisement · arrêt · atténuation · calme · cessation · détente · intermittence *(Méd.)* · interruption · intervalle · pause · répit · relâche · trêve · rémittence *littér.*

remmener *v.tr.* · emmener · ramener · reconduire

remodelage *n.m.* **1 – réorganisation** · restructuration · **2 –** [du visage] **déridage** · lifting · lissage

remodeler *v.tr.* **1 – retravailler** · réorganiser · restructurer · **2 –** [visage] **dérider** · lisser

remontant, e

▪ *adj.* **fortifiant** · excitant · réconfortant · reconstituant · revigorant · stimulant · roboratif *littér.* · analeptique *(Méd.)*

▪ *n.m.* **tonique** · cordial · fortifiant · reconstituant · tonifiant

remonté, e *adj.* → **en colère**

remonte-pente *n.m.* · téléski · tire-fesses *fam.*

remonter

▪ *v.intr.* **repartir (à la hausse)** · progresser · se redresser · reprendre · se rétablir

✦ **remonter à** dater de · venir de

▪ *v.tr.* **1 – élever** · exhausser · hausser · monter · relever · surélever · surhausser · **2 – retrousser** · relever · **3 – consoler** · mettre du baume au cœur de · raffermir · ragaillardir · ranimer · raviver · réchauffer · réconforter · revigorer · revivifier · soutenir · ravigoter *fam.* · regonfler *fam.* · requinquer *fam.* · retaper *fam.*

remontrance *n.f.* · reproche · avertissement · blâme · critique · grief · observation · réprimande · sermon · engueulade *fam.* · admonestation *littér.* · harangue *littér.* · mercuriale *littér.* · objurgation *littér.* · semonce *littér.* · prêchi-prêcha *fam.* · savon *fam.*

remords *n.m.* **1 – repentir** · regret · contrition *littér.* · **2 –** [Relig.] **contrition** · attrition · pénitence · résipiscence

✦ **avoir des remords** regretter · se repentir · s'en vouloir · s'en mordre les doigts *fam.*

remords, repentir, contrition

Remords, **repentir** et **contrition** expriment, à des degrés divers, le regret d'avoir agi à l'encontre de la morale. Le **remords** est un sentiment de honte coupable, qui ne s'exprime pas nécessairement, par faiblesse ou crainte des conséquences d'un aveu *(être déchiré, poursuivi par le remords ; être bourrelé de remords ; des remords cuisants)*. Dans le **repentir**, la reconnaissance de la faute s'accompagne d'un désir de réparation qui, de ce fait, doit se faire connaître *(aveu et repentir des fautes ; exprimer des marques de repentir)*. La **contrition** ajoute au repentir la priorité de la sincérité des sentiments par rapport à la crainte du châtiment. Le **repentir** est une notion essentiellement attachée à la morale chrétienne *(formules de repentir dans la liturgie catholique)* et **contrition** un terme de religion qui exprime le profond regret d'avoir offensé Dieu *(faire acte de contrition)*.

remorquage *n.m.* [d'un bateau] halage · touage

remorque *n.f.* · caravane · roulotte

remorquer *v.tr.* **1 – tracter** · tirer · traîner · **2 –** [un bateau] **haler** · touer

remorqueur *n.m.* · haleur · toueur

rémouleur *n.m.* · aiguiseur · affileur · affûteur · repasseur

remous *n.m.* **1 – bouillonnement** · effervescence · tourbillon · tournoiement · turbulence · **2 – agitation** · mouvement · remue-ménage · trouble · tumulte

✦ **provoquer des remous** faire des vagues

rempailler *v.tr.* · canner · empailler · pailler

rempart *n.m.* **1 – enceinte** · fortification · mur · muraille · épaulement *Milit.* · **2 - bastion** · citadelle · **3 - protection** · barrière · bouclier · cuirasse · paroi · sauvegarde

rempiler *v.intr.* → **se rengager**

remplaçant, e *n.* · substitut · adjoint · intérimaire · représentant · successeur · suppléant • [Théâtre, Cinéma] doublure

remplacement *n.m.* **1 - intérim** · suppléance · **2 - substitution** · échange · relève · **3 - changement** · renouvellement

✦ **produit de remplacement** substitut · ersatz · succédané

✦ **en remplacement** à la place · en échange

remplacer *v.tr.* **1 - changer** · renouveler · **2 - se substituer à** · relever · prendre le relais de · prendre la relève de · relayer · succéder à · supplanter · suppléer *littér.* · **3 - représenter** · faire fonction de · faire office de · jouer le rôle de · servir de · tenir la place de · tenir lieu de · suppléer à • [Théâtre, Cinéma] doubler

⋙ **se remplacer** *v.pron.* **alterner** · se relayer · se succéder

rempli, e *adj.* **1 - plein** · bourré *fam.* · plein comme un œuf *fam.* · **2 -** [de monde] **bondé** · comble · complet · paqueté *Québec* · plein · bourré *fam.* · plein à craquer *fam.*

✦ **rempli de** **1 -** [de gens] **peuplé de** · grouillant de · plein de · saturé de · **2 -** [d'un sentiment] **empli de** · débordant de · dévoré de · enflé de · enivré de · gonflé de · gorgé de · pénétré de · pétri de · plein de

remplir *v.tr.* **1 - emplir** · bourrer · charger · combler · garnir · gorger · **2 - peupler** · envahir · inonder · occuper · **3 -** [le temps] **meubler** · occuper · tuer *fam.* · **4 -** [un formulaire] **compléter** · renseigner *Admin.* • [un chèque] libeller · **5 -** [une obligation] **accomplir** · acquitter · effectuer · exécuter · exercer · faire · faire honneur à · mener à bien · observer · réaliser · répondre à · respecter · s'acquitter de · satisfaire à · tenir · **6 -** [une fonction] **exercer** · occuper · tenir

✦ **remplir de** farcir de · parsemer de · semer de · truffer de

remplissage *n.m.* **1 - verbiage** · bavardage · longueurs · délayage *fam.* · **2 -** [Constr.] **blocage** · remplage

remporter *v.tr.* **1 - reprendre** · remmener · repartir avec · **2 - gagner** · conquérir · emporter · enlever · obtenir · récolter · décrocher *fam.* · rafler *fam.* · truster *fam.*

remuant, e *adj.* **1 - actif** · animé · dynamique · frétillant · pétulant · sémillant · tonique · vif · **2 - déchaîné** · agité · excité · fougueux · turbulent

remue-ménage *n.m. invar.* **1 - agitation** · animation · bouillonnement · branle-bas · confusion · désordre · effervescence · mouvement · pagaille · tohu-bohu · trouble · tumulte · chambardement *fam.* · **2 - chahut** · brouhaha · tintamarre · vacarme

remuer

▪ *v.tr.* **1 - mélanger** · battre · brasser · brouiller · malaxer · pétrir · retourner · tourner · travailler • [la salade] fatiguer *fam.* · touiller *fam.* · **2 -** [la terre] **retourner** · bêcher · fouiller · retourner • [animal] fouir · **3 - secouer** · balancer · ballotter · bercer · **4 - émouvoir** · atteindre · attendrir · bouleverser · ébranler · frapper · pénétrer · perturber ·

retourner · secouer · toucher · troubler · chambouler *fam.* · émotionner *fam.* · prendre aux tripes *fam.*

▪ *v.intr.* **1** – [dans le vent] **frémir** · se balancer · frissonner · ondoyer · onduler · osciller · trembler · vaciller · **2 – s'agiter** · bouger · frétiller · gesticuler · gigoter *fam.* · se dandiner *fam.* · se tortiller *fam.* · se trémousser *fam.* · **3** – [la tête] **hocher** · balancer · branler · dodeliner de · secouer

»» **se remuer** *v.pron.* **1 – bouger** · s'agiter · **2 – se démener** · faire des pieds et des mains · se démancher · se dépenser · se donner de la peine · se bouger *fam.* · se décarcasser *fam.* · se défoncer *fam.* · se mettre en quatre *fam.* · se casser le derrière, le cul *très fam.* · **3 – se dépêcher** · se bouger *fam.* · se grouiller *fam.* · se manier (le train, le popotin) *fam.*

rémunérateur, -trice *adj.* · lucratif · avantageux · fructueux · intéressant · payant · profitable · rentable · juteux *fam.*

rémunération *n.f.* **1 – salaire** · appointements · émoluments · gages · honoraires · mensualité · paye · solde · traitement · vacation · **2 – avantage** · cachet · commission · gain · jeton (de présence) · pourcentage · prime · rétribution · guelte *vieux* · **3** – [vieux] **récompense** · tribut

rémunérer *v.tr.* **payer** · rétribuer · [une personne] appointer · salarier

renâcler *v.intr.* **1 – rechigner** · se faire prier · freiner des quatre fers *fam.* · se faire tirer l'oreille *fam.* · traîner des pieds *fam.* · **2 – protester** · râler *fam.* · rouspéter *fam.* · renauder *pop., vieux*

renaissance *n.f.* **1 – réincarnation** · résurrection · **2 – renouveau** · renouvellement · palingénésie *didact.* · régénération *didact.* · **3 – réapparition** · résurgence · retour · réveil

renaître *v.intr.* **1 – ressusciter** · reprendre vie · revenir à la vie · revivre · **2 – resurgir** · réapparaître · refaire surface · reparaître · repousser · revivre

rénal, e *adj.* · néphrétique

renchérir *v.intr.* **1 – être en hausse** · augmenter · enchérir · grimper · **2 – en rajouter** *fam.* · en remettre *fam.*

✦ **renchérir sur** **1 – enchérir sur** · surenchérir sur · **2 – dépasser** · aller plus loin que

renchérissement *n.m.* · augmentation · hausse

rencogner *v.tr.* [vieux] **coincer** · acculer

»» **se rencogner** *v.pron.* **se blottir** · se mettre en boule · se pelotonner · se recroqueviller · se tapir

rencontre *n.f.*
I 1 – entrevue · contact · conversation · rendez-vous · rancard *fam.* · **2 – colloque** · conférence · meeting *anglic.* · réunion · sommet
II 1 – compétition · championnat · épreuve · match · partie · **2 – accrochage** · bataille · combat · duel · échauffourée
III 1 – jonction · contact · réunion · **2 – collision** · choc · heurt · télescopage · **3** – [littér.] **coïncidence** · conjoncture · hasard · occasion · occurrence

✦ **aller à la rencontre de** aller, se porter au-devant de

rencontre, entrevue

Rencontre et entrevue concernent le fait de se trouver en contact avec quelqu'un. Une **rencontre** n'est pas toujours prévue *(faire une heureuse, une fâcheuse rencontre, une rencontre inattendue ; c'est le hasard des rencontres)*, contrairement à l'**entrevue** qui est une rencontre concertée *(demander, accorder une entrevue)*. **Rencontre** peut cependant s'employer en concurrence avec **entrevue** lorsqu'une part d'aléatoire subsiste ou domine *(ménager, organiser une entrevue/une rencontre entre deux personnes)*.

rencontrer *v.tr.* **1 - faire la connaissance de** · connaître · croiser · **2 - apercevoir** · atteindre · croiser · tomber sur · trouver · voir · **3 - affronter** · disputer · combattre · **4 - joindre** · approcher · toucher · voir · **5 - heurter** · buter sur · se cogner à · percuter · toucher · **6 -** [des difficultés] **affronter** · avoir affaire à · se heurter à · se mesurer à · se trouver face à · tomber sur · trouver (sur son chemin) · s'achopper à *littér.*

⋙ **se rencontrer** *v.pron.* **1 - se croiser** · faire connaissance · se connaître · **2 - apparaître** · arriver · avoir lieu · exister · se présenter · se produire · se trouver · se voir · **3 - se rejoindre** · confluer · se retrouver · se réunir · se toucher

rendement *n.m.* **1 - productivité** · efficacité · fertilité · **2 - rentabilité** · bénéfice · gain · produit · profit · rapport · revenu

rendez-vous *n.m.* **rencontre** · audience · entretien · entrevue · rancard *fam.*

✦ **manquer au rendez-vous** faire faux bond · poser un lapin *fam.*

rendre *v.tr.*

I 1 - restituer · ramener · rapporter · redonner · remettre · renvoyer · retourner · rétrocéder · **2 -** [les armes] **poser** · mettre bas · **3 -** [de l'argent] **rembourser** · s'acquitter de · **4 -** [la santé] **ramener** · faire recouvrer *littér.*

II 1 - [un jugement] **prononcer** · émettre · **2 -** [un son, etc.] **produire** · donner · émettre · **3 - exprimer** · émettre · exhaler · présenter · produire · rendre · représenter · reproduire · restituer · traduire

III vomir · régurgiter · dégobiller *très fam.* · dégueuler *très fam.* · gerber *très fam.*

✦ **rendre la pareille payer de retour** · réciproquer *vieilli ou Belgique* · renvoyer l'ascenseur *fam.*

⋙ **se rendre** *v.pron.* **1 - aller** · venir · porter ses pas · **2 - capituler** · baisser les bras · baisser pavillon · céder · lever la crosse en l'air · s'avouer vaincu · se donner · se livrer · s'incliner · hisser le drapeau blanc *vieilli*

✦ **se rendre à** [l'avis de] **déférer à** · s'en rapporter à · s'en remettre à · se soumettre à

rendre, remettre, restituer

Rendre, remettre ou **restituer**, c'est donner quelque chose dont on n'est généralement pas propriétaire. On **rend** ce que l'on a pris ou reçu auparavant *(rendre de l'argent prêté, une voiture empruntée ; peux-tu me rendre mon livre ?)*. On **restitue** ce que l'on a pris illégalement ou abusivement *(restituer un bien volé, détourné ; restituer un territoire spolié, occupé)*. **Remettre**, en revanche, n'implique pas de retour et insiste sur le contact qui existe dans la transaction *(remettre un devoir au professeur, un rapport à son supérieur hiérarchique, remettre une lettre en mains propres ; remettre un coupable à la justice)*.

rêne *n.f.* · bride · guide

renégat, e *n.* 1 – **apostat** · hérétique · 2 – **traître** · déserteur · parjure · transfuge

renfermé, e *adj.* 1 – **reclus** · confiné · 2 – **dissimulé** · réservé · secret

renfermer *v.tr.* 1 – **comporter** · comprendre · contenir · enfermer · enserrer · englober · inclure · posséder · receler · 2 – **cacher** · dissimuler · receler · 3 – [vieilli] **borner** · circonscrire · enclore · entourer · limiter · localiser · réduire · restreindre

»» **se renfermer** *v.pron.* 1 – **se murer** · se claquemurer · 2 – **se replier sur soi** · se fermer (comme une huître) · se renfrogner

renflé, e *adj.* · bombé · arrondi · courbé · enflé · galbé · gonflé · pansu · rond · ventru

renflement *n.m.* · bombement · bosse · grosseur · panse · proéminence · rondeur · ventre

renfler (se) *v.pron.* · s'enfler · ballonner · faire ventre · se bomber

renflouer *v.tr.* · remettre à flot · [Mar.] déséchouer

»» **se renflouer** *v.pron.* · se remplumer *fam.* · se refaire (la cerise) *fam.*

renfoncement *n.m.* · creux · alcôve · anfractuosité · coin · crevasse · encoignure · enfoncement · niche · recoin · trou

renforcement *n.m.* 1 – **consolidation** · affermissement · durcissement · étaiement · renfort · resserrement · 2 – **accentuation** · aggravation · augmentation · intensification · recrudescence

renforcer *v.tr.* 1 – **armer** · épaissir · fortifier · raffermir · 2 – **accentuer** · accroître · affermir · aggraver · agrandir · s'ajouter à · augmenter · aviver · confirmer · consolider · enfler · exacerber · fortifier · grossir · intensifier · 3 – **appuyer** · asseoir · conforter · consolider · corroborer · étayer · soutenir · [qqn, dans son opinion] apporter de l'eau au moulin de

renfort *n.m.* 1 – **renforcement** · consolidation · 2 – **aide** · appui · assistance · soutien · coup de main *fam.* · 3 – **supplément** · complément · 4 – [d'une chaussure] **contrefort** · [d'un vêtement] épaulement

✦ **en renfort** à l'aide · à la rescousse · au secours

renfrogné, e *adj.* · maussade · acariâtre · boudeur · bourru · grincheux · hargneux · morose · rabat-joie · rechigné

renfrogner (se) *v.pron.* · s'assombrir · se rembrunir · se renfermer

rengager *v.tr.* **réengager** · réemployer · remployer

»» **se rengager** *v.pron.* **rempiler** *fam.*

rengaine *n.f.* · refrain · chanson · couplet · histoire · leitmotiv · litanie · rabâchage · répétition · ritournelle · disque *fam.* · scie *fam.* · antienne *littér.* · bringue *Suisse*

rengainer *v.tr.* · garder pour soi · ravaler *fam.* · renquiller *fam.*

rengorger (se) *v.pron.* · faire le beau · bomber le torse, la poitrine · faire l'important · prendre de grands airs · plastronner · poser · se pavaner · crâner *fam.* · faire la roue *fam.* · frimer *fam.*

reniement *n.m.* 1 – **abandon** · abjuration · apostasie · désaveu ·

désertion · répudiation · rejet · rétractation · **2 – retournement** · volte-face

renier *v.tr.* · abandonner · abjurer · désavouer · déserter · mentir à · nier · rejeter · renoncer à · répudier · rétracter • [sans complément] apostasier *(Relig.)* · retourner sa veste

renifler

▪ *v.intr.* [animal] **renâcler**

▪ *v.tr.* **1 – sentir** · flairer · humer · **2 – deviner** · flairer · pressentir · soupçonner · subodorer *fam.* · **3 –** [du tabac] **priser** • [de la cocaïne] sniffer *fam.*

renom *n.m.* **célébrité** · considération · cote · crédit · gloire · notoriété · popularité · prestige · renommée · réputation · aura *littér.*

✦ **de renom** → **renommé**

renommé, e *adj.* · célèbre · connu · coté · fameux · illustre · populaire · prestigieux · de renom · réputé · qui fait parler de lui

célèbre

renommée *n.f.* **1 –** [littér.] **bruit** · opinion publique · **2 – célébrité** · considération · cote · crédit · gloire · notoriété · popularité · prestige · renom · réputation · la déesse aux cent bouches *littér.* · aura *littér.*

renommer *v.tr.* · réélire

renoncement *n.m.* **1 – renonciation** · abandon · abnégation · détachement · privation · sacrifice · **2 –** [aux plaisirs] **ascèse** · abstinence · ascétisme

renoncement, renonciation

Les deux mots se disent du fait de *renoncer* à une chose morale. **Renoncement** insiste sur l'idée de détachement pour tendre vers un idéal *(renoncement aux biens de ce monde, au monde, aux plaisirs de la vie)*. Le **renoncement**, dans un contexte religieux, est un sacrifice librement consenti *(vivre dans le renoncement)*. **Renonciation** implique seulement l'abandon de ce dont on jouissait : « Ses cheveux négligemment peignés, pendaient par mèches noires au long de sa face pâle (...) et montraient une renonciation absolue à toute idée de plaire » (Th. Gautier, *le Capitaine Fracasse*, I). C'est cette notion d'abandon, de désistement qui est retenue dans l'emploi spécifique en droit de **renonciation** *(renonciation à une succession, au trône ; procédure, clauses de renonciation)*.

renoncer *v.tr.ind.* **abandonner** · abdiquer · s'avouer vaincu · baisser les bras · battre en retraite · capituler · céder · déclarer forfait · démissionner · se désister · faire défection · lâcher prise · quitter la partie · se retirer · reculer · s'incliner · caler *fam.* · caner *fam.* · fermer, plier boutique *fam.* · jeter l'éponge *fam.* · jeter le manche après la cognée *fam.* · laisser tomber *fam.*

✦ **renoncer à** **abandonner** · délaisser · dire adieu à · enterrer · faire son deuil de · laisser · renier · se défaire de · se départir de · se dépouiller de · se détourner de · se passer de · se priver de · tirer un trait sur · faire une croix sur *fam.*

abdiquer

renonciation *n.f.* · abandon · délaissement · renoncement

renoncement

renouer *v.tr.* **rattacher** · rétablir

✦ **renouer avec** **se réconcilier avec** · se rabibocher avec *fam.* · se raccommoder avec *fam.*

renouveau *n.m.* **1 –** [littér.] **retour du printemps** · **2 – regain** · recommencement • relance • renaissance • reprise • retour (en force) • **3 - modernisation** • régénération • renaissance • renouvellement • rénovation • transformation

renouvelable *adj.* **1 - reconductible** • prorogeable • **2 -** [énergie] **propre**

renouveler *v.tr.* **1 - changer** • corriger • dépoussiérer • faire souffler un vent de renouveau sur • moderniser • modifier • rajeunir • ranimer • raviver • rectifier • refondre • réformer • régénérer • remanier • remplacer • rénover • revigorer • revivifier • transformer • donner un coup de jeune à *fam.* • **2 -** [une douleur] **aviver** • redoubler • réveiller • **3 - prolonger** • proroger • reconduire • **4 - recommencer** • refaire • réitérer • répéter

»» **se renouveler** *v.pron.* **1 - repousser** • se reformer • renaître • **2 - changer** • bouger • évoluer • se moderniser • se modifier • se transformer • varier • [complètement] faire peau neuve • **3 - recommencer** • se répéter • se reproduire

renouvellement *n.m.* **1 - réapprovisionnement** • remplacement • **2 - renouveau** • changement • modernisation • rénovation • renaissance • transformation • **3 - reconduction** • prolongement • prorogation

rénovateur, -trice *n.* • réformateur • refondateur

rénovation *n.f.* **1 - réforme** • amélioration • dépoussiérage • remodelage • renouvellement • restructuration • revalorisation • transformation • **2 - remise à neuf** • modernisation • rafraîchissement • rajeunissement • réfection • réhabilitation • remise en état • réparation • restauration • retapage

rénover *v.tr.* **1 - réformer** • améliorer • dépoussiérer • remodeler • renouveler • restructurer • revaloriser • transformer • **2 - remettre à neuf** • moderniser • rafraîchir • rajeunir • réhabiliter • réparer • restaurer • retaper

renseignement *n.m.* **1 - information** • donnée • éclaircissement • indication • indice • lumière • précision • rancard *argot* • tuyau *fam.* • [au plur.] documentation • **2 - espionnage**

renseigner *v.tr.* **informer** • avertir • éclairer (la lanterne de) • instruire • brancher *fam.* • mettre au courant *fam.* • mettre au parfum *fam.* • rancarder *fam.* • tuyauter *fam.* • édifier *littér.*

»» **se renseigner (sur)** *v.pron.* • enquêter • aller aux nouvelles • demander • se documenter • s'enquérir (de) • s'informer (sur) • s'instruire (de) • interroger (sur)

rentable *adj.* • lucratif • avantageux • fructueux • intéressant • payant • profitable • rémunérateur • juteux *fam.*

rente *n.f.* • redevance • arrérages • intérêt • pension • produit • revenu • retraite

rentré, e *adj.* **1 - creux** • creusé • cave *littér.* • **2 - contenu** • refoulé • réprimé

rentrée *n.f.* **1 - revenu** • gain • recette • **2 - encaissement** • perception • recette • recouvrement • **3 - reprise** • début • recommencement • come-back *anglic.*

rentrer

▪ *v.tr.* **1 - enfoncer** · faire pénétrer · introduire · plonger · ranger · rengainer · fourrer *fam.* · **2 - refouler** · avaler · contenir · cacher · dissimuler · étouffer · ravaler · réfréner · réprimer · retenir · rétracter · **3 -** [le ventre] **creuser**

▪ *v.intr.* **revenir** · faire demi-tour · rebrousser chemin · se retirer · retourner · revenir sur ses pas

✦ **rentrer à** **rallier** · regagner · réintégrer · rejoindre · retourner à · revenir à

✦ **rentrer dans** **1 -** [une catégorie] **appartenir à** · concerner · dépendre de · entrer dans · être compris dans · être contenu dans · faire partie de · relever de · **2 - emboutir** · heurter · percuter · tamponner · télescoper · **3 - s'emboîter dans** · entrer dans · s'encastrer dans · s'enfoncer dans · s'insérer dans · **4 - s'enfoncer dans** · entrer dans · pénétrer dans · s'engager dans · s'introduire dans · s'infiltrer dans · **5 -** [ses frais] **recouvrer** · récupérer · retrouver

✦ **rentrer en soi** se recueillir · se concentrer · faire un retour sur soi-même · méditer

✦ **faire rentrer** enfoncer · ficher · planter · plonger

renversant, e *adj.* · étonnant · ahurissant · décoiffant · ébouriffant · extraordinaire · fantastique · formidable · foudroyant · incroyable · inouï · sidérant · stupéfiant · surprenant · terrassant

renverse (à la) *loc. adv.* · en arrière · sur le dos · les quatre fers en l'air *fam.*

renversement *n.m.* **1 - interversion** · commutation · inversion · permutation · transposition · **2 - bouleversement** · basculement · changement · retournement · révolution · chambardement *fam.* · chamboulement *fam.* · **3 - chute** · anéantissement · destruction · écroulement · ruine · **4 -** [d'un bateau] **chavirement** · dessalage

renverser *v.tr.* **1 - intervertir** · inverser · mettre à l'envers · permuter · retourner · transposer • [un bateau] chavirer · faire dessaler · **2 - vaincre** · abattre · anéantir · briser · broyer · défaire · démolir · détrôner · détruire · foudroyer · ruiner · terrasser · envoyer au tapis *fam.* · **3 -** [un piéton] **écraser** · faucher · **4 - bouleverser** · mettre sens dessus dessous · retourner · révolutionner · chambarder *fam.* · chambouler *fam.* · **5 - étonner** · abasourdir · couper le souffle à · couper bras et jambes à · ébahir · stupéfier · suffoquer · estomaquer *fam.* · sidérer *fam.* · souffler *fam.* · **6 - faire tomber** · répandre · verser · **7 - coucher** · pencher

⋙ **se renverser** *v.pron.* **1 - tomber** · basculer · culbuter · se retourner · **2 -** [bateau] **chavirer** · dessaler

renvoi *n.m.* **1 - congé** · congédiement · destitution · exclusion · expulsion · licenciement · limogeage · mise à pied · révocation · **2 - retour** · réexpédition · **3 - ajournement** · remise · report · **4 - appel de note** · référence • [Droit] apostille · **5 - éructation** · régurgitation · rot · rototo *lang. enfants*

renvoyer *v.tr.*

I 1 - chasser · balayer · écarter · éconduire · évincer · exclure · expulser · mettre dehors · mettre à la porte · se défaire de · envoyer balader *fam.* · envoyer bouler *fam.* · envoyer paître *fam.* · envoyer promener *fam.* · **2 - licencier** · congédier · donner son congé à · éjecter · limoger · mettre à pied · remercier · dégommer *fam.* · lourder *fam.* · sabrer *fam.* · sacquer *fam.* · vider *fam.* · virer *fam.* · [un domestique] donner ses huit jours à · **3 - destituer** · disgracier · **4 -** [un soldat] **démobiliser**

II 1 - réexpédier · retourner · **2 - refuser** · rendre · **3 - répercuter** · faire écho à · réfléchir · refléter · réverbérer

✦ **renvoyer à** **faire référence à** · être un clin d'œil · faire écho à

✦ **renvoyer à plus tard** ajourner · différer · reculer · remettre à plus tard · renvoyer aux calendes grecques *péj.* · reporter · repousser · retarder · suspendre · surseoir à *soutenu*

réorganisation *n.f.* · remaniement · réaménagement · remodelage · restructuration

réorganiser *v.tr.* · remanier · réaménager · remodeler · restructurer

repaire *n.m.* **1 - tanière** · gîte · terrier · antre *littér.* · retraite *littér.* · **2 - refuge** · abri · asile · cachette · nid

repaire, cachette

Le **repaire** et la **cachette** sont des lieux de sauvegarde, connus seulement de ceux qui s'en servent. Le **repaire** sert de refuge aux animaux sauvages *(le repaire des fauves, des oiseaux de nuit)*. Il tient lieu aussi de **cachette** aux humains en situation de danger ou de conflit *(caves et grottes ont constitué des repaires sûrs)* et de lieu de rencontre à des individus en marge de la société *(repaire de brigands, de malfaiteurs)*. Contrairement au **repaire**, la **cachette** sert également à mettre de côté quelque chose *(découvrir un trésor dans une cachette)*. S'agissant de personnes, on parle surtout de **cachette** dans un contexte ludique *(sors de ta cachette !)*.

repaître (se) *v.pron.* **assouvir sa faim** · s'assouvir · dévorer · manger · se nourrir · se rassasier

✦ **se repaître de** **savourer** · faire ses délices de · se délecter de · se régaler de

répandre *v.tr.* **1 - déverser** · arroser · épandre · laisser tomber · renverser · verser · **2 - disperser** · disséminer · distiller · éparpiller · essaimer · jeter · parsemer · répartir · semer · **3 - dégager** · diffuser · distiller · émettre · exhaler · **4 -** [une nouvelle] **diffuser** · colporter *péj.* · divulguer · ébruiter · émettre · éventer · lancer · propager · **5 -** [un savoir] **étendre** · développer · généraliser · massifier · populariser · propager · véhiculer · vulgariser · **6 -** [des bienfaits] **distribuer** · dispenser · prodiguer

⋙ **se répandre** *v.pron.* **1 - s'écouler** · couler · ruisseler · **2 - déborder** · s'échapper · **3 - s'étendre** · se dégager · se disséminer · essaimer · se propager · faire tache d'huile · **4 - proliférer** · pulluler · se reproduire · **5 - s'ébruiter** · circuler · courir · filtrer · gagner · se propager · transpirer

✦ **se répandre dans** emplir · envahir · gagner · inonder

verser

répandu,e *adj.* **1 - épars** · diffus · profus *littér.* · **2 - commun** · banal · commun · connu · courant · fréquent

réparable *adj.* · remédiable · arrangeable · corrigeable · rachetable

reparaître *v.intr.* · réapparaître · récidiver · recommencer · renaître ·

reprendre • se reproduire • ressurgir • se réveiller • revenir • revenir à la surface

réparateur, -trice *adj.* • fortifiant • dynamisant • reconstituant • revigorant • stimulant • tonifiant • vivifiant

réparation *n.f.* **1 - restauration** • rafraîchissement • réfection • remise en état • retouche • rabibochage *fam.* • rafistolage *fam.* • retapage • **2 -** [d'un mur] **consolidation** • replâtrage • [d'une machine] dépannage • [d'un navire] carénage • calfatage • radoub • [d'un vêtement] raccommodage • rapiéçage • reprise • stoppage • rapetassage *fam.* • [de chaussures] ressemelage • [d'une montre] rhabillage • **3 -** [d'une faute] **expiation** • rachat • **4 - indemnisation** • compensation • dédommagement • dommages-intérêts • indemnité

✦ **demander réparation** demander raison

✦ **obtenir réparation** obtenir satisfaction

réparer *v.tr.* **1 - restaurer** • arranger • corriger • rafraîchir • refaire • remettre à neuf • remettre en état • reprendre • retaper • retoucher • rabibocher *fam.* • rafistoler *fam.* • **2 -** [un mur] **consolider** • refaire • relever • rempiéter • replâtrer • [une machine] dépanner • [un navire] caréner • calfater • radouber • [un vêtement] raccommoder • rapiécer • recoudre • repriser • stopper • rapetasser *fam.* • [des chaussures] ressemeler • [une montre] rhabiller • **3 -** [une erreur, un oubli] **corriger** • compenser • effacer • pallier • racheter • rattraper • remédier à • suppléer à • **4 -** [une faute] **expier** • effacer • racheter • [un tort] redresser • **5 - dédommager** • indemniser • compenser

reparler de *v.tr.ind.* • recauser de • rediscuter • remettre sur le tapis *fam.*

repartie *n.f.* **réplique** • réponse • riposte

✦ **avoir (le sens) de la répartie** avoir (le sens) de l'à-propos • avoir du répondant

repartir *v.intr.* • redémarrer • recommencer • reprendre

répartir *v.tr.* **1 - partager** • dispatcher • distribuer • diviser • séparer • [un risque, des frais] consolider • mutualiser • **2 - disperser** • disposer • disséminer • éparpiller • ventiler • **3 - classer** • catégoriser • classifier • disposer • grouper • ordonner • ranger • sérier • **4 -** [dans le temps] **échelonner** • étaler

répartiteur *n.m.* [littér.] distributeur • dispensateur

répartition *n.f.* **1 - distribution** • attribution • partage • ventilation • **2 - agencement** • classement • classification • disposition • distribution • ordonnance • ordre • [dans le temps] échelonnement • étalement • **3 - disposition** • dispatching *anglic.* • zonage • **4 -** [d'un impôt] **péréquation** • coéquation • répartement

repas *n.m.* **1 - nourriture** • cuisine • bouffe *fam.* • croûte *fam.* • frichti *fam.* • fricot *vieilli* • mangeaille *péj.* • pitance *péj.* • **2 -** [du matin] **petit déjeuner** • brunch *anglic.* • [du midi] déjeuner • lunch *anglic.* • dîner *Québec, Belgique* • [du soir] dîner • souper • médianoche *littér.* • [léger] collation • dînette • goûter • pique-nique • **3 -**

[de fête] **festin** · gala · banquet · réveillon · gueuleton *fam.* · ripaille *fam.* · régal *vieux*

✦ **le dernier repas** [Relig.] **la Cène**

repassage *n.m.* · affûtage · affilage · aiguisage

repasser

▪ *v.intr.* **revenir** · retourner · retraverser

▪ *v.tr.* **1 – vérifier** · **2 – réviser** · apprendre · étudier · répéter · revoir · bachoter *fam.* · bûcher *fam.* · potasser *fam.* · **3 – évoquer** · se remettre en mémoire · se remémorer · retracer · revivre · **4 – remettre** · passer · filer *fam.* · fourguer *fam.* · refiler *fam.* · **5 – défriper** · lisser · **6 – affûter** · affiler · aiguiser · émoudre *vieux*

repêcher *v.tr.* [fam.] rattraper · sauver

repenser *v.tr.* **reconsidérer** · réexaminer · remettre en cause, en question · revenir sur · réviser · revoir

✦ **repenser sans cesse à** **remâcher** · ressasser · ruminer

repentant, e *adj.* · contrit · confus · gêné · honteux · pénitent · marri *vieux*

repentir (se) *v.pron.* **faire son mea-culpa** · faire amende honorable · reconnaître ses torts · s'en vouloir · battre sa coulpe *littér.* · s'en mordre les doigts *fam.*

✦ **se repentir de** **regretter** · se reprocher

repentir *n.m.* **1 – regret** · remords · contrition *littér.* · repentance *littér.* · résipiscence *Relig.* ou *littér.* · componction *Relig.* · **2 – mea-culpa**

☞ **remords**

repérage *n.m.* **1 – localisation** · découverte · dépistage · détection · identification · **2 – balisage**

répercussion *n.f.* **1 – écho** · réflexion · renvoi · réverbération · **2 – conséquence** · contrecoup · effet · incidence · onde de choc · prolongement · retentissement · retombée · suite · [mauvaise] séquelle · [en chaîne] effet domino

répercuter *v.tr.* **1 – refléter** · réfléchir · renvoyer · réverbérer · **2 – transmettre** · communiquer · diffuser · passer · renvoyer · reporter · transférer

⋙ **se répercuter** *v.pron.* **se transmettre** · se propager

✦ **se répercuter sur** **agir sur** · avoir une incidence sur · déteindre sur · influencer · influer sur · jouer sur · peser sur · retentir sur

repère *n.m.* **1 – marque** · balise · borne · jalon · piquet · taquet · témoin · trace · **2 – référence** · indication · indice · norme · **3 – valeur** · système de valeurs

repérer *v.tr.* **1 – apercevoir** · déceler · dépister · détecter · discerner · flairer · localiser · situer · **2 – découvrir** · remarquer · griller *lang. jeunes* · **3 – baliser** · borner · marquer · jalonner

⋙ **se repérer** *v.pron.* **s'orienter** · se diriger · se reconnaître · se retrouver · se situer

répertoire *n.m.* **1 – catalogue** · classement · énumération · état · fichier · index · inventaire · liste · nomenclature · recueil · relevé · sommaire · table · tableau · **2 –** [d'adresses] **agenda** · carnet

répertorier *v.tr.* · cataloguer · classifier · dénombrer · ficher · inventorier · lister

répéter *v.tr.*
I 1 - redire · réitérer · rabâcher · radoter · rebattre les oreilles de · ressasser · seriner · dire sur tous les tons *fam.* · bourdonner *vieux* · **2 - raconter** · citer · ébruiter · rapporter · se faire l'écho de · **3 - rapporter** · cafarder *fam.* · cafter *fam.* · moucharder *fam.*
II 1 - refaire · recommencer · réitérer · renouveler · reprendre · reproduire · itérer *soutenu* · **2 - imiter** · reproduire · **3 - réviser** · repasser · revoir
»» **se répéter** *v.pron.* **1 - recommencer** · se renouveler · se reproduire · revenir · **2 - radoter** · être redondant · faire des redites · rabâcher · chanter toujours la même antienne *vieilli*

répétiteur, -trice *n.* · moniteur · maître d'internat · surveillant · pion *fam.*

répétitif, -ive *adj.* **1 - monotone** · **2 - itératif** *soutenu*

répétition *n.f.* **1 - recommencement** · récurrence · réitération · reproduction · retour · **2 -** [d'une faute] **récidive** · rechute · **3 - redite** · redondance · **4 -** [souvent au plur.] **rabâchage** · radotage · refrain · rengaine · **5 - réplique** · copie · imitation · reproduction · **6 - séance de travail** · répète *fam.* • [Théâtre] générale · couturière

repeupler *v.tr.* [une forêt] reboiser · replanter • [un étang] aleviner · empoissonner

repiquage *n.m.* **1 - plantation** · transplantation · **2 - enregistrement** · **3 -** [fam., d'une classe] **redoublement**

repiquer *v.tr.* **1 - planter** · mettre en terre · replanter · transplanter · **2 - enregistrer** · faire un double de · **3 -** [fam., une classe] **redoubler**

répit *n.m.* **1 - délai** · moratoire · sursis · **2 - repos** · battement · éclaircie · halte · pause · relâche · trêve · **3 - calme** · détente · paix · **4 -** [pour une douleur, une maladie] **rémission** · accalmie · interruption
✦ **sans répit** continuellement · en permanence · inlassablement · tout le temps · sans arrêt · sans cesse · sans discontinuer · sans trêve

replacer *v.tr.* **1 - ranger** · réinstaller · remettre (en place) · recaser *fam.* · refourrer *fam.* · refoutre *très fam.* · **2 -** [dans un contexte] **resituer** · rétablir

replanter *v.tr.* **1 - repiquer** · transplanter · **2 - reboiser** · repeupler

replet, -ète *adj.* · dodu · charnu · gras · grassouillet · plantureux · plein · potelet · rebondi · rond · rondouillard *fam.* · rondelet *fam.*

repli *n.m.*
I 1 - ourlet · pli · rabat · rempli · revers · **2 - ondulation** · bourrelet · sinuosité · **3 -** [souvent au plur.] **recoin** · dédale · détour · labyrinthe · méandre · sinuosité • [d'une âme] tréfonds
II 1 - baisse · diminution · recul · reflux · **2 -** [Milit.] **retraite** · recul

replier *v.tr.* **rabattre** · refermer · retrousser
»» **se replier** *v.pron.* **1 - se blottir** · se pelotonner · se ramasser · se recroqueviller · se renfermer · se tasser · **2 -** [sur soi] **se renfermer** · rentrer dans sa coquille · **3 - reculer** · abandonner (le terrain) · battre en retraite · décrocher · fuir · refluer · se retirer · **4 - se plier** · se courber · fléchir · ployer · se rabattre · se tordre · se tortiller

réplique *n.f.* 1 - **réponse** · repartie · riposte · 2 - **objection** · contestation · critique · discussion · observation · 3 - **copie** · calque · double · imitation · reproduction · 4 - **sosie** · clone · double · jumeau

✦ **sans réplique** catégorique · décisif · péremptoire · tranchant

répliquer *v.tr.* 1 - **répondre** · rétorquer · riposter · repartir *vieux ou littér.* • [sans complément] renvoyer la balle · 2 - [sans complément] **contester** · objecter · protester

replonger

▪ *v.tr.* **remettre** · enfoncer

▪ *v.intr.* [fam.] **récidiver** · retomber · repiquer au truc *fam.*

répondant, e *n. et n.m.* **caution** · garant · responsable

✦ **avoir du répondant** 1 - **avoir (le sens) de la repartie** · avoir (le sens) de l'à-propos · répondre du tac au tac *fam.* · 2 - **être nanti** · avoir de quoi *fam.*

répondre *v.tr.* 1 - **dire** · réagir · repartir *vieux ou littér.* · 2 - **objecter** · contester · protester · répliquer · rétorquer · riposter · se défendre · récriminer *vieux*

✦ **répondre à** 1 - [une critique, une objection] **réfuter** · faire face à · répliquer · 2 - [une attente, une exigence] **concorder avec** · combler · convenir à · correspondre à · être conforme à · obéir à · se rapporter à · remplir · s'accorder avec · satisfaire (à) · 3 - [une invitation, un salut] **rendre** · payer de retour · 4 - [un stimulus] **obéir à** · réagir à

✦ **répondre de** 1 - **garantir** · affirmer · assurer · certifier · s'engager sur · 2 - [de qqn] **prêter son crédit à** · cautionner · se porter garant de · se porter fort pour *Admin.*

réponse *n.f.* 1 - **réplique** · réaction · répartie · riposte · 2 - **explication** · éclaircissement · justification · 3 - **solution** · clé

report *n.m.* 1 - **renvoi** · ajournement · prorogation · remise · 2 - **transcription** · transfert

reportage *n.m.* · enquête · article · document · documentaire · papier

¹reporter *v.tr.* 1 - **rapporter** · déplacer · replacer · remporter · retourner · transporter · 2 - **remettre (à plus tard)** · ajourner · différer · reculer · renvoyer · reporter · repousser · retarder · surseoir à *littér. ou Droit* · 3 - **transcrire** · porter · transférer

⋙ **se reporter à** *v.pron.* · se référer à · consulter

²reporter *n.* · journaliste · chroniqueur · correspondant · envoyé spécial · baroudeur *fam.*

repos *n.m.* 1 - **congé** · inactivité · loisir · récréation · relâchement · vacances · 2 - **tranquillité** · calme · détente · délassement · paix · quiétude · sérénité · 3 - **accalmie** · arrêt · halte · interruption · pause · relâche · rémission · répit · 4 - [vieilli] **sommeil** · sieste

✦ **au repos** 1 - **immobile** · tranquille · 2 - [terre] **en friche** · en jachère

✦ **de tout repos** tranquille · sûr • [placement] de père de famille

reposant, e *adj.* · apaisant · calmant · délassant · relaxant

reposé, e *adj.* · délassé · détendu · dispos · en forme · frais (comme une rose, comme un gardon) · relaxé · relax *fam.*

repose-bras *n.m. invar.* • accoudoir • appui-bras

[1]**reposer**

▪ *v.tr.* **délasser** • détendre • relaxer

▪ *v.intr.* **1 – rester au repos** • décanter • **2 –** [littér.] **dormir** • être immobile

✦ **reposer sur** **1 – s'appuyer sur** • porter sur • poser sur • **2 – avoir pour base** • se baser sur • s'appuyer sur • dépendre de • être établi sur • se fonder sur

⋙ **se reposer** *v.pron.* **se délasser** • prendre du repos • reprendre haleine • reprendre son souffle • se détendre • se relaxer • souffler *fam.*

✦ **se reposer sur** s'abandonner à • compter sur • faire confiance à • se décharger sur • s'en remettre à • se fier à • s'en rapporter à

[2]**reposer** *v.tr.* • remettre en place • ranger • replacer

repoussant, e *adj.* **1 – affreux** • dégoûtant • difforme • effrayant • effroyable • hideux • horrible • laid • monstrueux • **2 – abject** • atroce • dégoûtant • détestable • écœurant • exécrable • ignoble • immonde • innommable • infect • rébarbatif • rebutant • répugnant • répulsif • [odeur] fétide • nauséabond • pestilentiel • puant

repousser *v.tr.* **1 – pousser en arrière** • faire reculer • **2 – chasser** • bannir • éconduire • éjecter • éloigner • évincer • rabrouer • refouler • rejeter • renvoyer • envoyer au diable *fam.* • envoyer balader *fam.* • envoyer bouler *fam.* • envoyer dinguer *fam.* • envoyer paître *fam.* • envoyer promener *fam.* • envoyer valser *fam.* • remballer *fam.* • rembarrer *fam.* • blackbouler *fam., vieilli* • bouter *vieux* • **3 – écarter** • abandonner • décliner • dédaigner • dire non à • éliminer • exclure • mépriser • récuser • refuser • réfuter • résister à • rejeter • retoquer *fam.* • **4 – ajourner** • différer • reculer • remettre (à plus tard) • reporter • retarder • postposer *Belgique* • [indéfiniment] renvoyer aux calendes grecques • **5 – dégoûter** • déplaire à • écœurer • rebuter • répugner

répréhensible *adj.* **1 – condamnable** • coupable • délictueux • punissable • **2 – blâmable** • critiquable • reprochable *vieux*

reprendre

▪ *v.tr.*

I 1 – continuer • poursuivre • **2 – regagner** • rejoindre • **3 – retrouver** • **4 –** [des relations] **renouer** • rétablir • **5 – récupérer** • recouvrer *littér.* • **6 – réparer** • changer • corriger • modifier • retoucher • revoir • **7 – redire** • répéter • **8 – récapituler** • résumer

II 1 – critiquer • blâmer • censurer • condamner • **2 – corriger** • chapitrer • gourmander • réprimander • sermonner • morigéner *littér.* • remettre à sa place *fam.* • rembarrer *fam.* • remonter les bretelles à *fam.*

▪ *v.intr.* **recommencer** • redémarrer

✦ **reprendre des forces** recharger ses batteries *fam.*

⋙ **se reprendre** *v.pron.* **1 – réagir** • se ressaisir • **2 – se corriger** • se rétracter

représentant, e *n.* **1 – agent** • correspondant • délégué • envoyé • mandataire • porte-parole • **2 – aperçu** • échantillon • exemple • individu • modèle • spécimen • **3 –** [du peuple] **député** • élu • parlementaire

✦ **représentant de commerce** commercial • courtier • démarcheur • intermédiaire • placier • voyageur de commerce • V.R.P. • commis voyageur *vieilli*

représentatif, -ive *adj.* · caractéristique · remarquable · spécifique · typique

représentation *n.f.* **1 - description** · dessin · expression · évocation · illustration · image · mise en scène · peinture · photographie · portrait · reflet · reproduction · tableau · transcription · traduction · **2 - emblème** · allégorie · effigie · figure · image · incarnation · personnification · symbole · symbolisation · signe · **3 - diagramme** · carte · graphe · graphique · maquette · plan · schéma · tableau · **4 - vision** · idée · image · perception · **5 - séance** · spectacle · [Théâtre] première · **6 - délégation** · mandat · mission · [diplomatique] ambassade · légation

représenter *v.tr.* **1 - décrire** · brosser le portrait, le tableau de · camper · dessiner · dépeindre · exprimer · évoquer · exposer · figurer · imiter · mimer · montrer · peindre · photographier · présenter · rendre · reproduire · portraire *littér.* · **2 - symboliser** · désigner · figurer · signifier · **3 - incarner** · personnifier · **4 - correspondre à** · constituer · équivaloir à · être · **5 - montrer** · donner à voir · indiquer · rappeler · refléter · **6 -** [Théâtre] **donner** · interpréter · jouer · **7 - remplacer** · être le porte-parole de · tenir lieu de

»» **se représenter** *v.pron.* **1 - concevoir** · comprendre · se faire une idée de · se figurer · s'imaginer · saisir · voir · **2 - penser à** · reconstituer · se rappeler · se souvenir de · se remémorer *littér.*

répression *n.f.* **1 - punition** · châtiment · sanction · **2 - étouffement** · écrasement

réprimande *n.f.* · avertissement · blâme · correction · critique · gronderie · leçon · remontrance · reproche · sermon · attrapade *fam.* · douche *fam.* · engueulade *très fam.* · lavage de tête *fam.* · savon *fam.* · scène *fam.* · cigare *fam., Belgique* · admonestation *littér.* · fustigation *littér.* · semonce *littér.*

réprimander *v.tr.* · gronder · blâmer · corriger · critiquer · gourmander · moraliser · rappeler à l'ordre · sermonner · disputer *fam.* · engueuler *très fam.* · enguirlander *fam.* · faire les gros yeux à *fam.* · houspiller *fam.* · laver la tête à *fam.* · passer un savon à *fam.* · remettre à sa place *fam.* · remonter les bretelles à *fam.* · secouer *fam.* · sonner les cloches à *fam.* · admonester *littér.* · chapitrer *littér.* · fustiger *littér.* · morigéner *littér.* · semoncer *littér.* · tancer *littér.*

✦ **se faire réprimander** en prendre pour son grade *fam.* · se faire sonner les cloches *fam.* · se faire tirer les oreilles *fam.*

réprimer *v.tr.* **1 - contenir** · arrêter · brider · calmer · contraindre · étouffer · modérer · ravaler · refouler · refréner · rentrer · retenir · **2 - punir** · sanctionner · sévir contre · châtier *littér.* · **3 - étouffer** · briser · écraser · noyer dans le sang

repris de justice *n.m.* · condamné · récidiviste

reprise *n.f.* **1 - fois** · coup *fam.* · **2 - recommencement** · continuation · redémarrage · regain · relance · remontée · renouveau · retour · **3 - reconquête** · récupération · **4 - répétition** · **5 -** [TV, Radio] **rediffusion** · **6 -** [chanson] **refrain** · **7 -** [Boxe] **round** · **8 - raccommodage** · ravaudage *vieilli* · retouche · stoppage · passefilure *fam.*

repriser *v.tr.* · rapiécer · coudre · raccommoder · réparer · stopper · ravauder *vieilli* · passefiler *vieux*

réprobateur, -trice *adj.* · désapprobateur · critique · sévère · improbateur *vieux*

réprobation *n.f.* **1 -** [Relig.] **malédiction** · **2 - blâme** · anathème *littér.* · animadversion *littér.* · **3 - désapprobation** · condamnation · critique · improbation *vieux*

reproche *n.m.* **1 - accusation** · admonestation · avertissement · blâme · remontrance · réprimande · semonce · admonestation *littér.* · objurgation *littér.* · **2 - grief** · plainte · récrimination · **3 - objection** · critique · observation · remarque

✦ **sans reproche** parfait · irréprochable

✦ **se faire des reproches** faire son mea-culpa · s'en vouloir

reprocher *v.tr.* **accuser de** · blâmer de · critiquer · faire grief de

»» **se reprocher** *v.pron.* **s'en vouloir de** · regretter · se repentir de · se mordre les doigts de *fam.*

reproducteur, -trice

▪ *adj.* **génital** · sexuel

▪ *n.m.* [animal] **géniteur** · [cheval] étalon

reproduction *n.f.* **1 - recommencement** · renouvellement · répétition · retour · **2 - copie** · calque · contrefaçon · double · duplicata · image · imitation · fac-similé · reflet · réplique · **3 -** [techniques particulières] cliché · fac-similé · imprimé · lithographie · photocopie · photographie · polycopie · reprographie · sérigraphie · **4 - génération** · multiplication

reproduire *v.tr.* **1 - copier** · calquer · contrefaire · imiter · mimer · répéter · reprendre · **2 -** [techniques particulières] clicher · imprimer · lithographier · photocopier · photographier · polycopier · reprographier · **3 - représenter** · croquer · dessiner · dépeindre · exprimer · peindre · refléter · rendre · restituer · traduire · **4 - éditer** · publier

»» **se reproduire** *v.pron.* **1 - recommencer** · se renouveler · se répéter · **2 - se multiplier** · engendrer · se perpétuer · **3 - proliférer** · se propager

réprouvé, e *n.* **1 - hors-la-loi** · paria · **2 -** [Relig.] **damné** · déchu · maudit

réprouver *v.tr.* **1 - condamner** · bannir · blâmer · critiquer · désapprouver · détester · être ennemi de · interdire · prohiber · rejeter · stigmatiser · abominer *littér.* · fustiger *littér.* · honnir *littér.* · **2 - maudire** · anathémiser · anathématiser · damner · frapper d'anathème

~ **blâmer**

repu, e *adj.* · assouvi · gavé · rassasié

~ **rassasié**

répudiation *n.f.* **1 - rejet** · abandon · désaveu · refus · reniement · **2 -** [Droit] **renonciation**

répudier *v.tr.* **1 - rejeter** · abandonner · désavouer · refuser · renier · repousser · **2 -** [Droit] **renoncer (volontairement) à**

répugnance *n.f.* **1 - horreur** · dégoût · répulsion · **2 - nausée** · écœurement · haut-le-cœur · **3 - aversion** · exécration · haine

✦ **avec répugnance** à contrecœur · à son corps défendant · contre son gré · contre sa volonté · de mauvais cœur · de mauvaise grâce · en traînant des pieds · en se faisant tirer l'oreille · la mort dans l'âme · malgré soi

répugnant, e *adj.* 1 – **dégoûtant** · exécrable · infâme · infect · ignoble · immonde · innommable · repoussant · rebutant · répulsif · dégueulasse *fam.* • [odeur] fétide · nauséabond · pestilentiel · puant · 2 – **méprisable** · dégoûtant · abject · affreux · détestable · écœurant · épouvantable · exécrable · hideux · horrible · infâme · infect · ignoble · immonde · innommable · odieux · révoltant · dégueulasse *fam.* · ignominieux *littér.*

répugner *v.tr.* **dégoûter** · déplaire à · donner envie de vomir à · écœurer · faire horreur à · rebuter

✦ **répugner à** [+ infinitif] 1 – **abominer** *littér.* · avoir horreur de · haïr · 2 – **rechigner à** · renâcler à

répulsif, -ive *adj.* · dégoûtant · écœurant · immonde · nauséabond · rebutant · repoussant · répugnant

répulsion *n.f.* 1 – **dégoût** · écœurement · haut-le-cœur · horreur · répugnance · 2 – **antipathie** · aversion · haine · horreur · répugnance · exécration *littér.*

réputation *n.f.* 1 – **notoriété** · célébrité · estime · gloire · popularité · prestige · renom · renommée · cote *fam.* · aura *littér.* · crédit *littér.* · considération *littér.* · 2 – **honneur** · nom · vertu

✦ **avoir mauvaise réputation** être mal famé · avoir mauvaise presse

✦ **avoir bonne réputation** être renommé · avoir bonne presse

réputé, e *adj.* · célèbre · connu · coté · fameux · illustre · populaire · prestigieux · renommé

❧ **célèbre**

requérir *v.tr.* 1 – **solliciter** · demander · exiger · réclamer · 2 – **nécessiter** · appeler · demander · exiger · imposer · mobiliser · réclamer · vouloir

✦ **requérir contre** [Droit] accuser

requête *n.f.* 1 – **demande** · démarche · instance · prière · sollicitation · supplique · 2 – [Droit] **réquisition** · demande · pétition · placet · pourvoi

requin *n.m.* 1 – **squale** · 2 – [fam.] **rapace** · pirate · vautour · forban *littér.* · filou *vieilli* · gredin *vieilli*

requis, e *adj.* · demandé · exigé · imposé · nécessaire · obligatoire · prescrit

réquisition *n.f.* 1 – [Droit] **requête** · demande · 2 – [Droit pénal] **plaidoirie** · réquisitoire

réquisitionner *v.tr.* · mobiliser · engager · enrôler · mettre à contribution · recruter

réquisitoire *n.m.* 1 – **accusation** · attaque · critique · diatribe · discours · factum · pamphlet · satire · catilinaire *littér.* · philippique *littér.* · 2 – [Droit pénal] **plaidoirie** · réquisition

rescapé, e

- *adj.* **indemne** · sauf · sauvé
- *n.* **survivant** · réchappé *littér.*

❧ **rescapé, survivant**

On parle de **rescapé** pour une personne qui a *échappé* à un accident grave ou à un sinistre *(les rescapés d'un naufrage, d'une avalanche, d'une catastrophe aérienne)*. Le **survivant** est celui qui, dans une situation extrême, a échappé à la mort là où d'autres ont péri *(on recherche encore des survivants parmi les décombres, il y a peu de chances de retrouver des survivants)*. À

rescapé est attachée l'idée de hasard *(les miraculeux rescapés du tsunami)*, à **survivant** celle de ténacité *(les survivants des camps d'extermination)*.

rescinder *v.tr.* [Droit] annuler • casser

rescousse *n.f.*

✦ **venir à la rescousse de** défendre • secourir • soutenir • venir à l'aide, au secours de

réseau *n.m.* **1 - enchevêtrement** • confusion • dédale • écheveau • entrecroisement • entrelacement • entrelacs • labyrinthe • lacis • **2 - circuit** • ensemble • organisation • structure • **3 -** [Anat.] **plexus** • lacis

réserve *n.f.*

I 1 - discrétion • quant-à-soi • retenue • timidité • **2 - modération** • circonspection • mesure • prudence • **3 - décence** • modestie • pudeur

II critique • doute • restriction • réticence

III 1 - entrepôt • arrière-boutique • magasin • dépôt • remise • resserre • **2 -** [naturelle] **parc**

✦ **en réserve** de côté • en stock • sous le coude *fam.*

✦ **être, se tenir sur la réserve** rester sur son quant-à-soi • garder ses distances • rester sur la défensive

✦ **sans réserve** **1 - entièrement** • corps et âme • **2 - entier** • illimité • inconditionnel • pur et simple • sans borne • sans limite

✦ **sous réserve de** à condition de • seulement si

✦ **sous toutes réserves** sans garantie • sans certitude absolue • sans engagement

⋙ **réserves** *plur.* **1 - économies** • disponibilités • épargne • **2 - provision** • stock

réservé, e *adj.* **1 - privé** • gardé • personnel • protégé • **2 - réticent** • dubitatif • hésitant • prudent • tiède • **3 - discret** • calme • contenu • distant • effacé • froid • modeste • renfermé • retenu • sage • secret • taciturne • timide • **4 - prudent** • circonspect • mesuré • modéré • **5 - décent** • pudique • modeste *vieux*

réserver *v.tr.* **1 - louer** • faire mettre à part • retenir • **2 - garder** • économiser • épargner • mettre de côté • **3 - conserver** • garder • ménager • **4 -** [un accueil, une surprise] **préparer** • offrir • prévoir • **5 -** [un jugement] **suspendre**

✦ **réserver à** destiner à • prédestiner à

réservoir *n.m.* **1 - citerne** • cuve • château d'eau • réceptacle • **2 - réserve** • gisement • pépinière • vivier

résidence *n.f.* **1 - séjour** • demeure • habitation • **2 - adresse** • domicile • foyer • logement • **3 - logement** • demeure • gîte • maison • propriété

☞ **domicile**

résident, e *n.* **1 - citoyen** • ressortissant • **2 - habitant** • occupant • pensionnaire

résider *v.intr.* **demeurer** • être établi • habiter • crécher *fam.* • gésir *littér.* • gîter *littér.*

✦ **résider dans** **consister en, dans** • demeurer dans • siéger dans • se situer dans • se trouver dans

☞ **loger**

résidu *n.m.* **1 - déchet** • débris • dépôt • détritus • fond • rebut • reste • scorie • **2 - boue** • lie • tartre • **3 -** [de combustion] **cendre** • cadmie • calamine • mâchefer • scorie • [au fond d'une pipe] **culot**

résignation *n.f.* · fatalisme · abdication · acceptation · apathie · démission · renoncement · soumission

résigné, e *adj.* · fataliste · indifférent · philosophe · soumis

résigner *v.tr.* [littér.] **abandonner** · se démettre de · démissionner de · quitter · renoncer à

»» **se résigner** *v.pron.* **abdiquer** · baisser les bras · céder · démissionner · en prendre son parti · se faire une raison · s'incliner

✦ **se résigner à** accepter de · s'accommoder de · consentir à · se plier à · se résoudre à · se soumettre à

résiliation *n.f.* · annulation · dissolution · invalidation · rescision · résolution · révocation · rupture • [d'un bail] renon *Belgique*

résilier *v.tr.* · annuler · casser · dissoudre · invalider · mettre fin à · résoudre · révoquer · rompre • [un bail] renoncer *Belgique*

résille *n.f.* · filet • [Antiquité] réticule

résine *n.f.* **1 – baume** · cire végétale · gomme · **2 –** [du pin] **galipot** · gemme

résineux *n.m.* · conifère

résistance *n.f.*
I 1 – solidité · dureté · fermeté · robustesse · **2 – endurance** · courage · fermeté · force · solidité · ténacité · **3 –** [d'un animal, d'une plante] **rusticité** · **4 – défense** · insurrection · lutte · mutinerie · opposition · rébellion · révolte · sédition · **5 – refus** · désobéissance · levée de boucliers · opposition · regimbement *littér.* · **6 – obstacle** · accroc · barrière · blocage · difficulté · force · frein · obstruction · opposition · **7 – inhibition** · blocage · censure · refoulement
II [Électr.] **1 – résistivité** · impédance · **2 – rhéostat** · potentiomètre

résistant, e
▪ *n.* **franc-tireur** · maquisard
▪ *adj.* **1 – solide** · robuste · tenace · **2 – endurant** · coriace · fort · infatigable · résilient · solide · tenace · dur à cuire *fam.* · increvable *fam.* · **3 –** [animal, plante] **rustique** • [plante] vivace · **4 – désobéissant** · rebelle

✦ **être très résistant** avoir l'âme chevillée au corps · tenir bon · tenir le coup *fam.* · avoir la peau dure *fam.* · avoir la vie dure *fam.* · avoir une santé de fer *fam.*

résister *v.tr.ind.* **1 – tenir bon** · s'accrocher · ne pas baisser les bras · ne pas se laisser faire *fam.* · ne pas lâcher *fam.* · tenir le coup, le choc *fam.* · **2 – durer** · se maintenir · survivre · tenir · **3 – se débattre** · se démener · opposer une résistance · **4 – regimber** · renâcler · se faire prier *fam.* · se faire tirer l'oreille *fam.* · traîner les pieds *fam.*

✦ **résister à 1 – se défendre contre** · faire face à · faire front à · faire obstacle à · lutter contre · regimber devant · repousser · réagir contre · se débattre contre · se cabrer contre · se dresser contre · s'insurger contre · s'opposer à · se rebeller contre · se refuser à · se révolter contre · **2 –** [à qqn] **désobéir à** · contrarier · s'opposer à · tenir tête à · se rebiffer contre *fam.* · **3 –** [un choc] **supporter** · être à l'épreuve de

✦ **ne pas résister** céder · succomber

resituer *v.tr.* · replacer (dans son contexte)

résolu, e *adj.* **1 – décidé** · assuré · convaincu · déterminé · énergique · ferme · opiniâtre · **2 –** [à faire qqch.] **prêt (à)** · déterminé · **3 – audacieux** · brave · courageux · farouche · hardi

résoluble *adj.* **1 – soluble** · décidable · **2 –** [Droit] **annulable**

résolument *adv.* **1 – franchement** · âprement · délibérément · énergiquement · farouchement · fermement · obstinément · opiniâtrement · mordicus *fam.* · décidément *vieux* · **2 – courageusement** · hardiment · énergiquement · de pied ferme

résolution *n.f.* **1 – décision** · choix · dessein · intention · parti · projet · programme · volonté · **2 – détermination** · acharnement · audace · caractère · constance · courage · énergie · fermeté · obstination · opiniâtreté · suite dans les idées · ténacité · volonté · **3 – dénouement** · achèvement · conclusion · fin · terme · **4 – annulation** · dissolution · invalidation · rédhibition · rescision · résiliation · révocation · rupture · **5 – analyse** · décomposition · solution · **6 –** [des muscles] **détente** · relâchement · **7 –** [Méd.] **résorption** · disparition

résonance *n.f.* **1 – réverbération** · **2 – son** · sonorité · **3 – écho** · retentissement

résonner *v.intr.* · retentir · sonner · tinter · vibrer

résonner, retentir

Résonner et **retentir** se rejoignent autour de l'idée de son amplifié. **Résonner** évoque souvent les échos, les vibrations sonores qui accompagnent un bruit *(les cordes du piano résonnent, les rires résonnent sous la voûte)*. **Retentir** concerne toujours un bruit qui résonne fortement *(le canon retentit, les cloches retentissent, un pas lourd retentit dans l'escalier)* ou qui se fait entendre de façon éclatante *(des coups de marteau, des coups de sifflet, des cris retentissent)*.

résorber *v.tr.* **faire disparaître** · absorber · avaler · effacer · éliminer · éponger · faire fondre · supprimer · résoudre *(Méd.)*

»» **se résorber** *v.pron.* **s'éteindre** · s'apaiser · se calmer · cesser · disparaître · retomber · tomber

résoudre *v.tr.*

I 1 – régler · débrouiller · démêler · dénouer · en finir avec · trancher · vider · solutionner *fam.* · **2 – deviner** · déchiffrer · élucider · pénétrer · tirer au clair · trouver · trouver la clé de

II [Droit] **annuler** · casser · dissoudre · invalider · rescinder · résilier · révoquer · rompre

III 1 – [Méd.] **résorber** · faire disparaître · **2 – décomposer** · dissoudre · transformer

»» **se résoudre** *v.pron.* **1 – se régler** · rentrer dans l'ordre · **2 – se résigner** · faire contre mauvaise fortune bon cœur · s'incliner · se faire une raison

✦ **se résoudre à** décider de · en venir à · prendre son parti de · se décider à · se déterminer à · se faire à l'idée de · se résigner à

respect *n.m.* **1 – tolérance** · compréhension · indulgence · largeur d'esprit · **2 – considération** · déférence · égard · estime · galanterie · politesse · pudeur · révérence *littér.* · **3 – obéissance à** · culte · observance · observation · **4 – adoration** · crainte · piété · vénération

✦ **sauf votre respect** révérence gardée

✦ **respect de soi** dignité · amour-propre · honneur

⋙ **respects** *plur.* **salutations** · compliments · devoirs · hommages · civilités *vieilli*

respectabilité *n.f.* · honorabilité · droiture · honnêteté · loyauté · probité · rectitude · réputation

respectable *adj.* **1 - honorable** · convenable · digne · digne de respect · estimable · honnête · sérieux · vénérable · auguste *littér.* · **2 - conséquent** · appréciable · important · non négligeable · remarquable · coquet *fam.* · gentil *fam.* · joli *fam.* · rondelet *fam.*

respecter *v.tr.* **1 - tolérer** · accepter · **2 - estimer** · avoir des égards pour · honorer · vénérer · révérer *littér.* · **3 - se conformer à** · garder · observer · obéir à · se plier à · suivre · tenir compte de

respectueusement *adv.* · poliment · révérencieusement *littér.*

respectueux, -euse *adj.* · poli · déférent · humble · soumis · révérencieux *littér.*

✦ **respectueux de** attaché à · attentif à · soucieux de

respiration *n.f.* **1 - souffle** · haleine · **2 - ventilation** · [phases] inspiration · aspiration · expiration · [cutanée] perspiration · **3 - inhalation** · absorption · **4 -** [Mus.] **phrasé** · cadence · tempo

✦ **respiration artificielle** bouche-à-bouche

respirer

▪ *v.intr.* **1 - inspirer** · aspirer · expirer · **2 -** [avec difficulté] **haleter** · suffoquer · **3 - souffler** · prendre l'air · prendre une bouffée d'oxygène

▪ *v.tr.* **1 - absorber** · humer · inhaler · **2 - exprimer** · dégager · exhaler · manifester · marquer · transpirer

resplendir *v.intr.* · briller · étinceler · flamboyer · illuminer · irradier · luire · rayonner · reluire · rutiler · scintiller · éclater *vieux*

resplendissant, e *adj.* **1 - brillant** · éclatant · étincelant · flamboyant · lumineux · rayonnant · rutilant · scintillant · **2 - radieux** · splendide · superbe

responsabilisation *n.f.* · autonomisation

responsabiliser *v.tr.* · autonomiser

responsabilité *n.f.* **1 - devoir** · obligation · **2 - poste** · charge · fonction · mission · **3 - faute** · implication

✦ **prendre sous sa responsabilité** prendre à son compte · endosser · faire à ses risques et périls · être de la responsabilité de · prendre sur soi · prendre sous son bonnet *vieilli*

✦ **être de la responsabilité de** être du ressort de · incomber à

responsable

▪ *adj.* **1 - garant** · comptable *littér.* · **2 - raisonnable** · mûr · pondéré · prudent · réfléchi · sérieux

▪ *n.* **1 - auteur** · coupable · fautif · **2 - chef** · décideur · dirigeant · leader *anglic.*

resquille *n.f.* · fraude · tricherie

resquiller

▪ *v.intr.* **frauder** · tricher · truander *fam.*

▪ *v.tr.* **escroquer** · extorquer · carotter *fam.* · écornifler *fam., vieux*

resquilleur, -euse *n. et adj.* · fraudeur · tricheur · écornifleur *fam., vieux*

ressaisir *v.tr.* **raccrocher** · rattraper · reprendre

»» **se ressaisir** *v.pron.* **1 - se maîtriser** · se contrôler · **2 - réagir** · se reprendre · reprendre le dessus · reprendre du poil de la bête *fam.*

ressasser *v.tr.* **1 - remâcher** · retourner dans sa tête · ruminer · rouler *littér.* · **2 - redire** · rebattre les oreilles de · répéter · seriner · rabâcher *fam.*

ressemblance *n.f.* **1 - similarité** · accord · affinité · analogie · concordance · conformité · correspondance · lien · parenté · point commun · proximité · rapport · relation · similitude · symétrie · voisinage · parité *littér.* · **2 - air de famille** · petit air *fam.*

ressemblance, conformité

Ressemblance et **conformité** s'emploient pour exprimer le rapport entre des choses ou des personnes qui présentent des éléments identiques. Dans le cas de la **ressemblance**, ces éléments sont relativement nombreux et bien visibles *(une ressemblance parfaite, criante, lointaine, superficielle, troublante, vague ; la ressemblance de la mère et de la fille)*. La **conformité**, uniquement à propos de choses, suppose que deux ou plusieurs éléments sont exactement semblables *(une conformité apparente entre deux documents, une conformité d'idées, la conformité d'un caractère et d'un autre)*.

ressemblant, e *adj.* **similaire** · analogue · approchant · comparable · équivalent · proche · semblable · voisin

✦ **ils sont très ressemblants** ils se ressemblent trait pour trait · ils se ressemblent comme deux gouttes d'eau

ressembler *v.tr.ind.*

✦ **ressembler à** s'apparenter à · approcher de · avoir des airs de · avoir tout de · être comme, pareil à, semblable à · évoquer · rappeler · se rapprocher de · tenir de

✦ **ressembler beaucoup à** [personne] être tout le portrait de · être le portrait craché de · ressembler comme deux gouttes d'eau à

»» **se ressembler** *v.pron.* **1 - être similaire** · avoir des points communs · **2 - avoir un air de famille**

✦ **ils ne se ressemblent pas du tout** c'est le jour et la nuit

ressentiment *n.m.* **aigreur** · amertume · animosité · aversion · colère · haine · hostilité · rancœur · rancune

rancune

ressentir *v.tr.* · éprouver · connaître · endurer · nourrir · être sensible à · goûter · sentir · souffrir · subir

resserre *n.f.* · réserve · dépôt · entrepôt · magasin · remise

resserré, e *adj.* **1 - serré** · rapproché · **2 - encaissé** · étroit · étranglé

resserrement *n.m.* **1 - rapprochement 2 - rétrécissement** · réduction · restriction · **3 - compression** · étranglement · **4 -** [d'un organe] **contraction** · crispation · constriction · étranglement · **5 - consolidation** · intensification · renforcement

resserrer *v.tr.* **1 - rapprocher** · **2 - rétrécir** · abréger · borner · condenser · diminuer · ramasser · réduire · restreindre · étrécir *vieux* · **3 - comprimer** · étrangler · **4 - consolider** ·

cimenter · intensifier · raffermir · renforcer · **5 - serrer** · contracter · refermer · presser · tasser

››› **se resserrer** *v.pron.* **1 - se rapprocher** · **2 - se rétrécir** · se tasser · **3 - se raffermir** · se renforcer

[1]**ressort** *n.m.* **1 - énergie** · allant · ardeur · caractère · courage · dynamisme · élan · force · tonus · volonté · pêche *fam.* · punch *fam.* · **2 - cause** · agent · énergie · force · moteur · **3 - suspension**

[2]**ressort** *n.m.* **1 - domaine** · attributions · autorité · compétence · responsabilité(s)

✦ **être du ressort de** concerner · dépendre de · être de la compétence, de la responsabilité de · relever de · ressortir de

✦ **en dernier ressort** **1 - en dernière instance** · en dernier lieu · **2 - finalement** · en définitive · en fin de compte

[1]**ressortir**

▪ *v.tr.* **1 - déterrer** · exhumer · ressusciter · tirer de l'oubli · **2 -** [fam.] **répéter** · rabâcher · recracher *fam.* · ressasser *fam.* · resservir *fam.*

▪ *v.intr.* **se détacher** · apparaître · contraster · se découper · se dessiner · se distinguer · trancher

✦ **faire ressortir** souligner · accuser · appuyer · aviver · dégager · exalter · mettre en évidence · mettre en relief · mettre l'accent sur · mettre en valeur · manifester · montrer · rehausser

✦ **ressortir de** découler de · résulter de

[2]**ressortir à** *v.tr.ind.* **dépendre de** · appartenir à · concerner · participer de · relever de · se rattacher à

ressortissant, e *n.* · résident · citoyen • [d'un royaume] sujet

ressource *n.f.* **1 - richesse** · atout · faculté · potentiel · réserve · **2 - moyen** · arme · atout · expédient *souvent péj.* · possibilité · procédé · remède · ressort · solution · astuce *fam.* · combine *fam.* · truc *fam.* · **3 - recours** · issue · planche de salut · refuge · secours

››› **ressources** *plur.* **argent** · bourse · économies · finances · fonds · fortune · moyens · revenu · richesses

ressusciter

▪ *v.intr.* **1 - renaître** · renaître à la vie · reprendre vie · revivre · **2 - réapparaître** · refleurir · renaître de ses cendres · resurgir · se rallumer · se ranimer · se réveiller

▪ *v.tr.* **1 - guérir** · ramener à la vie · rétablir · sauver · **2 - ranimer** · déterrer · exhumer · redonner vie à · réhabiliter · renouveler · ressortir · restaurer · rétablir · réveiller · revitaliser · tirer de l'oubli, du sommeil

❧ **ranimer**

[1]**restant, e** *adj.* · survivant · subsistant

[2]**restant** *n.m.* **1 - reste** · reliquat · résidu · **2 - solde**

restaurant *n.m.* · resto *fam.* · auberge · brasserie · hostellerie · rôtisserie · self · self-service · taverne · casse-croûte *Québec* · boui-boui *péj.* · gargote *péj.* · bouillon *vieux* • [à l'armée] mess

✦ **restaurant d'entreprise** cantine · cafétéria

restaurateur, -trice *n.* · aubergiste · bistrotier · rôtisseur · gargotier *péj.* · hôte *vieux*

restauration *n.f.* **1 - réparation** · embellissement · reconstruction ·

réfection · réhabilitation · remise en état · rénovation · retapage · **2 - rétablissement** • [Méd.] régénération

[1]**restaurer** *v.tr.* **nourrir** · régaler · sustenter *vieilli*

››› **se restaurer** *v.pron.* **s'alimenter** · manger · se nourrir · se remplir le ventre · se sustenter *plaisant* · becter *fam.* · bouffer *fam.* · casser la croûte, la graine *fam.* · croûter *fam.* · grailler *fam.*

[2]**restaurer** *v.tr.* **1 - réparer** · reconstituer · reconstruire · refaire · réhabiliter · remettre en état · rénover · retaper · **2 - rétablir** · ramener · ranimer · réhabiliter · relever

rétablir

restaurer, réhabiliter

Restaurer et **réhabiliter** concernent la remise en état de quelque chose qui était dégradé. **Restaurer** implique que l'on essaie de respecter l'état primitif de l'œuvre qui a une valeur historique ou artistique *(restaurer un tableau, un bas-relief, un château, une statue)*. **Réhabiliter** s'emploie seulement quand on parle d'un quartier ou de bâtiments ; la restauration est sommaire et consiste, par exemple, à introduire un équipement sanitaire qui n'existait pas *(réhabiliter un immeuble ancien)*.

reste *n.m.* **1 - complément** · différence · excédent · reliquat · résidu · restant · surplus · **2 -** [d'une somme à payer] **solde** · **3 -** [d'une histoire] **suite**

✦ **et tout le reste** et tout ce qui s'ensuit · et tout le bataclan *fam.* · et tout le tremblement *fam.* · et tout le toutim *fam.* · et tout le tintouin *fam.*

✦ **du reste, au reste** d'ailleurs · de plus · au surplus *soutenu* · au demeurant *soutenu* · en outre *soutenu*

››› **restes** *plur.* **1 - ruines** · décombres • [d'un bateau] épave · **2 - déchets** · bribes · débris · détritus · fragments · rebuts • [d'un repas] reliefs · rogatons *fam.* · **3 - cadavre** · cendres · dépouille · os · ossements · relique · **4 - traces** · vestiges

rester *v.intr.* **1 - habiter** · demeurer · résider · séjourner · stationner · crécher *fam.* · **2 - se maintenir** · demeurer · durer · perdurer · persister · se conserver · se perpétuer · subsister · tenir · **3 - s'attarder** · attendre · s'éterniser · traîner · traînasser *fam.* · croupir *péj.* · moisir *péj.* · pourrir *péj.*

✦ **en rester là** s'en tenir là · ne pas aller plus loin

✦ **il reste que, il n'en reste pas moins que** toujours est-il que · il n'en est pas moins vrai que

✦ **y rester** [fam.] → **mourir**

restituer *v.tr.* **1 - redonner** · rembourser · remettre · rendre · retourner · **2 - reproduire** · reconstituer · recréer · rétablir · simuler · **3 -** [une énergie] **dégager** · libérer · **4 - exprimer** · rendre · reproduire · traduire

rendre

restitution *n.f.* **1 - reconstitution** · rétablissement · **2 - remboursement**

resto *n.m.* → **restaurant**

restreindre *v.tr.* **1 - diminuer** · abréger · amoindrir · borner · comprimer · contraindre · limiter · réduire · resserrer · **2 -** [les mouvements] **gêner** · entraver · limiter

››› **se restreindre** *v.pron.* **se rationner** · se limiter · se modérer · se priver · réduire ses dépenses · se serrer la ceinture *fam.*

✦ **se restreindre à** s'en tenir à · se borner à · se cantonner à · se contenter de · se limiter à

restreint, e *adj.* **1 - limité** · faible · réduit · **2 - étroit** · petit · confiné · exigu · grand comme un mouchoir de poche · **3 -** [sens d'un mot] **strict** · étroit

restrictif, -ive *adj.* · limitatif

restriction *n.f.*
I 1 - limitation · amoindrissement · compression · diminution · réduction · resserrement • [budgétaire] coupe · **2 - rationnement** · contingentement · limitation
II 1 - réticence · arrière-pensée · réserve · **2 - barrière** · obstacle
✦ **sans restriction** **1 - entièrement** · sans arrière-pensée · sans condition · sans réserve · **2 - absolu** · illimité · inconditionnel · total
✦ **une période de restrictions** une période de vaches maigres

restructuration *n.f.* · réorganisation · réaménagement · recomposition · remodelage

restructurer *v.tr.* · réorganiser · réaménager · recomposer · remodeler

resucée *n.f.* → **répétition**

résultante *n.f.* · conséquence · aboutissement · contrecoup · effet · fruit · produit · rançon · résultat · séquelle · suite (logique)

résultat *n.m.* **1 - conséquence** · aboutissement · conclusion · conséquence · contrecoup · effet · fruit · issue · répercussion · résultante · suite (logique) · **2 - bilan** · état · **3 -** [Sport, Pol.] **score** • [au plur., Scol.] notes · **4 - total** · produit · quotient · reste · somme
✦ **sans résultat** **1 - en vain** · **2 - infructueux** · inefficace · stérile
✦ **résultat des courses...** au bout du compte ... · finalement ...

résulter *v.intr.*
✦ **résulter de** découler de · dériver de · naître de · procéder de · provenir de · venir de
✦ **il résulte que** il apparaît que · il ressort que

[1]**résumé, e** *adj.* · abrégé · concis · court · schématique · simplifié · succinct · compendieux *littér.*

[2]**résumé** *n.m.* **1 - récapitulation** · aperçu · bilan · synthèse · **2 - abrégé** · abstract *anglic.* · digest *anglic.* · condensé · extrait · précis · réduction · sommaire · compendium *littér.* · mémento *vieilli*. [de scénario] synopsis
✦ **en résumé** en bref · en peu de mots · en un mot · pour faire court · schématiquement · sommairement · succinctement · en gros *fam.* · grosso modo *fam.*

résumé, sommaire, abrégé

Résumé, sommaire et **abrégé** partagent l'idée de brièveté. Le **résumé**, écrit ou oral, présente en raccourci le contenu d'un texte ou d'un discours, en n'en retenant que l'essentiel *(le résumé des nouvelles, d'un rapport, un résumé très clair)*. Le **sommaire** est plus bref que le résumé, pouvant même prendre la forme d'une table des matières ou d'une liste de titres *(le sommaire d'un journal, d'une revue)*. L'**abrégé** présente en résumé ce que l'on sait d'une science ou d'une technique *(un abrégé d'astronomie, de botanique, un abrégé très dense)*.

résumer *v.tr.* **1 - récapituler** · reprendre · synthétiser · **2 - abréger** · condenser · écourter · raccourcir · réduire

⋙ **se résumer à** *v.pron.* **se limiter à** · consister en · se borner à · se réduire à

résurgence *n.f.* · réapparition · regain · renaissance · retour · réveil

résurrection *n.f.* · renaissance · réapparition · renouveau · réveil · résurgence *littér.* · reviviscence *littér.*

rétablir *v.tr.* **1 – réparer** · reconstituer · reconstruire · renouer · reprendre · restaurer · restituer · **2 – redresser** · réédifier · refaire · réinstaller · relever · **3 – renouer** · reprendre · restaurer · **4 – réintégrer** · ramener · réhabiliter · remettre · remettre en place · remettre en vigueur · replacer · **5 – guérir** · remettre sur pied · remettre en selle · ressusciter · sauver · remplumer *fam.* · requinquer *fam.* · retaper *fam.*

⋙ **se rétablir** *v.pron.* **guérir** · aller mieux · recouvrer la santé · récupérer · relever de maladie · se refaire une santé · se remettre · se remettre debout · se remettre en selle · se remettre sur pied · reprendre le dessus · reprendre du poil de la bête *fam.* · se remplumer *fam.* · se requinquer *fam.* · se retaper *fam.* · s'en tirer *fam.*

rétablir, restaurer

Rétablir ou **restaurer** quelque chose, c'est le remettre dans un état antérieur, a priori meilleur. **Rétablir** se dit de situations, phénomènes, etc., que l'on remet en vigueur ou fait exister de nouveau *(rétablir la monarchie, la royauté)*, valeur que partage **restaurer** dans un usage plus littéraire *(restaurer la paix, l'ordre social, une coutume, la liberté)*.

rétablissement *n.m.* **1 – recouvrement** · remise en fonction · remise en vigueur · **2 – restauration** · réinstallation · restitution · **3 – guérison** · convalescence

retape *n.f.* → **racolage**

retaper *v.tr.* **1 – réparer** · arranger · rafraîchir · refaire · remettre à neuf · remettre en état · reprendre · restaurer · retoucher · rabibocher *fam.* · rafistoler *fam.* · **2 –** [fam.] **guérir** · remettre sur pied · remettre en selle · rétablir · remplumer *fam.* · requinquer *fam.*

⋙ **se retaper** *v.pron.* → **se rétablir**

retard *n.m.* **1 – délai** · ajournement · retardement *vieilli* · **2 – piétinement** · lenteur · ralentissement · **3 –** [intellectuel] **arriération** · déficience

✦ **en retard** **1 – attardé** · arriéré · retardé · **2 – sous-développé** · anachronique · archaïque · démodé · d'arrière-garde · en queue de peloton · à la traîne · à la remorque *fam.*

retardement *n.m.* [vieilli] → **retard**

✦ **à retardement** après coup · trop tard

retarder *v.tr.* **1 – attarder** · mettre en retard · ralentir · **2 – ajourner** · décaler · différer · reculer · remettre · repousser · temporiser

retenir *v.tr.*

I 1 – garder · accaparer · confisquer · conserver · détenir · intercepter · saisir · **2 – capter** · absorber · accaparer · attirer · **3 –** [qqn] **accaparer** · garder · occuper · mettre le grappin sur *fam.* · tenir la jambe à *fam.* · **4 – se souvenir de** · assimiler · enregistrer · garder en mémoire · mémoriser · prendre (bonne) note de · se rappeler · **5 – sélectionner** · adopter · choisir · se décider pour · élire · opter pour · se prononcer pour · **6 – réserver** · assurer · louer • [une date] arrêter · fixer

II 1 – attacher · accrocher · amarrer · arrêter · bloquer · clouer · coincer ·

cramponner · enchaîner · fixer · immobiliser · maintenir (en place) · river · soutenir · supporter · tenir · **2 - réprimer** · arrêter · brider · calmer · comprimer · contenir · contraindre · contrôler · dominer · emprisonner · enchaîner · endiguer · éteindre · étouffer · maîtriser · modérer · museler · ravaler · refouler · réfréner · rentrer · tenir en bride

III prélever · décompter · déduire · défalquer · ôter · précompter · prendre · rabattre · retirer · retrancher · soustraire · ponctionner *fam.*

✦ **il ne retient rien** sa mémoire est une passoire · ça rentre par une oreille et ça ressort par l'autre *fam.* · il n'imprime pas *fam.*

››› **se retenir** *v.pron.* **1 - se contenir** · garder son sang-froid · se calmer · se contraindre · se contrôler · se dominer · se faire violence · se maîtriser · se modérer · rester cool *fam.* · rester zen *fam.* · **2 - s'accrocher** · s'agripper · s'attacher · se cramponner · se raccorder · se raccrocher · se rattacher · se rattraper · se tenir

✦ **se retenir de** s'empêcher de · s'abstenir de · s'interdire de · se priver de

retentir *v.intr.* **1 - résonner** · éclater · sonner · tinter · vibrer · **2 - éclater**

✦ **retentir sur** se répercuter sur · influer sur

↝ **résonner**

retentissant, e *adj.* **1 - bruyant** · assourdissant · sonore · [voix] claironnant · tonitruant · tonnant · **2 - éclatant** · fracassant · remarquable · spectaculaire · [succès] triomphal · [échec] cuisant

retentissement *n.m.* **1 - contrecoup** · conséquence · développement · impact · prolongement · répercussion · résonance *littér.* · **2 - succès** · écho · éclat · publicité · succès · **3 -** [littér.] **écho** · bruit · son

retenue *n.f.* **1 - prélèvement** · précompte · **2 - modération** · circonspection · mesure · pondération · réserve · **3 - pudeur** · discrétion · dignité · modestie · tenue · **4 -** [Scol.] **consigne** · colle *fam.* · **5 - embouteillage** · encombrement · engorgement · ralentissement · bouchon *fam.* · **6 -** [d'eau] **barrage** · réservoir

réticence *n.f.* **1 - hésitation** · arrière-pensée · circonspection · défiance · froideur · méfiance · réserve · restriction · tiédeur · **2 -** [Droit] **dissimulation** · omission

réticent, e *adj.* · hésitant · circonspect · défiant · dubitatif · froid · méfiant · réservé · tiède · pas très chaud *fam.*

réticule *n.m.* · filet · résille

rétif, -ive *adj.* · désobéissant · difficile · frondeur · indiscipliné · indocile · insoumis · insubordonné · rebelle · récalcitrant · réfractaire · regimbeur *littér.*

retiré, e *adj.* · isolé · à l'écart · désert · éloigné · perdu · reculé · secret · solitaire · au diable vauvert · paumé *fam.*

retirer *v.tr.*

I 1 - arracher · couper · dégager · enlever · extirper · extraire · ôter · sortir · soustraire · tirer · **2 - faire disparaître** · enlever · ôter · **3 -** [ce qu'on a dit] **revenir sur** · ravaler · reprendre · **4 - confisquer** · prendre · **5 - décompter** · déduire · défalquer · enlever · ôter · prélever · retenir · retrancher · soustraire

II obtenir (en retour) • gagner • enlever • percevoir • recevoir • récolter • recueillir • sortir

»» **se retirer** *v.pron.* **1 – partir** • disparaître • s'éclipser • s'esquiver • fausser compagnie • filer à l'anglaise *péj.* • vider les lieux • se barrer *fam.* • se casser *fam.* • filer *fam.* • ficher le camp *fam.* • **2 – abandonner** • battre en retraite • décrocher • faire défection • reculer • se replier • [d'une compétition] déclarer forfait • [d'un engagement] se désister • démissionner • [d'une activité] raccrocher (les gants) • [d'un jeu, après avoir gagné] faire charlemagne *vieilli* • **3 – se cloîtrer** • se cacher • se claustrer • se confiner • s'exiler • s'isoler • se murer • se réfugier • **4 –** [mer] **baisser** • descendre • refluer

retombée *n.f.* • répercussion • conséquence • contrecoup • effet • effet secondaire • impact • implication • incidence • portée • résultat • suite • [négative] séquelle

retomber *v.intr.* **1 – redescendre** • baisser • chuter • rebaisser • **2 – faiblir** • s'apaiser • se calmer • s'éteindre • diminuer • disparaître • **3 – pendre** • pendouiller *fam.* • **4 – rechuter** • récidiver • recommencer

✦ **retomber sur** **1 –** [responsabilité] **rejaillir sur** • incomber à • peser sur • **2 –** [un sujet] **revenir sur**

rétorquer *v.tr.* • objecter • répliquer • répondre • riposter • repartir *littér.*

retors, e *adj. et n.m.* • rusé • fin • machiavélique • malin • vicieux • chafouin *fam.* • finaud *fam.* • artificieux *littér.* • madré *littér.* • matois *littér.* • roublard *fam.* • vicelard *fam.* • roué *littér.* • ficelle *vieux*

rétorsion *n.f.*

✦ **mesure(s) de rétorsion** représailles • riposte • vengeance

retouche *n.f.* • rectification • amélioration • correction • modification

retoucher *v.tr.* **améliorer** • arranger • corriger • perfectionner • rectifier • remanier • reprendre • revenir sur • réviser • revoir

✦ **retoucher à** [la drogue, etc.] retomber dans • repiquer à *fam.*

retour *n.m.*

I 1 – recommencement • réapparition • renaissance • renouveau • répétition • reprise • réveil • **2 – recrudescence** • accroissement • augmentation • intensification • progression • regain • renforcement • **3 – rentrée** • come-back *anglic.*

II 1 – réaction • commentaire • écho • feedback *anglic.* • **2 – répercussion** • effet boomerang • ricochet

III renvoi • réexpédition

✦ **retour en arrière** **1 – flash-back** *anglic.* • rétrospective • **2 – régression**

✦ **sans retour** à jamais • pour toujours

✦ **en retour** en échange • à la place • en compensation • en contrepartie • réciproquement • en récompense • en revanche

✦ **retour d'âge** ménopause • climatère *(Méd.)*

✦ **retour à la vie** renaissance • résurrection • palingénésie *littér.*

✦ **retour des choses** renversement • retournement • revirement (de situation)

retournement *n.m.* **1 – revirement** • bouleversement • changement • coup de théâtre • péripétie • renversement • volte-face • **2 –** [d'un bateau] **chavirement** • dessalage

retourner

▪ *v.intr.* **rentrer** • faire demi-tour • partir • repartir • revenir (sur ses pas) • rebrousser chemin • s'en aller

✦ **retourner à** **1 - retrouver** · se rabattre sur · se remettre à · revenir à · **2 - rallier** · regagner · réintégrer · rejoindre · rentrer à

✦ **s'en retourner** s'en aller · partir · rentrer · revenir

▪ *v.tr.* **1 - inverser** · intervertir · permuter · renverser · **2 - faire tomber** · faire basculer · renverser · **3 - fouiller** · remuer · fatiguer · [la terre] bêcher · labourer · [la salade] fatiguer *fam.* · touiller *fam.* · **4 - mettre sens dessus dessous** · bouleverser · chambarder *fam.* · chambouler *fam.* · **5 - bouleverser** · choquer · émouvoir · frapper · perturber · remuer · secouer · traumatiser · troubler · tourneboulier *fam.* · **6 - réexpédier** · renvoyer · refuser

✦ **de quoi il retourne** de quoi il s'agit · de quoi il est question

✦ **retourner sa veste** virer de bord · changer de camp · faire volte-face

⋙ **se retourner** *v.pron.* **1 -** [bateau] **chavirer** · dessaler · se renverser · **2 -** [voiture] **capoter** · faire un tonneau · **3 - regarder derrière soi** · tourner la tête

retracer *v.tr.* · conter · décrire · évoquer · exposer · peindre · raconter · rapporter · relater · rendre compte de · narrer *littér.*

rétractation *n.f.* **1 - désaveu** · abandon · abjuration · reniement · apostasie *littér.* · palinodie *littér.* · **2 -** [Droit] **annulation**

¹**rétracter** *v.tr.* **revenir sur** · annuler · désavouer · démentir · renier · reprendre · retirer

⋙ **se rétracter** *v.pron.* **se dédire** · abandonner · abjurer · faire machine arrière · faire marche arrière · ravaler ses paroles · renoncer · revenir sur ses dires · se désavouer · se désister · se désolidariser · se raviser · se reprendre

²**rétracter** *v.tr.* **rentrer** · contracter · raccourcir

⋙ **se rétracter** *v.pron.* **se recroqueviller** · se contracter · se crisper · se raccourcir · se rétrécir

rétraction *n.f.* **1 - contraction** · raccourcissement · rétrécissement · **2 - retrait** · repli (sur soi)

retrait *n.m.* **1 - recul** · évacuation · décrochage · désengagement · marche arrière · reflux · repli · retraite · **2 - abandon** · défection · départ · renoncement · **3 - annulation** · suppression

✦ **en retrait** derrière · en arrière

retraite *n.f.*
I 1 - recul · décrochage · désengagement · évacuation · marche arrière · reflux · repli · retrait · **2 - fuite** · débâcle · débandade · défaite · déroute
II 1 - abri · asile · havre · nid · refuge · thébaïde *poétique* · **2 -** [d'un animal, littér.] **terrier** · gîte · repaire · tanière · trou · antre *littér.*
III solitude · repos
IV pension · allocation vieillesse

✦ **battre en retraite** **abandonner** · céder · décrocher · fuir · reculer · renoncer · s'enfuir · se retirer · se replier · faire marche arrière · lâcher pied · se dégonfler *fam.* · flancher *fam.*

retraité, e *n.* · pensionné

retranchement *n.m.* **1 -** [vieux] **suppression** · amputation · coupure · élagage · prélèvement · retenue · soustraction · taille · **2 - défense** · barricade · bastion · fortification · ligne · tranchée

✦ **poursuivre dans ses derniers retranchements** acculer · attaquer violemment

retrancher *v.tr.* **1 – couper** · élaguer · éliminer · enlever · ôter · prendre · retirer · soustraire · supprimer · **2 – rayer** · barrer · biffer · élaguer · enlever · **3 –** [une somme] **prélever** · décompter · déduire · défalquer · enlever · ôter · rabattre · retenir · soustraire · **4 –** [un membre] **amputer** · mutiler · réséquer *(Chir.)*

»» **se retrancher** *v.pron.* **se réfugier** · se protéger · se mettre à l'abri

✦ **se retrancher dans** s'enfermer dans · se cantonner dans · se murer dans · se renfermer dans

retransmettre *v.tr.* · relayer · rediffuser

rétrécir

▪ *v.tr.* **1 – contracter** · rapetisser · raccourcir · réduire · resserrer · étrécir *vieux* · **2 – ratatiner** · racornir · **3 – limiter** · borner · diminuer · restreindre · **4 – ajuster** · reprendre · resserrer

▪ *v.intr.* **rapetisser** · raccourcir · se rétracter

»» **se rétrécir** *v.pron.* **se resserrer** · rapetisser · s'étrangler

rétrécissement *n.m.* **1 – resserrement** · étranglement · **2 –** [Méd.] **sténose**

rétribuer *v.tr.* · payer · appointer · rémunérer · salarier · avoir à sa solde *péj.*

rétribution *n.f.* · paye · appointements · cachet · commission · émoluments · gages · honoraires · rémunération · salaire · solde · traitement

rétro *adj. invar* · kitsch · démodé · désuet · passé de mode

rétroaction *n.f.* · autorégulation · boucle · contre-réaction · feed-back *anglic.*

rétrocéder *v.tr.* · donner · céder · concéder · léguer · recéder · redonner · rendre · restituer · revendre · refiler *fam.*

rétrogradation *n.f.* · régression · recul · rétrogression *soutenu*

rétrograde *adj.* **réactionnaire** · arriéré · obscurantiste · passéiste

✦ **dans le sens rétrograde** **dans le sens des aiguilles d'une montre** · dextrorsum *(Sciences)*

❧ **démodé**

rétrograder

▪ *v.intr.* **1 – reculer** · battre en retraite · se retirer · se replier · revenir en arrière · **2 – régresser** · baisser · déchoir · descendre

▪ *v.tr.* **déclasser**

rétrospectivement *adv.* · après coup · avec le recul

retroussé, e *adj.* [nez] en trompette · relevé

retrousser *v.tr.* **relever** · remonter · replier · rouler · soulever · trousser *vieilli*

»» **se retrousser** *v.pron.* **se dresser** · se relever · rebiquer *fam.*

retrouver *v.tr.* **1 – récupérer** · reconquérir · recouvrer · remettre la main sur · rentrer en possession de · reprendre · se réapproprier · **2 – repérer** · localiser · **3 – rejoindre** · rencontrer (à nouveau) · revoir · **4 –** [un fugitif] **reprendre** · repincer *fam.* · **5 – revenir à** · retourner à · **6 – se souvenir de** · se rappeler

»» **se retrouver** *v.pron.* **1 – se réunir** · se donner rendez-vous · se rassembler · se regrouper · se rejoindre · se rencontrer · **2 – se croiser** · se rencontrer · se revoir · **3 –**

s'orienter · se reconnaître · se repérer · se situer · **4 – renaître** · s'épanouir

retrouver, récupérer, recouvrer

On **retrouve**, on **recouvre** ou on **récupère** quelque chose ou quelqu'un qui était perdu ou dont on était séparé. **Retrouver** a la valeur la plus générale *(on a retrouvé l'enfant dans la forêt, il a retrouvé ses clés)* ; il s'emploie aussi lorsqu'on se procure une chose comparable à celle que l'on avait perdue *(retrouver un travail)*, ou lorsqu'on a à nouveau l'usage de quelque chose *(retrouver la santé, la mémoire)*. Dans un usage littéraire, on peut dire **recouvrer** *(recouvrer son énergie, la santé)*, qui concerne également l'argent ou des valeurs perdus *(recouvrer ses biens)*, mais **récupérer** est plus courant dans ce contexte *(récupérer son investissement)*. Lorsqu'on retrouve quelqu'un ou quelque chose après en avoir été séparé pour un temps plus ou moins long, on emploie **récupérer** dans la langue familière *(récupérer des touristes à la gare, son fils à la garderie ; récupérer des livres prêtés)*.

rétroviseur *n.m.* · rétro *fam.*

rets *n.m.* · piège · embûche · filet · traquenard · lacs *vieux*

réunion *n.f.* **1 – assemblée** · assises · briefing · colloque · conférence · congrès · débat · meeting · rencontre · séance de travail · séminaire · symposium · table ronde · [solennelle] grand-messe · **2 – combinaison** · accumulation · agglomération · agrégation · alliance · assemblage · conjonction · concentration · convergence · enchaînement · fusion · groupement · jonction · liaison · mariage · mélange · rapprochement · rassemblement · rencontre · synthèse · union · [inopportune] confusion · amalgame · **3 –** [d'un territoire à un autre] **annexion** · adjonction · incorporation · rattachement · **4 –** [de choses] **ensemble** · amas · bloc · bouquet · chapelet · faisceau · groupe · masse · tas · **5 –** [de textes] **recueil** · choix · collection · groupement

✦ **réunion d'information** briefing *anglic.* · bref *recomm. offic.*

réunir *v.tr.* **1 – assembler** · agglomérer · agglutiner · agréger · amalgamer · canaliser · centraliser · concentrer · fondre · intégrer · grouper · rassembler · recueillir · regrouper · **2 – raccorder** · accoupler · adjoindre · ajouter · annexer · appareiller · apparier · attacher · incorporer · joindre · lier · rassembler · rattacher · recomposer · rejoindre · relier · **3 – accumuler** · amasser · collecter · collectionner · entasser · grouper · masser · rassembler · récolter · recueillir · regrouper · **4 – combiner** · allier · associer · concilier · conjuguer · cumuler · englober · grouper · joindre · marier · ramasser · rassembler · regrouper · unir

»» **se réunir** *v.pron.* **1 – se rencontrer** · s'assembler · se rassembler · se retrouver · [mondains] tenir salon · **2 – s' associer** · se coaliser · se joindre · se liguer · se regrouper · se rejoindre · **3 –** [voies] **concourir** · confluer · fusionner · se fondre

réussir

▪ *v.tr.* **1 – mener à bien** · achever · aboutir · mener à bonne fin · mener à bon terme · y arriver · [un pari] gagner · **2 –** [un but] **marquer**

▪ *v.intr.* **1 – parvenir à ses fins** · **2 – prospérer** · faire fortune · se développer · parvenir *vieilli* · **3 –**

marcher · atteindre, toucher le but · fonctionner · **4 – triompher** · aller loin · avoir le vent en poupe · briller · faire carrière · faire du chemin · percer · faire son trou *fam.* · [brillamment] cartonner *fam.* · décrocher, gagner le coquetier *fam.* · décrocher la timbale *fam.* · faire un carton *fam.* · faire un malheur *fam.*

✦ **réussir à** 1 – [suivi de l'infinitif] **arriver à** · parvenir à · trouver le moyen de · **2 –** [qqn] **profiter à** · convenir à · bien aller à

réussite *n.f.* **1 – succès** · exploit · réalisation · triomphe · victoire · **2 –** [Cartes] **patience**

revaloriser *v.tr.* **1 – hausser** · majorer · réévaluer · rehausser · relever · remonter · **2 – réhabiliter** · rénover

revanche *n.f.* **1 – vengeance** · loi du talion · **2 – retour en force** · riposte

✦ **en revanche** par contre · à côté de ça · a contrario · à l'inverse · à l'opposé · au contraire · au moins · en compensation · en contrepartie · en retour · inversement · mais · seulement

rêvasser *v.intr.* · rêver · avoir l'esprit, la tête ailleurs · être dans les nuages, dans la lune · méditer · penser · laisser errer sa pensée · bayer aux corneilles *fam.*

rêve *n.m.* **1 – songe** · [mauvais] cauchemar · **2 – désir** · ambition · espoir · souhait · vœu · **3 – imagination** · chimère · fantasme · fiction · idée · illusion · mirage · utopie · vision · rêverie *littér.*

✦ **de rêve** idéal · enchanteur · fabuleux · idyllique · merveilleux · paradisiaque · parfait · sublime · édénique *littér.*

rêvé, e *adj.* · idéal · parfait

revêche *adj.* **1 – rebutant** · abrupt · acariâtre · aigre · bourru · désagréable · dur · grincheux · hargneux · intraitable · rébarbatif · renfrogné · rude · acrimonieux *littér.* · **2 –** [vieux] **rugueux** · rêche

¹**réveil** *n.m.* **retour** · regain · renaissance · renouveau · résurrection

✦ **au réveil** au saut du lit

²**réveil** *n.m.* · réveille-matin *vieilli*

réveiller *v.tr.* **1 – tirer du sommeil** · **2 –** [ses muscles] **dégourdir** · chauffer · déraidir · dérouiller · **3 – évoquer** · éveiller · faire renaître · rappeler · raviver · ressusciter · faire remonter à la surface, à la conscience · **4 – attiser** · aviver · exalter · exciter · galvaniser · raffermir · ragaillardir · raviver · ranimer · revigorer · revivifier · stimuler

⋙ **se réveiller** *v.pron.* **1 – s'éveiller** · sortir du sommeil · ouvrir un œil *fam.* · **2 – se ranimer** · reprendre conscience · revenir à soi · **3 – réapparaître** · refaire surface · reprendre vie · sortir de l'oubli · **4 – réagir** · se remuer *fam.* · se secouer *fam.*

révélateur, -trice *adj.* · significatif · caractéristique · éloquent · emblématique · expressif · parlant · suggestif · symbolique · symptomatique · typique

révélation *n.f.* **1 – dévoilement** · aveu · confidence · déclaration · découverte · divulgation · indiscrétion · **2 –** [de l'avenir] **prédiction** · divination · prescience · prévision · **3 – vision** · intuition · prémonition · pressentiment · **4 – découverte** · baptême · initiation

révéler *v.tr.* **1 - communiquer** · déclarer · découvrir · dévoiler · dire · divulguer · étaler au grand jour · exposer · faire connaître · lever le voile sur · proclamer · rapporter · trahir · crier sur les toits · **2 - enseigner** · initier · instruire · **3 - indiquer** · accuser · annoncer · attester · déceler · démontrer · dénoncer · détecter · dévoiler · exhiber · faire foi de · manifester · marquer · mettre au jour · montrer · prouver · témoigner · trahir

⋙ **se révéler** *v.pron.* **1 - apparaître** · se dessiner · se manifester · **2 -** [suivi d'un adj.] **s'avérer** · se montrer · se trouver

révéler, dévoiler, divulguer

Révéler, **dévoiler** et **divulguer** ont en commun l'idée de faire connaître ce qui était caché, secret. **Révéler** est le terme général avec cette valeur *(révéler son identité, sa vraie personnalité, ses projets)*. **Dévoiler** s'emploie dans les cas où quelque chose était tenu caché à dessein *(dévoiler ses intentions, un mystère, un complot, ses pensées)*. **Divulguer** implique que ce qui est porté à la connaissance d'un large public était considéré comme confidentiel *(les journaux ont divulgué toute l'affaire, divulguer des plans secrets)*.

revenant, e *n.* · apparition · ectoplasme · esprit · fantôme · mort-vivant · spectre

revendeur, -euse *n.* · détaillant · [de drogue] dealer

revendication *n.f.* · demande · desiderata · exigence · prétention · réclamation · [au plur.] doléances

revendiquer *v.tr.* **1 - demander** · exiger · prétendre à · réclamer · requérir · solliciter · **2 - assumer** · s'arroger · s'attribuer · endosser · **3 -** [sans complément] **protester** · contester · se plaindre · récriminer · râler *fam.*

⋙ **se revendiquer** *v.pron.* **se proclamer** · s'affirmer · se dire · se prétendre

réclamer

revendre *v.tr.* **1 - rétrocéder** · **2 - vendre au détail** · distribuer

✦ **à revendre** en abondance · en excès · de trop

revenir *v.intr.* **1 - recommencer** · réapparaître · renaître · se renouveler · reparaître · repartir · reprendre · se reproduire · ressurgir · **2 - repasser** · rappliquer *fam.*

✦ **revenir en arrière, sur ses pas** faire demi-tour · rebrousser chemin · reculer · refluer · rétrograder · tourner bride

✦ **être revenu de tout** être blasé · être désabusé · être fatigué · être lassé

✦ **revenir à** **1 - rentrer à** · rallier · regagner · réintégrer · rejoindre · repartir à · retourner à · **2 -** [une activité] **se remettre à** · retourner à · retrouver · **3 - appartenir à** · concerner · incomber à · intéresser · retomber sur · échoir à *soutenu* · **4 - équivaloir à** · consister à · signifier que · **5 - coûter** · s'élever à · se monter à · valoir · se vendre · **6 - être perçu par** · être touché par · tomber dans l'escarcelle de

✦ **revenir à soi** reprendre conscience · se réveiller · retrouver ses esprits · refaire surface *fam.*

✦ **revenir de** guérir de · échapper à · réchapper à · se remettre de · se rétablir de · se sortir de *fam.* · se tirer de *fam.*

✦ **revenir sur** reconsidérer · corriger · réexaminer · remettre en cause · reparler de · reprendre · retoucher · revoir

✦ **revenir sur ses paroles** se rétracter · manger son chapeau · se dédire · se déjuger · faire volte-face · se raviser · se renier

✦ **faire revenir** **1 - rissoler** · dorer · **2 - ramener** · rappeler

⋙ **s'en revenir** *v.pron.* [littér.] s'en retourner

revente *n.f.* **1 - rétrocession** · **2 - vente au détail**

revenu *n.m.* **1 - salaire** · rémunération · traitement · **2 - bénéfice** · fruit · gain · produit · profit · rapport · recette · rentrée d'argent · ressources · [de valeurs] dividende · intérêt · rente

rêver

▪ *v.intr.* **1 - rêvasser** · avoir la tête dans les étoiles · avoir la tête, l'esprit ailleurs · être dans les nuages, dans la lune · être perdu dans ses pensées · laisser errer sa pensée · bayer aux corneilles *fam.* · **2 - fantasmer** · bâtir des châteaux en Espagne · déraisonner *fam.* · divaguer *fam.* · délirer *fam.*

✦ **rêver à** **1 - imaginer** · se représenter · songer à · **2 - penser à** · réfléchir à · songer à

✦ **rêver de** convoiter · ambitionner · appeler de tous ses vœux · aspirer à · avoir envie de · désirer · espérer · souhaiter · vouloir · soupirer après *littér.*

▪ *v.tr.* **inventer** · forger · imaginer

réverbération *n.f.* · réflexion · renvoi · rayonnement

réverbère *n.m.* · lampadaire · lampe · lanterne · bec de gaz *vieux*

réverbérer *v.tr.* · réfléchir · propager · refléter · renvoyer · répercuter

révérence *n.f.* **1 - considération** · déférence · égard · estime · respect · vénération · **2 - courbette** · inclination · salut · salutation · plongeon *fam.*

✦ **faire la révérence** s'incliner · se courber · se pencher · se prosterner · saluer

✦ **révérence gardée** sauf votre respect

✦ **tirer sa révérence** **1 - s'en aller** · partir · **2 - raccrocher (les gants)** · démissionner

révérencieusement *adv.* · respectueusement

révérencieux, -ieuse *adj.* · cérémonieux · affecté · apprêté · compassé · déférent · formaliste · guindé · humble · obséquieux · poli · respectueux · solennel · gourmé *littér.*

révérer *v.tr.* · honorer · admirer · adorer · célébrer · considérer · craindre · encenser · estimer · glorifier · respecter · vénérer · tenir en grand honneur *soutenu*

rêverie *n.f.* **1 - rêvasserie** · méditation · songe · songerie · **2 - chimère** · fantasme · illusion · mirage · rêve · utopie · **3 -** [vieilli] **pensée** · réflexion

revers *n.m.* **1 - dos** · arrière · derrière · envers · verso · [d'une pièce] côté pile · **2 - rabat** · parement · repli · retroussis · **3 - déboire** · accident · aventure (fâcheuse) · coup du sort · défaite · disgrâce · échec · épreuve · infortune · insuccès · orage · traverse *vieux* · fiasco *fam.*

revêtement *n.m.* · enduit · chape · chemise · cuirasse · enveloppe · placage

revêtir *v.tr.* 1 - **habiller** · parer · 2 - **porter** · arborer · emprunter · endosser · enfiler · mettre · passer · prendre · vêtir · 3 - **couvrir** · enduire · garnir · recouvrir · tapisser

✦ **revêtir (qqn) de** pourvoir de · investir de

rêveur, -euse *adj. et n.* 1 - **distrait** · absent · contemplateur *(nom)* · contemplatif · méditatif · penseur · songeur · pensif · dans la lune *fam.* · dans les nuages *fam.* · 2 - **idéaliste** · imaginatif · poète · romanesque · romantique · utopiste · songe-creux *péj., vieilli*

✦ **laisser rêveur** laisser perplexe

☞ **pensif**

rêveusement *adv.* · pensivement · distraitement · songeusement

revigorant, e *adj.* · remontant · fortifiant · réconfortant · reconstituant · remontant · stimulant · tonifiant · tonique · ravigotant *fam.*

revigorer *v.tr.* **ragaillardir** · fortifier · ranimer · réconforter · reconstituer · remonter · booster *fam.* · ravigoter *fam.* · requinquer *fam.* · retaper *fam.* · revivifier *fam.*

revirement *n.m.* 1 - **retournement** · changement · 2 - **volte-face** · pirouette · palinodie *littér.*

réviser *v.tr.* 1 - **modifier** · améliorer · amender · corriger · reconsidérer · rectifier · réexaminer · réformer · remanier · reprendre · revenir sur · revoir · 2 - **vérifier** · contrôler · 3 - **mettre à jour** · actualiser · revoir · 4 - **repasser** · répéter · revoir

✦ **ne pas réviser** [Scol.] faire l'impasse sur

révision *n.f.* 1 - **modification** · amélioration · correction · reconsidération · rectification · remaniement · réforme · 2 - **vérification** · contrôle · maintenance · 3 - **mise à jour** · actualisation

révisionniste *adj. et n.* 1 - **négationniste** · 2 - **réformiste**

revisiter *v.tr.* 1 - **repenser** · reconsidérer · réexaminer · réviser · revoir · 2 - **réinterpréter** · faire une nouvelle lecture de

revitaliser *v.tr.* · ranimer · doper · raffermir · ranimer · raviver · réactiver · régénérer · relancer · réveiller · revigorer · revivifier · tonifier · booster *fam.* · ravigoter *fam.* · redonner du punch à *fam.*

revivifier *v.tr.* → **revitaliser**

revivre

▪ *v.intr.* 1 - **ressusciter** · renaître · revenir à la vie · 2 - **resurgir** · réapparaître · renaître · se renouveler

▪ *v.tr.* 1 - **passer par** · refaire l'expérience de · 2 - **se remémorer** · se rappeler

✦ **faire revivre** évoquer · rappeler · remémorer

révocation *n.f.* 1 - **abolition** · abrogation · annulation · invalidation · résiliation · 2 - **licenciement** · congédiement · débauchage · destitution · exclusion · limogeage · mise à pied · renvoi

revoir *v.tr.*

I 1 - **corriger** · améliorer · réformer · reprendre · retoucher · réviser · vérifier · 2 - **remettre en cause** · modifier · reconsidérer · réexaminer · 3 - **réviser** · relire · repasser · répéter · bûcher *fam.* · potasser *fam.*

II se souvenir de · se rappeler · se remémorer

✦ **au revoir** à plus tard · adieu · au plaisir · bonsoir · à la prochaine *fam.* · à la revoyure *fam.* · bye (bye) *fam.* · ciao *fam.* · salut *fam.* · bonjour *Québec*

›› **se revoir** *v.pron.* **se retrouver** · se rencontrer

révoltant, e *adj.* · choquant · abject · avilissant · dégoûtant · déshonorant · exaspérant · excédent · honteux · ignoble · inacceptable · indigne · infâme · inqualifiable · irritant · monstrueux · odieux · scandaleux

révolte *n.f.* **1 - insurrection** · émeute · lutte · rébellion · sédition · soulèvement • [de marins, de soldats] mutinerie • [Hist., de paysans] jacquerie · **2 - contestation** · fronde · levée de boucliers · résistance · **3 - indignation** · colère · répulsion

~ **émeute**

révolté, e *adj. et n.* **1 - insoumis** · agitateur · contestataire · dissident · émeutier · factieux · insurgé · mutin · rebelle · séditieux · **2 - outré** · indigné · scandalisé

révolter *v.tr.* **choquer** · dégoûter · écœurer · exaspérer · fâcher · horrifier · irriter · indigner · offusquer · outrer · scandaliser · ulcérer

›› **se révolter** *v.pron.* **1 - s'insurger** · arborer, brandir l'étendard de la révolte · se rebeller · se soulever • [marins, soldats] se mutiner · **2 - s'indigner** · se cabrer · crier au scandale · protester · se rebiffer *fam.* · regimber *fam.*

✦ **se révolter contre** contester · s'élever contre · se dresser contre · s'inscrire en faux contre · s'opposer à · récuser · refuser · repousser · se rebiffer contre *fam.*

révolu, e *adj.* **1 - accompli** · achevé · passé · sonné • [ans] bien sonné *fam.* · **2 - disparu** · dépassé · envolé · évanoui · passé · perdu · périmé

révolution *n.f.* **1 - bouleversement** · agitation · bouillonnement · cataclysme · changement · ébullition · effervescence · fermentation · feu · renversement · tourmente · chambardement *fam.* · chamboulement *fam.* · conflagration *littér.* · **2 - insurrection** · rébellion · révolte · **3 - rotation** · tour

révolutionnaire *adj.* **1 - insurrectionnel** · agitateur · factieux · insurgé · rebelle · révolté · séditieux · **2 - novateur** · d'avant-garde · futuriste · inédit · nouveau · original · subversif

révolutionner *v.tr.* **1 - transformer** · bouleverser · bousculer · changer · métamorphoser · réinventer · repousser les limites de · chambarder *fam.* · chambouler *fam.* · **2 - bouleverser** · agiter · changer · ébranler · émouvoir · mettre en émoi · retourner · secouer · troubler

revolver *n.m.* · pistolet · browning · colt · feu *fam.* · flingue *fam.* · joujou *fam., plaisant* · pétard *fam.* · gun *lang. jeunes* · rigolo *argot, vieilli*

révoquer *v.tr.* **1 - destituer** · casser · congédier · démettre · licencier · limoger · mettre à pied · relever de ses fonctions · renvoyer · balancer *fam.* · débarquer *fam.* · déboulonner *fam.* · dégommer *fam.* · faire sauter *fam.* · lourder *fam.* · sacquer *fam.* · vider *fam.* · virer *fam.* · **2 - annuler** · abolir · abroger · casser · déclarer nul · invalider · rescinder · résilier · résoudre · rompre

revue *n.f.* **1 - inspection** · **2 - examen** · bilan · dénombrement ·

inventaire · récapitulation · recensement · **3 –** [Milit.] **parade** · défilé · prise d'armes · spectacle · **4 – magazine** · annales · bulletin · gazette · périodique · publication

✦ **passer en revue** examiner • [une succession d'événements] dérouler

révulser *v.tr.* **révolter** · bouleverser · dégoûter · écœurer · indigner · outrer · répugner · retourner · scandaliser

»» **se révulser** *v.pron.* [yeux] **chavirer**

[1]**rewriter** *v.tr.* · adapter · récrire · remanier · remodeler

[2]**rewriter** *n.m.* · adaptateur · rédacteur · réviseur

rewriting *n.m.* · adaptation · réécriture

rhabiller *v.tr.* **1 – revêtir** · **2 – moderniser** · renouveler · transformer · relooker *fam.*

rhéteur *n.m.* · orateur · argumentateur · déclamateur · logographe · sophiste · phraseur *péj.*

rhétorique *n.f.* · éloquence · emphase *péj.* · grandiloquence *péj.* · pompe *péj.*

riant, e *adj.* **1 – agréable** · aimable · enchanteur · engageant · plaisant · **2 –** [vieux] **rieur** · enjoué · gai · jovial · joyeux

ribambelle *n.f.* · quantité · cascade · chapelet · cortège · défilé · kyrielle · légion · meute · multitude · nuée · procession · série · suite · théorie · troupeau *péj.* · flopée *fam.* · foule *fam.* · tapée *fam.* · tripotée *fam.* • [de célébrités] pléiade

ricanement *n.m.* · moquerie · persiflage · plaisanterie · quolibet · raillerie · ricanerie · sarcasme · lazzi *littér.*

ricaner *v.intr.* **1 – glousser** · pouffer · **2 – se moquer** · railler · se gausser *littér. ou plaisant*

riche

▪ *adj.* **1 – aisé** · argenté · cossu · fortuné · huppé · nanti · opulent · pourvu · prospère · friqué *fam.* · richard *fam.* · rupin *fam.* · blindé *lang. jeunes* · thuné *lang. jeunes* · galetteux *fam., vieilli* · calé *vieux* · **2 – luxueux** · cossu · coûteux · fastueux · magnifique · somptueux • [quartier] chic · **3 – florissant** · éclatant · généreux · luxuriant · nourri · opulent · plantureux · prospère • [pays] développé · industrialisé · **4 – fécond** · fertile · productif · **5 – nourrissant** · abondant · copieux · nutritif · substantiel

✦ **être très riche** être richissime · être cousu d'or · être riche à millions · nager dans l'opulence · être bourré de fric *fam.* · être riche comme Crésus *fam.* · avoir du blé, du fric, de l'oseille, du pèze *fam.* · être plein aux as *fam.* · rouler sur l'or *fam.* · avoir du foin dans ses bottes *fam., vieilli*

▪ *n.* **nanti** · milliardaire · millionnaire · multimillionnaire · Crésus *fam.* · nabab *fam.* · richard *fam.* · satrape *littér.*

✦ **nouveau riche** parvenu · B.O.F. *péj., vieilli*

richement *adv.* **1 – abondamment** · amplement · largement · **2 – luxueusement** · fastueusement · magnifiquement · somptueusement

richesse *n.f.*

I 1 – fortune · aisance · luxe · opulence · prospérité · **2 – luxe** · faste · éclat · magnificence · somptuosité

II 1 – abondance · foisonnement · luxuriance · profusion · prospérité ·

2 - fécondité · fertilité · productivité

⋙ **richesses** *plur.* **1 - bien** · argent · capital · fortune · moyens · or · patrimoine · ressources · trésor · magot *fam.* · **2 -** [d'un pays] **ressources**

richissime *adj.* · milliardaire · millionnaire · multimillionnaire · riche à millions

ricocher *v.intr.* · rebondir · faire ricochet · rejaillir · se répercuter

ricochet *n.m.* **1 - rebond** · rebondissement · **2 - conséquence** · choc en retour · contrecoup · éclaboussure · effet · rebondissement · répercussion

✦ **par ricochet** par contre-coup · indirectement

✦ **faire ricochet** → **ricocher**

ric-rac *adv.* **1 - très exactement** · **2 - tout juste** · de justesse

rictus *n.m.* · grimace

ride *n.f.* **1 - ridule** · marque · patte-d'oie · **2 - plissement** · froncement · onde · ondulation · **3 - creux** · fente · fissure · ligne · pli · raie · sillon

rideau *n.m.* **1 - voile** · courtine · draperie · moustiquaire · store · tenture · voilage · **2 - écran** · barrage · barrière · haie · mur · obstacle

rider *v.tr.* **plisser** · flétrir · friper · froncer · marquer · onduler · sillonner · rabougrir · ratatiner · raviner

⋙ **se rider** *v.pron.* **se flétrir** · se friper · se froncer · se plisser · se rabougrir · se ratatiner

ridicule *adj.* **1 - risible** · burlesque · dérisoire · grotesque · saugrenu · **2 - minable** · dérisoire · lamentable · miteux · nul · pathétique · piètre · piteux · pitoyable · ringard · tarte *fam.* · tartignole *fam.* · **3 - excessif** · caricatural · **4 - absurde** · bête · déraisonnable · idiot · sot

✦ **tourner en ridicule** → **ridiculiser**

ridiculement *adv.* **1 - grotesquement** · burlesquement · dérisoirement · pathétiquement · **2 - incroyablement** · honteusement · scandaleusement

ridiculiser *v.tr.* · se moquer de · s'amuser de · bafouer · caricaturer · chiner · dégrader · parodier · persifler · rabaisser · railler · rire de · tourner en dérision, en ridicule · charrier *fam.* · se ficher de *fam.* · se foutre de *très fam.* · mettre en boîte *fam.* · brocarder *littér.* · se gausser de *littér.* · moquer *littér.* · chansonner *vieux*

rien *pron. indéf. et n.m.* **1 - néant** · inanité · vacuité · vide · zéro · **2 - broutille** · babiole · bagatelle · baliverne · bêtise · bricole · détail · futilité · misère · niaiserie · vétille · **3 - que dalle** *fam.* · peau de balle (et balai de crin) *fam., vieilli* · que couic *fam., vieilli* · bernique *fam., vieilli* · macache *fam., vieilli*

✦ **de rien du tout** insignifiant · dérisoire · infime · mineur · minime · négligeable · ridicule · pas méchant *fam.*

✦ **pour rien 1 - inutilement** · en vain · pour des prunes *fam.* · pour du beurre *fam.* · **2 - gratuitement** · sans bourse délier *soutenu* · à l'œil *fam.* · gratis *fam.* · gratos *fam.* · **3 - à bas prix** · pour une bouchée de pain *fam.* · pour une misère *fam.* · pour trois francs six sous *fam.* · pour des cacahouètes, des clopinettes, des clous, des haricots, peanuts *fam.*

✦ **en rien** aucunement · nullement · pas du tout

rieur, -euse *adj.* · gai · allègre · enjoué · espiègle · guilleret · jovial · joyeux · réjoui · riant · souriant · boute-en-train *fam.* · rigolard *fam.*

rigide *adj.* 1 - **dur** · coriace · ferme · raide · résistant · solide · 2 - **austère** · autoritaire · discipliné · grave · puritain · sérieux · 3 - **inflexible** · exigeant · intolérant · intraitable · intransigeant · maniaque · précis · psychorigide · rigoriste · rigoureux · sévère · strict · 4 - **sclérosé** · fossilisé

rigidité *n.f.* 1 - **dureté** · solidité · 2 - **raideur** · roideur *vieux* · 3 - **austérité** · inflexibilité · intolérance · intransigeance · psychorigidité · puritanisme · rigorisme · rigueur · sévérité

rigolade *n.f.* 1 - **amusement** · divertissement · fou rire · rire · 2 - **farce** · plaisanterie · blague *fam.* · foutaise *fam.*

rigole *n.f.* · canal · caniveau · conduit · fossé · goulotte · ruisseau · ruisselet · saignée · sillon · tranchée

rigoler *v.intr.* 1 - **plaisanter** · s'amuser · badiner · jouer · se moquer · blaguer *fam.* · déconner *fam.* · 2 - **rire** · s'esclaffer · se bidonner *fam.* · se fendre la pipe, la gueule *fam.* · se gondoler *fam.* · se marrer *fam.* · se poiler *fam.* · se tordre *fam.* · se désopiler *vieux*

rigolo, -ote

▪ *adj.* **amusant** · comique · drôle · plaisant · marrant *fam.* · poilant *fam.* · tordant *fam.*

▪ *adj. et n.* 1 - **farceur** · blagueur · boute-en-train · comique · plaisantin · 2 - **fumiste** · amateur · fantaisiste · plaisantin · charlot *fam.* · guignol *fam.*

rigorisme *n.m.* · austérité · ascétisme · dogmatisme · intransigeance · jansénisme · purisme · puritanisme · raideur · rigidité · rigueur · sévérité

rigoriste *n.* · austère · ascétique · dur · intraitable · intransigeant · janséniste · puriste · puritain · rigide · rigoureux · sévère · strict

rigoureusement *adv.* 1 - **minutieusement** · étroitement · exactement · mathématiquement · précisément · scrupuleusement · 2 - **absolument** · formellement · parfaitement · strictement · totalement · 3 - [vieilli] **durement** · âprement · sévèrement

rigoureux, -euse *adj.* 1 - **dur** · âpre · cruel · difficile · excessif · pénible · rude · inclément *littér.* · 2 - **austère** · draconien · dur · implacable · inflexible · janséniste · raide · rigide · rigoriste · sévère · strict · 3 - **minutieux** · absolu · certain · exact · étroit · géométrique · logique · mathématique · méticuleux · parfait · précis · scientifique · serré · strict

rigueur *n.f.* 1 - **dureté** · âpreté · rudesse · sévérité · inclémence *littér.* · 2 - **austérité** · cruauté · dureté · fermeté · implacabilité · inflexibilité · intransigeance · rigidité · rigorisme · sévérité · 3 - **exactitude** · cohérence · justesse · logique · minutie · netteté · précision · rectitude · régularité

✦ **de rigueur** obligatoire · exigé · imposé · indispensable · nécessaire · obligé

rimer

▪ *v.intr.* **rimailler** *péj.* · taquiner la muse *plaisant*

▪ *v.tr.* **versifier** · mettre en vers

✦ **rimer à** 1 - **correspondre à** · signifier · 2 - **servir à** · mener à
✦ **rimer avec** aller de pair avec

rimeur, -euse *n.* · versificateur *souvent péj.* · rimailleur *péj.*

rimmel *n.m.* [nom déposé] mascara

rinçage *n.m.* 1 - **nettoyage** · 2 - **teinture**

rincer *v.tr.* 1 - **laver** · nettoyer · passer à l'eau · 2 - [fam.] → **ruiner**

ring *n.m.* 1 - [vieux] **arène** · piste · 2 - **estrade**

[1]**ringard** *n.m.* · pique-feu · tisonnier

[2]**ringard, e** *n. et adj.*

▪ *adj.* 1 - **démodé** · dépassé · désuet · kitsch · passé de mode · périmé · rétro · ridicule · vieillot · tarte *fam.* · tartignole *fam.* · 2 - **incapable** · médiocre · nul

▪ *n.* · nullité · tocard *fam.*

↝ **démodé**

ringardise *n.f.* · mauvais goût · nullité

ripaille *n.f.* → **festin**

ripailler *v.intr.* → **festoyer**

riper *v.intr.* 1 - **déraper** · chasser · glisser · patiner · 2 - [fam.] → **partir**

riposte *n.f.* 1 - **réponse** · répartie · réplique · 2 - **contre-attaque** · contre-offensive · réaction · représailles · vengeance

riposter *v.intr.* 1 - **répondre** · répliquer · rétorquer · repartir *littér.* · 2 - **contre-attaquer** · se défendre · réagir · se venger

riquiqui *adj. invar.* → **minuscule**

[1]**rire** *v.intr.* 1 - **s'esclaffer** · pouffer · ricaner · se dérider · rigoler *fam.* · se marrer *fam.* · [bêtement] glousser · 2 - **plaisanter** · s'amuser · se divertir · se distraire · s'égayer · jouer · prendre du bon temps · blaguer *fam.* · badiner *littér.*

✦ **rire beaucoup** rire aux éclats · rire à gorge déployée · rire aux larmes · rire comme une baleine *fam.* · rire comme un bossu *fam.* · se bidonner *fam.* · se boyauter *fam.* · se dilater la rate *fam.* · se fendre la gueule, la pipe, la poire, la tirelire *fam.* · se gondoler *fam.* · pisser dans sa culotte *fam.* · se poiler *fam.* · se rouler par terre *fam.* · se tenir les côtes *fam.* · se tordre (de rire) *fam.* · se désopiler *vieux*

✦ **rire de** se moquer de · chiner · narguer · railler · ridiculiser · taquiner · tourner en dérision, en ridicule · charrier *fam.* · se ficher de *fam.* · se foutre de *fam.* · mettre en boîte *fam.* · brocarder *littér.* · se gausser de *littér.* · persifler *littér.* · se railler de *littér.*

✦ **faire rire** dérider · amuser · distraire · égayer

⋙ **se rire de** *v.pron.* · dédaigner · ignorer · se jouer de · mépriser · se moquer de · ne pas tenir compte de · faire fi de *littér.*

[2]**rire** *n.m.* 1 - **hilarité** · bonne humeur · gaieté · jubilation · rigolade *fam.* · 2 - **rictus** · ricanement · sourire · 3 - **moquerie** · plaisanterie · raillerie

[1]**risée** *n.f.* **dérision** · moquerie · raillerie

✦ **être la risée de** être la fable de · être un objet de moquerie pour

[2]**risée** *n.f.* [Mar.] **rafale** · vent

risible *adj.* · grotesque · amusant · bouffon · burlesque · cocasse · (d'un haut) comique · ridicule · saugrenu

risque *n.m.* **1 - danger** · aléa · hasard · inconvénient · péril · **2 -** [Assurances] **préjudice** · sinistre

✦ **sans risque** sans danger · sûr

✦ **au risque de** quitte à

✦ **prendre des risques** travailler sans filet

risqué, e *adj.* **1 - périlleux** · audacieux · aléatoire · aventureux · dangereux · hardi · hasardeux · imprudent · osé · téméraire · casse-cou *fam.* · casse-gueule *fam.* · **2 - scabreux** · hardi · leste · licencieux · osé

risquer *v.tr.* **1 - engager** · aventurer · compromettre · éprouver · exposer · jouer avec · mettre en jeu · mettre en danger, en péril · commettre *vieilli* · hasarder *littér.* · **2 - oser** · entreprendre · tenter · **3 - encourir** · être passible de · s'exposer à

✦ **risquer de** **1 - être susceptible de** · avoir une chance de · pouvoir · **2 - manquer de** · faillir

✦ **risquer le tout pour le tout** jouer son va-tout · jouer sa dernière carte · jouer à quitte ou double

⋙ **se risquer à** *v.pron.* **1 - s'aventurer à** · s'engager dans · essayer de · se frotter à · se hasarder à · se lancer dans · **2 - s'aviser de** · oser · se permettre de

risquer, hasarder, exposer

Risquer, hasarder et **exposer** partagent l'idée de mettre en danger une chose ou une personne. **Risquer** implique que le danger est plus ou moins prévisible, inhérent à une situation donnée, et que l'issue sera mauvaise *(il a risqué sa fortune dans cette affaire ; risquer sa vie, son bonheur ; qui ne risque rien n'a rien)*. **Hasarder**, d'usage littéraire, signifie qu'on livre quelque chose aux aléas du sort, avec une issue incertaine : « Mais l'incertitude de gagner est proportionnée à la certitude de ce qu'on hasarde (...) » (Pascal, *Pensées*, III, 233). **Exposer**, dans cet emploi, concerne une personne, lorsqu'elle est placée dans une situation de menace ou en butte à la moquerie *(exposer quelqu'un au danger, au ridicule)*, ou que sa vie est en danger *(être exposé à une maladie, un virus)*.

risque-tout *n. et adj. invar.* · imprudent · casse-cou *fam.*

rissoler *v.tr.* · rôtir · blondir · dorer · faire revenir · faire sauter

ristourne *n.f.* · rabais · remise · réduction · discount *anglic.*

réduction

rite *n.m.* **1 - liturgie** · culte · religion · tradition · **2 - coutume** · cérémonie · cérémonial · habitude · pratique · rituel · usage

ritournelle *n.f.* · refrain · chanson · couplet · histoire · leitmotiv · litanie · rabâchage · rengaine · disque *fam.* · scie *fam.* · antienne *littér.* · bringue *Suisse*

rituel, -elle

▪ *adj.* **1 - sacré** · cultuel · liturgique · religieux · **2 - habituel** · conventionnel · coutumier · ordinaire · sacramentel · traditionnel · usuel · **3 - précis** · cérémoniel · ordinaire

▪ *n.m.* **1 - rite** · coutume · cérémonie · cérémonial · habitude · pratique · usage · **2 - liturgie** · culte · tradition · **3 - protocole** · étiquette

rituellement *adv.* · invariablement · systématiquement · toujours · sans faillir *soutenu*

rivage *n.m.* **1 - bord** · berge · côte · littoral · rive · **2 - grève** · plage

rival, e

■ *adj.* **antagonique** · antagoniste · adverse · concurrent · opposé

■ *n.* **1 – adversaire** · antagoniste · compétiteur · concurrent · ennemi · **2 – égal** · émule *littér.*

✦ **sans rival** sans équivalent · hors ligne · inégalable · unique

rivaliser *v.intr.*

✦ **rivaliser avec** **1 – se comparer à** · approcher de · égaler · le disputer à · être comparable à · **2 – défier** · combattre (contre) · concurrencer · lutter contre · se disputer avec · se mesurer avec

✦ **rivaliser de** faire assaut de · jouter de *littér.*

rivalité *n.f.* **1 – compétition** · affrontement · antagonisme · combat · concurrence · conflit · duel · joute · lutte · opposition · **2 – émulation**

rivalité, émulation

Rivalité concerne la situation de plusieurs, ou simplement de deux personnes, qui s'opposent pour obtenir des avantages auxquels chacune prétend pour elle seule *(une rivalité commerciale, des rivalités d'intérêts, entrer en rivalité)*. **Émulation** se rapporte à un sentiment qui entraîne quelqu'un à faire mieux que d'autres dans l'acquisition de compétences ou de connaissances *(une émulation entre des élèves, des sportifs pour obtenir le meilleur résultat)*.

rive *n.f.* · bord · berge · côte · littoral · rivage

river *v.tr.* **1 – fixer** · assujettir · assembler · attacher · clouer · enchaîner · riveter · **2 – immobiliser** · clouer · figer sur place

rivière *n.f.* · cours d'eau · affluent · fleuve · source · torrent · gave *(Pyrénées)* · oued *(régions arides)*

fleuve

rixe *n.f.* **dispute** · accrochage · affrontement · altercation · bataille · combat · échauffourée · lutte · mêlée · pugilat · querelle · règlement de compte · bagarre *fam.* · baston *fam.* · castagne *fam.* · batterie *vieux*

robe *n.f.* **1 – tunique** · fourreau · **2 –** [Antiquité ou d'avocat, de professeur] **toge** · épitoge · tunique · [Antiquité grecque] chiton · **3 –** [Relig.] **soutane** · aube · froc · **4 –** [d'un cheval] **pelage** · **5 –** [d'un cigare] **cape** · **6 –** [d'un oignon] **pelure** · peau · **7 –** [d'un vin] **couleur**

✦ **robe de chambre** peignoir · déshabillé · douillette

robinet *n.m.* · mitigeur · [d'un tonneau] chantepleure · [à double voie] by-pass *anglic.*

robot *n.m.* · automate · androïde · machine

robotisé, e *adj.* · automatisé

robuste *adj.* **1 – fort** · bâti à chaud et à sable · bien portant · endurant · énergique · ferme · fort · inébranlable · infatigable · puissant · résistant · solide · solide comme un roc, comme le Pont-Neuf · vigoureux · balèze *fam.* · costaud *fam.* · **2 –** [plantes] **rustique** · vivace · **3 – indestructible** · durable · incassable · inusable · increvable *fam.*

✦ **homme robuste** athlète · armoire à glace *fam.* · balèze *fam.* · hercule *fam.* · malabar *fam.* · mastodonte *fam.*

fort

robustesse *n.f.* · force · endurance · puissance · résistance · solidité · vigueur

roc *n.m.* • pierre • caillou • roche • rocher

rocaille

- *n.f.* **pierraille** • caillasse *fam.*
- *adj. invar.* [style] **rococo**

rocailleux, -euse *adj.* **1 - rocheux** • caillouteux • graveleux • pierreux • **2 - dur** • chaotique • confus • heurté • raboteux • râpeux • rêche • rude • rugueux • **3 -** [voix] **éraillé** • enroué • guttural • râpeux • rauque

rocambolesque *adj.* • extravagant • abracadabrant(esque) • fantastique • invraisemblable • incroyable

roche *n.f.* **1 - pierre** • bloc • caillou • roc • rocher • **2 -** [Mar.] **écueil** • brisant • étoc • récif

rocher *n.m.* **1 - pierre** • bloc • caillou • roc • roche • **2 - écueil** • brisant • étoc • récif

rocking-chair *n.m.* • berceuse • berçante *Québec*

rococo *adj.* **1 -** [style] **rocaille** • **2 - vieillot** • démodé • désuet • kitsch • périmé • ridicule • suranné

rodage *n.m.* **1 - mise au point** • ajustement • **2 - adaptation** • familiarisation • mise en train

roder *v.tr.* • mettre au point • acclimater • accoutumer • adapter • entraîner • exercer • familiariser • habituer • mettre au courant • mettre en train

rôder *v.intr.* • errer • vagabonder • traîner • battre le pavé • traînailler *fam.* • traînasser *fam.* • vadrouiller *fam.*

rôdeur, -euse *n.* • vagabond • badaud • flâneur • promeneur • chemineau *vieux*

rodomontade *n.f.* • vantardise • bravade • fanfaronnade • forfanterie • bluff *fam.* • esbroufe *fam.*

rogatons *n.m.pl.* • restes • reliefs

rogne *n.f.* → **colère**

rogner *v.tr.* **1 -** [livre] **couper** • massicoter • **2 - diminuer** • écourter • raccourcir • [un angle] arrondir

✦ **rogner sur** **1 - lésiner sur** • regarder à la dépense sur • mégoter sur *fam.* • **2 - prélever sur** • entamer • retrancher sur

✦ **rogner sur tout** faire des économies de bouts de chandelles

rognure *n.f.* • déchet • chute • copeau • débris • éclat • miette • parure • recoupe • retaille • résidu • reste • [de métal] cisaille • gratture

rogue *adj.* • dédaigneux • arrogant • bourru • dur • fier • froid • hargneux • hautain • méprisant • renfrogné • revêche • rude

roi *n.m.* **1 - monarque** • souverain • empereur • [Égypte] pharaon • [Iran] schah • **2 - magnat** • baron • grand manitou *fam.* • grand sachem *fam.* • **3 - numéro un** • leader *anglic.*

rôle *n.m.* **1 - personnage** • emploi • [insignifiant] panne • **2 - fonction** • attribution • devoir • emploi • métier • mission • position • responsabilité • statut • tâche • travail • utilité • vocation • **3 - registre** • liste

rôle, personnage

On parle de **rôle** ou de **personnage** pour la partie tenue par l'acteur d'une œuvre théâtrale ou cinématographique. **Rôle** est limité à cet emploi *(tenir le rôle de confident dans le répertoire classique, du mari trompé dans un vaudeville ; jouer un rôle, savoir son rôle).* **Personnage** a des valeurs plus larges ; il se dit des personnes incarnées par un acteur *(mettre en scène un* *personnage, le caractère d'un personnage),* mais aussi des figures d'une œuvre littéraire, picturale, etc. *(les personnages d'un roman, d'un tableau de Rembrandt).* De plus, on parle de **personnage** pour le rôle que quelqu'un tient dans la vie *(rester conforme à son personnage)* : « Leur seul souci, c'était le personnage qu'ils se fabriquaient » (Simone de Beauvoir, *les Mandarins*).

roman *n.m.* **1 - récit** · fiction · histoire · livre · ouvrage · bouquin *fam.* · **2 - fable** · affabulation · chimère · fantaisie · histoire · invention · bateau *fam.* · bobard *fam.* · craque *fam.* · galéjade *Provence*

✦ **roman policier** polar *fam.* · roman noir

✦ **roman fleuve** saga

romanesque *adj.* **1 - fabuleux** · extraordinaire · fantastique · légendaire · merveilleux · mythique · **2 - sentimental** · exalté · fleur bleue · passionné · romantique · rêveur

romantique *adj.* **1 - sentimental** · exalté · fleur bleue · passionné · romanesque · rêveur · **2 - idéaliste** · chimérique · utopiste

rompre

▪ *v.tr.* **1 - briser** · casser · facturer · fracasser · mettre en pièces · **2 - faire céder** · emporter · enfoncer · **3 - interrompre** · couper court à · en finir avec · faire cesser · se libérer de · mettre fin à · mettre un terme à · **4 - annuler** · dénoncer · dissoudre · faire cesser · invalider · mettre fin à · rescinder · résilier · révoquer · **5 - enfreindre** · déroger à · manquer à

▪ *v.intr.* **1 - se fâcher** · se brouiller · couper les ponts · se désaccorder *rare* · **2 - se quitter** · se séparer

✦ **rompre** (**qqn**) **à** accoutumer à · entraîner à · exercer à · façonner à · familiariser avec · former à · habituer à · plier à

✦ **rompre avec** abandonner · cesser · renoncer à · se libérer de

⋙ **se rompre** *v.pron.* **se briser** · se casser · céder · craquer · éclater · lâcher · sauter · crever *fam.* · péter *fam.*

rompu, e *adj.* **épuisé** · à bout de forces · éreinté · exténué · fatigué · fourbu · harassé · las · moulu · à plat *fam.* · claqué *fam.* · crevé *fam.* · esquinté *fam.* · flapi *fam.* · flagada *fam.* · H.S. *fam.* · lessivé *fam.* · mort *fam.* · sur les genoux, les rotules *fam.* · vanné *fam.* · vidé *fam.*

✦ **rompu à** [littér.] **accoutumé à** · averti en · expérimenté en · expert en · habile à · habitué à

ronchon *n. et adj.* · grincheux · bougon *fam.* · grognon *fam.* · râleur *fam.* · ronchonneur *fam.* · rouspéteur *fam.*

ronchonner *v.intr.* · grogner · broncher · geindre · gémir · grognonner · grommeler · gronder · pester · se plaindre · protester · récriminer · bougonner *fam.* · maronner *fam., région.* · râler *fam.* · rognonner *fam.* · rouspéter *fam.* · maugréer *littér.*

ronchonneur, -euse *n. et adj.* → **ronchon**

rond, e *adj.* **1 - circulaire** · cylindrique · orbiculaire · sphérique · **2 - arrondi** · courbe · voûté · **3 - dodu** · charnu · gras · grassouillet · gros · plein · potelé · rebondi · replet · rondelet · boulot *fam.* · rondouillard *fam.* · mafflu *vieux ou littér.* · **4 -** [chiffre] **entier** · complet · **5 - franc** · carré · direct · loyal · net · sans détour · simple · **6 -** [fam.] → **ivre**

rond *n.m.* **1 - cercle** · cylindre · disque · globe · sphère · **2 -** [fam.]

sou • [au plur.] argent • radis *fam.* • liard *littér.*

✦ **en rond** en cercle • circulairement

rond-de-cuir *n.m.* • bureaucrate • fonctionnaire • paperassier • gratte-papier *fam., péj.* • scribouillard *fam., péj.*

ronde *n.f.* **1 - inspection** • examen • guet • patrouille • tour • tournée • visite • **2 - danse** • farandole

✦ **à la ronde** **1 - alentour** • tout autour • **2 -** [littér.] **tour à tour**

rondelet, -ette *adj.* **1 - dodu** • charnu • gras • grassouillet • gros • plein • potelé • rebondi • replet • rondelet • boulot *fam.* • rondouillard *fam.* • mafflu *littér.* • **2 - appréciable** • conséquent • considérable • important • substantiel • coquet *fam.* • gentil *fam.* • joli *fam.*

rondelle *n.f.* • tranche • rond • rouelle *vieux*

rondement *adv.* **1 - en vitesse** • lestement • prestement • promptement • rapidement • vite • vivement • dare-dare *fam.* • **2 - franchement** • carrément • clairement • directement • loyalement • nettement • sincèrement

rondeur *n.f.* **1 - sphéricité** • circularité • convexité • rotondité *littér.* • **2 - embonpoint** • [au plur.] formes • **3 - franchise** • bonhomie • loyauté • simplicité • sincérité

rondouillard, e *adj.* → **rondelet**

rond-point *n.m.* • carrefour • croisement • embranchement • étoile • fourche • intersection

ronflant, e *adj.* • ampoulé • creux • déclamatoire • emphatique • grandiloquent • pompeux • prétentieux

ronflement *n.m.* **1 - bourdonnement** • grondement • mugissement • murmure • ronronnement • rugissement • vrombissement • ronron *fam.* • **2 - stertor** *(Méd.)*

ronfler *v.intr.* **1 - bourdonner** • gronder • mugir • murmurer • ronronner • rugir • vrombir • **2 -** [fam.] → **dormir**

rongé, e *adj.* [par des insectes] vermoulu • piqué

ronger *v.tr.* **1 - grignoter** • déchiqueter • entamer • mâchouiller *fam.* • mordiller • gruger *Québec* • **2 -** [insectes] **manger** • piquer • mouliner *vieux* • **3 - altérer** • attaquer • brûler • corroder • détruire • dissoudre • entamer • éroder • mordre • pourrir • **4 - miner** • consumer • dévorer • hanter • obséder • poursuivre • tenailler • tourmenter • tarabuster *fam.* • travailler *fam.*

ronron *n.m.* **1 - ronronnement** • **2 - bourdonnement** • grondement • murmure • ronflement • ronronnement • vrombissement • **3 - routine** • monotonie • train-train *fam.*

ronronnement *n.m.* **1 - ronron** *fam.* • **2 - bourdonnement** • grondement • murmure • ronflement • vrombissement • ronron *fam.*

roquet *n.m.* → **chien**

rosace *n.f.* • rose

rose *adj.* • rosé • chair • pêche • saumon • carné *littér.* • cuisse de nymphe émue *vieux ou plaisant*

roseau *n.m.* **1 - canne** • massette • phragmite • typha • **2 - calame**

rosée *n.f.* · aiguail *région.* • [du soir] serin *littér. ou région.*

rosse

▪ *n.f.* **teigne** · chameau · vache *fam.* · carne *fam., vieilli*

▪ *adj.* **dur** · injuste · méchant · sévère · vache *fam.*

rossée *n.f.* → **correction**

rosser *v.tr.* · battre · frapper · rouer de coups · taper · cogner *fam.* · démolir *fam.* · passer à tabac *fam.* · tabasser *fam.* · étriller *vieux*

❧ **frapper**

rosserie *n.f.* **1 – méchanceté** · crasse *fam.* · saloperie *très fam.* · vacherie *fam.* · **2 – dureté** · méchanceté

rossignol *n.m.* · crochet · passe-partout · passe *fam.*

rot *n.m.* · éructation · renvoi · rototo *lang. enfants*

rotatif, -ive *adj.* **circulaire** · giratoire · rotatoire · tournant

rotation *n.f.* **1 – cercle** · tour · **2 – révolution** · circumduction *soutenu* · giration *soutenu* · **3 – alternance** · cycle · roulement · succession · turn-over *anglic.*

roter *v.intr.* · éructer · avoir un renvoi

rôti *n.m.* · rôt *vieux* • [de bœuf] rosbif

rôtir

▪ *v.tr.* **griller** · dorer · rissoler

▪ *v.intr.* [au soleil, fam.] **brûler** · cuire · griller

rotondité *n.f.* **1 – sphéricité** · **2 – embonpoint** · formes · rondeurs · rotondité *plaisant*

roturier, -ière *adj. et n.* · plébéien · bourgeois · manant · serf · vilain

roublard, e *adj.* · astucieux · débrouillard · fin · finaud · futé · habile · malin · retors · roué · rusé · artificieux *littér.* · madré *littér.* · matois *littér.*

roublardise *n.f.* · astuce · fourberie · rouerie · ruse · cautèle *littér.* · matoiserie *littér.*

roucoulement *n.m.* · roucoulade · roucoulis

roucouler

▪ *v.tr.* [des mots tendres] **susurer** · chanter

▪ *v.intr.* · filer le parfait amour

roue *n.f.* **1 – disque** · cylindre • [de fromage] meule · **2 – pneu**

✦ **faire la roue** se pavaner · fanfaronner · parader · plastronner · poser · se rengorger · crâner *fam.* · faire le beau *fam.* · frimer *fam.* · rouler des mécaniques *fam.*

roué, e *adj.* · rusé · astucieux · adroit · diplomate · fin · finaud · futé · habile · machiavélique · malicieux · malin · retors · subtil · combinard *fam.* · démerdard *fam.* · débrouillard *fam.* · roublard *fam.* · artificieux *littér.* · cauteleux *littér.* · madré *littér.* · matois *littér.* · finasseur *vieilli*

rouelle *n.f.* [vieux] rondelle · tranche

rouer *v.tr.*

✦ **rouer de coups** battre · frapper · rosser · taper · tomber à bras raccourcis sur · cogner *fam.* · démolir *fam.* · passer à tabac *fam.* · tabasser *fam.* · étriller *vieux*

rouerie *n.f.* **1 – malice** · astuce · fourberie · intrigue · roublardise · ruse · cautèle *littér.* · matoiserie *littér.* ·

2 - ruse · manège · maquignonnage · stratagème · combine *fam.* · magouille *fam.*

rouflaquettes *n.f.pl* · favoris · pattes de lapin

rouge

▪ *adj.* **1 - écarlate** · coloré · congestionné · couperosé · cramoisi · écarlate · empourpré · enflammé · enluminé · injecté · rougeaud · rubicond · sanguin · vermeil · rubescent *littér.* · vultueux *soutenu* · **2 - incandescent** · rougeoyant · **3 -** [sortes] carmin · amarante · andrinople · bordeaux · brique · cerise · coquelicot · corail · corallin · cramoisi · cuivré · écarlate · écrevisse · feu · fraise · garance · géranium · grenat · groseille · incarnat · lie de vin · nacarat · orangé · ponceau · pourpre · rosé · rubis · safrané · sang · sanglant · tomate · vermeil · vermillon · vineux · cinabre *littér.* · incarnadin *littér.*

✦ **être tout rouge** être rouge comme un coquelicot, une pivoine · être rouge comme une cerise, une tomate · être rouge comme une écrevisse

▪ *n.m.* **1 -** [aux joues] **feu** · rougeur · **2 -** [vieilli] **communiste** · révolutionnaire · soviétique

rougeaud, e *adj.* · congestionné · coloré · couperosé · cramoisi · écarlate · enflammé · empourpré · enluminé · injecté · rouge · rougi · rubicond · sanguin · vermeil · rubescent *littér.* · vultueux *soutenu*

rougeur *n.f.* · inflammation · couperose · érubescence · érythème · intertrigo · rubéfaction

rougir *v.intr.* · s'empourprer · piquer un fard *fam.* · piquer un soleil *fam.*

✦ **rougir de** avoir honte de · regretter · se repentir de

rouille *adj. invar.* · roux · rouge-brun

rouiller

▪ *v.intr.* **(s')oxyder**

▪ *v.tr.* **ankyloser** · engourdir

»» **se rouiller** *v.pron.* **s'ankyloser** · s'engourdir

roulage *n.m.* **1 - camionnage** · **2 - émottage**

roulant, e *adj.* [feu] **continu** · ininterrompu · soutenu

✦ **escalier roulant** escalator *anglic.* · escalier mécanique *recomm. offic.*

rouleau *n.m.* **1 - bobine** · cylindre · tube · **2 - vague** · déferlante · mouton

roulement *n.m.* **1 - grondement** · battement · rantanplan · **2 - alternance** · cycle · rotation · succession · turn-over *anglic.* · **3 -** [d'argent] **circulation**

✦ **par roulement** à tour de rôle · chacun (à) son tour · l'un après l'autre

rouler

▪ *v.intr.* **1 - dégringoler** · couler · dévaler · s'écrouler · glisser · tomber · tourner · **2 -** [voiture] **se déplacer** · **3 -** [tonnerre] **gronder** · **4 -** [fam.] **fonctionner** · marcher

✦ **rouler pour** agir pour le compte de · agir dans l'intérêt de

✦ **rouler sur, autour de** [un sujet] porter sur · toucher à · tourner autour de · traiter de

▪ *v.tr.* **1 - enrouler** · envelopper · enrober · mettre en boule · **2 - charrier** · emporter · entraîner · transporter · **3 -** [littér.] **ressasser** · méditer · remâcher · ruminer · **4 -** [fam.] → **tromper**

✦ **rouler sa bosse** voyager · circuler · traîner · vagabonder · voir du pays · bourlinguer *fam.*

⋙ **se rouler** *v.pron.* **1 – se pelotonner** · se lover · **2 – s'enrouler** · s'envelopper

roulette *n.f.* **1 –** [d'artisan] **molette** • [de dentiste] fraise · **2 –** [sous un meuble] **galet**

roulis *n.m.* · oscillation · balancement

roulotte *n.f.* · caravane · carriole

roupiller *v.intr.* → **dormir**

roupillon *n.m.* → **somme**²

rouquin, e *adj. et n.* → **roux**

rouscailler *v.intr.* → **rouspéter**

rouspéter *v.intr.* · protester · broncher · fulminer · geindre · gémir · grogner · grognonner · grommeler · gronder · pester · se plaindre · récriminer · bougonner *fam.* · maronner *fam., région.* · râler *fam.* · rognonner *fam.* · maugréer *littér.* · rouscailler *fam., vieilli* · renauder *fam., vieux*

rouspéteur, -euse *n.* · grincheux · bougon *fam.* · grognon *fam.* · râleur *fam.* · ronchon *fam.* · ronchonneur *fam.* · rouspéteur *fam.* · rouscailleur *fam., vieilli*

roussâtre *adj.* · fauve · feuille d'automne · ventre de biche

rousseur *n.f.*

✦ **tache de rousseur** tache de son · éphélide

roussi, e *adj. et n.m.* · brûlé · grillé · cramé *fam.*

roussir *v.tr. et intr.* · brûler · griller · cramer *fam.*

routage *n.m.* · triage

route *n.f.* **1 – chaussée** · voie • [sortes] autoroute · départementale · nationale · **2 – itinéraire** · chemin · parcours · trajet · voie · **3 – voyage** · marche

✦ **mettre en route** **1 – amorcer** · commencer · débuter · engager · entamer · entreprendre · impulser · initier · lancer · mettre en branle · mettre sur les rails · mettre en train · **2 – faire fonctionner** · démarrer · mettre en marche · mettre en service · **3 – déclencher** · catalyser · provoquer

✦ **mise en route** **1 – amorce** · commencement · déclenchement · lancement · mise en branle · mise en train · **2 – démarrage** · mise en marche · mise en service

✦ **se mettre en route** s'en aller · démarrer · partir

⤳ **chemin**

routier, -ière *n.* · camionneur · tractionnaire

routine *n.f.* **1 – habitude** · métro, boulot, dodo *fam.* · ronron *fam.* · train-train *fam.* · **2 – traditionalisme** · conformisme · conservatisme

✦ **de routine** courant · habituel · systématique

routinier, -ière *adj.* · habituel · conventionnel · rituel

roux, rousse *adj. et n.* **1 – rouquin** *fam.* · poil de carotte *fam.* · queue de vache *péj.* · **2 – fauve** · auburn · roussâtre • [blond] vénitien · **3 –** [cheval] **alezan** · bai

royal, e *adj.* **1 – monarchique** · régalien · **2 – fastueux** · généreux · grandiose · magnifique · majestueux · princier · somptueux · splendide · **3 – absolu** · complet · parfait · souverain · total

royalement *adv.* **1 - magnifiquement** · fastueusement · généreusement · majestueusement · princièrement · richement · somptueusement · splendidement · superbement · **2 - absolument** · complètement · parfaitement · souverainement · totalement · tout à fait

royalisme *n.m.* · monarchisme

royaliste *n. et adj.* · monarchiste

royalties *n.f.pl.* · redevance *recomm. offic.*

royaume *n.m.* **1 - monarchie** · royauté · **2 - domaine** · empire · fief · pays · **3 - paradis** · haut lieu · Mecque

royauté *n.f.* · monarchie · [par métaphore] couronne · sceptre · trône

ru *n.m.* → **ruisseau**

ruban *n.m.* **1 - bolduc** · faveur *vieilli* · **2 - galon** · extrafort · ganse · liseré · passement · **3 -** [insigne] **brassard** · cocarde · cordon

rubicond, e *adj.* · rougeaud · congestionné · coloré · couperosé · cramoisi · écarlate · enflammé · empourpré · enluminé · injecté · rouge · rougi · sanguin · vermeil · rubescent *littér.* · vultueux *soutenu*

rubrique *n.f.* catégorie · section · chapitre

✦ **sous cette rubrique** sous ce titre · sous cette désignation

ruche *n.f.* **1 -** [fig.] **fourmilière** · usine · **2 -** [Couture] **ruché**

rude *adj.* **1 - froid** · âpre · rigoureux · inclément *littér.* · **2 -** [au toucher] **raboteux** · dur · râpeux · rêche · rugueux · [à l'oreille] désagréable · heurté · rauque · **3 - austère** · fruste · rustique · sauvage · **4 - bourru** · cru · grossier · fruste · inculte · mal dégrossi · hérissé *vieilli* · **5 -** [coup] **violent** · brutal · dur · **6 - revêche** · sévère · [ton] agressif · abrupt · cassant · coupant · incisif · sec · tranchant · **7 - difficile** · âpre · cruel · dur · pénible · sévère · [adversaire] redoutable · dur à cuire *fam.* · **8 -** [fam.] **remarquable** · beau · joli · solide · drôle de · fameux *fam.* · sacré *fam.* · terrible *fam.*

rudement *adv.* **1 - brutalement** · âprement · brusquement · crûment · de belle manière · désagréablement · durement · grossièrement · froidement · à la hussarde · sèchement · sévèrement · [diriger] à la baguette · d'une main de fer · [tancer] vertement · **2 - cruellement** · méchamment · sauvagement · violemment · **3 -** [fam.] **extrêmement** · énormément · excessivement · follement · fortement · hautement · immensément · infiniment · prodigieusement · sérieusement · terriblement · bigrement *fam.* · bougrement *fam.* · diablement *fam.* · drôlement *fam.* · fameusement *fam.* · joliment *fam.* · sacrément *fam.* · vachement *fam.*

rudesse *n.f.* **1 -** [d'un climat] **dureté** · âpreté · rigueur · rusticité · inclémence *littér.* · **2 -** [au toucher] **rugosité** · **3 - brutalité** · brusquerie · dureté · rigueur · sécheresse · sévérité · **4 - grossièreté** · manque de raffinement · **5 - aigreur** · verdeur *vieilli*

rudiment *n.m.* ébauche · commencement · embryon · esquisse · germe · linéament *littér.*

››› **rudiments** *plur.* a.b.c. · b.a-ba · bases · éléments · essentiel · notions · principes

rudimentaire *adj.* **1 - élémentaire** · (à l'état) brut · embryonnaire · primitif · **2 - fruste** · grossier · basique *fam.* · **3 - insuffisant** · approximatif · imprécis · pauvre · simpliste · schématique · sommaire · succinct · superficiel

rudoyer *v.tr.* **1 - brutaliser** · bousculer · malmener · maltraiter · mettre à mal · molester · secouer · violenter · **2 - rabrouer** · brusquer · houspiller *fam.*

rue *n.f.* **1 - voie** · impasse · passage · [large] artère · avenue · boulevard · cours · mail · [étroite] boyau · ruelle · venelle · **2 - chaussée** · route

✦ **à la rue** **1 - sans abri** · sans domicile · **2 - dehors**

✦ **l'homme de la rue** le premier venu · le citoyen, l'homme moyen · le vulgum pecus · l'individu, le citoyen lambda · Monsieur Tout-le-monde · n'importe qui

☙ **chemin**

ruée *n.f.* · afflux · déferlement · déluge · flot · marée · rush · torrent · vague

ruelle *n.f.* · venelle

ruer *v.intr.*

✦ **ruer dans les brancards** → **protester**

››› **se ruer** *v.pron.* · s'élancer · bondir · courir · s'empresser · se hâter · se lancer · plonger · se précipiter

✦ **se ruer sur** assaillir · attaquer · foncer sur · fondre sur · se jeter sur · sauter sur · tomber sur

rugby *n.m.* · ballon ovale · football-rugby *vieux*

✦ **le monde du rugby** l'ovalie

rugir *v.tr. et intr.* **1 -** [félin] **feuler** · [tigre] rauquer *rare* · **2 -** [personne] **crier** · hurler · vociférer · tonitruer · tonner · gueuler *fam.* · **3 -** [moteur, etc.] **gronder** · mugir · ronfler · vrombir

rugissement *n.m.* **1 -** [de félin] **feulement** · [de tigre] rauquement *rare* · **2 -** [de personne] **cri** · hurlement · vocifération · **3 -** [de moteur, etc.] **grondement** · mugissement · ronflement · vrombissement

rugosité *n.f.* **1 - aspérité** · bosse · **2 - rudesse**

rugueux, -euse *adj.* · râpeux · accidenté · bosselé · irrégulier · inégal · raboteux · rêche · rude · âpre *vieux*

ruine *n.f.* **1 - délabrement** · dégradation · destruction · détérioration · dévastation · ravage · désolation *fam.* · **2 - décadence** · débâcle · démantèlement · déliquescence · dépérissement · déroute · désagrégation · **3 - fin** · anéantissement · échec · écroulement · effondrement · faillite · mort · naufrage · **4 - banqueroute** · déconfiture · faillite · naufrage · **5 - gouffre (financier)** · abîme · pompe à fric *fam.* · **6 - loque (humaine)** · débris · déchet (humain) · épave · sous-homme

✦ **en ruine** délabré · démoli · détruit · dévasté · saccagé · ravagé

✦ **tomber en ruine** s'effondrer · crouler · s'écrouler

››› **ruines** *plur.* **vestiges** · débris · décombres · restes

☙ ruines, décombres, débris

Ruines, **débris** et **décombres** concernent des choses qui ont été détruites. **Ruines** se dit d'un ensemble de constructions en partie ou en totalité détruites par le temps ou par les hommes *(un château en ruines, être enseveli sous les ruines, la ville était en ruines après le bombardement)*. **Débris** est réservé aux morceaux, aux restes d'une chose brisée, quelle que soit sa taille, par accident ou de manière naturelle *(des débris de verre, de végé-*

taux, d'arbres ; le sol est encombré de débris). On parle de **décombres** pour les débris consécutifs à la destruction d'un ou de plusieurs édifices, et destinés à être enlevés *(enseveli sous les décombres, fouiller les décombres).*

ruiné, e *adj.* **1 - pauvre** · misérable · désargenté *fam.* · fauché (comme les blés) *fam.* · sur la paille *fam.* · sans le sou *fam.* · sans sou ni maille *vieux* · [au jeu] décavé *fam.* · lessivé *fam.* · rincé *fam.* · flambé *fam., vieilli* · **2 - en ruine** · anéanti · délabré · démoli · détruit · dévasté · saccagé · ravagé

ruiner *v.tr.* **1 - dévaster** · abîmer · dégrader · délabrer · détériorer · détruire · endommager · ravager · saccager · saper · désoler *littér.* · **2 -** [la santé] **affaiblir** · altérer · dégrader · détériorer · endommager · miner · ravager · ronger · user · consumer *littér.* · esquinter *fam.* · **3 -** [les espoirs, chances, etc.] **anéantir** · annihiler · briser · réduire à néant · porter le coup de grâce à · **4 - dépouiller** · couler *fam.* · mettre sur la paille *fam.* · plumer *fam.* · [au jeu] lessiver *fam.* · nettoyer *fam.* · rincer *fam.*

»» **se ruiner** *v.pron.* **1 - faire faillite** · perdre sa fortune · **2 - dépenser beaucoup, trop**

ruineux, -euse *adj.* **coûteux** · cher · exorbitant · hors de prix · onéreux · prohibitif · dispendieux *soutenu*

✦ **c'est ruineux** ça coûte bonbon *fam.* · ça coûte les yeux de la tête *fam.* · ça coûte la peau des fesses, du cul *très fam.* · c'est une pompe à fric *fam.*

ruisseau *n.m.* **1 - ruisselet** · ru *vieux ou région.* · **2 -** [de larmes, de sang] **flot** · torrent

ruisselant, e *adj.* · mouillé · dégoulinant · inondé · trempé

ruisseler *v.intr.* · couler · dégouliner · dégoutter · se répandre · tomber

ruissellement *n.m.* · dégoulinement · écoulement

rumeur *n.f.* **1 - on-dit** · bruit (de couloir) · écho · nouvelle · cancan *fam.* · commérage *fam.* · racontar *fam.* · ragot *fam.* · **2 - bourdonnement** · brouhaha · bruit · murmure

✦ **rumeur publique** ouï-dire · radio-trottoir *fam.* · radio-baobab *Afrique* · radio-cancan *Afrique*

ruminer *v.tr.* · ressasser · méditer · remâcher · retourner (dans sa tête) · tourner et retourner (dans sa tête) · rouler (dans sa tête) *littér.*

rupestre *adj.* · pariétal

rupture *n.f.* **1 - fracture** · arrachement · brisure · cassage · cassure · déchirure · dislocation · dissolution · éclatement · fêlure · **2 - interruption** · arrêt · cessation · **3 - annulation** · dénonciation · invalidation · rescision · résiliation · révocation · **4 - décalage** · coupure · écart · fossé · fracture · **5 - séparation** · brouille · clash *anglic.* · divorce · fâcherie

✦ **en rupture avec** en désaccord (total) avec · en opposition (affirmée, nette) à

rural, e

▪ *adj.* **1 - agricole** · paysan · terrien · **2 - rustique** · bucolique · campagnard · champêtre · pastoral · agreste *littér.*

▪ *n.* **paysan** · agriculteur · campagnard · cultivateur · fermier · terrien

ruse *n.f.* **1 - manœuvre** · artifice · astuce · chausse-trappe · détour · feinte · intrigue · machination ·

piège · stratagème · subterfuge · attrape-nigaud *fam.* · combine *fam.* · ficelle *fam.* · truc *fam.* · attrape-couillon *très fam.* · piège à cons *très fam.* · rets *littér.* · **2 - adresse** · artifice · astuce · diplomatie · finesse · fourberie *péj.* · habileté · machiavélisme *péj.* · malice · perfidie *péj.* · roublardise *péj.* · rouerie *péj.* · subtilité *péj.* · cautèle *littér.* · matoiserie *littér.*

✦ **ruse très habile** ruse de sioux *fam.*

rusé, e *adj.* **1 - astucieux** · adroit · diplomate · fin · finaud · futé · habile · machiavélique *péj.* · malicieux · malin · retors · roué *péj.* · subtil · combinard *fam.* · démerdard *fam.* · débrouillard *fam.* · roublard *fam.* · sioux *fam.* · artificieux *littér.* · cauteleux *littér.* · madré *littér.* · matois *littér.* · finasseur *vieilli* · **2 -** [air, mine] **malicieux** · chafouin · narquois · sournois

✦ **il est très rusé** c'est un renard · c'est une fine mouche

ruser *v.intr.* · manœuvrer · biaiser · finasser · louvoyer · tergiverser · renarder *vieux*

rush *n.m.* **1 - afflux** · déferlement · flot · marée · précipitation · ruée · vague · **2 -** [Cinéma] **épreuve de tournage** *recomm. offic.* · **3 -** [Sport] **sprint**

rustaud, e *adj. et n.* → **rustre**

rusticité *n.f.* **1 - grossièreté** · lourdeur · rustrerie · balourdise *fam.* · **2 -** [Agric.] **résistance** · robustesse

rustique *adj.* **1 - champêtre** · bucolique · campagnard · pastoral · paysan · rural · agreste *littér.* · **2 - grossier** · abrupt · fruste · rude · rustaud · rustre · **3 - austère** · brut · dépouillé · frugal · minimaliste · simple · **4 -** [Agric.] **résistant** · robuste · vivace

rustre *n.m. et adj.* **1 - brute** · discourtois · goujat · grossier (personnage) · impoli · malappris · mal élevé · malotru · mufle · rustaud · gougnafier *fam.* · pignouf *fam.* · incivil *littér.* · butor *vieilli* · croquant *vieilli* · manant *vieux* · **2 - balourd** · béotien · fruste · inculte · lourd · lourdaud · paysan · rustaud · rustique · péquenot *fam.* · plouc *fam.*

rut *n.m.* **chaleurs** · œstrus

✦ **en rut** en chaleur · en chasse

rutilance *n.f.* → **rutilement**

rutilant, e *adj.* · éclatant · ardent · brillant · chatoyant · éblouissant · étincelant · flamboyant · luisant · rayonnant · resplendissant

rutilement *n.m.* · éclat · chatoiement · feu · flamboiement · lustre · miroitement · scintillement · brillance *littér.* · rayonnement *littér.* · rutilance *littér.*

rutiler *v.intr.* · briller · chatoyer · étinceler · flamboyer · luire · miroiter · rayonner · resplendir · scintiller

rythme *n.m.* **1 - tempo** · cadence · harmonie · mesure · mouvement · nombre · temps · [Jazz] swing · **2 - vitesse** · allure · cadence · **3 - fréquence** · périodicité · **4 - alternance** · rotation

✦ **au rythme de** au son de

rythmé, e *adj.* **1 - cadencé** · mesuré · rythmique · nombreux *littér.* · **2 - harmonieux** · mélodieux

rythmer *v.tr.* **1 - cadencer** · régler · scander · **2 - organiser** · articuler · structurer

rythmique *adj.* **1 - cadencé** · mesuré · rythmé · nombreux *littér.* · **2 - alternatif** · périodique

S

sabbat *n.m.* [vieilli] tapage · chahut · sarabande · tintamarre · tohu-bohu · vacarme · boucan *fam.* · raffut *fam.* · ramdam *fam.*

sabir *n.m.* · jargon · baragouin *fam.* · charabia *fam.* · galimatias *fam.*

sabler *v.tr.* [Techn.] décaper · dépolir

sableux, -euse *adj.* · sablonneux
sablonneux

sablonneux, -euse *adj.* · sableux · aréneux *vieux*

sablonneux, sableux

On qualifie de **sablonneux** ou de **sableux** une étendue, un sol, un élément géologique caractérisés par la présence de *sable*. **Sablonneux** est cependant plutôt réservé à ce qui est naturellement couvert ou constitué de sable *(un chemin, un rivage sablonneux ; une terre sablonneuse propice à la culture des asperges)*. **Sableux**, qui partage cette valeur *(une région sableuse)*, caractérise aussi ce qui contient une certaine quantité de sable, occasionnellement *(cette eau est un peu sableuse, manger des huîtres, des moules sableuses)* ou non *(une vallée d'alluvions sableuses)*.

saborder *v.tr.* **1 - couler** · envoyer par le fond · faire sauter · **2 - ruiner** · torpiller · couler *fam.*

sabot *n.m.* · galoche · socque

sabotage *n.m.* **1 - détérioration** · destruction · bousillage *fam.* · torpillage *fam.* · **2 - bâclage** · gâchage · gâchis

saboter *v.tr.* **1 - détériorer** · abîmer · détruire · gâcher · gâter · bousiller *fam.* · torpiller *fam.* · **2 - bâcler** · cochonner *fam.* · faire à la diable *fam.* · prendre par-dessus la jambe *fam.* · torcher *fam.*

saboteur, -euse *n.* · gâcheur · bousilleur *fam.*

sabrer *v.tr.* **1 - enlever** · biffer · censurer · couper · effacer · rayer · supprimer · balancer *fam.* · caviarder *fam.* · **2 -** [fam., candidat] **refuser** · coller *fam.* · recaler *fam.* · sacquer *fam.* · **3 -** [fam.] → **renvoyer**

[1]**sac** *n.m.* **1 - enveloppe** · emballage · poche · sachet · pochon *région.* · **2 - sacoche** · bagage · besace · cabas · cartable · musette · serviette

✦ **sac de couchage** duvet · sac à viande

[2]**sac** *n.m.* • pillage • saccage • dévastation • déprédation *soutenu*

saccade *n.f.* • à-coup • heurt • secousse • soubresaut

saccadé, e *adj.* • discontinu • brusque • convulsif • entrecoupé • haché • heurté • irrégulier

saccage *n.m.* **1 – destruction** • dégât • dévastation • ravage • déprédation *soutenu* • **2 – pillage** • sac

saccager *v.tr.* **1 – mettre à sac** • dévaster • mettre à feu et à sang • piller • ravager • razzier • ruiner • désoler *littér.* • **2 – détruire** • abîmer • gâter • massacrer *fam.* • **3 – bouleverser** • chambarder *fam.* • chambouler *fam.*

dévaster

sacerdoce *n.m.* **1 – ministère** • prêtrise • **2 – vocation** • apostolat

sachet *n.m.* **1 – emballage** • enveloppe • poche • sac • cornet *Suisse* • pochon *région.* • **2 – paquet** • sac

sacoche *n.f.* • sac • musette

sacquer *v.tr.* **1 – noter sévèrement** • sabrer *fam.* • **2 – → renvoyer**

✦ **ne pas pouvoir sacquer** → **détester**

sacre *n.m.* **1 – couronnement** • intronisation • **2 – consécration** • apothéose • couronnement • triomphe

sacré, e

▪ *adj.* **1 – saint** • béni • consacré • divin • **2 – religieux** • liturgique • rituel • **3 – intouchable** • inaliénable • intangible • inviolable • révéré • sacro-saint • tabou • vénérable • **4 –** [avant le nom, fam.] **incroyable** • extraordinaire • achevé • consommé • grand • parfait • bougre de *fam.* • fameux *fam.* • rude *fam.* • fieffé *péj.* • fier *littér.* • maudit *péj.* • satané *péj.* • fichu *péj., fam.* • fini *péj., fam.* • foutu *péj., fam.* • vache de *péj., fam.*

▪ *n.m.*

✦ **le sacré** le religieux

sacrément *adv.* • très • beaucoup • bougrement *fam.* • diablement *fam.* • drôlement *fam.* • foutrement *très fam.* • rudement *fam.* • terriblement *fam.* • vachement *fam.* • diantrement *littér.*

sacrer *v.tr.* **1 – couronner** • introniser • **2 – consacrer** • bénir • oindre • sanctifier

sacrificateur, -trice *n.* • immolateur

sacrifice *n.m.* **1 – offrande** • holocauste • immolation • libation • lustration • oblation • **2 – don** • offre • **3 – abnégation** • désintéressement • dévouement • renoncement • résignation • **4 – privation** • dépense • effort

sacrificiel, -ielle *adj.* • sacrificatoire

sacrifier *v.tr.* **1 – immoler** • égorger • mettre à mort • offrir (en sacrifice) • **2 – renoncer à** • abandonner • négliger • **3 – brader** • liquider • solder • vendre (à) bon marché • bazarder *fam.*

✦ **sacrifier à** **1 – consacrer à** • donner à • **2 – se conformer à** • obéir à • se plier à • se soumettre à • suivre

»» **se sacrifier** *v.pron.* **se dévouer** • faire don de soi • s'immoler *littér.*

sacrifier, immoler

Sacrifier et immoler partagent le sens propre de « faire périr en offrande à une divinité » *(sacrifier/immoler un bœuf, victimes humaines sacrifiées/immolées).* Alors que l'acte de mise à mort est dominant dans **immoler**, y compris dans des emplois modernes *(s'immoler par le feu)*, la dimension symbolique est en jeu dans **sacrifier**, dont les emplois étendus et figurés mettent l'accent sur la notion de renoncement *(sacrifier son intérêt, sa vie pour quelqu'un ; tout sacrifier, je lui ai tout sacrifié)*. Les emplois équivalents d'**immoler** sont très vieillis ou littéraires : « Vous laisserez sans honte immoler votre fille Aux folles visions qui tiennent la famille (...) ? » (Molière, *les Femmes savantes*, II, 9).

¹sacrilège *n.m.* **1 - profanation** · attentat · blasphème · impiété · outrage · violation · **2 -** [plaisant] **crime** · hérésie · péché
❧ **profanation**

²sacrilège
▪ *adj.* **1 - impie** · blasphématoire · **2 -** [plaisant] **criminel**
▪ *n.* **profanateur**

sacripant *n.m.* → **garnement**

sacristain *n.m.* · bedeau *vieilli* · suisse *vieilli*

sacro-saint, e *adj.* **1 - intouchable** · inaliénable · intangible · inviolable · révéré · sacré · tabou · vénérable · **2 - traditionnel**

sadique
▪ *adj.* **1 - atroce** · barbare · bestial · inhumain · sanguinaire · sauvage · **2 - cruel** · pervers
▪ *n.* **1 - pervers** · **2 - tortionnaire**

sadisme *n.m.* **1 - cruauté** · barbarie · bestialité · férocité · inhumanité · sauvagerie · **2 - perversion**

saga *n.f.* · histoire · cycle · légende · récit

sagace *adj.* · sage · avisé · clairvoyant · fin · intelligent · lucide · pénétrant · perspicace · pertinent · subtil

sagacité *n.f.* · perspicacité · clairvoyance · discernement · finesse · intelligence · intuition · lucidité · pénétration · pertinence
❧ **perspicacité**

sage
▪ *adj.* **1 - bon** · judicieux · **2 - averti** · avisé · intelligent · sensé · **3 - raisonnable** · circonspect · équilibré · grave · mesuré · modéré · posé · prudent · réfléchi · sérieux · [vie] réglé · **4 - éclairé** · savant · **5 - docile** · calme · doux · gentil · obéissant · tranquille · **6 - vertueux** · chaste · continent · correct · décent · honnête · pudique · pur · réservé · modeste *vieilli*
▪ *n.* **philosophe** · savant

sage-femme *n.f.* · accoucheuse · matrone *vieilli ou région.*

sagement *adv.* **1 - tranquillement** · calmement · gentiment · comme un ange · **2 - raisonnablement** · prudemment

sagesse *n.f.* **1 - discernement** · circonspection · maturité · mesure · modération · pondération · prudence · bon sens · **2 - calme** · docilité · douceur · obéissance · tranquillité · **3 -** [vieux ou littér.] **connaissance** · philosophie · raison · sapience *vieux* · **4 -** [vieux ou Relig.] **chasteté** · continence · honnêteté · pudeur · retenue · vertu

saignant, e *adj.* **1 - ensanglanté** · sanglant · **2 -** [viande] **rouge** · bleu · **3 -** [fam.] **cruel** · dur · rude

saignée *n.f.* **1 - pli du coude** · **2 - entaille** · **3 - hémorragie** · déperdition · fuite · perte · **4 - coupe claire** · coupe sombre

saignement *n.m.* · hémorragie

saigner

▪ *v.intr.* **avoir une hémorragie** · pisser (le sang) *fam.*

▪ *v.tr.* **égorger** · poignarder · tuer

✦ **saigner (à blanc)** 1 – **épuiser** · vider · 2 – **dépouiller** · pressurer · rançonner · ruiner

saillant, e *adj.* 1 – **aigu** · anguleux · proéminent · protubérant · en saillie · 2 – [yeux] **globuleux** · gonflé · gros · 3 – **marquant** · frappant · mémorable · notable · remarquable · saisissant · qui fait date

saillie *n.f.*

I 1 – **relief** · angle (saillant) · arête · aspérité · avance · avancée · avancement · bec · bosse · bourrelet · coin · coude · crête · dent · éminence · éperon · ergot · nervure · pointe · proéminence · protubérance · 2 – [Archit.] **avant-corps** · avant-toit · balèvre · bossage · chapiteau · console · corbeau · corniche · encorbellement · entablement · forjet · jarret · moulure · projecture

II **boutade** · bon mot · mot d'esprit · plaisanterie · pointe · trait (d'esprit)

III **accouplement** · copulation · monte

✦ **en saillie** saillant · en surplomb

✦ **faire, former saillie** saillir · avancer · dépasser · ressortir

saillir

▪ *v.tr.* **s'accoupler avec** · couvrir · monter · servir

▪ *v.intr.* **faire saillie** · avancer · déborder · dépasser · se détacher · ressortir · sortir · être en surplomb

sain, saine *adj.* 1 – **bien portant** · en bonne santé · florissant · frais · gaillard · robuste · valide · 2 – **bon pour la santé** · équilibré · hygiénique · profitable · salubre · salutaire · tonique · 3 – **sensé** · clair · droit · équilibré · juste · raisonnable · sage

✦ **sain et sauf** indemne · entier *fam.*

sainement *adv.* 1 – **correctement** · 2 – **judicieusement** · raisonnablement · rationnellement · sagement · sensément *vieux*

saint, sainte

▪ *adj.* 1 – **consacré** · sacré · 2 – **respectable** · beau · pur · sacré · vénérable

▪ *n.* 1 – **élu** · bienheureux · glorieux · 2 – [protecteur] **patron**

sainte-nitouche *n.f.* → **hypocrite**

saisie *n.f.* 1 – **capture** · prise · 2 – **enregistrement** · prise · 3 – **dactylographie** · frappe · 4 – [Droit] **confiscation** · appropriation · expropriation · mainmise · séquestre

saisie, confiscation

Saisie et **confiscation** concernent la mainmise, décidée par les pouvoirs publics ou administratifs, sur des biens. La **saisie**, terme juridique courant, peut être décidée dans l'intérêt public ou privé *(débiteur menacé de saisie par son créancier, être sous le coup d'une saisie, procès-verbal de saisie)*. La **confiscation** est déclarée au seul profit de l'autorité publique et constitue une mesure de punition *(prononcer la confiscation des biens d'une personne condamnée)*. Avec cette même nuance, on emploie **saisie** et **confiscation** à propos d'objets prohibés *(la perquisition s'est conclue par une saisie d'armes ; l'ordre a été donné de procéder à la confiscation de marchandises non déclarées à la douane)*.

saisir *v.tr.*

I 1 – **attraper** · (s')accrocher (à) · (s')agripper (à) · atteindre · crocher · s'emparer de · empoigner · happer ·

2 - s'emparer de · conquérir · prendre · **3 -** [Droit] **confisquer** · réquisitionner · **4 -** [regard] **voir** · apercevoir · embrasser · **5 - profiter de** · attraper · exploiter · mettre à profit · se servir de · tirer avantage de · tirer parti de · tirer profit de · utiliser · sauter sur *fam.* · **6 - enregistrer** · dactylographier · taper
II 1 - comprendre · appréhender · concevoir · embrasser · entendre · étreindre · pénétrer · réaliser · imprimer *fam.* · piger *fam.* · se mettre dans la tête, le crâne *fam.* · **2 - apercevoir** · apprécier · découvrir · discerner · percevoir · voir
III 1 - surprendre · ébahir · étonner · frapper · étourdir · méduser · pétrifier · sidérer · stupéfier · **2 - émouvoir** · étonner · empoigner · impressionner · retourner · secouer · **3 - transir**

⋙ **se saisir de** *v.pron.* **1 - s'approprier** · s'emparer de · monopoliser *péj.* · usurper *péj.* · **2 - conquérir** · se rendre maître de · **3 - appréhender** · arrêter · s'assurer de · capturer · agrafer *fam.* · alpaguer *fam.* · épingler *fam.* · harponner *fam.* · pincer *fam.*

saisissant, e *adj.* **1 - impressionnant** · bouleversant · émouvant · frappant · poignant · touchant · **2 - surprenant** · étonnant · extraordinaire · inouï · renversant · sidérant · stupéfiant · décoiffant *fam.* · ébouriffant *fam.* · époustouflant *fam.* · soufflant *fam.* · **3 - captivant** · palpitant · troublant · **4 - saillant** · criant · percutant · **5 - piquant** · glacial · vif

saisissement *n.m.* **1 - émotion** · choc · commotion · coup · émoi · ébranlement · secousse · **2 - stupéfaction** · ahurissement · ébahissement · étonnement · stupeur · surprise

saison *n.f.* **moment** · âge · époque · période · temps
✦ **de saison** de circonstance · approprié · opportun · à propos
✦ **hors de saison** à contretemps · déplacé · hors de propos · inapproprié · inopportun · mal à propos

salace *adj.* · obscène · coquin · cru · égrillard · gaillard · gaulois · grivois · leste · libertin · licencieux · osé · paillard · rabelaisien · salé · cochon *fam.*

salacité *n.f.* · grivoiserie · crudité · gaillardise · gauloiserie · licence · obscénité · paillardise

salade *n.f.* **1 - verdure** *fam.* · **2 - macédoine** · mélange · **3 -** [fam.] → **confusion** · **4 -** [fam.] → **mensonge**

salaire *n.m.* **1 - rémunération** · appointements · cachet · émoluments · fixe · gages · honoraires · indemnités · revenu · solde · traitement · **2 - paie** · mensualité · mois *fam.* · **3 - gain** · profit · gratification · commission · pourboire · prime · **4 - rétribution** · châtiment · prix · récompense · sanction

salarié, e *adj. et n.* **1 - employé** · ouvrier · travailleur · **2 -** [au plur.] **personnel** · main d'œuvre

salarier *v.tr.* · appointer · payer · rémunérer · rétribuer · gager *vieux*

salaud

▪ *n.m.* **1 - sale type** · charogne · crapule · ordure · pourriture · dégueulasse *fam.* · empaffé *fam.* · enflure *fam.* · enfoiré *très fam.* · fumier *très fam.* · pourri *fam.* · saligaud *très fam.* · salopard *très fam.* · salope *très fam.* · **2 - goujat** · malpropre · dégueulasse *fam.*

■ *adj.m.* **méchant** · rosse · dégueulasse *fam.* · vache *fam.*

sale *adj.*
I 1 - malpropre · boueux · crasseux · crotté · dégoûtant · douteux · graisseux · négligé · noir · poisseux · poussiéreux · souillé · terreux · dégueulasse *fam.* · cracra *fam.* · cradingue *fam.* · crado *fam.* · crapoteux *fam.* · crasse *fam.* · pisseux *fam.* · **2 - honteux** · bas · lâche · laid · malhonnête · **3 - grivois** · impudique · inconvenant · indécent · obscène · ordurier · scabreux · salé · cochon *fam.*
II 1 - antipathique · désagréable · détestable · ignoble · infect · méprisable · répugnant · **2 - désagréable** · difficile · **3 - dangereux** · ennuyeux · embêtant · **4 -** [temps] **mauvais** · méchant · vilain · de chien *fam.* · dégueulasse *fam.* · **5 - damné** · maudit
✦ **très sale** répugnant · immonde · infâme · sordide • [personne] sale comme un cochon · sale comme un peigne

salé, e *adj.* **1 - salin** · saumâtre · **2 - grivois** · cru · gaulois · indécent · leste · licencieux · obscène · scabreux · cochon *fam.* · **3 - excessif** · cher · élevé · sévère · soigné *fam.*

salement *adv.* **1 - malproprement** · mal · comme un cochon *fam.* · **2 - malhonnêtement** · perfidement · déloyalement *rare* · **3 -** [fam.] **très** · affreusement · horriblement · bigrement *fam.* · drôlement *fam.* · foutrement *fam.* · rudement *fam.* · sacrément *fam.* · vachement *fam.*

saleté *n.f.*
I 1 - malpropreté · crasse · **2 - ordure** · immondice · **3 - impureté** · salissure · tache · cochonnerie *fam.* · saloperie *très fam.* · **4 - boue** · gadoue · **5 - crotte** · excréments · merde *très fam.*
II pacotille · cochonnerie *fam.* · camelote *fam.* · merde *très fam.* · saloperie *très fam.* · toc *fam.*
III 1 - bassesse · abjection · indignité · **2 - obscénité** · grossièreté · **3 - mauvais, vilain tour** · méchanceté · rosserie · crasse *fam.* · saloperie *fam.* · tour de cochon *fam.* · vacherie *fam.* · vilenie *littér.*
IV rosse · ordure · chameau *fam.* · salaud *très fam.* · saligaud *très fam.* · salope *très fam.* · saloperie *très fam.* · vache *fam.* · carne *vieilli*

salir *v.tr.* **1 - souiller** · crotter · éclabousser · encrasser · graisser · maculer · noircir · poisser · tacher · barbouiller *fam.* · cochonner *fam.* · dégueulasser *fam.* · saloper *fam.* • [les dents, les doigts] jaunir · **2 - contaminer** · polluer · **3 -** [moralement] **corrompre** · abîmer · déshonorer · éclabousser · entacher · flétrir · nuire à · porter atteinte à · souiller · ternir · **4 - calomnier** · diffamer · discréditer · traîner dans la boue · baver sur *fam.*

salissure *n.f.* **1 - saleté** · souillure · **2 - éclaboussure** · tache

salive *n.f.* **1 - bave** · écume · **2 - crachat** · postillon

saliver *v.intr.* **1 - baver** · **2 - avoir l'eau à la bouche**

salle *n.f.* **1 - pièce** · **2 - auditoire** · assistance · auditeurs · public · spectateurs · **3 -** [de spectacle] **cinéma** · théâtre · **4 -** [de concert, de conférence] **auditorium**
✦ **salle de séjour** séjour · salon · vivoir *Québec* · living(-room) *anglic.*
✦ **salle de bal** dancing
✦ **salle d'audience** prétoire · tribunal

salmigondis *n.m.* · mélange · confusion · embrouillement · enchevêtrement · fatras · fouillis · embrouillamini *fam.* · méli-mélo *fam.*

salon *n.m.* **1 - (salle de) séjour** · vivoir *Québec* · **2 - foire** · exposition

salope *n.f.* **1 - → dévergondée** · **2 - → salaud**

saloper *v.tr.* **1 - → salir** · **2 - → gâcher**

saloperie *n.f.* **→ saleté**

salopette *n.f.* · combinaison · bleu · cotte

saltimbanque *n.* · forain · acrobate · banquiste · équilibriste · funambule · baladin *vieux* · bateleur *vieux*

salubre *adj.* · sain · bon · hygiénique · salutaire

salubrité *n.f.* · hygiène · propreté · pureté

saluer *v.tr.* **1 - dire bonjour, au revoir à** · présenter ses civilités à *vieilli* · **2 - accueillir** · **3 - rendre hommage à** · applaudir · honorer · s'incliner devant · donner un coup de chapeau à *fam.* · **4 - s'incliner** · se prosterner

✦ **entrer sans saluer** entrer comme dans une écurie

salut *n.m.* **1 - salutation** · civilités *vieilli* • [parole] bonjour · bonsoir · au revoir · adieu · bye(-bye) *fam.* · ciao *fam.* · hello *fam.* • [geste] coup de chapeau · inclinaison de tête · poignée de main · révérence · courbette *péj.* · **2 - sauvegarde** · **3 -** [Relig.] **rachat** · rédemption

salutaire *adj.* **1 - profitable** · avantageux · bienfaisant · utile · **2 - sain** · salubre

salutation *n.f.* **1 - salut** · civilités *vieilli* · **2 - révérence** · courbette *péj.* • [exagérée] salamalec *péj., fam.*

salve *n.f.* **1 - décharge** · rafale · **2 - bordée** · volée

sanctifier *v.tr.* **1 - consacrer** · sacraliser · **2 - idolâtrer** · célébrer · déifier · diviniser · glorifier

sanction *n.f.* **1 - punition** · amende · condamnation · peine · répression · châtiment *littér.* · **2 - approbation** · confirmation · consécration · entérinement · ratification · **3 - rançon** · envers · expiation · prix à payer

sanctionner *v.tr.* **1 - punir** · réprimer · sévir contre · châtier *littér.* · **2 - consacrer** · approuver · confirmer · entériner · homologuer · ratifier

sanctuaire *n.m.* **1 - temple** · église · **2 - asile** · haut lieu · refuge · réserve

sandale *n.f.* · claquette · nu-pieds · spartiate · tong

sandwich *n.m.* · casse-croûte · pan-bagnat · panini · tartine · casse-dalle *fam.*

sang *n.m.* **lignée** · famille · hérédité · lignage · origine · race · souche

✦ **perdre du sang** saigner

✦ **se faire du mauvais sang** s'inquiéter · se faire du souci · se faire de la bile *fam.* · se faire du mouron *fam.*

sang-froid *n.m.* **maîtrise de soi** · aplomb · assurance · calme · fermeté · flegme · froideur · impassibilité · patience · tranquillité · cran *fam.* · self-control *fam.*

✦ **de sang-froid** **1 - délibéré** · **2 - délibérément** · froidement ·

volontairement · avec préméditation · en toute, pleine, parfaite connaissance de cause

✦ **garder son sang-froid** rester calme · faire bonne contenance · garder la tête froide · rester cool *fam.*

✦ **perdre son sang-froid** s'émouvoir · perdre son calme · perdre pied · perdre la tête · se troubler

sanglant, e *adj.* **1 - ensanglanté** · sanguinolent · **2 - meurtrier** · sanguinaire · **3 - violent** · blessant · cuisant · injurieux · offensant · saignant

sangle *n.f.* · courroie · attache

sangler *v.tr.* · ceindre · gainer · mouler · serrer

sanglot *n.m.* **hoquet** · spasme

⋙ **sanglots** *plur.* **pleurs** · gémissements · larmes · plaintes

sangloter *v.intr.* · pleurer · pleurnicher · chialer *fam.* • [fort] pleurer à chaudes larmes · pleurer toutes les larmes de son corps

sang-mêlé *n. invar.* · métis

sangsue *n.f.* **1 - exploiteur** · parasite · profiteur · **2 - pot de colle** *fam.* · raseur *fam.*

sanguin, e *adj.* · rouge · congestionné · cramoisi · écarlate · rougeaud · rubicond

sanguinaire *adj.* **1 - cruel** · barbare · féroce · sadique · altéré, ivre de sang · sauvage · violent · **2 - sanglant**

sanguinolent, e *adj.* · ensanglanté · sanglant

sanie *n.f.* · pus

sans *prép.* **1 - dépourvu de** · démuni de · privé de · **2 - faute de** · **3 - s'il n'y avait pas eu**

✦ **sans cela, sans quoi** autrement · ou · sinon

sans-abri *n. invar.* **1 - sans-logis** · S.D.F. · **2 - sinistré**

sans-cœur *adj. et n. invar.* · égoïste · dur · endurci · indifférent · insensible · impitoyable · inhumain · méchant · cœur de pierre

sans-emploi *n. invar.* · chômeur · demandeur d'emploi · sans-travail

sans-gêne

▪ *adj. invar.* **désinvolte** · cavalier · envahissant · familier

▪ *n.m. invar.* **désinvolture** · audace · impolitesse · inconvenance · insolence · outrecuidance *littér.*

sans-logis *n. invar.* · sans-abri

sansonnet *n.m.* · étourneau

sans-patrie *n. invar.* · apatride

santé *n.f.* **1 - vitalité** · équilibre · forme · vie · **2 - complexion** · constitution · tempérament

✦ **recouvrer, retrouver la santé** guérir · aller mieux · se remettre · se rétablir · reprendre du poil de la bête *fam.* · se retaper *fam.* · se requinquer *fam.*

✦ **en bonne, en pleine, en parfaite santé** bien portant · dispos · frais (comme une rose, un gardon) · gaillard · sain · solide · vaillant · valide · en pleine forme

✦ **en mauvaise santé** malade · mal portant · mal en point *fam.*

✦ **de santé fragile** délicat · chétif · fragile · frêle · malingre · souffreteux · crevard *fam.*

saoûl, e *adj.* → **soûl**

sape *n.f.* · vêtement(s) · habillement · fringue(s) *fam.*

saper *v.tr.* **1 – attaquer** · affouiller · creuser · éroder · excaver · miner · ronger · **2 – abattre** · affaiblir · battre en brèche · défaire · démolir · détruire · dévaster · ébranler · miner

✦ **saper le moral de** décourager · démoraliser · couper bras et jambes à *fam.*

saper (se) *v.pron.* → **s'habiller**

sapeur-pompier *n.m.* → **pompier**

saphisme *n.m.* · lesbianisme · homosexualité (féminine) · tribadisme *littér.*

sapidité *n.f.* **goût** · saveur

✦ **agent de sapidité** exhausteur de goût, de saveur

sarabande *n.f.* **1 – danse** · **2 – farandole** · ribambelle · **3 – tapage** · cavalcade · vacarme · boucan *fam.* · raffut *fam.* · sabbat *fam.*

sarcasme *n.m.* **1 – dérision** · humour (sarcastique) · ironie · moquerie · **2 – moquerie** · épigramme · flèche · lazzi · pique · pointe · quolibet · raillerie · vanne *fam.* · brocard *littér.* · trait *littér.* · lardon *vieux*

sarcastique *adj.* · caustique · ironique · mauvais · moqueur · mordant · persifleur · railleur · sardonique

sarclage *n.m.* · binage · désherbage · échardonnage · essartage · essartement

sarcler *v.tr.* **1 – extirper** · **2 – désherber** · biner · échardonner · essarter

sardonique *adj.* **1 – caustique** · ironique · mauvais · moqueur · mordant · persifleur · railleur · sarcastique · **2 – démoniaque**

sarrasin *n.m.* · blé noir · bucail *région.*

sas *n.m.* · crible · blutoir · tamis

satané, e *adj.* **1 – maudit** · sale · damné *fam.* · fichu *fam.* · foutu *fam.* · sacré *fam.* · **2 – remarquable** · exceptionnel · sacré *fam.*

satanique *adj.* **1 – méchant** · pervers · **2 – démoniaque** · diabolique · infernal · méphistophélique *littér.*

satellite *n.m.* **1 – astre** · lunule · planète · **2 –** [en apposition] **dépendant** · annexé

satiété *n.f.* **1 – satisfaction** · **2 – saturation** · réplétion

✦ **à satiété** **1 – à volonté** · abondamment · en abondance · à profusion · à souhait · tout son soûl · à gogo *fam.* · **2 – à l'excès** · à réplétion *littér.*

satiné, e *adj.* **1 – brillant** · lustré · **2 – doux** · lisse · soyeux · velouté

satire *n.f.* **1 – dérision** · moquerie · plaisanterie · raillerie · **2 – caricature** · charge · critique · épigramme · libelle · pamphlet · parodie · catilinaire *littér.*

satirique *adj.* **1 – caustique** · mordant · piquant · railleur · **2 – parodique**

❧ **caustique**

satiriser *v.tr.* · se moquer de · railler

satisfaction *n.f.* **1 – assouvissement** · apaisement · contentement · **2 – bonheur** · béatitude · contentement · euphorie · fierté · joie · jouissance · plaisir · volupté · **3 –**

gain de cause · réparation · **4 - complaisance** · suffisance · triomphe · **5 - douceur** · avantage · consolation

✦ **donner satisfaction à** satisfaire · contenter · convenir à

satisfaire *v.tr.* **1 - convenir à** · contenter · plaire à · agréer à *littér.* · **2 - combler** · contenter · exaucer · **3 - assouvir** · apaiser · calmer · étancher · rassasier · **4 - donner suite à** · faire droit à · répondre à

✦ **satisfaire à** **1 - se conformer à** · accomplir · s'acquitter de · exécuter · faire face à · observer · remplir · respecter · se soumettre à · **2 - fournir à** · pourvoir à · répondre à · suffire à · **3 - accorder** · céder · **4 - correspondre à** · obéir à · répondre à · respecter

⋙ **se satisfaire de** *v.pron.* **se contenter de** · s'accommoder de · s'arranger de · faire avec *fam.*

satisfaisant, e *adj.* · acceptable · convenable · correct · honnête · honorable · recevable · suffisant

satisfait, e *adj.* **1 - content** · heureux · béat *péj.* · **2 - comblé** · exaucé · rassasié · **3 - fier** · arrogant · avantageux · béat · complaisant · plein de soi-même · prétentieux · suffisant · vaniteux

❧ **content**

saturateur *n.m.* · humidificateur

saturation *n.f.* **1 - engorgement** · **2 - satiété** · lassitude · ras-le-bol *fam.*

saturé, e *adj.* **1 - plein** · gonflé · rempli · **2 - encombré** · embouteillé · engorgé

✦ **être saturé de** être dégoûté de · être écœuré de · être fatigué de · avoir une indigestion de

saturer *v.tr.* **1 - emplir** · gaver · gorger · inonder · remplir · **2 - écœurer** · dégoûter · fatiguer · lasser · soûler

satyre *n.m.* **1 - faune** · ægipan · capripède *littér.* · chèvre-pied *littér.* · bouquin *vieux* · **2 - exhibitionniste** · pervers · **3 - obsédé** · vicieux · cochon *fam.*

sauce *n.f.* **1 - jus** · **2 -** [fam.] → **pluie**

saucer *v.tr.* · mouiller · tremper · rincer *fam.*

saucisson *n.m.* · saucisse sèche · sauciflard *fam.* · sifflard *fam.*

saucissonné, e *adj.* **1 - serré** · engoncé · boudiné *fam.* · **2 - habillé** · fagoté *fam.* · ficelé *fam.*

saucissonner *v.tr.* · découper · couper · trancher

sauf, sauve

▪ *adj.* **intact** · entier · rescapé · sauvé

▪ *prép.* **1 - excepté** · à l'exception de · à l'exclusion de · à part · hormis · hors · moins · fors *vieux* · **2 - sous réserve de** · à moins de

✦ **sain et sauf** indemne · entier *fam.*

✦ **sauf si** à moins que

✦ **sauf que** excepté que · hors que · hormis que · si ce n'est que · sinon que

sauf-conduit *n.m.* · permis (de circuler) · laissez-passer · passeport

saugrenu, e *adj.* **1 - étrange** · aberrant · absurde · baroque · bizarre · burlesque · excentrique · extravagant · insolite · original · ridicule · singulier · farfelu *fam.* · loufoque *fam.* · **2 - impropre** · inattendu · incongru · insensé

saumâtre *adj.* 1 - **salé** · 2 - **désagréable** · amer · déplaisant · mauvais · pénible

sauna *n.m.* · bain de vapeur

saupoudrer *v.tr.* 1 - **poudrer** · enfariner · fariner · 2 - **consteller** · émailler · orner · parsemer · 3 - **disperser** · éparpiller · répandre

saut *n.m.*
I 1 - **bond** · bondissement · 2 - **sautillement** · gambade · 3 - **acrobatie** · cabriole · salto · voltige · 4 - **chute** · plongeon
II 1 - **cahot** · soubresaut · sursaut · tressautement · 2 - **saute** · variation brusque
III **cascade** · cataracte · chute (d'eau)
∾ **bond**

saute *n.f.* · changement · modification · variation · saut

sauter

▪ *v.intr.* 1 - **bondir** · s'élancer · 2 - **sautiller** · cabrioler · gambader · trépigner · 3 - **sursauter** · tressauter · tressaillir · 4 - **descendre** · plonger · tomber · 5 - **éclater** · exploser · péter · voler en éclats · 6 - [bouchon] **partir**

▪ *v.tr.* 1 - **franchir** · enjamber · passer · 2 - **oublier** · escamoter · manquer · omettre · passer · faire l'impasse sur · [une étape] **brûler** · 3 - [fam.] **baiser** *très fam.* · s'enfiler *fam.* · s'envoyer *fam.* · se faire *fam.* · se taper *fam.*

✦ **sauter sur, dans** s'élancer sur, dans · bondir sur · fondre sur · se jeter sur, dans · plonger sur, dans · se précipiter sur, dans · se ruer sur, dans

✦ **sauter aux yeux** être manifeste · être flagrant · frapper (la vue) · crever les yeux *fam.*

✦ **sauter d'un sujet à l'autre** passer du coq à l'âne

✦ **faire sauter** 1 - [Cuisine] **faire revenir** · cuire · faire rissoler · 2 - [fam.] → **destituer**

sauterelle *n.f.* · locuste · criquet *abusivt*

sauterie *n.f.* · soirée dansante · bal *vieux* · surprise-partie *vieux*

sauteur, -euse

▪ *n.* 1 - **acrobate** · 2 - **perchiste**

▪ *adj.* **saltigrade** *vieux*

sautillant, e *adj.* 1 - **haché** · décousu · saccadé · 2 - **capricieux** · mobile

sautillement *n.m.* · bond · bondissement · gambade

sautiller *v.intr.* · sauter · caracoler · gambader

sautoir *n.m.* · collier · châtelaine · pendentif

[1]**sauvage** *adj.*
I 1 - **fauve** · inapprivoisable · inapprivoisé · indomptable · indompté · 2 - **agreste** · champêtre · rustique · 3 - **désert** · à l'écart · abandonné · désolé · infréquenté · inhabité · inhospitalier · retiré · solitaire · 4 - **non civilisé** · à l'état de nature · primitif · incivilisé *vieux*
II 1 - **farouche** · craintif · distant · insociable · méfiant · misanthrope · ombrageux · timide · 2 - **brut** · abrupt · âpre · mal dégrossi · mal élevé · mal embouché · fruste · grossier · inculte · rude
III **barbare** · bestial · cruel · féroce · inhumain · sanglant · sanguinaire · violent
IV **illégal** · illicite · irrégulier · parallèle

sauvage, farouche

Sauvage et **farouche** se disent d'une personne peu sociable. On qualifie de **farouche** celle qui redoute le contact avec autrui, soit par timidité *(c'est un enfant un peu farouche)*, soit par goût de la solitude : « Les jours, les soirs où je ne suis pas trop fatal et farouche, je me traîne à deux ou trois visites pour tuer une soirée » (Sainte-Beuve, *Correspondance, 5 juil. 1830*, t. I). On réserve **sauvage** à quelqu'un qui, par manque de sociabilité ou par misanthropie, évite la compagnie des hommes *(elle est devenue très sauvage ; il a choisi de vivre à l'écart : c'est un vrai sauvage)*. Appliqué à des comportements, **sauvage** est là encore plus fort que **farouche** : « Il se livre à son humeur violente et sauvage, sans plus se soucier de rien, sans égards au monde, aux conventions, aux jugements des autres » (R. Rolland, *Vie de Beethoven*).

²**sauvage** *n.* **1 - primitif** · barbare · **2 - solitaire** · ermite · misanthrope · ours · sauvageon · wisigoth · homme des bois · **3 - brute** · butor *vieilli ou plaisant* · goujat · grossier personnage · malotru · rustaud · rustre · ostrogoth *vieilli*

sauvagement *adv.* · violemment · brutalement · cruellement

sauvagerie *n.f.* **1 - barbarie** · bestialité · brutalité · cruauté · férocité · sadisme · violence · **2 - misanthropie** · insociabilité · timidité

sauvegarde *n.f.* **1 - protection** · conservation · défense · maintien · préservation · salut · **2 - abri** · asile · barrière · bouclier · gage · garantie · rempart · refuge · soutien

✦ **sous la sauvegarde de** sous l'aile (protectrice) de · sous la bannière de · sous l'égide de · sous la protection de · sous la tutelle de

sauvegarder *v.tr.* · sauver · conserver · défendre · garantir · garder · maintenir · préserver · protéger

sauve-qui-peut *n.m.* · débandade · déroute · fuite · panique

sauver *v.tr.* **1 - guérir** · rétablir · tirer d'affaire *fam.* · **2 - préserver** · conserver · défendre · garantir · garder · mettre à l'abri, en sûreté · protéger · sauvegarder · **3 - racheter**

✦ **sauver de** arracher à · préserver de · sortir de · soustraire à · tirer de *fam.*

⋙ **se sauver** *v.pron.* **1 - s'échapper** · s'enfuir · s'évader · prendre la fuite · jouer la fille de l'air *fam.* · prendre la poudre d'escampette *fam.* · prendre la clé des champs *fam.* • [soldat, pensionnaire] faire, sauter le mur *fam.* · **2 - s'en aller** · partir · déguerpir · disparaître · s'éclipser · s'esquiver · fuir · prendre congé · se barrer *fam.* · se carapater *fam.* · se débiner *fam.* · détaler *fam.* · filer *fam.* · filer à l'anglaise *fam.* · se tailler *fam.* · **3 -** [lait] **déborder**

sauvetage *n.m.* · secours

sauveteur *n.m.* · secouriste

sauveteur, sauveur

Sauveur et **sauveteur** désignent une personne qui en *sauve* une autre, notamment d'un risque ou d'un danger de mort. **Sauveur** correspond à la valeur générale du verbe *(vous êtes mon sauveur, ce médecin a été mon sauveur)* et peut s'employer comme équivalent de *libérateur*, de *bienfaiteur*, avec pour complément un nom de collectivité *(le sauveur de la patrie)*. **Sauveteur**, en revanche, est réservé à la personne qui porte secours à un naufragé, aux victimes d'un sinistre dans le cadre d'un **sauvetage** *(une équipe de sauveteurs a fouillé les décombres)*.

sauvette (à la) *loc. adv.* **1 - discrètement** · furtivement · sous le manteau · **2 - en toute hâte** · hâtivement · précipitamment

sauveur *n.m.* **sauveteur** · ange gardien · bienfaiteur · homme providentiel · libérateur · protecteur · providence

✦ **le Sauveur** le Messie · le Rédempteur

↝ **sauveteur**

savamment *adv.* **1 - doctement** *vieux ou plaisant* · doctoralement *péj.* · comme un livre *fam.* · **2 - habilement** · adroitement · finement · ingénieusement · intelligemment · **3 -** [littér.] **sciemment** · en connaissance de cause

[1]**savant, e** *adj.* **1 - cultivé** · éclairé · érudit · instruit · lettré · docte *littér.* · **2 - compétent** · expert · fort · habile · maître dans · versé dans · calé *fam.* · fortiche *fam.* · **3 - difficile** · ardu · compliqué · recherché · **4 -** [péj.] **pédant** · **5 -** [animal] **dressé** · de cirque

[2]**savant, e** *n.* **1 - chercheur** · scientifique · spécialiste · **2 - érudit** · humaniste · lettré · philosophe · sage · clerc *ancienn ou littér.*

savetier *n.m.* · cordonnier

saveur *n.f.* **1 - goût** · sapidité · **2 - agrément** · charme · goût · piment · piquant · sel · plaisant *littér.*

[1]**savoir** *v.tr.* **1 - connaître** · être au courant de · être au fait de · être informé de · être instruit de · ne pas ignorer · **2 - maîtriser** · connaître · dominer · posséder · **3 -** [suivi de l'infinitif] **pouvoir** · être à même de · être capable de · être en état de · être en mesure de · parvenir à • [finement] avoir la manière (pour) · s'y connaître (pour) *fam.* · s'y entendre (pour) *fam.*

✦ **à savoir** c'est-à-dire · i.e.

✦ **faire savoir** annoncer · apprendre · aviser de · communiquer · faire connaître · faire part de · informer · prévenir · signaler · signifier • [avec force] claironner · crier sur les toits

✦ **tout savoir** avoir la science infuse · être omniscient

[2]**savoir** *n.m.* · connaissance · acquis · bagage · culture · érudition · instruction · lumières · science *littér.* • [limité] lueurs · notions

savoir-faire *n.m. invar.* **1 - compétence** · adresse · dextérité · habileté · ingéniosité · maestria · maîtrise · métier · pratique · qualification · talent · technique · tour de main · art *littér.* · know how *anglic.* · **2 - entregent** · doigté · tact

savoir-vivre *n.m. invar.* **1 - éducation** · correction · délicatesse · doigté · tact · **2 - bienséance** · bonne éducation · civilité · convenances · politesse · urbanité *littér.*

↝ **politesse**

savon *n.m.* **1 - savonnette** · **2 -** [fam.] **réprimande** · remontrance · admonestation *littér.* · algarade *littér.* · semonce *littér.* · engueulade *fam.* · attrapade *fam.* · lavage de tête *fam., vieux*

savonner *v.tr.* · laver

savourer *v.tr.* **1 - apprécier** · déguster · se délecter de · goûter · se régaler de • [sans complément] se lécher les babines, les doigts *fam.* · **2 - prendre plaisir à** · se délecter de · jouir de · profiter de · se gargariser de *péj.* · se repaître de *péj.*

savoureux, -euse *adj.* **1 - succulent** · délicat · délicieux · doux · exquis · fameux *fam.* · délectable *littér.* · **2 - plaisant** · croustillant · piquant · truculent

savoureux, succulent

On qualifie de **savoureux** ou de **succulent** ce qui flatte le palais par la qualité de sa *saveur.* **Savoureux** est cependant d'usage plus courant et s'applique à des mets, des aliments particuliers *(un fruit savoureux, une daube savoureuse, une liqueur parfumée et savoureuse).* **Succulent**, d'usage plus soutenu, ajoute à l'idée de saveur agréable celle d'excellence et qualifie les choses de la table en général *(ce dîner était succulent, une cuisine succulente).* Au figuré, on retrouve les partages d'usage entre **savoureux**, courant *(une histoire savoureuse, un style savoureux)*, et **succulent**, rare ou littéraire *(un récit succulent).*

saynète *n.f.* • sketch

sbire *n.m.* • homme de main • nervi • tueur • spadassin *vieux*

scabreux, -euse *adj.* **1 - licencieux** • cru • égrillard • gras • graveleux • leste • obscène • osé • salé • cochon *fam.* • **2 - déplacé** • hardi • inconvenant • indécent • libre • **3 - dangereux** • délicat • difficile • hasardeux • osé • périlleux • risqué • **4 - embarrassant** • délicat • épineux • inconfortable

scalpel *n.m.* • bistouri • lancette

scandale *n.m.* **1 - esclandre** • bruit • éclat • tapage • barouf *fam.* • bordel *fam.* • foin *fam.* • grabuge *fam.* • pétard *fam.* • **2 - honte** • horreur • abomination *littér.* • infamie *littér.* • turpitude *littér.* • **3 - affaire** • casserole *fam.* • **4 - indignation** • émotion

✦ **faire scandale** défrayer la chronique • faire des vagues

scandaleux, -euse *adj.* • honteux • choquant • déplorable • éhonté • épouvantable • horrifiant • inacceptable • indigne • obscène • révoltant

scandaliser *v.tr.* **1 - choquer** • blesser • gêner • horrifier • indigner • offenser • offusquer • outrer • révolter • suffoquer

»» **se scandaliser** *v.pron.* **1 - s'indigner** • **2 - se formaliser** • se froisser • se hérisser • s'offenser • s'offusquer

scander *v.tr.* • rythmer • accentuer • ponctuer • souligner

scanner *n.m.* **1 - scanographe** • tomodensitomètre • **2 - scanneur**

scaphandrier *n.m.* • homme-grenouille • plongeur

scarification *n.f.* • entaille • cicatrice • incision • marque • [au plur.] mouchetures

scarifier *v.tr.* • entailler • inciser • taillader

sceau *n.m.* **1 - cachet** • estampille • **2 - plomb** • scellé • **3 - marque** • cachet • coin • empreinte • griffe • patte • signature • signe • style

✦ **garde des Sceaux** [en France] ministre de la Justice

scélérat, e

▪ *adj.* **criminel** • infâme • méchant • perfide *littér.*

▪ *n.* **bandit** • canaille • criminel • vaurien • fripouille *fam.* • coquin *vieux* • gredin *vieilli*

scélératesse *n.f.* • méchanceté • déloyauté • perfidie *littér.*

sceller *v.tr.* **1 - fermer** • cacheter • plomber • **2 - assembler** • fixer • cimenter • plâtrer • **3 - affermir** • cimenter • confirmer • consacrer • consolider • entériner • ratifier • renforcer • sanctionner

scénario *n.m.* **1 - trame** · histoire · intrigue · pitch · **2 - canevas** · découpage · story-board · synopsis · script · **3 - plan (d'action)** · **4 - cas de figure**

scène *n.f.*
I 1 - plateau · planches · tréteaux · théâtre · **2 - décor** · **3 - séquence** · passage · tableau · **4 - spectacle** · **5 -** [d'un crime, etc.] **lieu** · théâtre
II querelle · accrochage · altercation · dispute · drame · esclandre · heurt · comédie *fam.* · engueulade *fam.* · prise de bec *fam.* · séance *fam.* · algarade *littér.*
✦ **occuper le devant de la scène** être sous les feux de l'actualité · être sous les projecteurs

scénique *adj.* · théâtral
✦ **art scénique** scénographie

scepticisme *n.m.* **1 - athéisme** · incrédulité · pyrrhonisme *(Philo.)* · **2 - méfiance** · défiance · doute · incrédulité

sceptique
▪ *adj.* **dubitatif** · défiant · incrédule
▪ *n.* **1 - athée** · impie · incroyant · irréligieux · non-croyant · mécréant *vieilli ou plaisant* · **2 -** [Philo.] **aporétique** · pyrrhonien
↝ **incrédule**

sceptre *n.m.* **1 - bâton de commandement** · main de justice · **2 - royauté** · monarchie

schéma *n.m.* **1 - diagramme** · arbre · croquis · dessin · plan · représentation · **2 - canevas** · abrégé · cadre · ébauche · esquisse · grandes lignes · plan · schème · trame · linéaments *littér.*

schématique *adj.* **1 - sommaire** · bref · concis · condensé · ramassé · résumé · simplifié · succinct · **2 -** [péj.] **rudimentaire** · grossier · réducteur · simpliste · basique *fam.*

schématiquement *adv.* · sommairement · en gros · succinctement · grosso modo *fam.*

schématisation *n.f.* · simplification · réduction

schématiser *v.tr.* · simplifier · abréger · condenser · résumer · synthétiser · donner les grandes lignes de

schisme *n.m.* **1 - scission** · division · sécession · séparation · **2 - dissidence** · déviation · hérésie

schiste *n.m.* · ardoise · phyllade

scie *n.f.* · rengaine · refrain · ritournelle · antienne *littér.*

sciemment *adv.* · exprès · consciemment · délibérément · en toute connaissance de cause · intentionnellement · volontairement · savamment *littér.*

science *n.f.* **1 - savoir** · connaissance · bagage · culture · érudition · expertise · instruction · **2 - art** · adresse · capacité · compétence · expérience · maîtrise · savoir-faire · technique · **3 - discipline** · domaine · matière · sujet

science-fiction *n.f.* · anticipation

scientifique
▪ *adj.* **1 - objectif** · logique · rationnel · **2 - didactique** · savant
▪ *n.* **chercheur** · savant

scientifiquement *adv.* · objectivement · logiquement · rationnellement

scier *v.tr.* **1 - tronçonner** · refendre · **2 -** [fam.] → **surprendre**

scinder *v.tr.* · diviser · couper · déchirer · décomposer · disjoindre · fractionner · fragmenter · morceler · ramifier · sectionner · séparer

scintillant, e *adj.* 1 – **brillant** · chatoyant · étincelant · luisant · miroitant · 2 – **clignotant** · papillotant

scintillement *n.m.* 1 – **miroitement** · chatoiement · reflet · scintillation · 2 – **éclat** · feu · 3 – **clignotement** · papillotement

scintiller *v.intr.* 1 – **étinceler** · briller · chatoyer · flamboyer · luire · miroiter · pétiller · resplendir · rutiler · brasiller *littér.* · poudroyer *littér.* · 2 – **clignoter** · papilloter · palpiter

scion *n.m.* · rejet · drageon · jeune pousse · rejeton · surgeon

scission *n.f.* · dissidence · division · rupture · schisme · séparation

sciure *n.f.* · bran (de scie)

sclérose *n.f.* · immobilisme · asphyxie · blocage · engourdissement · figement · immobilité · fossilisation · momification · paralysie

scléroser *v.tr.* **figer** · asphyxier · engourdir · fossiliser · immobiliser · paralyser

⋙ **se scléroser** *v.pron.* se **dessécher** · s'engourdir · se figer · se fossiliser · s'immobiliser · se momifier · s'encroûter *fam.*

scolarité *n.f.* · cursus · études · parcours scolaire

scoop *n.m.* · exclusivité

score *n.m.* 1 – **marque** · décompte · note · résultat · 2 – **performance**

scorie *n.f.* · déchet · cendre · laitier · poussière · mâchefer · résidu

[1]**scotch** *n.m.* → **whisky**

[2]**scotch** *n.m.* [marque déposée] (ruban) adhésif

scotomisation *n.f.* · déni · forclusion

scribe *n.m.* 1 – [anciennt] **copiste** · écrivain public · greffier · 2 – [vieilli, péj.] **bureaucrate** · gratte-papier *fam.* · rond-de-cuir *fam.* · scribouillard *fam.*

script *n.m.* · scénario

scrupule *n.m.* 1 – **sérieux** · attention · conscience · exigence · méticulosité · minutie · ponctualité · précision · rigueur · soin · zèle · 2 – **doute** · cas de conscience · état d'âme · hésitation · 3 – **honte** · pudeur · vergogne *littér.*

✦ **sans scrupule** sans honte · sans pudeur · sans hésiter · sans vergogne *littér.* · toute honte bue *littér.*

scrupuleusement *adv.* 1 – **honnêtement** · consciencieusement · sérieusement · 2 – **strictement** · à la lettre · avec rigueur · docilement · exactement · fidèlement · méticuleusement · minutieusement · précisément · religieusement · rigoureusement · soigneusement

scrupuleux, -euse *adj.* 1 – **consciencieux** · correct · honnête · ponctuel · sérieux · 2 – **attentif** · délicat · exact · fidèle · méticuleux · méthodique · minutieux · religieux · soigneux · 3 – **strict** · étroit · formaliste *péj.*

scrupuleux, consciencieux

Scrupuleux et **consciencieux** se disent d'une personne guidée dans sa vie privée ou sociale par une exigence morale et de ce qui dénote une telle attitude. Est **consciencieux** celui qui, obéissant à sa *conscience*, agit avec honnêteté et rigueur *(un élève consciencieux et appliqué ; un travail bien fait, très consciencieux)*. **Scrupuleux** ajoute à l'exigence la crainte d'une défaillance morale qui caractérise le *scrupule (être d'une honnêteté scrupuleuse, il n'est pas très scrupuleux en affaires)* ; on pourra ainsi dire d'une personne **scrupuleuse** qu'*elle est consciencieuse jusqu'au scrupule*.

scrutateur, -trice *adj.* · observateur · attentif · investigateur · inquisiteur

scruter *v.tr.* 1 - **observer** · examiner · inspecter · regarder · 2 - **dévisager** · fixer · toiser · 3 - **sonder** · analyser · approfondir · disséquer · étudier · examiner · explorer · fouiller · interroger · pénétrer · passer au crible · éplucher *fam.*

scrutin *n.m.* · vote

sculpter *v.tr.* · façonner · buriner · ciseler · fondre · former · modeler · mouler · tailler

sculptural, e *adj.* · plastique

sculpture *n.f.* 1 - **statuaire** · figurine · statue · statuette · 2 - **bas-relief** · glyptique · gravure · haut-relief

S.D.F. *n.* · sans-abri · clochard · sans-logis · clodo *fam.*

séance *n.f.* 1 - **débat** · audience · réunion · session · vacation *(Droit)* · 2 - **représentation** · spectacle · matinée · soirée · 3 - [fam.] → **scène**

✦ **séance tenante** sur-le-champ · à l'instant · aussitôt · immédiatement · sans délai · sans tarder · tout de suite · illico *fam.* · incontinent *littér.* · sur l'heure *littér.*

[1]**séant, e** *adj.* · bienséant · convenable · correct · décent · opportun · poli

[2]**séant** *n.m.* · fessier · derrière · fesses · postérieur · siège · arrière-train *fam.* · cul *très fam.* · popotin *fam.*

[1]**sec, sèche** *adj.*

I 1 - séché · déshydraté · desséché · rassis · **2 - aride** · ingrat · stérile · **3 - sans accompagnement** · brut · dry *anglic.* · **4 - maigre** · décharné · efflanqué · émacié · étique

II 1 - bref · laconique · **2 - abrupt** · acerbe · aigre · brusque · brutal · cassant · cinglant · désobligeant · glacial · incisif · mordant · pincé · **3 - insensible** · dur · de marbre · de pierre · endurci · froid · indifférent · **4 - autoritaire** · raide · revêche · rude · pète-sec *fam.* · **5 - austère** · étriqué · rébarbatif · rebutant

[2]**sec** *adv.* 1 - **brutalement** · rapidement · rudement · sèchement · 2 - **beaucoup**

✦ **à sec** 1 - **sans eau** · asséché · tari · vide · 2 - [fam.] **ruiné** · désargenté *fam.* · fauché (comme les blés) *fam.* · raide *fam.* · sans un rond *fam.* · sans un sou *fam.* · sans un *fam.*

sécateur *n.m.* · cisaille

sécession *n.f.* 1 - **dissidence** · révolte · rupture · séparation · séparatisme · 2 - **autonomie** · indépendance

sécessionniste *adj. et n.* 1 - **autonomiste** · séparatiste · 2 - **dissident**

séchage *n.m.* 1 - **dessiccation** · évaporation · 2 - **étendage**

sèche-cheveux *n.m. invar.* · séchoir · casque · foehn *Suisse*

sèchement *adv.* 1 - **brièvement** · vivement · 2 - **brusquement** · brutalement · durement · froidement · rudement · sévèrement

sécher

▪ *v.tr.* **1 - assécher** · mettre à sec · tarir · vider · **2 - déshydrater** · dessécher · étuver · **3 - faner** · flétrir · dessécher · **4 - essuyer** · éponger · étancher · **5 -** [fam.] **manquer** · brosser *Belgique* • [sans complément] faire l'école buissonnière

▪ *v.intr.* **1 - se dessécher** · se déshydrater · s'évaporer · **2 - dépérir** · se faner · se flétrir · se racornir · **3 -** [fam.] **ne pas savoir répondre** · caler *fam.* · donner sa langue au chat *fam.*

»» **se sécher** *v.pron.* s'essuyer · s'éponger

sécheresse *n.f.* **1 - aridité** · dessèchement · siccité *didact.* · **2 - dureté** · brutalité · froideur · indifférence · insensibilité · raideur · rudesse · sévérité · **3 - concision** · brièveté · laconisme

séchoir *n.m.* **1 - sèche-linge** · étendoir · **2 - étuve** · **3 - sèche-cheveux** · casque

[1]**second, e** *adj.* **1 - deuxième** · **2 - deux** · **3 - autre** · nouveau

✦ **de second ordre** inférieur · médiocre · mineur

~ **deuxième**

[2]**second, e** *n.* · adjoint · aide · allié · alter ego · appui · assesseur · assistant · auxiliaire · bras droit · collaborateur · lieutenant

secondaire *adj.* **1 - accessoire** · adventice · annexe · contingent · incident · marginal · mineur · subsidiaire · **2 - consécutif** · collatéral · corollaire · dérivé · parallèle

secondairement *adv.* · accessoirement · incidemment · marginalement

seconde *n.f.* **instant** · minute

✦ **en (moins d')une seconde** en un clin d'œil · en un éclair

seconder *v.tr.* · aider · accompagner · appuyer · assister · épauler · prêter main-forte à · servir · soutenir · faire le jeu de *péj.*

secouer *v.tr.*

I 1 - agiter · remuer · **2 -** [la tête] **hocher** · branler *vieux ou littér.* · **3 - ballotter** · cahoter · ébranler · faire vibrer · brimbaler *vieux ou littér.* · bringuebaler *vieux ou littér.* · **4 - se libérer de** · s'affranchir de

II bouleverser · choquer · commotionner · émouvoir · perturber · remuer · retourner · traumatiser · ficher un coup à *fam.* · tournebouler *fam.*

III 1 - réprimander · harceler · houspiller · malmener · maltraiter · tourmenter · admonester *littér.* · engueuler *fam.* · sabouler *vieux* · **2 - faire réagir** · inciter à agir · bousculer · pousser dans ses retranchements

»» **se secouer** *v.pron.* **1 - s'ébrouer** · **2 - réagir** · se prendre en main · se reprendre · se ressaisir · se réveiller · se bouger *fam.* · s'y mettre *fam.*

secourable *adj.* · bon · charitable · fraternel · généreux · humain · obligeant

secourir *v.tr.* **1 - porter secours à** · assister · venir à la rescousse de · **2 - aider** · prêter main-forte à · tendre la main à · donner un coup de main à *fam.* · **3 - défendre** · intervenir en faveur de · protéger · soutenir

secourir, aider, assister

Aider recouvre les valeurs de **secourir** et **assister** avec l'idée générale de soulager, épauler une personne dans une situation plus ou moins difficile *(aider de ses conseils, financièrement ;*

aider un enfant à faire ses devoirs, aider de son mieux). **Secourir** implique cependant une urgence à porter *secours* à des personnes en danger *(secourir des blessés, les victimes d'une catastrophe ; secourir les sans-logis).* **Assister**, moins courant, se dit en particulier à propos de malades ou de pauvres *(assister les démunis, son prochain)* et surtout, aujourd'hui, pour le fait d'apporter secours à un mourant par sa seule présence : « Il est mort hors de France. Je n'ai pas pu l'assister dans ses derniers moments » (Edmond Jaloux, *Fumées dans la campagne*, II).

secouriste *n.* · sauveteur

secours *n.m.* **1 - aide** · appui · assistance · concours · coup de main · protection · providence · réconfort · ressource · service · soins · soutien · **2 - renfort** · rescousse · **3 - sauvetage** · secourisme · **4 - don** · aide · allocation · aumône · charité · subside · subvention · **5 - bienfaisance** · entraide

✦ **de secours** de rechange

✦ **porter secours à** secourir · assister · venir à la rescousse de

secousse *n.f.* **1 - à-coup** · agitation · cahot · saccade · soubresaut · tremblement · trépidation · tressautement · **2 - choc** · commotion · coup · ébranlement · traumatisme · **3 - convulsion** · frisson · spasme

✦ **secousse sismique** séisme · tremblement de terre • [secondaire] réplique

[1]**secret, -ète** *adj.* **1 - enfoui** · caché · dérobé · discret · voilé · **2 - inconnu** · ignoré · invisible · **3 - clandestin** · furtif · sourd · sournois · souterrain · ténébreux · subreptice *littér.* · **4 - confidentiel** · caché · intime · **5 - impénétrable** · caché · chiffré · codé · énigmatique · ésotérique · hermétique · insondable · mystérieux · obscur · occulte · **6 - réservé** · insaisissable · renfermé · dissimulé *péj.* · fuyant *péj.* · cachottier *péj., fam.*

secret, caché, confidentiel, intime

Secret, **caché**, **intime** et **confidentiel** s'appliquent à ce qui est tu ou masqué aux yeux d'autrui. **Caché** met l'accent sur la dissimulation *(découvrir la réalité cachée sous les apparences, révéler le sens caché d'un message, une douleur cachée).* Ce qui est **secret** n'est connu que d'une ou de quelques personnes et doit le rester *(ce projet est pour l'instant tenu secret).* **Intime**, réservé au domaine de la vie privée, exprime ce qui échappe à tout autre que soi-même *(être perdu dans des pensées intimes, publier des carnets intimes, un journal intime).* **Confidentiel**, d'emploi plus restreint, suggère que l'on protège le *secret* des indiscrétions par la voie de la *confidence (c'est une information très confidentielle, cela doit rester entre nous ; un pli, un entretien confidentiel).* **Secret** se substitue à **confidentiel** lorsqu'on parle d'informations à caractère diplomatique, politique, etc. *(un document, un dossier secret ; des renseignements secrets).*

[2]**secret** *n.m.* **1 - mystère** · cachotterie *fam.* · **2 - énigme** · mystère · pot aux roses *fam.* • [au plur.] dessous · coulisses · arcanes *littér.* · **3 - discrétion** · confidentialité · silence · **4 - astuce** · méthode · procédé · recette · combine *fam.* · truc *fam.* · **5 - motif** · clé · raison

✦ **en secret** secrètement · à la dérobée · confidentiellement · dans l'anonymat · dans l'ombre · en cachette · en catimini · clandestinement · en coulisse · en secret · en silence · en sous-main · furtivement · incognito · subrepticement · en tapinois *fam.* · sans tambour ni trompette *fam.* · sous le manteau *fam.*

✦ **mettre dans le secret** mettre au courant · mettre dans la confidence · mettre au parfum *fam.* · rancarder *fam.*

✦ **dans les secrets de** au tréfonds de · dans les recoins · dans les replis de

secrétaire *n.* · bureau · bonheur-du-jour · scriban

secrètement *adv.* 1 - **en secret** · à la dérobée · confidentiellement · dans l'anonymat · dans l'ombre · en cachette · en catimini · clandestinement · en coulisse · en silence · en sourdine · en sous-main · furtivement · incognito · subrepticement · en tapinois · sans tambour ni trompette · sous le manteau · en douce *fam.* · 2 - **intérieurement** · à part soi · en, dans son for intérieur · en soi-même · intimement · in petto

sécréter *v.tr.* 1 - **distiller** · dégager · exhaler · exsuder · 2 - **élaborer** · produire

sécrétion *n.f.* · excrétion · écoulement

sectaire

▪ *adj.* **fanatique** · doctrinaire · intolérant · partisan

▪ *n.* **sectateur** · adepte

↝ **fanatique**

sectarisme *n.m.* · fanatisme · étroitesse · intolérance · rigorisme

secte *n.f.* 1 - **religion** · église · 2 - **chapelle** · clan · coterie · école · parti

secteur *n.m.* 1 - **domaine** · branche · partie · sphère · rayon *fam.* · 2 - **emplacement** · arrondissement · district · quartier · subdivision · zone · 3 - [fam.] **alentours** · environs · parages · voisinage · zone · coin *fam.*

section *n.f.* 1 - **coupure** · 2 - **profil** · coupe · 3 - **division** · partie · subdivision · [d'un texte] chapitre · paragraphe · 4 - **segment** · bout · morceau · portion · tronçon · 5 - **cellule** · groupe

sectionner *v.tr.* 1 - **couper** · débiter · trancher · 2 - **fractionner** · compartimenter · diviser · émietter · fragmenter · morceler · parcelliser · scinder · segmenter · subdiviser

séculaire *adj.* 1 - **centenaire** · 2 - **ancien** · âgé · ancestral · antique · immémorial

séculier, -ière *adj.* 1 - **laïque** · civil · 2 - **temporel** · profane · terrestre

secundo *adv.* · deuxièmement · secondement · deuzio *fam.*

sécurisant, e *adj.* · rassurant · apaisant · tranquillisant

sécuriser *v.tr.* 1 - **rassurer** · apaiser · calmer · désangoisser · tranquilliser · 2 - **assurer, garantir la sécurité de** · 3 - **assurer** · garantir

sécurité *n.f.* 1 - **sérénité** · abandon · assurance · calme · confiance · tranquillité · 2 - **ordre** · paix · 3 - **protection** · défense · police · sûreté · 4 - **fiabilité**

✦ **en (toute) sécurité** 1 - **en sûreté** · à l'abri · à couvert · 2 - **en confiance** · tranquillement · les yeux fermés *fam.*

sédatif, -ive *adj. et n.m.* 1 - **calmant** · analgésique · antalgique · 2 - **soporifique** · dormitif · 3 - **tranquillisant** · anxiolytique · neuroleptique · psycholeptique

↝ **calmant**

sédentaire

▪ *adj.* **permanent**

▪ *n.* [péj.] **casanier** · cul-de-plomb *fam.* · pantouflard *fam.* · pot-au-feu *fam.*

sédentariser *v.tr.* · fixer

sédiments *n.m.pl.* · alluvions · couche · dépôt · formation

sédiments, alluvions

Sédiments et alluvions évoquent tous deux les dépôts laissés par des éléments naturels. Les **sédiments**, provenant de matières d'origine organique ou de la désagrégation des roches, sont transportés et déposés par les eaux ou le vent *(la formation très lente des sédiments côtiers, marins, glaciaires ; l'accumulation de sédiments calcaires)*. Les **alluvions**, formées d'argile ou de sable, ont été laissées par les eaux sous forme de dépôts successifs de sédiments *(des alluvions fluviales, des terrains d'alluvions)* : « Le fleuve (...) a comblé toute la plaine d'alluvions humides, de terres marécageuses coupées par les alignements de peupliers » (Daniel-Rops, *Mort, où est ta victoire*).

séditieux, -ieuse

▪ *adj.* **contestataire** · incendiaire · subversif

▪ *n.* **factieux** · agitateur · émeutier · insoumis · rebelle · révolutionnaire

sédition *n.f.* **1 - rébellion** · agitation · émeute · insurrection · mutinerie · révolte · soulèvement · pronunciamiento · putsch · **2 - indiscipline**

séducteur, -trice

▪ *adj.* **charmeur** · aguichant · cajoleur · enjôleur · engageant · entreprenant · ensorceleur · fascinant · galant · séduisant · tentateur

▪ *n.m.* **don Juan** · bourreau des cœurs · casanova · charmeur · enjôleur · homme à femmes · dragueur *fam.* · tombeur *fam.* · lovelace *littér.* · suborneur *vieux ou littér.*

▪ *n.f.* **femme fatale** · aguicheuse *fam.* · allumeuse *fam.* · vamp *fam.*

séduction *n.f.* **1 - attrait** · agrément · beauté · charme · **2 - attraction** · ascendant · autorité · ensorcellement · fascination · influence · magie · mirage · prestige · tentation · **3 - galanterie**

séduire *v.tr.* **1 - charmer** · affrioler · captiver · conquérir · faire la conquête de · ensorceler · envoûter · fasciner · plaire à · ravir · subjuguer · allumer *fam.* · emballer *fam.* · faire du gringue à *fam.* · lever *fam.* · taper dans l'œil à *fam.* · tourner la tête à *fam.* · tomber *fam.* · vamper *fam.* · **2 - tenter** · allécher · attirer · intéresser · **3 -** [vieux] **tromper** · abuser · attirer dans ses filets · circonvenir · égarer · embobeliner *fam.* · entortiller *fam.* · **4 -** [vieux] **débaucher** · abuser de · déshonorer

séduisant, e *adj.* **1 - charmant** · agréable · aimable · beau · brillant · **2 - désirable** · attirant · affriolant · aguichant · irrésistible · sexy *fam.* · **3 - tentant** · alléchant · attrayant · intéressant

segment *n.m.* · morceau · division · fraction · part · partie · portion · section

segmentation *n.f.* · fractionnement · découpage · division · fragmentation · morcellement · sectionnement

segmenter *v.tr.* · découper · couper · diviser · fractionner · fragmenter · sectionner · scinder

ségrégation *n.f.* • discrimination • exclusion • [raciale] apartheid

séide *n.m.* 1 – **complice** • 2 – **sectateur** • suppôt • zélateur

seigneur *n.m.* 1 – **prince** • roi • souverain • sire • 2 – **suzerain** • châtelain • hobereau • maître • 3 – **noble** • gentilhomme • grand • monsieur

seigneurie *n.f.* • fief • baronnie • châtellenie • comté • duché • vicomté

sein *n.m.* 1 – **mamelle** *fam.* • lolo *fam.* • néné *fam.* • nichon *fam.* • robert *fam.* • rotoplot *fam.* • téton *fam.* • 2 – [vieux ou littér.] **ventre** • giron • utérus • entrailles *littér.* • flanc *littér.*

✦ **au sein de** dans • au centre de • au cœur de • à l'intérieur de • au milieu de • parmi

⋙ **seins** *plur.* **poitrine** • buste • gorge *vieilli* • appas *littér.*

séisme *n.m.* 1 – **tremblement de terre** • secousse sismique • secousse tellurique • 2 – **bouleversement** • cataclysme • commotion

séjour *n.m.* 1 – **résidence** • vacances • villégiature • 2 – **salle de séjour** • salon • living(-room)

séjourner *v.intr.* 1 – **résider** • demeurer • habiter • loger • 2 – **s'arrêter** • faire halte • 3 – **rester** • demeurer • croupir *péj.* • stagner *péj.*

sel *n.m.* • saveur • esprit • finesse • piment • piquant • plaisant *littér.*

sélect, e *adj.* 1 – **distingué** • b.c.b.g. • chic • choisi • élégant • 2 – **fermé** • exclusif • réservé

sélectif, -ive *adj.* • élitiste

sélection *n.f.* 1 – **choix** • tri • 2 – **assortiment** • choix • éventail • 3 – [Sport] **critérium**

sélectionner *v.tr.* • choisir • opter pour • élire *littér.* • [Cinéma, etc.] nominer

self-service *n.m.* • libre-service • self *fam.*

selles *n.f.pl.* • excréments • déjections • fèces • caca *fam.* • crottes *fam.*

sellier *n.m.* • bourrelier

selon *prép.* 1 – **conformément à** • suivant • 2 – **d'après** • de l'avis de • suivant

✦ **selon que** suivant que

↝ **suivant**

semailles *n.f.pl* • semis • ensemencement

[1]**semblable** *adj.* 1 – **identique** • pareil • 2 – **analogue** • approchant • assimilé • comparable • équivalent • ressemblant • similaire • 3 – **commun** • même • 4 – **tel** • pareil

✦ **ils sont semblables en tous points** c'est bonnet blanc et blanc bonnet *péj.*

[2]**semblable** *n.* • prochain • autrui • congénère • égal • frère • pareil

semblablement *adv.* • pareillement • à l'avenant

semblant *n.m.*

✦ **un semblant de** 1 – **l'apparence de** • l'ombre de • un soupçon de • 2 – **une manière de** • un simulacre de

✦ **faire semblant de** feindre de • faire mine de • affecter de

sembler *v.intr.* 1 – **paraître** • avoir l'air de • donner l'impression de • 2 – **ressembler à**

✦ **sembler bon à** plaire à • agréer à *littér.*

✦ **Il me semble (que)** à mon avis · de mon point de vue · pour ma part · je crois (que) · j'ai l'impression (que) · il me paraît (que) *littér.*

sembler, paraître

Sembler et **paraître** sont interchangeables dans bien des cas, au sens de « avoir l'air », « donner l'impression », notamment dans des phrases attributives, avec un complément indirect *(ce prix me semble/paraît raisonnable, je vais vous paraître/sembler indiscret)* ou sans complément *(cela semble/paraît vraisemblable ; l'annonce du résultat semble/paraît interminable).* Lorsque l'attribut est un substantif, seul **sembler** peut se dire, en emploi littéraire, pour « ressembler à (qqch., qqn) » : « L'enfer semble une gueule effroyable qui mord » (Hugo, *l'Année terrible, Octobre,* III).

Sembler et **paraître** sont également équivalents employés devant un infinitif *(il ne paraît pas/ne semble pas me reconnaître),* mais seul **paraître** est possible dans certains contextes, avec un des sens de « faire » *(elle paraît la trentaine, tu ne parais pas ton âge).* En tournure impersonnelle, avec le sens de « avoir l'impression que », **sembler** est plus courant *(il me semble que le temps est en train de changer),* et **paraître** littéraire : « Il me paraît qu'on devrait (...) admirer l'inconstance (...) des hommes » (La Bruyère, *les Caractères,* XIII, 12).

semelle *n.f.* · patin

semence *n.f.* **1 - grain** · graine · **2 - sperme** · liquide séminal

semer *v.tr.* **1 - ensemencer** · **2 - planter** · **3 - disséminer** · couvrir de · disperser · éparpiller · jeter · joncher de · répandre · essaimer *littér.* · **4 - propager** · jeter · répandre · **5 -** [fam.] **distancer** · fausser compagnie à · laisser loin derrière · lâcher *fam.*

semer, ensemencer

Semer et **ensemencer** concernent l'action de répandre des *semences* sur une terre cultivable. **Ensemencer** est le terme plus spécifique à l'activité agricole *(ensemencer un champ ; une terre labourée, prête à être ensemencée)* ; il équivaut à « faire des *semailles* ». **Semer** partage ce domaine, surtout en construction absolue *(c'est le moment de semer),* mais s'emploie plutôt à propos d'un jardin potager ou de toute étendue modeste de terrain ; il équivaut à « faire des *semis* ». Par ailleurs **semer**, contrairement à **ensemencer**, se construit le plus souvent avec un complément qui précise la nature de la semence *(semer des graines de fleurs, de légumes, semer de la luzerne)* ou le procédé *(semer à la volée).*

sémillant, e *adj.* · pétillant · alerte · frétillant · fringant · gai · guilleret · pétulant · primesautier · vif · vivant

séminaire *n.m.* · cours · colloque · conférence · congrès · forum · rencontre · symposium · groupe de travail

semis *n.m.* **1 - plantation** · ensemencement · semailles · **2 - plant**

semonce *n.f.* **1 - remontrance** · réprimande · reproches · admonestation *littér.*

✦ **coup de semonce** **1 -** [Mar.] **sommation** · **2 - avertissement**

sempiternel, -elle *adj.* **1 - continuel** · constant · éternel · incessant · ininterrompu · perpétuel · **2 - immuable** · indéfectible · invariable

sempiternellement *adv.* · continuellement · éternellement · perpétuellement · sans cesse · toujours

sénescence *n.f.* · vieillissement · vieillesse · [prématurée] gérontisme · sénilisme

sénile *adj.* **gâteux** · décrépit · retombé en enfance · gaga *fam.* · ramolli *fam.*

✦ **être sénile** sucrer les fraises *fam.*

sénilité *n.f.* **1 - vieillesse** · décrépitude · ramollissement · **2 - affaiblissement intellectuel** · démence (sénile) · gâtisme · presbyophrénie

[1]**sens** *n.m.*
I 1 - sensation · **2 - conscience** · connaissance
II 1 - discernement · entendement · jugement · raison · sagesse · **2 - instinct** · intuition · notion · sentiment
III 1 - signification · acception · connotation · contenu · définition · valeur · signifié *(Ling.)* · **2 - esprit** · clé · lettre · **3 - raison d'être**

✦ **bon sens, sens commun** raison · jugement · réalisme · sagesse · jugeote *fam.*

✦ **de bon sens** sensé · réaliste · sage

✦ **à mon sens** d'après moi · à mon avis · d'après mon opinion · d'après mon sentiment · de mon point de vue

✦ **en un sens** d'une certaine manière · en quelque sorte

✦ **sixième sens** intuition · instinct · petit doigt *fam.*

⋙ **sens** *plur.* **sexualité** · libido · sensualité · chair *littér.*

[2]**sens** *n.m.* **1 - direction** · côté · fil · **2 - orientation** · but · perspective

✦ **sens devant derrière** à l'envers

✦ **sens dessus dessous** **1 -** à l'envers · **2 - en désordre** · pêle-mêle · **3 - bouleversé** · troublé · retourné · tourneboulé *fam.*

✦ **mettre sens dessus dessous** **1 - retourner** · renverser · **2 - mettre en désordre** · bousculer · chambarder *fam.* · mettre le bazar, le bordel dans *fam.* · **3 - bouleverser** · troubler

sensation *n.f.* **1 - émotion** · impression · **2 - intuition** · impression · sentiment · **3 - admiration** · effet · étonnement · surprise

✦ **à sensation** sensationnel

✦ **faire sensation** faire son effet · étonner · décoiffer *fam.* · ébouriffer *fam.*

sensationnel, -elle *adj.* · spectaculaire · formidable · impressionnant · incroyable · inouï · prodigieux · renversant · stupéfiant · décoiffant *fam.* · d'enfer *fam.* · ébouriffant *fam.* · énorme *fam.* · époustouflant *fam.* · fantastique *fam.* · génial *fam.*

sensé, e *adj.* **1 - raisonnable** · éclairé · équilibré · mesuré · pondéré · posé · prudent · rationnel · sage · **2 - intelligent** · judicieux · pertinent

sensibilisation *n.f.* · allergie · intolérance · anaphylaxie

sensibiliser *v.tr.* · attirer l'attention de · atteindre · faire prendre conscience à · faire réagir · intéresser · toucher · conscientiser *didact.*

sensibilité *n.f.* **1 - excitabilité** · réceptivité · susceptibilité · **2 - émotivité** · affectivité · sensiblerie *péj.* · sentimentalité *péj.* · **3 - émotion** · passion · sentiment · entrailles *fam.* · fibre *fam.* · **4 - humanité** · bonté · cœur · compassion · pitié · sympathie · tendresse

sensible *adj.*
I 1 - émotif · délicat · fragile · impressionnable · tendre · vulnérable · **2 - sensitif** · sensoriel · **3 - bon** · aimant · compatissant · généreux · humain · tendre

II susceptible · chatouilleux · ombrageux
III 1 - perceptible · apparent · concret · matériel · palpable · tangible · visible · phénoménal *didact.* ·
2 - appréciable · clair · évident · important · marqué · net · notable · substantiel
IV dangereux · brûlant · chaud · délicat · difficile · douloureux · névralgique
✦ **sensible à** accessible à · attentif à · à l'écoute de · perméable à · réceptif à

sensiblement *adv.* **1 - notablement** · clairement · nettement · substantiellement · visiblement · **2 - presque** · approximativement · à peu près · à peu de choses près · pour ainsi dire · pratiquement · quasiment *fam.* · grosso modo *fam.*

sensiblerie *n.f.* · sentimentalisme · émotivité

sensualité *n.f.* · volupté · désir · érotisme · jouissance · libido · plaisir · sens *(plur.)* · sexualité · chair *littér.*

sensuel, -elle *adj.* **1 - érotique** · charnel · **2 - lascif** · amoureux · voluptueux · chaud *fam.*

sensuel, charnel

Sensuel et charnel s'appliquent à ce qui relève des *sens*, en tant que source de plaisir physique. **Sensuel** s'en tient à cette valeur générale *(des plaisirs sensuels, un amour sensuel, une humeur sensuelle)*, alors que **charnel**, mot de la famille de *chair*, y ajoute une dimension plus érotique *(désir, instinct charnel)* : « L'amour, c'est le physique, c'est l'attrait charnel (...) c'est la réunion de deux êtres sexuellement faits l'un pour l'autre » (Paul Léautaud, *Propos d'un jour*). **Charnel** est cependant plus littéraire que **sensuel** : « (...) c'est une Vénus charnelle, qu'on rêve couchée en la voyant debout » (Maupassant, *la Vie errante*) et moins courant que *sexuel* dans certains contextes *(l'acte charnel)*.

sentence *n.f.* **1 - arbitrage** · arrêt · décision · décret · jugement · verdict · **2 - condamnation** · sanction · **3 - adage** · aphorisme · apophtegme · axiome · dicton · formule · maxime · pensée · phrase
➳ **jugement**

sentencieux, -ieuse *adj.* · solennel · docte · emphatique · grave · pompeux · prudhommesque *littér.*

senteur *n.f.* · parfum · effluve · exhalaison · odeur · fragrance *littér.*

sentier *n.m.* · chemin · layon · passage · piste · voie · sente *région. ou littér.*

sentiment *n.m.*
I 1 - perception · sens · sensation · **2 - connaissance intuitive** · conscience · impression · pressentiment · **3 - avis** · idée · jugement · opinion · pensée · point de vue · position · **4 - instinct** · intuition · sens · fibre *fam.*
II 1 - amour · affection · attachement · inclination · tendresse · **2 - humanité** · attendrissement · cœur · compassion
III 1 - émotion · affectivité · âme · chaleur · effusion · élan · feu · passion · transport · **2 - sensibilité** · délicatesse · finesse · justesse

sentimental, e *adj.* **1 - tendre** · romantique · sensible · fleur bleue *fam.* · **2 - affectif** · amoureux

sentinelle *n.f.* · garde · factionnaire · guetteur · veilleur · vigie · planton *fam.*

sentir *v.tr.*
I humer · flairer · renifler · respirer
II ressentir · éprouver · percevoir

III 1 - comprendre · découvrir · deviner · discerner · flairer · pénétrer · percevoir · prendre conscience de · pressentir · prévoir · remarquer · se rendre compte de · savoir · soupçonner · subodorer *fam.* · **2 - apprécier** · comprendre · être sensible à · goûter · percevoir · savourer **IV 1 - avoir l'odeur de** · fleurer *littér.* · **2 - indiquer** · respirer · révéler · trahir

✦ **sentir bon** embaumer

✦ **sentir mauvais 1 - empester** · puer · **2 - se gâter** · être mal engagé

✦ **se faire sentir** apparaître · s'exercer · se manifester

✦ **ne pas pouvoir sentir** → **détester**

⋙ **se sentir** *v.pron.* **1 - s'estimer** · se juger · se trouver · **2 - se manifester** · être perceptible · être prévisible

✦ **se sentir bien 1 - être bien** · se trouver bien · **2 - être à l'aise** · avoir de bonnes vibrations *fam. ou plaisant*

✦ **se sentir mal 1 - s'évanouir** · tomber dans les pommes, les vapes *fam.* · tourner de l'œil *fam.* · défaillir *littér.* · **2 - être mal à l'aise** · avoir de mauvaises vibrations *fam. ou plaisant*

seoir à *v.intr.* · aller (bien) à · convenir à

séparable *adj.* · isolable · détachable · dissociable · sécable

séparation *n.f.* **1 - dissociation** · décollement · démembrement · désagrégation · désunion · disjonction · dislocation · dispersion · fragmentation · morcellement · rupture · **2 - démarcation** · barrière · borne · cloison · frontière · limite · mur · **3 - différence** · différenciation · distinction · **4 - absence** · distance · éloignement · exil · **5 - divorce** · brouille · cassure · rupture · **6 - clivage** · dissidence · division · schisme · scission · sécession

séparatisme *n.m.* · autonomisme · dissidence · indépendantisme · sécessionnisme

séparatiste *n. et adj.* · autonomiste · dissident · indépendantiste · sécessionniste

séparé, e *adj.* **1 - différent** · cloisonné · dissocié · distinct · indépendant · particulier · à part · **2 - divorcé**

séparément *adv.* **1 - isolément** · individuellement · un à un · un par un · **2 - de côté** · à part

séparer *v.tr.* **1 - isoler** · enlever · extraire · mettre à part · ôter · **2 - détacher** · couper · décomposer · démembrer · dépareiller · déparier · désagréger · désaccoupler · disjoindre · disperser · dissocier · fragmenter · morceler · **3 - cloisonner** · diviser · partager · **4 - espacer** · écarter · éloigner · **5 - différencier** · classer · départager · discerner · discriminer · distinguer · faire le départ entre *littér.* · départir *littér.* · **6 - désunir** · brouiller · éloigner · opposer · creuser un abîme, un fossé entre · s'interposer entre

✦ **séparer ... de 1 - extraire de** · tirer de · **2 - détacher de** · arracher de · décoller de · **3 - discerner** · démêler · distinguer · dissocier · trier · débrouiller *fam.*

⋙ **se séparer** *v.pron.* **1 - se quitter** · rompre · divorcer · casser *fam.* · **2 - se diviser** · se dédoubler · fourcher · se ramifier · **3 - se dissoudre** · se disloquer

✦ **se séparer de** **1 - abandonner** · se couper de · se détacher de · se dégager de · divorcer de · quitter · rompre avec · se déprendre de *littér.* · **2 - se débarrasser de** · se défaire de · se démunir de · se dessaisir de · **3 - congédier** · chasser · licencier · remercier · mettre à la porte *fam.* · virer *fam.* · **4 - se détacher de** · se désolidariser de

septentrional, e *adj.* · nordique · du nord

sépulcral, e *adj.* **1 - funèbre** · funéraire · lugubre · macabre · sinistre · **2 -** [voix] **caverneux**

sépulcre *n.m.* · monument funéraire · tombe · tombeau

↝ **tombe**

sépulture *n.f.* · tombe · tombeau · monument funéraire · sépulcre *littér.*

↝ **tombe**

séquelle *n.f.* **1 - reliquat** · trace · **2 - conséquence** · développement · effet · incidence · répercussion · retombée · suite · **3 - complication**

séquence *n.f.* **1 - suite** · **2 - passage** · **3 -** [Cinéma] **découpage** · plan · scène

séquentiel, -ielle *adj.* · successif · récurrent

séquestration *n.f.* · enfermement · arrestation · détention · emprisonnement · internement · claustration *littér.*

séquestre *n.m.* · saisie · confiscation · mainmise · réquisition

séquestrer *v.tr.* · enfermer · claquemurer · détenir · emprisonner · garder · interner · retenir · claustrer *littér.*

séraphique *adj.* · angélique · céleste · éthéré · pur

serein, e *adj.* **1 - calme** · confiant · paisible · placide · tranquille · cool *fam.* · équanime *vieux* · **2 - sans nuage** · clair · pur

sereinement *adv.* · tranquillement · calmement · paisiblement · placidement · en toute quiétude

sérénade *n.f.* **1 - concert** · chant · aubade · **2 -** [fam.] **comédie** · histoire · rengaine · **3 -** [fam.] **engueulade** *fam.*

sérénité *n.f.* **1 - placidité** · calme · égalité d'âme · équanimité *littér.* · **2 - quiétude** · bien-être · bonheur · calme · paix · tranquillité

série *n.f.*

I 1 - suite · séquence · succession · **2 - cycle** · **3 - quantité** · cascade · chapelet · cortège · festival · foule · kyrielle · ribambelle · vague · flopée *fam.* · tas *fam.* · [d'attentats] vague

II collection · assortiment · choix · jeu

III feuilleton · soap(-opéra)

IV [Sport, Jeu] **catégorie** · classe · division · groupe

sérier *v.tr.* · classer · diviser · échelonner · hiérarchiser · ordonner · ranger

↝ **classer**

sérieusement *adv.* **1 - consciencieusement** · scrupuleusement · soigneusement · **2 - réellement** · véritablement · vraiment · pour de bon *fam.* · pour de vrai *fam.* · **3 - activement** · vigoureusement · **4 - sans rire** · gravement · **5 - grièvement** · gravement · sévèrement

[1]**sérieux, -ieuse** *adj.*
I 1 - posé · adulte · conséquent · raisonnable · réfléchi · responsable · sage · **2 - appliqué** · bon · consciencieux · minutieux · scrupuleux · soigneux · **3 - fiable** · soigné · soigneux · solide · sûr · **4 - convenable** · honnête · rangé · réglé · sage · comme il faut *fam.*
II 1 - important · considérable · grand · grave · gros · substantiel · **2 - critique** · dangereux · dramatique · grave · inquiétant · préoccupant · **3 - sévère** · austère · froid · grave · solennel
III valable · bon · fondé · réel · solide
✦ **très sérieux** [personne] sérieux comme un pape

sérieux, sévère, austère, grave

Sérieux, sévère, austère et **grave** caractérisent une personne, une attitude, un comportement dénués de légèreté. **Sérieux** s'oppose à *gai (avoir un air sérieux et absorbé, un visage sérieux qu'on ne voit jamais sourire)*, sans la connotation morale présente dans **sévère, grave** et **austère**. On qualifie en effet de **sévère** une personne exigeante envers autrui, encline à réprimer des écarts à la règle *(elle est très sévère et n'admet aucune faute ; prendre un air, un ton sévère)*. **Austère** se dit d'une personne sévère avec elle-même *(c'est un homme austère qui vit en ascète, il mène une vie austère)*, et de ce qui dénote une attitude rigoureuse ou rigide *(être d'un abord austère, afficher une mine austère)*. **Grave** n'implique pas tant la rigueur que la réserve et la dignité *(parler d'un ton grave, un visage beau et grave)*. Appliqués à une chose, **grave** et **sérieux** équivalent, dans certains contextes, à « important » *(c'est une question grave, un problème sérieux)*. **Austère** et **sévère** partagent quant à eux l'idée de dépouillement, de froideur *(une tenue austère/sévère ; le style austère/sévère de l'art cistercien)*.

[2]**sérieux** *n.m.* **1 - gravité** · importance · poids · **2 - conscience** · application · scrupule · soin · zèle · **3 - solidité** · fiabilité · **4 - solennité** · gravité

serin *n.m.* · canari

seriner *v.tr.* · répéter · rabâcher · ressasser · rebattre les oreilles de · chanter sur tous les tons

serment *n.m.* **1 - parole** · assurance · engagement · promesse · **2 - vœu** · résolution
✦ **faire (le) serment de** promettre de · s'engager à · jurer de

serment, vœu

Serment et **vœu** ont en commun l'idée d'engagement, de promesse ferme. On parle de **vœu** pour une promesse faite librement, dans un cadre religieux *(faire vœu de pauvreté, d'obéissance)*, et de **serment** dans le contexte civil, notamment juridique, d'une affirmation solennelle qui tient lieu de garantie *(faire un serment sur l'honneur, prêter serment, témoigner sous serment)*. Dans le domaine de la vie privée, **serment** et **vœu** se disent d'une résolution personnelle que l'on se fait mutuellement *(un serment de fidélité, d'amour)* ou à soi-même : « Et que dans mon désert, où j'ai fait vœu de vivre » (Molière, *le Misanthrope*, V, 4).

sermon *n.m.* **1 - homélie** · prêche · prédication · prône · **2 - exhortation** · harangue · **3 - remontrance** · blâme · leçon · réprimande · reproches · semonce · savon *fam.* · admonestation *littér.*
✦ **faire un sermon** prêcher

sermonner *v.tr.* · faire la morale à · blâmer · gourmander · gronder · réprimander · admonester *littér.* · chapitrer *littér.* · haranguer *littér.* · morigéner *littér.* · semoncer *littér.* · tancer *littér.* · disputer *fam.* · engueuler *fam.* · passer un savon à *fam.* · remonter les bretelles à *fam.*

serpent *n.m.* · reptile

serpenter *v.intr.* · sinuer · onduler · zigzaguer · faire des détours · faire des méandres

serpentin, e *adj.* · sinueux · ondoyant · ondulant · onduleux · tortueux · flexueux *littér.*

serpillière *n.f.* · toile à laver · panosse *Suisse* · torchon *Belgique* · wassingue *Belgique*

[1]**serre** *n.f.* · griffe · ongle

[2]**serre** *n.f.* · jardin d'hiver · orangerie

serré, e *adj.*
I 1 - entassé · pressé · tassé · **2 - dense** · compact · dru · épais · fourni · touffu · **3 -** [café] **tassé** · fort
II 1 - ajusté · collant · étroit · moulant · près du corps · resserré · **2 - étriqué** · étroit · juste · petit · **3 - bridé** · corseté · sanglé · boudiné *fam.*
III précis · concis · rigoureux
IV [vieux] **1 - dans la gêne** · gêné · embarrassé · à l'étroit · **2 - avare** · chiche · économe
✦ **très serrés** serrés comme des sardines, des harengs *fam.* · les uns sur les autres *fam.*

serrement *n.m.* · contraction · pincement · oppression

serrer *v.tr.*
I 1 - tenir · empoigner · pincer · presser · **2 - assembler** · attacher · bloquer · brider · caler · coincer · joindre · lier · visser · **3 - presser** · rapprocher · tasser · **4 - étreindre** · embrasser · enlacer · entourer · presser · **5 - contracter** · crisper · pincer · **6 - comprimer** · compresser · étrangler · gêner · **7 - acculer** · coincer · presser · **8 - mouler** · coller à · corseter · enserrer · épouser · gainer · sangler
II 1 - s'approcher de · effleurer · frôler · raser · **2 - poursuivre** · presser · talonner
III [vieux ou région.] **cacher** · enfermer · enserrer · placer · ranger · remiser · renfermer
✦ **serrer de près** **1 - talonner** · être aux trousses de · marcher sur les talons de · traquer · **2 - surveiller de près** · épier · espionner · faire attention à · garder à vue · suivre · tenir de près · veiller sur · avoir à l'œil *fam.* · avoir l'œil sur *fam.* · fliquer *fam., péj.* • [une jeune fille] chaperonner
››› **se serrer** *v.pron.* **1 - se blottir** · se coller · se pelotonner · **2 - se rapprocher** · se resserrer · se tasser

serre-tête *n.m.* · bandeau

serrurerie *n.f.* · métallerie · ferronnerie

sertir *v.tr.* · enchâsser · chatonner · fixer · monter

servage *n.m.* · esclavage · asservissement · servitude

servante *n.f.* · domestique · bonne (à tout faire) · employée de maison · femme de chambre · bonniche *fam., péj.* · chambrière *vieux* · camériste *vieux* • [au théâtre] soubrette

serveur *n.m.* · barman · garçon (de café)

serveuse *n.f.* · barmaid

serviabilité *n.f.* · gentillesse · amabilité · complaisance · obligeance *soutenu*

serviable *adj.* • obligeant *soutenu* • aimable • complaisant

serviable, obligeant, complaisant

Serviable, obligeant et complaisant caractérisent une personne d'une bienveillance aimable à l'égard d'autrui. On qualifie de **serviable** celui qui est toujours prêt à rendre *service (on peut lui demander ce que l'on veut, il est très serviable)*. **Obligeant**, réservé à un usage soutenu, met l'accent sur le fait que l'on aime à faire plaisir : « Le plus autorisé de nos érudits (...) est consulté de tous, très instruit et très obligeant » (Sainte-Beuve, *Correspondance*, IV). **Complaisant**, en revanche, met en avant le goût de plaire qui dicte une conduite plus ou moins indulgente, parfois accommodante *(se montrer trop complaisant envers quelqu'un ; elle est aimable et serviable mais jamais complaisante)*.

service *n.m.* **1 - département** • administration • bureau • direction • office • organe • organisation • organisme • permanence • **2 - travail** • activité (rémunérée) • emploi • **3 - aide** • appui • assistance • bienfait • bons offices • concours • collaboration • faveur • **4 -** [religieux] **cérémonie** • culte • liturgie • messe • office • **5 -** [funéraire] **funérailles** • **6 -** [militaire] **régiment** • **7 -** [Transport] **desserte** • **8 -** [Tennis] **engagement** • **9 - vaisselle** • **10 -** [vieilli] **utilité**

✦ **de service** de garde • d'astreinte • de corvée • de faction • de quart
✦ **en service** en marche
✦ **hors service** hors d'usage • en panne • bousillé *fam.* • fichu *fam.* • foutu *fam.* • fusillé *fam.* • h.s. *fam.* • mort *fam.*
✦ **au service de** au secours de
✦ **rendre service** **1 - aider** • prêter main-forte • dépanner *fam.* • donner un coup de main *fam.* • obliger *littér.* • **2 - être utile** • être de quelque utilité

serviette *n.f.* **1 - essuie-main** • **2 -** cartable • porte-documents • sac

servile *adj.* • obséquieux • plat • rampant • de laquais • de valet • lèche-bottes *fam.* • lèche-cul *très fam.*

servilement *adv.* • obséquieusement • bassement • platement • vilement

servilité *n.f.* • obséquiosité • bassesse

servir

▪ *v.tr.* **1 - être au service de** • travailler pour • être à la botte de *péj.* • être aux ordres de *péj.* • être à la solde de *péj.* • **2 - rendre service à** • aider • appuyer • se dévouer à • seconder • secourir • soutenir • **3 - être utile à** • appuyer • favoriser • **4 - donner** • distribuer • payer • verser • **5 - présenter** • offrir • proposer • **6 -** [fam.] **dire** • débiter • raconter • **7 -** [Sport] **engager** • **8 - saillir** • couvrir • monter

▪ *v.int.* **faire de l'usage**

✦ **servir à** être utile à • bénéficier à
✦ **servir de** être utilisé comme • faire fonction de • faire office de • remplacer • tenir lieu de

⋙ **se servir** *v.pron.* se **fournir** • [indûment] se sucrer *fam.*

✦ **se servir de** utiliser • avoir recours à • employer • emprunter • exercer • exploiter • jouer de • mettre en œuvre • prendre • profiter de • recourir à • tirer avantage de • tirer parti de • user de

serviteur *n.m.* **1 -** [vieilli] **domestique** • employé de maison • homme de peine • valet • larbin *fam.* • **2 -** [péj.] **laquais** • séide • valet • suppôt *littér.*

servitude *n.f.* **1 - asservissement** · assujettissement · dépendance · esclavage · oppression · soumission · subordination · sujétion · chaînes *littér.* · joug *littér.* · **2 - contrainte** · obligation

✦ **réduire en servitude** asservir · subjuguer · enchaîner *littér.* · mettre sous son joug *littér.*

session *n.f.* · séance • [Droit] assise

set *n.m.* • [Sport] manche

seuil *n.m.* **1 - pas de (la) porte** · entrée · **2 - lisière** · orée · **3 - limite** · point critique · **4 -** [soutenu] **début** · commencement · aube *littér.* · aurore *littér.* · printemps *littér.*

seul, e *adj.* **1 - unique** · simple · **2 - isolé** · abandonné · esseulé · **3 - célibataire** · **4 - solitaire** · **5 -** [adverbialement] **en solo**

✦ **seul à seul** en particulier · en tête à tête · sans témoin · entre quat'z'yeux *fam.*

seulement *adv.* **1 - rien que** · exclusivement · ne ... que · uniquement · **2 - simplement** · tout bêtement *fam.* · tout bonnement *fam.* · **3 - juste** · en tout et pour tout · pour tout potage *fam., vieux* · **4 - mais** · cependant · néanmoins · toutefois · malheureusement

✦ **si seulement** si au moins · si encore

sève *n.f.* **1 - suc** · **2 - vitalité** · activité · énergie · force · principe vital · puissance · vie · vigueur

sévère *adj.* **1 - exigeant** · autoritaire · dur · ferme · impitoyable · implacable · inexorable · inflexible · intraitable · intransigeant · puritain · rigide · rigoriste · rude · strict · pas commode *fam.* · pas tendre *fam.* · rosse *fam.* · vache *fam.* · **2 - critique** · cinglant · désapprobateur · réprobateur · qui a la dent dure · **3 - rigoureux** · draconien · dur · exact · sourcilleux · strict · **4 - lourd** · élevé · grave · gros · important · sérieux · salé *fam.* · **5 - austère** · aride · dépouillé · froid · sobre · **6 - difficile** · ardu · aride

↝ **sérieux**

sévèrement *adv.* **1 - durement** · âprement · rigoureusement • [mener] à la baguette *fam.* · **2 - grièvement** · gravement · sérieusement

sévérité *n.f.* **1 - dureté** · inflexibilité · intransigeance · rigidité · rigorisme · **2 - austérité** · aridité · dépouillement · froideur · sécheresse · **3 - gravité** · sérieux

sévices *n.m.pl.* · brutalités · coups (et blessures) · maltraitance · mauvais traitements · violence(s) · voies de fait

sévir *v.intr.* **1 - punir** · **2 - faire rage** · se déchaîner

✦ **sévir contre** punir · réprimer · sanctionner · châtier *littér.* · serrer la vis à *fam.*

sevrage *n.m.* · désintoxication

sevrer *v.tr.* **frustrer** · priver

⋙ **se sevrer** *v.pron.* **se désintoxiquer**

sex-appeal *n.m.* · charme · attrait (sexuel)

sexe *n.m.* **1 - sexualité** · chair · bagatelle *fam.* · chose *fam.* · cul *très fam.* · fesse *fam.* · gaudriole *fam.* · **2 - organes génitaux** · parties sexuelles · **3 -** [masculin] **pénis** · phallus · membre · verge · biroute *fam.* · bistouquette *fam.* · bite *fam.* · braquemart *fam.* · dard *fam.* · manche *fam.* · nœud *vulg.* · pine *vulg.* · quéquette *fam.* · queue *fam.* · zigounette *fam.* · zizi *fam.* · zob *fam.* · **4 -**

[féminin] **vulve** · lèvres · nymphes · chatte *fam.* · con *vulg.* · foufoune *fam.* · foufounette *fam.* · minette *fam.* · motte *fam.* · moule *fam.*

sexologue *n.* · sexothérapeute

sexualité *n.f.* **1 - génitalité** · **2 - désir** · érotisme · libido · sens *(plur.)* · sensualité · chair *littér.*

sexuel, -elle *adj.* **1 - génital** · intime · honteux *vieux ou plaisant* · **2 - charnel** · érotique · physique · libidinal *(Psych.)*

sexuellement *adv.* · physiquement · charnellement · intimement

sexy *adj. invar.* **1 - désirable** · excitant · bandant *fam.* · **2 - affriolant** · aguichant · émoustillant · érotique · excitant · provoquant · sensuel · suggestif

seyant, e *adj.* **1 - flatteur** · avantageux · **2 - élégant**

shooter *v.intr.* **tirer** · botter · dégager

›› **se shooter** *v.pron.* **se piquer** · se droguer

shopping *n.m.* · courses · achats · emplettes · magasinage *Québec*

show *n.m.* · spectacle · exhibition · numéro · représentation · revue

shunt *n.m.* **1 - court-circuit** · dérivation · **2 -** [Cinéma] **fondu**

si *conj.* **1 - au cas où** · dans le cas où · à supposer que · supposons que · en cas que *vieilli* · **2 - à condition que** · à condition de · **3 - quand** · à chaque fois que · lorsque · toutes les fois que

+ **si seulement** pourvu que
+ **si ce n'est** excepté · abstraction faite de · à l'exception de · à part · hormis · sauf
+ **si ce n'est que** sinon que · excepté que · sauf que

sibérien, -ienne *adj.* · glacial · polaire

sibylle *n.f.* · prophétesse · devineresse · pythie · voyante · pythonisse *littér. ou plaisant*

sibyllin, e *adj.* **1 - énigmatique** · ésotérique · hermétique · impénétrable · indéchiffrable · mystérieux · obscur · occulte · ténébreux · abscons *littér.* · abstrus *littér.* · **2 - brumeux** · fuligineux · fumeux · nébuleux

sida *n.m.* · V.I.H.

sidéral, e *adj.* · astral · cosmique

sidérant, e *adj.* · stupéfiant · ahurissant · confondant · effarant · extraordinaire · inouï · renversant · époustouflant *fam.* · estomaquant *fam.* · soufflant *fam.*

sidéré, e *adj.* · ébahi · coi · hébété · stupéfait · estomaqué *fam.* · scié *fam.* · soufflé *fam.* · comme deux ronds de flan *fam.*

sidérer *v.tr.* · stupéfier · abasourdir · ahurir · confondre · couper le souffle de · ébahir · éberluer · époustoufler · interloquer · méduser · renverser · estomaquer *fam.* · scier *fam.* · souffler *fam.* · couper la chique, le souffle à *fam.*

sidérurgie *n.f.* · métallurgie

sidérurgique *adj.* · métallurgique

siècle *n.m.* · époque · âge · ère · période · temps

siège *n.m.* **1 - place** · **2 -** [sortes] chaise · fauteuil · pliant · strapontin · tabouret · **3 - base** · centre · foyer · **4 - résidence principale** ·

quartier général · **5 - encerclement** · blocus · **6 - fesses** · séant *littér.* · derrière *fam.* · postérieur *fam.*

✦ **lever le siège** → **partir**

siéger *v.intr.* **1 - tenir séance** · **2 - occuper un siège** · présider · trôner · **3 - résider** · demeurer · se localiser · se situer · se trouver

sieste *n.f.* · méridienne *vieux ou littér.* · somme *fam.*

sifflant, e *adj.* · aigu · perçant · strident · sibilant *rare*

sifflement *n.m.* **1 - stridulation** · chant · **2 - bruissement** · crissement · chuintement

siffler

▪ *v.intr.* **1 - siffloter** · **2 - chanter** · chuinter

▪ *v.tr.* **1 - appeler** · **2 - conspuer** · chahuter · huer · **3 -** [fam.] → **boire**

sifflet *n.m.* **sifflement**

⋙ **sifflets** *plur.* · huées · charivari · cris · tollé

sigisbée *n.m.* [iron.] chevalier servant · prétendant · soupirant

sigle *n.m.* · abréviation · acronyme

signal *n.m.* **1 - signe (convenu)** · **2 - signalisation** · indication · feu · panneau · **3 - annonce** · amorce · commencement · début · prélude · prémices *littér.* · **4 - indice** · marque · présage · promesse · signe avant-coureur · prodrome *littér.* · **5 -** [lumineux] **feu** · balise · sémaphore · voyant · **6 -** [sonore] **avertisseur** · appel · bip · cloche · gong · klaxon · sifflet · sirène · sonnerie

✦ **signal de détresse** S.O.S.

❧ **signe**

signalement *n.m.* · description · portrait-robot

signaler *v.tr.* **1 - avertir de** · annoncer · aviser de · faire part de · faire savoir · indiquer · notifier · prévenir de · **2 - mentionner** · citer · montrer · pointer · souligner · **3 - indiquer** · annoncer · déceler · désigner · marquer · montrer · révéler · **4 - dénoncer** · démasquer · vendre *fam.* · **5 - baliser** · flécher · jalonner

⋙ **se signaler** *v.pron.* **se distinguer** · émerger · se faire remarquer · s'illustrer · se particulariser · se recommander · se singulariser · sortir du lot *fam.*

signalisation *n.f.* **1 - balisage** · **2 - indication** · panneau · **3 -** [lumineuse] **feu** · balise · sémaphore · voyant

signaliser *v.tr.* **1 - matérialiser** · **2 - baliser** · flécher · jalonner

signataire *n.* · émetteur

signature *n.f.* **1 - paraphe** · initiales · monogramme · visa · seing *vieux ou Droit* · **2 - émargement** · **3 - nom** · **4 - marque** · empreinte · griffe · sceau

signe *n.m.* **1 - signal** · geste · **2 - indice** · démonstration · expression · indication · manifestation · marque · preuve · symptôme · témoignage · **3 - annonce** · augure · auspice · avertissement · présage · promesse · **4 - attribut** · caractère · caractéristique · trait · **5 - symbole** · emblème · figure · image · insigne · marque · représentation · **6 - notation** · caractère · chiffre · graphie · idéogramme · pictogramme

✦ **donner des signes de** manifester · témoigner de

❧ **signe, signal**

On peut véhiculer une information par un signe ou un signal. Le signe apprend quelque chose, informe, notamment par le geste *(s'exprimer par signes, le langage des signes ; faites un signe au passage, un signe de tête)*. Le **signal** annonce, avertit, par un moyen naturel ou artificiel *(donner le signal du départ en se levant, les signaux du code de la route, un signal sonore vous préviendra)*. Le **signe** est un mode de communication de proximité *(faire un signe au chauffeur de taxi)*. Le **signal** porte un message à distance *(activer le signal d'alarme d'un train, apercevoir au loin un signal de détresse)*.

signer *v.tr.* **1 – émarger** · parapher · viser · **2 – attester** · authentifier · **3 – approuver** · souscrire à · **4 –** [Sport] **recruter** · engager

»» **se signer** *v.pron.* · faire le signe de la croix

significatif, -ive *adj.* **1 – caractéristique** · représentatif · révélateur · signifiant · spécifique · symptomatique · typique · **2 – éloquent** · évocateur · expressif · parlant · révélateur · **3 – net** · important · marquant · non négligeable · tangible

signification *n.f.* **1 – sens** · acception · définition · signifié *(Ling.)* · **2 – portée** · valeur · **3 – notification** · annonce · avis

signifier *v.tr.* **1 – vouloir dire** · dénoter · désigner · exprimer · traduire · **2 – manifester** · indiquer · marquer · montrer · révéler · témoigner de · **3 – équivaloir à** · impliquer · revenir à · rimer à · **4 – notifier** · avertir de · aviser de · faire connaître · faire savoir · informer de · **5 – intimer** · commander · enjoindre · mettre en demeure de · ordonner · sommer de · mander *vieux*

❧ **notifier**

silence *n.m.* **1 – mutisme** · **2 – black-out** · **3 – calme** · paix · tranquillité · **4 – temps d'arrêt** · interruption · pause · [Mus.] soupir

✦ **silence !** **1 – chut !** · la paix ! · la ferme ! *fam.* · ta gueule ! *très fam.* · camembert ! *lang. enfants* · **2 – motus (et bouche cousue) !**

✦ **en silence** **1 – silencieusement** · sans mot dire · **2 – à pas feutrés** · sans bruit

✦ **garder le silence** se taire · ne rien dire · ne pas dire un mot · ne pas ouvrir la bouche

✦ **il y a eu un profond silence** on aurait entendu une mouche voler

silencieusement *adv.* **1 – en silence** · sans mot dire · **2 – à pas feutrés** · sans bruit · **3 – en sourdine**

silencieux, -ieuse *adj.* **1 – muet** · [de stupeur] coi · sans voix · [d'embarras] sec · **2 – calme** · endormi · muet · paisible · tranquille · **3 – discret** · renfermé · réservé · secret · taciturne · timide · taiseux *Belgique* · réticent *vieilli* · **4 – feutré** · étouffé · ouaté

✦ **rester silencieux** se taire · ne rien dire · ne pas souffler mot · tenir sa langue

❧ **silencieux, taciturne**

Silencieux et **taciturne** qualifient une personne peu communicative, qui reste ou se complaît dans le *silence*. On peut être **silencieux** par réserve naturelle *(c'est un enfant silencieux)* ou circonstancielle *(rester silencieux dans une réunion, au cours d'un repas)*. On est **taciturne** par nature *(il est froid et taciturne, c'est un grand taciturne)* ou bien parce que l'on est, occasionnellement, dans une disposition d'esprit morose : « À force de querelles, de coups, de lectures dérobées et mal choisies, mon humeur devint taciturne, sauvage (...) » (Rousseau, *les Confessions*, I). En parlant de comportements, de choses abstraites, **silencieux** équivaut à « muet » *(une douleur, une désapprobation silencieuse, un trajet silencieux)* ; **taciturne** en ce sens est rare ou littéraire *(un tête-à-tête taciturne)*.

silex *n.m.* **1 - pierre à fusil, à briquet** · **2 - pierre (taillée)**

silhouette *n.f.* **1 - ligne** · contour · forme · profil · **2 - ombre** · image · reflet

silhouetter (se) *v.pron.* · se découper · se dessiner · se détacher · se profiler

sillage *n.m.* **trace**

✦ **dans le sillage de** sur les traces de · sur les brisées de · dans les pas de

sillon *n.m.* **1 - rainure** · cannelure · raie · rayon · rigole · strie · **2 - pli** · ligne · ride · ridule · **3 - fente** · fissure · scissure *(Anat.)* · **4 - piste** · microsillon

sillonner *v.tr.* **1 - traverser** · **2 - parcourir** · courir · explorer · patrouiller dans · voyager en, dans · bourlinguer dans, sur *fam.* · **3 - creuser** · labourer · rayer · rider

silo *n.m.* · réservoir · dock · élévateur · fosse · grenier · magasin

simagrées *n.f.pl.* **1 - minauderies** · affectation · **2 - comédie** · embarras · façons · manières · mines · chichis *fam.* · histoires *fam.* · grimaces *littér.*

similaire *adj.* · semblable · analogue · apparenté · approchant · assimilable · comparable · égal · ressemblant · voisin

simili *n.m.* · faux · toc *fam.*

similitude *n.f.* **1 - analogie** · parenté · ressemblance · similarité · voisinage · **2 - communauté** · conformité · concordance · harmonie · identité · parité · **3 - assimilation** · comparaison

simple *adj.*

I 1 - élémentaire · indécomposable · indivisible · insécable · irréductible · **2 - naturel** · pur

II seul · unique · [chambre d'hôtel] single *anglic.*

III 1 - facile · aisé · commode · enfantin · **2 - compréhensible** · accessible · clair · intelligible · limpide

IV 1 - primitif · élémentaire · fruste · rudimentaire · sommaire · basique *fam.* · **2 - dépouillé** · austère · fruste · nu · sévère · sobre · basique *fam.* · **3 - banal** · commun · ordinaire · quelconque · **4 - sans façon** · familier · populaire · nature *fam.*

V 1 - candide · crédule · ingénu · innocent · pur · naïf · niais · simplet · **2 - réservé** · humble · modeste · pas fier *fam.*

✦ **simple d'esprit** arriéré · benêt · débile · dégénéré · demeuré · faible d'esprit · idiot · innocent · simplet

✦ **très simple** bête comme chou *fam.* · simple comme bonjour *fam.*

simplement *adv.* **1 - facilement** · aisément · naturellement · **2 - sans cérémonie** · familièrement · sans façon · sobrement · à la bonne franquette *fam.* · sans chichis *fam.* · **3 - purement** · seulement · tout bonnement · tout uniment · uniquement · **4 - intelligiblement** · en termes clairs · **5 - franchement** · clairement · ouvertement · sincèrement · sans ambages · sans détour · sans tourner autour du pot *fam.*

simplet, -ette *adj.* · ingénu · naïf · niais · simple (d'esprit)

simplicité *n.f.* 1 – **facilité** · commodité · 2 – **clarté** · limpidité · 3 – **naturel** · bonhomie · cordialité · familiarité · 4 – **dépouillement** · austérité · rusticité · sobriété · sévérité · 5 – **naïveté** · candeur · crédulité · inexpérience · ingénuité · innocence · bêtise *péj.* · niaiserie *péj.* · 6 – **droiture** · franchise

simplificateur, -trice *adj.* · schématique · réducteur

simplification *n.f.* · clarification · schématisation

simplifié, e *adj.* 1 – **stylisé** · schématisé · 2 – **schématique** · sommaire · basique *fam.*

simplifier *v.tr.* 1 – **faciliter** · arranger · aplanir, réduire les difficultés de · [un travail] mâcher *fam.* · 2 – **clarifier** · schématiser · styliser

simpliste *adj.* · élémentaire · fruste · grossier · primaire · rudimentaire · schématique · scolaire · sommaire · basique *fam.* · court *fam.*

simulacre *n.m.* 1 – **semblant** · apparence · caricature · faux-semblant · illusion · imitation · mensonge · parodie · simulation · frime *fam.* · 2 – **fantôme** · ombre

simulateur, -trice *n.* · imposteur · contrefaiseur · menteur

simulation *n.f.* · affectation · comédie · feinte · imitation · chiqué *fam.* · cinéma *fam.* · cirque *fam.*

simulé, e *adj.* · faux · artificiel · factice · feint · de commande

simuler *v.tr.* 1 – **affecter** · contrefaire · faire semblant de · feindre · jouer · mimer · prétexter · singer · 2 – **reproduire** · offrir l'apparence de · représenter · sembler

➻ **feindre**

simultané, e *adj.* · concomitant · coexistant · coïncident · contemporain · synchrone · synchronique

simultanéité *n.f.* · concomitance · coexistence · coïncidence · contemporanéité · synchronisme

simultanément *adv.* 1 – **en même temps** · au même moment · à la fois · de front · ensemble · 2 – **de concert** · de conserve · à l'unisson

sincère *adj.* 1 – **franc** · direct · de bonne foi · honnête · loyal · ouvert · spontané · carré *fam.* · 2 – **vrai** · authentique · réel · véridique · véritable · 3 – **exact** · fidèle · sérieux

sincèrement *adv.* 1 – **franchement** · à cœur ouvert · honnêtement · loyalement · en toute bonne foi · en toute franchise · carrément *fam.* · 2 – **réellement** · vraiment · de bonne foi · du fond du cœur · 3 – **à dire vrai** · franchement · à franchement parler · en réalité

sincérité *n.f.* 1 – **franchise** · bonne foi · loyauté · spontanéité · 2 – **authenticité** · exactitude · réalité · sérieux · véracité · vérité

✦ **avec sincérité** à cœur ouvert · sincèrement

singe *n.m.* 1 – **simien** · 2 – **clown** · bouffon · pitre · charlot *fam.* · guignol *fam.* · mariole *fam.* · rigolo *fam.* · zouave *fam.* · 3 – [fam., vieux] **corned-beef**

singer *v.tr.* 1 – **contrefaire** · affecter · feindre · jouer · simuler · 2 – **imiter** · caricaturer · copier · mimer · parodier · pasticher

singerie *n.f.* 1 - **bouffonnerie** · clownerie · facétie · pitrerie · tour · 2 - **affectation** · contorsion · façons · grimaces · manières · minauderies · simagrées · simulation

singulariser *v.tr.* **distinguer** · faire remarquer

»» **se singulariser** *v.pron.* **se distinguer** · se caractériser · se différencier · se particulariser · se faire remarquer · se signaler

singularité *n.f.* 1 - **particularité** · individualité · originalité · unicité · 2 - · bizarrerie · anomalie · étrangeté · excentricité · extravagance

singulier, -ière *adj.* 1 - **atypique** · anormal · différent · distinct · extraordinaire · inhabituel · insolite · inusité · isolé · à part · particulier · rare · spécial · unique · 2 - **surprenant** · bizarre · curieux · drôle · étonnant · étrange · inexplicable · paradoxal · 3 - **excentrique** · original · 4 - **extraordinaire** · incroyable · remarquable

singulier, extraordinaire

Singulier et **extraordinaire** s'appliquent tous deux à ce qui n'est pas conforme à l'ordre commun, qu'il s'agisse de personnes ou de choses. **Singulier** exprime le caractère unique, particulier de la différence *(une personnalité singulière, un esprit, un charme singulier)* : « (...) une foule de talents évidents, trop reconnus pour être loués, pas assez singuliers pour servir de thème à la critique » (Baudelaire, *Curiosités esthétiques*, IX, x). **Extraordinaire** met l'accent sur l'aspect inhabituel ou exceptionnel de la distinction *(tenir une séance, une session extraordinaire ; des mesures, des dépenses extraordinaires)* et se dit couramment de ce qui, par son caractère peu *ordinaire*, provoque étonnement ou admiration *(il raconte des choses extraordinaires, tout cela n'a rien d'extraordinaire)*. Dans des contextes équivalents, **singulier** insiste surtout sur ce qui surprend, de façon positive ou négative *(avoir des idées, des opinions singulières ; c'est un spectacle singulier, un accoutrement bien singulier)*.

singulièrement *adv.* 1 - **très** · considérablement · énormément · extrêmement · fort · particulièrement · 2 - **bizarrement** · curieusement · étrangement · drôlement *fam.* · 3 - **particulièrement** · notamment · principalement · 4 - **individuellement** · personnellement

[1]**sinistre** *adj.* 1 - **funeste** · alarmant · angoissant · effrayant · inquiétant · mauvais · menaçant · sombre · terrible · de mauvais augure · 2 - **lugubre** · désolé · funèbre · macabre · mortel · sombre · triste · sépulcral *littér.* · ténébreux *littér.* · 3 - **grave** · sévère · sombre · triste · 4 - **patibulaire** · 5 - **lamentable** · pauvre · sombre · triste

✦ **avoir un air sinistre** avoir une tête à caler des roues de corbillard *fam.* · avoir une tête d'enterrement *fam.*

[2]**sinistre** *n.m.* 1 - **catastrophe** · accident · 2 - [Assurances] dommage(s) · perte(s)

sinistré, e *adj.* · ravagé · détruit

sinistrement *adv.* · lugubrement · funestement

sinon *conj.* 1 - **excepté** · à l'exception de · à l'exclusion de · à part · hormis · hors · sauf · si ce n'est · 2 - **voire** · 3 - **à défaut de** · 4 - **autrement** · dans le cas contraire · faute de quoi · ou bien · sans quoi

sinuer *v.intr.* • serpenter • onduler • zigzaguer • faire des détours • faire des méandres

sinueux, -euse *adj.* **1 - courbe** • ondoyant • ondulé • onduleux • serpentin • flexueux *littér.* • **2 - zigzagant** • tortueux

sinuosité *n.f.* **1 - courbure** • galbe • **2 - courbe** • coude • détour • lacet • méandre • ondulation • retour • virage • **3 - pli** • repli

siphonné, e *adj.* → **fou**

sire *n.m.* • majesté

sirène *n.f.* • alarme • avertisseur

siroter *v.tr.* • déguster • boire • laper

sirupeux, -euse *adj.* **1 - épais** • gluant • poisseux • visqueux • **2 - doucereux** • mièvre • sucré • dégoulinant *fam.*

site *n.m.* **1 - situation** • emplacement • endroit • lieu • place • position • [d'un événement] scène • théâtre • **2 - zone** • **3 - panorama** • paysage

sitôt *adv.* **1 - dès** • **2 - aussitôt**

✦ **pas de sitôt** pas de tout de suite • avant longtemps

✦ **sitôt que** aussitôt que • dès que

situation *n.f.*

I 1 - emplacement • endroit • lieu • localisation • place • position • site • **2 - exposition** • disposition • orientation

II 1 - circonstances • conditions • conjoncture • contexte • environnement • état de(s) choses • état de fait • paysage • **2 -** [Banque] **bilan** • solde

III 1 - emploi • fonction • métier • place • position • poste • profession • travail • job *fam.* • **2 - condition** • état • fortune • position • rang

✦ **en situation de** capable de • en mesure de • de taille à

situer *v.tr.* **1 - détecter** • apercevoir • déceler • découvrir • discerner • localiser • remarquer • repérer • **2 - placer** • implanter • installer • localiser • mettre

⋙ **se situer** *v.pron.* **1 - se trouver** • résider • siéger • **2 - avoir lieu** • se dérouler • se passer

skaï *n.m.* [nom déposé] similicuir

skate-board *n.m.* • planche à roulettes

sketch *n.m.* **1 - saynète** • numéro • **2 - comédie**

ski *n.m.* • spatule *fam.*

skipper *n.m.* • barreur • capitaine

slip *n.m.* • (petite) culotte

slogan *n.m.* • devise • formule

snack(-bar) *n.m.* • café-restaurant • fast-food

snob *adj. et n.* **1 - poseur** • affecté • apprêté • prétentieux • bêcheur *fam.* • crâneur *fam.* • m'as-tu-vu *fam.* • **2 - fermé** • sélect

snober *v.tr.* • dédaigner • mépriser

snobisme *n.m.* • affectation • pose • affèterie *littér.*

sobre *adj.* **1 - abstinent** • frugal • tempérant • **2 - classique** • discret • simple • **3 - dépouillé** • simple • **4 - austère** • ascétique • sévère • **5 - modéré** • mesuré • pondéré • réservé

✦ **très sobre** sobre comme un chameau *fam.*

sobrement *adv.* **1 - modérément** • légèrement • peu • raisonnablement • **2 - simplement** • discrètement • sagement • sans ornement

sobriété *n.f.* **1 - abstinence** · frugalité · tempérance · **2 - simplicité** · discrétion · **3 - dépouillement** · simplicité · **4 - austérité** · ascétisme · sévérité · **5 - mesure** · circonspection · modération · pondération · réserve · retenue

sobriquet *n.m.* · surnom · petit nom *fam.*

sociabilité *n.f.* · amabilité · aménité · liant · politesse · civilité *vieilli*

sociable *adj.* **1 - liant** · accommodant · affable · agréable · aimable · amène · avenant · communicatif · engageant · ouvert · **2 - social**

sociable, aimable, liant

Sociable et **aimable** ont en commun l'idée de capacité à établir une relation agréable et attentive avec autrui. Est **aimable** celui qui aime à faire plaisir, par gentillesse ou prévenance, naturellement ou occasionnellement *(il est toujours souriant et aimable, vous êtes bien aimable d'être venue, elle n'a pas l'air aimable aujourd'hui)*. Est **liant** quelqu'un qui a la capacité de nouer aisément des liens de familiarité avec autrui : « Je suis peu liant ; je n'ai, par nature, aucune ouverture de cœur » (Georges Duhamel, *Salavin, Journal, 7 janvier*). Une personne **sociable** est non seulement liante et portée à l'*amabilité*, mais aussi à rechercher la compagnie de ses semblables *(il est très sociable sans être envahissant, elle est devenue plus sociable au contact de son ami)*. On *aime* spontanément une personne **aimable**, on s'*associe* volontiers avec un être **sociable**.

social, e *adj.* **1 - sociable** · **2 -** [obligations, etc.] **mondain** · **3 - humain** · politique · sociologique

socialiser *v.tr.* · collectiviser · étatiser · nationaliser

sociétaire *adj. et n.* · associé · affilié · membre

société *n.f.*

I 1 - collectivité · communauté · corps social · **2 - groupe** · cercle · clan · famille · tribu · **3 - assemblée** · assistance · compagnie · public · **4 - association** · club · fédération

II 1 - entourage · milieu · monde · **2 - fréquentation** · compagnie · relation · commerce *littér.*

III entreprise · affaire · compagnie · établissement · firme · maison · boîte *fam.*

✦ **la bonne société** l'aristocratie · le (beau, grand) monde · le gotha · le beau linge *fam.* · le gratin *fam.* · la haute *fam.*

socle *n.m.* **1 - assise** · base · soubassement · support · **2 - piédestal** · acrotère · **3 - fondation** · base · fondement

socque *n.m.* · sabot

sodomiser *v.tr.* · enculer *vulg.*

sœur *n.f.* **frangine** *fam.*

✦ (**bonne**) **sœur** religieuse · nonne *vieux ou plaisant*

sofa *n.m.* · canapé · divan

soi *pron. pers.*

✦ **à soi** en propre

✦ **de soi** personnel · propre

✦ **en soi** par essence · intrinsèquement

soi-disant

▪ *adj. invar.* **prétendu** · présumé · pseudo- · supposé

▪ *adv.* **prétendument**

prétendu

soif *n.f.* **1 - pépie** *fam.* · **2 - désir** · appétit · besoin · envie · faim · fièvre · **3 - curiosité**

✦ **avoir très soif** être assoiffé · être desséché · tirer la langue *fam.* · avoir le gosier sec *fam.* · avoir la pépie *fam.*

✦ **j'ai très soif** j'avalerais la mer et les poissons

soiffard, e *n.* → **alcoolique**

soigné, e *adj.* **1 - élégant** · avenant · bien tenu · coquet · impeccable · net · ordonné · pimpant · propre · tiré à quatre épingles *fam.* · sur son trente et un *fam.* · **2 - appliqué** · consciencieux · délicat · (bien) fini · minutieux · peaufiné · soigneux · clean *fam., anglic.* · chiadé *fam.* · fignolé *fam.* · léché *fam.* · **3 - étudié** · académique · châtié · littéraire · raffiné · recherché · soutenu

soigner *v.tr.* **1 - traiter** · panser · **2 - guérir** · rétablir · remettre sur pied · remettre d'aplomb *fam.* · **3 - choyer** · couver · dorloter · gâter · être aux petits soins avec · bichonner *fam.* · chouchouter *fam.* · élever dans du coton *fam.* · pouponner *fam.* · **4 - entretenir** · conserver · cultiver · ménager · **5 - travailler** · ciseler · fignoler *fam.* · lécher *fam.* · mitonner *fam.* · peaufiner *fam.* · **6 -** [fam.] **escroquer** · arranger *fam.*

soigneur *n.m.* · masseur · kinésithérapeute

soigneusement *adv.* · avec soin · consciencieusement · délicatement · méticuleusement · minutieusement · précieusement

soigneux, -euse *adj.* **appliqué** · attentif · consciencieux · diligent · méticuleux · minutieux · ordonné · rigoureux · scrupuleux · sérieux · soigné · zélé

✦ **soigneux de** attentif à · préoccupé de · soucieux de

soin *n.m.* **1 - hygiène (corporelle)** · toilette · **2 - application** · attention · diligence · exactitude · minutie · sérieux · **3 - délicatesse** · attention · ménagement · précaution · prudence · **4 - sollicitude** · attention · dévouement · égard · empressement · prévenance · **5 - charge** · devoir · mission · responsabilité · souci · tracas

✦ **avec soin** soigneusement · méticuleusement

✦ **avoir, prendre soin de** **1 - songer à** · veiller à · faire gaffe à *fam.* · **2 - prendre des précautions avec** · **3 - faire attention à** · apporter du soin à · **4 - assister** · aider · se charger de · entretenir · s'occuper de · soigner · veiller sur

⋙ **soins** *plur.* **traitement** · thérapeutique

✦ **être aux petits soins avec** **1 - soigner** · **2 - cajoler** · choyer · couver · chouchouter *fam.*

soir *n.m.* **1 - crépuscule** · tombée du jour · tombée de la nuit · **2 - soirée** · **3 -** [littér.] **fin** · déclin · automne *littér.* · hiver *littér.*

soirée *n.f.* **1 - soir** · **2 - veillée** · réunion · **3 - fête** · bal · réception

soit

▪ *conj.* **1 - ou** · **2 - à savoir** · c'est-à-dire

▪ *adv.* **bien** · bon · d'accord · entendu · admettons · si vous voulez · d'ac *fam.* · ok *fam.* · ça marche *fam.* · ça roule *fam.*

sol *n.m.* **1 - terre** · terrain · terroir · **2 - territoire** · pays · **3 - plancher**

✦ **sol natal** patrie

soldat *n.m.* **1 - militaire** · combattant · guerrier · homme de guerre · soudard *péj.* · reître *péj., littér.* · **2 - appelé** · conscrit · recrue · bleu *fam.* · **3 - homme de troupe** · homme du rang · bidasse *fam.* · deuxième pompe *fam.* · troufion *fam.* · pioupiou *fam., vieilli* · troupier *fam., vieilli* · **4 -** [vieux] **vétéran** · vieux briscard *fam.* · **5 - champion** · défenseur · serviteur

✦ **soldat du feu** pompier

[1]**solde** *n.f.* **rétribution** · paie · rémunération · salaire

✦ **avoir à sa solde** soudoyer · stipendier *littér.*

✦ **être à la solde de** être payé par · être inféodé à · être aux ordres de

[2]**solde** *n.m.* **1 - balance** · bilan · situation · **2 - complément** · appoint · différence · reliquat · restant · reste · **3 -** [créditeur] **avoir**

✦ **en solde** au rabais

⋙ **soldes** *plur.* **1 - liquidation** · aubaine *Québec* · **2 - braderie** · solderie

solder *v.tr.* **1 - acquitter** · payer · **2 - clôturer** · fermer · **3 - brader** · discounter · liquider · casser les prix de · sacrifier · vendre au rabais · bazarder *fam.*

⋙ **se solder par** *v.pron.* **aboutir à** · se conclure par · se traduire par · se terminer par

soleil *n.m.* **1 - astre du jour** *littér.* · phaéton *littér.* · **2 - tournesol**

solennel, -elle *adj.* **1 - grave** · digne · **2 -** [péj.] **affecté** · cérémonieux · compassé · doctoral · emphatique · guindé · magistral · pédant · pompeux · pontifiant · professoral · sentencieux · **3 - officiel** · authentique · formel · protocolaire · public · **4 - cérémoniel** · imposant · majestueux

solennel, officiel

Solennel et officiel s'appliquent à ce qui a un caractère public et authentique. Ce sont les formalités, les actes publics qui rendent **solennels** un événement, une action, etc. *(une promesse, une proclamation solennelle ; un pacte, un contrat solennel).* C'est ce qui émane d'une autorité reconnue, constituée, qui leur confère un caractère officiel *(publier un communiqué officiel ; c'est une décision, une mesure officielle ; au cours d'une cérémonie officielle ; la visite officielle du ministre s'est conclue par une déclaration solennelle).*

solennellement *adv.* **1 - cérémonieusement** · pompeusement · sentencieusement · en grande pompe · **2 - officiellement** · publiquement

solennité *n.f.* **1 - gravité** · sérieux · componction *péj.* · emphase *péj.* · **2 - apparat** · majesté · pompe · **3 -** [souvent plur.] **célébration** · cérémonie · cérémonial · fête · formalité

solidaire *adj.* **1 - coresponsable** · **2 - uni** · attaché · lié · soudé · **3 - dépendant** · connexe · corrélatif · interdépendant

✦ **être parfaitement solidaire avec** faire corps avec · ne faire qu'un avec

solidariser *v.tr.* **unir** · lier · souder

⋙ **se solidariser** *v.pron.* · s'allier · s'associer · s'entraider · se soutenir · s'unir · se serrer les coudes *fam.*

solidarité *n.f.* **1 - esprit de corps** · altruisme · camaraderie · cohésion · entraide · fraternité · sororité · **2 - dépendance** · connexion · corrélation · interaction · interdépendance · liaison

solide *adj.*

I dur · consistant · ferme

II 1 - résistant · incassable · indéchirable · inusable · robuste · costaud *fam.* · [santé] de fer *fam.* · **2 - vigoureux** · endurant · fort · musclé · résistant · robuste · vaillant · valide · bâti à chaux et à sable · costaud *fam.* · increvable *fam.*

III durable · ferme · fiable · fidèle · fort · indéfectible · indestructible · inébranlable · infrangible · stable · sûr · tenace · à toute épreuve · bon teint *plaisant* · (en) béton *fam.*
IV 1 - fondé · exact · positif · sérieux · sûr · valable · qui tient la route *fam.* · **2 - réel** · assuré · concret · effectif · tangible

solidement *adv.* · fortement · fermement · robustement

solidification *n.f.* · durcissement · figement · gélification · prise

solidifier *v.tr.* **durcir** · épaissir · gélifier

»» **se solidifier** *v.pron.* **se figer** · prendre · [lait] cailler · [sang] coaguler · [eau] geler

solidité *n.f.* **1 - consistance** · dureté · résistance · robustesse · **2 - force** · endurance · résistance · robustesse · vigueur · **3 - continuité** · durabilité · pérennité · permanence · persistance · stabilité · **4 - ténacité** · constance · courage · cran *fam.*

soliloque *n.m.* · monologue
☞ **monologue**

soliloquer *v.intr.* · monologuer

solitaire
▪ *adj.* **1 - esseulé** · reclus · seul · **2 - retiré** · abandonné · dépeuplé · désert · écarté · inhabité · isolé · sauvage
▪ *n.* **1 - ermite** · anachorète · **2 - misanthrope** · ours · sauvage
▪ *n.m* **diamant** · brillant

solitude *n.f.* **1 - isolement** · **2 - abandon** · délaissement · déréliction *littér.* · **3 - désert**

sollicitation *n.f.* **1 - incitation** · appel · excitation · invite · stimulation · **2 - demande** · instance · prière · requête

solliciter *v.tr.* **1 - demander** · réclamer · requérir · tirer la manche de · mander *vieilli* · mendier *péj.* · quémander *péj.* · quêter *péj.* · **2 - postuler à** · briguer · **3 - importuner** · assiéger · prier · **4 - attirer** · tenter

solliciteur, -euse *n.* · demandeur · quémandeur · pilier d'antichambre *fam.*

sollicitude *n.f.* **1 - intérêt** · affection · attention · égard · prévenance · soin · **2 - inquiétude** · souci

solo (en) *adv.* · seul · en solitaire
✦ **spectacle (en) solo** oneman show *anglic.*

soluble *adj.* · résoluble

solution *n.f.* **1 - explication** · clé · résolution · résultat · **2 - moyen** · astuce · méthode · expédient *souvent péj.* · procédé · combine *fam.* · truc *fam.* · **3 - achèvement** · aboutissement · conclusion · dénouement · épilogue · fin · issue · règlement · terme · **4 - soluté** · solvant · teinture
✦ **solution de continuité** interruption · coupure · hiatus · pause · rupture

solvant *n.m.* · dissolvant

somatique *adj.* · organique · corporel · physiologique · physique

sombre *adj.*
I 1 - noir · obscur · ombreux · opaque · ténébreux *littér.* · **2 - foncé** · basané · brun · hâlé · noirâtre · noiraud · **3 - assombri** · bas · brumeux · couvert · nuageux · voilé
II 1 - triste · abattu · déprimé · funèbre · lugubre · mélancolique · morne · morose · sinistre · sou-

cieux · taciturne · ténébreux *littér.* · chagrin *littér.* · **2 – pessimiste** · atrabilaire · bilieux · **3 – pauvre** · sinistre · triste
III 1 – inquiétant · alarmant · angoissant · effrayant · menaçant · préoccupant · sinistre · funeste *littér.* · **2 – tragique** · dramatique · noir · **3 – mystérieux** · obscur · occulte · sourd · souterrain

sombrer *v.intr.* **1 – s'abîmer** · chavirer · couler · disparaître · s'engloutir · faire naufrage · se perdre · périr (corps et biens) · **2 – s'effondrer** · péricliter · aller à sa ruine · **3 – s'abandonner** · s'enfoncer · s'enliser · se laisser aller · se noyer · glisser · tomber

[1]**sommaire** *adj.* **1 – court** · bref · concis · condensé · laconique · lapidaire · résumé · schématique · succinct · **2 – rudimentaire** · élémentaire · fruste · grossier · primaire · réducteur · simple · simpliste · succinct · superficiel · basique *fam.* · **3 – expéditif** · hâtif · précipité · rapide · **4 –** [repas] **léger** · frugal · pris sur le pouce *fam.*

[2]**sommaire** *n.m.* **1 – table des matières** · **2 – abrégé** · analyse · aperçu · argument · digest · extrait · précis · résumé · compendium *littér.*
↝ **résumé**

sommairement *adv.* **1 – en abrégé** · brièvement · en résumé · schématiquement · succinctement · dans les grandes lignes · en gros *fam.* · grosso modo *fam.* · **2 – grossièrement** · rudimentairement · simplement · superficiellement · **3 – rapidement** · expéditivement · hâtivement · précipitamment · en deux, trois coups de cuillère à pot *fam.*

sommation *n.f.* **1 – commandement** · demande · **2 – mise en demeure** · injonction · ordre · ultimatum · **3 – assignation** · citation · intimation

[1]**somme** *n.f.* **1 – montant** · chiffre · **2 – total** · addition · compte · résultat · **3 – masse** · ensemble · totalité · **4 – œuvre** · compendium *littér.*
✦ **somme toute, en somme** finalement · après tout · au total · bref · en définitive · pour tout dire · tout bien considéré · tout compte fait

[2]**somme** *n.m.* · sieste · dodo *fam.* · roupillon *fam.*

sommeil *n.m.* **1 – assoupissement** · somnolence · torpeur · **2 – somme** · dodo *fam.* · roupillon *fam.* · dormition *(Relig.)* · somnescence *rare* · **3 – inactivité** · engourdissement · inertie
✦ **en sommeil** en suspens
✦ **tomber de sommeil** dormir debout · piquer du nez *fam.* · cogner des clous *Québec*
✦ **il tombe de sommeil** le marchand de sable est passé *fam.*

sommeiller *v.intr.* · dormir · somnoler · pioncer *fam.* · roupiller *fam.* · pousser un roupillon *fam.*

[1]**sommer** *v.tr.* · ordonner à · commander à · enjoindre à · intimer à · mettre en demeure · signifier à · requérir *vieilli*

[2]**sommer** *v.tr.* · additionner · totaliser

sommet *n.m.* **1 – dessus** · **2 – faîte** · cime · crête · haut · point culminant · pointe · tête · **3 – montagne** · massif · pic · pointe · **4 – couronnement** · apogée · faîte · zénith · pinacle *littér.* · **5 – summum** · comble · perfection · cime *vieilli ou littér.* · **6 – conférence** · rencontre · réunion

sommet, cime, comble, faîte

Chacun de ces mots désigne la partie la plus haute de quelque chose. **Sommet** a l'emploi le plus large ; on parle du *sommet d'un arbre, d'une tour, d'une maison, de la tête, d'une montagne*, etc. **Cime** est réservé à l'extrémité pointue d'éléments naturels *(les cimes neigeuses des montagnes, la cime d'un arbre, des vagues)* ou pas *(la cime d'un clocher)*. **Faîte**, d'usage plus soutenu, concerne en particulier un édifice *(apercevoir, réparer le faîte d'une maison)* et **comble** désigne exclusivement la partie supérieure d'un bâtiment, juste sous les toits *(aménager des combles, loger sous les combles)*.
Au figuré, **sommet** et **faîte** se disent du degré supérieur, suprême de quelque chose *(arriver au sommet/au faîte du pouvoir, de la hiérarchie, de la gloire)*. **Cime** est vieilli ou littéraire en ce sens, mais **comble** est courant à propos d'un événement, d'un sentiment positif *(être au comble de la joie)* ou négatif *(c'est le comble du malheur)*.

sommité *n.f.* • célébrité • autorité • figure • gloire • (grand) maître • lumière • mandarin • monsieur • (grand) nom • notabilité • notable • personnage • personnalité • quelqu'un • ténor • vedette • phare *littér.* • gros bonnet *fam.* • grosse légume *fam.* • grosse pointure *fam.* • huile *fam.* • (grand) ponte *fam.*

somnifère *n.m.* • narcotique • barbiturique • soporifique

somnolence *n.f.* **1 – assoupissement** • demi-sommeil • sommeil • torpeur • **2 – engourdissement** • atonie • apathie • inertie • léthargie • mollesse • torpeur

somnolent, e *adj.* **1 – assoupi** • endormi • ensommeillé • **2 – apathique** • inactif • indolent • mou • nonchalant • avachi *fam.* • mollasse *fam.*

somnoler *v.intr.* • sommeiller • s'assoupir • dormir d'un œil

somptueusement *adv.* • fastueusement • luxueusement • magnifiquement • superbement • royalement

somptueux, -euse *adj.* **1 – magnifique** • beau • éblouissant • fastueux • luxueux • opulent • princier • riche • royal • splendide • superbe • **2 – coûteux**

somptuosité *n.f.* • magnificence • apparat • beauté • faste • luxe • opulence • pompe • richesse • splendeur
luxe

son *n.m.* **1 – bruit** • **2 – sonorité** • accents • intonation • résonance • timbre • ton • voix • **3 – musique** • rythme

sondage *n.m.* **1 – consultation** • enquête • questionnaire • radio-trottoir • **2 – prospection** • **3 –** [Méd.] **cathétérisme** • tubage

sonde *n.f.* **1 – tube** • cathéter • drain • **2 – tarière** • trépan

sonder *v.tr.* **1 – interroger** • consulter • enquêter auprès de • prendre la température de • pressentir • tâter (le pouls de) *fam.* • [sans complément] tâter le terrain • **2 – analyser** • approfondir • creuser • étudier • examiner • explorer • fouiller • inspecter • pénétrer • reconnaître • scruter • **3 – forer** • percer

songe *n.m.* **1 – rêve** • **2 – apparence** • chimère • fantasme • illusion • imagination • invention • mirage • rêve • utopie • château en Espagne

songer *v.tr.ind.* **rêver** • méditer • rêvasser *péj.*

✦ **songer à 1 – se souvenir de** • se rappeler • se remémorer • **2 –**

penser à · réfléchir à · **3 - tenir compte de** · considérer · faire attention à · se préoccuper de · **4 - s'occuper de** · prendre soin de · soigner · veiller à · **5 - avoir comme objectif** · avoir en ligne de mire · avoir des vues sur *fam.* · **6 -** [suivi de l'infinitif] **envisager de** · avoir l'idée de · penser · projeter de · se mettre en tête de · se proposer de

✦ **songer que** se rendre compte que · s'aviser que

songerie *n.f.* · rêverie · méditation · rêvasserie · songe

songeur, -euse *adj.* **1 - rêveur** · contemplatif · méditatif · **2 - pensif** · absent · absorbé · préoccupé · soucieux

↝ **pensif**

songeusement *adv.* · rêveusement · pensivement

sonnant, e *adj.* · précis · juste · pétant *fam.* · pile *fam.* · tapant *fam.*

sonné, e *adj.* **1 - passé** · accompli · révolu · **2 - assommé** · étourdi · estourbi *fam.* · groggy *fam.* · k.-o. *fam.* · **3 -** [fam.] → **fou**

sonner

▪ *v.intr.* **1 - carillonner** · corner · résonner · vibrer · tintinnabuler *littér.* · **2 - siffler** · tinter

▪ *v.tr.* **1 - frapper** · **2 -** [fam.] **assommer** · étourdir · estourbir *fam.* · mettre k.-o. *fam.* · **3 -** [fam.] **ébranler** · bouleverser · tourneboulег *fam.*

sonnerie *n.f.* **1 - sonnette** · **2 - son** · timbre

sonnette *n.f.* **1 - clochette** · cloche · **2 - sonnerie** · carillon

sonneur *n.m.* · carillonneur

sonore *adj.* **1 - retentissant** · ample · éclatant · fort · plein · tonitruant · tonnant · vibrant · **2 - bruyant**

sonorité *n.f.* **1 - tonalité** · **2 - résonance** · acoustique

sophisme *n.m.* · paralogisme · paradoxe

sophistication *n.f.* **1 - complexité** · complication · **2 - raffinement** · recherche · subtilité • [péj.] affectation · maniérisme · préciosité

sophistiqué, e *adj.* **1 - complexe** · de pointe · performant · **2 - recherché** · évolué · raffiné • [péj.] affecté · maniéré · précieux

soporifique

▪ *adj.* **1 - narcotique** · dormitif · hypnotique · sédatif · somnifère · **2 - ennuyeux** · assommant · endormant · mortel · barbant *fam.* · chiant *très fam.* · mortel *fam.* · mortifère *fam.* · rasoir *fam.*

▪ *n.m.* **somnifère**

sorbet *n.m.* · glace

sorcellerie *n.f.* **1 - magie** · diablerie · féerie · **2 - ensorcellement** · envoûtement · maléfice · sortilège

sorcier *n.m* · magicien · chaman · devin · enchanteur · envoûteur · jeteur de sorts · marabout · thaumaturge *littér.*

sorcière *n.f* **1 - magicienne** · devineresse · envoûteuse · jeteuse de sorts · enchanteresse · méchante fée *lang. enfants* · **2 - mégère** · harpie

sordide *adj.* **1 - sale** · crasseux · dégoûtant · immonde · infect · innommable · malpropre · pouilleux · repoussant · répugnant · **2 - ignoble** · abject · écœurant · hideux · infâme · **3 - mesquin** · vil

sornettes *n.f.pl.* • bêtises • balivernes • sottises • fables *littér.* • fadaises *vieilli* • fariboles *vieilli* • billevesées *vieux* • calembredaines *vieux* • contes *vieux*

sort *n.m.* **1 - hasard** • providence • fortune *littér.* • **2 - avenir** • destin • destinée • étoile • fortune *littér.* • **3 - condition** • état • lot • position • apanage *littér.* • **4 - sortilège** • charme • enchantement • ensorcellement • envoûtement • maléfice

✦ **mauvais sort** adversité • fatalité • mauvais œil

charme

sortable *adj.* • convenable • correct • décent • montrable • présentable

sorte *n.f.* **1 - catégorie** • classe • famille • forme • genre • groupe • ordre • type • variété • **2 - nature** • espèce • race • trempe • **3 - façon** • manière • guise *vieux*

✦ **de la sorte** ainsi • de cette manière • de cette façon

✦ **de même sorte** de même acabit • de la même farine • du même tabac *fam.* • du même tonneau *fam.*

✦ **en quelque sorte** pour ainsi dire

✦ **de sorte que** de manière à ce que • afin que • pour que

✦ **faire en sorte de, que** s'arranger pour • tâcher de, que

sortie *n.f.* **1 - issue** • débouché • porte • [sur autoroute] bretelle • **2 - promenade** • balade • escapade • tour • échappée *littér.* • **3 - lancement** • mise en circulation • édition • parution • publication • **4 - apparition** • émergence • **5 - échappement** • écoulement • évacuation • **6 - invective** • algarade

✦ **sortie d'argent** dépense • débours

✦ **sortie de bain** peignoir

✦ **à la sortie de** à la fin de • à l'issue de • au sortir de

sortie, issue

Sortie et issue désignent l'un et l'autre l'endroit par lequel quelqu'un ou quelque chose sort. La **sortie** est le passage qui est ordinairement emprunté, par convention ou habitude, et aisément repérable *(vous trouverez la sortie au bas de l'escalier ; une sortie de tunnel, de garage, de métro, d'usine).* L'**issue** est une ouverture par où l'on peut sortir, qu'il est possible d'utiliser en cas de besoin ou d'urgence (la *sortie de secours* est une *issue* signalée) mais qui peut être masquée *(chercher une issue pour s'enfuir, une issue secrète)* : « Là où la vie emmure, l'intelligence perce une issue (...) » (Proust, *À la recherche du temps perdu*, t. XV).

sortilège *n.m.* **1 - sort** • ensorcellement • envoûtement • charme • enchantement • incantation • jettatura • maléfice • sorcellerie • **2 - magie** • fascination

[1]**sortir** *v.intr.*

I 1 - aller dehors • s'aérer • mettre le nez dehors *fam.* • s'oxygéner *fam.* • **2 - aller se promener** • s'absenter • se dégourdir les jambes • faire un tour *fam.* • **3 - partir** • s'en aller • s'éclipser • s'esquiver • se retirer • décamper • déguerpir • débarrasser le plancher *fam.*

II 1 - déborder • se répandre • sourdre *littér.* • **2 - surgir** • affleurer • se détacher • émerger • jaillir • lever • percer • poindre • pousser • ressortir • faire saillie • saillir

✦ **sortir de** **1 - quitter** • abandonner • **2 - descendre de** • **3 - être issu de** • venir de • naître de • provenir de • **4 - résulter de** • découler de • **5 - se dégager de** • déborder de • s'échapper de • émaner de • s'exhaler de • fuser de · jaillir de · sourdre de · **6 - réchapper de** · se dégager de · guérir de · relever de · se tirer de · **7 - s'écarter de** · dévier de · échapper à · s'éloigner de · outrepasser · **8 - se départir de** · **9 - déborder de** · dépasser de · **10 - dépêtrer de** · délivrer de · tirer de · **11 - enlever de** · dégager de · extirper de · extraire de · ôter de · prendre dans · retirer de · tirer de

✦ **sortir avec** fréquenter

✦ **faire sortir** évacuer · déloger · mettre à la porte *fam.* · vider *fam.*

»» **se sortir** *v.pron.*

✦ **se sortir de** **1 - réchapper de** · se relever de · **2 - se dépêtrer de** · se tirer de

✦ **s'en sortir** **1 - reprendre le dessus** · se tirer d'affaire · s'en tirer *fam.* · **2 - y arriver** · se débrouiller · se démerder *très fam.* · se dépatouiller *fam.* · tirer son épingle du jeu *fam.*

²sortir *v.tr.* **1 - promener** · balader *fam.* · **2 - lancer** · éditer · faire paraître · publier · **3 -** [fam.] **dire** · débiter · proférer · raconter · **4 -** [fam.] **expulser** · vider *fam.* · virer *fam.* · **5 -** [Sport] **battre** · éliminer

sortir de (au) *loc. prép.* **1 - à la sortie de** · **2 - à la fin de** · à l'issue de

S.O.S *n.m.* · appel au secours · signal de détresse

sosie *n.* · double · clone · jumeau · réplique · ménechme *rare*

sot, sotte

▪ *adj.* **1 - bête** · borné · idiot · imbécile · inintelligent · stupide · balourd *fam.* · nunuche *fam.* · relou *lang. jeunes* · **2 - absurde** · déraisonnable · inepte · insensé · malavisé · ridicule · **3 - confus** · déconcerté · penaud

▪ *n.* **1 - âne** · abruti · benêt · dadais · étourdi · idiot · imbécile · niais · nigaud · andouille *fam.* · bêta *fam.* · bourrique *fam.* · buse *fam.* · cloche *fam.* · con *très fam.* · cornichon *fam.* · couillon *très fam.* · crétin *fam.* · cruche *fam.* · nouille *fam.* · **2 -** [fém.] **gourde** · oie · pécore · pimbêche · péronnelle *fam., vieilli*

✦ **il n'est pas sot** il a oublié d'être bête *fam.*

sottement *adv.* · bêtement · absurdement · idiotement · stupidement · connement *fam.*

sottise *n.f.* **1 - bêtise** · balourdise · crétinerie · idiotie · imbécillité · inintelligence · niaiserie · stupidité · **2 - ânerie** · absurdité · baliverne · bêtise · énormité · fadaise · faribole · ineptie · insanité · sornette · **3 - bévue** · faute · impair · maladresse · bourde *fam.* · gaffe *fam.* · **4 - babiole** · bagatelle · bêtise · bricole · broutille · futilité · misère · rien · vétille · foutaise *fam.*

sottisier *n.m.* · bêtisier

sou *n.m.* **pièce** · centime · kopeck *fam.* · liard *fam.* · radis *fam.* · rond *fam.* · penny *fam., vieilli* · rotin *fam., vieilli* · cent *Québec*

✦ **(gros) sous** argent · espèces sonnantes et trébuchantes *plaisant* · blé *fam.* · cacahuètes *fam.* · flouze *fam.* · fric *fam.* · galette *fam.* · nerf de la guerre · oseille *fam.* · pépètes *fam.* · pèze *fam.* · pognon *fam.* · ronds *fam.* · thune *lang. jeunes* · picaillons *fam., vieilli* · trèfle *fam., vieilli* · grisbi *argot* · braise *argot, vieilli* · finance *vieux*

✦ **sans le sou** désargenté *fam.* · à sec *fam.* · fauché (comme les blés) *fam.* · sans un radis *fam.* · raide *fam.* · raide comme un passe-lacet *fam., vieilli* · sans un denier *vieux*

soubassement *n.m.* **1 - assiette** · assise · base · embasement · fondation · fondement · infrastructure · **2 - socle** · piédestal · stylobate

soubresaut *n.m.* **1 - frisson** · convulsion · haut-le-corps · spasme · tressaillement · **2 - saccade** · cahot · secousse · trépidation

soubrette *n.f.* · servante · lisette *vieux*

souche *n.f.* **1 - racine** · **2 - origine** · ascendance · extraction · famille · filiation · lignage · lignée · naissance · race · sang · **3 - talon**

souci *n.m.* **1 - angoisse** · alarme · anxiété · crainte · inquiétude · préoccupation · **2 - contrariété** · désagrément · difficulté · embarras · ennui · problème · tourment · tracas · embêtement *fam.* · emmerdement *très fam.* · empoisonnement *fam.*

✦ **se faire du souci** s'inquiéter · s'affoler · s'angoisser · se tourmenter · se tracasser · se biler *fam.* · se faire de la bile *fam.* · se faire des cheveux *fam.* · se faire du mauvais sang *fam.* · se faire du mouron *fam.* · s'en faire *fam.* · se mettre martel en tête *fam.* · se ronger les sangs *fam.* · se mettre la rate au court-bouillon *fam., vieilli*

soucier *v.tr.* **inquiéter** · ennuyer · préoccuper · tourmenter · tracasser · turlupiner *fam.*

⋙ **se soucier** *v.pron.* **s'inquiéter** · se tourmenter

✦ **se soucier de** se préoccuper de · s'intéresser à · s'occuper de

✦ **ne pas se soucier de** ne pas s'occuper de · ne pas s'embarrasser de · ne pas songer à · se désintéresser de · se moquer de

soucieux, -ieuse *adj.* · inquiet · angoissé · anxieux · contrarié · ennuyé · préoccupé · sombre · tourmenté · tracassé · turlupiné *fam.*

✦ **soucieux de** attentif à · préoccupé de

soucoupe *n.f.* · sous-tasse *région.*

[1]**soudain, e** *adj.* **1 - brusque** · brutal · foudroyant · fulgurant · instantané · prompt · rapide · subit · **2 - imprévu** · fortuit · inattendu · inopiné

[2]**soudain** *adv.* · soudainement · brusquement · brutalement · subitement · tout à coup · tout d'un coup · sans crier gare

soudain, soudainement, tout à coup

Soudain, soudainement et tout à coup caractérisent la rapidité et l'imprévisibilité d'une action. **Soudain** met l'accent sur la brusquerie et le contraste entre deux situations, notamment lorsqu'il est placé en tête de phrase ou juste après une conjonction *(soudain retentit un grand cri ; je la regardais s'éloigner quand, soudain, elle s'écroula)*. **Soudainement**, d'usage plus littéraire, exprime plutôt la manière dont l'action se déroule *(il a disparu aussi soudainement qu'il était arrivé)*. La locution **tout à coup** peut se substituer aux emplois de chacun des adverbes *(tout à coup une porte s'ouvrit)* : « L'amour, croyait-elle, devait arriver tout à coup avec de grands éclats et des fulgurations » (Flaubert, *Madame Bovary*, II, 4).

soudainement *adv.* · brusquement · brutalement · subitement · tout d'un coup · [demander] à brûle-pourpoint · de but en blanc

soudain

soudaineté *n.f.* · brusquerie · brutalité · rapidité · vivacité

soudard *n.m.* · reître · traîneur de sabre

souder *v.tr.* · unir · accoler · agglutiner · conglomérer · joindre · réunir

soudoyer *v.tr.* · acheter · corrompre · payer · arroser *fam.* · graisser la patte à *fam.* · stipendier *littér.* · [un témoin] suborner

soudure *n.f.* 1 - **jonction** · 2 - **assemblage** · raccord · soudage · 3 - **brasure**

soufflant, e *adj.* → **stupéfiant**[1]

souffle *n.m.*
I 1 - **haleine** · expiration · respiration · soupir · 2 - **bouffée** · effluve · émanation · exhalaison · 3 - **vent** · air · courant · rafale · 4 - **onde de choc**
II 1 - **âme** · esprit · vie · 2 - **inspiration** · créativité · enthousiasme · exaltation · lyrisme · veine

✦ **avoir du souffle** 1 - **avoir de l'aplomb** · avoir du culot *fam.* · avoir du toupet *fam.* · ne pas manquer d'air *fam.* · 2 - [chanteur] **avoir du coffre** *fam.*

soufflé, e *adj.* 1 - **pulsé** · 2 - **gonflé** · bombé · boursouflé · 3 - [fam.] → **étonné**

souffler

▪ *v.intr.* 1 - **expirer** · 2 - **haleter** · s'essouffler · 3 - **se reposer** · se délasser · se détendre · reprendre haleine · reprendre son souffle · respirer

▪ *v.tr.* 1 - **exhaler** · cracher · vomir · 2 - **éteindre** · 3 - **suggérer** · conseiller · insinuer · inspirer · laisser entendre · 4 - [fam.] → **étonner** · 5 - [fam.] → **impressionner** · 6 - [fam.] → **s'approprier**

✦ **souffler (à l'oreille)** chuchoter · glisser (dans le tuyau de l'oreille) · murmurer · susurrer

soufflet *n.m.* 1 - **affront** · humiliation · mortification · offense · outrage · camouflet *littér.* · 2 - [vieux] → **gifle**

souffleter *v.tr.* → **gifler**

souffrance *n.f.* 1 - **douleur** · 2 - **affliction** · chagrin · détresse · croix · larmes · peine · 3 - **épreuve** · calvaire · supplice · torture · tourment

✦ **en souffrance** en attente · en retard · en suspens · dans les cartons *fam.* · en carafe *fam.* · en panne *fam.* · en plan *fam.* · en rade *fam.*

↝ **douleur**

souffrant, e *adj.* 1 - **malade** · incommodé · indisposé · mal en point · mal fichu *fam.* · patraque *fam.* · tout chose *fam.* · 2 - **maladif** · dolent *littér.*

souffre-douleur *n.m.* · victime · bête noire · bouc émissaire · jouet · martyr · tête de Turc

souffreteux, -euse *adj.* · maladif · chétif · débile · malingre · rachitique · dolent *littér.* · égrotant *vieux ou littér.*

souffrir

▪ *v.intr.* 1 - **avoir mal** · être à la torture · déguster *fam.* · dérouiller *fam.* · en baver *fam.* · morfler *fam.* · trinquer *fam.* · 2 - **peiner** · en baver *fam.* · galérer *fam.* · 3 - **s'abîmer** · se détériorer · morfler *fam.*

✦ **souffrir de** 1 - **pâtir de** · 2 - **être victime de** · essuyer · subir

✦ **faire souffrir** affliger · endolorir · lanciner · martyriser · ravager · tourmenter · torturer · en faire voir à *fam.*

▪ *v.tr.* **1 - endurer** · éprouver · subir · supporter · encaisser *fam.* · **2 - admettre** · accepter · autoriser · permettre · tolérer · **3 - supporter** · sentir · voir

✦ **ne pas pouvoir souffrir** détester · ne pas pouvoir sentir *fam.* · ne pas pouvoir blairer *fam.* · ne pas pouvoir pifer *fam.*

❧ **permettre**

souhait *n.m.* **1 - aspiration** · ambition · attente · désir · envie · rêve · volonté · **2 - vœu**

✦ **à souhait** **1 - abondamment** · à gogo *fam.* · en veux-tu en voilà *fam.* · **2 - convenablement** · parfaitement · bien · aux petits oignons *fam.*

souhaitable *adj.* **1 - indiqué** · adéquat · approprié · à propos · conseillé · convenable · opportun · recommandé · requis · **2 - enviable** · désirable

souhaiter *v.tr.* **1 - appeler (de ses vœux)** · ambitionner de · aspirer à · attendre · avoir envie de · demander · désirer · espérer · rêver de · avoir en tête de · vouloir · **2 - convoiter** · avoir des vues sur · viser · lorgner sur *fam.*

souillé, e *adj.* **1 - sale** · maculé · taché · **2 - pollué** · infecté

souiller *v.tr.*

I 1 - salir · tacher · **2 - polluer** · contaminer · infecter · corrompre *vieilli*

II 1 - avilir · corrompre · entacher · gâter · gangrener · [une réputation] flétrir · porter atteinte à · ternir · **2 - déshonorer** · profaner · violer · **3 - calomnier** · diffamer · éclabousser

souillure *n.f.* **1 - contamination** · pollution · **2 - avilissement** · corruption · flétrissure · **3 - faute** · péché · tache · tare

souk *n.m.* **1 - marché** · bazar · **2 -** [fam.] → **désordre**

soûl, e *adj.* **1 - ivre** · beurré *fam.* · bituré *fam.* · blindé *fam.* · bourré *fam.* · déchiré *fam.* · gai *fam.* · gris *fam.* · noir *fam.* · paf *fam.* · parti *fam.* · pinté *fam.* · plein (comme une huître, comme une outre, comme une barrique) *fam.* · rond (comme une queue de pelle) *fam.* · paqueté *fam., Québec* · **2 - saturé** · gavé · rassasié · repu

✦ **complètement soûl** soûl comme un cochon, comme un âne, comme une grive, comme une bourrique · soûl comme un Polonais

✦ **tout son soûl** son content · à (sa) suffisance · jusqu'à plus soif *fam.*

soulagement *n.m.* **1 - apaisement** · adoucissement · allègement · délivrance · détente · diminution · **2 - aide** · consolation · palliatif · réconfort · remède

soulager *v.tr.* **1 - secourir** · aider · assister · faire du bien à · décharger · ôter une épine du pied à · **2 - alléger** · adoucir · apaiser · atténuer · calmer · consoler · diminuer · endormir · lénifier · modérer · réduire · tempérer

✦ **soulager de** décharger de · débarrasser de · délivrer de · libérer de

soûlant, e *adj.* → **ennuyeux**

soûlaud, e *n.* → **ivrogne**

soûler *v.tr.* **1 - enivrer** · étourdir · griser · monter à la tête à · **2 - abrutir** · assommer · étourdir · fatiguer · gaver *fam.*

⋙ **se soûler** *v.pron.* s'enivrer · boire (plus que de raison) · se beurrer *fam.* ·

se biturer *fam.* · se bourrer (la gueule) *fam.* · se cuiter *fam.* · se péter la gueule *fam.* · picoler *fam.* · se pinter (la gueule) *très fam.* · prendre une biture, une caisse, une cuite *fam.*

✦ **se soûler de** se gaver de · se gorger de · se rassasier de · se repaître de

soûlerie *n.f.* · beuverie · bacchanale *littér. ou vieilli*

soulèvement *n.m.* · émeute · insurrection · rébellion · révolte · sédition • [de marins, de soldats] mutinerie • [de paysans, Hist.] jacquerie

soulever *v.tr.*
I 1 – lever · élever · hausser · hisser · **2 – retrousser** · relever · remonter · trousser *vieilli*
II 1 – provoquer · causer · déclencher · déterminer · engendrer · entraîner · occasionner · produire · susciter · **2 – poser** · aborder · élever · évoquer · **3 – enflammer** · agiter · ameuter · déchaîner · enthousiasmer · exalter · exciter · remuer · transporter

✦ **soulever le cœur** dégoûter · écœurer · donner des haut-le-cœur

⋙ **se soulever** *v.pron.* **1 – se dresser** · se lever · **2 – se rebeller** · s'insurger · se mutiner · se rebiffer · se révolter

soulier *n.m.* · chaussure · godasse *fam.* · grole *fam.* · pompe *fam.* · tatane *fam.*

souligner *v.tr.* **1 – accentuer** · accuser · faire ressortir · mettre en avant · mettre en relief · mettre en valeur · ponctuer · relever · **2 – insister sur** · appuyer sur · faire remarquer · marquer · mettre en évidence · noter · préciser · signaler · s'étendre sur

soûlographie *n.f.* · débauche · orgie · bacchanale *littér. ou vieilli*

soulte *n.f.* · complément · compensation

soumettre *v.tr.* **1 – assujettir** · asservir · conquérir · contraindre · dominer · dompter · enchaîner · inféoder · maîtriser · mater · museler · opprimer · pacifier *euph.* · ranger sous ses lois · réduire · subjuguer · **2 – exposer** · offrir · présenter · proposer

✦ **soumettre à** assujettir à · astreindre à · subordonner à

⋙ **se soumettre** *v.pron.* **1 – abandonner (le combat, la lutte)** · capituler · se livrer · se rendre · **2 – s'abaisser** · courber la tête, le front, l'échine · ployer le genou · baisser pavillon · baisser son froc *fam.* · filer doux *fam.* · **3 – céder** · fléchir · s'incliner · obéir · obtempérer · plier · se résigner · mettre les pouces *fam.*

✦ **se soumettre à** **1 – reconnaître (l'autorité de)** · déférer à · être aux genoux de *péj.* · trembler devant *péj.* · **2 – accepter** · s'accommoder de · acquiescer à · s'adapter à · s'assujettir à · se conformer à · consentir à · écouter · obéir à · observer · se plier à · respecter · sacrifier à · satisfaire à · suivre

soumis, e *adj.* **1 – discipliné** · déférent · docile · gouvernable · maniable · obéissant · souple · **2 – résigné** · humble · **3 – servile** · bas · **4 – asservi** · pacifié

✦ **soumis à** **1 – assujetti à** · **2 – inféodé à** · assujetti à · sous le joug de *littér.* · **3 – dépendant de** · astreint à · prisonnier de · tributaire de

soumission *n.f.* **1 – docilité** · obéissance · obédience *littér.* · servilité *péj.* · **2 - humilité** · acceptation · résignation · **3 - asservissement** · assujettissement · dépendance · esclavage · inféodation · servitude · sujétion · vassalité · **4 - observance** · obéissance · **5 - conquête** · réduction · **6 - capitulation** · reddition

soupape *n.f.* **1 - obturateur** · clapet · **2 - exutoire** · dérivatif · diversion · issue

soupçon *n.m.* **1 - doute** · présomption · suspicion · **2 - méfiance** · défiance · suspicion

✦ **un soupçon de** un peu de · une goutte de · une larme de · une lueur de · un nuage de · une miette de · une ombre de · une once de · une pointe de · un semblant de · une trace de · un chouïa de *fam.*

suspicion

soupçonner *v.tr.* **1 - suspecter** · se défier de · douter de · se méfier de · incriminer · **2 - se douter** · imaginer · avoir idée · **3 - croire à** · deviner · entrevoir · penser à · pressentir · présumer · supposer · flairer *fam.* · subodorer *fam.* · conjecturer *littér.*

soupçonneux, -euse *adj.* **1 - défiant** · méfiant · suspicieux · **2 - jaloux** · craintif · ombrageux

soupe *n.f.* potage · bouillon

✦ **soupe au lait** → **coléreux**

soupente *n.f.* · réduit

¹souper *n.m.* · dîner · repas du soir · médianoche *vieux ou littér.* · réveillon *vieux*

²souper *v.intr.* · dîner

soupeser *v.tr.* · apprécier · estimer · évaluer · jauger · juger de · peser · supputer

soupir *n.m.* **1 - souffle** · **2 - gémissement** · plainte · **3 -** [Mus.] **silence**

soupirant *n.m.* · galant · amant · amoureux · prétendant · sigisbée *vieux ou iron.*

soupirer *v.intr.* **1 - souffler** · expirer · **2 - pleurer** · gémir · geindre · se plaindre · se lamenter

✦ **soupirer sur** déplorer · pleurer sur · regretter

✦ **soupirer après** appeler de ses vœux · désirer · convoiter · guigner *fam.* · lorgner (sur) *fam.*

souple *adj.*

I 1 - mou · élastique · extensible · flexible · malléable · maniable · moelleux · onctueux · pliable · **2 - agile** · alerte · délié · leste · preste · vif · **3 - décontracté** · aisé · dégagé · félin · gracieux · léger · ondoyant

II 1 - liant · accommodant · compréhensif · conciliant · diplomate · habile · politique · **2 - docile** · complaisant · flexible · malléable

✦ **être très souple** être souple comme un gant *péj.* · avoir l'échine souple, les reins souples · être du bois dont on fait les flûtes

souple, docile, flexible

Souple, **docile** et **flexible** s'appliquent à quelqu'un qui n'offre pas de résistance à la volonté ou aux directives d'autrui. Une personne **docile** l'est par discipline *(c'est un enfant docile qui apprend bien)* ou par soumission *(il cède toujours, il est trop docile)*. **Souple** ajoute à la docilité l'idée de calcul et d'habileté à répondre aux exigences d'une situation donnée *(un négociateur, un politicien souple)* ; on peut être **souple** par excès de complaisance *(avoir l'échine souple, être souple comme un gant)*. **Flexible** se dit d'une personne malléable par nature plus que par calcul ou intérêt : « Je n'ai point cette roideur d'esprit des vieillards (...) je suis flexible comme une anguille, et vif comme un lézard » (Voltaire, *Lettre à d'Argental, 22 oct. 1759*).

souplesse *n.f.* **1 - élasticité** · flexibilité · malléabilité · maniabilité · plasticité · **2 - agilité** · adresse · légèreté · **3 - adaptabilité** · **4 - diplomatie** · adresse · compréhension · doigté

souquer *v.intr.* · ramer

source *n.f.* **1 - point d'eau** · fontaine · résurgence · **2 -** [lumineuse] **foyer** · **3 - cause** · base · commencement · étincelle · ferment · fondement · générateur · germe · motif · naissance · origine · point de départ · principe · racine · raison · **4 - mine** · filon · trésor · veine

☞ origine

sourcier, -ière *n.* · radiesthésiste · rhabdomancien

sourciller *v.intr.* · ciller · broncher *fam.* · tiquer *fam.*

sourcilleux, -euse *adj.* · exigeant · chatouilleux · intransigeant · maniaque · strict · scrupuleux · pointilleux *péj.* · tatillon *péj.* · vétilleux *péj., littér.*

sourd, sourde

▪ *adj.* **1 - malentendant** · dur d'oreille · dur de la feuille *fam.* · sourdingue *fam.* · **2 - assourdi** · cotonneux · étouffé · feutré · mat · mou · **3 - enroué** · voilé · **4 - diffus** · caché · indistinct · latent · secret · souterrain · vague

✦ **sourd à** indifférent à · fermé à · imperméable à · insensible à · rebelle à · réfractaire à

✦ **être sourd** être sourd comme un pot *fam.* · avoir les portugaises ensablées *fam.*

▪ *n.* **malentendant**

sourdine *n.f.* **étouffoir** · pédale douce

✦ **en sourdine 1 - silencieusement** · doucement · faiblement · **2 - discrètement** · secrètement

✦ **mettre une sourdine à** diminuer · modérer · rabattre · mettre un bémol à

sourdre *v.intr.* **1 - couler** · s'échapper · filtrer · fuser · jaillir · se répandre · sortir · suinter · **2 - paraître** · apparaître · éclore · émerger · naître · poindre

souriant, e *adj.* · gai · enjoué · épanoui · jovial · joyeux · réjoui · rieur · tout sourire

souricière *n.f.* **1 - ratière** · tapette · **2 - piège** · traquenard

sourire *v.intr.* · être tout sourire

✦ **sourire à 1 - favoriser** · servir · **2 - convenir à** · amuser · plaire à · agréer à *littér.* · chanter à *fam.*

✦ **sourire de** se moquer de · s'amuser de · ironiser sur · plaisanter de, sur

sournois, e *adj.* **1 - hypocrite** · dissimulateur · faux · fourbe · **2 - insidieux** · perfide · traître · subreptice *littér.*

sournoisement *adv.* · en cachette · en catimini · à la dérobée · en dessous · en sous-main · en tapinois · hypocritement · insidieusement · en douce *fam.* · mine de rien *fam.* · par en dessous *fam.*

sournoiserie *n.f.* **1 - hypocrisie** · dissimulation · duplicité · fausseté · fourberie · simulation · **2 - perfidie** · feinte

sous-alimentation *n.f.* · dénutrition · faim · insuffisance alimentaire

souscription *n.f.* **1 - signature** · **2 - participation** · **3 - abonnement**

souscrire à *v.tr.ind.* · accepter · accéder à · acquiescer à · adhérer à · admettre · consentir à · se prêter à · se rallier à

sous-cutané, e *adj.* · hypodermique · sous-épidermique

sous-développé, e *adj.* **1 -** [Écon.] **en voie de développement** · moins avancé · **2 - en retard** · **3 - sous-équipé**

sous-entendre *v.tr.* **1 - insinuer** · laisser deviner · laisser entendre · suggérer · **2 - vouloir dire** · impliquer · indiquer

[1]**sous-entendu, e** *adj.* · implicite · inexprimé · informulé · tacite

sous-entendu, tacite, implicite

Sous-entendu, tacite et **implicite** qualifient ce qui, sans être exprimé, contient un message, une information. **Sous-entendu** est le terme le plus général pour exprimer ce qu'on laisse *entendre* sans le dire *(dans cette phrase, le verbe est sous-entendu ; il est sous-entendu que ...)* et s'emploie couramment comme nom *(parler par sous-entendus)*. On réserve **tacite** (proprement « que l'on *tait* ») à ce qui est sous-entendu entre plusieurs personnes *(une alliance tacite, par un accord tacite, contrat renouvelable par tacite reconduction)*. **Implicite** (« qui est *impliqué* ») est réservé à ce qui peut être déduit ou induit d'un énoncé, d'un fait, etc. *(une clause, une condition implicite ; c'est la reconnaissance implicite de son erreur)*.

[2]**sous-entendu** *n.m.* · allusion · ellipse · insinuation · implicite · non-dit · réticence *vieilli*

sous-estimation *n.f.* · sous-évaluation · dépréciation · mésestimation *littér.*

sous-estimer *v.tr.* · déprécier · dévaloriser · méconnaître · méjuger · mésestimer · minimiser · sous-évaluer · avoir mauvaise opinion de · ne pas apprécier à sa juste valeur

sous-fifre *n.m.* → **subalterne**

sous-jacent, e *adj.* **1 - implicite** · latent · occulte · **2 - inférieur** · subjacent

sous-main (en) *n.m.* · secrètement · à la dérobée · confidentiellement · dans l'anonymat · dans l'ombre · en cachette · en catimini · clandestinement · en coulisse · en secret · en silence · furtivement · incognito · subrepticement · en tapinois *fam.* · sans tambour ni trompette *fam.* · sous le manteau *fam.*

sous-marin, e

- *adj.* **1 - immergé** · **2 - subaquatique**
- *n.m.* **submersible** · bathyscaphe

sous-ordre *n.m.* · subordonné · inférieur · subalterne · sous-fifre *fam.* · sous-verge *vieilli*

sous-sol *n.m.* · cave

sous-tasse *n.f.* · soucoupe

soustraction *n.f.* **1 - décompte** · déduction · **2 - détournement** · vol

soustraire *v.tr.* **1 - décompter** · déduire · défalquer · enlever · ôter · prélever · retirer · retrancher · distraire *littér.* · **2 - s'approprier** · confisquer · délester de *iron.* · dérober · détourner · divertir · escamoter · escroquer · ôter · prendre · subtiliser · voler · chaparder *fam.* · débarrasser de *fam.* · faucher *fam.* · ravir *littér.*

✦ **soustraire à** dégager de · dispenser de · libérer de · préserver de · protéger de · sauver de

»» **se soustraire à** *v.pron.* · échapper à · se dégager de · se dérober à · éluder · esquiver · éviter · manquer à · couper à *fam.* · s'affranchir de *littér.*

sous-vêtements *n.m.pl* · dessous · linge de corps · lingerie

soute *n.f.* · cale

soutenable *adj.* 1 - **supportable** · endurable · tenable · tolérable · vivable · 2 - **défendable** · explicable · justifiable

souteneur *n.m.* · proxénète · protecteur · maquereau *fam.* · marlou *fam.* · jules *pop.* · julot *pop.* · barbeau *fam., vieilli*

soutenir *v.tr.*
I 1 - maintenir · porter · supporter · tenir · 2 - **consolider** · accoter · appuyer · caler · étayer · renforcer
II 1 - aider · appuyer · assister · donner la main à · encourager · épauler · prêter main-forte à · seconder · secourir · servir · venir à la rescousse de · 2 - **fortifier** · conforter · réconforter · remonter · stimuler · sustenter · 3 - **favoriser** · pistonner · protéger · 4 - **défendre** · épouser la cause de · plaider pour · prendre fait et cause pour · prendre le parti de · recommander · 5 - **financer** · parrainer · sponsoriser · subventionner
III affirmer · assurer · attester · avancer · certifier · faire valoir · maintenir · prétendre · professer
IV continuer · persévérer dans · persister dans · poursuivre
V résister à · faire face à · endurer · souffrir · supporter · tenir contre

»» **se soutenir** *v.pron.* 1 - **se tenir debout** · se tenir droit · 2 - **durer** · se continuer · subsister · 3 - **s'entraider** · se prêter assistance · se prêter main-forte · être solidaire · se donner un coup de main *fam.* · se serrer les coudes *fam.*

soutenu, e *adj.* 1 - **assidu** · constant · continu · incessant · ininterrompu · persévérant · persistant · régulier · suivi · 2 - **intense** · profond · vif · 3 - **recherché** · académique · châtié · élevé · étudié · littéraire · noble · soigné

[1]**souterrain, e** *adj.* · secret · caché · clandestin · larvé · occulte · sourd · ténébreux · subreptice *littér.*

[2]**souterrain** *n.m.* · tunnel · galerie

soutien *n.m.* 1 - **support** · (point d')appui · béquille · contrefort · étai · soutènement · 2 - **aide** · appui · assistance · défense · patronage · protection · recommandation · secours · [d'un vieillard] bâton de vieillesse · [financier] allocation · subsides · subvention · 3 - **accord** · appui · collaboration · concours · coopération · encouragement · 4 - **défenseur** · adepte · appui · auxiliaire · champion · garant · partisan · pilier · pivot · protecteur · tenant

soutirer *v.tr.* 1 - **prélever** · 2 - **transvaser** · clarifier · [du vin] élier *(Techn.)* · 3 - **extorquer** · arracher · escroquer · taper *fam.* · tirer *fam.*

souvenir *n.m.* 1 - **réminiscence** · évocation · image · impression · pensée · rappel · 2 - **mémoire** · souvenance · ressouvenance *littér.* · 3 - **trace** · arrière-goût · ombre · relique · vestige · 4 - **cadeau**

»» **souvenirs** *plur.* 1 - **passé** · 2 - **mémoires** · autobiographie

souvenir, mémoire, réminiscence

Mémoire, souvenir et réminiscence concernent la faculté du cerveau à emmagasiner et restituer de l'information. La **mémoire** est l'espace mental dans lequel est conservé le **souvenir** *(garder, recueillir, retrouver quelque chose dans sa mémoire ; encombrer, perdre la mémoire ; faire resurgir de vieux souvenirs de sa mémoire).* Le **souvenir** est une image mémorisée que l'on peut localiser dans le temps et l'espace *(des souvenirs d'enfance, de voyage, le souvenir d'une belle journée).* Une **réminiscence** est une remontée de sensations, de perceptions à tonalité surtout affective, dont on ne peut identifier l'origine : « La réminiscence est comme l'ombre du souvenir » (Joubert, *Pensées*, III, XXXVI). **Réminiscence** s'emploie aussi, et plus couramment, au sens de « souvenir imprécis » : « (...) les vagues réminiscences d'une vieille oraison qu'on me faisait réciter dans mon enfance, avant de m'endormir, pour conjurer les démons de la nuit » (H. Bosco, *Hyacinthe).*

souvenir de (se) *v.pron.* **1 - se rappeler** · se représenter · revoir · reconstituer · retrouver · se remémorer *littér.* · avoir souvenance de *littér.* · **2 - reconnaître** · remettre *fam.* · **3 - retenir** · penser à · prendre bonne note de

✦ **je m'en souviendrai !** ce n'est pas tombé dans l'oreille d'un sourd ! • [menace] tu ne perds rien pour attendre !

souvent *adv.* **1 - plusieurs fois** · à maintes reprises · à plusieurs reprises · fréquemment · moult fois *vieux ou iron.* · **2 - généralement** · communément · d'ordinaire · en général · habituellement · la plupart du temps

✦ **pas souvent** guère · tous les trente-six du mois *fam.*

✦ **très souvent** de nombreuses fois · cent fois · les trois-quarts du temps · toujours · maintes fois *soutenu*

[1]**souverain, e** *adj.*
I 1 - tout-puissant · absolu · omnipotent · suprême · **2 - régnant** · **3 - indépendant** · autonome · libre
II 1 - supérieur · absolu · divin · extrême · idéal · parfait · suprême · **2 - efficace** · absolu · infaillible · magistral · puissant · radical · sûr

souverain, suprême

Souverain et **suprême** se rejoignent pour exprimer ce qui, dans son genre ou son domaine, est très *supérieur* aux autres. On qualifie de **souverain** ce qui est au plus haut degré *(calme, bonheur souverain ; force, liberté souveraine ; le souverain bien)* et notamment une personne ou une divinité qui règne en maître *(seigneur, juge souverain, Dieu souverain).* En insistant sur la valeur superlative, **suprême** caractérise ce qui est au-dessus de tout ; il qualifie en particulier, dans une hiérarchie de pouvoir, ce qui exerce une *suprématie (autorité, conseil suprême ; une juridiction, un tribunal suprême)* et, dans une hiérarchie de valeurs, ce qui occupe la première place *(plaisir suprême, suprême élégance).* En parlant de sentiments, d'attitudes, **souverain** et **suprême** peuvent avoir une connotation péjorative *(afficher un mépris souverain, une suprême insolence).*

[2]**souverain, e** *n.* **1 - monarque** · prince · roi · **2 - maître** · arbitre · chef · seigneur

✦ **Souverain Pontife** pape

souverainement *adv.* **1 - extrêmement** · absolument · supérieurement · suprêmement · terriblement *fam.* · **2 - parfaitement** · divinement · excellemment

souveraineté *n.f.* **1 - couronne (royale, impériale)** · empire · royauté · **2 - pouvoir** · autorité · empire · maîtrise · omnipotence ·

puissance · toute-puissance · supériorité · **3 - autonomie** · indépendance

spoyeux, -euse *adj.* · doux · lustré · satiné

spacieux, -ieuse *adj.* · étendu · ample · grand · immense · large · vaste

↝ **grand**

spadassin *n.m.* **1 - bretteur** · batteur de fer · ferrailleur · **2 - tueur à gages** · nervi · sbire · sicaire *vieux ou littér.*

spartiate *adj.* · ascétique · austère · rigide · rigoureux · sévère · sobre · strict

spasme *n.m.* · contraction · contracture · convulsion · crispation · soubresaut · tiraillement · tremblement

spasmodique *adj.* · convulsif · nerveux · saccadé

spatial, e *adj.* · cosmique · interplanétaire · intersidéral · interstellaire

spationaute *n.* · astronaute · cosmonaute · taïkonaute

↝ **astronaute**

spatule *n.f.* · abaisse-langue · cuiller · gâche

speaker *n.m.* · présentateur · animateur · annonceur

speakerine *n.f.* · présentatrice · animatrice · annonceuse

spécial, e *adj.* **1 - caractéristique** · distinctif · particulier · propre · spécifique · **2 -** [cas] **individuel** · d'espèce · ponctuel · **3 - singulier** · à part · atypique · extraordinaire · exceptionnel · hors du commun · original · particulier · unique · pas banal *fam.* · **4 - bizarre** · étrange

spécialement *adv.* **1 - notamment** · par exemple · en particulier · entre autres · particulièrement · surtout · singulièrement *littér.* · **2 - exprès** · exclusivement · spécifiquement

spécialisation *n.f.* · qualification · spécialité

spécialiste *n.* · expert · grand clerc (en la matière) · homme de l'art · professionnel · technicien

spécialité *n.f.* **1 - discipline** · branche · domaine · partie · sphère · rayon *fam.* · **2 - mets** · plat · **3 - spécialisation**

spécieux, -ieuse *adj.* · fallacieux · faux · sophistique · trompeur · captieux *littér.*

spécification *n.f.* **1 - caractérisation** · définition · détermination · **2 - précision** · indication · mention

spécificité *n.f.* · caractéristique · particularité · propre · singularité

spécifier *v.tr.* **1 - fixer** · caractériser · déterminer · définir · **2 - indiquer** · mentionner · préciser · stipuler

spécifique *adj.* · particulier · caractéristique · propre · spécial · sui generis · typique

↝ **typique**

spécifiquement *adv.* **1 - exprès** · exclusivement · spécialement · uniquement · **2 - typiquement** · proprement · uniquement · **3 - particulièrement** · à proprement parler

spécimen *n.m.* **1 - modèle** · archétype · exemple · prototype · type · **2 - échantillon** · exemplaire · individu · représentant

spectacle *n.m.* 1 - **représentation** · divertissement · exhibition · gala · revue · séance · show · 2 - scène · tableau · vue

✦ **au spectacle de** à la vue de

✦ **se donner, s'offrir en spectacle** se faire remarquer · s'exhiber · se montrer

spectaculaire *adj.* · impressionnant · extraordinaire · frappant · prodigieux · remarquable · saisissant · sensationnel

spectateur, -trice *n.* 1 - **observateur** · témoin · 2 - **assistant** · auditeur · téléspectateur

»» **spectateurs** *plur.* **assistance** · auditoire · parterre · public · salle · galerie *fam.*

spectre *n.m.* 1 - **fantôme** · apparition · ectoplasme · esprit · ombre · mort · revenant · 2 - **menace** · épouvantail · obsession · peur

spéculateur, -trice *n.* · agioteur · boursicoteur *fam.*

spéculatif, -ive *adj.* · théorique · abstrait · conceptuel

spéculation *n.f.* 1 - **raisonnement** · théorie · 2 - **calcul** · réflexion · supputation · 3 - **agiotage** · opérations boursières · jeu boursier · boursicotage *fam.* · coup de Bourse *fam.*

spéculer *v.intr.* · agioter · jouer en Bourse · boursicoter *fam.*

✦ **spéculer sur** 1 - **méditer sur** · penser à · raisonner sur · réfléchir à · 2 - **compter sur** · miser sur · tabler sur

speech *n.m.* · discours · laïus *fam.* · topo *fam.*

speedé, e *adj.* → **énervé**

sperme *n.m.* · semence · liquide séminal

sphère *n.f.* 1 - **boule** · globe · 2 - [terrestre] **globe** · Terre · mappemonde · 3 - **milieu** · cadre · champ · domaine · mouvance · secteur · univers · zone

sphérique *adj.* · rond · circulaire · globeux *vieux*

spirale *n.f.* · volute · arabesque · enroulement · hélice · serpentin · torsade · vrille

✦ **en spirale** 1 - [feuille] **convoluté** · 2 - **à vis** · en colimaçon · en tire-bouchon · en vrille

spiritisme *n.m.* · divination · nécromancie · occultisme · typtologie

spiritualité *n.f.* 1 - **esprit** · 2 - **mysticisme** · dévotion · foi · religiosité · 3 - [Philo.] **immatérialité** · abstraction · incorporéité

spirituel, -elle *adj.* 1 - **intérieur** · moral · 2 - **mystique** · métaphysique · religieux · 3 - **intellectuel** · mental · 4 - **amusant** · brillant · drôle · fin · humoristique · malicieux · malin · pétillant · piquant · plaisant · satirique · subtil · vif · 5 - [Philo.] **immatériel** · abstrait · incorporel

spirituellement *adv.* 1 - **intellectuellement** · moralement · 2 - **avec beaucoup d'esprit** · finement · malicieusement

spiritueux *n.m.* · alcool · liqueur

spleen *n.m.* · mélancolie · ennui · idées noires · neurasthénie · nostalgie · tristesse · vague à l'âme · blues *fam.* · bourdon *fam.* · cafard *fam.* · déprime *fam.*

splendeur *n.f.* 1 - **beauté** · 2 - **magnificence** · apparat · brillant ·

faste · luxe · pompe · richesse · somptuosité · **3 – gloire** · éclat · grandeur · lustre · panache · prestige · rayonnement · **4 – prospérité**

splendide *adj.* **1 – superbe** · beau · admirable · magnifique · merveilleux · sublime · [temps] radieux · **2 – somptueux** · brillant · éblouissant · étincelant · fastueux

splendidement *adv.* · admirablement · brillamment · divinement · magnifiquement · merveilleusement · somptueusement · superbement

spoliation *n.f.* · dépouillement · dépossession · dessaisisement · vol

spolier *v.tr.* · voler · déposséder · dépouiller · dessaisir · frustrer · léser · priver · gruger *fam.*

sponsor *n.m.* · mécène · commanditaire *recomm. offic.* · parrain *recomm. offic.* · parraineur *recomm. offic.*

sponsorisation *n.f.* · mécénat · financement · parrainage · sponsoring *anglic.*

sponsoriser *v.tr.* · commanditer · financer · parrainer · soutenir

spontané, e *adj.* **1 – naturel** · authentique · direct · franc · libre · sincère · nature *fam.* · primesautier *littér.* · **2 – impulsif** · automatique · inconscient · instinctif · involontaire · irréfléchi · machinal · mécanique · **3 – sauvage**

spontanéité *n.f.* · naturel · authenticité · fraîcheur · franchise · franc-parler · sincérité

spontanément *adv.* **1 – librement** · de soi-même · par nature · sponte sua *(Droit)* · **2 – instinctivement** · d'instinct · naturellement · **3 – sans calcul** · sincèrement

sporadique *adj.* · intermittent · épisodique · irrégulier · isolé · occasionnel

sporadiquement *adv.* · irrégulièrement · de temps à autre · de temps en temps · épisodiquement · occasionnellement · par accès · par intermittence · par moments · rarement

sport *n.m.* · exercice (physique) · culture physique · éducation physique · gymnastique

sportif, -ive

▪ *adj.* **1 – fair-play** *anglic* · carré · droit · juste · honnête · sport *vieilli* · **2 –** [fam.] **difficile** · ardu

▪ *n.* **athlète**

sportivement *adv.* · loyalement · honnêtement

sportivité *n.f.* · fair-play *anglic.* · esprit sportif

spot *n.m.* · projecteur · projo *fam.*

spray *n.m.* · atomiseur · bombe · pulvérisateur · vaporisateur

sprint *n.m.* · course · pointe · finish *anglic.* · rush *anglic.*

sprinter *v.intr.* · foncer · courir · piquer un cent mètres *fam.*

spumeux, -euse *adj.* · écumeux

squame *n.f.* · écaille

squameux, -euse *adj.* · écailleux

squelette *n.m.* **1 – ossature** · carcasse · **2 – ossements** · os · restes · **3 – structure** · architecture · armature · canevas · charpente · grandes lignes · grandes orientations · plan · schéma

squelettique *adj.* **1 - maigre** · décharné · efflanqué · émacié · étique · maigrelet · **2 - réduit** · peu nombreux

✦ **il est squelettique** on peut lui compter, on lui voit les côtes *fam.* · il est maigre comme un clou, comme un coucou *fam.*

stabilisation *n.f.* **1 - consolidation** · affermissement · renforcement · **2 - équilibrage** · **3 - blocage** · gel

stabiliser *v.tr.* **1 - équilibrer** · régler · **2 - renforcer** · affermir · consolider · **3 - bloquer** · fixer · geler

stabilité *n.f.* **1 - équilibre** · aplomb · assiette · **2 - constance** · continuité · fermeté · permanence · solidité · **3 - calme** · aplomb · équilibre · fermeté

stable *adj.* **1 - équilibré** · d'aplomb · solide · **2 - constant** · continu · durable · ferme · fixe · immuable · inaltérable · invariable · permanent · persistant · **3 - stationnaire** · sans changement · statique

stade *n.m.* **1 - étape** · degré · échelon · étage · niveau · palier · partie · période · phase · point · position · rang · **2 - terrain (de sport)** · arène

staff *n.m.* **1 - personnel** · **2 - encadrement** · cadres

stage *n.m.* · formation · apprentissage · préparation · séminaire

stagnant, e *adj.* · dormant · immobile · mort

stagnation *n.f.* **1 - immobilité** · **2 - engourdissement** · arrêt · ankylose · croupissement · immobilisme · inertie · langueur · marasme · paralysie · piétinement · ralentissement

stagner *v.intr.* **1 - croupir** · **2 - végéter** · s'encroûter · s'enliser · faire du sur-place · patiner · piétiner · plafonner · tourner en rond

stalle *n.f.* · box · loge

[1]**standard**

■ *n.m.* **1 - norme** · étalon · modèle · moyenne · règle · type · **2 -** [Jazz] **classique**

■ *adj. invar.* **1 - courant** · commun · habituel · ordinaire · **2 - normalisé** · conforme

[2]**standard** *n.m.* · central (téléphonique)

standardisation *n.f.* **1 - normalisation** · homogénéisation · rationalisation · unification · **2 - uniformisation** · alignement · nivellement

standardiser *v.tr.* **1 - normaliser** · homogénéiser · rationaliser · unifier · **2 - uniformiser** · aligner · niveler

standardiste *n.* · opérateur · téléphoniste

standing *n.m.* **1 - niveau de vie** · classe · position · pouvoir d'achat · rang · train de vie · condition *littér.* · **2 - luxe** · classe · confort

star *n.f.* · célébrité · étoile · vedette

starter *n.m.* · démarreur

station *n.f.* **1 - arrêt** · gare · **2 - halte** · arrêt · pause · **3 - posture** · attitude · position

✦ **station thermale** thermes · bains · ville d'eaux

stationnaire *adj.* · stable · étale · fixe · immobile · invariable · stagnant · statique

stationnement *n.m.* · arrêt · parcage · garage *rare*

stationner *v.intr.* · se garer · se parquer

station-service *n.f.* · pompe (à essence)

statique *adj.* **1 - immobile** · figé · **2 - stable** · stationnaire

statistiques *n.f.pl.* · données chiffrées · chiffres

statuaire

- *n.* · sculpteur
- *n.f.* · sculpture

statue *n.f.* **1 - sculpture** · **2 - idole**

statuer *v.tr.* **1 - décider** · arrêter · établir · juger · ordonner · **2 - trancher** · régler · résoudre

statufier *v.tr.* **1 - figer** · pétrifier · tétaniser · **2 - mettre sur un piédestal**

stature *n.f.* **1 - taille** · gabarit · grandeur · hauteur · mensurations · **2 - envergure** · carrure · classe · dimension · étoffe · importance · qualité · trempe · valeur

statut *n.m.* **1 - position** · état · situation · condition *vieux* · **2 - règlement**

steak *n.m.* · bifteck

stèle *n.f.* **1 - pierre tombale** · monument (funéraire) · **2 - monolithe**

stellaire *adj.* **1 - astral** · sidéral · **2 - étoilé**

stéréotype *n.m.* · cliché · banalité · généralité · lieu commun · poncif · truisme

stéréotypé, e *adj.* · banal · conventionnel · figé · tout fait

stérile *adj.* **1 - aseptique** · **2 - infécond** · infertile · **3 - aride** · désertique · improductif · inculte · incultivable · infructueux · ingrat · maigre · pauvre · pouilleux · sec · **4 - inefficace** · inutile · vain · **5 - oiseux** · vide

stérilement *adv.* · vainement · inutilement · pour rien

stérilisant, e *adj.* · antiseptique · désinfectant

stérilisateur *n.m.* · autoclave · étuve

stérilisation *n.f.* **1 - aseptisation** · assainissement · désinfection · pasteurisation · **2 - appauvrissement** · dessèchement · **3 - castration** · émasculation

stériliser *v.tr.* **1 - aseptiser** · désinfecter · étuver · javelliser · pasteuriser · purifier · **2 - appauvrir** · dessécher · épuiser · tarir · **3 - castrer** · châtrer · couper · émasculer

stérilité *n.f.* **1 - infécondité** · infertilité · agénésie *didact.* · **2 - improductivité** · aridité · pauvreté · **3 - inutilité** · inefficacité · vanité *littér.*

stick *n.m.* **1 - bâton** · bâtonnet · **2 - badine** · baguette · cravache · jonc

stigmate *n.m.* **1 - cicatrice** · marque · trace · **2 - empreinte** · flétrissure · signe · symptôme · vestige

stigmatiser *v.tr.* · condamner · anathématiser · blâmer · critiquer · dénoncer · désapprouver · jeter l'anathème sur · réprouver · fustiger *littér.*

[1]**stimulant, e** *adj.* **1 - vivifiant** · fortifiant · réparateur · revigorant ·

tonifiant · tonique · **2 - excitant** · analeptique · dopant · réconfortant · **3 - encourageant** · incitatif · motivant

²**stimulant** *n.m.* **1 - excitant** · fortifiant · reconstituant · remontant · psychotonique · tonique · cordial *vieilli* · **2 - encouragement** · aiguillon · coup de fouet · éperon · incitation · motivation · stimulation

stimulateur, -trice *adj. et n.m.* · excitateur · stimulant

✦ **stimulateur cardiaque** pacemaker

stimulation *n.f.* **1 - encouragement** · dynamisation · incitation · motivation · **2 - excitation** · stimulus

stimuler *v.tr.* **1 - accélérer** · activer · aider · pousser · **2 - encourager** · donner du cœur à l'ouvrage à · dynamiser · éperonner · motiver · booster *fam.* · **3 - aviver** · aiguillonner · aiguiser · animer · enflammer · éveiller · exalter · exciter · fouetter · **4 - doper** · donner un coup de fouet à · fortifier · réconforter · remonter · réveiller · revigorer · tonifier · vivifier · booster *fam.* · ravigoter *fam.*

stipendier *v.tr.* · acheter · corrompre · payer · avoir à sa solde

stipulation *n.f.* **1 - clause** · condition · mention · **2 - précision**

stipuler *v.tr.* · préciser · dire · énoncer · indiquer · mentionner · porter · spécifier

stock *n.m.* **1 - provision** · réserve · **2 - lot** · assortiment

stockage *n.m.* · emmagasinage · entassement · entreposage

stocker *v.tr.* · emmagasiner · accumuler · conserver · engranger · entasser · entreposer · faire provision de · faire une réserve de • [Agric.] ensiler

stoïcisme *n.m.* **1 - courage** · caractère · fermeté · dureté · héroïsme · impassibilité · imperturbabilité · **2 -** [Philo.] **(doctrine du) Portique**

stoïque *adj.* · courageux · dur · ferme · héroïque · impassible · imperturbable · inébranlable

stoïquement *adv.* · courageusement · fermement · héroïquement

stomacal, e *adj.* · gastrique · stomachique

stop *interj. et n.m.* **halte**

✦ **faire du stop** voyager sur le pouce *Québec*

stoppage *n.m.* · raccommodage · ravaudage · reprise

stopper

▪ *v.tr.* **1 - immobiliser** · arrêter · mettre au point mort · **2 - faire cesser** · barrer la route, le chemin à · bloquer · cesser · enrayer · interrompre · juguler · mettre fin à · mettre un terme à · suspendre • [des dérèglements] mettre le holà à · mettre bon ordre à · **3 - repriser** · raccommoder · ravauder · rentraire *vieux*

▪ *v.intr.* **s'arrêter** · s'immobiliser · faire halte

strabisme *n.m.* · loucherie *vieilli*

strangulation *n.f.* · étranglement

stratagème *n.m.* · ruse · acrobatie · artifice · astuce · combinaison · subterfuge · subtilité · tour (de passe-passe) · combine *fam.* · ficelle *fam.* · truc *fam.*

strate *n.f.* 1 – **niveau** · classe · couche · 2 – [Géol.] **banc** · assise · couche · lit

stratège *n.* 1 – **conducteur (d'armée)** · général en chef · 2 – **manœuvrier** *vieilli*

stratégie *n.f.* · tactique · plan (d'action) · politique

stratégie, tactique

Stratégie et **tactique** sont des parties opposées mais complémentaires de la science militaire. La **stratégie** traite de la conduite générale d'une guerre et de l'organisation de la défense d'une nation *(stratégie défensive, de dissuasion ; stratégie nucléaire)*. La **tactique** combine tous les moyens – humains, logistiques – pour appliquer une stratégie définie *(tactique d'encerclement, tactique de la terre brûlée)*.

On retrouve dans les emplois figurés un clivage analogue entre la **stratégie**, grâce à laquelle on déploie un plan d'action *(la stratégie financière d'une entreprise, une stratégie de communication)* et la **tactique**, par quoi on coordonne les moyens de parvenir à un résultat *(il faut changer de tactique et jouer la carte de la diplomatie ; le plan tactique d'une stratégie syndicale)*.

stratégique *adj.* 1 – **déterminant** · crucial · essentiel · important · 2 – **tactique** · militaire

stress *n.m.* 1 – **agression** · pression · tension · 2 – **angoisse** · anxiété · nervosité

stressé, e *adj.* · angoissé · anxieux · crispé · nerveux · oppressé · tendu

strict, e *adj.* 1 – **précis** · exact · rigoureux • [sens] étroit · littéral · 2 – **exigeant** · autoritaire · dur · inflexible · intraitable · intransigeant · pointilleux · rigide · sévère · 3 – **astreignant** · assujettissant · contraignant · draconien · dur · rigoureux · sévère · 4 – **sobre** · austère · classique · sévère

✦ **strict sur** à cheval sur *fam.*

strictement *adv.* 1 – **absolument** · complètement · entièrement · totalement · 2 – **rigoureusement** · étroitement · proprement · stricto sensu · uniquement • [appliquer, respecter] à la lettre · au pied de la lettre

stricto sensu *adv.* · au sens strict · à la lettre · au pied de la lettre · à proprement parler · littéralement · proprement

strident, e *adj.* · perçant · aigu · criard · sifflant · sonore · suraigu

strie *n.f.* 1 – **rayure** · cannelure · raie · rainure · rayon · ride · sillon · striure · 2 – **ligne** · hachure · trait

strier *v.tr.* · rayer · hachurer · zébrer · vermiculer *littér.*

string *n.m.* · cache-sexe

strip-tease *n.m.* 1 – **déshabillage** · effeuillage *fam.* · 2 – **confidences** · déboutonnage · déballage *fam.*

strophe *n.f.* 1 – [de chanson] **couplet** · 2 – [Poésie lyrique] **stance**

structure *n.f.* 1 – **agencement** · architecture · arrangement · composition · configuration · disposition · économie · forme · ordonnance · ordonnancement · ordre · organisation · plan · 2 – **armature** · carcasse · charpente · ossature · squelette · 3 – **construction** · bâtiment · 4 – **constitution** · contexture · texture

structurer *v.tr.* 1 – **organiser** · 2 – **agencer** · arranger · bâtir · charpenter · construire · ordonner

studieusement *adv.* • sérieusement • assidûment • avec application

studieux, -ieuse *adj.* • travailleur • appliqué • assidu • sérieux • bûcheur *fam.*

studio *n.m.* • appartement • garçonnière

stupéfaction *n.f.* • stupeur • abasourdissement • ahurissement • ébahissement • effarement • étonnement

stupéfaire *v.tr.* • stupéfier • abasourdir • ébahir • éberluer • effarer • méduser • renverser • suffoquer • époustoufler *fam.* • estomaquer *fam.* • scier *fam.* • sidérer *fam.* • souffler *fam.*

stupéfait, e *adj.* • abasourdi • ahuri • bouche bée • coi • déconcerté • ébahi • éberlué • interloqué • médusé • muet • pantois • stupéfié • suffoqué • confondu *littér.* • interdit *littér.* • baba *fam.* • époustouflé *fam.* • estomaqué *fam.* • scié *fam.* • sidéré *fam.* • soufflé *fam.* • comme deux ronds de flan *fam.* • le derrière par terre *fam.*

[1]**stupéfiant, e** *adj.* • ahurissant • éberluant • effarant • extraordinaire • inconcevable • incroyable • inouï • médusant • renversant • saisissant • suffoquant • à couper le souffle *fam.* • époustouflant *fam.* • estomaquant *fam.* • sidérant *fam.* • soufflant *fam.* • confondant *littér.*

[2]**stupéfiant** *n.m.* • drogue

stupéfier *v.tr.* • stupéfaire • abasourdir • ébahir • éberluer • méduser • renverser • suffoquer • époustoufler *fam.* • estomaquer *fam.* • scier *fam.* • sidérer *fam.* • souffler *fam.*

stupeur *n.f.* **1 - stupéfaction** • abasourdissement • ahurissement • ébahissement • saisissement • **2 - hébétude** • abattement • abrutissement • anéantissement • obnubilation • prostration

stupide *adj.* **1 - bête** • abruti • absurde • borné • idiot • imbécile • inepte • inintelligent • insensé • niais • obtus • sot • bouché *fam.* • con *très fam.* • crétin *fam.* • débile *fam.* • bête comme ses pieds *fam.* • bête à manger du foin *fam.* • bête comme un âne, une oie *fam.* • con comme la lune *fam.* • **2 - abasourdi** • ahuri • ébahi • éberlué • hébété • interloqué • médusé • stupéfait • stupéfié • suffoqué • confondu *littér.* • interdit *littér.* • sidéré *fam.* • comme deux ronds de flan *fam.* • sur le cul *très fam.*

stupide, bête, idiot

On qualifie de **bête** une personne qui manque d'intelligence *(comme il est bête !, bête comme ses pieds, bête à pleurer, bête et méchant)*. **Idiot** ajoute à la *bêtise* un défaut de bon sens, de finesse *(il faut être idiot pour se faire avoir comme ça, ses histoires idiotes ne font rire personne)*. **Idiot** et **bête** peuvent s'employer sans valeur intellectuelle *(c'est idiot/bête de réagir ainsi, c'est trop idiot/bête)*, ou qualifier simplement quelque chose d'absurde *(c'est un accident bête/idiot)*. **Stupide**, en revanche, reste centré sur l'absence d'intelligence, accentuée par une sorte d'inertie mentale *(c'est un stupide béotien)* : « Les galères font le galérien (...) le bagne m'a changé. J'étais stupide, je suis devenu méchant » (Hugo, *les Misérables*, I, VII, XI).

stupidement *adv.* • bêtement • idiotement • inintelligemment • sottement

stupidité *n.f.* **1 - bêtise** • absurdité • balourdise • crétinerie • crétinisme • débilité • idiotie • imbécillité • ineptie • inintelligence • niaiserie • sottise • connerie *très fam.* •

2 - ânerie · bévue · boulette · bourde · crétinerie · erreur · faute · ineptie · blague *fam.* · connerie *fam.* · gaffe *fam.*

stupre *n.m.* · luxure · débauche · dépravation · lubricité · péché · vice

[1]**style** *n.m.* **1 - écriture** · expression · langue · plume · rhétorique · **2 - manière** · empreinte · façon · facture · genre · main · patte · ton · touche · tour · **3 - goût** · caractère · design · esthétique · forme · mode · **4 - classe** · allure · cachet · **5 - tournure** · air · allure · apparence · aspect · genre · dégaine *fam.* · look *fam.* · touche *fam.* · **6 - catégorie** · calibre · genre · ordre · sorte · type · acabit *péj.* · farine *péj.*

[2]**style** *n.m.* **1 - tige** · **2 - stylet** · poinçon

stylet *n.m.* **1 - style** · **2 -** [Zool.] **rostre**

styliser *v.tr.* · schématiser · simplifier · symboliser

styliste *n.* · créateur · designer *anglic.*

stylo *n.m.* · crayon à bille · marqueur · stylo-feutre · Bic *(marque déposée)*

stylo-feutre *n.m.* · feutre · marqueur

suaire *n.m.* · linceul

suave *adj.* **1 - agréable** · délicat · délicieux · doux · exquis · délectable *soutenu* · **2 - harmonieux** · céleste · enchanteur · gracieux · mélodieux

suavité *n.f.* · délicatesse · douceur · grâce

subalterne

- *adj.* **inférieur** · mineur · petit · secondaire · de second ordre
- *n.* **subordonné** · exécutant · inférieur · second · sous-ordre *péj.* · sous-fifre *fam., péj.* · sous-verge *vieilli*

subaquatique *adj.* · sous-marin

subconscient, e *adj.* · préconscient · inconscient · instinctif · subliminal

subdiviser *v.tr.* **diviser** · compartimenter · fractionner · morceler · partager · segmenter

»» **se subdiviser** *v.pron.* **se ramifier**

subdivision *n.f.* **1 - division** · catégorie · classe · classification · embranchement · famille · genre · groupe · ordre · ramification · sous-division · **2 - case** · compartiment · **3 -** [d'un texte] **chapitre** · morceau · partie

subir *v.tr.* **1 - faire l'objet de** · essuyer *fam.* · **2 - supporter** · endurer · éprouver · souffrir · écoper *fam.* · prendre *fam.* · ramasser *fam.* · [sans complément] **déguster** *fam.* · payer *fam.* · trinquer *fam.* · **3 -** [un importun] **s'appuyer** *fam.* · se faire *fam.* · se taper *fam.* · **4 -** [une loi] **obéir à** · suivre · **5 -** [un examen] **passer** · se soumettre à · **6 -** [une peine] **purger**

subit, e *adj.* **1 - soudain** · brusque · brutal · foudroyant · fulgurant · rapide · **2 - inopiné** · imprévu

subitement *adv.* · soudain · brusquement · brutalement · instantanément · soudainement · tout à coup · du jour au lendemain · subito *fam.* · [demander] à brûle-pourpoint · de but en blanc

subjectif, -ive *adj.* **1 - individuel** · particulier · personnel · **2 - relatif** · partial · partisan · tendancieux *péj.*

subjectivement *adv.* **1 - personnellement** · **2 - partialement** · tendancieusement *péj.*

subjuguer *v.tr.* **1 - captiver** · charmer · conquérir · éblouir · émerveiller · enchanter · ensorceler · envoûter · fasciner · ravir · séduire · **2 - circonvenir** · gagner · embobiner *fam.* · entortiller *fam.*

sublimation *n.f.* **1 - exaltation** · purification · **2 - vaporisation** · volatilisation

sublime *adj.* **1 - transcendant** · admirable · divin · élevé · éthéré · grand · haut · ineffable · noble · supérieur · **2 - beau** · divin · extraordinaire · magique · merveilleux · parfait · prodigieux · **3 -** [fam.] **excellent** · délicieux · fameux · remarquable · épatant *fam.* · pas piqué des vers, des hannetons *fam.*

sublimer *v.tr.* **1 - transcender** · élever · ennoblir · purifier · spiritualiser · **2 - idéaliser** · magnifier· **3 - gazéifier** · vaporiser

submerger *v.tr.* **1 - inonder** · couvrir · engloutir · noyer · **2 - accabler** · déborder · dépasser · écraser · envahir · surcharger

submersible *adj. et n.m.* **1 - inondable** · **2 - sous-marin**

subodorer *v.tr.* · deviner · se douter de · entrevoir · flairer · pressentir · sentir · soupçonner

subordination *n.f.* **1 - dépendance** · assujettissement · infériorité · obéissance · soumission · sujétion · tutelle · vassalité · joug *littér.* · **2 - hiérarchie** · ordre

[1]**subordonné, e** *adj.*

✦ **subordonné à** dépendant de · lié à · tributaire de

[2]**subordonné, e** *n.* · subalterne · adjoint · employé · inférieur · sous-ordre *péj.* · sous-fifre *fam., péj.* · sous-verge *vieilli*

subordonner *v.tr.* · soumettre · attacher · faire dépendre · asservir *littér.* · assujettir *fam.*

subornation *n.f.* · corruption

suborner *v.tr.* **1 - corrompre** · acheter · soudoyer · **2 -** [littér. ou vieux] **séduire** · débaucher

suborneur, -euse *n.* **1 - corrupteur** · **2 -** [littér. ou vieux] **séducteur**

subreptice *adj.* · souterrain · caché · clandestin · furtif · secret · sournois

subrepticement *adv.* · secrètement · à la dérobée · en cachette · clandestinement · furtivement · sournoisement · en catimini · en tapinois · en douce *fam.*

subséquemment *adv.* · en conséquence de quoi · après · ensuite

subside *n.m.* · aide · allocation · contribution · don · secours · subvention

↝ **subvention**

subsidiaire *adj.* **1 - annexe** · auxiliaire · complémentaire · supplémentaire · **2 - secondaire** · accessoire · contingent · incident · marginal · mineur

subsidiairement *adv.* · accessoirement · secondairement

subsistance *n.f.* **1 - existence** · besoins · entretien · pain · vie · pitance *plaisant* · **2 - nourriture** · alimentation · aliment · **3 -** [vieux] **permanence**

✦ **assurer la subsistance du ménage** faire bouillir la marmite *fam.* · ramener le bifteck à la maison *fam.*

subsister *v.intr.* 1 – **rester** · se conserver · continuer · demeurer · durer · se maintenir · perdurer · se pérenniser · persister · résister à l'épreuve du temps · survivre · tenir · 2 – **vivre** · exister · survivre · végéter · vivoter · surnager *fam.*

substance *n.f.* 1 – **corps** · matière · 2 – **essence** · nature · quintessence · substantifique moelle · substrat · suc · 3 – **contenu** · essentiel · fond · matière · objet · sujet

✦ **en substance** en résumé · en quelques mots · sommairement · en gros *fam.*

substantiel, -ielle *adj.* 1 – **nourrissant** · consistant · nutritif · riche · 2 – **important** · appréciable · conséquent · considérable · gros · notable · sérieux · [somme] coquet *fam.* · joli *fam.* · rondelet *fam.*

substantif *n.m.* · nom

substituable *adj.* · remplaçable · commutable · interchangeable · permutable

substituer *v.tr.* **changer** · remplacer par · mettre à la place de

⋙ **se substituer à** *v.pron.* · prendre la place de · remplacer · tenir lieu de · suppléer *littér.*

substitut *n.m.* 1 – **suppléant** · remplaçant · représentant · 2 – **succédané** · produit de remplacement · produit de substitution · ersatz *péj.*

substitution *n.f.* · remplacement · échange · changement · commutation · permutation

substrat *n.m.* · fond · essence · substance

subterfuge *n.m.* · ruse · artifice · astuce · détour · stratagème

subtil, e *adj.* 1 – **léger** · délicat · imperceptible · ténu · 2 – **fin** · clairvoyant · perspicace · sagace *littér.* · 3 – **aiguisé** · affûté · aigu · délié · fin · pénétrant · vif · 4 – **adroit** · astucieux · délicat · diplomate · fin · habile · ingénieux · raffiné · rusé · sophistiqué · futé · malin · 5 – [péj.] **abstrait** · compliqué · difficile · alambiqué *fam.* · tiré par les cheveux *fam.* · quintessencié *littér.*

subtilement *adv.* 1 – **finement** · adroitement · astucieusement · habilement · ingénieusement · savamment · 2 – **imperceptiblement** · délicatement

subtiliser *v.tr.* · voler · dérober · faire disparaître · faire main basse sur · barboter *fam.* · chaparder *fam.* · chiper *fam.* · chouraver *fam.* · chourer *fam.* · escamoter *fam.* · faucher *fam.* · piquer *fam.* · rafler *fam.* · souffler *fam.*

subtilité *n.f.* 1 – **finesse** · adresse · ingéniosité · intelligence · 2 – **délicatesse** · raffinement · préciosité *péj.* · 3 – **complication** · difficulté · casuistique *péj.* · 4 – [péj.] **argutie** · artifice · chicane · finasserie

suburbain, e *adj.* 1 – **périphérique** · périurbain · 2 – **banlieusard**

subvenir à *v.tr.ind.* · pourvoir à · fournir à · satisfaire à · suffire à

subvention *n.f.* · allocation · aide · contribution · don · financement · secours · subside *(souvent plur.)*

subvention, subside

On parle de **subvention** ou de **subside** pour une somme versée à titre d'aide. Une **subvention** a un caractère toujours officiel et favorise le développement d'activités d'intérêt général ; elle est allouée par l'État, une collectivité locale ou un organisme privé *(voter,* *consentir une subvention à une association, attribution d'une subvention annuelle, exceptionnelle, communale, gouvernementale).* On emploie **subside**, généralement au pluriel, lorsque l'aide financière est accordée en rémunération de certains services, et notamment à titre de secours : « (...) tous les journaux vont être obligés tôt ou tard d'accepter des subsides privés (...) » (S. de Beauvoir, *les Mandarins*). Contrairement à la **subvention**, le **subside** peut prendre la forme d'un don fait par une personne au profit d'une autre *(vivre des subsides de sa famille).*

subventionner *v.tr.* • financer • doter • soutenir (financièrement)

subversif, -ive *adj.* • contestataire • destructeur • pernicieux • révolutionnaire • séditieux

subversion *n.f.* • contestation • sédition

suc *n.m.* **1 - jus** • eau • sève • **2 - quintessence** • essentiel • principal • substance • substantifique moelle

succédané *n.m.* • substitut • produit de remplacement • produit de substitution • ersatz *péj.*

succéder à *v.tr.ind.* **1 - suivre** • venir après • **2 - remplacer** • relayer • relever • prendre la suite de • prendre la relève de

»» **se succéder** *v.pron.* **1 - passer** • défiler • se dérouler • s'enchaîner • se suivre • **2 - alterner**

succès *n.m.* **1 - réussite** • issue heureuse • **2 - prospérité** • réussite • **3 - vogue** • mode • **4 - performance** • exploit • prouesse • tour de force • triomphe • victoire • tabac *fam.* • **5 - tube** *fam.* • hit *fam.*

✦ **succès de libraire** best-seller *anglic.*

✦ **avoir, remporter un gros succès** casser la baraque *fam.* • faire un carton *fam.* • faire un malheur *fam.* • marcher du feu de Dieu *fam.*

successeur *n.m.* • continuateur • épigone • héritier • remplaçant • [désigné] dauphin

succession *n.f.* **1 - suite** • chaîne • chronologie • cours • course • déroulement • enchaînement • fil • ordre • **2 - alternance** • **3 - série** • cascade • chapelet • cortège • défilé • enfilade • énumération • kyrielle • procession • ribambelle • suite • **4 - remplacement** • relève • **5 - héritage** • legs • mutation (par décès)

successivement *adv.* **1 - alternativement** • tantôt ... tantôt • tour à tour • **2 - à tour de rôle** • chacun à son tour • l'un après l'autre • **3 - à la file** • de suite • coup sur coup

succinct, e *adj.* **1 - court** • abrégé • bref • concis • condensé • ramassé • rapide • résumé • schématique *péj.* • sommaire *péj.* • **2 - elliptique** • laconique • lapidaire • **3 - léger** • peu abondant • maigre • modeste

succinct, concis, laconique

Succinct, **concis** et **laconique** caractérisent tous trois ce qui est bref. **Concis** qualifie des propos, un écrit réduits à l'essentiel et exprimés en peu de mots *(une intervention claire et concise, un rapport concis).* **Succinct** implique aussi la brièveté, mais ne suppose pas que l'essentiel a été dit *(un récit, un compte rendu succinct)* ; il s'emploie dans d'autres contextes avec cette même idée de volume réduit *(un repas succinct, une toilette succincte).* **Laconique** insiste sur le fait que tout détail inutile à la compréhension est exclu de l'expression *(une réponse, un communiqué laconique).*

succinctement *adv.* · brièvement · rapidement · en résumé · schématiquement · sommairement · dans les grandes lignes · en quelques mots

succomber *v.intr.* · mourir · décéder · disparaître · trouver la mort · expirer *littér.* · périr *littér.*

✦ **succomber à** 1 – **mourir des suites de** · mourir de · 2 – **céder à** · s'abandonner à · se laisser séduire par · ne pas résister à · craquer pour *fam.*

succube *n.m.* · diablesse

succulence *n.f.* · délicatesse · saveur

succulent, e *adj.* · délicieux · excellent · exquis · fameux · savoureux · délectable *soutenu*

↝ **savoureux**

succursale *n.f.* · agence · annexe · comptoir · dépendance · filiale

sucer *v.tr.* 1 – **aspirer** · absorber · boire · manger · téter · pomper *fam.* · 2 – **lécher** · suçoter

sucrage *n.m.* · [du vin] chaptalisation

sucré, e *adj.* 1 – **doux** · miellé · sirupeux · 2 – **doucereux** · hypocrite · mielleux · onctueux · melliflu *littér.* · patelin *littér.*

sucrer *v.tr.* · adoucir · édulcorer · [du vin] chaptaliser

»» **se sucrer** *v.pron.* [fam.] se servir · faire de gros bénéfices · s'en mettre plein les poches, les fouilles *fam.*

sucrerie *n.f.* · confiserie · bonbon · douceur · friandise · gâterie · gourmandise

sucrier *n.m.* · saupoudreuse

sud

▪ *n.m.* **Midi**

▪ *adj. invar.* **méridional** · austral

suer

▪ *v.tr.* 1 – **secréter** · exsuder · 2 – **exhaler** · distiller · respirer · sentir

▪ *v.intr.* 1 – **transpirer** · être en eau · être en nage · n'avoir plus un poil de sec *fam.* · 2 – **peiner** · s'échiner · travailler dur · 3 – **suinter** · dégouliner · dégoutter · ruisseler

✦ **faire suer** 1 – **fatiguer** · pressurer · 2 – [fam.] → **ennuyer**

sueur *n.f.* **transpiration** · perspiration · sudation

✦ **en sueur** transpirant · dégoulinant · en eau · en nage · trempé

suffire *v.intr.* · aller · convenir · faire l'affaire

✦ **ça suffit !** (c'est) assez ! · basta ! *fam.*

suffisamment *adv.* · assez · à sa suffisance · en suffisance · à satiété *littér.*

suffisance *n.f.* · vanité · orgueil · présomption · prétention · satisfaction · fatuité *littér.* · infatuation *littér.*

suffisant, e *adj.* 1 – **assez** · 2 – **convenable** · correct · honnête · honorable · passable · raisonnable · satisfaisant · 3 – **vaniteux** · arrogant · avantageux · fat · fier · glorieux · infatué · pédant · poseur · prétentieux · satisfait · bêcheur *fam.* · crâneur *fam.* · frimeur *fam.* · vain *littér.*

suffixe *n.m.* · terminaison · affixe

suffocant, e *adj.* 1 – **oppressant** · accablant · asphyxiant · étouffant · 2 – **stupéfiant** · ahurissant · éberluant · effarant · médusant · renversant · confondant *littér.* · époustouflant *fam.* · estomaquant *fam.* · sidérant *fam.* · soufflant *fam.*

suffocation *n.f.* · étouffement · asphyxie · essoufflement · étranglement · gêne respiratoire · oppression

suffoqué, e *adj.* → **stupéfait**

suffoquer

▪ *v.intr.* **étouffer** · manquer d'air

▪ *v.tr.* **1 - prendre à la gorge** · asphyxier · étouffer · oppresser · **2 - stupéfier** · abasourdir · couper le souffle à · laisser sans voix · estomaquer *fam.* · scier *fam.* · sidérer *fam.* · souffler *fam.*

~ **étouffer**

suffrage *n.m.* **1 - vote** · voix · **2 - scrutin** · **3 - approbation** · acceptation · acquiescement · adhésion · assentiment • [massif] plébiscite

suggérer *v.tr.* **1 - conseiller** · dicter · inspirer · recommander · souffler · **2 - insinuer** · faire allusion à · sous-entendre · laisser entendre · **3 - faire penser à** · évoquer · rappeler

suggestif, -ive *adj.* **1 - évocateur** · éloquent · **2 - provoquant** · aguichant · affriolant · excitant · lascif

suggestion *n.f.* **1 - proposition** · conseil · indication · recommandation · **2 -** [littér.] **influence**

suggestionner *v.tr.* · manipuler · influencer · influer sur · manœuvrer

suicidaire *adj.* · autodestructeur

suicide *n.m.* **1 - autodestruction** · autolyse *(Méd.)* · **2 -** [en apposition] **kamikaze**

suicidé, e *n.* · désespéré

suicider (se) *v.pron.* · se tuer · se détruire · se donner la mort · mettre fin à ses jours · se supprimer · se faire hara-kiri

sui generis *loc. adj. invar.* · personnel · original · particulier · propre · spécial · spécifique

suintement *n.m.* · écoulement · exsudation · infiltration

suinter

▪ *v.intr.* **couler** · dégoutter · s'échapper · s'égoutter · perler · pleurer · ruisseler · sourdre *littér.*

▪ *v.tr.* **exsuder** · distiller · sécréter · suer · transsuder

suite *n.f.*

I série · cascade · chaîne · chapelet · défilé · enfilade · file · kyrielle · procession · ribambelle · succession

II 1 - cours · déroulement · enchaînement · fil · succession · **2 - cohérence** · fil (conducteur) · liaison · lien · ordre

III 1 - conséquence · choc en retour · contrecoup · effet · implication · incidence · lendemain · prolongement · reliquat · répercussion · résultat · retombée • [négative] séquelle · **2 - développement** · continuation · **3 - séquence** · cycle

IV escorte · accompagnement · cortège · cour · gens · équipage *littér.* · train *vieux*

✦ **à la suite** **1 - bout à bout** · **2 - après** · derrière · ensuite · puis · **3 - successivement** · d'affilée · coup sur coup

✦ **à la suite de** **1 - à cause de** · **2 - après**

✦ **de suite** consécutif · d'affilée · coup sur coup

✦ **tout de suite** sur-le-champ · illico *fam.* · immédiatement · incessamment · à l'instant · sans tarder

✦ **par la suite** ensuite · plus tard · postérieurement · ultérieurement · à l'avenir · dans l'avenir

✦ **par suite de** à cause de · du fait de · grâce à

✦ **faire suite à** succéder à · suivre · prolonger

✦ **sans suite** incohérent · décousu

[1]**suivant, e** *adj.* **1 - prochain** · futur · postérieur · ultérieur · **2 - ci-après** · ci-dessous

[2]**suivant** *prép.* **1 - conformément à** · **2 - selon** · d'après · **3 - en fonction de** · à proportion de · à raison de

suivant, selon

Suivant et **selon** se substituent couramment l'un à l'autre avec le sens de « conformément à » *(suivant/selon l'usage, la tradition, les habitudes)*, y compris dans le cas où la phrase qui suit exprime plusieurs éventualités *(prendre une décision selon/suivant les circonstances)*. Cependant, on attend plutôt **selon** dans certains énoncés figés où la préposition équivaut à « dans » *(tout faire selon les règles)* ou « d'après » *(selon l'expression consacrée, selon le témoignage de)*. **Selon** est seul possible lorsque, exprimant une réserve, il est suivi d'un pronom *(selon moi, selon eux)*.

suivante *n.f.* · confidente · dame de compagnie

suiveur, -euse *n.* · imitateur · copieur · épigone

[1]**suivi, e** *adj.* **1 - régulier** · assidu · constant · continu · ininterrompu · soutenu · **2 - cohérent** · logique

[2]**suivi** *n.m.* · contrôle · monitoring *anglic.*

suivisme *n.m.* · copie · imitation

suivre *v.tr.*

I succéder à · découler de · s'ensuivre · résulter de · venir de

II 1 - parcourir · descendre · emprunter · prendre · remonter · **2 - longer** · côtoyer · épouser

III 1 - accompagner · emboîter le pas de · escorter · marcher sur les talons de · venir avec · **2 - pister** · pourchasser · poursuivre · talonner · traquer · filer (le train à) *fam.* · filocher *fam.* · s'accrocher aux basques de *fam.* · **3 - imiter** · marcher sur les brisées de · marcher sur les pas, les traces de

IV 1 - être d'accord avec · adhérer à · adopter · embrasser · se joindre à · marcher avec · se régler sur · soutenir · **2 - se conformer à** · accomplir · écouter · obéir à · observer · remplir · respecter · sacrifier à

V 1 - s'intéresser à · assister à · se passionner pour · regarder · **2 - comprendre** · entraver *fam.* · piger *fam.*

VI surveiller · épier · observer · regarder

VII s'abandonner à · se laisser aller à

»» **se suivre** *v.pron.* **se succéder** · s'enchaîner · se relayer

[1]**sujet, -ette** *adj.*

✦ **sujet à** **1 - enclin à** · exposé à · porté à · prédisposé à · susceptible de · **2 -** [vieux ou Droit] **soumis à** · astreint à

[2]**sujet** *n.m.*

I 1 - matière · champ · objet · point · question · **2 - thème** · argument · fond · **3 - affaire** · problème · question · **4 - raison** · cause · fondement · mobile · motif · pourquoi · source

II 1 - [Psych.] **personne** · **2 -** [Méd.] **malade** · patient · **3 -** [Art] **modèle**

✦ **à ce sujet** à ce propos · sur cet article · sur ce chapitre · sur ce point

✦ **au sujet de** concernant · à propos de · relativement à · sur · sur le compte de

[3]**sujet, -ette** *n.* **1 - citoyen** · ressortissant · **2 - gouverné** · inférieur · vassal

✦ **mauvais sujet** voyou · bandit · drôle *vieilli*

sujétion *n.f.* **1 - obéissance** · asservissement · assujettissement · dépendance · esclavage · oppression · soumission · subordination · servitude · chaînes *littér.* · joug *littér.* · **2 - contrainte** · gêne · incommodité

summum *n.m.* · apogée · comble · faîte · fin du fin · maximum · nec plus ultra · perfection · sommet · top *fam.*

super *adj. invar.* → **formidable**

[1]**superbe** *adj.* **1 - très beau** · de toute beauté · magnifique · merveilleux · somptueux · splendide · [personne] canon *fam.* · **2 - admirable** · excellent · fantastique · remarquable · **3 -** [vieux ou littér.] **imposant** · somptueux · **4 -** [vieux ou littér.] **dédaigneux** · fier · orgueilleux

[2]**superbe** *n.f.* · orgueil · arrogance · dédain · hauteur

superbement *adv.* · magnifiquement · admirablement · divinement · merveilleusement · somptueusement · splendidement

supercherie *n.f.* · tromperie · duperie · fraude · imposture · mensonge · mystification · pot aux roses *fam.*

supérette *n.f.* · libre-service · supermarché

superfétatoire *adj.* · superflu · inutile

superficie *n.f.* · surface · aire · dimension · espace · étendue

superficie, surface

Superficie et **surface** ont en commun de désigner la partie d'un corps considéré dans son étendue. **Surface** rend compte de l'aspect visible, apparent de la *face* de quelque chose *(la surface de la Terre, de la mer ; polir la surface d'un meuble)*, alors que **superficie** renvoie à la mesure de l'étendue *(calculer la superficie de la Terre, d'un terrain).* **Surface** partage cette valeur dans quelques cas *(calculer la surface au sol d'un logement, cent mètres carrés de surface habitable).* Au figuré, **surface** est beaucoup plus courant que **superficie** pour évoquer l'extérieur d'une situation *(rester à la surface des choses)* et rejoint *superficiel* pour caractériser une personne *(il est aimable en surface).*

superficiel, -ielle *adj.* **1 - apparent** · extérieur · **2 - bénin** · léger · **3 - sommaire** · incomplet · succinct · à la surface des choses · **4 - inconsistant** · creux · oiseux · vain · vide · **5 - frivole** · évaporé · futile · insouciant · léger

superficiellement *adv.* **1 - légèrement** · en surface · **2 - sommairement** · brièvement · rapidement · schématiquement · [lire] en diagonale · cursivement · **3 - à la légère** · par-dessus la jambe *fam.*

superflu, e

▪ *adj.* **1 - surabondant** · en trop · superfétatoire *littér.* · **2 - inutile** · oiseux · redondant · vain

▪ *n.m.* **luxe**

[1]**supérieur, e** *adj.*

I **élevé** · haut · du dessus *fam.* · du haut *fam.* · plafond

II 1 - suprême · prééminent · prépondérant · **2 - dominant** · dirigeant · possédant

III 1 - de qualité · (des) meilleur(s) · haut de gamme · excellent · fameux · extra *fam.* · **2 - éminent** · distingué ·

émérite · d'exception · exceptionnel · hors ligne · hors pair · incomparable · sans pareil · unique
IV arrogant · condescendant · dédaigneux · fier · hautain · prétentieux · suffisant

[2]**superieur, e** *n.* **1 - chef** · patron · [au plur.] hiérarchie · encadrement · **2 - prieur** · abbesse

supérieurement *adv.* · admirablement · à merveille · éminemment · excellemment · magistralement · merveilleusement · parfaitement · remarquablement

supériorité *n.f.* **1 - avantage** · atout · dessus · longueur d'avance · **2 - primauté** · éminence · hégémonie · prédominance · prééminence · prépondérance · suprématie · précellence *littér.* · **3 - distinction** · excellence · transcendance · **4 - arrogance** · condescendance · dédain · orgueil · suffisance

supermarché *n.m.* · grande surface · hypermarché

superposer *v.tr.* **empiler** · amonceler · entasser · étager

»» **se superposer** *v.pron.* **se recouvrir** · se chevaucher

superposition *n.f.* **1 - empilement** · amoncellement · entassement · **2 - chevauchement** · **3 - stratification**

superstition *n.f.* **1 - croyance** · **2 - pensée magique** · crédulité

superviser *v.tr.* · contrôler · chapeauter · diriger · mener

supervision *n.f.* · contrôle · direction

supplanter *v.tr.* · prendre la place de · évincer · détrôner · éclipser · remplacer · se substituer à · suppléer *littér.*

suppléance *n.f.* · remplacement · intérim

suppléant, e *n.* **1 - remplaçant** · intérimaire · **2 - adjoint** · assesseur

suppléer *v.tr.* **1 - compenser** · combler · contrebalancer · corriger · pallier · racheter · remédier à · réparer · **2 - remplacer** · se substituer à · prendre la place de

supplément *n.m.* **1 - complément** · appoint · bonus · à côté *fam.* · extra *fam.* · rab *fam.* · rabiot *fam.* · rallonge *fam.* · **2 - surplus** · excédent · surcroît · **3 - addenda** · additif · annexe · appendice

supplément, complément

Supplément et **complément** désignent ce qui est ajouté à quelque chose. Lorsqu'on procède à un ajout pour qu'il s'intègre à la chose et la *complète*, on parle de **complément** *(demander un complément d'information, prendre un complément alimentaire, cela vient en complément de l'allocation).* Lorsque l'ajout vient se juxtaposer ou se superposer à une chose déjà complète, **supplément** s'impose *(le juge demande un supplément d'enquête, je me passerais bien d'un supplément de travail, percevoir un supplément de salaire).* De même, on parle de **supplément**, et non de **complément**, pour un élément autonome ajouté à un ouvrage ou une publication *(le supplément hebdomadaire d'un journal).*

supplémentaire *adj.* **1 - complémentaire** · additionnel · adjoint · ajouté · en plus · en extra *fam.* · **2 - adventice** · autre

supplétif, -ive *adj. et n.* **1 - suppléant** · **2 - auxiliaire**

suppliant, e *adj.* · implorant

supplication *n.f.* · prière · conjuration · imploration · supplique · adjuration *littér.*

supplice *n.m.* **1 - torture** · sévices · **2 - châtiment** · exécution · peine · **3 - calvaire** · angoisse · douleur · martyre · peine · souffrance · tourment · affres *littér.*

✦ **mettre au supplice** torturer · tourmenter

supplicier *v.tr.* · martyriser · torturer

supplier *v.tr.* · prier · conjurer · implorer · tomber aux genoux, aux pieds de · se traîner aux pieds de · adjurer *littér.*

prier

supplique *n.f.* · prière · requête

support *n.m.* **1 - appui** · soutien · **2 - assise** · base · piédestal · socle · soubassement · **3 - étai** · béquille · colonne · pied · pilier · pylône · poutre

supportable *adj.* **1 - tenable** · soutenable · tolérable · vivable · **2 - excusable** · acceptable · admissible · passable

¹**supporter** *v.tr.* **1 - soutenir** · étayer · maintenir · **2 - être à l'épreuve de** · résister à · tenir bon contre · tolérer · **3 - subir** · endurer · résister à · digérer *fam.* · encaisser *fam.* · se farcir *fam.* · se faire *fam.* · **4 - admettre** · accepter · s'accommoder de · tolérer · avaler *fam.* · souffrir *littér.* · **5 - se charger de** · assumer · endosser · prendre à sa charge · prendre sur soi · s'appuyer *fam.* · se coltiner *fam.* · **6 -** [Sport] **encourager** · soutenir

✦ **ne pas pouvoir supporter** [qqn] ne pas pouvoir sentir *fam.* · ne pas pouvoir voir (en peinture) *fam.* · ne pas pouvoir blairer *fam.* · ne pas pouvoir encadrer *fam.* · ne pas pouvoir encaisser *fam.* · ne pas pifer *fam.*

²**supporter** *n.m.* · partisan · aficionado · fan *fam.* · [italiens] tifosi

supposé, e *adj.* **1 - censé** · **2 - prétendu** · soi-disant · pseudo- · **3 - présumé** · hypothétique · putatif *(Droit)*

supposer *v.tr.* **1 - croire** · penser · présumer · imaginer · conjecturer *littér.* · **2 - postuler** · admettre · poser · prendre comme prémisse · **3 - impliquer** · avoir comme corollaire · induire · nécessiter · réclamer · **4 -** [qqch. à qqn] **attribuer** · prêter

✦ **laisser supposer** dénoter · indiquer · révéler

supposition *n.f.* · hypothèse · conjecture · estimation · extrapolation · présomption · spéculation · supputation

supposition, hypothèse

Supposition et **hypothèse** partagent, dans l'usage courant, l'idée d'opinion que l'on avance pour étayer une explication ou évoquer la probabilité d'un événement *(c'est une supposition/une hypothèse gratuite, une simple hypothèse/supposition).* On réserve cependant **hypothèse** à tout contexte où domine le raisonnement *(l'hypothèse d'une vie en dehors de la Terre n'est pas à exclure ; cette hypothèse reste à démontrer ; ils n'ont pas retenu l'hypothèse du complot).* **Supposition** convient mieux à toute conjecture reposant sur le jugement personnel plutôt que sur la démonstration *(je ne fais là qu'une simple supposition ; à moins, pure supposition, qu'il t'ait menti).*

suppôt *n.m.* · agent · partisan · séide · serviteur

suppression *n.f.* **1 - abolition** · abandon · abrogation · annulation · levée · **2 - cessation** · disparition · extinction · **3 - destruction** · anéantissement · **4 - assassinat** · meurtre · **5 - coupure** · amputation · coupe claire · coupe sombre · diminution · élimination · mutilation · retranchement

✦ **suppression d'emplois** débauchage · licenciement

supprimer *v.tr.* **1 - enlever** · couper · amputer · éliminer · éradiquer · ôter · retirer · retrancher · **2 - barrer** · biffer · déléaturer · effacer · rayer · **3 - faire cesser** · arrêter · éteindre · mettre fin à · **4 - empêcher** · briser · étouffer · inhiber · **5 - abolir** · abroger · annuler · casser · lever · **6 - faire disparaître** · aplanir · balayer · bannir · chasser · écarter · escamoter · **7 - détruire** · anéantir · annihiler · démolir · éliminer · **8 - tuer** · abattre · assassiner · éliminer · buter *fam.* · dégommer *fam.* · descendre *fam.* · faire la peau de *fam.* · rectifier *fam.* · refroidir *fam.*

⋙ **se supprimer** *v.pron.* **se suicider** · se donner la mort · mettre fin à ses jours · se tuer · se faire hara-kiri

supputation *n.f.* **1 - hypothèse** · conjecture · extrapolation · prévision · supposition · **2 - calcul** · computation · estimation · évaluation · spéculation

supputer *v.tr.* **1 - supposer** · conjecturer · imaginer · **2 - calculer** · estimer · évaluer · examiner · jauger

supra *adv.* · ci-dessus · plus haut

suprasensible *adj.* · surnaturel · supranaturel

suprématie *n.f.* **1 - hégémonie** · domination · omnipotence · **2 - primauté** · ascendant · prédominance · prépondérance · prééminence · supériorité

suprême *adj.* **1 - souverain** · supérieur · [Relig.] divin · **2 - extrême** · grand · magistral · parfait · **3 - dernier** · final · ultime · [effort] désespéré

❧ **souverain**

suprêmement *adv.* **1 - énormément** · extrêmement · au dernier point, degré · **2 - divinement** · magistralement · prodigieusement

[1]**sur** *prép.* **1 - au dessus de** · **2 - contre** · à même · **3 - derrière** · **4 - vers** · **5 - autour de** · aux environs de · vers · **6 - parmi** · entre · **7 - d'après** · **8 - à propos de** · concernant · quant à · relativement à · au sujet de

✦ **sur ce** **1 - là-dessus** · sur ces entrefaites · **2 - en conséquence**

[2]**sur, sure** *adj.* · acide · aigre · aigrelet · suret

sûr, sûre *adj.* **1 - vrai** · assuré · authentique · avéré · certain · clair · constant · établi · évident · exact · formel · garanti · incontestable · indubitable · irrécusable · officiel · positif · **2 - convaincu** · assuré · certain · confiant · persuadé · **3 - éprouvé** · bon · fiable · infaillible · sérieux · solide · [placement] de père de famille · **4 - de confiance** · dévoué · fidèle · franc · indéfectible · de parole · loyal · sincère · véritable · **5 - ferme** · assuré · exercé · expert · **6 - inéluctable** · fatal · immanquable · inévitable · **7 - sans danger** · calme · paisible · tranquille

✦ **à coup sûr** immanquablement · infailliblement

✦ **bien sûr !** évidemment ! • assurément ! • certainement ! • certes ! • sûrement !

✦ **être sûr que** ne pas avoir le moindre doute que • parier que • mettre sa main au feu que *fam.* • mettre sa main, sa tête à couper que *fam.*

✦ **c'est sûr !** c'est bien vrai ! • c'est clair !

✦ **c'était sûr** ça n'a pas fait un pli *fam.* • c'était couru d'avance *fam.*

surabondamment *adv.* • excessivement • abusivement • à l'excès • trop

surabondance *n.f.* **1 – excès** • redondance • saturation • surcharge • surproduction • **2 – profusion** • débauche • débordement • déluge • exubérance • luxuriance • pléthore • prodigalité

surabondant, e *adj.* **1 – excessif** • pléthorique • **2 – exubérant** • envahissant • luxuriant

surabonder *v.intr.* **abonder** • foisonner • fourmiller • pulluler

✦ **surabonder en** déborder de • abonder en • fourmiller de • regorger de

suraigu, –uë *adj.* • perçant • criard • strident

suralimenter *v.tr.* • gaver

suranné, e *adj.* **1 – désuet** • ancien • démodé • inactuel • vieilli • vieillot • vieux • antique *vieilli* • gothique *vieux* • **2 –** [péj.] **dépassé** • antédiluvien • archaïque • arriéré • attardé • caduc • fossile • obsolète • périmé • rétrograde • ringard *fam.*

surcharge *n.f.* **1 – excédent** • excès • surcroît • surplus • **2 – surabondance** • débauche • débordement • excès • **3 – correction** • rajout • rature • **4 –** [Turf] **handicap**

surchargé, e *adj.* **1 – bondé** • bourré • comble • complet • [classe] pléthorique • **2 – chargé** • lourd • **3 – corrigé** • raturé

✦ **être surchargé (de travail)** être débordé (de travail) • être submergé (de travail) • crouler sous le travail • ne plus savoir où donner de la tête

surcharger *v.tr.* **1 – charger** • alourdir • encombrer • remplir • bourrer *fam.* • **2 – accabler** • écraser • [d'impôts] grever • surimposer • surtaxer • ponctionner *fam.*

surchauffé, e *adj.* **1 – brûlant** • bouillant • étouffant • **2 – surexcité** • agité • bouillonnant • déchaîné • électrisé • enflammé • exalté • fougueux • frénétique • galvanisé • sous pression • survolté

surchauffer *v.tr.* • surexciter • agiter • déchaîner • électriser • exalter • survolter

surclasser *v.tr.* • surpasser • distancer • dominer • laisser loin derrière • enfoncer *fam.* • faire la pige à *fam.*

surcroît *n.m.* **1 – surplus** • excédent • surcharge • **2 – augmentation** • accroissement • supplément

✦ **de surcroît, par surcroît** encore • de plus • en outre • en plus • par-dessus le marché *fam.* • au surplus *littér.*

surdité *n.f.* • dureté d'oreille • hypoacousie

surdose *n.f.* • overdose

surdoué, e *n.* • génie • prodige • fort en thème *fam.*

surélévation *n.f.* • exhaussement • surhaussement

surélever *v.tr.* • exhausser • élever • hausser • rehausser • surhausser

sûrement *adv.* **1 - oui** • **2 - assurément** • à coup sûr • à l'évidence • à n'en pas douter • certainement • certes • fatalement • forcément • immanquablement • inévitablement • infailliblement • obligatoirement • sans faute • à tous les coups *fam.* • **3 - sans doute**

surenchère *n.f.* **1 - suroffre** • **2 - escalade** • flambée

✦ **faire de la surenchère** rivaliser

surenchérir *v.intr.* **1 - faire une suroffre** • monter • **2 - augmenter** • enchérir

surenchérissement *n.m.* • renchérissement

surestimation *n.f.* **1 - majoration** • surévaluation • **2 - exagération** • amplification

surestimer *v.tr.* **1 - majorer** • surévaluer • **2 - gonfler** • amplifier • (s')exagérer • surfaire

suret, -ette *adj.* • acidulé • aigrelet • sur

sûreté *n.f.* **1 - sécurité** • ordre • **2 - adresse** • agilité • assurance • dextérité • fermeté • habileté • justesse • précision • **3 - acuité** • clairvoyance • justesse • lucidité • **4 - fiabilité** • efficacité • **5 - caution** • assurance • gage • garantie

✦ **en sûreté** à l'abri • à couvert • en sécurité

✦ **mettre en sûreté** **1 - protéger** • cacher • sauver • **2 - assurer** • garantir

surévaluation *n.f.* • surestimation • majoration

surévaluer *v.tr.* • surestimer • amplifier • (s')exagérer • gonfler • majorer • surfaire

surexcitation *n.f.* • exaltation • déchaînement • échauffement • énervement • fièvre • frénésie

surexcité, e *adj.* • exalté • agité • déchaîné • en délire • enflammé • enragé • frénétique • survolté • excité comme une puce *fam.*

surexciter *v.tr.* **1 - exalter** • déchaîner • échauffer • enfiévrer • enflammer • surchauffer • survolter • transporter • survolter • **2 - augmenter** • stimuler

surf *n.m.*

✦ **surf des neiges** snowboard

surface *n.f.* **1 - étendue** • espace • plan • **2 - superficie** • aire • dimension • **3 - dehors** • apparence • extérieur • façade • **4 -** [fam.] **influence**

✦ **grande surface** hypermarché • grand magasin • supérette • supermarché

✦ **de surface** superficiel

✦ **en surface** superficiellement • en apparence • extérieurement

✦ **faire surface** affleurer • émerger

∞ **superficie**

surfaire *v.tr.* • surestimer • amplifier • (s')exagérer • gonfler • majorer • surévaluer

surfait, e *adj.* • surestimé • exagéré • surévalué

surfer *v.intr.* [Internet] **naviguer**

surgeler *v.tr.* • congeler

surgeon *n.m.* • pousse • drageon • rejeton

surgir *v.intr.* **1 - jaillir** • bondir • déboucher • émerger • faire irruption • se montrer • paraître • poindre · sortir · venir · **2 - naître** · apparaître · se développer · s'élever · se faire jour · se manifester · percer · pointer · se présenter · se produire · survenir

surhausser *v.tr.* · surélever · exhausser

surhomme *n.m.* · héros · géant · superman

surhumain, e *adj.* **1 - titanesque** · **2 - surnaturel** · surréel

surimposer *v.tr.* · surtaxer · traire *fam.*

sur-le-champ *loc. adv.* · aussitôt · immédiatement · séance tenante · sur l'heure · sans délai · sans retard · sans tarder · illico (presto) *fam.* · incontinent *littér.* · sans désemparer *littér.*

surmenage *n.m.* · fatigue · épuisement

surmené, e *adj.* · épuisé · exténué · éreinté · harassé · crevé *fam.* · vidé *fam.*

surmener *v.tr.* · épuiser · abrutir · éreinter · exténuer · fatiguer · harasser · crever *fam.* · tuer *fam.* · vider *fam.* · [un cheval] forcer

surmonter *v.tr.* **1 - coiffer** · couronner · dominer · surplomber · **2 - vaincre** · l'emporter sur · franchir · triompher de · venir à bout de · **3 - maîtriser** · contenir · contrôler · dominer · dompter · tenir en bride

surnager *v.intr.* **1 - flotter** · nager · **2 - survivre** · garder la tête hors de l'eau · se maintenir (à flot) · rester · subsister

surnaturel, -elle *adj.* **1 - extraordinaire** · fabuleux · fantastique · irréel · merveilleux · prodigieux · **2 - divin** · magique · miraculeux

✦ **être surnaturel** esprit · démon · fée · génie

surnom *n.m.* **1 - pseudonyme** · nom de guerre · nom de plume · nom de scène · pseudonyme · pseudo *fam.* · **2 - sobriquet** · petit nom *fam.*

surnombre (en)

▪ *loc. adv.* **en excédent** · en surplus · en trop

▪ *loc. adj.* **excédentaire** · surnuméraire

surnommé, e *adj.* · dit · alias

surnommer *v.tr.* · appeler · baptiser

surnuméraire *adj.* · excédentaire · en surnombre · en surplus · en trop

surpasser *v.tr.* **1 - devancer** · battre · couper, faucher l'herbe sous le pied à · damer le pion à · dépasser · distancer · dominer · éclipser · effacer · l'emporter sur · être au-dessus de · être supérieur à · primer sur · surclasser · enfoncer *fam.* · griller *fam.* · faire la pige à *fam.* · perdre dans la brume *fam., Québec* · **2 - excéder** · dépasser

⋙ **se surpasser** *v.pron.* **se dépasser** · s'arracher *fam.*

surpeuplé, e *adj.* · grouillant · fourmillant · populeux

surpeuplement *n.m.* · surpopulation

surplace *n.m.* · immobilité · immobilisme · stagnation

✦ **faire du surplace** rester immobile · ne pas avancer · stagner

surplomb (en) *adv.* · en saillie · en encorbellement

surplomber *v.tr.* · avancer sur · dépasser · dominer · surmonter

surplus *n.m.* 1 - **surproduction** · 2 - **excédent** · excès · reliquat · restant · reste · trop-plein · 3 - **complément** · rab *fam.* · rabiot *fam.* · rallonge *fam.* · 4 - **surcroît** · augmentation · supplément · surcharge

✦ **au surplus** par ailleurs · de surcroît · en outre · en plus

surpopulation *n.f.* · surpeuplement

surprenant, e *adj.* 1 - **étonnant** · déconcertant · stupéfiant · 2 - **inattendu** · inopiné · 3 - **remarquable** · étourdissant · incroyable · inouï · prodigieux · spectaculaire · époustouflant *fam.* · 4 - **curieux** · bizarre · étrange · insolite · singulier

surprendre *v.tr.* 1 - **étonner** · déconcerter · ébahir · prendre au dépourvu · prendre de court · renverser · stupéfier · ébouriffer *fam.* · épater *fam.* · estomaquer *fam.* · scier *fam.* · souffler *fam.* · suffoquer *fam.* · 2 - **capter** · apercevoir · déceler · découvrir · dérober · discerner · intercepter · remarquer · saisir · voir · 3 - **prendre (sur le fait)** · attraper · coincer *fam.* · pincer *fam.* · piquer *fam.* · prendre la main dans le sac *fam.* · trouver le lièvre au gîte *fam.* · 4 - [vieux ou littér.] **duper** · attraper · circonvenir · décevoir · induire en erreur · tromper

surpris, e *adj.* **étonné** · déconcerté · désorienté · ébahi · frappé (d'étonnement, de stupeur) · renversé · saisi · stupéfait · baba *fam.* · comme deux ronds de flan *fam.* · ébouriffé *fam.* · épaté *fam.* · estomaqué *fam.* · scié *fam.* · sidéré *fam.* · soufflé *fam.* · suffoqué *fam.* · ébaubi *vieilli*

✦ **être très surpris** tomber de haut · tomber de la lune · tomber des nues

surprise *n.f.* 1 - **étonnement** · consternation · ébahissement · stupéfaction · stupeur · épatement *vieilli* · 2 - **cadeau** · présent *soutenu* · 3 - [en apposition] **inattendu** · imprévu · impromptu

✦ **par surprise** à l'improviste · au dépourvu · inopinément · sans crier gare *fam.*

surprise, étonnement

Surprise et **étonnement** sont équivalents dans bien des contextes pour exprimer l'état d'une personne saisie par quelque chose d'inattendu *(cacher, exprimer sa surprise/son étonnement ; à mon grand étonnement/à ma grande surprise ; constater avec surprise/étonnement)*. On peut distinguer cependant la **surprise**, qui frappe l'esprit par un caractère insolite, imprévu *(avoir un mouvement de surprise, laisser échapper un cri de surprise)* et l'**étonnement** qui naît d'un motif plus extraordinaire, d'une sensation plus puissante *(être frappé, rempli d'étonnement)* : « Il [Le Ménil] était stupide de surprise, dans un abîme d'étonnement » (France, *le Lys rouge*, XXI). Ainsi, seul **surprise** peut être associé à l'idée de plaisir *(c'est une agréable surprise ; je vous laisse le plaisir de la surprise)*.

surprise-partie *n.f.* · fête · soirée · boum *fam.*

surproduction *n.f.* · surplus

surréaliste *adj.* · inimaginable · incroyable · dément

sursaut *n.m.* 1 - **frisson** · haut-le-corps · soubresaut · tressaillement · tressautement · 2 - **effort** · tentative

sursauter *v.intr.* 1 - **tressaillir** · sauter · tressauter · 2 - **bondir** · réagir

surseoir à *v.tr.ind.* · différer · reculer · remettre · reporter · retarder · suspendre · postposer *Belgique*

sursis *n.m.* · délai · répit · moratoire

surtout *adv.* **1 - par dessus tout** · plus que tout · **2 - principalement** · notamment · en particulier · particulièrement · spécialement · singulièrement

surveillance *n.f.* **1 - garde** · guet · veille · **2 - vigilance** · attention · contrôle · inspection · observation · **3 - conduite** · contrôle · direction · suivi · **4 - sécurité** · défense · protection · espionnage · contre-espionnage

surveillant, e *n.* **1 - garde** · gardien · vigile · **2 -** [Scol.] **maître d'études** *vieux* · répétiteur *vieux* · pion *fam.* · surgé *argot* · **3 -** [de prison] **gardien** · garde-chiourme *péj., fam.* · maton *argot*

surveiller *v.tr.* **1 - épier** · espionner · garder à vue · guetter · ne pas quitter des yeux · observer · suivre · tenir de près · avoir à l'œil *fam.* · fliquer *fam., péj.* · **2 - veiller sur** · faire attention à · garder, avoir l'œil sur *fam.* · avoir dans le collimateur *fam.* · marquer à la culotte *fam.* · [jeune fille] chaperonner · **3 - vérifier** · conduire · contrôler · examiner · inspecter · présider à · suivre · **4 -** [son langage] **modérer** · faire attention à · peser

⋙ **se surveiller** *v.pron.* **1 - s'espionner** · **2 - faire attention à sa ligne**

survenir *v.intr.* · apparaître · arriver · se déclarer · faire irruption · intervenir · se manifester · se présenter · se produire · surgir · venir · advenir *littér.*

survenue *n.f.* · arrivée · apparition

survêtement *n.m.* · jogging · training

survivance *n.f.* **1 - reste** · vestige · **2 -** [littér.] **immortalité** · survie

survivant, e *n.* · rescapé · réchappé *littér.*

↝ **rescapé**

survivre *v.intr.* **1 - se maintenir** · se conserver · demeurer · durer · passer à la postérité · persister · rester · subsister · surnager · tenir · **2 - végéter** · subsister · vivoter

✦ **survivre à** **1 - réchapper de** · se tirer de *fam.* · **2 -** [une personne] **enterrer** *fam.*

⋙ **se survivre** *v.pron.* **se perpétuer** · se prolonger

survoler *v.tr.* **1 - effleurer** · glisser sur · **2 - parcourir** · lire en diagonale, cursivement

survolté, e *adj.* · exalté · agité · déchaîné · électrisé · en délire · énervé · enflammé · galvanisé · surchauffé · surexcité · comme une pile électrique *fam.*

survolter *v.tr.* · exalter · déchaîner · électriser · enflammer · galvaniser · surchauffer · surexciter

sus (en) *loc. adv. et prép.* **en plus** · en complément · par-dessus le marché *fam.*

✦ **en sus de** en plus de

susceptibilité *n.f.* · hypersensibilité · délicatesse *littér.*

susceptible *adj.* **chatouilleux** · irritable · ombrageux · sensitif *littér.*

✦ **susceptible de** **1 - sujet à** · de nature à · **2 - apte à** · à même de · capable de · de force à · de taille à · en état de · en mesure de

✦ **il est très susceptible** il prend vite la mouche *fam.*

susciter *v.tr.* 1 – **occasionner** · amener · attirer · catalyser · causer · créer · déclencher · déterminer · donner lieu à · engendrer · entraîner · provoquer · valoir · 2 – **éveiller** · allumer · animer · déchaîner · exciter · faire naître · soulever · 3 – [littér.] **fomenter**

susdit, e *adj.* · sus-mentionné · sus-dénommé · sus-nommé · mentionné plus haut

suspect, e *adj.* 1 – **douteux** · équivoque · interlope · louche · trouble · 2 – **peu sûr** · peu fiable · sujet à caution

suspecter *v.tr.* 1 – **soupçonner** · mettre en cause · mettre en doute · incriminer · 2 – **entrevoir** · conjecturer · deviner · présumer · pressentir · subodorer · supposer · flairer *fam.*

suspendre *v.tr.* 1 – **accrocher** · attacher · fixer · pendre · 2 – **arrêter** · abandonner · bloquer · couper (court à) · enrayer · discontinuer · (faire) cesser · fermer · geler · interrompre · lever · stopper · 3 – **ajourner** · différer · reculer · remettre · renvoyer · reporter · repousser · retarder · surseoir à *soutenu* · 4 – **démettre** · dégrader · destituer · interdire · mettre à pied · mettre en disponibilité · relever de ses fonctions

suspendu, e *adj.* 1 – **en suspens** · 2 – **accroché** · pendu · [jardin] en terrasse

✦ **suspendu à** dépendant de · tributaire de

suspens (en) *loc. adv.* 1 – **en attente** · en sommeil · inachevé · interrompu · remis à plus tard · suspendu · à l'abandon · en carafe *fam.* · en panne *fam.* · en plan *fam.* · en rade *fam.* · en souffrance *littér.* · 2 – **irrésolu** · flottant · hésitant · incertain · indécis · perplexe

suspension *n.f.* 1 – **lustre** · plafonnier · 2 – **amortisseurs** · ressorts · 3 – **abandon** · arrêt · cessation · 4 – **interruption** · discontinuation · pause · repos · temps d'arrêt · vacances · 5 – **délai** · moratoire

✦ **suspension d'armes** cessez-le-feu · trêve

suspicieux, -ieuse *adj.* · soupçonneux · défiant · méfiant · sur la défensive · sur ses gardes

suspicion *n.f.* 1 – **défiance** · doute · méfiance · 2 – **soupçon**

suspicion, soupçon, doute

Suspicion, **soupçon** et **doute** se disent des interrogations que l'on peut avoir vis-à-vis du comportement, des actes d'une personne. On parle de **doute** lorsque l'incertitude, ou l'inquiétude, domine *(j'ai des doutes sur ses compétences, cela confirme mes doutes)* : « La jalousie se nourrit dans les doutes » (La Rochefoucauld, *Maximes*, 32). Le **soupçon** est un doute appuyé où l'on tient déjà pour suspecte la personne *(de graves soupçons pèsent sur lui, être l'objet de soupçons, être au-dessus de tout soupçon)*. **Suspicion** insiste sur la méfiance qu'inspire la personne *(tenir en suspicion, un regard plein de suspicion)*.

sustenter *v.tr.* [vieilli] **alimenter** · nourrir

⋙ **se sustenter** *v.pron.* [plaisant] **se nourrir** · s'alimenter · manger · se restaurer

susurrement *n.m.* · chuchotement · murmure

susurrer
- *v.tr.* **glisser (à l'oreille)** · souffler
- *v.intr.* **murmurer** · chuchoter

suturer *v.tr.* · recoudre

svelte *adj.* · élancé · délié · effilé · élégant · fin · fuselé · léger · longiligne · mince

sveltesse *n.f.* · finesse · élégance · minceur

swinger *v.intr.* · balancer *fam.*

sybarite *n. et adj.* · bon vivant · jouisseur · raffiné · sensuel · voluptueux

sybaritisme *n.m.* · sensualité · indolence · mollesse

syllabaire *n.m.* · alphabet

syllogisme *n.m.* · raisonnement · déduction · démonstration

sylphe *n.m.* · elfe

sylvestre *adj.* · forestier

sylviculteur, -trice *n.* · forestier · arboriculteur

sylviculture *n.f.* · arboriculture · foresterie

symbiose *n.f.* · harmonie · accord · entente · union

symbole *n.m.* **1 - emblème** · attribut · insigne · marque · signe · **2 - représentation** · allégorie · figure · image · **3 - archétype** · incarnation · personnification · type · **4 - notation** · signe · chiffre · nombre · logo

symbole, emblème

Le **symbole** et l'**emblème** ont en commun de représenter une chose abstraite ou absente, sous une forme identifiable par une association d'idées. Le **symbole** a un caractère plus général et universel que l'**emblème** ; il peut être immédiatement reconnu par un groupe social important *(le noir est le symbole du deuil dans le monde occidental ; la croix est un symbole chrétien ; la colombe, symbole de la paix).* L'**emblème** est plus souvent le résultat d'une création particulière, un insigne interprétable par un groupe d'individus plus restreint *(la violette, emblème de la modestie ; les emblèmes de la franc-maçonnerie ; la femme au bonnet phrygien est l'emblème de la République française).*

symbolique *adj.* **1 - emblématique** · allégorique · figuratif · métaphorique · **2 - théorique** · formel

symboliquement *adv.* · figurativement · emblématiquement · allégoriquement

symboliser *v.tr.* **1 - représenter** · figurer · **2 - incarner** · personnifier

symétrie *n.f.* **1 - régularité** · balancement · équilibre · harmonie · **2 - concordance** · correspondance · ressemblance

symétrique
- *adj.* **1 - régulier** · **2 - inverse** · opposé
- *n.m.* **pendant**

sympathie *n.f.* **1 - amitié** · affection · attachement · fraternité · tendresse · **2 - attirance** · affinité · attraction · faible · inclination · intérêt · penchant · **3 - bienveillance** · complaisance · **4 - compassion** · pitié · sensibilité · **5 -** [vieux] **accord** · affinité · conformité · convenance · écho · harmonie · unisson

sympathique *adj.* **1 - chaleureux** · agréable · amical · accueillant · cordial · fraternel · chouette *fam.* · épatant *fam.* ·

sympa *fam.* · **2 – avenant** · aimable · charmant · gentil · plaisant · amène *littér.*

sympathisant, e *n.* · adepte · militant · compagnon de route

sympathiser *v.intr.* · s'entendre · fraterniser · se lier · avoir de bons rapports · être en bons termes · copiner *fam.*

symphonie *n.f.* · harmonie · chœur

symposium *n.m.* · colloque · forum · séminaire · table ronde

symptomatique *adj.* · caractéristique · emblématique · révélateur · significatif · typique

symptôme *n.m.* · indice · manifestation · marque · signe · stigmate *péj.*

synallagmatique *adj.* · bilatéral · réciproque

synchrone *adj.* · simultané · coïncidant · concomitant · synchronique

synchronisation *n.f.* **1 – coordination** · harmonisation · **2 – concordance** · coïncidence · concomitance · simultanéité

synchroniser *v.tr.* · coordonner · faire correspondre

synchronisme *n.m.* · concordance · coïncidence · concomitance · correspondance · simultanéité

syncope *n.f.* **évanouissement** · défaillance · éblouissement · étourdissement · faiblesse · malaise · perte de connaissance · pâmoison *vieilli ou plaisant.* · lipothymie *didact.* · vapeurs *plaisant*

✦ **tomber en syncope** s'évanouir · perdre connaissance · se pâmer *vieilli ou plaisant* · tomber dans les pommes, les vapes *fam.*

syncrétisme *n.m.* **1 – fusion** · **2 – œcuménisme** · réunion des Églises

syndic *n.m.* · représentant · mandataire

syndicat *n.m.* **1 – groupement (professionnel)** · association · coopérative · **2 – coordination** · fédération · union

syndrome *n.m.* · affection · maladie

synode *n.m.* **1 – concile** · **2 – consistoire**

synonyme *n.m.* · équivalent · substitut

synopsis *n.m.* · scénario · canevas · intrigue · plan · trame

syntaxe *n.f.* · construction · grammaire · structure

synthèse *n.f.* **1 – combinaison** · alliance · association · composition · jonction · mariage · reconstitution · réunion · **2 – déduction** · raisonnement déductif · généralisation · **3 – conclusion** · enseignement · **4 –** [d'une protéine] **traduction**

synthétique *adj.* **1 – global** · **2 –** [Philo.] **empirique** · **3 – fabriqué** · artificiel

synthétiser *v.tr.* **1 – résumer** · condenser · récapituler · schématiser · **2 –** [une protéine] **traduire**

syphilis *n.f.* · vérole *fam.* · mal français *vieux* · mal napolitain *vieux* · mal de Naples *vieux* · mal de Vénus *vieux*

syphilitique *n.* · vérolé *fam.*

systématique *adj.* **1 – méthodique** · déductif · logique · ordonné · organisé · rationnel · réglé · **2 –** [péj.] **doctrinaire** · dogmatique · intolérant · **3 – constant** ·

automatique · habituel · invariable · machinal · régulier · entêté *péj.* · têtu *péj.*

systématiquement *adv.* **1 - méthodiquement** · rationnellement · **2 - automatiquement** · constamment · invariablement · par principe · régulièrement

systématiser *v.tr.* · normaliser · réglementer

système *n.m.* **1 - mécanisme** · appareil · dispositif · **2 - procédé** · astuce · combinaison · manière · méthode · moyen · plan · programme · tactique · technique · combine *fam.* · recette *fam.* · truc *fam.* · **3 - doctrine** · dogme · école · idéologie · opinion · philosophie · théorie · thèse · **4 - régime** · gouvernement · règle · structure · **5 -** [fam.] → **nerf**

t

tabac *n.m.* · pétun *vieux* · perlot *fam., vieux* · trèfle *fam., vieux*

✦ **faire un tabac** avoir un gros succès · casser la baraque *fam.* · faire un carton *fam.* · faire un malheur *fam.*

✦ **débit, bureau de tabac** tabagie *Québec*

tabagisme *n.m.* · nicotinisme *vieux* · tabacomanie *didact.*

tabasser *v.tr.* → **battre**

table *n.f.*

I 1 – **bureau** · comptoir · console · crédence · desserte · établi · guéridon · pupitre · 2 – **plateau** · banc · plan · tableau · tablette · tablier

II 1 – **restaurant** · 2 – **bonne chère** · chère · cuisine · gastronomie

III **index** · bibliographie · catalogue des rubriques · liste · répertoire · sommaire · tableau

✦ **mettre la table** mettre le couvert

✦ **table d'opération** billard *fam.*

✦ **tables de la Loi** Décalogue

✦ **table ronde** carrefour · commission · conférence · débat · journée d'études · rencontre · réunion · symposium

tableau *n.m.* 1 – **peinture** · toile · croûte *péj.* • [sortes] diptyque · retable · triptyque · 2 – **scène** · image · spectacle · vision · vue · 3 – **récit** · analyse · fresque · peinture · portrait · représentation · vue d'ensemble · 4 – [de prix] **tarif** · barème · 5 – [d'affichage] valves *Belgique*

tabler *v.intr.*

✦ **tabler sur** compter sur · escompter · espérer · miser sur

tablette *n.f.* 1 – **rayon** · degré · étagère · planchette · rayon · rayonnage · tirette · 2 – **plaque** · plaquette

tablier *n.m.* 1 – **blouse** · sarrau · devantier *vieux* · serpillière *vieux* · 2 – [Techn.] **rideau** · protection · trappe · 3 – [anciennt] **damier** · échiquier

tabou

▪ *n.m.* **interdit**

▪ *adj.* 1 – **inviolable** · interdit · intouchable · sacré · sacro-saint · 2 – **prohibé** · brûlant · interdit · intouchable

tabouret *n.m.* · escabeau · pliant · siège • [de sculpteur] sellette

tache *n.f.* 1 – **marque** · moucheture · tacheture · tiqueture · 2 – [d'un fruit] **meurtrissure** · tavelure · 3 – [d'un oiseau] **maille** · goutte · madrure · maillure · panachure · tacheture · 4 – [Méd.] **nævus** ·

macule · pétéchie · rougeur • [sur l'ongle] albugo · **5 -** [de coup] **bleu** · ecchymose · noir · **6 - salissure** · bavure · éclaboussure · macule · souillure · trace • [de doigts] marque · trace · **7 -** [moral, vieux] **déshonneur** · péché · tare · souillure *littér.* · flétrissure *littér.*

✦ **tache de rousseur, de son** éphélide

✦ **tache d'encre** pâté

✦ **tache de vin** envie

tâche *n.f.* **1 - activité** · besogne · occupation · corvée *péj.* · pensum *péj.* · labeur *littér.* · ouvrage *vieux ou littér.* · boulot *fam.* · job *fam.* · **2 - devoir** · obligation · fonction · mission · rôle · office *littér.*

✦ **à la tâche** à la pige

✦ **c'est une tâche infinie** c'est le tonneau des Danaïdes

taché, e *adj.* **1 - maculé** · ensanglanté · graisseux · sali · souillé · cochonné *fam.* · **2 -** [naturellement] **moucheté** · piqueté · tacheté · tavelé · tiqueté · tigré

tacher *v.tr.* **1 - maculer** · barbouiller · gâter · graisser · marquer · moucheter · noircir · salir · souiller · cochonner *fam.* · **2 -** [vieux] **éclabousser** · entacher · flétrir · salir · souiller · ternir

tâcher *v.tr. et tr.ind.*

✦ **tâcher de** s'efforcer de · s'appliquer à · chercher à · essayer de · faire des efforts pour · faire son possible pour · s'employer à · s'escrimer à · s'évertuer à · s'ingénier à · œuvrer pour · tenter de · tout faire pour · travailler à

✦ **tâcher que** veiller à ce que · faire en sorte que · s'arranger pour que

tacheté, e *adj.* **1 - moucheté** · bariolé · bigarré · marqueté · piqué · piqueté · **2 -** [cheval] **tisonné** · pommelé · truité · **3 -** [oiseau] **grivelé** · ocellé · tiqueté · **4 -** [fruits] **tigré** · **5 -** [bois] **madré**

tacheter *v.tr.* · moucheter · marqueter · piqueter · pointiller · tacher

tacite *adj.* · implicite · inexprimé · informulé · sous-entendu

⇝ **sous-entendu**

tacitement *adv.* · implicitement

taciturne *adj.* · silencieux · avare de paroles · morose · renfermé · secret · silencieux · sombre · taiseux *Belgique* · ténébreux *littér.*

⇝ **silencieux**

tacot *n.m.* → **voiture**

tact *n.m.* **1 - délicatesse** · atttention · diplomatie · doigté · éducation · élégance · finesse · habileté · jugement · obligeance · politesse · prévenance · savoir-faire · **2 -** [vieux] **intuition**

tacticien, -ienne *n.* · stratège

tactile *adj.* **palpable**

✦ **poil tactile** vibrisse

[1]**tactique** *adj.* **1 - adroit** · astucieux · malin · **2 - stratégique** · préstratégique

[2]**tactique** *n.f.* · plan (d'action) · astuce · ligne de conduite · manœuvre · marche à suivre · méthode · politique · recette · stratégie · technique · truc *fam.*

⇝ **stratégie**

tag *n.m.* · graffiti · bombage · graff *fam.*

taguer *v.tr.* · graffiter · bomber

tagueur, -euse *n.* · graffiteur · bombeur

taie *n.f.* **1 - fourre** *Suisse* · **2 -** [Méd.] **albugo** · leucome · néphélion

taillade *n.f.* **1 - balafre** · blessure · coupure · entaille · estafilade · plaie · **2 -** [anciennt manches vêtements] **crevé**

taillader *v.tr.* **1 - balafrer** · charcuter · couper · déchiqueter · déchirer · entailler · lacérer · labourer · **2 - buriner** · raviner · **3 -** [vieux] **censurer** · sabrer

taille *n.f.*
I 1 - coupe · ébranchage · écimage · élagage · émondement · étêtage · taillage · **2 - gravure** · contre-taille · entretaille · taille-douce
II 1 - grandeur · carrure · gabarit · hauteur · pointure · stature · **2 - dimension** · calibre · format · grandeur · grosseur · importance · longueur · proportion
III ceinture
✦ **être de taille à** être capable de · être apte à · être de force à · être en mesure de

taillé, e *adj.* · bâti · charpenté
✦ **taillé pour** capable de · à même de · en mesure de · fait pour

tailler
▪ *v.tr.* **1 - couper** • [en pointe] appointer • [en biseau] biseauter · ébiseler • [en dents de scie] denteler • [en arrondi] échancrer · inciser · trancher · **2 -** [des arbres] **ébourgeonner** · ébrancher · écimer · éclaircir · élaguer · émonder · ergoter · étêter · étronçonner · ravaler · recéper · **3 -** [une haie, un espalier] **dresser** · ébarber · **4 -** [du bois] **chantourner** · charpenter · débillarder · équarrir · **5 -** [une pierre] **bretteler** · chanfreiner · épanneler · retondre · rustiquer · **6 - sculpter** · ciseler · **7 -** [une pierre précieuse] **brillanter** · facetter · **8 -** [les cheveux] **couper** · rafraîchir · **9 -** [Couture] **couper** · découper · patronner
▪ *v.intr.* **couper** · faire une entaille · inciser
»» **se tailler** *v.pron.* **1 - remporter** · s'adjuger · s'approprier · s'arroger · gagner · obtenir · **2 -** [fam.] → **s'enfuir** · **3 -** [fam.] → **partir**

tailleur *n.m.* · coupeur · couturier · culottier · essayeur · giletier • [de diamants] lapidaire

taillis *n.m.* · buissons · bois · cépée · fourrés · gaulis · maquis · taille · breuil *région.*

tailloir *n.m.* **1 -** [Archit.] **abaque** · **2 -** [anciennt] **tranchoir**

taire *v.tr.* **1 - passer sous silence** · cacher · dissimuler · enfouir · faire abstraction de · garder secret · omettre · voiler · celer *vieux ou littér.* · **2 -** [littér.] **dissimuler** · étouffer · ravaler · refouler
✦ **faire taire** **1 - empêcher de parler** · clouer le bec à *fam.* · couper la chique à *fam.* · couper le sifflet à *fam.* · **2 - imposer silence à** · bâillonner · censurer · faire cesser · faire disparaître · museler · réduire au silence · supprimer
»» **se taire** *v.pron.* **1 - faire silence** · demeurer, rester bouche cousue · demeurer, se tenir coi · avoir avalé, perdu sa langue · ne pas desserrer les dents · ne pas dire un mot · se fermer comme une huître · la boucler *fam.* · s'écraser *fam.* · la fermer *fam.* · fermer son bec *fam.* · fermer sa gueule *très fam.* · mettre sa langue dans sa poche *fam.* · ne pas piper *fam.* · **2 - garder un secret** · être discret · ne rien dire · être une tombe · **3 - s'éteindre** · s'apaiser · se calmer · s'arrêter

talent *n.m.* **1 - aptitude** · aisance · capacité · compétence · disposition · don · génie · faculté · instinct · prédisposition · qualité *vieilli* · **2 - adresse** · art · brio · dextérité · doigté · maestria · virtuosité · savoir-faire · **3 - prodige** · génie · star · virtuose

✦ **avoir le talent de** avoir le don de · avoir le chic pour *fam.*

✦ **de grand talent** talentueux

talent, génie

Talent et **génie** évoquent les capacités particulières dont une personne peut être dotée. Le **talent**, acquis ou naturel, permet de réussir dans une activité donnée *(avoir un talent d'imitateur, talent oratoire ; un styliste de talent ; il a des talents cachés)*. Employé à propos d'une activité intellectuelle ou artistique, **talent** signale des capacités remarquables mais **génie** renchérit sur le caractère hors du commun des aptitudes *(les découvertes d'un mathématicien de génie, le génie créateur de Mozart)* : « Le génie, même le grand talent, vient moins d'éléments intellectuels et d'affinement social supérieur à ceux d'autrui, que de la faculté de les transformer » (Proust, *À l'ombre des jeunes filles en fleurs*).

talentueusement *adv.* · avec brio · brillamment · de main de maître · magistralement

talentueux, -euse *adj.* · doué · capable · de grand talent · de haut vol · de haute volée · émérite · fort

taler *v.tr.* **1 - meurtrir** · abîmer · fouler · **2 -** [région.] **importuner** · ennuyer · harceler · tourmenter · tanner *fam.*

talisman *n.m.* · amulette · charme · fétiche · grigri · mascotte · phylactère · porte-bonheur

taloche *n.f.* → **claque**

talon *n.m.* **1 -** [Anat.] **calcanéum** · **2 -** [de chéquier] **souche**

talonner *v.tr.* **1 - serrer de près** · être aux trousses de · marcher sur les talons de · marquer à la culotte · pourchasser · poursuivre · traquer · **2 - harceler** · assiéger · persécuter · presser · relancer · tarabuster · tourmenter

talus *n.m.* · remblai · ados · butte · chaussée · glacis · levée · parapet · pente

tambouille *n.f.* → **cuisine**

tambour *n.m.* **1 -** [sortes] **tambourin** · conga · darbouka · tam-tam · timbale · bamboula *vieux* · **2 - barillet** · cylindre · tourniquet

tambouriner

▪ *v.intr.* **marteler** · pianoter · tapoter

▪ *v.tr.* [vieux] **claironner** · clamer · proclamer · propager · crier sur les toits

tamis *n.m.* **1 - crible** · blutoir · claie · sas · van · **2 - passoire** · chinois

tamiser *v.tr.* **1 - cribler** · bluter · filtrer · passer · sasser · trier · vanner · **2 - adoucir** · atténuer · estomper · filtrer · voiler

tampon *n.m.* **1 - bouchon** · bonde · bondon · [Techn.] couvercle · **2 - protection périodique** · tampax *nom déposé* · **3 -** [de train] **amortisseur** · **4 - cachet** · flamme · oblitération

✦ **en tampon** en tapon · en boule · froissé

tamponnement *n.m.* **1 - tamponnage** · **2 - collision** · choc · coup · heurt · secousse · télescopage

tamponner *v.tr.* **1 - frotter** · étendre · imbiber · **2 - essuyer** · étancher · sécher · **3 - emboutir** · défoncer · démolir · entrer dans ·

heurter · percuter · télescoper · emplafonner *fam.* · froisser la tôle de *fam.* · **4 - timbrer** · estampiller · oblitérer · poinçonner

tam-tam *n.m.* **1 - → tambour** · **2 - tapage** · bruit · charivari · tumulte · boucan *fam.* · chambard *fam.* · foin *fam.* · raffut *fam.* · ramdam *fam.*

tancer *v.tr.* · réprimander · chapitrer · gourmander · gronder · houspiller · rabrouer · sermonner · admonester *littér.* · morigéner *littér.* · engueuler *très fam.* · enguirlander *fam.* · laver la tête de *fam.* · passer un savon à *fam.* · remonter les bretelles à *fam.* · sonner les cloches à *fam.*

tandem *n.m.* · paire · binôme · couple · duo

tandis que *conj.* · alors que · cependant que · comme · au moment où · pendant que

tangage *n.m.* **1 - balancement** · oscillation · **2 - houle**

tangent, e *adj.* **juste** · limite *fam.*

✦ **c'était tangent !** il s'en est fallu de peu, d'un cheveu ! · c'était moins une ! *fam.* · c'était limite ! *fam.*

tangible *adj.* **1 - palpable** · charnel · matériel · sensible · **2 - concret** · authentique · certain · effectif · établi · exact · incontestable · manifeste · matériel · réel · véridique · véritable · vrai

tanguer *v.intr.* **1 - se balancer** · onduler · osciller · **2 - vaciller** · bouger · chanceler · tituber · zigzaguer

tanière *n.f.* **1 - antre** · bauge · gîte · repaire · **2 - cachette** · refuge · repaire · retraite · trou *fam.*

tank *n.m.* **1 - citerne** · réservoir · **2 - char d'assaut** · automitrailleuse · blindé · char · panzer · **3 -** [fam.] **→ voiture**

tanker *n.m.* · superpétrolier · butanier · méthanier · pétrolier · propanier

tannant, e *adj.* **→ agaçant**

tanner *v.tr.* **1 - préparer** · chromer · mégisser · **2 - bronzer** · boucaner · brunir · hâler · **3 -** [fam.] **→ agacer**

✦ **tanné par le soleil** basané · boucané · bruni · cuivré · doré · hâlé · noiraud · moricaud *fam.*

tannerie *n.f.* **1 - tannage** · chamoisage · mégisserie · **2 - peausserie** · maroquinerie

tanneur, -euse *n.* · mégissier · peaussier

tant *adv. et nominal.* **1 - si** · tellement · **2 - autant**

✦ **tant bien que mal** péniblement · cahin-caha *fam.* · clopin-clopant *fam.*

✦ **tant que** à tel point que

✦ **en tant que** comme · en qualité de

tante *n.f.* **tata** *lang. enfants* · tantine *lang. enfants*

✦ **ma tante** [fam.] le Crédit municipal · le mont-de-piété · le clou *fam.*

tantinet (un) *adv.* · un peu · légèrement · un brin *fam.* · un chouïa *fam.*

tantôt *adv.* **1 - cet après-midi** · **2 -** [vieux ou région.] **il y a peu de temps** · plus tôt · **3 -** [vieux] **bientôt** · dans un proche avenir · presque · tout à l'heure

✦ **tantôt ... tantôt** à tel moment ... à un autre moment · parfois ... parfois · un coup ... un coup *fam.*

tapage *n.m.* **1 – vacarme** · chahut · charivari · tintamarre · tohu-bohu · barouf *fam.* · bastringue *fam.* · bazar *fam.* · bordel *fam.* · boucan *fam.* · chambard *fam.* · foin *fam.* · pétard *fam.* · potin *fam.* · raffut *fam.* · ramdam *fam.* · sabbat *fam.* · tam-tam *fam.* · tintouin *fam.* · **2 – scandale** · désordre · esclandre · éclat *vieilli ou littér.* · foin *fam.* · **3 – battage** · bruit · publicité · ramdam *fam.* · tam-tam *fam.*

tapageur, –euse *adj.* **1 – bruyant** · braillard · vociférant · gueulard *fam.* · piaillard *fam.* · **2 – criard** · clinquant · outrancier · provocateur · tape-à-l'œil · voyant

tapant, e *adj.* [heure] juste · précis · sonnant · pétant *fam.* · pile *fam.*

tape *n.f.* · claque · gifle · tapette

tapé, e *adj.* **1 –** [fruits] **talé** · meurtri · taché · **2 –** [fam.] **→ fou**

tape-à-l'œil *adj. invar.* · criard · clinquant · outrancier · provocateur · tapageur · voyant

tapée *n.f.* · quantité · armée · foule · masse · multitude · ribambelle · tas · chiée *très fam.* · floppée *fam.* · foultitude *fam.* · tripotée *fam.*

taper

▪ *v.tr.* **1 – battre** · boxer · brutaliser · calotter · cogner · fesser · frapper · rosser · dérouiller *fam.* · talocher *fam.* · **2 – pianoter** · tambouriner · tapoter · **3 – dactylographier** · saisir · **4 –** [fam.] **demander** · emprunter · quémander · réclamer

▪ *v.intr.* **1 – frapper** · cogner · donner des coups · tambouriner · tapoter · **2 –** [soleil] **brûler** · chauffer · cogner *fam.* · **3 –** [vin] **monter à la tête** · cogner *fam.*

✦ **taper dans** puiser dans · prendre dans · se servir de, dans

✦ **taper sur** critiquer · médire de · dire pis que pendre de · casser du sucre sur le dos de *fam.*

⋙ **se taper** *v.pron.* **1 – se battre** · **2 –** [fam.] **s'offrir** · s'enfiler *fam.* · s'envoyer *fam.* · **3 –** [fam.] **subir** · supporter · s'appuyer *fam.* · se cogner *fam.* · se coltiner *fam.* · s'envoyer *fam.* · se farcir *fam.* · se payer *fam.* · **4 –** [très fam., sexuellement] **s'envoyer** *fam.* · se faire *fam.* · se farcir *très fam.*

tapette *n.f.* **1 – battoir** · **2 – piège à souris** · souricière · **3 –** [fam.] **→ homosexuel**

tapi, e *adj.* · caché · blotti · embusqué · niché · pelotonné · ramassé · recroquevillé · terré · planqué *fam.*

tapin *n.m.*

✦ **faire le tapin** **→ se prostituer**

tapiner *v.intr.* **→ se prostituer**

tapinois (en) *loc. adv.* · en cachette · à la dérobée · en catimini · en dessous · en secret · furtivement · secrètement · sournoisement · sous cape · subrepticement · en douce *fam.*

tapir (se) *v.pron.* · se blottir · se cacher · se dissimuler · se nicher · se pelotonner · se recroqueviller · se réfugier · se retirer · se terrer · se planquer *fam.* · [lapin] se clapir *rare*

se tapir, se blottir

Se tapir et **se blottir** ont en commun l'action de se replier sur soi-même dans une posture qui prend le moins de place possible. **Se blottir** implique le plus souvent une position en boule *(l'enfant se blottit dans les bras de sa mère)* : « Il donnait en exemple les oiseaux qui se mettent la tête sous l'aile, tous les animaux qui se blottissent pour dormir » (Gide, *les Faux-Monnayeurs*, II, 4). Se **tapir** suppose toujours que la personne ou l'animal se blottit pour se cacher, la posture étant alors plutôt ramassée *(être tapi à l'affût, derrière un buisson).*

tapis *n.m.* **1 - carpette** · descente de lit · kilim · lirette · moquette • [de couloir, d'escalier] chemin · **2 - natte** · paillasson • [de judo] tatami · **3 - lit** · couche · jonchée · revêtement

✦ **tapis de jeu** velours *argot*

✦ **tapis roulant** convoyeur · transporteur

tapis-brosse *n.m.* · paillasson

tapisser *v.tr.* **1 -** [personne] **tendre** · coller · couvrir · orner · recouvrir · revêtir · **2 -** [chose] **recouvrir** · cacher · couvrir · joncher · parsemer

tapisserie *n.f.* **1 - tenture** · rideau · **2 - papier mural** · papier peint

tapoter *v.tr.* **caresser** · donner une petite tape à

✦ **tapoter sur** pianoter sur · marteler · tambouriner sur · taper sur

taquin, e *adj. et n.* · malicieux · badin · coquin · espiègle · facétieux · farceur · gamin · goguenard · moqueur · narquois · pince-sans-rire · lutin *vieux*

taquiner *v.tr.* **1 - agacer** · chiner · faire enrager · exciter · plaisanter · asticoter *fam.* · blaguer *fam.* · faire bisquer *fam.* · faire marcher *fam.* · mettre en boîte *fam.* · **2 - chatouiller** · agacer · picoter

taquinerie *n.f.* · malice · agacerie · espièglerie · facétie · farce · moquerie · pique · plaisanterie · blague *fam.*

tarabiscoté, e *adj.* **1 - affecté** · alambiqué · amphigourique · ampoulé · contourné · embrouillé · foisonnant · quintessencié *littér.* · **2 -** [explication] **embarrassé** · emprunté · **3 - chargé** · baroque · de mauvais goût · maniéré · précieux · lourd · orné · surchargé

tarabuster *v.tr.* **1 - agacer** · fatiguer · harceler · importuner · presser · tourmenter · asticoter *fam.* · **2 - obséder** · contrarier · miner · préoccuper · ronger · tracasser · travailler · chiffonner *fam.* · turlupiner *fam.*

tarauder *v.tr.* **1 - percer** · fileter · forer · perforer · transpercer · trouer · vriller · **2 - obséder** · miner · ronger · tenailler · torturer · tourmenter · turlupiner *fam.*

tard *adv.* **tardivement** · à une heure avancée · à une heure indue · à la dernière minute

✦ **plus tard** ultérieurement · tout à l'heure · à un autre moment · une autre fois

tarder *v.intr.* **1 - traîner** · atermoyer · attendre · faire traîner · lambiner · lanterner · perdre son temps · traînasser · **2 - se faire attendre** · être lent à venir · se faire désirer

✦ **il me tarde de, que** j'ai hâte de, que · je brûle de · je suis impatient de, que · je suis pressé de, que

tardif, -ive *adj.* **1 - retardé** · en retard · hors de saison · **2 -** [heure] avancé · indu

tardivement *adv.* → **tard**

tare *n.f.* **1 - poids** · **2 - malformation** · altération · déficience · handicap · maladie · **3 - imperfection** · défaut · défectuosité · malfaçon · travers · vice

taré, e *adj. et n.* 1 - **débile** · déficient mental · dégénéré · retardé mental · 2 - [fam.] **imbécile** · demeuré · idiot · con *fam.* · crétin *fam.*

targette *n.f.* · verrou

targuer de (se) *v.pron.* 1 - [qqch.] **s'enorgueillir de** · se donner les gants de · être fier de · se flatter de · se piquer de · se prévaloir de · se vanter de · tirer vanité de · 2 - [suivi de l'infinitif] **se faire fort de** · compter · espérer · prétendre

tari, e *adj.* · asséché · à sec

tarif *n.m.* 1 - **barème** · 2 - **prix** · cote · coût · montant · taux

tarifer *v.tr.* · établir, fixer le montant de · coter

tarin *n.m.* → **nez**

tarir

▪ *v.tr.* 1 - **assécher** · dessécher · épuiser · sécher · mettre à sec · 2 - **consumer** · dissiper · engloutir · éteindre

▪ *v.intr.* 1 - **cesser de couler** · s'arrêter · s'assécher · 2 - **s'appauvrir** · s'éteindre · s'épuiser · stopper

⋙ **se tarir** *v.pron.* → **v.intr.**

tarissement *n.m.* · assèchement · épuisement

tartan *n.m.* · plaid

tarte

▪ *adj.* → **ridicule**

▪ *n.f.* 1 - **tartelette** • [salée] quiche · tourte · 2 - [fam.] → **gifle**

tartelette *n.f.* [allongée] barquette

Tartempion *n.pr.* · un tel · chose *fam.* · machin *fam.* · truc *fam.* · trucmuche *fam.*

tartignole *adj.* 1 - → **laid** · 2 - → **ridicule**

tartine *n.f.* 1 - **rôtie** *vieux ou région.* · beurrée *vieux ou région.* · 2 - [fam.] **laïus** · développement · discours · palabres · tirade

tartiner *v.* 1 - **étaler** · beurrer · enduire · napper · recouvrir · 2 - [fam.] **écrire** · composer · délayer · rédiger

tartufe *n.m.* 1 - **hypocrite** · fourbe · sainte nitouche · sournois · faux cul *très fam.* · faux derche *très fam.* · faux jeton *fam.* · 2 - [vieux] **faux dévot** · bigot · jésuite · papelard *littér.* · cagot *vieilli* · cafard *vieux*

tartuferie *n.f.* 1 - **hypocrisie** · dissimulation · duplicité · fausseté · fourberie · perfidie · 2 - [vieux] **bigoterie** · bondieuserie · jésuitisme · pharisaïsme · papelardise *littér.* · cagoterie *vieilli*

tas *n.m.* **amas** · accumulation · amoncellement · cargaison · empilement · entassement · monceau · montagne · pile · pyramide · superposition • [de foin, de blé] meule

✦ **un tas de, des tas de** une grande quantité de · beaucoup · une bande de · une collection de · une foule de · une masse de · une multitude de · une flopée de *fam.* · une foultitude de *fam.* · une tapée de *fam.* · une tripotée de *fam.* · une chiée de *très fam.*

tassage *n.m.* · tassement

tasse *n.f.*

✦ **ce n'est pas ma tasse de thé** cela ne me convient guère · ce n'est pas à mon goût · ce n'est pas mon truc *fam.* · ce n'est pas mon trip *fam.*

✦ **boire la tasse** échouer · subir des pertes · boire le bouillon *fam.* · faire le plongeon *fam.*

tassé, e *adj.* **1 - court** · **2 - ratatiné** · **3 - contracté** · recroquevillé

✦ **bien tassé** serré

tassement *n.m.* **1 - tassage** · compactage · compression · damage · pilonnage · pressage · **2 - affaissement** · effondrement · **3 - récession** · baisse · crise · perte de vitesse · recul

tasser *v.tr.* **1 - presser** · bourrer · compacter · comprimer · damer · pilonner · **2 - entasser** · empiler · encaquer *vieilli* · masser · presser · resserrer · serrer

»» **se tasser** *v.pron.* **1 - s'affaisser** · s'effondrer · **2 - se voûter** · rapetisser · se ratatiner · se recroqueviller · **3 - se serrer** · se blottir · s'entasser · se presser · se rapprocher · **4 -** [fam.] **s'arranger** · aller mieux · s'améliorer · se calmer

tatane *n.f.* → **chaussure**

tâter *v.tr.* **1 - toucher** · fouiller · palper · tâtonner · manier *vieux* · **2 - sonder** · ausculter · interroger · prendre le pouls, la température de

»» **se tâter** *v.pron.* **hésiter** · atermoyer · balancer · être en balan *Suisse* · être indécis · être irrésolu · s'interroger · tergiverser

↝ **toucher**

tatie *n.f.* → **tata**

tatillon, -onne *adj.* **pointilleux** · maniaque · méticuleux · minutieux · scrupuleux · strict · tracassier · chipoteur *fam.* · pinailleur *fam.* · vétilleux *littér.*

✦ **il est très tatillon** il cherche toujours la petite bête *fam.* · il faut toujours qu'il coupe les cheveux en quatre *fam.* · c'est un enculeur de mouches *très fam.*

tâtonnement *n.m.* · essai · balbutiement · bégaiement · expérience · flottement · hésitation · tergiversation

tâtonner *v.intr.* **1 - tâter** · **2 - essayer** · chercher · errer · expérimenter · hésiter · avancer sur la pointe des pieds

tâtons (à) *loc. adv.* **1 - à l'aveugle** · à l'aveuglette · en tâtonnant · **2 - au hasard** · sans méthode

taudis *n.m.* · bouge · bidonville · cambuse · gourbi · masure · galetas *vieux*

taulard, e *n. et adj.* [fam.] → **prisonnier**

taule *n.f.* **1 -** [fam.] → **chambre** · **2 -** [fam.] → **prison**

taupe *n.f.* [fam.] sous-marin · agent secret · espion · indicateur · barbouze *fam.* · indic *fam.* · mouchard *fam.*

taureau *n.m.*

✦ **course de taureaux** corrida · tauromachie *vieux*

tautologie *n.f.* · répétition · lapalissade · pléonasme · redite · redondance · réitération · truisme

taux *n.m.* **1 - barème** · tarif · **2 - cours** · cote · valeur · **3 - quotient** · pourcentage · rapport · ratio

✦ **taux de change** cours · pair · parité

tavelé, e *adj.* · marqué · marqueté · piqueté · tacheté

taverne *n.f.* [vieilli] auberge · brasserie · buvette · cabaret · café · estaminet *région.* · guinguette · gargote *péj.*

taxable *adj.* · imposable · assujetti (à l'impôt)

taxation *n.f.* · imposition · assujettissement à l'impôt

taxe *n.f.* **contribution** · charge · fiscalité · imposition · impôt · redevance • [Hist.] dîme · gabelle · taille

✦ **hors taxe** net

✦ **boutique hors taxes** boutique franche · duty free *anglic.*

impôt

taxer *v.tr.* **1 - imposer** · **2 -** [fam.] → **voler**[2] · **3 - qualifier** · appeler · baptiser · nommer · traiter · **4 - accuser** · charger · reprocher

taxidermie *n.f.* · empaillage · naturalisation

taxidermiste *n.* · empailleur · naturaliste

taxi-girl *n.f.* · entraîneuse

taxinomie *n.f.* · classification · catégorisation · systématique

tchao *interj.* **ciao** · au revoir · bye-bye · salut

tchatcher *v.intr.* → **bavarder**

tchin-tchin *interj.* **à votre santé !** · à la vôtre !

technicien, -ienne *n.* · professionnel · exécutant · expert · homme de l'art · praticien · spécialiste

technique

▪ *adj.* **1 - spécial** · pointu · professionnel · scientifique · spécialisé · **2 - mécanique**

▪ *n.f.* **1 - procédé** · art · méthode · métier · pratique · technologie · **2 - astuce** · recette · combine *fam.* · ficelles (du métier) *fam.* · truc *fam.* · **3 - habileté** · adresse · art · patte · savoir-faire · technicité *emploi critiqué* · tour de main · virtuosité

technologie *n.f.* · science des techniques · technique

teigne *n.f.* **1 - gerce** · gallérie · mite · **2 -** [Méd.] **pelade** · favus · **3 -** [fam., péj.] **gale** · chameau · peste · poison · vipère

teigneux, -euse *adj.* · mauvais · agressif · batailleur · hargneux · méchant

teindre *v.tr.* **1 - teinter** · brésiller · colorer · cocheniller · garancer · raciner · safraner · **2 -** [littér.] **nuancer** · colorer · teinter

teindre, teinter

Teindre et **teinter** concernent l'action d'appliquer une couleur sur quelque chose. **Teinter**, c'est couvrir d'une *teinte* légère *(teinter des cuirs, des bois)* ; le verbe s'emploie plus couramment au participe passé *(être teinté de rouge)*. **Teindre**, c'est imprégner d'une substance colorante pour changer la couleur naturelle ou d'origine *(teindre un drap, de la laine, des textiles synthétiques ; teindre ses cheveux)*.

teint *n.m.* **1 - nuance** · coloration · coloris · ton · **2 -** [de peau] **carnation** · coloris

teinte *n.f.* **1 - nuance** · coloris · ton · **2 - soupçon** · brin · dose · grain · semblant · soupçon · touche · trace

teinté, e *adj.* **1 - coloré** · **2 - fumé**

✦ **teinté de** empreint de · nuancé de · avec une pointe de

teinter *v.tr.* **1 - colorer** · **2 - fumer**

››› **se teinter de** *v.pron.* · se nuancer de

teindre

teinture *n.f.* **1 - coloration** · couleur · **2 -** [Pharm.] **alcoolé** · élixir · **3 - apparence** · dehors · faux-semblant · vernis

teinturerie *n.f.* · blanchisserie · pressing · nettoyeur *Québec*

teinturier, -ière *n.* • blanchisseur • nettoyeur *Québec*

tel, telle *adj. pron. et nominal.* 1 - **pareil** • de ce genre • de cette sorte • semblable • 2 - **comme** • semblable à • 3 - **ainsi**

✦ **tel quel** en l'état • identique • inchangé • pareil • sans changement

télamon *n.m.* • atlante

télé *n.f.* → **téléviseur**

télécommande *n.f.* • zapette *fam.* • piton *Québec*

télécommander *v.tr.* 1 - **téléguider** • radioguider • télépiloter • 2 - [péj.] **manipuler** • piloter • téléguider

télécopie *n.f.* • fax • fac-similé

télécopieur *n.m.* • fax

télédiffuser *v.tr.* • téléviser

télégramme *n.m.* • dépêche • télex • câblogramme *vieux* • câble *vieux* • petit bleu *fam., vieux*

télégraphe *n.m.* • téléscripteur • télétype

télégraphier *v.tr.* • câbler • transmettre

télégraphique *adj.* • elliptique

téléguidage *n.m.* • pilotage • guidage • radioguidage

téléguider *v.tr.* 1 - **télécommander** • 2 - [péj.] **manipuler** • piloter • télécommander

téléimprimeur *n.m.* • téléscripteur • télex • télétype *nom déposé*

télémessagerie *n.f.* • messagerie électronique • courrier électronique • courriel

télépathie *n.f.* • transmission de pensée • télesthésie

téléphérique *n.m.* • télécabine • œuf • télébenne • télésiège

téléphone *n.m.* 1 - **appareil** • cellulaire • mobile • portable • bigophone *fam.* • biniou *vieux* • grelot *vieux* • 2 - **combiné**

✦ **coup de téléphone** appel • coup de fil *fam.*

téléphoner à *v.tr.ind.* • appeler • donner, passer un coup de fil à *fam.* • bigophoner *fam.*

télescopage *n.m.* • choc • accrochage • carambolage • collision • heurt • tamponnement

télescope *n.m.* • lunette astronomique • radiotélescope

télescoper *v.tr.* • accrocher • cogner • emboutir • heurter • percuter • rentrer dans • tamponner

téléscripteur *n.m.* • téléimprimeur • télétype *nom déposé* • télex

télésiège *n.m.* • téléphérique

téléski *n.m.* • remonte-pente • tire-fesses *fam.*

téléviser *v.tr.* • télédiffuser

téléviseur *n.m.* • télévision • télé *fam.* • poste (de télévision) • récepteur

télévision *n.f.* 1 - **télédistribution** • 2 - **le huitième art** • le petit écran • les étranges lucarnes • 3 - **téléviseur** • télé *fam.*

télex *n.m.* • téléscripteur • téléimprimeur • télétype *nom déposé*

tellement *adv.* **si** • aussi • tant

✦ **tellement que** 1 - **si** • 2 - **au point que** • à tel point que

✦ **tellement de** tant de • une telle quantité de

tellurique *adj.* · sismique

téméraire *adj.* **1 - audacieux** · aventureux · casse-cou · entreprenant · hardi · hasardeux · imprudent · présomptueux · risque-tout · tête brûlée · **2 - périlleux** · aventureux · dangereux · hasardé · imprudent · insensé · osé · risqué

témérité *n.f.* · audace · hardiesse · imprudence · intrépidité · présomption

témoignage *n.m.* **1 - déposition** · déclaration · rapport · relation *littér.* · **2 - démonstration** · attestation · gage · manifestation · marque · preuve · signe · témoin

témoigner *v.tr.* **1 - affirmer** · attester · certifier · déposer · jurer · **2 - manifester** · exprimer · faire montre de · montrer · signaler · souligner · **3 - attester** · assurer · démontrer · indiquer · marquer · montrer · révéler

✦ **témoigner de 1 - confirmer la vérité de** · **2 - manifester** · être la marque · être le signe

témoin *n.m.* **1 - spectateur** · assistant · auditeur · observateur · déposant *(Droit)* · **2 - attestation** · marque · repère · signe · souvenir · témoignage · trace · vestige · **3 -** [de course de relais] **bâton**

tempérament *n.m.* **1 - nature** · caractère · constitution · disposition · état d'âme · état d'esprit · humeur · idiosyncrasie · mentalité · naturel · penchant · personnalité · **2 - sensualité** · appétit sexuel

✦ **à tempérament** à crédit

tempérance *n.f.* **1 - mesure** · modération · **2 - frugalité** · sobriété · **3 - continence** · ascétisme

tempérant, e *adj.* **1 - mesuré** · modéré · raisonnable · **2 - frugal** · sobre · **3 - continent** · ascète

température *n.f.* · chaleur · [Méd.] fièvre

tempéré, e *adj.* **1 - doux** · clément · **2 - modéré** · doux · équilibré · pondéré · posé · raisonnable

tempérer *v.tr.* **1 - adoucir** · attiédir · rafraîchir · réchauffer · **2 - atténuer** · apaiser · assagir · calmer · contenir · diminuer · freiner · juguler · lénifier · mitiger · modérer · mettre en mode mineur · mettre un bémol à · rabattre · **3 -** [une boisson, vieux] **couper**

tempête *n.f.* **1 - bourrasque** · cyclone · coup de chien · coup de tabac · gros temps · ouragan · tornade · tourmente · trombe · typhon · **2 - déchaînement** · débordement · déferlement · explosion · tonnerre · **3 - agitation** · bouleversement · chaos · désordre · tourmente · trouble

tempêter *v.intr.* · se déchaîner · crier · s'emporter · exploser · fulminer · gronder · pester · tonner · gueuler *très fam.* · pousser un coup de gueule, une gueulante *très fam.*

tempétueux, -euse *adj.* · agité · déchaîné · houleux · mouvementé · orageux · tumultueux

temple *n.m.* **1 - sanctuaire** · lieu saint · **2 - haut lieu** · Mecque

tempo *n.m.* · cadence · rythme · vitesse

temporaire *adj.* **1 - provisoire** · court · de courte durée · éphémère · momentané · passager · transitoire ·

2 - **intérimaire** · intermittent · occasionnel · précaire · remplaçant · saisonnier

temporairement *adv.* · momentanément · passagèrement · provisoirement

temporel, -elle *adj.* 1 - **éphémère** · fini · mortel · 2 - **séculier** · matériel · terrestre

temporisation *n.f.* · ajournement · atermoiement · attentisme · manœuvres dilatoires · procrastination *littér.*

temporiser

▪ *v.intr.* **attendre** · atermoyer · différer · gagner du temps · remettre les choses à plus tard · voir venir · user de manœuvres dilatoires *péj.*

▪ *v.tr.* [Techn.] **retarder**

temps *n.m.* 1 - **durée** · temporalité · 2 - **époque** · âge · ère · moment · période · saison · siècle · 3 - **délai** · marge · répit · sursis · 4 - **distance** · recul · 5 - **pause** · arrêt · interruption · 6 - **étape** · stade · 7 - **météo** · conditions atmosphériques, climatiques · couleur du ciel · températures · fond de l'air *fam.*

✦ **temps fort** [Versification] ictus

✦ **temps libre** loisir · délassement · repos

✦ **à temps** à point · à point nommé

✦ **de temps en temps** par moments · occasionnellement · ponctuellement · quelquefois · parfois · des fois *fam.*

✦ **en même temps** 1 - **simultanément** · concomitamment · ensemble · [dire] dans le même souffle · 2 - **en chœur** · à la fois · à l'unisson · collectivement · en accord · de pair · conjointement · de concert · de conserve · ensemble

✦ **il est temps de** il faut · il est urgent de · l'heure a sonné, est venue de

✦ **prender du bon temps** s'amuser · s'éclater *fam.* · faire la fête *fam.* · faire la foire *fam.* · faire la java *fam.* · faire la noce *fam.* · faire la nouba *fam.* · prendre son pied *fam.* · bambocher *fam., vieux* · avoir du fun *Québec*

tenable *adj.* · supportable · endurable · soutenable · tolérable · vivable

tenace *adj.* 1 - **durable** · indéracinable · indestructible · ineffaçable · inextirpable · irréductible · persistant · résistant · 2 - **acharné** · buté · accrocheur · entêté · ferme · infatigable · irréductible · obstiné · opiniâtre · têtu · coriace *fam.* · crampon *fam.*

ténacité *n.f.* · acharnement · entêtement · fermeté · obstination · opiniâtreté · patience · persévérance · résolution · solidité

tenaille *n.f.* · pince · [de forgeron] écrevisse · [de maréchal-ferrant] croche · moraille · tricoises · [de vétérinaire] tord-nez

tenailler *v.tr.* · étreindre · faire souffrir · hanter · mettre au supplice · miner · obséder · oppresser · ronger · tarauder · torturer · tourmenter

tenancier, -ière *n.* · directeur · gérant · patron · taulier *péj.*

tenant *n.m.* 1 - **détenteur** · 2 - **adepte** · apôtre · appui · avocat · champion · défenseur · partisan · soutien · sympathisant

tendance

▪ *n.f.* 1 - **inclination** · penchant · appétit · aptitude · disposition · facilité · impulsion · pente · prédisposition · propension · pulsion · appétence *littér.* · **2 - direction** · orientation · sens · **3 - mouvement** · couleur politique · courant · école · mouvance

▪ *adj.* (à **la**) **mode** · en vogue · branché *fam.* · in *fam.*

tendancieux, -ieuse *adj.* · partial · orienté · partisan · subjectif

tendeur *n.m.* · sandow *nom déposé*

tendineux, -euse *adj.* · nerveux

tendon *n.m.* · nerf *vieux* · tirant *(Boucherie)*

[1]**tendre** *v.tr.* **1 - tirer** · bander · contracter · raidir · **2 - donner** · avancer · présenter · **3 -** [partie du corps] **allonger** · avancer · étendre · lancer · présenter · **4 -** [un piège] **disposer** · dresser · **5 -** [un mur, une pièce] **tapisser** · recouvrir

⋙ **se tendre** *v.pron.* **s'aggraver** · dégénérer · se dégrader · se détériorer · empirer · se gâter

✦ **tendre à, vers** **1 - viser à** · aspirer à · s'attacher à · s'efforcer de · prétendre à · travailler à · **2 - approcher de** · friser · frôler · **3 - concourir à** · contribuer à · converger vers · conspirer à *littér.*

[2]**tendre** *adj.* **1 - délicat** · fondant · moelleux · mou · **2 - câlin** · affectueux · aimant · amoureux · bienveillant · cajoleur · caressant · doux · enjôleur · gentil · langoureux · sensible · sentimental · **3 - attendrissant** · charmant · délicieux · touchant · **4 -** [couleur] **pastel** · délicat · doux · pâle

✦ **très tendre** [viande, légumes] tendre comme la rosée

tendrement *adv.* · affectueusement · amoureusement · avec amour · avec tendresse · chèrement · doucement · gentiment

tendresse *n.f.* **1 - affection** · amitié · amour · attachement · bonté · sympathie · **2 - penchant** · faible · goût

⋙ **tendresses** *plur.* **cajoleries** · amabilités · caresses · chatteries · égards · gentillesse

tendron *n.m.* · gamine · jeune (fille) · jeunesse *fam.* · minette *fam.*

tendu, e *adj.* **1 - raide** · dur · rigide · **2 - contracté** · à bout de nerfs · à cran · anxieux · crispé · inquiet · préoccupé · soucieux · stressé · **3 - difficile** · brûlant · épineux · explosif · lourd · pénible · pesant

ténèbres *n.f.pl.* **1 - obscurité** · noir · ombre · noirceur *littér.* · **2 - obscurantisme**

ténébreux, -euse *adj.* **1 - noir** · couvert · obscur · ombreux · sombre · **2 - incompréhensible** · complexe · compliqué · difficile · fumeux · impénétrable · inextricable · abscons *littér.* · abstrus *littér.* · **3 - énigmatique** · mystérieux · secret · **4 - taciturne** · mélancolique · sombre

ténesme *n.m.* [Méd.] épreintes

teneur *n.f.* **1 - contenu** · fond · objet · sujet · **2 - degré de concentration** · proportion · quantité · pourcentage · taux · titre

ténia *n.m.* · bothriocéphale · ver solitaire • [du mouton] cénure • [du chien] échinocoque

tenir

▪ *v.tr.* **1 - fixer** · accrocher · amarrer · attacher · immobiliser · retenir · **2 - soutenir** · maintenir · **3 - conserver** · détenir · garder · posséder · **4 - contenir** · jauger · recevoir · renfermer · **5 - contrôler** ·

maîtriser · retenir · **6 –** [une position] **défendre** · **7 –** [une charge, une fonction] **exercer** · occuper · remplir · **8 –** [une affaire] **administrer** · diriger · gérer · gouverner · mener · s'occuper de · **9 –** [un rôle] **jouer** · avoir · remplir · **10 –** [un engagement] respecter · être fidèle à · observer

▪ *v.intr.* **1 – adhérer** · accrocher · s'attacher · coller · **2 – résister** · ne pas céder · ne pas baisser les bras · tenir bon · tenir bon la rampe *fam.* · tenir le choc, le coup *fam.* · **3 – continuer** · durer · persister · subsister

✦ **tenir à** **1 – aimer** · être attaché à · avoir des sentiments pour · **2 – dépendre de** · découler de · dériver de · émaner de · provenir de · résulter de · venir de

✦ **tenir beaucoup à** tenir à ... comme à la prunelle de ses yeux

✦ **tenir de** **1 – ressembler à** · copier · évoquer · imiter · renvoyer à · **2 – s'apparenter à** · participer de · relever de

✦ **tenir pour** **considérer comme** · estimer · juger · prendre pour · regarder comme

⋙ **se tenir** *v.pron.* **1 – s'accrocher** · s'agripper · se cramponner · se retenir · **2 – se comporter** · se conduire · **3 – se camper** · se dresser · **4 – habiter** · demeurer · loger · séjourner · se trouver

✦ **s'en tenir à** s'arrêter à · se borner à · se confiner à · se contenter de · se limiter à · en rester à · se restreindre à

tennis *n.m. invar.*

✦ **tennis de table** ping-pong

tenon *n.m.* · about · arrêt · languette

ténor *n.m.* · célébrité · figure · sommité · star · vedette · pointure *fam.*

tension *n.f.* **1 – contraction** · bandage · érection · raidissement · **2 – attention** · application · concentration · effort · contention *littér.* · éréthisme *littér.* · **3 – crise** · antagonisme · brouille · crispation · discorde · froid · mésentente · tiraillement · tirage *fam.*

tentant, e *adj.* · alléchant · affriolant · aguichant · appétissant · désirable · engageant · ensorcelant · excitant · grisant · séduisant · troublant

tentateur *n.m.* · démon · diable · serpent (biblique)

tentation *n.f.* **1 – appel** · aiguillon · attraction · attrait · séduction · sollicitation · **2 – envie** · désir · inclination · penchant · démangeaison *fam.*

tentative *n.f.* · essai · ballon d'essai · démarche · effort · entreprise · expérience · expérimentation · manœuvre · recherche · velléité

tentative, essai

Tentative et **essai** sont relatifs à l'action d'entreprendre quelque chose. Avec la **tentative**, on cherche à faire réussir ce qui présente des difficultés ou qui est dangereux *(une tentative d'évasion, de meurtre ; une tentative inutile, vaine)*. **Tentative** s'emploie surtout quand le résultat visé n'est pas atteint ou après un échec *(faire une nouvelle, une dernière tentative)*. L'**essai** implique que l'on s'engage dans une entreprise pour tester les moyens utilisés *(c'est un premier essai, prendre quelqu'un à l'essai ; les essais cliniques pour vérifier l'efficacité du médicament)*.

tente *n.f.* · abri · canadienne · [indienne] tipi · wigwam · [d'Asie centrale] yourte · [de cirque] chapiteau

tenter *v.tr.* **1 - essayer** · aventurer · entreprendre · expérimenter · hasarder · oser · risquer · **2 - allécher** · attirer · faire envie à · inviter (au plaisir) · plaire à · séduire · solliciter · **3 - intéresser** · attirer · enthousiasmer · chanter à *fam.* · démanger *fam.*

✦ **tenter de** [+ infinitif] s'efforcer de · s'évertuer à · s'ingénier à · tâcher de · tendre à · viser à

✦ **ça ne me tente guère** ça ne me dit rien *fam.*

✦ **tenter le tout pour le tout** jouer à quitte ou double · jouer son va-tout · jouer sa dernière carte

tenture *n.f.* · tapisserie · draperie · écran · portière · rideau · tapis

tenu, e *adj.* **occupé** · absorbé · accaparé · pris

✦ **bien tenu** entretenu · propre · soigné

✦ **être tenu de** devoir · être astreint à · être contraint de · être forcé de · être obligé de · être dans l'obligation de

ténu, e *adj.* **1 - délicat** · frêle · gracile · grêle · menu · mince · délié *littér.* · [fil] arachnéen *littér.* · **2 - subtil** · faible · fragile · impalpable · léger

tenue *n.f.* **1 - habit** · accoutrement *péj.* · costume · habillement · mise · toilette · vêtements · atours *littér.* · effets *littér.* · fringues *fam.* · frusques *fam.* · nippes *fam.* · sapes *fam.* · équipage *vieux* · **2 - comportement** · attitude · conduite · **3 - correction** · décence · distinction · manières · politesse · retenue · savoir-vivre · **4 - maintien** · attitude · port · posture · prestance · **5 - administration** · direction · gestion

ténuité *n.f.* **1 - délicatesse** · gracilité · minceur · **2 - subtilité** · finesse · fragilité · impalpabilité

térébrant, e *adj.* [douleur] perçant · déchirant · taraudant · torturant · vrillant

tergiversation *n.f.* · atermoiement · dérobade · détour · esquive · faux-fuyant · finasserie · flottement · hésitation · incertitude · indécision · lenteur · réticence · errements *littér.* · procrastination *littér.*

tergiverser *v.intr.* · atermoyer · balancer · biaiser · ergoter · finasser · hésiter · louvoyer · se tâter · temporiser · tourner autour du pot *fam.*

terme *n.m.*

I 1 - fin · achèvement · aboutissement · bout · conclusion · dénouement · issue · **2 - échéance** · expiration · limite

II mot · nom · vocable

✦ **mettre un terme à** faire cesser · couper court à · donner un coup d'arrêt à · mettre fin à · stopper

››› **termes** *plur.* **rapports** · relations

limite **mot**

terminaison *n.f.* **1 - bout** · extrémité · **2 - désinence** · flexion · suffixe

✦ **terminaison nerveuse** synapse

[1]**terminal, e** *adj.* · final · dernier · extrême · suprême · ultime

[2]**terminal** *n.m.* **1 - station de travail** · **2 - aérogare**

terminer *v.tr.* **1 - achever** · conclure · finir · en finir avec · mettre la dernière main à · mener à terme · mettre un point final à ·

mettre un terme à · venir à bout de · boucler *fam.* · liquider *fam.* · torcher *fam.* · **2 - clore** · arrêter · clôturer · conclure · fermer · mettre fin à · régler · [sans complément] lever le siège, le camp, la séance · **3 - vider** · faire un sort à

⋙ **se terminer** *v.pron.* **1 - s'arrêter** · arriver à son terme · cesser · finir · s'interrompre · prendre fin · **2 - se dénouer** · se résoudre · **3 - se conclure** · se solder (par) · se traduire (par)

terminologie *n.f.* · vocabulaire · jargon · langage · langue · lexique · nomenclature

terne *adj.* **1 - décoloré** · défraîchi · délavé · effacé · éteint · fade · fané · passé · **2 - blafard** · blanc · blême · décoloré · pâle · terreux · **3 - falot** · atone · effacé · inconsistant · inexpressif · inintéressant · inodore et sans saveur · insignifiant · médiocre · quelconque · **4 - triste** · gris · maussade · morose · sombre

ternir *v.tr.* **1 - décolorer** · défraîchir · délaver · effacer · faner · **2 - avilir** · déprécier · diffamer · discréditer · entacher · flétrir · salir · souiller · **3 -** [vieux] **éclipser** · effacer · éteindre · obscurcir

⋙ **se ternir** *v.pron.* **se dépolir** · se décolorer · se faner · pâlir · passer

terrain *n.m.* **1 - sol** · terre · formation *(Géol.)* · **2 - aire** · espace · place · secteur · territoire · zone · **3 - emplacement** · lotissement · parcelle · **4 - camp** · base · **5 - domaine** · matière · partie · secteur · spécialité · sphère · sujet · rayon *fam.*

terrasse *n.f.* · belvédère · plateforme

terrassement *n.m.* **déblai** · remblai

✦ **engin de terrassement** angledozer · bulldozer · décapeuse · défonceuse · dragline · dumper · excavateur · niveleuse · pelleteuse · scraper

[1]**terrasser** *v.tr.* [Techn.] creuser

[2]**terrasser** *v.tr.* **1 - renverser** · abattre · démolir · dompter · écraser · jeter à terre · mater · mettre à terre · réduire à l'impuissance · vaincre · **2 - accabler** · anéantir · atterrer · briser · **3 - foudroyer** · faucher · frapper

terre *n.f.* **1 - globe** · monde · planète · univers · **2 - sol** · champ · terrain · terroir · **3 - domaine** · bien · exploitation · foncier · fonds · propriété · **4 - région** · lieu · pays · territoire · contrée *vieux ou littér.* · **5 - continent** · île

✦ **terre à terre** concret · matérialiste · pragmatique · prosaïque · réaliste · au ras des pâquerettes *fam.*

✦ **sur la terre** dans ce bas monde · ici-bas

✦ **sur la terre ferme** sur le plancher des vaches *fam.*

terreau *n.m.* · humus · terre végétale

terrer (se) *v.pron.* **1 - se cacher** · s'abriter · se dissimuler · s'embusquer · se mettre à couvert · se réfugier · se retirer · se tapir · se planquer *fam.* · **2 - s'isoler** · se calfeutrer · se claquemurer · se claustrer · se cloîtrer

terrestre *adj.* **1 - tellurique** · tellurien · terraqué *vieux ou littér.* · **2 - temporel** · mondain · séculier · **3 - matériel** · charnel · corporel · grossier · physique

terreur *n.f.* **1 - effroi** · angoisse · crainte · épouvante · frayeur · horreur · panique · peur bleue · affres *littér.* · frousse *fam.* ·

trouille *fam.* · **2 - terrorisme** · intimidation · **3 - dur** · bandit · fripouille · vaurien · frappe *fam.*

terreux, -euse *adj.* **1 - sale** · boueux · crotté · maculé · **2 - blafard** · blême · cadavérique · cireux · hâve · pâle · pâlichon *fam.*

terrible *adj.* **1 - effrayant** · atroce · épouvantable · cauchemardesque · horrible · paniquant · terrifiant · tragique · horrifique *vieux ou plaisant* · à donner la chair de poule · à faire frémir · à glacer le sang · **2 - pénible** · affreux · catastrophique · désastreux · **3 - méchant** · inquiétant · patibulaire · sinistre · **4 - déchaîné** · furieux · violent · **5 - turbulent** · désobéissant · indiscipliné · indocile · infernal · intenable · **6 -** [fam.] **fantastique** · formidable · génial · remarquable · dément *fam.* · super *fam.* · sensationnel *fam.* · cool *lang. jeunes*

✦ **ce n'est pas terrible** ça ne casse pas trois pattes à un canard *fam.*

terriblement *adv.* **1 - énormément** · excessivement · extrêmement · formidablement · prodigieusement · bigrement *fam.* · bougrement *fam.* · diablement *fam.* · drôlement *fam.* · rudement *fam.* · sacrément *fam.* · vachement *fam.* · **2 - affreusement** · épouvantablement · horriblement · redoutablement

terrien, -ienne

- *adj.* **1 - foncier** · **2 - terrestre**
- *adj. et n.* **paysan** · campagnard · rural

terrier *n.m.* · tanière · abri · cache · cavité · creux · gîte · repaire · trou · rabouillère *région*

terrifiant, e *adj.* **1 - affolant** · effrayant · atroce · épouvantable · cauchemardesque · horrible · paniquant · terrible · tragique · horrifique *vieux ou plaisant* · à donner la chair de poule · à faire frémir · à glacer le sang · **2 - méchant** · inquiétant · patibulaire · sinistre

↝ **effrayant**

terrifier *v.tr.* · affoler · alarmer · angoisser · apeurer · effrayer · épouvanter · donner la chair de poule à · donner des sueurs froides à · faire froid dans le dos à · figer, glacer le sang à · faire dresser les cheveux sur la tête à · paniquer · terroriser · saisir d'effroi

terril *n.m.* · crassier

terrine *n.f.* · pâté · mousse

territoire *n.m.* **1 - état** · nation · patrie · pays · sol · **2 - zone** · aire · région · secteur · contrée *vieux ou littér.* · **3 -** [Admin.] **circonscription** · canton · district · province · région

terroir *n.m.* **1 - terre** · sol · terrain · **2 - pays** · campagne · province · région · territoire

terrorisant, e *adj.* · effrayant · effroyable · épouvantable · à donner la chair de poule · à faire frémir · à glacer le sang · horrifique *vieux ou plaisant*

terroriser *v.tr.* · affoler · apeurer · effrayer · épouvanter · faire peur à · figer, glacer le sang à · faire dresser les cheveux sur la tête à · horrifier · pétrifier · remplir de terreur · saisir d'effroi · terrifier

tertio *adv.* · troisièmement · en troisième lieu

tertre *n.m.* · butte · dune · éminence · hauteur · mamelon · mont · monticule · [tombe] tumulus

tessiture *n.f.* · registre · ambitus

[1]**test** *n.m.* [Zool.] coquille · carapace · coque · cuirasse

[2]**test** *n.m.* **1 - essai** · expérience · expérimentation · **2 - vérification** · contrôle · épreuve · essai · expertise · mesure · **3 -** [Scol.] examen · contrôle · évaluation · interrogation · colle *fam.* · interro *fam.*

testament *n.m.* · dernières dispositions · dernières volontés
✦ **sans testament** ab intestat

tester *v tr* **1 - essayer** · expérimenter · **2 - contrôler** · éprouver · mettre à l'épreuve · vérifier

testicules *n.m.pl.* · bourses · balles *fam.* · bijoux de famille *fam.* · bonbons *fam.* · boules d'amour *fam.* · burettes *très fam.* · burnes *vulg.* · couilles *très fam.* · génitoires *vieux ou plaisant* · joyeuses *fam.* · roubignolles *fam.* · roupettes *fam.* · roustons *fam.* · valseuses *fam.*

têt *n.m.* [Chimie] coupelle

tétaniser *v.tr.* · paralyser · clouer (sur place) · figer · glacer · pétrifier · statufier

tête *n.f.*
I 1 - figure · visage · bille *fam.* · binette *fam.* · bobine *fam.* · bougie *fam.* · bouille *fam.* · gueule *très fam.* · trogne *fam.* · trombine *fam.* · tronche *fam.* · frime *argot* · **2 - caboche** *fam.* · caberlot *fam.* · cafetière *fam.* · calebasse *fam.* · carafe *fam.* · carafon *fam.* · cassis *fam.* · ciboulot *fam.* · cigare *fam.* · citron *fam.* · citrouille *fam.* · coloquinte *fam.* · margoulette *fam.* · tirelire *fam.* · chef *vieux*
II 1 - facultés · lucidité · **2 - raison** · bon sens · esprit · cerveau · cervelle · jugement · présence d'esprit · réflexion
III 1 - meneur · cerveau · chef · leader · **2 - génie** · cerveau · fort en thème
IV 1 - début · avant-garde · commencement · devant · **2 -** [d'arbre] **cime** · faîte · haut · sommet · **3 -** [de pièce de monnaie] **avers** · face
✦ **mal de tête** céphalalgie · céphalée · migraine · mal de crâne *fam.* · entêtement *vieux*
✦ **tête de lecture** cellule · phonocapteur
✦ **tête de Turc** souffre-douleur · bête noire · bouc émissaire
✦ **faire la tête** bouder · faire la gueule *fam.*
✦ **perdre la tête** **1 - perdre la raison** · déraisonner · devenir fou · dérailler *fam.* · disjoncter *fam.* · perdre la boule *fam.* · perdre la boussole *fam.* · yoyoter (de la touffe) *fam.* · **2 - paniquer** · s'affoler
✦ **être en tête** mener · [dans des sondages, etc.] caracoler
✦ **se monter la tête** se monter le bourrichon *fam.* · se faire du cinéma *fam.* · se monter la bobèche *vieux*

tête-à-tête *n.m.* **entretien** · conciliabule · conversation privée · dialogue · entrevue · face-à-face
✦ **en tête-à-tête** seul à seul · en particulier · nez à nez · entre quat'z'yeux *fam.* · en frime *argot*

tête-de-mort *n.f.* · crâne

tétée *n.f.*
✦ **donner la tétée à** allaiter · donner le sein à · nourrir

téter *v.tr.* · sucer · suçoter · tirer sur

tétine *n.f.* **1 -** [de vache, truie] **pis** · mamelle · **2 - sucette**

téton *n.m.* [fam.] → **sein**

têtu, e
▪ *adj.* **entêté** · acharné · buté · obstiné · opiniâtre · persévérant · résolu · tenace · cabochard *fam.*
▪ *n.* · forte tête · bourricot *fam.* · cabochard *fam.* · tête de cochon *fam.* · tête de lard *fam.* · tête de mule *fam.* · tête de pioche *fam.*
✦ **être très têtu** avoir la tête dure · être têtu comme une mule, un mulet, une bourrique

texte *n.m.* **1 - source** · document · écrit · **2 - copie** · manuscrit · tapuscrit · **3 -** [d'un acte, d'un devoir] **énoncé** · formulation · libellé · **4 -** [d'un opéra] **livret** • [d'une chanson] paroles
✦ **textes choisis** morceaux choisis · anthologie · extrait · florilège · pages

textile *n.m.* · étoffe · tissu

texto *adv.* [fam.] → **textuellement**

textuel, -elle *adj.* **1 - exact** · authentique · conforme · fidèle · **2 - littéral** · mot à mot

textuellement *adv.* · mot à mot · mot pour mot · de point en point · exactement · texto *fam.*

texture *n.f.* **1 - structure** · composition · consistance · constitution · contexture · **2 - trame** · agencement · composition · construction · organisation · ossature · plan · structure
✦ **agent de texture** texturant · émulsifiant · épaississant · gélifiant

thalassothérapie *n.f.* · balnéothérapie · hydrothérapie · thalasso *fam.*

thaumaturge *n.m.* · magicien · faiseur de miracles

théâtral, e *adj.* **1 - scénique** · dramatique · spectaculaire *didact.* · **2 - grandiloquent** · ampoulé · déclamatoire · emphatique · forcé · pompeux · ronflant · histrionique *littér.*

théâtre *n.m.* **1 - planches** · scène · tréteaux · **2 - compagnie** · troupe · **3 -** [genres] **comédie** · boulevard · café-concert · café-théâtre · drame · farce · mélodrame · opéra · revue · tragédie · tragi-comédie · vaudeville · **4 - cadre** · emplacement · endroit · scène · site
✦ **faire du théâtre** monter sur les planches · jouer

thébaïde *n.f.* [littér.] refuge · retraite · solitude · tour d'ivoire

théisme *n.m.* · déisme

thème *n.m.* **1 - sujet** · fond · idée · matière · objet · point · prétexte · propos · question · thématique · **2 - traduction** · **3 -** [Mus.] **motif** · leitmotiv

théogonie *n.f.* · mythologie

théoricien, -ienne *n.* · penseur · doctrinaire · idéologue

1théorie *n.f.* **1 - conception** · doctrine · dogme · idées · opinion · pensée · philosophie · position · précepte · système · thèse · **2 - loi** · principe · règle · système · **3 - spéculation** · hypothèse
✦ **en théorie** en principe · dans l'abstrait · sur le papier

2théorie *n.f.* [littér.] cortège · défilé · procession

théorique *adj.* **1 - spéculatif** · abstrait · conceptuel · doctrinal · rationnel · **2 -** [valeur] **conventionnel** · arbitraire · de principe · fictif · **3 - abstrait** · chimérique · idéal · imaginaire · hypothétique · irréaliste

théoriquement *adv.* · en principe · dans l'abstrait · logiquement · normalement · sur le papier

thérapeute *n.* **1 - médecin** · guérisseur · **2 - analyste** · psychanalyste · psychiatre · psychothérapeute · **3 -** [Antiq.] **moine**

médecin

thérapeutique

▪ *adj.* **curatif** · médical · médicamenteux · médicinal

▪ *n.f.* **médecine** · cure · médicament(s) · médication · remède · soins · thérapie · traitement

thérapie *n.f.* **1 - thérapeutique** · cure · médicament(s) · médication · remède · soins · traitement · **2 - analyse** · psychanalyse · psychothérapie

thermal, e *adj.*

✦ **établissement thermal** spa

✦ **station thermale** ville d'eaux · bains *vieux*

thermes *n.m. plur.* · bains · bains turcs · hammam

thermique *adj.* · calorifique · thermogène

thermomètre *n.m.* **indicateur** · baromètre

✦ **thermomètre enregistreur** thermographe

thésard, e *n.* · doctorant

thésaurisation *n.f.* · épargne · capitalisation

thésauriser *v.tr. et intr.* · épargner · accumuler · amasser · capitaliser · économiser · entasser · mettre de côté · mettre à gauche *fam.*

thésaurus *n.m. invar.* · dictionnaire · nomenclature · trésor

thèse *n.f.* **1 - doctrine** · système · théorie · [Univ.] doctorat · **2 - argument** · allégation · assertion · conception · conviction · opinion · pensée · raisonnement

thorax *n.m.* · poitrine · buste · cage thoracique · cavité thoracique · torse · tronc · caisse *fam.* · coffre *fam.*

thune *n.f.* → **argent**

thym *n.m.* **farigoule** *Provence*

✦ **thym bâtard, thym sauvage** serpolet *région. ou littér.*

tic *n.m.* **1 - grimace** · mimique · rictus · **2 - manie** · bizarrerie · habitude · travers *péj.*

tic, manie

Tic et **manie** ont en commun d'évoquer un geste, une attitude ou une habitude plus ou moins ridicules. Le **tic**, qui peut être un mouvement convulsif, est répétitif *(être agité de tics)* : « (...) les mêmes tics : cligner de l'œil de temps en temps, se gratter le nez avec l'index » (Paul Léautaud, *le Théâtre de M. Boissard*, XXVII). La **manie** concerne plutôt une manière d'être, des goûts que des gestes, et elle suscite chez ceux qui l'observent l'agacement ou la moquerie *(une vieille manie, des manies de célibataires, avoir des manies)* : « Elle se grattait souvent, n'importe où, avec indifférence du public, par une sorte de manie qui touchait au tic » (Maupassant, *En famille*).

ticket *n.m.* · billet · bulletin · carte · coupon · place · [Transport] titre de transport

✦ **ticket-repas** ticket-restaurant *nom déposé*

tiédasse *adj.* · tiède · attiédi · tiédi

tiède *adj.* **1 - doux** · attiédi · légèrement chaud · moite · tiédi · tiédasse *péj.* · tépide *vieux ou littér.* · **2 -**

mou · hésitant · indécis · indifférent · mitigé · modéré · réticent · timide

tiédeur *n.f.* **1 - douceur** · attiédissement · moiteur · tépidité *vieux ou littér.* · **2 - mollesse** · détachement · impassibilité · indifférence · manque de ferveur · modération · neutralité · réticence · timidité

tiédir

▪ *v.intr.* **s'atténuer** · diminuer · faiblir · mollir · se tempérer

▪ *v.tr.* **rendre tiède** · chauffer · climatiser · réchauffer · refroidir · attiédir *littér.*

tiers, tierce

▪ *n.m.* **1 - étranger** · autrui · inconnu · intrus · tierce personne · **2 - médiateur** · intermédiaire · négociateur

▪ *adj.* **troisième**

tif *n.m.* → **cheveu**

tige *n.f.* **1 - bâton** · baguette · barre · bielle · broche · cheville · cylindre · fût · tringle · **2 -** [de fleur] **hampe** · pédoncule · queue · **3 -** [de céréales] **chaume** · chalumeau · éteule · paille · tuyau · **4 -** [de céleri, d'asperge] **branche** · **5 -** [de muguet] **brin**

tignasse *n.f.* → **cheveux**

tigré, e *adj.* **1 - moucheté** · grivelé · marqueté · ocellé · pommelé · taché · tacheté · tiqueté · truité · **2 - rayé** · vergeté · zébré

timbale *n.f.* **1 - tambour** · tabla *(Inde)* · **2 - gobelet** · godet · **3 - vol-au-vent** · bouchée à la reine

timbalier *n.m.* · percussionniste

timbre *n.m.* **1 - sonorité** · son · ton · tonalité · **2 - sonnerie** · cloche · clochette · grelot · sonnette · **3 - cachet** · marque · sceau · tampon · vignette · **4 - patch**

[1]**timbré, e** *adj.* [fam.] → **fou**

[2]**timbré, e** *adj.* · affranchi

timbrer *v.tr.* · affranchir · estampiller · marquer · tamponner

timide *adj.* **1 - craintif** · complexé · effarouchable · effarouché · gauche · gêné · introverti · mal à l'aise · peureux · réservé · timoré · pusillanime *littér.* · coincé *fam.* · [amoureux] transi · **2 - faible** · frileux · hésitant · indécis · mou

timidement *adv.* **1 - craintivement** · avec hésitation · avec réserve · avec retenue · maladroitement · pudiquement · **2 - faiblement** · frileusement · mollement

timidité *n.f.* **1 - crainte** · appréhension · confusion · embarras · gaucherie · gêne · honte · humilité · inhibition · introversion · modestie · pusillanimité *littér.* · **2 - faiblesse** · frilosité · indécision · tiédeur

timon *n.m.* **1 - flèche** · palonnier · **2 -** [vieux] **gouvernail**

timonier *n.m.* · pilote · homme de barre · nautonier *vieux*

timoré, e *adj.* · craintif · effarouché · peureux · poltron · couard *littér.* · pleutre *littér.* · pusillanime *littér.* · dégonflé *fam.* · froussard *fam.* · pétochard *fam.* · trouillard *fam.* · poule mouillée *fam.*

tin *n.m.* [Mar.] béquille · billot · chantier

tintamarre *n.m.* · tapage · cacophonie · charivari · brouhaha · fracas · remue-ménage · tohu-bohu · vacarme · barouf *fam.* · boucan *fam.* ·

bousin *fam.* · bordel *fam.* · foin *fam.* · raffut *fam.* · ramdam *fam.* · tintouin *fam.*

tintement *n.m.* **carillon** · tintinnabulement *littér.*

✦ **tintement d'oreille** acouphène

tinter *v.intr.* · résonner · carillonner · corner · retentir · sonnailler · sonner · tintinnabuler *littér.*

tintinnabuler *v.intr.* → **tinter**

tintouin *n.m.* **1 -** → **tintamarre** · **2 - souci** · tracas

tiquer *v.intr.* **1 - tressaillir** · hausser les sourcils · sourciller · **2 - rechigner**

✦ **faire tiquer** indisposer

tir *n.m.* **1 - coup de feu** · décharge · feu · rafale · salve · **2 -** [Football] **shoot** · **3 - stand**

✦ **tir au but** penalty

✦ **tir au pigeon** ball-trap

tirade *n.f.* **1 -** [Théâtre] **monologue** · morceau de bravoure · réplique · **2 - discours** · couplet · développement · laïus *fam.* · tartine *fam.*

tirage *n.m.*

I 1 - [de métaux] **étirage** · tréfilage · **2 -** [vieux ou Techn.] **traction** · halage · trait

II 1 - [Imprimerie] **édition** · impression · typographie · **2 - gravure** · **3 - cliché** · épreuve · photo

III [fam.] **difficultés** · conflit · friction · heurt · tension · tiraillements

✦ **tirage au sort** loterie

tiraillement *n.m.* **1 - écartèlement** · **2 - conflit** · accrochage · anicroche · désaccord · difficulté · dispute · dissension · friction · mésentente · tirage *fam.* · **3 - contraction** · crampe · spasme

tirailler

▪ *v.tr.* **1 - écarteler** · ballotter · déchirer · **2 - harceler** · houspiller · importuner · tourmenter

▪ *v.intr.* **tirer**

tirant *n.m.* **1 -** [de bourse] **cordon** · **2 -** [Archit.] **entrait**

✦ **tirant d'eau** calaison

tire *n.f.* [fam.] → **voiture**

tiré, e *adj.* [visage, traits] **fatigué** · défait

tire-au-cul *n. invar.* → **tire-au-flanc**

tire-au-flanc *n. invar.* · paresseux · feignant · simulateur · cossard *fam.* · flemmard *fam.* · tire-au-cul *très fam.*

tire-bouchon *n.m.* · vrille

tire-fesses *n.m.* · remonte-pente · téléski

tirelire *n.f.* · cagnotte · caisse · cassette

tirer

▪ *v.tr.* **1 - allonger** · détirer · distendre · étendre · lisser · raidir · tendre · [ses chaussettes] relever · remonter · **2 - fermer** · amener · **3 - traîner** · entraîner · haler · ramener · remorquer · touer · tracter · **4 -** [un trait, une droite] **tracer** · abaisser · **5 -** [une arme] **dégainer** · sortir · **6 -** [un liquide] **exprimer** · extraire · [d'un puits] pomper · puiser · **7 -** [une idée] **dégager** · déduire · inférer · **8 - emprunter** · extraire · prendre · puiser · pomper *fam.* · **9 - imprimer** · éditer · photocopier · reproduire · sortir · **10 - gagner** · obtenir · recevoir · recueillir · **11 - tuer** · abattre · descendre *fam.* · flinguer *fam.* · **12 -** [fam.] → **voler**[2]

■ *v.intr.* **1 – faire feu** · ouvrir le feu · mitrailler · canarder *fam.* · **2 –** [Foot] **shooter**

✦ **tirer (qqn) de** délivrer de · arracher à · dégager de · extirper de · guérir de · libérer de · sortir de

✦ **tirer sur, vers** ressembler à · évoquer · se rapprocher de

»» **se tirer** *v.pron.* [fam.] → **partir**

✦ **se tirer de** se débrouiller de · se dépêtrer de · se sortir de · venir à bout de · se démerder de *très fam.* · se dépatouiller de *fam.*

✦ **s'en tirer** **1 – réussir** · **2 – en réchapper** · sortir indemne

tiret *n.m.* · division · coupure · trait · trait d'union

tireur, -euse *n.* **1 – fusil** · gâchette · sniper · **2 – escrimeur**

✦ **tireuse de cartes** cartomancienne · diseuse de bonne aventure · voyante

tiroir *n.m.* · case · casier · compartiment

tisane *n.f.* · décoction · infusion · macération

tison *n.m.* · braise · brandon

tisonner *v.tr.* · fourgonner *vieilli*

tisonnier *n.m.* · pique-feu · râble · ringard · fourgon *vieilli*

tisser *v.tr.* **1 – entrelacer** · brocher · fabriquer · tresser · **2 – tramer** · arranger · combiner · comploter · échafauder · manigancer · ourdir *littér.*

tisserand, e *n.* · tisseur · licier

tisseur, -euse *n.* · tisserand · licier

tissu *n.m.* **1 – étoffe** · textile · [de laine] **drap** · lainage · [de soie] **brocart** · satin · soierie · [de coton] **cotonnade** · [de lin] **toile** · [synthétique] **dacron** *nom déposé* · **lycra** *nom déposé* · **nylon** *nom déposé* · **orlon** *nom déposé* · **perlon** *nom déposé* · **tergal** *nom déposé* · **2 – enchaînement** · enchevêtrement · enfilade · mélange · série · succession · **3 – peau** · chair · membrane

tissu, étoffe

Tissu est le terme général pour désigner un assemblage de fils entrelacés par tissage ou par maillage *(un tissu de laine, de coton, de soie ; un tissu synthétique, métallique, plastifié ; des fleurs en tissu)*. **Étoffe** se dit des tissus de confection ou d'ameublement *(une étoffe de fil et coton, de laine et soie ; une étoffe brodée, à carreaux, à fleurs)*. Contrairement à tissu, **étoffe** s'emploie aussi pour des produits non tissés, que l'on constitue par agglomération, comme le feutre.

titan *n.m.* · colosse · force de la nature · géant · goliath · hercule · mastodonte · surhomme · malabar *fam.*

titanesque *adj.* · colossal · cyclopéen · démesuré · énorme · formidable · gigantesque · herculéen · monstrueux · monumental · prométhéen

titi *n.m.*

✦ **titi parisien** gavroche

titillation *n.f.* · chatouillement · caresse · chatouillis · frôlement

titiller *v.intr.* **1 – chatouiller** · **2 – tracasser** · préoccuper · chicoter *fam., Québec* · tarabuster *fam.* · turlupiner *fam.* · **3 – taquiner** · agacer · provoquer · asticoter *fam.* · **4 – allécher** · attirer · faire venir l'eau à la bouche de

titre *n.m.*

I 1 – nom · appellation · dénomination · intitulé · **2 –** [de journal]

rubrique · en-tête · manchette · 3 - [Imprimerie] **frontispice**
II 1 - **fonction** · qualification · spécification · 2 - **grade** · diplôme
III **cause** · motif · raison
IV 1 - [Droit] **acte** · certificat · document · instrument · papier · pièce · 2 - [Fin.] **billet** · bon · effet · traite · valeur · warrant
V 1 - [d'un alliage] **aloi** *vieux* · loi · 2 - [d'un alcool] **degré** · titrage
✦ **titre de transport** billet · carte · coupon · lettre de voiture · ticket • [Comm.] connaissement
✦ **à titre de** en qualité de · comme · en tant que
✦ **à titre privé** officieusement
✦ **en titre** titulaire

tituber *v.intr.* · chanceler · flageoler · osciller · trébucher · vaciller · zigzaguer

titulaire *n.* · détenteur · possesseur · tenant

toast *n.m.* 1 - **allocution** · discours · 2 - **rôtie** *vieux ou région.*

toasteur *n.m.* · grille-pain

toc *n.m.* **imitation** · pacotille · quincaillerie · verroterie · camelote *fam.* · cochonnerie *fam.* · saloperie *fam.*
✦ **en toc** faux · de pacotille

tocade *n.f.* · caprice · coup de tête · engouement · envie · fantaisie · lubie · passade · entichement *littér.*

tocard, e
▪ *adj.* **ridicule** · tarte *fam.* · tartignolle *fam.*
▪ *n.* **nullité** · nullard *fam.* · ringard *fam.* · zéro *fam.*

tocsin *n.m.* · signal · glas

tohu-bohu *n.m.* 1 - **brouhaha** · tapage · vacarme · tintamarre · barouf *fam.* · chahut *fam.* · charivari *fam.* · foire *fam.* · ramdam *fam.* · 2 - [vieilli] **désordre** · confusion · fatras · fouillis · méli-mélo

toile *n.f.* 1 - **tissu** • [de lin] batiste · hollande · linon • [de coton] coutil · indienne · mousseline · 2 - [plastifiée, vernie] **linoléum** · moleskine · 3 - **peinture** · tableau · croûte *péj.* · 4 - [fam.] **film** · 5 - [Mar.] **voiles, voilure**
✦ **la Toile** Internet · le Net · le Web
✦ **toile d'araignée** arantèle *vieux*

toilette *n.f.* 1 - **ablutions** *littér.* • [d'un animal] toilettage • [d'une chose] astiquage · nettoiement · toilettage · 2 - **tenue** · habillement · mise · parure · vêtements · atours *plur.*
››› **toilettes** *plur.* **w.-c.** · cabinets · cabinet, lieu d'aisances · latrines · water-closet · waters · petit coin *fam.* · pipi-room *fam.* · chiottes *très fam.* · gogues *très fam.* · goguenots *très fam.* · buen retiro *vieux* · garde-robe *vieux*

toiletter *v.tr.* 1 - **nettoyer** · laver · pomponner · 2 - **retoucher** · corriger

toiser *v.tr.* · dévisager · examiner · inspecter · observer · regarder de haut · scruter · zieuter *fam.*

toison *n.f.* 1 - **fourrure** · laine · pelage · poil · 2 - **cheveux** · chevelure · crinière *fam.* · tignasse *péj.*

toit *n.m.* 1 - **couverture** · toiture • [plat] terrasse · 2 - **asile** · abri · gîte · refuge · retraite · havre *littér.* · 3 - **domicile** · demeure · habitation · logement · logis *vieilli ou littér.*

toiture *n.f.* · toit · couverture

tôle *n.f.* → **taule**

tolérable *adj.* · supportable · acceptable · admissible · endurable · tenable · vivable

tolérance *n.f.* **1 – compréhension** · indulgence · largeur d'esprit · libéralisme · non discrimination · ouverture d'esprit · respect · mansuétude *littér.* · tolérantisme *vieilli, Relig.* · **2 –** [excessive] **complaisance** · laisser-faire · laxisme · permissivité · relâchement · **3 – résistance** · solidité · tenue · **4 – latitude** · délai · marge · temps · volant

tolérant, e *adj.* **1 – compréhensif** · accommodant · débonnaire · doux · indulgent · large d'esprit · libéral · ouvert · coulant *fam.* · **2 – complaisant**

tolérer *v.tr.* **1 – autoriser** · accepter · consentir à · laisser passer · passer sur · permettre · souffrir *littér.* · **2 – excuser** · fermer les yeux sur · pardonner · laisser passer · **3 – endurer** · souffrir · supporter · avaler *fam.*

☞ **permettre**

tollé *n.m.* · clameur · chahut · charivari · cri · haro · huées · protestations · sifflets

tomate *n.f.* **1 – pomme d'amour** · pomme dorée *vieux* · **2 –** [en apposition] **rouge vif** · cramoisi

tombant, e *adj.* · pendant · retombant · [chair] flasque

tombe *n.f.* · sépulture · fosse · tombeau · dernier asile *littér.* · dernière demeure *littér.* · sépulcre *littér. ou Relig.*

☞ **tombe, tombeau, sépulcre, sépulture**

Tombe, tombeau, sépulcre et sépulture désignent des fosses où l'on ensevelit un mort. **Sépulture** est le terme le plus général, qui peut se substituer à tous les autres *(une sépulture familiale)* et peut s'appliquer, dans la langue littéraire, à tout lieu d'inhumation : « (...) le corps avait été remonté de la chambre vers midi pour être jeté par-dessus bord, quand le second (...) ordonna aux hommes de le coudre dans son hamac et de lui octroyer la sépulture ordinaire des marins » (Baudelaire, trad. E. Poe, *les Aventures d'A. Gordon Pym*, VII). La **tombe** est recouverte ou non d'une dalle *(descendre un cercueil dans la tombe, fleurir une tombe)*. Le **tombeau** se présente comme un monument funéraire, contenant en général plusieurs morts *(la pierre d'un tombeau)*. **Sépulcre**, dans un usage très littéraire, s'emploie pour **tombeau**, surtout à propos de l'Antiquité *(le sépulcre d'un pharaon)* et du tombeau du Christ.

tombé, e *adj.*

✦ **à la nuit tombée** à la nuit close *littér.*

tombeau *n.m.* · caveau · cénotaphe · mausolée · sépulture · tombe · sépulcre *littér.* · dernière demeure *littér.* · [Égypte ancienne] mastaba · sarcophage · [Archéol.] hypogée

☞ **tombe**

tombée *n.f.*

✦ **à la tombée du jour** le soir · au crépuscule · à la tombée de la nuit · entre chien et loup

tomber *v.intr.*

I 1 – culbuter · s'affaler · basculer · dégringoler · s'écrouler · s'effondrer · être précipité · faire une chute · mordre la poussière · trébucher · choir *vieux ou littér.* · chuter *fam.* · se casser la figure *fam.* · se casser la binette, la figure, la gueule *fam.* · dinguer *fam.* · s'étaler *fam.* · faire pouf *lang. enfants* · se ficher, se foutre, se flanquer par terre *fam.* · prendre, ramasser une bûche *fam.* · prendre, ramasser un gadin *fam.* · prendre, ramasser une gamelle *fam.* · prendre, ramasser une pelle *fam.* · se rétamer *fam.* · se vautrer *fam.* · valdinguer *fam.* · prendre un billet de parterre *vieux, fam.* · **2 –** [avion] **piquer** · s'abattre · **3 –** [liquide] **couler** · dégoutter · **4 – pleuvoir** · s'abattre

II [cheveux, pli] **pendre**

III 1 – baisser · s'affaiblir · s'apaiser · s'atténuer · se calmer · décliner · diminuer · s'éteindre · faiblir · se réduire · **2 –** [jour] **diminuer** · décliner · s'affaiblir

IV 1 – capituler · être renversé · être vaincu · **2 –** [sport] **être éliminé** · **3 – mourir** · disparaître · périr · succomber · verser son sang

✦ **faire tomber** dégommer *fam.*

✦ **tomber sur** **1 – rencontrer** · croiser · surprendre · trouver · voir · **2 – aboutir à** · déboucher · donner · **3 – attaquer** · agresser · charger · foncer sur · fondre sur · se jeter sur · se précipiter sur · se ruer sur

tombereau *n.m.* **1 – banne** · galère · **2 – quantité** · avalanche · bordée · déferlement · flot · pluie · torrent · flopée *fam.*

tombeur *n.m.* · séducteur · bourreau des cœurs · casanova · don Juan · homme à femmes · lovelace *littér.*

tombola *n.f.* · loterie

tome *n.m.* · volume

tome, volume

Tome et **volume** ont en commun de se rapporter à l'objet livre. Le **volume** réunit un nombre variable de cahiers, qui sont brochés ensemble ou reliés *(un volume de petit format, un volume ancien ; ouvrir, feuilleter, ranger un volume)*. Un **tome** est une division d'un ouvrage, comme l'est à un autre niveau le chapitre, décidée en général par l'auteur et qui ne correspond pas toujours au partage en volumes *(le premier tome est en deux volumes, un tome du dictionnaire de Littré)*.

ton *n.m.* **1 – accent** · inflexion · intonation · manière de parler · modulation · registre · timbre · tonalité · voix · **2 – style** · coloration · facture · forme · langue · manière · patte · registre · style · plume · touche · tournure · **3 – teinte** · coloris · couleur · degré · nuance · tonalité · [de chair] carnation · **4 –** [Mus.] **note** · modulation · tonalité

✦ **être dans le ton** être dans la note · être au diapason

✦ **donner le ton** donner le la

✦ **baisser le ton** mettre une sourdine

✦ **faire baisser le ton de** rabattre le caquet de

✦ **de bon ton** **1 – convenable** · bienséant · comme il faut · de bon goût · politiquement correct · **2 – chic** · distingué · B.C.B.G. *fam.*

tonalité *n.f.* **1 – intonation** · timbre · **2 – teinte** · coloris · couleur · degré · nuance · ton · [de chair] carnation · **3 – style** · coloration · facture · forme · touche · tournure

tondre *v.tr.* **1 – raser** · couper (court) · tailler · ratiboiser *fam.* · **2 – dépouiller** · déposséder · plumer *fam.* · saigner *fam.* · écorcher *vieux* · égorger *vieux* · **3 – escroquer** · estamper *fam.* · rouler *fam.*

tondu, e *adj.* · ras · rasé

tonicité *n.f.* · tonus (musculaire)

tonifiant, e *adj.* · stimulant · fortifiant · reconstituant · remontant · réparateur · revigorant · tonique · vivifiant · roboratif *littér.*

tonifier *v.tr.* 1 – **raffermir** · durcir · 2 – **stimuler** · fortifier · ragaillardir · raviver · revivifier · donner un coup de fouet à *fam.* · retaper *fam.*

tonique
▪ *adj.* 1 – **dynamique** · énergique · 2 – **revigorant** · bienfaisant · excitant · remontant · tonifiant · roboratif *littér.* · 3 – [voyelle] **accentué**
▪ *n.m.* 1 – **fortifiant** · cordial · remontant · 2 – **lotion**

tonitruant, e *adj.* · éclatant · assourdissant · bruyant · énorme · perçant · résonnant · sonore · strident · tonnant · vibrant

tonitruer *v.intr.* [littér.] crier · s'égosiller · s'époumoner · exploser · fulminer · tempêter · tonner · vociférer · brailler *fam.* · gueuler *très fam.*

tonnage *n.m.* · jauge · contenance

tonnant, e *adj.* → **tonitruant**

tonneau *n.m.* 1 – **barrique** · baril · boucaut · feuillette · foudre · fût · futaille · muid · pièce · poinçon *région.* · quartaut *région.* · botte *vieux* · 2 – [Mar.] **jauge** · tonnage

tonnelet *n.m.* · baril · fût

tonnelle *n.f.* · berceau · charmille · gloriette · pavillon de verdure · pergola

tonner *v.intr.* 1 – [tonnerre] **éclater** · gronder · 2 – **crier** · exploser · fulminer · gronder · hurler · s'indigner · pester · râler · tempêter · tonitruer · vitupérer · gueuler *très fam.* · rouspéter *fam.*

tonnerre *n.m.* 1 – **foudre** · éclair · 2 – **grondement** · fracas · orage · tempête
✦ **du tonnerre** → **formidable**

tonte *n.f.* [d'animaux] tondage · coupe *Arbor.* · taille *Arbor.* • [d'un drap] tonture

tonton *n.m.* → **oncle**

tonus *n.m.* 1 – [musculaire] **tonicité** · 2 – **dynamisme** · énergie · ressort · frite *fam.* · pêche *fam.* · punch *fam.*

topique *adj.* 1 – **pertinent** · adapté · congruent · 2 – **caractéristique** · spécifique · typique

top-modèle *n.* · mannequin · cover girl · modèle

topo *n.m.* [fam.] **discours** · exposé · laïus *fam.* · speech *fam.*
✦ **c'est toujours le même topo** c'est toujours la même histoire · c'est toujours le même refrain · c'est toujours la même rengaine · c'est toujours le même baratin *fam.*

topographie *n.f.* 1 – **cartographie** · 2 – **aspect** · configuration · relief

topographique *adj.* · cartographique

toquade *n.f.* → **tocade**

toque *n.f.* 1 – **bonnet** · coiffure · 2 – [Équitation] **bombe** · 3 – **chef-cuisinier**

toqué, e *adj. et n.* → **fou**

toquer de (se) *v.pron.* · s'amouracher de · s'emballer pour · s'engouer de · s'enflammer pour · s'éprendre de · s'enticher de *fam.*

torche *n.f.* 1 – **flambeau** · torchère · 2 – [Techn.] **tortillon** · torque

torcher *v.tr.* 1 - [Maçonnerie] **bousiller** · 2 - **bâcler** · gâcher · cochonner *fam.* · saloper *fam.* · torchonner *fam.*

torchère *n.f.* · flambeau · torche

torchis *n.m.* [Maçonnerie] bousillage · mortier

torchon *n.m.* 1 - **linge de cuisine** · chiffon · essuie-mains · essuie-verres · patte *Suisse* · serviette · torchette *vieux* · 2 - [Belgique, Québec] **serpillière** · 3 - [fam.] **torche-cul** *très fam.*

torchonner *v.tr.* → **torcher**

tordant, e *adj.* [fam.] → **drôle**

tord-boyaux *n.m. invar.* [fam.] casse-gueule *vieux* · casse-pattes *vieux*

tordre *v.tr.* · courber · déformer · distordre · fausser · forcer · gauchir · tortiller · mailler *Suisse*

⋙ **se tordre** *v.pron.* 1 - **vriller** · se déformer · s'entortiller · gondoler · s'incurver · se plier · se tortiller · 2 - **se fouler** · se faire une entorse à

✦ **se tordre (de rire)** rire à gorge déployée · se désopiler · s'esclaffer · rigoler *fam.* · se boyauter *fam.* · se fendre la pipe, la poire *fam.* · se gondoler *fam.* · se marrer *fam.* · se poiler *fam.* · se rouler par terre *fam.* · se mailler de rire *vieilli*

tordu, e *adj.*
I 1 - **courbe** · arqué · biscornu · cagneux · contourné · déformé · déjeté · dévié · difforme · gauche · recroquevillé · tors · 2 - **vrillé** · contourné · tors
II [fam.] 1 - **bizarre** · baroque · compliqué · extravagant · farfelu · saugrenu · 2 - **embrouillé** · contourné · tortueux · biscornu *fam.* · 3 - **tourmenté** · torturé

tore *n.m.* [Archit.] boudin

torero *n.m.* · matador · toréador *vieux*

torgnole *n.f.* → **gifle**

tornade *n.f.* · bourrasque · cyclone · hurricane · ouragan · typhon

torpeur *n.f.* 1 - **somnolence** · assoupissement · atonie · engourdissement · léthargie · 2 - **inactivité** · abattement · dépression · inaction · langueur · prostration

torpiller *v.tr.* 1 - **couler** · 2 - **saboter** · démolir · faire échec à · faire échouer · ruiner · saper

torréfacteur *n.m.* · brûloir

torréfier *v.tr.* · griller · brûler

torrent *n.m.* 1 - **gave** *Pyrénées* · 2 - **déluge** · avalanche · bordée · déferlement · flot · pluie · tombereau

✦ **à torrents** à verse

torrentiel, -ielle *adj.* 1 - **torrentueux** · 2 - **diluvien** · abondant · diluvial · impétueux · violent

torride *adj.* 1 - **brûlant** · bouillant · caniculaire · desséchant · équatorial · étouffant · saharien · tropical · 2 - **ardent** · sensuel · chaud *fam.*

tors, torse *adj.* 1 - **torsadé** · contourné · tordu · vrillé · 2 - **difforme** · tordu

torsade *n.f.* · tresse · [Archit.] rudenture

✦ **en torsade** en hélice

torsadé, e *adj.* · tortillé · enroulé · tors · [Archit.] rudenté

torsader *v.tr.* · tordre · cordeler · corder · tortiller · tresser

torse *n.m.* · poitrine · buste · thorax · tronc

torsion *n.f.* 1 – [Techn.] **tordage** · bistournage · 2 – **contraction** · contorsion · crispation · déformation · distorsion • [du cou] torticolis

tort *n.m.* 1 – **défaut** · erreur · faute · travers · démérite *littér.* · 2 – **dommage** · atteinte · dégât · préjudice · lésion *(Droit)* · 3 – **affront** · atteinte · injustice · mal

✦ **faire du tort à** porter préjudice à · déconsidérer · desservir · léser · nuire à · porter atteinte à

✦ **à tort** faussement · indûment · injustement

✦ **à tort et à travers** inconsidérément · à la légère · étourdiment · légèrement · n'importe comment · sans discernement · sans réfléchir

tortillement *n.m.* · balancement · déhanchement · trémoussement

tortiller

▪ *v.tr.* **tordre** · cordeler · corder · tresser

▪ *v.intr.* 1 – **balancer** · remuer · 2 – [fam.] **atermoyer** · balancer · hésiter · tergiverser · tourner autour du pot

»» **se tortiller** *v.pron.* **se balancer** · s'agiter · se déhancher · gigoter · se trémousser

tortionnaire *n.* · bourreau · exécuteur · tourmenteur *vieux*

tortu, e *adj.* 1 – [littér.] **retors** · tortueux · 2 – [vieux ou littér.] **tordu** · arqué · bancal · tors · tortueux · bancroche *fam., vieilli*

tortueux, -euse *adj.* 1 – **sinueux** · anfractueux · ondoyant · flexueux *littér.* · serpentin *littér.* · 2 – **hypocrite** · dissimulé · fourbe · oblique · retors · sournois · traître · artificieux *littér.* · perfide *littér.*

torturant, e *adj.* · cruel · crucifiant · douloureux · obsédant · pénible · taraudant · tenaillant

torture *n.f.* 1 – **supplice** · géhenne *vieux* · gêne *vieux* · question *(Hist.)* · 2 – **martyre** · agonie · calvaire · épreuve · mal · peine · souffrance · affres *littér.* · tourment *littér.*

torturer *v.tr.* 1 – **supplicier** · martyriser · soumettre à la question *(Hist.)* · questionner *(Hist.)* · 2 – **dévorer** · hanter · mettre au supplice · ronger · tarauder · tenailler · tourmenter *littér.* · 3 – [un texte] **dénaturer** · défigurer · déformer · forcer · violenter

tôt *adv.* 1 – **de bonne heure** · à la première heure · à l'aube · à l'heure du laitier · au chant du coq · au matin · au point du jour · au saut du lit · aux premières lueurs du jour · de bon, grand matin · dès potron-minet *littér.* · aux aurores *fam.* • [se lever] avec les poules · 2 – **précocement**

✦ **assez tôt** à temps

✦ **tôt ou tard** avec le temps · à la longue · à un moment ou un autre · inéluctablement · le temps aidant · un jour ou l'autre

✦ **plus tôt** avant · auparavant

✦ **au plus tôt** dès que possible · le plus rapidement possible · incessamment

[1]**total, e** *adj.* 1 – **complet** · général · intégral · molaire *(Philo.)* · 2 – **global** · 3 – **absolu** · entier · inconditionnel · parfait · plein · sans borne · sans limite · sans réserve · sans restriction

[2]**total** *n.m.* 1 – **addition** · ensemble · masse · montant · somme ·

totalité · tout · 2 – [fam., en tête de phrase] **finalement** · en fin de compte · résultat des courses *fam.*

✦ **au total** dans l'ensemble · en définitive · en somme · finalement · globalement · somme toute · tout bien considéré

[3]**totale** *n.f.* [fam.] hystérectomie

totalement *adv.* · complètement · absolument · de A à Z · de fond en comble · entièrement · en totalité · fondamentalement · intégralement · parfaitement · pleinement · radicalement · tout à fait · à fond *fam.*

totaliser *v.tr.* 1 – **additionner** · sommer *(Math.)* · 2 – **compter** · cumuler · grouper · rassembler · réunir

totalitaire *adj.* · absolu · arbitraire · autocratique · despotique · dictatorial · omnipotent · oppressif · tyrannique

totalitarisme *n.m.* · despotisme · dictature · tyrannie

totalité *n.f.* **ensemble** · entièreté · globalité · intégralité · intégrité · masse · plénitude · total · tout · universalité

✦ **en totalité** en bloc · au complet · complètement · intégralement · parfaitement · pleinement · radicalement · totalement

✦ **dans sa totalité** en entier

[1]**touchant** *prép.* · concernant · au sujet de · sur · à propos de · relativement à · rapport à *fam.*

[2]**touchant, e** *adj.* · attendrissant · attachant · désarmant · émouvant · pathétique · poignant · prenant

↝ **pathétique**

touche *n.f.* 1 – **style** · cachet · expression · genre · griffe · main · manière · patte *fam.* · 2 – [fam.] **allure** · air · apparence · tournure · dégaine *fam.* · look *fam.* · 3 – **note** · brin · nuance · teinte

touché, e *adj.* · ému · affecté · attendri · bouleversé · ébranlé · remué

[1]**toucher** *v.tr.*

I 1 – **palper** · tâter · tripoter · [légèrement] caresser · chatouiller · effleurer · frôler · titiller · 2 – **atteindre** · frapper · cogner · heurter · taper

II 1 – **avoisiner** · être en contact avec · confiner · côtoyer · jouxter · 2 – **aborder** · arriver à · atteindre · faire escale à · gagner · parvenir à · rallier · 3 – **contacter** · atteindre · entrer en contact avec · joindre · se mettre en rapport avec · s'aboucher avec *littér.*

III 1 – **attendrir** · aller droit au cœur de · bouleverser · désarmer · ébranler · émouvoir · faire quelque chose à · frapper · interpeller · prendre aux entrailles · remuer · prendre aux tripes *fam.* · 2 – **offenser** · affecter · blesser · heurter

IV **encaisser** · émarger à · empocher · gagner · percevoir · recevoir · se faire *fam.* · se mettre dans la poche *fam.* · palper *fam.* · ramasser *fam.*

✦ **toucher juste** faire mouche · mettre, taper dans le mille

✦ **toucher à** 1 – **essayer** · expérimenter · faire l'expérience de · goûter de · s'essayer à · tâter de · 2 – **concerner** · avoir pour objet · avoir rapport à · avoir trait à · intéresser · porter sur · regarder · relever de · ressortir à · 3 – **porter atteinte à**

››› **se toucher** *v.pron.* **être contigu** · être en contact · être voisin

toucher, tâter, palper

Toucher, tâter et palper concernent l'action d'entrer en contact avec une personne ou une chose en éprouvant la sensation du toucher. Toucher, de valeur très générale, n'exige pas que l'on opère avec une partie précise du corps, ni intentionnellement, ni dans un but précis *(toucher avec la main, avec son pied, sa tête, du bout des doigts)*. Toucher accepte pour sujet une chose *(l'obus a touché la cible)*. Tâter a des emplois plus restreints, supposant un *toucher* délicat et attentif avec la main pour éprouver une qualité, une caractéristique *(tâter le fil d'une lame, un fruit, le pouls)*. Palper implique que le toucher soit répété, pour connaître ou examiner *(palper un tissu, une bosse, palper un corps pour l'ausculter)*.

²**toucher** *n.m.* · contact · palpation · tact *vieux*

touffe *n.f.* **1 -** [d'arbres, de végétaux] **bouquet** · bosquet · buisson · trochée · trochet · **2 -** [de poils, cheveux] **épi** · crinière · houppe · mèche · toupet · crêpe *vieux* · **3 -** [fam.] → **pubis**

touffeur *n.f.* [vieux ou littér.] moiteur · étouffement

touffu, e *adj.* **1 - dense** · broussailleux · foisonnant · impénétrable · **2 - épais** · abondant · dru · fourni · hirsute · luxuriant · **3 - compliqué** · compact · dense · embrouillé

touiller *v.tr.* [fam.] remuer · agiter · [la salade] fatiguer

toujours *adv.* **1 - constamment** · à toute heure · continuellement · en toute saison · en toutes circonstances · en tout temps · hiver comme été · jour et nuit · perpétuellement · sans cesse · sans discontinuer · sans relâche · sans répit · tout le temps · continûment *littér.* · 24 heures sur 24 · **2 - encore** · **3 - systématiquement** · inéluctablement · immanquablement · invariablement · **4 - cependant** · du moins · en tout cas · en tout état de cause · quoiqu'il en soit

✦ **depuis toujours** de tout temps · de toute éternité · depuis que le monde est monde

✦ **pour toujours** définitivement · à jamais · à perpétuité · pour la vie · sans retour · ad vitam æternam · pour les siècles des siècles

✦ **presque toujours** habituellement · généralement · ordinairement

✦ **toujours est-il que** néanmoins · cependant · reste que ...

toupet *n.m.* **1 - houppe** · épi · touffe · **2 -** [fam.] **aplomb** · audace · effronterie · impertinence · impudence · sans-gêne · culot *fam.* · outrecuidance *littér.*

toupie *n.f.* · moine *vieux* · pirouette *vieux* · sabot *vieux* · toton *vieux*

¹**tour** *n.f.* **1 - gratte-ciel** · building · [de guet] beffroi · [d'église] campanile · [de château] donjon · [de mosquée] minaret · **2 -** [Archéol.] **hélépole** · tourelle

tour, gratte-ciel, building

Tour, gratte-ciel et building désignent tous trois des immeubles de grande hauteur. L'anglicisme building, qui tend à vieillir, et gratte-ciel (calque de l'anglais *skyscraper*) sont encore employés quand on parle des États-Unis : « Le gratte-ciel est pour nos artistes le symbole de l'Amérique » (Paul Morand, *New-York*). Tour est devenu le terme courant pour les immeubles très élevés *(la tour Montparnasse à Paris ; les tours et les barres des villes nouvelles)*.

[2]**tour** *n.m.*
I 1 - circonférence · bordure · contour · périphérie · pourtour · **2 - détour** · circonvolution · coude · courbe · méandre · sinuosité
II promenade · balade · circuit · excursion · marche · périple · randonnée · sortie · tournée · voyage · virée *fam.* · pérégrination *(souvent plur.)*
III 1 - révolution · giration · mouvement giratoire · rotation · circumduction *didact.* · **2 - pirouette** · cabriole · virevolte · volte
IV 1 - astuce · artifice · stratagème · subterfuge · combine *fam.* · coup *fam.* · ficelle *fam.* · truc *fam.* · **2 - farce** · facétie · mystification · plaisanterie · supercherie · taquinerie · blague *fam.* · attrape *fam., vieilli* · niche *vieilli*
V tournure · air · allure · évolution · façon · forme
✦ **tour de force** exploit · performance · prouesse · réussite
✦ **tour de cochon, mauvais tour, sale tour** crasse · mauvais tour · méchanceté · entourloupe *fam.* · entourloupette *fam.* · saloperie *fam.* · vacherie *fam.*
✦ **tour de main** adresse · expertise · habileté · métier · savoir-faire
✦ **en un tour de main** en un tournemain *littér.* · en deux (trois, cinq) coups de cuillère à pot *fam.* · en deux temps trois mouvements *fam.*
✦ **tour à tour, à tour de rôle** alternativement · l'un après l'autre · par roulement · successivement

[1]**tourbe** *n.f.* [littér. et vieilli] peuple · populace *péj.* · plèbe *vieilli, péj.*

[2]**tourbe** *n.f.* · tourbière · bousin · charbon fossile

tourbillon *n.m.* **1 - cyclone** · coup de vent · grain · ouragan · tempête · tornade · turbulence · typhon · **2 - maelström** · remous · vortex · **3 - agitation** · affolement · effervescence · maelström · remue-ménage · valse

tourbillonnant, e *adj.* · tournoyant · pirouettant · tournant · virevoltant · voletant

tourbillonnement *n.m.* · tournoiement · valse

tourbillonner *v.intr.* · tournoyer · pirouetter · tourner · virevolter · voleter

tourelle *n.f.* **1 - lanterne** · **2 -** [d'un char] **chambre de tir** · casemate

touriste *n.* **vacancier** · voyageur · aoûtien · croisiériste · estivant · hivernant · juillettiste
✦ **en touriste** en dilettante · en amateur

tourment *n.m.* **1 - affliction** · angoisse · anxiété · chagrin · contrariété · déchirement · désolation · enfer · fardeau · inquiétude · martyre · peine · préoccupation · souci · supplice · torture · tracas · affres *littér.* · embêtement *fam.* · **2 -** [vieux] **supplice** · sévices · torture

tourmente *n.f.* **1 - bourrasque** · cyclone · orage · ouragan · tempête · tornade · **2 - troubles** · agitation · bouleversement · commotion · ébranlement · perturbations · tumulte *littér.*

tourmenté, e *adj.* **1 - accidenté** · bosselé · chaotique · inégal · irrégulier · vallonné · montueux *littér.* · **2 - angoissé** · agité · anxieux · soucieux · torturé · troublé ·

tracassé · **3 - agité** · fiévreux · houleux · mouvementé · orageux · tempétueux *littér.* · tumultueux *littér.* · **4 - compliqué** · alambiqué · contourné · torturé · tarabiscoté *fam.*

tourmenter *v.tr.* **1 - maltraiter** · brutaliser · martyriser · molester · **2 - harceler** · persécuter · rendre la vie dure à · tarabuster · être toujours après *fam.* · faire tourner en bourrique *fam.* · **3 - préoccuper** · troubler · chiffonner *fam.* · tracasser *fam.* · turlupiner *fam.* · **4 - angoisser** · assaillir · assiéger · déchirer · dévorer · mettre au supplice · obséder · ronger · tenailler · torturer · **5 -** [vieux] **torturer** · supplicier

»» **se tourmenter** *v.pron.* **s'alarmer** · s'angoisser · se chagriner · se désespérer · s'inquiéter · se soucier · se tracasser · se mettre martel en tête · se biler *fam.* · s'en faire *fam.* · se faire des cheveux (blancs) *fam.* · se faire du mauvais sang *fam.* · se faire de la bile *fam.* · se faire du mouron *fam.* · se faire un sang d'encre *fam.* · se mettre la tête à l'envers *fam.* · se mettre la rate au court-bouillon *fam., vieilli*

tournage *n.m.* · filmage · réalisation

tournailler *v.intr.* · rôder · tourner en rond · tourniquer · tournicoter *fam.*

[1]**tournant, e** *adj.* **1 - pivotant** · **2 - circulatoire** · giratoire · rotatif · rotatoire

[2]**tournant** *n.m.* **1 - virage** · angle · coin · coude · courbure · croisement · détour · épingle à cheveux · lacet · méandre · zigzag · **2 - changement (de direction)** · bouleversement · renversement · rupture · virage

tourné, e *adj.* **1 - exposé** · disposé · orienté · **2 - aigre** · piqué · sur

tournebouler *v.tr.* [fam.] bouleverser · affoler · perturber · secouer · traumatiser · chambouler *fam.* · retourner *fam.*

tournebroche *n.m.* **1 - rôtissoire** · **2 -** [vieux] **gâte-sauce** · marmiton

tourne-disque *n.m.* **1 - platine** · **2 - chaîne haute-fidélité** · électrophone · phono *vieux* · pick-up *vieux*

tournée *n.f.* **1 - voyage** · balade · circuit · déplacement · inspection · parcours · périple · ronde · tour · visite · virée *fam.* · pérégrination *(souvent plur.)* · **2 -** [fam.] → **correction**

tourner

▪ *v.tr.* **1 - orienter** · braquer · disposer · exposer · présenter · **2 - retourner** · changer de côté · changer de sens · **3 -** [en déformant] **tordre** · tortiller · bistourner *vieux* · **4 -** [Cuisine] **mélanger** · brasser · malaxer · remuer · touiller *fam.* · [la salade] fatiguer *fam.* · **5 - éviter** · contourner · éluder · **6 -** [l'ennemi] **déborder** · contourner · prendre à revers · **7 - filmer** · réaliser · **8 - exprimer** · formuler · présenter

▪ *v.intr.* **1 - graviter** · orbiter · pivoter · rouler · tournoyer · tournailler *fam.* · tournicoter *fam.* · tourniquer *fam.* · **2 - pirouetter** · chavirer · pivoter · se retourner · tournoyer · virevolter · **3 - papillonner** · tourner · voltiger · **4 - virer** · braquer · obliquer · se rabattre · **5 - alterner** · changer de place, de rôle · permuter · se relayer · se succéder · **6 - fonctionner** · être en marche · **7 -** [bien ou mal] **se dérouler** · évoluer · marcher · se passer · **8 - s'altérer** · s'aigrir · cailler · se corrompre · dégénérer · se gâter · se piquer · surir

- ✦ **tourner à, en** se transformer en · finir en · dégénérer en *péj.*
- ✦ **tourner court** s'arrêter net · s'en aller en eau de boudin
- ✦ **tourner en rond** faire du surplace · se mordre la queue
- ✦ **tourner la tête à** griser · enivrer · monter à la tête de · donner le tournis à *fam.*

⋙ **se tourner** *v.pron.* **1 - se retourner** · se détourner • [vivement] faire volte-face · **2 - s'orienter** · **3 - faire appel à** · recourir à

tournesol *n.m.* · soleil · hélianthe

tournicoter *v.intr.* · tourner · tournailler *fam.* · tourniquer *fam.*

tourniquet *n.m.* **1 - tambour** · **2 - moulinet** · dévidoir · **3 - garrot** · **4 - présentoir** · **5 - arroseur**

tournis *n.m.* · vertige · étourdissement

tournoi *n.m.* · championnat · challenge · compétition · épreuve · joute

tournoiement *n.m.* · tourbillonnement · tourbillon • [de l'eau] remous

tournoyer *v.intr.* · tourner · pirouetter · pivoter · tourbillonner · virevolter · tournailler *fam.* · tourniquer *fam.*

tournure *n.f.* **1 - allure** · apparence · aspect · extérieur · maintien · physionomie · port · touche *fam.* · **2 - cours** · allure · développement · direction · face · évolution · marche · tendance · **3 - expression** · construction · formule · locution · tour

- ✦ **prendre tournure** se dessiner · prendre corps, forme

tour-opérateur *n.m.* · voyagiste

¹**tourteau** *n.m.* · pain · gâteau

²**tourteau** *n.m.* · dormeur · poupart *région.*

tousser *v.intr.* **1 - toussailler** · toussoter · **2 - expectorer** · cracher · graillonner

¹**tout** *n.m.* **totalité** · ensemble · globalité · intégralité

- ✦ **le tout est de** l'important est de · ce qui compte, c'est de · le principal est de
- ✦ **du tout au tout** complètement · entièrement · intégralement · de A à Z

²**tout, toute** *adj. et pron.* **1 - complet** · entier · intégral · total · **2 - chaque**

- ✦ **toute personne** chacun · quiconque

⋙ **tous** *plur.* · tout le monde

³**tout** *adv.* **1 - extrêmement** · très · **2 - entièrement** · absolument · complètement · pleinement · totalement

- ✦ **tout à coup** brusquement · brutalement · soudain · subitement
- ✦ **tout à fait** **1 - complètement** · absolument · parfaitement · pleinement · totalement · vraiment · cent pour cent · à fond *fam.* · **2 - exactement**
- ✦ **tout de go** directement · de but en blanc · sans détour · sans préambule · bille en tête *fam.* · tout à trac *vieilli*
- ✦ **tout de même** malgré tout · pourtant
- ✦ **tout de suite** immédiatement · aussitôt · sur-le-champ · illico *fam.* · subito *fam.* · incontinent *littér.*

☞ **soudain**

toutefois *adv.* · cependant · malgré cela · néanmoins · pourtant · seulement · pour autant *littér.* · nonobstant *vieilli*

toute-puissance *n.f. invar.* · omnipotence · absolutisme · domination · empire · hégémonie · souveraineté · suprématie · prépotence *vieilli ou littér.*

toutou *n.m.* → **chien**

tout-petit *n.m.* · bébé · nourrisson · bout de chou *fam.* · petit bout *fam.*

tout-puissant, e *adj.* **omnipotent** · absolu · puissant · souverain

✦ **le Tout-Puissant** Dieu · le Créateur · l'Être suprême · le Grand Architecte · le Seigneur · le Très-Haut

tout-terrain *n.m.* **1 - jeep** · quatre-quatre · **2 - trial** · **3 -** V.T.T.

toxicité *n.f.* · nocivité · malignité · nocuité *(Méd.)*

toxicomane *n.* · drogué · cocaïnomane · éthéromane · héroïnomane · intoxiqué · morphinomane · opiomane · intoxiqué · accro *fam.* · camé *fam.* · junkie *fam.* · toxico *fam.*

toxicomanie *n.f.* · intoxication · accoutumance · addiction · assuétude · toxicodépendance · toxicophilie

toxique

▪ *adj.* **empoisonné** · mauvais · nocif · nuisible · pathogène • [champignon] vénéneux • [gaz] délétère · asphyxiant · méphitique · suffocant

▪ *n.m.* **poison** · toxine

trac *n.m.* · crainte · angoisse · anxiété · appréhension · frousse *fam.* · pétoche *fam.* · trouille *fam.*

tracas *n.m.* **1 - souci** · crainte · inquiétude · souci · tourment *littér.* · aria *vieux* · **2 - difficulté** · embarras · embêtement · ennui · cassement de tête *fam.*

tracasser *v.tr.* **inquiéter** · contrarier · ennuyer · miner · obséder · préoccuper · tarabuster · tourmenter · chicaner *Québec* · embêter *fam.* · travailler *fam.* · turlupiner *fam.*

⋙ **se tracasser** *v.pron.* **se soucier** · s'angoisser · se tourmenter · se mettre martel en tête · se biler *fam.* · se faire de la bile *fam.* · s'en faire *fam.* · se faire des cheveux (blancs) *fam.* · se faire du mauvais sang *fam.* · se faire du mouron *fam.* · se faire un sang d'encre *fam.* · se ronger les sangs *fam.* · se mettre la tête à l'envers *fam.* · se prendre la tête *fam.* · se mettre la rate au court-bouillon *fam., vieilli*

tracasserie *n.f.* · ennui · chicane · chinoiserie · complication · ergotage

tracassier, -ière *adj.* · chicaneur · chicanier · ergoteur · procédurier · vétilleux *littér.*

trace *n.f.*

I 1 - empreinte · pas · **2 - piste** · voie · trac *vieux* · **3 -** [Vénerie] **erres** · foulées · pas · passée

II 1 - marque · auréole · traînée · tache · **2 - cicatrice** · couture · stigmate · **3 - impression** · marque · souvenir · stigmate · **4 - reste** · indication · indice · témoignage · témoin · vestige · **5 - conséquence** · séquelle

III particule · lueur · ombre · soupçon

✦ **trace directe** [Ski] descente · schuss

✦ **marcher sur les traces de** marcher dans, sur les pas de · marcher sur, suivre les brisées de · être dans le sillage de · suivre l'exemple de · suivre la voie tracée par

trace, vestige

Une **trace**, un **vestige**, c'est ce qui subsiste de quelque chose. **Trace**, dans des contextes très variés, se rapporte à ce qui permet de reconnaître que quelque chose a existé *(la trace des grandes glaciations, les traces d'une fuite précipitée)*, y compris quand cette chose est peu ou pas matérielle *(les traces d'un parfum)* : « Les hommes, durant leur apparition éphémère sur ce globe, se persuadent qu'ils laissent d'eux quelques traces » (Chateaubriand, *Mémoires d'outre-tombe*, IV, 5). D'usage soutenu, **vestige** évoque toujours une trace de ce qui a disparu ou a été détruit en parlant de l'activité humaine ou de monuments *(les vestiges d'une armée, les vestiges d'une abbaye en ruine)*.

tracé *n.m.* · dessin · forme · configuration · figure · graphique · parcours · plan

tracer *v.tr.* 1 – **dessiner** · brosser · crayonner · ébaucher · esquisser · tirer · 2 – [une courbe] **décrire** · circonscrire · inscrire · 3 – [une figure géométrique] **construire** · 4 – [une voie] **frayer** · indiquer · montrer · ouvrir · 5 – **baliser** · jalonner · matérialiser · signaliser · 6 – [fam.] → **aller vite**

tractations *n.f.pl.* · négociations · discussions · marchandages · pourparlers

traction *n.f.* 1 – **remorquage** · remorque · 2 – **pompe** *fam.*

tradition *n.f.* 1 – **folklore** · légende · croyance · mythe · 2 – **coutume** · convention · habitude · pratique · rite · usage · us et coutumes · us *vieux* · 3 – [Droit] **délivrance** · livraison

traditionalisme *n.m.* · conformisme · conservatisme · [Relig.] intégrisme

traditionaliste *adj. et n.* 1 – **conservateur** · conformiste · [Relig.] intégriste · 2 – [français d'Afrique] **griot**

traditionnel, -elle *adj.* 1 – **rituel** · orthodoxe · 2 – **conformiste** · conventionnel · vieux jeu *péj.* · 3 – **habituel** · classique · consacré · coutumier · rituel · 4 – **folklorique** · populaire

traditionnellement *adv.* 1 – **habituellement** · classiquement · en règle générale · généralement · 2 – **conventionnellement** · rituellement

traducteur, -trice *n.* · interprète · truchement *vieux*

traduction *n.f.* 1 – **transcodage** · [Scol.] version · thème · 2 – **expression** · manifestation · reflet · représentation · transposition

traduction, version

Traduction et **version** se disent l'un et l'autre de la transposition d'un texte d'une langue dans une autre. **Traduction** est utilisé quelle que soit la langue de départ et celle d'arrivée *(une traduction en anglais, en français des œuvres de Goethe)*. Sans contexte, le mot se comprend toujours d'une traduction en français, qui peut avoir certaines caractéristiques *(une traduction libre, littérale, en prose)*, et être faite ou non par une personne *(la traduction automatique)*. **Version** est surtout en usage quand il s'agit de la traduction d'un texte ancien *(la version latine des textes grecs)* et, plus couramment, de l'exercice scolaire de traduction dans la langue de l'élève *(une épreuve de version latine, être bon en version).*

traduire *v.tr.* **1 - transcoder** · déchiffrer · décoder · décrypter · transcrire · transposer · **2 - révéler** · dénoter · exprimer · laisser paraître · laisser passer · manifester · montrer · refléter · trahir

✦ **traduire en justice** assigner · attraire en justice *Admin.* · citer à comparaître · convoquer · déférer · traîner devant les tribunaux

trafic *n.m.* **1 - circulation** · mouvement · passage · **2 -** [péj.] **commerce** · carambouillage · contrebande · maquignonnage · magouille *fam.* • [d'esclaves] traite

✦ **trafic d'influence** concussion · malversation · prévarication

traficoter *v.intr.* [fam.] → **trafiquer**

trafiquer *v.tr.* **1 - altérer** · contrefaire · dénaturer · falsifier · frelater · truquer · bricoler *fam.* · **2 - faire** · combiner · manigancer · tramer · fabriquer *fam.* · ficher *fam.* · foutre *fam.* · fricoter *fam.* · magouiller *fam.* · traficoter *fam.*

tragédie *n.f.* · drame · calamité · catastrophe · désastre · malheur

tragique *adj.* **1 - dramatique** · abominable · catastrophique · effroyable · émouvant · funeste · pathétique · terrible · calamiteux *vieux ou littér.* · **2 - sombre** · théâtral

✦ **prendre au tragique** dramatiser

tragiquement *adv.* · dramatiquement · affreusement · effroyablement · épouvantablement · funestement

trahir *v.tr.*

I 1 - dénoncer · livrer · vendre *fam.* · donner *fam.* · **2 - divulguer** · dévoiler · livrer · révéler · **3 - manifester** · déceler · dénoncer · dénoter · laisser paraître · prouver · révéler · signaler · témoigner de

II 1 - abandonner · lâcher *fam.* · jouer un tour de cochon à *fam.* · faire une vacherie, une saloperie à *fam.* · **2 -** [sans complément] **passer à l'ennemi** · déserter · faire défection · **3 - abuser de** · tromper · **4 - être infidèle à** · tromper · cocufier *fam.* · faire porter des cornes à *fam.* • [sans complément] donner des coups de canif dans le contrat de mariage

III dénaturer · altérer · déformer · desservir · fausser · pervertir

⋙ **se trahir** *v.pron.* **1 - se couper** · se contredire · **2 - se montrer sous son vrai jour** · montrer le bout de l'oreille

trahison *n.f.* **1 - défection** · désertion · **2 - infidélité** · adultère · inconstance · perfidie *littér.* · coup de canif dans le contrat de mariage · **3 - déloyauté** · coup de poignard dans le dos · duperie · fourberie · traîtrise · baiser de judas *littér.* · félonie *littér.* · forfaiture *littér.* · perfidie *littér.* · lâchage *fam.*

train *n.m.* **1 -** [Transport] **chemin de fer** · rail · transport ferroviaire · **2 - convoi** · rame • [sortes] **direct** · aérotrain · auto-couchettes · convoi · express · omnibus · rapide · tortillard *fam.* · T.G.V. · turbotrain · **3 - allure** · cadence · pas · rythme · tempo · vitesse · **4 - série** · batterie · panoplie · succession · suite · **5 -** [vieux] **équipage** · suite · arroi *littér.* · **6 - → derrière**

✦ **train de vie** standing · niveau de vie

✦ **en train** en forme · plein d'allant

✦ **en train de** en voie de

✦ **mettre en train** amorcer · démarrer · engager · lancer · mettre en route · mettre sur les rails

traînant, e *adj.* **1 - pendant** · **2 - lent** · monotone · morne · mou · sans nerf

traînard, e *n. et adj.* · lambin · à la traîne · à la remorque *fam.* · lanterne rouge · retardataire · tortue · clampin *région., vieux*

traînasser *v.intr.* → **traîner**

traîne *n.f.* **1 - queue** · **2 -** [Pêche] **senne**

traîneau *n.m.* **1 - luge** · briska · troïka · glisse *Suisse* · [à bois] schlitte · **2 -** [Chasse, Pêche] **senne**

traînée *n.f.* **1 - trace** · marque · **2 - coulure** · dégoulinade · **3 - sillage** · [d'une comète] chevelure · **4 -** [fam., injurieux] → **prostituée**

traîner

▪ *v.tr.* **1 - tirer** · amener · remorquer · [bateau] haler · touer · **2 - transporter** · trimbaler *fam.*

▪ *v.intr.*

I 1 - pendre · tomber · pendouiller *fam.* · **2 - durer** · s'allonger · s'éterniser · se perpétuer · se poursuivre · se prolonger · tarder · n'en pas finir · **3 - stagner** · piétiner · ne pas avancer · faire du sur-place

II 1 - flâner · musarder · muser *vieilli ou littér.* · traînailler *fam.* · traînasser *fam.* · **2 - s'attarder** · lanterner · lambiner *fam.* · **3 - errer** · battre le pavé · déambuler · traîner ses bottes · vagabonder · vadrouiller *fam.* · zoner *fam.*

✦ **faire traîner** faire durer · prolonger · retarder

⋙ **se traîner** *v.pron.* **ramper** · s'abaisser · s'humilier

training *n.m.* · survêtement · jogging

train-train *n.m.* · routine · monotonie · ronron *fam.* · tran-tran *vieux ou littér.*

trait *n.m.* **1 - marque** · barre · coup de crayon · hachure · ligne · rature · rayure · tracé · **2 -** [Imprimerie] **filet** · glyphe · ligne · tiret · **3 - caractéristique** · attribut · caractère · marque · particularité · signe · spécificité · symbole · **4 - raillerie** · attaque · flèche · pique · pointe · sarcasme · brocard *vieux* · **5 -** [en buvant] **gorgée** · lampée *fam.* · **6 -** [vieilli] **flèche** · dard · javelot · lance · pique

✦ **trait d'esprit** bon mot · saillie

✦ **trait de génie** illumination

✦ **trait d'union** **1 -** tiret · **2 -** [fig.] pont · passerelle

✦ **avoir trait à** concerner · intéresser · porter sur · se rapporter à · traiter de

⋙ **traits** *plur.* · visage · physionomie

traitable *adj.* [littér.] accommodant · facile · maniable · sociable

traite *n.f.* **1 - lettre de change** · billet · effet de commerce · **2 - trafic** · commerce · négoce · **3 -** [Agric.] **mulsion** *didact.* · **4 -** [vieilli] **chemin** · course · parcours

✦ **d'une (seule) traite** en une seule fois · sans interruption · sans s'arrêter · d'un coup · d'un trait *vieilli*

traité *n.m.* **1 - cours** · discours · dissertation · essai · étude · livre · manuel · mémoire · thèse · **2 - convention** · accord · alliance · charte · concordat · engagement · entente · pacte · protocole

traitement *n.m.* **1 - soins** · cure · intervention · médication · thérapie · thérapeutique · **2 - salaire** · appointements · émoluments · gages · honoraires · paie · rémunération · solde · **3 - opération** · conditionnement · manipulation · procédé · transformation

✦ **mauvais traitements** maltraitance · coups · sévices · violences

traiter

▪ *v.tr.* **1 - soigner** · s'occuper de · prodiguer des soins à · **2 - se comporter avec** · se conduire avec • [rudement] malmener · brusquer · maltraiter · en user avec *littér.* · **3 - qualifier** · appeler • [lang. jeunes] insulter · **4 -** [une question] **aborder** · agiter · débattre de · discuter · étudier · examiner · mettre sur le tapis · parler de · **5 - brasser** · conclure · mener · négocier · s'occuper de · **6 -** [avec qqn] **négocier** · composer · discuter · parlementer · transiger

✦ **traiter de** concerner · avoir trait à · intéresser · parler de · porter sur · se rapporter à

traître, traîtresse

▪ *adj.* **1 - déloyal** · faux · félon · fourbe · infidèle · lâche · perfide *littér.* · **2 -** [vin, virage] **trompeur**

▪ *n.* **délateur** · déserteur · espion · judas · parjure · renégat · transfuge · félon *littér.* · vendu *fam.*

traîtreusement *adv.* · déloyalement · dans le dos · sournoisement · perfidement *littér.*

traîtrise *n.f.* **1 - déloyauté** · fourberie · trahison · félonie *littér.* · perfidie *littér.* · **2 - piège** · chausse-trappe · coup fourré · tromperie · baiser de judas

trajectoire *n.f.* **1 - cheminement** · itinéraire · parcours · route • [d'un satellite] orbite · **2 - direction** · orientation

trajet *n.m.* · voyage · chemin · course · distance · itinéraire · parcours · route · traite *vieilli*

tralala *n.m.* [fam.] apparat · façons · luxe · chichi *fam.* · flafla *fam.*

✦ **en grand tralala** en grande pompe

trame *n.f.* **1 - texture** · enchevêtrement · **2 -** [d'une histoire] **canevas** · intrigue · plan · ossature · scénario · squelette · synopsis · **3 -** [vieux ou littér.] **complot** · manigance · ruse

tramer *v.tr.* **1 - tisser** · **2 - comploter** · combiner · concerter · conspirer · couver · échafauder · machiner · manigancer · préparer · ourdir *littér.* · fricoter *fam.* · magouiller *fam.* · mijoter *fam.* · trafiquer *fam.* · conjurer *vieux*

⋙ **se tramer** *v.pron.* **se préparer** · s'apprêter

tranchant, e

▪ *adj.* **1 - aigu** · affûté · aiguisé · coupant · émoulu *vieux* · **2 - cassant** · autoritaire · brutal · coupant · impérieux · incisif · péremptoire · sans réplique · sec

▪ *n.m.* **fil** · taille · coupant *vieux*

tranche *n.f.* **1 - part** · morceau · partie · portion • [de lard] barde • [de viande] bifteck · escalope • [de melon] côte • [de poisson] darne • [de fruit] quartier • [de pain] tartine · toast • [de saucisson, etc.] rondelle · **2 -** [Agric.] **ados** · **3 - côté** · bord • [d'un ski] carre · **4 - phase** · partie · portion · tronçon · **5 - classe** · plage

tranché, e *adj.* **1 - catégorique** · clair · défini · déterminé · net · sans nuance *péj.* · **2 - différent** · distinct · séparé · **3 -** [couleurs] **franc** · net

tranchée *n.f.* **1 - fossé** · boyau · sillon · **2 -** [Milit.] **circonvallation** · sape

trancher

▪ *v.intr.* **contraster** · détonner · se détacher · ressortir

▪ *v.tr.* **1 - couper** · cisailler · hacher · rompre · sectionner · tailler · **2 - régler** · arbitrer · en finir avec · juger · résoudre · solutionner *critiqué* · [sans complément] choisir · se décider

✦ **trancher la tête de** décapiter · guillotiner · raccourcir *fam.*

tranchoir *n.m.* · planche à découper · tailloir

tranquille *adj.* **1 - calme** · immobile · sage · **2 - paisible** · en paix · [vie, bonheur] sans nuage · **3 - silencieux** · quiet *littér.* · [personne] coi *littér.* · **4 - placide** · pacifique · impassible · pondéré · serein · **5 - pépère** *fam.* · cool *fam.* · peinard *fam.* · relax *fam.* · tranquillos *fam.* · **6 - certain** · assuré · sûr · **7 - confiant**

✦ **laisser tranquille** **1 - ficher la paix à** *fam.* · foutre la paix à *très fam.* · **2 - ne pas toucher à**

✦ **se tenir tranquille** bien se tenir · se faire oublier *fam.* · se tenir à carreau *fam.*

tranquillement *adv.* **1 - calmement** · paisiblement · placidement · posément · sagement · sereinement · **2 - lentement** · mollement · piano · à la papa *fam.* · peinardement *fam.* · pépère *fam.* · tranquillos *fam.* · **3 - en confiance** · les yeux fermés · sans inquiétude

tranquillisant, e

▪ *adj.* **rassurant** · apaisant · calmant · sécurisant

▪ *n.m.* **calmant** · antidépresseur · anxiolytique · neuroleptique · sédatif

tranquilliser *v.tr.* · calmer · apaiser · rasséréner · rassurer · sécuriser

tranquillité *n.f.* **1 - calme** · paix · repos · sécurité · quiétude *littér.* · [publique] ordre · **2 - sérénité** · assurance · flegme · placidité · sang-froid · quiétude *littér.*

✦ **en toute tranquillité** en toute quiétude · l'esprit tranquille

transaction *n.f.* **1 - arrangement** · accommodement · accord · compromis · conciliation · entente · **2 - affaire** · commerce · échange · marché · négoce · opération · transfert · **3 -** [Droit] **composition** · concordat

transat *n.m.* → **transatlantique**

transatlantique *n.m.* **1 - paquebot** · **2 - chaise longue** · transat

transbahuter *v.tr.* [fam.] transporter · déménager · balader *fam.* · coltiner *fam.* · trimballer *fam.*

transbordeur *n.m.* · ferry-boat · car-ferry

transcendance *n.f.* · supériorité · éminence · excellence · perfection

transcendant, e *adj.* · éminent · exceptionnel · incomparable · sublime · supérieur

transcender *v.tr.* **1 -** [Psych.] **sublimer** · **2 - dépasser** · prendre le pas sur · surpasser

transcodage *n.m.* · traduction · transcription

transcoder *v.tr.* • traduire • transcrire

transcription *n.f.* 1 - **copie** • enregistrement • report • 2 - **translittération** • notation

transcrire *v.tr.* 1 - **copier** • coucher par écrit • enregistrer • inscrire • mentionner • porter • reporter • 2 - **traduire** • transcoder • transposer • 3 - **translittérer**

transe *n.f.* 1 - **hypnose** • 2 - **enthousiasme** • exaltation • extase

»» **transes** *plur.* • appréhension • crainte • inquiétude • affres *littér.*

transférable *adj.* [Droit] cessible • négociable

transfèrement *n.m.* • translation • transfert

transférer *v.tr.* 1 - **transporter** • déplacer • convoyer • mener • transplanter • véhiculer • transbahuter *fam.* • 2 - **délocaliser** • déménager • 3 - **transmettre** • aliéner • céder • donner • léguer

transfert *n.m.* 1 - **transport** • déplacement • transplantation • [d'un prisonnier] translation • 2 - **délocalisation** • déménagement • 3 - **transmission** • aliénation • cession • 4 - [Psych.] **identification** • déplacement • projection

transfiguration *n.f.* • transformation • métamorphose

transfiguré, e *adj.* • transformé • métamorphosé

transfigurer *v.tr.* • transformer • changer (radicalement) • métamorphoser

transformable *adj.* • modifiable • convertible • métamorphosable

transformateur *n.m.* • convertisseur • élévateur de tension • transfo *fam.*

transformation *n.f.* • modification • aménagement • changement • conversion • métamorphose • rénovation

transformer *v.tr.* 1 - **modifier** • aménager • changer • refaire • remanier • transmuer • [radicalement] **métamorphoser** • transfigurer • 2 - [en bien] **améliorer** • arranger • moderniser • rénover • 3 - [en mal] **dénaturer** • altérer • défigurer • déformer • travestir • 4 - [une matière première] **traiter** • élaborer

✦ **transformer en** changer en • convertir en • muer en

»» **se transformer** *v.pron.* **évoluer** • changer • se modifier • se métamorphoser

transformer, métamorphoser

Transformer et **métamorphoser** sont relatifs à l'action de donner une autre forme à une personne ou à une chose. **Transformer** s'emploie lorsque sont concernés les apparences, les manières d'être de quelqu'un *(le maquillage transforme son visage)* ou bien son caractère, sa nature *(l'argent a transformé sa vie)*. Le changement intervient aussi pour des choses *(le nouvel éclairage a transformé la maison, le prestidigitateur transforme un foulard en oiseau)*. **Métamorphoser** est en usage dans des contextes analogues *(cette coiffure la métamorphose)*, mais implique toujours un changement de forme total avec l'idée de merveilleux ou d'inattendu, l'objet ou la personne métamorphosés devenant méconnaissables : « La poésie métamorphose le monde, l'artiste métamorphose tout en or » (Jean Cocteau, *Potomak*).

transformisme *n.m.* • évolutionnisme • darwinisme • lamarckisme • mutationnisme

transformiste *n.* • évolutionniste

transfuge *n.* **1 - traître** • déserteur • espion • parjure • félon *littér.* • judas *littér.* • renégat *littér.* • **2 - dissident** • rebelle • révolté

transgresser *v.tr.* • contrevenir à • aller au-delà (des limites) de • déroger à • désobéir à • enfreindre • faire une entorse à • manquer à • passer, franchir les bornes de • passer outre • tourner • violer

transgression *n.f.* • infraction • contravention • désobéissance • entorse • infraction • manquement • viol • violation • inobservation *littér.*

transhumance *n.f.* • migration • remue *région.*

transi, e *adj.* **1 -** [de froid] **gelé** • engourdi • glacé • refroidi • saisi • **2 -** [de peur] **paralysé** • cloué • figé • médusé • pétrifié • saisi • tétanisé

transiger *v.intr.* **composer** • s'arranger • s'entendre • faire des concessions • lâcher du lest • négocier • pactiser (avec) • traiter • couper la poire en deux *fam.*

✦ **transiger sur** céder sur

transit *n.m.* • passage

transitaire *n.* • commissionnaire • consignataire

transiter *v.intr.* → **passer**

transition *n.f.* **1 - enchaînement** • liaison • lien • **2 - évolution** • adaptation • ajustement • changement • progression

transitoire *adj.* **1 - court** • de courte durée • éphémère • fugace • fugitif • passager • précaire • **2 - provisoire** • intérimaire • temporaire • transitionnel

translation *n.f.* • transfert

translucide *adj.* • diaphane • clair • cristallin • hyalin • limpide • lucide *vieux ou poétique* • pellucide *rare* • [verre] dépoli

⁓ **transparent**

transmettre *v.tr.* **1 - donner** • céder • léguer • passer • transférer • [un effet de commerce] **négocier** • **2 - déléguer** • **3 - communiquer** • diffuser • faire connaître • faire passer • faire parvenir • répercuter • révéler • **4 - propager** • communiquer • inoculer • véhiculer

transmigration *n.f.* • métempsycose • réincarnation

transmissible *adj.* **1 -** [Droit] **cessible** • transférable • **2 - contagieux** • communicable • infectieux

transmission *n.f.* **1 -** [Droit] **cession** • dévolution • passation • transfert • **2 - communication** • **3 - diffusion** • émission • **4 - propagation** • contagion • contamination • inoculation

transmuer *v.tr.* [littér.] changer • convertir • muer • métamorphoser

transmutation *n.f.* • transformation • conversion • métamorphose • mutation

transparaître *v.intr.* • apparaître • affleurer • émerger • paraître • percer • poindre • se faire jour • se manifester • se profiler • se révéler

transparence *n.f.* **1 - clarté** • limpidité • diaphanéité *littér.* • **2 -** [d'une pensée] **compréhensibilité** • clarté • intelligibilité • limpidité • netteté • **3 -** [Pol.] **glasnost**

[1]**transparent, e** *adj.* **1 - translucide** • cristallin • limpide • pur • [tissu, teint] diaphane • **2 -**

compréhensible · clair · évident · intelligible · pénétrable · 3 - **accessible** · ouvert à tous

✦ **papier transparent** papier calque · papier cristal · papier de soie

transparent, diaphane, translucide

Transparent, diaphane et **translucide** s'appliquent à ce qui laisse passer la lumière. **Transparent**, terme le plus général et le plus usité, se dit d'une substance, d'une matière qui laissent également paraître les objets avec netteté *(une eau, une vitre transparente ; un voile, un papier transparent)*. **Transparent** se substitue couramment à **translucide**, d'usage didactique, pour qualifier ce qui ne permet pas de distinguer les contours ou les couleurs des objets *(le verre dépoli est translucide ; une porcelaine translucide)*. **Diaphane**, d'usage soutenu, a la même valeur *(une coupe de jade diaphane, un papier huilé diaphane)*, mais est surtout employé au figuré *(une peau, un teint diaphane)*.

²**transparent** *n.m.* [film, photo] diapositive · slide *anglic.*

transpercer *v.tr.* 1 - **percer** · crever · éventrer · forer · perforer · tarauder · trouer · vriller · darder *vieux* · embrocher *fam.* · 2 - [pluie] **traverser** · mouiller · pénétrer · tremper (jusqu'aux os)

transpiration *n.f.* 1 - **sudation** · perspiration · 2 - **sueur** · moiteur · suée

transpirer *v.intr.* 1 - **suer** · dégouliner · être en eau · être en nage · être en sueur · ruisseler · 2 - **suinter** · dégoutter · exsuder · perler · se répandre · sourdre · 3 - **s'ébruiter** · se faire jour · s'éventer · filtrer · percer · se montrer · se répandre · se révéler

transplantation *n.f.* 1 - **repiquage** · plantation · 2 - [d'organe] **greffe** · 3 - **transfert** · déplacement

transplanter *v.tr.* 1 - **repiquer** · replanter · 2 - **greffer** · 3 - **transférer** · déplacer

transport *n.m.*
I 1 - **déplacement** · locomotion · 2 - **acheminement** · envoi · expédition · portage · transfert · transit · translation • [à cheval] roulage • [en chariot] charroi • [rail et route] ferroutage · 3 - [du courrier] **messagerie** · poste
II ardeur · déchaînement · délire · élan · exaltation · enthousiasme · excitation · extase · ivresse · passion · ravissement

transportable *adj.* 1 - **portable** · portatif · 2 - **déplaçable**

transporté, e *adj.* 1 - **enivré** · éperdu · ivre · 2 - **enthousiasmé** · enthousiaste

transporter *v.tr.* 1 - **déplacer** · camionner · conduire · charrier · convoyer · déménager · transférer · voiturer · transbahuter *fam.* · trimballer *fam.* · 2 - **enthousiasmer** · électriser · enivrer · entraîner · exalter · exciter · galvaniser · ravir · survolter

»» **se transporter** *v.pron.* **aller** · se déplacer · se rendre · voyager

transporteur *n.m.* 1 - **camionneur** · transitaire · roulier *ancienn* · 2 - **convoyeur** · cargo • [de méthane] **méthanier** • [de pétrole] **pétrolier** • [de conteneurs] **porte-conteneurs** • [de matières solides] **stéréoduc** • [de vrac] **vraquier**

transposer *v.tr.* 1 - **intervertir** · inverser · modifier · permuter · renverser l'ordre de · 2 - **traduire** · adapter

transposition *n.f.* 1 - **interversion** · changement · inversion · permutation · renversement · 2 - [de lettres] **anagramme** · [de syllabes] **métathèse** · 3 - [d'une œuvre] **adaptation**

transsuder *v.intr. et tr.* · suinter · exsuder · filtrer

transvasement *n.m.* · transfusion *vieux*

transvaser *v.tr.* · transvider · faire couler · transférer · transfuser *vieux* · [du vin] soutirer

transversal, e *adj.* 1 - **latitudinal** · transverse · 2 - **de biais** · oblique · penché · 3 - **pluridisciplinaire**

transversalement *adv.* **en, de travers**

trappe *n.f.* 1 - [Chasse] **piège** · chausse-trape · nasse · 2 - [Mar.] **écoutille**

trapu, e *adj.* 1 - **costaud** · courtaud · épais · lourd · massif · puissant · râblé · robuste · balèze *fam.* · baraqué *fam.* · mastoc *fam.* · [cheval] bouleux · 2 - **ramassé** · massif · 3 - [fam.] **ferré** · fort · instruit · savant · calé *fam.* · 4 - [fam.] **difficile** · ardu · chiadé *fam.* · musclé *fam.*

traque *n.f.* 1 - [Chasse] **battue** · rabat · rabattage · 2 - **chasse à l'homme**

traquenard *n.m.* 1 - [Chasse] **traquet** · 2 - **piège** · chausse-trape · embûche · embuscade · guêpier · guet-apens · leurre · nasse · souricière

traquer *v.tr.* 1 - [Chasse] **forcer** · rabattre · 2 - **poursuivre** · chasser · harceler · pourchasser · talonner · courir après *fam.*

traquet *n.m.* [Techn.] battant

traumatisant, e *adj.* **choquant** · bouleversant · perturbant

traumatiser *v.tr.* · choquer · abasourdir · affecter · bouleverser · commotionner · ébranler · frapper · perturber · secouer *fam.*

traumatisme *n.m.* · choc · commotion · coup · ébranlement

travail *n.m.*

I 1 - **action** · activité · œuvre · ouvrage · labeur *littér.* · 2 - **emploi** · business *anglic.* · fonction · intérim · métier · occupation · place · poste · profession · situation · spécialité · boulot *fam.* · charbon *fam.* · gagne-pain *fam.* · job *fam.* · turbin *fam.* · turf *fam., vieilli* · taff *lang. jeunes* · trime *lang. jeunes* · état *vieux ou littér.* · 3 - [facile] **sinécure** · bon filon · planque *fam.* · 4 - [imposé, pénible] **besogne** · corvée · pensum · tâche · collier de misère *littér.* · labeur *littér.* · 5 - [intellectuel, difficile] **casse-tête** · travail de bénédictin · 6 - **peine** · effort · huile de coude *fam.* · 7 - **façon** · exécution · facture · boulot *fam.*

II **étude** · livre · œuvre · ouvrage · recherche · texte

III **accouchement** · enfantement · gésine *vieux*

✦ **avoir beaucoup de travail** avoir du pain sur la planche *fam.* · être submergé *fam.* · avoir du travail par-dessus la tête *fam.*

⋙ **travaux** *plur.* **réparations** · aménagements · rénovations · transformations

travaillé, e *adj.* **1 – ouvragé** · **2 –** [style, texte] ciselé · léché · soigné · peaufiné · recherché · sophistiqué · chiadé *fam.* · fignolé *fam.*

travailler

▪ *v.tr.* **1 –** [une matière] **façonner** · [le marbre] ciseler · élaborer · [la pâte] malaxer · fatiguer · triturer · [la terre] cultiver · modeler · ouvrager · pétrir · **2 –** [son style, etc.] **aiguiser** · ciseler · fouiller · polir · (re)mettre sur l'enclume · chiader *fam.* · fignoler *fam.* · **3 –** [une discipline, un talent] **cultiver** · **4 – occuper** · inquiéter · obnubiler · obséder · préoccuper · tourmenter · tracasser · troubler · gêner *vieux* · **5 –** [littér.] **exciter** · agiter · troubler

▪ *v.intr.* **1 – œuvrer** · abattre de la besogne · tâcher *littér.* · bosser *fam.* · boulonner *fam.* · bûcher *fam.* · gratter *fam.* · marner *fam.* · trimer *fam.* · taffer *lang. jeunes* · turbiner *fam., vieilli* · buriner *fam., vieux* · besogner *vieux* · labourer *vieux* · ouvrer *vieux* · **2 –** [avec fatigue, peine] **se crever** *fam.* · galérer *fam.* · ramer *fam.* · trimer *fam.* · **3 – apprendre** · étudier · bloquer *fam., Belgique* · bûcher *fam.* · piocher *fam.* · potasser *fam.* · **4 –** [bois] **se déformer** · gauchir · gondoler · gonfler · jouer · **5 –** [vin] **fermenter**

✦ **travailler d'arrache-pied** abattre de la besogne · mettre du cœur à l'ouvrage · ne pas bouder l'ouvrage · prendre de la peine · bomber *fam.* · cravacher *fam.* · en mettre un coup *fam.* · donner un coup de collier *fam.* · [élève] bûcher *fam.*

✦ **travailler beaucoup** suer · se crever, se tuer au travail *fam.* · travailler comme une bête, comme un bœuf

✦ **ne pas travailler** ne rien faire · coincer la bulle *fam.* · ne pas en ficher une rame *fam.* · ne pas en ficher une secousse *fam.* · ne rien ficher *fam.* · ne rien foutre *très fam.* · peigner la girafe *fam.* · regarder les mouches voler *fam.* · se tourner les pouces *fam.* · flemmarder *fam.*

✦ **travailler à** participer à · mettre, prêter la main à · [suivi de l'infinitif] chercher à · essayer de · s'efforcer de · s'ingénier à · tâcher de

travailleur, -euse

▪ *adj.* **courageux** · appliqué · consciencieux · diligent · laborieux · sérieux · studieux · zélé · bosseur *fam.* · bûcheur *fam.*

▪ *n.* **1 – salarié** · actif · compagnon · employé · journalier · manœuvre · manouvrier · ouvrier · prolétaire · tâcheron *souvent péj.* · **2 – bourreau de travail** · bosseur *fam.* · bûcheur *fam.* · piocheur *fam., vieilli*

travelo *n.m.* → **travesti**

travers *n.m.*

I 1 – imperfection · défaut · faiblesse · tare · tort · vice · **2 –** [Boucherie] **aloyau**

✦ **de travers** **1 – de guingois** · bancal · de biais · dévié · oblique · tortu · de traviole *fam.* · **2 –** [regarder] **avec animosité** · avec suspicion · d'un œil torve

✦ **en travers** obliquement · transversalement

traverse *n.f.* **1 – barlotière** · traversine · traversin *vieux ou Techn.* · **2 –** [vieux ou littér.] **contrariété** · difficulté · épreuve · revers

✦ **chemin de traverse** chemin direct · passage · raccourci · traboule *région.*

traversée *n.f.* **1 – passage** · franchissement · **2 – croisière** · voyage par mer

traverser *v.tr.*
I 1 - **percer** · perforer · trouer · 2 - **transpercer** · passer au travers de · pénétrer dans
II 1 - **franchir** · passer · 2 - **parcourir** · courir · sillonner · 3 - [fleuve, rivière] **arroser** · baigner · irriguer
III **croiser** · barrer · s'étendre au travers de
IV **vivre** · faire l'expérience de · passer par

traversin *n.m.* · polochon · boudin *Belgique*

travesti *n.m.* · travelo *fam.* · drag-queen *anglic.*

travestir *v.tr.* 1 - **costumer** · déguiser · 2 - **déformer** · altérer · contrefaire · dénaturer · fausser · gauchir · transformer · 3 - **falsifier** · camoufler · dissimuler · maquiller · masquer · trafiquer · truquer

travestissement *n.m.* 1 - **déguisement** · 2 - [Psych.] **transvestisme** · travestisme · 3 - **déformation** · altération · distorsion · 4 - **parodie** · pastiche · simulacre

traviole (de) *adv.* → **de travers**

trébucher *v.intr.* · buter · se cogner · faire un faux pas · perdre l'équilibre · s'emmêler les pieds *fam.* · broncher *vieux* · chopper *vieux*

trèfle *n.m.* 1 - → **argent** · 2 - → **tabac**

tréfonds *n.m.* · profondeur · secret

treillage *n.m.* 1 - [en voûte] **berceau** · tonnelle · 2 - **claire-voie** · grillage · treillis · 3 - **claie** · maille · sas · tamis

treille *n.f.* · vigne · pampre *littér.*

treillis *n.m.* · claire-voie · grillage · treillage

trekking *n.m.* · randonnée (pédestre)

tremblant, e *adj.* 1 - **chancelant** · frémissant · oscillant · tremblotant · 2 - [voix] **vacillant** · bredouillant · chevrotant · tremblotant · 3 - **craintif** · alarmé · apeuré · peureux

tremblement *n.m.* 1 - **frémissement** · ébranlement · frisson · saccade · secousse · soubresaut · trépidation · vacillation · 2 - [convulsif] **convulsion** · spasme · tressaillement · [Méd.] trémulation · clonus · 3 - [de la voix] **chevrotement** · trémolo · vibrato
✦ **tremblement de terre** séisme · secousse tellurique
✦ **et tout le tremblement** et tout ce qui s'ensuit · et tout le reste · et tout le bataclan *fam.* · et tout le tralala *fam.* · et tout le toutim *fam.*

trembler *v.intr.*
I 1 - **s'agiter** · frémir · frissonner · remuer · trembloter · [vieillard] sucrer les fraises *fam.* · 2 - [de froid, de peur] **frémir** · claquer des dents · frissonner · grelotter · trembler comme une feuille, de tous ses membres · tressaillir · [jambes] flageoler · 3 - [sol] **trépider** · vibrer · 4 - [lumière] **scintiller** · clignoter · papilloter · scintiller · trembloter · 5 - [voix] **chevroter** · trembloter
II **avoir peur** · s'alarmer · appréhender · craindre · s'inquiéter · avoir froid dans le dos · avoir des sueurs froides
✦ **faire trembler** ébranler · agiter · branler · brinquebaler · faire osciller · secouer

trembleur *n.m.* · vibreur

tremblote *n.f.* · tremblements
✦ **avoir la tremblote** trembloter · sucrer les fraises *fam.*

trembloter *v.intr.* → **trembler**

trémie *n.f.* · auge · mangeoire

trémolo *n.m.* **1 - vibrato** · **2 - tremblement**

trémoussement *n.m.* · balancement · déhanchement · mouvement ondulant · tortillement

trémousser (se) *v.pron.* **1 - s'agiter** · frétiller · remuer · se tortiller · gigoter *fam.* · **2 -** [en marchant] **se dandiner** · se déhancher

trempe *n.f.* **1 - qualité** · caractère · carrure · énergie · envergure · stature · valeur · **2 -** [fam.] → **correction**

trempé, e *adj.* **mouillé** · dégoulinant · dégouttant · humide · imbibé · imprégné · ruisselant · suintant

✦ **bien trempé** **1 -** [caractère] **aguerri** · endurci · énergique · fort · **2 - être trempé jusqu'aux os, comme une soupe** *fam.* · ne plus avoir un poil de sec *fam.*

tremper

▪ *v.tr.* **1 - imbiber** · arroser · baigner · doucher · humecter · immerger · imprégner · inonder · mouiller · plonger · **2 -** [Techn.] **détremper** · imprégner · mouiller · **3 - affermir** · aguerrir · durcir · endurcir · façonner · fortifier · blinder *fam.* · **4 -** [du vin] **couper** · diluer

▪ *v.intr.* **macérer** · baigner · mariner

✦ **tremper dans** se compromettre dans · participer à · fricoter dans *fam.* · se mouiller dans *fam.*

»» **se tremper** *v.pron.* · se baigner · nager · patauger · faire trempette *fam.*

tremplin *n.m.* **1 - plongeoir** · **2 -** [fig.] **marchepied**

trémulation *n.f.* → **tremblement**

trépan *n.m.* · drille · foreuse · couronne

trépas *n.m.* · décès · disparition · mort

trépasser *v.intr.* · décéder · mourir · s'éteindre · rendre le dernier souffle, le dernier soupir

trépidant, e *adj.* · agité · animé · bouillonnant · échevelé · effervescent · frénétique · mouvementé · tumultueux

trépidation *n.f.* **1 -** · · · tremblement · à-coup · agitation · cahot · oscillation · saccade · vibration · **2 -** [Méd.] **clonus** · trémulation

trépider *v.intr.* · trembler · branler · être agité · être secoué · osciller · vibrer · trémuler *rare*

trépied *n.m.* **1 -** [Cuisine] **chevrette** · **2 -** [Techn.] **selle**

trépigner *v.intr.* · piaffer · s'impatienter · piétiner · sauter · sautiller · taper du pied

très *adv.* · bien · au dernier point · exceptionnellement · excessivement · à l'extrême · extrêmement · fantastiquement · follement · formidablement · grandement · hautement · parfaitement · prodigieusement · remarquablement · terriblement · tout · tout à fait · fort *littér.* · bigrement *fam.* · bougrement *fam.* · diablement *fam.* · drôlement *fam.* · fichtrement *fam.* · foutrement *fam.* · hyper *fam.* · méchamment *fam.* · passablement *fam.* · rudement *fam.* · sacrément *fam.* · salement *fam.* · super *fam.* · superlativement *fam.* · tout plein *fam.* · vachement *fam.*

trésor *n.m.* **1 - richesse** · argent · fortune · pactole · réserve · magot *fam.* • [du roi] cassette · **2 - chef-d'œuvre** · merveille · richesse • [au plur.] patrimoine · ressources · **3 -** [fam.] **amour** · ange · chéri

✦ **Trésor public** fisc

✦ **un, des trésors de** une mine de · une abondance de · une montagne de · une profusion de · une source de

trésorerie *n.f.* **1 - paierie** · finances · trésor · **2 - disponibilités** · fonds · liquidités · ressources · réserves

trésorier, -ière *n.* · caissier · comptable · argentier *Hist. ou plaisant.*

tressaillement *n.m.* **1 - sursaut** · haut-le-corps · soubresaut · tressautement · **2 - frisson** · tremblement · **3 - vibration**

tressaillir *v.intr.* **1 - sursauter** · bondir · tressauter · **2 - trembler** · frémir · frissonner · **3 - vibrer**

tressautement *n.m.* · cahot · secousse · tressaillement

tresse *n.f.* **1 - natte** · dreadlocks *anglic.* • [Hist., de soldat] cadenette · **2 - galon** · cordon · passement · soutache • [de chapeau] bourdalou · **3 -** [Mar., anciennt] **baderne** · garcette

tresser *v.tr.* · natter · entrelacer · tortiller • [du fil] cordonner

tréteau *n.m.* · chevalet

✦ **les tréteaux** les planches · la scène · le théâtre

treuil *n.m.* · cabestan · cric · élévateur · haleur · machine · pouliot · singe · winch

trêve *n.f.* **1 - cessez-le-feu** · cessation des hostilités · suspension d'armes · **2 - relâche** · halte · interruption · pause · répit

✦ **sans trêve** continuellement · constamment · continûment · sans débander · sans relâche · sans répit · tout le temps

tri *n.m.* **1 - triage** · classement · **2 - sélection** · choix · écrémage

triage *n.m.* **1 - tri** · classement · **2 -** [de grains, etc.] **criblage** · calibrage

tribu *n.f.* **1 - groupe** · clan · ethnie · peuplade · phratrie · société · **2 -** [fam.] **famille** · maisonnée · smala *fam., péj.* · **3 - coterie** · corporation · parti

tribulations *n.f.pl.* · mésaventures · déboires · vicissitudes

tribun *n.m.* **1 - orateur** · harangueur *vieilli* · **2 - défenseur** · don Quichotte

tribunal *n.m.* **1 - palais de justice** · parquet · prétoire • [anciennt, à Athènes] aréopage • [anciennt, en Palestine] sanhédrin · **2 - juridiction** · cour · **3 -** [ecclésiastique] **pénitencerie** • [de l'Inquisition] Saint-Office · **4 -** [militaire] **cour martiale**

tribune *n.f.* **1 - estrade** • [d'église] ambon · chaire · échafaud *vieux* • [Rome antique] rostres · **2 - débat** · discussion · forum

tribut *n.m.* **1 - imposition** · contribution · impôt · **2 -** [littér.] **prix** · châtiment · punition · récompense · salaire · sanction · **3 -** [littér.] **hommage**

tributaire *adj.* [Géog.] affluent

✦ **tributaire de** dépendant de soumis à · subordonné à

triche *n.f.* → **tricherie**

tricher *v.intr.* 1 - **frauder** · truander *fam.* · 2 - **copier** · pomper *fam.*

✦ **tricher sur** mentir sur · dissimuler (le vrai ...)

tricherie *n.f.* 1 - **triche** *fam.* · truandage *fam.* · 2 - **fraude** · malhonnêteté · supercherie · tromperie · arnaque *fam.* · truandage *fam.* · filouterie *vieilli*

tricheur, -euse *n.* 1 - **fraudeur** · truqueur · arnaqueur *fam.* • [aux cartes] biseauteur *vieux* • [aux dés] pipeur *vieux* · 2 - **copieur**

tricot *n.m.* 1 - **chandail** · cardigan · gilet · lainage · pull · pull-over · sweater · (petite) laine *fam.* · 2 - **maille**

✦ **tricot de corps** maillot de corps · débardeur

tricycle *n.m.* [de livreur] triporteur

trier *v.tr.* 1 - **choisir** · écrémer · filtrer · sélectionner · 2 - [des grains, etc.] **cribler** · émonder · monder · sasser · tamiser • [des fruits] calibrer · 3 - **classer** · classifier · ordonner · mettre de l'ordre dans

trifouiller *v.tr. et intr.* → **tripoter**

trimaran *n.m.* · multicoque

trimballer *v.tr.* → **transporter**

trimer *v.intr.* → **travailler**

tringle *n.f.* · barre · baguette · broche · tige · verge *vieux*

trinquer *v.intr.* 1 - **boire à la santé de** · lever son verre à · porter un toast à · 2 - [fam.] → **souffrir**

triomphal, e *adj.* 1 - [entrée, succès] **éclatant** · retentissant · 2 - [accueil] **enthousiaste** · chaleureux · délirant

triomphalement *adv.* 1 - **victorieusement** · 2 - **fièrement** · avec jubilation

triomphant, e *adj.* 1 - **victorieux** · 2 - **content** · heureux · radieux · rayonnant · satisfait · jubilant *rare*

triomphateur, -trice *n.* · vainqueur · champion

triomphe *n.m.* 1 - **victoire** · 2 - **consécration** · apothéose · 3 - **satisfaction** · exaltation · 4 - **succès** · réussite • [chanson] tube *fam.* • [livre] best-seller

✦ **faire un triomphe à** acclamer · applaudir · ovationner

triompher *v.intr.* 1 - **gagner** · vaincre · 2 - **jubiler** · chanter victoire · être fou de joie · exulter · ne plus se sentir de joie · pavoiser · se réjouir · 3 - **exceller** · être à son meilleur · réussir brillamment

✦ **triompher de** 1 - **dominer** · avoir l'avantage sur · avoir le dessus sur · battre · l'emporter sur · s'imposer à · mettre en déroute · tailler en pièces · terrasser · vaincre · venir à bout de · déconfire *vieux* · 2 - **surmonter** · se jouer de · vaincre · venir à bout de

tripatouillage *n.m.* 1 - **fraude** · manœuvre · magouille *fam.* · 2 - → **tripotage**

tripatouiller *v.tr.* 1 - **falsifier** · trafiquer · truquer · magouiller *fam.* · 2 - → **tripoter**

tripes *n.f.pl.* 1 - **intestins** · boyaux · entrailles · viscères • [fam.] ventre · 2 - [Cuisine] **gras-double** · tripous *région.*

✦ **saisir, prendre aux tripes** bouleverser · empoigner

tripotage *n.m.* **1 - manipulation** · [attouchements] pelotage *fam.* · **2 - manigances** · intrigue · manœuvres · trafic · fricotage *fam.* · magouille *fam.* · micmac *fam.* · patouillage *fam.* · trifouillage *fam.* · tripatouillage *fam.* · **3 -** [électoral] **fraude** · cuisine · manipulations

tripotée *n.f.* [fam.] → **quantité**

tripoter *v.tr.* **1 - toucher** · malaxer · manipuler · palper · tâter · triturer · **2 -** [attouchements] lutiner · peloter *fam.* · **3 - fouiner** · farfouiller *fam.* · patouiller *fam.* · trifouiller *fam.* · tripatouiller *fam.* · **4 - trafiquer** · fricoter *fam.* · grenouiller *fam.* · magouiller *fam.*

tripoteur, -euse *n.* **1 - trafiquant** · fricoteur · magouilleur *fam.* · **2 - frôleur** · peloteur

trique *n.f.* · gourdin · bâton · casse-tête · matraque · tricot *vieux*

trisomique *adj. et n.* · mongolien

triste *adj.*
I 1 - attristé · affligé · désolé · éploré · malheureux · peiné · sombre · chagrin *littér.* · **2 - abattu** · découragé · cafardeux *fam.* · **3 - mélancolique** · morose · rabat-joie · trouble-fête · **4 - lugubre** · austère · dépouillé · froid · gris · morne · nu · sévère · sinistre · **5 -** [couleur] **obscur** · terne
II 1 - accablant · affligeant · affreux · attristant · calamiteux · cruel · déchirant · douloureux · funeste · grave · navrant · pénible · regrettable · rude · tragique · **2 -** [en général avant le nom] **déplorable** · fâcheux · lamentable · mauvais · médiocre · misérable · navrant · pauvre · piètre · pitoyable
✦ **être triste** avoir des idées noires · avoir la mort dans l'âme · avoir le cœur, l'âme en deuil · être comme une âme en peine
✦ **une triste figure** un air de chien battu · une tête d'enterrement *fam.* · une tête de bonnet de nuit *fam.* · une tête de six pieds de long *fam.* · une tête à caler des roues de corbillard *fam., vieilli*

tristement *adv.* **1 - sinistrement** · affreusement · cruellement · **2 - douloureusement** · **3 - mélancoliquement**

tristesse *n.f.* **1 - peine** · affliction · désarroi · **2 - abattement** · accablement · cafard · dépression · mélancolie · morosité · blues *fam.* · bourdon *fam.* · cafard *fam.* · spleen *littér.* · **3 - grisaille** · austérité · désolation · froideur · monotonie

triturer *v.tr.* **1 - broyer** · concasser · piler · pulvériser · [avec les dents] mâcher · mastiquer · [du sel] égruger · **2 - malaxer** · pétrir · **3 - jouer avec** · manier · tripoter

trivial, e *adj.* **1 - choquant** · bas · grossier · obscène · sale · vulgaire · populacier *soutenu* · poissard *littér.* · au ras des pâquerettes *fam.* · qui ne vole pas haut *fam.* · **2 -** [vieilli ou littér.] **banal** · commun · éculé · ordinaire · plat · rebattu · ressassé · usé

trivialement *adv.* · grossièrement · vulgairement

trivialité *n.f.* **1 - grossièreté** · bassesse · obscénité · vulgarité · **2 - prosaïsme** · banalité · platitude · **3 - lieu commun** · banalité · évidence · platitude · truisme

troc *n.m.* **1 - échange** • change *vieux* • **2** - [Comm. international] **clearing** • compensation

trogne *n.f.* → **tête**

trombe *n.f.* **cyclone** • colonne • tornade • tourbillon

✦ **trombe d'eau** cataracte • déferlement • déluge • flot • torrent

✦ **en trombe** comme un éclair • comme un ouragan • comme un cyclone

trombine *n.f.* → **tête**

tromblon *n.m.* • espingole • escopette

trompe *n.f.* **1 - corne** • cornet • **2** - [anciennt] **avertisseur** • **3** - [Zool.] **suçoir** • **4** - [Archit.] **trompillon**

trompé *adj.m.*

✦ **mari trompé** cocu • cornard *fam.*

trompe-l'œil *n.m. invar.* • façade • apparence • faux-semblant • illusion • mirage

tromper *v.tr.* **1 - abuser** • attraper • bercer de vaines promesses • berner • circonvenir • duper • endormir • enjôler • en conter à • en faire accroire à • leurrer • se jouer de • se moquer de • mystifier • séduire *littér.* • surprendre *littér.* • avoir *fam.* • baiser *très fam.* • blouser *fam.* • bourrer le mou à *fam.* • couillonner *très fam.* • dorer la pilule à *fam.* • embobiner *fam.* • empaumer *fam.* • entuber *très fam.* • faire marcher *fam.* • faire prendre des vessies pour des lanternes à *fam.* • mener en bateau *fam.* • monter un bateau à *fam.* • posséder *fam.* • rouler (dans la farine) *fam.* • jobarder *fam., vieilli* • embabouiner *fam., vieux* • **2 - escroquer** • flouer • voler • empiler *fam.* • enfiler *fam.* • entôler *fam.* • entuber *fam.* • estamper *fam.* • pigeonner *fam.* • rouler *fam.* • piper *vieilli ou littér.* • repasser *argot, vieux* • **3 - déjouer** • donner le change à • endormir • **4** - [regards, vigilance] **échapper à** • se soustraire à • **5** - [attente, espoir] **décevoir** • frustrer • **6 - être infidèle à** • trahir *soutenu* • faire cocu *fam.* • cocufier *fam.* • faire porter des cornes à *fam.*

⋙ **se tromper** *v.pron.* **1 - faire erreur** • commettre une erreur • faire fausse route • se fourvoyer • s'enferrer jusqu'à la garde • être loin du compte • être à côté de la plaque *fam.* • se ficher, se foutre, se mettre dedans *fam.* • se gourer *fam.* • se planter *fam.* • **2 - s'abuser** • se bercer d'illusions • s'égarer • s'illusionner • se méprendre • avoir tort • se laisser prendre • prendre Le Pirée pour un homme *littér.* • se mettre le doigt dans l'œil (jusqu'au coude) *fam.* • prendre des vessies pour des lanternes *fam.* • se faire de idées *fam.* • croire au Père Noël *fam.*

✦ **se tromper de** **1 - confondre** • prendre (.... pour) • **2** - [d'interlocuteur] **frapper à la mauvaise porte**

tromper, leurrer, duper

Tromper, leurrer et **duper** se rapportent tous à l'idée d'induire quelqu'un en erreur. **Tromper** a la valeur la plus générale et concerne des intentions ou des faits *(tromper un client, son mari ; sa vue l'a trompé)*. **Leurrer** implique que l'on trompe la personne par des espérances vaines *(leurrer les électeurs par des promesses, leurrer les espoirs de quelqu'un)*. **Duper** suppose que l'on abuse de la crédulité d'autrui *(il s'est laissé duper)* : « Ce n'est pas seulement pour duper nos enfants que nous les entretenons dans la croyance au Père Noël : leur ferveur nous réchauffe, nous aide à nous tromper nous-mêmes, et à croire, puisqu'ils y croient, qu'un monde de générosité sans contrepartie n'est pas absolument incompatible avec la réalité » (Claude Lévi-Strauss, *Tristes Tropiques*).

tromperie *n.f.* 1 – **feinte** · bluff · imposture · mensonge · mystification · tricherie · duperie *littér.* · 2 – **fourberie** · fausseté · hypocrisie · 3 – **escroquerie** · falsification · fraude · supercherie · arnaque *fam.* · 4 – **attrape** · farce · tour de passe-passe · blague *fam.* · 5 – **illusion** · chimère · leurre

trompeter

- *v.tr.* **clamer** · crier sur les toits · carillonner · claironner · proclamer
- *v.intr.* [aigle] **glatir**

trompette

- *n.f.* 1 – **bugle** · corne · cornet · [romaine] buccin · 2 – **clairon**

✦ **en trompette** retroussé · recourbé

- *n.m.* **trompettiste**

trompeur, -euse *adj.* 1 – **menteur** · double · à double face · fourbe · hypocrite · mystificateur · artificieux *littér.* · perfide *littér.* · 2 – **fallacieux** · chimérique · décevant · faux · illusoire · insidieux · mensonger · captieux *littér.* · spécieux *littér.*

trompeusement *adv.* · faussement · menteusement *rare*

tronc *n.m.* 1 – **fût** · écot · [coupé] bille · billot · grume · rondin · souche · 2 – **buste** · bassin · poitrine · thorax · torse · 3 – **boîte** · coffre · coffret

tronche *n.f.* → **tête**

tronçon *n.m.* 1 – **morceau** · fragment · part · partie · portion · segment · tranche · 2 – [de bois] **bille** · billon · billot · grume · rondin · 3 – [de route] **portion** · segment · 4 – [de texte, de musique] **passage** · extrait

tronçonner *v.tr.* · débiter · couper · diviser · fragmenter · hacher · scier · sectionner · trancher

trône *n.m.* · couronne · pouvoir · souveraineté

tronquer *v.tr.* · abréger · amputer · écourter · élaguer · estropier · mutiler · raccourcir · réduire · rogner

trop *adv.* 1 – **à l'excès** · exagérément · excessivement · surabondamment · 2 – **très** · bien · fort *soutenu*

✦ **de trop, en trop** 1 – **en excédent** · en excès · en surplus · en surcharge · en surnombre · surnuméraire · 2 – **superflu** · superfétatoire *littér.* · 3 – **indésirable** · gênant · importun · mal venu

✦ **c'en est trop !** la coupe est pleine ! · c'est la goutte d'eau qui fait déborder le vase !

trophée *n.m.* 1 – **butin** · capture · dépouille · prise · 2 – **coupe** · médaille · prix · récompense

trop-plein *n.m.* 1 – **excédent** · excès · surcharge · surplus · 2 – [Techn.] **déversoir** · dégorgeoir · puisard · souillard

troquer *v.tr.* 1 – **échanger** · 2 – **changer** · remplacer

troquet *n.m.* → **bistrot**

trotte *n.f.* [fam.] long chemin · tirée *fam.*

✦ **ça fait une trotte** c'est pas la porte à côté *fam.*

trotter *v.intr.* **courir** · cheminer · marcher vite · trottiner

✦ **trotter dans la tête de** préoccuper · tourmenter · tarabuster *fam.* · turlupiner *fam.*

trottinette *n.f.* · patinette

trottoir *n.m.* **1 - accotement** · banquette · **2 - terrasse**

trou *n.m.*
I 1 - cavité · alvéole · anfractuosité · creux · dépression · excavation • [de la peau] pore • [pour semis] poquet · **2 -** [sur la route] **fondrière** · nid de poules · ornière · **3 - abri** · tanière · terrier · **4 - brèche** · crevasse · fente · fissure · ouverture · trouée · **5 - orifice** • [d'une aiguille] chas • [pour chat] chatière • [d'un navire] dalot • [avec foret] forure • [pour poutre] ope • [de flûte, clarinette] perce · perforation · **6 -** [dans un vêtement] **accroc** · déchirure · **7 - déficit** · gouffre
II 1 - lacune · manque · omission · oubli · vide · **2 - perte de mémoire** · absence · blanc · **3 -** [temps libre] **créneau** · fenêtre
III [fam.] **1 - coin perdu** · bled *fam.* · patelin *fam.* · **2 - → prison**

troubadour *n.m.* · jongleur · ménestrel · musicien

troublant, e *adj.* **1 - déconcertant** · déroutant · étonnant · saisissant · surprenant · **2 - inquiétant** · alarmant · **3 - ensorcelant** · charmeur · émoustillant · envoûtant · suggestif

[1]**trouble** *adj.* **1 - brouillé** · flou · indistinct · **2 - boueux** · bourbeux · troublé · vaseux · fangeux *littér.* · turbide *littér.* · **3 - ambigu** · confus · équivoque · nébuleux · ténébreux · **4 - inavouable** · malsain · suspect · louche *fam.*

[2]**trouble** *n.m.* **1 - bouleversement** · agitation · confusion · désordre · remue-ménage · tumulte · tourmente *littér.* · **2 -** [Droit] **nuisance** · **3 - émotion** · émoi *littér.* · **4 - désarroi** · affolement · détresse · inquiétude · **5 - embarras** · confusion · malaise · perplexité · **6 - délire** · égarement · folie · **7 -** [Méd.] **dérèglement** · altération · désordre · désorganisation · dysfonctionnement · perturbation

»» **troubles** *plur.* **désordre** · chaos · émeute · insurrection · manifestation · mutinerie · révolte · révolution · soulèvement

troublé, e *adj.*
I 1 - brouillé · trouble · **2 - boueux** · turbide *littér.*
II 1 - agité · houleux · incertain · mouvementé · orageux · tourmenté · tumultueux · **2 - ému** · déboussolé · émotionné *fam.* · **3 - embarrassé** · confus · **4 - inquiet** · affolé · perplexe

trouble-fête *n. invar.* · importun · empêcheur de tourner en rond · éteignoir · gêneur · rabat-joie · pisse-froid *fam.* · pisse-vinaigre *fam.*

troubler *v.tr.* **1 - obscurcir** · assombrir · brouiller · **2 - dérégler** · bouleverser · contrarier · contrecarrer · déranger · désorganiser · embrouiller · entraver · perturber · **3 - désorienter** · confondre · décontenancer · démonter · désarçonner · déstabiliser · ébranler · mettre mal à l'aise · déboussoler *fam.* · **4 - embarrasser** · contrarier · déranger · gêner · incommoder · tracasser *fam.* · turlupiner *fam.* · **5 - affoler** · inquiéter · tourmenter · chambouler *fam.* · tournebouler *fam.* · **6 - émouvoir** · bouleverser · remuer · toucher · **7 - enivrer** · émoustiller · ensorceler · séduire

»» **se troubler** *v.pron.* **1 - se brouiller** · devenir flou, trouble ·

2 - perdre contenance · s'affoler · se décontenancer · perdre la tête · perdre le nord · perdre pied · perdre son sang-froid · perdre la boussole *fam.* · perdre les pédales *fam.*

trouée *n.f.* **1 - clairière** · percée · **2 -** [dans le ciel] **déchirure** · échappée · **3 -** [Milit.] **brèche** · percée

trouer *v.tr.* **1 - percer** · perforer · transpercer · **2 -** [les nuages] **déchirer**

troufion *n.m.* [vieilli, fam.] → **soldat**

trouillard, e *adj. et n.* → **peureux**

trouille *n.f.* → **peur**

troupe *n.f.* **1 -** [Milit.] **unité** · corps · bataillon · brigade · colonne · commando · compagnie · détachement · escadron · escouade · patrouille · peloton · régiment · section · unité · **2 -** [d'animaux] **troupeau** • [de chiens] **meute** • [de cerfs] harde · harpail • [d'oiseaux] **nuée** · volée • [d'insectes] colonie · essaim · **3 - bande** · cohorte · cortège · essai · foule · groupe · horde · légion · multitude · rassemblement · flopée *fam.* · ramassis *péj.* · **4 -** [Théâtre] **compagnie**

✦ **homme de troupe** simple soldat · homme du rang · griveton · pioupiou *fam., vieilli* · troupier *vieilli* · troufion *fam.*

⋙ **troupes** *plur.* **forces armées** · armée

troupeau *n.m.* **1 - cheptel** · bétail · bestiaux · troupe · manade *région.* • [de cerfs] harde · harpail · **2 -** [péj.] **foule** · attroupement · bande · multitude · plèbe *littér.* · peuple *fam., péj.* · populace *péj.* · populo *fam.*

troupier *n.m.* → **soldat**

trousse *n.f.* **étui** · boîte · poche · pochette · sacoche

✦ **trousse à ongles** onglier

✦ **trousse de toilette** nécessaire de toilette

✦ **être aux trousses de** → **poursuivre**

trousser *v.tr.* **1 -** [une volaille] **brider** · **2 -** [littér.] **retrousser** · lever · remonter · soulever · **3 -** [vieilli ou littér.] **expédier** · torcher · **4 -** [vieux] **mettre en botte** · botteler *foin*

trouvaille *n.f.* **1 - découverte** · **2 - création** · astuce · invention · idée · illumination · innovation · nouveauté · trait de génie

↝ **découverte**

trouver *v.tr.*

I 1 - se procurer · découvrir · dénicher *fam.* · mettre la main sur *fam.* · dégoter *fam.* · déterrer *fam.* · pêcher *fam.* · **2 - détecter** · déceler · localiser · repérer · **3 -** [qqn] **atteindre** · contacter · joindre · rejoindre · toucher · tomber sur *fam.*

II 1 - imaginer · concevoir · créer · innover · inventer · **2 - aller chercher** · puiser · tirer

III comprendre · déchiffrer · deviner · éclaircir · élucider · faire (toute) la lumière sur · percer · résoudre · saisir

IV considérer comme · estimer · juger · regarder comme · tenir pour *soutenu*

⋙ **se trouver** *v.pron.* **1 - exister** · s'offrir · se rencontrer · **2 - se situer** · avoir lieu · figurer · se placer · siéger · **3 - être** · assister · **4 - s'avérer** · se révéler · **5 - se sentir** · aller · pâtir de

✦ **se trouver mal** défaillir · s'évanouir · faire un malaise · tomber dans les pommes, les vapes *fam.*

+ **il se trouve** il y a · il se rencontre · il est · il existe
+ **il se trouve que** il s'avère que · il se fait que

trouver, découvrir, déceler

Trouver, découvrir et déceler concernent l'action de mettre au jour quelque chose. Trouver suppose que l'on voit, que l'on rencontre ce que l'on cherchait *(trouver la solution d'un problème, trouver un logement, une adresse, trouver du travail)*. Découvrir implique que l'on parvient à connaître ce qui était resté ignoré ou caché *(découvrir une erreur ; découvrir une qualité à quelqu'un)*. Déceler, c'est faire apparaître ce qui était jusque-là caché *(déceler un complot, la présence d'un animal ; sa voix décelait sa contrariété)*.

trouvère *n.m.* · ménestrel

truand *n.m.* · bandit · gangster · malfaiteur · voleur · malfrat *fam.*

truander
- *v.intr.* → **tricher**
- *v.tr.* → **escroquer**

trublion *n.m.* · perturbateur · agitateur · comploteur · fauteur de troubles · provocateur

truc *n.m.* **1 - astuce** · artifice · expédient · méthode · procédé · recette · ruse · secret · stratagème · tour · combine *fam.* · ficelle *fam.* · **2 - chose** · bidule *fam.* · engin *fam.* · machin *fam.* · trucmuche *fam.* · zinzin *fam.* · bébelle *Québec, fam.* · **3 - Tartempion** *fam.* · bidule *fam.* · machin *fam.* · trucmuche *fam.* · **4 - domaine** · secteur · spécialité
+ **ce n'est pas mon truc** je n'aime pas cela · ce n'est pas ma tasse de thé · ce n'est pas mon trip *fam.*

trucage *n.m.* **1 - fraude** · contrefaçon · **2 -** [souvent au plur.] **effets spéciaux**

truchement *n.m.* [littér.] **porte-parole** · interprète · représentant
+ **par le truchement de** par l'entremise de · par le canal de · par l'intermédiaire de · grâce à la médiation de · par la voie de · via

trucider *v.tr.* → **tuer**

truculent, e *adj.* **1 - pittoresque** · original · haut en couleur · picaresque · **2 - coloré** · imagé · savoureux

truffe *n.f.* **1 - museau** · nez · **2 - (crotte en) chocolat** · muscadine

truffer *v.tr.* · bourrer · charger · emplir · émailler · farcir · garnir · larder · remplir

truie *n.f.* · coche *vieux ou région.*

truisme *n.m.* · banalité · évidence · platitude · lapalissade · tautologie

truquer *v.tr.* · fausser · falsifier · maquiller · trafiquer · travestir • [une photo] retoucher • [une émission] bidonner *fam.* • [des dés] piper • [des cartes] biseauter

truqueur, -euse *n.* [Cinéma] truquiste

trust *n.m.* **1 - holding** · combinat · conglomérat · groupe · société · **2 - entente** · cartel · consortium · groupe · pool

truster *v.tr.* · accaparer · monopoliser · faire main basse sur · rafler *fam.*

tuant, e *adj.* **1 - fatigant** · épuisant · éreintant · exténuant · crevant *fam.* · vannant *fam.* · **2 - énervant** · assommant · pénible · usant

tube *n.m.* **1 -** [Méd.] **canule** · drain · sonde · **2 - canal** · boyau · canalisation · conduit · conduite · oléoduc · pipeline · tuyau · **3** – [fam.] **succès** · hit *fam.* · **4** – [anciennt] **haut-de-forme** · huit-reflets · tuyau de poêle

✦ **tube à essai** éprouvette

tuberculeux, -euse *adj. et n.* · phtisique *vieux* · poitrinaire *vieux* · tubard *fam.*

tuberculose *n.f.* · bacillose · consomption *vieux* · maladie de poitrine *vieux* · maladie du poumon *vieux* · phtisie *vieux*

tubéreux, -euse *adj.* · tuberculeux *vieux*

tubérosité *n.f.* [d'un os] apophyse · tubercule

tubulaire *adj.* · cylindrique

tubulure *n.f.* · tube · tuyau

tuer *v.tr.*

I [personne] **1** – **assassiner** · abattre · exécuter · occire *vieux ou plaisant* · percer le cœur de *littér.* · répandre le sang de *littér.* · avoir la peau de *fam.* · bousiller *fam.* · crever *fam.* · crever la paillasse à *fam.* · envoyer ad patres *fam.* · étendre *fam.* · expédier dans l'autre monde *fam.* · faire passer le goût du pain à *fam.* · faire la peau à *fam.* · faire son affaire à *fam.* · liquider *fam.* · nettoyer *fam.* · rectifier *fam.* · refroidir *fam.* · trucider *fam.* · zigouiller *fam.* · **2** – [avec une arme à feu] **buter** *fam.* · descendre *fam.* · dessouder *argot* · flinguer *fam.* · **3** – [autres méthodes] empoisonner · étouffer · étrangler · noyer · poignarder · égorger · lapider · **4** – [au combat, à la guerre] **anéantir** · décimer · écraser · exterminer · faucher · massacrer · échiner *vieux* · **5** – [un animal] **abattre** · saigner · [en sacrifice] immoler · sacrifier

II [maladie, travail, etc.] **1** – **emporter** · foudroyer · **2** – **ruiner** · détruire · supprimer · **3** – [fam.] **fatiguer** · épuiser · exténuer · claquer *fam.* · lessiver *fam.* · mettre sur les rotules *fam.* · vanner *fam.* · vider *fam.* · **4** – [fam.] **chagriner** · dégoûter · désespérer · peiner

⋙ **se tuer** *v.pron.* **1** – **se suicider** · se donner la mort · mettre fin à ses jours · se détruire *littér.* · se faire sauter la cervelle *fam.* · se faire sauter le caisson *fam.* · se foutre en l'air *fam.* · se supprimer *fam.* · se faire hara-kiri *fam.* · **2** – **mourir** · perdre la vie · trouver la mort

✦ **se tuer à** s'acharner à · s'épuiser à · s'escrimer à · s'évertuer à · se fatiguer à · s'user à

tuerie *n.f.* · boucherie · carnage · hécatombe · massacre · saignée

☙ **massacre**

tueur, -euse *n.* **1** – **assassin** · criminel · meurtrier · **2** – [à gages] **nervi** · sbire · sicaire · spadassin

tuile *n.f.* [fam.] → **catastrophe**

✦ **tuile creuse** noue

tuméfaction *n.f.* · enflure · boursouflure · gonflement · grosseur · œdème · intumescence *didact.*

tuméfié, e *adj.* · boursouflé · enflé · gonflé

tumescence *n.f.* **1** – **turgescence** · intumescence *didact.* · **2** – [pathologique] **tuméfaction** · tumeur · **3** – **érection**

tumeur *n.f.* **1** – **enflure** · excroissance · granulation · grosseur · intumescence · kyste · tubérosité · **2** – [bénigne] **adénome** · fibrome · lipome · molluscum · papillome · polype · verrue · **3** – [maligne] **can-**

cer · carcinome · épithélioma · néoplasme · sarcome · squirrhe · **4 -** [congénitale] **angiome** · nævus

tumulte *n.m.* · agitation · brouhaha · bruit · chahut · charivari · tapage · tohu-bohu · vacarme · hourvari *littér.* · barouf *fam.* · boucan *fam.* · foin *fam.* · ramdam *fam.*
vacarme

tumultueux, -euse *adj.* **1 - mouvementé** · agité · houleux · orageux · passionné · **2 - bouillonnant** · chaotique · violent

tumulus *n.m.* · tertre · cairn · galgal · mound

tuner *n.m.* · syntoniseur *recomm. offic.*

tunique *n.f.* **1 - robe** · boubou · gandoura · kimono · **2 -** [Antiq.] **angusticlave** · calasiris · chiton · dalmatique · éphod · laticlave · péplum

tunnel *n.m.* · galerie · passage souterrain · souterrain

turban *n.m.* · bandeau

turbine *n.f.* · machine · moteur · turbocompresseur · turbomoteur · turbopropulseur

turbiner *v.tr.* **1 - essorer** · **2 -** [fam., vieilli] → **travailler**

turbulence *n.f.* **1 - dissipation** · pétulance · vivacité · **2 -** [surtout au plur.] **tourbillon** · appel d'air · **3 -** [surtout au plur.] **trouble** · remous · tourmente

turbulent, e *adj.* **1 - agité** · bruyant · chahuteur · dissipé · pétulant · remuant · vif · **2 -** [littér.] **troublé** · tumultueux

turf *n.m.* **1 - champ de courses** · hippodrome · pelouse · **2 - courses** · sport hippique · **3 -** [argot] → **prostitution**

turfiste *n.* · parieur

turgescence *n.f.* **1 - congestion** · dilatation · gonflement · tumescence · intumescence *didact.* · **2 - érection**

turlupiner *v.tr.* [fam.] → **tracasser**

turpitude *n.f.* **1 - ignominie** · abjection · débauche · déshonneur · honte · immoralité · infamie · laideur · ordure · vice · **2 - bassesse** · compromission · horreur · lâcheté · trahison

tutélaire *adj.* · protecteur

tutelle *n.f.* **1 - garde** · administration · **2 - emprise** · autorité · dépendance · mainmise · surveillance
✦ **sous la tutelle de** sous l'égide de · sous la patronage de · sous la protection de

[1]**tuteur** *n.m.* · piquet · bâton · échalas · étai · perche · rame

[2]**tuteur, -trice** *n.* [Droit] responsable

tuyau *n.m.* **1 - canalisation** · buse · boyau · conduite · flexible · oléoduc · pipeline · tube · tubulure · tuyauterie · tuyère · feeder *anglic.* · **2 -** [Méd.] **drain** · canule · **3 -** [d'instrument à vent] **porte-vent** · **4 -** [fam.] → **renseignement**
✦ **tuyau de cheminée** souche
✦ **tuyau d'échappement** pot d'échappement

tuyauter *v.tr.* [fam.] → **renseigner**

tuyauterie *n.f.* · tuyaux · canalisations · tuyautage

type *n.m.*
I 1 - [Techn.] **matrice** · forme · moule · **2 - archétype** · étalon ·

figure · modèle · original · prototype · stéréotype · symbole · [de beauté] canon · idéal · **3 - exemple** · échantillon · modèle · personnification · représentant · spécimen · **4 - classe** · espèce · famille · genre · modèle · ordre · variété · **5 -** [en apposition] **par excellence**
II [fam.] **individu** · asticot *fam.* · bonhomme *fam.* · bougre *fam.* · coco *fam.* · gars *fam.* · gus *fam.* · mec *fam.* · zèbre *fam.* · zigoto *fam.* · zigue *fam.* · pingouin *argot* · gazier *vieux* · gonze *vieux* · citoyen *vieux*
❧ **modèle**

typé, e *adj.* · caractéristique · accusé · marqué

typhon *n.m.* · cyclone · hurricane · ouragan · tornade

typique *adj.* · caractéristique · distinctif · original · particulier · remarquable · représentatif · significatif · singulier · spécifique

❧ **typique, spécifique, particulier**

Typique, spécifique et **particulier** se rapportent tous trois à ce qui est singulier. On qualifie de **typiques** les principaux caractères propres à un groupe d'individus ou d'objets *(la toiture typique de la maison landaise, un personnage typique de la commedia dell'arte)*. **Spécifique** caractérise ce qui est propre à une chose et à une seule *(le bouquet spécifique d'un vin, un médicament spécifique à une affection)*. **Particulier** se dit de ce qui donne à quelqu'un ou quelque chose son caractère distinctif, original *(le charme particulier d'un paysage d'automne)*.

typiquement *adv.* · spécifiquement · par excellence · proprement

typo *n.f.* → **typographie**

typographe *n.* · composeur · compositeur · imprimeur · metteur en pages · minerviste · prote *vieilli* · paquetier *vieux*

typographie *n.f.* · imprimerie · composition · typo *fam.*

typologie *n.f.* **1 - classification** · catégorisation · classement · nomenclature · taxinomie · **2 - systématique**

tyran *n.m.* · oppresseur · autocrate · despote · dictateur · potentat

tyrannie *n.f.* **1 - autoritarisme** · autocratie · despotisme · dictature · oppression · joug *littér.* · **2 - contrainte** · emprise · diktat · servitude

tyrannique *adj.* **1 - absolu** · arbitraire · autocratique · despotique · dictatorial · oppressif · **2 - autoritaire** · despote · dominateur · impérieux

tyranniquement *adv.* · impérieusement · irrésistiblement

tyranniser *v.tr.* **1 - opprimer** · asservir · assujettir · contraindre · forcer · écraser · persécuter · **2 - dominer** · régenter

U

ubiquité *n.f.*

✦ **avoir le don d'ubiquité** se dédoubler · être omniprésent · être partout à la fois

ukase *n.m.* · diktat · commandement · ordre

ulcération *n.f.* · lésion · plaie · ulcère

ulcère *n.m.* · ulcération · chancre *vieux*

ulcéré, e *adj.* **1 – froissé** · blessé · contrarié · humilié · mortifié · vexé · **2 – exaspéré** · hors de soi · révolté · scandalisé

ulcérer *v.tr.* **1 – froisser** · affliger · blesser · contrarier · heurter · humilier · mortifier · piquer · vexer · **2 – exaspérer** · irriter · révolter · scandaliser

ultérieur, -ieure *adj.* · prochain · futur · postérieur · suivant · à venir · subséquent *vieux ou littér.*

ultérieurement *adv.* · après · ensuite · par la suite · plus tard · postérieurement · subséquemment *vieux ou littér.*

ultimatum *n.m.* · sommation · commandement · exigence · intimation · injonction · mise en demeure · ordre

ultime *adj.* · dernier · extrême · final · suprême · terminal

ultra *n.* · extrémiste · jusqu'au-boutiste · maximaliste · pur et dur

ultramoderne *adj.* · de pointe · d'avant-garde · dernier cri *fam.*

un *adj., article et pron.*

✦ **ne faire qu'un avec** faire corps avec · être en parfaite symbiose avec

✦ **un à un** l'un après l'autre · à la file · à la queue leu leu · en file indienne

✦ **l'un dans l'autre** tout bien considéré · en définitive · tout compte fait

unanime *adj.* **1 – général** · absolu · collectif · commun · complet · entier · sans exception · total · universel · **2 –** [au plur.] **d'accord** · du même avis · de la même opinion · unis

unanimement *adv.* · d'un commun accord · en chœur · collectivement · complètement · entièrement · par tous · sans exception · totalement · à l'unanimité · comme un seul homme *fam.*

unanimité *n.f.* **1 – accord** · assentiment · entente · consensus

· consentement · **2 - communauté de vues** · conformité · ensemble · harmonie

uni, e *adj.*
I 1 - joint · connexe · indissociable · réuni · d'un seul tenant · **2 - solidaire** · soudé · **3 - homogène** · cohérent
II 1 - lisse · égal · nivelé · plan · plat · plain *vieux* · **2 - monochrome** · unicolore · **3 - calme** · monotone · tranquille · uniforme
✦ **très unis** inséparables · comme les (deux) doigts de la main · comme cul et chemise *fam.*

unification *n.f.* **1 - normalisation** · alignement · harmonisation · homogénéisation · nivellement · standardisation · uniformisation · **2 - réunion** · fusion · intégration · jonction · rassemblement · regroupement · union

unifier *v.tr.* **1 - normaliser** · aligner · égaliser · harmoniser · homogénéiser · niveler · standardiser · uniformiser · **2 - unir** · fusionner · rassembler · regrouper · réunir

[1]**uniforme** *adj.* **1 - régulier** · constant · continu · égal · invariable · réglé · régulier · **2 - homogène** · cohérent · uni · **3 - identique** · analogue · même · pareil · semblable · standardisé · **4 - monotone** · égal · insipide · régulier · simple · uni

[2]**uniforme** *n.m.* **tenue** · habit

uniformément *adv.* **1 - régulièrement** · également · **2 - identiquement** · également · pareillement · semblablement

uniformisation *n.f.* · égalisation · homogénéisation · nivellement · normalisation · standardisation · unification

uniformiser *v.tr.* · égaliser · aplanir · homogénéiser · niveler · normaliser · standardiser · unifier

uniformité *n.f.* **1 - régularité** · égalité · **2 - homogénéité** · cohérence · unité · **3 - monotonie** · égalité · platitude · régularité · **4 - identité** · ressemblance · standardisation

unilingue *adj.* · monolingue

uniment *adv.* · également · régulièrement · invariablement
✦ **tout uniment** franchement · sans ambages · sans détour · sans façon · simplement · sans tourner autour du pot *fam.*

union *n.f.* **1 - mariage** · hymen *littér. ou vieux* · hyménée *littér. ou vieux* · **2 - conjonction** · alliance · assemblage · association · combinaison · conjugaison · fusion · liaison · **3 - entente** · accord · amitié · attachement · camaraderie · communion · concorde · fraternité · solidarité · **4 - fédération** · association · coalition · confédération · entente · groupement · ligue · parti · **5 - accouplement** · coït
✦ **union libre** concubinage · collage *fam.* · mariage de la main gauche *vieux*

unique *adj.* **1 - seul** · exclusif · isolé · à part · particulier · singulier · **2 - exceptionnel** · d'exception · extraordinaire · hors du commun · hors ligne · hors pair · incomparable · inégalable · inimitable · irremplaçable · sans égal · sans pareil · sans rival · sans second · nonpareil *littér. ou vieux* · **3 -** [fam.] **inouï** · curieux · étonnant · incroyable · spécial · stupéfiant · impayable *fam.* · trop *lang. jeunes*

uniquement *adv.* · exclusivement · purement · rien que · seulement · simplement · spécialement · strictement

unir *v.tr.* **1 - agglutiner** · agréger · amalgamer · assembler · attacher · confondre · fondre · fusionner · joindre · lier · marier · mélanger · mêler · raccorder · réunir · souder · **2 - allier** · fédérer · réunir · **3 - lier** · assortir · joindre · raccorder · rapprocher · relier · réunir

»» **s'unir** *v.pron.* **1 - se marier** · s'épouser · se pacser · se mettre la bague au doigt *fam.* · convoler (en justes noces) *vieux ou plaisant* · **2 - s'allier** · s'associer · se coaliser · faire bloc · faire front commun · se liguer · se solidariser · **3 - se mêler** · confluer · se fondre · fusionner · se mélanger · se joindre

☞ **joindre**

unisson *n.m.* [Mus.] consonance

✦ **à l'unisson** **1 - de concert** · de conserve · en même temps · en chœur · d'un même ton · d'une même voix · ensemble · simultanément · **2 - en accord** · en harmonie

unité *n.f.*

I 1 - cohérence · cohésion · homogénéité · harmonie · régularité · **2 - communauté** · accord · conformité · identité · similitude · uniformité · **3 -** [Droit] **indivisibilité** · **4 -** [Relig.] **consubstantialité**

II 1 - élément · composant · composante · constituant · partie (constitutive) · pièce · **2 - troupe** · bataillon · compagnie · corps · division · régiment · section

✦ **à l'unité** à la pièce · un par un · [prix] unitaire

univers *n.m.* **1 - cosmos** · ciel · espace · galaxie · monde · nature · **2 - globe** · monde · planète · terre · **3 - domaine** · champ d'activité · cercle · milieu · sphère

universaliser *v.tr.* · diffuser · généraliser · globaliser · mondialiser · propager · répandre

universel, -elle *adj.* **1 - cosmique** · astral · céleste · **2 - mondial** · global · international · planétaire · **3 - général** · commun · unanime · **4 - encyclopédique** · complet · érudit · omniscient · savant

universellement *adv.* · mondialement · internationalement · planétairement · à l'échelle mondiale, planétaire

université *n.f.* · faculté · fac *fam.* · alma mater *souvent plais.*

univitellin, e *adj.* · monozygote · uniovulaire

univoque *adj.* **1 -** [mot] **monosémique** · **2 - unique**

untel *n.m.* · Tartempion *fam.* · machin *fam.* · truc *fam.* · trucmuche *fam.*

uppercut *n.m.* · crochet

urbain, e *adj.* **1 - citadin** · **2 - municipal** · communal · **3 -** [littér.] **courtois** · affable · amène · poli · civil *vieux*

urbanité *n.f.* · courtoisie · affabilité · aménité · politesse · civilité *vieux*

urgemment *adv.* → **d'urgence**

urgence *n.f.* **1 - empressement** · hâte · **2 - gravité**

✦ **d'urgence** sans délai · en toute hâte · immédiatement · sans attendre · sans tarder · sur-le-champ · tout de suite · urgemment

urgent, e *adj.* · pressé · impératif · impérieux · pressant

urgent, pressant

On qualifie d'**urgent** ou de **pressant** ce qui contraint à agir sans délai. Par rapport à **urgent** *(des travaux urgents, une réparation, une lettre, une tâche urgente)*, **pressant** renchérit sur la nécessité de faire rapidement ce qui doit l'être *(régler des affaires pressantes, céder à des ordres pressants)* et s'applique à ce qui exige une solution urgente *(faire face à un danger pressant)* ; par euphémisme, il se dit d'un besoin naturel urgent *(c'est un besoin pressant)*.

urger *v.intr.* [fam.] → **presser**

urine *n.f.* · pipi *fam.* · pisse *fam.* • [d'animaux] pissat

uriner *v.intr.* · faire pipi *fam.* · faire ses besoins *fam.* · pisser *fam.* · se soulager *fam., euph.* • [involontairement] s'oublier *fam., euph.*

urinoir *n.m.* · vespasienne · pissotière *fam.* · pissoir *région.*

urne *n.f.* · vase • [Archéol.] cérame · cratère

✦ **urne funéraire** canope

us et coutumes *n.m.pl.* · habitudes et usages

usage *n.m.* **1 – emploi** · utilisation • [de drogue] consommation • [Droit] usufruit · jouissance · **2 – fonction** · destination · utilité · **3 – coutume** · habitude · mode · mœurs · us *vieilli* · **4 – activité** · exercice · fonctionnement

✦ **d'usage** courant · habituel · rituel · traditionnel

✦ **à l'usage de** destiné à · dédié à

✦ **en usage** employé · usité · usuel

✦ **faire usage de** utiliser · employer · se servir de · user de

✦ **hors d'usage** cassé · hors service · irréparable · H.S. *fam.* · fichu *fam.* · foutu *fam.*

⋙ **usages** *plur.* **1 – bienséance** · civilité · convenances · politesse · savoir-vivre · **2 – cérémonial** · décorum · étiquette · forme · protocole · rites

emploi **habitude**

usagé, e *adj.* · usé · décrépit · défraîchi · délabré · détérioré · éculé · fatigué · passé · vétuste · vieilli

usager *n.m.* · abonné · client · utilisateur

usant, e *adj.* · épuisant · éreintant · exténuant · crevant *fam.* · tuant *fam.*

usé, e *adj.*

I 1 – élimé · abîmé · abrasé · détérioré · émoussé · entamé · râpé · rogné · usagé · vieux · **2 – avachi** · déchiré · déformé · défraîchi · fatigué · fripé · râpé · usagé · **3 – décrépit** · amoindri · délabré · détruit · dévasté · épuisé · fatigué

II 1 – émoussé · démodé · éteint · fini · **2 – banal** · commun · éculé · facile · rebattu · réchauffé · ressassé · archiconnu *fam.* · bateau *fam.*

✦ **très usé** usé jusqu'à la corde

user *v.tr.* **1 – élimer** · abîmer · abraser · émousser · entamer · mordre · râper · roder · rogner · **2 – consommer** · absorber · dépenser · détruire · dévorer · épuiser · manger · **3 – miner** · affaiblir · amoindrir · consumer · détruire · épuiser · fatiguer · gâter

✦ **user de** utiliser · déployer · disposer de · employer · exercer · faire jouer · faire usage de · jouer de · jouer la carte de · mettre en œuvre · avoir recours à · recourir à · se servir de · tirer parti de · tirer profit de

»» **s'user** *v.pron.* **1 - se fatiguer** · s'épuiser · perdre ses forces · **2 - faiblir** · chanceler · mollir · perdre ses forces · se relâcher · vaciller

usine *n.f.* · fabrique · industrie · manufacture

usiner *v.tr.* · façonner · fabriquer

usité, e *adj.* · banal · courant · coutumier · employé · fréquent · habituel · ordinaire · répandu · usuel · utilisé

~ **usuel**

ustensile *n.m.* **1 - accessoire** · appareil · engin · instrument · matériel · outil · récipient · **2 - chose** · engin *fam.* · machin *fam.* · truc *fam.* · zinzin *fam.*

usuel, -elle *adj.* · commun · banal · courant · familier · fréquent · ordinaire · usité

usuel, usité

Usuel et **usité** s'appliquent tous deux à la langue, à une forme, à un terme, etc. en *usage*. **Usité** est d'emploi didactique *(le vocabulaire le plus usité, une orthographe usitée, les expressions usitées)*. **Usuel** marque qu'un mot, une forme linguistique sont dans l'usage courant *(le langage, le sens usuel ; une formule, une périphrase usuelle, le temps le plus usuel pour exprimer le passé)*. **Usuel** s'emploie également dans d'autres contextes *(un outil, un fait usuel ; des procédés usuels)*, notamment à la forme impersonnelle *(il est, il n'est pas usuel de voir cela)*.

usuellement *adv.* · communément · couramment · habituellement · d'ordinaire · ordinairement · régulièrement

usufruit *n.m.* · jouissance · usage

✦ **avoir l'usufruit de** jouir de · avoir la jouissance · avoir l'usage de · bénéficier de · disposer de

[1]**usure** *n.f.* · intérêt, taux excessif

[2]**usure** *n.f.* **1 - dégradation** · abrasion · corrosion · détérioration · dommage · éraillement · érosion · vétusté • [d'une monnaie] frai · **2 - diminution** · affaiblissement · amoindrissement · érosion

usurier, -ière *n.* · prêteur sur gages · fesse-mathieu *vieux*

usurpateur, -trice *n.* · imposteur

usurpation *n.f.* · appropriation · confiscation · empiètement · mainmise · prise (de possession)

usurper *v.tr.* **1 - s'approprier** · s'arroger · s'attribuer · s'emparer de · saisir · **2 - voler** · dérober · ravir

✦ **usurper sur** [des droits] empiéter sur

utérus *n.m.* · matrice · ventre · entrailles *littér.* · flanc *vieux* · sein *vieux*

utile *adj.* **1 - avantageux** · commode · indispensable · fructueux · payant · profitable · salutaire · expédient *littér.* · **2 - efficace** · secourable · **3 - judicieux** · prudent

✦ **en temps utile** au moment opportun · le moment venu

utilement *adv.* · efficacement · avantageusement · fructueusement · profitablement

utilisable *adj.* · employable · exploitable • [voie] carrossable · praticable

utilisateur, -trice *n.* · usager

utilisateur, usager

L'idée d'utiliser quelque chose est commune à **utilisateur** et **usager**. **Utilisa-**

teur s'emploie dans des contextes variés pour une personne qui *utilise* une machine, un appareil, un programme, etc. *(l'utilisateur d'une calculatrice, d'un logiciel ; les utilisateurs de l'énergie électrique ; les utilisateurs de l'écrit, de l'oral).* **Usager** est réservé aux utilisateurs de la langue *(les usagers du français)* et aux utilisateurs d'un service public, du domaine public *(les usagers de la route, les usagers du métro ; une redevance payée par les usagers).*

utilisation *n.f.* **1 - emploi** · exploitation · maniement · usage · **2 - fonction** · application · destination · utilité

utiliser *v.tr.* **1 - employer** · manier · avoir recours à · recourir à · s'aider de · se servir de · user de · **2 - exploiter** · faire appel à · jouer de · jouer la carte de · mettre à profit · mettre en jeu · profiter de · tirer profit de · tirer parti de

✦ **utiliser tous les moyens** faire feu, flèche de tout bois

utilitaire *adj.* **1 - pratique** · fonctionnel · **2 - matérialiste** · intéressé · pratique · prosaïque · réaliste · terre à terre

utilité *n.f.* · avantage · bienfait · efficacité · intérêt · profit · secours · usage

✦ **jouer les utilités** avoir un rôle secondaire · faire le bouche-trou · faire le second couteau

utopie *n.f.* **1 - idéal** · **2 - chimère** · fantasme · illusion · mirage · rêve

utopie, idéal

Utopie et idéal évoquent tous deux une conception de l'esprit qui vise à construire quelque chose. Un **idéal** est ce qui, imaginé conforme à la perfection, est pris pour but d'une action *(un idéal de liberté, de justice)* : « Il me fallait trouver (...) au-dessus de moi-même, un idéal de force, de vérité, un type de perfection immuable à embrasser » (George Sand, *Histoire de ma vie*). Une **utopie** a la forme d'un plan, d'un système imaginaire pour fonder une société future idéale *(une utopie sociale, humanitaire, pacifiste)* : « Des gens se font tuer pour que leur sang fasse descendre l'utopie du ciel sur la terre » (Gide, *Journal, juin 1933*).

utopique *adj.* **1 - idéaliste** · **2 - chimérique** · illusoire · imaginaire · impossible · inaccessible · irréalisable · irréaliste · mythique • [vision] rose *fam.*

utopiste *n. et adj.* **1 - idéaliste** · **2 - rêveur** · illuminé · poète · songe-creux *péj.*

V

vacance *n.f.* 1 - **disponibilité** · carence · inoccupation · 2 - **vacuité** · vide · 3 - [Droit] vacation

»» **vacances** *plur.* **congé** · détente · permission · loisirs · relâche · repos · villégiature

vacancier, -ière *n.* · estivant · aoûtien · hivernant · juilletiste · touriste · villégiateur *vieilli*

vacant, e *adj.* 1 - **inoccupé** · disponible · inhabité · libre · vide · abandonné *(Droit)* · 2 - [poste] **à pourvoir** · disponible
disponible

vacarme *n.m.* · tumulte · bruit · chahut · charivari · raffut · tapage · tintamarrre · tohu-bohu · barouf *fam.* · bordel *fam.* · boucan *fam.* · chambard *fam.* · raffut *fam.* · ramdam *fam.* · sabbat *fam.*

vacarme, tumulte

Vacarme et **tumulte** évoquent l'idée de grand bruit. On parle de **vacarme** lorsque ce bruit est provoqué par des gens qui se querellent, crient ou s'amusent *(faire du vacarme, arrêtez ce vacarme !, un vacarme assourdissant)* ; le **vacarme** peut provenir de choses *(le vacarme de la rue, un vacarme de casseroles, de sirènes, de pétards)*. Le **tumulte**, toujours confus comme le *brouhaha*, est souvent accompagné de désordre ; il est provoqué par une foule ou une assemblée de personnes *(parler fort pour dominer le tumulte)* : « Toutes sortes de propos s'ensuivirent (...) un tumulte de paroles qui bientôt s'éparpilla en conversations particulières » (Flaubert, *l'Éducation sentimentale*, II, 1).

vacataire *adj. et n.* · auxiliaire · contractuel · intérimaire

vacation *n.f.* 1 - **séance** · audience · débat · réunion · session · 2 - **honoraires** · commission · émoluments · indemnité · rétribution

vacciner *v.tr.* 1 - **immuniser (par un vaccin)** · 2 - [souvent au passif] **préserver de** · prémunir contre · protéger de

vache

▪ *adj.* **méchant** · dur · sévère · chien *fam.* · dégueulasse *fam.* · rosse *fam.* · salaud *très fam.* · vachard *fam.*

▪ *n.f.*

I 1 - [jeune] **génisse** · taure · 2 - [fam.] **chameau** *fam.* · carne *fam.* · rosse *fam.* · saleté *fam.*

✦ **vache marine** dugon

vachement *adv.* · très · formidablement · incroyablement · bigrement *fam.* · bougrement *fam.* · drôlement *fam.* · fichtrement *fam.* · foutrement *très fam.* · hyper *fam.* · rudement *fam.* · sacrément *fam.* · super *fam.*

vacher, -ère *n.* · gardien de troupeaux · bouvier · cow-boy · toucheur de bœufs *vieux* · [en Camargue] gardian · manadier · [en Amérique du Sud] gaucho

vacherie *n.f.* · méchanceté · crasse · saleté · sale tour · entourloupe *fam.* · entourloupette *fam.* · mistoufle *fam.* · saloperie *fam.* · tour de cochon *fam.*

vacillant, e *adj.* 1 - **chancelant** · branlant · flageolant · titubant · tremblant · 2 - **clignotant** · clignant · frissonnant · oscillant · papillotant · palpitant · scintillant · tremblant · tremblotant · tressautant · 3 - **incertain** · flottant · hésitant · indécis · instable · irrésolu · mobile · versatile

vacillement *n.m.* 1 - **balancement** · clignotement · frissonnement · oscillation · palpitation · tremblement · tremblotement · 2 - **doute** · incertitude · indécision · irrésolution · mobilité · valse-hésitation · variabilité

vaciller *v.intr.* 1 - **se balancer** · branler · chanceler · chavirer · flageoler · tanguer · tituber · trembler · 2 - **clignoter** · cligner · frissonner · osciller · papilloter · palpiter · scintiller · trembler · trembloter · tressauter · 3 - **faiblir** · s'affaiblir · chanceler · fléchir

vacuité *n.f.* · vide · néant · viduité *abusivt*

vade-mecum *n.m.* 1 - **guide** · manuel · 2 - **aide-mémoire** · calepin · répertoire

[1]**vadrouille** *n.f.* [Mar.] balai · faubert

[2]**vadrouille** *n.f.* **promenade** · balade *fam.* · virée *fam.* · baguenaude *vieux*

✦ **être toujours en vadrouille** ne jamais être chez soi · être toujours sorti · être toujours par monts et par vaux

vadrouiller *v.intr.* → **vagabonder**

va-et-vient *n.m. invar.* 1 - **oscillation** · balancement · branle · mouvement alternatif · 2 - **allées et venues** · navette · 3 - **circulation** · passage · trafic

vagabond, e

▪ *adj.* **nomade** · errant · instable · itinérant

▪ *n.* 1 - **clochard** · rôdeur · sans-abri · S.D.F. · cloche *fam.* · clodo *fam.* · va-nu-pieds *vieilli* · chemineau *vieux* · galvaudeux *vieux* · gueux *vieux* · 2 - [littér.] **aventurier** · voyageur · bourlingueur *fam.*

vagabondage *n.m.* · flânerie · errance *littér.*

vagabonder *v.intr.* 1 - **se promener** · se baguenauder · courir les rues · déambuler · errer · flâner · musarder · traînasser · traîner · traînailler *fam.* · vadrouiller *fam.* · 2 - **divaguer** · errer · flotter · vaguer *littér.*

vagissement *n.m.* → **cri**

[1]**vague** *adj.* [terrain] à l'abandon

[2]**vague**

▪ *adj.*

I 1 - **confus** · flou · imprécis · incertain · indécis · indéfini · indéterminé · 2 - [vêtement] **ample** · flottant · flou · lâche · large · vaporeux

II 1 - **approximatif** · ambigu · confus · imprécis · nébuleux ·

obscur · fumeux *fam.* · **2 - indéfini** · indiscernable · indéterminable · sourd · trouble · **3 - obscur** · insignifiant · quelconque

▪ *n.m.* · flou · imprécision · indétermination

✦ **vague à l'âme** mélancolie · blues *fam.* · cafard *fam.* · spleen *littér.*

[3]**vague** *n.f.* **1 - lame** · brisant · mouton · rouleau · vaguelette · **2 - déferlement** · afflux · avalanche · flot · marée · ruée · rush · onde *littér.*

✦ **vague déferlante** barre · mascaret

✦ **vague de fond** lame de fond · raz-de-marée · tsunami

››› **vagues** *plur.* **1 - flots** · moutonnement · onde *littér.* • [grosses] houle · **2 - scandale** · difficultés · remous

vague, flot, onde

Vague, flot et **onde** évoquent les mouvements de l'eau qui se soulève et s'abaisse sous l'action des courants, du vent, etc. **Vague**, au singulier ou au pluriel, s'emploie plutôt pour les eaux de la mer ou d'un lac *(une vague déferlante, puissante, l'écume, le clapotis des vagues)*. **Flot**, au pluriel, concerne toutes les eaux en mouvement *(les flots de l'océan, d'une rivière, des flots agités, mouvants, la surface des flots)*. Dans un usage littéraire, **onde** a la même valeur que **flot** *(l'onde du fleuve, l'onde bouillonnante, les ondes écumantes)*.

vaguelette *n.f.* · vague · ondulation · ride • [au plur.] clapotement · clapot · clapotis

vaguement *adv.* **1 - confusément** · indistinctement · imparfaitement · **2 - approximativement** · évasivement · imprécisément *littér.* · **3 - un peu** · à peine · faiblement · légèrement

vaillamment *adv.* · bravement · courageusement · gaillardement · hardiment · héroïquement · intrépidement · valeureusement

vaillance *n.f.* · bravoure · cœur · courage · hardiesse · héroïsme · intrépidité

vaillant, e *adj.* **1 - brave** · courageux · gaillard · hardi · héroïque · intrépide · preux *littér.* · sans peur et sans reproche *souvent plaisant* · crâne *vieilli* · **2 - en forme** · dispos · solide · vigoureux · pêchu *fam.*

vain, vaine *adj.* **1 - inefficace** · infructueux · inutile · stérile · superflu · **2 - dérisoire** · creux · frivole · futile · insignifiant · puéril · superficiel · captieux *littér.* · spécieux *littér.* · **3 - chimérique** · fallacieux · faux · illusoire · imaginaire · mensonger · trompeur · **4 -** [littér.] **prétentieux** · fat · infatué · orgueilleux · suffisant · vaniteux · puant *fam.*

✦ **en vain** inutilement · peine perdue · en pure perte · sans résultat · sans succès · vainement · pour des prunes *fam.*

vaincre *v.tr.* **1 - battre** · abattre · anéantir · avoir raison de · écraser · l'emporter sur · mettre en déroute · mettre, tailler en pièces · renverser · défaire *littér.* · enfoncer *fam.* · laminer *fam.* · filer une raclée à *fam.* · filer la pâtée à *fam.* · **2 - surmonter** · dominer · faire disparaître · maîtriser · avoir raison de · triompher de · venir à bout de

vaincu, e *adj. et n.* · perdant · loser *anglic., fam.*

✦ **s'avouer vaincu** abandonner · capituler · mettre les pouces · se rendre

vainement *adv.* • inutilement • en pure perte • en vain • sans succès

vainqueur *n.m. et adj.*
I **champion** • gagnant • lauréat • triomphateur • victorieux
II [air] **triomphant** • prétentieux • avantageux • conquérant • suffisant

vaisseau *n.m.* **1 – artère** • capillaire • veine • **2 –** [vieilli] **navire** • bateau • bâtiment • **3 – nef**
✦ **vaisseau spatial** engin spatial • astronef • spationef *vieilli*
bateau

vaisselier *n.m.* • dressoir • crédence

vaisselle *n.f.* • plonge *fam.*

val *n.m.* → **vallée**

valable *adj.* **1 – valide** • en bonne et due forme • en règle • réglementaire • **2 – acceptable** • admissible • bon • fondé • justifié • légitime • recevable • sérieux • solide • **3 – autorisé** • qualifié • **4 –** [fam.] **compétent** • capable • efficace • estimable • de valeur

valablement *adv.* **1 – utilement** • efficacement • **2 – correctement** • convenablement • dûment

valdinguer *v.intr.* • tomber • dégringoler • rouler • chuter *fam.* • dinguer *fam.* • valser *fam.*

valet *n.m.* **domestique** • camérier • laquais • page • serviteur • larbin *péj.*

valétudinaire *adj.* • maladif • débile • mal en point • malingre • souffreteux • égrotant *littér.* • cacochyme *vieux*
maladif

valeur *n.f.*
I **1 – prix** • cotation • cote • cours • coût • évaluation • montant • tarif • **2 – titre** • action • bon du trésor • effet de commerce • emprunt • obligation • part • rente • sicav
II **1 – mérite** • calibre • carrure • classe • envergure • étoffe • grandeur • pointure • qualité • stature • trempe • **2 –** [littér.] **bravoure** • courage • fermeté (d'âme) • héroïsme • vaillance • crânerie *vieilli* • **3 – noblesse** • dignité • générosité • grandeur (d'âme)
III **validité** • efficacité • intérêt • portée • utilité
IV **équivalent** • mesure
✦ **mettre en valeur** accentuer • faire ressortir • faire un sort à • rehausser
✦ **de grande valeur** inestimable • sans prix
✦ **sans valeur** **1 – de quatre sous** • qui ne vaut pas un clou, un pet de lapin, tripette *fam.* • **2 – mauvais** • nul • à la gomme *fam.* • à la noix (de coco) *fam.* • à la flan *fam., vieilli* • à la graisse (d'oie, de chevaux de bois) *fam., vieilli* • à la mie de pain *fam., vieilli*
courage

valeureux, -euse *adj.* • brave • courageux • vaillant • héroïque • sans peur et sans reproche *souvent plaisant* • preux *littér.*

validation *n.f.* • confirmation • approbation • authentification • consécration • entérinement • homologation • ratification • sanction

valide *adj.* **1 – bien portant** • en forme • fort • gaillard • robuste • sain • vigoureux • **2 – valable** • autorisé • en cours • légal • réglementaire

valider *v.tr.* • confirmer • approuver • authentifier • entériner • homologuer • ratifier • sanctionner

validité *n.f.* · conformité · régularité

valise *n.f.* · bagage · paquetage · balluchon *fam.* · valoche *fam.* • [petite] attaché-case · mallette · vanity-case

vallée *n.f.* · vallon · canyon · cluse · combe · défilé · dépression · gorge · goulet · ravin · ravine · val *vieilli ou Toponymie*

vallée, vallon

Vallée et **vallon** désignent, en géographie et couramment, une dépression naturelle. La **vallée**, plus ou moins évasée, doit sa formation à un glacier ou à un cours d'eau *(une vallée étroite, longue ; une vallée fertile ; le fond de la vallée ; la vallée de la Loire, du Nil)*. Le **vallon**, beaucoup plus petit, est une dépression logée entre deux collines *(un vallon resserré, boisé)* : « [Il] montra la gorge étroite qui semblait fermer ce vallon au-dessous de sa maison » (Balzac, *le Curé de village*).

vallon *n.m.* vallée · val *vieilli ou Toponymie*

vallée

vallonnement *n.m.* · courbe · mouvement (de terrain) · ondulation · relief

valoche *n.f.* → **valise**

valoir

■ *v.tr.* **attirer** · apporter · causer · procurer

■ *v.intr.* **1 - coûter** · se monter à · revenir à · se vendre à · **2 - égaler** · équivaloir à · peser · **3 - mériter** · être digne de · donner droit à

✦ **valoir pour** concerner · intéresser · être applicable à

✦ **valoir la peine de** gagner à · mériter de

✦ **faire valoir** **1 - faire ressortir** · exalter · mettre en évidence · souligner · valoriser · **2 - exploiter** · faire fructifier · mettre en valeur

✦ **se faire valoir** paraître • pavaner · se mettre en vedette · se mettre en valeur · se montrer à son avantage · frimer *fam.* · se faire mousser *fam.* · se pousser du col *fam.*

✦ **vaille que vaille** tant bien que mal

»» **se valoir** *v.pron.* **avoir la même valeur**

✦ **ça se vaut** c'est du pareil au même · c'est blanc bonnet et bonnet blanc · c'est kif-kif (bourricot) *fam.*

valorisant, e *adj.* · gratifiant

valorisation *n.f.* **1 - plus-value** · **2 - mise en valeur** · amélioration · amendement · bonification · enrichissement · **3 - recyclage**

valoriser *v.tr.* **1 - donner une plus-value à** · faire prendre de la valeur à · **2 - recycler**

valser *v.intr.* [fam.] tomber · être projeté · dinguer *fam.* · valdinguer *fam.*

valve *n.f.* [Techn.] détecteur · charnière · clapet · diode · obturateur · redresseur · robinet · soupape

vamp *n.f.* · séductrice · femme fatale

vamper *v.tr.* · séduire · aguicher · allumer *fam.*

vandale *n.* · destructeur · dévastateur · hooligan *anglic.* · iconoclaste · saccageur · déprédateur *littér.* · casseur *fam.* • [de tombes, etc.] profanateur

vandaliser *v.tr.* · saccager · détériorer · dévaster · détruire · piller • [des tombes, etc.] profaner

vandalisme *n.m.* • déprédation • dégradation • destruction • détérioration • dévastation • saccage • [des tombes, etc.] profanation

vanité *n.f.* **1 - fatuité** • complaisance • fierté • morgue • orgueil • ostentation • présomption • prétention • suffisance • infatuation *littér.* • outrecuidance *littér.* • **2 -** [littér.] **futilité** • fragilité • frivolité • inconsistance • insignifiance • néant • précarité • vide • **3 - inutilité** • inanité • inefficacité

orgueil

vaniteux, -euse *adj. et n.* • fat • avantageux • content de soi • faraud • imbu de soi-même • infatué • m'as-tu-vu • orgueilleux • poseur • prétentieux • satisfait de soi • suffisant • vain *littér.* • bêcheur *fam.* • crâneur *fam.*

✦ **être très vaniteux** être orgueilleux comme un paon, comme un pou

vaniteusement *adv.* • prétentieusement • orgueilleusement • présomptueusement

[1]**vanne** *n.f.* • barrage • bonde • déversoir • écluse

[2]**vanne** *n.f.* [fam.] sarcasme • pique • pointe • quolibet • raillerie • rosserie *fam.*

vanné, e *adj.* → **fatigué**

vanner *v.tr.* **1 - tamiser** • bluter • cribler • filtrer • passer • sasser • **2 -** [fam.] → **fatiguer**

vantail *n.m.* • battant • panneau • volet

vantard, e *adj. et n.* • bluffeur • fabulateur • fanfaron • hâbleur • matamore • menteur • rodomont *littér.* • tartarin *fam.* • mytho *lang. jeunes*

vantardise *n.f.* • bluff • cabotinage • exagération • fanfaronnade • forfanterie • hâblerie • jactance • rodomontade • bidon *fam.* • chiqué *fam.* • épate *fam.* • esbroufe *fam.* • flafla *fam.* • frime *fam.*

vanter *v.tr.* **louer** • célébrer • complimenter • exalter • faire le panégyrique de • glorifier • porter au pinacle • porter aux nues • recommander • faire mousser *fam.*

✦ **vanter sa marchandise** faire l'article

»» **se vanter** *v.pron.* • fanfaronner • plastronner • se pousser du col • ramener sa fraise *fam.* • se faire mousser *fam.* • crâner *fam.* • frimer *fam.* • la ramener *fam.*

✦ **se vanter de** [+ infinitif] se flatter de • être fier de • se glorifier de • s'enorgueillir de • se prévaloir de • prétendre • se piquer de • se targuer de • se donner les gants de

vanter, louer

Vanter et **louer** partagent l'idée de faire l'éloge de quelqu'un ou de quelque chose. **Louer**, d'usage littéraire ou soutenu, met l'accent sur l'estime, l'admiration que l'on éprouve *(louer les qualités, la sagesse d'un ami ; louer le courage de son adversaire)*, la *louange* pouvant être exprimée en présence de l'intéressé. **Vanter** indique que l'éloge, souvent exagéré, a pour but d'attirer l'attention ou l'intérêt d'autrui sur la personne ou la chose vantée, éventuellement en leur absence *(vanter l'œuvre d'un architecte, l'intelligence de ses enfants, vanter les charmes du désert ; il nous vantait sa lessive)*.

va-nu-pieds *n. invar.* → **vagabond**

[1]**vapeur** *n.f.* **1 - humidité** • brouillard • brume • buée • nuage • **2 -** [vieilli] **émanation** • esprit • exhalaison • fumée • gaz

[2]**vapeur** *n.m.* • steamer *anglic.* • steamboat *anglic., vieilli*

vaporeux, -euse *adj.* 1 - **nébuleux** • brumeux • flou • fondu • sfumato • voilé • 2 - **aérien** • délicat • éthéré • fin • inconsistant • léger • transparent • arachnéen *littér.*

vaporisateur *n.m.* • aérosol • atomiseur • brumisateur *nom déposé* • nébuliseur • pulvérisateur • spray

vaporisation *n.f.* • pulvérisation • atomisation • sublimation • volatilisation

vaporiser *v.tr.* • pulvériser • atomiser • disperser • dissiper • imprégner • parfumer • répandre • volatiliser

vaquer à *v.intr. ind.* **s'adonner à** • se consacrer à • se livrer à • s'occuper de • s'appliquer à

varappe *n.f.* • escalade • grimpe

varapper *v.intr.* • escalader • grimper

varappeur, -euse *n.* • grimpeur • escaladeur • rochassier *vieux*

varech *n.m.* • algues • fucus • goémon

vareuse *n.f.* → **veste**

variabilité *n.f.* • changement • évolution • fluctuation • incertitude • inconstance • instabilité • irrégularité • mobilité • versatilité

variable *adj.* • changeant • discontinu • fluctuant • imprévisible • incertain • inconstant • insaisissable • instable • irrégulier • mobile • modulable • mouvant • versatile

variable *n.f.* • paramètre • facteur • donnée

variante *n.f.* • leçon • [d'un film, etc.] mouture • version • remake *anglic.*

variation *n.f.* 1 - **changement** • évolution • fluctuation • modification • mouvement • mutation • oscillation • transformation • [dans l'humeur, le courant] saute • 2 - **aléa** • vicissitude • 3 - **écart** • amplitude • 4 - [Statistiques] **dispersion** • oscillation • variance

varié, e *adj.* 1 - **divers** • diversifié • éclectique • multiple • 2 - **hétéroclite** • complexe • composite • disparate • mélangé • mêlé • 3 - [couleurs] **bigarré** • bariolé • chamarré • chatoyant • moiré • taché

varier

▪ *v.tr.* **diversifier** • modifier • renouveler • transformer

▪ *v.intr.* **évoluer** • changer • diverger • fluctuer • osciller • se modifier • se transformer • bouger *fam.*

variété *n.f.* 1 - **diversité** • différence • éclectisme • hétérogénéité • pluralité • 2 - **collection** • assortiment • choix • échantillon • éventail • gamme • ligne • mélange • mosaïque • palette • 3 - **variante** • espèce • forme • genre • manière • type • variation • version • 4 - **chanson** • music-hall

variole *n.f.* 1 - **petite vérole** • alastrim • 2 - [d'animaux] **vaccine** • clavelée • picote

[1]**vase** *n.m.* • coupe • bol • cruche • jarre • pot • potiche • récipient • urne • [Antiquité] amphore • canope • cérame • cratère • lécythe

[2]**vase** *n.f.* • boue • gadoue • limon • bouillasse *fam.* • bourbe *littér.* • fange *littér.*

➙ **boue**

vaseux, -euse *adj.* 1 - **boueux** • bourbeux • limoneux • fangeux *littér.* • 2 - [fam.] **abruti** • fatigué • mal en point *fam.* • mal fichu *fam.* • mal foutu *fam.* · vasouillard *fam.* · 3 - [fam.] **confus** · brumeux · embarrassé · embrouillé · obscur

vasouiller *v.intr.* · s'embrouiller · patauger · cafouiller *fam.* · s'emberlificoter *fam.* · s'emmêler les pieds, les pédales, les pinceaux *fam.* · merder *très fam.* · merdoyer *fam.* · s'embarbouiller *fam., vieilli*

vassal *n.m.* 1 - [Moyen Âge] **sujet** · chevalier · feudataire · homme-lige · 2 - **soumis** · assujetti · inféodé · inférieur · subordonné · satellite *(Pol.)*

vassaliser *v.tr.* · asservir · assujettir · inféoder · mettre sous son joug · subordonner · satelliser *(Pol.)* · subjuguer *vieilli*

vassalité *n.f.* · soumission · allégeance · asservissement · assujettissement · dépendance · servitude · subordination · satellisation *(Pol.)*

vaste *adj.* 1 - **spacieux** · ample · de belles dimensions · étendu · grand · gigantesque · immense · imposant · large · 2 - **considérable** · ambitieux · colossal · d'envergure · énorme · important

❧ **grand**

va-t-en-guerre *n. invar.* · belliciste · batailleur · belliqueux · épervier · faucon

vaticinateur *n.* · devin · augure · prophète

vaticination *n.f.* · oracle · prophétie

vaticiner *v.intr.* · prédire · prophétiser

vaudeville *n.m.* → **comédie**

vaudevillesque *adj.* 1 - **rocambolesque** · abracadabrant(esque) · à dormir debout *fam.* · tiré par les cheveux *fam.* · 2 - **burlesque** · cocasse · d'un haut comique

vaurien, -ienne *n.* 1 - **chenapan** · coquin · galopin · garnement · polisson · fripon *fam.* · galapiat *fam.* · mauvaise graine *fam.* · 2 - **voyou** · canaille · gredin · fripouille *fam.* · petite frappe *fam.*

vautour *n.m.* 1 - **charognard** · condor · griffon · gypaète · rapace · 2 - **pirate** · requin · chacal · charognard · rapace

vautrer (se) *v.pron.* 1 - **s'affaler** · se coucher · s'étaler · se prélasser · se rouler · se traîner · s'avachir *fam.* · 2 - **s'adonner** · s'abandonner · se complaire · se livrer · sombrer · 3 - [fam.] → **tomber**

va-vite (à la) *adv.* · hâtivement · à la hâte · précipitamment · à la six-quatre-deux *fam.* · [manger] sur le pouce *fam.* · avec un lance-pierres *fam.*

veau *n.m.* 1 - **broutard** · bouvillon · taurillon · 2 - [cuir] **box** · box-calf · daim · vélin · 3 - [fam.] **nigaud** · paresseux

✦ **veau marin** phoque

vécu, e

▪ *adj.* **réel** · authentique · véridique · véritable · vrai

▪ *n.m.* **expérience** · parcours (personnel)

vedette *n.f.* 1 - **étoile** · star *anglic.* · superstar · tête d'affiche · 2 - **sommité** · célébrité · gloire · personnalité · pointure *fam.* · 3 - **embarcation** · bateau · canot

✦ **mettre en vedette** mettre en évidence · mettre en vue

végétal *n.m.* · plante

végétatif, -ive *adj.* · inactif · désœuvré · inoccupé

végétation *n.f.* 1 - **flore** · plantes · verdure · 2 - **arborisation** · arborescence · arbre · dendrite

végéter *v.intr.* 1 - **dépérir** · s'anémier · s'atrophier · s'étioler · se faner · se rabougrir · 2 - **vivoter** · languir · s'encroûter *fam.* · moisir *fam.* · 3 - **stagner** · ne pas avancer · patiner · patauger · piétiner

véhémence *n.f.* · impétuosité · ardeur · feu · flamme · fougue · frénésie · passion · vigueur · vivacité · violence

véhément, e *adj.* · ardent · bouillant · bouillonnant · emporté · enflammé · fougueux · frénétique · impétueux · passionné · vif · violent

véhicule *n.m.*
I 1 - **automobile** · voiture · 2 - **autobus** · autocar · 3 - **moto** · motocycle · motocyclette
II vecteur · média · organe · support
✦ **véhicule spatial** astronef · capsule · engin spatial · vaisseau spatial · spationef *vieilli*

véhiculer *v.tr.* 1 - **acheminer** · convoyer · transporter · voiturer · 2 - **diffuser** · faire passer · répandre · répercuter · transmettre

veille *n.f.* 1 - **insomnie** · éveil · vigilance · 2 - **surveillance** · faction · garde · quart · veillée · 3 - **jour précédent**
✦ **à la veille de** sur le point de · juste avant

veillée *n.f.* · soirée · après-dîner

veiller *v.intr.* 1 - **être éveillé** · être en éveil · 2 - **être de garde**
✦ **veiller à** faire attention à · s'assurer de · avoir l'œil à · s'occuper de · prendre garde à · prendre soin de
✦ **veiller sur** protéger · garder · préserver · s'occuper de · prendre soin de · surveiller · garder un œil sur *fam.*

veilleur, -euse *n.* · garde · factionnaire · gardien · guetteur · sentinelle · vigie · rondier *rare*

veilleuse *n.f.* 1 - **feu de position** · lanterne · 2 - **lumignon**

veinard, e *adj. et n.* **chanceux** · chançard *fam.* · verni *fam.*

veine *n.f.* 1 - **vaisseau** · 2 - [de feuille] **nervure** · [de bois] veinure · 3 - **gisement** · filon · 4 - **verve** · inspiration · souffle · 5 - [fam.] **chance** · aubaine · baraka *fam.* · bol *fam.* · cul *très fam.* · fion *très fam.* · pot *fam.*
✦ **être en veine de** être disposé à · être d'humeur à
✦ **avoir beaucoup de veine** avoir une veine de cocu, de pendu *fam.* · avoir le cul bordé de nouilles *très fam.*

veiné, e *adj.* · marbré · marqueté · taché · veineux · vergeté · zébré · madré *vieux*

véliplanchiste *n.* · planchiste · windsurfiste

velléitaire *adj.* · hésitant · changeant · inconstant · indécis · instable · irrésolu · mou · ondoyant · pusillanime · sans volonté · versatile · aboulique *(Méd.)*

vélo *n.m.* · bicyclette · bécane *fam.* · biclou *fam.* · bicycle *Québec, fam.* · petite reine *fam., vieilli* · vélocipède *ancienn*t

véloce *adj.* · rapide · prompt · vif · vite *littér. ou Sport*

vélocité *n.f.* · rapidité · promptitude · vitesse · vivacité · célérité *littér.*

vélomoteur *n.m.* · cyclomoteur · motocyclette · mobylette *nom déposé*

velouté, e

▪ *adj.* 1 - **duveté** · doux · duveteux · lustré · pelucheux · satiné · soyeux · velouteux · 2 - **onctueux** · moelleux

▪ *n.m.* 1 - **douceur** · 2 - **onctuosité** · suavité

velu, e *adj.* · poilu • [Bot.] lanugineux · peluché · pubescent · tomenteux · villeux

vénal, e *adj.* · corruptible · corrompu · cupide · intéressé · mercenaire

vénalité *n.f.* · corruptibilité · corruption · cupidité · mercantilisme

venant (à tout) *n.* · à chacun · à tout le monde · au premier venu

vendeur, -euse

▪ *adj.* **accrocheur** · alléchant · racoleur

▪ *n.* 1 - **marchand** · commerçant · camelot · 2 - **représentant** · V.R.P · commis-voyageur *vieilli*

✦ **vendeur en gros** grossiste
✦ **vendeur au détail** détaillant

vendre *v.tr.* 1 - **céder** · aliéner *(Droit)* · 2 - [Commerce] **écouler** · débiter · faire commerce de · remettre *Belgique* · 3 - **monnayer** · négocier · se faire payer · 4 - **se débarrasser de** · se défaire de · bazarder *fam.* · 5 - [Bourse] **liquider** · brader · échanger · réaliser · rétrocéder · revendre · 6 - [fam.] **trahir** · dénoncer · livrer · donner *fam.*

⋙ **se vendre** *v.pron.* 1 - **s'écouler** · s'enlever · 2 - **se donner** · se prostituer

vendu, e

▪ *adj.* **corrompu** · ripou *fam.*

▪ *n.* **crapule** · délateur · félon · judas · traître

venelle *n.f.* · ruelle

vénéneux, -euse *adj.* 1 - **toxique** · dangereux · empoisonné · nocif · vireux *didact.* · 2 - [littér.] **néfaste**

vénérable *adj.* 1 - **respectable** · apprécié · considéré · digne · éminent · estimable · honorable · respecté · révéré · auguste *littér.* · 2 - [âge] **avancé** · canonique · respectable · 3 - [Relig.] **sacré** · saint

vénération *n.f.* 1 - **respect** · admiration · considération · révérence · 2 - **amour** · adoration · idolâtrie · 3 - [Relig.] **adoration** · culte · dévotion · piété

vénérer *v.tr.* 1 - **respecter** · admirer · révérer · 2 - **chérir** · adorer · idolâtrer · vouer un culte à · 3 - [Relig.] **adorer** · honorer · révérer

vénerie *n.f.* · chasse à courre · chasse à bruit · chasse noble, royale

vengeance *n.f.* 1 - **revanche** · représailles · rétorsion · riposte · loi du talion · vendetta *(Corse)* · 2 - **châtiment** · punition

venger *v.tr.* **réparer** · dédommager · laver · redresser

⋙ **se venger** *v.pron.* **se faire justice** · exercer des représailles · prendre sa revanche · rendre le mal pour le mal · riposter

✦ **je me vengerai !** il ne perd rien pour attendre ! · ce sera œil pour œil, dent pour dent ! · je lui garde un chien de ma chienne !
✦ **se venger de** rendre la monnaie de sa pièce à · avoir la peau de *fam.* · régler son compte à *fam.*

vengeur, -euse *adj.* · justicier

véniel, -ielle *adj.* 1 - **excusable** · anodin · bénin · insignifiant · léger · négligeable · pardonnable · sans gravité · 2 - [Relig.] **rémissible**

venimeux, -euse *adj.*
I 1 - haineux · malfaisant · malintentionné · malveillant · médisant · perfide · sournois · **2 - calomnieux** · aigre · corrosif · empoisonné · fielleux · enfiellé *littér.*
II toxique · dangereux · empoisonné · [plante] vénéneux

venin *n.m.* **1 - poison** · **2 - calomnie** · acrimonie · fiel · haine · malignité · médisance · perfidie

venir *v.intr.*
I 1 - aller · se déplacer · passer · se rendre · radiner *fam.* · rappliquer *fam.* · s'amener *fam.* · se pointer *fam.* · viendre *barbarisme, plaisant* · **2 - approcher** · avancer · se rapprocher
II 1 - pousser · apparaître · croître · se développer · **2 - apparaître** · arriver · se produire · survenir
✦ **venir naturellement** couler de source
✦ **venir de** **1 - être originaire de** · provenir de · **2 - émaner de** · provenir de · arriver de · avoir pour origine · avoir pour source · **3 - résulter de** · découler de · dériver de · se déduire de · procéder de · reposer sur · être le résultat de
✦ **à venir** prochain · qui va arriver
✦ **faire venir** **1 - appeler** · convoquer · demander · réclamer · solliciter · mander *littér.* · sonner *fam.* · **2 - commander** · faire apporter
✦ **en venir à** **1 - aborder** · entamer · parler de · **2 -** [suivi de l'infinitif] **en arriver à** · en être réduit à · finir par

vent *n.m.* **1 - bise** · aquilon *poétique* · zef *argot* · [léger] brise · souffle · zéphyr *poétique* · **2 -** [sortes] alizé · autan · blizzard · bora · chergui · fœhn · harmattan · khamsin · mistral · noroît · simoun · sirocco · suroît · tramontane · **3 - flatulence** · flatuosité · gaz · pet · vesse *vieilli*
✦ **coup de vent** bourrasque · rafale · grain · tornade · tourbillon
✦ **dans le vent** actuel · (à la) mode · au goût du jour · branché *fam.* · in *anglic.*
✦ **c'est du vent !** c'est des paroles en l'air ! · c'est des bobards ! *fam.* · c'est du pipeau ! *fam.*

vente *n.f.* **1 - cession** · **2 - débit** · écoulement · [au rabais] braderie · solde · liquidation
✦ **mettre en vente** commercialiser · lancer · sortir
✦ **mise en vente** commercialisation · lancement · sortie
✦ **vente à domicile** démarchage · porte-à-porte

venté, e *adj.* · venteux · éventé

venteux, -euse *adj.* · venté · éventé

ventilateur *n.m.* · aérateur · soufflerie · ventilo *fam.*

ventilation *n.f.* **1 - aération** · aérage · tirage · **2 - ventilateur** · soufflerie · **3 - répartition** · partage · péréquation · dispatching *anglic.*

ventiler *v.tr.* **1 - aérer** · souffler (sur) · **2 - répartir** · dispatcher · trier

ventral, e *adj.* · abdominal

ventre *n.m.* **1 - abdomen** · bedaine *fam.* · bedon *fam.* · bide *fam.* · bidon *fam.* · brioche *fam.* · buffet *fam.* · panse *fam.* · **2 -** [littér.] **sein** · entrailles · giron *littér.* · **3 - renflement** · panse
✦ **ventre à terre** à toute vitesse · à bride abattue · à fond de train · en

trombe · à fond les manettes *fam.* · à tout berzingue *fam.* · à donf *lang. jeunes*

ventripotent, e *adj.* · ventru · bedonnant · pansu

ventru, e *adj.* 1 – **ventripotent** · bedonnant · pansu · 2 – **renflé** · bombé · pansu

venue *n.f.* 1 – **arrivée** · apparition · entrée · 2 – **avènement** · approche · commencement · début · irruption · surgissement · 3 – [de plantes] **croissance** · développement · pousse

vénus *n.f.* · beauté · déesse · houri · tanagra

ver *n.m.* · asticot · [petit] vermisseau · [des sables] arénicole · [parasites] oxyure · ankylostome · ascaride · filaire · strongle · ténébrion

✦ **ver solitaire** ténia
✦ **ver de terre** lombric

véracité *n.f.* 1 – **exactitude** · authenticité · fidélité · justesse · vérité · véridicité *littér.* · 2 – [littér.] **sincérité** · franchise

verbal, e *adj.* · oral
↝ **oral**

verbalement *adv.* · oralement · de vive voix

verbalisme *n.m.* [péj.] logomachie · verbalisme · verbiage · verbosité

verbe *n.m.* 1 – [Théol.] **logos** · 2 – **parole** · discours · propos · 3 – **langage** · langue

verbeux, -euse *adj.* · bavard · délayé · diffus · logomachique · logorrhéique · phraseur · prolixe

verbiage *n.m.* · bavardage · délayage · logomachie · logorrhée · longueurs · phraséologie · remplissage · blabla *fam.*

verdâtre *adj.* · blafard · blême · glauque · olivâtre · plombé

verdeur *n.f.* 1 – **énergie** · jeunesse · vitalité · 2 – **gaillardise** · crudité · truculence

verdict *n.m.* · sentence · arrêt · arrêté · décision · jugement · ordonnance
↝ **jugement**

verdir *v.intr.* 1 – **verdoyer** · 2 – **blêmir** · pâlir · perdre ses couleurs

verdunisation *n.f.* · désinfection · épuration · javellisation

verdure *n.f.* 1 – **végétation** · plantes · vert · 2 – [fam.] **légumes verts**

véreux, -euse *adj.* 1 – **corrompu** · indélicat · malhonnête · marron · pourri · ripou *fam.* · 2 – **douteux** · louche · suspect · 3 – [fruit] **gâté**

verge *n.f.* 1 – **tige** · baguette · 2 – **pénis** · phallus · membre viril · biroute *fam.* · bite *fam.* · braquemart *fam.* · manche *fam.* · pine *vulg.* · quéquette *fam.* · queue *fam.* · zizi *fam.* · zob *vulg.* · vit *vieux ou littér.* · [en érection] priape · ithyphalle *didact.*

verger *n.m.* · fruitier · ouche *région.*

vergeté, e *adj.* · rayé · tigré · zébré

vergetures *n.f.pl.* · vibices

verglas *n.m.* · gelée (blanche) · givre · glace · frimas *poétique*

vergogne (sans) *adv.* · effrontément · sans honte · sans pudeur · sans scrupule

vergue *n.f.* · agrès · antenne · envergure · balancine · boutdehors · estrope · étrier · marchepied

véridicité *n.f.* → **véracité**

véridique *adj.* **1 - exact** · authentique · avéré · fidèle · juste · véritable · vrai · **2 -** [littér.] **sincère** · vrai

vérificateur, -trice *n.* · contrôleur · inspecteur · vérifieur

✦ **vérificateur orthographique** correcteur orthographique

vérification *n.f.* **1 - contrôle** · épreuve · contre-épreuve · essai · examen · expertise · **2 -** [de comptes] **audit** · apurement · **3 - pointage** · récolement · **4 - confirmation** · preuve

vérifier *v.tr.* **1 - contrôler** · examiner · expertiser · réviser • [des comptes] auditer · apurer • [inventaire] pointer · récoler · **2 - essayer** · s'assurer de · éprouver · expérimenter · tester · **3 - confirmer** · corroborer · prouver · **4 - constater**

⋙ **se vérifier** *v.pron.* · se confirmer · être corroboré · se réaliser

véritable *adj.* **1 - réel** · authentique · effectif · véridique · **2 - naturel** · authentique · pur · vrai · **3 - vrai** · avéré · franc · incontestable · sincère · sûr

véritablement *adv.* · réellement · assurément · bel et bien · en effet · par le fait · proprement · vraiment

vérité *n.f.*

I 1 - authenticité · exactitude · fidélité · évidence · justesse · rigueur · valeur · véracité · vrai · véridicité *littér.* · **2 - réalité**

II 1 - axiome · loi · postulat · principe · **2 - certitude** · conviction · croyance · dogme · évidence

III 1 - justesse · naturel · ressemblance · vraisemblance · **2 - franchise** · authenticité · bonne foi · sincérité

✦ **vérité de La Palice** lapalissade · truisme

✦ **en vérité** vraiment · assurément · effectivement · en effet · en fait · réellement · véritablement · à vrai dire

✦ **c'est une vérité incontestable** c'est la loi et les prophètes *souvent plaisant* · c'est parole d'évangile

vermeil, -eille *adj.* [teint] fleuri · cramoisi · écarlate · empourpré · rougeaud · rubicond · sanguin

vermifuge *adj.* · anthelminthique

vermillon *n.m.* → **rouge**

vermine *n.f.* **1 - racaille** · canaille · crapule · **2 - parasites** · gale · poux · puces · punaises

vermoulu, e *adj.* · piqué · piqueté · rongé

verni, e *adj.* **1 - vernissé** · luisant · brillant · **2 -** → **chanceux**

vernir *v.tr.* **1 - laquer** · peindre · **2 - lustrer**

vernis *n.m.* **1 - enduit** · émail · laque · **2 - apparence** · brillant · croûte · dehors · éclat trompeur · écorce · façade · teinture

vernissé, e *adj.* · luisant · brillant · verni

vérole *n.f.* [fam.] syphilis

✦ **petite vérole** variole

verre *n.m.* **1 - cristal** · pyrex *nom déposé* · securit *nom déposé* · **2 - carreau** · face-à-main · lorgnon · monocle · **3 - chope** · coupe · flûte · gobelet · godet • [à café] mazagran · **4 -** [fam.] **pot** *fam.* · bock *fam.* · canon *fam.* · coup *fam.* · drink *anglic., fam.* · godet *fam.*

⋙ **verres** *plur.* **lunettes** · bésicles *fam.* · binocles *fam.*

✦ **verres de contact** lentilles cornéennes

verrerie *n.f.* · cristallerie · miroiterie · vitrerie

verroterie *n.f.* · pacotille · clinquant · toc *fam.*

verrou *n.m.* · targette · fermeture · loquet

verrouillage *n.m.* · fermeture · blocage • [de portes] condamnation • [de quartier] bouclage · encerclement

verrouiller *v.tr.* **1 – cadenasser** · barricader · fermer au verrou · **2 – bloquer** · fermer • [des portes] condamner • [un quartier] boucler · encercler · **3 –** [une personne] **enfermer** · mettre sous les verrous · boucler *fam.* · coffrer *fam.* · **4 – paralyser** · bloquer

verrue *n.f.* · nævus · envie · grain de beauté · lentigo · papillome · poireau *fam.*

[1]**vers** *prép.* **1 – en direction de** · à destination de · à la rencontre de · sur · **2 – du côté de** · dans les, aux environs de · aux abords de · à l'approche de · à proximité de · dans le voisinage de · au large de *(Mar.)*

[2]**vers** *n.m.pl.* **poème** · poésie

✦ **écrire des vers** [en amateur] taquiner la muse • [mauvais] rimailler *vieilli*

versant *n.m.* **1 – pente** · côté · face · pan · raillère *région.* • [nord] ubac • [sud] adret · **2 – aspect** · côté · facette

versatile *adj.* · changeant · capricieux · incertain · inconstant · instable · irrésolu · lunatique · ondoyant · variable · velléitaire

versatilité *n.f.* · inconstance · caprices · changement · incohérence · instabilité · mobilité · variabilité

verse (à) *loc. adv.* · à torrents

versé, e *adj.*

✦ **versé dans** expert en · spécialiste de, en · savant en · passé maître dans

versement *n.m.* · paiement · dépôt · règlement · remise

verser

▪ *v.tr.* **1 – répandre** · déverser · épandre · faire couler • [à table] servir · **2 – payer** · déposer · donner · régler · remettre · virer · **3 – apporter** · déposer · mettre · **4 – incorporer** · affecter · muter · nommer

▪ *v.intr.* **tomber** · basculer · culbuter · capoter · se coucher · se renverser

✦ **verser dans** tomber dans · s'égarer dans

verser, répandre

Verser et **répandre** s'emploient en concurrence au sens de « faire couler quelque chose ». **Verser** se dit couramment à propos d'un liquide contenu dans un récipient que l'on incline *(verser le café dans des tasses, verser de l'huile dans la poêle)* ; **verser** concerne aussi une substance solide mais pulvérulente *(verser du sable)*. **Répandre**, dans des contextes analogues, implique une certaine dispersion ou un étalement de ce qui est versé *(répandre de l'eau sur sa chemise ; répandre une couche de goudron, des graines sur le sol)*. Dans quelques emplois figés, **répandre** suppose une plus grande abondance que **verser** *(verser/répandre des larmes, verser/répandre le sang)*.

versicolore *adj.* · multicolore · bariolé · bigarré · chamarré · polychrome

versificateur, -trice *n.f.* · rimeur *péj.* · rimailleur *vieilli, péj.*

versification *n.f.* · poésie · métrique · prosodie

versifier *v.tr.* · mettre en vers · faire rimer

version *n.f.* 1 - **traduction** · 2 - **état** · mouture · variante · 3 - **interprétation** · compte rendu · exposé · narration · rapport · récit · relation

☙ **traduction**

verso *n.m.* · dos · derrière · envers · revers

vert, verte

▪ *adj.* 1 - **blême** · blafard · bleu · livide · verdâtre · 2 - [nuances] absinthe · amande · bronze · céladon · anis · émeraude · épinard · glauque · jade · olivâtre · olive · pistache · pomme · tilleul · [blason] sinople · 3 - **alerte** · allègre · dispos · fringant · gaillard · ingambe · vaillant · vif · vigoureux · 4 - **acide** · aigre · sur · 5 - **cru** · égrillard · gaulois · graveleux · osé · polisson · 6 - **écologiste** · écolo *fam.*

▪ *n.m.* 1 - **verdure** · 2 - **campagne**

vertébral, e *adj.* · rachidien · spinal

vertèbres *n.f.* · colonne vertébrale · échine · épine dorsale · rachis

vertement *adv.* · brutalement · crûment · durement · rudement · sans ménagement · sèchement

vertical, e *adj.* · d'aplomb · debout · droit · perpendiculaire *vieux*

verticalement *adv.* · d'aplomb · à pic · debout · droit · perpendiculairement *vieux*

vertige *n.m.* 1 - **éblouissement** · étourdissement · malaise · tournis *fam.* · acrophobie *(Méd.)* · 2 - **enivrement** · euphorie · exaltation · excitation · folie · griserie · ivresse · trouble

✦ **donner le vertige** faire tourner la tête · donner le tournis *fam.*

vertigineux, -euse *adj.* · démesuré · astronomique · colossal · exorbitant

vertu *n.f.* 1 - **qualité** · don · valeur · 2 - **propriété** · capacité · caractéristique · faculté · pouvoir · qualité · 3 - **honnêteté** · mérite · moralité · probité · valeur · 4 - [vieilli ou plaisant, d'une femme] **chasteté** · fidélité · pudeur · pureté · sagesse · 5 - [vieux] **courage** · cœur · force d'âme · valeur

vertueux, -euse *adj.* 1 - [vieilli ou plaisant, femmes] **chaste** · fidèle · pur · 2 - [vieilli] **honnête** · impartial · intègre · méritant · moral · sage · 3 - [vieux ou littér.] **édifiant** · exemplaire · méritoire

verve *n.f.* 1 - **éloquence** · brio · loquacité · prolixité · faconde *littér.* · bagou *fam.* · 2 - [vieux] **inspiration** · fureur · souffle · veine

vésicule *n.f.* · ampoule · boursouflure · bouton · bulle · cloque · papule · phlyctène · pustule

vésiculeux, -euse *adj.* · vésiculaire

vespasienne *n.f.* **urinoir** · pissotière *fam.*

veste *n.f.* 1 - **veston** · blazer · cardigan · jaquette · saharienne · vareuse · [courte] blouson · spencer · [chaude] anorak · caban · canadienne · doudoune · 2 - [anciennt] **dolman** · hoqueton · soubreveste · 3 - [fam.] → **échec**

vestiaire *n.m.* · dressing-room

vestibule *n.m.* • antichambre • entrée • hall • porche • salle d'attente • [d'église] narthex • [de temple] prostyle

↝ hall

vestige *n.m.* **1 –** [surtout au plur.] **débris** • décombres • ruine • trace • **2 – souvenir** • empreinte • marque • reste

↝ trace

vêtement *n.m.* **1 – habit** • vêture *vieux ou littér.* • fringue *fam.* • nippe *fam.* • guenille *fam., péj.* • loque *fam. péj.* • **2 –** [de travail] **bleu** • combinaison • livrée • salopette • **3 –** [Milit.] **uniforme** • **4 –** [Relig.] **aube** • chasuble • soutane • surplis

⋙ **vêtements** *plur.* **1 – toilette** • mise • tenue • atours *littér.* • accoutrement *péj.* • affublement *péj.* • fripes *fam.* • frusques *fam.* • sapes *fam.* • **2 –** [de qqn] **affaires** • effets • garde-robe

vétéran *n.m.* **1 – ancien combattant** • **2 – briscard** • ancien • doyen • vieux de la vieille • vieux routier

vétille *n.f.* • bagatelle • babiole • bêtise • broutille • détail • misère • rien • bricole *fam.* • minutie *vieux*

↝ bagatelle

vétilleux, -euse *adj.* • chicaneur • chicanier • exigeant • formaliste • maniaque • méticuleux • minutieux • pointilleux • sourcilleux • tatillon • pinailleur *fam.* • coupeur de cheveux en quatre • enculeur de mouches *très fam.*

vêtir *v.tr.* **1 – habiller** • couvrir • accoutrer *péj.* • affubler *péj.* • fagoter *fam., péj.* • fringuer *fam.* • **2 – déguiser** • costumer • travestir

⋙ **se vêtir** *v.pron.* • s'habiller • se couvrir • s'accoutrer *péj.* • s'attifer *péj.* • se fagoter *fam., péj.* • se fringuer *fam.* • se nipper *fam.* • se saper *fam.*

veto *n.m. invar.* • opposition • refus

vêtu, e *adj.* • habillé • accoutré *péj.* • affublé *péj.* • mis • paré • fringué *fam.* • nippé *fam.* • sapé *fam.*

vétuste *adj.* • délabré • abîmé • antique • branlant • croulant • dégradé • détérioré • endommagé • en mauvais état • vieilli • qui a fait son temps

vétusté *n.f.* • délabrement • ancienneté • antiquité • dégradation • détérioration • mauvais état

veule *adj.* • lâche • apathique • avachi • faible • inerte • mou • sans caractère • sans volonté • chiffe molle *fam.* • couille molle *très fam.*

veulerie *n.f.* • lâcheté • apathie • avachissement • faiblesse • mollesse

veuvage *n.m.* • viduité *(Droit)*

vexant, e *adj.* **1 – blessant** • cinglant • désobligeant • froissant • humiliant • insultant • mortifiant • offensant • ulcérant • **2 – contrariant** • agaçant • crispant • exaspérant • excédant • irritant • rageant *fam.* • râlant *fam.*

vexation *n.f.* • humiliation • brimade • gifle • insulte • mortification • persécution • rebuffade • sarcasme • tracasserie • avanie *littér.* • molestation *rare*

vexatoire *adj.* [littér.] humiliant

vexer *v.tr.* • blesser • choquer • dépiter • fâcher • froisser • heurter •

humilier · indigner · mortifier · offenser · piquer au vif · scandaliser · ulcérer

⋙ **se vexer** *v.pron.* **se fâcher** · se formaliser · se froisser · prendre la mouche *fam.*

via *prép.* 1 – **par le chemin, la route de** · en passant par · en traversant · 2 – **par l'intermédiaire de** · par l'entremise de

viabilité *n.f.* · praticabilité

viable *adj.* 1 – **durable** · sain · stable · 2 – **carrossable** · praticable

viande *n.f.* · chair · barbaque *fam.* · bidoche *fam.* · [dure] carne *fam.* · semelle *fam.*

viatique *n.m.* · aide · secours · soutien · planche de salut

vibrant, e *adj.* 1 – **retentissant** · cuivré · éclatant · intense · sonore · de stentor · tonnant · 2 – **bouleversant** · ardent · déchirant · émouvant · lyrique · passionné · pathétique · prenant · touchant

vibration *n.f.* 1 – **battement** · ébranlement · trépidation · 2 – **onde** · 3 – **frémissement** · frisson · tremblement

vibrer *v.intr.* 1 – **trépider** · trembler · trémuler *rare* · 2 – **retentir** · résonner · sonner · tinter · vrombir · 3 – **être ému** · frémir · frissonner · palpiter · trembler

vice *n.m.* 1 – **défectuosité** · défaut · imperfection · malfaçon · 2 – **travers** · défaut · faible · faiblesse · tare · 3 – **passion** · maladie · manie · virus *fam.* · 4 – **dépravation** · débauche · dérèglement · dévergondage · inconduite · libertinage · luxure · mal · stupre *littér.*

~ **défaut**

vice-versa *adv.* · réciproquement · inversement

vicié, e *adj.* · pollué · impur · pestilentiel · souillé · corrompu *littér.*

vicier *v.tr.* 1 – [Droit] **annuler** · 2 – [vieux ou littér.] **altérer** · empester · gâter · infecter · polluer · souiller · corrompre *littér.*

vicieusement *adv.* · perversement

vicieux, -ieuse *adj. et n.* 1 – **débauché** · dévergondé · libertin · roué *littér.* · 2 – **obscène** · dégoûtant · lubrique · libidineux · pervers · salace · cochon *fam.* · vicelard *fam.* · 3 – **mauvais** · vachard *fam.* · 4 – [cheval] **ombrageux** · rétif · 5 – [vieux ou littér.] **corrompu** · immoral · mauvais · pervers · taré · 6 – [vieux] **fautif** · impropre · incorrect · mauvais

vicissitudes *n.f.pl.* · aléas · accidents · coups du destin · hasards · incertitudes · mésaventures · tribulations · infortunes *littér.*

victime *n.f.* 1 – **mort** · blessé · sinistré · tué · [offerte en sacrifice] hostie *vieux* · 2 – **proie** · prise · 3 – **bouc émissaire** · martyr · souffre-douleur

✦ **être victime de** souffrir · endurer · essuyer · être le jouet de · être la proie de · pâtir de · subir

✦ **traiter comme une victime** victimiser

victoire *n.f.* 1 – **succès** · réussite · triomphe · 2 – **exploit** · performance · prouesse

victorieusement *adv.* · triomphalement

victorieux, -ieuse *adj.* 1 – **vainqueur** · champion · gagnant · glorieux · triomphateur · 2 – [air] **triomphant** · conquérant

victuailles *n.f.pl.* · nourriture · provisions de bouche · vivres

vidange *n.f.* **1 – écoulement** · purge · **2 – tout-à-l'égout** · **3 – gadoue** · eaux-vannes · **4 – bonde** · nable

vidanger *v.tr.* · purger · vider

[1]**vide** *adj.* **1 – asséché** · à sec · **2 – inoccupé** · disponible · inhabité · libre · vacant · **3 – désert** · abandonné · dépeuplé · **4 – dénudé** · nu · **5 – creux** · **6 – futile** · creux · insignifiant · insipide · inutile · morne · vain

✦ **vide de** dénué de · dépourvu de · vierge de

[2]**vide** *n.m.* **1 – cosmos** · espace · **2 – néant** · rien · vacuité · **3 – cavité** · espace · fente · fissure · ouverture · trou · **4 – blanc** · lacune · manque · **5 – futilité** · inanité · néant · vacuité

vidé, e *adj.* → **fatigué**

vider *v.tr.* **1 – vidanger** · purger · **2 – déverser** · écoper · évacuer · transvaser · transvider · **3 – assécher** · dessécher · mettre à sec · tarir · **4 – avaler** · boire · finir · ingurgiter · nettoyer *fam.* · sécher *fam.* · **5 – déblayer** · désencombrer · désobstruer · **6 – évacuer** · jeter · ôter · retirer · **7 –** [un animal] **étriper** · éviscérer · nettoyer · **8 –** [fam.] → **expulser** · **9 –** [fam.] → **fatiguer**

✦ **vider son verre d'un trait** faire cul sec

»» **se vider** *v.pron.* **1 – couler** · s'écouler · **2 – désemplir**

viduité *n.f.* · veuvage

vie *n.f.*
I 1 – existence · jours · peau *fam.* · **2 – biographie** · **3 – âme** · esprit · souffle · **4 – destin** · destinée · sort
II 1 – agitation · animation · mouvement · **2 – énergie** · animation · dynamisme · entrain · force · santé · vigueur · vitalité · pétulance *littér.* · **3 – chaleur** · pittoresque

✦ **gagner sa vie** gagner son bifteck *fam.* · gagner sa croûte *fam.*

✦ **vie professionnelle** activité · carrière · occupation

✦ **mode, style de vie** mœurs · existence · habitudes

vieillard *n.m.* · vieux · aîné · ancien · patriarche · personne âgée · papi *fam.* · (vieux, petit) pépé *fam.* · géronte *vieux* · débris *péj.* · fossile *fam., péj.* · ruine *péj.* · croulant *fam., péj.* · vieux birbe *fam., péj.* · vieux tableau *fam., péj.* · vioque *fam., péj.*

vieillarde *n.f.* · vieille · aînée · ancienne · matriarche · personne âgée · mamie *fam.* · (petite) mémé *fam.* · mémère *fam., péj.* · débris *péj.* · fossile *fam. péj.* · ruine *péj.* · vieille taupe *fam., péj.* · vieux tableau *fam., péj.* · vioque *fam., péj.*

vieillerie *n.f.* · antiquaille · bric-à-brac · friperie · rogaton *fam., vieux*

vieillesse *n.f.* **1 – troisième âge** · quatrième âge · vieillerie *fam., plaisant.* · crépuscule, soir de la vie *littér.* · **2 – grand âge** · déclin · décrépitude · sénilité · sénescence *didact.* · cheveux blancs · vieux jours · **3 – ancienneté** · antiquité · vétusté

vieilli, e *adj.* **1 – défraîchi** · fané · flétri · **2 – dépassé** · désuet · passé de mode · périmé · suranné · usé · vieillot · **3 –** [langage] **archaïque** · obsolète

vieillir

▪ *v.intr.* **1 – prendre de l'âge** · avancer en âge · ne plus être de la première jeunesse · être sur le retour *fam.* · se faire vieux · **2 – se**

décatir · décliner · s'affaiblir · se faner · se flétrir · s'user · prendre un coup de vieux *fam.* · **3 - se démoder** · appartenir au passé · dater · passer de mode

▪ *v.tr.* **affiner** · mûrir

vieillissement *n.m.* **1 - sénescence** *didact.* · coup de vieux *fam.* · **2 - désuétude** · obsolescence *didact.*

vieillot, e *adj.* · ancien · démodé · dépassé · désuet · passé de mode · périmé · suranné · usé

démodé

vierge

▪ *n.f.* **1 - pucelle** · vestale · rosière *fam., plaisant, vieilli* · **2 - Marie** · Madone · Notre-Dame

▪ *adj.* **1 - puceau** · pucelle · chaste · innocent · **2 - blanc** · immaculé · intact · net · pur · **3 - brut** · cru · naturel · pur · **4 - inexploré** · inexploité · sauvage · **5 - inutilisé** · inaltéré · intact · neuf

vieux, vieille

▪ *adj.* **1 - âgé** · chargé d'ans *littér.* · rassasié de jours *lang. biblique* · vioque *fam.* · **2 - décrépit** · gâteux · sénile · usé · croulant *fam.* · **3 - usagé** · défraîchi · délabré · élimé · fatigué · usé · vétuste · **4 - ancien** · ancestral · antique · d'autrefois · de jadis · historique · **5 - confirmé** · ancien · vétéran · **6 - ancré** · enraciné · invétéré · long · **7 - démodé** · caduc · dépassé · désuet · suranné · vieillot · **8 - lointain** · révolu · ancien

▪ *n.* → **vieillard**

✦ **c'est très vieux** ça ne date pas d'hier · ça date · c'est vieux comme le monde, comme Hérode · c'est vieux comme les rues, comme les chemins *vieilli*

[1]**vif, vive** *adj.*

I vivant

II 1 - agile · alerte · fringant · guilleret · léger · leste · pétulant · sémillant · **2 - aigu** · brillant · éveillé · pénétrant · prompt · rapide · **3 -** [rythme] **enlevé** · rapide · [Mus.] allegro · allegretto

III 1 - intense · aigu · extrême · forte · profond · **2 -** [froid, vent] **saisissant** · aigre · âpre · mordant · perçant · piquant · **3 - tonique** · vivifiant · **4 - criard** · coloré · cru · éclatant · franc · gai · intense · voyant

IV 1 - ardent · brusque · de feu · emporté · fougueux · impétueux · impulsif · irascible · primesautier · sanguin · volcanique · **2 - acerbe** · caustique · cinglant · cuisant · dur · mordant

[2]**vif** *n.m.*

✦ **le vif du sujet** le cœur du sujet · le fond du sujet

✦ **sur le vif** d'après nature

vigie *n.f.* · sentinelle · factionnaire · garde · gardien · guetteur · planton · veilleur · vigie

vigilance *n.f.* **1 - éveil** · (état de) veille · **2 - surveillance** · attention · **3 - circonspection** · précaution · soin

vigilant, -ante *adj.* **1 - attentif** · à l'écoute · **2 - circonspect** · précautionneux · prudent · **3 - aux aguets** · en garde · **4 -** [soins] **assidu** · empressé

vigile *n.m* · sentinelle · factionnaire · garde · gardien · guetteur · planton · veilleur · vigie

vigne *n.f.* **1 - raisin** · pampre *poétique* · **2 - vignoble** · clos

✦ **pied de vigne** cep

✦ **plant de vigne** cépage

vigneron, -onne *n.* · viticulteur · vendangeur

vignette *n.f.* **1 – timbre** · étiquette · ex-libris · image · **2 –** [vieux] **dessin** · figure · gravure · illustration · image

vignoble *n.m.* · vigne · clos

vigoureusement *adv.* **1 – énergiquement** · activement · fermement · vivement · **2 – brutalement** · durement · fortement · fort · puissamment · sans ménagement • [secouer] comme un prunier *fam.*

vigoureux, –euse *adj.* **1 – fort** · athlétique · gaillard · nerveux · puissant · robuste · solide comme le Pont-Neuf · vaillant · costaud *fam.* · **2 – énergique** · ferme · nerveux · puissant · **3 –** [plantes] **résistant** · robuste · vivace

fort

vigueur *n.f.* **1 – force** · puissance · robustesse · verdeur · vitalité · **2 – énergie** · ardeur · dynamisme · fermeté · nerf · puissance · véhémence · **3 – puissance sexuelle** · virilité · **4 – couleur** · style

✦ **en vigueur** en cours · en application · en usage

vil, vile *adj.* **1 – abject** · affreux · bas · corrompu · dépravé · ignoble · impur · indigne · infâme · innommable · lâche · méprisable · mesquin · misérable · petit · répugnant · servile · **2 –** [vieux] **de basse condition** · de rien

vilain, e

▪ *adj.* **1 – laid** · disgracieux · hideux · horrible · moche *fam.* · **2 –** [temps] **mauvais** · détestable · sale · de chien *fam.* · **3 – insupportable** · désagréable · exécrable · **4 – méchant** · malhonnête · sale *fam.* · **5 – mauvais** · inquiétant · sale *fam.* · traître

▪ *n.* [vieux] **manant** · paysan · roturier

✦ **il va y avoir du vilain** ça va barder *fam.* · ça va chauffer *fam.* · ça va faire des étincelles *fam.* · il va y avoir du grabuge *fam.*

vilainement *adv.* · salement

vilebrequin *n.m.* · chignole · foret · fraise

vilenie *n.f.* **1 – infamie** · saleté · crasse *fam.* · saloperie *fam.* · vacherie *fam.* · **2 – abjection** · bassesse

vilipender *v.tr.* · attaquer · bafouer · décrier · dénigrer · honnir · injurier · mettre au pilori · traîner dans la boue · vouer aux gémonies · honnir *vieux ou littér.* · vitupérer *littér.*

villa *n.f.* **1 – pavillon** · bungalow · chalet · cottage · maison · maisonnette · camp *Québec* · **2 – cité**

village *n.m.* **1 – bourg** · agglomération · bourgade · commune · localité · bled *fam.* · patelin *fam.* · trou *fam.* • [petit] hameau · lieudit · écart *Admin. ou région.* · **2 – population** · villageois

village, hameau, bourg

Village, **hameau** et **bourg** sont tous trois relatifs aux groupes d'habitations en milieu rural. Le **hameau** est le groupement le plus petit, plus ou moins éloigné du centre du village *(un hameau abandonné, isolé ; un hameau de trois maisons)*. Le **village** est suffisamment important, ou l'a été, pour former une unité administrative, la commune *(un grand, un petit village, la place du village, quitter son village pour la ville)*. L'agglomération rurale que l'on désigne par **bourg** est plus importante que le village, moins que la ville *(un gros bourg, la rénovation du bourg)* ; traditionnellement, c'est dans le bourg que se tenaient le marché et les foires des villages avoisinants.

villageois, -e *adj.* [vieilli] **campagnard** · paysan · rural

ville *n.f.* 1 - **agglomération** · cité · cité-dortoir · commune · municipalité · 2 - **capitale** · centre urbain · conurbation · mégalopole · métropole · 3 - [Antiquité, Hist.] **bastide** · acropole · cité · municipe · oppidum

villégiature *n.f.* · vacances · congé · séjour

vin *n.m.* 1 - **jus de la treille** *plaisant* · dive bouteille *plaisant* · pinard *fam.* · jaja *argot* · gros qui tache *fam., péj.* · gros rouge *fam., péj.* · picrate *fam., péj.* · piquette *fam., péj.* · pousse-au-crime *fam.* · rouquin *fam.* · vinasse *fam., péj.* · 2 - **cru**

vinasse *n.f.* → **vin**

vindicatif, -ive *adj.* 1 - **rancunier** · revanchard · 2 - **agressif** · coléreux · haineux · hostile

vindicte *n.f.* · justice · châtiment · punition

vinicole *adj.* · viticole
viticole

vinification *n.f.* · cuvage · cuvaison

viol *n.m.* 1 - **crime sexuel** · derniers outrages *vieilli* · 2 - **inobservation** · atteinte · inobservance · manquement · 3 - **profanation** · violation

violateur, -trice *n.* 1 - **profanateur** · 2 - [vieux] **violeur**

violation *n.f.* · infraction · atteinte · contravention · entorse · manquement · outrage · profanation · transgression

violemment *adv.* 1 - **brutalement** · fort · fortement · rudement · 2 - **énergiquement** · âprement · furieusement · intensément · passionnément · vigoureusement · vivement

violence *n.f.* 1 - **brutalité** · agressivité · force · 2 - **intensité** · ardeur · déchaînement · fougue · frénésie · fureur · furie · véhémence · virulence

✦ **se faire violence** se contenir · se contraindre · réprimer ses désirs · se vaincre

»» **violences** *plur.* · brutalités · mauvais traitements · coups · maltraitance · sévices · voies de fait

violent, -e *adj.*
I 1 - **brutal** · agressif · brusque · dur · 2 - **coléreux** · enragé · impétueux · irascible · tyrannique · virulent
II 1 - **intense** · aigu · extrême · fort · puissant · 2 - [désir] **ardent** · éperdu · furieux · irrépressible · térébrant *littér.* · 3 - [douleur] **terrible** · fulgurant · térébrant *littér.* · [mal de tête] carabiné *fam.*

violenter *v.tr.* 1 - [euph.] **violer** · 2 - [vieux] **brutaliser** · forcer · brusquer · contraindre · 3 - [littér.] **dénaturer** · altérer · torturer

violenter, violer

Violenter et **violer** partagent l'idée de *violence* exercée à l'égard de la personne. Seul **violer** se dit couramment de l'action d'avoir un rapport sexuel par la force *(violer une femme, un enfant)*. **Violenter**, utilisé par euphémisme avec cette valeur, est littéraire dans tous ses emplois. Il peut concerner, contrairement à **violer**, d'autres violences commises envers autrui. Appliqué à une chose ou une notion abstraite, **violenter** exprime la contrainte exercée pour faire prendre une certaine forme *(violenter la nature, l'histoire)*, alors que **violer** contient l'idée de transgression, de profanation *(violer une promesse, la paix, violer une sépulture)*.

violer *v.tr.* **1 - abuser de** · forcer · outrager · souiller · violenter *euph.* · **2 - contrevenir à** · déroger à · désobéir à · enfreindre · fausser · manquer à · passer par-dessus · transgresser · **3 - profaner** · souiller
violenter

violet, -ette *adj.* · lilas · aubergine · incarnat · lie de vin · mauve · parme · prune · violacé · violine · zinzolin *vieux ou littér.*

violon *n.m.* **1 - crin-crin** *fam., péj.* · **2 -** [fam.] → **prison**

✦ **violon d'Ingres** passe-temps · dada *fam.* · hobby *anglic.*

violoniste *n.* · violon · violoneux *fam., péj.* · [de village] ménétrier

vioque *adj. et n.* → **vieux**

vipère *n.f.* **1 - péliade** · aspic · céraste · **2 -** [fam.] **peste** · mauvaise langue · poison

virage *n.m.* **1 - tournant** · boucle · coude · courbe · épingle à cheveux · lacet · méandre · **2 -** [Ski] **stem** · christiania · télémark *vieux* · **3 - changement de direction** · retournement

virago *n.f.* · mégère · démon · dragon · gendarme · harpie · (vieille) sorcière

virée *n.f.* [fam.] promenade · balade · sortie · tour · tournée

✦ **faire une virée** se balader · se promener · partir en baguenaude *fam.* · partir en vadrouille *fam.*

virement *n.m.* · transfert

virer

■ *v.tr.* **1 - verser** · déposer · transférer · **2 -** [fam.] → **licencier**

■ *v.intr.* **1 - changer de direction** · braquer · faire demi-tour · prendre un virage · tourner · **2 -** [couleur] **tourner**

✦ **virer de bord** changer de cap

virevolte *n.f.* **1 - volte-face** · demi-tour · pirouette · **2 -** [littér.] **revirement** · palinodie · retournement

virevolter *v.intr.* · pirouetter · tourbillonner · tournoyer

virginal, -e *adj.* · pur · blanc · candide · innocent · sans tache · vierge

virginité *n.f.* **1 - pucelage** *fam.* · **2 -** [vieilli] **candeur** · chasteté · fraîcheur · grâce · ingénuité · innocence · pudeur · pureté

viril, -e *adj.* **1 - mâle** · masculin · **2 - brutal** · énergique · ferme · puissant · costaud *fam.*

virilité *n.f.* **1 - masculinité** · **2 - vigueur sexuelle** · **3 - énergie** · fermeté · poigne · puissance

virtualité *n.f.* · potentialité · éventualité · possibilité · possible

virtuel, -elle *adj.* **1 - potentiel** · en puissance · éventuel · latent · possible · théorique · **2 -** [monde] **simulé**

virtuellement *adv.* **1 - potentiellement** · en puissance · **2 - pratiquement** · presque · selon toute probabilité · quasiment *fam.*

virtuose *n.* **1 - maestro** · **2 - expert** · maître · prodige · as *fam.* · crack *fam.*

virtuosité *n.f.* **1 - brio** · maestria · **2 - maîtrise** · expertise · facilité · habileté · talent · technique

virulence *n.f.* **1 - violence** · âpreté · fougue · frénésie · fureur · impétuosité · véhémence · feu *littér.* · **2 - nocivité**

virulent, -e *adj.* **1 - violent** · âpre · cinglant · corrosif · cuisant · incisif · venimeux · vif · **2 - contagieux** · infectieux · nocif

virus *n.m.* · passion · manie · vice

vis *n.f.* **piton** · manillon · tire-fond

✦ **à vis** en colimaçon · en hélice · en spirale · en vrille

✦ **vis d'Archimède** limace

visa *n.m.* · certificat · autorisation

visage *n.m.* **1 - face** · figure · binette *fam.* · bobine *fam.* · bouille *fam.* · gueule *très fam.* · poire *fam.* · pomme *fam.* · trogne *fam.* · trombine *fam.* · tronche *fam.* · tête *fam.* · balle *fam., vieilli* · margoulette *fam., vieilli* · [mignon] frimousse *fam.* · minois *fam.* · museau *fam.* · **2 - mine** · air · expression · traits · **3 - allure** · aspect · caractère · physionomie · tournure · tête *fam.*

✦ **à visage découvert** franchement · ouvertement · sans masque

vis-à-vis de *loc. prép.* **1 - en face de** · à l'opposé de · à l'opposite de · en regard de · nez à nez avec · **2 - en comparaison de** · en regard de · par rapport à · **3 - envers** · avec · à l'égard de · à l'endroit de · en ce qui concerne

viscéral, -e *adj.* · instinctif · inconscient · irraisonné · profond · tripal *fam.*

viscères *n.m.pl.* **1 - boyaux** · entrailles · intestins · tripes *fam.* · **2 - abats** · triperie · tripes

➳ **intestins**

visée *n.f.* [surtout au plur.] ambition · but · désir · intention · objectif · prétention · vues · dessein *littér.*

viser *v.tr.* **1 - mettre en joue** · ajuster · pointer son arme sur · mirer *vieux* · **2 - ambitionner** · aspirer à · briguer · chercher · convoiter · désirer · prétendre à · poursuivre · rechercher · rêver de · guigner *fam.* · lorgner sur *fam.* · **3 - concerner** · s'appliquer à · intéresser · **4 -** [suivi de l'infinitif] **chercher à** · avoir pour objectif de · tendre à

visible *adj.* **1 - apparent** · distinct · observable · perceptible · **2 - évident** · clair · flagrant · manifeste · ostensible

➳ **visible, apparent**

Visible et **apparent** sont tous deux en rapport avec le sens de la *vue.* On qualifie d'**apparent** ce qui se montre clairement aux yeux *(des poutres, des coutures apparentes ; présenter des vices apparents)* ou à l'esprit *(sans raison apparente).* **Visible** s'applique à ce qui est – ou peut être – perçu par la vue et constitue la preuve ou le signe de quelque chose *(la face visible de la lune, des traces visibles de son passage).* En parlant de sentiments, d'attitudes, etc., **apparent** évoque ce qui est trompeur *(une sincérité plus apparente que réelle ; sous son apparente décontraction se cache une grande inquiétude).* **Visible** s'applique à ce qui est manifeste aux sens, notamment à la vue *(un changement visible de comportement ; un ennui visible).*

visiblement *adv.* · manifestement · apparemment · clairement · de toute évidence · incontestablement · indubitablement

vision *n.f.* **1 - vue** · acuité visuelle · œil · **2 - conception** · appréhension · idée · image · opinion ·

représentation · vue · **3 – apparition** · chimère · fantasme · fantôme · hallucination · illusion · mirage · rêve · **4 – idée** · image mentale • [obsédante] hantise · obsession · **5 – intuition** · clairvoyance

apparition

visionnaire

▪ *n.* **1 – halluciné** · illuminé · prophète · songe-creux · vaticinateur *littér.* · **2 – précurseur** · annonciateur

▪ *adj.* **chimérique** · extravagant · rêveur · romanesque

visite *n.f.* **1 – entrevue** · démarche · rencontre · réception · **2 – inspection** · examen · ronde • [de la police] descente · fouille · perquisition · **3 – excursion** · tour · tournée · voyage

✦ **rendre visite à** aller voir · aller auprès de · faire un saut chez · passer voir · saluer · visiter

visiter *v.tr.* **1 – se rendre auprès de** · aller voir · rendre visite à · saluer · **2 –** [un musée] **faire le tour de** · aller voir · courir · pénétrer dans • [un pays] parcourir · sillonner • [sans complément] faire le tour du propriétaire · **3 – inspecter** · examiner · fouiller · explorer

visiteur, -euse *n.* **1 – invité** · commensal · hôte · visite · **2 – touriste** · estivant · excursionniste · vacancier · voyageur · **3 – démarcheur**

visqueux, -euse *adj.* **1 – collant** · poisseux · gras · huileux · sirupeux · **2 – mielleux** · doucereux · hypocrite · sirupeux · melliflu *littér.* · papelard *littér.* · patelin *littér.*

visqueux

visser *v.tr.* **1 – tourner** · **2 –** [fam.] **mater** · réprimer · tenir · serrer la vis à *fam.*

visualisation *n.f.* · affichage

visualiser *v.tr.* **1 – afficher** · rendre visible · **2 – imaginer** · se faire une idée de · se représenter

visuel, -elle

▪ *adj.* · optique

▪ *n.m.* · console de visualisation · visu

vital, -e *adj.* · indispensable · capital · décisif · essentiel · fondamental · incontournable · majeur · de première nécessité · primordial

vitalisme *n.m.* · animisme · finalisme · organicisme

vitalité *n.f.* · dynamisme · allant · énergie · entrain · pétulance · santé · tonus · vie · vigueur · pep *fam.* · punch *fam.*

vite

▪ *adj.* [Sport ou littér.] **rapide** · véloce *littér.*

▪ *adv.* **1 – à toute vitesse** · à fond de train · à bride abattue · à toute allure · à un train d'enfer · au pas de course · comme un boulet de canon · comme une flèche · en trombe · rapidement · vélocement *littér.* · à fond la caisse *fam.* · à toute berzingue *fam.* · à toute blinde *fam.* · à toute vapeur *fam.* · à toute pompe *fam.* · à pleins gaz *fam.* · à la vitesse grand V *fam.* · en quatrième vitesse *fam.* · fissa *fam.* • [courir] à toutes jambes · ventre à terre · **2 – hâtivement** · à la hâte · en coup de vent · expéditivement · à la six-quatre-deux *fam.* · **3 – en très peu de temps** · en un clin d'œil · en un temps record · en vitesse · en un instant · en un rien de temps · en un tour de main · lestement · prestement · promptement · rapidement · rondement · dare-dare *fam.* · en moins de deux *fam.* · en trois coups de cuiller à pot *fam.* · presto *fam.* · **4 - bientôt** · dans peu de temps · rapidement · sous peu

✦ **aller vite** aller bon train · foncer *fam.* · tracer *fam.* · dropper *argot Sport*

✦ **aller trop vite** se précipiter · aller plus vite que la musique, que les violons *fam.*

✦ **faire vite** se dépêcher · se hâter · se presser · faire diligence *soutenu* · s'activer *fam.* · se dégrouiller *fam.* · se grouiller *fam.* · se magner (le train, le popotin, le cul) *fam.* · bourrer *fam.* · speeder *fam.*

vitesse *n.f.* **1 - rapidité** · promptitude · célérité *littér.* · diligence *littér.* · vélocité *littér.* · **2 - allure** · régime · rythme · train

✦ **à toute vitesse** à fond de train · à bride abattue · à toute allure · à toutes jambes · à un train d'enfer · au pas de course · rapidement · à fond (les manettes) *fam.* · à toute berzingue *fam.* · à toute blinde *fam.* · à toute vapeur *fam.* · à toute pompe *fam.* · à pleins gaz *fam.* · plein pot *fam.* · à donf *lang. jeunes* · vélocement *littér.*

✦ **en vitesse** en très peu de temps · en un clin d'œil · en un temps record · en un instant · en un rien de temps · en un tour de main · lestement · prestement · promptement · rapidement · rondement · dare-dare *fam.* · en moins de deux *fam.* · en trois coups de cuiller à pot *fam.* · presto *fam.*

vitesse, promptitude, célérité, diligence

Vitesse, **promptitude**, **célérité** et **diligence** ont en commun l'idée de rapidité. Le terme le plus général, **vitesse**, s'applique au fait de se déplacer rapidement *(la vitesse d'une automobile, d'un coureur ; la vitesse d'un geste, d'une réaction, la vitesse du son, d'une pierre qui tombe)*. On parle de **promptitude** à propos d'une personne qui agit avec rapidité *(obéir avec promptitude, la promptitude à se décider)* ou de quelque chose exécuté en peu de temps *(la promptitude d'une réponse, des secours)*. **Célérité**, d'usage littéraire, renchérit sur la rapidité à agir ou à se déplacer *(répondre avec célérité)* : « Les héritiers (...) accoururent avec la célérité des oiseaux de proie » (Balzac, *Ursule Mirouët*). **Diligence**, également d'usage littéraire, ajoute à l'idée de célérité celle d'exactitude dans l'exécution d'une tâche *(faire preuve d'une grande diligence)* : « Les ordres (...) s'exécutaient avec tant de diligence que les préparatifs étaient déjà fort avancés » (A.-R. Lesage, *le Diable boiteux*, V).

viticole *adj.* · vinicole

viticole, vinicole

Viticole et **vinicole** s'appliquent à la production du *vin*. **Vinicole** n'a que cette valeur *(la production, l'industrie vinicole ; une région, une zone vinicole)*, alors que **viticole** *(la crise viticole, un département viticole)* qualifie aussi une personne dont l'activité consiste à cultiver la vigne *(un exploitant viticole)*. La production du vin impliquant la culture de la *vigne*, les deux mots sont confondus ; cependant **viticole** tend à être plus fréquent.

viticulteur, -trice *n.* · vigneron

vitrail *n.m.* · gemmail · rosace · rose · verrière

vitre *n.f.* · carreau · fenêtre · glace

vitreux, -euse *adj.* **1 - vitré** · transparent · **2 - blafard** · blême · cadavérique · cireux · hâve · livide · terne · terreux

vitrine *n.f.* **1 – devanture** · étalage · montre *vieux* · **2 – armoire vitrée**

vitupérer *v.tr.* [littér.] blâmer · stigmatiser · fustiger *littér.*

✦ **vitupérer contre** fulminer contre · s'emporter contre · s'indigner contre · pester contre · tonner contre

vivable *adj.* · supportable · acceptable · tenable · tolérable · soutenable *vieux*

vivace *adj.* **1 – robuste** · coriace · endurant · résistant · vigoureux · **2 – durable** · bien ancré · enraciné · impérissable · indestructible · persistant · solide · qui a la vie dure

vivacité *n.f.* **1 – entrain** · activité · animation · ardeur · impétuosité · pétulance · alacrité *littér.* · **2 – rapidité** · promptitude · prestesse *littér.* · vélocité *littér.* · **3 – réactivité** · présence d'esprit · **4 – emportement** · ardeur · fougue · mordant · véhémence · violence · **5 – éclat** · brillant · couleur · intensité

vivant, e *adj. et n.m.*

I 1 – en vie · sain et sauf · sauvé · ressuscité · vif · **2 – de chair et de sang**

II 1 – dynamique · énergique · éveillé · plein d'entrain · **2 – fréquenté** · animé · **3 – durable** · vivace · **4 – pétillant** · expressif · vif · **5 – ressemblant** · expressif · parlant · **6 – haut en couleur** · imagé · pittoresque

vivats *n.m.pl.* · acclamations · bravos · hourras

vivement *adv.* **1 – rapidement** · prestement · rondement · tambour battant · promptement *littér.* · au trot *fam.* · **2 – brutalement** · crûment · durement · sèchement · vertement · violemment · **3 – intensément** · ardemment · fortement · infiniment · profondément

viveur *n.m.* [vieilli] débauché · jouisseur · fêtard *fam.* · noceur *fam.* · sybosite *littér.*

vivier *n.m.* **1 – alevinier** · **2 – pépinière** · terreau

vivifiant, –e *adj.* · stimulant · dopant · excitant · fortifiant · ravigotant · reconstituant · réparateur · revigorant · tonique · [repas] roboratif *littér.*

vivifier *v.tr.* **1 – stimuler** · doper · fortifier · ragaillardir · revigorer · tonifier · ravigoter *fam.* · remonter *fam.* · **2 – ranimer** · reconstituer · revitaliser

vivoter *v.intr.* · subsister · s'encroûter · s'étioler · dépérir · stagner · survivre · tenir · végéter

vivre

▪ *v.intr.* **1 – être en vie** · exister · être au monde · **2 – durer** · subsister · **3 – habiter** · demeurer · être domicilié · habiter · loger · résider · rester · séjourner · **4 – demeurer** · se perpétuer · subsister

▪ *v.tr.* **1 –** [une épreuve] **subir** · connaître · endurer · éprouver · supporter · traverser · **2 –** [des jours] **couler** · passer

✦ **avoir vécu** être dépassé · être désuet

✦ **vivre de** se nourrir de

✦ **vivre pour** se dévouer à · se consacrer à · se donner à · se sacrifier pour

✦ **vivre intensément** brûler la chandelle par les deux bouts

✦ **vivre misérablement** traîner la semelle, la savate *fam.*

vivres *n.m.pl.* · aliments · denrées · nourriture · produits alimentaires · provisions (de bouche) · ravitaillement · réserves · victuailles · provende *vieux ou littér.*

vocable *n.m.* **1 - mot** · terme · **2 - appellation** · nom

vocabulaire *n.m.* **1 - lexique** · glossaire · **2 - mots** · jargon *péj.* · langage · langue · terminologie

↝ **dictionnaire**

vocation *n.f.* **1 - inclination** · attirance · disposition · goût · passion · penchant · prédilection · **2 - mission** · fonction · raison d'être · rôle

vociférations *n.f.pl.* · cris · braillements · clameur · invectives · huées · hurlements · beuglante *fam.* · beuglements *fam.* · gueulante *très fam.* · gueulements *très fam.*

vociférer *v.intr.* · crier · brailler · élever la voix · s'égosiller · s'époumoner · hurler · tonner · beugler *fam.* · gueuler *très fam.*

vœu *n.m.* **1 - désir** · demande · desiderata (plur.) · espoir · prière · souhait · **2 - promesse** · engagement · résolution

✦ **faire vœu de** s'engager à · promettre (de)

vogue *n.f.* cote · célébrité · cours · crédit · faveur · popularité · renom · réputation

✦ **en vogue** (à la) mode · branché *fam.* · in *anglic.* · tendance *fam.*

↝ **serment**

voguer *v.intr.* [littér. ou vieux] naviguer · cingler · faire route · faire voile (vers)

voie *n.f.*

I 1 - chemin · passage · **2 - axe routier** · artère · autoberge · autoroute · avenue · boulevard · chaussée · chemin · passage · pénétrante · radiale · rocade · route · rue · **3 - couloir** · file · **4 - direction** · chemin · itinéraire · ligne · parcours · route · trajet

II 1 - brisées · sillage · trace · **2 -** [Chasse] **piste** · trace · foulée

III moyen · façon · méthode · possibilité · procédé

IV carrière · fonction · métier

V [Méd.] **canal** · conduit

✦ **voies de fait** brutalités · sévices · violence

✦ **voie ferrée** chemin de fer

✦ **voie sans issue** impasse · cul-de-sac

✦ **être en voie de** commencer (à) · devenir · être en train de · être sur le point de

✦ **par la voie de** par le canal de · par l'intermédiaire de · par le truchement de · via

✦ **mettre sur la voie** aiguiller · guider · donner un indice à · orienter

↝ **chemin**

[1]**voilage** *n.m.* · rideau · store · voile

[2]**voilage** *n.m.* [de roue] gauchissement · voilement

[1]**voile** *n.m.*

I 1 - rideau · store · voilage · **2 - foulard** · crêpe · haïk · litham · tchador · voilette

II 1 - enveloppe · manteau · **2 - apparence** · couvert · masque · prétexte

✦ **jeter un voile sur 1 - cacher** · dissimuler · **2 - passer sous silence** · condamner à l'oubli

[2]**voile** *n.f.* · toile · voilure • [sortes] brigantine · bonnette · civadière · clinfoc · dériveur · houari · petit et grand foc · petit cacatois · petit

hunier · grand cacatois · grand hunier · misaine · petit perroquet · trinquette

¹**voilé, e** *adj.* **1 - brumeux** · couvert · embrumé · nuageux · **2 - flou** · **3 - atténué** · estompé · obscur · opaque · **4 - cassé** · enroué · éraillé · rauque

²**voilé, e** *adj.* [roue] gauchi · faussé · tordu

¹**voiler** *v.tr.* **1 - obscurcir** · éclipser · embrumer · tamiser · ternir · **2 - masquer** · envelopper · estomper · **3 - dissimuler** · cacher · camoufler · couvrir · farder

»» **se voiler** *v.pron.* **s'obscurcir** · s'assombrir · se boucher · se brouiller · s'opacifier • [soleil] se cacher · disparaître

²**voiler (se)** *v.pron.* [roue] se gauchir · se fausser · se tordre

voilier *n.m.* · brick · caneton · caravelle · catamaran · clipper · dériveur · fifty-fifty · goélette · monocoque · quillard · trois-mâts · yacht

¹**voilure** *n.f.* · voiles · toiles

²**voilure** *n.f.* · gauchissement · voilage · voilement

voir *v.tr.*

I 1 - apercevoir · discerner · embrasser · entrevoir · regarder · remarquer · **2 - assister à** · connaître · être témoin de · subir · vivre · **3 - examiner** · étudier · observer · regarder · vérifier · **4 - constater** · découvrir · discerner · distinguer

II 1 - rencontrer · croiser · fréquenter · rendre visite à · visiter · tomber sur *fam.* · **2 - consulter** · avoir affaire à · faire appel à

III 1 - imaginer · concevoir · envisager · se figurer · se représenter · trouver · **2 - apprécier** · considérer · estimer · juger · **3 - comprendre** · se rendre compte de · se représenter · saisir

✦ **aller voir** rendre visite à · visiter

✦ **aller voir si** **1 - s'enquérir de** · s'informer de · **2 - s'assurer que** · vérifier que

✦ **faire voir** montrer

✦ **laisser voir** **1 - dévoiler** · découvrir · livrer aux regards, à la vue · montrer · révéler · **2 - laisser paraître** · manifester · montrer

»» **se voir** *v.pron.* **1 - se considérer** · se jauger · se juger · se percevoir · se sentir · **2 - se montrer** · paraître · sauter aux yeux · **3 - arriver** · advenir · avoir lieu · se passer · survenir · se présenter · se produire

voirie *n.f.* · voie publique

voisin, -e *adj.* **1 - proche** · attenant · avoisinant · adjacent · attenant · contigu · côte à côte · frontalier · juxtaposé · limitrophe · mitoyen · rapproché · **2 - ressemblant** · apparenté · approchant · comparable · germain · semblable · similaire

✦ **voisin de** à côté de · jouxtant

voisinage *n.m.* **1 - approche** · proximité · **2 - voisins**

✦ **dans le voisinage** dans les environs · aux alentours · dans les parages

voisiner *v.intr.*

✦ **voisiner avec** **1 - être placé près de** · se trouver près de · **2 - coexister avec** · cohabiter avec

voiture *n.f.* **1 - automobile** · bagnole *fam.* · caisse *fam.* · char *fam., Québec* · chignole *fam., péj.* · chiotte *fam.* · guimbarde *fam., péj.* · tacot *fam., péj.* · tire *fam.* · veau *fam., péj.* · **2 -** [sortes] berline · break · buggy · cabriolet · coupé · limousine ·

roadster • [à cheval] carriole · char · chariot · **3 -** [Chemin de fer] **rame** · fourgon · wagon · wagon-lit

✦ **voiture de course** bolide · monoplace

✦ **voiture d'enfant** landau · poussette

voiturer *v.tr.* · transporter · acheminer · charrier · convoyer · véhiculer · transbahuter *fam.* · trimbaler *fam.*

voix *n.f* **1 - organe** *souvent plaisant* · **2 -** ton · accent · intonation · timbre · **3 - appel** · avertissement · conseil · inspiration · suggestion · **4 - suffrage** · vote

✦ **rester sans voix** rester bouche bée · rester coi · être interdit · être interloqué · rester sec *fam.*

✦ **à voix basse** doucement · dans un murmure · mezza voce

✦ **à voix haute** clairement · distinctement · intelligiblement

[1]**vol** *n.m.* **1 - envol** · envolée · essor · **2 - trajet** · traversée · **3 -** [d'insectes, d'oiseaux] **nuée** · bande · nuage · volée

[2]**vol** *n.m.* **1 - cambriolage** · détournement de fonds · brigandage · chapardage · hold-up · maraudage · maraude · pillage · larcin *littér.* · rapine *littér.* · fauche *fam.* · dépouillage *lang. jeunes* · **2 - escroquerie** · carambouillage · filouterie · fraude · grivèlerie · resquille · arnaque *fam.*

volage *adj.* · inconstant · changeant · frivole · infidèle · léger · cavaleur *fam.* · coureur *fam.*

↝ **changeant**

volaille *n.f.* · volatile · oiseau de basse-cour

[1]**volant, -e** *adj.* **1 - aérien** · **2 - navigant** · **3 - mobile**

[2]**volant** *n.m.* **1 - fanfreluche** · falbala · **2 - marge** · réserve · stock · **3 - badminton**

volatil, -e *adj.* **1 - changeant** · fluctuant · instable · mouvant · variable · **2 - évaporable**

volatile *n.m.* · oiseau · volaille

volatilisation *n.f.* · sublimation · vaporisation

volatiliser *v.tr.* · vaporiser · sublimer

⋙ **se volatiliser** *v.pron.* **1 - se dissiper** · se vaporiser · s'évaporer · s'exhaler · **2 - disparaître** · s'éclipser · s'envoler · s'enfuir · s'évanouir · s'évaporer · décamper *fam.* · filer *fam.*

vol-au-vent *n.m. invar.* · timbale · bouchée à la reine

volcanique *adj.* **1 - explosif** · éruptif · **2 -** [littér.] **ardent** · bouillonnant · de feu · fougueux · véhément · vif · violent

volée *n.f.* **1 - envol** · essor · vol · **2 - nuée** · bande · essaim · groupe · nuage · troupe · **3 - décharge** · rafale · salve • [de coups] pluie · **4 -** [fam.] → **correction**

[1]**voler** *v.intr.* **1 - s'envoler** · fendre l'air · planer · voleter · voltiger · **2 - flotter** · onduler · ondoyer *littér.*

[2]**voler** *v.tr.* **1 - s'emparer de** · s'approprier · détourner · escamoter · extorquer · faire main basse sur · grappiller · marauder · piller · prendre · soustraire · subtiliser · dérober *littér.* · ravir *littér.* · barboter *fam.* · calotter *fam.* · carotter *fam.* · chaparder *fam.* · chauffer *fam., vieux* · chiper *fam.* · choper *fam.* · chouraver *fam.* · chourer *fam.* · faucher *fam.* · gratter *fam.* · piquer *fam.* · rafler *fam.* · taxer *fam.* · filouter *vieilli* · butiner *vieux* · **2 - déposséder** · cam-

brioler · dépouiller · dévaliser · escroquer · faire les poches de · piller · délester *plaisant* · détrousser *vieux ou plaisant* · arnaquer *fam.* · arranger *fam.* · écorcher *fam.* · empiler *fam.* · entôler *fam.* · estamper *fam.* · étriller *fam.* · gruger *fam.* · pigeonner *fam.* · plumer *fam.* · rouler *fam.* · ratiboiser *fam.* · refaire *fam.* · repasser *fam.* · tondre *fam.* · truander *fam.* · flouer *vieux*

voler, dérober

Voler ou **dérober**, c'est prendre ce qui appartient à autrui. **Voler**, d'usage courant, s'emploie quand on dépouille quelqu'un de son bien à son insu ou contre son gré *(voler de l'argent, une voiture, voler des vêtements dans un grand magasin)*. **Dérober**, seulement d'usage littéraire, implique que l'on vole un bien de manière furtive *(dérober un portefeuille, on lui a dérobé sa montre dans le métro)*.

volet *n.m.* **1 - persienne** · contrevent · jalousie · **2 - abattant** · vantail · **3 - feuillet** · volant · **4 - partie** · étape · pan · phase

voleter *v.intr.* **1 - voltiger** · planer · tourbillonner · tournoyer · virevolter · **2 - flotter** · onduler · voler · ondoyer *littér.*

voleur, -euse *n.* **1 - malfaiteur** · bandit · brigand · cambrioleur · cleptomane · gangster · pickpocket · rat d'hôtel · resquilleur · truand · détrousseur *vieux* · escamoteur *vieux* · larron *vieux* · malandrin *vieux* · monte-en-l'air *vieux* · tire-laine *vieux* · vide-gousset *vieux* · **2 - escroc** · aigrefin · canaille · coquin · crapule · filou · fripon · arnaqueur *fam.* · faisan *argot* · forban *littér.* · griveleur *vieux*

volière *n.f.* · cage · gloriette

volontaire *adj.* **1 - bénévole** · consentant · libre · **2 - délibéré** · conscient · intentionnel · pesé · prémédité · réfléchi · voulu · **3 - décidé** · déterminé · énergique · fort · obstiné · opiniâtre · résolu · tenace

volontairement *adv.* **1 - bénévolement** · de son plein gré · **2 - délibérément** · à dessein · en connaissance de cause · exprès · de propos délibéré · intentionnellement · sciemment

volontariat *n.m.* · bénévolat

volonté *n.f.* **1 - désir** · intention · projet · résolution · vœu · dessein *littér.* · **2 - exigence** · demande · prière · requête · **3 - détermination** · acharnement · caractère · courage · énergie · fermeté · obstination · opiniâtreté · persévérance · résolution · suite dans les idées · ténacité · cran *fam.*

✦ **à volonté** beaucoup · à discrétion · à loisir · sans limite · ad libitum · à profusion · à satiété *littér.* · à gogo *fam.*

projet

volontiers *adv.* **1 - de bon cœur** · avec plaisir · de bonne grâce · de gaieté de cœur · de bon gré · sans se faire prier · plutôt deux fois qu'une *fam.* · **2 - souvent** · couramment · fréquemment · habituellement · ordinairement · **3 - aisément** · facilement · **4 - oui** · avec plaisir

voltage *n.m.* · tension

volte-face *n.f. invar.* **1 - demi-tour** · **2 - revirement** · changement · pirouette · reniement · retournement · virevolte · palinodies *littér.*

voltige *n.f.* **1 - saut** · **2 - acrobatie**

voltiger *v.intr.* · voleter · aller et venir · flotter · papillonner · planer · virevolter · tourbillonner · tournoyer · zigzaguer

voltigeur, -euse *n.* · acrobate

volubile *adj.* · bavard · éloquent · loquace · prolixe · verbeux · causant *fam.* · disert *littér.*

volubilité *n.f.* · bagout · exubérance · prolixité · faconde *littér.* · loquacité *littér.* · tchatche *fam.*

volubilité, faconde

Volubilité et **faconde** ont en commun l'idée de parole abondante et facile. **Faconde** garde cette valeur dans des emplois littéraires : « Il avait une faconde extraordinaire, une voix surtout, un instrument de charme » (Zola, *Rome*), mais s'emploie surtout de manière dépréciative *(la faconde d'un bonimenteur)*. Avec **volubilité**, d'emploi soutenu, on insiste également sur la rapidité de l'élocution *(parler avec volubilité)* : « [Elle] parlait sans s'arrêter (...), avec une telle volubilité qu'elle n'avait pas le temps de respirer : elle perdait haleine au milieu d'une phrase » (Romain Rolland, *Jean-Christophe, L'adolescent*).

volume *n.m.*

I 1 - livre · opuscule · ouvrage · recueil · bouquin *fam.* · **2 - tome**

II 1 - espace · place · **2 - dimension** · ampleur · encombrement · gabarit · grosseur · importance

III 1 - capacité · calibre · contenance · cubage · jauge · tonnage · **2 - masse** · quantité · somme

tome

volumineux, -euse *adj.* · gros · encombrant · imposant

volupté *n.f.* **1 - plaisir** · bien-être · délice · délectation · jouissance · **2 - sensualité** · sybaritisme *littér.*

plaisir

voluptueusement *adv.* **1 - agréablement** · délicieusement · **2 - lascivement** · charnellement

voluptueux, -euse *adj.* **1 - agréable** · caressant · chaud · doux · **2 - érotique** · émoustillant · excitant · lascif · luxurieux · troublant · sexy *fam.* · **3 - sensuel** · charnel · épicurien · jouisseur · sybarite *littér.*

volute *n.f.* · circonvolution · arabesque · courbe · enroulement · hélice · ondulation · repli · serpentin · sinuosité · spire

vomir *v.tr.* **1 - régurgiter** · rendre · dégobiller *fam.* · dégueuler *très fam.* · [sans complément] rendre tripes et boyaux · gerber *fam.* · écorcher le, piquer un renard *pop., vieilli* · **2 -** [volcan] **cracher** · évacuer · expulser · **3 -** [des insultes] **éructer** · cracher · jeter · lancer · proférer · balancer *fam.* · sortir *fam.* · **4 - détester** · avoir en horreur · haïr · abhorrer *littér.* · abominer *littér.* · exécrer *littér.* · honnir *vieux ou littér.* · ne pas pouvoir sentir, encaisser, gober *fam.*

✦ **avoir envie de vomir** avoir la nausée · avoir le cœur sur le bord des lèvres · avoir mal au cœur · avoir l'estomac barbouillé

vomissement *n.m.* · vomissure · vomi *fam.* · dégueulis *très fam.* · renard *pop., vieilli*

vomitif, -ive *adj. et n.m.* · émétique

vorace *adj.* **1 - goulu** · avide · boulimique · glouton · goinfre · insatiable · gueulard *région., fam.* · **2 - affamé** · inassouvi · insatiable · inextinguible *littér.* · **3 - cupide** · avide · rapace

voracement *adv.* · avidement · âprement · gloutonnement · goulûment

voracité *n.f.* **1 - appétit** · avidité · boulimie · gloutonnerie · goinfrerie · insatiabilité *littér.* · **2 - cupidité** · avidité · rapacité

vote *n.m.* **1 - suffrage** · voix · **2 - consultation** · plébiscite · référendum · scrutin · votation *vieux ou Suisse* · **3 - scrutin** · élection

voter

■ *v.tr.* · adopter · choisir

■ *v.intr.* · aller aux urnes · faire son devoir de citoyen *souvent plaisant*

✦ **voter pour** élire · plébisciter

voter, délibérer

Voter, c'est exprimer son opinion, ses choix par un suffrage, par un *vote* *(voter aux élections, être en âge de voter, voter pour un parti, pour élire un député)*. **Délibérer**, c'est examiner à plusieurs ou en soi-même les divers éléments d'une question avant de décider, le débat ne s'achevant pas nécessairement par un vote *(délibérer sur un sujet, sur une décision à prendre, ils ont longtemps délibéré avant de voter)*.

vouer *v.tr.* **1 - consacrer** · dédier · dévouer · donner · employer · offrir · **2 - destiner** · prédestiner · promettre · [à l'échec] condamner

[1]**vouloir** *v.tr.* **1 - désirer** · ambitionner · aspirer à · avoir envie de · briguer · convoiter · prétendre à · souhaiter · tenir à · viser · **2 - exiger** · commander · demander · entendre que · ordonner · prescrire · réclamer · requérir · revendiquer

✦ **vouloir bien** accepter · accorder · acquiescer à · agréer à · autoriser · approuver · concéder · consentir à · daigner · endurer · laisser · permettre · supporter · tolérer · souffrir *littér.*

✦ **vouloir dire** **1 - signifier** · désigner · exprimer · **2 - laisser** entendre · suggérer · **3 - impliquer** · entraîner · signifier · supposer

»» **se vouloir** *v.pron.* **se prétendre** · s'autoproclamer · se déclarer

✦ **s'en vouloir** regretter · avoir des remords · être désolé · (se) culpabiliser · se repentir · s'en mordre les doigts *fam.*

[2]**vouloir** *n.m.* · volonté · détermination · résolution · volition *Psych.*

voulu, e *adj.* **1 - volontaire** · délibéré · fait exprès · intentionnel · prémédité · **2 - exigé** · désiré · fixé · prescrit · requis · souhaité · **3 - opportun**

voûte *n.f.* · arc · arceau · berceau · caisson · cintre · coupole · dais · dôme · voussure

voûter *v.tr.* **1 - courber** · plier · **2 - cintrer**

»» **se voûter** *v.pron.* · se courber · se casser

voyage *n.m.* **1 - excursion** · circuit · périple · tour · balade *fam.* · virée *fam.* · [par mer] croisière · traversée · [scientifique] exploration · expédition · **2 - trajet** · aller (et retour) · cheminement · itinéraire · parcours · **3 - déplacement** · route · tournée · **4 - va-et-vient** · allées et venues · navette · **5 - défonce** *fam.* · trip *anglic.*

✦ **être toujours en voyage** être toujours par monts et par vaux · être toujours en vadrouille *fam.*

voyager *v.intr.* **1 - courir le monde** · se promener · vagabonder · se balader *fam.* · bourlinguer *fam.* · rouler sa bosse *fam.* · vadrouiller *fam.* · [par mer] naviguer · **2 - se déplacer** · circuler · faire l'aller-retour, des allers-retours

voyageur, -euse
▪ *adj.* **migrateur** · nomade
▪ *n.* **1 - passager** · touriste · **2 - globe-trotter** · aventurier · explorateur · promeneur · routard · bourlingueur *fam.*
✦ **voyageur de commerce** représentant · démarcheur · placier · visiteur · V.R.P. · commis voyageur *vieux*

[1]**voyant, e** *n.* · devin · cartomancien · extralucide · médium · sibylle · spirite · pythonisse *littér.*
✦ **je ne suis pas un voyant !** je ne lis pas dans les boules de cristal, le marc de café !

[2]**voyant, e** *adj.* **1 - criard** · coloré · criant · éclatant · outrancier · tapageur · tape-à-l'œil · **2 - évident** · clair · distinct · flagrant · manifeste · observable · ostensible · perceptible · visible

voyeur, -euse *n.* **1 - mateur** *argot* · regardeur *vieux* · **2 -** [vieux] **curieux** · spectateur

voyou *n.m.* **1 - crapule** · canaille · fripouille · vaurien · (petite) frappe *fam.* · gouape *fam.* · apache *fam., vieux* · arsouille *fam., vieux* · **2 -** [de banlieue] **sauvageon** · loubard *fam.* · hooligan *anglic.* · loulou *fam.* · caillera *lang. jeunes* · zonard *fam.* · blouson noir *vieilli* · **3 - chenapan** · coquin · fripon · galopin · garnement · polisson · vaurien

vrac (en) *loc. adv.* **1 - pêle-mêle** · en désordre · en tas · **2 - au poids**

[1]**vrai, e** *adj.* **1 - exact** · avéré · certain · indubitable · sûr · véridique · **2 - fidèle** · juste · **3 - authentique** · véritable · **4 - effectif** · réel · **5 - franc** · authentique · loyal · pur · sincère · spontané · **6 - naturel** · senti · vécu · **7 -** [intensif, avant le nom] **achevé** · complet · fieffé · parfait · sacré *fam.*

[2]**vrai** *n.m.* · réel · réalité · vécu

vraiment *adv.* **1 - effectivement** · assurément · authentiquement · bel et bien · en effet · véritablement · en vérité · à dire vrai · réellement · véritablement · pour de vrai *fam.* · **2 - franchement** · en vérité · sans mentir · sérieusement · sincèrement · **3 - absolument** · parfaitement · réellement · tout à fait · **4 - extrêmement** · au plus haut point · terriblement

vraisemblable *adj.* **1 - crédible** · croyable · plausible · **2 - possible** · envisageable · probable
☞ **probable**

vraisemblablement *adv.* · probablement · plausiblement · sans doute

vraisemblance *n.f.* **1 - crédibilité** · plausibilité *littér.* · **2 - probabilité**

vrille *n.f.* · foret · drille · mèche · percerette · tarière
✦ **en vrille** en hélice · en colimaçon · en spirale · en tire-bouchon · à vis

vriller
▪ *v.intr.* **s'enrouler** · se tordre
▪ *v.tr.* **tarauder** · pénétrer · percer

vrombir *v.intr.* **1 - bourdonner** · **2 - gronder** · mugir · ronfler · rugir

vrombissement *n.m.* **1 - bourdonnement** · **2 - grondement** · mugissement · ronflement · rugissement

[1]**vu, e** *adj.* [fam.] compris

✦ **bien vu** apprécié · bien considéré · bien en cour · chouchou *fam.*
✦ **mal vu** peu apprécié
✦ **au vu de** d'après · après examen de · à la lumière de
✦ **au vu et au su de tous** au grand jour · ostensiblement · ouvertement

[2]**vu** *prép.* · étant donné · compte tenu de · eu égard à
✦ **vu que** attendu (que) · étant donné que

vue *n.f.* **1 – vision** · acuité visuelle · œil · regard · yeux · **2 – panorama** · paysage · perspective · point de vue · **3 – spectacle** · image · scène · tableau · vision · **4 – opinion** · appréciation · conception · idée · jugement · pensée · point de vue · position · **5 – coupe** · profil · section
✦ **en vue 1 – en évidence** · au premier plan · en valeur · **2 – connu** · renommé · réputé
✦ **être bien en vue** crever les yeux
✦ **à première vue 1 – au premier abord** · a priori · au premier coup d'œil · **2 – à peu près** · approximativement · à vue de nez *fam.* · en gros *fam.*
✦ **avoir vue sur** donner sur · être dirigé vers
✦ **en vue de** afin de · à l'effet de · dans l'intention de · pour · à dessein de *soutenu* · aux fins de *soutenu*
✦ **avoir la vue courte** ne pas voir plus loin que le bout de son nez *fam.*
✦ **avoir une très bonne vue, une vue perçante** avoir des yeux de lynx
✦ **avoir une mauvaise vue, la vue basse** être myope comme une taupe

⋙ **vues** *plur.* **intentions** · projets · plans
✦ **avoir des vues sur 1 – convoiter** · guigner · loucher sur *fam.* · lorgner sur *fam.* · reluquer *fam.* · **2 – songer à** · penser à

vulgaire *adj.* **1 – grossier** · obscène · populacier · trivial · poissard *littér.* · **2 – commun** · bas · banal · grossier · ordinaire · prosaïque · terre à terre · trivial · **3 –** [nom] **courant** · usuel · **4 –** [avant le nom] **banal** · ordinaire · pauvre · quelconque
❧ **banal**

vulgairement *adv.* **1 – grossièrement** · trivialement · **2 – couramment** · communément · usuellement

vulgarisateur, -trice *n. et adj.* [vieilli ou littér.] diffuseur · divulgateur · propagateur

vulgarisation *n.f.* · diffusion · démocratisation · généralisation · massification *didact.* · propagation

vulgariser *v.tr.* · propager · démocratiser · diffuser · généraliser · massifier *didact.* · populariser · répandre · simplifier

vulgarité *n.f.* · grossièreté · obscénité · trivialité

vulnérabilité *n.f.* **1 – précarité** · **2 – fragilité** · délicatesse · faiblesse

vulnérable *adj.* **1 – attaquable** · exposé · précaire · **2 – fragile** · faible · sans défense · sensible

vulve *n.f.* · sexe · chatte *vulg.* · con *vulg.* · foufoune *fam.* · frifri *fam.* · minette *fam.* · moule *vulg.*

W - Y

wagon *n.m.* **1 -** fourgon · plateau · [à plateforme] truck · **2 -** [Rail] voiture · pullman *vieilli*

wagonnet *n.m.* · benne · chariot · lorry

walkman *n.m.* [nom déposé] baladeur

warning *n.m.* · feu de détresse

warrant *n.m.* · gage · caution · contrat de garantie · récépissé

wassingue *n.f.* · serpillière · toile à laver

waters *n.m.pl.* → **toilettes**

Web *n.m.* · Internet · le Net · la Toile

week-end *n.m.* · fin de semaine *surtout Québec*

whisky *n.m.* [écossais] scotch · [irlandais] whiskey · [américain] bourbon · [canadien] rye

winch *n.m.* · cabestan

X

xénophobe *adj. et n.* · chauvin · nationaliste

xénophobie *n.f.* · chauvinisme · nationalisme

xérès *n.m.* · sherry · manzanilla

xylophone *n.m.* · balafon · marimba · vibraphone

Y

yachting *n.m.* [vieilli] sport nautique • navigation de plaisance • plaisance • voile

yachtman *n.m.* [vieilli] plaisancier

youpi *interj.* • hourra

Z

zapper *v.intr.* **1 - pitonner** *Québec* · **2 - papillonner** · s'éparpiller · passer à autre chose

zapping *n.m.* · pitonnage *Québec*

zèbre *n.m.* [fam.] → **type**

zébrure *n.f.* **1 - rayure** · raie · **2 - strie** · marque · sillon · traînée

zélateur, -trice *n.* · adepte · défenseur · fanatique · fervent · panégyriste · propagateur · prosélyte

zèle *n.m.* **1 - ardeur** · application · chaleur · cœur · dévouement · empressement · enthousiasme · flamme · passion · **2 -** [littér. ou vieilli] **dévotion** · ferveur

zélé, e *adj.* · dévoué · ardent · assidu · attentif · chaleureux · chaud · courageux · diligent · enflammé · enthousiaste · fervent · fougueux · passionné

zénith *n.m.* · apogée · pinacle · point culminant · sommet · summum

zéro *n.m.* **1 - bulle** *argot scol.* · **2 -** [fam.] **nullité** · bon à rien · incapable · nul · mauvais · tocard *fam.* · **3 - néant** · rien · **4 -** [comme adjectif] **aucun**

zeste *n.m.* **1 - écorce** · **2 - pointe** · pincée · soupçon

zézaiement *n.m.* · blésement · zozotement *fam.*

zézayer *v.intr.* · bléser · zozoter *fam.* · avoir un cheveu, un fil sur la langue *fam.*

zézayer, zozoter

Zézayer s'emploie pour un défaut de prononciation, provisoire ou non, qui consiste à prononcer un *z* pour un *j* (*ze dis* pour *je dis*) ou un *s* pour un *ch* (*le sat* pour *le chat*). **Zozoter**, d'usage familier, a la même valeur, mais se dit plus souvent pour la substitution du *z* au *s*. **Zézaiement** et **zozotement** sont dans un rapport analogue.

zieuter *v.tr.* → **regarder**

zigoto *n.m.* → **individu**

zigouiller *v.tr.* → **tuer**

zigzag *n.m.* · détour · crochet · dents de scie · lacet · méandre · sinuosité · virage

zigzaguer *v.intr.* · aller de travers · faire des virages · faire des zigzags · onduler · serpenter · slalomer · tourner • [bateau] louvoyer

zinc *n.m.* **1 -** → **bistrot** · **2 -** → **avion**

zinzin
- *n.m.* → **objet**
- *adj.* → **fou**

zizanie *n.f.* · désaccord · brouille · désunion · discorde · mésentente · tension · mésintelligence *littér.*

zizi *n.m.* → **pénis**

zodiacal, e *adj.* · astral

zombi *n.m.* **1 - fantôme** · ectoplasme · esprit · revenant · **2 - fantoche** · marionnette · pantin

zonard, e *n. et adj.* **1 -** [péj.] **marginal** · loubard *fam.* · loulou *fam.* · **2 - zonier**

zone *n.f.* **1 - espace** · endroit · lieu · périmètre · quartier · région · secteur · territoire · **2 - domaine** · champ · sphère · **3 -** [fam.] **bidonville**

zoophilie *n.f.* · bestialité *vieilli*

zozotement *n.m.* → **zézaiement**

zozoter *v.intr.* · zézayer · bléser · avoir un cheveu, un fil sur la langue *fam.*

❧ **zézayer**

zut *interj.* · flûte *fam.* · crotte *fam.* · merde *très fam.* · saperlipopette *fam., vieilli* · mercredi *fam., vieilli*

INDEX
DES NUANCES

Ci-dessous, dans la colonne de gauche, les mots qui sont traités dans les encadrés sur les *Nuances* ; dans la colonne de droite, les articles sous lesquels se trouvent ces encadrés.

Table des matières

N° d'éditeur : 10119729
Août 2005
Imprimé en France par Maury-Eurolivres
45300 Manchecourt